教育部党组书记、部长袁贵仁接受小记者采访，并写下殷切希望。

教育部党组副书记、副部长杜玉波出席全国高校宣传部长“学习贯彻十七届六中全会精神，加强大学文化建设”座谈会并参观图片展。

教育部党组成员、副部长鲁昕参观全国职业院校技能大赛成果展区并接受学生记者采访。

教育部党组成员、中纪委驻教育部纪检组组长王立英到中南大学进行调研。

教育部党组成员、副部长李卫红到山东大学人文社科基地进行调研。

教育部党组成员、副部长杜占元与诺贝尔奖获得者朱尔·霍夫曼交流。

教育部党组成员、副部长郝平会见原爱尔兰总理、欧盟理事会主席、爱尔兰中国合作理事会终身名誉主席伯蒂·埃亨。

教育部党组成员、副部长刘利民与贵州省山区农村学校的学生交流。

2011年1月24—25日，全国教育工作会议在北京召开。　　张学军　摄

2011年3月28日，国务院新闻办公室在北京举行新闻发布会，介绍“十一五”时期教育改革发展的主要情况及“十二五”规划教育领域的有关工作。　　新华社　供稿

2011年4月24日，庆祝清华大学建校100周年大会在北京人民大会堂举行。　　新华社　供稿

为庆祝中国共产党成立90周年，广东省江门市新会区关工委、新会区教育局举行中小学生“同心向党”歌咏比赛。　　中国教育报　供稿

北京师范大学首届免费师范毕业生在毕业典礼上宣读誓词。　　新华社　供稿

北京农学院动物科技学院研究的国家转基因重大专项——优质高效转基因肉牛新品种培育取得成功。这项技术为黄牛品种的改良、开发与利用迈出了关键性的一步。　鲍效农　摄

西南石油大学培养的新一代石油人在健康成长。　　中国教育报　供稿

在高速运行的京沪高铁列车上，北京交通大学教师给学生讲解高铁列车内部构造。中国教育报　供稿

学生从家门口就能贷款上大学。　　中国教育报　供稿

上海高校的学生可跨校学习获得学分，实现校际学分互认。图为大学生下课后走出教室。　　中国教育报　供稿

宁波职业技术学院乐器制造技术专业的学生在校内钢琴拨音与调律实训车间实训。该校是我国第一所开设乐器制造专业的高职院校。　　鲍效农　摄

苏州工业园区职业技术学院注重加强实践教学，在校内建立了EMCO系统实训室，模拟工厂产品生产流程。　　高海涛　摄

青岛酒店管理职业技术学院烹饪学院在业内被称为“鲁菜黄埔”。走进学院各个实训教室，灶台旁、案板前闪动着许多女生的身影，成为学院的一道风景线。　鲍效农　摄

在全国职业院校技能大赛自动化生产线安装与调试比赛中，参赛选手全神贯注地进行比赛。　樊世刚　摄

辽宁省农业经济学校先后投资建立了国际物流、超市、会计模拟等45个教学实训室，大大提升了中职生的岗位职业技能。　　中国教育报　供稿

山东省滕州市滨湖镇对入园孩子的家庭每人每年给予100元的入托补助。图为幼儿家长高兴地领到了孩子入托补助代金券。　　中国教育报　供稿

安徽省合肥市庐阳区免除义务教育阶段学生的所有作业本费，并提高了义务教育阶段学校生均公用经费标准，所需经费由区财政全部承担。图为庐阳区三十岗乡古城小学学生高兴地领到作业本。　　中国教育报　供稿

浙江省绍兴县稽东镇中心小学地处山区。为了保证学生安全、准时上下学，学校租用“学生接送专用”车辆，每天接送家远的学生上下学。　　鲍效农　摄

重庆市大足县投入1 000万元，在该县所有小学实施学生营养工程，为6 000余名留守儿童和困难家庭学生提供免费午餐。　　中国教育报　供稿

辽宁省锦州市洛阳小学31个教学班分别创建了博客、QQ群，20多名青年教师还建立了教师微博，搭建起学生之间、师生之间和家校之间沟通的新平台。　　中国教育报　供稿

地处贵州省东南部山区的雷山县陶尧小学是一所民族寄宿学校，学校实行汉苗双语教学。为了让学生在学好汉语的同时学习、传承苗族文化，学校利用暑假集中对教师进行苗语教学培训。　　樊世刚　摄

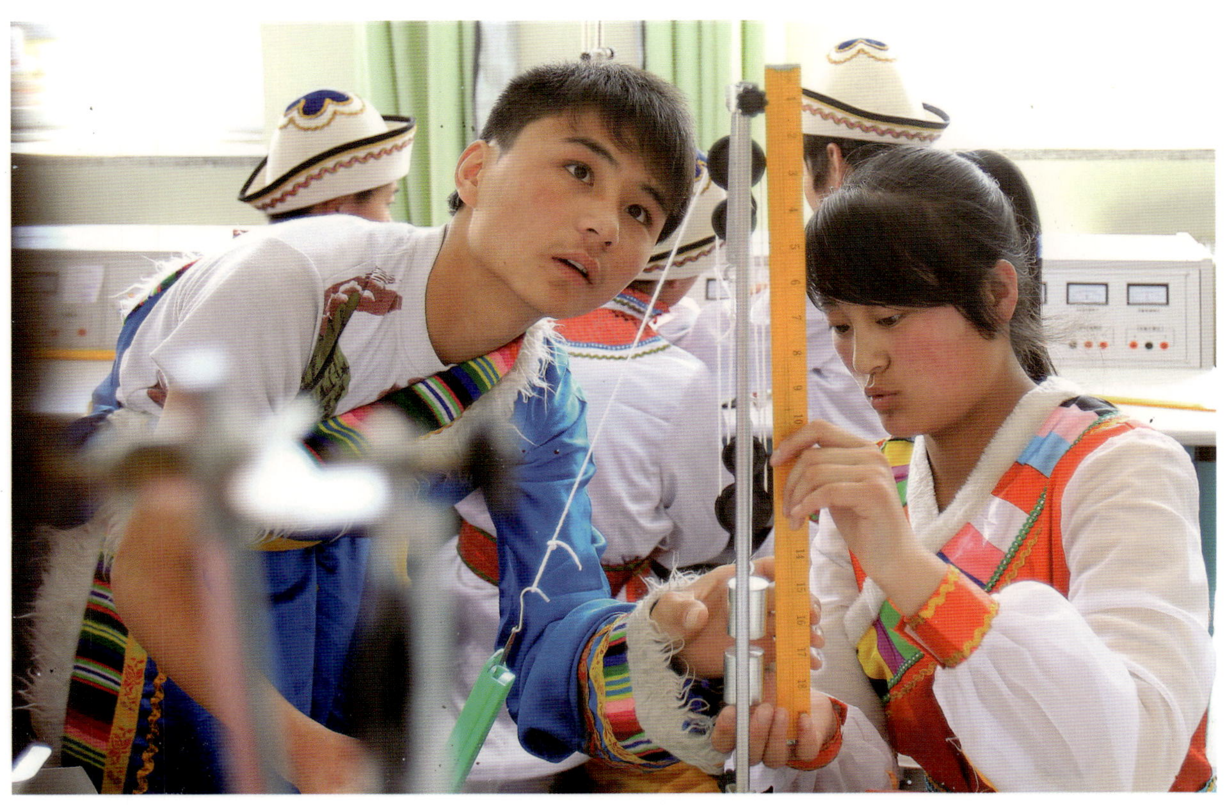

甘肃省肃南裕固族自治县马蹄学校有着80年的建校史，学校基础设施优良，为提高教育教学质量打下坚实基础。图为初三学生在物理实验室做实验。　　张学军　摄

为促进新疆经济发展和社会进步，培养和造就少数民族优秀人才，国家在内地部分经济发达城市举办“内地新疆高中班”。图为江苏省无锡市“新疆班”学生高兴地拿到了毕业证书。

西藏自治区和平解放60年来，教育事业得到很大发展，逐渐形成了较为完善的具有中国特色、西藏特点的民族教育体系。图为西藏昌都地区第一小学学生在上信息技术课。　　中国教育报　供稿

云南省澜沧拉祜族自治县谦六乡大习允小学的教学点虽然办学条件艰苦，但承载了山民的希望和孩子们的未来。下课了，孩子们欢快地跳起皮筋。　　修伯明　摄

中国教育年鉴

（2012）

《中国教育年鉴》编辑部　编

人民教育出版社
·北京·

图书在版编目（CIP）数据

中国教育年鉴．2012/《中国教育年鉴》编辑部编．—北京：人民教育出版社，2013.11

ISBN 978-7-107-26317-0

Ⅰ．①中…　Ⅱ．①中…　Ⅲ．①教育事业—中国—2012—年鉴　Ⅳ．①G52-54

中国版本图书馆 CIP 数据核字（2013）第 272228 号

人民教育出版社 出版发行

网址：http://www.pep.com.cn

山东德州新华印务有限责任公司印装　全国新华书店经销

2013 年 11 月第 1 版　2013 年 12 月第 1 次印刷

开本：890 毫米×1 240 毫米　1/16　印张：79　插页：60

字数：2445 千字　　印数：0 001～2 000 册

定价：306.00 元

编 辑 说 明

《中国教育年鉴》是教育部组织编纂的按年度向国内外发布中国教育改革和发展情况的专业性年鉴。它是各级教育行政部门、各级各类学校执行党和国家的教育法律法规与方针政策、做好教育工作的经验总结，是中国教育事业发展进程的真实记录。编纂本年鉴是为教育管理决策、教育科学研究提供参考，为宣传交流中国教育改革与发展成就设立窗口，为热心关注和研究中国教育的相关部门及读者提供信息资料。

《中国教育年鉴》的基本内容有：党和国家领导人出席重要教育活动的报道或综述，教育部领导关于教育工作的重要讲话或专文，年度教育工作要点，教育发展统计，教育综合管理（教育新闻宣传、教育政务公开、教育法制建设等），教育人事管理，教育财务与审计，基础教育，职业教育与成人教育，高等教育，师范教育，民族教育，学校体育、卫生、艺术与国防教育，教育考试，教育信息化建设与远程教育，语言文字工作，国际与港、澳、台教育合作与交流，教育出版产业，教育科研与学术活动，教育新闻媒体，各省、自治区、直辖市教育，港、澳、台教育，各部属高等学校教育情况简介，教育工作文件选编，教育大事记，等等。

按目前国际、国内通例，当年的教育年鉴反映的是上一年教育改革和发展的基本情况。某些需要多年才能完成的工作，当年的年鉴主要记述的是上一年此项工作的进展情况。

本年鉴发布的统计数据均由教育部发展规划司统计处提供，引用应以此为准。但某些条目中的数据由于统计口径不一，可能有不尽一致的地方，请读者使用时注意。全国综合数字，目前未包括香港、澳门特别行政区和台湾省。

在年鉴的编纂过程中，虽力求做到内容全面系统、资料准确无误、文字简明精练，但由于我们水平有限，仍有一些需要改进之处，欢迎广大读者批评、指正。

《中国教育年鉴》编辑部

2012年12月

目 录

Contents

扎扎实实推进教育规划纲要贯彻落实

——在2012年全国教育工作会议上的讲话

袁贵仁

在党的十七届六中全会、中央经济工作会议、中央农村工作会议等重要会议上，胡锦涛总书记和温家宝总理都对教育工作作出重要部署，为深入贯彻落实《国家中长期教育改革和发展规划纲要(2010—2020年)》（以下简称教育规划纲要）、推进教育事业科学发展指明了方向。这次年度教育工作会议上，国务委员刘延东作了重要讲话，进一步提出了明确要求。教育系统要认真学习，深刻领会，全面贯彻落实。

一、2011年的主要工作

刚刚过去的2011年，是我国教育改革发展史上十分重要的一年。在党中央、国务院的坚强领导下，教育系统全面贯彻落实教育规划纲要，按照优先发展、育人为本、改革创新、促进公平、提高质量的要求，努力推进教育改革发展，取得了许多重要成果。

（一）全面部署学前教育

把加快发展学前教育、解决“入园难”作为贯彻落实教育规划纲要的突破口。一是明确发展思路。国务院出台关于当前发展学前教育的若干意见，在多种形式扩大学前教育资源、加强师资队伍建设、规范幼儿园管理、提高保教质量等方面，提出了10条重大政策措施。二是制定推进方案。国务院召开学前教育电视电话会议，对贯彻落实“国十条”进行专门部署。各省（区、市）均以县为单位编制了三年行动计划。三是启动重大项目。为支撑三年行动计划，设计8个重大项目，全方位推动各项政策的贯彻落实。各级政府对学前教育重视的程度、财政投入的力度、政策出台的密度、普惠性资源增加的速度都是前所未有的。

（二）全面完成“两基”国检

2011年，完成对西藏、青海、甘肃、四川4个省区的“两基”国检，标志着我国全面实现“两基”目标。这是我国教育发展史、中华民族发展史上的重要里程碑。为完成这一历史性任务，各级党委政府高度重视，有关部门密切配合，社会各界积极支持，教育系统呕心沥血，教育督导队伍尽职尽责，涌现出许多可歌可泣的事迹。实现全面普及目标后，义务教育重点任务转向均衡发展。2011年，按照“一省一案”模式，教育部与27个省（区、市）和新疆生产建设兵团，签署了义务教育均衡发展备忘录，构建起中央和地方政府协同推进的机制，明确了义务教育均衡发展的时间表、路线图、任务书。

（三）深度构建职业教育与行业企业合作机制

以深化产教结合、校企合作为目标，推动建立政府主导、行业指导、企业参与的职业教育办学体制机制。一是大力推进行业指导制度化。与10多个行业举办对话活动，联合召开工作会议，印发《关于充分发挥行业指导作用推进职业教育改革发展的意见》。二是推广建立集团化办学机制。发挥政府、行业的作用和企业、院校的优势，实现教育与产业、学校与企业紧密衔接，成立行业性职教集团近500个。三是健全产教协作机制。以行业部门、组织和大型企业为依托，推进专业设置、课程标准、教材开发、实训基地和教师培训等领域的教育教学改革。支持900多所高等职业院校在行业指导下以校企合作机制建设为重点深化专业改革。四是完善合作办赛机制。在全国职业院校技能大赛中，行业牵头设计和企业参与实施的赛项均达95%以上。职业教育发展呈现多元主体参与、资源整合、合作推进的良好态势。

（四）整体谋划提高高等教育质量

学习宣传贯彻胡锦涛总书记2011年4月24日在清华大学百年校庆大会上重要讲话精神，认真调研、系统设计提高高等教育质量的重大政策措施。一是明确新思路。研究制定《关于全面提高高等教育质量的若干意见》、《高等学校创新能力提升计划》（“2011计划”）两个主文件和一系列相关文件。二是建立新机制。探索建立协同创新体制，进一步破除高校与其他创新主体之间的体制壁垒，推动教育与科技、经济、文化紧密结合。改革研究生培养机制，批复一批学校为服务国家特殊需求人才培养硕士、博士项目试点单位，其中包括5所民办高校开展硕士专业学位研究生培养试点。三是探索新模式。以提高实践能力为重点，实施卓越人才培养计划，探索与有关部门、科研院所、行业企业联合培养人才的新模式。四是出台新举措。改进教学评估，39所“985工程”高校第一次向社会公布了2010年本科教学质量报告。印发了《关于国家精品开放课程建设的实施意见》，首批课程向社会公众免费开放。中办、国办转发《教育部关于深入推进高等学校哲学社会科学繁荣发展的意见》，召开全国高校哲学社会科学工作会议，实施新一轮“繁荣计划”。启动实施“十二五”期间“本科教学工程”，修订完善本科专业目录和管理规定。

（五）系统构建支持民族教育发展新机制

一是健全工作机制。建立健全部门之间协商沟通、省部之间协调指导的工作机制。印发支持西藏及四省藏区教育跨越式发展的意见，召开工作会议。二是建立双语教育体制。全面部署双语教育工作，初步建立国家通用语言文字与民族语言文字教学相互协调的双语教育体制。三是创新对口支援机制。启动实施新一轮对口支援西部高校计划，采用团队式对口支援新模式支援西藏、新疆高校建设，将西藏和新疆所有高校纳入对口支援范围。四是创新民族人才培养机制。充分发挥招生计划宏观调控作用，在普通高校本专科和研究生招生计划安排上，向民族地区高校和民族院校倾斜。加大内地培养少数民族人才工作力度，形成了内地为民族地区培养各级各类人才的体系。

（六）着手构建教师队伍建设标准体系

一是系统构建教师专业标准。研究制定了幼儿园教师专业标准、小学教师专业标准和中学教师专业标准。颁布了《关于大力推进教师教育课程改革的意见》和《教师教育课程标准（试行）》。二是严把教师准入标准。建立“国标、省考、县聘、校用”教师准入和管理制度，出台教师资格考试指导意见和定期注册试行办法，率先在浙江、湖北两省进行试点。三是完善吸引优秀人才长期从教制度。做好首届免费师范毕业生就业工作，10 597人全部到中小学任教。研究制定《关于完善和推进师范生免费教育的意见》。将统一中小学教师职务系列、在中小学设立正高级职务的改革试点扩大到全国近百个地级市。四是制定师德规范。推动落实《中小学教师职业道德规范》，研究制定《高等学校教师职业道德规范》，印发《关于切实加强和改进高等学校学风建设的实施意见》。五是加强教育人才工作。积极参加国家“千人计划”，做好“高等学校高层次创新人才计划”实施工作。颁布全国教育人才发展中长期规划，召开全国教育人才工作会议。

（七）初步建立完整的学生资助政策体系

到2011年，我国建立起了从学前教育到研究生教育较为完整的家庭经济困难学生资助政策体系。一是扩大资助范围。学前教育从去年秋季学期开始，对在园家庭经济困难儿童、孤儿和残疾儿童予以资助，中央财政予以奖补。开始建立普通高中家庭经济困难学生资助制度，每生每年1 500元，惠及482万名学生。中等职业教育免学费范围从农村家庭经济困难学生和涉农专业学生，扩大到城市家庭经济困难学生。二是提高资助标准。“一补”标准提高1元，达到小学每生每天4元，初中每生每天5元。普通高校国家助学金资助标准从每生每年2 000元提高到3 000元。三是延伸资助领域。

启动实施农村义务教育学生营养改善计划。从2011年秋季起，在集中连片特殊困难地区展开试点，按照每生每天3元的标准为学生提供营养膳食补助，试点范围覆盖680个县，惠及约2 600万名学生。

（八）健全落实4%目标的政策框架

国务院出台关于进一步加大财政教育投入的意见，召开全国教育投入和管理工作电视电话会议。一是严格落实教育经费法定增长要求。各级政府年初预算和预算执行中的超收部分安排体现法定增长要求，不断提高财政教育支出占公共财政支出的比重，提高预算内基建投资用于教育的比重。二是拓宽财政性教育经费来源渠道。出台统一内外资企业和个人教育费附加制度，全面开征地方教育附加，从土地出让收益中按比例计提教育资金等一系列政策文件。三是形成了教育投入的分解落实机制。配合财政部门，参照分类核定各省财政教育支出目标比例的做法，初步测算和核定省域范围内各市县财政教育支出目标比例，形成分解落实机制。四是提出加强管理、提高效益的总要求。全面推进科学化精细化管理，加强经费使用监管，不断提高经费使用效益。

（九）有序启动教育体制改革试点

按照国务院统一部署，有序推进教育体制改革。一是国家层面的重大改革有序推进。国家教改领导小组确定的20项重大改革明确责任主体，制定工作计划。在17所高校设立试点学院。发布《高等学校章程制定暂行办法》、《学校教职工代表大会规定》等文件。二是改革试点全部启动。各地各校承担的425项改革试点项目制订实施方案，明确改革的目标、措施、配套政策、保障条件及实施进度。各地各校还根据自身实际，自主开展内容丰富、形式多样的改革探索。三是以开放促改革。积极引进国外优质教育资源，批准华东师范大学和美国纽约大学合作成立上海纽约大学、温州大学和美国肯恩大学合作成立温州肯恩大学。全面实施《留学中国计划》，扩大来华留学规模。新建孔子学院36所，中小学孔子课堂131个。目前，已在105个国家和地区建立了358所孔子学院和500个孔子课堂。

（十）创新党建和思想政治工作

充分利用重大节庆活动和重要纪念日，创新工作形式，加强改进教育系统党建和思想政治工作。一是围绕建党90周年，开展“永远跟党走”等主题教育活动。二是制定教育系统学习贯彻十七届六中全会精神的意见和举措，制定《社会主义核心价值体系融入中小学教育全过程指导纲要》，召开中小学德育工作经验交流会。三是贯彻落实胡锦涛总书记给北京大学第十二届研究生支教团成员回信精神，研究制定《关于加强和改进高校实践育人工作的若干意见》，召开全国高校实践育人工作经验交流会。四是在钱学森诞辰100周年之际，主办“人民科学家钱学森”事迹展览，办好钱学森图书馆开馆仪式，召开教育系统学习钱学森先进事迹座谈会，深入开展学习宣传活动。

过去一年中，教育改革发展的其他各个方面工作都得到了有效推进。会同有关部门抓好集中连片特困扶贫攻坚地区普通高中建设项目。召开全国继续教育工作会议暨高等教育自学考试制度建立30周年纪念大会，研究制定《关于加快发展继续教育的若干意见》。制定国家开放大学建设方案。完成特殊教育学校建设标准和国家中西部地区特殊教育学校建设规划。继续推广和规范使用国家通用语言文字，推进“中华诵·经典诵读行动”。编制完成教育事业“十二五”规划和10个教育规划纲要的专题规划。

在充分肯定成绩的同时，我们必须清醒地看到当前教育改革发展仍然面临着许多困难和问题，工作中还有许多欠缺和不足，离党中央国务院的要求和人民群众的期盼还有很大距离。一是进展不平衡，各地各校在教育改革发展的思想认识和推进力度上还有较大差异。二是效果还不显著，一些人民群众关心的热点难点问题尚未有效解决。三是改革还不深入，一些长期存在的体制机制障碍有待进一步突破。四是保障还不到位，实现4%目标、提高教师队伍水平等政策措施需要进一步落实。我们要以更加强烈的责任感、使命感和紧迫感，求真务实，锐意进取，不断把教育规划纲要贯彻落实工作推向前进。

二、2012年的重点任务

2012年是我国发展进程中具有特殊重要意义的一年。2012年教育工作总的考虑是：全面贯彻落实党的十七大和十七届三中、四中、五中、六中全会精神，以邓小平理论和“三个代表”重要思想为指导，深入贯彻落实科学发展观，进一步解放思想，深化改革，促进公平，提高质量，维护稳定，以优异成绩迎接党的十八大胜利召开。

（一）努力营造和谐稳定的良好氛围

一是切实加强改进教育系统党的建设。全面落实第20次全国高校党建会精神，不断提高教育系统党建科学化水平。坚持不懈地用中国特色社会主义理论体系武装党员干部和师生员工，切实加强形势政策教育，扎实推进学习型党组织建设。牢牢把握党对学校意识形态工作的主导权，发布实施《关于坚持和完善普通高等学校党委领导下的校长负责制的实施意见》，全面提高领导班子、干部队伍的整体素质和能力水平。深化为民服务创先争优活动，组织开展好教育系统先进集体和个人评选表彰和学习宣传工作。开展《中国共产党普通高等学校基层组织工作条例》贯彻落实情况的督导检查。加强民办学校党建工作。进一步做好在大学生和青年教师中发展党员工作，研究制定加强改进青年教师工作指导意见。加强惩治和预防腐败体系建设，落实党风廉政建设责任制，大力保持教育系统党员干部思想纯洁、队伍纯洁、作风纯洁、清正廉洁，大力加强监督和严明纪律，始终保持党的先进性和纯洁性。

二是切实加强改进德育和思想政治教育。把社会主义核心价值体系融入国民教育、精神文明建设和党的建设全过程。构建目标明确、内容科学、结构合理、学段衔接、循序渐进的大中小学德育课程教材体系。认真组织马克思主义理论研究和建设工程教材编写工作。制定印发《全国大学生思想政治教育工作测评体系（试行）》和《中等职业学校德育大纲》。推进中小学生课程教材改革，建立中小学生课业负担监测和公告制度，研究出台治理教辅材料散滥意见。加强中小学社会实践基地建设，启动全国大学生社会实践活动示范基地建设。开展大学精神内涵和当代大学生核心价值观研究宣传教育。组织实施高校校园文化创新项目，加强校园网络建设与管理。加强思想政治工作队伍建设，做好高校思政课教师和辅导员、班主任骨干示范培训。

三是切实维护教育系统和谐稳定。牢牢掌握工作主动权，全面分析把握影响学校安全稳定的各种矛盾和问题，逐一落实工作措施、责任分工、进度要求。强化学校思想文化阵地管理，加强对课堂教学的管理。深入开展平安校园创建活动，扎实推进校园及周边环境综合治理，完善校园治安防控体系。积极配合有关部门制定校车安全法规和管理制度，切实采取措施，确保孩子上下学安全。

（二）认真做好教育经费科学使用监管工作

一是推动落实好各项投入政策。配合财政部对投入情况进行综合评价分析。二是完善经费分配制度。新增教育经费要重点用于促进教育公平、提高教育质量、加强薄弱环节和关键领域，向农村地区、贫困地区、民族地区倾斜，向农村义务教育、职业教育和学前教育倾斜，向特殊困难学生倾斜，向建设高水平教师队伍倾斜。三是加强经费监管。修订学校财务制度、会计制度，进一步加强中小学内部财务管理。完善高校经费使用、内部稽核和内部控制制度。制定重大项目资金使用检查监督办法，对重大项目的实施情况和资金使用情况进行检查。学校经费收支安排、重要事项经费都要以多种方式公开，主动接受各方面监督。

（三）推进教育体制改革在关键环节取得突破

一是推进重大改革项目。推进考试招生制度改革，切实解决进城务工人员随迁子女接受义务教育后在当地参加升学考试的问题。出台支持民办教育发展的政策措施，召开全国民办教育工作会议。探索完善促进独立学院发展的有效方式。以制定大学章程为抓手，推进高等学校完善治理结构，建立现代学校制度。鼓励社会力量参与学校管理，推动中小学家长委员会建设，落实《学校教职工代表大会规定》。加强省级政府教育统筹，扩大和落实学校办学自主权。下放和取消一批教育行政审批事项，加快教育立法进程，抓紧修改完善相关法律法规，研究制定《学校依法治校实施纲要》。强化监测评估，加强督导问责，推进管办评分离。

二是加强改革试点指导。按照425个改革试点项目实施方案及计划进度，开展跟踪调研，加大督促检查力度，定期进行评估。采取部省共建、部部共建、部门联合审批、上下联动审批等形式，建立改革试点重大政策突破工作机制，保护改革积极性。

三是推广试点成功经验。针对改革的重点领域，选择成功的地方和学校，召开现场经验交流会，总结典型经验，加强宣传报道，逐步把改革引向深入。各地各校也要通过推进会、现场会、座谈会等方式，加强交流，推广经验。

四是扩大教育对外开放。着力引进境外优质教育资源，支持高水平中外合作办学机构和项目。制定发展规划，明确准入标准，完善审批程序，发挥专家委员会作用，提高中外合作办学水平。创新和发展国家公派出国留学模式，扩大政府奖学金名额。鼓励高校吸引更多世界一流专家学者来华工作。发挥孔子学院综合文化交流平台的作用，办好网络孔子学院。推进中美、中俄、中欧、中英人文交流机制建设。

（四）规范学前教育办学行为

一是建立跟踪指导和检查机制。对各地实施三年行动计划和国家重大项目进展情况进行督查评估，向社会发布督导评估报告。二是进一步加强幼儿教师队伍建设。健全幼儿教师准入制度，加大培养培训力度，推动解决幼儿教师编制和待遇问题。三是提高科学保教水平。落实《幼儿园工作规程》和《3—6岁儿童学习与发展指南》，加强业务指导。四是切实规范办园行为。坚决防止举债办园、办高标准公办示范园，防止学前教育“小学化”倾向和出现新的“代课教师”。落实《幼儿园收费管理暂行办法》，严禁幼儿园以任何名义收取与入园挂钩的赞助费、捐资助学费等费用以及其他另行收取费用的行为。

（五）启动义务教育均衡发展评估验收

一是及时进行总结部署。召开全国“两基”工作总结暨推进义务教育均衡发展会议，对义务教育均衡发展进行全面部署。二是继续完善政策措施。制定推进义务教育均衡发展的文件，对义务教育学校布局调整、标准化建设、校长教师交流、扶持困难地区和薄弱学校等提出政策措施。研究制定缓解城市义务教育阶段择校矛盾的政策措施。三是切实推进机制建设。组织力量对各地义务教育均衡发展工作进行指导，召开改革试点推进会，鼓励试点地区通过制度创新，形成义务教育均衡发展长效机制。四是着手评估验收。出台县域义务教育均衡发展督导办法，制定评估验收程序，启动国家评估验收工作。扎实推进义务教育均衡发展备忘录的落实。

（六）推进现代职业教育体系建设

一是召开全国职业教育工作会议，编制国家现代职业教育体系建设专项规划，与联合国教科文组织联合召开第三届世界职业技术教育大会。二是推进职业教育体系建设。促进职教与普教、中职与高职协调发展。制定高职引领职业教育科学发展行动计划。三是巩固扩大体制机制改革成果。进一步增强行业指导能力。加快制定校企合作促进办法，完善职业教育基本教学制度和学校管理制度，印发实施职业院校学生顶岗实习管理办法，健全实习安全和风险管理制度。四是加强面向农村的职业教育。积极参与进城务工人员、农村劳动力转移培训，推进东西部职业学校合作办学。扩大中职免费政策覆盖范围。

（七）全面落实提高高等教育质量的政策措施

一是系统部署。召开全面提高高等教育质量工作会议，颁布《关于全面提高高等教育质量的若干意见》，启动实施《高等学校创新能力提升计划》。二是优化结构。发布新的本科专业目录和专业设置管理规定，引导高校设置国家战略性新兴产业发展急需的相关专业。三是健全保障。推动建立普通本科教学质量国家标准、行业人才培养评价标准和高校专业人才培养标准。改进教学评估，强化高校自我评估，实行院校分类评估，开展专业认证试点，探索专业国际评估。建立常态数据库和本科教学质量年度报告发布制度，推动“211工程”建设高校向社会公布本科教学质量年度报告。四是深化改革。建设协同创新平台，促进产学研用结合，提升高校创新能力和服务经济社会发展能力。主动与科研部门、企业和国外大学合作，探索建立联合培养人才的新机制。五是促进协调。启动实施中西部高等教育振兴计划。加大东部高校对口支援西部力度。加强地方本科高校建设，扶持有特色的地方高校发展。

（八）加快推进民族地区、贫困地区教育发展

一是印发关于加快推进民族教育发展的决定，召开第六次全国民族教育工作会议。二是研究制定进一步加强少数民族双语教育工作指导意见，积极稳妥、科学有序推进双语教育，重点支持双语教师队伍建设。三是启动新一轮教育对口支援西藏和四省藏区工作，召开教育援藏会议，印发关于进一步加强教育对口支援西藏的意见；继续做好教育对口支援新疆和青海工作。四是实施教育扶贫工程。通过生态保护区转移就学、扩大中等职业教育对口招生、开展劳动力技能培训、改善办学条件、加大教育资助力度、支持高校面向贫困地区定向招生等措施，提高集中连片特殊困难地区教育发展水平。

（九）系统推进教师队伍建设

一是召开全国教师工作会议，对教师队伍建设进行全面部署。二是实施教师资格标准。颁布并实施幼儿园和中小学教师专业标准，研制中小学校长任职资格标准、教师教育机构资质认证标准和质量评估标准，制定中等职业学校教师资格标准及认定办法。启动统一城乡教师编制标准工作。三是加强教师培养培训。扩大师范生免费教育。深入实施“国培计划”，扩大“特岗计划”实施范围。探索建立农村教师特殊津贴制度。扩大学前教育专业招生规模，建设一批幼儿园教师和园长培训基地。启动特殊教育师资培养培训基地建设。四是加强高层次创新人才队伍建设。推进“长江学者计划”，积极参与“千人计划”的实施，加大吸引海外高层次人才的力度。五是加强师德师风建设。落实《中小学教师职业道德规范》和《高校教师职业道德规范》，开展高校学风建设专项治理。

（十）部署实施教育信息化重大工程

一是加快建设教育管理信息系统（“金教工程”）。加大投入，统筹安排，加快全国学校、教师、学生信息系统建设，切实提高教育管理信息化规范化科学化水平。二是加快优质数字教育资源建设。充分利用社会资源，加大信息技术在学校教育教学中的运用，缩小城乡、区域、校际信息差距。精心准备、系统推进、跟踪评估，把更多优质教育资源提供给各级各类学校和全社会使用，为促进教育公平、提高教育质量，构建学习型社会奠定坚实基础。三是召开全国教育信息化工作会议，颁布实施教育信息化十年发展规划，制定中国数字教育2020行动计划。

三、做好2012年工作的要求

今年教育改革发展稳定的任务十分繁重，对教育系统干部的思维方式、领导能力、工作作风都提出了新的更高的要求。必须通过转变教育管理方式，推动教育发展方式转变，必须用科学的管理方法，推进教育事业科学发展。

（一）牢记宗旨，更加注重人民群众的关切

办好人民满意的教育是我们的宗旨。人民群众满意是衡量我们工作的最高标准，是我们一切工作的出发点和落脚点。要始终站在人民群众的角度考虑问题，把我们的工作和人民群众的需求结合起来。要采取多种方式、通过多种渠道，倾听群众呼声，听取群众意见，接受群众批评。要真抓实干，让人民群众感受到教育发展变化，享受到教育改革成果。要探索和完善教育工作群众满意度测评办法，把群众满意度作为评价教育工作成效的核心指标。

（二）因地制宜，更加注重创造性开展工作

各地教育实际各不相同，要求教育发展战略、政策的选择必须坚持从实际出发、实事求是、因地制宜。要善于把总体目标细化为具体目标，把总体思路细化为具体措施，把别人的成功经验转化为自身的有效办法。要具体情况具体分析、不同情况区别对待，找准着力点，增强针对性，分类研究、分类指导、分类推进。要敢于突破传统思维、习惯做法和条条框框，探索符合自身实际的有效办法，大胆试验，锐意改革，勇于创新。

（三）改进作风，更加注重深入基层一线

人民是历史的主人，真正的智慧在人民群众之中，最有效的做法、最鲜活的经验在基层。要大兴求真务实之风，大兴调查研究之风，下决心从文山会海中解脱出来，把心思用在干事业上，把精力投到抓教育规划纲要的落实中。要深入一线，走进学校了解办学存在的问题，走进课堂了解教育教学情况，走近师生了解他们的所思所想，帮助解决实际困难。要建立健全深入基层的长效机制。领导干部

带头，建立基层学校联系点，定期开展蹲点调研。要选拔有丰富实践经验的基层同志到机关工作或挂职。要讲求实效，带着问题下基层，把情况摸清楚，把办法找出来，把经验总结好，把问题解决掉，避免“被调研”，防止“走过场”。

（四）凝心聚力，更加注重舆论宣传工作

推进教育改革发展，离不开良好舆论环境的支持。当前，社会舆论格局发生深刻变化，进入了多媒体和自媒体时代，对此我们还很不适应。营造和谐社会环境和宽松舆论氛围，有利于凝聚共识，推进工作。要坚持舆论宣传与业务工作同部署、同安排、同落实，加强统筹谋划，精心策划方案，努力提高教育宣传的针对性、吸引力和有效性。要加大正面宣传，加强舆论引导，准确解读教育政策措施，理性分析教育热点难点，赢得人民群众对教育工作的理解和支持。要提高应对能力，加强舆情分析研判，主动应对舆论热点，把握引导时机、节奏和力度。要主动适应手机短信、博客、微博等各种新兴传播手段和载体迅猛发展的趋势，善于借助和发挥新兴媒体的独特优势，因势利导，不断增强教育宣传的传播力和影响力。

（五）稳中求进，更加注重防范风险隐患

稳中求进是今年工作的总基调，对教育工作尤其具有现实意义。当前，教育改革处于攻坚克难的关口，涉及体制机制调整、涉及利益格局变化，如果把握不好，出现偏差，就可能改不成、改不好，甚至引发新的问题。教育发展处于全面推进的阶段，投入大、规模大，项目多、头绪多，如果操作不当，出现纰漏，不但影响工作推进，还可能引发负面效应。越是在改革的攻坚阶段、发展的关键时期，越要保持清醒头脑，增强风险意识。要统筹谋划改革发展，出台重大政策、实施重大项目，都要广泛征求意见、充分调研论证，特别是要注重风险评估，做好应对预案。要加强过程管理，强化跟踪监测，及时掌握情况、发现问题、纠正错误，把问题解决在萌芽状态。

办好人民满意的教育，使命光荣、任务艰巨、责任重大。让我们在以胡锦涛同志为总书记的党中央的坚强领导下，高举中国特色社会主义伟大旗帜，以邓小平理论和“三个代表”重要思想为指导，深入贯彻落实科学发展观，振奋精神，再接再厉，深入推进教育规划纲要贯彻落实，认真做好2012年各项工作，以教育事业科学发展的优异成绩迎接党的十八大胜利召开！

（2012年1月7日）

高等教育工作要聚焦到提高质量上

——在2012年全国教育工作会议上的讲话

杜玉波

2012年是贯彻落实教育规划纲要的重要一年，推动高等教育改革发展的任务十分繁重。按照刘延东同志在这次会议上的重要讲话精神，今年高等教育改革发展的总体要求是：全面落实教育规划纲要，深入贯彻胡锦涛总书记在清华百年校庆大会上的重要讲话精神，以提高质量为主题，以加快转变高等教育发展方式为主线，把人才培养作为提高质量的首要工作，把内涵发展作为提高质量的核心要求，把体制机制改革作为提高质量的根本出路，把实施《关于全面提高高等教育质量的若干意见》和《高等学校创新能力提升计划》作为提高质量的有力抓手，把营造和谐稳定的发展环境作为提高质量的重要保障，推进改革、突出特色、促进和谐，在攻坚克难、务见成效上狠下功夫，以优异成绩迎接党的十八大胜利召开。

根据部党组部署和这个总体要求，今年高等教育改革发展要确立转观念、立标准、促改革、调结构、强保障的工作思路，把工作聚焦到提高质量上。

一、转观念，向以质量提升为核心的内涵式发展转变

转观念，就是要树立科学的高等教育发展观，确立人才培养在高校工作中的中心地位，坚持稳定规模、优化结构、强化特色、注重创新，促进高等教育向以质量提升为核心的内涵式发展转变。

一是要夯实办学的核心理念。要重新认识大学的根本任务是培养人，组织高校开展“科学的高等教育质量观”大讨论，使高校领导和广大师生进一步树立以人才培养为中心的理念，把人才培养质量作为衡量办学水平的最主要标准；进一步树立以适应社会需要为检验标准的理念，把社会评价作为衡量人才培养质量的重要指标；进一步树立以学生为本的理念，把一切为了学生健康成长作为教育工作的首要追求。要以全面提高人才培养质量为主题，总结学习贯彻胡锦涛总书记清华百年校庆讲话一周年的成绩和经验，召开第22次直属高校咨询会。

二是要来一次教学方法大改革。教学方法是点燃学生创新才智的火种。要把教学内容、教学方法、教学模式改革作为高校教育教学和人才培养的最基础性工作，大力推进启发式、探究式、讨论式、参与式教学，加强师生互动。要强化本科教学的基础地位，领导精力、师资力量、资源配置、经费安排和工作评价都要体现以教学为中心。各高校要召开本科教学工作会议，着力解决人才培养和教育教学中的重点难点问题。要制定具体办法，把教授为本科生上课作为基本制度，将承担本科教学任务作为教授聘用的基本条件，让最优秀教师为本科一年级学生上课。

三是要创新人才培养模式。培养创新人才关键是探索科学基础、实践能力、人文素养融合发展的新模式。要继续实施好“基础学科拔尖学生培养试验计划”、“卓越工程师教育培养计划”，积极推进卓越医生、卓越法律人才、卓越农林人才教育培养计划，重点在拔尖学生的选拔方式、因材施教模式和国际化培养等方面取得新突破，在高校与行业部门、科研院所和企业合作培养应用性、复合型人才的体制机制上取得新进展。积极推进医学教育综合改革，着力构建“5+3”模式（5年医学院校本科教育加3年住院医师规范化培训）的临床医学人才培养体系，加快面向基层的全科医生培养。

四是要加强实践育人工作。抓实践育人，就是要突破高校人才培养的最薄弱环节。要全面落实《关于进一步加强高校实践育人工作的若干意见》，强化实践教学环节，增加实践教学比重，确保各类专业实践教学学分学时。教学经费要优先用于实践教学。大力推进校企合作，推动高校与企业共同建设国家大学生校外实践教育基地。采取有效措施，组织和激励大学生广泛参加社会调查、生产劳动、志愿服务、公益活动、科技发明和勤工助学等活动，宣传推介高校社会实践先进典型，促进广大学生在实践中受教育、长才干、作贡献。

二、立标准，建立健全质量保障和监测评估体系

立标准，就是要探索形成符合国情、校情的高等教育质量标准，建立健全质量保障和监测评估体系，使高等教育质量可评价、可比较、可监测。

一是要建立和完善人才培养质量标准。标准是尺度、是要求、是底线。要组织专家研究制订本科各专业类教学质量国家标准。推动省级教育行政部门、行业部门（协会）和高校联合制订相应的专业人才评价标准。促进各高校根据经济社会发展需要和本校实际制订各专业人才培养标准、修订人才培养方案。要把促进人的全面发展和适应社会需要作为衡量人才培养水平的根本标准，初步形成符合国情的人才培养质量分类标准体系。

二是要健全教学质量监测评估体系。质量监测评估是提高质量的重要手段。要根据本科教学评估新方案的要求，实施院校分类评估，稳步做好新建本科院校合格评估，研究制订审核评估方案。要强化高校质量主体意识，推进高校开展本科教学工作自我评估，完善本科院校教学基本状态数据库，推动“211工程”建设高校向社会公布年度本科教学质量报告。建立医学教育认证制度，加快推进工程专业认证试点工作，推动高水平大学开展学科专业的国际评估。促使高校接受师生、政府、社会和专业机构多方面的监督，真正建立起激励和约束机制。

三是要继续推进“本科教学工程”。以项目强内涵，以项目保质量。完成2012年“本科教学工程”建设项目，重点建设一批精品视频公开课和精品资源共享课，实现优质课程资源的共享。建设一批实习实训基地，资助一批大学生创新创业训练项目，增强大学生创新创业能力和实践能力。启动高校教师教学发展国家级示范中心项目建设，提高教师教学能力。完善国家、地方、高校三级“本科教学工程”体系，发挥建设项目在推进教学改革、加强教学建设、提高教学质量上的引领、示范、辐射作用。

三、促改革，着力突破制约质量提升的体制机制障碍

促改革，就是要以更大的决心和气力推进高等教育改革，着力破解制约质量提升的体制机制障碍，处理好现有政策和政策突破的关系，在一些重点领域和关键环节取得新的进展。

一是要继续推进国家教改试点项目。改革亟待突破，社会强烈期盼。要高度关注与高等教育相关的228个国家教改试点进展情况，进一步加大改革力度，在人才培养模式、高等教育管理方式、高校办学模式等方面大胆改革、先行先试。有关地方和高校要紧密结合实际，充分发挥师生的主动性、积极性、创造性，有计划、有步骤地扎实推进试点。教育行政部门要加强跟踪指导，建立试点项目的交流平台和绩效评价机制，尊重一线实践创造，组织开展教改试点项目成果展示活动，培育基层典型，推广先进经验。

二是要启动实施“高等学校创新能力提升计划”。落实协同创新要求，突破体制机制障碍，组织指导高校探索建立校校协同、校所协同、校企协同、校地协同、国际合作协同等开放、集成、高效的新模式。要加强组织管理，成立专门领导小组，成立专家咨询委员会，建立第三方评审机构。要制订启动实施方案，围绕重大科学问题和国家需求，成熟一项，启动一项。要完善政策保障，会同有关部门和地方制定相关政策，在人才保障、人事分配政策等方面给予特殊支持。

三是推进试点学院改革。建立教育教学改革试验区，探索以开展创新人才培养为核心、以学院为基本实施单位的综合性改革。重点在人才招录与选拔方式、人才培养模式、教师聘任考核与评价制度、学院内部治理结构等四方面进行改革。教育行政部门要研究制定对试点学院的支持政策，通过必要的奖励、支持性经费，重点支持人才培养模式改革。首批试点高校要加大改革力度，将试点学院改革纳入学校总体规划，统筹统管。试点学院要坚持改革的正确方向，遵循教育教学规律和人才成长规律，不断积累和创造经验，形成实际推广的意义和价值，使试点学院改革具有可持续性。

四是积极稳妥推进高考改革。高考制度必须坚持，高考改革势在必行。要按照“分类考试、综合评价、多元录取”的目标要求，积极稳妥地推进高考改革。要大力推进高等职业教育分类考试招生改革试点，扩大示范高职单招、对口招生等规模。鼓励有关省份和高校积极探索综合评价方式，推动高考与高中学业水平考试和综合素质评价相结合。要改革招生录取模式，探索完善资助录取、推荐录取、定向录取、破格录取的多元录取模式。要指导试点学院和条件成熟的中外合作办学机构探索选拔具有创新潜质、学科特长和学业优秀学生的体制机制。招生计划要向中西部地区和贫困地区倾斜，制订高校对贫困地区实施定向招生的方案。要完善阳光招生的制度体系，规范招生秩序和特殊类型招生。要强化部际联席会议机制，完成标准化考点建设任务，形成覆盖全国的国家教育考试安全运行体系。当前要结合前期调研的成果，围绕人民群众关注的高考热点难点问题，研究制订高考改革专项方案，及时回应社会关切。

四、调结构，以政策指导和资源配置促进高校办出特色

调结构，就是要充分发挥政策引导和资源配置作用，优化高等教育学科专业、类型、层次和区域布局结构，促进高校在不同层次、不同领域办出特色，争创一流。

一是要优化本科专业结构。解决专业“不对路”的问题，适应经济发展方式转变和国家发展战略的需要。要按照新修订的学科专业目录及设置管理规定，完善本科专业动态调整机制和专业预警、退出机制，落实和扩大高校学科专业设置自主权。开展专业综合改革试点，重点建设一批本科专业点和高职专业点，着力支持优势特色专业、战略性新兴产业相关专业和农林、水利、石油等行业相关专业以及师范类专业建设，加强急需的服务外包和动漫、小语种、艺术等文化人才培养。

二是要推进高等教育区域协调发展。促进东部地区率先发展，中西部地区加快发展。要推动东部地区开展高等教育综合改革试点，率先建成高等教育强省。实施“中西部高等教育振兴计划”，组织好中西部高校教学基本条件建设项目，大力改善实验室等基本办学条件，力争形成中西部高等教育高地。继续推进“东部高校对口支援西部高校计划”，扩大实施团队式对口支援，组织好西部受援高校教师和管理干部进修锻炼工作。要着力加强地方本科高校建设，以扶需、扶特为原则，支持有特色高水平地方高校发展。

三是要大力做好毕业生就业工作。2012 年全国普通高校毕业生就业形势依然严峻。要加快建立和完善高校毕业生就业服务体系，启动高校示范性就业指导服务中心建设。加强就业指导课程建设，大力开展创新创业教育。举办高校毕业生基层建功立业和创业先进事迹巡讲活动，积极引导毕业生到中西部地区、基层就业和中小企业就业，以更大力度鼓励和支持大学生自主创业。重视并做好就业困难群体、离校未就业毕业生的服务援助工作。加强就业状况对招生、培养环节的反馈，促进人才培养结构优化调整。

四是要深入开展高校共建工作。加强分类指导，完善部属高校和重点建设高校战略布局，建立省部共建地方高校长效工作机制。推进行业共建工作，探索落实部部共建协议的新途径。拓宽共建渠道，力争实现“985 工程”三期共建的全覆盖。积极探索建立和完善董事会理事会制度，鼓励地方政府、部门行业积极参与共建高校的治理管理。推动高校落实国家教育体制改革试点共建项目方案，引导和鼓励直属高校通过共建推进人才培养模式改革，打造一批具有典型示范意义的产学研合作联盟。

五、强保障，切实提高党建和思想政治工作科学化水平

强保障，就是要加强和改进高校党的建设工作，不断增强思想政治工作的针对性和实效性，切实保持和谐稳定的校园环境。

一是要深入开展创先争优活动。继续开展以“落实教育规划纲要、服务学生健康成长”为主题的为民服务创先争优活动。组织引导基层党组织和广大党员履职尽责创先进、立足岗位争优秀，特别是在推改革、解民忧、促和谐中充分发挥作用。进一步推进教育系统机关干部下基层活动，建立党员干部直接联系群众制度，促进广大干部深入基层知校情、深入师生解难题。落实“基层组织建设年”各项部署，进一步加强基层党组织建设。大力宣传创先争优先进典型，2012 年“七一”开展“教育系统先进基层党组织、优秀党务工作者、优秀共产党员”评选表彰活动。继续推进创先争优理论研究，形成一批高水平理论成果，指导改革实践。

二是要继续加强大学生思想政治教育。加强大学生思想政治教育的关键是牢固树立育人为本、德育为先的理念。要开展大学生思想政治教育工作测评试点。实施“立德学者”项目，培养一批思想政治教育中青年学术带头人。着力加强网络思想政治教育，指导和支持“中国大学生在线”网站建设，推动上海“易班”等各区域性大学生网站建设。

三是要全面加强大学文化建设。大学之大，首先在于精神之伟大。要把社会主义核心价值体系融入大学文化建设全过程，加强以弘扬大学精神、践行大学生核心价值观为主要内容的大学文化建设。推动高校完善确定校风、校训、校徽、校歌，探索凝练当代大学生核心价值观和辅导员誓词。统筹推进高校校史馆、博物馆、艺术馆、音乐厅等场馆建设及使用，协调整合高校文化育人资源。开展高校校园文化建设优秀成果评选，打造优秀校园文化品牌。加强文化素质教育基地建设，推进以文理交融为重点的文化素质教育课程体系建设。

四是要切实加强高校党建工作。要认真落实第20 次全国高校党建会精神，坚持围绕中心抓党建，抓好党建促发展，注重抓基层打基础。要督查《中国共产党普通高等学校基层组织工作条例》贯彻落实，坚持和完善党委领导下的校长负责制，推动高校党建工作规范化建设。摸清民办高校党建工作情况，推动建立健全民办高校基层党组织。制订高校党务工作者骨干培训规划，开展高校党务工作干部队伍示范培训。研究制定加强和改进高校青年教师思想政治工作的具体意见，支持促进青年教师发展。

五是要全力维护高校和谐稳定。稳定是硬任务，高于一切、重于一切、压倒一切，主要领导要对学校稳定工作负总责。要做好敏感时期、突发事端的应急处置工作，坚决控制群体性事端，严防引发连锁反应。加强中央综治委校园及周边治安综合治理专项组工作，协调成员单位整治校园及周边治安秩序。发挥抵御宗教渗透专门工作机制作用，开展治理有关非法宗教组织对高校渗透工作。建立和完善领导干部定期接待群众来访制度，努力在解决群众关心的实际问题上下功夫、求实效。

（2012 年 1 月 7 日）

围绕中心工作　服务发展大局
努力开创职业教育科研工作新局面

——在全国职业教育科研工作会议上的报告

鲁　昕

职业教育科研是教育工作的重要组成部分，是推动职业教育科学发展的基础性保障性工作，它担负着探寻规律、服务决策、创新理论、指导实践的重任。教育改革和发展越是深入，越需要强有力的教育科研做支撑。

经过多年的努力，我国已初步形成职业教育科研体系，对国家职业教育改革发展和科学决策发挥了积极的作用。但职业教育作为一个类型的教育，仍是教育中的薄弱环节，职业教育科研的基础也相对比较薄弱，科研体系不够完善，研究机制急需创新，质量水平也有待提高，与蓬勃发展的职业教育改革实践相比仍相对滞后。加强职业教育科研工作对于深化职业教育改革创新具有先导性意义和基础性作用。

一、充分认识加强职业教育科研工作的重要性

当前，我国经济社会发展呈现新的特点，国际产业发展出现新的趋势，职业教育改革发展面临新的形势和任务。对这些情况进行系统深入的梳理和研究，推动职业教育改革创新，增强服务经济社会发展和人民群众需求的能力，迫切需要加强职业教育科研工作。

（一）国内经济社会发展对职业教育提出了新需求

职业教育在全面建设小康社会的总体布局中，在转变经济发展方式、建设现代产业体系的战略部署中，在实施科教兴国和人才强国战略、建设人力资源强国和创新型国家的历史进程中，具有非常重要、非常突出的战略性作用。一是职业教育成为转变经济发展方式的重要基础。要实现我国从经济大国向经济强国迈进的目标，促进经济增长方式由主要依靠增加物质资源消耗向依靠科技进步、劳动者素质提高、管理创新转变，科技是先导、人才是关键、教育是基础。大力发展职业教育能够为转变经济发展方式培养数以亿计的高素质劳动者和技能型人才，保持经济平稳较快发展和产品的强劲竞争力。二是职业教育成为建设人力资源强国的重要任务。《教育规划纲要》提出："到 2020 年，基本实现教育现代化，基本形成学习型社会，进入人力资源强国行列。"教育结构包括普通教育和职业教育，高水平的职业教育是人力资源强国的基本特点和重要组成部分。职业教育在高技能人才、农村实用人才、社会工作人才培养中都大有作为。三是职业教育成为改善民生的重要举措。职业教育对于加强职业技能开发，提升群众的择业、就业和创业能力建设具有重要作用。同时，"十二五"期间我国城镇化率将从 47.5％提高到 51.5％，转移人口将达到 4 700 万人，职业教育对于促进农村人口有序转移到城市就业、实现幸福生活具有很大的作用空间。

（二）国际经济发展趋势对职业教育提出了新思考

当今世界正处在大发展大变革大调整时期，各国在金融危机之后都加快了调整经济结构的步伐，职业教育作为培养技能型人才的教育类型，对于繁荣经济、促进就业、消除贫困、维护稳定有着特殊重要作用，越来越得到各国政府的高度重视。

1. 职业教育成为经济可持续发展的重要动力

一是职业教育能够提高企业的创新能力。对丹麦1 900家公司的研究表明，职业教育对企业向市场提供新产品有积极影响。对中国280家高科技企业的研究表明，职业教育对技术革新存在明显的正相关关系。二是职业教育能够提高企业的生产率。在英国，接受培训雇员的数量每增加1%，就可以提高0.6%的生产率；工人技术水平每提高一级，劳动生产率就提高10%—20%。三是职业教育能够产生巨大的经济回报。美国的研究表明，对职业教育一美元投入，会带回若干美元的回报：在盐湖城社区学院，一美元投入能带来4.3美元的回报；在威斯康星技术学院，一美元投入能带来10.65美元的回报；在康涅狄格州社区学院，一美元投入能带来16.4美元的回报。

2. 职业教育成为产业升级的重要支撑

2010年，欧盟发布了《为了绿色工作的技能：欧洲分析报告》，提出要培养公民的绿色技能，把可持续发展和环境问题纳入现有的教育与培训资格框架中，促进政策制定者重视对现有工人技能的更新和提升；推动欧盟各国制定技能战略，把环保的相关知识纳入到职业教育与培训体系中。德国对职业教育专业目录进行了修订，修订专业219个，开设新专业82个。其中，根据哥本哈根会议的精神，更加重视发展与环境保护、低碳经济相关的专业或课程。澳大利亚2009年7月公布了5万个绿色工作岗位和培训机会，投入了9 400万澳元，对年轻人和社会弱势群体开展技能培训。

3. 职业教育成为保持国际竞争力的重要战略

许多国家和地区将职业教育作为增强国家竞争力的重要基石。美国2011年2月公布了《美国创新战略：确保我们经济增长与繁荣》，强调要加大对美国创新基础的投资，培养具有21世纪知识和技能的美国人，打造世界一流的劳动力。英国2009年11月颁布了《促进增长的技能：国家技能战略》，强调要使学习者在各个阶段都有更多、更灵活的接受技能培训的机会，并提出了扩大高等职业教育、发展现代学徒制、完善需求导向的技能体系、为每一个学习者建立“技能账户”、鼓励企业支持和开展培训、提高培训质量六个方面的建议。德国2008年签署了“德雷斯顿宣言”，提出到2015年，要使没有接受职业教育的人员从17%降至8.5%。

4. 职业教育成为保持国家稳定的重要措施

职业教育是促进就业的有效手段，能够帮助人们尤其是社会弱势群体获得就业技能和生活来源，更好地融入社会，从而保持国家稳定。美国面对金融危机导致的10%的高失业率，决定在未来10年向社区学院投资120亿美元，帮助青年及失业人员接受职业技能培训。德国《联邦职业教育法》对特殊人群的职业教育进行了规定，要求在教学时间和内容安排、考试时限以及辅助性手段等方面，要考虑残障人士的特殊情况。澳大利亚通过法律的形式，使职业教育在构建公平社会方面发挥了积极作用，《用技能武装澳大利亚劳动力2005年法案》规定，职业教育要考虑所有学生的需求，特别是要增加教育不利群体或偏远地区学生的职业教育机会。

（三）职业教育发展现状对科研工作提出了新课题

面对国际国内的新需求新趋势，我国职业教育要进一步深化改革、转变发展方式。在工作重点上，要从较多地注重规模扩大，向加强内涵建设、全面提高质量转变；在发展动力上，要从主要依靠政府及其教育部门主导推进，向依靠政府主导、行业指导、企业参与协同推进转变；在发展模式上，要从中等、高等职业教育分别规划、各自推进，向各类职业教育统筹管理、系统衔接和协调发展转变。实现这几个转变，必须要对职业教育体制机制进行深层次的改革，这就需要深入研究职业教育的体制问题、体系问题、机制问题、制度问题、政策问题、模式问题、标准问题等，加强顶层设计。

经过改革开放30多年的努力，我国职教科研工作已经具备了一定的基础。一是职业教育科研体系初步形成，构建了从中央到地方、从政府到学校的职业教育科研机构网络。目前，部委直属的职业教育科研机构包括教育部职业技术教育中心研究所、人力资源和社会保障部职业技能鉴定中心、中国劳动保障科学研究院等，多数省份也建立了省级职业教育科研（教研）机构，部分职业教育发展较快的地级市和县建立了职业教育教学研究室，一些高等学校和职业院校成立了职业教育研究机构。社会学术团体如中华职业教育社、中国职业技术教育学会也积极开展职业教育学术活动。二是职业教育科研活动深入开展。围绕职业教育改革发展中的重点、热点和难点问题积极开展研究，在职业教育基本理论、法律法规、制度政策、教育教学、办学和管理等各个领域都提出了很多好的理念，为国家职业教育基本制度的建立和职业学校基本教学规范的形成提供了重要支撑。三是积极扩大国际学术交流与合作。研究和引进了德国“双元制”、北美“CBE”等世界上影响较大的职业教育模式及课程开发方法，为我国职业教育改革发展提供了有益的借鉴。四是科研成果的宣传和推广力度不断加大，成果转化率明显提高。五是初步建立了完整的职业教育学科人才培养体系。职业技术教育学博士点已达 10 个，硕士点近 50 个。

同时我们必须充分地认识到，职业教育科研仍然是一个十分薄弱的环节。突出表现在以下六个方面。一是对职业教育科研的重要性认识不足，摆不上位置，缺乏统筹规划。二是科研机构体系不完善，一些省（区、市）还没有设立职业教育研究机构。三是科研队伍数量不足，科研能力有待提高。目前，省属职业教育科研机构平均在岗人数 10 人左右，有些省（区、市）在岗人数不足 5 人。四是科研经费投入不足，经费来源单一。五是职业教育科研还不能很好地和经济、社会、产业、企业、人力资源开发等紧密结合，研究缺乏战略性、前瞻性和针对性。六是科研资源未能有效整合，力量分散。教育和人力资源与社会保障系统之间、政府和社团之间、科研院所和学校之间的研究力量缺少协同作战。

二、加强职业教育科研工作的新举措

在新的形势下，提高职业教育科学决策、科学管理、科学实施的能力和水平，迫切需要大力加强职业教育科研工作。新时期加强职业教育科研工作，要围绕中心工作，服务发展大局，加强重大理论和现实问题研究，加强国际比较研究，坚持理论联系实际，坚持协同创新，强化政策保障和队伍建设，树立良好学风，努力构建中国特色职业教育科研体系，整体提升职业教育科研工作的能力和水平，为推动职业教育科学发展，努力办好中国特色、世界水平的职业教育提供理论支撑和智力支持。

（一）高度重视职业教育科研工作

教育科研是推动职业教育科学发展的基础性保障性工作。没有高水平的科研，就不可能有高质量的职业教育，就不可能培养出高素质的技能型人才，也就不可能支撑经济发展方式转变和产业结构调整升级。要从全局的高度充分认识做好职业教育科研工作的重要性，牢固树立“科学发展、科研先行”和“抓科研就是抓质量、抓质量必须抓科研”的理念，切实把职业教育科研作为推动职业教育改革创新、提高职业教育质量的重要基础，提高重视程度，加强领导、指导、协调和支持的力度。

各级职业教育科研机构和科研工作者，要全面提升职业教育科研的服务能力。一是要全面提升职业教育探寻规律的能力。要重点探索职业教育改革发展中教育与经济、教育与人力资源开发、教育制度与劳动制度、学校与企业、学习与工作等关系与规律。二是要着力提升职业教育服务决策的能力。要立足国家发展大局和教育发展全局，服务科学发展主题和转变发展方式主线，服务教育规划纲要的贯彻落实。三是要着力提升职业教育创新理论的能力。理论创新是目前职业教育科研工作相对薄弱的方面，要积极开展职业教育基础理论研究，逐步形成和完善中国特色职业教育发展理论。四是要着力提升职业教育科研服务实践的能力。职业教育相比其他教育其培养对象、培养目标、办学主体、评价标准等方面更加多样化，办好职业教育也更为复杂，实践中遇到的困难、要破解的难题更多，更加需要科学研究和理论指导。

（二）加强职业教育科研机构建设

加强职业教育科研工作，必须要进一步推进科研机构建设，完善机构布局，整合多方资源，形成科研合力。一是加强国家级、省级、地市级职业教育科研机构建设。各省、自治区和直辖市都应建立职业教育科研、教研机构，各市（地）都应建立职业教育教研机构或配备专职教研人员。国家和省级职业教育科研机构主要承担宏观、中观政策的研究，为国家和区域职业教育发展提供全方位的服务。市（地）级职业教育科研机构主要侧重于研究当地职业教育发展特别是教学改革的具体问题。二是加强高等学校职业教育科研机构建设。有条件的高等学校和职业院校，应建立专门的职业教育科研机构，充实研究队伍，加大研究经费投入力度。高等学校要积极发挥自身学科优势，着重开展基础理论研究。职业院校教研机构要发挥紧贴实践一线的优势，积极开展实践研究。三是加强职业教育学术团体建设。要重视发挥中华职业教育社、中国职业技术教育学会等学术团体的作用，发挥好这些学术团体在“研究、咨询、中介、服务”等方面的功能，推动群众性职业教育科研活动的广泛开展。

（三）完善职业教育科研体制机制

一是完善职业教育科研工作机制。要成立全国职业教育科研工作领导机构，完善职业教育科研工作领导体制，建立教育、人力资源与社会保障等部门密切配合的工作机制，加强对职业教育科研的领导和统筹规划。要完善职业教育科研工作交流与合作机制，促进资源共享，形成协同创新的战略联盟。要充分发挥教育部职业技术教育中心研究所在全国职业教育科研工作中的组织、指导和协调作用。二是健全职业教育科研管理制度。建立健全职业教育科研课题管理制度，加强对科研课题立项、实施和推广等环节的统筹规划和管理监督，提高职教科研课题在教育科研中的比重。建立和完善科研成果评价机制和评价体系、学术监督和制约机制等，推进职业教育科研管理制度化、规范化。三是建立职业教育科研优秀成果评选和奖励制度。对取得重大研究成果的人员要给予重奖，实现一流人才、一流成果与一流奖酬的统一。要通过表彰奖励，扩大优秀职业教育科研成果的影响面，使之在更广的范围内发挥作用。

（四）加强职业教育科研队伍建设

队伍建设是提高科研质量的关键。要充分调动研究人员的积极性、主动性和创造性，努力打造一支数量充足、素质优良、结构合理、充满活力的职业教育科研队伍。一是加强专职科研队伍建设。教育行政部门要加强与人力资源与社会保障、编制等部门的合作，根据职业教育科研工作需要，合理核定职业教育科研机构编制，进一步扩大专业科研队伍的规模。各研究机构要完善人才引进、交流、培养和使用制度，逐步优化科研队伍的学科、年龄结构，创造多种机会和良好环境，激发科研人员的创造活力，提高整体研究水平。二是充分调动广大教师参与科研的积极性。职业院校要建立科研激励机制，把开展教育科研的情况纳入教师年度考核指标体系，鼓励教师结合教学实践，多研究、多思考，围绕深化教学改革、提高教学水平开展科学研究。三是吸引多方力量积极参与职业教育科研。以科研课题和项目为载体，形成教育行政部门、科研机构、学校、行业、企业等多领域相关人员联合开展职业教育科研的机制，增强部门、行业和机构间的深度合作，促进资源共享，形成职业教育科研的合力。四是建立健全职业教育科研人才培养培训体系。要加快职业技术教育学科博士后流动站、博士点和硕士点建设，充实师资力量，改善办学条件，改进课程设置和教学方法，扩大培养规模，提高职业教育科研人才培养的质量和水平。要逐步完善职业教育科研人员培训制度，加强对现有在职科研、教研人员的专业培训、提高培训。鼓励和支持青年研究人员在政策研究和决策咨询的实际锻炼中快速成长。要加强对学术带头人、学术骨干的培养和创新型学术团队建设，充分发挥他们在科研队伍建设中的引领作用和育人功能。

（五）加强职业教育科研资源的整合

职教科研涉及多个部门和领域，要充分发挥各方面的积极性和优势，齐心协力共同把工作做好。一是不同部门之间要加强协调，共同搭建重视职教科研、办好职教科研、发挥好职教科研作用的制度平台，健全工作机制，为职教科研营造良好的环境和氛围。二是职教科研机构之间，职教科研机构与行业、企业之间要加强合作，形成协同创新联盟，促进资源共享，联合开展重大攻关项目研究。积极吸引行业、企业参与，形成教育管理、科研、教学、行业、企业等多领域人员联合开展职业教育科研的新机制。

（六）创新职业教育科研方式方法

一是要拓宽研究视野。职业教育科研工作既具有教育科研的一般规律和特点，也具有鲜明的自身特色，其中最突出的是与经济社会、产业发展紧密结合。职业教育科研不能仅仅从教育的角度来谈职业教育，还要从经济社会发展的角度、从国家发展战略的高度来认识和分析职业教育问题，综合运用教育学、经济学、社会学等多学科的视角、知识和方法来开展研究。二是要坚持立足实践。职业教育科研具有较强的实践性，要紧贴产业发展、紧贴群众需求、紧贴办学和管理实际。加强调查研究，深入基层，了解实情，尊重和总结一线工作者首创经验。要加强实验研究，把科研工作与职业教育试验区、示范区、示范校建设等重要工作和重大项目结合起来。要加强成果转化与推广，把研究成果转化为观念、转化为知识体系、转化为方法手段，提高研究成果的利用率。三是要加强国际比较。要加强对不同国家职业教育体制、体系、制度、政策和发展情况的比较研究；加强对不同国家推动职业教育与产业深度融合、发挥行业企业作用的比较研究；加强对不同国家职业学校办学模式、培养模式、教学模式、评价模式，以及教学环境、专业设置、教材应用、教学方式、队伍建设、管理制度等方面的比较研究。四是要树立良好学风。这是做好职业教育科研工作的灵魂。科研工作者必须要有科学的态度、科学的方法、科学的作风。要勇于探索、锐意创新，尊重规律，客观严谨，不唯上不唯书只唯实。杜绝弄虚作假、抄袭剽窃等学术腐败现象。要潜心治学，甘于寂寞，坐得住“冷板凳”，不浮躁，不急功近利。

（七）提高职业教育科研信息化水平

要积极利用现代信息技术，提高职业教育科研工作的信息化和现代化水平。一是建立职业教育科研工作信息平台。建立全国统一的职业教育科研信息服务和管理网络平台，提高职业教育科研信息收集、交流、统计、处理的综合能力。二是开发职业教育科研数字化资源。要提高职业教育科研信息资源的综合开发能力，加强职业教育科研案例库、项目库、文献库和数据库建设，推进数字化科研成果的跨机构、跨区域和跨部门共享。

（八）健全职业教育科研投入保障机制

一是建立职业教育科研投入保障制度。各地要将科研工作纳入职业教育工作的总体目标。各级教育行政部门在制订事业发展规划时，要把职业教育科研作为一项重要内容；在实施重大项目时，要同期部署相关课题研究；在安排经费预算时，要有专门的职业教育科研经费，保证职业教育科研经费投入逐年增加。二是要建立职业教育科研经费多元筹措机制。职业教育科研机构要积极采取措施，通过开展各种形式的科研合作与开发、信息咨询与服务等活动，多渠道筹措职业教育科研经费。

三、准确把握当前职业教育科研的重点任务

当前，职业教育改革进入了深水区，艰巨性和复杂性前所未有。职业教育科研要适应新的形势，围绕科学发展主题、转变发展方式主线，总结历史、研究现实、谋划未来，集中力量，突出重点，加强对职业教育改革发展重大问题的研究。

（一）加强现代职业教育体系研究

目前，职业教育体系不完善成为阻碍职业教育发展的主要问题，要积极探索形成现代职业教育体系的有效路径。一是加强现代职业教育体系的内涵和规律研究。要准确理解和把握现代职业教育的内涵，研究其要素构成和发展规律，确保现代职业教育体系建设的正确方向。二是加强现代职业教育体系与经济社会发展关系的研究。现代职业教育体系要适应经济发展方式转变和产业结构调整要求。要研究职业教育如何面向外部需求，形成相应的教育规模和结构布局，服务经济社会发展的需要。三是加强职业教育与其他教育的沟通研究。现代职业教育体系要体现终身教育理念。要研究如何形成学历教育与非学历教育协调发展、职业教育与普通教育相互沟通、职前教育与职后教育有效衔接的格局，搭建技能型人才成长“立交桥”，服务人的终身学习、持续发展。四是加强中等和高等职业教育的协调发展问题研究。要研究如何促进中职和高职的科学定位、合理分工和协调布局。重点研究如何推动中等和高等职业教育在培养目标、专业设置、教材开发、课程体系、教学过程、招生工作、教师培养、评价机制、行业指导、集团办学 10 个方面的衔接。

（二）加强职业教育与经济发展的关系研究

职业教育是各级各类教育中与经济发展联系最直接、与产业企业竞争力提高联系最紧密、对就业贡献最显著的一类教育。一要加强职业教育对国家经济社会发展的贡献率研究，特别是通过实证研究和计量分析，探求职业教育在当前发展阶段对经济增长、财政收入增长、就业增长和公平分配等主要经济社会发展指标的贡献率和贡献路径。二要加强职业教育对区域经济社会的贡献率研究，促进职业教育在专业设置、课程开发和人才培养方式等方面不断改进，增强职业教育与区域经济结构之间的匹配性和互适性，提升职业教育对区域经济社会发展的服务能力。三要加强职业教育与产业融合的研究，研究职业教育与产业在理念、思路、产权、教学过程、教材建设、教育模式、教师培养等方面的深度融合。四要加强职业教育对企业发展和个人收入增长的贡献率研究，引导企业和公民个人增加对职业技能培训的投资，从而增强企业和个人的综合竞争力，实现自身的持续发展。

（三）加强职业教育办学机制研究

《教育规划纲要》提出要“建立健全政府主导、行业指导、企业参与的办学机制”。目前，有关制度建设还不完善，政府主导什么，怎么主导？行业指导什么，怎么指导？企业参与什么，怎么参与？这些问题都需要准确破题、深入思考、大胆探索，不能只停留在理念上，要设计出宏观的制度安排和具体的政策机制。要研究如何确保政府切实履行发展职业教育的职责，行业在“教学、实习、教材、评价、教师队伍、人才需求、专业布局”等方面发挥指导作用，企业全方位深层次参与学校的教育教学全过程。

（四）加强系统培养技能人才的制度研究

培养高质量的技能型人才，必须要坚持系统培养观念。一是要遵循技能型人才成长规律，树立系统培养技能型人才、高端技能型人才和应用型人才的理念。二是要统筹中等和高等职业教育，在专业、课程、教材、教学模式、考试评价模式等方面进行改革，改变职业教育脱节、断层或重复的现象。三是要深入推进工学结合，吸收行业企业与职业学校共同推进办学模式、培养模式、教学模式和评价模式改革。要加强对系统培养的理念、制度和模式的研究，使这些理念能够切实得到落实、形成制度。

（五）加强职业教育人才培养模式研究

实行工学结合、校企合作、顶岗实习的人才培养模式，在实践中还存在很多问题需要深入研究。一是校企合作的法律制度和运行机制研究。建立有利于校企双方深度合作、互利双赢的激励与约束机制，推进校企合作制度化。二是校企合作的多种实现形式研究。如“引企入校”、“办校进厂”、“企业办校”、“校办企业”、“订单培养”、“顶岗实习”、“半工半读”、“学徒培养”等。三是顶岗实习形式的研究。根据学生特点、专业类型和教学规律，探索顶岗实习的有效方式，研究设计如工学交替、分段培养等方式，科学安排实训教学和顶岗实习。

（六）加强职业教育专业和课程体系研究

一是加强职业教育专业设置研究。探索建立专业设置动态调整和预警机制，不断优化职业教育专业结构。重点建设一批面向先进制造业、现代服务业、现代农业和战略性新兴产业的精品专业。二是加强课程体系研究。推进专业课程内容和职业标准相衔接，建立健全职业教育课程相衔接。三是加强教材建设研究。以专业、课程和教材建设为主要抓手，不断深化职业教育教学改革，推进教学环境创新、教材应用创新、教学过程创新、教师队伍创新、学校管理创新，增强职业教育的生机与活力。四是加强教学方式方法研究，推进项目教学、案例教学、模拟仿真等多种教学方式，加强信息技术在教学过程中的应用，增强教学环境、教学过程的真实性和参与性。

（七）加强职业教育招生制度研究

当前，职业教育的招生对象发生了重大变化，生源扩展到了应往届毕业生、退役士兵、青年农民、农民工、在职职工等。招生对象的多样化需要我们加强招生模式的研究。一是针对不同的学校定位、专业特点和招生对象，设计相应的招生模式、教学模式和学制结构，满足群众多样化学习的需要。二是加强职业教育学生对口升学制度的研究，增加中等职业学校毕业生对口升学比例，拓宽高等职业学校应届毕业生进入本科学校应用性专业继续学习的渠道。三是探索现代学徒制度，促进教育制度和劳动制度的结合、学校和企业的结合、学习和工作的结合。

（八）加强职业教育国家制度研究

职业教育的长足发展需要一整套科学的国家制度予以支撑。要积极开展相关研究，将好的理念转化为国家制度，职业教育国家制度研究的重要领域包括：职业教育支撑产业发展制度、职业教育管理体制、职业教育行业指导制度、职业教育企业参与制度、现代职业学校制度、职业教育考试招生制度、职业教育资助制度、职业教育督导评估制度、就业准入制度等。

（九）加强职业教育质量标准研究

提高质量是职业教育改革发展的核心任务。建立健全职业教育质量保障体系，是提高职业教育质量的基础。要加强职业教育质量标准的研究，逐步建立或完善职业学校建设标准、专业设置标准、课程体系标准、教师资格标准、教职工编制标准、学校运行和管理标准、实训教学环境建设标准、质量评价标准等。同时，要开发体现国家职业技能标准要求的职业能力课程和教学项目、教学载体，促进国家职业教育标准与行业企业岗位技术标准和用人标准全面对接。

（十）加强职业教育集团化办学研究

集团化办学是符合职业教育规律和我国现实需求的办学模式和办学方向。一是加强职业教育集团化办学的内涵研究，以科学的理念来引领集团化办学的方向。二是加强职业教育集团化办学的模式研究，积极探索产权制度改革等多种举措，努力使集团化办学成为推进产教结合、深化校企合作的有效实现形式。三是加强职业教育集团化办学的标准研究，使集团化办学真正落到实处。四是加强职业教育集团化办学的制度研究，推进国家层面和集团层面两种制度的建设，用制度来保障集团化办学的顺利运行。

（2011年6月27日）

推进廉政理论创新
为反腐倡廉建设提供理论支撑

王立英

新形势下深入推进反腐倡廉建设，不断提高反腐倡廉建设科学化水平，有很多客观规律需要去认识和把握，有大量课题需要去研究和破解。廉政理论研究工作者必须切实增强责任感和使命感，深入开展调查研究，科学总结实践经验，积极进行理论探索，不断取得反腐倡廉理论创新的新进展、新成果。

一、新形势对廉政理论研究提出新的更高要求

科学分析和准确把握形势，是廉政理论研究战略定位的基础。

党的建设新的伟大工程，对廉政理论研究提出新的更高要求。在世情、国情、党情发生深刻变化的新形势下，党的建设面临前所未有的新情况、新问题、新挑战，落实党要管党、从严治党的任务比以往任何时候都更为繁重、更为紧迫。全面推进党的建设新的伟大工程，不断提高党的建设科学化水平，对廉政理论研究提出新的更高要求。必须坚持以科学理论指导党的建设，以改革创新精神研究和解决党的建设面临的重大理论和实际问题，大力加强反腐倡廉理论创新。要加强对马克思主义反腐倡廉理论的研究，从共产党执政规律、中国特色社会主义建设规律、人类社会发展规律的高度，深入研究新形势下反腐倡廉建设的特点和规律，不断拓展中国特色反腐倡廉道路内涵，增强反腐倡廉理论的科学性和指导性。

加强社会主义先进文化建设，对廉政理论研究提出新的更高要求。加强廉政文化建设既是社会主义先进文化建设的本质要求，也是推动社会主义先进文化建设的重要保障。新的历史条件下，如何正确坚持先进文化前进方向、促进主流文化大发展大繁荣，对党的廉政文化建设提出新的更高要求。廉政理论研究要增强文化使命感和文化传承创新意识，坚持面向现代化、面向世界、面向未来，更加自觉地立于文化潮头、担当文化先锋、引领社会思潮，为推动社会主义先进文化繁荣提供保证。廉政理论研究工作者要不断增强责任感，争当廉政文化传承创新的使者，在推进廉政文化创新和繁荣社会主义先进文化上作出积极贡献。

反腐倡廉建设面临的新形势新任务，对廉政理论研究提出新的更高要求。改革开放以来特别是党的十六大以来，党风廉政建设和反腐败斗争方向更加明确、思路更加清晰、措施更加有力、成效更加显著，但仍然面临不少新情况新问题。这就要求我们对反腐倡廉建设进行战略性、全局性、前瞻性思考，研究人民群众反映强烈的突出问题，以及反腐倡廉建设重点领域和关键环节中的问题，不断提出新思想、新观点、新论断，增强廉政理论研究的系统性和预见性。进一步加强反腐倡廉建设政策措施研究，在深入实际、深入基层、深入群众开展调查研究，总结基层经验、科学研究论证、广泛征求意见的基础上，不断提出惩治和预防腐败的新思路、新办法、新举措，增强反腐倡廉建设的针对性和实效性。

深化教育改革、提高教育质量，对廉政理论研究提出新的更高要求。落实教育规划纲要、提高教育质量，必须保证教育的健康发展和纯洁性，把作风建设摆在更加突出的位置，加强反腐倡廉建设。这就要求我们从维护教育改革发展稳定大局、推动教育事业科学发展出发，对教育系统反腐倡廉建设作系统深入的理论思考，更好地把握教育规律、教育管理规律和教育系统反腐倡廉规律，促进三者有机结合，提出对策建议，提高教育系统反腐倡廉建设科学化水平，为教育事业科学发展提供有力保障。

培养新时期社会主义建设者和接班人，对廉政理论研究提出新的更高要求。高校是意识形态的重要领域，是培养人才的重要阵地。新形势下，如何全面落实“育人为本”方针，牢固树立人才培养在高校工作中的中心地位，坚持社会主义办学方向，着力增强学生服务国家、服务人民的社会责任感、勇于探索的创新精神和善于解决问题的实践能力；推进社会主义先进文化建设，创造健康的校园文化，抵制腐朽思想文化，营造清正廉洁、艰苦朴素、充满正气和阳光的育人环境；推进社会主义核心价值体系基本内容进教材、进课堂、进学生头脑工作，塑造学生高尚人格，形成共同理想信念、强大精神动力和良好道德风尚，这些都要求深入研究新情况、新问题，提出新思想、新举措，指导新实践。

二、积极探索廉政理论研究的有效方式方法

我们党成立 90 年来，不仅取得了党的建设的丰硕理论成果，而且形成了一套实事求是、与时俱进的研究方法，即以正在抓的重点任务为中心，着眼于马克思主义理论在中国的运用，着眼于解决中国现实问题的理论思考，着眼于总结社会发展和党的建设新的实践，在改革创新中加强理论研究。这也是廉政理论研究必须坚持的方法。廉政理论研究要关注重大理论问题和实践问题，加强前瞻性和战略性思考，坚持贴近实际、贴近生活、贴近群众，着力推进实践基础上的理论创新，着力增强学术创造力和影响力，着力提高围绕中心、服务大局的能力和水平。

始终坚持正确的廉政理论研究方向。理论上的与时俱进是行动上锐意进取的前提。现在，党的建设的一些工作包括反腐倡廉建设还没有取得预期成效，一个很重要的原因就是对党的建设新情况、新问题研究得不够。廉政理论研究既是党的建设的重要方面，也是马克思主义理论研究的重要内容，必须坚持以实际问题为中心，以发展着的马克思主义为指导。要用科学发展观所体现的马克思主义立场、观点、方法来谋划、部署和推进反腐倡廉建设，明确新的历史条件下反腐倡廉建设的主要任务，准确分析和判断党风廉政建设和反腐败斗争形势，指导廉政理论研究，丰富马克思主义反腐倡廉理论宝库。

深入开展重大理论和实践问题研究。把准问题是研究工作取得实效的前提。党的反腐倡廉建设迫切需要研究的课题很多，要高度关注重大理论问题和实践问题，瞄准前沿、突破重点，形成体现时代性、把握规律性、富于创造性的成果，推动研究水平整体提升。一是要紧跟时代发展步伐，加强重大理论问题的前瞻性研究。这些问题包括：如何在党的建设和党所领导的伟大事业中加强反腐倡廉建设，对如何应对“四大考验”、化解“四大危险”等问题作出科学回答；如何严明党的政治纪律，保证中央重大决策部署贯彻落实；如何坚持以保持党同人民群众的血肉联系为重点，加强和改进党的作风建设；如何坚持以完善惩治和预防腐败体系为重点，包括完善体现教育系统特点的惩防体系，整体推进反腐倡廉建设；如何从历史和现实的角度来看待反腐败所面临的形势，从而增强反腐倡廉工作的使命感和责任感；如何判断在经济发展方式转变的大背景中，反腐倡廉工作所面临的新形势、新任务等。二是要密切结合教育改革发展的需求，关注热点难点问题，加强反腐倡廉重大现实问题研究。这些问题包括：如何加强教育领域重点部位和关键环节的监管，特别是严把领导班子决策、工程建设、财务管理、考试招生、学术风气等“五个关口”；如何增强党员干部和师生员工廉洁教育的针对性和实效性，营造风清气正的教育环境；如何健全管理体制机制，加强学校管理；如何加强校办企业管理、加强产学研结合和科研成果转化；如何利用科技手段加强预防腐败力度，规范权力运行；如何坚持以改革创新精神推进纪检监察工作等。要集中力量对这些问题进行攻关，推出一批有说服力、对实践有指导和推动作用的成果。

不断加强廉政理论研究创新。廉政研究应当在推动理论和实践创新两个方面发挥积极作用。一要发挥廉政理论基础研究的战略性、先导性作用。思想是行动的先导。反腐倡廉建设基础研究水平提高了，应用研究成果的原创性才会强、转化率才会高、贡献力才会大。要通过加强廉政理论基础研究，不断夯实廉政理论基础，提升理论研究的整体水平和原创能力，为廉政理论研究取得重大突破积蓄能量，为党风廉政建设和反腐败斗争增强后劲。二要充分发挥廉政理论对反腐倡廉实践的指导和推动作用。理论是实践的指南。廉政理论研究是一项实践性、应用性很强的活动，要加强成果转化，积极探索前沿理论转化为科学实践的有效方法，使廉政理论成为研究制定相关法律法规的科学依据，成为面向广大师生和全社会开展廉洁教育的丰富教材，成为创新反腐倡廉建设的理念和思路，成为推动工作的有效方法，更好地为提高反腐倡廉建设科学化水平服务，为推动教育事业科学发展服务。

（本文原载《中国监察》2011 年第 23 期）

以高水平的哲学社会科学研究支撑高质量的高等教育

——在高校社科界学习贯彻胡锦涛总书记在庆祝清华大学建校100周年大会上重要讲话座谈会上的讲话

李卫红

2011年4月24日，胡锦涛总书记在庆祝清华大学建校100周年大会上发表重要讲话。讲话对高等教育发展提出了明确要求，强调“不断提高质量是高等教育的生命线，必须始终贯穿高等学校人才培养、科学研究、社会服务、文化传承创新各项工作之中”。讲话对全面提高高等教育质量所提出的“四个必须大力”的重要论述，极大丰富和发展了中国特色社会主义教育理论，必将对我国高等教育产生重大而深远的影响。高校哲学社会科学是我国高等教育事业的重要组成部分。在新的历史时期，高校哲学社会科学要通过进一步提升研究质量和创新能力来服务于人才培养、服务于经济社会发展，为推进文化传承创新作出更大贡献。

一、在立德树人、教书育人上下功夫，为培养德智体美全面发展的社会主义建设者和接班人作出更大贡献

教育规划纲要提出了“优先发展、育人为本、改革创新、促进公平、提高质量”20字工作方针，其中“育人为本”是教育事业科学发展的核心内容，是以人为本在教育工作中的最集中体现。胡锦涛总书记在清华校庆讲话中指出，“要坚持把促进学生健康成长作为学校一切工作的出发点和落脚点，全面贯彻党的教育方针，坚持育人为本、德育为先、能力为重、全面发展，着力增强学生服务国家服务人民的社会责任感、勇于探索的创新精神、善于解决问题的实践能力，努力培养德智体美全面发展的社会主义建设者和接班人”。总书记的这一要求与全国教育工作会议和教育规划纲要的精神一脉相承，体现了坚持以人为本、全面实施素质教育这一教育改革发展的战略主题，其核心是解决好培养什么人、怎样培养人的重大问题，目标是培养德智体美全面发展的社会主义建设者和接班人，重点是着力提高学生的社会责任感、勇于探索的创新精神和善于解决问题的实践能力；实现途径是“三个坚持”，即坚持德育为先、坚持能力为重、坚持全面发展。

哲学社会科学具有重要的育人功能。哲学社会科学的育人功能主要体现在：一是有助于学生坚定理想信念，正确认识和分析复杂的社会现象，形成正确的世界观、人生观、价值观；二是有助于学生拓宽人文视野，促进人文、艺术与科学、技术的结合，培养创新思维；三是有助于学生提升道德修养和人生境界，培养良好的审美情趣，促进身心和人格的和谐健康发展。为此，高校要切实加强以下几方面的工作。第一，要把立德树人作为教育的根本任务，坚持不懈地加强和改进学生思想政治教育工作，把社会主义核心价值体系融入教育教学全过程，大力推动中国特色社会主义理论体系进教材、进课堂、进头脑。高校思想政治理论课要加强教学研究，创新教学方法、手段和途径，切实增强教学的针对性、实效性和吸引力、感染力。第二，要大力推行素质教育，着力提升学生的人文素养和审美情趣。中华民族21世纪要迎来一个创造力喷涌的伟大时代，我们要培养一批又一批富有创新精神和原创能力的人才。而要培养这样的人才必须高度重视美育和人文教育，大力推进人文、艺术与科学、技术的紧密结合，激发创新活力。第三，要完善科学研究与教育教学良性互动机制，推动哲学社会科学优秀研究成果及时向教育教学内容转化；鼓励高校人文社科的大师名家撰写普及读物，开设人文讲座，经常与学生进行近距离交流，展开心灵对话，为学生全面发展和健康成长指引正确方向。

二、在切实增强科学研究能力上下功夫，为国家哲学社会科学创新体系建设作出更大贡献

胡锦涛总书记关于“全面提高高等教育质量，必须大力增强科学研究能力”的重要论述，对高等学校特别是研究型大学的功能上作了清晰定位：一是高层次创新人才培养的重要基地；二是基础研究和高技术领域创新成果的重要源泉。讲话还指明了增强科学研究能力的三条途径。第一，要“积极适应经济社会发展的重大需求”，明确提出了科学研究的三个重要方向，即战略性研究、前瞻性研究和公益性研究。第二，要大力提升创新能力，包括三个层次的创新：原始创新、集成创新和引进消化吸收再创新能力。第三，要积极推动协同创新，通过体制机制创新和政策项目引导，鼓励高校同科研机构、企业开展深度合作，建立协同创新的战略联盟，促进资源共享。胡锦涛总书记的这一重要论述对哲学社会科学研究具有重要的指导意义。

当前，高校哲学社会科学开始迈入立足创新，提升质量，实现哲学社会科学从重数量增长向重质量提升转变的新阶段。哲学社会科学研究能力建设成为新阶段的迫切任务。首先，增强哲学社会科学研究能力，必须深刻把握哲学社会科学的创新本质。科学的本质是创新，没有创新，就没有包括哲学社会科学在内的一切科学的发展。创新的前提是发现问题和提出问题，创新的本质是以新问题替代旧问题，不断推进问题的解决。衡量为国家哲学社会科学创新体系作贡献的标准，是产出一大批具有原创性和实际价值的研究成果和培养出一大批创新人才。深刻把握哲学社会科学的创新本质，是尊重哲学社会科学发展规律的重要体现，也是推动哲学社会科学繁荣发展的根本要求。其次，增强哲学社会科学研究能力，必须正确认识和处理以下三组重要关系。一是正确处理基础研究与应用对策研究的关系。促进基础研究与应用对策研究紧密结合，以基础研究带动应用对策研究，以应用对策研究促进基础研究。二是正确处理数量和质量的关系。牢固树立质量第一的发展观念，坚持数量与质量的辩证统一，把提升哲学社会科学研究质量放在突出位置，改变重数量轻质量的发展理念、管理模式和评价标准，在保证一定数量增长的基础上，着力提高研究质量。三是正确处理本土化与国际化的关系。既要立足本土，继承中华文化传统，又要面向世界，通过“引进来”、“走出去”，推动我国哲学社会科学优秀成果和优秀人才走向世界，切实提高我国哲学社会科学的世界影响力和国际学术话语权。再次，增强哲学社会科学研究能力，必须以重大问题为主攻方向。通过体制机制创新和政策项目引导，实行联合攻关和开放式研究，在解决问题中提高能力和水平。

三、在理论联系实际、解答重大现实问题上下功夫，为服务经济社会发展作出更大贡献

服务经济社会发展的能力是高等教育质量的重要体现。总书记在讲话提出了一个“紧紧围绕”和三个“自觉参与”的使命和要求。一个“紧紧围绕”是紧紧围绕科学发展这个主题、加快转变经济发展方式这条主线。以科学发展为主题、以加快转变经济发展方式为主线，是国家“十二五”规划提出的重大战略任务，是国家未来五年乃至更长时间的中心和大局。三个“自觉参与”是：一是要自觉参与推动战略性新兴产业加快发展；二是要自觉参与推动区域协调发展；三是要自觉参与推动学习型社会建设。三个“自觉参与”进一步深化了教育规划纲要提出的“高校要牢固树立主动为社会服务的意识，全方位开展服务”的总体要求，具有强烈的时代感、现实性。

新世纪特别是“十一五”时期以来，高校哲学社会科学工作者服务经济社会发展的意识显著增强，取得了较大的成效。但总体来看，高校哲学社会科学研究还比较薄弱，质量和水平亟待进一步提高。这一现状的根本症结在于，我们的学术研究缺少问题意识，没有形成理论联系实际的优良学风。哲学社会科学研究只有同中国特色社会主义的伟大实践紧密结合，才能有所作为、有所建树，彰显强大的生命力和影响力。为此，高校哲学社会科学工作者要积极响应胡锦涛总书记提出的一个“紧紧围绕”和三个“自觉参与”号召，密切关注事关党和国家事业发展全局的战略性、前瞻性课题，聚焦重大现实问题，坚持理论联系实际，在亟待解决的关键问题上有所突破，使研究成果更好地转化为党和政府的方针政策，转化为国家的法律法规，转化为推进各行各业发展的对策建议，切实发挥党和人民事业思想库、智囊团作用。高校要以科研体制改革为重点，大力推进哲学社会科学“产学研用”结合，完善开放合作的研究机制，建立横跨高校、政府、企业和科研院所的开放型研究新模式；要积极探索科研评价改革，通过改革试点积极推广好的经验做法，切实扭转目前评价体系存在重基础轻应用、重数量轻质量、重形式轻内容的倾向；要以需求为导向，探索建立公开的成果发布和展示平台，切实加强学术成果转化和推广，提高哲学社会科学优秀成果的影响力。

四、在推进文化传承创新上下功夫，为增强国家文化软实力和中华文化国际影响力作出更大贡献

20世纪初特别是第二次世界大战以后，为区域经济和社会发展服务逐渐成为大学功能的新内涵，大学功能由教学与科研两大功能发展成教学、科研、社会服务三大功能。新世纪以来，一些有识之士开始提出并阐述大学的文化职能。这次总书记在讲话中明确指出，“高等教育是优秀文化传承的重要载体和思想文化创新的重要源泉”，提出“必须大力推进文化传承创新”。高等教育文化传承创新功能的提出，使高等教育的职能得到了新的丰富和发展，反映了新时期国家文化建设对高等教育的新要求。

《教育规划纲要》提出，高等教育要“积极推进文化传播，弘扬优秀传统文化，发展先进文化。”这次总书记提出“必须大力推进文化传承创新”，进一步明确了高等教育的文化功能主要体现在两个方面：一是传承，即积极推进文化传播，弘扬优秀传统文化；二是创新，即发展先进文化。从传承上来讲，高等教育的核心任务是人才培养，人才培养是传承人类优秀文化的最基本途径，要积极发挥文化的育人作用，始终将人才培养作为高校的中心工作；同时要推进优秀文化向社会传播，向世界传播，通过开展广泛深入的文化交流，积极展示中华优秀文化的风采和国际影响力。从创新上来讲，高校哲学社会科学工作者要在掌握前人积累的文化成果的基础上，在借鉴汲取世界各国一切优秀文明成果的基础上，摒弃旧义，创立新知，发展社会主义先进文化。为此，高校必须高度重视人文学科建设，加强基础研究，大力弘扬中华传统文化，为增强国家的文化软实力作出更大贡献。

（2011年5月3日）

以提高质量为核心　深入推进科技管理、研究生培养和信息化建设工作

——在2012年全国教育工作会议上的讲话

杜占元

在教育部党组的领导下，2011年的工作取得了明显进展。一方面是在深入调研的基础上，进一步深化了工作思路：高校科技工作着重推动科技工作贴近中心工作，进一步促进科技与教育深度结合；学位管理和研究生教育工作进一步强调以提高质量为核心，深化研究生培养机制改革思路；教育信息化工作重点加强顶层设计，推进技术与教育深度融合；开放大学建设突出以提高质量为核心，通过体制机制的改革创新实现电大系统的战略转型。初步形成了《高校“十二五”科技发展规划》、《深化研究生培养制度改革，提高研究生培养质量的意见》、《教育信息化十年发展规划》、《国家开放大学实施方案》四个指导性文件。另一方面，切实推动各项工作落实，重点工作取得了阶段性进展。

2012年的工作，要在去年工作的基础上，进一步加强战略性思考、系统性部署和创造性操作。基本思路是：从贯彻落实教育规划纲要的全局出发，以提高高等教育质量为核心，以深入推进人才培养、学科建设、科研工作有机结合为战略方向，对高校科技工作、学位管理和研究生教育工作及教育信息化工作进行全面推进，以体制机制创新为动力，以重大工程和重点项目为抓手，深化改革，加快推进，狠抓落实，突出实效，力争在高校科技管理体制改革、研究生培养机制改革、教育信息化重大工程实施等重点工作方面有新突破，取得实效。重点做好以下四个方面的工作。

一、关于高校科技方面的重点工作

2012年，高校科技工作要围绕改革创新高校科技体制机制，积极探索协同创新的机制和模式，大力提升高校自主创新能力，深入推进科教结合等方面开展工作。

（一）积极推动高校科技体制改革，深入推进科教结合

一要部署推动高校科技体制改革工作。按照国家科技体制改革的总体部署，进一步明确高校科技体制改革的方向和路径，加大高校科技评价的改革力度，促进科技和经济的紧密结合、科技和人才培养的紧密结合。二要发布实施高校“十二五”科技规划。适时召开2012年高校科技工作会议，加强高校科技工作的宏观布局，引导、推动高校科技工作更加注重协同创新、更加注重科教结合、更加注重支撑人才培养，更加注重内涵和质量的提高。三要进一步积极推进高校基础研究改革试点。研究制定“关于加强高校基础研究工作的指导意见”，进一步明确基础研究和原始创新在高校科研工作中的重要地位。开展基础研究机制创新的试点工作，进一步探索科学研究与培养人才互动结合等方面的路子。四要深入推进高校科研管理体制机制改革。研究制定推动高校科研评价机制改革创新的若干意见，落实加强国家科研经费管理和加强学风建设的

新举措。

（二）推动实施高等学校创新能力提升计划，大力推动协同创新

一要制定高等学校创新能力提升计划实施方案。按照全面提高高等教育质量的总体要求，细化和完善“2011计划”实施方案，强化导向，突出特点，细化标准条件，按照公平、公正、公开的原则建立第三方评审体系和机制，提升高校协同创新理念，组织和动员高校积极参加协同创新实践。二要启动一批协同创新改革试点。指导若干高校凝练协同创新方向、推动体制机制改革、建立协同创新的有效模式，形成一批不同模式的协同创新典型案例。加强和行业主管部门、地方政府的联系和沟通，积极整合资源，共同推进面向行业企业、地方社会经济发展重大需求的协同创新项目。三要探索政产学研用协同融合发展的新模式。建立“多元、融合、动态、持续”的协同创新机制，支持形成一批多学科融合、多团队协同、代表中国高校水平和能力的协同创新中心。

（三）探索推动高校重大创新平台建设的路子，大力提升高校创新能力

一要总结高校重大创新平台建设的成功经验。结合深化科教结合的新形势，加强调研，做好规划，突出改革，凝聚形成高校重大创新平台建设的新思路。二要大力推动国家级创新平台建设工作。推动高校在国家重大科技基础设施、国家实验室、国家重点实验室、国家工程（技术）中心等工作中取得新进展。三要统筹好教育部创新平台建设资源。根据国家经济社会发展重大需求和国际学术前沿动态，统筹布局，加大对新型学科和交叉学科的支持，建设教育部重点实验室和工程中心，推动建设国际联合实验室。

（四）进一步推进校办产业规范发展，大力加强产学研结合

一要统筹部署校办产业的规范发展。研究制定《教育部关于高等学校校办产业规范管理、科学发展的若干意见》等若干规范性文件，召开全国高校校办产业工作会议，促进校办产业围绕高等教育的中心任务，完善管理体制，创新运行机制。同时积极争取国务院有关部门对高校校办产业体制改革的政策支持。二要创新产学研合作机制，进一步提升服务经济和社会发展能力。支持高校参与以企业为主体、市场为导向、产学研结合的技术创新体系建设，重点推进引导企业和高校共建产学研用协同创新平台、探索产学研用联合培养人才的体制机制、支持高校和地方政府联合建立工业研究院等各项试点工作，认真做好10校两市的改革试点工作，总结推广一批成功经验和模式。

二、关于学位管理和研究生教育方面的重点工作

要围绕提高研究生教育培养质量这个核心，大力推进研究生培养机制改革，积极探索完善专业学位培养模式和研究生教育质量监督体系，深入推进学位管理和研究生教育工作取得全面进展。

（一）全面推进研究生培养机制改革

一要统筹部署。尽快研究制定《关于深入推进研究生培养机制改革、进一步提高研究生教育质量的意见》。配合文件出台，拟召开全国研究生教育工作会议，全面部署培养机制改革工作。二要抓住重点，创造性开展工作。在结构调整、模式改革、制度创新、支持保障等方面进行深化改革，特别是针对当前的主要问题，采取相应的重大举措，力争在专业学位培养模式和研究生教育质量保障体系建设方面取得突破。三要稳步推进，务求实效。改革中注重把教育规划纲要的宏观目标与机制改革的具体要求统筹起来，把前瞻性理念与制度建设统筹起来，把解决当前突出问题与形成长效机制统筹起来，努力取得实效，为提高质量作出贡献。

（二）积极探索专业学位培养模式

一要积极调整专业学位研究生培养结构。贯彻落实专业学位研究生教育发展总体方案，进一步加强专业学位体系、制度建设，加强教学条件和师资队伍建设，建立健全科学合理的教学科研评价体系，增强专业学位研究生培养能力，着力调整人才培养结构。二要大力推进专业学位研究生教育综合改革。以推动临床医学专业学位与住院医师规范化培养紧密结合、加强工程博士与国家重大专项相结合等为突破，积极推进专业学位培养模式的改革。积极探索和创新符合专业学位教育特点、具有鲜明特色的专业学位研究生培养模式和管理体制。进一

步加强对专业学位教育的支持、管理和规范。

(三) 推动建立研究生教育质量监督体系

一要加快建立研究生教育质量监督体系。在全国博士质量调查基础上，通过建立研究生教育质量定期分析制度、研究生教育舆情实时监测和年度分析制度、学位办与基层单位固定联系制度等，及时监督监控研究生培养质量。研究制定加强研究生教育质量监督的意见，建立以学位授予单位为核心的，政府、社会分工合作的质量监控机制。二要探索建立博士点质量监督制度。通过对博士点博士生培养质量的整体监督监控，探索建立对博士点进行项目制的新机制。进一步完善发挥各级学位委员会特别是学校学位委员会在质量监督、学风建设方面的作用。

三、关于教育信息化方面的重点工作

2012年，主要任务是全面贯彻落实《教育信息化十年发展规划》，以中国数字教育2020行动计划等重大工程项目为抓手，推动教育信息化工作取得实质性进展。

(一) 贯彻落实《教育信息化十年发展规划》

一要发布实施《教育信息化十年发展规划》。召开全国教育信息化工作会议，对落实规划的各项任务，加快教育信息化建设进行全面动员部署，指导各地加强对教育信息化的规划部署工作，推动教育行政部门和各级各类学校加强信息化建设。二要研究制定加快推进教育信息化的相关政策。重点研究解决缩小数字鸿沟、增强教师信息技术应用能力、教育信息化标准体系建设、加强教育信息网络安全等方面的政策问题。

(二) 大力推进以网络为主的优质教育资源共建共享

一要启动实施优质数字教育资源建设与共享行动计划。研究制定教育资源建设总体方案和数字教育资源建设指南等指导性文件。二要大力开发优质数字资源。通过现有教育资源数字化、新开发一批优质数字资源、购买国外优质教育资源等多种方式，以及探索建立与企业合作共建共享数字资源的机制，快速扩大优质数字教育资源总量。同时，研究制定教育资源审查和评价指标体系、准入和审查办法，探索建立使用者网上评价和专家审查相结合的资源评价机制。三要建设国家优质数字教育资源公共服务平台。争取尽快实施，推进优质资源共享。

(三) 加快推进数字校园建设，扩大开展教育信息化试点工作

一要启动实施“学校信息化能力建设与提升行动”。指导和动员各级各类学校在信息技术与教育融合上加大力度，提高水平，要围绕学校（特别是中西部贫困地区学校）面临的教师短缺和优质资源短缺等问题，充分发挥信息化的支撑作用。二要深入开展教育信息化试点工作。按照结合实际，注重应用和特色建设的要求，选择不同类型、不同条件的学校，从推进信息技术在教育教学中的深入应用、解决中西部边远地区师资和优质资源不足、促进区域教育均衡发展、教育教学模式创新等方面，总结一批先进典型、成功经验和模式，并在全国进行推广，全面推动区域和学校信息化应用能力提升。加快组织双向宽带教育卫星、下一代互联网试验网（二期）、开放大学信息支撑平台等重大项目的论证，成熟一项启动一项。

(四) 强化教育管理信息系统建设和服务工作

一要基本建成国家层面上的教育管理信息系统。完成已经启动的一批围绕各级各类“学生学籍”和“学生资助”管理的重点信息系统建设，启动包括“学生营养餐工程”在内一批新的重点信息系统建设，升级改造实现包括留学生管理等一批原有信息系统。完成数据中心二期建设和门户系统与集成应用建设，完善网络信息系统的安全保障管理体系和技术体系建设。二要推动中央与地方教育管理信息系统协调建设。启动论证地方层面上的教育管理信息系统建设，编制教育数据统一编码标准，完成学生统一编码工作，编制并逐步完善教育管理信息化的技术架构和安全规范，形成“教育管理信息系统建设方案”并发布实施，推动有条件的省、自治区、直辖市实现与教育部信息系统的互通，推动对西部省份管理信息系统建设的经费和技术支持，实现中央与地方的教育管理数据互联互通共享共用。

四、关于开放大学建设方面的重点工作

按照教育部党组对开放大学建设的总体要求，

一方面要积极推进国家开放大学建设。要推动国家开放大学尽早正式成立并按照新机制启动运行，全面推进国家开放大学实施方案。加强国家开放大学内部体制机制创新，搭建新型大学的内部架构。加强质量意识，加强课程建设，切实提高课程质量。构建学分银行，搭建终身学习的“立交桥”。另一方面，要深入研究如何有序推进地方开放大学建设。要加强政策研究，特别是就国家开放大学与地方开放大学的关系等重点问题进行深入研究，规划地方开放大学建设的目标和方案，研究地方开放大学的标准、审批程序等。

（原载《中国教育报》2012 年 2 月 22 日）

解放思想　深化改革　努力开创新局面

——在 2012 年全国教育工作会议上的讲话

郝　平

2011 年，政策法规、体育卫生艺术和教育外事工作积极服务科学发展这一主题，围绕落实教育规划纲要这一主线，加快推进教育改革重大项目和改革试点，取得了阶段性成果。

——*政策法规工作事关教育改革与发展全局。*按照积极完善科学发展体制机制、为教育改革发展提供有力保障的要求，一是推进现代大学制度改革试点。召开全国教育政策与法制建设工作会议，加强对试点学校的指导和交流。颁布实施《高等学校章程制定暂行办法》、《学校教职工代表大会规定》。二是加强教育立法。完成《职业教育法》修订工作，正式上报国务院审议。配合国务院法制办迅速推进《校车安全条例》起草工作。启动《残疾人教育条例》、《学校安全条例》研制工作。全面清理规范性文件，宣布失效和废止 423 个文件。三是启动实施“六五”普法规划。把加强法制宣传教育工作作为落实十七届六中全会精神的重要举措。四是会同有关部门全面总结教育规划纲要实施一年多来的基本成就。

——*体育卫生艺术工作事关国家教育方针的全面落实。*按照把促进学生全面发展、健康成长作为工作出发点和落脚点的要求，一是狠抓学校体育工作。制定下发《教育部关于切实保证中小学生每天一小时校园体育活动的规定》，全面实施《国家学生体质健康标准》。大力开展阳光体育运动，举办全国“学生阳光体育展示活动”和“青少年‘未来之星’阳光体育节”。二是成功举办第 26 届世界大学生运动会，胡锦涛总书记亲自出席了开幕式。参赛国家及地区 152 个，运动员 7 865 人，均创历史新高，取得圆满成功。成功举办世界中学生篮球锦标赛和全国第十一届中学生运动会。三是加强学校艺术教育。编制了《全国学校艺术教育发展规划(2011—2020 年)》，研制了“全国义务教育学校音体美教师配齐、器材达标方案”。组织高雅艺术进校园活动，举办全国第三届大学生艺术展演活动和“党在我心中”歌咏活动等，全国高校参加活动的覆盖面达到了 80%。四是顺利完成第六次全国学生体质与健康调研工作并向社会公布调研结果。会同有关部门研究制定“农村义务教育学生营养改善计划”，已由国务院颁布实施。印发《农村寄宿制学校生活卫生设施建设与管理规范》。

——*教育外事工作事关我国对外开放大局。*按照服务教育改革发展需要和提高教育国际化水平的要求，一是积极构建多层次、宽领域的教育交流合作机制。成功召开中美人文交流高层磋商机制第二次会议、中俄人文合作委员会第十二次会议，积极推动中欧人文交流机制的设立。成功举办“世界大学校长论坛”、“第四届中国—东盟教育交流周”和“中国—阿拉伯高教合作研讨会”等活动。积极参与第 36 届联合国教科文组织大会、联合国教科文组织第十届全民教育高层会议、联合国教科文组织亚太地区承认高等教育学历学位公约缔约国大会。我国在联合国教科文组织总部组织召开了“中非大学校长论坛”，积极参与国际教育规则制定，进一步增强我国教育的影响力、竞争力和话语权。二是加强孔子学院建设。2011 年，新增孔子学院 36 所，中小学孔子课堂 131 个。目前，已在占世界人口 86%的 105 个国家和地区建立了 358 所孔子学院和 500 个孔子课堂。2011 年，胡锦涛总书记等党和国家领导人先后出席了 20 多个国家孔子学院的活动。三是积极推进中外合作办学。审批举办本科合作办学项目 45 项，组织专家对一批高水平合作办学机构进行了评审。初步建成中外合作办学颁发境外学历学位证书认证注册工作平台。四是推动留学工作上新台阶。截至 2011 年 10 月，国家公派出国留学 13 355 人，比 2010 年增长 24%；来华留学规模稳步增加，中国政府奖学金学生 25 682 名，比 2010 年增长 14.7%。五是进一步加大与港澳台地区的教育交流与合作。成立“海峡两岸招生服务中心”，完成首批赴台攻读研究生、本科生录取工作。

2012 年是个重要节点，是落实教育规划纲要的攻坚年。政策法规、体育艺术卫生和教育外事工作要根据国务委员刘延东的重要讲话精神，按照教育部的统一部署，围绕全面落实教育规划纲要，稳步推进教育改革试点，解放思想，深化改革，扎实做好各项工作，努力开创新局面。

一、关于政策法规工作

政策法规工作要把加强制度建设作为落实教育规划纲要的重要着力点，狠抓教育立法，完善制度实施机制，全面推进教育规划纲要分工和试点工作，推动教育政策工作科学发展，全面推进依法治教。重点做好五个方面工作。

（一）要在现代大学制度改革等试点上有新成果

深入贯彻《高等学校章程制定暂行办法》，开展高校章程制定工作的试点；全面落实《教职工代表大会规定》，推进民主监督与管理；积极推动完善高校治理结构。开展对现代大学制度的试点高校调研工作，总结建设现代大学制度的不同模式。进一步推进公办学校办学体制改革和教育管理体制改革。继续加强与中央有关部门和地方的联系沟通，着手起草关于推进教育管理体制改革的意见和关于推进公办学校多种形式办学的指导意见。加强教育政策研究，加强对教育改革重点、难点问题的跟踪和调研工作，不断提高政策建设水平和文稿服务质量。

（二）要在推进教育立法方面有新进展

配合国务院法制办完成《职业教育法》修订草案的审议工作，并提请全国人大常委会审议。全面启动《民办教育促进法》修订和《学前教育法》立法工作。做好《校车安全条例》立法工作。完成《残疾人教育条例》修订和《学校安全条例》草案起草工作。研究和探索新的工作方式，推动教育规划纲要其他项教育法律的修订和制定进程。

（三）要在深化行政审批制度改革方面有新突破

全面贯彻落实国务院深入推进行政审批制度改革工作会议精神，按照国务院行政审批制度改革部际联席会议要求，下决心取消、下放和调整一批教育行政审批事项。做好有关行政审批事项清理后的规章修订、文件清理和监管工作。

（四）要在实施“六五”普法规划上有新举措

全面贯彻实施“六五”普法规划，启动全国教育普法网站。启动“中小学校长依法治校能力建设培训班”、“全国教育行政执法人员法制培训班”，推动将法制教育作为教师培训的重要内容。

（五）要在全面推进依法治教方面形成新局面

制定全面推进依法治教、依法行政的政策文件，开展教育行政执法体制机制创新试点，总结推广教育行政执法工作经验。积极推进基层依法治教示范县（市）、依法治校示范校创建活动。加强行政复议工作，研究制定《教师申诉办法》，形成一套行之有效的教育权益救济制度。

二、关于体育卫生艺术工作

全面改进和加强体育、美育是贯彻落实教育规划纲要的重要要求，是全面推进素质教育、促进学生德智体美全面发展的重要举措。2012 年，体育卫生艺术工作要按照“全面加强、推进试点、狠抓落实、加强指导”的思路，着重做好四项工作。

（一）更加重视和加强体育工作

深入落实《教育部关于切实保证中小学生每天一小时校园体育活动的规定》，加强指导和加大监督检查。深入开展全国亿万学生阳光体育运动，组织多种形式的群众性学生比赛展示活动。切实提高《国家学生体质健康标准》实施率。研究制定中小学体育课教学质量标准，制定下发加强大学体育及健康教育工作的文件。举办好第九届全国大学生运动会。

（二）更加重视和改进学校公共卫生工作

以高度责任感和使命感切实做好农村义务教育学生营养改善计划实施工作。与相关部门共同研究制订不同规模学校食堂（伙房）建设与设施配备要求、不同供餐模式准入及管理要求、学生营养改善监测方案。加强学校突发公共卫生事件防控，修订《学校食堂与学生集体用餐卫生管理规定》，做好突发公共卫生事件报告与预警工作，开展学校食品卫生安全专项检查。落实《中小学生近视眼防控工作方案》，开展“我爱我的眼睛”主题宣传活动。加强学校卫生队伍建设。研究制定加强高校校医院院前急救工作指南和工作规范。

（三）更加重视和加强艺术教育

全面落实《全国学校艺术教育发展规划(2011—2020年)》。修订义务教育学校音乐、美术教学器材配备目录，研究制定中等职业学校艺术课程教学大纲，推进高校音乐学、美术学本科专业教学改革试点。继续组织开展高雅艺术进校园活动，组织好全国大、中小学生艺术展演活动。召开全国学校艺术教育工作会议。

（四）更加重视和改进学校国防教育

贯彻落实党中央国务院关于加强新形势下国防教育工作的意见，制定推进学校国防教育的实施意见。制定学生军事训练基地管理办法，因地制宜地推进学生军训基地建设。制定学生军事训练安全管理实施办法，提高学生军训安全事故防范与应急处置能力。修订完善义务教育阶段国防教育纲要，不断增强学生的国家观念和国防意识。

三、关于教育外事工作

教育外事工作要紧紧围绕落实十七届六中全会精神和教育规划纲要，深化改革，注重体制创新，大力推进教育对外开放，坚持以开放促改革、促发展，不断提高我国教育国际影响力和国际化水平，不断增强国家软实力，着重做好五项工作。

（一）着力构建教育对外开放新格局

按照“官民并举、双边多边互动”的原则，全方位、多层次、有重点、分步骤推进教育国际交流与合作。重点巩固中美、中俄人文合作两大支柱，丰富中国与东盟、东北亚、非洲、阿拉伯、拉美、上海合作组织合作内涵，提升合作质量。推动建立中国—欧盟人文交流机制、中英人文交流机制。积极落实中美人文交流高层磋商机制第二次会议取得的成果，实施好“十万人留学中国计划”。进一步拓宽与联合国教科文组织的合作领域，积极落实中国—教科文援非信托基金项目工作，做好联合国教科文组织第三届国际职业技术教育大会工作。积极做好与港澳特别是对台的教育交流与服务工作。

（二）着力提升孔子学院品牌和影响力

加快实施“走出去”战略，贯彻落实中共中央政治局常委李长春重要讲话精神和国务委员刘延东重要批示，制定孔子学院十年规划和“十二五”规划。积极拓展孔子学院功能，把孔子学院建成加快汉语走向世界、推进中华文化走出去的重要平台。实施国际汉语教材工程，制定《国际汉语教材标准》。加强师资队伍建设，组建专职院长和教师队伍，加强本土教师培养培训。启动示范孔子学院建设，办好网络孔子学院。

（三）着力创新双向留学工作机制

全面实施《留学中国计划》，扩大中国政府奖学金规模，办好10个来华留学示范基地，争取到2020年使我国成为亚洲最大的留学目的地国家。制定《国际学生招收和管理规定》。继续推动高校进行国际课程建设，支持具备条件的高校开展全英文授课的国际课程。进一步完善出国留学工作体系和政策体系。扩大国家公派出国留学规模，组织实施好2012年选派1.6万人的计划和安排。改革派出方式。加大国家优秀自费留学生奖学金资助和奖励力度。构建留学人才出国留学、回国工作和为国服务的立体平台。

（四）着力提高中外合作办学质量

研究制定新时期推进中外合作办学科学发展的政策措施，突出国家战略需求，明确引进优质教育资源的政策导向，将中外合作举办的本科高校纳入高等学校设置总体规划。鼓励高等教育和职业教育中外合作办学，规范普通高中、学前教育中外合作办学工作。办好一批示范性中外合作办学机构和项目，支持地方开展办学体制改革试点工作，探索中外合作办学项目审批改革试点，成立全国中外合作办学专家评议委员会。建立全国统一的中外合作办学机构和项目信息发布平台与违规通报制度。全面开展实施本科以上高等学历教育中外合作办学机构和项目评估工作。鼓励国内高校实施“走出去”战略，鼓励高校吸引更多世界一流专家学者来华工作。

（五）着力提高留学生服务与管理水平

教育外事系统要按照中央以及教育部党组的要求，把维护稳定、创建和谐的外部环境作为当务之急。不断提高留学生服务和管理的能力、水平，不断提高协调沟通能力，不断提升对各种突发事件的处理能力。

深化教师教育课程改革
全面提高教师培养质量

——在全国教师教育课程改革工作会议上的讲话

刘利民

2011年4月24日，胡锦涛总书记在庆祝清华大学建校100周年大会上的重要讲话中强调指出，高等学校要把提高质量作为教育改革发展最核心最紧迫的任务，明确了今后一个时期我国高等教育要走以质量提升为核心的内涵式发展道路。这次会议的主要任务是深入学习贯彻胡锦涛总书记重要讲话精神，总结交流近年来各地各校教师教育课程改革取得的成绩和经验，研究落实《教育部关于大力推进教师教育课程改革的意见》和《教师教育课程标准（试行）》。这次会议是在落实教育规划纲要一周年之际召开的一次全国教师教育工作专题会议，对于进一步大力推进教师教育改革，全面提高教师教育质量，加快建设高素质专业化教师队伍具有十分重要的意义。下面，我讲几点意见。

一、提高认识，进一步增强推进教师教育改革发展的责任感和使命感

2010年7月，党中央、国务院召开了新世纪第一次全国教育工作会议，颁布了教育规划纲要。一年来，在党中央、国务院的坚强领导和社会各界的大力支持下，通过教育战线的辛勤工作，贯彻落实工作开局良好、进展顺利。教师队伍建设作为教育事业科学发展最重要的保障措施，取得了重大进展和积极成效。首届免费师范毕业生1万多人，履约到中小学校任教，其中超过90%的毕业生到中西部地区中小学校任教；启动实施“国培计划”，2010年培训中小学教师共计115万人，参训的教师总体满意率达到85%以上；公开招聘6万多名特岗教师到农村学校任教，三年服务期满特岗教师连续两年留任比例均达到87%；在浙江、湖北两省开展教师资格考试改革和定期注册制度试点，探索建立“国标、省考、县聘、校用”的教师准入和管理制度。总体来看，教师工作得到加强，教师队伍整体素质不断提高，但面对教育规划纲要和教育人才规划提出的各项要求，还有一些突出问题亟须解决。农村和幼儿园教师队伍建设亟待加强，教师教育改革亟待深化，教师管理制度亟待完善。在我国社会经济发展和教育改革的新形势下，大力推进教师教育改革，全面提高教师队伍整体素质，成为当前和今后一个时期教育改革发展的一项重要的紧迫任务。

一是国家加强教师队伍建设和教师教育工作的战略部署，为教师教育改革发展带来了新机遇。党中央、国务院历来高度重视教师队伍建设和教师教育工作。胡锦涛总书记在2010年全国教育工作会议上指出：教育大计，教师为本。要把加强教师队伍建设作为教育事业发展最重要的基础工作来抓。要采取更有力的措施，提高教师地位，维护教师权益，改善教师待遇，加强教师培训。2011年4月24日，胡锦涛总书记在庆祝清华大学建校100周年大会上发表重要讲话，深刻论述了教育特别是高等教育在国家发展中的重要地位和作用，再次强调广大教师和教育工作者是推动教育事业科学发展的生力军，要把加强教师队伍建设作为教育事业发展最重要的基础工作来抓。9月9日，胡锦涛总书记到北京市第八十中学考察并发表重要讲话，代表党中央、国务院向广大教育工作者致以节日问候。他指出，办好教育关键在教师，勉励广大教师以对国家、对人民高度负责的精神，加强师德修养，钻研教学业务，不断开拓创新，扎实做好教书育人工作。

温家宝总理在全国教育工作会议上强调：建设高素质的教师队伍，必须办好师范教育。要进一步明确师范教育目标，加强教师养成教育，培养造就优秀教师和教育家。温家宝总理亲自倡导和推进部属师范大学实施师范生免费教育。四年来，他专程到东北师范大学和北京师范大学调研并与师生座谈，强调指出："师范院校肩负培养和提高国民素质的重大责任。国家兴衰在于教育，教育好坏在于教师。从这一点来说，师范教育可以兴邦。"2011年6月17日，温家宝总理亲自出席北京师范大学首届免费师范生毕业典礼并发表重要讲话，充分肯定了师范生免费教育试点工作取得的成绩，要求在搞好试点的基础上，认真总结经验，研究和解决存在的问题，加快落实和完善配套政策，让更多优秀毕业生下得去、留得住、干得好。同时对全国广大师范生提出了殷切希望，指明了教师教育改革发展的方向。8月28日，温家宝总理赴河北省张家口市沽源县考察听课，并在张北县第三中学为广大农村教师作了题为《一定要把农村教育办得更好》的重要报告，对进一步加强农村教师队伍建设和教师教育工作作出了重要部署。

国务委员刘延东在全国教育工作会议上指出，教师素质决定着教育的质量，教师素质要与教育现代化的要求相适应。到2020年要基本实现教育现代化，教师的理念、教师的能力、教师运用现代化的手段等是重要前提。刘延东同志在出席全国教书育人楷模颁奖大会时强调，国家发展的希望在教育，办好教育的希望在教师。教师是教育事业的第一资源。贯彻落实全国教育工作会议精神和教育规划纲要，我们一定要把加强教师队伍建设作为推动教育科学发展最重要的基础工作，摆在更加突出的位置。

胡锦涛总书记等中央领导同志的重要讲话，站在我国社会主义现代化建设和人力资源强国建设的全局和战略高度，对加强教师队伍建设和教师教育、提高人才培养质量等各项工作提出了明确要求，充分体现了党中央、国务院对教育事业和教师队伍建设的高度重视，对广大教育工作者的亲切关怀。加强教师队伍建设和教师教育工作，是党中央、国务院作出的重大战略部署，是民之所欲、民心所系的重大教育民生工程。党中央和国务院的高度重视和战略部署，为教师教育带来了前所未有的发展机遇。我们要深刻领会中央领导同志重要讲话精神，贯彻落实全教会精神和教育规划纲要，准确把握我国教师队伍建设和教师教育工作面临的新形势和新任务，切实推进教师教育改革发展，为我国培养造就大批优秀教师和未来教育家。

二是人民群众日益增长的教育需求对教师教育改革发展提出了新挑战。党的十七大指出："我国仍处于并将长期处于社会主义初级阶段的基本国情没有变，人民日益增长的物质文化需要同落后的社会生产之间的矛盾这一社会主要矛盾没有变。"这"两个没有变"决定了新阶段教育的基本矛盾，仍然是现代化建设和人民群众对于优质教育的强烈需求和优质教育资源供给不足的矛盾。随着经济社会不断发展，民主法治不断完善，群众生活不断丰富，教育在改变个人命运、创造幸福生活中的价值和作用更加凸显，人民群众对接受公平、优质和多样的教育需求更加强烈。面对人民群众日益增长的教育需求，我国教师教育面临着前所未有的严峻挑战。推进教师教育改革发展，加强教师队伍建设，是提高教育质量和促进教育公平的重要保障措施。我们要从国家现代化建设和经济社会发展大局出发，贯彻落实教育规划纲要，大力推进教师教育改革，更好地满足人民群众对优质教师教育的迫切需求。

三是推动教育事业科学发展对教师教育改革发展提出了新要求。当前，我国正在从教育大国向教育强国迈进，各级各类教育事业蓬勃发展，极大提高了全民族素质，有力推进了科技创新和文化繁荣，推动我国实现了从人口大国向人力资源大国的转变，为我国经济社会发展作出了重大贡献。但是在教育发展过程中，也出现了一些新情况和新问题。比如：义务教育发展不均衡，城乡差距、区域差距和校际差距矛盾有待进一步化解。高中教育发展不足，中西部农村高中教育普及水平偏低。学前教育资源不足，体制机制不够完善。职业教育发展不够，职业教育吸引力有待提高。还有进城务工人员子女、留守儿童、独生子女、单亲家庭子女等群体的教育问题社会备加关注。解决这些问题，需要建设一支高素质专业化的教师队伍。要大力推进教师教育改革，提高教师培养质量和教师队伍整体素质，为教育事业的科学发展提供强有力的师资保障。

四是建设高素质专业化教师队伍对教师教育改革发展提出了新任务。教育规划纲要明确提出："努力造就一支师德高尚、业务精湛、结构合理、充满活力的高素质专业化教师队伍"。这是教师教育改革发展的目标和宗旨。全教会和教育规划纲要第一次提出造就一支"高素质专业化教师队伍"的战略目标，反映了以人为本、教师为本的科学发展观，体现了在新的起点上推动教育事业科学发展的国家战略，对教师教育提出了新的更高的要求。教师教育必须围绕高素质教师的培养目标，以教师专业化为导向，深化教师教育改革，创新教师培养模式，增强实习实践环节，强化师德修养和教学能力训练，提高教师培养质量，提升中小学教师业务水平和整体素质。

教师教育改革是一项复杂的系统工程，涉及质量、规模、效益和结构等具体内容。其中，教师教育课程在中小学和幼儿园教师培养中发挥着重要作用，是决定教师教育质量的核心要素之一，是提高教师教育质量的关键环节。课程改革是教师教育改革的突破口和关键点。长期以来，在各地教育行政部门和师范院校的共同努力下，教师教育课程改革成绩显著，产生了一批教师教育特色专业、精品课程、教学团队和重要课程改革成果，建立了大批长期稳定的教育实习基地，建立了一批教师教育创新试验区，探索高等学校、地方政府和中小学合作培养教师的新机制，为基础教育培养了一大批优秀教师。但是，随着教师专业化进程的加快和教育改革发展的深入，我国教师教育课程还不能完全适应教育发展的需要，还不能完全适应全面提高教师教育质量的需要，还不能完全适应建设高素质专业化教师队伍的需要。教师教育课程弱化，有的院校将教师教育课程从"专修"、"主修"变为"选修"、"辅修"。师范非师范培养方案趋同，教师培养目标不明。课程改革相对滞后，教师教育课程和教学内容与基础教育新课改要求不适应。"老三门"课程内容存在"空、繁、旧"；课程开设有失规范，比较混乱或随意；重学科知识本位，脱离第一线实际。教育实践环节薄弱，实习时间过短，据调查有的学校师范生教育实习不到4周，有的学校已不组织集中实习，学生自行联系。当前，大力推进教师教育课程改革，实施《教师教育课程标准（试行）》，已成为教师教育发展的一项紧迫任务。

二、明确目标，全面落实教师教育课程改革的各项任务

为贯彻落实胡锦涛总书记在庆祝清华大学建校100周年大会上的重要讲话精神，全面提高高等教育质量，近日，教育部颁布了《关于大力推进教师教育课程改革的意见》和《教师教育课程标准（试行）》，对深入推进教师教育课程改革作出了总体要求，对教师教育课程改革的理念、结构、内容、资源、教学模式、教育实践、养成教育、队伍建设、质量评估和条件保障等关键环节提出了明确政策措施。《教师教育课程标准》对课程设置、课程目标提出了基本要求，同时也给地方和高校留下改革创新的空间。文件充分体现了"提高质量、解决问题、规范要求、促进改革、突出实招"的政策导向，对于规范教师教育院校办学行为，加强和改革师范教育，全面提高教师培养质量将发挥重要作用。大力推进教师教育课程改革，要重点做好如下几项改革。

一是创新教师教育课程理念，严格实施课程标准。要围绕高素质专业化教师培养目标，遵循教师专业发展规律，创新教师教育课程理念，坚持育人为本、实践取向、终身学习，引导师范生树立正确的儿童观、学生观、教师观与教育观。

要依据《教师教育课程标准（试行）》，规范教师教育课程设置，达到标准提出的最基本要求。创新教师培养模式，强化实践环节，加强师德修养和教育教学能力训练，着力培养师范生的社会责任感、创新精神和实践能力。职业教育教师培养可参照标准执行，探索改革培养方式，着力培养“双师型”中职学校教师。

二是优化教师教育课程结构，科学制定课程方案。以“三个面向”为指导，按照课程改革意见和标准的要求，借鉴国外教师教育课程先进经验，科学安排中小学和幼儿园教师培养的公共基础课程、学科专业课程和教师教育课程的结构比例，构建体现先进教育思想、开放兼容的教师教育课程体系。教师教育课程中要强调和突出教育实践课程，教育实践课程不少于一个学期，注重培养师范生的实践能力和积累应用性知识，提高师范生参与和研究基础教育的能力和素养。

要按照《教师教育课程标准（试行）》的学习领域、建议模块和学分要求，制订幼儿园、小学和中学教师教育课程方案，提出课程实施具体计划，制定配套的保障措施。建立课程自我评估制度，及时发现问题，总结经验，不断完善课程方案，帮助未来教师充分认识不同阶段学生的成长特点和差异性，保证新入职教师基本适应基础教育新课程的需要。

三是改革课程教学内容，加强优质课程资源建设。要以培养优秀教师和未来教育家为宗旨，进一步改革课程教学内容。课程内容要反映社会主义核心价值观，充分体现教师教育领域的新发展、新要求，将学科前沿知识、教育改革和教育研究最新成果充实到教学内容中，特别应及时吸收儿童研究、学习科学、心理科学、信息技术的新成果。注重引进吸收国外优秀教学资源的精华，汲取学习优秀中小学教学案例，强化师范生实践能力。加强信息技术课程建设，提升师范生信息素养和利用信息技术促进教学的能力。

加强教师教育优质课程资源建设，实施“教师教育国家精品课程建设计划”，通过科研立项、遴选评优和海外引进等途径，构建教师教育国家精品课程资源库。大力推广和使用“国家精品课程”，共享优质课程资源。

四是改进教学方法与手段，强化教育实践环节。把教学改革作为教师教育课程改革的核心环节，使基础教育课程改革精神落实到师范生培养过程中，全面提高新教师实施新课程的能力。在学科教学中，要注重培养师范生对学科知识的理解和学科思想的感悟。充分利用模拟课堂、现场教学、情境教学、案例分析等多样化的教学方式，增强师范生学习兴趣，提高教学效率，着力提高师范生的学习能力、实践能力和创新能力。加强以信息技术为基础的现代教育技术开发和应用，将现代教育技术渗透、运用到教学中。

加强师范生的教师职业基本技能训练，强化教育见习，提供更多观摩名师讲课的机会。师范生到中小学和幼儿园教育实践不少于一个学期。探索建立一批教师教育改革创新实验区，建设长期稳定的中小学和幼儿园教育实习基地。高校和中小学要选派工作责任心强、经验丰富的教师担任师范生实习指导教师。大力开展教育实践活动，深入农村中小学，引导和教育师范生树立强烈的社会责任感和使命感。积极开展师范生实习支教和置换培训，服务农村教育。

五是加强教师养成教育，培养未来教师和教育家。温家宝总理在全教会讲话中特别强调：“师范教育不能仅注重让学生在知识、能力和专业素质方面得到应有的发展，更要注重未来教师气质的培养，最重要的是文化熏陶。师范学校的专门训练，不限于教学的技能，而尤其在于多年的教育文化氛围中涵濡浸渍，使学生对教育实践的兴趣油然而生，对于教育事业的敬仰日益坚定。”要加强教师养成教育，注重未来教师气质的培养，营造良好教育文化氛围，激发师范生的教育实践兴趣，树立长期从教、终身从教信念。邀请优秀中小学校长、教师对师范生言传身教，感受名师人生追求和教师职业精神。开展丰富多彩的师范生素质培养和竞赛活动，重视塑造未来教师人格魅力。要将《中小学教师职业道德规范》列为教师教育必修课程，引导师范生树立崇高师德，锻造高尚师魂。

六是加强师资队伍建设，服务地方基础教育。要采取有力措施，加大教育类课程任教教师队伍建设的力度，吸引和激励高水平教师承担教育类课程教学任务，支持高校教师积极开展中小学教育教学改革实验，提高教师教育课程教师队伍整体水平。

要切实加强与基础教育的联系，完善校内专任教师到基础教育一线服务任教，中小学优秀教师到学校兼职授课的制度和机制。担任教育类课程的教师要有中小学教育服务工作经历。要聘任中小学和幼儿园名师为兼职教师，占教育类课程教学教师人数不少于20%。通过双向交流，形成高校与中小学教师共同指导师范生的机制，实行双导师制，引导师范生了解基础教育、研究基础教育和投身基础教育。

三、精心组织，确保教师教育课程改革工作取得实效

贯彻落实教育规划纲要，大力推进教师教育课程改革，全面提高教师教育质量，是当前和今后一个时期教师教育战线的主要工作。大家要抓住机遇，深化改革，精心组织，狠抓落实，务求实效，重点要做好以下几项工作。

一是加强组织领导，高度重视教师教育课程改革。各地教育行政部门要根据基础教育改革发展的需要，加强对教师教育课程改革的组织领导，健全完善管理机制，明确目标责任，进一步增强做好教师教育课程改革的责任感和使命感。师范院校要把教师教育课程改革和实施教师教育课程标准列入学校发展整体计划，建立和完善师范生培养教学管理组织体系。按照课程改革意见和标准要求，整合优势资源，创新课改理念，大胆探索实践，创造性地实施课程改革，确保课程改革各项政策目标落实到位。

二是深化合作交流，探索教师教育课程改革新机制。培养造就高素质专业化教师队伍是各级教育行政部门、师范院校和中小学校的共同责任。大力推进教师教育课程改革，要加强各方的合作交流和支持。各地教育行政部门要关注和支持师范院校的教师教育改革，师范院校要主动研究、服务和引领基础教育改革与发展，在教师教育课程设计、人才培养定位、教师队伍建设、课程教学研究、实践教学等重要环节相互支持，密切合作，逐步探索建立地方政府、师范大学和中小学合作培养师范生的新机制，造就大批适应基础教育改革和全面实施素质教育需要的合格教师。

三是强化政策导向，建立教师教育课程改革保障体系。各地教育行政部门和师范院校要加强对教师教育课程改革的政策支持和条件保障，加大教师教育经费投入力度，充分调动各方面的积极性，确保教师教育课程改革的顺利实施。教育行政部门要在师范教育专业建设、精品课程建设、课程改革研究立项、人才队伍建设等方面予以政策倾斜。积极支持师范院校建立教师教育改革创新实验区，支持师范院校在中小学和幼儿园建立大批教育实习基地，支持师范院校开展师范生实习支教和置换培训工作。激励中小学和幼儿园积极参与师范生教育实习，协助师范院校落实好师范生教育实践一学期制度。

四是突出目标管理，实施教师教育课程改革质量评估。省级教育行政部门要加强教师教育质量评估和监管，将师范生培养质量情况作为衡量有关高校办学水平的重要指标，并纳入高等学校教学基本状态数据年度统计和公布制度，确保中小学和幼儿园教师培养质量。师范院校要加强自我评估，进一步完善课程改革机制，提高教师培养能力。

五是发挥示范作用，营造良好舆论氛围。师范大学是教师教育改革发展的中坚力量，是师范院校的排头兵。师范大学要充分发挥示范作用，解放思想，勇于创新，大力推进教师教育改革，以实施课程改革为契机，重点建设一批高水平的教师教育专业和课程、高质量的课程改革成果和高素质的教育类课程教师队伍，提高教师教育质量。要及时总结推广经验，加强教师教育课改成果宣传，努力营造关心和支持教师教育课程改革的良好舆论氛围。

深化教师教育课程改革关系到今后一个时期我国教师教育改革发展的走向，关系到高素质专业化教师队伍的建设。面对新机遇、新形势、新任务，各级教育行政部门和师范院校要高度重视，精心组织，狠抓落实，认真贯彻落实教育规划纲要，扎实推进教师教育课程改革工作，确保课程改革各项工作落到实处，为培养造就大批优秀教师和未来教育家，推动教师教育事业科学发展作出新的更大的贡献！

（2011年10月27日）

综 述

胡锦涛考察清华大学

2011年4月20日，中共中央总书记、国家主席、中央军委主席胡锦涛来到清华大学考察，代表党中央、国务院，向全校师生员工和海内外校友表示热烈祝贺和诚挚问候。

胡锦涛首先前往校史馆参观，一边观看展览，一边听取介绍。他为清华大学走过的百年历程和取得的辉煌业绩感到由衷的欣慰。胡锦涛希望清华大学以建校百年为新的起点，全面贯彻党的教育方针，坚持教书育人，进一步提高教学质量和科研水平，努力跻身世界一流大学行列，为国家富强、民族振兴造就更多优秀人才、提供更多智力支持，不断谱写清华大学新的辉煌篇章。

在校史馆，胡锦涛亲切会见了杨振宁、姚期智、王大中、钱易等知名教授。他说，你们都是国家的宝贵财富，长期以来献身科学事业、攀登科学高峰，取得了被海内外学术界公认的重大成就，为祖国赢得了无上荣光。总书记希望各位知名教授多多提携优秀年轻人才，为中国科学和教育事业发展贡献智慧和力量。

一些即将到边远地区和国防建设一线工作的应届毕业生也在校史馆参观，胡锦涛对大家的工作选择表示赞许。他语重心长地说，在学校主要是学习理论知识，但要成长为国家的栋梁之材，还必须到社会这个大课堂去，向实践学习、向广大人民群众学习。他衷心希望同学们在基层一线经受锻炼、增长才干，在服务祖国和人民的实践中实现自己的人生价值。大家纷纷表示，一定牢记总书记教导，用出色的工作成绩回报党中央的关怀和厚爱。

随后，胡锦涛来到信息网络工程研究中心实地查看，饶有兴致地听介绍、看演示，详细询问两代互联网衔接、下一代互联网技术标准和安全性能等情况。他说，我们已经进入了网络时代，下一代互联网具有比这一代互联网更大、更快、更安全的特点。国家把研发下一代互联网这个光荣而艰巨的任务交给清华大学来牵头，你们责任重大。他希望科研人员把自主创新与借鉴国外经验结合起来，奋力攻克关键核心技术，为中国互联网发展作出新的更大贡献。

结构生物学中心主要开展与重大疾病机理相关的蛋白质结构及药物发现研究，成立短短3年已获得多项国际领先成果。在中心的实验室，一些科研人员正在做蛋白质纯化和基因克隆实验。胡锦涛仔细观看实验，了解实验成果的应用前景，还问起年轻学者在这里发挥作用的情况。他深有感触地说，看了你们这个中心，有两点印象尤为深刻。一是生命科学作为21世纪的核心学科，对于经济社会发展和人民身体健康关系重大。二是领军人才在学科发展中起着关键性作用。他鼓励大家百尺竿头、更进一步，在结构生物学领域取得突破性成果，努力使中国的生命科学研究走到世界前列。

接着，胡锦涛来到清华大学旧水利馆。他走到正在做教学实验的学生身边，一起观察水流运动现象，还登上平台，观看学生做水电站水力学模型实验。总书记对水利系学生说，过去我们常讲水利是农业的命脉，现在水利的重要性远远超出农业领域，还关系到经济安全、生态安全、国家安全，关系到国家经济社会发展全局。中央对水利事业一直高度重视，今年专门就新形势下加快水利改革发展发了1号文件。你们将来一定会大有用武之地。他希望同学们珍惜宝贵光阴，掌握过硬本领，毕业以后成为推动中国水利事业又好又快发展的生力军。

新水利馆的大厅里，胡锦涛与一些老同学欢聚在一起，大家抚今追昔，感慨万千。胡锦涛动情地对老同学们说，回想当年，我们在清华园一起学习、一起生活，度过了难忘时光，结下了深厚情谊。40多年来，各位老同学在各自岗位上为国家、为人民作出了积极贡献。我们共同祝愿我们的祖国繁荣富强、我们的人民幸福安康。

中共中央政治局委员、北京市委书记刘淇，中共中央政治局委员、国务委员刘延东，中共中央书记处书记、中央办公厅主任令计划，教育部部长袁贵仁，清华大学党委书记胡和平、校长顾秉林等陪同考察。

胡锦涛吴邦国温家宝贾庆林习近平李克强出席庆祝清华大学建校100周年大会

2011年4月24日上午，庆祝清华大学成立100周年大会在人民大会堂隆重举行。中共中央总书记、国家主席、中央军委主席胡锦涛在大会上发表重要讲话。他强调，全面建设小康社会，建设社会主义现代化国家，实现中华民族伟大复兴，为我国广大有志青年提供了创造精彩人生的广阔舞台。我国青年一代应该大有作为，也必将大有作为，应该志存高远、脚踏实地，共同为我们伟大祖国、伟大民族更加美好的明天奋斗、奋斗、再奋斗。

党和国家领导人吴邦国、温家宝、贾庆林、习近平、李克强出席大会。

胡锦涛首先代表党中央、国务院，向清华大学全体师生员工和广大校友表示衷心的祝贺，向全国高等学校的师生员工和广大教育工作者致以诚挚的问候。

胡锦涛指出，建校以来，广大清华师生始终与民族共命运、与时代同步伐，形成了优良文化传统和光荣革命传统，在中国人民为实现中华民族伟大复兴而奋斗的史册上写下了自己的隽永篇章。清华百年历史又一次表明，坚持解放思想、实事求是、与时俱进，坚持以实现国家富强、民族振兴、人类进步为己任，坚持正确办学方向，坚持以人为本，遵循高等教育规律，全面实施素质教育，不断推进改革创新，我们的大学就能获得事业发展的强大动力，就能源源不断培养出德才兼备的优秀人才。

胡锦涛强调，推动经济社会又好又快发展，实现中华民族伟大复兴，科技是关键，人才是核心，教育是基础。不断提高质量，是高等教育的生命线，必须始终贯穿高等学校人才培养、科学研究、社会服务、文化传承创新各项工作之中。全面提高高等教育质量，必须大力提升人才培养水平，坚持把促进学生健康成长作为学校一切工作的出发点和落脚点，全面贯彻党的教育方针，努力培养德智体美全面发展的社会主义建设者和接班人；必须大力增强科学研究能力，积极适应经济社会发展重大需求，积极提升原始创新、集成创新和引进消化吸收再创新能力，努力为建设创新型国家作出积极贡献；必须大力服务经济社会发展，自觉参与推动战略性新兴产业加快发展，自觉参与推动区域协调发展，自觉参与推动学习型社会建设，为社会提供形式多样的教育服务；必须大力推进文化传承创新，积极发挥文化育人作用，加强社会主义核心价值体系建设，积极开展对外文化交流。

胡锦涛强调，建设若干所世界一流大学和一批高水平大学，是我们建设人才强国和创新型国家的重大战略举措。要以重点学科建设为基础，以体制机制改革为重点，以创新能力提高为突破，加大支持力度，健全长效机制，鼓励重点建设高校成为知识创新的策源地、深化教育改革的试验田、扩大开放的桥头堡。

胡锦涛在讲话中给清华大学的同学们和全国青年学生提出3点希望。一是要把文化知识学习和思想品德修养紧密结合起来，刻苦学习科学文化知识，积极加强自身思想品德修养，立为国奉献之志，立为民服务之志，以实际行动创造无愧于人民、无愧于时代的业绩。二是要把创新思维和社会实践紧密结合起来，做到勤于学习、善于思考、勇于探索、敏于创新，坚持理论联系实际，积极投身社会实践，切实掌握建设国家、服务人民的过硬本领。三是要把全面发展和个性发展紧密结合起来，实现思想成长、学业进步、身心健康有机结合，努力成为可堪大用、能负重任的栋梁之材。

胡锦涛强调，教育大计，教师为本。广大高校教师要切实肩负起立德树人、教书育人的光荣职责，做学生健康成长的指导者和引路人。要把加强教师队伍建设作为教育事业发展最重要的基础工作来抓，充分信任、紧紧依靠广大教师，形成更加浓厚的尊师重教社会风尚，使教师成为最受社会尊重的职业。

庆祝大会由清华大学党委书记胡和平主持。清华大学校长顾秉林、清华大学教师代表李艳梅、清华大学学生代表齐兴达在大会上发言。北京大学校长周其凤、美国耶鲁大学校长莱文分别代表国内大学和国外大学发言。

出席庆祝大会的还有：刘淇、刘云山、刘延东、李源潮、吴官正、令计划、王沪宁、路甬祥、韩启德、华建敏、李建国、桑国卫、马凯、戴秉国、杜青林、陈奎元、董建华、万钢、林文漪、何厚铧和曾培炎、王汉斌、彭珮云、贾春旺、徐匡迪、李蒙，中央军委委员李继耐、常万全等。

中央和国家机关有关部门同志，北京市和其他省（区、市）负责同志，国内外知名学者代表，国内外著名大学校长代表，对清华大学发展作出重要贡献的来宾代表，台湾新竹清华大学代表团，清华大学校友代表和师生代表等，共 8 000 多人参加庆祝大会。

大会开始前，胡锦涛等党和国家领导人会见了参加庆祝大会的部分代表并合影。

胡锦涛考察北京市第八十中学

2011年9月9日，在第27个教师节即将到来之际，中共中央总书记、国家主席、中央军委主席胡锦涛到北京市第八十中学亲切看望师生员工，实地考察学校工作，代表党中央向全国广大教师和教育工作者致以节日的祝贺和诚挚的问候。

胡锦涛首先参观了校史陈列室，了解这所学校的发展历程和教学成果，希望他们认真总结办学经验，进一步提高教育质量，努力促进学生全面发展、成长成才。

八十中一直注重培养学生的科学素养和创新能力。在学校的通用技术教室里，学生科技社团正在开展活动。胡锦涛走进教室，观看学生们在教师指导下设计制作的小发明、小创造模型。看到这些学生在科技活动中既巩固了书本知识，又提高了实践本领，总书记勉励学生们勤动脑、勤动手，使自己的素质更加全面，为将来成为合格的国家建设人才打好基础。

从2002年开始，八十中平均每年接收20名西藏学生入校学习。胡锦涛牵挂着这些来自雪域高原的学生，专门到一个宿舍看望西藏学生，询问他们的生活与学习情况。他语重心长地对西藏学生说，中央安排西藏中学生到内地上学，是关心西藏人才培养的一项重要措施。希望你们珍惜难得机遇，勤奋刻苦学习，相互帮助、共同提高，将来为建设西藏、建设祖国贡献力量。

八十中还有来自30多个国家和地区的300多名学生在读。在国际部语言一班教室里，十几名外籍学生围坐在一个四合院模型前，听教师讲授汉语课文。教学告一段落时，胡锦涛与外籍学生亲切交谈，希望他们不断提高汉语水平，结识更多中国朋友，了解中国传统建筑文化，进一步加深各国青少年之间的了解和友谊。

在教学楼一层大厅，胡锦涛亲切接见了学校教师代表。他说，长期以来，各位老师献身教育事业，勤勉工作，默默奉献，为促进学生德智体美全面发展付出了大量心血。我们感谢大家，向你们表示崇高的敬意。

胡锦涛指出，中学阶段是学生健康成长的重要阶段，中学教育是整个国民教育体系中承上启下的关键环节。办好教育关键在教师。希望广大教师以对国家、对人民高度负责的精神，加强师德修养，钻研教学业务，不断开拓创新，扎实做好教书育人工作，努力培养社会主义建设者和接班人。听了总书记的谆谆叮嘱，教师代表们纷纷表示，一定不辜负总书记的关怀和重托。

中共中央政治局委员、北京市委书记刘淇，中共中央政治局委员、国务委员刘延东，中共中央书记处书记、中央办公厅主任令计划，教育部部长袁贵仁等陪同考察。

温家宝与小学生一起上体育课

2011年5月31日，中共中央政治局常委、国务院总理温家宝和中共中央政治局委员、北京市委书记刘淇，中共中央政治局委员、国务委员刘延东来到地处城乡结合部的北京市朝阳区十八里店小学，亲切看望师生，并和六年级二班的孩子们一起上了一堂体育课。

增强青少年体质、促进青少年健康成长是关系国家和民族未来的大事。党和政府非常重视中小学生的身体健康。2011年3月5日，温家宝在第十一届全国人大四次会议上所作的政府工作报告中明确提出，要“保证中小学生每天一小时校园体育活动”。3月8日，温家宝参加吉林代表团审议时，全国人大代表、冬奥会短道速滑冠军杨扬提出一个请求，希望温家宝能够和青少年共上一堂体育课，以推动青少年体育运动发展。温家宝当场愉快地答应，一定和孩子们上一堂体育课！“六一”儿童节快到了，他专门抽出时间到十八里店小学，兑现诺言。

十八里店小学是一所农村中心小学，全校756名学生中绝大部分是当地村民和外来务工人员的子女。校长陈春红告诉温家宝总理，学校坚持“健康第一”的育人理念，切实保证学生每天锻炼一小时，是朝阳区篮球、武术、田径3个项目的特色校。

上午8时55分，篮球课开始。温家宝和学生们一起做起了热身运动，沿着篮球场跑步，活动身体。接着进行防守步伐练习、原地运球、高低运球、行进运球、接固定球练习、运球急停急起。每一个动作，温家宝都做得有板有眼，十分认真，并应体育老师的邀请给孩子们示范三步上篮动作，赢得了全场热烈的掌声。接着，体育老师又邀请温家宝和孩子们一起切磋球技，举行三对三半场对抗赛。

上午9时35分，篮球课快结束了。孩子们整齐列队，教师进行了点评。温家宝望着眼前天真活泼、健康快乐的孩子们，深情地说：同学们，跟你们打一次篮球，我非常高兴。大家都知道，生命在于运动。德智体的基础是身体，德智体要全面发展，必须有强健的身体。因为身体是精神和知识的载体。没有好的身体，就不会有充沛的精力刻苦学习。温家宝接着说，只有孩子们健康，才有祖国的未来。你们要懂得这个道理。我们要有一个健康的体魄，才能更好地为人民服务。同学们要热爱运动，经常运动，把运动贯穿一生。希望同学们健康快乐，茁壮成长。

刘延东也和五年级三班的学生一起上了一堂排球课。

教育部部长袁贵仁、国家体育总局局长刘鹏、北京市有关负责同志等陪同参加。

温家宝出席北京师范大学首届免费师范生毕业典礼

2011年6月17日上午，中共中央政治局常委、国务院总理温家宝专程来到北京师范大学，出席首届免费师范生毕业典礼并作重要讲话。

毕业典礼在北京师范大学体育馆设主会场，华东师范大学、东北师范大学、华中师范大学、陕西师范大学和西南大学设分会场，毕业典礼由北京师范大学党委书记刘川生主持。北京师范大学校长钟秉林宣读了准予毕业生毕业的决定，并向毕业生代表颁发了毕业证书。温家宝等向6所院校的首届免费师范生优秀毕业生代表颁发了证书。北京师范大学教师代表王葎和首届免费师范生代表苟晓龙先后发言。全体免费师范毕业生宣读誓词。

随后，温家宝发表了重要讲话。他说，教师肩负着开启民智、传承文明的神圣使命，承载着千万家庭的梦想和希望。实施师范生免费教育政策，就是向全社会发出重视师范教育的强烈信号，吸引最优秀、最有才华的学生做教师，鼓励更多的优秀人才终身做教育工作者；就是要进一步在全社会形成尊师重教的浓厚氛围，让教师成为最受尊重、最令人羡慕的职业。

温家宝指出，进一步完善好、实施好师范生免费教育政策，是一件大事。要在搞好试点的基础上，认真总结经验，研究和解决存在的问题，加快落实和完善配套政策，让更多优秀毕业生下得去、留得住、干得好。要建立免费师范生录取和退出机制，加大高校自主招生力度，录取后经考察不适合从教的少数学生可以调整到非师范专业，选拔愿意从教的优秀非师范生转为免费师范生，让真正乐教适教的优秀学生读师范。要提高免费师范生生活补贴标准，给予优秀免费师范生更多奖励。要支持建设一批教师教育改革创新实验区，安排更多名师给免费师范生上课，提供更多观摩名师讲课的实习机会，提高免费师范生培养质量。要进一步改进免费师范生就业办法，通过建立健全分工负责、密切配合的跨部门工作机制，全面落实免费师范毕业生的编制和岗位。要支持到农村学校任教的免费师范毕业生免试攻读在职教育硕士。要逐步在全国推广师范生免费教育政策，鼓励地方发展师范生免费教育，支持各地师范院校采取定向招生、免费培养的办法，为农村培养骨干教师。

温家宝对免费师范生，也对全国广大师范生提出了四点希望。一要充满爱心。关爱每一名学生，视学生为弟妹、如儿女，努力成为学生的良师益友。二要甘于奉献。把追求理想、塑造心灵、传承文明当作人生的最大乐趣，做好终身从教的思想准备，甘做培育人才的泥土，在奉献中体现价值，在平凡中成就伟大。三要刻苦学习。不断地学习新知识、新技能，提高教书育人本领和教学质量。既要向书本学习，更要向实践学习，向社会学习，向人民学习。四要勇于创新。积极投身教育改革创新实践，重视培养学生的想象能力、创新能力和实践能力，激发学生的兴趣，创造有利于个性发展的氛围，使美好的教育理想变为现实。

温家宝最后勉励同学们志存高远，刻苦自励，执着坚守，把三尺讲坛变为施展才华的广阔舞台，使自己的人生更加精彩。温家宝的讲话不断激起全场阵阵热烈的掌声。

出席毕业典礼前，温家宝还与6所学校的首届免费师范生毕业生代表合影留念，并参观了这6所大学免费师范生教育成果展，观看了电视专题片，详细了解6所师范大学在创新教师培养模式、加强实践教学、深入开展职业理想信念教育等方面的做法和经验。

中共中央政治局委员、国务委员刘延东出席了活动。教育部部长袁贵仁，财政部部长谢旭人，国务院研究室主任谢伏瞻，中央编办主任王东明，国务院副秘书长、总理办公室主任项兆伦，国务院副秘书长江小涓等陪同参加。

温家宝考察河北省张北县第三中学

2011年8月28日，在新学期和第27个教师节即将来临之际，中共中央政治局常委、国务院总理温家宝到河北省张北县第三中学考察，并为广大农村教师作了题为《一定要把农村教育办得更好》的报告。

温家宝说，这个世界上，大多数人是穷人，而穷人中最多的又是农民。农民最需要学校，最需要教育。教育是农村的希望之路和光明之路，我们必须增强责任感和使命感，把农村教育办得更好，应该培养各方面更多的农村人才；必须高度重视农村教育发展中面临的新情况、新问题，采取切实可行的措施认真加以解决。

当谈到加大农村教育投入这一问题时温家宝提出了一系列要求：逐步缩小城乡教师收入待遇差距；不让一名儿童因贫困而失学；国家将安排资金，在中西部贫困地区为农村中小学提供营养补助，让孩子们吃饱吃好。有条件的地方，要把校车制度建立起来，配备最好的车辆和最好的司机，为孩子们建起安全的“绿色通道”。

温家宝对农村教育质量的提高尤为关心，他语重心长地说，只有把中小学校长都培养成为真正的教育家，我们的教育事业才大有希望。

温家宝说，教师是教育之本，有好的教师才会有好的教育。我国有900多万名农村教师，他们长期以来工作在艰苦清贫的环境中，恪尽职守，不计名利，默默耕耘，为我国农村教育事业发展作出了不可磨灭的贡献。在这里，我向长期从事农村教育工作的广大老师表示慰问和感谢！

随后，温家宝提出了一项项惠及农村教师的措施：在全国部分地区开展中小学教师职称改革试点，将中小学教师的最高职称从副高级和中级提高到正高级；依法保障教师平均工资水平不低于国家公务员的平均工资水平，并逐步提高；加快农村教师周转宿舍建设，有条件的地方可以开发专门面向农村中小学教师的经济适用房。这些措施都传递出党和政府对农村教师的尊重、承认和关怀。

最后，温家宝向广大教师表达了自己殷切的希望：一要无私奉献；二要满怀爱心；三要提高素质；四要教书育人。

教育部部长袁贵仁，河北省委副书记、代省长张庆伟等陪同参加。

李长春观看全国大学生校园文艺会演

2011 年 5 月 4 日晚，全国大学生校园文艺会演《五月的鲜花——永远跟党走》在北京上演，为中国共产党成立 90 周年献礼。中共中央政治局常委李长春与首都高校学生代表一起观看了演出。

演出中，当代大学生以崇敬的心情讲述着历史，多媒体技术将经典画面与现代情景对接。一首首老歌回味悠长，一段段新舞激越昂扬，共同演绎着对历史、对传统的缅怀传承以及对未来的无限憧憬，集中展示了当代大学生充满青春气息的时代风采，彰显了他们永远跟党走的昂扬激情和理想信念。演出结束后，李长春走上舞台，与大学生们亲切握手，并与全体大学生演员一同合影，对他们饱含激情的精彩表演给予热情赞扬。李长春说，这台节目思想性、知识性、艺术性、观赏性俱佳，主题鲜明、思想深刻，热情歌颂了我们党在革命、建设、改革各个历史时期的丰功伟绩，发自内心地表达了大学生们永远跟党走、不断开创中国特色社会主义事业新局面的坚定信念。整台演出形式多样、生动活泼，激情四射、感染力强，给人以深深的心灵震撼，生动展现了当代大学生积极、健康、向上的良好精神风貌，充分显示出当代大学生是党和人民完全可以信赖的一代优秀青年。

中共中央政治局委员、书记处书记、中宣部部长刘云山，中共中央政治局委员、国务委员刘延东，全国政协副主席、中国社会科学院院长陈奎元，教育部部长袁贵仁等陪同观看。

李长春观看教师节晚会

2011年9月5日，中共中央政治局常委李长春观看了为庆祝2011年教师节录制的大型主题晚会《美丽心灵——献给老师的歌》，并为2011年度“全国教书育人楷模”颁奖。李长春向获奖教师表示热烈祝贺，并勉励广大教师以先进楷模为榜样，忠诚党的教育事业，恪守教师职业道德和学术道德，以学识魅力和人格魅力感染学生、教育学生，在敬业奉献中让“人类灵魂工程师”的光荣称号绽放出时代风采。

由教育部和中央电视台联合举办的这台晚会，通过歌舞、诗朗诵、主题故事、人物访谈等多种形式，生动反映了《国家中长期教育改革和发展规划纲要（2010—2020年）》实施一年来取得的可喜成绩，热情讴歌了当代人民教师春风化雨、教书育人的崇高师德，充分展现了全社会尊师重教的良好风尚，为全国1 700多万名教育工作者送上了一份特殊的节日礼物。

伴随着歌舞以及诗朗诵等精彩演出，晚会讲述了94岁高龄仍坚守教学一线的上海音乐学院终身教授周小燕，被誉为“中国的霍金、材料科学的活地图”的中南大学教授、中国科学院院士金展鹏，坚持38年用扁担从几十里外给孩子们挑书本、粮食的广西融水苗族自治县汪洞乡达佑屯教学点教师周宏军，被称为“最美乡村女教师”的重庆市巫山县平河小学教师曹瑾，教育改革创新模范、湖北省武汉市汉阳区钟家村小学特级教师桂贤娣等人默默耕耘、潜心育人的先进事迹和动人故事。随着2011年度“全国教书育人楷模”获奖结果的揭晓，整台晚会达到高潮。受表彰的楷模教师受到了在场的党和国家领导人、社会各界人士以及学生代表的真挚谢意和节日祝福。

中共中央政治局委员、国务委员刘延东，全国政协副主席、中国社会科学院院长陈奎元，中央外宣办主任王晨、教育部部长袁贵仁、新闻出版总署署长柳斌杰、国家广电总局局长蔡赴朝、国家发改委副主任朱之鑫、新华社总编辑何平、中央办公厅副主任赵胜轩、国务院副秘书长江小涓等陪同观看。

李长春会见叶志平同志先进事迹报告团成员

2011年10月11日，叶志平同志先进事迹报告会在北京人民大会堂举行。报告会开始前，中共中央政治局常委李长春会见了叶志平同志家属和报告团成员，代表胡锦涛总书记向他们表示亲切问候。他强调，要大力宣传叶志平同志的先进事迹和崇高精神，在全社会形成爱岗敬业、尊师重教的良好氛围，引导全国广大教育工作者以叶志平同志为榜样，切实履行党和人民赋予的教书育人神圣职责，当好“人类灵魂的工程师”，办好人民满意的教育。

李长春指出，叶志平同志在抗震救灾中的突出表现，是他长期以来忠诚于党的教育事业，爱岗敬业、关爱学生、克己奉公优秀品德的集中反映。他的感人事迹和崇高精神，生动诠释了“学为人师，行为世范”的崇高师德风范，充分展示了当代人民教师良好的精神风貌，集中体现了一名共产党人的政治本色和先进性。他不愧为教育战线的杰出代表，不愧为全社会学习的优秀楷模。

李长春强调，要深入开展向叶志平同志学习活动，引导广大教师和教育工作者学习他忠诚于党、献身使命的崇高品质，学习他潜心育人、甘为人梯的敬业精神，学习他严谨务实、勇于创新的人生追求，学习他扎根基层、无私奉献的思想境界，以渊博的学识魅力和高尚的人格魅力教书育人，培育更多德智体美全面发展的社会主义建设者和接班人。要把学习叶志平同志活动与贯彻落实教育规划纲要结合起来，与深入推进社会主义核心价值体系建设结合起来，与加强大学生思想政治教育和未成年人思想道德建设结合起来，与教育战线开展的师德建设结合起来，与创先争优活动结合起来，在全社会大力倡导和形成爱岗敬业、尊师重教的良好氛围，推动教育事业优先发展、科学发展，为把中国建设成为人力资源强国、人才强国和创新型国家作出新的更大贡献。

李长春希望四川省委和有关部门多关心叶志平同志的家属，帮助他们解决实际困难。

中共中央政治局委员、书记处书记、中宣部部长刘云山，中共中央政治局委员、国务委员刘延东，中宣部常务副部长雒树刚，教育部部长袁贵仁，四川省委书记刘奇葆以及中宣部、教育部、四川省有关负责同志参加会见。

习近平看望西藏大学师生

2011年7月18日，中共中央政治局常委、国家副主席、中央军委副主席、中央代表团团长习近平率中央代表团部分成员来到西藏大学新校区，亲切看望各族师生员工。

习近平等中央代表团一行首先来到图书馆二层大厅，听取学校建设发展、人才培养和科学研究等方面的情况介绍。接着他考察了藏学典藏室、藏文信息技术教育部工程研究中心和西藏大学宇宙线开放实验室。随后，习近平来到学校公共计算机房，与师生们亲切交谈，详细了解大家的学习、生活以及毕业后的工作安排等情况，并即席发表了重要讲话。他说，受党中央和胡锦涛总书记委托，中央代表团来到西藏，同各族人民一起庆祝西藏和平解放60周年。今天专程到西藏大学看望慰问广大师生员工，向大家致以衷心问候和良好祝愿。

习近平充分肯定了西藏大学几十年来秉承党的教育方针，结合西藏实际，始终与西藏革命、建设、改革事业共命运，与西藏经济社会发展同进步，为西藏培养了大批合格的建设人才和各级干部，为社会主义新西藏建设作出了重要贡献。习近平说，西藏自古以来就是祖国神圣领土不可分割的一部分，藏民族和其他少数民族都是中华民族大家庭不可或缺的一员。希望同学们胸怀大志，报效祖国，为增进民族团结、维护国家统一作出自己的贡献。他说，青年是祖国的未来、民族的希望，也是我们党的未来和希望。作为“80后”、“90后”，同学们青春年华、朝气蓬勃，正是积累知识、提升能力最重要的阶段。希望大家珍惜大好时光，努力刻苦学习，掌握真才实学，陶冶道德情操，做到德智体美全面发展，作祖国的合格接班人和建设者。

得知很多学生毕业后到基层工作，习近平感到很高兴。他勉励大家立志扎根西藏，踊跃到农牧区去，到祖国和西藏最需要的地方去，磨炼意志、增长才干，建功立业、报效祖国。

看望活动结束时，习近平会见了西藏自治区教育系统先进模范代表并与大家合影留念。

中央代表团副团长回良玉、李建国、杜青林、帕巴拉·格列朗杰、热地、陈炳德和代表团部分成员，西藏自治区主要负责同志等陪同看望。

贺国强在北京部分高校调研并出席部分高校反腐倡廉建设座谈会

2011年11月7—10日，中共中央政治局常委、中央纪委书记贺国强深入北京部分高校进行调研。他强调，要认真贯彻落实党的十七届六中全会精神、胡锦涛总书记在庆祝清华大学建校100周年大会上的重要讲话精神和教育规划纲要，进一步提高高校改革发展水平，为党和国家事业发展提供强有力的人才保证和智力支撑。

在中国人民大学，贺国强参观了推进马克思主义中国化及参与马克思主义理论研究和建设工程展示、图书馆新馆、新闻学院和法学院。他希望中国人民大学充分发挥在人文社会科学领域的特色和优势，大力加强马克思主义基本理论特别是中国特色社会主义理论体系的教学和研究，积极推进文化传承创新，加快社会主义核心价值体系建设，为推动社会主义文化大发展大繁荣作出贡献。

在清华大学，贺国强参观了校史馆、有机光电子重点实验室、公共管理学院国情研究中心和廉政研究中心。他希望清华大学坚持走内涵式发展道路，全面提高办学质量，在建设世界一流大学进程中发挥表率作用。在参观大学生社会实践成就展时，贺国强与部分大学生和团干部进行了交谈。他指出，参加社会实践活动有利于大学生了解基本国情、理论联系实际、积极建言献策、提前适应社会、保持身心健康，希望大家把这项活动坚持下去，在实践中经受锻炼、增长才干，为将来走上社会、成就事业打下坚实基础。

在北京师范大学，贺国强参观了教师教育成果展、基础教育教材及著名专家成果展和认知神经科学与学习国家重点实验室。他希望北京师范大学强化办学特色，推进教育创新，当好中国教师教育的排头兵和教育改革的先行者。他指出，“学为人师、行为世范”集中反映了大学所肩负的神圣历史使命、崇高价值追求和自强进取精神。从一定意义上讲，这也应作为党员干部的行为准则，作为推进党风廉政建设的一种行为规范。他强调，教育大计，教师为本。要在全社会大力弘扬尊师重教的良好风尚，进一步加快师范教育改革发展，积极为教师的工作、学习、生活创造良好条件。

在北京化工大学，贺国强参观了学校“十一五”成就展、“危险化学品生产系统故障预防及监控”安监局基础实验室和国家碳纤维工程技术研究中心。他希望北京化工大学坚持产学研结合，加快科技成果转化和产业化步伐，在服务国家和行业发展中发挥更大作用。贺国强专门看望了学校老领导和当年在北京化工大学上学时的老师、同学。他说，我作为一个贫苦农家的孩子，50年前考入北京化工大学，在大学期间得到了学校领导、老师、同学们的许多教诲、关心和帮助，学到了知识、锤炼了品格、增长了才干、增强了体质。几十年来，无论我走到哪里，都经常想起母校、老师和同学，想起朝气蓬勃的大学时代。无论我走到哪里，都关注着学校的改革发展。离开校园时，贺国强对闻讯而来的学生们说，希望同学们珍惜宝贵时间，刻苦学习知识，努力增强本领，将来更好地担负起全面建设小康社会、实现中华民族伟大复兴的历史重任。

在北京大学，贺国强参观了校史馆及“北京大学与中国共产党的创建”专题展览和北京大学党风廉政建设展览，考察了分子动态与稳态结构国家重点实验室。他说，北京大学是中国新文化运动的中心、五四运动发祥地，是传播马克思主义和创建中国共产党的最早基地，希望北京大学坚持正确办学方向，弘扬光荣传统，推进改革创新，加快推进创建世界一流大学步伐，为党和国家事业发展作出更大贡献。

调研期间，贺国强特别强调要高度重视解决贫困家庭学生上大学和大学生就业问题。他希望各级党委、政府和高校在思想上重视、政策上倾斜、经费上支持、学习上帮助，争取更多的贫困家庭学生能够考上大学并顺利完成学业。他指出，大学生就业是重要民生问题。现在社会上不是人才多了，而是人才缺乏。政府、社会、大学和大学生要共同努力，调整专业设置、转变择业观念、指导动态就业、引导舆论导向，认真解决好这个问题。

在对部分高校进行调研后，贺国强于 11 月 10 日在北京大学出席部分高校反腐倡廉建设座谈会并讲话。他强调，要认真贯彻落实党的十七届六中全会、胡锦涛总书记在庆祝清华大学建校 100 周年大会上的重要讲话精神和教育规划纲要，进一步提高高校改革发展水平；要总结实践经验，把握工作规律，深入推进高校反腐倡廉建设，为高校改革发展提供有力保证。

在认真听取教育部和有关高校的工作汇报后，贺国强指出，高校是汇聚人才、培养人才的高地，是知识创新、科技创新的摇篮，是科技第一生产力和人才第一资源的重要结合点，在党和国家事业发展中具有特殊重要的地位和作用。新中国成立以来，特别是改革开放以来，在党中央、国务院的正确领导下，中国高等教育事业蓬勃发展，建成了世界上规模最大的高等教育体系，实现了中国高等教育的历史性跨越，为党和国家事业发展提供了强有力的人才保证和智力支撑。希望各高校再接再厉、乘势而上，进一步提高改革发展水平，为实现国家富强、民族振兴和人类进步作出新的更大贡献。要坚持正确办学方向，坚持和完善党委领导下的校长负责制，坚持马克思主义的指导地位，全面贯彻党的教育方针，坚定不移地走中国特色高等教育发展道路；要坚持提高办学质量，切实把提高教育质量作为生命线，把人才培养作为中心工作，更新人才培养观念，创新人才培养模式，改进教育教学评价，坚持重点示范带动，努力形成各类人才层出不穷、拔尖创新人才不断涌现的良好局面；要坚持产学研相结合，加大协同研发力度，增强服务发展意识，提高科学研究能力，推进文化传承创新；要坚持改革创新，加快构建中国特色现代大学制度，扩大对外交流与合作，营造民主多样、兼容并蓄的学术氛围，不断增强高校发展动力和活力；要坚持从严治校，加强教师队伍建设，加强学生管理、后勤管理和安全管理，为高校改革发展营造良好环境。

贺国强指出，党的十六大以来，各级教育部门、纪检监察机关和各高校认真贯彻中央要求和部署，以改革创新精神推进高校反腐倡廉建设，取得了显著成绩。高校是教书育人的神圣殿堂，理应成为传播精神文明的一方净土。高校发生的消极腐败现象和违纪违法问题，不仅直接影响高校的改革发展，而且严重损害教育的社会道德教化功能及引领作用，影响青年学生的健康成长。我们一定要充分认识加强高校反腐倡廉建设的重要性和紧迫性，切实把高校反腐倡廉建设摆上重要位置，认真贯彻中央反腐倡廉决策部署，坚持标本兼治、综合治理、惩防并举、注重预防的方针，围绕中心、服务大局，突出重点、统筹推进，不断以反腐倡廉建设新成效为高校改革发展提供有力保证。要抓住反腐倡廉教育这个基础，加强对高校教职员工特别是党员领导干部的廉洁教育，加强对大学生的廉洁教育，切实筑牢高校师生拒腐防变的思想道德防线；要抓住监督管理这个关键，切实加强对招生录取、基建项目、物资采购、财务管理、科研经费、校办企业、学术诚信等重点领域和关键环节的监管；要抓住执行纪律这个重要手段，严肃查办违反政治纪律的案件，领导干部以权谋私、贪污贿赂、失职渎职案件，重点领域和关键环节中的违纪违法案件，损害群众利益的案件，切实遏制腐败现象易发多发的势头；要抓住完善制度这个重要保障，健全领导班子科学民主决策机制，完善高校民主管理制度，健全廉政风险防控机制，切实从源头上防治腐败；要抓住党风廉政建设责任制这个龙头，各级纪检监察机关、教育部门以及各高校党委、行政领导班子要切实担负起加强高校反腐倡廉建设的政治责任，形成推进高校反腐倡廉建设的整体合力。贺国强还希望高校进一步加强廉政理论研究，充分发挥在反腐倡廉建设中的智囊团和思想库作用。

中共中央书记处书记、中央纪委副书记何勇，教育部部长袁贵仁及中央纪委监察部、北京市有关负责同志陪同调研并出席座谈会。

刘延东出席纪念《国家通用语言文字法》颁布10周年座谈会

2011年1月20日，中共中央政治局委员、国务委员刘延东出席纪念《国家通用语言文字法》颁布10周年座谈会。她强调，要适应新形势新任务要求，切实加强领导，严格依法行政，不断改革创新，深入贯彻落实《国家通用语言文字法》，推动语言文字事业科学发展。

刘延东充分肯定《国家通用语言文字法》颁布10年来语言文字工作取得的成绩。她指出，推广和普及国家通用语言文字，是维护国家主权与尊严、体现国家核心利益的战略举措，对于建设人力资源强国、加快社会主义现代化建设，传播弘扬中华文化、增强国家软实力，维护民族团结和国家统一、建设中华民族共有精神家园具有重要而深远的意义。要坚持以中国特色社会主义理论为指导，坚持党的语言文字工作方针政策，坚持改革创新，以人为本，立足国情，尊重规律，依法行政，群策群力做好语言文字工作。刘延东强调，贯彻《国家通用语言文字法》是长期战略任务，要以颁布10周年为新起点，完善“政府主导、语委统筹、部门支持、社会参与”的体制机制，研究解决突出矛盾和问题，不断提高语言文字工作科学化、规范化水平。要大力推广和普及国家通用语言文字，建立健全科学的评价体系，全面提升人民群众规范使用语言文字能力。注重语言文字规范标准和信息化建设，加强对社会语言生活的监测与服务，促进语言文字健康发展。要严格执法，加强监督，加大宣传引导，营造良好社会氛围。要积极推动中国语言文字和中华文化走向世界，为提升国家软实力作贡献。

全国人大常委会副委员长路甬祥出席座谈会并讲话，全国人大常委、教科文卫委员会主任委员白克明，全国人大常委、教科文卫委员会副主任委员石宗源，教育部部长袁贵仁，国家民委党组书记、副主任杨传堂，以及中央国家机关有关部门负责同志、各省（区、市）语言文字工作部门负责人等约240人参加了座谈会。

刘延东出席2011年全国教育工作会议

2011年1月25日，中共中央政治局委员、国务委员刘延东出席2011年全国教育工作会议。她强调，要把握机遇，勇担使命，以科学发展为主题，创新和完善中国特色教育发展道路，狠抓教育规划纲要的贯彻落实，努力开创教育事业科学发展新局面。

刘延东说，过去的五年是我国教育事业快速健康发展的五年，特别是2010年，全国教育工作会议召开、教育规划纲要颁布实施，一系列重要政策相继出台，教育体制改革试点全面启动，教育工作机制不断创新，形成了全社会关心支持教育事业发展的良好局面。她指出，今年是“十二五”开局之年，教育工作要围绕中心、服务大局，坚持育人为本，紧紧抓住促进公平、提高质量两大重点，以改革创新为动力，以优先发展为保障，以重大项目和改革试点为抓手，努力在关键领域、薄弱环节和社会关注的热点难点问题上取得突破。一是加快教育结构调整和资源优化配置，提升教育公共服务水平，服务经济社会发展要有新成果；二是按照“保基本、补短板、强基础”的要求，大力推动义务教育均衡发展，政策支持向农村、贫困地区、革命老区、边疆民族地区倾斜，有效缓解“入园难”问题，建立和完善覆盖各级各类教育的资助体系，促进教育公平要有新进展；三是加大教师培养培训，推进课程改革和教材建设，加强监测评估，提高教育质量要有新突破；四是全面实施素质教育，完善德育体系，改革考试评价制度，人才培养模式要有新探索；五是加大办学体制、教育管理体制改革和教育对外开放，推进改革开放要有新举措；六是落实教育投入，提高教育经费使用效益，保障支撑要上新水平。

刘延东强调，各级教育行政部门要把思想和行动统一到中央部署上来，把智慧和力量凝聚到落实纲要上来，以改革创新的精神，解放思想，科学谋划，抓住关键，因地制宜，统筹兼顾，落实责任，形成合力，顺利推进贯彻落实工作。要加强干部队伍建设，增强攻坚克难的信心，树立求真务实的作风，提高履职尽责的能力，保持清正廉洁的品行，真抓实干、乘势而上，推动教育事业迈上新台阶。

教育部部长、党组书记袁贵仁在会上强调，教育系统要认真学习领会、全面贯彻落实国务委员刘延东重要讲话精神，按照优先发展、育人为本、改革创新、促进公平、提高质量的要求，全面落实教育规划纲要，稳步实施国家重大教育发展项目和改革试点，着力促进教育公平、提高教育质量，深入推进教育事业科学发展，办好人民满意的教育。

教育部各位部领导围绕党中央、国务院对教育工作的总体部署，结合各自分管工作作了具体介绍和明确部署。上海、广东、陕西、辽宁4个省(市)作了经验交流。

国务院研究室负责同志，国家教育体制改革领导小组办公室成员，全国人大教科文卫委员会、全国政协教科文卫体委员会、全国总工会、各民主党派中央有关部门负责同志，各省级教育行政部门主要负责同志，教育部各司局、各直属单位主要负责同志参加了会议。

刘延东出席《中华人民共和国学位条例》实施30周年纪念大会

2011年2月12日，《中华人民共和国学位条例》实施30周年纪念大会在北京举行。中共中央政治局委员、国务委员、国务院学位委员会主任委员刘延东出席会议并强调，要以育人为根本，以质量为核心，以改革为动力，加快发展中国特色、世界一流、结构优化、布局合理的高质量学位与研究生教育，为建设创新型国家和人力资源强国、提升国家综合实力提供有力支撑。

刘延东说，学位条例作为新中国教育和科学领域的第一部法律，是改革开放的重要成果和新中国教育史上的重要里程碑。其颁布实施30年来取得了重大成就，累计培养了33.5万名博士、273.2万名硕士和1 830万名学士，也积累了宝贵经验。她指出，坚持中国特色学位与研究生教育发展之路是我国学位制度的根本方向，与时俱进、改革创新是学位与研究生教育的动力之源，积极提升质量水平是学位与研究生教育的核心任务，加强法制建设是学位与研究生教育改革发展的重要保障，虚心学习、开放包容是中国特色学位制度应有的胸怀。

刘延东强调，加快推进现代化建设，根本靠创新，基础在教育，关键在人才。学位与研究生教育作为国民教育的顶端，是高层次创新型人才的主要来源和科学研究潜力的重要标志。要坚持“完善制度、提高质量，科教结合、支撑创新，适应要求、引领未来”的基本思路，围绕国家经济社会发展大局，瞄准世界科技前沿和国家战略需求，丰富和完善学位制度；坚持质量第一，深入推进培养模式和招生制度改革，实行以科学研究为主导的导师负责制，形成符合人才成长规律、富有活力的研究生培养机制；促进科技发展与人才培养有机结合，为提升自主创新和区域发展能力提供人才智力支持；注重科学精神和人文素质培养，加强科研诚信和学术道德建设，培育优良的大学文化和学风；加大投入保障力度，确保研究生教育可持续发展；开展广泛深入的对外交流合作，提升研究生教育的国际化水平。

全国政协原副主席徐匡迪、教育部部长袁贵仁、中国工程院院长周济、国务院副秘书长项兆伦，以及中央和国家机关有关部门负责同志、历任学位委员会委员代表、各省（区、市）、高校代表等共约300人参加会议。

刘延东出席全国中小学校舍安全工程现场会

2011年3月22日，中共中央政治局委员、国务委员刘延东出席全国中小学校舍安全工程现场会。她强调，校舍安全工程是国家重大的民生工程和民心工程，体现了党和政府以人为本、执政为民的理念。要增强紧迫感，强化责任，坚持标准，突出抗震防灾重点，确保工程质量，统筹建设资金，建立常态管理机制，把这一工程建成中央放心、群众安心、确保师生安全的优质工程。

刘延东深入到太原市和忻州市中小学进行实地考察。在现场会上，她指出，校舍安全工程是维护人民群众切身利益、履行政府公共服务职能的客观要求，是落实国家防震减灾总体部署、切实保障广大师生安全的紧迫任务。工程实施一年多来，按照中央部署，各级政府联动，部门协调一致，社会积极支持，加大投入，加强督查，全面开展校舍排查鉴定，制定工程规划，建立安全档案和信息系统。截至2011年3月，以中西部七级及以上高强度地震且人口稠密地区为重点，已完成6.5万所中小学校舍加固改造，竣工面积1.7亿平方米，惠及学生近5 000万人，取得了阶段性成果。

刘延东强调，我国是地震、泥石流、洪涝、台风等各种自然灾害多发、频发的国家，防灾减灾任务尤为繁重。各地区、各有关部门要进一步落实责任，加强省级统筹，整合资源，加大投入，把校舍安全工程同中小学布局调整、农村中小学校舍维修改造长效机制结合起来，切实提高校舍综合防灾能力。要科学安排，强化管理，确保工程质量和进度，对安全隐患严重的校舍要立即停用，妥善转移安置学生，并优先进行改造，同时要避免超标浪费和简单大拆大建。要充分发挥专业部门的作用，加强对设计和施工的指导，严格遵守安全规范和程序，确保工程质量。要强化全过程督查，落实公示制度，加强财务监管，接受社会监督，严肃查处违纪违法行为，建设阳光工程。要加快信息系统建设，加强动态随机安全预警管理。要加强安全教育，组织防灾演练，提高学生自我保护意识和应急避险能力。

教育部部长袁贵仁，山西省委书记袁纯清、省长王君，国务院副秘书长项兆伦，以及各省（区、市）和国务院有关部门负责同志出席会议。

刘延东考察北京大学

2011年6月23日，在中国共产党90周年诞辰即将到来之际，中共中央政治局委员、国务委员刘延东到北京大学考察，看望慰问师生。她强调，要继承传统，坚持创新，努力在马克思主义理论建设方面多出人才、多出成果、多出精品，为马克思主义的中国化时代化大众化作出更大贡献。

刘延东考察了北京大学马克思主义学院，了解了马克思主义理论学科建设情况，参观了“北京大学与中国共产党的创建”专题展，并亲切看望了为中国马克思主义哲学研究作出突出贡献的年过九旬的哲学系教授黄枬森及北大师生。她说，北大作为我国最早传播马克思主义的基地，为马克思主义在中国的传播和中国共产党的创建发挥了不可替代的作用。新中国成立后，北大在马克思主义理论的教学、科研和人才培养等方面取得显著成绩。她强调，北大要继续发挥马克思主义理论教学和研究重镇的作用，注重马克思主义经典著作编译和基本观点研究，加强党史的研究和教育，关注重大现实问题，强化马克思主义理论的实践特性、时代特征和中国特色，不断加强理论创新，推进马克思主义理论学科体系和基础教材建设。要加强马克思主义理论和研究队伍建设，抓好学科带头人培养工作，着力培育青年骨干，不断壮大马克思主义理论教学研究队伍。她希望北大利用好自身宝贵的爱国主义教育资源，加强文物史料研究、保护与使用，推动党史教育进教材、进课堂、进头脑，加强学校党的建设；希望北大师生发扬优良传统，坚定理想信念，勇担创建世界一流大学的使命，在中华民族伟大复兴征程中作出自己的贡献。

刘延东还考察了北大清华生命科学联合中心，充分肯定该中心在强强联合开展科学研究，特别是促进科教结合方面取得的成绩。她说，作为落实教育规划纲要、实施生命科学研究与人才培养改革的试点，联合中心要锐意进取，追求卓越。着力开展创新人才培养与教学模式、人员聘用与考核机制、科研组织管理与运行体制、资源聚集与支持方式等改革，培养拔尖创新人才，发挥引领示范作用，努力提高我国生命科学的研究水平。

教育部部长袁贵仁，国务院副秘书长江小涓，北京大学党委书记闵维方、校长周其凤，共青团中央、科技部、财政部等有关部门负责同志陪同考察。

刘延东出席教育部直属高校工作咨询委员会第二十一次全体会议

2011年8月14日，中共中央政治局委员、国务委员刘延东出席教育部直属高校工作咨询委员会第二十一次会议。她指出，要深入学习贯彻胡锦涛总书记在纪念中国共产党成立90周年大会和庆祝清华大学建校100周年大会上的重要讲话精神，坚持正确办学方向，立足经济社会发展大局，深化改革，科学发展，走以质量提升为核心的内涵式发展道路，建设中国特色现代高等教育体系。

刘延东指出，高等教育是科技第一生产力和人才第一资源的重要结合点，国家强大学必须强。提高质量是高等教育的生命线，要作为高等教育事业发展的根本大计、改革创新的第一要求，凝聚各方面力量，全力以赴把这一最核心最紧迫的任务实施好、完成好。

刘延东强调，全面提高高等教育质量是一项复杂的系统工程，涉及理念思路的更新、体制模式的创新、评价机制的引导、基础能力的保障、社会环境的营造等，必须以人才培养为核心，科学研究为基础，社会服务为方向，文化传承创新为引领，形成大学各项功能相互促进、相互支撑、办学质量整体提升的新格局。按照符合国家和区域发展需要、符合学校实际、符合人才成长规律的原则，优化调整学科专业结构、培养类型结构和区域结构，突出特色、分类管理、防止同质化，促进规模、质量、效益的协调发展。要以科学的质量观指导人才培养，弘扬成功经验，改革培养模式，创新教学方法，注重因材施教、个性化培养，强化实践育人，建立多种主体联合培养的方式。依托优势学科群，与科研院所、行业企业建立开放、集成、高效的协同创新机制，探索高等教育质量提升的新平台、服务国家创新发展的新路径、体制机制创新的新载体。完善符合高校特点的内部治理结构，积极稳妥地扩大高校办学自主权，健全依法办学、自主管理、民主监督、社会参与的机制，推进中国特色现代大学制度建设。建立完善政府、学校、专门机构和社会多元评价相结合的科学规范的质量标准体系和教育教学评估监督制度。大力加强教师师德和教学能力建设，改善工作生活条件，努力建设一支师德高尚、业务精湛、结构合理、充满活力的教师队伍。

刘延东要求，高校领导班子要自觉按照社会主义政治家、教育家的要求，坚持党对高校工作的领导，树立大局意识、责任意识、忧患意识，解放思想、奋发进取，遵循教育教学规律，提高办学治校水平，不断开创高等教育改革发展新局面。

教育部部长袁贵仁、国务院副秘书长江小涓，来自教育部直属高校的咨询委员、其他部委和地方所属高校的特邀党委书记和校长共193人参加了会议。

刘延东会见2011年度全国教书育人楷模

2011年9月6日，中共中央政治局委员、国务委员刘延东与10位2011年度全国教书育人楷模在人民大会堂座谈。刘延东说，各位老师是全国1 600万名教育工作者的优秀代表，多年来教书育人，默默耕耘，无私奉献，努力工作，为党和祖国培养了许多优秀人才，光荣事迹令人感动。她向在座的10位楷模祝贺节日，并通过他们向全国的教师和教育工作者祝贺节日快乐。

刘延东与老师们亲切交流，认真听取他们的意见和建议。针对老师们提出的关于一些文艺作品低俗化，减轻学生课业负担、实施好素质教育，加强民族教育、特殊教育，进一步改善办学条件，加强职业教育和农村义务教育等意见和建议，刘延东一一作了详细的阐述，对存在的问题也作了具体的分析，并指出未来发展的方向。她说，教育是非常崇高的事业，能够从事教育事业无上光荣。作为建党90周年之际评出的教师楷模，各位老师胸怀崇高理想，坚守高尚师德，无私奉献，静心教书，潜心育人，在平凡的岗位上作出了不平凡的贡献，你们与全国优秀教师的光荣业绩将载入共和国教育发展的光辉史册！

刘延东说，从人类发展历史上看，从各国发展情况上看，要建设一个现代化国家，必须要有高水平的教育；要办出高水平的教育，必须要有高水平的教师。所以，中央坚决把教育放在优先发展的战略地位。按照教育规划纲要确定的教育改革发展的重点，一是要推进教育公平，让所有孩子在人生的各个阶段都能接受公平教育；二是要提高教育质量，真正培养建设中国特色社会主义现代化强国和促进人类文明进步所需要的人才。特别是在我们国家从教育大国向教育强国、从人力资源大国向人力资源强国、从发展中大国向现代化强国迈进的征程中，我们更需要培养千千万万的优秀人才，在中华民族伟大复兴的历史进程中，广大教师使命崇高、责任重大。

刘延东表示，新中国成立60多年来特别是改革开放30多年来，在党和政府的关怀重视下，我国举办了世界上最大规模的教育，培养了数亿各类人才，教育事业为国家的建设、改革与发展作出了举足轻重、不可替代的贡献。但是也要看到，我们的教育事业发展还不平衡，一些贫困地区的条件还很艰苦，师资水平参差不齐，教育改革发展面临繁重任务。广大教育战线的同志们要继续努力，不辜负党和国家的期望，不辜负广大人民群众的期盼，努力为孩子们的健康成长贡献自己的力量，为中国特色社会主义事业蓬勃发展，为伟大祖国的繁荣昌盛，培养千千万万合格的建设者和优秀接班人。

教育部部长袁贵仁、国务院副秘书长江小涓等参加会见。

刘延东出席第四届全国教育科学研究优秀成果奖颁奖暨中国教育科学研究院成立大会

2011 年 11 月 11 日，中共中央政治局委员、国务委员刘延东在第四届全国教育科学研究优秀成果奖颁奖暨中国教育科学研究院成立大会上强调，要深入学习贯彻党的十七届六中全会精神，进一步发挥教育科研服务决策、创新理论、指导实践的作用，努力建设中国特色社会主义教育理论体系，为推动教育事业科学发展、办好人民满意的教育、建设教育强国作出贡献。

刘延东指出，教育科学研究是认识教育规律的重要工具，是促进教育改革发展的重要保证。党历来重视教育科学研究，把教育科学研究作为党的理论建设的组成部分和教育事业发展的基础性工作。多年来，我国教育科研事业取得了长足进步，为党和国家教育方针的制定实施提供了智力支撑。

刘延东强调，强国必先强教，强教必兴科研。要深刻认识教育科研的重大意义，自觉担负起推进教育理论创新的崇高使命。要坚持以马克思主义为指导，坚持服务国家、服务人民的宗旨，坚持实事求是的思想路线，全面贯彻党的教育方针，解放思想，勇于创新，探索真理，发现规律，广泛调动各方面的积极性和创造性。要以社会主义核心价值体系为引领，立足基本国情，借鉴先进经验，确保教育科研的正确方向。要围绕主题主线，着眼教育改革发展重大理论和现实问题，加强宏观政策和战略研究，发挥思想库、智囊团作用，为国家和人民提供更加优质高效的教育科研服务。要以推进解决群众关心的教育热点难点问题为出发点和落脚点，走出书斋、贴近百姓，积极回应社会关切，为办好人民满意的教育建言献策。要深入探索教育规律，丰富发展中国特色社会主义教育理论体系。广大教育科研工作者要把做人与治学统一起来，把学术追求与社会责任统一起来，树立优良学风，努力创造学术精品。

刘延东指出，在中央教育科学研究所成立 70 周年之际成立中国教育科学研究院，是中央高度重视教育工作的又一重要举措。希望中央教育科学研究院立足新起点，弘扬光荣传统，坚持改革创新，建设具有中国特色的一流国家教育智库。

教育部部长袁贵仁、国务院副秘书长江小涓、有关部委负责同志以及第四届全国教育科学研究优秀成果奖获奖代表和全国教育科研院所、部分高校、地方代表出席了大会。

教育部2011年工作要点

2011年教育工作的总体要求是：全面贯彻党的十七大和十七届三中、四中、五中全会精神，以邓小平理论和“三个代表”重要思想为指导，深入贯彻落实科学发展观，全面贯彻党的教育方针，坚持以人为本、执政为民，按照优先发展、育人为本、改革创新、促进公平、提高质量的要求，全面落实教育规划纲要，稳步实施国家教育重大项目和改革试点，加快教育改革发展，加强重点领域建设，办好人民满意的教育，以优异成绩迎接建党90周年。

一、加强和改善对教育的宏观指导，推动教育事业科学发展

加强和改进教育系统党的建设。扎实推进教育系统创先争优活动和学习型党组织建设，调动基层党组织和党员创先争优的内在动力。落实新修订的《中国共产党普通高等学校基层组织工作条例》，配合有关部门研究制定党委领导下校长负责制的实施意见。扩大中小学和中等职业学校党的组织和党的工作覆盖面。加强民办学校党建工作。深入开展纪念建党90周年主题教育活动，大力推进社会主义核心价值体系建设。进一步加强和改进大中小学德育工作。修订中等职业学校德育大纲。进一步加强和改进大学生思想政治教育，创新高校网络思想政治教育。实施研究生思想政治理论课新方案。积极参与马克思主义理论研究和建设工程，认真做好重点教材编写、推广使用和教师培训工作，深入推动中国特色社会主义理论进教材、进课堂、进头脑。加强在优秀青年教师、优秀学生中发展党员工作。制订教育系统干部培训“十二五”规划，加强和改进干部教育培训。加强高校领导班子思想政治建设。完善对高校领导班子和领导干部综合考核办法。做好直属高校和直属单位巡视工作，重视巡视成果运用。落实新修订的《关于实行党风廉政建设责任制的规定》，健全纪检监察、组织人事、审计部门沟通协调的检查考核和监督机制，完善体现教育系统特点的惩治和预防腐败体系。

做好各类教育规划编制工作。编制好教育事业“十二五”规划。积极参与国家重大专项规划编制。指导部直属高校和各地科学编制“十二五”时期教育事业规划。完善教育规划纲要体系，发布学前教育、义务教育、普通高中教育、职业教育、高等教育、继续教育和民办教育7个分领域规划。指导做好各地高校设置规划和部直属高校基本建设规划。进一步完善各级各类学校建设标准。

全面推进依法治教、依法治校。主动接受和配合各级人大及其常委会对教育的执法检查。制定国家教育立法工作及教育规章10年工作方案。推动《教育督导条例》尽快发布实施。配合做好《考试法》立法工作。完成《职业教育法》和《残疾人教育条例》修订草案起草工作。启动学前教育、家庭教育等立法项目。开展《校园安全条例》起草调研。加强教育行政执法，依法查处教育违法违规行为。总结交流教育系统“五五”普法经验，全面实施“六五”普法规划。

加快推进教育管理信息化。全面部署教育信息化建设。发布实施教育信息化规划。建立健全教育信息化工作领导小组领导及管理体制、组织体系及建设运行机制。启动建设国家优质教育资源中心。大力提高教育管理与公共服务的信息化水平，建设统一的教育公共服务网络平台。以视频公开课为突破口，探索教育资源建设与共享新模式和新机制。继续做好中小学校舍信息管理系统建设和应用工作。做好教育系统网络信息安全保障工作。

动员全社会支持教育改革发展。完善部部合作和部省（区、市）合作机制，加强沟通联系、统筹协调和督促检查。深入推进科学民主决策，充分发挥国家教育咨询委员会及咨询委员作用，完善和拓宽教育改革发展建言献策平台和群众利益表达渠道。制定加强和改进教育政策建设的意见。完善规范性文件制定和发布程序。积极推进公众参与、专家咨询、风险评估、合法性审核、集体讨论决定等制度。探索建立重大决策跟踪反馈和评估制度。深化教育政务公开。全面推进高校和中小学信息公开。开发社会教育资源，进一步加强和改进未成年人校外活动场所建设和管理。进一步加强和改进教育新闻宣传，积极引导全社会更新教育观、成才观和用人观，为教育改革发展营造良好的舆论环境。

二、加强重点领域和关键环节建设，实施国家重大教育发展项目

加快发展学前教育。贯彻落实《国务院关于当前发展学前教育的若干意见》。启动实施学前教育三年行动计划。加强对各地实施三年行动计划的指导和督查，及时总结、交流各地成功经验，努力解决“入园难”问题。实施推进农村学前教育项目，支持中西部地区乡村幼儿园建设，配备必要的教玩具、图书等教育教学设置。多种形式扩大学前教育资源，大力发展公办幼儿园，鼓励社会力量办园。发布《3—6岁儿童学习与发展指南》和《幼儿园工作规程》，加强对幼儿园保教工作的指导和管理。

加快推进义务教育均衡发展。按照义务教育城乡一体化的要求，指导各地根据城镇化进程、新农村建设和人口流动情况，统筹规划学校布局。继续办好必要的教学点。进一步完善学校办学基本标准，分省推进县域内教育均衡发展。深入推进中西部农村初中校舍改造和全国校舍安全工程。加快薄弱学校改造，推进学校标准化建设。加快发展农村教育事业。合理配置公共教育资源，重点向农村、边远贫困、民族地区倾斜，加快缩小教育发展差距。

加快推进建设现代职业教育体系。全面实施中等职业教育改革创新三年行动计划。分类指导中等职业学校和普通高中招生，大力发展中等职业教育，加快普及高中阶段教育。围绕经济发展方式转变和产业结构调整需要，推进中职和高职协调发展和衔接试点。建立健全职业教育课程衔接体系。继续实施国家中等职业教育改革发展示范学校建设计划和优质特色学校建设计划。启动新一轮职业教育实训基地建设，全面加强就业导向的职业教育基础能力建设。深入推进国家示范性高等职业院校建设计划。制订中等职业教育专业设置标准、教学指导方案和课程教学大纲，继续推进课程改革和教材创新，着力培养学生职业道德、职业技能和就业创业能力。完善行业指导、企业参与机制。办好职业院校技能大赛。加快发展面向农村的职业教育，加强农业类学校和专业的建设。健全覆盖县、乡、村的职业教育培训网络，广泛开展农业生产技术和外出务工技能培训。

引导高校办出特色、办出水平。全面提高高等教育质量。完成教育规划纲要提出的高等教育毛入学率目标的分年度招生任务，招生计划增量重点用于紧缺人才、战略性新兴产业和现代服务业发展人才，以及中西部和民族地区人才培养。继续扩大支援中西部地区招生协作计划。加大对口支援西部地区高等学校的工作力度。启动中西部高等教育振兴计划。调整优化研究生招生结构，大幅增加专业学位招生比例，新增硕士生招生计划原则上全部用于全日制专业学位硕士招生。博士生招生向对国民经济发展产生重大影响的基础研究领域或重大科技专项倾斜。发布新修订的《普通高等学校本科专业目录》与《学位授予和人才培养学科目录》，建立专业动态调整机制，进一步优化专业结构。加强应用型人才、复合型人才和拔尖创新人才培养，积极推进基础学科拔尖学生培养实验计划，扩大卓越工程师教育培养计划试点范围，启动实施卓越医生与法律人才教育培养计划，加强农村订单定向免费医学教育和农科教合作培养农林人才。加强和改进教育教学评估工作，启动实施新建本科院校合格评估工作。深入推进高等学校本科教学质量与教学改革工程，加强重点专业和教师发展中心建设。全面实施研究生创新计划。深化专业学位研究生教育改革试点，推进研究生培养机制改革。进一步完善高校和科研机构联合培养博士生的长效机制。办好清华大学100周年校庆，加快世界一流大学建设步伐。抓好新一轮“985工程”建设与改革，建设优势学科创新平台。深入实施“211工程”和“特色重点学科项目”。加强高校重点科研基地和创新平台建设。积极推动高校承担各类科研任务。加快科技领军人才培养和创新团队建设。推动高校创新科研组织模式，大力开展有组织科研，积极推进高校基础研究改革试点，加强产学研用结合。启动国际合作联合实验室建设。进行新一轮高校学科创新引智工作。加强国防科研，组织实施“十二五”装备预研教育部支撑计划项目。加强战略研究，完善以创新和质量为导向的科研评价机制，提升社会服务能力。深入实施“高等学校哲学社会科学繁荣计划”，实施新一轮高等学校人文社会科学重点研究基地建设计划，着力提高咨政育人和文化传播水平。

积极搭建终身学习“立交桥”。推进继续教育国家制度建设。加快发展非学历继续教育。启动开放大学建设试点。推进自学考试综合改革。广泛开展社区教育，促进全民终身学习。稳步发展现代远程教育。加快教育公共服务平台和学习资源中心建设。加强继续教育示范基地建设。深入开展继续教育课程认证、学分积累和转换试点，稳步推进继续教育综合改革。

推动民族教育事业跨越式发展。认真贯彻中央西藏、新疆工作座谈会精神，全面落实推动西藏和新疆教育跨越式发展政策措施。大力推进学校民族团结教育。研究制定加快边境地区教育改革发展行动计划。加强民族地区双语科研工作，印发加强少数民族双语教育工作指导意见，深入推进民族地区双语教学。加强内地民族班建设和管理，举办内地新疆中职班。积极探索少数民族高端优秀人才培养新模式。加强和落实教育对口支援。

保障残疾儿童少年受教育权利。印发开展残疾儿童少年随班就读工作的指导意见，扩大随班就读和普通学校附设特教班规模，提高残疾儿童少年义务教育普及水平。支持中西部地区新建和改建特殊教育学校。研究制定特殊教育学校课程标准。开展医教结合改革实验。推动残疾儿童学前教育和残疾人高中阶段教育发展，完善特殊教育体系。

建设高素质专业化教师队伍。做好部属师范大学首届免费师范毕业生到农村学校任教工作。深入实施农村义务教育学校教师特设岗位计划，推动中西部农村学校教师周转宿舍建设，吸引更多优秀人才到农村学校任教。深化教师教育改革，制定教师教育课程和教学改革意见，构建教师教育标准体系。全面实施中小学教师“国培计划”。启动实施新一轮中小学教师全员培训。大力加强骨干教师、农村教师和紧缺学科教师培训，广泛开展幼儿教师、民族地区双语教师和班主任培训，促进中小学名师队伍建设。制定中小学校校长专业发展标准，进一步加大校长培训力度。建立和完善“双师型”职业教育教师培养培训制度，实施职业学校教师素质提高和校长能力提升计划。健全职业学校教师实践和兼职教师聘用政策。全面实施教育人才规划，实施高素质教育人才培养工程和高校高层次创新人才计划，推动人才强教、人才强校。制定高等学校教师职业道德规范。深入落实中小学教师职业道德规范。修订教师和教育工作者表彰奖励规定。评选全国教书育人楷模和教学名师，大力宣传模范教师先进事迹。

健全家庭经济困难学生国家资助制度。研究制定资助家庭经济困难儿童、孤儿和残疾儿童接受普惠性学前教育的政策。落实提高普通高校国家助学金资助标准和扩大中等职业教育免学费范围政策。健全研究生资助政策。积极推进生源地信用助学贷款。组织实施好普通高中国家助学金政策。积极推动各地落实高校学费补偿和贷款代偿政策。进一步规范助学金发放行为。

认真做好高校毕业生就业工作。完善和落实鼓励毕业生到城乡基层、中西部地区、中小企业就业和自主创业政策措施，开辟到基层单位就业新渠道。做好选聘毕业生到村任职和应征入伍预征工作，落实科研项目吸纳毕业生就业规划。加大创新创业教育和指导力度，加强创业实习基地和孵化基地建设。全面开展毕业生就业优质服务年活动，重点加强就业困难毕业生帮扶和援助，提升指导服务水平。

三、深入推进教育体制改革，认真组织开展教育改革试点

统筹推进国家教育体制改革。全面落实和推进国家教育体制改革试点任务，加快构建有利于教育事业科学发展的体制机制。指导各地各校科学制定和完善试点实施方案，进一步明确改革目标、进度安排和配套政策。加强对教育改革的督促检查和宣传引导，及时总结、交流和推广改革实践的成功经验，确保改革协调有序深入推进。

加快创新人才培养模式。全面推进素质教育，深化课程教材、教学方式和考试评价制度改革，注重引导和培养学生独立思考、实践创新能力。发布新修订的义务教育阶段课程方案和学科课程标准，全面启动教材修订工作。研究制定基础教育学科学业质量标准。切实做好中小学教材建设、使用跟踪和质量监控。落实率先实现小学生减负的要求，切实减轻中小学生课业负担。制定普通高中学生发展指导纲要，开展普通高中改革试点，促进多样化发展。深入开展亿万学生阳光体育运动，大力实施《国家学生体质健康标准》，全面推进体育、艺术2+1项目，保证每天一小时的校园体育活动。举办好第26届世界大学生运动会和全国第11届中学生运动会。分类指导城乡中小学生营养改善。加强学生视力保护。加强美育工作，深入开展高雅艺术进校园活动。组织好第3届大学生艺术展演工作，在全国高校组织开展“党在我心中”歌咏活动。做好学校国防教育。发布《国家中长期语言文字事业改革和发展规划纲要》，加强语言政策研究和语言文字规范标准建设，扎实推进中华经典诵读行动，全面加强规范汉字书写教育。全面实施普通高中学业水平考试制度，深入推进学生综合素质评价。

深入推进义务教育体制改革。完善义务教育均衡发展保障机制，提高农村学校生均公用经费拨款标准，均衡配置教师、设备、图书、校舍等公共教育资源。积极推行县域内校长与教师交流制度，实行优质高中招生名额合理分配到区域内初中的办法。深化和完善农民工随迁子女接受义务教育的“两为主”政策，会同有关部门推动建立农村留守儿童关爱服务体系。

深入推进职业教育体制改革。强化政府统筹责任，建立健全政府主导、行业指导、企业参与的办学体制机制，促进职业教育与经济社会发展紧密结合。加快完善职业教育办学机制，继续开展教育与行业对话，出台推进和鼓励校企合作的国家制度。加强职业学校学生实习责任保险制度建设。扎实推进工学结合、校企合作和顶岗实习。启动职业教育集团化办学的产权制度改革试点。推进地市级高等职业学院综合改革试点。加强“三教统筹”，建立涉农部门参与面向农村的职业教育工作机制，促进农科教结合。支持东西部中等职业学校合作办学、联合招生，扶持民族地区职业教育发展。完善支持职业教育发展政策体系，增强职业教育吸引力。

建设中国特色现代大学制度。按照政校分开、管办分离的要求，进一步理顺政府和学校的关系，加快现代大学制度建设。发布《高等学校章程制定办法》，保障高校办学自主权，完善学校内部治理结构。健全议事规则和决策程序，依法落实党委和校长职权。开展基层学术组织形式及其运行机制改革试点，健全学术委员会制度，探索教授治学的有效途径。推行高校总会计师制度，促进财务管理专业化。加强和改善对学校食堂的管理，深入推进高校后勤改革。

深入推进办学体制改革。制定《关于进一步促进民办教育发展的若干意见》，深入推进办学体制改革。研究制定支持民办教育发展的政策措施，创新民办教育发展体制机制。清理并纠正各类歧视民办教育政策，改善民办教育发展环境。做好独立学院过渡期工作，推动独立学院规范办学。

积极稳妥推进高考改革。成立国家教育考试指导委员会，研究制定考试改革方案，指导高考改革试点。按照不同类型人才培养要求，开展普通本科和高等职业教育分类入学考试试点。深化高考内容与方式改革，加强国家考试题库建设，着重考查综合素质和能力。加强自主选拔录取管理。深化研究生招生考试改革，探索建立有利于拔尖创新人才选拔培养的机制和办法。加大建设国家教育考试标准化考点力度，确保招生考试安全。

深化扩大教育对外开放。巩固双边、多边教育磋商机制，拓展区域合作平台，深化人文交流。成立教育部中外合作办学领导小组和全国中外合作办学专家评议委员会，多种形式推进中外合作办学，引进优质教育资源。建立中外合作办学质量保障机制。全面实施《留学中国计划》。扩大政府来华奖学金规模，设立首批来华留学示范基地。做好外籍教师管理制度调研工作。制定汉语国际教育发展规划。完善孔子学院发展机制，抓好教师选派、志愿者招聘、教材推广和常规管理，建立有利于孔子学院健康发展的质量评估体系。扩大公派出国留学规模，试行以科研项目和课题研究为依托的选拔和管理新办法，提高国家公派留学质量效益。落实大中小学校长及骨干教师海外培训年度计划。继续加强与联合国教科文组织等国际组织的合作。深化与港澳台地区教育交流与合作，支持内地高校与港澳台教育机构合作办学。

深化教师管理制度改革。建立国标、省考、县聘、校用的教师职业准入和管理制度。开展资格考试改革试点，发布中小学教师资格考试标准和考试大纲。试行5年一周期的教师资格定期登记制度。开展农村教师特殊岗位津贴改革试点。扩大中小学教师职称制度改革试点。加强编制管理，开展幼儿园教师配备标准和中等职业学校编制标准调研。深化职员制度改革，指导直属高校做好实施绩效工资工作。指导和推动地方高校建立和完善岗位设置管理制度。

落实增加教育投入的各项政策措施。主动配合有关部门依法落实增加教育投入的各项政策。加强和改进教育经费统计公告制度，完善推动地方政府落实教育投入法定增长激励机制。建设全面预算管理制度，完善预算支出绩效评价体系和资源配置机制。研究设立高等教育拨款咨询委员会。指导各地制定职业教育生均拨款标准。发挥教育资金监管中心作用，加强重大项目建设及经费使用的监管，确保经费使用规范安全有效。

加强省级政府对教育的统筹。按照统筹有力、权责明确的要求，进一步理顺中央和地方的关系，明确和落实省级政府对区域内各级各类教育的统筹职责。全面推进省级政府教育统筹综合改革试点。支持各地结合本地区实际，根据教育规划纲要要求，开展教育改革试验。继续推进与地方政府、行业部门共建高校，拓展共建内涵，深化社会合作。鼓励建立区域教育协作和联动发展机制。

四、切实转变工作职能，进一步加强和改进作风建设

大力加强政风建设。全面落实《中共教育部党组关于加强和改进新形势下直属机关党的建设的意见》，扎实开展机关作风建设年活动。大力推进直属机关创先争优活动和学习型党组织建设。深入基层开展调查研究，更加关注教育重点难点问题，科学研判教育改革发展趋势。进一步精简会议文件，大力倡导短、实、新的文风。建立和完善导向正确的干部考核指标体系，继续加大竞争性选拔工作力度，有计划地推动干部轮岗、交流和挂职锻炼。进一步加强干部培养培训，服务教育事业科学发展和干部成长。做好离退休干部工作。支持关心下一代工作。改善干部学习、工作和生活条件，加强安全保卫工作，创建和谐文明机关。

深入推进行风学风建设。落实治理义务教育阶段择校乱收费问题10项措施，坚持标本兼治、综合治理，努力化解择校难题。坚决治理中小学教辅材料散滥问题，严格规范服务性收费和代收费。制定学前教育收费管理办法。继续保持学校收费标准总体稳定。清理高考加分政策和地方性高考加分项目。制定招生信息公开办法，深入实施高校招生“阳光工程”。继续加强对特殊类型招生的监督。规范学校教学科研行为，加大对学术不端行为惩治力度，建立健全学风建设长效机制。

深入推进教育督查督办。建立健全推动教育规划纲要贯彻落实的教育督查机构和体制机制，加大对重大政策方针和重要决策部署的督办力度。完善教育督导制度，指导开展教育督导体制改革试点。继续做好“两基”国检，开展义务教育均衡发展督导评估认定，健全中等职业教育督导评估机制。制定中小学校素质教育督导评估办法。认真做好基础教育质量监测与评估工作。完善高等教育质量保障体系。制定地方政府履行教育职责评价办法。推广建立督学责任区经验。

维护教育系统和谐稳定。深入开展平安校园、文明校园、绿色校园、和谐校园创建活动。坚持教育与宗教相分离的原则。印发《教育系统突发公共事件总体应急预案》，提高应急处置能力。继续加强学校安全管理，完善校园治安防控体系。广泛开展安全教育和法制教育，提高预防灾害、传染病、食物中毒以及应急避险和防范违法犯罪活动能力。加强学校安全防范，完善人防、物防和技防措施，坚决遏制重特大安全事故发生。深入排查和化解矛盾纠纷，做好信访工作，依法按政策及时化解师生反映的突出问题。认真做好教育舆情汇集和分析。继续加强自然灾害应急体系建设。深入推进校园和周边环境综合治理，净化育人环境。

教育发展统计

2011 年全国教育事业发展统计公报

2011 年是“十二五”开局之年，也是全面落实教育规划纲要、推进教育改革发展的关键一年。在党中央、国务院正确领导下，在全党全社会的共同努力下，教育事业改革发展取得重大进展。学前教育入园机会大幅提高，九年义务教育全面实现，高中阶段入学率持续提升，职业教育吸引力不断增强，高等教育大众化水平进一步提高，教育公平迈出重大步伐，教育改革有序推进，教育结构进一步优化，教师队伍建设成效显著，办学条件不断改善。

义务教育

全国共有小学 24.12 万所，比 2010 年减少 1.62 万所；招生 1 736.80 万人，比 2010 年增加 45.10 万人；在校生 9 926.37 万人，比 2010 年减少 14.34 万人；毕业生 1 662.81 万人，比 2010 年减少 76.83 万人。小学学龄儿童净入学率达到 99.79%；其中，男女童净入学率分别为 99.78% 和 99.80%，女童高于男童 0.02 个百分点。

全国小学专任教师 560.49 万人，比 2010 年减少 1.22 万人。小学专任教师学历合格率 99.72%，比 2010 年提高 0.20 个百分点，小学生师比 17.71∶1，与 2010 年的 17.70∶1 基本持平。

全国共有初中学校 5.41 万所（其中职业初中 54 所），比 2010 年减少 773 所。招生 1 634.73 万人，比 2010 年减少 81.85 万人；在校生 5 066.80 万人，比 2010 年减少 212.53 万人；毕业生 1 736.68万人，比 2010 年减少 13.67 万人。初中阶段毛入学率 100.1%，与 2010 年持平。初中毕业生升学率 88.62%，比 2010 年提高 1.11 个百分点。

全国初中专任教师 352.45 万人，与 2010 年的 352.54 万人基本持平。初中专任教师学历合格率 98.91%，比 2010 年提高 0.26 个百分点。生师比 14.38∶1，比 2010 年的 14.98∶1 有所降低。

全国普通小学校舍建筑面积 56 913.11 万平方米，初中校舍建筑面积 45 546.31 万平方米。小学体育运动场（馆）面积达标学校比例 45.32%，体育器械配备达标学校比例 45.15%，音乐器械配备达标学校比例 42.85%，美术器械配备达标学校比例 42.41%，数学自然实验仪器达标学校比例 47.52%。初中体育运动场（馆）面积达标学校比例 62.24%，体育器械配备达标学校比例 63.92%，音乐器械配备达标学校比例 60.22%，美术器械配备达标学校比例 59.49%，理科实验仪器达标学校比例 70.91%。

全国义务教育阶段学校寄宿生 3 276.51 万人，占义务教育阶段在校生总数的比例为 21.85%。其中，小学寄宿生数 1 080.78 万人，所占比例为 10.89%；初中寄宿生数 2 195.73 万人，所占比例为 43.34%。

全国义务教育阶段在校生中进城务工人员随迁子女共 1 260.97 万人。其中在小学就读 932.74 万人，在初中就读 328.23 万人。

全国义务教育阶段在校生中农村留守儿童共 2 200.32万人。其中在小学就读 1 436.81 万人，在初中就读 763.51 万人。

学前教育与特殊教育

全国共有幼儿园 16.68 万所，比 2010 年增加 1.63 万所，在园幼儿（包括附设班）3 424.45 万人，比 2010 年增加 447.78 万人。幼儿园园长和教师共 149.60 万人，比 2010 年增加 19.07 万人。学前教育毛入园率达到 62.3%，比 2010 年提高 5.7 个百分点。

全国共有特殊教育学校 1 767 所，比 2010 年增加 61 所；特殊教育学校共有专任教师 4.13 万人。全国共招收特殊教育学生 6.41 万人，比 2010 年减少 783 人；在校生 39.87 万人，比 2010 年减少 2.69 万人。其中在盲人学校就读的学生 5.23 万人，在聋人学校就读的学生 10.77 万人，在弱智学校及辅读班就读的学生 23.88 万人。普通小学、初中随班就读和附设特教班招收的学生 3.64 万人，在校生 22.52 万人，分别占特殊教育招生总数和在校生总数的 56.76%和 56.49%。特殊教育毕业生 4.42 万人，比 2010 年减少 1.47 万人。

高中阶段教育

全国高中阶段教育（包括普通高中、成人高中、中等职业学校）共有学校 27 638 所，比 2010 年减少 946 所；招生 1 664.65 万人，比 2010 年减少 42.01 万人；在校学生 4 686.61 万人，比 2010 年增加 9.28 万人。高中阶段毛入学率 84.0%，比 2010 年提高 1.5 个百分点。

全国普通高中 13 688 所，比 2010 年减少 370 所；招生 850.78 万人，比 2010 年增加 14.54 万人，增长 1.74%；在校生 2 454.82 万人，比 2010 年增加 27.49 万人，增长 1.13%；毕业生 787.74 万人，比 2010 年减少 6.69 万人，下降 0.84%。

普通高中专任教师 155.68 万人，比 2010 年增加 3.86 万人，生师比 15.77 ∶1，比 2010 年的 15.99 ∶1 有所改善；专任教师学历合格率 95.73%，比 2010 年提高 0.92 个百分点。

普通高中共有校舍建筑面积 40 827.29 万平方米。普通高中体育运动场（馆）面积达标学校比例 76.86%，体育器械配备达标学校比例 80.29%，音乐器械配备达标学校比例 77.56%，美术器械配备达标学校比例 77.67%，理科实验仪器达标学校比例 82.11%，建立校园网学校比例 77.55%。

全国成人高中 857 所，比 2010 年增加 203 所；在校生 26.45 万人，比 2010 年增加 14.96 万人；毕业生 22.20 万人，比 2010 年增加 13.18 万人。成人高中教职工 0.71 万人，比 2010 年增加 0.25 万人；专任教师 0.58 万人，比 2010 年增加 0.22 万人。

全国中等职业教育（包括普通中等专业学校、职业高中、技工学校和成人中等专业学校）共有学校 13 093 所，比 2010 年减少 779 所；招生 813.87 万人，比 2010 年减少 56.55 万人，占高中阶段教育招生总数的 48.89%；在校生 2 205.33 万人，比 2010 年减少 33.17 万人，占高中阶段教育在校生总数的 47.06%；专任教师 88.19 万人，比 2010 年增加 1.04 万人。

全国普通中等专业学校 3 753 所，比 2010 年减少 185 所；招生 299.57 万人，比 2010 年减少 17.04 万人；在校生 855.21 万人，比 2010 年减少 22.51 万人；毕业生 270.23 万人，比 2010 年增加 5.59 万人。普通中等专业学校教职工 43.50 万人，与 2010 年持平；专任教师 30.39 万人，比 2010 年增加 0.88 万人。

全国职业高中 4 802 所，比 2010 年减少 404 所；招生 246.43 万人，比 2010 年减少 32.25 万人；在校生 680.97 万人，比 2010 年减少 45.36 万人；毕业生 217.80 万人，比 2010 年减少 12.40 万人。职业高中教职工 40.67 万人，比 2010 年增加 0.35 万人；专任教师 31.55 万人，比 2010 年增加 0.85 万人。

全国技工学校 2 924 所，比 2010 年减少 84 所；招生 163.90 万人，比 2010 年增加 4.88 万人；在校生 430.42 万人，比 2010 年增加 8.37 万人；毕业生 119.22 万人，比 2010 年减少 2.42 万人。

技工学校教职工 26.61 万人，比 2010 年减少 0.02 万人；专任教师 19.26 万人，比 2010 年增加 0.20 万人。

全国成人中等专业学校 1 614 所，比 2010 年减少 106 所；招生 103.96 万人，比 2010 年减少 12.15 万人；在校生 238.73 万人，比 2010 年增加 26.33 万人；毕业生 53.09 万人，比 2010 年增加 4.29 万人。成人中等专业学校教职工 8.13 万人，比 2010 年减少 0.41 万人；专任教师 5.52 万人，比 2010 年减少 0.18 万人。

高等教育

全国各类高等教育总规模达到 3 167 万人，高等教育毛入学率达到 26.9%。全国共有普通高等学校和成人高等学校 2 762 所，比 2010 年增加 39 所。其中普通高等学校 2 409 所（含独立学院 309 所），比 2010 年增加 51 所；成人高等学校 353 所，比 2010 年减少 12 所。普通高校中本科院校 1 129 所，比 2010 年增加 17 所；高职（专科）院校 1 280所，比 2010 年增加 34 所。全国共有培养研究生单位 755 个，其中高等学校 481 个，科研机构 274 个。

全国招收研究生 56.02 万人，比 2010 年增加 2.2 万人，增长 4.09%。其中招收博士生 6.56 万人，招收硕士生 49.46 万人；在学研究生 164.58 万人，比 2010 年增加 10.74 万人，增长 6.98%。其中在学博士生 27.13 万人，在学硕士生 137.46 万人；毕业研究生 43.00 万人，比 2010 年增加 4.64 万人，增长 12.09%。其中毕业博士生 5.03 万人，毕业硕士生 37.97 万人。

普通高等教育本专科共招生 681.50 万人，比 2010 年增加 19.75 万人，增长 2.98%；在校生 2 308.51万人，比 2010 年增加 76.71 万人，增长 3.44%；毕业生 608.16 万人，比 2010 年增加 32.73 万人，增长 5.69%。

成人高等教育本专科共招生 218.51 万人，比 2010 年增加 10.09 万人；在校生 547.50 万人，比 2010 年增加 11.46 万人；毕业生 190.66 万人，比 2010 年减少 6.62 万人。

全国高等教育自学考试学历教育报考 922.67 万人次，取得毕业证书 74.28 万人；非学历教育报考 862.80 万人次。

普通高等学校本科、高职（专科）全日制在校生平均规模 9 446 人，其中本科学校 13 564 人，高职（专科）学校 5 813 人。

普通高等学校教职工 220.48 万人，比 2010 年增加 4.82 万人；专任教师 139.27 万人，比 2010 年增加 4.96 万人。普通高校生师比为 17.42∶1。成人高等学校教职工 6.90 万人，比 2010 年减少 0.81 万人；专任教师 4.09 万人，比 2010 年减少 0.50 万人。

普通高等学校校舍总建筑面积 78 076 万平方米（含非产权独立使用），比 2010 年增加 3 472 万平方米；教学科研仪器设备总值 2 555 亿元，比 2010 年增加 276 亿元。

成人培训与扫盲教育

全国接受各种非学历高等教育的学生 405.14 万人次，当年已结业 677.18 万人次；接受各种非学历中等教育的学生达 5 433.08 万人次，当年已结业 5 842.50 万人次。

全国职业技术培训机构 12.95 万所，比 2010 年增加 83 所；教职工 52.18 万人；专任教师 29.83 万人。

成人初等学校 1.04 万所，比 2010 年减少 0.06 万所；毕业生 97.16 万人，比 2010 年减少 0.88 万人；在校生 93.03 万人，比 2010 年增加 6.45 万人。教职工 1.60 万人，比 2010 年增加 0.06 万人；专任教师 1.05 万人，比 2010 年增加 0.13 万人。

全国共扫除文盲 81.82 万人，比 2010 年减少 8.44 万人；另有 74.89 万人正在参加扫盲学习，比 2010 年减少 33.19 万人。扫盲教育教职工 4.95 万人，比 2010 年减少 0.08 万人；专任教师 2.32 万人，比 2010 年增加 0.38 万人。

民办教育

全国共有各级各类民办学校（教育机构）

13.08 万所，比 2010 年增加 1.26 万所；招生 1 400.88万人，比 2010 年增加 100.43 万人；各类教育在校生达 3 713.90 万人，比 2010 年增加 320.94 万人。其中：

民办幼儿园 115 404 所，比 2010 年增加13 115所；入园儿童 813.40 万人，比 2010 年增加 101.76 万人；在园儿童 1 694.21 万人，比 2010 年增加 294.74 万人。

民办普通小学 5 186 所，比 2010 年减少 165 所；招生 100.83 万人，比 2010 年增加 6.10 万人；在校生 567.83 万人，比 2010 年增加 30.20 万人。

民办普通初中 4 282 所，比 2010 年增加 23 所；招生 153.65 万人，比 2010 年增加 0.44 万人；在校生 442.56 万人，比 2010 年增加 0.45 万人。

民办普通高中 2 394 所，比 2010 年减少 105 所；招生 83.54 万人，比 2010 年增加 2.59 万人；在校生 234.98 万人，比 2010 年增加 4.91 万人。

民办中等职业学校 2 856 所，比 2010 年减少 267 所；招生 95.74 万人。比 2010 年减少 17.45 万人；在校生 269.25 万人，比 2010 年减少 37.74 万人。另有非学历中等职业教育学生 37.69 万人。

民办高校 698 所（含独立学院 309 所），比 2010 年增加 22 所；招生 153.73 万人，比 2010 年增加 6.99 万人；在校生 505.07 万人，比 2010 年增加 28.38 万人。其中本科在校生 311.82 万人，专科在校生 193.25 万人；另有自考助学班学生、预科生、进修及培训学生 26.00 万人。民办的非学历高等教育机构 830 所，各类注册学生 88.14 万人。

另外，还有其他民办培训机构 21 403 所，955.46 万人次接受了培训。

2011 年全国各级各类教育发展基本情况

全国各级各类学校校数、教职工、专任教师情况

	学校数（所）	教职工数（人）	专任教师数（人）
总计	526 969	17 816 113	14 422 979
一、高等教育	2 762	2 308 631	1 449 686
（一）研究生培养机构（不计校数）	(755)		
1. 普通高校	(481)		
2. 科研机构	(274)		
（二）普通高等学校	2 409	2 204 819	1 392 676
1. 本科院校	1 129	1 585 694	976 937
其中：独立学院	309	181 039	132 733
2. 高职（专科）院校	1 280	614 717	412 624
3. 其他机构（点）（不计校数）	(46)	4 408	3 115
（三）成人高等学校	353	69 032	40 903
（四）民办的其他高等教育机构	(830)	34 780	16 107
二、中等教育	83 810	7 598 937	5 976 024
（一）高中阶段教育	27 638	3 645 725	2 444 548
1. 高中	14 545	2 434 528	1 562 610
普通高中	13 688	2 427 386	1 556 829
完全中学	6 357	1 100 491	523 198
高级中学	6 532	1 182 946	995 434
十二年一贯制学校	799	143 949	38 197
成人高中	857	7 142	5 781
2. 中等职业教育	13 093	1 211 197	881 938
普通中专	3 753	435 030	303 864
成人中专	1 614	81 292	55 192
职业高中	4 802	406 722	315 472
技工学校	2 924	266 116	192 575
其他机构（教学点）（不计校数）	(642)	22 037	14 835
（二）初中阶段教育	56 172	3 953 212	3 531 476
1. 初中	54 117	3 944 169	3 524 517

续表

	学校数（所）	教职工数（人）	专任教师数（人）
初级中学	40 759	2 993 587	2 655 000
九年一贯制学校	13 304	948 884	414 894
十二年一贯制学校			36 824
完全中学			416 258
职业初中	54	1 698	1 541
2. 成人初中	2 055	9 043	6 959
三、初等教育	271 804	5 650 416	5 638 560
（一）普通小学	241 249	5 584 868	5 604 861
小学	241 249	5 584 868	5 163 882
九年一贯制学校			409 103
十二年一贯制学校			31 876
（二）成人小学	30 555	65 548	33 699
其中：扫盲班	20 179	49 516	23 233
四、工读学校	76	2 573	1 764
五、特殊教育	1 767	51 189	41 311
六、学前教育	166 750	2 204 367	1 315 634

注：①完全中学的学校数和教职工数计入高中阶段教育，九年一贯制学校的校数和教职工数计入初中阶段教育，十二年一贯制学校的校数和教职工数计入高中阶段教育，专任教师是按照教育层次划分归类；②“（ ）”内数据为不计校数。

全国各级各类学历教育学生情况

	毕业生数（人）	招生数（人）	在校生数（人）
一、高等教育			
（一）研究生	429 994	560 168	1 645 845
博　士	50 289	65 559	271 261
硕　士	379 705	494 609	1 374 584
（二）普通本专科	6 081 565	6 815 009	23 085 078
本　科	2 796 229	3 566 411	13 496 577
专　科	3 285 336	3 248 598	9 588 501
（三）成人本专科	1 906 640	2 185 141	5 474 962
本　科	755 402	897 241	2 336 132
专　科	1 151 238	1 287 900	3 138 830
（四）其他各类高等学历教育			
1. 在职人员攻读硕士学位		134 061	461 693

续表

	毕业生数（人）	招生数（人）	在校生数（人）
2. 网络本专科生	1 299 253	1 871 519	4 924 833
本　科	460 149	643 993	1 754 760
专　科	839 104	1 227 526	3 170 073
二、中等教育	32 665 962	32 993 759	98 078 540
（一）高中阶段教育	14 702 827	16 646 463	46 866 060
1. 高中	8 099 367	8 507 799	24 812 760
普通高中	7 877 401	8 507 799	24 548 227
完全中学	2 618 833	2 950 612	8 391 776
高级中学	5 088 191	5 354 128	15 591 233
十二年一贯制学校	170 377	203 059	565 218
成人高中	221 966		264 533
2. 中等职业教育	6 603 460	8 138 664	22 053 300
普通中专	2 702 302	2 995 725	8 552 071
成人中专	530 942	1 039 639	2 387 275
职业高中	2 178 008	2 464 262	6 809 722
技工学校	1 192 208	1 639 038	4 304 232
（二）初中阶段教育	17 963 135	16 347 296	51 212 480
1. 初中	17 366 786	16 347 296	50 668 024
初级中学	13 097 178	12 079 662	37 697 057
九年一贯制学校	1 790 288	1 824 936	5 513 859
十二年一贯制学校	185 730	196 210	586 326
完全中学	2 281 767	2 239 280	6 844 816
职业初中	11 823	7 208	25 966
2. 成人初中	596 349		544 456
三、初等教育	18 417 800	17 367 980	100 942 847
（一）普通小学	16 628 054	17 367 980	99 263 674
小学	15 201 478	15 989 257	91 115 452
九年一贯制学校	1 326 111	1 282 216	7 565 579
十二年一贯制学校	100 465	96 507	582 643
（二）成人小学	1 789 746		1 679 173
其中：扫盲班	818 150		748 890
四、工读学校	4 378	5 664	8 976
五、特殊教育	44 194	64 086	398 736
六、学前教育	11 847 124	18 273 104	34 244 456

注：特殊教育学生数中包括普通中小学随班就读的学生。

全国各级各类非学历教育学生情况

	结业生数（人）	注册学生数（人）
总计	65 196 816	58 382 188
一、高等教育	6 771 796	4 051 425
（一）研究生课程进修班	48 873	67 112
（二）自考助学班	242 067	470 423
（三）普通预科生		32 274
（四）进修及培训	6 480 856	3 481 616
其中：资格证书培训	2 017 012	893 784
岗位证书培训	1 785 514	976 309
二、中等职业教育	58 425 020	54 330 763
其中：资格证书培训	7 614 303	6 461 557
岗位证书培训	9 798 624	8 441 784
（一）中等职业学校	6 959 144	4 119 561
其中：资格证书培训	2 646 761	1 630 942
岗位证书培训	2 018 994	1 055 320
（二）职业技术培训机构	51 465 876	50 211 202
其中：资格证书培训	4 967 542	4 830 615
岗位证书培训	7 779 630	7 386 464

全国各级各类民办教育基本情况

	学校数（所）	毕业生数（人）	招生数（人）	在校生数（人）	教职工数（人）	专任教师数（人）	其他学生数（人）
一、民办高等教育							
（一）民办高校	698	1 229 577	1 537 292	5 050 687	371 554	252 441	260 042
本科学生		579 675	883 191	3 118 236			
专科学生		649 902	654 101	1 932 451			
其中：独立学院	309	542 638	746 028	2 674 448	181 039	132 733	29 128
本科学生		479 562	689 278	2 498 710			
专科学生		63 076	56 750	175 738			
（二）民办其他高等教育机构	(830)				34 780	16 107	881 399
二、民办中等教育							

续表

	学校数（所）	毕业生数（人）	招生数（人）	在校生数（人）	教职工数（人）	专任教师数（人）	其他学生数（人）
（一）高中阶段教育	5 250	1 642 019	1 792 777	5 042 345	754 757	547 750	
1. 民办普通高中	2 394	724 905	835 370	2 349 833	606 071	452 249	
2. 民办中等职业教育	2 856	917 114	957 407	2 692 512	148 686	95 501	376 946
（二）初中阶段教育	4 282	1 311 881	1 536 479	4 425 616			
1. 民办普通初中	4 282	1 311 881	1 536 479	4 425 616			
2. 民办职业初中							
三、民办普通小学	5 186	885 433	1 008 252	5 678 255	186 026	134 809	
四、民办幼儿园	115 404	4 671 427	8 133 958	16 942 090	1 436 575	807 772	
另有：民办培训机构（不计校数）	(21 403)				250 825	147 525	9 554 560

注：①“另有其他学生数”包括自考助学班学生、预科生、进修及培训学生数；②民办普通高中的教职工数和专任教师数中包含民办普通初中的教职工数和专任教师数；③民办中等职业教育数据中未含技工学校数据；④“（ ）”内数据为不计校数。

1990—2011年全国各级学校毕业生升学率

年份	小学升初中（%）	初中升高级中学（%）	高中升高等教育（%）
1990	74.6	40.6	27.3
1991	77.7	42.6	28.7
1992	79.7	43.6	34.9
1993	81.8	44.1	43.3
1994	86.6	47.8	46.7
1995	90.8	50.3	49.9
1996	92.6	49.8	51.0
1997	93.7	51.5	48.6
1998	94.3	50.7	46.1
1999	94.4	50.0	63.8
2000	94.9	51.2	73.2
2001	95.5	52.9	78.8
2002	97.0	58.3	83.5
2003	97.9	59.6	83.4
2004	98.1	63.8	82.5
2005	98.4	69.7	76.3
2006	100.0	75.7	75.1

续表

年份	小学升初中（%）	初中升高级中学（%）	高中升高等教育（%）
2007	99.9	80.5	70.3
2008	99.7	82.1	72.7
2009	99.1	85.6	77.6
2010	98.7	87.5	83.3
2011	98.3	88.9	86.5

注：高中升学率为普通高校招生数与普通高中毕业生数之比。

全国各级各类学校女学生情况

单位：人

	合计	男学生数	女学生	
			人数	占学生总数的比重（%）
一、高等教育				
（一）研究生	1 645 845	848 345	797 500	48.46
博　士	271 261	173 252	98 009	36.13
硕　士	1 374 584	675 093	699 491	50.89
（二）普通本专科	23 085 078	11 280 090	11 804 988	51.14
本　科	13 496 577	6 693 894	6 802 683	50.40
专　科	9 588 501	4 586 196	5 002 305	52.17
（三）成人本专科	5 474 962	2 526 927	2 948 035	53.85
本　科	2 336 132	1 031 610	1 304 522	55.84
专　科	3 138 830	1 495 317	1 643 513	52.36
（四）其他各类高等学历教育				
1. 在职人员攻读硕士学位	461 693	295 054	166 639	36.09
2. 网络本专科生	4 924 833	2 569 370	2 355 463	47.83
本　科	1 754 760	862 720	892 040	50.84
专　科	3 170 073	1 706 650	1 463 423	46.16
二、中等教育	98 078 540	51 677 295	46 401 245	47.31
（一）高中阶段教育	46 866 060	24 620 149	22 245 911	47.47
1. 高中	24 812 760	12 639 629	12 173 131	49.06
普通高中	24 548 227	12 524 660	12 023 567	48.98
成人高中	264 533	114 969	149 564	56.54
2. 中等职业教育	22 053 300	11 980 520	10 072 780	45.67

续表

	合计	男学生数	女学生	
			人数	占学生总数的比重（%）
普通中专	8 552 071	3 995 263	4 556 808	53.28
成人中专	2 387 275	1 321 456	1 065 819	44.65
职业高中	6 809 722	3 612 897	3 196 825	46.95
技工学校	4 304 232	3 050 904	1 253 328	29.12
（二）初中阶段教育	51 212 480	27 057 146	24 155 334	47.17
1. 初中	50 668 024	26 790 605	23 877 419	47.13
2. 成人初中	544 456	266 541	277 915	51.04
三、初等教育	100 942 847	54 187 860	46 754 987	46.32
（一）普通小学	99 263 674	53 370 022	45 893 652	46.23
（二）成人小学	1 679 173	817 838	861 335	51.30
其中：扫盲班	748 890	336 220	412 670	55.10
四、工读学校	8 976	7 576	1 400	15.60
五、特殊教育	398 736	263 339	135 397	33.96
六、学前教育	34 244 456	18 455 494	15 788 962	46.11

全国各级各类学校女教职工、女专任教师情况

单位：人

	教职工合计	其中：女教职工		专任教师合计	其中：女专任教师	
		人数	占教职工总数的比重（%）		人数	占专任教师总数的比重（%）
一、高等教育						
（一）研究生培养机构（不计校数）						
1. 普通高校						
2. 科研机构						
（二）普通高等学校	2 204 819	1 008 509	45.74	1 392 676	652 951	46.88
1. 本科院校（含独立学院）	1 585 694	711 595	44.88	976 937	444 044	45.45
其中：独立学院	181 039	88 696	48.99	132 733	64 833	48.84
2. 专科院校	614 717	294 810	47.96	412 624	207 383	50.26
3. 其他机构（点）（不计校数）	4 408	2 104	47.73	3 115	1 524	48.92
（三）成人高等学校	69 032	33 246	48.16	40 903	21 365	52.23
（四）民办的其他高等教育机构	34 780	17 416	50.07	16 107	7 845	48.71

续表

	教职工合计	其中：女教职工		专任教师合计	其中：女专任教师	
		人数	占教职工总数的比重（%）		人数	占专任教师总数的比重（%）
二、中等教育						
（一）高中阶段教育						
1. 高中						
普通高中	6 371 555	3 104 394	48.72	1 556 829	752 869	48.36
成人高中	7 142	3 245	45.44	5 781	2 466	42.66
2. 中等职业教育	1 211 197	550 515	45.45			
普通中专	435 030	202 835	46.63	303 864	151 010	49.70
成人中专	81 292	37 035	45.56	55 192	27 149	49.19
职业高中	406 722	188 963	46.46	315 472	156 283	49.54
技工学校	266 116	111 560	41.92			
其他机构（教学点）（不计校数）	22 037	10 122	45.93	14 835	7 307	49.26
（二）初中阶段教育						
1. 初中				3 524 517	1 766 987	50.13
2. 成人初中	9 043	3 338	36.91	6 959	2 423	34.82
三、初等教育						
（一）普通小学	5 584 868	3 151 810	56.43	5 604 861	3 288 734	58.68
（二）成人小学	65 548	26 423	40.31	33 699	14 784	43.87
其中：扫盲班						
四、工读学校	2 573	958	37.23	1 764	701	39.74
五、特殊教育	51 189	34 642	67.67	41 311	29 755	72.03
六、学前教育	2 204 367	2 007 004	91.05	1 315 634	1 283 522	97.56

注：普通高中的教职工数中包含初中的教职工数。

全国各级各类学校少数民族学生情况

单位：人

	总计	少数民族学生	
		人数	占学生总数的比重（%）
一、高等教育			
（一）研究生	1 645 845	93 623	5.69
博　士	271 261	14 273	5.26
硕　士	1 374 584	79 350	5.77

续表

	总计	少数民族学生	
		人数	占学生总数的比重（%）
（二）普通本专科	23 085 078	1 688 365	7.31
本　科	13 496 577	1 054 214	7.81
专　科	9 588 501	634 151	6.61
（三）成人本专科	5 474 962	392 778	7.17
本　科	2 336 132	176 956	7.57
专　科	3 138 830	215 822	6.88
（四）其他各类高等学历教育			
1. 在职人员攻读硕士学位	461 693		
2. 网络本专科生	4 924 833	198 642	4.03
本　科	1 754 760	74 402	4.24
专　科	3 170 073	124 240	3.92
3. 其他			
二、中等教育			
（一）高中阶段教育			
1. 高中			
普通高中	24 548 227	1 914 455	7.80
成人高中	808 989	5 117	0.63
2. 中等职业教育			
普通中专	8 552 071	671 873	7.86
成人中专	2 387 275	211 207	8.85
职业高中	6 809 722	383 320	5.63
技工学校			
（二）初中阶段教育			
1. 初中	50 668 024	4 922 235	9.71
2. 成人初中			
三、初等教育			
（一）普通小学	99 263 674	10 440 192	10.52
（二）成人小学	1 679 173	280 206	16.69
其中：扫盲班			
四、工读学校			
五、特殊教育	398 736	11 825	2.97
六、学前教育	34 244 456	2 507 323	7.32

注：成人高中数据包括成人初中数据。

全国各级各类学校少数民族教职工、专任教师情况

单位：人

	教职工合计	少数民族教职工		专任教师合计	少数民族专任教师	
		人数	占教职工总数的比重（%）		人数	占专任教师总数的比重（%）
一、高等教育						
（一）研究生培养机构（不计校数）						
1. 普通高校						
2. 科研机构						
（二）普通高等学校	2 204 819	113 154	5.13	1 392 676	68 600	4.93
1. 本科院校（含独立学院）	1 585 694	83 858	5.29	976 937	49 548	5.07
其中：独立学院	181 039	6 819	3.77	132 733	4 521	3.41
2. 专科院校	614 717	29 062	4.73	412 624	18 936	4.59
3. 其他机构（点）（不计校数）	4 408	234	5.31	3 115	116	3.72
（三）成人高等学校	69 032	4 510	6.53	40 903	2 314	5.66
（四）民办的其他高等教育机构	34 780	425	1.22	16 107	166	1.03
二、中等教育						
（一）高中阶段教育						
1. 高中						
普通高中	6 371 555	522 331	8.20	1 556 829	107 480	6.90
成人高中	16 185	310	1.92	12 740	146	1.15
2. 中等职业教育						
普通中专	435 030	26 159	6.01	303 864	18 512	6.09
成人中专	81 292	4 301	5.29	55 192	3 178	5.76
职业高中	406 722	17 689	4.35	315 472	12 981	4.11
技工学校						
其他机构（教学点）（不计校数）	22 037	642	2.91	14 835	444	2.99
（二）初中阶段教育						
1. 初中				3 524 517	306 284	8.69
2. 成人初中						
三、初等教育						

续表

	教职工合计	少数民族教职工		专任教师合计	少数民族专任教师	
		人数	占教职工总数的比重（%）		人数	占专任教师总数的比重（%）
（一）普通小学	5 584 868	577 369	10.34	5 604 861	583 594	10.41
（二）成人小学	65 548	9 712	14.82	33 699	3 763	11.17
其中：扫盲班						
四、工读学校						
五、特殊教育	51 189	3 349	6.54	41 311	2 810	6.80
六、学前教育	2 204 367	109 484	4.97	1 315 634	70 843	5.38

注：①普通高中少数民族教职工数包括普通初中少数民族教职工数。②成人高中少数民族教职工数和专任教师数包括成人初中少数民族教职工数和专任教师数。

1965—2011 年全国小学学龄儿童入学率

年份	学龄儿童入学率		
	全国学龄儿童数（万人）	已入学学龄儿童数（万人）	入学率（%）
1965	11 603.2	9 829.1	84.7
1980	12 219.6	11 478.2	93.0
1985	10 362.3	9 942.8	95.9
1990	9 740.7	9 529.7	97.8
1999	12 991.4	12 872.8	99.1
2000	12 445.3	12 333.9	99.1
2001	11 766.4	11 561.2	99.1
2002	11 310.4	11 150.0	98.6
2003	10 908.3	10 761.6	98.7
2004	10 548.1	10 437.1	98.9
2005	10 207.0	10 120.3	99.2
2006	10 075.5	10 001.5	99.3
2007	9 947.9	9 896.8	99.5
2008	9 772.0	9 727.1	99.5
2009	9 606.6	9 548.6	99.4
2010	9 501.5	9 473.3	99.7
2011	9 522.4	9 502.5	99.8

注：1991 年以前的入学率是按 7—11 周岁统一计算的；从 1991 年起入学率是按各地不同入学年龄和学制分别计算的。

小学净入学率分省（区、市）情况

地区	男女合计			其中：女儿童		
	校内外学龄人口总数（人）	在校学龄人口总数（人）	入学率（%）	校内外学龄人口总数（人）	在校学龄人口总数（人）	入学率（%）
合　计	95 223 738	95 024 662	99.79	44 088 584	43 999 906	99.8
北　京	668 545	668 482	99.99	309 600	309 578	99.99
天　津	490 147	490 145	100	227 562	227 562	100
河　北	5 314 505	5 308 821	99.89	2 501 795	2 499 330	99.9
山　西	2 739 127	2 736 313	99.9	1 307 070	1 305 824	99.9
内蒙古	1 326 300	1 325 745	99.96	629 380	629 155	99.96
辽　宁	2 020 311	2 019 859	99.98	952 054	952 000	99.99
吉　林	1 373 125	1 369 401	99.73	653 863	651 221	99.6
黑龙江	1 821 273	1 817 158	99.77	872 270	870 382	99.78
上　海	703 280	703 280	100	321 782	321 782	100
江　苏	4 026 578	4 024 535	99.95	1 829 550	1 828 064	99.92
浙　江	3 336 437	3 336 417	100	1 537 811	1 537 800	100
安　徽	4 316 712	4 307 214	99.78	1 960 858	1 956 697	99.79
福　建	2 363 834	2 362 628	99.95	1 081 133	1 082 231	100
江　西	4 160 932	4 151 082	99.76	1 873 635	1 869 966	99.8
山　东	6 325 474	6 317 125	99.87	2 961 852	2 957 176	99.84
河　南	10 679 491	10 673 468	99.94	4 919 883	4 917 134	99.94
湖　北	3 627 692	3 627 391	99.99	1 645 965	1 645 034	99.94
湖　南	4 759 646	4 753 864	99.88	2 199 954	2 196 953	99.86
广　东	7 755 313	7 752 361	99.96	3 447 486	3 446 206	99.96
广　西	4 102 528	4 087 621	99.64	1 901 330	1 897 296	99.79
海　南	751 384	747 922	99.54	328 591	325 164	98.96
重　庆	1 801 041	1 800 316	99.96	848 020	847 696	99.96
四　川	5 411 936	5 385 517	99.51	2 570 231	2 556 443	99.46
贵　州	3 799 233	3 744 995	98.57	1 770 201	1 753 822	99.07
云　南	3 922 286	3 907 162	99.61	1 843 455	1 835 946	99.59
西　藏	278 397	276 589	99.35	134 353	133 492	99.36
陕　西	2 444 938	2 442 823	99.91	1 120 249	1 119 094	99.9
甘　肃	2 074 050	2 064 837	99.56	979 080	970 697	99.14
青　海	464 277	462 784	99.68	222 459	222 264	99.91
宁　夏	579 363	578 078	99.78	276 879	276 254	99.77
新　疆	1 785 583	1 780 729	99.73	860 233	857 643	99.7

全国高等教育学校（机构）学生数

单位：人

	毕(结)业生数	授予学位数	招生数				在校生数	预计毕业生数
			合计	其中				
				应届生	春季招生	预科生转入		
研究生	429 994	426 778	560 168	367 115			1 645 845	595 688
博　士	50 289	48 551	65 559	25 911			271 261	132 384
硕　士	379 705	378 227	494 609	341 204			1 374 584	463 304
普通本专科	6 081 565	2 707 934	6 815 009	6 240 674	49 965	30 836	23 085 078	6 361 179
本　科	2 796 229	2 707 934	3 566 411	3 129 096	23 488	28 693	13 496 577	3 113 087
专　科	3 285 336		3 248 598	3 111 578	26 477	2 143	9 588 501	3 248 092
成人本专科	1 906 640	99 984	2 185 141				5 474 962	2 020 679
本　科	755 402	99 984	897 241				2 336 132	814 937
专　科	1 151 238		1 287 900				3 138 830	1 205 742
网络本专科生	1 299 253	30 979	1 871 519		933 173		4 924 833	
本　科	460 149	30 979	643 993		319 887		1 754 760	
专　科	839 104		1 227 526		613 286		3 170 073	
在职人员攻读硕士学位		107 304	134 061				461 693	
自考助学班	242 067						470 423	
普通预科生							32 274	
研究生课程进修班	48 873						67 112	
进修及培训	6 480 856						3 481 616	
留学生	73 693	15 197	94 692		26 149		147 549	

全国在职人员攻读硕士学位分学科学生数

单位：人

	授予学位数	招生数	在校生数
总计	107 304	134 061	461 693
其中：女	42 426	47 461	166 639
总计中：学术型学位	15 244	5 723	36 601
专业学位	92 060	128 338	425 092
哲　学	149		136
经济学	1 460	839	3 753
法　学	8 249	6 316	24 381
教育学	13 387	10 412	43 298
文　学	3 961	2 933	11 097
历史学	110	8	192
理　学	889	104	1 663
工　学	48 067	80 361	253 701
农　学	6 069	12 459	36 663
医　学	4 324	3 471	13 773
军事学	2		5
管理学	20 637	17 158	73 031

全国普通本科分学科学生数

单位：人

	毕业生数	招生数	在校生数	预计毕业生数
总计	2 796 229	3 566 411	13 496 577	3 113 087
其中：女	1 385 812	1 892 640	6 802 683	1 506 553
哲　学	2 167	2 647	9 187	2 178
经济学	172 583	213 366	805 844	192 504
法　学	117 923	129 428	501 979	123 085
教育学	95 140	133 587	474 661	105 969
文　学	537 958	672 496	2 534 078	596 440
其中：外语	185 771	199 946	799 245	202 693
其中：艺术	216 458	312 523	1 115 002	246 353

续表

	毕业生数	招生数	在校生数	预计毕业生数
历史学	14 309	18 281	67 854	15 802
理　学	279 101	341 487	1 287 275	303 511
工　学	884 542	1 134 270	4 275 808	1 000 057
农　学	51 148	60 835	235 342	54 909
医　学	168 582	217 290	942 912	180 296
管理学	472 776	642 724	2 361 637	538 336
总计中：师范生	302 990	347 198	1 350 393	321 222

全国普通专科分学科学生数

单位：人

	毕业生数	招生数	在校生数	预计毕业生数
总计	3 285 336	3 248 598	9 588 501	3 248 092
其中：女	1 739 136	1 674 623	5 002 305	1 683 683
农林牧渔大类	59 580	57 103	172 439	59 534
交通运输大类	116 379	142 769	401 420	126 687
生化与药品大类	85 344	76 758	237 580	82 358
资源开发与测绘大类	40 777	49 534	140 031	43 760
材料与能源大类	46 523	45 655	137 167	45 842
土建大类	252 816	363 343	950 137	275 026
水利大类	11 036	14 003	37 400	11 199
制造大类	457 549	422 391	1 279 609	437 201
电子信息大类	394 674	313 628	1 006 014	376 206
环保、气象与安全大类	15 955	15 516	45 397	14 914
轻纺食品大类	64 209	56 745	178 163	63 317
财经大类	668 498	689 471	2 032 080	679 657
医药卫生大类	276 239	311 438	863 942	280 155
旅游大类	106 716	108 430	323 212	110 269
公共事业大类	32 915	32 815	97 928	32 021
文化教育大类	430 851	343 259	1 059 178	392 451
艺术设计传媒大类	152 434	155 198	463 522	153 690
公安大类	24 066	11 095	36 524	16 761
法律大类	48 775	39 447	126 758	47 044
总计中：师范生	198 650	179 603	524 926	188 942

全国成人本科分学科学生数

单位：人

	毕业生数	招生数	在校生数	预计毕业生数
总计	755 402	897 241	2 336 132	814 937
其中：女	406 500	498 923	1 304 522	423 835
哲　学	24	20	167	91
经济学	27 748	29 284	84 568	29 674
法　学	50 508	50 039	128 214	48 903
教育学	48 594	48 131	127 547	47 609
文　学	147 387	118 188	346 075	139 744
其中：外语	42 499	30 446	96 601	40 328
其中：艺术	18 233	18 316	53 823	19 529
历史学	3 038	1 681	5 386	2 421
理　学	32 936	24 297	70 251	29 182
工　学	162 010	215 308	541 158	174 241
农　学	10 885	14 300	34 674	11 197
医　学	103 188	168 942	427 219	139 883
管理学	169 084	227 051	570 873	191 992
总计中：师范生	144 910	115 096	320 290	134 663

全国成人专科分学科学生数

单位：人

	毕业生数	招生数	在校生数	预计毕业生数
总计	1 151 238	1 287 900	3 138 830	1 205 742
其中：女	596 953	671 804	1 643 513	603 312
农林牧渔大类	17 907	26 044	60 931	24 781
交通运输大类	35 888	44 458	105 867	39 862
生化与药品大类	13 854	13 913	39 544	16 794
资源开发与测绘大类	34 541	37 633	86 914	30 365
材料与能源大类	19 995	12 548	39 824	15 779
土建大类	60 681	92 719	207 279	75 728
水利大类	5 061	6 144	12 772	3 774

续表

	毕业生数	招生数	在校生数	预计毕业生数
制造大类	155 594	159 569	413 524	162 420
电子信息大类	98 788	96 385	258 201	111 675
环保、气象与安全大类	2 016	2 827	6 346	2 333
轻纺食品大类	6 378	8 072	19 124	8 313
财经大类	351 296	351 776	853 983	347 782
医药卫生大类	137 999	189 710	470 064	143 798
旅游大类	16 984	22 201	51 436	20 411
公共事业大类	32 519	37 450	86 394	33 124
文化教育大类	115 398	136 568	308 818	118 701
艺术设计传媒大类	25 326	33 149	74 138	30 903
公安大类	2 741	1 260	4 986	2 075
法律大类	18 272	15 474	38 685	17 124
总计中：师范生	61 377	77 317	169 698	65 701

全国网络本科分学科学生数

单位：人

	毕业生数	招生数	在校生数
总计	460 149	643 993	1 754 760
其中：女	240 217	324 819	892 040
哲　学			
经济学	26 685	34 711	107 152
法　学	55 954	66 924	209 866
教育学	25 612	25 925	59 607
文　学	57 543	52 912	175 964
其中：外语	11 877	11 781	41 846
历史学	481	579	1 167
理　学	6 660	7 369	19 218
工　学	68 600	120 311	286 590
农　学	2 335	4 267	10 618
医　学	26 997	52 344	119 525
管理学	189 282	278 651	765 053
总计中：师范生			

全国网络专科分学科学生数

单位：人

	毕业生数	招生数	在校生数
总计	839 104	1 227 526	3 170 073
其中：女	379 801	556 650	1 463 423
农林牧渔大类	59 936	62 403	189 416
交通运输大类	16 932	29 172	61 402
生化与药品大类	2 324	3 484	8 676
资源开发与测绘大类	6 499	12 174	23 784
材料与能源大类	5 947	6 609	14 797
土建大类	48 585	100 235	218 003
水利大类	3 717	5 941	17 783
制造大类	31 531	55 933	132 861
电子信息大类	41 571	51 214	157 007
环保、气象与安全大类	1 144	1 947	4 388
轻纺食品大类	904	1 080	1 863
财经大类	284 262	383 550	1 022 089
医药卫生大类	28 370	51 826	149 372
旅游大类	4 878	4 768	16 606
公共事业大类	145 321	234 139	577 559
文化教育大类	77 786	129 892	301 493
艺术设计传媒大类	7 754	7 475	29 315
公安大类	909	1 050	2 195

全国高等教育学校（机构）教职工情况

单位：人

	合计	校本部教职工										科研机构人员	校办企业职工	其他附设机构人员
		合计	专任教师						行政人员	教辅人员	工勤人员			
			小计	正高级	副高级	中级	初级	未定职级						
总计	2 273 851	2 144 561	1 433 579	161 472	406 760	566 836	226 838	71 673	316 572	213 305	181 105	31 146	34 514	63 630
其中：女	1 041 755	987 231	674 316	44 686	176 410	290 470	124 566	38 184	142 338	114 329	56 248	11 317	10 215	32 992
普通高校	2 204 819	2 077 080	1 392 676	159 691	394 689	549 921	218 431	69 944	304 026	205 157	175 221	30 849	34 193	62 697
成人高校	69 032	67 481	40 903	1 781	12 071	16 915	8 407	1 729	12 546	8 148	5 884	297	321	933

全国研究生指导教师情况

单位：人

	合计	30岁及以下	31—35岁	36—40岁	41—45岁	46—50岁	51—55岁	56—60岁	61—65岁	66岁及以上
总计	272 487	2 825	22 539	48 651	59 776	72 931	34 584	19 553	6 240	5 388
其中：女	75 005	802	6 978	16 389	18 318	19 022	8 108	4 016	838	534
分职称：正高级	135 374	191	1 773	9 179	25 722	47 124	25 729	15 358	5 407	4 891
副高级	127 736	1 227	16 463	37 019	33 314	25 506	8 754	4 142	818	493
中级	9 377	1 407	4 303	2 453	740	301	101	53	15	4
分指导关系：博士导师	17 548	11	249	1 077	2 604	5 274	3 078	1 979	1 329	1 947
其中：女	2 496	1	27	159	454	740	473	322	165	155
硕士导师	210 197	2 746	21 259	43 548	48 558	52 971	23 960	13 013	2 786	1 356
其中：女	65 787	786	6 785	15 504	16 397	16 099	6 560	3 024	442	190
博士、硕士导师	44 742	68	1 031	4 026	8 614	14 686	7 546	4 561	2 125	2 085
其中：女	6 722	15	166	726	1 467	2 183	1 075	670	231	189

全国高校专任教师、聘请校外教师学历情况

单位：人

	合计	博士	硕士	本科	专科及以下
1. 专任教师	1 433 579	228 258	497 049	684 358	23 914
其中：女	674 316	74 066	260 821	331 002	8 427
正高级	161 472	69 062	33 938	56 750	1 722
副高级	406 760	85 035	97 897	217 997	5 831
中　级	566 836	66 796	242 384	248 821	8 835
初　级	226 838	1 468	90 750	130 036	4 584
未定职级	71 673	5 897	32 080	30 754	2 942
2. 聘请校外教师	419 288	54 030	133 837	209 031	22 390
其中：女	158 274	13 302	55 444	82 328	7 200
外籍教师	13 191	4 442	3 701	4 867	181
其他高校教师	111 388	19 517	46 210	43 710	1 951
正高级	71 494	26 225	21 669	22 632	968
副高级	131 915	15 985	41 673	70 197	4 060
中　级	137 655	9 089	46 216	73 982	8 368
初　级	40 317	902	13 545	22 934	2 936
未定职级	37 907	1 829	10 734	19 286	6 058

注：不包含民办的其他高等教育机构数据。

全国高校专任教师年龄情况

单位：人

	合计	30 岁及以下	31—35 岁	36—40 岁	41—45 岁	46—50 岁	51—55 岁	56—60 岁	61—65 岁	66 岁及以上
总计	1 433 579	326 339	319 396	238 707	198 850	188 249	87 796	51 159	14 763	8 320
其中：女	674 316	190 869	167 138	112 049	86 001	72 359	29 417	12 198	3 087	1 198
正高级	161 472	125	1 307	9 037	29 947	55 335	31 994	20 836	8 007	4 884
副高级	406 760	2 077	33 182	93 554	106 979	97 270	41 624	23 295	5 616	3 163
中级	566 836	112 049	225 743	120 573	56 222	32 257	12 660	6 114	985	233
初级	226 838	156 371	49 051	12 580	4 593	2 592	1 046	544	52	9
未定职级	71 673	55 717	10 113	2 963	1 109	795	472	370	103	31

注：不包含民办的其他高等教育机构数据。

全国普通高中校数、班数

	学校数（所）				班数（个）
	合计	完全中学	高级中学	十二年一贯制学校	
总计	13 688	6 357	6 532	799	435 449
教育部门办	11 087	5 222	5 650	215	387 044
其他部门办	177	70	72	35	3 679
地方企业办	30	18	7	5	418
民办	2 394	1 047	803	544	44 308
城区	6 389	2 996	2 906	487	203 199
教育部门办	4 879	2 331	2 399	149	176 781
其他部门办	97	42	34	21	1 918
地方企业办	12	9	3		155
民办	1 401	614	470	317	24 345
其中：城乡结合区	950	383	466	101	32 277
教育部门办	640	254	376	10	26 361
其他部门办	9	3	4	2	112
地方企业办	3	2	1		25
民办	298	124	85	89	5 779
镇区	6 451	2 926	3 280	245	213 525
教育部门办	5 549	2 549	2 949	51	194 523
其他部门办	76	27	37	12	1 670
地方企业办	17	8	4	5	251
民办	809	342	290	177	17 081
其中：镇乡结合区	1 773	685	994	94	59 731
教育部门办	1 435	552	866	17	52 974
其他部门办	4		4		102
地方企业办	2			2	17
民办	332	133	124	75	6 638
乡村	848	435	346	67	18 725
教育部门办	659	342	302	15	15 740
其他部门办	4	1	1	2	91
地方企业办	1	1			12
民办	184	91	43	50	2 882
总计中：其他学校附设班					2 256
独立设置少数民族学校	2 241				11 019

全国中等职业学校（机构）数

单位：人

	合计	中央部门	地方				民办
			合计	教育部门	其他部门	地方企业	
中等职业学校	10 169	30	7 283	5 669	1 510	104	2 856
其中：普通中等专业学校	3 753	22	2 750	1 711	998	41	981
成人中等专业学校	1 614	4	1 452	1 152	274	26	158
职业高中学校	4 802	4	3 081	2 806	238	37	1 717
其他机构（教学点）（不计校数）	642	3	515	353	151	11	124
附设中职班（不计校数）	1 134	2	947	603	325	19	185

注：未含技工学校数据（以后中等职业学校有关表均同）。

全国成人高中基本情况

单位：人

	学校数（所）	教学班（点）（个）	毕（结）业生数		注册学生数		教职工数		专任教师		聘请校外教师
			合计	其中：女	合计	其中：女	合计	其中：女	合计	其中：女	
总计	857	3 712	221 966	115 877	264 533	149 564	7 142	3 245	5 781	2 466	5 240
职工高中	362	2 426	123 194	71 754	164 286	100 681	3 255	1 649	2 592	1 162	2 219
农民高中	495	1 286	98 772	44 123	100 247	48 883	3 887	1 596	3 189	1 304	3 021

全国初中阶段校数、班数

	学校数（所）				班数（个）				
	合计	初级中学	九年一贯制学校	职业初中	合计	一年级	二年级	三年级	四年级
总计	54 117	40 759	13 304	54	977 596	320 729	323 792	322 053	11 022
教育部门	49 226	39 052	10 121	53	884 310	288 443	292 823	293 112	9 932
其他部门	567	218	348	1	7 713	2 477	2 456	2 504	276
地方企业	42	17	25		762	237	246	260	19

续表

	学校数（所）				班数（个）				
	合计	初级中学	九年一贯制学校	职业初中	合计	一年级	二年级	三年级	四年级
民办	4 282	1 472	2 810		84 811	29 572	28 267	26 177	795
城区	10 758	7 433	3 321	4	285 742	94 308	93 450	91 846	6 138
教育部门	8 628	6 772	1 853	3	238 689	77 961	77 941	77 385	5 402
其他部门	163	77	85	1	2 589	844	842	874	29
地方企业	12	3	9		230	72	77	80	1
民办	1 955	581	1 374		44 234	15 431	14 590	13 507	706
其中：城乡结合区	2 388	1 545	843		49 421	16 625	16 350	15 821	625
教育部门	1 782	1 417	365		38 255	12 551	12 598	12 532	574
其他部门	22	15	7		259	79	77	91	12
地方企业	1	1			14	4	5	5	
民办	583	112	471		10 893	3 991	3 670	3 193	39
镇区	22 362	18 214	4 121	27	459 447	150 745	152 946	152 532	3 224
教育部门	20 446	17 498	2 921	27	422 376	137 945	140 578	140 932	2 921
其他部门	327	111	216		4 513	1 434	1 409	1 432	238
地方企业	22	12	10		487	152	154	164	17
民办	1 567	593	974		32 071	11 214	10 805	10 004	48
其中：镇乡结合区	6 184	5 044	1 131	9	123 215	40 817	40 942	40 622	834
教育部门	5 512	4 803	700	9	110 430	36 330	36 647	36 632	821
其他部门	20	13	7		218	63	72	80	3
地方企业					16	5	5	6	
民办	652	228	424		12 551	4 419	4 218	3 904	10
乡村	20 997	15 112	5 862	23	232 407	75 676	77 396	77 675	1 660
教育部门	20 152	14 782	5 347	23	223 245	72 537	74 304	74 795	1 609
其他部门	77	30	47		611	199	205	198	9
地方企业	8	2	6		45	13	15	16	1
民办	760	298	462		8 506	2 927	2 872	2 666	41
总计中：四年制					50 063	13 326	13 495	13 670	9 572
其他学校附设班					6 703	2 206	2 220	2 234	43
独立设置少数民族学校					31 316	10 551	10 516	10 168	81

全国成人初中基本情况

单位：人

	学校数（所）	教学班（点）（个）	毕（结）业生数		注册学生数		教职工数		专任教师		聘请校外教师
			计	其中：女	计	其中：女	计	其中：女	计	其中：女	
合计	2 055	4 877	596 349	276 750	544 456	277 915	9 043	3 338	6 959	2 423	4 685
职工初中	284	830	100 139	26 487	110 469	37 132	3 035	1 462	2 648	1 067	622
农民初中	1 771	4 047	496 210	250 263	433 987	240 783	6 008	1 876	4 311	1 356	4 063

全国幼儿园园数、班数

	园数（所）		班数（个）
	计	其中：少数民族幼儿园	
总计	166 750	3 419	1 255 816
教育部门	31 044	2 664	498 858
其他部门办	1 805	46	19 933
地方企业	1 384		10 753
事业单位	3 466	47	19 280
部队	485	1	4 009
集体办	13 162	86	64 171
民办	115 404	575	638 812
城区	53 547	317	411 873
教育部门	5 962	124	81 395
其他部门办	1 208	4	14 120
地方企业	1 095		8 858
事业单位	1 020	16	7 626
部队	458	1	3 844
集体办	3 733	11	25 594
民办	40 071	161	270 436
其中：城乡结合区	11 324	60	78 361
教育部门	876	41	13 847
其他部门办	50		509

续表

	园数（所）		班数（个）
	计	其中：少数民族幼儿园	
地方企业	74		564
事业单位	131	2	671
部队	17		116
集体办	1 680	2	9 094
民办	8 496	15	53 560
镇区	54 519	664	420 164
教育部门	11 144	410	165 836
其他部门办	473	10	4 897
地方企业	239		1 660
事业单位	974	17	6 191
部队	14		99
集体办	2 864	14	17 934
民办	38 811	213	223 547
其中：镇乡结合区	17 869	135	132 779
教育部门	3 137	95	53 134
其他部门办	66	1	536
地方企业	51		365
事业单位	297	4	1 649
部队	2		13
集体办	1 468	7	7 229
民办	12 848	28	69 853
乡村	58 684	2 438	423 779
教育部门	13 938	2 130	251 627
其他部门办	124	32	916
地方企业	50		235
事业单位	1 472	14	5 463
部队	13		66
集体办	6 565	61	20 643
民办	36 522	201	144 829
合计中：独立设置幼儿园			970 005
附设幼儿班			285 811

全国高中阶段学生数

单位：人

	毕业生数	招生数	在校生数
合　计	14 702 827	16 646 463	46 866 060
北　京	126 784	143 937	412 754
天　津	113 039	103 623	317 129
河　北	851 467	810 209	2 465 382
山　西	507 492	503 535	1 477 460
内蒙古	266 987	282 752	823 169
辽　宁	407 088	402 742	1 223 702
吉　林	267 687	282 152	789 511
黑龙江	377 197	417 907	1 162 786
上　海	113 959	104 129	329 442
江　苏	931 051	830 460	2 606 215
浙　江	518 450	577 844	1 707 353
安　徽	747 655	873 015	2 298 031
福　建	412 233	605 956	1 449 036
江　西	486 679	575 205	1 513 303
山　东	1 011 803	1 154 598	3 122 921
河　南	1 319 169	1 326 345	3 786 606
湖　北	827 173	624 458	2 060 189
湖　南	604 938	701 291	1 991 845
广　东	1 130 595	1 629 714	4 577 490
广　西	450 849	656 468	1 731 580
海　南	90 988	128 438	346 188
重　庆	342 665	413 957	1 149 063
四　川	839 658	1 101 058	2 914 601
贵　州	280 749	442 471	1 105 669
云　南	348 093	467 468	1 337 045
西　藏	21 790	22 088	64 443
陕　西	616 334	650 525	1 817 104
甘　肃	332 724	372 005	1 084 677
青　海	71 923	71 520	209 452
宁　夏	81 186	106 876	272 666
新　疆	204 422	263 717	719 248

全国普通高中学生数

单位：人

	毕业生数	招生数	在校生数
合 计	7 877 401	8 507 799	24 548 227
北 京	58 275	64 146	195 072
天 津	60 204	60 705	185 461
河 北	427 876	397 819	1 233 223
山 西	270 072	286 680	852 689
内蒙古	168 114	169 674	493 476
辽 宁	233 805	236 157	712 632
吉 林	155 349	168 965	478 783
黑龙江	204 287	207 742	622 251
上 海	58 523	52 224	161 056
江 苏	466 131	408 844	1 286 951
浙 江	277 131	300 521	899 016
安 徽	424 199	441 743	1 278 903
福 建	226 312	240 621	709 515
江 西	251 060	308 930	783 497
山 东	501 759	560 488	1 564 212
河 南	665 464	646 263	1 895 068
湖 北	429 063	361 978	1 167 697
湖 南	325 598	369 889	1 013 814
广 东	630 863	777 547	2 204 135
广 西	238 408	283 282	773 562
海 南	51 487	60 609	168 529
重 庆	189 652	226 743	648 720
四 川	452 646	535 394	1 512 025
贵 州	180 203	277 290	689 042
云 南	192 310	243 767	660 291
西 藏	13 165	16 720	44 676
陕 西	309 328	336 071	969 167
甘 肃	202 234	221 551	657 086
青 海	36 114	35 377	106 911
宁 夏	48 291	53 562	148 043
新 疆	129 478	156 497	432 724

全国中等职业学校（机构）各类学生数

单位：人

	毕业生数		招生数				在校生数				预计毕业生数	
	合计	其中：获得职业资格证书	合计	其中：应届毕业		其中：五年制高职中职段	合计	一年级	二年级	三年级	合计	其中：五年制高职中职段
				合计	其中：初中毕业生							
合计	5 411 252	3 384 287	6 499 626	5 624 185	5 292 530	285 728	17 749 068	6 510 678	6 018 338	5 113 759	5 734 745	203 138
其中：中职全日制学生	5 137 008	3 286 907	5 680 539	5 234 629	4 978 429	285 514	16 027 900	5 688 318	5 396 444	4 836 852	5 208 504	201 550
中职非全日制学生	274 244	97 380	819 087	389 556	314 101	214	1 721 168	822 360	621 894	276 907	526 241	1 588
1. 普通中专学生	2 702 302	1 669 879	2 995 725	2 768 998	2 615 751	262 215	8 552 071	3 001 629	2 857 733	2 602 678	2 717 844	166 320
2. 成人中专学生	530 942	208 023	1 039 639	553 134	462 609	2 119	2 387 275	1 043 022	875 303	467 747	801 216	3 650
3. 职业高中学生	2 178 008	1 506 385	2 464 262	2 302 053	2 214 170	21 394	6 809 722	2 466 027	2 285 302	2 043 334	2 215 685	33 168
培训学生	6 959 144						4 119 561					
外国留学生	937						718					

全国中等职业学校（机构）学生分科类情况

单位：人

	毕业生数		招生数			在校生数	预计毕业生数
				其中：应届毕业生			
	合计	其中：获得职业资格证书	合计	合计	其中：初中毕业		
总计	5 411 252	3 384 287	6 499 626	5 624 185	5 292 530	17 749 068	5 734 745
其中：女	2 656 796	1 605 733	3 189 239	2 760 251	2 595 610	8 819 452	2 779 469
农林牧渔类	351 875	184 656	854 314	605 606	548 340	2 259 595	626 085
资源环境类	55 738	22 605	49 497	31 872	27 791	108 134	42 462
能源与新能源类	39 229	22 050	34 555	32 039	28 652	90 926	32 998
土木水利类	151 897	92 935	247 204	221 151	205 421	589 347	168 201
加工制造类	1 160 033	833 267	1 050 657	928 548	879 150	2 989 952	1 015 674
石油化工	54 485	37 446	46 351	39 436	35 715	128 352	43 913
轻纺食品	65 187	37 981	78 749	63 902	61 098	211 447	79 314
交通运输类	254 702	169 349	398 086	341 819	317 670	1 011 086	315 667
信息技术类	1 239 731	831 043	1 218 685	1 081 438	1 028 942	3 420 989	1 202 805
医药卫生类	504 644	179 303	530 467	477 459	449 264	1 650 724	543 559
休闲保健类	13 293	7 313	30 896	27 281	26 296	89 743	32 340
财经商贸类	608 103	401 571	677 896	603 565	572 633	1 868 180	619 591
旅游服务类	212 307	144 294	257 635	231 288	220 987	731 429	241 952
文化艺术类	252 848	151 098	300 566	274 562	258 920	841 541	258 715
体育与健身	37 201	21 261	47 042	44 726	43 587	123 992	36 227
教育类	243 766	157 587	495 174	457 976	435 720	1 117 272	290 873
司法服务类	27 142	11 330	28 717	25 846	21 709	79 001	28 398
公共管理与服务类	76 038	44 693	77 353	68 017	64 398	224 445	84 397
其他	63 033	34 505	75 782	67 654	66 237	212 913	71 574

全国工读学校基本情况

单位：人

	学校数（所）	班数（个）	离校人数	入校人数	在校生数	教职工数	
						计	其中专任教师
合计	76	391	4 378	5 664	8 976	2 573	1 764
其中：女			678	787	1 400	958	701

全国中学学校教职工数（初级中学、完全中学、高级中学、九年一贯制学校、职业初中、十二年一贯制学校）

单位：人

	教职工数						代课教师	兼任教师
	合计	专任教师	行政人员	教辅人员	工勤人员	校办企业职工		
总计	6 371 555	5 522 325	256 766	273 883	312 925	5 656	100 866	18 175
其中：女	3 104 394	2 803 578	59 660	127 412	111 618	2 126	59 279	7 815
少数民族	522 331	461 542	18 875	19 207	22 543	164	7 261	1 248
教育部门	5 689 185	5 008 361	219 082	241 253	216 845	3 644	75 728	11 085
其他部门	69 717	56 473	3 971	3 011	6 200	62	1 391	433
地方企业	6 582	5 242	339	453	548		67	32
民办	606 071	452 249	33 374	29 166	89 332	1 950	23 680	6 625
城区	2 210 884	1 864 928	112 938	112 861	117 646	2 511	39 692	8 748
教育部门	1 851 012	1 594 289	91 139	94 135	69 797	1 652	28 855	4 333
其他部门	24 367	19 920	1 471	1 356	1 608	12	679	180
地方企业	2 227	1 750	99	223	155		34	2
其中：城乡结合区	384 233	323 879	16 617	17 147	46 086	847	10 124	4 233
民办	333 278	248 969	20 229	17 868	25 463	406	5 762	1 682
教育部门	289 826	254 608	11 235	13 233	10 628	122	3 346	471
其他部门	2 289	1 896	116	77	200		74	3
地方企业	236	191	9	9	27			
民办	91 882	67 184	5 257	4 549	14 608	284	2 342	1 208
镇区	2 977 545	2 592 920	102 073	129 902	149 996	2 654	41 040	6 849
教育部门	2 717 537	2 394 826	89 513	118 860	112 537	1 801	29 514	4 767
其他部门	40 944	32 764	2 276	1 548	4 306	50	602	203
地方企业	3 917	3 159	211	203	344		33	30
民办	215 147	162 171	10 073	9 291	32 809	803	10 891	1 849
其中：镇乡结合区	815 286	708 271	28 151	35 696	42 031	1 137	12 355	2 077
教育部门	727 024	641 449	23 797	32 061	28 838	879	7 636	1 248

续表

	教职工数						代课教师	兼任教师
	合计	专任教师	行政人员	教辅人员	工勤人员	校办企业职工		
其他部门	1 780	1 501	73	56	150		7	34
地方企业	220	204	8	6	2		1	
民办	86 262	65 117	4 273	3 573	13 041	258	4 711	795
乡村	1 183 126	1 064 477	41 755	31 120	45 283	491	20 134	2 578
教育部门	1 120 636	1 019 246	38 430	28 258	34 511	191	17 359	1 985
其他部门	4 406	3 789	224	107	286		110	50
地方企业	438	333	29	27	49			
民办	57 646	41 109	3 072	2 728	10 437	300	2 665	543

全国中等职业学校（机构）教职工数

单位：人

	教职工数								聘请校外教师
	合计	校本部教职工					校办企业职工	其他附设机构人员	
		合计	专任教师	行政人员	教辅人员	工勤人员			
总计	945 081	931 124	689 363	96 551	68 319	76 891	6 678	7 279	102 321
其中：女	438 955	432 488	341 749	33 624	32 060	25 055	2 816	3 651	42 144
正高级	6 832	6 757	4 927	1 563	243	24	22	53	3 637
副高级	177 040	176 636	147 089	23 310	5 834	403	35	369	22 383
中级	331 529	329 961	278 249	28 077	22 421	1 214	245	1 323	40 910
初级	241 977	240 424	198 996	17 317	22 489	1 622	339	1 214	15 992
未定职级	187 703	177 346	60 102	26 284	17 332	73 628	6 037	4 320	19 399
总计中聘任制	192 624	190 515	144 215	16 890	13 498	15 912	1 079	1 030	
其中：女	85 378	84 400	66 777	5 829	6 094	5 700	399	579	
正高级	1 801	1 780	1 347	382	42	9	6	15	
副高级	29 691	29 670	25 720	3 119	751	80	4	17	
中级	63 218	63 086	54 850	4 475	3 595	166	54	78	
初级	51 023	50 717	43 043	3 173	4 201	300	92	214	
未定职级	46 891	45 262	19 255	5 741	4 909	15 357	923	706	

全国职业技术培训机构基本情况

	学校数（所）	教学班（点）（个）	结业生数（人）		注册学生数（人）		教职工数（人）		聘请校外教师
			合计	其中：女	合计	其中：女	合计	其中：专任教师	
总计	129 530	549 298	51 465 876	24 526 961	50 211 202	23 858 071	521 758	298 332	318 448
职工技术培训学校（机构）	3 049	41 683	3 302 902	1 488 349	3 365 040	1 552 893	67 470	47 898	18 451
教育部门办	1 392	19 044	1 803 700	911 511	1 811 091	914 455	45 820	33 833	8 870
其他部门办	919	17 387	1 140 310	407 033	1 193 335	447 886	12 473	8 002	6 530
民办	738	5 252	358 892	169 805	360 614	190 552	9 177	6 063	3 051
农村成人文化技术培训学校（机构）	103 420	299 562	37 946 868	17 762 413	34 969 530	16 464 466	188 523	94 474	181 180
教育部门办	100 206	289 414	36 791 291	17 165 201	34 024 779	15 997 837	180 779	89 546	171 214
其中：县办	2 403	22 191	3 092 944	1 384 874	2 797 667	1 297 663	17 877	11 281	13 606
乡办	16 419	108 687	18 342 746	8 478 710	16 749 524	7 709 549	67 599	37 844	69 419
村办	81 384	158 536	15 355 601	7 301 617	14 477 588	6 990 625	95 303	40 421	88 189
其他部门办	2 434	7 950	974 045	510 066	759 777	378 217	3 432	1 882	8 725
民办	780	2 198	181 532	87 146	184 974	88 412	4 312	3 046	1 241
其他培训机构（含社会培训机构）	23 061	208 053	10 216 106	5 276 199	11 876 632	5 840 712	265 765	155 960	118 817
教育部门办	922	8 074	991 477	531 585	1 037 320	566 433	10 872	7 965	7 843
其他部门办	2 254	11 164	1 795 570	978 193	1 830 340	990 145	17 557	9 579	13 244
民办	19 885	188 815	7 429 059	3 766 421	9 008 972	4 284 134	237 336	138 416	97 730
总计中：少数民族			3 643 684	1 711 482	3 556 984	1 678 469	13 068	4 404	9 953
培训形式：资格证书培训			4 967 542	2 329 197	4 830 615	2 297 228			
岗位证书培训			7 779 630	3 583 447	7 386 464	3 443 457			
按产业结构分：第一产业类培训			22 746 647	10 269 297	21 591 779	9 908 307			
第二产业类培训			7 543 339	3 481 060	7 032 952	3 162 839			
第三产业类培训			21 175 890	10 776 604	21 586 471	10 786 925			
按时间分：一个月以内			33 392 698	15 674 353	31 220 141	14 668 739			
一个月至三个月以内			8 413 334	3 991 768	8 036 313	3 966 391			
三个月至半年以内			4 631 949	2 376 481	4 582 704	2 366 905			
半年至一年以内			3 863 116	1 923 620	4 949 470	2 100 227			
一年及以上			1 164 779	560 739	1 422 574	755 809			

全国特殊教育基本情况

	学校数（所）	班数（个）	毕业生数（人）	招生数（人）	在校生数（人）														
					合计	其中女	小学阶段						初中阶段				高中阶段		
							一年级	二年级	三年级	四年级	五年级	六年级	一年级	二年级	三年级	四年级	一年级	二年级	三年级及以上
总计	1 767	17 005	44 194	64 086	398 736	135 397	46 805	45 483	46 344	46 930	46 517	44 724	36 664	37 474	35 780	2 134	4 019	3 081	2 781
女			14 348	21 994	135 397		16 492	15 536	15 415	15 701	15 297	14 726	12 615	12 499	12 261	789	1 690	1 274	1 102
少数民族学生			1 031	2 577	11 825	4 300	2 699	1 709	1 406	1 344	1 090	1 073	789	730	550	7	180	127	121
总计中 寄宿生			6 292	13 645	109 268	35 785	16 335	13 777	12 675	12 141	11 077	10 654	9 509	8 368	7 628	501	2 656	2 068	1 879
总计中 特殊教育学校中：寄宿生			6 288	13 469	108 866	35 626	16 256	13 716	12 603	12 093	11 026	10 602	9 489	8 356	7 621	501	2 656	2 068	1 879
总计中 职业技术			797	745	4 797	1 155	32	50	74	64	64	112	307	263	352	103	1 169	1 075	1 132
视力残疾	32	1 172	7 366	8 974	52 271	16 571	4 228	4 328	4 559	4 861	5 035	5 063	7 062	7 778	8 067	52	352	347	539
听力残疾	452	8 266	13 155	15 501	107 678	43 112	12 680	11 449	11 530	11 788	11 630	11 456	10 226	10 042	9 326	605	2 753	2 291	1 902
智力残疾	391	7 284	18 842	30 128	189 182	61 352	24 911	24 890	25 101	25 087	24 386	22 949	13 561	13 103	12 125	1 411	899	432	327
其他残疾	892	283	4 831	9 483	49 605	14 362	4 986	4 816	5 154	5 194	5 466	5 256	5 815	6 551	6 262	66	15	11	13
特殊教育学校		16 478	18 538	27 711	173 503	67 930	26 698	22 112	20 174	19 064	17 584	16 231	14 802	13 264	12 168	1 525	4 019	3 081	2 781
视力残疾		1 165	1 423	1 780	9 930	3 624	1 343	1 072	996	1 076	1 069	875	799	719	726	17	352	347	539
听力残疾		8 212	11 074	11 868	85 929	36 679	10 613	9 080	8 845	9 035	8 912	8 822	8 157	7 786	7 162	571	2 753	2 291	1 902
智力残疾		6 849	5 805	13 242	74 647	26 563	13 777	11 478	9 969	8 713	7 348	6 303	5 685	4 604	4 191	921	899	432	327
其他残疾		252	236	821	2 997	1 064	965	482	364	240	255	231	161	155	89	16	15	11	13
小学附设特教班		495	427	629	3 206	1 206	620	427	543	547	562	501	6						
视力残疾		7	12	29	90	42	35	8	13	13	6	15							

续表

	学校数（所）	班数（个）	毕业生数（人）	招生数（人）	在校生数（人）														
					合计	其中女	小学阶段						初中阶段				高中阶段		
							一年级	二年级	三年级	四年级	五年级	六年级	一年级	二年级	三年级	四年级	一年级	二年级	三年级及以上
听力残疾		48	25	108	328	157	74	69	62	45	41	37							
智力残疾		409	349	435	2 529	922	451	308	437	443	481	404	5						
其他残疾		31	41	57	259	85	60	42	31	46	34	45	1						
小学随班就读			12 365	16 402	151 640	44 370	19 478	22 934	25 618	27 306	28 346	27 958							
视力残疾			1 611	2 288	21 553	6 321	2 850	3 248	3 550	3 772	3 960	4 173							
听力残疾			990	1 637	14 866	4 217	1 988	2 292	2 616	2 705	2 673	2 592							
智力残疾			7 881	8 984	87 145	26 025	10 679	13 102	14 693	15 921	16 536	16 214							
其他残疾			1 883	3 493	28 076	7 807	3 961	4 292	4 759	4 908	5 177	4 979							
初中附设特教班		32	47	51	215	81	9	10	9	13	25	34	55	48	7	5			
视力残疾																			
听力残疾		6	8	5	32	11	5	8	7	3	4	5							
智力残疾		26	39	45	181	70	4	2	2	10	21	28	55	47	7	5			
其他残疾				1	2							1		1					
初中随班就读			12 817	19 293	70 172	21 810							21 801	24 162	23 605	604			
视力残疾			4 320	4 877	20 698	6 584							6 263	7 059	7 341	35			
听力残疾			1 058	1 883	6 523	2 048							2 069	2 256	2 164	34			
智力残疾			4 768	7 422	24 680	7 772							7 816	8 452	7 927	485			
其他残疾			2 671	5 111	18 271	5 406							5 653	6 395	6 173	50			
城区	907	10 417	19 585	22 913	154 619	56 621	18 444	16 559	16 987	17 365	17 190	15 995	14 035	13 862	13 214	1 734	3 685	2 912	2 637
其中：城乡结合区	133	1 510	2 719	3 704	25 281	8 791	3 393	2 966	2 911	2 981	3 125	2 844	2 144	2 036	2 021	89	381	251	139
镇区	771	5 888	16 462	26 712	150 588	50 899	17 525	16 669	16 266	16 225	16 162	16 182	16 659	17 326	16 730	319	277	118	130
其中：镇乡结合区	264	2 067	4 307	8 159	47 504	15 609	6 062	5 714	5 373	5 186	5 113	4 942	4 998	5 248	4 648	90	69	29	32
乡村	89	700	8 147	14 461	93 529	27 877	10 836	12 255	13 091	13 340	13 165	12 547	5 970	6 286	5 836	81	57	51	14

每十万人口各级学校平均在校生数各省（区、市）情况

单位：人

地区	高等教育	高中阶段	初中阶段	小学	幼儿园
全　国	2 253	3 495	3 779	7 403	2 554
北　京	5 613	2 104	1 541	3 468	1 587
天　津	4 329	2 441	2 017	3 992	1 740
河　北	2 006	3 427	2 989	7 521	2 550
山　西	2 202	4 134	4 597	7 756	2 296
内蒙古	1 920	3 330	3 202	5 685	1 813
辽　宁	2 712	2 797	2 734	4 956	1 970
吉　林	2 807	2 874	2 736	5 239	1 676
黑龙江	2 409	3 034	3 193	4 892	1 465
上　海	3 556	1 430	1 870	3 175	1 929
江　苏	2 824	3 312	2 683	5 205	2 764
浙　江	2 218	3 134	2 838	6 317	3 436
安　徽	2 007	3 858	4 195	7 446	1 961
福　建	2 200	3 924	3 134	6 664	3 572
江　西	2 212	3 392	4 504	9 727	3 261
山　东	2 191	3 257	3 600	6 718	2 524
河　南	1 901	4 026	4 976	11 620	3 001
湖　北	2 991	3 597	3 563	6 588	2 313
湖　南	2 054	3 032	3 293	7 463	2 492
广　东	1 978	4 384	4 588	7 873	2 948
广　西	1 688	3 756	4 356	9 262	3 129
海　南	2 079	3 984	4 516	8 810	2 410
重　庆	2 522	3 983	4 125	6 776	2 921
四　川	1 904	3 623	4 060	7 207	2 623
贵　州	1 254	3 178	6 146	11 749	2 523
云　南	1 520	2 905	4 460	9 215	2 360
西　藏	1 446	2 141	4 531	9 792	1 386
陕　西	3 378	4 865	4 013	6 790	2 752
甘　肃	2 041	4 237	5 021	8 597	1 688
青　海	1 082	3 720	3 968	9 092	2 380
宁　夏	1 912	4 308	4 734	10 163	2 353
新　疆	1 521	3 292	4 469	8 785	2 980

注：①高等教育包括普通本专科、成人本专科和研究生；②高中阶段包括普通高中、成人高中、普通中专、职业高中、技工学校和成人中专；③初中阶段包括普通初中和职业初中。

各级学校生师比分省（区、市）情况

地区	小学	初中	普通高中	中等职业学校	普通高校		
					全国	本科院校	专科院校
合　计	17.71	14.38	15.77	25.01	17.42	17.48	17.28
北　京	13.38	9.9	9.6	22.15	16.18	16.39	14.47
天　津	13.84	10.13	12.23	13.96	17.03	16.95	17.27
河　北	17.09	12.47	14.77	21.24	17.89	17.99	17.68
山　西	14.68	13.77	15.19	20.74	17.03	16.91	17.29
内蒙古	12.36	12.65	15.76	18.31	17.63	18.15	16.94
辽　宁	14.91	11.79	15.5	17.61	16.95	17.29	15.67
吉　林	11.81	11.2	17.38	13.29	17.36	17.6	16.05
黑龙江	12.69	12.17	14.92	19.78	16.16	16.71	14.53
上　海	15.81	12.48	9.7	18.73	16.92	16.91	16.96
江　苏	16.38	11.41	13.25	21.53	15.65	16.32	14.64
浙　江	19.73	12.96	14.19	20.88	17.21	16.98	17.73
安　徽	18.23	15.46	18.38	27.82	18.77	18.65	18.96
福　建	15.84	11.83	13.55	34.44	17.19	17.19	17.21
江　西	21.25	16.36	16.47	26.52	16.85	17.04	16.5
山　东	16.67	13.11	13.79	20.89	17.06	16.88	17.43
河　南	22.04	16.58	18.17	26.91	17.83	18.13	17.34
湖　北	19.37	13.23	16.37	26.14	17.53	17.62	17.31
湖　南	19.59	12.48	15.01	25.95	18.42	18.3	18.61
广　东	19.01	17.87	16.08	35.79	18.88	18.91	18.83
广　西	19.5	16.84	17.96	38.91	17.45	17.53	17.33
海　南	14.84	15.63	17.08	34.33	18.8	18.9	18.61
重　庆	16.95	15.51	18.95	26.85	17.43	17.9	16.33
四　川	18.98	16.09	18.27	30.55	18.31	18.4	18.09

续表

地区	小学	初中	普通高中	中等职业学校	普通高校		
					全国	本科院校	专科院校
贵　州	20.74	19.23	19.02	31.08	17.47	17.12	18.17
云　南	18.06	17.21	15.38	27.26	18.49	18.12	19.23
西　藏	15.45	14.95	13.15	33.22	15.51	14.03	19.35
陕　西	14.83	12.98	17.48	25.43	17.92	17.66	18.84
甘　肃	15.57	15.22	17.03	22.42	18.73	19.09	17.99
青　海	19.77	15.18	13.88	23.91	13.98	13.49	15.28
宁　夏	19.32	15.9	15.81	32.12	18.19	17.1	20.4
新　疆	14.2	11.46	13.84	16.69	16.65	16	17.72

全国高等教育学校（机构）数

单位：所

	合计	中央部门			地方部门				民办
		合计	教育部	其他部门	合计	教育部门	其他部门	地方企业	
1. 研究生培养机构	755	333	73	260	422	363	58	1	
普通高校	481	98	73	25	383	362	21		
科研机构	274	235		235	39	1	37	1	
2. 普通高校	2 409	111	73	38	1 602	969	583	50	696
本科院校	1 129	108	73	35	633	574	58	1	388
其中：独立学院	309								309
高职（专科）院校	1 280	3		3	969	395	525	49	308
3. 成人高等学校	353	14	1	13	337	123	169	45	2
4. 民办的其他高等教育机构	830								830

2011 年全国教育基本建设投资完成情况

学校类别	投资合计（万元）	本年完成投资按资金来源分（万元）							本年竣工建筑面积（平方米）			
		国家预算内			自筹资金			其他	合计	教学及辅助用房	行政办公用房	其他用房
		计	中央	省级	计	其中						
						学校自筹	个人捐资					
总计	27 913 919	18 787 195	3 023 041	15 764 153	7 916 737	7 622 607	294 130	1 209 988	136 541 079	88 169 448	5 617 238	42 754 393
高等教育学校	7 492 662	1 593 143	277 450	1 315 693	5 623 309	5 413 954	209 355	276 210	26 020 080	13 193 024	842 663	11 984 393
中等职业学校	1 867 711	1 390 986	172 137	1 218 849	410 913	389 105	21 808	65 812	8 967 751	5 369 061	467 553	3 131 137
普通中学	10 075 533	8 504 105	1 210 308	7 293 797	1 152 929	1 103 658	49 270	418 499	54 221 092	33 409 679	2 227 903	18 583 510
职业初中	61 643	32 563	2 740	29 823	3 300	3 300	0	25 780	154 376	104 958	3 428	45 990
小学	6 466 198	5 700 702	999 837	4 700 865	445 207	439 139	6 067	320 290	37 789 969	28 963 273	1 582 406	7 244 290
特殊教育学校	233 161	222 998	123 945	99 053	5 103	5 103	0	5 061	1 193 965	837 129	50 211	306 625
幼儿园	1 156 784	879 205	175 698	703 507	186 101	180 870	5 231	91 478	5 596 738	4 606 459	209 190	781 089
其他	560 227	463 494	60 927	402 567	89 876	87 478	2 398	6 857	2 597 108	1 685 865	233 884	677 359

2011 年全国高校科研活动基本情况

全国普通高等学校科技人力情况

单位：人

	教学与科研人员		研究与发展人员		研究与发展全时人员		R&D 成果应用及科技服务人员		R&D 成果应用及科技服务全时人员	
	计	其中：科学家和工程师	计	其中：科学家和工程师	计	其中：科学家和工程师	计	其中：科学家和工程师	计	其中：科学家和工程师
	835 802	802 657	338 629	331 918	203 139	199 111	39 685	38 938	23 792	23 341
按学校规格分										
“211”及省部共建高等学校	297 899	282 930	150 815	146 603	90 483	87 958	21 152	20 643	12 685	12 381
其他本科院校	470 172	454 646	178 527	176 099	107 088	105 630	17 421	17 190	10 441	10 300
高等专科学校	67 731	65 081	9 287	9 216	5 568	5 523	1 112	1 105	666	660
按学校隶属分										
部委院校	30 241	29 215	18 424	18 068	11 053	10 841	1 966	1 946	1 176	1 164
教育部直属院校	217 111	205 192	111 263	107 843	66 754	64 700	15 778	15 367	9 466	9 219
地方院校	588 450	568 250	208 942	206 007	125 332	123 570	21 941	21 625	13 150	12 958
按学校类型分										
综合大学	257 310	244 750	112 992	109 904	67 790	65 944	13 099	12 696	7 856	7 615
工科院校	263 356	255 627	114 507	113 022	68 697	67 804	19 979	19 773	11 984	11 857
农林院校	46 405	44 185	20 148	19 653	12 080	11 785	3 161	3 089	1 894	1 850
医药院校	197 387	188 651	61 966	60 679	37 168	36 391	1 145	1 117	683	667
师范院校	57 575	56 121	23 828	23 496	14 297	14 092	1 785	1 747	1 067	1 044
其他院校	13 769	13 323	5 188	5 164	3 107	3 095	516	516	308	308

全国普通高等学校科技经费情况

单元：千元

	拨入				支出				
	合计	政府资金	企事业单位委托	其他	合计	劳务费	业务费	转拨外单位经费	其他
	103 022 142	60 244 950	36 738 006	6 039 186	93 006 274	2 029 833	2 659 401	7 742 223	77 321 440
按学校规格分									
“211”及省部共建高等学校	72 033 436	43 472 073	25 970 166	2 591 197	64 905 967	1 715 243	2 020 733	6 316 592	52 713 630
其他本科院校	30 309 834	16 401 569	10 572 854	3 335 411	27 482 038	306 246	633 914	1 407 586	24 065 965
高等专科学校	678 872	371 308	194 986	112 578	618 269	8 344	4 754	18 045	541 845
按学校隶属分									
部委院校	11 724 716	6 998 414	4 507 222	219 080	10 174 573	146 131	440 797	1 396 393	7 995 141
教育部直属院校	54 484 083	33 151 555	19 274 844	2 057 684	49 324 758	1 445 557	1 540 522	4 628 313	39 874 179
地方院校	36 813 343	20 094 981	12 955 940	3 762 422	33 506 943	438 145	678 082	1 717 517	29 452 120
按学校类型分									
综合大学	34 617 370	22 410 045	10 531 413	1 675 912	31 326 368	987 808	462 967	2 435 205	25 989 772
工科院校	52 229 879	25 434 260	24 126 291	2 669 328	46 756 344	713 183	2 010 366	4 228 672	38 376 728
农林院校	6 132 834	4 924 679	895 493	312 662	6 020 228	187 859	133 863	660 223	4 953 357
医药院校	4 852 715	4 000 307	257 231	595 177	4 138 437	86 776	31 032	252 106	3 668 775
师范院校	4 469 097	3 012 987	778 736	677 374	4 156 355	53 269	20 225	139 415	3 783 478
其他院校	720 247	462 672	148 842	108 733	608 542	938	948	26 602	549 330

全国普通高等学校研究与发展课题、成果情况

	科技课题			出版科技专著(部)	发表学术论文(篇)	成果获奖		技术转让		知识产权授权数	专利出售	
	课题数（项）	投入人数	实际支出（千元）			合计	其中：国家奖	合同数	收入（千元）		项数	实现金额（千元）
合计	395 613	252 112	64 870 736	11 090	786 812	5 259	338	10 550	2 409 798	49 436	2 143	822 901
按学校规格分	0	0	0	0	0	0	0	0	0	0	0	0
“211”及省部共建高等学校	200 568	114 633	4. 6E+07	3 151	366 559	2 632	244	5 391	2E+06	27 485	1 143	597 698
其他本科院校	186 219	130 564	1. 8E+07	5 732	388 520	2 550	94	5 135	810 893	20 730	990	224 507
高等专科学校	8 826	6 915	328 425	2 207	31 733	77	0	24	2 515	1 221	10	696
按学校隶属分	0	0	0	0	0	0	0	0	0	0	0	0
部委院校	24 332	13 590	7 210 437	407	48 566	332	31	763	101 460	4 095	144	31 053
教育部直属院校	150 467	84 689	3. 5E+07	2 236	269 297	2 041	206	3 776	1E+06	20 892	847	478 100
地方院校	220 814	153 832	2. 3E+07	8 447	468 949	2 886	101	6 011	1E+06	24 449	1 152	313 748
按学校类型分	0	0	0	0	0	0	0	0	0	0	0	0
综合大学	122 259	84 045	2. 1E+07	2 421	249 564	1 571	113	3 437	886 673	16 079	630	238 528
工科院校	166 178	89 637	3. 5E+07	4 667	308 675	2 187	171	5 074	1E+06	26 908	1 217	507 914
农林院校	28 292	15 530	4 098 040	1 058	46 769	401	35	1 336	95 433	2 623	112	23 563
医药院校	43 762	42 055	1 988 280	2 026	111 444	790	13	169	63 158	984	26	32 900
师范院校	29 816	17 047	2 506 792	700	57 275	215	6	318	41 137	2 159	90	13 470
其他院校	5 306	3 797	319 969	218	13 085	95	0	216	21 526	683	68	6 526

全国普通高等学校人文、社会科学研究与发展经费情况

单位：百元

		学校数(所)	拨入									支出									转拨给外单位经费
			合计	科研活动经费	科技活动人员工资	科研基建费	企事业单位委托项目经费	金融机构贷款	自筹经费	国外资金	其他收入	合计	内部支出								
													小计	科研人员费	业务费	科研基建费	仪器设备费	图书资料费	管理费	其他	
合计		997	88 304 729.64	36 572 336.31	13 041 961.99	328 957.95	23 786 392.52	150 255	10 635 276.34	1 400 389.26	2 389 340.27	81 243 053.39	80 251 251.23	17 574 984.35	36 761 305.91	290 737.72	6 423 521.7	9 197 142.53	2 856 775.3	7 149 403.72	988 962.16
按学校隶属关系分	教育部直属院校	73	39 018 028.97	17 228 712.51	2 941 950.63	0	12 947 055.69	0	3 396 165.68	1 187 172.63	1 316 971.83	35 746 410.98	35 111 664.74	4 662 733.64	17 865 972.87	3 707	2 708 829.95	4 102 971.6	1 538 000.02	4 229 449.66	634 746.24
	其他部委院校	30	3 535 167.56	1 854 258.2	541 124.44	2 800	774 126.53	0	316 836.07	11 460.36	34 561.96	3 186 300.1	3 166 085.3	592 817.36	1 653 417.58	280	208 495.5	372 708.4	127 270.57	211 095.89	20 214.8
	地方院校	894	45 751 533.11	17 489 365.6	9 558 886.92	326 157.95	10 065 210.3	150 255	6 922 274.59	201 756.27	1 037 806.48	42 310 342.31	41 973 501.19	12 319 433.35	17 241 915.46	286 750.72	3 506 196.25	4 721 462.53	11 911 504.71	2 708 858.17	334 001.12
按学校规格分	本科院校	757	86 812 756.66	36 219 945	12 448 231.02	327 204	23 647 964.43	150 255	10 288 354.65	1 400 389.26	2 330 413.3	79 834 622.41	78 863 949	16 861 059.98	36 408 568.45	285 379.6	6 326 226.07	9 089 468.06	2 822 609.05	7 070 637.79	970 673.41
	专科院校	240	1 491 972.98	352 391.31	593 730.97	1 753.95	138 428.09	0	346 921.69	0	58 926.97	1 408 430.98	1 387 302.23	713 924.37	352 737.46	5 358.12	97 295.63	107 674.47	34 166.25	78 765.93	18 288.75
按学校类型分	综合大学	211	32 844 849.19	13 324 532.07	4 178 298.05	5 506	9 959 745.36	0	3 616 043.88	650 129.01	1 110 594.82	30 702 647.1	30 366 309.73	5 821 627.62	13 670 714.54	7 198.2	2 284 142.24	3 825 224.92	1 144 216.74	3 613 185.47	336 337.37
	理工农医院校	416	21 660 314.88	7 870 598.81	3 287 851.91	5 094	7 933 330.34	0	1 737 704.02	370 127.47	455 788.33	19 153 398.76	18 735 858.86	4 257 999.32	9 111 957	12 060	1 057 372.47	5 626 522.53	2 082 802.67	5 172 392	414 699.9
	师范院校	155	14 971 072.85	6 163 887.14	2 734 363.05	69 415	2 763 138.58	0	2 492 122.07	211 595.93	536 551.08	13 792 023.56	13 654 531.55	3 325 223.86	5 387 570.09	55 375	1 617 373.93	7 639 658.85	2 423 186.99	6 087 860.03	137 492.01
	语文院校	23	2 406 090.29	930 681.88	352 472.26	20 000	385 865.07	0	657 657.93	3 689.4	55 723.75	2 238 489.32	2 232 582.32	616 837.17	942 281.66	21 370	185 491.19	7 857 331.27	2 483 771.3	6 276 205.6	5 907
	财经院校	88	9 402 676.63	4 350 692.4	1 428 480.17	93 643	1 930 312.88	255	1 441 670.02	45 537.38	112 085.78	8 613 313.77	8 548 530.69	2 040 779.76	4 159 126.56	55 722.57	719 858.7	8 685 070.98	2 712 917.38	6 792 362.91	64 783.08
	政法院校	39	2 188 827.79	1 130 415.14	370 692.14	48 150	205 487.56	0	286 154.38	110 669.07	37 259.5	2 035 145.48	2 019 530.68	465 620.32	1 147 919.51	59 155	66 037.02	8 857 162.73	2 751 646.16	6 862 341.21	15 614.8
	体育院校	18	1 218 580.94	840 998.88	202 090.8	14 199.95	58 106.31	0	85 199	4 591	13 395	1 154 834.79	1 140 776.79	245 432.4	485 630.86	13 699.95	134 290.94	8 947 996.51	2 792 157.57	6 992 718.66	14 058
	艺术院校	33	2 629 331.18	1 439 605.38	260 126.01	72 950	472 177.63	150 000	172 430.15	4 050	57 992.01	2 606 283.18	2 606 213.18	532 241.3	1 408 650.75	47 567	315 239.21	9 093 326.59	2 826 074.35	7 115 986.72	70
	民族院校	14	982 985.89	520 924.61	227 587.6	0	78 228.79	0	146 294.89	0	9 950	946 917.43	946 917.43	269 222.6	447 454.94	18 590	43 716	9 197 142.53	2 856 775.3	7 149 403.72	0

全国普通高等学校人文、社会科学人力情况

		学校数（所）	社科活动人员（人）					研究与发展人员（人）						研究与发展人员（人/年）					
			合计	高级	中级	初级	其他人员	合计	高级	中级	初级	其他人员	研究生	合计	高级	中级	初级	其他人员	研究生
	合计	997	457 664	173 656	197 704	80 764	5 540	293 128	121 886	96 749	26 874	3 144	44 475	73 620	34 379.6	23 500.1	5 788.8	581.4	9 370.1
按学校隶属关系分	教育部直属院校	73	61 216	32 187	23 780	4 720	529	63 664	25 362	12 610	1 742	496	23 454	17 893.7	8 744	3 703.5	412.8	107.1	4 926.3
	其他部委院校	30	14 318	6 232	6 014	1 991	81	9 955	4 332	3 250	634	129	1 610	2 863.8	1 330.1	860.9	141.8	29.2	501.8
	地方院校	894	382 130	135 237	167 910	74 053	4 930	219 509	92 192	80 889	24 498	2 519	19 411	52 862.5	24 305.5	18 935.7	5 234.2	445.1	3 942
按学校规格分	本科院校	757	416 081	161 987	180 408	69 212	4 474	278 056	115 916	90 274	24 437	2 955	44 474	70 503.6	33 054.8	22 205.4	5 327.3	546.2	9 369.9
	专科院校	240	41 583	11 669	17 296	11 552	1 066	15 072	5 970	6 475	2 437	189	1	3 116.4	1 324.8	1 294.7	461.5	35.2	0.2
按学校类型分	综合大学	211	129 185	52 467	53 819	21 177	1 722	89 014	37 427	26 114	6 455	1 066	17 952	22 895.5	11 186.4	6 500.5	1 380.5	195.8	3 632.3
	理工农医院校	416	134 968	46 797	62 680	23 817	1 674	82 009	31 916	29 647	7 775	497	12 174	19 764.5	8 346.1	6 880.9	1 608.6	99.2	2 829.7
	师范院校	155	92 867	35 289	39 222	17 492	864	61 037	25 636	19 969	6 653	583	8 196	15 291.9	7 188.6	4 933.6	1 503.5	116.5	1 549.7
	语文院校	23	13 041	4 552	5 781	2 596	112	8 165	3 483	2 903	737	76	966	1 994.4	985.2	656.1	133.8	14.3	205
	财经院校	88	47 661	18 841	19 919	8 422	479	31 092	13 793	11 101	3 103	470	2 625	7 889.9	3 866.3	2 748.4	657.2	73.7	544.3
	政法院校	39	12 776	5 401	5 426	1 798	151	8 574	4 109	2 713	588	245	919	2 026.4	1 088.7	616.2	110.8	37.4	173.3
	体育院校	18	6 140	2 436	2 470	1 148	86	3 852	1 701	1 220	376	28	527	1 117.2	556.6	342.5	98.8	4.8	114.5
	艺术院校	33	12 511	4 532	5 034	2 687	258	4 879	1 889	1 560	693	108	629	1 541	641.6	476.9	192.1	30.5	199.9
	民族院校	14	8 515	3 341	3 353	1 627	194	4 506	1 932	1 522	494	71	487	1 099.2	520.1	345	103.5	9.2	121.4

全国普通高等学校人文、社会科学研究与发展课题、成果情况

		课题数（项）	当年投入人数(人/年)		当年拨入经费（百元）	当年支出经费（百元）	出版专著（部）	发表论文（篇）				研究与咨询报告	
				其中：研究生				合计	国内学术刊物	国外学术刊物	港澳台刊物	合计	其中：被采纳数
	合计	260 905	73 337.3	9 434.5	56 325 098.43	47 468 108.23	11 592	323 153	313 299	9 029	825	8 166	4 562
按学校隶属关系分	教育部直属院校	73 726	17 860.2	4 929.3	29 264 475	24 698 253.88	3 935	72 833	68 192	4 217	424	2 970	2 167
	其他部委院校	8 655	2 852.3	501.8	2 694 153.54	2 294 982.03	556	11 796	11 299	440	57	345	71
	地方院校	178 524	52 624.8	4 003.4	24 366 469.89	20 474 872.32	7 101	238 524	233 808	4 372	344	4 851	2 324
按学校规格分	本科院校	250 680	70 222.7	9 434.3	55 804 319.64	47 043 206.91	11 395	304 682	294 918	8 950	814	7 762	4 464
	专科院校	10 225	3 114.6	0.2	520 778.79	424 901.32	197	18 471	18 381	79	11	404	98
按学校类型分	综合大学	87 333	22 787.3	3 690.2	22 568 858.2	19 045 181.99	4 191	101 181	97 439	3 414	328	3 317	2 404
	理工农医院校	68 632	19 688.6	2 829.2	16 571 029.38	13 743 763.15	2 132	84 033	81 194	2 718	121	1 844	880
	师范院校	52 120	15 245.3	1 549.7	7 995 570.42	6 873 524.98	2 456	70 417	69 327	957	133	1 213	712
	语文院校	6 374	1 990.7	205	911 569.84	828 829.01	419	8 876	8 525	306	45	191	134
	财经院校	26 974	7 862.6	544.3	5 071 569.78	4 004 544.01	1 246	33 911	32 733	1 113	65	1 045	297
	政法院校	7 729	2 013.7	173.3	982 055.95	767 619.44	452	10 347	10 034	223	90	148	42
	体育院校	3 264	1 113.5	114.5	646 241.39	649 782.87	98	3 775	3 537	221	17	218	29
	艺术院校	4 455	1 537.1	206.9	986 819.18	1 051 217.65	339	4 865	4 829	24	12	60	38
	民族院校	4 024	1 098.5	121.4	591 384.29	503 645.13	259	5 748	5 681	53	14	130	26

教育综合管理

教育新闻宣传

〔**综述**〕　2011年，教育新闻宣传工作坚持围绕中心、服务大局，大力宣传全面落实教育规划纲要进展成效，建立健全新闻宣传工作机制，努力为推动教育事业科学发展营造良好舆论氛围。一年来，在国务院新闻办召开新闻发布会1次，在教育部召开新闻发布会5次、新闻通气会13次；组织中央新闻单位采访团26次；协调安排在线访谈5次；协调刊发专家文章40余篇，专家评论50余篇。中央主要媒体刊播教育新闻报道1万余篇。

2011年主要开展了以下几个方面的工作。

一、重点做好中央重大决策部署和重要教育会议活动的宣传。

一是全方位反映教育系统学习贯彻中央领导同志重要指示精神的情况。先后围绕教育部党组和教育系统学习贯彻胡锦涛总书记在中央政治局集体学习时的重要讲话、在庆祝清华大学建校100周年大会上的重要讲话、给北京大学第十二届研究生支教团成员的回信、“七一”重要讲话及其他中央领导同志关于教育重要讲话精神的情况开展宣传。二是立体化呈现重大教育政策推进实施情况。先后围绕学前教育三年行动计划和学前教育重大项目、教育部和各地签署义务教育均衡发展备忘录、农村义务教育学生营养改善计划、学生资助政策、高等学校本科教学质量与教学改革工程等重大决策部署开展宣传。三是高密度宣传重大教育会议活动。先后围绕纪念《国家通用语言文字法》颁布10周年座谈会、《中华人民共和国学位条例》实施30周年纪念大会、2011年全国职业院校技能大赛、第十一届全国中学生运动会、深圳第26届大学生运动会和世界大学校长论坛、全国高等学校哲学社会科学工作会议、全国医学教育改革工作会议等重大会议和重要活动积极开展宣传。

二、突出做好典型宣传和教改成就宣传。

一是着力做好教育改革发展成就宣传。“两会”前，围绕学前教育发展、义务教育均衡发展、高等学校拔尖创新人才培养、中等职业教育制度建设、国家资助家庭经济困难学生工作5个主题，召开通气会介绍各地各校贯彻落实教育规划纲要的新进展和新成效。抓住教育规划纲要实施一周年和全国人大常委会专题询问的有利时机，大力宣传一年来实施教育规划纲要取得的积极进展和明显成效。此外，根据中央统一部署，在国务院新闻办召开新闻发布会，全面介绍“十一五”期间教育改革发展的巨大成就。二是全面开展教师节活动宣传。重点做好全国教书育人楷模推选表彰、教师之歌征集发布、教师节专题晚会、“感念师恩”主题宣传、“每月一星”学习宣传等教师节系列活动的策划和宣传。“感念师恩”主题宣传活动开通官方微博，运用手机短信，吸引了3 000多万人次参与。三是精心组织“落实纲要看基层”专题宣传。先后组织6路中央新闻单位采访团分赴陕西、河南、河北、海南、浙江等地，有重点、有计划地宣传报道各地各校全面落实教育规划纲要的经验做法。

三、积极推进教育新闻宣传制度建设。

一是构建教育系统“大宣传”格局。2011年，召开了第一次全国教育宣传工作会议，充实完善了教育部新闻宣传领导小组，初步建立了统筹部机关司局、各地教育行政部门、各直属高校的“大宣传”机制。二是制定新闻宣传工作规程。研究制定了《新闻宣传工作规程》和《热点舆情应对规程》，进一步规范新闻宣传工作和热点舆情应对工作。三是完善专家策划引导机制。成立教育部新闻宣传专家顾问组，继续抓好教育重大政策和热点问题专项课题研究，进一步完善宣传策划和专家引导机制。

撰稿　陈　星
审稿　续　梅

〔2011年教育部新闻发布会情况〕

场次	发布时间	发布人	发布主题
1	3月28日	杜玉波　孙霄兵 谢焕忠　续　梅	国务院新闻办就“十一五”教育改革发展及“十二五”教育工作举行发布会
2	5月12日	李宇明　田立新	发布《2010年中国语言生活状况报告》
3	5月27日	陈　飞　张学俭　汪立昕 郭洪伟　丁　颖　李　忱 王欣华　高　洪　于长学	教育部联合有关部委利用社会资源开展中小学社会实践活动和开展“学业·负担·兴趣·责任大家谈”活动
4	7月15日	杜玉波　袁振国 吴国生　吴剑英　陈剑平	介绍《国家中长期教育改革和发展规划纲要（2010—2020年）》发布实施一年来贯彻落实有关情况
5	8月11日	杨贵仁　廖舒力 任学安　陆　洋	介绍2011年教师节系列活动有关情况
6	9月6日	许　涛　王登峰 廖舒力　刘贵芹	介绍我国教师队伍建设进展、第六届高等学校教学名师奖及第14届推普周有关情况

〔2011年教育部新闻通气会情况〕

场次	发布时间	发布人	发布主题
1	2月22日	李天顺　杨希文 黄永刚　徐一超	介绍全国教育工作会议召开半年多来推进学前教育发展有关情况
2	2月23日	王定华　张志勇 葛建中　白战海	介绍全国教育工作会议召开半年多来通过义务教育均衡发展促进实施素质教育有关情况
3	2月25日	刘　桔　高策理 陈建群　郑志明　蒋毅坚	介绍全国教育工作会议召开半年多来高等学校拔尖创新人才培养工作有关情况
4	2月28日	葛道凯　王扬南 张昭文　杨湘宁　黄　宇	介绍全国教育工作会议召开半年多来中等职业教育强化内涵发展、规范管理、加强制度建设有关情况
5	3月1日	张光明　马建斌 邹放鸣　曹德欣 杨爱民　朱　彤　常军胜	介绍国家资助家庭经济困难学生工作进展情况
6	4月15日	葛道凯　刘　英 严继昌　李德芳　侯建军	介绍继续教育改革和发展情况

续表

场次	发布时间	发布人	发布主题
7	6月21日	葛道凯　刘建同 王扬南　靳润成　刘　欣	介绍2011年全国职业院校技能大赛工作等有关情况
8	7月26日	王登峰　戴家干　丁学东	介绍汉语能力测试和“中华诵”系列活动等有关情况
9	7月27日	刘贵芹　孙长永 宋　毅　李　智	介绍“高等学校本科教学质量与教学改革工程”有关情况
10	8月8日	张光明　马文华 马建斌　周春树 涂义才　李红翔　喻小明	介绍2011年学生资助政策有关情况
11	9月28日	郑富芝　赵　路 王凤玲　徐孝民	介绍学前教育三年行动计划和国家学前教育重大项目有关情况
12	11月8日	刘　桔　陆国栋 杨　祥　王一如　李　甬	介绍“中国大学视频公开课”有关情况
13	11月21日	张东刚　何　健　马建通	介绍全国高等学校哲学社会科学工作会议等情况

教育政务公开

〔**综述**〕　2011年，教育部紧紧围绕深入贯彻落实教育规划纲要，按照《中共中央办公厅国务院办公厅关于深化政务公开加强政务服务的意见》(中办发〔2011〕22号，以下简称《意见》)总体要求，着力健全信息公开配套制度，积极推进教育重大决策和群众关注的重点信息公开，加强督促检查，强化制度落实，优化政务服务，坚持便民利民，不断提升政务公开工作的制度化、规范化、信息化水平，教育信息公开工作取得了新进展。

〔**部机关信息公开工作**〕　2011年，教育部机关主要从六个方面推动信息公开工作。

一是认真学习贯彻中办国办《意见》。召开专门会议，学习传达《意见》精神，要求各司局加快推进决策公开，实施依法行政，规范行政审批。9月，教育部组织召开了部直属机关深化政务公开加强政务服务座谈会，总结交流了开展政府信息公开、办事公开工作的情况，要求直属机关站在全局和战略的高度，充分认识做好政务公开和政务服务的重要性，按照各自职责分工，认真抓好落实。通过学习和落实《意见》精神，普遍提高了对政务公开和政务服务重要性的认识，为教育系统进一步深化政务公开、统筹推进政务服务奠定了良好基础。

二是进一步健全教育信息公开制度机制。按照《中华人民共和国政府信息公开条例》要求，以“统筹规划、突出重点、切合实际、稳步推进”为工作思路，有计划、分步骤地推进教育部机关、直属单位、高等学校和中小学信息公开制度建设，初步建立了信息公开制度体系。2011年，启动了高校财务、招生等专项信息公开实施办法研制工作；完善了政府信息公开申请受理机制，规范相关工作规程，探索建立了教育部机关内部沟通协调机制、复杂申请会商机制等，进一步推进了信息公开工作，确保依法及时答复公众政府信息公开申请。

三是着力推进教育领域重大决策信息公开。2011年，教育部认真细化公开范围，积极推动高校设置、招生就业、义务教育等涉及人民群众切身利益或社会普遍关注的信息公开。在制定《高等学校教师职业道德规范》、《普通高校本科专业设置管理规定》、《幼儿园教师专业标准》、《小学教师专业标准》、《中学教师专业标准》等重要规章、规范性文件过程中，分别通过网站和其他方式向社会公众公开征求意见，提高了决策过程的透明度，受到各界好评。

四是切实加强信息公开平台建设。优化门户网站功能，调整网页栏目，推动网站改版。新增“教育评论”、“教改动态”、“微博快讯”等栏目，突出典型宣传；新增“专家答疑”等栏目，突出互动交流；加大“要闻”、“焦点图”、“媒体聚焦”等言论、新闻栏目稿件的数量。网站改版后，工作流程进一步理顺，政务信息发布速度进一步加快，在线服务和互动交流的质量进一步提高，网站点击量是改版前的3倍，成为发布教育政务信息、解读教育政策、展示教育形象的重要平台，公众参与度和社会影响力得到较大提升。

五是认真做好主动公开和依申请公开工作。2011年，教育部通过门户网站信息公开专栏主动公开公文类信息504条，专栏访问量达55万次，日均点击率近1 500人次。刊发《教育部公报》，策划制作《推进义务教育均衡发展专题》、《全国人大常委会（教育规划纲要）专题询问》等重大专题专栏，通过文字、视频、图表等多种形式发布教育部文件、动态消息、政策解读等各类信息。通过网站公开了2011年部门预算、“三公经费”财政拨款情况和2010年部门决算，并发布2010年全国教育经费执行情况统计公告，接受社会公众监督。通过网站公开干部人事人才工作信息，严格按要求发布教育部机关、直属高校、直属单位和驻外教育处组领导干部的任免信息，全程公开公务员考录信息，及时公开全国教书育人楷模评选等工作信息。2011年，教育部共受理公民、法人和其他组织通过各种形式提出的信息公开申请81件，政府信息公开申请的按时办结率达100%。接待500余人次电话及当面咨询，处理门户网站政府信息公开意见箱中的信件1 285件。门户网站共处理网民各类政策咨询12 200余人次，处理网民邮件2 900余封。此外，在门户网站开设“教师之歌”您最喜爱的教师歌曲征集评选活动，吸引3 721人参与投票，获得有效选票5 723张。

六是进一步加强新闻宣传工作。2011年，教育部共举办新闻发布会6场、新闻通气会13场，中央媒体刊播教育报道万余篇。新闻发布会、通气会的主要内容包括：重大教育政策，如学前教育三年行动计划和国家学前教育重大项目、“高等学校本科教学质量与教学改革工程”等；教育改革发展成就，如介绍教育规划纲要发布实施一年来贯彻落实情况、教师队伍建设进展等；教育部重要工作部署，如联合有关部委利用社会资源开展中小学社会实践活动和开展“学业·负担·兴趣·责任大家谈”活动、开展“中国大学视频公开课”情况、发布《高等学校章程制定暂行办法》等规章，推动现代大学制度建设的工作布置等；教育工作最新动态，如介绍2011年教师节系列活动、第六届高等学校教学名师奖、第14届推普周活动、2011年全国职业院校技能大赛等。

〔**直属单位办事公开工作**〕 2011年，在贯彻落实《关于进一步改进和加强办事公开工作的意见》(以下简称《工作意见》)的基础上，教育部直属单位办事公开工作进一步深化，公共服务的水平进一步提升。主要体现在三个方面。一是不断完善制度机制。各单位按照《工作意见》要求，完善办事公开工作、保密审查等各项制度，积极制定信息公开实施细则，成立政务公开工作领导小组，建立健全工作机制，明确公开审核流程，全面推动职能公开、依据公开、程序公开、收费公开、结果公开、监督公开。二是着力打造服务平台。各单位加大资金和人力投入，设计开通覆盖主要业务的开放电子平台，构筑起面向学生、面向学校、面向社会的公共服务平台。比如，就业指导中心建立了信息总量突破5亿人次的大型学生信息数据库，开发并维护的电子政务和信息化服务平台20个，改进了学籍学历注册和网上查询服务，提高了学历认证服务的效率，推进高校招生管理服务手段创新，提升了就业创业指导服务的能力和水平。三是不断丰富公开形式。各单位在通过编发通讯、年刊、年报等形式公布年度重要工作及完成情况的同时，积极依托门户网站增设重点信息公开栏目，开设办事公开专栏，充分利用媒体发布与单位业务和服务有关的重大活动信息，开通咨询查询服务热线，制作政策宣传画、宣传片，不断丰富公开的形式，提高服务的能力和水平。

〔学校信息公开工作〕 2011 年，教育部以推动贯彻落实《高等学校信息公开办法》（以下简称《办法》）为重点，研究制定了专项工作方案，加强宏观指导，编辑出版了 26 万字的《〈办法〉读本》，对《办法》条款进行了深入细致的解读。通过政策解读、专题培训、宣传引导、政策配套等系列工作，努力实现贯彻落实《办法》的协同效应，全面提升高校信息公开的整体水平。同时，加强专项检查，确保高校信息公开工作取得实效。1 月，组织开展了教育系统保密审查工作专项检查，要求教育系统进一步规范信息公开保密审查工作。10 月初至 11 月底，对 75 所教育部直属高校在信息公开宣教培训、制度机制建设、主动公开、依申请公开等九个方面的重点内容进行了专项书面检查。各直属高校按照《办法》的规定认真开展了自查并上报了自查情况。专项检查推动各高校主动将信息公开与依法治校、科学化管理和党风廉政建设等各项工作相结合，进一步提高了高校信息公开法律意识与业务水平，增强了高校信息公开的规范性和实效性，促进了高校校务公开工作持续健康发展。从直属高校检查情况看，高校信息公开工作成效主要体现在以下六个方面。

一是宣传培训活动广泛开展，信息公开意识显著增强。各直属高校十分重视对信息公开工作的宣传和对信息公开工作人员的培训，针对《办法》的立法背景、基本精神、重大意义和主要制度，采用专题培训、专题研讨、座谈交流等多种形式，在校内组织开展了较为广泛的学习和宣传活动，加深了对高校信息公开重要性的认识，信息公开工作理念初步形成。

二是领导体制和工作机制得到健全，信息公开工作体系初步构建。所有教育部直属高校均建立了由校长担任组长，相关职能部门负责人为成员的信息公开领导小组，由校长办公室作为本校信息公开工作机构负责具体事项。有的学校还在领导小组下设立了信息公开工作小组和监督小组。所有直属高校基本构建了由校长领导、学校办公室组织实施、工会组织协同推进、师生员工积极参与、内设监察部门监督检查的信息公开工作机制。部分高校已将信息公开工作的实施情况作为各单位及其领导干部年度考核、评先评优、廉政建设的一项重要指标，推动信息公开工作与学校整体工作相结合、与党风廉政建设相结合，主动接受上级主管部门行政监督和社会公众舆论监督，保障了信息公开工作的稳步有序推进。

三是制度建设扎实推进，信息公开工作规范化水平明显提升。按照教育部确立的“统筹规划、突出重点、切合实际、稳步推进”工作方针，教育部各直属高校在实施《办法》过程中研究制定实施细则或管理办法，并积极推进主动公开、依申请公开、保密审查等配套制度建设。大部分直属高校已按照《中华人民共和国政府信息公开条例》和《办法》的要求，制定了信息公开实施细则或管理办法，建立了重要信息发布审批和重大事项决策征求意见机制。部分直属高校建立了信息公开保密审查机制、虚假或不完整信息澄清机制。

四是主动公开工作不断深化，信息主动公开范围和内容逐步拓展。绝大部分教育部直属高校在对《办法》施行以前的信息进行全面清理的基础上，均按要求编制并公布了信息公开指南和目录，确立了专门的信息公开目录维护更新机构，建立了增量文件的属性标识制度，将可公开文件在生成后即纳入主动公开流程。各直属高校还积极回应师生员工和社会公众关切的问题，主动将招生、年度预决算、基建资产及领导干部出访出境等与学校发展密切相关、涉及师生员工切身利益、容易引发矛盾和滋生腐败的信息列入学校重点信息公开条目。截至 2011 年年底，直属高校对《办法》实施以前的信息清理总数达 8 万余条，各直属高校已主动公开的信息数共达 24 万余条。所有直属高校通过不同方式向社会主动公开了本校各层次、各类型学历教育招生信息以及大额物资采购和重大基建工程招投标信息，通过教代会在校内公开了财务收支状况和经费预决算信息。部分直属高校通过中国教育年鉴、校报校刊、校园网等不同方式向社会公开了有关财务信息。

五是依申请公开工作稳步推进，公众个性化信息需求基本得到满足。依申请公开是高校根据公民、法人和其他组织的申请，依法提供所掌握信息的做法，也是主动公开的重要补充。《办法》施行以来，绝大部分直属高校均建立了依申请公开工作机制，制定了依申请公开事项的受理程序，明确了受理条件、办理期限、收费标准、表格下载等要求。截至2011年年底，各直属高校已受理依申请公开案件422件，其中有效申请309件，主要涉及学校招生、财务、职称等工作，有效申请均予以按时办结。

六是信息公开载体不断创新，信息公开的途径和方式日益丰富。教育部各直属高校将信息公开载体建设摆在重要位置，加强校园网站和信息公开专栏建设，努力增强信息公开的时效性和便捷性。在很多直属高校，信息公开形式不仅包括教代会、公告栏、校刊校报、广播、文件、各种会议等传统渠道，还逐步拓展到网站、BBS、留言板、意见箱、微博等新兴媒体。大部分直属高校在主页设立了信息公开专栏、信息公开意见箱，有些高校还通过校园微博等方式，向社会适时发布热点、重点信息，加强了学校与师生员工和社会公众的信息沟通。

撰稿 詹清华

审稿 邓传淮

教育法制建设

〔**发布《高等学校章程制定暂行办法》**〕 为落实教育规划纲要关于完善中国特色现代大学制度的要求，2011年11月28日，教育部发布第31号部长令，颁布《高等学校章程制定暂行办法》(以下简称《办法》)，并于2012年1月1日起施行。《办法》分为五章：总则、章程内容、章程制定程序、章程核准与监督以及附则，共33条，对章程制定的原则、内容、程序以及核准和监督中所涉及的主要问题、主要环节进行了全面规定。《办法》主要解决公办高校多数还没有章程或者虽有章程但不规范的问题，推动高等学校以章程建设为核心实施整体改革。

明确了章程的地位与作用。《办法》第三条规定："章程是高等学校依法自主办学、实施管理和履行公共职能的基本准则。高等学校应当以章程为依据，制定内部管理制度及规范性文件、实施办学和管理活动、开展社会合作。高等学校应当公开章程，接受举办者、教育主管部门、其他有关机关以及教师、学生、社会公众依据章程实施的监督、评估。"强调章程具有规范和统领校内管理制度的功能，在学校制度体系中具有基础性、准则性的特点。

提出制定章程的基本原则。一是法治原则，即高校章程要遵循法制统一的原则，遵守法律的原则与规定，以中国特色社会主义理论体系为指导，把握社会主义办学方向，将依法自主管理的理念落实到具体规范当中。二是改革原则，即改革为制定章程提供动力与内容，以章程建设作为改革的切入点和系统集成的载体。三是自主原则，即章程要着力完善学校自主管理、自我约束的体制、机制，反映学校的办学特色。

明确高校章程应当具备的要件。一要具备法定内容，要包含《高等教育法》第二十八条确定的章程基本内容。二要包含法律和教育规划纲要提出的自主权内容，明确办学自主权的行使与监督规则。三要包含现代大学制度的内涵与要求，将决策机制、治理结构、民主管理、学术体制、专业评价、社会合作等建立现代大学制度所必备的制度要件与要求纳入其中，明确高校内部运行规则。

规范章程的制定程序。《办法》规定，章程草案由教职工代表大会讨论、校长办公会议审议、学校党委会审定，审定后由法定代表人签发。同时，《办法》还规定高校的举办机关或者主管部门应当以适当方式参与章程的制定，按照政校分开、管办分离的原则，以章程明确界定政府与学校的关系。

明确章程核准的程序与制度。《办法》规定，地方政府举办的高等学校的章程由省级教育行政部门核准，其中本科以上高等学校的章程核准后，报教育部备案；教育部直属高等学校的章程由教育部核准；其他中央部门所属高校的章程，经主管部门同意，报教育部核准。《办法》同时规定，章程核准要经过章程核准委员会的审核，以进一步提高章程的效力与权威。

健全章程的执行与监督机制。《办法》规定，学校内部要设立依据章程的内部制度、文件审查机制，落实章程在学校管理中的核心地位；明确主管部门应当认可高校章程的自主规定，对高等学校履行章程情况进行指导、监督，对高校不执行章程或者违反章程规定的管理行为，应当予以纠正。

为推动《办法》的学习宣传与贯彻实施，教育部办公厅专门发出通知，要求各地、各高等学校抓紧组织、深入开展《办法》的学习宣传工作；全面部署高等学校章程建设工作；做好章程制定的分类指导与试点工作；建立健全章程核准程序与机制；进一步推动高等学校依法治校，以章程为引领，推动高校整体改革。

〔**发布《学校教职工代表大会规定》**〕　12月8日，经商中华全国总工会同意，教育部发布了第32号部长令，颁布《学校教职工代表大会规定》(以下简称《规定》)。《规定》共六章三十条，对本规定的适用范围、教职工代表大会的地位、指导思想、领导体制和组织原则、职权、教职工代表大会代表的产生及其权利义务、教职工代表大会的组织规则、工作机构等作出了较为全面系统的规定。

《规定》明确了学校教职工代表大会的地位和职权。具体包括八项职权：听取学校章程草案的制定和修订情况报告，提出修改意见和建议；听取学校发展规划、教职工队伍建设、教育教学改革、校园建设以及其他重大改革和重大问题解决方案的报告，提出意见和建议；听取学校年度工作、财务工作、工会工作报告以及其他专项工作报告，提出意见和建议；讨论通过学校提出的与教职工利益直接相关的福利、校内分配实施方案以及相应的教职工聘任、考核、奖惩办法；审议学校上一届（次）教职工代表大会提案的办理情况报告；按照有关工作规定和安排评议学校领导干部；通过多种方式对学校工作提出意见和建议，监督学校章程、规章制度和决策的落实，提出整改意见和建议；讨论法律法规规章规定的以及学校与学校工会商定的其他事项。

《规定》明确了教职工代表大会代表的产生及其权利与义务，明确了教职工代表大会的组织规则。凡与学校签订聘任聘用合同、具有聘任聘用关系的教职工，均可当选为教职工代表大会代表。代表按照学校内部单位由教职工直接选举产生。教师代表不得低于代表总数的60%。代表任期3年或5年，可以连选连任。代表享有选举权、被选举权、表决权等权利，履行遵纪守法、积极参加教职工代表大会的活动等项义务。教职工代表大会每学年至少召开一次，须有2/3以上教职工代表大会代表出席。根据学校的中心工作和教职工的普遍要求提出会议议题，并由学校工会提交学校研究确定，提请教职工代表大会表决通过。教职工代表大会的选举和表决，须经教职工代表大会代表总数的半数以上通过方为有效。教职工代表大会在教职工代表大会代表中推选人员，组成主席团主持会议。教职工代表大会可根据实际情况和需要，设立若干专门委员会（工作小组)，选举产生执行委员会。

《规定》赋予学校在教职工代表大会建设和发展方面的自主权如下。“教职工代表大会代表占全体教职工的比例，由地方省级教育等部门确定；地方省级教育等部门没有确定的，由学校自主确定。”“选举、更换和撤换教职工代表大会代表的程序，由学校根据相关规定，并结合本校实际予以明确规定。”“学校根据实际情况，可在其内部单位建立教职工代表大会制度或者教职工大会制度，在该范围内行使相应的职权。”“教职工代表大会根据需要可以邀请离退休教职工等非教职工代表大会代表，作为特邀或列席代表参加会议。”“教职工代表大会可根据实际情况和需要设立若干专门委员会（工作小组），完成教职工代表大会交办的有关任务。”“教职工代表大会根据实际情况和需要，可以在教职工代表大会代表中选举产生执行委员会。”

《规定》明确了工会为教职工代表大会的工作机构，并要求学校应当为工会承担教职工代表大会工作机构的职责提供必要的工作条件和经费保障。

《规定》适用于中国境内公办幼儿园和各级各类学校。民办学校、中外合作办学机构参照本规定执行。

〔**发布教育系统“六五”普法规划**〕 为贯彻落实中共中央、国务院转发的《中央宣传部、司法部关于在公民中开展法制宣传教育的第六个五年规划（2011—2015 年）》、全国人大常委会通过的《关于进一步加强法制宣传教育的决议》，根据教育规划纲要提出的开展普法教育，促进师生员工提高法律素质和公民意识的要求，教育部于 10 月 21 日印发《全国教育系统开展法制宣传教育的第六个五年规划（2011—2015 年）》(教政法〔2011〕13 号，以下简称《规划》)，对教育系统在“六五”普法期间开展法制宣传教育的指导思想、工作原则、目标、主要任务与要求、工作举措等进行了全面部署。

《规划》确定教育系统第六个五年法制宣传教育工作的主要目标是：充分发挥教育系统的人才优势和学校教育的主渠道作用，通过内容系统深入、形式生动多样、效果扎实显著的法制教育、宣传活动和法治实践，切实提高教育系统领导干部、公务员、校长、教师、青少年学生的公民意识和法律素质，形成与培养社会主义合格公民要求相适应的教育体系与氛围，进一步提高教育行政部门依法治教、学校依法治校的水平与能力，促进社会主义法治文化建设。

《规划》明确，“六五”教育系统普法工作要遵循以下原则。一是要坚持围绕中心，服务大局。紧紧围绕教育规划纲要的贯彻实施，服务教育事业的改革与发展，服务维护社会和谐稳定。二是要坚持分类指导，突出重点。针对青少年学生、校长、教师以及教育行政机关工作人员各自的群体特点，有针对性地确定法制宣传教育的目标、内容、方式和途径，要全面落实培养社会主义合格公民的目标和任务，将青少年学生的法制教育作为重中之重。三是要坚持普治并举，促进改革。法制宣传教育要与依法治教、依法治校的实践相结合，切实推动学校管理、教育管理观念与方式的转变，促进人才培养体制和教育管理体制的改革。四是要坚持以人为本，注重实效。要着眼于法制教育对象的实际法律需求，科学设计、合理安排法制教育的内容与形式，增强法制教育的针对性和实效性。五是要坚持与时俱进，开拓创新。把握教育领域普法工作的特点与规律，创新工作理念、完善工作机制、改进工作方法、丰富教育形式，开拓教育普法工作的新局面。

《规划》要求深化和开展好三个方面的工作，即深化“法律进课堂”活动，切实落实青少年是法制宣传教育重中之重的要求，提高各级各类学校法制教育的水平与效果。深化“法律进学校”活动，大力提高各级各类学校校长、教师依法治校的意识与能力，营造有利于青少年学生健康成长的校园法治环境。深化“法律进机关”活动，全面提高教育行政部门领导、公务员依法行政、依法治教的意识与能力。

《规划》明确了工作举措与保障措施。首先，要健全完善学校法制教育的目标、体系与实施机制。明确中小学和高等学校法制宣传教育的目标与要求；逐步将社会主义法治理念、法律知识纳入对学生知识和综合素质的考察范围；建立中小学法制课骨干教师、专任教师培训制度；健全青少年法制教育网络，建立青少年法制教育资源中心和校外实践基地；加强对青少年学生法制教育特点与规律的研究，建立形成高水平的研究团队和研究基地、培训基地；健全学校法制教育的支持体系，建立优质法制教育教学资源共享平台。其次，要完善学校法制宣传教育机制，实施学校依法治校能力建设工程，进一步开展“依法治校示范校”创建活动。研究制定针对校长、教师的法制宣传教育大纲，组织编写依法治校基本纲要，明确对校长、教师开展法制教育的内容与要求；加强校园法治文化建设；完善教师法制宣传教育机制；进一步健全依法治校的内涵要求和评价指标体系；组建依法治教、依法治校专家宣讲团。再次，要推进教育行政部门法制宣传教育的规范化、制度化，开展依法治教示范机关创建活动。要研究制定教育行政部门领导干部、公务员法制教育大纲；建立年度法制教育学习计划和新颁布教育法律法规培训制度；建立教育行政执法人员、法律专业人员专门法律知识培训制度；探索开展依法治教示范单位创建活动。

《规划》强调，各级教育行政部门要加强领导，健全法制宣传教育的工作体制与保障机制，成立由主要领导任组长，有关部门负责同志参加的法制宣传教育领导小组；建立和完善法制宣传教育工作的监督评价机制；设立法制宣传教育专项经费。

撰稿　王大泉　夏　娟
审稿　孙霄兵

全国人大代表、全国政协委员提案和建议承办工作

2011年，教育部共收到“两会”建议、提案1 575件，比2010年同期（1 637件）下降3.79%，总量排中央各单位第3位。其中，建议840件，比2010年同期（896件）下降了6.25%；提案735件，比2010年同期（741件）下降了0.81%。

与往年相比，2011年教育部承办的建议、提案有以下特点。一是数量大。随着教育改革的逐步深入，代表、委员对教育改革和发展更加关注，为教育事业建言献策的建议、提案数量明显增加。二是内容广泛。建议、提案内容丰富，涉及教育事业改革和发展各个方面，既有事关战略性、前瞻性、宏观性问题的建议，也有事关解决群众切身利益具体问题的对策。三是主题突出。建议、提案紧扣教育规划纲要贯彻落实过程中热点难点问题，如义务教育均衡发展、职业教育办学模式改革、考试招生制度改革等，充分体现了代表、委员对教育的深入思考，显示了代表委员参政议政的履职水平。

教育部党组高度重视建议、提案办理工作。教育部部长、党组书记袁贵仁对办理工作提出明确要求。4月21日，召开了“教育部2011年‘两会’建议提案交办动员会”，教育部副部长、党组副书记杜玉波出席会议并讲话，34个承办单位负责人和办公室主任参加了会议。

在承办建议、提案数量多、难度大、时限紧的情况下，围绕提高办复质量和代表、委员满意度，主要做了五方面工作。一是加强领导，不断增加建议、提案办理工作的政治责任感。二是健全机制，切实规范建议、提案办理工作流程。三是夯实基础，狠抓建议、提案办理前、办理中、办理后三个关键环节，确保办理工作顺利开展。四是突出重点，扎实做好重点建议、提案办理工作，促进和带动整体办理质量的提高。五是加强沟通，主动与代表、委员进行交流，争取他们对教育事业的理解和支持，提高满意度。

撰稿　赵　垒
审稿　王洪元

教育纪检监察

〔**2011年教育系统党风廉政建设工作会议**〕 2010年12月15日，教育部党组在北京召开2011年教育系统党风廉政建设工作会议。教育部党组书记、部长袁贵仁指出，2010年教育系统反腐倡廉建设取得新的明显成效，但同时也要清醒地看到，当前教育系统反腐倡廉工作面临许多新情况新问题，形势依然严峻，任务依然艰巨。要进一步增强责任感紧迫感，切实把反腐倡廉建设抓紧抓好、抓出成效，努力营造风清气正的教育环境。他强调，2011年，教育系统要认真落实中央关于反腐倡廉建设的决策部署，以维护人民群众根本利益为宗旨，以领导班子作风建设为重点，以党风廉政建设责任制为抓手，深入推进惩治和预防腐败体系建设各项工作，为贯彻落实教育规划纲要提供坚强保证。

教育部党组成员、中央纪委驻教育部纪检组组长王立英代表党组作工作报告。她强调，2011年教育系统要统筹兼顾，整体推进，改革创新，狠抓落实，不断提高反腐倡廉建设科学化水平，重点做好五个方面的工作：强化监督，确保中央关于教育的重大决策和惠民政策落实到位；加强党性修养，扎实推进领导班子和领导干部作风建设；继续开展专项治理，抓紧解决群众反映强烈的突出问题；突破难点，不断深化高校反腐倡廉建设；改革创新，进一步完善体现教育特点的惩防体系建设。她要求教育系统各级领导班子和领导干部要着力增强责任意识、着力提高制度执行力、着力提高创新能力，抓好反腐倡廉各项任务的落实。

会议由教育部党组成员、部长助理林蕙青主持。教育部在京党组成员以及中央纪委、监察部有关部门负责人出席会议。各省（区、市）党委教育工作部门和新疆生产建设兵团教育局主要负责人，教育部直属高校党委书记、部分校长，部分其他高校党委书记，各省（区、市）教育（高校）纪工委、教育厅（教委）纪检组及新疆生产建设兵团教育局纪委主要负责人，教育部直属高校、省部共建高校纪委主要负责人，教育部机关、直属单位主要负责人参加了会议。

〔**贺国强对部分高校进行调研并出席部分高校反腐倡廉建设座谈会**〕 11月7—10日，中共中央政治局常委、中央纪委书记贺国强深入北京5所高校进行调研，出席部分高校反腐倡廉建设座谈会并讲话。

贺国强参观了中国人民大学推进马克思主义中国化及参与马克思主义理论研究和建设工程展示、图书馆新馆、新闻学院和法学院，希望中国人民大学充分发挥在人文社会科学领域的特色和优势，大力加强马克思主义基本理论特别是中国特色社会主义理论体系的教学和研究，积极推进文化传承创新，加快社会主义核心价值体系建设，为推动社会主义文化大发展大繁荣作出贡献；参观了清华大学校史馆、有机光电子重点实验室、公共管理学院国情研究中心和廉政研究中心，希望清华大学坚持走内涵式发展道路，全面提高办学质量，在建设世界一流大学进程中发挥表率作用；参观了北京师范大学教师教育成果展、基础教育教材及著名专家成果展、认知神经科学与学习国家重点实验室，希望北京师范大学强化办学特色，推进教育创新，当好我国教师教育的排头兵和教育改革的先行者；参观了北京化工大学“十一五”成就展、“危险化学品生产系统故障预防及监控”安监局基础实验室、国家碳纤维工程技术研究中心，希望北京化工大学坚持产学研结合，加快科技成果转化和产业化步伐，在服务国家和行业发展中发挥更大作用；参观了北京大学校史馆及“北京大学与中国共产党的创建”专题展览和北京大学党风廉政建设展览，考察了分子动态与稳态结构国家重点实验室，希望北京大学坚持正确办学方向，弘扬光荣传统，推进改革创新，加快推进创建世界一流大学步伐，为党和国家事业发展作出更大贡献。

考察期间，贺国强特别强调要高度重视解决贫困家庭学生上大学和大学生就业问题，希望各级党委、政府和高校思想上重视、政策上倾斜、经费上支持、学习上帮助，争取更多的贫困家庭学生能够考上大学并顺利完成学业。

贺国强在对部分高校进行调研后，11 月 10 日，在北京大学出席部分高校反腐倡廉建设座谈会并讲话，充分肯定了高校反腐倡廉建设取得的显著成绩，对提高高等教育质量、加快世界一流大学和高水平大学建设步伐，深入推进高校反腐倡廉建设提出了新的更高要求。他强调，要认真贯彻落实党的十七届六中全会、胡锦涛总书记在庆祝清华大学建校 100 周年大会上的重要讲话精神和教育规划纲要，进一步提高高校改革发展水平；要总结实践经验，把握工作规律，深入推进高校反腐倡廉建设，为高校改革发展提供有力保证。

〔**教育部直属高校案件查办协作工作联席会议**〕 6 月 13 日，中央纪委驻教育部纪检组和中央纪委案件监督管理室、第三纪检监察室在北京召开教育部直属高校案件查办协作工作联席会议，总结交流了中央纪委驻教育部纪检组和部属高校所在省（直辖市）纪检监察机关近年来协作查办部属高校违纪违法案件的主要经验和做法，就加强部门和地方纪检监察机关相互协同合作、加大教育部直属高校违纪违法案件查处力度、推动高校反腐倡廉建设进行了深入探讨。

中央纪委委员、中央纪委驻教育部纪检组组长、教育部党组成员王立英出席会议并讲话。她强调，要充分认识进一步加强高校案件查办工作的重要性，积极探索创新部地协作办案的方式方法，进一步加强部地纪检监察机关办案协作工作。

会议对建立健全部地纪检监察机关协作查办教育部直属高校违纪违法案件六项工作机制达成共识，即案件线索沟通机制、案件查办协同机制、案件处理协调机制、办案工作交流机制、案件舆情应对机制和办案成果运用机制。

会议由中央纪委第三纪检监察室副主任罗兴平主持，中央纪委案件监督管理室副主任徐志华作了发言，北京、上海、江苏、湖北四省（市）纪检监察机关负责人作了重点发言。教育部直属高校所在的北京、天津、辽宁、吉林、黑龙江、上海、江苏、浙江、安徽、福建、山东、湖北、湖南、广东、重庆、四川、陕西、甘肃 18 省（市）纪委、监察厅（局），以及北京市教育纪工委的负责人出席了会议。

〔**深入开展贯彻落实党风廉政建设两项法规情况专项检查**〕 7—10 月，教育部在直属机关和直属高校开展了《关于实行党风廉政建设责任制的规定》和《中国共产党党员领导干部廉洁从政若干准则》贯彻落实情况专项检查。

检查工作全面有序。检查工作自 7 月至 10 月分三个阶段进行。一是制订工作方案，量化考核指标。在广泛调研的基础上，组织 25 所高校起草并形成有 50 项考核内容和 101 个考核指标的考评指标体系。二是加强工作部署，认真组织实施。在 58 个直属机关和 75 所直属高校全面开展自查自纠基础上，组成由机关司局领导、高校党委副书记或副校长、高校纪委书记任组长的 15 个检查组，对 75 所直属高校进行检查；组成由人事司、驻部纪检组、机关党委纪委有关负责人任组长的 3 个检查组，对 18 个部机关司局和直属单位进行抽查。三是统计分析数据，及时总结整改。对检查的情况形成了分报告和汇总报告，提出了反馈意见。召开了直属高校专项检查工作汇报会，教育部党组副书记、副部长杜玉波代表教育部党组在会上讲话，中央纪委驻教育部纪检组组长王立英主持会议，教育部党组成员、部长助理林蕙青出席会议，中央纪委三室和派驻办有关负责人到会指导。

检查工作扎实有力。检查工作采取动员、测评、查看、座谈、评分、反馈 6 个步骤，做到定量考核与定性评估相结合，自评、检查组考评与群众测评相结合，自查自纠与督查整改相结合，全面考评了领导班子及其成员执行两项法规和《直属高校党员领导干部廉洁自律“十不准”》的情况。高校高度重视，群众广泛参与，学校中层干部和民主党派、无党派人士、教师、离退休人员代表等 9 800 多人参加了汇报会和民主测评，1 500 多人参加了座谈会。

检查工作深入有效。通过高校自查、召开座谈会、检查组考查，共提出加强反腐倡廉建设方面的问题和建议 523 条，其中高校自查提出 112 条，座谈会提出 104 条，检查组结合检查提出 117 个问题和 190 条建议。

民主测评结果显示，教职员工对高校领导班子贯彻落实党风廉政建设责任制、推进反腐倡廉建设的满意度达 96.12%，对党员领导干部执行《廉政准则》和“十不准”的满意度达 96.35%。直属机关领导班子民主测评，“好”占 95%以上，群众满意度高。

〔**治理教育乱收费工作**〕 2011 年，政府对教育的投入进一步加大，重大教育惠民政策相继出台，治理教育乱收费工作扎实有序地深入开展，取得了阶段性明显成效。

一、加强制度建设，完善治理乱收费政策体系。2011 年，相继出台一系列管理制度：国务院《关于进一步加大财政教育投入的意见》；教育部会同国务院纠风办、监察部、国家发改委、财政部、审计署、新闻出版总署下发《关于 2011 年治理教育乱收费规范教育收费工作的实施意见》；教育部《关于修改〈国家教育考试违规处理办法〉的决定》、《关于进一步做好普通高中改制学校清理规范工作的通知》、《关于进一步深化实施高校招生阳光工程的指导意见》、《幼儿园收费管理暂行办法》、《关于印发〈县域义务教育均衡发展督导评估暂行办法〉的通知》；新闻出版总署《关于进一步加强中小学教辅材料出版发行管理的通知》。这些管理制度的出台，进一步从制度层面规范各级各类学校办学行为，使教育收费工作有法可依，治理教育乱收费有章可循，查处违规办学行为有据可查。

二、加大教育投入力度，大力推行义务教育均衡发展。2011 年，中央财政教育支出 3 248.60 亿元，比 2010 年增长 27.5%。拨付农村义务教育经费保障机制改革资金 859.1 亿元，城市义务教育免学杂费补助资金 77 亿元，普通高中国家助学金 45.1 亿元，中等职业学校国家助学金和免学费资金共计 126 亿元，高校国家奖助学金 103.03 亿元。

三、积极推进治理教育乱收费工作责任制，推动治理工作与业务管理工作高度融合。教育部下发了《关于全面实施教育收费治理工作责任制的通知》，要求各级教育行政部门和各类学校把履行教育收费治理工作责任制情况作为领导班子、领导干部述职述廉和考核评价的重要内容。全国治理教育乱收费部际联席会议成员单位强化责任，不断完善密切配合、齐抓共管、共同治理的工作机制。

四、创新工作机制，提高治理教育乱收费工作科学化水平。一是畅通群众诉求机制。2011 年，教育部再次公布全国教育乱收费举报电话和电子信箱，全国省级以上教育主管部门开通了 66 部举报电话和 33 个举报邮箱，各县以上教育行政部门也根据教育部要求逐级公布教育乱收费举报电话和电子信箱。二是完善信访举报反馈机制。教育部坚持每月将群众信访举报情况专函反馈所在省份主管副省长和教育厅厅长（教委主任）。三是完善通报机制。教育部治理办先后通报了 2011 年上半年和下半年查处的教育乱收费典型案件。四是完善督查督办机制，全年对中央领导 14 件批示件进行了跟踪督办，对 237 件乱收费问题进行重点发函督办，对 1 728 件乱收费问题进行了实地督办。五是建立教育行风评议机制，把治理教育乱收费作为 2011 年度教育系统行风评议工作的重要内容。六是建立行风建设宣传机制，加强舆论监督和引导。

五、深入开展专项治理，着力解决群众反映突出的热点难点问题。2011 年，七部门在治理工作中突出了三个重点：一是加强对义务教育阶段择校乱收费问题的治理；二是着力治理中小学教辅材料散滥问题；三是着力治理中职教育资助政策的落实工作。确保国家中职教育免学费等教育惠民政策落到实处，杜绝个别学校虚假注册、套取国家资金等违纪违规行为。

六、组织开展专项检查，及时查处教育乱收费行为。3 月，部际联席会议办公室印发了《关于认真做好 2011 年春季学期开学教育收费检查工作的紧急通知》，要求各地在春季开学后，对各级各类学校收费情况进行自查自纠、检查和抽查工作。9月，教育部对全国28个省（区、市）和新疆生产建设兵团开展了对《教育部关于治理义务教育阶段择校乱收费问题的指导意见》、《国家发展改革委、教育部关于规范中小学服务性收费和代收费管理有关问题的通知》两个文件执行情况和贯彻执行义务教育改制学校清理规范工作的专项检查。11月中旬，教育部会同国务院纠风办、发改委、财政部、审计署、新闻出版总署联合组成6个督查组，对12个省份、34个市县、186所各级各类学校进行了实地督查。审计署组织开展义务教育阶段相关学校收费情况的专项审计。

据统计，七部门全年共派出检查组11 341个，检查学校181 009所，查处和纠正地方政府和部门违规设立的教育收费项目257件，涉及金额2 477.7万元；查处挤占、截留、挪用、骗取国家教育经费问题514件，涉及金额5 178.2万元；查处各级各类学校乱收费问题涉及金额5.09亿元，已清退3.79亿元；给予党政纪处分和其他处理的相关人员3 696人。

七、加大宣传力度，构建宣传网络，营造良好的治理舆论氛围。中国纪检监察报、中国教育报等中央有关媒体以及各部门门户网站对教育收费治理工作的重大部署、重要专题、典型经验、收费政策进行了集中宣传。中央电视台在“新闻联播”、“焦点新闻播报”、“晚间新闻报道”等栏目滚动报道，多家报纸、网络等媒体纷纷予以转载，各地也利用电视台、报纸等新闻媒体开展专题报道13 168次，召开各种会议7 215次，县级以上领导作政策解读3 879次。通过多层次、全方位的宣传工作，为治理工作营造了良好的社会环境，保证了工作顺利进行。

〔全国治理工作部际联席会议〕 4月22日，全国治理教育乱收费部际联席会议第十一次会议在国务院第二会议室召开。中共中央政治局委员、国务委员刘延东出席会议并作重要讲话。她充分肯定了2010年治理教育乱收费工作取得的成效，指出了当前治理教育乱收费存在的主要问题：一是治理工作开展不平衡；二是一些人民群众反映强烈的突出问题还没有得到切实有效的解决；三是少数学校办学和收费行为不规范。

刘延东对做好2011年教育乱收费治理工作提出了明确要求：一是大力推进教育系统行风建设；二是加强对治理教育乱收费政策执行情况的监督检查；三是认真解决人民群众反映强烈的突出问题；四是深化教育体制改革和加强制度建设；五是坚决查处教育乱收费案件。她强调当前要抓好三项工作：一是落实责任分工，提高治理工作的执行力；二是加强调查研究，不断提高治理工作科学化水平；三是抓好宣传教育，为治理工作营造良好氛围。

会议由中央纪委副书记、监察部部长、国务院纠风办主任马驭主持。教育部部长袁贵仁汇报关于2010年全国规范教育收费治理教育乱收费工作情况。教育部党组成员、中央纪委驻教育部纪检组组长王立英出席会议。

撰稿　于天琪　赖林涛
高来举　金　峰
审稿　徐开濯　钟　燕

教育督导

〔完善教育督导制度〕 2011年，认真做好“地方政府履行教育职责的督导评价办法、改革完善教育督导制度、完善教育质量监测评估机构和机制、研究制定义务教育均衡发展督导、考核和评估制度”等多项牵头重大教育改革项目的研究工作。积极开展探索建立相对独立的教育督导机构研究并指导地方先试先行。天津市成立由分管教育工作的副市长兼任主任、直接对市长负责的教育督导委员会，率先迈出了探索建立相对独立教育督导机构的第一步，为其他省（区、市）提供了借鉴。与此同时，研究制定了《县域义务教育均衡发展督导评估暂行办法》、《学前教育督导评估暂行办法》、《中等职业教育督导评估办法》、《中小学校实施素质教育督导评估办法（试行）》等文件，为下一步开展教育督导评估工作奠定了制度基础。

〔**对西藏、青海等4省（区）进行“两基”国检**〕　根据西藏、青海、甘肃、四川4省（区）人民政府的申请，国家教育督导团于9月至12月先后对以上4省（区）进行了“两基”国检。分别由教育部总督学顾问王湛、陶西平、刘仲同志任组长，共检查了27个市（州、地）、38个县（市、区）、65个乡（镇）、202所学校。教育部领导对4省（区）的“两基”国检高度重视，教育部部长袁贵仁和副部长刘利民均出席了反馈意见会并作讲话。

国检组高度肯定了4省（区）“两基”工作所取得的成绩和经验。

一是把发展教育作为民生之本，把实现“两基”作为跨越式发展的根本大计，坚持教育优先发展的战略地位不动摇，坚持“两基”重中之重的地位不动摇，依法落实“两基”责任，全力推进“两基”工作。各级党委政府高度重视，率先垂范，层层建立目标责任制；各有关部门齐抓共管，形成攻坚合力；全民动员，全社会广泛参与，形成良好的支教氛围。

二是把义务教育纳入基本公共服务范围，完善义务教育经费保障机制，不断加大教育投入，努力改善办学条件，夯实“两基”物质基础。把义务教育经费纳入财政保障，依法确保教育经费投入；大力实施各项义务教育工程，集中财力办实事；调整优化学校布局，合理配置教育资源，努力推进义务教育均衡发展。

三是多措并举，加大控辍保学力度，有效巩固提高普及水平。建立健全各项制度，依法保障弱势群体受教育的权利，将残疾儿童、女童的入学作为控辍保学的重点和难点，重视解决进城务工人员子女和留守儿童入学问题，努力消除学生流失现象。

四是采取有效措施，加强教师队伍建设，全面提高教师素质。不断创新教师补充机制，多渠道补充师资；加强在岗教师培训，全面提高广大教师的职业道德和教育教学水平；努力改善教师待遇，维护教师的合法权益，为教师办实事。

五是积极推进素质教育，紧密结合本地实际，打造本省（区）教育特色。大力加强德育工作，继承和弘扬民族优秀文化，加强校园文化建设，对学生进行有针对性的爱国主义教育；优化学校管理，开展特色办学，全面提升学生素质；积极推进课程改革，更新教育观念，建立促进学生素质教育全面发展的评价体系，努力提高教育教学质量。

六是加强扫盲教育，加快农牧民脱贫致富。把扫文盲与扫科盲、脱盲与脱贫紧密结合起来，有计划地组织扫盲对象和脱盲学员参加各种扫盲班和实用技术培训班，增强扫盲的针对性和有效性，采取各种措施巩固扫盲成果。

七是高度重视民族教育，各族人民共享“两基”成果。将大力发展民族地区教育作为繁荣民族经济、维护民族团结稳定的重要抓手。采取特殊政策措施，推动民族地区实施“两基”；积极探索适合本省（区）实际的切实可行的双语教学模式和教学方法；建立对口帮扶机制，加大异地集中办学和就读力度，力求民族地区学生享受优质教育资源。

八是强化教育督导功能，确保“两基”顺利实施。建立和完善“两基”过程性督导、“两基”评估验收、“两基”复查等制度，特别是在“两基”迎国检过程中，加大督导检查力度，认真做好自查整改工作，全力推进“两基”目标的实现。

国检组同时指出了4省（区）“两基”工作中存在的问题和薄弱环节。一是义务教育投入需要进一步加大，办学条件有待进一步改善，少数地区存在大班额比例较高、生均校舍面积偏低、仪器设备不足等问题。二是中小学教师结构不尽合理，教师整体素质和专业水平有待进一步提高，教育质量有待进一步提升。教师在地区之间、城乡之间、学科之间分布不均衡，农村学校音乐、美术、体育、信息技术等学科教师相对不足。三是学校管理水平有待进一步提高，一些学校卫生、生活管理制度不够健全，校园环境、厕所卫生状况需要进一步改善。

国检组认为，4 省（区）“两基”主要指标达到了验收标准，建议教育部认定西藏自治区、青海省、甘肃省、四川省实现了“两基”目标。教育部根据督导检查的结果当场宣布 4 省（区）实现了“两基”目标。截至 2011 年年底，全国 31 个省（区、市）和新疆生产建设兵团全部通过了“两基”国检，标志着全国全面实现了“两基”目标。

〔制定《中等职业教育督导评估办法》〕　为贯彻落实《中华人民共和国职业教育法》和教育规划纲要，全面推进《中等职业教育改革创新行动计划（2010—2012 年）》的实施，督促各地认真履行发展中等职业教育的职责，教育部在广泛征求意见的基础上，研究制定了《中等职业教育督导评估办法》(以下简称《办法》)，并于 12 月 30 日印发。

《办法》围绕中等职业教育发展的宏观政策建设与制度创新、经费投入、办学条件保障及发展水平与特色等方面，设计了《中等职业教育督导评估指标体系》、《中等职业教育督导评估标准》及《中等职业教育督导评估有关情况调查表》三项测量工具。指标体系以百分制为总分计，将政策制度、经费投入、办学条件及发展水平列为一级指标，下设政策建设、制度创新、总量投入、专项投入、基础设施、教师队伍、发展规模、教育质量八项分类，再由此细分出 30 个二级指标以及指标权重。

《办法》规定，督导评估将采取自查和实地督导相结合的方式。督导评估的具体程序为印发通知、自查上报、国家督查、反馈意见、整改复查。为了强化督导评估的效果，《办法》提出，要把督导评估结果作为对被督导检查单位表彰和责任追究的重要依据，并要求各省（区、市）人民政府建立中等职业教育工作表彰与问责机制，对中等职业教育发展和改革成效突出的地区进行表彰，对发展职业教育职责落实不到位的地区给予通报批评。还要求省级人民政府根据《办法》，结合本地区的实际情况，制定本省中等职业教育督导评估实施方案，做好对市、县的督导评估工作。

〔发布国家教育督导报告：关注中等职业教育〕　为了在全社会营造关心和支持中等职业教育发展的浓厚氛围，推动各级政府和职教战线更加全面贯彻落实国家有关中职教育发展的法规、方针和政策措施，促进中职实现又好又快发展，国家教育督导团依据《中华人民共和国职业教育法》、《国务院关于大力推进职业教育改革与发展的决定》、《国务院关于大力发展职业教育的决定》等有关法规政策文件，依据 2005—2009 年全国中等职业教育统计数据，以及 2009 年面向全国各省、自治区、直辖市的教育部门、企业、中等职业学校师生以及家长的 32 万份抽样调查问卷和 8 省份实地调研，发布了《国家教育督导报告：关注中等职业教育》(以下简称《报告》)。

《报告》从战略地位与政策落实、事业发展与社会贡献、资源配置与经费保障、人才培养与改革创新四个方面，对全国各地中等职业教育发展状况进行了评价。《报告》指出，从战略地位与政策落实方面来看，各地能着力完善政策法规，加强制度建设；强化政府统筹管理，创新工作机制；加大财政经费投入力度，提高保障水平。主要问题是：中等职业教育发展的政策法规落实尚不到位；各地落实国家要求加大中等职业教育经费投入的政策执行不力。从事业发展与社会贡献方面来看，中职培养规模快速增长，输送了大批高素质劳动者和技能型人才；加大结构调整力度，服务经济社会发展的能力显著增强；拓展职教服务范围，逐步成为面向人人的教育。主要问题是：中等职业学校专业建设的适应性仍不强；面向农村的中等职业教育尚不能满足新农村建设需要。从资源配置与经费保障方面来看，生均经费水平明显提高；资源总量快速增长，基础能力明显增强；教师实践指导能力得到加强，以“双师型”为主的专任教师队伍建设初见成效。主要问题是：中等职业学校办学条件跟不上规模发展需要，学校办学条件达标率普遍较低，农村中等职业学校实训基地建设尤为薄弱；教师数量仍严重短缺；提高专业课教师的实践指导能力仍面临困难。从人才培养与改革创新来看，注重以德育人，学生道德素养明显提高；多种形式办学，校企合作取得新进展；推进工学结合，人才培养模式改革初见成效。主要问题是：行业企业参与中等职业学校的教育教学管理、专业设置和课程建设仍不充分，校企双方的责权利缺乏制度保障，校企合作办学的长效机制尚未建立；专业技能课程设置尚不能满足实际需求，实习实训教学环节仍然薄弱。

针对存在的问题，《报告》提出了四点建议。一是进一步强化省、市（地）级政府发展中等职业教育的责任，落实中等职业教育的战略地位。二是着力推进校企合作、工学结合的职业教育办学体制和人才培养模式创新，努力探索建立多种途径的校企合作机制，制定并落实促进校企合作办学的法规和优惠政策，调动行业、企业深入参与中等职业教育的积极性。三是建立适应中等职业教育需要的教师培养和发展制度，切实解决专任教师数量短缺的问题，努力提高教师的实践教学及指导能力。四是积极营造更加有利于中等职业教育发展的制度和社会环境。

7月5日，国家教育督导团将《报告》印发各省、自治区、直辖市人民政府办公厅，新疆生产建设兵团。并相继在中国教育报、教育部网站等新闻媒体上向社会发布了《报告》。《报告》发布之后，教育部于7月13日召开了存在问题的8省（区）政府和教育厅主要领导参加的约谈会议，其中6个省份存在2009年各地级市城市教育费附加用于职业教育的比例均低于20%，未达到国家规定的要求；2个省份存在2005—2009年中等职业学校（不含技工学校）生均教学仪器设备值连续4年下降，中等职业学校办学条件跟不上学生规模增长的需要。教育部要求8省（区）按照约谈会议要求提出整改方案。

〔**对辽宁等8省（区）中小学体育卫生与艺术教育工作进行专项督导检查**〕　为推动各地贯彻落实《中共中央国务院关于加强青少年体育增强青少年体质的意见》和《学校艺术教育工作规程》等有关文件精神，进一步加强学校体育卫生与艺术教育工作，继2008年和2010年两次专项督导检查之后，国家教育督导团于2011年9月中旬，再次组织国家督学和专家对内蒙古、辽宁、黑龙江、江西、湖南、陕西、宁夏、新疆8省（区）中小学体育卫生与艺术教育工作进行了专项督导检查。本次督导检查随机抽查了8省（区）的16个地（市）、32个县（市、区）、184所中小学校。督查组通过听取政府汇报、召开座谈会、查阅资料、查看现场等方式，对中小学体育卫生与艺术教育工作进行了全面了解。

总体上看，各地以教育规划纲要为指导，全面贯彻党的教育方针，全面实施素质教育，认真贯彻《中共中央国务院关于加强青少年体育增强青少年体质的意见》和有关体卫艺工作的法规文件，高度重视青少年学生健康成长和全面发展，学校体育卫生与艺术教育工作取得了积极进展。8省（区）在工作中积极探索，不断创新，总结了很多好的做法和经验。一是加强领导，创新机制，推进体育卫生与艺术教育工作健康发展。各地均出台了实施中央7号文件的意见，普遍建立了联席会议制度，各部门分工协作，各司其职，确保体育卫生与艺术教育工作各项措施落到实处。二是加大经费投入，改善体育卫生与艺术教育设施设备条件。特别是农村中小学体育、艺术教育设施设备和校医室、食堂、厕所等条件得到显著改善。三是采取积极措施，促进体育卫生与艺术教育的队伍建设水平明显提高。各地采取招收、聘请、培训、交流、送教、兼职以及设置特岗等多种途径，提高了音体美教师和卫生人员的配齐率和整体质量。四是采取多种形式进行校园体育和艺术教育活动。中小学校音体美开课率显著提高，学生每天校园体育活动一小时基本得到保证。

检查中发现各项工作还存在一些薄弱环节和问题。一是发展不平衡的问题仍然比较突出。城乡之间、地区之间、学校之间，对体卫艺工作的认识、管理、教学质量、队伍素质、经费投入、设备水平等方面都存在明显差距。二是体育、艺术专任教师和专职卫生人员配备不足的现象比较普遍。很多农村中小学的体育、艺术课程由兼职教师任教，课时和教学质量都难以保证。三是体卫艺设施设备条件不足的情况依然存在。尤其是不少农村学校基础卫生设施还相当薄弱，不能提供卫生饮用水，存在食品安全隐患。

督查工作结束后，国家教育督导团向被督查省

（区）印发了督导检查意见，要求各地根据意见中提出的问题和整改要求，认真研究整改方案，采取有力措施，切实解决存在的问题，并于3个月内向国家教育督导团报送整改情况。11月2日，通过中国教育报发布了《国家教育督导团关于对辽宁等8省（区）中小学体育卫生与艺术教育工作专项督导检查的公报》。

〔**总结交流学校督导评估工作经验，启动学校素质教育督导评估**〕　10月24日，教育部督导团办公室在福州市召开了全国中小学校督导评估工作经验交流现场会。会议根据教育规划纲要的要求，总结了各地近年来开展学校督导评估工作的经验和做法，部署了新时期全国中小学校督导评估工作，提出了重点工作转移的目标任务。同时围绕改进学校督导评估、推动学校科学管理、促进教育教学改革、促进学生全面发展等问题进行了交流和研讨。会议还按照教育规划纲要关于“推进素质教育改革试点”的要求，研究了《中小学校素质教育督导评估办法（试行）》的贯彻实施，部署了素质教育督导评估的项目试点，启动了中小学校素质教育督导评估工作。

〔**开展学生英语学习质量和体育健康状况抽样监测**〕　9月，教育部督导办和教育部基础教育质量监测中心对北京等10省（区、市）及新疆生产建设兵团中97个县1 676所中小学校进行了试点监测，其中抽取了32 618名小学学生、33 341名初中学生作为样本进行了英语学业水平和体育健康状况测试，并就影响学生学业水平的相关因素对参与测试的所有中小学生以及相关学校8 000多名校长和教师进行了问卷调查。此次监测在总结前几年试点工作经验的基础上，按照科学严密又简便易行的原则，进一步对原有监测实施程序和办法作了修订完善，确保了监测的权威性、客观性、真实性。

撰稿　郭　佳　马书义　黄福平
审稿　何秀超　周　坚　林仕梁

教育信访工作

〔**信访工作基本情况**〕　2011年，教育部信访办公室共处理群众来信、来访和电话访22 449件，比2010年同期（25 487件）下降11.92%。其中办理来信8 030封，比2010年同期（10 944封）下降了26.63%；接待群众来访4 419人次，比2010年同期（4 543人次）下降了2.73%，其中集体访（5人及以上）125批、1 960人次，与2010年同期相比，批次下降了6.72%、人次上升了16.39%。接听和处理电话访10 000余个，与2010年同期基本持平。

〔**群众信访反映的主要问题**〕　（1）原民办教师和代课人员反映待遇及老有所养问题；（2）教师权益被侵害问题1 068件，占来信来访量的8.58%；（3）教师工资福利待遇问题1 019件，占来信来访量的8.19%；（4）揭发检举教育系统各类违规违纪问题810件，占来信来访量的6.51%；（5）基础教育发展问题716件，占来信来访量的5.75%；（6）学生伤害及各类纠纷660件，占来信来访量的5.30%；（7）高校招生问题544件，占来信来访量的4.37%；（8）对教育改革发展的建议536件，占来信来访量的4.31%。以上八类问题占来信来访量的59.37%。此外，教育乱收费、历史遗留问题、企业办学校教师退休待遇问题、毕业生就业安置等也是群众反映比较突出的问题。

〔**着力加强来信来访受理工作**〕　（1）做好来信来访受理。一年来，教育部信访办以推动矛盾化解和维护群众合法权益为重点，努力提高群众来信来访受理质量。要求带着对群众的深厚感情投入到工作中，从“情、理、法”的角度，通过转办、开介绍信、电话督办、发函交办等多种方式，努力为群众解决合理诉求和实际困难。全年调查处理和实际解决学籍、退费、乱收费、工资拖欠等信访问题30余件。（2）加强制度机制建设。为进一步做好重大、疑难信访事项处置，制定了《重大、疑难信访事项处置规程》，进一步明确了责任，规范了处置流程，有力地推动了重大、疑难信访事项的妥善处置。（3）启动实施了群众实名信件回复工作。按照国务院第四次廉政工作会议精神，4月初，启动了群众实名信件回复工作，印发了《教育部办公厅关于妥善处理群众实名举报信件的通知》，要求各单位按照教育部党组要求，进一步提高认识，切实担负起责任，认真办理和回复群众来信，做到“件件有着落，事事有回音”。

〔**以矛盾纠纷排查和信访积案化解为重点，着力加强对战线信访工作的指导**〕　为进一步加强基层工作，做好源头预防和治理，加强对战线工作的指导，主要做了以下四个方面工作。（1）进一步加强重复访治理。1月中旬，对近年来群众到教育部机关重访（3次及以上）情况进行了认真梳理，排查出202个重访人员，并将202人的详细情况向相关28个省级政府及教育部门进行反馈，督促地方做好源头治理和稳控工作。地方政府高度重视，安徽等省有关部门来函报告了处理情况。经做工作，到教育部重复上访量明显减少。（2）加强对不稳定因素的排查。对办信接访过程中发现的影响稳定的苗头性信息，及时向所在省级政府及教育部门反馈，请地方及时防范和处置。（3）继续推动信访积案化解。根据中央联席会议办公室和国家信访局要求，2011年是信访积案化解收官之年。教育部部厅领导高度重视，要求继续做好积案化解工作。4月中旬，部信访办对7宗积案（2009年“信访积案化解年”，排查出涉及部直属高校积案29宗，当年化解了16宗，2010年又化解了6宗），向7所涉案高校发了《教育部信访办公室关于督办信访积案化解情况的通知》，要求学校加大工作力度化解积案。经过督办，7宗积案中，4宗已化解，2宗工作有明显进展，1宗尚未化解。（4）加强工作调研和对战线工作的指导。2月，向战线印发了《教育部办公厅关于做好2011年信访工作的通知》，对加强教育系统信访工作提出明确要求；5月下旬，组织调研组，分赴广西、重庆、四川、云南进行调研。通过实地走访、查看档案、听汇报、座谈等形式，详细了解了基层教育信访工作的实际情况，特别是对实名信的办理工作进行了检查指导。6月初，在贵阳市召开了“部分省级教育行政部门信访工作座谈会”，促进了省际交流，总结了基层先进工作经验，对教育信访工作进行了部署、明确了要求。

〔**以维护和谐稳定为重点，着力加强敏感期和重要活动期信访工作**〕　2011年，党和国家重要活动多，敏感期多，信访形势十分严峻，工作任务更加繁重。按照中央部署和教育部党组要求，结合教育信访工作实际，部信访办超前部署，周密组织，扎实工作，主要做了以下四个方面工作。（1）认真分析研判。对可能引发大规模群体访的信访事项和教育热点难点问题，提前分析研判，重点对原民办教师（代课人员）、国企教师、绩效工资、毕业生就业及学历文凭、学生伤害等突出问题进行分析，制定相应处置方案。（2）完善工作制度，健全工作机制。根据教育部党组分工，对教育部处理信访突出问题及群体性事件领导小组成员进行了调整，切实加强了对教育信访工作的组织领导。（3）制定应急工作预案。针对不同时段，制定相应的工作预案，对工作进行提前研判，重点部署，明确任务，强化责任，狠抓落实。如“两会”前，印发了《教育部办公厅关于印发〈2011年“两会”期间教育部处置信访突出问题及群体性事件应急工作预案〉的通知》；“七一”前，印发了《教育部办公厅关于印发〈近期教育部处置信访突出问题及群体性事件应急工作预案〉的通知》，等等。（4）加强接访工作。充实接访力量，改变接访方式，延长接待时间，加强值班工作，做到职责清晰，责任明确，工作到位，服务周到。通过上述工作，在重要活动期和敏感期，教育部机关未发生一起影响稳定的信访事件。

〔以规范信访秩序为重点，着力加强对大规模群体访和非正常访处置〕 近年来，随着教育事业的发展，教育信访形势明显好转，但部分利益群体信访问题仍然突出，如民办代课、企业教师、招生考试等问题。2011年，教育部信访办共处置30人以上群体访14批、872人次。此外，极个别上访人，在利益诉求得不到满足的情况下，采取堵门、喊口号等非正常上访形式，影响部机关正常办公秩序。对此，教育部信访办积极应对、妥善处置，主要做了四项工作。(1) 提前研判、完善处置预案。对可能引发群体访信访问题提前分析研判，不断完善应急处置工作预案，在“两会”、“国庆”等敏感期和重要活动期，启动教育部处置信访突出问题和群体性事件工作机制，做到早研判、早准备。(2) 完善工作制度。制定了《重大、疑难信访事项处置规程》，规范了处置流程，明确了司局参与接访的责任。(3) 积极协调，妥善处置突发群体访和非正常访。在处置过程中，按照工作预案，积极与公安保卫部门、地方政府等沟通协调，协助做好处置工作。在接访过程中，做好“登记”和“接谈”环节，按《信访条例》规定，讲明政策，强调属地原则，认真做好上访人员劝返工作。(4) 做好信息反馈。接谈后，及时收集、整理有关情况反馈地方政府和有关部门，加强信息服务。

〔以发挥信访部门“参谋助手”作用为重点，着力加强信息服务工作〕 教育部信访办一直将信息服务工作作为重点工作常抓不懈，通过《群众来信摘报》、《人民来信来访摘报》、《教育部简报》、《信访简报》、季度信息反馈、月度信访工作通报、重要信访事项签报等多种形式，为教育部党组和业务司局科学决策提供参考，为地方政府制定政策、掌握情况、做好上访人稳控提供信息服务。(1)《群众来信摘报》。从2010年1月起，教育部信访办将群众给袁贵仁部长的信件进行摘编，以《群众来信摘报》形式，报送领导，由部领导按职责分工，批转有关司局研究处理，推动了一批信访问题得到妥善处理。2011年，共编辑《群众来信摘报》17期。(2)《人民来信来访摘报》。针对5人及以上集体访情况和教育热点难点问题，及时通报有关省级政府、教育行政部门和有关单位。2011年，共编发《人民来信来访摘报》27期。(3)《信访简报》。就各地各高校信访工作的好经验好做法等进行交流。宣传典型，以点带面促进工作。2011年，共编发《信访简报》27期。(4) 季度信息反馈。每季度初，向来信和来访量排前5位的省级人民政府和教育行政部门，反馈上季度详细信访信息，为地方加强源头预防、源头治理和稳控工作提供信息服务。相关省级政府对此项工作非常重视，加强了相关工作。(5) 月度信访情况通报。每月初，将上月群众到教育部信访办信访情况，以《信访简报》形式报送部厅领导，并印发各司局。一方面通报情况，另一方面，为领导和相关单位了解社情民意、研究制定政策提供参考。(6) 重要信访事项签报。在日常办信接访工作中，针对影响稳定的重要信访事项和群体性事件，采取一事一报的方式，及时将信访情况、处理过程和相关意见建议签报部厅领导，并按领导批示精神，对信访事项进行及时有效的处理，取得了很好效果。

〔以提高信访工作信息化水平为重点，着力加强“全国信访信息系统”应用〕 “全国信访信息系统”是国家信访局按照中央要求组织开发的，旨在依托专用网络，实现“业务综合处理、督查督办、信息查询、分析预测”等功能。教育部投资近20万元，安装了13台计算机，连入“全国信访信息系统”，于2011年1月正式投入使用。通过“系统”，实现了进行信访信息网上登记、判重、查询、统计和信息共享，便于及时掌握信访人信息和动态，避免重复转办、交办，进一步提高了教育部信访工作信息化水平。

撰稿　赵　垒
审稿　王洪元

关心下一代工作

〔**总结经验，探索规律，隆重庆祝教育系统关工委成立20周年**〕 2011年4月26日，全国教育系统关工委成立20周年纪念大会暨第四次工作会议在北京召开。大会由教育部副部长李卫红主持，中国关工委主任顾秀莲、教育部部长袁贵仁出席纪念大会并作重要讲话。顾秀莲对教育系统关工委20年来的工作给予充分肯定；袁贵仁希望教育系统各级党政领导进一步加强对关工委的领导，真正做到思想认识、分管领导、组织协调、关心支持“四到位”。教育部关工委主任田淑兰作工作报告，对教育系统关工委20年来的工作作了系统回顾与总结。

大会表彰了33名分管领导、38名作出突出贡献的老同志、321个先进集体、659名先进个人。江苏省教育厅，福建、辽宁、河南、新疆乌鲁木齐、天津蓟县教育局、河北遵化市教育局关工委及中国农业大学、武汉大学、湖南大学关工委等单位和个人分别在会上介绍了经验。各地教育关工委、部直属高校关工委负责人及先进代表260余人参加会议。

〔**组织开展丰富多彩的主题教育活动**〕 教育部关工委通过主办“五好小公民——光辉的旗帜”主题教育读书活动，对青少年进行知党、爱党、颂党、跟党走的教育。全国28个省（区、市）的3 500多万名学生参加了活动。部关工委还配合中国关工委和全国妇联，参与主办了“中华魂”、“全国青少年爱国主义教育”等主题教育读书活动。

全国教育系统关工委按照中央的部署和安排，以纪念中国共产党建党90周年、辛亥革命100周年等重大事件、纪念日为契机，将爱党、爱国教育与学生社会实践和学习生活相结合，立足实际，突出特色，组织开展了一系列丰富多彩的主题教育活动，用社会主义核心价值体系教育引领青少年，取得了明显成效。

〔**召开特邀党建组织员工作经验交流视频会**〕

教育部关工委与教育部思政司于6月中旬在北京联合召开了全国高校特邀党建组织员工作经验交流视频会。会议系统总结了各地关工委参与学生党建的做法和经验。教育部党组副书记、副部长杜玉波出席会议并讲话。北京市教育系统关工委、中南大学党委、上海交通大学医学院、华南理工大学关工委、湖北大学党委、中国石油大学（北京）关工委、重庆医科大学关工委在会上介绍了经验。在京普通高等学校和部分高职院校党委有关负责人及关工委负责人120余人在主会场参加了会议，全国各地、各直属高校设分会场，共计3500余人参加会议。

〔**积极开展家庭教育研究与实践**〕 11月，教育部关工委家长学校教材资源研发中心组织召开全国家长学校教育实验工作暨家庭教育课题研究工作会议，总结交流实验区工作及课题研究经验。参加实验研究的学校近900所，参加学习的学生家长超过10万人次。同时，在四川省、广东省和山东省积极开展“全国优秀家长学校实验基地”创建试点工作。11月，在四川省举行首批“全国优秀家长学校实验基地试点单位”挂牌仪式。家庭教育中心规划建立城市和乡村家庭教育基地，打造报纸—网站—基地立体化的家庭教育体系。截至2011年年底，已在100多所学校建立城市家庭教育基地。各地教育关工委把家教作为工作的重要抓手，通过建章立制、典型示范、学习培训、督查指导等形式，积极推动家庭教育工作深入开展。

为加强对家庭教育工作的研究，教育部关工委申请了教育部重点科研课题——《新时期家庭教育的特点、理念、方法研究》，中国下一代教育基金会支持18万元专项科研经费，形成《关于我国家庭教育现状、问题和政策建议的报告》，顾秀莲和袁贵仁同志专门作出批示，给予肯定。

〔**加强宣传，开展调研**〕　为了宣传20年来“五老”（老干部、老战士、老专家、老教师、老模范）的工作业绩和先进典型，教育部关工委依托所属家庭教育中心、社区教育中心、理论研究中心，在人民教育出版社、中国教育电视台、中国教育报等单位的大力支持下，组织人力精心编写了《教育部关工委大事记》和20周年丛书；制作了《关怀成长　铸就未来》专题片；刊发20周年系列综述文章。教育部关工委理论研究中心征集并编印了《各省（区、市）教育厅（教委）主要领导讲话》，印发各地供领导参考。

10月中旬，教育部关工委在长沙市召开了信息宣传工作座谈会。会上，对北京教育系统关工委等20个信息宣传工作先进单位进行了表扬，福建、安徽、河北、上海、广东、贵州教育关工委的代表分别在座谈上交流典型经验，并对进一步做好信息宣传工作提出具体要求。

按照有关部领导要求，在教育部职成司支持下，教育部关工委于下半年组织调研组，深入北京、天津、上海、湖南、广东、甘肃等14个省（市）对50余所职业院校关心下一代工作情况进行调研。

〔**加强基层建设，举办学习班，提升工作水平**〕　2011年，全国教育系统关工委以县和高校二级关工委建设为重点，采取分类指导、典型引路和培训交流等多种方式，积极推动《中共教育部党组关于加强全国教育系统关心下一代工作委员会建设的意见》的贯彻落实，关工委基层建设不断加强。

10月，教育部关工委在长沙市举办了全国教育系统关工委领导干部学习班。邀请国内知名专家举办讲座，内容涉及如何做好关工委工作、国内外形势、大学生思想政治现状、家庭教育等方面。全国各地教育关工委有关负责人共130余人参加了培训。

撰稿　刘永强
审稿　赵　晖

社会组织管理工作

〔**教育部社会组织管理工作领导小组**〕　教育部社会组织管理工作领导小组组长为教育部副部长、党组副书记杜玉波，副组长为办公厅副主任安钰峰。领导小组下设办公室，办公室主任由安钰峰同志兼任，副主任由郑志强同志兼任。社团管理与安全保卫处负责办公室的日常工作。

〔**教育部主管社会组织管理工作**〕　长期以来，教育部社会组织管理工作在部领导的领导和指导下，深入贯彻落实科学发展观，紧紧围绕教育部中心工作和教育规划纲要，牢固树立服务教育、服务大局的理念，遵循注重传承、开拓创新的工作思路，以引导和促进社会组织健康有序发展为目标，以社会组织党建工作和信息化建设为重点，以规范管理和扶持发展为主线，加强社会组织制度建设，坚持开展调研、培训活动，不断探索社会组织管理工作的新思路、新方法，稳步提升管理水平，推进社会组织管理工作规范化和特色化建设。

〔**深入调查研究，开展培训活动**〕　目前，教育部主管的社会组织有174个，其中学术性社团108个，行业类社团16个，校友会31个，基金会19个，学术性社团是部主管社团的主体。2011年7月15日教育部社团办在兰州举办社会组织财务管理与涉外工作培训班，部分学术性社团共34个单位44名代表参加培训。此次培训就学术性社团活动资金短缺问题作了细致分析，鼓励社团通过各种途径服务社会，特别是可以在政府转变职能购买服务方面进行有益尝试，实现社会效益和经济效益双赢。

2011年10月28日，教育部社团办在北京召开学术性社团评估工作和清理规范社团举办庆典、研讨会、论坛活动工作会议。来自全国学术性社团负责人与挂靠单位负责社团工作同志共110余人参加了会议。会议指出学术性社团要把评估工作作为促进自身发展的契机，积极对待、认真参与。学术性社团在促进挂靠单位学科专业建设、人才培养、学术交流以及提高学术声誉方面发挥了重要作用，希望挂靠单位在资金、人员、办公场所等方面能继续大力支持学术性社团，并对社团的日常活动进行监管，督促和引导学术性社团的发展，实现互补双赢、共同发展。

撰稿　肖　欢
审稿　郑志强

全国学生资助管理工作

〔**进一步完善学生资助政策体系**〕　2011年，教育部、财政部等有关部门研究出台了五项新的资助政策，资助范围进一步扩大，资助标准进一步提高，资助领域进一步延伸。

一是建立学前教育资助制度。9月，教育部、财政部印发《关于建立学前教育资助制度的意见》，从2011年秋季学期起，对家庭经济困难儿童、孤儿和残疾儿童予以资助，中国开始建立并实施学前教育资助制度。

二是实施农村义务教育学生营养改善计划。11月，财政部、教育部印发《关于实施农村义务教育学生营养改善计划的意见》。从2011年秋季学期起，在680个集中连片困难县开展试点，中央财政按照每生每天3元的标准为试点地区农村义务教育阶段学生提供营养膳食补助，惠及约2 600万名在校生。营养改善计划的实施，标志着学生资助形式从经济资助扩展到营养健康保障方面。

三是再次提高农村义务教育阶段家庭经济困难寄宿生生活费补助标准。从2011年秋季学期起，农村义务教育阶段家庭经济困难寄宿学生生活费补助标准再次上调，每人每天提高1元，年生均补助标准小学从750元提高到1 000元，初中从1 000元提高到1 250元。

四是进一步扩大应征入伍服义务兵役学费补偿贷款代偿范围。10月，财政部、教育部、总参谋部联合制定了《应征入伍服义务兵役高等学校在校生学费补偿国家助学贷款代偿及退役复学后学费资助暂行办法》，大学生应征入伍服义务兵役学费补偿贷款代偿范围由应届毕业生扩大至在校大学生。

五是制定退役士兵教育资助政策。10月，财政部、教育部、民政部、总参谋部、总政治部等联合印发《关于实施退役士兵教育资助政策的意见》，从2011年秋季学期起，中央财政对退役一年以上，考入全日制普通高等学校的自主就业退役士兵给予最高额6 000元的学费资助，家庭经济困难的学生，按国家现行高校学生资助政策执行。

〔**学生资助工作取得显著成效**〕　据统计，2011年，普通高校国家奖助学金、国家助学贷款、中职国家助学金和免学费、普通高中国家助学金及义务教育寄宿生生活补助等国家资助政策资助金额约732亿元，比2010年增加39亿元，增长5.6%。加上地方政府、学校及企事业单位、社会团体和个人等设立的其他资助项目，全国累计资助总金额达900亿元，基本实现了“应助尽助”的工作目标，有力促进了教育公平和社会公平。

高校国家奖助学金。2011年，全国普通高校共有49 993名学生获得国家奖学金，奖励资金约4亿元；66.1万名学生获得国家励志奖学金，奖励资金33.04亿元；443万名学生获得国家助学金，资助资金131亿元。

高校国家助学贷款。2011年，全国国家助学贷款新增审批学生117.8万人，比2010年增长3.5%；新增审批金额132.8亿元，比2010年增长15.6%，新增审批人数和金额再创历史新高。加上往年已审批在2011年继续发放的金额，当年实际发放金额达136.5亿元，资助在校学生242.5万人。

高校毕业生贷款代偿和学费补偿。国家对普通高校毕业生应征入伍服义务兵役实行学费补偿和国家助学贷款代偿。自2009年该项政策实施以来，全国共有6.65万名大学毕业生应征入伍服义务兵役并享受资助。中央部属高校毕业生赴中西部地区及艰苦边远地区基层单位就业，实行学费补偿和国家助学贷款代偿。自2007年该项政策实施以来，累计已有2.18万名中央部属高校毕业生到中西部地区及艰苦边远地区基层单位就业并享受资助。

高校“绿色通道”。2011年秋季学期，全国通过“绿色通道”办理入学手续的新生为70.28万人，占家庭经济困难新生的41.1%，占报到新生总数的10.8%。

中职国家助学金和免学费。2011年，全国共有906万名中职学生享受国家助学金政策，资助资金135.9亿元；共有395万名学生享受中职免学费政策，免学费资金79亿元，免学费人数约占中等职业学校全日制在校生总数的20%。

普通高中国家助学金。2011年，全国共有480万名学生享受普通高中国家助学金，资助资金72亿元。

义务教育阶段免费教科书和寄宿生生活补助。2011年，全国义务教育阶段共有1.33亿名义务教育阶段学生享受国家免费教科书，受助学生比例（占义务教育阶段学生总数的比例）约87%；0.9亿名学生享受地方免费教科书，受助学生比例约59%；共有1 568万名家庭经济困难的寄宿生享受生活补助，补助资金超过140亿元。

〔**大力推进生源地信用助学贷款**〕 2011年，财政部、教育部、银监会与国家开发银行密切配合，切实采取多项措施，共同推进生源地信用助学贷款工作。一是进一步扩大生源地信用助学贷款覆盖范围。多次组织赴各省市实地调查研究，协调推动相关部门，努力扩大生源地信用助学贷款覆盖范围。截至2011年年底，全国共有25个省（区、市）的2 121个区县开展了生源地信用助学贷款工作。二是完善生源地信用助学贷款管理信息系统。国家开发银行生源地信用助学贷款引入支付宝进行账户管理，实现高校贷款回执、毕业生信息确认、还款提醒等环节电子化及零手续费异地还款功能，贷款服务更加便捷和人性化。三是大力开展宣传教育。在高校开学时、学生毕业前、还款还息到期前等重要时点，集中宣传生源地信用助学贷款政策；开展形式多样的诚信教育，普及信用知识，培养学生的诚信意识。四是强化生源地信用助学贷款工作队伍建设。分期分批对全国县级学生资助机构工作人员进行政策及业务知识培训，保证贷款工作顺利开展。

在国家开发银行等金融机构的大力支持下，生源地信用助学贷款继续保持快速增长势头，成为国家助学贷款主渠道。2011年，全国生源地信用助学贷款新增审批学生90.2万人，比2010年增长11.9%；新增审批贷款金额98.9亿元，比2010年增长31%。生源地信用助学贷款审批人数占当年全部审批人数的76.5%，审批金额占当年全部审批金额的74.5%。

撰稿 周春树 喻小明 李红翔 左 涛
审稿 张光明 马建斌 涂义才

教育人事管理

综 合 管 理

〔**教育部围绕服务教育事业科学发展提高组织工作满意度**〕 2011年，教育部按照中央决策部署，围绕贯彻落实教育规划纲要和《2010—2020年深化干部人事制度改革规划纲要》，突出重点和关键环节，在加强和改进干部工作上狠下功夫，着力提高组织工作满意度。

坚持在抓谋划、理思路上下功夫。一是深入调研，查找问题。围绕改进和加强干部工作，教育部部长和部党组成员亲自听取意见，个别谈话达45人次。主管部领导先后召开了司长、处长、青年干部和离退休干部4个专题座谈会，组织人事部门先后走访6个司局，直接听取200余人次的意见和建议。面向全体机关干部开展提高满意度专项问卷调查，回收署名问卷304份，其中58位同志提出了115条意见和建议。二是整体谋划，制订方案。针对干部群众反映的突出问题，部党组提出了更加注重体现用人导向、更加注重干部培养锻炼、更加注重推进制度建设、更加注重加强宏观统筹、更加注重体现以人为本的干部工作总体思路，制定了全面加强和改进干部工作的10项措施，确定了2011年集中力量办好的4件实事，明确了提高满意度的路线图和时间表。三是统一思想，凝聚共识。召开以干部工作为主题的机关处级以上干部大会，教育部部长亲自出席并讲话，对做好新形势下干部工作、建设高素质干部队伍进行动员部署，特别强调要着力解决领导班子和干部队伍建设的关键问题、重点难点问题和反映强烈的突出问题，通过突破重点，带动全局工作，加强薄弱环节，推动队伍整体建设，以加强和改进工作的实效，提高满意度。

坚持在抓改革、树导向上下功夫。一是改进和完善司局级干部竞争上岗。在总结2000年以来教育部副司长竞争上岗经验的基础上，2011年对副司长竞争上岗办法进行了全面修订。经过两上两下征求意见，在全面研究吸收340位正处级以上干部提出的408条意见的基础上，做了7处重要修改。新的竞争上岗办法坚持用改革的办法选人用人，更加强调民主公开竞争择优，主要体现在：增加对民主测评同意率的要求，提高民主测评分值的权重，进一步突出强调以德为先、强调工作实绩、强调群众公认；取消年龄限制，委托专业机构命制试题，调整面试评委构成和产生办法，进一步确保公平公正；将近3年年度考核测评分计入民主测评总分，对援藏援疆援青等艰苦地区挂职和近10年年度考核优秀加分，进一步强化注重基层、注重平时的导向；对空缺岗位、报名及入围情况、工作实绩、考试结果等及时公布公示，接受成绩查询，监督小组全程参与，进一步体现公开透明。二是大胆尝试校长公开选拔。首次开展了东北师范大学和西南财经大学2所高校校长、东南大学等6所直属高校总会计师、北京语言大学等6所高校副校长公开选拔，在海内外引起了强烈反响，取得了良好的社会效应。三是积极采取多种竞争性选拔方式。通过民主推荐、公开选拔、竞争上岗、“两推一述”、公开报名差额选拔等多种方式，选拔了教育出版传媒集团

6名高级管理人员，人教社、高教社和报刊社3名总编辑等。四是努力推进制度创新。在深入推进改革的进程中，十分注意及时总结经验，不断完善制度体系，先后研究制定了司局级非领导职务选拔任用及转任、处级干部选拔任用、处级干部调任和干部年度考核等5个办法，努力做到各类干部的选拔使用、每项改革措施都有规范的程序和办法，坚持用制度选人用人，严格按照程序办事。

坚持在抓重点、破难题上下功夫。一是全力以赴做好司局级干部集中交流调整。按照加强统筹、深化改革、体现导向、促进交流、把握节奏的原则，分13批调整配备101名司局级干部，其中提任53人，涉及16个司局、17个直属单位；完成52所高校领导班子的换届和调整工作，任免校级领导干部305人次；选派驻外参赞19人。一大批思路好、能力强、作风实的干部走上领导岗位。二是千方百计拓宽处长发展途径。把处长队伍建设放在更加突出的重要位置，在选优配强处长的同时，努力为不同类型、不同年龄的正处级干部提供更加宽阔、更加丰富的发展空间。

坚持在抓实事、求实效上下功夫。一是在轮岗交流中培养干部。统筹4支干部队伍建设，有计划、有步骤地推动机关干部与直属单位、直属高校和驻外教育机构交流任职。全年司局级干部交流任职达56人，占配备总数的47%；处级干部达30人，占配备总数的36%。二是在教育培训中培养干部。全年共选派部机关及直属单位司局级以上干部34人参加中央调训、72人参加自主选学、11人参加境外学习进修；选派22名驻外干部参加中组部、外交部调训和专题培训，并对58名驻外后备干部进行了岗前培训。教育部会同中组部举办高校主要领导干部专题研讨班，举办了两期直属高校中青年领导干部专题研修班，培训58名高校党委书记和校长、107名正校级后备干部。三是在基层锻炼中培养干部。按照中组部的部署，先后选派2名正司长到地方交流任职、3名机关干部和14名直属高校领导干部援疆工作、54名机关干部深入基层开展蹲点调研。

坚持在抓自身、树形象上下功夫。一是带头创先争优。人事司以“增强服务意识、转变工作作风、提高组织工作满意度”为主题，深入开展创先争优活动，认真学习李林森等优秀组工干部先进事迹，努力建设学习型司局，着力打造模范部门和过硬队伍，努力实现事业与人共同进步。在年度考核中，人事司连续两年被评为优秀司局，“改进和加强干部工作，提高组织工作满意度”被评为2011年教育部优秀创新工作案例。二是带头改革创新。人事司从全局出发，从自身做起，率先深化改革、转变职能、精兵简政、调整机构，新建高校领导干部三处、干部监督处和干部教育处，拓宽干部工作领域，形成加强干部工作的合力。率先推进处级干部轮岗交流和竞争上岗，为在部机关全面推行这项改革起到了示范作用。2011年，人事司5名处长交流任职，4名处长竞争上岗，平稳顺利。三是带头转变工作作风。大力倡导比学习、比工作、比奉献的良好风气，认真贯彻党风廉政建设责任制，严格执行党的各项纪律规定，关心干部学习、工作、生活和成长进步，教育引导全体组工干部争当读书学习的表率、勤奋工作的表率、廉洁自律的表率，进一步形成积极向上、风清气正、团结奋进的良好司风。

2011年，组织工作满意度民意调查结果显示，教育部选人用人公信度为68.19分，组织工作满意度为72.29分，高于在京中央单位平均增幅一倍左右。

〔教育部启动直属高校三、四级职员岗位聘任工作〕　2011年，教育部制定印发了《教育部直属高校三级、四级职员岗位聘任暂行办法》。《办法》规定，直属高校三级、四级职员总数一般不超过学校领导班子职数的60%；聘任三级职员岗位的原则上应具备担任副校级领导职务8年以上的经历，聘任四级职员岗位的原则上应具备担任学校中层主要领导职务12年以上的经历；优先考虑长期从事学校党政管理工作并取得突出成绩、已纳入职员系列管理的人员；直属高校按《办法》规定择优聘任，聘任结果报教育部备案同意；三级、四级职员岗位的人员享受相应的职员职级待遇，但不作为对应级别校领导管理，其现担任的职务仍按干部管理有关规定执行。

教育部直属高校三、四级职员岗位聘任工作按照“统筹安排、试点先行、稳步推进”的原则，分三批组织实施。2011 年年底启动第一批试点。

〔**积极推动解决代课教师问题**〕 长期以来，由于农村教育经费投入不足、部分农村地区条件艰苦等原因，农村教师补充困难，部分地区产生了代课教师。代课教师在待遇相对较低、环境比较艰苦的情况下，为中国基础教育事业特别是农村教育事业发展作出了积极贡献。但有的代课教师不具备相应的教师资格，其中一些人没有接受过教师教育专业培训，一定程度上不利于提高农村教育质量。同时，代课教师普遍收入较低，权益得不到有效保障。这些问题长期得不到解决，受到社会关注。

一些地方积极采取有效措施妥善解决代课教师问题，探索积累了可资借鉴的经验。比如，重庆市专门安排教师编制用于从代课教师中招聘公办教师；广东省通过招录、培训、转岗等措施，基本解决了代课教师问题；广西壮族自治区规定，在公开招聘公办教师时，应有一定比例岗位专门用于从代课教师中招聘；陕西、甘肃两省将被辞退代课教师和原民办教师纳入新型农村养老保险，每月按任教年限给予附加补助。

党中央、国务院高度重视解决代课教师问题，教育部积极推动相关工作，取得重大进展。一是会同民进中央、国务院参事室、中国教科文卫体工会组成专题调研组，到十几个省份进行调研，分析情况，总结经验，统筹研究，提出妥善解决问题的思路。二是通过开会布置、组织经验交流、纳入教育督导等多种工作措施，推动有关地方加大工作力度，在解决代课教师问题上进行积极探索。三是会同有关部门下发文件，指导地方综合运用多种措施化解在岗代课教师问题，妥善处理被辞退代课教师问题。比如，对被辞退代课教师依法依规纳入社保；鼓励代课教师参加职业培训，提高职业技能，增强就业、创业能力；择优招聘为公办教师，多途径转岗使用，妥善做好辞退补偿等。同时，指导地方建立健全农村教师补充长效机制。四是大力开展城镇教师支援农村、农村义务教育教师“特岗计划”、师范生实习支教、免费师范生计划、农村教育硕士计划等多方面工作，缓解农村学校合格教师不足的矛盾。这些工作有力推动了代课教师问题的解决。

〔**机关机构编制设置变动情况**〕 一、2 月，为促进中等职业教育与高等职业教育协调发展，将高等教育司高职与高专教育处、远程与继续教育处的职能、编制和人员划转到职业教育与成人教育司。调整后，高等教育司编制总数为 32 人，内设处室 9 个；职业教育与成人教育司编制总数为 37 人，内设处室 11 个。

二、2 月，职业教育与成人教育司内设处室调整：增设教产合作处；“中等职业学校管理处”更名为“中职学校处”，“农村文化技术教育处”更名为“农村教育处”，“成人继续教育处”更名为“成人教育培训处”，“师资处”更名为“师资与科研处”。

三、6 月，学位管理与研究生教育司（国务院学位委员会办公室）内设处室调整：“文理医学科处”更名为“专业学位研究生教育处”，“工农学科处”更名为“学术学位研究生教育处”。

〔**直属单位机构编制设置与变动情况**〕 一、9 月，为贯彻落实教育规划纲要，促进教育事业更好更快发展，同时进一步提升中央教育科学研究所的研究能力和管理能力，经中央机构编制委员会办公室批复同意，“中央教育科学研究所”更名为“中国教育科学研究院”。

二、12 月，为全面贯彻党的教育方针和民族政策，发挥教育在西部大开发和民族地区经济社会发展、增强民族团结和维护国家统一中的作用，促进民族地区各类教育健康、协调发展，根据中央机构编制委员会办公室《关于成立教育部民族教育发展中心的批复》，设立教育部民族教育发展中心。该中心的主要职责是：开展民族教育研究工作，参与拟订民族教育发展规划，对重点民族地区教育政策、民族教育特殊性问题进行研究，提出具体政策建议；开展双语教育、学校民族团结教育和民族教育政策宣传等工作。

〔**机关议事协调机构设置与变动情况**〕 一、1月，根据教育部领导工作分工调整情况，调整教育部新闻宣传工作领导小组组成人员。调整后，组长：袁贵仁，副组长：杜玉波、郝平。办公室设在办公厅，主任由分管新闻宣传工作的办公厅负责人担任，办公室的日常工作由办公厅承担。

二、3月，为加强教育部机关内部建设，不断改善办公环境和干部职工生活条件，创建和谐型机关，成立教育部机关服务工作领导小组。组长：杜玉波，副组长：牟阳春。

领导小组下设职工住宅工作办公室，主任由机关服务中心副主任孟庆芬兼任。领导小组的主要职责是：在教育部党组的领导下，组织协调相关司局贯彻落实部党组关于加强机关服务工作的重要决策和重要部署，研究解决部机关在改善办公环境和干部职工生活条件方面面临的重点和难点问题。

三、3月，为贯彻落实《国务院关于当前发展学前教育的若干意见》和全国学前教育工作电视电话会议精神，统筹推进学前教育发展，成立教育部学前教育三年行动计划推进工作领导小组。组长：刘利民。

领导小组办公室设在基础教育二司，办公室主任由基础教育二司司长郑富芝兼任。领导小组的主要职责是：指导和督查各地学前教育三年行动计划实施情况；协调有关学前教育的重大项目、工程；研究、指导学前教育体制改革试点工作；讨论、审议《国务院关于当前发展学前教育的若干意见》的配套政策措施；统筹协调部内各有关司局之间涉及学前教育改革发展的重大问题。

四、6月，为认真贯彻落实中央第五次西藏工作座谈会精神，加强对西藏和青海、四川、云南、甘肃省（简称四省藏区）教育工作的统筹、指导和协调，推进西藏和四省藏区教育事业跨越式发展，成立教育部西藏和四省藏区教育工作领导小组。组长：袁贵仁，副组长：鲁昕、刘利民、林蕙青，执行副组长：鲁昕。

领导小组办公室设在民族教育司，主任由民族教育司司长阿布都兼任。办公室的主要职责是：制定落实中央推进西藏和四省藏区教育实现跨越式发展的意见，以及推进西藏和四省藏区义务教育巩固提高、学前双语教学和中等职业教育发展等实施意见和有关专项工作的指导意见及实施方案等。

五、7月，为全面贯彻落实《中共中央、国务院关于分类推进事业单位改革的指导意见》和《关于开展事业单位清理规范工作的通知》要求，进一步加强对各级各类学校和教育部直属单位分类改革的领导，成立教育部分类推进教育事业单位改革工作领导小组、教育部直属高校和直属事业单位清理规范工作领导小组。分类推进教育事业单位改革工作领导小组组长：袁贵仁，副组长：王立英。领导小组办公室设在人事司，主任由人事司司长管培俊兼任。领导小组的主要职责是：根据中央分类推进事业单位改革工作部际联席会议精神，研究分类推进教育事业单位改革的重大问题；结合国家相关配套政策的出台和教育系统的实际情况，提出行业分类改革意见；研究制定直属高校、直属事业单位分类改革整体方案。

直属高校和直属事业单位清理规范工作领导小组组长：王立英。领导小组办公室设在人事司，主任由人事司司长管培俊兼任。领导小组的主要职责是：贯彻中央关于清理规范工作的文件精神，执行教育部党组有关决定；研究制定直属高校、直属单位清理规范实施工作方案；根据工作需要和各直属事业单位职责任务、布局结构情况，提出清理规范意见；及时研究直属高校、直属单位清理规范中的共性问题，提出指导意见。

六、8月，为贯彻落实教育规划纲要，加快教育信息化进程，成立教育部信息化领导小组。组长：袁贵仁，副组长：杜占元、林蕙青、陈舜。

领导小组下设教育信息化推进办公室，办公室主任由科学技术司司长王延觉和教育管理信息中心主任展涛兼任。办公室的具体职责是：组织落实教育规划纲要对教育信息化提出的各项任务和教育部关于教育信息化工作的重大决策与总体部署；开展教育信息化重大问题调研并向领导小组提出政策建议，统筹协调教育信息化推进实施工作等。

撤销“教育部教育信息化（金教工程）领导小组”和“教育部教育信息化工作办公室（金教办）”。

〔**教育部关于2010年度公务员奖励的决定**〕根据《公务员奖励规定（试行）》(中组发〔2008〕2号）和年度考核结果，决定对以下人员给予奖励：

一、2010年度给予记三等功奖励人员

赵建武、秦昌威、姜沛民、张国辉、郑保国、朱保江、朱小杰、郭　鹏、赵建军（财务司)、姜　瑾、刘培俊、王启明、唐京伟、李　楠、静　炜、董建红

二、2010年度给予嘉奖奖励人员

续　梅、孙明春、徐忠波、曾　阳、张　萍、刁　强、郑志强、顾　然、郝丽霞、刘自成、马　涛、杨志刚、陈　锋、楼旭庆、韩劲红、金平一、游　森、彭　实、刘立国、吕　杰、周家贵、陈伟光、徐孝民、宋家乐、华成刚、刘玉光、高　洪、吕同舟、王　岱、俞伟跃、朱慕菊、刘月霞、马嘉宾、葛道凯、刘宝民、陈建华、郭春鸣、张志坤、刘　桔、李茂国、刘　英、范　唯、李　平、韩　筠、马书义、张　强、卢胜华、宋永刚、于兴国、廖文科、谭　钢、卢　逊、迟刚毅、江　嵩、葛元杰、张东刚、邓传淮、梅　红、张拥军、郃忠智、王建国、姜　钢、杨　松、王　辉、李　强、陈　伟、郭新立、朱　瑞、赵玉霞、马　玲、黄宝印、张世平、周道娟、陈　敏、刘宝利、杨　军、邹　莹、李大光、徐培祥、吴劲松、高　莉、张　萌、张　云、方庆朝、张　静（党委）、郭宇光、陈　昆、高莉娜、汪泉东、夏云奇、钟　亮、陈玉林、侯　健

注：①《公务员奖励规定（试行）》第十条规定“年度考核被确定为优秀等次的，予以嘉奖，连续三年被确定为优秀等次的，记三等功”；②连续三年优秀已记三等功的，该年度不再给予嘉奖；③连续三年优秀已记三等功的，优秀等次连续年数重新计算。

人事任免

〔**教育部机关干部任免名单**〕

办公厅

陈　舜　5月19日　任主任
刘大为　5月19日　任副主任兼督查办公室主任（正司长级）
牟阳春　5月19日　免主任
吴国凯　10月21日　任巡视员
邓传淮　11月9日　任副巡视员
高　阳　4月15日　任总值班室副调研员
张　权　4月15日　任秘书处副调研员
曾　阳　4月15日　任秘书处副调研员
黄　磊　4月15日　任秘书处副调研员
陈大立　4月15日　任秘书处副调研员
张　萍　9月29日　任综合处处长
孙明春　9月29日　任总值班室主任
谭方正　9月29日　任新闻处处长

郑志强 9月29日 任社团管理与安全保卫处处长
赵建武 9月29日 任信息处处长，免新闻处处长
刁 强 9月29日 任信访处处长，免信息处处长
孔祥彬 9月29日 任行政管理处处长，免信访处处长
吕本新 9月29日 免行政管理处处长
刘树春 10月12日 任行政管理处调研员
高 阳 12月6日 任总值班室副主任
曾 阳 12月6日 任秘书处副处长
陈 星 12月6日 任新闻处副处长
吴培红 12月6日 任信息处副处长
陈建萍 12月6日 任秘书处调研员
魏亚萍 12月6日 任新闻处调研员
牛桂英 12月6日 任财务处调研员
李华丽 12月6日 任财务处调研员

政策法规司

刘自成 11月9日 任巡视员
柯春晖 11月9日 任副司长
黄兴胜 11月16日 任副司长
黄兴胜 4月15日 任办公室主任，免法制办公室副主任
夏 娟 4月15日 任法制办公室副主任
王大泉 9月29日 任法制办公室副主任
韩燕凤 12月6日 任办公室副主任
杨志刚 12月6日 任综合研究处处长
张 雪 12月6日 任综合研究处副处长

发展规划司

戴井岗 7月12日 任副巡视员
金平一 11月9日 任副巡视员兼民办教育管理办公室副主任
杨 青 7月30日 任高校设置处调研员
徐小强 7月30日 任事业计划处副处长
周天明 7月30日 任综合处副处长
叶加宁 9月29日 任直属基建处调研员

人事司

管培俊 3月9日 任司长
姜沛民 3月9日 免司长
吕 杰 12月16日 任副司长
张国辉 8月30日 任办公室主任，免机关与直属单位人事处处长
吕 杰 8月30日 任人才发展办公室副主任（正处长级），免高校领导干部二处处长
朱小杰 8月30日 任高校领导干部二处处长，免办公室主任
朱保江 8月30日 任机关与直属单位人事处处长，免教师与专家工作处处长
陈向阳 8月30日 任干部监督处处长，免国外人事处处长

马贵生　9月2日　任驻外干部处处长
杨　鸿　9月2日　任编制调配劳资处处长
王　磊　9月2日　任综合调研处处长
吴　一　11月6日　任机关与直属单位干部处调研员
韩春勇　11月6日　任高校领导干部一处副处长
董凤玲　11月6日　任高校领导干部一处副处长
杨大研　11月6日　任机关与直属单位干部处副处长
黄小华　11月6日　任综合处副处长
张　杨　11月6日　任办公室副主任
赵　静　12月6日　任劳动工资处副处长
卢波辉　12月6日　任劳动工资处副处长
张　旭　12月6日　任人才发展办公室副主任（副处级）
潘　逴　12月6日　任干部监督处副处长

财务司

张　丽　4月15日　任外资利用处处长，免国资与企业处处长
迟玉收　4月15日　任国资与企业处处长
范　帆　12月6日　任外资利用处处长

基础教育一司

朱东斌　4月15日　任学校德育处处长
张东燕　4月15日　任校外教育处调研员
张东燕　12月6日　任校外教育处处长
陈东升　12月6日　任专项工作处处长

基础教育二司

朱慕菊　10月21日　免巡视员
李天顺　11月9日　任巡视员
刘昌亚　11月9日　任副司长
姜　瑾　11月9日　任副巡视员
潘俊强　4月15日　任办公室主任

职业教育与成人教育司

张昭文　11月9日　免副巡视员
葛维威　4月15日　任教学与教材处处长，免中职学校处处长
郝雅梅　4月15日　任中职学校处处长
安　钢　4月15日　任中职学校处调研员
范　唯　4月15日　任高职与高专教育处处长；
刘　杰　4月15日　任农村教育处处长
林　宇　4月15日　任教产合作处处长
刘　英　4月15日　任远程与继续教育处处长
郭春鸣　4月15日　任师资与科研处处长，免师资处处长
蔡　妍　4月15日　任成人教育培训处副处长
刘宏杰　4月15日　任师资与科研处副处长

刘宝民　9月29日　任办公室主任，免德育工作与职业指导处处长
陈亚伟　9月29日　任农村教育处副处长

高等教育司

宋　毅　7月12日　任副巡视员
都昌满　12月6日　任教学条件处副处长

师范教育司

许　涛　3月9日　任司长
管培俊　3月9日　免司长
葛振江　11月9日　任副司长
董　萍　7月30日　任综合处处长
刘璇璇　12月6日　任办公室副主任

体育卫生与艺术教育司

廖文科　11月9日　任巡视员
刘培俊　12月16日　任副司长

思想政治工作司

葛元杰　4月15日　任思想政治教育处副处长
江　嵩　9月29日　任思想政治教育处处长，免组织宣传处处长
徐艳国　9月29日　任组织宣传处处长，免思想政治教育处处长

社会科学司

何　健　9月29日　任社会科学规划处调研员
段洪波　12月6日　任社会科学规划处副处长

科学技术司

陈盈晖　11月9日　免副司长
高润生　11月9日　任副巡视员
邹　晖　4月15日　任基础研究处副处长

高校学生司

王　辉　12月16日　任副司长
范　毅　9月29日　任综合处调研员
冯　佳　9月29日　任毕业生就业处副处长

学位管理与研究生教育司（国务院学位委员会办公室）

郭新立　11月9日　任国务院学位委员会办公室副主任兼教育部学位管理与研究生教育司司长
孙也刚　11月9日　任国务院学位委员会办公室副主任兼教育部学位管理与研究生教育司副司长（正司级）
张尧学　11月9日　免国务院学位委员会办公室主任、教育部学位管理与研究生教育司司长
黄宝印　12月16日　任国务院学位委员会办公室副主任兼教育部学位管理与研究生教育司副司长
张　帅　4月15日　任综合处副处长

语言文字应用管理司

孟庆瑜　4月15日　任文字应用管理处处长
周道娟　4月15日　任综合处副处长

语言文字信息管理司

王翠叶　7月12日　任副巡视员
王　奇　9月29日　任标准处处长
王丹卉　9月29日　任标准处调研员
易　军　12月6日　任规划协调处处长

国际合作与交流司

刘宝利　11月9日　任巡视员
陈盈晖　11月9日　任副司长
杨　军　12月16日　任副司长
刘立新　4月15日　任办公室主任
安　延　4月15日　任欧洲处副处长，免政策规划处副处长
高　莉　9月29日　任办公室调研员
陶洪建　9月29日　任政策规划处处长，免教育涉外监管处处长
陈　跃　9月29日　任教育涉外监管处处长
张　萌　9月29日　任来华留学工作处副处长
闫炳辰　12月6日　任港澳台事务办公室调研员

直属机关党委

吴述纲　7月30日　任群众工作处副处长

离退休干部局

谢志敏　11月9日　任副局长
葛振江　11月9日　免副局长
刘炳来　4月15日　任老部长秘书室主任

中国联合国教科文组织全国委员会秘书处

杜　越　9月9日　任秘书长
方茂田　9月9日　免秘书长
秦昌威　12月16日　任副秘书长
遇晓萍　7月30日　任科学文化处处长

〔直属单位司局级干部任免名单〕

机关服务中心

李国早　8月5日　任副主任
肖能愿　8月5日　免党委副书记、副主任

国家教育行政学院

温晓阳　6月7日　任党委副书记
庄益群　6月7日　免党委副书记

中国教育科学研究院

曾天山　6月7日　任中央教育科学研究所副所长
史习琳　6月7日　任中央教育科学研究所党委副书记
刘建丰　8月5日　任中央教育科学研究所副所长
袁振国　9月14日　任院长
徐长发　9月14日　任党委书记

田慧生　9 月 14 日　任副院长
曾天山　9 月 14 日　任副院长
刘建丰　9 月 14 日　任副院长
史习琳　9 月 14 日　任党委副书记

教育发展研究中心

杨银付　6 月 7 日　任副主任
周满生　6 月 7 日　免副主任
马　涛　8 月 5 日　任副主任

高等学校社会科学发展研究中心

郝清杰　4 月 15 日　免基础理论研究处处长
王群瑛　7 月 30 日　任基础理论研究处处长
杨海英　7 月 30 日　任《高校理论战线》编辑室主任

职业教育技术中心研究所

白汉刚　12 月 6 日　任政策法规研究室主任

对外汉语教学发展中心（孔子学院总部）

马箭飞　7 月 12 日　任党委书记
许　琳　7 月 12 日　免党委书记
静　炜　9 月 9 日　任副主任

科技发展中心

金　涛　4 月 15 日　任基金处处长
杨健安　4 月 15 日　任成果专利处处长
刘红斌　4 月 15 日　任产学研合作处处长
贾一伟　4 月 15 日　任高校科技产业处处长
崔大盛　4 月 15 日　免办公室主任

语言文字应用研究所

刘朋建　7 月 12 日　任副所长
韩其洲　7 月 12 日　免副所长
靳光瑾　7 月 12 日　免副所长
吕同舟　8 月 5 日　任副所长

中央电化教育馆

蔡　耘　8 月 5 日　任副馆长
陈志龙　9 月 21 日　免党委书记
王珠珠　9 月 21 日　任馆长兼基础教育资源中心主任
陈志龙　9 月 21 日　免馆长兼基础教育资源中心主任

教学仪器研究所

韩呼生　12 月 16 日　任所长
王　富　12 月 16 日　免所长

教育管理信息中心

展　涛　3 月 9 日　任主任
咸立亭　3 月 9 日　免主任

李鸿文 12月6日 任财务处处长

国家留学基金管理委员会秘书处

曹士海 12月16日 任副秘书长

基础教育课程教材发展中心

田慧生 10月21日 任主任

朱慕菊 10月21日 免主任

付宜红 9月29日 任教学处处长

李 斌 9月29日 任办公室主任

中国教育出版传媒集团

殷忠民 3月19日 任人民教育出版社社长

苏雨恒 3月19日 任高等教育出版社社长

谷新矿 3月28日 任副总经理

陈晓光 3月28日 任副总经理

李朋义 3月28日 兼任中国教育出版传媒股份有限公司董事长、总经理

黄 强 3月28日 任中国教育出版传媒股份有限公司副总经理

于春迟 3月28日 任中国教育出版传媒股份有限公司副总经理

包 恒 3月28日 任中国教育出版传媒股份有限公司监事会主席

曾卓明 7月19日 任党委副书记兼纪委书记

郭 戈 7月19日 任人民教育出版社党委书记兼副社长

宋永刚 7月19日 任高等教育出版社党委书记兼副社长

刘 燕 7月19日 免高等教育出版社党委书记兼副社长

韦志榕 7月19日 任人民教育出版社总编辑

杨 祥 7月19日 任高等教育出版社总编辑

徐 岩 7月19日 免人民教育出版社总编辑

张增顺 7月19日 免高等教育出版社总编辑兼副社长

谭 钢 8月5日 任人民教育出版社副社长

陈建华 8月5日 任高等教育出版社副社长

唐京伟 8月5日 任语文出版社副社长

尹鸿祝 8月5日 免人民教育出版社副社长

刘 援 8月5日 免高等教育出版社副社长

王志刚 12月16日 任人民教育出版社副社长

顾恩祥 12月16日 任高等教育出版社副社长

考试中心（自考办）

刘军谊 7月12日 任党委书记

李 鹏 7月12日 免党委书记兼副主任

张为舟 7月12日 任副主任

梁育民 7月12日 免副主任

姜 钢 7月19日 任主任

戴家干 7月19日 免主任

刘立国 12月31日 任副主任

留学服务中心

程家财 7月12日 任党委副书记

全国学生资助管理中心（教育部外资贷款事务中心）

张光明 7月12日 任主任

涂义才 7月12日 任副主任

马文华 7月12日 免副主任

刘 宜 12月31日 任副主任

全国高等学校学生信息咨询与就业指导中心

刘大为 5月19日 免主任

张凤有 12月16日 任主任

学位与研究生教育发展中心

李 军 7月19日 任主任

吴博达 7月19日 免主任

王洪歧 12月31日 任副主任

高等教育教学评估中心

于 勇 12月6日 任信息处处长

中国教育报刊社

翟 博 7月19日 任《中国教育报》总编辑兼中国教育报刊社副社长

刘仁镜 7月19日 免《中国教育报》总编辑兼中国教育报刊社副社长

中国教育国际交流协会秘书处

宗 瓦 7月12日 任副秘书长

吴早凤 7月12日 免副秘书长

中国教师发展基金会

谢敬仁 12月31日 任副秘书长

季克异 12月31日 免副秘书长

教育部学生体育协会联合秘书处

张 磊 11月24日 任新闻宣传及杂志部主任

申 震 11月24日 任国际合作与交流部主任

经费监管事务中心

宋家乐 12月31日 任副主任

李大光 12月31日 任副主任

朱 明 12月6日 任办公室主任

民族教育发展中心

卢胜华 12月31日 任副主任

赵建武 12月31日 任副主任

〔直属高校领导干部任免名单〕

北京大学

张 彦 5月13日 任党委常务副书记（正局级）

王恩哥 5月13日 任副校长职务

林建华　5月13日　免常务副校长职务
夏文斌　8月5日　任副校级干部（援疆）
朱善璐　8月18日　任党委书记
闵维方　8月18日　免党委书记职务

中国人民大学
陈雨露　11月21日　任校长（副部长级）
纪宝成　11月21日　免校长职务

北京师范大学
周作宇　8月5日　任副校级干部（援疆）

中国农业大学
李召虎　6月17日　任副校长
孙其信　6月17日　免副校长职务
马寅生　11月28日　免副校长职务

北京林业大学
陈天全　5月31日　任党委副书记、纪委书记，免副校长
方国良　5月31日　免纪委书记职务
吴　斌　7月13日　当选党委书记（第十次党代会，连任）
陈天全　7月13日　当选党委副书记、纪委书记（第十次党代会，连任）
方国良　7月13日　当选党委副书记（第十次党代会，连任）
全　海　7月13日　当选党委副书记（第十次党代会，连任）
逄广洲　11月12日　免副校长职务

对外经济贸易大学
赵忠秀　5月31日　任副校长

北京语言大学
崔希亮　4月27日　任校长（连任）
霍明杰　4月27日　免副校长职务
林国立　4月27日　免副校长职务
韩经太　4月27日　免副校长职务
曹志耘　9月5日　任副校长（试用期一年）
戚德祥　9月5日　任副校长（试用期一年）
董立均　9月5日　任副校长（试用期一年）

中央美术学院
王少军　8月5日　任副校级干部（援疆）

中央戏剧学院
刘立滨　4月9日　当选党委书记（第一次党代会，连任）
杨文海　4月9日　当选党委副书记、纪委书记（第一次党代会，连任）
宋　英　4月9日　当选党委副书记（第一次党代会，连任）

华北电力大学
刘吉臻　5月25日　任校长（连任）
安连锁　5月25日　任副校长（连任）

李和明　5月25日　任副校长（连任）
杨勇平　5月25日　任副校长（连任）
孙平生　5月25日　任副校长（连任）
孙忠权　5月25日　任副校长
雷应奇　5月25日　免副校长职务
李成榕　5月25日　免副校长职务

中国地质大学（北京）

刘大锰　8月5日　任副校级干部（援疆）
张　丽　9月7日　任党委副书记、纪委书记
王　聪　9月7日　免党委副书记、纪委书记职务

中国石油大学（北京）

张来斌　4月21日　任校长（连任）
吴小林　4月21日　任副校长，免党委副书记
陈大恩　4月21日　任副校长（连任）
徐春明　4月21日　任副校长（连任）
庞雄奇　4月21日　任副校长（连任）
张士诚　4月21日　任副校长（连任）
蒋庆哲　12月24日　当选党委书记（第十次党代会，连任）
刚文哲　12月24日　当选党委副书记、纪委书记（第十次党代会，连任）
雷玉江　12月24日　当选党委副书记（第十次党代会，连任）

南开大学

张式琪　7月5日　任党委副书记
杨克欣　7月5日　任党委副书记
许京军　7月5日　任副校长（连任）
佟家栋　7月5日　任副校长（连任）
关乃佳　7月5日　任副校长（连任）
朱光磊　7月5日　任副校长
孙广平　7月5日　任副校长
杨克欣　7月5日　任副校长
陈　洪　7月5日　免常务副校长职务
陈永川　7月5日　免副校长职务
薛进文　9月27日　当选党委书记（第八次党代会，连任）
杨庆山　9月27日　当选党委副书记（第八次党代会，连任）
刘景泉　9月27日　当选党委副书记（第八次党代会，连任）
张式琪　9月27日　当选党委副书记、纪委书记（第八次党代会，连任）
杨克欣　9月27日　当选党委副书记（第八次党代会，连任）

天津大学

钟登华　9月5日　任副校长（连任）
余建星　9月5日　任副校长（连任）
舒歌群　9月5日　任副校长（连任）

冯亚青　9月5日　任副校长（连任）
刘东志　9月5日　任副校长（连任）
胡小唐　9月5日　免副校长职务

东北大学

丁烈云　1月8日　任校长
李文宪　1月8日　任党委副书记
杨　明　1月8日　任党委副书记、纪委书记
刘积仁　1月8日　任副校长（连任）
姜茂发　1月8日　任副校长（连任）
左　良　1月8日　任副校长（连任）
陈德祥　1月8日　任副校长（连任）
汪晋宽　1月8日　任副校长（连任）
王福利　1月8日　任副校长
赫冀成　1月8日　免校长职务
田梦平　1月8日　免党委副书记、纪委书记职务
王宛山　1月8日　免副校长职务
娄成武　1月8日　免副校长职务
张国臣　11月28日　任副校长（试用期一年）

大连理工大学

欧进萍　7月13日　任校长（连任）
郭东明　11月28日　任常务副校长（正厅级，连任）
卢中昌　11月28日　任副校长（连任）
李志义　11月28日　任副校长（连任）
宁桂玲　11月28日　任副校长（连任）
李俊杰　11月28日　任副校长
曲景平　11月28日　任副校长
姜德学　11月28日　免副校长职务
薛　光　11月28日　免副校长职务

吉林大学

李元元　9月13日　任校长（副部长级）

东北林业大学

李　斌　10月29日　任副校长（试用期一年）
李顺龙　10月29日　任副校长（试用期一年）

复旦大学

陈晓漫　4月28日　任常务副校长（正局级）
蔡达峰　4月28日　任副校长（连任）
桂永浩　4月28日　任副校长（连任）
许　征　4月28日　任副校长（连任）
金　力　4月28日　任副校长（连任）
冯晓源　4月28日　任副校长

陆　昉　4月28日　任副校长
林尚立　4月28日　任副校长
燕　爽　4月28日　免党委副书记职务
张一华　4月28日　免常务副校长职务
王卫平　4月28日　免常务副校长职务
朱之文　9月8日　任党委书记
秦绍德　9月8日　免党委书记职务

上海交通大学

黄　震　6月14日　任副校长（试用期满，正式任职）
张　杰　12月21日　任校长（连任）

同济大学

陈小龙　6月30日　任常务副校长（正局级）
吴志强　6月30日　任副校长
李永盛　6月30日　免常务副校长职务
周祖翼　11月24日　任党委书记（副部长级）
周家伦　11月24日　免党委书记职务

华东理工大学

林志华　9月7日　任党委委员、常委、副书记、纪委书记
严　洁　9月7日　免党委副书记、常委、委员、纪委书记职务
杨贤金　11月21日　任党委委员、常委、书记
沈伟国　11月21日　免党委书记、常委职务

上海财经大学

孙海鸣　3月23日　免党委副书记、常委、委员职务（另有任用）
黄林芳　3月23日　免党委常委、委员、副校长职务

华东师范大学

童世骏　6月14日　任党委委员、常委、书记
张济顺　6月14日　免党委书记、常委职务
庄辉明　6月24日　免党委常委、委员、副校长职务

上海外国语大学

曹德明　5月26日　任校长（连任）
冯庆华　5月26日　任副校长，免党委副书记、纪委书记职务
张　峰　5月26日　任党委常委、副校长
杨　力　5月26日　任党委委员、常委、副校长
周　承　5月26日　任党委常委、副校长
谭晶华　5月26日　免党委常委、副校长职务
盛裕良　5月26日　免党委常委、副校长职务
张曙光　5月26日　免副校长职务

南京大学

任利剑　9月7日　任纪委书记
朱庆葆　9月7日　任党委副书记

张　荣　9月7日　任常务副校长（正厅级，连任）
程崇庆　9月7日　任副校长（连任）
潘　毅　9月7日　任副校长（连任）
薛海林　9月7日　任副校长（连任）
杨　忠　9月7日　任副校长
谈哲敏　9月7日　任副校长（连任）
吕　建　9月7日　任副校长（连任）
杨　忠　9月7日　免党委副书记、纪委书记职务
闵铁军　9月7日　免副校长职务
陈　骏　9月16日　任校长（连任）

东南大学

郭广银　1月13日　任党委书记（副部长级）
胡凌云　1月13日　免党委书记职务
易　红　6月30日　任校长（连任）
胡敏强　7月14日　任常务副校长（正厅级，连任）
浦跃朴　7月14日　任副校长（连任）
刘　波　7月14日　任副校长（连任）
郑家茂　7月14日　任副校长（连任）
沈　炯　7月14日　任副校长（连任）
王保平　7月14日　任副校长（连任）
赵启满　7月14日　免副校长职务

中国矿业大学

才庆祥　8月5日　任副校级干部（援疆）
王建平　11月21日　任党委副书记，免副校长职务
赵建岭　11月21日　任常委、副校长
邹放鸣　12月29日　当选党委书记（第十三次党代会，连任）
张爱淑　12月29日　当选党委副书记、纪委书记（第十三次党代会，连任）
王建平　12月29日　当选党委副书记（第十三次党代会，连任）
曹德欣　12月29日　当选党委副书记（第十三次党代会，连任）

河海大学

吴　远　1月27日　免副校长职务

南京农业大学

周光宏　6月17日　任校长
徐　翔　6月17日　任副校长（连任）
沈其荣　6月17日　任副校长（连任）
胡　锋　6月17日　任党委常委、副校长（连任）
陈利根　6月17日　任党委常委、副校长
戴建君　6月17日　任党委常委、副校长
丁艳锋　6月17日　任党委委员、常委、副校长
郑小波　6月17日　免党委常委、校长职务

孙　健　6月17日　免党委常委、副校长职务

曲福田　6月17日　免党委常委、委员、副校长职务（另有任用）

中国药科大学

张志坤　9月7日　任党委委员、常委、副书记、纪委书记

徐　慧　11月21日　任党委委员、常委、书记

刘贵友　11月21日　免党委书记、常委、委员职务（另有任用）

浙江大学

金德水　1月27日　任党委书记

张　曦　1月27日　免党委书记职务

叶　民　8月5日　任副校级干部（援疆）

来茂德　12月2日　任副校长（连任）

褚　健　12月2日　任副校长（连任）

姒健敏　12月2日　任副校长（连任）

张土乔　12月2日　任副校长（连任）

吴朝晖　12月2日　任副校长（连任）

吴　平　12月2日　任副校长（连任）

罗卫东　12月2日　任副校长（连任）

金德水　12月10日　当选党委书记（第十三次党代会，连任）

杨　卫　12月10日　任校长（连任）

邹晓东　12月10日　当选党委副书记（第十三次党代会，连任）

郑　强　12月10日　当选党委副书记（第十三次党代会，连任）

任少波　12月10日　当选党委副书记（第十三次党代会，连任）

周谷平　12月10日　当选党委副书记、纪委书记（第十三次党代会）

合肥工业大学

周　军　5月20日　任党委副书记、纪委书记，免副校长职务

江　舒　5月20日　免党委副书记、常委、纪委书记职务

厦门大学

朱之文　9月8日　免党委书记职务

山东大学

李守信　10月13日　任党委书记（副部长级）

朱正昌　10月13日　免党委书记职务

中国石油大学（华东）

张玲玲　8月5日　任副校级干部（援疆）

武汉大学

万红慧　8月5日　任副校级干部（援疆）

华中科技大学

路　钢　5月26日　当选党委书记（第三次党代会，连任）

冯友梅　5月26日　当选党委副书记、纪委书记（第三次党代会，连任）

欧阳康　5月26日　当选党委副书记（第三次党代会，连任）

张　晋　5月26日　当选党委副书记（第三次党代会，连任）

马小洁　5月26日　当选党委副书记（第三次党代会，连任）

武汉理工大学

刘　伟　1月24日　当选党委书记（第二次党代会，连任）

邱观建　1月24日　当选党委副书记、纪委书记（第二次党代会，连任）

夏江敬　1月24日　当选党委副书记（第二次党代会，连任）

信思金　1月24日　当选党委副书记（第二次党代会，连任）

刘祖源　8月5日　任副校级干部（援疆）

华中农业大学

李桂芳　11月22日　免党委副书记、常委、纪委书记职务

中南财经政法大学

张中华　11月12日　任党委书记

徐敦楷　11月12日　免党委书记、常委职务

华中师范大学

马　敏　8月25日　任党委书记，免校长职务

杨宗凯　8月25日　任校长

丁烈云　8月25日　免党委书记、常委、委员职务（另有任用）

湖南大学

赵跃宇　9月9日　任校长

张　强　9月9日　任副校长（连任）

章　兢　9月9日　任副校长（连任）

陈　收　9月9日　任副校长（连任）

曹一家　9月9日　任副校长（连任）

刘金水　9月9日　任副校长（连任）

赖明勇　9月9日　任副校长（连任）

钟志华　9月9日　免党委常委、委员、校长职务（另有任用）

中南大学

张尧学　10月22日　任校长（副部长级）

黄伯云　10月22日　免校长职务

徐　慧　11月21日　免党委副书记职务

胡铁辉　12月14日　免副校长职务

中山大学

陶　亮　8月5日　任副校级干部（援疆）

汪建平　9月7日　任常务副校长（正厅级）

许家瑞　9月7日　任常务副校长（正厅级）

颜光美　9月7日　任副校长（连任）

喻世友　9月7日　任副校长（连任）

黎孟枫　9月7日　任副校长（连任）

陈春声　9月7日　任副校长（连任）

徐安龙　9月7日　任副校长（连任）

魏明海　9月7日　任副校长

华南理工大学

吕廷秀 1月30日 免党委副书记、常委、委员职务

杜小明 12月2日 任党委书记，免纪委书记职务

王迎军 12月2日 任校长，免党委书记职务

李元元 12月2日 免党委常委、委员、校长职务（另有任用）

彭新一 12月2日 任常务副校长（正厅级）

四川大学

赵昌文 4月14日 免副校长职务

杨泉明 4月16日 当选党委书记（第七次党代会，连任）

罗中枢 4月16日 当选党委副书记（第七次党代会，连任）

周学东 4月16日 当选党委副书记（第七次党代会，连任）

徐 兰 4月16日 当选党委副书记、纪委书记（第七次党代会，连任）

李向成 4月16日 当选党委副书记（第七次党代会，连任）

晏世经 12月14日 任副校长

西南财经大学

杨继瑞 3月17日 免党委副书记、常委、委员职务

张邦富 8月5日 任副校级干部（援疆）

赵德武 12月1日 任党委书记

封希德 12月1日 免党委书记、常委职务

重庆大学

张四平 7月14日 任常务副校长（正局级，连任）

白晨光 7月14日 任党委副书记、纪委书记

杨天怡 7月14日 任副校长（连任）

黄宗明 7月14日 任副校长（连任）

张宗益 7月14日 任副校长（连任）

杨 丹 7月14日 任副校长（连任）

刘 庆 7月14日 任副校长

孟卫东 7月14日 任副校长

舒立春 7月14日 免党委副书记、纪委书记职务

张卫国 7月14日 免副校长职务

白晨光 7月14日 免副校长职务

西南大学

张卫国 4月18日 任党委委员、常委、校长

李 明 4月18日 任副校长（连任）

陈时见 4月18日 任副校长（连任）

丁忠民 4月18日 任副校长（连任）

王永才 4月18日 任副校长（连任）

周常勇 4月18日 任副校长（连任）

靳玉乐 4月18日 任党委委员、常委、副校长

崔延强 4月18日 任党委常委、副校长

王小佳 4月18日 免党委常委、校长职务（另有任用）

宋乃庆 4月18日 免党委常委、常务副校长职务

西安交通大学

赵昌昌 12月14日 任党委副书记、纪委书记

宫 辉 12月14日 任党委副书记

李 伟 12月14日 任副校长

李 伟 12月14日 免党委副书记、纪委书记职务

西北农林科技大学

孙其信 1月23日 任校长（副部长级）

孙武学 1月23日 免校长职务

梁 桂 6月24日 任党委副书记

长安大学

马 建 11月3日 任校长（连任）

刘伯权 11月3日 任副校长（连任）

赵均海 11月3日 任副校长（连任）

沙爱民 11月3日 任副校长（连任）

谢军占 11月3日 任副校长（连任）

刘建朝 11月3日 任副校长（连任）

陕西师范大学

冯旭东 8月5日 任副校级干部（援疆）

甘 晖 12月18日 当选党委书记（第十次党代会，连任）

王 涛 12月18日 当选党委副书记（第十次党代会，连任）

张渭淮 12月18日 当选党委副书记、纪委书记（第十次党代会，连任）

司晓宏 12月18日 当选党委副书记（第十次党代会，连任）

兰州大学

周绪红 6月30日 任校长（连任）

李正元 9月19日 任党委副书记、纪委书记

郑晓静 9月19日 任副校长（连任）

景 涛 9月19日 任副校长（连任）

何晓东 9月19日 任副校长（连任）

安黎哲 9月19日 任副校长（连任）

陈发虎 9月19日 任副校长（连任）

徐生诚 9月19日 任副校长（连任）

阎孟辉 9月19日 免党委副书记职务

周 玲 9月19日 免党委副书记、纪委书记职务

甘 晖 9月19日 免党委副书记、副校长职务

高层次人才培养与教育管理干部培训

〔**印发《全国教育人才发展中长期规划》**〕 教育人才中长期规划是全国人才规划体系的重要组成部分。经中央人才工作协调小组批准，教育部于2011年1月印发了《全国教育人才发展中长期规划（2010—2020年）》(教人〔2011〕1号)。

《教育人才规划》共分序言、总体要求和战略目标、主要任务、重大项目、体制机制改革和政策创新、组织实施等部分。

《教育人才规划》提出，到2020年教育人才发展的总体目标是：培养和造就一支品德高尚、业务精湛、结构合理、充满活力的高素质、专业化、创新型教育人才队伍。教育人才工作的总体要求是：认真贯彻国家人才规划纲要“服务发展、人才优先、以用为本、创新机制、高端引领、整体开发”的指导方针和教育规划纲要“优先发展、育人为本、改革创新、促进公平、提高质量”的工作方针，遵循教育规律和教育人才成长规律，坚持教育人才优先发展，坚持服务教育改革发展大局，坚持高端引领，坚持育引并举，坚持改革创新，建设高素质教育人才队伍，为推动教育事业科学发展提供坚强有力的人才保证。

《教育人才规划》明确了教育人才队伍建设的主要任务：一是以农村教师为重点，提高中小学教师队伍整体素质，加强管理人才和班主任队伍建设，着力建设一支适应全面实施素质教育和义务教育均衡发展需要的基础教育人才队伍；二是以“双师型”教师为重点，加强中等和高等职业学校教师队伍建设，统筹推进管理人才、实习实训指导教师、班主任队伍建设，着力建设一支适应培养高素质劳动者和技能型人才需要的职业教育人才队伍；三是以中青年教师和创新团队为重点，加强高校教师队伍建设，统筹推进管理人才、辅导员和教辅人员队伍建设，着力建设一支适应全面提高高等教育质量需要的高等教育人才队伍。

《教育人才规划》提出，为贯彻落实人才规划纲要和教育规划纲要提出的“高素质教育人才培养工程”、“高等学校高层次创新人才计划”等重大人才项目，重点实施“中小学教师全员培训计划”、“农村义务教育学校教师特设岗位计划”、“义务教育学校校长和农村幼儿园园长研修培训计划”、“民族地区双语教师培养培训项目”、“职业学校教师和校长素质提高计划”、“长江学者奖励计划”、“创新团队发展计划”、“新世纪优秀人才支持计划”、“校长和骨干教师海外研修培训计划”九个人才计划项目。

《教育人才规划》还围绕教育人才工作和人才队伍建设的重点领域和关键环节，针对存在的突出问题，从制度和政策两个层面提出了“实施教育人才优先发展政策”、“实施吸引优秀人才长期从教、终身从教政策”、“创新教育人才培养培训模式”、“改革完善教育人才管理制度”、“实施引导优秀人才向农村学校、薄弱学校和中西部地区学校流动的政策”、“实施促进教师潜心教书育人政策”、“实施鼓励青年英才脱颖而出政策”、“实施有利于培养造就教育家的政策”、“实施更加开放的教育人才政策”、“实施支持民办学校人才发展政策”十项政策措施。

《教育人才规划》强调，要进一步发挥教育部人才工作协调小组统筹协调和宏观指导功能，切实加强对《教育人才规划》实施工作的领导。各省级教育行政部门和高等学校要按照《教育人才规划》的部署，编制本地、本校的教育人才发展规划，形成全国教育人才发展规划体系。要以开展对教育人才队伍建设理论和实践问题研究、推进教育人才工作信息化建设、建立完善教育人才资源统计分析制度、加强教育人才工作者队伍建设为重点，加强教育人才工作基础建设。要加大教育人才工作宣传力度，进一步形成有利于教育人才发展的良好社会环境和舆论氛围。

〔**召开全国教育人才工作会议**〕　全国教育人才工作会议于7月22日在北京召开。教育部部长、党组书记袁贵仁出席会议并讲话。他强调，要按照胡锦涛总书记“七一”重要讲话要求，全面落实教育规划纲要和人才规划纲要，进一步统一认识、明确任务，为推动教育事业科学发展和实现“十二五”规划目标、全面建设小康社会提供强有力的人才保证和智力支撑。

袁贵仁指出，胡锦涛总书记在庆祝中国共产党成立90周年大会上的重要讲话，对人才和人才工作作了全面深刻的论述，深刻阐释了人才在党和国家工作中的极端重要性。7月20日召开的中央人才工作协调小组第三十二次会议，明确要求进一步树立科学发展人才观，加大人才工作力度。我们要按照中央要求，坚定不移地走人才强教、人才强校之路，集中力量建设好以教师为主体的高素质教育人才队伍，把优秀人才集聚到科教兴国、人才强国的伟大事业中来。这是党中央国务院的明确要求，是教育改革发展的重要经验，是办好人民满意教育的迫切需要，是实现教育由大变强的必然选择。

袁贵仁强调，必须清醒地认识到，与教育改革发展的要求相比，与经济社会发展的需要相比，中国教育人才工作总体上还不适应。做好新形势下教育人才工作，要坚持党管人才原则，确立教育人才优先发展的战略布局，培养和造就一支品德高尚、业务精湛、结构合理、充满活力的高素质、专业化、创新型教育人才队伍。一是加强师德建设和能力开发，着力建设高素质专业化教师队伍。要进一步加强和改进师德建设，全面提高中小学教师素质，加强职业学校“双师型”教师队伍建设，建设高素质高校教师队伍。二是推进开放培养和管理创新，着力造就高层次教育人才队伍。要培养造就一批具有国际影响的学科领军人才，培养造就一批教书育人、立德树人的教学名师，培养造就一批有真才实学、真知灼见的教育家。三是抓住薄弱环节，着力培养开发急需紧缺教育人才，尤其要加强学前教育人才队伍、农村学校人才队伍、民族教育人才队伍、特殊教育人才队伍建设。四是坚持改革创新，着力推进教育人才制度建设。切实转变教育人才管理方式，完善教育人才激励保障制度，深化学校用人制度改革。

袁贵仁要求，要加强领导，把教育人才工作的各项任务落到实处。一是把教育人才工作摆上更加突出的位置。各地各校要加强对教育人才工作的统筹规划、政策研究和宏观指导，建立人才工作目标责任制。二是解决教育人才工作中的突出问题。各地各校要深入调查研究，有针对性地拿出解决办法和有效措施。三是统筹实施好高素质教育人才培养工程与教育人才规划提出的重大人才项目。四是建立完善教育人才工作支撑体系。推进教育人才工作信息化建设，加强教育人才工作者队伍建设，建立教育人才工作专家咨询委员会。

会上，清华大学、福建省教育厅、广西壮族自治区教育厅、上海交通大学分别就高校教师队伍建设、中小学教师队伍建设、中职教师队伍建设和青年教师队伍建设的经验与做法作了交流发言。

〔**全面实施高素质教育人才培养工程**〕　高素质教育人才培养工程是人才规划纲要提出的12项重大人才培养工程之一，由教育部牵头实施，每年重点培养和支持2万名各级各类学校教育教学骨干、“双师型”教师、学术带头人和校长，在中小学、职业学校、高等学校培养造就一批教育家、教学名师和学科领军人才。在深入调研、周密论证的基础上，教育部会同有关部门研究制定工程实施方案和经费预算方案。6月，经报中央人才工作协调小组批准，教育部与人力资源和社会保障部联合印发实施方案，部署实施工作。

2011年，依托中小学教师国家级培训计划、职业教师素质提高计划、高等学校高层次创新人才计划、民族地区中小学和幼儿园双语教师培养培训计划、义务教育学校校长和农村幼儿园园长研修培训计划、校长和骨干教师海外研修培训计划6个子项目，共培养支持2.2万人，其中中小幼骨干教师18 000名，校长及幼儿园园长3 000名，高校中青年学术带头人1 000余名。在高校资助了97个高水平创新团队。

〔**启动实施新的“长江学者奖励计划”**〕　为贯彻落实国家人才发展规划和教育规划纲要，大力吸引、培养造就一批具有国际影响的学科领军人才，深入推进人才强校战略，全面提高高等教育质量，教育部决定从2011年起，实施新的“长江学者奖励计划”，并按照“科学定位、育引并举，加大支持、坚持质量，体现导向、优化结构，推进改革、以用为本”的总体思路对实施办法进行了修改完善。12月，教育部颁布新的实施办法，部署2011年度“长江学者”人选申报工作。

新的“长江学者奖励计划”作为国家重大人才工程的重要组成部分，在国家层面与“海外高层次人才引进计划”、“青年英才开发计划”等共同构成国家高层次人才培养支持体系；在教育领域与“创新团队发展计划”、“新世纪优秀人才支持计划”等共同构成高校优秀拔尖人才培养支持体系。同时，坚持育引并举，既注重对国内人才的培养，又积极吸引海外人才；坚持同条件、同平台、同标准，着力培养和吸引学术新锐。

新的“长江学者奖励计划”继续实施特聘教授、讲座教授项目，加大支持力度，扩大特聘教授人选规模，提高奖金额度，每年支持高校聘任150名特聘教授、50名讲座教授；特聘教授聘期为5年，聘期内享受每年20万元人民币奖金；讲座教授聘期为3年，聘期内享受每月3万元人民币奖金，按实际工作时间支付；增设支撑服务专项，重点支持“长江学者”创新团队建设，举办“长江学者论坛”、出版“长江学者文集”、推荐“长江学者精品课程”，发挥“长江学者”在创新团队建设、人才培养、协同创新等方面的辐射带动作用。

新的“长江学者奖励计划”更加注重国家项目的政策导向，充分发挥示范引领作用，优化人才结构布局，在评审和名额分配上，向人文社科领域倾斜，向高层次人才匮乏地区和中西部地区高校倾斜。

新的“长江学者奖励计划”以项目实施带动高校用人制度和分配制度改革，激发高校人才队伍活力，充分调动高校教师的积极性和创造性；坚持以用为本，把优秀人才放在关键岗位上，大胆使用，提供干事创业的舞台，为进一步深化高校人事分配制度和考核评价制度改革提供实践范例，积累有益经验。

〔**积极参与实施“千人计划”**〕　按照中组部人才局的工作部署，教育部会同科技部组织完成了第六、七批“千人计划”人选申报、评审和推荐工作，完成“青年千人计划”第一、二批人选的组织申报工作和第三批海外高层次人才创新创业基地高校评审推荐工作，进一步推动高校引进海外高层次人才。截至2011年年底，在前六批“千人计划”中，高校共引进840名海外高层次人才，其中引进“千人计划”专家725人，占国家引进创新人才总数的62%；通过“青年千人计划”引进海外青年英才115人，占总数的80%，有17所高校获批建设海外高层次人才创新创业基地。另外，推荐21所高水平大学列入“全球特聘科学家招募计划”招聘单位，占全国总数的43%。

〔**举办第三期高校主要领导干部专题研讨班**〕　8月3日至9日，第三期高校主要领导干部专题研讨班在中国延安干部学院举办。研讨班由教育部和中央组织部共同举办，31所中央管理高校的党委书记、校长共58人参加学习。刘延东、李源潮等中央领导同志对研讨班的举办高度重视。中央组织部副部长王尔乘、李智勇分别在研讨班上作开班动员和结业式总结讲话。

研讨班主题为“加强党性修养、坚定理想信念、保持优良作风、提高治校水平”，旨在认真学习贯彻胡锦涛总书记“七一”重要讲话和在清华大学百年校庆大会上的重要讲话，弘扬延安精神，深化创先争优，切实加强中央管理高校党委书记、校长的思想政治建设和能力建设，为进一步提高高等教育质量，推进世界一流大学和高水平大学建设提供坚强的思想政治保障和组织保障。研讨班共安排各种形式的教学活动22场。教育部部长袁贵仁就围绕学习贯彻胡锦涛总书记两个重要讲话精神作了开班报告，教育部副部长杜玉波，中纪委驻教育部纪检组组长、部党组成员王立英分别结合分管工作对新的历史时期中国高等教育改革发展面临的新形势、新任务、新要求作专题报告。研讨班还邀请陕西省委书记赵乐际、陕西省委副书记王侠介绍陕西省经济社会发展情况，邀请外交部的领导同志介绍当前国际形势与中国外交政策，邀请4位退休的老书记、老校长从不同角度分别介绍当好党委书记和校长，落实党委领导下的校长负责制的经验。组织党委书记就“抓好班子，带好队伍，做好知识分子工作”问题，组织校长就“加强党性修养，坚持党的领导”问题进行交流研讨。此外，依托延安独特的教学资源，到“抗大”和“鲁艺”等地开展现场教学、案例教学、激情教学。教育部相关司局负责人全程参加学习交流，认真听取了学员意见，及时进行工作沟通。

〔**“十一五”时期教育系统干部培训总结工作顺利完成**〕 2011年，教育部组织开展并顺利完成全国教育系统干部培训的总结工作。“十一五”期间，在各省（区、市）和相关教育培训机构的共同努力下，全国教育干部培训体系逐步建立和完善，培训特色初步形成，培训工作取得了重要进展和显著成绩。各地各机构积极适应教育改革发展的需要，充分利用现代信息技术，有效发挥各种社会资源的作用，进一步加大教育干部培训力度，培训规模不断扩大。全国共培训各级各类教育干部约180.5万人次，其中教育行政干部18.5万人次；高校管理干部18.6万人次；普通中小学校长125.1万人次；中职校长3.7万人次；幼儿园园长14.6万人次，较好地完成了中央大规模培训干部、大幅度提高干部素质的战略任务，为提高教育干部能力素养，建设一支立场坚定、业务精湛、作风优良的教育干部队伍作出了重要贡献。

〔**教育部幼儿园园长培训中心正式筹建**〕 2011年，教育部正式批准筹建幼儿园园长培训中心（教人司〔2011〕151号文）。教育部幼儿园园长培训中心设在东北师范大学，与华东师范大学教育部中学校长培训中心、北京师范大学教育部小学校长培训中心遥相呼应，进一步完善了教育系统干部培训体系的建设。

教育部幼儿园园长培训中心的筹建旨在进一步推进开展幼儿园园长国家级示范性培训。主要开展幼儿园园长在职提高培训、骨干园长培训和专家型园长培训。坚持理论与实践相结合，注重教学相长，提倡互动交流，积极创新培训方式，从当代学前教育发展的形势背景、学前教育政策法规、幼儿园保教管理理论与实践、幼儿园安全与后勤行政管理、幼儿园发展规划等方面组织开展培训，努力提升幼儿园园长的素养和能力，建设高素质的幼儿园园长队伍。2011年年底，举办了首期幼儿园园长研修班。

撰稿 青格勒图 张海峰 韩春勇
王　磊 潘永君 孟　勋
杨大研 朱小杰 吕文妙
范贤睿 安家琦 杨　鸿
范　涛
审稿 魏士强 廖舒力 赵丹龄
朱小杰 吕　杰

国家教育行政学院培训工作

〔**概述**〕 2011年，国家教育行政学院以科学发展观为指导，落实全国教育工作会议精神和教育规划纲要，坚持围绕中心，服务大局，深入开展庆祝中国共产党成立90周年活动，以国家教育行政学院“十二五”建设发展规划起草制定为契机，以提高培训质量为主题，以改革创新为动力，继续推进“一个中心，四个平台”（即全国教育干部培训中心，教育决策调研咨询平台、教育科学研究平台、教育干部培训交流合作平台、教育会议和学术活动平台）建设，努力为教育事业科学发展服务、为教育干部健康成长服务、为建设学习型教育系统服务，以教育干部培训和学院建设发展的新成绩为建党 90 周年献上了一份厚礼。

〔**教育管理干部和教师培训工作**〕　全年共举办各类面授培训班次 52 个，培训 4 961 人次。其中主要办的培训班有：举办 1 期市政府分管教育工作副市长和省教育厅副厅长研究班、2 期全国地市教育局长研修班、2 期全国县市教育局长培训班、3 期教育行政干部能力提升专题培训班等，共培训教育行政干部 1 051 人次；举办 3 期高校领导干部进修班、2 期教育部直属高校中青年校级领导干部专题研修班、2 期全国新建本科院校党委书记、校长专题研修班、1 期高校后勤领导干部培训班等，共培训高校领导干部 652 人次；举办 2 期高校中青年干部培训班以及分别受浙江、广东、湖南等省高校干部培训主管部门及吉林大学、西安交通大学、大理学院等委托举办培训班，共培训高校中层干部 504 人次；举办 6 期高校思想政治理论课骨干教师研修班，共培训高校思想政治理论课骨干教师 577 人次；举办 5 期基础教育改革动态研修班，培训普通中小学校长 821 人次；举办 4 期中等职业学校校长改革创新战略专题研修班、2 期中等职业学校校长高级研修班，共培训中等职业学校校长 890 人次；分别举办赴美国密歇根大学教师发展研修班、大学校长赴英国培训项目，组织高校领导干部 55 人次赴国外培训。

面授培训结合教育改革发展的新形势新任务，进一步突出和加强了有关专题培训内容：一是将学习贯彻全国教育工作会议精神和教育规划纲要作为各个班次的核心内容和培训主线；二是结合教育系统工作实际，适当安排“十二五”规划、国家中长期人才发展规划纲要、国家中长期科技发展规划纲要的内容；三是结合学习胡锦涛总书记在清华大学百年校庆上的讲话精神，加强中国特色社会主义教育理论培训；四是结合庆祝中国共产党成立 90 周年，开展多种形式的党史、党建和党性、党风、党纪专题教育。

远程培训继续呈现良好发展势头。中国教育干部培训网已与 272 所高等学校，118 家省、地（市）教育行政部门建立了合作办学关系，协议培训人数 155 796 人，注册培训人数 115 245 人，中小学校长培训结业人数 19 026 人。同时，还承担了“教育部—中国移动中西部中小学校长培训”和“教育规划纲要培训”等国家级专项培训工作，累计培训近 24 万人。

〔**举办高职院校领导干部进修班**〕　10 月 8 日至 11 月 6 日，学院举办了第四十期专门针对高职院校领导干部的进修班。该班是适应大力发展职业教育的宏观形势和高等职业院校管理的实际需要，推进教育干部培训创新的重点培训项目。重点针对高等职业院校书记、校长，在把握高等教育发展宏观形势与重点任务的基础上，突出高职院校的建设发展。来自全国 30 个省（区、市）的 120 名高等职业院校党委书记、院校长参加进修班。

〔**举办中等职业学校校长高级研修班**〕　12 月 12 日至 25 日，学院举办了第一期、第二期中等职业学校校长高级研修班。该班首次将中等职业学校校长列入教育部人事司统一规划的培训项目，也是全面深入落实教育规划纲要，推动职业教育加快改革，从规模发展转向质量建设和体系建设的重要举措。该班在课程设计和教学组织上，贴近学员需求和中等职业学校实际，注重学员主体性学习。研修内容涉及职教体系、质量建设、师资队伍、校企合作、示范校建设、专业建设、课程改革、国际职教动态、德育改革、职校管理和领导力建设等方面。共有 170 余名来自全国各地的中等职业学校校长参加研修班。

〔**教育部—中国移动中小学校长培训项目（2009—2011）顺利完成**〕　教育部—中国移动中小学校长培训项目是由中国移动通信集团有限公司资助，教育部、中国移动通信集团有限公司统筹规划和组织领导的旨在培训中西部中小学校长，提高中西部中小学管理水平的公益项目。2009—2011 年中国移动中小学校长培训项目是在国家关于校长培训总体规划框架之下，由中国移动捐资 1 500 万元与教育部联合实施的新一轮中西部中小学校长培训项目，国家教育行政学院承担项目的日常组织与管理工作。该项目采用影子培训和远程培训两种模式，利用3年时间，为中西部23个省（区、市）和新疆生产建设兵团培养3.3万名优秀中小学校长。影子培训项目面向西部12个省（区、市）和新疆生产建设兵团的3 000名中小学校长。其中每年组织600名农村中小学校长在西部省内校长培训实践基地开展省内影子培训，3年共培训1 800人；每年组织400名中小学骨干校长到东部8省校长培训实践基地参加省外影子培训，3年共培训1 200人。远程培训项目面向中西部23个省，建设200个县（市）网络教学站点，将国家最优秀的培训资源支援到中西部，3年培训3万名中小学优秀校长。

〔**教育部机关网络学习平台试运行**〕　由教育部直属机关党委、人事司主办，国家教育行政学院承办的“教育部机关网络学习平台”于6月底前完成改版，进入试运行阶段。该平台是在原“教育部机关干部网络培训学习中心”基础上，先后经过两次改版建成的。平台开设了动态信息、学习专题、视频课堂、资料文献、互动交流、好书推荐和影视欣赏等版块，拥有视频节目500余个，文献资料千余篇。同时，平台还增设党委信箱、建言献策等互动栏目，并对原有的BBS进行了改造。改版后的平台，无论在资源的数量与质量，功能的开发与完善，还是在页面形式、版面风格、色彩基调等方面，均有较大幅度的调整与提升，基本满足了干部在职培训学习的需求。按照教育部机关党委和人事司要求，学院将努力把教育部机关网络学习平台打造成为部机关干部网上的“学习平台、交流平台、展示平台、服务平台”，不断推进学习平台的建设和发展。

〔**举办中国教育学会教育行政专业委员会2011年学术年会**〕　7月25—26日，中国教育学会教育行政专业委员会2011年学术年会在杭州市举办。本次年会是中国教育学会教育行政专业委员会推动贯彻落实教育规划纲要的重要举措。与会代表围绕“贯彻落实纲要，加快管理创新，促进高中阶段教育多样化发展”的主题，从高中多样化发展的国内外背景、政策环境、改革探索模式等层面，进行了深入探讨交流。本次年会由中国教育学会教育行政专业委员会和国家教育行政学院主办，浙江省教育厅协办，浙江天煌科技实业有限公司承办。来自全国20多个省（区、市）共计210余名教育行政管理人员和高中校长参加了年会。

〔**举办教育行政体制创新与学校管理改善学术论坛**〕　3月18—19日，由教育部中英西南基础教育项目办公室、国家教育行政学院和中国教育学会教育行政专业委员会联合主办，国家教育行政学院承办的“教育行政体制创新与学校管理改善”学术论坛在北京举办。本次论坛以教育规划纲要提出的“转变政府职能和简政放权”为重点，深入探讨了教育管理体制改革的地位与作用、思路与措施，地方教育制度创新的理论与实践，促进县级教育行政能力建设和学校管理，建立政校分开的现代学校制度和建设良好的教育舆论环境等问题。来自政府、高校和地方教育局的官员、专家和一线教育行政管理者通过对话与交流，分享教育行政体制创新方面的实例和经验，探讨面临的挑战和机遇，共谋教育行政体制创新之路。

〔**举办第三届高校管理者论坛**〕　4月，由国家教育行政学院主办，宜宾学院承办、四川省高等教育学会协办的第三届高校管理者论坛在宜宾学院举办。本届论坛以学习落实胡锦涛总书记在庆祝清华大学建校一百周年大会所作的重要讲话精神为指导，以“完善高校治理结构，建设中国特色现代大学制度”为主题，围绕中国高等教育改革与发展、大学理念与管理、高校教学评估与质量建设、现代大学制度等进行了深入探讨。来自全国“985工程”高校、“211工程”高校以及其他高等院校的校级领导、中层干部300余人参加了论坛。

〔**全国中小学校长远程培训工作研讨会召开**〕　9月25日，全国中小学校长远程培训工作研讨会暨中国教育干部培训网中小学校长远程培训年会在国家教育行政学院召开。会议经过充分研讨交流，形成多项共识。会议认为，加强中小学校长培训工作是贯彻落实教育规划纲要，推动基础教育事业科学发展的必然要求，利用网络实施中小学校长远程培训是适应教育干部培训新形势、新任务的必然选择。远程培训能够最大限度地满足中央大规模培训干部的要求，能够与时俱进地为中小学校长增添新鲜的培训资料，提供新鲜的教育思想和理念，提供当好校长的新鲜工作案例，并能帮助中小学校长解决一些在学校管理过程中遇到的困难和问题。要充分发挥远程培训的优势和特色，加强远程培训的科学性、针对性和实效性，不断提高中小学校长培训工作的质量和水平。全国有关省（区、市）教育干部培训单位和有关地（市）、县（市）教育行政部门近300位代表参加了研讨会。

〔**与中国教育报刊社建立战略合作关系**〕　11月2日，学院与中国教育报刊社签署战略合作协议。根据协议，学院和中国教育报刊社本着“友好合作、资源共享、共同发展”的原则，围绕服务教育部中心工作，充分挖掘利用双方单位资源优势，合作开展专题调研、开设专栏、推出研究成果、进行教育系统新闻宣传干部培训和干部交流等工作。

撰稿　韩　旭　姜永平
审稿　李文长

教育财务与审计

教育部　国家统计局　财政部关于 2010 年全国教育经费执行情况统计公告

〔全国教育经费情况〕　2010 年，全国教育经费为 19 561.85 亿元，比 2009 年的 16 502.71 亿元增长 18.54%。其中国家财政性教育经费（包括公共财政预算教育经费，各级政府征收用于教育的税费，企业办学中的企业拨款，校办产业和社会服务收入用于教育的经费等）为 14 670.07 亿元，比 2009 年的 12 231.09 亿元增长 19.94%。

〔落实《教育法》规定的“三个增长”情况〕

1. 中央和地方各级政府预算内教育拨款（不包括教育费附加）为 13 489.56 亿元，比 2009 年的11 419.30亿元增长 18.13%。其中中央财政教育支出2 547.34亿元，按同口径比较，比 2009 年增长 28.60%，高于中央财政经常性收入约 9.90% 的增长幅度。

2. 各级教育生均预算内教育事业费支出增长情况。2010 年，全国普通小学、普通初中、普通高中、中等职业学校、普通高等学校生均预算内教育事业费支出情况如下。

（1）全国普通小学为 4 012.51 元，比 2009 年的 3 357.92 元增长 19.49%。其中农村普通小学为 3 802.91元，比 2009 年的 3 178.08 元增长 19.66%。普通小学增长最快的是海南省（43.34%）。

（2）全国普通初中为 5 213.91 元，比 2009 年的 4 331.62 元增长 20.37%。其中农村普通初中为 4 896.38元，比 2009 年的 4 065.63 元增长 20.43%。普通初中增长最快的是江苏省（42.04%）。

（3）全国普通高中为 4 509.54 元，比 2009 年的 3 757.60 元增长 20.01%。普通高中增长最快的是海南省（53.44%）。

（4）全国中等职业学校为 4 842.45 元，比 2009 年的 4 262.52 元增长 13.61%。中等职业学校增长最快的是青海省（54.02%）。

（5）全国普通高等学校为 9 589.73 元，比 2009 年的 8 542.30 元增长 12.26%。普通高等学校增长最快的是新疆维吾尔自治区（84.03%）。

3. 各级教育生均预算内公用经费支出增长情况。2010 年，全国普通小学、普通初中、普通高中、中等职业学校、普通高等学校生均预算内公用经费支出情况是：

（1）全国普通小学为 929.89 元，比 2009 年的 743.70 元增长 25.04%。其中农村普通小学为 862.08 元，比 2009 年的 690.56 元增长 24.84%。普通小学增长最快的是西藏自治区（75.01%）。

（2）全国普通初中为 1 414.33 元，比 2009 年的 1 161.98 元增长 21.72%。其中农村普通初中为 1 348.43元，比 2009 年的 1 121.12 元增长 20.28%。普通初中增长最快的是青海省（111.43%）。

（3）全国普通高中为 1 071.78 元，比 2009 年的 831.59 元增长 28.88％。普通高中增长最快的是青海省（177.91％）。

（4）全国中等职业学校为 1 468.03 元，比 2009 年的 1 164.43 元增长 26.07％。中等职业学校增长最快的是西藏自治区（216.63％）。

（5）全国普通高等学校为 4 362.73 元，比 2009 年的 3 802.49 元增长 14.73％。普通高等学校增长最快的是新疆维吾尔自治区（138.54％）。

〔预算内教育经费占财政支出比例情况〕　按预算内教育经费包含教育费附加的口径计算，2010 年，全国预算内教育经费为 14 163.90 亿元，占财政支出 89 874.16 亿元的比例为 15.76％，比 2009 年 15.69％增加了 0.07 个百分点。从全国情况看，有 22 个省、自治区、直辖市预算内教育经费占财政支出比例比 2009 年有不同程度的下降。

〔国家财政性教育经费占国内生产总值比例情况〕　据统计，2010 年，全国国内生产总值为 401 202亿元，国家财政性教育经费占国内生产总值的比例为 3.66％，比 2009 年的 3.59％增加了 0.07 个百分点。

2010 年，全国教育经费执行情况监测结果表明，政府教育投入总量继续增加，国家财政性教育经费占 GDP 的比例以及预算内教育经费占财政支出比例均比 2009 年有所增加。

附件：2010 年全国教育经费执行情况统计表

注：①公告中所涉及的全国性统计数据，均不包括台湾省、香港特别行政区、澳门特别行政区；②公告中的 2010 年全国国内生产总值 401 202 亿元和财政支出 89 874.16 亿元等数据来源于《中国统计年鉴 2011》。

附件：

2010 年全国教育经费执行情况统计表

表一 2010 年公共财政预算教育拨款增长与财政经常性收入增长比较

地区	公共财政预算教育拨款本年比上年增长（%）	财政经常性收入本年比上年增长（%）	增长幅度比较
中 央	28.60	9.90	18.70
北京市	17.15	16.34	0.81
天津市	25.39	24.83	0.56
河北省	19.15	22.62	—3.47
山西省	18.49	15.63	2.86
内蒙古自治区	33.87	27.77	6.10
辽宁省	15.21	24.04	—8.83
吉林省	14.51	14.43	0.08
黑龙江省	11.75	10.48	1.27
上海市	15.90	13.11	2.79
江苏省	24.35	22.57	1.78
浙江省	17.72	16.50	1.22
安徽省	23.17	19.10	4.07
福建省	19.54	17.20	2.34
江西省	15.24	15.10	0.14
山东省	26.49	22.10	4.39
河南省	15.20	14.90	0.30
湖北省	12.70	12.60	0.10
湖南省	11.84	18.49	—6.65
广东省	14.66	14.61	0.05
广西壮族自治区	28.01	12.20	15.81
海南省	28.87	47.14	—18.27
重庆市	22.39	18.95	3.44
四川省	9.20	17.61	—8.41
贵州省	15.52	15.04	0.48
云南省	17.51	18.23	—0.72
西藏自治区	8.66	6.16	2.50
陕西省	8.21	21.61	—13.40
甘肃省	10.77	9.00	1.77
青海省	34.49	17.71	16.78
宁夏回族自治区	21.77	28.67	—6.90
新疆维吾尔自治区	23.31	22.66	0.65

注：公共财政预算教育拨款包括教育事业费、科研经费、基建经费和其他经费。

表二　2010 年公共财政预算教育经费占公共财政支出比例情况

地区	公共财政预算教育经费（亿元）			公共财政预算教育经费占公共财政支出比例(%)		
	2009 年	2010 年	增长比例%	2009 年	2010 年	增减百分点
总　计	11 974.98	14 163.90	18.28	15.69	15.76	0.07
北京市	431.03	505.78	17.34	18.58	18.61	0.03
天津市	179.83	225.28	25.27	16.00	16.36	0.36
河北省	456.93	543.70	18.99	19.46	19.28	−0.18
山西省	289.02	341.34	18.10	18.51	17.67	−0.84
内蒙古自治区	265.48	351.37	32.35	13.78	15.46	1.68
辽宁省	400.33	464.99	16.15	14.92	14.55	−0.37
吉林省	235.36	270.18	14.79	15.91	15.12	−0.79
黑龙江省	267.33	302.69	13.23	14.24	13.43	−0.81
上海市	375.07	435.75	16.18	12.55	13.19	0.64
江苏省	710.05	877.82	23.63	17.67	17.86	0.19
浙江省	543.91	639.27	17.53	20.50	19.93	−0.57
安徽省	354.76	437.84	23.42	16.56	16.92	0.36
福建省	316.27	378.99	19.83	22.40	22.36	−0.04
江西省	268.24	311.04	15.96	17.17	16.17	−1.00
山东省	615.11	773.66	25.78	18.82	18.66	−0.16
河南省	586.23	674.56	15.07	20.17	19.75	−0.42
湖北省	332.29	373.51	12.40	15.89	14.93	−0.96
湖南省	395.94	443.55	12.02	17.91	16.41	−1.50
广东省	903.57	1033.70	14.40	20.85	19.07	−1.78
广西壮族自治区	298.36	386.88	29.67	18.40	19.27	0.87
海南省	83.91	107.74	28.40	17.26	18.53	1.27
重庆市	230.55	280.66	21.73	17.84	16.42	−1.42
四川省	601.40	661.86	10.05	16.75	15.54	−1.21
贵州省	265.26	307.03	15.75	19.33	18.82	−0.51
云南省	369.88	442.58	19.66	18.95	19.36	0.41
西藏自治区	57.71	63.35	9.77	12.28	11.50	−0.78
陕西省	340.18	370.44	8.90	18.47	16.70	−1.77
甘肃省	233.81	258.97	10.76	18.76	17.63	−1.13
青海省	72.29	97.30	34.60	14.85	13.09	−1.76
宁夏回族自治区	67.19	81.97	22.00	15.54	14.70	−0.84
新疆维吾尔自治区	256.02	316.62	23.67	19.01	18.64	−0.37

注：表中公共财政预算教育经费含教育费附加。

表三（1） 各级教育生均公共财政预算教育事业费增长情况

单位：元

地区	普通小学			普通初中			普通高中		
	2009年	2010年	增长率(%)	2009年	2010年	增长率(%)	2009年	2010年	增长率(%)
总　计	3 357.92	4 012.51	19.49	4 331.62	5 213.91	20.37	3 757.60	4 509.54	20.01
北京市	11 662.02	14 482.39	24.18	15 581.06	20 023.04	28.51	16 312.03	20 619.66	26.41
天津市	9 131.43	11 505.42	26.00	11 083.16	14 819.48	33.71	10 222.49	13 233.87	29.46
河北省	3 343.17	3 783.13	13.16	4 257.98	5 227.19	22.76	3 385.12	3 997.89	18.10
山西省	3 430.75	4 049.34	18.03	4 036.01	4 739.37	17.43	3 536.40	4 245.34	20.05
内蒙古自治区	5 278.61	6 691.86	26.77	6 130.16	7 684.29	25.35	4 416.94	5 611.80	27.05
辽宁省	4 359.81	5 174.19	18.68	5 590.81	6 978.02	24.81	4 104.89	5 334.80	29.96
吉林省	4 708.85	6 220.61	32.10	5 315.29	6 826.55	28.43	3 988.47	5 104.32	27.98
黑龙江省	4 916.89	5 484.50	11.54	4 786.26	5 594.01	16.88	4 613.53	4 411.34	−4.38
上海市	14 792.68	16 143.85	9.13	18 224.25	19 809.98	8.70	16 853.72	20 346.58	20.72
江苏省	5 820.20	7 252.39	24.61	5 903.74	8 385.89	42.04	4 391.55	5 595.47	27.41
浙江省	5 611.99	6 732.41	19.96	6 886.53	8 382.49	21.72	5 674.83	6 415.40	13.05
安徽省	2 480.81	3 192.12	28.67	3 048.55	3 963.55	30.01	2 234.22	2 817.27	26.10
福建省	4 023.47	4 785.85	18.95	4 501.61	5 715.61	26.97	4 366.44	5 221.83	19.59
江西省	2 141.81	2 470.25	15.33	3 113.75	3 375.17	8.40	2 674.33	3 016.21	12.78
山东省	3 221.62	3 936.26	22.18	4 907.13	6 137.13	25.07	3 948.69	5 076.80	28.57
河南省	1 949.00	2 186.14	12.17	2 965.13	3 410.02	15.00	2 205.48	2 457.82	11.44
湖北省	2 936.79	3 208.29	9.24	4 006.63	4 514.41	12.67	2 192.67	2 563.33	16.90
湖南省	2 791.13	3 013.99	7.98	4 508.75	4 932.57	9.40	2 814.96	3 288.30	16.82
广东省	2 896.53	3 487.02	20.39	3 418.71	3 920.97	14.69	4 834.38	5 312.93	9.90
广西壮族自治区	2 672.80	3 355.57	25.55	3 364.14	4 299.73	27.81	2 723.16	3 428.11	25.89
海南省	3 891.90	5 578.47	43.34	4 333.22	5 801.61	33.89	4 185.10	6 421.43	53.44
重庆市	2 963.17	3 633.96	22.64	3 559.90	4 297.92	20.73	3 011.78	3 606.59	19.75
四川省	2 824.93	3 372.56	19.39	3 438.86	4 076.96	18.56	2 247.42	2 590.74	15.28
贵州省	2 302.56	2 758.61	19.81	2 698.18	3 204.20	18.75	2 830.25	3 317.10	17.20
云南省	2 773.42	3 286.24	18.49	3 716.27	4 349.07	17.03	3 897.78	4 315.79	10.72
西藏自治区	6 302.33	8 164.32	29.54	7 157.09	7 242.81	1.20	6 127.22	7 245.76	18.26
陕西省	4 247.65	4 723.88	11.21	4 798.54	5 256.90	9.55	3 441.39	4 491.15	30.50
甘肃省	2 832.09	3 306.41	16.75	3 636.33	4 129.87	13.57	3 097.27	3 798.17	22.63
青海省	4 126.95	5 011.76	21.44	5 366.32	7 423.16	38.33	5 221.28	7 983.63	52.91
宁夏回族自治区	3 029.88	3 819.14	26.05	4 608.13	6 009.40	30.41	5 231.43	6 672.23	27.54
新疆维吾尔自治区	4 420.89	5 868.61	32.75	6 341.59	7 788.66	22.82	5 828.23	7 249.22	24.38

表三（1） 各级教育生均公共财政预算教育事业费增长情况（续）

单位：元

地区	中等职业学校			普通高等学校		
	2009年	2010年	增长率（%）	2009年	2010年	增长率（%）
总　计	4 262.52	4 842.45	13.61	8 542.30	9 589.73	12.26
北京市	13 123.39	15 583.79	18.75	29 772.87	34 546.43	16.03
天津市	7 422.35	10 322.84	39.08	10 858.31	12 395.91	14.16
河北省	3 589.56	4 195.75	16.89	5 148.06	5 238.50	1.76
山西省	4 259.36	4 278.06	0.44	5 881.77	6 681.89	13.60
内蒙古自治区	5 999.45	8 231.72	37.21	7 072.47	10 147.22	43.47
辽宁省	6 765.71	6 536.11	−3.39	5 202.53	5 896.08	13.33
吉林省	5 625.29	7 266.12	29.17	6 183.19	9 845.50	59.23
黑龙江省	6 420.43	6 029.69	−6.09	6 137.91	6 742.70	9.85
上海市	10 825.45	12 609.79	16.48	16 423.87	21 258.08	29.43
江苏省	3 645.61	4 314.28	18.34	8 352.23	10 089.18	20.80
浙江省	5 998.75	6 643.12	10.74	9 423.45	10 508.34	11.51
安徽省	2 275.14	2 972.06	30.63	4 422.34	4 854.69	9.78
福建省	4 276.02	4 433.29	3.68	6 179.36	6 666.99	7.89
江西省	2 895.49	3 192.15	10.25	4 481.14	6 156.30	37.38
山东省	4 367.89	5 436.04	24.45	5 539.03	6 913.92	24.82
河南省	3 394.56	3 609.54	6.33	4 216.83	4 276.64	1.42
湖北省	2 236.49	2 728.00	21.98	4 708.70	5 947.88	26.32
湖南省	3 483.73	3 963.30	13.77	4 975.08	5 074.68	2.00
广东省	4 888.52	4 815.30	−1.50	10 914.96	11 200.22	2.61
广西壮族自治区	3 898.69	5 278.65	35.40	6 228.73	6 902.44	10.82
海南省	4 797.47	4 903.97	2.22	5 778.16	8 877.30	53.64
重庆市	3 135.36	3 666.64	16.94	5 241.45	7 135.63	36.14
四川省	3 326.84	3 792.69	14.00	4 766.95	6 481.06	35.96
贵州省	3 070.90	3 974.26	29.42	6 834.87	8 823.65	29.10
云南省	4 264.97	4 728.43	10.87	8 551.99	8 515.23	−0.43
西藏自治区	6 672.89	7 618.66	14.17	14 275.98	17 155.04	20.17
陕西省	4 313.26	4 607.49	6.82	5 468.89	7 106.90	29.95
甘肃省	4 136.69	4 347.86	5.10	5 944.18	6 868.73	15.55
青海省	4 217.79	6 496.27	54.02	8 165.93	10 944.41	34.03
宁夏回族自治区	4 048.96	4 426.93	9.33	10 083.40	10 741.24	6.52
新疆维吾尔自治区	5 664.94	7 996.67	41.16	7 169.94	13 194.92	84.03

表三（2） 各级教育生均公共财政预算公用经费增长情况

单位：元

地区	普通小学			普通初中			普通高中		
	2009年	2010年	增长率(%)	2009年	2010年	增长率(%)	2009年	2010年	增长率(%)
总　计	743.70	929.89	25.04	1 161.98	1 414.33	21.72	831.59	1 071.78	28.88
北京市	4 722.87	5 836.99	23.59	6 352.23	8 247.66	29.84	6 994.58	8 864.84	26.74
天津市	1 144.08	1 691.80	47.87	1 689.62	2 521.05	49.21	1 807.56	2 160.81	19.54
河北省	689.53	892.25	29.40	989.82	1 305.69	31.91	701.21	859.72	22.61
山西省	832.20	954.85	14.74	1 208.41	1 415.17	17.11	868.00	1 119.31	28.95
内蒙古自治区	1 141.08	1 560.76	36.78	1 669.06	2 209.10	32.36	1 243.23	1 827.40	46.99
辽宁省	998.76	1 263.55	26.51	1 532.85	2 041.43	33.18	769.45	1 220.04	58.56
吉林省	1 208.72	1 462.37	20.99	1 749.11	1 906.29	8.99	1 147.62	1 451.46	26.48
黑龙江省	813.25	978.30	20.30	1 086.33	1 418.34	30.56	1 171.52	1 029.27	－12.14
上海市	3 453.12	4 264.69	23.50	4 495.26	5 298.45	17.87	4 107.46	5 485.57	33.55
江苏省	689.08	853.55	23.87	864.03	1 088.54	25.98	496.90	604.82	21.72
浙江省	792.66	870.54	9.83	1 072.22	1 209.80	12.83	1 073.62	1 326.93	23.59
安徽省	609.38	922.50	51.38	920.06	1 338.99	45.53	453.82	689.63	51.96
福建省	681.58	1 071.25	57.17	949.86	1 454.07	53.08	620.62	983.41	58.46
江西省	646.95	697.25	7.77	1 099.63	1 074.41	－2.29	565.28	658.64	16.52
山东省	573.47	917.66	60.02	1 011.90	1 782.46	76.15	576.30	1 070.92	85.83
河南省	573.32	700.84	22.24	932.93	1 174.95	25.94	558.22	595.87	6.74
湖北省	652.44	701.09	7.46	1 121.94	1 130.42	0.76	397.69	482.04	21.21
湖南省	840.30	928.48	10.49	1 522.89	1 544.50	1.42	530.77	555.14	4.59
广东省	652.87	735.85	12.71	899.23	974.19	8.34	1 281.70	1 508.96	17.73
广西壮族自治区	453.28	670.36	47.89	727.95	1 127.29	54.86	430.25	735.97	71.06
海南省	878.95	1 358.73	54.59	1 543.84	2 037.29	31.96	1 069.11	2 561.42	139.58
重庆市	853.23	1 166.45	36.71	1 249.99	1 566.86	25.35	973.28	1 239.23	27.33
四川省	629.34	770.81	22.48	933.71	1 033.77	10.72	401.54	429.94	7.07
贵州省	439.49	579.26	31.80	624.13	827.24	32.54	369.67	502.21	35.85
云南省	584.91	802.56	37.21	995.32	1 162.33	16.78	876.71	1 026.96	17.14
西藏自治区	1 187.31	2 077.95	75.01	2 200.34	1 431.91	－34.92	824.76	1 313.31	59.24
陕西省	1 140.47	1 071.28	－6.07	1 732.43	1 516.97	－12.44	829.68	1 041.46	25.53
甘肃省	781.16	820.64	5.05	1 250.75	1 292.78	3.36	719.44	927.11	28.87
青海省	1 235.14	1 850.49	49.82	1 630.56	3 447.57	111.43	1 278.63	3 553.46	177.91
宁夏回族自治区	777.41	1 304.51	67.80	1 763.65	2 777.83	57.50	2 268.76	3 234.27	42.56
新疆维吾尔自治区	1 122.87	1 145.49	2.01	2 483.64	2 447.24	－1.47	1 923.02	1 852.33	－3.68

表三（2） 各级教育生均公共财政预算公用经费增长情况（续）

单位：元

地区	中等职业学校			普通高等学校		
	2009年	2010年	增长率（%）	2009年	2010年	增长率（%）
总 计	1 164.43	1 468.03	26.07	3 802.49	4 362.73	14.73
北京市	6 525.69	7 962.78	22.02	19 828.66	19 896.42	0.34
天津市	1 352.36	1 422.43	5.18	4 820.81	5 237.56	8.64
河北省	513.64	880.25	71.37	1 086.22	1 616.21	48.79
山西省	878.86	1 103.43	25.55	1 670.54	1 850.42	10.77
内蒙古自治区	1 330.93	2 989.16	124.59	2 621.41	5 042.42	92.36
辽宁省	2 880.46	2 376.57	−17.49	1 912.14	2 287.49	19.63
吉林省	1 338.85	1 660.44	24.02	2 333.22	4 909.68	110.43
黑龙江省	1 413.26	1 104.21	−21.87	1 534.85	2 029.52	32.23
上海市	3 726.25	4 553.20	22.19	10 679.17	15 438.48	44.57
江苏省	616.22	965.23	56.64	4 173.32	5 213.14	24.92
浙江省	1 621.09	1 777.39	9.64	3 109.79	3 819.66	22.83
安徽省	464.13	807.42	73.96	1 326.59	1 672.96	26.11
福建省	872.56	1 003.48	15.00	3 014.64	2 983.48	−1.03
江西省	625.72	1 070.89	71.15	1 544.50	1 975.10	27.88
山东省	753.87	1 393.75	84.88	1 128.31	2 225.89	97.28
河南省	840.09	739.34	−11.99	1 625.92	1 441.28	−11.36
湖北省	439.98	610.33	38.72	1 473.63	2 199.08	49.23
湖南省	598.51	837.71	39.97	1 463.52	1 495.88	2.21
广东省	2 143.74	1 975.10	−7.87	5 235.49	5 864.76	12.02
广西壮族自治区	1 319.76	2 214.77	67.82	1 978.94	2 702.68	36.57
海南省	1 873.94	1 958.49	4.51	2 294.70	3 732.34	62.65
重庆市	1 052.51	1 521.83	44.59	2 786.35	4 625.17	65.99
四川省	892.39	1 099.19	23.17	2 386.99	4 084.40	71.11
贵州省	739.47	1 635.90	121.23	2 609.70	4 161.00	59.44
云南省	1 400.26	1 853.42	32.36	5 151.27	4 606.43	−10.58
西藏自治区	1 052.86	3 333.69	216.63	4 279.24	6 679.70	56.10
陕西省	1 183.51	1 502.23	26.93	2 273.70	3 779.75	66.24
甘肃省	1 009.76	1 071.54	6.12	1 898.26	2 764.49	45.63
青海省	1 477.41	3 535.38	139.30	1 700.54	3 661.77	115.33
宁夏回族自治区	1 587.47	1 777.79	11.99	4 699.20	4 336.72	−7.71
新疆维吾尔自治区	1 438.28	2 626.15	82.59	2 973.35	7 092.75	138.54

〔**职业教育实训基地建设计划进展情况**〕 为贯彻落实《国务院关于大力发展职业教育的决定》精神，加强职业教育基础能力建设，中央财政安排专项资金实施职业教育实训基地建设计划，目标是在重点专业领域建设专业门类齐全、装备水平较高、优质资源共享的职业教育实训基地。2004—2011年，中央财政累计投入专项资金50.6亿元，支持建设了3 056个集教学、培训、技能鉴定和技术服务为一体的职业教育实训基地。其中，2011年中央财政安排12亿元，支持建设了700个职业教育实训基地，支持的专业范围包括现代农业、高端装备制造业、船舶业、汽车业、冶金和建材行业、电子信息行业、石化行业、现代物流、综合交通运输、海洋经济、生产性服务业和生活性服务业、循环经济、环境与生态保护、水利和防灾减灾、建筑业、民族文化和工艺传承等产业领域的专业，重点支持服务于企业技术改造，服务于应用新技术、新材料、新工艺、新装备改造提升传统产业的专业，以及具有区域经济特色、市场需求量大、技能型人才紧缺的其他专业。通过实施职业教育实训基地建设计划，显著改善了职业院校实训条件，增强了学生实践动手能力，有效改善了职业院校的办学条件，促进了校企合作、工学结合人才培养模式的改革，职业院校服务区域经济社会发展的能力显著增强，为企业和社会培养了大批高素质技能型人才。

〔**启动实施普通高中改造计划试点**〕 为贯彻落实教育规划纲要有关精神，促进贫困民族地区普通高中教育健康发展，提升其办学水平，教育部和财政部决定，从2011年起启动实施“普通高中改造计划”试点，重点支持集中连片特困地区普通高中改善办学条件。2011年，中央财政共下达补助资金10亿元，重点支持西部12个省份中集中连片特困地区，尤其是民族地区普通高中改善办学条件。中央专项资金主要用于校舍改扩建、配置图书和教学仪器设备、体育运动场等附属设施建设。

〔**家庭经济困难学生资助工作情况**〕 2011年，教育部全面贯彻落实教育规划纲要精神，进一步建立健全家庭经济困难学生资助政策体系，扩大资助范围和提升资助水平，强化监督检查和资金管理，从制度上保证了每个学生不因家庭经济困难而失学，促进了教育公平。

一、建立学前教育资助制度，资助家庭经济困难儿童、孤儿和残疾儿童接受普惠性学前教育。在深入调研和广泛征求意见的基础上，教育部会同财政部印发了《关于建立学前教育资助制度的意见》（教财〔2011〕410号），按照“地方先行，中央补助”的原则，由各地从2011年秋季学期起，先行建立学前教育资助政策体系，具体资助方式和资助标准由省级政府制定。中央财政根据地方出台的资助政策、经费投入及实施效果等因素予以奖补。

二、继续实施中等职业学校国家助学金政策。2011年，中央财政共安排中等职业学校国家助学金中央补助资金预算约78.3亿元，资助学生约906万人。

三、继续实施中等职业教育家庭经济困难学生和涉农专业学生免学费政策。2011年，中央财政安排中等职业学校免学费资金预算约49.6亿元，资助学生约395万人，资助面约占中等职业学校全日制在校生总数的20%。

四、继续实施普通高中国家助学金政策。为进一步完善国家资助政策体系，促进教育公平，由中央和地方财政共同安排资金设立普通高中国家助学金，资助普通高中在校生中的家庭经济困难学生，资助标准平均为每生每年1 500元，用于资助家庭经济困难学生的学习和生活费开支。2011年，中央财政安排普通高中国家助学金预算约44.9亿元，资助学生约480万人，资助面约占全国普通高中在校生总数的20%。

〔**大幅提高中央高校生均综合定额拨款标准**〕 为满足公共财政预算科学化、精细化管理的要求，进一步完善中央高校生均综合定额预算拨款体系，教育部、财政部在深入调研的基础上，经认真测算，大幅度提高了中央高校生均综合定额拨款标准。2011年，本科生平均定额标准达每生1.4万元；硕士研究生由每生1万元提高至2.2万元；博士研究生由每生1.2万元提高至2.8万元。生均综合定额拨款标准的提高，从根本上改变了中央高校财务运行紧张的状况，更好地满足了学校办学的实际需求，有利于促进高校提高办学质量、实现可持续发展。

〔稳步推行高校总会计师制度〕 为加强高等学校财经工作领导，强化经济责任，规范财经行为，防范财务风险，提高财务管理水平，根据教育规划纲要要求，经深入调研、反复修改，教育部、财政部下发《高等学校总会计师管理办法》(教人〔2011〕2号)，对高校总会计师的任免、职责权利及监管作出了明确规定。根据《办法》规定，教育部研究制定了直属高校总会计师公开选拔试点工作方案，并于2011年年底前，组织实施了山东大学等6所直属高校总会计师的公开选拔工作。

〔继续大力推进高校化解债务工作〕 为妥善解决高校债务问题，财政部、教育部从2009年起安排专项资金，支持中央高校开展化债试点工作。2009—2011年，中央财政共计安排中央高校化债专项资金274.19亿元，其中教育部直属高校221.94亿元。2011年，中央财政安排中央高校化债专项资金105亿元，其中教育部直属高校81.44亿元。据初步统计，教育部直属高校银行贷款余额从2008年年底的429.19亿元降至2011年年底的110.86亿元，降幅达74.17%，提前完成化债工作目标。

为引导和支持地方有关部门和高校化解债务风险，中央财政建立了地方高校化债奖励补助机制。2011年，中央财政下达地方化解高校债务风险奖补专项资金84.8亿元。

〔改革完善中央高校捐赠收入财政配比办法〕 为进一步完善捐赠配比政策，切实加强配比资金管理，教育部、财政部印发《财政部 教育部关于加强中央高校捐赠收入财政配比资金管理工作的通知》(财教〔2011〕383号)，进一步改革完善中央高校捐赠收入财政配比办法，同时要求各高校严格规范捐赠收入和配比资金的使用管理。从2011年起，中央财政采取分档超额累退比例的分配方式安排配比资金。2011年，根据评审合格的各中央高校捐赠收入配比项目，中央财政安排中央高校捐赠收入配比资金22.6亿元，其中教育部直属高校19.9亿元。

〔进一步规范基本科研业务费专项资金管理〕 为进一步规范并加强中央高校基本科研业务费专项资金管理，教育部、财政部印发《财政部 教育部关于加强中央高校基本科研业务费管理工作的通知》(财教〔2011〕171号)，要求中央高校进一步修改完善内部管理办法，加大青年教师和具有科研潜质的在校学生参与基本科研活动的比例；规范资金管理，强化财务部门管理职责，组织开发“基本科研业务费管理平台”系统，建立健全课题库，提高预算执行率。2011年，中央财政安排中央高校基本科研业务费专项资金25亿元。中央高校初步形成国家纵向科研、企业横向科研、高校自主科研三个层次较完善的高校科研经费保障体系。

〔发放2011年秋季学期高校家庭经济困难学生临时补贴〕 为体现党和政府对高校家庭经济困难学生的关心，缓解物价上涨给他们带来的生活压力，财政部、教育部一次性下达2011年秋季学期高校家庭经济困难学生临时补贴资金共计13.31亿元，其中中央财政投入8.17亿元，地方财政投入5.14亿元。所有资金专项用于各高校全日制在校本专科生中家庭经济困难学生临时补贴，补贴标准为每生每月60元，补贴期限为5个月，受益学生达443.5万人。

〔进一步完善学费补偿国家助学贷款代偿政策〕 为鼓励高等学校在校学生应征入伍服义务兵役，提高兵员征集质量，推进国防和军队的现代化建设，教育部会同财政部、总参谋部研究制定《应征入伍服义务兵役高等学校在校生学费补偿国家助学贷款代偿及退役复学后学费资助暂行办法》(财教〔2011〕510号)。从2011年秋季学期起，国家对应征入伍服义务兵役的高等学校在校生在校期间缴纳的学费实行补偿，退役后复学的原高校在校生实行学费资助。在校期间获得国家助学贷款的，学费补偿首先用于偿还国家助学贷款。国家对每名在校生应征入伍前在校期间每学年学费补偿或国家助学贷款代偿金额，按照实际缴纳的学费或获得的国家助学贷款金额计算，每人每年最高不超过6 000元。

〔国家实施退役士兵教育资助政策〕 经国务院、中央军委同意，财政部、教育部、民政部、总参谋部、总政治部联合印发《关于实施退役士兵教育资助政策的意见》(财教〔2011〕538号)，决定从2011年秋季学期开始，实施自主就业退役士兵教育资助政策，对退役一年以上、考入全日制普通高等学校的自主就业退役士兵，根据本人申请，由政府给予教育资助。主要内容：一是学费资助；二是家庭经济困难退役士兵学生生活费资助；三是其他奖助学金资助。学费资助标准按省级人民政府制定的学费标准，原则上退役士兵学生应缴纳学费金额计算，最高不超过年人均6 000元。生活费及其他奖助学金资助标准，按国家现行高校学生资助政策的有关规定执行。

〔修订《国家公派出国教师生活待遇管理规定》，提高国家公派出国教师生活待遇〕 2011年，财政部、教育部对2005年制定的《国家公派出国教师生活待遇管理规定》进行了修订，印发了《财政部 教育部关于印发〈国家公派出国教师生活待遇管理规定〉的通知》(财教〔2011〕194号)，大幅度提高了国家公派出国教师生活待遇水平。

1. 国外工资标准。出国教师在国外任教期间，根据出国教师国内职称，按以下标准计发国外工资：

单位：美元/月

级别	职别	工资标准
一级	教授、研究员	2 100
二级	副教授、副研究员	1 900
三级	讲师、助理研究员	1 700
四级	助教、实习研究员	1 500

2. 艰苦地区补贴标准。为体现对艰苦地区的倾斜，鼓励教师到艰苦地区任教，在艰苦地区任教的出国教师享受艰苦地区津贴。艰苦地区津贴标准按一类到五类分别为每人每月180美元、500美元、820美元、1 150美元、1 500美元。

3. 交通补贴标准。出国教师国外任教期间，如聘请方不提供交通工具和相关费用，国家按以下标准提供交通补贴：

非艰苦及一类艰苦地区：每人每月400美元；

二类及以上艰苦地区：每人每月600美元。

4. 配偶补贴标准。出国教师配偶享受配偶补贴。随任配偶补贴标准每月500美元，不随任配偶补贴标准每月200美元。艰苦地区随任配偶，同时享受出国教师艰苦地区津贴标准1/3的艰苦地区津贴。无配偶或配偶在境外公费留学、进修或有工资收入，不享受配偶补贴。

5. 孔子学院中方院长岗位津贴标准。孔子学院中方院长享受岗位津贴，标准为每人每月400美元，用于开展工作必需的对外交往和通讯等支出。

新出台的《国家公派出国教师生活待遇管理规定》，在一定程度上解决了国家公派出国教师生活待遇标准不适应国外实际情况的问题，有利于国家公派出国教师队伍的建设和稳定，有利于国际汉语教育事业以及教育援外事业的发展。

〔研究制定加大财政教育投入，确保2012年实现4%目标的政策措施〕 教育规划纲要明确提出，提高国家财政性教育经费支出占国内生产总值的比例，2012年达到4%。为实现这一目标，教育部会同财政部研究出台了一系列政策文件。6月8日，温家宝总理主持召开国务院常务会议，审议通过了加大财政性教育投入的若干政策，会后印发了《国务院关于进一步加大财政教育投入的意见》(国发〔2011〕22号，以下简称《意见》)。7月6日，国务院召开全国教育投入和管理工作电视电话会议，对贯彻落实国务院《意见》进行专门部署，国务委员刘延东出席会议并作重要讲话。财政部、发改委、教育部主要负责人就下一步工作进行了部署，广东省、河北省、重庆市有关负责人介绍了加大财政教育投入、促进教育优先发展方面的经验和做法。国务院《意见》明确了今后一个时期加大财政性教育投入以下政策措施。

一、落实法定增长要求，切实提高财政教育支出占公共财政支出比重。

1. 严格落实教育经费法定增长要求。各级人民政府要严格按照《中华人民共和国教育法》等法律法规的规定，在年初安排公共财政支出预算时，积极采取措施，调整支出结构，努力增加教育经费预算，保证财政教育支出增长幅度明显高于财政经常性收入增长幅度。对预算执行中超收部分，也要按照上述原则优先安排教育拨款，确保全年预算执行结果达到法定增长的要求。

2. 提高财政教育支出占公共财政支出的比重。各级人民政府要进一步优化财政支出结构，压缩一般性支出，新增财力要着力向教育倾斜，优先保障教育支出。各地区要切实做到 2011 年、2012 年财政教育支出占公共财政支出的比重都有明显提高。

3. 提高预算内基建投资用于教育的比重。要把支持教育事业发展作为公共投资的重点。在编制基建投资计划、实施基建投资项目时，充分考虑教育的实际需求，确保用于教育的预算内基建投资明显增加，不断健全促进教育事业发展的长效保障机制。

二、拓宽经费来源渠道，多方筹集财政性教育经费。

1. 统一内外资企业和个人教育费附加制度。国务院决定，从 2010 年 12 月 1 日起，统一内外资企业和个人城市维护建设税和教育费附加制度，教育费附加统一按增值税、消费税、营业税实际缴纳税额的 3％征收。

2. 全面开征地方教育附加。各省（区、市）人民政府应根据《中华人民共和国教育法》的相关规定和《财政部关于统一地方教育附加政策有关问题的通知》（财综〔2010〕98 号）的要求，全面开征地方教育附加。地方教育附加统一按增值税、消费税、营业税实际缴纳税额的 2％征收。

3. 从土地出让收益中按比例计提教育资金。进一步调整土地出让收益的使用方向。从 2011 年 1 月 1 日起，各地区要从当年以招标、拍卖、挂牌或者协议方式出让国家土地使用权取得的土地出让收入中，按照扣除征地和拆迁补偿、土地开发等支出后余额 10％的比例计提教育资金。具体办法由财政部会同有关部门制定。

根据《意见》精神，7 月 25 日，教育部和财政部联合印发了《关于从土地出让收益中计提教育资金有关事项的通知》（财综〔2011〕62 号），对计提教育资金口径、增设科目单独核算等作了明确规定，并要求从土地出让收益中计提的教育资金，实行专款专用，重点用于农村学前教育、义务教育和高中阶段学校的校舍建设和维修改造、教学设备购置等项目支出。8 月 23 日，财政部印发了《关于加强对各地 2011—2012 年财政教育投入状况分析评价的通知》（财办〔2011〕37 号），决定从财政教育支出增幅（权重 30％）、财政教育支出比例（权重 50％）、教育附加征收率（权重 10％）和土地出让收益教育资金计提率（权重 10％）四个方面对各地投入情况进行评价，并将各地投入情况及时报告国务院。中央财政设立财政教育投入综合奖励资金，对综合评价结果为优异的省份给予奖励。教育部根据分析评价结果，在调整各地院校设置、学位点设置、招生计划等方面采取相应措施。

〔规范幼儿园收费管理〕　为促进学前教育事业科学发展，规范幼儿园收费行为，国家发改委、教育部、财政部印发了《幼儿园收费管理暂行办法》。办法规定：幼儿园可向入园幼儿收取保育教育费（以下简称“保教费”），对在幼儿园住宿的幼儿可以收取住宿费。制订或调整公办幼儿园保教费标准，由省级教育行政部门根据当地城乡经济发展水平、办园成本和群众承受能力等实际情况提出意见，经省级价格主管部门、财政部门审核后，三部门共同报省级人民政府审定。制订或调整公办幼儿园住宿费标准，由当地教育行政部门提出意见，报当地价格主管部门会同财政部门审批。幼儿园为在园幼儿教育、生活提供方便而代收代管的费用，应遵循“家长自愿，据实收取，及时结算，定期公布”的原则，不得与保教费一并收取。幼儿园服务性收费和代收费项目由省级教育行政部门根据当地实际情况提出意见，经省级价格主管部门、财政部门审核，三部门共同报省级人民政府批准后执行。幼儿园不得收取书本费。幼儿园除收取保教费、住宿费及省级人民政府批准的服务性收费、代收费外，不得再向幼儿家长收取其他费用。幼儿园不得在保教费外以开办实验班、特色班、兴趣班、课后培训班和亲子班等特色教育为名向幼儿家长另行收取费用，不得以任何名义向幼儿家长收取与入园挂钩的赞助费、捐资助学费、建校费、教育成本补偿费等费用。

〔启动实施农村义务教育学生营养改善计划〕 党中央、国务院高度关心和重视青少年的健康成长，中央领导同志多次就农村学生营养改善工作作出重要指示。教育规划纲要等有关重要文件，也都对农村学生营养改善工作提出了明确要求。

为贯彻落实中央领导同志的重要指示精神和有关文件要求，教育部会同财政部等有关部门，对农村学生营养改善工作开展了深入细致的调查研究。10月26日，国务院总理温家宝主持召开国务院第177次常务会议，决定启动实施农村义务教育学生营养改善计划。11月23日，国务院办公厅印发了《国务院办公厅关于实施农村义务教育学生营养改善计划的意见》(国办发〔2011〕54号)，主要内容如下。

1. 在集中连片特殊困难地区开展试点，中央财政按照每生每天3元的标准为试点地区农村义务教育阶段学生提供营养膳食补助。试点范围包括680个县（市）、约2 600万名在校生。初步测算，国家试点每年需资金160多亿元，由中央财政负担。

2. 鼓励各地以贫困地区、民族和边疆地区、革命老区等为重点，因地制宜开展学生营养改善试点，中央财政给予奖补。

3. 统筹农村中小学校舍改造，将学生食堂列为重点建设内容，切实改善学生就餐条件。

4. 将家庭经济困难寄宿学生生活费补助标准每生每天提高1元，达到小学生每天4元、初中生每天5元。中央财政按一定比例奖补。同时要求把食品安全摆在首要位置。

11月24日，国务院召开电视电话会议，全面动员部署农村义务教育学生营养改善计划启动实施工作，国务委员刘延东出席会议并作重要讲话。教育部、财政部、国务院食安办负责人和宁夏、陕西、贵州3省（区）政府领导发言。12月上中旬，教育部联合财政部、国务院食安办，分三个片区对中西部22个省（区、市）的680个国家试点县主管教育局长、财政局长进行了面对面的培训，学员近1 500人。

为改善学生就餐条件，2011年，中央财政下达食堂建设专项资金100亿元，用于支持集中连片特殊困难地区农村中小学食堂（伙房）建设和有关设施设备配备。

〔启动实施中西部农村初中校舍改造工程（二期）〕 为落实国民经济和社会发展第十二个五年规划和教育规划纲要，改善农村义务教育办学条件，推进学校标准化建设，教育部积极协调国家发改委，启动实施中西部农村初中校舍改造工程（二期）。工程建设周期为5年（2011—2015年），建设内容以民族、边远、贫困地区的学生宿舍、食堂和厕所等学生生活设施为主，目标是继续改善农村（含县镇）初中特别是寄宿制初中的学生校内食宿条件，加快消除“大通铺”、校外租房、学校供餐能力不足等现象，有效满足路途较远学生和农村留守学生的寄宿需求，有效改善学校供餐条件。2011年，下达中央投资30亿元。

〔进一步做好教育系统经济责任审计工作〕 为贯彻落实中共中央办公厅、国务院办公厅《党政主要领导干部和国有企业领导人员经济责任审计规定》(中办发〔2010〕32号，以下简称《规定》)，教育部印发了《关于做好教育系统经济责任审计工作的通知》(教财〔2011〕2号)，对做好教育系统经济责任审计工作提出了明确要求。

1. 深入学习，全面贯彻落实《规定》。各地、各高校（单位）要充分认识到深化经济责任审计是加强干部管理和监督，推进党的建设科学化的重要途径；是促进领导干部贯彻落实科学发展，推进经济社会又好又快发展的重要保障；是加强权力运行制约和监督，健全社会主义民主法治的重要措施；是规范和完善经济责任审计，健全中国特色社会主义审计监督制度的重要举措。要健全经济责任审计工作联席会议制度，建立经济责任审计情况通报、审计整改以及责任追究等结果运用制度，逐步探索和推行经济责任审计结果公告制度，促进经济责任审计工作法制化、规范化、科学化。

2. 明确经济责任，加大审计力度。各级领导干部要了解和掌握经济责任内涵，明确应当履行的与财政收支、财务收支以及有关经济活动相关的责任和义务，牢固树立责任意识。各地、各高校（单位）要根据《规定》将应审计对象全部纳入审计范围。同时，可以在其任职期间进行任中审计，建立和完善重大项目资金使用全过程审计监督制度，更加有效地发挥经济责任审计的作用。

3. 依法界定审计内容。各地、各高校（单位）要以促进领导干部推动本单位科学发展为目标，以领导干部守法、守纪、守规、尽责情况为重点，以领导干部任职期间本单位财政收支、财务收支以及有关经济活动的真实、合法和效益为基础，严格依法确定审计内容。

4. 公布审计结果，严格责任追究。从 2011 年开始，对所属高校、事业单位领导干部的审计结果，视不同情况采取通报、公告和重大问题向党组织汇报等形式。对审计发现的重大问题责任人，经济责任审计领导小组（或经济责任审计联席会议）要专门研究处理。对违纪违规行为，依据有关规定作出处理、处罚或移送有关部门处理。要根据干部管理监督的相关要求，将审计结果作为考核、任免、奖罚被审计领导干部的重要依据。

5. 加强审计机构和队伍建设。要进一步健全教育审计机构，配备与本单位审计工作需要相适应的审计人员。特别是规模较大、资金量较多的单位要重视和加强审计机构和审计队伍建设，为开展审计工作提供基本保证。

撰稿 李　龙　王　征　徐诜宁
沈志超　王　俊　徐　薇
魏秦歌　周　为　韩冬升
审稿 徐孝民　胡延品　郭　鹏
田祖荫

基础教育

〔**加强中小学幼儿园安全工作**〕 2011年3月28日，教育部联合公安部、铁道部、国家质检总局、国家安监总局、国家林业局、中国地震局、中国气象局、国务院妇儿工委、共青团中央、全国少工委、国务院应急办、北京市人民政府、中国红十字会总会，在中国消防博物馆共同举办了以“强化安全意识，提高避险能力”为主题的第十六个全国中小学生安全教育日活动启动仪式。教育部部长袁贵仁出席并发表讲话。在启动仪式上，袁贵仁和公安部消防局局长陈伟明少将共同为中国消防博物馆“消防安全教育基地”揭牌。北京市全体中小学生向全国中小学生发出倡议。教育部、公安部、铁道部、国家林业局、中国地震局、中国气象局、团中央、全国少工委、国务院妇儿工委等主办单位向全国中小学生赠送了光盘、画册等安全教育资料。

4月8日，教育部办公厅下发《关于开展中小学幼儿园安全大检查的通知》，在全国范围内部署开展中小学幼儿园安全大检查，要求各地对校园安全防范情况、校园安全管理情况、校舍安全情况、上下学交通安全情况以及从业人员情况进行全面检查，及时消除隐患。3月27日至5月20日，教育部联合中央综治办、公安部组成8个检查组，分赴河北、天津、山东、河南、湖南、广西、江苏、安徽、云南、贵州、四川、甘肃、青海、宁夏、江西、海南、陕西、福建18个省、自治区、直辖市开展校园安全专项督导检查。共检查了272所中小学幼儿园，其中中学90所、小学106所、幼儿园76所。

4月11日，教育部办公厅下发《关于开展中小学生上下学交通安全情况专项调研的通知》，部署开展专题调研。通过调研，摸清了底数，掌握了各地好的经验做法、学生上下学接送车辆运行管理模式以及在保障学生上下学交通安全方面存在的困难和问题。8月24日，召开全国中小学校车试点工作启动会。教育部按照“试点先行、积累经验、探索模式、逐步推广”的原则，选择了有一定工作基础、有代表性的浙江省湖州市德清县、山东省威海市和滨州市无棣县、辽宁省本溪市桓仁县、黑龙江省鸡西市、陕西省西安市阎良区6个地区开展中小学校车运营管理试点工作。探索政府主导下成立专业公司运营、政府补贴社会公司运营、政府补贴社会车辆参与运营、政府购置校车供教育部门或学校使用等校车运营管理模式。11月25日，国务院总理温家宝就校车工作作出重要批示后，教育部密切配合国务院法制办和国家发改委等部门积极开展工作，参与了《校车安全条例（草案）》、《关于建立校车制度加强安全管理的指导意见》的起草工作，修订和完善了校车标准。

9月26—27日，教育部与中央综治办、公安部在重庆市召开全国校园安全工作经验交流现场会。全国各省（区、市）、新疆生产建设兵团综治、教育、公安部门相关负责人出席会议。与会代表实地考察了重庆市校园新型警务体制勤务机制建设情况。教育部副部长刘利民和公安部、中央综治办有关领导在会上讲话，重庆、辽宁、江苏等省市教育部门在会上作经验交流。

8月，在青海省西宁市对全国200名地市分管安全的局长进行了学校安全管理工作培训。9月16日至10月20日，对中西部九省（区）1.4万名中小学校长和教师进行安全教育与安全管理国家级远程专题培训。11月，在广东省惠州市对1 000多名校长进行了安全工作培训。

〔**国家召开学前教育三年行动计划现场推进会**〕 9月4—5日，国家教育体制改革领导小组在西安市召开学前教育三年行动计划现场推进会。会议的主要任务是交流各地实施学前教育三年行动计划、加快学前教育发展的主要举措和经验，部署实施国家学前教育重大项目。国务委员刘延东出席会议并作重要讲话。教育部部长袁贵仁和陕西省省长赵正永，各省（区、市）政府、新疆生产建设兵团分管负责人，省级教育、财政部门的负责人，教育部、财政部、发改委相关负责人和有关司局负责人出席了会议。

刘延东指出，实施学前教育三年行动计划以来，各地按照国务院的总体要求和部署，精心组织，有序推进，教育经费明显增加，教师队伍建设步伐加快，科学保教理念进一步普及，全社会支持学前教育氛围更加浓厚，学前教育改革发展取得了阶段性进展。

刘延东强调，发展学前教育事关亿万儿童的健康成长，事关人民群众的切身利益，事关国家和民族的未来，要把大力发展学前教育作为社会保障和改善民生的重要举措，作为推进新时期教育事业科学发展的重要任务。国务院已经制定了支持学前教育发展的一揽子政策措施，全面启动四大类7个重大项目，各地要认真落实，抓住机遇，结合本地实际，建立促进学前教育可持续发展机制。要以中西部农村地区为重点，通过新建改扩建幼儿园、增设附属幼儿园、开展巡回指导等方式，努力构建县、乡、村三级全覆盖的网络，加快农村学前教育的发展与普及。要在政府举办幼儿园的同时，鼓励企事业单位、街道、社会团体和公民个人多渠道、多形式举办幼儿园，解决好进城务工人员随迁子女入园问题，满足群众多样化、多层次的需求。要配齐配好教师，实施好中西部农村幼儿教师培训计划，全面提高教师素质和专业化水平。要推进教育公平，建立学前教育资助政策体系，对家庭经济困难儿童、孤儿和残疾儿童接受普惠性学前教育进行资助。

刘延东要求，各地在实施过程中要科学组织，统筹安排，将国家重大项目与地方行动计划有机衔接，协调推进；既要建设优质校舍工程，更要重视师资、管理等制度建设；要大力发展公办园，积极扶持民办园，努力提供公益普惠的学前教育服务；要重视提高保教质量，扩大优质教育资源，防止和纠正“小学化”倾向。

〔**中央财政实施四大类7个学前教育重大项目**〕 9月5日，财政部、教育部下发了《关于加大财政投入支持学前教育发展的通知》及7个项目实施方案。“十二五”期间，中央财政计划安排500亿元，实施四大类7个重点项目，重点支持中西部地区和东部困难地区发展农村学前教育。第一，支持中西部农村扩大学前教育资源，包括3个项目：利用农村闲置校舍和其他富余公共资源改建幼儿园；在不具备独立办园条件的行政村利用农村小学富余校舍资源增设附属幼儿园；在人口分散的农村偏远地区开展学前教育巡回支教，为散居儿童和家长提供灵活多样的学前教育服务。第二，鼓励多渠道多形式举办幼儿园。包括2个项目：支持地方扶持普惠性、低收费民办幼儿园发展；支持地方扶持城市集体、企事业单位和部门办园和解决进城务工人员随迁子女入园。第三，实施幼儿教师国家级培训计划。从2011年起，将中西部农村幼儿教师纳入“中小学教师国家级培训计划”，对中西部农村幼儿园骨干教师和转岗教师进行专业培训。第四，支持地方建立学前教育资助制度。各地对家庭经济困难儿童、孤儿和残疾儿童入园给予资助，中央财政进行奖补。

〔**全国学前教育呈现快速发展的良好局面**〕 2011年，各地认真贯彻落实《国务院关于当前发展学前教育的若干意见》，扎实推进学前教育三年行动计划和国家学前教育重大项目，普惠性学前教育资源快速增加。据统计，全国幼儿园总数已达16.67万所，比2010年增加了1.63万所，增长了10.9个百分点；在园幼儿规模达3 424.42万人，比2010年增加447.75万人，增长15个百分点；全国学前三年毛入园率达62.3%，比2010年增长5.7个百分点。

〔**全国中小学德育工作经验交流会**〕 12月8

日，教育部在北京召开全国中小学德育工作经验交流会。会议总结交流了2004年中央8号文件印发以来各地推进中小学德育工作的好经验，分析了中小学德育工作面临的新形势，部署了基础教育战线学习贯彻落实党的十七届六中全会精神，推动社会主义核心价值体系融入中小学教育工作。国务委员刘延东为大会发来贺信。刘延东指出，加强和改进中小学德育工作，对于促进教育事业科学发展，确保中国特色社会主义事业兴旺发达、后继有人具有重要而深远的意义。要坚持育人为本，德育为先，引导学生树立远大志向和社会主义荣辱观，培育学生的爱国情感和创新意识，培养学生正确的人生观、价值观以及良好的品德和行为习惯，加强素质教育，坚持思想道德建设与身心健康发展相统一，促进学生全面发展。要注重开发德育资源，在课堂教学、社会实践、校园文化、班主任工作、学校管理等各个方面和各个环节体现育人要求。要适应时代发展的新要求和学生学习生活的新特点，不断丰富教育内容，创新方式方法，激发学生学习进步的自觉性和积极性，努力形成长期稳定、充满活力的中小学思想道德的工作格局和生动局面。各级党委、政府要切实加强领导，加强队伍建设，完善保障机制，加强科研评估，努力把中小学德育工作提高到一个新水平，为中国特色社会主义事业和中华民族伟大复兴培养德、智、体、美全面发展的合格建设者和可靠接班人。

教育部部长、党组书记袁贵仁作重要讲话，副部长刘利民主持会议。教育部、团中央、全国妇联、国家粮食局、国家档案局的有关领导以及来自全国各省（区、市）、新疆建设兵团、计划单列市的教育行政部门负责人，部分中小学校长、校外教育机构和社会实践基地的代表150余人参加会议。北京、广东、辽宁、湖南、重庆、江苏、四川、浙江等地教育部门和部分学校代表作交流发言。会上，教育部向137个全国中小学德育工作优秀案例单位代表颁发奖牌，命名141家全国县级示范性青少年校外活动场所和22家全国中小学社会实践基地。

〔**开展热爱中国共产党教育活动**〕 为引导中小学生学习“100位为新中国成立作出突出贡献和100位感动中国人物”中的共产党员的崇高精神，教育部开展了以“双百”人物中的共产党员命名中小学班集体活动。6月20日，在国家博物馆举行了以“双百”人物中的共产党员命名中小学班集体活动的命名授牌仪式。共命名128个中小学班集体，命名的班集体覆盖全国31个省（区、市）和新疆生产建设兵团。秋季开学，教育部和中央电视台组织了“开学第一课”，以建党90周年为背景，以“幸福”为主题，在由孩子、家长、学校、社会构成的全景视野中，聚焦中国孩子的“幸福”，让全国的中小学生共上了一堂“幸福”课，在社会上引起强烈反响，受到广大教师、学生、家长及社会各方面的高度评价。

〔**设立示范性综合实践基地建设项目**〕 经国务院批准，“十二五”期间，教育部、财政部利用中央专项彩票公益金30亿元支持各省（区、市）地级市建设100个示范性综合实践基地。为此，财政部、教育部共同下发了《财政部　教育部关于印发〈中央专项彩票公益金支持示范性综合实践基地项目管理办法〉的通知》(财综〔2011〕45号)。在每个基地的3 000万元建设经费中，基本建设费为2 400万元，设备配置费为600万元。实践基地具备室内综合实践区、室外劳动实践区、综合训练区、生活区等基本功能区，可容纳集中食宿，开展学工、学农、生命安全教育等综合实践教育活动。2011年，审批公布了20个示范性综合实践基地名单，共计下拨资金6亿元。

〔**设立乡村少年宫项目**〕 经国务院批准，“十二五”期间，中央文明办、财政部和教育部利用中央专项彩票公益金共同组织实施乡村少年宫项目建设。5年利用24亿元中央专项彩票公益金建设8 000个乡村学校少年宫。每个项目30万元。乡村学校少年宫依托农村中小学校现有场地、教室和设施，配备必要的设备器材，依靠教师和志愿者进行管理，是在课余时间和节假日组织开展普及性课外活动的公益性活动场所。开放对象主要为所依托学校的在校学生，鼓励具备条件的乡村学校少年宫面向周边中小学校学生开放。2011年，审批公布了1 600个乡村学校少年宫名单，共计下拨资金4.8亿元。为了规范和加强中央专项彩票公益金支持乡村学校少年宫项目的管理工作，财政部、中央文明办、教育部共同印发了《财政部　中央文明办　教育部关于印发〈中央专项彩票公益金支持乡村学校少年宫项目管理办法〉的通知》(财综〔2011〕44号)。

〔整合社会资源建设中小学社会实践基地〕 为探索建立利用社会资源开展中小学社会实践的机制，5月5日，教育部印发了《关于联合相关部委利用社会资源开展中小学社会实践的通知》(教基一〔2011〕2号)，并召开新闻发布会，向社会和媒体介绍关于联合相关部委开展中小学社会实践工作的具体情况。各实践基地均有完备的组织工作方案、活动方案和安全应急预案，配有专门的讲解人员、安保人员，基地内设有清晰的安全警示标志。根据基地不同的特点因地制宜开展社会实践活动，服务广大未成年人和中小学生。

〔规范普通高中改制学校〕 为规范普通高中办学行为，治理教育乱收费，促进普通高中健康发展，5月19—20日，教育部基础教育二司在石家庄市组织召开了普通高中改制学校清理规范工作座谈会，各地交流了工作进展情况，就进一步做好清理规范工作进行了研讨。11月，教育部与国家发改委下发了《关于进一步做好普通高中改制学校清理规范工作的通知》。一是明确了清理规范的对象，要求各地将按民办机制运行的公办普通高中学校和公办普通高中参与举办的不符合《民办教育促进法》及其《民办教育促进法实施条例》规定的民办普通高中学校纳入清理范围。二是明确了清理规范的要求，清理规范后明确定性为公办学校的，要执行当地同类公办普通高中学校招生收费政策；清理规范后明确定性为民办学校的，要符合《民办教育促进法》及其实施条例规定的办学条件，履行民办学校审批手续，取得办学许可证，依照有关法律、法规进行登记。三是明确了清理规范完成的时限，要求各地在2012年秋季开学前完成普通高中改制学校的清理规范工作。四是明确了工作机制，要求各地建立清理规范销号制度，定期统计，规范一所减少一所。要求各地物价管理部门加强对清理规范后学校收费情况的检查，对以改制为名的乱收费行为要严肃查处。

〔整体规划大中小学德育课程〕 为贯彻落实教育规划纲要提出的“建构大中小学有效衔接的德育体系”的任务要求，2011年，教育部组织开展了“整体规划大中小学德育课程”这一重大教育改革工作，对小学1—2年级《品德与生活》、小学3—6年级《品德与社会》；初中《思想品德》；高中《思想政治》；初、高中《历史》(中国近现代史部分)；大学《道德修养与法律基础》、《毛泽东思想与中国特色社会主义理论体系概论》、《马克思主义基本原理概论》、《中国近现代史纲要》等课程进行了系统梳理，查找有关问题，提出了关于大中小学德育课程设计的总体思路和近百条有关课程标准、教材的修改意见和建议。根据这些意见和建议，教育部修改并正式印发了义务教育课程标准，将专家组关于大学思想政治理论教育课程教材的修改意见和建议上报了“中央马克思主义理论研究与建设工程”办公室，供其组织教材修订时参考。

为完成这一任务，教育部成立了由教育部部长袁贵仁任组长，副部长李卫红、刘利民任副组长的领导小组，成立了由基础教育二司、社科司和教改办共同参与的工作组以及基础教育、高等教育领域20位专家组成的专家组。

〔印发《教育部关于中小学开展书法教育的意见》〕 为全面实施素质教育，继承和弘扬中华民族优秀文化，加强中小学书法教育，教育部于8月印发《教育部关于中小学开展书法教育的意见》(以下简称《意见》)，明确要求中小学校可通过以下课程及活动开展书法教育。一是在义务教育阶段语文课程中，要按照课程标准要求开展书法教育，其中三至六年级的语文课程每周安排一课时的书法课。二是在义务教育阶段美术、艺术等课程中，结合学科特点开展形式多样的书法教育。三是要求普通高中在语文等相应课程中设置与书法有关的选修课程。四是可在综合实践活动、地方课程、校本课程中开展书法教育。《意见》提出了中小学书法教育应坚持循序渐进、注重书法修养、提高文化素质的原则，明确规定了写字和使用毛笔书写的基本要求。

《意见》要求省级教育行政部门结合本地区实际，对书法教育的教学管理、教师任职条件及资源配置等进行规划；各地有计划地安排书法教师的培养和培训，加强对书法教育工作的研究和指导，把书法课开设情况纳入教育督导的专项内容。

〔**实施农村义务教育薄弱学校改造计划**〕　财政部、教育部从2010年开始实施农村义务教育薄弱学校改造计划。该计划重点实施两类项目。一是教学装备类项目。主要为农村薄弱学校配置图书、教学实验仪器设备、体音美等器材，为农村薄弱学校每个班级配备多媒体远程教学设备。二是校舍建设类项目。具体包括支持国家试点地区农村学校新建、改扩建食堂（伙房），支持农村寄宿制学校学生附属生活设施建设，支持县镇学校扩容改造。该计划惠及中西部和东部的辽宁、福建、山东及新疆生产建设兵团等共26个省级单位。

10月28日，财政部、教育部召开工作会议，全面部署实施农村义务教育薄弱学校改造计划工作。教育部副部长刘利民出席会议并讲话，强调要深刻认识实施好薄弱学校改造计划的重大意义，将实施薄弱学校改造计划列入教育工作的重要议事日程，抢抓机遇，加快发展，普遍改善农村义务教育学校的办学条件，全面提高农村教育质量，力争早日实现区域内义务教育均衡发展的目标。印发了《财政部、教育部关于实施农村义务教育薄弱学校改造计划的通知》。

〔**签署义务教育均衡发展备忘录**〕　为构建中央和地方政府协同推进义务教育均衡发展的机制，教育部分别于2011年3月和7月在北京举行了两次义务教育均衡发展备忘录签署仪式。教育部部长袁贵仁与28个省（区、市、兵团，下同）的政府负责人参加了签署仪式。教育部分别与28个省签署了义务教育均衡发展备忘录，推动各省确定县域内义务教育均衡发展的时间表和路线图。按照城乡一体化义务教育均衡发展要求，制定义务教育学校办学基本标准，开展学校标准化建设，制定符合本省实际的义务教育评估验收标准和办法。

〔**推进义务教育均衡发展试点项目工作**〕　在425个国家教育体制改革试点项目中，包括义务教育均衡发展专项试点项目38个。为此，教育部基础教育一司于9月19日印发了《国家教育体制改革试点项目义务教育均衡发展专家指导方案》。9月26日，在北京召开国家教育体制改革义务教育均衡发展试点项目推进会。会议介绍了国家教育体制改革义务教育均衡发展试点项目工作指导方案及相关情况；北京、河北、河南、江苏、大连、成都、威海7个试点项目单位就项目进展情况作了汇报。教育部有关部门负责人、各试点地区项目负责人和义务教育均衡发展专家工作组专家等出席会议。

教育部副部长、国家总督学刘利民在会上指出了推进义务教育均衡发展的5个关键环节：建立县域或片区内的教师交流机制、将优质高中录取名额分配到辖区内初中学校、统筹配置优质教育资源改造城乡薄弱学校、城乡统筹推进义务教育均衡发展、以公办学校为主解决进城务工人员随迁子女入学问题。刘利民强调，推进义务教育均衡发展，办学条件均衡是基础，生源均衡是突破，师资均衡是关键。推进均衡发展要处理好5个关系，即统一要求与因地制宜的关系、政府责任与学校努力的关系、硬件均衡与软件均衡的关系、均衡发展与特色发展的关系、均衡发展与提升质量的关系。努力做到6个进一步，即进一步提高思想认识、进一步把握改革方向、进一步加强组织领导、进一步突破重点难点、进一步加强过程指导、进一步加强宣传引导。通过3—5年的试点，一些地方在管理体制、运行机制、关键环节、配套条件等方面形成更加成熟的、可以推广的典型经验与政策创新，再经过5年的努力，在全国着力推广和推进，点面结合、上下联动，确保在2020年实现全国义务教育基本均衡发展的目标。

〔**修订颁发义务教育学科课程标准**〕　2001年，教育部启动基础教育课程改革，以“实验稿”的形式下发了各学科课程标准。在10年改革过程中，课程标准全面接受了实践的检验，得到了充分的肯定，也发现了需要进一步改进和完善的问题。根据教育规划纲要的任务要求，教育部组织修订并颁发了义务教育19个学科的课程标准（2011年版）。

义务教育课程标准修订的总体思路是：巩固改革成果，坚持育人为本的教育理念以及课程改革的目标和方向，全面吸收改革的基本经验；深入分析并积极回应实验中发现的问题，有针对性地进行完善；按照教育规划纲要“建设人力资源强国”的要求，以“三个面向”为指导，以前瞻的眼光积极应对未来的挑战，与时俱进地进行课程更新与发展。为此，教育部组织开展了约11.7万人的大规模调查，研究提出了五方面的修订原则和重点：一是坚持德育为先，各学科有机渗透；二是坚持全面发展，德智体美统筹设计；三是坚持能力为重，注重知行结合；四是坚持与时俱进，充实新思想和新内容；五是坚持减轻负担，控制容量和难度。为确保修订工作的针对性、科学性和前瞻性，修订过程中，专家修订组召开了近千场（次）的座谈会，广泛听取了省级教育行政部门、高等院校及一线校长和教师的意见。同时，修订后的课程标准还向中宣部、外交部、中央党史研究室、教育部基础教育课程教材专家咨询委员会及有关出版机构征求了意见，特别听取了近3年对课程建设提过建议的89位全国人大代表和政协委员的意见。19个学科课程标准通过了教育部基础教育课程教材专家工作委员会的审议。

修订后的义务教育课程标准结合学科特点和学生的年龄特征，有四个方面的主要变化。一是落实德育为先，有机渗透了社会主义核心价值体系，进一步突出了中华民族优秀传统文化教育，增强了民族团结教育的针对性和时代性，强化了法制教育的内容。二是突出能力为重，强化了能力培养的基本要求和基本内涵，进一步强化了实验要求，努力把创新精神和实践能力的培养进一步落到实处。三是反映时代精神，以及新时期中国社会发展的新思想、新成就，合理吸收了社会发展和科技进步的新成果。四是控制了课程容量和难度，设置了“选学”内容，调整了课程梯度，更好地体现了循序渐进的原则，有利于减轻学生的课业负担。

〔**开展普通高中多样化发展改革试点**〕　教育规划纲要提出，要推动普通高中多样化发展，促进办学体制多样化，推进培养模式多样化，探索发现和培养创新人才的途径，鼓励普通高中办出特色。国务院《关于开展国家教育体制改革试点的通知》确定了北京、上海、黑龙江、新疆、南京为试点地区。各试点地区根据国家要求，制订了实施方案，确定了试点学校，并在探索办学模式多样化、学校特色发展、课程建设等方面取得了积极进展。北京市制订了市、区县和学校三级项目实施方案，着重在人才培养模式、办学模式、办学体制上探索普通高中多样化发展；上海市重点以课程多样化建设为载体，提高课程的多样性和可选择性，满足学生多元学习需求；黑龙江省将试点单位分为地市级实验区和实验学校两个类别，推进高中多样化发展；南京市实施“普通高中多样化特色化建设工程”，通过重点建设和滚动发展，构建普通高中多样化、特色化办学格局；新疆维吾尔自治区发布了普通高中多样化发展改革试点方案，拟确定15—20所普通高中学校开展改革试点。

〔**中西部地区特殊教育学校建设规划进展顺利**〕　2008年，教育部、国家发改委、中国残联开始实施中西部地区特殊教育学校建设规划。至2011年，中央财政投入47亿元，新建和改建扩建特殊教育学校1 182所，基本实现了中西部地区的地（市）和30万人口以上且残疾儿童少年较多的县有1所独立设置的特殊教育学校，为更多的残疾儿童少年在特殊教育学校接受义务教育提供了便利，有效改善了特殊教育学校的办学条件。

〔**特殊教育学校开展“医教结合”实验**〕　为落实教育规划纲要“注重潜能开发和缺陷补偿”的要求，2011年，教育部在全国选定了18所特殊教育学校开展“医教结合”实验。先后举办多期培训班，对特殊教育学校校长和教师在“医教结合”理念、残疾儿童综合康复体系构建与实践、“医教结合”基本技能知识等方面进行培训。各实验学校高度重视，结合学校实际认真制订实验方案，有效整合医疗卫生和学校的教育资源，有针对性地加强学校仪器设备的配备，并就区域推进模式、相关政策支持和教师培训机制等方面进行了全方位的探索。“医教结合”实验提高了校长和教师“医教结合”的能力，形成了一批典型案例，取得了一批成果，在有效提高教育质量、促进残疾学生全面发展方面收到明显成效。

〔**开展特教师资培训**〕　召开全国特殊教育教师培训工作座谈会，总结师资培训工作情况，推广师资培训工作经验。将特殊教育学校的校长、教师培训全面纳入教师继续教育的总体规划和各级培训项目，重点安排，不断加强特殊教育师资队伍建设。委托教育部小学校长培训中心举办了特教学校校长高级研修班，对来自全国27个省（区、市）近60名特殊教育学校校长进行了为期一个月的培训。联合中国残联共同支持安徽、宁夏、内蒙古等13个省（区）开展特教师资培训。

〔**扫盲教育**〕　为了进一步深化扫盲课程与教学改革，提高扫盲教育教学的针对性和实效性，4月25日，教育部印发了《扫盲教育课程设置及教学材料编写指导纲要》(以下简称《指导纲要》)，规定了扫盲教育的基本课程设置和主要内容，强调扫盲教育的课程设置应以文盲学员需求为导向，以解决文盲学员迫切的实际问题为中心。《指导纲要》把扫盲教育课程设置分为基本课程和地方课程两个部分。基本课程涵盖《生活中的读与写》、《生活中的数与算》和《生活中的知与能》三门课程。地方课程是各地在基本课程的基础上，根据当地的地域特征和实际情况，有针对性地开设的（乡土）课程，是基本扫盲课程的必要补充。

12月16日，教育部基础教育一司在云南省组织召开全国扫盲教育工作座谈会，对各地落实《指导纲要》提出具体要求。同时，针对全国扫盲教育教学材料难度不一、参差不齐的实际，研究编写全国通用扫盲教育文字和电子教育教学材料，尽可能地为文盲学员提供丰富多彩的学习素材，有效促进扫盲教育工作的深入开展。

撰稿　王冉冉　马嘉宾　王正科
姜　瑾　周德茂　李　明
刘月霞　柳夕浪　沈白榆
吴　菁　乔玉全　王　岱
王婷婷　高　君　杨改菊
审稿　刘昌亚　李天顺　申继亮
王定华　于长学　杜柯伟

热点关注

奠基中国的千秋伟业

——写在中国全面完成普及义务教育和扫除青壮年文盲目标之际

一部教育史，就是一个国家振兴发展的历史写照。

1986年，中国颁布实施义务教育法；25年后，2011年11月，中国所有县级行政单位和省级行政区划全部通过普及九年义务教育和扫除青壮年文盲的国家验收，人口覆盖率达到100%，完成了历史性的战略任务。

这是值得铭记史册的光荣：中国用25年的时间，完成美国100年才完成的“普九”任务；成为9个发展中人口大国中唯一全面实现普及九年义务教育的国家。

这是中国历史上闪耀的一环：一边连着中国普及义务教育的百年梦想，一边连着中国建设人力资源强国的光明未来。

100年的梦想，25年的拼搏，这是中国教育史乃至人类教育史上最恢宏的乐章，这是中国跻身人力资源大国最豪迈的宣言，这是中华民族走向伟大复兴最坚厚的基石。

千秋伟业，奠基中国！

奠基工程

——推动人口大国走向人力资源大国

(一)

如果时间可以回转，我们仿佛还能听到中国普及义务教育的百年呼唤。1904年，清政府《奏定初等小学堂章程》首提兴办义务教育，中国普及义务教育之梦已有百年历史。但是在那个风雨飘摇的时代，这一切只能是空想。

如果时间可以回转，我们能够深切感受到新中国成立之初党和政府对发展教育的期盼与渴望：“有计划有步骤地实施普及教育”，“必须用极大的努力逐步扫除文盲”。新中国成立时，15岁以上人口平均受教育年限为1.6年，相当于日本明治维新前夕的水平，低于英美1820年的水平。20世纪70年代末的调研显示，以当时的速度和财力，仅完成危险校舍的改造就需要100年。

一百年太久，只争朝夕！

“中央提出要以极大的努力抓教育，并且从中小学抓起，这是有战略眼光的一着。如果现在不向全党提出这样的任务，就会误大事，就要负历史的责任。”邓小平的声音回荡在1985年的天空。

改变历史的帷幕拉开了，百年教育之梦加速度推进。

1986年，义务教育法颁布，以国家立法的形式正式确立了普及义务教育制度；1988年，国务院颁布《扫除文盲工作条例》；1992年，党的十四大提出20世纪末基本扫除青壮年文盲、基本实现九年义务教育；2000年，我国在85%以上的人口地区完成“两基”任务；2004年，西部“两基”攻坚开始；2011年，中国全面实现九年义务教育，基本扫除青壮年文盲。

25年，即使是简单梳理“两基”历程，我们都无法平静。当中国一步步从贫穷、落后中走出时，“两基”如同星星之火，一点点照亮教育的世纪跨越之路，照亮神州每一寸土地。

(二)

全面实现九年义务教育，基本扫除青壮年文盲，这是中国教育史上一个辉煌的里程碑，是中华民族复兴最宏大的奠基工程。

今天，我们通过25年艰苦卓绝的努力全面实现“两基”，创造了世界教育史上的奇迹。1949年，全国学龄儿童入学率仅为20%，人口中文盲率达到80%以上。到2011年，中国“普九”人口、地区实现全覆盖，成人文盲率下降到4.08%，小学净入学率99.7%，初中毛入学率100.1%，中国义务教育实现质的飞跃。

今天，我们在一个13亿人口大国全面实现“两基”，奠定了国民教育基础。我们已经拥有1.5亿小学、初中在校生。25年的“两基”历程，为高中教育和高等教育发展培养了数以亿计的高素质生源；在“两基”的强力推动下，各级各类教育蓬勃发展，为我国经济社会发展、综合国力提高、中华民族伟大复兴提供了强大的智力支持和人才储备。

今天，我们在占世界人口1/5的国家全面实现“两基”，为全人类文明进步做出伟大贡献。联合国教科文组织统计，世界儿童入学率从80%增加到84%，中国功不可没；从1990年到2005年，世界文盲减少1亿人，其中中国减少9 000万。在9个发展中人口大国中，中国是唯一一个全面实现九年义务教育的国家，成为推动世界全民教育发展的重要力量。

（三）

一个奇迹支撑着另一个奇迹。

25年奋进历程，我们打破了沉重的人口负担枷锁，并将其铸造成飞翔的翅膀。25年，中国完成了从人口大国向人力资源大国的完美转身。

历史经验告诉我们：国家要发展，关键是人才，基础在教育。

“一个十亿人口的大国，教育搞上去了，人才资源的巨大优势是任何国家比不了的。”数据显示，在“两基”逐步推进过程中，我国初中及以上学历的人口比例从1982年的24.87%提高到2010年的61.75%。用教育“武装”后的数量巨大的劳动者造就了“中国制造”这张最耀眼名片。

你见过这样的奇迹吗？年均GDP增长达9.4%，中国以这样的速度飞翔了30余年。

是什么支撑着如此伟大的传奇？一切的动力在人才。

世界银行研究认为，劳动力受教育平均年限每增长一年，国民生产总值就可增加9%。2009年，我国15岁以上人口平均受教育年限接近8.9年，主要劳动年龄人口平均受教育年限9.5年，新增劳动力平均受教育年限12.4年，均超过世界平均水平。

这是中国得以腾飞的坚韧而庞大的翅膀。过去，现在，未来，无论是科学技术的转化，还是产业结构的升级换代，都离不开大批掌握实用生产技术的高素质劳动者。这个庞大的翅膀，也让中国经济在世界经济危机中平稳滑翔。

教育在崛起，大国在崛起。

人口大国走向历史深处，教育的落后成为渐行渐远的背影。现在，我们是人力资源大国，是世界上总人力资本最大的国家和总人力资本增长最快的国家。“两基”之路，是从人口大国向人力资源大国的飞跃之路，是提高国民素质、增强经济发展潜力和造就现代化事业建设者的奠基工程，是中华民族复兴的坚实基础。

民生行动

——追求个体发展和教育公平

（四）

乡村代课教师魏敏芝穿行在贫瘠的土地上，寻找因贫失学的学生。1999年，电影《一个都不能少》把农村教育的艰辛与感人搬上银幕，给无数人带来情感的洗礼。

“一个都不能少”，乡村教师朴实的信念和行动，折射出教育事业最光辉的价值和最崇高的追求。让教育惠泽“每一个”，这是世纪之交中国“两基”书写的历史性一笔。

我们无法忘记山村女孩苏明娟那双大眼睛，因为那眼神流露着一种让人无法释怀的求学渴望。今天，翻开“苏明娟们”的成长史，我们欣慰地发现，“普九”让千百万像苏明娟那样出身贫困的孩子安坐于教室，静静地读书、成长。

这是一场持续25年的不遗余力，近5 000万原本无学可上或可能因贫失学的儿童顺利完成九年义务教育。同样是人口大国，印度义务教育阶段至今还有高达31%的辍学率。

每个人都享有生存权和发展权。真正的伟大，从来都落实在“微小”上。教育的伟大，在于赋予每个普通人生命的尊严和改变自身的力量。

“读完初中，才能打工”，贵州人喊出这样的口号，因为初中毕业能带来不一样的收入。“两基”实施25年来，全国受过中学以上教育的打工者总人数约1亿，占农村外出劳动力60%以上。

对于目不识丁的人来说，“睁眼瞎”是真真切切的痛苦。20世纪90年代初，我国市场经济蓬勃发展，而全国还有近两亿文盲，“有眼看不清大市场，有腿走不上致富路”。

国家意志紧贴着民众呼声。扫盲，刻不容缓！平均每年扫除1 000万青壮年文盲，中国以举世无双的力度推进“扫盲”。2011年，全国成人文盲率降至4.08%。世界公认，在所有发展中人口大国里，中国取得了最好的“扫盲”成绩。

“把人民的利益作为一切工作的出发点和落脚点，不断满足人们的多方面需求和促进人的全面发展”，21世纪初，当中国共产党提出“以人为本”的执政理念时，人们发现，这个理念早就落实在中国教育的行动中。

（五）

没有什么比社会公平更令人向往，因为“公平正义比太阳还要有光辉”；没有什么比教育公平更值得追求，因为教育公平是实现社会公平“最伟大的工具”。

“幼有所学，学有所教”是中国延续数千年的社会理想。1986年，义务教育法明确提出“平等的受教育机会”，教育公平第一次上升为国家意志。

曾经，国家财力匮乏，义务教育需要家庭“埋单”。无数家庭因无力负担教育支出，不得不让孩子辍学。实施免费义务教育，人民在期待，国家在等待。

这是一种积蓄力量的等待。当历史车轮驶入21世纪，我国在短短3年里完成免费义务教育“三级跳”：2006年，免除西部农村地区义务教育段学杂费；2007年，免除东部农村地区义务教育段学杂费；2008年秋季，免除城市义务教育段学杂费。

从此，华夏大地再也没有哪个家庭为孩子上学发愁。“自古读书须缴费，而今上学不花钞”，“种田不纳税，上学不缴费，农民得实惠，和谐好社会”，负担减轻的家长如此表达喜悦。

这是“穷人的教育学”。国家从尊重每个公民的平等权利出发，始终坚持义务教育的公益性和普惠性，让所有孩子无论地域、民族、阶层与出身，都能享受“人生起点的公平”。

“同在蓝天下，共同进步成长”、“不让一个孩子失学”，“一切为了孩子，为了孩子的一切”……当你行走在广袤的农村大地，看到村里最好的建筑是学校，看到农家孩子以书为伴，面带阳光，才能真正读懂这些口号。

教育公平永无止境，以公平为追求的中国人不断推出它的“升级版”：初步实现“两基”，巩固提高，“双高普九”，西部“攻坚”，素质教育……进入新世纪以来，均衡发展成为义务教育新的关键词。

如果说“普九”意味着“有学上”，那么均衡发展则意味着“上好学”。从“有学上”到“上好学”，中国教育不仅追求起点公平，也追求过程公平；不仅追求有公平的质量，也追求有质量的公平。

历史已经并将继续证明，只有公平的教育才能造就公平的社会；只有受到公平教育的国民，才能更好地创造国家未来。

“两基”之路

——探索中国特色义务教育发展道路

（六）

“两基”伟业所奠定的，是个人成长之基，是家庭幸福之基，是国家兴旺之基，更是教育腾飞之基。回首“两基”，我们最大的收获是，走出一条有中国特色的义务教育发展道路。

这条道路，是在中国共产党的坚强领导下，把义务教育摆在“重中之重”地位，将“普九”上升为国家意志的优先发展之路；

这条道路，是在完备的义务教育法律体系保障下，坚持政府主导，切实履行政府职责，推动义务教育健康发展的依法治教之路；

这条道路，是在广大人民群众的关心支持下，充分调动社会力量参与，集纳各方智慧，群策群力办好义务教育的全民兴教之路；

这条道路，是在全体教育工作者不懈努力下，坚持从实际出发，突破体制机制障碍，推动教育事业科学发展的改革创新之路。

（七）

中国共产党是中国特色义务教育发展道路的开创者、领路人。党的领导，是全面实现“两基”的坚强核心。

优先发展战略，科教兴国战略，人才强国战略，中国共产党重视教育的声音振聋发聩。邓小平说，“教育要从娃娃抓起”；江泽民说，“财政再困难，也必须舍得投资把义务教育办好”；胡锦涛说，“确保适龄儿童少年接受良好义务教育”。党中央把义务教育放在教育优先发展的“重中之重”地位，写进党的文件、政策和法规，保障投入、优先发展。这是义务教育发展的思想和政策利剑，它劈开横亘在中国人民面前的“人口负担”大山，辟出一条中国特色义务教育发展道路。

依法治教，是全面实现“两基”的根本保障。日益完备的法律体系，为中国特色义务教育发展铺就了最平稳的轨道。

从义务教育法，到《扫除文盲工作条例》，到《义务教育法实施细则》，再到新修订《义务教育法》，日益完备的法律体系，为“两基”全面实现提供了最坚实的保障。各级政府依法治教的场景，依然历历在目：多少省市领导争当“教育省长、市长”，切实履行职责，将优先发展教育作为名副其实的政府行为；多少基层政府、部门“事紧先为教育办，钱少先为‘普九’花”，推动投入“三个增长”；多少教育督导人员“踏遍千山万水、走进千家万户、说尽千言万语、历尽千辛万苦”，确保法律贯彻执行。“奉法者强，则国强”。这种有法必依、执法必严的韧性，彰显出一个崛起中的大国最坚定的信念，更将国家崛起的千秋伟业，奠定在最牢固的基石上。

依靠人民、发动群众是全面实现“两基”的制胜法宝。人民的参与，驱动中国特色义务教育发展的车轮滚滚向前。

25年，教育变化翻天覆地，不变的是人民崇文重教的情怀。以前，国家百业待兴，政府财力有限，群众就自发捐资、出力，靠聚沙成塔、集腋成裘地接力，建起一所所学校，铸就一座座“人民教育人民办”的巍峨丰碑。如今，国富民强，“义务教育政府办”，人民选择用另一种方式，通过监督、参与和献计献策，继续向教育倾注关爱的能量。这就是人民的教育情怀、教育能量，在人民当家做主的国家发展教育，必须问需于民、问计于民，广开言路、广集民智，依靠人民之力，托举孩子成才的梦想，放飞民族腾飞的希望。

改革创新是贯穿“两基”全面实现始终的主线，也是推动中国特色义务教育发展的不竭动力和重要原则。

25年全面实现“两基”，突破多少体制机制障碍，攻克多少现实理论难题！教育督导制度发轫于“两基”，素质教育理念脱胎于“两基”，免费教育“三级跳”实现于“两基”，义务教育均衡起步在“两基”。教育要发展，根本靠改革。这既是立足“穷国办大教育”国情、从实际出发推进“两基”的不二选择，也是在贯彻教育规划纲要新征程上推动义务教育科学发展的必然路径。

（八）

鲁迅先生说过：“世上本没有路，走的人多了，也便成了路。”

25年前，我们心中有路、脚下无路，只能是“逢山开路、遇水搭桥”，“摸着石头过河”般地艰难探索；如今，我们脚下的路愈开阔，心中的路也愈敞亮。

这条路，是一条历经二十余载艰辛锤炼、实践检验的道路，是一条符合中国国情教情、具有鲜明中国特色的道路，是一条符合教育规律、必将推动未来教育事业发展的道路。

踏着这条路，我们曾万众一心、披荆斩棘，将一个占世界人口 1/5 的人口大国转变为人力资源大国；沿着这条路，我们还将昂首迈进、阔步前行，走向教育强国，走向人力资源强国。

“两基”精神
——铸就中国教育脊梁

（九）

若干年后，当人们回望“两基”历程，定会惊叹在中华大地上缔造的撼人心魄的人间奇迹。

很多人曾视实现“两基”为不可能完成的任务、不可能解开的难题。庞大的人口基数、复杂的地理条件、迥异的经济状况、有限的财力投入、薄弱的教育基础，历史老人似乎要将重重考验一股脑儿地抛给中国。进入 21 世纪之后，我国仍存在“最难啃的硬骨头”——在 410 个未实现“两基”的县中，有贫困县 215 个，全国尚未脱贫的 3 000 万人口，绝大部分生活在那里。这些地区，多是苍茫的大漠、辽阔的草原、横亘的山地，生存环境极其艰苦，教育基础极其薄弱。你能想象，在每平方公里不到 6 个人的戈壁，在海拔 4 000 米以上的大山，建一所学校有多难？配齐师资有多难？控辍保学有多难？

从 20 世纪迈进 21 世纪，从初步实现“两基”到全面完成“普九”、扫盲历史任务，含辛数十载，千万“两基”建设者走过了一段千难万险的艰辛路途，树起了一座永载中国教育史册的巍峨丰碑！是什么让不可能变为可能？是什么把梦想演绎为传奇？实现“两基”，究竟昭示着怎样的真谛？

邓小平说：“没有一股子‘气’呀、‘劲’呀，就走不出一条好路，就走不出一条新路，就干不出新的事业。”伟大的事业呼唤伟大的精神，伟大的精神铸就伟大的事业。

“两基”的全面实现，彰显了迎难而上、无私奉献、众志成城、务实创新的伟大“两基”精神。这种精神，饱含着英雄主义气概、集体主义精神、乐观主义情怀；这种精神，与长征精神、延安精神、两弹一星精神、抗震救灾精神一脉相承；这种精神，是饱经风霜而弥坚的民族精神的赓续，是以改革创新为核心的时代精神的凝练表达。伟大的“两基”精神，是引领人们在极艰难条件下夺取“两基”全面胜利的重要保障，是团结全社会奋战“两基”的精神纽带，也是激励人们在新的历史阶段推动教育事业科学发展的不竭动力。

（十）

回首“两基”波澜壮阔的历程，如同捧读一部博大精深的教科书。迎难而上、无私奉献、众志成城、务实创新，伟大的“两基”精神正是破译“两基”全面实现的密码。

回望“两基”，凭着迎难而上的精神我们书写传奇。贵州人常说，“人一之我十之，人十之我百之”。广西富禄乡为建教学楼，村民 4 年不间断沿着 4 公里的崎岖山路将 1 000 吨重的沙石、钢筋、水泥扛上山顶。不畏艰难的英雄气概，战天斗地的超人勇气，百折不挠的坚强意志，迎难而上的“两基”精神注定要在民族精神史上写下浓墨重彩的一笔。

回望“两基”，凭着无私奉献的精神我们攻坚克难。教育工作者是“两基”建设的主力军，教育行政领导身先士卒、率先垂范，广大教师恪尽职守、默默耕耘，教育督导人员跋山涉水、走村入户。用双肩一砖一瓦背出一所学校的刘恩和，回乡任教每天往返于藤条“天梯”的李建生，38 年如一日跪在三尺讲台执教的陆永康……“两基”大厦正是由于他们筚路蓝缕、夙兴夜寐的奋斗才变得坚不可摧、固若磐石。广大教育工作者的无私奉献让人们看到了扎根人心的精神力量，他们投身“两基”的平凡而又动人的壮举是对社会主义核心价值体系最生动的诠释。

回望“两基”，凭着众志成城的精神我们创造历史。上下一心、党群一心、万众一心、撼天动地、势不可挡。在“两基”这座丰碑上，镌刻着人民群众的兴教伟业。为了民族素质提升，为了中国教育腾飞，教师、工人、农民、企业家、华侨……多股力量拧成一股绳，奏响了一首感人肺腑的兴教交响曲。千百万人民群众向教育事业捧出他们滚烫的热情。他们众志成城的决心、无私无畏的付出让人想起鲁迅的深刻论断——“唯有民魂是值得宝贵的。”人民群众是创造历史的真正英雄，正是他们奠定了教育的千秋基业！

回望“两基”，凭着务实创新的精神我们铸就伟业。创新是实现“两基”的根和魂。地貌千差万别、工作千头万绪；规模之大、战线之长，世所罕有，在中国实现“两基”注定不能一个模式。既要整体作战又要因地制宜；既要听指挥齐步走，又要有闯劲敢创新，这就是“两基”辩证法。内蒙古提出把国家投资当成“发酵剂”，重庆把库区迁校与“两基”攻坚结合起来……依靠着务实创新的科学精神，我们攻克了一个又一个难题，夺取了一个又一个胜利。

100年的梦想，25年的探索，我们走出了一条中国特色义务教育发展道路。有人说，这是中国教育史上一次仍在继续的伟大远征。

从教育大国走向教育强国，从人力资源大国走向人力资源强国，总需要一种精神力量，而“两基”精神正是教育振兴的精神支点。让我们把用生命与鲜血、痛苦与泪水、坚强与重生、爱心与希望浇灌的“两基”精神之花，化入民族之魂，融入每个人的心灵，变成中国教育由大到强、中华民族走向复兴的无坚不摧的巨大力量！

（本文原载2012年9月7日《中国教育报》，作者：周飞、王亮、张树伟、张以瑾、李凌）

职业教育与成人教育

基本情况与经费投入

〔**职业教育事业发展情况**〕　2011年，全国共有中等职业学校（包括普通中专、成人中专、职业高中和技工学校，其中技工学校的数据由2010年代替）13 177所，招生808.99万人，在校生2 196.96万人，招生数和在校生数分别占高中阶段教育的48.74％、46.96％。中等职业学校专任教师87.99万人，生师比24.97：1，比2010年的25.69：1有所改善；专任教师本科及以上学历比例为85.39％，“双师型”教师比例占23.71％（不含技工学校数据）。高等职业学校1 280所（比2010年增加34所），招生324.86万人，在校生958.85万人，校均规模为5 813人。民办中等职业学校2 856所，招生95.74万人，在校生269.25万人；另有非学历教育学生37.69万人。民办职业培训机构21 403所，955.46万人次接受了培训。

〔**推进学生资助和免学费工作**〕　2011年，中央和地方财政投入国家助学金135.9亿元，资助906万名中职学生；投入免学费资金79亿元，395万名中职学生受益。

〔**加强职业教育基础能力建设**〕　中央财政投入103.9亿元，支持建设371所国家中职示范学校、329所中职优质特色学校、30所国家骨干高职学校、950所高职学校的1 753个专业、700个职业教育实训基地。国家中职示范学校累计立项建设647所。中央财政全年投入远高于“十一五”时期年均水平，建设形成了一批支撑职业教育改革创新的优质资源。

政策制度建设

〔**启动现代职业教育体系建设专项规划编制工作**〕　按照中央统一部署，教育部提出了现代职业教育体系建设“三步走”战略：2011—2012年重点推进中高职统筹与衔接；2015年初步形成体系框架；2020年建成较为完善的现代职业教育体系。10月，教育部在南京市召开“现代职业教育体系国家专项规划编制工作座谈会”，教育部副部长鲁昕出席并讲话。会议组织力量启动了体系建设国家专项规划编制工作。

〔**统筹推进中高职协调发展**〕　为统筹中高职协调发展，教育部于2月调整了部内职业教育管理体制，将中等和高等职业教育统一归口一个司局管理。印发了《关于推进中等和高等职业教育协调发展的指导意见》和《关于推进高等职业教育改革创新 引领职业教育科学发展的若干意见》等文件，编制了《高等职业教育引领职业教育科学发展行动计划》，指导中高职科学定位、有效衔接、办出特色、协调发展。

〔印发教育部关于充分发挥行业指导作用推进职业教育改革发展的意见〕 为加快建立健全政府主导、行业指导、企业参与的办学机制，推动职业教育适应经济发展方式转变和产业结构调整要求，印发了《教育部关于充分发挥行业指导作用推进职业教育改革发展的意见》(以下简称《意见》)。《意见》要求，进一步提高对职业教育行业指导重要性的认识，充分发挥行业对职业教育的指导作用。要大力支持行业主管部门和行业组织履行实施职业教育的职责，鼓励行业企业全面参与教育教学各个环节。充分发挥行业在人才供需、职业教育发展规划、专业布局、课程体系、评价标准、教材建设、实习实训、师资队伍、企业参与、集团办学等方面的指导作用。在行业指导下全面推进教育教学改革，推进产教结合与校企一体办学，实现专业与产业、企业、岗位对接；推进构建专业课程新体系，实现专业课程内容与职业标准对接；推进人才培养模式改革，实现教学过程与生产过程对接；推进建立和完善“双证书”制度，实现学历证书与职业资格证书对接；推进构建人才培养“立交桥”，实现职业教育与终身学习对接。

〔完善继续教育专题规划〕 通过召开座谈会、书面征求意见、集中研讨等多种方式，对《继续教育专题规划》进行了修改完善。《继续教育专题规划》将宏观指导各行业和地方各级政府制定行业性和区域性的继续教育分规划，回应国家层面亟须解决的“瓶颈”问题和加快继续教育发展的改革创新问题。

〔起草加快发展继续教育的若干意见〕 教育部会同有关部门起草了《关于加快发展继续教育的若干意见》，并征求了有关专家、部内相关司局、相关部委、行业企业、省级行政部门、部分城市副市长、国家教育咨询委员会终身教育体制机制建设专家组等意见。文件于12月份提交全国继续教育工作会议400余名代表讨论，并在会后通过网络向全社会征求了意见。

教育教学改革与学生发展

〔推进国家教育体制改革试点项目和国家职业教育改革试验区工作〕 6月，教育部在天津市召开试点单位、行业企业和地方政府参加的职业教育改革创新国家试点推进会，明确56项职业教育和6项继续教育国家教育体制改革试点项目的实施方案、责任主体、任务书、路线图和时间表，积极推进项目实施。推动天津、四川、河南、广西、三峡、沈阳6个国家职业教育改革试验区先行先试，重点推进办学模式和体制机制改革创新。组织开展10个重大理论专题研究、18个重大政策专题调研，为推进现代职业教育体系建设提供理论支撑、实践案例、国际经验和政策建议。

〔国家示范性高等职业院校全面完成项目建设〕 2月，教育部、财政部联合召开了“国家示范性高等职业院校建设计划”2008年度30所立项建设学校项目结题验收工作会议。至此，百所示范建设高职院校最后一批项目完成结题工作。百所项目院校在教产结合、体制机制创新、校企合作人才培养模式改革、专业教学方案修订、课程开发、实训条件和师资队伍建设等方面均取得大幅度进展，地方政府和院校举办方基本履行了承诺的各项支持政策、措施，学校预算执行情况符合规定，示范建设成果辐射效果与社会认可度反应较好。

〔**加快推广国家示范性高职院校单独招生试点经验**〕　2011年，在各地申报的基础上，教育部批准了160所国家示范（骨干）建设高等职业院校开展单独招生试点工作，招生5.9万余人，涉及专业点1 650个。这项试点的逐步推进，有助于进一步探索适合高技能人才成长的高等教育多元选拔录取机制，建立“知识加技能”的考试科目体系，形成以就业能力和职业能力为导向的高职招生考试制度。

〔**推进高职专业教学资源共享共建**〕　自2009年起，中央财政设立高等职业教育专业教学资源库建设项目，按照服务产业发展、校企共建共享的思路，通过资源建设与共享应用，有效解决全国高职院校同类专业共性需求，同时为学生自主学习提供优质、丰富、多样化资源和个性化服务，整体提升职业教育人才培养质量和社会服务能力。2011年，批准立项了17个建设项目，首批安排资金启动了园林技术、高速铁道技术、药物制剂技术、软件技术、工程测量技术、印刷与数字印刷技术、电子商务、特警、数字校园学习平台等9个专业的建设工作。6月，在天津市召开的高等职业教育服务产业发展暨国家示范高职院校建设4周年成果展示会上，设置了专业教学“资源云”和“未来课堂”展区，生动地展示了已立项建设的11个专业教学资源库的建设及应用成果。

〔**引导高职院校提升专业服务产业发展能力**〕　2011年，中央财政投入20亿元，教育部、财政部联合实施“支持高等职业学校提升专业服务产业发展能力”项目。按照国家“十二五”规划部署，围绕现代农业、制造业发展重点方向、战略性新兴产业、生产和生活性服务业等重点领域和地方经济社会发展需要，兼顾农林水地矿油等艰苦行业建设，支持一大批紧贴产业需求、校企深度融合、社会认可度高、就业好的专业进行重点建设，提升高等职业教育服务经济社会发展的能力。

根据“中央政策引导、省级统筹管理、学校具体实施”的原则，全国31个省份共有950所独立设置的公办高职院校1 753个专业获得立项支持，总体布局结构符合国家“十二五”产业规划部署和重点发展领域方向。

〔**加强中等职业学校形势与政策教育**〕　为贯彻落实教育部等六部门《关于加强和改进中等职业学校学生思想道德教育的意见》(教职成〔2009〕11号)，加强对中职学生的时事政策教育，中共中央宣传部和教育部联合印发了《关于加强中等职业学校形势与政策教育的意见》(教职成厅〔2011〕2号)，对中等职业学校开展形势与政策教育提出了总体要求，明确了中等职业学校开展形势与政策教育的内容和途径。

〔**举办“永远跟党走”职业学校育人事迹报告会**〕　6月26日，为纪念中国共产党建党90周年，中组部、中宣部、教育部、共青团中央在天津市联合举办了“永远跟党走”职业学校育人事迹报告会，宣讲了6位来自职业教育战线的育人典型的先进事迹。国务委员刘延东在报告会后接见了报告团成员并发表重要讲话。

〔**推进职业教育与产业发展对话活动**〕　2011年，教育部与有关政府部门、行业组织联合开展了11次职业教育与产业发展对话活动，涉及有色金属、现代物流、商业服务业、旅游等重点行业。对话活动呈现出四个鲜明特点。一是定位更加明确。立足产业发展，服务国家重点产业振兴规划要求，为经济发展方式转变和现代产业体系建设提供技能型人才支撑。二是重点更加突出。聚焦教学改革，创新人才培养模式，着力提高技能型人才培养质量。三是内容更加丰富。同期举办了专业课教师说课大赛、校企合作成果展、校企合作签约仪式、行业协会与教育机构座谈会等86项活动，促成校企合作签约300份、合作资金达7亿元。四是参与更加广泛。14个行业协会、地方政府、科研机构和学术团体参与对话活动的策划组织，1 500多家企业、1 600多所学校、80多家教育和产业研究机构参加对话，合力推动职业教育改革创新。系列对话活动成为职业教育改革创新的一大亮点。

〔**全国职业院校学生实习安全与责任保险推进工作**〕 6月8—9日，全国职业院校学生实习安全与责任保险推进会议在北京召开。来自全国教育行政部门分管实习负责保险工作的相关负责人、相关保险机构、保险经纪机构以及保险学术专家约80人参加了会议。教育部副部长鲁昕到会并作重要讲话，对学生实习安全与责任保险工作提出了要求。她指出，要从国家保障和改善民生的战略高度，切实加强职业院校学生实习安全和权益保障问题的研究与制度建设；要充分认识推行职业学校实习责任保险是与职业教育助学制度、校企合作制度、教师实践制度等一系列重要制度同等重要的职业教育国家制度。会议认真总结了《教育部、财政部、中国保监会关于在中等职业学校推行学生实习责任保险的通知》的落实情况，并就进一步加强全国职业院校学生实习安全和风险管理制度建设进行了部署。

〔**2011年中等职业学校毕业生就业情况**〕 2011年，全国中等职业学校毕业生平均就业率仍保持在96%以上，与2010年相比略有提高。2011年，全国中等职业学校毕业生为662.67万人，就业学生为640.9万人，平均就业率为96.71%。其中普通中专、职业高中、成人中专三类中等职业学校毕业生为543.75万人，就业学生为525.72万人，就业率为96.69%；技工学校毕业生为118.92万人，就业学生为115.18万人，就业率为96.9%。

〔**举办2011年全国职业院校技能大赛**〕 6月24日至27日，教育部、天津市人民政府、人力资源和社会保障部等16个部门（单位）在天津市联合举办了2011年全国职业院校技能大赛。

大赛创新了内容形式，即安排“赛”、“展”、“会”、“演”4大板块。一是大赛主板块，本次大赛紧紧围绕国家经济社会发展和现代产业体系建设的需求，设立16个专业类别的55个比赛项目，参赛选手5 038人。大赛不断完善依靠行业企业合作办赛的机制，行业主导设计和企业参与实施的赛项均达95%以上。二是展览展示板块，包括全国职业院校学生技能作品展洽会、职业教育改革发展成果展示会、第九届全国职业教育现代技术装备暨职业教育创新教材展览会和民族地区职业院校学生才艺展示四项内容。三是会议板块，包括全国职业教育科研工作会议、中高职协调发展座谈会和“永远跟党走”职业学校育人事迹报告会。四是演出板块，即“永远跟党走”民族地区职业院校才艺教学成果汇报演出。

〔**第八届全国中等职业学校“文明风采”竞赛活动**〕 第八届全国中等职业学校“文明风采”竞赛活动由教育部、中央文明办、中华职业教育社三部门联合举办。本届竞赛活动由五类、十一个项目组成，在传统内容的基础上增加了“中华才艺”演艺比赛展示类项目。

来自全国31个省、自治区、直辖市和5个计划单列市以及新疆生产建设兵团的1 980所中等职业学校、52 943名中职学生、51 174份作品进入全国决赛。经全国决赛，有36 358名学生的35 165份作品、984个集体项目和20 184位教师，以及511所学校和14个省级复赛组委会获奖，其中广东省、江苏省、山东省、重庆市复赛组委会获组织工作特殊贡献奖。

〔**举办2011年全国中等职业学校信息化教学大赛**〕 11月22—26日，教育部在沈阳市举办2011年全国中等职业学校信息化教学大赛，来自全国35个地区的369名教师参加了多媒体教学软件、信息化教学设计和计算机网络技术信息化教学3个项目共14个组别的比赛，其中38名教师获一等奖、76名教师获二等奖、105名教师获三等奖。本次大赛以“用现代信息技术改造传统教学”为主题，推动中等职业教育教学改革创新，提高教师教育技术应用能力和信息化教学水平，促进信息技术在教育教学中的广泛应用。

继续教育与学习型社会建设

〔**召开全国继续教育工作会议**〕　12月24日，全国继续教育工作会议暨高等教育自学考试制度建立30周年纪念大会在北京召开。国务委员刘延东出席会议并作重要讲话。大会由教育部部长袁贵仁主持，副部长鲁昕作总结。国务院办公厅、人力资源和社会保障部、卫生部、国资委、国家广电总局、国家民航总局、国家保密局、共青团中央等有关部门以及北京市、教育部相关负责人，部分副省级城市和地市级人民政府分管负责人，部分行业组织和大型企业负责人，各省（区、市）教育行政部门负责人，高等学校、广播电视大学和职业院校代表，以及第七届全国高等教育自学考试指导委员会委员等近500人出席大会。

〔**推进“探索开放大学建设模式”体制改革试点**〕　1月，印发《关于开展开放大学整体建设方案研制工作有关事宜的通知》(教高司函〔2011〕6号)，并组织召开“开放大学整体建设方案研制工作会”，启动开放大学整体建设方案研制工作。选聘高水平专家组成了开放大学建设和试点、高等教育自学考试综合改革、普通高校网络教育改革与发展三个全脱产工作组，研究制定改革和发展方案，各工作组在广泛调研和文献资料分析的基础上形成了咨询报告。成立地方开放大学建设标准研究工作组，开展相关标准研究。

〔**推动成人教育培训标准化建设**〕　为进一步推动成人教育培训健康发展，加强成人教育培训机构规范管理，提高教育培训质量，在建设全民学习、终身学习的学习型社会中更好地发挥作用，教育部决定制定成人教育培训国家标准，包括成人教育培训服务基本术语；成人教育培训组织服务评价；成人教育培训工作者服务能力评价。该标准以教育部名义列入国家标准化管理委员会、教育部等24个国家部委制定的《全国服务业标准2009—2013年发展规划》中。

在教育部职成司的指导下，中国成人教育协会暨成人教育培训机构工作委员会组成专家组，经过深入调查研究和精心制定，并向社会广泛征求意见，于2011年9月24日召开成人教育培训服务三项国家标准评审会，通过了对三项标准的审查。

〔**举办继续教育数字化学习资源共享与服务成果展览会**〕　12月23—25日，由教育部主办、高等教育出版社和全国高校现代远程教育协作组承办的“2011继续教育数字化学习资源共享与服务成果展览会”在北京举行。来自全国各地的普通本科高校、职业院校、广播电视大学、成人高校等100多家单位参展。

展会以“促进数字化学习资源建设与开放，搭建优质资源共享与交流平台，服务全民学习与终身学习，推动学习型社会建设”为主题，立体化展示了16万多种数字化学习资源，上万门课程，近千个数字化教学平台、管理平台与服务平台，数十个包括社区、乡村、行业、企业、军营等不同类型数字化学习中心在内的虚拟学习环境与场景，上百个典型应用案例。展会期间，免费向社会开放了2 000门课程和视频讲座。

〔**召开继续教育改革和发展座谈会**〕　4月14日，“继续教育改革和发展座谈会”在北京大学召开。会议主题是：贯彻落实全国教育工作会议精神和教育规划纲要，构建灵活开放的终身教育体系，促进各类优质资源的开放共享，推动继续教育体制机制的改革创新。教育部副部长鲁昕出席座谈会并讲话。教育部有关司局、地方教育行政部门、行业部委和企业、高校、电大系统、自学考试、研究机构等各方面代表共100余人，座谈了近年来各条战线、各种形式类型的继续教育改革和发展现状及主要成就，分析了面临的突出问题和矛盾，提出了新时期推进继续教育改革发展的措施和建议。

〔**启动“终身学习服务体系的建设与示范”系列项目**〕 印发《教育部 财政部关于批准“终身学习服务体系的建设与示范”系列项目的通知》(教高函〔2011〕6号)，启动并推进“高等学校继续教育示范基地建设”、“终身学习公共服务平台模式研究及示范应用”、“高等学校继续教育课程学分标准及质量内涵和学分转移制度与机制的研究及应用”和“普通高等学校继续教育数字化学习资源开放服务模式的研究及应用”四类项目。

“高等学校继续教育示范基地建设”项目由清华大学牵头，50所高校参与，与科研机构、企业开展合作项目328个。项目筹备大学与企业继续教育联盟，引导推进了高校学历与非学历继续教育改革及服务社会。

“终身学习公共服务平台模式研究及示范应用”项目由中央广播电视大学牵头，建设了15个有代表性的城市终身学习平台，聚集了一批资源，创新了服务模式和机制。

“高等学校继续教育课程学分标准及质量内涵和学分转移制度与机制的研究及应用”项目由北京师范大学牵头，已启动前期研究工作。

“普通高等学校继续教育数字化学习资源开放服务模式的研究及应用”项目由北京大学牵头，103所普通高等学校形成联盟，向社会免费开放了1 000门网络教育精品课程和1 000门视频讲座。并建设了标准化门户网站，编制了资源开放目录，开展了数字化学习资源开放标准等相关研究。

〔**启动指导高校继续教育改革发展的政策研制工作**〕 为落实胡锦涛总书记在清华大学百年校庆讲话中提出的“推动高校自觉参与推动学习型社会建设，适应全民学习、终身学习的时代需要，加快发展继续教育，广泛开展科学普及，为社会提供形式多样的教育服务”要求，教育部组织专家组，启动了研究制定包括普通高校、独立设置成人高校、高职院校、民办高校在内的高等学校继续教育改革和发展的宏观性指导文件、普通高校网络高等学历教育审批和管理办法、网络教育教学指导文件等工作。

〔**面向广东新生代产业工人实施“圆梦计划”**〕 为提高广东省新生代农民工的综合文化素质，推动广东省产业结构转型升级，夯实党团青年工作基础，为党源源不断输送、储备可依靠的基层骨干力量，教育部指导广东省委联合北京大学等单位，联合资助万名优秀新生代农民工参加网络学历教育。共有14所高校组建联盟，开设专业30余个，共同推进六项改革六项探索。12月12日，“圆梦计划”举行入学典礼，教育部副部长鲁昕出席并致辞。为进一步扩大项目受益范围，教育部组织百所大学数字化资源开放联盟建设，遴选了一批针对农民工群体的视频讲座，免费向广东省农民工开放。所有农民工都可以注册学习，积累学分。

〔**现代远程教育改革与发展**〕 2011年，现代远程教育改革试点普通高校和中央电大的网络本专科招生194万人，在校生518万人，毕业生129万人，新建了339个学习中心，其中西部39个。

推进实施网络教育部分公共基础课全国统一考试，顺利组织实施三次统考，报名162万多科次，全面实现4门课程网上报名、网上交费、网上机考、网上预约考试、混编考场、机考及考场实时网络视频监控的统考模式。

积极引导和推进高等学校面向农村、西部、社区、行业、企业和部队开展各种层次、类型的成人学历继续教育和非学历培训；利用现代远程教育方式，继续推进“一村一名大学生计划”；推进部分试点高校和广播电视大学积极参与数字化学习型城市建设，构建终身学习服务平台和资源库及资源共享平台；推进普通高校和电大系统与20多个行业系统合作，面向专业技术人员累计开展非学历培训项目数百万人次。

〔**开展社区教育发展成果展示活动**〕 为贯彻落实教育规划纲要和全国社区教育工作座谈会精神，进一步推动社区教育深入开展，1月，教育部职成司印发了《关于开展社区教育发展成果展示活动的通知》，在全国社区教育实验区、示范区范围内开展了社区教育发展成果展示活动。截至2011年10月底，共收到17个省（区、市）的71家单位报来的82个宣传片。在各地推荐的基础上，教育部组织有关专家进行评审，最终确定北京海淀区等12个单位获一等奖，上海青浦区等24个单位获二等奖，成都温江区等35个单位获三等奖。

〔认真做好全国社区教育实验区工作情况调查统计工作〕 为全面了解各地社区教育工作的进展情况，准确把握社区教育发展动态，教育部职成司印发了《关于做好2011年全国社区教育实验区、示范区工作情况调查统计的通知》。根据对124个实验区的调查，2011年，全国实验区培训总人数达5 143.82万人，全员培训率48.53%，其中外来务工人员培训率38.93%；下岗失业人员培训率70.15%；老年教育培训率58.85%。

〔组织实施2011年全国职工教育统计工作〕 10月，教育部办公厅印发了《关于做好2011年全国职工教育统计工作的通知》（教职成厅函〔2011〕63号），全面部署2011年职工教育统计工作。通知印发后，教育部职成司定期对各地开展此项工作的情况进行跟踪了解，及时掌握各地工作进展情况，随时解决各地在工作中遇到的问题。同时，督促有关地方进一步加强职工教育培训统计工作的平台建设，统计工作取得良好效果。

〔举办2011年全民终身学习活动周〕 10月，教育部职成司、中国成人教育协会、中国教科文全委会共同举办了以“永远跟党走——人人终身学习，创建学习型社会”为主题的第七届“全民终身学习活动周”。全国总开幕式于10月22日在武汉市举行。

在党和国家关于发展继续教育一系列新要求、新举措的有力推动下，2011年的全民终身学习活动周不断被注入新的内涵、新的发展动力。各地紧密联系实际，开展了内容丰富、形式多样、贴近生活、贴近百姓需求的教育培训活动，有力地促进了各地全民终身学习活动的开展和学习型社会建设。据统计，全年共有23个省（区、市），293个市、县、区举办了全民终身学习活动周。

面向农村的职业教育

〔多部门联合召开会议部署工作〕 4月25日，中华全国供销合作总社与教育部在郑州市召开全国供销合作社职业教育工作会议。会议要求，全国供销合作社系统要充分认识职业教育工作的重要性，切实增强发展职业教育的责任感和紧迫感，按照“打造全新供销合作社”的目标，全力推动本系统职业教育再上新台阶。

11月6—7日，教育部等九部门在西安市联合召开加快发展面向农村的职业教育工作会议，会前九部门联合印发了《关于加快发展面向农村的职业教育的意见》。会议要求，面向农村的职业教育要以服务新一轮“米袋子”、“菜篮子”工程建设和推动区域经济社会发展为目标，切实做好九部门文件和会议精神的贯彻落实工作，在13个粮食生产省、21个重点市和800个产粮大县以及600个大城市郊区和蔬菜优势产区重点办好一批农业职业学校和涉农专业。会议期间，还举行了国家示范性粮食行业职业教育集团成立签约仪式并参观考察了第十八届中国杨凌农业高新技术博览会。

〔推进三峡库区职业教育和技能培训试验区工作〕 6月，教育部、国务院三峡办与湖北省和重庆市教委、移民局等部门在北京召开三峡库区职业教育和技能培训试验区领导小组办公室会议。会议总结了2010年以来试验区建设工作取得的成绩，议定了2011年重点工作。会后，整理印发《三峡库区试验区2010年工作总结暨2011年工作计划》和《2011年三峡库区试验区领导小组办公室成员会议纪要》；协调有关部门加大对库区试验区职业学校基础能力建设投入力度，在第二批国家中等职业教育改革发展示范学校建设计划和中等职业教育基础能力建设（二期）项目中对库区学校给予倾斜。同时，巩固库区学校与发达地区学校对口支援，继续推进东部、经济发达地区与三峡库区试验区开展合作办学，取得较好效果。

〔**举办内地新疆中职班**〕 继2010年举办内地西藏中职班之后，教育部、国家发改委、财政部联合印发了《关于举办内地新疆中职班的意见》，决定从2011年开始举办内地新疆中职班。2011年，内地新疆中职班招生3 300人（含兵团300人），分布在浙江省等9个东中部省市的职业学校。中央财政负责内地新疆中职班学生的学习、生活费用，并给予办班学校一定的经费补贴。

〔**做好教育部定点扶贫工作**〕 认真落实国务院扶贫开发领导小组定点帮扶工作部署，继续支持河北省青龙县、涞源县和武邑县发展农村教育。为3个县安排中小学建设项目，每个县补助经费60万元，改善3个县农村中小学办学条件。

2011年春节，教育部机关党委和机关工会协调中国教育出版传媒集团筹集人民币45万元，组织开展“春节送温暖”活动。由教育部相关司局领导带队，分赴武邑、青龙、涞源3个县，慰问贫困户和家庭困难教师。同时将扶贫慰问与扶贫开发工作结合起来，组织300名贫困家庭劳动力接受电工、电气焊、车工、农机使用与维修等项目的职业技能培训，每人补贴培训经费500元。

协调人民教育出版社为青龙县“希望网校”项目投入资金30万元，邀请中央电视台第七频道“致富经”栏目为青龙县做宣传。

〔**继续做好农民和农民工教育培训**〕 2011年，职成教育战线继续组织职业院校和成人学校实施教育部“农村实用技术培训计划”和“农村劳动力转移培训计划”。同时，积极组织职业院校参与农业部、人力资源和社会保障部、国务院扶贫办等部门的“阳光工程”、“农村人人技能工程”和“雨露计划”等农民教育培训项目，并牵头组成督查组赴辽宁省开展第五次农民工工作督察。据统计，全年教育系统共开展农村实用技术培训3 813.06万人次，开展农村劳动力转移培训和农民工培训4 087.65万人次，其中技能型培训1 496.46万人次。

教师队伍建设

〔**规划“十二五”职业教育教师队伍建设工作**〕 12月，教育部印发了《关于“十二五”期间加强中等职业学校教师队伍建设的意见》(教职成〔2011〕17号)，明确了“十二五”期间加强中等职业学校教师队伍建设的思路、目标、工作重点和政策措施。同月，教育部印发了《关于进一步完善职业教育教师培养培训制度的意见》(教职成〔2011〕16号)，从加强统筹规划、改革招生制度、创新培养培训模式、完善企业实践制度、加强培养培训基地建设等方面，对进一步加强和改进职教师资培养培训工作提出了指导意见和明确要求。年底，教育部在南宁市召开了全国职业教育师资工作会议，对“十二五”期间加强职业教育师资队伍建设工作进行了全面部署。

〔**启动职业院校教师素质提高计划**〕 11月，教育部、财政部印发了《关于实施职业院校教师素质提高计划的意见》，启动了“十二五”期间职业教育重大项目——职业院校教师素质提高计划。该计划包括专业骨干教师培训、教师企业实践、职业学校聘请兼职教师、职教师资培养培训基地建设四大项目。中央财政投入超过26亿元予以专项支持。

〔**加强高等职业院校教师能力建设**〕 2011年，教育部、财政部决定于“十二五”期间实施“职业院校教师素质提高计划”，以专业教学法培训、企业实践为重点，开展骨干教师国家级培训。通过开展国内培训，学习专业领域新理论、前沿技术和关键技能；通过开展国外培训，学习职业教育教学理论与方法、先进教育技术和课程开发手段；开展企业培训，重点熟悉相关行业企业先进技术、生产工艺与流程、管理制度与文化、岗位规范、用人要求，进一步推动和加强高等职业院校教师队伍建设，促进高等职业教育科学发展。同时，要求各省级教育行政部门建立和完善本地区高等职业教育教师培养培训体系，指导本地区高等职业院校科学制定师资队伍发展规划，逐步形成国家、省级、学校三级高等职业教育教师素质提高系统。

〔**组织实施职业院校校长培训**〕 为适应职业教育改革创新的新形势新要求，教育部委托国家教育行政学院、教育部职业技术教育中心研究所、清华大学、北京师范大学等11家全国重点建设职教师资基地和教育机构，举办了11期职业院校校长改革创新战略专题研究班、8期中等职业学校校长高级研修班，共培训中等职业学校骨干校长2 800多名。通过一系列大规模的培训，使中等职业学校校长进一步提高了对职业教育发展新形势的认识，明确了职业教育改革发展的方向，增强了推动职业学校改革创新的意识和能力。年内，组织整理了近年中等职业学校校长改革创新战略专题研究班成果，编辑出版了《改革创新在行动》。

〔**加强职教师资培养培训基地建设**〕 为贯彻落实教育规划纲要提出的“依托相关高等学校和大中型企业，共建‘双师型’教师培养培训基地”的要求，教育部启动了全国重点建设职教师资培养培训基地评估工作。通过基地自评、专家书面评审和现场考察，重新认定了60个全国重点建设职教师资培养培训基地、6个全国职教师资专业技能培训示范单位。通过基地评估，进一步引导基地强化内涵建设、完善校企合作机制、创新培养培训模式、提高工作质量和水平。推动校企共建“双师型”教师培养培训基地，指导10家全国职业教育教师企业实践单位，完善校企合作模式、设计教师企业实践项目方案。

〔**统筹规划职业教育科研工作**〕 为加强职业教育科研工作，提高科研服务决策、创新理论、指导实践的能力和水平，6月27—28日，教育部与人力资源和社会保障部在天津市召开了全国职业教育科研工作会议。这是新中国成立以来召开的第一次全国职业教育科研工作会议。会议明确了新时期加强职业教育科研工作的指导思想、主要任务和政策措施。10月，教育部职成司下发《关于委托开展职业教育政策专项课题研究的通知》，部署了23项政策专题研究课题，为建立健全职业教育国家制度提供科学决策咨询。

国际交流与合作

〔**推进国际政策对话机制建设**〕 6月，中德两国教育行政部门签署了《关于共同设立“中德职教合作联盟”的联合声明》。9月，举行了“第六次中德教育政策战略对话”和“中德职教合作联盟领导小组”第一次工作会议。

7月，中英两国教育行政部门签署了《中英职业教育合作谅解备忘录》，并于12月在天津市联合召开了“中英职业教育政策对话会”。

〔**推进国际合作项目建设**〕　2011年，教育部与西门子（中国）有限公司、德国汽车生产商及德国国际合作机构（GIZ）、德国技术合作公司等分别签署教育合作备忘录。

中英双方积极推进“新学徒制试点”、“影子校长”、课程标准开发等项目的合作。

9月，教育部与亚洲开发银行签订谅解备忘录，亚洲开发银行提供技术支持，合作开展中国职业教育政策研究项目。

撰稿　王　立　刘宏杰　宁　锐　贾厚林
葛维威　徐勇雁　刘　英　武丽志
郁　洁　范　唯　黄　辉　刘鑫鑫
赵立文　刘　杰　贾兰英　蔡　妍
王珊珊　陈亚伟　杨　健　郭春鸣
审稿　葛道凯　王继平　刘建同　王扬南

高等教育

教育教学管理

〔修订《普通高等学校本科专业目录》和《普通高等学校本科专业设置管理规定》〕　对1998年颁布的《普通高等学校本科专业目录》进行全面修订。修订的原则是科学规范、主动适应、继承发展。科学规范强调专业目录修订应保证专业的划分符合人才培养规律和学科发展逻辑，做到科学、系统和规范。主动适应强调专业目录修订应具有一定的前瞻性，能够主动适应经济、社会、文化和教育的发展需求，合理确定人才培养口径，为新兴学科的发展留有空间。继承发展强调专业目录修订应体现延续性，保留符合规律的、成熟的、社会需求较大的既有专业。同时，要根据国家发展、科技进步、市场需求、教育国际交流与合作的要求进行调整。通过修订，使本科专业目录更加适应经济社会发展需要和人的全面发展需要。2011年，在深入调研的基础上，经反复研究修改，形成了公开征求意见稿，已两次向社会公开征求意见，得到了高教战线的充分肯定。

对1999年颁布实施的《普通高等学校本科专业设置管理规定》进行修订，是贯彻落实教育规划纲要、落实和扩大高校办学自主权的重要举措，旨在建立一个高校享有本科专业设置自主权并且有效自律、国家有效宏观管理的本科专业设置管理机制。2011年，在深入调研的基础上，经反复研究修改，形成了公开征求意见稿，向社会公开征求意见。

〔启动实施“本科教学工程”〕　印发《教育部财政部关于“十二五”期间实施“高等学校本科教学质量与教学改革工程”的意见》(教高〔2011〕6号)，启动了“本科教学工程”。完成2011年度建设项目立项工作，立项建设了125个校外实践教育基地、100门精品视频公开课、700门精品资源共享课等。各地各高校研究制定项目实施方案，初步形成了国家、地方、高校三级联动推进本科教育教学改革的良好局面。

〔研制出台本科教学评估工作新方案〕　在充分调研、多方听取意见、不断修改完善的基础上，完成了新时期本科教学评估工作新方案的研制，下发了《教育部关于普通高等学校本科教学评估工作的意见》(教高〔2011〕9号)。新方案明确提出，本科教学评估工作将通过强调学校自我评估，确立学校的质量主体地位；通过建立教学基本状态数据库，实行高校教学质量的常态监测；通过开展分类院校评估，引导高校合理定位，促进学校特色发展；通过开展专业认证及评估，推进行业用人部门深度参与人才培养，促进学校与用人部门的紧密联系，增强人才培养与社会需求的适应性；通过开展国际评估，提高国际化水平；通过建立健全评估的组织体系和工作机制，完善中央和省级政府两级分工明确、各负其责的本科教学评估工作制度，并充分发挥第三方评估的作用。新方案是新时期国家本科教学评估工作的顶层设计和制度安排，是贯彻落实教育规划纲要的重要举措和成果，标志着本科教学评估工作进入了新的历史时期。文件下发后，召开了全国性的会议，全面动员、部署本科教学评估工作和高等教育质量保障体系建设工作。

〔启动实施国家精品开放课程建设工作〕 10月，教育部颁布了《教育部关于国家精品开放课程建设的实施意见》(教高〔2011〕8号)，对国家精品开放课程建设内容、保障措施和运行机制、组织管理等方面作出了明确的规定。

国家精品开放课程包括精品视频公开课与精品资源共享课。精品视频公开课是以高校学生为服务主体，同时面向社会公众免费开放的科学、文化素质教育网络视频课程与学术讲座。精品资源共享课是以高校教师和学生为服务主体，同时面向社会学习者的基础课和专业课等各类网络共享课程。国家精品开放课程建设纳入“十二五”期间实施的“高等学校本科教学质量与教学改革工程”。对完成建设且上网后社会反响良好的精品视频公开课，以及符合建设标准、共享使用效果良好的精品资源共享课，给予荣誉称号和经费补贴。“十二五”期间，国家将建设1 000门精品视频公开课和5 000门精品资源共享课。

2011年11月9日，经严格遴选，由我国“985工程”高校建设的首批以传授中国传统文化为主的20门“中国大学视频公开课”，通过“爱课程”网、中国网络电视台和网易等同步推出，亿万名网民在互联网上免费观看大学知名教授授课视频，产生了良好的社会反响。教育部给予首批上网的20门视频公开课“精品视频公开课”荣誉称号和经费资助。

附：

2011年“精品视频公开课”名单

序号	学校	课程名称	主讲教师
1	北京大学	中国古代政治与文化（1—16讲）	邓小南　阎步克
2	中国人民大学	薪火传承·中国传统哲学通论（1—6讲）	宋志明
3	清华大学	大学生心理健康（1—4讲）	樊富珉
4	北京师范大学	千古名月（1—3讲）	于　丹
5	北京师范大学	从爱因斯坦到霍金的宇宙（1—3讲）	赵　峥
6	北京理工大学	信息系统与安全对抗理论（1—4讲）	王　越
7	北京航空航天大学	演讲与口才（1—4讲）	姚小玲
8	北京航空航天大学	航空航天概论（1—5讲）	杨　超
9	南开大学	六大名著导读（1—12讲）	陈　洪
10	吉林大学	哲学通论（1—5讲）	孙正聿
11	华东师范大学	学习心理学（1—12讲）	庞维国
12	东南大学	戏曲史话（1—4讲）	王廷信
13	浙江大学	王阳明心学（1—9讲）	董　平
14	中国科学技术大学	认识宇宙（1—6讲）	向守平
15	武汉大学	古希腊文明的兴衰（1—13讲）	赵　林

续表

序号	学校	课程名称	主讲教师
16	中南大学	人工智能PK人类智能（1—7讲）	蔡自兴　刘丽珏
17	湖南大学	现代礼仪（1—8讲）	袁涤非
18	中山大学	视觉文化批评（1—5讲）	冯　原
19	华南理工大学	文化传承与建筑创新（1—3讲）	何镜堂
20	四川大学	中国诗歌艺术（1—5讲）	王　红

〔启动“十二五”高等教育本科教材建设工作〕　4月，教育部下发了《教育部关于“十二五”普通高等教育本科教材建设的若干意见》(教高〔2011〕5号)。文件全面总结了“十一五”期间普通高等教育本科教材建设情况，提出“十二五”期间教材建设以服务人才培养为目标，以提高教材质量为核心，以创新教材建设的体制机制为突破口，以实施教材精品战略、加强教材分类指导、完善教材评价选用制度为着力点，为提高高等学校本科教学质量和人才培养质量发挥更大作用。“十二五”普通高等教育本科国家级规划教材将认真贯彻落实教育规划纲要，紧紧围绕提高人才培养质量，实施规划教材精品战略，选、编结合，以选为主。

11月，教育部启动了“十二五”普通高等教育本科国家级规划教材第一次推荐遴选工作。

〔跟踪指导国家教育体制改革高等教育相关试点项目〕　积极跟踪牵头联系的86个国家教育体制改革试点项目，加强联络指导和督促检查，及时总结、交流和推广改革实践的成功经验，确保改革有力有序有效推进。黑龙江、江苏、湖北三省成立了高等教育综合改革试点工作领导小组，制定了高等教育综合改革试点实施方案。黑龙江省确定了三大类51个改革项目，出台了《关于加强全省高等学校分类管理和分类指导的意见》；江苏省确定了高等教育综合改革10个子项目，南京师范大学、苏州大学等5所高校为综合改革试点高校，同时启动实施了江苏省高校优势学科建设工程；湖北省确定了29个改革项目，分省级和校级两个层面实施。以北京大学等17所高校为首批试点单位，正式启动了试点学校综合改革。

〔继续实施“基础学科拔尖学生培养试验计划”〕　中组部、教育部等8部委联合印发《关于印发〈青年英才开发计划实施方案〉的通知》，正式颁布《基础学科拔尖学生培养试验计划实施办法》，进一步明确了计划的指导思想、基本原则、目标任务、实施范围、实施步骤、考核监管办法等。召开“基础学科拔尖学生培养试验计划”工作会议和年度交流会，形成专家组年度咨询报告，专家组对各试点高校的培养模式、选拔与考核机制、国内外联合培养方案、课程体系建设、教师队伍建设、学生自主学习、杰出人才培养规律研究等提出了咨询意见。组织召开数学、物理学、化学、计算机科学、生物科学分学科人才培养交流会，完善分学科人才培养方案。初步建立了网络管理平台和拔尖学生信息数据库，动态、持续跟踪拔尖学生成长。19所试点高校采取切实有力措施，在选拔优秀学生、配备一流教师、创新培养模式、营造学术氛围、改革教学管理、加强条件保障、开展国际合作等方面取得了初步成效。特别是聚集了一批国际学术大师参与该计划实施和人才培养，建立了由拔尖创新人才培养未来拔尖创新人才的新机制。

〔继续实施“卓越工程师教育培养计划”〕　1月，教育部下发了《教育部关于实施卓越工程师教育培养计划的若干意见》（教高〔2011〕1号），组织制定了“卓越工程师教育培养计划”国家通用标准和部分行业标准；联合中国工程院组成了“卓越工程师教育培养计划”专家委员会，联合住房和城乡建设部、国家测绘局、安全监管总局成立了“卓越工程师教育培养计划”行业工作组和专家组，组织全国不同层次、不同类型的194所高校实施该计划，完成调研、培训、试点、交流、阶段检查等相关工作。截至2011年年底，全国共计824个本科专业点、288个研究生层次学科领域逾6万名学生进入该计划进行培养。

〔**推进医学教育综合改革**〕 教育部、卫生部共同研究制定了《关于实施临床医学教育综合改革的若干意见》等文件，并于12月6日联合召开了全国医学教育改革工作会议，对推进医学教育综合改革进行了全面部署。国务委员刘延东对会议作出批示，全国人大常委会副委员长韩启德出席会议并讲话，教育部部长袁贵仁、卫生部部长陈竺到会讲话，卫生部副部长刘谦、教育部部长助理林蕙青出席会议。

《关于实施临床医学教育综合改革的若干意见》等一系列文件，确定了医学教育改革的总体目标、基本思路和5大重点领域，制定了12项主要举措，优化临床医学人才培养结构，建立医学人才培养规模和结构与医药卫生事业发展需求有效衔接的调控机制；实施"卓越医生教育培养计划"，提升医学生职业道德和临床实践能力；加强医学教育质量保障体系建设，建立与国际医学教育实质等效的医学教育专业认证制度；深化综合性大学医学教育管理体制改革，加快世界一流和高水平医学院建设，为医药卫生事业又好又快发展培养高素质医学人才。

〔**实施"卓越法律人才教育培养计划"**〕 12月，教育部、中央政法委联合印发了《关于实施卓越法律人才教育培养计划的若干意见》(以下简称《意见》)。《意见》明确了实施卓越法律人才教育培养计划的指导思想、总体目标、主要任务、工作措施、组织实施和政策保障，提出通过建设一批卓越法律人才教育培养基地，实施高校与实务部门人员互聘"双千计划"，建设法学实践教学基地，开展法学教育国际交流与合作，建设高水平教材，制定卓越法律人才培养标准等措施，形成科学先进、具有中国特色的法学教育理念，形成开放多样、符合中国国情的法律人才培养体制，培养造就一批信念执著、品德优良、知识丰富、本领过硬的高素质法律人才。

〔**启动农科教合作人才培养基地建设工作**〕 教育部和农业部经过协商，决定建立高等农业院校与科研院所、企业联合培养人才的新机制，共同开展农科教合作人才培养基地建设工作。

农科教合作人才培养基地是依托农业部50个现代农业产业技术体系的1 144个综合试验站，在全国建设500个集人才培养、科学研究、成果转化与推广、农民培训和大学生创新创业实践为一体的示范性综合实践基地和区域性的现代农业教育科技创新示范基地。

批准中国农业大学寿光蔬菜农科教合作人才培养基地等100个基地为首批农科教合作人才培养基地。

〔**强化高等学校实践教学环节**〕 为推动高等学校强化实践教学环节，教育部组织召开了有各地教育行政部门、高等学校、企业单位的100多位代表参加的"贯彻胡锦涛总书记讲话精神，加强实践教学工作座谈会"。教育部副部长杜玉波到会并讲话，他要求深入贯彻胡锦涛总书记讲话精神，通过统一认识、典型引路、项目引导等多种方式，强化实践教学环节。会议深入分析了实践教学遇到的挑战，交流了取得的经验，提出了加强实践教学工作的举措和政策建议。举办"高等学校实验室开放和大学生科技创新工作现场交流会"，推广哈尔滨工程大学典型经验，推动高等学校加强实验室开放和实验室信息化管理工作，促进大学生实践能力和创新精神的培养。

〔**全面推进高校创业教育**〕 为进一步推进高校创业教育教学工作的规范化、制度化建设，在充分调研的基础上，研究制定了《普通高等学校创业教育教学基本要求》和《〈创业教育〉课程教学大纲》，并广泛征求了意见。

组织召开"教育部高等学校创业教育指导委员会2011年年会"，通过了《教育部高等学校创业教育指导委员会五年工作规划（2010—2015年）》等。编辑出版了《世界主要国家创业教育情况》、《高等学校创业经验汇编》等。

〔**探索建立人才培养质量年度报告发布制度**〕

为贯彻落实教育规划纲要关于“建立高等学校质量年度报告发布制度”的要求，健全高校人才培养质量保障体系，2011年，启动实施本科教学质量年度报告发布制度。39所“985工程”建设高校在各校网站率先公开2010年本科教学质量年度报告，随后教育部评估中心网站将全部报告集中发布。首次公开的质量报告充分反映了高校在推进教学改革，提高教学质量方面所作的有效探索和取得的成效；反映了各高校更加注重本科教育教学和高水平创新型人才培养模式建设和探索；更加注重建立多层次的教学质量与保障机制和推进人才培养的国际化。质量年度报告发布制度的实施促进了高校信息公开，促进了高校建立教育教学质量内部监控体系，也有利于社会了解、监督高校办学状况。

〔**继续做好马克思主义理论研究和建设工程重点教材编写工作**〕　根据中央实施马克思主义理论研究和建设工程的总体部署和要求，分两期举办了《马克思主义政治经济学概论》、《科学社会主义概论》、《政治学概论》、《西方经济学》、《社会学概论》5种新出版重点教材任课教师示范培训班；组织学科专家、高等学校哲学社会科学重点教材编审委员会和专门小组，认真审议了教育部负责的马克思主义理论和建设工程第一批29种重点教材编写提纲；组织学科专家认真审议了教育部负责的第二批30种重点教材编写提纲；组织开展了对已出版的马克思主义理论研究和建设工程重点教材推广使用情况的专题调研，撰写了相关调研报告。

〔**完成第六届高等学校教学名师奖评选表彰工作**〕　第六届高等学校教学名师奖评选工作于1月启动。本届评选方案在保持政策连续性的基础上作了改革完善。修订了评审指标体系，对参评教师从教经历、授课时数提出更加明确的量化标准；明确规定了现任校级领导获奖人数不得超过5%；增加了学生评价环节；坚持“阳光评审”，对公示环节、民主决议、申报纪律作出了更加具体的规定。经省级教育行政部门推荐、同行专家网络评审、会议评审三个程序，从175名推荐候选人中确定了100名教师为第六届高等学校教学名师奖获得者。

9月8日，教育部在北京召开第六届高等学校教学名师奖表彰大会。国务委员刘延东出席大会并讲话，向获奖教师表示祝贺，向全国广大教师和教育工作者致以教师节的问候。她强调，要深入学习胡锦涛总书记“七一”重要讲话和在清华大学建校100周年庆祝大会上重要讲话精神，贯彻落实科教兴国、人才强国的战略，把加强教师队伍建设作为高等教育事业的基础性工作抓好，发挥名师的教学示范、科研模范和学风典范作用，努力造就一支师德高尚、业务精湛、结构合理、充满活力的教师队伍。

附：

第六届高等学校教学名师奖获奖教师名单

姓名	学校	姓名	学校
高　毅	北京大学	张向葵	东北师范大学
张　征	中国人民大学	张树仁	长春理工大学
李俊峰	清华大学	李　玉	吉林农业大学
胡洪营	清华大学	吴建强	哈尔滨工业大学
阮秋琦	北京交通大学	谈和平	哈尔滨工业大学
朱筱敏	中国石油大学（北京）	杨宝峰	哈尔滨医科大学
欧阳津	北京师范大学	俞吾金	复旦大学

续表

姓名	学校	姓名	学校
孟　焰	中央财经大学	龚沛曾	同济大学
王卫国	中国政法大学	郭晓奎	上海交通大学
郎景和	北京协和医学院	严世芸	上海中医药大学
蒋宗礼	北京工业大学	刘宪权	华东政法大学
徐　蓝	首都师范大学	李满春	南京大学
杨河清	首都经济贸易大学	李霄翔	东南大学
颜丹平	中国地质大学（北京）	赵跃民	中国矿业大学
李治安	南开大学	强　胜	南京农业大学
赵乃勤	天津大学	吴晓蓓	南京理工大学
贾士儒	天津科技大学	王　岩	南京航空航天大学
孙健夫	河北大学	董志翘	南京师范大学
申书兴	河北农业大学	刘　旭	浙江大学
王斌全	山西医科大学	朱　军	浙江大学
孙　炯	内蒙古大学	刘太顺	湖州师范学院
梁延德	大连理工大学	向守平	中国科学技术大学
邢天才	东北财经大学	徐向艺	山东大学
刘　辉	沈阳音乐学院	王晓云	山东农业大学
司传平	济宁医学院	罗先觉	西安交通大学
魏新利	郑州大学	白国良	西安建筑科技大学
耿明斋	河南大学	段哲民	西北工业大学
樊　静	河南师范大学	包国宪	兰州大学
边　专	武汉大学	牛小铁	北京工业职业技术学院
程功臻	武汉大学	尹万建	邢台职业技术学院
何岭松	华中科技大学	冯美宇	山西建筑职业技术学院
熊永红	华中科技大学	顾　萍	上海出版印刷高等专科学校
谢峻林	武汉理工大学	周兴元	江苏农林职业技术学院
王石平	华中农业大学	陆锦军	江苏信息职业技术学院
范学工	中南大学	王应海	苏州工业园区职业技术学院
欧阳友权	中南大学	瞿　永	安徽职业技术学院
钟建新	湘潭大学	沈斐敏	福建交通职业技术学院
袁剑波	长沙理工大学	李文跃	江西陶瓷工艺美术职业技术学院
桑　兵	中山大学	李　舫	山东畜牧兽医职业学院
梁力建	中山大学	杨欣斌	东营职业学院
黄　平	华南理工大学	周建郑	黄河水利职业技术学院
陈武凡	南方医科大学	邱丽芳	湖南工业职业技术学院

续表

姓名	学校	姓名	学校
王崇敏	海南大学	龚盛昭	广东轻工职业技术学院
曾孝平	重庆大学	刘红燕	深圳职业技术学院
陈谦明	四川大学	张来源	广州番禺职业技术学院
胡常伟	四川大学	刘开吉	重庆警官职业学院
罗　霞	西南交通大学	武友德	四川工程职业技术学院
巴登尼玛	四川师范大学	田锋社	陕西工业职业技术学院
田卫民	云南大学	吴孟达	国防科学技术大学
刘　坚	云南师范大学	张培林	军械工程学院

〔举办第3、第4期新建本科院校党委书记、校长培训班〕 为帮助新建本科院校进一步明确发展思路，整体提升办学质量，继续委托国家教育行政学院举办第3、第4期“全国新建本科院校党委书记、校长专题培训班”。培训的主题是：贯彻落实胡锦涛总书记在清华大学百年校庆上重要讲话精神和教育规划纲要，加强新建本科院校内涵建设，推动新建本科院校科学发展。

培训班采取领导报告、专题讲座、交流座谈、参观考察等形式。教育部副部长、党组副书记杜玉波作了专题报告。118名新建本科院校党委书记或校长参加了这两期培训。

〔继续推进对口支援西部高校工作〕 重点推进对口支援新疆、西藏高校工作。为贯彻落实中央新疆工作座谈会和中央第五次西藏工作座谈会精神，印发了《教育部关于进一步加强和推进对口支援新疆地区高等学校工作的若干意见》（教高〔2011〕9号）和《教育部关于进一步加强和推进对口支援西藏自治区高等学校工作的若干意见》（教高〔2011〕2号），出台了联合培育学科、开展科研合作、定向培养博士生等多项新举措。组织北京农业职业学院等30所高校对口支援新疆19所高职学校，实现了对口支援新疆、西藏高校的全覆盖。

扩大对口支援规模。将国家民委所属5所高校、宁夏医科大学等高校纳入对口支援西部高校计划。参加对口支援的高校共161所。其中支援高校从2001年的13所增加到94所；受援高校从2001年的13所增加到67所（本科院校44所，专科院校23所），覆盖18个省（区、市）和新疆生产建设兵团。

扩大实施西部受援高校教师和管理干部进修锻炼项目。对2011—2015年西部受援高校教师和教学管理干部到支援高校进修和学习锻炼工作进行部署。确定了2011—2012年度西部受援高校教师和管理干部进修锻炼计划，41所受援高校共计向53所支援高校派出了1 360名教师和管理干部进修锻炼。

〔对口支援西部高校工作10周年成果总结表彰〕 教育部高等教育司印发了《关于报送对口支援西部高校工作总结的通知》（教高司函〔2011〕166号）和《关于组织推荐“对口支援西部高校工作典型经验集体和突出贡献个人”案例的通知》（教高司函〔2011〕167号），启动了对口支援西部高校10周年总结工作。12月4日，教育部在北京召开了对口支援西部高校工作10周年总结大会，回顾总结了对口支援西部高校工作10年来取得的成绩，表彰了39个典型经验集体和164名突出贡献个人，研究部署了今后一个时期对口支援工作。教育部副部长、党组副书记杜玉波出席会议并讲话，教育部部长助理、党组成员林蕙青主持会议。有关省（区、市）教育行政部门负责人，各支援高校、受援高校负责人，教育部有关司局负责人共200余人参加了会议。同时，举行了对口支援西部高校工作10周年成果展，集中展示了受援高校10年来的显著变化，编印了《对口支援西部高校工作10周年典型经验集体和突出贡献个人案例汇编》。

〔**举办“五月的鲜花——永远跟党走”全国大学生校园文艺会演**〕 由中宣部、教育部、共青团中央联合主办，中央电视台承办的“五月的鲜花——永远跟党走”全国大学生校园文艺会演活动于5月4日举行。中共中央政治局常委李长春，中共中央政治局委员、中央书记处书记、中宣部部长刘云山，中共中央政治局委员、国务委员刘延东，全国政协副主席、中国社会科学院院长陈奎元观看演出。演出以“五四”青年节为契机，弘扬“五四精神”，歌颂中国共产党的光辉历程，讴歌中国共产党在各个历史时期领导人民所取得的伟大成就。李长春发表热情洋溢的讲话，对大学生的精彩表演给予热情赞扬，充分肯定当代大学生是党和人民完全可以信赖的一代优秀青年。

〔**加强红色经典艺术教育示范基地建设**〕 2011年，新增河北师范大学、湖南师范大学、百色学院、四川美术学院、遵义师范学院等5所高校为教育部“红色经典艺术教育示范基地”。为庆祝中国共产党成立90周年，各示范基地结合学校实际，开展了一系列形式多样、内容丰富的红色经典艺术宣传教育活动，集中展示了红色经典艺术教育示范基地的建设成果。如沈阳音乐学院在北京大学举办了“红色经典”专场演出，西南大学举办了“西部青春”交响音乐会，井冈山大学举办了音乐舞蹈史诗《井冈山》专场演出等。红色经典艺术教育示范基地建设工作的开展，进一步加强了爱国主义教育和革命传统教育，有效引导更多的大学生学“红色经典”、爱“红色经典”、懂“红色经典”，提高了大学生的思想政治素质和文化素质。

撰稿 李　智　李　静　孙丽为
吴爱华　王启明　吴　燕
刘向虹　韩　筠　李茂国
审稿 刘贵芹　石鹏建　刘　桔

教育部直属高校工作

〔**组织召开咨询委员会第二十一次全体会议**〕 教育部直属高校工作咨询委员会第二十一次全体会议于2011年8月14—15日在广东东莞市召开。国务委员刘延东，教育部领导袁贵仁、杜玉波、鲁昕、王立英、杜占元、林蕙青及部内相关司局负责人以及咨询委员会全体委员出席会议。有关部委所属高校、地方“211工程”建设高校、中西部地区实施省部共建的高校和特邀高校领导列席了会议。本次会议以深入贯彻落实胡锦涛总书记“七一”重要讲话和在清华大学百年校庆大会上的重要讲话精神，研究全面提高高等教育质量的思路和举措为主题展开咨询交流。

刘延东听取了部分咨询委员的发言并发表重要讲话。刘延东指出，要深入学习贯彻胡锦涛总书记在纪念中国共产党成立90周年大会和庆祝清华大学建校100周年大会上的重要讲话精神，坚持正确的办学方向，立足经济社会发展大局，深化改革，科学发展，走以质量提升为核心的内涵式发展道路，建设中国特色现代高等教育体系，并对加强高校领导班子建设提出了有针对性的要求。

教育部部长袁贵仁作大会总结讲话。讲话围绕高校办学自主权、内部治理结构、教育经费投入、教师队伍建设、改革试点的政策突破等问题与咨询委员进行了交流。清华大学、西安交通大学、华东师范大学、北京交通大学、哈尔滨工业大学、山东大学等校的校长、书记围绕会议主题进行了交流发言。会议围绕刘延东的讲话和会议主题展开了分组咨询和讨论。

〔**指导直属高校做好“十二五”规划编制工作**〕 根据教育部党组会议的要求，教育部将指导直属高校编制“十二五”规划作为落实教育规划纲要的重要措施之一，认真开展三方面工作。一是下发编制规划指导意见，全面部署，提出明确要求。二是加强过程指导，分片分类召开直属高校的规划交流咨询会，聘请有关高校老领导、专家及相关部门负责人等为学校“十二五”规划建言、把脉，并派员参加部分高校规划工作论证会，对有关高校开门做规划的经验做法予以推介。三是认真做好各高校“十二五”规划备案审核工作。

〔**清华大学建校100周年**〕 2011年，清华大学迎来建校100周年。4月24日上午，庆祝清华大学建校100周年大会在北京人民大会堂隆重举行。党和国家领导人胡锦涛、吴邦国、温家宝、贾庆林、习近平、李克强等出了庆祝大会。

中共中央总书记、国家主席、中央军委主席胡锦涛在庆祝大会上发表了重要讲话，代表党中央、国务院向清华大学全体师生员工和广大校友表示衷心祝贺，并向全国高等学校的师生员工和广大教育工作者致以诚挚的问候。胡锦涛回顾了清华大学建校100年来的发展历程，对清华大学一个世纪的办学成就给予高度评价。他指出，在一个世纪的发展历程中，清华大学秉承“爱国奉献、追求卓越”的传统，恪守“自强不息、厚德载物”的校训，弘扬“行胜于言”的校风，一代又一代清华人在革命、建设、改革中顽强拼搏、真诚奉献，为祖国、为人民、为民族建立了突出功绩。特别是改革开放以来，广大清华师生牢记科教兴国、人才强国的使命，主动适应社会需求，深入进行教育改革，加快建设综合性、研究型、开放式的一流大学，办学总体实力大为增强，人才培养质量、学术研究水平、社会服务能力不断提高，社会影响和国际声誉不断提升，在创建世界一流大学的征程上迈出重大步伐，取得了显著成绩。

胡锦涛强调，推动经济社会又好又快发展，实现中华民族伟大复兴，科技是关键，人才是核心，教育是基础。我们必须深入实施科教兴国战略和人才强国战略，全面贯彻落实国家中长期教育改革和发展规划纲要，加快从教育大国向教育强国迈进。高等教育作为科技第一生产力和人才第一资源的重要结合点，在国家发展中具有十分重要的地位和作用。不断提高质量是高等教育的生命线，必须始终贯穿高等学校人才培养、科学研究、社会服务、文化传承创新各项工作之中。全面提高高等教育质量，必须大力提升人才培养水平；必须大力增强科学研究能力；必须大力服务经济社会发展；必须大力推进文化传承创新。

胡锦涛指出，建设若干所世界一流大学和一批高水平大学，是建设人才强国和创新型国家的重大战略举措。希望清华大学坚持“中国特色，世界一流”的发展道路，改革创新，奋勇争先，在加快建设世界一流大学的进程中取得新的更大成就。

胡锦涛给清华大学的学生们和全国青年学生提出三点希望：一是要把文化知识学习和思想品德修养紧密结合起来；二是要把创新思维和社会实践紧密结合起来；三是要把全面发展和个性发展紧密结合起来。

胡锦涛同时指出，教育大计，教师为本。广大高校教师要切实肩负起立德树人、教书育人的光荣职责，做学生健康成长的指导者和引路人。要把加强教师队伍建设作为教育事业发展最重要的基础工作来抓，充分信任、紧紧依靠广大教师，形成更加浓厚的尊师重教社会风尚，使教师成为最受社会尊重的职业。

出席庆祝大会的领导同志还有刘淇、刘云山、刘延东、李源潮、吴官正、令计划、王沪宁、路甬祥、韩启德、华建敏、李建国、桑国卫、马凯、戴秉国、杜青林、陈奎元、董建华、万钢、林文漪、何厚铧和曾培炎、王汉斌、彭珮云、贾春旺、徐匡迪、李蒙，中央军委委员李继耐、常万全等。

校庆前夕，党和国家领导人胡锦涛、吴邦国、贾庆林、习近平等分别视察学校或听取了学校汇报。

〔**直属高校巡视工作**〕 按照教育部党组巡视工作计划，先后分四批完成了对15所直属高校的巡视工作。4月6—28日，对北京师范大学、复旦大学、华北电力大学、中国药科大学进行了巡视；

5月8—30日，对上海交通大学、北京化工大学、武汉理工大学进行了巡视；10月10日至11月5日，对重庆大学、中央财经大学、中央戏剧学院、中国海洋大学、中国石油大学（华东）进行了巡视；11月6日至12月2日，对中山大学、北京林业大学、江南大学进行了巡视。

35名直属高校巡视专员、63名巡视干部参加了巡视工作。各巡视组开展个别谈话共计2 207人次，召开各类座谈会93场，听取专题汇报31次，接待来访89人次，受理来信来电205件次。对学校提出整改意见建议67条，对教育部党组提出工作建议38条。

坚持围绕高校确立科学的办学思路、高校领导班子建设、高校党风廉政建设、人民群众反映的热点难点问题四个方面开展巡视，以巡视促发展、以巡视促廉洁、以巡视促和谐，遵循高校工作特点和规律，不断完善创新。

进一步丰富巡视工作内容。根据形势的发展和任务的要求，在把握巡视工作主要内容的基础上，进一步突出以下重点：一是贯彻落实党的十七届四中、五中全会精神，加强领导班子和领导干部作风建设的情况；二是深入学习实践科学发展观，整改落实方案的实施情况；三是贯彻落实教育规划纲要，全面提高高等教育质量的情况。

进一步加强巡视队伍建设。除以教育部直属司、人事司、驻部纪检组（监察局）为主选派干部参加巡视工作外，还从规划司、高教司、财务司、思政司等8个相关司局选派了15名现职处级干部，邀请了7个省（市）高校（教育）工委的15名现职处级干部参加巡视工作，进一步突显巡视工作的严肃性和权威性，提高了巡视工作质量，锻炼了干部，同时加强了与机关司局及地方教育管理部门的沟通联系。

进一步完善巡视工作机制。一是细化了巡视工作各阶段的有关程序、步骤和要求，对巡视工作班子见面会和动员大会的安排、民主测评数据统计和比较分析、信访件处理等方面提出了细则性要求。二是完善了转办、督办机制，每批巡视工作结束后，对巡视组提出的意见建议认真做好分解、转办、督办工作，逐一与转办司局、巡视组及被巡视高校沟通情况，有针对性地帮助学校解决问题，及时向高校反馈办理情况。

进一步强化巡视成果运用。一是严把巡视报告关，逐一审议巡视报告，着力提高巡视报告质量。二是将巡视民主测评结果与领导班子和领导干部年度考核结果相互对比印证，将巡视工作与年度考核工作有机结合。三是加大对转办事项的督办力度，推动各司局切实帮助学校解决了一批涉及领导班子建设、办学思路、发展目标、内部管理以及师生切身利益的问题。四是加大了对学校整改落实工作的监督力度，要求学校在反馈意见下达后的半年内报送整改落实情况，并指导、督促学校把巡视成果切实转化为改进工作的动力和实效。五是加大了对巡视成果的运用力度，直属司、人事司、驻部纪检组（监察局）共享巡视成果，形成成果运用合力。部党组把巡视成果作为指导学校发展、评价学校工作，特别是干部考核和选拔任用的重要参考。对直属高校一些典型经验做法，部党组也采取措施加大了交流和推广力度。7月，召开教育部巡视工作交流研讨会。会议总结了巡视工作取得的经验、收获以及发现的共性问题，研讨了影响高校科学发展的难点问题和领导班子建设中存在的突出问题，对进一步改进完善巡视工作提出了意见建议。

9月，在中共中央政治局常委、中央纪委书记贺国强出席的部分中央部门和企业、金融机构巡视工作座谈会上，中纪委驻教育部纪检组组长、党组成员王立英代表教育部党组作了《巡视工作是推进直属高校科学发展的重要抓手》的典型经验发言，从着力健全领导体制和工作机制、着力探索符合高校特点的巡视工作规律、着力在查找和推动解决问题上见实效三个方面介绍了教育部直属高校巡视工作。《中央巡视办巡视参考》、《中国纪检监察报》等报刊对教育部直属高校巡视工作作了重点宣传报道。

〔深入推进教育部与地方政府、行业（部门）共建相关高校工作〕 教育部紧紧抓住各地政府积极贯彻落实全教会和教育规划纲要的有利契机，按照广泛争取、丰富内涵和力求实效的指导思想和工作原则，深入推进共建工作，取得了明显成效。一是与“985工程”高校继续重点共建。2011年，教育部先后与11个省（市）重点共建19所直属“985工程”高校。截至2011年年底，累计完成了与广东、上海等14个省（市）重点共建26所直属“985工程”高校的工作，为共建高校争取协议配套经费180多亿元。二是与行业（部门）共建。先后与国家海洋局、国防科技工业局、水利部等3个部门共建了13所直属高校。截至2011年年底，累计完成了与农业部、国家林业局等34个部门共建52所直属高校的工作。共建范围开始突破原行业隶属高校，扩大到设有相关优势学科的直属高校。三是与陕西省签署了共建西安电子科技大学等3所“211工程”高校的协议。

〔省（自治区、兵团）部共建地方高校工作〕 8月4日，省（自治区、兵团）部共建工作暨中西部高等教育发展战略研讨会在延安大学召开。会议的主题是：“贯彻落实教育规划纲要和胡锦涛总书记重要讲话精神，全面提高质量，推进中西部高等教育振兴”。来自19个省（自治区、兵团）的22所省部共建高校和中西部4所“211工程”地方高校（太原理工大学、安徽大学、湖南师范大学、四川农业大学）及省教育厅、延安市的主要负责人参加了会议。陕西省委副书记、省委教育工委书记王侠出席会议。教育部副部长、党组副书记杜玉波出席会议并作了重要讲话。

杜玉波指出，2011年是建党90周年，也是教育规划纲要颁布实施一周年。特别是4月在清华大学百年校庆大会上，胡锦涛总书记发表的重要讲话是指导新时期中国高等教育改革发展的纲领性文件。中国的高等教育面临难得的发展机遇，正处在崭新的历史起点上。

杜玉波强调，中西部区域辽阔，人口众多，高校数量占全国总数一半。推动中西部高等教育发展是中国由高等教育大国向高等教育强国、人力资源大国向人力资源强国迈进的战略需要，是中国实施西部大开发、中部崛起战略的必然要求，是优化高等教育区域布局、缩小地区差距的现实选择，是进一步满足中西部地区人民群众“上好大学”的迫切要求，是维护区域政治稳定和保持民族团结的重要举措。2004年，教育部党组作出省部共建中西部地方高校的重大决策，兼顾边远地区、民族地区、革命老区和人口大区，进一步强化教育部和地方政府支持中西部地方高校发展的责任，成为实现优质教育资源合理配置，提升中国区域高等教育整体水平的成功模式。先后共建的22所地方高校，在人才培养、学科建设、科学研究和社会服务等方面得到了快速发展，在当地高等教育发展和区域经济社会发展中发挥着重要的带动和辐射作用，为中西部高等教育振兴打下了良好基础。

杜玉波希望中西部的地方高校，特别是省部共建高校和“211工程”地方大学，要抓住难得的战略机遇，贯彻落实好教育规划纲要和胡锦涛总书记的重要讲话精神，紧紧围绕提高质量这个核心，合理定位，科学规划，彰显特色。要在深化教学改革的基础上进一步强化育人特色、在推进科技创新的基础上进一步强化研究特色、在加强学科建设的基础上进一步强化学科特色、在适应区域需求的基础上进一步强化服务特色、在完善内部机制的基础上进一步强化管理特色、在弘扬大学精神的基础上进一步强化文化特色，加快建设中西部区域高水平大学，大力推进中西部高等教育的振兴，为区域经济社会发展和文化繁荣作出新的更大的贡献。

〔直属高校“两院院士”当选情况〕 12月8日，中国工程院院士增选工作顺利结束，确认54人当选，其中教育部直属高校新增中国工程院院士17名（当选名单附后），分别是机械与运载工程学部2名，信息与电子工程学部2名，化工、冶金与材料工程学部4名，能源与矿业工程学部2名，土木、水利与建筑工程学部4名，环境与轻纺工程学部1名，农业学部2名。年龄最大的70岁，最小的46岁，平均年龄为55.1岁。

12月9日，中国科学院院士增选工作顺利结束，确认51人当选中国科学院院士。其中教育部直属高校新增中国科学院院士21名（当选名单附后），分别是数学物理学部3名，化学部5名，生命科学和医学部3名，地学部3名，信息技术科学部3名，技术科学部4名。年龄最大的75岁，最小的44岁，平均年龄为52.9岁。

附一：

2011年教育部直属高校新增中国工程院院士名单

序号	姓名	年龄	学部	学校
1	郭东明	52	机械与运载工程学部	大连理工大学
2	林忠钦	53	机械与运载工程学部	上海交通大学
3	段宝岩	56	信息与电子工程学部	西安电子科技大学
4	高　文	55	信息与电子工程学部	北京大学
5	李言荣	49	化工、冶金与材料工程学部	电子科技大学
6	钱旭红	49	化工、冶金与材料工程学部	华东理工大学
7	邱冠周	62	化工、冶金与材料工程学部	中南大学
8	谭天伟	47	化工、冶金与材料工程学部	北京化工大学
9	李晓红	52	能源与矿业工程学部	武汉大学
10	苏万华	70	能源与矿业工程学部	天津大学
11	龚晓南	67	土木、水利与建筑工程学部	浙江大学
12	李建成	46	土木、水利与建筑工程学部	武汉大学
13	王　超	53	土木、水利与建筑工程学部	河海大学
14	周绪红	55	土木、水利与建筑工程学部	兰州大学
15	瞿金平	54	环境与轻纺工程学部	华南理工大学
16	康绍忠	49	农业学部	中国农业大学
17	李　坚	68	农业学部	东北林业大学

附二：

2011年教育部直属高校新增中国科学院院士名单

序号	姓名	年龄	学部	学校
1	王广厚	71	数学物理学部	南京大学
2	陈永川	47	数学物理学部	南开大学
3	鄂维南	47	数学物理学部	北京大学
4	田　禾	48	化学部	华东理工大学
5	刘忠范	48	化学部	北京大学
6	严纯华	50	化学部	北京大学
7	张俐娜（女）	70	化学部	武汉大学
8	李亚栋	46	化学部	清华大学

续表

序号	姓名	年龄	学部	学校
9	朱玉贤	55	生命科学和医学学部	北京大学
10	舒红兵	44	生命科学和医学学部	武汉大学
11	葛均波	48	生命科学和医学学部	复旦大学
12	高　山	49	地学部	中国地质大学（武汉）
13	龚健雅	54	地学部	武汉大学
14	焦念志	48	地学部	厦门大学
15	金亚秋	64	信息技术科学部	复旦大学
16	徐宗本	56	信息技术科学部	西安交通大学
17	梅　宏	48	信息技术科学部	北京大学
18	郑　平	75	技术科学部	上海交通大学
19	南策文	48	技术科学部	清华大学
20	翟婉明	47	技术科学部	西南交通大学
21	雒建斌	49	技术科学部	清华大学

〔2011 年高校领导赴海外培训项目〕　为学习借鉴世界著名大学的成功办学经验，推进中国高水平大学建设，教育部、国家外国专家局继续组织实施高校领导赴海外培训 2011 年项目。

2011 年，共派出 5 个培训团组。其中除 2011 年中国—密歇根大学教师发展研讨班外，其他 4 个高校领导赴海外培训团组共有来自教育部直属高校、其他部委有关高校、省部共建高校以及部分地方高校的 76 位校级领导参加，分别赴美国、英国和澳大利亚的世界著名大学和高等教育机构进行为期三周的培训考察。培训围绕现代大学制度的建立与完善、大学战略规划的制定、大学治理结构与大学管理、高等教育质量建设与保障、大学教师队伍的专业发展与管理、科研组织管理与产学研结合、本科生和研究生教育、学生事务管理、高等教育创新与现代社会发展等内容开展。

〔2011 年中国—密歇根大学教师发展研讨班〕　5 月 22—27 日，教育部与美国密歇根大学在密歇根大学联合举办了“2011 年中国—密歇根大学教师发展研讨班”。研讨班以“加强教师能力建设，提高高等教育质量”为主题，研讨内容包括大学教学中心的功能及运行机制、如何培训教师的创新能力与组织有效的教学、如何评估教学和学生学习、大学行政工作如何保证教师能力的发展和教学质量的提升等。根据培训内容，学员由相关高校分管教学工作的副校长、教务处处长、人事处处长和即将成立的教学研究（教师发展）中心主任拟任人选等组成，每校 3 人左右，共 33 人。团长为厦门大学校长朱崇实，副团长为上海交通大学副校长黄震、教育部高等教育司副司长刘贵芹。研讨班由国家教育行政学院具体承办，密歇根大学教学研究中心负责美方组织协调。

〔2011 年中国—耶鲁大学领导高级研讨班〕　由教育部与美国耶鲁大学合作举办的“2011 年中国—耶鲁大学领导高级研讨班”于 11 月 16 日至 22 日在耶鲁大学举行。来自北京大学、清华大学和浙江大学等高校的 27 位校领导（其中 10 位正职）参加了学习交流活动。本期研讨班由浙江大学校长杨卫任团长，清华大学常务副校长陈吉宁任副团长。

这是继 2004 年、2005 年和 2009 年之后在耶鲁大学举行的第四期研讨班。该研讨班的目标是支持中国大学领导全面系统、集中深入地研究探讨耶鲁大学这样一所世界名校的治学治校经验，从而加快中国建设世界一流大学的步伐，拓展中国大学领导的国际视野，进一步增进中美大学的交流与合作。

教育部对办好本期研讨班十分重视。开班之前，部内有关司局和有关高校领导共同研究提出了研讨班的教学方案和日程安排，并与耶鲁大学方面进行了细致的商讨和精心的筹备。中国驻美使（领）馆教育处（组）负责人也参加了研讨班的部分活动。

与往年一样，耶鲁大学对本期研讨班表现出极大的热忱和努力。校长理查德·莱文依然亲自授课，承担了3场有关校长权责和大学治理、全球高等教育发展趋势以及战略学术规划的主题报告，并与中国校长在课下进行了细致深入探讨。副校长、校务卿琳达·罗芮默仍总管本届研讨班的组织实施，助理校务卿王芳女士具体负责各项任务执行。在中美双方工作人员的共同努力下，本期研讨班各项学习任务进展有序。

本期研讨班保留了往届耶鲁班的风格。培训内容广泛，涉及大学战略规划、人才培养创新、师资队伍建设、科研管理政策、学术诚信、资金筹措等。在培训形式上，继续突出“互动”特色，学员与耶鲁大学的领导和教授直接对话、深入研讨。由耶鲁大学校长理查德·莱文、浙江大学校长杨卫、清华大学常务副校长陈吉宁、天津大学校长李家俊共同主持的主题为“国际伙伴关系的新趋势和新思路”的讨论会，气氛十分活跃。

本期研讨班还增加了旁听耶鲁大学本科生课程的内容。耶鲁大学提供了5门课程及旁听人数容量清单，请各位中国校领导自选。研讨班学员也有机会到学生食堂就餐，亲身体验耶鲁大学学生的日常生活。

撰稿 谭 嵩 陈 伟 周 志
郭立琮 陈 溪 刘晶玉
庞 博 韩 卿
审稿 牛燕冰 贾德永 陈志龙

高校思想政治工作

〔纪念中国共产党成立90周年主题教育活动〕 2011年，为纪念中国共产党成立90周年，根据中央有关文件精神，印发《中共教育部党组关于围绕纪念建党90周年在各级各类学校深入开展“永远跟党走”主题教育活动的通知》、《教育部办公厅关于围绕纪念建党90周年进一步组织开展好“永远跟党走”主题教育活动的通知》，确定了50项重点教育活动项目，努力做到件件有着落、条条有措施、项项见实效，在校园内外唱响了共产党好、社会主义好、改革开放好、伟大祖国好、各族人民好的时代主旋律。配合北京市委，组织“党在百姓心中”百姓宣讲团高校巡讲活动。指导开展纪念中国共产党成立90周年专题征文活动，编辑出版《纪念中国共产党成立90周年专题征文优秀论文选编》。组织开展纪念建党90周年“优秀剧目进校园”、“廉洁文化进校园”、“高雅艺术进校园”系列活动，重点推荐地方特色项目、大型秦腔现代剧《西京故事》到北京演出。

〔学习宣传钱学森同志系列活动〕 11—12月，与中央宣传部、科技部、解放军总政治部、解放军总装备部、中国科协联合主办“人民科学家钱学森”事迹展览；11月3日在北京首展，中共中央政治局委员、中央书记处书记、中央宣传部部长刘云山，中共中央政治局委员、国务委员刘延东出席开幕式并为展览揭幕；11月14日，举办中央领导同志专场，习近平、李克强等10余位党和国家领导人参观座谈。展览另在辽宁、陕西、广东三地巡展；12月5日，组织召开教育系统学习钱学森同志先进事迹座谈会，教育部部长袁贵仁主持会议并讲话；12 月 11 日，在上海交通大学举行钱学森图书馆开馆仪式，胡锦涛总书记作重要批示，中共中央政治局常委李长春出席开馆仪式并为钱学森塑像揭幕，国务委员刘延东出席开馆仪式并讲话，上海市委书记俞正声出席开馆仪式。

〔召开教育系统创先争优活动经验交流视频会议〕 在中央的高度重视下，教育系统创先争优活动稳步推进，进展顺利。2011 年春季开学之初，教育部党组专题研究了 2011 年创先争优工作，党组成员分赴 10 个省（区），集中调研开学工作和创先争优活动。4 月 2 日，教育部组织召开教育系统创先争优活动经验交流视频会议。教育部部长、党组书记袁贵仁出席会议并讲话，强调要围绕落实主题主线、庆祝建党 90 周年、抓基层打基础、保障和改善民生、维护稳定五个方面，在实现教育事业“十二五”良好开局、学先进赶先进、加强基层组织建设、服务师生员工、促进校园和谐中创先争优。福建省委教育工委、天津大学、上海师范大学、北京市商业学校、长沙市雅礼中学、武汉市青山区钢花小学和教育部职成司等 7 家单位在会上作了交流发言。

教育部副部长、党组副书记杜玉波主持会议。教育系统创先争优活动领导小组及办公室成员、中组部组织二局、教育部各司局各直属单位负责人、各省（区、市）和新疆生产建设兵团教育系统创先争优活动领导小组、部属各高校创先争优活动领导小组及办公室成员、基层党组织负责人及师生党员代表分别在主会场和分会场参加了会议。

〔开展“为民服务创先争优”系列活动〕 9 月，根据中央精神，结合教育系统实际，教育部研究制定了《关于在教育系统深入开展“为民服务创先争优”活动的实施意见》，确立了“落实教育规划纲要、服务学生健康成长”的活动主题。10 月底和 12 月初，教育部分两批 10 组派出 54 名机关干部，赴新疆、贵州、甘肃、宁夏、青海、内蒙古、广西、重庆、四川、云南等 10 个省（区、市），开展为期 1 个月的调研蹲点。11 月 11 日，教育部组织召开教育系统“为民服务创先争优”活动经验交流视频会议。教育部部长、党组书记袁贵仁出席会议并作重要讲话，强调要脚踏实地转作风，立足岗位创先进，为民服务争优秀。陕西省委教育工委、浙江大学、兰州理工大学、天津市物资贸易学校、云南省安宁市教育局、北京小学和全国学生资助管理中心等 7 家单位作了交流发言。

〔组织全国高校创先争优活动先进事迹报告团〕 6 月 21—23 日，教育部组织全国高校创先争优活动先进事迹报告团，在北京、南京、武汉等地开展巡讲活动。报告团由来自全国高校的 7 位先进典型组成，分别是：武汉大学教师杨昌林、安徽师范大学教师房玫、湖南农业大学教师石雪晖、江苏科技大学教师景荣春（由该校教师王逊宣讲）、北京理工大学博士研究生程德文、武汉理工大学硕士研究生郎坤、华南师范大学本科生林泽殷。

教育部党组高度重视这次巡讲活动，将其纳入教育系统纪念建党 90 周年“永远跟党走”系列活动之中，作为“七一”前后推进创先争优活动的重要举措。首场报告会前，教育部副部长、教育系统创先争优活动领导小组副组长杜玉波代表部党组亲切看望了报告团全体成员，对他们的先进事迹予以充分肯定。杜玉波指出，要以隆重纪念建党 90 周年为契机，大力宣传教育系统创先争优活动先进典型，使先进和优秀成为广大党员师生的精神追求，转化为推进教育事业科学发展的实际行动。要继承和发扬党的优良传统和作风，进一步营造学习先进、崇尚先进、争当先进的良好氛围。北京大学、清华大学、南京大学、武汉大学、武汉理工大学等 50 余所高校的 3 000 余名师生参加报告会。报告团所到之处，受到高校师生的热烈欢迎。

〔高校实践育人工作〕 贯彻落实胡锦涛总书记给北京大学第十二届研究生支教团成员回信精神，组织开展全国高校学生“永远跟党走”主题暑期社会实践活动启动仪式于 6 月 23 日在北京大学举行，国务委员刘延东出席仪式并发表重要讲话。与共青团中央共同部署开展“永远跟党走，青春献祖国”全国大中专学生志愿者暑期文化、科技、卫生“三下乡”社会实践活动。研究制定《加强和改进高校实践育人工作的若干意见》。9月22日，在重庆市组织召开全国高校实践育人工作经验交流会。

〔**高校校园文化建设**〕 组织开展2011年高校校园文化建设优秀成果评选活动，共收到29个省（区、市）及新疆生产建设兵团申报成果624项。经专家严格评审，评出特等奖10项、一等奖30项、二等奖60项、优秀奖100项。进一步总结工作成果，组织编写《高校校园文化建设理论与实践》第四辑以及“励志青春”和“立德树人”系列丛书，汇编高校校园文化建设成功经验和有效做法、全国大学生先进事迹以及全国高校辅导员先进事迹。

〔**先进典型培育宣传工作**〕 教育部会同中央宣传部、共青团中央、人民日报社联合指导“2010中国大学生年度人物评选活动”，同济大学学生白一帆等10人当选“2010中国大学生年度人物”。6月16日，“2010中国大学生年度人物”评选活动颁奖典礼在北京交通大学举行，国务委员刘延东出席并为大学生年度人物颁奖。

7月7日，教育部会同湖北省委、省政府与光明日报社联合召开大学生先进典型培育工作座谈会，研讨部署进一步推进大学生先进典型培育工作。10月中下旬，与中央宣传部、中央文明办、共青团中央共同组织开展“全国道德模范首都高校座谈巡讲”活动，邀请10名全国道德模范走进北京大学、清华大学等首都10所高校座谈巡讲。3月，组织在京高校师生2 000余人参加杨善洲先进事迹报告会。9月，组织在京高校大学生1 300余人参加在北京大学举办的“郭明义精神进学校”活动。10月28日至11月7日，会同中央统战部组织开展杨佳事迹巡回报告，在北京、广州、杭州、南京巡讲。

〔**高校辅导员队伍建设**〕 实施“大学生思想政治教育工作队伍人才培养工程”，举办5期全国高校辅导员骨干示范培训班。继续组织开展高校学生工作骨干海外研修，选派近70名学生工作骨干赴英国里丁大学和美国加州大学圣迭戈分校培训。继续组织招收高校辅导员在职攻读思想政治教育专业博士学位，对第一批即将毕业的博士生学位论文进行检查，确保培养质量。指导全国高等教育学会辅导员工作研究会分会、中国教育报、中国教育电视台举办“2010全国高校辅导员年度人物”评选活动，共评出“2010全国高校辅导员年度人物”10名、提名奖39名、入围奖150名。5月20日，在武汉大学举行“立德树人 永远跟党走”颁奖晚会。5月，在武汉大学举行第四届全国高校辅导员工作创新论坛。

〔**完善省部级领导干部为大学生作形势政策报告制度**〕 按照中央领导同志重要指示精神，继续组织各地各高校积极邀请各省（区、市）党委、政府负责人、中央和国家机关负责人等，围绕中国改革开放和社会主义建设的新形势、新任务，针对大学生关注的热点问题，为学生作形势报告，加强党史教育，引导大学生全面准确地理解党的基本理论、基本路线、基本纲领和基本经验，帮助大学生认清国内外形势。3月起，组织首都高校师生2 700多人次参加陈竺、袁贵仁、姜伟新、谢旭人、张平、杨洁篪6位部长就有关热点问题为首都大学生作的形势报告，全年近20位省部级领导走进高校为学生作形势报告，介绍党的革命史、建设史，增进了学生对党的感情和对中国特色社会主义的热爱。

〔**大学生心理健康素质提升计划**〕 进一步规范制度，印发《普通高等学校学生心理健康教育工作基本建设标准》、《普通高等学校学生心理健康教育课程教学基本要求》。进一步组织研讨，在中山大学召开全国大学生心理健康教育工作会议，调整成立新一届教育部普通高等学校学生心理健康教育专家指导委员会。启动教材编写工作，组织召开大学生心理健康教育教材编写研讨会，以编写大学生心理健康教育示范教材为契机，进一步完善心理健康教育课程优质教材资源，实现大学生心理健康教育工作的全覆盖，提高大学生心理健康教育课程的规范化、科学化水平。

〔**大学生就业思想政治教育工作**〕　4月12日，与光明日报社联合召开“河北农大优秀毕业生群体与大学生思想政治教育”座谈会。4月，联合共青团中央组织大学毕业生建功立业先进事迹报告团，先后赴北京、太原、西安、兰州、西宁作巡回报告，引导大学生坚定理想信念，树立崇高目标，积极投身基层，以实际行动报效祖国，近60所高校的7 000余名学生现场聆听了报告。

〔**国防生思想政治教育工作**〕　8月26日，组织3名高校师生代表参加教育系统学习国防科技大学自主创新团队先进事迹座谈会。8月31日，组织首都高校100名师生代表参加在人民大会堂举办的国防科技大学自主创新团队先进事迹报告会，中共中央政治局常委李长春，中共中央政治局委员、中央书记处书记、中央宣传部部长刘云山等中央领导以及军委领导在人民大会堂湖南厅接见报告团并作即席讲话。9月2日，配合解放军总政治部，组织国防科技大学自主创新团队先进事迹报告团赴北京航空航天大学作首场巡讲报告，中国人民大学、北京师范大学等8所高校的400多名师生聆听了报告。教育部会同解放军总政治部转发山东大学国防生“四项教育”做法；会同中央宣传部、共青团中央、解放军总政治部联合印发《关于转发空军工程大学党委〈坚持用我党我军优良传统教育青年学员大力培育当代革命军人核心价值观〉的通知》。

〔**举办全国高校宣传部长专题研讨班**〕　3月17—19日，教育部在国家教育行政学院举办全国高校宣传部长专题研讨班。教育部直属高校、部分部委属和省属院校党委宣传部部长120余人参加培训。教育部副部长、党组副书记杜玉波出席会议并讲话，强调做好2011年高校宣传思想工作要突出主题，把握节奏，抓住重点，努力做好教育新闻宣传、学习型党组织建设、高校思想理论建设、挖掘宣传先进典型以及高校意识形态工作。国务院新闻办副主任王国庆，教育部党组成员、国家教育行政学院院长顾海良，有关部委司局负责人及高校专家围绕高校宣传思想工作、贯彻落实教育规划纲要、网络舆情引导、公共管理与危机处理等作了6场专题报告。

〔**举办全国高校宣传部长学习贯彻十七届六中全会精神专题研讨培训班**〕　11月7日，教育部举办全国高校宣传部长学习贯彻十七届六中全会精神专题研讨培训班。各省级党委教育工作部门职能处室负责人、教育部直属高校和部分部委属院校党委宣传部门负责人共140余人参加培训。11月8日，与光明日报社联合召开全国高校宣传部长“学习贯彻六中全会精神，加强大学文化建设”座谈会。国务委员刘延东批示：“这是教育系统与媒体联合推进高校思想文化建设的又一力作。”

〔**开展教育系统统战工作系列培训和交流活动**〕　8月18日至21日，由中央统战部、教育部党组联合举办的部分高校、科研院所党委分管统战工作负责人培训班在中央社会主义学院开班。中央统战部副部长陈喜庆，中央社会主义学院党组副书记、副院长周宁出席开班仪式并致辞。教育部副部长、党组副书记杜玉波出席开班仪式并作专题报告，强调各高校党委要深入贯彻落实胡锦涛总书记“七一”重要讲话精神，进一步认清高校统战工作面临的形势任务，不断加强和改善对高校统战工作的领导，狠抓思想落实，狠抓政策落实，狠抓组织落实，狠抓制度落实，不断提高高校统战工作科学化水平。教育部及其他部委所属部分高校、部分省属高校及科研院所分管统战工作负责人共50余人参加了培训班。9月，中央统战部、教育部党组联合举办第三届高校统战部长“管理与公共关系”培训班，组织高校统战工作负责人赴英国进行为期3周的考察学习。10月25—26日，中央统战部、教育部党组在北京召开全国高校统战工作经验交流会暨第十六次高校统战工作研讨会。教育部副部长、党组副书记杜玉波，中央统战部副部长陈喜庆出席会议并讲话。杜玉波指出，进一步做好高校统一战线工作要高度重视学习贯彻党的十七届六中全会精神，高度重视促进高等教育改革发展，高度重视宗教工作，高度重视民族团结工作，高度重视创先争优。北京、江苏、江西、中国传媒大学、天津科技大学、重庆大学、中国药科大学7家单位作了经验交流。与会代表围绕会议主题进行了充分的研讨，并分赴北京大学、清华大学、中国农业大学、首都师范大学现场观摩统战工作。各省（区、市）及新疆生产建设兵团党委统战部、教育（高校）工委和110余所高校代表共180余人与会。

〔召开中央综治委校园及周边治安综合治理专项组第一次全体会议〕 10月14日，中央综治委校园及周边治安综合治理专项组组长、教育部部长袁贵仁主持召开第一次全体会议，传达学习中央政法委书记周永康在听取专项组工作汇报时的重要讲话精神，研究贯彻落实的思路和措施，全面启动和推进专项组工作。专项组成员及办公室成员出席会议。

会议总结了中央综治委第一次全体会议以来专项组工作的情况，肯定了专项组办公室主任由教育部副部长、党组副书记担任和设立联络员工作机制两个层面的工作组织架构，强调要通过突出办公室和联络员的作用，提高专项组工作执行力。会议审议通过了专项组7项工作制度、成员单位职责任务以及工作计划和行动方案。会议强调，各成员单位不论职责任务如何划分，统一的职责都集中在学生安全和学校稳定这个根本任务上。会议进一步明确了开展安全防范教育、深化平安校园建设，抓紧出台校车安全和校园交通安全管理办法、维护学校政治稳定等重点工作，并确定了时间进度安排和保障措施。

〔校园及周边治安综合治理专项组办公室召开会议，推动在新起点上取得工作成效〕 根据中央综治委校园及周边治安综合治理专项组组长、教育部部长袁贵仁的指示，专项组办公室于11月18日在广州市召开部分省市专项组办公室负责人座谈会，传达贯彻中央综治委一系列会议精神和中共中央政治局常委、中央政法委书记周永康视察陕西省时对校园安全所作的重要指示精神，交流各地专项组调整和工作进展情况，研究落实2011年年底前的重点工作安排。天津、上海、辽宁、江西、湖北、湖南、广东、广西、福建9省（区、市）综治委校园安全专项组办公室负责人参加会议。

会议提出，要不失时机、乘势而上、主动作为，在新起点上推动工作见成效。一要取得认识成果。建立自上而下信息直通渠道，及时传达中央综治委决策部署，交流各地学习贯彻工作情况，促进统一认识，形成奋发有为的精神状态和工作状态。二要取得制度成果。精心确定符合中央综治委部署要求、紧密结合各地实际的制度建设方案，加强整体设计，突出改革创新，形成有效聚集工作合力的制度保障。三要取得实践成果。抓紧2011年年底前的工作节奏，突出冬季工作特点，紧贴师生的安全愿望和期待，进一步加强解决学生用车、校园交通、防范火灾等突出问题的力度，体现工作新起点的实在成效。

会议根据中央综治委校园及周边治安综合治理专项组第一次全体会议精神，研究了具体的工作安排。第一，抓好年度工作考核。会议研究了2011年校园及周边治安综合治理工作考核工作，提出紧密围绕中央综治委决策部署，进一步明确对专项工作新定位和任务要求的考核指向，简化指标、突出重点，按照重实际、重实践、重实效的要求实施考核。会议安排各地结合实际提出考核项目、确定考核指标，自下而上形成考核方案。通过把考核主动权交给各地，发挥考核促进工作的实效。第二，抓好平安校园创建。会议交流了平安校园创建情况，提出平安校园创建居于校园及周边治安综合治理工作的基础地位，下一步要在基础工作上下功夫，通过抓校园主题教育、安全活动、隐患排查、防范实践、制度建设等平安校园建设成果带动创建工作。会议研究了开展评选平安校园建设优秀成果活动的初步方案。第三，开展专项工作研究。会议提出，要进一步探索适应新形势、新任务要求的工作思路，针对专项工作拓宽领域，研究综合施策办法；针对细化职责分工，研究狠抓落实方式；针对治安管控，研究提供服务的措施。设立研究课题，推动各地勇于实践、大胆探索，在综合治理的手段、形式、运用等方面创造经验，把成熟经验总结出来，推动工作创新发展。

〔举办“永远跟党走——庆祝中国共产党建党90周年网上系列主题活动”〕 为贯彻落实中央宣

传部、教育部等部门联合印发的《关于举办庆祝中国共产党成立90周年网上系列活动的通知》精神，5—7月，教育部依托中国大学生在线网站，在全国高校系统开展了“永远跟党走——庆祝中国共产党建党90周年网上系列主题活动”。活动共设爱国主义教育基地学习实践网上展示、网上党史竞赛、主题微博展评、红色摄影展评、红色征文展评、红色书画展评、红色动漫展评、红色短视频展评、网上红歌展评9项主题活动，吸引了全国32个省市的400多所高校、140余万名实名注册学生积极参与，共提交网上作品3.5万余件。其中推荐参加中央六部委“伟大历程”全国作品大赛的征文、DV、FLASH、图片四类作品获得了5金、8银、10铜、9优秀的优异成绩，32所高校、省级教育工作部门获全国作品大赛最佳组织奖、优秀组织奖，教育部中国大学生在线获“最佳品牌奖”。

10月10日，网上系列主题活动总结表彰会在北京举行，教育部副部长、党组副书记杜玉波出席会议并讲话。会议指出，“永远跟党走”网上系列主题活动充分反映出高校系统庆祝中国共产党建党90周年宣传教育活动风貌，为今后开展主题宣传教育活动提供了有益的经验借鉴。一是精心组织，突出了活动的主导性；二是贴近实际，设计了丰富的活动内容；三是形式多样，拓展了宣传教育空间；四是网上网下互动，增强了整体效果。通过这次活动，全面展示了中国共产党的光辉历程、伟大成就和宝贵经验，使广大学生充分认识到中国共产党是领导中国实现民族复兴、国家富强、人民幸福的核心力量，中国共产党成为执政党是历史的选择、人民的选择。网上系列主题活动一等奖及推荐获评中央六部委“伟大历程”全国作品大赛金奖，最佳组织奖的获奖单位与个人代表参加表彰会并被授予证书和奖牌。全国有关高校获奖代表、部分在京高校师生代表等近百人参加了表彰会。

〔举办全国高校优秀辅导员博客网络评选活动〕 在教育部指导下，中国大学生在线网站于6—12月举办了全国高校优秀辅导员博客网络评选活动。活动旨在以评促建，增强辅导员利用网络开展大学生思想工作的能力，进一步提升高校辅导员工作科学化水平。活动得到全国高校辅导员和大学生关注，350余所高校的5 400余名辅导员参与评选，提交博文4.5万余篇，60余万名大学生参与网上投票，投票数达122万票。经网络投票、学校推荐的学生评委投票、专家通信评审及现场评审等环节，评选出100个“优秀博客奖”，从中推选出10个“最佳博客”和6个“博客单项奖”。此外，100篇博文获“优秀博文奖”，10个省级教育工作部门和20所高校获组织奖。

〔召开高校校办微博建设和管理研讨会〕 2月25日，高校校办微博建设和管理研讨会在重庆大学举行。上海市教委党委、重庆市教委及北京大学、复旦大学等13所高校的校办微博建设和管理部门负责人参会，就校办微博建设和管理工作的经验及重点、难点问题进行交流研讨。会议指出，在新媒体环境下，高校校办微博成为高校面向社会发布信息的新渠道，有利于高校更好地与社会进行信息交流与沟通。校办微博应明确定位，协调整合校内资源，注重内容建设，加强管理引导。会议初步建立了高校校办微博建设与管理研究机制。

撰稿 高 裕 辜 庆
张 良 许敏敏
审稿 王光彦 迟刚毅

高校社会科学研究

〔中办、国办转发《教育部关于深入推进高等学校哲学社会科学繁荣发展的意见》〕 中共中央办公厅、国务院办公厅于9月26日转发《教育部关于深入推进高等学校哲学社会科学繁荣发展的意见》(以下简称《意见》)。《意见》提出了繁荣发展高校哲学社会科学的总体目标、工作方针和主要任务，为推进高校哲学社会科学发展提供了行动纲领。

为贯彻《意见》精神，教育部会同财政部下发了《高等学校哲学社会科学繁荣计划（2011—2020年)》，教育部下发了《关于加强和改进新形势下高等学校哲学社会科学课堂教学、报告会、研讨会、讲座、论坛、网络和接受境外基金资助等管理的意见》、《关于进一步改进高等学校哲学社会科学研究评价的意见》、《高等学校哲学社会科学“走出去”计划》、《高等学校人文社会科学重点研究基地建设计划》等配套文件。

〔召开全国高等学校哲学社会科学工作会议〕 全国高等学校哲学社会科学工作会议于 11 月 17 日在北京召开。中共中央政治局常委李长春作出批示，国务委员刘延东出席会议并讲话。

李长春在批示中希望全国高校深入贯彻落实党的十七届六中全会精神，大力开展社会主义核心价值体系宣传教育，认真实施马克思主义理论研究和建设工程，充分发挥高校哲学社会科学在教书育人方面的重要作用，帮助大学生树立正确的世界观、人生观、价值观，不断坚定中国特色社会主义理想信念，不断提高思想道德水平和科学文化素质。

李长春强调，高校哲学社会科学要坚持以重大现实问题为主攻方向，立足中国特色社会主义伟大实践进行新的理论创造，深刻阐释中国特色社会主义道路是中国共产党领导中国人民立足中国国情、借鉴人类文明优秀成果走出的创新之路，是人类文明史上的伟大创举，是中国对世界的历史性贡献。要大力推进哲学社会科学创新体系建设，建立具有鲜明时代特征的学科理论体系和体现中国特色社会主义伟大创新实践的学术话语体系，着力推出更多代表国家水准、具有世界影响、经得起实践和历史检验的优秀成果，努力建设具有中国特色、中国风格、中国气派的哲学社会科学，在全面建设小康社会、加快推进社会主义现代化的历史进程中作出新的更大贡献。

刘延东指出，高校作为中国哲学社会科学事业的主力军，长期以来在人才培养、学科建设和学术创新等方面取得了显著成绩，为繁荣发展中国哲学社会科学发挥了重要作用。要深入学习贯彻十七届六中全会精神，认真落实中办、国办转发的《教育部关于深入推进高等学校哲学社会科学繁荣发展的意见》，坚持马克思主义指导地位，坚持中国特色社会主义道路、理论和制度，坚持“二为”方向和“双百”方针，大力推动社会主义核心价值体系建设，促进哲学社会科学创新体系建设，研究重大理论实践问题，增强中国哲学社会科学国际话语权，更好地发挥哲学社会科学认识世界、传承文明、创新理论、咨政育人、服务社会的重要功能。刘延东要求，各级党委政府、教育部门和各高校要切实担负起领导和推动哲学社会科学繁荣发展的责任，深化科研体制机制改革，加强人才队伍和学风建设，强化学术引导和管理，推动高校哲学社会科学健康、蓬勃发展。

教育部部长袁贵仁主持会议。中央国家机关有关部门负责人，各省（区、市）党委教育工作部门、教育厅（教委）、新疆生产建设兵团教育局、中央部委直属高校、部分地方高校主要负责人，共计 240 余人出席会议。

围绕建设高校哲学社会科学创新体系的总体目标，教育部组织召开了“中国高校哲学社会科学发展论坛 2011 暨高校人文社会科学重点研究基地建设工作会议”、“全国地方高校哲学社会科学工作会议”等系列会议。各地各高校积极行动，抢抓机遇，贯彻落实，科学谋划哲学社会科学新的繁荣发展，推出了一系列新思路、新举措，形成了学习贯彻十七届六中全会精神、繁荣发展高校哲学社会科学的良好局面。

〔加强高校思想政治理论课督促检查〕 为贯彻落实全国加强和改进大学生思想政治教育工作座谈会精神和《中共中央宣传部　教育部关于进一步加强高等学校思想政治理论课教师队伍建设的意见》(教社科〔2008〕5 号）有关规定，进一步加强宏观指导，规范高校思想政治理论课的组织管理、教学管理、队伍管理和学科建设，教育部在广泛征求意见和试点的基础上，于 1 月印发了《高等学校思想政治理论课建设标准（暂行）》。《建设标准》就关系到思想政治理论课长远发展的一些重要问题，如独立的二级教学科研机构建设、马克思主义理论学科建设与思想政治理论课建设相结合、教师选聘配备和培养培训以及经费保障等提出了具体的量化标准，为学校自查和管理部门督查提供了基本的依据。《建设标准》印发后，各省级教育部门组织本地区所有高校开展了自查，对本地所有高校或部分高校的工作进行了检查。教育部副部长李卫红先后主持召开了华南、东北、华东、华北、西南五个工作片会，对这些地区和高校的工作进行了督查和调研。7 月，抽调地方教育部门和高校有关负责人、思想政治理论课教学指导委员会专家、部分高校思想政治理论课教学科研机构负责人等组成专家督查组，对浙江、福建、湖北、陕西四省及 12 所高校进行了督查。通过自查、检查、督查和召开工作片会的形式，《建设标准》提出的保障高校思想政治理论课建设的各项政策措施和要求基本得到落实。据不完全统计，全国 80%以上的公办本科院校都建立了独立的思想政治理论课教学科研二级机构，生均 20 元的专项建设经费普遍得到落实，新建马克思主义理论学科点都建在思想政治理论课教学科研机构内，促进了马克思主义理论学科建设与课程建设更加紧密结合。

〔**实施“全国高校优秀中青年思想政治理论课教师择优资助计划”**〕　为进一步加强思想政治理论课教师队伍建设，从 2011 年起，实施“全国高校优秀中青年思想政治理论课教师择优资助计划”（以下简称“择优资助计划”）。这一计划的指导思想和培养目标是：紧紧围绕实现思想政治理论课教学状况明显改善的目标，引导和鼓励中青年思想政治理论课教师注重师德建设，钻研教学内容，探索和创新教学方法、手段，着力提高思想政治理论课教育教学质量。通过几年的努力，培养一批坚持正确的政治方向、理论功底扎实、善于联系实际，具有较高教学水平和科研能力的中青年教学领军人物和学术带头人。按照这一计划，连续三年每年遴选一批热爱思想政治理论课教学和马克思主义理论研究，具有先进的教学理念，认真钻研教学内容，改革创新教学方法，具有良好的教学科研能力和发展潜力，工作基础良好，工作业绩突出，教学效果好，年龄在 45 周岁以下，从事思想政治理论课教学满 5 年的优秀中青年教师予以重点培养。该计划对每位入选教师连续资助 3 年，每人共资助研究经费 10 万元。

2011 年年底，各地在认真评选的基础上报送 92 名申报候选人，教育部通过资格审查、书面审议和现场答辩等程序，从中遴选出 50 名教师成为第一批“择优资助计划”入选者。

〔**召开全国高校纪念中国共产党成立 90 周年理论研讨会**〕　6 月 26 日，教育部在北京召开全国高校纪念中国共产党成立 90 周年理论研讨会。教育部部长、党组书记袁贵仁出席会议，并作题为《沿着中国特色社会主义教育发展道路奋勇前进》的讲话。副部长李卫红主持会议。来自全国高校的 120 多位专家学者和高校负责人围绕中国共产党 90 年的光辉历程、宝贵经验和中国共产党领导教育事业改革发展取得的巨大成就、基本经验进行了深入研讨和交流。

会议认为，我们党在长期的革命、建设和改革历程中始终高度重视教育事业，创建和发展了新民主主义教育，探索和实践了社会主义教育，开辟了中国特色社会主义教育发展道路，建成了世界上最大规模的教育体系，保障了亿万人民群众受教育的权利，极大地提高了全民族的素质。中国教育事业在共产党的领导下取得了举世瞩目的巨大成就，为经济社会发展作出了重大贡献。

会议指出，中国特色社会主义教育发展道路，就是在中国共产党领导下，坚持以马克思列宁主义、毛泽东思想、邓小平理论和“三个代表”重要思想为指导，深入贯彻落实科学发展观，优先发展教育，全面贯彻党的教育方针，立足基本国情，遵循教育规律，推进教育事业科学发展，培养德智体美全面发展的社会主义建设者和接班人，办好人民满意的教育，建设人力资源强国。这条道路遵循了教育的基本规律，体现了鲜明的中国特色，反映了社会主义的根本要求，具有丰富内涵和鲜明特征。

会议强调，中国正站在从教育大国向教育强

国、从人力资源大国向人力资源强国迈进的历史新起点上，进一步推动新时期教育事业改革发展，必须坚定不移地走中国特色社会主义教育发展道路。广大教育工作者应始终坚持党对教育的领导，大力加强各级各类学校党组织建设和党的工作；大力推进中国特色社会主义理论体系进教材、进课堂、进头脑，推进马克思主义理论研究和建设工程，加强社会主义核心价值体系建设，加强和改进思想政治教育工作；坚持德育为先，坚持能力为重，坚持全面发展，加强和改进德育、智育、体育、美育，提高学生综合素质；以体制机制创新为重点，加快重要领域和关键环节改革步伐，加快形成与社会主义市场经济体制和全面建设小康社会相适应的教育体制机制；加强国际交流合作，提高中国教育的国际竞争力。

本次研讨会是教育部纪念中国共产党成立90周年的一项重要活动。会前，面向全国高校开展征文活动，高校学者踊跃投稿，表达自己对党的热爱。共收到32个省（区、市、兵团）300余所高校学者的950余篇论文，经过组织专家评审，有64篇论文入选《光辉的历程　辉煌的成就》论文集并正式出版发行。同时，在中国教育报开设“纪念建党90周年”专栏，集中发表一批理论宣传文章。

〔第二批高校哲学社会科学学报名栏评审工作结束〕　为推进高校哲学社会科学学报名栏建设，提高高校社科类学报的特色化和专业化水平，提高高校社科类学报的质量和水平，带动全国高校社科类学报整体水平的提高，繁荣发展高校哲学社会科学研究，教育部于2011年启动了教育部第二批高校哲学社会科学名栏评审工作。

第二批名栏评审工作要求入选名栏刊发的文章具有较高的学术价值和社会效益，优先考虑曾经发表过获国家社科基金成果奖和教育部人文社会科学研究优秀成果奖以及被政府部门和企事业单位采纳的论文栏目。栏目设置有明确的发展方向和建设思路，有年度组稿计划并精心组织实施，有比较知名的栏目主持人和高水平的责任编辑。栏目能依托所在学校优势学科（如重点研究基地或重点学科）和历史传统、有4年以上的办栏历史、总发文量在80篇以上、所刊发文章有相当数量被《中国社会科学文摘》、《新华文摘》、《高等学校文科学术文摘》和人大报刊复印资料所转载。主办过与栏目有关的国际国内学术研讨会，出版过与栏目相关的论文集。

经专家评审和公示，教育部第二批高校哲学社会科学名栏建设共评出名栏21家（另有3家学报因编校质量未达标需要进行整改，整改期结束后经再次编校质量检查合格后再正式发文）。具体名单如下：

1.《齐鲁学刊》“孔子、儒家、齐鲁文化研究”；

2.《徐州师范大学学报》“留学生与近代中国研究”；

3.《殷都学刊》“殷商文化研究”；

4.《北京联合大学学报》“北京学研究”；

5.《滨州学院学报》“孙子研究”；

6.《江汉大学学报》(人文科学版）“现当代诗学研究”；

7.《福建师范大学学报》“修辞学大视野”；

8.《东南大学学报》(哲学社会科学版）“艺术学研究”；

9.《重庆大学学报》(社会科学版）“区域开发”；

10.《当代财经》“理论经济”；

11.《浙江树人大学学报》“民办高等教育”；

12.《北京交通大学学报》(社会科学版）“物流研究”；

13.《华南师范大学学报》(社会科学版）“教育学/心理学论坛”；

14.《中国地质大学学报》“资源环境研究”；

15.《衡阳师范学院学报》“船山研究”；

16.《闽江学院学报》“闽文化研究”；

17.《郑州大学学报》“美学·环境美学研究”；

18.《河北大学学报》“宋史研究”；

19.《法律科学—西北政法大学学报》“法律文化与法律价值”；

20.《装饰》“特别策划”；

21.《广州大学学报》“廉政论坛”。

撰稿　陈　矛　陈　睿　段洪波
魏贻恒　甘家华　田敬诚
审稿　杨　光　徐维凡　张东刚

高校学生工作

〔**2011年普通高校招生情况**〕　2011年，全国普通高校招生报名总数为933万人，实际录取670万人，其中本科353万人。据各地上报汇总数据，高考现场查处违规考生1 138人，占考生人数的万分之一点二二。

2011年，普通高校招生工作具有如下特点。

一是领导高度重视，精心组织高考工作。6月4日，国务委员刘延东专程到国家教育考试命题基地和北京市远郊县检查高考准备工作，要求各地、各有关部门确保高考安全顺利举行，切实维护高考公平公正，并对高考改革发表讲话，指明了方向。3月和5月，教育部先后召开深入推进“阳光工程”和高校招生考试工作两个全国性会议，对高考工作进行了全面部署。

二是大力推进考试安全设施建设。2月，教育部与财政部联合发文，部署国家教育考试标准化考点建设工作。2011年高考时，全国三分之一的考点达到标准化考点建设要求，教育部实现了对全国所有高考试卷保密室的电子监控，北京、天津、辽宁、吉林、湖南、陕西等省（市）所有考场实现了网上监控。11月，启动下达了国家第一批标准化考点建设专项奖励资金，印发《国家教育考试标准化考点规范》，指导和推进各省（区、市）建设工作。

三是综合整治考试环境成效显著。国家教育考试部际联席会议各成员单位积极落实责任分工，加强协作，共同营造良好的高考社会环境。中国气象局、中国地震局分别就高考期间全国天气趋势、震情作出预测分析。教育部、公安部、工业和信息化部、国新办、国家保密局启动部门联防、快速打击的高考安全保卫工作机制，重点整治通过互联网、手机发布贩卖高科技作弊工具、兜售所谓高考试题及答案、组织集体舞弊等有害信息。

四是清理并规范高考加分政策。各省（区、市）依据教育部、国家民委、公安部、国家体育总局、中国科协五部门文件，完成地方高考加分项目清理规范工作，形成本省（区、市）高考加分调整方案，不同程度调减了加分项目及分值，进一步完善了加分资格审核认定程序和办法。

五是加大招生信息公开力度。落实胡锦涛总书记在全国教育工作会议上的讲话精神，教育部印发了进一步深化高校招生“阳光工程”的指导意见。各地继续完善信息公开办法，拓展公开渠道，提高了信息公开实效。通过网站、报刊、电视台、电台等媒体全方位宣传招生政策、录取规则、助学通道、防欺诈预警等考生须知、应知的内容。通过搭建手机短信服务平台等方式实时发布高校招生考试信息，确保了考生在考试和录取期间信息咨询和申诉渠道的畅通，得到社会的好评。

六是推进高校招生诚信体系建设。各地大力加强正面教育、完善制度约束和违规惩处机制，做了大量的工作。浙江在全省开展“诚信考试宣传教育周”活动；新疆、内蒙古在加强考生资格审查和打击高考移民方面成效显著；陕西、吉林等省（区、市）在高考结束后，组织专门力量对全省1.3万余个考场监控录像进行复查，对复查出的违规作弊考生全部进行了处理。

七是努力为考生提供周到细致的服务。教育部和各地向社会公布了高考违规举报电话，安排专人值守，教育部值班电话共接访227人次，及时处理群众反映的各类问题。高考期间，各地还采取在考点增添温馨提示、为伤残及特殊困难考生安排特殊考场、实施临时交通管制等措施，提供严肃而人性化的考试条件。

八是积极有效应对突发事件。教育部成立高考应急处理工作小组，各地对突发事件及时启动应急预案。高考期间，对贵州望谟县的洪涝灾害、新疆托克逊县的地震以及西宁一中等英语听力测试问题等均做了妥善处置，确保了考试的严肃和安全，维护了当地社会稳定。录取期间对局部网络中断等也都及时予以处理。

九是落实教育规划纲要，高考改革取得积极进展。(1) 积极开展普通本科和高职教育分类入学考试试点。采取扩大部分高职院校单独考试招生、高职院校对口招收“三校生”以及北京、上海、浙江等省市在高考中对高职招生设置不同的考试科目、江苏省试行高职注册入学改革、湖北省部分高职专业以技能考试为主招生等方式，共录取考生约66万人，占全国高职实际录取人数的20%。(2) 80所高校试行自主选拔录取改革，公示资格考生4.04万人次，实际录取2.14万人，积极探索高校考核与高考、高中学业成绩及成长记录相结合的综合评价选拔方式。(3) 山西、江西、河南、新疆四省（区）首次平稳实施高中新课程高考综合改革方案，推进高校招生以统考为基本方式，结合学业水平考试和综合素质评价择优录取。

〔研究生招生工作〕 2011年，全国共有硕士生招生单位792个，其中普通高等学校485所、科研机构293个、中央党校及地方党校14所。共有博士生招生单位392个，其中普通高校262所、科研机构130个及中央党校。

2011年，全国硕士研究生报考人数149.6万人（不含军队院校和港澳台生，下同），比2010年增长7.7%；其中应届本科毕业生92.2万人，占报考人数的61.6%。全国博士研究生报考人数17.8万人，比2010年增长5.4%。

2011年，全国共录取硕士和博士研究生56.3万人，比2010年增长4.3%。录取硕士研究生49.7万人，比2010年增长4.2%，其中全日制专业学位录取16万人，占总数的32%；录取博士研究生6.6万人（含少数民族骨干计划），比2010年增长3.8%。

录取的硕士研究生中，应届本科毕业生35.1万人，占70.6%；在职或其他人员14.6万人，占29.4%。

2011年，我国香港、澳门特别行政区及台湾地区人士报考内地（祖国大陆）高校和科研机构研究生的考生共2 122人，其中报考硕士研究生1 372人，报考博士研究生750人；录取1 661人，其中硕士研究生1 018人，博士研究生643人。

2011年研究生招生工作有以下几个特点。

1. 进一步加强考试环境综合整治。一是组织考前保密安全检查小组对部分省市考点保密室达标情况进行了检查，对不符合要求的限其整改达标后方可使用。二是各级研究生招生管理部门加大了研究生招生考试相关人员培训力度，突出安全保密工作责任制，实行“分层管理，责任到人”，自上而下形成了严密的工作责任链。三是加强同公安、工信和国新办等部门合作，严厉打击利用高科技通信工具作弊行为，确保研究生招生考试安全、平稳顺利进行。

2. 顺利完成硕士研究生教育结构调整的年度目标。为更好地适应国家经济建设和社会发展对高层次应用型人才的迫切需要，积极发展具有中国特色的专业学位教育，促进研究生教育结构调整，加大应用型人才培养的力度，逐渐将硕士研究生教育从以培养学术型人才为主向培养学术型和应用型人才并重转变，实现研究生教育在规模、质量、结构、效益等方面的协调和可持续发展。2011年，专业学位硕士生录取人数占到了硕士生录取总人数的32%。

3. 配合中央政法委做好政法干警招录培养体制改革试点工作。该项工作为基层政法机关特别是中西部地区和经济欠发达地区县（市）级以下基层政法机关培养政治素质高、实战能力强的应用型、复合型人才，加强政法机关公务员队伍建设，进一步提高其执法能力和履行岗位职业能力。

4. 继续推进初试科目改革。管理类专业学位研究生招生考试实行综合能力考试试点由4个专业扩大至7个专业；中国人民大学等9所高校在经济类专业学位实行经济类综合能力联合考试试点。

5. 进一步完善高校和科研机构联合培养博士研究生工作。充分利用高校和科研机构在功能和资源等方面的优势，深化高层次拔尖创新人才培养机制和培养模式改革。

〔高等教育学籍学历管理〕 2011年，深入贯彻实施教育规划纲要精神，积极探索，不断创新，推动高等教育学籍学历管理工作全面提升。

1. 学历证书全面实现即时注册，新生学籍注册提前。2011 年，全面推行高等教育学历证书即时注册，全国高校各类毕业生学历证书电子注册 969 万人。全国普通高校入学新生学籍注册 761 万人（含本专科生和研究生），完成注册和网上查询时间比往年提前 1—2 个月，受到高校和学生欢迎。重点加强了新生入学资格复查工作，及时发现并处理违规招生、中介欺诈等问题，规范了高校招生办学行为。

2. 网上注册高校学生火车票优惠卡信息。为配合铁道部火车票实名制购票办法的实施，进一步加强火车票学生优惠卡的管理与规范。自 2011 年秋季入学新生开始，在高校学生火车票优惠卡中写入学生身份信息，并在高校学生学籍电子注册信息中标注学生乘坐火车往返于学校与家庭所在地乘车区间，方便了学生寒、暑假火车票购售工作，规范了高校学生优惠乘车信息管理。

3. 发挥学籍学历信息系统及数据库服务功能。一是运用学籍学历管理电子注册系统检索、审核功能，严格核查有关前置学历资格和特殊培养类型学生身份，有效防范了弄虚作假行为。二是对专项培养的高校在校生身份进行单独标注，有效检验相关政策的实施效果，为科学决策提供客观依据。三是发挥学籍学历数据库统计分析功能，为预征入伍及相关奖贷学金发放提供准确的数据。

〔全国普通高校毕业生就业工作〕 2011 年，全国普通高校毕业生人数达 660 万人，比 2010 年增加 29 万人，增幅为 4.6%。在党中央、国务院的高度重视和直接领导下，在有关部门的协同配合下，各地各高校狠抓落实、大力推动。截至 2011 年 9 月 1 日，全国普通高校毕业生就业率为 77.8%，同比增长 1.2 个百分点；实现就业人数 513 万人，同比增长 30 万人，圆满完成高校毕业生就业工作目标任务。

从毕业生就业地域分布看，高校毕业生到中西部地区就业人数首次超过东部地区，占就业人数的 51.8%。从毕业生就业单位类型看，中小企业、民营企业已成为毕业生就业主渠道，占就业人数的 46.2%。

2011 年高校毕业生就业工作有如下几个主要特点。

1. 党中央、国务院高度重视，各地方党委政府和高校坚决贯彻中央决策部署，强力推动高校毕业生就业工作。胡锦涛总书记、温家宝总理多次强调要重点做好高校毕业生就业工作，继续把高校毕业生就业放在首位。5 月底，温家宝总理主持召开国务院常务会议进行专题研究部署。国务院印发了《国务院关于进一步做好普通高等学校毕业生就业工作的通知》(国发〔2011〕16 号)，并召开电视电话会议。副总理张德江和国务委员刘延东出席会议并作重要讲话，积极推动在财政、税收、金融、就业服务等方面进一步加大政策支持力度，对基层就业、自主创业、就业援助等多项重点工作作出部署。各地认真贯彻落实中央部署，下发贯彻国务院 16 号文件的配套文件，安排专项资金促进大学生就业，强化“一把手工程”，建立目标责任制，采取强有力措施推动高校毕业生就业工作。各高等学校充分发挥促进毕业生就业的主渠道作用，努力在毕业生离校前尽可能多的落实毕业生就业，为保持初次就业率稳定和校园稳定作出了重要贡献。

2. 加大政策和项目引导力度，毕业生到基层就业人数明显增加。全国各地共实施中央和地方基层项目 110 余个，其中“教师特岗计划”、“三支一扶”、“到村任职”和“西部计划”等中央基层项目招募达 13 万人，地方基层项目招募达 16 万人。教育部会同有关部门开辟新渠道，实施基层农技推广特设岗位计划。2011 年，1 万余名首届免费师范毕业生全部到中小学任教，其中 90%以上到了中西部地区。教育系统和军队系统共同努力，推动 2011 届高校毕业生入伍预征报名超过 20 万人，本科以上占 48.5%，是历年来报名人数最多、学历层次最高的一年。

3. 创新创业教育和大学生自主创业工作取得新进展。3 月底，国务委员刘延东出席中国大学生自主创业工作经验交流会暨全球创业周峰会并发表主旨演讲，极大地推动了大学生创新创业工作。教育部加强创新创业教育工作，把创新创业教育纳入专业教育和通识教育、纳入学分管理，设立一批“高校学生科技创业实习基地”、“国家大学生创业示范基地”。各地各高校共建设了2 000余个大学生创业基地，总面积达1 083万平方米，举办各类创业培训、大赛、讲座、论坛等活动1.4万余场，参加学生达365万余人次。2011年，参与创业的大学生达17万余人，同比增长56%。

4. 深入开展“优质服务年”活动，就业困难毕业生帮扶工作成效显著。教育部联合有关部委举办了“中小企业网上百日招聘”等29场全国性网络招聘活动，各地教育系统为2011届高校毕业生举办的现场和网络招聘活动超过1.5万场，提供岗位信息数超过500多万个。各地各高校还积极探索网上签约、职场模拟等新的服务形式，着力提升就业指导和服务水平。同时，教育部专门下发文件，针对就业困难群体加强帮扶，对新疆全区高校1 150名就业指导教师免费轮训一遍。配合有关部门开展“少数民族普通高校毕业生赴对口援疆省(市)培养计划”。

5. 深化高等教育改革，切实提高高校毕业生就业创业能力。教育部深入贯彻落实胡锦涛总书记在庆祝清华大学建校100周年大会上重要讲话精神和教育规划纲要，以服务“转变经济发展方式”为主线，新增25种国家战略性新兴产业相关本科专业、140个专业点，从2011年开始招生；着力调整优化学科专业和层次类型结构，2011年新增19种硕士专业学位，招录的硕士研究生占招生总规模的32%。制定《高等职业教育引领职业教育科学发展行动计划(2011—2015年)》，进一步加强校企合作、行业合作，深化高职人才培养模式改革。探索制定新建院校合格评估方案，开展年度就业总结宣传工作，评选50所就业典型经验高校，以点带面，推动就业工作和人才培养良性互动，努力提高人才培养质量。

6. 全面加强思想教育和宣传引导，积极营造有利于毕业生就业的舆论氛围和校园环境。各省级主管部门、各高校加强对毕业生思想教育和就业教育，通过形势宣讲会、典型报告会、党团活动、媒体宣传等多种形式，宣传毕业生创业和基层就业典型，引导毕业生树立远大理想，转变就业观念，积极到基层一线砥砺品质、增长才干。同时，大力开展毕业生文明离校教育活动，做好毕业生管理和服务工作。

撰稿 苟人民 白丽新
解汉林 谭洁清
审稿 张浩明 王 辉

〔启动高校毕业生就业服务体系建设课题研究〕 2011年，为全面落实胡锦涛总书记在全国教育工作会上提出的“建立和完善高校毕业生就业服务体系”重要讲话精神，全国高等学校学生信息咨询与就业指导中心(以下简称“中心”)在教育部高校学生司大力支持下，组织有关省市、高校、科研机构开展“高校毕业生就业服务体系建设”重大课题研究，已列入教育部哲学社会科学重大委托项目。课题将就全面推进就业工作队伍建设、综合信息服务平台、管理体制和工作机制改革等开展一系列重大研究，同时提出推进计划。

〔助推基层就业和重大项目落实〕 进一步完善大学生预征报名系统，大力推进预征工作信息化，实现了兵役机关、就业管理及资助管理部门数据共享、交互同步。举办两场预征入伍网上政策咨询周活动，解答问题4 000余个。大力宣传大学生士兵典型事迹及退役后升学等方面政策，免费发放政策咨询手册10万余份。

配合教育部师范司做好首届“免费师范生”就业工作和推进实施“农村特岗教师计划”。搭建“教育部免费师范生就业服务网”，举办首届免费师范生就业网上咨询活动，解答学生提问4 400余个。进一步完善“全国免费师范生就业管理服务系统”功能。全面升级“教育部农村特岗教师服务网”，举办网上咨询活动，解答问题2 100余个；收集在岗教师数据11.4万条。2011年，共有10个设岗省(区)采用特岗教师管理服务系统，超过20万名学生注册报名。

〔就业服务信息化建设〕 全面推广使用“全国大学生就业信息服务一体化系统”。已覆盖全国所有省(区、市)和1 483所高校(包括所有部属高校），注册用人单位近6.1万多家。基本形成连通国家、省市、高校三级的就业信息服务架构，初步实现了就业信息一站式注册、全国互联共享。

整合提升“全国大学生就业公共服务立体化平台”服务功能。开发就业指导手机报，每周发送一期。进一步提升电子政务服务功能。

如期举办全年近30场网上招聘会。发挥“全国高校毕业生就业网络联盟”秘书处优势，联合多家部委、行业协会，深入开展校企对接活动，为2011届毕业生提供就业岗位信息超过200万条。

〔**创业教育和指导服务**〕　“全国大学生创业服务网”由国务委员刘延东和上海市委书记俞正声两位中央政治局委员共同开通，这是教育部开展大学生创业配套咨询管理服务的专门网站。筹集设立“华图教育大学生创业基金”，联合社会力量出资1 000万元支持大学生创业。开发启用“大学生创业实训系统”，通过计算机仿真模拟实现企业创立、市场竞争、企业经营等，为大学生创业提供具有针对性的学习训练平台。启用《高校毕业生自主创业证》申请审核管理系统，方便学生凭证享受税收优惠。截至2011年年底，全国已核发28 248本创业证。举办多种形式的就业创业教育活动。举办高校创业成果展，编辑出版《全国大学生自主创业工作经验交流会材料汇编》。

〔**高校就业指导教师培训**〕　为贯彻国务院办公厅《关于加强普通高等学校毕业生就业工作的通知》(国办发〔2009〕3号）精神，加强高校就业指导人员能力建设，提高就业指导队伍的专业化水平，从2009年开始，由中心负责组织实施，逐步在全国范围内开展全国高校就业指导人员系统培训。

2011年，中心共举办各类系统培训班10期，培训就业指导人员近1 700人。进一步加大了民族地区就业指导人员免费培训力度。组织“新疆高校就业指导人员免费轮训”，举办培训班3期，培训教师487人。举办西藏专题培训班1期，培训教师120人，覆盖了西藏全部6所高校。

〔**就业指导和就业帮扶**〕　举办“首届全国高校就业指导课程教学大赛”。大赛以“传生涯理念、授规划方略、促教学相长”为主题，全国共有31个省（区、市）938所高校5 900多名就业指导教师报名参加。

启动“第二届全国大学生职业生涯规划大赛”。大赛以“规划自我、服务社会、赢取未来”为主题，共吸引全国29个省（区、市）近100万名大学生报名参加。

启动实施“西部大学生就业扶助惠普计划”。联合中国惠普有限公司、中国教育发展基金会，向中西部地区8个省（区、市）25所高校捐赠笔记本电脑1 000台，重点资助中西部地区志愿参加“农村特岗计划”等基层就业服务项目的家庭经济困难高校毕业生。

〔**年度50所就业典型经验高校总结宣传工作**〕　为落实国务院领导关于总结宣传毕业生就业工作典型高校的批示精神，自2009年起，中心在全国开展了年度50所就业典型经验高校总结宣传工作，以此鞭策高校以就业和社会需求为导向，深化高等教育改革。总结宣传工作按推荐申报、专家初选、社会调查、实地调研和推广宣传五个阶段进行。2011年，在做好第二批50所典型经验高校总结宣传工作的基础上，进一步优化推选标准和调查机制，推出了2011—2012年度毕业生就业总结宣传工作实施方案。

〔**就业工作研究和舆论宣传引导**〕　深入开展就业工作研究。组织开展全国高校毕业生就业状况网上问卷调查，撰写大学生就业首选调查报告，出版《全国高校毕业生就业状况白皮书（2009—2010)》。

积极营造良好舆论导向。依托《中国大学生就业》杂志，大力宣传教育规划纲要，深入挖掘报道基层就业典型人物、典型事迹。同时不断调整和丰富栏目内容，增加专访栏目，推出杂志理论版，邀请一批就业创业指导专家参与编委会工作，为大学生就业创业提供理论指导。

撰稿　周国良
审稿　张凤有

学位工作与研究生教育

〔**《中华人民共和国学位条例》实施三十周年纪念活动**〕 2011年是《中华人民共和国学位条例》实施三十周年。经批准，国务院学位委员会、教育部组织开展了系列纪念活动。2月12日，国务院学位委员会、教育部在人民大会堂召开纪念大会。第六届国务院学位委员会委员和历任委员代表、国务院有关部委和省级主管部门代表、高校和导师、学生代表共300人参加了纪念大会。国务委员、国务院学位委员会主任委员刘延东到会并发表重要讲话。她充分肯定了《学位条例》实施三十年来中国学位与研究生教育取得的巨大成就，深刻总结了学位与研究生教育改革发展的宝贵经验，明确提出了要以“完善制度、提高质量，科教结合、支撑创新，适应需求、引领未来”作为学位与研究生教育改革发展的基本思路，全面适应经济社会发展需要，丰富和完善学位制度，推进研究生培养机制改革，促进科教结合，提升自主创新能力，培育大学文化与优良学风，提升研究生教育国际化水平，加大对研究生教育可持续发展的投入保障力度。新华社、人民日报、光明日报、中国教育报等媒体对纪念大会和学位制度成就进行了系列报道。中央电视台制作播出了一期《焦点访谈》，聚焦《学位条例》实施三十年以来的成就、未来十年改革发展的思路和目标。国务院学位委员会在“学位与研究生教育信息网”上开辟专门网页，进行全面的互动宣传，并编辑出版了《中国学位三十年》纪念画册，用翔实的数据、珍贵的图片等资料，展现了学位制度建立与发展的历史进程、巨大成就和发展前景。刘延东为画册作序。

〔**国务院学位委员会第二十八次会议**〕 2月12—13日，国务院学位委员会第二十八次会议在北京召开。本次会议与《中华人民共和国学位条例》实施三十周年纪念大会并会召开，48位委员出席了会议。国务委员、国务院学位委员会主任委员刘延东出席会议并作重要讲话。国务院学位委员会副主任委员徐匡迪，副主任委员、中国工程院院长周济，副主任委员、教育部部长袁贵仁，副主任委员赵沁平出席会议。副主任委员兼秘书长、教育部副部长杜占元作了《关于国务院学位委员会第二十七次会议以来工作进展情况及本次会议议程的说明》。

会议审议并原则通过了《审计硕士专业学位设置方案》、《工程博士专业学位设置方案》、《学位授予和人才培养学科目录》以及《关于开展“服务国家特殊需求人才培养项目”试点工作的意见》。

会议审议通过了《2010年新增博士、硕士学位授权一级学科点名单》；审议同意北京、上海、厦门国家会计学院新增为硕士专业学位授予单位，开展会计硕士专业学位研究生教育。

会议审议并原则通过了《国务院学位委员会第二十七次会议以来工作进展情况及会议议程的说明》。

会议审议并原则通过了《国务院学位委员会2011年工作要点》，主要包括以下内容。

1. 推动《学位条例》修改为《学位法》的工作。

2. 进一步推进研究生培养机制改革。开展学术型学位研究生教育培养模式改革研究。会同教育部继续实施研究生教育创新计划。

3. 继续深入推进专业学位制度和培养模式改革试点工作。加强高等学校与科研院所、行业企业合作开展科学研究和人才培养工作。开展工程博士和审计硕士专业学位研究生教育工作。

4. 印发《学位授予和人才培养学科目录》，编写一级学科简介，编制《授予博士、硕士学位和培养研究生的二级学科目录》。

5. 继续深入推进学位授权审核办法改革，对

2010年批复立项建设为博士、硕士授权单位的高校进行中期检查；启动高校按国家特殊需求，以人才培养项目方式招收培养研究生并授予博士、硕士学位的申报工作。

6. 继续推动学位与研究生教育质量保障和监督体系建设，研究制定有关意见和工作方案。

7. 配合教育部加快建设高水平大学和重点学科。

8. 加强学位与研究生教育研究工作。

〔**专业学位研究生教育**〕　2011年1月，教育部召开全国专业学位研究生教育综合改革试点工作会议；5月，委托相关专业学位研究生教育指导委员会，对试点院校进行实地检查和跟踪指导。

启动临床医学（全科）硕士专业学位研究生培养工作。贯彻落实《国务院关于建立全科医生制度的指导意见》，经与卫生部协商，在临床医学专业学位类别下增设全科医学领域，并于2012年开展临床医学（全科）硕士专业学位研究生招生培养工作。

国务院学位委员会、教育部、人力资源和社会保障部三部委联合批准组建全国专业学位研究生教育指导委员会，并于3月召开29个专业学位研究生教育指导委员会成立（换届）大会，进一步加强与部委、行业及企业的紧密联系，积极推进专业学位与职业资格有效衔接。

开展在职人员攻读硕士专业学位研究生教育专项检查。重点检查有关研究生培养单位2006年以来开展在职人员攻读硕士专业学位的基本情况。同时，将高级工商管理硕士（EMBA）和示范性软件学院招收的软件工程领域工程硕士列入检查范围。

在职人员攻读硕士学位全国联考于10月29—30日进行，报考人数超过25万人。国务院学位委员会下发《关于做好2011年在职人员攻读硕士学位全国联考工作的通知》，对加强考试安全和考风考纪建设，做好全国联考工作提出了具体要求。

〔**服务国家特殊需求人才培养项目**〕服务国家特殊需求博士人才培养项目，即安排少数确属服务国家特殊需求，但尚无博士学位授予权的硕士学位授权高等学校，在一定时期（5年）和限定的学科范围内招收培养博士生，并按项目主要支撑学科授予学位。首届博士生毕业后，国务院学位委员会对人才培养项目实施情况进行评估，并根据特殊需求的满足情况和国家需求变化情况决定是否继续实施该人才培养项目。

试点项目申报工作按照“学校初步规划项目、需求部门论证推荐、主管部门审查报送”的程序进行，共接受了59个部门和机构论证推荐的人才培养项目，申请项目188个，涉及高校141所。项目评审分为部门管理专家评审和学科专家评审两个阶段进行。根据专家评审结果，遴选出35个人才培养项目作为建议批准实施的试点项目。

服务国家特殊需求硕士人才培养项目，根据各省、自治区、直辖市学位委员会和有关中央部委所属高等学校主管部门论证、推荐，经答辩评审，批准52所学士学位授予单位（包括5所民办高校）为培养硕士专业学位研究生试点单位；批准12所学士学位授予单位为培养硕士专业学位研究生建设单位。

此次开展服务国家特殊需求硕士人才培养项目试点工作的5所民办高校，是中国首批获得硕士专业学位授予权的民办高校。

〔**《学位授予和人才培养学科目录（2011）》颁布实施**〕　3月，国务院学位委员会、教育部颁布了《学位授予和人才培养学科目录（2011）》。与原目录相比，新目录分为学科门类和一级学科两级，二级学科由学位授予单位自主设置。为适应文化事业的发展，增设了“艺术学”门类，并增设了21个与国家重大战略需求、产业发展和改善民生相关的国家急需一级学科。新目录共设置了13个学科门类，110个一级学科。

新目录的颁布是贯彻落实教育规划纲要，建立动态调整机制，优化学科结构的一项重要举措，对推动学位授权审核办法改革，扩大学位授予单位办学自主权，加快创新人才培养，提高人才培养和学位授予质量，使学位与研究生教育更好地适应经济和社会发展具有重要意义。新目录适用于硕士、博士的学位授予、招生和培养，并用于学科建设和教育统计分类等工作。

新目录颁布后，为保证研究生招生、培养和学位授予工作有序进行，国务院学位委员会办公室于4月启动了学位授权点对应调整工作。经过学位授予单位申请、国务院学位委员会学科评议组审议，国务院学位委员会批准了512个博士学位授权一级学科点，1 130个硕士学位授权一级学科点的对应调整。

〔**学位授权审核**〕　按照国务院学位委员会第二十七次会议审议通过的工作方案，2010年新增博士和硕士学位授权点审核工作于2011年5月启动，至12月底结束。本次审核主要是对已有二级学科博士点的一级学科申请增列一级学科博士点和已有二级学科硕士点的一级学科申请增列一级学科硕士点的审核工作，授权审核全部按一级学科进行。其中58所经教育部批准设立研究生院的学位授予单位新增博士、硕士点，由学位授予单位自行审核。其他学位授予单位新增博士点由省级学位委员会进行初审，国务院学位委员会学科评议组进行复审；新增硕士学位授权点由省级学位委员会进行审核。审核增列的博士和硕士一级学科名单于2月召开的国务院学位委员会第二十八次会议审议批准。

此次共审核通过一级学科博士点1 004个，一级学科硕士点3 806个。对于未落实中宣部和教育部《关于进一步加强高等学校思想政治理论课教师队伍建设的意见》(教社科〔2008〕5号）有关规定的4个一级学科博士点和58个一级学科硕士点暂缓下达，待其切实落实有关规定后再行批复。9月1日，根据教育部有关司局的审查意见，对已落实有关文件规定的4个马克思主义理论一级学科博士点和55个马克思主义理论一级学科硕士点予以批复，对仍不符合要求的厦门大学、兰州理工大学和西北师范大学的马克思主义理论一级学科硕士点继续给予3个月的时间进行整改。

对于已经通过省级学位委员会初审，但未通过国务院学位委员会复审的27个申请增列一级学科博士点，给予一年左右的加强建设期，建设期满后再组织学科评议组进行复审。

积极推进研究生教育结构调整，增加硕士专业学位类别和授权点，扩大专业学位研究生培养能力。2月，国务院学位委员会第二十八次会议批准设置工程博士和审计硕士专业学位；8月，批准北京大学等32家单位为首批审计硕士专业学位授权单位；9月，批准新增郑州大学等5所高校为建筑学学士、硕士专业学位授权单位，批准清华大学等12所高校为首批城市规划硕士专业学位授权单位；10月，批准清华大学等25个单位为首批工程博士专业学位授权单位。

截至2011年年底，全国已设置39种专业学位（其中5种可授博士专业学位），硕士专业学位授权单位563个，硕士专业学位授权点2 778个；博士专业学位授权单位79个，博士专业学位授权点108个。

〔**2011年全国优秀博士学位论文评选**〕　根据《全国优秀博士学位论文评选办法》，经学位授予单位推荐、省级初选、同行专家网上通讯评议、专家会复审并在网上公示征询异议后，11月，教育部和国务院学位委员会批准了2011年全国优秀博士学位论文名单（97篇）和提名论文名单（256篇），并向优秀论文的作者及其指导教师颁发了证书。根据《高等学校全国优秀博士学位论文作者专项资金资助办法》，教育部对在高等学校工作的优秀论文作者给予了专项资金资助。

附：

2011年全国优秀博士学位论文名单

编号	论文题目	作者	指导教师	学位授予单位
2011001	“天会”与“吾党”：明末清初天主教徒群体之形成与交往研究（1580—1722）	肖清和	孙尚扬	北京大学
2011002	《中论颂》与《佛护释》：基于新发现梵文写本的文献学研究	叶少勇	段　晴	北京大学
2011003	一维纳米半导体材料及其电子与光子器件研究	马仁敏	戴　伦	北京大学
2011004	稀土/锆基和稀土/铝基有序介孔结构的可控合成及性质研究	袁　荃	严纯华	北京大学
2011005	单壁碳纳米管的结构控制生长方法研究	姚亚刚	张　锦	北京大学
2011006	地球磁层能量粒子动力学研究	周煦之	濮祖荫	北京大学
2011007	LSD1是NuRD复合体的一个亚基，功能上调控乳腺癌的转移	王　艳	尚永丰	北京大学
2011008	钙火花调控细胞方向性迁移	魏朝亮	程和平	北京大学
2011009	结合扫描电子显微镜和纳米探针研究碳纳米管的操控和力学电学特性	魏贤龙	陈　清	北京大学
2011010	合宪性推定论：一种宪法方法	王书成	胡锦光	中国人民大学
2011011	唐人编选诗文总集研究	卢燕新	傅璇琮	中国人民大学
2011012	基于纳米材料表面化学发光的传感器阵列研究	那　娜	张新荣	清华大学—北京协和医学院（清华大学医学部）
2011013	微尺度晶体塑性的离散位错和非局部理论研究	柳占立	庄　茁	清华大学—北京协和医学院（清华大学医学部）
2011014	电纺丝纳米纤维的制备、组装与性能	伍　晖	潘　伟	清华大学—北京协和医学院（清华大学医学部）
2011015	图上的半监督学习算法研究	王　飞	张长水	清华大学—北京协和医学院（清华大学医学部）
2011016	宏量可控制备碳纳米管阵列	张　强	魏　飞	清华大学—北京协和医学院（清华大学医学部）
2011017	光纤偏振态的高速控制与偏振编码通信	李政勇	吴重庆	北京交通大学
2011018	原位原子尺度下纳米线室温力学性能与行为的研究	郑　坤	韩晓东	北京工业大学
2011019	涂层导体织构镍合金基板及过渡层的研究	赵　跃	周美玲	北京工业大学

续表

编号	论文题目	作者	指导教师	学位授予单位
2011020	近场波动有限元模拟的应力型时域人工边界条件及其应用	赵　密	杜修力	北京工业大学
2011021	基于虚拟运动中心概念的机构设计理论与方法	裴　旭	宗光华	北京航空航天大学
2011022	太赫兹波位相成像	张亮亮	赵跃进	北京理工大学
2011023	干旱荒漠绿洲葡萄园水热传输机制与蒸发蒸腾估算方法研究	张宝忠	康绍忠	中国农业大学
2011024	水稻米香基因功能分析与米香物质 2AP 的代谢机理研究	陈赛华	徐明良	中国农业大学
2011025	青杨派树种多倍体诱导技术研究	王　君	康向阳	北京林业大学
2011026	上博简《曹沫之陈》研究	王　青	晁福林	北京师范大学
2011027	复杂数据统计过程控制的若干研究	邹长亮	王兆军	南开大学
2011028	新碳纳米材料及其生物应用探索	范晓彬	张凤宝	天津大学
2011029	饮水型砷暴露人群砷甲基化模式及其与机体氧化应激状态关系的研究	徐苑苑	孙贵范	中国医科大学
2011030	民主：社会正义的生命——关于社会正义政治条件的规范研究	殷冬水	周光辉	吉林大学
2011031	低维纳米金属氧化物半导体敏感特性的研究	漆　奇	张　彤	吉林大学
2011032	人民币国际化进程中的汇率变化研究	徐奇渊	刘力臻	东北师范大学
2011033	稠密气固两相流颗粒聚团流动与反应特性的数值模拟研究	王淑彦	陆慧林	哈尔滨工业大学
2011034	广义线性系统的脉冲消除与观测器设计	吴爱国	段广仁	哈尔滨工业大学
2011035	2H 结构过渡族金属二硫属化物电子结构的高分辨角分辨光电子能谱研究	沈大伟	封东来	复旦大学
2011036	高密度常染色体 SNPs 揭示的现代人群遗传结构	徐书华	金　力	复旦大学
2011037	云计算平台可信性增强技术的研究	陈海波	臧斌宇	复旦大学
2011038	各向异性材料中的波：隐身衣、旋转衣和声子晶体	陈焕阳	马红孺	上海交通大学
2011039	气泡静电纺丝技术及其机理研究	刘　雍	俞建勇	东华大学
2011040	复方芪麝片及川芎嗪、麝香酮防治腰椎间盘退变的作用机制研究	梁倩倩	王拥军	上海中医药大学
2011041	体育赛事综合影响事前评估研究	黄海燕	张　林	上海体育学院
2011042	平动点的动力学特征及其应用	侯锡云	刘　林	南京大学
2011043	黏土矿物的分子模拟	刘显东	王汝成	南京大学

续表

编号	论文题目	作者	指导教师	学位授予单位
2011044	超声、磁共振双模式微气泡造影剂的研究	杨 芳	顾 宁	东南大学
2011045	绳系卫星释放和回收的动力学控制	文 浩	胡海岩	南京航空航天大学
2011046	光滑球拟酵母中ATP的生理功能与作用机制	周景文	陈 坚	江南大学
2011047	三种茄科作物Pht1家族磷转运蛋白基因的克隆及表达调控分析	陈爱群	徐国华	南京农业大学
2011048	农地非农化的效率：资源配置、治理结构与制度环境	谭 荣	曲福田	南京农业大学
2011049	基于生物捕集—化学在线分析的中药药效物质研究新方法的建立及应用	齐炼文	李 萍	中国药科大学
2011050	滑动弧放电等离子体处理挥发性有机化合物基础研究	薄 拯	岑可法	浙江大学
2011051	视频场景的重建与增强处理	章国锋	鲍虎军	浙江大学
2011052	生物黄酮抑制食品中丙烯酰胺形成的机理及其构效关系研究	章 宇	张 英	浙江大学
2011053	油菜素内酯调控黄瓜光合作用、抗逆性及农药代谢的生理与分子机理研究	夏晓剑	喻景权	浙江大学
2011054	光子纠缠态制备、应用及演化的实验研究	许金时	郭光灿	中国科学技术大学
2011055	环境响应性聚合物超分子组装体的构筑和结构调控	葛治伸	刘世勇	中国科学技术大学
2011056	深俯冲陆壳地球化学性质与折返过程中流体活动：来自苏鲁造山带中国大陆科学钻探主孔样品的研究结果	陈仁旭	郑永飞	中国科学技术大学
2011057	好氧颗粒污泥的培养过程、作用机制及数学模拟	倪丙杰	俞汉青	中国科学技术大学
2011058	数据包络分析（DEA）的交叉效率研究—基于博弈理论的效率评估方法	吴 杰	梁 樑	中国科学技术大学
2011059	多核金属配合物的合成、结构与性质研究	孔祥建	龙腊生	厦门大学
2011060	中国传统音乐即兴创作教育研究	郭小利	王耀华	福建师范大学
2011061	城乡卫生医疗服务均等化研究	解 垩	樊丽明	山东大学
2011062	量子化学方法研究典型有毒有机污染物的形成与降解机理	屈小辉	王文兴	山东大学
2011063	动脉粥样硬化病变分子机制和基因治疗的实验研究	张 澄	王兴利	山东大学
2011064	地下水中污染物运移随机模型的研究与应用	史良胜	杨金忠	武汉大学
2011065	自动化的航空影像色彩一致性处理及接缝线网络生成方法研究	潘 俊	李德仁	武汉大学

续表

编号	论文题目	作者	指导教师	学位授予单位
2011066	Swift时代伽马射线暴及其余辉的多波段研究	俞云伟	郑小平	华中师范大学
2011067	求解两类Maxwell方程组棱元离散系统的快速算法和自适应方法	钟柳强	许进超	湘潭大学
2011068	基于区间的不确定性优化理论与算法	姜　潮	韩　旭	湖南大学
2011069	考虑模糊性与随机性的既有RC梁桥时变可靠性研究	王　磊	张建仁	长沙理工大学
2011070	《太平经》动词及相关基本句法研究	刘文正	蒋冀骋	湖南师范大学
2011071	濒海生计与王朝秩序——明清闽粤沿海地方社会变迁研究	杨培娜	陈春声	中山大学
2011072	地理模拟系统的构建及其在城市空间演化过程中的应用	刘小平	黎　夏	中山大学
2011073	髓系细胞在肿瘤进展过程中的作用及其潜在调控机制	邝栋明	郑利民	中山大学
2011074	Let-7 microRNA调控乳腺癌干细胞“干性”的研究	于风燕	宋尔卫	中山大学
2011075	文本阅读中信息的协调性整合研究	王瑞明	莫　雷	华南师范大学
2011076	分布参数系统能控能观性问题的统一处理	付晓玉	张　旭	四川大学
2011077	碳氧（C=O）、碳氮（C=N）和碳碳（C=C）双键的催化不对称氰基化反应研究	汪　君	冯小明	四川大学
2011078	改善骨质疏松状态下植入体稳定性及骨代谢的实验研究	高　莺	胡　静	四川大学
2011079	低气压下覆冰绝缘子（长）串闪络特性及直流放电模型研究	胡建林	孙才新	重庆大学
2011080	医院间联盟中的知识获取与伙伴机会主义——信任与契约的交互作用研究	江　旭	李　垣	西安交通大学
2011081	小麦与条锈菌互作机理研究及抗条锈相关基因的功能分析	王晓杰	康振生	西北农林科技大学
2011082	含二茂铁基小分子有机胶凝剂的设计合成及其胶凝行为研究	刘　静	房　喻	陕西师范大学
2011083	铅镉联合对大鼠肾脏的毒性研究	王　林	刘宗平	扬州大学
2011084	油水混合液物性及流动规律研究	王　玮	宫　敬	中国石油大学
2011085	煤层气储层精细定量表征与综合评价模型	姚艳斌	刘大锰	中国地质大学
2011086	人结直肠癌发生和转移相关的蛋白质组学分析及候选蛋白LASP-1功能的初步研究	赵　亮	丁彦青	南方医科大学
2011087	印度洋—太平洋海气相互作用及其对东亚季风的影响	吴　波	周天军	中国科学院大气物理研究所

续表

编号	论文题目	作者	指导教师	学位授予单位
2011088	c-Fos调控胸腺细胞分化成熟的分子机制	王晓明	刘小龙	中国科学院上海生命科学研究院
2011089	表面与均相掺杂氧化钛基光催化材料的设计、合成与光催化特性研究	刘　岗	成会明	中国科学院金属研究所
2011090	面向图像标记的随机场模型研究	钟　平	王润生	国防科学技术大学
2011091	超声速来流稳焰凹腔的流动及火焰稳定机制研究	孙明波	王振国	国防科学技术大学
2011092	钙/钙调素依赖性蛋白激酶Ⅱ和MHC Ⅱ类分子对TLR触发的巨噬细胞与树突状细胞天然免疫应答反应的调控及其机制	刘星光	曹雪涛	第二军医大学
2011093	胶囊内镜的临床应用研究	廖　专	李兆申	第二军医大学
2011094	蜂毒素协同TRAIL诱导人肝细胞癌细胞凋亡的实验研究	汪　晨	凌昌全	第二军医大学
2011095	新基因CIAPIN1的功能研究	李晓华	樊代明	第四军医大学
2011096	非线性隔振系统动力学特性与混沌反控制研究	俞　翔	朱石坚	海军工程大学
2011097	超材料隐身套及新型功能器件的理论与设计研究	马　华	屈绍波	空军工程大学

〔完善授予同等学力人员硕士学位制度〕 进一步完善授予同等学力人员硕士学位有关政策，为学习型社会和终身教育体系建设提供更好的制度支撑。申请学位人员完成所有课程的期限由原来统一规定为四年改为由学位授予单位根据实际情况和学科特点确定，允许无学士学位但具有硕士或博士学位人员按照现行办法申请其他学科的硕士学位；开通了持境外学位的中国内地人员申请硕士学位的渠道。

〔启用“全国同等学力人员申请硕士学位管理工作信息平台”〕 为进一步规范授予具有研究生毕业同等学力人员硕士学位的管理体系，12月1日起，在“中国学位与研究生教育信息网”启用了“全国同等学力人员申请硕士学位管理工作信息平台”。

信息平台作为全国统一的同等学力人员申请硕士学位管理工作信息和服务平台，通过现代化的信息服务体系，将同等学力人员申请硕士学位工作从提出申请、课程管理、考试管理至学位授予管理的全过程信息纳入全国统一信息平台进行管理。信息平台既可以为相关管理部门提供高效的信息发布、信息采集、信息报送、信息统计和信息管理服务，为社会公众提供及时、权威的信息服务，同时也可为申请人提供高校信息查询、学位申请注册、课程考试备案、统考考试报名、成绩查询等一系列电子信息服务。

〔开展科学道德与学术规范宣讲教育〕 9月，中国科协、教育部下发了《关于开展科学道德和学风建设宣讲教育活动的通知》，决定自2011年起联合开展科学道德和学风建设宣讲教育，每年按照“全覆盖，制度化，重实效”的要求，聘请品德高尚、造诣深厚、为人师表的知名专家，对新入学的研究生进行科学精神、科学道德、科学伦理和科学规范的宣讲教育，引导研究生遵守学术规范、坚守学术诚信、完善学术人格、维护学术尊严，摒弃学术不端行为，努力成为优良学术道德的践行者和良好学术风气的维护者。

10月13日，中国科协、教育部在人民大会堂举办了首都高校“科学道德和学风建设宣讲教育报告会”，启动了宣讲教育。全国人大常委会副委员长、中国科协主席韩启德院士出席并致辞，师昌绪、袁隆平、杨乐三位著名科学家为首都32所高校近6 000名新入学的研究生进行了宣讲教育。31个省（区、市）举办了本地区宣讲教育报告会，共邀请了68位著名专家学者，其中院士43位，为近5万名2011年新入学的研究生进行了集中宣讲。全国592个研究生培养单位通过集中宣讲、专题讲座、入学教育等多种形式，对2011年新入学的研究生开展宣讲教育。据统计，接受宣讲教育的研究生有85.8万人次，其中博士11.1万人次，硕士74.7万人次，基本覆盖了2011年新入学的研究生。

〔**名誉博士授予情况**〕 2011年，国务院学位委员会批准授予19位境外著名专家学者、政治家和社会活动家名誉博士学位。名誉博士的授予促进了中国教育、科技、文化、体育等的国际或地区交流与合作，对中国的涉外工作以及教育事业的发展起到了积极的推动作用。

附：

2011年名誉博士学位授予情况统计表

授名誉博士名单	国家或地区	授予学校
罗伯特·锦穆尔	美国	清华大学
益川敏英	日本	上海交通大学
柏瑞·贝姆	美国	中科院研究生院
朴范薰	韩国	山东大学
梁振英	中国香港	山东大学
赖瑞·麦克拉瑞	美国	华中师范大学
崔 琦	美国	北京大学
扬·阿亨巴赫	美国	浙江大学
刘遵义	中国香港	复旦大学
井上明久	日本	上海交通大学
滨田纯一	日本	上海交通大学
卡罗·卢比亚	意大利	中国矿业大学
德·汶纳	泰国	华侨大学
马欣达·拉贾帕克萨	斯里兰卡	北京外国语大学
让—皮埃尔·拉法兰	法国	北京航空航天大学
埃沃·莫拉莱斯·艾玛	玻利维亚	中国人民大学
帕斯卡尔·拉米	法国	四川大学
帕尔·施密特	匈牙利	北京体育大学
戴维·约翰斯顿	加拿大	南京大学

〔**积极推进有特色、高水平大学建设步伐**〕 2011年，全面落实国家教育重大项目，继续实施“985工程”和“优势学科创新平台建设”，继续实施“211工程”和特色重点学科项目，积极推进高等学校和学科建设特色发展。

新一轮“985工程”建设以改革为重点，力求实现新的突破。教育部、财政部在组织专家对学校上报的《“985工程”总体规划（2010—2020年）》和《“985工程”改革方案》进行审核、学校修改完善的基础上，已完成审批工作。各高校“985工程”建设正在按计划实施。

更加注重学科导向，引入竞争机制，实施“优势学科创新平台”建设，对非“985工程”学校中特色和优势突出的学科给予支持。“优势学科创新平台”与“985工程”建设统筹衔接，同步实施。紧密围绕国家和行业发展急需的重点领域和重大需求，重点建设一批“优势学科创新平台”，造就一批拔尖创新人才，产生一批国际领先的成果，加快推进“有特色、高水平”大学建设步伐。

2011年是“211工程”三期建设的最后一年，各“211工程”高校抓紧完成预期建设任务，确保实现建设目标。国家发改委、教育部、财政部已部署“211工程”三期验收工作。

实施“特色重点学科项目”，对非“211工程”学校的国家重点学科给予支持。鼓励不同层次、不同类型的学校办出水平、办出特色、争创一流。已有75所学校的14个一级学科国家重点学科和115个二级学科国家重点学科纳入“特色重点学科项目”建设。

为进一步加大对“211工程”三期新增的海南大学、西藏大学、青海大学、宁夏大学、石河子大学5校重点学科建设的支持力度，教育部根据有关主管部门的推荐，分别批准了5校中相对水平较高、具有鲜明区域特色和优势、为区域经济建设和社会发展作出突出贡献的学科为国家重点学科。教育部根据外交部的推荐，批准外交学院国际关系学科为国家重点学科。考虑到中央美术学院美术学学科水平和为国家艺术事业作出的贡献，教育部批准中央美术学院美术学学科为国家重点学科。

撰稿 郑 飞 马 玲 陆 敏 雍翠菊 张 艳 田 野 赵玉霞
审稿 郭新立 孙也刚 黄宝印 梁国雄

高校科技及产业

〔**高校科技工作主要数据**〕 2011年，全国高校理工农医学科领域科技工作主要数据指标如下。

1. 科技人力。全国高校从事科技活动的人数为37.8万，其中科学家和工程师37.1万人，占98.1%；研究与发展人员33.9万人，其中科学家和工程师33.2万人，占97.9%；全时研究与发展人员20.3万人，其中科学家和工程师19.9万人，占98.0%。

2. 科技经费。2011年，全国高校通过各种渠道共获得科技经费1 030.2亿元，比上年增长9.57%。经费主要来自国家各类科技计划以及地方、部门和企事业单位委托项目等。

3. 研究与发展机构。2011年，全国高校上级主管部门批准的研究与发展机构5 564个，机构中从事研究与发展人员8.5万人，其中高级职务人员折合7.3万人，培养研究生26.9万人。

4. 科技课题。2011年，全国高校共承担各类科技课题39.5万项，其中研究与发展课题34.3万项，非研究与发展课题5.24万项。当年投入课题经费813.3亿元，其中基础研究经费占26.2%，应用研究经费占42.9%，试验发展研究经费占12.3%。

5. 国际科技交流。2011年，高校开展了广泛的国际科技交流活动。全年有14.4万人次出席国际学术会议，交流学术论文9.9万篇。当年派遣进修访问学者4.15万人次，接收进修访问学者3.72万人次。

6.科技成果及技术转让。在2011年度国家科学技术奖授奖项目中，清华大学吴良镛院士获得2011年度国家最高科学技术奖，全国高等学校获得国家自然科学奖23项，占总数的63.9%；国家技术发明奖29项（2项一等奖均为高校获得），占通用项目总数的70.7%；国家科学技术进步奖162项，占通用项目总数的74.3%（以上统计不包含专用项目）。

2011年，全国高校共出版科技专著3 171部，在国外学术刊物上发表学术论文20.92万篇，鉴定科技成果9 669项，签订技术转让合同10 550项，当年实际收入24.1亿元。

2011年，高校申请专利88 957件，比2010年增长29.4%；获得专利授权49 436件，比2010年增长40.85%，其中获得国外专利授权275件。

〔创新团队与新世纪优秀人才〕 2011年，继续实施“新世纪优秀人才支持计划”和“创新团队发展计划”。经过专家评审，实地考察和网上公示，共支持创新团队97个。经过专家评审和网上公示，共遴选支持新世纪优秀人才1 085名，其中自然科学领域831名，人文社科领域254名。

附：

2011年度教育部创新团队入选名单

序号	带头人	研究方向	单位
IRT1101	张正竹	茶树次生代谢与茶叶质量安全	安徽农业大学
IRT1102	高毅勤	化学生物学方法研究生物化学过程	北京大学
IRT1103	栗占国	风湿病的发病机制、免疫诊断及治疗	北京大学
IRT1104	王建祥	多功能材料与结构力学	北京大学
IRT1105	张　强	载体给药系统的分子药剂学研究	北京大学
IRT1106	姜　勇	低维功能材料	北京科技大学
IRT1107	孙克宁	电化学关键技术与化学电源	北京理工大学
IRT1108	李小雁	土壤水文与土壤侵蚀	北京师范大学
IRT1109	张　强	生物启发式计算理论及其应用	大连大学
IRT1110	郭　旭	结构优化的理论、方法及应用	大连理工大学
IRT1111	孙颖浩	前列腺癌早期诊断和靶向治疗	第二军医大学
IRT1112	陈景元	特殊环境健康危害与医学防护研究	第四军医大学
IRT1113	李乐伟	计算电磁学及其微波工程应用	电子科技大学
IRT1114	穆　钢	复杂电力系统安全运行分析与控制	东北电力大学
IRT1115	陈建新	医学光电信息技术	福建师范大学
IRT1116	杨黄浩	食品安全分析检测与传感技术	福州大学
IRT1117	金国新	功能导向分子自组装结构与材料	复旦大学
IRT1118	钦伦秀	肝癌转移复发的机理与防治策略	复旦大学

续表

序号	带头人	研究方向	单位
IRT1119	卢小玲	原发性肝癌生物靶向诊治研究	广西医科大学
IRT1120	黎　湘	空间攻防信息处理技术	国防科技大学
IRT1121	吕志伟	激光空间信息技术与应用	哈尔滨工业大学
IRT1122	刘连新	肝胆肿瘤发病机理、治疗及耐药的研究	哈尔滨医科大学
IRT1123	罗素兰	热带特色海洋药物芋螺毒素资源的研究与利用	海南大学
IRT1124	李正平	新型抗肿瘤活性分子的发现	河北大学
IRT1125	刘汉龙	坝堤工程安全与减灾	河海大学
IRT1126	杜祖亮	特种高能效能源材料	河南大学
IRT1127	黄国和	区域能源与环境系统优化	华北电力大学
IRT1128	刘明耀	G蛋白偶联受体在生理病理中的功能及机制	华东师范大学
IRT1129	彭俊彪	有机/高分子光电材料及器件	华南理工大学
IRT1130	李　亮	脉冲强磁场科学与技术	华中科技大学
IRT1131	宁　琴	炎性损伤性疾病的发生机制与分子靶向干预	华中科技大学
IRT1132	崔　田	超高压诱导的典型凝聚态物质的新奇特性	吉林大学
IRT1133	杨永广	移植免疫	吉林大学
IRT1134	图力古尔	重要菌物资源保育与可持续利用研究	吉林农业大学
IRT1135	堵国成	生态纺织关键科学问题和技术	江南大学
IRT1136	任　军	种猪遗传改良	江西农业大学
IRT1137	王　锐	多肽药物	兰州大学
IRT1138	翟宏斌	天然产物合成化学	兰州大学
IRT1139	王起才	西北干寒地区材料与结构耐久性研究	兰州交通大学
IRT1140	李有堂	有色冶金成套装备及信息集成技术	兰州理工大学
IRT1141	洪　葵	遗传性心血管病与猝死关联的遗传基础与防治研究	南昌大学
IRT1142	高天明	缺血性脑卒中防治新策略研究	南方医科大学
IRT1143	陈　健	新型信息电磁材料与器件	南京大学
IRT1144	陈镜明	碳循环陆气协同遥感	南京大学
IRT1145	尤建功	微分方程与动力系统	南京大学
IRT1146	沈晓冬	无机非金属材料及应用	南京工业大学
IRT1147	李旭辉	陆地碳水循环与气候变化	南京信息工程大学
IRT1148	汪联辉	有机与生物光电子学	南京邮电大学
IRT1149	张书圣	生化分析创新团队	青岛科技大学
IRT1150	陈士林	中药资源学	清华大学医学部—北京协和医学院
IRT1151	胡事民	网络海量可视媒体职能处理	清华大学
IRT1152	黄　霞	污水处理与资源化	清华大学

续表

序号	带头人	研究方向	单位
IRT1153	薛　澜	转型期中国公共政策体系改革研究	清华大学
IRT1154	姚　强	煤炭利用中的二氧化碳排放控制基础科学技术问题研究	清华大学
IRT1155	郝玉金	主要落叶果树高产优质生物学与种质创新	山东农业大学
IRT1156	张献明	磁性材料	山西师范大学
IRT1157	房静远	表观遗传修饰与信号传导在胃肠癌发生和预防中的作用及其机制	上海交通大学
IRT1158	过敏意	可扩展数据中心关键技术研究	上海交通大学
IRT1159	王如竹	制冷空调系统与高效能源利用	上海交通大学
IRT1160	张　珂	数控机床主轴系统	沈阳建筑大学
IRT1161	张金利	氯碱化工清洁生产与产品高值化	石河子大学
IRT1162	方复全	几何分析	首都师范大学
IRT1163	褚良银	生物医用高分子功能材料	四川大学
IRT1164	王树新	复杂装备机构理论与设计技术研究	天津大学
IRT1165	尧命发	内燃机高效、低污染工作机理及技术研究	天津大学
IRT1166	路福平	食品安全与营养关键控制技术研究	天津科技大学
IRT1167	王　舒	针刺治疗脑病研究	天津中医药大学
IRT1168	康九红	人诱导多能干细胞向神经前体细胞定向分化的分子机制及应用研究	同济大学
IRT1169	苏宝连	具有生命功能的仿生复合材料	武汉理工大学
IRT1170	焦李成	智能感知与图像理解	西安电子科技大学
IRT1171	李宗芳	西北地区生存环境、生活习惯与肿瘤发生发展及转化研究	西安交通大学
IRT1172	梅雪松	机械系统的智能诊断与控制	西安交通大学
IRT1173	徐寅峰	物流运输过程中突发堵塞事件的演化机理与应对策略研究	西安交通大学
IRT1174	段康民	基于秦巴优势生物资源的新药发现与创制研究	西北大学
IRT1175	苑伟政	航空航天微纳器件与系统技术	西北工业大学
IRT1176	罗剑朝	西部地区农村金融市场配置效率、供求均衡与产权抵押融资模式研究	西北农林科技大学
IRT1177	雷自强	黏土基生态功能高分子材料研究	西北师范大学
IRT1178	朱旻昊	高速轮轨系统理论及技术	西南交通大学
IRT1179	喻祖国	微分方程数值方法与生物计算	湘潭大学
IRT1180	冯兆东	新疆干旱区生态和水文系统对气候和环境变化的响应及社会适应机制研究	新疆大学
IRT1181	温　浩	棘球绦虫致病机制与综合防治研究	新疆医科大学
IRT1182	刘朝晖	道路工程耐久性新技术	长沙理工大学
IRT1183	陈云敏	软弱土与环境土工	浙江大学

续表

序号	带头人	研究方向	单位
IRT1184	黄荷凤	生殖安全转化医学研究	浙江大学
IRT1185	郑绍建	植物营养生理与分子改良	浙江大学
IRT1186	王复明	水利工程安全防护	郑州大学
IRT1187	方少明	多尺度复合功能材料	郑州轻工业学院
IRT1188	薛长湖	海洋生物资源高效利用研究与开发	中国海洋大学
IRT1189	龚流柱	有机合成化学	中国科学技术大学
IRT1190	郑　坚	聚变等离子体的若干基本过程	中国科学技术大学
IRT1191	杨　宁	畜禽分子育种技术	中国农业大学
IRT1192	王尚旭	石油与天然气地球物理	中国石油大学
IRT1193	孔令义	天然药物分子发现与结构优化	中国药科大学
IRT1194	覃文庆	复杂矿产资源加工过程界面相互作用及调控原理	中南大学
IRT1195	周智广	糖尿病免疫的基础与临床研究	中南大学
IRT1196	王时龙	高效低碳制造系统	重庆大学
IRT1197	龚其海	老年痴呆的发病机制及防治研究	遵义医学院

〔**中央高校基本科研业务费专项资金**〕　为进一步完善高校科研经费投入制度，培养优秀青年创新人才、加强基础研究、发展优势特色学科、培育新兴学科、营造宽松学术氛围、提升高校自主创新能力，经努力争取，国家财政在教育部组织高校全面总结专项资金实施成效的基础上，加大了支持力度。从 2011 年始，由原每年 15 亿元增至每年 25 亿元。2011 年，共有 105 所中央高校获得支持，总经费额度达 25 亿元，其中 72 所教育部直属高校获得 20.58 亿元经费支持。

同时，为进一步加强对实施专项资金的宏观管理和引导，促进高校准确把握专项资金定位，用好管好经费，提高资金使用效益，教育部配合财政部开展了系列工作：联合下发了《财政部　教育部关于加强中央高校基本科研业务费管理工作的通知》（财教〔2011〕171 号）；组织开发了“基本科研业务费管理平台”系统，并正式投入使用，成为两部门加强常规性管理的重要手段；组织汇编了 92 所高校的专项资金管理办法（实施细则），并从中遴选出部分符合国家政策要求、具有代表性和指导性的高校专项资金管理办法，提供给财政部审编成册。

〔**加强高校科研经费管理工作**〕　为进一步加强和规范高校科研经费管理，建立完善科研经费规范管理制度和长效机制，确保资金使用的安全性、合规性和有效性，促进高校科研工作健康可持续发展，组织开展了关于加强高校科研经费管理专项工作，在梳理和分析“十五”以来中央及省部级主管部门发布的相关科研经费管理政策文件，深入高校开展调研，研究分析高校科研经费管理中存在突出问题及解决措施的基础上，下发了《关于进一步贯彻执行国家科研经费管理政策　加强高校科研经费管理的通知》（教财〔2011〕12 号），强调进一步贯彻执行国家相关科研经费管理政策，重申和提出了若干要求。

〔**高等学校学科创新引智计划**〕　为深入推进高等学校学科创新引智计划的实施，充分有效利用海外智力等资源，更好地发挥高等学校学科创新引智基地在国际科技合作、学科建设、人才培养、团队建设等方面的积极作用，教育部与国家外国专家局努力争取到财政部的增量经费支持，启动了“十二五”“111 计划”新建工作。经过努力，新建首批地方“111 计划”引智基地，取得重大突破。同时，坚持“奖优汰劣的动态调整”原则，对通过评估验收建设期满的“111”基地实行滚动支持，对未通过评估的基地进行整改。

〔**实验室建设与管理**〕　一、国家重点实验室建设管理。

1. 2011 年，依托高校新建 30 个国家重点实验室，占总立项数 61.22%。其中西北农林科技大学、中国药科大学、东北林业大学、西南大学、广西大学、华南农业大学、南京航空航天大学、南京医科大学 8 所高校实现国家重点实验室“零”的突破。

附：

2011 年国家重点实验室立项建设名单

实验室名称	依托单位
有机无机复合材料国家重点实验室	北京化工大学
高效钢铁冶金国家重点实验室	北京科技大学
信息光子学与光通信国家重点实验室	北京邮电大学
流程工业综合自动化国家重点实验室	东北大学
林木遗传育种国家重点实验室	东北林业大学
聚合物分子工程国家重点实验室	复旦大学
亚热带农业生物资源保护与利用国家重点实验室	广西大学、华南农业大学
棉花生物学国家重点实验室	河南大学
新能源电力系统国家重点实验室	华北电力大学
发光物理与化学国家重点实验室	华南理工大学
强电磁工程与新技术国家重点实验室	华中科技大学
草地农业系统国家重点实验室	兰州大学
生命分析化学国家重点实验室	南京大学
机械结构强度与振动国家重点实验室	南京航空航天大学
生殖医学国家重点实验室	南京医科大学
药物化学生物学国家重点实验室	南开大学
低维量子物理国家重点实验室	清华大学
应激细胞生物学国家重点实验室	厦门大学
微生物代谢国家重点实验室	上海交通大学
水利工程仿真与安全国家重点实验室	天津大学
杂交水稻国家重点实验室	武汉大学
硅酸盐建筑材料国家重点实验室	武汉理工大学
机械结构强度与振动国家重点实验室	西安交通大学
旱区作物逆境生物学国家重点实验室	西北农林科技大学

续表

实验室名称	依托单位
家蚕基因组学国家重点实验室	西南大学
生物地质与环境地质国家重点实验室	中国地质大学（武汉）
核探测技术与核电子学国家重点实验室	中国科学技术大学
天然药物活性物质与功能国家重点实验室	中国药科大学
高性能复杂制造国家重点实验室	中南大学
煤矿灾害动力学与控制国家重点实验室	重庆大学

2. 组织22个高校国家重点实验室参加了2011年度生物科学、医学科学领域国家重点实验室评估。评估产生了3个优秀类高校国家重点实验室（共9个优秀），12个良好类高校国家重点实验室。

二、教育部重点实验室建设管理。

1. 新建教育部重点实验室。为加快国家科技创新体系（大学）建设，进一步完善和优化教育部重点实验室的布局，经专家评审和考察评议，2011年度新立项建设31个中央直属高校教育部重点实验室和22个省部共建教育部重点实验室。

附：

2011年教育部重点实验室立项建设名单

实验室名称	依托单位
数量经济与数理金融	北京大学
证候学与方剂学	北京中医药大学
旱区地下水文与生态效应	长安大学
深部金属矿山安全开采	东北大学
能源热转换及其过程测控	东南大学
大型电池关键材料与系统	华中科技大学
环境食品学	华中农业大学
新型电池物理与技术	吉林大学
食品胶体与生物技术	江南大学
细胞活动与逆境适应	兰州大学
工业生物催化	清华大学
天然产物化学生物学	山东大学
现代教学技术	陕西师范大学
数理经济学	上海财经大学
科学工程计算	上海交通大学
能源工程安全与灾害力学	四川大学
中低温热能高效利用	天津大学

续表

实验室名称	依托单位
交通隧道工程	西南交通大学
生物质化工	浙江大学
地下水循环与环境演化	中国地质大学（北京）
深部煤炭资源开采	中国矿业大学
结构工程灾变与控制	哈尔滨工业大学
空天微纳系统	西北工业大学
高维信息智能感知与系统	南京理工大学
纤维集成光学	哈尔滨工程大学
复杂系统分析与管理决策	北京航空航天大学
风湿免疫病	北京协和医学院
肝癌分子网络调控与靶向干预	第二军医大学
肿瘤免疫病理学	第三军医大学
特殊作业环境危害评估与防治	第四军医大学
聋病	解放军医学院

附：

2011年省部共建教育部重点实验室立项建设名单

实验室名称	依托单位	共建地方
无机有机杂化功能材料	天津师范大学	天津市
先进锻压成型技术与科学	燕山大学	河北省
矿山热动力灾害与防治	辽宁工程技术大学	辽宁省
中医脏象理论及应用	辽宁中医药大学	辽宁省
松辽流域水环境	吉林建筑工程学院	吉林省
半导体纳米复合材料	哈尔滨师范大学	黑龙江省
运动健身科技	上海体育学院	上海市
中医骨伤及运动康复	福建中医药大学	福建省
离子性稀土资源开发及应用	江西理工大学	江西省
分子药理和药物评价	烟台大学	山东省
黄河中下游数字地理技术	河南大学	河南省
光电化学材料与器件	江汉大学	湖北省
经济林培育与保护	中南林业科技大学	湖南省
环境理论化学	华南师范大学	广东省

续表

实验室名称	依托单位	共建地方
长寿与老年相关疾病	广西医科大学	广西壮族自治区
热带动植物生态学	海南师范大学	海南省
地方病与少数民族性疾病	贵阳医学院	贵州省
普洱茶学	云南农业大学	云南省
西藏高原森林生态	西藏大学	西藏自治区
敦煌医学与转化	甘肃中医学院	甘肃省
三江源区高寒草地生态	青海大学	青海省
回医药现代化	宁夏医科大学	宁夏回族自治区

2. 教育部重点实验室评估。根据《教育部重点实验室评估规则》，2011年度对信息科学领域教育部重点实验室进行了评估。共27个实验室参加评估，其中“高可信软件技术”等4个实验室为优秀类实验室，“光纤传感技术与信息处理”等21个实验室为良好类实验室，其余为较差类实验室。较差类实验室不再列入教育部重点实验室序列。

3. 转变教育部实验室发展定位。研究修订《高等学校重点实验室管理暂行办法》，突出以拔尖创新人才培养为核心，以重点学科建设和发展为基础，以科学研究为支撑，以社会服务为导向的功能，以高水平基础研究支撑高质量高等教育。对管理运行机制和建设模式等进行调整，进一步明确了组织方式、管理职责、建设要求、运行评估等具体事项。推动教育部重点实验室走以提升质量为重点的内涵式发展道路，进一步梳理发展思路，制定发展规划。下一步将逐渐稳定实验室规模，控制发展速度，加强过程管理和评估。会同教育部财务司，与财政部就实验室运行专项经费进行积极沟通，争取得到国家财政长期稳定的支持。

〔**“973计划”**〕 2011年，围绕农业科学、能源科学、信息科学、资源环境科学、健康科学、材料科学、制造与工程科学、综合交叉科学、重大科学前沿等9个领域，经过多次专家评审，科技部共批准94个项目立项，其中教育部作为依托部门的有42项，占总立项数44.68%，高校专家担任首席科学家的有63项，占总立项数67.02%，为历年来立项数最多、比例最高。

附：

2011年国家重点基础研究发展计划项目高校承担情况统计表

项目名称	项目首席科学家	项目第一承担单位
多时空脉冲强磁场成形制造基础研究	李　亮	华中科技大学
新型能源装备中大型锻件均质化热制造的科学基础	李建国	上海交通大学
激光微纳制造新方法和尺度极限基础研究	姜　澜	北京理工大学
高性能LED制造与装备中的关键基础问题研究	刘　岩	深圳清华大学研究院
空间光学先进制造基础理论及关键技术研究	李圣怡	中国人民解放军国防科学技术大学
人体运动功能重建的生机电一体化科学基础	朱向阳	上海交通大学

续表

项目名称	项目首席科学家	项目第一承担单位
机械装备再制造的基础科学问题	张洪潮	大连理工大学
大型水利水电工程高陡边坡全生命周期性能演化与安全控制	周创兵	武汉大学
近海重大交通工程地震破坏机理及全寿命性能设计与控制	杜修力	广州大学
深海工程结构的极端环境作用与全寿命服役安全	滕　斌	大连理工大学
城市轨道交通地下结构性能演化与感控基础理论	朱合华	同济大学
主要粮食作物重大病害控制的基础研究	彭友良	中国农业大学
作物应答盐碱胁迫的分子调控机理	郭　岩	中国农业大学
作物水分高效利用机理与调控的基础研究	宋纯鹏	河南大学
家蚕关键品质性状分子解析及分子育种基础研究	夏庆友	西南大学
低品质煤大规模提质利用的基础研究	刘炯天	中国矿业大学
绿色低碳导向的高效炼油过程基础研究	卢春喜	中国石油大学（北京）
大规模风力发电并网基础科学问题研究	袁小明	华中科技大学
智能电网中大规模新能源电力安全高效利用基础研究	刘吉臻	华北电力大学
碳基燃料固体氧化物燃料电池体系基础研究	韩敏芳	中国矿业大学（北京）
新型宽带大动态毫米波器件及应用中的微波光子学基础研究	郑小平	清华大学
面向宽带泛在接入的微波光子器件与集成系统基础研究	纪越峰	北京邮电大学
可重构信息通信基础网络体系研究	兰巨龙	中国人民解放军信息工程大学
能效与资源优化的超蜂窝移动通信系统基础研究	牛志升	清华大学
高移动性宽带无线通信网络重点理论基础研究	范平志	西南交通大学
海量信息可用性基础理论与关键技术研究	李建中	哈尔滨工业大学
面向公共安全的跨媒体计算理论与方法	庄越挺	浙江大学
基于新一代测序的生物信息学理论与方法	张学工	清华大学
华夏地块中生代陆壳再造与巨量金属成矿	蒋少涌	南京大学
慢性肾脏病进展的机制研究	侯凡凡	南方医科大学
环境代谢因素致高血压机制及其干预措施的研究	祝之明	中国人民解放军第三军医大学
儿童孤独症的遗传基础及其致病的机制研究	夏　昆	中南大学
重大心血管疾病相关 GPCR 新药物靶点的基础研究	肖瑞平	北京大学
前列腺癌分子机制与干预的研究	孙颖浩	中国人民解放军第二军医大学
治疗心血管疾病有效方剂组分配伍规律研究	张伯礼	天津中医药大学
经穴效应循经特异性规律及关键影响因素基础研究	梁繁荣	成都中医药大学
重要病原菌与宿主相互作用分子机制的研究	戈宝学	同济大学
动物重要病原菌功能基因组与分子致病机理研究	周　锐	华中农业大学
病毒与细胞相互作用导致炎症的基础研究	吴建国	武汉大学
重要病毒持续性感染形成和维持的分子机制研究	袁正宏	复旦大学
新型医用材料的功能化设计及生物适配基础科学问题研究	王迎军	华南理工大学

续表

项目名称	项目首席科学家	项目第一承担单位
全组分可调Ⅲ族氮化物半导体光电功能材料及其器件应用	沈　波	北京大学
铁性智能材料的高性能化研究	任晓兵	西安交通大学
航空高性能铝合金材料的基础研究	张新明	中南大学
先进金属基复合材料制备科学研究	张　荻	上海交通大学
城市高层建筑重大火灾防控关键基础问题研究	孙金华	中国科学技术大学
城市固体废弃物填埋孕育环境灾害与可持续防控的基础研究	陈云敏	浙江大学
高分辨率遥感数据精处理和空间信息智能转化的理论与方法	单　杰	武汉大学
行星表面精确着陆导航与制导控制问题研究	崔平远	北京理工大学
大型客机座舱内空气环境控制的关键科学问题研究	陈清焰	天津大学
大型客机主要气动噪声机理及先进控制方法研究	孙晓峰	北京航空航天大学
乙炔法聚氯乙烯生产过程的高效、节能、减排科学研究	张金利	石河子大学
钢铁生产过程高效节能基础研究	张欣欣	北京科技大学
化工过程物质与能量高效利用的集成优化基础研究	钱　锋	浙江大学
基于核酸的重大疾病诊断新策略和新技术研究	周　翔	武汉大学
中国语言相关脑功能区与语言障碍的关键科学问题研究	谭力海	香港大学深圳研究院
食品加工过程安全控制理论与技术的基础研究	陈　坚	江南大学
微生物药物创新与优产的人工合成体系	冯　雁	上海交通大学
空间合作目标运动再现中跨尺度控制的前沿数学问题	贾英民	北京航空航天大学
若干重要元素的有机化学前沿	周其林	南开大学
有机分子基框架多孔材料的前沿研究	苏成勇	中山大学
晚中生代温室地球气候—环境演变	王成善	中国地质大学（北京）
肿瘤的糖化学生物学前沿研究	叶新山	北京大学

〔**重大科学研究计划**〕　2011年，在量子调控研究、纳米研究、蛋白质研究、发育与生殖研究、干细胞研究和全球变化研究等6个领域，根据专家评审结果和专家综合咨询意见，科技部共批准70个项目立项，其中教育部作为依托部门的有34项，高校专家担任首席科学家的有40项。

附：

2011年重大科学研究计划项目高校承担情况表

项目名称	项目首席科学家	项目第一承担单位
代谢相关蛋白质修饰在肿瘤发生发展过程中的作用及机制	赵世民	复旦大学
天然免疫应答相关蛋白的鉴定、结构与功能	舒红兵	武汉大学
重要G蛋白偶联受体的结构与功能研究及配体发现	刘明耀	华东师范大学

续表

项目名称	项目首席科学家	项目第一承担单位
植物表观遗传机制与重要调控蛋白质的功能和结构研究	沈文辉	复旦大学
肿瘤发生发展中关键蛋白的功能与调控	肖智雄	四川大学
植物表观遗传调控及其在重要发育过程中的作用机制及结构基础研究	邓兴旺	北京大学
病毒与宿主细胞相互作用分子机制的研究	于晓方	吉林大学
端粒相关蛋白对人类重大疾病作用机制的研究	刘俊平	杭州师范大学
极端条件下量子输运的研究和调控	牛　谦	北京大学
异质界面诱导的新奇量子现象及调控	龚新高	复旦大学
人工微结构材料中光、声以及其他元激发的调控	彭茹雯	南京大学
受限空间中光与超冷原子分子量子态的调控及其应用	贾锁堂	山西大学
功能关联电子材料及其低能激发与拓扑量子性质的调控研究	鲍　威	中国人民大学
全固态量子信息处理关键器件的物理原理及技术实现	肖　敏	南京大学
光场调控及与微结构相互作用研究	王慧田	南开大学
氧化物复合量子功能材料中的多参量过程及效应	陆亚林	中国科学技术大学
纳米材料功能化宏观体系的构筑和性能研究	姜开利	清华大学
肝癌治疗的新型纳米药物研究	杨祥良	华中科技大学
新型高性能半导体纳米线电子器件和量子器件	徐洪起	北京大学
高频磁性纳米材料的电磁性能调控及其在磁性电子器件中的应用	薛德胜	兰州大学
石墨烯材料的宏量可控制备及其应用基础研究	石高全	清华大学
多级微纳结构生物活性材料促进骨组织快速修复的研究	刘昌胜	华东理工大学
仿生可控粘附纳米界面材料	张广照	中国科学技术大学
纳米材料在骨、牙再生修复中的生物学过程研究	林　野	北京大学
微纳惯性器件运动界面纳米效应基础问题研究	刘晓为	哈尔滨工业大学
心脏与肝脏发育和再生的遗传调控研究	彭金荣	浙江大学
生殖细胞基因组结构变异的分子基础	金　力	复旦大学
排卵障碍相关疾病发生机制研究	陈子江	山东大学
辅助生殖诱发胚胎源性疾病的风险评估和机制研究	黄荷凤	浙江大学
东亚季风区年际—年代际气候变率机理与预测研究	刘征宇	北京大学
全球典型干旱半干旱地区气候变化及其影响	黄建平	兰州大学
全球变化与环境风险关系及其适应性范式研究	史培军	北京师范大学
太平洋印度洋对全球变暖的响应及其对气候变化的调控作用	谢尚平	中国海洋大学

续表

项目名称	项目首席科学家	项目第一承担单位
神经分化各阶段细胞命运决定的调控网络研究及其转化应用	章小清	同济大学
人多能干细胞向胰腺β细胞和神经细胞定向分化的机制研究	邓宏魁	北京大学
中胚层干细胞自我更新分化的机制与功能研究	冯新华	浙江大学
多能干细胞定向分化的表观遗传学调控网络	沈晓骅	清华大学
干细胞分裂模式和干细胞干性维持的机制研究	高维强	上海交通大学
体内间充质干细胞自我更新、分化及其调控相关组织干细胞的机制研究	李保界	上海交通大学
肿瘤干细胞的动态演进及干预研究	刘　强	中山大学

〔**国家重大科技计划**〕 2011年，组织高校完成农业和社会发展领域5个重大专项“十一五”结题和“十二五”立项工作。“十二五”期间，高等学校继续保持在农业和社会发展领域重大专项中作为主要承担力量的优势，传染病防治和转基因专项高校牵头超过40%，重大新药和水专项占1/3，油气专项高校牵头承担2项重大课题。按照科技重大专项的任务要求，积极推动高校科研组织管理方式的改革，在部分承担专项任务较多的高校，探索建立专职科研队伍和以任务为导向的人事制度改革，推进研究生培养与重大专项的紧密结合，完善高校的专项管理。

〔**国家重大科学仪器设备专项**〕 2011年，财政部联合科技部、基金委，全面启动了科学仪器设备自主研发的专项计划，着力提高中国科学仪器设备的自主创新能力和自我装备水平。教育部按照“突出重点、长期培育”的原则，建立了高校重大科学仪器设备研发项目数据库，采取开放运行的方式，随时接受推荐，并会同高校共同进行项目培育和完善，有计划、有目标地培育一批具有创新能力和发展潜力的项目。在高校推荐、专家论证的基础上，在基金委牵头实施的重大科学技术设备研制专项中，高校批复立项2项；在科技部牵头实施的重大科学技术设备开发专项中，批复立项8项，经费总计46 882万元。

〔**国家重大科技基础设施建设**〕 2011年，高校承担国家重大科技基础设施建设项目进入实质性建设阶段。积极推动华中科技大学“脉冲强磁场实验装置”国家重大科技基础设施建设，其主体建设任务已基本完成，装置建设取得重大突破。11月3日，脉冲强磁场最高场强已达到83T，已成为国际四大强磁场之一。完成了北京科技大学“重大工程材料服役安全研究评价设施”的征地工作，启动了基础建设。教育部参与建设的陆态工程已完成基本建设任务，海洋科学综合考察船已下水试航。“国家蛋白质科学基础设施——北京基地”通过了国家发改委组织的可行性论证和经费审核，会同总后卫生部联合批复了初步设计。

〔**国家科技计划**〕 根据国家科技计划项目管理改革的总体部署，按照2012年国家科技计划项目指南要求，在高新技术领域，高校牵头申报项目共计788项，通过评审进入备选项目库的461项，占入库项目总数的30.3%。

2011年，在高新技术领域，高校牵头承担了国家高技术研究发展计划（“863计划”）课题共计59个，国拨经费约7亿元；国家科技支撑计划课题53个，国拨经费约3.5亿元。“十一五”国家科技支撑计划“高纯磷化工产品工业化装置与示范工程”项目完成4个课题验收，“新一代高压超高压断路器与应用示范”项目完成中期检查。

〔**国家科技计划专家**〕 根据科技部组建国家“十二五”高技术研究发展计划（“863计划”）领域主题专家组的工作安排，经推荐和评审，高校共有150位专家进入“十二五”“863计划”领域主题专家组，占专家总数的55%。其中部属高校专家99人。另有73位专家进入高技术领域19个科技专项专家组，占专家总数的42%。

〔**国家大学科技园**〕 科技部、教育部制定并发布了《国家大学科技园“十二五”发展规划纲要》(国科发高〔2011〕362号)。这是自国家大学科技园启动建设以来发布的第三个五年规划。

科技部、教育部组织开展了86家国家大学科技园建设与发展情况评价。经复核评价、绩效评价和整改，形成了2011年度国家大学科技园评价结果。86家国家大学科技园中，17家评价结果为A类（优秀)；47家评价结果为B类（良好)；19家评价结果为C类（合格)；2家延期整改；1家评价结果为D类。

财政部、国家税务总局发布了《关于延长国家大学科技园和科技企业孵化器税收优惠政策执行期限的通知》(财税〔2011〕59号)，将国家大学科技园税收优惠政策执行期限延长到2012年12月31日。经审核，有64家国家大学科技园符合税收优惠政策条件。

因学校更名和建设发展需要，大庆石油大学国家大学科技园、大连理工大学—七贤岭国家大学科技园分别更名为：东北石油大学国家大学科技园、大连理工大学国家大学科技园。

〔**高校学生科技创业实习基地**〕 为进一步发挥大学科技园、高新区等园区在创新创业人才培养方面的作用，以创业带动就业，教育部、科技部组织开展了2011年度高校学生科技创业实习基地认定工作（简称“双实双业基地”)，共认定了24家“双实双业基地”。截至2011年年底，“双实双业基地”数量已达90家，有力地促进了大学生创业工作。

〔**高等学校创新能力提升计划**〕 2011年，制定了《高等学校创新能力提升计划》(简称“2011计划”)，起草了“2011计划”启动实施方案。该计划先后七次通过教育部党组会和部长专题会研究，多次组织各类专家研讨，听取并征求了12个部门和单位的意见，前后经过近50次修改。截至2011年年底，该计划和启动实施方案基本完成。

〔**高校基础研究改革试点**〕 坚持“人才为本、科教结合、改革创新、卓越发展”的理念，依托有关高校积极开展基础研究特区试点建设。“清华大学、北京大学生命科学研究与人才培养改革试点”进展顺利，第一年建设经费拨付到位，基础设施建设稳步推进，人员聘用、人才培养等改革措施陆续出台。10月，清华大学、北京大学蛋白质生命科学研究设施（北京）重大基础设施建设可研究性报告得到批复，清华大学、北京大学2011年建设经费分别为9 818万元、8 182万元。复旦大学“上海数学中心”完成筹建工作，“上海转化医学中心”完成整体建设方案和报告。

〔**高校技术创新基地建设**〕 中国矿业大学国家煤加工与洁净化工程技术研究中心、中南大学国家重金属污染防治工程技术研究中心、东南大学国家预应力工程技术研究中心、南京工业大学国家特种分离膜工程技术研究中心、上海海洋大学国家远洋渔业工程技术研究中心、黑龙江省八一农垦大学国家杂粮工程技术研究中心、浙江海洋大学国家海洋设施养殖工程技术研究中心、福建农林大学国家菌草工程技术研究中心、江西师范大学国家单糖化学合成工程技术研究中心等10个依托高校建设的国家工程技术研究中心建设项目获科技部立项批复。

河海大学水资源高效利用与工程安全国家工程研究中心通过验收。该中心坚持面向国家和行业战略需求，主动开展行业关键共性技术研发、产品推广和技术扩散与转移工作，培养了大批高层次创新人才。

中国农业大学国家能源非粮生物质原料研发中心、华中科技大学氧燃烧10万吨/年规模CO_2捕获与资源化利用示范平台、西安交通大学国家能源先进电网与装备可靠性及寿命评估技术重点实验室等3个国家能源研发（实验）中心获国家能源局立项支持。

吉林大学工程仿生工程实验室、南京航空航天大学超声电机工程实验室、安徽大学高节能电机及控制技术工程实验室等27个工程实验室和大连理工大学电子政务模拟仿真工程研究中心、哈尔滨工业大学寒区低碳建筑技术工程研究中心、长春理工大学空间光电技术工程研究中心等19个工程研究中心获国家发改委和相关省市发改委联合共建支持。

共计有浙江大学数字图书馆等40家教育部工程研究中心通过专家验收。截至2011年年底，教育部工程研究中心总数为373个。

〔知识产权战略〕 继续推进《国家知识产权战略纲要》的实施，加强知识产权专业人才培养，将知识产权人才培养基地建设纳入“卓越法律人才教育培养计划”。

修订了中小学相关学科课程标准，将知识产权有关内容纳入课程体系；2所高职院校、8所高校开设了知识产权相关专业；研究生教育在法学、管理学等相关一级学科下设置了13个知识产权相关的二级学科。

〔《教育信息化十年发展规划（2011—2020年）》启动编制并形成送审稿〕 为做好顶层设计，加快推进教育信息化科学发展进程，3月，教育部开始组织编制《教育信息化十年发展规划（2011—2020年）》。经广泛调研，并征求和吸收中央有关部门、国内知名专家、各地教育行政部门、各级各类学校和相关企业意见，明确了今后十年的发展思路、战略目标，确定了各级各类教育信息化的重点任务。至年底，形成了《规划（送审稿）》，经国家教改领导小组审议原则通过。

〔召开“教育信息化工作座谈会”〕 3月28—29日，教育部在杭州市召开了“教育信息化工作座谈会暨2011年全国电化教育馆馆长会议”，这是新世纪以来教育部召开的第一次全国范围的教育信息化座谈会。教育部副部长杜占元出席会议并讲话。教育部有关司局和直属单位代表、各省级教育行政部门有关负责人和电教馆馆长、部分地市电教馆馆长、有关专家及企业代表共200余人出席会议。

〔召开“教育资源建设与共享座谈会”〕 为进一步摸清中国数字化教育资源建设的现状和国内外发展趋势，探讨共建共享的有效机制，教育部于8月18日在北京召开了“教育资源建设与共享座谈会”，并同期举办了数字教育资源展览，这是教育部召开的第一次涉及各级各类教育的数字教育资源建设专题会议。教育部副部长杜占元在开幕式上讲话并参观了数字教育资源展览。教育部相关司局和直属单位、部分省（区、市）教育厅（教委）有关负责人，部分大中小学、职业学校和研究机构及从事数字化教育资源开发、服务的企事业单位代表和专家等150余人参加了座谈会。

〔签署《教育部—中国移动战略合作协议》〕 9月15日，教育部与中国移动通信集团公司签署了战略合作框架协议。双方本着“政企联动，优势互补，支持教育，战略共赢”的原则，明确建立紧密的战略合作伙伴关系，共同加快推进教育信息化。这一协议的签署是教育部在探索建立“政府引导、多方参与”的教育信息化推进机制方面的创新举措。根据协议，2011—2015年，教育部和中国移动将以教育规划纲要为指导，在教育信息化基础设施建设、优质教育资源开发、共享与应用、教师信息技术能力培训与提升、学生信息技术素养与创新能力培养、信息技术与装备研发及推广等领域开展多种形式的合作，促进教育资源优化配置，推动教育改革，推进教育信息化加快发展。

〔“教育服务与监管体系信息化建设”取得明显进展〕 该项目是教育部为提高教育公共服务能力和教育管理水平而组织的重大项目。已完成教育管理信息标准起草和统一编码工作，完成教育部数据中心一期建设及数据库、业务信息系统初步建设。38个业务子系统中14个已投入使用。

〔“双向宽带教育卫星系统工程项目”完成调研和初步论证〕 2011年，教育部与远程教育和培训需求部门以及卫星研制、测控等技术部门合作，调查了各地义务教育学校互联网接入情况，调研了双向宽带教育卫星建设需求，编制了该项目建议书，组织专家评审后，报国家发改委申请立项。

〔启动实施“211工程三期高等教育公共服务体系——CERNET主干网和重点学科信息服务体系升级扩容工程”〕 8月，“211工程三期高等教育公共服务体系——CERNET主干网和重点学科信息服务体系升级扩容工程”初步设计方案与投资概算获国家发改委审批。工程核定总投资30 009万元，全部为中央专项资金。建设内容包括传输网扩展扩容、主干网升级扩容（697.5 Gbps）、高速节点体系和核心节点建设、国际国内互联系统建设、高性能网络管理和安全保障系统建设、公共网络应用基本支撑系统建设、重点学科信息服务系统升级和扩展（11个学科）共7个方面。扩展CERNET高速传输网至除港、澳、台及西藏、新疆外的29个省（区、市），为1 000所高校提供100 M以上接入能力，并为其中100所高校提供1—10 G接入能力，全面提升CERNET的技术水平和服务能力，使其成为达到世界先进水平的国家教育科研信息基础设施。

〔“211工程三期高等教育公共服务体系——中国教育科研网格二期项目”批复立项〕 3月，“211工程三期高等教育公共服务体系——中国教育科研网格二期项目”获国家发改委审批立项，总投资按12 516万元控制，其中中央专项资金6 000万元，其余投资由参建高校自筹解决。该项目布局建设7个一级网格主节点和7个二级网格主节点，并在参建高校建设校园网格，使整个网格环境聚合计算能力达到764万亿次/秒，聚合存储能力达到3 376TB；进一步完善网格公共支撑平台CGSP，建设和部署8个重点学科网格及若干典型应用，为高校教学、科研提供更好的高性能计算和信息服务。

〔“下一代互联网业务试商用及设备产业化专项”取得技术突破〕 教育部组织100所学校（主要为“211工程”高校）承担的国家下一代互联网试商用和设备产业化专项“教育科研基础设施IPv6技术升级和示范应用项目”，在下一代互联网试商用网络支撑技术研究方面取得突破，研制出符合要求的试验设备和专用软件。5—7月，组织了通用设备公开招标、专用设备竞争性谈判两次设备采购，在100所学校校园网部署使用，推动中国下一代互联网大规模商用和教育信息化长远发展。

〔战略研究〕 1. 做好《高校“十二五”科技发展规划》。2011年，教育部科学技术委员会大力配合科技司完成高校“十二五”科技发展规划的制定工作。各学部专家快速响应，撰写“重点领域与优先发展方向”，组织135名专家（其中院士14名）参与编写，113名专家（其中院士42名）参与咨询，提交12个领域共8.3万字的研究报告。组织战略研究基地部分专家全程参与起草工作和研讨会。

2. 与其他部委合作开展战略研究。教育部科技委与中国科学技术协会共同开展研究课题：“市场经济条件下科技发展举国体制中的高校科技发展研究”，组织有关高校和科技委多个战略研究基地共同探讨特定条件下高校科技发展。

3. 开展高校科技评价调研。改革高校科研评价是推动科研管理创新、优化科技资源配置、增强高校创新能力的重要保障。为充分了解当前高校的科技评价状况，教育部科技委开展了高校科技评价体系调研工作，制定调研工作方案，从“985工程”、行业特色高校及地方“211工程”这三类高校中选取32所学校作为调研对象，委托这些学校中有校级领导职务的科技委委员提交书面调查报告。由教育部战略研究（培育）基地——华东师范大学“科技创新与发展战略研究中心”成立调研报告编写组，结合32所学校的调研分报告，形成了“我国高等学校科技评价体系存在的问题及改革建议”的总报告。该报告梳理了高校科技评价体系中存在的主要问题，对其形成原因进行了分析，并就进一步改革和完善高校科技评价体系提出了若干建议，为下一步教育部出台有关文件提供支撑材料。

4. 专家建议。为充分发挥教育部科技委专家的高级咨询参谋作用，积极开展面向国家层面经济社会发展战略的探索和研究，科技委积极引导和组织各学部和战略研究基地进一步加强宏观战略研究；围绕国家教育科技发展战略、有关部委工作要点和高校教育科技发展等进行深入研究。2011 年，共编辑出版了 20 期《专家建议》，反响强烈，受到有关领导、部门和高校的高度重视和广泛关注。《专家建议》题目如下：

第 1 期　迎接 21 世纪的“挑战”——美国总统奥巴马国情咨文的主题思想及启示

第 2 期　中国应对外国公司专利集中战略的建议

第 3 期　全球人才争夺战变局　我人才引进宜全面发力

第 4 期　日本特大地震的警示与启示

第 5 期　日本大地震对中国可能造成的影响及相应对策

第 6 期　日本福岛核事故的最新评估和预测报告

第 7 期　公平释放潜力　优质塑造未来——麦肯锡报告与“教育公平计划”组织系列教育发展报告及其启示

第 8 期　中国应发展石油期货市场——高油价影响及其对策

第 9 期　日本陷能源困境我宜警惕其在东海挑起事端

第 10 期　美国、以色列应用互联网攻击伊朗核设施的警示

第 11 期　全面推进互联网治理系统化研究确保国家长治久安

第 12 期　推动教育部直属高校 GF 科技工作快速发展的建议

第 13 期　针对当前南海局势应对措施的建议

第 14 期　日本核事故对中国海洋生态环境的影响分析和建议

第 15 期　美国《网络空间国际战略》与我应对策略

第 16 期　关于组建“航空发动机高等学校指示创新联盟”的建议

第 17 期　微博政治与社会影响力日益凸显应加快构建引导微博健康发展的长效机制

第 18 期　关于推动协同创新为建设创新型国家提速增效的建议

第 19 期　协同创新是建设中国特色创新型国家的战略选择

第 20 期　在“基于通讯的列车运行控制系统(CBTC)”研发和应用中进行协同创新的探索和思考。

5. 战略研究重大专项。2011 年，教育部科技委结题 1 个重大专项，即由上海交通大学承担的“面向创新型国家的研究型大学国际竞争力研究”。9 月 20 日，召开主任办公会议，对该课题进行结题验收审议，并提出修改意见。

〔“10 000 个科学难题”农业科学、医学和信息科学分册出版〕　10 月，《10 000 个科学难题》系列丛书《农业科学卷》、《医学卷》和《信息科学卷》正式出版。

〔2011 年度“中国高等学校十大科技进展”〕

2011 年度“中国高等学校十大科技进展”继续评选。41 所高校共推荐了 60 个参选项目。按照评选办法和程序，经网上评审和主任办公（扩大）会议终审，评选出 2011 年度“中国高等学校十大科技进展”，在 2011 年度科技委年会上揭晓并颁发了证书和奖金。入选项目见下表。

2011 年度“中国高等学校十大科技进展”

项目名称	主持人	主持单位	主要完成单位
正调控水稻种子大小、粒重和产量的 GS5 基因克隆与功能研究	何予卿	华中农业大学	
AAA＋分子机器的结构与功能	施一公	清华大学	

续表

项目名称	主持人	主持单位	主要完成单位
铁硒基超导薄膜的研究	薛其坤	清华大学	中国科学院物理研究所
硅的低场非均匀性巨磁电阻	章晓中	清华大学	
急性单核细胞白血病和甲状腺功能亢进医学基因组学研究获突破	陈赛娟	上海交通大学	
3 500 米深海观测和取样型 ROV 系统	朱继懋	上海交通大学	国家海洋局北海分局
新型手性催化剂和高效高选择性的不对称催化新反应	冯小明	四川大学	
高固气比悬浮预热分解理论与技术（XDL 水泥熟料煅烧新工艺）	徐德龙	西安建筑科技大学	
中国澄江化石库中发现节肢动物遗失的远祖	刘建妮	西北大学	柏林自由大学、柏林自然科学博物馆、中国地质大学（北京）
高产优质转基因棉花取得重大突破	裴　炎	西南大学	

注：所有入选项目名单按主持单位拼音顺序排序。

〔**学风建设**〕　1. 组织学风建设研讨会。3 月 4 日，在中国地质大学（北京）召开学风研讨会，邀请教育部科技司领导、北京部分高校领导和战略研究基地代表参与研讨，并讨论修改《教育部关于切实加强和改进高等学校学风建设的实施意见》，为教育部出台学风文件提供咨询。

2. 组织学风宣讲活动。5 月 24 日，教育部科技委和科技司印发《关于开展学风建设宣讲活动的通知》（教技司〔2011〕172 号），并将《高等学校科学技术学术规范指南》（以下简称《指南》）及配套宣讲 PPT 挂网，要求各部属高校对教师、学生和行政管理人员宣讲《指南》，努力提高师生和行政管理人员的学术道德修养，促进教育和科技的健康发展。大部分部属高校认真贯彻落实文件精神，召开工作布置会，多部门配合，多渠道宣传，主要对新教师和新生进行了宣讲。据不完全统计，北京地区部属高校共举办了 23 次宣讲报告会，13 133 人次师生参加了报告会。

3. 邀请高校专家撰写学风建设建议。教育部科技委委员、浙江大学党委副书记郑强撰写了《加强高校学风建设刻不容缓》的建议，分析了高校学风问题产生的主要原因，并有针对性地提出加强高校学风建设的建议。西安交通大学战略研究基地副主任郭菊娥等撰写了《韩国黄禹锡事件处理对我国学风建设的启示》的建议，为国内学风建设提出了可资借鉴的建议。

〔**高等学校新农村发展研究院**〕　2011 年，教育部会同科技部启动高等学校新农村发展研究院建设。经过近 3 年的筹备，10 月 22 日，两部委在北京联合启动了高校新农村发展研究院试点建设，首批试点在中国农业大学、西北农林科技大学、南京农业大学、华中农业大学、浙江大学、东北农业大学、沈阳农业大学、四川农业大学、湖南农业大学 9 所高等院校开展。通过新农村发展研究院建设，充分整合各方面资源，深化高校机制体制改革，推进办学模式的转变，探索建立以大学为依托，农科教相结合的综合服务模式。各试点高校积极响应、踊跃参加，制定多项切实可行的改革措施。各地方政府大力支持，整合资源、重点投入，为试点工作开展创造条件。各试点高校已完成建设方案的制订并落实了相关支持条件。

撰稿　李　楠　朱小萍　明　炬　董维国　舒　华　李渝红　张拥军

审稿　高润生　雷朝滋　娄　晶　王延觉

〔**规范校办产业发展**〕 组织起草《教育部关于促进高等学校校办产业科学发展的若干意见》(简称《若干意见》)，以及《高等学校校办企业运营管理规范指引》等文件（简称《管理规范》)。其中《若干意见》明确了未来5—10年促进高校校办产业科学发展的指导方针、原则和制度保障，对校办产业工作提出明确要求；《管理规范》全面总结了过去10年校办企业改革的工作成果，提出了校办企业规范管理的技术性规则。组织召开一系列座谈会，听取高校对文件的修改意见，研讨新时期校办产业改革发展的思路和政策措施。

进一步规范直属高校校办企业重大经济行为，督促资产公司及其所出资企业严格执行国有资产监督管理的有关规定，在重大投资、企业改制、兼并重组、资产评估、产权交易等关键环节，认真履行内部决策程序和上级主管部门的审批程序，完善公司治理、规范企业运行、强化权力制约，严把校办企业关，有效预防经济犯罪，避免因制度缺失、管理不规范导致企业决策失误，给学校带来经济损失和法律风险。

加强对产业规模较大、产业管理存在问题及潜在风险较大的高校进行督导检查和工作指导，促进这部分学校校办产业尽快走上规范管理的轨道。对6所暂不组建资产公司的直属高校，着重针对产业管理机构、全资企业改制、企业风险防范等方面进行产业规范化建设工作检查。

加强沟通协调，为高校校办产业改革与发展创造良好条件。接待财政部教科文司调研组，介绍教育部在推进高校校办企业管理体制改革和产业规范化建设方面采取的政策措施和取得的工作成果，并就进一步推进校办企业体制改革、促进科技成果转化等方面所需要的配套政策提出建议。积极协调财政部税政司和国家税务总局所得税司，争取支持校办企业体制改革的配套税收扶持政策。积极参与制定并落实中关村国家自主创新示范区出台的支持高校科技成果转化和科技创业的激励政策，发布《中关村国家自主创新示范区内教育部直属高校企业股权和分红激励方案审批流程》，会同首都创新平台召开“中关村国家自主创新示范区高等学校企业股权激励试点暨‘1＋6’政策宣讲会”。

〔**高校校办产业日常管理**〕 加强对教育部直属高校校办企业的监督管理，按照国家有关法律法规，严格履行直属高校校办企业经济行为审批职责。2011年，全年共办理涉及直属高校校办企业设立、改制、注销、股权转让、增资减资、无偿划转等经济行为审核批复共133件。

促进资产公司规范运作，建立和完善了资产公司年度报告制度。要求已组建资产公司的直属高校每年报送资产公司年度报告，报告上一年度资产公司财务、经营管理、机构设置与公司治理、风险评估及下一年度经营管理计划等方面的情况。聘请专家组对68家直属高校资产公司报送的2010年度报告进行评审，逐校反馈专家评审意见和改进建议，要求各校资产公司加以整改。组织专家组分别对40所直属高校产业规范化建设和资产公司规范运作整改情况进行专项验收。

加强高校校办产业队伍建设。重点抓好校办企业高管、财务总监、派出董监事三类人员的规范化培训，分别举办了“高校资产公司管理骨干培训班”、“高校企业财务审计人员专题研修班”、“高校企业公司治理专题研修班”，邀请政府部门领导、国内知名专家、中央企业老总等围绕高校校办企业规范管理、科学发展和风险防控等方面举办讲座，并就工作中遇到的实际问题开展了交流研讨，提高了校办产业管理人员的整体素质，为校办产业改革与发展提供了人力资源保障。

加强高校校办产业宣传工作。组织校办企业产学研结合优秀案例的征集工作，系统总结和集中宣传了一批校办企业在科技成果转化、创新创业人才培养、为高等教育改革发展以及国家经济建设服务等方面的典型事例。经过评选，东软集团股份有限公司等20家校办企业的案例入选“2011中国高校企业产学研结合典型案例”。

〔**高校校办产业统计**〕 组织29个省、自治区、直辖市开展2010年度全国普通高校校办产业统计工作，共计494所普通高校的3 564家企业报送数据，其中一级企业2007家，占56.31%；二级企业1 557家，占43.69%。编辑出版了《2010年度中国高等学校校办产业统计报告》。

经统计，截至2010年年底，全国高校校办企业资产总额2 292.41亿元，负债1 314.63亿元，所有者权益977.78亿元，归属于学校方股东的所有者权益513.06亿元，资产负债率57.35％。全国高校校办企业收入总额1 671.83亿元，利润总额100.28亿元，已支付给学校的利润或股利11.74亿元，向国家已缴纳税金总额139.92亿元，比2009年分别增长了18.38％、14.80％、23.19％和18.99％。全国高校校办企业在册职工人数共计40.15万人（学校事业编制人数28 321人），接纳学生实习人数107.49万人次，参与培养博士生1 711名、硕士生7 432名。全国高校校办企业共拥有获授权的专利1 599项，计算机软件及集成电路版权803项，获国家级、省市部委奖项1 230项。

其中，截至2010年年底，教育部直属高校校办企业资产总额1 977.48亿元，负债1 132.55亿元，所有者权益844.93亿元，归属于学校方股东的所有者权益404.40亿元，资产负债率57.27％。教育部直属高校校办企业收入总额1 468.84亿元，利润总额87.76亿元，已支付给学校方股东的利润或股利9.69亿元，向国家已缴纳税金总额123.24亿元，分别比2009年增长了18.22％、12.79％、35.90％和17.13％。教育部直属高校校办企业在册职工人数共计30.82万人（学校事业编制人数13 380人），接纳学生实习人数30.86万人次，参与培养博士生1399名、硕士生4 694名。教育部直属高校校办企业共拥有获授权的专利1 263项，计算机软件及集成电路版权763项，获国家级、省市部委奖项1 061项。

〔**博士学科点专项科研基金**〕 2011年，博士学科点专项科研基金申请课题的受理和评审工作从1月份开始到10月份完成，共有226所高校申报课题8 635项，其中博士生导师类课题申请3 732项，新教师类课题申请4 366项，优先发展领域课题537项。经形式审查，合格的申请课题8 500项，其中博士生导师类课题3661项，新教师类课题4 342项，优先发展领域课题497项。

基金评审工作采取网络通讯评审和专家组复评两级评审的方式进行。网络通讯评审共遴选157所高校5 200位同行专家参与评审，评审总项次43 494次，平均每位专家评审8项。评审专家共反馈评审意见41 892项次，反馈率为96.32％。博士生导师类课题和新教师类课题的专家组复评工作分成24个评审组进行，共有69所高校的168位同行专家参与了复评工作。复评采取网上投票的方式进行，投票完成后，再将各个评审组的投票情况进行汇总排序。优先发展领域课题的专家组复评采用专家评审会的方式进行，来自全国47所高校的80位专家参加了评审会。参会专家中有17位两院院士，40多位“长江学者”和国家杰出青年科学基金获得者。根据专家网络通讯评审和专家组复评两级评审的结果，按照各个学科的资助比例确定资助课题。

2011年，高等学校博士学科点专项科研基金资助博士生导师类课题1530项，资助比例为41％。其中中央部委所属高校1 031项，占资助课题的67.39％；地方高校499项（含博导类联合资助课题244项），占资助课题的32.61％。高等学校博士学科点专项科研基金资助新教师类课题1 744项，资助比例为39.95％。其中中央部委所属高校1 203项，占资助课题的68.98％；地方高校541项（含新教师类联合资助课题229项），占资助课题的31.02％。高等学校博士学科点专项科研基金资助优先发展领域课题185项，资助比例为34.45％。其中中央部委所属高校148项，占资助课题的80％；地方高校37项，占资助课题的20％。

〔**霍英东青年教师基金及青年教师奖申报和评审工作**〕 2011年，霍英东青年教师基金及青年教师奖共受理251所高校申报和推荐的青年教师基金课题和青年教师奖项目1353项，其中青年教师基金基础性研究课题595项、应用研究课题530项、青年教师奖228项。经过形式审查，有7项青年教师基金基础性研究课题、10项应用研究课题、1项青年教师奖不符合申报要求，符合申报条件的基金课题和教师奖项共有1 335项。

基金和奖励评审工作采取网络通讯评审和霍英东教育基金会理事及顾问委员会联席会议复评两级评审方式进行。通讯评审工作仍然采用《霍英东青年教师基金及青年教师奖网络评审系统》，从专家库中共遴选125所高校1 274位三级学科同行专家进行了评审（每个申请课题或奖项聘请5位专家进行评审，每个项目回收3份及以上评审结果为有效评审）。截至评审结束，专家评审结果的回收率达93.38%，所有项目的评审结果均回收3份以上。

经过两级评审，最终确定的资助课题和奖项是：霍英东青年教师基金基础性研究课题共资助111项；青年教师基金应用研究课题共资助38项；青年教师奖共奖励102人，其中一等奖5人、二等奖17人、三等奖80人。

〔**专利工作与科技成果管理**〕 2011年，全国高校共申请专利110 136件，比2010年（79 332件）增长38.8%，占国内职务专利申请总数的11.4%；申请发明专利63 028件，占申请总数的57.2%，占国内职务发明专利申请总数的19.4%。共获授权专利56 484件，比2010年（43 153件）增长30.9%。其中发明专利获授权26 616件，占获授权专利总数的47.1%，占当年国内职务发明专利授权总数28%。截至2011年年底，全国高校累计共申请专利429 731件，累计共获授权专利206 513件；全国高校持有有效专利129 311件，其中有效发明专利73 320件。

2011年，共进行科技成果登记1 180项，其中应用类成果占61%。受理办理科技成果鉴定申请157项，其中社会鉴定项目24项。

2011年度78所科技查新站共完成查新报告38 179件，每所查新站年平均完成科技查新490项。其中为校内科研服务占42.3%，为校外高校及企业服务占57.7%；省部以上课题查新服务占69%；服务于科研立项占62.7%，成果评价占28.9%。

〔**高校科技奖励工作**〕 2011年度教育部科技奖励工作于5月中旬开始组织，9月2日纸质材料申报结束，共接收228所高校申报的教育部奖励项目1 067项，经形式审查，有60项不符合教育部科技奖励政策。

经专家评审和奖励委员会审核，教育部批准2011年度高等学校科学研究优秀成果奖（科学技术）授奖项目285项，其中一等奖113项、二等奖172项。在全部授奖项目中，自然科学奖101项（一等奖43项、二等奖58项），技术发明奖28项（一等奖14项、二等奖14项），科技进步奖148项（一等奖56项、二等奖92项），推广奖7项（二等奖7项），专利奖1项（二等奖1项）。

组织、推荐高校申报2011年度国家科学技术奖。2011年度全国高校获国家科技奖励情况：清华大学吴良镛院士获2011年度国家最高科学技术奖；自然科学奖23项，占63.9%；技术发明奖29项（2项一等奖均为高校获得），占通用项目总数的70.7%；科技进步奖162项，占通用项目总数的74.3%。

设立卓越绩效奖。将中央部委所属高校获得的国家科技奖励纳入对高校的绩效考核内容之一，设立了卓越绩效奖。根据2010年度中央部委高校获国家奖励的数量、等级等综合核定绩效奖励，2011年的卓越绩效奖经费为3.99亿元。

〔**“蓝火计划”实施工作顺利进行**〕 “蓝火计划”是经教育部批准，旨在推进高校与地方及企业深入开展产学研用结合，加强协同创新，加快高校创新科技成果向社会转移及产业化而实施的一项重大举措。2011年，该计划继续在江苏省徐州等地开展实施工作。徐州市人民政府将该计划的实施与创建国家级高新技术产业开发区有机结合，以铜山区为重点，组织高校与企业开展了多次双向交流及项目洽谈。自6月启动实施工作以来，徐州市铜山区90%以上规模企业均和高校科研院所建立了长期合作关系。截至2011年年底，铜山区企业和高校签订科技成果转化项目合作协议68项，联合申报各类科技计划项目93项，其中国家级22项、省级41项、市级30余项。申报企业专利320件，申报省高层次人才23个，博士集聚计划29个。北京大学、吉林大学、浙江大学等6所高校与徐州市铜山区签约，共建淮海科技创新研究院。清华大学、复旦大学、华中科技大学等高校联合中国安全生产科学研究院及中矿大华洋、中矿大传动等企业与徐州高新技术产业开发区联合组建安全科技产业产学研合作联盟、激光与等离子先进制造装备产学研合作联盟等四个产学研合作联盟。

〔教育部组织高校参展上海国际工业博览会〕 2011年，教育部共组织60所高校参加上海国际工业博览会，其中沪外参展高校39所、在沪高校17所、境外高校4所，展区面积达4 500平方米。本届“工博会”高校参展项目为642项，参展项目分为重大技术突破成果项目和重点应用技术成果项目两大类，其中获省部级技术发明奖、科技进步奖二等奖以上的重大技术突破项目43项，重点推介的应用技术成果项目599项。据统计，共有22所高校先后在展会期间签约成交，总成交额达8.53亿元。其中沪外13所高校签约，交易额为6.62亿元，交易额继续稳步提升。经“工博会”组委会评审，高校共获“工博会”项目奖银奖3项、铜奖8项、创新奖8项，共计19个奖项，占2011年“工博会”项目奖颁奖总数的48.7%，创高校展区获奖数历史新高。中国高校展区还评选出来自高校的优秀展品一等奖10项、二等奖16项、三等奖22项，有31所高校获优秀组织奖，32位高校参展组织工作人员获先进个人。

〔科研环境建设〕 2011年，“中国学术会议在线”共发布信息6 464条。其中审核发布会议新闻3 155条，审核发布会议预告3 309条。转播了2011诺贝尔奖获得者北京论坛、第39届数字考古国际会议、第五届中国工程管理论坛、第三届海内外华人离子通道大会、2011年北京CDIO区域性国际会议等50场学术会议，录制学术报告1 900个，收集论文摘要1 000篇。网站日均访问量(PV)为36 000人次。截至2011年10月，“中国学术会议在线”共发布学术视频报告14624部。

“中国科技论文在线”作为科研环境建设的重要平台，其影响和作用进一步扩大。为保持网站的健康发展，2011年继续加强论文审查、栏目编辑工作，严格控制论文质量。进行了网络环境和网站系统架构的升级工作，完成了设备向赛尔IDC的整体迁移、搜索引擎优化、建立用户行为采集及预警分析系统等工作。为用户提供更多订制服务，提高网站的互动性；增强后台管理系统的便捷性，提高编辑工作效率。发布了“网络时代的科技论文快速共享（2011）”专项研究课题指南。完成了《中国科技论文在线精品论文》电子期刊第4卷，共24期的编辑出版工作。

截至2011年年底，在线发表论文56 824篇，用户在线发表评论17 949条；知名学者栏目为7 610名优秀学者建立了学术专栏，收录论文83 840篇；名家推荐精品栏目论文8 335篇；自荐学者栏目为2 724名学者建立学术专栏，收录论文25 025篇；科技期刊栏目已收录了550家学报的600 001篇论文。论文总数已达到763 948篇。

《中国科技论文在线》是由教育部主管，教育部科技发展中心主办的学术刊物，主要报道自然科学、工程与技术科学领域内具有重要意义和创新性的最新成果。经新闻出版总署批准，《中国科技论文在线》期刊更名为《中国科技论文》。同时，接到《中文核心期刊要目总览》2011年版编委会通知，《中国科技论文》入编《中文核心期刊要目总览》2011年版（第六版）之综合性科学技术类的全国中文核心期刊。通过“中国科技论文在线”网站和《中国科技论文》期刊的互动，将进一步扩大二者的用户群和读者群，从而达到优化科研环境，提高科研水平的目的，为促进国内外学术交流作出新的贡献。

高校实验室资质认定。高校评审组作为认监委在26个行业设立的行业评审组之一，担负着教育部直属高校授权实验室的资质认定评审、日常管理工作。截至2011年年底，高校评审组管理实验室共65家，包括35个理化分析实验室、30个专业实验室。涉及环境检测、宝石检测、生物医药、材料、信息安全、电磁兼容、食品等检测领域。2011年，高校计量认证评审组从规范入手，开展了以下工作：①加强评审员队伍建设，培训评审员80人次；②加强对实验室的评审及监督，对24家实验室实施评审；③开展实验室间比对，针对高校特色开展了未知物的化学、物相、形貌分析比对实验，对不达标实验室提出整改，提高检测服务的科学性和准确性；④参与国家认监委资质认定管理办法的立法后评估，对法规的修改提出建议。

2011年，教育部科技发展中心网站运用宣传、报道和服务三大功能，继续为高校科技管理及科研人员提供有价值的资讯服务。2011 年，网站共对外发布信息 3 928 条，发布大学排行榜 60 个；进一步加强网站栏目信息的维护和管理，要求各处室对网站每个栏目信息进行全面的整理和更新；着力加强栏目建设，丰富信息来源，新建了“宽带卫星计划”和“教育部科技查新服务平台”2 个栏目。网站共有一级栏目 54 个，子栏目 247 个。2011 年，网站访问总量达 113 万余次，最高月访问量为 12 万余次，平均日访问量约 3 000 余次。

〔**中国教育和科研计算机网建设进展**〕　截至 2011 年年底，中国教育和科研计算机网 CERNET 传输网主干线光纤超过 32 000 公里，实际安装传输网设备 18 000 公里。形成了以 160×10G 密集波分复用（DWDM）为基础，DWDM 和 SDH 自愈环网为业务承载平台的网络结构。CERNET IP 地址数约为 1 700 万个，EDU. CN 域名数为 3 910 个。CERNET 网络国际和港澳地区带宽达到 10 G 以上，CERNET 国内与其他互联网单位互联带宽达到 59 G 以上，CERNET 主干网核心带宽达到 10—20 Gbps，一般带宽达到 155 M—2. 5 Gbps，覆盖全国 31 个省（区、市）的 36 个城市，通达全国 200 多座城市，联网的大学、教育机构和科研等单位超过 2 000 个，用户超过 2 000 万人。CERNET 已成为世界上最大国家级公益性计算机互联网。

CERNET 组织有关高校在率先开展了下一代互联网研究与试验。联合上百所高校参加了由国务院批准、国家发改委等七部委联合组织的中国下一代互联网示范工程 CNGI，建成并负责运行 CNGI 中规模最大的核心网 CNGI-CERNET2/6IX。CNGI-CERNET2/6IX 支持了真实 IPv6 源地址验证的网络安全技术、IPv4/IPv6 过渡技术等下一代互联网关键技术试验，基于 IPv6 的高性能视频应用等下一代互联网重大示范应用。

CERNET 网络中心协调 100 所高校承担国家发改委下一代互联网试商用项目“教育科研基础设施 IPv6 技术升级与应用示范”和国家科技支撑计划重大项目“可信任互联网”，推动 IPv6 技术试商用。两个项目的完成情况如下。①已经基本完成 100 所高校校园网 IPv4/IPv6 双栈建设，建成并投入使用的校园 IPv6 信息资源和应用系统合计达 1 283个。②与国内厂商合作，在 100 所高校校园网和 CNGI 主干网部署开发的 IPv6 网络支撑技术试商用系统，包括基于真实 IPv6 源地址认证的跨域的统一标识、认证和信任服务系统；IPv4/IPv6 过渡系统；可控大规模组播服务系统；主干网运行管理与安全监控系统；支持全网漫游的校园网接入业务管理系统和校园网网络管理与安全监控系统。③完成了 10 个重要教育科研网络信息资源和应用系统 IPv6 升级，开发和部署了 10 个下一代互联网教育科研重大应用示范，已经开始为教育科研提供服务。主要成果如下。

1. 中国教育和科研计算机网门户系统 IPv6 升级，IPv6 的累计访问量达 1 800 万 PV，独立访问 IP（注册用户）超过 80 万。

2. 中国教育科研网格 IPv6 升级，计算能力为 5. 1 万亿次（TF）、存储能力为 80TB。

3. 高等学校仪器设备和优质资源共享系统 IPv6 升级，可提供 2 000 余台套大型仪器系统共享数据 IPv6 访问，约 3 000 门精品课程和约 500 个国家级实验教学示范中心的优质教育资源网上共享。

4. 大学数字博物馆 IPv6 升级，迁移大学数字博物馆展品资源共 10 万多件，建设展项资源 3 866条。

5. 高等学校招生网上录取系统 IPv6 升级，已在河南、福建两省及 100 所试点高校投入运行。两个试点省份的全部录取批次均提供了 IPv6 的服务。参加试点高校中，有 81 所通过 IPv6 网络完成了在河南省的录取工作，34 所通过 IPv6 网络完成了在福建省的录取工作。

6. 下一代互联网大规模视频直播/点播系统应用示范，建成了可以提供 500 门课程 1 万个小时大学课程视频的内容分发系统。

撰稿　贾一伟　邢庚申　孙　燕　刘昕民
杨健安　万　猛　刘红斌　陈海鹏
曾　艳　林　烨　曹　林
审稿　李建聪　周　静　李志民

师范教育

〔**综述**〕 2011年，全国本专科层次的师范院校144所，其中部属师范大学6所，省属师范大学34所，师范学院68所，师专36所。举办教师教育的非师范院校383所，其中综合性大学55所，地方综合性学院142所，高职高专128所，独立学院41所，其他院校17所。2011年，培养中专层次师范生的中等职业学校2 627所，其中中等师范学校132所。

2011年，全国普通院校师范类毕业生总计56.33万人，其中本科30.69万人、专科20.02万人、中师5.62万人；招生总计63.46万人，其中本科34.84万人、专科18.31万人、中师10.31万人；在校生214.02万人，其中本科135.81万人、专科53.00万人、中师25.21万人。非师范院校本专科师范毕业生约占47.3%。

2011年，全国各级各类学校专任教师1 442.09万人，其中幼儿园专任教师131.56万人、特殊教育专任教师4.13万人、工读学校专任教师1 764人、小学专任教师563.86万人、初中专任教师353.15万人、高中专任教师156.26万人、中等职业学校专任教师87.99万人、高等教育专任教师144.97万人。

2011年，全国幼儿园专任教师学历合格率为96.74%，比2010年增加0.21个百分点。幼儿园专任教师具有专科以上学历的比例为62.48%，比2010年提高2.18个百分点。

义务教育阶段，普通小学专任教师学历合格率为99.72%，比2010年提高0.2个百分点。普通小学专任教师具有专科以上学历的比例为82.05%，比2010年提高3.76个百分点。普通初中专任教师学历合格率为98.91%，比2010年提高0.26个百分点。普通初中专任教师具有本科以上学历的比例为68.22%，比2010年提高4.17个百分点。

普通高中专任教师学历合格率为95.73%，比2010年提高0.92个百分点。普通高中专任教师具有研究生学历的比例为4.30%，比2010年提高0.67个百分点。

中等职业学校专任教师学历合格率为85.39%，比2010年提高2.1个百分点。中等职业学校专任教师具有研究生学历的比例为4.54%，比2010年提高0.52个百分点。

普通高校专任教师学历合格率为98.44%，比2010年提高0.11个百分点。普通高校专任教师具有研究生学历的比例为51.40%，比2010年提高1.98个百分点。

〔**隆重举行首届免费师范生毕业典礼**〕 6月17日，国务院总理温家宝出席北京师范大学首届免费师范生毕业典礼并发表重要讲话，充分肯定了试点工作取得的重要进展和显著成效。温家宝总理的重要讲话，深刻论述了实行师范生免费教育工作的重大意义，强调进一步完善好、实施好师范生免费教育政策是一件大事。他指出，教师肩负着开启民智、传承文明的神圣使命，承载着千万家庭的梦想和希望。实施师范生免费教育政策，就是向全社会发出重视师范教育的强烈信号，吸引最优秀、最有才华的学生做教师，鼓励更多的优秀人才终身做教育工作者；就是要进一步在全社会形成尊师重教的浓厚氛围，让教师成为最受尊重、最令人羡慕的职业。实践证明，国家实行师范生免费教育的决策完全正确。教育部印发《关于学习贯彻温家宝总理在北师大首届免费师范生毕业典礼上重要讲话精神的通知》，要求全面落实温家宝总理对师范生免费教育工作提出的各项要求，结合本地本校实际，制定切实可行、扎实有力的措施和办法，切实抓好免费师范生到农村学校任教工作，积极推进师范生免费教育政策创新，进一步提高免费师范生培养质量。

〔首届免费师范毕业生到中小学任教〕　2011年，教育部、各省（区、市）教育行政部门以及6所部属师范大学认真贯彻国务院和四部门文件精神，落实免费师范生就业政策，采取切实可行的做法和举措，积极推进首届免费师范生到中小学任教。

抓紧安排部署。2月，连续召开部属师大书记校长、中西部省份教育行政部门负责人参加的免费师范毕业生就业工作会议，安排部署最大限度确保提高免费师范生签约率，最大限度确保免费师范毕业生到中小学任教。印发《教育部办公厅关于免费师范毕业生就业相关政策的通知》，明确免费师范生跨省任教条件、跨省任教审核程序、履约管理等要求。

做好政策咨询。3月，举行“免费师范生就业服务网暨首届免费师范毕业生就业咨询启动仪式”，解答4 476个问题，获得学生们好评和赞誉。

开展专项检查。4月13—20日，教育部会同人力资源和社会保障部组织6个检查组，分赴17个省（区、市）和6所部属师大开展专项检查。印发《教育部关于通报免费师范毕业生就业工作专项检查有关情况的函》，向各省级人民政府通报免费师范毕业生就业工作专项检查有关情况，引起各省政府高度重视，极大地提高了免费师范毕业生签约率。

建立周报制度。从4月下旬开始，要求各省（区、市）每周上报免费师范毕业生签约情况。先后三次以教育部办公厅名义通报免费师范毕业生就业签约情况，督促指导各地抓紧时间落实就业工作。截至6月8日，完成签约率99％目标任务。10 597名首届免费师范毕业生全部到中小学任教，91％到中西部任教，39％到农村学校任教。

〔教育部印发《关于大力推进教师教育课程改革的意见》和《教师教育课程标准（试行）》〕　为全面落实教育规划纲要提出的“深化教师教育改革，创新培养模式，增强实习实践环节，强化师德修养和教学能力训练，提高教师培养质量”的要求，教育部印发了《关于大力推进教师教育课程改革的意见》和《教师教育课程标准（试行）》（以下简称《意见》和《标准》）。《意见》对教师教育课程改革的理念、结构、内容、教学模式、队伍建设、质量评估和条件保障等关键环节提出明确的政策措施和指导意见，充分体现了“提高质量、解决问题、规范要求、促进改革、突出实招”的政策导向。《标准》体现了国家对教师教育机构设置、教师教育课程的基本要求，是制定教师教育课程方案、开发教材与课程资源、开展教学与评价以及认定教师资格的重要依据。

〔制定印发《高等学校教师职业道德规范》〕　继2008年教育部、中国教科文卫体工会重新修订和印发《中小学教师职业道德规范》之后，2011年12月23日，教育部、中国教科文卫体工会首次制定印发《高等学校教师职业道德规范》（以下简称《规范》）。

研究制定《规范》是贯彻落实胡锦涛总书记在庆祝清华大学建校100周年大会上讲话，全面提高高等教育质量的重要任务。教育部、中国教科文卫体工会在调研总结高校师德建设成功经验和深入分析存在的突出问题基础上研究起草《规范》文本，10月，面向社会公开征求意见，高校师生积极参与，共收到高校师生305件来信和电子邮件，259份反馈意见表。此前，各地各高校组织召开了122场次座谈会，近2 000人参加反馈意见。统计显示，97.6％的师生对《规范》予以肯定和认同。公开征求意见期间，中央政府门户网站、新华网、人民网、求是理论网、光明网、新浪网、凤凰网等20多家重要媒体网站及地方媒体和高等学校网站先后进行转载报道，部分网站参与《规范》征求意见，总体上给予积极肯定。“高校教师职业道德规范大讨论”活动中，在中国教育报刊登广大教师和社会各界人士的建议和意见，发表专栏文章21篇，起到了进一步统一思想、提高认识的作用，为颁布实施《规范》，推进师德建设打下了较好的基础。

《规范》共六条，从爱国守法、敬业爱生、教书育人、严谨治学、服务社会、为人师表六个方面，对高校教师职业责任、道德原则及职业行为提出了要求。

〔组织实施2011年农村义务教育阶段学校教师特设岗位计划〕 一是及早启动，全面部署、深入推进实施工作。3月，教育部办公厅、财政部办公厅联合印发《关于做好2011年农村义务教育阶段学校教师特设岗位计划有关实施工作的通知》，部署启动“特岗计划”实施工作。5月，教育部、财政部、人力资源和社会保障部、中央编办召开“特岗计划”实施工作视频会，全面部署推进实施工作。二是加大宣传，鼓励吸引更多优秀人才应聘。会同高校学生司、就业指导中心举办“特岗计划”招聘报名网上咨询活动，在线解答问题。通过报纸、电视、互联网、新闻发布会等方式，广泛宣传动员，多数省份报名人数与计划招聘数的比例超过5∶1，部分省份达10∶1。三是深入调研，积极研究完善“特岗计划”政策。委托联合国儿童基金会开展“特岗计划”实施情况专题调研，对“特岗计划”实施效果进行国际第三方评估，形成“特岗计划”政策调研报告和改进措施建议。会同联合国儿童基金会驻华办事处召开“特岗计划”政策研讨会，研究进一步完善“特岗计划”的政策。四是多措并举，支持特岗教师在职研修提高。一是启动实施服务期满留任特岗教师免试在职攻读教育硕士项目。教育部办公厅印发《关于做好2011年特岗教师在职攻读教育硕士工作的通知》，通过自愿报名、省级教育行政部门进行资格审查并公示、培养学校组织复试择优录取的办法，从符合条件的特岗教师中遴选一批优秀教师在职攻读教育硕士专业学位。2011年，计划招收1 000人，录取1 004人。二是建设特岗教师学习交流平台。根据与中国移动战略合作框架协议精神，积极会商中国移动，借助中小学教师信息技术能力国家级培训项目，建设特岗教师学习交流平台，包括沟通交流、优质资源共享、在线学习等功能。三是结合实施中英小学教师研修项目，选派优秀特岗教师赴海外学习。

在中央和各实施省（区）的共同努力下，“特岗计划”实施工作顺利，共招聘49 870名特岗教师，覆盖中西部21个省（区）的751个县、16 536所农村学校。新疆维吾尔自治区单独实施双语“特岗计划”，当年招聘双语特岗教师14 398人，其中幼儿园教师6 100人，小学教师4 653人，初中教师3 645人。新录用特岗教师中具有本科以上学历的达71.43%。河南等11个省（区）实施地方“特岗计划”，招聘教师13 432人。2008年招聘的特岗教师于2011年服务期满，共留任22 198人，留任率达89.3%。

〔启动中小学教师职称制度改革扩大试点工作〕 按照国务院常务会议部署，2011年，在陕西等3省试点基础上，中小学教师职称改革试点扩大到了全国31个省（区、市）近百个地级市。通过扩大试点，建立统一的中小学教师职务体系，并将最高职务等级设置到正高级，进一步拓宽了中小学教师的职业发展通道，对吸引优秀人才长期从教、终身从教，培养造就中小学领域的教育教学专家，提高教育质量产生了深远的影响。主要有以下三个方面的工作进展。一是3省试点工作顺利完成。试点中共有121 514名中小学教师进行了职务过渡，15 560名中小学教师晋升到新的职务层级，其中正高级教师37名。通过试点，健全了中小学教师职务体系、完善了评价标准、创新了评价机制，实现了与事业单位岗位聘用制度的有效衔接。二是国务院对下一步工作专门审议。教育部会同人力资源和社会保障部在反复研究的基础上，向国务院报送了试点工作总结和推进改革工作的请示。8月31日，国务院召开第170次常务会议审议，决定用一年时间在全国范围内进行深化中小学教师职称制度改革扩大试点。三是扩大试点工作全面推开。9月，两部联合召开工作部署会议，印发扩大试点指导意见和工作方案，全面启动扩大改革试点工作。各省（区、市）按照会议部署，成立领导机构，遴选试点地市，制订试点方案，各项工作平稳推进。

〔**启动实施教师资格考试和定期注册制度试点工作**〕 教师资格考试改革和定期注册制度试点是2011年20项国家层面的重大教育改革项目之一，是落实教育规划纲要，完善教师资格制度，严把教师入口关，探索建立“国标、省考、县聘、校用”教师准入和管理制度的重要内容。

顶层制度设计。经过两年多专题研究，广泛征求意见，教育部颁发了《教育部关于开展中小学和幼儿园教师资格考试改革试点的指导意见》和《中小学教师资格定期注册试行办法》文件。会同考试中心经过研究起草、修改完善和专家审定通过，印发了《中小学和幼儿园教师资格考试标准》、32个笔试科目考试大纲和3类面试考试大纲。考试坚持专业导向、能力导向和实践导向。创新点为考试内容创新、考试科目创新、考试形式创新和考试评价创新。

科学选择试点省份。按照教育体制改革总体要求，6个省份分别制定教师资格考试改革试点工作方案和教师资格定期注册改革试点工作方案。经专家审定，选择浙江、湖北两省试点，教师资格考试试点在两省范围进行，注册试点在浙江嘉兴市和湖北宜昌市范围内进行。9月29日，召开两省启动会，部署试点工作。

建立试题库。召开6次命题会，集中全国教育领域300多位专家，建立了230多套笔试和2 443道面试试题库，确保考试题目科学性、导向性和选拔性。

精心组织考试。根据考试和注册文件精神，精心周密部署考试和试点工作。召开多次工作部署会，反复沟通协调政策，组织试点省细化实施方案，强化考务工作，召开考试安全会议，进行考试巡考，培训面试考官，确保万无一失。

中小学和幼儿园教师资格考试改革试点的笔试于11月26日举行，浙江、湖北两省共28 909名考生参加笔试，10 910名考生通过笔试全部科目考试，通过率为37.74%。面试于12月24至25日举行，两省共9 432名考生参加面试，合格人数7 818人，合格率为82.9%。综合笔试和面试成绩，浙江省首次教师资格考试通过率为30.9%，湖北为23.86%。考试安全平稳，为扩大试点奠定了坚实基础。

启动首次注册。教师资格定期注册两个试点市于2011年开始进行公办学校在编在岗中小学教师首次注册。浙江嘉兴市2.6万人，湖北宜昌市2.8万人。

〔**第二届全国教书育人楷模评选情况**〕 继2010年首届全国教书育人楷模推选活动后，教育部联合人民日报等媒体，组织开展了2011年度全国教书育人楷模推选活动。

3月27日，教育部印发《关于认真做好2011年度全国教书育人楷模推选活动的通知》(教人〔2011〕函1号)，人民日报、光明日报、中国教育报，以及教育部门户网站、人民网、新华网、光明网、中青在线、中国教育新闻网、果实网、新浪网、腾讯网等开辟专题网页刊登候选人名单及详细事迹。

按照以师德表现、教书育人工作实绩为衡量标准，重点推选在教育教学一线作出突出贡献的优秀教师，并向农村边远地区、少数民族地区教师倾斜，兼顾各级各类教育和地域分布的原则，在结合公众投票情况、充分讨论酝酿的基础上，推选出10位教师荣获2011年度全国教书育人楷模荣誉称号。他们是北京市第五幼儿园石利颖、贵州省盘县响水中学左相平、浙江省宁波市达敏学校刘佳芬、江苏省南通师范学校第二附属小学李吉林、辽宁省建平县职业教育中心张金波、中南大学金展鹏、上海音乐学院周小燕、新疆维吾尔自治区察布查尔锡伯自治县第一中学贺红岩、广西壮族自治区都安瑶族自治县高级中学莫振高、湖北省武汉市汉阳区钟家村小学桂贤娣。

9月5日，中共中央政治局常委李长春观看庆祝2011年教师节大型主题晚会《美丽心灵——献给老师的歌》，并为2011年度“全国教书育人楷模”颁奖。9月6日，国务委员刘延东在人民大会堂接见了10位教书育人楷模。9月11日，教育部印发《关于公布2011年度全国教书育人楷模的通知》。

〔**2011年“国培计划”实施情况**〕 为进一步

贯彻落实教育规划纲要，2011年，中央财政安排专项经费7.5亿元，支持教育部、财政部继续组织实施"国培计划"。"国培计划"包括三项内容。一是5 000万元继续支持教育部组织实施"中小学教师示范性培训项目"（"示范性项目"），对全国各省（区、市）中小学骨干教师、骨干班主任、幼儿园骨干教师进行示范性培训。二是5亿元继续实施"中西部农村骨干教师培训项目"（"中西部项目"），通过转移支付，支持23个中西部省份对农村义务教育骨干教师进行专业培训，包括置换脱产研修、短期集中培训、远程培训三个子项目。三是新增2亿元实施"幼儿教师国家级培训计划"（"幼师国培"），通过转移支付，支持22个中西部省份对农村幼儿园园长、骨干教师、转岗教师进行专业培训，包括短期集中培训、"转岗教师"培训、置换脱产研修三个子项目。

2011年，"国培计划"着重加强三方面的工作。一是创新模式，示范引领。通过招投标机制示范、创新培训模式示范、培训专家团队示范、"种子"教师示范、绩效评估示范、信息化管理示范，推动各地开展教师全员培训。二是重心下移，关注薄弱。突出农村教师，重点关注体育、音乐、美术、英语等紧缺薄弱学科，特别加强农村幼儿教师培训，为学前教育快速发展提供师资保障。三是强化规范，完善机制。进一步完善"置换脱产研修"和远程培训模式，规范培训课程内容，完善政府购买培训服务机制，完善网络匿名评估机制，加强教师培训重点基地的能力建设，健全教师培训支持服务体系。

各地、各校高度重视，精心组织实施，"国培计划"取得良好成效。2011年，培训幼儿园、中小学教师近100万人，其中农村教师占95%以上。"示范性项目"培训12.4万人，集中培训9 000人，远程培训11.5万人；"中西部项目"培训79.5万人，其中置换脱产研修2.2万人，短期集中培训6.5万人，远程培训70.8万人；"幼师国培"培训6.9万人，其中短期集中培训2.9万人，"转岗教师"培训3.5万人，置换脱产研修4 500人。"国培计划"培养了一批"种子教师"，促进了教师培训模式创新，形成一批教师培训基地，拉动了各地教师培训投入的增长，推动了教师教育改革，充分发挥了示范引领、促进改革的作用。

〔进一步推进中小学教师师德建设工作〕 2011年，教育系统以学习贯彻党的十七届六中全会精神为重点，以教育规划纲要为指引，以特色鲜明、持久深入的教师节主题教育活动为载体，进一步营造弘扬师德、尊师重教的良好风尚，加强教师职业理想和职业道德教育，引导广大教师自觉践行社会主义核心价值体系，切实肩负起"立德树人、教书育人"的光荣职责。

——营造氛围，会同相关司局筹划组织2011年教师节宣传庆祝活动。为深入学习贯彻胡锦涛总书记在庆祝中国共产党成立90周年大会和庆祝清华大学建校100周年大会上的重要讲话精神，全面贯彻落实全国教育工作会议精神和教育规划纲要，教育部确定2011年教师节主题为"忠诚党的教育事业，落实教育规划纲要"，并及时印发通知，对各地教师节活动作出总体部署。教师节前后，教育部牵头起草了中央领导同志出席教师节活动的讲话素材，得到中办调研室和国研室的高度肯定；会同相关司局与中央电视台策划、录制了电视专题晚会《美丽心灵——献给老师的歌》；做好全国师德论坛的筹备工作；组织"教师之歌"和"感念师恩"征集评选活动、走访慰问教师活动、为教师办实事活动。各地教育行政部门和各级各类学校也采取座谈会、主题演讲、文艺晚会等形式，组织了一系列教师节主题活动，产生了良好的社会反响。

——选树典型，深入开展叶志平同志先进事迹学习宣传活动。叶志平同志生前系四川省绵阳市安县桑枣中学党支部书记、校长，中学高级教师。在2008年"5·12"汶川特大地震中，他创造了学校"零伤亡"的奇迹，赢得了广大人民群众的高度赞扬。后因长期忘我工作积劳成疾，于2011年6月27日病逝。

10月11日，教育部会同中宣部、四川省委联合举办了叶志平同志先进事迹报告会，中共中央政治局常委李长春等中央领导接见报告团成员。活动期间，教育部配合中办做好中央领导接见活动的有关工作，牵头负责报告会观众组织及会务工作；起草并印发了《教育部关于教育系统向叶志平同志学习的通知》，制作并向各地各校发放报告会光盘。通过一系列行之有效的宣传手段，使叶志平的先进事迹在社会中产生了强烈反响，充分展现了新时期人民教师的高尚师德。

——建章立制，构建师德建设长效机制。在中央媒体开设《贯彻职业道德规范　加强师德建设》专栏，集中宣传、推广各地师德建设典型经验。以《高等学校教师职业道德规范》的颁布实施为契机，全面落实师德规范，将师德要求体现在教师教育、培训、考核的各个方面。在制定教师教育课程标准、教师专业标准以及实施教师资格考试和定期注册试点、确定“国培计划”培训内容时，把师德要求作为首要内容，实行师德表现“一票否决”。

〔高等学校青年骨干教师国内访问学者项目〕“高等学校青年骨干教师国内访问学者项目”是教育部“高等学校高层次创造性人才计划”的重要组成部分，是加强高校教师队伍建设的重要举措。

2011年，726所普通高等学校共推荐1 603名访问学者人选，其中省属高校1 546人、部属高校57人。最后正式确定并报到注册1 223人，其中省属高校1 170人、部属高校53人。访问学者平均年龄为37.08岁，比2010年降低0.5岁。

从选派的区域来看，西部地区高校选派465人，占总数的38.02%，人数最多；东部地区高校选派313人，占25.59%；中部地区高校选派298人，占24.37%；东北老工业基地147人，占12.02%。西部和东北老工业基地选派人数之和达50.04%，其选派比例呈逐步上升趋势，体现了该项目向西部和东北老工业基地倾斜的政策导向。

从选派的地域来看，陕西省、黑龙江省、广西壮族自治区选派人数较多，分别为75人、60人和57人，分别占总数的6.41%、5.13%和4.87%；宁夏回族自治区、西藏自治区、新疆生产建设兵团选派人数较少，分别为15人、12人和6人，占总数的1.28%、1.03%和0.51%。

从派出高校来看，部委直属重点院校派出53人，占总数的4.32%；地方本科院校派出886人，占总数的72.41%；高职高专院校派出273人，占总数的22.37%；独立学院派出9人，占总数0.90%。在部委直属重点院校中，地处中、西部和东北老工业基地的高校如吉林大学、哈尔滨工业大学、西北农林科技大学等派出人数较多。

从接收高校来看，在2011年接收访问学者的95所高校中，北京大学、北京师范大学、中国人民大学、武汉大学、清华大学接收访问学者的人数较多，分别为99人、69人、64人、61人、54人，占总数的8.09%、5.64%、5.23%、4.99%、4.42%。

访问学者研修的学科遍及12种学科门类，其中数量最多的为工学275人、文学200人、理学123人，分别占总数的22.48%、16.35%、10.06%。

通过一年的进修学习，选派的访问学者开阔了眼界，更新了理论知识，加深了对学科专业的前沿动态和学术热点的了解，提升了科研能力水平。据对抽样的45所高校272名访问学者调查，一年来成果丰硕，共发表论文516篇，其中以第一作者身份发表446篇、以合作者身份发表65篇。出版著作56本，其中主编33本、参编22本、译著1本。申请专利6项，软件著作权2项。

撰稿　于兴国　邬　跃　黄小华
黄　伟　宋　磊　姚发明
周年年　王炳明
审稿　葛振江　殷长春　许　涛

民族教育

〔**综述**〕 2011年，民族教育战线全面贯彻落实全国教育工作会议精神和教育规划纲要，在加快推进民族教育发展、加强学校民族团结教育、科学稳妥推进双语教育和加强民族人才培养以及维护内地民族班安全稳定等方面狠抓落实，各项工作取得了积极进展。

截至2011年年底，全国各级各类学校中少数民族在校学生总数为2 372.12万人，占在校学生总数的8.95%。其中普通本专科少数民族在校生为168.84万人，占普通本专科在校学生总数的7.31%；高中阶段少数民族在校生为318.6万人，占7.39%；普通初中和职业初中少数民族在校生为492.22万人，占9.71%；普通小学少数民族在校生为1 044.02万人，占10.52%；学前教育阶段少数民族幼儿入园人数为250.73万人，占7.32%。全国各级各类学校中少数民族专任教师为118.13万人，占专任教师总数的8.3%。2011年，甘肃、西藏、青海、四川先后顺利通过了“两基”国检验收，标志着我国已全面实现九年制义务教育。

〔**继续筹备第六次全国民族教育工作会议**〕 抓紧筹备第六次全国民族教育工作会议，组织专门力量开展了比较系统的理论研究和大规模实地调研，起草了双语教育、内地民族班、民族地区区域规划与民族教育发展、民族地区教师队伍建设、民族地区职业教育和基础教育评价等专题报告。起草了《国务院关于加快推进民族教育发展的决定》、《民族教育规划纲要》和《关于进一步加强少数民族双语教育工作的指导意见》等文件，组织召开了5次较大规模专题座谈会，广泛征求意见，并部署各省（区、市）准备书面交流材料、民族教育成就展板和电视宣传片。

〔**印发推进西藏和四省藏区教育跨越式发展的两个意见**〕 为贯彻落实中央第五次西藏工作座谈会和有关文件精神，8月9日，印发了《教育部 中央统战部 国家发展改革委 财政部 国家民委关于推进西藏教育跨越式发展的意见》和《教育部 中央统战部 国家发展改革委 财政部 国家民委关于推进四川云南甘肃青海藏区教育跨越式发展的意见》，明确了推进西藏和四省藏区教育跨越式发展的指导思想、基本原则、总体思路和发展目标，提出了推进西藏和四省藏区教育跨越式发展的主要任务和政策措施，对有关工作进行了全面部署。

〔**召开推进西藏和四省藏区教育跨越式发展工作座谈会**〕 12月18日，教育部在北京召开推进西藏和四省藏区教育跨越式发展工作座谈会，中央统战部副部长斯塔、教育部副部长鲁昕出席会议并讲话。有关部门，西藏、四川、云南、甘肃、青海省（区）政府和教育行政部门，17个对口支援省市教育行政部门、27所对口支援高校和12个教育部直属单位有关负责人参加了会议。会议听取了西藏等省（区）关于贯彻落实中央第五次西藏工作座谈会精神，推进西藏和四省藏区教育跨越式发展的情况介绍，以及上海、安徽、北京大学、教育部考试中心和西藏民族学院关于教育对口支援工作的情况汇报。认真总结交流了中央第五次西藏工作座谈会以来西藏和四省藏区教育事业改革发展以及教育援藏工作进展情况，全面分析了新形势下西藏和四省藏区教育发展面临的突出问题和特殊困难，研究部署今后一个时期的工作。

〔**推进西藏和四省藏区教育跨越式发展工作取得明显进展**〕 教育部成立了西藏和四省藏区教育工作领导小组，教育部部长袁贵仁任组长，副部长鲁昕任执行副组长。制定了关于推进西藏和四省藏区教育跨越式发展任务分工方案。中央确定的各项政策措施得到较好落实，西藏和四省藏区各项教育指标都取得了较快的进步，学前教育入园率大幅度提高，“两基”目标全面完成，高中阶段教育实现较快发展，中等职业教育在校生规模逐步扩大，高等教育服务能力进一步增强，人才培养结构显著改善，教师队伍建设进一步加强，教育对口支援工作全面展开，为推进西藏和四省藏区教育跨越式发展提供了良好的保障。

〔**教育对口支援西藏和青海工作全面展开**〕协调17个对口援藏省市“十二五”时期向西藏投入教育经费7.55亿元，占规划总投资的5.33%。印发了《关于对口支援西藏自治区高等学校工作的通知》，签订了对口支援协议，由内地27所高校组成团队按重点学科紧缺专业对口支援西藏6所高校，实现了高校对口支援全覆盖。组织召开了教育对口支援青海藏区工作部署会议，协调北京等6省市和13家中央企业通过援建学校、培养培训教师等多种方式对口支援青海藏区。截至2011年年底，6省市已落实教育援助资金4 000万元，接收1 300名骨干双语教师进行培训。

〔**深入开展学校民族团结教育**〕 指导各省、区、市按照中央统一要求开展“民族团结教育月”、“民族团结教育周”等主题活动，进一步推进了民族团结教育“进课堂、进教材、进头脑”。会同中央有关部门组织专家对中小学民族团结教育系列教材完成修订工作。与西藏、新疆教育行政部门组织宣讲团赴内地民族班，对内地西藏、新疆班和内地高校西藏、新疆籍学生开展马克思主义以及西藏、新疆教育发展成就宣讲活动。会同中宣部在新疆开展“热爱伟大祖国，建设美好家园”主题教育活动，四次赴新疆开展督察调研。

〔**进一步加强民族教育科学研究基础建设**〕在有关部门支持下，经中编办批准，成立了教育部民族教育发展中心，重点加强民族教育政策研究。7月，中国民族教育学会在新疆举办中国少数民族预科教育论坛，重点研讨少数民族预科教育的发展与改革；12月，在南昌召开以“学习贯彻全国教育工作会议精神和教育规划纲要，全面提高少数民族教育质量”为主题的中国民族教育学会年会。

〔**召开内地民族班管理工作视频会议**〕 12月，教育部、中央统战部、中央政法委、国家民委联合召开了内地民族班管理工作视频会议。教育部副部长鲁昕、中央统战部副部长斯塔、中央政法委副秘书长鲍绍坤、国家民委副主任吴仕民、西藏自治区人民政府副主席孟德利、新疆维吾尔自治区人民政府副主席靳诺出席会议并讲话。北京市教委、西南大学、江苏邗江中学分别代表办班省市、内地民族班办班学校作了大会交流发言。会议在北京设主会场，在举办内地民族班的省会城市设分会场。21个承担办学任务的省市教育、统战、政法、民宗委有关负责人和所有承担内地民族班办学任务的学校领导、班主任、教师代表以及有关部委司局负责人近1 100人参加了视频会议。会议全面总结了近几年尤其是“十一五”期间内地民族班办学工作的成功经验，对进一步加强和改进内地民族班管理工作作出了部署，提出了新的要求。

〔**继续扩大内地民族班招生规模**〕 为进一步加快少数民族人才培养力度，继续扩大内地学校培养少数民族人才规模，2011年，完成各类内地民族班招生计划7.2万人，比2010年增长了20%。比如，内地西藏班、新疆高中班1.16万人，内地西藏、新疆中职班5 575人，普通高校招收少数民族预科生4.3万人，非西藏生源定向西藏就业202人，少数民族高层次骨干计划硕士2 900余人，博士1 050人。

〔**内地西藏班开展西藏和平解放60周年系列庆祝活动**〕 为庆祝西藏和平解放60周年，充分展示内地西藏班办学成果，教育部办公厅印发了《关于在内地西藏班组织开展纪念西藏和平解放60周年系列庆祝活动的通知》。教育部会同西藏教育厅开展了优秀教师和管理干部征文活动，组织宣讲团到学校开展西藏和平解放60周年成就宣讲，组织内地西藏班庆祝西藏和平解放60周年文艺汇演《格桑花开》，来自全国21个省（市）130余名内地西藏班学校师生演员，代表2万余名内地西藏班学生参加演出。国务委员刘延东到场观看演出，与演员合影留念，对学生们的精彩表演给予了充分肯定，并对继续办好内地西藏班作了重要讲话。同期，还举办了内地西藏班办学成就展。

〔**中央财政加大投入，加强少数民族双语教师培训**〕 为贯彻落实教育规划纲要，2011年，民族教育中央补助资金从1 000万元增加到1亿元，支持范围由原来的8个省（区）扩大到15个省（区），主要用于民族地区双语教师培训。9月，教育部办公厅印发了《关于做好少数民族双语教师培训工作的意见》，相关省（区）在完善本省（区）培训规划的基础上开展了较大规模的双语教师培训。双语地区教师培训面明显扩大，基层学校的教师也有机会到县市、地州参加培训。

〔**召开少数民族双语教育资源建设会议**〕 9月，教育部民族教育司在哈尔滨市召开了少数民族双语教育资源建设座谈会。教育部科技司、中央电教馆、中国教育电视台有关负责人，12个省区教育厅民教（基教）处以及电教馆有关负责人共40余人参加了会议。会议交流总结了“十一五”以来双语资源建设取得的成绩和经验，研究了存在的困难和问题，并就落实教育规划纲要有关要求，进一步加强少数民族双语教育资源建设，加快少数民族教育信息化建设步伐，扩大优质教育资源覆盖面，提高双语教育教学质量提出了意见建议。

〔**教育援疆取得显著进展**〕 认真贯彻全国第二次对口支援新疆工作会议精神，扎实推进新疆教育工作。一是双语教育积极稳妥推进。国家支持的2 350所双语幼儿园建设任务基本完成；印发《关于加强新疆双语教师培养培训工作的指导意见》、《关于进一步加强新疆双语教育协调交流工作的意见》；新疆公开招聘1.3万名“双语特岗”和双语幼儿园教师；培训双语教师2 243人、骨干教师6万多人次；实施汉语教学质量监测；建成并启用双语教育实名制管理系统。二是中等职业教育快速发展。2011年，新疆中等职业教育在校生24.30万人，比2010年增长4.2%；专任教师1.04万人，比2010年增长3.0%。同时，举办了内地新疆中职班。三是高等教育发展能力显著增强。2011年，全国高校在疆招生计划比2010年增长9.2%，高考升学率达77.2%；少数民族学生招生计划比2010年增长6.2%；高校招生结构进一步改善，理工类招生计划比2010年增长6.6%。

〔**举办内地新疆中职班**〕 根据中央新疆工作座谈会议精神，教育部、国家发展改革委、财政部联合印发了《关于举办内地新疆中职班的意见》，明确从2011年起，天津、辽宁、上海、江苏、浙江、安徽、江西、山东、广东9个东中部省（市）国家级重点中等职业学校承担内地新疆中职班办学任务，每年招生规模为3 300人。为加强规范化、制度化管理，提高教育教学质量，确保内地中职班健康发展，教育部印发了《内地西藏中职班、新疆中职班管理规定》。

〔**开展新疆双语教育和中等职业教育调研**〕 3月至4月中旬，教育部会同有关部门、19个对口援疆省市前方指挥部等相关部门，分两个阶段对新疆双语教育和中等职业教育情况进行了调研。深入了解新疆双语教育和中等职业教育工作推进情况以及面临的问题和困难，形成了新疆双语教育和中等职业教育调研总报告和四个分报告。

〔**召开新疆双语教育工作交流会**〕 6月23—24日，教育部在新疆和田召开推进新疆教育实现跨越式发展第二次会议暨双语教育和中等职业教育工作交流会。北京、天津、上海等11个省（市）

教育厅（委、局）、新疆维吾尔自治区和新疆生产建设兵团、南疆四地州和吐鲁番地区、受援县市教育行政部门负责人以及有关专家、支教教师代表出席会议，有关部委负责人应邀参加会议。教育部副部长鲁昕、新疆维吾尔自治区党委常委尔肯江·吐拉洪出席会议并讲话。会议总结交流了一年来推进新疆双语教育和中等职业教育工作的经验和做法，考察了双语教学开展情况，认真分析了存在的问题，对教育对口援疆工作作了进一步部署。

〔**新疆未就业普通高校毕业生赴内地培训**〕 教育部会同人力资源和社会保障部、国家发改委、财政部联合下发《关于做好新疆未就业普通高等学校毕业生赴对口支援省市培养计划组织实施工作的通知》，确定在两年内选派2.7万名（其中自治区2.2万名、生产建设兵团0.5万人）未就业高校毕业生赴对口支援省（市）接受为期1年半至2年的培养锻炼。2011年，已安排援疆省市的145所高校接收1.21万名高校毕业生接受再就业培训。同时加强新疆高校毕业生就业指导，免费轮训千余名新疆高校就业指导教师。

〔**对口支援新疆高校实现全覆盖**〕 继2010年组织实施清华大学、北京大学等22所教育部直属高校组团对口支援新疆大学、石河子大学、塔里木大学之后，2011年，增加中国人民大学、首都师范大学等49所高校对口支援新疆农业大学、新疆师范大学、和田师范专科学校等27所本专科院校，重点支持学科专业、教师队伍和实验室建设。截至2011年年底，新疆所有高校均与内地高校建立了对口支援关系。

撰稿 申 健 田晓勤 谭玉林 李 彬 赵 卫 左 栋
审稿 何光彩 次仁多布杰 张 强

学校体育、卫生、艺术与国防教育

〔温家宝总理与北京市小学生同上体育课〕 5月31日，温家宝总理专程到北京朝阳区十八里店小学与学生一起上了一堂生动的体育课，并对青少年的健康成长提出殷切希望。温家宝指出："大家都知道，生命在于运动。德智体的基础是身体，德智体要全面发展，必须有强健的身体。因为身体是精神和知识的载体。没有好的身体，就不会有充沛的精力刻苦学习。只有孩子们健康，才有祖国的未来。我们要懂得这个道理。我们要有一个健康的体魄，才能更好地为人民服务。同学们要热爱运动，经常运动，把运动贯穿一生。每个学生每天运动一小时，这是起码的要求。我们还要培养学生对体育浓厚的兴趣，愿意打篮球的打篮球，愿意打乒乓球的打乒乓球。希望同学们健康快乐，茁壮成长。"

温家宝总理与学生同上体育课在社会上引起巨大反响。中央各主要媒体都给予了全面报道。

〔切实保证中小学生每天一小时校园体育活动〕 为积极贯彻落实教育规划纲要中"保证学生每天锻炼一小时"和2011年《政府工作报告》中"保证中小学生每天一小时校园体育活动"的精神，教育部采取了一系列保障落实措施。2011年7月，印发了《教育部关于印发〈切实保证中小学生每天一小时校园体育活动的规定〉》(教体艺〔2011〕2号)。9月14日，召开全国切实保证中小学生每天一小时校园体育活动电视电话会议。会上，江苏省、北京市东城区、洛阳市、上海外国语小学等单位交流了工作经验和做法，会议部署了下一阶段的工作。组织督导团对辽宁、黑龙江、内蒙古、湖南、江西、陕西、宁夏、新疆8个省（区）开展了以"保证中小学生每天一小时校园体育活动"为重点的专项督导。11月，印发了《关于报送落实〈切实保证中小学生每天一小时校园体育活动的规定〉工作情况的通知》(教体艺厅函〔2011〕43号)，督促各地并形成工作情况动态报送机制。

〔推进实施"体育艺术2+1项目"〕 为贯彻教育规划纲要精神，教育部于4月制定下发了《教育部办公厅关于在义务教育阶段学校实施"体育、艺术2+1项目"的通知》，提出在全国义务教育阶段学校实施"体育、艺术2+1项目"，即通过学校组织的课内外体育、艺术教育的教学和活动，让每个学生至少学习掌握两项体育运动技能和一项艺术特长，为学生的终身发展奠定良好的基础。

〔大力开展全国亿万学生阳光体育运动〕 为进一步推动阳光体育运动广泛深入地开展，教育部组织开展了一系列宣传推进活动。一是在庆祝中国共产党建党90周年之际，于6月中旬与重庆市人民政府在重庆渝北区共同举办"心手相连、健康成长——2011年全国学生阳光体育展示活动"。来自全国各个直辖市、计划单列市和10个革命老区的260多名中学生代表共同参加了此次活动。二是8月上旬与国家体育总局在青岛市举办了"2011年全国青少年'未来之星'阳光体育节"。该活动是首次集"阳光体育运动"展示、青少年体育竞赛、论坛研讨、文化交流四大内容于一体的大型青少年体育活动，教育部副部长郝平出席了开幕式和青少年体育论坛，全国各地300多名学生参加了此项活动。三是继续积极推动《国家学生体质健康标准》的全面实施。实施学生体质健康状况报告制度，2010年全国上报学校总数达175 521所，有效上报学生数 105 303 516 人，数据超过往年。

〔**加强体育师资队伍建设**〕　为进一步贯彻教育规划纲要的精神，继续大力推进体育师资队伍建设工作。一是按照教育部办公厅《关于组织实施“国培计划——2011 年中小学体育艺术骨干教师培训项目”的通知》精神，从 8 月开始，分别在北京教育学院、东北师范大学、华东师范大学、南京师范大学、成都体育学院、华南师范大学 6 所院校举办了小学体育骨干教师培训班，全国共有 800 名小学体育教师参加了培训。二是在沈阳体育学院举办了 2011 年全国高校体育教育专业学生基本功大赛，全国 24 所高校的 200 多名学生参加了比赛。三是分别在华东师范大学和浙江师范大学举办了全国体育教研员培训和首届中小学体育教师技能大赛。

〔**全国学生体质健康调研工作**〕　8 月，以教育部名义印发了《关于 2010 年全国学生体质与健康调研结果公告》。9 月，与国家体育总局联合召开新闻发布会，向社会公布 2010 年全国学生体质健康调研结果。同时在新闻发布会前后，通过中国教育报等媒体开展有关学生体质健康的宣传，发布会后通过新华网、中国教育电视台等媒体，以专家访谈的方式开展有关学生体质健康热点问题的宣传。3—11 月，组织开展了 2010 年全国学生体质健康调研论文征集评选工作，31 个省（区、市）共报送论文 274 篇，全国学生体质健康调研组专家按照择优原则，兼顾领域平衡、地域平衡，共评出获奖论文 122 篇，其中一等奖 14 篇、二等奖 39 篇、三等 69 篇。12 月 2—4 日在郑州市召开了 2010 年全国学生体质健康调研论文报告会，总结 2010 年全国学生体质健康调研工作以及交流全国学生体质健康调研组、全国学生体质监测中心的研究论文以及部分获奖论文。

〔**学校预防艾滋病教育工作**〕　5 月，印发了《教育部　卫生部关于进一步加强学校预防艾滋病教育工作的意见》，要求各地认真贯彻落实《国务院关于进一步加强艾滋病防治工作的通知》(国发〔2010〕48 号）有关要求，进一步加强学校预防艾滋病教育工作，并从提高认识，深入开展学校预防艾滋病教育工作；明确职责，建立推进学校预防艾滋病教育工作机制；明确任务，保障学校预防艾滋病教育教学工作；分类指导，加大推进高等学校及中等职业学校预防艾滋病教育工作；加强能力建设，提高学校预防艾滋病教育效果；加强权益保护，保证受艾滋病影响儿童接受学校教育；加强督促检查，增强开展学校预防艾滋病教育的执行力等七个方面提出了明确要求。11 月 30 日至 12 月 2 日，在郑州市举办“2011 年世界艾滋病日宣传活动暨学校预防艾滋病教育工作经验交流会”，总结交流各地学校预防艾滋病教育工作经验，解读相关政策并部署学校预防艾滋病教育工作，以促进各地广泛深入地开展学校预防艾滋病教育工作。

〔**学校生活卫生设施管理工作**〕　8 月，以教育部、卫生部名义联合印发了《农村寄宿制学校生活卫生设施建设与管理规范》，重点对饮用水设施、宿舍、食堂、浴室、厕所、垃圾和污水设施等学校生活卫生设施的建设与管理提出了规范性要求，并要求各地在贯彻落实教育规划纲要，制定当地教育改革与发展规划以及实施中西部农村初中校舍建设工程、义务教育标准化建设等相关教育工程时，统筹考虑和安排学校生活卫生设施的建设与改造，并加强规范管理，切实落实学校生活卫生设施管理制度和要求，保障学校师生有一个安全健康的生活和学习环境。

〔**学校突发公共卫生事件防控工作**〕　为推动各地学校突发公共卫生事件防控工作的落实，预防控制学校食物中毒及传染病流行等突发公共卫生事件的发生和蔓延，2011 年加大了预警通报、培训、督导检查等方面的工作力度。一是针对呼吸道传染病、食品安全及肠道传染病、手足口病、血吸虫病等下发了五期预警通知和一份通报，提醒并指导各地落实各项突发公共卫生事件防控措施。二是通过“送培训到地方”的形式，对青海等六省区学校卫生防疫与食品卫生安全管理专项培训给予支持，以提高各地教育行政部门和学校领导管理学校突发公共卫生事件防控工作的水平，促进学校突发公共卫生事件防控工作措施的落实。三是4月和5月，分别在北京、南京举办了高校现场急救骨干培训班，从高校校医院应急救护工作体系建设、现场急救工作基本流程与救护程序、校园常见急危症救护基本技术要点与规范操作要求、急救设备配置以及急救医学前沿新进展等方面进行了专题培训，以推动高校校医院现场急救全员培训工作，增强高校医务人员现场救护处置能力。四是9月，结合中小学体卫艺工作专项督导，与卫生部联合对内蒙古等8省（区）学校卫生工作进行了专项检查。12月，与国家食品药品监督管理局联合对山西等四个省的学校食堂食品安全工作进行专项检查。

〔举办中华人民共和国第十一届全国中学生运动会〕 7月16—21日，第十一届全国中学生运动会在内蒙古自治区包头市举行。国务委员刘延东为办好本届运动会作出重要批示，全国人大常务会副委员长严隽琪出席开幕式并宣布开幕。

本届运动会是中国中运会历史上竞赛项目和参赛学生最多的一届运动会，共设田径、游泳、篮球、排球、足球、乒乓球、武术、健美操、毽球共九个大项，213个小项。为发挥运动会的综合效益，中运会期间，还举行了体育科学论文报告会、表彰2010年百所国家级体育传统项目学校等系列活动。来自全国各省（区、市）、新疆生产建设兵团和香港、澳门特别行政区共34个代表团，211支运动队，2 832名运动员参赛，加上教练员、裁判员、各代表团成员以及各地组织的观摩人员，运动会总规模超过5 000人。

〔举办全国第三届大学生艺术展演活动〕 根据《学校艺术教育工作规程》，举办了全国第三届大学生艺术展演活动。本届展演活动的主题是“青春·使命”。分为三个阶段：第一阶段（2010年10月至2011年7月），2 003所高校组织了内容丰富、形式多样的艺术活动，高校参加活动覆盖面达93%；第二阶段（2011年9月至11月），全国各地举办省级集中展演；第三阶段（2011年11月至2012年2月），教育部和浙江省人民政府共同主办全国集中展演。31个省（区、市）的403所高校（其中部属高校99所，地方高校271所，高职院校33所）7 000余名师生参加了全国集中展演。活动内容包括：开幕式；9场艺术表演节目集中展演（声乐2场、器乐2场、舞蹈3场、戏剧2场）；大学生优秀艺术作品展暨高校校长书画摄影作品展；青春大舞台（参演学生走入社区为市民演出）；艺术教育科研论文报告会暨大学校长美育论坛；闭幕颁奖晚会等。展演活动期间，与会高校共同发出了《让中华文明薪火永继——高校艺术教育杭州宣言》。

2月13日晚，全国第三届大学生艺术展演活动闭幕颁奖晚会在浙江省人民大会堂举行。国务委员刘延东发来贺信。

〔组织开展大学生“党在我心中”歌咏活动〕 为庆祝中国共产党建党90周年，对广大青年学生进行生动的热爱党、热爱祖国、热爱社会主义教育，激励青年学生自觉担负起时代赋予的光荣使命，根据教育部党组关于建党90周年主题教育活动安排，在全国高校组织开展了“党在我心中”歌咏活动。各地高校高度重视，把“党在我心中”歌咏活动作为庆祝建党90周年的一项重要任务，并纳入全国第三届大学生艺术展演活动之中，广泛开展了形式多样的歌咏活动，形成了千万学子青春放歌，唱响共产党好、社会主义好、改革开放好、伟大祖国好、各族人民好的时代主旋律。为及时交流各地各高校开展活动的经验，编发了五期“党在我心中”歌咏活动专题简报。歌咏活动呈现了“三个结合”的特色：一是同“永远跟党走”主题教育活动相结合，加深学生对党的感情、对祖国的热爱，引导广大青年学生铭记革命历史、勇挑时代重担；二是同高校艺术教育常规工作相结合，将歌咏活动作为本年度高校艺术教育工作的重要内容和建设校园精神文明的重要抓手；三是同全国第三届大学生艺术展演活动相结合，使本届大学生艺术展演活动主题更加鲜明，内容更加丰富，育人效果更加显著。

〔深入开展高雅艺术进校园活动〕 2011年，高雅艺术进校园活动以“走近大师、感受经典、陶冶情操、提高素养”为主题，取得重要成果。一是组织国家级艺术院团赴29个省（区、市）高校演出202场；组织各省（区、市）高校学生乐团和地方艺术院团演出305场。二是组织艺术教育专家分赴中西部15个省（区、市）的高校举办艺术专题讲座120场；组织4 000余名北京高校学生到中央美术学院参观意大利乌菲齐博物馆珍藏展。三是编发教育部简报“用人类先进文化陶冶青年一代——高雅艺术进校园活动五年巡礼”；组织拍摄专题片《走近大师　感受经典——高雅艺术进校园活动巡礼》；编印全国31个省（区、市）、有关高校和国家级艺术院团高雅艺术进校园活动总结；对2011年高雅艺术进校园活动调查问卷进行整理和分析，撰写《2011年高雅艺术进校园活动问卷调查报告》。

〔组织“美丽心灵——献给老师的歌”教师节专题晚会〕　为庆祝第27个教师节，在教育部党组的直接领导和有关司局的积极配合下，与中央电视台共同举办了2011年“美丽心灵——献给老师的歌”教师节专题晚会。

晚会通过歌舞、诗朗诵、主题故事、人物访谈等多种形式，讲述了先进教师的感人事迹，并发布了2011年度“全国教书育人楷模”评选结果和最受群众喜爱的“教师之歌”。

晚会录像于9月10日20：00由中央电视台一套播出。中共中央政治局常委李长春与2011年度“全国教书育人楷模”和在京师生代表一起观看了演出。演出结束后，李长春走上舞台，接见了2011年度“全国教书育人楷模”和参演师生并合影留念。国务委员刘延东，全国政协副主席、中国社会科学院院长陈奎元等一同观看演出。

〔组织评选第一批中华优秀文化艺术传承学校〕　根据《教育部办公厅关于在中小学开展创建中华优秀文化艺术传承学校活动的通知》要求，申报学校必须开齐开足上好艺术类课程，必须面向全体学生开展丰富多彩的课外艺术活动，必须配齐配足艺术课程教师。评价项目包括民间音乐、舞蹈、戏剧、曲艺、民间美术和传统手工技艺等。经专家组评选，认定北京市海淀区西颐小学等449所学校为第一批全国中小学中华优秀文化艺术传承学校。

〔研制下发《教育部关于新形势下加强学校国防教育工作的意见》〕　为认真贯彻十七届六中全会和中共中央国务院中央军委下发的《关于加强新形势下国防教育工作的意见》(中发〔2011〕8号)精神，在广泛调研和征求意见的基础上，研制下发了《教育部关于加强新形势下学校国防教育工作的意见》(简称《意见》)。《意见》从七个方面对新形势下进一步加强学校国防教育工作提出了要求：一是充分认识加强新形势下学校国防教育工作的重要性和紧迫性；二是切实加强对学校国防教育工作的组织领导；三是在学校课程计划中切实落实国防教育内容；四是积极开展形式多样的学校国防教育活动；五是着力加强学校军事课师资队伍建设；六是不断改善开展学校国防教育的条件；七是加大对学校国防教育工作的检查督促力度。

〔召开高级中学学生军事训练工作现场经验交流与研讨会〕　为贯彻教育规划纲要和《中共中央国务院中央军委关于加强新形势下国防教育工作的意见》(中发〔2011〕8号）文件精神，8月29—30日，在内蒙古自治区巴彦淖尔市乌拉特中旗召开了高级中学学生军事训练工作现场经验交流与研讨会。会议总结交流了各地高级中学学生军事训练的成功经验，推广了高级中学学生军事训练工作的典型做法，进一步推进高级中学学生军事训练工作向制度化、规范化方向发展。现场观摩了巴彦淖尔市高级中学学生军事训练汇报表演并参观学生军事训练基地。黑龙江省教育厅、江苏省教育厅、内蒙古自治区巴彦淖尔市教育局、马鞍山市教育局在会上介绍了各自在推进高级中学学生军事训练工作方面的做法和经验。教育部体卫艺司主要负责人围绕新形势下进一步加强和改进高中国防教育工作作了讲话，总参谋部动员部民兵局、国家国防教育办公室及内蒙古自治区教育厅、巴彦淖尔市的领导出席了会议。各省（区、市）教育厅（教委）体卫艺处主管学生军事训练工作专干和选派的部分地（市、州、盟）教育局副局长共60余人参加了会议。

〔**切实加强学校国防教育教学管理**〕 11月8—10日，教育部国防教育办公室在复旦大学举办第三届全国普通高等学校军事课教师授课竞赛。根据竞赛方案的要求，各省（区、市）教育厅（教委）、新疆生产建设兵团教育局首先在本省（区、市）组织了竞赛，由各地遴选的77位优秀教师参加了全国竞赛。授课竞赛的举办以《普通高等学校军事课教学大纲》为依据，分为五个主题。

7月25—28日，在厦门大学召开了第三届全国普通高等学校军事教学指导委员会工作会议。新一届29名全国普通高等学校军事教学指导委员会委员出席了会议。会议修订了全国普通高等学校军事教学指导委员会工作章程；确定了第三届全国普通高等学校军事教学指导委员会的机构设置和业务分工；制定了第三届全国普通高等学校军事教学指导委员会工作思路和主要工作。

〔**举办第二届青少年学生国防教育网络知识竞赛**〕 4月28日，由国家国防教育办公室指导、教育部国防教育办公室组织开展了“第二届青少年学生国防教育网络知识竞赛”。竞赛试题既有《中华人民共和国国防教育法》、《中华人民共和国兵役法》等国防法规知识，又有青少年学生格外关注的党和国家重大方针政策、国内外重大时事政治热点，还有反映中国古代近现代著名军事家的军事思想和中国人民解放军光荣传统的历史事件，以及青年一代喜闻乐见的航空航天、武器装备等科技知识，充分发挥了网络快速、便捷、覆盖面广的作用，是一种新的国防教育活动形式。全国31个省（区、市）和新疆生产建设兵团共计20余万名青少年学生参加了竞赛活动。

撰稿 许 弘 柴海鹰 罗 晶 赵长涛

审稿 王登峰 刘培俊 廖文科

教育考试

考务管理

〔**综述**〕 按照国务院和教育部党组的要求，在各级党委、政府和国务院有关部门、有关司局的支持下，教育部考试中心以安全保密、考风考纪为核心，加强制度建设，采取多项措施，规范管理。各级考试战线狠抓落实，努力工作。2011 年，各项国家教育考试平稳顺利实施。

完成《国家教育考试违规处理办法》(教育部第 18 号令）的修订工作。制定“国家教育考试制卷监印工作实施办法”，编印《国家教育考试制卷监印工作手册》并对考试战线及印刷单位进行培训，制卷环节的工作水平明显提高。升级、完善国家教育考试诚信档案系统及管理制度。

继续实行科技引领考务。进一步发挥国家教育考试管理与服务平台的作用，大力推进标准化考点建设，构建同时具备网上巡查、作弊防控、应急处置、考务综合业务系统功能的现代化管理体系。积极开展考务手段改革试验，用“组合拳”防范考试舞弊行为，效果显著。

进一步细化国家教育考试应急处置预案。在国家教育考试总体预案基础上，不断补充、完善专项预案，组织编写了地震、听力等多个专项预案。妥善处置应对新疆托克逊发生地震、部分省发生外语听力事件等多起突发事件，顺利完成各项考试的组考工作。

高度重视考务督查工作。在各项国家教育考试考前、考中、考后派出工作组实地检查一些地区试卷保密室、试卷定点印刷单位的安全保密情况、考试组织实施情况和评卷情况等，确保各项规章能够落实到位。

〔**国家教育考试标准化考点建设**〕 2 月，教育部、财政部联合印发了《关于大力推进国家教育考试标准化考点建设工作的通知》，明确提出了建设的总体目标和主要任务；2011—2012 年．财政部计划安排专项奖励资金 25 亿元支持各地标准化考点建设，10 月，拨付给各省财政厅、直属高校和教育部考试中心共计 9.8 亿元（专项资金的 40%）；12 月，教育部、财政部联合召开标准化考点建设工作视频会，教育部副部长杜玉波出席会议并讲话，标准化考点建设全面启动。

2011 年，全国 31 个省（区、市）考试机构实现了国家和省级视频指挥系统互联互通，全国 2 591个试卷保密室全部实现了网上监控，28 个省启动了考场网上监控建设，可监控的考场数达 15 万个，比 2010 年可监控考场增加了 4 万个。

〔**政法干警招录培养体制改革试点教育入学考试**〕 政法干警招录培养体制改革试点教育入学考试笔试于 9 月 18 日举行，全国共有 235 665 名考生报名，其中 87 497 人报名专科层次文化综合笔试，144 391 人报名本科层次民法学笔试，3 777 人报名法律硕士专业学位层次专业综合Ⅰ、专业综合Ⅱ笔试。

〔**全国大学英语四、六级考试（CET）**〕 2011年，全国大学英语四、六级考试（CET）全年报考人次为1 836万人，较2010年增长53万人，增幅为2.97%，开考语言级别为英语四级、六级，日语四级、六级，德语四级、六级，俄语四级和法语四级。评卷工作仍采用网上集中评卷方式，其中答题卡扫描工作由内蒙古、吉林、江苏、福建、山东、湖南、广东、重庆、甘肃和新疆共10个省级CET承办机构受教育部考试中心委托承担，评卷工作由北京、天津、吉林、上海、江苏、浙江、山东、广东、湖北、重庆、四川、陕西共12个省级CET承办机构受教育部考试中心委托负责管理、组织和协调。

高校入学考试

〔**高考综述**〕 2011年，普通高考试题符合《考试大纲》和《考试说明》的规定，各学科都制定了科学的能力考查方案，突出能力考查；在试卷结构、组卷策略和试题形式等方面都有所创新；试题在保持稳定的基础上，体现了新课程的理念，为高校选拔新生提供了有效的依据，对中学实施素质教育具有良好的导向作用。

共有山东、广东、海南、宁夏、江苏、天津、辽宁、浙江、福建、安徽、北京、黑龙江、吉林、湖南、陕西、河南、新疆、山西、江西19个省（区、市）使用课程标准试卷，其中河南、新疆、山西、江西4省（区）首次使用课程标准试卷。

首次实施新高考的省市实现了平稳过渡。高考试题在注重考查基础、凸显学科核心内容和主干知识的同时，加强对学科探究能力的考查，进一步体现课程改革的理念，体现了基础性、时代性与选择性的要求，关注对考生情感态度与价值观的考查。选考模块之间的试题难度力求平衡，进一步提高试题的区分度，有利于课程改革的顺利推进。

〔**分省命题工作**〕 2011年，全国高考分省命题的省市为16个，保持稳定。其中北京、天津、浙江、福建、安徽、山东、广东、重庆、四川9个省（市）命制语文、数学（文/理）、英语、文科综合、理科综合（山东还命制基本技能），上海、江苏2个省（市）命制语文、数学（文/理）、英语、政治、历史、地理、物理、化学、生物（上海还命制文科基础和理科基础），辽宁、江西、湖北、湖南4个省命制语文、英语、数学（文/理），陕西省命制数学（文/理）和英语，其他考试科目使用教育部考试中心命制的试题。所有小语种考试仍由教育部考试中心命题。

2011年，教育部继续加强对分省命题的指导、业务培训、监督和评价工作，重视对实行高中课程改革后高考命题省的管理工作，特别是新增的实行高中课程改革后高考命题省的命题工作。高考后分别赴新增高中课程改革后高考的省市进行调研，了解2011年高考情况，进行高考命题工作的分析和总结。

〔**高考试题分析与评价**〕 7月，教育部考试中心在北京市召开试题评价会，对全国高考试题从政治性、科学性、公平性、规范性等方面进行了专业分析和评价，形成了《2011年全国普通高考试题专家评价报告》。12月，在昆明市召开2011年全国高考命题工作总结会，围绕考试标准建设的主题，交流各学科命题经验，总结2011年全国高考命题工作，形成了《2011年全国普通高考命题及评卷工作总结汇编》。

〔**硕士研究生入学统一考试**〕 2011年，共召开两次研究生考试题库命题会，完成了本年度研究生考试入库试题的命制任务。研究生考试阅卷期间，赴阅卷点开展调研活动。修订了研究生考试各个学科的《考试大纲》，政治、英语、数学、法律硕士等学科撰写了《考试分析》，编写了《2011 年硕士研究生入学统一考试各学科试题评价报告》。

〔**硕士研究生入学统一考试改革调研**〕 在国家教育咨询委员会考试招生制度改革组专题研究小组领导下，开展了研究生考试改革调研工作。在广泛征求意见的基础上，形成了 30 余万字的《硕士研究生入学统一考试制度改革专题报告》，为进一步推动研究生考试招生制度改革提供了决策依据。

〔**成人高考**〕 2011 年，组织专家修订了高中起点升本、专科各科目和专升本共 19 科的复习考试大纲，并且完成相应科目的命题任务，试题质量稳定可靠，考试平稳。

高等教育自学考试

〔**高等教育自学考试学历教育基本情况**〕 2011 年，高等教育自学考试报考 922.7 万人次、2 106万科次，与 2010 年相比减少 42.3 万人次和 143 万科次，下降 4.4%和 6.2%。本科报考 639.6 万人次（占 69.3%），专科报考 280.2 万人次（占 30.4%），无法区分专业层次的有 2.9 万人次（占 0.3%）；本科报考 1 517 万科次（占 70.2%），专科报考 638 万科次（占 29.5%），无法区分专业层次的有 5 万科次（占 0.3%）。首次报考人数 147 万余人（不含解放军）。毕业生 68.7 万余人。

〔**全国考委印发《高等教育自学考试专业和课程改革方案》**〕 全国考委于 7 月 28 日印发了《高等教育自学考试专业和课程改革方案》(以下简称《方案》)，并根据《方案》要求，对相关专业委员会和部分省级考试机构具体落实专业和课程改革调整工作进行了初步部署。

《方案》提出了自学考试落实教育规划纲要的 12 条改革内容：调整人才培养目标、加强专业管理、改革课程设置体系、加强全国统一命题课程管理、加大选考课程比例、强化实践能力、积极面向社区教育、积极推进“双证书”教育的改革、大力推进专科层次专业改革、稳步发展本科教育、积极开展“二学历”教育、建立自学考试国家课程学分库，积极推进与其他继续教育形式学分互认。

〔**加强专业管理**〕 2011 年，批复 27 个省（区、市）（含解放军）申请备案或审批的 212 个专业点，其中审批新专业 24 个，备案开考 174 个专业，审核 5 个专业，专科委托审批试点备案 9 个专业。同时引导各省停考社会需求萎缩的专业，停考专业点 84 个。经过加强专业开考审批、备案管理，实行总量控制和宏观规划，全国开考专业 822 个，其中专科层次 428 个，本科层次 394 个；共设专业点 3 810 个，其中专科层次 1 677 个，本科层次 2 133个，各省（区、市）开考专业、课程及其代码以全国高等教育自学考试办公信息网（网址：http://ste.neea.edu.cn）的公告为准。2011 年，开设的全国统一考试计划专业为 118 个，其中新设中小企业经营管理（专科、独立本科段）2 个非学历和学历结合的“双证书”专业，调整了中英合作商务管理专业（本科）、金融管理专业（本科）和物流管理专业（专科、独立本科段）4 个全国统一考试计划专业，并将通信技术专业（专科）等 27 个专业调整为非全国统一考试计划专业，停考了种子专业（专科）等 4 个全国统一考试计划专业。

〔**全国统考课程概况**〕 2011 年，高等教育自学考试全国统考课程共计 649 门。其中全国考办负责命题的课程为 115 门，北京、沈阳、上海、南京、武汉、成都、西安、广州、杭州、哈尔滨、重庆、天津、长春、济南、福州、兰州 16 个命题中心负责命题的课程为534门。2011年，全国考办共安排全国统一命题考试课程1 224科（次），其中统一安排740科（次），单独申报484科（次）。

〔统考课程命题质量与考试情况调查反馈〕 2011年，对2010年10月考试的334门全国统考课程和2011年4月考试的330门全国统考课程进行了命题质量评估。对22个省级考办提供的数据进行分类整理，形成评估意见，并及时将评估意见和试卷评价信息反馈至相关命题中心，供命题专家参考，以进一步提高自考命题质量。

〔批准筹建命题中心〕 为进一步加强全国统考课程命题力量，根据自学考试命题工作的实际需求，批准江西省筹建“高等教育自学考试南昌命题中心”。

〔召开全国自学考试命题工作会议〕 12月初，全国考办在广西召开全国高等教育自学考试命题工作会。会议总结了近年来自学考试命题工作，交流了各地在推进题库建设、加强命题管理、提高命题质量、确保命题安全等方面的经验，并就如何进一步改善命题管理工作以及更好地推动命题业务进行讨论。全国考办副主任李光明作了题为《总结经验、改革创新、提高自考命题质量》的讲话，并提出了自考命题工作的目标和任务。来自各命题中心、各省级考办以及解放军自考办的代表共100余人参加了会议。

〔利用自学考试信息管理平台做好命题管理〕 2011年，利用自学考试命题信息管理平台，准确、高效地完成了自学考试的考试安排发布、试卷清样申报、统考试卷抽取、试卷评价信息上报与反馈、题库信息管理、命题任务查询、命题专家管理、命题经费统计等工作。

〔改革考试内容与形式，推进考试大纲建设〕 根据教育部考试中心“十二五”事业发展规划和自考综合改革计划，对毛泽东思想、邓小平理论和“三个代表”、英语（一）、英语（二）、高等数学（一）等课程的考试内容和形式进行改革，研究新的试卷结构和题型。全国考办配合相关专业委员会先后对法律、经济、中文、教育等专业的35门课程的《考试大纲》进行了新编和修订。

〔自学考试国家题库建设〕 2011年，继续推进自学考试国家题库建设，全国考办共组织7次自学考试题库命题会，入库试题225套（倍量），16个命题中心和各省（区、市）自考办也在加紧建设题库。

〔全国考委完成换届工作，第七届考委会成立〕 为了更好地发挥全国考委的作用，认真履行指导自学考试工作的职责，推进新时期的自考改革，全国考办于2011年上半年提请启动了全国考委的换届调整工作。

按照工作程序，首先提出了全国考委换届实施方案，报教育部领导审批后，于7月14日以教育部办公厅发函（教考试厅函〔2011〕2号、3号、4号文件）向成员单位征询新一届委员人选。经过多轮的沟通协调工作，按成员单位推荐人选，形成了新一届考委会人选名单。经教育部批准，于11月11日以部发文的形式下发了《教育部关于成立第七届全国高等教育自学考试指导委员会的通知》(教考试函〔2011〕1号)，正式宣布第七届全国考委会成立。新一届全国考委由来自相关部委、有关高校、各专业委员会、省级考试院及教育部有关司局的56名委员组成。主任委员为教育部部长袁贵仁，秘书长为全国考办主任姜钢。

〔召开全国继续教育工作会暨高等教育自学考试制度建立30周年纪念大会〕 12月24日，全国继续教育工作会议暨高等教育自学考试制度建立30周年纪念大会在北京召开。会议由教育部部长袁贵仁主持，国务委员刘延东出席大会，并作了题为《加快继续教育改革发展、促进人力资源强国建设》的重要讲话。刘延东系统总结了改革开放以来中国继续教育事业取得的巨大成就，客观分析了新形势下发展继续教育的紧迫性，提出了五个方面的工作重点。在讲话中，刘延东特别强调了自学考试制度在继续教育领域的重要地位和作用，指出了自学考试制度以考促学、教考分离的鲜明特色，以及新的历史时期自学考试制度改革发展的方向。会上，刘延东和其他领导为第七届全国高等教育自学考试指导委员会的委员代表颁发了聘书。来自国务院有关部委、有关省（区、市）部分行业组织和大型企业、百所高校、自学考试和广播电视大学系统的600多人参加了大会。

〔自学考试宣传工作〕 组织在全国开展自学考试制度建立30周年纪念活动。召开全国自学考试报刊宣传委员会年会，交流宣传工作经验，部署宣传工作任务。编印《高等教育自学考试制度建立30周年纪念画册》、举办自学考试建立30周年纪念展览、制作自学考试宣传片、编印《高等教育自学考试2010年工作报告》、《高等教育自学考试2010年大事记》，编发《高等教育自学考试简报》11期。

〔出版《学习改变命运》(第四辑)〕 为配合自学考试制度建立30周年纪念活动，展现优秀自考生勤学向上、锲而不舍、努力奋进的感人事迹，编写出版了报告文学集《学习改变命运》(第四辑)。通过筛选、组稿、编辑、审定等程序，共收录了45位“第四届自学成才奖励基金优秀自考生”的先进事迹，全国考委主任委员、教育部部长袁贵仁为该书作序。

〔组织开展高等教育自学考试先进集体和先进工作者评选表彰活动〕 在自学考试制度建立30周年之际，组织开展了高等教育自学考试先进集体和先进工作者的评选表彰活动。组织各有关单位（省级考办、全国考委各专业委员会以及全国考办）按照《关于开展高等教育自学考试先进集体和先进工作者评选活动的通知》中的评选条件、评选要求及分配名额进行初评，各相关处室进行复评。组织召开评审会，对初评和复评结果进行终评，最终在全国范围内评选出“高等教育自学考试先进集体”213个、“高等教育自学考试先进工作者”444名和“专业建设工作优秀奖”等9类“单项工作优秀奖”83个。全国考委下发了《关于表彰全国高等教育自学考试工作先进集体、先进工作者的决定》，对获奖单位和个人进行表彰。

〔第四届优秀自考生评选表彰活动〕 组织开展了第四届优秀自考生评选表彰活动。在各级自学考试机构的精心组织、各有关单位的大力支持以及广大考生的积极参与下，经过严格的初评、终评和公示等程序，共评选出210位优秀自考生，其中“全国十佳自考生”10名、“全国单项优秀自考生”35名、“全国优秀自考生”165名。下发了《关于表彰第四届全国自学成才奖励基金优秀自考生的决定》，全国考委对获奖考生进行了表彰。

〔参加“2011年继续教育数字化学习资源共享和服务成果展览会”〕 教育部组织举办了“2011年继续教育数字化学习资源共享和服务成果展览会”，教育部考试中心作为展会的重点展示单位之一，以“改造我们的考试”为主题，通过8块展板、4个电脑体验区和4块LED显示屏集中展示了网络考试报名、网络考试系统、网络阅卷系统、数字化命题和考务管理、数字化评价系统、数字化助学平台建设等方面的服务成果，突出展示了教育部考试中心作为服务教育、面向社会的专业化考试与评价服务机构，积极服务广大考生和学习者，为搭建终身学习“立交桥”和建设学习型社会所作出的成绩。

〔中国高等教育学会自考分会工作〕 除日常工作之外，自考分会主要围绕纪念高等教育自学考试制度建立30周年开展工作。6月，在厦门举办了年会及论坛，350余人参加了大会，收到交流论文90篇。对26项专项课题进行了评审。参与筹办纪念高等教育自学考试制度建立30周年大会。

〔社会助学组织登记备案情况〕 2011年，全国31个省（区、市）自考办切实落实自学考试社会助学组织登记注册及备案制度，积极开展工作，共向全国考办报送了1 606个社会助学组织信息。其中普通高校741所，占46.14%；成人高校46

所，占 2.86%；民办高等教育机构 592 所，占 36.86%；部门委托办学 55 个，占 3.42%；其他助学组织 172 个，占 10.71%。

在上述 1 606 个社会助学组织中，参加助学的学员共有 181.1 万余人。按助学组织的主体类型分：普通高校助学学员 107.5 万余人，占总数的 59.39%；成人高校助学学员 4.3 万余人，占总数的 2.42%；民办高等教育机构助学学员 56.1 万余人，占总数的 30.98%；部门委托助学学员 3.2 万余人，占总数的 1.81%；其他助学组织助学学员 9.7 万余人，占总数的 5.40%。

在所有参加自学考试社会助学的学员中，有 68.4 万余名学员通过全日制方式参加助学，占总数的 37.77%；其余 112.7 万余名学员通过业余方式参加助学。

〔健全完善自学考试社会化学习服务体系〕 根据《高等教育自学考试社会助学管理试行办法》及《高等教育自学考试学习服务中心试行办法》等相关规定，指导各省（区、市）建立省级高等教育自考学习服务中心，经过评定已建成 39 所省级学习服务中心，其中浙江省 11 所，江西省 2 所，湖北省 7 所，四川省 19 所。浙江、湖北、陕西、江苏等省申报了全国示范学习服务中心。

非学历教育考试

〔全国计算机等级考试（NCRE）〕 2011 年，全国计算机等级考试（NCRE）的报考人数达 528.4 万人（比 2010 年增长 4.1%），获证人数 214.8 万人。截至 2011 年年底，逐年累计报考人数达 4 384.0 万人，累计获证人数达 1 663.6 万人。

继续开展二级无纸化考试方案完善和试点工作，共有超过 1 000 人参加考试，考试方案进一步完善，为 2012 年更大范围的试点和推广到更多二级科目打下基础；积极开展考试合作，8 月与兰州军区签署考试合作协议，10 月底首次开考，超过 3 万人参加了一级 MS Office 考试。召开第五届 NCRE 考委会及方案策划组会议，完成考委会换届，明确了改革方案，为制定 2012 版考试大纲打下基础。

〔全国英语等级考试（PETS）〕 2011 年，全国英语等级考试（PETS）在全国 31 个省（区、市）和解放军总参系统、北京军区开考，全年报考达 179.11 万人次，较 2010 年增长 13.69%。

〔全国外语水平考试（WSK）〕 2011 年，全国外语水平考试（WSK）共设考点 38 个，报考 25 589人次，较 2010 年增长 7.73%。6 月开考英语、德语和法语，12 月开考英语、日语和俄语。

〔全国计算机应用技术证书考试（NIT）〕 2011 年，全国计算机应用技术证书考试（NIT）在全国 20 个省（区、市）开考，全国报考人数约 31 万人次，报考规模较 2010 年有小幅增长，考生生源基本稳定。6 月，NIT 网络化考务及考试管理系统升级工作全面完成，并在同年 10 月正式投入使用。

〔全国青少年计算机考试（YNIT）〕 2011 年，全国共有 6 个省（区、市）组织实施了全国青少年计算机考试（YNIT），共约 2.5 万名考生报名参加考试。

〔全国信息技术高级人才水平考试（NIEH）〕 2011 年，全国共有 13 个省（市）和地区开展信息技术高级人才水平考试（NIEH），报考总规模为 7978 人次，比 2010 年增幅 200%。

〔中国书画等级考试（CCPT）〕 2011 年，组织了2次中国书画等级考试（CCPT），总报考人数为52 446人次。另外，青岛市和黄石市组织开展了硬笔书法大赛，有近12万名中小学生和教师参加了中国书画等级考试硬笔三级、四级、五级的测评。截至2011年年底，全国有18个省市开展了中国书画等级考试，累计参加考试的人数达25万人次。

〔全国中小学教师教育技术水平考试（NIT-NTET）〕 2011年，共有281576名考生参加了在辽宁、河南、福建、上海、四川、重庆、广西、云南、陕西、青海、新疆、西藏12个省（区、市）举行的全国中小学教师教育技术水平考试（NIT-NTET）考试，224 901人取得了合格证书。教学人员初级题库建设达到10倍量库容，教学人员中级考试推广到6个省市。在汇总和分析2006年至2010年数据的基础上，编写了《2006至2010年度全国中小学教师教育技术水平考试数据分析与评价报告》。此外，项目软件入选参加教育部“2011继续教育数字化学习资源共享和服务成果展览会”。

〔少数民族汉语水平等级考试（MHK）〕 2011年，组织实施了10次少数民族汉语水平等级考试，共有143 742名考生参加了在北京、内蒙古、吉林、四川、青海、宁夏、江西及新疆等省（区、市）举行的考试，考生人数较2010年增长158.9%。首次成立了中国少数民族汉语水平等级考试专家委员会。首次在8所高校直属考点开展了民族汉考口语机试。在教育部民族教育司的指导下，在新疆地区首次顺利开展了汉语教育质量监测工作，在青海省黄南藏族自治州组织实施了第三次汉语教育质量监测，分别编写了监测报告。

〔汉语能力测试（HNC）〕 汉语能力测试（HNC）项目由教育部和国家语委推出，委托教育部考试中心设计与实施。2011年，成功进行了首次试点，试点工作由教育部统一部署并报国务院批准。北京、天津、江苏、上海、云南、内蒙古、湖南7个省（区、市）2 442名考生参加了测试。汉语能力测试在测试内容、测试形式、测试管理和分数报告四个方面进行了创新。全年顺利组织了4次内部测试，编写了四级和五级的测试大纲和样题，建设开通了项目网站，研制了报名和考试平台。此外，召开了汉语能力测试新闻通气会，顺利完成了国家语委2011年度重大课题“国民语言文字能力测评体系研究”的申报、答辩、开题等工作。

〔全国外语翻译证书考试（NAETI）〕 2011年，全国新增考点3个，全国考点共达59个；报考总人数8 210人，比2010年增加28.89%。

〔中国餐饮业职业经理人资格证书考试（CMEP）〕 2011年，在全国22个省（区、市）开考，总报考15 344科次。

〔劳动和社会保障岗位资格证书考试（LSSEP）〕 2011年，在全国12个省（区、市）开考，总报考17 816科次。

〔调查分析师证书考试〕 2011年，在全国23个省（区、市）开考，总报考8 048科次。

〔中国物流职业经理资格证书（CPLM）〕 2011年，在全国28个省（区、市）开考，总报考131 959科次。

〔中国市场营销资格证书考试（CMAT）〕 考试共分三个级别：中国市场营销总监资格证书、中国市场营销经理资格证书、中国市场营销经理助理资格证书。经与中国市场学会协商，双方决定以合作举办“全国高校市场营销大赛”的形式继续开展中国市场营销经理助理资格证书考试。2011年，“全国高校市场营销大赛”共报考21 708人。

〔剑桥少儿英语〕 分别于3月、5月、9月、12月组织了4次考试，全国30个省（区、市）组织了考试，共报考159 789人次。2011年，全面实施了考试报名、考场编排、阅卷、证书、口试考官等考务信息化管理。

4月，启动第二届剑桥少儿英语大奖赛，覆

盖全国24个省（区、市）。各少儿英语品牌的学习者积极报名参赛，截至2011年年底，大赛的培训机构初选、省内复选和全国复选三个阶段已经结束。

〔**剑桥儿童英语测评**〕 2011年，剑桥儿童英语初级测评开始设计；中级测评已在部分城市进行试考，试考人数为1 112人；高级测评（剑桥少儿英语预备级）全国报考人数20 013人次。

〔**剑桥通用五级英语证书考试（KET/PET）**〕 2011年，共有12个考点组织学生参加考试，总报考12 175科次。其中KET/PET报考3 318科次，KET/PET校园版报考6 857科次。

〔**中英合作商务管理与金融管理专业（专科）合作课程**〕 2011年，中英合作商务管理和金融管理专业考试全年报考8.2万科次，在北京、天津等13个省（区、市）开考。

〔**中英合作商务管理与金融管理专业（本科）合作课程**〕 高等教育自学考试中英合作商务管理专业、金融管理专业合作课程考试，从11月起在部分省市开考。取得5门商务管理专业或金融管理专业指定课程合格证的考生，可获得剑桥大学考试委员会签发的剑桥商务管理证书（管理段）；取得商务管理专业或金融管理专业指定9门课程合格证的考生，可获得高等教育自学考试该专业本科毕业证书，同时获得剑桥大学考试委员会签发的剑桥高级商务管理证书（管理段）或剑桥高级金融管理证书（管理段）。11月，中英合作商务管理和金融管理专业考试（本科）合作课程首次在上海和吉林两地开考，报考8 216科次。

〔**中英合作采购与供应管理职业资格证书考试（CIPS）**〕 2011年，全年报考人数为32 973人，同比增长24%，报考79 362科次；同比增长31%。河南、内蒙古和新疆为首次开考，开考省份增至20个。

〔**中国销售管理专业水平证书考试（SMAT）**〕 2011年，全国17个省（区、市）开考，总报考31 934科次。

〔**全国音乐等级考试**〕 全国音乐等级考试是由教育部考试中心与中央音乐学院联合推出的面向全国业余音乐学习者的培训评价体系，是在中央音乐学院原有的“中央音乐学院校外音乐水平考级”的基础上开发出的一项新考试，以期通过建立科学、规范的考试评价体系，全面考察考生的音乐素养，提高考生的综合素质，推动和促进社会音乐教育的繁荣与发展。全国音乐等级考试首先推出的是《音乐基础知识》考试，2011年的报考人数为13 255人次，比2010年增长48.5%。2011年，音乐基础知识考试考务系统设计完成并经过专家审定通过。

〔**美国大学先修课程考试（AP）**〕 2011年，全国共设16个AP考试考点，考试科次为13 087科次。

中小学和幼儿园教师资格考试

〔**综述**〕 中小学和幼儿园教师资格考试改革是国家教育体制改革试点项目，是落实教育规划纲要的重要举措。9月，教育部颁布了《教育部关于开展中小学和幼儿园教师资格考试改革试点的指导意见》（教师函〔2011〕6号），决定在浙江和湖北两省首先试点。

中小学和幼儿园教师资格考试是由国家建立考试标准，省级教育行政部门统一组织，实行“国标、省考”的标准参照性考试。考试分为幼儿园、小学、初级中学、高级中学四类。按照四个学段不同的考核要求，分学段分学科地设置考试科目。考试分为笔试和面试两部分。笔试合格者，方可参加面试。笔试和面试均合格者，由教育部考试中心颁发中小学和幼儿园教师资格考试合格证明。申请认定教师资格者，必须提供中小学和幼儿园教师资格考试合格证明。

中小学和幼儿园教师资格考试首次试点笔试于11月26日举行。浙江、湖北两省共有28 909名考生通过报名资格审核，有10 910名考生通过笔试全部科目的考试，获得参加面试的资格。两省笔试平均通过率为37.74%。面试于12月24日至25日举行，两试点省参加面试的考生共9 432名，面试合格人数7 818人，面试平均合格率82.9%。

此次试点，幼儿园笔试科目为《综合素质》、《保教知识与能力》。小学笔试科目为《综合素质》、《教育教学知识与能力》。初级中学、高级中学笔试科目均为《综合素质》、《教育知识与能力》、《学科知识与教学能力》，其中《学科知识与教学能力》分语文、数学、英语、思想品德（政治）、历史、地理、物理、化学、生物、音乐、体育与健康、美术、信息技术13个学科。笔试共32个科目，其中幼儿园《综合素质》和小学《综合素质》科目实行机考。

考试实行网站宣传、网上报名、网上考务管理、网上打印准考证、试卷光盘加密、网络考试（部分科目）、网上阅卷、成绩网上查询，全方位地体现了信息技术在考务中的广泛应用，实现了考试设计所提出的五网统筹目标。

浙江、湖北两省在笔试和面试过程中，严格按照统一规则组织实施考试，考场秩序严谨，考试平稳、安全结束，未发现重大舞弊等问题，两省媒体和国内其他媒体反应平静。

〔**命题工作**〕 1月10日，教育部教师教育专家委员会审定通过考试标准、笔试大纲、面试大纲。10月18日，经教育部批准通过网站公布《中小学和幼儿园教师资格考试标准（试行）》、《中小学和幼儿园教师资格考试大纲（试行）》(笔试部分)、《中小学和幼儿园教师资格考试大纲（试行）》(面试部分)。

4月至12月，教育部考试中心召开了6次题库命题会，已完成笔试试卷220套，面试试题2 446道，提前确保满足浙江、湖北两省改革试点考试所需笔试、面试试题。首次考试随机启用笔试试卷32套，备用试卷34套，面试试题510道。笔试命题突出专业导向、能力导向、实践导向和改革导向，不考查死记硬背知识，不指定教材。面试命题强调科学性、开放性、实践性。

海外考试

〔**综述**〕 2011年，围绕落实教育规划纲要及十七届六中全会精神和教育部考试中心“十二五”规划及其分解任务开展工作。严格执行教育部的有关方针政策，根据境外考试管理暂行办法的规定，在涉及国家主权利益的问题上为教育部严格把关，并在承办境外考试方面为国家和考试中心争取更多的控制权和相关经济利益。

完成了与西班牙塞万提斯学院关于西班牙语考试（DELE）合作协议的起草及法律审核工作。

根据考试中心“十二五”规划的相关分解任务，要求现有考点逐步向标准化考点的标准靠拢，要求新考点按照标准化考点的标准建设及管理。

继续严格落实执行境外考试保密管理规则，重点打击利用伪造证件替考和手机等其他高科技手段作弊行为。针对托福考试中出现的利用时差作弊的情况，积极协调美方统一考试开始时间，彻底杜绝利用时差作弊的情况。同时加强对大规模考试的巡查力度，组织中心人员并协调外方人员对考点进行巡查。

继续加强对考点视频监控方面的建设工作，在将视频监控纳入托福网考考点标准的同时，要求所有托福网考考点安装视频监控设备。部分考点已实现视频监控。

继续与潜在合作伙伴接触商谈。与法国驻华使馆就合作举办 DALF 和 DELF 考试、与培生集团就合作举办培生 PTE 英语考试、与美国 Certiport 关于微软专业应用技术国际认证（MTA）考试、与美国 ACT 就引进其职业考试的会谈均在进行之中。

GRE 网考的网上报名系统成功运行，顺利完成对 GRE 考点考务技术人员的培训工作及开考的各项准备工作。8 月，GRE 网考顺利开考。

加强与国外考试机构的沟通与接触，了解国外考试机构的最新动向，探索与国外考试机构合作创立新的考试模式。

2011 年，海外考试考生人数达 120 万人。与 2010 年相比，考生人数增长 8%，保持了历史第二高位。

〔**TOEFL（英语作为外国语考试·美国）**〕 2011 年，TOEFL 网考考点比 2010 年增加 8 个，达 96 个；考场从 2010 年的 188 个增加到了 214 个。全国考位总数达 9 000 个。为了满足考生快速增长的需求，增加了 3 次星期四的考试。全年考试 42 次。报名考试的人数达 249 987 人，比 2010 年增长 14.4%。

〔**GRE（研究生入学考试·美国）**〕 2011 年是 GRE 考试由纸笔、机考双模式转为网考的转型年。6 月，进行了最后一次纸笔考试。8 月，正式开始进行网考。全年进行了 7 次网考，设立 GRE 网考考场 92 个。全年考生人数为 69 038 人，其中纸笔考生 41 741 人，网考考生 27 297 人，比 2010 年总考生人数下降 2.2%。专业测验考试 1 次，考生总人数为 2 945 人，比 2010 年度增加 19%。

〔**GMAT（工商管理研究生入学考试·美国）**〕 2011 年，全国 12 个（9 个兼用、3 个专用）GMAT 考场共有 37 982 名考生参加了 GMAT 机考考试，比 2010 年增长 44.9%。

〔**LSAT（法学院入学考试·美国）**〕 2011 年，全国 3 个考点共举行两次 LSAT 考试（6 月、12 月），考生人数共计 911 人，比 2010 年增长了 25.3%。

〔**CGFNS 考试（外国护校毕业生委员会·美国）**〕 由于美国移民政策收紧，护士移民的配额降为零。2011 年，没有考生报名考试，考生人数为零。

〔**IT（信息技术证书考试·美国）**〕 2011 年，共有 13 885 名考生报名 IT 考试，比 2010 年下降了 3.2%。

〔**BEC（商务英语证书考试·英国）**〕 2011 年，在江南大学、西南科技大学、湖南工程学院和石家庄信息工程职业技术学院设立考点，在保持每年两次纸笔考试的同时，新增加了 3 月份的考试，还提供了 4 次计算机化考试。

在成都召开 BEC 年度考务暨口试考官组长工作会议。会议总结了 2010 年工作并部署 2011 年工作；对口试考官组长进行业务培训；表彰了部分优秀考点。

与剑桥大学外语考试部密切配合，组织对剑桥下一代机考系统进行测试及培训工作。BEC 全年考生人数为 123 849 人，比 2010 年增长了 6.4%。

〔**MSE（剑桥英语主体考试·英国）**〕 2011 年，MSE 考试的 FCE 级别的考生人数依然保持了增长的趋势。全年举行两次考试，报考考生 927 人，比 2010 年增长了 32.8%。其中 70%的考生来自北京。

〔**IELTS 考试（国际英语语言测试系统·英国）**〕 2011 年的主要工作：根据英方的要求对现有报名网站进行了优化，对考生报名表进行修改，并增加了使用考试代金券支付考试费等功能。提高防范考生替考的能力，在所有考点正式实施考试当天给考生拍照。通过扩充现有考点的考场容量及新建考点的方式，进一步提高考试容量，满足考生参加考试的需求。增设了5个考点，即北京农业大学、首都师范大学、西安交通大学、西北师范大学及云南财经大学。全年考试48次，考生总人数402 241人，比2010年增长了20.5%。

〔**LCCIIQ考试（伦敦工商会国际认证·英国）**〕 2011年，在原有29个考点的基础上又增加了安徽财贸职业学院、吉首大学国际交流与公共外语教育学院、无锡科技职业学院、廊坊东方职业技术学院、山东外事翻译职业学院5个考点；自然终止了2个考点（南昌大学外国语学院和福建信息职业技术学院）。全国共有32个考点承担LCCIIQ的考试工作。

全年共举行了3期定期考试和13次即期考试。3期定期考试全国共有431名考生参加了587科次的考试。13次即期考试共有687名考生参加了1 070科次的考试。全年共计考试1 657科次，比2010年下降19.4%。

〔**JLPT（日本语能力测试·日本）**〕 2011年，对现有的监考手册进行修订，使其更加简单明了，便于考点操作。对报名网站进行优化，增加了各考点领取考试成绩证书的时间表和对考生问卷调查的内容；并为将来在证书上打印考生照片做了技术方面相应的准备工作。在原有考点的基础上，增设了首都师范大学、南通大学、无锡科技职业学院、福建省高等教育自学考试办公室考点。全年两次考试总考生人数为280 893人，比2010年增长8.7%。

〔**BJT（商务日语能力考试·日本）**〕 2011年，主办方因经济原因宣布“无限期推迟考试”，但迫于各方压力又决定重启该考试，于11月考试一次。全年共计报名1 202人，比2010年下降49%。

〔**TestDaf（德福考试，德语作为外国语考试·德国）**〕 2011年，全国8个考点共举行3次TestDaf考试（4月，7月，11月）。全年报考5 810人，比2010年增长了18.3%。

〔**TestAS（学习能力考试·德国）**〕 4月和10月，北京外国语大学、上海外国语大学和青岛大学3个考试考点分别举行了两次TestAS考试。全年共有363名考生参加考试，比2010增长了48%。

〔**TOPIK（韩国语能力考试·韩国）**〕 2011年，主办单位由韩国教育课程评价院变更为韩国国立国际教育院。取消韩国语能力考试实务级别。全年韩国语能力考试考生总人数为37 845人，比2010年下降62.4%。

〔**Celpe-Bras（葡萄牙语水平测试证书·巴西）**〕 Celpe-Bras每年举行两次考试（4月和10月）。考试报名时间一般在2月、3月和8月、9月，报名方式为在Celpe-Bras网站上报名。考试考点设在中国传媒大学外国语学院。2011年，进行了两次考试，共有65名考生参加考试，比2010年增长了27.45%。

〔**CELI（意大利语言水平等级考试·意大利）**〕 佩鲁贾外国人大学是意大利外交部承认的意大利语言水平等级证书的颁发机构。佩鲁贾外国人大学专门设有独立的意大利语言水平评估和认证中心（CVCL），由CVCL负责所有有关CELI证书事宜。佩鲁贾外国人大学颁发的意大利语水平考试等级证书符合欧洲语言水平测试协会设置的欧洲语言等级标准（ALTE）和欧盟理事会制定的欧洲语言沟通参考框架（CEFR）。佩鲁贾外国人大学颁发的语言水平等级证书等同于CEFR承认的其他一些极富声望的欧洲学府所颁发的证书。

CELI考试每年举行两次。上半年在6月，下半年在11月。考试日期由意大利CVCL在前一年底通知教育部考试中心。考试分笔试和口试两部分；有6个水平等级。在北京等4个城市设置了5个考点：北京外国语大学考试中心、北京森森学校、上海外国语大学考试中心、南京师范大学外国语学院、广东外语外贸大学考试中心。6月正式开考，全年共有 31 名考生报名考试。

考试评价改革

〔**国家教育考试评价研究院围绕考试改革热点难点问题组织攻关，根据实际需要促进考试理论技术普及**〕 教育考试评价研究院建立后，迅速聚集了国内外一批高水平的教育测量评价专家和长期奋战在一线的教育工作者，形成多门类、多学科的专家队伍，围绕考试改革中的热点和难点问题进行重点攻关。形成了定期发布国际考试评价领域最新研究成果、理论与技术介绍、学术热点动态等渠道。对全国考试系统领导干部和技术干部培训需求进行了问卷调查，设计安排了培训课程。通过在海南和云南两省的实践研究，转变培训方式和培训思路，制作了“发展性评价平台”、“等值”、“增值评价”和“为学生量身定制学习材料”等科普宣传视频。筹备了“高考制度改革专家咨询会”、PISA 后续研究、美国教育测量学会（NCME）2012 年会中国特邀专题。

〔**利用高考数据开展评价工作**〕 2011 年，利用高考数据开展评价工作在海南、云南两省进行试点。本次试点尝试利用现代教育评价理念来健全完善现有考试，改进分数报告方式，使其内涵更充实、信息更丰富、更具有评价意义。同时在高考数据挖掘的基础上，开发非考试手段的评价方法，运用心理量表、问卷调查等手段收集信息，校验、补充通过考试手段所作出的评价，为考生、教育行政部门和中学提供评价服务。

本次试点工作两省合计有 26 万多名考生参加，同时建成高考评价信息服务网站。网站作为高考评价信息发布的综合平台，除为考生提供网络版的成绩报告外，分别为两省完成包含文理科的省级评价报告 4 份，为两省各地市州县完成包含文理科的报表 68 份。

〔**升学指导测验**〕 2011 年，升学指导测验除继续为全国考生提供网上测试服务外，作为利用高考数据开展评价工作的一部分，参加了云南、海南两省的试点工作，成为考生成绩报告单的一部分，并通过网站进行发布。作为对高考考生未来专业选择的指导，受到了考生的欢迎和教育主管部门的认可。同时，为进一步完善其结果解释系统，与部分省合作开展了专业地图研制工作。

〔**学生能力国际评价（PISA）2009 后续研究不断深化，政策咨询建议引起领导和研究部门重视**〕利用 PISA2009 中国试测研究的数据，结合教育领域多个热点问题进行了后续研究。2011 年度内共编辑整理 7 期《教育考试政策领导参考》，分别涉及教育公平、学前教育、课业负担、教师发展、学习环境、学校发展等领域，报送国家教育咨询委员会、教育部领导、相关司局和研究机构。教育部部长袁贵仁专门批示予以高度评价。部分内容被国家教育咨询委员会秘书处采用，呈送国务委员刘延东及国家教育体制改革领导小组成员。

〔**组织高考年度等值研究和以高考为核心的增值评价试点，发挥高考对素质教育的评价和推动作用**〕 采用国际考试评价领域最新技术和研究成果，结合中国国情提出可行的高考年度间等值设计并在海南省进行了第二年试点。初步结果显示，通过等值固定年度间试题难度变化后，高考结果能更科学地用于教育质量评价，形成“绿色评价”，及时发现和反馈教育教学中存在的问题。同时，利用海南省特有的全省统考统判的中考机制，建立了语文、数学、英语三个核心学科的增值基准量表，实现了普通高中从中考入口到高考出口的增值评价，为教育管理和研究提供了全新的视角和可能性，所开发的评价工具和软件、方法等具备良好的适应性和可推广性。

撰稿 刘　勇　褚庆军　谢建国　朱　洁
任子朝　李　勇　胡传勇　刘丽芳
王海东　张　薇　董　琳　沈　漪
李　颖　杨　榭　陈　卫　关丹丹
黄啸波　赵英华　赵　强　杨　英
臧　林　韩　雁　孙显福　巴伊尔
吴　莎　王连晓　李盛丹　仲　华
方　博　赵　卉　杨宏博　陈　可
刘　洋　王　蕾　焦丽亚

审稿 张为舟　陈景才　罗　民　王　伟
李光明　柳　博　高　升　刘军谊
王建民　刘　芃　王　莉　刘立国
余仁胜　张　进　马世晔　韩　宁

教育信息化建设与远程教育

教育管理信息中心

〔**全面实施“教育服务与监管体系信息化建设”工作**〕 2011年，教育部启动了“教育服务与监管体系信息化建设”（简称“小金教”）工作，并将其作为国家教育管理信息化建设的先导工程。拟通过建立教育管理基础数据库和应用系统，实现教育基本信息数据的互通共享，并以此为教育管理决策提供及时的数据支持，为教育改革项目提供业务处理和监管的信息化平台支撑，提高教育公共服务信息化水平。值得一提的是，该工程对加强教育系统资金使用监管，强化学生资助服务具有重要意义。该项工作主要有四方面建设内容。

1. 建设教育部数据中心，实现规范的技术架构和集中的运维服务体系。

2. 建立集成的教育管理信息门户系统，实现各业务子系统和数据的互通共享。

3. 建设14个教育基础信息数据库。通过制定统一的教育管理信息标准、统一的教育基础编码，并按照“学校、教师、学生”三条主线，“基础教育、中职教育、高等教育、涉外管理”四个类别，建立14个主题数据库。包括全国从学前教育到高等教育的学生学籍数据库、教师数据库、学校及办学条件数据库，学生、教师、学校实现终身唯一识别号码。

4. 建设近30个管理信息系统。这些信息系统分学生、教师、学校（含办学条件）和专项四大类，包括从学前教育到高等教育全覆盖的学生学籍管理信息系统、教师管理信息系统、学校管理信息系统、学生资助管理信息系统、学校校舍管理信息系统等。

经过近一年的建设，“小金教”工作已取得重大进展，集中体现在以下两方面。

1. 在公共支撑保障项目建设方面取得初步成效。

一是教育部数据中心（一期）建设完成并投入使用；数据中心（二期）已通过立项评审。

二是中央级门户系统与应用集成工作已完成门户集成总体设计，并开始对新建业务信息系统和其他单位（司局、直属单位）已建系统进行集成，实现系统和数据整合。

三是信息系统总体技术设计和教育基础信息数据库规划设计工作稳步推进，已完成60%的设计工作，形成公共中间件选型方案、总体技术架构设计方案、学前教育主题数据库的需求分析、教育基础数据库建设规范等11项阶段性成果，并开始规范和指导业务信息系统和教育基础数据库建设。

四是安全体系建设工作已全面启动。同时，着手教育部二级RA系统建设，制定教育电子认证的建设、管理、应用与推广的相关规范和制度，开展教育电子认证在各业务信息系统的应用，并启动对已投入使用业务信息系统的安全等级测评。

五是完成全国教育机构统一编码管理系统一期建设，实现对全国56万多个教育机构的统一赋码和基本数据采集，为各业务系统的建设打下良好基础。

2. 在业务信息系统和教育基础数据库建设方面，各项工作稳步推进。

一是明确了业务信息系统和教育基础数据库建设前期工作重点和目标，即全面启动并重点建设完成与学生、教师、学校（含办学条件）相关的系统；通过系统建设和数据集成等多种途径建设全国学校数据库、学生数据库和教师数据库。

二是业务信息系统和教育基础数据库建设全面展开，并取得一定成果。已启动建设学生、教师、学校（含办学条件）和专项等四大类业务管理信息系统 14 个。其中全国中小学校舍信息管理系统、全国学前教育管理信息系统、教育统计信息系统和学生体质健康标准管理信息系统已完成一期开发并投入使用。全国中小学校舍信息管理系统一期完成全国 32 个省级单位系统部署，40.9 万所学校的基本信息、210 万栋单体建筑物的基本信息录入，并在校安工程管理、工作督察、校安工程审计、应急救灾、薄弱学校改造、专项工程立项等工作中得到广泛应用，受到国务委员刘延东、教育部部长袁贵仁、副部长鲁昕以及全国校安办、发改委、财政部的肯定；全国学前教育管理信息系统一期开发已完成；教育统计信息系统一期已在 2011 年的教育事业统计工作中投入使用，顺利完成 2011 年全国教育事业统计的数据采集和汇总工作；学生体质健康标准管理信息系统一期已采集全国 29 万所学校、4.7 亿条学生体质健康数据。

全国中小学学生学籍管理（含营养改善计划管理）系统建设已启动。首先采集全国 680 个试点县、2 600 多万名学生的基本数据，重点支撑营养改善计划项目工作开展。

全国学生资助管理信息系统、教育决策支持统计服务系统和直属高校基建管理信息系统已通过立项评审。

其他六个系统（中职教育学生学籍管理系统、来华留学生服务平台、免费师范生就业信息管理系统、国培计划管理系统、外籍教师数据库管理系统、纪检与监察管理系统）的建设工作也在按计划进行。

〔**以业务信息系统和基础数据库建设为抓手，推动地方教育管理信息化工作**〕2011 年，通过校安工程全国中小学校舍信息管理系统、教育统计信息系统等的建设，推动全国 32 个省级单位完成省级教育数据中心建设，在所有省、地市、区县教育行政部门和学校开展相关管理信息系统应用，建立中小学校舍数据库和部分教育统计数据库，为当地的管理和决策提供服务；同时，推动覆盖省、地市、区县和学校的教育管理信息化技术支撑服务体系的建设，逐步建立以教育信息中心为核心的教育管理信息化技术服务队伍，推动全国各级教育行政部门和各级各类学校管理信息化建设。

〔**加快制定《国家教育管理信息系统建设方案》**〕　根据教育规划纲要和教育信息化十年发展规划的精神，2011 年开始组织制定《国家教育管理信息系统建设方案》，已完成《方案》的初稿。《方案》的主要内容如下。

1. 建设目标。建设各级教育部门和各级各类学校的管理信息系统、决策支持系统和公共服务信息系统，建立覆盖教育机构、学生、教师等对象和业务的基础信息数据库。实现教育部门与学校之间的数据互通，提高教育监管能力和服务水平，为教育改革和发展提供有力支撑。

2. 主要建设内容。一是信息系统建设。在各级教育行政部门和各级各类学校建设覆盖学生、教师、学校及办学条件等的管理信息系统、决策支持系统、公共服务信息系统，实现对教育的动态监管和教育管理的信息化。二是基础设施建设。建设中央、省、地、县四级数据中心，学校建设网络环境，配备终端设备，实现网络互联互通。三是基础数据库建设。在全国建设覆盖学生、教师、学校及办学条件等的教育基础数据库，为管理和科学决策提供服务。四是保障体系建设。建设运行维护与服务体系和技术保障体系，在中央、省、地、县和学校建立技术支持机构和队伍。

撰稿　罗方述
审稿　展　涛

中央广播电视大学

〔启动“终身学习公共服务平台模式研究及示范应用”项目〕 2011年5月29日，教育部启动“终身学习公共服务平台模式研究及示范应用”项目。该项目研究和实践不同层级广播电视大学面向学习型城市和学习型行业建设终身学习公共服务平台及体系的模式与可持续运行机制。探索社会各类优质学习资源整合的方式、方法，建设服务于广大社会成员的终身学习公共服务平台及体系，探索本地区或本行业学习型组织建设应用模式与机制。该项目由学校牵头，15所不同层级广播电视大学参与实施。

〔推出《社区教育三年发展规划（2011—2013年）》〕 7月16—17日，教育部社区教育研究培训中心在北京召开了以“‘双核’驱动：用心和芯创新社区教育”为主题的2011年中央电大社区教育工作研讨会，推出了《社区教育三年发展规划（2011—2013年）》。

〔教育部党组会议研究开放大学建设工作〕 5月26日，教育部部长、党组书记袁贵仁主持召开教育部党组会议，听取了学校关于国家开放大学建设方案的汇报，就开放大学建设工作进行了研究。会议原则通过了国家开放大学建设方案，责成学校按照会议要求分步实施、扎实推进。

会议指出，国家开放大学要科学定位，办出特色；在国家层面要办好国家开放大学，同时制定地方开放大学独立设置的标准，符合条件的经过专家论证和教育部审批后方可独立举办；国家开放大学作为办学实体，应赋予其学位授予权，但要制定“宽进严出”的严格授予办法，审议报批后实施，切实保证办学质量。

〔成立国家开放大学筹备委员会〕 8月16日，教育部办公厅发文成立国家开放大学筹备委员会，统筹协调国家开放大学成立前的相关工作。教育部副部长杜占元担任国家开放大学筹备委员会主任委员，教育部科技司司长王延觉、职成司司长葛道凯、高教司司长张大良和中央广播电视大学校长杨志坚担任副主任委员，委员由中央电大党委书记、副校长阮智勇和上海、北京、江苏、广东、云南的5所“探索开放大学建设模式”试点省（市）电大及天津电大等10所省级电大的校长或党委书记共16人担任。筹备委员会下设办公室，办公室主任由杨志坚担任，具体负责开展各项工作。

〔国家开放大学筹备委员会召开第一次全体会议〕 8月22—23日，国家开放大学筹备委员会第一次全体会议在北京举行，就国家开放大学筹备工作的相关事宜进行研讨。教育部副部长、国家开放大学筹备委员会主任委员杜占元主持会议，教育部科技司司长王延觉、职成司司长葛道凯、高教司司长张大良、中央电大校长杨志坚等筹备委员会副主任委员出席会议，筹备委员会全体委员及中央电大校领导参加会议。

王延觉宣读了教育部关于成立国家开放大学筹备委员会成立的通知，葛道凯传达了教育部党组会关于国家开放大学建设方案有关审议的情况，张大良宣读了《关于国家开放大学筹备委员会工作职责的建议》，杨志坚介绍了国家开放大学筹建工作前期进展情况。

杜占元在会上作了重要讲话，明确指出，组建国家开放大学是贯彻落实教育规划纲要、推进教育改革发展的重大战略举措，是探索教育与科技深度融合的标志性产物，一定要按照教育规划纲要和教育部党组会议精神，高质量、严要求、按程序推进国家开放大学筹建工作。他明确要求，全国广播电视大学系统要进一步统一认识，通力合作，加强协调，分工负责，制定倒计时的工作计划，全力以赴、扎实认真地推进国家开放大学各项筹备工作。

〔**举行国家开放大学特色专业论证工作交流会**〕　4月15日，国家开放大学特色专业论证工作交流会在学校会议中心举行。会议的主要内容是交流国家开放大学特色专业建设思路和相关专业论证情况。校长杨志坚，副校长严冰、李林曙，各学科学院主要负责人、各相关管理部门负责人参加会议。经济管理学院、文法学院、外语学院、教育学院、工学院和农林医药学院等6个学科学院就18个拟建特色专业的论证工作做了交流。教务处、教学资源管理处、学习支持服务中心、考试中心和教学评估办公室分别根据部门职责，从管理角度交流了对特色专业建设的理解，并对专业建设思路、建设方式、论证及工作流程等提出意见。

〔**召开国家开放大学信息化建设及网络平台研发与应用专题研讨会**〕　5月11—13日，学校召开国家开放大学信息化建设及网络平台研发与应用专题研讨会。拟定在部分省级电大及中央电大直属学院启动网络平台先期运行试点，在实际运行中验证平台顶层设计及其基本架构和主要功能模块对于需求的适应性，继续开展需求论证，为下一阶段研发与应用提供依据，包括发现、研究相关问题并提出解决方案，同时对配套建设项目和改革措施提出建议，为全面部署网络平台试运行奠定基础。会议还发布了国家开放大学网络平台试点运行方案（讨论稿）、国家开放大学网络平台运行环境建设（讨论稿）。

〔**召开国家开放大学城市支持联盟筹建研讨会**〕　8月31日，国家开放大学城市支持联盟筹建研讨会在长春召开。长春市教育局副局长马军、济南市教育局巡视员李宪辰，以及14个城市电大的30余位代表参加了会议。会议主要就联盟的章程及协议等相关事宜进行了研讨。中央电大党委副书记、教育部社区教育研究培训中心主任张少刚向与会代表传达了国家开放大学筹备委员会第一次会议精神，介绍了国家开放大学四个支持联盟筹建的基本情况，并就城市支持联盟筹建的前期准备工作以及工作目标提出了初步设想。

城市支持联盟是国家开放大学依托各种社会力量支持与参与、不断提高办学能力和水平的重要媒介，与大学支持联盟、行业支持联盟、企业支持联盟共同为国家开放大学的建设提供有针对性的支持与保障。城市支持联盟主要侧重在各类职业培训、社区教育、市民素质教育等方面与国家教育改革中心城市展开合作，促进学习型城市及学习型社会的建设与发展。

〔**网络教育数字化学习资源中心建设项目通过第二次中期检查**〕　1月22日，高等学校本科教学质量与教学改革工程领导小组办公室组织专家在北京对“网络教育数字化学习资源中心建设”项目进行了第二次中期检查。专家组认为，项目主要成果表现在两方面。一是完成了资源库应用系统的设计与开发，并整合集成了各子课题的成果，完成了总中心的系统部署和试运行。二是整合了电大系统、普通高校、网络学院、高职高专、中职学校及社会培训机构的数字化教育资源约14TB，其中已入库课程约3 600门；启动了典型应用试点，有18家分中心、6家示范应用单位开展了试点工作。三是设计了资源共享机制及服务模式，并通过了典型应用试点初步验证机制与模式。四是开展了由数字化学习资源中心支撑的若干非学历教育项目。

〔**课程教学团队举行学术报告会**〕　3月10日，学校课程教学团队首场学术报告举行。课程教学团队建设是中央电大“十一五”规划“队伍素质提升工程”中团队建设项目的重要组成部分，也是探索国家开放大学教师队伍建设的重要举措。此次课程教学团队系列学术报告活动是由学科学院和课程教学团队建设试点项目组织方共同发起的，旨在展示首批7个试点课程教学团队的建设成果和建设经验，扩大试点工作的辐射作用，为团队的未来建设工作提供示范。学校领导出席了报告会，并与参会教师一起听取了《离散数学》、《计算机应用基础》两个团队的建设成果汇报。

〔**召开全国电大党委书记校长会**〕　6月23—24日，全国电大党委书记校长会议在北京召开。

教育部副部长杜占元出席会议并作重要讲话。教育部科技司副司长陈盈晖，学校领导班子全体成员以及来自全国44所省级电大的党委书记、校长，中央电大八一学院、总参学院、空军学院、西藏学院和残疾人教育学院的相关领导等百余名代表参加了会议，学校全体中层干部列席会议。

杜占元指出，中国教育事业已经站在新的历史起点上，当务之急、重中之重，就是按照党中央、国务院和教育部要求，抓好落实，坚定不移地把教育规划纲要提出的各项发展任务落到实处。对于全国广播电视大学来说，就是要落实办好开放大学，落实教育部党组通过的《国家开放大学建设方案》，以改革推动发展，以改革提高质量，以改革增强活力，积极推进国家开放大学建设，实现电大向开放大学的战略转型，进一步深化内涵，提升办学质量。杜占元强调，必须站在国家的高度和事业发展的全局认识办好开放大学的战略意义，关键任务就是要提高办学质量。

〔**启动2010年度奖学金试点工作**〕 3月14日，学校印发《关于开展2010年度中央广播电视大学奖学金试点工作的通知》(电校学〔2011〕1号)，启动2010年度中央电大奖学金试点工作。2010年度中央电大奖学金试点范围进一步扩大至29所省级电大，在继续开展2010年度中央电大“希望的田野”奖学金和中央电大残疾人教育IET—阳光奖学金试点工作的同时，新增设中央电大士官奖学金。中央电大根据试点省级电大（学院）在籍学生人数，按照一定比例确定奖学金候选人推荐名额。试点省级电大可向中央电大推荐候选人数共约6 000人，奖励金额为每人1 000元，奖学金总额约600万元。

〔**举办2011国际汉语教育新形势下的教师培养论坛**〕 8月12日，由学校和中国教育电视台主办，学校对外汉语教学中心承办的“2011国际汉语教育新形势下的教师培养论坛”在北京开幕。本次论坛针对长期以来汉语教师培养中一直困扰广大同行的相关问题进行了深入研讨，为国际汉语教育领域的专家学者的交流探讨、海内外高校间的合作互动搭建了平台。

〔**中国远程教育专家论坛**〕 4月18日，由《中国远程教育》杂志社主办的以“学者视角中的开放大学”为主题的“中国远程教育专家论坛”在学校举行，10多位来自教育研究领域、高校网院以及电大系统的专家学者就开放大学的建设与发展问题发表了主题演讲。

〔**2011中国国际远程教育大会**〕 11月17—18日，由全国高校现代远程协作组和学校指导、《中国远程教育》杂志社主办的2011中国国际远程教育大会在北京举行。会议以“问道数字化学习未来：信息技术与教育的融合与创新”为主题，总结数字化学习新经验，展示数字化学习新成果，探讨数字化学习新问题，交流数字化学习新思考，积极推动信息技术与教育的深度融合与创新，引领数字化学习发展新未来。

〔**开展教学资源建设研修活动**〕 11月17—19日，为配合特色专业和学位申报专业基于网络的、全媒体化的课程学习资源建设，学校在北京组织开展了教学资源建设研修活动，启动了全媒体化的课程学习资源建设项目。全媒体化的课程学习资源建设项目旨在探索与开放大学发展相适应的课程观、教学观、课程学习资源建设模式和应用模式；不断完善相关标准、规则和流程，推进课程资源建设观念的转变，推进资源建设能力和建设质量的提升，推进资源的应用与推广，为国家开放大学建设优质学习资源奠定良好的基础。

〔**2011继续教育数字化学习资源共享与服务成果展览会**〕 12月23—25日，2011继续教育数字化学习资源共享与服务成果展览会在北京国家会议中心举行。12月24日，国务委员刘延东莅临展会，视察了中央电大数字化学习资源中心展区和士官远程教育军营学习环境展区。教育部部长袁贵仁、副部长鲁昕、职成司司长葛道凯等教育部领导陪同参观，学校党委副书记张少刚介绍了展区相关特色内容。

〔**开展“三农”特色课程教学资源建设项目申报工作**〕　12月26日，学校会同全国电大教学资源协作会在电大系统组织开展了广播电视大学“三农”特色课程教学资源建设项目申报工作，以共同建设100门服务“三农”的特色课程教学资源为主要抓手，逐步形成适应“三农”需要、体现终身学习需求、具有农村高等职业教育特点的课程体系。

〔**举行“对口支援西藏大学共建西藏学院协议书”签字仪式**〕　9月1日，“中央广播电视大学‘十二五’期间对口支援西藏大学共建西藏学院协议书”签字仪式在西藏大学举行。西藏自治区教育厅厅长宋和平，学校校长杨志坚、副校长严冰，西藏大学党委书记房灵敏、校长格桑群培出席签字仪式，西藏大学副校长娄源冰主持签字仪式。西藏学院的建立与发展填补了西藏自治区没有广播电视大学的空白，探索了一条极具特殊性的少数民族地区开展现代远程教育的路子，开创了一个新的校校合作建设学院的办学模式，构建了一个服务西藏地区经济社会发展的大的教育平台。

〔**与思科系统国际有限公司签署战略合作框架协议**〕　11月3日，学校与思科系统国际有限公司在北京签署战略合作框架协议，双方将共同致力于利用先进的教育和信息技术理念为中国城乡居民实现“人人皆学、时时能学、处处可学”的教育目标，促进网络和信息技术与远程教育的深度融合，最大范围地帮助国家开放大学各级办学机构推行优质教育资源的全社会便捷共享。

〔**合作共建“中国普法学习网”**〕　8月9日，学校与北京市人民检察院第二分院签订了检校共建合作协议，并共同开通了双方合作共建的“中国普法学习网”（www.lawlearner.net），共商检校携手开展普法教育的发展与未来，探索社会管理创新的新途径。这是首个由高校和检察院系统合作开通的普法学习平台。

“中国普法学习网”是面向社会公众开展普法教育、普及法律知识、提供法律信息服务、预防职务犯罪等的网络互动平台，开设了职务犯罪预防、案例直送、法律法规、名师讲堂、专家答疑、理论研究、检察视角等栏目。

撰稿　孙明博
审稿　亓彦伟

中央电化教育馆

〔**召开教育信息化工作座谈会暨全国电化教育馆馆长会议**〕　3月28—29日，教育信息化工作座谈会暨2011年全国电化教育馆馆长会议在杭州市召开。教育部副部长杜占元出席会议并作重要讲话。教育部科学技术司司长王延觉、副司长陈盈晖，教育部基础教育二司副司长李天顺，国务院学位委员会办公室副主任郭新立，教育部科技发展中心主任李志民，中国教育电视台台长康宁，教育部教育管理信息中心副主任罗方述，中央电化教育馆馆长、教育部基础教育资源中心主任王珠珠，副馆长丁新以及教育部教育信息化（金教工程）领导小组成员单位的有关负责人，《教育信息化十年发展规划》编制专家组的部分专家，各省（区、市）教育厅（教委）和电教馆（中心）、各计划单列市教育局和电教馆、新疆生产建设兵团教育局和电教馆的负责人，部分地市级及省会城市电教馆馆长（主任），有关企业代表，新闻媒体记者等200多人参加了会议。

会议以贯彻落实全国教育工作会议精神和教育规划纲要，推进教育信息化快速发展为主题。其主要内容是：总结交流各地落实教育规划纲要、加快教育信息化进程的工作思路、策略和举措，部署和落实 2011 年工作，研讨电教系统协同落实教育信息化建设与应用的重点及示范项目。

杜占元在讲话中充分肯定了“十一五”期间中国教育信息化工作所取得的巨大成绩，并强调，要充分认识新形势下加快推进教育信息化科学发展的重要性、紧迫性和艰巨性。他指出，中国教育信息化发展面临着推进科学发展、促进经济社会发展、深化教育改革发展，回应人民群众热切期盼等方面的新形势、新要求。教育信息化是教育改革发展的重要支撑环境和创新动力，是国家信息化的“基础工程”，关乎千家万户。加快推进教育信息化在当前形势下是一项紧迫的重要任务，也是“十二五”期间一项十分艰巨的任务。做好教育信息化工作需要有责任意识、大局意识，也要有机遇意识。推进教育信息化的核心目标和工作任务就是要落实教育规划纲要的各项要求，要在落实各项任务中选好抓手，把握关键，建立教育信息化领导与支撑保障机制，使教育信息化在创新机制中做到有效推进并尽快发挥实际成效。他强调，要特别把握好几个重大问题：一是坚持以人为本，前瞻部署；二是坚持需求导向，应用带动；三是坚持统筹规划，协调发展；四是坚持创新机制，共建共享；五是坚持政府推动，多方参与。为此，他要求各地根据教育部的统一部署，抓紧启动教育信息化中长期专项规划的制定，做好顶层设计；切实推进教育信息化典型示范引领工作，尽快组织实施一批重点项目或工程；充分发挥电教系统等信息化相关机构的作用，加强组织领导和保障体系建设。

王延觉作了题为《教育信息化现状与展望》的报告，对中国教育信息化的现状、问题和机遇作了透彻的分析，并就教育部关于落实教育规划纲要、加快教育信息化进程的总体设想与 2011 年教育信息化重点工作作了部署。李天顺作了题为《基础教育信息化的相关问题与思考》的报告，就贯彻落实教育规划纲要赋予基础教育信息化的重要任务发表了意见。王珠珠作了题为《主动担当、系统协作、重点突破、服务大局，为加快我国教育信息化进程作出新贡献》的工作报告，部署了 2011 年电教系统的工作思路和重点协作任务。

部分省教育厅、电教馆负责人介绍了本地电教系统落实教育规划纲要，开拓创新，加快推进基础教育信息化建设的经验和做法。大会进行了分组讨论。

〔**第十二届全国中小学电脑制作活动**〕 7 月 23—31 日，中央电化教育馆、中国移动通信集团公司和山东省教育厅联合主办的“中国移动校讯通杯”第十二届全国中小学电脑制作活动夏令营在山东济南市举行。来自全国 31 个省（区、市）和新疆生产建设兵团的 1 400 多名中小学师生参加了电脑机器人竞赛、电脑作品面试和颁奖大会等活动。教育部副部长杜占元等出席颁奖大会。

杜占元作重要讲话。他指出，全国中小学电脑制作活动已经成为教育信息化领域面向学生的重要活动，深受中小学生欢迎并得到社会认同，促进了学生信息素养和信息技术水平的提高；对培养中小学生的创新精神起到推动作用；为中小学生提供了一个“海阔凭鱼跃、天高任鸟飞”的自由创作天地，为中小学校开展主动学习、自主学习、探究性学习提供了一个“看得见、摸得着”的有效平台；为体现学思结合、知行统一、因材施教、全面实施素质教育提供了一个实实在在的“抓手”。电脑制作活动中涌现出的创意新颖、制作精良的优秀作品和竞赛优胜者，反映出中小学信息技术教育的普及程度和应用层次逐步提高，反映出中小学生视野不断拓展、社会责任心不断增强、独立思考和解决实际问题的能力显著提高，充分展现了中小学生在信息技术方面的巨大进步。希望很好地总结电脑制作活动的经验，基于前瞻性的思考和国际化的视野，认真研究采取什么样的切实措施，如何进一步提高全体中小学生的信息素养和信息技术能力，并以此来提高他们的素质，提高他们在未来社会的生存能力、发展能力和创新能力，提高他们未来参与国际竞争的能力；要认真研究如何通过全国中小学电脑制作活动等形式，让教育信息化更好地为全面推进素质教育、创新人才培养、提高教育质量、促进教育公平服务，从而带动中国教育实现现代化。

本届全国中小学电脑制作活动评选类项目共收到 31 个省（区、市）和新疆生产建设兵团限额推荐的作品 1 891 件，参赛学生通过网络报送的“校讯通”专项作品共20 879件，经过评审，共有759件作品获奖。竞赛类项目由28个省（区、市）和新疆生产建设兵团推荐的248支队伍参加，经过比赛，共有88支队伍分别获得竞赛组各项目冠、亚、季军等奖项。15个省级教育部门获最佳组织奖。

〔**第十五届全国多媒体教育软件大奖赛、第二届“中国移动校讯通杯”全国中小学教师论文大赛**〕 11月13日，由教育部指导，中央电化教育馆主办的第十五届全国多媒体教育软件大奖赛、第二届“中国移动校讯通杯”全国中小学教师论文大赛颁奖大会在北京举行。教育部教育信息化推进办公室主任、科学技术司司长王延觉，教育部基础教育二司司长郑富芝，师范教育司司长许涛，职业教育与成人教育司副司长王扬南，高等教育司办公室主任李平，人民教育出版社社长殷忠民，高等教育出版社党委书记宋永刚，中国移动通信集团公司集团客户部总经理戴忠，中国人民解放军总参军训和兵种部训练保障局副局长高庆民，中央电化教育馆馆长、教育部基础教育资源中心主任王珠珠，副馆长王晓芜、丁新、蔡耘等，以及来自31个省（区、市）和新疆生产建设兵团中小学和高校的获奖作者、新闻记者等400余人参加颁奖大会。

第十五届全国多媒体教育软件大奖赛根据基础教育、中等职业教育和高等教育的不同特点，设置了多媒体课件、信息技术与学科教学整合课例、网络课程、学科主题社区、一对一数字化学习综合课例和教育教学工具类软件系统等6个项目。在基层选拔的基础上，全国共收到各地和各教育机构推荐的参赛作品2 810件。经过技术测试、网络评审、专家集中评审和现场决赛，827件作品分别获特等奖、一等奖、二等奖和三等奖，获奖率为29%；25个单位获最佳组织奖。

第二届“中国移动校讯通杯”全国中小学教师论文大赛紧密围绕“信息技术与教育创新”的主题，通过中国移动专门开设的网络平台提交论文，累计注册教师超过10万人，提交教学研究论文58 704篇，在线投票超过1 260万人次。大赛采取专家评审与教师网上投票相结合的方法，共有576篇论文获等级奖、21个单位获最佳组织奖。

〔**召开全国大中城市教育信息化发展战略交流研讨会**〕 12月16—17日，中央电化教育馆、江苏省教育厅和无锡市人民政府联合主办的全国大中城市教育信息化发展战略交流研讨会在无锡市举行。部分省（区、市）教育厅（教委）分管厅长（主任），各省（区、市）电教馆（中心）馆长（主任），各计划单列市、部分省会城市和部分地市教育局的分管领导、电教馆馆长等近200人参加会议。

会议的主题是：贯彻落实教育规划纲要，推动大中城市教育信息化深入发展。会议的主要内容是：研讨城市教育信息化发展战略和发展规划工作，交流城市教育信息化发展经验成果，考察无锡市教育信息化应用项目等。

教育部基础教育二司副司长刘昌亚在大会上致辞。教育部科学技术司副司长雷朝滋在大会上作主报告。无锡、上海、深圳、宁波、广州、沈阳、芜湖等市的教委、教育局负责人围绕大中城市教育信息化快速发展的经验和主要做法作了交流发言。出席会议的部分省教育厅领导分别对大会的交流发言作了针对性点评。

会议进行了分组讨论。代表们对电教机构建设、人员培训、提升电教系统的地位和作用、顶层设计与上下衔接、优质教育资源与共享机制建设、全国电教系统建设标准和学校教育信息化工作规程制定等方面的工作提出了意见和建议。

〔**完成全国省（区、市）、地（市）、县（区）级电教机构基本情况调查，为宏观决策提供参考和依据**〕 5月，根据教育部副部长杜占元“搞清基层电教馆的职能定位”，“摸清系统现状，权衡利弊，把作用发挥出来”的要求，中央电化教育馆组织了全国电教系统基本情况调研，系统了解当前电教系统的机构、人员、职能、服务方式等情况。此次调查范围为32个省级行政区（含4个直辖市、22个省、5个自治区和新疆生产建设兵团，不包括港澳台地区）。

调查显示，全国32个省级行政区、347个地（市）、2 947个县（区）级行政区设立了电教机构。全国电教战线是一个比较完善的系统，基本实现全面覆盖。

截至2011年年底，全国各地电教系统的从业人员23 200名，其中省馆1 573人、地（市）馆4 448人、县（区）馆17 205人。现有人员中，90％是事业编制人员，10％为编制外聘用人员。

有100％的省级电教机构、78％的地（市）电教机构、68％的县（区）级电教机构建有网站，能通过独立域名提供网络信息服务。有44％的省级电教机构、11％的地（市）电教机构、4％的县（区）级电教机构通过教育科研网（CERNET）接入互联网。省级电教机构中有资源库的28个，占87.5％；地（市）电教机构中有资源库的237个，占68.3％；县（区）电教机构中有资源库的1 787个，占60.4％。

在各地电教机构中，服务于义务教育的占99％；服务于高中教育的占84％；服务于学前教育的占78％；服务于中等职业教育的占64％；服务于特殊教育的占44％；服务于成人教育的占37％；服务于民族教育的占25％；服务于社区教育的占19％。

各地电教系统的职能主要集中在“信息技术与教育技术培训、技术支持与服务、教育信息化应用研究”三大项，分别有96％、92％、91％的电教机构具备以上职能。把“资源管理和开发”作为机构主要职能的比例呈省、地（市）、县（区）逐级递减的趋势（分别为97％、85％、72％）。从全国电教系统的平均基数看，“网络基础建设与终端配备”、“教育管理信息系统研发/运维”、“接受委托实施/管理项目”等也是主要职能之一，比例都超过60％。县（区）级电教机构的“培训”职能所占比例最大，达96％，其次是“支持服务”职能，达92％。

〔中国教育发展基金会戴尔“互联创未来”项目取得初步成效〕 教育部和戴尔公司于2009年9月签署协议，戴尔公司捐赠1 000万元人民币，建立50个互联课堂计算机教室并在此基础上开展应用。当年，启动了中国教育发展基金会戴尔“互联创未来”项目，中央电化教育馆为项目的组织实施单位。该项目自启动至2011年年底，已在北京、上海、长春、大连、厦门、广州和成都7个城市的50所农村和城市学校建成50所学校ICT移动教学支持中心，形成有利于实现城乡优质教育资源共享的教学环境。同时，项目为这些学校提供了“互联课堂”教学设备、5门促进教师专业发展的网络课程，一套项目学习优秀案例，50套针对小学课程的探究性学习支持资源包，为项目学校开展应用“互联课堂”，促进教学改革的实践活动提供基础。50名校长、20名管理人员、70名信息技术人员，近千名学科教师直接参加了应用“互联课堂”开展教学改革的培训课程。项目还构建了支持学校师生开展项目学习活动的网络社区，为项目学校师生提供相互学习与交流的平台，促进城乡师生的交流与协作，为学校的实践活动提供直接支持。

项目开展以来，来自城乡学校的学科教师开展了以英语、数学和科学学科为主的800多项教学改革实践活动和基于“互联课堂”环境下的课程实践活动，涉及的学科、选题多样，反映了项目学校学生在教师引导下接触社会，学思结合，知行统一的实践过程，体现了学生探究能力和综合素质的提高。通过项目资源共享、网络课程培训等间接受益的教师达2 600名，间接受益的学生达52 000名，形成了一批优秀的教学实践案例，对于推动课程与教学改革具有借鉴和指导作用。

〔教育信息化公共服务体系联合实验室成立〕 6月27日，教育信息化公共服务体系联合实验室在中央电化教育馆成立。该实验室是中央电化教育馆本着多方融入的机制与英特尔、戴尔、惠普、联想等十几家知名IT企业共同建设的。其主要作用是：针对教育信息化发展过程中的应用问题和可持续发展建设问题，提出解决方案并付诸实施的一个工作空间。其建设目标为：统筹规划、整体设计，用2—3年的时间，利用和发挥信息科技的优势和最新成果，建成覆盖全国中小学的、相对完善的、具有可持续发展能力的教育信息化公共服务体系，为教育信息化提供均衡、高效、质优和低成本的“网络化”的、“一站式”技术支持服务，提供防范性维修服务，及时修复故障设备，提高维修及相关服务的效率，保障信息化教学设施在合理的寿命周期内的有效应用。

该实验室自成立以来，已研发和测试了一批技术支持服务的相关产品，并指导地方开展了技术支持服务试点，初见成效。

〔**《班班通综合解决方案》（二）正式出版**〕 10月，由中央电化教育馆组织编写的《班班通综合解决方案》（二）正式出版，并向全国基层电教馆（站）免费发放4 000册。《班班通综合解决方案》（二）不仅对班班通定义和班班通10种环境模式进行了阐述、归纳和总结，同时对数字校园背景、概念、意义、结构、建设内容等方面的内容作了重点介绍，特别是书中推荐的265个产品和20套技术方案充分体现了新技术和建设思路，为数字校园建设的设备选型与配备提供了极具参考价值的推介。

撰稿 郭忠民 陈 莉 张敬涛 章雪梅 张 璇 李 丹

审稿 丁 新 王晓芜 蔡 耘

语言文字工作

〔完成《国家中长期语言文字事业改革和发展规划纲要(2010—2020年)》拟定工作〕 《国家中长期语言文字事业改革和发展规划纲要(2010—2020年)》(以下简称《语言文字规划纲要》)研制工作自2008年10月启动以来，经过两年多的努力，反复征求意见和修改，至2011年已基本完成。《语言文字规划纲要》包括“序言”、“指导思想和工作方针”、“目标和任务”、“改革和发展重点”以及“保障措施”五个部分；明确了“构建和谐语言生活”的指导思想和“加快普及，提升能力，弘扬文化，服务大局，和谐发展”的工作方针；提出了未来10年国家语言文字事业改革和发展的目标、五项任务、六项重点以及六项保障措施。《语言文字规划纲要》体现了四个亮点：一是突出了语言文字事业所具有的基础性、全局性、全民性特点；二是明确了“尊重语言文字发展规律，注重主体性与多样性的辩证统一，构建和谐语言生活”的工作目标；三是概括出“加快普及，提升能力，弘扬文化，服务大局，和谐发展”的20字工作方针；四是把“提升国民语言文字应用能力”、“弘扬中华民族优秀文化，保护中华语言资源”列为语言文字工作新的任务。

〔2011年度语言文字工作会议〕 1月20—21日，国家语委在北京召开2011年度语言文字工作会议。教育部副部长、国家语委主任李卫红出席会议并作了题为《依法推进语言文字事业科学发展》的报告，要求语言文字工作战线深入学习领会国务委员刘延东的重要讲话精神，把思想和行动统一到党中央、国务院的要求和部署上来。她回顾总结了“十一五”期间语言文字工作的进展和成绩，分析了工作中存在的问题，对“十二五”期间的工作任务进行部署，强调了2011年工作重点。会议为2010年通过城市评估的西宁市、完成全省一二三类城市评估任务的江苏省及“中华诵”经典诵读活动支持单位颁授了奖牌。各省级教育行政部门和语言文字工作部门负责人，部分省(区)少数民族语言文字工作部门负责人，国家语委委员单位联络员，教育部、国家语委相关司局和事业单位负责人约150余人出席了会议。

〔国家语委2011年度全体委员会议〕 2月14日，国家语委召开2011年度全体委员会议。教育部副部长、国家语委主任李卫红，新闻出版总署副署长邬书林，中国残疾人联合会副理事长程凯以及工信部、国家民委、人社部、民政部等20个部委的国家语委委员、代表、联络员出席会议。会议听取了教育部语用司、语信司2010年工作情况汇报和2011年工作安排及《语言文字规划纲要》起草研制进展情况汇报，围绕贯彻落实国务委员刘延东重要讲话精神以及《语言文字规划纲要(征求意见稿)》、《外国语言文字使用管理规定(草稿)》、《公共服务领域外文译写标准研制方案》和《国家语委“十二五”科研规划(征求意见稿)》等进行讨论。李卫红在总结讲话中希望各语委成员单位继续支持国家语委的工作，积极发挥指导作用，推动各行业系统开展对国务委员刘延东重要讲话精神和《语言文字规划纲要》的宣传培训和学习贯彻活动，同时配合教育部做好语言文字规范标准的宣传贯彻工作，为提高全社会语言文字应用水平作出新的贡献。

〔**国家语委咨询委员会第11次会议**〕　2月18日，国家语委咨询委员会第11次会议在北京召开。第十届全国人大常委会副委员长、国家语委咨询委员会主任许嘉璐，国家语委咨询委员会副主任柳斌、朱新均，教育部副部长、国家语委主任李卫红出席会议并讲话。许嘉璐主持会议。国家语委咨询委员会委员和教育部及相关司局、事业单位负责人参加会议。会议听取了国家语委2010年工作情况、2011年工作要点及《语言文字规划纲要》研制情况汇报，研究并讨论了《语言文字规划纲要（征求意见稿）》、《外国语言文字使用管理规定（草稿）》、《公共服务领域外文译写标准研制方案》和《国家语委“十二五”科研规划（征求意见稿）》。委员们建议国家语委采取有效措施，加强学习贯彻国务委员刘延东在纪念《国家通用语言文字法》颁布10周年座谈会上的重要讲话精神；充分肯定了《语言文字规划纲要（征求意见稿）》，对其中所涉及的管理体制机制、经费筹措等问题和某些具体表述提出意见。李卫红在讲话中指出，国家语委将努力适应社会需求，积极开拓进取，借势借力，自觉融入国家经济社会发展大局，进一步加强管理和宣传力度，实事求是，量力而行。许嘉璐在总结讲话中希望国家语委在《语言文字规划纲要（征求意见稿）》的修改过程中认真研究、充分吸收委员们的意见建议，加强纲要实施后的宣传培训力度。

〔**纪念《国家通用语言文字法》颁布10周年**〕　1月20日，全国人大教科文卫委员会、教育部、国家语委、国务院法制办公室在北京联合召开纪念《国家通用语言文字法》颁布10周年座谈会。会议的主题是：总结《国家通用语言文字法》贯彻实施10年来取得的成绩和经验，规划语言文字法制建设蓝图，推动中长期语言文字事业的科学发展。国务委员刘延东、全国人大常委会副委员长路甬祥出席会议并发表重要讲话。教育部部长袁贵仁、国务院法制办副主任袁曙宏、广电总局副局长李伟、解放军总政治部宣传部副部长禹光和江苏省人民政府副省长曹卫星在会上发言。会议由全国人大教科文卫委员会主任委员白克明主持。刘延东在讲话中充分肯定了《国家通用语言文字法》颁布10年以来语言文字工作取得的丰硕成果，总结了在创新发展的实践中积累的宝贵经验，强调了语言文字工作的地位作用及新时期做好语言文字工作的重大意义，明确了新时期语言文字工作的方向目标，阐述了语言文字工作的方针政策。出席会议的还有国家语委委员单位及其他相关部委、各省级教育行政部门和语言文字工作部门的负责人以及在北京的专家学者。

1月21日，国家语委组织召开专题座谈会，认真学习领会刘延东同志重要讲话精神。国家语委主任、教育部副部长李卫红出席座谈会并发表重要讲话。

〔**第三批国家级语言文字规范化示范校申报和认定**〕　为继续推进语言文字规范化示范校创建活动深入开展，根据《教育部　国家语委关于开展语言文字规范化示范创建活动的意见》（教语用〔2004〕4号），继续开展第三批国家级语言文字规范化示范校的申报和认定工作。4月，教育部下发《教育部办公厅关于开展第三批国家级语言文字规范化示范校申报、认定工作的通知》（〔2011〕1号），要求各地高度重视此项工作，把示范校建设作为贯彻国家通用语言文字法律法规、方针政策，实现语言文字事业中长期发展目标的一项重要抓手和平台，严格把关、积极申报。8月初，教育部语用司组织对各地申报的各类学校和幼儿园，从工作制度机制、能力素质要求、教育教学实践、校园文化建设、科研创新探索、示范引领作用等方面进行评审；10—11月，又组织了对拟认定的第三批国家级示范校的抽查和对已认定命名的国家级示范校的复查。12月，教育部、国家语委发文，授予北京朝阳区芳草地国际学校等506所学校国家级语言文字规范化示范校称号。

〔**推进规范汉字书写教育**〕　为贯彻落实教育规划纲要精神，根据国务委员刘延东“要把规范汉字书写教育作为弘扬传承优秀传统文化的重要工作，动员方方面面力量常抓不懈，抓出成效”的批示精神，2011年，教育部语用司深入推进规范汉字书写教育工作。1月，召开规范汉字书写教育论坛，指导相关部门开展师资培训工作，全国各地170余名各级教育行政部门、语言文字工作部门相关负责人、大中小学校长和书法教师代表出席论坛；11月，指导相关部门举办首届规范汉字书写、书法师资培训班，各地小学语文教师及写字专、兼职教师约100人参加，培训工作反响良好；组织国家级规范汉字书写教育特色学校评审工作，印发《关于开展规范汉字书写教育特色学校建设的通知》，要求各地开展规范汉字书写教育特色学校建设、评审工作。截至2011年6月，共收到全国2 046所中小学的申报材料。经专家初评，遴选出313所学校进入会评阶段。

〔**2011年“中华诵·经典诵读活动”主要工作**〕 2011年，经典诵读活动主要开展了如下工作。

1. 推进“中华诵·经典诵写讲”进校园试点活动。下发《教育部、国家语委关于在学校开展“中华诵·经典诵读行动”试点工作的通知》，开展为期一年的学校试点工作。全国共有11所直属高校及20个省（区、市）的两万多所学校参与其中，试点校在课程建设、教材建设、学科建设、活动开展、人才培养等方面进行积极探索和大胆实践。试点期间，教育部、国家语委召开“中华诵·经典诵写讲”研讨会暨中华经典教育全国校长论坛，就各级各类学校深入推进经典诵读行动的思路、举措进行研讨；举办了两期中小学经典诵读教育骨干教师国家级培训班（国培计划），233名一线教师及管理人员参加培训。通过培训，有效增强了教师弘扬中华优秀传统文化的责任感、使命感和主动性、自觉性；加深了对中华经典名篇名作的理解，提高了对经典作品的赏析能力和诵、写、讲的技能；交流和探讨了在中小学开展中华经典诵读活动的多种方法和途径，为进一步建立经典诵写讲骨干教师培训新模式和课程体系建设打下坚实基础。

2. 举办“中华诵·颂歌献给党”红色经典诵读活动。教育部、国家语委、中共中央党史研究室决定在“七一”前组织开展“中华诵·颂歌献给党”红色经典诵读活动。一是联合下发《教育部、国家语委、中共中央党史研究室关于围绕纪念建党90周年在教育系统中开展“中华诵·颂歌献给党”红色经典诵读活动的通知》，各地教育系统高度重视，结合本地特色积极组织，活动形式多样、成效显著，并注重构建经典诵读长效机制。据不完全统计，天津、江苏、浙江、福建等14个省（区、市）共组织各类红色经典诵读活动近5万场次，直接参与和观摩师生近1 400万人，参与学校1.5万所；二是“七一”前夕，围绕中国共产党“开天辟地”、“井冈山斗争”、“抗日战争”、“解放战争”和“建设新中国”5个历史时期，分别在上海、井冈山、延安、西柏坡、北京举办5场大型红色经典诵读晚会，展示中国共产党建立90周年的光辉历程和不朽业绩，加深广大师生对党、对祖国的热爱之情。

3. 举办“中华诵·2011经典诵读大赛”、“中华诵·2011全球华人学生暨全国学生规范汉字书写大赛”。比赛由教育部、国家语委、中央文明办、国务院侨办联合主办，教育部语用司具体组织实施。大赛部署以来，各级教育部门高度重视，面向社会积极宣传发动，全国27个省（区、市）均组织参加了比赛。首次由国务院侨办组织海外华人学生（含华侨）参加了两项大赛。据不完全统计，全国有640余万名各类学生报名参加规范汉字书写大赛。评审专家对入围全国决赛的830条诵读视频作品、2 243幅书写作品进行了认真评审，最终评审出全国决赛一、二、三等奖和优秀奖共561条诵读视频和1 484幅书写作品。

4. 成功举办“中华诵·经典诵读活动”之“2011全国中小学生作文大赛”。3月，教育部语用司启动了此项赛事，全国各地中小学生积极参与，有34 836所学校组织学生参赛，共收到314 482名中小学生的参赛作品730 241篇。大赛也受到学生家长、各界人士和广大网友的热烈欢迎和广泛支持，共收到网络及手机投票13 176 450张。经过省级奖、全国奖两轮评审，本次大赛最终评出省级一、二、三等奖4 704名；全国一、二、三等奖及优秀奖329名；学校优秀组织奖109名；中国移动通信集团优秀组织奖14名。

5. 举办“中华诵·2011中小学生夏令营”。由教育部、国家语委、中央文明办联合主办，中共张家港市委、市政府承办的夏令营于8月8—13日在江苏省张家港市举行。来自全国29个省（区、市）以及香港特别行政区的140余名中小学营员、领队教师参加活动。与前两届相比，本届夏令营第一次有了15名香港小学生参加。

6. 召开“中华诵·经典诵读活动”经验交流研讨会。11月23—24日，“中华诵·经典诵读活动”研讨会在北京召开，29个省（区、市）和11所高校的语言文字工作代表参加会议。教育部副部长、国家语委主任李卫红要求全国语言文字工作者要以“中华诵·经典诵读行动”为契机，开拓思路，创新举措，大力推进语言文字工作。

7. 举办“中华诵·2011经典诵读晚会（端午篇）”。晚会由教育部、国家语委、中央文明办主办，中国教育电视台、中共贺州市委市政府共同承办。整场晚会将端午、建党90周年、贺州风情三个内容融为一体，通过群众性诵读与传统节目结合的方式，诠释了端午节的来历和内涵，弘扬了中华民族的优秀文化和传统美德。

〔第14届全国推广普通话宣传周〕 第14届全国推广普通话宣传周活动于9月11—17日在全国各地广泛开展。推普周开幕式于9月11日在内蒙古自治区鄂尔多斯市举行，闭幕式于9月17日在西藏自治区首府拉萨市举行。两地组织群众集会，开展国家通用语言文字和民族地区通用语言文字双语诵读活动。

推普周期间，各地、各行业系统在总结以往经验的基础上，集思广益，在创新活动形式、扩大宣传效果等方面进行了积极探索。开展了“热爱祖国语言文字”教育和万人签名、学生语言文字知识和基本功竞赛，下乡、入户、进社区开展语言文字政策法规和规范知识宣传、咨询以及“推普大篷车”活动，进行经典、特别是红色经典诵读和书写活动，评选“推普之星”、“推普形象大使”，开展相关知识讲座、演讲比赛、文艺演出等。

作为本届宣传周重点活动，由全国推普周领导小组办公室主办，武汉市语委和武汉漫画研究会承办的“汉口银行杯·全国‘双推’漫画大赛”于3月启动，全国各地语委、漫画组织、各级各类学校广泛动员，积极响应。大赛历时4个月，吸引众多漫画爱好者积极参与，共收到来自全国28个省（区、市）的参赛作品8 000余幅，其中学生作品6 000余幅。由漫画家和语言文字专家组成的评审团认真评选出一等奖2幅、二等奖4幅、三等奖5幅、优秀奖20幅、入围奖76幅，另有14幅学生作品获大赛增设的“新苗奖”。同时还举办了“全国双推博客微博评比活动”。本次博文评比活动收到作品5 736篇，其中博客类作品约2 700篇，微博类作品约3 000篇，共有1 020名参赛者获奖，50个基层学校获优秀组织奖。

〔继续推动城市语言文字评估〕 9月，拉萨市顺利通过国家一类城市语言文字工作评估检查，标志着西藏自治区的城市语言文字评估工作初见成效，同时也为西藏自治区进一步加强各级语言文字工作机构、队伍建设，健全、完善工作体制机制，组织规划、实施好自治区内其他二类及三类城市评估工作，促进自治区语言文字工作再上新台阶打下了良好的基础。河南、海南两省语委也启动了省会城市的语言文字评估准备工作。各地对城市语言文字评估的实施和指导工作力度不断加强，评估工作也突显出在推动贯彻落实国家语言文字法律法规，推进语言文字工作机制健全等方面的重要作用。江苏等已经全部完成了城市评估工作的省市，则进一步推动工作向纵深发展，开展“城市创优、乡镇达标”工作，推动县域内语言文字工作规范化水平不断提升。

〔汉语能力测试取得突破性进展〕 汉语能力测试（HNC）作为国内首个全面考查汉语听说读写能力的语言评价系统，旨在评估以汉语作为生活、学习、工作基本用语人群的汉语应用能力。测试由低到高共分六个等级：一级为入门级，二级为基础级，三级为普别级，四级为通用级，五级为提高级，六级为专业级。测试利用语音、视频等多媒体技术，通过在计算机上再现考查汉语水平所必需的文化活动情境，有效评估考生的语言应用能力。此外，考生完成测试后将获得详细的评估报告，对个人如何进一步提高汉语应用能力提出建议。

2011年，教育部语用司联合教育部考试中心先后组织召开汉语能力测试新闻通气会、专家研讨会，组织专家工作组调整命题与试题结构、完善计算机测试系统，为正式开展试点工作做好准备。在4次内部测试取得良好效果的基础上，于11月23日在北京召开试点工作部署会，对试点工作进行了正式部署。12月24日，历时3年研制的汉语能力测试先在北京、内蒙古、上海、江苏、云南和南开大学等地（校）开考，包括学生、教师、公务员、军人、农民、公司职员、自由职业者、退休职工在内共2 442人参加了“四级”和“五级”两个级别的测试。根据媒体对应试考生的采访报道显示，大多数考生认为测试题目新鲜又具有一定难度，测试很有意义。

〔**两岸合作编纂中华语文工具书进展情况**〕 2011年，两岸合编中华语文工具书工作开展了第四、五、六3轮会谈。在第六轮会谈中，双方商定于2012年2月初在北京、台北同时发布合作成果，正式开通两岸中华语文知识库网站，公布《两岸常用词典》纸制版样书；研讨《两岸常用词典》的出版和扩编、两岸网站的连接机制，确定了某些关键词语的统一英文译名，研究了词典编写及科技名词对照工作中具体问题的处理原则等。

各工作小组严格按照历次会谈备忘录规定的时间要求，与台方即时开展工作交流，扎实推进各项工作。词典编写组按计划于12月完成了原定的第一阶段编写《中华语文词典》简编本即《两岸常用词典》的任务。信息技术组完成中华语文知识库网站的检索系统、两岸共编词典的查询系统和两岸专业术语检索查询系统建设；完成了5 000万字语料的建库和语料加工；中华语文知识库网站已经迁移至中国万网云主机上，实现了云技术服务，提高了速度，扩大了容量。《两岸科学与技术常用词典》编纂工作进展顺利，已进入词目释义的拟写和审议工作阶段。

〔**组团访问英国和荷兰**〕 10月10—19日，教育部语用司组织语言文字工作考察团对英国、荷兰的语言政策、语言使用情况、母语学习和语言能力测试评价、少数民族语言文字政策和相关法律、官方语言的国内外推广等进行了考察，并与英格兰教育部、苏格兰教育部、英国文化委员会、爱丁堡大学孔子学院、荷兰教育部、荷兰课程开发研究中心、莱顿大学汉学系及荷兰语系的相关负责人、专家学者就有关问题交流了意见。

撰稿 周道娟 翟志国 郝阿庆
张 艳 孟庆瑜
审稿 张世平

〔**完成国家语委“十二五”科研规划2011年度立项工作**〕 4月，《国家语委“十二五”科研规划》印发。该文件紧密围绕国家教育事业和语言文字事业改革和发展大局，对国家语委“十二五”期间的科研工作进行了科学规划。与该《规划》同时印发的还有《国家语委“十二五”科研规划2011年度项目指南》，随后组织开展了科研项目的资格审查、网络评审、重大项目答辩、会议评审和公示等立项工作。截至10月，立项工作基本完成，本年度共立项136项，覆盖了国家语委的各项重点工作。

做好国家语委“十二五”科研立项工作。一是把坚持公平、公正、公开的原则和健全科研管理制度作为工作的核心。实行了网上在线双向匿名评审制度、重大项目会议答辩制度和专家回避制度；加强项目评审结果的公开力度，实行评审结果的公示制度和评审申诉制度，接受社会的监督，稳妥处理社会反映的意见建议等。二是充分借助信息化手段提升科研管理水平。为提高科研管理水平，专门建设了“国家语委科研网”（www.ywky.org）。该网是一个包含评审专家库、申请书审核系统、科研管理系统、科研信息发布管理系统等多个子系统的科研综合管理平台。三是充分借助和发挥专家学者的力量。先后有近百位专家学者参与了相关评审工作，保证了评审结果的准确性和严肃性。四是积极推动地方语委参与科研工作。积极鼓励各地结合本地实际，提出本地需要研究的课题，服务于省域语言文字工作的开展。

〔**启动中国语言资源有声数据库上海建库工作**〕 3月24日，中国语言资源有声数据库建设上海建库工作启动。教育部副部长、国家语委主任李卫红，上海市副市长、市语委主任沈晓明出席启动仪式，并共同为上海建库工作揭幕。李卫红发表了题为《中国语言资源有声数据库建设功在当代、利及千秋》的讲话。她指出，建设中国语言资源有声数据库是推进国家语言文字事业健康发展的重要举措，得政心、得民心，功在当代、利及千秋。她希望上海把数据库建设升级为本地的语言文化数据库，使其成为地方文化保护和文化建设的重要工程。教育部语言文字信息管理司司长李宇明在讲话中阐述了中国语言资源有声数据库的特点、作用及上海具备的良好条件，预祝上海的建库工作取得圆满成功。

〔启动中国语言资源有声数据库北京建库工作〕 5月27日，中国语言资源有声数据库北京建库工作启动，北京语言文化建设研究中心同时成立。教育部副部长、国家语委主任李卫红，北京市副市长、市语委主任洪峰出席启动仪式并讲话。李卫红在讲话中指出，中国语言资源有声数据库建设是对中国语言规划、文化建设和语言科学研究产生重要影响的事业。她希望承担这项任务的有关单位和专家团队，严格按照调查规范开展工作，保证项目建设的科学性和规范性，建成“品牌”工程。李卫红还指出，北京语言文化建设研究中心的成立，是省市语委加强省域科研工作、建设科研基地的有益探索。希望中心发挥学科优势和人才优势，积极开展语言文化基础研究、应用研究和对策研究，注重研究的战略性、前瞻性和针对性，为北京市和国家的语言文字事业作出贡献。

〔召开中国语言资源有声数据库建设试点总结会〕 中国语言资源有声数据库建设试点总结会在南京举行。教育部副部长、国家语委主任李卫红，江苏省副省长、省语委主任曹卫星出席并讲话。李卫红在讲话中指出，建设中国语言资源有声数据库是一项利在当代、惠及后人的事业，具有重大而深远的意义。江苏省创造性地开展试点工作，探索出“政府主导、学者承担、社会参与”的工作模式和一系列行之有效的专家团队运作及管理办法，为在全国范围内开展工作积累了宝贵经验。她强调，要紧密结合国家语委在新时期面临的新机遇和新挑战，把中国语言资源有声数据库建设工作提升到开发语言资源、提供语言服务、构建和谐语言生活、打造服务型政府的高度来认识。

为表彰江苏作为中国语言资源有声数据库建设唯一试点省份所作出的贡献，国家语委向江苏省语委颁发“中国语言资源有声数据库建设试点特别贡献奖”。

“中国语言资源有声数据库（江苏库）展示网”同时开通。

〔启动《公共服务领域外文译写规范》研制工作〕 5月19日，《公共服务领域外文译写规范》研制启动仪式暨专家研讨会在北京举行。与会专家围绕标准制定的意义、原则以及标准名称、应用领域、体例和译写技术等问题展开了深入讨论。8月29日，《公共服务领域外文译写规范·英文》专家委员会成立会暨研讨会在北京召开。教育部副部长、国家语委主任李卫红出席会议并讲话。李卫红指出，建立全国统一的标准，规范我国公共服务领域的外文译写，是即将颁布的《国家中长期语言文字事业改革和发展规划纲要》规定的重要任务，需求迫切、意义重大。李卫红对做好公共服务领域外文译写规范提出三点要求：把握好政策；群策群力，汇集众智，“开门定规范”；开展扎实的科学研究。成立会上开通了“公共服务领域外文译写”网站（http://wwyx. shyywz. com）。12月7—8日，《公共服务领域外文译写规范》研制工作会在上海召开，会议审议通过了《公共服务领域外文译写规范·英文（通则）》(草案)。

根据教育部、国家语委的工作规划，中国公共服务领域外文译写规范包含英、俄、日、韩四个语种，覆盖交通、旅游、文娱、体育、卫生、商贸、餐饮住宿等十多个领域，并与承办国内外重大活动的城市合作，共同进行语言环境规划。

〔启动新时期普通话审音工作〕 5月26日，新世纪普通话审音工作研讨会在北京召开。与会专家围绕普通话审音工作的内容、原则、方式、成果形式等问题展开了深入讨论。10月28日，普通话审音委员会成立会在北京举行。审音委员会由来自语言学、教育学、普通话研究以及播音主持、科技名词、地名、民族语言等领域的专家组成。教育部副部长、国家语委主任李卫红出席会议并讲话。李卫红指出，党的十七届六中全会提出要“大力推广和规范使用国家通用语言文字，科学保护各民族语言文字”。普通话是现代汉民族共同语，也是国家通用语言，是传承和弘扬中华文化的重要载体。新时期普通话审音工作的主要任务应全面总结国语运动一百年，特别是新中国成立六十多年来语音规范化的成果，研究确定新时期普通话审音工作的基本原则、整体方案和实施路线图，调整、完善 1985 年发布的《普通话异读词审音表》，建立健全普通话语音规范标准体系，满足现代语言生活需要。会上开通了“普通话语音规范网（普通话审音网）”（www. pthyygf. org）。

〔**《通用规范汉字表》原则通过国务院常务会议审议**〕　《通用规范汉字表》的研制工作自 2001 年启动，2011 年修订完善并上报国务院。8 月 17 日，经国务院常务会议审议通过，待进一步通过审核后发布。《通用规范汉字表》是贯彻《中华人民共和国国家通用语言文字法》，适应信息时代社会各领域汉字应用需要的重要汉字规范。研制和实施《通用规范汉字表》，对提升国家通用语言文字的规范化、标准化水平，促进国家经济社会和文化、教育事业发展具有重要意义。

〔**《标点符号用法》等三项国家标准发布**〕《标点符号用法》、《出版物上数字用法》、《汉语拼音正词法》、《中国人名汉语拼音字母拼写规则》于 1 月报送国家标准化管理委员会审批。《出版物上数字用法》于 7 月 29 日发布，11 月 1 日实施；《中国人名汉语拼音字母拼写规则》于 10 月 31 日发布；《标点符号用法》于 12 月 30 日发布。国家标准的发布使用将有力提升社会各领域语言文字应用的规范化水平。

〔**召开国家语委“十二五”科研工作座谈会**〕11 月 11 日，教育部语言文字信息管理司在上海外国语大学召开国家语委“十二五”科研工作座谈会。教育部副部长、国家语委主任李卫红出席会议并讲话。李卫红指出，刚刚闭幕的党的十七届六中全会提出努力建设社会主义文化强国，推动社会主义文化大发展大繁荣的战略目标，意义重大，措施得力，鼓舞人心，体现了我们党建设社会主义文化强国的高度自信心。会议审议通过的《中共中央关于深化文化体制改革、推动社会主义文化大发展大繁荣若干重大问题的决定》中明确提出，要“大力推广和规范使用国家通用语言文字，科学保护各民族语言文字”，这将是今后一个时期国家语言文字工作必须紧紧围绕的重心和工作落脚点。座谈会上，李卫红和上海市语委副主任、教委主任薛明扬共同为设在上海外国语大学的首个国家语委科研基地“中国外语战略研究中心”揭牌。

〔**举办“语言与国家的安全和发展”扬州论坛**〕　4 月 8—9 日，中国政策科学研究会国家安全政策委员会、国家语言文字工作委员会在江苏省扬州市联合举办“扬州论坛：语言与国家的安全和发展”。全国政协副主席李金华，教育部副部长、国家语委主任李卫红等领导同志到会并讲话。与会代表就国家语言主权、国家安全、国家语言能力、语言认同、语言信息化、语言生活管理、民族地区双语教育等问题进行了深入研讨。论坛把语言问题提到国家战略和国家安全发展的高度，深入讨论了语言在国家安全与发展中的重要作用，具有积极成效。

〔**语言文字信息管理工作调研会分片区召开**〕11 月 1 日和 11 月 10 日，教育部语言文字信息管理司分别在昆明市和上海市召开了语言文字信息管理工作调研会中、西南片和华东片会议，来自华中、西南、华东、华北、东北等地的语委和民语委的 50 余位代表出席会议。会议的主题是：学习贯彻落实党的十七届六中全会精神，“大力推广和规范使用国家通用语言文字，科学保护各民族语言文字”。会议就如何进一步发挥地方语委在语言文字规范标准制定及科学研究等方面的作用，如何通过科学研究推动地方语言文字工作进行了研讨；同时，语信司还听取了各地语委对语信司工作的意见和建议。

〔**出版《中国少数民族语言文字规范化信息化报告》**〕　10月，由教育部语言文字信息管理司组织编写的《中国少数民族语言文字规范化信息化报告》由民族出版社出版发行。该书属于“中国语言生活绿皮书”B系列，即中国语言生活的状况与分析系列。该书的出版有助于社会进一步了解各地少数民族语言文字工作的基本情况，对相关部门制定符合科学发展观的发展战略、进一步做好少数民族语言文字工作具有重要意义。

〔**少数民族语言文字规范标准建设及信息化的重要项目结项**〕　11月4日，“达斡尔、鄂温克和鄂伦春语语音声学参数数据库”项目鉴定会举行。该项目在国内首次建立了达斡尔、鄂温克和鄂伦春语语音声学参数数据库，数据容量较大，标准化程度高，达到了国际先进水平；建立了参数库统一平台，为成果的推广应用和开展深入的语音声学研究提供了可靠的理论依据。该项目的研究成果有助于进一步促进少数民族语言语音资源的保护和开发。

12月22日，“现代藏语语法信息词典数据库研究”项目鉴定会举行。“藏语语法信息词典”建立了以词为核心的藏语词法、句法、语用属性，提出了完整的藏语语法体系的信息化表征方式，构建了4万余词的信息词典和500万词的标注语料，发表了专著和数十篇研究论文，为进一步开展藏语文本语法标注、机器自动分词、藏汉机器翻译等应用项目奠定了基础。

〔**发布2010年度中国语言生活状况报告**〕　5月12日，教育部、国家语委发布了2010年中国语言生活状况报告。其内容涵盖了2010年度社会语言生活的实际状况，包括中央政府对语言文字事业的高度重视、语言文字工作的亮点、社会关注的语言热点、新时代的信息传递模式、新词语，以及新闻媒体、少数民族语文教材、海外汉语教材、东南亚华文教材、中文博客等的用字用语状况。

〔**第六届海峡两岸现代汉语问题学术研讨会召开**〕　11月28日至12月1日，第六届海峡两岸现代汉语问题学术研讨会在澳门召开。会议主题为“国语运动百年”。教育部语言文字信息管理司副司长田立新、北京语言大学党委书记王路江等出席会议并讲话。与会者围绕国语运动、方言、汉语词汇、汉语语音、语文教育、语言政策等进行了多角度的深入探讨。

〔**“汉语盘点2011”活动成功举行**〕　12月14日，“汉语盘点2011”活动在北京举行。该活动由国家语言资源监测与研究中心、商务印书馆、新浪网、中国青年报联合主办。活动发布了2011年度字词以及年度“十大流行语”、“十大新词语”。“控”和“伤不起”、“债”和“欧债危机”最终脱颖而出，分列年度国内字词和国际字词首位。发布的“十大流行语”是：中国共产党建党90周年、“十二五”开局、文化强国、食品安全、交会对接、日本大地震、欧债危机、利比亚局势、乔布斯、德班气候大会。“十大新词语”是：伤不起、起云剂、虎妈、政务微博、北京精神、走转改、微电影、加名税、淘宝体、云电视。

“汉语盘点”拥有较高的声望和关注度，在汉语词语推广方面有较大的社会影响力，已成为一项重要的文化活动和新闻事件，成为人们关注中国和世界的一个重要窗口。

撰稿　王　奇　易　军
审稿　李宇明

国际与港、澳、台教育合作与交流

国际合作与交流

〔**对外交流与合作**〕　截至2011年年底，中国与188个国家和地区以及联合国教科文组织等28个国际组织建立了教育交流与合作关系，设立了18个双边或多边教育高层工作磋商机制，构建了若干区域性的教育合作与交流平台。签署并尚在执行的双边和多边教育合作协议达154个，正在实施的政府间项目共有77项。与39个国家和地区签订了相互承认学历学位协议。以中美人文交流高层磋商机制、中俄人文交流合作为两大支柱，中国—欧盟、中国—东盟、中国—东北亚、中国—阿拉伯、中国—非洲、中国—上海合作组织六大平台为依托的教育对外开放的战略格局基本形成。

成功召开中美人文交流高层磋商机制第二次会议，积极落实国务委员刘延东与美方达成的成果，启动500名大中小学校长和骨干教师赴美研修计划。召开中俄人文合作委员会第十二次会议，设立中俄人文交流专项奖学金，制定中俄人文合作行动计划。积极推动中欧人文交流机制的设立，双方已经达成基本共识，进入具体设计和组织阶段。进一步加强与欧盟成员国之间的人文交流和教育合作。温家宝总理访德期间，宣布将建立中德职教合作联盟以及中德高教战略合作伙伴关系。积极推动中英领导人就中英人文交流机制建设达成共识。构建中日韩大学交流机制，启动“亚洲校园”试点项目，促进中日韩大学学分互认及人才联合培养。成功举办世界大学校长论坛、第四届中国—东盟教育交流周、中国—阿拉伯高教合作研讨会和第十二届世界俄语大会。

〔**国际汉语教育**〕　2011年，国际汉语教育事业发展规模稳定扩大，办学质量不断提高。截至2011年年底，已有105个国家和地区建立了358所孔子学院和500个孔子课堂，注册学员50万人，举办各类文化活动1.3万场次，参加人数722万人。汉语教师和志愿者派出力度加大，全年共派出4 000多人，累计派出教师及志愿者1.7万名。各国本土师资比例明显提高，“孔子学院奖学金”项目共招收110多个国家1万多人次来华攻读汉语国际教育专业硕士或进修汉语教学课程，其中2011年新招收孔子学院奖学金生3 200人。国家汉办及各地方院校在国内外举办短期培训班，共为80个国家培训汉语教师达10万人次，开展中外院长教师全员轮训、岗前培训、教材教学法培训，共计2.2万人。教材建设方面，出齐45个语种对照的核心教材，向136个国家配送和销售教材图书1 200多万册。网络孔子学院已开通9个语种，注册用户覆盖67个国家；广播孔子学院在12个国家设立了广播孔子课堂。2011年，成功举办第十届“汉语桥”世界大学生中文比赛，共有70多个国家10万名外国学生参与海外预赛，近1 000名优秀选手来华参加决赛；成功举办第四届在华留学生汉语比赛，70多个国家1万多名在华留学生参加了比赛。“汉语桥”访华之旅活动，共接待2万多名各国教育官员及大中小学师生访华，亲身体验中华文化。

〔**外国文教专家和外籍教师工作**〕　2011年，教育部在直属高校聘请外国文教专家和外籍教师工作中，进一步完善"海外名师项目"、"学校特色项目"的相关政策，继续加大对非教育部直属高校的政策扶持力度，明确要求各高校所聘海外名师至少在每所联合实施高校工作10天，占海外名师在华工作时数的六分之一。进一步加强对项目经费的规范管理。强化项目的闭环管理，实施年度报告和结项报告制度，并通过汇集交流方式引导高校提高项目效益，发挥了监督和共享的作用。

2011年，共有3个海外名师项目和38个学校特色项目结项。截至2011年年底，正在实施的海外名师项目有126个，学校特色项目有90个，来华专家学者已超过643人次。

〔**加强教育涉外监管**〕　2011年，教育部全面部署和启动中外合作办学监管和评估工作。积极推进中外合作办学监管工作的"两个平台、两个机制"建设，通过监管工作信息平台、颁发证书认证工作平台、质量评估机制和执法处罚机制，进一步规范中外合作办学秩序。进一步加强对中外合作办学的规范管理，提高中外合作办学质量，按照中外合作办学评估工作的总体要求，于8月完成了对辽宁、天津、江苏、河南四省市中外合作办学试点评估工作。对四省市89个项目和10个机构进行了评估信息公示、社会评估和专家全面评估工作。

加强对中外合作办学颁发证书认证注册工作的统筹管理，教育部依托教育涉外监管信息网（www.crs.jsj.edu.cn）建立了中外合作办学学历学位认证注册系统。2011年，共完成19家机构126个项目共计75 527名学生的境外学历学位证书认证信息注册。教育部教育涉外监管信息网开通以来，受到国内外各界广泛关注，全年总访问量为3 025万人次，日均访问量为8万多人次，访问量较2010年提高了89%。访问页面总数超过1亿次，日均访问页面数为27万次。

加强对自费出国留学活动的引导和管理，采取多项措施维护留学人员的利益。为保证和引导留学人员到国外办学比较可靠的学校学习，对教育部向社会公布的33个国家学校名单进行了24次调整。就国外留学中出现的突出问题发布留学预警，全年共发布了2期留学预警，分别针对日本青森大学开除中国留学生事件和赴乌克兰留学应注意的相关情况和问题。截至2011年年底，共发布留学预警50期，涉及18个国家，99所国外学校，22家留学中介。

根据全国教育外事工作会议的部署，推动留学中介管理改革试点工作。加强对留学中介的日常管理，负责审核自费出国留学中介服务机构的资质变更。2011年，共为113家留学中介机构办理了164项变更。

〔**中外合作办学**〕　按照"扩大开放、规范办学、依法管理、促进发展"的方针，积极引进优质教育资源，推进教育改革发展，着力提高办学水平和人才培养质量，满足人民群众高质量、多样化的教育需求。

加大中外合作办学工作的规范力度。提出统筹规划，科学发展；分类指导，突出重点；完善制度，规范审批；典型示范，择优扶持；信息公开，强化监管的工作思路。积极引进国际公认的一流大学，加速引进中国空白、紧缺和薄弱学科专业，全面提升现有中外合作办学机构和项目的办学水平和质量。

稳妥推进中外合作办学审批、备案工作，切实提高中外合作办学的水平和质量。及时审理2010年及2011年3月中外合作办学项目申请。批准华东师范大学和纽约大学合作筹备设立具有法人资格的上海纽约大学，批准中外合作办学项目83个。

留学工作

〔**出国留学**〕 2011年度，中国各类出国留学人员总数为33.97万人，各类留学回国人员总数为18.62万人，在外的留学人员约142.67万人，其中110.88万人正在国外进行专科、本科、硕士、博士等阶段的学习以及从事博士后研究或学术访问等。1978—2011年，各类出国留学人员总数达224.51万人，留学回国人员总数达81.84万人。

3月，教育部会同外交部制定并印发了《教育部 外交部关于进一步做好在外留学人员工作的意见》(简称“出国留学二十条”)。“出国留学二十条”是改革开放以来第一个全面指导在外留学人员工作的政策性文件。文件提出了做好在外留学人员工作的指导思想、工作原则和主要任务，确立了做好在外留学人员工作的政策框架和努力方向，对贯彻落实教育规划纲要、人才规划纲要和促进出国留学事业长远发展具有重大意义。同时，为推动落实“出国留学二十条”，进一步加强出国留学统计调研工作，研究起草并印发了《教育部办公厅关于加强留学人员统计调研工作的通知》，逐步建立起科学规范的留学人员统计调研机制。

紧密围绕国家战略决策，重点满足国家重大工程、重大项目及未来经济社会发展对高层次创新人才培养的需求，继续稳步推进国家公派出国留学项目实施工作，拓宽公派留学渠道，进一步提高选派质量和留学效益。全年国家公派出国留学共录取13 355人，其中“国家建设高水平大学公派研究生项目”共录取5 248人。

为使广大留学人员尽快投入和更好适应留学生活，充分保障国家公派出国留学效益，开展了国家公派留学人员行前培训，全年共为5 576名国家公派留学人员提供了国家留学政策、跨文化社交、学术发展和规划、心理健康等专题培训。在此基础上，进一步加强留学人员安全教育工作，着力构建留学人员安全教育工作体系。

为配合国家实施西部大开发和振兴东北老工业基地战略，推动中国重点前沿科学研究和高新科技产业发展，教育部“春晖计划”共组织20个在外留学人员回国服务团组，资助351名在外留学人员短期回国，到高校和科研院所开展学术交流、科研合作和人才培养等服务活动。

进一步加强“留学回国人员科研启动基金”政策研究和宣传力度，协调完善了启动基金申报、评审和跟踪等方面工作，全年资助3批共1 329名优秀留学回国人员，为其在国内启动教学、科研工作提供了强有力的经费支持，促进了中国高等学校的科学发展与人才队伍建设。

教育部会同有关部门共同主办了第十四届中国留学人员广州科技交流会。中共中央政治局委员李源潮出席开幕式。教育部副部长刘利民出席相关活动。其间，教育部举办了第六届“‘春晖杯’中国留学人员创新创业大赛颁奖大会和项目洽谈会”，组织本届大赛的128名项目入围者汇聚广州，与国内用人单位进行交流洽谈。同时，教育部将涵盖105所高校的1.2万个留学回国人员岗位招聘信息库通过大会对外发布。

〔**来华留学**〕 1. 总体统计数据。

2011年，全年在华学习的外国留学人员总数首次突破29万人，共有来自194个国家和地区的292 611名各类来华留学人员，分布在全国31个省、自治区、直辖市（不含台湾地区、香港特别行政区和澳门特别行政区）的660所高等院校、科研院所和其他教学机构学习。来华留学生总人数、中国接受留学生单位数及中国政府奖学金生人数三项均创新中国成立以来新高。

与2010年相比，国家和地区数持平，但其中增加了波多黎各、法罗群岛、摩纳哥；减少了美国本土外小岛屿、法属圭亚那、特克斯和凯科斯群岛；院校增加了40所；学生人数增加了27 521人，增长比例为10.38%。

与2010年相比，2011年来华留学生总人数增长27 521名，同比增长10.3%。其中中国政府奖学金生增长3 297名，达25 687名，同比增长14.73%；自费生增长24 224名，达266 924名，同比增长9.98%。来华留学生来源国家和地区数与去年持平，接受留学生单位增加了40所。

按洲别统计，来自亚洲的留学生人数占首位，共计187 871名，（175 805，66.32%）占全年来华留学生总数的64.21%；欧洲为47 271名，占16.15%；美洲为32 333名，占11.05%；非洲为20 744名，占7.09%；大洋洲为4 392名，占1.50%。从增幅上看，来自非洲和美洲留学生人数增长显著，同比增长率分别为26.46%和18.75%。

按国别统计，来华留学生人数名列前10位的国家是：韩国62 442人、美国23 292人、日本17 961人、泰国14 145人、越南13 549人、俄罗斯13 340人、印度尼西亚10 957人、印度9 370人、巴基斯坦8 516人、哈萨克斯坦8 287人。此外，来华留学生人数超过5 000名的国家还有法国7 592人、蒙古7 112人、德国5 451人。

按留学生类别统计，接受学历教育的外国留学生总计118 837人，占来华留学生总人数的40.61%，人数比2010年增加了11 405人，同比增加了10.62%。硕士和博士研究生共计30 376人，比2010年增加了25.57%，其中硕士研究生23 453人，博士研究生6 923人。非学历留学生173 774人。

按在华学习期限统计，长期生（6个月以上，含6个月）216 850人，占来华生总数的74.11%，比2010年增加了15 440人，同比增加了7.67%。短期生（6个月以下）75 761人，占来华生总数的25.89%，比2010年增加了12 081人，同比增加了18.97%。

按学科类别统计，文科179 801名（含汉语类161 964名、其他类17 837名），医科38 750名（含西医26 928名、中医11 822名），经济18 436名，管理18 472名，理科2 360名，工科18 949名，法学6 684名，教育5 457名，历史1 437名，农科1 490名，哲学775名。

按地区分布统计，北京市72 171人；上海市47 403人；天津市16 679人；广东省15 973人；江苏省15 667人；辽宁省15 013人；浙江省12 810人；山东省12 032人；湖北省10 035人；黑龙江8 128人；云南省8 125人；福建省7 751人；广西壮族自治区7 718人；吉林省6 777人；陕西省5 804人；四川省5 165人；新疆维吾尔自治区4 289人；重庆市4 033人；河北省2 946人；湖南省2 795人；江西省2 706人；内蒙古自治区2 526人；河南省1 868人；甘肃省1 384人；安徽省987人；海南省434人；宁夏回族自治区422人；青海省371人；贵州省343人；山西省215人；西藏自治区41人。

按经费办法统计，中国政府奖学金生共计25 687人，占来华生总数的8.78%；自费生共计266 924人，占来华生总数的91.22%。

2. 中国政府奖学金来华留学生统计数据。

根据中国与有关国家之间的教育交流协议和交流计划，全年共计有来自178个国家的25 687名中国政府奖学金来华留学生在华学习，占来华生总数的8.78%，比2010年增加3 297人，同比增加14.73%。其中来自亚洲45国13 310人，占奖学金生总数的51.82%；来自非洲52国6 316人，占24.58%；来自欧洲39国3 619人，占14.09%；来自美洲31国1 960人，占7.63%；来自大洋洲11国482人，占1.88%。

中国政府奖学金生分布在全国27个省、自治区、直辖市的173所高校和科研院所中学习。其中89所高校接受了超过100名奖学金生。学科涵盖了文、理、工、农、医、经济、管理、教育、历史、哲学、法律11个门类。其中文科、理科、工科、医学、经济、管理和法律学生的人数均超过了千人（文科类6 189人，占奖学金生总人数的24.09%；工科5 428人，占21.13%；医学3 317人，占12.91%；管理3 139人，占12.22%；经济3 017人，占11.75%；法律1 798人，占7.00%；理科1 155人，占4.50%）。

3. 自费来华留学生统计数据。

2011年，共有来自五大洲190个国家的

266 924名外国留学生在全国31个省（区、市）的660所高校和科研院所中自费学习。其中60个国家的自费来华生人数超过500人，67所高校的自费生人数超过了1 000人。

4. 重大事项和重要举措。

（1）制定中长期规划表。教育部会同外交部、财政部牵头制定了上报国务院的《关于“十二五”期间进一步扩大中国政府奖学金规模的报告》。该报告受到有关领导的高度重视，温家宝总理对此作出重要批示。根据温家宝总理的指示精神，教育部积极与财政部沟通，共同测算、制定“十二五”期间中国政府奖学金规模增长的进程规划表。

（2）创新体制机制。正式成立由教育部、外交部、国家发改委、公安部、财政部、人力资源和社会保障部共同组成的来华留学工作部际协调机制，确保政府各部门和来华留学教育机构之间的权责明确、分工合理、决策科学、执行顺畅、保障有力。2011年11月，协调小组召开第一次工作会议，教育部副部长郝平出席并作报告。同时，举办了“走进浙江—首届外国留学生才艺展演暨‘梦行浙江’文艺晚会”。

（3）实施重大项目。①积极落实“中美人文交流专项奖学金项目”。为配合美国“四年派遣十万人来华留学”计划，鼓励中美高校建立和深化合作关系，吸引更多的美国青年学生来华留学，设立了“中美人文交流专项奖学金”。2011年4月，国务委员刘延东出席中美人文交流高层磋商机制第二次会议时正式对外宣布。该项目2011年共提供2 094个奖学金名额。②为进一步推进中俄战略协作伙伴关系，巩固中俄人文合作交流机制，新设立中俄人文交流专项奖学金，从2012年起至2015年，共向俄方提供1 000个中国政府奖学金名额，用于俄青年来华进行研究生阶段的学习。该奖学金项目已于2011年10月由国务委员刘延东在中俄人文合作委员会第十二次会议上正式宣布，并列入中俄两国总理第十六次定期会晤成果。

撰稿　陶洪建　聂瑞麟
陈　跃　徐培祥
审稿　生建学　徐永吉
于继海

民间交流

〔**中国教育国际交流协会成立30周年座谈会**〕2011年9月28日上午，“中国教育国际交流协会成立30周年座谈会”在北京举行。国务委员刘延东出席会议并作重要讲话。教育部党组副书记、副部长杜玉波主持会议，交流协会名誉会长罗豪才、教育部副部长郝平、中央和国家有关部委负责人、曾经担任过交流协会领导职务的部分老同志、有关教育机构和从事、参与教育国际交流合作工作的代表360人出席座谈会。

座谈会上，刘延东从党和国家工作全局的高度，充分肯定了中国民间教育国际交流合作取得的显著成绩，全面分析了中国教育对外开放事业面临的国内国际形势，明确了民间教育国际交流的发展目标和工作任务。交流协会会长章新胜、外交部办公厅主任张明、北京大学校长周其凤等作大会发言，分别从高等教育、职业教育、基础教育、国家外交大局等不同领域，以不同视角诠释参与交流协会开展的教育交流项目的深刻体会，以及从中感受到民间教育国际交流工作的重大意义，与会代表反响热烈。

以座谈会为主线，交流协会举办了协会30周年图片展，回顾和总结30年来中国民间教育交流事业取得的丰硕成果；发行了《中国教育国际交流协会30周年纪念画册》和协会首部中英文对外宣传片，以崭新的形式展现交流协会的风采；召开第六届理事会第四次常务理事会扩大会议，学习刘延东的讲话精神，共同研究协会未来发展方向。

此次会议是中国民间教育国际交流合作历史上召开的层次最高的全国性民间教育交流工作会议，也是协会发展历程中首次有中央领导同志出席纪念活动并作重要指示。这次会议指明了中国民间教育国际交流合作事业的思想方针和前进方向，对协会的未来发展具有重大指导意义，影响深远。

〔**组织建设夯实基础**〕 以将交流协会建设成为广大教育外事工作者之家为目标，夯实组织建设工作基础。进一步健全协会理事会组成结构，完成第六届理事会国内顾问、海外顾问的提名和聘任工作及特邀理事增补工作。加强会员管理工作，起草会员发展规划，修订并完善团体会员入会标准。丰富为会员单位服务的内容，不断提升服务水平。

巩固并完善交流协会各项会议制度，进一步发挥常务理事会的决策咨询功能。成功召开 2011 年度地方协会秘书长工作会议和第六届理事会第三、第四次常务理事会。

推动协会专业委员会建设，不断完善理事会组成结构。中国富布赖特学友会、第五届“世界大学女校长论坛”、职业技术教育对外交流中心常务理事会及理事大会、地市级协会专委会年度工作会议、协会特邀理事座谈会等各项会议活动取得积极成果。

创新工作思路，大力推动教育外事干部队伍能力建设。根据会员需求，举办“全国高职院校外事处长培训班”、“全国高职对外合作与交流中心常务理事会”、“全国地方交流协会秘书长座谈会”等系列培训研讨活动。组织开展“高等职业技术学院外事处长素质模型开发及培训体系设计”研究项目，持续提升行业培训专业水平。

〔**中国国际教育年会再创佳绩**〕 2011 年“中国教育国际年会”（以下简称年会）以“开放世界，教育创新”为主题，围绕教育规划纲要提出的“坚持以开放促改革、促发展”的总要求，汇集民间教育力量，共论在“开放的世界”格局下教育领域的变化及发展走向。与往届相比，本届年会规模更大，覆盖面更广，更突出面向行业、搭建平台的功能，知名度和影响力进一步提升。

2011 年年会由“第十二届中国国际教育论坛”和“2011 中国国际教育展”两部分组成。“第十二届中国国际教育论坛”涵盖基础教育、高等教育、职业教育、继续教育、中外合作办学质量认证、国际学生流动等领域的 11 场双边或多边研讨会，聚焦国际教育热点，吸引了 1 600 人次中外嘉宾参与论坛活动。交流协会会长章新胜在全体大会上作了题为“全球变局进程中的中国教育国际化：新现实、新趋势、新战略”的演讲，在中外与会代表中产生热烈反响。“2011 中国国际教育展”共有 36 个国家和地区的 500 多所学校参展，涵盖北美洲、欧洲、大洋洲、南美洲、亚洲五大洲，涉及从高中到研究生的各阶段教育，巡回全国七大城市，观众人数约 70 000 人次。

2011 年年会恰逢交流协会成立 30 周年，协会在各国各地区的主要合作机构纷纷以贺信、题词、视频等方式表示祝贺。联合国副秘书长赤阪清隆、联合国教科文组织总干事博科娃发来贺信，祝贺协会成立 30 周年。加拿大国际教育局局长、日本学生支援机构理事长、法国教育服务中心执行主任、英国特色教育联合会、泛美高等教育协会副会长等专程到会祝贺。

〔**中外合作办学认证稳步推进**〕 中外合作办学认证是中国教育国际交流协会发挥自身优势开展的行业性教育质量保障活动。在教育部领导和国际司的支持下，交流协会先后成立了“中外合作办学专业委员会（筹）”，“中外合作办学认证委员会”，基本落实了认证工作的组织体系架构。经过前期论证研讨、听取多方意见，形成了一套较完善的中外合作办学质量认证制度和办法。

加强国际交流，提高专业能力。参与和举办国际学术研讨会议，关注国际同行业发展动态。派员以观察员身份参与外国大学质量审核工作，扩大与国外专业机构的交流合作。组派赴澳大利亚“高等教育质量保障与评估专业人员培训团”、赴美国“高等教育质量保障专业人员培训团”开展境外培训，学习借鉴澳、美两国一流大学和知名教育质量保障机构的先进经验和最佳实践。

明确工作思路，启动试点认证。经过广泛调研、研讨和宣讲，确定对浙江机电职业技术学院和浙江商业职业技术学院的中外合作办学质量进行试点认证。

〔**服务教育改革和人文交流**〕 服务大局，巩固和加强与有关国家教育机构的合作机制。积极参与中美人文交流高层磋商机制第二次会议、中英教育部长峰会、中澳、中加教育高层磋商会议，通过政府平台巩固与各国的双边合作机制。成功主办和承办“中加通识教育论坛”、“中国—美洲大学对话”、“中加高等教育合作论坛”、“中波大学校长论坛”、“中日高等教育交流研讨会”、“日语教学研讨会”、“日语专业人才交流会”、“中德博士生人才培养圆桌会议”、“AFS跨文化理解教育论坛”等高层次双边、多边交流研讨活动。

构建双边、多边和地区的民间高层次交流平台。邀请近年来规格最高、规模最大的南美10国高等教育代表团访华，积极推动中国与拉美、南美高等教育交流渠道和机制的建立。组派工作组分赴北美、欧洲、中东、南亚等地区访问，拓展国际合作空间。与英国文化协会、法国科研与高等教育评估署、芬兰应用科技大学校长委员会、加拿大社区学院协会、秘鲁高校战略联盟等机构签署合作备忘录，积极拓展合作渠道。

发挥民间优势，继续承担好政府委托的重要项目。继续执行好中美人文交流机制框架下的“美国艾森豪威尔基金会项目”、“中美富布赖特—海斯项目”年会等项目和活动；继续承办好中俄人文交流机制框架下的“中俄大学生艺术联欢节”、“俄罗斯来华冬令营”、“中国学生赴俄罗斯夏令营”、“500名俄罗斯中小学生夏令营”等大型活动；继续开展好中欧人文交流机制框架下的“中国青少年赴意大利夏令营”、“中意青少年艺术大联欢”、“中国—爱沙尼亚青少年交流项目”等活动；继续组织好中日青少年交流长效机制下的“中日高中生长短期交流项目”。参与筹建、运作和实施在上海、西安、天津等市挂牌的“中国国际青少年活动中心”。打造青少年国际理解教育品牌，实现“AFS国际文化交流项目”质量、效益双提升。

配合国家人文交流、公共外交战略，策划开展各类特色品牌项目和活动。“新加坡连瀛洲纪念奖学金项目”、“西部地区日语专业大学生短期赴日留学项目”、“海峡两岸青年领袖研习营”、“1＋2＋1中美人才培养计划”、“中华全国日语演讲比赛”、“中澳高中英语特长班”、“中德青年论坛”、“中华文化普陀山国际修学之旅”等一系列特色项目的知名度和影响力全面提升。在美国和墨西哥举办“21世纪中国高等教育展”，组团参加美国国际教育工作者协会（NAFSA）年会和欧洲国际教育协会（EAIE）年会，宣介中国高等教育发展成就和招生政策，配合中国招收来华留学生工作。

〔**广泛参与国际组织活动，提升中国教育话语权**〕 进一步促进和深化与联合国系统的合作关系。作为取得联合国经社理事会“咨商地位”、联合国新闻部“非政府组织合作伙伴地位”、联合国教科文组织“咨商地位”三重资质的民间教育组织，交流协会继续加强与联合国系统各组织的伙伴关系，举办“联合国教科文组织国际母语日”，参与“联合国新闻部非政府组织年会”、“中非民间论坛”等活动。

在国际多边舞台上展现风采。交流协会积极参加“G8国际高等教育会议”、“世界创新教育峰会”（WISE）等高层次国际教育会议，以民间立场发出中国的声音。交流协会秘书处领导当选为AFS国际文化交流组织亚太区域组织副主席，为协会在该组织中争取到更大的话语权和决策权。

积极发挥民间智库功能。交流协会依托自身优势资源，筹建国际教育研究院，稳步推进中国大学国际化调研、高职院校外事干部能力培训课程体系、国际非政府教育组织比较研究等各类课题研究。

〔**提高境外培训质量，主动服务教育战线**〕 赴境外培训团组覆盖面不断扩大。全年组派近60批次、共计2 200余人次的各级各类教育人员赴境外培训团组。培训内容涵盖高等教育质量保障与评估、大学生思想教育、义务教育均衡发展、招生制度改革、高校学生资助、拔尖创新人才培养等多个热点、难点领域。

境外培训质量稳步提升，培训成果推广见成效。现代远程教育培训项目、中小学现代学校制度培训项目、高校领导赴海外培训项目得到教育界广泛的好评，入选国家外国专家局《“十一五”出国（境）培训成果集》。

重点项目成绩突出，注重创新。“高职院校领导海外培训项目”圆满完成年度培训任务，进一步深化项目内涵。首次组派专题研究小组，围绕中国高等职业教育改革和发展的重要课题和重点专业赴国外做深入调研，为教育行政部门提供决策参考。

撰稿　卜焕芳

审稿　江　波　宗　瓦

与联合国教科文组织合作

〔**深化与联合国教科文组织合作**〕　8月11日，国家主席胡锦涛在深圳市会见了联合国教科文组织总干事博科娃。胡锦涛指出，中国高度重视同联合国教科文组织的友好合作。联合国教科文组织是在教育、科技、文化领域规模最大的政府间的国际组织，成员众多、影响广泛，对促进世界的教育普及提高、科技发展进步、文化传承创新做了许多开拓性的工作，发挥了重要作用。胡锦涛表示，中国教育部将与联合国教科文组织合作在巴黎召开中—非大学校长研讨会，希望通过这一会议有效地推动中、非、教科文组织的三方合作。2012年，我们还将与联合国教科文组织一起合作在上海召开第三届世界职业技术教育大会，希望这次会议能够取得圆满成功。胡锦涛郑重表示，中国今后将继续加强和联合国教科文组织之间的良好合作。

博科娃十分感谢胡锦涛主席对联合国教科文组织的积极评价，她赞赏中国给予联合国教科文组织的支持，高度评价中国的教育规划纲要，希望把中国在教育领域的一些好的做法和经验传播到发展中国家去。博科娃还希望中方与联合国教科文组织合作，建立一项信托基金，支持发展中国家和非洲国家的教育。她恳切邀请胡锦涛主席出席2012年5月在上海举办的第三届世界职业技术教育大会开幕式。

胡锦涛对博科娃提出的建立信托基金的建议表示给予认真考虑。胡锦涛强调，中国将一如既往地加强和联合国教科文组织的合作，以推动中国教育、科学、文化事业的发展。

〔**举办联合国教科文组织—非洲—中国大学校长研讨会**〕　为落实胡锦涛主席会见博科娃谈话精神，中国与联合国教科文组织合作于10月24—25日在巴黎联合国教科文组织总部举行了教科文组织—非洲—中国大学校长研讨会，来自“中非高校20＋20合作计划”下的中非各20所大学及拓展的5所中方高校领导以及部分非洲国家常驻联合国教科文组织使节等出席了会议。与会代表就中非大学毕业生就业能力现状、面临的挑战和三方高等教育领域内的务实合作进行了研讨。

教育部部长袁贵仁在讲话中指出，召开本次研讨会是落实胡锦涛主席8月11日与博科娃总干事会谈成果的一项具体行动，是国务委员刘延东与博科娃总干事2010年签署的合作备忘录中的一项主要活动。此次会议是促进联合国教科文组织、非洲、中国三方合作的新尝试，也是扩大中非高等教育交流合作的新起点，具有建设性和开创性。

教科文组织总干事博科娃在致辞中表示，此次会议是中国推动南南合作的有力举措，是教育领域国际合作的创新模式。她强调，高校毕业生就业能力问题是教科文组织、中国和非洲共同关心的问题，加强各国大学间的合作对解决社会问题和提高高等教育发展水平具有积极的重要作用。

与会非洲国家和联合国教科文组织官员一致认为，此次会议本着互相学习、互相借鉴的宗旨，是中非合作理念上的创新。与会代表建议，三方应在人才培养、教师和学者交流、分享高等教育改革及发展成功经验、加强大学能力建设等方面扩大合作规模，创新合作模式，拓展合作范围。

〔**建立中非教科文组织信托基金，尝试拓宽中非教育合作新模式**〕 为落实胡锦涛主席与博科娃总干事的会谈精神，在国务委员刘延东的支持和教育部领导的努力推动下，中国首次在联合国教科文组织建立了中非多边教育合作信托基金，为期4年，每年200万美元。

〔**出席联合国教科文组织第36届大会**〕 联合国教科文组织第36届大会于10月25日至11月10日在巴黎举行，教育部部长袁贵仁率团出席会议并在26日举行的“教科文组织如何为建设和平文化及可持续发展作贡献”领导人论坛上发言。他指出，通过教育传播和平文化、促进可持续发展，是国际社会的广泛共识和共同追求。中国颁布实施了教育规划纲要，强调要加强学生的国际理解教育，推动跨文化沟通，增进中国学生对不同国家和不同文明的认识和理解。他表示，可持续发展是中国的基本战略，也是中国教育改革发展秉承的重要理念。中国将大力发展教育事业，为促进可持续发展，实现世界和平繁荣作出更大贡献。

各国一致肯定了联合国教科文组织在构建和平、促进可持续发展中的历史使命和责任，强调了文化在可持续发展中的重要作用，坚定支持联合国教科文组织通过教育、科学、文化和信息传播，为建设和平文化和促进可持续发展作出应有的贡献。匈牙利总统、加蓬总统、科特迪瓦总统、格林纳达总理、贝宁总理、肯尼亚总理、塞尔维亚总统、帕劳总统分别在会上发表讲话。来自俄罗斯等51个国家的教育部部长针对论坛主题发言。

大会期间，袁贵仁会见了法国国民教育部部长，就加强中法教育交流合作交换了意见；与埃及高等教育及研究部部长会谈时，就高等教育改革和发展介绍了中方的经验，双方就今后的合作达成一致；会见南非基础教育部部长时，就推动双方签订《中南基础教育合作协议》进行了会谈。此外，袁贵仁还与联合国教科文组织总干事、大会主席、执行局主席、巴基斯坦、尼日利亚、柬埔寨、孟加拉、沙特阿拉伯、叙利亚等国的教育部长会面和交谈，就促进双边教育合作交换了看法。

本次大会以107票赞成，52票弃权，14票反对的唱名表决结果，通过了接纳巴勒斯坦加入联合国教科文组织的决议。美国、以色列随即宣布停缴教科文组织会费。

在政府间理事机构的选举中，中国当选为国际教育局理事会和社会变革与管理政府间理事会成员。

大会通过了2012—2013年总额为6.53亿美元双年度预算。

〔**推动政府间学历互认，积极参与亚太地区承认高等教育学历学位公约的工作**〕 联合国教科文组织自1983年以来积极推动了6个地区的高等教育学历互认工作，并相继通过了6个国际公约。《亚洲及太平洋地区承认高等教育学历、文凭和学位公约》于1983年在曼谷通过，有21个国家批准了该公约，中国系首批签署国之一。

为适应时代的变化，联合国教科文组织自2000年以来对上述公约进行了修改，并提出了新的公约文本。2011年11月24—27日，该组织在日本东京召开了新公约的缔约国大会。来自亚太地区的38个国家的代表及6个国际组织的观察员出席了会议。教育部副部长杜玉波率团出席会议。杜玉波在发言中指出，亚太地区是教育发展最快、成绩最显著、交流最活跃的地区，学历、文凭和学位的相互承认，对于促进高等教育人才流动、消除教育服务壁垒、推动知识与人才交流的作用日益重要而明显。制定共同的学历、文凭和学位认可行动框架，对促进亚太地区各国之间的教育交流与发展必将起到积极的作用。杜玉波建议，各缔约国应在《公约》的框架下加强和扩大交流与合作，坚持“除非存在巨大差别，否则各国高等教育学历文凭都应予以认可”的原则，推进各国进一步改进承认学历、文凭和学位的做法，建立公开、透明、公平、灵活的承认机制，更好地适应亚太地区高等教育的状况及趋势。

11 月 26 日下午，大会一致通过了公约修订文本，举行了签约仪式。在联合国教科文组织和各国代表的见证下，杜玉波意向性签署了新公约。

会议期间，杜玉波分别与日本文部科学大臣中川正春、联合国教科文组织教育助理总干事唐虔进行了会谈；还与柬埔寨、马来西亚、韩国、印度、老挝、东帝汶等国的代表团团长就加强双边高等教育交流与合作交换了意见。

〔宣传教育规划纲要，推动世界范围内的全民教育〕　教育部副部长刘利民率团于 3 月 22 日至 24 日赴泰国宗滴恩出席了联合国教科文组织第十届全民教育高层会议。泰国公主诗琳通、总理阿披实出席会议开幕式并致辞；联合国教科文组织总干事、教育助理总干事以及和来自 33 个国家的教育部长、副部长和教育部代表以及 10 多个国际组织负责人参加了会议。

刘利民在会上作了发言，重点介绍了教育规划纲要和中国在推进全民教育中所取得的成绩。他强调，中国高度重视推动实现全民教育六项目标。2000 年，中国在 85%的人口地区实现了“基本普及九年义务教育、基本扫除青壮年文盲”。2000 年以来，中国政府又采取一系列战略举措，着力促进教育公平，优先发展农村义务教育。2008 年，中国政府在全国范围实现了义务教育全部免费的目标。2010 年颁布的教育规划纲要，明确提出了保障人民享有接受良好教育机会，形成惠及全民的公平教育的战略性目标。

会议期间，刘利民还参加了九个人口大国教育部部长早餐会，就九国扫盲领域的后续活动交换了意见，并与联合国教科文组织总干事、教育助理总干事及韩国、泰国、印度尼西亚等国的教育部部长、副部长就全民教育及教育双边合作进行了会谈。在与总干事会谈中，刘利民表示，将继续深化与联合国教科文组织在教育领域的合作，并在联合国教科文组织框架内加强与非洲国家的合作。在与韩国教育部副部长会谈时，双方就进一步扩大双边师生交流，建立中日韩三国教育部长级会晤机制等问题交换了意见。

〔将国际教育交流机制引入基层，提升教育国际化水平〕　结合基层教育规划纲要发布实施的实际需求，中国联合国教科文组织全委会选择了东西部两座代表性的城市——成都和杭州，着力打造了都江堰论坛及杭州国际教育创新大会两大国际教育平台。汇聚各国专家，探讨新教育理念，提高创新能力。

为配合教育规划纲要的颁布实施工作，向国际社会广泛宣传中国在实施教育规划纲要方面所取得的成就，中国联合国教科文组织全委会与联合国教科文组织合作，借助该组织在《世界全民教育监测报告》中采用的指标体系、技术手段与方法，拟在江苏省、甘肃省、云南省、河南省、贵州省和成都市开展教育规划纲要实施情况的监测试点项目。11 月 13—15 日，项目正式启动会议在杭州举行。

撰稿　窦春祥
审稿　杜　越

留学基金管理

〔公派出国留学〕　1. 规模不断扩大。2011 年，经评审录取国家公派出国留学人员 13 690 人，其中研究生（含博士研究生、联合培养博士生、硕士研究生、硕士插班生）6 868 人，占录取总数的 50.17%；访问学者（含高级研究学者、访问学者、博士后）5 898 人，占 43.08%；本科生（主要为本科插班生）924 人，占 6.75%。

2. 积极做好各类项目的录取选派工作。

（1）落实教育部 2011 年工作要点提出的“试行以科研项目和课题研究为依托的选拔和管理新办

法，提高国家公派留学质量效益”的要求，在“青年骨干教师出国研修项目”试行了依托教学、科研项目和课题研究的选派办法，提高了选派质量。

（2）“国家建设高水平大学公派研究生项目”录取5 364人，其中攻读博士学位研究生2 885人，联合培养博士生2 479人。该项目实施5年（2007年至2011年），共选派了24 624人。据其中3年数据统计，学生在外期间已发表论文数量超过1.9万篇，其中SCI、EI、ISTP收录5 154篇，在*Science*（《科学》）、*Nature*（《自然》）等世界顶级学术刊物上发表论文40余篇，已学成回国的联合培养博士生中有73%到高校和科研院所从事教学或科研工作。为该项目的顺利实施，国内高校与国外知名高校签署了400余份合作协议。

（3）推进地方、行业和部门人才培养工作。2011年，先后与江西省、湖北省教育厅签署了合作协议。至此，西部地区人才培养特别项目及地方合作项目合作省份增加到23个，年度选派规模达到1 100人。启动高校英语教师出国研修项目。

（4）稳妥实施“航空工程技术骨干人才培养项目”、“大型客机人才培养项目”、“地震科技青年骨干人才培养项目”、“社科优秀中青年学者进修项目”、“中共中央编译局专门人才培养项目”、“海洋系统公派出国留学项目”，上述6个项目共选派180人出国留学。

3. 精心组织实施“国家优秀自费留学生奖学金”项目。

2011年初，顺利完成2010年度国家优秀自费留学生奖学金的评审工作，经过公示并报经教育部批准，506名自费留学生获奖，获奖者所学专业涵盖哲学、经济学、法学、教育学、文学、历史学、理学、工学、农学、医学、管理学11个学科，60个专业方向。截至2011年年底，共有2 412人获此殊荣。

4. 坚持以人为本，提高留学服务和管理水平。

（1）加强行前培训工作。普及公派留学政策，强化安全教育，提醒留学人员做好应对艰苦环境的心理准备，把国外管理和安全教育工作切实落到实处。2011年，培训留学人员达6 000余人次。

（2）加强协调，妥善处理突发意外事件。在应对新西兰地震、印尼默拉皮火山连续喷发、日本3·11大地震、中东局势动荡、泰国水灾等突发事件中，秘书处领导和工作人员在第一时间与驻外使领馆联系，及时提出妥善安置国家公派出国留学人员的建议，得到使领馆和留学人员的充分肯定。

（3）及时为留学人员办理派出手续，处理延期、改派等事项，涉及3 000余人次；为9 023名留学回国人员办理了回国报到和提取保证金手续。

（4）坚持签约派出、违约赔偿管理办法，对涉嫌违约人员以高度负责的态度进行全面认真核查，对有争议案件晓之以理、动之以情，做到有理有据有节地处理每一个案件，确保国家公派留学效益。2011年，共处理34名违约留学人员，已追偿10人。

〔中国政府奖学金来华留学工作〕 1. 规模扩大，学历生比例提高。2011年，共有25 687名中国政府奖学金学生在华学习，比2010年增加了3 297人，增加了14.72%。其中5 701名学生于11月前毕业或结业回国。截至2011年年底，共有178个国家的19 986名学生在165所中国高校学习。

2011年，在华学习的25 687名中国政府奖学金学生中，亚洲学生13 310名，非洲学生6 316名，欧洲学生3 619名，美洲学生1 960名，大洋洲学生481名。

其中学历生为21 905名（本科生8 259名，硕士生9 909名，博士生3 737名），占学生总数的85.27%，比2010年增加了2.31个百分点；非学历生为3 783名，占14.73%。

2. 全面推进中国政府奖学金来华留学本科生预科教育工作。作为预科教育的组织和实施单位，秘书处组织了预科专家组工作会议，组织编写并出版专用教材。2011年，共有943名学生参加了预科教育考核，其中866名学生合格，转入专业院校继续学习；对不合格的77名学生采取作为试读生转入专业院校学习、留在原预科学校继续学习、取消奖学金资格等方式区别处理。

3. 推动高校国际课程项目的建设。以中国政府奖学金学生为生源基础，支持高校开展全英语授课的研究生国际课程，促进高校提高办学水平和国际吸引力。2011 年，共有 122 所高校录取了 2 248 名学生，采用全英语授课，比 2010 年增加了 178 名学生，占录取总数的 25.41％。

4. 扩大各类合作来华留学奖学金项目。在认真做好中国政府奖学金来华留学工作的同时，积极推动与国内外机构和国内企业开展合作，形成了一系列由合作方提供资助、秘书处管理、高校培养的合作来华留学奖学金项目。2011 年，继续做好巴基斯坦、越南政府奖学金及华为、国家开发银行、中国电子进出口总公司奖学金项目的基础上，又与中国庆华能源有限公司达成合作协议，资助莫桑比克学生来华留学，首批 94 名莫桑比克本科学生已于 9 月顺利来华学习。

5. 扩大对外宣传并取得良好成效。2011 年，组织中国高校分别在南非、肯尼亚、希腊、土耳其、奥地利、法国等 12 个国家举办中国教育展或参加国际教育展，宣传中国高等教育的改革和发展，吸引更多的外国学生来华留学。在南非和希腊办展期间，还分别举办了中外大学校长论坛，在法国举办了中法工程师培养研讨会等，共有 75 所大学的中外校长参展。中国教育展不但扩大了宣传，还为中外高校之间搭建了高层次交流平台，促进中外高校之间开展实质性交流。

〔**国际交流与合作**〕 推动与国外教育、科研机构的国际交流与合作。2011 年，分别与美国哈佛大学、麻省理工学院、法国巴黎高科集团、英国帝国理工学院、澳大利亚墨尔本大学、以色列希伯来大学、日本学生支援机构、泰国亚洲理工大学等 21 所高校、科研机构签署合作协议。5 月，国务委员刘延东出席了留学基金委与美国哈佛大学、麻省理工学院的签约仪式。与美国耶鲁大学、英国剑桥大学、牛津大学、伯明翰大学、德国柏林自由大学、爱尔兰都柏林大学、以色列巴伊兰大学等 11 所高校续签了合作协议。截至 2011 年年底，共与 112 所国外知名大学和科研机构签署了合作办议。

撰稿 卢春生

审稿 刘京辉 王建光

留学服务

〔**公派出国（境）服务**〕 积极配合国家留学基金委员会秘书处的工作，认真落实国家公派留学计划。2011 年，共为 9 433 名各类公派留学人员办理了签证和派出手续，为 6 548 名因公出国团组人员办理了护照或签证手续。

〔**办理留学回国人员就业报到手续**〕 为留学人员回国工作提供就业落户服务，共为 8 923 名留学回国人员办理了就业报到手续。

〔**办理北京集体户口**〕 为在北京的出国留学人员和回国留学人员提供户籍管理服务，共为 3 571名留学人员办理了北京集体户口手续。

〔**办理国（境）外学历学位认证**〕 为留学人员办理国（境）外学历学位认证手续，共为 67 000 多名各类留学人员办理了国（境）外学历学位认证。

〔**办理留学存档**〕 为留学人员提供档案管理服务，共为 17 200 多名留学人员办理了人事档案存档、调出等手续。

〔**留学回国人员科研启动基金受理及评审工作**〕 认真做好留学回国人员科研启动基金受理及评审工作，共受理了 3 101 名留学回国博士的科研资助费申请，共资助 1 333 人，下发资助费 4 455.5 万元。

〔承办第六届中国留学人员创新创业大赛〕 中国留学人员创新创业大赛自2006年以来，每年举办一届。该大赛由教育部和科技部共同主办，教育部留学服务中心作为大赛的主要承办单位，负责大赛办公室的日常工作。第六届中国留学人员创新创业大赛，对符合受理条件的200个参赛项目进行了初审，最终确定140个参赛项目入围并获"优胜奖"。12月17日至19日，"春晖杯"创业大赛在广州市举行了创业交流、项目对接和颁奖等系列活动。12月20日至21日，"春晖杯"创业大赛入围者参加了在广州市举办的第十四届中国留学人员广州科技交流会的相关活动。

〔为重点高校、科研单位和地方建设引进高层次人才服务〕 紧紧围绕高校和科研单位的高层次人才队伍建设和引进计划，通过多种渠道协助其招聘高层次留学人才。利用中国留学网、中国留学英才网等多家网站，为重点高校和科研单位发布高层次人才招聘信息近千条，还通过分布在全国各地的30个分中心，为广大留学人员提供了大量的地方用人信息。

〔配合驻外使（领）馆教育处（组）做好后勤保障工作〕 自2008年起至2011年年底，留学服务中心陆续为16家驻外教育处（组）开发建设并统一运行维护其官方网站，为驻外教育处（组）开发了在外自费留学人员注册服务系统的通用业务平台。该通用业务平台已在驻加拿大、俄罗斯等教育处（组）上线使用，简化和方便了驻外教育处（组）留学回国人员证明在线办理、自动化打印以及上报统计报表等事务性工作。为保证教育处（组）电子邮件传输的安全性，留学服务中心还应部分教育处（组）要求，为其提供与驻外教育处（组）网站域名后缀相同的专属电子邮箱服务。

根据各驻外使（领）馆教育处（组）对外宣传活动的需要，通过"礼品在线征订系统"为驻外教育处（组）提供了直观、方便、快捷的外宣礼品自主选择渠道。建立了外宣用品邮寄、跟踪、反馈的有效机制。通过更新、补充、丰富"礼品在线征订系统"中的外宣礼品种类，使其更加价廉物美。设计、选择不同的外宣礼品包装，用典雅、大方的形式表现中国文化的内在精神和地域特色。

〔举办"第十六届中国国际教育巡回展"〕 充分利用教育展这个平台，加强国内外教育交流与合作。第十六届中国国际教育巡回展于3月12—27日先后在北京、大连、西安、上海、南京、武汉和广州7个城市举行，共有来自30多个国家和地区的400多所高校和教育机构参展。同时于3月11日在北京举办了"2011中国留学论坛"。

〔赴国外举办"留学中国教育展"〕 组织了7个团组分赴11个国家举办"留学中国教育展"或参加国际教育展览。

赴美国举办的"2011年留学中国教育展暨留美英才招聘会"，作为国务委员刘延东访美的配套活动和落实美国10万名来华留学生项目的系列推介活动之一，取得了圆满成功。

赴英国举办的"留学中国教育展暨中英大学合作高峰论坛"，作为教育部部长袁贵仁访英的配套活动，在展览的同时举行了中英大学校长论坛，引起了较大的反响。共有15所中国院校、19所英国院校的校长参加了此次活动。

赴日本举办的"第二届中日大学展暨中日大学论坛"，已形成一定规模和友好氛围，受到了中日政府、参与大学和有关教育机构的重视。共有51所中国院校、50所日本院校参加了此次活动。

〔"新加坡本科和护理奖学金项目"招生工作〕 圆满完成了"新加坡本科和护理奖学金项目"招生工作，分别招收了来自18所院校的本科和护理奖学金项目学生283名和162名。

〔党的建设得到加强〕 留学服务中心注重加强党的组织建设。年内，所属4个党支部有3个进行了改选，一批年轻的党员被选为党支部委员，给党组织注入了新鲜血液，吸收了3名中层干部入党。

〔**初步完成新办公用房的装修**〕 9月至12月底，留学服务中心基本完成了对自筹资金购买的新办公用房的装修（新址：北京市海淀区北四环西路56号辉煌时代大厦），解决了多年来一直靠租借房子办公且办公用房严重不足的问题。

撰稿 丁建国
审稿 刘剑波

国际汉语教育和推广

〔**孔子学院建设和国际汉语教育**〕 2011年，在党中央、国务院高度重视和亲切关怀下，以孔子学院为龙头的国际汉语教育与推广事业蓬勃发展，为推动汉语加快走向世界，增强中华文化国际感召力和影响力作出了重要贡献。

2011年，胡锦涛、吴邦国、温家宝、贾庆林、李长春、习近平、李克强、贺国强、刘延东等中央领导对孔子学院建设和国际汉语教育作出重要批示100多次，出席相关活动30多次，为孔子学院发展营造了良好的环境。

12月12—14日，第六届孔子学院大会在北京举行。中共中央政治局常委李长春出席开幕式，并为全球孔子学院先进个人和突出贡献奖获奖者颁奖。国务委员刘延东出席开幕式并致辞，为获奖者颁奖。开幕式结束后，“我唱北京”音乐会拉开帷幕，来自美国、加拿大、意大利等7个国家的20名青年歌唱家先后登台，用汉语演唱了《黄河颂》、《白毛女》、《我爱你，中国》等中国名曲，受到与会代表的热烈欢迎。教育部部长袁贵仁主持大会开幕式，副部长郝平作大会总结。本届大会以“孔子学院的未来10年”为主题，共吸引105个国家和地区的2 000余位大学校长和孔子学院代表参加。

12月15日，全国孔子学院工作座谈会在北京召开。会议传达学习李长春关于孔子学院工作的重要指示和刘延东的重要批示，研究讨论《孔子学院发展规划（2011—2020年）》(征求意见稿)。袁贵仁作大会讲话，郝平作大会总结。29个省（区、市）教育厅（委）、180多所孔子学院承办院校和80多个驻外使领馆教育、文化处（组）负责人，共500多人参加会议。

13个孔子学院总部常务理事单位，即国务院办公厅、教育部、国务院新闻办、外交部、国家发改委、财政部、商务部、文化部、广电总局、国际广播电台、新闻出版总署、国务院侨办、国家语委等各负其责，密切配合，大力支持孔子学院建设和国际汉语教育。27个省（区、市）将支持孔子学院建设和国际汉语教育纳入本地中长期教育改革和发展规划纲要，12个省（区、市）成立了汉语国际推广领导和管理机构。湖南、重庆办好“汉语桥”世界大学生、中学生中文比赛。山东、河南、浙江、湖北、陕西、广西、天津等省（区、市）加大选派汉语教师和志愿者力度，积极参与接待外国学校师生访华活动。

截至2011年年底，全国共有30个省（区、市）260多所大学和500多所中小学积极参与孔子学院建设和国际汉语教育。其中北京大学、中国人民大学、北京师范大学等20所高校建立了国际汉语教育与推广基地，在26个省（区、市）建立了107个“汉语国际推广中小学基地”。厦门大学、北京语言大学、北京外国语大学等10多所承办3所以上孔子学院的高校，设立了孔子学院和国际汉语教育工作专门机构，配备了专职人员。

〔**全球孔子学院稳步协调发展**〕 2011年，新增孔子学院36所，新建中小学孔子课堂131个，开设孔子学院的国家比2010年增加9个。截至2011年年底，已在105个国家和地区开设了358所孔子学院和500个孔子课堂。其中340所孔子学院和430个孔子课堂已启动运行。在世界排名前200位的大学中，有70所开办了孔子学院。孔子学院和孔子课堂注册学员50万人，比2010年增长39%，其中孔子学院35.5万人、孔子课堂14.5万人。开设各类汉语课程2.4万个班次，比2010年增长35%；举办各类文化活动1.3万场，参加人数722万人，分别比2010年增长65%和45%；参加各类汉语考试学生达11.7万人次，比2010年增长近2倍。师资队伍不断壮大，现有专兼职教职工1万余人，其中中方派出院长和教师2 200人，各国本土汉语教师数量有较大增长。办学条件进一步改善，孔子学院现有专用教学面积20.8万平方米，比2010年增长54%，每所孔子学院和孔子课堂平均525平方米。各国申办孔子学院（课堂）的积极性持续高涨，共有70多个国家400多个机构要求申办孔子学院（课堂）。

〔**孔子学院管理水平显著提升**〕　一是抓紧制定今后10年发展规划，广泛征求国内外各方面意见，包括孔子学院国内合作院校、五大洲部分孔子学院、各省（区、市）教育厅（委）、孔子学院总部常务理事单位、驻外使领馆教育（文化）处（组）以及国内外专家学者等上千人。二是加强孔子学院总部理事会建设，先后召开中外理事座谈会、理事会年会，增补外文局、中央电视台两个常务理事单位，并对部分理事会成员进行了调整。三是先后召开北美、欧洲、亚洲、拉美、非洲及俄罗斯、日本、法国、德国等国家孔子学院联席会议，密切了与各洲及重要国家孔子学院的交流与合作。四是组织中外专家分赴20多个国家，对60多所孔子学院进行现场评估，加强对孔子学院的服务指导。五是通过与印度签署汉语教学合作协议，与韩国签署教师交流合作协议，举办中国—巴西高校孔子学院建设交流会等方式，加强了与上述国家在汉语教学领域的交流与合作。通过上述措施，实现了孔子学院管理的统一性和多样性相结合，办学质量和水平得到很大提高。

〔**加强师资队伍建设工作**〕　一是提高公派汉语教师待遇，以财政部、教育部名义下发了《国家公派出国教师生活待遇管理规定》，极大地调动了广大汉语教师的工作积极性。二是扩大中方教师及志愿者派出规模，共派出院长、教师及志愿者8 000多人，分布在120多个国家和地区。三是加大培训力度，开展孔子学院中外院长教师全员轮训、岗前培训、教材教学法培训，共计培训2.2万人。四是加强汉语国际教育专业硕士培养，培养院校增至83所，新招收3 903人，在校生总数达9 715人。五是提高“孔子学院奖学金”使用效益，对2010年招收的来华奖学金生开展全面考核。新招收118个国家的3 200人，主要用于培养本土汉语教师。

〔**加大教材开发推广力度**〕　一是在全球范围收集了8 700册汉语教材，初步建成全球汉语教材数据库，并完成常用字、词、语法点、文化点的分类整理。二是发行45个语种骨干教材300多万册，配送至160多个国家。三是启动2 000个成语多语种动漫和《新概念汉语》等教材编写工作。四是支持各国孔子学院编写出版本土教材，111所孔子学院共开发280多种教材。五是组织国内出版社参加伦敦书展、巴黎语言展、法兰克福书展等国际著名书展，拓宽了汉语教材推广渠道。

〔**加强网络孔子学院和《孔子学院》院刊建设**〕　一是网络孔子学院一举增加36个语种版本，已实现45个外语语种版本上线，上传各类教学课件3万余个，注册用户达31万人，全球177个国家53亿人都能通过母语使用网络孔子学院学习汉语。二是《孔子学院》院刊出版英、法、西、日、俄、韩、泰、阿拉伯8个语种、8个版本，每期发行量超过4万册，覆盖102个国家和地区，读者达50万人。

〔**积极开展文化交流活动**〕　一是组织孔子学院参加西班牙、法国“汉语年”活动，共开展各类文化活动650多场，吸引34万人参加。二是举办第十届“汉语桥”世界大学生中文比赛及第四届世界中学生、在华留学生中文比赛，共有70多个国家近4万名青少年参加预决赛。通过组织“汉语桥”校长访华团、学生夏令营等方式，接待2.5万名各国教育官员、大中小学校长和师生来华体验中华文化。三是开展“三巡”活动，即组织国内35所高校分赴46个国家，开展文艺巡演、文化巡讲、教材巡展500多场，受众40万人。四是举办“中国—西班牙文明论坛”、“孔子与亚里士多德哲学思想对当今世界的影响”等近百场高端国际学术论坛，极大地提升了孔子学院办学质量和学术影响力。

〔**汉语影响力持续攀升**〕　在孔子学院的带动和影响下，2011年全球“汉语热”持续升温：美国开设汉语课的公立大中小学超过5 000所，学生规模超过20万人，相当于5年前的3倍；英国5 200多所中小学开设汉语课程，学生超过10万人；法国学汉语人数最近几年连年增长40%，仅大中小学生就超过5.3万人；德国学汉语人数在5年内增长了10倍；西班牙学汉语学生超过2.5万人；泰国学汉语学生超过80万人。截至2011年年底，已有40多个国家和地区通过颁布政令、法令等形式，将汉语教学纳入国民教育体系，为汉语教学健康发展打下了坚实的基础。

孔子学院和国际汉语教育为促进世界多元文化的交流和发展，增进中国人民与各国人民的友谊作出了重要贡献，受到各国人民的热烈欢迎和国际舆论的广泛好评。2011年，英国王储、巴西总统、西班牙首相、希腊总统、菲律宾总统等多国国家元首、政府首脑及政要，出席孔子学院和国际汉语教育有关活动，盛赞孔子学院在世界多元文化交流中发挥的重要作用。马达加斯加总统、喀麦隆总统亲自签署文件，授予孔子学院中方院长国家荣誉骑士勋章，表彰他们在促进中国与所在国教育文化交流和人民之间友谊方面作出的杰出贡献。

撰稿　王　甬

审稿　许　琳　静　炜

与港、澳、台教育合作与交流

〔**内地与香港地区教育交流与合作**〕　香港学生来内地就读：截至2011年10月，在内地高校、科研院所就读的香港学生共计11 155人。

补充招收香港免试生政策和举措：7月12日，香港特区政府教育局在香港会展中心举办“2011国际教育论坛与博览”，教育部港、澳、台办主任张秀琴出席论坛及圆桌会议，常务副主任赵灵山、副主任李大光、宋波、副处长余彬及联招办负责人参加了教育展，并开展专题讲座介绍内地高等教育发展现状，接受参观者现场咨询。

8月，国务院副总理李克强访港期间宣布：“自2012年起，内地部分高校可依据香港中学文凭考试（或高级程度会考）成绩择优录取香港学生”。这项惠港政策缓解了香港新旧学制下两届高中生同期毕业的升学压力，表达了中央政府对香港特区政府的支持和关怀，受到香港市民欢迎。

9月，教育部港澳台办组织北京大学、清华大学、复旦大学、中山大学等7所高校及联招办负责人赴香港进行调研，与香港特区教育局、考评局及中学师生代表就免试招生工作进行座谈。在此基础上，教育部于11月制定并印发了《2012年内地部分高校免试招收香港学生办法（试行）》；12月8日至9日，教育部港澳台办组织内地63所对港免试招生高校及联招办负责人在广州市召开“2012年内地部分高校免试招收香港学生工作会议”，统一思想认识，明确工作目标，研讨具体方案。

12月10—11日，应香港特区政府教育局邀请，内地63所对港免试招生高校在香港伊利沙伯中学举办“2011年内地高等教育展”。两地教育行政部门代表及百余所香港中学代表参加开幕式。教育展期间，举办讲座67场，听众达4 000人次，派发宣传材料近7万份，参观人数达7 600余人次。

内地学生赴港就读：截至2011年10月，在香港高校就读的内地学生为16 904人。3月，教育部办公厅下发《教育部办公厅关于同意香港、澳门特区有关高等学校在内地31个省、自治区、直辖市招收自费生的通知》（教学厅〔2011〕4号），应香港特区政府教育主管部门的要求，教育部同意香港大学、香港中文大学、香港理工大学、香港科技大学、香港城市大学、香港浸会大学、岭南大学、香港教育学院、香港公开大学、香港演艺学院、香港树仁大学、珠海学院在内地31个省、自治区、直辖市招收自费生。

赴港指导教师：2011年，从广东等18个省（区、市）选派了61名中小学语文、数学及幼儿园特级和高级教师赴香港担任教学指导。61位教师全部都是内地的教学专家，素质全面、业务精湛，承担着香港近300所学校的教学指导工作。为做好赴港教师选派工作，7月，在昆明市组织赴港教师进行专业培训；8月，在深圳欢送选派教师赴港工作。

对港重点交流项目：2011年，教育部港澳台办支持内地高校举办了68个重点对港教育交流项目，吸引3 000余名香港大学生参加，并邀请多位国家领导人出席"我的祖国—京港澳学生交流营"、"港澳教育界国庆访京团"、"未来之星—香港高校传媒专业大学生国情班"等大型品牌活动。

薪火相传国民教育活动：2011年，教育部港澳台办配合香港特区政府教育局开展"薪火相传"国民教育系列活动，约3 300名学生访问内地。其中4月份，有1 100人访问北京、天津、广西等地；7月份，有1 300人访问湖北省，举行"鄂港师生纪念辛亥革命百年学习交流之旅"；11月份，有900人访问四川省，了解四川地震灾区灾后重建等工作。

内地高校对外交流人员研习班：2011年，教育部港澳台办委托香港中文大学举办了第四期内地高校对外交流人员赴港研习班，学员为内地32所重点高校的对外交流负责人。研习班全体学员访问了香港中文大学、香港大学、香港理工大学、香港教育学院等学校，听取了上述高校有关部门负责人的工作介绍和经验分享；拜访了香港中联办教科部，参观了香港文化博物馆等单位。

重点交流团组：2011年，教育部港澳台办共审批教育部机关及直属单位95人次访问香港，教育部直属高校书记、校长54人次访问香港。

〔内地与澳门地区教育交流与合作〕 澳门学生到内地就读：截至2011年10月，在内地高校、科研院所就读的澳门学生共5 214人。

澳门高校在内地招生：3月，教育部办公厅下发《关于同意香港、澳门特区有关高等学校在内地31个省、自治区、直辖市招收自费生的通知》（教学厅〔2011〕4号），应澳门特区政府教育主管部门的要求，教育部同意澳门大学、澳门科技大学、澳门理工学院、旅游学院、澳门镜湖护理学院在内地31个省、自治区、直辖市招收自费生。

赴澳门指导教师：2011年，教育部港澳台办补充选派了17名内地优秀中、小学及幼儿园教师赴澳门担任教学指导，使在澳内地指导教师保持在20人；继续推荐内地校长和学科教师赴澳门爱国学校任教；继续为澳门学科骨干教师进行培训。

国情教育交流活动：2011年，教育部港澳台办以做好国情教育专项活动为抓手，采取"走出去、请进来"的方式，组织内地专家赴澳门为大中学生举办国情教育专题讲座，邀请澳门大中学生到内地开展国情教育主题参访活动。2011年，共有900多名澳门大中学生参加了此类活动。

科研合作：2011年，教育部港澳台办批准中山大学在澳门理工学院设立"中山大学博彩研究中心博士后流动站科研基地"；批准辽宁大学教育部人文社科基地与澳门城市大学合作共建"澳门社会经济发展研究院"。

赴澳门手续审批：2011年，教育部港澳台办共审批部直属高校党委书记、校长共计6人次赴澳访问，教育部机关及直属单位人员共计16人次赴澳访问。

〔祖国大陆与台湾地区教育交流与合作〕 台湾学生到大陆就读：台湾学生到大陆学习渠道进一步拓宽。一方面，台湾学生可继续参加中华人民共和国普通高等学校联合招收港澳台学生考试、从港澳台地区招收研究生的统一入学考试；另一方面，为方便台湾学生到大陆高校学习，下发《教育部关于普通高等学校依据台湾地区大学入学考试学科能力测验成绩招收台湾高中毕业生的通知》（教港澳台函〔2011〕18号），普通高等学校可依据台湾大学入学考试“学测”成绩招收台湾高中毕业生。据2011年10月份统计，在内地高校、科研院所就读的台湾学生共7 346人。

大陆学生赴台就读：8月，台湾地区在部分承认大陆高校学历的情况下，同意自2011年起，台湾高等学校开放大陆学生赴台学习的限制，在北京、上海、江苏、浙江、福建、广东六省（市）招收赴台接受学历学位教育的自费生。3月，教育部成立了“海峡两岸招生服务中心”，与台湾“大学校院招收大陆地区学生联合招生委员会”对口，协调招收大陆学生的相关事宜。

4月，下发《教育部办公厅关于2011年台湾高等学校在北京等六省（市）招收自费生等有关事项的通知》（教港澳台厅〔2011〕2号），对大陆学生赴台学习事宜作出安排和部署。

5月，国台办秘书局与教育部办公厅联合下发了《关于防止两岸有关机构违规介入大陆学生赴台湾高等学校就读事务的通知》（国台秘发〔2011〕5号），保证大陆学生赴台工作稳定有序进行。

2011年，台湾高校计划招收大陆学生2 141名，其中学士班1 488名，硕士班571名，博士班82名，台湾高校录取大陆考生976名，实际报到注册学生928名。

高等学校与台重点交流项目：2011年，教育部港澳台办委托高校规划和举办了102个重点对台交流项目，邀请了6 000名台湾大学生和教师到大陆参加活动。清华大学的“两岸大学生青海支教活动”、兰州大学的“牵手丝绸之路”、厦门大学的“闽南客家文化之旅”、吉林大学的“北国风情冬令营”等一系列活动继续吸引越来越多的台湾高校师生。活动结合国家“十二五”发展规划，发挥各地历史、文化和地域特色以及各校专业特色，增进两岸师生情感，宣传了大陆经济社会和教育发展成就，提高了台湾教育界人士和青少年学生对中华民族和中华文化的认同感。

涉台交流团组：2011年，教育部直属高校党委书记、校长赴台访问36人次；教育部机关及直属单位工作人员赴台访问52人次。赴台访问主要是参加学术会议、参加台湾高校校庆活动及访问台湾高校并签署交流协议。教育部港澳台办同意批准台湾学者在大陆任教28人次，同意举办两岸学术会议30个。

队伍建设：10月9日至15日，教育部港澳台办会同国台办交流局、新闻局举办了“2011高校对台干部培训班”。对来自全国61所高校的84名对台工作干部进行了为期5天的培训。

重要举措：教育部与国台办联合授予厦门市“海峡两岸教育交流与合作基地称号”。

撰稿　艾宏歌　刘海峰　秦　雪
审稿　赵灵山

教育出版产业

中国教育出版传媒集团有限公司

〔贯彻落实十七届六中全会精神〕 2011年，召开集团公司、股份公司办公扩大会，召开中层以上干部专题座谈会，广泛开展十七届六中全会精神的专题宣讲和学习研讨活动。举办了集团公司高管人员研修班，培训对象为集团公司及其下属各单位中层以上干部，培训内容包括形势政策、出版传媒发展、股改上市规范运作、企业管理、企业文化、研讨和考察交流六个模块。通过学习、研讨、培训，牢固树立起“六个意识”，即责任意识、导向意识、植根教育和服务教育意识、改革意识、发展意识、提升国家文化软实力和维护国家文化安全的意识。

〔大力推进转企改制〕 根据教育部党组关于“成立集团公司、股份公司和完成重组上市”三步走的部署，按照集团公司和股份公司“双峰发展”的模式，各项工作稳步推进。按照主营业务整体上市的考虑，对集团公司现有的资产、业务和人员进行重组，3月31日，集团公司联合北京昱畅天下文化发展有限公司发起设立了中国教育出版传媒股份有限公司。截至11月29日，集团公司所属人教社、高教社、语文社、中教仪、中教图5家二级成员单位完成由全民所有制企业改制为有限公司的工作；人教教材中心等9家三、四级全民所有制企业全部完成改制为有限公司的工作。11月30日，集团公司5家二级成员单位完成了出资人变更，实质性重组进入股份公司，成为股份公司的5个全资子公司。股份公司完成实收资本变更，并领取了新的营业执照。至此，集团公司顺利完成二期出资工作，标志着集团重组上市工作取得实质性进展。

〔建立健全集团公司、股份公司内部管理制度和运行机制，加快建设现代企业制度，强化内部管理〕 一是加强领导班子建设。教育部党组任命了集团党委书记兼总经理、董事长和监事会主席，通过公开招聘选拔任命了集团公司、股份公司高管人员和人教社、高教社社长，采用竞争性选拔方式在人教社、高教社内部选拔总编辑，配齐配强了集团公司、股份公司及下属企业党政领导班子，各项工作已有序展开。二是建立健全集团公司、股份公司管理架构。综合考虑集团公司、股份公司实际工作需要，制订了集团公司、股份公司机构和岗位设置方案。集团管理人员基本到位，实现了规范运作。三是正确处理改革、发展与稳定的关系，全力保证集团公司、股份公司和各成员单位的稳定。集团公司始终一手抓股份公司股改上市，一手抓各成员单位的生产经营，确保整个转企改制和组建集团公司、股份公司、股改上市过程中员工不下岗、收入不降低、生产经营不停顿，及时发现并妥善处置出现的矛盾和问题，充分调动全体干部员工的积极性、主动性和创造性，有效维护了集团公司的稳定。股改上市工作按计划逐步推进，经营业绩有较大的增长，2011年集团公司的利润比2010年增长了15.74%。

〔**稳步推进集团公司内部资源整合与业务重组，优化资源配置，逐步完成从分散经营向规模化、集约化发展的转变**〕　集团公司和股份公司成立后，按照“有利于发挥整体优势，打造核心竞争力；有利于构建集团化管理体系，增强集团管控力；有利于企业稳定和持续发展，提升综合效益水平”的原则，积极推进集团内部资源整合工作。已制订并启动物流、原材料采购、内控管理、人力资源、财务、数字化、信息系统、内容资源等方面的整合工作方案。物流整合已开始实施并取得成效，3家出版社非教材类图书已实现集中配送，正逐步显现出较好的规模效益和集约效益。建立统一的财务管理制度和会计核算办法、统一的人力资源薪酬管理体系、统一的数字出版平台、统一的印刷工价体系和统一的招标采购等方面的工作已开始着手安排。

〔**积极应用高新技术，努力发展多媒体出版、数字出版等新兴业态，促进传统出版技术升级和产业转型**〕　集团公司积极顺应网络化、数字化这一潮流，在股份公司业务部门设置、战略投资者遴选、募集资金投向等方面作出相应安排，积极发展新兴出版业态，促进传统出版技术升级和产业转型。截至2011年年底，集团公司已经在基础教育、职业教育和高等教育领域初步形成了以电子教材和数字课程为中心的数字出版产品群。一是“人教网”已建成全学科的基础教育资源网站，供全国中小学教师免费下载，注册用户已达120万人；“人教数字校园”提供基础教育各学科一站式学习解决方案，为电子书包提供了优质内容。二是“中国大学生在线”是由高教社经营、全国高校共同参与、面向大学生的网络社区，已有近200所高校的150万名学生注册成为会员。三是“全国高校教师网络培训中心”已建立了30个省级分中心和20个市级分中心，近3年培训了6万名高校教师。四是“国家精品课程资源中心”汇集了教育部过去5年中在高等教育、职业教育领域建设的全部教学资源成果，在网络平台上展示了2万余门各级精品课程，覆盖了高等教育所有学科和专业，拥有130万名注册会员。2011年，以“985工程”高校为主体，建成首批100门精品视频公开课，启动了1 000门国家级精品资源共享课建设工作。

按照重组上市方案，股份公司募集资金除重点投入从学前教育到大学教育的各级各类教材研发与出版，打造精品教材，进一步加强教材建设“国家队”地位外，还将重点投入多媒体出版、网络出版、手机出版、电子书包、资源数据库等产业，成为利用多种媒体为教师教学、科研和学生学习提供解决方案的综合教育服务商。

撰稿　王　琼

审稿　陈晓光　邹海燕

人民教育出版社有限公司

〔**综述**〕　2011年，在教育部党组的领导以及中国教育出版传媒集团有限公司、中国教育出版传媒股份有限公司的指导下，全体员工团结协作、开拓进取，圆满完成了以义务教育教材修订、教育图书出版、制订“十二五”发展规划为重心的各项工作。同时在体制改革、科研、管理以及对外交流等方面均取得了显著成绩，实现了社会效益与经济效益的双丰收。

2011年，人教社继续努力打造“立体化”中小学教材，提供高质量的教材培训、售后服务，积极开发其他各级各类教材、教辅图书、学术著作和电子音像制品。教材和图书全年完成出版品种4 820种，生产品种6 221种，印制总册数1.48亿册。电子音像制品全年累计出版生产总量1.3亿盒（片）。

〔**制订“十二五”规划**〕 根据《中共中央关于深化文化体制改革推动社会主义文化大发展大繁荣若干重大问题的决定》、教育规划纲要、《新闻出版业“十二五”时期发展规划》以及中国教育出版传媒集团有限公司、中国教育出版传媒股份有限公司的工作部署，研讨、制订了“十二五”时期发展规划，内容主要包括：分析当前发展基础和整体形势，确定指导思想、工作方针、发展战略和总体发展目标，着重阐述主要发展任务，并从保障措施和组织实施等几个方面将主要目标、任务分解到各个部门，明确和落实部门责任，确保工作落到实处。

全社“十二五”时期的总体发展目标是：全部完成公司化改造，全面建立现代企业制度，初步形成事业发展的良好制度环境；建成以主流教材为核心的精品出版物研发生产基地；成为全方位服务教育、国内领先、国际知名的教育内容资源提供商和教学解决方案提供商。根据总体目标而确定的主要发展任务包括：完善教材系列，巩固核心竞争力；拓展出版领域，创造新的经济增长点；开发配套教辅，扩大经营规模；发展电子音像教材，推进产品结构调整；挖掘人教期刊出版潜力，建立人教期刊群；推进数字出版，服务基础教育信息化进程；加强无形资产权管理；加强对外合作，努力拓展海外市场；提升科研水平，夯实学术基础；加强渠道建设，构建立体化营销平台；完善内部控制，提升资产运营效率；打造创新人才队伍，保障事业发展；加强企业文化和品牌建设，提高凝聚力。

〔**全力做好义务教育教材的修订工作**〕 根据《教育部办公厅关于启动义务教育课程标准实验教材修订送审工作的通知》，坚持实事求是的方针，以新修订的各学科课程标准为依据，以人教社、课程教材研究所承担的一系列教材研究课题成果和对人教版教材使用状况的追踪调研为依托，在充分搜集一线教师意见的基础上，积极开展义务教育教材的修订工作，完成了义务教育阶段 15 个学科 44 册教材送教育部审查的工作。根据《教育部办公厅关于组织编写义务教育德育、语文教材的通知》，人教社参与了语文、历史和政治三科统编教材的投标工作，并参与了历史学科统编教材的分册主编和编写。在时间紧、任务重的情况下，各学科编辑室与相关部门通力合作，坚持教材修订工作的高标准、严要求，精益求精，确保修订教材的高质量，为教材送审通过打下了坚实基础。

〔**坚持精品战略，稳步推进重点图书和音像制品的编辑出版**〕 坚持以质量为重，不断推出在学术界和市场上颇有影响的优秀图书，如《中国西部基础教育文库》、《西方教育思想史》、《把爱献给教育的人——霍懋征》、《当代课程与教学研究书系》、《当代中国德育研究新进展》等教育学术理论著作。《向世界一流的高水平大学迈进——〈母校九十华诞感怀〉读后感选编》等重点图书项目圆满完成，受到了国务院办公厅、教育部领导的好评。

对《新编小学生字典》进行了多品种开发和出版，以适应各级各类市场需求，并在多个地区进行捐赠活动，引起媒体的广泛关注。该书全年发行量达 47 万册，荣获全国书刊发行业协会评选的“2011 年度全行业优秀畅销品种”称号。

《汉字与文化丛书》、《国粹・京剧》（DVD）和《中华成语典故数字视听馆》（CD-ROM）入选新闻出版总署“十二五”时期国家重点图书、音像、电子出版物出版规划，已有阶段性成果；电子音像出版社出版的由中国教育电视台历时 4 年摄制完成的《百集教育文献纪录片》被中国国家博物馆收藏。该片是第一部关于中国教育题材的大型文献纪录片。

〔**开发优质教辅资源，打击侵权盗版教辅，构建教辅市场新秩序**〕 人教社一方面大力开发高质量的配套教辅资源，另一方面响应新闻出版总署的号召，根据法律规定，严厉打击侵权盗版教辅，规范教辅市场秩序。

重视人教版教辅的自主研发，以求与教材完全同步，并能够从编写到出版、印制等环节，全方位保证质量。自主研发的精品教辅图书《同步解析与测评》、《胜券在握》等均获得了良好的社会反响。同时，也在积极探讨与民营教育机构进行教辅合作的新模式，在宏观布局教辅规模、丰富教辅品种方面迈出了新的一步。

版权管理部门配合教材教辅发行部门，以通过司法途径维权为重点，与行政机关、合作伙伴和广大媒体密切配合，有目标、有计划地进行全面的著作权维权工作。这对构建合法、有序、健康的教辅经营环境具有重大意义。

〔**加大数字出版工作力度，服务基础教育信息化进程**〕　5月底，人教社成立了数字出版部，加大数字出版工作力度。数字出版部成立后，工作成效显著。短时间内，完成了数字出版调研摸底，制订了人教社"十二五"数字出版发展规划；组织人教社数字产品参加第四届中国数博会、教育部教育资源建设工作会和北京国际书展等大型活动，荣获数博会组委会颁发的"最佳展示奖"；推进了"人教数字校园"、"网络教师培训与服务平台"等数字出版项目的开展；普及数字出版知识，编辑电子刊物《数字出版资讯》和《基础教育数字出版动态》，组织专家讲座，并积极参与有关科研工作。

继续做好人教网建设工作，探索人教学习网的营销模式，推进网络出版的研究工作。"电子书包的系统平台教学应用试验"、"基础教育网络产品开发"两个项目被批准为新闻出版改革发展项目库入库项目；网络教材、基础教育资源库建设、电子书包在教学中的作用及其营销模式等研究工作取得重大进展。

〔**社会效益与经济效益双丰收，赢得多项社会荣誉和奖励**〕　2011年，人教社党委获教育部"先进基层党组织"荣誉称号；在北京市国家税务局、北京市地方税务局举办的2011—2012年度纳税信用A级企业评选中，连续第三次被授予"纳税信用A级企业"荣誉称号；被北京市海淀区统计局评为"2011年度统计先进单位"。

《教育均衡论》荣获新闻出版总署第三届"三个一百"人文社科类原创图书奖；19种教育图书荣获第四届全国教育科学研究优秀成果奖，获奖数量名列第一；4种高校教材入选教育部正式发布的"2011年度普通高等教育精品教材"，获精品教材殊荣；《蔡元培教育论著选》和《陶行知教育论著选》入选国家大型出版工程《中国文库》；《小学语文》在全国语文类期刊编校质量大赛中获优秀奖。

人教社在第三届"韬奋杯"全国出版社青年编校大赛中表现突出，荣获优秀组织奖。

〔**加强企业文化和品牌建设，积极参加社会公益活动**〕　2011年，人教社组织了一系列企业文化宣传和品牌建设活动。其中"袍泽一甲子·携手创辉煌"——店社合作推进会、《向世界一流的高水平大学迈进——〈母校九十华诞感怀〉读后感选编》出版座谈会、教材工作会议、质检工作会议、《派斯英语》校长年会、纪念《课程·教材·教法》创刊30周年暨新世纪基础教育改革与发展论坛、"人教数字校园"重庆试点启动暨人民教育出版社、重庆出版集团战略合作协议签署仪式及参加北京书市、哈尔滨全国书博会、数字博览会、北京国际图书博览会等大型活动，在多家新闻媒体上进行报道，树立了良好的企业形象；结合义务教育教材修订、版权维护、《课程·教材·教法》创刊30周年等工作，在中国教育报、中国图书商报策划组织了专刊宣传，社会反响良好；策划、实施携手首都小学生向西部少数民族地区捐赠《新编小学生字典》活动，获得了公众的认可和好评。

2011年，人教社一如既往地积极参加各项社会公益和捐赠活动。向教育部教师节晚会"美丽的心灵"提供活动经费295万元；组织职工为设立"教育部直属机关干部职工关爱救助金"捐款3.7万元、社捐款300万元；全年向河南、黑龙江、新疆、宁夏、云南、贵州等地捐赠《新编小学生字典》共计6万余册；6月中旬，援助南方洪灾地区，及时向湖北、江西的一些地区免费增补受损教材，保证了当地学生按时复课。

撰稿　李　晨

审稿　殷忠民　韦志榕

高等教育出版社有限公司

〔**转制工作继续按总体要求和计划稳步推进，内部管理和制度体系不断完善与提升**〕 2011年，根据教育部党组及中国教育出版传媒集团有限公司的要求，高等教育出版社转制工作继续按总体要求和计划稳步推进，在规定的时间内完成了改制为有限公司、变更出资人及下属单位改制为有限公司的工作。根据转企改制后新的形势要求，高等教育出版社对内部管理和制度体系进行了相应的完善和提升，取得了良好成效。

〔**教育出版主营业务收入继续保持稳定增长，精品战略稳步实施，一批重大和重点项目相继启动并进展顺利，精品教材建设得以巩固和加强**〕 2011年，高等教育出版社主营业务继续保持稳定增长，全社共完成净发货码洋28.21亿元，比2010年同期增长4.63%。在教材建设方面，根据高等教育出版社精品战略和“十二五”时期出版规划的任务要求，全社上下围绕精品教材建设，在严格选题论证与审批、优化清理产品线、传统教材升级改造、进一步探索纸质教材与数字化资源一体化设计与研发新模式、不断提高产品质量等方面做了大量工作，成效显著。在教育部高教司组织的2011年度普通高等教育精品教材评选中，高等教育出版社入选96种，占精品教材总数的34.8%，位居全国出版社入选品种数第一。同时，高教社相继启动了一批重大和重点项目，并取得了积极进展。其中马克思主义理论研究与建设工程教材建设再结硕果，《政治学概论》、《西方经济学》、《世界经济概论》、《宪法学》、《西方哲学史》5种教材顺利出版；高校研究生思想政治理论课教学大纲编写工作进展顺利；李岚清著作编辑出版工作再添新成果，先后编辑出版了《大众篆刻——李岚清篆刻艺术作品集》、《中国印——李岚清篆刻书法作品集》（中文、印尼文对照）、《我为大师画素描——李岚清素描作品集》三本著作。

〔**数字化战略实施取得积极进展，成果丰硕**〕 2011年，高等教育出版社数字化战略实施成果丰硕。数字课程建设项目取得积极进展，iCourse高等数学完成了一期建设并在多校成功试点，iCourse网站得到教育部肯定，并被正式纳入国家精品开放课程共享系统；国家高职专业教学资源库一期工程完成建设，在全国职业教育成果展上，受到国家领导和广大师生的好评；生命科学与医学出版领域的数字产品研发与销售成果喜人；“国际贸易实验与实训软件系列”数字化产品实施了百校安装试用工程，取得良好反响。除此之外，数字化基础性平台建设继续稳步推进，4A网络教学平台升级改造、数字复合出版平台结构化技术提升与完善、数字版权保护研发工程均取得积极进展。

〔**学术出版工作继续取得稳步进展**〕 2011年，高等教育出版社学术期刊工作继续取得稳步进展，*Frontiers in China*（《学术前沿》）期刊的社会效益和经济效益均有显著提升。其中《计算机卷》被SCI收录，《医学卷》、《蛋白质与细胞》被PubMed收录；《数学卷》等12种期刊被中国科学引文数据库（CSCD）收录，并获“国家自然科学基金期刊专项”资助；1—9月，海外全文下载为181 196篇次，同比增长29.3%。海外销售收入112万元，同比增长11%。在坚持导向、弘扬学术、凝练精品、创造效益原则的指引下，学术著作出版也取得了积极进展，出版规模、业务收入与利润不断增长，一批图书获得各类奖项、国家出版基金资助以及“十二五”国家重点图书出版规划立项。

〔**“走出去”工作成果丰硕**〕 2011年，高等教育出版社“走出去”工作继续取得丰硕成果，版权输出155项，同比增长89%，版税及外销收入962万元，同比增长149%。版权输出数量位列“中国图书对外推广计划”成员单位单体出版社第一名，年度综合排名位列第二名。高等教育出版社还先后与Brill签订*Frontiers in China*六种期刊的长期合作协议，与Brill签订*The Cultural Foundations of Chinese Education*一书的版权输出合同，为人文社科学术类图书的输出业务打开突破口；并与Walter de Gruyter和Amsterdam University Press建立了联系，为下一步的合作奠定了良好基础。基于在2011年"走出去"工作方面的优秀表现，高等教育出版社先后获得"中国图书对外推广计划"、"中国文化著作翻译出版工程"、"经典中国国际出版工程"等资助和奖励。

〔**"中国大学生在线"建设和运营项目取得显著成效**〕　2011年，"中国大学生在线"在进一步整合资源、完善平台的基础上，先后成功主办了庆祝建党90周年"永远跟党走"、高校百佳网站颁奖典礼、首届全国高校优秀辅导员博客网络评选等系列主题活动，取得了良好社会反响，网站的吸引力和影响力得到显著提升。其中在教育部思政司的指导下，"中国大学生在线"主办的"永远跟党走"网上系列活动赢得了400多所高校近20万名师生积极参与，掀起了大学生颂党、爱党的热潮，新华社、中央电视台、人民日报等30余家媒体予以报道。在参与中央六部委庆祝建党90周年主题活动的百家网站中表现卓越，共获得5金、8银、10铜的好成绩，被六部委授予最佳组织奖和最佳品牌奖荣誉称号。

〔**全国高校教师网络培训中心项目继续保持快速发展**〕　2011年，"全国高校教师网络培训"项目继续保持快速增长。业务收入和培训人数均实现大幅提升，全年实现营业收入2 566.51万元，共培训教师39 095人次，比2010年同期增加20 250人次，增长率为107.46%。高校教师网络培训平均满意率达93.32%。

撰稿　杨嘉荣

审稿　张思挚

语文出版社有限公司

〔**综述**〕　2011年，在国家出版体制改革全面深化和加快推进的形势下，语文出版社有限公司认真落实教育部党组、中国教育出版传媒集团有限公司和股份公司的部署和要求，全面学习贯彻十七届六中全会精神，深入实践科学发展观，统一思想，扎实工作，积极探索出版体制机制创新，坚持稳定队伍、稳定市场、稳定效益的战略原则，顺利完成股份制改造工作，在拓展事业发展空间、完善现代企业制度、加强规范化管理等方面取得了新的进展。

〔**制订完善"十二五"发展规划**〕　结合实际，制订"十二五"发展规划，明确语文出版社发展方向。根据企业改革整体推进情况和有关政策形势的变化，对2011年初拟订的"十二五"发展规划进行论证、修改和完善。依据十七届六中全会决定和教育规划纲要有关精神，出版社"十二五"发展规划明确提出，坚持为国家语言文字工作和教育事业服务的宗旨，坚持"以出版为主，以其他经营为辅；以教材出版为主，以一般图书出版为辅"的经营方针。重点提出按照现代企业制度要求，创新管理体制和经营机制，确保现有教材市场稳定，积极探索开发新的支柱产品，力争实现语文版文化普及类图书社会效益和经济效益双丰收，增强在语言学界和辞书界的影响力，做大做强一报一刊，充分发掘音像电子出版的经济增长潜力，打造纸质出版为主、数字出版及多种出版相融的出版格局等发展目标。

〔**完成转企改制工作**〕　积极推进出版体制改

革，完成出版社转企改制工作。根据教育部党组和集团公司有关机构组建和股份公司成立、小改制等工作要求，出版社顾全大局，积极配合，克服困难，在前期调查、数据提供、人员抽调等方面反应迅速，及时跟进，认真落实，确保了改制各项工作顺利有效开展。社务会及时传达教育部领导在4月6日股份公司成立大会上的重要讲话，以及4月15日股份公司领导在公司业务整合动员大会上的报告精神，认真组织学习股份公司发展战略，客观分析出版社现状和未来发展，统一思想，提高认识，坚定做好各项工作的决心和信心。认真组织学习和贯彻落实《中共中央关于深化文化体制改革推动社会主义文化大发展大繁荣若干重大问题的决定》精神，使员工思想统一到部党组和集团公司的部署上来，统一到落实出版社改革发展的各项工作上来。全力推进落实部党组有关股改上市等工作的指示要求，组织完成财务审计和资产评估等工作；讨论修改并及时上报《语文出版社改制方案》、《语文出版社有限公司章程》以及公司董事会、监事会等机构方案。配合落实完成小改制工作，于11月29日完成工商审核登记手续，正式变更为语文出版社有限公司。之后，加紧落实相关业务资质和手续的变更与衔接工作以及资产划转等工作。同时，成立了社领导牵头、多部门参与的筹备办公室，配合办理组建集团公司和股份公司的相关业务。出版社在保证人心稳定、业务正常开展的情况下，选派多名业务骨干到上市登峰办公室工作；组织社内人员积极参与集团公司内设机构人员的选聘，向集团公司和股份公司推荐输送优秀人才。

〔坚持“主辅结合”的经营方针，做好产品维护和市场开拓，努力提高效益〕 继续坚持“以出版为主，以其他经营为辅；以出版教材为主，以出版一般图书为辅”的经营和发展方针，采取多种措施继续做好现有教材的维护和巩固工作，确保市场稳定。全年共组织教材培训、研讨和回访等活动70多次；启动第五届（2011—2012）“三优”（优秀论文、优秀教案、优秀录像课）评选活动；加强网站建设，通过开办网上答疑栏目、语文论坛以及提供优秀教学视频等，为教学参考和学术交流提供沟通平台，受到师生欢迎。全年出版图书共计709种，总印数达3 400多万册，光盘复制50多万片，录音带复制近30万盘。销售码洋、销售收入和利润分别比2010年增长5%、2.8%和4.4%。教材覆盖全国15个省（区、市）60个地市。

在企业转型发展及教材政策面临变化的特殊时期，出版社努力寻找新的产品定位和经济增长点，积极探寻未来生存与发展之路。在大力维护现有教材这条“生命线”的同时，结合实际，整合资源，开拓思路，认真谋划，做好“平行线”——精品教材和新品种的研发工作，不断开拓新的发展空间，确保实现出版社可持续发展。为落实“十二五”出版规划和集团公司“一手抓教材、一手抓精品力作”的要求，出版社成立了编辑委员会和选题论证委员会，向编辑部门下达了选题开发量化指标，旨在充分挖潜，加大选题开发的力度，优化选题结构与质量，增加图书品种；充分挖掘语文品牌既有资源价值，鼓励多种形式的合作开发，为提高出版社生存和发展能力打下基础，在保证图书质量的前提下，创造更好的社会效益和经济效益。

根据教育部加强中小学书法教育的有关精神，成立了由社领导牵头、多部门参与的专题项目组，启动了中小学书法教材开发项目和国民语文素养丛书开发项目。根据《中共中央关于深化文化体制改革推动社会主义文化大发展大繁荣若干重大问题的决定》精神，以及党和国家领导人明确提出的着力提高公民语言文字应用能力的指示精神，结合国家语委委托相关机构开展的“汉语能力测试体系”等工作，出版社在选题立项上有计划地支持和鼓励向开发国民语文素养丛书这一方向进行探索。重点开发的其他新品种还包括高师高专语文学科教材以及中小学心理健康教育丛书等。

另外，在大众文化图书和辞书编写以及报刊出版发行方面不断拓宽思路，谋求新的发展。在文化图书领域进一步明确方向，注重策划、编辑与宣传推广的有机整合，形成了以重点产品《神史》等为突破点、系列丛书造势、一般图书增加品种、合作图书拓宽思路的格局。全年图书策划出版数量比2010年有所增长，主要有：《如何管理你的大学》、《戒毒大农场》、《寻找中道》、系列图书《IN词记录中国》、科学文化丛书、《八十天环游地球》、《青春放歌》、《童心向党》等。同时，落实国家出版基金资助项目《中国方言民俗图典（第一辑）》和国家“十二五”出版规划图书《中国语言文字规范标准汇编》的组织和编辑工作，确保在规定时间内高效、保质地完成出版工作。积极准备《中国语法思想史》2012年国家出版基金资助项目的申报工作。

在《语言文字报》和《语文建设》杂志编辑出版方面，积极探索，抓住新的契机，逐步走上适合自身发展的良性轨道。坚持出版社零投入，借助多方力量，通过组织活动、开放办报（刊）、加强合作等举措，扩大宣传，提高品牌知名度。报纸采取科学有效的经营模式，扎实做好各项基础性和建设性工作，为下一步努力做大做强，力争成为出版社新的经济增长点打下基础。杂志坚持守正出新的原则，顺利完成改版工作，为扩大发展奠定了基础。

〔**完善管理制度，为转企发展提供保障**〕 根据现代出版企业发展需要，出版社加强常规管理规范化，制定和修订了规章制度和管理办法，如完善选题申报论证制度，重申加强三审制度，规范书号实名申领工作流程，制定版权引进、合作出版等有关办法，确保从各个环节加强出版工作的规范化管理，在推进编辑业务管理基础性建设方面迈出了新的步伐。制定《图书编校质量奖惩办法》，为编辑部门配备了编辑出版标准、词典等工具书，组织出版社质量检查活动，将质量监控贯穿到工作的各个环节，旨在提升编辑人员的质量意识和水平，整体提高出版社的产品质量。

撰稿　李秋芳
审稿　王旭明

教学仪器与装备

〔**《教具理论研究导论》出版**〕 教育部教学仪器研究所成立课题组，开展“教具理论研究框架设计”研究。在“教具理论研究框架设计”研究成果的基础上，编撰成《教具理论研究导论》（下称《导论》）一书。该书由教育部教学仪器研究所原所长刘济昌主编，教育科学出版社于2011年4月出版。《导论》的主要任务是构建一个教具理论研究平台，先设计一个框架，把若干基本要素组织起来，吸引广大教师和教具工作者参加研究，并使研究工作具有系统性、结构性和科学性。《导论》主要研究的问题有：教具的背景情况、教具的定义、教具学的学科定位、框架结构设计、研究方法、评价方法、课题组织方法及相关的理论基础。《导论》首次提出了“大教具”概念，阐述了加强理论建设的必要性，把树立教具的科学发展观、新教具观的研究、理论研究框架和现代教具学等四方面任务作为教具理论研究的优先任务。对理论研究的要素进行分析，创造性地提出了三维度理论研究框架设计，并从教具学的学科性质、理论基点与特点、学科范畴，以及它与相关学科的关系问题探讨了教具学的学科定位问题；从教育学、心理学、思维科学等方面探究了教具理论的基础。书中借鉴教育科研的通用方法，又针对教具理论研究的特点，提出了教具理论研究的方法和理论研究的评价办法，首开教具理论之先河。书中还对教具理论研究课题管理办法和研究工作的组织与策略及教具文化等问题作了探讨。《导论》还开列出研究课题的参考指南，供选择研究课题时参考。

〔**首届全国教育技术装备与实验教学优秀论文评选活动**〕 为加强理论研究，促进教育科研成果的总结、交流与提升，教育部教学仪器研究所组织了首届全国教育技术装备与实验教学优秀论文评选活动。此项活动得到全国各地广大教师的积极响应，32个省级单位的教育装备部门，组织推荐了818篇论文参加全国评选。经过初审、复审和终审，502篇优秀论文获奖。其中一等奖53篇、二等奖129篇、三等奖320篇。30个单位获优秀组织奖。

〔《学校和相关机构的安全与健康设计通用标准》等国家标准行业标准通过审查〕 2011年度，《学校和相关机构的安全与健康设计通用标准》、《教学实验用危险固体、液体的使用与保管》、《中小学理科实验室装备规范》、《教学实验室设备易燃品、毒害品储存柜的安全要求》等4项国家标准通过审查，《生物玻片标本通用要求》、《交互式电子白板》、《学生计算器》等30项教育行业标准通过审查。

〔启动修订《幼儿园玩教具配备标准》〕 为配合学前教育三年行动计划的实施，解决幼儿入园难、入园贵等热点问题，教育部基础教育二司委托教育部教学仪器研究所启动修订《幼儿园玩教具配备标准》。

〔启动编制《全国示范性综合实践基地装备标准》和《综合实践基地活动指南》〕 为配合中央专项彩票公益金支持示范性综合实践基地项目的实施，教育部基础教育一司委托教育部教学仪器研究所，启动编制《全国示范性综合实践基地装备标准》和《综合实践基地活动指南》。

撰稿 金 林
审稿 刘诗海

教育科研与学术活动

中国教育科学研究院

〔**中国教育科学研究院成立**〕　2011年11月11日，中国教育科学研究院成立大会在人民大会堂金色大厅举行。8月，经中编办、教育部批准，中央教育科学研究所更名为中国教育科学研究院。教育部在《关于中央教育科学研究所更名的通知》中指出，希望中国教科院按照现代科研院所制度的要求，以服务国家决策为宗旨，以教育改革发展面临的重大理论和实践问题为主攻方向，建立“职责明确、评价科学、开放有序、管理规范”的科研体制和运行机制，努力建设成为有中国特色的国家教育智库，为教育改革和发展作出更大贡献。

国务委员刘延东出席成立大会，并就繁荣发展教育科学研究、促进教育事业科学发展发表重要讲话。刘延东回顾和总结了70年来中国教育科研事业的光辉历程和宝贵经验，充分肯定了教育科研在服务决策、创新理论、指导实践等方面所作出的重要贡献；深刻分析了当前教育科研工作面临的新形势、新要求，全面部署了繁荣发展中国教育科研事业的基本思路和工作要求。刘延东指出，中国教育科学研究院的成立，是中央加强教育科研工作的重大举措。强国必先强教，强教必兴科研。要把教育科研作为促进决策科学化、提高教育质量的基础性工作，摆在全局工作的重要位置，进一步强化对教育科研工作的组织领导。要注重协同创新和方法创新，深入研究教育改革发展的新情况、新问题，提出有价值的新思想、新理论，大力提升创新能力。要按照教育规划纲要和人才规划纲要的要求，进一步加强队伍建设，扶持、培养、选拔一批学养深厚、熟悉政策、了解实践的高水平教育科研工作者。要加强顶层设计，加大统筹力度，创新科研管理制度，树立科学的评价导向，不断深化教育科研体制改革。广大教育科研工作者要把做人与治学统一起来，把学术追求与社会责任统一起来，树立优良学风，努力创造学术精品。希望教科院立足更高起点，发扬光荣传统，勇于开拓创新，进一步做大做强，提升综合实力和核心竞争力，在全国教育科研系统发挥领军作用，打造中国特色一流国家教育智库，为国家和人民提供更加优质高效的教育科研服务。刘延东亲自为中国教育科学研究院揭牌。

教育部部长袁贵仁主持大会，他对加强中国教育科学研究院建设提出了殷切希望和明确要求。他说，中国教科院要努力按照刘延东讲话要求，以教科院成立为新的起点，坚持正确方向，锐意改革创新，着力加强队伍建设、制度建设、能力建设和学风建设，充分调动全院干部职工的积极性、主动性和创造性，团结和凝聚全国教育科研力量，加强联合攻关，推进协同创新，全面提升教育科研水平和服务决策的能力，努力推出代表国家水准、具有世界影响，经得起实践和历史检验的优秀成果，为落实教育规划纲要，推动教育事业科学发展作出新的更大的贡献。教育部将为中国教科院的改革、发展创造良好条件，在基础建设、经费投入、信息开放、课题委托等方面给予更多支持；在决策科学化和管理创新等方面，更好地发挥中国教科院的重要作用。

国务院副秘书长江小涓、中央编制委员会办公室副主任张崇和、国家发改委副主任朱之鑫、教育部副部长郝平、财政部部长助理胡静林等有关部委负责人出席大会。

〔刘延东到中央教科所考察座谈〕 2月10日，国务委员刘延东到中央教科所考察座谈并发表重要讲话。刘延东指出，中央教科所的前身是我们党1941年在延安成立的中央研究院中国教育研究室，追根溯源，2011年是整整70周年。中央教科所为中国革命、建设和改革开放三个历史阶段教育事业作出了不可替代的重要贡献。刘延东对教科所在教育规划纲要的研究制定和贯彻实施中所发挥的重要作用，给予了充分肯定和高度评价，希望中央教科所在贯彻教育规划纲要的过程中发挥更大的作用。

刘延东对中央教科所提出了四点希望。第一，树立大局意识，为国家教育科学决策提供服务。中央教科所是国家级综合教育研究机构，肩负着服务决策、创新理论、指导实践的重要使命，要强化国家意识、大局意识，增强使命感和责任感，加强宏观战略研究，努力为国家教育科学决策作出新的重要贡献。第二，抓住关键问题，努力破解教育改革发展难题。希望中央教科所能够直接面对重大问题，做到科学地把脉确诊，抓住关键环节，找准着力点，力求取得突破。第三，运用科学方法，积极探索中国特色社会主义教育规律。第四，加强能力建设，不断提高教育科研水平和质量。

〔研究制订中国教科院“十二五”发展规划〕 为谋划好“十二五”期间的发展，教科院成立了由院领导牵头的规划制订小组，形成了规划初稿。经过广泛听取教育部有关司局，全国部分教科院所，院离退休老领导、老同志的意见，经过院中层干部会、院务会多次研讨，形成了《中国教科院“十二五”发展规划》(以下简称《规划》)。《规划》全面总结了“十一五”期间教科院事业发展的成绩和经验，确定了“十二五”期间的指导思想、发展目标、发展思路、重大计划以及保障措施等。

《规划》总结了“十一五”期间的发展成就，即服务决策贡献突出、基础研究成果丰硕、指导实践成绩喜人、综合能力显著提升。成绩的取得为进一步做大做强中国教科院提供了宝贵经验：第一，坚持服务国家、服务人民的宗旨，以重大问题为主攻方向，面向国家需要、面向战略研究，充分发挥思想库和智囊团作用；第二，坚持教育科研公益性，强化科研工作者的社会责任，保持教育科研的质量和品位；第三，坚持理论联系实际，密切关注热点难点问题，努力回应民声，发挥释疑解惑、引导舆论的作用；第四，坚持集中力量办大事，整合资源，凝聚队伍，充分发挥国家级教育研究机构的不可替代作用；第五，坚持改革创新，根据社会需要和教科院特点，转变研究方式和评价方式，把个人兴趣与单位需要、独立工作与团队协作、理论研究与实证分析结合起来，形成有利于协作攻关的良好氛围和机制。

《规划》明确了“十二五”期间发展的指导思想是：高举中国特色社会主义伟大旗帜，以马克思列宁主义、毛泽东思想、邓小平理论和“三个代表”重要思想为指导，深入贯彻落实科学发展观，围绕中心，服务大局，以改革创新为动力，以提高质量为导向，全面提升服务决策、创新理论、指导实践、引领战线的能力，为国家和人民提供更加优质高效的教育科研服务。

《规划》确定了“十二五”时期的发展目标是：以“质量立院、人才强院、制度建院、开放办院、文化兴院”为发展方针，以提高科研质量为核心任务，人才队伍建设为关键措施，制度建设为基本保障，对外交流合作为重要途径，文化建设为根本依托，全院总体科研质量和服务水平显著提高，核心竞争力和国际影响力明显提升，初步建成中国特色一流国家教育智库。以“整体覆盖、重点跨越、协同创新、综合发展”为发展思路，实现全面加强与重点突破、彰显特色与整体提升的统一。

为保证各项发展目标的实现，《规划》重点设计了五大计划25个项目。五大计划包括：标志性成果打造计划、基础能力提升计划、科研成果转化计划、对外交流合作计划、文化发展支撑计划。《规划》是教科院未来5年和更长时期的发展指南，任务重、要求高，将通过“加强组织领导、创新用人机制、保障经费投入、强化评估考核”等措施保证组织实施。

〔**袁振国参加中央政治局第二十六次集体学习讲解**〕　2月21日，中央教科所所长袁振国在中央政治局第二十六次集体学习时就“优先发展教育、建设人力资源强国”的主题进行讲解，全面分析了中国教育事业发展取得的成就和面临的新情况新问题，就如何贯彻落实胡锦涛总书记在全国教育工作会议上提出的“五个必须”和教育规划纲要，提出了推进中国教育事业科学发展的思考和建议。会前，袁振国受到胡锦涛总书记的亲切接见。

〔**开展建所70周年系列学术庆祝活动**〕　为庆祝中央教科所建所70周年，围绕深入贯彻落实教育规划纲要，举办了系列庆祝活动。

一是成功举办五个学术论坛。论坛一：“建立教育质量国家标准”，围绕“教育质量标准的国家框架与工作机制”展开深入研讨；论坛二：“中小学社会主义核心价值体系教育”，就《中小学社会主义核心价值体系教育指导纲要》（建议稿）进行深入探讨；论坛三：“高等学校绩效评价”，围绕“高等学校绩效评价指标的科学化”展开深入讨论；论坛四：“义务教育均衡发展”，围绕“义务教育均衡发展评估标准”的研制展开深入探讨；论坛五：“普通高中特色学校研究”，就如何深入推进全国教育科学“十一五”规划普通高中特色学校研究专项课题展开深入研讨。

二是编辑大型画册，拍摄专题片。回顾中央教科所的发展历史，总结了建所以来取得的宝贵经验及对未来的展望。

三是出版了系列文集。其中《中央教育科学研究所70周年所庆历史论文集》主要收录了革命、建设、改革不同历史时期，中央教科所人员公开发表的论文成果；《中央教育科学研究所70周年调研报告集》主要收录了在教育规划纲要制定过程中，中央教科所人员参与的重大问题的调查研究报告；《中央教育科学研究所70周年纪念文集》收录了中央教科所科研、行政管理、文化产业三个序列人员撰写的回忆文章。

四是重要媒体进行追踪报道。11月11日，在中国教科院成立当天，中国教育报发表专版纪念文章：“从‘窑洞研究室’到中国教育科学研究院”。11月12日，人民日报、光明日报、中国教育报等媒体都转载了新华社电讯文章“推动教育科学研究繁荣发展　为建设教育强国提供智力支持”。11月14日，新华网对中国教科院副院长曾天山等进行了专题视频采访“牢记使命　加快建设中国特色国家教育智库”。11月18日，中国社会科学报发表文章“中国教育科学研究院成立大会在京举行　刘延东出席并发表讲话”。

撰稿　杨润勇　方铭琳
审稿　袁振国　曾天山

中国教育学会

〔**举办农村教育论坛，推进区域城乡教育均衡发展**〕　2011年5月22—23日，中国教育学会、中国扶贫开发协会、中国关心下一代工作委员会在河北省三河市联合举办“首届中国农村教育论坛”。论坛的主题是：城乡一体化背景下的农村教育改革与发展。中国教育学会会长顾明远、中国扶贫开发协会副会长郭东坡、中国关心下一代工作委员会常务副主任兼秘书长杨志海作大会发言。

本次论坛就“加快农村教育改革和发展、建立城乡教育一体化发展机制、加快缩小城乡差距等问题”进行了深入研讨，在一些重大理论和实践问题上达成共识：农村教育在社会主义新农村建设和实现教育现代化过程中具有重要的战略地位，要以教育规划纲要精神为指导，在推进城乡义务教育均衡发展、加强农村师资队伍建设、探索城乡教育一体化发展新思路等方面开拓创新，下大力深化农村教育改革，促进城乡教育协调发展。会议形成了旨在引领和推进农村教育改革发展的《三河宣言》。

顾明远认为，当前推动城乡教育一体化的过程就是贯彻落实教育规划纲要的过程，城乡教育一体化的目标就是教育规划纲要工作方针提出的“促进公平、提高质量”。中国教育学会农村教育分会理事长韩清林提出：城乡教育一体化具有必然性和必要性，城乡教育一体化是城乡二元经济社会体制向城乡一元经济社会体制转变的必然趋势，是人口城镇化和教育城镇化发展的必然要求，是中国教育体制变革的必然结果，是解决日益扩大的城乡教育差距的战略措施，是从根本上解决城镇班容量过大和农民工随迁子女入学难等问题的治本之策。

中国教育学会常务副会长谈松华指出，农村教育改革发展的目标和任务不能脱离教育规划纲要提出的国家教育改革和发展的总目标和任务，同时要有超前性，充分考虑到新的技术革命和产业革命对农村社会发展的影响以及对新型农民在知识水平上的要求。教育信息化在实现农村教育现代化中具有重要作用，教育信息技术打破了教育资源在时间、空间上的限制，成为推进城乡教育均衡发展、促进教育公平、提高教育质量的有力杠杆。

与会代表认为，城乡教育一体化是时代发展的要求。代表们呼吁：实现城乡教育一体化目标应着力破除影响城乡教育一体化发展的办学思想、管理体制、发展机制障碍，不失时机地在重点领域和关键环节取得突破。代表们建议：国家对农村教育应予以倾斜；上级主管部门应加强对全国城乡教育一体化的研究、领导和管理，采取积极有效措施，加强农村教育，积极推动城乡教育一体化变革。

〔召开个性化教育国际会议，探索创新人才培养模式〕 为了借鉴、学习和交流国内外推进个性化教育的先进经验，积极探索国际化、信息化背景下人才培养模式创新，由中国教育学会、中国民办教育协会共同主办的“2011 年个性化教育国际会议”于 8 月 13—14 日在国家行政学院召开。第十一届全国人大常委会副委员长陈至立、教育部副部长刘利民、国家行政学院常务副院长魏礼群、原国家教委副主任柳斌、民进中央副主席朱永新、国家行政学院纪委书记杨文明、中国教育学会会长顾明远、中国民办教育协会会长陶西平、联合国教科文组织北京办事处代表野泽美纪等出席会议。来自美国、加拿大、澳大利亚、津巴布韦、日本、意大利等国以及国际教育组织和香港地区的专家，全国各地幼儿园和中小学教师、校（园）长，教育行政部门及有关教育机构代表 800 多人参加了会议。

陈至立指出，世界正处于大发展、大变革、大调整的特殊时期，世界多极化、经济全球化深入发展。在这种时代背景下，人力资源尤其是人才资源成为各国迎接新的挑战、确保可持续发展的第一资源，教育的责任越来越重，培养创新人才成为其重要任务。深入探讨在经济全球化背景下个性化教育对学生全面发展及创新人才培养的重要意义，总结个性化教育实践经验和成功案例，研究新形势下个性化教育的有效模式，探究个性化教育理论体系，将为深化中小学教育教学改革、推进素质教育提供重要启示。她强调，个性化教育要坚持全面发展与个性发展的统一，培养和促进学生实现德、智、体、美全面发展。推进个性化教育，有利于加强教育的针对性、实效性；有利于改变学生被动学习的状况，进一步调动广大学生学习的主动性、积极性；有利于发展广大学生的优势潜能，有效培养其创新能力。刘利民指出，推进个性化教育，应当正确认识全面发展与个性发展的关系，教育是“个体社会化、社会个性化的过程”，就是要使每个能动、可塑、具有不同特质的受教育者，在德、智、体、美和知、情、意、行诸方面全面和谐发展，在社会化的过程中逐渐形成独特的性格、文化、素质特征；应当正确认识“有教无类”与“因材施教”的关系，在依法为受教育者提供更加公平、更加多样、更加富有质量的教育机会的基础上，增强教育的针对性，尊重每个学生的个性特点，为其提供更加“适合”的教育；应当正确认识个性教育与创新人才培养的关系，实现普适教育与个性教育的和谐统一，实现提高国民素质与培养和造就拔尖创新人才目标的和谐统一，以适应世界范围内经济发展、科技进步、人才竞争的需要。

原国家教委副主任、中国教育国际交流协会名誉会长柳斌认为，学生生动活泼的发展与考试制度高度相关，考试是指挥棒，应试倾向从本质上讲是一个制度性问题。要解开升学竞争愈演愈烈、学生负担过重愈演愈烈、学校急功近利愈演愈烈的死结，不在制度上进行改革，不触动某些部门或单位的现实利益，就只能无所作为，坐等失败，促进个性发展也就无从谈起。对于这种“躲不开”、“绕不过”的体制机制障碍，解决的办法只有深化教育改革，尤其是从体制上进行改革。

上海市教委副主任尹后庆提出，在国内教育的大环境下，个性化教育问题最重要的在于实践，而实践过程中最大的制约因素是现行教育体制。现实中应试教育的影响力过于强大，个性化教育作为全新的教育理念，在落实中必将遇到重重阻力。学校要从学生全面发展、学校内涵建设和教育人本价值三个层次对个性化教育进行理性思考和实践回归。第一，在教育价值观上，突破对公益价值的过度追求，更加关注对人本身价值的尊重和回归；第二，在教育质量上，突破以学科知识为主的单一追求，关注以人的全面和多样发展为特征；第三，在教育管理上，突破以行政手段为主推动教育发展的方式，更加注重思想领导和专业引领；第四，在培养模式上，突破高度统一的标准化模式，更加注重以学生需求为导向的个性化、多样化培育；第五，在教师专业成长上，突破仅仅强调教师的学科知识、教学技能，更加关注教师教育境界和专业能力的提升。

与会者认为，个性化教育是时代进步和教育事业发展的客观要求，是教育规划纲要所倡导的重要教育理念和原则。

〔**共谋教育改革创新之策，促进孩子健康快乐成长**〕　12 月 11 日，国务院参事室、光明日报社、中国教育学会和中国教育电视台在北京共同举办“为了孩子健康快乐成长”教育论坛。论坛的主题是：科学认识基础教育的本质和作用，深化中小学教育教学改革，促进青少年健康快乐成长。国务院参事室党组书记、主任陈进玉，光明日报社副总编辑李春林在开幕式上致辞；教育部部长袁贵仁致信祝贺。国务院参事、中央文史研究馆馆员、国务院参事室特约研究员以及来自全国教育、文化、科技、企业界的代表 350 多人参加论坛，共议孩子健康快乐成长之计，共谋教育改革创新之策。

陈进玉致辞时说：让孩子健康快乐成长是关乎国计民生的大事。如果以牺牲孩子健康来换取知识，将使中华民族付出难以弥补的巨大损失。袁贵仁在贺信中强调，我们所追求的教育境界是：教是为了不教，让学生童年快乐、终身学习、一生幸福。现在的任务是使“全面发展、人人成才、多样化人才、终身学习、系统培养”的人才观念变成校长的办学理念、教师的教育理念、家长的育儿理念，使创新人才培养成为学校的教育方式、课堂的教学方式、家庭的教子方式，积极稳妥地把改革推向前进。

国家教育咨询委员会委员、外交学院原院长吴建民结合自身的成长经历说：教育和人的发展都有其自身规律，“不能输在起跑线上”的提法违背了这种规律，在这种观念引领下的做法是培养不出真正人才的。让孩子都去追求一个目标，是违反社会需求和人的本性的。我们必须树立多样化人才观念，鼓励个性发展。“不能输在起跑线上”等教育观念已经逐步演变为一种社会公害。国家教育咨询委员会委员、中国教育学会会长顾明远坦言：“不能输在起跑线上”的说法不符合儿童成长规律，也不符合教育规律。超越儿童发展的阶段性，不仅不能促进儿童成长，反而会阻碍其发展。教育要遵循儿童发展规律，照顾到不同儿童的差异，因材施教。他建议，家长要充分了解孩子，了解孩子的需要，了解孩子的想法，了解孩子的特点，并在充分了解的基础上因势利导，顺其天性，因材施教。从小培养孩子良好的习惯，培养其自主、自信、自立、自强的精神，引导其读书、学习，对事物感兴趣、有爱好，锻炼其勇于面对困难和克服困难的精神和毅力才是好的教育，孩子才会有幸福的人生。

国家教育咨询委员会委员、中国科学院院士杨福家特别指出，中学阶段教育是学生个性形成、自主发展的关键时期，对提高国民素质和培养创新人才具有特殊意义。因此，中学阶段教育必须注重培养学生自主学习、自强自立和适应社会的能力。

教育观念决定教育行为，教育行为决定教育结果。与会者认为，要推动教育科学发展，实现学生健康快乐成长，有必要重新认识基础教育的独立价值。国务院参事室特约研究员、江苏省原副省长王湛提出，"为了学生健康快乐成长"应该成为基础教育改革的基本价值取向，成为深化基础教育改革的重点任务。他指出，实施素质教育是对教育本质功能的回归，只有全面、切实地实施素质教育，才能有效地克服影响青少年健康快乐成长的种种不良倾向，真正做到让孩子健康快乐成长。国家总督学顾问、国家教育咨询委员会委员、中国教育学会副会长陶西平指出，要实现孩子健康快乐成长，必须重新认识基础教育的独立价值和立足点。基础教育要立足于每个学生，促进学生个性化发展，这不仅是一次重要的教育理念革新，更是未来基础教育发展的价值取向；基础教育要立足打好基础，为培养做人、培养能力、培养良好习惯奠定坚实基础。北京师范大学教育基本理论研究院院长郑新蓉提出，现代教育的核心目标是确保儿童得到决定其未来生活机会的各种技能；学校的最终目的是使儿童具备发挥潜能、参与社会的各种技能及知识。基础教育改革应该遵循此目的，促进人的全面发展。

国家教育咨询委员会委员、中国教育学会常务副会长谈松华认为，改革教育评价标准、内容和方法是促进学生健康成长的重要制度因素，并提出建议：一是政府要对学校绩效采用更为科学、公平的增值性评价；二是要科学解读评价结果，为师生提供信息反馈，提供发展性评价；三是要改进教育评价的内容、方法和标准，形成知识与能力并重的全面、多元的评价。国家教育咨询委员会委员、上海市教育学会会长张民生指出，学生学业质量是教育质量的重要组成部分，要建立科学的学业质量评价系统，并以学生学业质量评价为切入口，引导教育部门以正确的学业质量观管理教学，引导教师以"育人为本"为宗旨做好教育工作。教育部基础教育质量监测中心副主任胡平平提出，要研究建立对学校、教师的全面考核且可操作的评价标准；要改变主要用学生考试分数和升学率来考核学校、教师的做法；中小学日常考试、测验要理性回归到诊断、改进的功能；不得将学生成绩排队、公布等。

与会代表一致认为，良好的家庭教育环境对孩子健康快乐成长具有至关重要的影响，家长必须为孩子营造和谐、健康、科学的家庭教育环境。在这方面，学校大有作为，可以通过建立家长学校，进而加强家校合作，提高家长教育水平。第一，引导家长更新理念，使其掌握孩子的成长特点和科学的教育方法，关注孩子的全面健康成长；第二，举办多种培训活动，使家长与学校思想相通，实现家校教育的有效对接；第三，打通渠道，让家长参与学校的教育教学活动，在参与中构筑家校和谐关系，形成强大合力，实现真正意义上的家校共育。

撰稿　杨太清

审稿　杨念鲁

中国高等教育学会

〔综述〕　2011年，中国高等教育学会秘书处全体同志认真学习和贯彻落实党的十七大和十七届六中全会精神，努力实践科学发展观，积极配合教育部党组中心工作，努力推动教育思想观念的变革和高等教育科学研究水平的提升，在充分发挥群众性学术团体作用，不断增强服务战线的能力，推进社会组织参与高等教育治理等方面，取得了许多成绩。

〔围绕贯彻教育规划纲要主动开展工作〕　深化发展定位认识，全面发挥学会职能。教育规划纲要明确提出，要培育专业教育服务机构。完善教育中介组织的准入、资助、监管和行业自律制度。积极发挥行业协会、专业学会、基金会等各类社会组织在教育公共治理中的作用。教育规划纲要的上述要求，体现了十七大以来国家行政体制改革的发展思路，也是对学会工作新的更高要求。学会在充分发挥全国性研究高等教育科学学术团体作用的基础上，更加注意发挥社会组织在社会公共事务管理中的作用，增强服务社会、服务战线的能力和水平。

学会积极引导部分分支机构发挥标准制定行业自律作用。截至2011年，高教学会在不同业务领域有66个分支机构，多数分支机构都开展了行业协商、标准研究和协调自律活动。特别是在完善教育信息公开、提高高校管理规范、国际合作交流管理、后勤服务管理等方面，部分学科教育专业委员会已经着手启动相关学科质量标准和专业认证的研究。各会员单位都在不同程度上参与了制定行业质量标准和从业人员岗位规范的工作。

〔围绕重大主题做好科学研究〕　办好高等教育国际论坛。2011年的重庆国际论坛是历届论坛中水平最高、服务最好的论坛之一。来自美国、英国、法国、澳大利亚、经济合作与发展组织的专家，以及来自台湾、香港等地区共500余名国内外学者围绕“质量提升与建设高等教育强国”的主题进行了研讨。教育部副部长杜玉波出席会议并作重要讲话，中国高等教育学会会长周远清作主旨发言，经济合作与发展组织教育司副司长尤格涅作大会演讲。

学会举办了以“国际视野　中国道路”为主题的第10届国际论坛座谈会，编辑印刷了“国际视野　中国道路”图文纪念册。对从2001年至2010年10届高等教育国际论坛进行系统的回顾和总结，撰写了有关总结材料。10年来，高等教育国际论坛的学术影响力和社会声誉不断提升，逐渐成为高等教育研究领域的峰会。高等教育国际论坛已经成为中国教育战线特别是大学极为关注的学术会议，并逐步成为高等教育科学研究学术会议的品牌。高等教育国际论坛对于促进中国高等教育的改革和发展，促进世界及区域间高等教育的交流与合作发挥了积极作用。

促进高等教育学科建设。根据教育部办公厅的总体要求，继续进行三年一轮的评优活动，评选表彰了73所高等教育研究机构。

提高高等教育学科博士生培养质量。2011年，评选产生了22篇推荐论文，从中进一步评选出5篇优秀博士学位论文。在重庆高等教育国际论坛上，对优秀博士学位论文的作者和导师进行了表彰。国际论坛同步分设了博士生分论坛，60余名来自各个博士学位授予点的博士生进行了深入的研讨交流，并请高水平的导师进行点评。2011年，表彰并授予北京大学汪永铨教授高等教育科学研究开拓贡献奖。

加强重大攻关课题的管理工作。2011年，学会对“遵循科学发展　建设高等教育强国”重大研究项目之“教育理念创新”、“质量与水平”、“意义与使命”研究课题召开了结题鉴定会，并取得了预期成果。

广泛开展群众性科研活动。在重点做好“共和国老一辈教育家研究（第二辑）”的同时，完成学会“十一五”科研项目结题650项，遴选了其中比较优秀的项目建立研究档案。完成学会“十二五”规划课题的申报评审工作，共立项190项，其中重点课题30项、一般课题160项。所列课题涉及：加快建设中国特色高等教育思想体系研究、现代大学制度及高等学校内部治理结构研究、高等教育质量提升战略研究、高等学校教师队伍建设研究、高等职业技术教育理论与实践的中国道路研究、高等教育各领域行业协作组织发展研究，等等。

发挥核心期刊和所属网站引领作用。2011年，《中国高教研究》在组稿工作中强化“宏观意识、政策意识、学术意识、实践意识、服务意识”，稳步提升刊物的学术质量及社会影响，统筹刊物的社会效益与经济效益。全年各期刊物准时出版，刊发文章340篇，被人大复印资料全文转载18篇。同时，被境外许多一流学术机构收藏，如美国哈佛大学、哥伦比亚大学、芝加哥大学，英国剑桥大学、牛津大学、爱丁堡大学、大英图书馆，德国科隆大学、卡尔斯鲁厄大学，日本爱知大学、国会图书馆，台湾“中央研究院”，香港教育局，澳门大学等。

全年编辑印发了 24 期《中国教育科研参考》，其选题结合了高等教育改革发展中的热点、难点问题，争议问题及学术前沿问题。编辑印发了 8 期《2011 年学术活动专报》，其内容汇集了学会组织的重大高等教育研究课题前沿成果精粹，为教育行政部门、广大科研人员提供了很好的参考资料，获得广泛好评。

“中国高等教育改革发展网”积极配合学会做好日常信息服务工作。在不断提高网站技术开发、维护与安全防护水平，保证网站正常高效运转的同时，积极配合学会开展日常工作，及时公布相关通知、发布学会工作动态、报道学术会议信息、追踪报道学术研究动态，力求全方位、多角度、深层次展示学会各方面的工作和科研成果。网站编辑部还主动参与到各种突发的重要事件的宣传和服务工作中，很好地起到了信息平台和舆论窗口的重要作用。

2011 年，学会共举办规模在百人以上的学术研讨会和专题培训班约 20 次，百人以下的活动有 10 余次。主要有：“加快构建中国特色高等教育思想体系研究”预备研究座谈会，2011 年高等教育改革发展形势任务与重点课题项目申请报告咨询会，全国高等院校发展规划实施、监控及管理研讨会，高校整体发展规划与各分规划协同制定及实施专题研讨，大学内部治理结构改革与大学章程建设专题研修班，高等学校深化教育教学改革、创新人才培养模式专题研修班，高校学生事务管理专业化、规范化建设专题研修班，高校优化科研管理体系、完善学术规范和学术评价机制专题研修班，高校内部教育质量保障体系和自我评价机制建设专题研修班等。

〔**积极发挥学会咨询、中介、服务等职能**〕2011 年，学会积极取得教育部各有关司局及其他单位的支持和配合，充分发挥学会咨询、中介、服务等职能。

完成好司局委托行业协调任务。根据教育部规划司、人事司、思政司、职成司、高教司工作需要，学会在推进高校后勤社会化、加强师资队伍和辅导员队伍建设、开展职业教育与行业对接等方面，发挥行业协作优势，积极开展工作。在提高人才质量、培养创新人才方面，根据教育部新一轮质量工程建设的需要，鼓励有关学科专业委员会积极探讨本学科质量保障措施，研究建立大学生竞赛活动的行业统筹和协调自律机制。

举办高等教育仪器设备展示会。5 月和 10 月，高教学会分别在宁波市和南京市举办了第 37 届和第 38 届高教仪器设备展示会。教育部高教司司长张大良和学会会长周远清、浙江省和江苏省教育厅及地方政府负责人以及各地高校大约 8 000 余名教职工参加了展示会活动。

做好分支机构的管理工作。5 月，由北京理工大学发起，联合部分高校共同申请成立“中国高教学会大学素质教育研究分会”，经与教育部、民政部多方面沟通协商后，民政部正式准予登记，并于 11 月 19 日召开了成立大会。

承接教育部高教司“2011 年实验教学骨干教师高级研修班”、“高等学校文化素质教育基地建设高级研修班”以及“高等学校教务管理干部研修班”并向学员颁发“教育部高等学校青年骨干教师高级研修班培训证书”。

进一步规范和引导全国性大学生竞赛活动。承接教育部高教司委托的全国大学生竞赛的管理与认证工作，学会负责项目的前期组织策划工作，形成了《关于加强〈全国大学生科技创新竞赛〉管理的工作方案》和《全国大学生学科竞赛调研报告》。

学会与人民日报、新华社、中央电视台三家手机媒体单位联办了全国性新媒体组织——中国科技新闻学会手机媒体新闻传播专业委员会。该委员会研发推出了中国首家融合微博和社交网络于一体的、专门应用于大学校友会的新媒介平台“校友社”。

学会与国家知识产权局、无锡市人民政府、中国发明协会和中国教育技术协会联合主办了第三届高校 NOC 活动。与上届相比，本届参与高校增加了 41 所，达到 203 所，推选作品数量比上届增加了约 50%，达到 1 500 件。

学会作为第二主办方与东方华夏文化遗产保护中心、中国艺术教育促进会、国际儒学联合会共同主办了“非物质文化遗产进校园”活动。该活动经文化部非物质文化遗产保护司批准，学会与教育部体育卫生与艺术教育司共同作为活动支持单位。7月3日，在北京大学举办了“非物质文化遗产进校园公益活动启动仪式”。全国人大常委会副委员长蒋正华、顾秀莲，学会会长周远清和秘书长范文曜，全国人大教科文卫委员会、文化部、教育部和联合国教科文组织等有关部门领导，文化遗产保护和研究领域知名专家、学者，以及部分高校师生代表共计300余人参加了此次活动。

加强与有关新闻媒体、高等教育类期刊的交流与联系，积极为学会主管的《中国现代教育装备》、《高校后勤研究》、《实验室科学》、《大学实验室通讯》、《外国留学生工作研究》等刊物服务，密切与新闻出版总署的联系。

〔**完善秘书处内部运行机制**〕 2011年，秘书处继续完善内部规章制度和工作程序，学会的组织建设及制度建设取得了较大进展，组织影响力不断提升。

加强学习型组织建设。秘书处组织全体同志认真学习胡锦涛总书记在清华大学百年校庆的讲话和建党90周年讲话，利用学会重大活动时机加强集体学习和研讨。党支部组织秘书处员工考察山东抗日根据地旧址和解放战争孟良崮战役纪念地，接受革命传统教育。结合纪念建党90周年，发展新党员，评选先进人物。完成机关党代会和十八大代表推选等项任务，党组织活动逐步常态化。2011年，秘书处全面实行了财务预算管理，积极开源节流，加强过程控制。

加强与学会系统及教育行政部门的沟通。全年发出《中国高等教育学会简讯》11期。全年秘书处共派人参加教育部、各学会、分会、专业委员会的重大活动30余次。

撰稿　范笑仙
审稿　范文曜

中国民办教育协会

〔**完成《关于民办教育十大问题与对策建议》报告**〕 在学习贯彻全国教育工作会议精神和全面实施教育规划纲要的背景下，为推动中国民办教育的制度建设和政策完善，中国民办教育协会结合民办教育实践和各地民办教育发展创新政策，就民办教育存在的法人属性、产权归属、学校权利、教师权益、举办者合理回报、优惠政策、会计制度、监督管理、公共服务、营利性与非营利性分类管理等十个方面存在的问题开展调研，整理出十大问题的主要表现，并分别提出对策建议。在充分征求中国民办教育协会有关成员和地方协会意见之后，最终形成《关于民办教育十大问题与对策建议》的报告，并提交给国务院有关部门，得到有关方面的认可和广大民办教育工作者的好评。

〔**召开民办教育改革和发展座谈会**〕 教育规划纲要颁布后，教育部组织力量研制《民办教育专题规划》及《关于进一步促进民办教育发展的若干意见》两个重要文件。为配合做好此项工作，中国民办教育协会专门召开民办教育改革和发展座谈会，主要讨论《民办教育专题规划》及《关于进一步促进民办教育发展的若干意见》草案内容。教育部高度重视，发展规划司司长谢焕忠、副司长宋德民及文件起草小组成员全程出席座谈会，认真听取中国民办教育协会和特邀专家，部分省、市教育行政部门的负责人以及各省（区、市）协会负责人的意见建议。

〔**举办中国民办培训教育行业发展高峰论坛**〕由中国民办教育协会培训教育专业委员会与中国成人教育协会成人教育培训机构工作委员会联合主办的中国民办培训教育行业发展高峰论坛在北京举

行。论坛采取主题演讲、平行论坛、互动提问等形式，就“新形势下民办培训教育行业的价值观与管理升级”这一重要问题进行探讨和交流，以推动中国民办培训教育行业科学、健康、有序发展。来自全国的民办培训教育行业管理者、“官、产、研、学、媒、资”六方精英及30多家新闻媒体共800余人参加论坛。

〔**完成《关于对民办学校存在歧视政策情况调研和建议的报告》**〕 根据教育部政策法规司专门征询中国民办教育协会对清理歧视民办教育政策的工作意见，协会在2010年调研工作的基础上，进一步认真梳理、总结，向教育部政策法规司提交了《关于对民办学校存在歧视政策情况调研和建议的报告》，包括浙江、广东、湖南3省民办教育协会提供的分报告。此报告被作为教育部办公厅正式文件的附件形式，署名全文转发。

〔**开展海峡两岸民办教育交流活动**〕 经报教育部有关部门批准，中国民办教育协会与台湾私立教育事业协会在北京开展了海峡两岸民办教育交流活动。活动围绕民办教育发展的价值取向和自身建设、开展两岸民办教育的交流合作的主题进行了探讨，并签署了《合作备忘录》。

〔**举办全国民办中小学幼儿园优质发展现场会**〕 中国民办教育协会与陕西省教育厅主办的“全国民办中小学、幼儿园优质发展现场会”在西安市召开。来自全国各地的民办中小学校长、幼儿园园长、教育专家等，通过总结陕西省的典型经验，共同研讨如何促进民办中小学、幼儿园特色办学和质量提升、优质发展。

〔**召开2011年全国民办教育协会工作会议**〕 7月8日，中国民办教育协会在长春市召开2011年全国民办教育协会工作会议。会长陶西平、常务副会长王佐书出席并分别讲话。

王佐书首先做了关于中国民办教育发展大会暨中国民办教育协会2011年工作会议筹备情况和协会第二次全国代表大会筹备情况、工作安排和要求的报告。

会议讨论了中国民办教育协会《第二次全国代表大会及第二届理事会候选人产生办法（讨论稿）》、第二次全国代表大会和2011年民办教育发展大会有关事宜。

陶西平在总结讲话中指出，中国民办教育发展大会暨中国民办教育协会工作会议及协会的换届工作是2011年协会的两项重要工作。一是要认真组织召开中国民办教育发展大会暨中国民办教育协会2011年工作会议，加强对民办教育可持续健康发展的引导。根据政策落实和教育需求情况来看，民办教育发展仍需以办好优质教育、提高教育质量为今后的努力方向。二是做好中国民办教育协会的换届工作，以保持协会可持续发展的动力和活力。为保证换届工作的顺利进行，要求各地协会按时、按要求推荐常务理事和理事候选人；推荐过程中要听取群众和教育行政部门意见；出现地方协会与分支机构名额重复情况，将首先尊重地方协会推荐。陶西平强调，协会仍处于初创期，将本着协商、协调的原则充实协会的领导班子和工作人员。

会议期间，与会代表参观考察了吉林华桥外语学院，听取了该院办学经验的介绍。

协会分支机构理事长、秘书长，以及北京、天津、上海等19个省级民办教育协会和安徽、宁夏教育厅民办教育管理处室的负责人共40余人出席会议。

〔**举办2011年北京个性化教育国际会议**〕 由中国民办教育协会、中国教育学会主办的“2011年北京个性化教育国际会议”在国家行政学院召开。全国人大常委会副委员长陈至立出席开幕式并致辞，中国民办教育协会会长陶西平主持会议。来自美国、加拿大、澳大利亚、津巴布韦、日本、意大利等国以及国际教育组织和香港地区的专家，全国各地幼儿园、中小学校长、教师，政府及有关教育机构代表800多人参加了会议。

〔**举办2011年世界蒙台梭利国际会议**〕 中国民办教育协会学前教育专委会和美国蒙台梭利协会（AMS）共同主办了以“借鉴·融合·发展——多

元教育在亚洲的审视与展望”为主题的 2011 年世界蒙台梭利国际会议。30 多位外国幼教专家和 300 多名国内代表参加会议并交流。

〔**召开中国民办教育发展大会暨中国民办教育协会第二次全国代表大会**〕 中国民办教育发展大会暨中国民办教育协会第二次全国代表大会在昆明市召开。大会以“提高质量、办出特色，推动民办教育优质发展”为主题。全国人大常委会副委员长陈至立、严隽琪，全国政协副主席陈宗兴，教育部部长袁贵仁分别发来贺信，充分肯定了民办教育在国家教育改革发展中的重要地位和作用。

云南省政协主席王学仁出席会议，教育部副部长鲁昕出席大会并讲话。鲁昕指出，教育规划纲要的颁布实施，为民办教育发展注入了新的动力，民办教育得到了持续较快发展。应着力开展三个方面的工作：一是大力支持各类民办学校发展；二是切实保障民办学校学生、教师的合法权益；三是加快完善民办教育基本制度和基本规范。鲁昕提出，从中国民办教育发展的实际情况出发，要加快对民办学校分类支持、产权、资产、内部治理、政府监督服务、扶持民办教育发展等六个方面的制度建设。

会上，选举产生了第二届理事会和监事会组成人员。王佐书当选中国民办教育协会第二届理事会会长。

牟阳春、王庆林、廖鸿、陈宇、季明明、俞敏洪、张杰庭、王志泽、刘林、许志忠、秦和、于松岭、李宣海、胡卫、周星增、王玉芬、金秋萍、李书福、黄纪云、徐万茂、林腾蛟、于果、宋作文、陈登斌、张剑波、谢可滔、吴志清、李学春、李孝轩、黄藤、任芳、胡建波、孙珩超、王琳达等当选中国民办教育协会第二届理事会副会长。

王文源当选中国民办教育协会第二届理事会秘书长。

胡大白当选中国民办教育协会第二届监事会主席。黄新茂、周延波、曹勇安当选中国民办教育协会第二届监事会副主席。

刁纯志、于东等 199 人当选中国民办教育协会第二届理事会常务理事。刘磊、张卫平等 488 人当选中国民办教育协会第二届理事会理事。刘芳等 8 人当选中国民办教育协会第二届监事会监事。

会议决定聘请许嘉璐、陶西平为中国民办教育协会名誉会长；聘请柳斌为中国民办教育协会总顾问。

会议修改了中国民办教育协会章程，通过了《中国民办教育协会第二次全国代表大会决议》。

〔**召开全国民办本科高校战略发展研讨会暨首届全国民办本科高校联席会**〕 中国民办教育协会在无锡市召开“全国民办本科高校战略发展研讨会暨首届全国民办本科高校联席会”。教育部党组成员、国家教育行政学院院长顾海良，江苏省副省长曹卫星，教育部发展规划司副司长宋德民以及 80 余所民办本科高校和部分独立学院的代表 300 余人出席会议。与会代表围绕民办本科高校面临的挑战与机遇，深入研讨了民办本科高校办学中的热点、焦点问题，交流了改革发展的新思路、新经验。会议充分展示了江苏省委省政府和无锡市委市政府鼓励发展民办教育的务实举措。

〔**举办建设中国高水平民办大学高峰论坛**〕 中国民办教育协会与重庆市人民政府在重庆市联合举办“建设中国高水平民办大学高峰论坛。”全国政协副主席黄孟复，重庆市市长黄奇帆，中科院院士杨福家、潘际銮，教育部发展规划司副司长宋德民以及有关专家学者、民办高校代表 300 余人出席会议。与会代表和专家学者围绕如何建设高水平民办高校等问题进行了深入的研讨。会议还充分展示了重庆市委市政府支持发展民办教育的具体政策举措。

撰稿　魏君兰
审稿　王文源

中国职业技术教育学会

〔**中国职业技术教育学会 2011 年工作会议**〕 2011 年 3 月 2 日，中国职业技术教育学会 2011 年工作会议在昆明市召开。学会会长张天保、常务副会长刘来泉，教育部职成教司副司长刘建同，云南省教育厅副厅长罗嘉福，中国职业技术教育学会副会长石伟平、龙德毅、余祖光、周稽裘、金辉、俞仲文等出席会议。各地方职教学会、行业教育协会、学会分支机构和内设机构等有关负责人共 120 多人参加了会议。刘建同介绍了中国职业教育的形势和 2011 年教育部职成教司的主要工作。刘来泉总结了 2010 年学会工作并部署了 2011 年工作安排。学术委员会主任石伟平、农村与农业职教专业委员会常务副秘书长郝婧、交通教育研究会综合部主任周祥菊、重庆市职业教育学会副会长兼秘书长李光旭等分别作了大会经验交流。与会代表针对学会 2011 年工作计划、有关文件进行了分组讨论。张天保围绕有关热点问题和学会工作计划发表了重要讲话。与会代表还考察了昆明冶金高等专科学校。

〔**中国职业技术教育学会 2011 年学术年会**〕 11 月 9—10 日，中国职业技术教育学会 2011 年学术年会在重庆市召开。本次年会的主题为“创新体制机制，推动协调发展，提高职教质量”。来自全国各地教育行政部门、职教学术团体、职教科研部门、职业院校和行业企业等共 500 多人参加了会议。中国职业技术教育学会会长张天保在开幕式上致辞，指出 2011 年的学术年会在十七届六中全会之后召开具有重要意义，教育是传承优秀文化、创新时代文化、培育文化新人的重要载体，学会要把学习宣传贯彻全教会精神与贯彻落实教育规划纲要紧密结合起来，进一步发挥职业教育服务于文化建设的作用，为推动社会主义文化大发展大繁荣作出新贡献。教育部职成教司司长葛道凯介绍了一年来全国贯彻落实教育规划纲要的情况和职教工作的基本思路。中国人民大学劳动人事学院院长曾湘泉就中国就业市场面临的挑战及国家人力资源建设作了专题报告。会议围绕校企合作和中高职协调发展两个专题，进行了大会调研报告、学术研究、经验交流和专家点评。会议还开设了五个分论坛，分别是“校企合作下的教学改革”、“校企合作、工学结合模式下的德育工作”、“中高职的课程衔接、体系建设和协调发展”、“培养高素质职教师资，提升职教科研水平”、“创新职教机制，加强校企合作，提升教育质量”。

〔**民办职业院校协作会成立**〕 为探索新形势下健全政府主导、社会参与、办学主体多元合作、办学形式多样、充满生机活力的办学体制，促进形成以政府办学为主体、全社会积极参与、公办教育和民办教育共同发展的格局，11 月 2 日，民办职业院校协作会在第三届民办职业教育高峰论坛上宣布成立。该协作会是各民办职业院校加强联系与沟通，宣传推广民办职业院校先进经验，提高职业院校建设成果的共享度，带动全国民办高职院校内涵建设的有效组织方式。民办教育学会副会长、岭南职业学院院长俞仲文任首届协作会主席，他希望广大民办职业院校和教育机构在经济发展的新形势和教育发展的新形势下，充分发挥自身优势，充分展现体制机制创新、育人模式改革、现代学校制度建设和特色办学等方面的活力；依法办学，牢牢把握办学方向，明确办学宗旨，坚持育人为本，以质量求发展，以特色求发展，以增强适应市场需求的能力求发展，为满足人民群众多层次、多样化教育需求，为实现教育的全面协调、可持续发展作出新贡献。

〔**2011 年中德职业教育交流大会**〕 为落实教

育部与德国职教联盟签署的《关于支持中国职业教育发展的合作备忘录》，11 月 29 日，由中国职业技术教育学会和德国职业教育联盟联合举办的中德职业教育交流大会在天津市召开。此次大会主题为“合作、发展、共赢”，目的是在前几届交流大会达成共识的基础上，进一步拓宽合作领域，充实合作内容，提高合作层次，共同为合作取得实质性进展而努力。来自中德两国教育界、科研界、企业界约 280 名代表参加了会议。全国人大常委吴启迪出席会议并讲话，德国驻华大使馆文化教育参赞薄翰德代表德国外交部副外长皮珀讲话。学会会长张天保、德国职教联盟主席罗伊特、天津市人民政府副秘书长沈家聪、菲尼克斯（中国）投资有限公司总裁顾建党分别致辞。中德两国职教专家共同就构建现代职业教育体系问题，特别是基础能力建设、实训师资培训、校企合作等方面发表见解。会议还开设了三个分论坛，分别为“应对新形势下的行业指导与校企合作”、“适应工作世界变革中的课程与教学改革”和“职业教育领域的国际合作与项目推介”。每一个分论坛都由两国代表交替发言，创造了互相交流学习的平台。与会代表还参观了天津轻工职业技术学院和天津中德职业技术学院。

〔**设计创意教学中心建设计划启动**〕　经教育部领导同意，中国职业技术教育学会与美国欧特克软件（中国）有限公司于 2011 年 5 月签署了《关于支持中国职业教育创新的合作备忘录》。经双方研究，决定启动“设计创意教学中心建设计划”，作为“教育部与美国欧特克有限公司支持中国工程技术教育创新项目”的子项目。该计划的主要内容是：2011 年至 2013 年期间，学会对外合作与信息服务部受欧特克公司委托，向职业院校捐赠欧特克系列软件（每所院校捐赠 23 个系列、125 个节点，价值上千万美元），2011 年捐赠 300 所左右；受捐赠的项目院校建设“设计创意教学中心”。学会对外合作与信息服务部利用欧特克公司在全球领先的软件技术，为项目院校提供免费师资培训，协助开发相关课程和教材，提供考试认证和就业信息服务。该计划的实施，有力地推进受捐赠院校吸收工程技术领域的国际先进理念、技术和经验，更好地培养面向产业需求和岗位需要的技能型工程技术人才。“设计创意教学中心”以高职院校为主，经院校申请、地方职业教育学会推荐、项目管理办公室审查，最后确定 280 所职业院校首批建设“设计创意教学中心”。10 月 17 日，由学会和欧特克公司联合举办的“中国职业技术教育学会设计创意教学中心授牌与欧特克系列软件捐赠大会”在合肥市举行，双方领导、技术顾问及院校代表共 500 多人参加了大会。

〔**接受民政部评估委员会专家组评估指导**〕12 月 21 日，民政部评估委员会专家组一行 9 人对中国职教学会进行了实地评估考察。学会会长张天保对民政部评估委员会专家组的到来致辞欢迎。他表示，民政部评估委员会专家组对学会的评估指导，一定会促进学会工作更好地开展。常务副会长兼秘书长刘来泉对学会的组织机构、活动情况、工作成绩、存在问题及改革思路向评估委员会作了介绍。之后，民政部评估委员会专家组通过查阅资料、征询座谈等方式认真进行了评估。评估结束后，民政部民间组织服务中心副处长黄一谷代表专家组充分肯定了学会的工作，同时对在会议制度、档案建设、财务管理等方面存在的不足提出意见和建议。刘来泉代表学会对专家组提出的意见和建议表示感谢，表示将不断完善工作中的不足，加强学会基本建设和管理，更好地“围绕中心、服务大局、紧贴基层”，为职业教育的发展作出应有的贡献。

撰稿　于　芳
审稿　刘来泉

中国成人教育协会

〔**综述**〕 2011年，中国成人教育协会以学习贯彻落实教育规划纲要为中心工作，认真推动成人教育战线上的同仁深入学习教育规划纲要，领会精神、开展工作；围绕教育规划纲要对成人继续教育提出的各项任务，开展成人教育科学研究，组织各类成人教育活动，为构建体系完备的终身教育，促进全体人民学有所教、学有所成、学有所用等一系列战略目标作出自己的努力。

〔**成人教育培训服务三项国家标准通过审查**〕由协会成人教育培训机构工作委员会研制的成人教育培训服务三项国家标准，即《成人教育培训服务术语》、《成人教育培训工作者服务能力评价》、《成人教育培训组织服务评价通则》通过了国家标准化管理委员会全国教育服务标准化技术委员会组织的正式审查。成人教育培训服务国家三项标准的研制与批准，将有力推动成人教育培训标准化建设，提高成人教育培训组织和成人教育培训工作者的整体素质和管理水平，规范成人教育培训市场，促进中国成人教育培训健康发展。受教育部职业教育与成人教育司委托，协会已经着手研究和部署开展三项国家标准的培训以及按照三项国家标准开展评估等项工作。

〔**“学习型社会建设研究”课题研究成果获教育部第四届全国教育科学优秀成果一等奖**〕 “学习型社会建设研究”是教育部社科司委托的课题，也是全国教育科学研究“十一五”规划教育部重点课题。该研究成果在2011年教育部第四届全国教育科学优秀成果评选中荣获一等奖。

〔**第八届全国成人教育优秀科研评选活动顺利开展**〕 4月，协会组织开展了第八届全国成人教育优秀科研评选活动。截至10月，共收到专著、研究报告和论文272部（篇），其中专著19部、调研报告59篇、论文194篇。协会学术委员会组织有关专家和学者组成评选专家组，坚持客观、公平、公正的原则，按科研成果质量评议投票。最终评选出优秀著作一等奖4部、二等奖8部、三等奖5部；优秀调研报告一等奖10篇、二等奖20篇、三等奖20篇；优秀论文一等奖28篇、二等奖50篇、三等奖75篇。同时，为促进中青年学者加快成长，协会还组织了第三届全国成人教育学硕士优秀学位论文评选，经协会学术委员会和成人高等教育理论研究会专家组审阅，15所院校推荐的40篇学位论文荣获第三届全国成人教育学硕士优秀学位论文。

〔**成人教育专项课题获得批准立项**〕 2011年，全国约有160项成人教育专项课题申报，最终有15项课题批准立项，成为“十二五”教育科研规划教育部重点课题。

2011年，中国成人教育协会“十二五”成人教育科研规划项目立项，通过专家评审的共有134项，其中重点课题32项、一般课题102项。协会将加强对课题研究过程和质量的监督检查，努力提高研究水平，推出高质量的研究成果。

〔**第七届全民终身学习活动周举办**〕 教育部办公厅下发了《关于举办2011年全民终身学习活动周的通知》（教职成厅函〔2011〕47号），全国共有23个省（区、市），302个市、县、区举办了学习活动周，其参与人数之多、社会影响之广泛超过了以往任何一届。2011年全民终身学习活动周全国总开幕式在武汉举行，中国成人教育协会会长朱新均致辞，并宣布2011年全民终身学习活动周开幕。教育部党组成员、国家教育行政学院院长顾海良代表部领导出席了总开幕式，并发表重要讲话。他指出，构建终身教育体系，形成全民学习、终身学习的学习型社会，是党和国家坚持以科学发展推动社会发展进步，加快实现教育现代化作出的重大战略决策，是一项具有划时代意义的伟大事业。而这届开展的内容丰富、形式多样、贴近生活、贴近百姓需求的全民终身学习活动周正是实现党和国家提出的战略目标的一项具体行动和措施，具有重要的意义。同时，他还高度评价了活动周总开幕式：内容充实，形式新颖，富有创新。

2011 年是中国共产党建党 90 周年，全民终身学习活动周作为教育部建党 90 周年纪念系列活动之一，更有其特殊的意义。此次学习活动周突出“永远跟党走”这一主旋律，在各市、区、县组织的活动中，以“永远跟党走——人人终身学习，创建学习型城市”为主题，举办“永远跟党走”报告会、座谈会，参观党史系列教育展览等，重温党史、重温党的光辉历程，使“永远跟党走”深入人心，落实为行动。2011 年又是辛亥革命 100 周年，作为辛亥革命的首义之地武汉市，举办了一系列纪念活动。与会代表参观了辛亥革命博物馆，实地感受作为为中国的进步打开闸门的辛亥革命对推动社会进步的重大意义，深刻缅怀孙中山先生等辛亥革命先驱的历史功绩。

全民终身学习活动周期间，还举办了“2011 年全民终身学习活动周终身学习资源建设与发展成果展”和“推进学习型城市建设论坛”。教育部职业教育与成人教育司司长葛道凯发表讲话，联合国教科文组织终身学习研究所所长卡尔森博士和项目官员杨进先生，北京、上海、太原、沈阳、武汉等城市代表就学习型城市建设中的理论与实践问题作了主题报告。全民终身学习活动周的成功举办受到教育部副部长鲁昕的充分肯定，她在“2011 年全民终身学习活动周情况总结汇报”上批示：工作很扎实，效果也很明显，并就“考虑学习周与推进继续教育事业建设如何结合”提出建议。

〔袁贵仁发贺信祝贺中国成人教育协会成立 30 周年〕 中国成人教育协会成立 30 周年纪念大会和协会 2011 年年会于 12 月 21—22 日召开。年会的主题是“回顾总结，展望未来，再铸辉煌”。教育部部长袁贵仁发来贺信，充分肯定了协会 30 年来取得的成绩。他指出，30 年来，中国成人教育协会始终坚持以马克思列宁主义、毛泽东思想、邓小平理论和“三个代表”重要思想为指导，深入贯彻落实科学发展观，全面贯彻党的教育方针，积极开展成人教育科学研究，为成人教育改革发展提供理论支撑和工作指导；精诚团结全国成人教育团体和成人教育工作者，广泛开展各类成人教育活动；组织开展形式多样、富有成效的“全民终身学习活动”，大力宣传终身教育思想和理念，很好地发挥了桥梁、纽带、参谋和助手作用，在构建终身教育体系、建设学习型社会中起到了不可替代的重要作用。他强调，成人教育是终身学习体系的重要组成部分。党的十七大提出了“现代国民教育体系更加完善，终身教育体系基本形成，全民受教育程度和创新人才培养水平明显提高”的奋斗目标，强调要建设全民学习、终身学习的学习型社会，努力使全体人民学有所教，充分反映了中国经济社会发展的必然要求，充分体现了广大人民群众的根本利益。2010 年颁布的教育规划纲要，明确了加快发展继续教育，建立健全继续教育体制机制、构建灵活开放的终身教育体系等任务。所有这些，都为中国成人教育协会在新的历史时期更好地发挥作用提供了广阔舞台。希望中国成人教育协会紧紧抓住难得的机遇，切实担当起时代赋予的重任，进一步解放思想，与时俱进，改革创新，务实进取，以卓有成效的工作推动以成人教育为重要内容的继续教育改革发展。要把服务终身教育体系和学习型社会建设作为协会的中心工作，密切联系实际，深入研究成人教育改革发展面临的新情况、新问题，组织开展有创新、有特色、有影响的各类面向成人的教育学习活动，积极主动地参与继续教育改革发展的各项工作；要围绕教育规划纲要的贯彻落实，更好地发挥桥梁、纽带、参谋和助手作用，努力为教育部门决策提供优质的服务；要坚持不懈地加强协会自身建设，努力成为充满生机活力、民主团结求实、学术氛围浓厚，在国内外具有较大影响的群众性社团组织，为促进中国教育事业科学发展、办好人民满意的教育，为建成全民学习、终身学习的学习型社会作出新的更大贡献。

原国家教委党组书记、副主任何东昌，原国家教委副主任王明达、邹时炎、原教育部副部长王湛、吴启迪等为协会成立30周年题词。王明达、邹时炎、教育部职成司司长葛道凯、中国教科文全委会秘书长杜越等领导出席了开幕式。来自全国各地的代表约500余人参加了纪念大会和年会。

〔**大力表彰成人教育先进集体和优秀个人**〕为进一步深入贯彻教育规划纲要的精神，大力发展继续教育，协会决定评选表彰30年来为成人教育事业发展作出突出成绩的先进集体和优秀个人，并在2011年年会上进行表彰。此项活动得到教育部职业教育与成人教育司的支持。经自下而上的自荐、推荐、审查、考评及最终评审，有234人获“全国成人教育贡献奖”、766人获“全国成人教育优秀奖”、46个协会地方集体获“全国成人教育协会先进集体”荣誉称号。在年会开幕式上，协会副会长史习江宣读了“关于表彰全国成人教育先进工作者的决定”；副会长张昭文宣读了“关于表彰全国成人教育协会先进集体的决定”。通过评选表彰活动，树立了典型，为进一步调动广大成人教育工作者的积极性和创造性，促进继续教育事业的改革和发展，建设全民学习、终身学习的学习型社会发挥了积极作用。

撰稿　谢国东
审稿　朱新均

教育部职业技术教育中心研究所

〔**召开第一次全国职业教育科研工作会议**〕2011年6月27日至28日，由教育部、人力资源和社会保障部主办，教育部职业技术教育中心研究所等单位承办的新中国成立以来的第一次全国职业教育科研工作会议在天津市召开。会议主题是贯彻落实全国教育工作会议精神和教育规划纲要，总结改革开放以来职业教育科研工作的成绩、经验和存在的问题，明确新时期加强职业教育科研工作的指导思想、主要任务和政策措施。教育部副部长鲁昕，人力资源和社会保障部副部长王晓初，天津市副市长张俊芳，天津市委常委、教育工委书记苟利军，中国职业技术教育学会会长张天保，北京师范大学校长钟秉林，教育部职业教育与成人教育司司长葛道凯，教育部职业教育与成人教育司巡视员、职业技术教育中心研究所所长王继平等出席会议。来自省级教育行政部门分管职业教育工作的厅长和处长，国家级和省级职业教育科研教研机构、省级人力资源和社会保障部门、技工教育教研机构、相关高校职业教育科研机构负责人，地方人民政府代表，部分中、高等职业院校校长及部分行业企业代表共计300余人参加了会议。

国务委员刘延东对会议作出重要批示，她指出了职业教育科研工作的重要性和所承担的使命，肯定了职业教育科研工作取得的突出成绩，明确了今后一个时期职业教育科研工作的任务，对进一步加强科研工作、提高科研水平提出了要求。天津市委书记张高丽和天津市市长黄兴国向会议致以贺信。

鲁昕在会上作了题为“围绕中心工作，服务发展大局，努力开创职业教育科研工作新局面”的工作报告。鲁昕提出，职业教育科研应重点关注现代职业教育体系、职业教育办学机制、系统培养技能人才制度、职业教育与产业深度融合、职业教育人才培养模式、职业教育专业和课程体系、职业教育招生制度、职业教育国家制度、职业教育质量标准、职业教育集团化办学等重大问题，为办好中国特色、世界水准的职业教育提供理论支撑和智力支持。王晓初在会上发表讲话，指出人力资源和社会保障部门要结合工作实际和自身职能，着力加强相关研究，与教育部门共同推动职业教育科研工作取得更大发展。

教育部职业技术教育中心研究所、中华职业教育社、中国职业技术教育学会、上海市教育委员会、天津职业技术师范大学等16家单位就开展职业教育科研工作的经验作了介绍。“实现职教科学发展，需要职教科研先行”成为全体与会代表的共识。在全国职教科研工作会议期间，还举行了教育部职业技术教育中心研究所渤海研究中心挂牌仪式。

〔**全国职业教育科研（教研）院所联席会议成立**〕　6月28日，全国职业教育科研（教研）院所联席会议成立大会暨第一次全体会议在天津市召开。全国职业教育科研（教研）院所联席会议（以下简称联席会议）是由教育部职业技术教育中心研究所发起组织建立，并由地方以及院校职业教育科研（教研）机构自愿参加的会议机制。联席会议的宗旨是：加强全国各职业教育科研（教研）机构的联系，交流信息，研究问题，协调行动，服务职业教育的科学发展。

在第一次全体会议上，教育部副部长鲁昕作了重要讲话，对联席会议工作提出了全面要求：一是发挥支撑决策智囊的作用；二是发挥信息交流平台的作用；三是发挥研究问题平台的作用；四是发挥牵头实证分析的作用；五是发挥协调沟通的纽带作用；六是发挥国际交流的组织作用；七是发挥联系行业企业的纽带作用；八是发挥引领职业教育科研方向的作用。教育部职成司司长葛道凯发表讲话，对联席会议工作表示支持。上海市教科院副院长马树超、山东省职业教育与成人教育研究所所长尚志平代表联席会议成员单位作了发言。

会议讨论并表决通过了《全国职业教育科研（教研）院所联席会议章程》。《章程》对联席会议性质、会议宗旨、活动形式与内容、成员资格权利和义务、会议组织、活动经费等作出了明确规定。

撰稿　苏　敏
审稿　王继平

教育发展研究中心

〔**基本建成学习型社会的指标体系和实践途径课题研究**〕　教育规划纲要明确提出，到2020年“基本形成学习型社会”的战略目标。为了深入贯彻国家和省级教育规划纲要，教育部教育发展研究中心承担了国家社科基金重大招标课题“基本建成学习型社会的指标体系和实践途径研究”。

本研究在准确把握学习型社会内涵的基础上，提出构建学习型社会的指标体系及基本建成的标准，并选取部分地区进行测评，对国内一些地区的构建现状进行分析，找出这些地区建设学习型社会的优点和不足。通过案例分析，研究构建学习型社会的主要模式、存在问题，并在此基础上对构建学习型社会提出政策建议，以促进学习型社会建设快速、健康发展。

本研究的主要内容如下。①对学习型社会等基本概念予以理论上的梳理和澄清。建立学习型社会的理论框架，对学习型社会的特征、内涵、外延予以界定，确立符合国际趋势、立足基本国情、切实可行的学习型社会概念，揭示学习型社会建设的发展阶段和主要任务。②建立具有可操作性、可量化和可比较的学习型社会建设指标体系，为学习型社会建设实践提供指引和政策工具。通过应用综合评价方法，建立学习型社会综合评价指数，衡量学习型社会建设的状况与成效，检测既定目标的达成度，发现学习型社会建设的优点和不足，引导学习型社会建设成为可操作的实践活动。③以指标测量为基础，揭示学习型社会建设存在的差距和问题。通过对中国典型地区学习型社会建设状况的测评，结合国内有关学习型社会建设的实践研究、参照国外建设学习型社会的成功经验，揭示处于转型期的中国学习型社会建设存在的差距和问题。④在理论和实践分析的基础上，提出有关学习型社会建设实践路径的战略与政策建议，为国家和地区制定相关政策、开展学习型社会建设实践活动提供咨询和参考。

在研究方法上，本研究主要运用文献分析、理论研究、抽样调查、比较分析、案例研究、定量分析，包括层次分析（AHP）等方法。按照完整性、针对性和数据可获得性原则，努力提高指标体系的可测量性和可操作性。关于学习型社会指标体系的构建，采取了理论与实践相结合、过程性指标与结果性指标相结合、定性分析与定量分析相结合，重视指标体系的可操作性思路和方法。

〔实施中央级公益性科研院所基本科研业务费专项课题规划〕 自《中央级公益性科研院所基本科研业务费专项资金管理办法（试行）》实施以来，中央财政自2006年至2011年，每年给教育部教育发展研究中心（以下简称“中心”）下达专项经费，用于开展符合公益职能定位、代表学科发展方向、体现前瞻布局的自主选题研究工作。兼顾研究骨干人员开展科研项目设计和申报，自主选题与已经承担的国家项目在选题内容侧重、骨干人员分工等方面的协调与合作，并结合教育部重点工作和中心的主要任务与研究能力建设，中心科学规划使用基本科研业务费，加强选题的规划指导，各研究室结合自身业务特点和长远发展需要，制定了三年能力建设选题规划，在自主选题的基础上，通过评审和筛选工作，力争每年出一部分精品科研成果。

突出绩效考评，强化科研管理。以节点考核和绩效评价相结合，中心建立了以科学道德、科技创新、人才培养、社会效益和经济效益等为主要目标的评价体系，按照定性与定量评价相结合的原则，组织开展中心的基本科研业务费的考核和绩效评价工作，并向主管部门报送考核评价报告。2011年，组织专家开展评估和督察，重点评价了7个基本科研业务费所支持项目的绩效情况和中心科学研究能力水平的整体变化情况，检查结果良好，基本实现了预期设计的目标。根据财政部文件（财教〔2006〕288号）规定以及教育部有关文件精神，中心高度重视制度建设和过程监管，加强基本科研业务费专项资金的规范管理和使用。依据《中央级公益性科研院所基本科研业务费专项资金管理办法（试行）》，制定了《教育发展研究中心基本科研业务费专项资金管理实施细则（试行）》，进一步明确了基本科研业务费的使用范围、使用细则、使用管理的监督检查和绩效评价等措施，以保障经费的使用效益。成立了由9人组成的学术委员会，成员除了4位中心领导（都具有研究员资格）外，还邀请了中心专家咨询委员会主任、副主任以及相关领域的知名专家，保证学术评价的公正性和权威性。中心设立专项配套资金为骨干人员配置了笔记本电脑等现代办公设备，运用财政专项建立了科研信息查询系统，加强了科研条件的保障工作。

课题规划实施效果。中心符合申报条件的业务骨干均申报了研究项目，同时重要课题立项基本安排在研究室，充分调动了每个科研人员的积极性。中心科研人员对基本科研业务费专项工作普遍给予了充分肯定。根据中心的实际情况，课题立项主要结合研究室科研能力建设、培养团队精神以及发挥中青年研究骨干的作用，有力地调动了青年骨干的科研积极性，立项申报踊跃，在凝聚研究方向和研究能力建设方面发挥了重要作用。取得的主要研究成果有：城乡一体化背景下的教育协调发展研究、基础教育治理的社会参与研究、国际组织机构教育政策的比较研究、加快普及中国高中阶段教育发展研究、高等学校自主办学体制下的政府教育管理模式研究、基础教育学校制度创新研究、支撑终身学习的职业资格证书制度研究。以上科研成果为政府决策和教育规划纲要的研制提供了参考。

〔民族教育专题调研〕 为第六次全国民族教育工作会议的召开做充分的准备。根据教育部领导的要求，教育发展研究中心与教育部民族教育司联合组成调研起草工作小组，开展了民族教育专题调研和相关文件起草工作，取得了阶段性成果。

第一，整理编印文件汇编。编印了新世纪以来中央和部委关于民族教育工作文件汇编15万字，5个自治区和少数民族人口较多的5个省的教育部门协助提供了政策文件和统计数据。

第二，撰写专题报告。教育部民族教育司、发展规划司、师范教育司、职业教育与成人教育司、教育督导团办公室完成了8份专题报告，分别就民族教育特殊困难和突出问题、双语教育、内地民族班、区域规划和民族教育发展、民族地区教师队伍建设、职业教育、基础教育督导评价等进行了深入研究；教育发展研究中心组成6个战略专题组，针对民族教育的政策背景、战略重点、目标任务、体制创新、重大项目、国际比较等开展专项研究，形成了6份战略报告；中心课题组还完成了国际背景下的民族教育专题研究报告。这些专题报告为第六次全国民族教育工作会议文件会签提供了素材和理论支撑。

第三，深入调研。调研起草小组召开数次专家咨询会，分别到四川、甘肃、宁夏、云南、广西5省（区）及所辖市县实地调查，对山东、辽宁和吉林3省的内地民族班办学情况进行专题调研，形成了专家咨询会纪要和系列调研报告，调研组已向教育部领导报送了工作简报75期。

第四，起草修改文本。起草民族教育规划纲要文本，先后在教育部内16个司局、国家民委相关司局征求了两轮意见，部分省（区）教育厅（局）、高校专家、民族教育学会等征求了3轮意见，向12个国家部委征求了4轮意见。调研组还对各省（区）教育规划纲要的文本进行了综合比较，对10个省（区）的发展目标进行了分析测算，并参考选取了各地重点政策措施的内容。

第五，起草领导讲话。代拟国务院领导在第六次全国民族教育工作会议上的讲话，经过调研小组和工作小组10余次专题会议的讨论修改，并多方征询意见，形成报审稿。

在民族教育专题调研和文件起草的过程中，国务委员刘延东曾多次就民族教育政策热点问题和全国民族教育工作会议筹备等作出重要批示和指示。教育部部长袁贵仁圈阅了民族教育规划纲要的简要汇报和文本初稿。副部长鲁昕始终领导调研起草工作，多次审阅民族教育规划纲要的提纲及文稿，并召开数次座谈会征求各方意见，召开工作会议进行布置，不断提出重要的指导性意见。

〔2010—2011年国际教育战略与政策趋势研判会〕　根据教育部领导有关指示精神，国家教育发展研究中心于12月16日在北京召开“2011年度国际教育形势研判会”，对教育规划纲要颁布两年来的国际教育形势变化进行了综合分析。来自北京大学、北京师范大学、首都师范大学、上海师范大学、中国教育学会、联合国教科文组织中国全委会、中国教育国际交流协会、驻俄罗斯使馆教育处、驻美国纽约总领事馆教育组等9位特邀专家和中心有关研究人员参加了研判会。研判会对2010—2011年国际教育战略和政策趋势做了深入分析，主要内容如下。

一、2008年爆发的国际金融危机对教育的影响仍在持续。美国、欧洲等许多国家削减教育经费，直接造成了教育经费的短缺；美国、英国等部分国家大学学费呈现上涨态势；诸多国家大学毕业生就业困难进一步加剧。

二、教育成为世界各国应对金融危机的核心战略。美国、英国、德国、加拿大、西班牙、日本、俄罗斯、印度等国家纷纷出台国家战略，把教育置于重振经济的国家战略核心地位。

三、金融危机的持续影响使教育公平问题更加突出。美国、德国、俄罗斯、澳大利亚、韩国、日本等发达国家纷纷采取措施，保障高等教育的入学机会，加大学生资助力度，着力促进教育公平。

四、很多国家把提高教育质量作为增强教育国际竞争力的关键，把改革创新作为促进教育发展和质量提升的根本动力。美国出台一系列法令支持教育改革和课堂创新，促进基础教育质量提升；俄罗斯等一些国家加大了对高等教育的财政支持，保障高等教育的质量。

五、越来越多的国家和国际组织开始重视终身学习，把终身学习作为促进国家社会发展的战略要点。美国、德国、加拿大、英国、韩国等发达国家和越南、马来西亚、菲律宾、拉脱维亚等发展中国家纷纷制定并落实终身教育战略规划，加大对终身教育、继续教育的投入，加强终身教育政策产出及其效益的评估。

六、一些发达国家在推进教育国际化方面迈出新步伐，先后出台重要战略举措，促进教育国际化。德国、澳大利亚、日本、俄罗斯等国出台或调整政策，吸引留学生、占领外国学生市场。同时，各国加快教育与国际接轨速度，深入推进国际交流与合作。

撰稿 安雪慧 管西亮 单大圣 许海霞
审稿 马 涛

高等教育教学评估中心

〔**概述**〕 2011年，高等教育教学评估中心全面落实教育规划纲要提出的“建立健全高等教育质量保障体系，改进高校教学评估，建立科学、规范的评估制度”等有关精神，紧紧围绕教育部2011年工作要点，在教育部高教司等有关司局的指导下，认真规划新一轮教学评估工作，从顶层设计上不断健全中国高等教育质量保障体系。

〔**构建新时期中国本科教学评估制度**〕 教育部高度重视本科教学评估制度建设，按照教育规划纲要精神，认真总结上一轮评估经验教训，在研究借鉴国外评估先进理念和有益经验的基础上，形成了新时期高校本科教学工作评估新方案。10月，教育部下发《教育部关于普通高等学校本科教学评估工作的意见》（教高〔2011〕9号），明确提出了构建中国高校本科教学评估制度的具体指导意见。新的制度设计具有五个明显特点：一是构建了一个内外结合的高等教育教学质量保障体系；二是强调了教学质量保障低重心（以学校自评为基础）、常态化（建立常态数据监测体系）的管理机制；三是突出了分类评估、分类指导的理念；四是强调了国家、省级、学校分级管理、分层评估的组织体系；五是重视和充分运用信息技术手段。另外，新的评估制度还体现了“四个多”特征，即多样的评估标准、多种的评估形式、多元的评估主体、多渠道的评估结果发布方式。

〔**启动普通高等学校本科教学工作合格评估**〕 为贯彻落实《教育部关于普通高等学校本科教学评估工作的意见》精神，切实推进高等教育质量保障体系建设，全面提高本科教学水平和人才培养质量，教育部下发了《教育部办公厅关于开展普通高等学校本科教学工作合格评估的通知》（教高〔2011〕2号），发布了普通高等学校本科教学工作合格评估的实施办法和指标体系，正式启动了本科教学合格评估工作。随后对赤峰学院等17所新建本科学校开展了合格评估工作。在具体的组织实施过程中，加强评估培训、严肃评估纪律，认真执行《教育部关于加强本科教学工作合格评估方案调研工作纪律的通知》，采取了项目管理制、专家进退制、评估各环节的跟踪监督等制度，确保了评估工作平稳、有序、风清气正、高效开展。17所新建本科学校合格评估工作开局顺利，赢得了良好的社会声誉。

〔**建立高校本科教学质量研究、分析与发布制度**〕 《教育部关于普通高等学校本科教学评估工作的意见》明确规定，学校在自我评估的基础上形成本科教学年度质量报告，在适当范围发布并报相关教育行政（主管）部门。为了贯彻落实文件要求，评估中心在门户网站上公布了39所“985工程”高校2010年本科教学质量报告，并组织力量研究形成了“2011年度新建本科学校教学质量报告”。

〔**全面开展新建本科学校教学基本状态数据采集与分析**〕 不断完善高校本科教学基本状态数据

库，全面开展新建本科学校数据采集和分析研究工作。全年共完成了对全国173所新建本科学校的数据采集工作，并对所采集的教学基本状态数据进行了全面分析，形成了全国新建本科学校教学质量报告。同时，结合合格评估启动需求，完成了17所新建本科学校的评估数据分析报告，为专家进校评估提供了重要的数据依据。

〔开展“北京市独立学院学士学位授予资格评审”工作〕　受北京市教委委托，开展了北京市独立学院学士学位授予资格评估的方案研制、调研试点、评估培训等工作。组织专家对首都师范大学科德学院、北京工商大学嘉华学院、北京工业大学耿丹学院、北京邮电大学世纪学院、北京第二外国语学院中瑞酒店管理学院5所独立学院进行评估，完成学士学位授予资格评审工作。

〔积极参与国际学术研讨和工作交流活动〕　积极参与“中日韩质量保障机构协议会”和“中日韩大学交流合作促进委员会”相关活动。5月，参加了在韩国举办的委员会和协议会会议，并完成了协议会网站的开发，在信息共享、标准制定、人员交流等方面取得了一定进展；加大对国际组织学术活动的参与度，先后参加了国际高等教育质量保障网络联盟（INQAAHE）双年会、亚太地区经合组织（APEC）跨境教育政策与监管研讨会、亚欧会议（ASEM）区域质量保障专家研讨会等国际会议，并在会上作主题报告，扩大了中国评估机构在国际评估领域的影响；加强与国（境）外评估机构的交流，先后派员访问俄罗斯、波兰、芬兰、英国、意大利、希腊等国评估机构并探索签订合作备忘录等事宜，以观察员的身份参与澳大利亚等国的院校审核活动，学习借鉴发达国家的外部质量保障经验。

〔组织成立职业教育质量保障与评估研究会〕　5月19日，“中国职教学会教学工作委员会评估分会”成立大会暨学术研讨会在北京召开。会议选举产生了组织机构，审议通过了研究会章程。研究会成立后，秘书处组织开展了一系列活动，如学术论文征文、参团出国培训以及课题申报等，产生了良好影响。研究会已向教育部申请升为中国职教学会二级分会并获批。

〔做好“全国高等教育质量保障与评估机构协作会”秘书处工作〕　作为协作会秘书处，制作完成了协作会网站，组织协作会成员开展相关研讨、交流和培训活动。3月24—26日，协作会在云南省组织召开了“评估机构能力建设”研讨会，会议围绕“加强评估机构能力建设，促进管办评分离”的主题进行了充分的交流与沟通。10月21日至11月10日，协作会组织各理事单位的23名专业人员赴澳大利亚考察学习澳大利亚高等教育质量保障与评估体系。

撰稿　李　岩
审稿　季　平

高等学校社会科学发展研究中心

〔围绕纪念建党90周年、辛亥革命100周年、学习贯彻十七届六中全会精神等重大主题开展工作〕　为纪念建党90周年，联合教育部社会科学司举办“全国高校纪念中国共产党成立90周年理论研讨会暨第四届中国特色社会主义理论体系论坛”，教育部部长袁贵仁、副部长李卫红出席会议并作重要讲话，编辑出版了研讨会文集《光辉的历程　辉煌的成就》。召开“纪念建党90周年专题舆情研判会”，编辑“纪念建党90周年中一些值得注意的问题及对策建议”系列简报，李长春、习近平、刘云山、刘延东等中央领导作出重要批示。组织开展高校党史教学和科研状况专题调研，完成调研报告，提出进一步抓好党史“三进”工作的意见和建议；与中国教育电视台联合制作《党史故事》系列电视节目。召开纪念辛亥革命100周年专题学术研讨会，编辑“专家学者谈纪念辛亥革命100周年”简报，受到有关部门的重视并被中宣部有关内刊转载。关注苏联解体20周年有关思想理论动态，在收集材料的基础上，形成专题舆情分析研究报告和综述报中央有关部门。召开“文化传承创新”、“以社会主义核心价值体系引领大学校园文化建设”等理论研讨会，编辑“抓住文化传承创新　推动文化繁荣发展”系列简报。

〔**推出反映重大主题的理论成果**〕　围绕纪念建党90周年、学习贯彻胡锦涛总书记“七一”重要讲话精神等主题，加强选题策划，约请专家撰写“理论中心”署名文章，在《求是》、人民日报、光明日报等中央主要报刊发表，编写、出版“提升高校党的建设科学化水平”书系，出版《高校党的领导体制建设研究》、《高校党的组织建设研究》、《高校学习型党组织建设研究》、《高校党建与和谐校园建设研究》、《高校党的作风建设研究》等研究专著；在《高校理论战线》杂志开辟“纪念中国共产党成立90周年”专栏，刊发教育部领导、专家学者的相关文章。

〔**针对社会热点和学科前沿问题开展专题研究**〕开展学习马克思主义经典著作的当代意义研究，组织高校专家学习座谈国家副主席习近平关于加强学习马克思主义经典著作的讲话；召开“‘英国骚乱’、‘占领华尔街’抗议活动及其分析思考”、“文艺评论中的价值观问题”、“马克思主义哲学的理论本质及当代价值”等专题研讨会；举办以“关注产业安全，加快经济发展方式转变”为主题的第二届“中国经济安全论坛”。相关研究成果编辑成系列简报报送有关部门，受到有关部门和领导的高度重视。组织编写《中国经济安全论坛报告（2011）》。

〔**做好参阅材料的编写报送工作**〕　定期向中宣部舆情局报送意识形态领域的舆情信息报告。每个工作日向中办、国办报送《网上教育信息摘报》，摘录港台报刊，向教育部领导报送《海外报刊资料摘录》。不定期向中办、国办、教育部党组报送网上教育信息综述。

〔**组织开展中国特色社会主义重大理论及实践问题研究**〕　积极发挥教育部中国特色社会主义理论体系研究中心的作用，组织开展中国共产党教育思想、科学发展观教育理论、社会主义核心价值体系建设及学习型党组织建设等专题研究；组织“中国特色社会主义理论体系研究优秀成果评选”；开展科学发展观教育理论研究，编辑出版《科学发展观教育理论研究》、《建设社会主义核心价值体系研究述评》、《建设社会主义核心价值体系的理论思考和实践探索——中国特色社会主义理论体系论坛报告（2010）》等专著、文集。筹备召开教育部中国特色社会主义理论体系研究中心第二次理事会会议。

〔**组织实施马克思主义中国化、时代化、大众化专项研究**〕　进一步强化“马克思主义中国化、时代化、大众化”专项任务项目的科学管理，推出一批体现“三贴近”原则、具有普及和推广价值的高质量研究成果。开展2011年度教育部人文社会科学研究专项任务项目评审和立项，最终确定了中标课题118项。召开“马克思主义中国化、时代化、大众化与马克思主义理论创新”学术研讨会暨第三届“马克思主义学科研究生论坛”；注意加强重点研究团队的建设和培育，提升高校理论骨干队伍素质，发现和培育一批政治素质优良、勇于改革创新、具有发展潜力的中青年理论骨干，进一步推进高校马克思主义理论骨干队伍建设。编辑出版《高校马克思主义中国化、时代化、大众化研究报告（2011）》。

〔**开展高校党建和思想政治教育热点难点问题研究，加强理论成果的宣传和普及**〕　组织召开推进高校学习型党组织建设和贯彻落实《中国共产党普通高等学校基层组织工作条例》、“高校创先争优活动的理论与实践”等专题研讨会；开展“交叉学科视野下的高校德育”专题研究，召开第三届“高校德育创新发展研究论坛”。编辑出版《国际化视野下的高校德育创新发展研究（2010）》；召开“大学生关注的思想理论问题”研讨会，形成相关参阅材料；组织召开“德育创新实践和理论发展”专题研讨会，编辑“努力做好‘如何培养人’这篇大文章”系列简报，国务委员刘延东对此作出重要批示。继续开展《高校社科文库》评审、资助和出版活动。

〔**深入开展文化美育领域重要理论和现实问题研究**〕 关注文化领域有关热点问题和理论发展态势并开展相关研究，组织召开“以社会主义核心价值体系引领大学校园文化建设”、“高校文化传承创新”、“高校美育与大学生素质教育”理论研讨会；组织开展中国共产党美育思想研究，编写《马克思主义美育思想》（专题摘编）文稿；编辑出版《大学校园文化建设研究述评》。

〔**促进高校哲学社会科学队伍素质提升**〕 举办“提升高校哲学社会科学科研能力”、“提升高校宣传思想工作队伍职业素养”等专题研讨会和培训班；继续推动实施“走出去”战略，组织“哲学社会科学教育与大学生素质培养培训团”赴德国学习研修，进一步提升高校哲学社会科学研究以及思想政治教育工作骨干队伍的理论素养和科研素质。

〔**加强《高校理论战线》刊物建设**〕 通过加强选题策划、重点栏目建设、召开组稿会、加强内部建设等方式，构建编者、读者、作者良性互动机制，更好地发挥了刊物坚持正确舆论导向、引领高校哲学社会科学研究、反映最新研究成果、团结凝聚高校哲学社会科学骨干力量的作用。全年刊发哲学、经济学、党史、文论、思想政治教育等专业文章200多篇；完成《高校理论战线》杂志扩版工作，刊物影响力不断增强。

〔**为相关部委和司局提供对策研究**〕 受中组部委托，牵头承担大学生村官职业生涯设计研究任务，组织高校专家成立课题组，形成项目成果《大学生村官职业生涯发展研究报告》和《大学生村官职业生涯发展指南》。承担教育部机关党委干部职工思想状况调查问卷的设计、调研报告撰写等相关工作。组织开展“马克思主义理论研究质量提升和成果转化”专题研究；继续组织开展“中国共产党关于充分发挥哲学社会科学育人功能”专题理论研究。

撰稿　樊泽民
审稿　冯　刚

教育新闻媒体

中国教育报刊社

中国教育报刊社是中华人民共和国教育部直属的新闻出版机构。现编辑出版两报四刊两网：《中国教育报》、《人民教育》杂志（半月刊）、《中国高等教育》杂志（半月刊）、《神州学人》杂志（月刊）、《中国民族教育》杂志（月刊）、《中国教师报》（周报），中国教育新闻网、神州学人网站。

中国教育报刊社一贯秉承“为教育而鼓，为教师而歌”的办报办刊办网理念，在宣传党和国家教育方针政策、法律法规，报道各地教育动态、教育教学改革经验，研究探讨教育热点问题、理论问题，宣传教育界先进人物等方面起到了重要的舆论导向作用和宣传指导作用。报刊社各媒体及时准确地为各级教育行政部门、学校、教师、学生和关心教育的各界人士提供权威性、专业性、大容量、多角度的教育信息服务，是反映中国教育现状的重要窗口，是了解中国教育改革与发展的权威新闻机构。2011 年，报刊社围绕全面贯彻落实教育规划纲要的宣传报道和纪念中国共产党成立 90 周年这两件大事，服务中心、服务大局，为推动教育改革发展营造了良好的舆论氛围。同时，解放思想、开门办报办刊，大力提高两报四刊两网报道质量，扩大报刊网的影响力。2011 年，《中国教育报》、《人民教育》、《中国教师报》等发行量有较大增长，扩大了在中小学的覆盖面；中国教育新闻网月访问量超过 500 万人次。

一年来，中国教育报刊社努力拼搏、积极进取，在赢得良好社会声誉的同时，创造了优异的经营业绩，取得了社会效益、经济效益双丰收。2011 年，中国教育报刊社资产已由 1995 年的 200 万元增加到 3 亿元（其中货币资产 2.4 亿元），是中国教育领域最有影响力的教育新闻传媒集团。

撰稿　焦　雄
审稿　李曜升

（一）中国教育报

〔**综述**〕　2011 年是中国共产党建党 90 周年，也是教育规划纲要全面落实之年。按照教育部部长袁贵仁在 2011 年全国教育新闻宣传工作会议上的讲话精神，中国教育报围绕中心，服务大局，贴近基层，关注民生，努力做好教育新闻宣传工作，在为推动教育事业改革发展营造良好的舆论氛围方面发挥了重要的不可替代的作用。

〔**围绕一条主线、打好两个重拳、打造三大重点、突出四件大事、实现六个第一**〕　围绕一条主线：紧紧围绕贯彻落实教育规划纲要这一宣传主线，加强最新进展报道，营造争先恐后推进改革创新的良好氛围。一是对各地落实教育规划纲要进行浓墨重彩的报道。2011 年，相继报道了 10 个省的教育工作会议，以及地方教育规划纲要等。二是做好四个重要节点综述报道，在“两会”前，在所有省份召开教育工作会议后，在全国教育工作会召开一周年之际，在教育部派遣督导组督导教育规划纲要贯彻落实情况后，先后刊发了 10 多篇系列综述，突破了过去中国教育报综述类报道不足的现象，受到教育部领导肯定赞扬。三是做好教育规划纲要实施一周年宣传报道，除会议消息外，配发 3 篇评论员文章，采写了 12 个地区的先进经验，以正面典型引领教育改革发展。

打好两个“重拳”：根据中宣部“走基层转作风改文风”要求，组织编辑记者深入基层发现新闻，创新报道内容形式。两个“重拳”，即全年推出两项重大报道。一是上半年推出的“走基层　看落实——各地实施教育规划纲要特别报道”栏目，头条刊发稿件 30 篇。内容都是中央重视、社会关注的热点问题，以及贯彻落实教育规划纲要过程中遇到的难点问题。二是下半年精心策划的“改革创新推进教育科学发展　贯彻落实教育规划纲要　神州行”重大报道，由总编辑带队，组织记者走进基层、走进学校，深入报道各地贯彻落实教育规划纲要、推进教育科学发展的新思路、新举措。共走访了 12 个省份，刊发报道 18 篇，并配发了省委省政府主要领导的文章。报道推出后，引起省市县党政领导的高度重视，也在编辑部掀起了记者、编辑争先恐后下基层的新风，受到教育部党组和教育部部长袁贵仁的高度评价和赞扬。

打造三大重点：一是加强重大典型报道，以典型引领改革，推动教育规划纲要的落实。2011 年，在一版头条刊发各类先进经验报道 60 多篇；发掘先进教师典型，在一版头条报道重大典型人物 18 名，产生了良好的社会效应。如用一根扁担挑起苗山希望的教师周宏军被评为 2011 年度教书育人楷模。

二是加强言论报道，用正确观点引导舆论。策划推出了“钟曜平”（中国教育报重要评论）、“焦仲文”（教育部重要文章）重大评论，开设了“中教评论”、“中教论坛”系列评论栏目。首篇钟曜平文章《肩负起时代的责任和使命——写在第 27 个教师节来临之际》在教育系统内外产生强烈反响，受到了从教育部领导到基层读者的一致好评。部长袁贵仁在教育部党组会上称赞这篇评论有高度深度，写得好。在一版开设了“中教评论”栏目，积极主动用正确观点引导舆论。已刊发稿件近 70 篇，几乎每期评论都被“一网打尽”，被人民网、光明网、新华网、凤凰网等主流门户网站等上百家媒体转载，中央电视台、凤凰卫视的读报节目，中央人民广播电台《新闻与报纸摘要》十多次摘播“中教评论”文章，有效扩大了中国教育报的影响力。

三是抓住社会关注的教育热点难点，加强舆论监督报道和热点难点报道。如“推进教育事业科学发展　关注农村中小学布局调整特别报道”，在关键时期发挥了重要的舆论引导作用，及时遏制了农村中小学布局调整中的问题。“关注教育布局调整后农村校产系列报道”，及时为不少地区破解校产难题提供了新思路。一版“中教视线”栏目，通过记者一线调查，反映实际问题，加强舆论监督。该栏目有 7 篇报道被中央人民广播电台“报纸和新闻摘要”摘播。

突出四件大事：以建党 90 周年、党的十七届六中全会、辛亥革命百周年、清华大学建校百周年四件大事为重点，突出主旋律宣传。在一版开设了“党在我心中——纪念中国共产党成立 90 周年特别报道”栏目，推出了 16 位优秀教育工作者。策划制作了“纪念中国共产党成立 90 周年伟大历程特刊”14 期。7 月 1 日，制作了“旗帜”特刊，读者反响热烈。新闻版组织策划了“学习贯彻党的十七届六中全会精神”专栏，以及“中小学深入推进校园文化建设系列报道”、“高校服务社会主义文化大发展大繁荣系列报道”，及时宣传中小学、高校促进文化发展的典型经验。理论版通过系列专题先后推出了“庆祝中国共产党成立 90 周年专论”、“胡锦涛总书记‘七一’讲话精神学习解读”、“党的十七届六中全会精神学习解读系列”、“纪念辛亥革命

100周年”等专题。围绕清华大学建校一百周年，新闻版在重要条位以及高教专刊和文化专刊都组织了特别报道。

实现六个第一：第一次将重大批评报道（农村学校布局结构调整报道《一所山区初中的撤留之辩》配发编者的话）放在一版头条的重要位置刊发，实现了中国教育报批评报道的新突破，引起重大反响；第一次组织采写“钟曜平”（中国教育报重要评论）重大评论和“焦仲文”（教育部重要文章）文章受到社会和教育部领导的好评；第一次在教师节集中策划推出了“走近崇高”教师节特刊，赢得读者好评，并受到教育部部长袁贵仁的批示表扬；第一次开辟“形势报告”专版，刊发省委书记、省长为高校大学生作形势报告，受到中宣部新闻阅评的肯定；第一次在新闻版固定时间、栏目刊发“读者来信”报道，关注读者切身利益问题，受到读者好评；第一次策划组织了全国职业院校技能大赛特刊，扩大了本报的影响。

全年中国教育报刊发的报道先后三次受到中宣部“新闻阅评”肯定表扬。一是学习胡锦涛总书记在建党90周年庆祝大会上讲话的系列评论员文章；二是开辟的省委书记、省长为高校大学生做“形势报告”专版；三是“走基层，看落实——各地实施教育规划纲要特别报道”。四次受到教育部部长袁贵仁批示称赞表扬，多次受到袁贵仁部长在教育部党组会上和党组领导的表扬。

〔**社会效益和经济效益“双丰收”**〕　中国教育报、中国教育新闻网联合举办了第二届全国教育改革创新奖评选活动，受到各级政府、教育部门和学校高度重视，在取得良好社会效益的基础上，还取得了近70万元的运营收入。基础教育中心组织了全国基础教育协作体、基础教育、未来教育家大会、园长大会、国际校长大会。职业教育部策划举办了职业教育首届校长沙龙。2011年，中国教育报发行达到32万份，实现了预期目标。

撰稿　羽　佳

审稿　翟　博

（二）《人民教育》杂志

〔**综述**〕　2011年，是教育战线贯彻落实教育规划纲要的重要一年，《人民教育》编辑部以教育规划纲要和党的十七届六中全会精神为宣传重点，紧紧围绕国家的大政方针和教育部的中心工作，密切关注教育改革和发展中的新动向、新思想、新实践，积极发挥教育主流媒体的作用，继续从教育舆论上引领教育理论与教育实践。

〔**深入、广泛宣传教育规划纲要和党的十七届六中全会精神，确保宣传主旋律及正确的舆论导向**〕　1. 2011年《人民教育》将教育规划纲要作为宣传的核心内容，开设了“纲要论坛”专栏，组织专家学者从理念和实践的结合上，深入解读教育规划纲要的战略思想、战略目标、战略重点和战略创新，为读者学习研读全文、深刻领会和整体把握中央的战略部署和任务要求提供了思想和思路。

2.《人民教育》开辟“六中全会大家谈”专栏，多角度、高密度地对六中全会精神进行宣传。六中全会闭幕后，除了刊发“本刊评论员”文章《坚持以社会主义核心价值体系引领中小学教育》外，还结合六中全会提出的“培养高度的文化自觉和文化自信”，围绕如何在中小学道德教育中发挥文化引领、文化育人的作用，约请全国知名德育专家撰写了多篇文章陆续刊登。

〔**加大改革人才培养模式，提高人才培养水平的宣传力度**〕　2011年，编辑部精心策划和组织了“改革人才培养模式，提高人才培养水平”专题宣传。一方面，组织有分量的重要理论文章，刊登了胡锦涛总书记重要讲话和教育部党组的《学习通知》，发表了教育行政部门负责人、中小学校长和高校专家学者的“笔谈”文章。另一方面，在实践中发现典型，启发教育工作思路，推进基础教育领域人才培养模式的改革。为此，推出了上海市推进“学生创新素养培育项目”的长篇文章，推出了坚持进行10年课程改革、在人才培养上进行实践探索的上海中学校长的文章，推出了青岛二中创新人才培养模式、浙江省新昌中学改革人才培养模式的实践探索、南京师范大学附属小学提高人才培养水平的探索等一系列通讯报道，受到读者好评，为中小学进行人才培养模式改革探索提供了思想、思路和可借鉴的经验。

〔紧紧围绕以人为本，全面实施素质教育这一战略主题和提高教育质量这一核心任务进行宣传报道〕 1.“学校内涵发展”系列报道。《人民教育》先后策划报道了北京市海淀区教师进修学校附属实验学校8年教学研究经验、浙江省湖州市练市镇练市小学落实小学科课程的独特经验、安徽省休宁县乡村学校的“选班学习”实验、江苏第十中学“本真·唯美·超然”的诗性教育、广东省佛山市南海区九江中学的“点亮教育”；黑龙江省哈尔滨市闽江小学的办孩子们喜欢的学校、寻求内涵发展的江苏省常州市武进区湖塘桥中心小学集团化办学，等等。

2.《人民教育》2011年18期以16个版面的篇幅，策划了一组深度报道十年课改的文章，其中包括“评论员文章”《课改十年，我们走了有多远?》、访谈《十年基础教育课程改革的思考——课改热点问题访谈录》、通讯《把每一件小事做出教育的味道——湖北省武汉市中华路小学十年素质教育纪实》，客观总结了课改十年的成就，回应了课改十年间的热点问题与困惑，并用通讯的方式记录了课改十年在一所小学留下的思想印记。

3.《人民教育》一贯重视典型引路，在提高教育教学质量方面，作了多篇报道。除此之外，7—8月合刊还推出了《尝试教学专辑》、《“高效阅读”专辑》，以此来引领教育教学理念和实践。

〔大力倡导特色发展、文化育人新理念、新举措、新实践〕 作为《人民教育》一个带有方向性引领的报道，《人民教育》2011年第1期、第2期以3.5万多字的篇幅重点报道了重庆市“特色发展 文化育人”的经验，在基础教育界产生了广泛影响。重庆市“特色发展 文化育人”的经验，为推动基础教育领域“转变教育发展方式，走内涵式发展道路”提供了一个范例，全国20多个省（区、市）的2 000多个学习考察团到重庆市学习交流。

〔加强“学前教育”的宣传〕 2011年年初，根据全国教育工作的新发展，《人民教育》编辑部确定“学前教育”是2011年度宣传工作重点之一。一年来，瞄准学前教育抓重大选题策划，约请权威人士、学前教育研究人员、幼儿园园长撰文，对学前教育三年行动计划的实施营造舆论环境、提供策略和典型经验。

〔承办中国期刊协会教育期刊分会成立大会〕 2011年7月，受中国期刊协会教育期刊分会委托，《人民教育》编辑部承办了中国期刊协会教育期刊分会成立大会。

撰稿 刘 然
审稿 傅国亮

（三）《中国高等教育》杂志

〔综述〕 2011年，《中国高等教育》认真贯彻全国教育宣传工作会议精神，围绕各地各高校贯彻落实教育规划纲要开展有效宣传，始终坚持正确的舆论导向，高举改革创新旗帜，唱响提高高等教育质量主旋律，唤起大学文化自觉自醒，形成了自己的风格和亮点，在全国高教界的影响力、引领力持续增强。

〔**大力度宣传以提高质量为核心，深化高等教育教学改革，创新人才培养模式**〕 教育规划纲要明确指出，提高质量是高等教育发展的核心任务，是建设高等教育强国的基本要求。本刊将提高质量聚焦于提高人才培养质量，重点放在深化教育教学改革、创新人才培养模式上。全年刊发直接论述教学改革和人才培养模式创新的文章达47篇，其中刊发相关署名评论3篇，著名大学校长、书记理性思考文章20余篇，形成了创新人才培养模式、培养创新型人才的强大舆论攻势，在高教界引起较大反响。同时，旗帜鲜明地宣传以素质教育思想引领人才培养工作的理念，对引导和促进高校把握教育改革发展的战略主题、做好素质教育这篇大文章起到了积极作用。

〔**高度关注宣传文化传承创新，呼唤大学文化自觉自强，深入践行文化育人**〕 4月，胡锦涛总书记在庆祝清华大学建校100周年大会上发表重要讲话，首次明确了文化传承创新是大学的重要职能。党的十七届六中全会又作出了建设社会主义文化强国的伟大战略部署。为此，本刊迅速做出响应，连续不间断地组织刊发相关深思探理的文章。据统计，本刊全年关涉文化自觉、文化为魂及校园文化建设的文章达51篇。其中关于文化传承创新的“话题聚焦”两组，刊发著名大学校长及学者专家文章13篇；关于建设文化强国与大学新使命新担当新作为的重点文章10余篇；并配发4篇极具针对性和时代感的署名评论。

〔**聚焦党建与德育，坚定地宣传落实育人为本、德育为先理念**〕 2011年是建党90周年大庆佳期，本刊在“七一”前夕，隆重推出一组5篇具有深刻思考的高校党建文章，其中北京师范大学党委书记刘川生撰写的《高校党建九十年的历史进程和基本经验》被新华文摘全文转载。全年关于加强高校党建与德育的文章达50余篇，很好地贯彻了“育人为本、德育为先”的理念。

〔**呼吁健全大学章程，推进现代大学制度建设**〕 针对这个问题，本刊刊发了多篇文章，并在第9期“话题聚焦”发表一组4篇文章，呼吁健全大学章程，推进现代大学制度建设，为各高校重视大学章程建设提供了重要理论与实践借鉴。《新华文摘》第14期同期转载本刊3篇关于大学章程建设的文章，进一步扩大了影响。

〔**点面结合，办好相关栏目**〕 本刊办有多个常设栏目，相关栏目都办出了各自的特色。如“理性思考”、“德育与党建”、“质量保障”、“行思探理”、“教改新视野”、“高职教育在线”等栏目，能精心组织稿件，对高等教育各个方面的工作进行理论研究和实践探索，力求对高校具有借鉴和启迪作用，取得了较好的宣传效果。

撰稿　李石纯
审稿　徐　越

（四）《神州学人》杂志及网站

〔**综述**〕 2011年，《神州学人》编辑部继续贯彻落实教育规划纲要的有关精神，配合国家“十二五”规划的实施以及十七届六中全会的召开，进行相关报道。本着为留学人员服务的宗旨，围绕全国经济社会发展大势和留学工作新形势，多角度、多层次、全方位进行规模报道，为建立创新型国家，构建社会主义和谐社会，为全国留学工作的开展提供舆论支持。

〔**《神州学人》杂志**〕 2011 年，突出教育规划纲要的宣传报道仍是主要工作之一。《神州学人》杂志配合教育部工作策划实施了专题报道：继续重点宣传报道教育规划纲要，并结合胡锦涛总书记在庆祝清华大学建校 100 周年讲话，策划并推出专题，连续 5 期刊载了各驻外使领馆教育处组和海外中国留学生就教育规划纲要及学习胡锦涛总书记讲话精神所撰写的稿件，包括《行健不息须自强》、《“自强不息、厚德载物”激励我们前行》等。专题共包括文章 22 篇，4 万余字，作者分别来自美国、法国、澳大利亚、日本、韩国、南非、埃及、以色列、匈牙利、保加利亚等 10 国的驻外教育处组和留学人员。

此外，《神州学人》杂志配合党的十七届六中全会的召开，推出“聚焦文化体制改革”专题，约请专家学者解读六中全会精神，报道海外学人学者对六中全会精神的实践、研究及体会；配合国家“十二五”规划的实施，进行相关报道，如《全面启动实施科学基金“十二五”规划》；就辛亥革命一百周年和建党 90 周年大型纪念活动进行专题报道；针对新西兰克赖斯特彻奇及日本东北部地区地震的突发事件，对两地留学人员的抗灾事迹进行报道。

专题报道了“中国留学人员广州科技交流会”，重点报道了教育部“‘春晖杯’中国留学人员创新创业大赛”。

〔**神州学人网站**〕 2011 年，神州学人网站报道了大量的留学政策、事件、留学人员活动等各方面的新闻信息。由于与海外留学人员及其组织的联系渠道日益拓宽，联系形式更加多样，逐渐形成了与广大在外留学人员广泛而紧密的关系，因而新闻来源的广泛性和及时性都有了较大的提高。对于重要的留学新闻的覆盖率越来越高。

2011 年完成的主要工作如下。

1. 在网站顶部设大幅通栏专题引导标志，设立宣传、学习、贯彻、落实党的十七届六中全会精神专题。开设中国文化专栏，包括海外学子展示中国文化、文化观点、文化动态、文化百科、海外传真等专题。联络海外留学人员社团负责人，探索帮助广大留学人员更加广泛、深入有效地开展学习贯彻党的十七届六中全会精神的活动形式，以及如何为建设社会主义文化强国作贡献的方式方法。

2. 根据神州学人网对象的特点，开设了“海外留学人员关注《国家中长期教育改革和发展规划纲要》”的专题栏目。栏目包括留学人员学习活动、留学人员学习体会等多个方面的内容。

3. 为进一步宣传教育规划纲要精神，落实教育规划纲要吸引海外优秀留学人员回国服务的要求，为高校吸引海外人才搭建对接平台，神州学人网举办了高校海外人才网络视频招聘活动，为海外高层次人才和国内高校搭建专业的网络视频交互平台，得到国内高校和留学人员的积极响应，并取得良好的效果。此外，还与宁波市人事局、广州市人事局等合作开展了为地方吸引海外人才的网络招聘活动。

4. 在多次举办高校人才工作研讨会的基础上，努力创新。5 月，举办了一场较大型的网络视频研讨会——“神州学人海外高层次人才引进工作视频研讨会”。西安交通大学、北京航空航天大学、兰州大学、华东理工大学等 18 所高校的人才工作负责人，通过网络与欧美等地多个分会场的海外高层次人才和社团负责人一起，共同探讨如何落实教育规划纲要，以及高校海外人才工作的新情况和新趋势。参会者普遍感到这样的交流和碰撞是非常必要的，在观念与操作方面均大有裨益。

此外，对于国家重大的新闻事件也都及时以消息和专题的形式及时进行报道，第一时间链接到权威媒体网站。在时政、经济、科教、社会等新闻报道方面，由 2010 年的百余条增加到数百条，新闻的及时性也大大提高。

作为“教育部‘春晖杯’中国留学人员创新创业大赛”宣传基地，举办了在线访谈，对于宣传大赛、吸引更多的留学人员报名参赛起到了令人满意的效果。这一活动已经成为该项大赛必不可少的环节。

网站的生命力在于不断创新，为了向在外留学人员提供更加及时有用的信息，为他们的学习生活和工作提供帮助，网站不断探索新的更加贴近受众的方式，视频频道坚持有针对性的方针，播出了大量健康、可视性强的内容；文苑及摄影频道每天都有新的内容，摄影频道在主页每天更新作品，几无中断。

撰稿　安艳琪
审稿　许　珑

（五）《中国民族教育》杂志

〔**综述**〕　2011 年，《中国民族教育》杂志深入贯彻全国教育宣传工作会议精神，紧紧围绕“宣传落实教育规划纲要”这条主线，抓住民族教育领域的重大问题，注重突出民族教育特色，积极开展宣传工作。

〔**抓主线，突出教育规划纲要的宣传**〕　2011 年，《中国民族教育》杂志加强策划，约请教育行政部门的领导、教育研究领域的专家撰写文章，深入解读教育规划纲要，提出发展民族教育的指导性意见；挖掘地方民族教育发展中的创新做法，从中寻找破解民族教育发展难题的良策，为民族教育工作者开启新思路。刊发了《贯彻落实教育规划纲要　加快推进民族教育事业发展》、《贯彻落实教育规划纲要　努力建设国家民族教育示范区》等与教育规划纲要相关的文章近百篇。

教育规划纲要提出要“减轻中小学生课业负担”，对此，刊发了教育部基础教育课程教材发展中心付宜红的文章《让减负成为每个教师的功课》，针对在减负问题上的几种认识误区，阐述了作者对减负问题的认识和思考，提出了在教学中减轻学生课业负担的途径。7—8 期合刊围绕“课堂减负增效”这个话题，组织了一组文章，为切实减轻中小学生课业负担、提高教育教学质量提供了参考。

大力发展学前教育是贯彻落实教育规划纲要、推进新时期教育事业科学发展的一个突破口和重要任务。为此，刊发了《民族地区学前教育均衡发展的理念与路径》一文，就贯彻落实教育规划纲要、促进民族地区学前教育均衡发展进行了深入论述。同时还刊发了《破解民族地区学前教育发展的难题——湖南省花垣县学前教育发展纪实》，介绍了花垣县缓解“入园难”问题的典型经验。

改革人才培养模式也是教育规划纲要的重要内容，杂志对此也进行了宣传报道。其中，中央民族大学校长陈理撰写的《提高少数民族人才培养质量的探索——对中央民族大学倡导的“美美与共”文化理念之思考》，从文化的视角对大学尤其是民族高校的人才培养模式进行了独到而深入的思考。《少数民族基础教育模式的创新——对新疆克拉玛依市第三中学疆内初中班的实地调研》一文，则介绍了新疆为使广大农牧区和边远贫困地区的各族青少年享受到高质量的基础教育，参照内地新疆高中班的办班模式，开办疆内初中班的创新举措。

坚持把民族地区教师队伍建设作为宣传的一个重点，从政策解读、实践探索、典型报道等方面切入，进行了深入宣传。刊发了《贯彻落实教育规划纲要　努力建设高素质专业化教师队伍》、《民族地区中学教师研修新模式：区域学科教师实践共同体》等文章，对民族地区教师队伍建设起到了很好的引领、指导作用。

〔**抓重点，突出对民族教育热点难点问题的回应和探讨**〕　针对民族教育领域对少数民族教育的概念认识不一致的问题，约请教育部民族教育司副司长张强和中国人民大学教育管理与政策研究室教授陈立鹏撰写了《少数民族教育中应厘清的几个基本概念》一文，对“少数民族教育”、“少数民族双语教育”、“少数民族双语教学”、“双语教师”等少数民族教育中的基本概念作出了厘清。

教育均衡发展问题是民族地区关注的热门话题，杂志对此密切关注，刊发了《义务教育均衡发展要成为省级政府的刚性任务》、《民族地区学前教育均衡发展的理念与路径》、《民族地区义务教育均衡发展的实现途径——以湖北省恩施州义务教育为研究样本》、《远程教育：让民族学生共享优质教育资源》等文章，为民族地区教育均衡发展提供了思路和范本。

留守儿童教育问题也是民族教育的一个难点。杂志刊发了《农村留守儿童工作的石柱模式》、《民族地区留守儿童关爱与服务体系的构建》等文章，为解决这个问题提供了典型经验和对策。

杂志还对民族地区寄宿制学校建设、民族文化传承等热点难点问题进行了探讨。

〔**抓特色，突出民族团结教育和社会主义核心价值体系建设的宣传**〕　2011年，杂志坚持办好深受读者欢迎的传统特色栏目。双语教学栏目继续为双语教学工作者提供交流新观点、新经验的平台，刊发了《更加重视对学生汉语运用能力的培养——从内蒙古民族中小学汉语教学调研看〈汉语课程标准〉的修订》、《辅助式双语教学的困境与对策——基于云南省澜沧县拉汉双语教学的调研》等十几篇指导性、针对性很强的文章。

教育规划纲要明确提出：“在各级各类学校广泛开展民族团结教育”，党的十七届六中全会也提出了推进社会主义核心价值体系建设、巩固全党全国各族人民团结奋斗的共同思想道德基础。杂志通过“民族团结教育”栏目和“内地办学”栏目，从宏观和微观两个角度对此进行了重点宣传和深入报道。《党的民族团结教育的基本经验》、《从文化视角论高校民族团结教育的深化》、《高校应加强跨文化沟通中的民族团结教育》、《让民族团结教育架起各民族文化沟通的桥梁》等文章，都从宏观上对如何更好地开展民族团结教育进行了思考和阐述。杂志还注重报道各级各类学校开展民族团结教育的成功经验，《以校园文化建设促进民族团结教育》、《在西藏班历史教学中渗透民族团结教育》、《探索新疆班德育工作长效机制》等文章，从不同角度、不同层面展现了基层学校开展民族团结教育的创新做法。杂志不仅为各级各类学校开展民族团结教育活动提供了交流的平台，也为民族团结教育的持续深入开展营造了浓厚的舆论氛围。

2011年是中国共产党成立90周年。杂志约请民族理论和政策研究领域的权威专家、中央民族大学中国民族理论与民族政策研究院金炳镐教授为杂志撰写了《辉煌90年：中国共产党发展民族教育的光辉历程——中国共产党90年民族教育政策发展回顾》。文章全面回顾了中国共产党成立90年来，在民族教育政策方面探索、实践、发展和完善的过程。

撰稿　钟慧笑
审稿　梁伟国

（六）中国教师报

〔**综述**〕　2011年，《中国教师报》全新改版，以新闻为龙头，以周刊为特色，创新“报中刊”媒体概念，强力打造“报中刊，刊中报”，推出《现代课堂周刊》、《区域教育周刊》、《教育家周刊》、《民办教育周刊》、《教师生活周刊》、《幼儿教育》等周刊。改版后的《中国教师报》，锁定课改，聚焦课堂，突出策划，强化三性——专业性、互动性、服务性，让“新闻杂志化”、“内容专业化”、

"服务精准化"、"风格独特化",赢得了教师读者的普遍赞誉。

〔**唱响"课改主旋律"**〕 2011年,基础教育课程改革已经走过十年的历程,为进一步总结经验,发现典型,促进更多的教师走上专业成长之路,《中国教师报》将目光聚焦基础教育课程改革,聚焦课堂,先后刊发了《李镇西"突破"》、《杜郎口,到底在改什么》等40多篇报道,不仅引导教师转变理念,更重要的提供一种具体的途径和方法,让教师走上课改的"快车道",在读者中引起了较大反响。

与此同时,发掘了一大批勇于课改的优秀教师,如《特级教师王春易:从讲到不讲的华丽嬗变》等。采用较大的篇幅,连续报道了全国教书育人十大楷模,为普通教师树立了榜样,营造师德建设的良好舆论氛围。

〔**聚焦教育常识,发出媒体主张**〕 《中国教师报》推出了关于教育常识的系列调查和分析报道,试图以关键词为经,以报道为纬,织起"教育"这张网。2011年,先后刊发《作业还是作孽》、《班规:管制还是激励》、《教育是什么》等报道,同时提出了"四新"的概念——新教师、新学校、新课堂、新学生,希冀教育回归到"以生为本"、"以学生的成长为本"、"以学生的全面发展为本"、"以开发人的潜能为本"的轨道上来,重构中国教育学。

〔**深挖"区域均衡"**〕 "教育均衡"是2011年教育的一个关键词,为此,《中国教师报》开辟"区域教育周刊",对各地在推进区域教育均衡的典型经验和典型做法进行了深入报道。同时,还加强了大策划的力度,不惜篇幅,用综述、深度访谈、人物特写、图片特写等方式,浓墨重彩地刻画了重点区域的做法。比如,通过"8版联动"的方式,刊发《区域课改的"殷都试卷"》,图文并茂地展现了河南省安阳市殷都区破解区域课改难题的经验。再比如,《君山教育:从课堂突围——湖南省岳阳市君山区以课改助推区域教育均衡发展的实践探索》、《邯郸"学"步》等,不仅在读者中引起了良好反映,也在很多区域引发了连锁效应。

〔**课改中国行,记者走基层**〕 在教育规划纲要颁布实施一周年之际,《中国教师报》特别策划了一次大型活动,即"课改中国行"大型公益宣讲和采访活动。《中国教师报》的编辑、记者和全国课改专家、名校长一起,从北京出发,深入全国17个省(区、市)50个地区,在调研采访的同时进行课改理念和方法宣讲。活动所到之处,受到了各地教育局的高度重视,引起了广泛关注,同时刊发的《中国课改报告》在业界引起巨大反响。

〔**开创"媒体做课题"先河**〕 2011年,《中国教师报》申报了全国教育科学"十二五"规划(国家一般)课题"'成长为本——问题导引'教学模式实践研究",同时开办《课题研究周刊》。周刊以新的教育观、课堂观、学习观、质量观为指导,尊重学校的草根原创课改实践,倡导课堂的"田野研究",致力于引领实验学校课堂教学模式彻底实现从"以教为主"转型为"以学为主",让课堂成为"知识的超市,生命的狂欢",引起一线教师和学校的关注。

〔**打造"立体"新媒体**〕 为进一步促进"报网互动"、"读者互动",《中国教师报》不断开展线上、线下活动,如"新教师行动",先后邀请报纸网友、读者走进课改学校,同时组建教育新闻人俱乐部、教育新闻学院,专门开辟"网评天下"版,组织网友定期就教育热点话题进行讨论,予以刊发,吸引了大量读者和网友。

〔**经营创"品牌"**〕 2011年,《中国教师报》在经营方面推陈出新,利用版面整合资源,通过资源叠加,设计创意项目,转化成客户需求,完成智慧型经营,不仅使报纸取得了良好的社会效益,同时也取得了较大的经济效益。与此同时,报纸在扩大经营边际、多元化经营等方面进行了深入的探索，力图把作为专业媒体的平台资源开发、利用到极致。在教育纵向市场，如培训市场等不断地挖掘深度外，还在横向教育市场，如图书出版市场等进行积极的开拓。如与山东文艺出版社签署战略合作协议，在图书策划、营销、发行等方面开展深入合作。因为直面市场，策略得当，2011 年，《中国教师报》的发行量突破 40 万大关，在业界引起强烈反响。

撰稿　康　丽

审稿　雷振海

（七）中国教育新闻网

〔**综述**〕　2011 年，中国教育新闻网紧紧围绕教育规划纲要的贯彻落实工作，重点关注热点难点问题，致力于向教育界和社会传播主流媒体声音。

〔**围绕贯彻落实教育规划纲要，突出宣传报道主线**〕　2011 年是教育规划纲要全面落实之年。为了充分发挥网络媒体在推进教育规划纲要全面落实方面的作用，中国教育新闻网按照全面关注、深度解读、凸显主线、专业引领的原则，以大规模、超常规、不断线的方式，把握全面落实教育规划纲要的脉搏、营造全面落实教育规划纲要的舆论氛围。一年来，中国教育新闻网刊发的贯彻落实教育规划纲要的新闻报道总数超过 1 万篇，相关评论 800 多篇，专家学者访谈及文章 200 多篇，编发图片报道 2 000 多幅，制作的专题 10 多个。

在教育规划纲要颁布实施一周年之际，中国教育新闻网还特别策划了专题报道，从“一年间，落实脚步坚实”、“一年间，落实成为最强音”、“一年间，十大亮点最闪耀”三大板块，全面展现党和国家、各地各校落实教育规划纲要的重大举措，以及落实纲要过程中产生的典型经验。

结合报网互动，中国教育新闻网在《中国教育报》推出的“改革创新推进教育科学发展　贯彻落实教育规划纲要神州行”栏目基础上，特别制作了多媒体专题报道，采用动图的形式，展现行进路线，全面展现各地落实教育规划纲要的详细情况。

〔**围绕重点工作，突出主流媒体声音**〕　1. 围绕建党 90 周年，以“永远跟党走”为主题，采取制作专题、征文征稿等形式，全面展现教育系统党的建设面貌，展现广大师生党员的光辉形象，反映建党 90 年来的丰功伟绩，传播党的理论和知识。

2. 围绕 2011 年教师节，以“忠诚党的教育事业，全面落实教育规划纲要”为主题，全面展现尊师重教优良社会风尚，展现广大教师默默耕耘、无私奉献的精神风貌，并围绕社会关注的教师节给教师送节日礼物这一社会关注的热点话题，发起了“我最喜爱的教师节礼物”大型调查和征文活动，让社会了解广大教师最喜爱的礼物不是金钱和物质，而是学生的进步和真心的祝福，以消除社会的误解。与此同时，积极承担了教育部等单位联合举办的 2011 年度全国教书育人楷模推选活动。

〔**通过主动出击的方式，强化媒体引导力**〕　2011 年，中国教育新闻网与《中国教育报》联合举办了第二届全国教育改革创新奖评选活动。此次活动受到各级政府、各地教育部门和学校的高度重视。全国有 10 多个市（县、区）以政府名义申报，近 20 个省（区、市）教育厅（委）专门召开会议，研究推荐候选项目和候选人。在活动过程中还专门在上海、湖北、山东等地召开推介会，组织专家对各地推荐的创新项目进行实际考察。经单位推荐、个人自荐、专家推荐，产生了 1 500 多个候选单位和个人。先后有 865 万人次参与投票，总投票数超过 2 500 万票。通过媒体的主动介入，不仅使各地贯彻落实教育规划纲要的经验得到广泛宣扬，而且使各地投身贯彻落实教育规划纲要的人们受到鼓舞。

2011年，中国教育新闻网每月平均访问数达到500万人次，全年页面访问数超过10亿次。

撰稿　张国华
审稿　翟　博

中国教育电视台

〔综述〕　2011年，中国教育电视台贯彻落实十七届六中全会精神，不断深化体制改革，加快推进制播分离，推动建设中国教育电视台四大事业产业集群，全面提升核心价值体系宣传能力、文化创意引导能力与市场融资运营能力，为教育事业的改革和发展营造了良好的舆论氛围。

一、围绕教育规划纲要的贯彻落实，发挥全媒体多平台资源优势，新闻宣传取得良好的社会反响。2011年，中国教育电视台以贯彻落实教育规划纲要为统领，将各地落实教育规划纲要中的措施、做法与“教改试点”推进情况相结合，宣传各地各部门落实全国教育工作会和教育规划纲要的新举措、新成效，精心策划制作并播出了相关新闻节目近5 000条（期），约2万分钟，直播教育部新闻发布会7场，600多分钟。同时，中国教育电视台整合手机、互联网和电视新闻资源的新闻共享平台，通过三新融合的全媒体模式拓展宣传广度和传播空间。果实网开辟新闻专题，收录文章400余篇、视频近310个，其中专题页面“开学第一讲”受到网友热捧，点击浏览率1 000万人次，作品投票人数23万人，官方微博粉丝6万人；中国教育手机报“教改在行动”专栏，刊发288期，1.2万条，140万字，图片800张，使教育规划纲要的宣传更加贴近实际、贴近生活、贴近群众，增强了中国教育电视台营造良好教育舆论氛围的能力。

二、全面贯彻落实“走基层、转作风、改文风”，基层教育宣传显成效。2011年，中国教育电视台结合重大主题宣传、典型报道、政策解读和热点引导，围绕贯彻落实教育规划纲要、教育民生工程、灾区振兴及新生活、老少边穷地区新变化等民生教育主题，精心策划组织下基层采访活动。上至台领导，下至普通记者，深入内蒙古、广西、河北、江苏等地调研采访，仅新闻节目就播出50多条专题，约130分钟，采访师生数百人。仅《新气象——落实纲要新闻行动》专栏，记者就走访了10余个省（区、市），走进100余所大中小学，采访师生100多人。中国教育电视台纪录片《中国公路》摄制组，走边疆、访老区、赴灾区、到厂矿、进农家，捕捉动人的基层故事，深刻诠释了“公路通、百业兴”的朴素道理。节目组践行“走转改”的先进事迹，被人民日报专文刊登，引起了良好的社会反响。

三、深入开展建党90周年宣传，掀起主旋律宣传高潮。中国教育电视台充分发挥主流媒体的导向作用，整合传统电视、报纸媒体优势，发挥网络、手机报新媒体特点，先后策划推出百集系列报道、百集人物专题、百集新闻专题《红色摇篮》、《红旗飘飘》、《80后——我身边的共产党员》、《党史故事》，并推出20集《经典影片赏析》。重点制作了《奠基新中国》、《新中国教育纪事》（续集）、《科学家的故事》等3部献礼片，完成了《正气歌》、《立德树人·永远跟党走》、《中华诵·颂歌献给党》、《歌唱伟大的党》、《格桑花开——内地西藏班庆祝西藏和平解放60周年文艺汇演》等9场红色主题大型文艺活动录制播出，引发各方好评。中国教育手机报开设“党史相册”、“红旗飘飘”等栏目，编发了“永远跟党走”专刊，开通“教育部机关手机党校”，共编发33期，累计发送3万余人次。果实网组织开展“我身边的共产党员”大型网络互动征集评选活动与“共建1921创意空间”青少年爱国主义教育基地互联网体验活动，引起社会强烈反响，掀起红色宣传高潮。

四、贯彻国务委员刘延东重要指示精神，制作播出一批留下时代痕迹的精品力作。2011 年，中国教育电视台宣传社会主义核心价值，坚持不懈地打造教育特色精品节目，推出了《新中国教育纪事》、《科学家的故事》、《仰望星空》、《职来职往》、《成长不烦恼》等节目，得到中宣部、国家广电总局的肯定，在国际国内评奖中约获 60 个奖项。纪录片《新中国教育纪事》得到刘延东同志“社会反响很好。望继续开拓创新、勇于实践”的批示肯定；《成长不烦恼》先后荣获国家广电总局向广电系统推荐的“2010 年十大创新创优栏目”、“综艺报上星节目 30 佳”等荣誉称号；《职来职往》得到中宣部《新闻阅评》和国家广电总局《收听收看日报》专题推介，得到人民日报、光明日报、中国日报英文版等主流报刊报道，荣获 2011 中国大学生电视节“最受大学生瞩目”文化类节目；《首播纪录》荣获国家广电总局颁发的优秀国产纪录片栏目奖；《方静两会视线》荣获全国人大好新闻；《中华诵·颂歌献给党》荣获中国文学艺术界联合会与中国电视艺术家协会“纪念建党 90 周年——优秀电视文艺节目”，并被评为“电视文艺专题节目优秀作品”；《春天里的七次聚会——2011 春节篇》、《中华诵·2011 经典诵读晚会（春节篇）》分别荣获 2011 年全国春节文艺晚会及春节特别节目评优活动“春节特别节目优秀作品”和“春节文艺晚会优秀作品”。

五、纪录片创作硕果累累，成绩喜人。2011 年，中国教育电视台制播了包括《奠基新中国》、《新中国教育纪事》、《我们的孩子》、《三姐妹的故事》、《中国制造》、《切，永远的格瓦拉》、《伟大的友谊》等一系列优秀纪录片，在业界频获嘉奖，广受好评。《我们的孩子》获中国广播电视协会“2011 年优秀作品”奖、中国广播电视协会“纪录·中国”优秀作品奖、中国电视艺术家协会中国优秀纪录片“系列片十佳”称号、第十一届四川电视节“金熊猫奖”国际纪录片评选活动人文类长片入围奖。《切，永远的格瓦拉》获中国电视艺术家协会中国优秀纪录片“长片十佳”称号、2011 年中国广播电视协会授予的“纪录·中国”优秀作品奖、第十一届四川电视节“金熊猫奖”国际纪录片评选活动人文类长片入围奖。《三姐妹的故事》获国家广电总局优秀国产纪录片中篇奖，第十一届四川电视节“金熊猫奖”人文类评委特别奖。《伟大的友谊》获中国电视艺术家协会“优秀作品”奖、中国电视艺术家协会中国优秀纪录片“长片好作品”称号。纪录片《中国制造》荣获德国莱比锡国际纪录片节提名奖。中国教育电视台与中国电视艺术家协会联合开展“红旗飘飘——建党 90 周年精品文献纪录片进校园活动”，将获选的 100 多部纪录片作品赠送给全国各大高校图书馆、影像中心，作为辅助课堂教育的音像教材并纳入大学生政治课程的观摩教学辅助教材。其中百部《新中国教育纪事》被国家博物馆永久收藏。

六、参与教育信息化建设，打造天地网合一的国家新媒体云教育平台。根据互联网、移动网、电视网、卫星网融合的新特点和新趋势，中国教育电视台继续推动国家教育新媒体学习超市平台建设，完善平台各项功能和应用配合，推进项目二期第三步验收。专家组对项目二期第三步建设进行终验后，一致评价：平台的建设对十七大提出的构建终身学习体系、建设学习型社会，对落实教育规划纲要的目标任务具有重要意义。2011 年，中国教育电视台正式成立了教育云计算工程研究中心。该中心将通过理论研究，把已经设计好的学习超市天地网合一平台应用提升到国家安全和全民终身教育的层面，建立“统一内容标签”体系，以学习超市平台为基础，形成“共享不限规模”、“内容安全可控”的全新网络管理模式。

七、打造文化创意产业人才培养高地和高校创意项目孵化基地，为高等院校培养创新型人才提供专业平台。中国教育电视台成立了高校创意总部基地，通过与全国多所知名高校建立广泛合作关系，促进高校创意产业产学研相结合，服务高校大学生创新教育和自主创业。教育部副部长郝平对高校创意总部基地给予了高度评价。他认为，基地对于全国高校和大学生来说是一个非常广阔的交流、沟通、发展和成长平台。

〔**果实网教育服务能力与宣传影响力明显提升**〕作为国内首个采用云计算架构的教育平台，中国教育电视台果实网试运营情况良好，为中国教育信息化建设提供了先期实践经验。据网站不完全统计，2011年，网站访问量为2 891万次，其中11月访问量达1 000万次以上，最高访问峰值达每天40万次。果实网有效注册人数约为1 589 000人，上载视频等资源数量5.6万个，资讯约3万条，新闻约1万条，微博博客信息量约3万条，总量超过每年7万条，远远超出果实网年初设定的目标。

〔**"太阳花"校园院线建设迈上新台阶**〕 中国教育电视台结合自身平台资源，挖掘以"太阳花"全国校园院线为龙头，以主流影视作品创作为依托的影视事业核心竞争力和优势资源，在行业内树立影视品牌地位，完成与中美集团的合作签约，使校园院线及影视工作发展迈上新台阶。"太阳花在线"高校联播网发展成为全国校园文化公益平台——"太阳花"全国校园院线。项目不仅得到中宣部、教育部、国家广电总局等上级主管部门的高度重视与认可，还赢得了学校师生的欢迎与支持。

〔**双向宽带教育卫星项目取得重大进展**〕 根据国务委员刘延东等中央领导同志和教育部部长袁贵仁《关于发射我国自主的双向宽带教育卫星的建议》指示精神，在教育部党组和科技司指导下，中国教育电视台积极推进双向宽带教育卫星项目立项申请，全年组织工作会议10多次，报送相关部委及以上文件120多份/次，涉及各部委教育卫星应用考察、需求调研、技术攻关、方案设计和参考引用等资料达500多万字，完成《项目建议书》11万字，前后11稿。该项目已通过教育部部长专题会议审核，并报送国家发改委正式申请立项，教育卫星立项申请进入新的阶段。

〔**高校创意总部基地正式落成**〕 2011年，由中国北京国际文化创意产业博览会组委会办公室和中国教育电视台共同主办的"2011全球大学创意博览会"成功举行。博览会作为第六届中国北京国际文化创意产业博览会的分会场之一，受到了教育部、北京市委宣传部、第六届北京国际文化创意产业博览会组委会办公室、大兴区委区政府、北京市（亦庄）经济技术开发区管委会的高度重视，得到了国内外大学生的大力支持和积极参与。博览会的顺利召开，标志着高校创意总部基地的正式落成，同时开启了高校创意总部基地的崭新前程。

〔**系列"创先争优"活动进一步提升组织凝聚力**〕 2011年，中国教育电视台积极参加教育部庆祝建党90周年文艺汇演，报送的"兄妹开荒"、"夫妻识字"等节目获得了教育部文艺汇演一等奖。2011年是中国教育电视台建台25周年，电视台开展了系列活动，使基层党组织的战斗力和凝聚力进一步提高，为各项事业的改革与发展提供了坚实的政治保障。组织开展了"创先争优主题实践"活动，200名员工分四批赴浙江、江苏、内蒙古和吉林等地，通过实地瞻仰红色圣地、参观改革开放以来各地科学发展的巨大成就、与各地传媒机构的沟通交流等形式，进一步了解了国内教育和媒体，拓展了思维和视野，激发了工作灵感，坚定了走中国特色社会主义道路的信心和决心。2011年，中国教育电视台党委被评为教育部优秀基层党组织。

撰稿　文　鲲　孙娟妮

审稿　康　宁

北京市教育

概　　况

〔基本情况〕

2011 年各级各类学校校数、教职工、专任教师情况

	学校数（所）	教职工数（人）	专任教师数（人）
总计	3 305	330 200	197 893
一、高等教育	113	134 992	61 099
（一）研究生培养机构（不计校数）	128		
1. 普通高校	50		
2. 科研机构	78		
（二）普通高等学校	87	131 583	59 592
1. 本科院校	62	118 912	53 323
其中：独立学院	5	2 014	1 238
2. 高职（专科）院校	25	12 037	5 871
3. 其他机构（点）（不计校数）	4	634	398
（三）成人高等学校	26	3 409	1 507
（四）民办的其他高等教育机构	68	7 062	2 783
二、中等教育	770	94 482	60 685
（一）高中阶段教育	428	66 926	30 146
1. 高中	290	49 726	20 317
普通高中	290	49 726	20 317
完全中学	203	34 305	13 848
高级中学	42	6 280	4 167
十二年一贯制学校	45	9 141	2 302
成人高中	0	0	0
2. 中等职业教育	138	17 200	9 829

续表

	学校数（所）	教职工数（人）	专任教师数（人）
普通中专	35	4 717	2 460
成人中专	11	637	330
职业高中	56	7 978	4 997
技工学校	36	3 868	2 042
其他机构（教学点）（不计校数）		0	0
（二）初中阶段教育	342	27 556	30 539
1. 初中	342	27 556	30 539
初级中学	267	20 482	14 324
九年一贯制学校	75	7 074	2 470
十二年一贯制学校			2 245
完全中学			11 500
职业初中	0	0	0
2. 成人初中	0	0	0
三、初等教育	1 090	54 781	50 867
（一）普通小学	1 090	54 781	50 867
小学	1 090	54 781	45 684
九年一贯制学校			2 930
十二年一贯制学校			2 253
（二）成人小学	0	0	0
其中：扫盲班	0	0	0
四、工读学校	6	328	210
五、特殊教育	21	1 159	862
六、学前教育	1 305	44 458	24 170

2011 年各级各类学历教育学生情况

	毕业生数（人）	招生数（人）	在校生数（人）
一、高等教育			
（一）研究生	63 780	83 826	243 062
博　士	13 328	16 598	65 258
硕　士	50 452	67 228	177 804
（二）普通本专科	153 663	156 862	587 887
本　科	111 248	120 365	475 492
专　科	42 415	36 497	112 395
（三）成人本专科	99 910	108 046	270 296

续表

	毕业生数（人）	招生数（人）	在校生数（人）
本　科	52 377	59 447	154 788
专　科	47 533	48 599	115 508
（四）其他各类高等学历教育			
1. 在职人员攻读硕士学位		20 044	67 302
2. 网络本专科生	826 298	1 149 949	3 391 560
本　科	247 240	346 184	1 081 840
专　科	579 058	803 765	2 309 720
二、中等教育	224 371	244 573	715 023
（一）高中阶段教育	126 784	143 937	412 754
1. 高中	58 275	64 146	195 072
普通高中	58 275	64 146	195 072
完全中学	40 525	43 031	131 955
高级中学	12 447	14 583	43 842
十二年一贯制学校	5 303	6 532	19 275
成人高中	0		0
2. 中等职业教育	68 509	79 791	217 682
普通中专	17 896	15 186	63 107
成人中专	12 365	24 688	41 802
职业高中	20 851	21 633	64 073
技工学校	17 397	18 284	48 700
（二）初中阶段教育	97 587	100 636	302 269
1. 初中	97 587	100 636	302 269
初级中学	43 801	42 032	129 240
九年一贯制学校	5 694	6 661	19 532
十二年一贯制学校	7 236	8 190	24 404
完全中学	40 856	43 753	129 093
职业初中	0	0	0
2. 成人初中	0		0
三、初等教育	101 678	132 719	680 457
（一）普通小学	101 678	132 719	680 457
小学	91 857	117 288	607 678
九年一贯制学校	5 788	9 027	42 567

续表

	毕业生数（人）	招生数（人）	在校生数（人）
十二年一贯制学校	4 033	6 404	30 212
（二）成人小学	0		0
其中：扫盲班	0		0
四、工读学校	303	281	725
五、特殊教育	1 691	1 049	8 037
六、学前教育	76 790	115 539	311 417

2011 年各级各类非学历教育学生情况

	毕（结）业生数（人）	注册生数（人）
总计	3 809 040	3 335 557
一、高等教育	1 070 060	868 425
（一）研究生课程进修班	15 314	22 581
（二）自考助学班	37 417	70 126
（三）普通预科生		2 479
（四）进修及培训	1 017 329	773 239
其中：资格证书培训	102 896	41 688
岗位证书培训	290 045	255 123
二、中等教育	2 738 980	2 467 132
其中：资格证书培训	438 969	424 236
岗位证书培训	315 133	281 788
（一）中等职业教育	52 335	37 167
其中：资格证书培训	21 761	14 548
岗位证书培训	13 632	10 747
（二）职业技术培训机构	2 686 645	2 429 965
其中：资格证书培训	417 208	409 688
岗位证书培训	301 501	271 041

2011 年各级各类民办教育基本情况

	学校数（所）	毕业生数（人）	招生数（人）	在校生数（人）	教职工数（人）	专任教师数（人）	其他学生数（人）
一、民办高等教育							
（一）民办高校	15	23 389	19 997	70 468	8 019	3 827	24 001
本科学生		7 905	10 594	36 761			
专科学生		15 484	9 403	33 707			

续表

	学校数（所）	毕业生数（人）	招生数（人）	在校生数（人）	教职工数（人）	专任教师数（人）	其他学生数（人）
其中：独立学院（不计校数）	5	5 064	6 464	23 494	2 014	1 238	470
本科学生		5 064	6 464	23 494			
专科学生		0	0	0			
（二）民办其他高等教育机构	68				7 062	2 783	68
二、民办中等教育							
（一）高中阶段教育	76	5 125	7 705	23 126	8 456	5 348	
1. 民办普通高中	56	3 268	5 769	16 487	7 275	4 774	
2. 民办中等职业教育	20	1 857	1 936	6 639	1 181	574	180
（二）初中阶段教育	16	6 675	7 776	22 575			
1. 民办普通初中	16	6 675	7 776	22 575			
2. 民办职业初中							
三、民办普通小学	21	4 272	7 803	36 079	1 195	816	
四、民办幼儿园	508	21 936	33 598	100 478	17 626	9 025	
另有：民办培训机构（不计校数）	1 309				32 420	15 688	985 556

〔**教育体制改革试点项目稳步推进**〕　2011年，北京市教育体制改革试点项目稳步推进。3月24日，市委市政府召开北京市教育工作会议。会议正式发布《北京市中长期教育改革和发展规划纲要（2010—2020年）》。经教育部批复的20项国家教育体制改革试点项目全部启动，各改革试点项目稳步推进。制定北京市教育“十二五”发展规划，研究提出职业教育改革创新行动计划和中小学建设三年行动计划。各区县教委和各市属高校结合国家教育规划纲要和北京市教育规划纲要，初步完成区县和学校“十二五”发展规划的制定。

〔**完善教育发展条件保障机制**〕　2011年，北京市持续加大教育财政投入力度，新增经费重点向教育薄弱地区、农村地区学校倾斜，学前教育、教师队伍建设、基本建设等方面的投入得到加强，中小学、中职学校和市属高校生均公用经费标准稳步提高，学校运行保障能力增强。加快实施市属高校三年建设实施规划，加大对区县中小学校基础设施规划和建设的指导力度。完成校舍安全工程3年任务，全市中小学校舍安全工程累计开工657万平方米，涉及1 261所中小学校。

〔**形成促进教师发展的引导机制**〕　2011年，研究制定了“十二五”期间职业院校、中小学教师队伍和中小学教育领导干部培训工作意见，提出中小学名师名校长培养的工作思路和措施。推进中小学教师交流工作，在广泛征求意见的基础上起草了《关于加强北京市中小学教师交流的指导意见（试行）》，探索北京市城镇优秀教师到农村从教的政策意见。继续实施人才强教深化计划，在北京大学、清华大学等中央高校建设一批市属高校青年教师发展基地，每年选派百名市属高校优秀青年教师在基地进行为期1年的研修。推进职业院校教师素质提高工程，对从企业引进的教学实践优秀人才、学校聘请的兼职教师和取得专业职业资格证书的职业院校教师给予经费资助。继续加强基础教育教师队伍建设，面向全体教师实施“北京市中小学教师带薪脱产培训”、“北京市中小学教师教育技术能力培训”等中小学教师培训项目。

〔**举办华北五省区市区域教育合作研讨会**〕　6

月16日，北京市教委与天津市教委、河北省教育厅、山西省教育厅、内蒙古自治区教育厅联合主办华北五省市区域教育合作研讨会在天津市召开。会议主题涵盖职业教育改革创新探讨、基础教育均衡发展成果和经验、区域教育资源共享和协作等方面内容。华北五省区市教育主管部门领导作专题报告，与会代表对五省区市教育合作交流工作进行了研讨。该研讨会是第八届北京国际教育博览会内容之一。

〔**提升教育交流与合作水平**〕　成功举办第八届北京国际教育博览会，进一步加大对北京市留学环境的推介力度，来京留学生规模继续保持增长态势。2011年，共有来自185个国家和地区的近8.7万人次外国留学生在北京市的81所高校学习，另有约1.8万名外国学生在北京市的95所中小学、19所外籍人员子女学校和4所使馆学校学习。探索高水平中外合作办学模式改革试点，推动高校、高中与国外优质教育资源合作。服务国家汉语国际推广战略，共计在38个国家和地区开设了87个孔子学院、15个孔子课堂。举办首届国际学生北京夏令营，共有来自英国、美国、加拿大等25个国家及港澳地区的共计1 200名师生参加夏令营活动。

〔**开展建党90周年主题教育活动**〕　为纪念建党90周年，组织开展了“党在我心中”主题教育活动。为每所中小学校配发《青少年学习中共党史》，组织1.2万名中小学生参观建党90周年展览，举办“我心中的旗帜——首都教育系统纪念中国共产党建党90周年文艺晚会”和“重温红色经典，谱写时代华章”交响管乐音乐会，6 000名大中小学师生参与演出，推动中小学掀起知党爱党、跟党走的教育高潮。

〔**举办首届新疆和田中小学生北京夏令营**〕　7月26日，北京市对口支援经济合作工作领导小组新疆和田指挥部与市教委举办的首届新疆和田中小学生北京夏令营在北京市和平街第一中学开幕。夏令营以“热爱祖国，感受北京”为主题，突出北京与新疆民族团结“心连心，手拉手”的内容，围绕相聚北京、回味奥运、古都魅力、爱我中华等活动内容，组织学生观看升旗仪式，参观国旗班、国家博物馆、长城、故宫等，与北京京剧院及少年宫兴趣小组的学生开展互动。来自新疆和田地区和田市、和田县、墨玉县、洛浦县和新疆生产建设兵团农十四师的250名中小学师生参加夏令营活动。

基础教育

〔**综述**〕　2011年，北京市城乡义务教育均衡发展得到有效推动。市教委与教育部签署义务教育均衡发展备忘录，双方就实现义务教育基本均衡发展作出承诺。市政府分别与各区县签署推进义务教育均衡发展责任书，进一步明确区县推进义务教育均衡发展的责任。研究编制完成北京市义务教育均衡发展5年规划和义务教育均衡发展指标体系，探索义务教育质量监测体制机制建设。继续推进小学规范化建设工程，全市82.7%的小学办学条件主要项目实现达标。全面总结各区县推进学区化、学校联盟、名校办分校、学校托管、优质管理输出等扩大优质教育资源覆盖面的经验，逐渐形成“北京标准”。加大攻坚克难力度，学前教育保障水平得到切实提高。市政府印发《北京市学前教育三年行动计划（2011—2013年）》，明确具体建设任务、学位供给和普及目标。利用现有资源扩大幼儿园使用空间，16个区县通过实施实事折子工程新增入园名额2万个，各区县通过多种形式挖掘潜力，总计扩充学位2.8万个，一定程度上缓解了入园紧张状况。在加快硬件建设的同时，着重推进幼教师资培养培训工作。

〔**制订学前教育三年行动计划**〕 5月26日，市政府发布《北京市学前教育三年行动计划》。该计划确定了学前教育发展目标和主要举措，明确提出实施三项工程，即幼儿园新建改扩建工程、实施幼儿园条件达标工程、实施幼儿教师培养培训工程；提出落实六项措施，即多种形式扩大公办学前教育资源；做好小区配套幼儿园的规划、建设、接收、使用和管理；进一步鼓励规范民办幼儿园；加大政府投入，实施奖励补贴政策；完善幼儿园收费管理机制；形成幼儿园安全监管机制。

〔**召开学前教育工作会**〕 11月24日，召开北京市学前教育工作会议。会议提出，要高度重视学前教育，建立强有力的工作机制；要统筹规划，构建广覆盖、保基本的服务体系；要多措并举，完善基本入园条件；要科学保教，实施有质量的学前教育；要充实师资、扩大规模、提升素质；要采取多种形式，加强城乡结合部自办园的属地管理。会议表彰了“十一五”时期为首都学前教育发展作出突出贡献的“辛勤育苗优秀学前教育工作者”563人和“辛勤育苗先进学前教育工作单位”125个。1 600余名北京市学前教育工作者参加会议。

〔**加强幼儿园招生管理**〕 加强幼儿园招生管理。招生工作提出分不同情况妥善解决的指导策略，一是保证户籍、住房均在辖区的常住适龄儿童；二是祖父母在辖区有户籍和住房，适龄儿童长期随祖父母居住；三是在辖区有住房无本市户籍的常住适龄儿童。幼儿园报名工作在区县教委的指导下，采取摸清底数，分段电话报名、网路报名等多种措施，使报名招生工作方便快捷。

〔**提高幼儿园生均定额标准**〕 2011年，北京市财政提高幼儿园生均定额标准。其中投入8 000万元用于部门和集体办园的生均定额补贴；教育部门办园生均定额标准由每生每年200元增至1 200元。往年只有教育部门办园享受政府生均定额补贴，此次补贴范围扩大到各级各类部门办园和集体办园，补贴范围之广、提高幅度之大均属首次。

〔**鼓励多种形式办园**〕 3月28日，市教委、市发改委、市公安局、市卫生局4个委办局联合发布《北京市举办小规模幼儿园暂行规定》。该《规定》支持社会力量举办小规模幼儿园，鼓励取得一级标准的各类型幼儿园举办分部，坚持政府主导、社会参与的原则，坚持公益普惠、优质多样的原则，坚持保教结合、科学育儿的原则，坚持依托社区、就近就便的原则，不断满足人民群众对多样化学前教育的需求。《规定》要求，各区县教委、发改委、公安分局、卫生局可结合本地区实际，参照《北京市幼儿园、托儿所办园、所条件标准（试行）》制定本区县举办小规模幼儿园具体实施办法，在保障幼儿园安全、卫生、保教质量等要求的基础上，确定与小规模幼儿园相适宜的办学条件。该规定于5月1日起实施。截至2011年年底，4个区县举办小规模幼儿园150所；22所小学开设附属幼儿园，增收幼儿800人。

〔**加强居住区配套幼儿园建设和管理**〕 6月27日，市教委与市发改委、市规划委、市财政局、市国土资源局、市住房和城乡建设委联合印发《关于加强居住区配套幼儿园规划建设和管理的意见》。《意见》对居住区配套幼儿园规划、建设和交付使用等提出明确要求，把居住区配套幼儿园作为公共教育资源统筹安排，把居住区配套幼儿园举办为公办园或委托举办成普惠性民办幼儿园。

〔**加强社区儿童早教基地建设**〕 7月14日，市教委印发《关于进一步加强社区儿童早期教育示范基地建设的意见》。《意见》要求400所市、区两级社区早期教育示范基地幼儿园在保证3岁以上幼儿入托的同时，协调有关方面利用社区场地资源、深入到外来务工人员集中地开展早教活动，探索适宜的、能满足社区适龄儿童家庭早教需求的新路，使更多0—3岁儿童及家庭能接受多种形式的早教指导服务。1月21日，市教委认定26所幼儿园为第七批社区儿童早期教育示范基地。

〔**召开义务教育均衡发展工作推进会**〕 10月26日，北京市义务教育均衡发展工作推进会召开。

会议总结了前一阶段北京市义务教育均衡发展总体情况，并就下一步工作思路和措施提出意见。会议指出，要通过实施标准化策略、规范化或制度化策略、优质共享策略、特色发展策略等推进义务教育均衡发展的各项重点工作，确保如期实现北京市和教育部签署的推进义务教育均衡发展备忘录以及市、区政府签署的推进义务教育均衡发展责任书承诺的各项目标、任务。会议听取了东城、朝阳、海淀、石景山、大兴、通州、延庆7个区县的发言。会议强调，要加大标准化学校建设推进力度；重点研究优质教育资源的拓展、辐射机制；加大改革力度，集中破解小升初择校问题和进城务工子女教育难题。副市长洪峰、市教委主任姜沛民出席会议并讲话，市发改委、市财政局、市人力社保局、市住建委、市公安局、市教委、市政府教育督导室等有关委办局负责人参加会议。

〔**拓展科技创新人才培养模式**〕　2011年，建立拔尖创新人才培养模式，深入推进“翱翔计划”和“雏鹰计划”，拓展人文学科领域和基地学校，在中国人民大学附属中学、北京市第八中学试点开展拔尖人才培养实验，不断探索课程设置与有效教学方式，试点打造从小学、中学到大学的“绿色成才通道”。“翱翔计划”获第二届全国教育改革创新奖特等奖。确定开展基础教育课程教材改革试点实验学校。修订《北京市中小学地方教材审定管理暂行办法》，进一步明确市、区县、学校课程管理的权责，扩大学校课程自主权。

〔**全面推进基础教育课程改革**〕　2011年，全面推进基础教育课程改革。主要内容涉及：多途径、多方式推进农村地区课程改革，取得显著成效；引导各区县、学校大胆创新，以参与国家教育体制改革项目为契机，在推进课改重点方面加大探索；具有首都特色的课程教材体系日趋完善；加强教学研究，实施重点突破，进一步提升教育教学的实效性；继续加强培训，干部、教师专业素质提升明显；创新人才培养工作稳步推进、成效显著；课改实验监控与评价工作进一步完善，实现高中会考、高考改革稳步持续推进。

〔**举办全面推进素质教育活动**〕　6月11日，市教委与市委教育工委、市政府教育督导室联合举办“落实教育规划纲要精神，全面推进素质教育——走进人大附中”活动。教育部部长袁贵仁、副部长刘利民，市委教育工委书记赵凤桐、常务副书记刘建等出席。中国现代文学馆原馆长舒乙、北京市广播电视大学副校长、北京作家协会副主席等特邀专家作了发言，结合人大附中办学经验，就如何推进素质教育进行研讨。来自各区县教育行政部门负责人参加了活动。

〔**实施地方教材编写审定管理办法**〕　12月27日，市教委印发《北京市普通中小学地方教材编写审定管理办法》。结合北京市中小学地方教育开发与使用实际，修订了《北京市普通中小学地方教材审定管理暂行办法》，旨在加强普通中小学教材建设，规范地方教材的审定管理，提高编审质量，促进地方教材的精品化发展。《管理办法》涉及教材的审定机构、编写条件、编写立项和审定等内容。

〔**推进数字校园实验校建设**〕　加强中小学教育教学资源建设和中小学网络管理教师队伍建设、中小学实验教学和实验室建设以及中小学图书馆（室）图书配备和管理工作，开展自制教具评选工作。组织区县学籍管理员结合《北京市中小学校学生转学电子学籍转移流程》开展相关业务培训，通过CMIS系统对全市随迁子女就学状况进行统计，着手与有关部门共同研究修订中小学学业成绩考核管理办法。

〔**发展民族教育和特殊教育**〕　大力发展民族教育和特殊教育。举办首届北京市民族教育“胜利杯”初中青年教师教学基本功竞赛；举办北京市首届中小学民族艺术展演活动；印发《北京市教育委员会关于加强内地西藏班、内地新疆高中班管理的意见》。开展北京市特教教师基本功培训与展示的市级培训。

职业教育与成人教育

〔**综述**〕 2011年，北京市职业教育创新发展成效明显。市教委深入开展校企合作的人才培养模式改革和职业教育集团化办学改革试验，积极推进电子信息、文化创意等职业教育集团的筹备组建。实施公办与民办高职院校携手发展计划。北京市选手参加2011年全国职业院校技能大赛，获26个一等奖，体现出北京市职业教育的综合实力。为不断提高农民科学文化素质和就业技能，为郊区县职业学校、农广校、乡镇成人学校配备“农民教育培训流动课堂车”，将先进的农业实用技术送到田间地头和农民的家门口，为推进京郊产业结构、产品结构调整和首都新农村建设作出了贡献。

〔**开展职业教育分级制改革实验**〕 2011年，北京市开展“职业教育分级制”改革实验。选择北京联合大学、北京电子科技职业学院和北京商业学校等16所中高等院校（其中普通高校1所、高等职业学校9所、中等职业学校6所）的25个专业开展“职业教育分级制”改革，探索构建现代职业教育体系。年内，该实验组织试点院校相关专业团队教师开展8次专题理论辅导和培训；组织行业企业、教育和人力社保部门、教学管理和科研等方面专家听取实验方案汇报，指导学校把握改革方向、明确实验内涵、完善实验方案；对其中12所学校相对比较成熟的14个专业进行市级专家评审论证，并以市教委和市财政局名义印发实验批复。截至2011年年底，首批试点学校和专业共招收新生1 074人，职业教育分级制度改革实验项目试点工作全面启动。

〔**8所中职学校入选国家改革发展示范校建设计划**〕 10月20日，北京市8所中等职业学校入选2011年度“国家中等职业教育改革发展示范学校建设计划”第二批立项建设学校。经各地申报，教育部、人力资源和社会保障部、财政部组织专家复核，并经公示等程序，确定北京市8所中职学校入选该计划第二批立项建设学校，分别为北京市信息管理学校、北京市工贸高级技工学校、北京市工业高级技工学校、北京市劲松职业高中、北京国际职业教育学校、北京市电气工程学校、北京市实用高级技术学校和密云县职业学校。自建设方案及任务书批复下达之日起开始建设，建设期2年。

〔**13个实训基地建设项目获中央财政支持**〕 7月，北京市13个中等职业学校实训基地建设项目（含技工学校4个）获2011年度中央财政支持。

〔**认定20个市级中职学校示范专业**〕 在学校申报、自评的基础上，市教委组织专家对15所学校24个专业进行评估，通过入校现场听课、考察专业实训基地建设使用情况、教学管理工作、召开师生座谈会和听取用人单位意见等方式，认定北京铁路电气化学校电气运行与控制专业等13所学校的20个专业为首批市级中等职业学校示范专业。

〔**确定现代化标志性中职学校第二批建设学校**〕 1月27日，市教委公布了北京市现代化标志性中等职业学校建设计划第二批项目建设学校。经学校申报，市教委组织专家评估，确定北京国际职业教育学校、北京市电气工程学校、北京市劲松职业高中、北京市信息管理学校、北京市密云县职业学校和北京市园林学校为北京市现代化标志性中等职业学校建设计划第二批项目建设学校，建设周期2年。以上6所学校同时作为“国家中等职业教育改革发展示范校建设计划”北京市第二批推荐备选学校。

〔**14所高职院校开展自主招生**〕 3月4日，市教委公布了14所参加2011年高等职业教育自主

招生工作的职业院校名单，比 2010 年增加 2 所学校，分别是北京培黎职业学院和北京京北职业技术学院。

〔**249 人入选职业院校教师素质提高工程**〕 12 月 13 日，市教委公布了入选 2011 年北京市职业院校特聘专家、名师、专业带头人、专业创新团队和优秀青年骨干教师名单。在学校推荐和专家组评议的基础上，经北京市职业院校教师素质提高工程领导小组审定，共有 249 人入选，其中特聘专家 13 人、职教名师 25 人、专业带头人 50 人、优秀青年骨干教师 161 人。有 20 所学校入选专业创新团队。

〔**召开学习型城市领导小组工作会**〕 4 月 22 日，北京市建设学习型城市工作领导小组第五次会议召开。会议总结交流了北京建设学习型城市的工作成果和经验，播放《学习让首都更美好》专题片，听取延庆县、市委组织部干部教育处和市直机关工委领导关于推进农村（社区）创建学习型区县、推进党员干部创建学习型党组织和市直机关创建学习型机关的经验介绍，部署下一步重点工作任务。会议通报了调整后的领导小组成员名单，宣布北京学习型城市建设“一院两中心”成立，并向北京师范大学、中国人民大学、首都师范大学颁发“首都学习型社会研究院”、“北京学习型组织发展研究中心”、“北京市学习型学校建设促进中心”铜牌。市建设学习型城市领导小组成员单位领导、各区县建设学习型区县领导小组负责人，在京部分高校、北京教育科学研究院、北京教育考试院负责人等共 80 人参加会议。

〔**加强新型农民培养培训工作**〕 大力开展农民学历教育，深入开展“技能+基础”农民成人中等职业教育实验，积极开展农村实用技术培训，全年共开展各类培训 60 万人次，培养了一大批懂生产、会经营、善管理的新型农民。

高等教育

〔**综述**〕 2011 年，围绕北京经济社会发展需求，进一步优化学科群软环境建设，加大市属高校重点学科建设力度，取得预期成效。顺利通过省部共建教育部重点实验室验收，推进哲学社会科学创新体系建设，在承担国家级项目、获奖和提交政策建议等方面取得显著成绩。增补新一批哲学社会科学基地，总结推广 26 个高校工程研究中心成果。高校毕业生就业指导服务工作水平不断提升，北京地区高校毕业生就业率达 95.7%。配合征兵办等有关部门，圆满完成冬季征兵任务，高校在校生和毕业生入伍人数占新兵总数 60%以上。

〔**推进高等教育质量工程和创新工程**〕 2011 年，市教委结合高等教育质量工程一期建设情况，开展质量工程二期建设工作，通过开展新建专业促进专业结构调整，进一步促进北京高等学校校外人才培养基地建设。组织开展教学名师奖评选表彰和学习宣传工作，启动教师教学发展中心建设工作。举办大学生电子设计竞赛、人文知识竞赛等多项学科竞赛，指导高校建立校内创新实践基地，大学生创新实践能力不断增强。

〔**7 所高校入选“卓越工程师教育培养计划”**〕 9 月 29 日，北京 7 所高校入选教育部第二批“卓越工程师教育培养计划”。入选学校是中国石油大学（北京）、中国地质大学（北京）、北京信息科技大学、北京服装学院、北京印刷学院、北京建筑工程学院、北方工业大学。

〔**评选市级高校教学名师**〕 7 月 8 日，市教委公布第七届北京市高等学校教学名师奖获奖名单。经学校推荐、现场教学观课评价、评审专家组评议、评审委员会投票、市教委审核并公示，共授予北京大学裴坚等105人北京市教学名师称号。市教委推荐20人参加教育部举办的第六届高等学校教学名师奖评选，15人入选。

〔**评选市级精品教材**〕 12月8日，市教委公布2011年北京市高等教育精品教材评审结果。经过学校初审、北京市学科专家评定，清华大学《大气污染控制工程》等429种教材入选，每种教材资助5 000元。市属（管）院校的精品教材资助经费纳入学校年度预算，中央部委院校的精品教材资助经费纳入共建经费管理。此次评审工作采取“扶优扶特”原则，严格控制各校申报规模，79所高校共申报651种教材。申报项目中第一主编有院士、“长江学者”，8名国家级教学名师、86名市级教学名师，84名国家级精品课和87名市级精品课负责人，26名国家级优秀教学团队和36名市级优秀教学团队负责人。其中具有正高级专业技术职务占75%以上，主编的层次为历年最高。11月17日，北京20所高校的75种教材入选2011年国家级普通高等教育精品教材。

〔**教育部与外经贸大学开展部校合作**〕 7月8日，教育部与对外经济贸易大学签署共建教育与经济研究中心合作协议。根据协议，教育与经济研究中心的主要任务是聚集多学科研究力量，开展关于教育与经济增长、教育与对外开放等方面的基础性、战略性问题研究，推动相关领域基础理论创新；对教育改革发展的重大问题提供战略咨询，提出政策建议；围绕主要研究方向参与相关调研工作；开展相关学科与研究队伍建设以及人才培养工作；开展相关领域的国际合作与交流。

〔**举办首都特色行业院校改革与发展论坛**〕 11月25日，市教委举办第五届首都特色行业院校改革与发展论坛。论坛以“机遇、创新、共享”为主题，研讨特色专业院校发展建设、人才培养、专业设置、成果共享以及特色专业院校如何在支持首都经济发展和社会建设方面发挥重要作用等问题。来自国际关系学院、中国青年政治学院和北京协和医学院等10所高校参加论坛。

〔**成立北京高科大学联盟**〕 10月19日，11所行业特色型高校联合成立北京高科大学联盟。联盟由北京邮电大学、北京交通大学、北京科技大学、北京化工大学、北京林业大学、华北电力大学、中国地质大学（北京）、中国矿业大学（北京）、中国石油大学（北京）、西安电子科技大学、哈尔滨工程大学11所行业特色型高校组成，包括电子信息、网络与通信、铁路公路交通、新型材料、化学化工、电力、地质、矿业、石油、林业、造船、核工业等重要领域。联盟通过资源共享、优势互补、强强合作，在人才培养、科学研究、师资队伍建设、招生就业、国际合作、校园文化等方面开展全方位的合作与交流。

〔**58个单位通过民办高教机构办学状况评估**〕 5月27日，市教委办公室公布了2010—2011学年民办高等教育机构办学状况评估结果。73所民办高校参加评估，其中对49所全日制民办非学历高等教育机构进行评估；对9所举办非学历教育的民办普通高校、独立学院进行专项检查；对15所非全日制民办非学历高等教育机构进行一般考察。经考察评估，9所民办普通高校和独立学院通过专项检查，58所民办非学历高等教育机构评估考察合格。

〔**公布北京地区高校毕业生就业率**〕 10月24日，市教委办公室公布了2011年北京地区高等学校及研究生培养单位毕业生就业率。截至8月31日，北京地区高校毕业生全员初次就业率为95.7%，其中研究生95%、本科生95.5%、高职（专科）96.9%。

撰稿 华 蕾 聂 荣 张 驰 邱晓平 周晓宇 张 兰 刘 宵

审稿 李 銮 李晓秋 聂 荣

天津市教育

概　况

〔基本情况〕

2011年各级各类学校校数、教职工、专任教师情况

	学校数（所）	教职工数（人）	专任教师数（人）
总计	3 068	175 086	129 038
一、高等教育	69	47 979	30 030
（一）研究生培养机构（不计校数）	18		
1. 普通高校	18		
2. 科研机构	0		
（二）普通高等学校	55	45 894	28 919
1. 本科院校	29	35 035	21 625
其中：独立学院	10	4 929	3 218
2. 高职（专科）院校	26	10 859	7 294
3. 其他机构（点）（不计校数）	0	0	0
（三）成人高等学校	14	2 085	1 111
（四）民办的其他高等教育机构	0	0	0
二、中等教育	647	67 077	50 452
（一）高中阶段教育	331	44 238	24 592
1. 高中	209	30 224	15 160
普通高中	209	30 224	15 160
完全中学	125	20 806	8 280
高级中学	79	8 416	6 596
十二年一贯制学校	5	1 002	284
成人高中	0	0	0

续表

	学校数（所）	教职工数（人）	专任教师数（人）
2. 中等职业教育	122	14 014	9 432
普通中专	40	7 036	4 755
成人中专	22	777	514
职业高中	27	2 849	2 168
技工学校	33	3 352	1 995
其他机构（教学点）（不计校数）		0	0
（二）初中阶段教育	316	22 839	25 860
1. 初中	316	22 839	25 860
初级中学	280	19 820	16 505
九年一贯制学校	36	3 019	1 130
十二年一贯制学校			248
完全中学			7 977
职业初中	0	0	0
2. 成人初中	0	0	0
三、初等教育	874	41 825	37 457
（一）普通小学	874	41 825	37 457
小学	874	41 825	35 941
九年一贯制学校			1 281
十二年一贯制学校			235
（二）成人小学	0	0	0
其中：扫盲班	0	0	0
四、工读学校	3	121	45
五、特殊教育	20	710	535
六、学前教育	1 455	17 374	10 519

2011 年各级各类学历教育学生情况

	毕业生数（人）	招生数（人）	在校生数（人）
一、高等教育			
（一）研究生	10 645	16 085	46 052
博　士	1 773	1 992	7 547
硕　士	8 872	14 093	38 505
（二）普通本专科	108 723	131 227	449 702
本　科	57 143	78 216	293 535
专　科	51 580	53 011	156 167

续表

	毕业生数（人）	招生数（人）	在校生数（人）
（三）成人本专科	28 308	27 362	66 590
本　科	12 317	13 006	31 228
专　科	15 991	14 356	35 362
（四）其他各类高等学历教育			
1. 在职人员攻读硕士学位		4 606	13 848
2. 网络本专科生	10 446	25 861	49 399
本　科	4 557	11 067	23 015
专　科	5 889	14 794	26 384
二、中等教育	203 525	186 176	579 083
（一）高中阶段教育	113 039	103 623	317 129
1. 高中	60 204	60 705	185 461
普通高中	60 204	60 705	185 461
完全中学	30 429	30 152	92 100
高级中学	28 824	29 060	89 176
十二年一贯制学校	951	1 493	4 185
成人高中	0		0
2. 中等职业教育	52 835	42 918	131 668
普通中专	24 702	22 163	72 204
成人中专	6 429	4 183	8 922
职业高中	9 224	8 700	26 968
技工学校	12 480	7 872	23 574
（二）初中阶段教育	90 486	82 553	261 954
1. 初中	90 486	82 553	261 954
初级中学	59 354	51 067	166 852
九年一贯制学校	3 017	3 690	10 998
十二年一贯制学校	1 318	1 146	3 826
完全中学	26 797	26 650	80 278
职业初中	0	0	0
2. 成人初中	0		0
三、初等教育	84 602	100 097	518 531
（一）普通小学	84 602	100 097	518 531
小学	80 964	95 804	496 753

续表

	毕业生数（人）	招生数（人）	在校生数（人）
九年一贯制学校	3 121	3 712	18 508
十二年一贯制学校	517	581	3 270
（二）成人小学	0		0
其中：扫盲班	0		0
四、工读学校	0	0	0
五、特殊教育	270	333	2 647
六、学前教育	75 656	91 052	226 073

2011 年各级各类非学历教育学生情况

	毕（结）业生数（人）	注册生数（人）
总计	1 254 908	959 121
一、高等教育	130 954	52 348
（一）研究生课程进修班	532	911
（二）自考助学班	3 743	3 695
（三）普通预科生		73
（四）进修及培训	126 679	47 669
其中：资格证书培训	39 272	21 100
岗位证书培训	47 842	21 263
二、中等教育	1 123 954	906 773
其中：资格证书培训	57 458	72 027
岗位证书培训	196 722	235 282
（一）中等职业教育	43 070	38 992
其中：资格证书培训	34 045	33 172
岗位证书培训	3 941	2 652
（二）职业技术培训机构	1 080 884	867 781
其中：资格证书培训	23 413	38 855
岗位证书培训	192 781	232 630

2011 年各级各类民办教育基本情况

	学校数（所）	毕业生数（人）	招生数（人）	在校生数（人）	教职工数（人）	专任教师数（人）	其他学生数（人）
一、民办高等教育							
（一）民办高校	11	11 980	18 212	63 857	5 249	3 392	0
本科学生		11 226	17 843	62 418			

续表

	学校数（所）	毕业生数（人）	招生数（人）	在校生数（人）	教职工数（人）	专任教师数（人）	其他学生数（人）
专科学生		754	369	1 439			
其中：独立学院（不计校数）	10	11 226	16 960	60 048	4 929	3 218	0
本科学生		11 226	16 960	60 048			
专科学生		0	0	0			
（二）民办其他高等教育机构	0				0	0	0
二、民办中等教育							
（一）高中阶段教育	36	7 351	7 006	21 301	2 742	1 815	
1. 民办普通高中	29	5 240	5 314	16 477	2 271	1 444	
2. 民办中等职业教育	7	2 111	1 692	4 824	471	371	1 551
（二）初中阶段教育	10	6 860	5 881	19 921			
1. 民办普通初中	10	6 860	5 881	19 921			
2. 民办职业初中							
三、民办普通小学	13	2 336	2 499	11 842	213	116	
四、民办幼儿园	599	13 900	19 719	54 020	5 221	2 654	
另有：民办培训机构（不计校数）	619				15 564	4 977	379 641

〔**基础教育师资队伍建设**〕 2011年，天津市完成第四周期中小学全员继续教育工作。创新课程建设模式，整合国内优质教育资源，建设完成教师继续教育网络课程90余门，使课程资源总量达180门，为学员提供了优质网络学习平台。第四周期中小学全员继续教育共计培训中小学教师8.8万余人次，教师继续教育参加率、合格率均达98%以上。其中培训高中教师2万余人，培训初中教师2.7万余人，培训小学教师3.8万余人，中小学教师学历提高培训3 500余人。深入实施“265农村骨干教师培养工程”。加强对学员课题指导力度，为学员配备课题指导专家，二期学员96项课题通过了“农村教育研究双百课题”评审予以立项。加强对学员实践指导力度，从中小学教学一线遴选了84名资深教师担任实践指导教师，分批次组织一期市、区级学员深入中心城区的35所实践基地校脱产实践研修。加大对学员集中培训力度，组织开展了二期市、区级学员为期8天的分学科集中封闭培训，组织各涉农区县陆续开展了5 000名校级骨干教师分学科培训工作。同时，加强对校级学员培训的评估工作。2011年暑期，组织开展专家巡讲活动，聘请42名专家深入涉农区县进行了160场巡回专题讲座，全体学员及各区县骨干教师1.3万余人聆听了专家讲座。推进“未来教育家奠基工程”。实行双导师制，为学员分别配备学术导师和实践导师，加强对学员理论和实践层面的双重指导。组织一、二期学员赴境内外学校考察、挂职锻炼。

〔**全面提升教育国际化水平**〕 2月26日，天津市教育国际交流与合作项目签约仪式举行，天津市高校与美国等17个国家和地区的31所院校签署33项合作协议。年内，天津市教委先后承办或联合国内外合作机构举办中国·天津—韩国·京畿道基础教育论坛、苏格兰—天津金融服务教育论坛、华北五省区市区域教育合作研讨会、首届天津—墨尔本“构建宜居城市”研讨会、中德职业教育交流大会以及中英职业教育政策对话会议。美国、英国、澳大利亚、日本、中国香港等42个国家和地区的1 084所高校和中小学或教育机构代表团6 800余人次相继访问天津市的学校。全年共举办了47个国际学术会议和论坛。天津市各级各类院校聘请外籍教师1 008名。在高校聘请的外籍专家中，拥有博士、教授学位和职称的约占总数的45%。首次设立天津市聘请外专特色项目，经评定，共计18个申报项目获准立项。通过项目聘请来自美、英、德、日、法等10个国家的专家共计36人次。天津市教委组织“高等教育政策与领导体制的国际化研究”等6个培训团组，共计107人赴澳大利亚、新加坡、中国香港等国家和地区进行培训。有2所孔子学院和3所孔子课堂经国家汉办批准在海外设立。截至2011年年底，天津市在海外已建立18所孔子学院和17个孔子课堂，分布在16个国家31个地区。教育部批准天津市三个中外合作办学项目，分别是南开大学与澳大利亚弗林德斯大学合作举办教育领导与管理硕士学位教育项目、天津理工大学与加拿大皇家路大学合作举办环境与管理文学硕士学位教育项目和天津理工大学与加拿大魁北克大学席库提米分校合作举办动画专业本科教育项目。截至2011年年底，全市本科以上中外合作办学项目和机构增至24个。完成了中外合作办学试点评估工作。启用中外合作办学颁发境外学历学位证书认证注册信息系统，方便各办学单位提交学生认证注册信息和学生查询个人所获境外学历学位证书的认证注册信息，进一步加强对中外合作办学过程的行政监管，规范中外合作办学学历学位证书的颁发和认证工作。2011年，在天津市学习的外国留学生总数为16 805人，比2010年增长9.6%。其中接受高等学历教育的人数为4 344人，占总数的25.8%。在天津市中小学就读的外国学生共4 028人，其中在普通中小学就读的1 848人，在外籍人员子女学校学习的2 180人。

〔对口支援和民族教育〕 继续办好内地西藏班和新疆高中班。第七中学、南开大学附属中学各扩招1个西藏高中班，第四十五中学、南仓中学各扩招1个新疆高中班。截至2011年年底，西藏班学校有5所，在校学生981人；新疆高中班学校有5所，在校学生1 662人。西藏班毕业181人，累计毕业4 371人；新疆高中班毕业327人，累计毕业1 394人。10月9日，全国内地西藏班校长年会在天津召开，红光中学和南大附中作了大会发言。11月26日，在崇化中学举办了“民族班师生‘感恩伟大祖国’演讲比赛及文艺表演”活动。市教委完成各项教育援助新疆和田地区任务。2011年，汇文中学和第十四中学又招和田地区新生120人，在校生达240人，投入日常办学经费240万元，和田班累计投入达1 860万元。市教委帮助和田地区教育局建设了门户网站，并捐赠了“普通高中选修课程空中课堂”教育教学资源、网络平台及设备，缓解了和田地区骨干教师短缺的困难；购置5 000余元的图书，捐赠给新疆策勒县第一小学。3月，启动接收新疆和田地区未就业少数民族普通高校毕业生培养项目，培训时间为一年半。市教委组织天津师大、医大、农学院3所高校落实第一批77人培养任务。大学生援疆支教任务圆满结束。天津市承担第二期国家支援新疆汉语教师工作任务，组织新疆教师近100人进行为期一年、校长15人为期半年的培训。双语教师培训由天津师范大学组织实施，市教委投入培训经费196.25万元；挂职校长分别在河西区、南开区和红桥区的学校培训，市教委投入培训经费15万元，安排学员到30多所学校实习、挂职、参观。双语教师和教育管理干部培训项目全面展开。正式启动和田地区72名双语教师在天津培训一年的项目。师大学前教育学院组织教师对和田东三县双语幼儿园教师共260人进行培训；天津师大学前教育学院“讲学团”对和田地区东三县全体中小学教师共871人进行培训。完成和田地区东三县26名中小学校长、干部到天津市挂职培训3个月的任务。完成玉树地震灾区512名学生转移就读工作。在第一百中学开办了天津黄南高中班，每年面向青海省黄南藏族自治州招收40名应届初中毕业生。

基础教育

〔综述〕 2011年，天津市全面推进义务教育学校现代化达标建设，对全市所有义务教育学校分期分批进行督导验收。结合这项工程建设，在市级层面着力实施了校舍加固和功能提升、图书配送和教学仪器配送等重点项目。截至2011年年底，累计加固改造和重建校舍178.7万平方米，完成校舍安全工程三年规划目标；市财政投入资金6 486万元，累计配送图书538万册，中、小学生均图书分别达40册和30册。建立了三库、一网、多点辐射的天津市中小学公共电子阅览室服务体系；全面完成教学仪器设备补充工程，实际投入资金7 328万元，为天津市962所小学和402所中学配送教学仪器设备382万台（套）。截至2011年年底，全市城乡90%的学校通过了现代化标准达标验收，初步形成义务教育均衡发展的格局。妥善解决13万名外来务工人员子女接受义务教育问题，坚持属地安置、属地管理的原则，采取与本市居民同等对待的政策，外来务工人员子女都就近统筹安排在公办学校就读，全部免除学杂费，免费提供教科书，并对接收学校足额拨付相关教育经费。制订《2011年天津市初中招生工作指导意见》和《2011年天津市优质高中招生指标定向分配制度改革实施方案》，通过制度创新，有效促进区域内义务教育均衡发展。其中优质高中招生计划的30%指标分配到本区内所有初中，并实行降20分录取的优惠政策。加强普通高中选修课“空中课堂”建设。截至2011年年底，“空中课堂”已拥有全市60所示范高中优秀教师录制的近百门精品选修课程，总课时达3 000余节，能够同时支持10万名学生在线学习。年内，又将小学生书法习字课程纳入“空中课堂”项目。

〔学前教育三年行动计划〕 1月，市政府下发《关于建立天津市学前教育联席会议制度的通知》，建立市、区县两级学前教育联席会议制度。市级学前教育联席会议由副市长张俊芳为总召集人，共召开了4次市学前教育联席会议。会议对学前教育三年行动计划推进过程中遇到的资源建设、民办幼儿园规范管理、师资队伍建设等方面的重点、难点问题进行了协调解决。根据《天津市学前教育三年行动计划（2010—2012年）》目标任务，2011年，新建、改扩建了53所公办幼儿园，增加了13 300余个学位。市政府办公厅转发了天津市教委、市建交委、市规划局、市国土房管局联合下发的《关于进一步加强住宅小区配套幼儿园建设和管理使用工作的意见》（津政办发〔2011〕81号），严格落实住宅小区配套幼儿园建设、管理和使用的各项政策。全市各区县成立了综合督查组，对闲置、挪作他用的住宅小区配套幼儿园进行全面清查。完成92所乡镇中心幼儿园和340所标准化村办幼儿园的提升改造任务，农村幼儿的学习生活环境得到明显改善。6月，首批5所主要接收外来务工人员子女的“阳光乐园”正式揭牌，并为每所“阳光乐园”配送了5万元的设施设备及玩教具。

〔义务教育学校现代化标准建设〕 3月31日，市政府在蓟县召开了天津市实施义务教育学校现代化建设标准工作暨校舍安全工程现场推动会。16个区县分管教育工作的区县长、教育局局长、中小学校长共450人参加会议。副市长张俊芳充分肯定了蓟县的创建经验，提出了下一阶段义务教育学校达标建设的目标。7月7日，市政府教育督导室在滨海新区大港五中组织召开2011年下半年实施义务教育学校现代化标准建设工作培训会。各区县教育督导室主任和有关评估专家、申报学校校长共800人参加会议。年内，市政府教育督导室组织400多人的专家队伍，对各区县申报的429所义务教育学校进行评估验收。截至2011年年底，全市

1 200 所义务教育学校中，已有 1 089 所通过了达标评估验收，达标率超过 90%。在此期间，还组织专家对此前达标的 477 所义务教育学校进行了随机复查回访，进一步提高了区县、学校积极巩固成果，不断提高水平，把创建达标变成工作常态的主动性和自觉性。

〔**普通高中特色发展**〕 天津市特色高中建设工作是天津市基础教育"十二五"规划确定的八项重点工程之一。市教委制定了《2011 年天津市特色高中建设实施方案》和《天津市特色高中建设标准》。《方案》规划了特色高中建设的总体目标，并提出了特色高中建设项目采取分期分批实施的办法，3 年内建设 50 所特色高中。从 2011 年上半年开始，启动天津市特色高中建设项目。其间，邀请专家对全市高中校长进行专题培训，指导各区县开展区县级评审工作。在此基础上，又组织专家对申报学校进行了三个轮次严格的评审工作，产生了首批 24 所特色高中建设项目学校，其中涉及创新人才培养、学生综合素养提升、学校创新发展和普通高中渗透职业教育等诸方面。市教委于 11 月 17 日举行天津市首批特色高中校建设启动大会，24 所特色高中在年内均陆续完成项目启动工作。

〔**建立特殊教育体系，推进特殊教育学校现代化建设**〕 建立完备的特殊教育体系。全市有特殊教育学校 20 所，各区县分别建有一所义务教育九年一贯制特教学校。全市三类残疾学生九年义务教育阶段的入学率和巩固率均达 98%，基本建立起从学前教育贯通到高等教育的比较完备的特殊教育体系。市教委、市财政局联合制定《关于印发〈天津市特殊教育学校现代化标准建设工程实施方案〉的通知》（津教委〔2011〕18 号），按照全市推进义务教育学校现代化建设标准的要求，依据《天津市特殊教育学校现代化建设标准》（以下简称《标准》），全面推进特殊教育学校现代化标准建设。特殊教育学校建设项目和内容包括以下几点。（1）"校舍与场地建设"项目。按照《标准》中的基本要求，通过新建、改扩建一批特殊教育学校，使区县特殊教育学校基本达到建筑规范要求。（2）"教学与医疗康复仪器设备配送"项目。按照《天津市特殊教育学校教学与医疗康复仪器设备配备标准》，本着实用、够用、适合教育教学需要的原则，对区县特殊教育学校教学仪器设备实施统一配送。（3）"特殊教育师资队伍建设"项目。对全市 500 多名特殊教育学校教师实施第四周期继续教育全员培训，实施特殊教育学校骨干校长和教师培训项目，培训 20 名骨干校长和 100 名骨干教师。全面提高特殊教育师资的能力水平和专业素养，带动全市特殊教育师资队伍整体素质的全面提升。

职业教育与成人教育

〔**综述**〕 积极推进国家职业教育改革创新示范区建设，探索职业教育人才培养模式改革，即在应届初中毕业生中择优录取，培养周期为 5 年，分中职和高职两段实施。教学中坚持发挥行业、企业在技能型人才培养中的主导作用，全面实施工学结合、校企合作、顶岗实习人才培养模式，开展课程与职业资格证书融合的"双证书"一体化教学改革，全面推行学分制等弹性学习制度。积极推进第一批国家中等职业教育改革发展示范学校立项建设，认真组织第二批示范学校的遴选工作。天津市劳动和社会保障局高级技术学校等 8 所学校成为 2011 年度国家中等职业教育改革发展示范学校建设计划项目学校。天津市东丽区职业教育中心学校等 7 所中职学校（不含技工学校）成为 2011 年中央财政支持职业教育实训基地建设项目学校，获中央财政支持资金 1 020 万元。首次组织开展"天津市中等职业学校'文明风采'竞赛活动暨第八届全国中等职业学校'文明风采'竞赛活动"。共有 44

所中职学校上报 1 529 件初赛作品。评选出市级“文明风采竞赛活动”一等奖作品 157 件、二等奖作品 319 件、三等奖作品 473 件、优秀奖作品 162 件，总计 1 111 件。评选出优秀指导教师奖 133 名。在此基础上，有 350 件作品在“第八届全国中职学校文明风采竞赛活动”评选中获奖，其中一等奖 44 件、二等奖 134 件、三等奖 115 件、优秀奖 57 件。1 所学校获优秀组织奖，5 所学校获组织奖，获奖比例达 73.5%。10 月 29 日至 11 月 5 日，成功举办了第五届社区教育展示周暨 2011 年天津市全民终身学习活动周，其主题是：“让数字化学习进入千家万户”。在此次活动中，有 18 个市级先进数字化学习中心、20 名数字化学习先进个人及 6 门数字化学习特色资源（课程）受到表彰；同时启动了天津市终身学习网。全市共有 20 余万名市民进行了实名注册，登录天津市终身学习网，2 万余人参与网上论坛交流讨论，发表学习体会、心得 3 000 余篇。2011 年，全民终身学习活动周领导小组授予天津市“2011 年全民终身学习周协调组织奖”。12 月 24 日，天津数字化学习超市建设成果展在“2011 继续教育数字化学习资源共享与服务成果展览会”中展出，天津广播电视大学应邀参加。教育部确定天津市北辰区为天津市社区教育实验区。年内，开展了评选表彰首届市级社区教育实验项目，共评选出获奖项目 46 个，其中一等奖 2 个、二等奖 11 个、三等奖 33 个。市教委筹集奖励资金 66 万余元，对市级社区教育获奖项目给予一次性奖励。龙德毅等 6 位同志被授予“全国成人教育贡献奖”，李克山等 10 位同志被授予“全国成人教育优秀奖”，天津市职业教育与成人教育学会被授予“全国成人教育协会先进集体”荣誉称号。历时 3 年的中国保护和促进弱势外出务工青年权益项目“青年农民工教育就业服务专题”于 2011 年年底结束。此专题在全国确定了 13 个青年农民工“一站式”服务试点单位，天津的海燕数字化学习中心、宜兴埠镇、东蒲洼街作为 9 个农民工输入地试点单位中的成员。4 月 22 日，市人大对老年人教育进行执法检查。继续推进 12 个涉农区县乡镇（街）成人文化技术学校建设上台阶工程，全市有 149 所乡镇（街）成人文化技术学校通过验收，其中示范校 63 所、一类校 86 所。积极吸纳新的企业单位参加职工教育统计，被统计的职工总数增至 23.63 万人。

〔**职业院校教师实践技能提升**〕 依据国家“十二五”规划战略部署和天津市“十二五”经济社会发展规划，天津市制定了《关于进一步加强高素质教师队伍建设的意见》（津政发〔2010〕44 号）。市教委按照“职业院校教师素质提高计划”的要求制订了实施方案，并推荐 105 名教师参加中职学校专业骨干教师国家级培训、35 名教师参加中职学校青年教师企业实践；95 名教师参加高职院校国内培训、11 名教师参加国外培训、105 名教师参加企业顶岗培训。天津市将组织校长培训和教师在职攻读硕士学位，作为提高技能型人才培养质量和专业带头人及骨干教师素质的重要措施。年内，40 名国家级重点中职学校校长参加教育部举办的“中等职业学校校长改革创新战略专题研究班”；对 200 名专业骨干教师进行了专业课培训。完成教育部下达给天津市的《中等职业学校教师在职攻读硕士学位》推荐报名任务。

〔**举办全国职业院校技能大赛**〕 由教育部、天津市人民政府等 16 家单位共同举办的 2011 年全国职业院校技能大赛于 6 月 24—27 日在天津市举办。大赛主赛场设在新落成的海河教育园区，有 19 项比赛设在园区新赛场，发挥了国家职业教育改革创新示范区基地的重要作用。

〔**海河教育园区建设**〕 2011 年，完成海河教育园区一期建设工程，完成了 116 栋单体建筑、133 万平方米的建设任务和 400 万平方米的绿化工程。经过整合的 7 所职业院校、6.5 万名师生迁入新校区。组建了海河教育园区管委会，出台《海河教育园区管理规定》，建立了科学、有序、高效的园区运行机制。启动实施了包括南开大学、天津大学新校区和 3 所高职院校及天津广播电视大学在内的海河教育园区二期建设工程。

高等教育

〔**综述**〕　2011年，天津市高等教育坚持把工作重点放在提高教育教学质量上，积极主动地融入天津经济社会发展和滨海新区开发开放建设，努力为天津经济社会又好又快发展提供人才支撑和智力保障。制定了“天津市高等教育第十二个五年规划”和“天津市高等学校‘十二五’综合投资规划”，遴选出84个重点学科、150个品牌专业和59个战略性新兴产业相关专业，列入“天津市高校‘十二五’综合投资规划”进行重点建设。完成了新一期“天津市高等学校本科教学改革与质量建设研究计划”的项目征集，制定了项目指南。完成了“天津市高等学校加快培养急需人才重大研究立项计划”项目的结题验收工作。推动“普通高等学校本科教学质量与教学改革工程”的实施，组织开展第六届高等教育教学名师奖评选表彰工作，3名教师荣获国家级教学名师奖、30名教师获市级教学名师奖。启动“卓越工程师教育培养计划”，起草了《天津市卓越工程师教育培养计划实施方案》，启动了“天津市卓越软件工程师教育培养计划”。完成“普通高校教育教学质量督导委员会”换届工作，各项督导工作开展顺利。建成“天津市高等教育优质资源库”，实现国家精品课资源中心网络资源落地天津。组织专家对2011年市属高校拟新增的40个本科专业进行评议，37个专业通过评议，报送教育部审批。对2007年批准增设的28个市属高校本科专业进行了专业建设情况检查。对全市高校21个国家级实验教学示范中心进行了建设情况检查和成果验收。组织开展了2011年全市普通高校本科毕业设计（论文）管理工作互查。完成第二届天津市普通高校优秀毕业设计（论文）评选工作，共评选出31篇优秀本科毕业设计（论文）。组织了2011年全国大学生数学建模竞赛、电子设计竞赛、大学生数学竞赛、大学生英语演讲比赛等天津赛区的竞赛工作。完成中央财政支持地方高校建设、天津市高校“十一五”综合投资等专项经费购置设备的审批论证工作。完成2011年度天津市高校实验室信息统计工作，并将有关数据及时报送教育部。

〔**人才高地建设**〕　2011年，市教委加快推进高层次创新人才工程，全面提升教师队伍整体素质。南开大学陈永川教授、天津大学苏万华教授入选两院院士，5人获国家杰出青年科学基金资助，新增“教育部新世纪优秀人才支持计划”41人，教学名师3人，创新团队4个。完成第九批天津市特聘教授评聘工作，依托重点学科、重点实验室和重大科研项目，面向海内外公开引进和培养了12名拔尖创新人才，市特聘教授总数达104人。2011年，全市高校共有5人入选第六批国家“千人计划”、30人入选2011年度天津市“千人计划”、33人入选天津市2011年“131”创新型人才培养工程第一层次。市教委直属单位接收综合院校优秀本科毕业生12人，引进博士5人、硕士55人，调入骨干教师16人；市属普通高校引进副教授及以上职称、博士研究生315人，接收硕士研究生435人。2011年，市教委决定首先在以工学专业为主的高校实施“卓越工程师教育培养计划”，着力培养学生的实践能力和创新能力，造就一大批具有国际竞争力的各类工程人才。6月3日，全国省级区域实施“卓越工程师培养计划”工作交流会在天津市召开，来自全国各省（区、市）教育厅（教委），新疆生产建设兵团高教处、学位办负责人共60余人参加会议。市教委作了题为《天津市卓越工程师教育培养计划实施情况》的报告。同年，教育部批准中国民航大学、天津科技大学、天津工业大学、天津理工大学为国家第二批“卓越工程师教育培养计划”高校。

〔**高校科技成果转化**〕 3月6日，市政府与教育部共同签署《天津市人民政府、教育部积极推进高校科技成果转化、服务滨海新区开发开放合作协议》，促进高校科技创新成果在滨海新区的汇聚和产业转化，推动产学研合作，探索发挥高校优势、服务滨海新区开发开放的机制体制。3月8日，市政府转发了天津市教委《关于高等教育支持天津市科技型中小企业发展的实施意见》。通过政府引导，以科技型中小企业为主体，以高等院校和科研院所为基础，以产业发展需求为导向，以优化产学研合作体制为主线，构建创新资源有序流动、平台环境完善、运行机制健全、合作内容丰富、政策措施完备的产学研相结合的技术创新与服务体系，提升高等院校科技创新能力和服务经济社会发展水平，为服务天津经济社会发展和滨海新区开发开放作出更大贡献。6月10—12日，市教委举办首届“高校创新成果展洽会”，来自北京、天津、河北、山西、内蒙古5省（区、市）的高校组团推出了350项创新成果。展洽会期间，达成意向项目74项，达成意向项目资金总额3 303万元。2011年，天津市高等院校共签订技术合同3 752项，合同成交总金额为152 083.19万元，技术交易金额为147 587.29万元，与2010年相比，合同成交总金额增长21.76％，技术交易金额增长27.98％。技术开发与技术服务合同仍是技术交易的主要形式，保持领先地位。其中技术开发合同成交额仍在四类技术合同中位居第一，共2 538项，成交额108 623.23万元，占技术合同成交总额的71.42％，比2010年增长35.54％。

撰稿　王凤树
审稿　黄永刚

河北省教育

概　　况

〔基本情况〕

2011 年各级各类学校校数、教职工、专任教师情况

	学校数（所）	教职工数（人）	专任教师数（人）
总计	26 269	909 980	757 510
一、高等教育	125	98 369	63 922
（一）研究生培养机构（不计校数）	18		
1. 普通高校	16		
2. 科研机构	2		
（二）普通高等学校	112	96 315	62 751
1. 本科院校	54	66 432	42 819
其中：独立学院	18	13 887	10 514
2. 高职（专科）院校	58	29 883	19 932
3. 其他机构（点）（不计校数）	0	0	0
（三）成人高等学校	13	2 054	1 171
（四）民办的其他高等教育机构	36	1 013	563
二、中等教育	4 168	393 370	314 501
（一）高中阶段教育	1 567	201 796	141 802
1. 高中	673	124 707	84 614
普通高中	598	123 456	83 476
完全中学	206	38 330	15 759
高级中学	369	80 409	66 598
十二年一贯制学校	23	4 717	1 119
成人高中	75	1 251	1 138
2. 中等职业教育	894	77 089	57 188

续表

	学校数（所）	教职工数（人）	专任教师数（人）
普通中专	302	23 376	15 588
成人中专	169	7 193	5 300
职业高中	225	30 845	25 458
技工学校	168	12 686	8 865
其他机构（教学点）（不计校数）	30	2 989	1 977
（二）初中阶段教育	2 601	191 574	172 699
1. 初中	2 534	191 363	172 505
初级中学	2 165	160 731	140 532
九年一贯制学校	369	30 632	13 984
十二年一贯制学校			1 476
完全中学			16 513
职业初中	0	0	0
2. 成人初中	67	211	194
三、初等教育	13 645	326 176	317 171
（一）普通小学	13 274	325 542	316 537
小学	13 274	325 542	303 585
九年一贯制学校			11 769
十二年一贯制学校			1 183
（二）成人小学	371	634	634
其中：扫盲班	52	94	94
四、工读学校	0	0	0
五、特殊教育	148	3 444	2 800
六、学前教育	8 183	88 621	59 116

2011 年各级各类学历教育学生情况

	毕业生数（人）	招生数（人）	在校生数（人）
一、高等教育			
（一）研究生	9 106	11 795	34 085
博　士	375	525	2 064
硕　士	8 731	11 270	32 021
（二）普通本专科	311 141	349 000	1 149 252
本　科	120 276	151 900	591 987
专　科	190 865	197 100	557 265
（三）成人本专科	71 942	95 160	260 050

续表

	毕业生数（人）	招生数（人）	在校生数（人）
本　科	30 429	48 125	123 923
专　科	41 513	47 035	136 127
（四）其他各类高等学历教育			
1. 在职人员攻读硕士学位		2 626	7 921
2. 网络本专科生	0	0	0
本　科	0	0	0
专　科	0	0	0
二、中等教育	1 611 339	1 537 399	4 620 204
（一）高中阶段教育	851 467	810 209	2 465 382
1. 高中	439 165	397 819	1 250 818
普通高中	427 876	397 819	1 233 223
完全中学	87 553	72 347	239 597
高级中学	334 465	320 026	977 026
十二年一贯制学校	5 858	5 446	16 600
成人高中	11 289		17 595
2. 中等职业教育	412 302	412 390	1 214 564
普通中专	169 515	166 887	488 720
成人中专	30 446	48 224	126 680
职业高中	155 855	141 742	450 594
技工学校	56 486	55 537	148 570
（二）初中阶段教育	759 872	727 190	2 154 822
1. 初中	752 512	727 190	2 150 335
初级中学	600 804	563 422	1 680 462
九年一贯制学校	65 016	63 898	187 049
十二年一贯制学校	5 852	7 598	21 400
完全中学	80 801	92 272	261 424
职业初中	39	0	0
2. 成人初中	7 360		4 487
三、初等教育	753 758	1 038 453	5 438 359
（一）普通小学	732 753	1 038 453	5 410 910
小学	690 534	998 727	5 151 576
九年一贯制学校	38 812	36 124	236 126

续表

	毕业生数（人）	招生数（人）	在校生数（人）
十二年一贯制学校	3 407	3 602	23 208
（二）成人小学	21 005		27 449
其中：扫盲班	258		2 403
四、工读学校	0	0	0
五、特殊教育	1 183	1 982	12 566
六、学前教育	785 960	976 322	1 834 639

2011 年各级各类非学历教育学生情况

	毕（结）业生数（人）	注册生数（人）
总计	2 701 102	2 268 448
一、高等教育	98 209	51 956
（一）研究生课程进修班	880	927
（二）自考助学班	4 453	8 507
（三）普通预科生		663
（四）进修及培训	92 876	41 859
其中：资格证书培训	37 321	26 690
岗位证书培训	13 935	3 162
二、中等教育	2 602 893	2 216 492
其中：资格证书培训	341 165	248 225
岗位证书培训	222 165	142 078
（一）中等职业教育	414 133	190 920
其中：资格证书培训	112 514	60 891
岗位证书培训	120 773	38 509
（二）职业技术培训机构	2 188 760	2 025 572
其中：资格证书培训	228 651	187 334
岗位证书培训	101 392	103 569

2011 年各级各类民办教育基本情况

	学校数（所）	毕业生数（人）	招生数（人）	在校生数（人）	教职工数（人）	专任教师数（人）	其他学生数（人）
一、民办高等教育							
（一）民办高校	34	69 513	92 711	316 578	22 273	16 509	3 273
本科学生		42 237	62 751	234 288			
专科学生		27 276	29 960	82 290			

续表

	学校数（所）	毕业生数（人）	招生数（人）	在校生数（人）	教职工数（人）	专任教师数（人）	其他学生数（人）
其中：独立学院（不计校数）	18	41 104	58 110	221 715	13 887	10 514	310
本科学生		41 104	58 110	221 715			
专科学生		0	0	0			
（二）民办其他高等教育机构	36				1 013	563	36
二、民办中等教育							
（一）高中阶段教育	332	104 334	82 281	267 587	38 263	28 014	
1. 民办普通高中	98	41 603	37 009	118 403	27 949	21 261	
2. 民办中等职业教育	234	62 731	45 272	149 184	10 314	6 753	13 229
（二）初中阶段教育	188	67 907	72 016	205 012			
1. 民办普通初中	188	67 907	72 016	205 012			
2. 民办职业初中							
三、民办普通小学	302	45 649	40 062	276 629	11 106	7 747	
四、民办幼儿园	2 521	159 859	205 595	451 136	41 192	24 292	
另有：民办培训机构（不计校数）	691				9 502	3 950	151 647

〔**深入治理教育乱收费**〕 2011 年，召开全省治理教育乱收费工作座谈会，会同有关部门联合转发《教育部等七部门关于 2011 年治理教育乱收费规范教育收费工作的实施意见》，联合制发《关于对中小学收费行为开展集中清理活动的紧急通知》，对全省公办中小学自 2009 年春季开学以来的收费行为进行集中清理。对 11 个设区市 33 个县（市、区）87 所学校的教育收费情况进行专项检查，对查出的问题及处理情况进行全省通报，并要求各地按照管理权限对相关责任人进行责任追究。2011 年，全省县级以上教育行政部门共组成检查组 728 个，检查大中小学校 15 450 所，查出违规收费资金 1 282.6 万元，清退 898.5 万元，给予党政纪处分 31 人，通报批评 61 人。清理出违规征订教辅材料 44 600 余册，减少学生交费 45.09 万元。

〔**进一步加强教育法制建设**〕 一是做好规范性文件审核备案工作。研究制定《河北省教育厅规范性文件制定办法》，进一步建立和完善规范性文件合法性审核、备案制度。二是加强行政许可效能建设，促进依法行政。研究制定实施行政许可、非行政许可审批、行政监管若干规定，编制行政许可服务手册，清理规范非行政许可审批 10 项，行政监管 42 项，受理行政许可 102 项，办结 96 项。三是推进依法治校，促进和谐校园建设。对各地申报、推荐的第四批省级依法治校示范校进行评估检查。四是加强普法教育，认真做好全省教育系统“五五”普法总结和表彰工作。5 月，河北省教育厅被中宣部、司法部评为全国“五五”普法先进单位。至此，教育厅已连续三次被评为全国普法工作先进单位。在全省“五五”普法总结表彰大会上，教育厅作了典型发言。

〔**加强教师队伍建设**〕 一是进一步加强师德建设。认真贯彻落实《中小学教师职业道德规范》，建立健全师德考评和奖惩制度，完善“以校为本”的师德建设机制。二是努力推进教师培养培训基地建设。调整优化教师教育院校布局结构，构建以师范院校为主体、综合大学积极参与、开放灵活的教师教育体系。逐步开展对中小学教师培养院校的资质认证工作，推进教师培养行为的规范化。三是强化中小学和幼儿园教师职前培养。积极尝试建设教师教育改革创新实验区，形成高校、地方政府与中小学联合培养师范生的新机制。四是加强中小学教师继续教育。认真实施“国培计划”，全年培训中小学教师4.8万名，幼儿教师8 500名。五是继续实施“特岗计划”，招聘特岗教师3 509名。六是开展师范生免费教育。6月8日，省政府办公厅转发省教育厅等部门《关于省属师范院校师范生免费教育实施办法（试行）》。河北师范大学从2011年开始进行师范生免费教育，共招收免费师范生200名，涉及7个专业。七是积极开展教师资格制度改革。2011年，全省各级认定机构全部使用网络版全国教师资格认定管理信息系统，实现了网上认定，全省共认定具有教师资格人员40 480名。八是各级各类教育干部培训成效显著。2011年，共举办各类培训班33个，培训各类教育干部2 300余人次，干部队伍素质与能力得到加强。

启动幼儿教师国家级培训计划。8 850名农村幼儿园教师、园长免费接受北京教育学院、河北师范大学等16所省内外培训机构的专业培训，培训经费由中央财政专项拨付。培训包括5个项目：农村幼儿园教师短期培训项目、农村幼儿园园长培训项目、农村幼儿园园本研修培训者培训项目、农村幼儿园“转岗教师”培训项目、农村幼儿园教师置换脱产研修项目。

〔**学生资助工作**〕 一是进一步完善国家奖、助学金资助工作。2011年，发放普通高校国家奖助学金8.43亿元，资助学生45.03万人次。二是积极做好国家助学贷款、生源地信用助学贷款工作。全年发放校园地国家助学贷款1 471.11万元，贷款学生2 934人；生源地贷款取得突破性进展，全年发放贷款金额1.724亿元，贷款学生31 282人。三是认真做好中等职业学校助学金发放和免学费工作。2011年，全省安排中职国家助学资金6.37亿元，资助中职生42.5万人；安排中职免学费资金5.4亿元，资助中职生31.5万人。

〔**深化教育交流与合作**〕 一是全方位搭建平台。积极推动政府和民间教育国际友好交流，开放规模与交流水平明显提升。2011年，与美国、加拿大、英国等13个国家的近100家教育机构建立了友好合作关系；派出160多个教育交流团组共610多人次出国（境）访问、讲学、合作科研，签署实质性项目协议20余项。二是努力扩大出国留学和来华留学规模。继续支持出国留学，鼓励各市和高校自主设立专项资金，选派优秀教师和学校管理人员出国进修和培训。全年共派出1 800多人出国留学。继续扩大来华留学规模，全省各级各类学校有在学外籍学生约3 500名。吸引更多知名外籍专家学者来河北从事教学、科研和管理工作，全年新聘请外籍专家学者192人。2011年，受省内院校委托聘请的12名美国外教已圆满完成教学任务顺利回国，仍有9名外教在河北省高校任教。三是推进中外合作办学健康有序发展。研究制定《河北省中外合作办学审批暂行规定》等文件，鼓励各级各类学校开展多种形式的国际交流与合作，集中力量办好若干示范性中外合作办学机构和项目。全年全省受理12所学校23个合作办学项目申请。四是大力开展汉语国际推广工作。进一步健全汉语国际推广机构，努力推进孔子学院和孔子课堂建设。全年新建汉语推广基地33个、孔子学院6所、孔子课堂103个，选派汉语教师150多名。举办河北省第七届外籍师生汉语技能暨中华才艺大赛。五是实施中美基础教育管理人员交流互学项目。该项目首批美方9名基础教育管理人员来冀进行了为期2周的挂职交流。

〔**认真做好教育督导工作**〕 一是进一步加强对县级政府教育工作综合督导评估工作，完成了省政府确定的对43个县（市、区）政府教育工作的督导评估任务，推动了县域教育改革和发展。二是扎实推进基本普及高中阶段教育评估认定工作，完成了对35个县（市、区）的评估验收，加快了全省普及高中阶段教育的进程。三是创新督导评估机制，加强督学责任区试点工作。进一步扩大督学责任区试点范围，积极推进督学责任区制度建设，确定了3个设区市和90个县（市、区）为第二批督学责任区制度建设试点市县。截至2011年年底，全省共有4个市为省级督学责任区制度建设试点市，104个县（市、区）为省级督学责任区制度建设试点县。

〔**规范民办学校办学行为**〕 深入贯彻落实《民办教育促进法》及《民办教育促进法实施条例》，认真做好民办学校日常管理工作，积极推进依法办学诚信学校创建活动，引导民办学校把发展重点转移到稳定规模、规范管理、内涵发展、提高质量的轨道上来。研究制定《河北省省管民办中等职业学校办学水平检查评估标准》，组织对21所省管民办中等职业学校的办学水平进行检查评估。积极做好2010年度省管民办学校的年度检查工作，在省管76所民办学校中，年检合格52所，责令整改17所，暂停招生4所，终止办学3所。

〔**创新学校安全管理模式**〕 一是加强安全队伍建设，保障学校平稳运行。出台《思想政治教育专业高、中级职务任职资格申报条件》、《加强高等学校辅导员、班主任队伍建设的实施意见》、《高等学校专职辅导员行政职级晋升暂行办法》等文件。二是创新安全管理机制，提升学校安全管理水平。实施《河北省学校安全管理规定》，下发《河北省高等学校交通安全管理规定》与《河北省校车交通安全管理规定》等规范性文件，全省学校安全工作实现制度化、规范化；创新机制，对中小学安全教育工作提出“安全教育进课堂”、“安全教育常规化”、“安全教育多元化”三项管理模式，为教育教学发展营造良好的校园氛围。三是创新学校及周边治安综合治理工作机制，营造良好校园及周边治安环境。四是创新矛盾排查化解机制，维护校园稳定。

〔**全面推进语言文字工作**〕 对24个三类城市的语言文字工作进行评估，全省已有86个三类城市接受评估，占143个三类城市的60%。完成“中华诵·颂歌献给党”红色经典诵读晚会任务；4月至7月，与河北人民农村广播电台共同组织“献给7月”少儿红色诵读广播大赛。完成第三批34所省级语言文字规范化示范校和9所国家级示范校的申报工作。全省累计普通话参测人数达35.11万人次。

基础教育

〔**学前教育发展实现新突破**〕 一是制定《河北省人民政府关于大力发展学前教育的若干意见》，明确提出大力提高学前教育的普及水平和保教质量，努力构建覆盖城乡、布局合理、办园规范、师资达标、保教质量合格的学前教育网络。二是加大财政投入，支持学前教育发展。省教育厅会同省财政厅下发《河北省财政厅河北省教育厅关于申报学前教育发展项目的通知》，在“十二五”期间，加大财政投入，重点支持“校舍改建类”、“综合奖补类”、“幼师培训类”、“幼儿资助类”四大类7个重点项目，扶持各地进一步扩大学前教育资源。三是农村学前教育得到快速发展。以发展农村学前教育为重点，进一步完善以政府和集体办园为主、以公办教师为主、以政府和集体投入为主的“三为主”农村学前教育发展模式，推动学前教育快速发展。对28个县（市、区）的普及学前三年教育工作进行第二轮检查验收。四是学前教育普及程度进一步提高，优质学前教育资源不断增加。2011年，全省在园幼儿和幼儿园数量分别达180万人和7 669所，比2010年分别净增12万人和300所；学前三年受教育率达67%。2011年，经省教育厅评估验收，认定15所幼儿园为省级示范园，使全省省级示范园总数达224所。部署开展河北省第三届幼儿园教学能手评选活动。

〔**与教育部签署义务教育均衡发展备忘录**〕 3月，教育部与河北省政府签署义务教育均衡发展备忘录，共同推进义务教育均衡发展。根据备忘录，教育部在义务教育经费保障、中小学校舍安全工程、农村义务教育薄弱学校改造和教师队伍建设等方面，加大对河北省的支持力度；对“推进义务教育均衡发展”国家试点项目提供支持，并在河北省试点优先安排国家级重大教育改革项目；支持河北省开展义务教育课程改革，创新教学模式，改革评价手段，不断提高教育质量；支持建设若干大型中小学生综合实践活动基地，并对已有的校外活动场所进行经费补助等。河北省根据推进县域义务教育均衡发展规划，采取有效保障措施，加大省级统筹力度，足额落实地方配套资金，建立健全义务教育均衡发展经费保障机制，形成推进义务教育标准化学校建设的体制机制。

〔**深入推进义务教育均衡发展**〕 一是高度重视，积极组织实施义务教育均衡发展改革试点项目。制定《河北省推进义务教育均衡发展国家教育体制改革试点项目实施方案》，积极从政策机制上确保试点工作顺利实施。二是制定配套文件，为推进义务教育均衡发展提供有效保障。制定《河北省推进县域义务教育均衡发展规划》和全省172个县（市、区）分年度规划目标，确定《河北省义务教育学校办学基本标准（试行）》和《河北省义务教育学校标准化建设项目规划》等一系列配套文件，增强推进均衡发展工作的针对性和可操作性。三是深化改革，探索推进义务教育均衡发展新途径。推进实施农村学区建设规划，整合资源，优化配置，着力提升和丰富农村学区改革的内涵，全省有80%的县（市）完成了学区建设任务。加大“四种模式”（即大力推进优质学校与薄弱学校联合、提倡优质学校兼并薄弱学校、鼓励优质学校异地建立分校、新建一批高标准高水平的优质学校）推广力度，实行城乡统一推进。进一步扩大“四种模式”推广范围，要求县城及县以下学校根据实际情况积极实验和推行。四是强化责任，确保义务教育均衡发展目标和措施落到实处。10月，省教育体制改革领导小组召开全省推进义务教育均衡发展暨大力发展学前教育工作会议，省政府与各设区市政府签署推进义务教育均衡发展责任书，明确到2020年前各市实施义务教育均衡发展的目标任务和工作要求，省领导对加快义务教育均衡发展工作作了动员部署。构建省市共同推进义务教育均衡发展的工作机制，对全省实现义务教育均衡发展的规划目标发挥了重要指导作用。五是进一步深化中考招生制度改革。继续采取将部分省级公办示范性高中招生名额分配到初中学校的办法。2011年，将分配生比例提高到公助生指标的80%，为初中阶段生源的均衡分布创造了条件。六是全面强化学校管理。进一步健全中小学校常规管理制度，明确学校各项教育教学活动标准，完善学校自我约束、学生快乐学习、社会监督配合的管理机制，全面规范学校办学行为，促进了学校管理水平的进一步均衡。

〔**召开基础教育课程改革经验交流会**〕 10月11—12日，全省基础教育课程改革经验交流会在石家庄市召开。省委教育工委书记、省教育厅厅长刘教民出席会议并讲话。他强调，全省要重点抓好以下几项工作。一要加强组织领导，完善基础教育课程改革推进机制。二要创新工作方式，强化基础教育课程改革保障体系。三要加快师资队伍建设，提高基础教育课程改革实施能力。四要构建符合素质教育要求的评价体系，树立基础教育课程改革的正确导向。五要进一步加大力度，推进农村地区课程改革，提升基础教育课程改革整体水平。六要继续推进人才培养模式改革，着力培养学生的创新精神和实践能力。

〔**启动基础教育质量监测**〕 2011年，全省8个市的18个县（市、区）324所学校12 960名学生参加国家基础教育质量监测。监测科目是英语和体育与健康，监测对象为4年级和8年级学生。帮助18个县组建队伍，完成监测工作信息库建设，派出18名省级巡视员到各测试县（市、区）进行巡视，完成现场测试工作，得到教育部基础教育质量监测中心的高度评价，有11个县（市、区）荣获国家“质量监测工作优秀组织奖”。承办全国“区县教育质量监测与评价培训会”。

〔**高中教育持续稳步发展**〕 一是积极深化高中课程改革。对2万多名高一年级专任教师开展普通高中课程改革跟进式培训；对年度课程改革进展情况进行认真总结，全省普通高中课程改革实施方案进一步得到落实；建立河北省普通高中教育网络平台，实现全省普通高中教育教学管理与教师培训的网络化；召开全省普通高中课程改革观摩研讨会，为课程改革的顺利推进提供良好借鉴；积极稳妥地推进高中学业水平考试工作。二是进一步优化高中教育结构，努力增加优质高中教育资源。各地本着优化结构、调整布局的工作思路，撤并一些规模过小的高中学校，用于举办寄宿制初中，使普通高中学校数量有所减少，校均规模更趋合理，更加适应高中课改的要求。2011 年，完成 4 所省级示范性高中评估认定工作，省级示范性高中总数达 255 所，占普通高中学校总数的 40％以上。全省在省、市级示范性高中学校就读的学生占在校生总数的 75％以上。

〔**高中课改后高考方案正式出台**〕　7 月，《河北省实施普通高中新课程改革后普通高等学校招生考试方案》经教育部核准备案。与现行高考方案相比，新方案在保持科目设置、各科总分值、统一考试时间和仍然使用全国试卷等不变的基础上，主要变化有三。一是考试内容和范围为《普通高等学校招生全国统一考试大纲（课程标准实验版）》规定的必考内容和选考内容，艺术类、体育类术科考试内容和办法以当年教育部和省招生委员会有关文件规定为准，而外语科目考试恢复听力测试，满分 30 分。二是稳步推进高等职业院校单独考试招生试点。在国家示范性高职院校进行单独考试招生改革试点的基础上，经省教育厅同意并报教育部批准，国家骨干高职院校也可以进行单独考试招生试点。国家示范性或骨干高职院校单独考试招生录取工作在全国统一高考前结束，考生被录取后不能再参加全国统一高考；其他高等职业院校由学校申请，经省教育厅批准，可在录取数据上报教育部备案之前，在对考生高考成绩或普通高中学业水平考试等第和综合素质评价结果提出一定要求的基础上，自行或校校联合组织专业基本素质测试，进行单独考试招生录取。三是将普通高中学业水平考试成绩和综合素质评价结果作为必备信息采集到高考考生电子档案，作为高校招生录取的重要参考。在同等条件下，高校优先录取学业水平考试、综合素质评价等第高的考生。在试点单独考试招生的高职院校可以将考生的学业水平考试和综合素质评价等第作为基本资格限定条件或录取依据。

〔**中小学生每天一小时校园体育活动**〕　省教育厅在全省切实保证中小学生每天一小时校园体育活动电视电话会议上要求，要采取多项措施，确保把每天一小时校园体育活动纳入学校教育、教学内容中。对不按规定开设体育课、不能保证每天一小时校园体育活动、学生体质健康状况呈下降趋势的学校，在评先、评优和年终考核时，实行“一票否决”。

〔**特殊教育事业健康发展**〕　一是加快特殊教育普及进程。积极落实义务教育阶段特殊教育学校生均公用经费标准，实现残疾学生免费义务教育全覆盖。对 5 个县（市）普及特殊教育工作进行评估验收，全省有 163 个县（市）达到普及特殊教育标准，实现了每个县（市）建成一所特殊教育学校的目标。二是组织特教管理干部和校长培训，提升学校管理水平。召开全省特殊教育工作现场研讨会，聘请教育部领导和有关专家对特教干部、校长进行学校管理及业务培训，举办特殊教育论坛，交流工作经验。有 9 名教师荣获全国“交通银行特教园丁奖”，有 15 所特教学校被中国残联、教育部命名为“全国特殊艺术人才培养基地”。三是开展特殊教育专题调研工作。按照教育部统一部署，对全省特殊教育工作进行全面调研，总结“十一五”以来特殊教育取得的突出成绩，尤其是在学校建设、师资队伍、办学体系和普及程度等方面发生的历史性变化，并就特教工作面临的困难和问题进行归纳，向教育部提出改进意见和建议。

职业教育与成人教育

〔**加强职业教育基础能力建设**〕 一是加强职教师资队伍建设。全年完成省级培训1 581人，完成国家级培训370人，国外培训35人；组织“中等职业教育教学名师”评审，评选出100名长期从事教学工作，注重教学改革与实践的教师；聘请德国职教领域的资深专家进行为期8天的有关先进办学理念和教学方法的培训，200多人参加培训，实现了中德职业教育教学法的交流和互动，取得很好的效果。二是加强管理干部队伍建设。着力打造一支政治立场坚定，道德修养水平高，业务管理能力强，熟悉职业教育规律，富有开拓创新精神的骨干校长队伍。三是加强实训基地建设。继续实施中等职业教育实训基地建设规划，强化实训基地建设监督检查，提高实训基地使用效益。争取到国家19个实训基地建设项目，总金额达3 200万元；另组织安排了46个省级实训基地建设项目。

〔**稳步推进国家中职示范性学校建设**〕 成立由省教育厅主管厅长牵头，人社厅、财政厅和教育厅有关负责人参加的示范校建设领导小组。其主要职责是：按照项目管理暂行办法的要求，督促落实地方管理职责和建设工作进度。组织开展示范校建设项目负责人培训。三是建立省级项目专家库。建立由有关中高职院校专业骨干、行业企业专家和有关职业教育专家组成的专家库，以便随时为项目学校建设提供技术支持和指导。四是争取到第二批共18所学校的国家中职示范性学校建设立项，立项的示范校建设工作方案和任务书已经上报教育部。

〔**顺利完成中职招生任务**〕 采取四项措施稳定和巩固中等职业教育规模。一是继续加强对高中阶段学校招生工作的统筹协调，确保高中阶段招生增量部分主要用于职业教育。二是继续加大招生改革力度，把招生工作的重点放到农村，继续推进城市与农村中职学校联合招生、合作办学、以强带弱的办学模式。三是继续加强与东西部联合招生、合作办学，有近60所学校与外省建立了合作办学机制。四是继续扩大招生范围，面向往届初中毕业生、未升学高中毕业生、复转军人、返乡农民工、青年农民和再就业人群，积极开展一年以上的职业教育与培训。顺利完成了教育部下达44.5万人的招生任务。

〔**建立健全教育质量保障体系**〕 一是规范专业建设。制定《河北省中等职业学校专业设置管理办法实施细则》（试行），对中职学校专业设置实行“备案制度”，加强职业学校专业建设管理。二是以教研评比活动带动教育教学质量的提高。积极组织开展优秀校本课程、校本教材和课题立项、教学能手选拔等活动。三是举办全省中职学生技能大赛，从中选拔出参加2011年全国职业院校技能大赛的选手，他们在大赛中取得了良好的成绩。四是积极推进中等职业教育教学资源信息化建设。选拔12名选手代表河北省参加2011年“神州数码杯”全国中等职业学校信息化教学大赛，获得2金、6银、4铜的优异成绩，团体总成绩排名第4，并获最佳组织奖；金牌获得者石家庄市职教中心教师黑勇慧在大赛闭幕式上进行了作品展讲。

〔**继续完善“双带头人”培养工程**〕 按照“双带头人”培养工程规划，在“十二五”期间，每年从在乡农民、复员退伍军人和基层干部中择优录取10万人。按照“贴近农村现状、贴近农业实际、贴近农民需求”的“三贴近”原则，对他们进行系统的中等职业学历教育，使他们成为农村改革发展的带头人和科技致富的带头人。上半年集中组织对“双带头人培养工作”的督查，对发现问题较严重的3所学校停止办学资格。组织开发系列教材，全年开发出适合农民学员使用的系列教材33本。

〔**编写出版“河北省中等职业学校送教下乡专用教材”**〕　为切实提高中职学校“送教下乡”工作质量，按照“学做结合，理实一体”原则，开发编写出版了第一批33种“河北省中等职业学校送教下乡专用教材”。教材的每个单元采用实例分析或案例导入，符合“送教下乡”、“2+3”或“2.5+2.5”教学模式，方便农民学员边学边干、学用结合。

〔**妇女职业教育培训工作正式启动**〕　10月，河北女子职业技术学院农村妇女职业教学基地授牌仪式暨首届农村妇女中专班开学典礼分别在正定职教中心和元氏职教中心举行，这标志着河北省妇女职业教育培训工作正式拉开序幕。该班经省教育厅批准，由河北女子职业技术学院与正定职教中心、元氏职教中心联合举办，采取“送教下乡”形式，首批600名农村妇女学员足不出村就能读中专。

〔**支援新疆巴州高职教育发展**〕　4月，河北师范大学、河北科技大学、石家庄铁路职业技术学院通过派遣人员、项目支持等方式，对口支援新疆巴音郭楞职业技术学院，并与其建立友好合作关系。

〔**加强成人继续教育**〕　一是健全面向全体劳动者的职业教育与培训制度，积极发展多种形式的成人继续教育。大力发展社区教育，创建学习型企业、学习型街道（乡镇）等各类学习型组织。强化职工培训，提高职工素质。二是推动成人教育培训机构标准化体系建设，强化成人教育培训机构规范管理，加快成人教育资源建设。三是继续大力实施“农村劳动力转移培训”和“农村实用技术培训”，全年完成农村劳动力转移培训120万人和农村实用技术培训300万人的任务。四是表彰河北省成人教育先进集体和个人，有7人获中国成人教育协会颁发的贡献奖、30人获优秀奖。

〔**推进成人高等教育改革发展**〕　根据成人高等教育的特点，探索“以人为本”的成人高等教育教学管理有效途径，大力推进校企对接的办学模式及网络化的教学方法。一是进一步加强对成人高等教育的宏观管理，组织开展成人高等教育大检查。组织专家历时3个月对全省近500个函授站、教学点和远程学习中心进行全面检查评估，使成人高等教育管理工作更加科学、规范，受到社会和学校的好评。二是积极扩大成人高等教育资源。引导有条件的办学单位充分利用省外高校优质资源合作举办本专科函授教育和远程教育，为学生提供更多的学习机会。按时保质完成15个远程教育校外中心点的行政审批和20个函授站、教学点的备案工作。三是完成教育部网上2011年专业、教学点、函授站审批和招生计划审核工作；配合完成成人高校招生工作。

高等教育

〔**实施高校“双重工程”建设和高水平大学建设**〕　深入实施高校“双重工程”建设和高水平大学建设，努力提升高等教育整体办学实力和水平。一是大力加强省属骨干大学和重点学科建设工作。河北工业大学“211工程”三期各项建设任务进展顺利。积极争取国家有关部委的支持，深入实施省部共建工作。河北大学、燕山大学省部共建工作扎实推进。河北工程大学成功实现省政府与水利部共建。河北农业大学与农业部共建工作也取得了实质性进展。二是进一步优化河北省高校重点建设布局。经省政府批准，将河北工程大学增列为河北省重点骨干大学。三是继续坚持分类指导，分层次推进强势特色学科、重点学科、重点发展学科建设，为不同类型、不同层次学校搭建发展平台。组织召开强势特色学科建设工作座谈会，认真总结分析重点建设中的经验和不足，在听取学校学科汇报和征求多方意见的基础上，向省教育厅党组提出强势特色学科建设和高水平大学建设下一阶段建设的思路和方案。

〔**调整优化学科专业结构**〕　主动适应全省经济社会发展需要，特别是紧紧围绕构建现代产业体系实际需要，加大学科专业布局和科类结构调整力度，提高人才培养的适应性和针对性。组织完成2011年度高校本专科专业设置备案和调整工作。申报新增本科专业74个，新增备案专科专业176个。暂停本科招生专业17个，暂停专科招生专业146个，撤销本科专业1个，撤销专科专业29个。主动对接十大主导产业需要，继续加强以品牌特色专业建设为核心的本科教育创新高地建设，全年投入专项资金253万元。

〔**继续推进精品课程建设**〕　组织完成第二轮第五批省级精品课程建设。2011年度，高等学校省级精品课程共246门。确定15门为优秀课程，44门为良好课程。省级精品课程总数达948门，国家级精品课程总数达79门。

〔**加强师资队伍建设**〕　加强师资队伍建设，逐步构建国家、省、校三级培训体系。开展高等职业学校教师素质与教学能力提高工程，制定《河北省高等职业学校教师素质与教学能力提高规划（2011—2015年）》，申请国家培训立项，提出省、校师资培训方案。组织完成河北省第七届高等学校教学名师奖评选表彰和国家第六届教学名师奖推荐工作，评选省级教学名师50名，推荐国家级教学名师奖候选人8名，其中3名获国家教学名师奖。举办2期高校教学管理干部培训班，共培训300人。组织开展高校精品课程师资培训工作和高校教师岗前培训工作。加大对新建高校人才培养工作的指导力度。

〔**加强教学质量监控与保障体系建设**〕　指导唐山学院顺利通过教育部本科教学合格评估工作。组织完成承德石油高等专科学校等15所学校的人才培养水平评估工作。在全国率先建立以教学工作质量问卷调查、教学工作运行状态数据公示和教学工作质量自评报告等三项制度为主要内容的高校教学质量发展年度报告制度。编辑出版《河北省高等学校教学质量发展年度报告（2010）》。加强分类指导，充分发挥专家在教学工作中的咨询、参谋作用，根据实际情况对第一批教学指导委员会进行增补和调整，按专业大类组建第二批教学指导委员会，31个教学指导委员会陆续开展工作。省教育厅高教处和省教育科学研究所联合主办《高教参考》，进一步推动全省高校行政决策科学化，更好地为高教改革和发展服务。

〔**大力加强高校创新平台建设**〕　省教育厅继续加大对两个国家级重点实验室和工程中心的政策倾斜，并对河北工业大学制造业创新方法平台申报国家工程中心工作给予积极支持。同时积极引导骨干大学的优势学科和重点领域，整合科技资源和科技力量，做好教育部和省级重点实验室的申报工作。2011年年初，燕山大学“国家冷轧板带装备及工艺工程技术研究中心”被国家科技部正式批准列入2010年度国家工程技术研究中心组建项目计划。河北大学等3所高校的省部共建教育部重点实验室顺利通过验收，纳入建设序列；新增5个省级重点实验室和工程技术中心。同时，为面向应用型本科院校和示范性高职高专学校，加速高校科技创新体系建设，推动全省高等教育均衡、协调发展，进一步增强高校为经济社会发展服务的能力，省教育厅计划“十二五”期间建设一批高校应用技术研发中心。通过对高校科技工作统一规划和分类指导，全省高校科技创新平台初步形成了国家、省部、厅局三个层次的建设体系。

〔**着力提升高校科技创新团队培育能力和水平**〕“燕赵学者计划”自实施以来，已培养出两名两院院士。12月，“燕赵学者”丛斌教授当选为中国工程院院士，标志着河北省高水平人才建设再上新台阶。河北大学的创新引智基地成功立项，这是2011年度创新引智地方高校建设项目在河北省的首次成功立项。对10名“燕赵学者”和第二批高校百名优秀创新人才实施连续资助，并审查了其研究工作的进展报告。

〔扎实做好各类科技项目、成果和奖励申报与管理〕　3月，在国家科学技术奖励大会上，河北师范大学孙大业院士课题组完成的“植物钙调素的功能及其信号转导机理”项目荣获2010年度国家自然科学二等奖。据不完全统计，2011年，全省高校共承担各级各类科研创新项目7 926项，争取经费13亿元，其中承担国家自然科学基金项目达465项，经费比2010年增加1 800余万元；鉴定科技成果1 161项，其中36项通过国家级验收，377项达到国际水平，381项为国内首创；完成省教育厅人文社科类400余项的结题工作。

〔进一步巩固思想政治理论课的主渠道作用〕　4月，组织开展对《高等学校思想政治理论课建设标准（暂行）》贯彻落实情况检查工作。6月下旬，召开全省高校思想政治理论课教育教学工作会议，总结近年来河北省高校思想政治理论课建设情况。组织推荐2011年教育部高校思想政治理论课骨干教师研修候选人，开展2011年“教育部哲学社会科学研究专项任务项目（思想政治理论课）”选题征集工作和专项任务课题申报工作，启动“全国高等学校思想政治理论课教师信息管理系统”建设工作。做好“全国高校优秀中青年思想政治理论课教师择优资助计划”申报工作。

〔顺利完成专科接本科教育选拔考试〕　2011年，河北省专接本考试报名36 163人，与2010年相比略有增长，实际参加考试34 974人。各本科教育承办院校公布的拟定选拔计划10 602人，录取11 255人（含退役士兵）。

〔完成高职院校单独招生任务〕　指导并监督邢台职业技术学院、承德石油高等专科学校、石家庄铁路职业技术学院、河北工业职业技术学院和唐山工业职业技术学院5所国家示范性高职院校完成单招任务。2011年，河北省批准13所高职高专院校试行单招改革，给各院校更大的招生自主权，让学校根据考生特长、结合专业特点选拔合适的人才，并进一步推动教学和培养体制改革。13所院校设置单招总计划1 775人，最终录取1 898人，报到1 759人，计划完成率近107%。

〔4所院校被确定为国家骨干高职院校立项建设单位〕　1月，邯郸职业技术学院、河北化工医药职业技术学院、唐山工业职业技术学院、秦皇岛职业技术学院4所院校被确定为“国家示范性高等职业院校建设计划”骨干高职院校立项建设单位，分三批开展项目建设工作，每批项目建设期均为3年。以专业建设为核心，加强内涵建设，提高人才培养质量，带动本地区高等职业教育整体水平的提升等为主要建设任务。

〔加强高职高专重点项目建设〕　加强国家、省高职高专示范校、实训基地等重点项目建设。河北工业职业技术学院在国家示范校建设验收工作中获得优秀，获得国家奖励资金300万元。邯郸职业技术学院、河北化工医药职业技术学院国家骨干高职院校建设方案通过国家立项。唐山工业职业技术学院国家骨干高职院校建设方案已报国家审批。继续加强11所省示范院校建设。10个实训基地被列为中央财政支持建设的实训基地，全省高校中央财政支持实训基地达到45个，累计获得国家专项经费6 500多万元。开展支持高等职业学校提升专业服务产业发展能力项目建设，制定《河北省支持高等职业学校提升专业服务产业发展能力项目建设规划》，申报国家立项共43所学校86个专业，国家支持建设经费9 100万元。

〔完成首届教育部直属师范大学免费师范生就业工作〕　教育厅会同省人社厅、财政厅和省编办制定出台了《河北省教育部直属师范大学免费师范毕业生就业实施办法》，采取召开专门会议、征集各设区市岗位需求信息、举办专场招聘活动等措施，做好免费师范毕业生就业工作。2月22日，举办2011届教育部直属师范大学免费师范毕业生专场招聘会，有11个市的95家用人单位提供了311个需求岗位，所提供岗位数约为毕业生人数的3倍，招聘会现场签约60人，达成就业意向的10余人。经过各市的努力和有关部门的密切配合，截至2011年6月30日，全省首届免费师范毕业生中，除1人申请违约读研以外，其余119名毕业生全部按照国家有关政策安排就业，并落实岗位编制，圆满完成目标任务。

〔**举办建党90周年系列活动**〕 6月下旬，省委组织部、省委宣传部、省委党史研究室、省委党校、省委教育工委等部门联合召开全省纪念中国共产党成立90周年理论研讨会。举办“党在我心中”全省大学生纪念建党90周年主题演讲比赛，进一步加强全省大学生的爱国主义教育，全面提升大学生思想政治教育的总体水平。

撰稿　刘立新　崔海江　王彦怀

审稿　刘教民　窦　才　韩　军

山西省教育

概　况

〔基本情况〕

2011年各级各类学校校数、教职工、专任教师情况

	学校数（所）	教职工数（人）	专任教师数（人）
总计	20 242	573 190	472 564
一、高等教育	87	60 920	39 375
（一）研究生培养机构（不计校数）	12		
1. 普通高校	9		
2. 科研机构	3		
（二）普通高等学校	74	57 849	37 527
1. 本科院校	27	39 931	25 443
其中：独立学院	8	5 305	4 119
2. 高职（专科）院校	47	17 918	12 084
3. 其他机构（点）（不计校数）	0	0	0
（三）成人高等学校	13	3071	1 848
（四）民办的其他高等教育机构	53	2 072	1 155
二、中等教育	3 222	264 001	206 697
（一）高中阶段教育	1 106	133 954	86 399
1. 高中	530	91 580	56 599
普通高中	519	91 003	56 150
完全中学	237	40 820	18 199
高级中学	253	44 054	36 131
十二年一贯制学校	29	6 129	1 820
成人高中	11	577	449
2. 中等职业教育	576	42 374	29 800

续表

	学校数（所）	教职工数（人）	专任教师数（人）
普通中专	93	12 658	7 877
成人中专	120	4 595	3 209
职业高中	248	16 434	13 030
技工学校	96	8 053	5 329
其他机构（教学点）（不计校数）	19	634	355
（二）初中阶段教育	2 116	130 047	120 298
1. 初中	2 093	128 907	119 314
初级中学	1 625	101 168	90 704
九年一贯制学校	467	27 716	12 781
十二年一贯制学校			1 288
完全中学			14 520
职业初中	1	23	21
2. 成人初中	23	1 140	984
三、初等教育	11 972	195 126	191 826
（一）普通小学	10 936	190 646	188 820
小学	10 936	190 646	176 341
九年一贯制学校			11 274
十二年一贯制学校			1 205
（二）成人小学	1 036	4 480	3 006
其中：扫盲班	16	1 054	52
四、工读学校	2	91	72
五、特殊教育	51	1 580	1 300
六、学前教育	4 908	51 472	33 294

2011 年各级各类学历教育学生情况

	毕业生数（人）	招生数（人）	在校生数（人）
一、高等教育			
（一）研究生	7 330	8 745	24 790
博　士	297	452	1 981
硕　士	7 033	8 293	22 809
（二）普通本专科	152 680	178 393	594 469
本　科	65 117	88 076	322 153
专　科	87 563	90 317	272 316
（三）成人本专科	43 762	65 808	167 799

续表

	毕业生数（人）	招生数（人）	在校生数（人）
本　科	21 307	28 734	77 277
专　科	22 455	37 074	90 522
（四）其他各类高等学历教育			
1. 在职人员攻读硕士学位		1 425	4 362
2. 网络本专科生	0	0	0
本　科	0	0	0
专　科	0	0	0
二、中等教育	1 065 623	1 012 807	3 131 982
（一）高中阶段教育	507 492	503 535	1 477 460
1. 高中	273 182	286 680	859 357
普通高中	270 072	286 680	852 689
完全中学	89 781	95 467	282 845
高级中学	172 517	181 876	543 327
十二年一贯制学校	7 774	9 337	26 517
成人高中	3 110		6 668
2. 中等职业教育	234 310	216 855	618 103
普通中专	77 950	66 613	193 884
成人中专	27 382	21 790	44 104
职业高中	88 555	87 785	270 541
技工学校	40 423	40 667	109 574
（二）初中阶段教育	558 131	509 272	1 654 522
1. 初中	555 758	509 272	1 643 113
初级中学	413 217	372 452	1 214 111
九年一贯制学校	55 467	53 296	173 043
十二年一贯制学校	7 624	6 240	20 117
完全中学	79 059	77 176	235 562
职业初中	391	108	280
2. 成人初中	2 373		11 409
三、初等教育	582 743	440 802	2 852 918
（一）普通小学	527 818	440 802	2 771 927
小学	486 509	412 899	2 571 475
九年一贯制学校	37 585	25 455	183 430

续表

	毕业生数（人）	招生数（人）	在校生数（人）
十二年一贯制学校	3 724	2 448	17 022
（二）成人小学	54 925		80 991
其中：扫盲班	327		873
四、工读学校	37	107	285
五、特殊教育	805	1 339	8 311
六、学前教育	266 916	367 521	820 608

2011 年各级各类非学历教育学生情况

	毕（结）业生数（人）	注册生数（人）
总计	2 393 412	2 428 058
一、高等教育	43 560	15 832
（一）研究生课程进修班	123	363
（二）自考助学班	2 379	3 649
（三）普通预科生		0
（四）进修及培训	41 058	11 820
其中：资格证书培训	23 287	7 049
岗位证书培训	6 081	2 297
二、中等教育	2 349 852	2 412 226
其中：资格证书培训	256 549	230 929
岗位证书培训	694 944	664 174
（一）中等职业教育	213 718	72 605
其中：资格证书培训	59 701	32 119
岗位证书培训	54 747	22 932
（二）职业技术培训机构	2 136 134	2 339 621
其中：资格证书培训	196 848	198 810
岗位证书培训	640 197	641 242

2011 年各级各类民办教育基本情况

	学校数（所）	毕业生数（人）	招生数（人）	在校生数（人）	教职工数（人）	专任教师数（人）	其他学生数（人）
一、民办高等教育							
（一）民办高校	15	23 378	29 231	104 855	7 658	5 546	0
本科学生		16 110	21 682	80 096			
专科学生		7 268	7 549	24 759			

续表

	学校数（所）	毕业生数（人）	招生数（人）	在校生数（人）	教职工数（人）	专任教师数（人）	其他学生数（人）
其中：独立学院（不计校数）	8	16 110	20 285	78 699	5 305	4 119	0
本科学生		16 110	20 285	78 699			
专科学生		0	0	0			
（二）民办的其他高等教育机构	53				2 072	1 155	53
二、民办中等教育							
（一）高中阶段教育	268	75 559	84 296	248 385	42 922	30 902	
1. 民办普通高中	161	53 560	60 175	182 809	38 568	28 269	
2. 民办中等职业教育	107	21 999	24 121	65 576	4 354	2 633	1 871
（二）初中阶段教育	243	88 514	89 243	270 831			
1. 民办普通初中	243	88 514	89 243	270 831			
2. 民办职业初中							
三、民办普通小学	202	41 198	25 614	197 328	9 649	6 369	
四、民办幼儿园	2 096	93 544	133 424	314 072	26 929	16 561	
另有：民办培训机构（不计校数）	566				8 393	4 750	235 615

〔**教育经费收入与支出**〕 2011年，全省教育经费收入552.41亿元，比2010年增长23.2%。经费来源为：预算内教育经费拨款（不含教育费附加）408.76亿元，比2010年增长27.95%；各级政府征收用于教育的税费收入达35.63亿元，比2010年增长26.71%；企业办学教育经费2.14亿元，比2010年降低10.08%；民办学校中举办者投入经费5.14亿元，比2010年增长97.69%；社会捐集资办学经费1.43亿元，比2010年增长53.76%；事业收入90.35亿元，比2010年增长了5.68%，其中学杂费收入73.37亿元，比2010年增长4.83%；其他收入7.48亿元，比2010年降低15.96%。

全省地方教育和其他部门教育经费总支出491.01亿元，比2010年增长22.07%。教育部门预算内事业性经费总支出343.13亿元，比2010年增长21.65%。

〔**教育改革与发展**〕 省委、省政府制定发布了《山西省中长期教育改革和发展规划纲要（2010—2020年）》，并于4月7日召开全省教育工作会议进行部署，省委书记袁纯清、省长王君在会上作了重要讲话。成立省教育体制改革领导小组，副省长张平为组长、19个部门负责人为成员。进一步将省教育规划纲要规定的任务分解为126条，落实到47个单位。启动教育体制改革试点工作，确定95个项目为省教育体制改革试点，在全省范围内正式启动。遴选50名专家成立山西省教育咨询委员会，为推进教育改革发展提供智力支持。

〔**教育法制建设**〕 召开全省教育法制工作会议，聘请6名专家学者成立了山西省教育厅法律专家委员会。加强教育法规建设，及时清理不适应经济社会发展要求的法规文件，将现行有效的6个地方性教育法规、4个省政府规章、40个省政府规范性文件及193个教育厅规范性文件做了整理汇编。进一步减少行政审批事项，审批项目由15项减少为11项。2011年，省教育厅网上批办行政审批事项104件，全部按时办结。大力推进依法治校，做好“五五”普法总结，评选了100个先进单位、264名先进个人。启动“六五”普法工作，研究制定全省教育系统“六五”普法规划。在“全国法制宣传日”和山西省“依法行政宣传月”期间，组织开展教育系统法制宣传工作。

〔**教师队伍建设**〕　省教育厅会同省财政厅、人事厅编制了《山西省农村义务教育学校特岗教师管理办法》，选招特岗教师2 200名，全省特岗教师达8 800人。为300名免费师范毕业生全部落实就业岗位。2月，教育部在山西省召开了全国免费师范毕业生就业工作现场会，对山西省工作给予充分肯定。积极开展全省中小学教师师德师风建设活动，大力宣传师德典型，中国教育报予以报道。组织第27个教师节庆祝活动，与山西省汾酒公益基金会共同表彰200名一线中小学模范教师，省委书记袁纯清、省长王君、省委副书记金道铭分别慰问教师、参加庆祝活动。制定《进一步加强全省特级教师管理的若干意见》，促进特级教师更好地发挥示范带头作用。积极推进中小学校长、教师区域交流，全省80个市县校长交流679人、教师交流8 990人。初步建立中小学教师工资增长保障机制，大多数县区同时落实了平均100元的农村教师津贴。启动全省非义务教育学校和教育事业单位绩效工资改革，教育系统绩效工资和绩效考核工作稳步推进。

〔**贫困生资助**〕　全年共发放生源地信用助学贷款4.6亿元，惠及87 622名学生，贷款人数和贷款金额都有较大增长。2011年，下拨中职国家助学金4.099 6亿元，资助困难学生32万余人次。为应征入伍服义务兵役的668名高校毕业生学费补偿或贷款代偿811万元。

〔**中小学校舍安全工程**〕　3月22日，国务院校安办在山西省召开全国中小学校舍安全工程现场会，国务委员刘延东出席并作重要讲话，对山西省的工作给予高度肯定。以此为契机，全省认真做好中小学校舍安全工程的收尾工作。年初，提请省政府下发了《关于进一步做好中小学校舍安全工程相关工作的通知》，要求各市、县完善相关制度，做好项目的竣工验收、决算审计、资产移交入账等工作。同时加强中小学校舍安全工程信息系统建设，系统录入已完成90%。2011年，省政府召开“五个全覆盖”表彰大会，省教育厅被评为先进集体，省校安办被省劳动竞赛委员会荣记集体一等功。

〔**学校安全稳定工作**〕　2011年年初，与各市、各高校签订了《安全工作责任书》，将安全目标责任分解落实到了基层单位。4月，下发了《关于切实加强高等学校安全教育与应急演练工作的通知》和《山西省学校安全隐患大检查专项行动实施方案》，并从6月9日到7月13日，组成五个督查组，对全省学校安全隐患排查工作进行专项督查。7月，提请省政府办公厅印发了《关于加强学校安全管理工作的若干规定》。以6月5日太原市阳曲县发生的4.6级地震为契机，指导各级各类学校开展多种形式的安全应急演练，做到“安全教育进课堂、应急演练全覆盖”。大力推进校方责任险，学校投保率达80%。扎实开展“平安校园”创建活动，共验收2011年度省级“平安校园”高校28所。全省学校安全工作总体水平得到进一步提高。

〔**未成年人思想道德建设**〕　指导各地开展弘扬和培育民族精神月活动，组织开展“铭记党史”中小学生系列竞赛活动，组织召开全国中小学生良好行为习惯养成教育太原现场会。组织开展中学骨干班主任心理健康教育培训285人，研究起草《进一步做好中小学心理健康教育的实施意见》，组织中小学德育工作精细化、序列化改革试点工作，确定了一批改革试点项目。召开全省青少年校外教育工作运城现场会，制定出台了《关于进一步加强和改进全省青少年学生校外教育工作的指导意见》，竣工验收了10个校外活动中心项目。组织50名校外活动中心管理骨干人员到省外交流培训。组织开展优秀校外活动项目评审，评选出36个优秀校外项目在全省推广。成功申报大同青少年综合实践基地为中央专项彩票公益金支持示范性综合实践基地建设项目。

〔**教育交流与合作**〕　9名高校教师获国家公费选派出国留学支持，1名高校英语教师赴新加坡南洋理工大学进修，遴选32人由省筹资金选派出国留学。完善教育系统省筹资金资助留学回国人员科研项目评审办法，获准立项101项，资助经费达621万元。进行聘请外专外教资格检查，落实专项经费100万元，累计（延）聘请外国文教专家301名。中北大学、山西师范大学《英语周报》社和太原市第十八中学的3名外专外教获山西省外国专家友谊奖。大力吸引外国留学生，2011年来晋长（短）期留学生达215名。加强交流合作，接待了香港高校社会科学学者访问团、台湾高校学者访问团、莱特大学代表团、哈萨克斯坦教育界代表团，组织参加第八届北京国际教育博览会，应邀赴英国北约克郡访问。严格审批中外合作办学，山西华澳商贸职业学院等4所学校的6个中外合作项目报教育部备案。太原理工大学先后在牙买加西印度大学莫纳分校、美国迪克森州立大学建设2所孔子学院，全省在海外开设的孔子学院达5所。

〔**民办教育**〕　完成了2010年度省属民办学校年度检查工作，申请参加年检的共48所学校，年检合格学校38所，基本合格学校8所，其余2所学校被民政厅依法注销登记。完成2011年民办学校招生简章和广告备案工作，共有36所在晋招生的民办学校进行了招生简章（广告）备案，其中省内学校3所，省外学校33所。继续做好省属非学历民办学校风险保证金的提取工作，有37所省属非学历民办学校完成了此项工作（不包括同时办有其他层次学历教育、按较高标准缴纳过保证金的学校）。严格按照行政审批制度、程序和要求，核准成立4所非学历民办高等教育机构，2所学校变更举办者，2所学校变更名称。

〔**深入推进创先争优活动**〕　积极组织全省教育系统各级党组织开展“三晋先锋在行动”主题实践活动，广泛开展亮标准、亮身份、亮承诺，比技能、比作风、比业绩，群众评议、党员互评、领导点评，即“三亮、三比、三评”活动，在本职工作中创先争优，争做“三晋先锋”。结合建党90周年，广泛组织开展了主题党日、专题组织生活、知识竞赛、文艺演出、报告会、读红色经典等活动，进一步加强理想信念教育和革命传统教育。先后组织召开了全省教育系统深入开展创先争优活动经验交流会、“为民服务创先争优”活动经验交流会，保证了创先争优活动落在基层、落到实处。针对各级各类学校和群体之间的差异性，对争创要求进行细化、量化、具体化。认真组织公开承诺，建立和完善工作长效机制，有计划、分步骤地推动活动顺利开展。充分利用新闻媒体、网络、简报、内部刊物等途径和平台，大力宣传创先争优活动中的好做法、好经验，选树先进典型，激发了基层党组织创先进、广大党员争优秀的热情，营造了良好氛围。

〔**语言文字工作**〕　推进二、三类城市语言文字工作评估达标工作，相继完成二类城市朔州和三类城市繁峙、昔阳、定襄评估工作。加强各级各类学校的语言文字工作，组织评选22所学校申报第三批国家级语言文字规范化示范校。在全省启动规范汉字书写教育特色学校创建活动，选出229所学校为规范汉字书写教育特色校。

基 础 教 育

〔**大力发展学前教育**〕　学前教育得到前所未有的重视和发展，省人大常委会专题听取并审议了学前教育发展报告，省政府下发了《山西省学前教育三年行动计划（2011—2013年）》。督促、指导各市做好“普三县”评估验收和乡镇中心幼儿园建设工作。对广灵县等7个基本满足学前三年教育的县（市、区）进行评估验收，全省通过验收的县达88个。全年新改扩建公办标准化幼儿园209所，新增建筑面积45万平方米。

〔**推进义务教育均衡发展**〕　6月，提请省政府在晋中市召开了全省义务教育均衡发展工作现场会，大力推广晋中市统筹推进义务教育均衡发展的经验，一批市、县实现了义务教育初步均衡发展。7月11日，省政府与教育部签署了《山西省义务教育均衡发展备忘录》，明确了山西省推进义务教育均衡发展的工作任务和时间规划。全面启动义务教育学校标准化建设工作，制定《山西省义务教育学校标准化建设工程实施方案》，有19个县（市、区）完成义务教育学校标准化建设评估验收工作。启动农村义务教育薄弱学校改造计划，会同省财政厅下发了《山西省2010年度农村义务教育薄弱学校改造计划实施方案》，确定19个县作为改造计划项目县。

〔**农村义务教育经费保障机制**〕　2011年，将农村小学生均公用经费补助标准从2010年每生450元提高到每生500元，农村初中从2010年每生650元提高到每生700元。解决了学校冬季取暖经费问题。

〔**普通高中教育**〕　下发《关于做好2011年普通高中学业水平考试工作的通知》，考试整体进展顺利。从12月开始，对普通高中学生学籍信息与高考报名信息进行审核与对接，保证户籍在晋的所有普通高中应届毕业生顺利报名。下发《关于对普通高中改制学校进行清理规范的通知》，全面清理规范普通高中改制学校工作。

〔**体育卫生与艺术教育**〕　认真落实校园一小时体育活动的各项规定，继续深入开展“阳光体育运动”，万余所学校的近500万名大中小学生参加了冬季长跑。在第十一届全国中学生运动会上，山西代表团共夺得2枚金牌、4枚银牌、2枚铜牌，总分174分，全国排名第13名，创历史最好成绩。《国家学生体质健康标准》实施工作有序推进。进一步做好卫生预防的日常工作，对太原市杏花岭区新晓双语小学发生疑似细菌性食源性疾患事件进行通报，并对学校突发公共卫生事件防控工作重申了相关要求。扎实开展高雅艺术进校园活动，组织中央歌剧院、国家京剧团、省歌舞剧院交响乐团、省艺术职业学院青年交响乐团等艺术团体到各级各类学校演出。高校公共艺术课程教材建设取得新成果，《山西省普通高等院校艺术教材（试用）》出版发行。

〔**特殊教育**〕　组织全省特殊教育学校校长及非特师毕业的新教师共280人参加教育理念及技能培训。省教育厅会同省残联举办“山西省智障儿童和孤独症儿童康复训练师资技能提高暨孤独症儿童家长培训班”，全省特殊教育学校、特教机构、辅读班和医疗康复中心的教师、工作人员和部分自闭症儿童家长共300余人参加了培训。2名特殊教育学校校长参加教育部“第五期全国特殊教育学校校长高级研修班”。

职业教育与成人教育

〔**中职教育免学费全覆盖**〕　启动中职免学费全覆盖工作。2011年秋季开学起，免除全省职业高中、职业中专全部在校生学费，惠及30万名学生，其中全日制在校生25.1万人，“送教下乡”学员4.9万人。

〔**职业教育基础能力建设**〕　11所中职学校通过国家级改革发展示范校评审，每校平均获1 000万元项目建设资金。灵丘、广灵、忻州市忻府区、保德、代县、孝义、交口、寿阳、盂县、平定、武乡、沁源、屯留、沁水、乡宁、浮山、翼城17个县级职业教育中心经过省政府督导室验收。23所中高职院校获准中央财政支持的职业教育实训基地建设项目，中央财政投入 3 640 万元，地方配套 3 676.64 万元，用于购置学校专业实习实训设备；10 所中职学校获省财政每校 100 万元经费支持，建设省级实训基地。继续对职业学校办学资质进行清查，取消了 20 所职业学校的办学资格，对 62 所职业学校要求限期一年整改。派出 15 名骨干专业教师参加教育部组织的赴德国进修，40 名教师参加全国中职学校公共课和专业基础课师资培训。

〔**德育工作**〕 举办全省第三届职业学校学生“文明风采”竞赛活动，共收到作品 2084 件。组织参加第八届全国中职学校“文明风采”竞赛活动，28 件作品获一等奖、88 件作品获二等奖、107 件作品获三等奖。在建党 90 周年纪念活动中，组织职业学校学生开展以歌颂祖国、歌颂党、歌颂改革开放为主题的作文大赛，评选出 100 篇优秀作文。

〔**农村职业教育**〕 全省各市根据年初制定的目标任务，采用课堂教学、田间示范、巡回服务等多种形式，积极对农民进行种植、养殖、经营管理、农业加工等方面的知识和技能培训，完成培训任务 325.74 万人次。通过摸底调查，澄清文盲底数，确定专人限期脱盲，对脱盲人员开展转移培训和实用技术培训。按照教育部的要求完成了扫盲教材修订工作。

〔**中职招生工作**〕 截至 2011 年年底，职业高中招生 8.8 万人，普通中专招生 6.7 万人，技工学校招生 4.1 万人，农广校等成人中专招生 2.2 万人，加上职业教育管理部门所掌握的各类中职学校招收的非全日制学生 2.93 万人，全省中等职业教育招生达到 24.73 万人，基本完成教育部下达招生 25 万人的任务。

〔**学生技能大赛**〕 成功举办了第五届全省职业院校技能大赛，数万名师生参加了各市和学校组织的技能大赛，2483 名师生参加了省级技能大赛，119 名师生参加了在天津市举办的全国职业院校技能大赛，并取得了 1 个一等奖、9 个二等奖、31 个三等奖的好成绩。

〔**成人高等教育**〕 对全省 56 所学校 637 个成人高等教育招生专业进行备案，印发专业设置目录。完成函授站年检工作，合格的函授站共 155 个，不合格的函授站 33 个（包括 25 所未参加年检的函授站）。根据年检结果，停止 5 个函授站 2011 年招生资格，责成主办院校撤销 28 个函授站。对全省 23 所本专科学校的成人高等学历教育教学管理情况进行检查。完成了 2011 年成人高等教育学生学籍学历电子注册工作。

高 等 教 育

〔**高等教育质量工程**〕 启动实施高等教育质量水平提升工程中三个教学项目，制定了《山西省高等学校特色专业建设项目实施办法》、《山西省高等学校教学改革项目实施办法》、《山西省高等学校大学生创新创业训练项目实施办法》，共遴选立项特色专业 37 个，教学改革项目 212 项，大学生创新创业训练项目 400 项，项目资助经费 1 093 万元（其中特色专业 570 万元，教学改革项目 295 万元，大学生创新创业训练项目 228 万元）。制定了《山西省高等教育质量水平提升工程中三个教学项目经费管理办法》。加大学科专业调整力度，指导高校制定“十二五”专业发展规划。建立专业动态调整机制，评审上报了一批适应全省经济建设和社会发展需要的本科专业和高职专业，上报教育部审核备案的本科专业 66 个、高职专业 80 个。新增的 32 个本科专业、23 个本科专业方向大多为山西省空白专业或布点很少的专业。制定了《关于加强高等职业院校专业建设与管理工作的几点意见》，进一步加强和规范高等职业院校专业设置与管理。

〔**高职高专人才培养数据采集工作**〕 完成2011年高等职业院校人才培养工作状态数据采集工作，向教育部评估中心按时上报了全省数据。在数据回收工作中，开发了自动校验程序，提高了工作的准确性和效率，受到教育部课题组好评，并向部分省（市、区）推广使用。

〔**师资队伍建设**〕 根据《教育部财政部关于实施职业院校教师素质提高计划的意见》的要求，制定了《山西省高等职业学校教师素质与教学能力提高规划》，印发了《关于做好高等职业院校教师素质提高计划2011年度项目申报工作的通知》，计划安排268名高职院校专业骨干教师参加国家级国外、国内、企业顶岗项目培训。举办了12期高校教师岗前培训班，培训了1 884名新参加工作的教师。开办网络培训课程54门，培训了704名高校骨干教师，培训规模位居全国前列。举办“2011年山西省高职院校教学管理干部研修班”，43所高职院校的77位教学院（校）长、教务处长参加了培训。

〔**高层次人才队伍建设**〕 中北大学以刘俊为带头人的团队、山西师范大学以张献明为带头人的团队入选教育部创新团队；15人入选教育部“新世纪优秀人才支持计划”；遴选出山西省高等学校优秀创新团队4个、优秀创新团队重点培育对象1个、中青年拔尖创新人才6人、优秀青年学术带头人34人，资助经费585万元。组织专家对2007年度全省高校教育部“新世纪优秀人才支持计划”的6名入选者进行了结题验收，成绩均为优秀；对2008年入选山西省高等学校高层次创新人才支持计划的3个团队、12名中青年拔尖创新人才、2名持续支持的中青年拔尖创新人才和31名优秀青年学术带头人进行了结题验收，超过80%的入选者成绩优秀。

〔**高校科技创新**〕 新增太原理工大学“半导体照明”工程研究中心、中北大学“镁合金加工关键技术及工艺”工程研究中心、太原科技大学“金属轧制精整装备”工程研究中心等3个国家发改委“国家地方联合创新平台”；新增山西农业大学“华北黄土高原作物栽培与耕地保育”农业部农业科学观察实验站；新增山西大学“煤炭废弃物资源化高效利用技术”国家环境保护部重点实验室。新增太原理工大学1个山西省国际科技合作基地。新增山西大学“方言与口传文化典藏”研究中心、山西农业大学“新农村建设”研究中心、山西师范大学“产业转型与升级”研究中心3个山西省高等学校人文社科重点研究基地。

〔**重大成果奖励**〕 中北大学熊继军、张治民、刘有智3项成果获国家科技进步二等奖；太原理工大学张文栋获何梁何利基金科学与技术创新奖；太原科技大学黄庆学获何梁何利基金科学与技术进步奖；7项成果获2010年度山西省科学技术一等奖，占全省总数的54%；评选出山西省高等学校科学技术奖79项，其中一等奖45项，并推荐参加省科学技术奖的评选。截至2011年10月底，高校共申请发明专利599件，获专利授权266件。

〔**研究生学科学位建设**〕 9月22日，省教育厅与省财政厅联合评审省高校优势学科9项、特色学科30项，省财政支持学科建设项目经费6 500万元。同时加强专项资金管理，年初会同省财政厅下发了《关于加强高等学校重点学科建设专项资金管理的通知》，规范重点学科项目的经费使用。经国务院学位委员会批准，新增山西大学马克思主义理论等33个一级学科博士点，在原有13个一级学科博士点的基础上增长254%，达46个；新增山西大学理论经济学等78个一级学科硕士点，在原有71个一级学科硕士点的基础上增长110%，达149个。

〔**研究生创新教育**〕 对2010年度博士、硕士毕业生的学位论文送省外双盲评审，评选出山西省优秀博士学位论文37篇、优秀硕士学位论文66

篇。省教育厅与省科技厅联合共建了6个“山西省研究生教育培养基地”。立项建设研究生教育优秀创新项目131项（其中重点项目32项），资助创新项目研究经费共89万元。立项建设52个研究生教育改革研究课题（其中重点课题18项），资助研究经费共66万元。

〔**信息化建设**〕　建成省网中心数据库异地存储节点，确保了信息数据安全；实现了部分高校优势专业图书文献资源网络共享，推进了教育信息资源共享建设。通过承担高水平科研项目、举办高层次学术活动，促进高校信息化建设的科学性、前沿性和学术性，完成了“基于IPv6的下一代互联网应用研究”专项项目4项，并在此基础上承担了省经信委信息化建设专项项目5项；组织两次“山西省高校信息化建设学术论坛”，邀请省有关部门、各高校和部分运营商代表，以探索全省高校信息化发展与建设过程中的具体学术和技术方面的思路与实践为主题，共同开展讨论和交流。

〔**高等教育资源**〕　经教育部审批同意，在山西工商职业学院的基础上设立山西工商学院，成为山西省第一所民办普通本科高校，全省普通本科院校达19所；设立山西青年职业学院，高等教育资源进一步扩大。

〔**加强高校党建工作，推进学习型党组织建设**〕经省委批准，与省委组织部、省委宣传部联合召开全省高等学校党建工作会议，传达第十九次全国高校党建工作会议精神，部署全省高校党建工作。进一步推进高校党务公开工作，制定符合实际的《实施意见》三级目录。指导各高校认真组织召开“坚持以人为本执政为民理念，发扬密切联系群众优良作风”为主题的各级领导干部民主生活会，开展好批评和自我批评，落实整改措施和责任。推荐太原理工大学、山西农业大学、山西财经大学3所高校为组织工作创新项目，其中山西农业大学组织工作创新项目在全省组织部长会议上进行通报推介。推进本科高校下乡驻村工作，4—12月，20所本科高校的67名领导干部赴大同、忻州、运城、长治等地进行下乡住村活动。继续开展“讲党性、重品行、作表率”活动，高校系统有2个先进集体和4名优秀个人受到了省委组织部表彰。

〔**加强高校思想政治理论课建设**〕　贯彻教育部《高等学校思想政治理论课建设标准》，组织开展教学评估检查工作，对不合格的24所高校进行集体约谈；将高校思政理论课教学改革课题纳入高等教育教学改革支持范畴，确定了一批重点教学改革项目，指导督促精品课程及网络教学资源建设；启动“思想政治理论课信息化数据管理平台”建设工作，努力推进思政理论课教学管理科学化；继续开展骨干教师研修和课程教师培训工作，年内完成了新上岗教师全员培训、马克思主义哲学原理和形势政策课的骨干教师培训工作。

〔**深入推进学习型党组织建设**〕　指导和要求各高校把加强单位中心组学习作为学习型党组织建设的重点工作，每季度学习不少于一次，每次不少于4学时，中心组成员每年撰写至少1篇学习体会，并在年底进行检查，有效推进高校党委中心组理论学习经常化、制度化。坚持联系实际学习，各高校认真学习贯彻国家和省教育规划纲要，并结合实际制定本校的“十二五”规划。围绕建党90周年等重大活动，组织开展系列专题学习活动，工作方式取得新突破。各高校积极组织党员开展广泛自主选学，并分批赴右玉县考察学习，推进高校学习型党组织建设。

〔**大学生思想政治教育工作**〕　创新实践活动方式，组织两万人次大学生开展了“中博会”志愿服务工作；继续加强高校心理健康咨询室建设，厅管高校全部建成心理咨询室并投入使用；以全国道德模范评选活动为契机，大力宣传山西师范大学临汾学院孟佩杰同学孝老爱亲、自强努力的先进事迹，取得了良好效果；加强辅导员队伍建设，依托山西大学马克思主义理论一级学科博士点申报国家级高校辅导员培训基地，得到有效推进。

〔**高校毕业生就业工作**〕　积极落实各项优惠

政策，促进学生就业。省高校毕业生就业指导中心自3月起，每周四举办专场招聘会，省内各本科高校和绝大部分的高职高专学校积极举办各类校园招聘会和专场招聘活动。全省各高校累计举办招聘会2 000余场，参会单位4 000多家，提供就业岗位5万多个。全省高校毕业生就业率达80%以上。

〔**新校区建设**〕 1月16日，省委常委、常务副省长李小鹏主持召开高校新校区建设第一次专题会议，原则同意省住建厅提出的高校新校区总体规划设计方案。4月15日，山西省高校新校区项目开工奠基仪式正式举行，工程建设全面启动。

撰稿 李宏卿 田晓宇

审稿 李东福

内蒙古自治区教育

概　况

〔基本情况〕

2011 年各级各类学校校数、教职工、专任教师情况

	学校数（所）	教职工数（人）	专任教师数（人）
总计	7 798	362 410	275 959
一、高等教育	50	37 921	24 415
（一）研究生培养机构（不计校数）	9		
1. 普通高校	8		
2. 科研机构	1		
（二）普通高等学校	47	37 381	24 160
1. 本科院校	14	23 057	14 557
其中：独立学院	2	678	498
2. 高职（专科）院校	33	14 324	9 603
3. 其他机构（点）（不计校数）	1	0	0
（三）成人高等学校	3	540	255
（四）民办的其他高等教育机构	0	0	0
二、中等教育	1 464	157 617	112 002
（一）高中阶段教育	607	75 113	49 231
1. 高中	282	50 912	31 440
普通高中	279	50 698	31 304
完全中学	124	20 689	8 254
高级中学	144	28 519	22 681
十二年一贯制学校	11	1 490	369
成人高中	3	214	136
2. 中等职业教育	325	24 201	17 791

续表

	学校数（所）	教职工数（人）	专任教师数（人）
普通中专	90	7 420	4 973
成人中专	62	2 307	1 739
职业高中	131	11 028	8 365
技工学校	33	3 231	2 664
其他机构（教学点）（不计校数）	9	215	50
（二）初中阶段教育	857	82 504	62 771
1. 初中	808	82 209	62 565
初级中学	569	62 038	48 253
九年一贯制学校	239	20 171	6 471
十二年一贯制学校			401
完全中学			7 440
职业初中	0	0	0
2. 成人初中	49	295	206
三、初等教育	4 053	131 089	116 775
（一）普通小学	2 613	126 569	113 734
小学	2 613	126 569	103 378
九年一贯制学校			10 014
十二年一贯制学校			342
（二）成人小学	1 440	4 520	3 041
其中：扫盲班	926	3 753	2 642
四、工读学校	0	0	0
五、特殊教育	34	1 183	982
六、学前教育	2 197	34 600	21 785

2011 年各级各类学历教育学生情况

	毕业生数（人）	招生数（人）	在校生数（人）
一、高等教育			
（一）研究生	3 977	5 548	15 316
博　士	145	225	967
硕　士	3 832	5 323	14 349
（二）普通本专科	95 957	114 076	384 440
本　科	41 321	55 160	211 422
专　科	54 636	58 916	173 018
（三）成人本专科	26 187	36 453	74 956

续表

	毕业生数（人）	招生数（人）	在校生数（人）
本　科	10 708	13 958	31 460
专　科	15 479	22 495	43 496
（四）其他各类高等学历教育			
1. 在职人员攻读硕士学位		1 471	5 587
2. 网络本专科生	0	0	0
本　科	0	0	0
专　科	0	0	0
二、中等教育	534 198	539 398	1 622 662
（一）高中阶段教育	266 987	282 752	823 169
1. 高中	169 234	169 674	497 331
普通高中	168 114	169 674	493 476
完全中学	41 118	41 693	120 599
高级中学	125 169	126 106	368 192
十二年一贯制学校	1 827	1 875	4 685
成人高中	1 120		3 855
2. 中等职业教育	97 753	113 078	325 838
普通中专	43 639	47 181	149 648
成人中专	5 978	12 101	24 298
职业高中	41 718	46 580	133 973
技工学校	6 418	7 216	17 919
（二）初中阶段教育	267 211	256 646	799 493
1. 初中	259 992	256 646	791 411
初级中学	204 075	201 609	623 916
九年一贯制学校	20 836	19 675	59 563
十二年一贯制学校	1 445	1 668	5 156
完全中学	33 636	33 694	102 776
职业初中	0	0	0
2. 成人初中	7 219		8 082
三、初等教育	307 201	246 419	1 493 182
（一）普通小学	254 920	246 419	1 405 322
小学	233 848	228 146	1 296 515
九年一贯制学校	20 084	17 669	104 082

续表

	毕业生数（人）	招生数（人）	在校生数（人）
十二年一贯制学校	988	604	4 725
（二）成人小学	52 281		87 860
其中：扫盲班	13 894		27 014
四、工读学校	0	0	0
五、特殊教育	292	879	4 286
六、学前教育	173 008	229 573	448 202

2011 年各级各类非学历教育学生情况

	毕（结）业生数（人）	注册生数（人）
总计	623 784	581 539
一、高等教育	57 834	28 436
（一）研究生课程进修班	91	277
（二）自考助学班	0	0
（三）普通预科生		1 136
（四）进修及培训	57 743	27 023
其中：资格证书培训	24 166	11 061
岗位证书培训	27 563	13 213
二、中等教育	565 950	553 103
其中：资格证书培训	78 012	69 294
岗位证书培训	248 989	231 538
（一）中等职业教育	128 005	102 358
其中：资格证书培训	45 414	39 609
岗位证书培训	43 346	35 050
（二）职业技术培训机构	437 945	450 745
其中：资格证书培训	32 598	29 685
岗位证书培训	205 643	196 488

2011 年各级各类民办教育基本情况

	学校数（所）	毕业生数（人）	招生数（人）	在校生数（人）	教职工数（人）	专任教师数（人）	其他学生数（人）
一、民办高等教育							
（一）民办高校	9	3 503	5 892	20 284	1 573	942	3 373
本科学生		0	2 860	9 770			
专科学生		3 503	3 032	10 514			

续表

	学校数（所）	毕业生数（人）	招生数（人）	在校生数（人）	教职工数（人）	专任教师数（人）	其他学生数（人）
其中：独立学院（不计校数）	2	0	2 860	9 770	678	498	0
本科学生		0	2 860	9 770			
专科学生		0	0	0			
（二）民办的其他高等教育机构	0				0	0	0
二、民办中等教育							
（一）高中阶段教育	115	16 874	17 098	47 204	7 557	5 037	
1. 民办普通高中	33	4 830	4 873	13 409	4 871	3 612	
2. 民办中等职业教育	82	12 044	12 225	33 795	2 686	1 425	4 309
（二）初中阶段教育	51	9 532	10 350	30 534			
1. 民办普通初中	51	9 532	10 350	30 534			
2. 民办职业初中							
三、民办普通小学	43	7 811	5 594	37 730	1 225	894	
四、民办幼儿园	1 595	57 977	82 218	187 150	17 888	10 430	
另有：民办培训机构（不计校数）	296				1 277	907	36 484

〔**召开全区教育工作会议**〕　2011 年 1 月 23—24 日，自治区党委、政府召开新世纪第一次全区教育工作会议。会议的主要任务是：深入贯彻落实全国教育工作会议精神，部署实施《内蒙古自治区中长期教育改革和发展规划纲要（2010—2020 年）》，推进全区教育事业科学发展。自治区党委书记胡春华、自治区政府主席巴特尔、教育部副部长鲁昕出席会议并分别作重要讲话，自治区副主席连辑作总结讲话。会议以自治区党委、政府名义印发了《内蒙古自治区中长期教育改革和发展规划纲要（2010—2020 年）》，以自治区政府名义印发了内蒙古自治区教育规划纲要的三个配套文件和《内蒙古自治区教育事业“十二五”发展规划》。

〔**成立自治区教育改革和发展领导小组及工作小组**〕　为统筹推进自治区教育改革发展，成立了以自治区政府主席巴特尔为组长的自治区教育改革发展领导小组和以时任自治区政府副主席连辑为组长的自治区教育改革发展工作小组，领导小组和工作小组成员由自治区相关部门负责人担任，办公室设在自治区教育厅。

〔**全面实施自治区教育规划纲要**〕　自治区教育规划纲要明确提出了“到 2020 年基本实现教育现代化，各级各类教育协调发展，教育水平和教育质量明显提高，进入教育强区和人力资源强省（区市）行列”的战略目标。为使这一战略目标落到实处，教育规划纲要中专门设计了 9 项重大改革项目和 8 项发展项目。这些项目的推进是 2011 年自治区教育事业的重点任务。截至 2011 年年底，大多数项目已经启动并取得一定的成效。

〔**积极争取国家支持**〕　根据《国务院关于进一步推进内蒙古自治区经济社会又好又快发展的若干意见》，结合国家正在推进的重大教育项目，自治区教育厅研究制定了争取国家支持的具体意见，并积极协调争取。

〔**经费保障水平进一步提升**〕　自治区将“继续强化教育保障机制工程”列为 2011 年“十项民生工程”之一。这项工程包括推进中小学校舍安全工程、保障义务教育发展、加大职业教育投入力度、支持高等学校发展和改善学前教育条件等五方面内容。截至2011年年底，全区中小学校舍安全工程三年规划任务全部开工，竣工面积占三年规划面积的92%，累计投入资金205亿元，建设进度居全国前列。2011年，自治区共安排义务教育各类保障资金23.2亿元，安排中等职业教育基础能力建设工程专项经费2亿元，直属高校生均定额拨款标准从2010年的生均4 800元提高到2011年的生均5 500元，高教专项补助额度从2010年的4 000万元增加到2011年的8 000万元。自治区本级财政还首次安排学前教育补助资金3 000万元、民办教育补助资金2 000万元、特殊教育补助资金1 000万元。

〔**深入落实高中阶段教育“两免”政策**〕 自治区将“推进实施高中阶段免费教育”列为2011年为群众办“十二件实事”之一。从2011年春季开学起，对全日制中等职业学校学生、普通高中蒙古语授课学生和汉语授课家庭经济困难学生实行“两免”政策，全区各级财政累计投入资金12.25亿元，54.2万名高中阶段学生受惠。

〔**高校毕业生就业指导和学生资助工作进一步加强**〕 自治区将“拓宽高校毕业生就业渠道”和“对困难大学生提供政府救助”列为“十项民生工程”的子项目。截至2011年9月1日，全区高校毕业生初次就业率达85.56%，比2010年同期增长2.37个百分点。家庭经济困难学生资助力度进一步加大，2011年面向普通高校家庭经济困难学生发放国家开发银行生源地信用助学贷款5.2亿元，发放国家奖助学金3.66亿元，发放临时伙食补助资金近0.3亿元；下达中等职业学校和普通高中国家助学金4.7亿元（不含盟市配套资金）。

〔**“优先重点”发展的政策环境进一步优化**〕 以培养蒙汉兼通的高素质人才为出发点，自治区教育厅代自治区人民政府起草了《民族教育人才培养模式改革试点实施方案》和《民族教育发展水平提升工程实施方案》。配合有关部门调研起草了促进蒙古语授课大学毕业生就业的相关政策。自治区“十一五”期间组织实施的“民族教育发展工程”获得了“第二届全国教育改革创新特别奖”。

〔**双语教学工作进一步加强**〕 组织开展了民族中小学教师和各学科双语教师免费培训。认真开展蒙古文中小学教材、教辅用书和教学课件的审查及大中专蒙古文教材的编译、审定和修订工作。完成了《蒙古文版本教学资源（第二阶段）》部分教学资源的编写、编译和设计制作。

〔**少数民族人才培养和协作交流工作力度进一步加大**〕 积极协调区内外高校增加自治区民族预科生计划、蒙古语授课招生计划及八省区蒙古语授课协作培养本科招生计划，完成了国家“少数民族高层次骨干人才计划”招生工作。召开了8省区“第五届蒙古族幼儿园园长协作暨蒙古语言学前教育研讨会”和“蒙古族中学校长协作第23届年会”。协助制订了《2011—2015年蒙古语文授课民族教育协作规划》。

〔**妥善处置锡盟两起刑事案件引发的群体性聚集事件**〕 2011年5月，锡林郭勒盟两起刑事案件发生后，按照自治区党委的统一部署，自治区教育厅（高校工委）迅速成立了维稳领导小组，指导全区教育系统特别是高等学校建立了值班、例会、日报告等工作制度，紧张有序地抓好重要时间节点的维稳工作。通过艰苦细致的工作，在广大师生员工的理解和支持下，在自治区党委、政府的坚强领导下，挫败了境内外敌对势力的政治图谋，维护了教育系统的稳定局面。

基础教育

〔**全面部署推进学前教育**〕　2011年，自治区人民政府出台了《关于全面发展学前教育的实施意见》和《学前教育三年行动计划（2011—2013年）》，召开了全区学前教育工作会议，与盟市人民政府（行署）签订了学前教育三年行动计划责任书。启动了“探索多种形式扩大学前教育资源改革”和“农村牧区乡镇苏木公办中心幼儿园建设工程”，积极推进“国家中西部农村学前教育推进工程”。各级政府对学前教育的重视程度和财政投入力度前所未有，全区学前教育已经开始进入历史上最好的发展时期。

〔**推动义务教育均衡发展**〕　自治区人民政府与教育部签署了《推进义务教育均衡发展备忘录》，制定了《县域义务教育均衡发展规划》，明确了推进义务教育均衡发展的时间表和路线图。结合“中小学校舍安全工程”，继续推进“义务教育阶段学校标准化建设工程”，全区超过50%的义务教育阶段学校校舍达到了标准化要求。继续巩固实施将自治区示范高中、优质高中招生计划的50%均衡分配到区域内普通初中的政策。制定了《旗县区范围内义务教育学校校长交流工作的指导意见（试行）》，为实施“旗县区范围内义务教育学校校长交流改革试点”创造了条件。协调推进《自治区实施〈中华人民共和国义务教育法〉办法（修订草案）》立法进程，通过了自治区人大常委会第一次审议。指导创建“双高普九”旗县，实现“双高普九”的旗县由2010年的2个增加到了5个。

〔**促进普通高中多样化特色化发展**〕　为适应新课程实施以来首届普通高中毕业生参加高考的需要，制定印发了《自治区新课程高考方案》。着眼于为学生个性化成长创造空间，起草了《自治区普通高中选修课程指导意见》，制定了《自治区普通高中学业水平考试方案（试行）》。

〔**深入实施素质教育**〕　启动了“将社会主义核心价值体系融入国民教育全过程行动计划”，调研形成了《小学生公民意识教育实施方案》、《初中生公民素养教育实施方案》和《高中生合格公民教育实施方案》。起草了《义务教育地方课程管理暂行办法（试行）》和《关于进一步加强自治区地方课程教材建设与管理的指导意见》。体育卫生艺术教育和语言文字工作进一步加强。包头市作为全区素质教育改革实验区，工作成效比较明显。

职业教育与成人教育

〔**出台《建立中等职业教育工作督导体系实施方案》**〕　出台了《建立中等职业教育工作督导体系实施方案》，以自治区人民政府教育督导团名义，对各盟市人民政府（行署）推进中等职业教育工作进行了专项督导评估。

〔**专业建设和重点学校建设进一步加强**〕　促进制造业、能源化工产业、现代农牧业和现代服务业技能型人才的培养。有9所学校被确定为国家中等职业教育改革发展示范学校，11所学校被确定为国家优质特色项目建设学校。

〔**继续推进中职基础能力建设工程**〕 2011年，国家和自治区共下达中等职业学校建设资金4.27亿元，中等职业学校实习实训条件有了显著改善，“双师型”教师队伍建设得到进一步加强。

〔**积极发展多种形式的成人继续教育**〕 继续实施“农村实用技术培训计划”和“农村劳动力转移培训计划”。鼓励职业学校开展继续教育，坚持职业院校学历教育与职业培训并重的办学方向。

高等教育

〔**深入实施学分制改革和质量工程**〕 制定了《普通高等学校关于实施学制改革的若干意见》，起草了《普通高等学校学分制收费管理暂行办法（征求意见稿）》，召开了全区本科高校实施学分制改革工作座谈会。开展了2011年度自治区级教学名师、精品课程、教学团队和品牌专业评选工作。全区高校新增44个本科专业。指导赤峰学院和呼伦贝尔学院顺利通过教育部新建本科院校合格评估。

〔**重点学科建设和研究生教育进一步加强**〕 按照国家新政策，自治区调整后的一级学科博士点增加了3个，达到23个（二级学科博士点109个）；一级学科硕士点增加了22个，达到126个（二级学科硕士点643个）。内蒙古科技大学国家立项博士学位授予单位建设和内蒙古医学院、内蒙古民族大学自治区立项博士学位授予单位建设取得积极进展。赤峰学院成为文物与博物馆硕士专业学位研究生培养试点建设单位。内蒙古民族大学中药学（蒙药学）博士学位人才培养试点项目通过了专家委员会审核。

〔**积极推进高校科技工作**〕 制定了《高校科技创新能力建设工程实施方案》、《高校中长期科学和技术发展规划》、《关于增强高校科技创新能力服务自治区经济社会发展的若干意见》及《高校科技创新团队建设管理办法》、《高校青年科技英才选拔培养办法》等政策性文件。2011年，全区高校省部级科技创新平台达到80个，获准国家自然科学基金项目223项、国家社会科学基金项目56项，各级各类项目合同额达6亿元，项目数量和经费数量均创历史新高。

〔**高等职业教育内涵建设进一步加强**〕 2011年，新增71个高职高专专业。有26所高职院校的26个专业获准中央财政支持。开展了对河套大学等7所高职院校（8个办学实体）的人才培养工作评估。内蒙古化工职业学院和内蒙古机电职业技术学院完成了国家级骨干院校建设单位立项审核工作。

〔**高校设置工作取得新进展，高等教育大众化水平进一步提升**〕 内蒙古能源职业学院、阿拉善职业技术学院和赤峰工业职业技术学院在教育部获准备案并招生，全区高等学校总数达到47所。经全国高校设置评议委员会专家组投票通过，内蒙古医学院更名为内蒙古医科大学，内蒙古财经学院更名为内蒙古财经大学，河套大学升格为本科高校。2011年，全区高等教育毛入学率达30.52%，比2010年提高了4.58个百分点。

〔**党的建设和党风廉政建设进一步加强**〕 结合庆祝建党90周年，指导各高校深入开展创先争优活动，高校党组织的凝聚力和战斗力进一步增强，为高等教育事业科学发展提供了强大动力。落实“德育为先”的要求，与自治区党委宣传部联合印发了《关于将社会主义核心价值体系融入高等教育育人全过程指导意见》。指导高校加强党风廉政建设，制定了《关于高等学校廉政风险防控机制建设工作的实施意见》，重点检查了9所高校的党风廉政建设工作，对19所高校进行了行风评议。

撰稿　格日乐图

审稿　张喜荣

辽宁省教育

概　　况

〔基本情况〕

2011 年各级各类学校校数、教职工、专任教师情况

	学校数（所）	教职工数（人）	专任教师数（人）
总计	16 584	557 277	425 903
一、高等教育	137	99 293	61 334
（一）研究生培养机构（不计校数）	46		
1. 普通高校	33		
2. 科研机构	13		
（二）普通高等学校	112	94 834	58 742
1. 本科院校	63	74 613	46 249
其中：独立学院	18	6 713	4 758
2. 高职（专科）院校	49	20 143	12 450
3. 其他机构（点）（不计校数）	2	78	43
（三）成人高等学校	25	4 459	2 592
（四）民办的其他高等教育机构	69	1 562	934
二、中等教育	2 584	252 402	176 462
（一）高中阶段教育	947	104 014	74 979
1. 高中	422	61 021	45 965
普通高中	422	61 021	45 965
完全中学	81	10 067	4 450
高级中学	333	50 082	41 377
十二年一贯制学校	8	872	138
成人高中	0	0	0
2. 中等职业教育	525	42 993	29 014

续表

	学校数（所）	教职工数（人）	专任教师数（人）
普通中专	121	15 664	10 390
成人中专	1	541	390
职业高中	217	15 896	11 021
技工学校	146	10 892	7 213
其他机构（教学点）（不计校数）	40	0	0
（二）初中阶段教育	1 637	148 388	101 483
1. 初中	1 637	148 388	101 483
初级中学	1 028	85 188	71 494
九年一贯制学校	609	63 200	25 793
十二年一贯制学校			246
完全中学			3 950
职业初中	0	0	0
2. 成人初中	0	0	0
三、初等教育	5 118	137 851	145 457
（一）普通小学	5 118	137 851	145 457
小学	5 118	137 851	118 317
九年一贯制学校			26 824
十二年一贯制学校			316
（二）成人小学	0	0	0
其中：扫盲班	0	0	0
四、工读学校	10	347	238
五、特殊教育	74	2 642	1 965
六、学前教育	8 661	64 742	40 447

2011 年各级各类学历教育学生情况

	毕业生数（人）	招生数（人）	在校生数（人）
一、高等教育			
（一）研究生	24 178	30 615	87 078
博　士	1 990	2 863	12 917
硕　士	22 188	27 752	74 161
（二）普通本专科	236 341	259 816	902 231
本　科	140 017	161 560	624 546
专　科	96 324	98 256	277 685
（三）成人本专科	76 725	88 292	196 973

续表

	毕业生数（人）	招生数（人）	在校生数（人）
本　科	30 912	33 395	77 196
专　科	45 813	54 897	119 777
（四）其他各类高等学历教育			
1. 在职人员攻读硕士学位		5 921	18 667
2. 网络本专科生	37 419	88 408	183 338
本　科	19 072	41 736	92 568
专　科	18 347	46 672	90 770
二、中等教育	842 983	779 674	2 419 699
（一）高中阶段教育	407 088	402 742	1 223 702
1. 高中	233 805	236 157	712 632
普通高中	233 805	236 157	712 632
完全中学	22 958	23 006	70 261
高级中学	210 298	212 276	640 355
十二年一贯制学校	549	875	2 016
成人高中	0		0
2. 中等职业教育	173 283	166 585	511 070
普通中专	66 918	61 592	193 828
成人中专	6 298	10 043	28 880
职业高中	69 010	62 942	184 869
技工学校	31 057	32 008	103 493
（二）初中阶段教育	435 895	376 932	1 195 997
1. 初中	435 895	376 932	1 195 997
初级中学	309 289	269 761	854 964
九年一贯制学校	109 722	90 650	291 560
十二年一贯制学校	1 004	1 541	4 277
完全中学	15 880	14 980	45 196
职业初中	0	0	0
2. 成人初中	0		0
三、初等教育	377 227	370 138	2 168 074
（一）普通小学	377 227	370 138	2 168 074
小学	310 274	305 771	1 789 021
九年一贯制学校	65 722	63 500	374 365

续表

	毕业生数（人）	招生数（人）	在校生数（人）
十二年一贯制学校	1 231	867	4 688
（二）成人小学	0		0
其中：扫盲班	0		0
四、工读学校	766	836	2 279
五、特殊教育	926	1 069	8 935
六、学前教育	267 333	354 701	861 961

2011 年各级各类非学历教育学生情况

	毕（结）业生数（人）	注册生数（人）
总计	2 418 027	2 618 107
一、高等教育	155 563	50 659
（一）研究生课程进修班	455	615
（二）自考助学班	13 126	27 784
（三）普通预科生		1 240
（四）进修及培训	141 982	21 020
其中：资格证书培训	48 991	12 550
岗位证书培训	51 162	1 574
二、中等教育	2 262 464	2 567 448
其中：资格证书培训	260 782	229 532
岗位证书培训	164 103	98 431
（一）中等职业教育	311 553	107 925
其中：资格证书培训	132 844	64 013
岗位证书培训	98 690	17 689
（二）职业技术培训机构	1 950 911	2 459 523
其中：资格证书培训	127 938	165 519
岗位证书培训	65 413	80 742

2011 年各级各类民办教育基本情况

	学校数（所）	毕业生数（人）	招生数（人）	在校生数（人）	教职工数（人）	专任教师数（人）	其他学生数（人）
一、民办高等教育							
（一）民办高校	36	37 600	47 418	167 294	13 465	9 390	4 554
本科学生		26 960	35 328	131 916			

续表

	学校数（所）	毕业生数（人）	招生数（人）	在校生数（人）	教职工数（人）	专任教师数（人）	其他学生数（人）
专科学生		10 640	12 090	35 378			
其中：独立学院（不计校数）	18	19 170	23 956	91 009	6 713	4 758	0
本科学生		19 170	23 956	91 009			
专科学生		0	0	0			
（二）民办的其他高等教育机构	69				1 562	934	69
二、民办中等教育							
（一）高中阶段教育	186	35 446	37 006	111 602	11 838	8 889	
1. 民办普通高中	86	23 533	26 618	77 764	7 730	6 589	
2. 民办中等职业教育	100	11 913	10 388	33 838	4 108	2 300	3 719
（二）初中阶段教育	34	15 198	18 419	52 654			
1. 民办普通初中	34	15 198	18 419	52 654			
2. 民办职业初中							
三、民办普通小学	25	6 392	5 463	32 325	839	733	
四、民办幼儿园	6 156	121 482	186 067	513 244	43 697	26 750	
另有：民办培训机构（不计校数）	4 683				46 727	27 593	1 124 007

〔**全省教育工作会议**〕　2011 年，全省教育工作会议暨基础教育强县建设工作会议在沈阳市召开。副省长陈超英、省政府副秘书长何庆良、省教育厅厅长魏小鹏出席会议。陈超英指出，全省教育工作重点做好六方面工作：启动基础教育强县（市、区）建设；在农村新建或改扩建标准化乡镇中心幼儿园，在城镇以新建公办园、公办幼儿园办分园方式建设幼儿园，试点举办连锁幼儿园，推进城市小区配套建设幼儿园工作；试点推进农村初中进城工程建设，推进中小学校长教师队伍交流以及城市骨干教师支援农村教育；实行普通高中市域内跨县（市、区）招生，试点推动普通高中规模化、集团化发展；省政府成立职业教育工作领导小组，统筹规划、协调管理全省职业教育；推进省属本科高校位次提升和高校特色专业、重大科技平台、特色学科、高端人才队伍建设等工作。会议表彰了“高水平、高质量”普及九年义务教育的合格县，以及普及九年义务教育的先进地区和先进个人，聘任了第三届省政府督学。省委省政府及群团组织，县、市和高等学校负责人，第四届省政府督学，受表彰地区、单位和个人代表等共 400 余人参加会议。

〔**编制《辽宁省教育事业发展“十二五”规划》**〕　完成辽宁省教育事业发展“十二五”规划的编制工作。《规划》提出，要按照省教育规划纲要和《中共辽宁省委　辽宁省人民政府关于加快教育改革和发展的若干意见》精神，紧密结合辽宁老工业基地全面振兴的需求，加快教育改革和发展，培养德智体美全面发展的社会主义建设者和接班人，为辽宁经济社会协调持续发展提供人力资源和智力支持。“十二五”期间，教育强省建设取得重大进展。学前教育实现普及和规范发展，义务教育率先实现区域内均衡发展，高中教育实现优质特色发展，基础教育强县（市、区）建设取得重大进展；职业教育总体水平显著提升；高等教育综合实力和社会贡献率稳步提高；继续教育制度初步形成；教育改革与开放取得新突破。

〔**决策咨询研究**〕 围绕落实省教育工作会议精神，广泛开展了决策咨询研究工作。启动了《转型背景下辽宁继续教育体系的战略选择》、《区域教育综合实力与发展潜力研究》、《区域教育公共服务体系的制度设计与创新研究》、《全教会后国内主要省份发展思路与措施跟踪研究》、《教育引领和支撑沈阳经济区一体化建设的体制机制创新研究》、《加快提升区域教育国际化水平的思路设计与政策创新研究》、《学前教育连锁经营发展模式研究》及《我省普通高校高端人才队伍现状、能力特征及遴选、培育策略研究》、《高等学校与地方产业集群对接现状调查与推进策略研究》、《民办学校办学风险保证金和学费监管制度研究》等19项课题研究工作。配合省委政策研究室完成了《关于我省大力发展职业技术教育的对策研究》的专题调研工作。按照《辽宁省教育厅关于实施“教育决策支撑体系建设工程”的意见》的要求，组建了辽宁省教育发展战略规划与政策研究专家咨询委员会。

〔**制度建设**〕 开展现代大学制度建设，确定辽宁大学等7所高校启动大学章程制定试点工作；在沈阳举办现代大学制度建设高校领导干部培训班；加强教育研究和决策支撑体系建设。成立辽宁省教育政策与法制研究中心，开展教育政策与法制的学理研究。下发《关于加强青少年学生法制教育的工作意见》，启动新一轮各级各类学校学生普法教育。

〔**规范办学行为**〕 对办学体制不规范的独立学院进行清理。取消了沈阳工业大学所属独立学院的招生计划，转为沈阳工业大学普通类招生计划；分两年取消中国医科大学所属独立学院招生计划。对办学体制不规范的民办高职进行清理。引导和规范民办高、中等学校和独立学院的办学行为。依法履行办学许可证管理、招生简章和广告备案管理，强化民办院校按办学规模充实办学条件，完善独立学院的办学体制和机制建设，促进独立学院持续发展。对成人高校举办普通高等教育的行为进行规范。严格执行教育部对“黄牌”学校招生计划的安排意见。对低层次学校举办高层次教育的行为进行规范。对普通本科学校举办的五年制高职教育进行规范。取消所有本科院校以初中毕业生为招生对象的“3＋2”五年制高职招生计划，增加“3＋2”五年制高职招生计划。督促各地教育行政部门贯彻省教育厅《关于进一步加强中小学管理规范办学行为全面推进素质教育的指导意见（试行）》的要求，认真执行学生在校时间的有关规定，严格控制学生家庭作业量。

〔**教育科研工作会议**〕 2011年，召开了全省教育科研工作会议。会上表彰了省教育科学“十一五”规划教育科研先进集体、先进个人和优秀成果，表彰了省首届科研兴教十强县和科研兴校百强校，印发了省教育厅《关于进一步加强教育科学研究工作的若干意见》。

〔**学生资助工作**〕 2011年，省生源地信用助学贷款工作被省直机关工委评为2011年第四季度最佳实事之一，并获财政部、教育部以奖代补专项经费3 000万元。规范奖助学金申请审核和发放程序及办法，提升高校奖助学金的实效。2011年，有1268名学生获国家奖学金，有1 500名学生获省政府奖学金，发放国家和政府奖学金2 768万元；有23 135名学生获励志奖学金，发放励志奖学金11 567万元；发放高校助学金16 935万元，资助家庭经济困难学生11.2万名。社会各界和高校发放各项资助金1.3亿元，资助学生7.7万名。落实中职国家助学金和免学费政策。全省发放中职助学金23 427.3万元，减免中职学费11448.2万元，资助中职学生369 605人次。开展生源地信用助学贷款工作，截至2011年11月底，发放生源地信用助学贷款4 866万元，获资助学生7 000余名，基本实现应贷尽贷。同时，继续做好高校国家助学贷款工作，有1.4万名高校学生获国家助学贷款，发放贷款金额9 000余万元。贯彻落实国家和省各项学费补偿和贷款代偿政策。包括服义务兵役、“三支一扶”、“辽宁省选聘大学生村官”等，实际补偿2 901.4万元。会商省财政厅，将2011年全省农村义务教育阶段家庭经济困难寄宿生的生活补助标准调整为小学每生每年不低于750元，初中每生每年不低于 1 000 元。制定了学前教育资助政策。

〔**教育信息化建设**〕　成立了由省教育厅党组书记、厅长张福昌任组长的辽宁省教育厅信息化领导小组，负责统筹、协调、指导全省教育信息化建设、应用与管理等工作。领导小组下设教育信息化推进办公室，由省教育厅科学技术处和信息中心联合组建。编制《辽宁省教育信息化“十二五”发展规划》，组建了辽宁省教育信息化专家库，构建了“辽宁省教育决策支撑数据库平台”。

〔**学校卫生体育艺术工作**〕　加强对学校卫生工作的管理，印发了《辽宁省教育厅办公室关于加强学校卫生防疫与食品安全工作的通知》。加强学校卫生监督量化分级管理，确立的试点单位覆盖全省 14 个市 630 所学校，此项工作在全国属首创；推进健康教育课程改革。开展中小学生首届《国家学生体质健康标准》达标竞赛活动。贯彻《教育部切实保证中小学生每天一小时校园体育活动规定》。组队参加第十一届全国中学生运动会，获奖牌总数位列第十名，并获得了体育道德风尚奖和第十一届中运会科报会优秀组织奖。圆满完成全省各市初中学生毕业升学体育考试工作。开展阳光体育活动，省教育厅和全省 22 个市县教育行政部门获第四届全国亿万学生阳光体育优秀组织单位；确定 35 个县区为创建省中小学艺术教育工作示范县区。开展了“红诗红歌唱响辽宁”活动。举办庆祝建党 90 周年大学生文艺展演。全面实施中小学生体育艺术“2+1 项目”工作。

〔**学校安全管理**〕　加强学校安全指导工作。评选出第三批省和谐校园 60 所、和谐校园示范学校 52 所，消防安全教育示范学校 13 所，防震减灾科普教育示范学校 26 所，平安校园 40 所。将校车管理纳入对各市政府的教育督导考核体系。截至 2011 年 10 月底，全省中小学校安全工程总体开工率为 91%，竣工率为 73%；规划改造项目竣工率达 95%，位列全国第二。省教育厅被省安委会和省综治委评为全省安全生产目标管理达标单位和全省社会治安综合治理工作先进单位，16 所学校被评为全国和谐校园先进学校，13 所学校被评为全国消防安全教育示范学校。

〔**招生考试**〕　2011 年，全省共有 24.3 万人参加普通高考，1 464 所普通高校在辽宁省招生，实际录取 23.2 万人，录取率为 89.86%。继续深化研究生招生考试的复试及招生单位初试自命题业务课的改革。博士生录取 2 532 人，硕士研究生录取 27 184 人；同等学力人员申请硕士学位报考 3 027 人、4 255 科次；在职人员攻读硕士学位报考 11 605 人、19 159 科次。全年有 210 079 人参加自学考试，总计报考 504 413 科次，有 1.5 万名毕业生获得毕业证书。制定了普通高中毕业生学业水平测试工作实施细则。

〔**民族教育**〕　做好少数民族学生享受照顾政策的资格审查工作。审核通过了 5 306 名少数民族双语考生享受高考加分政策。省教育厅与 36 名学生签订了少数民族高层次骨干人才攻读研究生定向协议书。圆满完成对口支援任务。省实验中学、东北育才学校、沈阳市第 11 中学完成了 205 名新疆高中班、西藏高中班的扩招任务。组织内地新疆高中班部分教师参加教育部和新疆教育厅举办的内地新疆高中班德育教育培训班。

〔**民办教育**〕　推动独立学院建设，对于符合条件的独立学院，积极推动转设为民办普通大学。通过教育部院校设置评议委员会审议，大连交通大学信息工程学院转设为大连科技学院；沈阳医学院何氏视觉科学学院转设为辽宁何氏医学院。

〔**语言文字工作**〕　制定《辽宁省语言文字事业中长期改革和发展规划纲要》、《辽宁省语言文字工作“十二五”规划》。启动实施中国语言资源有声数据库辽宁分库一期建设试点工作。加强对城市语言文字评估工作。组织开展第十四届全国推广普通话宣传周活动。

基础教育

〔**加大义务教育投入**〕 2011年，将农村义务教育阶段生均公用经费标准每生提高100元，支持100所农村寄宿制学校设施建设和支持1 000所农村学校购置饮水设施和体育设施器材的目标任务，落实资金11 120万元。按照《教育部办公厅 国家发展改革委办公厅关于编报农村初中校舍改造工程二期建设规划的通知》（教财厅〔2011〕6号），申报资金2.32亿元，涉及22个项目县的81所项目学校。

〔**推进义务教育均衡发展**〕 以农村义务教育工作为重点，进一步推动义务教育均衡发展。3月，签订了《教育部辽宁省人民政府关于推进县域义务教育均衡发展备忘录》。出台了《辽宁省义务教育均衡发展示范县（市、区）建设标准（试行）》，开展了义务教育均衡发展示范县（市、区）建设工作。推进农村初中进县城办学试点工作。组织全省学习沈阳市铁西区义务教育均衡发展经验。

〔**素质教育**〕 制定了《辽宁省教育厅关于进一步深化中小学课堂教学改革的指导意见（试行）》（辽教发〔2011〕163号）。深化考试评价制度改革，出台《2011年中小学招生工作意见》。继续执行省重点高中、示范性普通高中招生指标到校政策。表彰义务教育精品课例工作先进集体和先进个人。制发了《辽宁省教育厅关于进一步加强中小学科技教育的指导意见（试行）》（辽教发〔2011〕165号）。

〔**基础教育强县（市、区）建设**〕 推进基础教育强县（市、区）建设，开展基础教育学校标准化创建工作。制定《辽宁省人民政府办公厅转发省教育厅关于开展基础教育强县（市、区）建设工作意见的通知》（辽政办发〔2011〕3号）和《辽宁省教育厅 辽宁省住房和城乡建设厅 辽宁省发展和改革委员会关于印发基础教育强县建设配套标准的通知》（辽教发〔2011〕5号）等重要文件。

〔**保障弱势群体接受义务教育**〕 实施城市农民工子女就学扶助工程，全省城区中小学共接收22.9万名农民工子女就读。制定措施，保证城市农民工随迁子女在流入地参加中考，并享受省重点高中、省示范性普通高中招生指标到校政策。配合省司法厅在未成年犯中实施义务教育。

〔**普通高中市域内跨县（市、区）招生**〕 逐市落实普通高中市域内跨县（市、区）招生计划。全省示范性普通高中（省重点高中）招生9.4万人，实行市域内跨县（市、区）招生2.4万人，占示范性普通高中（省重点高中）招生总数的25.52%。

〔**特色普通高中建设**〕 4月，省教育厅在沈阳市召开了全省普通高中课程改革总结表彰大会暨开展省级特色普通高中创建活动启动仪式。会后印发了《辽宁省教育厅关于加强特色普通高中建设工作的意见》。全省遴选了科技、外语、体育、音乐、美术等省级优质特色普通高中实验学校10所。

〔**示范高中建设**〕 省教育厅组织开展了第六批省示范性普通高中评估验收工作，沈阳市东北中山中学等15所学校被评为省示范性普通高中。截至2011年年底，全省省示范性普通高中达139所，占全省普通高中总数的33.17%，在校生365 204名，占全省普通高中在校生数的51.04%。

〔**未成年人思想道德建设**〕 大连市德育课程化工作在12月教育部召开的全国中小学德育工作

经验交流会上作了经验介绍，得到了教育部领导的好评。向教育部报送的以“双百”人物中共产党员命名的9个班集体全部入选。加强校外活动场所建设和管理，开展中小学生爱粮节粮、节水和水土保持、档案、科普等社会实践基地的建设工作。大连市甘井子区、本溪市、阜蒙县三个校外场所被教育部评为全国校外教育示范基地。组织开展辽宁省乡村中小学生“爱家乡，看沈阳”夏令营活动，来自沈阳经济区的50名乡村中小学生参加了活动。

〔**中小学幼儿园教师和校（园）长队伍建设**〕　制定《辽宁省“十二五”中小学教师培训规划》和《辽宁省“十二五”基础教育干部培训规划》。实施中小学校长和教学名师培养培训工程项目、中小学教师远程研修计划项目、城市教育支援农村教育项目、常规性中小学教师和校长省级培训项目、民族教育学校骨干教师培训项目、研训和干训教师培训项目、幼儿园教师和园长培训项目、创新教师教育实践教学模式试点工作项目八大类29个工作项目，圆满完成1.2万余名省级中小学教师和校长培训任务。

〔**教育督导考核**〕　组织考核评价各市政府教育指标完成情况。推进标准化农村九年一贯制（寄宿制）学校建设。完成对各地申报的133所“辽宁省标准化农村九年一贯制（寄宿制）学校”的评估验收工作。推进“两类新三片”、“双高普九”工作。完成对18个县（市、区）“双高普九”工作的审核性预检；完成对16个县（市、区）的评估验收。

〔**治理教育乱收费**〕　开展全省教育收费工作专项检查，严禁违规收费及违反财经纪律。杜绝了农村中小学乱收费现象，城区学校实行“一次性收费”的收费办法。以民心网为载体，广泛开展教育行风网上评议活动。

〔**特殊教育**〕　制定下发了《辽宁省关于进一步加快特殊教育事业发展意见的通知》（辽政办发〔2011〕12号），提高了特教学校的生均公用经费标准，保证残疾儿童少年接受义务教育。召开全省特教工作会议，表彰了特殊教育工作先进集体44个、先进个人171名。对12所特教学校进行了标准化评估验收。举办特教学科带头人及骨干教师培训班。

职业教育与成人教育

〔**职业教育办学体制改革**〕　2011年，将鞍山市确定为职业教育管理体制改革试点城市。鞍山市委、市政府正式批准设立了正局级单位——鞍山市职教城管理委员会，对进驻职教城的各级各类职业院校进行统筹管理。辽宁机电职业技术学院与辽宁曙光汽车集团合作创建了二级产业学院——黄海汽车工程学院。积极推进职业教育集团化办学，首批试点的“汽车服务业职教集团”、“仪器仪表职教集团”、“装备制造业职教集团”和“现代农业职教集团”四个省级示范性职教集团已启动建设。对本科院校设置的二级职业院校进行有计划的剥离或取消建制，已撤销大连医科大学、大连外国语学院举办的高职院校，完成了辽宁中医药大学附设高职学院的剥离工作。

〔**中高职示范院校建设**〕　启动了1所国家骨干高职院校建设，有17所中职学校成为国家中职示范校立项建设学校。截至2011年年底，国家中职示范校立项建设学校总数达28所，累计获中央财政专项建设资金近2.5亿元（不含大连）。

〔**构建现代职业教育体系**〕　省教育厅组织编

制了《辽宁现代职业教育体系建设规划》。制订了中高职协调发展和开展四年制本科高职教育的试点方案，已确定7所国家示范性高职院校牵头开发10个专业四年制高职本科教育人才培养方案，省财政予以每个专业50万元左右的专项资金支持。

〔**示范专业建设**〕 省教育厅和省财政厅联合下发了《关于开展对接产业集群省级职业教育示范专业建设的意见》，正式启动了对接产业集群省级示范专业建设。已确定省级示范专业建设项目91项，省级财政予以2 470万元专项经费。同时，完成了中央财政支持的高职院校专业服务能力提升项目省级遴选工作，35所独立设置的公办高职院校共有69个专业服务能力提升项目，获中央财政首期7 700万元的专项资金支持。

〔**实训基地建设**〕 2011年，省教育厅、省财政厅联合制定并下发了《关于推进职业教育创新型实训基地建设的指导意见》，遴选确定了98个创新型实训基地立项建设项目，省级财政共拨付专项资金超过1亿元。争取中央财政支持和奖励的建设项目21项，专项资金3 000余万元。

〔**校长和教师队伍建设**〕 2011年，举办两期中、高职院校长培训班，共培训212人；举办48个不同专业类别的中高职专业带头人和骨干教师培训班，共培训2 000人；举办全省中职学校相关专业教师信息化教学资源应用和推广培训班，共培训891人。评选出21名高等职业教育教学名师。

〔**加强农村职业教育和成人继续教育**〕 加强农村职业学校特别是县级职教中心的内涵建设。全年共完成各种培训任务近30万人次。在由教育部等九部委联合组织召开的全国农村职业教育工作会议上，辽宁省作了《贯彻落实教育规划纲要，加快发展面向农村的职业教育》的专题发言。组织召开了全省社区教育工作座谈会，举办了全省首期社区教育专职干部培训班。

〔**学生技能竞赛**〕 2011年，辽宁省组队参加了全国职业院校技能大赛，取得了优异成绩，在全国38个省（区、市）中排名第二。在2011年“神州数码杯”全国中等职业学校信息化教学大赛中，获金牌14枚，位列全国第一。

高等教育

〔**人才培养模式改革与创新**〕 遴选并启动60个综合改革试点专业。组织开展实验教学示范中心建设工作，遴选并启动了60个具有特色的实验室。资助开展大学生创新创业竞赛。启动“卓越工程师教育培养计划”，制定了支持高校和企业参与“卓越工程师教育培养计划”的若干政策。全省已有超过50%的以工科为主的高校启动实施了该项计划，其中14所高校经教育部批准实施“卓越工程师教育培养计划”，其数量居全国第三位。

〔**专业设置管理**〕 2011年，首次提出原则控制专业名单。对专业布点多、在校生规模大且近3年就业率连续偏低的专业予以原则控制设置。落实高校专业设置自主权，在专业设置评议时，对于依托一级硕士学位授权学科设置的非教育部控制、非省控制专业实行免答辩。

〔**教学质量保障体系建设**〕 以“计算机科学与技术”和“金融学”专业为试点，开展了专业人才培养标准制定工作。率先在全国以省为单位开发建设了“辽宁省普通高等学校本科教学网”。

〔**特色学科建设**〕 研究制定《辽宁省提升高校核心竞争力特色学科建设工程实施方案》，下发了《辽宁省教育厅关于推进“提升高校核心竞争力特色学科建设工程”实施的意见》。共立项 206 个学科，其中巩固学科 16 个、提升学科 26 个、特色学科 41 个、培育学科 123 个。

〔**研究生培养模式改革**〕 继续开展学术型学位研究生教育培养模式研究，重视和加强学术志向以及研究兴趣的引导、培养和巩固，把创新作为衡量学术水平的重要指标，通过学研等多种途径增强服务社会的理念与能力。推进专业学位研究生培养模式改革。全省已有专业学位类别 32 个，招生专业 16 个，在校生 12 710 人。专业学位研究生占全口径研究生 15.5%，高于全国平均数。

〔**高层次人才队伍建设**〕 2011 年，全省高校中共有 21 人入选第二批“省高等学校攀登学者支持计划”，其中自然科学领域 14 人、人文社会科学领域 7 人。教育部“长江学者”特聘教授 3 人，海外引进 2 人。

〔**表彰教学名师和本科优秀教学团队**〕 2011 年，评选出 50 名在教学工作中作出突出贡献的一线教师，授予省级高校教学名师奖称号。评选出 60 个本科优秀教学团队。

〔**高等教育资源配置**〕 支持高等教育资源稀缺城市举办本科教育。完成营口、辽阳、铁岭、朝阳、盘锦和葫芦岛 6 个市分别举办本科高校的建设方案论证工作。在朝阳、铁岭、盘锦三个市通过省内本科学校扶持和孵化的方式，先期试办部分当地产业集群发展急需的本科专业，依托省内的辽宁工程技术大学等 7 所学校试办 19 个本科专业，共列本科计划 580 人。取消普通本科院校举办的高职学校 2 所。

〔**大学校长绩效考核**〕 组织力量研究制定了《大学校长绩效考核指标体系》，并把大学校长业绩量化考核情况作为高校领导干部年度考核的重要参考依据。已有 30 所省属本科高校形成了目标明确、措施具体的“十二五”规划及《大学校长业绩量化考核要素》。

〔**领导班子和领导干部管理**〕 充实和调整了辽宁大学等 20 多所高校的领导班子；调整和充实了辽宁铁道职业技术学院等 10 余所院校的领导班子；遴选出 46 名高职高专校级后备干部人选；建立了《辽宁省高等学校领导干部信息数据库》和《辽宁省高等学校后备干部信息数据库》；推进省属高职高专院校领导班子岗位规范设置，统筹省属高职高专院校普通四级、五级岗位管理；指导沈阳体育学院等 20 所高校进行党委换届。

〔**高校党建工作**〕 2011 年，以“排头兵工程”为载体，扎实推进高校学习型党组织建设。研究制定高校党建工作标准化建设指标体系，规范高校党委换届工作，推进二级院系党政联席会议制度。继续开展“树当代大学毕业生党员形象，展当代大学毕业生风采”活动，推荐评选了 194 名品学兼优、德才兼备的优秀毕业生党员；组织高校参加全国党建知识竞赛，受到中宣部的表彰，省委高校工委获先进集体奖。选派第二批民办高校党组织负责人兼政府督导专员。召开全省高校党建工作创新理论研讨会，会议评选了 15 项高校党建工作创新奖。

〔**大学生思想政治教育工作**〕 组织优秀大学生开展红色之旅主题教育活动。开展了网络红色征言、红色博文评比、改革开放 30 年成就图片展、手机红色短信留言等活动。深入开展全省高校“千名辅导员万家行”活动，78 所高校的 85 位校级领导、3 673 名辅导员参与家访活动，入户走访慰问 8 213 名学生家庭。推进大学生思想政治教育工作队伍、特别是高校辅导员队伍建设，研究制定了《辽宁省大学生思想政治教育工作队伍中长期发展规划（2010—2020 年）》。加强高校思想政治理论课建设，开展教育部《高等学校思想政治理论课基本建设标准（试行）》贯彻落实情况的督查。举办纪念中国共产党成立 90 周年、辛亥革命 100 周年理论研讨会，组织中国近现代史纲要课教师开展专题研讨活动。

〔**创先争优活动**〕 突出为民服务重点，全面深入开展创先争优活动。在全省高校中深入开展了“培养一流人才，创造一流科研成果，提供一流社会服务”、“弘扬雷锋精神，争当振兴先锋”、“办实事，解民忧，惠民生”，以及“在建设富庶文明幸福新辽宁中创先进争优秀”等一系列活动，表彰了一批先进基层党组织、优秀共产党员和优秀党务工作者。

〔**毕业生就业工作**〕 2011年，召开驻沈高校书记校长座谈会，副省长陈超英全面部署毕业生就业工作。成立专项督查组，对“一把手工程”落实情况、入伍预征工作、创新创业教育等多方面工作进行督导检查。加强职业发展与就业指导课程建设。继续推进大学生创新创业教育，选出36个创业项目进驻省大学生创业教育实训基地。大学生创业教育实训基地被授予国家级示范基地。实施家庭经济困难毕业生就业援助工程、教师特设岗位计划，省教育厅、省财政厅、省人力资源和社会保障厅、省编委办联合下发了《关于实施辽宁省农村义务教育阶段学校教师特设岗位计划的通知》（辽教发〔2011〕322号)，计划在“十二五”期间招聘1万名高校毕业生到农村义务教育阶段学校任教。完善政策，落实毕业生入伍预征的各项服务保障工作，实现入伍预征人数9 278人。

〔**国防教育**〕 开展全省高校军事理论课评优工作。评出省普通高等学校军事理论课教学一等奖4个、二等奖4个、三等奖4个。

〔**学生食堂工作**〕 省教育厅召开了普通高校学生食堂工作会议，决定从2011年秋季学期起，对省内高校学生食堂和家庭经济困难学生实施为期5个月的补贴，补贴金额达1.5亿元。组织高校食堂工作大检查，重点抽查独立学院、民办高校等学生食堂。

撰稿 李丽华 高树仁 姜 东
审稿 周浩波

大连市教育

概 况

〔**基本情况**〕

2011年各级各类学校校数、教职工、专任教师情况

	学校数（所）	教职工数（人）	专任教师数（人）
一、高等教育	37	28 894	23 278
（一）研究生培养机构（不计校数）	(12)	—	5 325
1. 普通高校	(10)	—	5 109
2. 科研机构	(2)	—	216
（二）普通高等学校	31	27 851	17 297
1. 本科院校	14	22 345	13 731

续表

	学校数（所）	教职工数（人）	专任教师数（人）
2. 专科院校	12	3 187	1 847
其中：职业技术学院	10	2 383	1 382
3. 分校、大专班（点）（不计校数）	—	—	—
4. 独立学院	5	2 319	1 719
（三）成人高等学校	6	1 043	656
（四）民办的其他高等教育机构	—		
1. 学历文凭考试机构	—	—	—
2. 非学历文凭考试机构	—	—	—
二、中等教育	377	31 792	25 714
（一）高中阶段教育	174	15 763	11 965
1. 高中	78	9 121	7 522
普通高中	78	9 121	7 522
成人高中	—	—	—
2. 中等职业教育	96	6 642	4 443
普通中等专业学校	19	1 997	1 275
成人中等专业学校	（1）	—	—
职业高中（职业中专）	41	2 747	1 833
技工学校	36	1 898	1 335
其他机构（教学点）（不计校数）	—	—	—
（二）初中阶段教育	203	16 029	13 749
1. 普通初中	203	16 029	13 749
2. 职业初中	—	—	—
3. 成人初中	—	—	—
三、初等教育	652	19 473	16 571
（一）普通小学	652	19 473	16 571
（二）成人小学	—	—	—
其中：扫盲班	—	—	—
四、工读学校	1	46	29
五、特殊教育学校	11	442	317
六、幼儿园	1 292	13 710	7 883

注：成人高等学校校数、教职工数及专任教师数，均未含普通高等学校成人教育学院校数、教职工数及专任教师数。

2011 年各级各类学历教育学生情况

	毕业生数（人）	招生数（人）	在校生数（人）
一、高等教育	100 067	108 626	349 764
（一）研究生	9 907	12 768	37 593
（二）普通本专科	60 997	71 211	255 171
（三）成人本专科	22 378	24 647	57 000
（四）其他各类高等学历教育			
1. 在职人员攻读博士、硕士学位			
2. 网络本专科生			
3. 学历文凭考试	6 785	—	—
二、中等教育	119 538	84 672	252 843
（一）高中阶段教育	63 992	59 252	178 988
1. 高中	34 130	33 832	105 133
普通高中	34 130	33 832	105 133
成人高中	—	—	—
2. 中等职业教育	29 792	25 420	73 855
普通中专	8 224	8 301	23 102
成人中专	686	1 367	3 127
职业高中（职业中专）	11 719	8 404	25 493
技工学校	9 163	7 348	22 133
其他机构（教学点）（不计校数）	—	—	—
（二）初中阶段教育	55 546	51 826	161 763
1. 普通初中	55 546	51 826	161 763
2. 职业初中	—	—	—
3. 成人初中	—	—	—
三、初等教育	51 395	48 533	287 953
（一）普通小学	51 395	48 533	287 953
（二）成人小学	—	—	—
其中：扫盲班	—	—	—
四、工读学校	130	175	186
五、特殊教育学校	115	208	1 689
六、幼儿园	38 262	34 596	127 926

2011年各级民办教育基本情况

	学校数（所）	毕业生数（人）	招生数（人）	在校生数（人）	教职工数（人）	专任教师数（人）
一、民办高等教育	17	16 686	22 775	76 441	6 468	4 513
（一）普通高校	17	16 686	22 775	76 441	6 468	4 513
（二）成人高校	—	—	—	—	—	—
（三）民办的其他高等教育机构	—	—	—	—	—	—
二、民办中等教育	59	14 210	12 041	36 322	3 102	2 142
（一）高中阶段教育	53	12 972	10 906	32 946	2 693	1 791
其中：民办普通高中	18	5 878	6 608	20 314	1 389	1 053
民办中等职业教育	35	7 094	4 298	12 632	1 304	738
（二）初中阶段教育	6	1 238	1 135	3 376	409	351
其中：民办普通初中	6	1 238	1 135	3 376	409	351
民办职业初中	—	—	—	—	—	—
三、民办普通小学	3	570	402	2 748	244	223
四、民办幼儿园	640	17 594	16 185	69 453	8 542	4 631

〔**教育经费收入与支出**〕　2011年，大连市教育经费大幅度增长，总收入121.78亿元，比2010年增加23.97亿元，增长24.5%，其中国家财政性教育经费109.58亿元，比2010年增加24.61亿元，增长29%。在国家财政性教育经费中，预算内教育经费拨款95.77亿元，比2010年增加18.76亿元，增长24.4%。预算内教育经费拨款增长幅度比地方财政经常性收入增长幅度低0.36个百分点。全市人均教育经费总投入1 853.34元。

全市各类教育事业性经费支出及基本建设支出总额为119.38亿元，比2010年增加22.72亿元，增长23.5%。其中事业性经费支出116.16亿元，比2010年增加21.23亿元，增长22.4%；基本建设支出3.21亿元，比2010年增加1.47亿元，增长84.5%。预算内教育经费（含科研拨款及其他拨款）占地方财政支出的14.42%，比2010年提高0.68个百分点。

中小学生均公用经费标准大幅度提高。城乡执行统一标准，小学从每年450元提高到750元，初中从每年650元提高到950元，特教学校从每年1 000元提高到8 000元，普通高中达到每年1 300元，职业高中达到每年1 500元。免除特教学校残疾学生的全部学习生活费用。此举惠及936所学校、61.3万名学生。

〔**启动《加快教育改革和发展行动计划》**〕　1月，大连市委、市政府召开全市教育工作会议，出台了《大连市加快教育改革和发展行动计划》，确定2011—2013年，大连市实施包括学前教育普及普惠工程、义务教育全域均衡发展促进工程、普通高中优质特色发展工程、职业教育整合提升工程、高等教育与城市互动发展工程、社区教育发展推进工程、基础教育质量提升工程、教师队伍建设工程、城乡教育信息化推进工程、教育发展优秀保障工程在内的10项工程，以推进全市教育事业率先实现跨越发展。

全市教育工作会议后，各区市县相继召开教育工作会议，出台落实《大连市加快教育改革和发展行动计划》的实施方案，采取加大教育经费投入、加强教育基础设施建设等措施，确保与全市教育目标和任务对接。年内，各区市县设立学前教育、教师教育、社区教育、办学设施、校舍维修改造5个专项，投入资金 6.9 亿元；设置自主发展指标 24 项，投入经费 13.95 亿元。

〔**中小学教师干部培训**〕 创新培训方式，集中培训农村中小学市级骨干教师 1 200 余人次，完成 4000 余人次市级骨干教师专业能力培训，完成 6 000 名教师教育技术能力中级培训和 1 000 名职业教育“双师型”教师培训，并完成对研训教师、学科带头人、班主任、英语教师的专项培训。组织中小学骨干校长到清华大学、北京大学及境外的高端培训基地进行分类培训，遴选农村小学骨干校长到教育部小学校长培训中心进行提高培训，组织农村中小学校长到市内优质学校挂职锻炼，市、县两级共培训校长 5 500 余人次。

〔**基础设施建设**〕 普通高等学校校舍产权建筑面积增加 56.5 万平方米，总建筑面积达 776.1 万平方米，生均面积 30.4 平方米。市、县投资 18.4 亿元，新建、扩建中小学校舍 86 万平方米、铺设塑胶运动场地 56 万平方米。普兰店市投资建设的海湾高级中学校舍已交付使用。大连市高中学生创新实践基地建成。基本完成中小学校舍安全工程三年的目标任务。各区市县投资 3 620 万元，为 470 所中小学校增配体育器材 12.3 万件，全市所有中小学体育器材均达到“双高普九”标准。

基础教育

〔**学前教育发展实现新突破**〕 加快建设学前教育公共服务体系，市、县两级财政投入 4.9 亿元，新建城市公办幼儿园 12 所、乡镇中心幼儿园 28 所，回收小区配套幼儿园 16 所，可增公办幼儿园名额 1.3 万个，已开园 7 所。为保证回收的小区配套幼儿园顺利开办，市政府按照每平方米 800 元的标准，给予装修和开办费补贴。2011 年秋季学期，市、县两级财政共投入资金 1.02 亿元，对收取托保费低于每人每月 280 元的城镇公办幼儿园和低于每人每月 115 元的乡镇公办中心幼儿园及村级幼儿园分别按照在园幼儿每人每月 365 元和每人每月 230 元的标准实施运行补助。市、县财政全额承担各级各类幼儿园家庭经济困难幼儿共 3 100 人的托保费。城镇幼儿“入园难、入园贵”问题得到有效缓解。全市 3—5 岁幼儿入园率达 95%，比 2010 年提高 1 个百分点，公办幼儿园在园幼儿数占在园幼儿总数的 45.3%。

〔**小学率先减负初见成效**〕 全面开展小学率先“减负”工作，从落实国家课程计划、开展有效作业研究、减少考试次数、控制教辅材料等关键环节入手，分别在市内五区召开主题现场会，推广小学“减负”工作经验。从 2011 年秋季学期开始，在 49 所小学一、二年级试点，取消教辅材料，在社会和家长中引起良好反响。随着各项措施的落实，小学“减负”工作初见成效，家长举报小学负担重或相关问题明显减少。问卷调查显示，79%的小学生感觉学习很轻松，没有负担；97%以上的学生非常喜欢上学。

〔**普通高中特色建设有序推进**〕 举行创建特色学校研讨会和专题培训，提高各高中校长的认识水平和创建能力；制订《大连市推进特色普通高中建设工作方案》，组织各高中制定本校特色建设工作方案；建立特色高中评估考核机制，将推进高中特色建设列入市政府对县市区政府教育工作考核指标体系之中；在两所高中引进了国际高中课程项目；开展普通高中优秀校本课程评选活动，引导各学校突出打造与办学特色相一致的品牌校本课程；设立市政府专项奖励扶持资金，奖励被授予“特色普通高中”称号的学校；扩大特色高中招收特长生的遴选范围；推广典型学校的办学经验，引导各学校办学模式向多元化、特色化发展。年内，特色学校建设工作取得积极进展，全市评选出大连市第十一中学等4所首批市级特色高中和大连市第一中学等11所特色项目学校。

〔**区域间教育对口帮扶深入实施**〕 全面实施“五百一千”教育对口帮扶项目。市内四区组织209名学科骨干教师送教下乡并开展教研培训，派出191名教师到对口帮扶地区支教一年，102所优质学校与对口帮扶地区农村薄弱学校结成帮扶对子，100多名研训教师到农村地区教师进修学校指导、跟踪教研培训工作，接收对口帮扶农村地区520名教师、32名校长到城市学校跟班培训和挂职锻炼。对口帮扶活动促进了义务教育城乡一体发展。

职业教育与成人教育

〔**职业教育综合改革全面启动**〕 大连市依据《大连市中长期职业教育发展规划》和《大连市职业教育基地规划建设方案》，着眼于职业教育未来发展定位、目标、任务和保障措施，全面启动职业教育基地建设，一期入驻基地的3所院校建设规划方案和土地动迁等前期工作已完成。

经教育部、人力资源和社会保障部、财政部评审，大连开发区职业中专等4所职业学校进入国家中等职业教育改革发展示范学校行列，连同已有的4所，累计获中央财政支持资金8 260万元；经教育部、财政部批准，又有9个专业实训基地被定为2011年度国家级职业教育实训基地建设项目，共获中央财政奖励支持资金和地方配套资金2 400万元。

研发大连市中等职业学校“做中学、做中教”评价标准，举办“做中学、做中教”优秀课例展示活动和有180名青年教师参加的教学比赛；对18所中职学校共新增、调整、恢复的49个专业进行确认和备案；在9所学校共23个专业开展4年制试点。

〔**改革创新德育工作**〕 市教育局组织各中等职业学校结合专业特点，改革创新德育工作。5月，召开中等职业学校“国学进校园”现场会，引导学校将国学引入校园，用传统文化塑造学生良好的品行。大连市职业学校德育教师编写的《国学通识教材》由中国人民大学出版社出版。6月，举办中等职业学校职业礼仪大赛。各校扩大德技辅导员聘请范围，聘请职业典范、创业能手作为德技辅导员，提高学生的职业能力素质。与大连市总工会联合评选10名优秀中职学生，授予“王亮式金牌技工”奖学金（每人3 000元）。与大连市精神文明建设指导委员会办公室、共青团大连市委员会共同举办大连市第八届中等职业学校文明风采竞赛活动。经辽宁省评选，325份优秀作品参加全国决赛，获48个一等奖、86个二等奖、70个三等奖、45个优秀奖，总成绩为历史最佳。

〔**创新乡镇职校干部教师培训模式**〕 2011年上半年，大连教育学院举办乡镇职校校长培训班，对全市76所乡镇职校校长和部分书记、主任及教育行政部门负责人共86人进行培训。理论培训阶段在大连教育学院进行，实习考察阶段带领20位校长赴广西农科院科研基地、广西武鸣县生态农业基地考察，并对可引进的农作物、经济林木等资源进行研讨。

大连教育学院还举办了果树技术、蔬菜技术、养殖技术3个培训班，200余名乡镇职校教师参加培训。

〔**农广校完成非学历培训3.4万人次**〕 大连市农业广播电视学校在实施学历教育的同时，举办农村实用技术培训班238个，培训2.8万人次；发放实用技术培训光盘3.6万张；举办返乡农民工培训班78个，培训5 740人次。培训内容主要集中在种、养殖业、保护地栽培、水产品养殖等第一产业类，有条件的单位还开展了计算机知识及应用、办公自动化、农业机械维修、电气焊、数控机床加工、服装加工等第二、第三产业类的培训。

〔**推进社区教育发展**〕　全年举办各类社区教育工作者培训 30 余次，累计培训 1 500 余人次，其中包括 3 次面向社区学院院长和社区教育专干的理论培训。组织各区开展社区教育国家和省级评优争先工作，先后有 5 人和 3 个单位获全国成人教育先进个人和先进单位称号，16 人和 10 个单位获辽宁省教育厅授予的全省社区教育先进个人和先进集体称号。在全省社区教育工作座谈会上，大连市有 6 个城区被认定为辽宁省社区教育示范区，实现了社区教育主城区的高水平全覆盖，并开展了涉农地区农村社区教育试点工作。

高等教育

〔**办学规模继续扩大**〕　2011 年，新增硕士学位授权一级学科点 71 个（总数为 160 个）、博士学位授权一级学科点 21 个（总数为 49 个），博士后流动站增至 379 个。大连市高校年内新增校舍建筑面积 38.5 万平方米，学校产权建筑面积达 776.1 万平方米。

4 月，大连交通大学信息工程学院转设为独立建制的民办大连科技学院。10 月，大连海事大学、大连交通大学、大连工业大学入选第二批“卓越工程师教育培养计划”高校。

〔**大学生思想政治教育工作**〕　大连市委宣传部、市委高校工委组建“身边的榜样——大连市大学生先进典型报告团”，在全市进行 8 场巡回报告，22 所高校共 1.1 万名师生听取了 10 位优秀大学生感人至深的事迹报告，报告团成员的精神风貌在全市大学生中引起强烈反响。总结推广高校思想政治教育工作的成功经验和创新做法，评选表彰高校大学生思想政治教育名师 8 人、学生最喜爱的辅导员（班导师）35 人、大学生思想政治教育创新活动 34 项，以及大学生思想政治教育工作先进集体和先进个人共 1 435 个。继续开展高校党建和大学生思想政治教育课题研究，评选确定立项课题 75 项，并开展了 2011—2012 年度立项课题验收和成果交流工作。关注大学生实际困难，共评选市属高校国家奖学金 37 人，国家励志奖学金 762 人，大连市政府奖学金 300 人，国家助学金 3 988 人。

〔**开展就业创业服务活动**〕　大连市组织驻连高校以树立正确的就业创业观念为先导，以搭建就业平台、促进毕业生就业、创业为目标，开展“牵手就业，助飞梦想——2011 驻连高校毕业生就业、创业服务系列活动”，有 23 所高校参与该项活动；组织驻连高校参加第九届大连市创业项目洽谈会，有 12 所高校的 124 个创业项目参展，较上届增加 50%；开展评选表彰 2011 届大连市优秀毕业生活动，宣传优秀毕业生的先进事迹，引导毕业生树立正确的择业观，调整就业心态，自主创业，到基层、到祖国最需要的地方去建功立业。2011 年，全市普通高校毕业生 7.3 万人，初次就业率达 92%。

撰稿　汤启贤　武玉顺
　　　李　赤　沙北虹
审稿　杨跃权

吉林省教育

概　　况

〔基本情况〕

2011 年各级各类学校校数、教职工、专任教师情况

	学校数（所）	教职工数（人）	专任教师数（人）
总计	11 509	403 923	301 973
一、高等教育	73	64 032	37 228
（一）研究生培养机构（不计校数）	19		
1. 普通高校	15		
2. 科研机构	4		
（二）普通高等学校	57	61 429	35 647
1. 本科院校	37	53 310	30 524
其中：独立学院	9	6 114	3 998
2. 高职（专科）院校	20	8 119	5 123
3. 其他机构（点）（不计校数）	0	0	0
（三）成人高等学校	16	2 603	1 581
（四）民办的其他高等教育机构	14	110	63
二、中等教育	1 990	167 495	118 063
（一）高中阶段教育	735	75 084	50 943
1. 高中	248	41 859	27 554
普通高中	248	41 859	27 554
完全中学	70	11 287	4 576
高级中学	172	29 439	22 653
十二年一贯制学校	6	1 133	325
成人高中	0	0	0
2. 中等职业教育	487	33 225	23 389

续表

	学校数（所）	教职工数（人）	专任教师数（人）
普通中专	49	6 442	4 502
成人中专	81	6 213	4 406
职业高中	183	12 528	8 461
技工学校	135	6 247	4 856
其他机构（教学点）（不计校数）	39	1 795	1 164
（二）初中阶段教育	1 255	92 411	67 120
1. 初中	1 230	92 376	67 090
初级中学	919	67 544	52 734
九年一贯制学校	299	24 145	9 297
十二年一贯制学校			339
完全中学			4 126
职业初中	12	687	594
2. 成人初中	25	35	30
三、初等教育	5 964	133 737	122 870
（一）普通小学	5 600	132 521	121 854
小学	5 600	132 521	111 487
九年一贯制学校			10 147
十二年一贯制学校			220
（二）成人小学	364	1 216	1 016
其中：扫盲班	248	786	586
四、工读学校	4	124	99
五、特殊教育	46	1 752	1 316
六、学前教育	3 432	36 783	22 397

2011 年各级各类学历教育学生情况

	毕业生数（人）	招生数（人）	在校生数（人）
一、高等教育			
（一）研究生	14 312	17 988	55 027
博　士	2 053	2 308	9 095
硕　士	12 259	15 680	45 932
（二）普通本专科	141 569	160 052	562 831
本　科	91 750	111 121	424 556
专　科	49 819	48 931	138 275
（三）成人本专科	59 348	72 542	153 161

续表

	毕业生数（人）	招生数（人）	在校生数（人）
本　科	21 866	31 920	68 617
专　科	37 482	40 622	84 544
（四）其他各类高等学历教育			
1. 在职人员攻读硕士学位		4 666	13 763
2. 网络本专科生	13 723	51 591	82 792
本　科	8 637	20 843	35 841
专　科	5 086	30 748	46 951
二、中等教育	553 265	514 274	1 541 043
（一）高中阶段教育	267 687	282 152	789 511
1. 高中	155 349	168 965	478 783
普通高中	155 349	168 965	478 783
完全中学	21 994	23 465	66 734
高级中学	131 825	144 134	408 369
十二年一贯制学校	1 530	1 366	3 680
成人高中	0		0
2. 中等职业教育	112 338	113 187	310 728
普通中专	28 630	34 766	94 586
成人中专	21 240	14 503	32 494
职业高中	47 064	42 387	138 872
技工学校	15 404	21 531	44 776
（二）初中阶段教育	285 578	232 122	751 532
1. 初中	285 578	232 122	751 532
初级中学	228 572	182 967	592 140
九年一贯制学校	32 101	28 305	91 404
十二年一贯制学校	1 855	1 451	4 958
完全中学	20 310	17 535	56 806
职业初中	2 740	1 864	6 224
2. 成人初中	0		0
三、初等教育	232 909	250 353	1 467 306
（一）普通小学	226 712	250 353	1 439 237
小学	208 117	227 807	1 318 051
九年一贯制学校	17 927	21 856	116 269

续表

	毕业生数（人）	招生数（人）	在校生数（人）
十二年一贯制学校	668	690	4 917
（二）成人小学	6 197		28 069
其中：扫盲班	2 693		5 915
四、工读学校	113	42	104
五、特殊教育	547	887	6 015
六、学前教育	160 836	283 083	460 407

2011 年各级各类非学历教育学生情况

	毕（结）业生数（人）	注册生数（人）
总计	554 209	667 900
一、高等教育	62 093	16 275
（一）研究生课程进修班	6 801	362
（二）自考助学班	1 227	5 479
（三）普通预科生		712
（四）进修及培训	54 065	9 722
其中：资格证书培训	13 748	1 343
岗位证书培训	27 282	1 431
二、中等教育	492 116	651 625
其中：资格证书培训	21 097	42 668
岗位证书培训	81 216	105 240
（一）中等职业教育	46 806	24 808
其中：资格证书培训	13 595	5 943
岗位证书培训	5 409	7 499
（二）职业技术培训机构	445 310	626 817
其中：资格证书培训	7 502	36 725
岗位证书培训	75 807	97 741

2011 年各级各类民办教育基本情况

	学校数（所）	毕业生数（人）	招生数（人）	在校生数（人）	教职工数（人）	专任教师数（人）	其他学生数（人）
一、民办高等教育							
（一）民办高校	15	24 878	32 519	110 951	9 829	5 809	91
本科学生		21 870	28 835	102 903			
专科学生		3 008	3 684	8 048			

续表

	学校数（所）	毕业生数（人）	招生数（人）	在校生数（人）	教职工数（人）	专任教师数（人）	其他学生数（人）
其中：独立学院（不计校数）	9	18 059	22 406	79 450	6 114	3 998	0
本科学生		16 915	21 545	76 336			
专科学生		1 144	861	3 114			
（二）民办的其他高等教育机构	14				110	63	14
二、民办中等教育							
（一）高中阶段教育	108	20 861	20 967	65 025	10 865	7 232	
1. 民办普通高中	26	9 936	10 782	30 968	7 471	5 412	
2. 民办中等职业教育	82	10 925	10 185	34 057	3 394	1 820	2 412
（二）初中阶段教育	31	15 090	19 717	54 419			
1. 民办普通初中	31	15 090	19 717	54 419			
2. 民办职业初中							
三、民办普通小学	20	5 522	6 673	36 048	1 215	899	
四、民办幼儿园	2 704	62 574	114 495	224 631	22 323	12 781	
另有：民办培训机构（不计校数）	1 205				7 134	4 867	195 858

〔全面启动实施吉林省教育规划纲要〕　以省政府名义下发了《吉林省教育改革发展重大项目和国家试点项目实施方案（2011—2015年）》，编制了《吉林省“十二五”教育事业发展规划》，制定了《吉林省农村学前教育推进工程建设规划》、《吉林省农村初中校舍改造工程（二期）建设规划》等10多项配套规划，吉林省教育规划纲要确定的发展任务全面铺开。

〔教育规划纲要确立的重大项目顺利实施〕　组织实施了国家和省教育改革发展重大项目和教育体制改革试点工作。细化了目标任务，落实了责任分工，提出了具体任务书、路线图和时间表。2011年，全省预算内教育经费支出319.8亿元，增长27.8%。其中项目支出94.8亿元，增长69.6%，项目资金全部落实。国家教育体制改革6个试点单位取得阶段性成果。

〔教师队伍建设〕　为改善农村学校的师资结构，实施了“硕师计划”，招聘了167名“硕师计划”学生。为提高教师业务水平，继续实施《促进中小学教师专业发展行动计划》，包括高中教师同步研修远程培训、“吉林省农村骨干教师培训项目”和“幼儿教师国家级培训项目”，培训了47 650名教师。从一线教师中遴选199名优秀中小学、幼儿园骨干教师和骨干班主任参加了教育部组织的高级示范性培训班。确定10个实验区，作为推进构建区域协作的教师继续教育新体制的试点。制定了《吉林省中小学校长队伍建设三年行动计划》，启动了《吉林省中小学校长“十百千万”培养工程》，组织了省中小学杰出校长的高端培养和骨干校长的系统培训。“特岗计划”招聘大学生2 776名。

〔学生资助体系逐步完善〕　按照国家统一要求，提高了义务教育阶段贫困寄宿生生活费补助标准，小学每生每年750元，初中每生每年1 000元。明确了高中学生国家助学金所需资金分担比例，落实了分担责任，实行了省以下转移支付制度。2010—2011学年，落实资金总额1.3亿元，资助经济困难学生89 405人，平均标准1 500元，占在校生总数的19.7%。

〔**艺术教育和学生阳光体育工作**〕 坚持户外阳光一小时体育锻炼活动，按照《国家学生体质健康标准》设置课程，学生体质体能得到明显提高。深化学校“体育艺术 2+1”活动，推进师范教育类音乐学、美术学专业的教学改革，使吉林省在全国大、中、小学生艺术展演活动中继续保持好的名次。

〔**教育督导**〕 对 2010 年度教育工作目标管理责任制执行情况进行了评比表彰。对 14 个义务教育初步均衡发展县（市、区）进行了评估验收，表彰了 10 个教育先进县（市、区）。组建了省政府第二届教育督导团。对延吉等 6 个国家基础教育质量监测任务样本县实施了质量监测。

〔**教育法制建设**〕 吉林省教育法制建设工作的经验和做法在全国教育政策研究与法制建设工作会议上作了介绍。省教育厅被评为吉林省“五五”普法先进集体，并受到表彰。启动实施了“六五”教育系统普法规划。“吉林省依法治校示范校”活动继续推进。受理行政审批事项 2 378 件，全部办结。

〔**教育民生实事全面完成**〕 完成了校安工程三年规划任务。累计开工面积 706 万平方米，峻工 548 万平方米。累计落实资金 66.1 亿元。中央资金项目全部竣工。D级危房停止使用。完成了农村小学科学实验室装备和义务教育学校图书配置项目年度任务，投入资金 2.38 亿元。义务教育学校的校园安全保卫设施建设得到加强。省下拨安保补助经费 5 860 万元，支持中小学建立警务室。全省共有进城务工农民随迁子女 11.5 万人，全部在流入地入学，做到了农民工子女与城市学生同城同校同待遇。省教育厅、人社厅、财政厅、省编委共同起草的《关于妥善解决中小学代课教师问题的实施意见》，经省委省政府批准，已启动实施。

〔**学校食品卫生安全环境建设**〕 开展了两次学校食品卫生安全及传染病防控检查。召开“全省农村中小学校卫生安全工作现场会”和“全省高校食品卫生安全工作现场会”。制定了《吉林省学校食品安全达标细则》（试行）及《吉林省学校饮用水安全达标细则》（试行）。通过检查评比活动，促进了食品卫生安全各项保障措施的落实，全省学校食品安全事故率保持在全国较低位置。

〔**民族教育进一步推进**〕 坚持实施少数民族学生照顾政策。少数民族预科生招收学校达 16 所，招生 1 020 人。民族教育课内容首次列入中考政治课试题范围。克服困难，落实教育援疆任务，接收了 802 名阿勒泰地区未就业少数民族高校毕业生到吉林省 10 所高校进行为期一年以上的培训。培训中学骨干教师 83 人。派出援疆教师 37 名。

〔**教育交流与合作**〕 省政府与国家留学基金委签署《振兴吉林老工业基地急需人才海外培养合作项目》协议，双方 5 年出资 3 120 万元。有 507 人获国家公派出国留学资金资助。获得教育部批准“中俄艺术交流基地”1 个、4 个本科中外合作办学项目。对外派出汉语教师、志愿者 68 人。接收来自 134 个国家 6 738 名外国留学生，比 2010 年增长 5%，学费收入 1.2 亿元。130 名外国留学生获政府奖学金。

〔**“三帮扶”工作取得成果**〕 积极响应省委关于开展帮扶农村贫困党员、贫困户和薄弱村党支部活动，选派 10 名副处级以上干部到 10 个村开展帮扶工作。深入到帮扶点研究帮扶方案，推动帮扶工作扎实有效地开展。为 20 名贫困党员和困难群众送去慰问金 4 万多元。建立了“3+1”教育帮扶方式，举办了种植、养殖培训班，为薄弱学校解决宿舍扩建资金 80 万元，送去电脑 100 多台、桌椅 500 多套、图书 2 000 多册。教育系统帮扶工作受到上级表扬。

基础教育

〔**进一步加强学前教育**〕 省政府召开了全省学前教育工作会议，制定并实施了《关于加快学前教育改革和发展的意见》和《学前教育三年行动计划（2011—2013年）》。《吉林省扩大学前教育资源规划（2011—2015年）》已制定完成，全省学前教育资源进一步增加，适龄儿童入园难问题得到有效解决。

〔**推进县域义务教育均衡发展**〕 制定了《吉林省推进县域义务教育均衡发展规划（2011—2020年）》和《吉林省义务教育初步均衡发展县（市、区）评估验收指标体系》。确定了全省60个县（市、区）分别实现初步均衡、基本均衡的时间表和路线图。出台了《吉林省义务教育学校标准化建设项目实施规划2011—2015年）》。启动了义务教育学校校园校舍建设、仪器设备配置、教学质量管理、师资队伍培训等10个促进均衡发展的项目。在推进县域义务教育初步均衡发展方面，对14个县（市、区）进行了实现初步均衡的评估验收。

〔**各级各类学校平安稳定**〕 为保证中小学生上下学交通安全，下发了《关于进一步加强全省中小学生上下学交通安全工作的意见》。省财政划拨了5 000万元专项奖补资金。在通化召开了全省中小学生上下学交通安全工作现场会。全省各级各类学校做到了和谐安全稳定。

〔**实现平安高考、诚信高考的目标**〕 在2010年“六个升级”严管基础上，会同有关部门．通过进一步完善管理、深化“一把手”工程，严格执行党政纪问责制等，全省考风考纪明显好转。各项备考巡考监考工作都取得了新的成绩。查处违纪考生75人，比2010年下降84%。

职业教育

〔**职业教育办学模式改革**〕 落实《中等职业教育改革创新行动计划（2010—2012年）》，为经济发展和项目建设输送了大批专业人员。全省组建了22个职业教育集团，职业教育集团化办学不断取得新的进展。涉农、交通运输、医药、装备制造等10个领域的专业技能培训水平有很大提高。55个高职专业被评为省级特色专业。职业教育示范校建设投入经费1亿元，同比增长6.1%。4所高职院校成为国家级示范（骨干）校，10所中职学校成为国家级改革发展示范校，15所中职学校成为国家级优质特色校建设项目。在“高中教育有高考，职业教育有大赛”的职教评价导向下，职业技能大赛日益深入人心。

〔**技能大赛**〕 教育厅联合7个部门举办了全省首届高职技能大赛，营造了政府主导、学校主演、企业支持、社会关心和媒体关注的良好氛围。在2011年全国职业院校技能大赛中，省中、高职院校代表队一举取得5块金牌、16块银牌、33块铜牌的历史最好成绩，奖牌数量较2010年增加1倍。

高等教育

〔高等教育办学质量进一步提升〕 遴选确定了154个重点建设的省级优势特色学科、47个省级重点实验室、29个工程研究中心和25个人文社科基地。其中长春理工大学成功获批“纳米操纵、装配与制造国际科技合作基地”，吉林农业大学成功获批“小麦和玉米深加工国家工程实验室”。吉林建筑工程学院“水污染处理实验室”成功入选省部共建教育部重点实验室。区域教学共同体建设加快，“学生跨校选修、学分互认管理与服务平台”、“图书及文献资源共建共享管理与服务平台”和“大型贵重仪器设备共享管理与服务平台”三个平台运行良好。遴选出“十二五”期间省级特色专业309个、省级精品课程104门、省级优秀课程350门、省级教学实验示范中心77个。44人被评选为高校省级教学名师，有3人成为国家级教学名师。实施“吉林省新世纪优秀人才支持计划”，首批遴选了45岁以下高校科研骨干148人，有6人入选“教育部新世纪优秀人才支持计划”，吉林农业大学、东北电力大学两个创新团队入选教育部“创新团队发展计划”。吉林华桥外国语学院的翻译硕士、长春工程学院的工程硕士（建筑与土木、水利）成功入选45个“服务国家特殊需求人才培养项目”。吉林师范大学和长春师范学院成功入围35个国家博士特殊人才培养候选项目。建立并实施了“吉林省高等学校教学建设与改革创新工作评价制度”，推进了教学评价制度建设。

〔高校服务经济社会发展能力进一步增强〕 承担了一大批国家和省市科技创新与攻关项目。通过特色专业遴选、支持重点学科建设，加快了高校学科专业结构调整，使专业设置和人才培养与全省产业结构、就业结构趋于适应，密切了与地方发展需求的有效衔接。2011年，省十大攻关项目中高校再次获得4项。

〔实施化债、增编、增加人均经费三大政策〕 省属27所高校偿还银行贷款29.3亿元，完成年度化债任务25.66亿元的115%，节省利息支出1.46亿元。省编委在全省连续两年编制零增长的前提下，一次性为省属普通高校核增专业技术人员编制7 206名，用于高校引进急需的教学、科研专业人员。高校生均拨款水平达1.1万元。新设立省属重点高校（包括民办高校）支持项目5 000万元。

〔高校党建工作〕 以“七一”征文、美术大赛、唱红歌、主题班会等形式开展了丰富多彩的纪念建党90周年系列活动。高校系统全年发展党员1.7万名。举办了学习贯彻《中国共产党普通高等学校基层组织工作条例》培训班。启动实施了高校党的基层组织建设年活动和创建标准化党支部活动。与省委组织部联合下发《关于在省属高等学校开展创建“五型”领导班子活动的意见》。

〔大学生思想政治工作〕 对18所高职高专院校大学生思想政治教育工作进行了检查评估，高校学习型党组织建设活动不断取得新经验。举办了4期哲学社会科学教学骨干研修班和思想政治理论骨干培训班，承办了全国高校辅导员骨干培训班，辅导员博士高级研修班以及高校大学生心理健康教育骨干教师培训班。召开了大学生自学组织学习马克思主义理论成果汇报暨表彰大会。遴选出12项高校校园文化建设优秀成果。建立了抵御境外利用宗教对高校进行渗透和防范校园传教工作的专门协调机制。《高校思想动态》成为了解高校思想动态的渠道之一。

〔毕业生就业工作〕 2011年，全省高校毕业生达15.6万人，较2010年增加了5%。通过组织就业洽谈会、提供就业信息、促进自主创业、推进入伍预征等措施，约13万毕业生实现就业，就业率达83%，较2010年提高3个百分点。在11月21日召开的2012年全国普通高校毕业生就业工作视频会议上，吉林省就高校困难学生就业帮扶工作的经验作了典型介绍。

〔**纪检监察工作**〕　省纪委、高校工委等四部门下发了《关于加强和改进全省高等学校反腐倡廉建设若干意见》，切实推进了高校党风廉政建设和反腐败工作。6所高校廉政风险防范试点工作进展顺利。廉政文化进校园活动深入开展，成功举办了“廉洁之光”大型文艺晚会。组织27所高校处级干部和部分重要岗位科级干部2 000多人到长春廉政教育基地开展了“廉政一日”教育活动。举办全省高校反腐倡廉建设专题研讨班，邀请教育部纪检组长王立英作了大会报告，邀请延边州法院法官作典型案例的警示教育报告。组织全省1 200名高校处级干部参加了廉政教育知识测试。加强对高校重点部位和关键岗位、重要工作环节的监督。在收费专项检查中，处理违规补课39人，给予警告处分18人，通报批评4人，记过处分9人，解聘6人，撤销校长职务2人。

撰稿　张立君

审稿　李景春

黑龙江省教育

概　　况

〔基本情况〕

2011 年各级各类学校校数、教职工、专任教师情况

	学校数（所）	教职工数（人）	专任教师数（人）
总计	13 535	498 712	388 666
一、高等教育	104	79 600	46 885
（一）研究生培养机构（不计校数）	25		
1. 普通高校	17		
2. 科研机构	8		
（二）普通高等学校	78	76 205	44 821
1. 本科院校	36	57 946	33 920
其中：独立学院	5	2 739	1 929
2. 高职（专科）院校	42	18 259	10 901
3. 其他机构（点）（不计校数）	0	0	0
（三）成人高等学校	26	3 395	2 064
（四）民办的其他高等教育机构	36	698	406
二、中等教育	2 842	223 944	169 178
（一）高中阶段教育	1 077	97 536	68 363
1. 高中	499	60 595	42 185
普通高中	411	59 972	41 698
完全中学	122	17 555	7 628
高级中学	273	40 441	33 445
十二年一贯制学校	16	1 976	625
成人高中	88	623	487
2. 中等职业教育	578	36 941	26 178

续表

	学校数（所）	教职工数（人）	专任教师数（人）
普通中专	75	7 462	4 349
成人中专	163	6 844	5 238
职业高中	157	11 015	8 324
技工学校	134	11 539	8 211
其他机构（教学点）（不计校数）	49	81	56
（二）初中阶段教育	1 765	126 408	100 815
1. 初中	1 685	126 048	100 563
初级中学	1 296	94 331	79 680
九年一贯制学校	385	31 663	13 314
十二年一贯制学校			616
完全中学			6 906
职业初中	4	54	47
2. 成人初中	80	360	252
三、初等教育	6 011	153 418	148 014
（一）普通小学	5 620	152 915	147 697
小学	5 620	152 915	134 479
九年一贯制学校			12 879
十二年一贯制学校			339
（二）成人小学	391	503	317
其中：扫盲班	31	73	57
四、工读学校	1	25	21
五、特殊教育	73	2 308	1 872
六、学前教育	4 504	39 417	22 696

2011 年各级各类学历教育学生情况

	毕业生数（人）	招生数（人）	在校生数（人）
一、高等教育			
（一）研究生	15 247	19 432	57 829
博　士	1 604	2 275	9 661
硕　士	13 643	17 157	48 168
（二）普通本专科	196 075	195 176	709 968
本　科	107 880	127 229	489 535
专　科	88 195	67 947	220 433
（三）成人本专科	68 390	71 120	155 485

续表

	毕业生数（人）	招生数（人）	在校生数（人）
本　科	27 173	33 952	71 923
专　科	41 217	37 168	83 562
（四）其他各类高等学历教育			
1. 在职人员攻读硕士学位		4 603	13 439
2. 网络本专科生	17 101	25 116	54 630
本　科	4 200	6 287	17 235
专　科	12 901	18 829	37 395
二、中等教育	814 365	753 079	2 394 892
（一）高中阶段教育	377 197	417 907	1 162 786
1. 高中	222 750	207 742	645 066
普通高中	204 287	207 742	622 251
完全中学	36 564	36 271	108 271
高级中学	165 592	169 167	507 228
十二年一贯制学校	2 131	2 304	6 752
成人高中	18 463		22 815
2. 中等职业教育	154 447	210 165	517 720
普通中专	35 264	42 931	119 458
成人中专	46 499	27 175	81 419
职业高中	41 553	39 181	122 342
技工学校	31 131	100 878	194 501
（二）初中阶段教育	437 168	335 172	1 232 106
1. 初中	398 552	335 172	1 223 979
初级中学	321 232	268 104	987 161
九年一贯制学校	45 862	38 630	135 822
十二年一贯制学校	2 011	2 100	6 845
完全中学	29 080	26 168	93 366
职业初中	367	170	785
2. 成人初中	38 616		8 127
三、初等教育	366 569	333 945	1 906 582
（一）普通小学	336 006	333 945	1 874 996
小学	305 552	303 509	1 705 069
九年一贯制学校	29 865	29 762	166 383

续表

	毕业生数（人）	招生数（人）	在校生数（人）
十二年一贯制学校	589	674	3 544
（二）成人小学	30 563		31 586
其中：扫盲班	413		536
四、工读学校	0	0	7
五、特殊教育	821	1 736	12 963
六、学前教育	316 886	335 414	561 714

2011 年各级各类非学历教育学生情况

	毕（结）业生数（人）	注册生数（人）
总计	838 178	654 851
一、高等教育	95 278	27 031
（一）研究生课程进修班	240	235
（二）自考助学班	1 467	6 179
（三）普通预科生		183
（四）进修及培训	93 571	20 434
其中：资格证书培训	12 475	2 198
岗位证书培训	33 193	11 671
二、中等教育	742 900	627 820
其中：资格证书培训	78 001	60 938
岗位证书培训	147 288	42 126
（一）中等职业教育	112 004	51 540
其中：资格证书培训	30 014	20 531
岗位证书培训	53 504	16 060
（二）职业技术培训机构	630 896	576 280
其中：资格证书培训	47 987	40 407
岗位证书培训	93 784	26 066

2011 年各级各类民办教育基本情况

	学校数（所）	毕业生数（人）	招生数（人）	在校生数（人）	教职工数（人）	专任教师数（人）	其他学生数（人）
一、民办高等教育							
（一）民办高校	16	26 051	28 623	102 862	8 779	5 690	1 458
本科学生		15 057	21 650	79 080			

续表

	学校数（所）	毕业生数（人）	招生数（人）	在校生数（人）	教职工数（人）	专任教师数（人）	其他学生数（人）
专科学生		10 994	6 973	23 782			
其中：独立学院（不计校数）	5	6 851	9 118	32 232	2 739	1 929	1 458
本科学生		5 550	8 176	30 723			
专科学生		1 301	942	1 509			
（二）民办的其他高等教育机构	36				698	406	36
二、民办中等教育							
（一）高中阶段教育	136	31 519	27 591	85 211	11 254	8 275	
1. 民办普通高中	64	16 283	15 288	46 393	8 105	6 355	
2. 民办中等职业教育	72	15 236	12 303	38 818	3 149	1 920	3 669
（二）初中阶段教育	40	13 025	12 459	43 560			
1. 民办普通初中	40	13 025	12 459	43 560			
2. 民办职业初中							
三、民办普通小学	18	2 712	1 639	12 322	489	372	
四、民办幼儿园	3 619	126 553	152 327	291 457	24 200	13 505	
另有：民办培训机构（不计校数）	965				6 060	4 585	254 584

〔**统筹规划教育事业发展**〕　完成黑龙江省中长期教育改革和发展规划纲要各部门任务分解，印发了任务分解方案。督促指导各地市召开教育工作会议，出台相关政策，省教育厅领导分头深入到13个地市宣讲教育规划纲要。成立了教育体制改革领导小组，统筹协调教育体制改革重大事项。完成全省教育事业“十二五”发展规划的编制工作。同时，各地市、各省属普通高校完成本地本校教育事业“十二五”规划的编制和报送备案工作。

〔**教育投入**〕　初步建立省属高校按生均培养经费拨款的增长机制，年度教育经费持续稳定增长。2011年，省属本科高校经费拨款实现51亿元，比2010年增长72%，生均经费达1.2万元；省本级教育部门预算实现总收入111亿元，同比增长42%。提高公用经费补助标准，农村小学每生每年400元，农村初中每生每年600元。全年下拨农村义务教育经费保障专项经费14.38亿元，有力保障了农村义务教育学校教学的正常开展。启动实施高校化债工作，联合制定了化债实施方案和专项资金管理办法。省财政投入化债资金10.5亿元，争取国家化债奖励资金约5亿元，学校自筹资金18.9亿元，化解省属本科高校债务34.4亿元，占债务总额的44%左右，从根本上缓解了省属高校的债务压力。

〔**教育体制改革试点**〕　将9个国家教改试点项目列入省教育规划纲要和省教育事业“十二五”发展规划，同时设立一批省级试点项目，与国家教改试点项目同步启动。省政府成立教育体制改革领导小组，统筹协调教育体制改革工作重大事项。印发了教育体制改革试点方案及责任分工方案。筹备成立了教育改革发展咨询委员会，作为对重大教育改革发展政策进行调研、论证、评估的咨询机构。试点工作已由总体设计转入全面实施阶段。学前教育投入及管理体制改革试点、义务教育学校标准化建设试点、高教综合改革试点等6个试点项目取得阶段性进展。

〔**教育科学研究**〕　开展“十一五”教育优秀调研成果评选和表彰活动。召开全省教育科学研究工作会议，制发了《黑龙江省教育科学研究事业“十二五”发展规划》。为进一步发挥教育科学研究服务决策、指导实践和创新理论的作用提供了政策保障。建立了教育改革项目与课题研究的对接机制，加强了全局性、战略性和前瞻性的决策研究与对策研究。加强了教育科学研究人才培养培训。

〔**教育法制建设**〕　深入开展教育立法研究，重新修订发布《黑龙江省民族教育条例》。认真开展《民办教育促进法实施条例》立法后的评估工作。加强对青少年学生法制教育，不断提高其法律素质。以建设和谐校园为载体，推进依法治教和行政执法责任制的落实。大力推行依法行政，进一步规范行政许可文书，实现教育行政执法常态化、规范化。加强依法行政专题培训工作，规范教育行政管理行为。加强法制宣传，圆满完成全省教育系统“五五”普法，启动“六五”普法工作。

〔**素质教育**〕　以主题实践活动为载体，以行为规范养成教育、体验教育、责任教育为抓手，努力提高中小学德育工作的针对性和实效性。加强青少年校外场所建设和管理工作。进一步加强中职学生德育工作。大力推动中国特色社会主义理论体系进教材、进课堂、进头脑。开展了全省高校思想政治理论课建设专项检查，深入推进社会主义核心价值体系学习教育，指导高校深入开展爱国主义教育和民族团结教育，大力弘扬以爱国主义为核心的民族精神和以改革创新为核心的时代精神。坚持用社会主义荣辱观引领校园风尚，弘扬中华传统美德，推进公民道德建设工程，加强校园文化建设，大力加强大学生社会实践教育。全方位开展大学生心理健康咨询和教育工作。全面加强研究生思想政治教育工作。深入推进高校辅导员队伍建设。全面规范高校学生日常教育管理工作，制定了学生工作规程，高校学籍管理工作受到教育部表彰。广泛开展阳光体育运动，推动体育、艺术“2＋1项目”实施。全面实施《国家学生体质健康标准》。加强学校食品卫生和传染病防控工作。加强艺术教育。推进学生军训制度化、规范化建设。全力推进普通话教学，提高师生使用和书写规范汉字的能力，开展中华经典诵读活动。构建符合素质教育要求的中小学综合素质评价体系。

〔**学生资助工作**〕　下拨各类资助和免学费资金14.4亿元，资助学生75万人。农村义务教育家庭经济困难寄宿生生活补助标准由原来的小学每生每年500元、中学每生每年750元，提高到小学每生每年750元、中学每生每年1 000元，受助学生12.7万人；普通高中家庭经济困难学生资助标准每生每年由1 000元提高到1 500元，资助比例达20%。落实中职国家助学金和免学费资金2.3亿元，资助贫困学生9.96万人。下拨国家高校奖助学金5.3亿元，受助学生16.7万人，助学金标准由2 000元提高到3 000元。

〔**民族教育**〕　以民族教育立法修订为契机，以夯实队伍建设、提升内涵质量为重点，争取各项资金6 700万元，加快了10个世居少数民族学校标准化建设进程，完成了千名少数民族人才培养培训任务。2011年，新疆内地高中班应届毕业生全部升入重点本科院校，高考文、理科平均成绩分别高出全国单独划定的录取分数线百分以上。

〔**民办教育**〕　落实教育部《关于进一步促进民办教育发展的若干意见》，深入推进办学体制改革。研究制定进一步促进全省民办教育发展的政策，健全公共财政对民办教育的扶持政策，创新民办教育投融资体制。充分发挥省民办教育发展专项资金的引导示范作用，落实省级专项资金500万元，对2010年度获得年检示范单位的民办高校进行奖励。启动民办高校管理和发展方式改革试点工作。进一步规范民办高校的办学行为。申报3所转设民办二级学院，一举通过国家高评委投票，其中全票2所。全省9所独立学院已转设7所，全国领先。

〔**教育交流与合作**〕 与俄罗斯阿穆尔州教育部、美国威斯康星州教育部签订了友好合作协议。以对俄交流为重点，以中俄学生交流基地为依托，举办系列学生交流活动。推动“留学龙江”项目工作，接收来华留学生8 407人，增幅达10%。创新公派留学机制，启动实施了省级学科带头人出国研修计划。进一步加强汉语国际推广中心建设，加快汉语国际推广网络体系建设。已建成孔子学院5所、孔子课堂8所。

〔**教育和谐稳定**〕 深入开展平安校园、文明校园、绿色校园、和谐校园创建活动。切实抓好各级各类学校特别是农村中小学、幼儿园的安全管理工作。加强学校突发公共卫生事件防控，认真做好突发事件报告与预警工作，将各项安全防范措施落到实处。组织开展了中小学安全日、教育系统安全大检查、高校实验室安全专项检查、高校消防事故隐患排查及整改活动；进一步推进了学校科技创安、《黑龙江学校安全条例》的学习贯彻工作。深入排查和化解矛盾纠纷，做好信访工作，依法按政策及时化解突出矛盾，全教育系统没有发生重大安全责任事故和重大治安、刑事案件。共接待群众来访、来信313件(次)，比2010年同期下降17%，上级交办信访案件办结率100%。认真做好教育舆情汇集和分析。深入推进校园和周边环境综合治理，净化育人环境。教育连续多年保持稳定局面。

〔**党建工作**〕 2011年，以纪念中国共产党成立90周年为契机，以学习贯彻全国、全省教育工作会议和全国高校党建工作会议精神为重要抓手，大力加强学习型党组织建设，扎实推进各级各类学校创先争优活动。研究拟定了《〈普通高校基层组织工作条例〉实施细则》（征求意见稿）。扩大中小学和中等职业学校党的组织和党的工作覆盖面，加强民办学校党建工作。加大在大学生中发展党员工作的力度，进一步完善发展党员工作质量保证体系建设。扎实推进高校统一战线工作。实施“健全高校廉政风险防范机制”项目试点，落实省纪委“制度执行年”多项要求，推进制度落实，完善体现教育系统特点的惩治和预防腐败体系。

基础教育

〔**综述**〕 实施学前教育三年行动计划，加快发展学前教育，扩大学前教育资源。继续推进标准化学校建设，建成标准化学校450所，累计达1 704所，占规划总数的45%以上。以普及高中阶段教育为目标，加快达标高中建设步伐，高中阶段毛入学率达92.15%。特殊教育和民族教育取得长足进步。中小学教师队伍素质得到提高。

〔**发展学前教育**〕 科学编制全省学前教育三年行动计划，并全力协调推进落实。制发了《关于省定1 200所公办幼儿园建设工程实施指导意见》、《2011年省定幼儿园建设项目推进方案》，各级财政年度共投入资金17.1亿元，两年国家学前教育试点资金1.2亿元。新建和改扩建公办幼儿园452所，新增建筑面积106.9万平方米。全省在园幼儿达56.2万人，比2010年增加7.1万人，学前三年毛入园率达65%，新增近15个百分点；公办幼儿园已占幼儿园总数的28%，比2010年提高8个百分点。

〔**义务教育标准化学校建设**〕 制发黑龙江省人民政府《关于进一步推进县域义务教育均衡发展的若干意见》、《黑龙江省推进县域义务教育均衡发展规划（2010—2020年）》和《黑龙江省推进义务教育学校标准化建设规划（2010—2020年）》，形成了全省推进县域义务教育初步、基本均衡发展的时间表和路线图。认真落实省政府与教育部签署的备忘录，召开全省推进县域义务教育均衡发展大兴安岭现场会，与各地市政府签订了责任书。积极推进学生综合素质评价，全省已有9个地市全面推开该项工作。推动优质普通高中招生定校配额制度。严格执行小学就近入学、初中对口升学规定，坚决遏制“择校”。

〔**加快普通高中发展**〕　以普及高中阶段教育为目标，加快达标高中建设步伐。充分发挥示范性高中引领作用，开展多样化、特色化发展试点，全面深化课程改革，推进课堂教学的研究与创新。规范管理，建立了学籍信息化管理系统，部署普通高中改制学校清理规范工作。截至2011年年底，高中阶段毛入学率达92.15％。

〔**中小学教师队伍建设**〕　围绕基础教育课程改革，实施“中小学教师全员培训工程”。岗位培训教师22万人，新任教师培训面达100％。高中骨干教师教材培训17个学科1.1万人。“农村中小学教师队伍建设”改革试点项目正式实施。创新农村教师补充机制，继续组织实施“特岗计划”、“农硕计划”，招聘“特岗教师”782人，农村教师队伍结构进一步优化。大力开展农村教师培训，全省2.3万名农村教师接受“国培计划”培训，“送教下乡”培训教师5万人，进一步提高了农村教师整体素质和专业化水平。

〔**中小学校舍安全工程**〕　启动实施国家试点项目，全力实施中小学校安工程。进一步明确项目管理和资金管理责任，建立责任追究制度。以重点监防区和最危险学校为重点，统筹落实项目建设计划。开展专项督导检查，推进了工程进展。已开工建设项目学校2 056所，建设面积691万平方米，占规划的95.4％，累计投入资金64.9亿元，占总投资的76.9％。

〔**特殊教育**〕　特殊教育取得长足进步，新建扩建特教学校12所，在校生规模比2010年增加4 600多人，办学条件进一步改善，满足了全省残疾儿童受教育的需要。

职业教育与成人教育

〔**综述**〕　2011年，职业教育紧紧围绕省委、省政府“八大经济区、十大工程建设”，认真落实国家、省教育规划纲要，圆满完成了各项年度工作目标任务。截至2011年年底，全省共有国家示范性中等职业学校15所，国家级重点中等职业学校75所；开设专业195个，其中省级重点专业35个，专业点72个；2011年，中等职业学校在校生占普通高中在校生的比例为43.6％，基本实现中等职业教育与普通高中教育规模大体相当的目标。中等职业学校毕业生一次性就业率达95％左右。民办中等职业教育进一步发展。国家、省委、省政府高度重视职业教育发展，中央和地方政府用于加强职业教育基础能力建设、国家示范校建设、教师队伍建设、专业规范化、改善办学条件等方面的专项经费近4.5亿元，为全面提高全省中等职业教育综合办学水平和质量，培养高质量应用型技能人才提供了有力保障。

〔**推进国家中职示范学校和重点专业建设**〕2011年，有10所中职学校进入国家示范校行列。全年得到国家职教基础能力建设资金6 000万元，分别匹配给哈尔滨市第二职业中学等6所学校，项目金额比2010年增加一倍。集中职教专项资金重点建设哈尔滨轻工业学校、齐齐哈尔职教中心两个综合性实训基地，先后分别投入 1 300 万元和 500 万元。按期完成哈尔滨市中职综合实训基地建设项目，并经相关专家论证审核投入使用。截至 2011 年年底，全省建有中职教育实训基地 192 个，涵盖现代制造技术、现代服务业、现代农业技术等 6 大类 30 个专业。大部分学校实行校企共建实训基地，在实践教学、培养技能型人才方面发挥了重要作用。

〔**加强教师队伍建设**〕 制定出台了《黑龙江省“双师型”教师认定工作方案》、《黑龙江省“双师型”教师认定管理办法》、《黑龙江省中职师资培养培训基地评估指标体系》、《黑龙江省中职教师培养培训基地评估工作操作规程》等文件。圆满完成国家、省校长和教师培训计划。完成 58 名中职示范校、重点校校长境内外培训；完成了 12 名中职教师出国进修和 36 名基础课教师培训计划；827 人参加了专业骨干教师省级培训，其中涉及 12 个专业，涵盖公共基础课和大类专业基础课。强化中职教师培养培训体系建设，首次进行了“十一五”期间承担省级培训任务的 12 所中职师资培养培训基地的评估认定工作。开展中职校长培训，共有来自 13 个市（地）、企业教育局职成处（科）长和 77 所中高职院校的 118 人参加了培训。积极开辟职业教育国（境）外培训渠道，初步确定了德国和新加坡两个国外校长和教师培训基地。完成 6 名援疆职业教育教师培训任务。

〔**开展中职教育投入专项督导**〕 成立了中等职业教育专项督导领导小组，印发了《关于转发国家教育督导团〈八省区中等职业教育约谈会纪要〉和〈黑龙江省中等职业教育专项督导工作方案〉的通知》（黑政教〔2011〕5 号）。认真组织开展自查，对照各市（地）城市教育费附加用于职业教育的比例，逐市、逐县进行审查、比较、分析，督查各市（地）城市教育费附加用于职业教育的情况。完善督导评估体系，组织开展中等职业教育专项督导。要求各地、各有关部门提高认识，切实落实中等职业教育的战略地位，统筹规划、加强督导，加大对中等职业教育的投入力度，切实解决中等职业教育投入不足的问题。

〔**推进职业教育集团化办学**〕 2011 年，成立了黑龙江省煤电化、装备制造、畜牧兽医、商贸旅游、动漫、农垦、北大荒现代农业 7 家省级职教集团。截至 2011 年年底，参加职教集团的行业、企业、科研机构和职业院校已达 508 家，为职业教育开展校企合作、中高职衔接以及职业教育集团化、规模化、连锁化发展奠定了良好基础。

〔**推进农村和成人职业教育**〕 根据国家和省教育规划纲要“关于加快发展面向农村的职业教育”的要求，围绕作为农业大省和国家重要商品粮基地的实际，结合“千亿斤粮食产能工程”、“三江平原和松嫩平原两大农业实验区”建设，启动了“千亿斤粮食产能工程人才保障”项目，为全省现代化农业发展提供人才保障。有关农村职业教育工作的经验和做法得到教育部肯定。积极贯彻国家九部门召开的加快发展面向农村的职业教育工作会议精神，开展了面向农村的职成教育调研工作。成功举办了 2011 年东北、内蒙古四省区成人教育协作组年会。

〔**组织参加中职教师学生技能大赛**〕 经过全省选拔，派出 9 所学校的 10 名选手参加了 2011 年全国中等职业学校信息化教学大赛 2 个大项 7 个专业大类的比赛，取得了 3 金、2 银、2 铜、3 优秀的较好成绩，获奖率 100%，金牌总数名列第四。中职学生在 2011 年全国职业院校技能大赛中，取得一等奖 3 项、二等奖 13 项、三等奖 30 项的好成绩。

高等教育

〔**综述**〕 加强重点学科建设，评选“十二五”省重点学科群14个，省重点学科142个，省重点建设学科15个；调整研究生教育结构，新增硕士专业学位授权类别13个，新增硕士专业学位授权点40个，分别达到29个和81个；新增一级学科博士点45个，新增一级学科硕士点163个，分别达到92个和292个；开展全省独立学院独立授予学士学位授予单位预评估。加强专业调整，新增地方急需的本科专业点82个、高职高专专业161个，撤销了绥化学院、东北农业大学成栋学院的8个专业点。完成了“十一五”全省普通高校203个重点专业建设总结验收。启动了“十二五”立项重点建设专业310个。38个高职高专专业列入国家级专业能力建设项目，获得国家1.5亿元资金支持。在全国率先出台了高校教师职业道德规范。启动民办高校管理和发展方式改革试点，基本完成了民办普通高校落实法人财产权工作。组织举办了6项大学生知识技能竞赛活动，共获奖项460项，其中国家级奖49项、省级奖311项。

〔**高等教育综合改革**〕 启动了高等教育综合改革，加大调研力度，形成了《黑龙江省普通高校本科人才培养工作调研报告》等7个专项调研总结报告，研究制定了黑龙江省高等教育综合改革试点实施方案，确定了深化高等教育管理体制改革、创新人才培养模式等11项主要任务。其中建立高校分类指导服务体系、质量监控保障体系、创新人才培养模式、优化学科专业结构、加快紧缺人才培养、推进高校科技创新平台建设和成果转化、打造高水平教师队伍等主要改革试点内容已在全省高校启动实施。同时，进一步做好高教强省建设14项子计划推进落实工作。省部共建工作取得进展，省政府与教育部共建东北林业大学、与农业部共建东北农业大学的协议已经确定。

〔**创新人才培养模式**〕 启动了黑龙江省“卓越人才教育培养计划”项目，针对全省支柱产业和战略性新兴产业对人才的迫切需求，重点支持装备制造业、食品、制药、能源、软件及服务外包产业等相关专业实施“卓越计划”，已在9所本科院校的14个专业实施了“卓越工程师教育培养计划”。“卓越农业人才”、“卓越医生”和“卓越法律人才”等专项计划已在推进中。有9所高校建立了校企联合培养人才的新机制，全面推进课程体系和教学方法改革。推进基础学科拔尖人才培养，出台了《关于进一步推进基础学科拔尖学生培养工作的通知》（黑教高函〔2011〕208号），在哈尔滨工业大学等6所高校率先推进基础学科本科拔尖学生培养计划，探索拔尖创新人才培养模式和机制的全方位创新。根据《关于进一步推进黑龙江省高校创新创业人才培养工作的通知》（黑教高函〔2011〕90号）的文件要求，以立项的形式积极推进高校创新创业人才培养工作。经过申报评审，共有20所本科高校、10所高职高专院校获批进行创新创业人才培养模式试点项目。5月，黑龙江大学与俄罗斯新西伯利亚国立大学合作成立了以培养对俄战略性创新拔尖人才为宗旨的中俄学院，在国内率先迈出了全面引进俄罗斯优质教育资源的改革步伐。中俄学院已开设6个中国对俄战略急需专业，招生近200名。10月，中俄学院被国家教育体制改革领导小组确定为开展创新人才培养试验的试点学院。

〔**提高人才培养质量**〕 实行高等院校分类指导。大力开展教师及教学管理队伍培训，依托重点高校设立了黑龙江高校教师培训基地和教师教学发展示范中心，着力构建国家、省、校三级访学支持体系，2011年度选派国外访问学者43名，国内访学教师270名，省内访问学者87名。举办了6期高校管理人员专题培训班，培训了近200名中高级管理人员。举办4期龙江高教大讲堂，共有来自全省高校管理干部、教师近千人次参加。制定了《关于进一步加强高等学校人才培养质量保障体系建设的意见》，不断完善高等学校人才培养质量保障体系建设，配合教育部完成了大庆师范学院教学合格评估工作。积极推进高职高专院校人才培养质量评估工作，对9所院校进行了评估。以高等数学课程评估为切入点，积极开展专项评估工作。启动实施了高校教学质量年报制度。推进特色应用型本科院校和示范性高职院校建设，6所立项建设的特色应用型本科院校平均每所院校与50多家企业建立了人才培养的合作关系，3所高职高专院校立项国家骨干高职建设项目，12所高职高专院校立项省级骨干高职建设项目。推进以校企合作、工学结合、顶岗实习为重点的人才培养模式改革，与高职院校合作的企业达3 800家，年“订单”培养学生1.5万人，顶岗实习学生3万人，已落实到合作企业就业的毕业生1.4万人。积极推进本科高校23个国家级实验教学示范中心和100个省级实验教学示范中心建设。完成高等教育教学改革工程立项1 045项，评选出省级优秀教育教学成果奖300项。

〔**高层次人才队伍建设**〕　研究制定了《基础教育龙江名师培养计划实施方案》，组织开展“高等学校学术领军人才（院士后备人选）培养支持计划”的前期调研和遴选的准备工作。制定下发了“长江学者”后备人才支持计划，3年资助科研经费60万元，2011年批准重点支持7人。加大高校科技创新人才培养和科研资助力度，培养支持省高校新世纪优秀人才20人，省高校青年学术骨干75人，海外学人科研资助计划18人，推荐教育部“新世纪优秀人才支持计划”14人。继续实施“龙江学者计划”，评选“龙江学者”36名，其中特聘教授28名、讲座教授8名。完善特级教师队伍建设机制，组织评选特级教师89名。评选省级教学名师56名、教学新秀50名，国家级教学名师3名。

〔**科技创新平台建设**〕　五大科技创新平台建设持续进展，累计投入1.71亿元建设经费和研发经费，为合作企业实现研发项目103项、转化项目34项、产品二次开发项目3项，累计为企业创造产值185亿元以上。16个高校工程技术研发中心立项建设，累计达43个。国家杂粮工程技术研究中心落户八一农大，成为黑龙江省农业领域第3个国家级工程技术研究中心。落实高教强省建设规划，加强高校科技创新平台建设。哈尔滨师范大学“纳米氧化物半导体与介观物理”实验室申报教育部省部共建重点实验室获得通过，省属高校教育部重点实验室达10个；加强省属高校科技创新团队建设，新建科技创新团队11个，累计达31个。哈尔滨医科大学杨宝峰院士领衔的“重大心血管疾病防治基础及其转化医学研究”创新团队获得国家创新群体基金支持，是省属高校获得的首个国家级创新团队，实现了省属高校国家级创新群体零的突破。哈尔滨医科大学刘连新教授领衔的“肝胆肿瘤发病机理、治疗及耐药研究”高校创新团队获得教育部批准，是省属高校获得的第二个教育部创新团队。东北农业大学李文滨教授领衔的“寒地大豆优质分子设计育种”高校创新团队、黑龙江大学井立强教授领衔的“应用于能源与环境的晶态材料的设计及可控制备”高校创新团队获得教育部批准为重点培育团队。成功承办了全国高等学校实验室开放和大学生科技创新现场会。

〔**科技成果转化与社会服务**〕　制定和实施高校科技成果转化“以奖代补”项目实施办法，对评估优秀的6个工程中心予以奖励性资助，有效促进了成果转化。与省工信委等部门共同筹备组织第一届中国国际新材料产业博览会，共展出98项新材料领域的高新技术成果，并筛选出10余项市场前景好、科技含量高、技术达到成熟的可产业化科技成果在展会上推介。着力推进农业新品种新技术示范推广，围绕国家粮食安全和“千亿斤粮食产能工程”，在优势特色种植和养殖业方面遴选由省高校研发，具有全部或大部分知识产权，具有较高科技含量、市场前景好的新品种、新技术进行示范推广与应用。实施新农村科技服务计划25项。招收农村大学生1 270人，师范生到农村顶岗支教1 480人，在全省各基层有办学条件的企事业单位设置普通高校函授教育辅导站130个。全省高校共有成人学历教育在校生近20万人，完成各类短期非学历教育培训25万人次。

〔**毕业生就业工作**〕　召开现场会，推广典型，分类指导，分层推进；深入高校检查督促、调研指导，抓好各项政策措施的贯彻落实；通过就业市场开发、建立实习见习基地、组织招聘会、积极开展大学生创新创业活动，不断拓宽毕业生就业渠道。2011年，全省21.2万名高校应届毕业生，截至9月1日，初次就业率为82.75%，同比增长1.1个百分点，高于全国近5个百分点。

撰稿　于子超　李笑冰
许学杰　李崇道
审稿　廉世民

上海市教育

概　　况

〔基本情况〕

2011 年各级各类学校校数、教职工、专任教师情况

	学校数（所）	教职工数（人）	专任教师数（人）
总计	3 118	262 343	177 625
一、高等教育	85	76 014	40 661
（一）研究生培养机构（不计校数）	53		
1. 普通高校	22		
2. 科研机构	31		
（二）普通高等学校	66	74 065	39 626
1. 本科院校	35	64 404	34 018
其中：独立学院	4	1 115	725
2. 高职（专科）院校	31	9 661	5 608
3. 其他机构（点）（不计校数）	0	0	0
（三）成人高等学校	19	1 949	1 035
（四）民办的其他高等教育机构	240	5 182	1 506
二、中等教育	890	90 288	59 942
（一）高中阶段教育	378	45 359	25 436
1. 高中	251	30 389	16 654
普通高中	247	30 301	16 596
完全中学	94	11 162	3 731
高级中学	134	16 192	12 310
十二年一贯制学校	19	2 947	555
成人高中	4	88	58
2. 中等职业教育	127	14 970	8 782

续表

	学校数（所）	教职工数（人）	专任教师数（人）
普通中专	64	8 906	4 974
成人中专	25	643	327
职业高中	28	4 201	2 874
技工学校	10	1 220	607
其他机构（教学点）（不计校数）		0	0
（二）初中阶段教育	512	44 929	34 506
1. 初中	507	44 929	34 506
初级中学	358	28 194	21 848
九年一贯制学校	149	16 735	6 962
十二年一贯制学校			720
完全中学			4 976
职业初中	0	0	0
2. 成人初中	5	0	0
三、初等教育	764	48 151	46 254
（一）普通小学	764	48 151	46 254
小学	764	48 151	38 958
九年一贯制学校			6 489
十二年一贯制学校			807
（二）成人小学	0	0	0
其中：扫盲班	0	0	0
四、工读学校	13	519	389
五、特殊教育	29	1 577	1 158
六、学前教育	1 337	45 794	29 221

2011 年各级各类学历教育学生情况

	毕业生数（人）	招生数（人）	在校生数（人）
一、高等教育			
（一）研究生	30 816	40 080	119 017
博　士	4 776	6 345	25 807
硕　士	26 040	33 735	93 210
（二）普通本专科	139 027	137 811	511 283
本　科	84 174	87 314	357 218
专　科	54 853	50 497	154 065
（三）成人本专科	60 590	57 920	188 601

续表

	毕业生数（人）	招生数（人）	在校生数（人）
本　科	37 526	39 893	131 659
专　科	23 064	18 027	56 942
（四）其他各类高等学历教育			
1. 在职人员攻读硕士学位		9 355	35 935
2. 网络本专科生	59 841	54 217	145 656
本　科	17 336	11 973	35 531
专　科	42 505	42 244	110 125
二、中等教育	211 085	220 339	762 832
（一）高中阶段教育	113 959	104 129	329 442
1. 高中	59 587	52 224	164 925
普通高中	58 523	52 224	161 056
完全中学	14 697	12 423	38 305
高级中学	42 144	38 303	118 010
十二年一贯制学校	1 682	1 498	4 741
成人高中	1 064		3 869
2. 中等职业教育	54 372	51 905	164 517
普通中专	31 371	27 767	102 230
成人中专	7 630	8 038	16 679
职业高中	12 324	12 344	35 099
技工学校	3 047	3 756	10 509
（二）初中阶段教育	97 126	116 210	433 390
1. 初中	96 244	116 210	430 585
初级中学	60 861	72 738	271 458
九年一贯制学校	17 270	23 752	83 588
十二年一贯制学校	2 244	2 464	8 866
完全中学	15 806	17 212	66 551
职业初中	63	44	122
2. 成人初中	882		2 805
三、初等教育	130 857	169 430	731 131
（一）普通小学	130 857	169 430	731 131
小学	111 024	143 757	618 050
九年一贯制学校	17 758	23 363	102 749

续表

	毕业生数（人）	招生数（人）	在校生数（人）
十二年一贯制学校	2 075	2 310	10 332
（二）成人小学	0		0
其中：扫盲班	0		0
四、工读学校	715	827	1 804
五、特殊教育	1 505	1 178	8 260
六、学前教育	125 499	156 915	444 177

2011 年各级各类非学历教育学生情况

	毕（结）业生数（人）	注册生数（人）
总计	2 626 141	2 432 458
一、高等教育	701 419	629 123
（一）研究生课程进修班	3 339	4 687
（二）自考助学班	6 926	12 987
（三）普通预科生		0
（四）进修及培训	691 154	611 449
其中：资格证书培训	139 212	124 170
岗位证书培训	154 738	148 622
二、中等教育	1 924 722	1 803 335
其中：资格证书培训	163 563	144 927
岗位证书培训	355 332	344 279
（一）中等职业教育	123 906	57 611
其中：资格证书培训	43 368	26 288
岗位证书培训	56 579	20 422
（二）职业技术培训机构	1 800 816	1 745 724
其中：资格证书培训	120 195	118 639
岗位证书培训	298 753	323 857

2011 年各级各类民办教育基本情况

	学校数（所）	毕业生数（人）	招生数（人）	在校生数（人）	教职工数（人）	专任教师数（人）	其他学生数（人）
一、民办高等教育							
（一）民办高校	21	30 104	27 739	92 867	6 666	3 985	135
本科学生		7 610	9 076	33 613			
专科学生		22 494	18 663	59 254			

续表

	学校数（所）	毕业生数（人）	招生数（人）	在校生数（人）	教职工数（人）	专任教师数（人）	其他学生数（人）
其中：独立学院（不计校数）	4	4 209	4 257	15 492	1 115	725	0
本科学生		4 209	4 257	15 492			
专科学生		0	0	0			
（二）民办的其他高等教育机构	240				5 182	1 506	240
二、民办中等教育							
（一）高中阶段教育	59	7 183	5 357	17 448	8 090	5 944	
1. 民办普通高中	53	6 244	4 336	14 493	7 834	5 786	
2. 民办中等职业教育	6	939	1 021	2 955	256	158	32
（二）初中阶段教育	53	15 195	16 176	62 098			
1. 民办普通初中	53	15 195	16 176	62 098			
2. 民办职业初中							
三、民办普通小学	181	29 888	37 250	166 712	8 391	6 207	
四、民办幼儿园	459	28 668	42 787	120 470	16 573	8 073	
另有：民办培训机构（不计校数）	644				11 803	4 196	946 918

〔**教育经费投入与支出**〕 （1）2011年，上海市教育部门财政拨款440.23亿元。其中市级财政拨款133.06亿元；区县财政拨款307.17亿元。全市小学生均支出17 730.09元（其中生均公用经费5 511.77元），比2010年增加1 711.60元，增长10.69%；初中生均支出23 036.76元（其中生均公用经费7 279.00元），比2010年增加2 079.91元，增长9.92%；高中生均支出28 529.09元（其中生均公用经费8 691.81元），比2010年增加3 102.72元，增长12.20%；中等职业学校生均支出19 571.43元（其中生均公用经费5 318.61元），比2010年增加1 461.43元，增长8.07%；地方高等学校生均支出51 527.76元（其中生均公用经费37 006.75元），比2010年增加15 716.85元，增长43.89%。（2）上海市从教育费附加宏观调控部分安排70 000万元，用于资助郊区农村和其他经济困难地区发展义务教育；安排16 059万元用于对内地西藏班、新疆班专项补助和对口支援云南、西藏、新疆；安排40 000万元用于支持人口流入多、进城务工人员随迁子女集中区县的幼儿园、中小学建设；安排28 186万元用于中等职业教育实训基地和品牌学校建设；安排24 254万元用于中等职业教育助学金、奖学金。（3）根据市政府批复的《关于化解市教委所属高校债务的工作方案》，按照明确职责，共同负担的原则，上海市积极启动高校债务化解工作，制定2011年市教委所属高校化债资金使用方案，并下拨11.755亿元化债资金，减轻高校债务负担。（4）从2011年起，调整上海市义务教育阶段公办学校生均公用经费基本标准，小学每生每年不低于1 600元、初中每生每年不低于1 800元，分别比原来的1 400元和1 600元调高了200元；将学前教育公办幼儿园生均公用经费基本标准提高到每生每年1 200元。（5）制定出台对上海市家庭经济困难适龄幼儿实施学前教育资助政策，制定出台对上海市普通高中家庭经济困难学生实施国家资助制度。

〔**教育法制与政策研究**〕 推进上海市各项教育立法工作。做好《上海市终身教育促进条例》的制定及审议通过后的宣传实施工作；做好《上海市中小学校学生伤害事故处理条例》修订工作，报市人大审议通过。开展《上海市民办教育促进条例》、

《上海市公共场所外文使用管理规定》、《上海市教育评估暂行规定》立法调研，形成立法调研报告，为制定相关条例和规定做好立法前的基础准备。推进教育行政法制工作。开展普通高校章程建设调研，开展教育法制培训。筹备成立上海市教育法学研究会，发布《“六五”普法规划》，推进“法律进学校”活动。开展教育改革发展前瞻研究。深化“长三角教育联动发展”研究成果，召开第三届长三角教育联动发展研讨会，发布《建立长三角教育综合改革试验区研究》课题研究成果，签署7项有关合作协议。完成“推进上海教育国际化战略研究”课题研究，形成上海教育国际化相关政策建议；开展“上海学前教育就学与管理制度研究”课题研究，提出完善上海学前教育就学和管理制度的政策建议；开展学生申诉理论及实务、教师申诉理论及实务等政策研究，指导开展纠纷处理。

〔**审计监察**〕　做好市级教育专项资金下拨工作，会同市财政局对2011年“十大工程”实施项目进行研究和论证，制定20亿元专项资金安排方案，并完成资金预拨。与市财政局、市审计局共同制定《实施〈上海教育规划纲要〉专项资金使用管理办法》，发布《上海市教育委员会专项经费评审实施细则》、《上海市教育培训机构学杂费专用存款账户管理规定》，制定《“十二五”高等教育内涵建设市级教育专项资金使用管理办法》。配合审计署开展审计工作，配合开展上海市经济责任审计组进驻市教委开展延伸审计，建立周报告制度，每周及时上报审计工作进展情况；加强经济责任审计制度建设，发布《上海市教育委员会关于印发上海市教育系统经济责任审计报告基本格式以及审计项目质量控制要求的通知》和《上海市教育委员会关于印发〈上海市教育系统领导干部经济责任审计整改工作暂行办法（试行）〉的通知》两项制度。开展教育系统国有企业财务决算审计，印发《关于做好2010年度教育系统国有企业财务决算审计工作的通知》，组织实施委直属单位和市属高校所属国有独资和控股企业2010年度财务决算审计。严格规范教育收费，开展规范教育收费春季检查和秋季联合大检查，自查率达100％，组织抽查12所高校，检查全市17个区县、36所高中、72所幼儿园。查处违规推荐、统一征订教辅材料问题6件，涉及违规金额11.61万元。高校清退研究生违规收费48.49万元。加强招生监察工作，严肃查处3起以假材料获得人才引进居住证问题及2起违规招生问题。开展各类专项治理工作。健全控制和规范庆典、研讨会、论坛活动；加强公务用车专项治理，推进系统公务用车规范管理；开展“小金库”专项治理全面复查，重点关注并整体推进行政经费压缩、行政经费管理改革、财务预决算以及“三公经费”等改革工作；加强高校工程建设领域突出问题专项治理长效机制建设。

〔**信息公开**〕　制定教育信息化“十二五”规划、教育信息化公共服务平台建设实施方案和教育信息化建设工作制度，开展上海市教委电子政务综合应用平台改造工作。公开2011年部门预算、“三公”经费预算信息、2010年度9项市级财政专项资金使用情况信息，发布各类政策解读109条，受理并答复信息公开申请32件，信息公开专栏访问量达292.94万人次。指导区县教育行政部门深入推进政府信息公开工作；完成高校信息公开试点，制定印发高校信息公开专栏标准化建设指导意见；组织实施中小学信息公开工作评议，全市中小学信息公开工作覆盖率达100％。

〔**教育改革**〕　成立教育体制改革领导小组，由上海市委副书记殷一璀和副市长沈晓明担任双组长，成员包括与教育工作密切相关的24个委办局主要负责人或分管负责人，形成了全市各有关部门共同支持教育事业科学发展的改革合力。明确将“十二五”教育规划纲要确定的目标细化为166项具体任务。编制完成《上海市教育改革和发展“十二五”规划》，配套编制实施基础教育、高等教育、职业教育、教师队伍建设、教育国际化、教育信息化、学生健康促进工程等10余个专项行动计划。全面启动“十大工程”和27项国家教育体制改革试点项目。统筹规划“十大工程”和国家教育体制改革试点项目，基本确定了“十二五”期间140亿元市级教育专项资金的投入方向和改革项目。2011

年，投入20亿元实施59个改革项目。

〔**德育工作**〕 召开上海市学校德育工作会议，出台《上海学校德育“十二五”行动计划（2011—2015年）》等文件，提出未来5年学校德育工作的总体思路和基本任务。实施“红色旗帜 时代风采”庆祝建党90周年宣传教育行动计划，开展纪念辛亥革命一百周年活动，推进党史国情教育；推进高雅艺术进校园剧目展，培养学生艺术素养和审美情趣。举办首届“上海高校思想政治理论课教学活动月”，开展高校思政课教学系列研讨，举办第四届上海高校思想政治理论课教学论坛暨全国高校思想政治理论课教学研讨会；承办教育部“六个为什么”进高校思政课教学试点现场推进会暨高校思政课建设研讨会（华东片会），组织“六个为什么”进课堂现场观摩课。研制高校思政课教学指南，确定高校思政课教学重点和难点。制定《进一步加强上海高校马克思主义理论学科建设的意见》。开展各区县贯彻落实“两纲”（即上海市科教党委、市教委发布的《上海市学生民族精神指导纲要（试行）》和《上海市中小学生生命教育指导纲要（试行）》）2009—2010年度阶段性总结评估，评选上海市中小学德育特色项目；发布《上海市中等职业学校德育工作专项评估实施方案》和《上海市中等职业学校德育工作专项评估指标体系》。制定《上海校外教育三年行动计划（2012—2014年）》，促进校内外教育资源整合。推动辅导员队伍建设，举办培训班，提升辅导员工作水平。推动辅导员双重身份、双重待遇、双线晋升政策落实，研制《上海高校辅导员队伍建设五年发展规划（2011—2015年）》。发布《关于进一步加强上海市中小学骨干教师德育实训基地建设的实施意见》和《上海市中小学班主任带头人工作室学员培训实施方案（试行）》；出台《上海市中小学班主任培训工作实施意见》和《上海市中等职业学校班主任队伍建设实施意见》，形成分层递进的班主任培训组织管理体系。

〔**体育、卫生、艺术与科普教育**〕 实施学生健康促进工程相关项目。推进足球项目大、中、小学课余训练一条龙建设计划；启动区县学生体质健康监测中心建设，确定在10个区县试点建设区县级学生体质健康监测中心。开展上海市中小学生《国家学生体质健康标准》抽样监测，发布《关于在本市中小学和托幼机构开展“医教结合”工作的指导意见》，制定《医生进校园工作指南》；制定健康促进学校指标体系（含高校版、中小学版和托幼机构版）。推进学校卫生保健室标准化建设，完成全市70％公办学校的卫生保健室标准化建设工作，投入经费约2 300万元；完成政府委托民办小学卫生保健室标准化建设工作，投入经费约260万元。启动实施学生实践和创新基地建设工程。制定学生实践和创新基地建设工程（艺术、科普部分）方案，实施上海市学生艺术团提升计划。开展“上海市学生艺术团管乐、弦乐、交响乐团新建组团（试点）”申报与现场测试，批准成立9个乐团。

〔**在沪随迁子女教育**〕 落实在沪随迁子女免费接受义务教育政策。在沪50.17万名随迁子女全面免费接受义务教育，其中36.89万余人在公办学校就读，13.28万人在政府购买服务的158所民办小学就读。改善以招收随迁子女为主的民办小学的办学条件。采取公、民办学校结对、专项督导、绩效评估等措施，规范学校管理，提高办学水平。制定加强以招收随迁子女为主的民办小学教师队伍建设方案，开展对这些小学教育教学工作的跟踪督导。进一步扩大中职学校招收随迁子女的数量，61所中职学校招收随迁子女6 031名。随迁子女在上海中职学校就读免学杂费并补助生活费。允许符合条件的中职毕业随迁子女参加高职自主招生。

〔**帮困助学**〕 建立高中家庭经济困难学生资助制度，从2011年秋季学期起，对城乡低保家庭、烈士子女、孤儿、残疾学生免学费、课本和作业本费，同时发放生活补贴。对其他家庭经济困难学生，平均资助标准为每生每年1 500元。建立学校学费减免制度，全市普通高中按学校事业收入3％的比例提取为校内奖助学金，用于补充其他家庭经济困难学生减免学费或其他临时困难补助。完善中职学生资助和免费教育体系，12.7万余人次享受中职免费教育，享受免费金额3.5亿元。89所中职学校 7 806 名学生获得上海市奖学金 663.95 万元，19 万人次获得助学金 1.13 亿元。全市 57 所地方高校均开设“绿色通道”，7 116 名家庭经济困难新生通过“绿色通道”入学。规范国家助学贷款，全年财政共计贴息 830 多万元。全市高校共向 2.1 万多名学生发放 375 万元的返乡路费补助，高校寒假期间共安排 8 600 多个勤工助学岗位，学生勤工收入达 284 万元。

〔**学校安全工作**〕　加强 700 余所学前儿童看护点安全防范工作，71 个学前儿童看护点转为民办三级幼儿园；投入专项资金，改善 9 个郊区县 623 所义务教育阶段中小学校（含以招收进城务工人员随迁子女为主的民办小学）消防设施。实施《上海市中小学、幼儿园安全防范管理基本要求地方强制标准》，按照《中小学、幼托园所校车管理若干规定》，完成 1 500 辆校车登记备案和申领校车标牌工作。严格安全风险勘查整改制度，实施每月联合抽查制度。开展中小学毒品预防教育。加强工读教育，启动第四轮工读学校教师全员培训。开展高校安全隐患排查治理工作。

〔**对口支援与民族教育**〕　选派第 11 批 100 名教师赴滇支教，选派第二批教师赴喀什地区支教（已有 32 名教师在喀什支教）；全市教育系统全年累计向对口地区派遣支教教师近 1 000 人（含短期支教讲学），接受对口地区来沪研修培训的教师干部达 8 600 多人次。完成教育部下达的 2011 年度上海内地西藏班、新疆班扩招任务。录取少数民族新生（含预科转入）873 人，其中本科录取 724 人，高职（专科）149 人。市属高校在疆录取新生 1 708 人（含新疆内地班、预科生转入），完成招生计划 115.7%。录取新疆少数民族预科生 172 人。此外，首次定向录取新疆喀什地区新生 150 人。上海市奉贤中等专业学校等 3 所学校招收 386 名首届新疆内地中职班学生。上海交通大学医学院附属卫生学校招收 150 名西藏中职学生。西藏、新疆内地中职班共享受补助资金 368.63 万元。

〔**民办教育**〕　探索制定营利性和非营利性民办学校分类管理办法，明确全市民办学校的分类标准、法人属性、税费优惠、公共财政扶持力度等内容。市级财政安排民办高校专项扶持资金 1.91 亿元（不含帮困助学等），市级财政预算内安排民办高等教育 3 000 万元、民办基础教育 5 000 万元、以招收随迁子女为主的民办小学 3.5 亿元。促进民办学校特色优质发展，30 所学校被中国教育学会民办中小学协会列为特色创建实验学校。开展民办高校强师工程，推进民办学校教师年金制度，建立民办学校专职教师资源信息库。加强民办学校财务管理制度建设，推进落实《民办高校财务管理办法和会计核算办法（试行）》、《关于加强民办高等学校学费及政府扶持资金管理的通知》和《关于建立民办高校学费收入信息管理系统的通知》，促进各民办高校规范资金资产管理。落实《上海市民办非学历教育院校（机构）审批和管理办法（试行）》和《上海市民办非学历教育院校（机构）设置标准（试行）》，明确准入标准，强化审批管理。截至 2011 年年底，对全市近 3/4 的民办非学历教育院校开展了办学评估和专项督查。

〔**教育交流与合作**〕　创新中外合作办学模式和机制。上海纽约大学获教育部批准正式开工建设。完成对上海工程技术大学与法国巴黎时装学院合作举办服装设计专业本科教育项目、上海医药学校与澳大利亚博士山技术与继续教育学院合作举办药剂（药品物流）专业和药剂（药品营销）专业中等职业教育项目的质量认证探索。发展来沪留学生教育。留学生数量继续扩增，长期生和学历生比例稳步提高。启动高校外语授课课程师资国外研修项目，首批 37 名教师分赴加拿大和澳大利亚进行培训。启动开发“当代中国研究”课程教材。新增 5 个外国留学生中国文化体验基地与社会实践基地，留学生社会服务体系逐步形成。参与和服务国家汉语国际推广战略。新增孔子学院 3 所、孔子课堂 3 个。全市共有孔子学院 35 所、孔子课堂 8 个。启动高校学生海外学习、实习项目，首期 3 500 万元启动资金项目，资助市属高校 1 300 余人次赴海外知名院校、研究机构学习、实习。实施上海市“海外名师项目”，为市属高等院校聘请世界高层次专家前来授课、讲学、开展跨国跨境科研提供财政资助。开展中外青少年交流活动。中国国际青少年活动中心（上海）落户东方绿舟。“2011上海国际友好城市青少年夏令营”开营，应国家主席胡锦涛邀请，300余名俄罗斯中小学生到沪参加夏令营活动。开展友好城市合作交流活动，与韩国的釜山、济州，日本的大阪、长崎、横滨，澳大利亚的昆士兰，南非的夸纳省，法国罗阿大区等开展持续深入的教育交流互访；与墨西哥哈里斯科州教育部续签双边合作协议。完成重大国际教育交流活动。第十二届世界俄语大会在沪举行，俄罗斯教科部副部长杜利诺夫到沪出席大会；以主题为“数字化环境下的学生学习”的第四届上海—新加坡基础教育圆桌会议举行，两地继续互派2名中小学校校长挂职交流；上海—芬兰职业教育研讨会在复旦大学举行。

〔**语言文字工作**〕 开展语言文字规范研究，编制《上海中长期语言文字事业改革和发展规划纲要》，研制《上海市公共场所外文使用管理规定（草案）》，承制国家标准《公共服务领域外文译写规范》。开展社会语言文字应用监测，开展上海公共场所外文译写纠错青年志愿者集中行动，完善中英文纠错志愿者社团活动机制，加强公共场所语言文字应用网络监测平台建设。开展语言文字诵读活动，推进上海市“中华诵·经典诵读行动”试点，建立上海市“中华诵·经典诵读行动”名师工作室。启动中国语言资源有声数据库上海建库工作，开展上海话有声数据采录。

基础教育

〔**学前教育工作**〕 启动新一轮学前教育三年行动计划（2011—2013年），落实学前教育公共服务的定位。建立学前教育联席会议制度。调整学前教育生均公用经费定额标准。制定困难幼儿资助政策等公益性普惠性政策。完成全市全年新增40所幼儿园的市政府实事工程，增加园舍面积27.12万平方米、建筑面积20.78万平方米。加快民办三级幼儿园建设，规范郊区学前儿童看护点并加强安全管理。对民办三级幼儿园和看护点分别给予5万元和2万元的经费支持。发布《上海市教育委员会关于进一步规范幼儿园保教工作的实施意见》，制定学前教育信息化标准，建设适合幼儿成长发展需要的主题资源库。

〔**推进素质教育**〕 召开上海市基础教育工作会议，提出为学生的终身发展奠基是基础教育的首要任务。出台《关于减轻过重课业负担深入实施中小学素质教育若干意见的通知》和《关于进一步推进本市义务教育均衡优质发展的实施意见》。构建义务教育教学质量综合评价体系——中小学生学业质量绿色指标（十项指标），编制《上海市中小学作业设计与实施指南》。在小学阶段试行“快乐活动日”，每周集中半天时间，以学生自主活动为主要形式实施课程。每学年课时总量为120课时，在两个学期中分30次实施。建设中小学生社会实践基地，形成九大社会教育资源系列（共100多个基地）。完成第四批科普教育基地课程资源开发，37个科普教育基地供中小学生开展探究实践活动。建立10个高校青少年实践工作站，组织学生开展课程活动。

〔**义务教育均衡发展**〕 上海市政府与教育部签署义务教育均衡发展备忘录，确定全市17个区县到2012年年底全部实现义务教育基本均衡发展，并通过市政府认定。以常住人口为基数，制定人口集聚区（城郊结合部）、大型居住区教育资源配置方案。“十二五”期间，计划在大型居住社区公建配套学校343所，郊区新城公建配套学校70所，其他住宅区公建配套学校220所左右，在规划公建配套学校覆盖不到的郊区人口集聚街镇增建学校

150所。实施上海市“新优质学校”项目，总结办学经验，发挥示范辐射作用。推进第三轮郊区农村义务教育学校委托管理工作，组织托管46所农村相对薄弱学校。

〔**课程建设**〕　修订中小学各学科课程标准，侧重加强课程标准的结构化呈现，提高课程标准对学科教学基本要求的描述精度，提高课程标准对学科教学、评价等的指导作用。落实《上海市提升中小学（幼儿园）课程领导力三年提升行动计划（2010—2012年）》，对51所中小学和黄浦区整个区域项目开展中期评估。启动中小学专题教育梳理整合工作，分小学、初中和高中三学段，完成专题教育内容分类整合，初步形成专题教育整合实施的指导意见。

〔**普通高中特色发展**〕　推进“促进普通高中优质多样特色发展试验”项目实践研究。开展普通高中学生创新素养培育实验，初步构建高中学生创新素养的基本框架结构。配合做好国家教育咨询委员会到沪专题调研“拔尖创新人才培养”试点。出版首批高中创新实验室案例征集《创新，实验室里的时代脉动——高中创新实验室案例撷英》。开展普通高中开设国际课程调研。

〔**教育督导工作**〕　形成市教育督导委员会工作机制，完善公示公报中关键性指标体系，重新核查区县义务教育财政拨款基数。发布《关于开展推进区域教育现代化综合督政工作的实施意见》和《上海市推进区域教育现代化综合督政指标》，开展综合督政和专项督导，启动区县推进区域教育现代化综合督政。

〔**师资队伍建设**〕　开展国家级校长、教师培训，14名教育系统干部参加全国地市教育局长研修班、全国县市教育局长培训班、全国省、地督学培训班；33名校长参加全国校（园）长高级研修班；964名教师参加“国培计划”（2011）中小学幼儿园骨干教师、班主任、紧缺薄弱学科骨干教师、教师培训者等培训项目。完成第二期693位名师名校长后备人选培养和第一期33名长三角名校长培训。继续开展“上海—美国加州影子校长项目”，16名校长、20名教师赴美国加州开展为期8周的“影子校长”、“影子教师”研修。开展郊区县教师培训，继续开展新农村教师专业学科培训项目，开展85所以招收进城务工人员随迁子女为主的民办小学教师资格制度执法检查。完成2 500余名教师全员培训工作。开展保育员（三大员）岗位培训机构资质认定工作。开展“教育部—微软（中国）‘携手助学’二期创新教师培训”项目，321名教师完成培训。开展英特尔未来教育教师培训、特殊教育教师培训以及科技艺术教师培训，启动课外校外科技艺术教师专项实训和课外校外教师网络远程培训。

职业教育与成人教育

〔**国家级示范学校建设**〕　上海石化工业学校等6所学校正式启动“国家中等职业教育改革发展示范学校建设计划”；上海市南湖职业学校等6所学校入选第二批国家级示范学校建设项目并正式立项建设；上海医疗器械高等专科学校国家骨干高等职业院校项目建设正式启动；上海旅游高等专科学校示范性高职建设项目顺利通过教育部、财政部验收，成为全国首家旅游类国家示范性高职院校。

〔**专业和实训中心建设**〕　完成高职高专院校重点专业建设路线图制定工作，重点建设200个高职专业。围绕先进制造业和现代服务业，确定156个专业为上海市中等职业学校重点建设的专业，178门课程为精品课程建设立项项目。推动学历证书与职业资格证书在课程层面的对接和融通，完成新一轮专业教学标准开发工作，确立24个专业教学标准开发项目。编制7个上海市职业教育开放实训中心的验收评估和机电技术应用等6个专业的实验实训室装备新标准。完成中央财政支持的实训基地建设申报评审，8个项目立项建设。开展职业教育开放实训中心运行绩效评估，对41个已通过评估验收并运行2年的开放实训中心实施绩效评估。

〔**职业教育教学改革**〕 确立24个专业教学标准开发项目，修订发布《上海市中等职业教育专业教学标准开发指导手册》，规范专业标准开发工作。举行“上海高职高专院校重点专业建设教学比武”。完成中等职业学校课改特色实验项目验收和优秀校本教材评选，对32个课改特色实验项目进行评议验收。对75所学校开展首轮教学质量网上评估。开展上海市中职学校第二届校本教材展示交流评比，54册教材获评“优秀校本教材”，10所学校获“优秀组织奖”。开展教育部改革创新示范教材遴选，向教育部推荐30册改革创新示范教材。

〔**中高职贯通培养模式改革**〕 10所中职学校和7所高职院校实施中高职贯通培养模式改革，已有在校生近1 500名。召开“上海市中高职贯通培养模式试点工作推进会”，进一步优化中高职贯通培养方案。初步建立起以就业质量为核心的毕业生就业状况监控、评价和服务体系。组织参加2011年全国职业技能大赛设置的所有比赛项目，共获得48个一等奖、28个二等奖、16个三等奖和6个优秀奖。

〔**职教集团建设和校企合作**〕 在已组建的8个行业职教集团和5个区域职教集团基础上，继续推动行业和区域职教集团的组建工作。长宁现代职业教育集团成立，指导组建闸北职教集团。校企合作机制不断创新，国盛集团注资1亿元成立国盛科教发展公司，推动校企合作市场运作。上海信息技术学校等25所中职学校开展校企合作培养高技能人才项目，共计培养学生近6 000名。

〔**终身教育**〕 发布实施《上海市终身教育促进条例》，提出科学性和前瞻性的指导方针，明确各类实施主体及其职责分工，明确政府主导、多元投入的终身教育经费保障机制。召开上海市第三次老年教育工作会议，颁布实施老年教育“十二五”规划；在浦东、徐汇、普陀、宝山四区启动成立“上海老年大学分校”，市、区两级财政配套支持。制定《建设老年教育支持服务体系方案》。开展社区教育实验工作，确定实验街镇132个，各类实验项目181个。开展优秀社区教育课程、教材、课件和学习实践活动评选，97门课程被评为社区教育特色课程。增强社区教育服务能力，举办“阅读红色经典，激扬爱国情怀——社区网上读书活动”；成立“数字化学习资源共享联盟”，加大网上学习资源开发整合。开展终身学习展示活动，举办第七届全民终身学习活动周，举办市民绘画、歌舞展演、手工艺制作、演讲、辩论等全市13项大型赛事，开展各类学习活动2 000多项，参与市民超过320万人次。开展学习型组织创建活动，组织开展优秀学习型团队创建评比，在全市评选产生100个优秀学习型团队。召开学习型家庭创建推进大会。

高等教育

〔**高校合作共建工作**〕 开展“985工程”合作共建，上海地方财政资金配套投入36亿元，其中40%（14.4亿元）作为引导性资金，引导“985工程”高校在经济建设、创新体系建设、城市建设与管理、生态建设、社会建设、服务上海地方高等教育发展等六个方面积极服务上海发展。4所“985工程”高校已分别与7所市属高校启动合作共建。同时，支持上海财经大学、东华大学、上海外国语大学等“211工程”高校开展“经济学创新平台”、“煤的清洁高效利用与石油化工关键技术”等“985工程”优势学科创新平台项目建设。推进“211工程”建设。上海地方财政资金配套投入17.93亿元推进上海10所“211工程”高校建设，对“211工程”高校166个服务地方经济和社会发展项目（分重点学科建设项目、创新人才培养和师资队伍建设项目、校内公共服务体系建设项目三大类）开展验收。对接服务国家和上海发展战略。根据教育部《高等学校创新能力提升计划》精神，与教育部共同推进“上海数学中心”和“上海转化医学研究中心”建设，分别与国家海洋局、交通运输部共同支持上海海洋大学、上海海事大学建造教学科研实验用船，与国家体育总局共建上海体育学院中国乒乓球学院，与中科院合作推进浦东科技大学（暂定名）立项筹建。

〔**地方本科院校内涵建设**〕　制定地方本科院校“十二五”内涵建设规划，根据“扶需、扶特、扶强”原则，围绕上海经济社会发展需求，结合学校的基础、特色、优势和发展目标，聚焦21所本科院校180个重点建设项目。根据“早成熟、早启动”的原则和“边实施、边完善”的思路，启动了21所本科院校80个内涵建设项目。制定相关政策办法，制定“上海地方本科院校‘十二五’内涵建设”的《项目建设管理办法》、《专项资金使用管理办法》、《专项资金绩效评价办法》和《“十二五”高等教育内涵建设市级教育专项资金使用管理办法》。

〔**本科教学质量提升行动**〕　推进上海高校实施“卓越工程师教育培养计划”，全市7所高校率先进入国家“卓越工程师教育培养计划”行列。开展优质教学资源共享工作，松江大学园区7所高校形成跨校互聘教师、跨校选课、学分互认、实施交换生等多项合作机制。完善本科教学质量保障体系，推进本科高校内涵建设。建设33个重点校外实习基地和11个示范性实习基地，组织申报200个本科重点教学改革项目。开展中央财政支持地方高校专项资金相关工作，22所市属高校获得中央专项资金1.476亿元支持，上海市政府按1∶1的比例配套支持。

〔**研究生教育**〕　21所专业学位研究生培养高校全部开展全日制专业学位研究生教育综合改革试点工作。启动18种专业学位类别学位论文标准及评估指标的研制工作，启动上海市专业学位研究生实践基地建设，开展“专业学位研究生教育综合改革试点”中期检查，开展硕士专业学位研究生学位论文市级双盲评审改革试点。开展专业学位教育综合改革资助工作，资助11所高校进行专业学位研究生综合改革试点工作，资助15所地方高校开展研究生创新能力培养专项工作。健全研究生培养质量保障体系。健全学位论文双盲检查制度。开展全国优秀博士学位论文省级初选暨上海市研究生优秀成果（学位论文）评选，共有10篇论文入选全国优秀博士学位论文，26篇论文入选全国优秀博士学位论文提名。建立学位授予信息申报和审核制度，审核批准21所高校的57个本科专业增列为学士学位授予专业。完成上海市研究生课程进修班登记备案工作，对18所院校的130个研究生课程进修班予以登记备案。

〔**知识创新工作**〕　开展上海市重点学科建设。重点加强上海市重点学科中期建设绩效评价工作，实现了绩效与投入相关的滚动支持管理模式；推进E—研究院建设，对社会学等9个E—研究院进行评估。确定8个上海高校人文艺术创新工作室。完成上海理工大学“现代微创医疗器械及技术”和上海海事大学“集装箱供应链技术”教育部工程研究中心、上海大学“特种光纤与光接入网”省部共建教育部重点实验室验收。

〔**高校人才队伍建设**〕　继续实施“上海特聘教授（东方学者）岗位计划”，72人入选，其中特聘教授43人（含团队2个），讲座教授29人。按照岗位情况，“教学科研兼顾型”38人，“研究型”29人，“教学型”5人。实施上海高校教师产学研践习计划，701名教师和39个上海地方高校产学研基地（试点）获资助经费3 610万元。实施上海高校教师国内访问学者计划，批准 284 人入选（其中 20 人入选教育部计划），共资助经费 1 315 万元。实施上海高校教师国外访学进修计划，批准 555 人入选，共资助经费 5 075 万元。实施上海高校青年教师培养资助计划，753 人入选，除 5 所部属（军队）高校的 77 位入选青年教师由“211 工程”市政府配套经费中提供资助经费外，上海大学等 40 所公办高校的 575 位入选青年教师由市教委专项提供资助经费 2 302.5 万元，19 所民办高校的 101 位入选青年教师由市教委民办教育基金提供资助经费 367.5 万元。开展人才课题公开招标，上海大学高等教育研究所等 5 个单位获得课题经费资助。

〔**招生就业工作**〕　上海市普通高校招生考试总人数为 6.12 万人，有 710 所高校在沪进行秋季招生录取，招生计划总数为 5.29 万余人，实际录取考生 54 542 名（不含复旦大学、上海交通大学自主招生改革试验录取的 1 230 名）。其中本科 41 966 名、专科 13 806 名；上海市院校录取 44 414 名，外省市院校录取 10 128 名。“专升本”招生院校共 18 所，计划招生 3 355 名，其中计划招收退役士兵 492 名。插班生考试工作招收院校新增上海理工大学，相关 6 所高校共计划招收 390 名插班生。公示艺术特长生 393 名、高校“自主选拔录取改革试点”考生 1 871 名、高水平运动员考生 213 名、体育特长生 516 名、保送生 257 名、复旦大学和上海交通大学“深化自主招生改革试验”考生1 230 名、政策性加分对象 967 名、推优加分对象 553 名、文艺特长生 150 名、科技发明创造奖获得者或单科竞赛优胜者 94 名、技能特长生 51 名。市属普通高校承担教育部下达的“支持中西部地区招生计划”、“部分地区普通高等教育跨省生源计划调控方案”两专项招生规模达 3.38 万人。加强学生就业指导服务。2011 年，上海高校毕业生共 17.5 万人，其中毕业研究生 3.2 万人，本科毕业生 8.7 万人，专科毕业生 5.6 万人。截至 2011 年 9 月 1 日，上海高校毕业生总体就业率为 95.68%，比 2010 年同期上升 0.56 个百分点，其中研究生就业率为 96.26%，本科生就业率为 95.33%，专科（高职）毕业生就业率为 95.9%。截至 2011 年 9 月 1 日，上海市累计引进非上海生源高校毕业生约 1.47 万人。组织实施“选聘高校毕业生到村任职”、“大学生志愿服务西部计划”、“三支一扶计划”及“高校毕业生预征入伍工作”等项目，上述项目全年计划招募毕业生 800 人。截至 2011 年 8 月底，上海地区高校毕业生入伍预征报名人数为 2 629 名。115 名首届免费师范毕业生（1 名延期毕业，2 名退出）通过双向选择和统筹安排相结合方式，全部落实从教岗位和编制。推进高校毕业生自主创业，截至 2011 年 9 月 1 日，全市核发高校毕业生自主创业证 459 张，实现创业人数 362 人。

撰稿　徐钦福　沈勉荣
钟　智　刘　捷
审稿　薛明扬

江苏省教育

概　况

〔基本情况〕

2011年各级各类学校校数、教职工、专任教师情况

	学校数（所）	教职工数（人）	专任教师数（人）
总计	12 400	989 497	789 165
一、高等教育	164	163 833	105 590
（一）研究生培养机构（不计校数）	43		
1. 普通高校	28		
2. 科研机构	15		
（二）普通高等学校	151	161 062	103 939
1. 本科院校	71	104 688	63 603
其中：独立学院	25	11 990	9 483
2. 高职（专科）院校	80	54 735	39 104
3. 其他机构（点）（不计校数）	18	1 639	1 232
（三）成人高等学校	13	2 771	1 651
（四）民办的其他高等教育机构	0	0	0
二、中等教育	3 507	427 139	340 779
（一）高中阶段教育	1 315	213 549	155 217
1. 高中	782	139 059	97 970
普通高中	618	138 024	97 149
完全中学	214	49 805	26 900
高级中学	362	78 377	67 223
十二年一贯制学校	42	9 842	3 026
成人高中	164	1 035	821
2. 中等职业教育	533	74 490	57 247

续表

	学校数（所）	教职工数（人）	专任教师数（人）
普通中专	169	34 267	27 106
成人中专	54	3 665	2 233
职业高中	86	15 034	12 254
技工学校	127	18 389	13 338
其他机构（教学点）（不计校数）	97	3 135	2 316
（二）初中阶段教育	2 192	213 590	185 562
1. 初中	2 100	213 071	185 110
初级中学	1 769	171 702	147 340
九年一贯制学校	331	41 369	19 072
十二年一贯制学校			2 611
完全中学			16 087
职业初中	0	0	0
2. 成人初中	92	519	452
三、初等教育	4 371	254 045	250 313
（一）普通小学	4 325	253 834	250 123
小学	4 325	253 834	231 621
九年一贯制学校			16 552
十二年一贯制学校			1 950
（二）成人小学	46	211	190
其中：扫盲班	9	84	84
四、工读学校	0	0	0
五、特殊教育	108	3 844	3 036
六、学前教育	4 250	140 636	89 447

2011 年各级各类学历教育学生情况

	毕业生数（人）	招生数（人）	在校生数（人）
一、高等教育			
（一）研究生	33 388	44 217	134 404
博　士	4 088	5 340	23 250
硕　士	29 300	38 877	111 154
（二）普通本专科	477 137	436 056	1 659 415
本　科	225 510	240 461	968 097
专　科	251 627	195 595	691 318
（三）成人本专科	119 285	151 260	428 306

续表

	毕业生数（人）	招生数（人）	在校生数（人）
本　科	56 107	72 400	206 059
专　科	63 178	78 860	222 247
（四）其他各类高等学历教育			
1. 在职人员攻读硕士学位		11 674	42 098
2. 网络本专科生	12 089	18 804	37 978
本　科	7 872	9 583	20 773
专　科	4 217	9 221	17 205
二、中等教育	1 780 382	1 480 076	4 726 527
（一）高中阶段教育	931 051	830 460	2 606 215
1. 高中	551 376	408 844	1 373 604
普通高中	466 131	408 844	1 286 951
完全中学	131 475	116 482	366 481
高级中学	317 873	275 685	870 819
十二年一贯制学校	16 783	16 677	49 651
成人高中	85 245		86 653
2. 中等职业教育	379 675	421 616	1 232 611
普通中专	195 458	204 005	633 220
成人中专	19 496	38 711	88 497
职业高中	75 127	64 690	205 267
技工学校	89 594	114 210	305 627
（二）初中阶段教育	849 331	649 616	2 120 312
1. 初中	838 269	649 616	2 111 249
初级中学	651 389	495 241	1 624 470
九年一贯制学校	83 368	72 604	226 663
十二年一贯制学校	19 612	13 613	45 274
完全中学	83 900	68 158	214 842
职业初中	0	0	0
2. 成人初中	11 062		9 063
三、初等教育	651 199	761 815	4 096 120
（一）普通小学	649 684	761 815	4 095 995
小学	599 450	705 032	3 783 466
九年一贯制学校	44 687	50 980	281 290

续表

	毕业生数（人）	招生数（人）	在校生数（人）
十二年一贯制学校	5 547	5 803	31 239
（二）成人小学	1 515		125
其中：扫盲班	56		105
四、工读学校	0	0	0
五、特殊教育	3 270	3 693	25 517
六、学前教育	692 259	811 842	2 174 832

2011 年各级各类非学历教育学生情况

	毕（结）业生数（人）	注册生数（人）
总计	9 044 719	8 433 503
一、高等教育	397 277	164 535
（一）研究生课程进修班	2 215	3 269
（二）自考助学班	10 343	26 247
（三）普通预科生		15
（四）进修及培训	384 719	135 004
其中：资格证书培训	164 312	75 147
岗位证书培训	82 831	34 876
二、中等教育	8 647 442	8 268 968
其中：资格证书培训	1 083 535	1 016 692
岗位证书培训	1 564 404	1 376 656
（一）中等职业教育	516 566	325 171
其中：资格证书培训	207 192	154 928
岗位证书培训	169 021	94 503
（二）职业技术培训机构	8 130 876	7 943 797
其中：资格证书培训	876 343	861 764
岗位证书培训	1 395 383	1 282 153

2011 年各级各类民办教育基本情况

	学校数（所）	毕业生数（人）	招生数（人）	在校生数（人）	教职工数（人）	专任教师数（人）	其他学生数（人）
一、民办高等教育							
（一）民办高校	51	113 316	105 091	417 923	21 506	15 659	837
本科学生		80 678	74 561	321 004			

续表

	学校数（所）	毕业生数（人）	招生数（人）	在校生数（人）	教职工数（人）	专任教师数（人）	其他学生数（人）
专科学生		32 638	30 530	96 919			
其中：独立学院（不计校数）	25	53 571	50 493	213 137	11 990	9 483	740
本科学生		53 571	50 493	213 137			
专科学生		0	0	0			
（二）民办的其他高等教育机构	0				0	0	0
二、民办中等教育							
（一）高中阶段教育	137	77 830	76 859	232 188	41 757	32 869	
1. 民办普通高中	109	63 693	62 270	186 318	39 698	31 504	
2. 民办中等职业教育	28	14 137	14 589	45 870	2 059	1 365	6 343
（二）初中阶段教育	158	110 104	94 718	302 856			
1. 民办普通初中	158	110 104	94 718	302 856			
2. 民办职业初中							
三、民办普通小学	89	29 209	28 303	167 123	4 404	3 508	
四、民办幼儿园	1 513	166 932	201 165	553 786	47 541	27 743	
另有：民办培训机构（不计校数）	1 341				15 432	9 934	2 160 354

〔**教育投入与支出**〕 2011 年，全省教育经费总收入 1 752.26 亿元，其中地方教育经费总收入 1 588.21 亿元，比 2010 年增加 273.59 亿元，增长 20.81%，位居全国第二。教育经费总支出 1 723.32亿元，其中地方教育经费总支出 1 573.20 亿元，比 2010 年增加 275.07 亿元，增长 21.19%。在总支出中，人员经费支出 858.74 亿元，比 2010 年增加 90.70 亿元，增长 11.81%，人员经费支出占总支出的 54.58%，比 2010 年下降 4.89 个百分点；公用经费支出 706.33 亿元，比 2010 年增加 210.87 亿元，增长 42.56%，公用经费支出占总支出的 44.90%，比 2010 年增加 7.06 个百分点；基本建设经费支出 8.13 亿元，比 2010 年减少 26.51 亿元，下降 76.53%，基本建设经费支出占总支出的 0.52%，比 2010 年下降 2.15 个百分点。全省地方各级各类学校校舍面积 1.56 亿平方米，固定资产总额达 2 390.22 亿元，其中房屋建筑物 1 721.67 亿元、专用设备 340.95 亿元。

〔**师资队伍建设**〕 高层次人才队伍建设成效显著。面向海内外选聘 50 名第二批江苏省特聘教授，遴选 50 名第二批“江苏人民教育家培养工程”培养对象，高校 5 人入选两院院士、7 人入选第六批国家“千人计划”、11 人获国家杰出青年科学基金资助、10 人入选首批“青年千人计划”、87 人入选“教育部新世纪优秀人才支持计划”，619 人入选省第四期“333 高层次人才培养工程”培养对象、37 人入选省“高层次创新创业人才引进计划”、8 个团队入选省创新团队。高校新增国家级教学名师 10 人、省级教学名师 50 人，1 人入选 2010 年度“全国十大教书育人楷模”。强化教师培训，完成省级以上培训 12.1 万人次，其中农村教师占一半。建立中小学教师省级培训质量评价监测机制，培训总体满意度达 90%以上。选派高校 320 名中青年骨干教师、校长和 9 个团队赴世界 200 强高校研修。江苏籍国家免费师范生 100%落实就业。评审通过高校教师高级职务任职资格 3 037 人、中职学校教师高级职务任职资格 1 242 人、教授级中学教师 120 人。全省面向社会认定各级各类教师资格 47 395 人。

〔**学生资助工作**〕 首次设立学前教育省政府助学金，每生每年资助 1 000 元，资助面为在园幼儿的 10%。义务教育学校家庭经济困难寄宿生生活补助标准提高到小学每生每年 750 元、初中每生每年 1 000 元。高中教育阶段残疾学生实施免费教育。省财政安排 9.53 亿元专项发放普通高校国家奖学金、励志奖学金和助学金。全面落实中职国家助学金和免学费政策。

〔**教育服务经济社会发展**〕 高校科技创新能力持续提升。省政府召开了全省高校科技创新工作会议。高校 39 项成果获 2011 年度国家科学技术奖，63 项成果获 2011 年度全国高等学校科学研究优秀成果奖（科学技术），47 项成果获省科学技术一、二等奖。9 个团队入选 2011 年度教育部创新团队。遴选了江苏省高校优秀科技创新团队 26 个。立项资助高校自然科学、哲学社会科学研究重大或重点项目 153 项，其他基金项目近 1 300 项。在全国率先遴选 15 个高校哲学社会科学校外研究基地。新增 3 个教育部科技查新工作站、3 个国家技术转移示范机构和 7 个教育部、科技部高校学生科技创业实习基地。职业教育和社会教育服务发展更加有效。扎实推进退役士兵职业技能培训，招收退役士兵学员 13 101 人。开展农村实用技术培训 206 万人次，农村劳动力转移培训 31.5 万人次，农民创业培训 5.3 万人次，新型农民技能学历双提升培训 3.4 万人次。教育对口支援工作迈上新台阶。全年在新疆伊犁州和克孜勒苏柯尔克孜自治州启动教育援助项目 46 个，投入资金 2.9 亿元。接收 3 284 名新疆籍高校毕业生到江苏 41 所高校接受岗前培训。选派特级教师专家团赴新疆讲学送教。首批招收新疆中职学生 340 人、西藏中职学生 570 人。

〔**党建和思想政治教育**〕 开展“践行师德创先争优、办人民满意教育”主题实践活动，评选表彰了“三最三星”（“三最”即大学生最喜爱的教师、辅导员和管理服务人员，“三星”即在大学生中评选“学习之星、服务之星、创新之星”）先进个人 60 名，大力宣传景荣春、吴邵萍、李吉林、徐其军等人和耿高鹏同学的先进事迹。制定了贯彻落实普通高校基层组织工作条例的意见，10 所高校获党建工作创新奖、145 所高校获最佳党日活动优胜奖。推行高校院系党组织负责人公推直选，党内民主建设进一步加强。召开全省教育系统宣传思想工作会议，开展了“研修党史、高举党旗、紧跟党走”主题实践活动，开展思想政治课专项检查，加强全省高校新聘辅导员、思想政治课骨干教师培训，举办辅导员工作论坛和 4 期高校哲学社会科学骨干研修班。22 项优秀校园文化成果获教育部表彰（全国第一）。着力构建反腐倡廉工作机制，扎实推进廉洁教育工程。高校党风廉政建设不断加强，开展第五届校园廉洁文化活动周活动。对 46 所省属高校党风廉政建设情况进行专项检查，对 4 所省属高校进行巡视。有序推进高校内控机制建设试点。

〔**招生与就业**〕 高校招生考试工作平稳有序。完成普通高考、自学考试等各类考试的组织工作，招生阳光工程深入实施，高职注册入学改革平稳顺利。全省普通高考共录取新生 41.77 万人，高考录取率达 83.6%，创历史新高。高校毕业生就业工作成绩显著。实施“百千万”就业培训工程（百名党政领导干部、百名村干部、百名企业经营管理人才，千名专业技术人才、万名“新农村、新农民”培训工程），落实“百校联动”就业计划和困难家庭大学生就业能力提升计划，组织职业规划大赛、就业知识竞赛、就业指导技能比赛，举办 20 余场公益性招聘活动。召开全省创业教育示范校建设推进会，建成 40 所大学生创业教育示范校，新建首个省级大学生创业实践及孵化基地。建立毕业生就业反馈机制，发布高校毕业生就业评估、预警和重点产业人才供应年度报告及职业学校专业结构与产业结构吻合情况预警报告。全省高校毕业生年终就业率达 96.8%。

〔**教育交流与合作**〕 召开全省教育外事工作会议，出台了系列指导性意见，全面深化教育国际合作与交流。全省评选表彰78所教育国际合作交流先进学校。新上报教育部审批备案合作办学机构和项目115个。成立了江苏省汉语国际推广办公室，孔子学院、孔子课堂、汉语推广基地学校建设成效显著，新增4所孔子学院。支持、推进中外合作高水平大学论证、筹建和申报工作。381人获国家留学基金和江苏省政府留学奖学金资助。留学生教育取得新成效。老挝苏州大学正式招生。

〔**民族教育工作**〕　落实2011年国家下达江苏新疆班887人、西藏班170人的内地高中班招生计划。开展办班政策落实情况督查，推进各市切实执行省教育厅和财政厅《关于进一步做好我省内地西藏班、新疆班工作的意见》，为办好内地高中班提供保障条件。承办教育部在宁夏回族自治区召开的内地民族教育维稳工作会议，参与组织第七期全国新疆班德育和思想政治教育专题培训班，江苏办班学校作为6家典型之一作经验介绍。

〔**语言文字工作**〕　开展“中华诵·颂歌献给伟大的党”红色经典“诵读、书写、创作”系列活动。新增国家级语言文字规范化示范校22所。江苏省成为全国唯一的城市“普通话初步普及、汉字社会应用基本规范”达标省份。

基础教育

〔**学前教育围绕公益普惠高起点普及**〕　①编制学前教育五年行动计划，以县区为单位落实学前教育改革发展任务。②建立由分管副省长担任主任的全省学前教育联席会议制度，联席会议成员包括省政府办公厅、教育、财政、编办、人社等18个部门的负责人。同时要求各级政府都要建立由分管负责人牵头、各有关部门参加的学前教育联席会议制度。③省教育厅与省委组织部联合举办全省市县长学前教育专题研究班，深入解读国家和省关于学前教育改革发展的政策，明确政府主导、社会参与、公办民办并举的办园体制和县级统筹、县乡共建的管理体制。④建设改革发展示范区。省政府发布了《江苏省学前教育改革发展示范区建设主要指标》。在11月26日召开的第二次全省学前教育改革发展现场推进会上，副省长曹卫星代表省政府与全省13个省辖市及所属县区政府逐一签订了学前教育改革发展示范区创建责任书。⑤实施普及提高工程。重点支持经济薄弱地区新建和改扩建农村幼儿园，省财政安排专项资金3.6亿元，对经济薄弱地区新建和改扩建达到规定标准的农村公办幼儿园和普惠性民办幼儿园给予以奖代补。2011年，全省新建、改扩建幼儿园800多所。⑥实施省优创建工程。自2011年起，全省新设立的幼儿园须按省级优质幼儿园标准建设，省教育评估院每年对500所左右申报幼儿园进行评估。截至2011年年底，全省已有94个县区的省级优质幼儿园比例达60%以上，占全省县区总数的86.2%。2011年，全省新创建省级优质幼儿园240所。⑦实施国家教育体制改革项目试点。省政府印发《实施国家教育体制改革试点项目重点任务分解方案》，明确试点项目的责任单位为省教育厅、镇江市政府及苏南部分市县政府。全省各地先行先试，积极探索形成了公办为主、公办民办并举、政府资助的普惠性民办为主的多种办学模式。

〔**义务教育围绕优质均衡高标准推进**〕　①省政府召开全省义务教育优质均衡改革发展示范区建设座谈会，总结了首批示范区创建工作情况，交流了各地的做法和经验，进一步统一思想、查找差距、剖析问题，把握重点环节，加大推进力度，确保示范区建设顺利推进、取得实效。②2011年全国“两会”期间，江苏省作为第一批签约省，与教育部签订了《关于推进县域义务教育均衡发展备忘录》，明确江苏省大力推进县域义务教育优质均衡发展的目标，并通过省级人民政府认定。③制订省推进县域义务教育优质均衡发展规划，推动全省义务教育从基本均衡走向优质均衡，高水平普及义务教育。④启用义务教育学籍管理系统。对全省义务教育学籍管理系统进行网络化改造启用。⑤推进义务教育优质均衡发展等国家教育体制改革试点项目工作。省教育厅负责人多次带队赴全省基础教育国家教育体制改革各试点地区进行考察调研，督促项目按时推进。要求苏州、无锡、常州三市根据制定的共建方案，建立联席会议制度，把义务教育的改革发展放到三市整体区域中进行谋划，加强协调配合，统一有关标准和要求，联手解决发展难题，从而为全省提供样本和示范。4 月 13 日，省政府召开全省基础教育国家教育体制改革试点项目推进会，对全省 7 个基础教育改革试点项目进行全面部署，确保项目顺利实施。

〔**不断提高基础教育质量**〕 ①完善质量保障体系建设。3 月初，召开了全省基础教育工作年会，形成了《关于进一步加强和完善保障体系建设 全面提升基础教育质量的若干意见》和《关于进一步加强全省教研室建设的意见》。明确提出加强和完善基础教育质量保障体系建设，全面提高基础教育质量。②加强基础教育教学指导。省教育厅成立了由有关政府部门、事业单位、教研机构、高等院校以及中小学、幼儿园、特殊教育学校的专家共 215 人组成的省基础教育教学指导委员会，下设 21 个学科专家小组，加强对全省基础教育教学工作的指导。③开展义务教育阶段学生学业质量测试分析。在完成全省第三次义务教育阶段学生学业质量测试的基础上，与国家项目组合作，完成了测试与问卷结果的分析，形成了全省总报告及差异分析报告各 1 本、市级报告 13 本、县区级报告 122 本，对中小学深入推进素质教育起到了积极的导向作用。④举办相关教育论坛和培训。举办首届全省基础教育论坛，深入研讨改革发展背景下全省基础教育的内涵发展问题。⑤组织首届全省基础教育青年教师教学基本功大赛。⑥推进苏派基础教育文化建设。开展基础教育专家的教育思想研讨。召开南京市北京东路小学附属幼儿园园长吴邵萍幼儿教育思想研讨会；南通市举办了特级教师李庾南“自学·议论·引导”教学流派发展高层论坛。编辑《江苏省中小学著名特级教师教育思想录》，535 名特级教师入选丛书，系统梳理苏派基础教育教学文化。

〔**普通高中围绕多样特色高水平发展**〕 ①启动普通高中课程基地建设，公布了普通高中课程基地 31 个建设项目和 7 个培育项目。②召开全省普通高中校长暑期学习会，深入研讨新形势下推进素质教育的新特点、新要求，总结 2011 年规范中小学办学行为专项工作情况，部署今后一段时期建设高中课程基地、深入实施素质教育的有关工作。③启动普通高中创新人才培养试点工作。江苏省承担普通高中“建立创新人才培养基地”改革试点项目，共遴选普通高中创新人才培养试点学校 14 所。召开普通高中创新人才培养试点工作推进会，对实践中形成的好做法、好经验及时总结交流，各试点学校汇报试点方案，并就做好试点工作提出意见和建议。④召开以“推进普通高中优质特色发展”为主要内容的全省县（市、区）教育局长专题学习会。

〔**德育工作不断加强**〕 ①开展建党 90 周年系列庆祝活动。组织全省中小学校广泛开展“童心向党”歌咏活动；组织开展“学党史，唱赞歌，树美德”教育实践活动。加强对中小学生爱党、爱国、爱社会主义教育。②表彰普通高中省级三好学生和优秀学生干部。授予 1 299 名学生“江苏省三好学生”称号，授予 300 名学生“江苏省优秀学生干部”称号，引导广大青年学生学习先进、积极向上，努力成为全面发展的新一代江苏人。③表彰省级“英雄中队”。会同团省委等相关部门命名表彰 95 支省级“英雄中队”，在全省广大少年儿童中大力弘扬以爱国主义为核心的民族精神。④加强青少年权益维护工作。组织省教育系统 245 家单位申报省级“青少年维权岗”，为进一步维护全省青少年合法权益提供保障。⑤开展有关调研活动。配合完成教育部有关处室在江苏省部分市区进行积极心理品质和思想道德发展状况的调研工作。对全省教育系统所属青少年校外活动场所进行基本情况的调研，督促各地建设和管理校外活动场所。

〔**继续做好教材管理工作**〕 ①做好中小学课前到书准备工作。编制下发《2011年秋季全省中小学教学用书目录》，组织审查了《小学硬笔习字册》（6册）和《义务教育信息技术教材》（6册），共计12册教材。②全面完成2011年春季学期义务教育阶段学生免费提供作业本工作。全省610万名义务教育阶段学生享受省政府免费提供作业本，实现义务教育“零收费”。

〔**继续重视和发展特殊教育**〕 组织第六届特殊教育学校青年教师教学基本功大赛。组织全省盲聋培智学校教学研讨会。起草《江苏省关于进一步加快特殊教育发展的意见》。

职业教育

〔**建设首批职业教育创新发展实验区**〕 根据省政府办公厅印发的《江苏省职业教育创新发展实验区建设方案》，省教育厅组织开展了首批创新发展实验区申报和评审工作，全省有40个市、县（市、区）踊跃申报。5月，省政府召开全省职业教育创新发展推进会，部署职业教育创新发展工作，公布了苏州、无锡、常州、如皋、东台、泰兴、句容、江都、赣榆县、淮安楚州区等10个市、县（区）为首批职业教育创新发展实验区。

〔**中职教育优质资源进一步扩大**〕 2011年，全省新增4所三星级中等职业学校，11所四星级中等职业学校；新增13所省高水平示范职业学校（含11所四星级学校）。截至2011年年底，全省三星级以上中等职业学校达178所，吸纳了全省80%以上的中职在校生，其中省高水平示范中等职业学校114所（含五年制高职校31所）；全省共有国家示范中等职业学校38所，占全省中等职业学校总数的8.7%，为全国第一。在国家示范中等职业学校就读的中职在校生25万多人，校均6 500多人，占全省中职在校生总数的近20%。积极推进职业教育实训基地建设。2011年，全省重点建设了18个国家级、38个省级中等职业教育实训基地。截至2011年年底，全省建成77个国家级、235个省级中等职业教育实训基地。

〔**加快国家中职示范学校建设**〕 7月，全省首批17所国家中等职业教育改革发展示范学校（以下简称国家示范中职校）全部立项，中央资金及地方配套资金基本到位（省级财政下达配套资金5 780万元）。8月，组织21所中等职业学校申报第二批国家示范中职校，全部立项。8月12日，省教育厅在镇江市召开首批国家中等职业教育改革发展示范学校项目建设启动会。为加强国家示范中职校校际交流，整体、有效推进项目实施，本着“全省统筹、合理分工、市场运作、成果共享”的原则，成立了“江苏省国家中等职业教育改革发展示范学校建设工作协作会”，镇江市高等职业技术学校为协作会会长学校，协会下设13个“重点专业建设协作组”和4个“特色项目建设协作组”，分别明确了牵头学校及具体任务。

〔**开展教育部中等职业教育创新行动计划科研课题研究**〕 在2010年教育部实施的《中等职业教育改革创新行动计划（2010—2012年）》中，江苏省承担了其中10项改革创新任务。根据教育部统一部署，省教育厅、省教科院组织开展了《中等职业教育改革创新行动计划科研课题》申报和研究工作，确定了全省承担的16项科研课题及承办单位。9月27日，省教育厅在南京市召开职业教育科研课题启动会，16个课题承办单位的40余人参加了会议。

〔**教师素质提高培训力度加大**〕 实施中等职业学校教师素质提高计划，加大省级师资培训力度。一是扩大规模，培训教师 5 740 名，比 2010 年增加 3 540 人。二是丰富项目，共计四大类 56 个培训项目。三是增加投入，培训经费近 850 万元（不含出国培训经费），比 2010 年增长了 70%。四是规范管理，在做好省级培训的同时，认真落实国家级培训任务。

〔**举办市县长职业教育培训班**〕 省教育厅联合省委组织部，组织了 110 名分管教育的市长、县长进行职业教育专题培训。教育部职业教育与成人教育司司长葛道凯、省教育厅厅长沈健就职业教育贯彻落实教育规划纲要，坚持职业教育公益性、切实履行政府职责等作辅导报告，省教育厅副厅长杨湘宁具体部署了职业教育创新发展实验区建设工作。

〔**实施第二批职业教育领军人才培养工程**〕 2011 年，江苏省启动了第二届职业教育领军人才培养工程，全省选拔了 30 名职校校长和 40 名骨干教师进行为期 2 年的职业教育领军人才高级研修。8 月下旬，省教育厅在清华大学举办了首批领军人才高级研修班结业典礼和第二批开班仪式。

〔**加强和改进中职德育工作**〕 一是加强职业学校班主任队伍建设。省教育厅首次为中职学校班主任独立编班、组织培训，共培训 315 人。培训由省职业教育学会德育工作委员会、省职业教育学生发展研究中心组分别承办，培训内容丰富，形式活泼，富有实效。二是扎实推进教育部“中等职业学校职业健康与安全教育”试点工作。三是联合共青团江苏省委，评选、表彰中等职业学校“三创”（“创业、创新、创优”）优秀学生 561 名、优秀学生干部 260 名、先进班集体 302 个。

〔**开展中职毕业生注册入学高职院校制度试点**〕 自 2011 年起，首次在省内高职（专科）院校试行面向中职学校毕业生注册入学制度，共招生 1 534 人。同时，进一步完善对口单招的政策制度，扩大对口单招规模，提高本科招生比例。2011 年，对口招生 12 133 人，其中本科录取 3 081 人。稳步发展五年制高等职业教育，推进五年制高职人才培养模式创新。2011 年，招生 5.6 万人，在校生 24.8 万人。

〔**全国及省级职业院校技能大赛**〕 3 月 26—29 日，2011 年江苏省职业学校技能大赛在南京、无锡、徐州、常州、南通、盐城、扬州、镇江 8 个城市的 16 所学校举行，全省 4 200 多名师生选手参加了省级比赛。大赛共设 13 个大类 60 个竞赛项目，分中职学生组、高职学生组、教师组三个组别，江苏联合职业技术学院一、二年级在校生另组队同时参加相应项目的技能操作交流表演。6 月下旬，2011 年全国职业院校技能大赛在天津市举行，江苏代表团中职组 111 名选手报名参加了中职组所有项目的比赛，获 45 个一等奖、44 个二等奖和 9 个三等奖，再次获得团体总分第一名，并获得唯一的团体一等奖，夺得全国职业院校技能大赛的“三连冠”。10 月 17 日，省教育厅在南京市召开 2011 年全省职业院校技能大赛表彰大会，副省长曹卫星出席会议并发表重要讲话，授予参加全国职业院校技能大赛并获一等奖的 56 名中等职业学校学生和 29 名高等职业院校学生“2011 年江苏省职业院校学生技能标兵”称号，授予 152 名指导教师和在全国职业院校技能大赛集训组织工作中作出突出贡献的 34 名同志“2011 年江苏省职业院校技能大赛先进个人”称号，对积极支持、指导和承担技能大赛及集训任务的 32 个单位和 31 所职业院校授予“2011 年江苏省职业院校技能大赛先进单位”称号。

〔**江苏代表队称冠全国中职学校信息化教学大赛**〕 2011 年，在全国中等职业学校信息化教学大赛上，江苏省 12 位参赛教师获 10 个一等奖、2 个二等奖，一等奖人数居全国第一。江苏省教育厅获最佳组织奖。

〔**组织第三届全省中等职业学校文明风采竞赛**〕 由省教育厅、省文明办共同主办，省教育科学研究院承办的第三届江苏省中等职业学校“文明风采”竞赛，共收到全省 178 所学校 27 034 件参赛作品。经评审，共有 2 037 件作品获一等奖，3 176 件作品获二等奖，4 205 件作品获三等奖，3 911 件作品获优秀奖。在此基础上，择优选送了 5 202 件作品参加 2011 年全国中等职业学校“文明风采”竞赛。有 3 736 件作品获奖，其中一等奖 433 件、二等奖 1 157 件、三等奖 1 471 件，全省 73 所学校分别获优秀组织奖和组织奖，总数为全国第一。江苏省教育厅第三次获全国决赛特殊贡献奖。

〔**加强中职教育对口支援工作**〕 2011 年，江苏省招收西藏班学生 570 名，占当年全国总计划的 19%，涉及全省 7 所学校 9 个专业。7 月，国家启动新疆中职班工作，江苏省成为首批接收新疆中职班学生的 9 个省份之一，招收新疆学生 340 人，占总计划的 10%，涉及 3 所学校的 5 个专业。

高等教育

〔**推进本科教育人才培养体制改革试点**〕 重点支持南京大学金陵学院、淮海工学院东港学院实施全面学分制改革试点，支持南京工业大学实施提高课程结构化水平、培养复合型人才改革试点，为全面推行学分制和弹性学制、推进人才培养制度创新积累经验，探索形成以需求为导向的体系开放、机制灵活、渠道贯通、模式多元、选择多样、激发学生活力的人才培养新体制。组织高校申报教育部“卓越工程师教育培养计划”，首批有 6 所高校、第二批有 16 所高校进入教育部“卓越工程师教育培养计划”试点名单，入选数量为全国第一。

〔**推进地方高校计算机学院培养服务外包人才试点**〕 省教育厅与省商务厅共同启动了地方高校计算机学院培养服务外包人才试点工作，新遴选了 22 个试点高校，召开了服务外包人才培养校企对接洽谈会，确立了一批省级校企合作的服务外包人才培训基地。加快转型培养服务外包人才，并以此为契机深化高校计算机类专业人才培养模式改革，提高人才培养质量，增强毕业生就业创业能力。

〔**评选省级教学成果奖**〕 组织 2011 年江苏省高等教育教学成果奖评审，遴选省级高等教育教学成果奖特等奖 20 项、一等奖 60 项、二等奖 118 项。

〔**开展教学改革研究**〕 启动新一轮高等教育教学改革研究课题立项建设工作，共评选立项建设省高等教育教学改革研究课题 503 项，其中省财政资助课题 451 项（重中之重课题 16 项、重点课题 85 项、一般课题 350 项）。省教育厅和外语教学与研究出版社合作立项外语教学研究类课题 52 项（重中之重课题 1 项、重点课题 11 项、一般课题 40 项）。

〔**推进精品教材建设**〕 积极推进精品教材资源共知、共建和共享，规范教材评价选用机制，新增省级精品教材 395 部，覆盖高校达 108 所。截至 2011 年年底，精品教材达 1 405 部。

〔**优化专业结构**〕 2011 年，教育部批准江苏高校新增 124 个本科专业点，其中有 23 个专业点为江苏省首次开设，有 100 个新增专业与江苏战略性新兴产业密切相关。在教育部增设的 25 种战略性新兴产业相关专业中，江苏省获批 21 个，覆盖了全部专业的 84%。省教育厅与省卫生厅共同对全省高校新增高职高专相关医学类专业进行了评估论证。

〔**实验教学示范中心和实训基地建设**〕 遴选新一批省级实验教学示范中心建设点 81 个，在继续支持薄弱高校建设基础课实验教学示范中心的基础上，建设一批学科综合训练中心、校企合作工程实践教育中心。加强高职实训基地建设，申报入选国家级实训基地 15 个。着力推进实验实训基地共享开放机制和制度建设。

〔**大学生实践创新训练计划项目**〕　遴选资助全省高校大学生实践创新训练计划立项项目 2 938 项，其中本科院校 1 587 项、独立学院 355 项、高职高专院校 996 项。全省大学生实践创新训练计划项目总数达 8 579 项。

〔**继续推进示范高职院校建设**〕　加强国家示范（骨干）院校建设，组织专家对全省国家示范高职院校 2008 年立项建设的江苏建筑职业技术学院和南通纺织职业技术学院进行省级验收，并顺利通过教育部、财政部验收。首批建设的国家骨干高职江苏畜牧兽医职业技术学院、南通航运职业技术学院建设方案均一次性通过教育部审核，正式启动建设。组织对 2011 年立项建设的常州机电职业技术学院、苏州工艺美术职业技术学院、南京化工职业技术学院建设方案进行省级论证并上报教育部、财政部。启动新一轮省示范院校建设，与财政厅共同组织遴选、立项建设 11 所省示范性高职院校，加快形成全省以国家示范高职院校为引领、国家骨干高职院校为带动、省示范高职院校为支撑的示范院校建设体系，推动全省高职院校整体水平的提高。

〔**推进高职教育人才培养体制改革试点**〕　以常州高职教育园区为试点，实施基于区域的政府主导、企业参与、高职教育园区内职业院校共同实施的人才培养体制改革；以交通类、信息类高职院校为试点，实施基于行业的高素质高技能型专门人才培养体制改革；分别以机电、纺织职业教育集团为试点，探索职业教育集团合作单位开展紧密合作培养人才的新模式；选择无锡职业技术学院等 5 所高职院校，开展若干专业大类深化高职人才培养模式改革试点。指导和推进苏州、无锡、常州、南通市政府开展地方政府促进高等职业教育改革发展（国家改革项目）试点。

〔**开展独立学院专业建设抽检工作**〕　做好独立学院专业建设抽检，组织相关专家对 2010 年度抽检问题较多的学校开展整改回访，对 2011 年通信工程、应用化学和统计学三个专业进行抽检，实际参加抽检评估的专业布点共有 17 个，涉及 14 所独立学院。通过专家委员会审议和投票，常州大学怀德学院等 12 所独立学院的通信工程专业、南京大学金陵学院等 3 所独立学院的应用化学专业、江苏大学京江学院等 2 所独立学院的统计学专业的抽检结论均为“通过”。

〔**加强高校教学信息化建设**〕　贯彻全省教育技术工作会议精神，印发《省教育厅关于推进高等学校教学信息化建设的若干意见》。遴选省优秀多媒体教学课件特等奖 10 项、一等奖 51 项、二等奖 141 项。遴选出的优秀多媒体教学课件，通过江苏高等教育优质教学资源服务共享网络平台面向全省高等学校开放，促进全省高校数字教学资源建设整体水平的提高，为教师教学科研和学生个性化学习提供服务。

〔**构建教学质量监控长效机制**〕　建设完善高职院校人才培养工作数据采集平台，开展采集平台网络版使用培训，顺利完成 2011 年全省高职院校数据采集汇总、上报等工作。数据采集平台建设的经验在全国有关会议上进行交流，开发的网络版和管理仪表盘被教育部向全国推荐使用。完成了年度高校实验室信息统计数据采集与上报工作。认真总结高职院校新一轮人才培养工作试点评估，完善江苏省高职院校评估实施细则、评估指标体系，组织开展对南京工业职业技术学院等 13 所院校人才培养工作评估。

〔**组织参加各类大学生竞赛**〕　在 2011 年全国大学生电子设计、数学建模、广告艺术设计、力学、工程训练综合能力等多类学科竞赛中，江苏省获等级奖总数位居全国前列，其中数学建模、力学等竞赛居全国第一。在 2011 年全国职业院校技能大赛中，江苏省高职院校荣获 11 个一等奖、6 个二等奖、4 个三等奖，一等奖总数再次居全国第一。

〔**规范成人高等教育管理**〕　进一步规范管理成人高等教育，加强成人高等教育内涵建设。完成第三批省成人高等教育特色专业、精品课程遴选工作，共遴选出54个特色专业建设点、119门精品课程。开展2011年成人高等教育新增专业申报与评审工作，新增了118个专业。组织开发“成人教育数据采集平台与管理系统”，并组织培训试用。对全省成人高等教育校外教学点进行年审和备案，切实提高成人高等教育人才培养质量。

〔**成立南京仙林大学城本科高校教学联盟**〕　11月16日，南京仙林大学城本科高校教学联盟成立大会在南京大学仙林校区召开。南京大学、南京师范大学、南京中医药大学、南京邮电大学和南京财经大学等5所本科院校正式签署协议，教学联盟正式成立。

撰稿　张卫星

审稿　马幸年

浙江省教育

概　　况

〔基本情况〕

2011 年各级各类学校校数、教职工、专任教师情况

	学校数（所）	教职工数（人）	专任教师数（人）
总计	16 950	697 311	550 521
一、高等教育	112	83 000	53 321
（一）研究生培养机构（不计校数）	20		
1. 普通高校	16		
2. 科研机构	4		
（二）普通高等学校	102	81 384	52 296
1. 本科院校	55	58 656	37 187
其中：独立学院	22	10 506	8 172
2. 高职（专科）院校	47	22 648	15 054
3. 其他机构（点）（不计校数）	1	80	55
（三）成人高等学校	10	1 616	1 025
（四）民办的其他高等教育机构	22	2 726	986
二、中等教育	3 233	273 928	220 878
（一）高中阶段教育	1 360	133 921	101 481
1. 高中	860	88 356	64 808
普通高中	569	86 461	63 360
完全中学	91	13 296	5 413
高级中学	445	64 088	55 627
十二年一贯制学校	33	9 077	2 320
成人高中	291	1 895	1 448
2. 中等职业教育	500	45 565	36 673

续表

	学校数（所）	教职工数（人）	专任教师数（人）
普通中专	46	6 129	4 958
成人中专	44	1 838	1 185
职业高中	292	28 801	24 093
技工学校	68	7 660	5 675
其他机构（教学点）（不计校数）	50	1 137	762
（二）初中阶段教育	1 873	140 007	119 397
1. 初中	1 745	139 796	119 270
初级中学	1 345	109 730	99 826
九年一贯制学校	400	30 066	11 779
十二年一贯制学校			1 882
完全中学			5 783
职业初中	0	0	0
2. 成人初中	128	211	127
三、初等教育	3 877	169 735	174 465
（一）普通小学	3 818	169 565	174 379
小学	3 818	169 565	158 643
九年一贯制学校			13 790
十二年一贯制学校			1 946
（二）成人小学	59	170	86
其中：扫盲班	34	47	19
四、工读学校	1	56	44
五、特殊教育	78	2 095	1 794
六、学前教育	9 649	168 497	100 019

2011 年各级各类学历教育学生情况

	毕业生数（人）	招生数（人）	在校生数（人）
一、高等教育			
（一）研究生	13 046	17 565	51 846
博　士	1 408	2 034	8 831
硕　士	11 638	15 531	43 015
（二）普通本专科	238 448	267 493	907 482
本　科	116 841	142 387	546 291
专　科	121 607	125 106	361 191
（三）成人本专科	104 510	111 262	248 552

续表

	毕业生数（人）	招生数（人）	在校生数（人）
本　科	34 396	37 216	81 224
专　科	70 114	74 046	167 328
（四）其他各类高等学历教育			
1. 在职人员攻读硕士学位		4 022	16 933
2. 网络本专科生	13 654	18 113	47 980
本　科	12 360	13 502	41 582
专　科	1 294	4 611	6 398
二、中等教育	1 097 081	1 077 633	3 256 947
（一）高中阶段教育	518 450	577 844	1 707 353
1. 高中	304 119	300 521	941 789
普通高中	277 131	300 521	899 016
完全中学	22 083	25 773	76 174
高级中学	246 569	261 481	787 871
十二年一贯制学校	8 479	13 267	34 971
成人高中	26 988		42 773
2. 中等职业教育	214 331	277 323	765 564
普通中专	29 644	39 392	114 566
成人中专	14 763	17 245	36 060
职业高中	144 243	181 513	501 375
技工学校	25 681	39 173	113 563
（二）初中阶段教育	578 631	499 789	1 549 594
1. 初中	575 871	499 789	1 546 002
初级中学	490 699	413 565	1 291 517
九年一贯制学校	47 790	51 180	147 614
十二年一贯制学校	8 422	8 115	25 421
完全中学	28 960	26 929	81 450
职业初中	0	0	0
2. 成人初中	2 760		3 592
三、初等教育	520 306	628 821	3 444 225
（一）普通小学	517 786	628 821	3 440 635
小学	472 601	564 019	3 112 080
九年一贯制学校	41 592	58 507	298 486

续表

	毕业生数（人）	招生数（人）	在校生数（人）
十二年一贯制学校	3 593	6 295	30 069
（二）成人小学	2 520		3 590
其中：扫盲班	505		878
四、工读学校	64	62	138
五、特殊教育	1 544	2 174	13 048
六、学前教育	596 588	602 523	1 871 437

2011 年各级各类非学历教育学生情况

	毕（结）业生数（人）	注册生数（人）
总计	4 314 984	3 764 872
一、高等教育	601 387	343 614
（一）研究生课程进修班	2 214	3 473
（二）自考助学班	15 270	31 901
（三）普通预科生		0
（四）进修及培训	583 903	308 240
其中：资格证书培训	217 336	127 901
岗位证书培训	149 017	77 512
二、中等教育	3 713 597	3 421 258
其中：资格证书培训	644 697	565 601
岗位证书培训	821 969	723 622
（一）中等职业教育	424 400	232 551
其中：资格证书培训	181 224	114 324
岗位证书培训	131 170	86 504
（二）职业技术培训机构	3 289 197	3 188 707
其中：资格证书培训	463 473	451 277
岗位证书培训	690 799	637 118

2011 年各级各类民办教育基本情况

	学校数（所）	毕业生数（人）	招生数（人）	在校生数（人）	教职工数（人）	专任教师数（人）	其他学生数（人）
一、民办高等教育							
（一）民办高校	35	69 631	80 780	282 198	17 208	12 854	34 344
本科学生		43 287	55 628	208 026			

续表

	学校数（所）	毕业生数（人）	招生数（人）	在校生数（人）	教职工数（人）	专任教师数（人）	其他学生数（人）
专科学生		26 344	25 152	74 172			
其中：独立学院（不计校数）	22	40 706	44 146	173 152	10 506	8 172	770
本科学生		39 881	43 880	171 302			
专科学生		825	266	1 850			
（二）民办的其他高等教育机构	22				2 726	986	22
二、民办中等教育							
（一）高中阶段教育	272	82 599	101 904	290 447	42 745	31 601	
1. 民办普通高中	163	54 090	66 992	192 519	37 219	27 862	
2. 民办中等职业教育	109	28 509	34 912	97 928	5 526	3 739	16 784
（二）初中阶段教育	200	54 602	65 920	183 902			
1. 民办普通初中	200	54 602	65 920	183 902			
2. 民办职业初中							
三、民办普通小学	187	44 364	78 868	369 470	8 227	6 368	
四、民办幼儿园	7 571	380 460	381 138	1 232 451	110 139	64 068	
另有：民办培训机构（不计校数）	1 175				9 483	6 082	472 890

〔**教育经费投入持续增长**〕 2011年，全省地方教育经费总投入达1206.76亿元，比2010年增长14.09%，其中财政性教育经费873.26亿元，比2010年增长19.82%，占总投入的比例为72.36%。财政性教育经费中包括：预算内教育经费708.14亿元，占总投入的58.68%；教育附加费162.94亿元，占总投入13.50%；国有企业拨款、校办产业和社会服务收入用于教育的经费2.18亿元，占总投入0.18%。各级学校生均预算内教育事业费增长情况：普通高校、职业中学、普通高中、初中、小学分别为12014.80元、7816.99元、7683.51元、10028.19元和7468.67元，分别比2010年增长14.34%、20.76%、19.77%、19.63%和10.94%。各级学校生均预算内公用经费增长情况：普通高校、职业中学、普通高中、初中、小学分别为4771.38元、2079.16元、1544.26元、1614.98元和1048.20元，分别比2010年增长24.92%、30.96%、16.38%、33.49%和20.41%。2011年，全省地方预算内教育投入占财政支出比重为20.20%，比2010年提高了0.28个百分点，全省国家财政性教育经费投入为873.26亿元，占全省生产总值的比例为2.73%，比2010年提高0.05个百分点。

〔**召开全省教育局长会议**〕 1月25日至26日，全省教育局长会议在杭州市召开，副省长郑继伟出席会议并讲话。会议提出，教育现代化是新的10年浙江教育改革和发展的总体战略，是贯穿浙江省教育规划纲要的主线。在路径选择上，切实把握和坚持“促进公平、提高质量、实现协调、增强活力、强化服务”的基本要求，确保和推动教育始终走在科学和谐发展的道路上。2011年的主要任务是：抓紧编制和启动实施全省教育发展第十二个五年规划以及全省高等教育发展五年规划、教师队伍建设五年规划；全面启动各项改革试点；继续下大力气抓好中小学生“减负”；努力提高各级各类教育办学质量和水平；进一步加强教师队伍建设；切实维护校园和谐稳定。

〔**建立“十二五”教育发展规划体系**〕　10月16日，省发改委、省教育厅正式发布《浙江省教育事业发展“十二五”规划》，明确了全省“十二五”时期教育改革发展的路线图和时间表，提出了“十二五”时期“全省80%以上县（市、区）达到基本实现教育现代化标准，30%左右县（市、区）达到教育现代化达标标准”的总目标，明确了“突出战略主题、强化人才保障、推进改革创新、选准发展载体、坚持分类指导”的基本思路，对全省教育事业发展任务和措施等进行了全面部署，并针对“十二五”时期全省教育的关键环节和薄弱领域，提出了“幼儿园等级提升工程”、“义务教育学校标准化建设工程”等12大工程项目，把各项战略任务转化为实施蓝图。此外，省教育厅先后制定了《高等教育“十二五”发展规划》、《中小学教师队伍建设“十二五”规划》、《高等教育国际化规划（2010—2020年）》、《中等职业教育“十二五”规划》、《教育信息化“十二五”发展规划》以及《高校海洋学科专业建设与发展规划》等专项规划，为促进全省教育科学和谐发展创造了较好的条件。全省各地积极编制地区教育事业发展规划和方案，把国家和省教育规划纲要落实到基层、落实到行动。

〔**与地方政府签署促进义务教育均衡发展备忘录**〕　11月15日，省教育厅厅长刘希平代表省教育厅分别与11个设区市政府负责人签署义务教育均衡发展备忘录。各市分别提供了推进义务教育均衡发展规划（含时间表）、所承担的国家或省级教育体制改革试点项目实施方案等文本，承诺认真履行职责，加快实现县域义务教育均衡发展，并通过省人民政府认定。

〔**启动全省教育现代化县评估**〕　为加快推进教育现代化进程、实现教育强省的目标，11月30日，省委办公厅、省政府办公厅联合下发了《关于在全省开展教育现代化县（市、区）评估工作的通知》。教育现代化县的评定内容包括“优先发展、育人为本、促进公平、提高质量、改革创新”五个方面13项认定条件，要求确保财政教育经费支出占一般预算支出比例达到或超过省里核定的比例；实现中小学校标准化建设，建立校舍维修长效机制；建立中小学“减负”工作责任制和责任追究制等。同时，明确提出对设区市政府推进教育现代化工作进行考核，凡辖区内80%的县（市、区）达到基本实现教育现代化的，认定该市为基本实现教育现代化市；凡辖区内100%的县（市、区）达到教育现代化的，认定该市为教育现代化市。浙江省还把推进教育现代化建设情况列为对各级党委、政府考核的重要内容。这是继“两基”和创建教育强县后，省委、省政府对县域教育进行综合督导的新机制。

〔**为民办十方面实事**〕　一是将义务教育中小学生均公用经费最低标准由550元和350元分别提高到650元和450元。二是完成中小学校舍加固和重建竣工面积445万平方米，年度新增投资57亿元。三是启动第二轮“书香校园”工程，为义务教育阶段农村中小学、外来务工人员子女学校以及欠发达地区义务教育阶段的城镇中小学校师生配备200万册优质图书。四是实施农村中小学现代远程教育工程，为全省中小学校增配1万套多媒体教学设备，班套比达1.1∶1。五是按10%左右的比例，在普通高中建立学生资助制度，为8.8万名普通高中家庭经济困难学生发放国家助学金6 639万元。六是完成建设156所乡镇中心幼儿园，实现投资5.2亿元。七是继续实施特殊教育学校建设工程，开工建设29个特殊教育学校建设项目，开工面积6.9万平方米，完成投资7 200万元，其中竣工项目25个。八是资助50所外来务工人员子女学校完成改造任务，完成投资5.7亿元。九是全省累计培训教师近36.2万名，其中90学时以上集中培训5.3万名，省级培训中小学校、幼儿园、特殊教育学校校（园）长和骨干教师6 933人。十是资助116名高校优秀中青年骨干教师公派出国研修，资助金额达1 590万元。

〔**完善家庭经济困难学生资助体系**〕　2011年，新实施了学前教育资助制度和普通高中助学金制度。学前教育阶段，从2011年秋季开始，对在幼儿园就读的家庭经济困难儿童实行保育费减免，标准为三级公办幼儿园保育费的50%，享受资助的达14万人。义务教育阶段，在免除城乡义务教育学生学杂费、教科书费和农村义务教育学校学生住宿费的基础上，继续实施爱心营养餐工程，全省37.5万名学生享受爱心营养餐，投入资金1.5亿元。普通高中阶段，对家庭经济困难学生提供助学金，平均每生每年1 500元，对低保家庭子女等五类学生给予免学费、代管费的资助，共有10.8万名学生享受资助，资助金额1.16亿元。继续对中职学校一、二年级学生给予每年1 500元的助学金并免除低收入家庭子女学费，对三年级低收入家庭子女实行免学费并给予每年400元的生活补助，免除农业种养类学生学费。为43.9万名中职学生提供国家助学金，免除11.4万名低收入家庭子女就读中职学校学费并提供生活补助，免除1.8万名涉农专业中职学生学费，为2.9万名优秀学生发放奖学金，合计资助金额9.1亿元。高等教育阶段，1.92万名学生获国家助学贷款1.40亿元，14.34万名学生获国家奖助学金4.91亿元，30.28万名学生获校内奖学金1.95亿元，4.72万名学生获特殊困难补助0.22亿元，7.85万名学生获勤工助学补助1.21亿元，0.38万名学生减免学费0.11亿元。

〔**启动民办教育综合改革试点**〕 2011年，全面启动13项国家教育改革试点项目和31项省级教育改革试点项目。作为全国唯一的国家民办教育综合体制改革试点省份，鼓励温州市、宁波市、安吉县、德清县、宁波大红鹰学院、温州大学城市学院等先行试点地区和院校大胆探索，指导试点地区和学校同步进行研究，制定和完善改革方案。温州市率先破冰，先后出台了《关于实施国家民办教育综合改革试点加快教育改革与发展的若干意见》及9个配套文件，在全国引起强烈反响，获得教育部领导的高度肯定。宁波等市和高校也制定了相应的改革方案和政策措施。

〔**教育援疆工作走在全国前列**〕 完成对口支援新疆阿克苏地区和农一师的教育专项规划，实施阿克苏市、库车县两个教师培训基地建设项目，并展开了2期面向新疆阿克苏1 308名教师的双语培训；完成16个双语学校基础设施建设项目；首批525名内地新疆中职班学生开始在浙江省学习生活；先后接收了2批共889名阿克苏地区高校毕业生在浙江省进行培养；选派了近200名高校和中小学优秀教育管理干部和学科骨干教师到阿克苏挂职支教；阿克苏地区首期中小学骨干校长培训班和骨干教师培训班分别在浙江省举办；面向阿克苏地区和农一师定向招收培养的首批近200名大学生到校就学，各项教育支援阿克苏地区的工作进展顺利。教育援疆所取得的成绩和进展得到了中央和新疆方面的高度肯定，在第二次全国对口支援新疆工作会议上，浙江省作了教育援疆工作经验介绍。

基础教育

〔**实施幼儿教育四大行动计划**〕 5月18日，省政府下发《浙江省发展学前教育三年行动计划(2011—2013年)》。总体目标是：2011—2013年，完成城乡幼儿园建设布局，基本满足家长就近送子女入园需求，学前三年幼儿（包括进城务工人员子女）入园率保持在95%以上；幼儿教师队伍专业化程度明显提高，大专以上学历超过80%，持证上岗率达80%以上；以乡镇中心幼儿园为依托的农村幼儿园管理指导网络全面形成，教育质量有较大幅度提高，等级幼儿园覆盖面达85%以上。为此，配套实施四大行动计划：一是乡镇中心幼儿园建设行动计划。省级财政每年安排资金，支持欠发达县（市）新建乡镇等级中心幼儿园，或利用现有闲置资源改建等级中心幼儿园。二是扶持民办幼儿园发展行动计划。省级财政每年安排经费，对现有民办幼儿园实行奖补。三是贫困家庭子女入园教育费补助行动计划。省级财政每年安排经费，对欠发达县（市）的城乡低保家庭子女和残疾儿童入园减免保教费给予转移支付补助。四是幼儿教师素质提升行动计划。其中省级培训乡镇中心幼儿园骨干教师 4 000 名，市级培训农村幼儿园骨干教师 6 000 名，县级开展幼儿教师资格证培训 3 万名。省教育厅、省财政厅下发了《关于调整乡镇中心幼儿园建设奖补办法》、《浙江省扶持民办幼儿园发展奖补暂行办法》和《关于实施学前教育资助制度》等文件。

〔切实减轻中小学生过重课业负担〕　2011 年，全省继续执行“减负”要求，通过设置监督电话和电子信箱、每月至少开展一次明察暗访、经常性校际间互查等途径，督促各地、各校严格执行减轻中小学生过重课业负担中的“六个严格”、建立“六项制度”。省教育厅建立了各地“减负”督察工作每月一报制度，每月汇总一次各地减负工作开展情况，掌握各地“减负”工作动态。2011 年，根据举报，组织明察暗访了 52 所中小学，查处投诉情况属实的中小学校 39 所，给责任学校和相关教育行政部门下发了书面整改意见书。

〔启动实施新一轮义务教育标准化学校建设〕　省教育厅组织对原标准化学校评定标准进行修订，印发了《浙江省义务教育标准化学校基准标准》。新标准对原指标体系作了丰富和拓展，各设区市均按要求制定了《义务教育标准化学校评定标准》。在各地申报、各设区市评定的基础上，省教育厅组织开展了标准化学校复核工作。经审核，2011 年度，全省共有 1 208 所学校达到标准化学校标准，占义务教育学校总数的 21.8%。

〔深化普通高中课程改革〕　浙江省普通高中课程改革是国家教育体制改革试点之一。9 月，初步完成了《浙江省深化普通高中课程改革方案（征求意见稿）》及 11 个附件起草工作，并在全省全面征求意见，召开 34 次座谈会，238 名教育行政、基教、教研人员和 540 所普通高中学校校长参加会议。11 月，印发《浙江省普通高中特色示范学校建设标准（试行）》，将新课程实施作为特色示范高中评定的主要指标。

〔实施中小学教师培训制度改革〕　教师培训制度改革是国家教育体制改革试点项目之一。其主要目标和任务是：建立自主选择、开放竞争的中小学教师培训体系和机制；建立与教师专业发展培训制度相适应的现代化培训管理体系和制度。其主要突破与创新是：提高培训学时，建立定期集中培训制度。教师结合教学和专业发展需要自主选择培训课程，学校根据教师申请，统筹安排教师参加培训；建立培训竞争机制。实行培训机构认定制度，建立开放和竞争的教师培训体系，对培训机构实行动态管理；全面实行网上选课和信息化管理。建立全省教师培训网络管理平台，从培训机构的资质认证、培训项目申报、资质和项目审核、资质和项目公布、教师自主选择培训、教育行政部门对培训管理和考核等均实行信息网络化管理。该项改革在试点的基础上，从 7 月 1 日起在全省全面实施。全省 35 万名普通中小学教师培训信息全部录入信息资源库，并完成网上注册。全省有 131 个培训机构，共开设 8 431 个培训项目供广大教师选择。2011 年，全省 39.8 万名教师通过培训平台自主选择培训项目。

〔启动全省第二轮书香校园工程〕　6 月，启动实施第二轮书香校园工程，旨在不断缩小城乡教育差距，促进教育均衡发展。该工程由省级专项经费全额保障，投入 8 345 万元专项经费。与第一轮相比，第二轮工程的受益面扩大至义务教育阶段农村中小学、外来务工人员子女学校以及欠发达地区义务教育阶段城镇中小学校；更加突出信息技术的应用，创建“书香浙江”网络平台，引入优质数字图书和期刊资源，打造“省—市—县—校—家”为一体的网络公共阅读平台，积极探索数字图书资源的共建共享；更加注重队伍建设，分批完成中小学图书管理人员的全员培训，逐步推进图书管理队伍的专业化。

〔**教育资源建设取得新突破**〕 为更好地服务学校的教育教学改革，促进教师专业成长，制定了《浙江省数字化教育资源建设计划（2011—2015年）》。2011年，通过浙江教育资源网，组织编制3 300余个多媒体教案；推进30个特级教师工作室、100个农村青年教师成长网络工作室和20个学科协作组建设；完成68集《浙江——我的家乡》特色系列电视片的拍摄；编制150节学科难点重点辅导项目、20节心理健康活动课和10幕心理剧；启动了中职教育资源和高中网络选修课程建设工作，为广大中小学教师和学生提供了丰富的优质教育资源。同时组织开展各类网上主题讨论、在线辅导和网络教研2 800余次，网站实名注册教师达19万人。

〔**德清县校车运营模式受到全国关注**〕 德清县率先启动“学生交通保障工程”，财政一次性投入2 000多万元购置专用校车，每年补助400万元专项资金；专门成立了“永安学生交通服务管理有限公司”，委托湖州长运公司德清分公司对其进行管理，实现了德清校车运行主体的专业化，做到专车专用；公司先后出台了一系列规章制度，组建了“学生接送车督察小组”，每月对校车公司、学生接送工作进行现场督察，并通过学生接送车GPS拍摄系统，不定时跟踪回放每辆校车的运行过程。为了给校车出行营造良好的交通环境，将“礼让校车”的内容纳入对全县驾驶员的入职培训。这种模式的优势是学校全权委托校车公司负责学生的接送，专车专用，彻底解决超载、超速、并载接送等各类安全隐患。在全国几次校车事件发生后，德清模式受到全国媒体的高度关注，参观考察的省外同行络绎不绝。

职业教育与成人教育

〔**实施中职教育现代化建设工程**〕 1月出台的《浙江省中等职业教育“十二五”发展规划》提出，到2015年，建立起适应浙江省经济社会发展要求，质量、规模、结构、效益比较协调，达到基本现代化标准的中等职业教育体系。为此，着手实施“中等职业教育现代化建设工程”。该工程包括：“现代化示范学校建设工程”、“专业结构调整推进工程”、“学生综合素质提升工程”、“课程改革工程”、“服务产业发展工程”、“教师队伍素质提升工程”、“成人继续教育推进工程”七项工程。

〔**中职跨区域招生工作改革**〕 为促进中职教育专业结构调整、加速职业学校的专门化办学和专业建设的特色化发展，满足地方产业发展的需要和学生接受优质职业教育、就读优势特色专业的要求，浙江省开展了中职跨区域招生的改革试点工作，即在以设区市为地缘单位统筹中职专业结构调整的基础上，依法依规规范中职招生秩序，有序扩大招生范围，经设区市教育局统筹平衡，允许国家级中职改革发展示范学校主体专业、省级示范专业以及经设区市教育局认定的部分相关专业在设区市范围内跨县域招生。2011年，杭州、嘉兴、绍兴、衢州、舟山、台州、丽水等7个设区市共有19 736名初中毕业生跨区域就读中职学校和专业，占7个设区市中职招生计划总数的12.2%。

〔**深入实施中职课程改革**〕 为改变原有以学科为主线的课程模式，突出以岗位能力培养为本位，更好地满足社会对中职学生的能力和素质需求，浙江省依据“以核心技能培养为专业课程改革主旨、以核心课程开发为专业教材建设主体、以教学项目设计为专业教学改革重点”的思路，全面实施了“公共课程＋核心课程＋教学项目”为特征的中等职业教育专业课程改革。计划在5年内完成50个专业的课程改革。截至2011年年底，已出版并使用54种课改教材，深受中职师生的欢迎。

〔**首届内地新疆中职班顺利开班**〕　根据教育部、国家发改委、财政部印发的《关于举办内地新疆中职班的意见》，浙江省确定经济条件较好、交通便利的6所国家级重点中职学校承担举办内地新疆中职班的任务。截至2011年9月底，实际接收新疆（含生产建设兵团）中职学生525人，其中汉族学生74人、少数民族学生451人。为办好新疆班，各地加强组织领导，对各部门的职责分工和工作重点作出明确要求；配备骨干教师担任班主任和任课教师，制定专门教育教学计划；尊重学生的饮食和生活习惯，完善配套基础设施；坚持“爱、严、细”原则，制定相应管理制度；配备充分的学习和生活用品，提供全面生活服务。省财政专门为每所承办学校安排了150万元的财政补助资金。

〔**完成社会培训任务**〕　为进一步增强中职教育服务经济转型升级的主动性和自觉性，提高中职教育为经济社会发展服务的能力，省教育厅出台了《关于进一步加强中职学校社会培训工作的若干意见》，明确“十二五”期间，努力使中职学校培训和培养能力达到1∶1，面向社会的各类职业培训年均规模达70万人次以上，且人均达30学时以上并获得相应的职业资格证书，基本适应经济社会转型发展需要，较好地满足全省劳动者的培训需求。为此，召开专题会议进行全面部署。2011年，全省中职学校面向企业职工、退役士兵、新型农民、进城务工人员、被征地农民和农村预备劳动力的技能培训达70余万人次。特别是退役士兵职业技能培训成效明显，中央电视台《新闻联播》对此作了专题报道，中央军委副主席徐才厚对此予以肯定。

高等教育

〔**教育部与浙江省签订共建协议**〕　10月8日，教育部和省政府签订了《关于继续重点共建浙江大学的协议》和《支持浙江海洋高等教育发展共同推进海洋经济发展示范区建设战略合作协议》。根据协议，2010—2013年，教育部和财政部在对浙江大学的经常性事业经费安排以外，按“985工程”中央财政专项资金基本额度下达给浙江大学经费，总数控制在13.1亿元，浙江省配套投入13.1亿元，以进一步加快浙江大学创建世界一流大学的步伐。

〔**制订《浙江省高校海洋学科专业建设与发展规划》**〕　为配合浙江省海洋发展示范区建设，省教育厅出台了《浙江省高校海洋学科专业建设与发展规划（2011—2015年）》，以构建海洋科技教育人才支撑体系为目标，大力实施“335工程”、“7项计划”。“335工程”即重点支持船舶与海洋工程（船舶与海洋结构物设计制造、轮机工程、水声工程）、海洋科学（物理海洋学、海洋化学、海洋生物学、海洋地质）和水产（水产养殖、捕捞学、渔业资源）3个一级学科，并努力使之成为一级学科博士授予点，基本达到国家重点学科的水平；大力扶持30个涉海重点学科；科学规划建设50个涉海特色专业，形成对接和支撑现代海洋产业体系的学科专业布局。“7项计划”即综合性海洋高等教育实施计划、一流涉海学科建设计划、一流涉海特色专业建设计划、涉海职业教育强省建设计划、涉海研究生教育整体提升计划、海洋类师资与科技人才提升计划和涉海高等教育国际化水平提升计划。主要任务是加强与多所名校的合作，重点支持浙江省属涉海高校和浙江大学大力发展涉海学科和海洋人才队伍建设，借助和发挥浙江大学的多学科综合优势和平台优势，加快实现浙江省海洋学科专业上层次、上水平，增强浙江省高校服务海洋经济发展的整体实力。

〔**制订《浙江省高等教育国际化发展规划》**〕根据浙江省教育规划纲要和全省教育工作会议精

神，正式印发了《浙江省高等教育国际化发展规划（2010—2020年）》，这是全国第一个正式出台的教育国际化专项规划。2月28日，省教育厅专门召开由高校书记、校长参加的全省高等教育国际化工作会议，这也是全国第一个教育国际化专题会议。省教育厅厅长刘希平出席会议并作动员讲话，全面部署、落实《浙江省高等教育国际化发展规划》，吹响了实现高等教育国际化的冲锋号。

〔**启动新一轮高校学科专业建设**〕　争取到近14亿元高校学科建设经费，启动实施本科高校重中之重一级学科、重点学科建设工程和高职院校优势与特色专业建设工程。新增一级学科博士学位授权点5个、一级学科硕士学位授权点43个，省属高校一级学科博士学位授权点共有19个、一级学科硕士学位授权点共有178个。积极争取“服务国家特殊需求人才培养项目”试点工作，获批3个博士学位试点项目、3个硕士专业学位试点项目。启动中央财政支持的高职院校专业建设项目，33所公办高职院校61个专业服务产业发展建设项目获准实施。

〔**建立高校总会计师制度**〕　从2011年起，浙江省部分高校开展高等学校总会计师制度改革试点，建立健全高校总会计师条件准入机制、选拔配备机制、履职保障机制、日常管理机制、培养提升机制，并出台四项配套政策：争取省委研究明确高校总会计师为副厅级领导干部，保证其进入高校党委、行政议事决策机构；研究高校总会计师的人事关系和工资、福利待遇等政策；制定高校领导干部管理暂行办法，明确高校领导班子职数、总会计师任职条件和选拔程序等；制定浙江省高等学校总会计师制度实施办法。

〔**开展“三位一体”综合评价招生制度改革**〕2011年，浙江工业大学、杭州师范大学首次按照“自主测试、参加高考、综合评价、提前录取”的模式，尝试将成长性评价和一次性评价相结合，将学业水平测试、综合素质评价纳入高校招生评价体系，深化完善“三位一体”综合评价招生制度。两校“三位一体”综合评价招生计划完成率均为100%。此项尝试有利于建立“三位一体”的多元化招生考试评价体系，有利于高校自主选才，有利于引导学生个性化发展。

〔**高校毕业生初次就业率再创新高**〕　浙江省把高校毕业生就业放在就业工作首位，不断完善高校毕业生就业指导服务体系，开展了一系列针对高校毕业生的就业招聘活动和“寒门学子”就业关怀活动，积极引导和鼓励高校毕业生到基层和中小企业就业，有力地促进了2011届全省高校毕业生就业工作。截至2011年8月31日，全省2011届普通高校毕业生254 044人，初次就业率为96.95%，比2010年提高1.06个百分点。其中研究生就业率为96.55%，同比提高1.2个百分点；本科生就业率为96.41%，同比提高1.55个百分点；专科（高职）生就业率为97.52%，同比提高0.68个百分点。从毕业生初次就业流向单位看，76.25%的毕业生到各类企业就业，71.66%的毕业生到非公企业和中小企业就业。

〔**中外合作办学取得新进展**〕　为引进和利用国外优质教育资源，促进中外合作办学规范健康有序开展，浙江省研究制定了《本科及本科以上高等学历教育中外合作办学项目规划（2011—2015年）》和《关于规范普通高中学校中外合作办学项目管理的意见》。2011年，经省政府批准，教育部备案，新设立了2所非独立设置的中外合作办学机构——浙江越秀外国语学院印第安纳波利斯大学国际学院和宁波城市职业技术学院中澳合作技术与继续教育学院。继宁波诺丁汉大学之后，教育部正式批准筹建独立设置的中外合作办学机构——温州肯恩大学。2011年上半年，全省获教育部备案批准的本科层次中外合作办学项目2项、专科层次3项。

〔**启动“留学浙江行动计划”**〕　3月，出台了《留学浙江行动计划》，明确了今后10年浙江省留学生教育发展的目标、任务和措施。2011年，33所高校共招收外国留学生13 004人，占全省全日制在校生总数的1.35%，比2010年增长23%，其中长期生9 967人，增长22.8%；学历生4 113人，增长23.6%。留学生来自161个国家和地区。浙江省已初步构建起以政府为主导、多渠道来华留学生奖学金体系；支持高校参加海外教育国际展；组织全省高校优秀外文网站评比；开展“浙江省政府来华留学生奖学金”绩效评估；受教育部委托，成功举办走进浙江——首届全国外国留学生才艺展演暨第五届“梦行浙江”外国留学生系列活动；会同省委外宣办、省出版联合集团共同组织了“悦读浙江”外国留学生读书活动，向外国留学生免费赠送20多万册反映浙江历史文化和现实面貌的中外文图书和期刊，并组织开展读书征文比赛。

撰稿　朱永祥

审稿　吴永良

宁波市教育

概　况

〔**基本情况**〕

2011年各级各类学校校数、教职工、专任教师情况

	学校数（所）	教职工数（人）	专任教师数（人）
一、高等教育	16	10 861	9 543
（一）研究生培养机构（不计校数）			
1. 普通高校			
2. 科研机构			
（二）普通高等学校	14	10 224	9 086
1. 本科院校	8	7 632	7 290
2. 专科院校	6	2 592	1 796
其中：职业技术学院			
3. 分校、大专班（点）（不计校数）			
（三）成人高等学校	2	637	457
（四）民办的其他高等教育机构			
1. 学历文凭考试机构			
2. 非学历文凭考试机构			
二、中等教育	438	32 768	28 551
（一）高中阶段教育	220	15 892	13 755
1. 高中	163	9 798	8 472
普通高中	81	9 240	8 101

续表

	学校数（所）	教职工数（人）	专任教师数（人）
成人高中	82	558	371
2. 中等职业教育	57	6 094	5 283
普通中等专业学校	9	1 694	1 461
成人中等专业学校	12	357	247
职业高中	36	3 864	3 455
技工学校			
其他机构（教学点）（不计校数）	8	179	120
（二）初中阶段教育	218	16 876	14 796
1. 普通初中	218	16 876	14 796
2. 职业初中			
3. 成人初中			
三、初等教育	490	25 395	22 265
（一）普通小学	490	25 395	22 265
（二）成人小学			
其中：扫盲班			
四、工读学校			
五、特殊教育	9	249	201
六、学前教育	1 197	27 919	15 095

2011 年各级各类学历教育学生情况

	毕业生数（人）	招生数（人）	在校生数（人）
一、高等教育	38 022	43 735	144 424
（一）研究生	795	1 140	3 068
（二）普通本专科	20 805	25 614	92 717
（三）成人本专科	16 422	16 981	48 639
（四）其他各类高等学历教育			
1. 在职人员攻读博士、硕士学位			1 981
2. 网络本专科生			
3. 学历文凭考试			
二、中等教育	134 276	127 925	397 798
（一）高中阶段教育	61 992	64 005	196 081
1. 高中	37 722	35 536	113 298
普通高中	32 300	35 536	106 846
成人高中	5 422		6 452

续表

	毕业生数（人）	招生数（人）	在校生数（人）
2. 中等职业教育（不含非全日制学生）	24 270	28 469	82 783
普通中专	2 287	2 590	10 915
成人中专（都是非全日制学生）	391	670	1 143
职业高中	21 983	25 879	71 868
技工学校			
（二）初中阶段教育	72 284	63 920	201 717
1. 普通初中	72 284	63 920	201 717
2. 职业初中			
3. 成人初中			
三、初等教育	69 412	87 239	476 085
（一）普通小学	69 412	87 239	476 085
（二）成人小学			
其中：扫盲班			
四、工读学校			
五、特殊教育	90	173	821
六、学前教育	79 910	77 936	269 273

2011 年各级各类民办教育基本情况

	学校数（所）	毕业生数（人）	招生数（人）	在校生数（人）	教职工数（人）	专任教师数（人）
一、民办高等教育	5	13 934	17 618	63 050	3 891	2 975
（一）普通高校	5	13 934	17 618	63 050	3 891	2 975
（二）成人高校						
（三）民办的其他高等教育机构						
二、民办中等教育机构	60	17 516	19 935	59 998	5 747	4 413
（一）高中阶段教育	33	8 900	9 986	30 157	2 215	1 707
其中：民办普通高中	24	7 283	8 857	26 532	1 934	1 482
民办中等职业教育	9	1 617	1 129	3 625	281	225
（二）初中阶段教育	27	8 616	9 949	29 841	3 532	2 706
其中：民办普通初中	27	8 616	9 949	29 841	3 532	2 706
民办职业初中						
三、民办普通小学	57	10 652	14 181	72 537	2 330	1 855
四、民办幼儿园	966	56 608	52 022	190 676	18 141	9 741

〔**教育公平切实推进**〕　全市教育经费总投入达187亿元，其中财政性教育经费支出达143亿元。全年用于帮困助学经费达6.8亿余元；近8万名学生享受中职免学费政策，涉及经费近2亿元；修订《流动人口子女教育引导性专项经费使用管理办法》，对专项资金的用途、补助标准和补助办法进行了调整和完善，民办教育发展专项资金、全市民办流动人口子女学校引导性专项经费分别增加到2 800万元和1 600万元；建立学生免费体检制度，制度覆盖所有在甬学生（含外来务工人员子女）；全市中小学校舍安全工程新竣工面积78万平方米，新增市现代化达标学校144所，全市义务教育阶段达纲学校比例为73.8%、幼儿园为32.2%；新改扩建幼儿园80所，新增班级559个，城镇新建小区配套幼儿园比例和乡镇中心幼儿园建成率均达100%；推进“农远工程”，配备电脑教室近100个，远教平台（含校园网）共1 450个，新增计算机6 523台，共投入经费5 300多万元；启动“城乡中小学体育艺术卫生基础建设八个百分百三年行动计划”，加大城乡中小学体育艺术场馆器材及师资（校医）配备力度。

〔**各级各类教育事业协调发展**〕　学前三年幼儿纯入园率保持在99%以上，义务教育阶段入学率和巩固率分别保持在100%和99.9%以上，初中毕业生升入高中阶段教育学校的比例保持在98%以上，中等职业学校与普通高中招生比例大体相当。在甬全日制普通高校在校生近14.5万人，本专科在校生比为60∶40。完成企业职工培训项目7万人，优秀农民赴高校进修240人，完成成人中专、“双证制”成人高中和农村预备劳动力教育招收新生1万人，毕业9 000余人，创建学习型社区60个。

〔**教育管理统筹规划能力进一步提升**〕　4月，召开全市教育工作会议，正式发布《宁波市中长期教育改革和发展规划（2011—2020年）》。开展国家教育体制改革试点，形成《宁波市促进高等职业教育发展综合改革试点项目实施方案》和《宁波市学前教育改革试点实施方案》，并由市政府发文公布，各在甬高职院校针对高职教育发展面临的“瓶颈”难题，开展了首批22个试点项目研究；《宁波市学前教育三年提升行动计划（2011—2013年）》由市政府全文印发；积极开展浙江省民办教育综合改革试点，推进民办学校分类管理探索工作；做好市级教育改革试点项目申报工作，确定12个改革试点项目，收集汇总县（市）区、高校、中小学改革试点任务子项目60个。

〔**师资队伍建设持续加强**〕　开展全省教师专业发展培训工作试点，制发实施细则，落实培训经费，相关机构和单位共开发1 254个培训项目，全市普通中小学教师（校长）网上自主选学9万余人次；统筹规划全市中小学骨干教师高端培训项目，组织两批英语骨干教师分赴澳大利亚和宁波诺丁汉大学培训，直属学校语文、数学骨干教师各40人赴华东师范大学、上海师范大学进行为期1年的研修，约60名第五批“市名师”赴复旦大学短期集训，启动市中学语文学科教学名家培养对象高级研修班，全市30余名中学语文特级教师参加了为期两年的高端研修；实施“教育管理名家培养工程”，组织21名宁波市中小学教育管理名家开展个性化培训和集中培训，举办首期“我的教育思想”研讨会；开展第三期市名校长带徒（导学制）活动，58位名校长、教育管理名家培养对象与98位校（园）长结对。

〔**教育交流与合作进一步深化**〕　深化宁波市与中国社会科学院全面战略合作，组织召开宁波市与中国社会科学院战略合作年度工作会议。新增2个共建研究中心、4项委托研究课题；进一步开展人才合作培养工作，加大宁波高校与中国社科院合作培养硕士生和博士生的力度，新增联合培养研究生20名。引进澳大利亚职业教育体系，打造五年制中高职贯通的新型职业教育模式，宁波TAFE学院成功获批，并顺利招生；宁波大学、宁波工程学院等高校与国外教育机构开展合作办学，宁波外国语学校与美国罗斯学校合作开设AP课程项目，全市中外合作办学机构和项目达31个，在校生1万多人；建立中小学友好姐妹学校50对；引进高端培训机构和国际通用证书34项；引进外国文教专家586人次；共组织99批1 043人次赴22个国家和地区访问考察和学术交流；以“教育与智慧城市建设”为主题，成功举办2011年甬港教育合作论坛；参加“2011欧洲·宁波周”活动，与国外教育机构签订了7项合作协议；稳步推进汉语志愿者项目，第四批赴澳汉语志愿者成行；加强外事管理，出台《宁波市来华留学生政府奖学金管理暂行办法》，承办全国基础教育中外合作办学研讨会。

〔获奖情况〕　2011年，宁波市教育局获“第二届全国教育改革创新特别奖”、2011年全国中职信息化教学大赛组织奖、第八届全国中等职业学校“文明风采”竞赛全国决赛贡献奖，并被省教育厅评为“2011年度教育科学和谐发展业绩考核优秀单位”，被市委、市政府评为“创建全国文明城市先进单位”。

基础教育

〔综述〕　2011年，全市接收外来务工人员子女达26.56万人，其中在公办中小学就读20.01万人，公办学校接纳比例达75.33%。全市共有省级示范小学122所，示范初中72所，九年一贯制示范学校8所，省等级重点普通高中48所（其中省一级重点中学23所、二级重点中学16所、三级重点中学9所）。全市基础教育优质资源覆盖率达80%。全市拥有正教授级待遇的中学高级教师49（在职24）人、中小学名教师289（在职249）人；小学专科学历教师、初中本科学历教师比例分别达93.78%、90.33%。全市九年义务教育的入学率、巩固率分别达到100%、99%；“三残”儿童入学率达90.6%以上；初中升入高中的比例为99.08%；普通高校招生考试报名录取率达89.5%。

〔学前教育〕　全市共有幼儿园1 197所，其中农村幼儿园252所，县镇441所，城市504所；全市城镇新建小区配套幼儿园比例、乡镇中心幼儿园建园率和标准化达标率均达100%；省等级（市星级）以上幼儿园占65%。在园幼儿26.9万人，其中农村在园幼儿3.88万人、县镇10.29万人、城市12.76万人，本地户籍人口净入园率巩固达99.2%以上，省等级（市星级）以上幼儿园招生覆盖率达80%。全市幼儿园园长及专任教师1.6万人，其中大专以上学历占67%；教师专业技术职称评聘率达35%。

职业教育与成人教育

〔综述〕　全市中等职业学校招生2.8万人，继续保持中等职业教育与普通高中招生规模大体相当。全市共有独立设置的中等职业学校40所，其中省级以上重点职业中学29所（21所国家级重点职业学校），拥有48个省级示范专业，21个国家级、24个省级实习实训基地，并在宁波韵升集团等4家企业建立了校外实训基地。

〔抓重点，调布局，启动两大调整〕　启动新一轮中等职业学校布局及专业结构调整工作，以学校布局调整带动专业结构调整，注重政策引领和统筹协调，进一步优化区域内中职学校布局和专业结构，初步形成了各显优势的区域专业簇群、特色鲜明的校内主干专业和主次分明的学校专业格局。宁波外事学校和东钱湖旅游学校被认定为新一轮市中职特色专业学校，全市特色专业学校达12所。同时，评选出10个市级品牌专业和7个重点发展专业。市财政下达的示范专业、实训基地、特色学校建设奖励经费达 3 165 万元。基本形成了规模、结构、质量、效益协调发展的中职教育新格局。

〔**抓创新，求突破，深化三项改革**〕 一是深化中职招生制度改革。根据教育部最新教学指导方案，轨道交通专业、学前教育专业试办四年制，与成人高考、自考相衔接。引进国外优质职教资源，试办中澳 TAFE 教育班，进一步拓展中职教育的办学模式。扩大中西部职业教育合作。继 2010 年在鄞州职业高级中学试办西藏班的基础上，2011 年，宁波行知中等职业学校试办新疆班。从 2011 年秋季起，全市中等职业学校实施免学费政策，惠民政策的出台极大增强了中职学校的吸引力和服务力。二是深化职业教育课程改革。以基地推进、资源开发、地方特色、课堂实效、教师提升为行动路线，成果显著。三是深化职业教育教学模式改革。努力探索中职学生创业创新引导孵化机制，激发学生的创业意识、竞争意识和服务意识，注重理论引导和实践体验，积极开展层次丰富、形式多样的实践活动。

〔**成人教育基础能力建设不断加强**〕 制定了《关于“十二五”期间进一步加强乡镇（街道）成人学校建设的意见》，各县（市）区教育行政部门积极响应，及时跟进，有重点地扶持一批地处经济发展中心区域的乡镇成人学校，全年评估验收了 11 所高标准乡镇（街道）成人学校。2011 年，全市拥有各级各类成人学校 1 853 所，其中省示范性成人学校 54 所，省一级成人学校 25 所、省二级成人学校 26 所、省三级成人学校 20 所，市级成人学校 1 所，县级成人教育中心学校（社区学院）11 所，村级成人学校 1 716 所。

〔**城乡社区教育大力推进**〕 出台《宁波市社区教育推进工程实施方案》，以标准化成人文化技术学校建设、优秀学习型社区建设、社区教育实验项目、成人“双证制”教育培训、农村预备劳动力职业技能培训等五方面的建设为主要内容，初步建立起一个能基本适应宁波市经济社会发展要求，基本满足城乡居民需求，开放、灵活、城乡一体的社区教育体系。认定了 15 个社区教育重点实验项目、31 个社区教育一般辅导项目。评选出 60 家市级优秀学习型社区和 80 家学习型示范企业。举办市第二期社区教育干部研修班。向教育部推荐镇海区、余姚市为全国社区教育实验区，呈现出了示范区先进、实验区推进、其他区跟进的良好发展态势。

〔**成人教育服务能力全面提高**〕 全市各级各类成人学校以服务当地经济社会发展为宗旨，积极开展各类教育培训活动。全年非学历培训达 302.45 万人次，其中企业职工岗位技能培训 34.48 万人次，农业实用技术培训 16.54 万人次，农村劳动力转移培训 5.72 万人次，农村预备劳动力培训 2 408 人次，市民及外来务工人员各类素质培训 244.03 万人次。创办了宁波社区大学老年教育中心，招收学员 1 700 多人次。制作完成“双证制”成人高中视频课件，成人高中和成人中专招收新生 7 788 人，成人大专以上学历教育招生人数为 6 562 人。修订了《关于加强职工培训提高劳动者素质的实施细则》，企业职工培训经费增至 6 000 万元，扩大培训规模，统一证书名称，规范颁证机构，聘请了 20 多位由各有关市级行业主管部门及相关行业协会组成的宁波市企业职工培训项目督察员，评选出 10 家优秀培训机构，全年共培训企业职工 9 万余人。选送了 240 名优秀农民赴高校进修。继续开展农科教结合工作，有 6 个项目被市农科教办公室立项。

高等教育

〔**综述**〕 2011 年，宁波市高等教育工作全面贯彻落实国家、省、市教育工作会议及教育规划纲要精神，推进教育“两个率先”、服务支撑“六个加快”，深化高教改革发展、深化服务型教育体系建设。高校办学条件不断改善，生均资产总值、仪器设备值、藏书量等逐年提高。

〔**办学层次逐步提升**〕　在《2011中国大学评价》课题组发布的2011年全国大学科研综合实力排名榜中，宁波大学名列第99位，首次进入百强校行列。国家海洋局、宁波市人民政府签约共建宁波大学，加强该校涉海学科建设和科技创新平台建设。

〔**学科专业建设水平逐步提高**〕　全市建成高校省重中之重学科5个，省属高校人文社科重点研究基地3个；省重点学科17个，省重点学科A类9个、B类8个；省医学重点扶持学科1个，省部级重点建设专业56个；市重点学科28个，市重点A类20个、B类8个；市重点建设专业45个，市服务型教育重点建设专业群20个。

〔**加快推进各级各类改革试点项目**〕　宁波市承担的教育部“地方政府促进高等职业教育发展综合改革”试点工作完成项目规划和布局。12月，召开了改革试点推进大会。宁波大学参与的教育部“探索落实高校办学自主权”改革试点项目和宁波工程学院参与的教育部“卓越工程师教育培养计划”取得阶段性成果。此外，全市11所高校参与了14项省级教育体制改革试点项目。

〔**师资队伍结构不断优化**〕　在甬高校共有专任教师9 543人，其中正高级职称795人，副高级职称2 465人，博士1 231人，硕士2 554人。宁波大学推荐的李明才研究员被批准为“甬江学者”特聘教授，全市“甬江学者”特聘教授共12人。宁波大学引进全市高校中首位国家“千人计划”入选者陈忠仁博士。

撰稿　高顺伟　余晶晶　何健明
　　　樊　园　陈鸿洋
审稿　苏泽庭

安徽省教育

概　　况

〔基本情况〕

2011 年各级各类学校校数、教职工、专任教师情况

	学校数（所）	教职工数（人）	专任教师数（人）
总计	22 599	699 979	600 530
一、高等教育	121	74 529	51 925
（一）研究生培养机构（不计校数）	18		
1. 普通高校	16		
2. 科研机构	2		
（二）普通高等学校	115	73 176	51 185
1. 本科院校	44	46 803	31 976
其中：独立学院	11	4 325	3 592
2. 高职（专科）院校	71	26 373	19 209
3. 其他机构（点）（不计校数）	0	0	0
（三）成人高等学校	6	1 353	740
（四）民办的其他高等教育机构	7	1 154	767
二、中等教育	4 355	327 144	267 825
（一）高中阶段教育	1 364	162 562	106 213
1. 高中	734	114 370	69 577
普通高中	734	114 370	69 577
完全中学	436	64 592	31 630
高级中学	242	41 439	35 533
十二年一贯制学校	56	8 339	2 414
成人高中	0	0	0
2. 中等职业教育	630	48 192	36 636

续表

	学校数（所）	教职工数（人）	专任教师数（人）
普通中专	112	13 180	9 561
成人中专	72	3 176	2 212
职业高中	316	23 327	18 949
技工学校	91	6 284	4 524
其他机构（教学点）（不计校数）	39	2 225	1 390
（二）初中阶段教育	2 991	164 582	161 612
1. 初中	2 962	164 570	161 604
初级中学	2 370	129 525	118 048
九年一贯制学校	591	35 017	17 102
十二年一贯制学校			2 298
完全中学			24 131
职业初中	1	28	25
2. 成人初中	29	12	8
三、初等教育	13 444	237 828	243 339
（一）普通小学	13 343	237 290	243 319
小学	13 343	237 290	228 781
九年一贯制学校			13 202
十二年一贯制学校			1 336
（二）成人小学	101	538	20
其中：扫盲班	80	530	14
四、工读学校	3	70	41
五、特殊教育	63	1 480	1 239
六、学前教育	4 613	58 928	36 161

2011 年各级各类学历教育学生情况

	毕业生数（人）	招生数（人）	在校生数（人）
一、高等教育			
（一）研究生	11 106	14 774	41 773
博　士	1 063	1 385	4 670
硕　士	10 043	13 389	37 103
（二）普通本专科	256 135	308 035	991 267
本　科	105 891	138 851	518 600
专　科	150 244	169 184	472 667
（三）成人本专科	57 846	79 036	162 395

续表

	毕业生数（人）	招生数（人）	在校生数（人）
本　科	22 626	29 227	62 826
专　科	35 220	49 809	99 569
（四）其他各类高等学历教育			
1. 在职人员攻读硕士学位		2 871	8 421
2. 网络本专科生	849	260	2 289
本　科	165	260	840
专　科	684	0	1 449
二、中等教育	1 678 476	1 633 876	4 799 691
（一）高中阶段教育	747 655	873 015	2 298 031
1. 高中	424 199	441 743	1 278 903
普通高中	424 199	441 743	1 278 903
完全中学	190 751	198 081	559 257
高级中学	223 066	230 648	680 352
十二年一贯制学校	10 382	13 014	39 294
成人高中	0		0
2. 中等职业教育	323 456	431 272	1 019 128
普通中专	102 608	95 480	277 122
成人中专	23 456	114 258	181 965
职业高中	163 140	195 766	488 897
技工学校	34 252	25 768	71 144
（二）初中阶段教育	930 821	760 861	2 501 660
1. 初中	922 116	760 861	2 498 800
初级中学	679 552	544 074	1 796 195
九年一贯制学校	87 652	77 882	250 884
十二年一贯制学校	12 850	13 195	39 959
完全中学	141 948	125 631	411 494
职业初中	114	79	268
2. 成人初中	8 705		2 860
三、初等教育	773 783	791 856	4 447 834
（一）普通小学	769 388	791 856	4 435 804
小学	712 867	745 253	4 135 579
九年一贯制学校	50 702	43 050	268 669

续表

	毕业生数（人）	招生数（人）	在校生数（人）
十二年一贯制学校	5 819	3 553	31 556
（二）成人小学	4 395		12 030
其中：扫盲班	4 281		11 945
四、工读学校	20	18	18
五、特殊教育	1 244	1 701	12 635
六、学前教育	400 023	660 850	1 168 051

2011 年各级各类非学历教育学生情况

	毕（结）业生数（人）	注册生数（人）
总计	892 030	651 723
一、高等教育	248 072	147 670
（一）研究生课程进修班	883	1 402
（二）自考助学班	6 045	4 890
（三）普通预科生		210
（四）进修及培训	241 144	141 168
其中：资格证书培训	50 820	11 378
岗位证书培训	19 343	9 303
二、中等教育	643 958	504 053
其中：资格证书培训	185 342	134 194
岗位证书培训	198 025	121 994
（一）中等职业教育	367 411	200 517
其中：资格证书培训	138 695	84 107
岗位证书培训	149 388	68 441
（二）职业技术培训机构	276 547	303 536
其中：资格证书培训	46 647	50 087
岗位证书培训	48 637	53 553

2011 年各级各类民办教育基本情况

	学校数（所）	毕业生数（人）	招生数（人）	在校生数（人）	教职工数（人）	专任教师数（人）	其他学生数（人）
一、民办高等教育							
（一）民办高校	30	37 916	55 043	163 788	11 338	8 163	235
本科学生		13 789	25 465	82 547			

续表

	学校数（所）	毕业生数（人）	招生数（人）	在校生数（人）	教职工数（人）	专任教师数（人）	其他学生数（人）
专科学生		24 127	29 578	81 241			
其中：独立学院（不计校数）	11	12 116	19 797	68 428	4 325	3 592	209
本科学生		12 116	19 797	68 428			
专科学生		0	0	0			
（二）民办的其他高等教育机构	7				1 154	767	7
二、民办中等教育							
（一）高中阶段教育	322	105 429	142 385	353 493	54 515	39 345	
1. 民办普通高中	175	52 845	71 236	189 056	44 569	32 287	
2. 民办中等职业教育	147	52 584	71 149	164 437	9 946	7 058	18 377
（二）初中阶段教育	305	120 747	143 865	421 145			
1. 民办普通初中	305	120 747	143 865	421 145			
2. 民办职业初中							
三、民办普通小学	221	37 591	29 782	208 992	5 831	4 180	
四、民办幼儿园	3 320	155 481	276 332	571 200	43 860	25 296	
另有：民办培训机构（不计校数）	59				813	587	34 939

〔**教育经费投入**〕 2011 年，全省各级各类学校教育经费收入总额达 868.3 亿元，比 2010 年增长 37.5%；预算内教育拨款达 617.9 亿元，比 2010 年增长 41.7%。财政性教育经费占国内生产总值的比例达 4.3%，比 2010 年增长 0.7 个百分点。全口径预算内教育经费支出占财政支出的比例达 18.85%，比 2010 年增长 1.9 个百分点；地方财政教育支出占财政支出比例达 14.2%，超过中央核定比例。2011 年，争取中央财政资金 106.2 亿元，比 2010 年增长 34.6%。

〔**教育体制改革**〕 围绕省级政府教育统筹综合改革的各项改革试点，积极探索、深入推进。提出了“抓住关键环节、强化政府统筹、改革体制机制、激发教育活力”的省级政府教育统筹综合改革的指导思想，着力抓住制约教育科学发展的体制机制问题和关系人民群众切身利益的教育热点难点问题，强化省级政府对各部门和地方的统筹协调、对全省相关资源的统筹配置，合力推进教育体制深化改革和教育事业协调发展，全面提升教育生机活力和综合实力，为建设美好安徽提供更加有力的智力支撑和人力资源保障。

〔**素质教育**〕 加强未成年人思想道德建设，以庆祝中国共产党成立 90 周年为契机，开展丰富多彩、积极向上的校园文化活动。继续建设校外青少年活动场所，充分发挥活动场所的使用效益，6 个校外青少年活动场所获全国优秀单位称号。深入推进新课程改革实验，大力推进先进的教学方式和成熟的典型经验，积极建立安徽省课改实验区。推进技能大赛制度落实，举办 2011 年全省职业院校技能大赛，组团参加全国大赛和学生技能作品展洽活动。技能大赛获得 41 块奖牌，展洽活动获得 44 个等级奖。在义务教育阶段学校启动实施“体育、艺术 2+1 项目”，开展以“阳光体育与快乐校园同行”为主题的亿万学生阳光体育冬季长跑活动，23 个单位获得全国优秀组织单位称号。举办第十届中学生运动会、第二届国家级重点和省级示范中等职业学校田径运动会，组团参加第十一届全国中学生运动会，取得较好成绩。

〔**学生资助体系**〕 家庭经济困难学生资助体系不断健全，覆盖面不断扩大，资助标准不断提高。2011 年，补助义务教育阶段家庭经济困难寄宿生生活费 1.43 亿元，惠及 14.7 万名学生。全省各级各类学校累计发放国家奖助学金和校内资助 18.95 亿元，惠及 187.9 万人次。全省高校 38 万名学生获国家奖助学金 7.13 亿元；中职学校 29.1 万名学生获国家助学金 4.32 亿元；免除 7 万名中职农村家庭困难学生和涉农专业学生学费 1.5 亿元；26.6 万名普通高中学生获国家助学金 3.99 亿元；14.5 万名大学生获助学贷款 8.37 亿元。

〔**教师队伍建设**〕 省委、省政府在 2011 年教师节期间召开了全省优秀教师代表座谈会，省委书记张宝顺发表重要讲话。会上表彰了一批优秀乡村教师、优秀特岗教师和优秀援疆、援川教师。把师德教育作为教师考核培训的重要内容，在特级教师、优秀教师、学科带头人、骨干教师、教坛新星评选和教师职务评聘、教师绩效考核等工作中，实行“师德问题”一票否决制。继续实施农村义务教育阶段学校教师特设岗位计划，新聘特岗教师 3 481 人，首届免费师范毕业生 186 人全部落实工作岗位。实施中小学教师国家级培训计划和省级远程培训，共有 5.4 万名中小学教师、4 150 名幼儿园教师接受高水平的培训，另有 2 000 名高校师范生到中小学和幼儿园一线顶岗实习。在义务教育阶段学校进一步完善绩效工资制度。深入实施“中职教师素质提升计划”，以培养“双师型”教师为重点，加强中职教师队伍建设。通过制定标准、组织认定，全省共有 5 705 名中职教师具备“双师型”教师资格，“双师型”教师占专业课和实习指导教师的比例达 45.8%。积极推进高校教师培训工作，全年完成高校教师各类培训 5 575 人次。实施名师培养工程，进一步推进“皖江学者计划”实施工作。全年引进硕士以上高层次人才 2 100 余人，其中博士 1 008 人、具有高级职称的 33 人，约占引进人才总数的 50%。注重培养高校青年教师，促进青年教师在人才项目实施的过程中得到锻炼成长。

〔**民办教育**〕 坚持“积极鼓励、大力支持、正确引导、依法管理”的方针，切实贯彻《民办教育促进法》及《民办教育促进法实施条例》。找准民办教育的战略定位，对支持服务发展、依法依规管理的政策措施进行细化分解，明确民办教育改革发展思路。组织 6 个检查组，对 18 所民办高校和 7 所民办非学历高等教育机构进行了年度检查工作。查处新民大学、安徽经济技术进修学院等 2 起违法违规办学事件。组织多个督察组，对全省各地民办幼儿园校车安全工作情况进行明察暗访。

〔**教育纪检监察**〕 召开教育系统党风廉政建设工作会议，高校党委书记首次参加会议。组织修订《安徽省高等学校党风廉政建设责任制实施办法》，健全和完善高等学校党风廉政建设领导体制和工作机制。组织开展廉政准则贯彻执行情况的监督检查，部署省属高校开展自查自纠，抽查 15 所省属高校和厅属中专学校。2 585 名党员领导干部认真执行个人有关事项报告制度，2 998 名处级以上党员领导干部进行述职述廉，537 名新任处级以上干部接受任前廉政谈话。清理和规范委厅机关、事业单位和社会团体的庆典、论坛、研讨会，推进工程领域项目信息公开，深化“小金库”专项治理，坚决贯彻落实厉行节约的有关规定。接受教育部首次组织的行风评议，安徽省教育系统行风建设被评为“较满意”等次。

〔**教育援疆和民族教育**〕 认真编制《教育援疆五年规划》，积极谋划项目，充分发挥教育援疆的重要作用。教育援疆经费占全省援疆经费总额的 20%以上，在 19 个对口援疆的省份中名列第一位。与新疆教育厅签订支持皮山县教育发展的战略合作协议。提前启动对口支教工作，全面开展多形式双语教师培训。先后派出援疆教师 2 批 73 人次赴皮山县任教，接收 50 名皮山县教师到安徽省培训。大力推进当地职业教育基础能力建设，总投资 1.85 亿元的职业高中开工建设。积极举办内地新疆班，办班人数达718人。率先利用现代语音技术推动双语教育，形成安徽模式，受到教育部的充分肯定。

改善民族教育学校的办学条件，提高学校办学水平。继续做好内地西藏班教育工作。积极推进双语教育，在当涂二中举办了皮山县内地高中借读班，首批招收79名学生。

〔**教育交流与合作**〕 截至2011年年底，安徽省已与43个国家和地区建立了教育交流合作关系，与美国马里兰州签署教育合作谅解备忘录，在德国下萨克森州举办第四届中德应用型人才研究与发展论坛。承办第二届“汉语桥——德国中学生夏令营”活动，74名德国师生在安徽省进行了为期10天的文化修学活动。不断规范外籍专家和教师聘请管理工作，丰富留学生活动，扩大留学生规模。2011年，共招收来皖长期留学生1 000余人。153所院校和教育机构获得聘请外国文教专家单位资格，共聘请外国文教专家、外籍教师（长期类）近400人。台湾铭传大学—安徽教育中心在台湾揭牌，第八届两岸高校人事管理研讨会在台湾成功大学举办。

基础教育

〔**综述**〕 2011年，全省深入推进义务教育均衡发展、减轻学生课业负担、农民工子女平等接受义务教育三项改革试点，基础教育发展水平全面提升。

〔**大力发展学前教育**〕 制定实施学前教育三年行动计划和五年发展规划，明确省及各地学前教育发展目标、任务和措施。将农村学前教育纳入省政府“十二五”民生工程。对学前教育发展考核做到“三纳入”，即纳入对市、县（区）政府目标考核，纳入对县级党政领导班子教育工作考核，纳入对市教育局年度工作目标考核。从6月到年底，完成新建公办幼儿园303所、完成改扩建公办幼儿园220所，分别达到年度目标的75%和79%，实现了时间过半、完成任务过半。着手制定《学前教育条例》，依法推进学前教育发展。

〔**义务教育经费保障机制改革**〕 进一步提高农村义务教育阶段学校生均公用经费补助标准，小学达到每生每年525元、初中达到每生每年725元。全年共投入义务教育经费保障机制改革各级资金59.97亿元，惠及全省城乡义务教育阶段715万名在校学生。调整农村义务教育阶段学校公用经费分担机制，将原有中央和省两级财政共同承担的农村公用经费调整为由中央、省、县（市、区）三级财政共同承担，进一步强化了“以县为主”的义务教育经费管理体制。建立义务教育经费管理省示范县（市、区）制度，全面考评各地政策执行、预算管理、财务管理和监督管理落实到位情况。继续推行省重点监管县（市、区）制度。

〔**均衡发展义务教育**〕 省政府与教育部签订了推进义务教育均衡发展备忘录，明确双方的职责和义务，确定各县（市、区）实现义务教育初步均衡的时间表。将农村薄弱学校标准化建设纳入“十二五”民生工程。加速学校标准化建设，安排资金13.49亿元，启动实施农村薄弱学校标准化工程。按照均衡发展的理念，将资金和项目等资源向农村地区、困难地区、皖北地区、薄弱学校和困难人群倾斜。全省示范高中招生指标70%以上分配到区域内初中学校。出台《安徽省进城务工农民随迁子女电子教育券实施方案》，实行“钱随人走”，落实农民工子女在城市就学同等待遇，进一步推进教育公平。继续实施农村留守儿童关爱民生工程，全省共建立了1.4万个留守儿童之家。制定《安徽省农村留守儿童之家建设和管理办法》，提高留守儿童之家管理和使用水平。实施农村留守儿童之家亲情电话项目，安装免费亲情电话10 689部，留守儿童免费使用，日均通话呼叫转接次数近20万次。组织省内有关高校和心理健康咨询机构的专家开展心理健康教育指导，积极实施对留守儿童心理健康教育。

〔**内涵发展普通高中教育**〕 根据城镇化发展的需要，科学合理调整普通高中的布局，保持学校规模适中，走效益良好、质量较高、特色鲜明的办学之路。促进省、市示范高中与一般普通高中、城市高中与农村高中、公办高中与民办高中以及高中国际班相互协调、可持续发展，呈现出多样化发展的格局。进一步深化课程改革，加强普通高中选课制度建设，落实综合实践课程，完善研究性学习、学分认定、综合素质评价、课程结构、社团活动、校园文化建设等管理办法。在部分省示范高中布点，举办创新教育实验班或特长班，招收具有一定创新意识和创新能力的学生进行培养，推进培养模式多样化。制定《安徽省普通高中学生学业水平测试方案》，改进和完善学业水平测试办法。继续加强示范高中建设，全省已建成省级示范高中168所。

〔**规范办学行为**〕 围绕社会关注的补课、招生、择校等热点难点问题，加强监督查处力度。先后对9个市25个县区300多所中小学、幼儿园的办学行为进行了暗访检查，对各种不规范办学行为进行严肃批评和处理，取消了2所学校省级示范高中的称号。发挥媒体、网络、来信、来访、义务监督员等渠道的作用，对违规行为进行有效监督。2011年，共收到对办学行为的各种举报900多件，处理了850多件。经过规范办学行为，乱招生的现象得到了较大的遏制，班额进一步下降，乱办班和节假日补课行为得到了很大遏制，中小学生的睡眠时间有了一定保证，幼儿用书问题基本得到解决。

〔**特殊教育**〕 加强中小学残疾儿童少年的随班就读，发展残疾儿童学前教育。加强特殊教育学校基础能力建设，实施好国家特殊教育学校建设项目，新建和改建特殊教育学校67所。加强对特殊教育资源的省级协调和市级统筹，有效综合利用特殊教育教学资源。按照义务教育法实施办法，将特殊教育学校生均公用经费提高到普通学校的5倍。

〔**中小学校舍安全工程**〕 2011年，全省共投入校舍安全工程建设资金59亿元，加固改造校舍面积944万平方米，超额完成当年任务。校安工程实施3年来，累计投入资金已达150亿元，加固改造校舍近2 500万平方米，校舍抗震达标率由40%提高到97%以上。校安工程项目的开工面积、竣工面积，开工率、竣工率等各项指标稳居全国前5位。安庆市在1月19日地震中，经过加固的校舍无一受损。通过校安工程的实施，不仅大大提高了校舍抗震能力和水平，还建立健全了全省校舍纸质和电子档案，实现了全省校舍的电子化管理，彻底改变了农村校舍“三无”（无规划、无图纸、无档案）的状况。

职业教育与成人教育

〔**综述**〕 2011年，安徽省职业教育坚持以服务为宗旨，以就业为导向，加强基础能力建设，扩大办学规模，推进教育教学改革，努力完成职业教育大省建设规划确定的目标任务。截至2011年年底，全省中等职业学校（不含技工学校）共500所，毕业生28.9万人，在校生94.8万人，高中阶段普职比达5∶4.9。

〔**职业教育改革创新**〕　出台《皖江城市带职业教育发展规划（2010—2015年）》和《皖江城市带职业教育办学模式改革及中职教育改革创新实施方案》，明确了117项改革创新试点、69个专业改革试点任务。积极推进省教育厅与滁州市、马鞍山市政府共建职业教育改革发展试验区工作，支持滁州市出台职业教育五年行动计划，支持马鞍山市进行职教现代化建设。进一步深化管理体制改革，强化市级统筹。淮北市政府成立了职业教育委员会，市长任主任，下设职业教育局，统筹市域中高职协调发展和职业培训。举办第二届皖江城市带职业教育办学模式改革校企对接会和中职学生技能作品展。积极推动职教集团建设工作，新增财贸和旅游两个职教集团，指导宣城市工业学校组建宣城机电职教集团。截至2011年年底，全省省级职教集团14个，市级职教集团4个。成立安徽省商科高职院校与企业合作教育联盟，开展校企深度合作。举办"百名中职校长芜湖经开行"活动和校企人才对接洽谈活动。开展了精品课程建设工作，评审认定81门精品课程予以立项支持。开展全省职业院校技能大赛，并组团参加全国职业院校技能大赛，获得53块奖牌。组队参加学生技能作品展洽会，获44个等级奖。组织开展第八届全国中等职业学校文明风采竞赛活动，673件作品获得国家文明风采等级奖项。成功举办全省第二届省级重点以上中职学校田径运动会。组织开展首次"德能双优"学生评选活动，1 932名中职学生获"德能双优"学生荣誉称号。

〔**基础能力建设**〕　中等职业学校办学条件进一步改善。2011年，全省中等职业学校（不含技工学校）生均占地面积34平方米、校舍建筑面积13.3平方米、图书23.5册、教学仪器设备值2 585.1元。落实中职基础能力建设项目和实训基地建设项目29个，获得1.9亿元资金支持；确定省"三重"项目110个，落实资金2 490万元。积极推进骨干职业学校建设，全省有9所中职学校被教育部认定为国家级重点中职学校，评审认定7所合格县（区）职教中心和9所省示范中职学校，15所中职学校被列为2011年国家中等职业教育改革发展示范校。截至2011年年底，全省共有25所国家中等职业教育改革发展示范校，153所国家级重点及省级示范以上中职学校，57所合格县（区）职教中心；8所国家示范（骨干）高职院校，12所省级示范高职院校，3所重点支持高职院校。积极推动各地职教园区建设，合肥、马鞍山、铜陵、芜湖等市的职教园区建设已初具规模。

〔**招生与职业培训**〕　通过明确各市招生指标、学校办学资质年审、严肃招生纪律、完善招生制度、拓展职业培训等工作举措，2011年中职招生40.5万人（不含技工学校），较好完成了年度招生任务。通过分类招生、多元录取、联合培养等多种方式开展高职自主招生改革试点，招生试点院校进一步扩大至8所国家示范（骨干）高职院校。积极开展农村实用技术培训、农村劳动力转移培训、企业职工技能培训以及就业创业培训，共培训91.5万人次。全年共向社会输送中职毕业生24.1万人，平均就业率达98%。高职高专院校毕业生实现就业13.6万人，初次就业率达90.75%。

〔**成人教育**〕　大力发展农村成人教育、社区教育，举办了两期社区教育工作培训班。池州市依托池州广播电视大学成立了池州市社区教育学院，马鞍山市成功举办第二届"全民终身学习周活动"。积极构建以县区职教中心为龙头、以乡镇成人文化技术学校为依托的现代农村职业教育与成人教育网络，不断加强县区职业学校涉农专业建设。全省共有1个国家级社区教育示范区、3个国家级社区教育实验区、4个省级社区教育实验区、36个省级社区教育示范街道和16所省级示范乡镇成人文化技术学校，学习型社会建设有序推进。

高等教育

〔**综述**〕　2011年，全省坚持“科学定位、分类指导、多元发展、特色办学”的总体思路，以全面提高质量为核心，以分类管理改革和应用型人才培养模式改革为突破口，以提高高等教育对经济社会发展的支撑度、对人力资源强省建设的贡献度和人民群众的满意度为根本价值取向，强力推进高等教育强省建设。经教育部批准，2所民办高职升格为本科院校，新成立4所高职高专，合肥工业大学宣城校区获教育部正式批准，已经开工建设。全省普通高考2011年录取新生41.4万人，录取率达76.7%，录取率首次超过全国平均水平。高等教育毛入学率达26.4%。

〔**高等教育体制改革**〕　以应用型人才培养模式改革和高等教育分类管理改革为重点，全力推动省级统筹高等教育体制改革试点工作。制定并印发安徽省两项高等教育体制改革试点实施方案及年度工作计划，精心组织实施，两项改革顺利推进。成立了高校分类指导、分类管理改革专家组，加强理论研究，已形成部分理论研究成果。积极推进成立新的高校联盟，促进高校抱团发展。探索皖江城市带职业教育办学模式改革试点，推进同类院校合作。

〔**质量工程建设**〕　积极推进新一轮质量工程建设，高水平构建国家、省、高校三级质量工程体系。认真做好国家级质量工程项目的培育、遴选和申报工作。2011年有2位教师荣获国家级教学名师奖，11所高职院校获批中央专项支持的职业教育实训基地建设项目，54所高职院校的99个专业获批中央财政支持的“高等职业学校提升专业服务产业发展能力”项目，争取中央财政支持2.26亿元。科学调整2011年省级质量工程项目，全面对接国家新一轮质量工程项目。2011年的质量工程项目重点是：强化校企、校地、校际合作，强化实践教学，组织实施大学生“卓越应用型人才培养计划”和“大学生文化科技竞赛资助计划”等，共有99个单位318个项目获批立项。不断加强质量工程在建项目的管理。

〔**教学质量监控**〕　成立专家组对安徽大学等11所本科院校和安徽国际商务职业学院等19所高职高专院校教育教学质量进行实地调研；指导新建本科高校积极开展新一轮本科教学评估工作；指导有关本科高校做好相关专业认证工作；对安徽国际商务职业学院等9所高职高专院校进行人才培养工作评估；组织2011年普通高等教育新增专业申报评审工作，引导各高校结合产业结构调整和区域经济社会发展需要，科学设置和调整专业。

〔**教育教学改革**〕　建立健全高校专业预警和退出机制，2011年停招136个本科专业。省教育厅与省旅游局、国防科工办发文，分别形成旅游业、船舶工业人才培养意见和方案，共建校企合作人才培养基地。依托安徽行知联盟，开展实践教学小学期制改革，指导高校加强校企合作，强化实践环节。指导联盟高校实行辅修专业和双学位教育，大力推动教育教学改革，提升联盟高校优质教育教学资源的开放与共享力度。

〔**学位建设和研究生教育**〕　2011年，国务院学位委员会批准安徽省18个单位新增100个一级学科硕士点，9个单位新增30个一级学科博士点。推进研究生教育改革创新，切实提高人才培养质量。2011年，安排“千人培养计划”研究生招生指标500个，10所研究生培养单位与100多家企业和科研机构签订了联合培养研究生协议，按“千人培养计划”新方案培养的在学研究生达1 141

人。安徽科技学院、合肥学院和合肥师范学院分别获准在农业推广硕士、工程硕士（环境工程领域）和教育硕士专业学位开展“服务国家特殊需求人才培养项目”工作试点。开展全省第三届优秀博士、硕士学位论文评审工作，评审产生30篇优秀博士学位论文和100篇优秀硕士学位论文。

〔**科学研究与产学研合作**〕 2011年，全省高校获国家自然科学基金项目702项、经费3.74亿元；国家社科基金项目74项，经费1 376万元，高校创新能力在创新发展中进一步增强。在2011年安徽省科学技术奖评选中，高校主持和参与完成的一等奖11项，占57%；二等奖24项，占66%；三等奖52项，占44%。安徽医科大学皮肤病遗传学研究团队和安徽农业大学茶树次生代谢与茶叶质量安全团队先后入选教育部创新团队。新增中国科学技术大学“核探测技术与核电子学”国家重点实验室。6月和9月，分别举办第三届皖江城市带承接产业转移示范区产学研对接会和第五届皖北地区产学研对接会，750多家企业发布技术需求近800多项，高校和科研院所推介科技成果2 260多项，1 000多个项目达成合作协议。举办“安徽省第三届产学研合作网上对接周活动”，对36家安徽省第三批产学研联合示范企业进行表彰和授牌，24个重点产学研合作项目进行集中签约，项目总投资约4.73亿元。向企业选派第4批160名科技特派员，其中安徽省高校117名，占总数73%以上。

〔**毕业生就业工作**〕 2011年，全省高校毕业生26.9万人，比2010年增长2.4万人，增幅达10%。截至8月31日，毕业生初次就业率为89.57%，与2010年同期基本持平，实际就业人数达23.9万人，比2010年增长1.9万人。毕业生就业形势基本稳定，就业派遣顺利，文明离校有序、稳定。

〔**高校党建**〕 在省属高校开展“永远跟党走”、“六个一”及评比表彰等纪念建党90周年系列活动；开展“创先争优在行动”、学习杨善洲和以“落实教育规划纲要、服务学生健康成长”为主题的为民服务创先争优活动；指导高校深入开展“三级书记大走访”，组织教育系统开展“三走进三服务”活动。修订出台全省高校基层组织工作实施办法，举办高校基层组织条例培训班。开展2008—2010年度全省高校党委（党组）中心组学习先进单位评选工作，对8所高校予以表彰。健全评价机制，首次开展民办高校党组织负责人兼督导专员任期考核工作，调整配备8人。组织全省高校选举，并经省委批准，确定35人为省第九次党代会代表。会议期间，配合省委做好企业高校代表团的会务工作。会后，组织高校迅速开展省党代会精神的学习宣传。指导4所高校召开党代会，完成3所高校党组织关系转接工作。

〔**高校领导班子建设**〕 2011年，首次在直属高职院校中以竞争上岗方式选拔2名副校级领导干部，8所本科高校副校级职位参与全省副厅级干部公推公选。积极做好干部配备工作，共调整配备校级领导干部21人，其中提拔18人、平级交流3人。加强省属高校领导班子后备干部队伍建设，完成了35所省属高校领导班子后备干部集中调整工作。省委教育工委配合省委组织部完成校级后备干部的挂职工作，在芜湖、安庆等地推进市与校后备干部挂职试点。积极稳妥做好选调生工作，经报名推荐、笔试、面试、体检、考察等程序，择优确定选调生416人。

〔**思想政治教育和安全稳定工作**〕 全面启动思想政治理论课建设工程，与省财政厅共同立项建设111个省级项目，构建省、校两级建设体系。加强思想政治工作队伍建设，推动高校加强辅导员的配备与培养，强化辅导员队伍的管理与考核，分6期对996名辅导员进行了专门培训，评选出10名“辅导员年度人物”。对425名思想政治理论课教师进行集中培训，选拔20名教师参加教育部培训。继续宣传安徽师范大学房玫教授先进事迹和教育教学经验，在北京、南京、浙江、武汉等地和省内举办51场报告会。广泛宣传安徽农业大学胡承霖教授先进事迹，举办10场报告会。安徽科技学院大学生献血群体的典型事迹受到社会广泛好评。大力加强高校校园文化建设，深入开展校园文化艺术节活动，推进廉政文化进校园。组织指导高校分别与其主管单位或举办者签订安全稳定工作责任书，各高校在校内层层签订责任书，切实将安全稳定工作责任落实到部门、落实到单位、落实到具体人，全省高校继续保持和谐稳定。

撰稿　张尔桂　高　原　邵　明

审稿　程　艺

福建省教育

概　　况

〔基本情况〕

2011年各级各类学校校数、教职工、专任教师情况

	学校数（所）	教职工数（人）	专任教师数（人）
总计	16 482	524 350	424 417
一、高等教育	89	62 132	40 359
（一）研究生培养机构（不计校数）	11		
1. 普通高校	9		
2. 科研机构	2		
（二）普通高等学校	85	61 042	39 747
1. 本科院校	32	43 186	27 911
其中：独立学院	9	7 181	5 280
2. 高职（专科）院校	53	17 131	11 287
3. 其他机构（点）（不计校数）	2	725	549
（三）成人高等学校	4	1 090	612
（四）民办的其他高等教育机构	0	0	0
二、中等教育	2 182	204 808	171 667
（一）高中阶段教育	894	125 517	73 845
1. 高中	561	97 909	52 379
普通高中	559	97 896	52 375
完全中学	429	74 516	35 215
高级中学	108	18 360	15 964
十二年一贯制学校	22	5 020	1 196
成人高中	2	13	4
2. 中等职业教育	333	27 608	21 466

续表

	学校数（所）	教职工数（人）	专任教师数（人）
普通中专	262	22 712	17 781
成人中专	0	0	0
职业高中	0	0	0
技工学校	71	4 896	3 685
其他机构（教学点）（不计校数）		0	0
（二）初中阶段教育	1 288	79 291	97 822
1. 初中	1 271	79 258	97 795
初级中学	1 107	68 863	61 663
九年一贯制学校	164	10 395	4 185
十二年一贯制学校			1 384
完全中学			30 563
职业初中	0	0	0
2. 成人初中	17	33	27
三、初等教育	7 320	162 668	157 621
（一）普通小学	5 947	158 592	155 337
小学	5 947	158 592	149 520
九年一贯制学校			4 874
十二年一贯制学校			943
（二）成人小学	1 373	4 076	2 284
其中：扫盲班	1 142	3 723	2 051
四、工读学校	0	0	0
五、特殊教育	71	1 762	1 554
六、学前教育	6 820	92 980	53 216

2011 年各级各类学历教育学生情况

	毕业生数（人）	招生数（人）	在校生数（人）
一、高等教育			
（一）研究生	8 207	11 561	33 896
博　士	872	1 206	4 739
硕　士	7 335	10 355	29 157
（二）普通本专科	173 702	201 449	674 779
本　科	79 432	106 400	396 093
专　科	94 270	95 049	278 686
（三）成人本专科	32 315	38 674	103 661

续表

	毕业生数（人）	招生数（人）	在校生数（人）
本　科	15 806	15 366	45 459
专　科	16 509	23 308	58 202
（四）其他各类高等学历教育			
1. 在职人员攻读硕士学位		3 284	11 847
2. 网络本专科生	14 264	28 219	50 175
本　科	8 195	15 397	28 696
专　科	6 069	12 822	21 479
二、中等教育	888 171	969 346	2 618 653
（一）高中阶段教育	412 233	605 956	1 449 036
1. 高中	226 464	240 621	709 705
普通高中	226 312	240 621	709 515
完全中学	153 204	163 751	480 977
高级中学	68 873	70 444	210 931
十二年一贯制学校	4 235	6 426	17 607
成人高中	152		190
2. 中等职业教育	185 769	365 335	739 331
普通中专	124 052	130 337	372 436
成人中专	37 954	121 368	200 646
职业高中	0	0	0
技工学校	23 763	113 630	166 249
（二）初中阶段教育	475 938	363 390	1 169 617
1. 初中	463 505	363 390	1 157 266
初级中学	291 739	209 612	686 427
九年一贯制学校	16 279	14 690	45 626
十二年一贯制学校	6 797	8 335	24 013
完全中学	148 690	130 753	401 200
职业初中	0	0	0
2. 成人初中	12 433		12 351
三、初等教育	441 899	447 904	2 514 052
（一）普通小学	371 976	447 904	2 460 858
小学	357 589	428 151	2 362 812
九年一贯制学校	11 241	16 888	81 898

续表

	毕业生数（人）	招生数（人）	在校生数（人）
十二年一贯制学校	3 146	2 865	16 148
（二）成人小学	69 923		53 194
其中：扫盲班	55 859		38 139
四、工读学校	0	0	0
五、特殊教育	3 649	4 570	28 738
六、学前教育	405 977	594 699	1 319 223

2011 年各级各类非学历教育学生情况

	毕（结）业生数（人）	注册生数（人）
总计	1 219 221	1 074 488
一、高等教育	123 163	80 101
（一）研究生课程进修班	537	990
（二）自考助学班	8 906	9 733
（三）普通预科生		754
（四）进修及培训	113 720	68 624
其中：资格证书培训	34 161	23 248
岗位证书培训	24 380	5 574
二、中等教育	1 096 058	994 387
其中：资格证书培训	173 023	135 165
岗位证书培训	237 505	196 045
（一）中等职业教育	217 514	149 758
其中：资格证书培训	118 580	78 711
岗位证书培训	40 657	17 286
（二）职业技术培训机构	878 544	844 629
其中：资格证书培训	54 443	56 454
岗位证书培训	196 848	178 759

2011 年各级各类民办教育基本情况

	学校数（所）	毕业生数（人）	招生数（人）	在校生数（人）	教职工数（人）	专任教师数（人）	其他学生数（人）
一、民办高等教育							
（一）民办高校	35	43 835	57 031	186 303	15 328	10 213	5 751
本科学生		19 319	30 212	105 599			

续表

	学校数（所）	毕业生数（人）	招生数（人）	在校生数（人）	教职工数（人）	专任教师数（人）	其他学生数（人）
专科学生		24 516	26 819	80 704			
其中：独立学院（不计校数）	9	15 714	23 853	85 395	7 181	5 280	2 232
本科学生		15 714	23 853	85 395			
专科学生		0	0	0			
（二）民办的其他高等教育机构	0				0	0	0
二、民办中等教育							
（一）高中阶段教育	138	35 829	47 723	129 700	23 563	17 671	
1. 民办普通高中	86	22 528	27 593	80 361	21 205	16 109	
2. 民办中等职业教育	52	13 301	20 130	49 339	2 358	1 562	5 981
（二）初中阶段教育	84	51 003	51 343	150 740			
1. 民办普通初中	84	51 003	51 343	150 740			
2. 民办职业初中							
三、民办普通小学	79	15 062	23 364	105 916	2 828	2 045	
四、民办幼儿园	4 856	186 505	314 227	706 149	66 095	35 030	
另有：民办培训机构（不计校数）	224				3 458	1 751	114 292

〔**全省教育工作会议**〕 2011 年 2 月 12—13 日，福建省委、省政府召开全省教育工作会议，发布实施《福建省中长期教育改革和发展规划纲要（2010—2020 年）》，确定了“优先发展、育人为本、改革创新、促进公平、提高质量、服务大局”的工作方针，提出了 2020 年“率先基本实现教育现代化，率先基本形成学习型社会，进入教育强省和人力资源强省行列”的目标，开启了建设教育强省的新征程。

〔**教育体制改革试点**〕 1 月，省政府成立由 20 个部门和单位参与的省教育体制改革领导小组，统筹推进教育体制改革试点。组织实施县域内义务教育学校教师校际交流制度等 6 个国家教育体制改革试点项目，启动本省 10 大改革试点任务、363 个改革试点项目。各试点任务单位成立工作小组和专家咨询指导小组，创新试点指导和评估机制，强力推进教育改革创新与发展。

〔**教育部与省政府签署共建协议**〕 12 月 13 日，省政府与教育部签署了《加快福建教育事业发展推进海峡西岸经济区发展新一轮战略合作协议》。根据协议，教育部对福建省革命老区、少数民族地区、原中央苏区县教育发展，以及共建厦门大学和福州大学、深化闽台高校教育交流与合作、提高高等教育质量、发展创新职业教育、建立健全公共教育服务体系、完善终身教育体系、加强教师队伍建设等八个方面，从政策、项目、资金、人才等方面予以倾斜。省政府还与国侨办就共建华侨大学，与农业部、国家海洋局就共建福建农林大学、集美大学，与清华大学、北京大学分别达成战略合作意向，助推全省教育发展。

〔**教师队伍建设**〕 开展“学规划，强师德，树形象”主题教育活动，评选表彰一批师德建设先进集体和师德标兵；以纪念陶行知诞辰 120 周年和学习詹红荔先进事迹为契机，引导广大教师忠于党的教育事业、潜心育人。创新教师补充机制，新聘中小学教师4 500名，多渠道补充幼儿教师3 200名，吸引近1 000名优秀高校毕业生到47个经济困难县任教，引导近1 000名农村富余学科教师转岗培训后从事紧缺学科、幼儿教育和生管教师工作。加强教师培训，全年培训教师13万人次；建立5年一周期的幼儿教师全员培训制度，省级培训幼儿园骨干教师和园长800名；实施中小学名师名校长培养工程，设立33个培养基地，遴选培养100名教学名师、1 000名学科教学带头人；实施农村教师（校长）教育教学能力提升工程，省级培训农村骨干教师（校长）2 700名；选派1万名优秀教师参加“国培计划”；开展名师“送培下乡”活动，组织500多名中小学特级教师、名师培养人选、省学科教学带头人深入农村和山区及海岛县培训教师2万多名。打造高校人才高地，启动实施高校百名领军人才资助计划、千名学科带头人培养计划和百名高校领导干部能力提升计划，选派30名高校青年骨干教师到国内重点高校研修，资助100名一般本科高校优秀青年教师到省内重点建设高校访学研修；高校新增中科院院士1名、国家“千人计划”人选9名、首批省创业创新人才23人、“闽江学者”33人。

〔**教育经费投入**〕　省政府出台《关于进一步加大财政教育投入加强经费管理的意见》，要求各级政府保证财政教育支出增长幅度明显高于财政经常性收入增长幅度，财政教育支出占一般预算支出比重有明显提高。进一步完善各类教育经费保障机制，提高农村义务教育生均公用经费基本定额拨款标准，小学从350元提高到550元，初中从550元提高到750元；出台进一步提高市属普通本科高校生均拨款水平的意见；将博士生奖学金标准提高至每生每月1 000元；提高高校临床医学专业生均拨款标准；省级财政又下达省属本科高校生均拨款专项补助资金1亿元；安排省属本科高校重点学科和教师队伍建设专项经费1.02亿元。推进高校化债工作，省级财政预算安排11亿元高校化债专项资金，促进省属8所重点高校化债工作；推动福州大学和福建工程学院分别实现校区置换资金8亿元，3.5亿元用于化债；制定减轻地方高校债务负担化解设区市属高校债务风险意见；完善高校债务情况动态监控机制，从紧从严控制新增贷款。

〔**教育惠民政策**〕　创新进城务工人员随迁子女教育服务与管理，通过电脑派位等公开程序，统筹接收随迁子女67.8万名，其中88.5%在公办学校就读，对统筹安排进入民办学校就读的予以财政补助；优化随迁子女入学后的服务管理，做到与城市学生一视同仁；允许省内进城务工人员随迁子女异地高考，开设与省外生源地教学相衔接的教学班。关爱农村留守儿童，继续实施农村寄宿生“免费营养早餐工程”，推广厦门市“百名校长万名教师进社区进家庭”活动、三明市“农村流动家长学校”等经验做法，保障留守儿童健康成长。实施特殊教育提升工程，开工建设校舍4.2万平方米；将特教学校义务教育阶段残疾学生享有的“两免一补”向高中、幼儿园“两头延伸”，将特殊教育学校生均公用经费提高到2 700元，指导各设区市属特教学校和办学条件较好的特教学校开设高中班和学前班，推进为重度残疾儿童少年“送教上门”工作。健全从基础教育到高等教育的家庭经济困难学生资助政策体系，全省投入助学资金13.3亿元（不含义务教育及厦门市），惠及学生61.9万人次；启动实施城乡低保家庭入园幼儿保教费补助，按每生每学年1 000元标准予以补助，惠及7 300名幼儿；将普通高校年生均资助标准提高到3 000元；推动生源地信用助学贷款公、民办高校“全省覆盖”，实现“应贷尽贷”。设立高校食堂伙食价格平抑基金，保证高校食堂2元以下的低价菜数量占总数的50%。加大毕业生创业就业扶持力度，建设大学生创业孵化基地和创业培训基地21个；深入开展“就业优质服务年”活动，举办公益性专场招聘活动达2 000多场（次），累计提供就业岗位近45万个；做好家庭经济困难、就业困难毕业生的帮扶工作；优先安排免费师范毕业生就业，119名免费师范毕业生全部有编有岗；普通高校毕业生初次、年度就业率分别达87.4%、91.8%。

〔**党建和德育工作**〕　以纪念建党90周年为契机，坚持“围绕发展抓党建、抓好党建促发展”思路，落实高校党建和中小学德育工作部署。持续深化创先争优活动，全省5个案例获“全国中小学创先争优活动优秀载体”，树立了南丁格尔奖获得者姜小鹰、全国道德模范曹阳飞宇、全国先进基层党支部福州大学光催化中心党支部等先进典型。加强高校领导班子建设，举办暑期高校领导干部办学治校能力研讨班，优化高校领导班子配备。推进大学生思想政治教育精细化，全面实行大学生导师制工作，推动高校独立建制马克思主义学院，加强和改进思想政治理论课教育，组织全省高校412名哲学社会科学教学科研骨干参加研修，组织636名思政课教师开展“海西行”社会实践活动，建立首批10个省级大学生社会实践基地；大学生党支部由2010年的2 780个增加到2011年的3 551个，大学生党员比例由2010年12.38%提高到2011年13.38%。加强和改进未成年人思想道德建设，制定《福建省中小学德育工作三年提升行动计划》，成立省学校德育研究与指导中心，组建《福建教育》德育专刊，首批建设34所乡村学校少年宫。组织开展纪念辛亥革命100周年庆祝活动，巩固发展高校统一战线。深入开展党风廉政建设，始终保持查处教育乱收费行为的高压态势。

〔**教育交流与合作**〕 接受外国来华留学生7 767名，赴台讲学、研修学习或合作科研、学术交流达4 411人次。深入实施闽台“校校企”合作人才培养项目，27所省内高校与37所台湾高校、75家台资企业、97个专业联合培养人才。加强两岸职业教育师资培训与教学资源基地建设，启动两岸高校共同研发课程、合编教材工作。推进平潭两岸教育合作实验园区建设，组织9所省重点建设高校共同推进平潭综合实验区教育发展，谋划筹建平潭海洋大学。

基础教育

〔**综述**〕 2011年，全省每万人口小学在校生667人，适龄儿童小学入学率达99.98%；每万人口初中在校生314人，初中学龄人口入学率达98.98%；每万人口高中在校生192人，毕业生22.63万人；每万人口在园幼儿358人，3至5周岁幼儿入园率达92%。

〔**学前教育**〕 组织实施“学前教育三年行动计划”，省级财政安排4亿元支持公办幼儿园建设，全省新建、改扩建公办幼儿园695所，实现每个乡镇、街道至少有1所公办园的目标。积极发展农村学前教育，通过乡镇中心园在行政村设立分园或联合办园，扩大学前教育优质资源在农村的辐射、利用农村中小学富余校舍举办幼儿园、鼓励支持村集体和个人举办幼儿园等途径，多渠道扩大农村学前教育资源，全省农村幼儿园及学前班达3 414所(个)。规范和扶持民办幼儿园发展，继续开展无证民办园清理整顿，对低收费民办园在用地、用水、用电、用气等方面按照公益事业的有关规定给予优惠，下达资金2 580.65万元，补贴2 211所普惠性民办幼儿园。启动实施城乡低保家庭入园幼儿保教费补助，按每生每学年1 000元标准，下达补助资金730万元，惠及幼儿7 300人。通过扩大培养规模、公开招聘一批、小学富余学科教师转岗一批、非学前教育专业师范类或非师范类高校毕业生转专业补充一批等多种渠道，补充幼儿教师3 200名。

〔**义务教育均衡发展**〕 2011年，覆盖全省人口92.4%的地区实现“双高普九”，义务教育阶段入学率继续保持在全国较高水平，小学阶段学龄人口入学率保持在99.98%以上，初中学龄人口入学率达98.98%，比2010年提高0.98个百分点。省、市、县级层层签订《推进义务教育均衡发展责任书》，落实政府责任，确定分批实现县域义务教育初步和基本均衡发展的目标任务，建立县域义务教育均衡发展督导评估制度，层层分解抓落实，大力促进义务教育均衡发展。进一步完善中小学布局，有效整合义务教育标准化学校建设工程、中小学校安工程、寄宿制学校建设工程和城区中小学扩容工程。重建校舍403万平方米，改扩建校舍面积46.14万平方米，城镇新增学位9.1万个，保留2 561个小学三年级以下的教学点。全省评估验收"义务教育标准化学校"3 796所，占全省义务教育学校总数的49.5%。启动实施小片区管理模式，首批39个试点县（市、区）将城区学校划分为若干个片区，以片区内优质学校为龙头捆绑周边一般校，扩大优质资源覆盖面，带动一般校提升办学水平。促进县域内教师优化配置，推进县域内义务教育学校教师校际交流试点工作，实行工资待遇、编制标准、岗位结构比例、招考聘用、考核办法、退休教师管理和服务"六个统一"，11个试点县参与交流的教师均达到应交流人数的10%以上。加大对革命老区等经济欠发达地区的支持力度，出台加快原中央苏区县和财政特别困难老区县基础教育发展的若干措施，对22个原中央苏区县和10个财政特别困难老区县的每所初中、小学再给予一次性经济补助，启动实施革命老区县农村初中校舍改造工程，投入6 764万元，新建学生宿舍、食堂4.5万平方米。

〔**普通高中教育**〕　加强高中阶段招生统筹，坚持普职协调发展，控制普通高中发展节奏，推进高中阶段教育健康协调发展。2011年，下达普通高中招生计划22万人，实际招生24.06万人，比2010年减少0.25万人，高中阶段毛入学率达88%。严格执行择校生招生政策，规范跨设区市招生行为，落实好贫困生资助政策。继续推进达标高中建设，确认4所普通高中晋升一级达标校，审批2所三级达标高中调整归并，全省达标高中334所，占普通高中总校数的58%，其中一级达标高中99所、二级达标高中96所、三级达标高中139所，在达标高中就读的学生达82%左右。制定普通高中多样化有特色发展指导意见，鼓励高中校开发特色课程，分类建设一批学科特色高中，探索发展综合高中，开展对外合作办学，加强校园特色文化建设，促进培养模式多样化，深化评价制度改革。组织专家课题组按照特色办学的要求，对示范性高中评估标准进行修订。

〔**教育改革试点**〕　成立基础教育改革试点工作小组和专家咨询指导小组，召开有165个试点单位参加的全省基础教育改革试点工作推进会，对推进改革试点工作进行全面动员部署。专家指导组与各试点单位进行面对面的交流，指导试点单位修改完善任务书，制定具体工作方案，明确路线图和时间表。建立试点工作机制，包括专家咨询指导分工责任制、项目分级管理机制和研究共享机制等。全省试点工作从四个方面有序推进。一是素质教育改革试点。督促学校开齐开好各类课程，促进学校特色课程建设，构建学生学业质量评价体系；在10个样本县180个不同类型的学校开展教育部基础教育质量监测中心组织的质量监测工作，并启动构建中小学生学业质量评价体系研究；选择小学若干学科实施学业质量监测与评价；减轻学生过重的课业负担。二是教育教学改革试点。积极探索教学模式改革，改进教学方法，总结经验，培育典型，努力提高课堂教学质量，指导各地积极探索教学模式改革，初步形成一批具有本省特色的教育教学新模式。全省确定73个中小学教育教学改革试点项目，其中教学模式构建项目25项。三是义务教育均衡发展改革试点。在39个县（市、区）启动城区义务教育小片区管理改革，明确小片区管理的实施目标、推进步骤和工作要求，探索以片区内优质学校为龙头捆绑周边一般校，实行片区内"师资互派、资源共享、统一教学、捆绑考核"管理模式。四是中考中招改革试点。根据课程改革发展的要求，立足提高学生综合素质和促进学生健康成长，减轻学生过重的课业负担，提高教育教学科学化水平，稳步推进中考中招改革。先后召开三次专家咨询指导小组会议，以全等级招生为改革的努力方向，按照既定的实施方案和路线图稳步推进；确定"积极稳妥、区别对待和利于发展"的改革原则，研究提出全等级模拟实验方案。在对全省九个设区市现行的中考中招方案及综合素质评价方案进行研究分析对比，并在2010年等级招生模拟方案的基础上，从学科组设置、等级划分和排序等方面研究提出若干实验方案，供设区市开展模拟实验参考。部署各地开展全等级模拟实验，各设区市以2011年中考数据为依据，全面开展全等级招生模拟实验，并上报了模拟实验书面报告。

〔**特殊教育**〕 继续推进实施省委省政府为民办实事项目“特殊教育提升工程”，建立项目建设进展情况月报制度、督察和通报制度等工作制度，加强对各地项目建设的督促检查，全力推进项目建设。2011年，下达省级专项补助资金3 670万元，重点扶持15所特教学校建设，新建和改造校舍面积5.1万平方米；将特教学校义务教育阶段残疾学生享有的“两免一补”政策延伸至特教学校中高中阶段三类残疾学生，特殊教育学校寄宿学生的生活补助费提高到每生每年1 500元；特殊教育学校生均公用经费从每生每年2 000元提高到2 700元；积极推进“两头延伸”，设区市属特教学校和办学条件较好的特教学校率先开设学前班和高中班，学前班在校生达162人，高中班在校生达526人。省教育厅印发《关于开展特殊教育标准化学校建设和评估工作的意见》和《福建省特殊教育标准化学校评估标准（试行）》，明确各地特殊教育学校标准化建设的目标任务，组织各地开展特殊教育标准化学校建设和申报工作。在大力改善特教学校办学条件的同时，加强特教学校的教育教学管理，深化课程改革，不断提高办学水平和教育质量。组织专家组对泉州市盲聋哑学校进行“福建省特殊教育标准化学校”现场评估，积累经验，在下半年全面开展全省特教学校评估工作，推进特教学校标准化建设。在32个县（市、区）开展为重度残疾儿童少年“送教上门”试点工作，确定167名因身体残疾原因无法到校就读且具有学习能力的重度残疾儿童作为服务对象，为其提供居家教育，有效地保障了残疾儿童受教育的权利。全省残疾人教育对象由视力、听力、智力残疾等三类儿童拓展到自闭症、脑瘫、多重残疾、重度残疾等多种残疾类别，基本满足了残疾学生的入学需求。

职业教育与成人教育

〔**综述**〕 省政府批转《省教育厅等部门关于支持中等职业教育发展若干政策意见的通知》，从经费投入、税收、人才引进、建设用地和建设规费等八个方面支持中等职业教育发展，进一步明确了政府、行业、企业在发展职业教育中的职责，营造中职教育改革发展的良好环境。将实行中职学校一年级学生免除学费纳入省委省政府2011年为民办实事项目，增强职业教育吸引力；建立中等职业教育专项督导制度，在全省范围内开展中等职业教育专项督导。全省中等职业学校招生22.5万人，圆满完成教育部下达的招生任务，继续保持中等职业教育与普通高中招生规模大体相当。

〔**职业教育办学模式改革试点**〕 积极推进国家职业教育办学模式改革试点的实施，将此项工作列为2011年全省职业教育工作的重中之重，完善工作方案，建立工作机制，形成“自上而下、自下而上”合力推动改革试点的局面。发挥行业指导作用，深化校企合作，推动建立政府主导、行业指导、企业参与的办学机制。全省由中职学校牵头成立的职教集团43个，139所中职学校开展“订单式”培养，在校生13.15万人。8所中职学校与6所高职院校开展集团化办学试点，推动中职与高职在人才培养、课程内容上的相互衔接和教师、实训基地资源的融合共享，形成集团化的办学优势。开展中职毕业生直接升学制度改革，推进五年制高等职业教育改革试点，建立中等职业学校毕业生注册入学制度，拓宽毕业生继续学习的渠道。

〔**专业建设**〕　认真落实《福建省中等职业教育专业结构调整意见》，指导各地和中职学校根据区域产业发展需要，调整优化中等职业教育专业结构，加快建立与产业发展相适应的职业教育专业体系。全省中等职业学校共设置192个专业、2 242个专业点，增设行业人才紧缺和发展空间大、就业前景好的专业点303个，改造撤并生源不足、就业率低的专业点228个。省级技能型紧缺人才培养基地新增12个，总数达53个。先进制造业、现代服务业、现代农业等专业领域中职毕业生达11万余人，占全省中职毕业生的70.5%，比2010年提高0.4个百分点。

〔**基础能力建设**〕　推进县级职教中心标准化建设，会同省发改委、财政厅、人社厅印发《关于推进县级职教中心标准化建设工作的通知》，制定《福建省县级职教中心建设标准（试行）》，部署县级职教中心标准化建设工作。全省已有28个县级职教中心通过标准化评估验收，占县级职教中心总数的48%。加快职业教育公共实训基地建设，通过政府统筹、行业支持、教产联动等多种形式推动机械、通信、鞋服等行业公共实训基地建设；以设区市为单位，统筹规划建设一批综合性或区域特色专业公共实训基地。省机械行业公共实训基地已完成一期工程建设，省通信、鞋服行业公共实训基地建设顺利推进；8个设区市统筹建设的区域公共实训基地建设进展顺利。加强信息化平台建设，开通“福建中等职业教育和终身教育网”，完善教学信息资源库，为中职教师网上学习、教学交流提供支持。推进中职学校数字化仿真实训教室建设，完成15个重点专业课程仿真实训操作软件开发。基本建成省级中职教育教学信息化资源系统和新的电子学籍管理系统。

〔**终身教育工作**〕　《福建省国民经济和社会发展规划第十二个五年规划纲要》和《海峡西岸经济区发展规划》都提出了终身教育发展的目标任务和主要措施，确保“十二五”期间形成终身教育服务体系。加快平台建设，以广播电视大学系统为基础，筹建福建开放大学；“福建老年人学习网”正式开通，累计点击量逾15万人次；福建教育电视台“福建家庭教育频道”开播，成为福建省唯一、全国第三个开展终身教育工作的专业电视频道。广泛开展城乡社区教育，全省新成立20所社区学院（社区大学）、281所社区学校和社区教育中心、639个社区教育学习点，培育社区教育志愿者逾万名，基本完成社区教育“十百千工程”和“百千万工程”（即重点建设10个县（市、区）社区学院（社区教育中心）、100个街道（乡、镇）社区学校、1 000个社区（村）社区教育学习点；重点培育100名社区教育专干、1 000名社区教育兼职人员、10 000名社区教育志愿者）。积极推进闽台社区教育交流与合作，成功举办“首届海峡两岸妇女终身教育论坛”、“首届海峡两岸老年教育论坛”等活动。全力推进学习型党组织、机关、单位、社区、家庭等创建活动，积极倡导全民阅读，开展全民读书、职工书屋、农家书屋等多样化的学习活动。开展多形式、多门类、多层次的教育培训，全年培训各类人员达500万人次。

高 等 教 育

〔**重点学科专业建设**〕　启动实施“优势学科创新平台”建设项目，推动学科建设、科技创新和人才培养“三位一体”；组织实施“特色重点学科建设项目”、“一级学科省级重点学科”建设项目，着力构建与全省十大新增长区域和产业布局紧密结合的重点学科体系。出台《福建省高等学校专业设置基本条件（试行）》，在制订专业建设规划、开展人才需求调研、专业带头人、骨干教师、兼职教师、开办经费等方面提出明确要求。以产业发展需求为导向，组织高校制定专业建设规划，重点支持增设海洋工程类、机械类、电气信息类等10类本科专业和机械设计制造类、机电设备类、电子信息类等10类高职专业。全年新增本科专业58个、专科专业73个，其中工学类专业68个，占52%；增设了一批新能源材料与器件、物联网工程、工业设计等为战略性新兴产业发展服务的专业。

〔**本科教学质量提升**〕 深入实施高等学校本科教学质量与教学改革工程，遴选确定20个省级本科教学团队、100门本科精品课程、40个本科教育特色专业建设点、40个本科教育人才培养模式创新实验区、45名省级本科教学名师、919个本科大学生创新性实验计划项目。组织福州地区大学新校区8所高校成立了教育联盟，并于11月9日正式开通了福州地区大学新校区文献信息资源共享平台，为共享区域内的广大师生提供校际的文献提供、文献传递、馆际互借、联合借阅等高水平便捷的信息资源“一站式”服务。组织实施对接福建省产业发展的人才培养专项规划，培养了集成电路、太阳能光伏、工艺美术等7个产业相关专业急需紧缺人才5.95万人，其中研究生0.37万人、本科生2.43万人、高职生3.15万人。启动实施128个高校创新人才培养改革试点项目，在培养“卓越工程师”、“卓越技师”等重点领域遴选确定了21项重点项目。制定“一般本科院校办学水平提升计划”，通过建设一批基础课实验教学平台、校企合作实践教学基地及体现学校特色的重点学科，构建起应用型人才培养教学质量保障体系。组织开展省政府与国务院部委共建高校工作，签订了共建协议书或战略合作协议。

〔**学位与研究生教育**〕 全省高校调增一级学科博士点48个、一级学科硕士点111个，其中22个博士学位点、14个硕士学位点填补了福建省一级学科领域的空白；新增专业学位类别18种、专业学位授权点32个，全日制专业学位首次超计划完成任务。组织开展“服务国家特殊需求博士、硕士人才培养项目”试点工作，漳州师范学院申请开展授予博士学位的闽南文化人才培养项目试点工作。经国务院学位办评审，泉州师范学院艺术硕士（音乐领域南音方向）、厦门理工学院工程硕士（车辆工程、电气工程领域）、闽江学院工商管理硕士（创业与创新方向）等3个项目获得硕士专业学位人才培养项目授权资格。组织实施“闽江学者”奖励计划，遴选了“闽江学者”51人，其中特聘教授25人、讲座教授26人。其中有24名外籍学者入选“闽江学者”，占入选人数的47.06%，达到历年最高。

〔**高等职业教育**〕 遴选一批高等职业教育重大改革和建设项目，确定省级高职精品课程84门、高职教学团队20个、高职教育教学改革综合试验项目9个、省级高职教学名师35名；遴选省级高职教育实训基地建设项目11个，其中7个获中央财政支持；获第六届国家级高职教学名师1名、全国高等职业教育专业教学资源库建设项目1个。开展教育部、财政部“支持高职院校提升专业服务产业发展能力”项目申报工作，27所独立设置的公办高职院校申报了船舶工程技术、高分子材料加工技术、物联网应用技术等54个紧贴产业发展需求、校企深度融合的专业进行重点建设。开展对厦门医学高等专科学校等6所高职院校的人才培养工作评估。继续实施“福建省高等职业教育教材建设计划”，出版了制造、电子信息、现代服务业类高职教材13部。组织开展2011年全省职业院校技能大赛，并选派20支代表队参加全国职业院校技能大赛，获二等奖8项、三等奖9项、优秀奖4项。

〔**高校科技创新**〕 加强高校科研能力建设，新增国家级创新平台2个、国家地方联合建设的创新平台4个。全省高校共获国家自然科学基金552项，比2010年增长42%，获资助金额2.66亿元，比2010年增长88%，项目数、金额数均占全省90%以上；获国家自然科学基金杰出青年项目4个；获教育部社科项目126项、国家社科基金项目82项。福建农林大学尤民生教授等完成的“十字花科蔬菜主要害虫灾变机理及其持续控制关键技术”项目，获国家科技进步二等奖，福州大学陈道炼教授等完成的“高频环节逆变技术及应用”项目，获国家技术发明二等奖。实施高校“新世纪优秀人才支持计划”和“福建省高校杰出青年科研人才计划”，分别遴选优秀人才56人和45人。组织3个团队、12位个人申报“教育部创新团队计划”和“教育部新世纪优秀人才支持计划”。组织100多所省内外高校参加第九届“6·18”活动（第九届中国·海峡项目成果交易会），39所“985工程”高校和100多个国家级研究机构共有4 750项科技成果参展，省内外高校共对接项目近2 000项，投资总额超过300亿元。

〔**自学考试**〕　全年自学考试学历教育报考25.8万人、49.8万科次，在考专业达137个，其中本科专业65个、专科专业72个；面向社会开考的专业73个，开考体制改革试点专业86个；共有47所高校担任主考学校，与15个厅局、行业合作开考33个专业。非学历证书考试持续拓展，全年共组织全国计算机等级考试、全国英语等级考试、大学英语四六级考试、高等学校英语应用能力考试、全国中小学教师教育技术水平考试、教师“两学”资格考试、非学历双证书考试7个大项目14次考试，考生人数达94.5万人，比2010年增加2.1万人，同比增长2.27%。

〔**两岸教育合作**〕　加快推进两岸教育合作实验园区建设，依托福州大学积极筹建平潭海洋大学，依托福建农林大学成立海峡联合学院和海峡联合研究院。开展闽台高职院校联合培训师资工作，以闽台合作的形式，举办10期培训班，培训福建省高职院校专业教师597人。全面推进国家教育体制改革试点项目——闽台高校教育交流与合作试点工作，实施闽台高校联合培养人才项目，单列招生计划6 000人。成功举办第十届海峡两岸大学生辩论赛、第四届福建省高校港澳台侨学生普通话大赛、闽台应用型人才培养战略企业与高校高峰论坛等。积极推进“平潭产业创新联合研究院”组建工作，组织厦门大学等9所重点建设高校围绕平潭综合实验区产业发展需要，编制拟进驻平潭产业创新联合研究院的研究中心建设方案，积极探索建立两岸高校科技教育合作的新机制。

撰稿　许志勇　张学强
张伟礼　林　菁
审稿　鞠维强　陈晓风

厦门市教育

概　　况

〔**基本情况**〕

2011年各级各类学历教育学生情况

	毕业生数（人）	招生数（人）	在校生数（人）
一、高等教育	42 016	60 743	180 880
（一）研究生	3 278	4 396	13 431
（二）普通本专科	32 515	41 499	135 722

续表

	毕业生数（人）	招生数（人）	在校生数（人）
（三）成人本专科	4 729	5 166	16 175
（四）其他各类高等学历教育	1 494	9 682	15 552
1. 在职人员攻读博士、硕士学位		1 710	6 367
2. 网络本专科生	1 494	7 972	15 551
3. 学历文凭考试	0	0	0
二、中等教育	53 240	54 517	159 740
（一）高中阶段教育	29 190	26 915	82 751
1. 高中	15 119	14 422	43 258
普通高中	15 119	14 422	43 258
成人高中	0	0	0
2. 中等职业教育	14 071	12 493	39 493
中等职业学校（机构）	12 376	10 837	34 250
技工学校	1 695	1 656	5 243
（二）初中阶段教育	24 050	27 602	76 989
1. 普通初中	24 050	27 602	76 989
2. 职业初中	0	0	0
3. 成人初中	0	0	0
三、初等教育	29 680	31 382	179 397
（一）普通小学	28 642	31 382	177 879
（二）成人小学	1 038	0	1 518
其中：扫盲班	1 038	0	1 518
四、工读学校	0	0	0
五、特殊教育	78	92	537
六、学前教育	23 177	31 313	78 916

2011 年各级各类学校校数、教职工、专任教师情况

	学校数（所）	教职工数（人）	专任教师数（人）
一、高等教育	17	15 200	8 798
（一）研究生培养机构	3	0	0
1. 普通高校	2		
2. 科研机构	1		
（二）普通高等学校	17	15 200	8 798
1. 本科院校	6	11 870	6 774
2. 专科院校	11	3 330	2 024

续表

	学校数（所）	教职工数（人）	专任教师数（人）
其中：职业技术学院	10	3 089	1 818
3. 分校、大专班（点）（不计校数）	0	0	0
（三）成人高等学校	0	0	0
（四）民办的其他高等教育机构			
1. 学历文凭考试机构	0	0	0
2. 非学历文凭考试机构	2	0	0
二、中等教育	121	12 407	10 509
（一）高中阶段教育	59	12 407	4 835
1. 高中	33	10 345	3 346
普通高中	33	10 345	3 346
成人高中	0	3	0
2. 中等职业教育	26	2 062	1 489
中等职业学校	23	1 762	1 268
技工学校	3	258	179
其他机构（教学点）（不计校数）	5	42	42
（二）初中阶段教育	62		5 674
1. 普通初中	62		5 674
2. 职业初中	0	0	0
3. 成人初中	0	0	0
三、初等教育	300	9 848	9 180
（一）普通小学	300	9 836	9 176
（二）成人小学	0	12	4
其中：扫盲班	0	12	4
四、工读学校	0	0	0
五、特殊教育	3	145	129
六、学前教育	544	5 871	3 397

注：①普通高中包含普通初中的教职工数；②学历文凭考试已取消；非学历文凭考试机构两所，但没有统计数据。

2011 年各级各类民办教育基本情况

	学校数（所）	毕业生数（人）	招生数（人）	在校生数（人）	教职工数（人）	专任教师数（人）
一、民办高等教育	11	12 850	18 928	57 362	4 760	3 043
（一）普通高校	11	12 850	18 928	57 362	4 760	3 043
（二）成人高校	0					

续表

	学校数（所）	毕业生数（人）	招生数（人）	在校生数（人）	教职工数（人）	专任教师数（人）
（三）民办的其他高等教育机构						
二、民办中等教育机构	32	4 822	4 350	13 789	1 337	893
（一）高中阶段教育	11	2 645	1 745	5 875	314	338
其中：民办普通高中	3	548	573	1 749		174
民办中等职业教育	8	2 097	1 172	4 126	314	164
（二）初中阶段教育	21	2 177	2 605	7 914	1 023	555
其中：民办普通初中	21	2 177	2 605	7 914	1 023	555
民办职业初中	0	0	0	0	0	0
三、民办普通小学	27	6 271	6 478	34 758	1 856	1 463
四、民办幼儿园	280	12 214	16 880	43 182	4 470	2 370

注：①中等职业教育非学历教育的学生数采用中等职业学校（机构）统计中培训学生数（无招生数指标），职业技术培训机构无招生数统计指标；②由于民办普通高中均为完全中学的高中部，教职工数初高中无法划分，因此，将民办普通高中的教职工数全部列入民办普通初中。

〔**全市教育工作会议**〕 2011年2月，厦门市委、市政府召开全市教育工作会议，发布《厦门市中长期教育改革和发展规划纲要（2010—2020年）》，部署中长期教育改革和发展工作。厦门市教育规划纲要分为总体战略、发展任务、体制改革和保障措施四部分，共2.3万字，20章，62条。总体目标是：到2020年前，率先实现教育现代化，率先形成学习型社会，进入全国教育强市和人力资源强市前列。主要任务是：高水平普及学前教育，至2020年，每两万人口不少于一所公办幼儿园；推进义务教育高质量均衡发展，从2011年秋季起，包括符合条件的在民办学校就读的进城务工人员随迁子女免费接受义务教育；推动普通高中教育优质多样化发展，普通高中学校全部达到省二级达标及以上标准；大力发展职业教育，中职生在国家级、省级重点中职学校就学比例达90%以上；统筹发展高等教育，增强高等教育服务经济社会发展的能力；推动继续教育快速发展，进一步提升特殊教育办学水平。

〔**教育投入**〕 全市教育经费达86.93亿元，同比增长22.89%，其中国家财政性教育经费71.58亿元，同比增长29.70%；占国内生产总值2.82%，同比增长0.14个百分点。政府预算内教育拨款59.88亿元，同比增长23.86%。全市中小学生均预算内公用经费，小学1 300元，同比增长7.40%；初中1 806元，同比增长8.52%；高中2 492元，同比增长22.36%；中等职业学校3 499元，同比增长46.96%。

〔**教师三项主题活动**〕 教师岗位大练兵是厦门市开展的教师三项主题活动之一，已举办五届。第五届教师岗位大练兵主要包括教育理论大练兵、教学技能大练兵、课堂教学大练兵、教育科研大练兵、班主任工作大练兵等活动，教师综合素质得到提高。

师德建设是三项主题活动之二。在本届师德建设活动中，开展了"加强师德建设，构建和谐校园"论文征集活动，以及《教育法》、《教师法》、《义务教育法》、《未成年人保护法》等教育法律法规学习。组建《中小学教师职业道德规范》宣讲团，开展职业道德规范宣讲，评选表彰师德先进个人、十佳班主任、优秀教师等，组织感念师恩主题宣传，营造尊师重教的良好氛围。对违反师德考核

“二十条禁令”的实行“一票否决”，采取量化考核的办法，把师德考核全面纳入教师绩效工资管理，与教师待遇紧密挂钩。

第五轮全员家访是三项主题活动之三。开展了第五轮“百名校长万名教师进社区进家庭”活动。据不完全统计，1月至11月，共组织校长1 080人次走进社区，组织教师13 640人次家访119 700名学生，进一步密切了与群众的关系，深化了家校社三级德育网络建设。

〔**校园安全工作**〕 组织开展校车和校园周边道路安全专项整治工作，对学生上下学乘车情况进行调查，拟定实施校车安全工程建议方案，实行校车安全责任制，对全市校车进行全面排查，要求校车加装GPS安全服务系统，主动接受道路交通动态监管，确保安全。验收全市各区（不包括同安区）和直属校共704所学校（幼儿园）校区安装的773个监控点摄像头、报警装置和集中存储设备，完成与市公安局110指挥中心报警联动调试和地图定位工作，补充报警监控点的UPS后备电源。在部分学校校园内安装可以网络远程监控的高清摄像机，实现即时观察和即时报警。

〔**举办全市首届中小学幼儿园教师教学技能大赛**〕 4月，举办全市首届中小学幼儿园教师教学技能大赛，竞赛项目涵盖中小学幼儿园教师4个学段、39个学科、4项内容，大赛共计446人获奖，其中特等奖4人、一等奖93名、二等奖128名、三等奖225名，6个团体获优秀组织奖，3所学校获优质服务奖。

〔**文明创建活动**〕 组织教育系统师生全力投入全国文明城市创建活动，组织《文明城市知识问答（2011年）》学习测试，开展“文明学校为文明城市作贡献”、“文明礼让斑马线”等道德实践活动，组织教育志愿者开展心理辅导、名师助你行等志愿服务，组织教育系统文明单位、文明学校与开元街道12个社区签订共建协议，3 000多名志愿者进入社区开展教育服务。厦门市教育局获全国未成年人思想道德建设工作先进单位称号。

〔**加强新疆高中班管理**〕 严格按照《厦门市内地新疆高中班管理实施办法（试行）》，加强对新疆班的教育教学管理和服务，按照教育部部署，做好维稳、宣讲、慰问等工作。编发4期《新疆班工作简报》，评选表彰16名新疆班优秀毕业生。

〔**稳步推进扫盲工作**〕 召开扫盲年度工作会议，印发《厦门市教育局关于做好2011年扫盲教育工作的通知》，明确各区脱盲指标任务。召开扫盲教育工作专题研讨会，指导各区创新扫盲教育方式，切实推进扫盲教育工作，提高工作实效。加大扫盲教育投入，全年共投入216万元，帮助1 161人脱盲，超额完成省教育厅下达的扫盲工作任务。

〔**两岸教育交流活动**〕 10月，由中国教育学会和厦门市人民政府共同主办、厦门市教育局和台湾地区教育会轮流承办的第五届海峡两岸百名中小学校长论坛在厦门市举办。论坛主题为“艺术教育”。该项活动被国台办列为2011年重点交流项目。

应台湾景文科技大学邀请，厦门城市职业学院20名学生赴台研修一年；应北台湾科技学院邀请，集美轻工学校29名师生赴台研修半年；应台湾龙华科技大学邀请，厦门华天涉外职业技术学院9名学生赴台研修半年。截至2011年12月，市属高校赴台研修共有12批158人。

厦门东海职业技术学院邀请台湾大华技术学院谈心怡老师到学院为“闽台班”学生授课，厦门城市职业学院聘请15位台湾景文科技大学专家到学院授课，厦门市教育科学研究院邀请吴武典等5位台湾专家到厦门参加“厦台中小学养成教育研讨会”，并作专题报告。

〔**教育交流与合作**〕 认真做好外事接待工作，截至2011年12月，共接待来自法国、英国等国家和香港、澳门地区师生到访8批次164人。推进教育交流与合作，恢复教师赴国外培训计划，组织23名英语骨干教师赴加拿大培训。截至2011年12月，共组织26批263人次前往国外、港澳地区交流访问。组织厦门市17名师生赴德国特里尔市参加2011年欧洲青年体育爱好者夏令营。认真做好海外华文教育工作，致力推广中华文化，接待东盟校长访问团，推动孔子课堂项目，选派教师赴海外从事华文教育工作。

基础教育

〔**积极促进学前教育发展**〕 出台《厦门市人民政府关于大力推进学前教育事业发展的意见》，明确到2020年厦门学前教育发展的目标任务，强化政府职能，建立财政补助机制、分担机制和扶持机制，推行集体园、民办园分级管理、限价收费制度，促进学前教育高质量、规范化、多元化发展。按照全市一街一镇一所公办幼儿园的目标扩大公办园，新建公办幼儿园24所，增加学位6 360个，超额完成省政府下达新增19所公办幼儿园的建设任务。建立民办幼儿园分级收费管理和财政补助制度，对镇（街）、村（居）等集体举办的幼儿园以及经审批的民办幼儿园进行评估定级，对愿意接受分级收费管理制度的民办幼儿园，实行保教费分级最高限价，对经正式批办且执行最高限价规定的民办幼儿园给予财政补助。民办幼儿园每提升一个评估等级标准，给予财政补助10万元。建立10个部门联合执法机制，集中清理整顿293所无证幼儿园，其中给予批办68所、筹办199所、取缔26所，同时对200所集体办园、256所民办园进行评估定级，努力让广大幼儿在安全、合格的幼儿园就读。

〔**开展国家教育体制改革试点**〕 成立教育体制改革领导小组，制订工作方案和工作规划，市政府与各区政府签署义务教育均衡发展责任书，落实推进义务教育均衡发展的目标和任务。

〔**实现城乡义务教育完全免费**〕 从2011年春季开始，免除义务教育阶段剩余的城市学校学生课本费、城乡学生簿籍费，共免除课本费1 712万元，受惠学生13.33万人；免除簿籍费740万元，受惠学生20.75万人。从2011年秋季开始，对经统筹进入民办学校接受义务教育的进城务工人员随迁子女免除学杂费、课本费、簿籍费，共免除1 166.68万元，受惠学生1.40万人。

〔**统筹配置优质教育资源改造农村学校**〕 促成厦门外国语学校和翔安区实验学校开展紧密型的合作办学，实现学校管理一体化，整体提升两校的教育教学质量。在同安汀溪、翔安新圩、集美灌口、海沧东孚四镇实施小城镇教育综合改革，采取委托管理、合作办学等方式，带动农村学校在办学特色、校园文化、教师队伍建设等方面的创新。

〔**义务教育标准化学校评估**〕 开展义务教育标准化学校建设和评估，推进义务教育岛内外一体化建设，全年共完成评估学校104所。截至2011年年底，全市已完成307所学校和2个教学点的建设和评估工作，完成率达92%。

〔**规范义务教育阶段特色招生**〕 出台《关于进一步做好2011年中招免试破格录取工作的通知》和《关于做好2011年初中特色校（班）招生工作的通知》，从成立机构、制订方案、严格程序、严明纪律等方面加强管理，规范高中保送生、破格录取工作和初中特色班的招生工作。对经批准举办的各类教育实验班，招生时只进行必要的能力测试，并严格规范招生行为，实行阳光招生，进一步遏制义务教育阶段择校行为。

〔**减轻学生课业负担**〕 在全面实现禁止所有义务教育学校和普通高中在双休日、节假日、寒暑假补课的基础上，在全市11所中小学校推行校本作业试点，建立校本作业体系，逐渐改变以校外辅导材料代替作业的做法，把国家规定的课余时间全部还给学生，进一步减轻学生过重的课业负担。

〔德育工作〕 开展社会主义核心价值体系教育主题班会比赛，鼓励全市18所社会主义核心价值体系教育工作学校开展实验推广工作，召开“兴国之魂——社会主义核心价值体系教育论坛”。借助纪念建党90周年、辛亥革命100周年、厦门经济特区建设30周年等重大纪念日，挖掘历史文化和教育内涵，开展读书征文暨演讲与朗诵比赛、征集核心价值观箴言等一系列主题教育活动，深入推进社会主义核心价值体系教育和实践。

顺利完成未成年人思想道德建设国家测评，广泛开展“红歌唱响校园”歌咏活动。引导中小学生文明上网、健康上网，进一步把“文明小博客”活动培育成为厦门市未成年人思想道德建设的重要品牌。启动“阳光心灵，幸福人生”心理健康教育专项活动，整体提升中小学心理健康教育水平。

〔进城务工人员随迁子女就读公办学校〕 各中小学进一步扩大招生，提供10.5万个公办学位，进城务工人员随迁子女通过派位就读公办学校。据统计，义务教育阶段在厦门市公办中小学就读的进城务工人员随迁子女比例达70.08%，比2010年提高1.18%，进一步保障了他们平等接受义务教育的权利。

职业教育与成人教育

〔实施免学费政策〕 从2011年秋季起，免除2011年秋季入学中职生一年级学费，免学费补助资金原则上按学校隶属关系由同级财政承担，市财政按30%比例对各区给予补助。全市免除学费3 351.84万元，受惠学生1.25万人。

〔推进创建国家级中职示范校工作〕 根据《教育部办公厅人力资源和社会保障部办公厅财政部办公厅关于申报2011年度国家中等职业教育改革发展示范学校建设计划项目的通知》（教职成厅函〔2011〕46号），10月20日，教育部正式批准厦门市集美职业技术学校、厦门高级技工学校和厦门电子职业中专学校为“国家中等职业教育改革发展示范学校建设计划”第二批立项建设学校。

〔评选市级示范专业〕 5月，组织市教科院职教教研室制定厦门市中等职业学校市级示范性专业评估标准。7月，对厦门工商旅游学校等7所学校上报的专业进行评估，确定集美轻工业学校电子技术应用、厦门工商旅游学校汽车运用与维修等14个专业为首批厦门市中等职业学校市级示范专业。

〔职业院校技能大赛〕 4月，组织114名学生和12名教师分别参加在福州、漳州、龙岩和南平四地市举办的全省职业院校技能大赛，共获得一等奖25个（其中教师2个）、二等奖40个（其中教师6个）、三等奖27个。6月，选拔103名选手参加在天津市举办的全国职业院校技能大赛（中职组）中11个专业类30个项目的比赛，获得一等奖5个、二等奖19个、三等奖38个。

〔文明采风竞赛成绩突出〕 在教育部组织的第八届全国中等职业学校“文明采风”竞赛活动中，全市中等职业学校共获一等奖13项、二等奖42项、三等奖43项、优秀奖23项，厦门工商旅游学校获优秀组织奖。

〔加强终身教育〕 经福建省终身教育促进委员会评选，厦门市湖里区教育局胡万友等20人获“福建省终身教育先进工作者”称号，厦门市蔡塘社区居委会王振作等15人获福建省终身教育优秀志愿者称号。

高等教育

〔推进市级重点专业建设〕 加大对首批高职重点专业的建设力度，紧密对接厦门市确定的13条制造业产业链、10个服务业产业群进行重点建设，努力建设一批在同类专业中教学条件好、专业特色鲜明、产业对接紧密、教学管理先进、师资力量强、教学质量高的重点专业，促进学校的专业调整、改造和建设。

〔实施高职教师培训项目〕 一是组织分专业教师培训。以到企业专业实践为重要内容，依托教育服务平台，会同行业协会及相关企业共同实施分专业教师培训。二是组织骨干教师培训。30名与重点发展产业链相关的民办高职中青年骨干教师到天津职业技术师范大学、深圳职业技术学院等进行培训。三是探索推进师资队伍建设改革。搭建企业兼职教师资源库，在厦门城市职业学院试点实施“双师制”改革，即一门课程由校内和企业各一名教师完成教学任务，积极探索高职教师队伍建设新模式。

〔加强实训基地建设〕 积极争取国家高职实训基地资助项目，厦门医学高等专科学校、厦门华厦职业学院、厦门南洋职业学院、厦门华天涉外职业技术学院分别获中央财政支持的高职人才培养实训基地建设项目，4项合计获中央建设资金680万元，地方和学校同比例配套，共增加高职实训基地建设投入1 360万元。积极推动高职共享实训基地建设，引导各校分工建设学生校内实训基地，积极与企业共建校内外实训基地。

〔组织评选教改试验项目〕 以校企合作为主题，以工学结合、校企共同育人为切入点，开展高等职业教育教学改革综合试验项目评选工作，在各校报送的18个参评项目中，评审确定首批市级高职教改项目9个，每个项目补助经费5万元。同时，认真研究起草《厦门市高等职业教育校企合作内涵建设主要评价指标》，拟通过内涵评价指标的标准化建设，促进各校校企合作作出成效。

〔实施集团化办学试点〕 积极组织实施中高职集团化办学体制改革，多模式推进招生机制的创新，搭建中高职贯通的通道。制定实施中高职集团化办学改革试点方案，筹备成立集团化办学联盟及其理事会。新设置部分工科专业，完善集团内招生及人才培养方案。2011年，新增300名高职招生指标和500名五年制专科招生指标用于集团化试点办学。

〔举办第二届高校（厦门）文化创意大赛〕 配合海峡两岸（厦门）文化产业博览交易会，对接厦门市重点发展的文化创意产业链（群），举办第二届高校（厦门）文化创意大赛。厦门大学等18所高校积极参与，组委会共收到各类作品811件，200件作品进入决赛，21件作品脱颖而出，分别获金、银、铜奖。福州大学、福建师范大学等20多所省内高校组织了300多件作品参展。不同于首届比赛的是，本届比赛的参赛作品不分类型、不分种类，作品形式多样，包括雕塑、工艺品、动漫、旅游纪念品设计等。并对外邀请相关行业企业开辟赛中赛，在各校举办“高校校企对接创意风暴”等配套活动。

〔厦门城市职业学院集美分院开建〕 作为厦门经济特区建设30周年“40项开、竣工项目”之一，厦门城市职业学院集美分院开工典礼于12月27日举行，规划总用地面积550亩。按在校生6 000人计算，规划总建筑面积17.09万平方米。集美分院按工科类型的职业院校进行设计，采用嘉庚式的建筑风格。

撰稿 郑林群

审稿 郭献文

江西省教育

概　况

〔基本情况〕

2011 年各级各类学校校数、教职工、专任教师情况

	学校数（所）	教职工数（人）	专任教师数（人）
总计	24 825	594 720	507 944
一、高等教育	96	72 919	51 466
（一）研究生培养机构（不计校数）	12		
1. 普通高校	12		
2. 科研机构	0		
（二）普通高等学校	86	70 472	49 970
1. 本科院校	37	46 510	32 865
其中：独立学院	13	6 611	5 072
2. 高职（专科）院校	49	23 654	16 880
3. 其他机构（点）（不计校数）	1	308	225
（三）成人高等学校	10	2 447	1 496
（四）民办的其他高等教育机构	23	653	295
二、中等教育	3 167	238 350	198 009
（一）高中阶段教育	1 006	115 977	75 102
1. 高中	438	79 176	47 583
普通高中	438	79 176	47 583
完全中学	262	46 129	22 421
高级中学	135	26 654	23 415
十二年一贯制学校	41	6 393	1 747

续表

	学校数（所）	教职工数（人）	专任教师数（人）
成人高中	0	0	0
2. 中等职业教育	568	36 801	27 519
普通中专	68	8 194	5 660
成人中专	91	2 331	1 473
职业高中	306	15 768	11 760
技工学校	100	10 343	8 493
其他机构（教学点）（不计校数）	3	165	133
（二）初中阶段教育	2 161	122 373	122 907
1. 初中	2 117	122 261	122 811
初级中学	1 591	92 278	87 389
九年一贯制学校	525	29 937	14 471
十二年一贯制学校			1 953
完全中学			18 952
职业初中	1	46	46
2. 成人初中	44	112	96
三、初等教育	12 056	196 235	204 689
（一）普通小学	11 633	195 620	204 248
小学	11 633	195 620	190 482
九年一贯制学校			12 579
十二年一贯制学校			1 187
（二）成人小学	423	615	441
其中：扫盲班	199	156	86
四、工读学校	1	4	0
五、特殊教育	75	990	885
六、学前教育	9 430	86 222	52 895

2011 年各级各类学历教育学生情况

	毕业生数（人）	招生数（人）	在校生数（人）
一、高等教育			
（一）研究生	5 791	8 353	23 824
博　士	129	190	773
硕　士	5 662	8 163	23 051
（二）普通本专科	225 802	246 027	828 599

续表

	毕业生数（人）	招生数（人）	在校生数（人）
本　科	85 014	113 835	428 600
专　科	140 788	132 192	399 999
（三）成人本专科	31 245	49 779	134 489
本　科	12 638	22 022	61 375
专　科	18 607	27 757	73 114
（四）其他各类高等学历教育			
1. 在职人员攻读硕士学位		2 137	8 748
2. 网络本专科生	0	0	0
本　科	0	0	0
专　科	0	0	0
二、中等教育	1 119 750	1 250 798	3 525 017
（一）高中阶段教育	486 679	575 205	1 513 303
1. 高中	251 060	308 930	783 497
普通高中	251 060	308 930	783 497
完全中学	121 156	145 118	367 641
高级中学	119 147	149 318	382 540
十二年一贯制学校	10 757	14 494	33 316
成人高中	0		0
2. 中等职业教育	235 619	266 275	729 806
普通中专	75 625	86 894	240 788
成人中专	5 782	10 405	18 219
职业高中	112 006	114 603	328 310
技工学校	42 206	54 373	142 489
（二）初中阶段教育	633 071	675 593	2 011 714
1. 初中	631 353	675 593	2 009 641
初级中学	450 615	471 382	1 410 720
九年一贯制学校	60 408	74 200	211 492
十二年一贯制学校	13 019	12 665	36 735
完全中学	107 173	117 186	350 156
职业初中	138	160	538
2. 成人初中	1 718		2 073

续表

	毕业生数（人）	招生数（人）	在校生数（人）
三、初等教育	680 425	777 955	4 355 105
（一）普通小学	667 802	777 955	4 340 255
小学	612 172	730 598	4 037 688
九年一贯制学校	49 033	43 768	274 286
十二年一贯制学校	6 597	3 589	28 281
（二）成人小学	12 623		14 850
其中：扫盲班	1 034		1 646
四、工读学校	0	0	0
五、特殊教育	1 917	3 593	22 577
六、学前教育	400 046	894 559	1 455 161

2011 年各级各类非学历教育学生情况

	毕（结）业生数（人）	注册生数（人）
总计	419 407	363 785
一、高等教育	81 210	80 286
（一）研究生课程进修班	123	390
（二）自考助学班	18 346	30 222
（三）普通预科生		1 370
（四）进修及培训	62 741	48 304
其中：资格证书培训	31 802	27 241
岗位证书培训	19 024	14 342
二、中等教育	338 197	283 499
其中：资格证书培训	70 298	51 796
岗位证书培训	79 385	59 011
（一）中等职业教育	180 490	102 231
其中：资格证书培训	55 424	36 689
岗位证书培训	56 928	31 749
（二）职业技术培训机构	157 707	181 268
其中：资格证书培训	14 874	15 107
岗位证书培训	22 457	27 262

2011 年各级各类民办教育基本情况

	学校数（所）	毕业生数（人）	招生数（人）	在校生数（人）	教职工数（人）	专任教师数（人）	其他学生数（人）
一、民办高等教育							
（一）民办高校	27	47 688	64 633	201 398	17 457	12 101	27 657
本科学生		20 007	33 679	114 315			
专科学生		27 681	30 954	87 083			
其中：独立学院(不计校数)	13	19 811	23 624	93 071	6 611	5 072	50
本科学生		19 392	23 624	93 060			
专科学生		419	0	11			
（二）民办的其他高等教育机构	23				653	295	23
二、民办中等教育							
（一）高中阶段教育	284	94 836	96 763	248 539	28 646	19 681	
1. 民办普通高中	107	32 616	45 232	102 946	20 920	14 637	
2. 民办中等职业教育	177	62 220	51 531	145 593	7 726	5 044	20 842
（二）初中阶段教育	152	41 851	49 058	142 378			
1. 民办普通初中	152	41 851	49 058	142 378			
2. 民办职业初中							
三、民办普通小学	48	20 090	14 648	99 188	2 072	1 435	
四、民办幼儿园	8 857	250 024	612 703	1 072 994	74 108	44 802	
另有：民办培训机构（不计校数）	37				465	348	12 285

〔**综述**〕　2011 年年初，省委、省政府召开了全省教育工作会议，对未来十年全省教育改革发展进行了总体谋划和部署。一年来，全省以贯彻落实全省教育工作会议精神和教育规划纲要为重点，认真做好教育规划纲要配套政策的制定等基础性工作，先后下发了 30 多个配套性政策文件，保障教育经费投入，支撑教育优先发展，全省教育投入大幅增长，财政教育支出达 470 多亿元，比 2010 年增加 150 亿元。与此同时，以推进重大工程项目和改革试点为抓手，承担了国家 10 个重大工程中的 25 个子项目和 7 项国家教育体制改革试点项目，启动了省教育规划纲要 8 个重大工程项目和 10 大方面、62 个子项、111 个省级教育体制改革试点，教育项目建设全面推进，教育改革有序开展，教育事业实现了又好又快发展。

〔**编制“十二五”教育事业发展规划**〕　按照全省教育工作会议和教育规划纲要精神的要求，编制了江西省教育事业发展“十二五”规划，成立了教育咨询委员会，建立了“行政领导、科研支撑、社会参与”的工作机制，确定了 12 个重大调研专题，数次在较大范围内征求意见，先后八易其稿。规划立足于省情教情，体现了国家教育事业发展“十二五”规划和教育规划纲要的目标要求，把握了鄱阳湖生态经济区和十大战略性新兴产业的教育需求，回应了人民群众对教育的期盼和关切，确立了“十二五”时期全省教育事业的发展目标、重大政策、工程项目，为省教育规划纲要的贯彻实施奠定了扎实的基础。

〔**成立教育咨询委员会**〕 为提高教育决策的科学性，积极推进教育体制改革，筹备成立了江西省教育咨询委员会。第一届委员共60人，由经济、社会、科研、教育等各行业有关管理人员和专家学者组成。省教育咨询委员会主要对重大教育政策、重大改革事项等进行评议，提供咨询意见，发挥智囊作用。

〔**师资队伍建设**〕 在高等学校启动了第二批15个“井冈学者”特聘教授岗位计划，确定了重点支持的20个科技领军人才及其创新团队，支持3 500名中青年教师进行素质提升或国内外访学。在中等职业学校组织开展了1 300名教师的国家级、省级培训，1 413名专业教师到企业定期实习锻炼，617名工程技术人员到学校任兼职教师。同时，中小学校教师培养机制进一步完善，“教师定向培养计划”连续实施4年，共培养教师9 000余名，并已延伸到培养农村幼儿园师资。

中小学教师培训机制进一步创新，实施“中西部农村骨干教师国培计划”和“幼儿教师国家级培训计划”，全年组织国家和省级培训教师达7.3万余人次。中小学教师招聘继续实行省级统筹，2011年全省统一招聘教师6 400余人。组织全省中小学教师信息采集工作，建立了各级各类普通中小学及幼儿园教育教学人员共38万人的实名管理信息。

全年评选表彰了233名省级特级教师、“师德先进个人”104名、“师德标兵”20名、优秀特岗教师80名，进一步营造了尊师重教的良好氛围。全省教育系统涌现了被誉为“教师之楷模，人生之榜样”的南昌大学教授石秋杰以及王茂华、蒋国珍、胡生贵等一批教师英雄模范人物。

〔**高等教育内涵建设**〕 一年来，高等教育始终按照定规模、定方向、定特色的要求，加强内涵建设，优化层次结构、提升办学质量。截至2011年年底，全省建成国家级示范（骨干）高职5所，省级示范性高职12所；8所高职成功升格为副厅级建制，副厅级建制高职达到10所，以国家、省示范高职为龙头的优质高职院校群正在形成。2011年，江西赣江职院、江西服装职院两所民办院校成功升本，全省普通本科院校增至24所。江西科技师范学院成功更名为江西科技师范大学。东华理工大学、江西理工大学2所高校获得服务国家特殊需求博士人才培养试点项目单位，南昌工程学院、宜春学院、井冈山大学3所高校成为硕士专业学位研究生培养试点单位，博士培养单位有望由4所增加到9所，硕士培养单位由12所增加到16所，博士授权一级学科达18个，硕士授权一级学科达174个，全省高校办学层次结构不断优化。同时，启动实施了“十二五”高等教育质量建设计划，组织实施了“高等教育教学质量与教学改革工程”、科技平台“311”工程，重点建设了240门省级精品课程、80个省级人才培养模式实验区和30个高水平重点学科、70个一级重点学科、10个高水平实验室、10个高水平工程中心；扎实推进4个高校科技成果转化与应用项目、30个与省经济社会发展密切相关的科技创新项目、25个“卓越工程师教育培养计划”专业。全省高校内涵建设不断加强，涌现出一批高层次人才、高科技平台、高质量成果：江西农业大学黄路生教授当选为中科院院士，实现了江西省本土中科院院士、高等学校院士以及50岁以下年轻院士的三大突破。

〔**扶持民办教育**〕 在2011年新增财政教育投入中，安排省级民办教育发展专项资金1 500万元。为规范专项资金的使用和管理，充分发挥专项资金的效益，下发了《省财政厅 省教育厅关于印发〈江西省民办教育发展专项资金管理办法（试行）的通知〉》，各地各校申请资金补助工作全面启动。为规范民办高校管理，在总结经验的基础上，下发了《关于印发〈江西省民办普通高等学校巡视工作暂行规定〉等五个规范性文件的通知》，制定了关于理事会议事规则、行政管理工作规程、党委会议事规则、督导专员工作规程、巡视工作暂行规定等五个规范性文件，对民办高校董事会、校行政和党委会、督导专员的职责权限、议事程序等都作了原则性的规定。

〔**教育交流与合作**〕 2011年，全省积极推动教育对外开放，国际交流、中外合作办学、出国留学、来华留学等工作都取得了新进展。全省共派出140批，449人次赴美国、澳大利亚、新西兰、法国、加拿大、英国等30多个国家访问和学术交流；派出55批，297人次赴港澳台地区访问和学术交流。各高校积极开展教育国际交流活动，南昌大学成功承办了发展中国家官员中国文化与经济研修班，发展中国家大学校长研修班；江西财经大学成功承办了发展中国家官员财经管理与经济发展国际研修班；江西外语外贸职业学院承办了发展中国家农村能源与环境卫生官员研修班，等等。新增中外合作项目17个。2011年，全省中外合作办学机构和项目73个，在校生3 000多人。4月26日，国家留学基金委与江西省教育厅签订了“合作资助出国留学人员项目”协议书。这是江西省在国家公派出国留学地方合作项目上零的突破。此次合作双方以1∶1的比例负担留学人员费用，合作项目为期两年，每年选派30人出国留学。截至2011年年底，全省高校中来华留学生3 010人、港澳台学生69人；全省共聘请外教610人。江西省第一所国际学校——南昌国际学校经教育部批准正式成立，该校由南昌市教育局与中新苏州工业园区国际教育服务公司携手创办，是江西省首家以英语为教学语言、专门为外籍和港澳台人员子女提供教育服务的全日制涉外学校。

〔**教育援疆工作**〕 在新一轮对口援疆工作中，省委、省政府加大了教育援疆力度，安排资金16 100万元，占全省5年援疆资金总数10亿元的16.1%，得到教育部的充分肯定。继续实施教育“双百”工程（江西高校每年在克孜勒苏柯尔克孜自治州招收100名大学生、莲塘一中每年在克孜勒苏柯尔克孜自治州招收100名高中生）。依托南昌工学院实施“少数民族普通高校毕业生赴对口援疆省市培训计划”，共接纳乌鲁木齐、克孜勒苏柯尔克孜自治州594名大学毕业生到江西省高校进行培训学习。

基础教育

〔**综述**〕 深入贯彻国家和省教育规划纲要，抢抓机遇，锐意进取，全省基础教育事业保持了持续健康发展的良好态势。2011年，全省小学适龄儿童入学率达99.8%，初中阶段适龄人口入学率达98.33%，与2010年基本持平；高中阶段毛入学率达77.5%，比2010年提高1.5%；幼儿园在园幼儿达1 455 048人，比2010年提高17.8%；特殊教育在校生达22 577人，比2010年提高5%。

〔**学前教育**〕 省政府出台了《江西省人民政府关于加快发展学前教育的实施意见》，明确了五条发展原则、三个阶段性发展目标和六项主要政策措施。省教育厅联合有关部门出台了《学前教育三年行动计划》。省政府安排5 000万元，用于121所农村乡镇示范幼儿园改扩建和698所农村普惠性民办幼儿园配置保教设备。争取到财政部、教育部2011年项目资金4.4亿元，确定利用农村闲置校舍改建幼儿园项目623个，农村小学增设附属幼儿园项目1 673个，有力地扩充了农村学前教育资源。新增10所省示范幼儿园，对31所省示范幼儿园进行了复评。

〔**基础教育四大工程**〕 一是教育园区建设工程。4月和11月，省委书记苏荣、代省长鹿心社分别视察了万年县和德兴市教育园区，对园区建设给予高度肯定。2011年，省政府切块安排40个县教育园区建设用地5 627亩，选择40个园区全面推进教育园区新一轮建设。

二是全省中小学校舍安全工程。省财政新增校安工程资金2亿元，同时争取到中央资金4.23亿元。4月，省政府召开工程领导小组第四次会议；5月，召开工程现场会议，部署工作任务。截至2011年12月底，工程累计完成投资50亿元，校舍加固改造开工学校5 310所，开工面积952万平方米，竣工面积695万平方米。

三是义务教育专项工程。农村初中工程540所项目学校全部完工，建设生活类校舍面积109万平方米，购置学生用床7.2万张。实施好教育赠款工程，争取到神华集团3 000万元赠款，用于5所项目学校建设，已完成工程80%；争取到台湾台塑集团赠款1 485万元，建设32所明德小学；争取到香港邵逸夫先生赠款1 450万元，用于11所项目学校建设，改善项目学校办学条件。

四是中小学教师继续教育工程。启动新一轮五年周期中小学教师远程培训，35万名中小学教师参加培训。争取到“中西部农村骨干教师国培计划”资金1 800万元，培训农村义务教育骨干教师5.77万人，占同口径农村教师总数的19.8%；培训农村幼儿园园长和教师2 900人，占同口径农村幼儿教师总数的32.2%。大力开展省级培训，共培训中小学（幼儿园）教师、班主任、校长15 727人。

〔**义务教育均衡发展**〕　2011年，江西省与教育部签订了《关于推进县域义务教育均衡发展备忘录》，全面推进备忘录各个项目、政策的组织实施。制定印发了《江西省实现县域义务教育均衡发展规划（2011—2020年）》，制定出台了《江西省普通小学、初级中学、高级中学基本办学条件标准（试行）》和《江西省义务教育学校标准化建设项目规划》。启动了新的五年一轮县级政府教育督导评估，推进均衡发展示范县创建，组织实施第四期21所高校“一校对一县”对口支援贫困县的“结对帮扶工程”。启动实施全国农村中小学薄弱学校改造计划，2011年，国家下达5.25亿元，省级配套5.25亿元，确定项目学校共3 158所。全面完成农村中小学现代远程教育工程扫尾阶段建设，共安排3 573所农村中小学和41所特殊教育学校，实现“农远工程”全省小学全覆盖、民族乡镇中小学全覆盖、共青城中小学全覆盖。

《江西省义务教育条例》经江西省第十一届人大常委会第二十八次会议表决通过。《条例》总结了改革开放30多年来的经验，对全省义务教育改革发展的体制机制作了一次全面的修订，在促进均衡发展、实施素质教育、提高教育质量、建立公共财政保障体制和公共服务管理体制等方面均有特色和创新，为进一步促进义务教育均衡发展提供了有力的法制保障。通过政策带动、上下联动、项目拉动、督导驱动、法制保障，全省义务教育均衡发展机制不断完善。

〔**高中教育**〕　认真总结新课程实验在加强领导、课堂改革、考试改革、学生评价、资源建设、校本课程等方面的经验。对100个基础教育课程改革先进单位、200名先进个人进行了表彰。实现新课程实验后的第一届高考平稳顺利。对新建县第二中学等19所省重点中学进行了评估，5所中学获得优秀等次，2所中学被评为基本合格等次并对其提出了整改要求。下发了《关于开展普通高中特色发展试验的通知》，选取一批普通高中进行特色发展试点。

〔**德育工作**〕　发挥课堂主渠道作用，将社会主义核心价值体系融入课堂教学全过程。抚州市教育局“校家同创育英才”等4个案例荣获全国中小学德育工作优秀案例。评选初中三好学生515名，初中优秀学生干部126名；高中三好学生875名，高中优秀学生干部212名；省级优秀学生27名。评选表彰100名“全省中小学优秀班主任”。开展“实践与创新”素质教育月和“暑假读一本好书”活动。取消全省初中数学联赛等5项义务教育阶段学科类竞赛，增设青少年校外活动竞赛项目，努力减轻学生过重课业负担。召开全省校外教育工作会议，总结经验，部署校外教育工作。组织全省校外活动中心评估，10个活动中心获省级优秀，6个中心被评为全国县级示范性校外活动场所。赣州市被确定为2011年度示范性综合实践基地项目，获得3 000万元资金支持。

〔**学校安全工作**〕　加强中小学安全教育，开展中小学生安全教育日主题教育活动和“防震减灾宣传教育活动周”活动，增强了广大中小学生的安全防范意识和自救互救能力。重点抓好暑假期间游泳安全工作，省领导亲自向全省各市、县（区）教育局局长、中小学校长和广大家长致信，提出了明确要求。省教育厅及时发出手机短信，提醒广大学生、家长及全社会加强暑期中小学生安全教育和监管，防止发生溺水等安全事故。着重加强校车安全管理，及时下发相关文件并开展督查，促进了全省校车安全管理水平的提高。

〔**特殊教育和民族教育**〕　制定出台《关于进一步加快特殊教育事业发展实施意见》，义务教育阶段残疾寄宿生生活补助标准在原有基础上再增加200元，特教学校生均公用经费标准提高到普通中小学校生均公用经费标准的6倍，小学达3 000元、初中达4 200元。争取国家“中西部地区特殊教育学校建设工程”项目13个，共58个县实现了30万人口以上建有一所特殊教育学校的目标。省政府从民生工程资金中安排6 500万元支持特教学校改善办学条件，建立随班就读保障体系。

加强民族团结教育，确保内地民族班的安全稳定。全面完成了国家下达的内地西藏初中班、高中班和新疆克孜勒苏柯尔克孜自治州高中班招生任务。进贤一中内地西藏高中班首届招生80人，莲塘一中新疆班现有在校生300人，南昌十七中西藏初中班学生达368人。

职业教育

〔**综述**〕　2011年，全省积极更新职业教育发展理念，不断创新工作方法，努力夯实工作基础，大力改进工作作风，职业教育改革发展取得新的成绩，实现了新的突破。各类中职学校共录取304 058人，其中三年制普通中专、成人中专录取82 212万人；五年制高职录取19 098人；职业高中录取143 748人；各类技工学校录取59 000人，完成了教育部下达中职学校招生30万人的任务。保持了高中阶段职业教育与普通高中大体相当的目标，中职学校为普及高中阶段教育作出了积极贡献。

〔**专题调研**〕　2011年，省政府组织抽调省政府办公厅、省政府发展研究中心、省决策咨询委、省教育厅、省人保厅、省财政厅、省中小企业局、省建材集团公司等部门负责人以及部分高校的相关专家组成六个调研组赴全省各地，采取座谈交流、问卷调查、案例分析等方式开展全方位的调研，摸清中职教育发展的基本情况，总结基层的发展经验，了解中职教育改革发展的困难和问题，听取地方政府、中职学校和各行各业对发展职业教育的建议。

〔**办学模式改革**〕　在全省启动了职业教育办学模式改革试点。100多个单位申报了试点项目，加强对试点工作的过程指导，努力通过试点构建校企合作办学、合作育人、合作就业、合作发展的职业教育体系。启动了“江西职业教育园区（新余）”建设。园区规划总面积1万亩，分三期建设。第一期工程已开工建设。园区建设以做优做强职业教育、打造职业教育品牌为目标，努力建成职业教育产学研一体的综合园区，成为全省新兴产业人才培养和培训基地、国家新能源科技城项目研发基地、职业教育人才培养模式改革示范基地。在省职教园区建设的带动下，萍乡市、南昌市、赣州市等地也分别启动了职业教育园区建设项目。大力推进职业教育集团建设，整合江西现代职业技术学院等12所职业院校，2家工业园区，24家企事业单位成立了江西现代职业教育集团。集团以专业建设为纽带，实现跨层次、跨行业、跨区域的合作，达到资源共享、优势互补的目的。

启动职业教育“现代学徒制”试点工作，成立了专门的领导机构，制定了试点实施方案。省委、省政府对开展学徒制试点工作给予了高度重视和关心，多次听取省委教育工委、省教育厅和新余市委、市政府的汇报，提出了明确的指导意见。10月12日，教育部在新余市专门召开“现代学徒制”实践经验交流研讨会，推进中国特色“现代学徒制”的探索实践，研讨“现代学徒制”的内涵和特征，交流实践经验，引导试点方向。

〔**基础能力建设**〕　一是制定出台《江西省中等职业教育基础能力建设计划（2011—2015年）》，为提高职业学校整体办学水平打下坚实基础。二是积极实施职业教育实训基地和竞赛中心建设项目。争取到中央财政资金3 310万元，建设实训基地20个；省财政安排资金3 500万元，建设省级实训基地项目17个；以省级实训基地为基础，安排资金2 000万元集中建设了10个高水平的省级技能竞赛中心。三是积极实施职业教育基础能力建设项目。争取到中央中等职业教育基础能力建设二期项目资金1.3亿元，建设13所中等职业学校；省财政资金安排3 600万元，用于省属独立设置的中等专业学校校建项目，每所安排150万元至200万元；省财政安排资金3 000万元，以“以奖代补”的方式对各地职业学校基本建设进行扶持。四是积极实施中等职业学校教师素质提高计划。争取到2011年职业院校教师素质提高计划中央补助资金1 293万元，培训教师320人，选派12名教师到德国等国家进修培训；省财政安排资金300万元，实施“双师型”教师培训，培训教师960多人；安排资金900万元用于中等职业学校特聘兼职教师资助计划，设立600个“特聘兼职教师”岗位，聘用有实践经验的行业专家、企业工程技术人员和社会能工巧匠等担任兼职教师。五是积极实施中等职业学校“精品专业”建设项目。省财政安排专项资金2 325万元，重点支持建设77个中等职业学校精品专业建设。

〔**规范办学行为**〕　下发了《关于全面清查中等职业学校办学资质规范学校办学行为的通知》，全面检查办学资质和办学条件，对中职学校校外办学点的办学条件、异地联合办学行为进行重点核查。在清理的基础上，对办学条件简陋，办学行为不规范的中职学校分别作出限期整改、停止招生的处理，并通过清理引导职业学校积极端正办学思想，将主要精力用于注重学校内涵、提高办学质量上来。会同省学生资助管理中心、驻厅监察室等部门对中职学校资助金发放情况进行了专项检查，纠正了部分学校违规违纪行为。

〔**“双师型”师资队伍建设**〕　一是启动中职学校“双师型”教师认定工作。制定了《江西省中等职业学校“双师型”教师认定及管理办法》（试行），正式启动“双师型”教师认定工作，明确了“双师型”教师认定的标准和条件。二是加强中等职业学校“双师”素质提高培训。组织江西农业大学等8个省级职教师资培训基地举办了“双师型”专业教师素质提高培训，共计1 026名教师参加了电子技术、数控技术等9个专业的培训。三是加强中等职业学校专业骨干教师培训。分4批选派17名专业骨干教师赴德国参加培训。四是加强中职学校校长领导能力培训，举办了8期中职校长培训班，培训校长81人，提高了中职学校领导班子科学发展的能力。

〔**双向对接交流**〕　省委教育工委会同省委组织部、省中小企业局党组下发了《关于开展职业院校与工业园区（企业）领导交流挂职工作的通知》，在全省范围内开展职业院校与工业园区（企业）领导对接交流挂职工作。这是职业教育深化校企合作，实行职业学校与工业园区对接的又一重大制度创新。这一制度的出台和实施，在全国引起较好反响。副省长孙刚批示，“这一制度很好，要长期坚持下去”。这项制度已在全省得到了很好的贯彻落实，已有100余所职业学校与工业园区互派了挂职干部。

继续大力推进“立足产业抓对接，十万学生进园区”活动。据不完全统计，全省职业学校与近万家企业建立了紧密的校企合作关系，有效缓解了园区企业结构性、季节性“用工难”、“招工难”问题。2011年，全省中职学校毕业生在本地就业率达 50.4％，比 2010 年 25.6％高出近一倍。持续开展的“立足产业抓对接，十万学生进园区”活动取得了明显效果。

〔**积极办好西藏和新疆内地中职班**〕　根据中央的统一部署，2011 年江西省承担培养西藏、新疆内地中职班学生任务的职业学校增至 9 所，共录取学生 1 270 人。其中西藏班 1 110 人、新疆班 160 人，分别在 9 所学校 18 个专业班学习。江西省要求各承办学校把办好内地中职班作为一项重大政治任务，大力改善教学和生活条件，配备政治过硬、业务精湛的专门师资队伍，探索符合少数民族学生特点的良好的培养模式，切实加强对西藏籍和新疆籍学生的思想政治教育和民族团结教育，把内地中职班办成宣传党的民族政策和西藏、新疆工作的窗口，办成增强民族团结、维护祖国统一、促进西藏、新疆发展和稳定的坚强阵地；把内地中职班学生培养成坚决拥护中国共产党领导、热爱社会主义，具有社会责任感和实践能力的技能型人才。省教育厅定期举办承办学校工作情况交流会议，通报工作情况，研讨管理问题，提出工作要求。各承办学校均成立了工作领导小组和专门的教育教学管理、后勤服务管理机构，配备了最好的老师、班主任、管理人员等从事新疆、西藏中职班的教学和管理工作。在专业设置、师资安排、教育教学设施改造、生活服务、安全保障方面制定有针对性的措施。充分发挥自身条件，结合西藏、新疆学生的特点，制定专门的培养方案，安排有利于促进少数民族与汉族大家庭团结的各种文化、娱乐教育活动。保证了内地中职班学生的安全稳定，没有发生大的安全事故，得到了教育部和西藏自治区教育厅、新疆维吾尔自治区教育厅的充分肯定。

高等教育

〔**综述**〕　2011 年，省教育厅深入贯彻落实教育规划纲要和胡锦涛总书记在庆祝清华大学建校 100 周年大会上的重要讲话精神，大力推进高校内涵建设，启动实施“十二五”期间“江西省高等教育质量建设计划”，包括高校科技创新促进计划、高校人才培养质量提高计划、高校教师队伍发展计划三部分，每年由省财政在新增高等教育经费中安排专项经费予以重点支持。截至 2011 年年底，全省共有普通高等学校 86 所（含独立学院 13 所）、成人高等学校 10 所，高等教育毛入学率达 27.5％，比 2010 年提高 2 个百分点。

〔**人才培养**〕　建立高校专业动态调整机制。对全省高校专业设置状况与招生状况、就业状况进行科学的年度统计分析与比较，定期发布《江西省高校专业设置状况白皮书》，合理引导全省高校专业设置，建立学科专业的动态调整机制，适时优化专业结构。2011 年，全省高校新增 62 个本科专业，105 个高职高专专业。

启动实施“江西省普通本科高等学校卓越人才培养计划”，确定南昌大学等 16 所高校为“卓越人才培养计划”单位，确定南昌大学计算机软件等 25 个专业为“卓越人才培养计划”试点专业，投入 4 000 万元建设经费。

继续组织实施“江西高等教育教学质量与教学改革工程”。2011 年，遴选确定 240 门省级精品课程、80 个省级人才培养模式实验区，省财政安排 2 000万元专项经费予以重点建设。

启动“十二五”时期江西省高等职业教育专业技能实训中心建设。2011 年，遴选确定 20 个专业技能实训中心予以重点建设，省财政安排 5 000 万元建设经费。

深入推进示范性高职院校建设，全面完成省级示范性高职院校的遴选任务。截至 2011 年年底，全省共有 5 所国家示范性（骨干）高职院校、12 所省级示范性高职院校，基本形成了一批优质的高职院校群体，带动了全省高等职业院校办出特色，提高水平。

进一步深化教学改革。积极做好“探索省、部、行业共建模式，构建产学研结合的人才培养模式”和“探索‘五年制’乡镇及社区医务人员定向培养模式”等国家教育体制改革试点项目，探索更多、更新的大学生培养模式。已有9所院校与相关部、委建立了稳定的共建机制。南昌大学等3所高校还与海军部队联合培养国防生，探索出一条海军、驻军部队和地方院校融合的“三位一体”联合育人的新路子。

强化创新创业教育。建立了省、校两级创业教育研究与指导中心，举办了第三届全省高校创业教育研讨会。2011年，江西高校获“全国大学生工程训练综合能力竞赛”一等奖2个，“全国大学生广告艺术竞赛”一等奖3个，“全国大学生数学建模竞赛”一等奖8个，九江职业技术学院在“全国职业院校技能竞赛”中荣获一等奖。江西师范大学科技园被教育部、科技部认定为高校学生科技创业实习基地。

〔**教师队伍建设**〕　江西农业大学校长黄路生当选为中国科学院生命科学和医学学部院士，实现了1955年以来江西省本土培养中国科学院院士的新突破。

学术带头人和创新团队建设。全省高校共有6人入选教育部“新世纪优秀人才支持计划”，11人入选江西省主要学科学术和技术带头人（占全省总数的73%），30人入选江西省青年科学家培养对象（占全省总数的94%）。江西农业大学的“种猪遗传改良”和南昌大学的“遗传性心血管病与猝死关联的遗传基础与防治研究”团队入选教育部“长江学者和创新团队发展计划”创新团队。新增江西省优势科技创新团队3个。

完成第七批江西省高校中青年学科带头人和骨干教师的遴选工作；评选表彰了第七届江西省高等学校教学名师奖50人，其中1人获国家级教学名师奖。

启动实施“江西省高等教师队伍发展计划”。投入资金2 000万元，通过岗位培训计划、访问学者计划，对3 500名教师进行了重点培养。

〔**高校科技与奖励**〕　2011年，全省高校科技经费12.96亿元，共承担科技课题8 005项。发表学术论文16 418篇，其中SCIE、IE、ISTP三大检索系统3 775篇。申请专利1 335项（其中发明专利533项），获专利授权529项（其中发明专利150项）。获省部级以上科学技术奖励58项。

加快推动高校科技成果转化和产业化。启动实施“江西省高等学校科技落地计划”，围绕江西省十大战略性新兴产业遴选确定了30个“高校科技落地计划”项目，投入4 000万元建设经费。

高校创新平台建设。深入推进创新平台“311工程”（在全省高校建设30个高水平重点学科、10个高水平重点实验室和10个高水平工程技术研究中心），遴选确定了10个江西省高等学校高水平实验室（工程研究中心），省财政安排专项经费1亿元。依托南昌大学“国家硅基半导体照明工程技术研究中心”、依托江西师范大学“国家单糖化学合成工程技术研究中心”获科技部批准组建。依托江西省农业科学院、江西农业大学等单位建设的“水稻国家工程实验室（南昌）”获批准组建，实现了江西省国家工程实验室零的突破。新增省重点实验室、工程技术研究中心15个，省部共建教育部重点实验室1个。

江西农业大学水稻国家工程实验室获批组建，江西农业大学的“仔猪断奶前腹泻抗病基因育种技术的创建及应用”项目获国家技术发明奖二等奖，均实现在江西省零的突破。此外，南昌大学硅基半导体照明工程技术研究中心、江西师大单糖化学合成工程技术研究中心进入国家级建设计划；南昌大学遗传基础与防治研究团队和江西农业大学种猪遗传改良研究团队新增为教育部科技创新团队；华东交通大学“车辆轮轨诱发的环境振动与噪声控制关键技术及产业化”项目获国家科技进步奖二等奖；年度省自然科学奖的100%、技术发明奖的60%、科技进步一等奖的60%为高校获得；高校哲学社会科学获得84项国家社科基金项目，立项数和资助经费连续七年实现持续增长。全省高等教育贡献率显著提高。

〔**毕业生就业工作**〕　2011年，全省普通高校毕业生23.5万人，比2010年增加6 000余人。工作中始终坚持把高校毕业生就业作为重大民生工程和引导高校优化学科专业结构的重要标尺，认真落实就业“一把手”工程，按照充分就业、体面就业、公平就业、安全就业“四位一体”工作思路，不断完善工作机制，努力为毕业生就业搭建平台、提供服务。研发启用了毕业生就业信息管理和监测系统，首次引入了第三方核查机制——委托国家统计局江西调查总队对全省2 011届毕业生的就业状况进行逐个核查，建立了求职困难高校毕业生信息数据库。共组织了13场分层次、分专业大类的全省性现场招聘会；共举办中小型校园招聘会约6 000余场次。通过各方努力，全省高校毕业生初次就业率达85.84%，比2010年高出0.05个百分点，比全国平均高出8.04个百分点。江西理工大学、江西师范大学、九江职业技术学院3所院校从全国2 000多所参评高校中脱颖而出，入选年度全国高校毕业生就业工作50强。

撰稿　刘雪平　张爱萍　王火生
汤泾洪　陈明伟　彭宏博
熊礼淼　熊志远　张珊珊
审稿　虞国庆　彭世东　刘润保

山东省教育

概　　况

〔基本情况〕

2011 年各级各类学校校数、教职工、专任教师情况

	学校数（所）	教职工数（人）	专任教师数（人）
总计	35 239	1 278 487	1 052 368
一、高等教育	155	146 649	97 352
（一）研究生培养机构（不计校数）	30		
1. 普通高校	26		
2. 科研机构	4		
（二）普通高等学校	138	142 698	94 621
1. 本科院校	62	94 935	63 034
其中：独立学院	12	7 065	4 664
2. 高职（专科）院校	76	47 763	31 587
3. 其他机构（点）（不计校数）	0	0	0
（三）成人高等学校	17	3 951	2 731
（四）民办的其他高等教育机构	89	5 232	3 167
二、中等教育	4 436	564 903	451 503
（一）高中阶段教育	1 408	250 019	188 059
1. 高中	566	148 013	113 440
普通高中	565	148 000	113 427
完全中学	112	28 704	16 335
高级中学	427	116 154	96 284
十二年一贯制学校	26	3 142	808
成人高中	1	13	13

续表

	学校数（所）	教职工数（人）	专任教师数（人）
2. 中等职业教育	842	102 006	74 619
普通中专	245	35 441	25 371
成人中专	102	5 061	3 340
职业高中	244	31 905	23 614
技工学校	208	27 774	21 050
其他机构（教学点）（不计校数）	43	1 825	1 244
（二）初中阶段教育	3 028	314 884	263 444
1. 初中	3 004	314 765	263 333
初级中学	2 527	263 513	229 691
九年一贯制学校	477	51 252	25 707
十二年一贯制学校			716
完全中学			7 219
职业初中	0	0	0
2. 成人初中	24	119	111
三、初等教育	12 047	393 612	386 280
（一）普通小学	12 047	393 612	386 280
小学	12 047	393 612	366 938
九年一贯制学校			18 726
十二年一贯制学校			616
（二）成人小学	0	0	0
其中：扫盲班	0	0	0
四、工读学校	0	0	0
五、特殊教育	146	5 731	4 585
六、学前教育	18 455	167 592	112 648

2011 年各级各类学历教育学生情况

	毕业生数（人）	招生数（人）	在校生数（人）
一、高等教育			
（一）研究生	19 112	24 314	69 004
博　士	1 508	1 954	7 871
硕　士	17 604	22 360	61 133
（二）普通本专科	472 882	480 753	1 645 589

续表

	毕业生数（人）	招生数（人）	在校生数（人）
本　科	179 289	224 047	866 358
专　科	293 593	256 706	779 231
（三）成人本专科	144 703	147 677	386 481
本　科	61 599	68 609	195 320
专　科	83 104	79 068	191 161
（四）其他各类高等学历教育			
1. 在职人员攻读硕士学位		7 102	24 884
2. 网络本专科生	27 821	41 133	88 702
本　科	12 279	18 934	40 632
专　科	15 542	22 199	48 070
二、中等教育	2 089 313	2 212 428	6 575 748
（一）高中阶段教育	1 011 803	1 154 598	3 122 921
1. 高中	501 835	560 488	1 564 288
普通高中	501 759	560 488	1 564 212
完全中学	81 260	86 102	244 226
高级中学	416 004	468 102	1 305 750
十二年一贯制学校	4 495	6 284	14 236
成人高中	76		76
2. 中等职业教育	509 968	594 110	1 558 633
普通中专	203 004	232 774	623 798
成人中专	33 280	43 984	123 400
职业高中	150 280	167 945	429 932
技工学校	123 404	149 407	381 503
（二）初中阶段教育	1 077 510	1 057 830	3 452 827
1. 初中	1 076 260	1 057 830	3 451 577
初级中学	937 111	908 127	2 965 749
九年一贯制学校	92 611	101 444	332 810
十二年一贯制学校	5 757	6 487	18 892
完全中学	40 781	41 772	134 126
职业初中	0	0	0

续表

	毕业生数（人）	招生数（人）	在校生数（人）
2. 成人初中	1 250		1 250
三、初等教育	1 068 186	1 193 990	6 440 742
（一）普通小学	1 068 186	1 193 990	6 440 742
小学	1 005 022	1 125 238	6 071 947
九年一贯制学校	60 480	66 875	358 071
十二年一贯制学校	2 684	1 877	10 724
（二）成人小学	0		0
其中：扫盲班	0		0
四、工读学校	0	0	0
五、特殊教育	2 463	3 387	21 745
六、学前教育	865 680	1 156 228	2 420 034

2011 年各级各类非学历教育学生情况

	毕（结）业生数（人）	注册生数（人）
总计	3 870 922	2 931 210
一、高等教育	330 165	168 792
（一）研究生课程进修班	1 562	3 026
（二）自考助学班	10 962	23 432
（三）普通预科生		192
（四）进修及培训	317 641	142 142
其中：资格证书培训	131 183	55 656
岗位证书培训	95 155	20 497
二、中等教育	3 540 757	2 762 418
其中：资格证书培训	755 310	568 681
岗位证书培训	748 695	545 031
（一）中等职业教育	426 880	200 651
其中：资格证书培训	139 239	91 644
岗位证书培训	125 213	57 555
（二）职业技术培训机构	3 113 877	2 561 767
其中：资格证书培训	616 071	477 037
岗位证书培训	623 482	487 476

2011年各级各类民办教育基本情况

	学校数（所）	毕业生数（人）	招生数（人）	在校生数（人）	教职工数（人）	专任教师数（人）	其他学生数（人）
一、民办高等教育							
（一）民办高校	39	100 328	98 825	319 673	27 530	17 805	32 281
本科学生		14 378	27 703	102 719			
专科学生		85 950	71 122	216 954			
其中：独立学院(不计校数)	12	16 858	21 343	88 394	7 065	4 664	6 250
本科学生		10 305	16 309	70 203			
专科学生		6 553	5 034	18 191			
（二）民办的其他高等教育机构	89				5 232	3 167	89
二、民办中等教育							
（一）高中阶段教育	245	115 605	100 423	280 895	38 335	28 444	
1. 民办普通高中	90	38 610	43 643	119 203	28 367	21 808	
2. 民办中等职业教育	155	76 995	56 780	161 692	9 968	6 636	31 218
（二）初中阶段教育	220	68 687	83 380	245 815			
1. 民办普通初中	220	68 687	83 380	245 815			
2. 民办职业初中							
三、民办普通小学	232	44 704	42 123	257 700	10 383	7 641	
四、民办幼儿园	8 523	307 596	477 341	986 239	80 786	50 799	
另有：民办培训机构（不计校数）	1 487				28 983	25 132	559 074

〔**推动教育规划纲要贯彻落实**〕 2011年，贯彻全国、全省教育工作会议精神和教育规划纲要，及时了解掌握贯彻情况和工作进度。认真贯彻落实省委、省政府发展战略决策部署，在深入调研和论证基础上，进一步完善了《山东半岛蓝色经济区建设教育事业发展专项规划》。教育规划纲要确定的重点工作全面启动。与省教育规划纲要相配套，省教育厅联合有关部门制定了今后五年重点实施的8项行动计划，即《学前教育普及计划》、《素质教育推进计划》、《普通中小学办学条件标准化建设计划》、《职业教育基础能力建设计划》、《高等教育内涵提升计划》、《学校德育与学风建设计划》、《高素质教师队伍建设计划》、《教育体制改革推进计划》。名校建设工程、高等学校质量与教学改革工程、重点学科建设工程等一系列单项工程已启动实施。年内，研究出台了30多个文件，贯彻教育规划纲要的政策支持体系基本形成。按照教育规划纲要和全省国民经济发展“十二五”规划的全局部署，编制印发了《山东省教育事业“十二五”规划》，对全省教育事业近期任务进行了谋划和安排。

〔**教育体制改革扎实推进**〕 制定了《山东省教育体制改革推进计划（2011—2015年）》，提出了“十二五”期间全省教育事业体制机制改革的思路和工作重点。根据《国务院办公厅关于开展国家教育体制改革试点的通知》，山东省承担了基础教育综合改革和教师教育综合改革试点等6项国家教育体制改革试点项目，召开了全省国家教育体制改革试验区工作会议和推进教育规划纲要落实工作会议，对涉及全省17个市、65个县（市、区）和17所高校的39项试点内容进行了安排、调度。制定印发了《山东省2012和2 014年普通高校考试招生制度改革实施方案（试行）》和《山东省普通高校考试招生学生体育测试工作方案》。出台了《山东省2012年春季高考工作实施意见》和《山东省2012年普通高校考试招生体育测试实施办法》，加大招生考试工作改革力度。

〔**教育经费投入切实加大**〕　认真落实国务院关于加大财政教育投入的意见，省政府出台了《关于贯彻国发〔2011〕22号文件精神 进一步加大财政教育投入的意见》（鲁政发〔2011〕39号），要求各级政府提高财政教育支出占公共财政支出的比重，严格落实拓宽教育经费来源渠道各项政策，科学安排财政教育经费，统一内外资企业和个人教育费附加，调整地方教育费附加征收范围和标准，从土地出让收益中计提教育资金，从地方分成的彩票公益金中安排一定比例用于教育，教育投入大幅增加，很多长期存在的教育难点问题得到解决，实现了突破。2011年，全部清算兑付了拖欠多年的农村义务教育债务，累计化债44.8亿元。努力化解高校债务，积极创新高校化债激励机制，省政府与49所高校签订了债务化解目标责任书，充分调动高校和各市化债积极性。2011年，全省高校银行贷款由2010年的199.7亿元降至139.7亿元，负债率由133%降至93%。进一步提高了农村中小学生均公用经费补助标准，初中、小学各提高100元，分别达到800元和600元，特殊教育学校由每生每年1 400元提高到3 000元。2011年，除青岛外，农村义务教育免杂费及补助公用经费中央落实19.4亿元，省级落实12.37亿元，城市义务教育免杂费经费中央和省落实2.75亿元；安排农村义务教育阶段免费教科书资金7.67亿元，惠及710多万名农村学生；补助寄宿生补贴0.77亿元。加强职业教育基础能力建设，评选了10个省级示范性职业教育实训基地，每个实训基地财政补助250万元，并争取中央实训基地项目29个，争取资金4 960万元。加大高等教育投入力度，引导高等学校内涵发展，大幅提高高等教育生均拨款定额标准，省属本科高校生均拨款达9 500元。经过努力，全省教育投入总量达1 041.5亿元，比2010年增长35.2%，财政教育支出占总支出的比例达19.98%。

〔**家庭经济困难学生资助工作稳步开展**〕　进一步完善了学生资助政策体系，已覆盖从学前教育至高等教育各个学段。新建立了学前教育资助制度，对在园家庭经济困难儿童予以资助，资助标准每生1 200元，资助比例10%。农村义务教育阶段家庭经济困难寄宿生生活费补助标准提高250元，小学达750元，初中达1 000元。扩大了应征入伍大学生服义务兵役学费补偿贷款代偿范围，出台了退役士兵教育资助政策。完成各项国家和政府奖助学金的评审发放工作。2011年，高校助学金标准由每人每年2 000元提高到3 000元，全省共发放高校奖助学金8.6亿元，资助学生45.84万人，发放临时补贴6 240.23万元，资助学生20.8万人；发放中职学校国家助学金52 675.5万元，资助学生35.1万人；免除4.6万名家庭经济困难学生学费8 895.9万元；发放普通高中国家助学金2.16亿元，资助学生28.8万人。为15.9万名学生发放助学贷款9.03亿元，实现了助学贷款“全省覆盖”和“应贷尽贷”目标。为3 457名2009届和2010届高校入伍毕业生办理学费补偿或贷款代偿5 000余万元。

〔**高校人才工作成绩突出**〕　认真贯彻中央和省人才工作的指导精神，完善工作机制，建立了高校人才工作联席会议制度。在深化实施“泰山学者”建设工程的同时，重点抓了青年后备人才梯队建设，制定实施了“高校青年教师成长计划”二期工程，开展“青年骨干教师国内访问学者培训”和“优秀中青年骨干教师国际合作培养”2个项目，研究制定“高校重点学科、重点实验室首席专家制度”。2011年，高校新增“泰山学者”特聘教授19人、海外特聘专家28人。设立并启动了“泰山学术论坛”，资助17所“泰山学者”聘任高校举办了专题论坛，共邀请国内外院士37人、海内外著名高校和研究机构的专家学者521人（其中国外专家102人），举办高水平的学术报告344场次，近1.6万名师生参加了研讨。

〔**教师教育和教师管理工作有所创新**〕　认真组织实施国家教师教育综合改革试点项目，14个市和17所高校申报的85个项目被确定为山东省教师教育综合改革试点项目。师范类毕业生总体就业率达72%，高于2010年水平。完成了全省中小学教师全员远程研修工程、山东省万名中小学骨干教师省级培训等各类培训任务，共培训教师、校长近40万人次。继续实施齐鲁名师名校长建设工程，发挥名师工作室的示范引领作用。在全省中等职业学校启动“能工巧匠进职校”计划，省财政投入500万元，选聘100名能工巧匠到中等职业学校任教。中小学教职工编制管理取得重大突破。省政府下发了《关于调整中小学教职工编制标准的意见》，统一了城乡中小学教职工编制标准，在县域内均衡配置教师资源，完善了中小学编制动态管理机制。教师职称改革进一步推进，承担的全国中小学教师职称改革试点工作圆满完成，全省进入中小学教师职称改革全面启动阶段。高校职称工作进一步完善学术检索和专家约谈制度，突出对申报人员研究方向的研判，引领高校学风建设。

〔**依法治教和教育普法工作扎实推进**〕　加快推进地方教育立法步伐。成立《山东省素质教育推进条例》立法工作小组，启动相关立法工作。扎实推进依法行政工作，完成了对《山东省人民政府令》（第230号）依法确定保留的八项行政许可事项的流程再造工作。组织开展第二轮规范性文件清理工作，确定134件继续有效，39件予以废止。开展了对民办教育歧视政策以及教育类地方性法规、政府规章以及省教育厅规范性文件中有关行政强制规定专项清理工作。开展法制宣传教育活动，组织厅机关公务员5批25人参加了省法制办举办的培训班，研究制定了全省教育系统“六五”普法规划并启动实施。

〔**教育督导工作稳步开展**〕　创新督导工作机制，完成了2011年对市级政府教育工作综合督导评估工作。下发了《关于创建山东省教育工作示范县市区有关问题的通知》，全省教育工作示范县（市、区）达41个。建立和完善对县级政府教育工作的督导评估制度，推动各级政府全面履行教育职责。建立和完善督导责任区制度，初步建立起省、市、县三级督导网络。全省已建立督导责任区1 464个，其中省级17个、市级132个、县级1 315个。加强实施素质教育的督导检查，促进全省素质教育深入实施。积极开展对中小学校的督导评估，促进了各类学校教育教学和管理水平的提高。加强督导队伍培训，组织督导人员积极参加各类培训班。

〔**平安校园建设稳步推进**〕　修订《山东省高等学校安全管理暂行办法》，加快促进校园安全工作法制化进程。积极推进高校安全管理体制改革，启动济南大学的试点工作。开展消防安全大检查，累计开展35 900多次，对存在重大火灾隐患的4所中小学和3所高校实行挂牌督办，组织5个督查组对学校防汛准备工作情况进行综合检查。组织开展了中小学交通安全情况专项调研，威海市和滨州市无棣县被选为全国校车工程试点。开展全省学校及周边环境集中整治行动，集中解决了一批老大难问题。分别组织中小学、幼儿园安全管理干部和高校保卫干部培训班，培训近千人。在全省96所高校启动保卫组织和队伍现状调研，在中国海洋大学、山东女子学院和滨州学院设立了平安校园建设研究基地。

〔**民办教育规范健康发展**〕　组织完成全省民办学校年度检查。深化民办高等学校督导专员制度，加强对招生、教育教学、财务等重要事项的监管。梳理民办非学历高等教育机构筹建、设立、分立、合并、终止等审批流程，通过政府网站向社会公开，提高服务水平和透明度。

〔**教育交流与合作得到加强**〕　深化与美国康州、加拿大BC省、德国巴州等国家和地区的合作关系，为全省高校和中小学搭建合作平台。全省中外合作办学秩序进一步规范。2011 年，批准专科项目 22 个、高中课程项目 1 个；上报教育部审批中外合作办学本科及以上项目 49 个，第一批已获准 11 个。汉语国际推广取得新成绩，举办的 14 所孔子学院和 16 所孔子课堂进展顺利，与省教育厅合作的加拿大埃德蒙顿孔子学院被评为全球先进孔子学院。省回国留学人员服务中心扎实推进回国安置工作，拓展了留学服务业务。

〔**教育对口援助工作力度进一步加强**〕　援疆工作：完成教育援疆投资 1.44 亿元，组织支教送教 270 人次，喀什教师接受培训 256 人次，“山东—喀什远程教育网络”开工；省内新疆高中班在校生近 2 000 人，340 名内地新疆中职班学生抵达山东开始了学业，316 名高职学员在山东省接受就业技能培训；在山东省 10 所高校安排了 100 名喀什地区本科定向招生计划。援藏工作：为日喀则地区受援 5 县争取教育项目 65 个，资金总额 1.68 亿元，帮助受援地出台教育规章 20 个，开展教师培训 100 多人次，为日喀则地区教育局捐款 20 万元。援青海工作：青海玉树地震后，共有 578 名玉树灾区学生、36 名随队教师到鲁学习、工作；与青海省签订了“十二五”中等职业学校合作办学协议，接收 1 万名青海籍学生到国家重点中职学校学习；接收 600 名青海玉树藏族学生到高职院校接受高等职业教育，接收青海省 400 名教师来鲁学习，并派出 400 名教师到青海省学校挂职授课，互派 100 名教育行政人员到对方单位挂职锻炼。

基础教育

〔**学前教育资源有效扩增**〕　出台《山东省学前教育普及计划（2011—2015 年）》，编制实施学前教育三年行动计划，提出了学前教育发展目标及政策措施。大力推行幼儿园建设和教师队伍建设，不断扩大公办学前教育资源，“入园难”问题得到初步缓解。截至 2011 年年底，新增入园幼儿 23 万人。全省在建幼儿园 3 072 处，其中已完成 2 696 处，投入资金 48.92 亿元，增加 30.68 万个适龄儿童学位，其中已完成公办幼儿园建设 2 312 处，投入资金 39.9 亿元，增加 25.6 万个学位；全省幼儿园新招聘教师 15 700 名，其中新招聘和转岗公办幼儿教师 4 437 名。启动了学前教育先进县（市、区）评选工作，通报表彰了 10 个学前教育先进县（市、区），并将评选结果作为评选教育工作示范县（市、区）和对学前教育专项督导的重要依据。加强乡镇中心幼儿园建设，出台《山东省乡镇（街道）中心幼儿园认定评估标准》，开展了首批乡镇（街道）中心幼儿园认定工作，236 个幼儿园通过省级认定。开展了省级十佳和示范幼儿园创建活动，扩大优质学前教育资源。出台学前教育专项督导评估实施意见，落实各级政府发展学前教育的责任。

〔**素质教育深入实施**〕　启动《山东省素质教育推进条例》、《普通中小学违规办学行为责任追究办法》、《社会非学历培训机构管理办法》等法规和政府规章的研究制定工作，强化素质教育法制保障。完善规范办学监管机制，21 所违规学校被曝光和查处。加强与主流媒体的沟通协调，严格高考信息管理和新闻宣传工作，有效遏制了违规宣传“高考状元”的现象。改革教育评价机制，在 6 个市试点研究出台教育政绩考核办法，在 5 个市、6 个县试点构建科学的中小学办学水平评价机制，在 5 个市、7 个县试点构建科学的教师考核评价机制。严格普通高中学业水平考试考风考纪，统一规范考场设置和要求，全部使用高考标准化考场。进一步推进家长委员会建设，全省已有 11 284 所幼儿园、11 188 所小学、2 894 所初中、550 所普通高中建立了家长委员会。加强教材建设，组建山东省中小学教材审查专家库，共有 29 个学科 632 名专家入选。以办学条件、规范办学、课程开设为重点，完成了期满5年省级规范化学校的复评验收工作。加强青少年校外教育工作，确定了4个市的示范性综合实践基地建设项目为省级支持项目，每个项目拨付扶持资金1 000万元；扶持资助校外活动场所能力提升和活动保障项目214个，共拨付扶持资金8 100万元。山东省素质教育的探索实践作为科学发展主题案例，入选胡锦涛总书记作序、全国干部培训教材编审指导委员会组织编写的第三批全国干部学习培训教材；“中小学家长委员会建设管理工作研究探索”荣获第二届全国教育改革创新优秀奖。

〔**义务教育均衡发展进一步推进**〕 出台《关于推进县域义务教育均衡发展的意见》，明确了实现县域义务教育均衡发展的基本要求，制定了各地完成均衡发展任务的时间表和路线图。严格控制学校规模和班额，启动中小学规模和班额报告及通报制度，争取用3—5年的时间，基本解决学校规模、班额过大等问题。启动了中小学办学条件标准化建设工程，实施了农村中小学“两热一暖一改工程”(即热水、热饭、取暖、改厕治污工程，以下简称“211工程”)、中小学校舍安全工程、农村中小学教学仪器更新工程、探究实验室示范建设工程和农村中小学图书馆（室）装备用书及教学挂图配备工程。安排资金6 000万元用于农村中小学“211工程”，安排4 039万元用于农村中小学校教学仪器配备。截至2011年年底，校安工程累计开工项目37 304处，竣工项目34 301处，累计投入资金233亿元。启动了初中探究实验室建设试点工程，每所示范学校配备一个物理和一个生化探究实验室。省级财政筹集资金3亿元，集中为农村中小学配备图书馆（室）装备用书及教学挂图，促进中小学标准化建设。

〔**推动普通高中特色发展**〕 以课程建设为核心，大力推进普通高中特色发展。继续推动普通高中在开齐开全必修课程的基础上，进行选课走班教学。全面落实国家课程方案，确定从2011级高中新生起不再进行文理分科。实施“1751”改革创新工程，在全省选择了17个县的51所普通中学，由专家团队深入学校进行持续跟进的专业指导，培育县域层面的改革创新样板学校。成立“山东省基础教育课程研究中心”，加强对全省课程改革的研究和专家指导引领工作。研究改革普通高中省级优秀学生、三好学生、优秀学生干部评选办法，将普通高中规范办学情况、学校规模与优生优干分配名额相结合，评选表彰省级优秀学生120名、省级三好学生1 529名、省级优秀学生干部1 874名。

〔**学校体育卫生与艺术教育扎实开展**〕 全面落实教育部“切实保证中小学生每天一小时校园体育活动规定”，加强对体育教学和“体育艺术2+1项目”的指导。参加全国第十一届中学生运动会和全国体育教师教学技能大赛，获得5枚金牌，打破两项中运会纪录。组织举办了省第四届体育教育专业大学生基本功大赛和全省大学生足球、武术、乒乓球、游泳、羽毛球、田径、健美操等多项赛事活动，举办了“中国体育彩票杯”全省中小学生田径、篮球、排球、足球和乒乓球比赛。进一步加强学校食堂卫生管理工作，下发了《关于进一步加强农村学校食品安全工作的通知》、《关于进一步做好农村寄宿制学校食堂管理工作的通知》等文件，对全省学校的食品卫生安全工作进行全面督导检查。

〔**特殊教育和民族教育工作稳步推进**〕 研究制定了《山东省特殊教育学校基本办学条件标准》，举办了全省“特殊儿童康复、教学新理念与新技术”高级研讨班，承办了全国第三届特殊教育教师信息技术综合运用能力大赛听障教育组比赛活动。在全省进行特教学校劳动和职业技术教育视导工作，开展“交通银行特教园丁奖”评选活动，全省13名优秀特教教师受到教育部表彰。按计划完成了内地新疆高中班、西藏高中班的扩招工作，协调省财政等部门按照新标准拨付内地民族班生均经费，内地民族班的教育和保障水平进一步提高。

职业教育与成人教育

〔**积极推动专业布局调整**〕 在全省开展中等职业学校办学条件核查，调整认定国家级重点中等职业学校。以市为主，统筹各层次职业教育发展，调整学校布局，取消办学规模小、条件差、效益低的不合格学校。调整专业布局，专业群对接产业链，提高人才培养的针对性和适用性，扩大职业教育对区域、行业工作岗位的覆盖度。推进职教集团和专业联盟建设，提高职业教育的集中度和品牌效应。强化县级职教中心校建设，增强职业教育服务县域经济社会发展、支持新农村建设的能力。

〔**大力加强基础能力建设**〕 引导全省将投资重心转移到内涵建设上来，着力改善实训条件。组织动员全省积极争创国家中等职业教育改革发展示范学校。23 所学校通过国家批复立项，获得 2.3 亿元国家财政专项资金支持，全省国家中等职业教育改革发展示范学校项目立项数达 43 个。积极争取国家中等职业教育基础能力建设项目，入选项目 15 个，获得专项建设资金 8 900 万元。组织申报国家级实训基地建设项目，入选学校 29 个，获得国家项目资金 2 960 万元。在全省启动多专业示范性实训中心建设，立项建设项目 10 个，获得省财政投资 2 500 万元。

〔**深入推进教育教学改革**〕 起草中等职业学校专业建设标准，按照国家新公布的《中等职业学校专业目录》和有关规定，规范中等职业教育专业设置，推行中等职业学校及专业设置省级备案制度。以国家中等职业教育改革发展示范学校创建带动全省职业教育课程改革，启动 33 个专业的教学指导方案编制工作，对接职业标准和行业规范，根据工作过程和典型工作任务构建起以能力为本位、实践为主线、项目为主体的新型课程体系，深入推行理论实践一体化、做学一体化教学。组织全省开展教育教学改革培训。研究制定五年制高等职业教育管理办法，推进中等、高等职业教育一体化协调发展，增强职业教育吸引力。

〔**开展职业院校技能大赛**〕 科学设置赛项，服务教育教学改革，形成层层竞赛、人人参赛新机制。制定专项资金奖励办法，重奖获奖学生、教师和学校。成功举办 2011 年全省职业院校技能大赛，省政府在“五一”劳动节举行颁奖典礼并在三个卫星电视频道转播，营造了尊重劳动、重视技能、重视技能型人才的社会风尚。组织参加全国职业院校机能大赛，获得 27 块金牌，金牌数较 2010 年翻番，总分名列全国第四。参加第八届全国中等职业学校文明风采竞赛，475 件作品获一等奖，列全国第二位。参加全国职业院校学生技能作品展，充分展现出山东职业教育的风采，受到国家领导人的高度评价。

〔**成人教育和继续教育工作稳步开展**〕 成人高等教育教学质量进一步提高。实施成人高等教育品牌专业和特色课程建设项目，完成 80 门成人高等教育特色课程，并作为公共教学资源通过网络平台面向全省免费开放。在全省开展成人高等教育教学水平检查，严查违规设点、违规办学，规范成人高等教育秩序。组织成人高等教育教师和管理人员培训，提升其管理和服务水平。积极发展培训服务，在全省培育知名培训品牌。城乡社区教育扎实推进。组织全省农民培训调研，完成并向省委提交专题调研报告。加强社区教育机构和志愿者队伍建设，依托各级各类学校面向社区成员提供教育资源支持和培训服务，以优良成绩通过全国社区教育示范区、试验区复评。积极推进农村基层成人教育网络建设，努力扩大农村成人教育培训覆盖面，以技能扫盲为重点推进扫盲工作，积极开展农村劳动力转移培训和实用技术培训。

高等教育

〔**高等教育宏观管理进一步加强**〕 坚持“稳定规模，优化结构，提高质量，办出特色”的总体要求，围绕高等教育内涵提升计划的实施，加强和改进招生计划、院校设置、高校基本建设等宏观管理工作，科学谋划高等教育发展节奏。发挥招生计划的调节、引导作用，促进高等教育规模、结构、质量、效益的协调发展。加快实现全省高等教育在区域、结构、类型上的合理布局，山东经济学院和山东财政学院合并筹建山东财经大学相关工作顺利推进，完成了全国高校设置委员会对山东财经大学（筹）正式建校和山东轻工业学院更名为齐鲁工业大学的考察工作；山东协和职业技术学院、青岛黄海职业学院2所民办高职学校改建为普通本科高校；新建了济南幼儿师范高等专科学校、济南护理职业学院、潍坊护理职业学院、泰山护理职业学院和山东海事职业学院5所高等职业学校；独立学院办学进一步规范，中国海洋大学青岛学院转设为青岛工学院。高校基建规模得到有效调控，按照学校发展规划和资金状况严格控制新开工项目，坚持“保重点、保续建”的原则安排建设项目，促进学校发展重心由硬件建设向内涵建设转变。

〔**名校建设工程启动实施**〕 下发《山东省高等教育名校建设工程实施意见》，启动实施名校建设工程。以高素质应用型人才培养为目标，以专业建设为着力点，坚持“整体设计、分类管理、重点建设、示范带动、全面推进”的原则，按照应用基础型人才、应用型人才和技能型人才培养定位，遴选部分高校进行重点建设，打造人才培养特色名校，增强高等教育服务全省经济社会发展的能力。

〔**专业建设与教学改革工程顺利启动**〕 加强专业建设，提升服务产业结构调整、区域经济发展战略和社会事业发展的能力。2011年，增设和调整专科专业181个，向教育部申请增设和调整本科专业140个。组织高等学校特色专业建设点遴选工作，立项特色专业建设项目145个。积极推进课程和教材建设工作，组织评审了536门省级精品课程。组织了第二届山东省高等学校优秀教材申报评审工作，评出了一等奖教材100种、二等奖教材200种。完成了山东省高等学校人才培养模式创新实验区遴选工作，评选出20个省级人才培养模式创新实验区。组织开展2011—2013年山东省高职高专英语教学改革立项工作。加强省级实验教学示范中心建设，评审立项20个省级实验教学示范中心建设单位。组织了首届山东省高教学会“十二五”高等教育科学研究课题立项评审工作，共评出重点课题20项。加强教学质量的监督监控，对9所高职院校进行了人才培养工作评估。

〔**高层次人才培养水平进一步提高**〕 启动实施“十二五”重点学科建设工程，引导高校内涵建设与发展。制定了《山东省重点学科建设管理办法》和《山东省“十二五”重点学科建设任务书》，批准359个学科为山东省“十二五”省级重点学科，其中108个学科为省级特色重点学科。深入推进研究生教育创新计划，批准立项项目375个，其中资助项目206个，自筹经费项目169个。出台《山东省博士学位论文公示实施办法》，举办了三期全省性的研究生学术论坛。做好学位授权审核工作，山东政法学院、济宁医学院、山东交通学院3所高校获批开展培养硕士专业学位研究生试点工作。积极开展授予博士学位的服务国家特殊需求人才培养项目试点申报工作，山东建筑大学、潍坊医学院、鲁东大学、烟台大学4所高校申报的项目通过了第一阶段评审。组织做好相关博士、硕士授权一级学科学位授权点对应调整工作，新增博士一级学科学位授权点16个，硕士一级学科学位授权点

72个。山东大学、中国海洋大学获得审计硕士和工程博士专业学位授权，填补了山东省两个领域高层次人才培养的空白。

〔**高校科研创新平台和创新人才队伍建设进一步加强**〕 启动实施了“十二五”高校科研创新平台建设工程，印发了《山东省高等学校科研创新平台建设工程实施意见》，提出了科研创新平台建设工程的指导思想、目标任务、实施步骤、政策措施。确定了155个重点实验室和50个人文社会科学研究基地列入山东省“十二五”高等学校科研创新平台建设工程。其中强化建设重点实验室42个、强化建设人文社会科学研究基地20个。设立每年1 300万元的专项资金，对强化建设重点实验室和人文社会科学研究基地进行资金支持。在2011年全省社科奖评选中，高校占获奖总数88%，其中重大成果和一等奖占95%。依托山东师范大学建设的“分子与纳米探针”和依托山东轻工业学院建设的“制浆造纸科学与技术”省部共建教育部重点实验室顺利通过验收，并正式以教育部重点实验室名义开放运行。新增烟台大学“分子药理和药物评价”实验室为省部共建教育部重点实验室；新增青岛科技大学“轮胎先进装备与关键材料实验室”为国家工程实验室。截至2011年年底，全省高校拥有国家重点实验室3个，省部共建国家重点实验室培育基地4个，教育部重点实验室（含省部共建）28个，山东省重点实验室66个，山东省工程实验室6个，教育部人文社科研究基地6个。山东师范大学“分子与纳米探针的设计、组装及相关应用的探索性研究”团队获批2010年度教育部“长江学者和创新团队发展计划”创新团队。山东农业大学和青岛科技大学申报的“主要落叶果树高产优质生物学种质创新”、“生化分析”两个团队获批2011年度教育部“长江学者和创新团队发展计划”创新团队。全省省属高校“长江学者和创新团队发展计划”创新团队已达6个。

撰稿 崔升平

审稿 齐 涛 陈光华

青岛市教育

概 况

〔**基本情况**〕

2011年各级各类学校校数、教职工、专任教师情况

	学校数（所）	教职工数（人）	专任教师数（人）
一、高等教育			
（一）研究生培养机构（不计校数）			
1. 普通高校	7	19 669	11 828
2. 科研机构			
（二）普通高等学校			

续表

	学校数（所）	教职工数（人）	专任教师数（人）
1. 本科院校	12	24 323	14 679
2. 专科院校	8	5 523	3 235
其中：职业技术学院	8	5 523	3 235
（三）成人高等学校	1	104	57
（四）民办的其他高等教育机构			
二、中等教育			
（一）高中阶段教育			
1. 高中			
普通高中	58		9 394
成人高中			
2. 中等职业教育	74	9 067	6 782
普通中专	7	1 016	662
成人中专	8	327	219
职业高中	53	7 724	5 642
技工学校			
其他机构（高等学校中职附设班）（不计校数）	6		259
（二）初中阶段教育			
1. 普通初中	232		22 008
2. 职业初中			
3. 成人初中			
三、初等教育			
（一）普通小学	889	33 704	31 832
（二）成人小学			
四、工读学校			
五、特殊教育	13	585	444
六、学前教育	2 476	20 738	16 257

注：普通高等学校中两所军事院校未作统计。

2011 年各级各类学历教育学生情况

	毕业生数（人）	招生数（人）	在校生数（人）
一、高等教育			
（一）研究生	6 806	9 340	26 072
博　士	480	678	2 893

续表

	毕业生数（人）	招生数（人）	在校生数（人）
硕　士	6 326	8 662	23 179
（二）普通本专科			
本　科	38 173	47 036	173 140
专　科	35 655	37 398	117 884
（三）成人本专科			
本　科	11 388	12 439	35 532
专　科	21 431	17 312	45 740
二、中等教育			
（一）高中阶段教育			
1. 高中			
普通高中	32 138	43 522	119 780
成人高中			
2. 中等职业教育	49 008	37 324	116 494
普通中专	6 491	9 364	25 905
成人中专	3 457	6 020	15 897
职业高中	39 060	21 940	74 892
技工学校			
（二）初中阶段教育			
1. 普通初中	90 194	75 733	253 446
2. 职业初中			
3. 成人初中			
三、初等教育			
（一）普通小学	76 249	92 860	479 513
（二）成人小学			
四、工读学校			
五、特殊教育	286	311	1 481
六、学前教育	72 093	72 966	218 725

2011 年各级各类民办教育基本情况

	学校数（所）	毕业生数（人）	招生数（人）	在校生数（人）	教职工数（人）	专任教师数（人）
一、民办高等教育	8	22 346	21 839	67 443	7 152	4 183
（一）民办高校	6	19 058	17 266	51 996	5 395	3 297

续表

	学校数（所）	毕业生数（人）	招生数（人）	在校生数（人）	教职工数（人）	专任教师数（人）
（二）独立学院（不计校数）	2	3 288	4 573	15 447	1 757	886
（三）民办的其他高等教育机构	52	29 252	26 890	19 252	4 213	2 070
二、民办中等教育						
（一）高中阶段教育						
1. 民办普通高中	14	1 986	3 167	8 917		
2. 民办中等职业教育	28	20 735	4 109	21 452	1 349	950
（二）初中阶段教育						
1. 民办普通初中	17	3 318	4 114	11 763		
2. 民办职业初中						
三、民办普通小学	8	1 101	1 368	7 219	226	180
另有：民办培训机构（不计校数）			360 700	196 500	17 200	10 205

〔发布实施《青岛市中长期教育改革和发展规划纲要》〕 2011 年 1 月 24 日，青岛市教育工作会议召开，正式发布实施《青岛市中长期教育改革和发展规划纲要（2011—2020 年）》，对未来 10 年青岛教育事业科学发展作出了全面规划部署。确立了到 2020 年“率先全面实现教育现代化，率先基本形成学习型社会，率先建成教育强市”的发展目标。

〔制定发布“十二五”教育事业发展规划〕 《青岛市“十二五”教育事业发展规划》于 12 月 29 日印发。规划是在对 12 个区（市）进行全面调研、对“十二五”期间 5 年生源状况进行全面普查、对国内同类城市教育现代化指标体系进行比较研究的基础上制定的，立足青岛实际，增设 13 个“专栏”，明确发展思路，突出发展重点，增强针对性和可操作性。

〔统筹城乡教育发展〕 继续推进普通中小学标准化建设，投入 13.9 亿元，推进 300 所学校的校舍安全改造任务；市本级投入 1.8 亿元，完成了 157 所薄弱中小学改造、17 万套课桌椅更新和近一半农村学校取暖设施、热饭设施和旱厕改造，全市 91%的中小学达到省定新标准。加强新建小区配套学校规划建设。支持五市三区重点建设 25 个残疾儿童随班就读教室。进一步均衡配置教师资源，指导区（市）推进义务教育学校教师定期交流工作；继续加强农村教师队伍建设，规范农村学校音体美、英语、计算机教师和卫生工作人员的管理和配备；健全城镇与农村中小学教师双向交流服务制度，选派 504 名教师赴农村支教；实施师范生顶岗实习和农村教师培训工程，分别组织 935 名师范生、260 名农村中小学教师参加顶岗实习和脱岗培训；开展农村小学骨干教师高级研修工作。

〔特殊教育学校生均公用经费标准提高〕 2 月，市教育局、市财政局联合下发《关于提高全市特殊教育学校生均公用经费标准和免收特殊教育学校在校学生学习及生活费的通知》（青财教〔2011〕3 号），从 2011 年春季学期起，全市新增资金 930 万元，提高全市 1 400 余名特教学校在校生生均公用经费，由每生每年 1 100 元提高到 7 200 元。同时，免收特殊教育学校在校学生的各项学习、生活费用。提高全市特殊教育学生生均公用经费标准后，特教学校生均公用经费标准位列全国同类城市前列。

〔外来务工人员子女就学〕 进一步做好外来

务工人员子女入学工作。投入 7 600 万元支持外来务工人员子女集中的区（市）加强学校建设，支持外来务工人员子女集中区（市）的学校改善办学条件。接收 12.5 万名外来务工人员子女在义务教育学校就读，占在校生的 18%。

〔**提高校车覆盖率**〕　青岛市关心学生上下学乘车安全，专门出台办法，面向五市三区规范校车统一营运管理，提高校车覆盖率。自 3 月起，市内四区开通了 20 条学生公交专车和 19 条校车线路，共辐射近 60 余所中小学，每天运送学生近 3 600 人次。秋季新学期，青岛交运集团温馨巴士公司先后购买两批 10 辆国际标准“大鼻子”校车，在市南、市北区部分中小学试点运行。

〔**教育满意度连续 4 年名列山东省第一**〕　自山东省政府开展电话民意调查以来，青岛市教育满意度连续 4 年名列第一；在 35 个主要城市教育满意度分类评价调查中，青岛市列教育质量满意度评价第 2 名；在 38 个主要城市基本公共服务满意度调查中，青岛市基础教育满意度居第 4 名。

〔**举办教育史展**〕　6—12 月，青岛市教育局举办纪念青岛市建置 120 周年教育史展。共展出图片 900 余幅，实物 100 余件，展览运用现代化布展手段，声、光、电结合，全面展示了青岛市建置 120 年教育发展的历史足迹，展示了新中国成立以来，特别是改革开放以来教育发展的辉煌成就。

基础教育

〔**综述**〕　落实《青岛市中长期教育改革和发展规划纲要（2011—2020 年）》，参与山东省国家教育体制改革试验区试点，组织“实施中小学现代化学校建设工程推进义务教育高位均衡发展”、“推进普通高中多样化特色发展”等 5 个试点项目。制定体制改革实验方案。结合《山东省普通中小学课程实施水平评价方案》，制定课程实施水平评估实施细则，将学科教研、学段调研、集中评估有效结合，过程检查与改进完善有机结合，建立推动各学段课程实施的长效机制。义务教育与普通高中课程体系全面建立。开展课堂教学交流活动，全市共组织名师开放课堂 206 节次，城乡课堂交流活动 228 节次，举行高三名师公益课堂 24 节次。

〔**学前教育**〕　实施学前教育三年行动计划，增强学前教育的公益性和普惠性，大力发展公办幼儿园。年内，投入 4.7 亿元推进农村薄弱幼儿园标准化建设，全市开工新建、改扩建小区配套公办园、镇（街）中心园和村（社区）独立园 170 所，1/3 的区（市）学前教育财政投入提前达到规定比例。

5 月 3 日，《青岛市人民政府关于加快学前教育改革和发展的意见》正式发布，明确了今后 10 年青岛市加快学前教育改革和发展的指导思想、主要目标和主要措施，明确了“政府主导、公办为主、民办补充”的办园体制，突出了学前教育的公益性和普惠性。

青岛市教育局设立学前教育处，统筹协调全市学前教育工作。

9 月，在西安市召开的全国学前教育三年行动计划现场推进会上，副市长王广正作了题为“抓重点破难点努力构建学前教育发展的新机制”的典型发言。

〔**义务教育**〕　促进义务教育优质均衡发展，推进中小学标准化建设工程，推动 5 市薄弱学校改造工作。协调市财政局发放薄弱中小学改造奖励资金，加快薄弱学校改造推进进度，并与市财政局联合对薄弱学校改造资金使用情况进行专项检查。组织对 5 市中小学标准化学校进行检查验收，重点验收 5 市改造的 157 所薄弱学校。支持 5 市 3 区重点建设 25 个残疾儿童随班就读资源教室。严格控制作业量，改革作业布置与批改，减轻学生过重的课业负担。

〔**小学阶段普及海洋教育**〕 从9月1日开始，青岛市小学1年级至6年级增设海洋课，旨在引导学生树立正确的海洋观，培养孩子“亲海、爱海、知海”的意识，激发学生保护海洋、探索海洋、维护海洋权益的责任感和使命感。青岛市成为全国首个在小学阶段全面普及海洋教育的城市。

〔**普通高中教育**〕 推进高中多样化、特色化办学。制定《推进普通高中多样化发展实施方案》，指导各校制定了《学校多样化发展三年规划方案》。与中国海洋大学签署合作开展海洋教育创新人才培养班协议，并委托青岛三十九中（海大附中）开展实验。在二中分校和十九中实施小班化教育试点。积极探索通过名校办分校、中外联合办学、普通高中与高校联合育人、小班化教育、贫困学生资助培养等办学模式。调整完善普通高中招生录取政策，普通高中指标生优待分值由20分增至30分，按8所学校普通班计划内招生人数的60%均衡分配给市内4区所有初中学校，促进学校均衡发展。

〔**启动中小学现代化学校建设**〕 青岛市启动中小学现代化学校标准制定工作，全市投入2.6亿元，为5市200余所农村中小学新建或升级校园网，配备新“班班通”多媒体教室2 827个、实验室373个、图书59万册，城乡中小学全部实现光纤接入网络。

〔**青岛市中小学开展阳光体育工作的经验得到推广**〕 8月，国家体育总局、教育部、团中央在青岛市举办全国首届青少年“未来之星”阳光体育运动节。《人民日报》、中央广播电台等媒体联合报道推广青岛市中小学阳光体育工作经验。

〔**参加“世界儿童”国际夏令营活动**〕 应俄罗斯国家教育科学部的邀请，由19名青岛市中学生和24名大连市中学生联合组成的中国青少年代表团，赴俄罗斯“海洋”全俄儿童中心参加为期21天的“世界儿童”国际夏令营活动。参加夏令营活动的有来自中国、朝鲜、日本的中小学生以及俄罗斯儿童共500余人。

职业教育与成人教育

〔**综述**〕 推进国家中等职业教育改革发展示范学校建设，支持国家中等职业教育优质特色学校建设。莱西职专农业新技术培训推广中心建设项目等2所学校的建设项目列为国家发改委基础能力建设二期建设项目，青岛烹饪学校等2所学校入选教育部国家级重点职业学校。加强实训基地建设，青岛商务学校物流实训基地等8个中央财政支持的实训基地建设项目通过审批，确定城阳职教中心服装设计与工艺等5个市级校内实训基地建设项目。统筹重点学校和专业建设，确定新增生物技术制药等18个专业，12个专业停止招生。全市实际招收中职学生（含技工学校）4.5万人，本地生源职普比例保持1∶1。完善实习就业服务体系，组织校园专场招聘会，为学生提供424家企业的8 061个技能人才需求岗位，实习就业网与100多家企业建立了业务联系，提供实习就业岗位近3 000个。

〔**新增5所国家中职教育改革发展示范校**〕 青岛海洋高级技工学校、胶南市高级职业技术学校、四方机车车辆高级技工学校、胶州市职业教育中心、青岛经济技术开发区职业中等专业学校5所学校通过评审、复核，入选第二批国家中等职业教育改革发展示范学校。截至2011年年底，全市已有10所国家中职教育改革发展示范学校。

〔**精品课程建设**〕 对140多门精品课程进行

中期审核。召开精品课程跟进式指导现场会，开展精品课程评审，评选出首批30门精品课程。

〔召开亚欧（ASEM）职业技术教育研讨会〕 1月11—12日，亚欧（ASEM）职业技术教育研讨会在青岛市召开。会议原则通过《亚欧职业技术教育青岛宣言》并提出五项倡议：一是以定期举办亚欧职业技术教育研讨会为基础，建立国家间职业技术教育政策对话机制；二是为促进职业技术教育合作，建议成立亚欧职业技术教育与培训专家委员会；三是建立跨国企业与所在国职业学校的合作模式；四是以共享经验为宗旨，鼓励亚欧成员国之间开展双边和多边的职业技术教育援助项目；五是以共享优质资源为目标，鼓励亚欧成员国之间开展专业课程开发、质量保证、在线学习经历认可以及学习方法改进等领域的合作。

〔成人教育〕 整合成人教育资源，加强镇（街）成人教育中心校建设，健全成人教育培训体系，推进城区在岗人员、失业人员和农村劳动力转移培训、实用技术培训，共计培训18.8万人次。建立“就业咨询—教育培训—考核认证—推荐就业”一条龙服务机制，推荐安置社区失业、外来务工人员就业和从业。大力推进社区教育，服务“三农”。积极推进社区数字化学习中心建设，制定社区数字化学习中心验收标准。年内，22个社区数字化学习中心通过评估验收。

高等教育

〔综述〕 青岛地区各高校占地面积共3.05万亩，比2010年增加0.1万亩；建筑面积985.78万平方米，比2010年增加0.78万平方米；固定资产总值175.8亿元，比2010年增加20.1亿元；教学科研仪器设备总值36.82亿元，比2010年增加4.12亿元。

〔师资队伍建设〕 各高校共有全职两院院士14人，外聘院士29名，国家“千人计划”入选者5人，“青年千人计划”入选者1人，“长江学者”（包括特聘教授、讲座教授和长江学者成就奖）17名，“国家杰出青年科学基金”获得者16人，国家级教学名师5人，国家学位委员会学科评议组成员11名，享受国务院政府特殊津贴人员350人，在青高校“泰山学者”特聘教授岗位达51个。

〔学科和实验室建设〕 各高校现有博士学位授权一级学科点41个，博士学位授权二级学科点（不含一级学科覆盖点）16个；硕士学位授权一级学科点173个，硕士学位授权二级学科点（不含一级学科覆盖点）56个。新增15个一级学科博士点、66个一级学科硕士点。有国家重点学科11个，国家重点（培育）学科5个，省部级重点学科98个，山东省“十二五”重点学科89个。国家重点实验室3个，国家工程实验室2个，国家工程技术研究中心2个，省部级设置的（院、所、中心）实验室178个，山东省“十二五”高校重点实验室49个，山东省“十二五”高校人文社会科学研究基地8个。图书馆藏书2 611万册，比2010年新增加91万册。

〔科研能力进一步增强〕 2011年，在青高校新承担市级（含）以上纵向科技计划项目1 738项。其中国家级项目498项（包括“863计划”项目1项、“973计划”项目11项、国家自然科学基金398项、国家社会科学基金19项，其他国家级项目69项），省部级项目672项，市级项目568项。共获得纵向科研经费资助5.53亿元。在青高校科技成果获市级（含）以上科技奖励414项，其中国家科技进步二等奖6项、国家科技发明二等奖1项；省部级二等奖以上科技奖励75项。高校与地方签订横向科技合作协议3 425项，合同金额

9.4 亿元，实到 6.17 亿元。

在青高校共申请专利 1 005 项，其中发明专利申请 597 项；授权专利 459 项，其中发明专利 218 项。在国内外学术期刊发表论文 10 489 篇，其中 SCI 收录 1 365 篇，EI 收录 2 088 篇，ISTP 收录 554 篇；CSSCI 收录 146 篇。

〔**教育交流与合作**〕 对外教育交流与合作进一步扩大。在青高校共与国（境）外院校（机构）签订合作协议 65 项，合作意向书 85 项。年度出国（境）访问讲学 1 562 人次，外籍专家学者到在青高校访问 1 121 人次。现有外籍教师 293 人。

〔**中国海洋大学“四方”三期共建**〕 3 月 26 日，教育部、山东省人民政府、国家海洋局、青岛市人民政府四方共建中国海洋大学协议签字仪式在济南市举行。教育部部长袁贵仁，省委书记、省人大常委会主任姜异康，省委副书记、省长姜大明，国家海洋局党组书记、局长刘赐贵，省委常委、省委秘书长王敏，省委常委、青岛市委书记李群，青岛市委常委、市委秘书长王鲁明出席签字仪式。青岛市副市长王广正出席签字仪式并代表青岛市签约。市政府投入 1.6 亿元启动中国海洋大学“四方”三期共建，加快建设世界一流综合类海洋大学。

〔**首届大学生帆船赛**〕 10 月 23 日，以“千帆竞发 青春飞扬”为主题的“双星名人杯”青岛高校首届大学生帆船赛在奥帆中心旗阵广场举行。90 余名运动员分别参加了悦浪级（男、女组）和飞虎级两个级别的比赛，8 所院校分别获体育道德风尚奖和优秀组织奖。

撰稿 于立平 李 勇

审稿 徐剑波 周民书

河南省教育

概　　况

〔基本情况〕

2011 年各级各类学校校数、教职工、专任教师情况

	学校数（所）	教职工数（人）	专任教师数（人）
总计	50 890	1 338 737	1 139 313
一、高等教育	131	121 373	84 888
（一）研究生培养机构（不计校数）	23		
1. 普通高校	15		
2. 科研机构	8		
（二）普通高等学校	117	117 117	82 037
1. 本科院校	47	73 749	51 482
其中：独立学院	9	6 696	5 122
2. 高职（专科）院校	70	43 368	30 555
3. 其他机构（点）（不计校数）	10	0	0
（三）成人高等学校	14	4 256	2 851
（四）民办的其他高等教育机构	40	1 920	1 000
二、中等教育	7 265	552 879	458 576
（一）高中阶段教育	1 858	232 851	173 716
1. 高中	858	139 277	104 975
普通高中	792	138 525	104 288
完全中学	177	27 846	13 040
高级中学	573	104 630	89 501
十二年一贯制学校	42	6 049	1 747

续表

	学校数（所）	教职工数（人）	专任教师数（人）
成人高中	66	752	687
2. 中等职业教育	1 000	93 574	68 741
普通中专	143	23 616	16 439
成人中专	183	13 788	8 917
职业高中	452	40 305	32 025
技工学校	185	14 564	10 407
其他机构（教学点）（不计校数）	37	1 301	953
（二）初中阶段教育	5 407	320 028	284 860
1. 初中	4 596	316 651	282 202
初级中学	4 075	280 899	255 823
九年一贯制学校	521	35 752	14 916
十二年一贯制学校			1 285
完全中学			10 178
职业初中	0	0	0
2. 成人初中	811	3 377	2 658
三、初等教育	33 060	509 869	499 249
（一）普通小学	27 793	504 697	495 824
小学	27 793	504 697	479 717
九年一贯制学校			14 765
十二年一贯制学校			1 342
（二）成人小学	5 267	5 172	3 425
其中：扫盲班	1 089	2 223	1 604
四、工读学校	3	62	51
五、特殊教育	127	3 547	2 961
六、学前教育	10 304	151 007	93 588

2011 年各级各类学历教育学生情况

	毕业生数（人）	招生数（人）	在校生数（人）
一、高等教育			
（一）研究生	8 856	10 891	30 908
博　士	205	337	1 245
硕　士	8 651	10 554	29 663

续表

	毕业生数（人）	招生数（人）	在校生数（人）
（二）普通本专科	432 994	448 850	1 500 142
本　科	154 000	203 911	758 761
专　科	278 994	244 939	741 381
（三）成人本专科	115 097	119 432	256 471
本　科	44 572	52 332	110 432
专　科	70 525	67 100	146 039
（四）其他各类高等学历教育			
1. 在职人员攻读硕士学位		2 386	7 687
2. 网络本专科生	20 307	21 587	52 502
本　科	10 440	9 890	23 371
专　科	9 867	11 697	29 131
二、中等教育	3 080 364	2 942 586	8 652 485
（一）高中阶段教育	1 319 169	1 326 345	3 786 606
1. 高中	712 964	646 263	1 936 721
普通高中	665 464	646 263	1 895 068
完全中学	84 756	77 977	228 384
高级中学	568 710	557 264	1 633 775
十二年一贯制学校	11 998	11 022	32 909
成人高中	47 500		41 653
2. 中等职业教育	606 205	680 082	1 849 885
普通中专	216 554	255 354	692 532
成人中专	61 990	42 422	117 472
职业高中	250 481	271 777	757 766
技工学校	77 180	110 529	282 115
（二）初中阶段教育	1 761 195	1 616 241	4 865 879
1. 初中	1 554 530	1 616 241	4 679 780
初级中学	1 407 228	1 437 060	4 185 714
九年一贯制学校	76 885	95 777	261 427
十二年一贯制学校	7 393	8 824	25 486
完全中学	63 024	74 580	207 153
职业初中	0	0	0

续表

	毕业生数（人）	招生数（人）	在校生数（人）
2. 成人初中	206 665		186 099
三、初等教育	1 968 227	1 934 351	11 201 713
（一）普通小学	1 676 067	1 934 351	10 928 960
小学	1 612 649	1 876 815	10 549 748
九年一贯制学校	59 097	53 480	351 410
十二年一贯制学校	4 321	4 056	27 802
（二）成人小学	292 160		272 753
其中：扫盲班	58 226		52 598
四、工读学校	54	43	214
五、特殊教育	1 697	3 151	19 463
六、学前教育	983 092	1 755 564	2 822 098

2011 年各级各类非学历教育学生情况

	毕（结）业生数（人）	注册生数（人）
总计	4 579 964	3 906 844
一、高等教育	381 281	101 496
（一）研究生课程进修班	2 671	2 618
（二）自考助学班	15 281	30 244
（三）普通预科生		2 458
（四）进修及培训	363 329	66 176
其中：资格证书培训	268 945	4 225
岗位证书培训	54 777	14 926
二、中等教育	4 198 683	3 805 348
其中：资格证书培训	403 378	331 592
岗位证书培训	809 532	686 515
（一）中等职业教育	510 514	332 555
其中：资格证书培训	156 311	116 037
岗位证书培训	161 632	101 503
（二）职业技术培训机构	3 688 169	3 472 793
其中：资格证书培训	247 067	215 555
岗位证书培训	647 900	585 012

2011年各级各类民办教育基本情况

	学校数（所）	毕业生数（人）	招生数（人）	在校生数（人）	教职工数（人）	专任教师数（人）	其他学生数（人）
一、民办高等教育							
（一）民办高校	33	57 776	74 547	242 207	18 577	13 178	1 374
本科学生		22 557	42 451	134 916			
专科学生		35 219	32 096	107 291			
其中：独立学院(不计校数)	9	18 663	29 755	101 245	6 696	5 122	26
本科学生		17 212	25 831	90 104			
专科学生		1 451	3 924	11 141			
（二）民办的其他高等教育机构	40				1 920	1 000	40
二、民办中等教育							
（一）高中阶段教育	428	191 151	171 764	506 713	68 815	52 637	
1. 民办普通高中	174	75 674	78 053	220 840	54 904	42 752	
2. 民办中等职业教育	254	115 477	93 711	285 873	13 911	9 885	53 073
（二）初中阶段教育	572	149 122	196 572	528 020			
1. 民办普通初中	572	149 122	196 572	528 020			
2. 民办职业初中							
三、民办普通小学	1 242	138 403	148 322	932 159	38 497	28 136	
四、民办幼儿园	8 222	359 762	795 088	1 514 188	114 317	69 085	
另有：民办培训机构（不计校数）	521				3 789	2 792	156 903

〔**年度工作方针**〕　2011年，河南省教育工作总方针是：全面贯彻党的十七大和十七届四中、五中全会以及省委、省政府、教育部有关会议精神，按照“优先发展、育人为本、改革创新、促进公平、提高质量”的要求，扎实实施教育规划纲要，促进义务教育均衡发展，强力推进职教攻坚，全面提升高等教育质量，努力开创全省教育事业科学发展新局面。

〔**教育优先发展地位更加突出**〕　12月，省委书记卢展工深入郑州、开封、新乡、焦作4个城市，考察5所学校，召开6场座谈会，深入高校调研指导工作。强调高校是育人的高地、集聚的高地、创新的高地、服务的高地，各级党委、政府要把高等教育发展放在更加突出的位置，要多着眼高地、多着力高地、多建设高地、多服务高地。要求高校在自身发展中要注重抓好人才驱动、学科驱动、创新驱动、品牌驱动。8月，省长郭庚茂主持召开教育专题会，研究和谋划教育改革发展，并对今后教育工作提出了“思路要更新、措施要抓准、机制要创新”的三点要求；11月，郭庚茂再次听取教育工作专题汇报。11—12月，副省长徐济超先后到11个省辖市专题调研职教攻坚，研究部署职业教育工作。省委、省政府领导的高度重视，为河南省教育事业发展创造了良好的外部环境和发展条件，教育优先发展的战略地位更加突出。

〔**发表新“十八谈”教育篇**〕　8月，围绕省委提出的“用领导方式转变加快发展方式转变”，以起草新“十八谈”教育篇为契机，研究谋划工作，统一思想认识。9月，在全省教育工作会议召开和教育规划纲要颁布一周年之际，河南日报发表署名文章《中原崛起 教育为基》，并配发评论《振兴之本》，河南电视台播出该文的影像版。该文的发表和节目的播出引发了一场教育系统思想大讨论，教育时报开辟专栏刊发各地各高校的学习贯彻情况。中国教育报全文转发并配发编者按，教育部部长袁贵仁读后专门作出批示，对该文给予高度评价：“河南日报刊发的《中原崛起教育为基》，以领导方式的转变促进教育科学发展为切入点，敢于直面问题，读后引人共鸣，发人深省。河南是全国第一教育人口大省，办好教育意义重大、任务艰巨，希望河南再接再厉，为全国教育事业改革发展作出新的更大的贡献!”全省教育系统自上而下认真学习文章精神，统一思想认识，科学谋划今后的发展思路。

〔**教育投入**〕 2011年，全省教育经费（包括国家财政性教育经费、民办学校举办者投入、社会捐赠经费、事业收入和其他收入）总投入为1 185.7亿元，比2010年的912.4亿元增长30%。其中国家财政性教育经费（包括预算内教育经费、各级政府征收用于教育的税费、企业办学中的企业拨款、校办产业等用于教育的经费）为932.5亿元，比2010年增加251.3亿元，增长36.9%，占全省教育经费总收入的78.6%。

全省各级政府公共财政预算教育拨款（不含教育费附加）为878.4亿元，比2010年的648.2亿元增长230.2亿元，增幅为35.5%。经常性财政收入比2010年增长15.68%，全省公共财政预算教育经费的增幅高于同期经常性财政收入增幅19.82个百分点。

小学预算内生均公用经费支出为1 135.09元/人，比2010年增长61.96%，其中农村小学预算内生均公用经费支出为1 131.38元/人，比2010年增长60%。初中预算内生均公用经费支出为2 104.78元/人，比2010年增长79.14%，其中农村初中预算内生均公用经费支出为2 067.98元/人，比2010年增长69.33%。普通高中预算内生均公用经费支出为1 625.56元/人，比2010年增长172.8%。全省职业高中预算内生均公用经费支出为2 233.23元/人，比2010年增长224.72%。普通高校预算内生均公用经费支出为4 768.5元/人，比2010年增长229.02%。

〔**规范招生收费行为**〕 继续实施招生工作阳光工程，确保招生考试和录取工作的公平、公正。加强招生各个环节的监督管理，坚持整个招生工作公开透明；积极受理群众举报，耐心缓解群众情绪，严格核查考试舞弊、违规招生及招生诈骗行为，维护招生秩序和社会稳定。录取本专科新生61.6万人，高考录取率达72%，首次赶上全国平均水平。加大教育乱收费案件的查处力度，做到凡有实质性内容的举报，件件有着落，凡是实名举报的件件有回音。完善规范教育收费的长效机制；严格监督教育保障经费使用情况，切实加强中小学教辅材料管理，严禁举办收费补习班。2011年，党政纪处分361人，其中撤销校长职务5人，查处违规金额638.8万元，清退违规资金521.8万元。

〔**困难学生资助**〕 家庭经济困难学生资助政策体系日臻完善。下达高校国家奖学金、国家励志奖学金、国家助学金9.9亿元，资助学生65万人；下达中职国家助学金和免学费补助经费15.8亿元，资助学生102万人次；下达高中国家助学金5.9亿元，资助学生79万人次；将自1996年以来执行的硕士研究生奖学金每月200元、220元、240元统一提高到每月600元。

〔**学校安全和稳定**〕 严格落实安全稳定工作责任制和责任追究制，积极做好学校安全及周边治安综合治理工作，扎实做好敏感时期高校稳定工作，努力做好教育系统信访工作。在全国教育系统防范邪教渗透工作座谈会上，河南省作了典型发言。2011年，全省教育系统没有发生重大安全事故，教育系统持续稳定，为维护社会安全稳定大局作出了重要贡献。

〔**体育、卫生与艺术教育**〕　深入推进学校体育工作。结合本省实际，制定了《关于贯彻落实教育部切实保证中小学生每天一小时校园体育活动的规定的实施意见》，把开展“大课间体育活动”作为全省保证中小学生每天一小时校园体育活动的基本平台。组队参加了全国第十一届中学生运动会，获3枚金牌、10枚银牌、6枚铜牌，打破2项全国中学生运动会最高纪录，代表团团体总分第10名。组织参加了第十一届全国中学生运动会科学论文报告会暨第六届中国学校体育科学大会，选报的100篇优秀论文有74篇获奖，团体总分全国第2名。公布了2010年河南省学生体质健康状况调研结果。

加强学校食品卫生安全管理。组织开展了中小学校食堂等级量化评定工作，命名了首批71所学校一级标准食堂，修订了《河南省学校食堂等级量化评分细则》。启动全省炊管人员专项培训，进一步提高学校炊管人员的专业素质。

加强学校艺术教育工作。举办了河南省第三届大学生艺术展演活动，活动围绕“青春·使命”这一主题，分别在许昌和郑州举办了省级展演、展览和科研论文报告会。组织了高雅艺术进校园活动，在全省30所高校举办38场音乐会，演出内容有芭蕾舞、交响乐、民乐等，在全省师生中形成了广泛的影响力；举办了河南省首届学生合唱节、戏剧节。培训中小学艺术教育骨干教师230名，为各地培养了一批专业素质高、综合能力强的骨干力量。

〔**民办教育**〕　规范民办学校办学行为，制定出台了《关于创新投融资机制鼓励引导社会资本投入教育领域的意见》。开展优秀民办学校评选表彰活动，对46所优秀民办学校进行表彰，给予教学设备奖励。

〔**教育交流与合作**〕　中外合作办学稳步发展，新增5个本科中外合作办学项目、2个专科层次合作办学机构、39个专科层次的中外合作办学项目、12个高中层次项目，全省中外合作办学机构和项目达234个。与国外合作建设的4所孔子学院（孔子课堂）进展顺利，开创汉语国际推广新局面。打造“武林汉韵”品牌，选派人员赴美国进行巡演，应邀参加第二届“联合国中文日”活动。国家留学基金委河南省地方合作项目进展顺利，截至2011年年底，全省共争取国家留学基金委全额资助和地方项目合作派出公派出国留学人员671人。积极推动与港澳台地区的教育交流与合作。

〔**党风廉政建设**〕　2011年，在省教育厅机关、直属单位、全省高校开展了“查找廉政风险、构筑拒腐防线”活动。经过学习动员、排查廉政风险、确定风险等级、制定预防措施、加强监督管理五个环节的工作，教育厅领导和厅机关23个处室干部、107所高校和26个厅直属单位中层以上干部共查找廉政风险点3.8万多个，制定防范措施3.8万多条，厅机关和高校中层以上单位修订和完善规章制度1.1万多项，取得了明显的阶段性成果，对建立健全体现教育系统特色的惩治和预防腐败体系起到了有力的推进作用。省纪委书记尹晋华对活动作出重要批示，给予充分肯定。

〔**语言文字工作**〕　举办了“中华诵·2011经典诵读大赛”和“中华诵·2011全球华人学生暨全国学生规范汉字书写大赛”河南赛区比赛。创建第三批国家级语言文字规范化示范学校。为配合一类城市语言文字工作评估达标，积极推进省直公务员普通话水平测试工作。开展第14届全国推广普通话宣传周活动。

基础教育

〔**学前教育三年行动计划启动实施**〕　省政府召开学前教育工作暨学前三年行动计划启动会议，

出台了《关于大力发展学前教育的意见》和《河南省学前教育三年行动计划（2011—2013年）》。省政府与各省辖市、直管试点县（市、区）政府签订了学前教育目标管理责任书，全省各地把学前教育发展作为改善民生的重大工程，摆在重要位置，落实各项财政支持政策，加大项目和资金安排，建立统筹协调工作机制，强力推进计划实施。2011年，基本完成1 200所幼儿园新建和改扩建任务，其中公办园700所，学前三年毛入园率达55%。

〔**促进义务教育均衡发展**〕　年初，省政府出台了《关于进一步促进义务教育均衡发展促进教育公平的意见》，提出了义务教育均衡发展的目标任务和政策措施。3月，省政府与教育部签署了义务教育均衡发展备忘录，明确了义务教育均衡发展的时间表和路线图。

〔**继续提高义务教育经费保障能力**〕　全省预算安排农村义务教育经费保障机制资金110.5亿元，其中中央补助78.1亿元，地方安排32.4亿元。预算安排城市义务教育免学杂费补助4.5亿元，受益学生192万人。

〔**实施农村薄弱学校改造计划，推动学校标准化建设**〕　会同有关部门制定了《河南省义务教育学校办学条件基本标准（试行）》，省政府办公厅印发了《河南省推进义务教育学校标准化建设规划（2011—2015年）》，明确了学校办学条件标准、推进措施及各县（市、区）建设进度。同时，利用中央财政支持的近20亿元专项资金，组织实施农村义务教育薄弱学校改造计划，支持农村义务教育薄弱学校图书、教学仪器设备、体音美器材和班级多媒体远程教学设备配置，推进县镇学校扩容改造、农村寄宿制学校及食堂等附属设施建设。

〔**创新管理体制，促进优质教育资源共享**〕各地积极开展“城乡教育一体化”、“教育资源共享”等区域性改革实验。在市区或县域内划分若干学区，学区内学校联合办学，统一教学，资源共享，捆绑考核，开展“老校＋新校”、“强校＋弱校”等模式，发挥优质学校辐射带动作用。

〔**稳步推进中小学布局调整**〕　按照均衡发展的基本条件和要求，扎实推进中小学布局调整，教育资源配置进一步优化，学校办学效益明显提高；优质高中招生计划均衡分配到初中的比例达50%以上；认真做好进城务工农民随迁子女接受义务教育工作。2011年秋季，共入学27.3万人，入学率达99.9%，基本实现了“应入尽入”。

〔**课程改革**〕　召开全省课程改革经验交流会，评选了一批适合当地实际的教学改革的好典型和特色学校。在课改理念的指导下，启发式、探究式、合作学习、社会实践等教学方式被广泛应用，新课程倡导的教师教学方式和学生学习方式正在形成，课堂教学效率和质量显著提高。

认真做好普通高中课改与高招工作的对接，顺利完成了新课改背景下的第一次高考。与教育部考试中心等有关司局多次衔接，制定了新课改背景下的高考考试改革方案。进一步完善普通高中综合信息管理系统，为进入课改后参加高考学生的学业水平考试及综合素质评价等信息的录入和管理工作提供了重要平台。进一步完善普通高中课程设置方案，对《河南省普通高中课程设置方案（试行）》中部分学科的“建议选修内容”进行了调整，并从2011年秋季开学后正式实行。

〔**中小学德育**〕　充分发挥学校主阵地、课堂主渠道、教师主力军的作用，会同有关部门认真做好未成年人思想道德建设工作。深入开展建党90周年主题教育活动，组织开展了“中小学弘扬和培育民族精神月”活动，充分发挥校外活动场所的作用，开展丰富多彩的校外教育实践活动。

〔**教师队伍建设**〕　抓好师德师风建设。围绕纪念建党90周年，开展了“我把青春献给党”师德主题教育活动，涌现了一大批先进典型，学校师德师风建设进一步加强。继续组织实施农村学校教师“特岗计划”和“农硕计划”，吸引了1万多名优秀大学毕业生到农村学校任教。认真组织实施中小学、幼儿园“国培计划”，启动实施“河南省中小学教师省级培训计划”，积极推进城镇教师支教工作。

〔**规范办学行为**〕 先后两次开展普通高中规范办学行为专项督导检查，处理了一批违规办学的学校。加强普通高中中外合作办学管理，对普通高中“国际班”招生、收费、教育教学、学籍管理等提出了明确要求。

〔**中小学校舍安全工程**〕 扎实推进全省中小学校舍安全工程。截至2011年年底，累计投入资金112.5亿元，开工项目16 559个，开工率达96%，竣工项目14 789个；开工面积1 529万平方米，竣工面积1 326万平方米，竣工率达83%。

职 业 教 育

〔**国家职教改革试验区建设**〕 承担职教改革试验任务的7个省辖市和5个职教集团均规划了试验目标，积极探索职教发展新机制，创新工作模式，各项试验任务取得突破性进展。信阳市试验探索了“学校＋公司＋农户”、“学校＋基地＋农户”、“学校＋合作社＋农户”三种农村职教服务地方经济的办学模式。平顶山市出台了《平顶山市城市职业教育改革试验方案》，建立了社区教育网络，积极落实城市职业教育改革试验任务。河南机电职教集团开展了“引企入校”、股份制改制试点工作，得到教育部副部长鲁昕的高度评价。

〔**体制机制改革创新**〕 全省有88所中职学校开展了公办民助、民办公助、股份制等多元化办学模式改革试点，累计吸纳社会资金26.4亿元，有效增强了职业教育的办学活力。

〔**规范专业设置**〕 规范中等职业学校专业设置，进一步加强中等职业学校专业设置管理工作，印发了《河南省中等职业学校专业设置管理实施办法（试行）》，同时开展了2011年中等职业学校省级重点专业点评估认定工作，最终确定河南省工业学校的数控技术应用等51个专业点为省级重点专业点。

〔**启动教学质量评估**〕 在组织专家对《河南省中等职业教育教学质量评价指标体系》进行修订完善的基础上，在全省范围内开展了中职学校教学质量评估工作。组织参加了2011年全国职业院校技能大赛，中职学校派出111名选手参赛，共获得大赛各类奖项89个，其中一等奖10个、二等奖31个、三等奖48个。

〔**教师队伍建设**〕 实施“中等职业学校教师素质提高计划”和“现代教育技术能力建设计划”，完成中等职业学校骨干教师培训1 731名，中等职业学校现代教育技术培训3 288名，组织中等职业学校骨干教师出国培训。会同省编办等部门启动了中职学校教职工核编工作。会同省人力资源和社会保障厅等部门评选首批省职教专家125名，启动在省属国家级重点和省级重点中等职业学校进行教授级高级讲师的试评工作，评选首批教授级高级讲师18名。

〔**实训基地项目建设**〕 2011年，全省争取国家中职教育改革发展示范学校22所、中央财政支持的职业教育实训基地建设项目21个，中央财政共投入建设资金2.446亿元。评审认定省级职教攻坚项目108个，计划投入建设资金34.88亿元。通过项目建设，有效提升了职业学校办学水平。

〔**职教强县评审**〕 2011年，省政府评选认定了13个“职业教育强县（市）”，全省“职业教育强县（市）”已达71个，占全省县（市）总数的

65.7%，有效提升了职业教育服务县域经济的能力。

〔**继续加强职教集团内涵建设**〕 在全国率先制定了《关于进一步推进职业教育集团化办学的若干意见》和《河南省职业教育集团管理办法（试行）》。全省组建职教集团达60个，吸纳职业院校、行业协会、企业、科研机构等成员单位2 054家。

〔**学校布局调整**〕 全省中职学校由布局调整前的1 163所调减至874所，校均在校生规模由1 613人提高到2 166人。通过布局调整，支持了一批示范性中等职业学校，催生了一批特色中等职业学校，淘汰了一批薄弱中等职业学校，职教资源得以优化配置，学校的规模效益、聚集效益、集约效益逐步显现。

〔**职教园区建设**〕 积极探索职业教育与产业集聚区建设紧密结合、相互促进、共同发展的新路子，规划、启动建设了一批职教园区。全省17个省辖市规划建设职教园区，14个省辖市已开工建设，总规划面积8.52万亩，投入建设资金51.74亿元，开工建设学校46所，学校建筑面积245.95万平方米，入驻学校21所，入驻学生达8.6万人，全省职教园区初具规模。

高 等 教 育

〔**教学质量工程**〕 实施“卓越工程师教育培养计划”，郑州大学等7所院校列入国家“卓越工程师教育培养计划”。完善质量工程建设体系，按照“分类指导、鼓励特色、深化改革、全面提升”的原则，加大校级立项力度，加强省级统筹规划，积极争取国家级项目。2011年，全省立项建设258个省级项目，形成了一批可推广应用的教学成果。发挥专家组织作用，全省成立了11个学科专业教学指导委员会，发挥其在学科专业、教学改革、课程和教材建设等方面的研究、咨询、指导、评估、服务作用，开展青年教师教学技能竞赛和学术讲座，提高青年教师教学水平。

〔**高校三重建设**〕 郑州大学“211工程”三期建设进展顺利，中央专项资金3 700万元、省政府专项资金3亿元全部到位。启动实施了“百年名校河南大学振兴计划”。先后与国家安监总局、国家烟草专卖局、国家中医药管理局分别签署协议，共建河南理工大学、郑州轻工业学院、河南中医学院。全省省部共建高校达8所；河南大学和中国农业科学院棉花研究所共建的“棉花生物学”国家重点实验室获准立项，实现了河南省高校国家重点实验室零的突破。新增国家工程实验室2个、新增教育部重点实验室1个。

〔**“人才强校”工程**〕 引进培养“大师级”人物，积极创造优惠条件，鼓励高校引进“双聘”院士。大力实施海外高层次人才引进“千人计划”、“百人计划”和省特聘教授岗位制度等人才项目，为高校聚集具有国际影响的学科领军人才。重点选拔培养中青年骨干教师，以项目为载体，着重提高其教学水平和科研创新能力。“人才强校工程”取得显著成效，新增院士1人，全省专职院士达5人，国家“千人计划”2人，省“百人计划”10人，省特聘教授135人，省青年骨干教师1 900名，专任教师中硕士学位及以上的有4.2万人，占专任教师总数的54.53%。

〔**繁荣发展高校哲学社会科学**〕 高校哲学社会科学研究取得显著成果，科研质量和水平进一步提升。2011年，有89项社科项目获得国家社科基金，数量连续两年大幅度增加。高校获得社科经费资助1 300万元，获得教育部社科立项129项，获得经费资助1 000余万元。全省高校共出版著作950部，发表学术论文1.5万余篇。加强社科队伍建设，继续举办哲学社会科学教学科研骨干研修班。加强高校学报建设，开展了学报质量评估工作。

〔**高校科技创新**〕 高校重大科研项目亮点纷呈。2011年，全省高校共承担各级各类科研创新项目1万多项，争取经费达15亿元。29所高校获批488项国家自然科学基金项目，占全省总数的96%；全省高校共立项国家社科基金项目71项。高校科技成果奖励再上新台阶，国家科技进步奖，高校获奖9项；教育部高校科学研究优秀成果奖，高校获奖4项；河南省科技进步奖，高校作为第一完成单位共获奖136项，其中一等奖6项。在教育部组织的全国高校创新团队和"新世纪优秀人才支持计划"评审中，河南省入选数量连续两年位居全国第一位。

〔**学位与研究生教育**〕 新增博士、硕士学位授予单位立项建设中期检查工作进展顺利，博士学位授权一级学科点和硕士学位授权一级学科点数量翻番，共有博士学位授权一级学科点44个、硕士学位授权一级学科点282个。全省具有博士学位授予权高校5所，硕士学位授予权高校18所，培养能力有所增强。2011年，大幅度提高博士、硕士研究生奖学金标准。

〔**高等职业教育攻坚**〕 实施示范性高职院校建设计划，7所高职院校获批国家示范性高职院校，获中央财政支持1.85亿元，立项建设11所省示范性高职院校。积极争取国家"支持高等职业学校提升专业服务能力"项目，51所高职院校98个专业获中央财政资金2.04亿元。加强实训基地建设，先后有49个实训基地获批国家实训基地，获中央财政支持近亿元，立项建设110个省级实训基地。探索职业教育集团化办学，深化校企合作，相继组建了13个高职教育集团。

〔**投融资机制改革**〕 省政府印发了《关于化解公办高校债务风险的通知》，有效保障高校大幅度降低债务风险。积极化解高校债务，累计筹措化解高校债务资金20亿元，再筹措资金不低于16亿元，力争使全省高校截至2009年年底银行贷款余额减少2/3。同时，预拨省属高校化解债务专项经费18亿元，直接用于高校偿还到期银行贷款。

〔**大学生思想政治教育**〕 切实加强高校党建工作，召开了第十九次全省高校党的建设工作会议，扎实开展高校思想政治工作。精心组织庆祝建党90周年系列活动。开展思想政治工作系列调研活动，组织师生思想政治状况滚动调研。不断加强高校思想政治理论课建设和形势与政策教育。

〔**毕业生就业工作**〕 高校毕业生就业工作成绩显著。2011年，全省共有高校毕业生44.6万人（其中研究生0.9万人，本科毕业生15.4万人，专科毕业生28.3万人）。截至9月1日，全省共有35.93万名毕业生实现就业，同比增加4.2万人，毕业生就业率达80.56%（其中研究生78.11%、本科生81.58%、专科生80.06%），高于2010年同期水平和全国平均水平，圆满完成了省政府确定的"毕业生就业率基本稳定，就业人数明显增加"的年度工作任务。

撰稿 张小茜
审稿 韩 冰

湖北省教育

概　　况

〔基本情况〕

2011 年各级各类学校校数、教职工、专任教师情况

	学校数（所）	教职工数（人）	专任教师数（人）
总计	15 781	726 885	579 910
一、高等教育	136	129 175	80 155
（一）研究生培养机构（不计校数）	45		
1. 普通高校	23		
2. 科研机构	22		
（二）普通高等学校	122	127 363	78 952
1. 本科院校	66	96 486	57 750
其中：独立学院	27	16 275	11 948
2. 高职（专科）院校	56	30 721	21 069
3. 其他机构（点）（不计校数）	3	156	133
（三）成人高等学校	14	1 812	1 203
（四）民办的其他高等教育机构	19	1 028	416
二、中等教育	3 335	318 595	260 060
（一）高中阶段教育	1 110	142 459	105 457
1. 高中	609	95 346	71 533
普通高中	585	95 092	71 333
完全中学	112	16 220	7 017
高级中学	442	74 179	62 931
十二年一贯制学校	31	4 693	1 385

续表

	学校数 （所）	教职工数 （人）	专任教师数 （人）
成人高中	24	254	200
2. 中等职业教育	501	47 113	33 924
普通中专	246	27 436	18 936
成人中专	15	1 735	962
职业高中	80	6 732	5 507
技工学校	124	10 133	7 716
其他机构（教学点）（不计校数）	36	1 077	803
（二）初中阶段教育	2 225	176 136	154 603
1. 初中	2 122	175 746	154 295
初级中学	1 750	149 801	133 998
九年一贯制学校	372	25 945	13 139
十二年一贯制学校			1 108
完全中学			6 050
职业初中	0	0	0
2. 成人初中	103	390	308
三、初等教育	7 562	197 592	194 987
（一）普通小学	7 415	197 395	194 851
小学	7 415	197 395	184 454
九年一贯制学校			9 411
十二年一贯制学校			986
（二）成人小学	147	197	136
其中：扫盲班	21	22	19
四、工读学校	2	53	40
五、特殊教育	76	1 811	1 527
六、学前教育	4 670	79 659	43 141

2011 年各级各类学历教育学生情况

	毕业生数 （人）	招生数 （人）	在校生数 （人）
一、高等教育			
（一）研究生	31 162	37 118	107 167
博　士	3 959	4 918	20 626
硕　士	27 203	32 200	86 541

续表

	毕业生数（人）	招生数（人）	在校生数（人）
（二）普通本专科	362 991	409 497	1 340 298
本　科	157 555	210 951	770 860
专　科	205 436	198 546	569 438
（三）成人本专科	93 581	109 771	265 977
本　科	36 234	35 359	93 250
专　科	57 347	74 412	172 727
（四）其他各类高等学历教育			
1. 在职人员攻读硕士学位		11 117	37 095
2. 网络本专科生	47 134	72 599	134 310
本　科	15 818	25 304	49 161
专　科	31 316	47 295	85 149
二、中等教育	1 627 205	1 243 671	4 121 557
（一）高中阶段教育	827 173	624 458	2 060 189
1. 高中	443 685	361 978	1 173 431
普通高中	429 063	361 978	1 167 697
完全中学	45 193	36 137	121 714
高级中学	376 867	318 892	1 024 724
十二年一贯制学校	7 003	6 949	21 259
成人高中	14 622		5 734
2. 中等职业教育	383 488	262 480	886 758
普通中专	227 997	168 943	547 980
成人中专	18 101	4 959	30 908
职业高中	61 603	38 416	142 027
技工学校	75 787	50 162	165 843
（二）初中阶段教育	800 032	619 213	2 061 368
1. 初中	771 362	619 213	2 040 702
初级中学	671 028	534 289	1 766 655
九年一贯制学校	62 325	51 828	166 149
十二年一贯制学校	4 604	4 731	14 496
完全中学	33 405	28 365	93 402
职业初中	0	0	0
2. 成人初中	28 670		20 666

续表

	毕业生数（人）	招生数（人）	在校生数（人）
三、初等教育	614 002	692 317	3 782 064
（一）普通小学	583 417	692 317	3 773 446
小学	547 505	654 607	3 558 291
九年一贯制学校	32 760	34 941	197 180
十二年一贯制学校	3 152	2 769	17 975
（二）成人小学	30 585		8 618
其中：扫盲班	300		279
四、工读学校	171	208	135
五、特殊教育	1 535	1 622	12 893
六、学前教育	364 048	807 017	1 324 714

2011 年各级各类非学历教育学生情况

	毕（结）业生数（人）	注册生数（人）
总计	1 267 364	1 151 517
一、高等教育	297 921	226 433
（一）研究生课程进修班	2 970	3 206
（二）自考助学班	32 856	70 191
（三）普通预科生		3 278
（四）进修及培训	262 095	149 758
其中：资格证书培训	107 026	64 603
岗位证书培训	68 580	25 257
二、中等教育	969 443	925 084
其中：资格证书培训	104 952	72 909
岗位证书培训	125 584	104 202
（一）中等职业教育	496 100	458 822
其中：资格证书培训	80 432	43 419
岗位证书培训	48 698	22 805
（二）职业技术培训机构	473 343	466 262
其中：资格证书培训	24 520	29 490
岗位证书培训	76 886	81 397

2011 年各级各类民办教育基本情况

	学校数（所）	毕业生数（人）	招生数（人）	在校生数（人）	教职工数（人）	专任教师数（人）	其他学生数（人）
一、民办高等教育							
（一）民办高校	43	96 041	121 365	394 940	26 540	18 580	11 065
本科学生		40 802	66 878	230 449			
专科学生		55 239	54 487	164 491			
其中：独立学院(不计校数)	27	58 762	76 044	256 878	16 275	11 948	7 996
本科学生		33 513	53 789	186 479			
专科学生		25 249	22 255	70 399			
（二）民办的其他高等教育机构	19				1 028	416	19
二、民办中等教育							
（一）高中阶段教育	220	82 091	53 065	196 187	25 408	17 322	
1. 民办普通高中	129	42 491	36 354	117 994	20 338	14 421	
2. 民办中等职业教育	91	39 600	16 711	78 193	5 070	2 901	16 573
（二）初中阶段教育	98	32 760	33 798	101 618			
1. 民办普通初中	98	32 760	33 798	101 618			
2. 民办职业初中							
三、民办普通小学	58	11 993	13 645	78 258	2 483	1 726	
四、民办幼儿园	3 625	146 686	370 388	675 237	56 083	29 100	
另有：民办培训机构（不计校数）	172				2 361	1 526	64 761

〔**全省教育工作会议**〕 2011 年 3 月 2 日，全省教育工作会议在武汉市召开。会议回顾了 2010 年全省教育工作，对 2011 年全省教育工作作出部署，重点布置了推进义务教育均衡发展、大力发展学前教育、职业教育深化改革、加强教师队伍建设、扩大教育对外开放等重点工作。会议颁发了地方教育制度创新奖和 2010 年度教育好新闻奖，宣布了省教育厅对市、州 2010 年工作考核结果，举行了省义务教育学校教师跟岗学习基地和校长挂职培训基地授牌仪式。省教育厅厅长陈安丽代表省教育厅与第二批义务教育均衡发展试点单位签订了备忘录。武汉市、宜昌市夷陵区等 13 个市（州）、县（市、区）人民政府或教育局负责人作了大会发言。

〔**教育事业“十二五”规划**〕 省发改委、省教育厅发布《湖北省教育事业发展“十二五”规划》，提出了“十二五”时期全省教育发展的总体目标：举办更高水平的普及教育，发展更加丰富的优质教育，推进更为满意的公平教育，构建更具活力的教育体制，建立更加健全的终身教育，提供更有成效的社会服务，全面推进教育现代化建设，基本建成教育强省。学前三年毛入园率达到 65%。九年义务教育巩固率达到 96.9%，义务教育基本进入优质均衡的发展阶段。高中阶段教育毛入学率达到 95%。职业教育基础能力建设明显增强，中等职业教育和高等职业教育协调发展。高等教育毛入学率达到 40%。全省主要劳动年龄人口平均受教育年限达到 10.8 年，新增劳动力平均受教育年限达到13.9年。

〔**教育行政审批**〕 根据省政府行政审批制度改革办公室的要求，对教育部门省级行政审批事项的法律法规依据、审批范围和条件、办理流程和期限等事项进行了认真清理，制定了《省级行政审批项目信息表》和《省级行政审批项目流程表》。审批事项减幅11%，审批环节平均减少20%以上，审批时限平均减少30%以上，审批费用减少100%。开展行政权力和服务事项清理，将机关原来236项行政权力和服务事项精简为111项。

〔**学生资助经费投入**〕 2011年，财政部、教育部下达湖北省农村义务教育阶段家庭经济困难寄宿生生活费中央补助资金5.4亿元，补助学生59万人。省教育厅、省财政厅、省人力资源和社会保障厅下达中职国家助学金资金3.5亿元，共资助学生46万人，下达中职免学费资金3.4亿元，资助学生17万人。下达普通高中国家助学金中央和省级资金3.37亿元，资助学生25.7万人。全省省属地方高校发放国家奖学金1 522人次，资金1 218万元；国家励志奖学金32 757人次，资金16 378万元；春季和秋季国家助学金237 913人次，资金56 038万元。全年共向27.2万名大学生发放国家奖助学金8.77亿元。另外，省级财政安排400万元省政府奖学金，资助学生2 000人。全年共向10.5万名大学生发放生源地贷款6.12亿元。

2011年春季，为472万名农村（含县镇）义务教育阶段中小学学生提供免费教科书，市、区财政为72 464名城市低保和进城务工人员随迁子女中小学学生提供免费教科书。

〔**教师补充机制**〕 2011年，继续加大“农村教师资助行动计划”的选派力度，采取多种方式加强免费师范生毕业生就业工作，向国家争取经费5 532万元，共吸引844名首届免费师范毕业生到湖北省中小学工作。激活教师补充机制，全年共选派来自省内外231所高校的4 016名本科以上毕业生到78个县（市、区）农村乡镇以下学校任教。省委、省政府加大力度推进“农村教师资助行动计划”，完善政策措施，健全工作机制，引导和鼓励高校毕业生到农村学校建功立业。

〔**实施启明星计划**〕 省教育厅制定“湖北省农村学校启明星计划”实施方案，通过政策引导、经济激励等措施，鼓励、引导城镇学校校长和骨干教师到农村学校任职任教，服务期为3年，帮助提高农村学校管理水平和教育质量。共有174所农村学校申报启明星校长和教师岗位696个。

〔**中华诵·经典诵读行动**〕 6月，省语言文字委员会、省教育厅、省委党史研究室印发通知，对各市（州）语委、教育局和各高等学校开展“中华诵·颂歌献给党”红色经典诵读活动进行了具体安排和部署。各市（州）语委、教育局和各高等学校通过讲座、演讲比赛、晚会、群众性活动展示等多种形式，开展红色经典诵读活动，在“七一”前夕掀起了诵读红色经典、传承革命传统的高潮。组织“中华诵·2011经典诵读大赛”湖北赛区大赛，共收到各地、各高校选送的复赛视频作品175个，评选出一等奖15人、二等奖26人、三等奖27人。

〔**数字化校园建设**〕 建设中小学教学资源库和高等教育精品资源库。对学科网站群进行改版，实现了多种格式包括音频、视频文件的上传，增加了同学科教师的网上教研功能，推进了全省基础教育资源的共建共享。2011年，全省高校精品课程共享平台上有国家级课程230门、省级课程880门，其中教学大纲1 704个、教案17 239篇、教学录像3 343个，资源总量900 G。普通高中课改网络支撑平台建设稳步推进。高中课改12个子系统上线后，对高中课改门户网站、教师培训系统、综合素质评价系统、学分系统、综合实践活动课平台、学生成长档案系统、高中学籍系统、课改总平台等9个子系统平台做了进一步修改。

〔**教育交流与合作**〕 全年组织4个出国考察团共20人次出访美国、澳大利亚、德国、新加坡等11个国家。接待了美国俄亥俄州学监和中小学校长团、美国高等教育代表团和国外有关高等学校代表团，以及新加坡、英国等国使馆代表，国外教育代表来访约70余人次。与国外教育机构和组织签订了6份合作意向书和备忘录。“世界著名科学家来鄂讲学计划”立项62个，执行44项，聘请诺贝尔奖获得者2人、院士15人、其他著名学者27人。4月和11月，在武汉工程大学和武汉科技大学分别以“绿色化工”、“钢铁冶金与材料”为主题，成功举办了第二期和第三期“世界著名科学家武汉论坛”。选派41名汉语志愿者及教师赴美国、英国、新加坡和泰国工作。完成14名与新加坡、香港、澳门互派中小学及幼儿园教师的安置和派出工作。推荐62名高二学生和57名初三学生参加新加坡奖学金选拔考试，分别录取18人和9人。

基础教育

〔**学前教育**〕 省政府印发《关于进一步推进学前教育改革与发展的意见》，省教育厅制定了湖北省学前教育三年行动计划。2011年，国家发改委、教育部将湖北省纳入学前教育推进工程试点范围，试点经费6 000万元，安排南漳县等8个试点县（市），批复项目38个，建设面积72 726平方米，配套设备7 462台套件，总投资9 819万元（其中中央投资6 000万元，地方投资3 819万元），项目建成后可增加在园幼儿10 545人。编制了《湖北省扩大学前教育资源规划》（2011—2015年）、《湖北省农村闲置校舍改建项目建设规划》（2011—2013年）、《湖北省农村小学增设附属幼儿园项目建设规划》（2011—2013年）等规划文本。

〔**学前教育专项督导检查制度**〕 5月，省政府教育督导室会同省教育厅、省公安厅联合组成6个检查组，采取明察与暗访相结合、面上了解与重点督查相结合的方式，到各市（州）开展了幼儿园安全工作专项督导检查，共抽查全省17个市（州）31个县（市、区）的98所幼儿园。各地积极开展幼儿园办园资质审查清理，特别是对校车管理、驾驶员条件等提出了要求。省政府教育督导室印发了《督导通报》，对存在的问题和发现的典型经验进行了通报。

〔**农村义务教育经费保障机制**〕 2011年，全省共落实农村义务教育经费保障机制资金41.42亿元，其中中央资金26.88亿元，省级资金10.74亿元，中央和省级投入占资金总量的90%以上。按照小学每生每年500元、初中每生每年700元的标准对农村中小学补助公用经费，补助标准在2010年提高100元的基础上，再次提高了100元，对不足100人的农村小学教学点按100人规模补助公用经费。按照小学年生均90元、初中年生均180元的标准，向农村中小学生免费发放教科书。按照小学年生均750元、初中年生均1 000元的标准对农村家庭经济困难寄宿生发放生活补助，补助标准比2010年分别提高250元。建立校舍维修改造长效机制，中央和湖北省共安排农村中小学校舍维修改造资金32 670万元。对城市义务教育继续按照小学每生每年210元、初中每生每年340元的标准，免除学杂费。2011年，全省共落实城市义务教育免学杂费补助资金22 137万元，其中中央资金15 304万元，省级资金6 833万元。

〔**进城务工人员随迁子女学校奖补专项资金**〕 2010—2011年，中央分别下达湖北省进城务工随迁子女学校奖补资金0.81亿元和1.24亿元，对接收进城务工人员随迁子女学校给予专项公用经费补助，用于改善学校办学条件。对改善办学条件部分资金实行项目管理，按照“建一所、成一所”的原则，统筹实施好项目建设工作。截至2011年12月，2010年专项安排用于改善办学条件的37个县（市、区）57个项目中，完工36个，在建21个。

〔**统筹高中阶段教育**〕　省教育厅印发《关于做好统筹高中阶段学校招生工作的通知》，要求全省所有市（州）2011年都建立由招生部门负责，统一组织考试，统一招生录取的高中阶段学校招生工作平台，加强高中阶段学校招生的统筹与管理。根据2011年全省初中毕业生数，按照普职比例大体相当的原则，统一分解、下达普通高中和中职招生计划，要求各地严格执行招生政策，严格遵守招生纪律，严禁虚假不实的招生宣传，严禁委托个人或中介机构招生，严禁买卖生源、抢夺生源，严禁恶性竞争、相互诋毁，严禁以任何形式有偿招生。省教育厅将建立统一招生平台、统筹高中阶段教育结构纳入对市州教育工作目标考核内容，并到有关市州进行督办检查。

〔**高中教育**〕　继续实施高中课改网络管理。2011年，全省相继推出了综合实践活动课系统、学分管理系统、选排课系统、远程培训系统和网络教研平台，进一步完善基于网络的学分管理、综合实践活动课管理和综合评价工作，全省的高中课改网络平台达到11个。科学合理制定高考改革方案，按照实事求是、循序渐进的原则，统筹协调、明确责任、密切配合，周密设计全省普通高校招生考试改革方案，并反复进行调研和召开座谈会征求相关方面的意见。在全省启动了高一语文、数学、英语和信息技术四科教师的远程同步教研工作，探索一种新的教师培训模式。启动诚信评价学校和学生的工作，省教育厅印发了《关于加强普通高中诚信评价学生和学校工作的意见》，提出了普通高中诚信评价学生和学校工作的具体要求。

〔**规范中小学办学行为**〕　狠抓改制学校的清理规范工作，对全省80所改制学校进行了规范和调整，其中停办或合并6所，实行公办的学校63所、实行民办的学校11所。着力解决择校问题，省教育厅转发《教育部关于治理义务教育阶段择校乱收费问题的指导意见的通知》，明确了解决择校问题的时间表和具体要求，提出建立对各地量化考评的工作保障机制。6月，省教育厅组织调查组，对武汉市部分学校择校问题进行实地调查暗访。加强教材管理，省教育厅印发《进一步加强中小学幼儿园教材管理工作的通知》和中小学教材选用目录，规范中小学教材选用工作。升级全省义务教育学籍网络化管理平台，完成新生学籍注册和历史数据转录处理工作，实施全省义务教育学籍信息化管理。

〔**教师队伍建设**〕　继续实施“城镇教师援助农村教育行动计划”。据不完全统计，全年全省城乡教师交流人数近6 600人，其中校长500余人。城镇教师到农村支教4 174人、校长276人；农村教师到城镇跟岗挂职2 266人、校长276人。省教育厅、省人社厅对2008届优秀资教生进行了表彰，省教育厅协调省人社厅、省财政厅落实资教生有关工作经费，做好全省在岗资教生情况统计分析工作。

〔**“课内比教学、课外访万家”活动**〕　6月，省教育厅组织全省47万名中小学教师开展“课内比教学、课外访万家”活动。“课内比教学”即教师教学基本功比武活动，通过考察教师在常态教学环境中的备课、说课、讲课、评课等基本教学技能，综合学生成绩和专家评价、教师互评、学生评价、家长评价等，比较教师的专业素质。“课外访万家”的基本要求是全员参与，全省中小学校的校领导访教师、教师访学生，以班主任为主，科任教师全部参与。基本形式以走访为主，面对面沟通，覆盖全部学生家庭。主要内容是肯定学生成绩，鼓励学生成长，与家长共同探讨教育学生的途径和方法，听取家长的意见和建议。省政府教育督导室开展“高密度、全覆盖”式的督导检查，制定了《全省普通中小学“课内比教学、课外访万家”工作督导评价方案》，建立了新一轮督学工作制度。

〔**中小学校舍安全工程**〕　省政府通过召开领导小组会议、与各市（州）政府签订责任书、实行“一把手”工程等方式，进一步加强中小学校舍安全工程组织领导；继续坚持“政府统筹，部门分工协调，各司其职，整体推进”的工作格局，完善工作机制。2011 年，中央和省级资金 15.27 亿元（其中争取到中央资金 3.6 亿元用于“两区”校安工程建设；省政府除继续统筹长效机制资金 4.17 亿元外，专门安排了 1.5 亿元薄弱学校改造资金和 6 亿元地方政府债券资金，用于支持非“两区”校安工程建设）。截至 12 月，中央、省、市（州）、县（市、区）累计投资 67 亿元，已开工学校 3 656 所，开工项目 7 225 个，开工面积 716 万平方米，占 3 年规划任务的 86%；已竣工学校 2 827 所，竣工项目 5 631 个，竣工面积 566 万平方米，占 3 年规划任务的 68%。

〔**农村薄弱学校改造计划**〕 2011 年，财政部、教育部启动了农村义务教育薄弱学校改造计划，下达湖北省专项资金 3.92 亿元，重点支持教学装备类和校舍建设类项目建设。截至 2011 年 12 月，首批集中支持设备配置的 23 个县（市、区）教学实验仪器设备集中招标采购工作基本结束，中标的主要产品不仅品牌度高，而且采购价格大为降低，仅“班班通”一项招标预算 2.35 亿元，节约资金 5 300 余万元，资金节约率达 22.8%；县镇学校扩容改造和寄宿制学校建设资金共安排项目 180 个，建设规模 17.72 万平方米，所有项目均开工建设，部分项目主体完工，取得了良好的社会效益。10 月 28 日，全国农村义务教育薄弱学校改造计划工作会议在湖北省召开，省教育厅介绍了经验和做法。2011 年，中央下达湖北省专项资金 4.12 亿元。

〔**农村中小学教师周转房建设**〕 2011 年，省政府将“建设教师周转房 5 000 套，缓解农村中小学教师住房困难”列为利民惠民的十件实事之一，涉及 61 个项目县、406 个项目学校、5 108 套周转宿舍。省教育厅印发《关于切实抓好农村边远艰苦地区教师周转宿舍建设国家试点工作的通知》，组织设计《湖北省农村边远艰苦地区教师周转宿舍建设国家试点项目建筑设计标准图集》，通过召开工作部署会、推进会，深入试点县市调研和督办，指导各试点县市抓好项目推进。8 月，省发改委、省教育厅组织编制了全省农村教师周转宿舍 2011—2015 年建设规划。

〔**中小学后勤保障**〕 农村寄宿制学校“菜篮子工程”基本实现 3 000 所农村寄宿制学校蔬菜副食自给或部分自给。“十有八配套”（即有符合要求的食堂；有与学生规模相配套的餐厅；有与学生规模相适应的宿舍和床铺；有符合饮用标准的水源和供水设施；有水冲式卫生厕所及粪便无害化处理设施；有洗漱间和洗澡堂；有晒衣晒被场地及停车棚；有围墙、值班室和消防防盗设施；有为学生日常学习生活提供方便的消费服务网点；有改善寄宿制学生生活的蔬菜副食生产供应基地；食堂与餐厅配套；餐厅与餐桌凳及消毒设备配套；宿舍与床铺、管理间及洗漱间配套；锅炉房与洗澡堂热水供应配套；厕所与沼气池和污水净化处理配套；洗衣间与晾晒场地配套；学生劳动实践与蔬菜副食生产供应基地建设配套；校园道路硬化与绿化美化配套）建设达标学校新增 510 所。2 212 所学校实现“放心食堂”、“放心超市”、“文明宿舍”、“绿色生态校园”创建活动县级以上单项达标，其中省级综合达标 100 所，省级授牌“绿色文明校园” 100 所。实施农村寄宿制学校“后勤人员素质提高工程”，培训基层学校后勤工作人员 3 500 人，其中通过“农村教师素质提高工程”培训农村初中后勤校长 1 000 人。中小学食堂全面推行营养食谱，全省农村寄宿制学校共培养和外聘食堂营养指导员 2 700余人，87%的学校培养了自己的食堂营养指导员。校方责任保险义务教育阶段学校投保率达 100%；非义务教育阶段学校投保率达 95%；在校大中小学生参加城镇居民基本医疗保险或新农村合作医疗投保率稳定在 80%以上。

职业教育与成人教育

〔召开推进职教体制改革项目试点推进会〕 6月22—23日，省教育厅召开全省推进国家职业教育体制改革项目试点工作推进会，交流了全省各地、各职业院校深入推进国家职业教育体制改革项目试点的工作情况，围绕改革创新目标，紧抓职教改革关键领域，研究部署推进职业教育改革创新试点工作。印发推进教育体制改革试点工作的文件，要求各学校和单位按照“工作思路项目化、项目方案具体化”的原则，进一步修订完善试点方案，将方案表格化，明确年度工作要点。11月2日、14日，邀请神龙汽车有限公司、美尔雅服饰公司、中国铁路建设集团等企业有关负责人，以及部分职业院校、教育研究机构专家座谈，广泛征求对试点工作的意见建议。在此基础上，及时调整和完善了试点工作任务，把试点工作细化为20个实施项目。

〔教育教学改革〕　改革中职办学模式、培养模式、教学模式和评价模式，重点推进符合中职特点的教学环境、专业设置、课程体系、教材建设、教师队伍建设和管理制度创新，推行模拟教学、项目教学、案例教学、技能打包教学、仿真教学等教学方法。推动中职教育由注重扩大规模向稳定规模、提高质量转变。调整专业结构，引导各中职学校办好1—2个适应市场需求的特色专业。按照国家对职业教育人才培养的要求和企业用工实际需要，深化课程改革，鼓励和引导学校、企业联合开发使用校本教材，加强学生专业理论与实践动手能力的培养，保证人才培养质量。创新教学方式，推进讨论式、探究式、协作式和自主学习，强化实践教学方式的工作过程导向。构建网络学习平台，提高教育教学信息化水平，建立项目库、案例库、技能库，增强教学环境和过程的实操性。制定职业教育教学计划管理、过程监管、质量评价的新办法。推进中职德育工作，提高中职学生职业道德水平，加强中职学校德育队伍建设，建立健全中职学校德育工作机制。开展了“做文明学生”比赛活动，丰富校园文化活动，培养学生树立良好的职业道德，养成良好的职业习惯。

〔“双师型”教师队伍建设〕　改革培训模式，建立中等职业学校骨干教师省级培训“考培分离”制度试点。按照年度工作目标，下达了中等职业学校骨干教师省级培训5个专业500名教师培训计划，并分别在武汉职业技术学院、武汉第二轻工业学校实施了培训计划，收到了良好的效果。实施2011年度“楚天技能名师”（中职）评聘相关工作，鼓励和支持职业学校面向省内外相关行业（企业）生产、建设、管理一线的技术人员公开招聘100名优秀人员担任兼职教师。建立和完善中职学校教师队伍建设与管理的激励机制。通过进企业锻炼、培训学习、专业技能考核等多种形式，培养、选拔全省职教名师人选。

〔基础能力建设〕　省教育厅、省发改委实施了中职学校基础能力建设二期规划项目，争取国家发改委2011年中央预算内投资计划资金1.3亿元，支持13所中职学校的基础能力建设；省教育厅投入基础能力建设资金600万元，支持2所中职学校基础能力建设；投入示范学校建设资金600万元，支持2所省级示范中职学校建设。推荐17所国家级重点中职学校成功申报第二批国家中等职业教育改革发展示范学校建设计划项目，争取资金1.758亿元。评估认定了省级重点学校5所，省级重点专业25个。推荐中职学校申报国家级实训基地建设项目17个，争取资金2 840万元；实施省级实训基地建设项目5个、品牌专业建设项目2个，投入资金1 400万元。开展省级示范学校评审，省教育厅、省人社厅、省财政厅启动湖北省示范中等职业学校（第二批）建设计划，认定32所省级示范中职学校（另有7所备选学校）。

〔**技能高考**〕 省教育厅印发《关于开展高等学校招收中职毕业生招生考试改革试点工作的通知》，从2011年起，按照“技能考试为主、文化考试为辅”的原则，改革中等职业学校毕业生升入高等学校学习的考试办法，对机械类专业实行全省统一技能操作考试试点。4月，印发《关于2012年继续开展高等学校招收中职毕业生招生考试改革试点工作的通知》，技能考试试点工作由机械类扩展到电子类和计算机类专业。2011年，在8所示范高职学校开展单独招收中等职业学校毕业生试点，以技能考试为主，由学校自主组织考试，自主确定招生办法，自主开展招生考试工作，构建中高职衔接的“立交桥”。12月，印发《关于做好高等学校招收中职毕业生有关工作的通知》。《通知》规定，到2015年全省高等学校招收中职毕业生全部实行技能高考和高职院校单独招生。

〔**成人教育工作**〕 继续做好农村成人教育工作。抓好初、高中毕业未升学的“双后生”、外出打工返乡农民工培训工作，发挥职教资源优势，拓宽培训渠道，创新培训方式，注重培训实效，配合农业、劳动、科技、扶贫等部门积极开展送教下乡培训活动。做好三峡库区移民培训工作，帮助库区4个县开展技能培训，提升库区移民就业、创业能力。

高 等 教 育

〔**普通高校战略性新兴（支柱）产业人才培养计划**〕 在2010年立项69个产业人才培养基地的基础上，2011年新增52个本科和高职专业点为第二批“产业计划”项目。全省共有121个专业参加“产业计划”，其中30所本科高校67个本科项目，29所高职高专院校54个高职项目，覆盖了全省新能源汽车、电子信息、新材料等21个新兴产业、重点产业和区域特色产业。每个专业与省内3个以上的重点骨干企业合作，共同制定人才培养方案，合作培养产业需要的应用型和高端技能型人才。省教育厅对该计划项目实行招生计划单列，98个专业招收学生6 639人，其中55个本科专业招收3 018人，43个高职高专专业招收3 321人。

〔**拔尖创新人才培育试验计划**〕 省教育厅召开全省普通高等学校拔尖创新人才培育试验工作推进会，总结“英才计划”23个试点项目的改革试验经验，加强工作交流，研究完善支持政策，肯定了19所试点高校的改革试验工作。对“英才计划”所在专业单独安排招生计划，18所高校22个改革试验项目，面向2011级本科新生，采取高考成绩、综合测试和面试相结合的方式，遴选了696名学生进入实验班学习，其中部属试点高校315人，省属试点高校381人。

〔**自主创新重点基地建设计划**〕 经学校申报、专家评审，省教育厅确定省属高校“先进纺织科技”等4个重点基地和部属高校“创新药物研究与开发”等5个重点基地进入立项建设程序。开展高校人文社科重点研究基地立项和验收评估工作。2011年，拟立项下达高校人文社科重点研究基地建设计划19个；对建设及整改期满的15个高校人文社科重点研究基地开展验收评估工作。下达2011年度省教育厅高校中青年科研项目498项、高校优秀中青年科技创新团队项目16项。组织高校申报2012年度省教育厅中青年科研项目计划943项、优秀中青年科技创新团队计划29个。

〔**高等教育综合改革试点**〕 做好改革试点的

顶层设计，成立了由华中科技大学教授沈红负责的专家工作团队，制定《湖北省高等教育综合改革试点实施方案》，提出了全省高等教育综合改革的指导思想、基本原则、改革目标、主要任务、重大改革项目和保障措施。建立试点院校改革项目管理库，根据《湖北省实施国家教育体制改革试点总体方案》确定的学校层面的改革项目，在四大方面59项改革任务中，对45所高校承担的112项改革试点工作（普通本科高校27所、高职高专9所、独立学院9所）逐校逐项地建立项目管理库，明确每项改革试点任务的责任人和改革试点内容、时间进程表等。推进改革试点工作的落实，召开承担改革试点任务的部委高校、省属本科院校、高职高专院校和独立学院分管领导、职能部门和项目负责人会议，听取各高校改革试点项目实施进展情况汇报。分别召开“英才计划”、“产业计划”项目实施高校工作推进会，逐个听取各项目试点院校的工作进展情况汇报，就推进两个计划的实施提出要求、作出部署。

〔**重点学科建设**〕　2011年，省教育厅先后到武汉大学、湖北大学、武汉纺织大学以及江苏、辽宁、山东、湖南、黑龙江等省和高校进行了专题调研，分析和整理了全省博士、硕士学科授权点和重点学科的基本情况，制定了全省年度重点学科建设方案，争取财政投入8 000多万元，对省属高校博士学位授权点进行重点建设。召开全省学科建设与研究生教育工作会议，总结交流学科建设与研究生教育管理经验，指导高校修改完善“十二五”学科建设规划。完成《湖北省高校“十二五”学科建设战略发展》课题研究，汇编了全省高校“十二五”学科建设与研究生教育发展规划和湖北省学位与研究生教育30年文集，起草了《关于进一步加强和改进湖北省高等学校学科建设的意见》。

〔**教学资源共享平台建设**〕　制定《湖北省高校数字图书馆“十二五”发展规划》，组织召开专家论证会，科学统筹规划全省高校数字图书馆二期建设工作。完善全省高等学校教育教学公共平台服务功能，加强优质教学资源共享机制建设，举办全省高校教学资源共享建设培训班，加强教学资源共享建设工作学习培训。全省高校的880门省级以上精品课程在“湖北省高等学校教育教学公共平台”上实现了集中运行和共享。

〔**合作共建和联合办学**〕　推进实施省部高校“支持计划”、区域高校“联合计划”和高职院校“联盟计划”。加强7所在鄂部委高校与18所省属高校的合作办学、16所高校参与的湖北省高校师范教育联盟、武汉南湖片10所本科高校联盟以及武汉城市圈高职教育联盟、鄂西生态文化旅游圈高职教育联盟等5个办学联合体的指导和支持，促进校际之间人才联合培养、资源共享、合作共建。组织华中师范大学与郧阳师范高等专科学校开展对口支持合作，进一步拓展了区域合作办学模式；支持武汉大学“WTO双学位教育”实验班面向全省23所高校的在校本科生开放选修课，进一步扩大优质教学资源的开放共享。

〔**校企合作联盟**〕　组织武汉工程大学、华中科技大学等18所高校，联合中石化武汉分公司、湖北人福药业有限责任公司、湖北省化工研究设计院等10多家化工企业，成立了湖北省高等学校化学工程与工艺专业校企合作联盟，以化工专业的校企合作共建为切入点，推进高校与企业之间的联络、交流与合作，共育人才。组建了由武汉船舶职业技术学院牵头，5所高等院校、2家行业协会、60余家企事业单位参加的湖北省国防科技工业职业教育集团。该集团将在国防科技及其相关行业的技术创新、人力资源建设、教育资源与行业资源的整合等方面开展合作共建，为集团成员单位的办学质量和行业效益的提升搭建资源共享、互惠双赢的平台。

〔**高职院校对口支持与交流合作计划**〕　在武汉城市圈8所高职院校对口支持合作的基础上，2011年，组织实施了“湖北省高等职业院校对口支持与交流合作计划”，16所省级以上示范高职院校与16所新建或民办高职院校签订对口支持合作协议。截至12月，32所合作院校在高职教育教学合作研究与交流、高职教育教学管理规范与机制创新、专业建设与教学改革、教师和教学管理人员及学生双向交流学习、教学资源共建共享等方面开展了全面的合作交流活动。

〔**高校产学研合作**〕 实施高校青年教师深入企业行动计划，经选拔，2011年度共有武汉大学等74所高校的1 011名青年教师被确定为首批“千人计划”人选，这批教师已深入全省783家企业和153个基层事业单位从事岗位实践活动。制定高校与企业合作创新计划（高校与企业产学研用结合科技攻关计划），围绕湖北省经济社会发展的重大需求，面向企业公开征集一批重大科技问题，由相关企业和省教育厅共同资助，通过向全省高校公开招标，由相关企业与高校开展联合攻关；精选一批高校重大科技成果进行转化，培育一批高新技术企业。通过实施该计划，攻克一批支撑战略新兴产业发展的重大核心技术，开发一批拥有自主知识产权的高技术产品，培育一批高校科技领军人才。完成第七届中国·湖北产学研合作项目洽谈会，展示面积2.3万平方米，参展企业2 000多家，参会企业8 000多家，参会人数达2.1万人次。洽谈会上，共推出技术成果6 000多项，征集和发布技术难题需求信息676项、融资项目需求信息265项，实现项目对接371个，投资过亿元项目33个，签约项目325个。技术项目签约234个，技术交易额7.2亿元，单个项目平均技术交易额307万元。洽谈会上，省教育厅、省经信委举办“东风杯工业设计创新大赛”专题活动，80项工业设计作品获奖。举办第八届“中国光谷”国际光电子博览会暨论坛。博览会由1个展会、7大论坛和5项活动组成，共有200多家企业与世界各地采购经理进行采供双方对接与洽谈，意向签约金额达200亿元左右。

〔**大学生思想政治教育**〕 4月11日，省委书记李鸿忠主持召开全省高校党建与大学生思想政治工作座谈会，明确要求着力解决一两件影响和制约大学生思政工作的实际问题。4月21日，李鸿忠在第19次全省高校党建暨大学生思想政治教育工作会议上强调，要坚持正确的政治方向，牢牢把握党对高校意识形态工作的主导权，把培养中国特色社会主义事业合格建设者和可靠接班人，作为高校一切工作的出发点和落脚点，作为高校党建和大学生思想政治教育工作的根本任务。做好省委14名常委到高校作形势政策报告联系协调工作。3月起，14名省委常委分别到联系点高校开展“深入贯彻五中全会精神，推动跨越式发展”形势政策宣传教育活动，认真解答大学生关心的重大理论和实际问题。7月6日，光明日报头版头条报道了《把勇敢与奉献装入行囊——湖北高校涌现出一大批先进典型》，并在第五版全版刊载了《让身边的事教育身边的人——湖北高校“群星效应”启示录》，介绍了湖北省大学生先进典型培育工作，产生了良好的社会影响。7月7日，教育部、中共湖北省委、省政府和光明日报社联合在武汉市召开大学生先进典型培育工作座谈会，省委常委张昌尔作了重点工作经验介绍。

〔**毕业生就业工作**〕 2011年，全省普通高校毕业生39.3万人，其中研究生2.9万人，本科生15.8万人，高职（专科）20.6万人。截至9月1日，全省平均就业率86.7%，其中研究生89.63%、本科89.12%、高职（高专）84.43%。充分发挥高校主体作用，督促高校认真落实就业工作“一把手”工程，实行就业工作领导负责制、考核奖惩制、政策挂钩制和全员参与制，动员广大教职工积极参与做好毕业生就业工作。引导毕业生到基层就业，截至9月1日，全省高校毕业生到基层就业227 854人，占已就业人数的64.74%，其中参加基层服务项目资教4 016人、支农213人、支医151人、扶贫132人、青年事务岗位88人、基层计生服务93人、西部计划365人、到村任职1 050人，毕业生入伍预征报名14 355人。积极组织开展“高校毕业生就业优质服务年”活动，举行“湖北省第三届就业指导校园行活动”，邀请企业家、就业指导专家走进校园，举办职业生涯规划培训活动。高校普遍开设了具有鲜明学科特点的专业和行业类就业指导课程，开展了“创业导师进校园”、“就业指导教师教学技能竞赛”等活动。举办了第三届全省大学生职业生涯规划大赛，评选出10名“湖北省大学生职业生涯规划之星”。拓展省内外就业市场，采取“走出去，请进来”等方式，紧密联系长三角、珠三角和沿海地区大中城市，通过组织校企交流会、专场招聘会，扩展了省内外就业市场。举办“湖北省大学生就业供需见面月”活动。通过主流媒体，大力宣传国家、省促进毕业生就业的政策措施、毕业生就业工作典型高校和优秀毕业生典型事迹。

〔**高校化债工作**〕　5月23日，省政府召开专题会议研究高校化解债务问题。8月，省政府办公厅印发《关于减轻我省地方高校债务负担化解高校债务风险的意见》。10月27日，省政府再次召开专题会议研究化解高校债务问题。11月28日，经省政府同意，省教育厅、省财政厅印发《省属公办高校化解债务实施方案》。11月29日，省政府召开全省地方高校化债工作动员大会，正式启动湖北省地方高校化债工作，决定用5—8年时间，化解省属公办高校113亿元贷款余额。2012年之前，在最大限度地争取中央财政支持的基础上，由省、市（州）财政、高校共同化解贷款余额的60%以上。

撰稿　邓　辉　邱月琴　黄　勇
审稿　徐雁冰

湖南省教育

概　况

〔基本情况〕

2011年各级各类学校校数、教职工、专任教师情况

	学校数（所）	教职工数（人）	专任教师数（人）
总计	25 341	806 037	648 530
一、高等教育	134	97 261	62 198
（一）研究生培养机构（不计校数）	16		
1. 普通高校	12		
2. 科研机构	4		
（二）普通高等学校	120	95 652	61 156
1. 本科院校	46	60 622	37 558
其中：独立学院	15	5 889	4 798
2. 高职（专科）院校	74	35 030	23 598
3. 其他机构（点）（不计校数）	0	0	0
（三）成人高等学校	14	1 609	1 042
（四）民办的其他高等教育机构	20	685	301
二、中等教育	4 789	363 856	278 024
（一）高中阶段教育	1 422	157 489	104 467
1. 高中	699	106 322	67 774
普通高中	594	106 050	67 552
完全中学	234	39 207	18 382
高级中学	323	58 003	47 220
十二年一贯制学校	37	8 840	1 950

续表

	学校数（所）	教职工数（人）	专任教师数（人）
成人高中	105	272	222
2. 中等职业教育	723	51 167	36 693
普通中专	36	5 111	3 408
成人中专	92	4 662	3 024
职业高中	439	28 946	20 716
技工学校	129	11 097	8 716
其他机构（教学点）（不计校数）	27	1 351	829
（二）初中阶段教育	3 367	206 367	173 557
1. 初中	3 310	206 112	173 343
初级中学	2 309	145 857	129 139
九年一贯制学校	1 001	60 255	28 389
十二年一贯制学校			1 987
完全中学			13 828
职业初中	0	0	0
2. 成人初中	57	255	214
三、初等教育	10 863	235 846	250 410
（一）普通小学	10 824	235 769	250 333
小学	10 824	235 769	222 626
九年一贯制学校			25 742
十二年一贯制学校			1 965
（二）成人小学	39	77	77
其中：扫盲班	29	57	57
四、工读学校	1	57	43
五、特殊教育	58	1 656	1 325
六、学前教育	9 496	107 361	56 530

2011 年各级各类学历教育学生情况

	毕业生数（人）	招生数（人）	在校生数（人）
一、高等教育			
（一）研究生	14 338	18 942	60 097
博　士	1 364	1 986	9 790
硕　士	12 974	16 956	50 307

续表

	毕业生数（人）	招生数（人）	在校生数（人）
（二）普通本专科	284 178	306 088	1 067 852
本　科	119 849	154 020	593 228
专　科	164 329	152 068	474 624
（三）成人本专科	92 613	107 682	221 699
本　科	28 557	38 187	73 120
专　科	64 056	69 495	148 579
（四）其他各类高等学历教育			
1. 在职人员攻读硕士学位		3 432	16 308
2. 网络本专科生	20 353	26 881	55 185
本　科	7 730	10 037	20 598
专　科	12 623	16 844	34 587
二、中等教育	1 342 998	1 436 215	4 194 487
（一）高中阶段教育	604 938	701 291	1 991 845
1. 高中	334 299	369 889	1 039 734
普通高中	325 598	369 889	1 013 814
完全中学	86 736	102 160	275 667
高级中学	227 794	256 988	706 847
十二年一贯制学校	11 068	10 741	31 300
成人高中	8 701		25 920
2. 中等职业教育	270 639	331 402	952 111
普通中专	57 186	76 254	201 482
成人中专	27 989	52 361	142 012
职业高中	140 315	151 303	435 256
技工学校	45 149	51 484	173 361
（二）初中阶段教育	738 060	734 924	2 202 642
1. 初中	692 709	734 924	2 163 402
初级中学	507 056	528 310	1 564 506
九年一贯制学校	101 198	109 938	318 557
十二年一贯制学校	11 439	14 999	41 883
完全中学	73 016	81 677	238 456

续表

	毕业生数（人）	招生数（人）	在校生数（人）
职业初中	0	0	0
2. 成人初中	45 351		39 240
三、初等教育	730 557	869 687	4 903 562
（一）普通小学	730 155	869 687	4 903 095
小学	638 931	786 128	4 364 518
九年一贯制学校	85 071	76 438	493 772
十二年一贯制学校	6 153	7 121	44 805
（二）成人小学	402		467
其中：扫盲班	282		347
四、工读学校	62	70	238
五、特殊教育	1 049	2 358	12 673
六、学前教育	516 802	1 035 162	1 637 340

2011 年各级各类非学历教育学生情况

	毕（结）业生数（人）	注册生数（人）
总计	797 968	444 493
一、高等教育	224 602	73 550
（一）研究生课程进修班	286	758
（二）自考助学班	15 021	24 709
（三）普通预科生		942
（四）进修及培训	209 295	47 141
其中：资格证书培训	125 651	27 432
岗位证书培训	51 943	6 932
二、中等教育	573 366	370 943
其中：资格证书培训	207 387	128 181
岗位证书培训	171 112	107 540
（一）中等职业教育	274 619	158 668
其中：资格证书培训	134 592	55 867
岗位证书培训	97 540	38 112
（二）职业技术培训机构	298 747	212 275
其中：资格证书培训	72 795	72 314
岗位证书培训	73 572	69 428

2011年各级各类民办教育基本情况

	学校数（所）	毕业生数（人）	招生数（人）	在校生数（人）	教职工数（人）	专任教师数（人）	其他学生数（人）
一、民办高等教育							
（一）民办高校	30	53 320	61 839	216 981	14 207	10 159	15 214
本科学生		28 245	38 685	154 101			
专科学生		25 075	23 154	62 880			
其中：独立学院(不计校数)	15	23 786	29 624	121 348	5 889	4 798	0
本科学生		23 786	29 624	121 348			
专科学生		0	0	0			
（二）民办的其他高等教育机构	20				685	301	20
二、民办中等教育							
（一）高中阶段教育	371	94 553	84 750	245 003	36 295	24 507	
1. 民办普通高中	102	26 827	31 495	83 132	25 833	17 787	
2. 民办中等职业教育	269	67 726	53 255	161 871	10 462	6 720	22 439
（二）初中阶段教育	155	62 350	77 942	218 846			
1. 民办普通初中	155	62 350	77 942	218 846			
2. 民办职业初中							
三、民办普通小学	108	23 916	28 685	167 974	4 981	3 211	
四、民办幼儿园	8 403	294 365	653 975	1 114 645	90 511	47 066	
另有：民办培训机构（不计校数）	117				1 291	969	27 850

〔**综述**〕 2011年，全省教育系统深入贯彻落实科学发展观，紧紧围绕建设教育强省的目标，按照优先发展、育人为本、改革创新、促进公平、提高质量的要求，启动实施《湖南省建设教育强省规划纲要》，推进重大教育发展项目和改革试点，着力促进教育公平、提高教育质量，有力推动了各类教育事业又好又快发展。特别是坚持以为民办实事为导向，促进义务教育均衡发展、推进学前教育加快发展和完善特殊教育体系，共投入24.69亿元，建成合格学校1 168所、标准化农村幼儿园336所；坚持以服务市场为导向，着力加强职业教育基础能力建设，重点建设了一批国家级、省级项目；坚持高等教育内涵发展，重点资助了一批省级质量工程第二期建设项目和创新计划项目，新增3个国家级高校科技创新平台，共有14项由高校主持或参与完成的科研成果获国家级奖励，占全省总数的66.7%。据统计，2011年，全省学前三年教育毛入园率提高到57.45%，同比增长近5个百分点；小学、初中学龄儿童入学率为99.9%、99.6%，与2010年基本持平；高中阶段教育毛入学率达87%，比2010年提升1.98个百分点；高等教育毛入学率约为27%，比2010年提高2个百分点。

〔**宣传与实施教育强省规划纲要**〕 省教育厅广泛开展全国教育工作会议和教育规划纲要宣讲活动，从3月底开始，省教育厅厅委领导分赴各市州和本科高校举行了31场教育规划纲要宣讲报告会；召开了全省教育宣传工作会议，组织开展了“教育强省三湘行”大型主题采访活动，邀请省内主流媒体参加，并重点报道各地各校贯彻落实教育规划纲要的新进展、新成效、新经验。同时，研究制定了有关落实教育强省规划纲要的责任分工方案，修改完善了《湖南省教育强省“十二五”规划》，发布了《湖南省加快普及学前教育专项规划》、《湖南省推进义务教育均衡发展专项规划》、《湖南省职业教育服务能力提升专项规划》、《湖南省提升高等教育质量与创新水平专项规划（2010—2020年）》、《湖南省教师队伍建设规划（2010—2020年）》、《湖南省教育信息化发展规划（2011—2015年）》等六大重点专项规划，并出台一系列配套文件与相关政策措施，基本建立起教育强省政策支撑体系。

〔**召开推进教育强省现场经验交流座谈会**〕　9月28—29日，省委、省政府在常德市召开全省推进教育强省现场经验交流座谈会。省委副书记梅克保出席会议并作重要讲话，省委常委、副省长郭开朗主持会议并作总结讲话。省委副秘书长彭宪法通报有关贯彻落实教育工作会议和职业教育工作督查情况，省教育厅厅长张放平，省教育厅党组书记、省委教育工委书记王柯敏参加会议并发言。常德市等6个单位先后在会上介绍了建设教育强市、教育强县的工作经验，10个单位提交了书面典型材料。各市州分管教育的副书记（常委）、副市（州）长，市州教育局长，省教育厅有关职能处室及部分县市区党政负责人参加了会议。

〔**启动实施教育体制改革试点项目**〕　省教育厅承担并启动实施了基础教育综合改革等7项国家教育体制改革试点项目，召开教育体制改革座谈会，下发《关于开展湖南省教育体制改革试点的通知》（湘教强办通〔2011〕1号），围绕建设教育强省六大战略重点，确定并全面启动首批51个省级教育体制改革试点。特别是重点统筹推进长株潭试验区改革试点，积极落实《关于共建长株潭城市群教育综合改革国家试验区协议》，充分发挥省部共建优势，先试先行，改革取得阶段性进展。在第二届“全国教育改革创新奖”评选中，“职业院校学生专业技能抽查制度”和“政府统筹建设长沙职业教育基地”两项获优秀奖。

〔**组织开展教育强省专项督查**〕　省委督查室、省政府督查室、省教育厅等6个部门联合组成7个督查组，于5月10日至6月2日分赴全省14个市州开展教育强省专项督查，指导与督促各地贯彻落实全省教育工作会议和教育强省“十二五”规划精神，制定完善本地教育改革发展规划。7月，省委办公厅组织召开督查情况汇报会，会后下发了省委督查通报。9月，省委、省政府在常德市召开全省推进建设教育强省经验交流座谈会，会上通报了督查情况，并集中推介了常德市加强教育强市建设、泸溪县加强农村教师队伍建设、祁阳县加大教育经费投入等先进经验。省委副书记梅克保、副省长郭开朗在会上作重要指示。

〔**积极推进依法行政、依法治教**〕　省教育厅进一步加强依法行政工作，先后清理并重新审定发布了5项行政许可、32项行政处罚、2项行政奖励等行政执法依据，宣布废止了《湖南省关于教育部直属师范大学免费师范生违约处理办法（试行）》。同时，稳步推进省属高校章程建设，先后召开全省高校章程建设研讨会，出台《湖南省属高校大学章程核准办法（试行）》，遴选确定湖南师范大学等11所高校进行建立健全大学章程、完善内部治理结构改革试点。10月28日，《湖南农业大学章程》被省教育厅核准，成为湖南省开展高校章程试点工作后通过的第一部高校章程。

〔**第二轮第二批县级教育工作“两项督导评估考核”、教育强县市区视导及县级政府职业教育工作督导评估**〕　5月16日至6月1日，省政府教育督导室组织对23个县市区政府的教育工作及党政主要领导干部的教育实绩进行督导评估考核，并对其中17个县市区政府的职业教育工作进行督导评估，对9个县市区政府创建教育强县市区的情况进行视导，先后依法追补教育经费3.19亿元。经审定，共有13个县市区政府及其党政主要领导干部被评为优秀等次，8个县市区政府及其党政主要领导干部被评为合格等次；有6个县市区被评为教育强县市区视导优秀单位，有3个县被评为县级政府职业教育督导评估优秀单位。11月，组织对宜章县、平江县、临湘市、临武县4个县市进行整改情况复查，恢复被撤销合格结论的临湘市、临武县教育工作“两项督导评估考核”的合格结论。11月中旬，第二届全国教育改革创新奖颁奖典礼举行，湖南省对县级人民政府职业教育工作督导评估制度获特别奖。

〔**教师队伍建设**〕 省教育厅组织实施了农村小学、幼儿园教师公费定向培养计划和农村教师特岗教师招聘工作，公费定向招生培养初高中不同起点本专科层次农村小学、幼儿园教师 3 618 人，面向全省 60 个设岗县市区招聘录用特岗教师 4 470 人；部署启动了“十二五”新一周期中小学教师全员培训工作，组织 1 090 名中小学校长（园长）、2 050名薄弱学科骨干教师、4 060 名英特尔未来教育培训教师参加省级培训，并制定落实“国培计划”项目实施方案，共培训农村义务教育阶段骨干教师 3.7 万人。同时，切实加强职业教育专业教师队伍建设，组织专家研发了 7 个中职专业教师培训与考核标准，依托 41 个重点实训基地和师资培训基地对 1 859 名中职专任专业教师进行了培训与考核。深入推进高校教师队伍建设，共选派 141 名中青年骨干教师、国内访问学者到国内高水平大学脱产研修一年，遴选了高校学科带头人培养对象 110 人和青年骨干教师培养对象 201 人。认真做好“芙蓉学者”聘任及评估考核工作，启动实施“海外名师”项目，聘请国内外知名专家学者、海外高端人才和学术团队来湘任教和合作科研。

〔**体育、卫生与艺术教育**〕 省教育厅先后组织实施义务教育阶段学校“体育、艺术 2＋1”建设项目，先期在 14 个市州的 33 所中小学校试点，让每名学生至少学习掌握两项体育运动技能和一项艺术特长；组织开展湖南省首届普通高等学校青年体育教师课堂教学竞赛活动，共评出一等奖课 18 节、二等奖课 26 节、三等奖课 25 节，有 58 所高校获优秀组织奖；持续开展全省学校餐饮服务食品安全专项整治行动，切实做到县市区普查到学校、市州抽查到县市区、省级抽查到市州；启动了 2011—2015 年中国—联合国儿童基金会学校水、环境卫生与个人卫生项目，遴选了长沙县、湘阴县及其所属各 10 所中小学校为项目县和项目学校；以“青春·使命”为主题，举办了湖南省第三届大学生艺术展演活动，全省各高校共上报声乐、器乐、舞蹈类节目 126 个，美术作品 352 件，艺术教育科研论文 366 篇，戏剧类节目 33 个，DV 作品 103 件参加省级展演。9 月 13—17 日，教育部对湖南省进行中小学体卫艺督导检查，给予了较高的评价。

〔**学生资助**〕 省教育厅在落实义务教育“一免两补”政策的同时，不断完善中等职业学校免学费政策，全面实施普通高中国家助学金制度，不断提高高校奖助学金管理水平，积极推进生源地信用助学贷款，确保全省无一人因贫困失学。据统计，全年全省共发放各类奖学金、助学金 16.26 亿元，资助学生 141.85 万人次；共安排中职免学费资金 4.59 亿元，资助中职家庭经济困难学生 19.1 万人次；共审核、发放应征入伍服义务兵役高校毕业生学费补偿和国家助学贷款代偿资金 3 202.4 万元，资助学生 2 230 人；下达贷款额度 1.5 亿元，审核批准 68 所高校 2.5 万名家庭经济困难学生共 1.4 亿元的贷款申请，基本满足了贫困大学生的贷款需求。11 月，湖南师范大学等 6 家单位发起成立了“湖南省学生资助研究会”，开创了全国学生资助理论研究专门团体的先河。

〔**民办教育**〕 省教育厅积极争取省人民政府办公厅下发了《关于进一步促进民办教育发展的通知》（湘政办发〔2011〕38 号），配合省政协对民办教育进行调研，并出台了《湖南省民办教育发展专项资金管理办法（试行）》、《民办学校年度办学情况评估原则指导意见》，进一步完善促进民办教育发展的政策措施，优化民办教育发展环境，加强对民办学校的引导与管理，确保民办教育事业又好又快发展。

〔**招生考试**〕 省招生考试部门紧紧围绕“保平安、保质量、保公平”的总体要求，制定实施教育考试事业发展“十二五”规划，坚决执行高考“不点录”、“不补录”、“不违规降分录取”等政策，大力实施精细化管理，积极推进改革创新，有力促进了各类教育考试稳步有序发展。据统计，全年全省教育考试总规模达232万人次，组织录取各类新生46.2万人，与2010年基本持平。其中高考考生人数下降到37.8万人，但仍录取新生32.5万人，录取率达86.1%，比2010年提高了3个百分点，尤其是本科录取率再创历史新高，达41.6%；成人考试规模保持稳定，考生人数16.8万人，录取11.8万人；研究生考试规模持续扩大，报考硕士和博士研究生总人数达7万人，较2010年增长11%，录取1.9万人。同年，湖南省获得“全国高等教育自学考试专业建设”、“考务考籍”、“社会助学”、“教材媒体”、“财务工作”5项业务工作优秀奖。

〔**教育交流与合作**〕　省教育厅启动实施“海外名师”项目，按实质性科研合作、学科建设、人才培养三个层次遴选出首批25个项目，并组织各高校开始实施；认真抓好国家公派出国留学工作，先后录取国家留学基金全额资助面上项目58人、国家留学基金湖南省地方合作项目47人；遴选与启动首批有特色的外国留学生教育英语授课专业建设项目，全额资助省属本科院校5名专业核心课程任课教师赴国外进修6个月；做好汉语国际推广工作，遴选46名赴泰汉语教师志愿者、14名赴美汉语教师志愿者，并协助湘潭大学与西班牙莱昂大学合作建设孔子学院。同时，积极推进中外合作办学，湖南农业大学的生物科学专业、南华大学与美国蒙哥马利奥本大学合作举办的护理学专业本科教育项目、湖南工程学院与英国高地与岛屿大学合作举办的电气工程及其自动化专业本科教育项目获教育部批准，成为湖南省第一批经教育部批准的中外合作办学本科项目。

〔**民族教育与援藏工作**〕　省教育厅启动了民族地区建设教育强县年度评选工作，积极支持民族地区加快建设教育强县进程，龙山、凤凰、桑植、新晃等4个县受到省教育厅表彰；切实加大人才培养力度，先后向教育部推荐吉首大学申报国家民族预科教育基地，下达湖南省民族预科招生计划1 955人，全国各重点院校共招录“少数民族高层次骨干人才”研究生湖南新生200多人；进一步加强民族地区教师培训，依托“歆语工程”民族地区英语教师培训项目，共培训民族地区和省内西藏班、新疆班、民族预科班英语教师107人。同时，认真做好教育援藏援疆工作，办好内地西藏班、新疆班，先后研究制定了新一轮教育援藏援疆规划，落实援建资金2 000多万元，完成了新疆鄯善县职业教育技能培训中心项目主体教学楼、学生宿舍、实训车间建设任务，协助全省12所高校做好新疆954名高校毕业生来湘培养工作，配合西藏教育厅组织开展西藏和平解放60周年系列庆祝活动。

〔**深入开展创先争优活动**〕　按照中央和省委部署，省委教育工委、省教育厅党组以庆祝建党90周年为契机，组织与指导全省教育系统2.2万个党组织和38万名党员深入开展创先争优活动，有力地推动了全省各类教育协调快速发展，有效地解决了教育领域的热点难点问题，让人民群众得到了实惠。据不完全统计，全省教育系统共在人民日报、中央电视台等中央媒体报道160余篇，在湖南日报等省级媒体报道220多篇，重点宣传推荐了石雪晖、何平、刘元、蒋小波、金展鹏、常小荣等优秀共产党员。共评选表彰全省高校53个先进基层党组织、103名优秀共产党员、52名优秀党务工作者和593名优秀学生党员，并有2个基层党组织、1名党务工作者获全国先进基层党组织和优秀党务工作者光荣称号。

基础教育

〔**大力发展学前教育**〕　省教育厅认真落实《国务院关于当前发展学前教育的若干意见》，科学部署学前三年行动计划，先后印发了《关于进一步加快学前教育发展的意见》和《湖南省发展学前教育三年行动计划（2011—2013年）》，在长沙市岳麓区召开了全省学前教育工作现场会，并将200所农村公办幼儿园建设纳入省为民办实事项目，将项目建设与落实学前三年行动计划结合起来，与各地扩大农村公办幼儿园和普惠性民办幼儿园结合起来，确保建设任务圆满完成。2011年，全省本级共投入奖补资金3 000万元，建设为民办实事项目园200所；带动各地实际投入3.2亿元，建成了336所标准化农村幼儿园。通过为民办实事项目园建设，大量新建农村公办幼儿园改变了农村幼儿园的布局结构，使农村幼儿园办园条件发生了较大变化，进一步缓解了农村幼儿“入园难”的问题。

〔**义务教育合格学校建设**〕 省教育厅根据省政府与教育部签署的《关于推进义务教育均衡发展备忘录》，与各市州政府签订了《关于推进县域义务教育均衡发展备忘录》，制定了《推进义务教育均衡发展专项规划》，争取省政府转发了《关于实施合格学校建设规划，推进义务教育均衡发展的意见》，指导各地完善了分阶段完成合格学校建设任务、加快推进义务教育均衡发展的规划，进一步明确了各级政府在推进义务教育均衡发展中的主体地位，强化了政府责任。全年全省共投入19.19亿元（其中省本级共投入奖补资金1.3亿元），共建成合格学校1 168所（其中纳入省政府为民办实事项目500所），明显改善广大农村中小学校办学条件。

〔**中小学校舍安全工程**〕 全省继续按照教育部的统一部署与要求，大力推进中小学校安工程。截至2011年年底，全省累计投入校安工程资金91.88亿元，开工面积825万平方米，基本完成了校安工程三年规划阶段性任务。全省累计拆除D级危房738万平方米，重建校舍9 868栋达800万平方米，加固改造211栋达25万平方米，对存在严重地质灾害的112所学校实行了整体迁移避险。通过实施校安工程，一大批设计合理、质量可靠、安全耐用的校舍建成并投入使用，使全省近300万中小学生受益。

〔**深入推进普通高中内涵发展**〕 省教育厅积极推动普通高中办学模式多样化，支持创建一批特色普通高中实验学校和综合高中，鼓励探索构建文化课程与专业技术、职业教育课程相整合的综合高中课程体系，先后批准了长沙市外国语学校、娄底市二中、汨罗市四中、株洲市十八中为湖南省普通高中特色教育实验学校，为全省各高中学校探索特色办学起到了良好的导向作用。至此，全省普通高中内涵发展、多样化办学格局初步形成。

职业教育与成人教育

〔**深入实施基础能力省级重点建设项目**〕 省教育厅研究制定《湖南省职业教育服务能力提升专项规划》，省级财政投入1.85亿元专项引导资金，启动了“十二五”第一批职业教育省级重点项目建设，共遴选立项建设6所示范性（骨干）高等职业院校、20所示范性（特色）中等职业学校、30个示范性特色专业（高职10个，中职20个）、45个特色专业（高职20个，中职25个）、4个示范性职业教育集团、8个示范性县级职教中心、6个省级社区教育试验区、15个生产性实习实训（教师认证培训）基地。与此同时，以省级重点项目建设为抓手，着力推动市州、县市区加强本级职业教育基础能力建设并取得积极进展。投资14.8亿元的长沙职教基地全面投入使用，计划总投资100亿元的“株洲职教科技园”已完成投资23亿元，2所院校已建成并投入使用，3所院校已开工建设。占地6 000余亩的“怀化职教城”正式启动建设。截至2011年年底，全省122个县市区中已有85个县市区建立了职教中心。

〔**深入推进职业教育集团化办学**〕 2011年，湖南省新成立了湖南国际经贸、南方铁路运输、株洲汽车、湖南演艺等5家职业教育集团，并遴选建设了4家省示范性职业教育集团。截至2011年年底，全省共有23家职教集团，加盟合作单位达1 893家，其中省内外规模企业1 093家，高、中职院校408所，行业协会和其他科研机构392个。全省职教集团共开展“订单”培养、企业员工培训、学生顶岗实习分别达9.02万人、15.79万人次、17.78万人次，生产技术攻关项目1 639项；集团企业对学校实训基地建设投入4.4亿元，成员企业共享实习实训设备资产总值达101.87亿元。

〔**开展人才培养水平评估**〕 省教育厅认真修订了《湖南省高等职业院校人才培养工作评估实施细则》，进一步深化人才培养工作评估方式改革，重点采取网络评估与现场评估相结合的方式，客观真实地反映评估院校发展状况，提高了评估指导的针对性。评估专家通过数据平台和网络空间，对学校情况进行远程观测了解、互动交流，网上观测时间为一个月。对学校情况基本了解并作出评价后，再集中部分优秀专家到学校进行一天时间的现场考察、深度访谈、情况核查与现场指导。12月，省教育厅采用新的评估方式，组织专家对8所高职院校进行了人才培养工作评估。

〔**组织开展技能大赛**〕 省教育厅组织开展了全省春秋两季职业教育技能大赛，14个市州先后选派912名中职组选手参加了13类专业46个项目竞赛，51个高职代表团共选派484名选手参加了4类专业8个项目竞赛。在全国职业院校学生技能竞赛中，全省获得全国唯一一个特等奖，并荣获一等奖8个、二等奖28个、三等奖42个；参加学生技能作品展的2个代表队，分获一等奖1个、二等奖4个、三等奖2个；参加民族地区职业院校学生才艺展的2个代表队，获得金、银、铜奖各1个。参加第八届全国中职“文明风采”竞赛，湖南省成为获全国决赛贡献奖的10个省份之一，学生参赛作品分获一等奖134个、二等奖312个、三等奖459个，竞赛获奖总数和一等奖数均名列前茅。

〔**广泛开展职业技能培训**〕 全省职业院校积极开展各类职业技能培训，共开展职业技能培训72.45万人次，比2010年增加21.37万人次，增长41.83%；开展农村劳动力转移培训265.59万人次，比2010年增加21.01万人次，增长8.59%；开展农村实用技术培训175.09万人次，比2010年增加17.09万人次，增长10.75%。

高等教育

〔**高水平大学和重点学科建设**〕 积极推进“985工程”建设和“211工程”三期建设。5月24日，教育部在长沙与湖南省人民政府签署协议，在新一轮“985工程”中继续重点共建中南大学和湖南大学；教育部还与国家国防科技工业局、湖南省人民政府签署了共建中南大学和湖南大学的协议。与此同时，省教育厅组织各高校制定本校重点学科建设规划，并在此基础上出台了《湖南省高等学校“十二五”重点学科建设与发展规划》，确保了“十二五”省重点学科建设开局良好。10月，湖南省成立了第三届重点学科建设专家委员会，启动了湖南省“十二五”重点学科的申报与遴选工作。经学校推荐、省重点学科建设专家委员会专家评审并公示、省教育厅审定，共确定了湖南省“十二五”重点学科196个、省重点建设学科60个。

〔**普通高校本科专业结构调整**〕 省教育厅积极发展战略性新兴产业相关专业，突出加强专业的内涵建设和特色建设，推动了专业结构的不断优化和专业办学水平的不断提高。2011 年，共增设本科专业点 62 个、专科专业点 5 个，1 个已设非艺术类本科专业改为按艺术类招生，1 个专业的学制由 4 年调整为 5 年；重点立项资助建设了 79 个专业，有效引导高校加强特色专业和战略性新兴产业相关专业建设；组织对有首届毕业生的新专业开展专业办学水平和新增学士学位授权评估，共有 87 个专业被评为“合格”，2 个专业被评为“基本合格”，4 个专业因停止招生予以撤销。

〔**教学质量与教学改革工程**〕 省教育厅组织专家对全省高校“十一五”期间立项建设的质量工程一期项目进行了全面的总结、检查和评估验收，先后共对 79 个建设成效比较突出的省级特色专业及社会急需的战略性新兴产业相关专业予以资助建设；对 2006—2007 年度立项建设的 200 门省级精品课程进行了复核，给予保留省级荣誉的 179 门精品课程经费奖励；评估确认 36 个实践教学示范中心为湖南省普通高等学校实践教学示范中心；新立项教学改革研究项目 556 项、大学生研究性学习和创新性实验计划项目 535 个；对 2008 年立项建设的 50 个省级教学团队进行了阶段性的总结和检查，从中遴选出 31 个建设成效明显、后续建设方案科学合理的团队继续给予资助。据统计，全年质量工程项目建设经费总计投入 5 900 万元。

〔**学位工作与研究生教育**〕 学位与研究生教育事业继续得到长足的发展，全省先后新增一批博士和硕士学位授权一级学科点，其中一级学科博士点 66 个、一级学科硕士点 166 个；新增湖南人文科技学院、湖南工程学院、邵阳学院等 3 所专业学位研究生培养高校，全省研究生培养单位由 18 个增加到 21 个，专业学位研究生培养单位由 13 个增加到 16 个，省内专业学位授权点由 95 个增加到 98 个；继续支持湖南科技大学、湖南商学院和湖南理工学院开展立项建设，3 所学校综合办学实力明显提升，达到了立项建设的目标要求；积极开展学位与研究生教育教学改革研究，共立项教改课题 62 项；开展研究生精品课程建设，共评选出 34 门研究生精品课程；开展博士、硕士学位论文评优与抽检工作，共有 102 篇博士论文和 312 篇硕士论文申请省优秀学位论文。

〔**科技创新平台建设**〕 新增 5 个国家级创新平台，包括中南大学的“高性能复杂制造”国家重点实验室、国防科技大学的“高超声速冲压发动机技术”国防科技重点实验室、中南林业科技大学的“稻谷及副产物深加工”国家工程实验室、湘潭大学的“化工过程模拟与强化”国家地方联合工程研究中心、湖南中医药大学的“中药粉体关键技术及装备”国家地方联合工程实验室；新增 1 个教育部重点实验室和 8 个湖南省重点实验室。同时，遴选出 85 个开放基金项目，引导和支持高校的创新平台真正围绕湖南省和地方区域经济社会发展的需要开展科学研究，促进经济社会发展。截至 2011 年年底，全省高校共有 17 个国家级重点实验室、27 个教育部重点实验室、63 个湖南省重点实验室、49 个湖南省高校重点实验室、2 个教育部人文社科重点研究基地、25 个湖南省高校哲学社会科学重点研究基地。

〔**产学研结合创新**〕 省教育厅继续深入推进高校产学研合作示范基地建设，组织对第一批立项建设的 20 个省高校产学研合作示范基地进行了检查考核，面向产学研合作示范基地新立项支持了 20 个高校科技成果产业化培育项目，并对 2010 年立项的“湖南省高校科技成果产业化培育项目”进行中期检查。同时，遴选与组织 12 所高校开展市校产学研合作试点，鼓励高校与地方在合作模式、筹资方式、奖励制度、人员流动机制、人才培养模式等方面积极探索市校产学研合作机制的改革与创新。9 月，在湖南经济合作洽谈会暨湘商大会活动中，省教育厅承办了“湘商校企合作洽谈会”专场活动，42 所高校参加了合作洽谈，与 43 家企业、商会、园区签订了一大批项目合同和战略合作协议。省教育厅还与省科技厅、长沙市政府合作承办了 2011 中国（长沙）科技成果转化交易会，高校共签约科研项目 148 项，占签约项目的 32.52%；签约项目经费达 6 亿元。

〔**启动高校化债工作**〕　省教育厅按照省政府要求与部署，会同省财政厅制定完善了高校化债工作方案，召开全省高校化债工作会议，全面启动高校化债工作。先后审计核查了高校债务和资产情况，明确了化债资金分配原则，建立了高校贷款审批程序，严格控制新增贷款。全年中央和省财政共安排奖补资金47.2亿元，市州财政安排6.1亿元，用于还贷和无贷款余额高校改善办学条件。截至2011年年底，全省公办高校银行贷款余额降为70.45亿元，较审计核定的2010年末贷款余额118.19亿元下降47.74亿元，19所高校成功实现银行贷款清零，高校减少贷款利息支出约1.5亿元。

〔**高校党建工作**〕　省委教育工委以纪念建党90周年为契机，组织全省高校广泛开展了主题暑期社会实践和志愿服务活动，以及理论研讨会、论文征集与评选工作；为贯彻落实高校思想政治理论课建设标准，深入36所本科高校和国家示范性高职院校开展专项督查；深入实施大学生思想道德素质提升工程，立项建设了50个省级思想政治教育特色项目、170余个大学生德育实践项目和30个合格心理咨询室。同时，精心组织全省教育系统开展创先争优活动，宣传推介了一批先进单位和先进个人；加强高校领导班子和干部队伍建设，新提拔省管高校领导干部30余人，培训高校处级干部200多人，并结合创先争优和纪念建党90周年活动，评选表彰了一批先进基层党组织和先进个人。

〔**毕业生就业工作**〕　2011年，省教育厅切实加强高校毕业生就业指导教育，邀请专家学者修订全省就业指导统编教材，编印并免费发放30万册《我入学我规划我毕业我选择》等教辅读物，举办全省第二届大学生职业生涯规划大赛。继续抓好就业指导和服务工作，先后举办各类大中型招聘会近200场次、小型就业宣讲会上万场次，提供各类就业岗位50余万个，有力促进了高校毕业生顺利就业。大力鼓励与扶持大学生自主创业，先后在长沙和湘潭等地举办全省大学生自主创业典型事迹巡回报告会，开展全省大学生创业团队大赛，积极推进省大学生创新创业孵化基地建设，首批组织10个大学生创新创业项目入驻省中心创业基地，已有4个项目在长沙市内注册登记成立公司。据统计，2011年，全省高校毕业生就业率达82.79%，高于全国平均水平。

撰稿　石灯明　王俊良　杨金红
审稿　汤汉文

广东省教育

概　　况

〔基本情况〕

2011 年各级各类学校校数、教职工、专任教师情况

	学校数（所）	教职工数（人）	专任教师数（人）
总计	32 436	1 437 732	1 141 675
一、高等教育	149	130 057	85 751
（一）研究生培养机构（不计校数）	31		
1. 普通高校	23		
2. 科研机构	8		
（二）普通高等学校	134	125 388	82 916
1. 本科院校	56	84 926	55 653
其中：独立学院	17	14 285	11 104
2. 高职（专科）院校	78	40 462	27 263
3. 其他机构（点）（不计校数）	0	0	0
（三）成人高等学校	15	4 669	2 835
（四）民办的其他高等教育机构	31	1 227	668
二、中等教育	5 174	603 983	471 399
（一）高中阶段教育	1 851	314 281	203 391
1. 高中	1 021	225 369	137 120
普通高中	1 012	225 361	137 112
完全中学	617	134 887	68 934
高级中学	327	74 105	64 587
十二年一贯制学校	68	16 369	3 591

续表

	学校数（所）	教职工数（人）	专任教师数（人）
成人高中	9	8	8
2. 中等职业教育	830	88 912	66 271
普通中专	409	46 679	34 471
成人中专	16	1 029	751
职业高中	113	11 611	9 820
技工学校	246	28 280	20 278
其他机构（教学点）（不计校数）	46	1 313	941
（二）初中阶段教育	3 323	289 702	268 008
1. 初中	3 316	289 702	268 008
初级中学	2 350	200 559	182 281
九年一贯制学校	966	89 143	30 397
十二年一贯制学校			4 066
完全中学			51 264
职业初中	0	0	0
2. 成人初中	7	0	0
三、初等教育	15 246	430 750	432 549
（一）普通小学	15 148	430 652	432 451
小学	15 148	430 652	385 860
九年一贯制学校			42 608
十二年一贯制学校			3 983
（二）成人小学	98	98	98
其中：扫盲班	98	98	98
四、工读学校	2	77	54
五、特殊教育	80	2 902	2 158
六、学前教育	11 785	269 963	149 764

2011 年各级各类学历教育学生情况

	毕业生数（人）	招生数（人）	在校生数（人）
一、高等教育			
（一）研究生	20 538	26 919	77 579
博　士	2 589	3 379	12 991
硕　士	17 949	23 540	64 588

续表

	毕业生数（人）	招生数（人）	在校生数（人）
（二）普通本专科	357 521	468 685	1 527 254
本　科	162 255	227 255	842 347
专　科	195 266	241 430	684 907
（三）成人本专科	151 953	161 819	460 467
本　科	45 438	55 283	166 689
专　科	106 515	106 536	293 778
（四）其他各类高等学历教育			
1. 在职人员攻读硕士学位		4 892	17 837
2. 网络本专科生	19 362	29 612	75 117
本　科	10 379	12 143	34 709
专　科	8 983	17 469	40 408
二、中等教育	2 752 442	3 170 654	9 370 462
（一）高中阶段教育	1 130 595	1 629 714	4 577 490
1. 高中	632 443	777 547	2 205 651
普通高中	630 863	777 547	2 204 135
完全中学	312 989	396 319	1 117 407
高级中学	304 587	363 193	1 038 832
十二年一贯制学校	13 287	18 035	47 896
成人高中	1 580		1 516
2. 中等职业教育	498 152	852 167	2 371 839
普通中专	272 701	349 488	955 584
成人中专	28 887	122 049	341 234
职业高中	64 955	78 760	223 707
技工学校	131 609	301 870	851 314
（二）初中阶段教育	1 621 847	1 540 940	4 792 972
1. 初中	1 619 069	1 540 940	4 790 565
初级中学	1 119 866	1 007 321	3 203 810
九年一贯制学校	145 183	200 681	547 941
十二年一贯制学校	19 732	22 698	65 596
完全中学	334 288	310 240	973 218

续表

	毕业生数（人）	招生数（人）	在校生数（人）
职业初中	0	0	0
2. 成人初中	2 778		2 407
三、初等教育	1 620 652	1 408 922	8 221 498
（一）普通小学	1 619 684	1 408 922	8 220 577
小学	1 452 867	1 203 591	7 153 286
九年一贯制学校	153 346	191 590	989 763
十二年一贯制学校	13 471	13 741	77 528
（二）成人小学	968		921
其中：扫盲班	968		921
四、工读学校	117	109	200
五、特殊教育	3 212	3 581	25 022
六、学前教育	981 433	1 485 321	3 078 104

2011 年各级各类非学历教育学生情况

	毕（结）业生数（人）	注册生数（人）
总计	2 448 202	2 401 657
一、高等教育	512 563	396 009
（一）研究生课程进修班	3 542	6 999
（二）自考助学班	10 035	14 691
（三）普通预科生		652
（四）进修及培训	498 986	373 667
其中：资格证书培训	76 298	53 939
岗位证书培训	185 360	154 500
二、中等教育	1 935 639	2 005 648
其中：资格证书培训	251 895	192 718
岗位证书培训	521 104	475 976
（一）中等职业教育	274 745	192 271
其中：资格证书培训	153 764	105 081
岗位证书培训	106 525	75 746
（二）职业技术培训机构	1 660 894	1 813 377
其中：资格证书培训	98 131	87 637
岗位证书培训	414 579	400 230

2011年各级各类民办教育基本情况

	学校数（所）	毕业生数（人）	招生数（人）	在校生数（人）	教职工数（人）	专任教师数（人）	其他学生数（人）
一、民办高等教育							
（一）民办高校	50	109 601	147 261	469 911	30 315	21 371	26 507
本科学生		38 062	73 663	241 560			
专科学生		71 539	73 598	228 351			
其中：独立学院(不计校数）	17	43 943	70 943	236 258	14 285	11 104	0
本科学生		33 878	65 976	217 199			
专科学生		10 065	4 967	19 059			
（二）民办的其他高等教育机构	31				1 227	668	31
二、民办中等教育							
（一）高中阶段教育	263	82 311	128 850	350 090	104 506	79 196	
1. 民办普通高中	129	31 621	41 753	113 820	95 846	73 385	
2. 民办中等职业教育	134	50 690	87 097	236 270	8 660	5 811	4 979
（二）初中阶段教育	744	162 819	234 355	627 341			
1. 民办普通初中	744	162 819	234 355	627 341			
2. 民办职业初中							
三、民办普通小学	758	218 275	306 359	1 535 656	39 541	29 023	
四、民办幼儿园	9 337	523 708	817 068	1 967 503	206 936	114 107	
另有：民办培训机构（不计校数）	2 969				21 633	12 959	869 065

〔**综述**〕 2011年，义务教育均衡发展取得明显成效，全省义务教育规范化学校覆盖率达46.1%，比2010年提高8.4个百分点；全面实现普及高中阶段教育目标，毛入学率达90.34%；职业教育规模和发展水平居全国前列；高等教育毛入学率达28%，接近大众化中期发展阶段目标；教育公平迈出重大步伐，人民群众平等接受教育的机会得到保障，受教育水平不断提高；家庭经济困难学生的资助政策体系基本建立；全省教育强市、强县（市、区）、强镇的覆盖率达38%。教育的发展极大提高了人口素质，2011年，主要劳动年龄人口（20—59岁）平均受教育年限超过10年，为全省经济发展、社会进步和民生改善作出了重要贡献。

〔**教育综合改革试点**〕 广东是国家教育体制改革项目“加强省级政府教育统筹”试点省份。为此，成立了以省长为组长、省直27个部门主要负责人为成员的省教育体制改革领导小组，成立了省教育咨询委员会。以国家教育体制改革试点的15个项目为龙头、125个省级教育体制改革试点项目为重点，全面开展140个项目的改革试点工作，分别由16个地级以上市（占总数的72.73%）和35所普通高校（占普通高校总数的26.12%）承担。

〔**教育民生实事**〕 将“促进基本公共教育服务均等化”作为2011年省政府“十大民生实事”之一，安排112亿元予以重点推进，包括“推广进城务工人员随迁子女凭积分免费入学义务教育公办学校办法”、“支持欠发达地区建设250所规范化乡镇中心幼儿园”、“支持引导欠发达地区建设 1 000 所义务教育规范化学校”、“支持各地新建扩建 40 所特殊教育学校”、“新建扩建 100 所中职学校”、“提升 500 所普通高中办学水平”、“安排 9.1 亿元支持欠发达地区实施义务教育绩效工资政策”、“支持各地落实农村义务教育阶段学生生均公用经费标准提高政策”、“安排 12 亿元完善普通高校和高中阶段教育学校国家资助政策体系”等九项工作，且均按期完成。

〔**教师队伍建设**〕 10 月 11—12 日，省政府召开新世纪以来首次全省教师工作会议，贯彻落实国家及省关于人才和教育工作的各项决策部署，全面部署“十二五”期间全省教师队伍建设的目标和任务，明确提出从 2012 年起，每年在新增教育经费中安排 5 亿元实施“强师工程”。

全面解决中小学代课教师问题。全省 5.9 万名中小学代课教师有 3 万人通过公开招录成为公办教师（发达地区部分代课教师被聘为合同制教师），5 000人转到教辅或后勤岗位，2.4 万人被辞退并获得经济补偿、理顺社会保险关系。全省 90％的地区实现中小学教师工资福利待遇“两相当”。义务教育学校全面实施绩效工资制度。

深化教育系统人事制度改革。全省教育系统各级各类公办学校全部完成岗位设置方案的核准工作，各级各类学校积极推进人员聘用制度。

〔**教育基建财务工作**〕 2011 年，全省地方教育经费总投入为 1 884.69 亿元，比 2010 年增长 22.96％，其中预算内教育经费为 1 228.26 亿元，比 2010 年增长 25.23％。从 2011 年 1 月 1 日起，全省开征地方教育费附加，当年全省共征收 80.82 亿元。基本明确土地出让收益计提教育资金政策。全面落实省政府十项民生实事中有关提高农村义务教育公用经费标准 200 元的规定，使农村小学公用经费补助标准达到每生每年 550 元、农村初中每生每年 750 元。

〔**体育、卫生与艺术教育工作**〕 将体育课、大课间、冬季长跑、课余体育训练与竞赛有机结合，让“健康第一”的办学理念更加深入人心。重点开展春季防流感、托幼机构和小学“预防疾病勤洗手”活动、初中青春期健康教育、中小学生防控近视眼以及中学生和大学生预防艾滋病等专题健康教育活动。健全了学校疾病预防控制工作制度。

规范全省中小学生艺术展演管理制度，完善展演评价办法。音乐、美术两项教学成果排在全国前列。华南师范大学附中等 20 所中小学校被教育部评为全国第一批“中华优秀文化艺术传承学校”。继续推进“高雅艺术进校园活动”，比 2010 年扩大了 25％的学校受益面。出色完成深圳第 26 届世界大学生夏季运动会筹备、组织协调工作和组织中国大学生体育代表团参赛工作。成功举办第八届广东省大学生运动会。

〔**学生助学工作**〕 2011 年，全省义务教育享受“两免”学生共 1 146 万人，各级财政投入“两免”补助资金共 50 多亿元。全省农村义务教育享受“一补”学生共 97 万人，省财政投入“一补”资金 2.7 亿元。2010—2011 学年，各级财政资金投入中职免学费资金 2.23 亿元，全省有 89 247 名中职生享受免学费资助。2011—2012 学年，中等职业学校农村家庭经济困难学生和涉农专业学生免学费各级财政投入资金 3.05 亿元，全省共有 122 138名中职生享受免学费资助。2011—2012 学年，全省约 68 万名家庭经济困难中职生享受国家助学金，各级财政投入资金 10.2 亿元。2010—2011 学年，全省共有 149 235 名普通高中学生享受国家助学金，各级财政投入资金 2.24 亿元；2011—2012 学年，全省共有 199 248 名普通高中学生享受国家助学金，各级财政投入资金 2.99 亿元。2011 年度，全省 121 所普通高校（包括民办高校和独立学院）的 20 多万名学生获国家奖学金、国家励志奖学金、国家助学金资助，各级财政投入资金共 4.65 亿元。2011 年，全省普通高校通过绿色通道入学的学生达 28 014 人，占新生注册人数的 2.1％。各高校共减免学费近 6 000 万元，接受减免学费的学生约 1 万人。全省高校向社会筹集各类社会奖学金 4 000 多万元，共有 1 万多名家庭经济困难学生受到资助。2011—2012 学年，全省 120

所高校的6.2万名学生获国家助学贷款3.4亿元。截至2011年年底，全省第一批国家助学贷款到期合同还本结清率为97.54%，居全国首位。

〔**教育信息化和教育装备建设**〕 全省基本形成设施完善、网络畅通、资源丰富、应用高效的教育信息化体系。基础教育资源中心拥有各种数字化资源，资源数量为25万条，点击数达143万多人次；“广东名师网络课堂”有3 800多节课例；“广东省现代教育技术实验联盟网”有资源5 708条。全省中小学计算机总量133万多台，生机比14.4∶1，师机比为2.4∶1。教育专网学校9 081所，互联网接入学校13 034所，“校校通”工程学校6 174所，分别达47%、67%和32%。

〔**教育立法和普法宣传工作**〕 发布《广东省国家通用语言文字使用规定》，完成《广东教育投入保障条例》（讨论稿）和《广东省依法治校创建工作评价标准》（草案）。在全省大中学校开展“学法、守法、用法”法制宣传教育系列活动。组织全省大中学生“成长成才，与法同行”主题法治演讲大赛，涵盖全省21个地级以上市和134所高校。开展“一校一章程”工作，推动学校内部治理结构优化。截至2011年年底，全省134所高校有98所已制定章程并上报核准后试行，32所高校已形成章程初稿。

〔**教育审计工作**〕 全省教育系统共开展审计项目17 691项，审计总金额568.96亿元，查出有问题资金10.97亿元，促进增收节支7.06亿元。发布全省教育审计“十二五”规划。对9所高校校长进行经济责任审计。2011年，省教育厅审计室被国家审计署授予“全国内部审计先进单位”光荣称号。

〔**教育系统创先争优活动**〕 围绕服务师生、服务社会，促进学生健康成长的主题，组织各地各学校开展党员公开承诺践诺、领导点评督促践诺、回访复查整改落实等活动。据不完全统计，共有22 382个党组织、416 367名党员开展了公开承诺，公开承诺办好事、实事102 275件，已办成54 312件。

〔**教育系统党风廉政建设**〕 结合庆祝建党90周年，精心组织“鲜红的旗帜——纪念建党90周年广东高校反腐倡廉文艺汇演”。以省纪委、省委教育工委、省监察厅的名义印发了《广东省普通高等学校贯彻执行“三重一大”决策制度的暂行规定》。出台《广东省教育纪检监察信息工作考核办法》和《广州地区部省属高校纪委案件统计工作考核办法》。不断加大教育系统纠风工作力度，严厉查处违规收费行为。扎实开展执法监察和专项治理工作，严肃查处违法违纪案件，受理群众来信来访共计929件，立案8件8人，涉及处级干部6人。

〔**学校后勤服务保障工作**〕 对部委属、省属大中专院校家庭困难学生和高校食堂发放伙食补贴共计4 771多万元。全力做好第二届“农校对接”活动。加快推进大学生、中职生参加城镇居民基本医疗保险工作。据统计，广州地区高校、中职生参保人数为63.1万人，比2010年增长79%，有25所高校参保率超过95%。

〔**教育交流与合作**〕 深圳大学与香港中文大学在深圳合作举办香港中文大学（深圳），已正式签订合作办学协议；广东外语外贸大学与英国兰开斯特大学签订合作办学协议；中山大学中法核工程学院经教育部批准正式招生；中山大学与卡内基·梅隆大学合作举办工程学院已正式签约。与德国、英国、新加坡等国职业教育的双向交流进一步加强。与新加坡淡马锡基金会、南洋理工学院、国立教育学院等机构合作，举办了5期培训班，培训100多名高职、中职院校管理人员和骨干教师。5月23日，广东省高等教育学会与台湾高等教育学会、东莞台商育苗教育基金会、东莞台商子弟学校联合举办第六届海峡两岸高等教育论坛，主题是人才培养模式多样化与两岸高校合作办学模式探索。

〔**民办教育**〕 从2005年起，每年设立3 000万元的省民办教育发展专项资金，用于支持民办教育发展。2011 年，民办教育专项资金主要用于民办高校和中职学校的实验室、实训基地、教学仪器设备、教育信息化等重点项目建设，以及民办中小学和幼儿园新建校舍和校舍维修改造。

加强民办高校监管。制定《广东省民办高等学校年检指标体系》和《广东省民办高等学校年检指标体系实施办法》。进一步健全民办高校招生章程的审查备案工作和招生简章、广告审查备案工作机制。

开展民办教育执法检查。省人大开展民办教育法律法规贯彻落实情况的执法检查和调研，总结《广东省实施〈民办教育促进法〉办法》执行情况，提出进一步促进民办教育发展、加大财政支持力度等政策建议，为推动落实民办教育法律规定、完善政策措施、消除歧视政策、营造发展环境创造了有利条件。

建立民办教育网站。省教育厅会同省民办教育协会创办了“广东民办教育网”，使之成为以信息公开为基础、以在线办公和互动交流为主要业务的信息化服务平台，成为省教育厅发布民办教育权威信息、提供信息服务的平台，提高了民办教育监管水平和服务民办学校的能力。

〔**语言文字工作**〕 《广东省国家通用语言文字规定》正式发布。召开全省普通话测试管理工作会议。积极推进语言文字规范化示范校创建工作。精心组织第十四届推广普通话宣传周活动。稳步推进城市语言文字评估工作。

基础教育

〔**加快学前教育发展**〕 省政府出台《广东省人民政府关于加快我省学前教育发展的实施意见》和《广东省发展学前教育三年行动计划（2011—2013 年）》，省教育厅印发《关于规范办园行为防止和纠正“小学化”倾向的通知》，制定了《关于规范化城市幼儿园的办园标准（试行）》、《关于规范化乡镇中心幼儿园的办园标准（试行）》和《关于规范化农村幼儿园的办园标准（试行）》。以乡镇中心幼儿园为抓手和规范办园行为为重点，大力推进学前教育发展。省政府支持欠发达地区建设 274 所规范化乡镇中心幼儿园，把规范化幼儿园覆盖率作为珠三角《建设幸福广东评价指标体系》。佛山市政府率先出台学前教育补贴制度。

〔**义务教育规范化学校建设**〕 省教育厅引导各地将义务教育规范化学校建设列入教育强镇、强县（区）以及教育现代化先进县（区）创建工作中统筹考虑，并与实施中小学校舍安全工程、学校布局调整等工作有机结合。2011 年，全省 16 800 所公办义务教育学校已有 7 749 所通过义务教育规范化学校验收，占 46.1%，比 2010 年提高 8.3 个百分点。

〔**规范义务教育办学行为**〕 防流控辍工作取得良好效果。省初中三年保留率从 2010 年的 90.41%上升到 2011 年的 92.57%，上升了 2.16 个百分点。开展全省中小学教育乱收费专项治理活动，在遏制义务教育择校方面取得了明显效果，属于政策性、制度性安排的公开择校现象已不存在。

〔**继续推进“千校扶千校”行动计划**〕 自 2009 年 3 月正式启动“千校扶千校”行动计划以来，有效改善了薄弱学校办学条件，推动了义务教育均衡发展。截至 2011 年 7 月，全省“千校扶千校”结对学校共派出挂职支教教师 3 308 人，挂职学习教师 3 442 人；推出示范课 23 727 节，听课 49 588 节，参与评课的教师 159 677 人；共同开展教研活动 12 098 场次，参与教师 155 903 人；参与团队活动的学生 70.6 万人。深圳、广州、东莞、佛山等市也开展了市内“百校扶百校”或“百校结对”行动计划。

〔**基本完成义务教育化债工作**〕 建立了以省长朱小丹为总召集人的清理化解农村义务教育债务工作领导机制和工作机构，安排20亿元专项资金，奖补欠发达地区清理化解农村义务教育债务。省教育厅积极发挥牵头协调作用，多次组织召开专题工作会议，研究解决化债工作问题，协调统一部门行动，化债工作进展顺利。

〔**中小学地方教材审查工作**〕 组织了2011年度广东省中小学地方课程教材审定工作，有6套教材通过立项，3套教材通过初审，9套教材通过审定，2套教材复查通过，13套教材需重新送审。12月，对9套通过审定的教材进行了复核。

〔**提升500所普通高中办学水平**〕 全省500所普通高中共实施1 457个水平提升项目，其中75%为内涵建设项目。深入推进普通高中课程改革，制定课程调整方案，启动普通高中分层分类教学改革试点。完善办学水平监控评价体系，建立健全普通高中办学水平评估体系，分类分步开展评估。深入推进学生综合素质评价。加大舆论宣传力度，优化教育管理，规范办学行为，推动普通高中教育加快迈入优质多样特色化发展轨道。

〔**推进教育现代化建设**〕 将建设“广东省推进教育现代化先进区”作为各地在教育强区、教育强市评估后，推进教育现代化的重要抓手，指导各地教育“从有到优再到更优”的阶梯式发展。佛山市已成为全省首个所有区都建成广东省推进教育现代化先进区的地级市，深圳市6个区成为“广东省推进教育现代化先进区”。将“教育创强”工作向粤东西北地区、欠发达地区推进。截至2011年年底，共有非珠三角地区9个县（市、区）146个镇（街）申报创强验收，有59个镇（街）通过验收，被授予“广东省教育强镇”称号。

〔**中小学骨干教师队伍建设**〕 全省认定了首批90个“广东省中小学教师工作室”，1 000名中小学骨干教师完成了培训任务，并在清远、韶关、茂名、阳江、汕尾举办了5场“南粤名师大讲堂活动”，2万多名教师参加了培训活动；全省认定了首批200所“广东省中小学教师培训实践基地”学校，1 000名欠发达地区中小学骨干教师参加了跟岗培训。

〔**农村教师队伍建设**〕 继续实施高校毕业生到农村从教上岗退费政策。2011年，新增6 000多名高校毕业生享受该项政策优惠。扎实推进“师范生顶岗实习、置换农村教师培训”工作，全省共有10多所高师院校的3 000多名师范生参加顶岗实习，置换2 370名农村中小学教师参加高师院校组织的培训。组织“特级教师教学支援总队”赴经济欠发达地区的14个市的中小学开展巡回讲学活动，对中小学教师进行高水平、多形式、全覆盖的教学支援行动。2011年，已赴汕头、韶关、河源、清远、汕尾、云浮6个市进行巡回讲学，受援教师2.4万名。

〔**德育工作**〕 印发《关于中小学德育工作绩效评估的补充通知》，进一步明确了德育评估的组织管理、时间安排、示范学校认定等问题。经评估确定了30所省级德育示范学校。截至2011年7月，全省已有约20%的中小学校接受了县（市、区）级以上的德育评估，达标率为99.2%，其中评为县级以上德育示范学校的比例为35.3%。

〔**中小学校舍安全工程**〕 省政府安排校安工程专项资金20.26亿元，截至2011年12月底，全省已开工面积1 645万平方米，占规划改造校舍总面积的99.74%。全省竣工学校面积1 355万平方米，占规划改造校舍总面积的82.14%。

〔**特殊教育**〕 2011年，广东省投入特殊教育学校建设补助资金7 269万元。落实了特殊教育学校学生生均公用经费、课本费新标准（免费课本经费按不低于普通生生均课本费1.5倍的标准单独划拨，智障、孤独症、脑瘫及多重残疾学生按不低于普通生生均公用经费标准的10倍拨付，盲聋哑学生按不低于普通生生均公用经费标准的8倍拨付，普通学校附设特教班学生按不低于普通生生均公用经费标准的5倍拨付）。

职业教育与成人教育

〔**中职内涵建设**〕　加强实训中心建设，印发实训中心建设指导意见，出台22个专业实训中心建设参考方案。切实加强“双师型”教师队伍建设，认定广东技术师范学院等9所职业院校为省级职业教育师资培训基地。全省有22所中职学校（含技工7所）入选第二批国家中等职业教育改革发展示范学校建设项目，累计入选44所，居全国第一。全省新增7个区域性或行业性职教集团，总数达17个。2011年，中职毕业生就业率达97.94％，位居全国前列。

〔**构建中高职衔接人才培养模式**〕　中高职对接的通道进一步畅通，面向中职专业对口自主招生扩大到14所高职院校，2011年招生达3 810人；有27所高职和100所中职的10个专业大类参与三二分段一体化人才培养模式改革试点，招生近3万人。中高职衔接的人才培养教学体系逐步形成，第一批6个中职专业教学指导方案试点工作基本完成，第二批22个专业教学指导方案已于2011年秋季学年开始试点，第三批17个专业教学指导方案的编制工作基本完成，这些专业基本覆盖了广东省先进制造业和现代服务业等主要产业领域。广东省经济贸易职业技术学校、广东省轻工职业技术学校被确定为省属职业教育生均经费预算改革试点学校。

〔**加快推进职教基地建设**〕　珠三角各市职教基地建设按计划推进，广州、佛山、惠州、中山等市的职教基地已初具规模；加速推进阳江、云浮、湛江、梅州等市的职教基地建设和清远市省级职业教育示范基地建设各项筹备工作。

〔**完善中职德育工作政策体系**〕　筹划开展中职学校德育工作绩效评估，完成评估方案、指标体系、实施办法试评稿的制定工作。

〔**成人及社区教育**〕　2011年，完成农村劳动力转移培训62.5万人，农村实用技术培训86.7万人。印发了《关于申报广东省社区教育试验区的通知》，加快推进社区教育实验区建设，已建成省级社区教育试验区43个。

高等教育

〔**重点学科建设**〕　启动实施新一轮高校自主创新能力提升工程，在指标限额上引导学校向一级学科倾斜；将省重点学科按照不同定位分为三类，并予以不同的资助力度；扩大对尚未获得硕士学位授权的本科院校的引导和支持。

〔**高校人才培养模式改革**〕　实施广东省高校应用型人才培养模式改革，组建3个国家教育体制改革试点和2个专项试点。启动省级“卓越工程师教育培养计划”，重点推进5所高校21个工科学科专业的国家级“卓越工程师教育培养计划”。2011

年，全省高校有7人入选第六届国家教学名师奖。继续教育改革取得重大进展，4所高校开放资源中心建设以及新生代产业工人圆梦计划等获国家立项。2011年，省示范性高职院校单独招生的院校扩大至11所70个专业，实际招生2 612人。

在中山大学、华南理工大学等高校继续实施基础学科拔尖创新人才培养计划。在10所高校启动了省级工程教育中心项目建设。支持华南农业大学、广东海洋大学参与国家农科教合作培养人才计划；支持广东白云学院将CDIO工程技术领域人才培养一体化设计方案的新理念和新模式运用于其他专业。

〔**调整优化学科专业结构**〕 全省获批21项2011年度国家战略性新兴产业专业项目。申报年度备案或审批本科专业8大学科门类118个专业，高职高专17个大类172个专业。

加快推进师范院校学科专业结构调整。对教育、艺术、设计、体育、外语和计算机等适合五年一贯制培养的高职类专业，适当扩大招生和培养规模，适应基础教育对上述专业人才的迫切需求。提出关于加强省高校学前教育学科专业建设有关问题的意见，对省高校学前教育人才培养布局结构、学前教育分类、分层次培养和学科专业体系建设等问题提出明确要求。

〔**高等教育发展水平提升工程**〕 完成“十二五”高校教学质量与教学改革工程、高职教育改革与实践工程和成人教育等三类458个省级项目的立项建设，下达年度资金22 190万元。连续3年在全省师范院校强制性布点建设教师教育综合技能训练中心，率先在华南师范大学和广东外语外贸大学启动2个教师教学发展中心示范项目试点和15个教师教育培养实践基地建设试点。

〔**高水平大学建设**〕 下达2011年中山大学和华南理工大学“985工程”建设经费3.6亿元；下达广东省“211工程”三期建设省立项建设项目资助经费13 620万元，以及中期绩效奖励经费1 122万元。

〔**加强高职内涵建设**〕 研究制定高等职业教育“十二五”规划，明确“十二五”广东省高职教育发展思路、总体目标和主要任务。投入160万元在16个专业开展基于岗位能力分析专业教学标准研制，全面推进高职院校人才培养状态数据采集平台网络版的建设与使用。制定2011年高职专项资金分配方案，以专项资金为引导，加强高职院校实训基地和“双师型”教师队伍建设，改善办学条件，提高办学质量。

〔**高校教学项目评估**〕 广东白云学院接受教育部新建本科院校教学工作水平评估。完成7所高职院校办学基本条件核查，7所院校人才培养工作评估和9所院校评估回访。完成2011年度中央财政支持高等职业教育专业服务产业能力提升计划93个专业申报工作。汕头大学医学院成为全国地方高校中第一个以全英语方式接受专业评估认证的学校。

〔**学位授权审核**〕 2011年，新增学士学位授予专业66个。中山大学、暨南大学被批准新增审计硕士专业学位授权点，广东金融学院（金融硕士）被批准为“服务国家特殊需求人才培养项目”——学士学位授予单位开展培养硕士专业学位研究生试点单位。顺利完成对17所独立学院304个专业新增学士学位授予权的审核工作。

〔**高校科研创新体系**〕 加强高校重点实验室建设，全年新增3个国家级创新平台、1个教育部重点实验室、14个广东省重点实验室。加强高校工程中心建设，批准15个广东省高校工程中心进行立项建设。立项建设5个高校产学研结合示范基地。

加强高校科技创新项目建设。围绕新材料和生物技术与医药这两个战略性新兴产业的发展需求，重点支持高校开展了33项关键性技术攻关研究。对129个自然科学领域和123个人文社科领域的高校青年教师科研项目进行立项资助。

加强哲学社会科学创新体系建设。立项建设6个高校人文社科重点研究基地，对30个依托已获得或新申报的人文社科重点研究基地的项目予以支持。

〔**高校科研成果**〕　2011年，广东省高校获国家科技奖励10项，国家社会科学基金重大招标项目12项，国家社科规划项目立项129项，2011年度教育部哲学社会科学研究项目358项。其中中山大学、华南师范大学、暨南大学3所高校的一般项目立项数位居全国前10名。

〔**高层次人才培养和引进**〕　2011年，全省高校“珠江学者”总数达86人，其中在岗69人，有1名“珠江学者”成为教育部“长江学者”创新团队带头人，1名“千百十工程”培养对象成为中国工程院院士。34名“珠江学者”、19名“千百十工程”国家级培养对象、98名省级培养对象获人才项目资助。

加强高层次人才引进工作。在广东省第二批引进创新科研团队中，高校有5个，占全省的25%；高校引进领军人才13名，占全省的77%。2011年，对引进的45名高层次人才提供项目资助近2 000万元。

广东省首批“南粤百杰培养工程”培养对象中高校有7人，占全省的47%。推荐第六批国家“青年千人计划”人选16人，教育部青年骨干教师国内访问学者人选40人。

〔**高校思想政治工作**〕　基本完成第一轮思想政治理论课建设评估。评审确定2011年度高校思想政治教育课题173项。组织高校思政课新任教师岗前培训170人次，组织辅导员等高校政工队伍培训1 000多人次，组织高校哲学社会科学教学科研骨干研修1 000人次，组织高校宣传部长培训130多人次。加强高校思想政治理论课建设。对22所高校进行心理健康教育专项督查，广泛开展心理健康教育宣传教育活动。全面开展大学生信用档案建设工作，参与建档学生超过90%。

〔**高校党建工作**〕　召开全省高校党建工作会议，全面贯彻第十九次全国高校党建工作会议精神和新修订的《中国共产党普通高等学校基层组织工作条例》。大力推进高校党的基层组织建设，建立10个高校基层党组织生活创新示范点。做好高校党员发展和教育工作，全年发展党员约6万人。积极参加全省首届组织工作“十大品牌”评选活动，“大学生志愿服务工程”获“十大品牌”创新奖。

〔**高校领导班子和干部队伍建设**〕　大力推进学习型党组织建设，抓好高校党委中心组学习“七项制度”的贯彻落实和检查。举办5期高校学习论坛，组织高校领导干部认真学习理论和业务；建立10个高校学习型党组织示范联系点，打造学习品牌。抓好高校领导班子的思想政治建设，规范高校领导干部管理。全省高校领导班子任期制基本得到落实。全年完成23所高校党委、行政领导班子任期（届）期满考核工作。2011年，新提拔校级领导干部42名，其中正职21名。

〔**毕业生就业工作**〕　截至9月1日，全省2011年应届高校毕业生就业率达94.76%，比2010年同期上升了近1.7个百分点，创5年来的新高，位居全国前列。80名广东省生源的首届免费师范生中有77人到中小学任教；接收外省生源免费师范毕业生100多人到中小学任教。

撰稿　刘宏伟　张振超
审稿　王斌伟

深圳市教育

概　况

〔**综述**〕　2011年，深圳市教育局在市委市政府的领导下，在教育部、广东省教育厅的关心指导下，深入贯彻国家和广东省教育规划纲要，全面落实市委市政府教育工作决策部署，深化改革、加快发展，为深圳大运会的成功举办作出了重大贡献，为创造“深圳质量”、促进民生幸福、建设国家创新型城市和现代化、国际化先进城市，发挥了不可替代的重要作用。

2011年，全市共有各级各类学校1 757所，其中普通高等教育学校9所，成人高等学校1所；普通高中66所，中等职业学校19所（另有3个非独立法人的中等职业办学机构），普通初中233所，小学334所，学前教育机构1 093所，特殊教育学校（含特教、工读）2所。全市各类学校在校生1 435 346人，其中全日制高校在校生70 004人，成人高校在校生23 608人，普通高中在校生102 890人，中等职业学校在校生57 483人，普通初中在校生244 052人，普通小学在校生651 307人，幼儿园在校生285 146人，特殊教育学校在校生856人，全市各类学校教职工122 845人，其中专任教师83 331人。

〔**教育经费投入**〕　教育投入进一步加大。2011年，全市教育经费总投入274.44亿元，比2010年增加54.84亿元，增幅24.97%。其中财政性教育经费209.19亿元，比2010年增加53.29亿元，增幅34.2%。年度财政超收资金中安排教育部分突破5亿元。优化教育投入结构。市政府办公厅印发《关于优化深圳市义务教育财政投入结构的意见》，逐步缩小公办学校在经费投入、办学条件等教育资源配置上的差异。市本级财政首次将教育费附加纳入部门预算，坪山新区率先在全市实施公办学校日常运行经费生均拨款制度。

〔**国家教育体制改革试点全面展开**〕　深圳市承担的教育综合改革、改善民办教育发展环境、中小学课程改革3项国家教育体制改革试点全面展开，项目实施方案全部通过国家审核备案。部署首批63项改革试点项目，试点工作进度和成效通过国家教育体制改革办公室的检查，并得到充分肯定，市教育局受邀在全国贯彻落实教育规划纲要一周年座谈会上作典型经验发言。在第二届“全国教育改革创新奖颁奖典礼暨中国教育创新论坛”上，深圳市获奖数量最多，市教育局被授予“全国教育改革创新特别奖”。

〔**教育科学研究**〕　创新教育科研工作，发挥教育科研骨干的示范引领和辐射带动作用，在全国率先开展“教育科研专家工作室”和“教育科研基地学校”评审，通过专家引领带动教师全面开展教育科研，通过高端架构带动学校内涵发展。组织全市中小学积极申报国家级和省级课题，获国家社科基金课题2项，教育部规划课题2项，广东省重点课题8项，立项课题数居全省各地市前列。深入推进中小学教科研工作规范化发展，开展基础教育课程改革实验情况调研，加强课程改革研究，深化课程改革。

〔**教育信息化建设**〕　编制《深圳市教育信息化发展行动计划（2011—2015年）》，为深圳市今后5年的教育信息化发展制定路线图；编制完成《深圳市义务教育规范化学校设备设施配置标准

（2011年修订稿）》、《深圳市普通高中设备设施配置标准（试行）》、《深圳市公办普通中小学校设备设施的配备价格参考标准》和《深圳市中小学校园网站安全与应用绩效评估标准》，为全市中小学推进设备设施配置工作提供工作依据；编制《深圳市民办学校信息化建设调研报告》。大力推进教育电子政务建设，增强教育管理和服务能力，提高教育管理和服务水平。积极参与教育部主导的“国家教育电子政务试点工程”工作，被教育部命名为“国家教育电子政务试点工程单位”；深圳中学等多个网站被教育部评为“全国中小学校百佳网站”和“全国中小学校优秀网站”，获奖比例居广东省首位。继续深化教育资源建设和整合，丰富资源共享途径。“网络课堂”在线课例达3 000节，总点击量超过114万人次；与广电集团合作推出高清互动“电视教育”栏目，上线高清课例500节，收视突破118万人次。78所学校顺利通过广东省现代教育技术实验学校中期验收；深圳市首创的学生网络夏令营在中国专利年会上获“全国校园发明与创新优秀奖”、“校园发明平台创新奖”；中小学校园电视台建设工作成效显著，多件作品获第三届中国校园电视节暨第八届中国中小学校园电视颁奖会最高奖——“金犊奖”，3家校园电视台被授予“百佳校园电视台”荣誉称号，并获优秀节目金奖15个；成功申报136项广东省教育科学“十二五”规划教育信息技术研究专项2011年度课题，数量居全省各地市之首；组织参加全国教育技术装备与实验教学优秀论文评选活动，获奖22篇，其中一等奖数量多于省内其他地市的总和；深入开展下一代互联网应用试验和研究，盐田区的学校全部进行了基于IPv6的可控可管的下一代教育城域网部署，实现了IPv4/v6双栈兼容互联互通，推动下一代互联网探索由试验向应用研究转型。

〔**教育督导**〕　深入推进规范化幼儿园验收和办学水平评估工作，全年30所学校（幼儿园）参加了省级评估（复评），99所学校（幼儿园）进行了市级评估，23所学校参加了义务教育阶段学校办学水平试点评估和正式评估工作。截至2011年年底，全市共有149所民办学校成为等级学校，占民办学校总数的67%；全市共有912所幼儿园通过了验收，规范化比例达85%，圆满完成了市政府民生实事所确定的目标。《构建发达城市义务教育阶段学校办学水平评估体系的研究——基于深圳市的经验》被列入教育部全国教育科学“十二五”规划课题，填补了深圳市教育督导领域国家级课题的空白。

〔**教师队伍建设**〕　开办首期中学校长教育管理与创新培训班、后备校长培训班和中小学名校长高端研修班。完成第三批基础教育系统“名师工程”评选和第一、二批“名师工程”复审，启动名校长、名师工作室建设，建立了首批10个市级名校长工作室、28个名师工作室，校长和教师的专业水平不断提高。加强教师海外培训，全年共派出5批122人出国培训。加大外籍教师聘请力度，2010—2011学年度聘请外籍教师170名。

〔**学校安全管理**〕　贯彻落实《深圳市学校安全管理条例》及《实施细则》，修订完善学校安全管理问责办法、学生装评审细则等规章制度。校方责任保险与学生意外伤害保险“双险”捆绑实施运行良好，设计“双险”投保软件管理系统，保障学生权益。积极创建安全文明校园，22所学校获评市级安全文明学校。出动排查人员35 794人次，全面排查整治学校安全隐患3 875处，有效保障了校园及周边环境安全。着力做好校车安全工作，全年联合市公安交警局开展5次校车安全专项整治行动，集中对全市3 400多辆校车进行集中定点检查和上路检查，全市自有校车卫星定位汽车行驶记录仪安装率达100%。顺利完成学生装定点生产供应企业招标及学生饮用奶招标工作并加强日常管理，全年历次学生装质量检查合格率均为100%，学校食堂量化分级取证率达99%。顺利承办全省学校安全管理工作会议，受到省教育厅领导肯定。强化基地建设，深圳市现代安全实景模拟教育基地与深圳市中小学公共安全教育馆投入使用，全年参观学习的中小学生达7万多人。编印《深圳市中小学安全知识读本》，免费发放5万册。开展消防演练726次，96万名学生参加。全年没有发生任何重大安全责任事故。

〔**招生考试**〕 全年完成7大类35次国家及省、市教育考试及招生任务，考生总数达60万人次、125万科次。圆满完成高考和中考，在考生人数增加16%的情况下，高考上线率、录取率喜获双丰收。一本录取率达15.7%，比2010年提高0.1个百分点；本科以上录取率达57.4%，专科以上录取率达91.7%，与2010年持平。深圳大学招生录取维稳工作成效显著。作为市政府民生实事之一的优质普通高中指标生分配改革试点工作平稳顺利完成，首次试点取得成功。“深圳市国家教育考试巡考监控中心”建成投入使用并实现了与国家、省教育考试部门和各考场的互联互通。

〔**民办教育**〕 深圳市民办教育形成了民办学校与公办学校错位竞争、相互促进、和谐发展的新格局，民办中小学实现了由提供学位为主，向提供学位与扩大市民教育选择并重的战略转型。2011年，深圳市有民办中小学245所，其中196所民办学校进入等级学校行列，1所民办学校通过国家级示范性普通高中评估，6所民办学校通过省普通高中教学水平评估，151所学校通过市级以上评估。市政府办公厅印发了《关于优化深圳市义务教育财政投入结构的意见》和《深圳市民办教育发展专项资金管理办法》，标志着正式建立了政府财政对民办学校的常规性投资机制，每年按教育费附加15%的比例投入民办教育，用于对民办学校的专项奖励和扶持。相继研究制定《深圳市民办中小学学位补贴暂行办法》、《深圳市民办中小学教师长期从教津贴实施办法》、《深圳市民办教育发展专项资金奖励和资助实施细则》等予以落实。完成了民办中小学分类管理实施办法的草拟工作，出台一系列规范管理和扶持政策；在两所民办高中开展国际课程试验，探索育人模式创新；对开展国际合作与交流取得突出成绩的民办学校给予奖励资助，在招生和课程安排上给予支持；推动全市首批20所民办高中与公办高中结对工作，提升民办高中教育水平。

〔**教育交流与合作**〕 制定《深圳市推进教育国际化行动计划》，将教育国际化作为深圳市教育未来5年发展的重要特色，提出了提升教育国际化水平的六大行动。继续推进深港、深澳教育合作及教育国际交流合作。深化实施深港姊妹校（园）缔结计划，首次开展深港学前教育互访交流和小学校长论坛。深澳教育交流取得突破进展，缔结首批10所深澳友好姐妹学校，并组织教育行政人员及骨干教师赴澳开展互访交流。港人子弟学校建设工作推进顺利，连续两年成功参加学位分派计划，全市4所“港人子弟班”共招收382名港人学生。市教育局应邀组团赴日本长野县（省级行政区）访问，并与俄罗斯萨马拉州教育部门建立了密切的交流往来。推动全市高校和中小学国际化步伐。深圳大学积极筹建德法“孔子学院”。依托市第一职业教育集团与新西兰惠灵顿理工学院等院校开展合作办学，互认学分的专业超过20个，每年招生4—6个班，国际班办学规模进一步扩大。深圳外国语学校高中部的国际课程项目获省教育厅审批，成为深圳市第一家开展实施中外合作办学项目的公办学校。新建深圳外国语学校国际部，国际部下设的幼儿部已于2011年9月开始招生。深圳宝安中英公学获教育部NACCT国际课程认证，获全国第一所国际化民办学校称号。国际理解教育有新进展，福田、宝安被教育部确认为基础教育课程教材发展中心“教育国际化实验区”。

〔**对口帮扶**〕 教育援疆工作扎实推进。市教育局与喀什市教育局正式签署结对帮扶框架协议，对口援建的喀什市第十八小学如期开学，深喀教育园区正式开工奠基。除选派12名援疆教师赴疆支教一年外，还组织选派13位专家名师和2个工作组开展短期送教活动。举办了首期新疆和西藏中小学校长挂职研修班，新疆及西藏34位中小学校长到深圳市参加为期2个月的挂职研修。邀请喀什市和塔县师生一行30人到深圳市开展为期一周的“感受祖国”交流活动。中央新疆工作协调小组教育组2011年第29期《教育援疆在行动简报》专门刊发“深圳专辑”，对深圳教育援疆工作给予充分肯定。实施广东省“千校扶千校”工程，与揭阳、河源、汕头3市共215所学校认真开展结对帮扶活动。

基础教育

〔**学前教育**〕　广东省学前教育三年行动计划工作推进会在深圳市召开，省教育厅领导对深圳市规范化幼儿园建设工作取得的成效和宝安区政府产权配套幼儿园管理新经验予以充分肯定。建立了学前教育联席会议制度，分管副市长任第一召集人，市政府各相关职能部门负责人参加，形成了教育部门主管、有关部门分工负责的工作机制。结合深圳市社会力量办学为主的实际，大力推进幼儿园规范化建设。启动学前教育管理信息化建设，学前教育管理专门网站——“深圳学前教育在线”正式开通。

〔**义务教育**〕　切实担负起义务教育保障责任，基本解决了外来务工人员子女在深圳市接受义务教育问题。积极探索义务教育阶段招生工作，加强基础教育信息化管理，率先在全省推行义务教育招生网上报名，并不断完善网上报名系统，提高了公共服务质量和效率。进一步推进义务教育均衡发展和特区教育一体化发展，在完成了对特区外96所原村小的改造基础上，开展了为期3年的原特区外薄弱学校与优质学校结对帮扶的“百校扶百校”活动。积极推进义务教育规范化学校建设，全市384所公办义务教育学校全部通过规范化学校验收，覆盖率为100%，学校的办学条件、管理和教育教学水平得到大幅提升，达到广东省义务教育规范化学校标准要求，有效促进了全市学校一体化建设水平的提高。

〔**中小学课程改革**〕　中小学课程改革不断深入，涌现出深圳中学、深圳实验学校、红岭中学、育才中学、文汇中学等一批课程改革典型学校。制定《深圳市初中科学课程调整实施指导意见》，推进初中科学课程改革向纵深发展。深化素质教育特色学校创建工作，中小学艺术、体育、德育、课程改革、校园文化建设等特色更加突出。创新人才培养试点工作全面开展，确定深圳中学、深圳实验学校等9所普通高中为深圳市首批创新型人才培养试点学校，确定和上报28所普通高中为省重点提升办学水平学校，并安排900万元专项资金予以资助。

〔**免学费情况**〕　截至2011年年底，全市义务教育学校小学一年级招收新生12.81万人，同比增幅为8.6%；初一年级招收新生8.71万人，同比增幅为2.4%。2011年，全市义务教育免费学生52.85万人，其中非深圳市户籍学生28.65万人，占54.2%；公办学校学生全部实现免费，民办学校5.04万人取得免费资格。

〔**高中教育**〕　坚持开展课程改革和特色发展，促进普通高中教育走内涵式特色化发展之路。深圳市教育局印发《在普通高中学校开展创新型人才培养试点工作的通知》，鼓励和支持高中与高校、科研机构联合开展创新人才培养，组织首批9所试点学校开展为期三年的普通高中创新型人才培养试点。组织全市28所普通高中开展提高普通高中办学水平提升工程。开展普通高中自主招生试点，出台深圳中学和深圳实验学校自主招生工作方案，顺利完成招生录取工作，为创新选拔人才方式积累了经验。创造性开展素质教育特色学校创建工作，制定了《深圳市中小学素质教育特色学校创建实施方案》和评定标准（覆盖高中、初中、小学），按照德育、科技教育、课程改革、体育、校园文化、艺术教育六大类别进行创建和评比。

〔**特殊教育**〕　深圳市共开设了6处元平特殊

教育学校分教点，在校残疾学生776人。深圳元平特殊学校已发展成全国同类学校办学规模最大，办学条件优良、办学水平较高的特殊教育名校，成为展示中国特殊教育事业和中国人权事业的窗口。该校深入推进“学校教育、医疗康复、职业训练相结合”的培智课程建设，加强教学过程管理，扎实开展潜能开发工作，聋高中毕业生大学录取率和视障初中生中考录取率均为100%。稳步推进“医教结合”康复模式的探索与实践，元平特殊教育学校的康复教育已经成为全国康复教育师资培训基地。

职业教育与成人教育

〔**中职学生奖助学金工作**〕　全面规范中等职业学校国家助学金和免学费管理，起草了《深圳市中等职业学校家庭经济困难学生和涉农专业紧缺专业学生免学费工作实施办法（试行）》，4 000名学生获得免学费教育，受助学生达5.78万人次，资助金额达5 338万元，增强了中等职业教育的吸引力。

〔**获奖情况**〕　2011年，深圳市中职学生在全国职业院校技能大赛中获一等奖12项、二等奖16项、三等奖27项，位居37个代表队的第11名，获奖总数为前三届总和；参加第八届全国中等职业学校文明风采竞赛，深圳市获全国决赛贡献奖，深圳市第一职业技术学校等13所学校获全国决赛优秀组织奖，深圳市行知职业技术学校等2所学校获全国决赛组织奖，学生参赛项目获一等奖222个、二等奖734个、三等奖775个、优秀奖446个；参加2011年“神州数码杯”全国中等职业学校信息化教学大赛，1人获一等奖、1人获二等奖、6人获三等奖、4人获优秀奖。

〔**社区教育**〕　积极开展社区学校建设试点工作，已建好社区学校3所，完成26所社区学校选址工作。举办第七届全民终身学习活动周，覆盖率达96%以上，参加各类学习培训和教育信息咨询的人数超过135万人次，连续七年获全国优秀组织奖。市区两级教育行政部门全年共审批31家教育培训机构，依法对注册的297家教育类社会培训机构进行年审，责令9家不合格的培训机构整改，依法终止1家培训机构办学。会同市城市管理综合执法局开展教育类民办培训机构执法大检查，排查400多家非法培训机构并依法清理。

高等教育

〔**学科建设**〕　全日制研究生及本专科层次教育涵盖理学、工学、文学、法学、管理学、教育学、经济学等10个学科门类。有市属高校博士点3个，一级学科硕士点34个（下设二级硕士点100多个），单列二级学科硕士点10个，专业硕士培养领域13个；本科专业72个，高职专业142个；国家级精品课程60门；大学城3所研究生院共有博士点67个、硕士点81个。

〔**特色学院建设**〕　根据市委市政府“十二五”期间建设10个特色学院的部署，强力推进特色学院建设，形成了特色学院建设的工作思路和工作方案。10月14日，深圳市批准设立“深圳市华大基因学院”，并于10月21日举行了揭牌仪式，标志着深圳市第一个特色学院的诞生。

〔**教师队伍建设**〕　全市高校拥有院士 4 人，双聘院士 16 人，双基地院士 17 人。具有博士学位教师共 1 493 人，占专任教师的 40.08%；具有正高级职称教师占专任教师的 17.02%。

〔**筹建香港中文大学（深圳）**〕　香港中文大学与深圳市合作办学工作推进顺利。3 月 12 日，市政府与香港中文大学签订《深圳市人民政府香港中文大学关于在深圳办学的框架协议》；7 月 4 日，香港中文大学与深圳大学签订《香港中文大学 深圳大学有关筹建香港中文大学（深圳）的协议》。推动香港中文大学（深圳）申报筹建和校园建设工作，市发改委批准该校一期项目约总建筑面积 30 万平方米、投资匡算 15 亿元。

〔**南方科技大学建设**〕　7 月 1 日，《南方科技大学管理暂行办法》以市政府令形式发布实施，学校成立第一届理事会并于 7 月 15 日召开第一次会议，审定通过了《南方科技大学理事会章程（试行）》，讨论了《南方科技大学办学方案和发展规划》，审议通过了《南方科技大学理事会常务委员会和专门委员会设置方案》以及《南方科技大学副校长遴选标准和程序》。

撰稿　胡　鹏　肖盛生
童海云　余志勇
李　贤
审稿　郭雨蓉　范　坤
陆万伟　蔡茂洲

广西壮族自治区教育

概　　况

〔基本情况〕

2011 年各级各类学校校数、教职工、专任教师情况

	学校数（所）	教职工数（人）	专任教师数（人）
总计	23 219	591 613	479 303
一、高等教育	76	54 797	34 478
（一）研究生培养机构（不计校数）	11		
1. 普通高校	11		
2. 科研机构	0		
（二）普通高等学校	70	52 830	33 459
1. 本科院校	30	34 210	21 216
其中：独立学院	9	5 028	3 599
2. 高职（专科）院校	40	18 620	12 243
3. 其他机构（点）（不计校数）	0	0	0
（三）成人高等学校	6	1 967	1 019
（四）民办的其他高等教育机构	0	0	0
二、中等教育	2 899	233 210	186 970
（一）高中阶段教育	824	101 844	67 673
1. 高中	447	65 982	43 077
普通高中	446	65 974	43 069
完全中学	189	27 748	12 421
高级中学	245	36 300	30 099
十二年一贯制学校	12	1 926	549

续表

	学校数（所）	教职工数（人）	专任教师数（人）
成人高中	1	8	8
2. 中等职业教育	377	35 862	24 596
普通中专	327	30 377	20 597
成人中专	0	0	0
职业高中	0	0	0
技工学校	48	5 429	3 986
其他机构(教学点)(不计校数)	2	56	13
（二）初中阶段教育	2 075	131 366	119 297
1. 初中	1 939	131 167	119 248
初级中学	1 722	118 543	102 879
九年一贯制学校	217	12 624	5 294
十二年一贯制学校			449
完全中学			10 626
职业初中	0	0	0
2. 成人初中	136	199	49
三、初等教育	13 973	235 281	219 083
（一）普通小学	13 789	235 149	218 967
小学	13 789	235 149	213 168
九年一贯制学校			5 395
十二年一贯制学校			404
（二）成人小学	184	132	116
其中：扫盲班	56	108	102
四、工读学校	3	34	18
五、特殊教育	60	1 447	1 138
六、学前教育	6 208	66 844	37 616

2011 年各级各类学历教育学生情况

	毕业生数（人）	招生数（人）	在校生数（人）
一、高等教育			
（一）研究生	5 994	7 920	22 567
博　士	127	194	730
硕　士	5 867	7 726	21 837

续表

	毕业生数（人）	招生数（人）	在校生数（人）
（二）普通本专科	151 052	184 639	600 094
本　科	56 837	77 023	284 686
专　科	94 215	107 616	315 408
（三）成人本专科	52 550	65 487	155 609
本　科	20 610	27 361	65 558
专　科	31 940	38 126	90 051
（四）其他各类高等学历教育			
1. 在职人员攻读硕士学位		881	3 863
2. 网络本专科生	0	0	0
本　科	0	0	0
专　科	0	0	0
二、中等教育	1 078 041	1 345 114	3 740 597
（一）高中阶段教育	450 849	656 468	1 731 580
1. 高中	238 700	283 282	774 664
普通高中	238 408	283 282	773 562
完全中学	65 362	79 328	213 133
高级中学	170 123	200 822	551 000
十二年一贯制学校	2 923	3 132	9 429
成人高中	292		1 102
2. 中等职业教育	212 149	373 186	956 916
普通中专	149 250	149 348	426 320
成人中专	30 763	167 729	415 633
职业高中	0	0	0
技工学校	32 136	56 109	114 963
（二）初中阶段教育	627 192	688 646	2 009 017
1. 初中	624 461	688 646	2 008 317
初级中学	536 121	587 644	1 719 355
九年一贯制学校	24 427	28 374	82 319
十二年一贯制学校	1 667	2 432	6 646
完全中学	62 246	70 196	199 997

续表

	毕业生数（人）	招生数（人）	在校生数（人）
职业初中	0	0	0
2. 成人初中	2 731		700
三、初等教育	724 765	726 689	4 272 324
（一）普通小学	702 614	726 689	4 270 002
小学	681 583	703 581	4 133 792
九年一贯制学校	19 483	21 857	128 136
十二年一贯制学校	1 548	1 251	8 074
（二）成人小学	22 151		2 322
其中：扫盲班	3 674		1 016
四、工读学校	8	11	20
五、特殊教育	1 129	2 411	13 861
六、学前教育	546 021	965 624	1 442 530

2011 年各级各类非学历教育学生情况

	毕（结）业生数（人）	注册生数（人）
总计	489 203	374 927
一、高等教育	153 594	90 185
（一）研究生课程进修班	904	3 465
（二）自考助学班	3 998	8 869
（三）普通预科生		974
（四）进修及培训	148 692	76 877
其中：资格证书培训	59 078	37 463
岗位证书培训	41 222	21 723
二、中等教育	335 609	284 742
其中：资格证书培训	89 164	57 617
岗位证书培训	117 774	115 154
（一）中等职业教育	182 486	122 387
其中：资格证书培训	89 164	57 532
岗位证书培训	31 664	19 543
（二）职业技术培训机构	153 123	162 355
其中：资格证书培训	0	85
岗位证书培训	86 110	95 611

2011 年各级各类民办教育基本情况

	学校数（所）	毕业生数（人）	招生数（人）	在校生数（人）	教职工数（人）	专任教师数（人）	其他学生数（人）
一、民办高等教育							
（一）民办高校	21	27 219	37 860	116 062	9 084	6 308	8 581
本科学生		11 706	20 213	67 146			
专科学生		15 513	17 647	48 916			
其中：独立学院(不计校数)	9	11 706	19 556	66 489	5 028	3 599	2 146
本科学生		11 706	19 556	66 489			
专科学生		0	0	0			
（二）民办的其他高等教育机构	0				0	0	0
二、民办中等教育							
（一）高中阶段教育	180	44 262	68 783	173 361	18 254	12 625	
1. 民办普通高中	72	16 554	23 474	57 644	13 042	9 269	
2. 民办中等职业教育	108	27 708	45 309	115 717	5 212	3 356	6 256
（二）初中阶段教育	138	21 664	27 960	79 126			
1. 民办普通初中	138	21 664	27 960	79 126			
2. 民办职业初中							
三、民办普通小学	191	19 962	22 819	131 407	4 587	3 305	
四、民办幼儿园	5 657	160 927	350 534	677 412	54 522	30 162	
另有：民办培训机构（不计校数）	5				82	72	1 460

〔**广西教育规划纲要与广西教育“十二五”规划**〕 2011 年，自治区发布实施《广西中长期教育改革和发展规划纲要（2010—2020 年）》（以下简称广西教育规划纲要），并配套出台《广西壮族自治区教育事业改革和发展“十二五”规划》（以下简称广西教育“十二五”规划）等 10 多个专项规划及 30 多个政策性文件，制定了未来 5—10 年自治区教育改革和发展目标任务及实现目标任务的时间表、路线图。广西教育规划纲要提出了“到 2020 年，与全国同步基本实现教育现代化，基本形成学习型社会，进入西部人力资源强省（区）行列，建成国家民族教育示范区和面向东盟的教育国际交流与合作高地”的宏伟目标，强调在推进过程中，要坚持“促进公平、强基固本、提质增量、改革创新、服务发展”的工作方针。

广西教育“十二五”规划提出了“十二五”期间广西教育事业发展的总体部署，以“提高教育普及程度、提升教育质量、深化教育改革、促进教育公平、扩大教育开放”为基本思路。在总体目标的设计上，坚持广西教育规划纲要中确定的目标，为到 2020 年与全国同步基本实现教育现代化打下坚实基础。

〔**教育政策研究与法制建设**〕 3 月 31 日，自治区第十一届人大常委会第 20 次会议审议通过《广西职业教育条例》，并于 7 月 1 日起施行。自治区教育厅研制出台、修订完善了《自治区教育厅规范性文件制定程序和监督管理办法》、《广西中等职业学校专业设置管理暂行办法》、《广西壮族自治区中小学校课桌椅使用管理规定》、《自治区教育厅重大决策五项制度》等系列规章制度，制定了《关于在全区教育系统开展法制宣传教育的第六个五年规划》。

〔**教育投入**〕　据统计，2011年，广西教育经费总收入为593.85亿元，比2010年增加99.06亿元，增长20.02%，其中预算内教育经费463.54亿元，比2010年增加89.56亿元，增长23.95%。2011年，广西教育经费总支出576.18亿元，比2010年增加97.07亿元，增长20.26%，其中事业性经费支出561.76亿元，比2010年增长92.72亿元，增长19.77%。

〔**“双十”工程**〕　国家教育规划纲要颁发后，自治区党委、自治区人民政府成立了广西教育体制改革领导小组，下设办公室，负责全区教育的统筹协调工作，指导和协调各有关职能部门、各市、县贯彻落实国家和广西教育规划纲要，推进实施十项教育重点发展工程和十项教育体制改革试点项目（简称“双十”工程）。

“双十”工程共99个项目，其中国家教育体制改革试点项目11项，涵盖学前教育、基础教育、职成教育、高等教育、民族教育、继续教育、仪器装备、招生考试、教师队伍建设等范围，项目设计完成时间大多为3—5年。截至2011年年底，“双十”工程各项目已经启动95个，占项目总数的96%。

〔**教育科学研究**〕　组织编辑出版《广西教育发展报告（2010）》和《广西教育数据分析（2010）》。组织实施广西基础教育教学改革大调研活动。在全区确定35所学校为第一批广西基础教育科研基地学校。开展广西教育科学规划课题评审和管理工作，批准广西教育科学“十二五”规划2011年度立项课题574项、广西高校学生资助研究专项课题27项、广西高校大学英语教学研究专项课题28项、委托重点立项课题40项。组织申报全国教育科学规划课题49项。

〔**教育督导**〕　2011年，自治区政府教育督导团组织对上林、柳江、全州、那坡、南丹、金秀6个县进行“两基”巩固提高复查，重点复查教育经费审计和控辍保学工作；完成职业教育攻坚评估验收。6月，自治区政府教育督导团组织开展并顺利完成对14个市的职业教育攻坚工作的评估验收；组织开展基础教育质量监测工作。在17个县（市、区）的306所小学、初中开展义务教育阶段学生英语学习质量和体育健康状况监测工作。自治区教育督导团办公室和9个县（市、区）获国家基础教育质量监测中心表彰；完成自治区政府督学换届工作，聘任第七届自治区政府督学69人、特约教育督导员7人。自治区政府副主席李康担任总督学，自治区政府副秘书长吴建新担任副总督学，自治区高校工委书记、教育厅厅长高枫担任主任督学。

〔**教育绩效考评**〕　2011年，编制了《自治区教育厅2011年度绩效考评指标体系及评分细则》、《自治区教育厅2011年度设区市为民办实事专项考评指标及评分细则》及《自治区教育厅2011年度教育专项工作绩效考评指标体系和评分细则》，将自治区党委、政府的战略决策和工作部署落实到绩效考评指标体系，考评对象覆盖14个设区市教育行政部门。召开全区设区市教育项目绩效考评工作会议。组成7个核验组对14个设区市教育为民办实事及教育专项工作进行核验。

〔**教师队伍建设**〕　举办了师德论坛、广西教师教育高峰论坛和石兰松、莫振高、周宏军优秀教师先进事迹报告会。完成了2011年度教师资格认定工作，做好国家教师资格考试和注册改革试点准备工作。组织开展了全区中小学优秀班主任、“广州助学基金”八桂优秀乡村教师等评优表彰和推优工作，共评选表彰教师、教育工作者400余人，河池市都安高中校长莫振高荣获2011年“全国教书育人楷模”。召开全区中小学教师培训工作研讨会、联合国儿童基金会项目和中英西南基础教育项目总结和展览会。评选出2011年教师教育学科教学团队12个，16门教师教育精品课程通过终期验收，启动“广西‘物理与科学学科’教师教育创新示范平台建设”项目。继续实施农村义务教育阶段学校教师特设岗位计划，招聘“特岗教师”4 242 人，圆满完成服务期满“特岗教师”的转岗工作，2 454人顺利转岗。

组织开展中小学骨干校长和骨干班主任培训。实施“中小学教师国家级培训计划”，其中 250 名中高职称以上骨干教师参加了示范性培训项目，550 名教师参加了县级教师培训机构培训。组织遴选区内外 18 家教师培训院校和远程教育机构为自治区农村中小学骨干教师进行培训，共培训中小学教师48 248名。开展“幼儿教师国家级培训计划”，培训幼儿教师 3 790 名。大力推进自治区教师培训计划，完成 660 名农村骨干教师培训，遴选建设 52 个特级教师工作坊，组织 14 个地市的 96 名教师参加了暑期中小学英语教师培训班。

启动实施高中新课改师资培训和基础教育名师名校长培养工程。深入开展与北京师范大学合作共建的“基础教育教师素质提升综合改革实验”项目，完成了项目合作第二年 400 余名校长和教师的集中培训。持续推进与北京外国语大学合作开展的“中小学英语师资培训合作”项目，分地市组织开展了两次优质英语教育资源“送教下乡”活动，分 5 批选派共 690 名农村英语教师赴北京参加全封闭口语培训。研制印发高校师范专业办学能力提升计划实施方案，启动实施教师教育基地建设，立项建设 4 个自治区级示范性教师教育基地和 9 个重点培训教师教育基地。研制广西中小学教师资格证书定期注册办法和教师资格培训考试办法，积极筹备中小学教师资格制度改革。

〔**体育、卫生、艺术教育**〕 召开全区学校体育、卫生、艺术和国防教育工作会议暨全面推进“体育艺术 2+1 项目”工作现场会。根据教育部部署，组织专家到有关市县对学生体质健康状况进行调研。深入推进“体育艺术 2+1 项目”，传承民族艺术，全区共有 15 所学校被教育部评为“全国中华优秀文化传承学校”。大力开展学生阳光体育展示活动，广西获第四届全国亿万学生阳光体育冬季长跑活动省级优秀组织奖。在全区开展民族体育进校园活动，创建评选“广西民族传统体育示范学校”。组织开展了广西第七届大学生运动会、广西千万中小学生广播体操大赛，组队参加全国第十一届中学生运动会和第一届全国中小学体育教师教学技能比赛。举办全区中小学、高校体育教学观摩展示活动，举办全区中小学体育教师培训班，培训教师 360 多名。

组队参加教育部举行的以“青春·使命”为主题的全国第三届大学生艺术展演活动，取得优异成绩。继续开展高雅艺术进校园活动，邀请中央民族歌舞团、中国歌剧舞剧院到自治区部分高校演出，组织广西交响乐团、广西艺术学院交响乐团在部分高校巡演。

完善“卫生优秀学校”考核评分标准，对 2007 年获自治区级卫生优秀学校称号的学校和 2011 年新申报的学校进行复评，共评估学校 308 所，新增 9 所“卫生优秀学校”。继续做好学校预防艾滋病健康教育工作，开展预防艾滋病健康教育优秀教学活动评选，举办了全区中学艾滋病健康教育示范课观摩活动。

〔**学校安全稳定工作**〕 2011 年，在全区中小学幼儿园开展创建“平安校园”活动，在高校开展创建“安全文明校园”活动，有 40 所高校被自治区综治委、自治区高校工委、教育厅评为“2011 年广西高等学校安全文明校园”。组织开展“安全教育月”主题活动，将安全教育纳入高校学生必修课程。组织编写《大学生安全教育》教材。开展 2011 年度广西教育系统维护学校安全稳定立项研究课题申报工作，经专家评审批准立项课题 332 项。广西电力职业技术学院、右江民族医学院和南宁市民主路小学等 25 所中小学被评为第二批“全国消防安全教育示范学校”，自治区人民政府对被命名为首批“全区消防安全教育示范学校”的广西师范大学等 40 所大、中小学幼儿园进行了表彰。补充调整自治区治安综合治理委员会学校及周边治安综合治理工作领导小组成员。组织开展教育系统安全管理和突发事件应急处置培训，提升学校安全管理和处置能力。

〔**教育交流与合作**〕 2011 年，组织访问团组

212 批 972 人次赴国（境）外开展访问、考察、讲学、科研合作、参加国际会议、短期培训等教育交流活动。自治区各级各类学校长期外籍专家和外籍教师 171 人。邀请外籍人士 130 人到自治区高校参观访问和进行教育交流。自治区财政资助出国留学人员 88 人，53 人被国家留学基金管理委员会西部人才培养特别项目录取。自治区高校招收中国政府奖学金来华留学生 100 人，招收广西政府奖学金老挝留学生 40 人、柬埔寨留学生 10 人。全年全区高校招收来华留学生 2 682 人，招收香港学生 33 人，台湾学生 6 人。自治区政府设立 2011—2012 学年度奖学金 1 000 万元，资助全额奖学金 333 人、优秀奖学金 162 人。广西师范大学和广西民族大学学生艺术团分别赴泰国开展“巡演、巡讲、巡展”三巡文化活动，赴印度尼西亚、泰国、老挝交流演出。国家汉办批准同意广西民族大学与印度尼西亚丹戎布拉大学共建孔子学院。分别派出 76 人和 28 人赴泰国、菲律宾教授汉语。组织 24 所高校赴马来西亚、印度尼西亚举办广西国际教育展。组织 20 所高校随自治区人民政府的经贸文化代表团赴台湾参加“2011 年桂台经贸文化合作论坛”，访问东华大学、辅英科技大学，并与台湾花莲县教育处签署合作意向书。台湾花莲县教育文化体育代表团一行 32 人成为广西“三年之约”教育体育界的首批客人来广西考察交流。自治区教育厅、中国—东盟博览会秘书处承办“中国—东盟友谊知识竞赛”，中国、东盟 11 个国家 3 500 多名青年学生参加竞赛。

〔语言文字工作〕　2011 年，广西 24 个县（市、区）完成了“国家三类城市语言文字工作评估”任务。组织第三批自治区级语言文字规范化示范校评选工作，56 所学校获第三批“自治区级语言文字规范化示范校”称号；完成第三批国家级语言文字规范化示范校的申报、推荐工作，桂林中学等 15 所学校被认定为第三批国家级语言文字规范化示范校。全区普通话水平测试 15 万人次，其中“机测”占测试人数的 78%。举办“广西第四届中华经典诵读大赛”和“2011 广西校园中华经典诵读大赛”，20 多万人参赛。组织开展“推普宣传大篷车”活动，举办“国培计划”广西第六期少数民族教师普通话培训班和普通话水平测试业务骨干培训班及全区普通话水平测试管理人员培训班。积极参与国家语委的有关重大课题，获准参与“中国语言资源有声数据库”建设项目。

基础教育

〔学前教育三年行动计划〕　自治区政府出台了《广西壮族自治区人民政府关于当前促进学前教育发展的若干意见》和《广西壮族自治区学前教育三年行动计划（2011—2013 年）》，从规划、标准、投入、体制、机制、管理、督导等方面为学前教育改革提供了强有力的政策支持。自治区教育厅启动了“乡镇中心幼儿园建设促进年”活动，加快幼儿园园舍建设。各市普遍下发了乡镇中心幼儿园建设促进年实施方案，开工建设了一批乡镇中心幼儿园。

〔县域农村学前教育发展机制改革试点〕　以广西师范大学和广西幼儿师范高等专科学校为技术支撑单位，组建专家团队对承担县域农村学前教育发展机制改革试点任务的 12 个项目试点县（市、区）的园舍建设现状、经费筹措情况以及教育管理方面的政策、措施等进行了实地调研，形成了“一乡一报告、一县一报告”的调研报告和技术支持方案，为农村学前教育发展机制改革试点项目的深入实施提供技术支持和改革依据。各试点县在专家的指导下进行机制改革行动研究，取得了阶段性成果。隆林县构建多形式发展农村学前教育、陆川县以政府为主导发展乡村两级公办幼儿园的经验在全国学前教育会议上进行了重点介绍。

〔**促进义务教育均衡发展**〕 自治区政府与教育部签署《关于推进义务教育均衡发展备忘录》，明确了推进县域义务教育均衡发展的步骤。印发《广西壮族自治区实现县域义务教育均衡发展规划(2010—2020年)》、《广西壮族自治区义务教育学校标准化建设项目规划》和《广西壮族自治区义务教育学校办学基本标准（试行)》3个配套政策文件，完善推进义务教育均衡发展政策支持体系。召开全区进一步推进义务教育均衡发展暨学前教育三年行动计划现场会，部署自治区义务教育均衡发展改革试点工作。

〔**义务教育经费保障机制改革**〕 全区共有571万名农村义务教育阶段学生享受免费教科书和免学杂费政策资助，139万名农村家庭经济困难寄宿生享受生活费补助。农村义务教育阶段学校公用经费补助标准从2010年的生均小学400元、初中600元，提高到2011年的生均小学500元、初中700元。2011年，中央和自治区各级政府共投入农村义务教育经费保障机制改革资金645 024万元，其中免费教科书资金66 166万元，补助公用经费资金366 440万元，补助家庭经济困难寄宿生生活费资金147 767万元，农村中小学校舍维修改造资金64 651万元。

〔**教育教学改革**〕 增补基础教育教学改革试点项目咨询培训专家组成员，扩大指导专家团队。制定《全区基础教育学校教学改革试点项目经费管理实施细则（试行)》。组织自治区专家组赴试点县进行监测指导。开展“有效教育教学改革”主题调研活动，联合中国教育学会中育教育发展研究中心召开“有效教育·广西玉州模式”基础教育教学改革经验成果展示会，宣传教改经验成果。

〔**中小学校布局结构调整**〕 以广西大学为技术支撑单位，成立100多人组成的专家团队，对各市、县（市、区）上报的布局结构调整规划进行论证。召开自治区级指导专家组工作会，对武鸣县、灵山县等14个试点县（市、区）开展专项调研指导。召开全区教育布局结构调整试点工作推进会，总结交流自治区试点工作前期经验，部署下一阶段工作任务。全区各市、县（市、区）完成教育布局调整规划制定工作，布局调整工作稳步开展。

〔**普通高中教育**〕 启动“普通高中建设推进年”活动，改善高中办学条件。自治区本级财政增加普通高中建设投入，设立普通高中基础能力建设专项经费6 000万元。推进自治区示范性普通高中建设，新评估确认融水中学、永福中学、龙胜中学、凭祥高中、藤县一中、东兴中学、忻城高中7所学校为自治区示范性普通高中。截至2011年年底，全区自治区示范性普通高中达118所，80%的县（市）建成了自治区示范性普通高中。组织第二批自治区示范性普通高中复查评估，南宁市第三十六中学等20所学校顺利通过复查评估。自治区教育厅成立了普通高中课程改革筹备工作办公室，根据教育部有关文件精神，起草了《广西普通高中课程改革实施方案》，并获准进行普通高中新课程实验。

〔**学生营养改善计划**〕 根据国务院办公厅《关于实施农村义务教育学生营养改善计划的意见》(国办发〔2011〕54号）要求和“全国农村义务教育学生营养改善计划培训会议”的具体部署，自治区政府成立了农村义务教育学生营养改善领导小组及办公室。自治区教育厅、财政厅印发《关于实施我区农村义务教育学生营养改善计划的意见》，同时召开了系列会议进行研究部署。自治区试点方案和29个县的试点方案获教育部批准实施。

〔**特殊教育**〕 全区新增2所地级市特殊教育学校，基本实现市市有特殊教育学校的目标。继续组织实施自治区示范性特殊教育学校建设工作，立项5所自治区示范性特殊教育学校。自治区教育厅与上海市教委合作，开展特殊教育师资培训；与自治区残联联合开展广西未入学适龄残疾儿童少年调查统计工作，为制定特殊教育事业发展规划和相关法规及政策提供依据。确定桂林市培智学校等4所特殊教育学校为2011年中央特殊教育经费补助项目推荐学校。

职 业 教 育

〔**国家民族地区职业教育综合改革试验区建设**〕自治区政府与教育部联合印发《共建国家民族地区职业教育综合改革试验区实施方案》，继续实施职业教育攻坚。南宁首府职教园区、柳州工业职教园区、北部湾职教园区、崇左国门职教园区等4个城市职教园区建设取得重大进展，园区一期工程52万平方米教学用房均竣工投入使用，二期工程建设相继启动。

〔**职业教育攻坚**〕　自治区开展首轮职教攻坚评估验收，委托自治区审计厅对14个市攻坚经费进行审计，并组织撰写全区职业教育攻坚工作评估验收报告和14个市的评估验收反馈报告。表彰职业教育攻坚工作先进市4个、进步市4个、先进县10个、进步县10个，表彰先进集体100个、先进个人362名，自治区安排1亿元用于职业教育攻坚奖优扶先，奖励28个获先进市、县和进步市、县的中等职业学校进行实训基地建设。起草《广西壮族自治区新时期深化职业教育攻坚五年计划》，谋划新一轮职教攻坚。

〔**中职办学模式改革试点**〕　在柳州市开展农村户籍职校新生转为城市户籍改革试点，在南宁市和桂林市遴选南宁市第一职业技术学校、桂林市财贸学校等10所学校开展职业学校标准化建设和规范化管理试点，在马山县等14个县（市、区）开展县级政府促进农村职业教育发展综合试点，在来宾市开展城乡职业教育统筹发展改革试点，在柳州市开展职业学校创建经营性实训基地试点，在南宁市职业技术学院开放教育学院等4个单位开展社区教育机制试点，指导广西银行学校等6所学校开展集团化办学。

〔**教育教学改革**〕　组织2011年中职教育教学改革项目的立项申报和实施，评选广西中职学校优质课，组织开展第六届中职教育教学优秀成果评奖活动，举办第二届广西职业教育“新时代刘三姐”评选活动。举办2011年全区中职教育技能大赛。组队参加2011年全国职业院校技能大赛，获一等奖3项、二等奖18项、三等奖47项。举办第八届全区中职学校“文明风采”竞赛活动。组队参加全国中职学校“文明风采”竞赛活动，获一等奖56项、二等奖175项、三等奖184项，自治区教育厅获全国“文明风采”竞赛贡献奖，广西机电工程学校等11所学校获“全国‘文明风采’决赛优秀组织奖”。

〔**专业建设**〕　组织自治区直属中职学校新设置专业评审及市属职业学校新设置专业核准备案工作，同意区直属44所职业学校增设44个专业点，市属7所职业学校新增13个《中等职业学校专业目录》外专业点；对市属79所中职学校申报增设141个专业点进行复核，同意76所职业学校增设129个专业点备案。分类指导改革试点的专业点，确定广西纺织工业学校“纺织技术及营销”等10个专业点为对接教育部中职专业改革试点的专业点。印发《广西中等职业学校专业设置管理暂行办法》和《广西中等职业学校自治区示范性专业评估指标体系》，落实中职学校专业建设五个对接，完善示范专业评估条件和评估认定机制。

〔**实训基地建设**〕　制定《关于实施“十二五”广西中等职业教育实训基地建设计划的意见》和《广西中等职业教育实训基地建设指导标准（暂行）》等文件，实施“十二五”广西中等职业教育实训基地建设项目，确定广西理工职业学校“汽车运用与维修”等60个实训基地立项建设为“十二五”广西中等职业教育实训基地建设计划第一批立项建设项目。组织申报2011年度中央财政支持的职业教育实训基地建设项目，教育部、财政部支持自治区18所学校8个专业的实训基地建设项目建设。

〔**示范特色学校建设**〕 制定印发《关于实施广西中等职业教育示范特色学校建设计划的意见》，实施广西“十二五”百所示范特色中职学校项目，确定桂林旅游职业中等专业学校等30所中职学校为2011年“广西中等职业教育示范特色学校建设计划”第一批立项建设学校。教育部办公厅、人社部办公厅和财政部办公厅确定河池市职教中心等11所学校为第二批“国家中等职业教育改革发展示范学校建设计划”立项建设学校，共获建设资金1.148亿元。制定2010年至2015年中等职业教育基础建设规划，桂林市旅游职业中等专业学校等12所学校获2011年国家中职基础能力建设项目，共获建设资金1.25亿元。教育部认定广西城市建设学校、河池市职教中心、广西梧州农业学校为国家级重点中等职业学校。

〔**师资队伍建设**〕 依托广西大学、广西工学院在计算机科学与技术等5个专业开展职教师资人才培养模式，与天津职业技术师范大学合作培养免费中职师范生；实施中职教师素质提高计划，全年自治区级培训中职教师1.68万人次。实施管理干部培训计划，组织42名重点职业学校校长参加教育部2011年度中职校长改革创新战略和骨干校长高级研修班，18名县级职业学校干部到9所国家改革发展立项建设学校挂职学习；在广西师范大学、广西师范学院、柳州市第一职业学校3个区内培训基地举办中职校长岗位培训班，培训校级干部212人；在东南大学、浙江工业大学国家职教师资培训基地举办校长高级研修班，培训47名职教管理干部；举办中职教育管理人员培训班，组织40人赴澳大利亚和美国以及台湾地区学习考察职业教育，全区共培养培训管理干部359名。

〔**教育信息化建设**〕 成立广西职业教育网网站管理中心，发布广西职业教育网章程，举行广西职业教育网开通仪式。举办全国中职学校信息化教学大赛广西选拔赛。

高等教育

〔**本科教学质量与教学改革工程**〕 召开自治区高等学校质量建设座谈会。设立特色专业及课程一体化建设项目，立项建设261个特色专业及522门课程。新增本科专业87个，新增高职高专专业107个。确定2011年新世纪广西高等教育教学改革工程项目730项，教改重大项目28项。开展广西高等学校优秀教材评选，确定优秀教材104种。推行“卓越人才教育培养计划”，广西大学、桂林电子科技大学和桂林理工大学获教育部批准为第二批“卓越工程师教育培养计划”高校。组织开展“第四届广西高等学校教学名师奖”评选表彰活动，32名教师被评为“广西高等学校教学名师”。组织开展13期面向教学管理人员和广大一线教师的教学改革业务培训，共培训3 500余人。广西财经学院成立广西首个教师教学发展中心。组织开展20项各类大学生和教师的专业技能竞赛，共有10万人次参与了竞赛的学习和训练。在2011年全国职业院校技能大赛中，广西高职院校获一等奖2项、二等奖4项、三等奖2项。河池学院通过教育部本科教学工作合格评估。广西经贸职业技术学院、柳州城市职业学院、广西英华国际职业学院、广西经济干部管理学院4所学校通过高职院校人才培养工作合格评估。

〔**学位与研究生教育**〕 下达新增博士、硕士学位授予单位立项建设财政专项经费 2 800 万元和学位授权点学科建设财政专项经费 1 500 万元。完成“2011 年研究生教育创新计划”的组织申报和评审立项工作，共立项各类项目 686 项。完成 2008—2015 年新增博士、硕士学位授予单位立项建设中期检查。召开高校与科研院所联合培养研究生体制机制改革试点工作座谈会，确定 10 个研究生联合培养基地作为试点基地。开展高等学校研究生专业学位教育改革试点，评选出 8 所高校 13 个专业硕士学位授权点为教育改革试点工作单位。“服务国家特殊需求人才培养项目”实现新突破，广西财经学院被国务院学位委员会批准为自治区服务国家特殊需求硕士专业学位研究生培养试点单位，自治区专业学位硕士研究生培养单位增加至 10 个。研究制定《广西壮族自治区独立学院新增学士学位授权单位审核指标体系》，选择广西大学行健文理学院作为新增学士学位授权审核试点院校。新增 9 所独立学院为学士学位授权单位。举办首届广西研究生数学建模竞赛，全区 10 所高校 73 支研究生队伍参加比赛。

〔**高等职业教育建设**〕 2011 年，安排 3 500 万元高职能力建设专项经费，支持包括 2 所国家示范性高职院校、3 所国家骨干高职院校立项建设单位的 20 所高职高专院校 36 个实训基地、师资队伍和课程建设。7 个高职教育实训基地被教育部、财政部认定为中央财政支持的职业教育实训基地。组织 29 所公办高职院校 58 个专业申报高职院校提升专业服务产业发展能力项目，获中央财政资金 6 600万元。在 15 所国家和自治区级示范性高职院校中实施建立校企合作发展理事会制度试点。

〔**科技创新和服务**〕 依托广西大学和华南农业大学共建的“亚热带农业生物资源保护与利用实验室”被科技部批准为国家重点实验室立项建设。广西医科大学“长寿与老年相关疾病”实验室新增为教育部重点实验室。完成 4 个和启动 3 个依托高校的自治区级科学实验（发展）中心的建设任务。2011 年，全区高校共承担各级各类科研项目达 4 600多项，各类科研经费达 8 亿元，比 2010 年增长近 30%。广西医科大学与其他单位合作申报的“支气管哮喘的发病机制及规范化治疗”科研成果获国家科技进步二等奖，桂林理工大学的“管磨开流选粉节能技术及其水泥绿色制成应用”获国家技术发明二等奖。举办“广西高校服务百色科技活动”，全区 30 多所高校参加，现场签订科技合作协议 30 项。积极组织实施“科技特派员工程”，300 多名科技人员到企业担任科技特派员。深入实施“人文强桂工程”，获第三届自治区政府决策咨询成果奖 4 项。

〔**高层次人才队伍建设**〕 加强自治区高层次领军人才队伍建设，完成人文社科类“八桂学者”岗位设置评审，4 个单位获第一批人文社科类“八桂学者”岗位设置资格；指导厅属高校做好第一批自然科学类“八桂学者”、“特聘专家”岗位设置评审工作；在自治区确定的 31 个“八桂学者”岗位和 32 个“特聘专家”岗位中，全区高校分别获得 15 个和 9 个岗位。组织开展第四批高校人才小高地创新团队及创新团队带头人评审工作，评选了 20 个创新团队、聘任 20 名创新团队带头人。组织实施“广西高校优秀人才资助计划”，评选“广西高校优秀人才资助计划”资助人选 141 人。组织实施“广西高校骨干教师培训计划”，选派 70 名骨干教师到区外重点高校进行为期一年的访学。完成 2011 年博士生导师津贴发放审核工作，共有 249 人享受博士生导师岗位津贴。

〔**高校党建工作**〕 进一步加强高校党的基层组织建设，继续部署实施“大学生党的基本知识教育工程”，组织评选表彰了 36 个自治区直属高校的优秀学生党支部，组织开展迎接建党 90 周年全区高校党组织系列先进评选活动，共评选表彰先进基层党组织 138 个、优秀共产党员 237 名、优秀党务工作者 139 名。组织举办中共中央党校广西高校领导干部培训班。组织高校开展学习贯彻《中国共产党普通高等学校基层组织工作条例》辅导讲座约

20场次，举办7期院（系）党组织负责人、新上岗处级干部培训班，累计培训约400人。组织基层党组织和广大党员深入推进创先争优活动，组织开展了“永远跟党走—广西高校纪念中国共产党成立90周年演讲大赛”、“读红色经典，树理想信念”第二届广西高校全民读书活动等主题教育活动。推进民办高校党组织建设，举办民办高校书记培训班，修订发布有关加强自治区民办高校党建和民办高校党组织负责人选派工作的指导性文件。

〔**思想政治理论课和教师队伍建设**〕　根据教育部部署，对全区高校思想政治理论课和辅导员队伍建设进行督察，所有高校的督察结论均为“合格”。开展全区高校思想政治理论课精品课程、精彩一课的评审，举办首届全区高校思想政治理论课教学软件大赛。成立广西高校思想政治教育信息化研究中心，将“广西高校思政管理平台”改版升级为“广西高校思政教育在线”。以“广西高校思政教育在线”科研力量为主组建的思想政治理论课网络建设团队，入选教育部思政理论课网络教学资源建设第一批团队。与自治区党委宣传部联合印发《关于进一步加强广西高等学校思想政治理论课教师队伍建设的实施意见》。评选第一届广西高等学校思想政治理论课教学名师及优秀教师。在广西大学建立广西高校思想政治理论课骨干教师培训和研修基地。举办两期广西高校思想政治理论课教师培训班，培训教师200余人。举办第三届全区高校思想政治理论课青年教师教学基本功比赛，组队参加粤桂赣滇琼五省区高校思想政治理论课青年教师教学基本功比赛，获一等奖1项、二等奖2项、三等奖1项。

〔**大学生思想政治教育工作**〕　在广西大学建立广西高校辅导员培训基地，组织开展辅导员评优表彰活动，获教育部颁发的“2010全国高校辅导员年度人物”评选活动组织奖。依托教育部辅导员培训研修基地（广西师范大学）和广西高校辅导员培训基地（广西大学），分南北两片举办辅导员骨干培训班1期、岗前培训班3期，培训辅导员达330多人。在广西大学、广西师范大学、广西医科大学挂牌成立广西大学生心理健康教育基地并投入专项经费进行建设。组织开展“525”大学生心理健康教育活动，开展优秀班级心理健康教育活动评选和校园心理情景剧本原创大赛。开展第四期全区高校大学生心理健康教育与咨询中心建设工程，举办3期高校大学生心理健康教育培训班，共培训200余人。成立广西大学生志愿者联合会，组织开展广西大学生关爱农民工子女、扶残助残和社区志愿服务活动。组织第一期高校共青团干部培训班，到中央团校培训学习。

撰稿　李清先　李晓勇
胡春柳　谢建平
审稿　高　枫

海南省教育

概　况

〔基本情况〕

2011 年各级各类学校校数、教职工、专任教师情况

	学校数（所）	教职工数（人）	专任教师数（人）
总计	3 871	134 693	108 427
一、高等教育	18	13 049	8 094
（一）研究生培养机构（不计校数）	2		
1. 普通高校	2		
2. 科研机构	0		
（二）普通高等学校	17	12 913	8 027
1. 本科院校	6	8 356	5 421
其中：独立学院	1	1 615	1 037
2. 高职（专科）院校	11	4 557	2 606
3. 其他机构（点）（不计校数）	0	0	0
（三）成人高等学校	1	136	67
（四）民办的其他高等教育机构	0	0	0
二、中等教育	605	55 716	40 144
（一）高中阶段教育	199	29 102	15 040
1. 高中	102	21 291	9 865
普通高中	102	21 291	9 865
完全中学	79	17 313	8 150
高级中学	9	1 419	1 148
十二年一贯制学校	14	2 559	567

续表

	学校数（所）	教职工数（人）	专任教师数（人）
成人高中	0	0	0
2. 中等职业教育	97	7 811	5 175
普通中专	26	2 927	1 708
成人中专	5	209	152
职业高中	54	3 312	2 397
技工学校	10	1 327	886
其他机构(教学点)(不计校数)	2	36	32
（二）初中阶段教育	406	26 614	25 104
1. 初中	406	26 614	25 104
初级中学	236	15 225	13 626
九年一贯制学校	170	11 389	4 113
十二年一贯制学校			591
完全中学			6 774
职业初中	0	0	0
2. 成人初中	0	0	0
三、初等教育	2 225	49 566	51 595
（一）普通小学	2 210	49 546	51 583
小学	2 210	49 546	46 007
九年一贯制学校			5 013
十二年一贯制学校			563
（二）成人小学	15	20	12
其中：扫盲班	15	20	12
四、工读学校	0	0	0
五、特殊教育	3	153	110
六、学前教育	1 020	16 209	8 484

2011 年各级各类学历教育学生情况

	毕业生数（人）	招生数（人）	在校生数（人）
一、高等教育			
（一）研究生	816	1 185	3 358
博　士	13	35	145
硕　士	803	1 150	3 213

续表

	毕业生数（人）	招生数（人）	在校生数（人）
（二）普通本专科	39 150	46 416	156 700
本　科	15 805	24 023	87 927
专　科	23 345	22 393	68 773
（三）成人本专科	9 147	7 017	20 585
本　科	3 514	3 997	11 359
专　科	5 633	3 020	9 226
（四）其他各类高等学历教育			
1. 在职人员攻读硕士学位		418	1 321
2. 网络本专科生	0	0	0
本　科	0	0	0
专　科	0	0	0
二、中等教育	232 623	253 967	738 585
（一）高中阶段教育	90 988	128 438	346 188
1. 高中	51 487	60 609	168 529
普通高中	51 487	60 609	168 529
完全中学	43 499	49 161	137 218
高级中学	6 049	7 881	22 261
十二年一贯制学校	1 939	3 567	9 050
成人高中	0		0
2. 中等职业教育	39 501	67 829	177 659
普通中专	18 757	34 686	92 396
成人中专	0	344	1 820
职业高中	13 425	22 934	54 527
技工学校	7 319	9 865	28 916
（二）初中阶段教育	141 635	125 529	392 397
1. 初中	141 635	125 529	392 397
初级中学	74 862	63 022	197 463
九年一贯制学校	17 579	19 470	57 996
十二年一贯制学校	2 840	3 427	10 126
完全中学	46 354	39 610	126 812

续表

	毕业生数（人）	招生数（人）	在校生数（人）
职业初中	0	0	0
2. 成人初中	0		0
三、初等教育	132 155	123 955	766 062
（一）普通小学	131 762	123 955	765 619
小学	115 646	109 765	665 879
九年一贯制学校	14 304	12 429	88 076
十二年一贯制学校	1 812	1 761	11 664
（二）成人小学	393		443
其中：扫盲班	393		443
四、工读学校	0	0	0
五、特殊教育	206	336	1 678
六、学前教育	65 945	100 647	209 445

2011 年各级各类非学历教育学生情况

	毕（结）业生数（人）	注册生数（人）
总计	132 507	96 934
一、高等教育	25 808	19 359
（一）研究生课程进修班	0	0
（二）自考助学班	1 070	6 653
（三）普通预科生		120
（四）进修及培训	24 738	12 586
其中：资格证书培训	9 421	10 915
岗位证书培训	2 290	1 671
二、中等教育	106 699	77 575
其中：资格证书培训	53 222	48 288
岗位证书培训	7 791	825
（一）中等职业教育	51 690	31 135
其中：资格证书培训	16 128	11 194
岗位证书培训	7 791	825
（二）职业技术培训机构	55 009	46 440
其中：资格证书培训	37 094	37 094
岗位证书培训	0	0

2011 年各级各类民办教育基本情况

	学校数（所）	毕业生数（人）	招生数（人）	在校生数（人）	教职工数（人）	专任教师数（人）	其他学生数（人）
一、民办高等教育							
（一）民办高校	7	11 242	15 843	52 633	4 774	2 772	12 809
本科学生		3 679	7 288	27 466			
专科学生		7 563	8 555	25 167			
其中：独立学院(不计校数)	1	3 671	3 502	18 216	1 615	1 037	0
本科学生		3 671	3 502	18 216			
专科学生		0	0	0			
（二）民办的其他高等教育机构	0				0	0	0
二、民办中等教育							
（一）高中阶段教育	52	7 611	17 032	39 179	8 690	5 711	
1. 民办普通高中	20	3 619	5 621	13 815	7 456	4 933	
2. 民办中等职业教育	32	3 992	11 411	25 364	1 234	778	540
（二）初中阶段教育	72	9 667	10 261	31 249			
1. 民办普通初中	72	9 667	10 261	31 249			
2. 民办职业初中							
三、民办普通小学	81	12 205	13 313	82 738	2 710	1 724	
四、民办幼儿园	920	41 741	67 604	157 991	13 839	7 050	
另有：民办培训机构（不计校数）	25				128	118	6 432

〔**教育投入与支出**〕　2011 年，全省教育经费投入为 175.98 亿元，比 2010 年增加了 31.55 亿元，增长 21.84%；全省国家财政性教育经费投入为 139.75 亿元，比 2010 年增加了 24.30 亿元，增长了 21.05%；预算内教育经费（财政拨款）总投入为 126.79 亿元，比 2010 年增加了 20.07 亿元，增长了 18.81%。

2011 年，全省教育经费总支出为 173.27 亿元，比 2010 年增加了 24.86 亿元，增长 16.75%；全省高等教育经费支出为 33.03 亿元，中等职业教育经费支出为 15.74 亿元，高中教育经费支出为 17.63 亿元，初中教育经费支出为 38.18 亿元，小学教育经费支出为 58.31 亿元，其他教育经费支出为 10.38 亿元。

〔**各级各类学校生均办学条件**〕　2011 年，全省小学生均占地面积 51.23 平方米，生均校舍面积 6.38 平方米，生均教学仪器设备 394.13 元，生均图书 13.17 册，百名学生拥有计算机 3.77 台；普通中学生均占地面积 45.40 平方米，生均校舍面积 11.83 平方米，生均教学仪器设备 1 136.16 元，生均图书 17.97 册，百名学生拥有计算机 8.68 台；中等职业学校生均占地面积 20.37 平方米，生均校舍面积 9.85 平方米，生均教学仪器设备 2 126.20 元，生均图书 11.39 册，百名学生拥有计算机 11.01 台；普通高校生均教学行政用房 13.00 平方米，生均教学仪器设备 7 382.00 元，生均图书 74.89 册。

〔**教育部与海南省签署战略合作协议**〕 3月13日，海南省省长罗保铭与教育部部长袁贵仁代表双方签署了《加快海南教育事业发展，推进海南国际旅游岛建设战略合作协议》。根据协议，成立部省合作领导小组，教育部支持海南在教育重点领域和关键环节先行先试，在教育政策项目上享受西部大开发优惠政策。同时，双方将重点在促进基础教育协调发展、构建现代职业教育体系、加快高等教育改革发展、全面提高教师队伍水平、加大教育对外交流和合作力度、大力推进教育改革创新等方面加强合作。海南将建立健全均衡化的基本公共教育服务体系，全面提升各级各类教育质量，推动教育跨越式发展。到2015年，海南教育发展主要指标达到全国中等水平。

〔**全省教育工作会议**〕 2月15日，省委、省政府在海口市召开了建省以来规格最高的全省教育工作会议。来自省委、省人大、省政府、省政协等的17名省领导全程参加会议。会议全面贯彻落实全国教育工作会议精神和教育规划纲要，总结交流了近年来海南省教育工作经验，认真分析了海南省教育工作面临的新形势、新情况、新问题，对海南未来10年教育事业发展进行了全面谋划。

〔**制订一系列教育规划**〕 3月31日，海南省政府出台了《海南省学前教育改革和发展三年行动计划（2011—2013年）》。6月，制订出台了《海南省县域义务教育均衡发展规划》和《海南省义务教育学校办学基本标准（试行）》，明确了海南省推进义务教育均衡发展的时间表、路线图和保障措施。11月3日，海南省教育厅联合省发改委制订了《海南省教育事业“十二五”规划》，明确了海南省中长期教育发展的总体目标和主要任务，为海南省教育事业科学发展指明了发展的方向与道路。

〔**教育体制改革试点项目**〕 成立了教育体制改革与发展领导小组。启动实施了教育扶贫移民工程、促进义务教育均衡发展、中小学教育质量监测评估、中职教育“三段式”办学模式、中等职业学校“双师型”教师队伍建设、中小学教师资格考试及定期注册改革、探索适应国际旅游岛建设需要的人才培养模式等6个国家教育体制改革试点项目和民办幼儿园政策扶持与规范管理研究、依法规范中小学课程实施、有效教学实验推广以及构建中职教育与高等教育“立交桥”发展改革试点等4个省级教育体制改革试点项目，研究制定了十项教育体制改革试点项目的实施方案。

〔**教育法制工作**〕 加大对《海南省实施〈中华人民共和国义务教育法〉办法》和《海南省实施〈中华人民共和国通用语言文字法〉办法》的宣传力度。制定了《海南省教育系统“六五”普法规划》，启动了教育法制宣传第六个五年规划。组织开展了依法治校示范校评审，表彰了24所依法示范校。制定了《关于加强海南省教育法治建设工作方案》，开展中小学校校长和法制工作干部法律培训，举办法律培训班6期，培训人数520人，出版普法宣传栏4期。制定了《海南省教育厅规范性文件制定和备案办法》，规范文件管理工作。

〔**行政审批改革**〕 编制海南省教育厅行政审批事项目录，优化办事流程，探索开展网上审批工作。2011年，共受理8 222件行政审批事项，全部办结，提前办结率达100%。继续开展教师资格认定网上申报工作，网上报名9 017人，现场确认合格受理和认定8 173人。

〔**县级政府教育工作第二轮督导评估**〕 修订并促请省政府办公厅发布了《海南省县级政府教育工作督导评估指标和评分细则》。制定了《对县（市、区）教育工作第二轮督导评估方案》，并组织三个督导评估组，从2011年10月16日至11月30日，分别对21个县（市、区）教育工作进行督导评估。目前，已评估12个县（市、区），11月30日前完成评估工作。

〔**体育卫生艺术与国防教育**〕 成立了海南省学生体质健康测试管理中心。启动海南省学校生活卫生设施建设和管理的“四改一加强”工作，建设中小学厕所蹲位2.5万个，学校卫生环境得到极大改善。举办海南省中学生田径运动会、大学生排球赛等体育赛事，成立海南省艺术教育促进会，举行海南省第四届大学生文艺汇演、中职竹竿舞比赛、海南省教育系统纪念中国共产党建党90周年“颂歌献给党”歌咏比赛，高雅艺术进校园等活动，深入推进学校艺术工作的开展。海南省女子田径队代表中国在世界中学生田径锦标赛上获得团体总分第4名和1枚金牌、1枚银牌，海南省代表队代表中国在世界中学生沙滩排球赛分别获得女子第3名、男子第4名，海南省舞蹈项目在全国第三届中学生文艺展演中获得5个一等奖。

〔**德育和思想政治教育**〕 启动开展了为期3年的海南省教育系统“小手拉大手，文明我先行”主题实践活动，加强了中小学文明礼仪教育，培养学生良好文明素质。加强思想政治理论课课程建设，开展海南省高校思想政治理论课建设情况督导评估工作，举办思政课教学论坛，组织高校形势与政策备课会。加强思想政治理论课教师队伍建设，举办海南省高校思想政治理论课青年教师公开教学比赛，承办2011年粤桂赣滇琼五省区高校思想政治理论课青年教师教学基本功比赛。

〔**学生资助**〕 建立了普通高中经济困难学生资助制度，为3.2万名经济困难普通高中学生发放国家助学金补助资金4 741万元。将所有家庭经济困难的中职学生全面纳入免学费范围，免除涉农专业和家庭经济困难中职学生学费6.4万人次，为23万人次中职学生发放奖学金、免学费和免住宿费补助以及国家助学金近2亿元；继续做好高校贫困生资助工作，受理高校生源地信用贷款2.9万人次，贷款金额1.7亿元；下拨省属大中专学生临时补贴、普通高校国家助学金、省优秀贫困奖学金、国家励志奖学金1.7亿元，惠及58万人次。

〔**教师队伍建设**〕 起草了《海南省学前教育师资配备管理办法》，对幼儿教师机构编制核定、培养补充机制、持证上岗制度等作出具体规定，开展了各市县（含洋浦）公办幼儿园教职工编制测算摸底工作，积极促请省编办核定海南省现有公办幼儿园和2011年新建、改扩建幼儿园所需编制。完成招聘685名特岗教师，其中46名纳入农村学校教育硕士师资培养计划。引导首批90名教育部直属师范大学免费师范毕业生回海南省就业，签约率达100%。为5所新办思源学校招聘校长5名、副校长2名，为海南省15所思源学校招聘学科骨干教师73名。起草了海南省中小学新任教师公开招聘暂行办法和师范院校本科毕业生到经济欠发达地区任教学费代偿办法。实施“国培计划”(2011)——中西部农村骨干教师培训项目、中小学教师示范性培训项目和农村幼儿教师培训项目，共培训中小学教师17 856名、幼儿教师800名，并组织780名师范生到市县顶岗实习。继续实施赴天津跟班培训项目和“上海对口支援海南基础教育计划”，选派了50名中小学骨干教师赴天津跟班学习两个月。选派21名校长、教师到上海跟班学习培训，接受上海市21名校长、教师琼支教。实施“千名农村中小学市县级骨干教师培训项目”、“双五百”人才工程和海口市对口支援思源实验学校培训项目，培训农村骨干教师1 000多名，选拔了157名省级学科带头人资格培训对象，有效提升了市县级骨干教师的专业引领能力。

〔**教育信息化建设**〕 制定《海南省教育信息化“十二五”发展规划》。组织实施2010年农村义务教育薄弱学校改造项目，投入专项经费5 200万元配置了教学实验仪器设备、图书资料、多媒体远程教学设备。组织实施2011年省级规范化学校创建工作，投入经费750万元，为项目学校配备教学仪器和图书。投入1 000万元配备普通高中实验仪器设备。全年共投入6 950万元，以标准化对136所中小学校进行了装备，提升了海南省中小学实验室建设和教学仪器的装备水平。进一步加强教育技术装备队伍建设，强化对农村中小学教育技术骨干教师培训力度。

〔**招生考试**〕 2011年，普通高考录取新生50 452人，本科录取率达51.6%，专科录取率达93.3%。普通高考录取工作做到“阳光、公平、公正”，连续三年实现了招生录取“零”投诉。同时，积极开展“云海工程”的考试评价改革试点和“自主招生”改革试点，积极构建中职学校和高职院校对接的升学“立交桥”，努力推进“国家教育考试标准化考点”建设等一系列改革工作。认真做好2011年中招等考试工作，实现了“平安中考”。

〔**安全稳定工作**〕 开展第十六个全国中小学生安全教育活动日暨海南省第三个学校安全教育月活动工作，召开4次全省性学校安全工作会议。出台了海南省《教育系统重大事项校园稳定评估实施办法》。积极开展“安全文明校园创建”工作。积极稳妥地处理好各类学生安全事故。

〔**教育交流与合作**〕 中外合作办学有新进展，海南华侨中学、海南中学国际课程班开始招生，组织赴美考察并与中佛罗里达大学签订了《中佛罗里达大学、海南省教育厅、海南大学合作意向书》及海南中学与相关单位合作办学意向书。国际汉语推广工作成效显著，共选派国际汉语教师志愿者109人到泰国、印度尼西亚和菲律宾任教，培训国内招募的国际汉语教师志愿者310人，做好孔子学院(课堂)中方院长的选拔推荐工作。来琼留学教育进一步发展，招收各类留学生513人。做好政府奖学金项目、外派教学指导教师和中外学生交流工作，顺利完成俄罗斯中小学生来华冬令营代表团和日本“3·11”重灾区100名儿童来琼访问活动。

〔**党风廉政建设**〕 深入开展反腐倡廉教育月活动，扎实开展《颂党．倡廉》文艺演出活动，认真开展“廉政文化”进校园活动，43所学校被海南省纪委监察厅命名为“海南省廉政文化进学校示范点”。严格执行党风廉政建设责任制，签订了2011年党风廉政建设责任书。开展了治理教育乱收费专项检查和抽查工作，清退违规教育收费101.5万元，给予相关责任人党纪政纪处分及其他处理24人。相继印发了《中共海南省委教育工委推进基层党组织党务公开工作方案》等配套制度，对海南医学院等8所党务公开试点学校的试点工作进行了检查指导。

〔**教育新闻宣传**〕 多次召开新闻通气会议，加大教育工作正面宣传的频次和力度。重点宣传各地各校全面落实全国、海南省教育工作会议精神和教育规划纲要及省委、省政府的新思路、新举措、新成效。积极宣传海南省教育系统庆祝建党90周年系列活动及庆祝2011年教师节等各项活动，集中宣传教育系统涌现出来的先进典型。

〔**教育信访**〕 妥善处理教育信访问题，认真落实厅领导接访、领导包案制度，妥善处理民办教师养老待遇、教师申诉和原中师生分配等教师信访疑难问题。共办理来信260件，接访254批次、896人次，其中群体访31批、727人次。

〔**语言文字工作**〕 开展了全国第十四届推普周宣传活动，召开海南省语言文字工作委员会第一次会议。开展全国中小学生作文大赛海南赛区比赛；加强通用语言文字的推广和宣传工作，开展《海南省实施〈中华人民共和国国家通用语言文字法〉办法》颁布1周年的普法宣传。

基础教育

〔**学前教育**〕 建立全省学前教育联席会议制度。启动实施“公办乡镇中心幼儿园建设工程”，2011年已立项建设57所公办乡镇中心幼儿园。制定并实施《未注册幼儿园专项整治工作方案》等5项配套政策，组织开展全省未注册幼儿园专项整治，对127所未注册园进行整改后办证注册，对513所未注册园进行限期整改，取缔了存在较大安全隐患的114所幼儿园，进一步规范了学前教育办学行为。2011 年，全省学前三年入园率从 2010 年的 47.8%提高到 53.7%。

〔**签署义务教育均衡发展备忘录**〕 3 月 9 日，教育部部长袁贵仁与海南省副省长林方略在北京签署了义务教育均衡发展备忘录。5 月 27 日，省政府与各县（区）政府在海口签订了县域义务教育均衡发展目标责任书，明确了全省各县（区）实现县域义务教育均衡发展的时间表和路线图。

〔**规范中小学办学行为**〕 落实《省政府办公厅关于规范中小学办学行为的意见》，开展春季、秋季开学工作检查并首次采取分市县提出整改建议，督促各市县落实整改的方式。印发《海南省教育厅关于进一步做好规范中小学办学行为工作的通知》，再次强调了六条严格规范办学行为的要求，并在省内主流媒体公布了监督举报电话，接受社会各界监督。加强中小学学籍管理，完善学籍管理系统，组织开展全省普通高中学籍挂靠清理，共清理归位挂靠学籍 9 000 多人。认真做好 2011 年春、秋两季全省中小学教学用书和义务教育免费提供教科书的工作。

〔**基础教育课程改革**〕 通过组织“地方课程教研活动月”活动，开展新课程实施的网络监控与评价，推进依法实施新课程进程。组织开展基础教育课程改革实验样本校建设专题研修活动，建立样本校和样本校成果推广机制。顺利开展第三轮新课程教师远程研修工作，狠抓常规教研工作，提高教研服务水平。

〔**义务教育阶段经费保障**〕 提高全省农村中小学生均公用经费基本标准，从 2011 年开始，小学生补助每生每年 500 元、初中生补助每生每年 700 元，共投入财政资金 67 640.45 万元。实现全省义务教育阶段公办学校学生全免费教科书，安排资金 14 131.1 万元（含英语磁带 955.4 万元），受惠学生约 110 万人。安排 2 213.4 万元资金用于免费提供作业本。提高全省义务教育阶段公办学校家庭经济困难寄宿生和少数民族寄宿生生活费补助标准，从 2011 年春季学期开始，每人每天提高 1 元，即年生均补助标准达到小学 750 元、初中 1 000 元，共安排寄宿生生活补助资金 14 168.1 万元，受资助学生 15.56 万人。同时安排教育扶贫学生交通费补助 389.95 万元，惠及教育扶贫移民学生 2.44 万人。

〔**普通高中建设**〕 督促各市县加快普通高中学校建设，2011 年投入普通高中办学条件提升建设项目资金共计 1.7 亿元，琼山中学、白沙中学等新校区和儋州市思源高中学校先后建成并投入使用。2011 年秋季，新增普通高中学位 5 600 个，进一步扩大了普通高中资源尤其是优质资源。深化普通高中课程改革，巩固新课程实验成果，不断提高教育教学质量。

〔**教育扶贫移民工程**〕 2011 年秋季学期二期 4 所思源学校建成并投入使用，共投入资金 2.23 亿元，建设校舍 8.23 万平方米，新增优质学位 6 900个。三期在临高、陵水、屯昌、定安、东方、琼中、乐东、澄迈等 8 市县建设 3 所高中、5 所九年一贯制思源学校，再增优质学位 1.85 万个。建成使用的思源学校教学成果显著，得到国家领导人和国家有关部门的高度评价，在全国产生了重要影响。

〔**中小学校舍安全工程**〕 2011 年，全省校舍安全工程共投入资金 19.8 亿元，其中中央资金 40 000万元，省财政资金 53 370 万元，市县财政资金 104 359 万元。开工项目学校 1 498 个，改造面积 1 838 921 平方米，完工项目学校 342 个，完工面积 993 262 平方米。制定了 2011 年工程实施的时间表，建立了工程项目公示制度，协调项目建设中的有关问题，全力推进工程建设，开工率跃居全国中上水平。

〔**改善中小学办学条件**〕 启动实施 3 年建设 1 万套农村教师周转宿舍建设项目，投入 1.33 亿元，开工建设 1 850 套教师周转宿舍，初步解决农村教师住房难问题。中小学厕所建设项目投入

1.44 亿元，新建、改扩建 2.5 万个中小学厕所蹲位。跟踪推进 2010 年立项的农村寄宿制学校建设项目。2011 年，县级中学改扩建工程共计完成投资 1 270 万元，完工面积 23 737 平方米。跟踪推进 2010 年立项的 135 所农村义务教育薄弱学校改造项目，土建部分已动工 100 所。2011 年，下达中西部农村初中校舍改造工程中央专项资金 5 000 万元，用于规划建设校舍面积 26 376 平方米，设备购置 254 万元。

职业教育与成人教育

〔**国家中职示范校建设**〕 2011 年，海南省机电工程学校、海南省三亚技工学校、海南省海口旅游职业学校、海南省农业学校、海南省工业学校、海南省商业学校和海南省高级技工学校 7 所学校陆续被确认为“国家中等职业教育改革发展示范学校项目计划”建设单位。

〔**教育教学改革**〕 出台《海南省中等职业学校专业设置管理实施细则（试行）》，加强对中职学校专业设置的管理。组织中职德育课教学比赛，加强中职教育教学评估。成功举办 2011 年全省职业院校技能大赛，并在全国职业院校技能大赛中取得佳绩，分获一等奖 2 项、二等奖 2 项、三等奖 24 项，获奖选手占全省参赛选手的 43%，取得历史性突破。

〔**创新办学模式**〕 探索与行业合作办学，省教育厅与省住建厅联合冠名在省机电工程学校、三亚高级技工学校、省交通学校举办建筑类专业实验班，首届招生 800 多人。

〔**基础能力建设**〕 2011 年，省财政安排 1.2 亿元资金支持 13 所中职学校基础能力建设项目，总建筑面积 11 万平方米。2011 年，海南省申报的 15 个中央财政支持的实训基地建设项目单位中获批 13 个，已编制完成项目任务书，落实采购金额 3 560 万元。省财政投入资金 500 万元，支持东方、屯昌等 10 个市县职教中心的中餐烹饪、汽车运用与维修和戏剧表演等重点专业或特色专业建设。

〔**职教宣传与招生**〕 成功举办了职业教育招生宣传月活动，在中央电视台、光明日报、海南日报等中央、地方媒体播发的职业教育新闻和专题报道近 100 次，广泛宣传职业教育的发展和成就。完成中职招生 6.4 万人（不含春季招生），超额完成教育部下达的 6 万人招生任务。

〔**职业培训工作**〕 围绕“农村劳动力转移培训”和“农村实用人才培训”的目标任务，主动联合农业、人社、科技和扶贫等部门，抓好各类职业培训工作，全年培训 30 万人次以上。

高 等 教 育

〔**重点大学和国家示范性（骨干）高职院校建设**〕 海南大学“211 工程”三期建设进展顺利，海南大学新增 1 个国家重点学科、1 个国家重点（培育）学科、4 个一级学科博士点，建成 1 个国家重点工程中心。获得国家级科研项目160项，省（部）级项目322项。科研总经费达15 193.2万元。引进中科院“百人计划”人才1名。海南经贸职业技术学院的“国家示范性高等职业院校建设计划”骨干高职院校建设取得较大进展，海南职业技术学院国家示范性高职院校顺利通过教育部验收。

〔**教育教学改革与质量工程**〕　组织开展第七届普通高等学校教学名师奖、省级精品课程、省级教学团队、省级特色专业建设点评选工作，分别评选出12名省级教学名师奖、20门省级精品课程、15个省级教学团队、15个省级特色专业建设点。全省6所公办高职院校共12个专业被国家列为中央财政支持建设专业。

〔**学位和研究生教育**〕　海南师范大学和海南医学院新增博士、硕士学位授予单位，顺利通过中期检查。琼州学院被国务院学位委员会列为“服务国家特殊需求人才培养项目”试点单位，获得旅游管理硕士专业学位办学资格。一级学科授权取得新进展，现有博士学位授权一级学科5个，硕士学位授权一级学科35个，硕士专业学位授权点8个。

〔**高校科研工作**〕　2011年度，省教育厅高校科研项目立项188个项目，4项课题获教育部科学研究重点项目立项，14项课题获教育部人文社会科学研究一般项目立项，3项课题获教育部专项任务立项。对260项申请结题的高校科研项目进行评审，并顺利通过结题。完成全省高校第二次全国R&D资源清查工作，并荣获第二次全国R&D资源清查先进单位。

〔**高校投入管理机制**〕　2011年开始实施以“人员经费公用经费＋专项经费”为主的新省属院校预算拨款模式，每年增加经费1.8亿元以上；制定并促请省政府批准了《关于提高公办普通本科高校生均财政拨款水平的实施方案》。

〔**教师队伍建设**〕　开展高校青年骨干教师国内访问学者选派工作，8所高校共选派了33名教师，29人获批。利用日元贷款项目，派出81人赴日本研修，其中75人已经回国，人员培训成果良好。组织遴选出15位省高校优秀中青年骨干教师。2位教师入选2010年教育部“新世纪优秀人才支持计划”。海南大学王崇敏教授获得“第六届全国高等学校教学名师奖”。

〔**学生学籍学历管理**〕　顺利完成2011年全省各类高等教育新生学籍、在校生、学历证书等电子注册工作。完成2010—2011学年学位授予信息年报工作，共授予学位16 760人。2011年，海南省学位委员会办公室被评为“全国学位与研究生教育信息工作先进单位”。

〔**高校党建工作**〕　加强高校党务工作队伍的培养，充分发挥高校党委的政治核心和领导核心作用。指导三亚学院、海南经贸职业技术学院等6所高校做好党委、纪委换届工作。加强对民办高校党建工作的指导力度，建立了民办高校党建工作考核制度，对8所民办高校的党建工作进行考核，有力推进了民办高校党建工作的制度化、规范化。

〔**桂林洋高校区建设**〕　省政府组建了“桂林洋高校区建设协调领导小组”，启动桂林洋农场划归海口市政府管理的前期调研并促请省委、省政府批准通过了《桂林洋农场属地管理移交方案》，从根本上解决了桂林洋高校区建设发展和管理中的“老大难”问题。

撰稿　李孙巧
审稿　胡光辉

重庆市教育

概　　况

〔**基本情况**〕

2011 年各级各类学校校数、教职工、专任教师情况

	学校数（所）	教职工数（人）	专任教师数（人）
总计	11 534	371 027	303 262
一、高等教育	64	51 892	34 127
（一）研究生培养机构（不计校数）	13		
1. 普通高校	11		
2. 科研机构	2		
（二）普通高等学校	59	50 119	33 110
1. 本科院校	22	35 767	23 486
其中：独立学院	7	6 022	4 151
2. 高职（专科）院校	37	14 352	9 624
3. 其他机构（点）（不计校数）	0	0	0
（三）成人高等学校	5	1 773	1 017
（四）民办的其他高等教育机构	8	617	291
二、中等教育	1 656	157 163	129 777
（一）高中阶段教育	520	86 546	52 870
1. 高中	270	62 660	34 246
普通高中	263	62 638	34 234
完全中学	247	58 260	30 444
高级中学	15	4 345	3 786
十二年一贯制学校	1	33	4

续表

	学校数（所）	教职工数（人）	专任教师数（人）
成人高中	7	22	12
2. 中等职业教育	250	23 886	18 624
普通中专	23	3 808	2 564
成人中专	52	2 511	1 635
职业高中	89	11 133	9 194
技工学校	72	5 579	4 713
其他机构（教学点）（不计校数）	14	855	518
（二）初中阶段教育	1 136	70 617	76 907
1. 初中	996	70 331	76 717
初级中学	770	56 383	50 778
九年一贯制学校	226	13 948	5 529
十二年一贯制学校			11
完全中学			20 399
职业初中	0	0	0
2. 成人初中	140	286	190
三、初等教育	5 662	117 349	115 770
（一）普通小学	5 248	116 397	115 343
小学	5 248	116 397	108 075
九年一贯制学校			7 260
十二年一贯制学校			8
（二）成人小学	414	952	427
其中：扫盲班	164	354	199
四、工读学校	4	56	42
五、特殊教育	36	895	763
六、学前教育	4 112	43 672	22 783

2011 年各级各类学历教育学生情况

	毕业生数（人）	招生数（人）	在校生数（人）
一、高等教育			
（一）研究生	12 351	15 341	45 213
博　士	875	1 217	5 245
硕　士	11 476	14 124	39 968

续表

	毕业生数（人）	招生数（人）	在校生数（人）
（二）普通本专科	130 702	177 615	567 813
本　科	70 019	101 667	361 532
专　科	60 683	75 948	206 281
（三）成人本专科	49 994	44 230	114 642
本　科	12 516	12 088	30 015
专　科	37 478	32 142	84 627
（四）其他各类高等学历教育			
1. 在职人员攻读硕士学位		3 749	11 721
2. 网络本专科生	42 015	56 295	110 566
本　科	21 190	24 508	51 656
专　科	20 825	31 787	58 910
二、中等教育	851 542	786 030	2 418 969
（一）高中阶段教育	342 665	413 957	1 149 063
1. 高中	189 958	226 743	648 943
普通高中	189 652	226 743	648 720
完全中学	166 144	198 579	566 225
高级中学	23 508	28 119	82 421
十二年一贯制学校	0	45	74
成人高中	306		223
2. 中等职业教育	152 707	187 214	500 120
普通中专	31 397	44 577	111 065
成人中专	14 595	6 565	24 552
职业高中	72 642	95 342	243 917
技工学校	34 073	40 730	120 586
（二）初中阶段教育	508 877	372 073	1 269 906
1. 初中	428 823	372 073	1 190 197
初级中学	287 744	245 938	788 334
九年一贯制学校	27 260	20 167	67 073
十二年一贯制学校	0	32	158
完全中学	113 819	105 936	334 632

续表

	毕业生数（人）	招生数（人）	在校生数（人）
职业初中	0	0	0
2. 成人初中	80 054		79 709
三、初等教育	411 297	338 693	1 993 379
（一）普通小学	363 073	338 693	1 954 818
小学	340 079	319 705	1 841 801
九年一贯制学校	22 964	18 927	112 784
十二年一贯制学校	30	61	233
（二）成人小学	48 224		38 561
其中：扫盲班	3 139		3 925
四、工读学校	61	41	70
五、特殊教育	1 585	3 485	16 978
六、学前教育	298 999	481 486	842 650

2011 年各级各类非学历教育学生情况

	毕（结）业生数（人）	注册生数（人）
总计	1 734 222	1 540 202
一、高等教育	95 679	69 721
（一）研究生课程进修班	0	0
（二）自考助学班	6 281	10 517
（三）普通预科生		1 055
（四）进修及培训	89 398	58 149
其中：资格证书培训	40 743	27 105
岗位证书培训	23 128	11 524
二、中等教育	1 638 543	1 470 481
其中：资格证书培训	150 292	105 807
岗位证书培训	435 290	421 534
（一）中等职业教育	129 152	78 283
其中：资格证书培训	60 491	40 235
岗位证书培训	43 575	27 906
（二）职业技术培训机构	1 509 391	1 392 198
其中：资格证书培训	89 801	65 572
岗位证书培训	391 715	393 628

2011 年各级各类民办教育基本情况

	学校数（所）	毕业生数（人）	招生数（人）	在校生数（人）	教职工数（人）	专任教师数（人）	其他学生数（人）
一、民办高等教育							
（一）民办高校	22	23 653	47 613	126 872	10 622	6 973	8 369
本科学生		9 759	24 055	70 875			
专科学生		13 894	23 558	55 997			
其中：独立学院(不计校数)	7	15 873	26 983	84 334	6 022	4 151	1 541
本科学生		9 759	24 055	70 875			
专科学生		6 114	2 928	13 459			
（二）民办的其他高等教育机构	8				617	291	8
二、民办中等教育							
（一）高中阶段教育	51	25 905	27 070	73 860	9 813	7 112	
1. 民办普通高中	19	8 296	11 764	30 344	7 229	5 352	
2. 民办中等职业教育	32	17 609	15 306	43 516	2 584	1 760	4 017
（二）初中阶段教育	69	22 540	27 963	79 905			
1. 民办普通初中	69	22 540	27 963	79 905			
2. 民办职业初中							
三、民办普通小学	109	7 881	8 733	47 647	2 408	1 734	
四、民办幼儿园	3 324	114 212	220 500	432 273	35 870	17 669	
另有：民办培训机构（不计校数）	212				2 036	1 204	67 231

〔**教育经费投入**〕 2011 年，认真贯彻落实《国务院关于进一步加大财政教育投入的意见》，进一步健全财政教育投入增长保障机制，出台了《重庆市地方教育附加征收使用管理办法》，全年全市征收地方教育附加 6.8 亿元。2011 年，全市教育经费总投入 504 亿元，比 2010 年增加 98 亿元，增长 24.14%。其中预算内教育经费投入 359 亿元，比 2010 年增加 91 亿元，增长 33.96%；市本级教育经费投入 145 亿元，比 2010 年增加 23 亿元，增长 18.85%，其中预算内教育经费投入 70 亿元，比 2010 年增加 25 亿元，增长 55.56%。中小学公用经费生均提高 100 元，贫困寄宿生生活费补助生均提高 250 元。制定并实施了全市地方公办高校债务化解方案，市属公办高校化债 29.9 亿元，其中财政安排化债专项资金 14.01 亿元。提高市属公办高校生均拨款水平，2011 年本科生均达到 1 万元、高职高专生均达到 4 000 元，全年安排“提标”资金 7.13 亿元。

〔**教育科研**〕 全市（不含重庆大学、西南大学）共立项获批全国教育科学“十二五”规划 2011 年度课题 17 项，评审立项重庆市教育科学“十二五”规划 2011 年度课题 433 项（含重点课题 72 项，规划课题 361 项）。修订完善教育科研课题管理制度，出台《重庆市教育科学规划课题管理细则》，促进全市教育科研管理的规范化发展。获“第四届全国教育科学研究优秀成果奖”6 项（含参与奖 1 项）。

〔**教师队伍建设**〕 加强师德师风建设，组建优秀教师先进事迹巡回报告团分片区开展巡回报告，编写了《好教师在我身边》优秀教师先进事迹师德读本，通过交流学习、公开承诺、师德征文、家访进万家等方式，开展了“好教师在我身边”主题教育实践活动，举办了首届“最可敬可亲教师”评选活动，评选了“最可敬可亲教师”22名、“最可敬可亲教师”团队12个。大力开展曹瑾同志先进事迹学习宣传活动。进一步充实农村中小学教师队伍，招聘农村义务教育阶段特岗教师1 287人，安排1 000余名免费师范毕业生到农村中小学就业。扎实开展各类师资培训，“国培计划”培训教师19 900人、市级培训幼儿教师620人、义务教育教师12 450人；全面开展普通高中新课改培训；首次开展中职信息类专业20名学科带头人培训、中职教师教育技术能力提高培训，对5个专业实训教师进行了专项培训，对200名专业教师开展了“双师型”教师培训。加强名师和高层次人才队伍建设，召开全市特级教师大会，出台了《重庆市特级教师管理办法（试行）》，遴选174人进入全市教师教育专家资源库，确定重庆市“未来教育家”培养对象32人，提名人选6人。组织实施高校“千人计划”、“百名学术学科领军人才培养计划”、“重庆市百名海外高层次人才集聚计划”，遴选了高校首批青年骨干教师资助计划项目60个、第三批优秀人才支持计划项目30个，推进“中青年教师国内研修计划”，资助50名高职高专中青年骨干教师到国内高校研修。深化教育人事制度改革，制发了《重庆市非义务教育事业单位及教职工绩效考核指导意见》，完善义务教育学校绩效考核和奖励性绩效工资分配办法。

〔**学生资助工作**〕 2011年，共落实各类资助资金53.5亿元，惠及学生超过400万人。安排义务教育经费保障机制改革“两免一补”资金33.3亿元，惠及学生达328万人。资助城乡普通高中低保家庭学生学费2 275万元，共2.8万人；资助家庭经济困难普通高中学生助学金27 012万元，共18.76万人。中职学校家庭经济困难和涉农专业学生享受学费全额资助，生活费、住宿费包干补助，其他学生享受生活费资助，全年安排资金73 430万元，其中助学金39 127万元、惠及学生28.4万人，学费、住宿费34 303万元、惠及学生14.7万人。2011年春季学期，全市116 307名大学生获得国家助学金，资助金额达16 864.45万元；秋季学期，689人获得国家奖学金，13 429人获得国家励志奖学金，125 320人获得国家助学金，资助金额25，437.05万元。同时，7.8万名高校家庭经济困难学生获生源地信用助学贷款共4.61亿元；1.1万人获校园地国家助学贷款0.58亿元。

〔**体育卫生与艺术教育**〕 加强体育课程建设，采取“2＋2”（2节体育课＋2节体育活动课）或者“3＋1”（3节体育课＋1节体育活动课）等方式，积极落实中小学每周4节体育课。开展重庆市体育、艺术特色学校创建工作。举办第二届“健康校园杯”大中小学生运动会，与教育部联合举办了“心手相连、健康成长”全国学生阳光体育运动展示活动。开展第七届中小学健康教育优质课暨学校卫生优秀论文评选活动、学校健康教育教学观摩赛，积极提高健康教育课程质量。印发《重庆市学校、托幼机构晨（午）检管理办法（试行）》，修改完善了《重庆市学校食品安全等级量化评定细则》。发布中小学生暑期营养食谱和秋季推荐菜谱，举办中小学公共营养师培训。组建大中小学管乐团40个，开展了第三届大学生艺术展演活动、第六届中小学生才艺大赛、新学堂歌—谷建芬古诗文少儿歌曲专场演出、“高雅艺术进校园”演出等艺术活动。

〔**教育法制建设**〕 《重庆市义务教育条例》经重庆市第三届人民代表大会常务委员会第二十三次会议通过，自2011年5月1日起施行。《重庆市学校安全条例》立法调研和文本起草工作有序推进。《教育督导条例》纳入了2011年市政府新立法调研项目。大力推进依法行政，制发了《重庆市教育行政处罚裁量权适用办法》、《重庆市教育行政处罚裁量标准（试行）》，出台了《重庆市教委行政许可办事程序规定》，开展了解决教育系统基层执法单位违规执法专项行动。继续开展“依法治校示范校”创建活动。加强教育法制宣传，制发了《重庆市教育系统开展法制宣传教育的第六个五年规划（2011—2015年）》，市教委被中宣部、司法部表彰为2006—2010年全国法制宣传教育先进集体。

〔**教育督导**〕 全面建立督学责任区制度，实施责任区督学公示制度，建立了4个市级督学责任区、318个区县级督学责任区，首批在795所义务教育阶段优质学校悬挂责任区督学公示牌。开展义务教育均衡发展督导评估，确立了义务教育均衡发展督导评估市级重点课题2项、市级规划课题12项，参与了国家社科基金教育科学规划重大项目"与教育科学发展要求相适应的教育督导制度研究"子课题的研究工作。开展中小学"减负提质"、防学生溺水等专项督导。组织9个样本区县参加教育部基础教育质量监测中心组织的监测，对100所"领雁工程"项目学校进行基础教育质量监测。举办清华大学教育督导干部高级研修培训班，培训教育督导干部50名，市级培训督导干部100人。国家教育督导团授予重庆市政府教育督导室和3个区县政府督导室为全国教育督导工作先进集体。

〔**教育信息化建设**〕 加强区县教育城域网升级改造，所有区县教育城域网实现了全覆盖。全市80%的中小学建设了"校园网"或"校园局域网"，36 538个班实现了"班班通"，覆盖率达41%；建多媒体教室5 895间、计算机网络教室8 230间，中小学校计算机达到29万多台，生机比达15∶1。全面推广应用重庆市教育资源公共服务平台，平台注册学生近30万人、教师近6万人。加强"中职教学资源网"、"重庆市职业教育网络学习平台"、"重庆市职业教育网"建设。高校全部建成了"校园网"，高校计算机生机比达4∶1。搭建重庆大学城资源共享网络平台、教育资源公共服务平台，初步实现了业务管理、信息交互、在线办事、资源服务、远程培训、在线学习等信息化应用与公共服务。

〔**安全稳定工作**〕 全市所有区县均成立了校园安全保卫支（大）队，为11 086所学校配备校警5 615名、校园保安26 582名、保卫干部7 828人。全市中小学及幼儿园重点部位统一安装了视频监控系统和报警装置，占安装规划布点学校的89.67%。全面推进法制安全教育进教材、进课堂、进头脑"三进"工程，编印出版并免费发放《大学生安全知识手册》等资料50万册。全面实施安全管理人员"素质提升工程"和"大培训、大练兵"活动，专项培训安全管理工作人员10 000名、保卫干部7 828名、校园保安26 582名。全面开展应急演练，免费下发应急疏散手册60万册。深入实施隐患排查整治，排查整改校园各类安全隐患7 713起，开展校园及周边治安秩序专项整治行动10余次。加强学生上下学交通安全管理，制发了《重庆市校车安全管理暂行规定》，逐校逐园对校车进行排查，共排查中小学校8 000余所，校车2 000辆，排查出不合格车辆40多辆，查处各类交通违法行为800起。热情做好群众来信来访工作，积极化解涉校涉生矛盾。教育部、公安部在重庆市召开了全国校园安全工作经验交流现场会，对重庆的工作予以充分肯定。

〔**教育系统党建工作**〕 扎实推进教育系统创先争优活动，深入实施高校"三创六进"和中职、中小学"三创四做"行动计划，组织开展了创先争优活动优秀载体和优秀案例评选活动，获教育部全国中小学创先争优优秀载体一等奖1个、二等奖1个、优秀奖2个，中职学校创先争优活动优秀主题案例三等奖1个、优秀奖2个。修改完善了《重庆市高校"抓党建、促三风、建三高"规划纲要》，启动实施了"重庆市高等学校党旗领航行动计划"，进一步加强高校党建工作，重庆大学、西南政法大学被评为全市党建工作示范点。切实加强高校领导干部队伍建设，选派高校"4 050"工程后备干部35人到美国进行专题培训、11人到北京大学等11所部属高校进行挂职锻炼，完成了13所市属高校党政领导班子同步换届工作。召开全市教育系统庆祝中国共产党成立90周年大会，表彰了一批教育系统先进基层党组织、优秀共产党员和优秀党务工作者。在全市教育系统管理干部中，深入开展"走进学校、走进课堂，贴近师生"活动，进一步转变了机关干部的工作作风，提高了管理和服务水平。

〔**教育系统党风廉政建设**〕　开展党性党风党纪教育月专题活动，组织逾千名教育系统党员、领导干部到市廉政教育基地开展廉政警示教育。加强干部任用、基建采购、阳光招生、惠民政策、评先评优、项目申报等工作的监督，认真开展了“三项行动”、“三项治理”、“小金库治理”、党务公开、《廉政准则》和《2008—2012年惩防体系建设实施纲要》贯彻执行情况等督导检查工作。加强办信办案工作，严肃查处择校乱收费、教辅材料散滥、学生食堂违规收费等突出问题。严格实行党风廉政建设报告、谈话、评议、考核和责任追究等制度，开展高校集中巡视工作。加强纪检监察干部队伍建设，组织开展了专项课题研究和专题调研，在清华大学举办了教育系统纪检监察干部培训班。

〔**教育交流与合作**〕　举办第四届“汉语桥”世界中学生中文比赛、中美中小学校长交流研讨会、首届重庆—威尔士职业院校校长对话会等对外交流活动。接待了17个国家和地区的教育官员、校长等共44批次423人到访。7所高校与法国图卢兹大学签署合作协议。选拔录取各类公派出国留学人员337人。各级各类外国留学生人数首次突破5 000人，达到5 113人，生源国达到125个。在斯里兰卡、澳大利亚各新建1所孔子学院，在美国新建4所孔子课堂，重庆市在海外的孔子学院（课堂）达到25所。选派80名汉语教师和志愿者赴国外执教。全市新增具有外籍教师聘请资质的单位12家，获外籍教师聘请资格院校达151所，聘请长短期外籍教师和专家2 000余人。

〔**语言文字工作**〕　举办重庆市第十四届全国推广普通话宣传周活动，梁平县、长寿区通过了城市语言文字工作市级达标评估，重庆邮电大学等4所学校被评为“第三批国家级语言文字规范化示范校”（累计16所），渝北区新牌坊小学等4所学校被评为“首批国家级规范汉字书写教育特色学校”。推进语言文字智能培训测试站建设，34个区县、15所高校测试站建成并投入运行，全市范围内基本实现普通话水平智能测试；印发了《重庆市语言文字智能培训测试站管理办法（试行）》，加强测试工作管理。推进“英语听说能力智能测试进高考、中考试点”工作，2011年高职单独招生考试和綦江县中考的英语听说能力实行智能测试，取得圆满成功。组织开展“中华诵·2011经典诵读大赛”、重庆市第三届经典诵读之星等系列活动，均取得可喜成绩。

基础教育

〔**推进学前教育普及普惠发展**〕　制定了《重庆市学前教育三年行动计划》，制发了《重庆市人民政府关于加快学前教育发展的意见》。全市新建及改扩建农村乡镇中心幼儿园139所、城镇社区普惠性幼儿园97所，全市城乡幼儿园达4 114所，新增在园幼儿13.41万人，在园幼儿达84.3万人，学前三年教育毛入园率达73.49%。出台了普惠性幼儿园标准和认定办法，全市认定普惠性幼儿园1 064所。出台了学前教育家庭经济困难儿童资助政策，对普惠性幼儿园的城乡低保家庭幼儿、孤儿和残疾幼儿，每人每天补助生活费3元（全年按220天计算），免保教费（补助幼儿园）每人每月150元（全年按10个月计算），惠及在园幼儿6万余人。

〔**推进义务教育均衡发展**〕　3月9日，市政府与教育部签署《义务教育均衡发展备忘录》。各区县政府与市政府签订了《推进义务教育均衡发展协议书》。加快改善义务教育学校办学条件，市教委制发了《重庆市义务教育学校办学条件标准（试行）》、《关于进一步加强义务教育学校六大功能室建设的实施意见》，新增六大功能室2 244间、实验室 1 338 间。设立 30 个义务教育均衡发展试点项目，开展学区制管理、捆绑发展、委托管理、合并办学等项目试点。扎实推进中小学“领雁工程”，100 所城镇优质中小学带动 100 所农村义务教育阶段学校，合作共进、互动提高。完成了对万州等 13 个区的义务教育均衡发展综合督导评估，对江津等 15 个区县开展了过程督导评估。

〔**大力推进“减负提质”**〕 召开全市减轻义务教育阶段学生过重课业负担视频会议，制发了《减轻义务教育阶段学生过重课业负担、深入推进素质教育十项规定》，努力将“减负提质”的要求落实到课程、教学、作业、考试、评价、管理等各个环节。印发了《减轻义务教育阶段学生过重课业负担专项督导指标体系》，以主城九区学校、其他区县城学校和农村中心集镇学校为重点，开展了“减负提质”专项督导，着力推动中小学“减负提质”工作，取得了明显成效。

〔**推进课程改革**〕 将提高课堂教学效率作为义务教育课程改革的重点，积极推广綦江县“区域推进农村课堂教学改革”、九龙坡区“以生为本课堂教学改革”等经验。坚持开展体艺、科技“2+2”项目，大力实施素质教育。深入推进普通高中新课程实验，出台《重庆市普通高中学生综合素质评价方案》、《重庆市普通高中学生学业水平考试方案》等文件，确定实验样本学校 80 所。制定实施《重庆市青少年创新人才培养雏鹰计划》，确定普通高中项目学校 22 所，高中学员 100 名，进入 9 所高校的 35 个国家重点实验室和工程（技术）研究中心参与研究，培养学生的科学素养、创新意识和实践能力。

〔**推进普通高中多样特色发展**〕 普通高中招生 22.7 万人，初中毕业生升入高中阶段比例达 92%。将全市优质高中 70%的指令性招生计划分配到初中学校，将市教委直属中学投放到三峡库区 19 个区县的统招计划增加到 300 名，11 万名初中毕业生免试进入高中学校。云阳凤鸣中学等 10 所学校被市政府认定为重庆市重点中学，全市重点中学累计达 124 所，在校生占普通高中学生总数的 63%。组织 112 所重点中学与 114 所一般高完中捆绑发展，促进城乡普通高中学校办学水平和教育质量整体提升。深入推进普通高中办学体制、课程设置、课堂教学、管理模式等多样化改革，积极探索科技高中、体育高中、艺术高中等特色高中建设试点。

〔**加强中小学德育**〕 充分发挥课堂育德主阵地作用，开展课程育德优质课大赛。加强德育网络资源库建设，重庆德育网点击率突破 700 万次。广泛开展“爱心在行动中成长、习惯在行动养成、责任在行动中落实”系列活动，深入开展“弘扬雷锋精神，争做雷锋式少年”主题教育实践活动，命名表彰 100 个雷锋式学生和 100 个雷锋式班集体。加强中小学校园文化建设，召开全市中小学校园文化建设推进会，评选重庆市校园文化建设示范学校 36 所。教育部在重庆召开了全国首届中小学文明礼仪教育高层论坛暨云阳现场成果展示交流会和全国校外教育工作会议，充分肯定了重庆的工作经验，云阳县被教育部命名为“中小学文明礼仪教育示范基地”。全国首批示范性综合实践基地建设项目之一落户万州，41 所乡村学校少年宫竣工并投入使用。

〔**加强中小学基础设施建设**〕 大力推进中小学校舍安全工程 3 年规划。截至 2011 年年底，全市累计开工校安工程项目学校 2 572 所，项目数 4 552个，开工面积 545.3 万平方米，开工占 3 年规划的 100%；竣工并交付使用学校 2 041 所，竣工项目 3 659 个，竣工面积 421.3 万平方米，竣工率 79.37%。启动农村义务教育薄弱学校 5 年改造规划，2011 年安排专项资金 8.93 亿元，其中设备设施资金 3.53 亿元，学校改造建设资金 5.4 亿元。实施农村初中改造工程，投入资金 1.5 亿元，改造 41 所农村学校办学条件。实施万州、涪陵、潼南、城口、彭水边远艰苦地区教师周转房建设试点，黔江、酉阳、云阳、开县、巫溪农村学前教育推进工程试点，共落实专项资金 8 000 万元。

〔**关爱留守儿童**〕　大力实施关爱农村留守儿童“六大行动计划”：农村幼儿园建设计划——全年新建、改扩建农村乡镇公办幼儿园139所；农村寄宿制学校建设计划——全年新建、改扩建农村寄宿制学校370所；农村留守儿童培养模式创新计划——探索了农村留守儿童“4+1”培养教育、代理家长、寄宿之家、托管家园、亲属代管、亲情连线6大教育管理模式；农村留守儿童社会共育计划——暑期开展了为留守儿童办“十项实事”活动；农村留守儿童营养健康促进计划——全年全市财政投入资金5.7亿元，为中小学生提供鸡蛋、牛奶和爱心午餐，覆盖学生300多万人次，另投入3.4亿元建设食堂和改造饮水设施；农村留守儿童权益保障计划——继续建好农村留守儿童维权中心，开通“12338”农村留守儿童维权热线电话，并开展了留守儿童权益保障执法检查。教育部、全国妇联在重庆市召开了全国关爱留守儿童工作现场会，对重庆市关爱留守儿童的做法予以充分肯定。高度重视进城农民工子女入学工作，义务教育学校接收农民工子女27.8万人。

〔**加强民族教育和特殊教育**〕　将民族团结教育全面纳入课程计划和课堂教学中，扩大重庆西藏中学招收藏族学生计划。帮助青海省培训教师、举办内地青海民族班等工作有序开展，援助培训西藏昌都地区学前教育教师50名。争取中央投入建设特殊教育项目4个，落实中央投资2 136万元。市财政安排专项经费3 000万元，建成重庆特殊教育中心并投入使用。1 320所小学、236所初中开展残疾儿童随班就读，全市残疾儿童少年入学率进一步提高。

职业教育与成人教育

〔**推进职教改革创新**〕　大力推进国家职教改革创新行动计划，遴选12个单位承担9个重点项目，24所职业院校承担11个专业改革试点项目。推进“园校互动”办学模式改革，确定试点项目单位16个。强化教育与行业联系，确定了245所职业院校与信息产业企业对接，推动职业学校与企业通过设立冠名班、挂牌、共建实训基地、培训“双师型”教师等多种形式深入合作。启动旅游职业教育现代学徒制试点工作，组织12所中职学校与10家旅游企业在招生、学习模式、课程设置、考核评价等方面深度对接。

〔**加强内涵建设**〕　制定《重庆市中等职业学校专业设置管理实施细则（试行）》，调整优化专业设置，加强专业建设。出台《重庆市中等职业学校学生学籍管理办法实施细则（试行）》，促进学籍管理规范化、精细化与科学化。设立紧缺专业教师特聘岗位，对200名中等职业学校紧缺专业外聘教师，市财政每个岗位每年补助1万元。加强德育工作，在“第八届全国中等职业学校文明风采竞赛”中成绩突出，3 528件作品获奖，重庆市教委获“全国决赛特殊贡献奖”。在“2011年全国职业院校技能大赛”中，重庆中职代表队共获一等奖15个、二等奖27个、三等奖32个。

〔**巩固中职招生规模**〕　健全“行政指令+市场调节”的中职招送生机制，将重点中等职业学校招生计划的50%就近划片到区县，由区县负责送生，另外50%采取市场调节。在积极挖掘市内生源潜力的同时，与贵州、云南两省签订了合作办学协议，出台了贵州到重庆就读中职学生具体资助政策，市外招生从2010年的2万人增加到3万人（其中贵州1.3万人）。全市春秋两季共招收中职新生18.7万人。

〔**加强基础能力建设**〕　2011年，第2批国家示范校建设项目获批12所，两年累计达20所。加强实训基地建设，中央财政安排重庆中等职业教育实习实训基地建设项目15个，专项资金2 800万元，国家发改委安排重庆中等职业教育基础能力建设（二期）项目9个，专项资金8 500万元，市级财政安排中等职业学校实训基地建设项目22个，专项资金3 000万元。

〔**加快构建终身教育体系**〕 对在渝成人高等教育函授辅导站（点）和现代远程教育校外学习中心进行评估和重新登记，规范成人高等教育办学行为。以创建合格学校、示范学校为抓手，加强农村成人学校建设。出台了《重庆市社区教育实验（示范）区评估标准（试行）》，启动了市级社区教育实验区和示范区申报和评估工作，推动社区教育工作深入开展。加强学习型组织建设，大力发展成人学历教育、非学历教育和社会化培训。

高等教育

〔**加强专业和学科建设**〕 2011年，增设普通本科专业点58个，总数达836个，专业达253种；高职高专专业点1 339个，专业有19个大类，专业达353种。现有一级学科国家重点学科3个，二级学科国家重点学科21个（不含一级学科覆盖），国家重点培育学科8个，“十二五”市级重点学科180个（含立项建设30个）。

〔**学位授权工作有新突破**〕 2011年，在渝高校新增博士学位授权一级学科33个（达到66个）、硕士学位授权一级学科71个（总数达173个，含覆盖），填补空白的博士、硕士学位授权一级学科点分别为14个和13个。13所高校新增学士学位授权专业点46个，在渝普通高校学士学位授权专业点达775个。重庆科技学院被国务院学位委员会批准为开展培养硕士专业学位研究生试点单位（“服务国家特殊需求人才培养项目”）。全市现有学位授予单位23所（含军队院校与民办高校），其中博士学位授予单位7所，硕士学位授予单位16所。

〔**提升教育教学质量**〕 重庆大学、重庆交通大学、重庆邮电大学和重庆科技学院4所高校被列入教育部第二批“卓越工程师教育培养计划”高校。扎实实施“质量工程”，2011年共立项市级精品课程81门（累计458门，含国家网络精品课程10门），市级特色专业点30个（累计170个），市级教学团队53个（累计204个），市级人才培养模式创新实验区39个（累计95个）。深入推进高等教育教学改革研究项目，共遴选立项460项，其中重大项目20项、重点项目125项、一般项目311项、重大委托项目4项。教改项目结题验收151项。高等职业“示范院校”建设取得新成绩，重庆电子工程职业学院通过国家示范性高等职业院校建设计划项目验收（重庆3所国家示范性高等职业院校均通过国家验收），确定重庆三峡职业学院和重庆三峡医药高等专科学校正式实施市级示范性高等职业院校建设计划，重庆工贸职业技术学院为市级示范性高等职业院校建设计划立项建设单位。启动了新一轮市级“骨干高职院校建设计划”。

〔**加强科技创新**〕 2011年，新增教育部“创新团队”2个、教育部“创新团队培育计划项目”1个，入选教育部“新世纪优秀人才支持计划”15人（累计入选147人）。重庆大学“煤矿灾害动力学与控制”和西南大学“家蚕基因组生物学”两个实验室被批准成为国家重点实验室（累计5个，另有3个省部共建国家重点实验室培育基地）。重庆交通大学“国家内河航道整治工程技术研究中心”被科技部批准为国家工程技术研究中心（累计6个）。重庆邮电大学“网络化控制与智能仪器仪表”

和重庆交通大学“水利水运工程”两个省部共建教育部重点实验室顺利通过教育部专家验收。西南大学夏庆友教授领衔的“家蚕关键品质性状分子解析及分子育种基础研究”和第三军医大学大坪医院祝之明教授领衔的“环境代谢因素致高血压机制及其干预措施的研究”被列入国家重点基础研究发展计划项目。高校共争取国家自然科学基金项目720项，获资助经费3.3亿元，创历史新高。在渝11所高校有8个项目获国家科技奖。高校技术转让合同679项，合同金额1.79亿元，当年实际收入11 883万元。24项高校优秀成果项目实施转化。

〔**加强人文社科建设**〕　2011年度，国家社科基金项目立项135项，教育部人文社科项目147项，批准经费4 716.1万元。市级人文社科项目立项161项，批准和配套经费180万元；对3个第一批市级人文社科重点研究基地开展了复查工作、对23个第二批市级人文社科重点研究基地开展了中期检查工作、对13个申报立项建设实地开展了评审。

〔**加强研究生教育**〕　启动了市级专业学位研究生教育综合改革试点工作，遴选11所高校的16个专业学位进行试点。制发了研究生教育管理工作综合性意见，对进一步加强和改进研究生教育管理工作提出八项措施。开展研究生教育督导工作，印发了《重庆市研究生教育教学改革研究项目管理工作指南》。首次开展重庆市研究生教育教学改革研究课题立项工作，共批准研究生教育教学改革研究立项重大项目10项，重点项目30项，一般项目50项。完成了研究生优质课程的验收和第二批立项遴选工作，批准立项建设60门。

〔**稳步推进招生考试改革**〕　推进普通高校招生录取模式多元化改革，在2010年重点批次实施平行志愿的基础上，2011年进一步在二本、三本、一专等批次进行了志愿结构改革，推行“1+5”志愿结构，提高了考生录取率和志愿满意率。深化高等职业教育单独招生改革试点工作，首次按照普、职两类生源分别编制招生计划。按程序取消了市级体育比赛二级运动员加分政策，紧缩市属高校招收艺术、体育特长生优惠政策，首次对体育特长生开展专项基础能力测试及认定。加快推进成人高等教育考试招生改革，在部分院校开展矿业类专业成人专科教育单独招生，采取国家统一考试与专业综合考试相结合。开展农村基层卫生人员成人专科教育考试招生改革试点工作。加强研究生招生考试自命题管理，推进研究生招生考试科目、内容和方式的研究与改革。

〔**加强大学生思想政治教育**〕　在全市54所高校13万大学生、2万教师中进行问卷调查，开展思想政治教育专题调研。从社会主义核心价值体系教育、社会实践活动、校园文化建设、党建工作、思想政治教育工作队伍建设等方面，对高校育人工作进行顶层设计，编制了高校“1+5”育人工程规划纲要。深入推进大学生社会实践活动，参与学生累计超过150万人次，育人成效显著，教育部在重庆市召开全国高校实践育人现场经验交流会，中央电视台新闻联播对重庆市大学生“六个一”社会实践活动进行了宣传报道。加强思想政治理论课建设，开展了《思想政治理论课学习精要》、《大学生热点问题解析》、《重庆城市精神读本》（暂定名）3本地方辅助教材的编写工作，全市培育并评选“精彩一课”10课、“精彩教案”30个、“精彩多媒体课件”50个，专项培训了高校思想政治理论课教师1 100人。举办重庆市优秀大学生励志成才巡讲活动，激励大学生成长成才。加强辅导员队伍建设，1名辅导员被评为全国高校辅导员年度人物，4人获入围奖。

〔**促进大学毕业生就业**〕　加强就业指导，举办了首届高校就业指导课程教学大赛、第二届大学生职业生涯规划大赛和大学生创业文化节。全年累计组织公益性大学毕业生就业招聘会约1 200场，提供约20万个就业岗位信息。大力支持自主创业，全市扶持大学毕业生及在校生创办微型企业4 500余家，财政发放注册资金补助1.6亿元，带动就业4万余人。实施“泛海扬帆——重庆大学生创业行动”，全年总投资800万元，培训大学生1 000名，资助创业项目105个。建立市级大学生创业孵化基地6个，场地总面积达1.2万平方米。2011年，全市普通高校毕业生14.51万人，毕业生初次就业率达86.50%。

〔**有序推进高校基本建设**〕 2011年，大学城高校新竣工校舍60万平方米（累计520万平方米），完成投资12亿元（累计86亿元），入住学生1万人（累计16万人），重庆大学城基本建成。重庆交通大学双福校区、重庆教育学院南山校区一期工程顺利建成并入住学生。西南政法大学等8所未进入大学城高校新校区建设进展良好，当年建成校舍共100万平方米，完成投资21亿元。重庆工程职业技术学院等2所高校新校区开工建设，重庆工商大学等6所高校新校区完成规划设计等前期工作。2011年，全市高校新增用地5 871亩，老校区置换工作顺利推进。

撰稿 郑靖波

审稿 周 旭

四川省教育

概　　况

〔基本情况〕

2011 年各级各类学校校数、教职工、专任教师情况

	学校数（所）	教职工数（人）	专任教师数（人）
总计	25 905	924 485	767 525
一、高等教育	119	107 013	69 679
（一）研究生培养机构（不计校数）	37		
1. 普通高校	20		
2. 科研机构	17		
（二）普通高等学校	93	103 433	67 448
1. 本科院校	45	77 020	49 170
其中：独立学院	13	13 966	9 221
2. 高职（专科）院校	48	26 293	18 191
3. 其他机构（点）（不计校数）	1	120	87
（三）成人高等学校	26	3 580	2 231
（四）民办的其他高等教育机构	15	698	305
二、中等教育	5 460	446 113	331 950
（一）高中阶段教育	1 421	210 532	128 681
1. 高中	740	146 473	82 768
普通高中	740	146 473	82 768
完全中学	568	111 887	57 575
高级中学	136	26 595	23 160
十二年一贯制学校	36	7 991	2 033

续表

	学校数（所）	教职工数（人）	专任教师数（人）
成人高中	0	0	0
2. 中等职业教育	681	64 059	45 913
普通中专	273	27 827	17 985
成人中专	26	1 628	1 053
职业高中	241	24 313	20 239
技工学校	115	9 368	5 980
其他机构（教学点）（不计校数）	26	923	656
（二）初中阶段教育	4 039	235 581	203 269
1. 初中	3 964	235 277	202 987
初级中学	1 921	115 872	106 284
九年一贯制学校	2 040	119 344	54 484
十二年一贯制学校			2 491
完全中学			39 667
职业初中	3	61	61
2. 成人初中	75	304	282
三、初等教育	10 051	267 465	306 485
（一）普通小学	8 847	264 869	305 508
小学	8 847	264 869	247 928
九年一贯制学校			56 048
十二年一贯制学校			1 532
（二）成人小学	1 204	2 596	977
其中：扫盲班	904	1 710	791
四、工读学校	6	146	99
五、特殊教育	107	2 036	1 784
六、学前教育	10 162	101 712	57 528

2011 年各级各类学历教育学生情况

	毕业生数（人）	招生数（人）	在校生数（人）
一、高等教育			
（一）研究生	20 618	26 522	82 857
博　士	2 229	2 756	12 567
硕　士	18 389	23 766	70 290

续表

	毕业生数（人）	招生数（人）	在校生数（人）
（二）普通本专科	289 165	343 631	1 139 316
本　科	137 759	173 813	683 515
专　科	151 406	169 818	455 801
（三）成人本专科	120 420	135 163	309 473
本　科	29 185	34 644	88 027
专　科	91 235	100 519	221 446
（四）其他各类高等学历教育			
1. 在职人员攻读硕士学位		10 128	29 230
2. 网络本专科生	76 917	97 633	216 660
本　科	30 181	37 844	87 122
专　科	46 736	59 789	129 538
二、中等教育	2 050 326	2 159 130	6 236 566
（一）高中阶段教育	839 658	1 101 058	2 914 601
1. 高中	452 646	535 394	1 512 025
普通高中	452 646	535 394	1 512 025
完全中学	323 348	379 593	1 079 009
高级中学	120 119	143 464	400 287
十二年一贯制学校	9 179	12 337	32 729
成人高中	0		0
2. 中等职业教育	387 012	565 664	1 402 576
普通中专	171 899	223 100	600 070
成人中专	26 164	80 820	141 131
职业高中	142 449	219 382	525 028
技工学校	46 500	42 362	136 347
（二）初中阶段教育	1 210 668	1 058 072	3 321 965
1. 初中	1 153 686	1 058 072	3 266 108
初级中学	629 376	559 164	1 744 067
九年一贯制学校	274 153	250 876	772 792
十二年一贯制学校	11 712	12 703	37 520
完全中学	236 842	234 639	707 681

续表

	毕业生数（人）	招生数（人）	在校生数（人）
职业初中	1 603	690	4 048
2. 成人初中	56 982		55 857
三、初等教育	1 182 824	996 827	5 938 098
（一）普通小学	1 042 069	996 827	5 798 017
小学	821 215	814 899	4 683 874
九年一贯制学校	216 217	178 088	1 089 104
十二年一贯制学校	4 637	3 840	25 039
（二）成人小学	140 755		140 081
其中：扫盲班	62 228		60 602
四、工读学校	545	1 142	877
五、特殊教育	5 486	6 767	40 898
六、学前教育	798 987	1 212 746	2 110 148

2011 年各级各类非学历教育学生情况

	毕（结）业生数（人）	注册生数（人）
总计	3 593 725	3 130 231
一、高等教育	265 384	145 485
（一）研究生课程进修班	1 402	2 664
（二）自考助学班	4 299	11 250
（三）普通预科生		2 707
（四）进修及培训	259 683	128 864
其中：资格证书培训	59 837	20 788
岗位证书培训	83 860	68 751
二、中等教育	3 328 341	2 984 746
其中：资格证书培训	468 818	431 257
岗位证书培训	474 378	493 683
（一）中等职业教育	301 099	222 197
其中：资格证书培训	153 482	110 043
岗位证书培训	74 823	37 417
（二）职业技术培训机构	3 027 242	2 762 549
其中：资格证书培训	315 336	321 214
岗位证书培训	399 555	456 266

2011年各级各类民办教育基本情况

	学校数（所）	毕业生数（人）	招生数（人）	在校生数（人）	教职工数（人）	专任教师数（人）	其他学生数（人）
一、民办高等教育							
（一）民办高校	25	55 089	87 740	239 456	20 043	13 046	11 184
本科学生		23 313	40 651	131 128			
专科学生		31 776	47 089	108 328			
其中：独立学院(不计校数)	13	32 876	54 547	164 216	13 966	9 221	1 874
本科学生		23 313	39 762	130 239			
专科学生		9 563	14 785	33 977			
（二）民办的其他高等教育机构	15				698	305	15
二、民办中等教育							
（一）高中阶段教育	322	132 053	181 932	468 364	46 528	32 079	
1. 民办普通高中	75	18 687	28 682	73 217	28 311	20 611	
2. 民办中等职业教育	247	113 366	153 250	395 147	18 217	11 468	74 768
（二）初中阶段教育	171	60 768	73 759	208 156			
1. 民办普通初中	171	60 768	73 759	208 156			
2. 民办职业初中							
三、民办普通小学	364	40 967	43 713	247 360	7 690	5 396	
四、民办幼儿园	8 671	322 366	561 763	1 094 844	81 009	42 924	
另有：民办培训机构（不计校数）	248				3 462	2 390	77 939

〔**年度工作方针**〕 2011年，四川省教育工作的总体要求是：深入贯彻落实党的十七届五中全会和省委九届八次全会精神，按照全国、全省教育工作会议部署，坚持以教育科学发展为主题，以建教育强省为主线，深入实施教育规划纲要，着力推进教育优先发展，增强为经济社会发展服务的能力；着力解决人民群众关心的热点难点问题，促进教育公平；着力加强教师队伍建设，努力提高教育质量；着力推进改革试点，组织实施重大项目，完善教育科学发展的体制机制；着力维护教育系统的安全稳定，构建和谐校园，努力办好让人民满意的教育。

〔**教育投入与支出**〕 全省教育经费投入总额为1 151.6亿元，比2010年增长15.65%。其中在川的中央部委直属高校经费127.19亿元，增长26.47%，地方属高校经费1 024.41亿元，增长14.44%；全省教育财政预算内拨款814.54亿元，比2010年增长18.51%；多渠道投入的经费总额为337.06亿元，比2010年增长9.29%。

全省地方教育预算内生均教育事业费支出普通高校为9 001.27元，普通高中为4 033.74元，普通初中为5 210.02元，职业高中为4 072.00元，普通小学为4 164.05元；生均预算内公用经费支出普通高校为4 110.93元，普通高中为742.70元，普通初中为1 508.40元，职业高中为1 282.73元，普通小学为1 020.36元。

〔**贯彻落实全国、全省教育工作会议精神和教育规划纲要**〕 全省教育战线围绕“抓落实”的总体要求，扎实推进全国、全省教育工作会议精神和教育规划纲要落实工作。一是建立实施教育规划纲要的工作机制。省政府成立了以省长蒋巨峰为组长的教育规划纲要领导小组和以副省长黄彦蓉为组长的教育规划纲要工作小组，研究部署、统筹协调全省教育发展改革重大问题；省委、省政府办公厅印发了实施教育规划纲要的任务分工，省政府制定出台全省教育事业发展“十二五”规划，将10年中长期目标细化为5年的工作任务；省政府制定下发了实施教育规划纲要的年度计划，下达相关部门，纳入目标管理，确保有序推进。二是加大财政教育投入保障。省政府制定下发了《关于进一步加大财政教育投入的意见》，明确要求足额征收教育费附加和地方教育费附加，规定从土地出让收益中扣除征地和拆迁补偿、土地开发及相关税费等支出后按余额的10%计提教育资金。2011年，省财政增加安排教育支出较2010年增长33.7%。同时，层层分解落实增加教育投入的目标任务，督促各地切实加大教育投入和管理，确保财政教育预算明显增长、财政教育支出占公共财政支出的比重明显提高、教育预算内基建投资占公共投资的比重明显增加，努力把全省教育投入和管理工作提高到一个新水平。三是深入推进教育体制改革试点。省政府成立了教育体制改革领导小组，在充分论证评估的基础上，确定了首批25个省级改革试点项目，连同纳入国家教育体制改革试点的6个项目，加强指导督促，及时总结经验，实行动态调整，积极稳妥推进。部分试点取得初步成果，其中“9+3”免费教育（对藏区学生在完成九年义务教育的基础上，实施3年免费职业教育）和成都市优质教育均衡发展等改革得到了中央领导同志的肯定和表扬。四是各地贯彻落实工作取得重要进展。全省各市州都召开了教育工作会议，各高校制定了发展规划，确定了各具特色的教育改革发展战略，制定了推进教育优先发展、科学发展的政策措施，确定了一批教育改革试点项目和重大工程项目。

〔**制订全省教育事业发展“十二五”规划**〕 12月，省政府印发《四川省“十二五”教育事业发展规划》。“十二五”期间，全省教育事业发展的总体目标是：教育普及全面加快，水平进一步提高；教育公平扎实推进，机会更加均等；教育质量进一步提高，学生素质明显提升；终身教育全面加强，体系初步形成；教育创新持续推进，活力不断增强；服务经济社会能力增强，贡献进一步增大。教育发展的基本要求是：建立覆盖城乡的国民教育体系，普及学前一年教育，提高高中阶段教育普及水平，学历教育与非学历教育有机结合，提高人口素质。突出农村和民族地区教育发展，以县域为重点，合理配置公共教育资源，向薄弱地区和薄弱学校倾斜，切实促进义务教育均衡发展，推进教育公平。优化结构，大力发展职业教育，推进职业教育办学与管理体制改革，加强基础能力建设，重点培养技术技能型、复合技能型和知识技能型高技能人才。大力实施质量工程，推进高等教育内涵发展，加强高校科技创新和文化传承，提升服务经济社会发展能力。深化教育教学改革、考试评价制度改革，创新人才培养模式，大力推进素质教育。普及国家通用语言文字，提高全民语言文字应用能力。积极推进教育管理体制、办学体制、人才培养体制等改革。

突出“五个着力”。一是着力促进教育公平。坚持基本教育公共服务均等化，促进教育资源均衡配置，切实推进义务教育均衡发展。加大对困难群体的扶持力度，保障特殊群体受教育机会。二是着力实施素质教育。坚持育人为本，德育为先，促进学生全面发展。坚持内涵发展，转变发展方式，提高教育质量。三是着力加强重点建设。积极实施支撑教育发展和提升教育水平的重点项目和发展计划，扎实推进“八大教育提升计划”和“九项重点建设工程”，切实提高教育基础能力和保障水平。四是着力推进改革创新。以改革试点为突破口，加快重点领域和关键环节改革步伐，深入开展“十大方面改革试点”，统筹推进国家和省教育体制改革试点项目，进一步建立健全促进教育改革发展的机制体制，增强全省教育的生机与活力。五是着力提升服务能力。提升人才培养整体水平，加快高素质技能型专门人才和拔尖创新型人才的培养；加强产学研结合，推进科技创新和成果转化；切实增强教育服务经济社会发展的能力和水平。发展和改革重点是：加快普及学前教育，全面提高义务教育水平，推进普通高中教育稳步发展，大力发展职业教育，着力提高高等教育质量，大力支持民族教育发展，推进特殊教育发展，加快发展继续教育。明确了加强教师队伍建设，切实增加教育投入，大力推进依法治教，加快教育信息化进程，扩大教育对外开放，推进教育体制改革，加强组织领导等保障措施。

〔**全面实现“两基”目标**〕 2011年12月中旬，国家教育督导团依法对四川省“两基”工作开展了督导检查。教育部部长袁贵仁专程到四川参加总结大会并宣布四川省实现了“两基”目标。这是四川教育改革发展历史上的重要里程碑。

省委、省政府高度重视“两基”迎国检工作，把迎检工作摆在重要位置，加大工作力度。一是加强组织领导，完善工作机制。省政府成立了由副省长黄彦蓉任组长、省直19个部门参加的迎检工作领导小组，制定工作方案，明确目标任务，落实部门职责，形成省政府统筹协调、部门分工负责的迎检工作机制。2011年，省政府进一步加强对迎检工作的组织领导，由省长蒋巨峰任组长、省级有关部门主要领导参加，实行“一把手”负责。省政府召开多次会议，进行动员部署，提出明确要求，实行督察问责。各地也相应成立了领导小组，加强对这项工作的领导。二是开展自查督察，实行分类整改。对照国检要求，立足全省实际，确定了七个方面的重点工作，逐一进行指标分解，落实责任单位，开展自查整改。全省181个县（市、区）和省级有关部门进行了数轮自查、检查和整改工作。通过普查与抽查相结合、明察和暗访相结合以及市州交叉检查的办法，及时发现工作中存在的问题和不足。三是突出重点难点，切实解决问题。针对全省“两基”工作实际，多次召开专题会议，研究协调解决重点和难点问题。全省各级补充安排资金7.58亿元，教育投入政策得到有效落实；校舍建设加快推进，图书和教仪设备配备得到切实加强，办学条件得到显著改善；制定出台中小学编制调整方案，明确了统筹解决代课教师问题的工作思路和政策措施。各级党委、政府结合贯彻实施教育规划纲要，按照统一部署，切实加强领导，完善工作机制，找准薄弱环节，开展自查整改，有力促进了全省“两基”水平的巩固提高，确保了“两基”工作高水平通过国家检查。

〔**中小学德育和大学生思想政治工作**〕 切实加强中小学德育。结合纪念建党90周年，全省学校深入开展爱国主义教育、民族团结教育和革命传统教育，建立了中小学德育年报制度。教育部评选出四川省6个德育典型工作案例，开展了以“双百”人物（100位为新中国成立作出突出贡献的英雄模范人物和100位新中国成立以来感动中国人物）中的共产党员命名学校班集体的活动，命名了黄继光班等10个班集体。加强校外活动场所建设和管理，教育部批准成立泸州市示范性综合实践基地建设项目。不断改进大学生思想政治教育。组织开展高校师生思想政治状况滚动调查，把握师生思想动态，增强思想政治教育的针对性；组织师生观看省委书记刘奇葆在国防大学作的《四川：从悲壮走向豪迈》形势报告会光碟，邀请省领导为师生作形势政策报告，切实加强高校思想政治教育的实效性；贯彻落实教育部《高校思想政治理论课建设标准》，切实加强课程建设和队伍建设，推动中国特色社会主义理论体系“三进”（进教材、进课堂、进头脑）工作不断深入；举办高校心理健康教育“精彩一课”教学比赛，大学生心理健康教育科学化水平不断提高。

〔**教师队伍建设**〕 一是加强教师职业理想和职业道德建设。开展幼儿园优秀教师评选表彰，大力宣传“全国教书育人楷模”任维鼎和教育系统优秀典型叶志平的先进事迹。二是加强队伍科学管理。结合中小学编制动态调整，加强教育事业单位岗位设置管理，分类推进教育事业单位改革。年内，全省共补充中小学新教师2.2万余名，其中设置“农村义务教育阶段学校教师特设岗位计划”岗位3 008个，完成首届1 017名教育部直属师范大学免费师范毕业生就业工作，有效缓解了民族地区、地震灾区及边远艰苦地区师资紧缺的矛盾。三是加强教师培训。制定“十二五”中小学教师和民族地区教师培训计划，全省实施六大培训计划，对64万名中小学教师开展不少于360学时的全员培训，首批3 000余名省级骨干教师培训工作正式启动。同时，通过“中小学教师国家级培训计划”，共培训农村骨干教师4.5万余人。四是加强高层次人才队伍建设。抓好高校学术技术带头人培养和海外高层次人才引进，在15所高校开展人才优先发展试验区创建试点；实施高校教学名师计划，50名教师获选省级教学名师，5名教师获选国家级教学名师。五是完善义务教育教师绩效工资制度，实施非义务教育教师绩效工资，开展农村教师周转宿舍建设工程试点，切实改善教师待遇，维护教师权益。六是加强干部队伍建设。实施“农村中小学校长管理能力提升培训”工程，完成1 600名农村中小学校长诊断式培训；启动高校领导干部专题培训，培训校级干部200余人，中层干部2 000余人。

〔**全面完成灾后学校恢复重建任务**〕 2008年汶川特大地震后，四川省确立了“坚持科学重建，振兴四川教育”的总体目标，明确了“恢复、发展、振兴”的重建思路，制定了学校恢复重建的规划任务，经过3年艰苦努力，截至2011年12月底，全省142个受灾县（国定39个重灾县、省定12个重灾县和88个一般受灾县、3个攀枝花—会理“8·30”地震受灾县）规划需恢复重建学校8 323所，已竣工8 298所，竣工率99.7%。其中国定39个重灾县规划需恢复重建学校3 001所，已全部开工，开工率100%；已竣工2 989所，竣工率99.6%。

在抓好灾区学校硬件建设的同时，重视软件建设。通过及时完善各项规章制度，切实加强学校设施设备管理；大力加强校长队伍和教师队伍建设，有效提高灾区学校教育质量和管理水平。自2008年始，全省通过多种方式为灾区学校配备补充合格教师8 500余名，对灾区校长、教师开展了3.6万人次的培训；充分发挥灾区“三基地一窗口”（指四川省努力把重建后的地震灾区建设成为爱国主义教育基地、社会主义核心价值体系教育基地、开展民族团结进步的宣传教育基地和展示中国发展模式、发展理念、发展道路勃勃生机的窗口）的育人作用，大力实施感恩奋进教育，激发广大学生发奋学习、报效祖国、建设美好家园；实施灾区中小学心理健康教育与辅导三年规划，切实加强学校心理健康教育；深化教育交流与合作，促进了灾区教育水平的提高。

〔**教育民生工程**〕 认真落实“两免一补”政策，对义务教育阶段学生全部免除学杂费，对农村义务教育阶段学生全部免费提供教科书，做到“应免尽免”，对农村义务教育阶段寄宿制贫困学生发放生活费补助，做到“应补尽补”。首次将高中贫困学生纳入资助体系，实现助学体系全覆盖，确保无学生因贫困而辍学。全年共资助中职学生77.3万人次，高校家庭贫困学生28.2万人，普通高中家庭贫困学生43.1万人。确保进城务工人员子女接受义务教育，全省义务教育阶段学校共接收进城务工人员子女49.2万人。大力推进农村留守儿童寄宿制学校建设，加强农村留守儿童管理。落实残疾学生免费接受义务教育相关政策，义务教育阶段在校残疾学生达4万人。

〔**体育、艺术与国防教育**〕 贯彻落实国务院《关于加强青少年体育、增强青少年体质的意见》（中发〔2007〕7号）和《四川省人民政府办公厅关于进一步贯彻落实〈中共中央国务院关于加强青少年体育增强青少年体质的意见〉的意见》，加强学校体育工作，保证中小学生每天1小时体育活动时间，推广“体育艺术2+1项目”，督促各地组织学生开展冬季长跑活动。落实教育部在广元市召开的“全国中西部地区农村学校卫生与生活设施改造现场会”工作部署，着力推进全省农村学校生活卫生设施改造。开展全省中学生篮球、足球、排球、田径等年度体育竞赛活动。组织开展四川省第六届大学生艺术节活动，组团参加全国第十一届中学生运动会，获得2枚银牌，并获运动会体育科研论文报告会优秀组织奖。

〔**学校安全稳定工作**〕　进一步强化学校安全规章制度建设，将“一岗双责”纳入应急管理体系，修订完善《四川省教育系统突发公共事件应急预案》，开展教育系统公共卫生、安全事故、自然灾害三个专项预案制定工作。省教育厅与各市（州）教育局长和各高校校长签订《四川省学校安全工作责任书》，通过建立联席会议制度、明确相关部门职责，联合开展督促检查等，形成了齐抓共管学校安全的工作格局。抓好督促检查，加强安全宣传教育培训和应急演练，重点开展校车安全监管工作，有效遏制了安全事故的发生。提前部署，认真做好教育系统维护稳定工作，确保学校和谐稳定。

〔**民族教育**〕　在顺利完成上一轮《民族地区教育发展十年行动计划》，民族地区全面实现“两基”目标的基础上，省委、省政府召开了全省民族教育工作会议，全面总结过去10年的成绩和经验，部署实施新一轮《民族地区教育发展十年行动计划》，制订了2011年度实施方案。截至2011年年底，共完成投资3.58亿元，开工建设校舍项目182个、教师周转宿舍项目51个，其中已完工校舍项目70个、教师周转宿舍项目8个，27个寄宿制学校小农牧场项目全部完工。省州师资培训任务全面完成。

〔**教育交流与合作**〕　与国际及港澳台教育交流不断深化，多渠道、宽领域的合作持续开展。全年接待美、英、德等国家、地区及国际组织到访团组近50批次，近2 000人次。搭建新的教育合作交流平台，开展多层次的公派留学及海外进修、培训工作，派出渠道不断拓宽，外国留学生和外籍教师人数稳步增加。首次实施幼儿教师境外培训计划，加强师资境外培训，36名优秀幼儿教师赴新加坡进行为期10天的培训。西南交通大学与瑞典卡尔斯塔德大学共同建立孔子学院，成为四川省高校在国外建立的第5所孔子学院。中外合作办学项目达到34个，其中新增项目4个。圆满完成台湾学生天府夏令营、“同行万里”香港学生国民教育交流计划活动，成功举办第二届“川台高校校长论坛”。

〔**语言文字工作**〕　推进“中华诵·经典诵读行动”，在成都、德阳、遂宁等地中小学、幼儿园和宜宾学院等高校开展“中华诵·经典诵读行动”进学校试点工作。开展学校和城市语言文字规范化创建评估检查工作，内江、宜宾两市顺利接受了教育部、国家语委检查组国家级语言文字规范化示范学校检查，广泛开展第十四届全国推广普通话宣传周活动。

基础教育

〔**实施学前教育三年行动计划**〕　为贯彻国务院关于加快学前教育发展的意见，省政府制定下发了《关于当前发展学前教育的实施意见》，启动实施学前三年行动计划，用3年时间新建、改扩建1 200所公办幼儿园，发展1 500所民办幼儿园，通过多种形式和途径扩大学前教育资源。

2011年，全省开工建设公办幼儿园516所，发展民办幼儿园500所。重点抓了四方面工作：一是建立和完善发展学前教育的工作机制。成立领导小组，明确部门职责；指导督促各地把发展学前教育摆上重要议事日程，加强组织领导和统筹协调。二是制定完善配套政策，加大经费投入，加快公办幼儿园项目建设；强化督促检查，大力发展民办学前教育。全省各级财政共投入17.21亿元发展学前教育，其中中央投入11.35亿元、省级投入1.63亿元，市、县配套4.14亿元。宜宾、南充、德阳、乐山4市财政安排专项资金均在500万元以上。三是加强幼儿教师队伍建设。一方面积极开展多种形式的培训，包括组织部分幼儿教师赴境外培训，开展优秀幼儿教师专项评选表彰，提高幼教队伍整体素质；另一方面，着手师资补充，逐步解决幼儿教师严重缺编的问题。同时，加强幼儿园规范管理，启动民办幼儿园清理整顿工作，组织力量研究制定幼儿园办园标准、幼儿教师指导用书和幼儿图书、玩教具与材料推荐使用办法，促进学前教育水平的提高。

〔**推进义务教育均衡发展**〕　一是完善促进义务教育均衡发展的体制机制。在财政拨款、项目安排、学校建设、教师配置等方面向农村倾斜。加快推进中小学校舍安全工程、农村薄弱学校改造计划、农村义务教育校舍维修改造工程、农村初中工程等重大项目，不断改善农村学校办学条件。二是积极开展义务教育均衡发展改革试点，安排部署编制以县为单位的均衡发展规划，实施 8 个国家级和 3 个省级义务教育均衡发展改革试点项目。成都市推进“城乡教育一体化、教育优质均衡发展”改革向纵深发展；大力推动义务教育示范县创建工作，泸县、江油被命名为四川省义务教育示范县。三是针对部分民族、农村初中辍学问题，出台《四川省教育厅关于进一步加强控辍保学工作的通知》。下发了《关于加快解决中小学大班额问题的通知》，推进解决中小学大班额问题。

〔**普通高中教育**〕　坚持高中多样化发展，在稳定规模的基础上，扎实推进高中课程改革工作。召开全省普通高中课程改革推进工作会议，对高中选修课开设、学分管理、综合素质评价、学业水平考试等工作作了具体安排。组织开展普通高中课程多样化设置策略及对策研究、创建四川省普通高中特色学校政策策略研究、四川省新课程背景下普通高中办学质量评估体系研究等 5 个高中改革与发展的课题研究。制定并实施探索建立拔尖创新人才培养基地试点工作方案。继续做好示范高中招生名额定向分配到初中工作。2011 年，定向分配比例达 50%。

职业教育与成人教育

〔**实施职教攻坚计划**〕　继续推进职业教育攻坚。制定实施年度攻坚计划，全面推动国家职业教育综合改革试验区、中职创新行动计划和中高职衔接改革试点各项工作。落实年度招生目标，加强对各地招生工作的管理和指导，全年招收中职新生 57.6 万人，职普招生比达 4.8∶5.2。

〔**实施藏区“9＋3”免费职业教育计划**〕　继续实施“9＋3”免费教育计划。2011 年，藏区“9＋3”免费职业教育共录取新生 8 612 人，彝区到内地接受免费职教录取新生 4 131 人，彝区中职招生 20 372 人。适应藏区学生特点的教育、管理和培养方法初步形成，藏区学生政治思想和专业学习进步明显，首批入学的藏区“9＋3”学生中共发展新团员 7 000 余人、新党员近千人，7 000 余人次受到各级表彰，8 000 余人初步落实就业岗位，500 多名优秀学生应征入伍。“9＋3”办学模式得到中央领导和教育部的充分肯定，并纳入国家教育体制改革试点。对秦巴山区 28 个县实施中职免费教育，实现民族地区和秦巴山区免费职业教育连片全域覆盖。

〔**加强基础能力建设**〕　加强中职学校基础能力建设，争取国家发改委中职学校基础能力建设工程项目 13 个，中央预算资金 1.3 亿元；争取教育部支持建设的职业教育实训基地 19 个，中央财政投入 3 610 万元。加强国家中职改革示范学校建设，首批 15 所国家级中职示范学校获中央资金 1.45 亿元。第二批 17 所国家级示范学校立项，获中央资金 1.65 亿元。加强中职教师队伍培训工作，组织新课改教师团队、14个重点专业省级培训1 065人次；组织84名中职校长参加教育部赴德国高级研修班、100名专业骨干教师参加国家级重点培训；组织66名职校校长、教师赴新加坡南洋理工学院培训。

〔**参加全国职业院校技能大赛**〕　组织57所职业院校参加2011年全国职业院校技能大赛，获金牌17枚，银牌29枚，铜牌49枚，并获职业院校学生技能作品展组织工作突出贡献奖、民族地区职业院校学生才艺展示活动组织奖。藏族学生朗色在全国职业院校“永远跟党走”育人事迹报告会上作汇报，受到国务委员刘延东亲切接见。组织中职学校参加第八届全国中等职业学校“文明风采”竞赛，109项作品分获一、二、三等奖和优秀奖。

〔**农村劳动力转移培训**〕　紧紧围绕服务农业、农村、农民，加强农村职教中心建设。加快发展面向农村的职业教育。积极开展农村实用技术和劳动力转移培训，全年完成农村实用技术培训190多万人、农村劳动力转移培训200万人。

高等教育

〔**综述**〕　全省高等教育继续坚持内涵式发展，高等教育投入实现历史性突破，全省地方高校生均拨款水平达到9 001.27元，其中本科院校达9 534.17元；通过调动各方积极性，全面启动省属高校银行债务化解工作。省部共建“985工程”学校取得新进展，教育部与省政府签署协议，未来3年投入14亿元资金，加快推进四川大学和电子科技大学建成一流大学。做好对四川农业大学“211工程”三期建设的指导工作。2011年，全省共有24个博士学位授权单位，2个博士学位授予立项建设单位，52个硕士学位授权单位，2个硕士人才培养项目单位。共有博士学位授权一级学科111个、硕士学位授权一级学科224个，全省拥有一级学科国家重点学科12个，二级学科国家重点学科78个；拥有一级学科省级重点学科76个，二级学科省级重点学科272个。

〔**院校设置**〕　经省政府批准并报教育部备案，新设立四川三河职业学院并招生；经过充分准备，四川教育学院转设为普通本科学院、成都电子机械高等专科学校升格为本科学院，已通过教育部评审；新设4所高职院校通过专家组评审，并上报省政府审批。

〔**教学工作**〕　实施“质量工程”，切实加强高等教育内涵建设。围绕经济社会发展和产业升级要求，加强学科专业建设，调整优化学科结构。重点支持50个本科特色专业、25个应用型人才培养示范基地、200门精品课程建设；做好新建本科院校的评建准备工作，完成对四川华新现代职业学院等4所高职院校的人才培养评估；加强省级示范性高职院校建设，四川职业技术学院等4所学校成为新一批省级示范高校。

〔**学位与研究生教育**〕　对西南科技大学和成都体育学院两所新增博士学位授予单位立项建设进行中期检查工作。启动开展了受理部分独立学院学士学位授予资格申请工作。开展了对成都医学院申请确认为硕士学位授予单位实地考察工作。成都医学院被国务院学位委员会确认为硕士学位授予单位，其人体解剖与组织胚胎学、病理学与病理生理学被确认为硕士学位授权点。开展了省属高校服务国家特殊需求硕士专业学位研究生人才培养项目试点单位的论证与推荐工作。绵阳师范学院（工程硕士）和四川警察学院（警务硕士）申报的项目获得批准。启动开展了四川省高校科学道德和学风建设宣讲教育活动。全省累计有31篇优秀博士学位论文进入“全国优秀博士学位论文”行列。

〔**科技工作**〕 启动实施《高等学校科技成果转化工程》。确定了2011—2015年总体目标、基本思路和工作措施，力争实现四个显著提高：科技创新人才与团队的创新能力显著提高；创新平台建设成效显著提高；科学研究水平显著提高；服务社会能力显著提高。

2011年，科研经费突破50亿元。全省高校建成科技创新平台281个，筹建国家实验室1个、国家重点实验室等国家级平台20个。国家自然科学基金创新研究群体6个，教育部创新团队26个，“四川高校创新团队”42个，自主创新能力和水平持续提升，加强高校研究基地建设，新建省教育厅人文社科重点研究基地1个。2011年，高校获国家科学技术奖9项，高校科技服务社会经济发展的能力持续增强，接受行业、企业委托研发的项目达1万多项，获研究经费25亿元，占全省高校科技经费总量的一半。

〔**高职院校建设**〕 推进示范（骨干）院校建设。组织开展了2011年度“省级示范性高等职业院校建设单位”申报、评审工作，确定四川职业技术学院、泸州职业技术学院、四川航天职业技术学院、成都农业科技职业学院4所院校为2011年省级示范性高职学院建设单位。继续深化高职院校招生录取制度改革，指导成都航空职业技术学院等11所国家示范性（骨干）高职院校圆满完成了单独招生改革试点工作。

〔**成人高等教育**〕 制定了切实规范成人高等教育办学行为的文件，并组织开展专项检查，推动成人高等教育发展方式转变，重新组建了“四川省远程与继续教育教学工作专家指导委员会”。审定新增专业和校外站点，并对成人高等教育和远程网络教育2011年招生有关信息进行了公示。

〔**毕业生就业工作**〕 2011年，全省93所高校有毕业生31.47万余人（其中研究生2.02万余人，本科生14.02万余人，高职高专生15.43万余人）。截至8月底，就业人数约27.12万人，就业率86.18%（其中研究生就业17 352人，就业率85.76%；本科生就业116 733人，就业率83.24%；高职高专生就业137 153人，就业率88.91%）。从毕业生就业的单位性质、地域流向等方面看，呈现出“三多两少一平稳”的特点。“三多”，即在省内就业的毕业生人数增加较多，其比例超过70%；到非公有制单位就业的人数较多，其比例超过60%；到基层就业的毕业生人数持续增多。“两少”，即在公有制单位就业的毕业生人数减少；自主创业或灵活就业的人数较往年有所减少。“一平稳”，即继续升学毕业生人数平稳增长。

撰稿 何浩 陈玲
审稿 涂文涛

贵州省教育

概　　况

〔基本情况〕

2011 年各级各类学校校数、教职工、专任教师情况

	学校数（所）	教职工数（人）	专任教师数（人）
总计	22 795	463 218	402 588
一、高等教育	52	31 656	22 169
（一）研究生培养机构（不计校数）	8		
1. 普通高校	7		
2. 科研机构	1		
（二）普通高等学校	48	31 121	21 855
1. 本科院校	25	21 632	14 935
其中：独立学院	8	3 309	2 681
2. 高职（专科）院校	23	9 489	6 920
3. 其他机构（点）（不计校数）	0	0	0
（三）成人高等学校	4	535	314
（四）民办的其他高等教育机构	0	0	0
二、中等教育	2 943	190 580	160 836
（一）高中阶段教育	736	76 941	49 630
1. 高中	447	58 350	36 223
普通高中	447	58 350	36 223
完全中学	257	30 817	13 394
高级中学	162	25 201	22 189
十二年一贯制学校	28	2 332	640

续表

	学校数（所）	教职工数（人）	专任教师数（人）
成人高中	0	0	0
2. 中等职业教育	289	18 591	13 407
普通中专	86	6 980	5 016
成人中专	15	1 781	1 233
职业高中	126	6 868	5 354
技工学校	60	2 911	1 772
其他机构（教学点）（不计校数）	2	51	32
（二）初中阶段教育	2 207	113 639	111 206
1. 初中	2 194	113 600	111 173
初级中学	1 615	90 343	85 296
九年一贯制学校	559	22 590	10 595
十二年一贯制学校			775
完全中学			13 870
职业初中	20	667	637
2. 成人初中	13	39	33
三、初等教育	17 067	208 208	200 497
（一）普通小学	12 008	195 168	197 094
小学	12 008	195 168	186 320
九年一贯制学校			10 228
十二年一贯制学校			546
（二）成人小学	5 059	13 040	3 403
其中：扫盲班	4 765	12 405	3 020
四、工读学校	4	91	65
五、特殊教育	52	1 026	901
六、学前教育	2 677	31 657	18 120

2011 年各级各类学历教育学生情况

	毕业生数（人）	招生数（人）	在校生数（人）
一、高等教育			
（一）研究生	3 335	4 417	12 436
博　士	80	70	271
硕　士	3 255	4 347	12 165

续表

	毕业生数（人）	招生数（人）	在校生数（人）
（二）普通本专科	83 016	106 810	344 100
本　科	37 849	57 594	204 105
专　科	45 167	49 216	139 995
（三）成人本专科	29 953	26 054	79 615
本　科	17 201	12 203	42 145
专　科	12 752	13 851	37 470
（四）其他各类高等学历教育			
1. 在职人员攻读硕士学位		795	2 453
2. 网络本专科生	0	0	0
本　科	0	0	0
专　科	0	0	0
二、中等教育	934 588	1 188 131	3 244 926
（一）高中阶段教育	280 749	442 471	1 105 669
1. 高中	180 203	277 290	689 042
普通高中	180 203	277 290	689 042
完全中学	66 125	118 292	278 204
高级中学	111 445	154 888	400 398
十二年一贯制学校	2 633	4 110	10 440
成人高中	0		0
2. 中等职业教育	100 546	165 181	416 627
普通中专	53 443	73 376	205 025
成人中专	2 293	8 130	23 097
职业高中	35 230	66 736	151 786
技工学校	9 580	16 939	36 719
（二）初中阶段教育	653 839	745 660	2 139 257
1. 初中	650 596	745 660	2 138 054
初级中学	500 524	571 094	1 640 000
九年一贯制学校	57 160	70 907	198 631
十二年一贯制学校	3 925	4 283	12 949
完全中学	85 524	96 369	276 943

续表

	毕业生数（人）	招生数（人）	在校生数（人）
职业初中	3 463	3 007	9 531
2. 成人初中	3 243		1 203
三、初等教育	902 896	626 379	4 215 388
（一）普通小学	773 003	626 379	4 087 382
小学	723 248	589 805	3 834 798
九年一贯制学校	47 195	34 525	238 926
十二年一贯制学校	2 560	2 049	13 658
（二）成人小学	129 893		128 006
其中：扫盲班	112 380		106 719
四、工读学校	652	660	400
五、特殊教育	1 244	2 858	14 474
六、学前教育	365 936	632 789	877 824

2011 年各级各类非学历教育学生情况

	毕（结）业生数（人）	注册生数（人）
总计	2 426 829	2 373 661
一、高等教育	66 366	41 266
（一）研究生课程进修班	138	110
（二）自考助学班	444	4 409
（三）普通预科生		2 766
（四）进修及培训	65 784	33 981
其中：资格证书培训	18 032	15 487
岗位证书培训	40 226	11 642
二、中等教育	2 360 463	2 332 395
其中：资格证书培训	229 390	216 334
岗位证书培训	267 508	270 019
（一）中等职业教育	164 627	151 804
其中：资格证书培训	52 372	37 614
岗位证书培训	75 982	94 071
（二）职业技术培训机构	2 195 836	2 180 591
其中：资格证书培训	177 018	178 720
岗位证书培训	191 526	175 948

2011年各级各类民办教育基本情况

	学校数（所）	毕业生数（人）	招生数（人）	在校生数（人）	教职工数（人）	专任教师数（人）	其他学生数（人）
一、民办高等教育							
（一）民办高校	10	12 497	16 354	58 030	3 818	2 993	3 001
本科学生		10 477	14 904	53 898			
专科学生		2 020	1 450	4 132			
其中：独立学院(不计校数)	8	10 477	14 904	53 898	3 309	2 681	346
本科学生		10 477	14 904	53 898			
专科学生		0	0	0			
（二）民办的其他高等教育机构	0				0	0	0
二、民办中等教育							
（一）高中阶段教育	156	26 316	38 301	96 515	15 997	11 402	
1. 民办普通高中	94	12 714	22 316	55 248	13 771	10 138	
2. 民办中等职业教育	62	13 602	15 985	41 267	2 226	1 264	6 254
（二）初中阶段教育	252	31 064	39 803	113 759			
1. 民办普通初中	252	31 064	39 803	113 759			
2. 民办职业初中							
三、民办普通小学	269	30 553	27 905	173 050	4 770	3 928	
四、民办幼儿园	1 914	95 339	195 957	318 850	21 716	10 598	
另有：民办培训机构（不计校数）	138				2 136	1 272	49 298

〔**教育经费总投入**〕　2011年，全省教育经费总投入451.05亿元，比2010年增加84.1亿元，增长22.92%。其中国家财政性教育经费386.96亿元，比2010年增加73.04亿元，增长23.27%，占教育经费总投入的85.79%；民办学校中举办者投入经费1.88亿元，比2010年增加0.29亿元，增长18.24%；社会捐赠办学经费0.78亿元，比2010年增加0.1亿元，增长14.71%；事业收入51.95亿元，比2010年增加6.74亿元，增长14.91%；其他投入9.48亿元，比2010年增加3.91亿元，增长70.20%。

〔**基建投资完成情况**〕　2011年，全省实际完成投资771 396.7万元，比2010年增加369 575.4万元，增长92.0%。其中高等教育实际完成投资267 543.5万元，比2010年增加91 761.2万元，增长52.2%；中等职业教育实际完成投资58 435.8万元，比2010年增加38 815.8万元，增长197.8%；基础教育实际完成投资445 417.4万元，比2010年增加238 998.4万元，增长115.8%。全年新增固定资产共计501 358.1万元。其中高等教育99 823.2万元，中等职业教育52 530.8万元，基础教育349 004.1万元。

〔**教育突破工程**〕　贵州省决定在“十二五”期间实施以下教育突破工程。一是学前教育突破工程，为破解适龄儿童入园难问题，大力推进学前教育三年行动计划。省政府出台了《省人民政府关于加快发展学前教育的实施意见》(黔府发〔2011〕5号),规划在“十二五”期间建成700所乡镇、街道办事处公办幼儿园(省级财政每所补助50万元),学前三年毛入学率达70%以上。2011年,已建成300所乡镇、街道办事处公办幼儿园,全省新增在园幼儿108 680人。二是农村寄宿制学校建设攻坚工程,推进义务教育均衡发展。省政府出台了《省人民政府关于印发农村寄宿制学校建设攻坚工程方案的通知》(黔府发〔2011〕23号),提出在“十二五”期间,大力加强农村学校食堂建设,实现农村中小学(除教学点外)“校校有食堂”的目标;强力推进农村寄宿制学校建设,使农村小学在校生寄宿率达到30%,初中在校生寄宿率达到70%;加快农村教师周转宿舍建设,实现农村教师“安居乐教”。2011年,投入5.8亿元(其中省政府投入3.3亿元),建成农村学校食堂9 961个,基本实现了“校校有食堂、人人吃午餐”的目标。三是高中阶段教育突破工程,打破高中阶段教育发展“瓶颈”。省政府出台了《省人民政府关于进一步加快高中阶段教育发展的意见》(黔府发〔2011〕11号),提出从2011年起,省级财政投入44亿元,用4年时间集中力量在全省建成一批办学规模较大、办学条件较好、教育质量较高的高中阶段学校,实现以县为单位基本解决初中毕业生能够继续接受高中阶段教育的目标,高中阶段毛入学率达到70%以上。全省166个高中阶段教育突破工程全部启动建设,19个县通过加快高中阶段教育发展验收,全省新增高中阶段学生72 989人(不含技工学校及省外就读学生)。四是高等教育突破工程,满足高等教育大众化需求。省政府决定建设花溪高校聚集区,以贵州大学和省属重点大学为依托,着力构建花溪高等教育创新人才高地。2月24日,省政府在花溪召开了高等教育突破工程启动会议,高校聚集区5所高校均已开工建设。

〔**完成各类教育突破工程考核验收工作**〕 省人民政府教育督导室、省教育厅组织制定了《贵州省加快高中阶段教育和学前教育发展工作考核验收办法》和《贵州省加快高中阶段教育和学前教育发展工作考核验收实施细则》,并组成教育督导评估考核验收团,共9个分团41个考核验收组近300人,对全省88个县(市、区、特区,以下简称县)的300个学前教育突破工程、9 961个农村中小学食堂建设工程和花溪区、白云区、小河区、红花岗区、余庆县、道真县、毕节市、金沙县、凯里市、丹寨县、天柱县、瓮安县、荔波县、万山特区、江口县、印江县、玉屏县、锦屏县、独山县19个县(市、区、特区)的高中阶段教育突破工程完成情况进行了考核验收,形成了验收报告,针对各县存在的问题提出整改意见和建议,有力推动了全省各项教育突破工程的顺利实施。

〔**成立省政府教育督导委员会**〕 省政府于12月正式下文成立了贵州省人民政府教育督导委员会。委员会主任由分管教育的副省长担任,副主任由省政府副秘书长和省教育厅、省委组织部、省委宣传部、省编委办、省发改委等相关部门负责人担任,委员由省民委等21个相关部门负责人担任。省教育督导委员会负责统筹规划全省的教育督导工作,协调省政府有关职能部门落实教育职责,研究决定全省教育督导工作的重要事项。

〔**完成31个县(市、区、特区)党政主要领导及政府教育督导考核评估工作**〕 2011年,省人民政府教育督导室、省教育厅分期分批组织开展了对凤冈县、锦屏县等31个县(市、区、特区)人民政府暨党政主要领导教育工作督导评估考核,形成了督导考核通报,针对各县(市、区、特区)存在的突出问题和薄弱环节下发整改通知书,提出了限期整改要求,收到良好成效。

〔**设立十大教育科研课题面向全国招标**〕 年初,省教育厅决定设立十大教育科研课题面向全国公开招标,以此作为树立贵州教育扩大开放新形象,借助省内外人才资源帮助贵州教育加快发展的重要举措。8月30日,贵州教育改革发展研究十大招标课题新闻发布会在省教育厅召开,同时在人民日报、中国教育报、贵州日报、人民网贵州频道等多家媒体上刊登面向全国的十大课题招标公告,共收到来自上海、天津、重庆、广东、江苏、山东和省内各大学、科研机构科研人员的标书近百份。11月10日，贵州省教育改革发展研究十大课题正式开标，并在贵阳市举行签约仪式。省人大常委会副主任顾久出席并讲话，省教育厅厅长霍健康就设立十大课题面向全国招标的意图进行说明，省教育厅副厅长李奇勇代表教育厅与课题中标人签订了课题立项协议书。

〔**民族教育**〕 省教育厅与省民委签署了“十二五”民族教育事业发展推进计划合作备忘录，旨在共同改善民族地区的办学条件，不断挖掘民族地区的地方教育资源，发展民族民间文化教育，丰富民族教育的内涵和形式，促进民族教育特色发展、创新发展。

评选了第三批全省民族民间文化教育项目学校16所。编译了苗（湘西方言）、苗（川黔滇方言）、苗（黔东方言）小学语文一年级下册，印刷出版苗（湘西方言）、苗（川黔滇方言）、苗（黔东方言）小学语文一年级上册民汉双语教材，并免费发放给需要的学生。举办苗（湘西方言）、布依两语种民汉双语教学骨干师资培训班，对全省双语教学进行了全面的调研。认真做好少数民族高层次骨干人才培养项目工作，选派两期共186名农村中小学校长赴深圳、宁波、青岛、大连、北京、黑龙江和贵阳、遵义等省市挂职锻炼。举办了全省教育系统民族教育管理干部培训班和第四期全省民族民间文化教育师资培训班。完成“深圳—贵州助学金”发放工作，资助对象是初中、高中阶段贫困学生，补助标准为每生每年1 000元，共计补助资金550万元，补助人数为5 500人。

〔**民办教育**〕 研究制定《省人民政府关于促进民办教育大发展的意见》（以下简称《意见》），并于8月1日下发。《意见》规定，民办学校与公办学校享受多项同等待遇；明确“十二五”在省级财政教育总投入中设立省级民办教育发展专项资金，从2011年起，每年安排2 000万元用于支持民办教育发展；明确了“十二五”时期全省民办教育发展的重点和目标任务。

〔**成功举办第四届中国一东盟教育交流周**〕 8月16—20日，以“走向更加务实有效的中国一东盟高等教育合作，打造开放创新的交流平台，推动贵州高校率先扩大对外开放”为主题的第四届中国—东盟教育交流周在贵阳市举办。联合国教科文组织助理总干事唐虔、教育部副部长郝平、中国驻东盟大使佟晓玲等在开幕式上致辞。国务院参事、孔子学院总部总干事许琳，东盟秘书处副秘书长Misran Bin Karmain，贵州省省委常委、省委统战部部长龙超云，省人大常委会副主任顾久，副省长刘晓凯，省政协副主席刘鸿庥、东盟各国教育部代表、驻华外交官、中国和东盟各国专家学者、青少年学生代表等共计400余人参加了开幕式及子项目活动。

基础教育

〔**学前教育实现新突破**〕 2011年，省教育厅以省政府名义出台了《关于加快发展学前教育的实施意见》，召开全省学前教育突破工程启动大会，以县为单位编制了学前教育三年行动计划（2011—2013年）并启动实施。编印下发《贵州省乡镇、街道办事处中心幼儿园建设规范指导手册》，全省招收3—5周岁幼儿35万人，超计划招收4万多人。新补充专任教师5 066人，创历史新高。新建乡（镇）公办幼儿园300所。在9月初召开的全国学前教育三年行动计划现场推进会上，国务委员刘延东在讲话中3次表扬和肯定了贵州省发展学前教育的成功做法。

〔**推进县域义务教育均衡发展**〕 围绕推进县

域义务教育均衡发展，拟订全省县域义务教育均衡发展实施规划。省政府与教育部签署义务教育均衡发展备忘录，明确了全省各县义务教育均衡发展的时间表和路线图。各市（州、地）政府与省政府签订了义务教育均衡发展承诺书。

〔**进城务工人员随迁子女和农村留守儿童教育**〕 下发《省教育厅关于深入贯彻〈中共贵州省委办公厅贵州省人民政府办公厅关于进一步做好农村留守儿童工作的通知〉的意见》、《省教育厅办公室关于建立进城务工人员随迁子女接受义务教育投诉制度的通知》，确保流动人口子女就学工作落到实处。共接收11.7万名进城务工人员随迁子女接受义务教育，中央和省级划拨专项资金8 700万元用于进城务工人员随迁子女接受义务教育工作。

〔**继续推进普通高中课程改革实验**〕 根据普通高中课程改革实验精神和要求，启动选修课程建设及开设工作。2011年秋季，在全省普通高中开设《贵州民族民间美术》、《贵州省普通高中学生职业生涯规划》等选修课程，努力为学生提供丰富多样的选修课程，促进学生全面而有个性地发展。组织全省首批42所省级普通高中课程改革实验样本校校长参加由教育部组织的"新课程实验省样本校校长专题培训班"，促进样本校校长提高组织实施课程改革实验的能力。

〔**省级示范性普通高中建设**〕 5月，省教育厅组织评估专家组对2010年申报省级示范性普通高中的学校进行复评后，确定贵阳市第二十五中学、修文中学、六盘水市第一实验中学、遵义县第二中学、遵义县第三中学、台江民族中学、铜仁市第二中学、黔西南州赛文高级中学等8所学校为二类省级示范性普通高中；确定习水县第五完全中学、岑巩中学、麻江中学、石阡中学、晴隆民族中学5所学校为三类省级示范性普通高中。截至2011年年底，共创建省级示范性普通高中82所，其中一类2所、二类47所、三类33所。

〔**积极推进校外实践基地建设**〕 与省发改委、省水利厅、省质监局、省粮食局、省档案局等部门联合向教育部等国家部委申报中小学社会实践活动基地，确定开磷集团等6家省内企事业单位作为申报全国中小学社会实践活动基地推荐单位。与省文明办、省财政厅等部门在贵定县举行中央专项彩票公益金支持乡村学校少年宫项目贵州省启动仪式，在全省建设74所乡村学校少年宫。与省财政厅联合申报的毕节地区示范性综合实践基地项目通过教育部和财政部审核，获中央专项彩票公益金3 000万元。

〔**加强中小学校长和教育行政干部培训**〕 以农村中小学校长为重点培训对象，组织完成校长和教育行政干部省级培训12 007人次，是2010年度培训人次的1.38倍。其中组织开展全国教育工作会议精神和教育规划纲要精神专题培训、远程培训10 769人次，培训面覆盖全省中小学校长和教育行政干部。积极落实培训选派任务，共选派77人参加全国地市教育局长研修班、县区教育局长培训班和校长高级研修等21个班次的国家级培训，是2010年度培训人次的2.85倍。

〔**推进"十二五"中小学教师继续教育工程**〕 启动新一轮全省"十二五"中小学教师继续教育工程，围绕"强化能力、提升素质、决战课堂、提高质量"的总体目标，以提高中小学教师师德素养和业务水平为核心，以渗透"一德四新"（师德教育，新理念、新知识、新方法、新技能）的学科培训为主要内容，以农村教师为重点，以"中小学教师国家级培训计划"为引领，以"中小学教师省级培训计划"和地级培训为抓手，以县级培训为基础，以校为本，大力推动县、校两级培训，全面提升中小学教师整体素质和专业化水平。

〔**特岗教师招聘工作**〕 为加强农村义务教育阶段学校教师队伍建设，优化队伍结构，提高农村教师配置水平，2011年，继续实施国家"农村义务教育阶段学校教师特设岗位计划"，同时实施了县级"农村义务教育阶段学校教师特设岗位计划"。通过笔试、面试、体检、培训、签订聘任合同等程序，面向社会公开招聘录用了6 987名大学毕业生到威宁等50个“两基”攻坚县和国家扶贫开发工作重点县乡（镇）的农村小学和初中任教，其中国家“特岗计划”教师4 411名；县“特岗计划”教师2 576名，在一定程度上缓解了农村教师数量不足、质量不高的问题。

〔**推进教育信息化**〕　2011年，在做好全省基础教育信息化顶层设计的同时，对“十一五”基础教育信息化工作进行总结，部署落实“十二五”教育信息化规划。完成了《加快推进全省基础教育信息化发展的意见》的起草拟订工作；建成了全省教育系统承载专网及视频会议系统；投资1 000万元，在遵义等5个县（区）实施贵州省中小学“班班通”试点工作；加强现代远程教育教学应用和研究工作，完成现代远程教育“三优”（优秀论文、优质课及优秀课件）的评比活动；组织全省中小学教师参加第二届“中国移动校讯通杯”全国中小学教师论文大赛和电脑制作专项比赛，参加“全国第十五届多媒体教育软件大奖赛”；组织全省大中专院校和中小学学生参加“第十二届全国电脑制作活动”和“第六届全国信息技术应用水平大赛”；开展“十一五”全国教育技术研究课题的结题工作，组织各类学校参加“十二五”全国教育技术研究课题的申报工作；继续做好“纵横信息数字化学习研究教学实验”和儿基会爱生远程教育项目的课题申报及培训工作；完成对省重点扶贫县威宁县及“班班通”试点县的各级领导干部、骨干教师培训方案的制订。充分发挥教育信息数据管理平台的作用，促进教育管理信息化水平，实现优质教育教学资源共享。做好中小学校舍信息数据的收集、管理、储存及上报工作，为全省高中生会考管理系统和全省高中生资助系统提供技术管理平台和技术服务；建设省级教育“云”平台，在兴仁县、安龙县部分学校开展数字校园综合服务平台试点工作。

职业教育

〔**综述**〕　全省职业教育坚持以服务为宗旨、以就业为导向、以提高质量为重点，面向社会、面向市场办学，积极推行工学结合、校企合作和顶岗实习的人才培养模式；不断加大资金投入和政策支持，大力实施基础能力建设突破工程；坚持规模和质量并重，继续深化教育教学改革，办学水平不断提高，服务经济社会发展的能力明显增强；形成了学历与培训并举、中职与高职衔接、普教与成教沟通的办学机制；建成了层次完善、专业门类齐全、初具规模的职业教育与培训体系。

〔**示范性职业院校建设**〕　为推动高等职业院校进一步提高办学水平，省教育厅下发了《关于评选省级示范性高等职业院校的通知》，决定在2009年的基础上，再评选一批省级示范性高等职业院校，从而带动全省高等职业教育快速发展。11月，省教育厅组织专家对申报省级示范性职业院校的黔东南民族职业技术学院、安顺职业技术学院和贵州航天职业技术学院进行了实地复评。经复评，黔东南民族职业技术学院被评为省级示范性高等职业院校。根据教育部、人力资源和社会保障部、财政部关于实施国家中等职业教育改革发展示范学校建设计划的有关文件要求，经学校申报、专家复核，推荐上报的贵州省电子信息高级技工学校、瓮安中等职业技术学校、贵州省旅游学校、铜仁地区中职学校、毕节卫生学校、贵州省电子工业学校、贵州省商业学校、遵义市职校8所中等职业学校被列为“国家中等职业教育改革发展示范学校建设计划”第二批立项建设学校。截至2011年年底，全省已有12所中职学校被列为国家级示范学校，2所高职院校进入国家级示范骨干高职院校建设行列。

〔**专业建设**〕　为适应工业强省、城镇化带动战略和发展现代农业、现代服务业的需要，5月，省教育厅组织召开了职业院校专业结构调整座谈会，听取了省发改委、交通、建设、农业、人力资源和社会保障厅、旅游等行业主管部门对职业院校人才培养和专业调整设置等方面的意见建议。11月底，在铜仁市组织召开的“加强职业院校专业建设，服务地方产业发展”工作会议上，铜仁职业技术学院、贵州轻工职业技术学院、道真职业高级中学、贵州省经济学校、贵州省旅游学校介绍了加强专业建设、服务地方产业发展的经验和做法。下发了《省教育厅关于加强职业院校专业建设的意见》。为把《贵州省学前教育三年行动计划》落到实处，经申报、评估，首次批准贵阳市女子职业学校等31所职业院校开设学前教育专业，从2011年秋季开始招生。

〔**清镇职教城建设**〕　11月，清镇职教城正式破土动工。职教城东区占地6 200亩（含配套开发建设用地），西区初步规划面积9 120亩。首批入驻的学校有贵州工业职业技术学院、贵州省建设学校、贵州省机械工业学校、贵州省旅游学校和贵阳幼儿师范学校，可容纳学生10万余名。

高等教育

〔**学科专业结构调整**〕　为着力解决学科专业结构、人才培养模式与市场需求不一致的矛盾，加大对学科专业建设和结构调整的宏观指导和统筹力度，省教育厅制定出台了《贵州省高等学校学科建设发展“十二五”规划》（黔教高发〔2011〕47号）、《省教育厅关于加强普通高等学校本科专业结构调整的意见》（黔教高发〔2011〕73号）、《贵州省高等教育十二五规划》、《省教育厅关于聘请省直有关部门领导和专家定期到高等学校授课或讲座的通知》（黔教高发〔2011〕58号）、《省教育厅关于成立新一届贵州省高等院校学科发展与专业建设指导委员会的通知》（黔教高发〔2011〕133号）等系列文件，引导各高等院校牢固树立教学工作中心意识，进一步加强内涵建设，创新人才培养模式。积极构建布局合理、结构优化、层次分明、类型多样、特色鲜明的现代高等教育体系和学科专业体系。4月20日，召开“2011年贵州省高等院校学科专业结构调整通报会”，重点通报了高等院校学科专业结构重点调整领域和方向。建立高校专业设置退出机制，成立了由企业、行业、高校和科研单位学科专业领域和管理领域的专家组成的新一轮“学科发展与专业设置专家委员会”，指导高校学科专业设置、建设和管理的全过程。积极探索行业指导、企业参与的合作办学体制机制，构建专业链对接产业链的办学模式。积极推进党政部门、企事业单位参与高校人才培养。下发文件要求各高校建立聘请省直有关部门领导和专家定期到高校授课或讲座制度，对高校的教学科研工作进行指导，以推动高校学术队伍建设和人才培养工作。

〔**毕业生初次就业率首次突破80%**〕　2011年，全省共有普通高校毕业生87 150人，比2010年增加9 241人，增幅为11.86%。截至2011年9月1日，全省高校毕业生就业率为80.94%，首次突破80%，比2010年同期增长1.16%，就业人数增加8 378人。

〔**高校科研**〕　通过一系列政策措施和广大教育工作者的不懈努力，高校科技实力显著增强。截至2011年年底，全省高校科研人员达11 943人，科技经费达4.39亿元，全省高校承担国家、省科技课题共34 890项，其中“973计划”、“863计划”、国家科技支撑计划等国家重大科研项目上千项；出版专著205部，在国内外刊物发表高水平论文 1 199 篇。2 名青年教师入选教育部“新世纪优秀人才支持计划”，获教育部“长江学者和创新团队”1 个。国家重点实验室培育基地 2 个、教育部重点实验室 4 个、工程研究中心 2 个，全省 40 个省级重点实验室建在高校的有 31 个；国家重点学科 1 个、省级重点学科 66 个、省级特色重点学科 26 个、省级重点支持学科 22 个。这些平台和基地成为全省高校培养引进高层次科技人才、建立科技创新基地、发展高新技术产业和加快科技成果转化的重要场所，在人才凝聚、产业聚集和技术集成方面发挥了重要作用。

撰稿 潘 龄 曹宝杰 田卫红 崔华明 糜 丹 叶学仕 刘 春 周玉林 丁兴华 吴 西 王晓红 路 斤 冯发金 姜 敏 黄 燕 詹中志

审稿 赵廷昌

云南省教育

概　况

〔基本情况〕

2011 年各级各类学校校数、教职工、专任教师情况

	学校数（所）	教职工数（人）	专任教师数（人）
总计	20 590	561 199	486 326
一、高等教育	66	45 086	30 447
（一）研究生培养机构（不计校数）	17		
1. 普通高校	11		
2. 科研机构	6		
（二）普通高等学校	64	43 195	29 501
1. 本科院校	27	30 097	20 222
其中：独立学院	7	4 636	3 415
2. 高职（专科）院校	37	13 098	9 279
3. 其他机构（点）（不计校数）	0	0	0
（三）成人高等学校	2	1 891	946
（四）民办的其他高等教育机构	0	0	0
二、中等教育	2 605	220 361	187 005
（一）高中阶段教育	894	103 265	67 739
1. 高中	445	71 077	42 942
普通高中	444	71 058	42 935
完全中学	289	46 447	23 419
高级中学	138	21 948	18 757
十二年一贯制学校	17	2 663	759

续表

	学校数（所）	教职工数（人）	专任教师数（人）
成人高中	1	19	7
2. 中等职业教育	449	32 188	24 797
普通中专	89	11 058	7 586
成人中专	129	3 374	2 654
职业高中	182	12 899	10 377
技工学校	35	4 309	3 808
其他机构（教学点）（不计校数）	14	548	372
（二）初中阶段教育	1 711	117 096	119 266
1. 初中	1 711	117 096	119 266
初级中学	1 486	103 372	95 032
九年一贯制学校	214	13 600	6 051
十二年一贯制学校			564
完全中学			17 515
职业初中	11	124	104
2. 成人初中	0	0	0
三、初等教育	13 631	240 332	235 345
（一）普通小学	13 320	238 762	234 758
小学	13 320	238 762	227 955
九年一贯制学校			6 220
十二年一贯制学校			583
（二）成人小学	311	1 570	587
其中：扫盲班	89	1 010	268
四、工读学校	1	48	39
五、特殊教育	30	955	772
六、学前教育	4 257	54 417	32 718

2011 年各级各类学历教育学生情况

	毕业生数（人）	招生数（人）	在校生数（人）
一、高等教育			
（一）研究生	6 599	9 472	28 042
博　士	377	530	2 266
硕　士	6 222	8 942	25 776

续表

	毕业生数（人）	招生数（人）	在校生数（人）
（二）普通本专科	109 531	159 349	487 552
本　科	50 519	90 553	295 863
专　科	59 012	68 796	191 689
（三）成人本专科	45 976	62 765	183 913
本　科	19 191	27 436	87 340
专　科	26 785	35 329	96 573
（四）其他各类高等学历教育			
1. 在职人员攻读硕士学位		3 494	11 229
2. 网络本专科生	0	0	0
本　科	0	0	0
专　科	0	0	0
二、中等教育	1 019 512	1 154 677	3 390 343
（一）高中阶段教育	348 093	467 468	1 337 045
1. 高中	192 310	243 767	661 116
普通高中	192 310	243 767	660 291
完全中学	104 575	137 649	370 674
高级中学	85 044	101 575	276 848
十二年一贯制学校	2 691	4 543	12 769
成人高中	0		825
2. 中等职业教育	155 783	223 701	675 929
普通中专	69 277	101 843	301 505
成人中专	3 278	1 695	4 499
职业高中	56 925	81 337	272 269
技工学校	26 303	38 826	97 656
（二）初中阶段教育	671 419	687 209	2 053 298
1. 初中	670 529	687 209	2 052 586
初级中学	539 596	544 325	1 627 841
九年一贯制学校	28 010	32 692	96 839
十二年一贯制学校	2 629	2 653	9 018
完全中学	97 493	106 510	314 997

续表

	毕业生数（人）	招生数（人）	在校生数（人）
职业初中	2 801	1 029	3 891
2. 成人初中	890		712
三、初等教育	1 022 230	653 821	4 440 862
（一）普通小学	729 118	653 821	4 240 837
小学	711 392	632 053	4 103 938
九年一贯制学校	16 359	19 592	124 641
十二年一贯制学校	1 367	2 176	12 258
（二）成人小学	293 112		200 025
其中：扫盲班	135 091		43 033
四、工读学校	57	63	118
五、特殊教育	2 563	3 736	19 329
六、学前教育	493 679	725 360	1 085 874

2011 年各级各类非学历教育学生情况

	毕（结）业生数（人）	注册生数（人）
总计	5 359 941	4 576 222
一、高等教育	110 298	35 278
（一）研究生课程进修班	403	1 327
（二）自考助学班	1 704	1 557
（三）普通预科生		1 291
（四）进修及培训	108 191	31 103
其中：资格证书培训	42 360	16 247
岗位证书培训	46 056	12 213
二、中等教育	5 249 643	4 540 944
其中：资格证书培训	556 400	387 556
岗位证书培训	364 560	286 113
（一）中等职业教育	470 645	165 013
其中：资格证书培训	224 506	73 402
岗位证书培训	117 352	38 437
（二）职业技术培训机构	4 778 998	4 375 931
其中：资格证书培训	331 894	314 154
岗位证书培训	247 208	247 676

2011年各级各类民办教育基本情况

	学校数（所）	毕业生数（人）	招生数（人）	在校生数（人）	教职工数（人）	专任教师数（人）	其他学生数（人）
一、民办高等教育							
（一）民办高校	19	26 110	42 261	122 712	9 512	6 394	4 999
本科学生		11 794	23 250	70 626			
专科学生		14 316	19 011	52 086			
其中：独立学院(不计校数)	7	11 794	21 928	69 304	4 636	3 415	2 654
本科学生		11 794	21 928	69 304			
专科学生		0	0	0			
（二）民办的其他高等教育机构	0				0	0	0
二、民办中等教育							
（一）高中阶段教育	104	26 602	46 788	129 964	11 544	8 326	
1. 民办普通高中	48	9 991	14 430	37 730	8 108	6 193	
2. 民办中等职业教育	56	16 611	32 358	92 234	3 436	2 133	27 252
（二）初中阶段教育	79	13 941	15 952	50 402			
1. 民办普通初中	79	13 941	15 952	50 402			
2. 民办职业初中							
三、民办普通小学	98	13 854	18 914	103 823	2 494	1 949	
四、民办幼儿园	3 431	176 779	300 592	518 538	38 311	21 121	
另有：民办培训机构（不计校数）	118				889	532	40 733

〔**综述**〕 2011年，全省教育系统以建设中国面向西南开放重要桥头堡为契机，认真贯彻落实党的十七届五中、六中全会和全国教育工作会议精神，全面实施国家和省教育规划纲要，不断探索和实践云南省现代教育发展的新思路、新目标、新举措，坚持扩规模、加速度、调结构、强管理、提质量、出效益，现代教育体系建设不断加强，教育保障能力持续提升，各级各类学校办学水平不断提高，教育体制改革不断深化，教育系统党的建设全面加强，全省教育发展迈上新台阶。截至2011年年底，学前三年毛入园率达44.26%，九年义务教育巩固发展，初中升学率达70.72%，高中阶段毛入学率达70%，高职在校生增加4.6%，高考录取率达86.1%，高等教育毛入学率达23%，高校毕业生初次就业率达83.5%。完成固定资产投资157.26亿元。实施教育“兴边富民”工程，加大对边境25个县教育支持力度。

〔**全省教育工作会议**〕 5月24日，全省教育工作会议在昆明市召开。会议的主题是深入学习贯彻全国教育工作会议精神，总结交流云南教育改革发展经验。会上发布了《云南省中长期教育改革和发展规划纲要（2010—2020年）》，表彰了全省“两基”迎国检工作的85个先进单位和559名先进个人。

〔**省政府与教育部签署教育战略合作协议和义务教育均衡发展备忘录**〕 6月15日，省政府与教育部在北京签署“加快云南教育事业发展，推进云南桥头堡建设”战略合作协议和推进义务教育均衡发展备忘录。省政府与教育部将重点在服务桥头堡建设、构建基本公共教育服务体系、大力发展职业教育、加快高等教育发展、全面实施素质教育、加强师资队伍建设、推进教育信息化建设、完善学生资助体系、加强教育对外交流与合作、创新教育体制机制等方面加强合作。教育部部长袁贵仁，云南省委副书记、省长秦光荣代表双方签字并讲话，副省长高峰主持签字仪式。

〔**稳步推进教育体制综合改革试点工作**〕 3月7日，成立了由省委副书记、省长秦光荣任组长的云南省教育体制改革领导小组。9月28日，省教育体制改革领导小组召开第一次全体会议，通过了《云南省实施国家教育体制改革试点项目方案》以及教育体制改革工作相关工作方案。10月10日，召开教育体制改革电视电话会议，动员和部署教育体制改革工作。10月11日，出台《云南省实施国家教育体制改革试点项目方案》。10月25日，出台《云南省教育体制改革试点项目管理暂行办法》。11月16日，成立了云南省教育咨询委员会。11月18日，召开云南省教育体制改革工作会议，安排部署教育体制改革工作，公布首批29名省内咨询委员会专家名单。

〔**生命生活生存教育**〕 组建“三生教育”（“三生教育”是学校德育范畴的概念，具体包括生命教育、生活教育、生存教育）处，深入开展“三生教育”工作。召开“三生教育”大会，表彰“三生教育”先进工作者；发表“三生教育”大会宣言，举行“三生教育”第四版教材、公民读本等首发仪式。全国共有24个省（区、市）在不同范围内开展了“三生教育”，其中有16个省份使用了云南省编辑的“三生教育”系列教材。在教育部组织的全国中小学创先争优活动优秀载体评选中，云南省申报的“三生教育”载体荣获一等奖。在教育部首次公开征集“国培计划”课程资源中，云南省编辑的《教师“三生教育”手册》入选通识类课程资源。

〔**积极推进招生考试制度改革**〕 加快推进招生考试信息化建设，云南省招生考试信息化管理与服务平台项目荣获2011年度云南省科学技术进步奖一等奖。实施“云海工程”考试评价试点，实现评价信息的初步应用。首次开展中南大学综合评价录取工作，试行院系专家深度参与录取工作。昆明冶金高等专科学校、云南交通职业技术学院、云南机电职业技术学院3所院校进行单独招生改革试点。公布《云南省2012年新课改普通高等学校招生考试工作方案》。

〔**教师队伍建设**〕 完善农村义务教育阶段学校教师补充机制。2011年，全省招聘“特岗计划”教师4 582人。开展“校长远程培训”和“影子校长培训”，培训中小学校长613名；实施“国培计划”，培训中小学骨干教师3.34万人；实施云南省中小学青年教学骨干教师培训项目，培训教师2 100人；实施幼儿教师国家级培训计划，培训园长、骨干教师5 180人。认定各类教师资格4.46万人。

〔**开展教育系统“专项工作督察年”活动**〕开展教育经费保障机制、教育“减负”和中小学教辅材料泛滥问题、治理教育乱收费、高校领导班子“三重一大”、高校工程建设领域突出问题、高校招生执法监察等专项工作督察。开展教育收费专项治理，组织县级以上检查组514个，检查学校9 120所，查处教育乱收费347.4万元，清退违规收取资金345.2万元，受党政纪处分和其他处理59人。查处3所民办学校违规招生问题，查处2所中职学校虚报套取国家助学金案件。

〔**教育督导工作**〕 截至2011年年底，完成第一轮全省129个县（市、区）政府的教育督导评估认定工作，共表彰奖励33个“教育工作先进县（市、区）”，认定96个“教育工作合格县（市、区）”。通过对县级政府督导评估工作，督促相关县（市、区）及时补拨拖欠的教育经费、教育费附加等2.14亿元。

〔**加强教育信息化建设**〕 组织完成5.2万名中小学教师教育技术能力远程培训。开设27门普通高中选修课网络课程，共有1.36万名学生参加学习。组织制作农村党员干部远程教育培训50多个小时的教学课件，为2 000多所学校提供教学资源。组织实施薄弱学校改造计划多媒体远程教育设备项目建设，在127个县的491所学校建设4 535套多媒体教学设备。完成“国培计划”远程教师培训任务。召开“云南省农村中小学现代远程教育工程应用视频会议”。

〔**民族教育**〕 研究制定《云南省少数民族教育促进条例》，召开全省民族教育工作现场会，加快推进少数民族和民族地区教育事业发展。实施民族地区、贫困地区农村小学生营养改善计划。加快少数民族高层次人才培养工作，完成667名少数民族硕士生、120名博士生报考工作。加强民族团结教育。做好11个民族、8个语种学前班民文教材修审和46本小学五年级民文教材审定工作。积极开展教育对口支援。尊重少数民族学生使用本民族语言接受教育的权利，加强双语教学工作。配合云南省发改委完成民族地区教育基础薄弱县普通高中建设规划方案的编制工作。

〔**双语教学工作**〕 围绕新课改教材，逐年编译审定各民族语种民文教材。截至2011年年底，已编译审定14个少数民族18个文种的一至五年级小学语文和一年级数学民文教材，共368本；编译审定“三生教育”民文教材5个民族6种文字，共12本。对学前班、小学一至二年级的语文教材进行了修审再版。所有审定出版的民文教材，均免费发行到各民族地区双语教学校点供民族学生使用。加大民汉双语教师培训力度，举办13个少数民族语种的民汉双语教师培训班，培训教师1 050人。启动设立14个民族18个文种双语教学试点学校工作，第一批共设立了32所试点学校。

〔**民办教育**〕 加强民办学校规范化管理，制定了《云南省民办教育机构审批管理办法》和《云南省民办教育机构审批管理指导标准》。《云南省民办教育发展条例》进入省人大的立法程序。

〔**教育交流与合作**〕 2011年，云南省按照建设“一家园三平台”（即建设国际教育家园，打造国际教育基础能力平台、国际教育交流合作平台、国际人才培养平台）的要求，加快推进教育交流与合作，建成11个国际人才培养基地，在全省高校广泛开设小语种专业。新增云南民族大学、昆明医学院2所中国政府奖学金院校。红河学院与越南太原大学合作开展境外办学项目。在境外建成5个孔子学院、3个孔子课堂，与85个国家、地区和国际组织建立了教育合作关系，外国留学生人数达1.8万人。7月3日，云南省承办的2011年国家汉办暨孔子学院总部理事会在昆明市举行。

〔**庆祝建党90周年暨表彰大会**〕 6月22日，中共云南省委高校工委、省教育厅召开庆祝建党90周年暨表彰大会，回顾创先争优活动开展以来取得的丰硕成果，部署推动全省教育事业科学发展工作，表彰了151个先进基层党组织、319名优秀共产党员、128名优秀党务工作者。

〔**表彰支教助学爱心人士**〕 9月7日，中国教师发展基金会、云南省教育厅、云南教育基金会在昆明市召开云南省首届教育公益组织创先争优经验交流暨企业家和爱心人士支教助学表彰大会，共表彰了49个支教助学单位及爱心人士。

〔**教育系统抗震救灾情况**〕 3月10日12时58分，云南省德宏州盈江县发生里氏5.8级地震，造成学生6人死亡、2人重伤、6人轻伤，教师1人重伤、2人轻伤，直接经济损失达2.82亿元。8月9日19时50分，保山市腾冲县发生5.2级地震，造成保山市143所学校11.03万平方米校舍受损，直接经济损失达1.05亿元。地震发生后，省教育厅立即组成教育系统抗震救灾指导小组深入地震灾区，会同省委、省政府抗震救灾工作组和当地党委、政府开展抗震救灾工作，及时恢复教育教学秩序，对受损的部分校舍进行拆除处理，迅速转入恢复重建工作。

基础教育

〔综述〕 加快基本公共教育服务体系建设，增加教育资源，持续推进义务教育均衡发展，努力促进教育公平。加快普及学前教育，加强学前教育的统筹规划，推动实施学前教育三年行动计划，每年安排1亿元专项资金，用于农村幼儿园的新建和改扩建。均衡发展义务教育，巩固“两基”成果，加大对边疆、民族、贫困地区的投入，推动义务教育学校标准化建设，切实缩小城乡、校际差距。建立县域内校长和优秀教师交流机制，优化中小学区域布局，均衡配置教育资源，统筹解决集中办学后学生食、住、行、营养餐及学校安全保障等方面的问题。切实做好进城务工人员子女义务教育工作。加快发展普通高中，省财政安排5 000万元高中发展经费，启动全省61个县、79个高中建设项目，推进普通高中多样化和特色化发展。有序推进初中教育评价制度和普通高考改革。完善学生资助体系，安排义务教育保障资金46.47亿元，下达普通高中国家助学金2.05亿元。

〔学前教育发展步伐加快〕 制定出台《关于进一步规范农村学前班工作的指导意见》、《云南省学前教育三年行动计划（2011—2013年）》和《云南省学前教育改革发展重点工作任务分解方案》，成立学前教育改革和发展领导小组，确定玉溪市为省级学前教育改革和发展试点地区，确定江川县为全省学前教育改革和发展试点县。完成全省“十二五”期间农村学前教育推进工程建设规划的编制工作。实施16个县农村学前教育推进工程试点项目，建设幼儿园71所，建筑面积7.94万平方米，投入资金9 000万元。积极推进《云南省学前教育条例》立法工作。2011年，全省学龄前儿童入园（班）率为66.59%，其中学前三年毛入园率为44.26%，学前一年毛入园率为81.01%。

〔着力促进义务教育均衡发展〕 制定出台《云南省人民政府关于促进义务教育均衡发展的实施意见》，明确提出：“到2012年，38个县（市、区）实现县域内义务教育发展初步均衡，力争到2015年，所有县（市、区）实现县域内义务教育发展初步均衡，其中2012年实现初步均衡的38个县（市、区）实现基本均衡目标”。积极推进“以政府为主导，优化教育资源配置，促进义务教育均衡发展”改革试点项目，在全省16个州（市）的38个县（市、区）开展改革试点工作。2011年，全省小学净入学率达99.61%，初中净入学率达91.42%。

〔加快普通高中教育改革〕 修订《云南省普通中学学生学籍管理办法》、《云南省普通高、完中办学水平达标晋级综合评价方案》，制定《云南省初中毕业生综合素质评价方案》、《云南普通高中教学质量评价方案（试行）》、《云南省一级高完中管理办法（试行）》。制定出台《云南省普通高中新课程改革工作方案（试行）》、《云南省普通高中新课程改革课程实施指导意见》等23个相关文件，有序推进普通高中新课程改革。推进初中学生学业水平考试制度、初中学生综合素质评价制度和以高中阶段招生制度为主要内容的初中教育评价制度改革。

〔开展首次基础教育质量监测〕 4月至11月，云南省组织开展首次基础教育质量监测。监测县域为昆明市盘龙区、西山区，丽江市玉龙县，监测样本学生8 226人、教师408人、校长102人、学校102所；监测学科有小学五年级语文、数学；初中二年级语文、数学；高中二年级语文、数学等3个学段6门学科。

〔**农村初中校舍改造二期工程进展顺利**〕 编制完成农村初中校舍改造工程二期建设规划，全省共有 81 个项目县纳入规划。规划对 302 所农村初中学校进行改造，新建校舍 152.5 万平方米、运动场 9.83 万平方米，需投入资金 22.47 亿元。2011 年，实施农村初中校舍改造工程项目学校 36 个，建筑面积 12.25 万平方米，购置学生用床 7 106 张和部分食堂炊具等生活设备，投入资金 1.8 亿元。

〔**实施边远艰苦地区农村学校教师周转宿舍建设**〕 编制完成云南省“十二五”期间边远艰苦地区农村学校教师周转宿舍建设规划，全省共 96 个项目县纳入建设规划。2011 年，实施 17 个县边远艰苦地区农村学校教师周转宿舍建设项目学校 94 个，建设教师周转宿舍 1 788 套，建筑面积 6.26 万平方米，投入资金 9 000 万元。

职业教育

〔**综述**〕 加强职业教育基础能力建设，每年安排 1.5 亿元专项资金，支持中等职业学校开展网络设备建设；安排 10 亿元地方债券支持州市职教园区建设。建成 79 个教育实训基地，组建职业教育集团 32 个，有 240 所中高职院校、50 个科研院所、300 多个企业分别加入职教集团。召开全省职成教年度工作会议，积极推进《云南省终身教育促进条例》立法工作。广泛开展农村实用技术培训，培训新型农民、技术骨干、致富带头人 472 万人(次)。培训职业学校教务管理人员、计算机专业教师、汽车维修教师、职业生涯规划教师、语文和英语教师 1 385 人，培训职业学校校长 80 多人。组织计算机专业、电工电子专业和汽车维修专业 3 个省级技能竞赛，举办中等职业学校文明风采省级大赛。完成招生 25 万人的任务，职业教育在校生人数达 67.59 万人，再创历史新高。

〔**区域性职教园区建设扎实推进**〕 嵩明、安宁、曲靖、楚雄、普洱、临沧 6 个职教园区建设已完成或部分完成并入驻学生；德宏职教园区开工建设；昭通、文山、玉溪 3 个职教园区完成征地工作；保山、西双版纳职教园区正在进行规划论证。12 个职教园区共完成投资 120.4 亿元，完成征地 26 250 亩，竣工建筑面积 378 万平方米，入驻学校 34 所，入驻学生 15.9 万人。

〔**举办滇渝职教合作座谈会暨重庆产业推介会**〕 7 月 29 日，以“携手合作，共谋发展”为主题的滇渝职业教育合作座谈会暨重庆产业推介会在昆明市举行。会上，省教育厅与重庆市教委签订了职业教育战略合作框架协议，双方将在教育教学资源共享，教师、干部互派、互访，联合办学及毕业生就业推荐等方面广泛合作，促进职业教育共同发展。会后，滇渝双方成立了合作领导小组，建立合作协商和年度研讨制度，保障协议落实。

高等教育

〔**综述**〕 2011 年，全省高等教育毛入学率达 23%。昭通师专和思茅师专专升本，昆明医学院更名为昆明医科大学通过评审，云南开放大学建设取得实质性进展。云南大学田卫民、云南师范大学刘坚获第六届高等学校教学名师奖。26所高职高专院校的39个专业获教育部、财政部支持高等职业学校提升专业服务产业发展能力项目立项。新增省级示范高职院校3所。云南警官学院通过教育部专家组本科教学水平工作评估，完成对保山医药高等专科学校、云南城市建设职业学院的人才培养工作评估。成立首届云南省专业学位专家指导委员会。

〔**加强重点学科建设**〕 继续推进云南大学“211工程”三期建设，加强国家级重点（培育）学科和国家特色重点学科建设。启动“十二五”省级优势特色重点学科（群）和学位授权学科建设工作，评审立项建设“十二五”省级优势特色学科群6个、省级优势特色重点学科46个（其中5个学科为培育学科）、“十二五”学位授权支撑学科58个。“十二五”期间，省财政每年给予省级优势特色学科（群）和学位授权学科3 000万元经费予以支持建设。新增一级学科博士学位授权点4个、一级学科硕士学位授权点37个和云南大学审计专业硕士学位授权点。云南民族大学等3所国家立项建设博士学位授予单位顺利通过国务院学位办中期检查评估验收，云南警官学院经全国评审答辩被国务院学位委员会列入“服务国家特殊需求人才培养项目”硕士培养试点工作建设单位；5个课题获2011年度教育部科学技术研究重点项目立项，全年全省高校共获国家自然科学基金项目400项、国家社科基金项目99项；立项建设第二批高校重点实验室19个、高校工程研究技术中心12个、高校科技创新团队19个；新增教育部重点实验室、省级重点实验室各1个；昆明理工大学国家大学科技园通过国家合格评估，云南省国家大学科技园整改复评合格；高校共获省部级以上科技奖励38项，其中西南林业大学杜官本教授获国家科技进步二等奖，昆明理工大学彭金辉教授获何梁何利奖。云南农业大学校长朱有勇教授当选为中国工程院院士。

〔**开展高等教育质量年活动**〕 圆满完成2011年省级质量工程项目的评选工作，共评审省级精品课程89门、特色专业63个、大学生创新性实验计划项目高校7所、人才培养模式创新实验区29个、教学团队44个、教学名师52人、高校实验教学示范中心16个；在高职高专院校中评选出39个示范实习实训教学基地、云南双语教学示范课程建设项目10项、普通高校“十二五”规划教材建设项目100项、示范高职院校3所。

〔**高校设置进一步优化**〕 2011年，云南工商学院成功升格为本科高校，成为省第一所民办本科学校；新设置云南旅游职业学院、昆明卫生职业学院、云南现代职业技术学院；云南北美职业学院更名为云南城市建设职业学院。以上5所学校均于当年招生，其中2所新设置高校均为专科层次的高等职业院校，云南旅游职业学院在原云南省旅游学校的基础上组建，昆明卫生职业学院在云南省骨伤科专业学校（民办）的基础上组建，云南现代职业技术学院为民办高校。

〔**启动“双云工程”**〕 省教育厅依托云南农业大学等高校，启动基于云模式的云南高校联盟教学资源及网络学习中心（简称“双云工程”）。该工程旨在以“通用网络教学平台”为基础，建立省级教学资源及网络学习中心，通过采用先进的信息技术和创新的设计模式，实现教学资源协同组织和动态发展、教学质量过程管理、资源继承共享模式，为全省高校提供全方位的网络教学服务，为全省高校资源联盟、政策联盟、管理联盟提供技术支撑。

〔**大学生工作成效明显**〕 2月，省教育厅大学生工作部被教育部评为“2010全国高校辅导员年度人物优秀组织奖”。4月，评选出10名优秀大学生为云南省大学生年度人物，推荐参加全国评选的云南广播电视大学铁飞燕同学，获中宣部、教育部等部门联合举办的“2010全国高校大学生年度人物”十佳称号。大学生工作部被中宣部、教育部等部门评为“2010全国高校大学生年度人物优秀组织奖”。

〔**毕业生就业率逐年提高**〕 2011年，全省高校毕业生达到115 837人（其中研究生6 569人，本科生 51 238 人，专科生 58 030 人），比 2010 年增加 1 万多人，增幅达 12%。初次就业率为 83.5%，比 2010 年提高 1.5 个百分点；年终就业率为 95.9%，比 2010 年提高 0.8 个百分点，就业总人数达 111 061 人。

撰稿　杨红琼　黄云刚　刘天才
审稿　和福生

西藏自治区教育

概　　况

〔基本情况〕

2011 年各级各类学校校数、教职工、专任教师情况

	学校数（所）	教职工数（人）	专任教师数（人）
总计	1 562	39 231	36 051
一、高等教育	6	3 460	2 288
（一）研究生培养机构（不计校数）	3		
1. 普通高校	3		
2. 科研机构	0		
（二）普通高等学校	6	3 460	2 288
1. 本科院校	3	2 075	1 396
其中：独立学院	0	0	0
2. 高职（专科）院校	3	717	499
3. 其他机构（点）（不计校数）	2	668	393
（三）成人高等学校	0	0	0
（四）民办的其他高等教育机构	0	0	0
二、中等教育	129	14 114	13 114
（一）高中阶段教育	36	4 944	3 993
1. 高中	30	4 204	3 398
普通高中	30	4 204	3 398
完全中学	6	674	330
高级中学	22	3 183	2 952
十二年一贯制学校	2	347	116

续表

	学校数 （所）	教职工数 （人）	专任教师数 （人）
成人高中	0	0	0
2. 中等职业教育	6	740	595
普通中专	6	740	595
成人中专	0	0	0
职业高中	0	0	0
技工学校			
其他机构（教学点）（不计校数）		0	0
（二）初中阶段教育	93	9 170	9 121
1. 初中	93	9 170	9 121
初级中学	91	9 022	8 691
九年一贯制学校	2	148	54
十二年一贯制学校			85
完全中学			291
职业初中	0	0	0
2. 成人初中	0	0	0
三、初等教育	1 227	19 824	19 473
（一）普通小学	860	19 200	19 077
小学	860	19 200	18 912
九年一贯制学校			83
十二年一贯制学校			82
（二）成人小学	367	624	396
其中：扫盲班	367	624	396
四、工读学校	0	0	0
五、特殊教育	2	64	55
六、学前教育	198	1 769	1 121

2011 年各级各类学历教育学生情况

	毕业生数 （人）	招生数 （人）	在校生数 （人）
一、高等教育			
（一）研究生	195	317	824
博　士	2	6	12
硕　士	193	311	812

续表

	毕业生数（人）	招生数（人）	在校生数（人）
（二）普通本专科	8 159	9 401	32 374
本　科	4 553	5 132	19 899
专　科	3 606	4 269	12 475
（三）成人本专科	2 997	3 679	10 333
本　科	2 171	2 628	6 492
专　科	826	1 051	3 841
（四）其他各类高等学历教育			
1. 在职人员攻读硕士学位		3	34
2. 网络本专科生	0	0	0
本　科	0	0	0
专　科	0	0	0
二、中等教育	66 160	66 655	200 814
（一）高中阶段教育	21 790	22 088	64 443
1. 高中	13 165	16 720	44 676
普通高中	13 165	16 720	44 676
完全中学	1 662	896	4 186
高级中学	11 360	15 405	39 271
十二年一贯制学校	143	419	1 219
成人高中	0		0
2. 中等职业教育	8 625	5 368	19 767
普通中专	8 625	5 286	19 446
成人中专	0	82	321
职业高中	0	0	0
技工学校			
（二）初中阶段教育	44 370	44 567	136 371
1. 初中	44 370	44 567	136 371
初级中学	42 544	42 835	131 179
九年一贯制学校	116	80	267
十二年一贯制学校	428	369	1 171
完全中学	1 282	1 283	3 754

续表

	毕业生数（人）	招生数（人）	在校生数（人）
职业初中	0	0	0
2. 成人初中	0		0
三、初等教育	122 659	49 536	359 560
（一）普通小学	48 319	49 536	294 725
小学	47 961	49 105	292 473
九年一贯制学校	154	169	947
十二年一贯制学校	204	262	1 305
（二）成人小学	74 340		64 835
其中：扫盲班	72 611		63 050
四、工读学校	0	0	0
五、特殊教育	20	63	485
六、学前教育	8 381	27 984	41 729

2011 年各级各类非学历教育学生情况

	毕（结）业生数（人）	注册生数（人）
总计	6 693	3 458
一、高等教育	3 810	1 056
（一）研究生课程进修班	0	81
（二）自考助学班	0	0
（三）普通预科生		0
（四）进修及培训	3 810	975
其中：资格证书培训	2 635	198
岗位证书培训	451	451
二、中等教育	2 883	2 402
其中：资格证书培训	1 694	1 798
岗位证书培训	1 189	604
（一）中等职业教育	2 883	2 402
其中：资格证书培训	1 694	1 798
岗位证书培训	1 189	604
（二）职业技术培训机构	0	0
其中：资格证书培训	0	0
岗位证书培训	0	0

2011年各级各类民办教育基本情况

	学校数（所）	毕业生数（人）	招生数（人）	在校生数（人）	教职工数（人）	专任教师数（人）
一、民办高等教育						
（一）民办高校						
本科学生						
专科学生						
其中：独立学院（不计校数）						
本科学生						
专科学生						
（二）民办的其他高等教育机构						
二、民办中等教育						
（一）高中阶段教育	1	194	0	475	44	36
1. 民办普通高中	1	194	0	475	44	36
2. 民办中等职业教育						
（二）初中阶段教育	2	155	79	228		
1. 民办普通初中	2	155	79	228		
2. 民办职业初中						
三、民办普通小学	3	90	237	642	42	24
四、民办幼儿园	48	2 314	3 428	7 397	570	259
另有：民办培训机构（不计校数）						

〔**综述**〕　2011年，在自治区党委、政府的统一领导下，全区教育系统以邓小平理论和“三个代表”重要思想为指导，深入贯彻落实科学发展观，认真贯彻落实中央第五次西藏工作座谈会和国家副主席习近平出席西藏和平解放60周年庆祝活动时一系列重要讲话精神、贯彻落实全国教育工作会议和自治区教育工作会议精神，以科学发展观统领教育工作全局，开拓创新、锐意进取、扎实工作，教育改革发展取得显著成就，年度目标任务圆满完成，为实现“十二五”发展目标任务打下了坚实基础。

〔**科学谋划、绘制蓝图**〕　1月17日，自治区党委、政府召开全区教育工作会议，贯彻落实全国教育工作会议精神和教育规划纲要，全面部署未来10年西藏教育改革和发展工作。2月19日，自治区党委、政府出台了《关于贯彻〈国家中长期教育改革和发展规划纲要（2010—2020年）〉的实施意见》（以下简称《规划纲要实施意见》）。8月，自治区政府发布了《西藏自治区“十二五”时期教育事业发展规划》（以下简称《教育发展规划》）。《规划纲要实施意见》和《教育发展规划》的发布实施，确定了未来5—10年西藏教育改革发展的指导思想、工作方针、战略目标、战略主题、主要任务及保障措施，进一步确立了自治区优先发展教育的战略思想，明确了各级政府及相关部门在西藏教育改革发展中所承担的职责任务，科学规划了教育改革发展的宏伟蓝图。自治区教育工委、教育厅配套编制印发西藏学前教育、义务教育、职业教育、高等教育、师资队伍建设、教育信息化等11个实施意见，7个专项发展规划和7个项目建设规划，为推进西藏教育在新的历史起点上实现新的跨越，提供了坚实的政策支持、丰厚的物质保障、浓厚的社会氛围和坚实的群众基础。

〔**教育投入**〕　教育经费保障机制不断健全，投入不断增长。积极争取自治区和国家对教育的投入，不断提高经费保障水平。教育基本建设投入力度进一步加大，实施学前幼儿园建设工程、初中改造工程、义务教育教师周转房建设工程、薄弱学校改造工程、特殊学校建设工程等一系列教育项目，落实各级各类学校改造资金约17.8亿元，已下达15.37亿元，学校办学条件进一步改善。中小学校舍安全工程取得重大进展，自治区垫资5.35亿元，拆除重建中小学D级危房。

进一步提高中小学公用经费标准。义务教育和高中阶段教育公办学校生均公用经费标准从秋季学期开始，在原标准上再提高100元，达到小学500元、初中700元、普通高中700元、中职700元。免费教育进一步扩大范围，农牧区学前教育、义务教育、高中阶段教育全部实行免费教育。免费范围包括学费、住宿费、教科书费和杂费，除城镇学前教育外，全区基础教育均实现免费教育。“三包”和补助政策再一次“提标扩面”。2011年，自治区连续两次提高“三包”经费及补助标准，覆盖从学前教育、义务教育到高中阶段教育所有农牧民子女和城镇困难家庭子女，年生均标准分别为二类区2 200元、三类区2 300元、四类区和边境县2 400元。“三包”经费投入总量大幅增加，达10.76亿元，“提标扩面”后比2010年净增约5.53亿元，年受助学生达51.69万人，覆盖面95%以上。在农牧区中小学实行在校生每生每年100元的交通补助政策。提高师范及农牧林水地矿类相关专业高校学生免费标准，由5 100元提高到5 600元。

〔**教育改革**〕　根据国家关于加快教育改革的要求，自治区人民政府印发《关于开展教育改革试点工作的通知》，确定了学前教育和学前双语教育改革试点、义务教育均衡发展改革试点、推进素质教育改革试点、中等职业教育改革试点、县域教育综合改革试点、藏医药人才培养模式改革试点、高等学校创新人才培养模式改革试点和招生考试制度改革试点等8方面的改革试点项目。其中学前教育和学前双语教育改革试点及藏医药人才培养模式改革试点列入国家教育改革试点项目，涉及试点地区、试点县和试点学校或单位55个，高等学校人才培养模式改革试点涉及5所高校17个专业。各试点地区、县和学校（单位）制定教育改革试点实施方案68个，教育改革试点工作有序推进。

〔**教材建设**〕　加强中小学教辅材料管理，建立了教辅材料审读推荐制度。加大教材编译力度，完成高中藏语文、思想政治以及双语幼儿园语言、艺术等课程35种教材和小学藏语文、数学、科学等20种教辅书的编译工作。对40多种教材进行审查，保证各类教材按时到校、课前到书、人手一册。

〔**教育科研**〕　教育科研管理部门汇集专家对经过审批立项的49个自治区“十一五”教育科研课题进行了验收，其中45项课题通过验收。为推广科研成果，整理筛选出29个涵盖西藏各级各类教育的研究课题，结集出版了《西藏自治区教育科学“十一五”规划课题成果汇编》。适时下发了《西藏自治区教育科学“十二五”规划课题指南》，广大教师和教育工作者表现出前所未有的积极性和工作热情，共收到课题申请264项。通过严格把关和筛选评定，共有117项课题获得立项。自治区推荐的《西藏地区“两基”攻坚现状调查及对策研究报告》获第四届全国教育科学研究优秀成果三等奖。

〔**教师队伍建设**〕　积极开展教师资格认定工作，将认定范围扩大至覆盖区内即将毕业的师范类毕业生。建立健全教师继续教育制度，成立自治区实施“国培计划”工作领导小组。完成教师和教育管理干部国家级培训4 100余人、自治区级培训1 600余人。鼓励符合中小学教师任职资格的大中专毕业生到农牧区基层学校任教，新分配的师范毕业生向农牧区倾斜，完成 343 名师范毕业生的就业派遣工作及第一批公开招录的 853 名、第二批公开招录的 925 名中小学教师的派遣工作。新补充教师学历合格率均为 100%，教师队伍整体素质进一步提高。

进一步加强师德建设，认真开展师德教育活动，组织开展“全国教书育人楷模——普琼同志先进事迹”学习宣传活动。开展首届高校教学名师评选活动，认定 9 名教师为自治区高校教学名师。在教师职称评定上，对农牧区基层学校教师给予适当的优惠政策，积极帮助基层教师解决后顾之忧，稳定教师队伍，完成 2010 年度教师专业技术职务评审和聘任工作，共有 401 人申报参评高一级教师职务，通过评审和有关部门的资格确认，聘任 274 名中小学高级教师。积极组织 2011 年度教师高级专业技术职务业务考试工作，共计 1 062 人报名参加业务考试。吸收 39 名退役运动员转任基层学校体育教师。

〔**德育工作**〕　印发《关于进一步加强和改进新形势下中小学校（中等职业学校）党的建设和未成年人思想道德建设的意见》，进一步明确了指导思想、基本原则和目标任务。印发《关于进一步加强全区中小学德育室建设的意见》及《全区中小学开展温馨教室建设工程的实施意见》，明确加强德育室建设的指导思想、基本内容及其使用和管理要求。设计并印制新的德育挂图，发放到每所幼儿园和中小学校。调整加强德育研究会和中职、中学、小学德育中心。建立健全了自治区、地市、县三级关心下一代工作委员会组织。进一步加强青少年校外活动场所建设的督促和管理，启动乡村少年宫建设项目，申报立项 23 个，投入资金 460 万元，德育场所建设得到进一步加强。

切实加强高校大学生思想政治教育，印发《关于进一步加强和改进新形势下高校党的建设和大学生思想政治教育工作的意见》，召开高校党委负责人会议，专题部署大学生思想政治教育工作。

不断改进德育工作的方式方法。紧紧围绕庆祝建党 90 周年和西藏和平解放 60 周年，大力宣传本地、本校 60 年来教育所取得的辉煌成就，组织宣讲团到内地西藏班（校）初中、高中和中职班开展“热爱伟大祖国，建设美好西藏”主题宣讲活动，在内地西藏班和自治区内中小学校组织开展“庆祝建党 90 周年和西藏和平解放 60 周年”征文活动，收到征文 1 300 余篇。在高校组织学习胡锦涛总书记在庆祝清华大学建校 100 周年大会上的重要讲话和给北京大学第十二届研究生支教团成员的回信精神以及自治区领导的重要讲话精神，广泛开展爱国主义教育、民族团结教育和反分裂斗争教育，不断加强中小学生日常行为规范教育和行为习惯养成教育，大力宣传在党的领导下国家和自治区经济社会发展取得的巨大成就，受到自治区党委政府的充分肯定和社会各界的好评。

〔**体育卫生与艺术教育**〕　自治区政府下发了《关于进一步加强全区学校体育卫生与艺术教育工作的实施意见》，确定了学校体育卫生艺术工作的总体要求和目标，明确了相关工作内容和措施，因时因地组织开展阳光体育运动。重视学校艺术教育工作，明确了高雅艺术进校园活动各相关部门的职责分工。自治区教育厅制定出台了《西藏自治区高雅艺术活动实施方案》，全区大中小学校紧紧围绕“庆祝建党 90 周年和西藏和平解放 60 周年”开展了丰富多彩、特色浓郁的文艺活动，在参加区内各类艺术活动中均获得优异成绩。

〔**学校安全工作**〕　高度重视教育维稳工作，按照自治区的总体要求部署，结合全区教育工作实际，对自治区教育系统维护稳定工作（突发事件应急处置工作）领导小组、社会管理综合治理工作领导小组组成人员进行调整充实，印发《西藏自治区教育系统突发事件总体应急预案》，坚持抓发展保稳定，强化稳定压倒一切的责任意识，落实安全稳定工作“一岗双责”制度和《领导干部在维稳工作中失职渎职行为责任追究暂行规定》。完善领导体制机制，提高组织保障能力。建立舆情收集、分析、研判工作长效机制，加强反分裂斗争教育和民族团结教育，夯实反分裂斗争的思想基础、组织基础和群众基础。加强学校安全卫生管理及学校安全卫生教育工作，学校安全教育工作进入常态化、科学化。

各地各校始终按照“以人为本、预防为主、安全第一、综合治理”的原则，高度重视学校安全卫生工作，建立健全学校安全卫生工作“一岗双责”制度，认真落实一把手负责制和安全卫生责任追究制。投入专项资金对全区 93 所初中、285 所小学、119 所幼儿园配备了校园监控设备、消防设备以及保安人员防护设备，进一步改善校园技防条件。进一步加强学校安全管理落实，强化日常安全卫生教育，加强与卫生疾控部门的联系，强化安全卫生督导检查；努力提高安全卫生突发事件应急处置能力，加大学校医务室建设力度，对建立学校医务室提出明确要求，加强突发灾害应急避险和疏散演练；切实改善农牧区寄宿制学校学生交通出行条件，实行县级初中住校学生统一接送制度和交通补贴制度，确保了教育教学秩序正常、学校和谐安全稳定、教育改革发展稳步推进。

〔**教育信息化**〕 以教育信息化促进教育现代化，加强全区教育信息化管理与建设，统筹规划、统一管理、分步实施、注重效益，全区教育信息化进程明显加快。“十一五”期间，全区教育信息化建设取得长足进步，各高校建成了不同规模的校园网，西藏大学建有 CERNET 西藏自治区主节点；各地中等职业学校建设了计算机网络教室和校园网，全区 7 个地市建设了教师教育技术能力培训中心；建成中国教育电视台学习资源传输系统西藏服务器集成，完成了全区教育系统远程视频会议系统和拉萨 332 个考场标准化建设；在全区中小学建设计算机教室 360 间，卫星教学收视点 983 个，教学光盘播放系统 688 个，在 984 所学校建设了教育电视“班班通”；投入 390.5 万元，研发小学各学科 150 多个多媒体课件，译制制作 120 多部教学专题片；积极推进教师技能培训，培训中小学教师及技术人员18 015人次。根据《西藏自治区教育事业“十二五”发展规划》，制定了《西藏自治区教育信息化发展规划》。

〔**内地办学**〕 不断优化内地西藏办学招生结构、平衡初中班生源、增加高中散插班学校数量、扩大高中招生规模、丰富内地办学模式，内地办学已成为西藏教育的重要补充形式、人才培养的重要基地和具有中国特色、西藏特点的现代教育体系的重要组成部分。全国现有 20 个省市 28 所学校开办内地西藏初、高中班，有 58 所内地重点高中、120 余所高等学校招收西藏学生，内地西藏班在校生总数近 2.2 万人。普通高中招生规模扩大到 3 000 人，内地西藏中职班年招生规模达 3 000 人。按照均衡生源的要求，各地市生源适度分散在各内地西藏初中班，单独计划招收边境班学生 40 人、民族班学生 45 人，为边境地区经济社会发展提供智力保障。

〔**教育援藏**〕 教育部等国家五部委于 8 月印发了《关于推进西藏教育跨越式发展的意见》，继续采取“分片、分校负责，定点对口支援，包干落实对口任务”的办法，对口支援西藏教育。教育部启动了新一轮高校对口支援工作，确定了北京大学、中国人民大学、北京中医药大学、西北农林科技大学、东北师范大学、中国人民公安大学等 27 所高校团队对口支援自治区 6 所高校，对口支援高校间开展了大量调研、讲学、教师进修、科研合作、联合培养学生、学术会议、文化交流等活动。从中央财政下拨专项中安排落实 676 余万元对口支援配套资金，在全国受援地区带了好头，受到教育部的高度评价。自治区教育受援工作协调领导小组进一步充实调整，增加自治区党委组织部和宣传部为成员单位。

〔**党建工作**〕 切实加强学习型党组织建设，进一步健全理论中心组及干部职工理论学习制度。扎实推进学习型党组织建设各项工作，把基层组织建设工作纳入年度教育工作计划，列入工作日程，与各高校、各地市教育局、中职学校和教育厅机关党委签订《2011 年基层党建工作责任书》，全面督促检查教育系统党建工作。明确工作目标，落实具体措施，与年度教育工作同安排、同部署、同推进、同落实。组织广大党员干部和师生员工学习胡锦涛总书记、习近平副主席等中央领导人重要讲话精神和自治区有关领导重要讲话精神，学习领会有关会议及文件精神，深刻把握精神实质，不断提高广大党员干部和师生员工的理论修养和思想认识，不断用党的最新理论成果武装党员干部头脑。制定《全区教育系统纪念中国共产党成立90周年和西藏和平解放60周年活动方案》，积极组织党员干部职工参加党史知识竞赛，成功举办教育系统“坚定不移跟党走，建设美好新西藏”和教育厅直属系统“迎大庆、唱红歌、颂党恩”红歌会。对全区教育系统庆祝中国共产党成立90周年暨创先争优活动中涌现出来的30个先进基层党组织、30名优秀共产党员和30名优秀党务工作者，对教育系统西藏和平解放60周年大庆活动9个先进集体和25名先进个人进行了表彰。

〔**创先争优、强基惠民**〕　自治区教育工委、教育厅按照自治区的总体部署，制订了《教育厅创先争优强基惠民工作实施方案》、《教育厅关于加强基层建设年活动实施方案》和“十二五”时期及2011年定点扶贫工作思路、扶贫项目和实施方案。基层建设年活动选派了三批15名干部，到日喀则白朗县玛乡普西村与当地群众同吃、同住、同劳动，宣传党的方针政策，围绕改善民生办好事、办实事、解难事，落实项目8个，资金728万元，改善了驻村群众的生产生活条件，深得群众的赞扬。7个强基惠民驻村工作组自10月份进驻后，完成调研工作，并开始与自治区相关部门统筹协调，落实各项强基惠民任务。

〔**语言文字工作**〕　进一步推进国家通用语言文字和藏语言文字的发展、使用工作，调整充实了自治区国家语言文字工作委员会，增加了成员单位，明确职责。配合教育发展目标任务及要求，积极推进双语教学，推进国家通用语言文字学习使用工作，积极推广普通话，全区15所学校被授予国家级语言文字规范化示范校，完成了阿里、那曲、昌都、山南4个地区210名少数民族双语教师普通话专项培训。广泛开展“中华诵·颂歌献给党”活动。举办第四期自治区级普通话水平测试员任职资格培训班，为各行业培训普通话测试员75名，全区普通话测试专业队伍扩大到252人。新增西藏广电系统和西藏警官高等专科学校两个普通话培训测试站，全区普通话培训测试机构达16个。2011年，有8 000多人通过普通话培训和等级测试。加强对城市语言文字工作评估的督促和指导，积极推进区域整体达标，积极协调指导拉萨市通过国家城市语言文字评估验收，成功举办全国第十四届推广普通话宣传周闭幕式。

基础教育

〔**综述**〕　在全自治区各级党委政府的高度关心重视、社会各界全力支持、广大教育工作者艰苦努力和不懈奋斗下，圆满完成“两基”迎国检各项任务。进一步规范中小学办学行为，提高课堂教学质量。中小学均按照自治区课程计划开齐课程、开足课时，教育教学管理更加规范，办学水平显著提高。普通高中新课程改革积极稳妥推进，普通高中资源进一步扩大。学前教育和特殊教育得到进一步重视和发展。

〔**学前教育**〕　积极推进学前双语教育。根据《西藏自治区教育事业“十二五”发展规划》，制定了《西藏自治区学前双语教育发展规划》。2011年，通过实施农牧区村级幼儿园建设工程，新建、改扩建一大批幼儿园。对农牧区学前两年双语教育实行免费教育和生活费补助政策。下发《西藏自治区城镇幼儿园课程设置指导意见》、《西藏自治区农牧区双语幼儿园（学前班）课程设置指导方案》和《西藏自治区幼儿园收费管理办法》等文件。组织编写并开发农牧区学前双语教育幼儿用书和教学资源软件，语言、艺术、科学与数学、社会与健康4种教材小、中、大班上册和《幼儿汉语300句+幼儿小故事》光盘于2011年秋季投入使用。新建幼儿园79所，学前教育毛入园率提高到35%，比2010年提高10.5个百分点。

〔**全面实现“两基”目标**〕 9月29日，自治区人民政府接受国家“两基”督导检查总结会议在拉萨市召开，听取国家督导检查组的评估意见。会上，教育部部长袁贵仁宣布，西藏自治区全面完成了“两基”攻坚各项工作任务，实现了“两基”目标。“两基”攻坚任务的全面完成，成为西藏教育改革发展史上的重要里程碑。

〔**巩固提高义务教育**〕 为进一步规范中小学办学行为，积极推进义务教育均衡发展和义务教育学校标准化建设，分别在林芝、拉萨市城关区召开了全区中小学教育教学管理现场会和义务教育均衡发展现场会，配合国家基础教育质量监测中心认真实施拉萨市城关区等4个县（市、区）的基础教育质量监测工作。通过近两年的“两基”迎国检工作，全区所有中小学校管理能力明显增强，教育管理制度明显完善，学校档案建设明显规范，教育教学质量明显提升。

〔**高中教育**〕 根据《中共西藏自治区委员会、西藏自治区人民政府关于〈国家中长期教育改革和发展规划纲要（2010—2020年）〉的实施意见》，自治区教育厅出台了《关于普及高中阶段教育的实施意见》，对全区高中阶段教育发展作出了全面规划。按照规划，2011年新建普通高中1所，全区普通高中达30所，在校生44 676人，高中阶段入学率达63.4%，比2010年提高3.3个百分点。普通高中新课程改革积极稳妥推进，教育科研部门编辑出版了《体验与反思》，对西藏民族学院附中普通高中新课程改革的经验进行了总结。收集各地市在普通高中新课程改革过程中取得的成果、经验，编辑出版了《探索的足迹》，有力地推动了自治区普通高中新课程改革工作。

〔**特殊教育**〕 根据《中共西藏自治区委员会、西藏自治区人民政府关于〈国家中长期教育改革和发展规划纲要（2010—2020年）〉的实施意见》，自治区教育厅出台了《关于加快特殊教育事业发展的意见》，对全区特殊教育事业发展作出了全面规划。拉萨、日喀则特殊教育学校已建成招生，山南、那曲、昌都地区特殊教育学校建设已完成所有前期工作并开工建设。

职业教育与成人教育

〔**综述**〕 2011年，西藏职业教育改革发展取得新进展。根据《西藏自治区教育事业“十二五”发展规划》，制定了《西藏自治区中等职业教育发展规划》。中等职业学校基础设施、实习实训设备、“双师型”教师队伍等基础能力建设得到加强。实施国家级示范中职学校项目建设计划，示范学校的引领、示范、辐射、带头作用逐步显现。职业教育加基础教育的办学模式不断完善。大力推进职业教育教学管理制度改革，强化实践能力和职业技能的培养，引导职业学校走灵活开放、特色鲜明、产教结合的办学路子，服务社会、服务经济建设、服务“三农”的能力进一步增强。

〔**教学改革**〕 加大畜牧兽医、计算机、电工电子、铁路运输、建筑、旅游等重点专业建设，大力推进教学管理制度改革，强化实践能力和职业技能的培养，自治区3所职业院校和拉萨市县级职教中心参加了2011年全国职业院校技能大赛和民族地区职业院校学生才艺展示，各参赛学校均获得了金奖、银奖和优秀组织奖。

〔**基础能力建设**〕 加强职业教育基础能力建设，落实资金2 000万元，购置实验实训仪器设备，加强7所中等职业学校专业实训基地建设，进一步改善了中等职业学校的办学条件。日喀则地区职业技术学校、山南地区职业技术学校2011年正式进入第一批国家级中等职业教育改革发展示范校建设项目行列。加强县级职业教育示范校建设，对具有一定办学基础、发展前景好的16个县级职教中心进行重点建设，每个县投入300万元，用于实训基地建设和职教设备采购，16个县共投入资金4 848.4万元。

〔**教师队伍建设**〕 为提高教师队伍的整体素质，优化教师队伍结构，2011年度分别安排6所中等职业学校、西藏职业技术学院及43所县级职教中心的专业骨干教师共300名，到西藏职业技术学院、西藏大学农牧学院及4个全国重点建设职教师资培训基地进行培训，培训专业为工艺美术、计算机应用技术、植物生产技术、旅游服务与管理、汽车运用与维修、职业技术教育学等，培训期为30—60天。

〔**教育管理**〕 “全国中等职业学校学生信息管理系统”的应用，提高了自治区中等职业教育学籍管理、招生管理、学生资助监管和实习就业等业务的信息化水平。自治区系统升级已经完成并在全区范围内投入使用，还完成了2011年中职学生学籍信息及贫困生资助信息、免学费信息的上报工作，秋季学籍填报工作进展顺利。

〔**四大工程**〕 紧紧围绕“国家技能型人才培养培训工程”、“国家农村劳动力转移培训工程”、“农村实用人才培训工程”和“成人继续教育和再就业培训工程”，加强农牧民培训工作。继续组织实施农村劳动力转移培训、农村实用技术培训，全年累计完成农村实用技术培训和职业技能培训3万人次。

高等教育

〔**综述**〕 进一步明确“具有特殊性的、符合高原特色和民族特色”的办学路子，积极实施高等教育发展工程。以扩大规模，优化结构，深化改革，提高质量为重点，以提升高等教育服务西藏跨越式发展和长治久安的能力和水平为核心，加强高等学校基础设施、特色学科、重点学科、优势专业、实验室建设。推进西藏高等教育学科专业结构调整，改革人才培养模式，加强应用性、高水平人才培养，高等教育内涵发展水平进一步提升。

〔**制订规划**〕 认真学习贯彻党的十七大和十七届五中、六中全会、中央第五次西藏工作座谈会精神和全国教育工作会议精神，按照自治区党委、政府统一部署，为促进自治区高等教育持续健康科学发展，更好地适应西藏经济社会跨越式发展和长治久安对高层次人才的需求，根据《西藏自治区教育事业“十二五”发展规划》，自治区教育工委、教育厅制订了《西藏自治区高等教育“十二五”发展规划》、《关于促进高等教育改革和发展的意见》，使中央精神和自治区的安排部署落实到高等教育发展的具体规划和政策意见中，做到政策落地。

〔**提高质量**〕 坚持“以提高质量为核心”，“培养大学生会思考能实战”的方针，部署了大学生创新性实验计划项目申报工作。面向全区高校大学生，设立400项大学生创新性实验计划，着力培养学生的创新精神和实践实战能力。加强高校实践教学基地建设，集中财力投资建设西藏大学、西藏大学农牧学院、西藏民族学院实践教学基地。积极探索人才培养模式创新改革，努力提升高等教育内涵发展水平。

〔**学科建设**〕 以优化学科专业结构为导向，组织高校开展新增本科专业申报、评审、备案和上报审核工作。2010年度，经教育部备案或审批同意设置的高等学校本科专业名单7个，核定自治区高校2011年招生的高职高专教育指导性专业目录（试行）外专业4个、准许招生的公安类专业4个、其他专业60个，核定拉萨师范高等专科学校具有普通高职高专教育类专业招生资格。批准西藏大学藏语言文学为国家重点学科、生态学为国家重点（培育）学科。西藏大学新增博士学位授予单位立项建设工作通过中期检查。截至2011年年底，全区拥有15个硕士学位授权一级学科、9个二级学科、3个专业硕士学位授权点。

〔**打造科研平台**〕 利用中央财政1.2亿元高校本科生均拨款奖补资金，启动高校人才培养工程和一批科研教改项目。为加强对自治区高校科研、科技工作的指导和管理，完成了自治区高等学校人文社会科学、科学技术研究专家库专家遴选工作，建立了专家库。

组织开展2011年自治区高等学校人文社会科学研究项目申报和评审工作，立项7项重点项目和14项一般项目。组织完成了2011年度教育部人文社会科学研究项目、哲学社会科学研究后期资助项目、哲学社会科学研究专项任务项目的申报工作。部署完成了教育部2011年“新世纪优秀人才支持计划”人选推荐工作。

高校科研成果丰硕，西藏大学等高校获国家社科基金项目、国家科技部项目的数量逐年增加，仅2011年上半年，西藏大学就有6项课题获国家社科基金2011年度立项资助、1项课题获2011年国家科技部“973计划”前期研究专项课题立项资助。“青藏高原的生物多样性与分子进化”入选教育部2010年度“创新团队培育计划项目”，西藏藏医学院的次仁、西藏大学的拉巴次旦入选教育部2010年度“新世纪优秀人才支持计划”。西藏民族学院“西藏珞巴族、门巴族和僜人群体的基因多态性研究”获教育部2010年度高等学校科学研究优秀成果奖自然科学二等奖。

〔**招生就业**〕 2011年，全区普通高校招收新生9 836人，其中研究生317人，本科生5 250人，专科生4 269人。截至2011年年底，全区高等教育毛入学率达26.7%.

2011年，全区应届高校毕业生共12 047人，通过机关事业单位公务员及专业技术人员招考、企业招聘、升学、读研、西部志愿者计划、到内地就业以及灵活就业等方式，实现就业人数为9 248人，就业率为74.54%。

撰稿 韩晓悟

审稿 宋和平

陕西省教育

概　况

〔基本情况〕

2011年各级各类学校校数、教职工、专任教师情况

	学校数（所）	教职工数（人）	专任教师数（人）
总计	21 288	614 200	481 898
一、高等教育	109	102 748	61 347
（一）研究生培养机构（不计校数）	50		
1. 普通高校	24		
2. 科研机构	26		
（二）普通高等学校	90	99 010	59 171
1. 本科院校	52	78 065	46 523
其中：独立学院	12	7 065	4 648
2. 高职（专科）院校	38	20 945	12 648
3. 其他机构（点）（不计校数）	1	0	0
（三）成人高等学校	19	3 738	2 176
（四）民办的其他高等教育机构	9	729	305
二、中等教育	3 061	259 712	204 458
（一）高中阶段教育	1 167	133 089	88 804
1. 高中	548	84 142	55 509
普通高中	544	84 064	55 444
完全中学	239	31 766	14 616
高级中学	271	46 861	39 292
十二年一贯制学校	34	5 437	1 536
成人高中	4	78	65
2. 中等职业教育	619	48 947	33 295
普通中专	47	6 029	3 779

续表

	学校数（所）	教职工数（人）	专任教师数（人）
成人中专	8	1 436	777
职业高中	306	22 540	16 005
技工学校	255	18 918	12 713
其他机构（教学点）（不计校数）	3	24	21
（二）初中阶段教育	1 894	126 623	115 654
1. 初中	1 819	126 071	115 434
初级中学	1 421	103 689	92 025
九年一贯制学校	398	22 382	10 645
十二年一贯制学校			1 378
完全中学			11 386
职业初中	0	0	0
2. 成人初中	75	552	220
三、初等教育	12 763	178 328	173 370
（一）普通小学	8 867	173 769	171 011
小学	8 867	173 769	160 643
九年一贯制学校			9 035
十二年一贯制学校			1 333
（二）成人小学	3 896	4 559	2 359
其中：扫盲班	2 603	3 220	2 004
四、工读学校	1	45	27
五、特殊教育	44	1 007	777
六、学前教育	5 310	72 360	41 919

2011 年各级各类学历教育学生情况

	毕业生数（人）	招生数（人）	在校生数（人）
一、高等教育			
（一）研究生	23 045	29 755	90 772
博　士	2 161	3 235	15 453
硕　士	20 884	26 520	75 319
（二）普通本专科	258 878	292 105	964 773
本　科	120 586	167 021	595 183
专　科	138 292	125 084	369 590
（三）成人本专科	57 609	70 233	206 028
本　科	23 009	22 130	70 860
专　科	34 600	48 103	135 168

续表

	毕业生数（人）	招生数（人）	在校生数（人）
（四）其他各类高等学历教育			
1. 在职人员攻读硕士学位		4 830	19 861
2. 网络本专科生	33 598	50 495	114 169
本　科	19 071	22 034	51 521
专　科	14 527	28 461	62 648
二、中等教育	1 273 019	1 109 117	3 391 898
（一）高中阶段教育	616 334	650 525	1 817 104
1. 高中	310 430	336 071	970 423
普通高中	309 328	336 071	969 167
完全中学	78 690	84 093	247 656
高级中学	223 813	243 887	698 555
十二年一贯制学校	6 825	8 091	22 956
成人高中	1 102		1 256
2. 中等职业教育	305 904	314 454	846 681
普通中专	50 610	48 872	142 527
成人中专	1 223	4 974	16 125
职业高中	155 738	182 561	445 120
技工学校	98 333	78 047	242 909
（二）初中阶段教育	656 685	458 592	1 574 794
1. 初中	586 760	458 592	1 498 841
初级中学	458 061	346 921	1 149 575
九年一贯制学校	49 305	38 701	124 256
十二年一贯制学校	7 968	8 521	24 931
完全中学	71 426	64 449	200 079
职业初中	0	0	0
2. 成人初中	69 925		75 953
三、初等教育	634 181	407 696	2 672 869
（一）普通小学	464 579	407 696	2 535 962
小学	429 813	380 810	2 358 950
九年一贯制学校	29 797	21 848	147 057
十二年一贯制学校	4 969	5 038	29 955
（二）成人小学	169 602		136 907
其中：扫盲班	26 121		25 737
四、工读学校	20	20	51
五、特殊教育	665	1 309	6 837
六、学前教育	288 706	607 168	1 027 839

2011 年各级各类非学历教育学生情况

	毕（结）业生数（人）	注册生数（人）
总计	2 124 495	2 094 502
一、高等教育	106 728	39 446
（一）研究生课程进修班	378	1 278
（二）自考助学班	2 356	4 427
（三）普通预科生		500
（四）进修及培训	103 994	33 241
其中：资格证书培训	44 848	19 391
岗位证书培训	18 956	5 949
二、中等教育	2 017 767	2 055 056
其中：资格证书培训	292 769	335 331
岗位证书培训	199 694	158 079
（一）中等职业教育	195 502	136 133
其中：资格证书培训	58 926	48 633
岗位证书培训	38 701	32 121
（二）职业技术培训机构	1 822 265	1 918 923
其中：资格证书培训	233 843	286 698
岗位证书培训	160 993	125 958

2011 年各级各类民办教育基本情况

	学校数（所）	毕业生数（人）	招生数（人）	在校生数（人）	教职工数（人）	专任教师数（人）	其他学生数（人）
一、民办高等教育							
（一）民办高校	30	73 352	87 255	280 622	22 708	13 338	13 769
本科学生		24 632	48 920	146 526			
专科学生		48 720	38 335	134 096			
其中：独立学院（不计校数）	12	17 108	27 677	89 301	7 065	4 648	0
本科学生		16 716	26 889	86 273			
专科学生		392	788	3 028			
（二）民办的其他高等教育机构	9				729	305	9
二、民办中等教育							
（一）高中阶段教育	245	81 552	85 254	238 571	27 222	18 496	
1. 民办普通高中	100	30 773	32 975	94 746	19 078	13 714	

续表

	学校数（所）	毕业生数（人）	招生数（人）	在校生数（人）	教职工数（人）	专任教师数（人）	其他学生数（人）
2. 民办中等职业教育	145	50 779	52 279	143 825	8 144	4 782	26 839
（二）初中阶段教育	98	46 142	44 823	139 381			
1. 民办普通初中	98	46 142	44 823	139 381			
2. 民办职业初中							
三、民办普通小学	182	23 433	19 579	124 794	6 715	4 599	
四、民办幼儿园	4 190	151 686	354 805	639 758	52 700	28 963	
另有：民办培训机构（不计校数）	1 115				10 978	5 983	364 910

〔综述〕 2011年，省委教育工委、省教育厅按照省委、省政府和教育部的统一部署，落实全国、全省教育工作会议精神，带领全省教育系统广大干部师生求真务实，开拓创新，重点做了以下工作。①全力落实《陕西省贯彻国家教育规划纲要〈实施意见〉》，科学制定教育事业“十二五”规划。②大力普及学前教育。③着力推动义务教育均衡发展。④力促普通高中多样化发展，提升职业教育基础能力建设水平。⑤提升高等教育核心竞争力、科技贡献率和社会影响力。⑥鼓励支持民办教育健康发展。⑦深入实施中小学素质教育推进工程，切实加强大学生思想政治教育工作。⑧多措并举，切实加强教师队伍建设。⑨以人为本，努力做好教育民生工程。⑩强化督察，确保各市区完成学前教育毛入园率指标和初中毕业生升学率指标。

〔重大创新与重点工作〕 全年完成四项重大创新。一是学前教育强力推进，入园难、入园贵问题有所缓解。学前儿童毛入园率大幅提升，超过预期。学前教育管理模式创新荣获第二届全国教育改革创新奖特别奖。二是高等教育难题破解，发展突显内涵。建立并大幅度提高高校生均财政拨款标准，全面启动高校债务化解工作，大大缓解了制约部分高校发展的“瓶颈”问题。创新“农校对接”模式，通过源头采购配送高校学生食堂米面油和蔬菜，按军供方式供应肉蛋等急需品，确保了高校学生食堂的公益性质。三是向11所高校委派总会计师，高校财务管理更趋科学规范。四是全面推进学校发展水平督导评估“316工程”，即三年一轮，每年全省评估6 000所学校，每所学校必须在三年内接受一次督导检查，此项工作获全国教育改革创新优秀奖。

全年完成7项新增重点工作。一是财政投入大幅增加，教育发展保障有力。全省预算内教育经费总投入超过400亿元，占财政支出的15.3%，成为财政公共支出第一大户。二是创先争优活动中涌现出以侯伯宇为代表的一批先进典型。三是职业教育资源整合、体制理顺，首批11所职业院校顺利划转。四是统筹管理、分类指导，高水平大学建设迈上新台阶。省政府与教育部继续重点共建西安交通大学、西北农林科技大学和陕西师范大学等3所高校，落实共建西北大学协议。西北大学、西安理工大学、西安建筑科技大学等3所高校成立研究生院，结束了省属高校无研究生院的历史。全省新增的7名“两院”院士中5名出自高校，省属高校一次获得2名，取得了历史性的突破。五是民办高等教育发展进入新阶段。省政府下发《关于进一步支持和规范民办高等教育发展的意见》，设立3亿元专项资金，支持陕西省民办高等教育保持在全国的优势地位。六是组织上好法制第一课。以学习《宪法》、《刑法》、《民法》为主，精心组织各级各类学校在开学初上好法制第一课。七是维护社会大局稳定。完善维护学校稳定安全长效机制，深入推进平安校园创建。积极应对热点难点问题，着力做好敏感节点防控工作。撰写的《主动引导教育　创建平安校园》调研报告，所提对策建议被中央防范和处理邪教问题领导小组办公室采纳并刊载在第194期《情况通报》上，向全国推广。

〔**师资队伍建设**〕 全省紧密围绕造就高素质专业化教师队伍的战略目标，高位谋划、高起点实施全省教师教育工作，从突出师资核心位置，严把教师入口质量关，强化职称引领激励机制，狠抓骨干教师队伍质量，促进教师专业能力提升等方面实现了重大突破和创新。

积极组织实施“国培计划”和省培计划。争取省财政培训经费800万元，争取的国培经费额度超出全国平均水平，人均经费居中西部前列，培训规模再创历史新高，突破15万人次。特别是幼儿教师队伍建设首次被正式列入中小学教师队伍建设整体规划。一是为切实提高幼儿师资培训效果，特邀台湾幼儿教育专家为学前教育省级骨干教师开展集中培训。二是从800名省级骨干教师中遴选68名优秀骨干教师及培训管理者，分四期赴台湾进行交流学习。三是选派骨干教师赴南京晓庄学院参加高级研修，不断提高管理与培训水平。

建立名师骨干体系，启动中小学省级教学能手评选工作。一是制定了中小学教师队伍建设中长期发展规划，利用5—10年时间，拟为全省评选和培养1.5万名教学能手，2 000名学科带头人，200名省级教学名师，600名特级教师。二是启动了停滞10年之久的中小学教学能手评选工作，517名教师获“省级教学能手”称号。三是从省级教学能手库里遴选各学科成绩优异的选手，经集中培训后，深入各市区，通过能手现场课堂示范、专家现场点评等进行互动交流。

积极做好青年教师国内访问学者推荐选拔工作。鼓励广大青年教师走出去到国内重点大学学习深造，推荐“青年教师国内访问学者”116名，超计划完成51名，位居全国首位。

以“师德建设年”活动为契机，深入推动教育系统行风建设。一是编辑出版了《陕西师德先进事迹荟萃》，展示全省近10年的师德建设成果。二是深入基层开展师德调研，结合实际修订两个“规范”。三是下发《关于进一步加强中小学教师职业道德教育的通知》，就严格教师资格制度，加强师德和法制教育提出明确要求，端正和规范从教行为。

以严把入口质量关为抓手，创新教师资格制度实施工作。一是统一培训和考试指导用书，健全考核评价体系。二是强化考务考风，严肃考试制度。三是研制开发了中小学教师资格教育基础理论知识考试成绩查询系统，有效提高了工作效率。四是创新高校教师岗前培训工作机制，集中遴选14所师资培训能力强的高校布点培训，建立岗前培训专家库，确保培训质量，新补充的2 800余名教师全部接受了不低于120学时的集中培训。

〔**中小学校舍安全工程**〕 截至2011年年底，全省累计开工学校3 825所，开工面积1 100万平方米，占规划建设总任务的100%，开工率居全国第一。累计竣工投入使用学校3 100所，竣工面积880万平方米，已有80%以上的项目学校竣工投入使用，中小学校舍综合防灾能力有了明显提升。

〔**领导班子、党风廉政和精神文明建设**〕 认真学习贯彻落实中央和省委、省政府的重要会议和文件精神，坚持和完善委厅领导班子中心组学习制度。严格遵守民主集中制原则，增强了班子的凝聚力、战斗力和应对复杂局面的能力。坚持委厅领导联系基层“三个一”制度（即每人联系一所高校、一所中职学校、一个县区），大兴调查研究之风，切实加强高校党的建设和领导干部队伍建设。

严格执行党风廉政建设责任制、领导干部“一岗双责”。制定了《中共陕西省委教育工委、陕西省教育厅关于加强教育系统党风廉政建设和反腐败工作的意见》等规范性文件，深入开展反腐倡廉宣传教育和培训、推进廉政文化进机关、进校园活动。

积极开展精神文明创建活动。制定下发2011年《市区教育局精神文明建设“创佳评差”目标任务书》和《高校精神文明建设及宣传思想工作目标任务书》。在大中小学开展了校园文化建设优秀成果评选活动，组织开展了“延安精神进校园”系列活动，组织委厅机关及直属单位开展纪念建党90周年系列活动。认真开展“读好书、强素质、促工作”活动。

基础教育

〔**学前教育跨越式发展**〕　科学制定并开始实施《学前教育三年行动计划》、《陕西省幼儿园基本办园标准（试行）》，通过多措并举，全省学前教育事业实现跨越式发展。大力推进县、乡公办幼儿园项目建设，全省建设公办幼儿园441所。在全国率先实施学前一年免费教育政策，免除了33.7万名大班、学前班幼儿的保教费，向6.7万名家庭经济困难幼儿、残疾幼儿和孤儿每天发放3元的生活补助。建立幼儿园生均拨款制度，对达到基本办园标准的各类幼儿园（含公办、民办、机关企事业单位以及其他社会力量办园），按照平均每生每年200元的标准补助公用经费；对开办附设学前班的小学按每生每年800—1 000元的标准补助公用经费；对各县（区）建立的特殊儿童随班就读康复资源中心，按每生每年1500元的标准予以奖励性补贴。举办学前教育专题会议，推进三年行动计划顺利实施。一是承办了全国学前教育三年行动计划现场推进会。9月4—5日，全国学前教育三年行动计划现场推进会在西安市召开，国务委员刘延东出席会议并作重要讲话。副省长朱静芝作了经验发言。与会代表分5组参观了西安市长安区东大彩色童年幼儿园等12所幼儿园，充分肯定了陕西省在努力扩大资源、实现公益性、普惠性等方面取得的成绩。二是以省政府的名义于9月9日召开了全省贯彻落实全国学前教育三年行动计划现场推进会精神电视电话会议，省长赵正永亲临大会并就加强学前教育提出10项举措。三是11月18日，在西安市召开了全省学前教育三年行动计划现场推进会，与会代表现场参观了西安市的10所幼儿园，省教育厅厅长杨希文出席会议并作重要讲话。加大幼儿教师的培训力度，2011年共培训教师28 456人，其中省级培训1 575名、市级培训7 184名、县级培训19 697名。加强调研督察，狠抓任务落实。5月和10月先后两次以省政府的名义对学前教育三年行动计划落实情况进行督察，有力地促进了各项责任的落实。

截至2011年年底，全省各级各类幼儿园5 499所，其中公办园1 187所，所占比率为21.6%；在园幼儿94.99万人，学前一年毛入园率达87.4%，学前三年毛入园率达80.14%。学前教育从全省各类教育的“短板”成为“亮点”，得到国家和省委、省政府的高度肯定。省教育厅厅长杨希文先后在教育部年度工作会、新闻通气会、教育规划纲要实施一周年座谈会等会议上介绍经验。“学前教育管理模式创新”荣获第二届全国教育改革创新特别奖。

〔**义务教育均衡发展与规范中小学办学行为**〕对全省外来务工人员随迁子女接受义务教育后参加升学考试的办法进行了政策调研。出台了《陕西省人民政府办公厅转发省教育厅等七部门关于进一步做好进城务工就业人员和进城落户农村居民随迁子女平等接受义务教育工作的意见》、省教育厅《关于做好2011年秋季开学进城务工人员随迁子女义务教育就学工作的通知》和《陕西省外来务工就业人员随迁子女完成义务教育后在当地参加初中毕业学业考试与普通高中招生考试的办法》。完成教育部与陕西省人民政府签署义务教育均衡发展备忘录工作。下发了《陕西省教育厅关于切实加强农村义务教育阶段留守儿童教育管理工作的意见》。积极实施省农村基层人才队伍振兴计划的省级支教人员选派，促进优质学校与薄弱学校结对帮扶。

规范义务教育办学行为，切实减轻中小学生课业负担。制定了《陕西省义务教育阶段学校基本办学标准（试行）》，下发了《关于印发〈减轻义务教育阶段中小学生过重课业负担督察办法〉的通知》和《关于印发〈县区教研机构监测义务教育学校学生课业负担实施方案〉的通知》；完成了西安小学承担的国家教育体制改革试点“探索减轻学生过重课业负担的有效途径”项目方案的申报备案工作；发布实施了《陕西省义务教育阶段学生学籍管理办法（试行）》；集中开展了两次全省“减轻义务教育阶段学生过重课业负担”专项督察活动；对全省义务教育学校寒、暑假工作进行了安排部署。

〔**推进素质教育工程**〕 一是评选表彰了全省普通中学“三好学生”406名和“优秀学生干部”273名。经教育部批准，命名了4个以“双百人物”中优秀共产党员命名的中小学班集体。二是与省人力资源和社会保障厅共同表彰了全省中小学德育工作先进集体83个，先进工作者206人。三是加强青少年校外活动中心管理，使2011年新建并投入使用的青少年校外活动中心达10所。四是完成全省青少年校外活动中心管理人员和骨干教师培训8期，培训600余人。五是对省委2011年为未成年人办10件实事中由省教育厅牵头的2件实事进行分解，明确了工作任务和责任分工。六是与省教育厅师资处联合利用暑期培训省级中小学心理健康教育骨干教师400人。七是在全省组织开展了第八个“中小学弘扬和培育民族精神月”活动。

〔**“春笋计划”试点工作取得显著效果**〕 “春笋计划”首期38名学员共33项课题顺利结题。17项科技前沿类课题在某些方面有所创新，其中2篇论文在国际期刊上发表，1篇在国内核心期刊上发表；16项工程应用类课题的多项设计与制作接近或达到应用水平，其中1项在国家知识产权局申请软件制作权登记。9所高中先后邀请了29位院士专家到陕西为学生作了90余场科普和学术报告。7所高校向中学生开放了50多个重点实验室，参观人数超过2万人次。

〔**普通高中多样化、特色化、优质化发展**〕 省教育厅制定的《陕西省普通高中学生学籍管理办法（试行）》（以下简称《办法》）于6月1日起实施。《办法》是普通高中学生管理的规范性文件，共10章33条14个附件表格，涉及《办法》制定的原则、适用范围、管理权限和管理方式，从学生入学注册至毕业的各个方面：考勤评价、奖励处分、休学复读、退学、转学借读和档案管理，对进一步规范普通高中办学行为，明确管理责任具有非常重要的意义。同时，加快中小学电子学籍管理建设，提升全省教育管理信息化水平。

全省创建省级标准化高中27所，命名省级示范性普通高中11所，初评4所；截至2011年年底，全省省级标准化高中达284所，占全省普通高中49.9%；普通高中示范性学校达27所。

深化课程改革，推进普通高中内涵发展。一是召开全省普通高中教学改革与学生发展现场会，推广打造宜川中学课堂教学与学生发展的经验与做法。二是组织全省普通高中开展制定《出名师 育英才 创特色 上水平三年行动计划（2011—2013年）》活动，为深入贯彻落实全国、全省教育工作会议精神，提升普通高中教育教学质量，推动全省普通高中科学发展。三是筹建全省“示范高中网络联盟”，推动优质资源共享。四是鼓励普通高中为学生提供更多的可供选择的课程。新增西安市89中学、西安外国语学校和西安中学开设小语种课程、英语教学改革课程。

启动实施中小学“电子书包”试点项目，探索教育信息化促进教育教学改革的新路子。项目根据各地市推荐的20多所试点学校评估情况，确定各校采用的教学环境模式，并按试点教学班的学生人数为项目学校配备信息终端设备，在应用项目学校原有各类资源的基础上，为项目学校配备专用学习资源。

开展中小学实验室标准化示范学校评估工作，完成汉滨区、紫阳县、黄龙县“普实”创建县区的评估验收，全省普及率达100%，全面实现了普及实验教学工作目标和任务。编写《陕西省普通高中教育技术装备规范》和普通高中数学等9个学科的教学仪器设备配备标准，作为全省普通高中进行标准化建设和示范高中建设的指导性文件。

〔**特殊教育与民族教育**〕 下达省级特殊教育专款679万元，改善特殊教育学校办学条件，增加设施配备；下达省级特殊教育专款321万元，支持107个幼儿园建设特殊儿童随班就读康复资源中心；争取到中央特殊教育专款100万元，支持特殊教育学校设施配备；争取到中国残联、教育部“通向明天—交通银行残疾青少年助学计划特殊教育师资培训项目”资金20万元，对70名特殊教育学校校长进行培训；省教育厅荣获“十一五”期间全省残疾人工作先进集体。

加强内地西藏班、新疆班的日常管理，维护民族学校和民族班稳定。继续安排省级初级资金，对初中西藏班和高中藏族插班生予以生活补助。按照教育部安排，两次对内地西藏班、新疆班学生进行宣讲，教育引导学生牢固树立中国特色社会主义共同理想信念，坚定维护民族团结和祖国统一；承办教育部内地民族班开学工作暨部署维稳工作座谈会。

〔基础教育专网建设〕　实现了全省教育管理部门、普通高中100%接入专网，初中94%接入专网，小学80%接入专网，总体接入比例达85%，形成了一条中小学校互联互通、绿色便捷高速的信息“高速路”，大大提高了资源的使用率。截至2011年年底，陕西教育资源网已初步建成了11个资源库，15万册的数字图书馆、500种电子期刊阅览室、70万道试题智能组卷系统等特色内容，供全省中小学广大师生免费使用，并动员全省电教系统、有关高校、中小学校及社会力量引进、搜集、整理了2 000 G的资源。“陕西省教育资源网”点击率位居全国同类网站第6位，资源总量达3 000 G，实现了西部领先、全国一流的目标。

职业教育与成人教育

〔国家教育体制改革职教集团化办学试点工作〕“探索职业教育集团化办学”是陕西省承担的国家教育体制改革试点任务。为此，成立了试点工作领导小组，印发了《陕西省国家教育体制改革试点项目探索职业教育集团化办学试点方案》，两次召开会议，部署试点工作。6月，在教育部召开的国家职业教育体制改革推进会上，陕西省介绍了试点工作经验；8月，省教育厅在渭南合阳县召开了全省职业教育集团化办学试点工作推进会；9月，在陕西工业职业技术学院召开了陕西省职业教育与装备制造业对接对话论坛，在西安航空职业技术学院召开了“推进校企一体办学”试点工作研讨会，在渭南市召开“2011年陕浙技能人才校企合作洽谈会”，43所职业院校与浙江省74家企业现场签订校企合作协议47份，签约用工人数5 591人。10月，教育部职业教育改革发展若干重大政策问题专项调研组就陕西省开展职业教育集团化办学情况进行了深入调研，充分肯定了陕西省推进职业教育集团化办学取得的成绩。2011年，新组建成立行业性职教集团2个、区域性职教集团2个，全省职业教育集团基本覆盖主要产业领域，职业教育资源整合和校企合作工作取得积极进展。

〔基础能力提升工程〕　会同省发改委、财政厅联合印发了《陕西省“职业教育基础能力提升工程”实施方案》，安排建设综合性实训基地项目10个，专业性实训基地建设项目10个，综合性多功能县级职教中心建设项目10个，省级示范性中等职业学校建设项目10个，省级示范专业建设项目40个，精品课程建设项目80个，陕西省现代农业职教发展工程示范县建设项目10个。“人人技能工程”培训8万人，国家级、省级“双师型”专业骨干教师培训1 000名，中职校长培训100人。确定县级职教中心、专业性实训基地等5类基础能力建设项目144个。推荐上报第二批13所创建国家中等职业教育改革发展示范学校。

〔中职教育改革创新三年行动计划〕　贯彻《教育部关于印发〈中等职业教育改革创新行动计划（2010—2012年）〉的通知》精神，制定印发了

《陕西省中等职业教育改革创新行动计划（2011—2013年）》，重点围绕陕西省承担的国家中等职业教育改革创新行动计划试点项目，着力实施教产合作与校企一体推进计划、中等职业教育支撑现代农业发展能力提升计划、校长能力和“双师型”教师队伍建设计划、中等职业教育宏观政策与制度建设计划等“四大计划”，深入推进职业教育改革创新。

〔**开展中职学校达标验收，推进职教资源整合**〕一是开展中等职业学校达标验收，对不达标职业学校，通过“合并、共建、划转”等方式进行资源整合。二是理顺职业教育管理体制，全省7所部门行业办的中职学校已移交教育行政部门管理。三是推进市级职业教育资源整合，省教育厅分别在4月和8月召开专题会进行部署和推动。

〔**继续开展中职教师素质提高计划**〕 通过摸底调研，对1 200余名“双师型”专业骨干教师进行了为期2个月的业务培训；组织推荐9名校长参加2011年度中职学校骨干校长高级研修培训；推荐55名中职学校分管教学的校长参加改革创新战略研究班培训；完成60名机电类专业骨干教师德国IHK证书培训；组织全省110名校长参加中职学校（中德）校长高级研修培训。评选表彰了首批22名全省中职学校优秀校长和82名优秀教师。

〔**加快发展面向农村的职业教育**〕 一是加强涉农专业建设，扩大涉农专业招生规模。2011年，涉农专业在校生达67 203人，比2010年增长55.9%。启动现代农业职教发展工程示范县建设，制定印发了《陕西省现代农业职教发展工程示范县建设基本条件及评估验收标准》，启动建设10个现代农村职教发展工程示范县。大力开展百万农民教育培训，已完成有条件的农民进城落户培训15.4万人，农村实用技术培训107万人次，“人人技能工程”培训8.7万人。

〔**社区教育和成人继续教育工作全面开展**〕印发《关于开展全省社区教育督查工作的通知》和《关于举办2011年全民终身学习活动周的通知》，8月下旬至9月上旬，组织力量对5市9个区（县）社区教育工作进行了督查。11月16—17日，在陕西科技大学举办全省首期社区教育干部培训班，92名社区干部参加了培训。

〔**举办全省中职学校技能大赛**〕 3月27日至4月1日，举办了全省中职学校技能大赛，来自157所中职学校的1 506名选手在24个赛点参加了计算机、机械加工技术等13个专业类别、50个比赛项目的角逐，167名选手获得一等奖，297名选手获得二等奖，452名选手获得三等奖。

6月下旬，陕西省组成代表团参加全国职业院校技能大赛，101名选手参加大赛，中职组获大赛一等奖2个、二等奖16个、三等奖42个。

高 等 教 育

〔**学科建设**〕 全省高校新增学位授权一级学科博士点57个、硕士点195个，居全国第4位；5篇论文入选全国优秀博士学位论文，居全国第6位，全省累计66篇，居全国第4位。

〔**专业建设**〕 安排布置2012年度普通高校（含高职高专院校）新增专业申报工作。经专家组评议以及对目录外专业，组织专家进行论证，公布了普通高校2012年度新增全日制本、专科专业，其中33个本科专业，51个专科专业。同时，撤销27个专科专业。另有39个本科目录外和国控专业，14个目录外和1个医学类专科专业报教育部审批。

按照加强专业建设、凸显特色的原则，统筹规划、分类指导，组织专家遴选出59个特色专业点进行建设。

开展高等继续教育新增专业的申报及审批工作，36所高校申报拟新增专业约120个，通过专家评审论证，发文公布了审批增设的35所高校70个专业。

6月和10月，根据《教育部办公厅关于征求对〈普通高等学校本科专业目录（修订一稿）〉修改意见的通知》和《关于征求对〈普通高等学校本科专业目录（修订二稿）〉修改意见的通知》精神，两次组织征求了省内12位高校相关专业大类的领导、专家的意见，并致函教育部。

〔精品课程和教学团队建设〕　为进一步建设优质教学资源，组织专家完成省级精品课程的评选工作，共确定156门省级精品课程。开展省级教学团队立项建设评审工作，经专家评议，共选出60个省级教学团队并立项建设。

〔教材建设〕　依照《陕西省普通高校优秀教材专家评议表》，共评选出96部优秀教材，其中一等奖37个、二等奖59个，有效促进了高校高水平优质教材的建设工作。由省教育厅、省人力资源和社会保障厅组织的专家评审委员会集中评审，共评出174项优秀教学成果，其中特等奖23项、一等奖54项、二等奖97项，已获省政府批准。

〔省级教学示范中心和质量工程建设〕　依据省高等教育发展总体规划，比照实验教学示范中心建设的评审指标体系，采用专家评审与实地考察相结合的方式，遴选出30个省级实验教学示范中心立项建设。组织开展全省高校“质量工程”项目建设专家库候选人的推荐遴选工作，下发《陕西省教育厅关于推荐全省高校“质量工程”项目建设专家库候选人的通知》，启动《陕西省质量工程项目管理暂行办法》的起草工作。

〔人才培养模式创新试验区建设〕　为鼓励高校大力开展人才培养模式改革，培养学生创新意识、创新精神和创新能力，经专家评议，遴选出30个省级人才培养模式创新试验区予以立项建设。

〔高校科研〕　完成“2009年陕西高等教育教学改革研究项目”（本科院校）结题验收工作。依据评审规则和要求，专家组对2009年立项的21个重点攻关项目进行了现场答辩验收，对146项重点和一般教改项目进行了集中验收。同时，完成2009年及以前设立的27所院校54个高等教育教学改革研究项目（高职高专），完成2009年及以前设立的10所院校10个高等教育教学改革研究项目（高等继续教育），按照优秀、良好、合格和不合格四个等级进行项目分级，择优培育，为省级优秀教学成果奖项打好基础。完成“2011年陕西高等教育教学改革研究项目（本科院校）”150个左右项目的立项评审工作，完成“2011年陕西高等教育教学改革研究项目（高职高专）”70个左右项目的立项评审工作，完成“2011年陕西高等教育教学改革研究项目（高等继续教育）”30个左右项目的立项评审工作。

2011年，全省高校科研经费达61.39亿元，居全国第4位，高校人文社科经费达2.18亿元，在全国排名由第13位上升到第9位，高校专利授权数达2 069项，在全国排名由第6位上升到第5位。

〔师资队伍建设〕　按照《高等学校教学名师评审指标体系》，全省评选出53名教学名师，并授予“陕西普通高校教学名师”称号；完成2011年度国家级教学名师推荐工作，在推荐的8个省级教学名师中，有4名获国家教学名师称号。举办“陕西省高校‘卓越工程师教育培养计划’推进工作研讨会”。新申报的6所高校全部成为国家第二批“卓越工程师教育培养计划”建设高校，占全国计划总数的10%。

〔高职教育教学工作〕　教育部确认陕西工业职业技术学院通过“国家示范性高等职业院校建设计划”项目的国家级验收，组织专家完成第二批陕西省“国家骨干高职院校立项建设单位”，修订后的陕西铁路工程职业技术学院建设方案和项目预算方案上报教育部审批。对2所申报2011年度省级示范性高职院校进行了审核、评审和答辩，确定了延安职业技术学院、陕西能源职业技术学院为省级示范性高等职业院校立项建设单位。同时，完成陕西财经职业技术学院、西安铁路职业技术学院、陕西航空职业技术学院、宝鸡职业技术学院等4所2010年度立项建设的省级示范性高等职业院校建设方案论证工作。

开展省级高等职业教育重点专业和实训基地建设，共确定了42个省级高等职业教育重点专业和24个实训基地。

在2011年全国职业院校技能大赛（高职组）中，共获得一等奖1项、三等奖5项的好成绩。

〔**高等继续教育**〕 组织有关专家会同省教育厅发展规划处就陕西开放大学建设问题进行调研，召集西安交通大学等高等继续教育专家及院长，对陕西开放大学建设方案和西安开放大学建设方案及准备工作作了进一步的探讨和论证，并提出相关意见和建议。配合国务院参事室就建设陕西开放大学的设想、思路与存在的问题，以及对中国发展开放大学的思路进行调研。

拟定《陕西省普通高校（独立设置成人高校）高等继续教育检查指标体系（试行）》，并依据该指标体系，对省内约70所普通高校及独立设置的成人高校进行了高等继续教育工作检查评估。对96所高校在陕西设立的750个教学站点，以文件的形式向社会公布了2010—2011年陕西省高等继续教育检查评估结果。

组织专家对2011年度申报的约50所拟新增函授站、校外远程学习中心的申报材料进行初审。组织专家对渭南职业技术学院、西安医学高等专科学校和陕西广播电视大学申办高起专、高起本层次的高等继续教育资质及首设专业进行评审，并发文公布。

撰稿　石光华　邢晓静

审稿　曹普选

甘肃省教育

概　况

〔基本情况〕

2011 年各级各类学校校数、教职工、专任教师情况

	学校数（所）	教职工数（人）	专任教师数（人）
总计	21 686	379 794	330 908
一、高等教育	49	34 479	22 461
（一）研究生培养机构（不计校数）	17		
1. 普通高校	9		
2. 科研机构	8		
（二）普通高等学校	42	33 886	22 066
1. 本科院校	19	24 147	15 061
其中：独立学院	5	3 013	2 210
2. 高职（专科）院校	23	9 739	7 005
3. 其他机构（点）（不计校数）	0	0	0
（三）成人高等学校	7	593	395
（四）民办的其他高等教育机构	31	412	196
二、中等教育	2 417	170 962	142 646
（一）高中阶段教育	797	86 407	57 668
1. 高中	436	60 605	38 611
普通高中	436	60 585	38 593
完全中学	251	31 465	14 121
高级中学	171	27 656	23 974
十二年一贯制学校	14	1 464	498
成人高中	0	20	18
2. 中等职业教育	361	25 802	19 057
普通中专	121	13 370	9 755

续表

	学校数 （所）	教职工数 （人）	专任教师数 （人）
成人中专	34	1 773	943
职业高中	116	6 068	5 094
技工学校	78	4 468	3 171
其他机构（教学点）（不计校数）	12	123	94
（二）初中阶段教育	1 620	84 555	84 978
1. 初中	1 577	83 999	84 462
初级中学	1 057	60 638	57 082
九年一贯制学校	519	23 353	12 859
十二年一贯制学校			531
完全中学			13 984
职业初中	1	8	6
2. 成人初中	43	556	516
三、初等教育	16 741	151 393	150 308
（一）普通小学	10 907	135 559	141 324
小学	10 907	135 559	131 538
九年一贯制学校			9 528
十二年一贯制学校			258
（二）成人小学	5 834	15 834	8 984
其中：扫盲班	5 188	13 943	7 438
四、工读学校	0	0	0
五、特殊教育	22	586	484
六、学前教育	2 457	22 374	15 009

2011 年各级各类学历教育学生情况

	毕业生数 （人）	招生数 （人）	在校生数 （人）
一、高等教育			
（一）研究生	7 160	9 307	26 973
博　士	729	923	3 482
硕　士	6 431	8 384	23 491
（二）普通本专科	99 042	123 481	405 306
本　科	51 165	68 003	255 680
专　科	47 877	55 478	149 626
（三）成人本专科	26 811	30 984	90 340
本　科	12 320	12 828	36 133
专　科	14 491	18 156	54 207

续表

	毕业生数（人）	招生数（人）	在校生数（人）
（四）其他各类高等学历教育			
1. 在职人员攻读硕士学位		1 055	4 896
2. 网络本专科生	6 062	14 746	31 825
本　科	3 427	6 467	18 069
专　科	2 635	8 279	13 756
二、中等教育	794 741	778 705	2 383 484
（一）高中阶段教育	332 724	372 005	1 084 677
1. 高中	202 586	221 551	657 438
普通高中	202 234	221 551	657 086
完全中学	75 184	84 917	246 805
高级中学	124 855	134 412	403 751
十二年一贯制学校	2 195	2 222	6 530
成人高中	352		352
2. 中等职业教育	130 138	150 454	427 239
普通中专	63 007	70 450	206 354
成人中专	5 234	14 408	37 995
职业高中	34 519	34 258	88 212
技工学校	27 378	31 338	94 678
（二）初中阶段教育	462 017	406 700	1 298 807
1. 初中	458 253	406 700	1 285 392
初级中学	314 937	274 089	873 392
九年一贯制学校	63 367	58 587	180 386
十二年一贯制学校	1 873	2 027	5 829
完全中学	78 056	71 983	225 748
职业初中	20	14	37
2. 成人初中	3 764		13 415
三、初等教育	647 838	338 176	2 435 452
（一）普通小学	426 257	338 176	2 200 743
小学	389 616	316 825	2 040 306
九年一贯制学校	35 888	20 586	155 908
十二年一贯制学校	753	765	4 529
（二）成人小学	221 581		234 709
其中：扫盲班	166 811		200 367
四、工读学校	0	0	0
五、特殊教育	708	1 457	9 455
六、学前教育	168 594	231 830	432 181

2011 年各级各类非学历教育学生情况

	毕（结）业生数（人）	注册生数（人）
总计	869 794	713 162
一、高等教育	196 836	37 378
（一）研究生课程进修班	708	418
（二）自考助学班	7 542	15 325
（三）普通预科生		2 001
（四）进修及培训	188 586	19 634
其中：资格证书培训	47 505	8 821
岗位证书培训	67 501	2 705
二、中等教育	672 958	675 784
其中：资格证书培训	100 273	74 919
岗位证书培训	133 000	120 692
（一）中等职业教育	120 802	69 045
其中：资格证书培训	47 868	22 190
岗位证书培训	43 401	23 668
（二）职业技术培训机构	552 156	606 739
其中：资格证书培训	52 405	52 729
岗位证书培训	89 599	97 024

2011 年各级各类民办教育基本情况

	学校数（所）	毕业生数（人）	招生数（人）	在校生数（人）	教职工数（人）	专任教师数（人）	其他学生数（人）
一、民办高等教育							
（一）民办高校	6	10 461	16 323	55 241	3 513	2 570	56
本科学生		7 977	13 044	46 562			
专科学生		2 484	3 279	8 679			
其中：独立学院(不计校数)	5	7 977	13 044	46 562	3 013	2 210	56
本科学生		7 977	13 044	46 562			
专科学生		0	0	0			
（二）民办的其他高等教育机构	31				412	196	31
二、民办中等教育							
（一）高中阶段教育	84	18 950	19 545	61 783	4 811	3 576	
1. 民办普通高中	51	10 216	11 930	36 412	3 349	2 607	

续表

	学校数（所）	毕业生数（人）	招生数（人）	在校生数（人）	教职工数（人）	专任教师数（人）	其他学生数（人）
2. 民办中等职业教育	33	8 734	7 615	25 371	1 462	969	2 629
（二）初中阶段教育	19	4 685	3 807	12 571			
1. 民办普通初中	19	4 685	3 807	12 571			
2. 民办职业初中							
三、民办普通小学	12	1 468	756	7 123	142	113	
四、民办幼儿园	1 296	64 917	90 337	189 458	10 685	6 311	
另有：民办培训机构（不计校数）	297				1 955	1 288	75 950

〔**综述**〕　全省教育系统全面贯彻党的十七大和十七届三中、四中、五中、六中全会精神，以邓小平理论和“三个代表”重要思想为指导，深入贯彻落实科学发展观和党的教育方针，按照优先发展、育人为本、改革创新、促进公平、提高质量的要求，认真学习贯彻国家和省教育规划纲要，稳步实施教育重大项目和改革试点，加强重点领域建设，办好人民满意的教育，为“十二五”教育事业谋好局、开好头、起好步，以优异成绩迎接建党90周年。

〔**制订全省教育规划**〕　组织召开新世纪以来第一次全省教育工作会议，发布了《甘肃省中长期教育改革与发展规划纲要（2010—2020年）》。省委、省政府出台了《关于贯彻落实全国教育工作会议精神　加快我省教育事业科学发展的意见》，制订出台了甘肃省“十二五”教育事业发展规划。

〔**教育体制改革**〕　全面启动12项国家教育体制改革试点项目，组建了试点项目专家团队和工作机构，积极筹建省教育咨询委员会，召开教改试点工作推进会和各项目工作会，建立上下联动、齐抓共管的工作机制。同时，在白银市启动了“探索有效履行督导职能的体制机制”省级改革试点项目。各个项目总体进展顺利，改革试点工作受到社会各界的高度关注，部分改革试点项目效果明显。

〔**学生资助**〕　积极推进高校生源地信用助学贷款工作，全年共发放生源地信用助学贷款7.43亿元，惠及贫困学生14.26万人，对县级学生资助管理中心开展生源地信用助学贷款工作的情况进行考核评估。经考核，陇西、民勤等17个县（市、区）为优秀，42个县（市、区）为良好，19个县（市、区）为合格，9个县（市、区）为不合格，当年实现了贷款违约率控制在5%以内的目标。认真落实中等职业学校国家助学金和免学费政策，拨付国家助学金3.23亿元，资助学生24.66万人；下拨免学费专项资金2.12亿元，惠及学生9.3万人。继续实施普通高中助学金制度，下达高中助学金2.87亿元，资助高中家庭经济困难学生128万余人次；开展中央专项彩票公益金滋蕙计划试点，奖励3.4万名普通高中品学兼优家庭经济困难学生共6767.4万元。启动农村义务教育学生营养改善计划，为全省58个连片特困县（市、区）农村义务教育学生提供每人每年600元的营养膳食补助。

〔**体育与艺术教育**〕　推动各级各类学校贯彻中共中央、国务院印发的《关于加强青少年体育增强青少年体质的意见》（中发〔2007〕7号）精神，督促学校开足上好体育课和课间操，保证中小学生每天一小时校园体育活动。举办甘肃省第二届大学生运动会，共有3 482名运动员参赛，6人3队12次打破了5项省大运会纪录。推进“探索建立阳光体育运动的长效机制”改革试点项目，推动全国亿万学生阳光体育运动的广泛深入开展。继续开展高雅艺术进校园活动，累计举办演出、讲座29场次；

围绕庆祝建党 90 周年纪念活动，在全省高校组织开展“党在我心中”歌咏活动，组织举办全国第三届大学生艺术展演活动暨甘肃省大学生艺术展演。

〔**民族教育**〕　下达少数民族教育专项补助资金、少数民族边远山区和牧区寄宿制中小学建设补助经费、藏区师资培训、教学实验音体美器材设备和远程教育设备购置专项资金 1 690 万元，建设和维修了 17 所寄宿制中小学校舍和生活设施，为藏区 32 所中小学配备了理化实验设备、体育设施和现代远程教育设备，进一步改善了民族地区办学条件；培训民族地区骨干教师和藏区中小学双语教师 1 870 人。召开全省牧区教育改革座谈会，推动牧区教育改革与发展。“探索政府主导的民族地区办园体制”试点项目进展顺利。2011 年，甘南藏族自治州和临夏回族自治州新建、改扩建幼儿园 71 所，其中新建 60 所、改扩建 11 所。在甘肃民族师范学院成立了“甘肃省藏汉双语师资培训中心”，扩大了双语教师培训资源。落实中小学民族团结教育课程，培训中小学民族团结教育课教师 180 人次，开展了以党的民族政策、马克思主义“五观”、“四个认同”、“三个离不开”为主要内容的民族团结教育。继续实施少数民族高层次骨干人才培养计划。完成省内普通高中民族班招生计划，全省高中民族班在校生达 1 524 人，其中藏区学生 769 人。

〔**扫盲工作**〕　对全省 14 个市（州）政府扫盲工作目标责任完成情况进行全面考核，全面修订了现代农民扫盲教育系列读本《生活中的读与写》、《生活中的数与算》、《生活中的知与能》。下发了《关于举办扫盲班和检查落实扫盲档案建设工作的通知》，免费发放扫盲教材 10 万套 30 万本，在全省重点建立 109 个扫盲和扫盲后继续教育中心，创建了 10 个扫盲工作示范县。

〔**教育交流与合作**〕　加强与国际文教组织和志愿机构的合作，聘请外国文教专家的单位总数达 114 家，在甘肃省工作的外籍专家和语言教师近 300 人，5 位外国文教专家荣获“敦煌奖”，遴选接收外籍教师和志愿者 40 余人次，省内 4 所高校开展“2＋2”校际合作培养项目，6 所中学举办了国际高中实验班，教育多边交流更加广泛。认真做好公派出国留学和来华留学工作，通过各类交流培养项目选派 100 余人赴海外进修学习和交流；兰州理工大学列入中国政府奖学金项目，全省高校 2011 年共招收中国政府奖学金来华留学生 100 名，孔子学院奖学金来华留学生 18 名，全年在甘肃省学习的各类来华留学人员达 1 700 多人，教育培养合作更加紧密。继续加强汉语国际推广工作，6 名孔子学院汉语教师赴苏丹喀土穆大学和摩尔多瓦自由国际大学进行汉语教学工作，西北师范大学与摩尔多瓦国立自由大学和苏丹喀土穆大学合作设立的孔子学院各项工作进展顺利。

〔**创先争优活动**〕　认真学习贯彻党的十七届六中全会精神。以加强执政能力建设为主线，紧紧围绕“推进西部教育强省，办好人民满意的教育”，深入学习贯彻胡锦涛总书记在庆祝中国共产党成立 90 周年大会上的重要讲话精神，隆重纪念中国共产党建党 90 周年，表彰先进党组织 13 个、先进基层党组织 38 个、优秀党员和先进党务工作者 75 名。制定深入推进教育系统各级各类学校创先争优活动的实施意见，加强指导，扎实推进教育系统创先争优工作。推进中小学党组织建设工作，全省中学党组织组建率达 100%，小学党组织组建率达 60%以上，有效解决了全省中小学校党组织组建率低、覆盖面小的问题。以“为民服务创先争优”为主题，以“三亮三比三争创”为载体，全面开展创先争优“窗口服务月”活动。深入宣传“十佳教师”先进典型事迹，营造了比学赶超的浓厚氛围。结合建党 90 周年纪念活动，通过开展案例警示教育、纪律法规教育、廉政谈话教育、签订廉政承诺书、召开廉洁自律专题民主生活会等活动，深入开展廉洁教育，提高了反腐倡廉的自觉性。

〔**依法行政**〕　教育立法工作取得重大突破，出台了《甘肃省义务教育条例》、《甘肃省国家通用语言文字条例》两部地方性法规。加大法制宣传教育工作力度，集中宣传了《甘肃省义务教育条例》、《甘肃省国家通用语言文字条例》和《中小学安全管理办法》等法律法规，全面总结教育系统“五五”普法经验并表彰奖励“五五”普法先进单位及个人。制定并启动实施了教育系统“六五”普法规划，进一步加强青少年法制教育，提高教育系统广大干部依法行政能力和水平。加大教育执法力度，围绕“两基”国检工作，对14个市州、86个县市区开展了贯彻落实《中华人民共和国义务教育法》执法检查，成为2011年执法检查密度最高、标准最细、成效最明显的一次执法检查，推进了依法行政责任的落实。

〔**教育审计**〕　指导各地教育部门加强对“校安工程”、重点高中建设项目、中小学危房改造项目、国债项目、中职生国家助学金项目、逸夫捐助赠款项目和义务教育救助金、扫盲专项资金拨付和管理使用情况的审计，纠正了少数学校专项资金支出不合规、账务处理不规范等问题，全年共完成审计项目4 237项，审计资金总额67.8亿元，查出有问题资金4 674万元，提出合理化建议572条，促进增收节支1.03亿元，进一步规范了学校的财务管理，防范了经济风险，提高了资金使用效益，确保党和国家惠民政策落实到位。

〔**安全稳定工作**〕　以全省“两基”迎国检为契机，全面落实安全工作监督管理责任，在全省各级各类学校开展专项整治活动，对各级各类学校校舍安全、消防安全、道路交通安全、饮食卫生安全、学校及周边治安进行专项检查和治理，有效消除中小学校舍安全隐患。坚持预防为主，多措并举，强化安全知识教育，先后发布了一系列安全预警。积极协调成员单位，多方联动，密切配合，不断改善校园周边环境。“11·16”正宁重大道路交通事故发生后，及时启动应急预案，迅速成立工作组赶赴正宁参加救援善后工作。认真贯彻落实全省安全生产电视电话会议精神，积极协调公安交警等部门，全面开展全覆盖、拉网式的校园安全整治排查活动，全力维护校园安全。高度重视节假日和各类敏感节点的安全稳定工作，先后三次派工作组赴市州、高校指导教育系统做好维稳工作，切实维护了教育系统稳定局面。

〔**政风行风建设**〕　认真落实省委巡视组巡视省教育厅反馈意见，对机关干部进行有步骤、有计划的选拔轮岗交流。改革机关干部年终考核体系，完善干部工作评价标准。积极参加“省直机关厅级领导干部法律知识讲座”和依法行政能力、职业道德培训，提高了干部职工职业道德水平和依法行政能力。加强对教育经费投入和使用的管理及监督检查，督促落实国家教育惠民政策，严肃查处各类违规教育收费问题，受理上级批转各类教育收费问题30余份，群众反映检举案件近50件，严肃查处涉案人员12人，清退违规资金2 000多万元。认真依法处理人民来信来访，接到群众来信224封、接待来访196件，受理214件、督办16件、复查复核6件，办结率达80.95%。充分发挥省教育厅门户网站发布政务政策信息、提供教育服务的主渠道作用，累计通过省教育厅门户网站公开信息8 615条，政府信息公开平台网络访问量超过3万人次。认真办理“两会”建议提案160件次，办结率和满意率达100%。

〔**灾区教育重建**〕　制定奖励措施，推进舟曲灾后重建教育项目工程，省教育厅承担的4个舟曲灾后重建教育援建项目和兰州新区秦王川寄宿制高中项目共18个单体建筑投资完成70%以上，所有单体建筑工程主体全部封顶，圆满完成年度目标任务。安排成县灾后重建资金5 693万元，建设17所学校项目，已完成投资3 815万元，占总投资的67%，基本实现2011年年底前主体完工的年度目标。

〔**教育宣传**〕　全面宣传“两基”工作，全力助推“两基”迎国检。组织开展了“七个一”活动，即编写一本书、录制一部专题片、制作一批展板、搭建一个网站、开通一份手机报、开设一批宣传栏目、组织一个系列的“陇原教育行”大型采访活动，做到“报纸有文章、广播有声音、电视有图像、网络有信息，手机有短信、公共场所和交通沿线有宣传牌、小区有专栏、机关有简报、专家房间有资料、农家有宣传品”。中央、省级媒体累计播发教育新闻568篇（条），手机报成功发送信息

195 246条（次），网站访问量达10万人次，出版了《春天的记忆》系列图书三册和专题片《陇原壮歌》1部。同时，围绕教育规划纲要的贯彻落实、“十一五”教育事业发展成就和学习贯彻十七届六中全会精神，加强对社会关注的教育热点问题和一些重大突发事件的宣传报道，充分发挥教育主流媒体在政策上的指导作用和舆论上的引导作用，进一步树立了甘肃省教育的良好形象。

〔**语言文字工作**〕　语言文字法制建设取得重大成果，出台了甘肃省第一部语言文字地方法规《甘肃省国家通用语言文字条例》。城市语言文字工作评估取得重要进展，甘南藏族自治州及永昌、清水等10个县分别通过国家二类、三类城市语言文字工作的评估。语言文字规范化示范校创建活动扎实推进，新创建国家级示范校12所，市级示范校120所，截至2011年年底，全省共建成市级语言文字规范化示范校676所、省级语言文字规范化示范校118所、国家级示范校36所。推广普通话系列活动深入开展，结合庆祝建党90周年以及“书写经典　传承文明”等主题活动，开展了经典诵读和诗词歌赋创作活动，并面向农村开展了“送普通话下乡”等系列推普活动，扩大了普通话的社会影响。普通话水平测试取得突破性发展，全年共测试10.3万人次，建成45个计算机辅助普通话测试站，全面完成了“人工”测试向“机辅”测试的重大转变。

基础教育

〔**发展学前教育**〕　成立全省学前教育三年行动计划编制实施工作指导小组，对全省14个市（州）学前教育三年行动计划的实施工作进行指导，组织专家进行调研。在此基础上，制定了《甘肃省学前教育三年行动计划（2011—2013年）》，组织编制了《甘肃省扩大学前教育资源规划（2011—2015年）》、《甘肃省农村闲置校舍改建项目建设规划》、《甘肃省农村小学增设附属幼儿园规划》等6个方案。规划方案涉及利用农村闲置校舍改建幼儿园、农村小学增设附属幼儿园、扶持民办幼儿园发展奖补资金、扶持城市学前教育发展奖补资金、学前教育巡回支教试点工作5个重点项目。

启动省政府为民办实事之学前教育工程，省级财政投入4 000万元以奖代补资金，在全省80个县（市、区）各新建、改（扩）建1所乡镇幼儿园，改造建设的80个乡镇幼儿园全部完成主体工程（竣工48个）；省教育厅调剂1 200万元专项资金，采取以奖代补的形式，支持兰州市等12个市州城区各新建1所规模不少于12个班的全日制幼儿园，完工4所。

在全国率先将农村义务教育阶段学校教师特设岗位计划延伸至学前教育，实施了幼儿教师“特岗计划”，面向社会公开招考了400名幼儿教师。通过短期集中培训、转岗教师培训、置换脱产研修培训等方式，培训农村幼儿学前教育骨干教师917名，有效解决了学前教育师资短缺问题。

〔**“两基”通过国家评估验收**〕　实行“两基”迎国检一把手负责制，成立了以省长刘伟平为组长、23个省直部门负责人为成员的“甘肃省两基迎国检工作领导小组”，出台了问责暂行办法，迎国检工作成为省、市、县一把手工程。省教育厅建立了迎国检领导小组总体负责、厅领导分工包片、机关处室和高等院校三位一体指导帮扶的责任制，启动了全省“两基”迎检“百日会战”，严格对照“两基”国检指标体系，深入开展自查自纠和查漏补缺工作，协调各部门在短短3个月内解决了“两基”突出问题和困难，其中地方政府共补拨教育经费15.21亿元，超额补足教育经费“三个增长”等投入缺口，省财政给予地方2.57亿元奖励性补助；

安排专项资金16.05亿元，消除60万平方米D级危房；安排专项经费3.88亿元，基本配齐教学仪器设备、音体美器材和图书；协调省编委核增中小学结构性缺编3 000名，选拔招聘农村教师4 974人。11月5日，“两基”顺利通过国家检查评估验收，教育部部长袁贵仁宣布甘肃省“两基”工作取得历史性突破，全面实现了“两基”目标，标志着甘肃省全面完成义务教育阶段适龄儿童少年“有学上”的任务。

〔**义务教育经费保障机制改革**〕 足额安排落实地方财政配套资金，全年共投入资金32.31亿元。下拨免费教科书资金3.55亿元，339万名农村义务教育阶段学生使用了免费教科书；家庭经济困难寄宿生生活费补助标准提高到小学每生每年1 000元，初中每生每年1 250元（其中甘南藏族自治州的标准为每生每年1 200元），下拨家庭经济困难寄宿生生活费补助资金7.19亿元，惠及73万名家庭经济困难寄宿生；农村义务教育阶段学校公用经费补助标准提高到小学每生每年500元，初中每生每年700元，补助公用经费18.96亿元。

〔**高中课改**〕 积极开展学科骨干教师教材培训，组织专题课题研究，加强高中课改宣传，努力跟进高中课改。改革普通高中毕业考试制度，出台普通高中学业水平考试方案，组织开展全省第一次普通高中学业水平考试，结束了在全省实行了20年的普通高中毕业会考制度，实现了从会考到学考的平稳过渡。

〔**教师队伍建设**〕 紧紧抓住“两基”迎国检的有利契机，争取省编办核增中小学基本编制6 706人；通过“特岗计划”录取2 574名高校毕业生到农村中小学任教，会同省人社厅招录3 000名普通高校毕业生到农村中小学任教，并妥善安置服务期满特岗教师；协调做好首批免费师范生就业工作，接收267名免费师范生到中小学任教，有效补充了中小学教师队伍。贯彻实施《教师资格条例》实施办法，认定各项教师资格30 804人。其中高校教师资格1 486人、高中教师资格13 575人、初中教师资格9 611人、中等职业学校教师资格675人、小学教师资格3 496人，幼儿园教师资格1 961人。启动实施“陇原名师”工程，首次授予31名教师“陇原名师”荣誉称号。深入实施中小学教师“国培计划”，累计培训教师5.6万人次，同时利用各种培训项目和计划，加强音乐、美术、英语、信息技术等紧缺薄弱学科教师的培训。“农村学校教育硕士师资培养计划”录取农村教育硕士100名，进一步提高了教师培训质量和教师队伍整体素质。2011年，小学、初中专任教师学历合格率分别达99.64%和98.95%。

〔**未成年人思想道德建设**〕 实施“网络游戏未成年家长监护工程”，开展“陇原十佳少年”、“陇原红・红领巾心向党”等系列主题教育活动以及中小学生心理健康教育辅导活动，举办心理健康教育辅导报告30余场，覆盖面达1.8万人。启动市级示范性综合实践基地建设和乡村学校少年宫建设项目，安排5 434万元更新青少年校外活动场所设备，命名“全国示范性县级青少年校外活动场所”4个，学生校外活动条件得到改善，市县乡三级校外教育网络初步形成。

〔**督政督学**〕 2011年，督政督学和教育监测工作紧紧围绕“两基”迎国检全面开展，先后3次从全省抽调了百余名干部和专业技术骨干组成督查工作组，对14个市（州）、86个县（市、区）进行“两基”工作定性评估与定量考核，有效督促市县两级政府履行教育发展职责，为“两基”通过国家检查验收奠定了良好基础。加强督导队伍建设，出台了《甘肃省人民政府督学聘任管理暂行办法》，建立严格的督学资格审查、准入和管理制度。指导市、县建立了督学责任区制度。

〔**改善办学条件**〕 大力推进中小学校舍安全工程建设。截至2011年年底，全省累计开工学校3 579所，开工项目6 536个，开工面积912.55万平方米，开工率76.7%。全省累计竣工并交付使用的项目学校3 056所，竣工项目5 616个，竣工面积731.73万平方米（其中加固改造面积103.67

万平方米，新建重建面积628.06万平方米），竣工率61.5%。大力推进教育援助项目，安排邵氏赠款项目学校5所共390万港币，完成大部分项目学校主体工程；安排明德小学项目13所共810万元，已全部开工建设。

职业教育

〔**职业教育体制改革**〕 推进完善职业教育集团化办学体制机制改革试点项目，制定了甘肃省职业教育集团化办学体制机制改革实施意见，明确了目标任务、改革措施、进度安排及试点范围，组建了工作团队和专家指导团队，召开试点工作推进会，确定了6个重点研究课题，安排60万元试点经费。各试点地区组建了区域性职业教育集团，平凉市积极推进区域内教育资源整合，将静宁县职教中心与靳寺农中、庄浪县职教中心与水洛农中合并；甘肃省机电职教集团面向天水地区开放，接收周边县区学生实习实训。结合集团化办学工作，对近年来招生人数下滑、办学活力不足的8所国家级重点职业学校开展复评工作，对申报省级重点认定的民勤县职业中专、会宁县职教中心和麦积区职业中专进行评估验收。

〔**基础能力建设**〕 中央和地方财政累计投入6.2亿元，继续改善职业教育学校基础能力、实训条件和发展环境。其中国家发改委安排中等职业教育国债项目1亿元，带动市县投入5 505万元，支持临夏州职业技术学校等10所中职学校改善办学条件。教育部、人社部、财政部安排第二批国家中职示范校建设资金8 240万元，省级财政投入1 800万元，支持天水市农业学校等8所学校进行中职示范校建设。中央财政安排中职免学费和生活补助资金2.1亿元，共免除8万多名涉农专业和农村家庭经济困难学生学费，90%的中职学生得到生活补助。财政部、教育部安排职业教育实训基地建设项目3 480万元，带动地方财政和学校配套1 680万元，重点支持甘肃省经济学校等18所职业院校进行实训基地建设。省级财政设立3 000万元专项资金，地方财政和项目学校配套2 000万元，重点支持平凉信息工程学校等5所中职学校建设省级开放式共享性实训基地。省级财政安排3 000万元，地方和学校配套986万元，支持高台县职业中专等37所骨干职业学校改善实训条件。对近年中央和省级财政支持的50多所职业学校的实训基地建设项目进行检查验收。

〔**师资队伍建设**〕 首次在全省教师招考中，招考补充职业教育师资203人。安排教育部国家级骨干教师培训优秀学员出国培训6人、全国中职学校公共基础课程和大类专业基础课程骨干教师培训10人、全国中职学校英语和语文骨干教师培训20人。组织650名教师参加中职学校专业骨干教师省级培训，并下拨中等职业学校紧缺专业特聘兼职教师以奖代补专项资金266万元，为职业学校招聘专业课教师266人。实施德国汉斯·赛德尔基金会培训项目，组织德国汉斯·赛德尔基金会甘肃省职业学校教师培训班4期，涉及25个专业，共培训教师160人。表彰奖励了一批近年来在职业教育招生就业、德育工作方面作出突出贡献的先进个人、先进单位和优秀班主任。

〔**考试招生**〕 加快推进中等职业学校学生对口升学考试制度改革，研究制定了《甘肃省普通高等院校对口招收中等职业学校学生招生考试制度改革实施办法》，降低文化课比重，突出学生技能评价，建立了符合中等职业教育规律的升学考试制度，全省5 950名学生被省内高职高专学校录取，录取率达68%。同时，大幅增加本科院校对口招收中职生指标，共有190名中职学生被兰州交通大学机械自动化专业、兰州城市学院旅游服务与管理专业、甘肃中医学院护理系（专业）、河西学院种子工程本科专业录取。中职学校完成招生15.6万人（其中技工学校招生3.1万人）。

〔**职业技能大赛**〕 省教育厅、省人力资源和社会保障厅、省卫生厅、省农牧厅举行了全省中等职业学校技能大赛，来自14个市州和省直代表队的757名选手参加了12大类43个项目的比赛。大赛首次将技能大赛成绩计入普通高等教育对口招收中职学生考试成绩。在此基础上，选拔137名选手参加了全国职业院校技能大赛、全国少数民族地区学生才艺展、全国中职学生作品展洽谈会等活动，共有16名学生获全国职业院校技能大赛三等奖，肃南县职教中心选送的节目获全国少数民族地区学生才艺汇演银奖；临夏州职教中心、庆阳市教育局选送的作品在全国中职学生作品展洽谈会上展出，共8个作品获奖。

高 等 教 育

〔**管理体制改革**〕 深入学习贯彻胡锦涛总书记在清华大学百年校庆的讲话精神，引导不同层次、类型的高校办出特色。新增12所高校教学人员编制600名，解决了部分高校编制紧缺问题。继续省部共建兰州大学和西北民族大学，原白银有色金属职工大学改制为白银矿冶职业技术学院，实现甘肃艺术学校整体交予甘肃联合大学管理，促成西北师范大学与兰州交通大学实现区域合作，支持甘肃联合大学和兰州工业高等专科学校升本。争取中央专项资金1.7亿元支持地方高校发展，较2010年增加0.25亿元；提高省属高校生均拨款标准，进一步推动高校债务化解工作，缓解了省属高校办学经费紧张的局面。推进高校后勤改革，启动高校学生食堂“农校对接”试点，降低学生食堂经营成本，补贴高校经济困难学生和学生食堂3 173万元，维护了高校食堂平稳运行。

〔**高等教育质量工程**〕 评出省级教学名师20名，推荐国家级教学名师3名，建设省级精品课程40门、省级特色专业51个，遴选省级教学团队30个，评选“青年教师成才奖”35名、“李政道奖学金”6名。开展高等教育教学成果奖励工作，评审产生154项优秀教学成果（省级一等奖15项、二等奖25项，厅级奖114项），获奖率为57.9%。举办首届计算机基础课程教师和大学英语教师教学竞赛，组织参加各类竞赛6万余人次。

〔**专业与学科建设**〕 新增适应产业结构调整需求的应用型专业106个，争取中央财政9 000万元资金支持22所高职的44个专业建设。新增教育硕士立项建设单位和研究生联合培养示范基地各1个；新增博士学位授权一级学科27个、硕士学位授权一级学科89个、学士学位授权学科27个；开展独立学院申请增列学士学位授予单位和授权学科预评工作；全面完成了“十一五”省级重点学科建设终期验收。

〔**科学研究**〕 启动“创新高校产学研结合的制度”体制改革项目并取得积极进展，立项建设“敦煌医学与转化”省部共建教育部重点实验室，加强国家大学科技园建设管理，其中兰州理工大学国家科技园入选全国高校学生科技创业实习基地。省属高校9项教育部科学技术研究重点项目和70项教育部人文社科一般项目获立项。高校科研产出取得丰硕成果，全省第十二届社会科学优秀成果奖共获奖141项，获奖率达71.2%（一等奖7项、二等奖21项、三等奖113项）；全省高校共获甘肃省自然科学奖6项（一等奖2项、二等奖1项、三等奖3项），甘肃省技术发明奖一等奖1项，甘肃省科技进步奖62项，兰州交通大学教授范多旺获甘肃省科技功臣奖。

〔**高层次人才队伍建设**〕 组织召开全省教育系统人才工作会议，制定了进一步加快全省教育人才发展实施意见，提出了一系列人才培养工程，全省4所高校的5个团队入选教育部“长江学者和创新团队发展计划”，6人入选“教育部新世纪优秀人才支持计划”。

〔**大学生思想政治教育**〕 组织“领导进校园，师生走基层”系列活动，督导检查高校思想政治理论课教学，编发形势与政策教材和大学生心理健康教育读本，进一步推动了高校思想政治理论课建设。举办高校学生工作者培训班，开展了“永远跟党走”主题活动、钱学森先进事迹学习活动和“高校毕业生就业优质服务年”活动。评选省级“三好学生”600名、“优秀学生干部”201名，有效推进了高校学生工作。

〔**招生考试**〕 全省共有297 396人参加普通高校招生考试，计划招生177 678人，录取新生202 295人，比原计划增招24 617人，录取率为68%。

全省共有51 234人报考各类成人高校，计划招生38 179名，比2010年增加2 772名。

全省报考全国各地硕士生招生单位的考生共有27 476人，比2010年增加2 509人，增幅为10.1%；全国各地报考省内17个硕士研究生招生单位的考生共有21 878名，比2010年增加3 008名。全国各地报考省内11个博士研究生招生单位的考生共有2 057人。全省17个硕士、11个博士研究生招生单位招生9 426名，比2010年增加290名，增幅为3.2%，共录取新生9 456名（含少数民族骨干203名），增招30名，增幅为0.3%。

撰稿　华　伟

审稿　白继忠

青海省教育

概　　况

〔基本情况〕

2011年各级各类学校校数、教职工、专任教师情况

	学校数（所）	教职工数（人）	专任教师数（人）
总计	4 046	72 504	61 348
一、高等教育	11	6 941	3 897
（一）研究生培养机构（不计校数）	5		
1. 普通高校	3		
2. 科研机构	2		
（二）普通高等学校	9	6 677	3 735
1. 本科院校	4	5 051	2 840
其中：独立学院	1	257	200
2. 高职（专科）院校	5	1 626	895
3. 其他机构（点）（不计校数）	0	0	0
（三）成人高等学校	2	264	162
（四）民办的其他高等教育机构	0	0	0
二、中等教育	476	35 781	26 713
（一）高中阶段教育	170	18 481	11 991
1. 高中	112	12 846	7 702
普通高中	112	12 846	7 702
完全中学	55	6 377	3 094
高级中学	37	4 409	3 838
十二年一贯制学校	20	2 060	770
成人高中	0	0	0
2. 中等职业教育	58	5 635	4 289
普通中专	34	2 912	2 306

续表

	学校数（所）	教职工数（人）	专任教师数（人）
成人中专	2	220	168
职业高中	4	90	75
技工学校	18	2 413	1 740
其他机构（教学点）（不计校数）		0	0
（二）初中阶段教育	306	17 300	14 722
1. 初中	304	17 262	14 720
初级中学	101	6 238	5 742
九年一贯制学校	203	11 024	5 520
十二年一贯制学校			582
完全中学			2 876
职业初中	0	0	0
2. 成人初中	2	38	2
三、初等教育	2 568	22 277	26 547
（一）普通小学	1 533	20 916	25 897
小学	1 533	20 916	20 271
九年一贯制学校			5 052
十二年一贯制学校			574
（二）成人小学	1 035	1 361	650
其中：扫盲班	1 019	1 283	592
四、工读学校	0	0	0
五、特殊教育	11	171	140
六、学前教育	980	7 334	4 051

2011 年各级各类学历教育学生情况

	毕业生数（人）	招生数（人）	在校生数（人）
一、高等教育			
（一）研究生	558	902	2 437
博　士	23	33	99
硕　士	535	869	2 338
（二）普通本专科	12 582	13 990	45 721
本　科	6 029	8 022	29 773
专　科	6 553	5 968	15 948
（三）成人本专科	8 124	4 940	12 767
本　科	4 962	2 615	7 408
专　科	3 162	2 325	5 359

续表

	毕业生数（人）	招生数（人）	在校生数（人）
（四）其他各类高等学历教育			
1. 在职人员攻读硕士学位		87	693
2. 网络本专科生	0	0	0
本　科	0	0	0
专　科	0	0	0
二、中等教育	135 910	148 068	433 478
（一）高中阶段教育	71 923	71 520	209 452
1. 高中	36 118	35 377	106 911
普通高中	36 114	35 377	106 911
完全中学	14 707	12 580	40 378
高级中学	18 629	20 049	58 185
十二年一贯制学校	2 778	2 748	8 348
成人高中	4		0
2. 中等职业教育	35 805	36 143	102 541
普通中专	21 199	25 554	70 061
成人中专	289	3 782	9 052
职业高中	132	264	944
技工学校	14 185	6 543	22 484
（二）初中阶段教育	63 987	76 548	224 026
1. 初中	63 632	76 548	223 398
初级中学	28 052	33 000	95 740
九年一贯制学校	19 452	24 920	72 889
十二年一贯制学校	2 305	2 900	8 642
完全中学	13 823	15 728	46 127
职业初中	0	0	0
2. 成人初中	355		628
三、初等教育	118 332	82 562	544 239
（一）普通小学	80 162	82 562	511 867
小学	55 968	66 736	396 944
九年一贯制学校	22 125	14 497	105 614
十二年一贯制学校	2 069	1 329	9 309
（二）成人小学	38 170		32 372
其中：扫盲班	35 431		31 940
四、工读学校	0	0	0
五、特殊教育	230	247	2 142
六、学前教育	47 510	83 605	134 022

2011年各级各类非学历教育学生情况

	毕（结）业生数（人）	注册生数（人）
总计	497 908	455 507
一、高等教育	15 768	4 649
（一）研究生课程进修班	24	0
（二）自考助学班	104	803
（三）普通预科生		1 065
（四）进修及培训	15 640	2 781
其中：资格证书培训	1 979	2 701
岗位证书培训	9 900	80
二、中等教育	482 140	450 858
其中：资格证书培训	13 269	6 236
岗位证书培训	27 538	12 818
（一）中等职业教育	28 964	7 110
其中：资格证书培训	9 567	2 534
岗位证书培训	17 816	3 058
（二）职业技术培训机构	453 176	443 748
其中：资格证书培训	3 702	3 702
岗位证书培训	9 722	9 760

2011年各级各类民办教育基本情况

	学校数（所）	毕业生数（人）	招生数（人）	在校生数（人）	教职工数（人）	专任教师数（人）	其他学生数（人）
一、民办高等教育							
（一）民办高校	1	562	866	2 771	257	200	0
本科学生		562	866	2 771			
专科学生		0	0	0			
其中：独立学院(不计校数)	1	562	866	2 771	257	200	0
本科学生		562	866	2 771			
专科学生		0	0	0			
（二）民办的其他高等教育机构	0				0	0	0
二、民办中等教育							
（一）高中阶段教育	14	1 654	1 360	4 467	517	323	
1. 民办普通高中	8	1 295	927	3 007	371	265	

续表

	学校数（所）	毕业生数（人）	招生数（人）	在校生数（人）	教职工数（人）	专任教师数（人）	其他学生数（人）
2. 民办中等职业教育	6	359	433	1 460	146	58	0
（二）初中阶段教育	0	274	271	872			
1. 民办普通初中	0	274	271	872			
2. 民办职业初中							
三、民办普通小学	7	268	387	2 110	91	51	
四、民办幼儿园	378	17 232	28 209	60 281	4 617	2 451	
另有：民办培训机构（不计校数）	2				58	0	860

〔**年度工作总体思路**〕 2011 年，全省教育工作的总体思路是：解放思想、开拓创新、主动作为。研究制定青海省“十二五”教育发展规划，出台相关配套文件和实施细则。认真组织实施“两基”迎国检工作，实施中小学布局结构调整和校安工程，以县为单位编制实施学前教育三年行动计划，深化职业教育办学模式和人才培养模式改革，推进高等教育改革发展，继续推进民族教育发展，进一步加大师资培训和教师“特岗计划”实施力度，陆续启动并有序推进一些重大教育改革和发展项目，全省教育事业步入了持续快速健康发展的快车道。

〔**“两基”迎国检工作**〕 确保顺利通过“两基”国检是省委、省政府确定的省教育厅年度重点工作任务之一。为此，省政府成立了“两基”迎国检领导小组办公室，印发了《关于进一步做好全省“两基”迎国检有关工作的通知》、《青海省教育厅“两基”迎国检工作实施方案》、《全省“两基”迎国检工作倒计时工作安排计划》，制定了《省“两基”迎国检工作领导小组成员单位倒计时工作安排方案》，建立和落实政府“一把手”负责、主管部门综合协调、职责任务明确、督查落实到位”的工作机制和“两基”迎国检工作领导小组成员单位联点县工作机制。省政府多次召开全省“两基”迎国检工作专题会议，明确工作任务和工作职责，分析了存在的问题，提出了整改要求。各州（地、市）政府按照有关要求，突出重点，对照“两基”迎国检七项内容和“五个一票否决”，多次开展自查整改和查漏补缺工作，加大督查整改力度，解决薄弱环节和突出问题。各州（地、市）、县均参照省倒计时工作安排，结合本地迎国检工作情况，制定实施倒计时工作安排，做到“两基”国检全省一盘棋，保证全省“两基”国检涉及的主要内容和关键指标达到国检的要求，确保顺利通过“两基”国检。

〔**重点项目建设**〕 编制完成了全省学前教育、农村初中改造二期、义务教育薄弱学校改造、民族地区教育基础薄弱县普通高中、教师周转宿舍、国家教育扶贫工程等一大批教育项目建设规划。截至2011年年底，全省实施的中小学校舍建设项目主要包括：2009年至2011年年底，中央和地方各级政府安排的中小学校舍安全及布局调整、农村初中校舍改造、教师周转宿舍建设、义务教育阶段薄弱学校改造、学前教育发展、特殊教育学校建设、高中阶段教育等工程续建项目（不含玉树灾后重建教育项目），累计投资 72.79 亿元（中央和省补资金 38.15 亿元，州县和单位自筹资金 34.35 亿元，捐赠和其他资金 0.29 亿元），建设项目学校1 094所（含幼儿园），建筑面积 474.85 万平方米。其中2011 年下达中央和省级投资计划 23.52 亿元（中央专项 8.03 亿元，省级资金 11.40 亿元，州县自筹项目配套 4.09 亿元），建设项目学校 483 所（含幼儿园），建筑面积 140.88 万平方米。2011 年，已经落实和争取的项目总资金 9.9 亿元（中央专项

6.78亿元，省级资金2.0亿元，地方配套1.12亿元），其中已落实薄弱学校改造和第三批校安工程贷款3.21亿元（中央专项1.21亿元，省级资金2亿元），争取藏区中央预算内教育项目、中等职业教育中央预算内投资项目资金6.69亿元（中央专项5.57亿元，地方配套资金1.12亿元）。

〔**师资队伍建设**〕 研究提出了《青海省中小学教师培训规划（2011—2015年）》、《关于进一步加强教师队伍建设的意见》和《加强中小学教师培训工作的意见》；完成中小学教师培训27 457人次，比2010年增加5 307人次；组织实施教师“特岗计划”，招聘特岗教师363名；安排省属高校1 694名师范生、陕西师范大学116名免费师范生顶岗支教实习，置换中小学教师脱产研修；组织开展2011年度“思源园丁奖”优秀教师和优秀校长表彰奖励活动，200万元重奖长期坚守在省艰苦边远地区的优秀教师；省教育厅会同省编办调研了中小学教师队伍状况，研究中小学教师编制管理方面存在的突出问题，提出了解决寄宿制学校后勤人员短缺和加强全省中小学教师队伍改革的初步意见；为资助家庭困难教师，从2011年开始，中国教育发展基金会在全国10个省市试点资助家庭困难教师，人均资助1万元，分配给青海省2927个名额，组织开展全省励耕计划；争取教育部“送培进青”项目，为青海省举办两期200人规模的中小学校长培训班，组织实施了中小学校长“影子培训”项目，选派70余名中小学校长赴省内外参加“影子培训”；认真实施高层次人才培养和引进计划，高校师资的学历、学缘、知识和职称结构有了很大改善。

〔**体育艺术与国防教育**〕 组队参加全国篮球、田径、跆拳道单项比赛，青海省女子篮球队获得西北赛区亚军、全国第四的好成绩。在第12届全国大学生田径锦标赛上，青海师范大学学生切阳什姐获得了女子甲组5 000米竞走第二名；在第七届全国大学生跆拳道锦标赛上，青海师范大学学生魏孔俭在男子84公斤级比赛中摘得金牌。与省体育局共同承办2011年首届全国大学生环青海湖公路自行车赛；举办2011年全省首届中学生乒乓球比赛和2011年首届全省中学生三人制篮球赛。完成了两期由教师、校医以及部分学校校长和教育行政部门干部共计180人参加的全省2011年农村中小学突发公共卫生事件防控工作培训班；召开了2011年全省学校卫生工作现场交流会。完成玉树重建一周年《阳光雨露》MTV的制作；5月17日至25日，组织35人规模的教育团参加在台湾地区举行的为期一周的青海文化周活动；10月18日至21日，由教育部组织的“2011年全国高等学校艺术教育专家讲学团”的3位专家在青海省8所高校举办了9场艺术教育专题讲座。组织开展高校优秀学生“进军营”活动和全省普通高等院校学生军训成果展示活动。

〔**学生资助工作**〕 下达2011年度普通高中国家助学金4 479.3万元，其中中央财政下达资金3 880.2万元，省级财政下达资金599.1万元。州县承担资金应为370.9万元，实际到位339.8万元。2011年，发放国家助学金4 819.1万元，受助学生32 335名；海西州7 340名普通高中在校生享受了学费全免优惠政策；下达2011年中等职业学校国家助学金4 121.55万元，受助学生27 477人，免除12 171人的学费，免学费资金2 434.2万元；2011年，普通高校生源地信用助学贷款2.6万人，金额达1.3亿元，做到了“应贷尽贷”；高校国家励志奖学金资助面从3%提高到4%，高校国家助学金资助面从27%提高到28%。发放高校国家奖学金56.8万元，受奖学生71人；发放高校国家励志奖学金900万元，受助学生1 800人；发放高校国家助学金3 779.4万元，受助学生12 598人；对普通高校应征入伍学费补偿和国家助学贷款代偿73万元，受助学生67人。

〔**毕业生就业指导**〕 2011年，省属普通高校毕业生为13 894人，初次就业率为86.7%。其中毕业研究生567人，初次就业率为69.84%；本科毕业生6 249人，初次就业率为85.12%；专科（高职）毕业生7078人，初次就业率为89.38%。毕业生人数比2010年增加了1 500多人，增幅为

12.6%；初次就业率比2010年提高了3.6个百分点，实际就业人数增加了1 800多人。组织各高校举办大型招聘会8场，参会单位720家，提供就业岗位8 198个；各高校举办用人单位宣讲会60场，参加单位62家，提供就业岗位1 705个；各高校根据需要举办小型洽谈会200多场，举办用人单位宣讲会79场。举办“安博杯”首届全国高校就业指导课程教学大赛青海赛区比赛；举办首届免费师范毕业生供需洽谈会，有44个用人单位和免费师范毕业生进行了洽谈，163人与用人单位签订就业协议。

〔**民族教育**〕 制订《青海民族地区双语教师培养培训基地建设试点方案》，并报省政府批准后上报国家教育体制改革领导小组办公室；支持黄南州双语教学工作，争取省财政经费50万元，用于藏族地区汉语《会话》动漫多媒体教材研发；争取中小学教师教育优秀课程教材“资源包”项目；制定《2011年青海省民族教育中央补助专项资金双语教师培训方案》，对2011年全省双语教师培训工作作出详细规划，并严格按照教育部文件精神督促各州部分学校配齐仪器设备，做到专款专用；对《青海民族大学预科基地建设方案》进行论证。

〔**双语教学工作**〕 继续实施双语教师培训计划，截至2011年年底，在省内外培训1 292名双语教师，超额完成全年目标任务，其中培训民族中小学民族团结教育课专兼职教师100名。完成青海省高等院校藏文教材审查委员会换届工作，组织召开青海省高等院校藏文教材审查委员会第二届一次审查会议，审查由青海师范大学、青海大学、青海民族大学送审的20余种教材，共计800余万字；全年新编译包括学前教育、义务教育、高中阶段民族文字教材14种，共291.5万字；新发排民族文字教材40种，共559.1万字；新印民族文字教材219种，保证了“课前到书、人手一册”。向教育部民族教育司上报《青海省双语教师培训（2011—2015）计划》；2011年，教育部共下达双语教师培训和信息化建设经费800万元。

〔**对口支援工作**〕 辽宁省教育厅为青海省西宁市和海东地区培训200名教师，接受54名初中毕业生赴辽宁省接受中职教育。天津市教委在继续举办青海班的同时，计划举办黄南班，每年招收40名黄南州初中毕业生到天津第一百中学学习；选送黄南州初中毕业生到天津市第一商业学校专门学习动漫制作专业。江苏省教育厅每年从海南州选拔80名品学兼优的初中毕业生到江苏省就读高中，每年承担海南州部分中小学校骨干教师培养培训任务，承担海南州教育管理干部、中小学校长、幼儿园园长挂职培养培训任务。北京市教委继续做好2011年北京师范大学大兴附中招生工作和培训100名民族中小学教师的任务。青海省与山东省在济南市签订了“十二五”期间中等职业教育合作办学协议书，山东省接收1万余名青海籍学生和400余名教师到山东省学习，山东省400余名教师到青海省学校挂职授课。拟定《青海省“十二五”期间异地办班工作指导意见》，对“十二五”期间中职和高中异地办班工作作出了详细规划。截至2011年年底，青海省向河北、湖北、浙江、天津、北京、辽宁、山东等省市共选送初中毕业生1 200余人。

〔**教育交流与合作**〕 2011年，国家公派留学和西部地区人才培养特别项目录取访问学者45名。到青海省留学人数达210人，全省教育系统聘请外国文教专家71名。继续加强与日本小岛企业集团的友好往来，组织录取了10名大中专毕业生赴日本进行为期2年的研修。组织两批全省高等教育考察团和全省职业教育考察团赴澳大利亚、新西兰考察访问，组织两批基础教育考察团赴台湾考察，组织青海省中小学师生访问团赴日本丰田市立根川小学和朝日丘中学进行友好交流访问，组织青海省16名中小学优秀特级教师赴香港教师培训中心参加为期10天的培训。向教育部申报了36项“春晖计划”项目，教育部批准立项32项，资助项目启动经费67万元。截至2011年年底，全省高校被教育部批准立项的“春晖计划”项目共计132项，得到资助的科研合作项目启动经费达324万元。

基础教育

〔**推进学前教育发展**〕 年初，组织召开全省学前教育工作座谈会，就贯彻落实国务院《关于当前发展学前教育的若干意见》和全国学前教育电视电话会议精神，编制学前教育三年行动计划等工作进行了部署；9月，在贵南县、乐都县组织召开全省学前教育三年行动计划牧区现场推进会和农业区现场推进会以及15个县推广乐都县学前教育巡回走教经验工作启动会，对全省学前教育发展及整体推进作了全面安排部署；制定印发了《青海省发展学前教育的实施意见》，研究制定青海省学前教育三年行动计划；制定印发了《关于在农村牧区推广乐都县早教模式的通知》、《关于在全省15个县推广乐都县巡回走教经验的指导意见》、《关于推广乐都县巡回走教试点工作的实施方案》，全省15个县共确定890多个巡回走教点，省财政厅下达资金1 500万元，确保了走教点工作的顺利开展。截至2011年年底，全省幼儿园达980所，比2010年增加421所，在园幼儿达133 722人，比2010年增加21 772人。

〔**义务教育经费保障机制**〕 从2011年起，将农村义务教育阶段学校生均公用经费基准定额提高100元，达到年生均小学500元、初中700元。对不足100人的农村小学教学点，按100人核定公用经费补助资金。下达经费保障机制各类资金77 301.3万元（不包括教育基建、教育工程、校舍维修长效机制资金），其中寄宿生生活补助和非寄宿贫困学生助学金24 102.5万元，农村中小学公用经费和学生取暖补助41 729.4万元，城市义务教育免学费资金和学生取暖补助5 515.4万元，免费教科书资金5 954万元。同时，省教育厅会同省财政厅向教育部、财政部上报了《关于请求提高义务教育阶段寄宿生生活费补助标准并按最新教育事业统计数据下达补助资金的请示》，申请进一步提高经费保障机制补助标准，各类资助资金测算采用最新统计学生人数。

〔**中小学德育**〕 结合全省中小学德育工作实际，制定下发《全省中小学德育工作要点》，安排部署全省中小学德育工作和主要目标任务；印发《关于加强中小学党建工作和思想政治工作的意见》；继续围绕省情教育读本开展多种形式的思想教育、爱国主义教育、民族团结教育主题活动，组织开展纪念建党90周年全省中小学生“我爱祖国、我爱青海”书法作品展；在中小学中开展争先创优活动，在教职工中开展全省优秀班主任、优秀德育工作者、优秀思想政治课教师评选工作，在广大学生中开展评选三好学生、优秀学生干部、优秀班集体工作；制定《关于在全省中小学开展“五化”和“三风”建设的实施意见》，对中小学校园文化建设、社会主义精神文明建设提出明确要求。

〔**普通高中课程改革**〕 制定印发《青海省普通高中学业水平考试实施方案》、《关于普通高中学业水平考试有关问题的通知》、《普通高中学生学业水平毕业标准》，确定了实施学业水平考试的时间、内容、方式以及组织等各项工作，为全面推进全省普通高中课程改革、深入实施素质教育提供了政策保障。同时，根据全省高中课程改革实际，拟定《青海省实施普通高中新课程改革后普通高等学校招生考试方案》，进一步完善政策，有效促进了普通高中课程改革的不断深入；组织人员深入开展普通高中课程改革情况调研，召开全省普通高中课程改革培训暨经验交流会，总结全省推进普通高中课程改革工作，对存在的问题进行分析研究，提出改进工作的具体要求；邀请省外专家进行专题讲座，分析梳理改革过程中面临的问题和困难，研究探寻解决问题的办法和措施，进一步统一了思想，明确了努力的方向和改革的任务。

〔**玉树灾区转移学生工作**〕 年初，制定印发了《关于做好玉树灾区转移省内外学校就读学生寒假放假有关工作的通知》、《关于确保玉树转移省内外就读学生返校安全的通知》，确保为所有往返省内外各地的玉树学生安排好返回的车辆、车票，确保生病孩子得到及时治疗，确保了玉树学生寒假返家、春季开学返校的安全；5 月底至 6 月初，转移省内外异地就读的玉树初三、高三学生提前返回参加中、高考，协调各有关地区教育部门提前做好学生返程车票预订、途中用餐等工作，以及毕业生返回玉树后参加中、高考各项准备工作，确保他们能够按时、顺利参加考试；配合教育部对 2011 年秋季玉树灾区新增的 4 087 名初一、高一新生继续转移异地就读，制定了秋季玉树学生转移就读工作实施方案，落实了生活补助资金，使灾区学生异地就读问题得到圆满解决。

〔**中小学安全工作**〕 制定印发了《2011 年全省中小学安全工作要点》、《关于做好 2011 年几项重点工作及春季中小学校（幼儿园）开学工作的通知》，对全省中小学（幼儿园）开学工作作出安排部署。开学初，深入各地重点检查了各地中小学校园安全工作，对全省各校加强校园安全及周边治安综合治理工作提出明确的要求；5 月，对全省中小学（幼儿园）校车使用情况进行调研，并向教育部报送情况报告；针对甘肃等地发生校车安全事故，造成幼儿重特大伤亡事件，连续下发通知进行部署，对做好全省中小学、幼儿园安全工作提出要求，开展校车安全隐患排查，及时制定了《青海省中小学幼儿园校车安全管理办法》；继续做好全省学校及周边治安综合治理工作，印发《2011 年学校及周边治安综合治理工作要点》，并就学校及周边治安综合治理工作向省综治委领导进行专题汇报；印发《关于做好秋冬季学校及周边治安综合治理工作的通知》，对下半年学校周边治安综合治理工作作出安排、提出要求。各地根据安排部署全面开展了学校及周边治安综合专项整治行动，并向领导小组办公室报送情况报告；根据省综治委要求制定了《关于加强和创新省综治委专项组工作的实施意见》、《省综治委校园及周边治安综合治理专项组成员单位职责》、《综治委校园及周边治安综合治理专项组工作制度》等文件并报省综治委，为 2012 年开展工作奠定了基础。

职业教育

〔**国家教育体制改革试点工作**〕 积极推进国家教育体制改革试点方案《创新青藏高原农牧区职业教育人才培养模式》、省内专项改革试点方案《改革职业教育培养模式 构建现代职业教育体系》和《职业教育综合改革试点实施方案》的试点工作，召开试点地区及学校试点工作推进会；5 月，在天津市参加教育部召开的职业教育办学模式改革座谈会，会上，青海省交流了职业教育体制改革试点项目规划方案和工作思路、任务、目标；制定印发了《职业教育体制改革试点指导意见》，指导各地区、各学校体制改革工作。

〔**基础能力建设**〕 2011 年，全省中等职业教育基础能力建设资金达 81 929 万元，比 2010 年增长 79.63%。年内，有 26 所中等职业学校进行了基础能力建设，争取建设资金 72 278 万元，竣工校舍面积 92 317 平方米，使全省中等职业学校校舍总面积由 64.78 万平方米增加到 74.01 万平方米，设备购置资金 6 240 万元。其中省职业教育公共实训中心建设项目于 6 月 25 日开工建设，教学综合楼、1 号实训楼完成主体工程，施工面积 30 694平方米，已落实到位建设资金 32 578 万元；中央预算内投资中等职业学校基础能力建设项目 3

个，总投资 3 455 万元，建设海南州职业技术学校、海北州职业技术学校实训楼和省水电职业技术学校学生宿舍楼；部队援助建设的玉树州职业技术学校 6 月份开工建设，主要建设教学、实训、学生宿舍、学生食堂、图书办公、辅助用房等单体项目，施工面积 6.6 万平方米；校安工程安排省属学校建设项目 3 个，共安排资金 3 447 万元，改造省体育学校、省工业学校和省重工业学校危房 32 272 平方米；申请落实中央财政资金 1 690 万元，地方配套 730 万元，重点建设 9 所学校实训基地；省级职业教育专项资金由 2010 年的 5 000 万元增加到 7 100万元，同时争取省财政专项经费 944 万元，建设省重工业学校、特殊教育学校、省女子职业学校和青海大学农牧学院基础设施建设。省级教育费附加由 2010 年的 440 万元增加到 789 万元，第一次实现教育费附加 30%用于职业教育的目标。

〔**教师队伍建设**〕 继续开展全省中等职业学校特聘教师工作，年内聘请了 460 名特聘教师，有效缓解了教师队伍总量不足和结构性短缺的困难；全年有 271 名教师参加了国家级、省级骨干教师培训和短期培训，占全省专任教师的 11%，其中 28 名教师参加了国家级骨干教师培训（含 3 名教师赴德国培训）；198 名专业骨干教师和班主任分别到东南大学等国家级教师培训基地参加省级培训；45 名教师免费参加了德国汉斯·赛德尔基金会举办的钣金技术、汽车电子技术、新能源技术、职业教育质量管理等技能培训和校长培训；进一步落实中等职业学校教师到企业实践的制度，全年有 242 名教师到省内外 116 家企业进行了两个月以上的实践活动，提高了教师的专业技能。

〔**招生工作**〕 年初，对全省中等职业教育 2010 年招生工作进行了通报，印发了《关于做好 2011 年全省中等职业学校招生工作的通知》，安排部署 2011 年全省中等职业教育招生工作，分解下达了 2.8 万人的招生任务。同时，进一步明确招生政策，要求各地对高中阶段招生实行统筹管理，扩大面向农牧区的职业教育招生规模和招生对象范围，切实保证高中阶段教育的增量部分主要用于发展中等职业教育。5 月，印发了《全省中等职业学校 2011 年春季招生情况的通报》。全省中等职业教育共招生 29 874 人，其中省内学校招生 29 600 人、省外中等专业学校通过省招办录取 274 人，完成了 2011 年 2.8 万人的招生任务，在校生达 80 057 人，创历史新高。

〔**藏区异地办学工作**〕 组织六州教育局与对口支援省市制定了“十二五”期间教育对口支援规划，力争到 2015 中职学生异地就读的人数达 8 100 人，占藏区中职学生的 1/3 左右，其中 2011 年通过对口支援和联合办学转移到省外学习的学生 1 500人；5 月，省政府出台了“三江源”地区教育经费保障补偿和异地办学奖补机制政策，对“三江源”地区中职生实行免费教育，对到异地就读的中职学生给予奖励补助政策；与山东省教育厅签订《“十二五”期间中等职业教育合作办学协议书》，明确“十二五”期间山东省接收青海省 1 万名中职生和 400 名教师到山东省学习，其中 2011 年接收 1 500 名学生。

高 等 教 育

〔**青海大学“211 工程”项目建设**〕 认真落实省委、省政府工作部署，争取国家投入 4 000 万元，省财政投入 1 561 万元支持青海大学建设；青海大学重点学科、重点实验室以及学位点建设取得突破，“内科学（高原医学）”和“作物遗传育种”学科分别被批准为国家重点学科和国家重点（培育）学科，作物学一级学科获博士学位授权，机械工程等 8 个一级学科获硕士学位授权；青海省高原作物种植资源创新与利用、青海省高原放牧家畜营养与生态重点实验室获批国家重点实验室培育基地，实现了全省国家重点学科、重点实验室和一级学科博士授权点零的突破；高层次人才培养和引进工作取得新成效，学校具有博士学位87人，引进“昆仑学者”9人，何梁何利基金科学与技术创新奖1人，获批教育部“新世纪优秀人才支持计划”1人，省级自然科学与工程技术学科带头人10人，入选青海省“专家服务团”成员7人，入选青海省“人才小高地”团队2个。

〔**国家骨干高职院校建设项目**〕　青海交通职业技术学院国家骨干高职院校建设项目全面启动，成立了青海交通职业技术学院国家骨干高职院校建设项目领导小组；进一步修订完善《青海交通职业技术学院国家骨干高职院校建设方案》并通过省级论证；组建青海交通职业教育集团；根据教育部办公厅《关于2011年部分高等职业院校开展单独招生改革试点工作的通知》（教学厅〔2011〕6号）精神，完成了2011年单独招生工作；加强骨干院校网站建设工作，并正式开通；建立了青海交通运输职业集团行业指导委员会。

〔**教学管理**〕　发文公布2010年度省属普通高校教育教学质量年度报告；举办全省第二届大学生电子设计竞赛和全国大学生电子设计竞赛，省属5所普通高校共49个代表队参加了省级竞赛，获一等奖1个、二等奖3个、三等奖6个，28个代表队参加全国竞赛，获一等奖3个、二等奖3个、三等奖4个；组织青海畜牧兽医职业技术学院、青海交通职业技术学院代表队参加2011年全国高职院校技能大赛，获三等奖2个、优秀奖3个；完成2011年高校省级精品课程评审工作，83门课程立项建设，完成青海建筑职业技术学院和青海卫生职业技术学院省级重点建设院校建设方案论证工作；推荐青海建筑职业技术学院的“建筑设备工程技术（太阳能工程应用技术方向）”、青海卫生职业技术学院的“临床医学专业”、青海警官职业学院的“交通管理”实训基地申报中央财政支持实训基地项目，获中央财政资金590万元；申报的中央财政支持的高职院校10个专业建设获中央财政资金1 000万元；制定印发《青海省普通高等学校专业评估方案（试行）》，从2011年起，每年对各本科高校2至3个本科专业进行评估，已完成3所本科学校9个专业的评估工作；启动了教育部和省级“卓越工程师教育培养计划”；组织省内外专家对青海警官职业学院、青海畜牧兽医职业技术学院和青海交通职业技术学院人才培养工作进行第二轮国家级评估。

〔**高校科研**〕　推荐申报的青海大学“晶态复合多孔材料对盐湖卤水中稀有金属离子的吸附研究”和青海民族大学“建立野牦牛皮肤成纤维细胞系的研究”项目，被教育部批准立项建设。截至2011年年底，3所本科高校全年共获批省部级和国家级自然科学科研课题192项，获科研经费4 413.21万元；青海大学科技处被教育部评为“十一五”期间高等学校科技管理优秀团队、2人被教育部评为“十一五”期间高等学校科技管理先进个人；青海大学李向阳、青海民族大学骆桂花2名教师入选2010年度“新世纪优秀人才支持计划”，获科研经费资助35万元；青海师范大学“藏文智能信息处理与机器翻译”团队入选教育部“长江学者与创新团队发展计划”，共获科研经费资助300万元，实现了青海省在这一领域零的突破。

〔**高校思想政治教育工作**〕　组织召开全省加强和改进大学生思想政治教育工作座谈会暨全省高校思想政治教育理论课教师队伍建设工作会议，交流经验、分析形势、明确任务，研究部署全省大学生思想政治教育工作；组织开展高校辅导员队伍建设情况调研，选派8名优秀辅导员参加教育部举办的辅导员骨干培训班，举办全省高校辅导员培训班，培训辅导员40名；选派4名骨干教师参加教育部举办的第26期全国普通高校“形势与政策”骨干教师培训班，选派12名高校哲学社会科学教学科研骨干教师参加教育部举办的全国哲学社会科学教学科研骨干研修班，举办全省哲学社会科学教学科研骨干研修班，培训教师40名，选派16名优秀骨干教师参加教育部举办的骨干教师研修班和省外高校短期培训班；组织开展“全国高校辅导员年度人物”和“全国大学生年度人物”评选活动，青海大学辅导员玄令增荣获提名奖，青海警官职业技术学院辅导员王骏、青海交通职业技术学院辅导员谷世业荣获入围奖，青海民族大学学生李蒙荣获入围奖；组织开展大学毕业生建功立业先进事迹报告会；开展高校学习党的十七届五中、六中全会和全省文化大会精神宣讲活动，组织开展纪念建党 90 周年、学习党史主题教育以及以社会主义核心价值体系为主题的征文比赛等系列活动；制定印发《关于加强全省学校思想道德主题教育活动长效机制建设的意见》，对全省各级教育行政部门和各级各类学校加强中国特色社会主义理论体系教育，深入开展增强“三个意识”教育、省情教育和“感恩励志报国”教育等系列主题教育活动作了全面安排部署。

〔**学生管理**〕 组织召开 2011 年全省普通高校招生就业工作会议，对全省普通高校 2010 年各专业招生和毕业生就业情况进行认真详细的统计，并在全省普通高校招生就业工作会议上进行通报；认真组织高校学籍管理人员就 2011 年毕业生学籍进行复查核实，完成 2011 年普通本专科新生电子学籍注册和毕业生电子学历注册工作，以及成人高校新生专升本专科毕业生资格审查和 2011 年成人本科毕业生审查工作。

〔**学校安全稳定工作**〕 进一步健全完善高效运转的全省教育系统维稳工作领导体制和长效工作机制，进一步规范学校形势研判和信息报告制度；召开全省教育系统维稳年度工作会议，安排部署 2011 年全省教育系统维稳工作；召开全省抵御和防范校园传教渗透工作专门协调机制第一次全体会议和全省抵御境外利用宗教对学校渗透和防范校园传教工作会议；全年召开安全稳定工作会议 21 次，印发《关于切实做好学校安全稳定工作的通知》、《关于督查维护学校稳定工作的通知》、《关于引导青年学生正确看待当前形势，自觉维护和谐稳定局面的宣传教育提纲》、《青海省教育系统社会安全类突发公共事件应急预案》等安全稳定文件、信息 60 余份。

撰稿 丁生东

审稿 赵 江

宁夏回族自治区教育

概　　况

〔基本情况〕

2011 年各级各类学校校数、教职工、专任教师情况

	学校数（所）	教职工数（人）	专任教师数（人）
总计	3 380	89 780	77 541
一、高等教育	17	9 747	6 222
（一）研究生培养机构（不计校数）	3		
1. 普通高校	3		
2. 科研机构	0		
（二）普通高等学校	16	9 637	6 156
1. 本科院校	7	6 889	4 236
其中：独立学院	2	935	653
2. 高职（专科）院校	9	2 748	1 920
3. 其他机构（点）（不计校数）	0	0	0
（三）成人高等学校	1	110	66
（四）民办的其他高等教育机构	0	0	0
二、中等教育	388	38 475	32 044
（一）高中阶段教育	126	17 946	13 198
1. 高中	68	12 466	9 364
普通高中	67	12 466	9 364
完全中学	27	4 583	2 427
高级中学	40	7 883	6 937
十二年一贯制学校	0	0	0
成人高中	1	0	0
2. 中等职业教育	58	5 480	3 834
普通中专	20	1 897	1 204

续表

	学校数（所）	教职工数（人）	专任教师数（人）
成人中专	3	185	100
职业高中	13	1 159	1 046
技工学校	19	2 061	1 360
其他机构（教学点）（不计校数）	3	178	124
（二）初中阶段教育	262	20 529	18 846
1. 初中	262	20 529	18 846
初级中学	183	15 716	14 479
九年一贯制学校	79	4 813	2 835
十二年一贯制学校			0
完全中学			1 532
职业初中	0	0	0
2. 成人初中	0	0	0
三、初等教育	2 528	32 952	33 775
（一）普通小学	1 942	32 179	33 295
小学	1 942	32 179	31 532
九年一贯制学校			1 763
十二年一贯制学校			0
（二）成人小学	586	773	480
其中：扫盲班	586	773	480
四、工读学校	0	0	0
五、特殊教育	7	245	217
六、学前教育	440	8 361	5 283

2011 年各级各类学历教育学生情况

	毕业生数（人）	招生数（人）	在校生数（人）
一、高等教育			
（一）研究生	967	1 290	3 513
博　士	14	25	68
硕　士	953	1 265	3 445
（二）普通本专科	19 524	28 203	87 870
本　科	10 028	16 247	56 972
专　科	9 496	11 956	30 898
（三）成人本专科	9 115	12 971	29 639
本　科	2 409	3 880	8 024
专　科	6 706	9 091	21 615

续表

	毕业生数（人）	招生数（人）	在校生数（人）
（四）其他各类高等学历教育			
1. 在职人员攻读硕士学位		272	827
2. 网络本专科生	0	0	0
本　科	0	0	0
专　科	0	0	0
二、中等教育	179 113	209 493	572 301
（一）高中阶段教育	81 186	106 876	272 666
1. 高中	48 291	53 562	149 501
普通高中	48 291	53 562	148 043
完全中学	12 899	15 033	41 322
高级中学	35 392	38 529	106 721
十二年一贯制学校	0	0	0
成人高中	0		1 458
2. 中等职业教育	32 895	53 314	123 165
普通中专	16 753	33 957	78 472
成人中专	4 257	4 872	6 711
职业高中	8 388	11 604	27 317
技工学校	3 497	2 881	10 665
（二）初中阶段教育	97 927	102 617	299 635
1. 初中	97 927	102 617	299 635
初级中学	75 759	80 104	234 493
九年一贯制学校	11 349	11 463	32 121
十二年一贯制学校	0	0	0
完全中学	10 735	11 007	32 779
职业初中	84	43	242
2. 成人初中	0		0
三、初等教育	128 095	111 236	650 451
（一）普通小学	112 676	111 236	643 293
小学	105 627	105 494	607 850
九年一贯制学校	7 049	5 742	35 443
十二年一贯制学校	0	0	0
（二）成人小学	15 419		7 158
其中：扫盲班	15 419		7 158
四、工读学校	0	0	0
五、特殊教育	86	196	1 535
六、学前教育	71 723	90 318	148 917

2011 年各级各类非学历教育学生情况

	毕（结）业生数（人）	注册生数（人）
总计	169 259	162 342
一、高等教育	24 438	25 883
（一）研究生课程进修班	107	64
（二）自考助学班	0	0
（三）普通预科生		3 374
（四）进修及培训	24 331	22 445
其中：资格证书培训	6 974	6 341
岗位证书培训	17 357	16 104
二、中等教育	144 821	136 459
其中：资格证书培训	27 234	20 888
岗位证书培训	12 555	9 302
（一）中等职业教育	63 932	49 981
其中：资格证书培训	24 884	19 088
岗位证书培训	9 370	5 652
（二）职业技术培训机构	80 889	86 478
其中：资格证书培训	2 350	1 800
岗位证书培训	3 185	3 650

2011 年各级各类民办教育基本情况

	学校数（所）	毕业生数（人）	招生数（人）	在校生数（人）	教职工数（人）	专任教师数（人）	其他学生数（人）
一、民办高等教育							
（一）民办高校	4	3 478	8 580	25 101	1 841	1 296	5 124
本科学生		1 929	5 773	18 227			
专科学生		1 549	2 807	6 874			
其中：独立学院（不计校数）	2	1 123	4 300	13 212	935	653	0
本科学生		1 123	4 300	13 212			
专科学生		0	0	0			
（二）民办的其他高等教育机构	0				0	0	0
二、民办中等教育							
（一）高中阶段教育	11	2 397	3 913	8 748	937	746	

续表

	学校数（所）	毕业生数（人）	招生数（人）	在校生数（人）	教职工数（人）	专任教师数（人）	其他学生数（人）
1. 民办普通高中	9	1 716	2 050	5 624	805	668	
2. 民办中等职业教育	2	681	1 863	3 124	132	78	0
（二）初中阶段教育	5	4 029	4 605	12 933			
1. 民办普通初中	5	4 029	4 605	12 933			
2. 民办职业初中							
三、民办普通小学	3	818	598	3 458	305	196	
四、民办幼儿园	318	25 519	33 445	69 009	5 606	3 241	
另有：民办培训机构（不计校数）	22				293	179	18 491

〔发布《宁夏中长期教育改革和发展规划纲要》〕　2011 年，召开全区教育工作会议，发布《宁夏中长期教育改革和发展规划纲要（2010—2020 年）》、《宁夏教育事业发展“十二五”规划》。高起点、高标准规划了全区未来 5 至 10 年教育改革和发展的宏伟目标：到 2020 年，基本实现教育强区目标，主要发展指标达到全国平均水平，部分指标达到全国先进水平，基本实现教育现代化，基本形成学习型社会，基本满足人民群众对教育多元化的需求，进入人力资源强区行列。宁夏教育规划纲要的发布实施，标志着自治区教育事业进入了一个新的快速发展时期。

〔教育经费保障机制〕　2011 年，中央和自治区共安排全区义务教育阶段学校公用经费 57 693 万元，寄宿生生活费补助资金 8 174 万元，免费教科书资金 7 962 万元，进城务工随迁子女接受义务教育补助经费 5 600 万元。逐步增加寄宿生生活费补助基数和补助标准。2011 年，自治区将全区享受寄宿生生活费补助人数由 2010 年的 6.9 万人增加到 8.5 万人。从 2011 年秋季学期开始，将家庭经济困难寄宿生生活费补助标准由每生每年小学 750 元、初中 1 000 元提高到小学 1 000 元、初中 1 250元，每人每天增加补助标准 1 元。从 2011 年开始，提高农村义务教育阶段学校生均公用经费基准定额，使山区小学、初中分别达 520 元和 720 元，川区小学、初中分别达 475 元和 675 元，每生每学年取暖费 75 元。全年资助普通本科学校、高等职业学校、中等职业学校和普通高中家庭经济困难学生及教师共计 40.36 万人次，投入资助金 5.45 亿元，超额完成自治区政府民生计划确定的目标任务。

〔“百标工程”项目学校建设〕　经自治区“百标工程”领导小组批准，建设 14 所标准化回民中小学。11 月，组织完成“百标工程”采购 920 万元的教学仪器设备任务，已全部配备到学校。二期“百标工程”已完成 37 所标准化回民中小学建设任务。突出推进“百标工程”项目学校内涵式发展，扩大“百标学校内涵发展行动研究课程”实施范围，会同宁夏教科所深入推进课题的实施。召开“百标工程”项目学校内涵发展课题研究成果推广及 2011 年度项目学校创建现场会，组织 60 名“百标工程”项目学校校长和教育局有关负责人到银川、青铜峡、中宁的 3 所项目学校进行现场观摩和交流，安排部署项目学校实施“百标工程”的各项工作。会同宁夏教科所对 2009—2010 年“百标学校内涵发展行动研究”课程进行总结，对课程实验学校开展检查指导。组织专家对 14 所“百标工程”项目学校进行评估。经评估，14 所学校全部达到“百标工程”评估验收合格标准。

〔教师队伍建设〕　在各市、县（区）大力支持下，先后选派 20 名校长赴江苏等省（市）挂职学习；72名中小学校长参加区内外中国移动“影子校长”培训班；40名中小学校长参加中国移动“影子校长”远程培训；32名中小学校长在全国优秀校长高级研修班学习；银川市、石嘴山市、同心县、泾源县、西吉县组织校长到东部教育发达省（区）进行研修。举办全区幼儿园园长培训班，来自全区25个市（县、区）的105名正副园长参加培训。继续启动实施普通高中教师自治区级提高培训，启动新一轮自治区级骨干教师培训计划，培养区级骨干教师981名；各市、县（区）也先后启动市、县（区）级新一轮骨干教师培训工作。自治区教育厅和各市、县（区）积极争取培训经费，自治区教育厅安排专项资金对各市、县（区）骨干教师培训工作通过“以奖代补”的形式进行奖励。2011年，“国培计划”包括国家示范性项目、中西部项目和幼儿教师培训项目，全区有10 800名中小学、幼儿园教师参加各类培训，其中参加置换脱产研修项目教师300名，参加培训者培训、薄弱学科教师培训700名，参加远程培训教师9 000名，参加幼儿园园长、骨干教师培训100名，参加农村幼儿“转岗教师”培训700名。

〔**特岗教师招录工作**〕　拟发《自治区教育厅关于做好实施2011年“农村教师特设岗位计划”有关准备工作的通知》和《自治区教育厅关于认真做好2008年招聘农村义务教育阶段学校特设岗位教师三年服务期满考核聘用工作的通知》，为2008年招聘的三年服务期满且考核合格的906名特岗教师办理正式入编手续。2011年，共招聘特岗教师2 000名，其中国家特岗教师1 800名，主要分布在25个县（市、区），初中岗位1 080个、小学岗位720个；地方小学特岗教师200名，分布在21个县（市、区），为自治区教师队伍注入了新的活力。

〔**落实免费师范毕业生任教岗位**〕　组织实施全区免费师范毕业生就业工作，为207名首届宁夏生源地免费师范毕业生提供418个岗位。2月下旬，组织实施宁夏生源地免费师范毕业生坚持在公开招聘原则下的双向选择工作，通过免费师范毕业生网上选择任教岗位和用人单位组织洽谈、面试，共签约免费师范毕业生203人，签约率达9.1%。

〔**高考改革**〕　报请自治区招考委印发《宁夏回族自治区高等职业技术学院自主招生试点工作管理暂行办法》，在2010年试点的基础上，宁夏高职院校自主招生改革试点学校由1所增至3所，平稳有序地录取350名考生。区属院校面向中南部山区生态移民子女考生实施的高中阶段毕业自主招生注册入学录取模式改革试点取得成效，2 325名中南部山区生态移民子女考生，通过统招、自主招生、注册入学三种途径录取1 630人，录取率达70.1%。启动普通高等教育专升本招生试点工作，搭建职业教育和普通高等教育沟通的“立交桥”。启动普通高考英语听力考试方式改革工作，逐步将听力与笔试分离，口语由人人对话改为人机对话，每年3月和9月为考生提供两次参加考试的机会，以最高一次成绩记入高考英语科目总成绩。2011年，全区普通高考报名人数为60 166人，教育部下达自治区普通高校招生计划总数为42 241人，实际录取考生45 142人，高考录取率达75.03%，比2010年净增5个百分点，达到历史最好水平，整个高考录取工作实现“零”投诉。在教育部召开的标准化考点建设工作会上，宁夏网上巡查系统建设工作作为典型经验在大会上交流。

〔**学生资助工作**〕　全年自治区资助区属高校学生6.63万人次，国家和自治区按照8∶2的比例共投入资金2.13亿元（含助学贷款资金），资助面占在校生的30%，确保了高校家庭经济困难学生不因贫困而失学、辍学。高校“绿色通道”保持畅通，共有8 960名学生通过绿色通道入学，占全区高校入学新生总数的35%左右。高校国家奖学金稳步实施，落实奖学金80.8万元；高校国家励志奖学金有序开展，落实资金992万元。全年共落实资金5 385.75万元，资助学生35 905人次，生均3 000元，并按照要求发放到学生手中。在全区范围继续开办宁夏生源地信用助学贷款业务，基本实现“应贷尽贷”，发放助学贷款1.48亿元，资助宁夏籍考入大学的学生28 325名，其中2011年考入大学的新生占40%左右。资助中职学校学生22.6万余人次，国家和自治区按照8∶2的比例共投入资金1.77余亿元，全年为中职学校涉农专业学生和家庭经济困难学生免除学费8 311.2万元，共有8.3万人次享受资助；免除了全部涉农专业学生的学费，覆盖面达在校生的30%以上；全年发放资助金9 476.63万元，资助中职生14.3万人次，人均1 500元，资助覆盖面占一、二年级在校生的100%。资助普通高中学生9.4万余人次，国家和自治区及川区市、县（区）按比例共投入资金7 762万元，全区平均覆盖面达30%。其中山区40%、川区20%。

〔**中小学校舍安全工程**〕　顺利完成全区中小学校舍安全工程总体目标，加固改造和拆除重建113万平方米（其中加固54万平方米、重建59万平方米），投入资金11.4亿元，超额完成自治区民生计划规定的13万平方米的任务。2011年，全区中小学校舍安全工程项目完成后，改造中小学校664所，其中新建学校10所、迁建学校13所，新增校舍建筑面积近11.5万平方米。县城以上学校新增教学班604个，增加学位近3万个，新增床位近7 000个，在很大程度上解决了城镇学校“大班额”和寄宿学校“大通铺”问题。

〔**教育移民工程**〕　组织制定《宁夏“十二五”中南部地区教育移民实施方案》，坚持“移民先移教”、“移教先移校”的原则，及时调整学校布局，加速推进人口迁入区县域内中小学校的扩建、新建工作，切实解决好移民子女的上学问题；建立移民子女就学“绿色通道”，保证初中毕业未能升入普通高中和高中毕业未能升入普通高校的3万多名初、高中毕业生，都能“无门槛”全部进入职业院校学习或培训。

〔**支教工作**〕　2011年，区内外参加南部山区支教工作的单位共145个（其中区内105个，区外40个），支教人员281名。各支教帮扶单位向南部山区学校捐赠款物共计211万元，包括购置电脑416台、添置教学用品27 357件；捐赠款物105万元，购置学习用品、衣物等31 563件，资助家庭经济困难学生3 793名。为南部山区受援学校捐赠价值70多万元的电视机、DVD、复印机、打印机等。

〔**特殊教育**〕　开展全区残疾儿童受教育情况调查，摸清全区特殊教育基本情况，自治区教育厅会同自治区发改委、民政厅、人力资源和社会保障厅等八部门制定《关于进一步加快特殊教育事业发展的意见》，将特殊教育学校学生生活补助从500元提高到1 000元，将特殊教育教师培训纳入“国培计划”。各级政府拨付特殊教育学校生均公用经费，优化全区特殊教育发展环境，使更多残疾儿童受益。组织开展“通向明天——交通银行残疾青少年助学计划”特殊教育师资培训项目，对全区特殊教育学校教师和随班就读教师进行培训。

〔**语言文字工作**〕　印发《自治区语言文字工作委员会办公室关于加快推进城市语言文字工作评估的通知》，部署全区二、三类城市语言文字评估工作，完成了吴忠市二类语言文字评估工作。2011年，宁夏首次进行计算机辅助普通话测试，先后对6所高等院校的6 600多名毕业生和宁夏高师培训中心的500多名社会人员进行了计算机辅助普通话水平测试。结合二类城市语言文字评估工作，对石嘴山市大武口区1 010名机关事业单位工作人员进行了计算机辅助普通话水平测试，圆满完成测试工作。

基础教育

〔**扩大学前教育规模**〕　印发《农村学前教育机制改革试点方案》，安排部署学前教育改革试点工作。制定《学前教育行动计划》和《宁夏回族自治区学前教育三年行动计划》。2011年，新建和改扩建幼儿园93所，其中新建县城中心幼儿园33所、乡镇中心幼儿园20所，改扩建县城中心幼儿园2所、乡镇中心幼儿园38所，新增幼儿园班数855个、幼儿园学位2.56万个，比自治区民生计划确定的多完成40所。为做好学前教育资助准备工作，选取乡镇、城镇、公办、民办等各类幼儿园29所开展调研工作，摸清学前教育管理模式、学生数量、收费标准等方面的整体情况，为下一步开展学前教育资助工作奠定基础。

〔**推进国家教育体制改革试点工作**〕 自治区政府办公厅转发《宁夏回族自治区承担国家教育体制改革试点项目实施方案》，自治区教育厅承担了农村学前教育机制改革、优质高中招生名额分配到区域内初中学校改革、推进义务教育均衡发展、探索普及高中阶段教育的措施和办法4项国家教育体制改革试点项目。制定《宁夏回族自治区义务教育均衡发展评估指标体系》，从机会均等、过程均衡、结果均衡三方面对创建县（区）进行百分制量化考核。加大优质高中招生名额分配到区域内初中学校改革力度，将自治区示范性普通高中或市、县（区）优质普通高中招生名额分配到农村初中学校和城市薄弱学校的比例扩大到50%，实行“指标到校”制度，使学生就学机会均等。改革中考招生政策，进一步完善综合素质评价内容，将信息技术由10分提高到15分。认真做好自治区政府与教育部签署推进义务教育均衡发展改革试点备忘录工作，以银川市、石嘴山市、吴忠市、固原市、中卫市为单位，传达学习推进义务教育均衡发展杭州会议精神，制定相关配套文件和具体措施。组织专项督查活动，根据自治区教育厅《关于组织自治区教育咨询专家组对全区承担8项教育体制改革试点项目进行督查的通知》要求，组织自治区教育咨询专家对“农村学前教育机制改革试点”等4项试点工作进行专项督导检查，对试点县（市、区）提出的问题进行咨询辅导。开展试点项目的县（市、区）、学校结合当地实际制定具体实施方案，并组织实施。

〔**义务教育均衡发展**〕 深入推进义务教育均衡发展，自治区教育厅提请自治区政府办公厅转发《宁夏回族自治区进一步推进义务教育均衡发展实施方案》，会同省财政厅印发《进一步推进义务教育均衡发展试点县（区）实施方案（试行）》，明确义务教育均衡发展的工作目标、规划安排、主要措施和工作步骤、评估方法等，抓好义务教育均衡发展试点县（区）和创建“义务教育均衡发展示范县（区）”活动，推进灵武市、青铜峡市、大武口区实现义务教育均衡发展示范县目标。

〔**基础教育质量提升年活动**〕 为促进基础教育内涵发展，确定2011年为“基础教育质量提升年”。3月，组织召开全区基础教育质量提升年暨树师德新风促质量提升启动会议，制定《“宁夏基础教育质量提升年”活动实施方案》、《宁夏首届中学校长论坛暨质量提升研讨会策划方案》和《全区中小学优质课评比暨优秀教学设计评选展示活动方案》，在全区范围内开展优质课评比、优秀教学设计展示及中学校长论坛暨质量提升研讨会三项活动。召开全区义务教育均衡发展暨素质教育成果展示现场会，为促进全区基础教育内涵发展搭建了相互学习和交流的平台。

〔**基本普及高中阶段教育**〕 为推进各县（区）加快普及高中阶段教育工作进程，工作重心由川区转向山区。经各市、县（区）努力，红寺堡区、原州区、隆德县、彭阳县4县（区）基本普及高中阶段教育工作顺利通过自治区政府的评估验收，全区18个县（市、区）完成基本普及高中阶段教育工作，占全区县（市、区）总数的81.8%。全区高中阶段毛入学率达86%，提前一年在西部地区率先实现基本普及高中阶段教育的目标。

〔**创建教育强县（区）**〕 2011年，重点完成同心县、西吉县、泾源县、海原县创建教育强县的任务。为确保创建工作顺利实施，自治区教育厅与各县政府和教育部门联系，对创建过程中存在的困难和突出问题进行认真分析，协调解决。4月和9月，组织相关专家深入4县进行两轮过程性督导检查，4县创建教育强县（区）工作顺利通过自治区政府评估验收。至此，全区22个县（市、区）全部实现创建教育强县（区）目标。

〔**中小学德育**〕 举办全区教育系统庆祝建党90周年“旗帜颂”大型主题活动，配合自治区教育厅党建部对全区教育系统先进基层党组织、优秀共产党员和优秀党务工作者进行表彰。组织全区学生开展“孝敬父母月活动”，会同自治区邮政局对“给父母一封信”书信大赛中获奖的1 043名学生进行表彰。组织全区青少年开展“颂党恩，跟党走”主题教育活动。自治区档案局被命名为全国首批12个国家级档案教育基地之一，成为西北五省第一个国家级档案教育基地。推荐宁夏吴忠市第二中学为教育部以“双百”人物命名的中小学班集体，荣获“邓稼先”班集体并授牌。组织上报7个中小学校创新德育工作案例，其中4个案例被全国中小学德育工作会议评选为优秀案例。

〔**免费午餐工程**〕 从2011年秋季学期开始，在中南部地区11个县（市、区）开展免费午餐工程试点工作。按照每生每天4元的标准，保证试点学校的1.9万名农村小学生吃到卫生、营养、可口的午餐。安排资金1.05亿元，用于实施范围县（市、区）农村义务教育学校食堂建设、厨餐具购置，为在山区农村小学全面实行免费午餐工程积累经验。国务委员刘延东专门作出批示，要求认真总结推广宁夏经验。

职业教育

〔**中等职业教育招生**〕 2011年，招生44 717人，连续9年超额完成教育部下达的任务，增速排名全国第一。教育部以《多措并举真抓实干，千方百计完成中职招生任务》为题目对自治区进行了通报表扬。继续推进中西部联合办学，与鲁、闽、苏、津4省（市）15个市（县、区）40余所中职学校签订了联合办学协议，联合招生11 000多人。

〔**基础能力建设**〕 继续加大职业教育基础能力建设，重点建设自治区职业教育园区，已完成建筑面积67万多平方米，完成投资33.04亿元，入驻10所院校，在建2所，3所正在规划之中，学生达6.8万人。加快职业教育园区后续工程建设，有序推进二期工程实训车间（2个）、景观水系、环境绿化、大学生活动中心装修等工作。建成宁夏职业教育实验实训基地，支持5个地级市分别建设好一个综合性实验实训基地，银川市等5市新建的职教中心或实训基地已经全部投入使用。重点支持人口在20万人以上的县建设好一个县级职教中心。青铜峡市、平罗县、灵武市、隆德县、海原县、西吉县等县级职教中心改扩建或迁建工程部分完工并投入使用。支持隆德县、西吉县职教中心进行改扩建。

〔**示范校建设**〕 宁夏财经职业技术学院和宁夏职业技术学院建设成国家级高等职业教育示范校，宁夏工商职业技术学院正在创建国家级骨干高等职业院校，银川市职教中心、固原农业学校创建国家级中等职业教育改革发展示范校通过专家组评估。

〔**教师校长培训进修**〕 2011年，由自治区地方财政出资200万元，组织324名专业课、“双师型”教师到天津职业技术师范大学和宁夏理工学院等国家级职业教育教师培训基地进行培训。组织50名教师、20名校长参加教育部举办的国家级骨干教师培训和国外进修等活动。

〔**技能大赛**〕 6月，在银川市成功举办全区第三届中等职业教育技能大赛，选拔代表于6月下旬参加在天津市举办的全国职业院校技能大赛，获创意奖（烹饪比赛）、一等奖、二等奖各1个、三等奖17个的历史最好成绩。其他项目的参赛获奖率中职组达75%，高职组达30%。

高等教育

〔**重点学科和特色专业建设**〕 制定《宁夏“十二五”高校设置规划》和《自治区高等学校2011—2015年学科和学位点建设发展规划》。成功申报国家一级学科博士点4个、一级学科硕士点31个、国家级重点学科1个、国家级重点培育学科1个，实现了全区高校国家级重点学科零的突破。立项建设自治区高校特色专业建设点12个。形成包含2个国家级重点（培育）学科、29个自治区重点学科、9个国家级本科优势特色专业、34个自治区级本科优势特色专业的优势特色学科和专业体系。

〔**科研项目**〕 2011年，增加了科研项目支持经费，共评选立项自治区高校科研项目102项，资助经费170万元。建设自治区级精品课程23门、高校人才培养模式创新实验区15个，立项自治区级教学改革项目34个、大学生创新实验计划项目37个、实验教学示范中心5个。遴选宁夏医科大学“回族医药实验室”申报2011年省部共建教育部重点实验室，对全区9个国家级和教育部级重点实验室分别给予10万元的经费资助。

〔**研究生教育**〕 5月至7月，对宁夏医科大学在建的博士学位授予单位进行中期检查，促进宁夏医科大学尽快建成博士授予单位。宁夏师范学院获得批准开展教育硕士专业学位研究生培养试点。加强学位管理，对2011年全区高校毕业生授予学位进行审核并上报教育部备案。实施研究生教育创新计划，制定《高等学校研究生教育创新活动实施方案》，组织实施研究生教育创新计划项目。创新计划项目在各高校遴选申报的基础上，自治区学位办组织专家对研究生教育创新计划项目进行评审，批准立项7个。

〔**师资队伍建设**〕 为提升高校师资水平，开展了高校教学名师评选、教学团队建设和选派青年骨干教师到“985工程”高校和“211工程”高校访学等工作。2011年，评选高校教学名师10人，对全区30名高校教学名师示范工作进行检查，立项22个教学团队，遴选25名青年骨干教师到区外知名大学访学1年。

〔**少数民族高层次骨干人才计划**〕 实施少数民族高层次骨干人才计划，硕士报名465人、博士报名165人，分别录取硕士146名、博士56人，超出国家下达自治区128人的计划数。研究制定《宁夏回族自治区“十二五”期间少数民族高层次骨干需求规划和年度培养计划》、《自治区教育厅“少数民族高层次人才计划”专项资金使用管理办法》，将此项工作从招生服务提高到强化政策指导层面，逐步提升实施该项计划的水平。

〔**高职院校教学管理人员培训**〕 举办自治区第3届高职院校教学管理人员研修班，来自全区9所高职院校的教学副院长、教务处长、系部主任、教学名师及骨干教师等200余人参加了研修班。研修班邀请全国4位著名高职教育专家作专题报告，区内9所院校作经验交流发言。

〔**开通普通高校专升本通道**〕 印发《宁夏回族自治区普通高等教育专科升本科招生试点工作实施方案》，开通普通高校专升本通道。从2011年开始，宁夏医科大学、宁夏理工学院、宁夏师范学院等本科院校面向全区招收专科毕业生。

〔**推进高等教育特色发展**〕 宁夏大学建立了阿拉伯学院和阿拉伯研究院，与阿联酋迪拜大学合作建设孔子学院；宁夏医科大学相继建成回医药研究院和回医学院。

〔**学生学籍学历管理**〕 顺利完成19 366名本专科、926名研究生学历证书电子注册工作，审核办理各类高校学生转学20人次、转专业245人次。组织开展全区高校学籍学历管理工作专项督查，对全区高校学籍学历遗留问题进行清查和整改。召开全区高校毕业生图像信息采集工作会议，对2011年学生图像信息采集工作进行安排部署。加强高等学校学历证书审核认证工作，共审核各类高校学历证书3 700证次；配合全区事业单位、公务员和农村特岗教师等招考录用工作，共审核高校学历证书近1.2万证次。

〔**大学生就业创业**〕 年初，召开全区高校毕业生就业工作会议，全面部署高校毕业生就业工作。制定下发《自治区教育工委、教育厅关于做好2011年高校毕业生就业工作的通知》，坚持实行毕业生就业情况月报制度，定期召开全区高校毕业生就业工作联系会，及时了解和掌握各高校毕业生就业工作的进展情况，加强对各高校就业工作的指导和检查。会同宁夏军区征兵办召开2011年全区高校毕业生入伍服义务兵役预征工作会议，全面动员和部署高校毕业生入伍预征工作；组织开展全区高校毕业生入伍预征工作专项督查，积极指导各高校、各地教育部门做好入伍优惠政策宣传。指导各大中专院校召开毕业生招聘会11场次，提供就业岗位约2.1万个。组织实施“农村和城市教师特岗计划”，举办全区高校毕业生就业指导课教师培训班。截至5月底，自治区高校毕业生就业率达57%，与2010年同期相比上升4个百分点。

〔**教育交流与合作**〕 2011年，全区各类公派留学人员55人。为做好外教聘请管理工作，审核批准宁夏大学、宁夏医科大学、银川一中等8所学校的聘请计划，安排聘请经费93.75万元。为做好外国留学生审核管理工作，争取教育部支持，获得教育部批准宁夏2011年“中国政府奖学金自主招生留学生”名额10个，本科临床医学专业（英语授课）来华留学生名额60个。

〔**中阿大学校长论坛**〕 受教育部和自治区人民政府委托，9月19日至22日，自治区教育厅在银川市成功举办了“中国·阿拉伯国家大学校长论坛”。论坛以“深化合作、共同发展”为主题，交流探讨了合作领域及合作项目。中阿高校签署了44项合作协议，发表了《中阿大学校长论坛银川宣言》。来自13个国家、23所国外大学及教育机构（19个大学、4个教育机构）的近200名中外大学校长和代表参加论坛。自治区教育厅被自治区人民政府评为中阿论坛工作先进集体。

〔**高校党建工作**〕 3月，在银川市召开第19次全区高校党建工作会议，总结2010年全区高校党建、大学生思想政治教育工作的成绩和经验，全面部署高校党建工作。积极落实自治区党委常委联系高校制度，指导各高校先后邀请自治区党委书记张毅、副书记于革胜等自治区领导到高校指导办学，协调解决学校改革发展中的问题和困难，并为师生作形势政策报告。加强高校领导班子建设，采取外出考察学习等形式，组织全区高校党委书记分别到重庆、湖北和福建3个省市的13所高校进行考察学习。贯彻落实新修订的《中国共产党普通高等学校基层组织工作条例》，自治区教育厅代自治区党委起草了《宁夏回族自治区党委贯彻落实〈中国共产党普通高等学校基层组织工作条例〉实施细则》。

〔**大学生思想政治教育工作**〕 切实加强大学生思想政治教育的理论研究工作，形成2011年全区高校教师和学生思想政治状况滚动调查报告，按要求及时上报教育部。自治区教育厅会同自治区党委组织部、编办、教育工委、教育厅、财政厅、人力资源和社会保障厅出台《关于进一步加强和改进高等学校辅导员队伍建设的实施意见》，进一步明确了辅导员的岗位职责、选聘配备、职称评定、职务晋升、考核培养等重要政策措施。深入推进大学生心理健康教育工作，组织专家修订《大学生心理健康教育实用教程》。

〔**高校稳定工作**〕 自治区坚持把维护高校稳定工作作为工作的重中之重，先后6次召开维护稳定工作专题会议，及时传达各类文件和自治区领导批示，切实做到“文件传达、工作部署、信息上报”的“三不过夜”要求，及时对维护稳定工作进行安排和部署。对重点问题以及安全保卫、网络管理、学籍学历等校园管理工作开展2次集中排查，有针对性地制定防范措施，重点抓好敏感节点的维稳工作，建立全区教育系统重大敏感期突发事件应急处置工作领导小组和厅级领导蹲点巡视制度，实行24小时值班，密切关注校园动态，做到正确应对、果断处置，维护了全区高校的和谐稳定。

撰稿　陈蕙英

审稿　陈晓东

新疆维吾尔自治区教育

概　　况

〔基本情况〕

2011年各级各类学校校数、教职工、专任教师情况

	学校数（所）	教职工数（人）	专任教师数（人）
总计	9 364	372 733	310 191
一、高等教育	45	32 935	20 416
（一）研究生培养机构（不计校数）	12		
1. 普通高校	9		
2. 科研机构	3		
（二）普通高等学校	37	27 629	17 256
1. 本科院校	16	18 184	10 934
其中：独立学院	5	876	686
2. 高职（专科）院校	21	9 445	6 322
3. 其他机构（点）（不计校数）	0	0	0
（三）成人高等学校	8	5 306	3 160
（四）民办的其他高等教育机构	0	0	0
二、中等教育	1 793	190 489	133 665
（一）高中阶段教育	626	83 983	48 422
1. 高中	368	60 222	31 258
普通高中	368	60 222	31 258
完全中学	204	32 931	13 195
高级中学	103	17 325	15 059
十二年一贯制学校	61	9 966	3 004
成人高中	0	0	0
2. 中等职业教育	258	23 761	17 164
普通中专	96	10 659	7 210

续表

	学校数（所）	教职工数（人）	专任教师数（人）
成人中专	17	1 140	917
职业高中	71	3 137	2 255
技工学校	74	8 825	6 782
其他机构（教学点）（不计校数）		0	0
（二）初中阶段教育	1 167	106 506	85 243
1. 初中	1 157	106 506	85 243
初级中学	456	46 323	41 814
九年一贯制学校	701	60 183	25 556
十二年一贯制学校			2 498
完全中学			15 375
职业初中	0	0	0
2. 成人初中	10	0	0
三、初等教育	4 031	117 107	135 719
（一）普通小学	3 536	115 527	135 182
小学	3 536	115 527	104 721
九年一贯制学校			27 622
十二年一贯制学校			2 839
（二）成人小学	495	1 580	537
其中：扫盲班	449	1 366	468
四、工读学校	5	219	127
五、特殊教育	15	431	316
六、学前教育	3 475	31 552	19 948

2011 年各级各类学历教育学生情况

	毕业生数（人）	招生数（人）	在校生数（人）
一、高等教育			
（一）研究生	3 421	4 972	14 099
博　士	133	223	840
硕　士	3 288	4 749	13 259
（二）普通本专科	63 798	74 023	258 719
本　科	30 518	34 254	141 763
专　科	33 280	39 769	116 956
（三）成人本专科	15 634	22 523	59 609
本　科	5 726	7 000	18 946
专　科	9 908	15 523	40 663

续表

	毕业生数（人）	招生数（人）	在校生数（人）
（四）其他各类高等学历教育			
1. 在职人员攻读硕士学位		715	2 883
2. 网络本专科生	0	0	0
本　科	0	0	0
专　科	0	0	0
二、中等教育	533 451	589 670	1 697 585
（一）高中阶段教育	204 422	263 717	719 248
1. 高中	129 478	156 497	432 724
普通高中	129 478	156 497	432 724
完全中学	51 416	64 736	178 371
高级中学	65 083	77 551	213 569
十二年一贯制学校	12 979	14 210	40 784
成人高中	0		0
2. 中等职业教育	74 944	107 220	286 524
普通中专	47 371	60 669	161 657
成人中专	6 881	7 731	20 648
职业高中	10 256	21 777	60 734
技工学校	10 436	17 043	43 485
（二）初中阶段教育	329 029	325 953	978 337
1. 初中	328 466	325 953	976 569
初级中学	162 114	158 393	479 551
九年一贯制学校	89 426	89 918	266 568
十二年一贯制学校	10 169	10 803	31 732
完全中学	66 757	66 839	198 718
职业初中	0	0	0
2. 成人初中	563		1 768
三、初等教育	383 748	322 436	1 990 708
（一）普通小学	327 704	322 436	1 919 457
小学	248 998	247 339	1 471 244
九年一贯制学校	69 905	66 971	399 639
十二年一贯制学校	8 801	8 126	48 574
（二）成人小学	56 044		71 251
其中：扫盲班	45 756		61 301
四、工读学校	613	1 124	1 293
五、特殊教育	652	939	4 733
六、学前教育	237 811	399 662	651 105

2011 年各级各类非学历教育学生情况

	毕（结）业生数（人）	注册生数（人）
总计	1 718 658	1 790 909
一、高等教育	94 476	19 148
（一）研究生课程进修班	31	616
（二）自考助学班	466	1 947
（三）普通预科生		64
（四）进修及培训	93 979	16 521
其中：资格证书培训	34 698	9 708
岗位证书培训	32 316	1 421
二、中等教育	1 624 182	1 771 761
其中：资格证书培训	56 365	55 221
岗位证书培训	54 140	11 433
（一）中等职业教育	112 593	46 950
其中：资格证书培训	48 970	28 758
岗位证书培训	19 937	6 254
（二）职业技术培训机构	1 511 589	1 724 811
其中：资格证书培训	7 395	26 463
岗位证书培训	34 203	5 179

2011 年各级各类民办教育基本情况

	学校数（所）	毕业生数（人）	招生数（人）	在校生数（人）	教职工数（人）	专任教师数（人）	其他学生数（人）
一、民办高等教育							
（一）民办高校	8	6 066	7 840	25 849	1 865	1 378	0
本科学生		3 748	4 683	16 930			
专科学生		2 318	3 157	8 919			
其中：独立学院(不计校数)	5	3 748	4 683	16 930	876	686	0
本科学生		3 748	4 683	16 930			
专科学生		0	0	0			
（二）民办的其他高等教育机构	0				0	0	0
二、民办中等教育							
（一）高中阶段教育	34	8 037	9 006	26 914	3 828	2 589	

续表

	学校数（所）	毕业生数（人）	招生数（人）	在校生数（人）	教职工数（人）	专任教师数（人）	其他学生数（人）
1. 民办普通高中	27	5 358	6 416	18 179	3 534	2 409	
2. 民办中等职业教育	7	2 679	2 590	8 735	294	180	810
（二）初中阶段教育	23	4 911	4 208	12 769			
1. 民办普通初中	23	4 911	4 208	12 769			
2. 民办职业初中							
三、民办普通小学	20	4 547	4 602	24 652	503	364	
四、民办幼儿园	773	40 383	57 129	125 229	11 105	5 856	
另有：民办培训机构（不计校数）	141				2 220	894	68 533

〔**教育部部长袁贵仁听取呼图壁县教育系统创先争优活动汇报**〕　2011年5月23日，教育部部长袁贵仁一行，在乌鲁木齐市听取昌吉州呼图壁县教育系统创先争优活动进展情况汇报，并就进一步抓好创先争优活动、推进呼图壁县教育事业科学发展进行了交流。自治区党委常委尔肯江·吐拉洪出席会议，自治区副主席靳诺主持会议。袁贵仁要求，下一阶段开展创先争优活动要紧紧围绕实现“十二五”目标任务，组织基层党组织和广大党员争科学发展之先；要坚持稳定压倒一切，组织基层党组织和广大党员创校园和谐之优；要紧扣教育作为窗口单位和服务行业的特点，开展“为民服务创先争优”活动；要结合庆祝建党90周年，深入推进创先争优活动。

〔**自治区教育工作会议**〕　5月24日，自治区党委、自治区人民政府召开了自治区教育工作会议。会议确定了未来10年新疆教育发展的总体目标：到2020年，公平教育更多惠及各族人民，教育发展水平达到全国平均水平，教育支撑自治区跨越式发展和长治久安的能力全面增强，全面实现教育强区的目标。

〔**教育经费投入**〕　2011年，自治区教育经费总投入达413亿元，比2010年增长11.9%。落实高校债务化解资金9.36亿元。全年拨付普通高校生均经费达75 598万元；区属普通高校生均经费拨款达5 346元，较2010年增长489元。全年下拨农村义务教育经费保障机制资金23.6亿元，较2010年增长2.7亿元，其中拨付公用经费11.5亿元，农村小学、初中公用经费标准分别达每生每年500元和700元，使全区所有农村义务教育在校生受益；拨付寄宿生生活费补助4.3亿元，小学、初中寄宿生生活费标准分别达每生每年1 000元和1 250元，使全区近34.5万名农村义务教育阶段寄宿生受益；拨付免费教科书资金2.7亿元，为222万名中小学生免费提供教科书；拨付取暖费1.5亿元；拨付校舍维修改造资金3.6亿元。同时，将特殊教育学校学生及区内初中班学生全部纳入了新机制保障范围。全区拨付免除城市义务教育阶段学生学杂费1.06亿元，受益学生达64.8万人，覆盖了全区所有城市义务教育阶段学生。全年落实进城务工人员随迁子女接受义务教育中央奖励资金9 600万元。

〔**教育体制改革**〕　自治区人民政府办公厅印发《关于成立自治区教育体制改革领导小组的通知》（新政办发〔2011〕39号），成员单位由自治区发改委、组织、宣传、编制、财政、人社、经信、教育、科技、公安、农业、法制等部门组成。自治区教育工委书记、教育厅党组书记赵德忠兼任办公室主任。8月10日，自治区党委、政府召开了自治区教育体制改革领导小组暨自治区教育咨询委员会第一次全体会议，审议了《自治区中长期教育改革和发展规划纲要任务分工方案》、《新疆维吾尔自治区教育体制改革总体方案》、《新疆维吾尔自治区教育咨询委员会章程》和《新疆维吾尔自治区教育咨询委员会工作规程》，公布了自治区第一届教育咨询委员会委员名单，并向咨询委员颁发了聘书。

自治区教育体制改革领导小组办公室正式印发了《自治区中长期教育改革和发展规划纲要任务分工方案》，从发展任务、体制改革、保障措施、重点工程四个方面明确了自治区各级党政部门在自治区教育改革和发展中的工作任务及责任；正式印发了《自治区教育体制改革总体方案（2010—2015年）》，明确了自治区教育体制改革的18项改革任务和38个改革试点项目。向自治区财政申请教育体制改革试点项目专项经费684万元，已拨付启动经费184万元。创建了自治区教育体制改革专题网站和自治区教育体制改革试点项目管理平台，组织进行了项目联络员管理平台操作培训。建立了信息报送制度，编印了《自治区教育体制改革工作资料汇编（一）》。11月29日，在乌鲁木齐市召开了自治区教育体制改革试点项目工作推进会。

〔**各级各类学生资助工作**〕 2011年，向全区33所普通高校拨付国家奖学金236万元，资助学生295人；拨付国家励志奖学金3 048万元，资助学生6 096人；拨付高校国家助学金1.7亿元，资助学生5.7万人；拨付自治区人民政府高校助学金1.6亿元，资助学生7.9万人。5月18日，自治区党委常委（扩大）会议决定，对高校少数民族预科学生按照每生每年4 000元的标准给予学费和住宿费补助，所需资金由自治区财政承担。据2011年秋季开学统计，全区高校共有17 497人可享受该项补助政策，所需资金6 998.8万元。自治区共下拨高校伙食补贴资金5 946.83万元，其中高校家庭经济困难学生临时补贴1 712.5万元，补贴标准为每生每月60元；自治区普通高校伙食补贴4 234.33万元，补贴标准为每生每月20元。自治区高校共有1 201人次获得开发银行就学地国家助学贷款，累计发放贷款551.16万元。2011年，“中国建设银行少数民族地区大学生成才计划”向自治区6所高校的750名学生捐助资金150万元，生均捐助资金2 000元。全年共下拨中等职业学校国家助学金18 824.475万元（其中中央资金15 059.58万元，自治区资金3 764.895万元），资助学生250 993人；下拨自治区各中职学校农村家庭经济困难学生和涉农专业学生免学费补助资金15 765.69万元（其中中央资金12 612.552万元，自治区资金3 153.138万元），资助学生18万人次；下拨各中职学校2010年秋季免住宿费、免教材费补助资金4 131.27万元，受助学生91 806人。全年拨付普通高中国家助学金2.34亿元（其中中央资金1.85亿元，自治区和地方政府配套资金0.49亿元），资助学生15.7万人。资助政策惠及南疆三地州和阿克苏地区柯坪县、乌什县全部普通高中学生，其他地区的普通高中学生惠及面达30%。

〔**教育基本建设**〕 整合2010—2012年10.14亿元农村中小学校舍维修改造资金，用于新建和改扩建211所中小学的73.7万平方米校舍。下拨农村初中校舍改造工程中央预算内投资建设计划资金1.8亿元，建设校舍7.96万平方米及10个运动场。2009—2011年，全区中小学校舍安全工程共规划加固、改造（更新）中小学校3 189所，规划建设面积1 010万平方米，规划投入建设资金85.05亿元。截至2011年年底，已投入资金74.12亿元。

〔**农村教师周转宿舍建设**〕 2011年，教育部、国家发改委在自治区继续试点实施农村边远艰苦地区学校教师周转宿舍建设项目，投入1亿元为10个县（市）新建6.7万平方米教师周转宿舍。同时，自治区以南疆三地州为重点，加快推进农村教师周转宿舍建设。2011年，安排4 000万元建设资金，批复建设农村教师周转宿舍2.78万平方米。

〔**教育对口援疆**〕 2011年，19个援疆省市调整后的援疆综合规划（2011—2015年）总投入资金为639.08亿元，其中教育项目规划投入资金由77.27亿元提高到87.89亿元，增加了10.62亿元，在总投入资金中所占比例增加了1.66个百分点，达13.75%。全区实施教育援疆项目224个，投入资金17.82亿元。其中双语教育项目118个，投入资金12.33亿元；职业教育项目22个，投入资金2.36亿元；人才培养项目84个，投入资金3.13亿元。截至2011年年底，援疆省市已选派871名教育援疆干部、教师到岗任职、任教。各援疆省市充分利用自身优质教育资源开展教师培训工作，浙江、山东两省分别开展双语教师两年期培训，来自受援县市的1 000多名教师参加培训；北京、天津、江苏等省市把对口支援的和田、克州等地双语教师安排在内地高校进行一年期培训，培训达1 700余人。6月，教育部印发《关于对口支援新疆地区本科高等学校的通知》（教高函〔2011〕15号），为自治区其他8所本科院校确定了19所支援院校。截至2011年年底，在新的一轮"对口支援西部地区高等学校计划"中，已有41所内地高校对口支援自治区11所本科高校。

〔民族教育〕 2011年，自治区加大区内初中班、高中班的招生规模，下达经费支持区内初中班和高中班的基础建设工作。加强内地新疆高中班和中职班的招生工作。继续实施内地高校支援新疆协作计划，顺利完成内地新疆少数民族学生的教育和管理工作。2011年，共录取"少数民族高层次骨干人才计划"483人，进一步完善了"少数民族高层次骨干人才计划网上服务系统"，做好已录取考生定向培养协议书签订相关工作。自治区党委、政府分别于2月、3月、4月召开自治区推进双语教育工作南疆、东疆、北疆片区座谈会，有效推进了自治区双语教育工作。加大对学前双语教育发展的经费投入力度，落实国家学前双语教育发展保障经费5亿元；下达自治区学前双语教育扶持资金1.28亿元，其中基本建设资金0.1亿元，学前双语教育发展保障经费1.18亿元；亿阳集团援建资金100万元。组织开展双语幼儿园调研工作，在调研和督查的基础上，形成《关于双语幼儿园建设督查情况的报告》以及一系列关于双语幼儿园督查情况的反馈意见，对双语幼儿园建设工作起到了有效的指导作用。建立学前双语教育资源库，为双语教师提供丰富的教学资源，满足教师开展双语教育活动的需求。印发《义务教育阶段双语教育课程设置方案》和《普通高中双语教育课程设置方案》，改革双语教育课程设置模式。通过召开自治区双语教育质量监测评价工作会议，有效开展了自治区首次质量监测评价工作。利用新疆远程教育网，开通直播课堂，举办学前双语教育示范课程远程直播活动。组织专项拨款，设立专项课题组，邀请专家对双语教育相关专题进行研究，并为决策提供依据。开展丰富多彩的培训计划和培训工程，提高双语教师素质，加大教师队伍建设力度。

〔民办教育〕 10月14日，新疆民办教育学会2011年年会和创先争优活动表彰会在乌鲁木齐市召开。会上，征求了对《自治区人民政府关于进一步促进民办教育发展的决定（征求意见稿）》的意见和建议，并对民办教育的典型经验进行了交流。由新疆民办教育学会编辑的《精彩新疆　百佳民校》一书正式出版。

〔教育交流与合作〕 2011年是新疆籍优秀自费出国留学生奖学金项目启动实施的第一年，共有在16个国家留学的130名新疆籍学生提出申请，最终确认52名。11月，自治区党委常委尔肯江·吐拉洪率自治区教育代表团赴新疆籍学生集中且获奖人数最多的日本大阪、东京和德国柏林、慕尼黑举行奖学金颁奖仪式，并对新疆自费留学生工作进行调研。

2011年，启动实施了"自治区人民政府接受周边国家留学生奖学金"项目，每年招收100名奖学金生，其中学历生30名。9月22日，自治区与中国高等教育学会外国留学生教育管理分会联合举办了"西部五省（自治区）来华留学生教育发展研讨会"。9月23日，教育部在乌鲁木齐市召开"中国政府奖学金边境省区来华留学自主招生项目座谈会"，教育部决定为自治区新增中国政府奖学金名额100人。截至2011年年底，全区中国政府奖学金项目院校增加至4所。

〔汉语国际推广〕 自治区党委书记张春贤在出访塔吉克斯坦期间，视察了由新疆师范大学与塔吉克斯坦国立民族大学合作建设的孔子学院。受教育部国家汉办/孔子学院总部委托，自治区副主席靳诺为新疆师范大学和哈萨克斯坦阿克纠宾国立师范学院联合建立的阿克纠宾孔子学院揭牌。靳诺还先后赴哈萨克斯坦，为新疆师范大学在阿拉木图国立女子师范大学建立的汉语中心揭牌，参加新疆农业大学阿斯塔纳赛福林农业技术大学汉语中心“京剧人物造型展”剪彩仪式和伊犁师范学院阿拉木图阿布赉汗国际关系与世界语大学汉语培训中心汉语教材赠书仪式。汉语国际推广中亚基地先后在吉尔吉斯、塔吉克斯坦和哈萨克斯坦的孔子学院开展了19场巡演、巡讲、巡展活动，组织自治区高校多所孔子学院和汉语中心在境外举办中国文化周、新疆教育展。

〔**“一反两讲”专题教育**〕 9月2日，自治区教育系统“反暴力、讲法治、讲秩序”专题教育视频会召开，对2011年秋季学期开学前后集中一周时间开展专题教育活动进行安排部署。同时，自治区教育厅下发《关于在教育系统开展“反暴力、讲法治、讲秩序”专题教育活动的实施方案》，组织专家组编写了“一反两讲”宣讲材料，开学前后组织10名专家分组到南疆五地州中小学和全区20余所高校，分民汉两种语言宣讲40余场次，各族师生近4万人次聆听了专家报告。自治区内地新疆学生工作办公室研究制定了《关于加强和改进学生德育和思想政治教育工作任务分解方案》，对在内地高中班和协作计划院校学生中深入开展“反暴力、讲法制、讲秩序”专题教育活动进行了统一安排部署。9月15日，在新疆财经大学举行了自治区教育系统“反暴力、讲法治、讲秩序”专题教育座谈会，17位高校师生代表畅谈了学习体会。

基础教育

〔**学前教育**〕 研究制定了《新疆维吾尔自治区学前教育三年行动计划》，经自治区人民政府批准已报国家教育体制改革领导小组办公室。按照财政部、教育部《关于加大财政投入支持学前教育发展的通知》（财教〔2011〕405号）精神，研究制定了《自治区扩大学前教育资源规划（2011—2015年）》。组织开展了2011年度自治区示范性幼儿园评估工作，对申报的17所幼儿园进行了评估。

〔**义务教育均衡发展**〕 自治区政府印发《关于自治区推进义务教育均衡发展的指导意见》（新政发〔2011〕56号），确定推进义务教育均衡发展的工作目标是：到2015年，全区30%左右的县（市、区）实现域内义务教育发展基本均衡；到2020年，全区实现县域内义务教育发展基本均衡。7月28日，自治区政府召开全区启动义务教育均衡发展工作电视电话会议，自治区党委副书记、自治区主席努尔·白克力出席会议并讲话。年内，自治区教育厅、发改委、财政厅、人社厅、编办、住建厅联合制定出台了《自治区义务教育学校办学基本标准》、《自治区义务教育学校标准化建设规划（2010—2020年）》和《自治区推进义务教育均衡发展规划（2010—2020年）》。8月，由自治区教育厅副厅长海萨尔·夏班拜带队、部分县市区教育局负责人共15人组成的推进义务教育均衡发展工作学习考察组，赴河北、山西、辽宁三省考察学习。10月12日，在乌鲁木齐市召开了自治区实施义务教育均衡发展工作会议。9月23日，自治区教育厅和兵团教育局联合召开了规范中小学办学行为工作视频会议，提出了规范中小学办学行为的具体要求。

〔**基础教育课程改革**〕 5月25日，自治区基础教育课程改革工作会议在乌鲁木齐市召开。自治区副主席靳诺出席会议并讲话，要求各地立足新起点，把握新形势，坚定不移地推进基础教育课程改革，努力开创素质教育工作新局面。自治区教育工委书记、教育厅党组书记赵德忠作了工作报告，回顾和总结了近10年来自治区基础教育课程改革工作取得的成果和经验，并对进一步深化基础教育课程改革作出安排部署。会议表彰了自治区基础教育课程改革工作先进集体72个、先进个人144名。会后，研究制定的《关于进一步深化基础教育课程改革的意见》，在征求自治区财政、人事、编办等部门的意见、经反复讨论修改后，自治区政府办公厅转发了该文件。

组织开展了“自治区课程改革课题研究”评审工作，11项课题通过评审予以结题。安排布置了全区“农牧区基础教育课程改革项目县和基地学校”建设项目的申报工作。

〔**普通高中教育**〕　为贯彻落实自治区2011年普通高校招生考试改革方案，与兵团教育局共同制定了《普通高中学生综合素质评价实施细则（试行）》、《关于进一步做好普通高中学生综合素质评价工作的通知》，研究制定了《自治区普通高中等级评价方案（讨论稿）》。依托普通高中信息管理平台，组织完成了全区普通高中应届毕业生基本信息上报、审核、汇总工作。印发了《新疆维吾尔自治区普通高中学籍管理规定（试行）》。3月，启动了自治区普通高中多样化发展改革试点工作，研究制定了《自治区普通高中多样化发展改革试点方案》。经学校申报、专家评审，确定了乌鲁木齐八一中学等20所普通高中为自治区首批多样化发展改革试点学校。4月底，在新疆师范大学举办了自治区高中新课程远程培训管理者集中培训班，来自全区各地（州、市）教育行政部门、各高中学校的167名培训负责人参加了培训。7月14日，自治区教育厅与兵团教育局联合启动普通高中通用技术教师专题培训工作。8月19—22日，自治区举办首届普通高中校长高级研修班，全疆200多所普通高中校长参加了研修。

〔**城镇教师对口支援农村**〕　启动实施第五期“自治区城镇教师赴农村贫困地区学校支教计划”，全区共下达2 083名支教计划，其中区属大中专院校203名，地（州、市）、县（市、区）1 880名。8月26日，自治区教育厅召开第五期区属大中专院校支教教师赴南北疆贫困地区学校支教欢送大会，自治区副主席靳诺到会并讲话。会上，对第四期支教工作表现突出的7个地、州、市和6个区属大中专院校进行了表彰。2011年，共评选表彰了162名自治区优秀支教教师。

〔**特殊教育**〕　根据自治区政府《关于进一步加快特殊教育事业发展的实施意见》（新政办发〔2010〕156号），全区特殊教育学校（特教班）生均公用经费按普通学校生均公用经费标准的6倍拨付，每生每年达3 600元；特殊教育学校学生生活费补助标准由每生每年1 000元提高到了每生每年1 500元。自治区残联从各地上交的残疾人就业保障金中安排5%的资金（即460万元）用于特殊教育学校开展包括社会成年残疾人在内的各种职业教育与培训。自治区民政厅安排福彩公益金150万元作为助学专项经费，用于补助特殊教育学校（特教班）残疾学生生活费。5月，自治区教育厅与人社厅、财政厅、残联联合下发《关于调整自治区特殊教育教师特殊教育补贴费标准的通知》，将特殊教育学校（特教班）、聋儿语训机构和手语翻译人员等特殊教育教师的补贴费，在现行15%的基础上再增加15%。

11月24—25日，自治区特殊教育工作推进会和新疆教育学会特殊教育研究会理事会换届会在哈密市召开。会议讨论修订了《关于进一步加强随班就读工作管理的若干意见》和《关于加强特殊教育学校教学工作的指导意见》。会议选举产生了自治区特殊教育研究会第二届理事会理事61人，审议通过了《新疆特殊教育研究会章程》。

〔**校外教育**〕　按照教育部、财政部有关要求，对中央彩票公益金支持青少年校外活动场所能力提升和运转经费专项资金进行了分配，资金总额为4 808万元，其中2010年活动补助经费520万元、2011年活动保障资金1 608万元、能力提升项目资金2 680万元。对已建成并投入使用的17个场所进行设备更新，设备更新资金总额为1 020万元；

对11个新建场馆配备了设备，资金总额为660万元；对上一资金周期结余的150万元进行了设备招标。

自治区教育厅、财政厅、团委、妇联在额敏县联合召开了自治区青少年校外教育工作现场会。自治区教育厅、财政厅在奎屯市举办了自治区青少年校外教育骨干教师培训暨科技教育展示活动，来自全区95所青少年校外教育场所的领导和科技骨干教师近200人参加了培训和展示活动。

职业教育

〔**经费投入**〕 2011年，自治区职业教育专项经费投入达4.9亿元，比2010年的1.6亿元增长了3.3亿元，其中用于中等职业教育资金比例占60%左右。根据5月18日自治区党委常委会议精神，完成了对建立中等职业学校生均公用经费补助制度的调研和测算工作。

〔**编制学校建设规划**〕 编制了《自治区“十二五”中等职业学校基础能力建设规划（二期）》，规划建设项目学校64所，申请中央预算内投资18.3亿元（其中含南疆四地州及喀什、霍尔果斯特殊经济开发区8所重点中等职业学校建设项目投资12.78亿元）。召开“南疆四地州和喀什、霍尔果斯经济开发区8所重点中等职业学校建设项目工作部署会”，完成了8所项目学校建设规划本的上报工作。根据教育部安排，从2010年编制的《新疆80所中等职业学校建设规划方案》中，遴选出21所区属中等职业学校作为中央企业职教援疆扶持建设的对口学校，编制了《中央企业对口援助中等职业学校建设规划》，指导学校编制完成了建议书、规划图、设计方案等规划文本，并上报教育部。根据中央新疆办9月工作会议精神，编制了《新疆中等职业学校实训基地建设规划》，计划申请中央财政扶持61所中职学校80个专业实训基地建设。

〔**基础能力建设**〕 2011年，中央下拨新疆中等职业教育基础能力建设10所项目学校（包括南疆四地州和喀什、霍尔果斯经济开发区8所重点中职学校中的5所学校一期项目）的2.52亿元资金到位（含上述5所学校一期项目1.68亿元），10所学校项目工程已启动建设。下达中央财政支持的职业教育实训基地中职建设项目学校13所，总投资3 720万元，其中中央资金2 250万元已到位。协调自治区财政下拨职业院校招收新疆籍学生补贴经费（每人每年300元），用于学校公用经费支出和改善办学条件补助。启动自治区职业院校涉煤专业建设项目，通过申报和评审，新疆工业高等专科学校、伊犁职业技术学院等17所学校确立为项目学校，制定下达了招生计划，争取建设资金2 800多万元。

〔**内涵建设**〕 组织完成乌鲁木齐第二职业中专等7所学校办学条件评估工作和新疆司法警官学校等5所重点学校人才培养能力评估工作。组织实施自治区第三批示范性中等职业学校申报及评审论证工作，乌鲁木齐职业中专学校等7所学校通过评审。喀什地区卫生学校等9所学校申报2011年度国家中等职业教育改革发展示范校，通过国家评审，已正式公示公布，共争取建设资金3 545万元。截至2011年年底，自治区示范中等职业学校达17所，国家中等职业教育改革发展示范学校达17所。通过申报和评审，18所学校的14个专业和12门课程列入自治区中职学校精品专业和精品课程建设项目，争取资金400万元。2010—2011年度，组织实施了《自治区“十二五”职业教育发展规划》研究工作，完成自治区首批中等职业教育教研课题建设项目的评审论证工作，共立项课题14个，争取研究资金20万元。根据教育部统一部署，启动了4个国家级课题申报立项和研究工作。组织开发立项地方性教材18种，争取资金400万元，已完成《民族乐器制作技术与技艺》、《加工番茄种植与管理》等7种教材初审工作。

〔**师资队伍建设**〕　制定《自治区“十二五”加强中等职业学校教师队伍建设的意见》，启动了《南疆四地州及喀什、霍尔果斯特殊经济开发区8所重点建设中等职业学校师资队伍建设规划》研发工作；启动2011年中职学校教师素质提高计划；召开全区中职师资培训基地工作会议，部署和实施各类培训工作，重点对校长、骨干教师、管理人员、班主任进行培训，完成培训1 285人次。

在教育部的支持下，与天津职业技术师范大学签订合作协议，自治区教育厅、人社厅、编办、财政厅联合下发了《关于下达新疆维吾尔自治区首批中等职业学校“双师型”教师特培生培养计划的通知》，启动了自治区首批中职免费师范生培养工作。

〔**自治区职业院校技能大赛暨全国职业院校技能大赛**〕　自治区教育厅会同自治区人社厅、财政厅、兵团教育局等部门联合举办了自治区职业院校技能大赛暨全国职业院校技能大赛新疆区预赛。全区156个职业院校（含技工学校）的代表队参加了110个单项比赛，参赛人数是2010年的1.5倍，创历年之最。6月下旬，新疆代表团参加了2011年全国职业院校技能大赛，取得优异成绩，中职组获1个一等奖（金奖）、6个二等奖、17个三等奖、41个优秀个人奖和10个优秀团队奖，实现了新疆参赛历史上一等奖零的突破。高职组获1个二等奖、3个三等奖。与此同时，在同步举办的全国职业院校学生技能作品展洽会中，新疆职业大学获一等奖、乌鲁木齐职业大学获三等奖。在少数民族地区职业院校学生才艺展示活动“永远跟党走”专场汇报演出中，新疆艺术学校维吾尔族传统乐舞《阿图什》夺得金奖。在循环演出比赛中，该校群舞“天山欢歌”荣获金奖，热瓦甫二重奏《花儿为什么这样红》获银奖，民乐合奏《昆仑之春》、《太孜舞曲》获铜奖。在民族地区职业院校学生民族特色作品展示与技能实操演示项目中，喀什地区教育局的《民族乐器制作》项目和和田地区教育局《艾德莱丝制作》项目均获铜奖。

高等教育

〔**高等教育发展规划**〕　7月26日，《自治区中长期教育改革和发展规划纲要——高等教育发展规划（2011—2020年）》正式出台。高教规划对高等教育大众化发展提出了具体目标，对完善、优化高等教育体系结构、改善办学条件、提高教师整体素质、提高人才培养质量、提升科学研究水平、增强社会服务能力、提高国际化水平、重要领域和关键环节改革取得新突破等诸方面提出了未来5—10年的发展目标。

〔**教育教学管理**〕　继续实施“自治区高校教学质量和教学改革工程”，同时围绕落实教学工作中心地位、深化人才培养模式改革，改进高等教育质量工程建设项目遴选评审工作。评选出第六届自治区高等学校教学名师16人，首届自治区高等学校教学能手32人，自治区高等学校精品课程25门。完成2011年度自治区教学团队评审工作，共评选出17个教学团队，其中本科院校10个、高职高专院校7个。完成国家教育体制改革项目——实施免费师范生教育和新疆职业教育办学模式改革试点方案的制订和上报。12月，拨付免费师范生专项资金13 199.86万元。完成四项自治区教育体制改革试点项目的评审工作。完成2009年立项的1所自治区示范高职院校的验收工作。组织4所立项建设单位完成《自治区示范性高等职业院校项目建设任务书》和《示范性高等职业院校建设方案》，启动示范性高职建设工作，并及时拨付建设经费。完成“高等职业院校人才培养工作状态数据采集平台”汇总工作。对3所民办高职院校教育教学及管理等工作进行了督导检查。与高等教育出版社共同组织开展了2009—2010年自治区高职高专基础课程教学改革项目结题验收工作。

〔**学科建设**〕 启动自治区第二批重点学科建设计划，与新疆大学等10所高校签订了第二批77个重点学科（含10个重点培育学科）建设与管理责任书，落实了2011年度专项建设经费，编制并下发了《自治区重点学科建设计划汇编》。在国务院学位办的大力支持下，石河子大学的自治区重点学科“作物栽培学与耕作学”、“农业经济管理”分别进入国家重点学科和国家重点（培育）学科。

公布了2010年度自治区优秀博士、硕士学位论文名单，共有11篇博士学位论文和50篇硕士学位论文入选。第二批34个自治区产学研联合培养研究生示范基地名单获得自治区教育厅、科技厅、国资委、经信委的批准。此外，批准5个示范基地为新增联合培养单位。稳步推进研究生培养机制改革试点工作，完成了新疆大学、新疆医科大学研究生培养机制改革试点工作的总结。组织全区学位授予单位完成研究生学位论文的“抽检”工作，在石河子大学举办了新疆第三届研究生学术论坛。昌吉学院获批成为培养硕士专业学位研究生试点工作建设单位。开展了新疆财经大学、塔里木大学申请开展授予博士学位的服务国家特殊需求人才培养项目试点工作的组织论证和推荐工作。

〔**专业建设**〕 指导高校进一步优化学科专业机构，加强对全区高校学科专业布局宏观调控。支持高校紧密结合自治区新型工业化、农牧业现代化和新型城镇化建设加强相关专业，同时调减人才需求不足的专业，促进学科专业结构更加适应人才需求。提出并制定了“第二轮紧缺人才专业建设计划”，争取紧缺专业专项经费2 000万元，完成申报遴选工作。完成高职特色专业评审工作，共评审出10个特色专业。完成新增专业审核工作，新增高职高专专业32个（含1个专业方向备案），向教育部上报新增本科专业14个。完成中央财政支持高职院校专业建设项目论证，获得专项经费3 700万元。

〔**人才培养**〕 启动免费师范生维吾尔语普及教材编写工作。做好自治区高校专科生升本的选拔、审核、公示工作，共有389名优秀专科毕业生获得了升本资格。继续实施“民汉双语翻译人才培养计划”，2011年招生规模扩大到1 430人，拨付承担培养任务院校专项经费1 076.75万元。6所本科生培养单位共向4所推免硕士研究生招生单位推免硕士生131人。进一步规范“全国普通高校非计算机专业学生计算机水平等级考试”考务工作，启动考试大纲和题库的修改完善工作，组织了3次考试，共5 400余人参加。组织完成2011年“外教社杯”全国大学英语教学大赛新疆赛区比赛，有2人代表自治区参加10月在上海市举办的全国总决赛。组织自治区高校师生积极参加全国大学英语教学大赛、全国大学生数学建模竞赛、全国大学生电子设计竞赛，获得多项国家级奖项。

〔**学位与研究生教育**〕 2011年，自治区一级学科博士点增加到21个，二级学科博士点增加到101个；一级学科硕士点增加到109个，二级学科硕士点增加到564个。对新疆师范大学博士学位授予单位、新疆艺术学院硕士学位授予单位立项建设进行中期检查，按新的学科目录调整优化建设方案。按照国务院学位办要求，完成了区内外高校在自治区举办在职人员攻读硕士专业学位的检查工作。开展了新疆财经大学、石河子大学申办审计硕士专业学位工作的组织、论证和推荐工作。组建专家组对新增学士学位授权专业建设情况进行考察评估，9所高校20个本科专业获得学士学位授予权。

〔**教师队伍建设**〕 完成高校教师岗前培训896人次，选拔63名优秀青年骨干教师参加自治区高校青年骨干教师英语、俄语强化培训班和内地高校外语强化培训班，推荐44名高校青年教师为2011年度高等学校青年骨干教师国内访问学者，赴内地有关高校和科研院所进行研修。提出并制定

“自治区普通高校天山学者特聘人才计划”。根据《教育部关于继续实施国家支援新疆汉语教师工作方案的意见》（教民〔2009〕1号），完成自治区高职院校100名教师赴北京大学、中国农业大学、天津大学、西安交通大学和西南大学参加培训的遴选、申报工作。协助政府职业教育领导小组办公室，完成高职院校第六期“双师型”师资培训申报工作。

〔**科学研究**〕　修订并印发了《新疆维吾尔自治区高等学校科研计划项目经费管理暂行办法（暂行）》。完成2011年度自治区高校科研计划的组织申报、形式审查、网络评审，重点项目立项答辩等工作，从高校申报的654个项目中，遴选确定立项资助110个项目。组织完成自治区高校科研计划项目2007、2008年106个立项项目的结题验收和2008、2009年161个立项项目的中期检查工作。制定实施“自治区普通高校人文社会科学重点研究基地建设计划”，获750万元专项经费，并完成该计划申报、遴选工作。完成自治区高校2010年度科技统计数据的统计、审核和上报工作。完成教育部“新世纪优秀人才支持计划”入选者项目结题验收工作。组织高校申报2011年度教育部“创新团队发展计划”和“新世纪优秀人才支持计划”，有5人分别入选两个计划，组织完成新获批教育部创新团队建设计划论证工作。

〔**教材建设**〕　组织高校申报2011年度“自治区高校地方特色和民文教材建设计划”，组织专家完成对13所高校申报25种教材的审核工作。完成对2010年立项的12部教材的审定工作。

〔**实验室及实践基地建设**〕　召开新疆高校实验室和仪器设备统计工作会议，汇总全疆38所高校的相关数据报送教育部。组织开展对新疆大学、新疆农业大学、新疆医科大学等7所高校的教育教学、实验室建设及实验设备使用等情况的调研工作。完成本科实验教学示范中心评审工作，共评审出10个本科实验教学示范中心。完成2010年中央财政支持的实训基地建设项目自治区政府采购工作。组织开展2011年度中央财政支持的职业教育实训基地建设高职院校项目遴选推荐工作，7所高职高专院校的7个实训基地项目全部获得批准，财政部下达专项经费1 400万元。按照财政部要求，申报“中央财政支持地方高校发展专项资金”，财政部下拨经费7 500万元。组织高校编写“十二五”期间基本建设规划，自治区教育厅会同自治区发改委编制、完善“双语教师培养培训基地”和“自治区普通高校基础设施建设”两个项目，完成2012年两个项目的可行性研究报告。

〔**招生工作**〕　1. 普通高校招生考试。2011年，全区共有14.77万人报名参加普通高校招生考试，较2010年减少10%。区内外普通高校在自治区共计划招生11.8万余人，较2010年增加6.6%。实际录取新生11.4万余人，总录取率达77.21%，较2010年增加5.44%。本科录取率达43.54%，录取结构进一步优化。

顺利实施多项改革。成功实现新课程改革后的高考方案对接；暂停4年的外（汉）语听力考试顺利恢复并首次将考生听力考试成绩和学业成绩等一并提供给高校作为录取时参考依据；首次全面实现网上报名、网上填报志愿和网上征集志愿，增加两个录取批次；首次实行本科一批次完全平行志愿；首次尝试进行双语班考生志愿填报方式和投档方式的改革；首次实行中职优秀毕业生免试进入高职学习；港澳院校首次在疆招生顺利进行。

维护考生利益。共查处违规考生100人。坚持清查“高考移民”，录取前按规定取消了267名假户籍、假学籍考生的资格，录取中经查实又取消了30名考生的录取资格。各地工商、教育、公安、纪检等部门继续集中开展打击虚假招生宣传、招生中介诈骗的联合行动，共查处2个非法招生、办学机构。

2. 硕士研究生招生考试。全区共有15 976名考生报名参加2011年硕士研究生全国统一入学考试，实际录取4 880人，比2010年增加328人，增幅7.22%。全区各招生单位保密室软硬件建设进一步加强，招生单位自命题工作严格规范，评卷现场安全保密措施显著增强，自治区录取审核把关更加严格，录取库首次一次性顺利通过教育部检查。

3. 成人高校招生考试。2011 年，区内外 130 所成人高校在疆计划招生 50 284 名，报名总人数为 61 136 人，比 2010 年增加 6 473 人，增幅 11.8%，连续两年改变了招生计划与报考人数倒挂的局面。共录取考生 47 143 人，录取率 77.11%。

〔**信息化及图书馆建设**〕　加强自治区高校图书工作委员会职能，启动 CALIS 新疆中心三期建设，并在此基础上筹划自治区高校数字图书馆联盟建设工作。

撰稿　贺　锋
审稿　同继敏

新疆生产建设兵团教育

概　况

〔**基本情况**〕

2011 年各级各类学校校数、教职工、专任教师情况

学校类别	学校数（所）	教职工数（人）	专任教师数（人）
合计	538	43 551	34 569
一、普通学校	535	42 483	33 874
1. 普通高校	5	4 220	2 797
其中：本科			
研究生			1 200
其中：博士生			
硕士生			
2. 中等职业学校	22	1 792	1 109
其中：中等技术学校	20	1 673	1 026
中等师范学校	1	103	70
职业高中	1	16	13
其他机构（教学点）	3		
3. 普通中学	246		14 589
其中：高中	46	32 924	4 304
初中	200		10 285

续表

学校类别	学校数（所）	教职工数（人）	专任教师数（人）
4. 小学	68		13 318
5. 幼儿园	194	3 547	2 061
二、成人学校	3	1 068	695
1. 成人高校	2	984	623
其中：普通高校成教院	2		
2. 成人中专学校	1	84	72
其中：教师进修学校			

2011年各级各类学历教育学生情况

学校类别	毕业生数（人）	招生数（人）	在校生数（人）
合　　计	152 322	158 130	549 362
一、普通学校	146 351	149 830	530 714
1. 普通高校	11 681	12 882	47 170
其中：本科	8 005	8 638	34 553
研究生	638	1 052	2 824
其中：博士生	14	42	114
硕士生	624	1 010	2 710
2. 中等职业学校	10 098	12 079	30 117
其中：中等技术学校	9 475	11 589	28 985
中等师范学校	364	275	524
职业高中	83		89
其他机构（教学点）	176	215	519
3. 普通中学	62 275	62 718	184 582
其中：高中	19 214	20 244	59 905
初中	43 061	42 474	124 677
4. 小学	38 807	33 147	212 154
5. 幼儿园	23 490	29 004	56 691
二、成人学校	5 971	8 300	18 648
1. 成人高校	3 471	4 926	12 274
其中：普通高校成教院	2 674	4 266	10 793
2. 成人中专学校	2 500	3 374	6 374
其中：教师进修学校			

〔**义务教育阶段学校教师特设岗位计划**〕 根据《教育部办公厅 财政部办公厅关于做好2011年农村义务教育阶段学校教师特设岗位计划有关实施工作的通知》(教师〔2011〕4号)和《兵团教育局、财务局、人事局、编办〈关于贯彻实施农村义务教育阶段学校教师特设岗位计划实施方案〉的意见》精神,制定了《2011年兵团特设教师岗位教师招聘方案》,面向全国公开招聘特岗教师800名,并在招聘网站发布消息。有11 280名应聘人员在网上报名,4 000余人参加考试。按照"公开、公平、自愿、择优"和"三定"原则,完成了2011年兵团800名特岗教师招聘和岗前培训工作。

〔**中小学校长培训**〕 2011年,在石河子大学举办岗位培训班,培训新任校长98名、园长40名;在华东师范大学举办提高培训班,培训校长50名;组织实施教育部"中国移动中小学校长培训项目",培训校长137名;组织20名校长参加教育部举办的"第二期新疆中小学骨干校长研修班";50名校长园长参加了教育部中小学校长培训中心组织的培训,660名各类学校管理者参加了教育部组织的教育规划纲要远程培训。同时,启动了兵团中小学优秀校长培养培训工程,14名校长参加了培训。通过各类不同层次的教育管理者培训,有效地提升了教育行政干部和中小学校长的管理水平。

〔**教育行政干部出国培训项目**〕 9月,兵团继续选派20名中学校长和教育局长赴英国里丁大学培训,学习国外先进的教育理念和教育方法以及教育技术的运用,并到英国中学进行实地考察。2011年,启动名校长培训工程,选派了14名中学校长赴美国富士敦大学培训学习,该项目得到教育部"500名大中小学校长和教师赴美研修计划"全额资助。

〔**西部人才培养特别项目**〕 2011年,兵团"西部地区人才培养特别项目"共选派23名各类教师和科研人员出国进修访问学习,其中中学英语、高级行政管理两个子项目派出7人。截至2011年年底,共派出177人,其中子项目派出105人。

〔**少数民族双语教师提高培训工程**〕 2011年,兵团教育局会同人事、财务等部门研究出台了《兵团中小学少数民族教师提高培训工程实施方案》,启动实施了双语教师队伍提高工程。按照"全员培训,重点推进"的原则,2011—2015年,通过实施双语教师提高培训工程,使40岁以下的少数民族教师在思想政治与职业道德、专业知识与学术水平、教育教学能力与教育科研能力等方面的综合素质明显提高。9月,组织安排165名少数民族教师参加为期一年的跟班教学实习培训,培训主要围绕教育理论、专业知识和教学技能三个方面开展。为进一步加强双语教师提高培训工作的组织管理,规范培训工作,兵团教育局制定了《兵团中小学少数民族双语教师提高培训考核办法》、《兵团双语教师提高培训教学手册》等,切实保证培训效果和质量。

〔**励耕计划**〕 12月,根据中国教育发展基金会《关于开展2011—2012学年中央专项彩票公益金励耕计划的通知》和《财政部、教育部关于印发中央专项彩票公益金支持教育项目相关管理实施办法的通知》要求,按照"公开透明、量入为出、突出重点、专款专用"的原则,向贫困团场、边远团场、边境团场和少数民族团场倾斜,通过报纸、简报、网络、政务公开栏等媒体和形式对励耕计划进行充分的宣传。各学校通过召开全体教职工大会、校园网、电话传达、走访传达等各种形式,宣传励耕计划的资助对象、条件、标准、名额和申请程序。据汇总统计分析,安排兵团励耕计划资助教师名额3 948人中,小学教师受资助1 793人,占资助总数的45.4%,初中教师受资助1 080人,占资助总数的27.4%,高中教师受资助338人,占资助总数的8.6%,中职教师受资助94人,占资助总数的2.4%,退休教师受资助643人,占资助总数的16.3%。兵团2011—2012学年中央专项彩票公益金励耕计划资助金每人1万元。

〔**治理教育乱收费**〕 兵团各级党政继续加大治理教育乱收费工作的力度,会同兵团纠风办、监察局、财务局、发改委、审计局、新闻出版局联合制定印发了《关于2011年治理教育乱收费　规范教育收费工作的实施意见》，坚持春、秋两季开学后教育收费情况督查工作，并于10月会同发改委组成3个检查组对农一师、农三师、农六师、农七师、农八师、农九师、农十师、农十二师、农十三师、建工师和兵团直属18所中小学、4所高校、12所幼儿园教育收费情况进行了调研，形成了《兵团教育收费专项检查调研报告》。全年共计清查出违规收费金额27.165万元，已全部清退。

〔**招生录取工作**〕　2011年，国家下达兵团研究生招生计划1 042人，其中博士研究生42人、硕士研究生1 000人，比2010年增加103人，增长10.97%。博士研究生计划完成40人，报到率为95.24%；硕士研究生计划完成958人，报到率为95.8%。2011年，下达兵团普通高等教育本专科生招生计划12 600人，其中本科8 550人、专科4 050人，比2010年减少340人，减少2.63%；本科计划完成8 030人，学生报到率为93.65%；专科计划完成3 146人，学生报到率为77.79%。2011年，国家下达兵团成人高等学校本专科招生计划7 200人，比2010年增加1 080人，增加17.65%，其中本科计划1 700人、专科计划5 500人，分别比2010年增加6.25%和21.69%。本专科共录取7 097人，录取率为98.56%，其中本科计划录取1 524人，录取率为89.65%；专科计划录取5 573人，录取率为101.32%。

〔**邵逸夫项目**〕　2011年，邵逸夫先生向兵团捐赠360万港币，用于资助4所中学建设。这些项目正按计划和要求实施。

基础教育

〔**实施学前教育三年行动计划**〕　4月，兵团制定了《新疆生产建设兵团学前教育三年行动计划（2011—2013年）》（以下简称《行动计划》）。《行动计划》明确提出，经过3年努力，兵团公办学前教育资源明显扩大，学前教育资源布局日趋合理，民办幼儿园发展规范有序，幼儿园办园水平明显提升，保教质量显著提高，师资队伍日趋优化，毛入园率进一步提高，基本满足兵团职工对学前教育的需求。为达到上述目标，《行动计划》提出了在扩大资源、教师队伍建设、经费筹措、规范管理等方面的一系列政策措施。

〔**学前教育推进工程**〕　为实现兵团"十二五"时期基本实现普及学前教育目标和基本满足适龄儿童入园需求，计划从2011年起，在中央重点支持下用5年时间，共投入资金4.225亿元，新建、改扩建幼儿园81所，新建改扩建面积19.8万平方米，购置教学及生活设施34 590套，逐步形成师、团、连和城市、街道、社区三级学前教育网络，建成一批示范幼儿园。年内，国家发改委为兵团拨款3 000万元，主要用于7所边境贫困团场新建幼儿园，总建筑面积1.7万平方米，购置设备3 139台（套），可新增2 030名幼儿入园。

〔**兵团与教育部签署义务教育均衡发展备忘录**〕　7月13日，兵团副司令员宋建业代表兵团与教育部签署义务教育均衡发展备忘录。同时，向教育部提交《新疆生产建设兵团关于推进义务教育均衡发展的指导意见》、《新疆生产建设兵团义务教育均衡发展规划（2011—2020年）》、《新疆生产建设兵团义务教育学校基本办学标准》、《新疆生产建设兵团义务教育教师队伍发展规划》、《新疆生产建设兵团义务教育学校标准化建设项目规划》等一系列文件。

〔**义务教育均衡发展国家级改革试点**〕　农八师石河子市义务教育均衡发展改革试点作为兵团唯一一个国家教育体制改革试点，自申报立项以来，取得了积极进展。一是加大义务教育布局结构调整力度，将之前的102所义务教育学校调整到73所，扩大了优质教育规模，提高了办学效益。二是加大薄弱学校改造力度，到2012年达到学校间办学条件初步均衡。三是积极探索教育资源科学配置，优质学校和薄弱学校的校领导和教师通过挂职、支教等形式进行结对帮扶，逐步缩小校际之间的差距。四是启动义务教育学校学区集团化管理模式改革试点，将第一批试点单位的8所学校组成4个学区，整合学区内的教育资源，形成管理机制一体化、师资管理一体化、资源配置一体化、学生养成教育一体化。

〔**中小学校舍安全工程**〕 兵团各级领导高度重视，将中小学校舍安全工程作为教育工作的重中之重，并将其纳入为职工群众办“十件实事”的重大民生工程组织实施。按照“突出重点，抓住关键，分步实施，切实解决中小学校舍安全问题”的总体要求，加大资金筹措力度，采取强势有效的措施，顺利完成了年初制定的各项工作和校安工程建设任务。2011年，校安工程计划安排资金3.27亿元，其中中央专项资金2亿元，兵团本级财务统筹资金0.92亿元，师团配套资金0.35亿元；安排加固改造项目154个，其中新建项目52个，加固项目98个，综合防灾项目4个；新建和加固中小学校舍30.93万平方米，其中新建校舍11.11万平方米，加固校舍19.82万平方米。截至2011年年底，校安工程项目开工150个，开工率97.4%，竣工118个，完工率76.6%，竣工面积243 272平方米。

〔**团场初中校舍改造工程**〕 2011年，安排5个团场和部分师直属及企业所管共9所项目学校，总投资5 000万元，规划建设面积14 750平方米，其中学生宿舍7 350平方米，学生食堂3 600平方米，体育活动室3 800平方米，运动场7个，投资4 700万元；购置学生生活设施300万元。

〔**少数民族双语教育工作现场会**〕 7月7—8日，兵团少数民族双语教育工作现场会在农三师召开。兵团党委常委、副司令员宋建业出席会议并讲话。会前印发的《新疆生产建设兵团关于加快推进少数民族学前及中小学双语教育的实施意见》（以下简称《意见》），提出了一系列促进双语教育发展的具体目标，涉及双语教育体系建构、双语教师教学能力培养等方面。《意见》提出了确保目标实现的一系列政策措施。

〔**边远艰苦地区团场学校教师周转宿舍建设项目**〕 从2011年起，国家支持兵团启动实施团场学校教师周转宿舍建设项目，计划用5年时间，投入资金5.68亿元，在兵团边远艰苦地区的174个团场学校新建6 613套、23.2万平方米布局合理、实用适用的教师周转宿舍，从而改善兵团团场单身青年教职工、支教交流教师、特岗教师基本工作生活条件。2011年，国家发改委为兵团拨款4 000万元，解决21个团场746名单身青年教职工、支教交流教师、特岗教师无住房或住房条件差的问题，建设教师周转宿舍2.61万平方米，购置基本生活设施746套。

职业教育

〔**国家中职示范学校建设**〕 7月，教育部、财政部、人力资源和社会保障部批复石河子工程技术学校、兵团工贸学校编制的项目建设任务书和实施方案，项目建设正式启动。项目建设期限为两年，从2011年7月开始，2013年7月验收。9月，石河子卫生学校、石河子大学护士学校经教育部等三部门复核和公示，进入第二批国家中等职业教育改革发展示范学校建设行列。财政部下达项目建设补助资金1 860万元，其中石河子大学护士学校 920 万元，石河子卫生学校 940 万元。

〔**基础能力建设（二期）项目**〕 国家发改委共投入资金4 500万元，支持农五师博乐职业技术学校、农九师职业技术学校、农十二师职业技术学校、农十三师职业技术学校 4 所兵团中职学校学生宿舍、食堂及实训楼建设项目，可新建校舍 2.2 万平方米。

〔**实训基地建设项目**〕 中央财政投入资金1 470万元，支持兵团建设农二师华山职业技术学校化工工艺、农四师伊犁职业技术学校机电技术应用等 8 个专业性实训基地。通过项目实施，为提升职业教育质量打下了坚实的硬件基础。

〔**中职招生**〕 5 月，兵团教育局发出通知，对在 2010 年度中等职业教育招生工作中业绩突出的 10 所学校进行表彰。农四师伊犁职业技术学校、农九师职业技术学校、兵团工贸学校获招生工作突出贡献奖；石河子大学护士学校、农二师华山职业技术学校、农三师图木舒克职业技术学校、石河子工程技术学校获招生工作优秀奖；兵团农业广播电视学校、农八师中等职业教育中心、石河子卫生学校获招生工作鼓励奖。通过切实加强对中职招生工作的管理指导，各中职学校积极拓展办学形式，截至 2011 年 10 月，兵团中职学校招生 1.54 万人，超额完成了教育部下达的 1.5 万人的招生任务，其中招收南疆未升学初中毕业生3 000余人，约占 2011 年兵团中职招生总数的 20％。

〔**内地新疆中职班**〕 根据教育部、国家发改委、财政部三部委关于举办内地新疆中职班的意见精神，从 2011 年起，国家开始在天津、辽宁、上海等 9 个中东部省市的 31 所国家重点中等职业学校举办内地新疆中职班，每年招生3 300人，其中 7 省市在兵团招生 300 人。内地中职班兵团招生对象以南疆四地州兵团垦区少数民族初中毕业生为主，财政部按照年生均5 000元标准为学生补助学习和生活费用。兵团教育局会同兵团发改委、兵团财务局印发了《关于做好内地新疆中职班招收兵团学生工作的通知》，明确了内地中职班培养目标和任务，下达了分师、分学校和专业的招生计划。一、三、四、五、六、七、九、十三、十四 9 个师教育局将内地新疆中职班招生工作作为一项重大的政治任务，仅用 10 余天时间完成了报名、招生考试和录取工作。经兵团教育局与自治区教育厅协调，共同完成了 6 批内地中职班新生入学教育培训和学生出疆输送工作。截至 2011 年 10 月底，兵团 257 名中职学生分赴内地中职学校开始正常学习生活。

〔**“文明风采”竞赛**〕 继续开展兵团中等职业学校“文明风采”竞赛活动的组织工作。经积极发动，参加初赛的学校达 16 个、作品达5 000余件，基本形成了“人人参与、班班比赛、学校选拔”的良好氛围。兵团教育局会同兵团文明办、兵团团委成立了复赛组委会，对学校推荐参加复赛的1 199件作品进行评选，共评出一等奖作品 55 件、二等奖作品 140 件、三等奖作品 263 件、优秀奖作品 382 件，优秀组织奖 2 个、组织奖 6 个。11 月，由教育部办公厅、中央文明办秘书组和中华职业教育社主办的第八届中等职业学校“文明风采”竞赛活动全国决赛结果揭晓。十二师职业技术学校获优秀组织奖，石河子大学护士学校、建工师职业技术学校和兵团工贸学校获组织奖。经兵团复赛选送参加全国决赛 5 个类别 11 个项目的 275 件作品中，227 件获奖，其中一等奖 27 件、二等奖 61 件、三等奖 105 件、优秀奖 34 件。

〔**职业院校技能大赛**〕 2011 年，参加新疆赛区选拔赛和全国职业院校技能大赛的兵团中职学校数量、参赛选手人数和获奖数量都有新的突破。在新疆赛区选拔赛中，兵团工贸学校和石河子工程技术学校综合成绩分别位列团体一等奖二、三名，参赛的 14 所中职学校 200 余名师生共获各类奖项 143 个；9 所中职学校 77 名学生代表兵团参加全国职业院校技能大赛 11 个专业类别、33 个比赛项目，共获各类奖项 65 个，兵团参赛学校数、参赛学生人数和参赛项目、获奖数量均为历年最多，获三等奖以上的项目数量在西北五省区中仅次于陕西省。兵团工贸学校、石河子工程技术学校参加全国职业院校学生技能作品展洽会，3 件作品分别获得 1 个一等奖、2 个三等奖，充分展示了兵团职业教育改革发展的成果。

〔**首届兵团中职学校信息化教学大赛**〕 9 月 22—24 日，在石河子市举行了首届兵团中等职业学校信息化教学大赛。大赛设多媒体教学软件比赛和信息化教学设计比赛两个大项，不限学科和专业。来自 14 所学校、涉及 23 个学科专业的 65 名参赛选手参加了大赛。

高 等 教 育

〔**普通高校新增本专科专业**〕 经兵团高等学校专业设置评审委员会评审并经教育局审核，兵团高校新增材料科学与工程、种子科学与工程、设施农业科学与工程（石河子大学和塔里木大学各 1 个）、学前教育（双语）、物流工程与管理 6 个本科专业和服装设计与加工、建筑工程管理、电力系统自动化技术、工程机械运用与维修 4 个高职专业。

〔**省级精品课程评审立项**〕 经兵团精品课程专家组评审并经教育局审核，确立并建设生物化学（石河子大学和塔里木大学各 1 门）、动物营养与饲料学、新疆历史与民族宗教理论政策教程、中国古代文学、测试技术、内科学、大学体育、植物学、动物生理学、灌溉排水工程学 11 门兵团级本科精品课程和电工电子技术基础、数控技术及应用、液压与气压传动 3 门高职精品课程。

〔**学科和专业建设**〕 1 月，作为支撑石河子大学“211 工程”重点学科建设项目“绿洲作物优质高效生产”和“兵团经济社会发展与区域合作研究”的主干学科——“作物栽培学与耕作学”、“农业经济管理”被教育部批准为二级学科国家重点学科和国家重点（培育）学科。石河子大学的公司治理与管理创新研究中心、兵团屯垦经济研究中心、新疆少数民族教育发展与教育政策研究中心和塔里木大学的非传统安全与边疆民族发展研究中心 4 个学科基地获自治区首批高校人文社会科学重点研究基地立项建设。新疆石河子职业技术学院的建筑工程技术、现代纺织技术和新疆兵团警官高等专科学校的 4 个专业获“中央财政支持高等职业学校提升专业服务能力”项目建设，争取建设资金 400 万元。

〔**高校科研**〕 2011 年，兵团高校获教育部人文社会科学研究项目立项 32 项，获科研资助经费 202 万元，其中人文社会科学研究一般项目 28 个、人文社会科学研究专项任务项目（高校思想政治工作）2 个、人文社会科学研究专项任务项目（工程科技人才培养研究）2 个。新疆石河子职业技术学院的《新疆兵团特殊体制下的职业教育集团化办学研究》和《新疆职业教育与产业结构的互动研究》首次获教育部人文社会科学研究立项，是兵团高职高专院校在科研工作上的重大突破。

〔**示范性高职院校建设通过国家验收**〕 7 月，教育部和财政部组织专家组根据各地前期验收情况，对 2008 年度立项建设的新疆石河子职业技术学院国家示范性高等职业院校进行了项目建设验收评审，批复同意该学院通过国家验收。

〔**高校辅导员队伍建设**〕 10 月，兵团教育局组织 46 名高校一线辅导员赴延安、井冈山教育部辅导员培训基地，进行首期兵团高校辅导员培训，使辅导员更好地追寻兵团精神，接受革命传统教育，坚定理想信念。

〔**高职院校对口支援**〕 11月，教育部批准山西警官高等专科学校对口支援新疆兵团警官高等专科学校，沈阳职业技术学院对口支援新疆石河子职业技术学院。

撰稿 尹若强
审稿 高继宏

香港特别行政区教育情况简介

香港特别行政区政府非常重视教育，教育是公共开支最大的项目。2011—2012 年度，教育方面经核准的公共开支达 687 亿元，占公共开支总额的 17.1%。

2010—2011 学年，共有 20 所院校开办经香港本地评审的自负盈亏副学位、学位及衔接学位课程，提供约 33 200 个学额。职业训练局、香港城市大学、香港理工大学、香港演艺学院及香港教育学院也开办政府资助副学位课程，2010—2011 学年，提供约 8 700 个学额。

香港有 15 所颁授学位的高等学校，其中 8 所由大学教育资助委员会资助。2010—2011 年度，共有全日制学生 63 450 人和兼读制学生 4 218 人就读受政府资助的学士学位课程和研究院课程。

另外，有 7 所并非由大学教育资助委员会资助的颁授学位院校，分别是由政府拨款的香港演艺学院，以及财政自给的香港公开大学、香港树仁大学、珠海学院、恒生管理学院、东华学院和明爱专上学院。

撰稿　艾宏歌

审稿　赵灵山

澳门特别行政区教育情况简介

澳门特别行政区政府自成立以来，积极促进澳门非高等教育的发展，通过持续完善15年免费教育制度，制定《非高等教育发展十年规划（2011—2020年）》发展蓝图等一系列措施，落实“教育兴澳”的方针。

澳门教育暨青年局统计数据显示，2011—2012学年，澳门共有78所学校，其中公立学校11所，私立学校67所。接受非高等教育的学生总数为73 425人。2011—2012学年，非高等教育领域教师总数为5 284人，较2010—2011学年增加0.3%。

澳门现有10所高等院校，其中澳门大学、澳门理工学院、旅游学院、澳门保安部队高等学校为公立院校，澳门城市大学［前名为亚洲（澳门）国际公开大学］、圣若瑟大学（前名为澳门高等校际学院）、澳门镜湖护理学院、澳门科技大学、澳门管理学院、中西创新学院为私立院校。

2010—2011学年，10所高等院校高等教育课程的注册学生共32 000多人，其中本地生约占53%，外地生约占47%。10所高等院校高等教育课程的注册内地学生共有14 000多人。

截至2011年年底，获国家教育部批准前往内地招生的高等院校有澳门大学、澳门理工学院、旅游学院、澳门科技大学、澳门城市大学、澳门镜湖护理学院。

2010—2011学年，10所高等院校教学人员共1 850人。

撰稿　艾宏歌

审稿　赵灵山

台湾省教育情况简介

截至2011年9月，台湾各级学校总数达8 060所（另有实用技能学校154所）。在台湾总人口约2 300万人中，在学人口数约达506万余人，每千人口学生数为219人。

台湾学前教育管理主要集中在教育和内政两个部门，公立、私立幼儿园约各占50%。台湾小学专任教师99 541人；初中专任教师51 991人，通常每个班级学生控制在35人左右。

台湾高级中等教育主要包括高级中学和高级职业学校。高级职业学校招生对象为初中毕业生，学制三年。主要培养有专门技术的人，学生毕业后进入社会可直接从事各项实际生产工作，也可选择升入四年制技术学院、二年制专科学校或一般大学学习。

在台湾现行的教育体系中，高等教育包括专科学校、独立学院、大学及研究所。

台湾社会教育包括社区大学、补习学校、远程教育、社教机构等。

撰稿　刘海峰　秦　雪

审稿　赵灵山

北京大学

〔胡锦涛总书记给北京大学第十二届研究生支教团成员回信〕　2011年5月，胡锦涛总书记给学校第十二届研究生支教团成员回信，勉励支教团成员要“向实践学习、向人民群众学习”，“坚持把支教扶贫的接力棒一届一届传下去”，“努力成长为堪当国家建设重任的栋梁之材”。学校党委、行政部门迅速在师生中掀起学习胡锦涛总书记回信精神的热潮，紧紧把握“向实践学习，向人民学习”这个主题，将学习胡锦涛总书记回信精神与提高教育质量、开展创先争优活动、加快创建世界一流大学相结合，促进学校工作又好又快地发展。

〔贺国强到学校考察调研〕　11月10日，中共中央政治局常委、中央纪委书记贺国强到学校考察调研并出席部分高校反腐倡廉建设座谈会。贺国强希望学校坚持正确办学方向，弘扬光荣传统，推进改革创新，加快推进创建世界一流大学步伐，为党和国家事业发展作出更大贡献。他强调，要认真贯彻落实党的十七届六中全会、胡锦涛总书记在清华大学百年校庆大会上的重要讲话精神和教育规划纲要，进一步提高高校改革发展水平；要深入推进高校反腐倡廉建设，为高校改革发展提供有力保证。

〔刘延东给学校受资助学生回信〕　6月16日，国务委员刘延东给受资助学生回信，勉励他们牢记胡锦涛总书记在清华大学百年校庆大会上提出的“三点希望”，常怀感恩之心，情系国家人民，珍惜金色年华，掌握过硬本领，勇担历史使命，甘于无私奉献，到祖国最需要的地方建功立业，努力在中华民族伟大复兴的历史征程中谱写出壮丽的青春乐章。

〔新增4个博士学位和2个硕士学位授权一级学科〕　经国务院学位委员会第二十八次会议审议批准，学校新增4个博士学位和2个硕士学位授权一级学科。新增授权学科中，博士学位授权一级学科为新闻传播学、生物医学工程、中西医结合、管理科学与工程；硕士学位授权一级学科为新闻传播学和中西医结合。

〔6位教授增选为两院院士〕　12月，中国工程院、中国科学院相继公布了2011年两院院士增选结果。学校5名教授当选中国科学院院士、1名教授当选中国工程院院士，当选总人数居全国高校之首，也是学校近10年来两院院士增选工作中当选院士人数最多的一年。

〔签署加强教育发展战略与政策研究协同创新合作协议〕　该《协议》拟以北京大学为主体，会同国家教育发展研究中心、中国教育发展战略学会，成立“教育发展战略与政策研究协同创新合作体”，旨在建立三方合作的协同创新机制，构建国内外具有重大影响的教育宏观战略研究平台，建设教育政策研究与行政管理高端人才培养研修基地。

〔12项成果获2010年度国家科学技术奖〕

在1月14日举行的2010年度国家科学技术奖励大会上，学校共有12个项目获得国家科学技术奖，包括2项国家自然科学奖、1项国家技术发明奖、9项国家科技进步奖，其中有5项是学校作为第一完成人所在单位或者第一完成单位获奖。

〔**获科技部“十一五”国家科技计划工作先进集体和个人**〕 2月12日，科技部发布《关于表彰“十一五”国家科技计划工作先进集体和个人的决定》。学校获得国家科技计划执行优秀团队奖2项，国家科技计划执行突出贡献奖1项。

〔**妇女研究中心获“全国三八红旗集体”荣誉称号**〕 3月7日，学校中外妇女问题研究中心获得2011年“全国三八红旗集体”殊荣。

〔**阿拉伯语系教授仲跻昆荣获谢赫·扎耶德图书奖**〕 学校外国语学院阿拉伯语系教授仲跻昆荣获“谢赫·扎耶德图书奖——第五届文化人物年度奖(2010—2011年)”，表彰他在长达半个世纪的阿拉伯语教学与科研及中阿文化交流中所作出的重大贡献。

〔**《中国木本植物分布图集》获第二届中国出版政府奖图书奖**〕 在3月18日“书香中国——第二届中国出版政府奖颁奖典礼”上，学校方精云教授等主编的《中国木本植物分布图集》荣获第二届中国出版政府奖图书奖。

〔**孙祁祥获中国经济女性年度人物**〕 3月27日，因在学术领域的突出成就与国际影响力，学校经济学院院长孙祁祥当选“2010年中国经济女性年度人物”。

〔**学校获“全国五一劳动奖状”**〕 5月，学校荣获“全国五一劳动奖状”，这是北京市教育系统2011年唯一获此殊荣的单位。

〔**胡敏教授获中国青年女科学家奖**〕 12月2日，学校环境科学与工程学院胡敏教授荣获第八届“中国青年女科学家奖”。

〔**乔杰教授获2011年度何梁何利基金科学与技术进步奖**〕 11月8日，何梁何利基金2011年度颁奖大会在北京举行。学校第三医院乔杰教授荣获2011年度何梁何利基金科学与技术进步奖。

〔**高松院士获全国优秀共产党员称号**〕 7月，在建党90周年全国先进基层党组织、优秀共产党员、优秀党务工作者评选工作中，学校化学与分子工程学院高松院士荣获“全国优秀共产党员”称号。

〔**中国大学生环境教育基地获第五届“母亲河奖”**〕 10月13日，备受社会各界关注的第五届“母亲河奖”颁奖仪式在人民大会堂举行。由学校团委和北京大学城市与环境学院共同创办的中国大学生环境教育基地在众多参评单位中脱颖而出，以优异的成绩获得了第五届“母亲河奖”，并在获得组织类奖项的5个单位中名列前茅。

〔**李玉莲获选2010全国高校辅导员十大年度人物**〕 5月，学校药学院辅导员李玉莲获选“2010全国高校辅导员十大年度人物”。

〔**范敬怡获评“2010中国大学生年度人物”**〕 6月16日，学校城市与环境学院2008级本科生范敬怡获“2010中国大学生年度人物”。范敬怡于2009年10月倡导创立“林歌项目”，致力于可持续校园建设，探求具有高校特色的低碳意识教育模式。

〔**与湖南省政府签署信息技术领域深度合作协议**〕 4月17日，学校与湖南省政府共同签署《湖南省人民政府与北京大学在信息技术领域深度合作协议》。根据协议，学校数字视频编解码技术国家工程实验室、微处理器研究开发中心将与湖南省有线电视网络（集团）股份有限公司共同建设“3D技术与应用实验室”，并联合开发“中国芯片在三网融合广电网络上的应用”，共同推进“云电视”产业在湖南省的发展。

〔**与苏州市签署战略合作协议**〕 9月22日，苏州市党政代表团访问学校，双方举行了“北京大学、苏州市战略合作协议签约仪式”。根据协议，学校与苏州市将重点在三个方面展开合作：一是共同推进区域自主创新；二是共同推进创新成果产业化；三是共同推进高层次人才的培养。

〔**与重庆市签署战略合作协议**〕 11月11—13日，学校党委书记朱善璐、校长周其凤率代表团访问重庆市，与重庆市科委、两江新区分别签署了重庆市人民政府与北京大学成立政产学研合作办公室协议、重庆两江新区与北京大学交流合作框架协议等“共建合作平台协议”。

〔**与南京市签署战略合作协议**〕 11月14日，北京大学、南京市战略合作协议签约仪式在学校举行。根据协议，双方将在重大项目、创业就业、人才交流培养、国际科技交流等领域展开全方位合作，推进创新平台建设，构建双方长效合作的工作机制。

〔**与重庆大学签署合作协议**〕 5月25日，北京大学—重庆大学合作签字仪式在学校举行。校长周其凤和重庆大学校长林建华代表两校签署了合作协议。根据协议，两校将在学科建设、学生素质培养、大学管理等方面开展合作，合力为西部大开发作出贡献。

〔**学校代表团访问美加与多校签署合作协议**〕 11月27日，学校党委书记朱善璐率学校代表团出访美国和加拿大，先后访问了斯坦福大学、伯克利加州大学、不列颠哥伦比亚大学、多伦多大学、哈佛大学、耶鲁大学和哥伦比亚大学等美加高校和研究机构，并与多校签署合作协议。此次访问旨在学习贯彻中央领导指示精神，深入调研世界一流大学的最新进展，增进交流，深化合作，吸引海外优秀人才，加快推进学校创建世界一流大学的步伐。

〔**德国洪堡大学与学校签署合作协议**〕 9月26日，德国洪堡大学校长扬·亨德里克·奥尔贝茨一行访问学校。此行到访的主要目的即与北京大学签署两校共建“中德高级研究院”合作意向书，并续签两校交换协议。

〔**北京中坤投资集团向学校捐赠9亿元资产**〕 6月28日，“中坤集团向北京大学捐赠协议签字仪式”在学校举行。北京中坤投资集团董事长、学校杰出校友黄怒波先生向学校捐赠价值9亿元人民币的资产，注入“北京大学中坤教育基金”，以进一步推动学校人才培养和教学科研的发展。

〔**成立人力资本与国家政策研究中心**〕 9月27日，由教育部和学校共建的北京大学人力资本与国家政策研究中心正式成立。教育部副部长鲁昕、学校党委书记朱善璐、校长周其凤等领导出席成立仪式。该中心是教育部为贯彻落实教育规划纲要，完成教育部重要的决策咨询、创新实验及相关研究任务而成立的。

〔**2011全球工学院院长大会开幕**〕 10月21日，2011全球工程教育领袖峰会——全球工学院院长大会在学校隆重开幕。大会以“全球化背景下的工学教育领导力”为主题，来自世界各国的工学院院长探讨了工程教育的现状与问题，并通过这一契机开展工程教育的合作，共同解决和应对全球工程教育者面临的问题和挑战。

〔**《中国新诗总系》出版**〕 由学校中国新诗研究所组织编选、中文系谢冕教授担任总主编的大型中国新诗选本《中国新诗总系》由人民文学出版社出版。

〔**吴阶平泌尿外科医学中心启用**〕 2月26日，世界上规模最大的泌尿外科医学中心——吴阶平泌尿外科医学中心在首钢医院正式启用，标志着中国在建设世界级泌尿外科中心的目标上迈出了坚实的一步。

〔**北京大学—清华大学生命科学联合中心揭牌**〕 4月18日，“北京大学—清华大学生命科学联合中心”举行揭牌仪式，教育部副部长杜占元、学校校长周其凤、清华大学校长顾秉林为中心揭牌。生命科学联合中心是经教育部、科技部、财政部共同商定在北京大学、清华大学联合设立的科教体制改革创新试点。

〔**周其凤率团访台开展学术交流**〕 应台湾大学邀请，5月8—15日，校长周其凤率领代表团访问台湾，展开了学校历史上规模最大的校际交流活动。此次访问，双方签署了“交换学生计划”、“大学图书馆交流合作”、“北大政府管理学院与台大社会科学院学术交流合作”等协议书，进一步扩大双方在科学研究、人才培养等方面的合作。

〔**北京济生疼痛医学基金会成立**〕 5月12日，以著名神经科学家、疼痛学家、北京大学神经科学研究所韩济生院士名字命名的“北京济生疼痛医学基金会”在北京成立。该基金会旨在凝聚各界力量和资源，推动中国疼痛医学事业的发展。

〔**学校医学部全科医学学系成立**〕 5月11日，学校医学部全科医学学系成立大会召开，郑家强教授担任全科医学学系第一届系主任。

〔**周其凤出席第八届北京论坛**〕 11月4日，第八届北京论坛在钓鱼台国宾馆隆重开幕，校长周其凤出席北京论坛并致辞。北京论坛的主题为“文明的和谐与共同繁荣——传统与现代、变革与转型”。下设七个分论坛：“变革与稳定：发展中国家的成就与挑战”、“变与常：关于社会转型方式的历史思考”、“全球化背景下的经济增长：机遇、挑战和方向”、“教育传承与创新”、“城市转型与人类未来”、“艺术传统与文化创新”和“协商民主与社会和谐”；一个圆桌会议：“世界贸易组织与中国入世十年之发展”；一个专场：“民办教育与公共财政”；一个学生分论坛：“文化传承、创新、发展：青年的责任与行动”；两场对话：“世界格局变化中的国家发展与文化复兴”和“轴心文明的对话”。

〔**口腔数字化医疗技术和材料国家工程实验室揭牌**〕 11月11日，学校口腔医学院“口腔数字化医疗技术和材料国家工程实验室”在北京举行揭牌仪式。这是中国口腔医学领域的第一个国家工程实验室。

〔**学校医学部风湿免疫学学系成立**〕 11月12日，学校医学部风湿免疫学学系成立大会暨风湿免疫学专科医师培训研讨会举行。栗占国教授任北京大学医学部风湿免疫学学系首任主任。

〔**正式发布《中国报告·民生·2011》**〕 3月，北京大学中国社会科学调查中心正式发布《中国报告·民生·2011》，引起国家有关部门和社会各界的广泛关注。该报告是在全国25个省（区、市）进行正式的初访调查基础上完成的，覆盖了95%人口所在的区域，具有重要的科学研究和决策参考价值。

〔**第26届世界大学生夏季运动会火炬点燃暨火炬传递启动仪式举行**〕 5月4日，第26届世界大学生夏季运动会火炬点燃暨火炬传递活动启动仪式在学校举行。国务院副总理李克强在仪式上点燃主火炬，宣布世界大学生运动会火炬传递活动开始。

〔**“北大因你而骄傲·2010感动北大人物”颁奖典礼举行**〕 1月7日，由学校党委宣传部和新闻中心共同举办的“北大因你而骄傲·2010感动北大人物”颁奖典礼在学校百周年纪念讲堂举行。数学科学学院姜伯驹教授、生命科学学院潘文石教授、北京大学第三医院骨科主任马庆军教授、物理学院王恩哥教授、历史系2010级硕士研究生马清源获奖。

〔**举行李兆基人文学苑落成典礼**〕 10月27日，李兆基人文学苑落成典礼在学校隆重举行，国务委员刘延东出席会议并讲话。人文学苑由香港恒基集团主席、北京大学名誉校董李兆基博士捐资建筑，将作为北大文史哲的教学科研用房。

〔**学校医学部第十二次党代会召开**〕 12月28日，中国共产党北京大学医学部第十二次代表大会在召开。大会的主题是：高举中国特色社会主义伟大旗帜，深入贯彻落实科学发展观，发扬优良传统，全面加强党的建设，进一步发挥基层党组织和全体共产党员在学校建设与发展中的原动力作用，团结广大师生员工，凝心聚力，振奋精神，勇担使命，在加快创建世界一流医学教育进程中，努力做到示范引领、走在前列。大会审议通过了十一届党委和上届纪委的工作报告，选举产生了第十二届委员会和新一届纪检委员会。

撰稿　鞠　晓

审稿　张兴明

清华大学

〔**胡锦涛到校视察**〕 4月20日，在学校建校100周年之际，中共中央总书记、国家主席胡锦涛到校视察，代表党中央、国务院向全校师生员工和海内外校友表示热烈祝贺和诚挚问候。胡锦涛充分肯定了学校建校100年来所取得的成就，希望学校以建校百年为新的起点，全面贯彻党的教育方针，坚持教书育人，进一步提高教学质量和科研水平，努力跻身世界一流大学行列，为国家富强、民族振兴造就更多优秀人才、提供更多智力支持，不断谱写新的辉煌篇章。

〔**吴邦国到校视察**〕 3月7日，全国人大常委会委员长吴邦国到学校视察，对学校百年华诞表示祝贺。

〔**贾庆林到生物芯片北京国家工程研究中心考察**〕 4月19日，全国政协主席贾庆林到生物芯片北京国家工程研究中心（前身为清华大学生物芯片研究与开发中心）考察，希望中心继续拓展生物芯片使用范围，努力推进这项技术在食品安全、农业、环保等领域的广泛应用。贾庆林还对学校建校100周年表达了美好祝愿。

〔**李长春到校视察**〕 6月30日，中共中央政治局常委李长春到学校视察，与师生共庆党的生日。5月13日，李长春到深圳清华大学研究院调研。

〔**习近平听取学校工作汇报**〕 4月6日，国家副主席习近平听取学校工作汇报，对学校百年华诞表示祝贺。习近平强调，建设世界一流大学要做到“六个必须”，即必须坚持正确的办学思想，必须努力培养世界一流的学生，必须造就世界一流的师资队伍，必须创造世界一流的学术成果，必须不断创新办学机制，必须充分发挥政治优势、切实加强学校党的建设。

〔**贺国强到校视察**〕 11月8日，中共中央政治局常委、中央纪委书记贺国强到校视察，祝贺学校百年华诞。贺国强肯定了学校党风廉政建设工作，希望学校认真贯彻落实中央纪委监察部和教育部党组、北京市委的要求，扎实推进反腐倡廉建设。

〔**朱镕基与师生共庆母校百年华诞**〕 4月22日，原中共中央政治局常委、国务院原总理朱镕基来到学校，与电机系1951届同学聚会，并与经济管理学院师生座谈，共庆母校百年华诞。朱镕基教导学生要有强烈的历史使命感和社会责任感，讲真话、做实事，为国家富强、人民幸福作出清华人应有的贡献。

〔**李岚清到校考察**〕 7月8日，原中共中央政治局常委、国务院原副总理李岚清到校考察，对学校百年校庆表示祝贺，希望学校进一步发挥综合性学科优势，继续为艺术与科学的融合作出贡献。

〔**庆祝建校100周年大会举行**〕 4月24日，庆祝建校100周年大会在人民大会堂举行。胡锦涛、吴邦国、温家宝、贾庆林、习近平、李克强出席大会。胡锦涛发表重要讲话。校长顾秉林，学校教师代表、国家级教学名师、化学系教授李艳梅和学生代表、全国学联主席、汽车工程系博士研究生齐兴达在会上发言。北京大学校长周其凤、美国耶鲁大学校长莱文代表国内外大学致贺词。大会由学校党委书记胡和平主持。出席庆祝大会的还有：刘淇、刘云山、刘延东、李源潮、吴官正、令计划、王沪宁、路甬祥、韩启德、华建敏、李建国、桑国卫、马凯、戴秉国、杜青林、陈奎元、董建华、万钢、林文漪、何厚铧和曾培炎、王汉斌、彭珮云、贾春旺、徐匡迪、李蒙，中央军委委员李继耐、常万全等。

〔**制订学校“十二五”事业发展规划**〕　年底，《清华大学事业发展“十二五”规划纲要》正式发布实施。全文分为11章共37节，分析了未来发展面临的挑战和机遇，明确了发展的指导思想、发展目标和总体思路，从学科建设、人才强校、教育创新、科技创新、社会服务、文化传承创新、国际合作、支撑保障、组织保证、规划实施10个方面，重点阐述了学校未来5年发展的主要任务和举措。

〔**召开全校人才工作会议**〕　11月14日，学校人才工作会议召开。会议强调，必须始终坚持“人才资源是第一资源”的战略思想，深入推进“人才强校”战略，以改革创新精神大力推动人才工作，尊重人才、激励人才、服务人才、大力提升人才队伍水平，为学校建设世界一流大学事业奠定坚实的人才基础。

〔**3项成果入选中国高校十大科技进展**〕　12月12日，生命科学学院教授施一公主持的“AAA＋分子机器的结构与功能”，中科院院士、物理系教授薛其坤主持的“铁硒基超导薄膜的研究”，材料科学与工程系教授章晓中主持的“硅的低场非均匀性巨磁电阻”3项成果入选2011年度“中国高等学校十大科技进展”。这是首次一所学校独得3项奖励。

〔**3位教授当选中科院院士**〕　12月9日，学校化学系教授李亚栋、材料科学与技术系教授南策文和精密仪器与机械学系教授雒建斌增选为中科院院士。

〔**吴良镛荣获国家最高科学技术奖**〕　两院院士、著名建筑与城乡规划学家、建筑教育家、人居环境科学创建者、清华大学建筑学院教授吴良镛荣获2011年度国家最高科学技术奖。同时，学校19项成果获国家科学技术三大奖，居全国高校首位，其中学校作为第一完成单位（或完成人）获奖9项，包括再次获得国家技术发明奖一等奖1项。

〔**修订本科培养方案**〕　2011年，学校全面修订各专业本科培养方案，明晰专业核心课程体系，体现国际化等培养元素，增加专业选修课和任选课比重，并从2011级新生开始实施。

〔**与工程院所联合招收培养博士生**〕　2011年，学校开展了与工程院所联合培养博士研究生项目。首批工程院所包括中国工程物理研究院、机械科学研究总院、钢铁研究总院、中国水利水电科学研究院，招收联合培养博士生22名。

〔**启动工程博士项目**〕　2011年，作为全国首批获得工程博士专业学位授权单位，学校推动7个院系开始招收2012级工程博士专业学位研究生。

〔**博士生招生试点申请审核制**〕　6月，学校2012年博士生入学考试试点改革启动。机械工程系、工业工程系、电机工程与应用电子技术系、航天航空学院、经济管理学院、核能与新能源技术研究院6个院系为首批试点院系。这一改革打破了传统的普博生招生外语和两门专业课笔试的统一要求，统筹考虑直博、硕博连读、普博各类生源情况，考核、选拔最优秀的学生。

〔**实行博士生指导教师制度改革**〕　自2011年起，在学校层面取消博士生导师评聘制度，学校认同教师系列副高以上职称的教师和Tenure Track系列的教师，均有招收指导博士生资格。除法学院、公共管理学院外，全校各院系均启动了此项改革，总体进展顺利。

〔**与空军联合培养飞行学员**〕 9月13日，学校与空军签订联合培养飞行学员协议。联合培养以清华大学航天航空学院“航空航天工程”专业为基础，采取“3＋1”模式，即先在清华大学学习3年，后在空军航空大学学习1年的培养模式。

〔**成立多个研究机构**〕 2011年，学校成立了交叉信息研究院、量子信息中心、结构生物学中心、中俄战略合作研究所、华商研究中心、国家软实力研究院、中国农村研究院等研究机构，与中国工程院共建中国工程科技战略研究院，合作成立临床神经科学研究院、职业能力发展研究中心、长庚医学发展研究院、教育战略决策与国家规划研究中心等。下一代互联网核心网国家工程实验室、低维量子物理国家重点实验室先后在学校揭牌成立。

〔**社会科学领域进入ESI全球前1%排名**〕 2011年，基本科学指标（Essential Science Indicators，ESI）数据库更新后，清华大学社会科学领域首次进入全球前1%的行列。

〔**“清华简”第二批研究成果发布**〕 12月19日，《清华大学藏战国竹简（贰）》新闻发布暨学术座谈会召开。《清华大学藏战国竹简（贰）》收入了一部失传2 300多年的历史著作，暂命名为《系年》。《系年》全篇分为23章，概要记述了从西周初年一直到战国前期的历史，其中有许多事件不见于传世文献，或对传世的《左传》、《国语》、《史记》等典籍有重大的订正作用。

〔**主办低碳能源与应对气候变化国际会议**〕 3月24日，清华大学－剑桥大学－麻省理工学院低碳能源大学联盟主办2011低碳能源与应对气候变化国际会议。会议围绕高碳能源的低碳化、可再生能源发展与投资、可持续发展核能、天然气、节能减排和低碳发展等问题展开研讨。

〔**清华大学—北京大学生命科学联合中心成立**〕 4月18日，清华大学－北京大学生命科学联合中心成立。联合中心实行顶层设计、统一规划与管理，两校将在创新机制体制、联合培养人才、协同科学研究等方面加强合作。

〔**与牛津大学签署合作协议**〕 4月22日，学校与牛津大学签署校际合作协议。根据协议，双方将开展科研合作项目、进行教师交流和学生交换、交流学术资料和出版物、组织研讨会等。

〔**举办大学校长全球峰会**〕 4月23日，学校举办2011大学校长全球峰会暨环太平洋大学联盟第15届校长年会，近40个国家和地区的130余所大学校长参会。与会代表围绕“全球社会经济发展与高等教育”展开交流，共庆清华大学建校100周年。大会还达成“清华共识”，从促进大学间交流、培养高素质人才、承担社会责任、加强知识创造和文化传承四个方面阐述了未来高等教育在全球社会经济发展中的作用和责任。

〔**举办中国暨清华MBA教育20周年纪念会**〕 5月21日，中国暨清华MBA教育20周年纪念会在学校举行。百余家院校的代表参会，就MBA招生改革、案例开发与教学实践、终身学习平台建设等进行了讨论。

〔**蒙古国总理访问学校**〕 6月17日，蒙古国总理苏赫巴特尔·巴特包勒德（Sukhbaatar Batbold）访问学校，对清华百年华诞表示祝贺，并以“东北亚：经济合作及发展”为题发表演讲。

〔**获全国先进基层党组织称号**〕 7月1日，庆祝中国共产党成立90周年大会在人民大会堂举行，学校党委获全国先进基层党组织称号。

〔**举办第12届环太平洋大学联盟博士生大会**〕 7月4日至6日，学校举办了主题为“创新：推动环太平洋大学地区可持续和谐发展”的第十二届环太平洋大学联盟博士生大会。大会发表了“清华宣言”，明确环太平洋大学联盟的博士生有责任和义务在21世纪共同应对挑战，促进环太平洋地区可持续发展。

〔承办国际经济学会第16届全球大会〕 7月4日至8日，学校和中国比较经济学研究会承办了国际经济学会第16届全球大会。国际经济学会全球大会是国际经济学研究领域学术水平最高的会议之一，这是其首次在中国举办。大会主题为“应对变化中的世界经济”，共有800余名经济学家参会。

〔总结对口支援青海大学10周年工作〕 9月22日，对口支援青海大学10年工作总结大会在青海大学举行。会议总结了清华大学等校对口支援青海大学10年所取得的成绩，提出要紧密结合青海大学发展目标和实际情况，针对青海省区域特色，瞄准国际前沿和国家重大战略需求，努力在建设“高水平、有特色”的高原名校的进程中实现新的跨越。

〔积极参与“天宫一号”与“神舟八号”交会对接任务〕 9月29日，“天宫一号”发射升空。学校教师在“天宫一号”轨道运行、航天员健康检测、交会对接、舱体强度与寿命等方面做了大量原创性的科研工作。“天宫一号”还携带了学校自主研发的3套产品，即质量测量仪、动态心电数据读取装置和神经肌肉刺激仪。教师还参与研制了直升机载宽带卫星通信终端，在“神八”主着陆场直升机与北京之间建立空天链路，实时回传直升机和前方图像话音，保障了“神八”搜救工作顺利进行。

撰稿　许　亮
审稿　王　岩

中国人民大学

〔**成立中国人民大学第二届董事会**〕 2011年3月9日，学校召开第二届董事会成立大会暨第一次全体会议。换届后的第二届董事共有成员106位，其中既有长期关心和支持学校发展的各界人士和校友，也有企业界、学界、艺术界等领域的杰出人士。成立大会后，召开了第二届董事会首次全体会议。

〔**与重庆市政府签署协议开展战略合作**〕 3月8日，学校与重庆市人民政府举行《重庆市人民政府—中国人民大学战略合作框架协议》的签约仪式。协议旨在进一步推进双方的合作，促进重庆市人才培养和教育、科技创新能力的提高，推动重庆市经济和社会的发展；促进学校优质教育资源与社会结合，加快实现“人民满意、世界一流”大学的发展目标。

〔**举行《国学新视野》（春季号）首刊新闻发布会**〕 3月12日，由中华能源基金委员会与人民大学国学院联合创办的《国学新视野》（春季号）首刊新闻发布会在北京举行。会上，双方签署了《〈国学新视野〉学术集刊战略合作备忘录》。根据合作备忘录，双方将在弘扬中国传统文化、推动海内外文化交流与民间往来，保护、传承、创新民族文化产业，共同在海内外合作发行《国学新视野》学术集刊等方面开展合作。

〔**举办“中国人文社科论坛2011”**〕 5月28日，学校举办以“革命·建设·改革——中国共产党90年”为主题的“中国人文社科论坛2011”。“中国人文社科论坛”是学校2001年起为发展繁荣人文社会科学而发起并主办的高端学术论坛。

〔**举行“中国金融学科终身成就奖”颁奖典礼暨中国金融学科发展论坛**〕 6月1日，第一届“中国金融学科终身成就奖”颁奖典礼暨中国金融学科发展论坛在学校举行，黄达教授荣获首届“中国金融学科终身成就奖”。“中国金融学科终身成就奖”是由刘鸿儒金融教育基金会设立的，旨在表彰中国金融学人在创建和发展中国金融学科中的卓越贡献。该奖项每年评选一次，获奖人数为1—2名，奖金为100万元人民币。

〔**举行教育发展与公共政策研究中心成立仪式**〕 7月14日，学校举行教育部中国人民大学教育发展与公共政策研究中心成立仪式。中心的成立标志着我国教育公共政策研究领域建立了一个能够凝聚共识、整合资源的优质平台。中心搭建了新的科研体制框架，以学校多个优势学科为依托，共同研究发展中面临的诸多宏观政策问题，为党中央、国务院及各部委提供决策咨询服务。

〔**美军参联会主席迈克尔·马伦上将到访并发表演讲**〕 7月10日，美军参联会主席迈克尔·马伦（Mike Mullen）海军上将访问学校，这是美国军方高层领导人第一次到中国普通高校访问。迈克尔·马伦与学校师生代表、美国教师和美国留学生代表100余人进行交流，发表了题为《合作安全与亚洲地区稳定》的演讲，还参观了学校诸子百家廊、图书馆、新闻学院和法学院，与近20名师生共进午餐。

〔**授予玻利维亚总统莫拉莱斯名誉博士学位**〕 8月11日，玻利维亚总统莫拉莱斯到校访问，接受学校授予名誉博士学位并发表演讲。此次授予莫拉莱斯总统名誉博士学位将成为进一步加强中玻两国间教育交流与合作、加深彼此友谊的良好契机。

〔**与扬州市签署协议开展战略合作**〕 10月12日，学校与扬州市举行《中国人民大学——扬州市人民政府战略合作框架协议》签署仪式。协议旨在进一步加强双方的战略合作，促进扬州市的人才培养和教育、科技创新能力的提高以及文化产业的发展，推进扬州市经济和社会的发展；促进学校优质教育资源与社会实践相结合，加快实现建成“人民满意、世界一流”大学的发展目标。

〔**画院暨首届中国画名家工作室成立**〕 10月12日，学校举行画院暨首届中国画名家工作室成立仪式。中国美术家协会艺术委员会副主任、中国国家画院国画院副院长、河山画会会长李宝林受聘院长，学校培训学院院长李湘受聘执行院长。画院由人民大学培训学院主办、艺术学院承办，集绘画、创作、培训、展览、交流于一身，并为学生提供实习实践机会，成为学校通识教育的基地。

〔**举办首届“法律与社会”高端论坛暨中国社会学会法律社会学专业委员会（筹）成立大会**〕 10月22日，首届“法律与社会”高端论坛暨中国社会学会法律社会学专业委员会（筹）成立大会在学校举行。大会推选人民大学社会与人口学院党委书记、法律社会学研究所所长郭星华为中国社会学会法律社会学专业委员会会长。

〔**举行首届孔子学院文化节开幕式暨孔子学院工作办公室成立仪式**〕 10月23日，学校举行首届孔子学院文化节开幕式暨中国人民大学孔子学院工作办公室成立仪式。孔子学院是中国在新的历史时期加强国际文化交流的一大创举。为适应孔子学院快速发展的需要，学校成立“中国人民大学孔子学院工作办公室”，并加大对孔子学院的支持。

〔**举行公共管理学院组建10周年庆典**〕 10月23日，学校举行公共管理学院组建10周年庆典暨“21世纪公共管理教育：挑战、机遇与未来——中外著名公共管理学院院长国际研讨会”，国内外嘉宾、有关领导、校友及师生代表共计400余人参加。

〔**成立教育学院**〕 11月1日，学校成立教育学院。教育学院将负责全校教育学学科的规划与建设，开展相关学术领域的人才培养和科学研究活动。遵循“高起点、高水平、重交叉”的建院原则，以学院在学科点建设、教师队伍和学术平台等方面的有利条件为起点，充分发挥学校人文社会科学学科优势，实现教育学与经济学、法学、哲学、管理学以及其他人文社会科学的深度交叉融合，做到“学术立院、人才强院、特色兴院、制度建院”。

〔**贺国强出席反腐倡廉建设座谈会**〕 11月7日，中共中央政治局常委、中央纪律检查委员会书记贺国强莅临学校考察，接见学校领导班子成员并出席反腐倡廉建设调研座谈会。贺国强充分肯定了学校在教学科研，特别是在马克思主义理论教学研究方面的重要贡献，在文化传承创新及“走出去”战略中发挥的重要作用，在打造国家“思想库、智囊团”方面的显著成果，以及在坚持党的领导、加强党的领导等方面取得的突出成绩；高度评价了学校反腐倡廉建设工作取得的明显成效。

〔**瑞士日内瓦孔子学院成立**〕 11月8日，学校合作支持的瑞士日内瓦大学孔子学院在日内瓦揭牌成立。学校校长纪宝成率团出席孔子学院成立揭牌仪式。日内瓦大学孔子学院是瑞士第一所孔子学院，也是学校合作支持的第13所孔子学院。在揭牌仪式上，两校共同签署了校际合作协议、学生交换项目协议和双方合作建设孔子学院的执行协议。

〔**举行哲学院（系）成立55周年庆祝大会**〕 11月11日，学校举行哲学院（系）成立55周年庆祝大会，原中共中央政治局常委、全国政协主席李瑞环专门题词“真学学真”致贺。会上，还举行了哲学院院友会成立揭牌仪式。当晚，哲学院举办了“燃情岁月——中国人民大学哲学院（系）成立55周年大型文艺晚会”。

〔**与联合国环境规划署签署合作谅解备忘录**〕 11月15日，学校与联合国环境规划署就共建环境应急管理法律政策研究院、公共机构化学品事故预防能力建设等领域合作的谅解备忘录在北京签署。这一合作谅解备忘录的签署将进一步促进学校法学理论研究与法律实务应对的融合，促进法学、计算机科学、新闻学、统计学等文理学科的跨学科合作研究，更好地服务于国家社会和经济发展的新的重大需求。

〔**团队对口支援西藏民族学院**〕 12月9日，学校举行团队对口支援西藏民族学院工作协议签字仪式。以人民大学为组长单位，中山大学、厦门大学、华东师范大学、东南大学、北京外国语大学为成员单位，2011—2016年，在教育部“整体设计、协同工作、重点突出、逐步实施、成效显著”原则的指导下，支援团队充分发挥名校集成优势，帮助西藏民族学院抓住机遇，实现建设教学科研型民族大学的目标，为西藏高等教育事业科学发展和跨越式发展作出新的更大贡献。团队对口支援模式是教育部对口支援工作的新尝试。

〔**举办胡华同志诞辰90周年座谈会**〕 12月16日，学校与中共党史学会、中国党史人物研究会联合举办“胡华同志诞辰90周年纪念座谈会”。胡华治学严谨、著述颇丰、影响巨大，是中共党史、中国革命史学科的重要奠基人，也是人民大学中共党史专业、中共党史系的重要主创人。

〔**再获两篇“全国优博”**〕 12月21日，学校举行2011年优秀博士学位论文作者及指导教师表彰大会。2011年，学校有2篇博士学位论文被评为2011年全国优秀博士学位论文，3篇博士学位论文被评为提名论文；2篇博士学位论文被评为2011年北京市优秀博士学位论文。

撰稿　段　蕾

审稿　贾铁英

北京师范大学

〔**温家宝总理给免费师范生来信作重要批示**〕 5月上旬，国务院总理温家宝在学校首届免费师范生代表“关于首届免费师范生签订就业协议等有关情况”的来信上作了重要批示：“读了北师大首届免费师范生的来信，深受鼓舞。实践证明，我们在部分师范大学实行师范生免费教育的试点是完全正确的。我们要认真总结经验，正视存在的问题，实施好、发展好、完善好师范生免费教育配套政策，切实把这项试点工作搞好。”温家宝总理的批示，在师生中引起强烈反响，免费师范生举行了学习领会温家宝总理重要批示精神的座谈会。

〔**温家宝总理参加首届免费师范生毕业典礼**〕 6月17日，国务院总理温家宝专程到学校，参加首届免费师范生毕业典礼。典礼在华东师范大学、东北师范大学、华中师范大学、陕西师范大学、西南大学5所兄弟院校设立了分会场，共有4.3万多人同时收看毕业典礼现场直播。温家宝总理向6所大学的首届免费师范生优秀毕业生代表颁发证书后，发表重要讲话。出席毕业典礼前，温家宝总理与北京师范大学、华东师范大学、东北师范大学、华中师范大学、陕西师范大学和西南大学6所大学的首届免费师范生毕业生代表合影留念，还参观了这6所大学师范生免费教育成果展，观看了电视专题片，详细了解了这6所大学在创新教师培养模式、加强实践教学、深入开展职业理想信念教育等方面的做法和经验。

〔**5个项目列入国家教育体制改革试点**〕 2011年1月6日，学校召开国家教育体制改革试点项目推进会。经国家教育体制改革领导小组批准，学校申报的五个项目获准备案，正式成为国家教育体制改革试点项目。五项改革试点项目分别为：实施基础学科拔尖学生培养实验计划；完善大学治理结构，建设现代大学制度；建设面向农村的教育开发学院，提高农村学校教育教学水平；探索拓展优质高等教育资源的体制机制；推进教师教育改革创新，实施卓越教师培养计划。

〔**成立国民核算研究院**〕 1月23日，学校国民核算研究院成立仪式举行。研究院的成立，将为学校交叉学科、应用学科建设注入新鲜活力。

〔**极端环境观测平台在南极安装运行**〕 1月初，由学校全球变化与地球系统科学研究院李秀红博士等研制的“极端环境无线传感器网络观测平台”在南极冰盖安装成功。经现场与国内科研人员的联合调试，设备运行正常，能够通过铱星通信系统将数据实时打包传回位于北京的数据中心。该系统与卫星遥感观测相互结合，将大大增强对南极地区的认识和了解，推进全球变化研究，提升中国在南极事务上的影响力。

〔**成立国家职业教育研究院**〕 2月20日，北京师范大学国家职业教育研究院成立大会暨揭牌仪式举行。研究院聘请教育部副部长鲁昕，人力资源和社会保障部副部长王晓初，北京师范大学校长钟秉林担任指导委员会主任；聘请原国家教委副主任王明达，教育部原副部长张天保、王湛、吴启迪为顾问；聘请国务院参事黄尧担任院长。

〔**巴勒斯坦总统阿巴斯接见学校学生**〕 2月，应巴勒斯坦国政府邀请，学校5名学生作为中国大学生代表，赴巴勒斯坦国进行友好访问。代表团在拉马拉受到巴勒斯坦国总统、民族权力机构主席、法塔赫中央委员会主席马哈茂德·阿巴斯的亲切接见。阿巴斯总统对中国大学生代表团的到访表示欢迎。代表团向阿巴斯总统赠送了象征北京师范大学百年历史的木铎造型套件、记录学校学生与巴勒斯坦留学生交往的相册，以及为阿巴斯专门定制的“阿巴斯印”印章。

〔**召开中国教育开放与国际合作圆桌会议**〕 3月17日，由学校教育学部和剑桥教育集团共同举办的“中国教育开放与国际合作圆桌会议”举行。会议旨在为国内国际机构搭建教育交流与合作的平台，以促进教育领域的“南南合作”、中非教育合作、中国教育机构与国际机构等多层次、多方面的教育交流与合作。来自各方的代表就在教育服务中非政府组织和政府的合作、中国对非洲的教育援助等问题展开研讨。作为率先推进中国大学与国际咨询机构合作的尝试，学校教育学部与剑桥教育集团签署了合作协议。

〔**中央和国家机关司局级干部选学专题班开班**〕 3月28日，中央和国家机关司局级干部选学专题班在学校开班，中组部干部教育局及学校领导出席开班仪式。学校作为7所开展自主选学的试点高校之一，按照中组部有关要求，充分利用百年积淀的深厚学术底蕴，优化资源配置，打造“名师团队”，突出优势特色，精心设计课程，受到学员的普遍欢迎，选学人数达2 000余人。

〔**刑事法律科学研究院加入联合国刑事司法网络**〕 4月12日，借第20届联合国预防犯罪与刑事司法委员会年会召开之机，联合国毒品和犯罪问题办公室（UNODC）与学校刑事法律科学研究院在维也纳举行了合作备忘录签字仪式。学校刑事法律科学研究院代表中国刑事法学术机构，成功地被纳入联合国犯罪预防与刑事司法机构网络（PNI），成为其第15个国家成员单位（此前亚洲地区的成员机构只有日本、韩国、沙特3个官方研究机构）。

〔**主办中国文学海外传播国际学术研讨会**〕 4月28日，由国家汉办、学校文学院、美国俄克拉荷马大学文理学院、《当代世界文学》杂志社、《今日中国文学》杂志社等联合主办的“中国文学海外传播”国际学术研讨会在学校举行。学校文学院将与俄克拉荷马大学一起，以孔子学院为平台，共同致力于推动中华文化的传承和中外文化的交流，建立深入持久的合作关系。

〔**青年志愿服务项目成为首批市级示范项目**〕 5月4日，“首都大学生城市发展服务计划”区校共建首批示范项目授牌仪式在李大钊故居举行。学校白鸽青年志愿者协会李大钊故居志愿讲解项目获评首批市级示范项目，共青团北京市委副书记刘震为队员授牌。截至2011年年底，共有227名专业志愿者参与该项目，共接待外来人员50批次，近800人，其中留学生27批次，近400人，累计志愿服务时间1 850个小时。该项目规范成熟的运作模式已成为学生参与志愿服务的品牌实践平台，并成为北京青年服务城市发展的示范项目。

〔**举行中国教育学科发展研讨会**〕 7月2日，中国教育学科发展研讨会暨全国高校教育学院院长论坛在学校举行。会议围绕“教育学科的发展现状与未来”、“教育科研的质量约束与突破”、“教育科研人才的引进与培养”、“教育科研机构的合作与发展”等教育学科发展问题进行了深入探讨。著名教育学家、学校荣誉教授顾明远及部分大学校长、教育学院院长在会上作了发言。首届全国教育学院院长论坛在中国教育学科建设与发展史上具有重要意义。会议讨论拟成立全国高校教育学院联盟，定期组织召开院长会议，讨论与研究教育学科的发展问题，推进全国各教育学院之间的深入交流与合作，保障与提高中国教育学科的整体发展水平。会议审议并原则通过了《全国高校教育学院联盟章程》。

〔**发布2011中国绿色发展指数报告**〕 9月24日，由学校学术委员会副主任李晓西教授担任课题主持人，北京师范大学、西南财经大学和国家统计局中国经济景气监测中心组成的联合课题组，在人民大会堂发布了《2011 中国绿色发展指数报告》。

〔**4 项成果入选国家哲学社会科学成果文库**〕 9 月，全国哲学社会科学规划办公室公布了 2011 年度《国家哲学社会科学成果文库》入选名单，学校历史学院晁福林的《天命与彝伦——先秦社会思想探研》、张建华的《苏联知识分子的群体转型研究（1917—1936）》、张升的《四库全书馆研究》，以及教育学部王雁的《中国特殊教育教师培养研究》4 项成果入选。

〔**发布国内首份就业质量指数**〕 11 月 5 日，《2011 中国劳动力市场报告》发布会暨包容性增长下的就业质量研讨会在学校举行。《2011 中国劳动力市场报告》由学校劳动力市场研究中心主持编写，是中国首部以“就业质量”为主要关注点的劳动力市场报告。

〔**贺国强考察学校改革发展与反腐倡廉建设**〕 11 月 8 日，中共中央政治局常委、中央纪委书记贺国强专程到学校，调研反腐倡廉建设有关工作，看望学校师生员工。贺国强希望学校认真贯彻落实中央纪委、监察部和教育部党组、北京市委的要求，扎实推进学校的反腐倡廉建设。

〔**在 *Nature* 杂志上发表重要研究成果**〕 11 月 14 日，学校召开新闻发布会，介绍学校全球变化与地球系统科学研究院“千人计划”学者李占清教授领导的团队在英国 *Nature*（《自然》）地球科学杂志发表的气溶胶增多影响气候变化的重要科研成果。该成果首次揭示了气溶胶对云和降水的长期气候影响，并区分和识别出了在不同气象和云条件下的各种效应，对解决全球气候问题意义重大，引起了同行的高度评价和媒体的广泛关注。

〔**IDG 捐赠千万美元建设脑科学研究院**〕 11 月 18 日，学校与美国国际数据集团（IDG）签署捐建协议，成立北京师范大学－IDG/麦戈文脑科学研究院。IDG 创始人兼董事长、麻省理工学院麦戈文人脑研究院创始人麦戈文与学校领导在协议上签字，教育部副部长郝平出席签约仪式并为研究院揭牌。根据协议，IDG 将捐赠 1 000 万美元用于研究院的建设，同时 IDG 及 IDG 资本管理团队还将分别设立“IDG 中国基金会”和“和谐基金会”，为研究院提供长期的支持与资助。

〔**唐仲英基金会资助免费师范生 500 万元**〕 11 月，唐仲英基金会为学校捐资 500 万元设立“仲英未来教师培养基金”。基金将在 2011—2015 年资助学校开展仲英教育名家讲堂项目、仲英师范生教育实习项目、仲英师范毕业生教师专业提升项目以及仲英师范毕业生攻读在职研究生奖学金项目。基金的设立，将为免费师范生的成长提供有力的支持。

〔**合作成立新兴市场研究院**〕 12 月 5 日，北京师范大学新兴市场研究院揭牌成立。新兴市场研究院是由学校经济与资源管理研究院与总部位于美国华盛顿特区的新兴市场论坛（Emerging Markets Forum）合作成立的国际性智库机构。作为一个集商、政、学于一体的智库组织，新兴市场研究院将通过高水平学术研究，为政府、企业提供经济与社会发展的智力支持和决策咨询等服务，为促进新兴市场国家之间的投资与贸易、科学与技术、文化与教育等方面的合作作出贡献。

〔**美国前国务卿基辛格博士到访**〕 6 月 25 日，美国前国务卿基辛格博士访问学校，学校党委书记刘川生会见基辛格博士。基辛格博士与学校近 10 个院系的 50 位师生代表座谈，就中美关系、世界格局等问题进行了深入探讨。

〔**举行中俄大学生艺术联欢节**〕 11 月 4 日，由教育部和俄罗斯联邦教科部主办，学校和中国教育国际交流协会承办的 2012 年中俄大学生艺术联欢节在学校举行。由俄罗斯圣彼得堡经济贸易大学、俄罗斯人民友谊大学师生组成的俄罗斯大学生艺术代表团与学校大学生代表、中国戏曲学院大学生代表同台表演了精彩的中俄民间歌舞节目。

撰稿　戴　军
审稿　魏书亮

中国农业大学

〔**发布学校“十二五”发展规划**〕 2011年9月21日，学校发布了《中国农业大学改革和发展规划（2011—2015）》，明确了“十二五”期间学校事业发展的目标和方向。规划提出，坚持以建设世界一流农业大学为目标，走“有特色、高水平”的发展之路；坚持以体制和机制改革为持续动力，为学校各项事业的发展提供制度保障；坚持以建设一流学科为重点，促进学校各项事业的协调发展；坚持以提高教育质量为核心，加快培养一批拔尖创新人才；坚持以科技创新能力建设为抓手，提高人才培养和社会服务水平；坚持走国际化办学之路，迅速提升学校的国际竞争力；坚持大学精神文化传承，营造“静、和、爱”的校园文化氛围的指导思想。全文分五个部分，即总论、发展背景、发展目标、重点建设任务和改革与保障措施。在重点建设任务中，明确提出七大建设任务，分别是：高水平学科建设、拔尖创新人才培养、高层次师资队伍建设、科技创新能力建设、国际合作与交流、党建和思想政治工作与精神文化建设以及支撑条件建设。规划提出了“十二五”末学校在学科建设、人才培养、队伍建设、科学研究以及国际交流与合作五个方面的发展目标。

〔**学科建设**〕 学校具备培养学士、硕士、博士的完整教育体系，拥有19个博士学位授权一级学科，95个博士学位授权点，171个硕士学位授权点。

〔**师资力量**〕 学校现有专任教师1 555人，其中教授（含研究员）523人、副教授（含副研究员）754人；导师1 162人，其中博士生导师547人。学校新增中国工程院院士1名，总数达7人；“国家杰出青年科学基金”38人，国家“千人计划”3人，入选国家“百千万人才工程”国家级专家22人，教育部“新世纪优秀人才支持计划”127人，享受国务院政府特殊津贴专家77人（不含退休）。聘请了包括诺贝尔生理或医学奖获得者、DNA之父James Watson和中国杰出的农业科学家、杂交水稻之父袁隆平院士在内的一批国内外著名学者担任名誉教授和客座教授。

〔**本科生教育**〕 2011年是中国农业大学“本科教育教学改革年”，全面提高本科教育质量，逐步调整招生规模，进一步优化专业结构。本科招生规模由3 350人减为3 050人，新生质量稳步提高，第一志愿率达99.12%。实行转专业政策改革，两个学期共有493人提交申请，307人转专业，成功率达62%。推进考试方法改革，强化过程考核与形式的多样化，实现考核形式和内容的科学化。拓展双学位专业改革，增设计算机科学与技术、数学与应用数学专业，新增修读人数超过900人。2011年秋季起，全校13个学院开设新生研讨课20门，为学生理性选择专业提供保证。系统整合优化各实践训练环节，进一步强化学生实践技能的训练与培养。通过设立大学生创新基金，创建大学生创新实验室，通过设立国家、北京市与学校三级大学生课外科技创新项目、举办各学科竞赛等途径与措施，加强学术拔尖人才培养。正式启动领导力培养计划项目，推进就业与创业教育教学。促进本科教育教学国际化，为培养有知识、有能力和有责任感的研究型、复合型创新人才提供有力支持。积极推进教改立项与课程建设，加强教学条件建设，新建了外语语音实验教学中心，完成了动医、动科新实验教学中心、生物实验中心、信电实验中心等建设，为提高本科教育质量保驾护航。

〔**研究生教育**〕 学校通过深入实施研究生培养机制改革、优化培养环节、建立研究生教育质量保障体系、加强研究生思想政治工作、加快推进研究生教育信息化等措施，推动研究生教育在规模、结构、质量三个方面朝着协调和统筹方向稳步发展。以提高培养质量为目标，加强模式探索与条件建设。选派71名博士生到国外知名大学进行联合培养、55名硕士毕业生到国外攻读博士学位，资助25名博士生参加所在领域的国际会议交流，另有3名博士生入选参加德国诺贝尔奖获得者大会。学校通过公开征集评审的办法，确定了85项交叉学科项目和30项优秀学位论文研究项目，作为2011年度“研究生科研创新专项”。有15位博士研究生获得2011年度“博士研究生学术新人奖”。加强对全日制专业学位研究生的培养管理，研发并启用非全日制专业学位管理信息系统。积极推进研究生教育实践基地建设，在农业推广、兽医、食品工程等类型领域建立校外实践基地65个，进一步改善专业学位研究生办学条件。注重导师队伍建设，完善学位论文质量保障体系。2011年，有3篇博士学位论文入选北京市优秀博士学位论文，2篇博士学位论文入选全国优秀博士学位论文。

〔**科学研究**〕 2011年度，学校获国家科技进步奖4项，获其他省部级科技奖励35项，到校科技经费87 496万元。发表SCI论文1 056篇、EI论文499篇，被SSCI收录论文27篇，其中第一作者论文22篇。SCI论文数量、引用篇数、引用总数均居第20位。专利申请462项、授权专利319项。获得软件著作权127项、植物新品种权17项。获得11项国家和行业标准。申请植物新品种权17项，通过植物品种审定1项。科研基地网络进一步完善，对科研、学科和人才培养的支撑能力进一步增强。“国家果蔬加工工程技术研究中心”和“国家能源非粮生物质原料研发中心”获准建设，新获批农业部、北京市等省部级科研基地24个。学校成立了“哲学社会科学专家委员会”，发布并启动了《中国农业大学哲学社会科学繁荣计划（2011—2020年）》。共组织申报各类人文社科项目224项，获批项目119项，获批经费达3 241万元，其中获批国家社科基金重大项目1项、获得首个国家社科基金重点项目。李小云获“第一届友成科研扶贫奖”。

推广服务成效明显。全年共签署横向项目500多项，辐射全国20多个省（区、市）。据不完全统计，农大3号小型蛋鸡全年销售达8 000万只，继续保持良好发展势头；肉鸡健康养殖营养调控与饲料高效利用技术累计在16个省应用39亿多只；农业化学节水调控关键技术示范推广面积累计达59.47万亩；作物种子健康保护及良种包衣、嗜热真菌耐热木聚糖酶工业化等技术得到广泛应用；在动植物、植物转基因新品种、超高压食品非热加工设备等方面取得重要突破；“共免疫技术”发明专利转让给美国VGX公司，在业界引起较大反响。

〔**教育交流与合作**〕 2011年，加强与国际知名大学、机构的实质性合作，学校合作伙伴网络进一步拓展，影响力不断提升。与美国普渡大学建立联合研究中心，搭建高水平合作平台，战略合作内容逐步得到落实。积极拓展学校的合作伙伴网络，继续发展与美国伊利诺伊大学、马里兰大学、德州农工大学等大学和机构的战略合作伙伴或重点合作伙伴关系。截至2011年年底，共签署有效协议200份、新签协议27份。2011年，接待包括美国农业部长Tom Vilsack和欧盟农业委员Dacian Ciolos的国外团体131批次，近500人次，学校被欧盟委员会农业委员与美国农业部指定作为领导人访华期间，公开发表演讲的高校。国际学术交流合作更加活跃，外国专家项目专项经费逐年增长。中德项目专家获得2011年度国家外国专家“友谊奖”。留学生人数创新高，联合培养学生数量显著提升，积极拓展国际合作教育新战略和新模式，国际合作办学得到巩固和提高。2011年，在校留学生401人，来自五大洲80个国家，留学生招生首次突破百人，学历生占留学生总数的比例超过80%。与港澳台地区的6所高校签署了校级学术交流合作协议，2011年新增台湾中兴大学、逢甲大学交换生项目，共派出14名学生赴台交换学习，接收第一位来自台湾高校的交换生到校学习。

〔**党建工作**〕 2011年，学校党委围绕“讲奉献，谋发展，促和谐，创一流”主题，深入开展创先争优活动，取得显著成效。学校的经验做法在北京教育系统创先争优活动简报第119、149、178期上刊登，并在北京高校“为民服务 创先争优”工作部署会上交流；北京市“群众心目中的好党员”李宁院士的事迹在北京电视台《为你而歌》（第九部）中播出，并在《先锋——北京高校创先争优活动共产党员先进事迹》一书中刊登；学校党委“基层党组织建设‘五抓五建五好’工程”被中共北京市委创先争优活动领导小组评选为“北京市优秀党建工作创新项目”。隆重庆祝建党90周年，对广大党员进行党的光荣传统教育和党性观念教育，引导广大党员围绕中心、服务大局，为学校科学发展再创佳绩。

〔**学生活动**〕 学校依托校院两级学生会、研究生会，开展异彩纷呈的文体活动，校、院举办综合文艺类演出10余场，新生风采大赛等素质提高类比赛20多场，大小体育活动100余次。以社团文化节等为载体开展的各种文体活动覆盖全校各个学院。学校被教育部评为“2011年高校校园文化建设优秀成果奖特等奖”。

撰稿 钟占蓉
审稿 李冬梅

北京外国语大学

〔**编制学校“十二五”和中长期教育事业发展规划**〕 7月5日，学校召开学术委员会会议，专题讨论《北京外国语大学“十二五”和中长期教育事业发展规划》。“十二五”规划分为总体规划、子规划和院系规划三个层次，以学科建设为总体规划的核心，统领人才培养、学术研究、师资队伍建设等各项工作。

〔**新增5个非外语一级学科硕士学位授权点**〕 2月，学校新增法学、政治学、中国语言文学、新闻传播学、管理科学与工程5个非外语一级学科硕士学位授权点。非外语一级学科硕士学位授权点审核通过有利于促进非外语类新兴学科和前沿交叉学科的发展，促进外语类学科与非外语类学科的进一步融合，形成新的学科增长点和高端外语及复合型拔尖人才培养新模式。

〔**入选“985工程优势学科创新平台”建设高校**〕 6月，学校成功入选“985工程优势学科创新平台”建设高校。该平台以国家语言政策研究为基础，重点在非通用语学科布局调整和学科专业建设、国家急需的非通用语高端人才培养、非通用语国家及区域研究三方面开展建设。

〔**刘延东视察学校**〕 9月22日，国务委员刘延东一行到学校视察，参观了“北京外国语大学高层次人才培养成就展”，并为学校外籍专家大卫·柯鲁克（David Crook）先生的铜像揭幕。

〔**庆祝建校70周年**〕 9月24日，学校举行建校70周年庆祝大会。国务院总理温家宝、国务委员刘延东、联合国秘书长潘基文发来贺信；马来西亚总理纳吉布、国际奥委会主席罗格等外国政要和国际组织领导人发来视频祝福。庆典大会上，学校授予44名老教授和外籍专家“70周年校庆荣誉奖”。全国人大常委会副委员长陈至立、全国政协副主席郑万通、176位外国驻华使节、82位驻外大使以及40多所海外及港澳台院校领导出席庆典；近5 000名校友齐聚母校，共庆70华诞。校庆期间，学校还陆续举办了第26届全国外语院校协作组年会等系列活动，出版了《北京外国语大学校志（2001—2010）》等书籍。

〔**成立教师发展中心**〕 6月30日，学校举行教师发展中心成立仪式。教师发展中心致力于培养具有扎实的专业技能和娴熟的语言能力、具有宏观战略思维和公共外交能力、具有良好意志品质和师德风尚且具有国际视野和中国情怀的教师队伍。

〔**续签《北京外国语大学—联合国合作备忘录》**〕 5月20日，联合国负责大会事务的副秘书长沙班·穆罕默德·沙班（Shaaban Mohamed Shaaban）到校访问，续签《北京外国语大学—联合国合作备忘录》。自2008年始，学校成为全球17家与联合国签署合作备忘录的高校之一。

〔**获评全国毕业生就业典型经验高校**〕 5月10日，学校荣获“2010—2011年度全国毕业生就业典型经验高校”称号。此次学校成功入选全国毕业生就业典型高校，是学校继2010年获评“北京地区高校示范性就业中心”之后，毕业生就业工作再次得到上级主管部门及社会各界肯定。

〔吴宗玉教授获"国际马来语杰出贡献奖"〕 10月13日，马来西亚政府宣布授予学校吴宗玉教授"国际马来语杰出贡献奖"，以表彰其50年来为马来语教学所作出的卓越贡献，这是马来西亚首次向国际人士颁发此奖项。吴宗玉现任马来研究中心主任、马来语国际委员会委员兼学术活动组组长等职务。

〔沈萼梅教授获"意大利共和国总统骑士勋章"〕 1月18日，北京外国语大学欧洲语言学院教授沈萼梅荣获"意大利共和国总统骑士勋章"，以表彰其为意大利语教学以及意大利文学翻译事业所作出的杰出贡献。

〔举办"国才智库工程"启动仪式暨首次论坛〕 7月10日，学校举办"国才智库工程"启动仪式暨首次论坛，论坛的主题是："全球经济新态势下的中国企业战略"。"国才智库工程"是学校公共外交研究中心与中国人民大学财政金融学院联合推出的青年领袖培养计划，目标在于为国家可持续发展培育国际化人才，助力中国经济、文化领先于世界，成为国家经济发展与公共外交智库。

〔举办"探索国际组织需要的复合型人才培养模式项目"夏令营〕 7月15—21日，学校举办"探索国际组织需要的复合型人才培养模式项目"夏令营。夏令营吸引了全国近40所"985工程"高校、"211工程"高校和外语类院校的536名优秀本科生报名，通过严格选拔，最终30名优秀拔尖本科生入选该项目。

〔成立艺术研究院〕 6月11日，北京外国语大学艺术研究院成立。艺术研究院致力于中外艺术的比较研究，把民族艺术通达地介绍给世界，坚持自身民族艺术形式和国际视野相结合，培养能在中外两个文化平台上自由交流的复合型、高层次艺术人才。

〔举办北京市海淀区第二期、第三期外语培训班〕 2月至12月，学校举办海淀区第二期、第三期外语培训班。该项目以合作办学的方式，由海淀区委区政府与学校共同实施。参加培训的学员为海淀区党政机关干部、具有行政管理职能和公共服务职能企事业单位的管理人员以及服务窗口单位的工作人员。2011年度共培训7 400余人。

〔召开《领导干部外事用语丛书》赠书仪式暨省部级干部英语强化班工作10周年座谈会〕 12月22日，学校召开《领导干部外事用语丛书》赠书仪式暨省部级干部英语强化班工作10周年座谈会。学校9个语种28位中外专家参与丛书审校工作，原国家主席江泽民撰写序言并特别提到省部级干部英语强化班工作。自2001年起至2011年年底，学校与中组部、国家行政学院联合举办了6期省部级干部英语强化班，共培养了87名省部级干部。

〔莫斯科国立语言大学孔子学院揭牌〕 3月31日，学校承办的莫斯科国立语言大学孔子学院揭牌。莫斯科国立语言大学孔子学院的建成对莫斯科地区汉语教学的发展具有积极作用。俄罗斯国家杜马副主席、俄罗斯高校代表500余人参加揭牌仪式。至此，学校共承办了16所孔子学院、1所独立孔子课堂和3个下设孔子课堂。

〔建立中国研究中心〕 4月28日，学校在马来西亚大学建立中国研究中心签约仪式举行。国务院总理温家宝、马来西亚总理纳吉布共同见证了协议签署。该中心的建立旨在协助马来西亚增强对中国政治、外交、经济发展政策的研究。

〔举办翻译教育发展国际研讨会〕 5月21—22日，学校举办翻译教育发展国际研讨会。研讨会首次在欧洲以外的地方举办，来自国际大学翻译学院联合会的数十家国际一流翻译院校和国内设有翻译专业的院校近300名教授、专家和学者参会。

〔第16届世界应用语言学大会暨第6届中国英语教学国际研讨会召开〕 8月24—25日，第16届世界应用语言学大会暨第6届中国英语教学国际研讨会在学校召开。本届大会是世界应用语言学大会首次在中国举办，其主题是“多样中的和谐：语言、文化、社会”。来自世界63个国家的1 500余位专家、研究者参加了大会。

〔**成立全国多语言服务联盟**〕 10月19日，学校倡议并成立“全国多语言服务联盟”。该联盟依托全国外语外贸类院校的多语言资源比较优势，整合资源，建立多语种大学生志愿者人力资源库，搭建全国多语言服务资源共享平台和多语言社会志愿服务基地、语言类大学思想政治教育基地和多语种教育科研实践基地。

〔**成立美国信息中心**〕 12月9日，由学校和中美教育基金联合运作的美国信息中心正式成立。这是由美国驻华大使馆资助在中国设立的首个向公众开放的美国信息中心，旨在为中国民众提供关于美国的信息和资料。

〔**多位外国驻华大使到访**〕 截至2011年年底，学校共接待33位外国驻华大使到校访问（该数据未包含校庆当天到访的外国驻华大使）。其中9月9日，美国新任驻华大使骆家辉到访，并举行在中国上任后首次公开演讲；11月23日，英国驻华大使吴思田到访；5月11日，克罗地亚驻华大使到访；6月1日，奥地利驻华大使到访；7月25日，斯里兰卡驻华大使到访；9月1日，摩尔多瓦共和国驻华大使到访；9月29日，阿塞拜疆新任驻华大使到访；11月26日，拉脱维亚驻华大使到访。这些都成为学校国际化办学的重要特色。

〔**坚持“小语种、大外交”，提升国际交流层次**〕 截至2011年年底，共有164个代表团到访，其中包括3个国家元首和政府首脑级代表团、7个部长级代表团、1个国际组织访问团、33位大使以及56位外国大学校长。马来西亚副总理兼教育部部长、斯里兰卡总统、波兰总统、美国驻华大使、英国驻华大使、联合国副秘书长等外国政要和国际组织负责人先后到校访问。期间，“斯里兰卡研究中心”和“波兰研究中心”相继揭牌成立。学校出访团组17个，访问了22个国家和地区，与20个国家和地区的34所大学、科研机构签订了合作协议。其中包括陪同国务院总理温家宝访问马来西亚，与马来亚大学签署合作协议，设立中国研究中心；出访国际奥委会总部及联合国日内瓦办事处，为国际组织高端项目开拓实习基地等。

〔**获全国高校节能管理先进单位称号**〕 6月11日，学校荣获“全国高校节能管理先进单位”称号。学校从管理节能、制度节能、观念节能和技术节能入手，推进节约型校园建设，降低办学成本，提高办学效益。2011年度，学校荣获了“北京高校后勤社会化改革先进院校”等一系列称号。

〔**获教育部预算管理绩效奖励**〕 11月23日，学校获教育部2011年度预算管理绩效奖励500万元。学校以严格预算制为龙头，狠抓预算编制与执行，在2011年实行了“零增长”预算，显著提高了资金使用的计划性及使用效率。

撰稿 滕 岑

审稿 汤哲远 王 婧

北京语言大学

〔**“外国语言文学”增列博士学位授权一级学科**〕 2011年3月15日，学校“外国语言文学”成功增列为博士学位授权一级学科，“计算机科学与技术”成功增列为硕士学位授权一级学科。

〔**成为“特色重点学科”建设高校**〕 3月22日，教育部确立学校为“特色重点学科”建设高校，重点建设以国家级重点学科“语言学及应用语言学”为引领和依托的学科群。

〔**多项科研项目立项**〕 2011年，学校立项的各级各类科研项目共109项。其中曹志耘教授的“中国方言文化典藏”获教育部哲学社会科学重大课题攻关项目立项。这是学校首次获教育部哲学社会科学重大课题攻关项目。

〔**举办学科建设高峰论坛**〕 6月8日，学校举办学科建设高峰论坛。高峰论坛以国家学科建设思路为背景，旨在提高高校学科建设水平，优化学科结构，强化学科优势。来自国务院学位办、北京市政府、清华大学、北京大学等单位的专家学者共180人参加了论坛。

〔**举办中国文化英文系列讲座**〕 3月16日至11月23日，学校举办中国文化英文系列讲座18讲。该活动旨在满足来华留学生学习和了解中国文化的需求，促进中外师生的互动交流。讲座分别为“韩非子的哲学思想”、“陶瓷与中国文化”、“灯笼与中国文化”、“中国姓名文化”、“《三字经》中的中国文化”、“中国的君子文化”、“历史时期中外文化交流的地理背景”、“中国神话中的创世故事”、“墨子的哲学思想”、“中国园林及其文化传播”、“中国的‘家庭’观念”、“成语中的中国文化”、“美国动画中的中国元素”、“麻将文化”、“中国电影在美国：一个世纪的交流”、“紫禁城里的西方人”、“中国神话中的创世故事：开天辟地之后”、“中国女性与儒家文化”。

〔**举办三期2011国家汉办教育官员汉语教材培训项目**〕 8—10月，学校共举办三期2011国家汉办教育官员汉语教材培训项目。该项目旨在通过介绍当前的汉语教学发展情况，推动更多的海外社区开设汉语和中国文化课程，培训内容主要包括汉语教材的编写和使用、汉语国际教育的现状等。来自比利时、罗马尼亚、泰国等20个国家共85位教育官员参加了培训项目。

〔**承办首届鲁迅文学院青年作家英语培训班**〕 9月22日，由中国作家协会委托鲁迅文学院举办、学校承办的首届鲁迅文学院青年作家英语培训班在学校举行开班典礼。该班旨在提高作家的外语水平，增强其外事交往能力。学员中有中国作家协会会员15人、省级作家协会会员21人。中国作家协会主席铁凝，中国作家协会党组副书记、书记处书记张健出席开班仪式。

〔**程娟教授获第七届北京市高等学校教学名师奖**〕 9月5日，学校程娟教授获第七届北京市高等学校教学名师奖。

〔**成立汉字应用水平测试命题评价中心**〕 6月17日，学校成立汉字应用水平测试命题评价中心。该中心旨在推进国家语委开发的汉字应用水平测试，促进人们正确地读、写和使用汉字。该中心已建立起初具规模的基于现代题目反应理论（IRT）的题库，并建立起易读错词库、易认错词库、易写错词库和异形字词库等命题支持系统。

〔成立高级翻译学院〕　5 月 20 日，学校高级翻译学院正式挂牌成立。该学院是全国首家同时面向国内外招收本科生及硕士生的翻译学院，设有全国首家跨语种翻译专业（英、法等多语种），是全国唯一一家招收翻译专业本科（法语方向）高起点学生的学院。下设口译系、笔译系、MTI 教育与合作中心、翻译与跨文化研究中心、实习与就业指导中心。

〔成立社会科学学院〕　7 月 8 日，学校社会科学学院揭牌成立。该学院主要承担本科生思想政治理论课教学、硕士和博士研究生的思想政治理论课以及思想政治教育专业硕士研究生的培养工作，主要招收马克思主义基础理论研究、马克思主义中国化的理论与实践、中外思想政治教育及管理工作比较研究三个方向的硕士研究生。

〔学生获多个奖项〕　2011 年，学校学生参加外研社杯全国英语辩论赛、北京市大学生英语演讲比赛及文科计算机设计大赛等赛事，获团体或个人奖项共 88 个。

〔成立北京语言文化建设研究中心，启动中国语言资源有声数据库建设〕　5 月 27 日，学校成立北京语言文化建设研究中心，启动中国语言资源有声数据库建设。教育部副部长、国家语委主任李卫红、北京市副市长、市语委主任洪峰出席仪式。学校曹志耘教授任中国语言资源有声数据库建设北京项目专家组组长。

〔举办中华民族大文学史观高端论坛〕　7 月 5 日，学校举办中华民族大文学史观高端论坛。论坛围绕树立中华民族大文学史观、编撰中华民族大文学史展开讨论。包括傅璇琮、童庆炳、詹福瑞、杨义、韩经太等著名学者在内的 30 人参加了论坛。

〔发布 2011 年度中国媒体十大流行语〕　12 月 14 日，学校联合国家语言资源监测与研究中心、商务印书馆等 7 家单位，共同发布 2011 年度中国媒体十大流行语。“2011 年度中国媒体十大流行语”利用中文信息处理技术，从平面、有声、网络三大媒体的海量语料中提取，真实记录了 2011 年度中国媒体视野中的世界万象与社会变迁，客观映照了时代发展中的国际、国内在政治、经济、科技、文化、教育等各个领域的热点话题，勾勒出万千世态和百姓民心。其中综合类十大流行语为：中国共产党建党 90 周年、“十二五”开局、文化强国、食品安全、交会对接、日本大地震、欧债危机、利比亚局势、乔布斯、德班气候大会。

〔公开选拔 3 名副校长〕　6 月 13 日，学校发布公告，面向校内外（北京市范围）公开选拔 3 名副校长。6 月 22 日，通过资格审查可参加笔试者共 18 人，其中校外申报者 7 人、校内申报者 11 人。6 月 26 日，17 人参加笔试，其中 9 人通过。7 月 2 日，进行面试和民主测评，采用述聘、答辩的形式，9 人参加，其中 6 人通过。7 月 3—4 日，进行组织考察，初步确定 3 名副校长人选。7 月 5 日至 11 日，进行公示。9 月 5 日，教育部任命曹志耘、戚德祥、董立均为学校副校长（试用期一年）。

〔聘请 12 名兼职（客座）教授〕　3 月 29 日，聘请炎黄国际文化协会会长，中国艺术研究院特聘研究员林祥雄先生为客座教授；4 月 4 日，聘请莱顿大学 Paul Heijden 校长为名誉教授；4 月 25 日，聘请印尼金峰集团董事会主席、印尼工商会馆中国委员会副主席林文光、印尼叶氏国际集团董事会主席、国务院中国海外交流协会常务理事叶联礼先生为客座教授；5 月 10 日，聘请著名语言学家王士元先生为名誉教授；5 月 11 日，聘请蒂尔堡大学菲利普·艾兰德校长为名誉教授；5 月 23 日，聘请澳门理工学院毛思慧先生为客座教授；6 月 15 日，聘请美国南卡莱罗那大学保罗·艾伦·米勒教授和叶坦教授为客座教授；7 月 8 日，聘请大卫·

达姆罗什博士为客座教授；10 月 8 日，聘请日本杏林大学理事长松田博青为名誉教授；11 月 21 日，聘请波士顿大学白诗朗教授为客座教授。

〔**授予客座教授克劳德·罗森教育部“海外名师”称号**〕 11 月 3 日，学校客座教授克劳德·罗森获教育部“海外名师”称号。这是学校首次获教育部“海外名师项目”。克劳德·罗森现为美国耶鲁大学教授、英国华威大学名誉教授和美国艺术与科学研究院院士和学校客座教授。

〔**留学生教育稳步发展**〕 2011 年，共有 142 个国家的 100 523 名留学生来校学习。在 2011 年北京市高校外国留学生汉语辩论赛中，学校留学生表现突出，连续第三年荣获冠军。

〔**教育交流与合作**〕 截至 2011 年年底，学校与 51 个国家和地区的 292 所大学或教育机构建立了交流合作关系。2010—2011 年度，圆满完成“京港澳交流营”等港澳台地区的 11 个教育交流项目，为两岸四地的教育交流作出了贡献。

〔**与国外 7 所大学签订合作协议**〕 4 月 4 日，学校与荷兰莱顿大学签署合作协议。根据协议，学校每年选送 5 名计算机专业学生到莱顿大学攻读硕士学位。5 月 13 日，与泰国斯巴顿大学签署学术合作备忘录补充协议。根据协议，两校联合培养双学位外国本科生项目，拟于 9 月正式举办第一届，学生在两校完成全部学习、通过答辩后，可获得两校颁发的学士学位证书。6 月 10 日，与英国里丁大学签署谅解备忘录。根据备忘录，学校每年可以选派一定数量的信息科学学院本科毕业生赴里丁大学攻读硕士学位。6 月 13 日，与日本北陆大学签署了共同培养本科生教育合作实施协议。7 月 22 日，与英国诺丁汉特伦特大学签署两校联合培养本科生合作协议。10 月 15 日，与德国欧福大学签署学生交流合作协议。按照协议，学校德语专业本科生可在大三下学期及大四上学期自费赴欧福大学学习一年，并享受对方大学提供的实习机会。10 月 26 日，与巴黎高等翻译学院签署翻译专业双学位协议。根据协议，两校学生分别参加两校的毕业考试，考试成绩合格者可分别获得学校颁发的翻译硕士（MTI）文凭和巴黎高等翻译学院颁发的中—法—英翻译硕士或会议口译硕士文凭。

〔**刘延东为中国法语年揭幕**〕 9 月 13 日，学校承办了“中国法语年”开幕式，国务委员刘延东与法国国务部长兼外交与欧洲事务部长阿兰·朱佩出席活动并致辞，共同为“语言年”徽标揭幕。教育部副部长郝平、外交部副部长傅莹参加开幕式。中法互办“语言年”，由胡锦涛主席和萨科齐总统共同倡导推动，是两国关系在新时期深入发展的一个重要标志。

〔**孔子学院建设取得优异成绩**〕 2011 年，学校承办的 16 所孔子学院中有 3 所被国家汉办评为“先进孔子学院”，1 人被评为“孔子学院先进个人”，1 人获得“孔子学院突出贡献奖”。2010—2011 年度，学校成功举办“2011 世界大学孔子学院论坛”。

〔**启动 50 周年校庆活动**〕 11 月 25 日，学校启动 50 周年校庆活动。校庆的主题是“传承、开拓、兼容”，原则是“务求实效、办出特色、振奋精神”。

〔**出版工作获多项荣誉**〕 2011 年，北京语言大学出版社荣获新闻出版总署颁发的全国新闻出版“走出去”工作最高奖励——新闻出版“走出去”先进单位称号，还获得了“国家文化出口重点企业”、“2011 中国版权产业最具影响力企业”等荣誉称号。2010—2011 年度，北京语言大学出版社在芝加哥完成北美分社的登记注册、资产购买等工作，成为全国第一家拥有海外资产的大学出版社。

撰稿　姜西良
审稿　李志坚

北京科技大学

〔**召开各学院“十二五”规划研讨会**〕　2011年10月31日至11月2日，规划与学科建设办公室协同党办、校办组织召开了各学院“十二五”规划研讨会，校党委书记罗维东、校长徐金梧、副校长张跃以及各学院相关负责人参加了研讨会。会上，各位校领导突出强调了各学院要明确自身定位，进一步凝练学科方向，注重学科内涵发展和学科间的交叉，把学科做实做强。会后，各学院认真总结，积极创新，认真做好“十二五”期间各项规划。2011年，学校共授予3 205名本科生学士学位，授予2 523名研究生硕士学位，授予374名研究生博士学位。

〔**调整部分一级学科、二级学科**〕　2011年，国务院学位办发布《学位授予和人才培养学科目录(2011年)》。按照《目录》要求，学校对已有的博士、硕士学位授权点按新目录进行了对应调整，调整后新增安全科学与工程和软件工程2个一级学科博士点及统计学1个一级学科硕士点。截至2011年年底，学校拥有一级学科博士学位授予权的学科18个、按一级学科授予硕士学位的学科28个。2011年，学校共授予3 205名本科生学士学位，授予2 523名研究生硕士学位，授予374名研究生博士学位。

〔**师资队伍**〕　截至2011年年底，学校共有专任教师1 787人。拥有两院院士8人，国家“千人计划”入选者7人，“长江学者”15人，国家级创新团队6个。

〔**科研产业**〕　2011年，学校科研经费总额为61 804.6万元，年内共获国家科技奖5项，省部级科技奖49项。“钢铁冶金新技术国家重点实验室”进入立项建设阶段。与政府、企业签订合作协议32项。新增“973计划”项目首席科学家1人。全年学校科技产业总产值为12.10亿元，利税逾6 000万元。

〔**“节能高硅电工钢制备加工技术”参加“十一五”国家重大科技成就展**〕　3月7日至13日，“十一五”国家重大科技成就展在国际会议中心开幕。学校陈国良院士，林均品、叶丰教授负责的“973计划”项目“节能高硅电工钢制备加工技术”作为学校新金属材料国家重点实验室的代表，受邀出席展会。

〔**“钢铁冶金新技术国家重点实验室”正式立项建设**〕　5月23日，在全国基础研究工作会议上，学校作为新建国家重点实验室代表出席了科技部的授牌仪式。该实验室在学校生态与循环冶金教育部重点实验室的建设运行基础上，依托国家重点学科，围绕国家重大需求，定位于应用基础研究和基础理论研究与关键技术开发，研究方向符合钢铁行业发展趋势。这是学校继1988年建设新金属材料国家重点实验室之后，获批建设的第二个国家重点实验室。

〔**与首钢集团召开校企联合培养人才工作研讨会**〕　3月12日，学校教务处及高等工程师学院与首钢集团相关部门联合召开了人才培养交流研讨会。校企双方就如何在北京科技大学—首钢市级人才培养基地建设、实习工作、“卓越工程师教育培养计划”等方面开展有效合作进行研讨。

〔**为“天宫一号”关键部件开展加速考核试验**〕 2011年，学校一课题组受命为“天宫一号”关键部件开展加速考核试验，依靠学校多年来积累的腐蚀防护技术及数据平台，通过科学的试验方法和手段，对该重要部件的使用寿命作出了科学判断，使中国的航天设计单位得到了科学准确的数据，为“天宫一号”按期成功发射作出了重要贡献。

〔**第七届教代会二次会议、第十次党代会三次会议暨2011年春季全体教授会议**〕 3月3日，学校第七届教代会二次会议、第十次党代会三次会议暨2011年春季全体教授会议召开。校长徐金梧在大会上作工作报告，报告围绕科学发展这一主线，对学校“十一五”规划完成情况进行了总结。大会印发了学校财务工作报告、工会和教代会工作报告，全体代表讨论并审议通过了上述报告。

〔**北京市昌平区领导莅临学校调研入驻昌平项目进展及学校科技产业发展情况**〕 5月12日，昌平区委书记侯君舒、区长金树东，区委常委、区委办公室主任孙启，副区长方炎、周云帆以及各委办局负责人一行15人到学校，与校领导就重大工程材料服役安全研究评价设施暨国家材料服役安全科学中心项目进展和学校产业发展情况进行了座谈。座谈会后，侯君舒、金树东一行参观考察了计算机与通信学院物联网实验室、机械学院制氢、催化剂及节能实验室、高效轧制国家工程研究中心、冶金学院USTB钛冶炼实验室等。

〔**全国道德模范事迹巡讲活动**〕 10月16日，由中央宣传部、中央文明办、教育部和共青团中央主办的全国道德模范首都高校巡讲活动在学校举行，共有300余名师生聆听道德模范感人事迹。文建明、王文珍、郭明义3位全国道德模范先后与大学生们分享了自己的人生经历和心得。

〔**赵凤桐到校调研**〕 11月15日，北京市委常委、市委教育工委书记、海淀区委书记赵凤桐到校调研。校党委书记罗维东、校长徐金梧出席会议。副校长孙冬柏就天工大厦的建设进展情况以及五道口服装市场拆迁、大厦竣工规划验收、装修改造工程、企业进驻等具体事宜进行了详细汇报。

〔**深入开展建党90周年系列活动**〕 为庆祝建党90周年，学校各部门各学院精心组织举办了“学党史、知党情、跟党走”、“在党旗下成长”、“追忆红色征程，传承实践精神”以及“红歌嘹亮、唱响北科”等一系列主题纪念活动。校团委启动“寻找红色奇迹——纪念建党90周年‘七个一’主题团日活动”，即组织全校团支部研读一篇经典著作、聆听一场形势报告、观看一部红色电影、演唱一首红色歌曲、编发一条红色短信、组织一次红色探访、开展一次主题演讲。全校共有332个学生和教职工团支部创造性地举办了500多场主题团日活动。

〔**招生就业**〕 2011年，学校共招收本科生3 359人，专科生（高职）100人，少数民族预科生22人、新疆民考汉20人。截至9月，本科生就业率为94.03%，研究生就业率为98.37%。

〔**教育合作与交流**〕 截至2011年年底，学校共与100余所国外及港澳台地区的大学和科研机构建立合作关系。在校留学生765人，全年派出学生420人次。年内，召开“大学国际化发展现状与展望”五校研讨会。

〔**举行德国大学日**〕 11月4日，北京科技大学德国大学日在会议中心逸夫报告馆举行。德国大使馆文化参赞Hardy Boeckle、德意志学术交流中心北京办事处主任Stefan Hase-Bergen以及来自德国使馆、德意志学术交流中心北京办事处和德国多所精英大学的驻华代表参会。德意志学术交流中心、德国使馆文化处的官员作专题报告，向在场观众全面介绍了留学德国的前期准备工作和注意事项、申请流程、奖学金政策等，并就观众的疑问进行解答。之后，与会的德国精英高校驻北京的代表介绍了各校概况和招生信息。

撰稿 李 凯

审稿 赵 萌

北京化工大学

〔**贺国强回母校调研**〕　2011年11月9日，中共中央政治局常委、中央纪委书记贺国强在中央书记处书记、中央纪委副书记何勇的陪同下回到他学习、生活6年的母校——北京化工大学调研并发表重要讲话。教育部部长、党组书记袁贵仁，中央纪委常委、监察部副部长王伟，中央纪委秘书长崔少鹏，教育部党组成员、驻部纪检组组长王立英，教育部党组成员、部长助理林蕙青，北京市委常委、市纪委书记叶青纯等一同调研。调研期间，贺国强参观了学校"十一五"成就展、"危险化学品生产系统故障预防及监控"安监局基础实验室、国家碳纤维工程技术研究中心，听取了学校"以改革求发展，以特色上水平"的办学情况汇报和"全面加强反腐倡廉建设，促进学校事业健康发展"的专题汇报，并专门看望了学校老领导和当年在上学时的老师、学生。贺国强希望学校坚持产学研结合，加快科技成果转化和产业化步伐，在服务国家和行业发展中发挥更大作用。

〔**鲁昕莅临学校视察**〕　4月20日，教育部副部长鲁昕一行到学校视察指导工作。期间，鲁昕视察了学校北京市先进弹性体材料研究中心、北京市生物加工过程重点实验室、国家碳纤维工程技术研究中心以及化工资源有效利用国家重点实验室，询问了实验室建设、科研、教学等相关情况。在听取全面工作汇报后，鲁昕肯定了学校多年来发展所取得的成绩，希望学校继续科学把握办学目标和定位，使学校的发展更好地服务于国家战略需求，更好地服务于国家"十二五"产业结构调整和转变经济增长方式的目标，更好地服务于行业发展、有效解决行业核心竞争力问题，为增强国家石油和化工领域的实力发挥更大作用，早日实现学校高水平研究型大学的建设目标。

〔**两个专业分获教育部工程教育专业认证及有效期延长审核**〕　1月6日，根据教育部签发的《教育部办公厅关于公布2010年工程教育专业认证结论及有效期延长申请审核结论的通知》（教高厅函〔2011〕8号），学校"过程装备与控制工程"专业通过专业认证，有效期至2016年12月；化学工程与工艺专业通过认证有效期延长申请审核，有效期至2013年12月。工程教育专业认证试点工作始于2006年，是教育部质量工程的重要内容之一，其通用标准分为专业目标、质量评价、课程体系、师资队伍、支持条件、学生发展和管理制度7个指标。开展工程教育专业认证，旨在构建中国工程教育的质量监控体系，推进工程教育改革，进一步提高工程教育质量；建立与注册工程师制度相衔接的工程教育专业认证体系，构建工程教育与企业界的联系机制，增强工程教育人才培养对产业发展的适应性；促进中国工程教育的国际互认，提升国际竞争力。

〔**获"全国工程硕士研究生教育特色工程领域"称号**〕　1月7日，根据全国工程硕士专业学位教育指导委员会签发的《关于公布获得"全国工程硕士研究生教育创新院校""全国工程硕士研究生教育特色工程领域"荣誉称号名单的通知》（教指委〔2011〕1号），学校材料工程被授予"全国工程硕士研究生教育特色工程领域"称号。该工程领域是学校重点研究领域，研究方向包括高分子材料、生物功能材料、复合材料、碳材料、信息记录材料、金属及表面保护材料、先进陶瓷、材料物理与化学、材料加工等，其中材料学科为国家重点学科，高分子化学与物理为国家重点（培育）学科。该领域共承担和完成国家级和省部级科研项目 180 余项，获国家级和省部级奖 20 项。

〔**通过国防质量管理体系综合评议、扩大/换版现场认证审核**〕 3 月 30 日至 4 月 1 日，学校接受并通过中国新时代认证中心组织的国防科技质量管理体系现场审核，审核内容包括综合评议、扩大范围和换版等。学校于 2006 年 6 月通过 GJB 9001A—2001 质量管理体系认证的现场审核，并在 2010 年 4 月开始实施 GJB 9001B—2009 后，按照新标准的要求修改《质量手册》、《程序文件》和三层次文件，通过新标准宣传、培训、内审、管理评审等方式提高全体国防科技人员的质量意识，针对在内部审核、管理评审过程中的问题进行整改。通过本次审核，专家组认为，学校领导重视管理体系的保持，教师员工质量意识较高，学校质量方针、目标和新修订的体系文件得到贯彻执行，满足 GJB 9001B—2009 标准的要求，同意通过现场审核，推荐注册。

〔**大型挤压造粒机组项目通过验收**〕 5 月 20 日，北京化工大学等 6 家单位联合研发的年产 20 万吨聚丙烯大型挤压造粒机组国产化项目通过专家组现场验收。该项目作为“十一五”国家级重大装备攻关项目，旨在打破德国和日本相关公司对大型乙烯成套设备中的重大关键装备——大型挤压造粒机组的技术封锁和价格垄断，改变中国长期依赖进口的局面，设计、研发、生产和制造拥有完全自主知识产权的大型挤压造粒机组。通过现场调研和论证，专家组作出“20 万吨/年聚丙烯挤压造粒机组国产化项目一次试车成功，生产能力达到机组最大产量；运行平稳，性能良好；切粒均匀；能耗低，外观质量好，控制系统先进；满足设计要求；系统配套满足机组运行要求”的结论。

〔**启用“优势学科创新平台”中试基地**〕 6 月 21 日，学校正式启用“优势学科创新平台”中试基地。该基地隶属中关村科技园区，总占地面积 45 亩，既有建筑面积约 2.5 万平方米，包括 1.7 万平方米的科技成果中试孵化用房，又有 0.85 万平方米的综合办公楼及配套设施用房。基地建设依托“优势学科创新平台”，借助国家大学科技园政策汇聚、人才聚集、技术集成、信息集成、资金集成和服务集成的重要功能，为学校知识创新和技术创新体系建设提供强有力的支撑。学校生物资源与绿色化学实验室、国家碳纤维中心、无机资源有效利用实验室、化工安全与节能实验室等 15 个承担国家课题的技术创新研发团队入驻基地。

〔**耐紫外老化沥青路面通车**〕 11 月 21 日，学校研发的超分子结构紫外阻隔材料（LDHs）制备的耐紫外老化沥青铺设的示范路段正式通车使用。该路段位于长深高速（长春—深圳）内蒙古金宝屯至查日苏段，总长 8.4 公里。LDHs 材料的研发获得国家“十二五”科技支撑计划的支持，旨在解决沥青耐紫外老化能力弱的世界性难题，在中国西部及高原等紫外线辐照强烈的地区具有广泛的应用前景。学校通过对 LDHs 材料组成和结构的设计，突破清洁生产工艺、等波长粒径控制等关键技术，创制了一种沥青用新型紫外阻隔材料。经检测和应用表明，该材料能够明显提高沥青的耐紫外老化性能，沥青的使用寿命可延长 3 倍以上。

〔**启动有机无机复合材料国家重点实验室**〕 12 月 16 日，学校举行有机无机复合材料国家重点实验室揭牌启动仪式。该实验室由科技部批准立项建设，依托学校的纳米材料先进制备技术与应用科学教育部重点实验室、北京市新型高分子材料制备与加工重点实验室、北京市生物加工过程重点实验室和教育部超重力工程研究中心等 4 个实验室组建，围绕复合材料结构－功能本构关系、基础相材料主动设计与制备科学、材料复合过程分散—界面科学等问题开展科学研究，以实现有机无机复合材料的高性能化、多功能化和低成本化等目标。学校陈建峰教授任实验室主任，哈尔滨工业大学复合材料与结构研究所杜善义院士任实验室第一届学术委员会主任。

〔**谭天伟当选中国工程院院士**〕　12月8日，学校谭天伟教授当选中国工程院化工、冶金与材料工程学部院士。谭天伟，男，1964年2月出生，湖南湘潭人，现任北京化工大学副校长，教育部“长江学者奖励计划”特聘教授，“国家杰出青年基金”获得者，国家级高等学校教学名师，“973计划”项目首席科学家。谭天伟教授长期致力于工业生物技术领域研究，包括生物基化学品、生物能源和生物材料。作为项目负责人先后承担了国家“863计划”、国家“九五”、“十五”攻关项目5项，国家自然科学基金重点和面上项目6项。以第一获奖人先后获得国家技术发明二等奖2项，省部级一等奖4项、二等奖4项。累计在核心刊物发表论文300多篇，其中SCI收录150余篇，EI收录200余篇。

〔**张立群教授获Sparks-Thomas奖**〕　10月11日，学校材料科学与工程学院张立群教授被美国化学学会橡胶专业委员会授予Sparks-Thomas奖。该奖项设于1986年，由埃克森美孚化工公司资助，旨在奖励在橡胶科学与技术领域作出突出贡献的青年科学家和工程师，每年全球提名1名，可空缺，以提名和评审相结合的方式评选。张立群教授因在橡胶纳米复合材料、橡胶增强机理以及生物基工程弹性体等方面的研究获得这一奖项，是唯一获此奖励的中国学者。

〔**成立马克思主义学院**〕　5月31日，学校马克思主义学院成立。该学院有教师52人，其中教授15名、副教授20名、讲师17名，下设1个教研部和2个研究所，主要承担全校学生的思想政治理论课程及部分学科基础课程的教学、马克思主义理论学科建设以及研究生培养等工作。该学院现有马克思主义理论研究一级学科硕士点和科学技术哲学二级学科硕士点。

〔**成立厦门生物产业研究院**〕　4月15日，北京化工大学厦门生物产业研究院在海沧生物与新医药中试基地成立。该研究院的成立是学校“大开发”战略的具体落实，旨在建立使之成为学校在海西经济区的高新技术研发中心、海峡两岸生物合作交流中心、工业生物技术与新医药创制平台和创新型人才培养基地。建设内容包括生物科技成果转化中心、生物中试及产业化基地，并将依托于学校承担的国家工业生物技术过程科学研究平台设立国家生物海西研发中心。

〔**成立首个驻外事务所**〕　12月8日，学校驻日事务所在日本国立名古屋工业大学成立。日本名古屋工业大学是学校的密切合作伙伴之一，自2005年两校建立合作关系以来，在师生交流、教学与科研合作等方面开展了不同层次的国际交流项目。该事务所是学校首个驻外办公室，其成立是两校合作历史上的重要里程碑，能有效推动学校与日本高校更深入、更广泛的交流合作。

〔**教育基金会成立**〕　11月18日，北京化工大学教育基金会注册成立，并于12月28日举行揭牌仪式。基金会的成立旨在凝聚社会各方力量，为校友及社会各界对学校的捐赠搭建平台，为推动学校人才培养、科学研究及学校建设等事业的长远发展提供宝贵的外部资源。揭牌当日，基金会接受了首批捐赠——红太阳集团有限公司捐赠的900万元人民币和太原市兆伟房地产开发有限公司捐赠的300万元人民币。

撰稿　葛佑勇　梁　军
审稿　董振兴

北京交通大学

〔**刘延东到校视察工作**〕 2011年6月16日，国务委员刘延东到校视察。刘延东一行先后考察了学校校史博物馆、轨道交通控制与安全国家重点实验室、轨道交通运行控制系统国家工程研究中心。刘延东充分肯定了学校贯彻党的教育方针，为国家现代化建设特别是交通事业发展作出的积极贡献，希望学校切实把工作重点放在提高办学质量上，加强特色优势学科建设，提升人才培养水平，增强科学研究与服务社会能力，积极开展高速铁路、城市轨道交通等领域的关键技术研发，在国家经济社会发展中发挥更大作用。

〔**学校“十二五”事业发展规划发布实施**〕 12月8日，学校发布实施“十二五”事业发展规划。“十二五”规划包括总结回顾、发展目标、发展任务、计划工程和改革试点、实施保障五大部分，确定了学校“三四五”发展目标。“三”即确保“三个突破”：在国家高水平创新平台、国家创新团队、国家高水平科技成果奖项等三方面实现突破。“四”即实现“四个提升”：一是师资队伍水平明显提升，汇聚一批有影响的高端人才，形成一批以名师和科研领军人才为核心的创新团队；二是办学条件明显提升，开工平谷校区（现代轨道交通创新基地暨新校区）一期建设，完成海淀校区基础设施、公共服务体系改造，满足学校发展需求；三是国际化水平明显提升，国际交流合作能力显著增强；四是教职工工作条件和生活待遇明显提升。“五”即达到“五个前列”：人才培养、学科建设、科学研究、社会服务、党建和思想政治工作五个方面主要指标位于全国同类高校前列。明确了人才培养、科学研究、社会服务、文化传承创新等8项任务，提出了作为推动学校发展重要抓手的7项重大计划和工程、5个改革试点以及4方面的保障举措。

〔**新增2个北京市重点实验室**〕 3月21日，经北京市科学技术委员会初审、专家会议评审和专家现场评审，学校机电学院张欣教授牵头负责的“新能源汽车动力总成技术北京市重点实验室”、土建学院高亮教授牵头负责的“轨道工程北京市重点实验室”入选2010年度第二批认定的北京市重点实验室。

〔**4项课题获国家社科基金立项**〕 6月17日，学校“快速发展中的城市轨道交通政府补贴机制研究”、“我国交通能源消耗统计指标和评估研究”、“西学翻译与晚清‘救国良策’的探索”、“林木生物质能源发展潜力评价与产业形成机制研究”4项课题获准2011年度国家社会科学基金项目立项。

〔**1人获高等学校教学名师奖**〕 9月8日，学校阮秋琦教授荣获全国第六届高等学校教学名师奖。阮秋琦，计算机学院教授、博士生导师，校学位委员会副主席，国务院学位委员会学科评议组成员，在IEEE北京分会、中国通信学会、中国电子学会等权威机构担任重要职务，任第十三届国家自然科学基金委员会、国家留学基金委员会等评审专家。承担国家自然科学基金、“973计划”、“863计划”等项目共计60余项，发表论文420余篇，出版书籍4部、译著3部，主编“中国铁路百科全书通信信号卷”等2部，获国家专利3项。曾获国家教学成果二等奖，北京市教学成果一、二等奖，国

家教委科技进步二等奖、铁道部科技进步二、三等奖，是国家级和北京市精品课程负责人。被评为北京市教学名师、北京市优秀教师、铁道部有突出贡献的中青年专家、国家级有突出贡献的中青年专家，获得茅以升科技奖、詹天佑科技人才奖等荣誉，享受国务院政府特殊津贴。

〔“轨道交通控制与安全”引智基地获准立项〕 10月10日，“轨道交通控制与安全”引智基地获教育部正式批复立项。该引智基地依托教育部重点实验室，主要围绕高速铁路系统安全基础理论、轨道交通安全测控与预警技术、交通运营安全管理等领域，开展国际合作研究。

〔成立轨道交通运行控制系统国家工程研究中心及现代轨道交通创新基地暨新校区建设办公室〕 4月12日，学校成立轨道交通运行控制系统国家工程研究中心。该中心为相对独立的直属二级机构，挂靠电子信息工程学院。同日，学校成立现代轨道交通创新基地暨新校区建设办公室，直属学校管理。

〔成立马克思主义学院〕 5月16日，学校将原人文社会科学学院的马克思主义理论教学研究部和文化素质教育中心整合，组建成立了马克思主义学院，直属学校领导。该学院既是思想政治理论课教学部门和马克思主义理论研究机构，也是马克思主义理论学科点的依托单位。

〔成立政策研究室〕 5月24日，学校成立政策研究室，隶属学校党委领导和管理。其主要职能是：及时跟踪研究相关重大政策，为校领导决策提供咨询；协助校领导、有关部门进行管理体制和运行机制创新以及学校重大改革方案的研究；对学校发展中的难点、热点问题进行调研，从全局高度提出解决方案；积极开展校内外调研，进行学校改革发展专题研究；负责起草重要文稿等。

〔成立国际教育交流中心〕 5月24日，学校成立国际教育交流中心，旨在加强学校外国留学生及在校生选派出国、校际交换等国际化人才培养的管理工作。原留学生办公室撤销，职能划归国际教育交流中心；国际合作交流处下设的国际汉语培训中心，划归国际教育交流中心，同时保留国际汉语培训中心名称，便于对外交流、海外办学和汉语推广。

〔成立国家保密学院〕 5月31日，北京交通大学国家保密学院暨国家保密教育培训基地北京分基地成立，这是北京高校首家成立的保密学院。该学院主要依托计算机与信息技术学院，经济管理学院和法学院共同参与建设。从2011年起，招收信息安全（保密技术）、信息管理与信息系统（保密管理）2个专业方向的本科生。

〔成立北京交通大学中国技术经济研究中心〕 9月28日，学校成立北京交通大学中国技术经济研究中心，挂靠经济管理学院管理，中国工程院院士徐寿波担任中心主任。研究中心的成立，旨在进一步凝聚优势学科力量，重点培养高层次技术人才，积极承担重要的研究项目，搭建国内外学术交流的平台。

〔举办第七届中国交通高层论坛〕 10月22日，第七届中国交通高层论坛在学校举行。论坛以“系统科学与交通发展”为主题，来自不同地区的50余位论文作者及特邀嘉宾围绕“区域综合交通规划理论与方法”、“交通运输节能方法与实施策略”、“智能交通技术进展及应用”、“绿色物流”等专题进行了分组交流。

〔与北京市平谷区人民政府签署土地供应协议〕 11月4日，学校与平谷区人民政府签署“北京交通大学现代轨道交通创新基地暨新校区项目教育用地土地供应协议”，标志着学校创新基地暨新校区项目取得实质性进展。初步规划建设包括现代轨道交通产学研创新基地、战略性新兴产业科教基地、新校区三大组团。

〔学校科技创业大厦暨北京CBTC研发中心开

工〕　学校科技创业大厦暨北京 CBTC 研发中心作为北京市重点项目于 11 月 9 日破土动工。项目总投资 3.21 亿元，建筑面积61 800平方米，主要用于学校科研用房和北京 CBTC 研发中心用房。

〔**学生活动服务中心竣工启用**〕　11 月 15 日，学生活动服务中心正式竣工启用。该中心是迄今为止学校单体面积最大、使用功能最完备的建设项目。总建筑面积为 5.8 万平方米，集一站式服务、文化素质培养、艺术教育、科技创新、生活服务、日常办公等多功能于一体。

〔**长三角研究院落成**〕　12 月 9 日，北京交通大学长三角研究院落成。该研究院是学校与镇江市政府、镇江新区管委会共建的一所专业性研究机构，位于镇江科技城内，规划建筑面积 2 万平方米，下设 10 个研发中心。研究院旨在发挥学校科技与人才优势，对接地方产业和科技发展需求，在轨道交通、信息技术、先进制造、物联网、新能源等领域广泛开展产学研合作。

〔**补充调整校领导班子**〕　1 月，关忠良任副校长、党委委员、常委，吴强、郑广天任校长助理；6 月，副校长李学伟调任大连交通大学校长；7 月，副校长王永生调任北京印刷学院院长；12 月，面向全国普通高等学校开展公开选拔副校长工作。

〔**完成二级党组织换届工作**〕　9—12 月，学校 20 个二级党组织平稳、有序完成换届，选举产生了各二级党组织新一届领导班子。本次换届的 20 个二级党组织经选举共产生了 148 名委员、20 名书记和 24 名副书记，选举结果充分体现了干部年轻化、知识化、专业化。换届工作进一步优化了各二级党组织领导班子结构，为学校第十次党代会的召开奠定了良好的基础。

〔**调整学校发展规划处等机构**〕　1 月 9 日，学校将教育部战略研究培育基地——行业特色研究性大学发展战略研究中心、联合国教科文组织产学合作教席办公室与原发展规划处、高等教育研究所合并，成立新的北京交通大学发展战略与规划处(简称发展规划处)。其主要职责是：开展国内外高等教育发展动态研究和高等学校发展战略研究；开展行业特色研究型大学发展战略研究；研究制定学校中长期发展规划及战略措施；开展教育教学研究与评估；承担联合国教科文组织产学合作教席理事会的相关工作。

〔**完成学校处级干部换届调整工作**〕　3 月至 7 月，学校完成处级干部换届调整工作，174 位新一届处级干部全部到岗。经过换届调整，处级干部结构进一步优化，平均年龄由换届前的 45.9 岁下降到 43.6 岁；具有硕士以上学位占 81.3%，较换届前提高 10.1%；党外干部占 8.5%，较换届前提高 2.1%；女干部占 33.5%，较换届前提高 6%；少数民族干部占 5.7%，与换届前持平。

撰稿　高　杰
审稿　陈　峰

北京邮电大学

〔**正式启动“985工程优势学科创新平台”建设**〕　2011年6月14日，学校举行“985工程优势学科创新平台”建设启动研讨会。优势学科创新平台建设有五大任务：一是促进学科交叉融合，提升科学水平；二是创新人才培养模式；三是加快引进和造就学术领军人物和创新团队；四是着力提高自主创新能力；五是以改革为动力，实现重点突破。

〔**“质量工程”成绩显著**〕　2011年，学校“质量工程”项目建设成果喜人，其中“网络工程”和“物联网工程”专业获得教育部批准，成为第七批国家级特色专业建设点；白中英教授主编的《计算机组织与体系结构》被评为2011年度国家级精品教材；桑林、卞佳丽两位教授荣获2011年北京市教学名师奖；“信息安全”和“机械工程及自动化”入选“卓越工程师教育培养计划”专业；“通信工程”、“电子信息工程”专业通过工程教育专业认证。

〔**学科建设再度提升**〕　2011年，学校新增一级学科博士学位授予点2个、一级学科硕士学位授予点11个。获得全国优秀博士学位论文提名奖1篇，北京市优秀博士学位论文1篇。

〔**“可信分布式计算与服务教育部重点实验室”获准立项建设**〕　1月10日，教育部发布了《教育部关于2010年度教育部重点实验室立项建设的通知》，学校“可信分布式计算与服务教育部重点实验室”获批准立项建设。该实验室依托学校计算机学院，以国家社会服务体系建设的需求为导向，基于可信分布式服务计算研发平台开展基础理论、核心技术的攻关和关键技术的试验研究工作，主要包括四个研究方向：可信分布式计算与服务机理、可信分布式计算与服务平台、可信服务工程和可信网络内容。

〔**“信息光子学与光通信国家重点实验室”获准立项**〕　4月2日，科技部公布了《关于制定国家重点实验室建设计划的通知》，依托学校的“信息光子学与光通信国家重点实验室”获准立项。实验室定位为：在光信息科学与技术学科领域主要从事应用基础研究的科技创新和人才培养基地。实验室主要依托“电子科学与技术”国家一级重点学科，同时依托“信息与通信工程”国家一级重点学科以及“光学工程”一级学科博士点，立足“信息光子学与光通信”研究领域，坚持基础探索和工程技术相辅相成、光子学与光通信“驱”“牵”互动、光通信与光信息处理交叉融合的发展模式。12月5日，信息光子学与光通信国家重点实验室举行揭牌仪式，科技部副部长陈小娅、教育部副部长杜占元等出席。

〔**“网络体系构建与融合北京市重点实验室”获准立项建设**〕　5月18日，北京市科学技术委员会发布了《关于公布2010年度第三批认定北京市重点实验室名单的通知》，学校申报的“网络体系构建与融合北京市重点实验室”获准立项建设。该实验室依托“信息与通信工程”国家一级学科，面向国家重大科研需求和国际学术研究前沿领域及未来网络，就网络体系构建理论与优化方法、核心承载网优化理论与关键技术、业务控制体系优化理论与关键技术、接入网优化理论与关键技术进行深入研究。

〔**4项科研成果荣获2010年度国家科学技术奖**〕 1月14日，中共中央、国务院在北京隆重召开国家科学技术奖励大会，学校四项科研成果荣获2010年度国家科学技术奖。其中“基于智能通道组织和共享保护方法的光层联网技术与应用”项目荣获国家技术发明奖二等奖，“TD－SCDMA及其增强型终端一致性测试技术与平台”、“基于异构网络融合的多媒体技术研究与应用”、“网络教育关键技术及示范工程”三个项目分别荣获国家科技进步奖二等奖。

〔**与中国进口汽车贸易有限公司成立车联网实验室**〕 7月22日，学校与中国进口汽车贸易有限公司签订了“车联网实验室”战略合作协议并举行揭牌仪式。12月16日，学校发起并担任理事单位的中国车联网产业技术创新联盟正式成立，副校长杨放春任理事长。

〔**项目管理工程硕士（MEng－PM）首批荣获美国PMIGAC国际认证授牌**〕 9月16日，由美国PMI（Project Management Institute）主办的2011 PMI（中国）项目管理全球大会在北京国家会议中心召开。学校项目管理工程硕士（MEng－PM）首批荣获美国PMIGAC国际认证授牌，是中国高等院校中首批获得此殊荣的学校。此认证有效期为2011年9月1日至2018年8月31日。截至2011年年底，全球仅有30多所高等院校获此殊荣。

〔**北京高科大学联盟成立**〕 10月19日，作为全国规模最大的进行全方位合作的高校联盟——北京高科大学联盟成立大会在北京举行。北京高科大学联盟，简称“北京高科”，由北京邮电大学、北京交通大学、北京科技大学、北京化工大学、华北电力大学、中国地质大学（北京）、中国矿业大学（北京）、中国石油大学（北京）、北京林业大学、西安电子科技大学、哈尔滨工程大学11所行业特色型高校共同发起组建。在学科设置上，这些高校涵盖了电子信息、网络与通信、铁路公路交通、新型材料、化学化工、电力、地质、矿业、石油、林业、造船、核工业等重要领域，集聚了大批一流的优质资源。

〔**1篇论文在*Nature*上发表**〕 10月，学校郭军教授的论文“An Activation Force-based Affinity Measure for Analyzing Complex Networks”在*Nature*（《自然》）上发表。英国著名杂志*Nature*是世界上最早的国际性科技期刊，自1869年创刊以来，始终如一地报道和评论全球科技领域最重要的突破。

〔**联合成立“中国（南京）未来网络产业创新中心”**〕 11月11日，由中国工程院和南京市人民政府主办，中国联合网络通信有限公司、北京邮电大学等承办的“2011中国未来网络发展与创新论坛”在南京市举办。会上，“中国（南京）未来网络产业创新中心”宣告成立。该中心是中国第一个专门从事未来网络技术研究的机构，理事单位有北京邮电大学、中科院计算所、清华大学、南京市经济和信息化委员会、南京江宁开发区管委会。学校信息与通信管理学院院长刘韵洁院士出任理事长。学校党委书记王亚杰作为理事代表学校签署了“建设中国（南京）未来网络产业创新中心合作协议”。

〔**与中国电子信息产业集团有限公司签署战略合作协议**〕 12月30日，学校与中国电子信息产业集团有限公司（简称“CEC”）签署《战略合作框架协议》，标志着学校与CEC在信息安全领域的合作全面展开，拉开了双方共同协同创新的序幕。2011年，学校共成立7个校企科研联合实验室。

〔**与法国里昂高等商学院签署合作协议**〕 2月10日，学校与法国里昂高等商学院签署了《战略合作总协议》和《高级工商管理硕士项目协议》。根据协议，学校将与法国里昂高等商学院合作举办高级工商管理硕士项目（EMBA）以及其他各种形式的合作。

〔**与斐济南太平洋大学签署共建孔子学院协议**〕 2月22日，学校与斐济南太平洋大学签署了《关于合作建设斐济南太平洋大学孔子学院的执行协议》以及两校《全面合作备忘录》。年内，斐济南太平洋孔子学院已获正式批复并开始招生。它的建立将推进斐济汉语教学，增进两国人民的了解和友谊，促进两国教育、经济和文化领域的交流与合作。

〔**隆重召开纪念中国共产党成立90周年暨“七一”表彰大会**〕 6月30日，中共北京邮电大学委员会隆重召开纪念中国共产党成立90周年暨“七一”表彰大会，共表彰先进党支部30个、优秀共产党员60名、优秀党务工作者30名。

〔**成立大学生党史教育研究中心**〕 6月22日，由北京邮电大学、中国关爱成长行动组委会、中共党史教育办公室共建的“大学生党史教育研究中心”举行揭牌仪式。该中心以党史教育工作为研究重点，进一步加强与兄弟院校之间的交流与合作，全面落实党中央精神，积极推动学校的思想政治教育工作。

〔**举行学年工作会议暨处级干部培训会议**〕 8月29—30日，学校召开2011—2012学年工作会议暨处级干部培训会议。教育部党组成员、国家教育行政学院院长顾海良教授，原中山大学校长黄达人教授，中国科学院院士吴常信教授等分别作了专题报告。全体校领导、全体处级干部参加了本次培训会议。各学院教师代表70余人、学生代表800余人参加了吴常信院士作的“加强学风建设”专题报告会。

〔**学生工作成效显著**〕 2011年，学校“学生党员骨干培训学校”再次荣获“北京高校优秀党建创新项目”称号；信息与通信工程学院2009211123班荣获“北京市十佳班集体”称号；计算机学院2009级本科二党支部荣获北京高校红色“1＋1”示范活动二等奖；网络思想政治教育项目——“积极应对网络新媒体挑战，努力营造健康向上网络育人环境”荣获第二届首都大学生思想政治教育工作实效奖特等奖。由教育部思政司指导、学校承办的“对党说句心里话”主题微博展评活动，荣获中央六部委“庆祝建党90周年网上作品大赛最佳组织奖”。

〔**学生竞赛成绩突出**〕 2011年，学校学生共有1 356人次获得各类竞赛奖励。其中有221人次在国际性竞赛中获奖，包括一等奖57人次、二等奖155人次、三等奖9人次；有311人次在国家级竞赛中获奖，包括特等奖9人次、一等奖35人次、二等奖141人次、三等奖126人次；有824人次在市级竞赛中获奖。

撰稿　于晓龙　王　晋

审稿　辛玲玲　肖　倪　马启华

中国地质大学（北京）

〔**继续深化本科教育教学改革**〕 2011年，学校坚持以本科教学为中心，加强管理方式方法创新，教学秩序平稳有序，教学质量不断提高。国家级教学名师实现零的突破，新增国家级特色专业2个、北京市教学名师2人、教育部和北京市精品教材7部，学校成为“卓越工程师教育培养计划”高校，3个专业获得培养资格，2个基地成为国家级工程实践教育中心。教学实验室建设扎实推进，资源得到有效整合，服务人才培养的水平不断提升。周口店、北戴河等野外实习工作有序进行，本科生赴韩国、俄罗斯、乌克兰、我国台湾等国家和地区开展野外地质实习顺利实施。学校依托周口店实习基地开展实践教学的成果得到教育部的充分肯定，大学生创新性实验计划项目、大学生课外学术科技作品竞赛、学生暑期社会实践和教学实验室开放基金等项目的管理和运行规范有序，学生参加校级以上学科和科技竞赛700余人次，共获省部级奖励120余项。

〔**稳步推进研究生培养机制改革**〕 学校研究生招生规模稳中有升，指导教师队伍建设进一步加强。不断完善研究生培养、评估和监督体系，继续设立研究生科技创新扶持奖励基金，逐步完善本—硕—博、硕—博贯通式培养模式，建立健全淘汰制度、博士论文匿名评审制度、博士论文质量跟踪评估制度，博士论文质量持续提高，获得全国优秀博士学位论文1篇、北京市优秀博士学位论文2篇。继续实施研究生教育创新计划项目，与天津市地矿局合作建立“地学研究生联合培养示范基地”。研究生国际学术交流取得新进展，选派41名研究生赴国外高校攻读博士学位或进行联合培养。学位研究生教育成绩得到教育部肯定，学校获得“全国工程硕士研究生教育创新院校”荣誉称号。

〔**扎实推进学科和人才队伍建设**〕 国家“优势学科创新平台”建设项目平稳实施，“211工程”三期建设项目中期检查后的监管和运行工作顺利推进，北京市重点学科建设项目获得全额支持。学科点建设取得新的突破，一级博士授权学科增加到13个，一级硕士授权学科增加到38个。“优势学科创新平台”、“211工程”和学科建设的项目管理、经费管理及日常工作管理的规章制度建设进一步加强。教师队伍规模保持稳定，结构不断优化，整体质量不断提升。获“千人计划”1人，第十三届青年地质科技奖金锤奖1人、银锤奖2人，茅以升科学技术奖1人，第六届孙贤鉥奖1人。新增教育部创新团队1个。

〔**科研水平再上新台阶**〕 5月，学校成立了科学研究院，构建科研发展高地，推动多学科交叉研究，加快优势学科创新群体和杰出人才的产出。学校多项科技竞争力指标明显增长，实到科研经费突破5亿元，较2010年增长15%。在竞争性科研项目上取得突破性进展，获国家自然科学基金资助项目67项、新增“973计划”项目1项、获国家同类项目一级课题14项。高质量论文产出持续增加，以第一单位发表SCI论文279篇，其中国际SCI论文173篇。学校科技奖励收获丰硕，获部级以上科技进步奖11项，以第一单位获得部级科技进步奖4项，翟裕生院士带领的团队获国土资源科学技术奖一等奖1项，为冲击国家奖奠定了基础。重点实验室建设成绩显著，新增部级重点实验室2

个，生命地质与环境地质国家重点实验室获科技部批准立项建设。产学研合作取得新进展，3 项发明专利直接转让企业，合同经费达 900 万元。

〔**国际交流与合作成绩显著**〕 学校领导率团出访美国、加拿大、日本、冰岛、韩国等国的 13 所大学，与其中 6 所高校签订了合作协议。国际合作平台建设取得突破，新增 1 个“海外名师”、1 个“引进海外高层次文教专家重点支持计划”项目、1 个“高校国际合作特色”项目和 19 个国际合作重点项目。两岸交流与合作的规模进一步扩大，方式和领域进一步扩展。留学生规模保持稳定，教育质量不断提升。国务委员刘延东在访问纳米比亚期间专门出席了学校与纳米比亚大学联合创办孔子学院意向书签字仪式，以及学校与纳米比亚大学、有色金属华东地质勘查局共建地质实习基地协议书签字仪式，并对学校工作给予了高度评价。

〔**国内合作与多样化办学稳步推进**〕 学校分别与青海省地勘局、山东黄金矿业公司、中国地质图书馆、有色金属华东地勘局、武警警种指挥学院、航遥中心和延长石油集团签订 7 份合作共建协议。对口支援青海大学工作成绩明显，得到教育部的充分肯定。继续教育基础建设不断改善，规章制度不断健全，办学实力不断提升，社会效益和经济效益不断提高。举办地勘单位内训及优势专业培训等各类培训班 55 个，培训学员7 000余人。学校长城学院建设发展成绩显著。

〔**进一步加快内部管理建设步伐**〕 学校积极推进教职工岗位津贴改革工作，逐步完善岗位职责、工作表现和工作业绩相结合的收入分配体系，教职工的整体收入水平进一步提升。学校可支配资金连续增长，经济实力不断增强。2011 年，学校总收入突破 11 亿元，总支出 9.6 亿元，总收入比 2010 年增长 24%。创新财务管理手段和方式，优化预算资金配置，强化预算执行管理力度，进一步提高了财务工作管理水平和工作效率。

〔**积极推进领导班子建设**〕 学校领导班子调整工作平稳有序。学校定期召开党委全委会议、党委常委会议和校务会议，研究学校改革发展的重大事项和重点工作。学校领导班子坚持开好民主生活会，开展批评与自我批评，交流发展思路与工作体会，增进相互理解与工作协调。充分发挥党委理论中心组的示范带头作用，推进学校和学院（部、处）两级领导班子的思想政治建设。全年共组织校党委理论中心组学习 9 次，二级理论中心组学习 200 余次。校领导理论学习体会提交率达 100%。领导班子成员团结一致，精诚合作，保持了较强的凝聚力和战斗力。

〔**继续加强干部队伍建设**〕 学校完成了校内机构设置、处级岗位聘任、科级岗位聘任及二级党组织换届工作。聘任后实职处级干部 156 名，轮岗交流处级干部 22 名，处级干部规模保持稳定、结构得到优化、能力不断提高，科级干部管理工作不断规范。16 个二级党组织完成换届选举，二级党组织的政治核心作用不断增强。学校先后选派 20 余名干部参加了国内外各种层次的培训学习，与国家教育行政学院合作，对 100 余名处级干部进行了专题培训。

〔**大力开展思想政治教育工作**〕 学生工作体系日趋完善，思想政治教育、事务管理、安全稳定、招生就业、学业指导、心理辅导、资助服务、校友工作、学工队伍建设等工作扎实推进，成绩显著。团学工作蓬勃开展，团的思想建设、组织建设、队伍建设和品牌活动取得新的进步。以建党 90 周年为契机，学校先后举办了“永远跟党走”学生纪念建党 90 周年主题教育活动、“学习党史、坚定信念”党史知识竞赛、“党在我心中”师生歌咏比赛等近十余项活动，紧紧抓住爱党、爱国、爱校的主题，先后吸引了近万名师生参与。在北京市开展的“我的班级我的家”示范班集体评选中，2008 级地质学基地班获北京市“十佳示范班集体”荣誉称号。

〔**推进创先争优活动**〕 学校继续以“深入学习实践科学发展观，推进高水平研究型大学建设”

活动为载体，深入开展以“提高办学质量促发展，服务人民群众树形象”为主题的为民服务创先争优活动。通过多种形式组织广大党员和师生开展主题活动，认真制定创先争优第三阶段工作实施方案，加强分类指导。各级党组织和广大党员干部积极投身创先争优活动，基层党组织建设和党员队伍建设不断加强。

〔**开展纪念建党90周年系列活动**〕　学校坚持把纪念建党90周年活动与推进创先争优活动、落实教育规划纲要有机结合起来，组织党员开展了“三个一”学习实践活动，开展关爱行动、志愿服务和结对帮扶活动，集中走访慰问离退休老党员、老干部、困难党员和优秀党员。召开庆祝中国共产党成立90周年大会，表彰了一批先进基层党组织、优秀共产党员和优秀党务工作者，进一步增强了师生员工对党的向心力。

〔**办学条件得到切实改善**〕　学校投资1亿多元，面积达1.7万平方米的体育馆顺利通过竣工验收并投入使用。17号学生公寓楼项目动工建设，校医院和教职工食堂改造工程顺利实施，校史馆建设筹备工作顺利进行。沥青混凝土路面工程、路缘石更新工程及铺筑花岗岩石材路面工程顺利完工，学校面貌焕然一新。“十一五”规划中提出的重点建设工程项目——逸夫实验楼、综合科研楼、国际会议中心、体育馆等四大工程已全部完工并交付使用，新增用房面积9万余平方米。立足存量，充分挖潜，盘活1 000余平方米的教学空间资源。博物馆接待校内外观众1.8万余人次，在教学、科研、对外交流和科普教育中发挥了积极作用。档案信息化建设稳步推进，不断丰富馆藏资源，提高档案利用效率。信息化建设取得新成绩，深入开展数字校园建设、网络基础设施建设、资源管理与数据图书馆建设、多媒体制作与多媒体教室管理等工作。

撰稿　李　飞
审稿　刘志方

中国矿业大学（北京）

〔**1门党课被评为北京高校“精品一课”**〕　在12月2日召开的北京高校党校协作组年会上，校党委书记杨仁树主讲的党课《明确党的性质，争做优秀共产党员、学生干部》被中共北京市教育工委和北京高校党校协作组评为第二届北京高校入党积极分子“精品一课”。杨仁树已经连续4年为学校教职工和学生积极分子讲授党课第一讲——“中国共产党的性质”，以其深厚扎实的理论基础、理论联系实际的讲授方式和科学地运用唯物辩证法，把党课讲得生动、鲜活、易懂，使党的基础知识深入学员内心，被亲切地称为“一把手党课”，受到大家的一致好评。

〔**举行庆祝中国共产党建党90周年暨表彰大会**〕　6月28日，学校举行隆重集会，缅怀党的光辉历史和丰功伟绩，庆祝党的90周岁生日，表彰学校在创先争优活动中涌现的先进基层党组织、优秀共产党员和党务工作者，以及优秀基层党建创新项目和征文。全校副处级及以上干部、党员师生代表200多人参加了会议。会上评选出10个优秀基层党建工作创新项目和11篇获奖创先争优理论征文。

〔**举行第一届行为安全与安全管理国际学术研讨会**〕　9月24—26日，学校举行第一届行为安全与安全管理国际学术研讨会。组委会专家由来自中国国家安全生产监督管理总局、神华集团、中国石油天然气集团、清华大学、中国安全生产研究院、美国职业安全健康研究院、荷兰戴尔夫特大学、澳大利亚昆士兰大学等企事业单位以及国内外大学、科研机构的19位专家组成。研讨会议题分为四个方面：①安全学科基础理论；②组织安全行为方面的安全文化、安全管理体系、安全管理组织结构、安全体系和内容的培训、安全风险管理、安全绩效管理、安全立法与安全监管、社会责任管理；③个人行为安全方面的行为习惯纠正（BBS）；④行为安全应用方面的虚拟现实安全训练、行为在生产企业的应用、行为安全在采矿行业的应用。研讨会上，40多位专家学者围绕大会主题进行了演讲和交流。会议共收到论文200多篇，入选论文集160多篇。

〔**“中关村能源与安全科技园”被认定为国家技术转移示范机构**〕　根据科技部国科发〔2011〕201号文件，认定包括学校中关村能源与安全科技园在内的68家单位为第三批国家技术转移示范机构。该科技园成立于2007年，是中国第一家能源安全科技园，是学校产学研结合及科技创新体系、中关村国家自主创新示范区及首都区域创新体系建设的重要组成部分，也是全国86家国家大学科技园和北京市21家市级大学科技园之一。截至2011年年底，园区共有入园企业87家，其中留学人员创业企业25家；入驻专业科研机构4家，其中国家重点实验室1家。

〔**与内蒙古自治区人民政府签署战略合作协议**〕9月20日，内蒙古自治区副主席连辑和学校校长乔建永签署了《内蒙古自治区人民政府与中国矿业大学（北京）战略合作协议书》。根据协议，双方本着“优势互补、互惠互利、真诚合作、共同发展”的原则，建立长期、稳定、全面、紧密的人才与经济战略合作伙伴关系，在科技开发项目、产学研结合、共建研发平台和人才培养与引进等方面开展多渠道、多层次、多形式的合作。将合力提高内蒙古自治区的自主创新能力，加快经济结构调整和经济增长方式的转变，培育发展战略性新兴产业，推动创新型自治区建设；合力提高学校的人才培养、科学研究、社会服务能力，提升学校的核心竞争力，构建能源工业精英教育教学体系，推动多科性、研究型、开放式高水平大学建设。按照协议，在内蒙古自治区设立中国矿业大学（北京）院士工作站，共建工程技术中心、重点实验室和博士后工作站，联合进行科技攻关，提供人才支持；共同建立中国矿业大学（北京）内蒙古学院，更好、更快、更多地为内蒙古自治区培养“招得来、用得好、留得住”的专业技术人才，打造能源教育科技新平台，全面促进内蒙古自治区能源经济快速发展。

〔**学校加入北京高科大学联盟**〕 10月19日，北京高科大学联盟成立大会在北京举行，标志着全国规模最大的进行全方位合作的协同创新联盟正式诞生。北京高科联盟的11所大学涵盖了电子信息、网络与通信、铁路公路交通、新型材料、化学化工、电力系统、地质、矿业、石油、林业、造船业等重要工程领域。每一所学校都具有显著的行业办学特色和突出的学科群优势，在其行业领域内处于“领头羊”地位。

〔**乔建永出席第五届高水平行业特色型大学发展论坛年会**〕 11月4日，校长乔建永出席“2011第五届高水平行业特色型大学发展论坛年会”，并作了题为《深入开展校地合作，探索建立协同创新模式与机制，推进行业特色型高校事业科学发展》的发言。28所教育部直属“211工程”高校领导围绕“协同创新，全面提高教育质量”的主题，共商教育发展大计。此次论坛旨在促进行业特色型高校的交流与合作，探讨行业特色型高校如何适应时代发展要求，实现自身快速健康的发展。

〔**外国专家巴图金娜荣获北京市“长城友谊奖”**〕 在3月30日北京市政府举行的2010年度“长城友谊奖”颁奖仪式上，学校聘请的俄罗斯专家巴图金娜·伊达·米哈依拉夫娜院士获得北京市“长城友谊奖”。巴图金娜自1993年以来先后在中国的两个油田和六个煤田开展工作，项目成果达到国际先进水平，还完成了北京市石景山区的区域动力规划。她主创的矿藏地球动力学有着广泛的实际工程应用价值与应用实例，对于推动与促进北京市经济社会发展具有十分积极的现实意义。

〔**与国外大学校际交流成果丰硕**〕 截至2011年年底，学校先后接待了来自美国、德国、韩国、俄罗斯和南非等10个国家的32个校际交流代表团，共计185人次，其中包括来自韩国东亚大学的18人学生代表团、法国伽利略学院40人学生代表团、美国明尼苏达大学32人学生代表团和宾州州立大学34人学生代表团。这些学生代表团的到访活跃了校园内的国际交流气氛，开拓了学生的国际视野，对于促进学生层面的国际交流起到了积极作用。

撰稿 朱 彤

审稿 张晓红

中国石油大学（北京）

〔**5 项科技成果获国家科学技术奖**〕　2011 年 1 月，学校 5 项科技成果获国家科学技术奖。其中国家科技进步奖特等奖 1 项、国家自然科学奖二等奖 1 项、国家科技进步奖二等奖 3 项。在教育部发布的“2010 年中国高校国家重大科技进步奖排行榜”中，学校位列全国高校第 9 名。

〔**新增 21 个一级学科学位授权点**〕　根据国务院学位办文件，2011 年学校新增一级学科学位授权点 21 个，其中博士学位授权一级学科 7 个，硕士学位授权一级学科 14 个。

〔**深化专业学位研究生培养综合改革**〕　学校在广泛调研的基础上，对地质工程、石油与天然气工程和化学工程 3 个专业的全日制硕士专业学位研究生的培养方案进行了全面修订，突出对此类研究生工程实践能力的培养。石油与天然气工程专业根据研究方向，分别设置了钻井、油藏、开发和储运方向的专门工程实践课，并聘请现场实践经验丰富的高级工程师到校授课。为提高专业学位研究生的培养质量，创新性地实施了 0.75＋1.5＋0.75（一个半学期完成课程学习，在企业进行 1.5 年的现场实习和论文研究，最后一个半学期在校内参加就业、撰写论文、毕业答辩）的培养模式，确保校内课程教学在一个半学期内完成，专业学位研究生在毕业前的一个半学期内回到学校撰写论文并参加就业招聘。在不断探索的基础上，明确了专业学位研究生工程实践课和企业实习必修环节的课程内容要求和考核标准，制订了对应的课程存档资料模板。针对全日制硕士专业学位研究生培养的特殊性，首次明确并制订了相应的课程重修方案。

〔**3 名教师获教学名师奖**〕　9 月，学校 3 名教师获教学名师奖。其中地学院朱筱敏教授获第六届高等学校教学名师奖，商学院张宝生教授和化工学院周亚松教授获北京市教学名师奖。

〔**1 名教师入选中组部“青年千人计划”**〕　11 月，学校教师李永峰入选中组部第一批“青年千人计划”，这是学校第一位入选“青年千人计划”的教师。

〔**2 名教师入选北京市科技新星计划**〕　12 月，学校 2 名青年教师入选北京市科技新星计划。他们是化学工程学院的姜桂元和袁珮，其研究领域均与北京市经济建设发展方向密切相关。

〔**12 项科研成果获石化联合会科技奖**〕　10 月，学校 12 项科研成果获中国石油和化学工业联合会科学技术奖，其中一等奖 3 项、二等奖 7 项、三等奖 2 项。3 个一等奖获奖项目为：“陆相盆地断裂控藏机理与模式”、“中国煤层气开发技术经济评价参数与方法体系”、“环境可接受型钻井液与钻井废弃物无害化处理及资源化利用新技术”。

〔**首获国家社科基金重大项目立项**〕　12 月，学校“基于中国石油安全视角的海外油气资源接替战略研究”项目获国家社科基金重大项目资助。这是学校首次获得国家社科基金重大项目资助。

〔**李根生获孙越崎能源奖**〕　10 月 17 日，学校李根生教授荣获孙越崎能源大奖。孙越崎科技教育基金于 1992 年设立，是中国科学技术基金会孙越崎科技教育基金的最高奖，每年评选奖励2—4人。

〔**与北京市政府签订项目建设合作协议**〕 6月29日，学校与北京市政府签订“国际能源产业创新园”项目建设合作协议。根据协议，北京市政府将支持建设石油大学“国际能源产业创新园”，在海淀区学院路20号、昌平区振兴路18号分别建设国际油气产业总部基地、国际油气技术研究院和国际油气技术孵化大厦。

〔**与抚顺市政府签订合作协议**〕 8月24日，学校与辽宁抚顺市政府签订全面战略合作框架协议。根据协议，双方将致力于积极组织协调，重点促进糠醛抽出油制备绿色橡胶填充油产品、微晶蜡产品；催化裂化油浆深加工综合利用制备针状焦等精细化工产品的成果转化；在抚顺共同组建中国石油大学国家重点实验室抚顺实验室、建立中国石油大学工程技术研究中心抚顺分中心。

〔**与铜陵市政府签订合作协议**〕 3月11日，学校与安徽铜陵市签订全面合作框架协议。根据协议，双方将共建科技研发平台，推进产学研联盟建设，推动科技成果产业化；双方还将以项目为载体，实行优势技术力量和优势企业间的强强联合，积极开展科技项目的合作，推动智力合作交流。

〔**获批招收政府奖学金来华留学生**〕 4月，经教育部专家组考察，学校获批为接受中国政府奖学金来华留学生院校。

〔**与中石油签订设立奖学金协议**〕 11月11日，学校与中国石油集团公司签订了“中国石油奖学金”协议。根据协议，中国石油集团公司在学校设立奖学金期限为5年，总金额180万元，每年评选60名，每人奖励6 000元，其中“特困生”评审比例不低于60%。

〔**召开第六届科技工作会**〕 1月，学校召开了第六届科技工作会。会议回顾总结了“十一五”期间学校科技工作取得的主要成绩和经验，同时结合国家和石油行业发展需求，分析了学校科技工作面临的形势和任务，并对“十二五”期间学校科技工作的重点作了说明。

〔**举办首届全国石油工程设计大赛**〕 5月28—29日，学校举办首届全国石油工程设计大赛。大赛共有来自全国16所高校的421组队伍报名，209组队伍提交有效报告，经过来自15所高校92名专家的三轮初审和现场答辩，共产生特等奖1组、一等奖4组、二等奖6组、三等奖9组。

〔**举办首届企业技术专家进修班**〕 9—12月，学校举办首届企业技术专家进修班。本次进修班在校培训时间为3个半月，28名学员均为中石油各油田的集团公司级技术专家和油田级技术专家。此次培训采用全新方式，企业技术专家在学校导师团队的指导下，通过选修研究生课程，以及参加学术报告、专题研讨和学术交流等活动，进一步提高解决生产技术疑难问题和科技攻关的能力，有效发挥其专业优势。

〔**举办全国石油工程博士生学术论坛**〕 9月26—27日，学校举办全国石油工程博士生学术论坛——未来石油工程师论坛。论坛共收到投稿论文近百篇，收录优秀论文79篇，43篇论文在论坛上宣讲。来自国内外11所石油高校的博士生逾百人参会，其中13人来自国外3所高校。

〔**举办首届就业指导课程教学比赛**〕 10月11日，学校举办首届就业指导课程教学比赛。比赛内容分为教案设计和现场课程讲授。参赛教师向评委提交教案设计，并在比赛现场进行40分钟授课，授课后由专家评委和学生评委共同为参赛教师打分，其中教案设计占分数比例的30%，现场授课占70%。外语系教师郝雪莲荣获比赛一等奖。

〔**举办中国能源战略国际论坛**〕 12月1日，学校举办第六届中国能源战略国际论坛活动。本届论坛以“中国与全球油气资源重点区域合作：机会、挑战与趋势”为主题，分为主题演讲与圆桌会议两大部分。来自国家部委、四大石油公司、在京高校、中介机构、民营企业等单位的代表约150人参加论坛。

〔**举办“中国石化杯”北京英语辩论公开赛**〕 12月2—4日，学校举办“中国石化杯”北京英语辩论公开赛。比赛共分为五场小组循环赛、1/4预选赛、1/4决赛、半决赛和决赛等五个环节，共举行了81场辩论赛。比赛特邀国际资深裁判、高级培训师郑博担任裁判长，还邀请到其他来自6个国家的国际裁判和来自国内20所高校的独立评委。本次大赛吸引了来自北京外国语大学、北京大学、清华大学和天津外国语大学等全国26所知名高校的56支队伍参赛，来自杭州外国语学校的辩手获得冠军。

〔**举行“名师说课”教学经验交流会**〕 12月27日，学校举行了“名师说课”教学交流会。会上，国家级教学名师朱筱敏教授和北京市教学名师张宝生教授通过实例导入和启发式讲述，为青年教师展示了讲课要领；教务处作了《教学设计的理念与方法》报告。

〔**举办北京高科大学联盟文化论坛**〕 12月8日，学校举办北京高科大学联盟文化论坛暨第三届中国石油文化论坛。论坛主题为：“行业特色高校在文化传承创新中的责任与使命”。来自11所北京高科大学联盟的成员高校代表与企业代表300余人参会，交流联盟高校之间在优秀文化传承创新方面的新思路、新经验，探索推进校校、校所、校企合作的新途径。

〔**举办第二届国际文化节**〕 9月26日，学校举办了第二届国际文化节。本届文化节以“能源、绿色、和谐、发展”为主题，通过文艺汇演、文化展览和美食品鉴等形式，为中外学生搭建交流平台。来自30多个国家的留学生为此次文化节活动做了精心准备，哈萨克斯坦、沙特阿拉伯、苏丹、越南等8个国家的驻华大使馆代表参加了开幕式及文化节活动。

〔**《古地理学报》（英文版）获准创刊**〕 10月8日，学校主办的 *Journal of Palaeogeography*（《古地理学报》（英文版））获得国家新闻出版总署批复创刊（新出审字〔2011〕723号）。*Journal of Palaeogeography* 的新编国内统一连续出版物号为CN10-1 041/P。

〔**首次在美国 SPE 年会设立宣传招聘展台**〕 10月30日至11月2日，学校首次在美国丹佛2011SPE年会上设立了宣传招聘展台。这是学校首次实践在国际性行业年会上招聘海外人才的新模式。

〔**多项学生竞赛获奖**〕 截至2011年年底，学生在国际、国内各种学科竞赛中共获奖267项，获奖总数比2010年增加35项。其中国际奖7项、国家奖161项、北京市奖99项。

〔**推行后勤公共支出公开论证**〕 4月，学校召开两次会议对后勤公共支出进行论证和质询。会上，后勤管理处就2011年校内后勤公共支出的预算情况向财务处、纪委、监察审计处、教务处、研究生院和相关教师学生代表作了重点汇报，参会人员对学校水、电、暖、物业费等各项支出的立项依据和收费标准进行了充分讨论，并对相关支出的合理性和绩效考评提出了建设性的意见和建议。

撰稿　许　博
审稿　文永红

北京林业大学

〔**新增1个北京市重点实验室**〕 2011年4月22日，学校申报的北京市“水体污染源控制技术”重点实验室获批。该实验室以环境科学与工程学院为主体，主要围绕以下几方面开展研究工作：有毒有害难降解有机废水的成套处理技术的研发；城市污水深度处理与污泥资源化利用技术的研发；水源水污染控制技术的研发；面源污染控制技术的研发等。

〔**获3项北京市科技进步奖**〕 4月28日，北京市科学技术奖励大会在北京举行。会上，公布了北京市科技进步奖获奖名单，学校3项成果获奖，即林学院教授冯仲科主持完成的“测绘信息化关键技术及生态环境应用”获北京市科技进步一等奖；林学院教授马履一主持完成的“北京山区生态公益林高效经营关键技术与示范”获北京市科技进步二等奖；园林学院成仿云教授主持完成的“牡丹新品种选育与产业化开发”获北京市科技进步三等奖。

〔**3名教师获北京市教学名师奖**〕 7月8日，北京市教委公布了第七届北京市高校教学名师奖获奖名单。学校3名教师获奖，分别是经济管理学院教授温亚利、人文学院教授严耕、园林学院教授刘燕。

〔**1篇论文获全国优秀博士学位论文**〕 11月3日，教育部和国务院学位委员会下发了《关于批准2011年全国优秀博士学位论文的决定》，学校林木遗传育种学科博士生王君的学位论文《青杨派树种多倍体诱导技术研究》（指导教师：康向阳教授）榜上有名。至此，学校全国优秀博士学位论文增至5篇。

〔**成立国家能源非粮生物质原料研发中心**〕 10月，学校联合中国农业大学、大唐集团新能源股份有限公司和河南天冠集团有限公司共同建立的国家能源非粮生物质原料研发中心正式成立。学校主要负责林业生物质原料方面的研发工作。

〔**成立生物质能源产业技术研究院**〕 12月26日，学校与中国留学人才发展基金会国际交流和管理中心合作成立了北京林业大学生物质能源产业技术研究院。研究院的战略定位与发展方向是：构建国际化交流与合作平台，广泛开展国际间生态科技的交流与合作，培养、引进高科技专业人才；以国家生态领域的重大需求为导向，瞄准国际生态科技的前沿，研发与引进相结合，有效实现科技成果的孵化与应用；设立非粮生物质能源研究学科、非粮生物质能源林业种植学科，培养后备人才；建立国家级实验室，为国家生态安全和生态建设提供科学依据。

〔**举办首届中国自然保护论坛**〕 由学校、中国野生动物保护协会、北京富群环境研究所联合举办的首届中国自然保护论坛于5月22—23日在学校举办。论坛以“生物多样性与森林”为主题，秉承“加强自然保护区建设，保护生物多样性”的基本理念，共同探讨自然保护区建设、管理与生物多样性保护，协调生态保护与社会经济发展。来自国家部委、省厅、各自然保护区、国内外环保组织代表及专家学者、社会各界人士200余人参加论坛。

〔**承办 2011 年发展中国家林业官员研修班**〕 5月26日至6月15日，由商务部主办的2011年发展中国家林区经济可持续发展官员研修班在学校举办。来自阿尔及利亚、菲律宾、圭亚那、加纳、喀麦隆、尼泊尔、塞拉利昂、苏丹、乌干达、印度尼西亚、越南和古巴等国的30名林业官员参加了本次研修班。研修班通过讲座、研讨、实地考察、京外调研等环节，让学员对中国林业建设与管理、林业政策、集体林权制度改革、国有林区发展、林产品贸易、竹产业可持续发展等内容有了一个较为全面的了解。各国学员还就各自国家在林区经济可持续发展中面临的问题、采取的行动、制定的政策以及发展能力建设等进行了广泛的交流。

〔**获第5届年鉴编校质量检查评比二等奖**〕 9月，在全国第五届年鉴编校质量检查评比活动中，《北京林业大学年鉴（2010卷）》获全国二等奖。本次共评选出二等奖49家，学校年鉴为获得该奖项的唯一一家高校年鉴。

〔**举办海峡两岸校际水土保持研讨会**〕 2011年海峡两岸校际水土保持学术研讨会于9月1—2日在学校举行。本次学术研讨活动旨在加强海峡两岸科技合作，促进两岸水土保持领域的学术与人才培养经验的交流。来自台湾屏东科技大学、北京市水土保持总站学校水土保持学院的10余位教授就“台湾河川生态护溪工程”、“北京生态清洁小流域建设”和“陕北半干旱黄土区植被恢复及近自然造林技术”等10余个水土保持不同专业领域内的前沿成果作了学术报告。交流期间，台湾学者参观了北京市生态清洁小流域建设、密云县石匣水土保持科技示范园和首都圈森林生态系统定位观测研究站，并就小流域综合治理、生态环境建设以及与两岸的水土保持相关的科研、教学、技术交流与合作进行深入探讨。

〔**承办第2届亚太地区林业院校长会议**〕 11月11日，由亚太森林恢复与可持续管理组织（APFNet）主办，联合国粮食与农业组织（FAO）、北京林业大学、加拿大不列颠哥伦比亚大学、马来西亚布特拉大学、澳大利亚墨尔本大学、大自然保护协会（TNC）联合承办的第二届亚太地区林业院校长会议在北京召开。来自9个亚太地区国家的15所林业院校和7个林业国际组织的代表参会。本届会议的主题为“理念·行动·共享”，旨在促进区域内林业院校之间的深度交流与合作，推动各林业院校的教育理念与人才培养模式优化，以适应全球林业可持续发展的新要求。

〔**与北京市海淀区签订校地科教合作框架协议**〕 12月12日，学校与北京海淀区人民政府签订校地科教合作框架协议。根据框架协议，双方在“十二五”期间，将本着“优势互补，精诚合作，求实高效，互惠互利，共同发展”的原则，充分发挥双方优势，共同创造条件，促进双方以多种形式、多种途径广泛开展交流与合作。

〔**学生获奖情况**〕 2月23日，在泰国曼谷举办的IFLA亚太地区风景园林设计竞赛中，学校学生赢得了竞赛一、二、三等奖，同时获得了15个评委奖中的10个。该竞赛由国际风景园林师联合会（IFLA）和泰国风景园林协会联合主办，IFLA亚太区学生设计竞赛是亚洲范围内风景园林专业最高级别的学生设计竞赛；7月4日，在“2011大中华区VR盟主选拔赛”中，学校信息学院数字媒体艺术和动画专业的学生作品分别荣获大赛金奖、银奖、优选奖，该项赛事拥有中国3D/VR界奥斯卡盛宴、华人3D/VR界最高荣誉之称，来自全国的35组选手参赛；7月25—27日，在第二届中国大学生创意创业大赛全国总决赛中，学校4个参赛团队分别获得全国一等奖2项、二等奖2项。

撰稿　刘继刚

审稿　张　勇

中国传媒大学

〔**新增6个博士授权一级学科点、15个硕士授权一级学科点**〕 2011年3月，国务院学位委员会印发《关于下达2010年审核增列的博士和硕士学位授权一级学科名单的通知》（学位〔2011〕8号），学校新增信息与通信工程博士授权一级学科点；新增应用经济学、政治学、外国语言文学、数学、电子科学与技术、信息与通信工程、计算机科学与技术、公共管理等9个硕士授权一级学科点。

9月，国务院学位委员会下发了《关于下达按〈学位授予和人才培养学科目录〉进行学位授权点对应调整结果的通知》，学校新增了艺术学理论、音乐与舞蹈学、戏剧与影视学、美术学和设计学等5个博士学位授权一级学科点；同时，新增了软件工程、艺术学理论、音乐与舞蹈学、戏剧与影视学、美术学和设计学等6个硕士学位授权一级学科点，成为全国获批艺术学全部一级学科授权点的两所高校之一，并成为非艺术院校中唯一拥有5个一级学科博士点的高校。截至2011年年底，学校博士学位授权一级学科点增加到7个，硕士学位授权一级学科点增加到18个，覆盖了文、工、艺、管、理、经、法等多个学科门类，实现硕士学位授权一级学科点覆盖所有学院。

〔**获批国家“985工程优势学科创新平台”项目重点建设高校**〕 6月8日，学校“数字媒体优势学科创新平台”项目获批建设立项，这标志着学校正式进入国家“985工程优势学科创新平台”项目重点建设高校行列。

〔**5名教师入选新世纪优秀人才支持计划**〕 5月，学校5名教师入选2010年度教育部“新世纪优秀人才支持计划”。其中何苏六（新闻传播学科）、张树庭（新闻传播学科）、倪学礼（艺术学科）、杨乘虎（艺术学科）入选哲学社会科学类支持计划，王晖（工科）入选自然科学类支持计划。

〔**获“中国文化艺术政府奖”**〕 12月27日，“中国文化艺术政府奖”首届动漫奖颁奖典礼在天津市隆重举行。学校从全国23个省（区、市）申报的近千家单位中脱颖而出，赢得“最佳动漫教育机构奖”。该奖项是经中央批准的唯一国家级动漫奖项，同时也是中国动漫界的最高奖。“最佳动漫教育机构奖”是“中国文化艺术政府奖首届动漫奖”的重要奖项之一，旨在表彰“十一五”以来为中国动漫人才培养作出卓越贡献的高等教育机构。

动画与数字艺术学院李智勇老师领衔创作的《功夫兔》获得“中国文化艺术政府奖首届动漫奖”和“最佳新媒体动漫作品奖”。《功夫兔》与国内顶级业界企业创作的作品同台竞技，最终成为问鼎该奖项的两部作品之一。

〔**举行国际新闻传播硕士国情教育讲座**〕 在中宣部、教育部的统一协调组织下，2011年度17场国际新闻传播硕士国情教育讲座全部在学校举行。国情教育讲座由副部长以上领导担任主讲，内容涉及国际形势、国际关系、国际贸易、民族宗教、意识形态、政治制度、安全战略等多个方面，构建了国际新闻传播硕士关于国家内政外交的知识框架。来自清华大学、中国人民大学、北京外国语大学等高校的145名2010级国际新闻传播后备人才参加了讲座。

〔**举办首届发展中国家国际传播硕士项目**〕 9月9日，首届“发展中国家国际传播硕士项目”开学典礼在学校举行。该项目是由商务部和教育部主办、为发展中国家培养高层次专门人才的高端援外培训项目，首届学员都是各国政府的高级行政管理人员和具有领导潜能的媒体优秀人才，分别来自埃塞俄比亚、白俄罗斯、柬埔寨、肯尼亚、老挝、马达加斯加、缅甸、尼日利亚、坦桑尼亚、乌兹别克斯坦、伊拉克和苏丹。项目学制为一年，举办时间为2011年9月至2012年7月，采用全英语教学。

〔**承办2011年国家原创游戏高级研修班**〕 4月11日，由文化部主办，学校承办的2011年国家原创游戏高级研修班开班。为期两周的国家原创游戏高级研修班是由中央财政出资，邀请国内外游戏产业精英及从事游戏方面研究的资深学者为授课专家，面向游戏高端人才后备军——优秀游戏行业从业者及游戏教育领域的青年教师，全面介绍国际游戏产业发展的前沿理论和实践模式，旨在搭建高端交流平台，培养国家优秀的原创游戏策划人才，进一步推动中国游戏行业的产学研合作。

〔**成立音乐与录音艺术学院**〕 9月15日，学校举行音乐与录音艺术学院成立典礼。民族声乐大师、著名声乐教育家、前中国音乐学院院长金铁霖被聘为音乐与录音艺术学院名誉院长，著名作曲家、音乐家、录音艺术专家、中国音乐家协会分党组书记、驻会副主席徐沛东担任院长，著名女高音歌唱家、国家一级演员、中国人民解放军海军政治部文工团副团长宋祖英为客座教授。成立典礼以别具特色的音乐会形式举行，学校交响乐团、合唱团，音乐与录音艺术学院师生，以及播音主持艺术学院、动画与数字艺术学院师生表演了《雪花》、《北京喜讯到边寨》、《风筝》、《蝙蝠》、《长江之歌》等精彩节目，集中展示了学校在音乐艺术教育及人才培养方面的鲜明特色和丰硕成果。

新成立的音乐与录音艺术学院下设音乐系、录音系和艺术教育部，开设了音乐专业（包括音乐传播方向、电子音乐制作方向）、录音艺术专业（包括录音工程方向、音像导演方向），拥有一支结构合理、业务精湛、教学与实践并重的高素质师资队伍，还聘请了一大批知名的作曲家、音乐家、录音师等担任兼职教师，在各级艺术团体、影视基地、电台电视台、网络媒体建立了学生实习实践基地，为创新音乐与录音艺术教育教学模式、保证人才培养质量奠定了坚实基础。学校开展的音乐与录音艺术教育，不同于专门的音乐院校和音乐师范院校教育，具有独特的办学特色、培养理念与培养目标，更注重突出“传媒”特色，既以“传媒音乐与录音艺术”为特色，致力于培养既掌握音乐学、录音艺术学、传播学、现代管理学等方面的基本知识，又具有较高人文素养、传媒技术素养和较强实践能力的高素质复合型传媒音乐与传媒录音人才，践行学校提出的“传媒音乐人”的培养新理念。

〔**设立国家广告研究院**〕 12月21日，经国家工商行政管理总局批准设立的全国性广告研究基地“国家广告研究院”揭牌仪式在学校举行。研究院将充分发挥学校的学术优势，汇聚全国广告研究力量，构筑广告学术理论的高地。研究领域除广告业自身的诸多研究范畴之外，还将涵盖广告与社会、经济、文化的相互关系，为推动中国广告业的发展作出贡献。

〔**举办第5届“世界大学女校长论坛”**〕 11月4日，第五届“世界大学女校长论坛”在厦门开幕。论坛的主题为“文化和教育的包容性发展——大学女校长的使命与作为”。本届论坛把包容性发展理念引入文化与教育领域，在为期3天的论坛中，来自35个国家的100余位大学女校长和各界嘉宾围绕主题，展开了广泛、深入的研讨和交流。

由学校发起的“世界大学女校长论坛”，旨在汇聚世界各国大学女校长的力量，搭建交流合作、分享智慧的国际平台。自2001年以来，该论坛已经成功举办了四届，先后吸引了世界各地52个国家的500余人次女校长参与，成为世界范围内具有广泛影响力的、以大学女校长为主体的品牌论坛。

〔**与巴西南大河州联邦大学合作创建孔子学院**〕 4月12日，国家汉办副主任胡志平代表国家汉办，与巴西驻华大使在人民大会堂签署了在巴西南大河州建立孔子学院的协议，正式批准中国传媒大学与巴西南大河州联邦大学合作创建孔子学院。这是学校与海外教育机构合作创办的第四所孔子学院。

〔成为汉语水平考试（HSK）考点〕 经国家汉办（国家汉语国际推广领导小组办公室）批准，自 2011 年 7 月起，学校正式设立汉语水平考试（HSK）考点。

〔成为首批国家语委语言文字应用培训基地〕 11 月 9 日，“国家语委语言文字应用培训基地”授牌仪式在国务院侨务办公室举行，学校成为首批国家语委语言文字应用培训基地。

撰稿 陈莹峰

审稿 姜纳新

中央财经大学

〔新增3个博士学位授权一级学科、6个硕士学位授权一级学科和1个专业硕士学位授权资格〕 2011年，经国务院学位委员会批准，学校新增理论经济学、工商管理、统计学3个博士学位一级学科，新增法学、社会学、马克思主义理论、中国语言文学、管理科学与工程和统计学6个硕士学位授权一级学科；新增审计硕士专业学位授权点，成为全国具有审计硕士专业学位授权资格的32所高校之一。截至2011年年底，学校拥有4个一级学科博士学位授予权，10个一级学科硕士学位授予权以及11个专业学位授权点。

〔9名教授当选全国专业学位研究生教育指导委员会委员〕 3月，学校王广谦、李俊生、史建平、马海涛、刘玉平、孟焰、郝演苏、刘扬、唐宜红9名教授当选为全国专业学位研究生教育指导委员会委员。其中王广谦、李俊生、史建平分别当选金融专业学位、资产评估专业学位、保险专业学位研究生教育指导委员会副主任委员，马海涛、刘玉平、孟焰、郝演苏、刘扬、唐宜红分别当选税务专业学位、资产评估专业学位、会计专业学位、保险专业学位、应用统计专业学位、国际商务专业学位研究生教育指导委员会委员。此外，保险、资产评估全国专业学位研究生教育指导委员会秘书处设在学校，郝演苏、刘玉平分别兼任保险专业学位、资产评估专业学位研究生教育指导委员会秘书长。

〔孟焰教授获第六届高等学校教学名师奖〕 9月8日，学校会计学院孟焰教授荣获教育部第六届高等学校教学名师奖。孟焰，1955年出生，现任中央财经大学会计学院院长、教授、博士生导师。主要研究领域为会计理论与实务、管理会计学等，为本科生、研究生主讲会计学基础、管理会计学、高级管理会计与实务等课程。

〔科技金融产业园建设项目正式启动〕 6月29日，学校申报的“中央财经大学科技金融产业园”项目正式签约启动。根据学校与北京市人民政府签订的《北京市人民政府支持中央财经大学建设科技金融产业园协议》，北京市政府将在规划建设、项目研发、研发平台建设、知识产权、重大成果产业化、信贷融资、人才引进与服务、产学研合作等八个方面对学校的科技金融产业园建设给予支持。

〔引智工作取得新突破〕 6月，学校申报的中国精算研究院聘请加拿大蔡军教授来华项目获批为教育部首批海外名师项目；税务学院的国际税收与国际税法复合型人才联合培养特色项目获批为学校特色项目；中国经济管理研究院的邹恒甫教授团队获批为国家外国专家局“千人计划引智配套工程”项目。上述三个项目分别获教育部、国家外国专家局重点资金资助。

〔2篇案例入选第二届全国“百篇优秀管理案例”〕 9月29日，在中国MBA教育20周年纪念大会颁奖仪式上，学校有两篇案例入选第二届全国百篇优秀管理案例，分别是王玉霞教授的《康美制药公司的上市选择》、周卫中教授与李肖旭的《从利基到蓝海：W公司的商业模式创新》。这是继2010年4篇案例入选首届全国“百篇优秀管理案例”之后，学校取得的又一佳绩。

〔**注册会计师专业方向再获全国教学质量评估第一名**〕 11月，学校CPA专业荣获2011年度中国注册会计师协会组织的全国教学质量评估第一名。这是学校CPA专业自2006年和2007年在全国CPA专业教学质量评估荣获第一名后，再获此项荣誉。

〔**2010年度《复印报刊资料》转载学术论文指数排名获佳绩**〕 4月，学校在“2010年度《复印报刊资料》转载学术论文指数排名”中获佳绩，高等院校总排名涉及高等院校737所，被转载全文10 230篇，学校转载量位列第25名，综合指数位列第25名。高等院校“经济学”学科排名涉及高等院校272所，被转载全文1 713篇，学校经济学学科排名具有明显优势，转载量位列第6名，综合指数位列第6名；学校在工商管理学科排名中也具有领先优势。

〔**成为北京首家AMBA认证成员**〕 9月19日，国际MBA协会（Association of MBAs，简称AMBA）正式通知学校MBA项目获得其认证，学校成为中国大陆地区第八家、北京首家AMBA认证成员单位。

〔**正式成为国际精英商学院协会（AACSB）会员**〕 3月，国际精英商学院协会（AACSB）正式接纳学校为其会员。国际精英商学院协会始创于1916年，是工商管理和会计学专业学士、硕士、博士等学位项目的全球首要认证机构，AACSB认证代表着全世界商学院的最高水平。正式被接纳为AACSB会员是学校申请AACSB认证的第一个关键环节，为学校未来启动AACSB认证奠定了基础。

〔**128位业界精英受聘为会计学院研究生客座导师**〕 10月16日，128位业界精英受聘为中央财经大学会计学院研究生客座导师。会计学院在研究生教育中实行双导师制，即每一名研究生配备一名校内导师和一名校外客座导师。此次校外客座导师的聘任有三大亮点：一是聘请了数量众多的校外导师和精英；二是将客座导师纳入会计学院严格的导师遴选机制和考核评价体系中；三是客座导师计划作为学校“财经应用型创新人才培养模式改革”项目、研究生培养机制综合改革及MPAcc综合改革试点工作的一个部分，融汇到研究生的招生选拔、培养方案、培养模式、考核评价、导师队伍建设、奖助贷和就业服务体系的每一个环节。

〔**组建会计信息化联合实验中心**〕 10月19日，全球软件巨头甲骨文（Oracle）公司与学校联合组建会计信息化联合实验中心。双方将基于企业业绩管理（EPM）系统打造全新的会计信息化课程体系。EPM系统将整合战略财务、计分卡、成本管理、预算、合并报表等管理会计模块，学生将在网络化、信息化的平台下全面系统地学习实践管理会计专业知识。学生在获得专业课程学分的同时，也将获得Oracle学院颁发的课程证书，同时还将获得国内外知名咨询公司的实习、工作机会。

〔**学生荣获“中国大学生模拟APEC大会”总决赛季军**〕 8月20日，“2011中国大学生模拟APEC大会”总决赛举行。学校外国语学院国际经济贸易学院2009级学生李治获得全国总决赛季军，并于11月代表中国大学生出访美国夏威夷，参加APEC系列活动。自2008年中国首次选拔大学生参加APEC系列活动开始，学校在此项赛事中连续4年夺得佳绩，连年均有代表参加APEC大会，是全国唯一取得此佳绩的高校。

〔**经济学与公共政策优势学科创新平台成立5周年**〕 10月31日，学校举行庆祝经济学与公共政策优势学科创新平台成立5周年大会。该平台是国家项目，内设的中国经济与管理研究院、中国金融发展研究院、中国公共财政与政策研究院、中国人力资本与劳动经济研究中心，在承担重大课题研究和在国际一流刊物上发表高水平学术论文、创新型国际化人才培养、创新型国际化教学科研团队建设等方面取得了可喜可贺的成就。

〔**与美国西北大学签订合作协议**〕 6月25

日，美国工程院院士、美国西北大学项目管理硕士（MPM）创办人 Raymond J. Krizek 教授与学校副校长王瑶琪、管理科学与工程学院院长李文斌举行会谈，双方就美国西北大学优先接受学校优秀毕业生攻读项目管理硕士（MPM）学位进行了商谈。在学位授予、课程设置、学生申请、选拔与入学、学习费用等几方面达成共识，签订了合作协议。随后，王瑶琪向 Raymond J. Krizek 教授颁发了管理科学与工程学院名誉教授的聘书。

〔**正式签订对口支援西藏大学协议**〕 1月11日，学校对口支援西藏大学协议正式签订，并将对口支援西藏大学的工作纳入学校中长期发展规划，每年建立专项经费，建立对口支援绿色通道，在学院建设规划、学科建设、专业建设方面开展支援。

撰稿 刘 瑜

审稿 杨禹强

中国政法大学

〔**杜占元莅临学校调研**〕 2011年6月15日，教育部副部长杜占元一行莅临学校研究生院进行调研并指导工作，听取学校总体情况汇报。杜占元对研究生教育提出了三个问题：什么是高质量的研究生？什么是高质量的研究生培养？什么是高质量的研究生教育？他指出，要从宏观和微观两方面培养研究生；要形成系统的研究生教育体系，重视模式、机制的创新；要深化对这三个问题的思考，促进学生全面发展。他还指出，法治精神是民族文化的核心，与文化发展密切相关，希望通过共同努力，按照胡锦涛总书记的要求做好研究生教育工作，并表示在有条件的情况下大力支持学校的工作。

〔**学校“十二五”发展规划正式实施**〕 7月，学校正式出台《中国政法大学“十二五”发展规划》(简称《规划》)。《规划》分为学校事业发展规划、专项发展规划和院部发展规划三级，聚焦于事关学校长远发展的重大问题和制约学校发展的关键环节，集中力量解决学校改革发展中的重点难点问题，注重与“十一五”规划的紧密衔接，注重目标任务的可实现性，注重改革创新措施的针对性和可操作性，体现出科学可行、具有前瞻性的整体特点。《规划》为学校各项事业的科学发展奠定了基础，明确了目标，指明了方向。

〔**获批教育部大学英语教学改革示范点**〕 2月，学校正式获批教育部第三批大学英语教学改革示范点项目。在此次申报评选过程中，学校凭借完善的软硬件设施，与时俱进的教学理念，全新的教学模式，合理有效的教学评价体系以及丰硕的教改成果脱颖而出。示范点项目的成功申报是学校作为教育部首批试点院校以来，实施全新的教学理念，坚持教学改革，转变教学模式，推进因材施教、自主学习的教学原则的成果。

〔**多名教师获批成为教育部第三批重点编写教材首席专家**〕 根据教育部公布的马克思主义理论研究和建设工程第三批32种重点教材编写课题组首席专家和主要成员名单，在第三批共14种法学教材中，学校共有9名教授获批成为首席专家，其中黄进、应松年、朱勇、宋朝武、王灿发5位教授获批为第一首席专家。

〔**获教育部授权牵头实施“卓越法律人才教育培养计划”**〕 4月1日，由学校承办的教育部“卓越法律人才教育培养计划”专家咨询组、专家工作组成立暨第一次工作会议召开，标志着学校正式获教育部授权牵头实施该计划。该计划是新中国成立以来教育行政主管部门实施的第一个关于法学高等教育的改革发展计划，也是继教育规划纲要颁布实施后，教育部在社会科学领域最先实施的卓越人才培养计划。校长黄进担任该计划专家工作组组长，多位学者参加该组工作。

〔**获准成为“985工程优势学科创新平台”项目高校**〕 6月8日，学校申报的“985工程优势学科创新平台”项目获准立项，对学校学科建设、人才培养、科学研究、社会服务等工作的创新具有重要意义。

〔**获批实施国家级“法学教育实践基地”建设

项目〕 9月，学校获批教育部建设“法学教育实践基地”项目，这是教育部实施第二轮“本科教学工程”以来，学校首个获批的校外实践教育基地建设项目。

〔正式成为首批国家人权教育与培训基地之一〕 12月5日，学校人权研究院正式成立，标志着学校正式成为首批国家人权教育与培训基地之一。在国内大陆地区的高校中，学校成立了第一个在编的院级人权科研机构，自主增设了第一个人权法学二级学科，设立了第一个人权法学专业，培养了第一批人权法学专业的博士研究生和硕士研究生，编写了第一本国际人权法教材，举办了第一个面向国内外师生的人权法暑期选修课，并逐渐积淀了“以人为本，尊重人权”的人文精神。学校成为国家人权教育与培训基地，有利于推动学校人权理论研究和教育事业的深入发展。

〔学位申报工作取得重大突破〕 3月，学校新增政治学、马克思主义理论2个博士学位授权一级学科；新增哲学、理论经济学、应用经济学、社会学、心理学、外国语言文学、新闻传播学、历史学、工商管理、公共管理10个硕士学位授权一级学科。通过此次增列，学校博士学位授权一级学科由原来的1个增加到3个，硕士学位授权一级学科由原来的2个增加到10个，学校的学科领域进一步拓宽，学科结构进一步优化，学科体系进一步完善。

〔证据科学研究院正式成为亚洲法庭科学学会（AFSN）会员〕 5月，学校证据科学研究院通过了AFSN理事会的会员资格审议，正式成为AFSN会员，是继中华人民共和国公安部物证鉴定中心后第二个获得该组织会员资格的中国机构。AFSN旨在构建一个亚洲各国法庭科学工作者的交流平台，通过区域内的学术交流，提高亚洲法庭科学服务的质量。该理事会现有中国、韩国、日本、新加坡、泰国等11个会员国共18个机构。

〔教师论文获国际奖〕 12月，学校社会学院社会工作与社会政策专业教师郭伟和与香港理工大学教授徐明心合写的论文“从抗逆力到抵抗力：重构社会工作实务中的优势视角”荣获《国际社会工作》期刊和英国SAGE出版集团评选出的2010年度最佳论文奖——弗兰克·特纳奖励。该期刊是国际社会工作学院协会、国际社会福利委员会、国际社会工作者联盟三大机构的联合会刊，代表国际社会工作理论和研究的最高水平。

〔黄道秀获授俄罗斯“友谊勋章”〕 11月4日，学校黄道秀教授被俄罗斯联邦总统梅德韦杰夫授予“友谊勋章”，以表彰她为促进中俄两国法学交流作出的突出贡献。黄道秀自1962年从四川外国语学院俄语系毕业后，一直在北京政法学院（现中国政法大学）教授俄语和俄罗斯法律，还曾在苏联国立喀山大学用俄语讲授中国法、中国历史和文化、苏维埃行政法等。她还为中俄两国高校之间的交流“牵线搭桥”，并出版了《俄罗斯联邦仲裁程序法典》等约1 000万字的译著。

〔加入欧亚太平洋大学联盟〕 8月30日，校长黄进与欧亚太平洋大学联盟主席温克琳娜（Brigitte Winklehner）女士签署加入联盟协议，标志着学校正式成为欧亚太平洋大学联盟的一员。欧亚太平洋大学联盟成立于2000年，是由奥地利联邦科学研究部及该国教育主管部门资助的学术交流机构。联盟宗旨是推动各成员间的多边科学合作、共同开发研究项目、召开学术会议、实行教师和学生互换，并提供资金支持。

〔成功获批欧盟让·莫内项目〕 12月，学校申请的2011年欧盟让·莫内项目成功获批。“让·莫内项目”由欧洲共同体委员会于1989年创立，以二战后欧洲一体化运动的“总设计师”、享有“欧洲之父”美誉的法国人让·莫内的名字命名。其宗旨是在全世界范围内资助有关高等教育机构推广欧洲一体化的教学、研究和讨论，以促进欧盟与世界其他地区的关系以及人民与文化间的对话，并提升对欧洲一体化的理解和认识。此次学校申请的欧盟让·莫内项目是其下设的“欧洲课程”活动，主题为“欧洲一体化中的法律趋同及其在东亚的影响”。主要活动包括：开发有关欧洲一体化的课程、举办与此相关的系列讲座和编写教科书等。

〔**1 名博士研究生在《中国社会科学》（英文版）发表论文**〕　11 月，学校刑事司法学院 2009 级刑法学博士研究生李怀胜的论文《非公职人员利用公共权力受贿的刑事制裁》发表在《中国社会科学（英文版）》2011 年第四期。《中国社会科学》英文版为季刊，创办于 1980 年，其稿件来源多数为已在《中国社会科学》（中文版）发表的论文，少数为在其他知名学术刊物发表的论文和作者专门投寄的论文，论文的发表难度很大。学校博士生能够在该期刊上发表文章，说明学校博士生的科研能力和科研水平得到了相关领域专家的充分认可，也说明学校在研究生培养机制改革中着重强化“创新能力”培养的努力初见成效。

〔**荣获空间法模拟法庭竞赛全国冠军等三大奖项**〕　12 月 24 日，学校派出的两支学生代表队在中国空间法学会第八届 CASC 杯国际空间法模拟法庭竞赛（全英文）上荣获三大奖项：全国冠军、最佳书状奖、最佳辩手，以优异的成绩再次保持学校在国际空间法模拟法庭竞赛中的优势地位。此次竞赛充分展现了学生极高的法学素养与英语水平，展示了学校在国际空间法模拟法庭竞赛领域的骄人风采。

〔**举行数理经济与金融实验班开班仪式**〕　9 月 26 日，学校商学院 2011 级数理经济与金融实验班开班仪式举行。校长黄进向学生明确了成为复合型、应用型、创新型、国际型“四型”人才的目标，并从品德、知识、能力、素质、智慧五个方面提出了要求。该实验班的意义与使命有三个方面：一是为满足国家发展对高精尖人才的需要；二是完善学校的学科发展，促进学校向综合性大学迈进；三是开创学校商学院进一步发展的新路，成为商学院发展的一个新契机。

撰稿　喻清泉
审稿　李秀云

中央音乐学院

〔**启动首届拔尖创新人才培养计划**〕 9月，学院启动首届拔尖创新人才培养计划。该计划是在国家教育体制改革领导小组办公室支持下承担的一项国家教育体制改革试点项目。该计划将利用学院综合优势，选择各学科专家共同研究、探讨本科人才培养的新模式，从优秀的学生中优中选优，以培养其成为国内、国际一流的音乐人才为核心目标。

〔**科研能力**〕 学院纵向科研项目申报获得正式立项9项；校内项目共获批准立项35项；表演专业科研项目共获批准立项37项。其中教育部人文社会科学重点研究基地重大开放项目、“211工程”三期重点学科建设项目“中国古琴音乐文化数据库”结项，共收录古琴谱、音频、人物、论(著)、诗词、刊物等近1.6万余条。

〔**推进艺术学学科门类独立**〕 4月，国务院学位委员会会议一致通过将艺术学科独立成为艺术学门类，原属文学门类的艺术学科从文学所属的中国语言文学、外国语言文学、新闻传播学、艺术学四个并列一级学科中独立出来，成为新的第13个学科门类，即艺术学门类。将艺术学从文学门类中分离，标志着艺术学已成为人文学科的重要组成部分，是对艺术学科发展成绩的肯定，是中国教育史上的突破，为艺术教育事业提供了广阔的发展空间。学院受国务院学位办委托，承担了“艺术学学科上升学科门类的论证”和“一级学科目录修订”工作。此项工作由院长王次炤牵头，成立了全国艺术学科专业目录修订核心组和工作组，组织全国艺术院校参加此项工作，先后召开了28次研讨会，组织了专项活动。

〔**举办学校音乐教育新体系培训班**〕 经教育部和财政部批准，学院音乐教育系于1月19日、11月1日分别举办了两期国家教育体制改革试点项目“学校音乐教育新体系培训班”，对全国中小学音乐教师分期分批进行培训。来自17个省（区、市）的88名中小学音乐教师参加了此次培训。培训班旨在通过系统的培训，推广由学院音乐教育系探索实践的音乐教育新体系。该音乐教育体系立足于中国音乐文化，融国际三大先进音乐教育体系之长，注重科学性、先进性和实用性，课程内容包括歌唱基础教学、合唱基础教学、音乐与动作、音乐与舞蹈、钢琴即兴演奏、奥尔夫乐器编配、多声部乐曲编配、教学法等。结业时以汇报音乐会的形式对学员进行考评，对合格者颁发了“教育部高等学校艺术类专业教学指导委员会”证书。

〔**举办2011北京现代音乐节**〕 5月21—27日，2011北京现代音乐节暨中国美育论坛在中央音乐学院举行。本届音乐节历时7天，共邀请了4位世界级作曲大师和14支国内外著名乐团，举办了6场音乐会、6场大师课、5场学术讲座、3场新音乐跨界论坛、2场青年作曲家专属音乐会，并围绕纪念辛亥革命一百周年这一主题，推出了两首委约新作。音乐节从一个侧面展现了中国现代音乐发展的现状，体现了音乐家们的社会责任和历史使命感，同时也凸显了学院作为全国专业音乐教育的学术领先地位。来自美国、德国、奥地利、匈牙利、波兰以及缅甸等世界知名艺术家共500余人参与了此次音乐节的活动。

〔**举办国际长号大号艺术节**〕 7月11—14

日，由学院主办、学院管弦系承办的中国北京第三届国际长号大号艺术节在学院举行。本届艺术节共举行了3次基本功热身训练，18场大师课，6场独奏、重奏专场音乐会。通过大量的教学与实践活动，使国内长号、大号的同行们受益匪浅，同时检阅了近年来中国音乐院校的教学成果。参加本次艺术节的既有来自欧美一流的、实力派演奏大师，也有来自国内各地以及台湾地区的著名演奏家和学生近300人。

〔举办首届北京国际作曲大师班和音乐会〕 7月18—30日，学院举办了为期12天的首届北京国际作曲大师班和音乐会，由旅美作曲家陈怡担任艺术总监。此次活动以培养年轻作曲家为己任，以传播中国民族音乐影响力为主旨，参与讲学的陈怡教授、郭文景教授、唐建平教授、詹姆斯·莫伯利教授、赵季平教授以及杰弗瑞·迈尔教授均为享誉国际的著名作曲家和具有丰富教学经验的高校教师。理论与实践并重，重视培养学生的实际操作能力是此次活动的诉求之所在，世界各国的学员得以在多元文化的大环境下，分享不同的音乐理念和经验。

〔举办北京国际双簧管艺术节〕 7月20—24日，由学院和中国交响乐团主办、学院管弦系承办的2011首届北京国际双簧管艺术节在学院举行。本届艺术节邀请了德国、美国、英国、意大利以及国内各大音乐艺术院校、交响乐团的双簧管教育家、演奏家，如德国斯图加特音乐学院的双簧管教授克里斯蒂安·施密特、现任柏林爱乐乐团双簧管首席阿尔布雷克特·迈耶、英国皇家音乐学院双簧管教授克里斯托弗·雷德盖特、中央歌剧院交响乐团双簧管首席石鑫等。艺术节期间共举办了10场专业音乐会、9场大师课、3次专题讲座。院长王次炤出席了艺术节开幕式并作了主旨演讲。来自全国各兄弟院校的双簧管专业师生、表演院团、解放军文艺单位及普通双簧管爱好者近600余人出席本次活动。

〔举办北京国际巴洛克音乐节〕 9月21—27日，由学院主办、北京中山音乐堂协办的北京国际巴洛克音乐节在北京举行。学院主要领导牵头成立了组委会，聘请台湾中国文化大学艺术学院院长陈蓝谷担任艺术顾问。本次音乐节开办了多场讲座，德国古大提琴家米歇尔·布鲁辛（Michael Brussing）先生、法国古小提琴家帕德里克·比斯米特（Patrick Bismuth）先生、瑞士横笛演奏家玛丽亚·戈登施密特（Maria Goldschmidt）女士、德国管风琴制作和鉴定大师奥柏林格·沃尔夫冈（Oberlinger Wolfgang）先生分别担任主讲。音乐节期间，还举办了15场大师课和8场音乐会。本次音乐节是对欧洲巴洛克音乐的一次多方位的再现与探究，为中国音乐专业学生搭建了一个深入学习西方古典音乐的学术平台。

〔举办北京国际电子音乐节〕 10月24—30日，第十二届北京国际电子音乐节在学院举行。本届音乐节的主题为“虚拟世界”（Virtual World），旨在强调电子音乐开拓创新的理念追求。音乐节活动包括：10场电子音乐专场音乐会、10场国际电子音乐大师班讲座、4场应用电子音乐讲座、4场电子音乐新技术新设备展演、第二届新媒体艺术日、第四届亚洲电子音乐日——主题论坛及圆桌会议、第八届北京国际电子音乐作曲比赛、第二届北京国际电管风琴比赛、第一届北京国际音乐录音比赛、全国高等音乐艺术院校电子/计算机音乐相关学科专业课程与教材建设峰会。

〔举办第四届国际室内乐音乐节〕 11月1日，学院举办了第四届国际室内乐音乐节。本届国际室内乐音乐节由学院钢琴系承办，为时9天，包括9场音乐会与大师课，邀请了奥地利钢琴家、指挥家保罗·巴杜拉—斯柯达（Paul Badura-Skoda)、美国“纽斯德”三重奏、奥地利海顿四重奏等世界乐坛的优秀演奏家和教育家与师生切磋演奏技艺，阐释教学心得。本届国际室内乐音乐节除演出常规经典曲目之外，还加入了世界级跨界组合演奏的新鲜元素，以拓宽师生们的艺术视野。室内乐音乐节一直致力于室内乐的推广和发展，已成为学院规模最大的音乐节之一，同时也成为北京又一重大的国际性音乐盛会。

〔**举办低音提琴音乐周**〕 11月3—5日，学院举办低音提琴音乐周。此次低音提琴音乐周特邀捷克布鲁诺亚那切克音乐学院的低音提琴教授米罗斯拉夫·耶林科（Miloslav Jelinek）以及该校教授玛切拉·耶林科娃（Marcela Jelinekova）参加，举行了低音提琴重奏大师课、低音提琴历史文化讲座、低音提琴制琴工艺与乐器保养维修专业讲座、两场低音提琴重奏音乐会。参加音乐会演出的人员均为学院和附中的学生，演出规模在中国历次低音提琴音乐会中堪比之最。

〔**柏林爱乐乐团首席到学院讲学并举办大师班**〕 11月8—11日，柏林爱乐乐团小号首席嘉伯·塔尔科维（Gabor Tarkövi）、竖琴演奏家玛丽-皮埃尔·朗拉梅（Marie-Pierre Langlamet）、长笛首席埃曼努尔·帕胡德（Emmanuel Pahud）、双簧管首席阿尔布莱希特·马耶尔（Albrecht Mayer）、大提琴首席奥拉夫·曼宁格（Olaf Maninger）、单簧管演奏家瓦尔特·赛法特（Walter Seyfarth）、圆号首席斯特凡·叶赛尔斯基（Stefan Jezierski）、巴松首席丹尼尔·达米亚诺（Daniele Damiano）、中提琴首席维尔福来的·施特莱勒（Wilfried Strehle）、定音鼓首席（Rainer Seegers）和长号首席彼得·苏力帆（Peter Sullivan）以及小提琴演奏家玛雅·阿芙拉莫维奇（Maja Avramovic）和双簧管演奏家约翰森·奇利（Jonathan Killy）应邀到学院演出讲学。音乐家们高水平的教学和示范演奏以及丰富的乐队演奏经验使学院相关专业的师生受益匪浅。

此外，音乐学系举办了世界音乐周；管弦系举办了国际莫扎特单簧管比赛；钢琴系举办了“肖邦钢琴马拉松”系列演出；音教系举行了“爱乐传习”——两岸四地青年音乐家音乐会；学院组织举办了中国—日本音乐研讨会、音乐文献外译国际研讨会等11个学术研讨会。通过举办音乐节、艺术比赛、学术交流、研讨等活动，拓展了教学内容，提高了教学质量，开阔了师生的国际学术视野，促进了中国专业音乐教育事业的国际化发展，扩大了学院的国际影响力。

〔**师生获奖情况**〕 2011年度，教师获得的突出奖项有：郭淑珍获首届中国歌剧节歌剧特殊贡献奖；郭文景获首届中华艺文奖；汪毓和获第八届中国音乐金钟奖终身成就奖；于润洋、王次炤获第八届中国音乐金钟奖理论评论奖一等奖，戴嘉枋、李晓东获三等奖，钟子林、杨民康、褚历、李昕、邢维凯获优秀奖；江洋获第八届中国音乐金钟奖琵琶比赛金奖。学生获国内、国际奖项228个，其中国际奖56人次、国内奖172人次，金奖和一等奖项共60人次。声歌系排演的歌剧《奥涅金》参加文化部歌剧节并获得6个奖项。

撰稿 王天红 谢 穗
审稿 赵 海

中央戏剧学院

〔**两部教材获奖**〕 2011年12月，学院教材《剧本写作初级教程》和《20世纪中国话剧精品赏析》被评为2011年北京市高等教育精品教材。此前，《剧本写作初级教程》和《20世纪中国话剧精品赏析》曾被评为北京市高等教育精品教材立项项目。

〔**签订合作培养协议**〕 7月22日，学院与中国儿童艺术剧院签订了“合作培养儿童戏剧表演大学本科毕业生”协议，计划于2012年在表演系设立“中国儿艺班”，双方共同招生、共同培养，毕业生双向选择、择优录取。

〔**召开第一届党代会**〕 4月9日，学院第一届中国共产党中央戏剧学院代表大会召开。会议审议通过了学院党委、纪委的工作报告，选举产生了中国共产党中央戏剧学院新一届委员会和纪律检查委员会。

〔**召开教育部社会科学委员会战略规划研讨会**〕 7月6日，学院承办了2011年度教育部社会科学委员会语言文学、新闻传播学和艺术学学部工作会议暨“十二五”战略规划研讨会。会议学习了胡锦涛总书记在清华大学百年校庆上的讲话；研究修改《语言文学、新闻传播学和艺术学“十二五”战略规划研究报告》（讨论稿）以及2012年度语言文学、新闻传播学和艺术学学部工作思路。

〔**迎接党风廉政建设情况检查**〕 9月29日，学院迎接了教育部党风廉政建设责任制、廉政准则检查。学院领导汇报了学院贯彻执行《关于实行党风廉政建设责任制的规定》和《中国共产党党员领导干部廉洁从政若干准则》的情况。检查组成员结合学院的汇报，查阅了有关材料，召开了职能部门负责人代表、院系负责人代表、民主党派代表和教师代表参加的座谈会。

〔**积极开展研究生科学道德与学风建设工作**〕 学院积极开展研究生科学道德与学风建设工作。依据北京市科协、北京市委教育工委和北京市教委《关于在研究生中开展科学道德和学风建设宣讲教育活动的通知》的要求，成立了“中央戏剧学院研究生科学道德和学风建设宣讲教育活动领导小组”，召开了全院研究生工作会议，有计划地开展宣讲工作。

〔**建立爱国主义教育基地**〕 5月9—11日，学院代表团赴延安参观考察，访问了延安大学，并进行了座谈交流。5月10日，学院与延安革命旧址管理处签订了双方合作共建协议，并在延安鲁迅艺术学院旧址举行了中央戏剧学院爱国主义教育基地揭牌仪式。

〔**参观“复兴之路”大型展览**〕 3月23日，学院组织50名学生参观了中国国家博物馆“复兴之路”大型主题展览。这次参观是纪念建党90周年，开展“学党史、知党情、跟党走”主题教育系列活动之一。

〔**赴江安进行暑期实践**〕 为响应教育部关于全国高校学生开展“永远跟党走”主题暑期社会实践活动的号召，7月19日，学院代表团赴四川省江安县进行暑期社会实践。活动期间，学院代表团与当地有关部门进行了交流，并参观了素有“中国戏剧摇篮”之称的江安县“国立戏剧专科学校”旧址。

〔**举办北京大学生人物造型设计大赛**〕　5月15日，学院与北京市教委、北京高等院校人物造型设计联盟共同举办的北京市大学生人物造型设计大赛在学院圆满落幕。大赛共收到来自北京高等院校人物造型设计联盟13所院校的学生作品300余件。大赛期间，还组织召开了学术研讨会，就人物造型设计事业的发展现状、人物造型专业的教学成果，以及高校之间跨专业教学的交流及发展前景等问题进行了深入的讨论。

〔**举办亚洲戏剧教育研究国际论坛**〕　5月18—22日，学院举办了第六届亚洲戏剧教育研究国际论坛。来自国内外的专家学者以“戏剧文学的创作与实践”为主题，围绕戏剧艺术的历史与理论教学、编剧课程的教学与实践和戏剧文学的现状研究等话题进行了探讨与交流。

〔**举办国际戏剧奥林匹克委员会会议**〕　5月20日，学院举办了国际戏剧奥林匹克委员会会议。会议通过决议，学院党委书记刘立滨教授正式成为中国首位国际戏剧奥林匹克委员会委员。

〔**入选全国小剧场话剧优秀剧目**〕　学院表演系08级1班的实习剧目《第十二夜》入选“全国小剧场话剧优秀剧目”，并参加了9月12—13日在上海市举行的全国小剧场话剧优秀剧目展演活动。该剧目由保加利亚国立戏剧影视艺术学院斯尼吉娜教授执导。

〔**举办国际大学生戏剧节**〕　9月18—27日，学院举办了第二届世界戏剧院校联盟国际大学生戏剧节，共有来自国内外的7所艺术院校参加。戏剧节包括演出和工作室两部分内容，每所院校分别演出莎士比亚作品《理查德三世》和具有民族特色的代表剧目，并举办工作室。

〔**创立“学院奖”**〕　10月13—15日，学院创立的“学院奖（戏剧表演）”首届评选顺利落幕。评奖期间，共收到剧目34台，评选出10台优秀剧目参加了“全国优秀剧目片断展演”，最终选出了10位最佳主角和7位最佳配角。期间，学院还举办了来自全国26个剧院团代表参加的表演创作研讨会。

〔**参加艺术院校舞台艺术精品展演周**〕　10月16至11月6日，学院剧目《红白喜事》和《自选题》参加了由国家大剧院主办的“第四届春华秋实艺术院校舞台艺术精品展演周”。该活动旨在推出国内一流艺术院校的演出精品，共有8所院校参加。

〔**承办北京大学生戏剧节**〕　10月16至26日，由北京市委教育工委和北京市教委主办、学院承办的北京市第三届大学生戏剧节顺利举行。本次戏剧节共收到来自31所高校的65部作品，其中有16所高校的22部作品进入展演环节，并有两所国外艺术高校的剧目进行了巡演。

〔**举办导演研讨会**〕　10月31至11月2日，学院举办了“当今舞台上的易卜生——当代易卜生导演的呈现与解读”研讨会。来自中国、巴西、印度和挪威的导演、戏剧制作人以及易卜生研究专家，分别结合自己的实践，就易卜生作品在舞台上的创作与呈现，作了信息丰富、内容充实同时极具个人化体验的发言。

〔**举办第二届华人剧作家论坛**〕　11月3—13日，学院举办了第二届华人剧作家论坛系列活动。3位来自两岸三地的著名华人剧作家围绕剧本创作等主题作了精彩的讲座。

〔**召开2011年首都艺体类院校就业工作研讨会**〕　12月8—9日，学院组织召开了2011年首都艺体类院校就业工作研讨会，来自北京的7所艺体类院校就毕业生就业工作的有关经验和问题进行了交流。

撰稿　王晓辉
审稿　徐　贞

中央美术学院

〔**举办意大利乌菲齐博物馆珍藏展**〕 2011年3月11日，意大利乌菲齐博物馆珍藏展（15—20世纪）在中央美术学院美术馆开幕。本次展览是学院美术馆建馆以来举办的首个大型油画珍品展，包括文艺复兴早期佛罗伦萨画派大师波提切利、文艺复兴盛期威尼斯画派大师丁托列托和提香的画作在内的82件作品可与中国观众近距离接触。此次展览既有助于意大利艺术与中国艺术的比较研究，又推动了两国的文化交流与理解。

〔**召开中国美术家协会实验艺术委员会成立大会**〕 4月14日，中国美术家协会第20个专业艺术委员会——实验艺术委员成立大会在学院举行。实验艺术委员会在学院成立是中国美术家协会探索实验艺术的发展，规范实验艺术学术储备和组织秩序，开创新时期实验性艺术发展新领域的重要举措，将对实验艺术、实验艺术教育的发展产生重要的指导意义。据不完全统计，在中国美术家协会下设的20个专业艺术委员会中，由学院艺术家引领的艺术委员会有9个。

〔**召开北京高等艺术院校办公室联席会**〕 4月21日，由学院办公室牵头组织的北京高等艺术院校办公室联席会在学院召开。会议针对办公室如何建立信息共享平台，如何实现资源共享机制，如何为文化创意产业的发展和繁荣首都文化服务等议题展开讨论。

〔**召开中国学院实验艺术教育大会**〕 4月28日，中国学院实验艺术教育大会在学院拉开序幕。此次大会旨在提供一个交流的平台，陈述与展示近十年来中国高等艺术院校实验艺术专业教育的重要成果，建立实验艺术在当代艺术教育中的学术性结构。在国际当代多元文化艺术的背景下，立足中国深厚传统文化土壤，以学术的、学院的、理性的理念，推进实验艺术学科建设有序、有效的发展。

〔**深度参与威尼斯双年展**〕 第五十四届威尼斯双年展于5月6日开幕，其主题是“启迪”。中国设国家馆参加这一国际艺术盛会。院长潘公凯教授等5人受邀为威尼斯双年展中国国家馆创作以“弥漫”为主题的作品。副院长徐冰教授、设计学院摄影专业缪晓春副教授的作品“未来通行证——从亚洲到全球”也亮相本届双年展平行展。该平行展从亚洲角度出发，关注当代艺术中被认可并凸显出来的不同价值。始于1895年的威尼斯双年展已成为“艺术界的奥林匹克”，是国际间艺术与思想交流的重要平台。

〔**举办纪念王式廓诞辰100周年纪念大会及作品展**〕 5月6日，学院举办王式廓诞辰100周年纪念大会及作品展。王式廓是新中国美术的奠基人之一，是中国20世纪美术史重要的现实主义画家，他的艺术作品《改造二流子》、《血衣》、《井冈山会师》、《参军》等，是中国现代美术史上的经典作品，产生了极其重要的历史影响。

〔**潘公凯作品展在澳门和日本两地举办**〕 5月，学院院长潘公凯教授相继在澳门艺术博物馆和日本东京艺术大学美术馆举办个人作品展。在澳门艺术馆展出水墨作品共计20幅，在日本东京艺术大学美术馆展出水墨作品共计4幅。同时展出的还有入选2011年第五十四届威尼斯双年展中国国家馆的影像装置作品《融》。

〔**举办郭怡孮绘画展**〕 5月31日，“大好春光——郭怡孮绘画展”在中国美术馆开幕。展览总结性地展示了郭怡孮先生50年来的代表作品130余件。展览共分三个展厅：第一展厅展出了郭先生多幅巨制；第二展厅展出了郭先生自1959年进入大学直至1999年这40年间创作的部分代表作品；第三展厅以21世纪第一个10年内郭先生创作的一套同样大小的系列作品为主，是郭先生根据游历祖国各地和世界名山大川时手写心记的粉本之作。

〔**举办全国艺术高校丝网版画展**〕 6月10日，学院举办“显像之境——全国高等艺术院校丝网版画展”。本次展览主题“显像之境”具有双重含义，一方面指丝网版画的艺术特点，另一方面，暗指丝网版画在当代艺术多元纷呈的环境下已强有力地浮出水面，有明确发展态势，显现出年轻活力和内在生命力。

〔**主办大同国际雕塑双年展**〕 9月28日，由中国美术家协会、中央美术学院和大同市人民政府联合主办的“2011大同国际雕塑双年展”暨“2011曾竹韶雕塑艺术奖学金”毕业生优秀作品展览在大同开幕。“2011大同国际雕塑双年展”作为国内首次举办以雕塑为主要内容的双年展，采取策展团队和策展人结合的模式，展出了中国美协雕塑艺术委员会委员和国内外当代活跃艺术家的330余件作品。展览力求最大限度地整合全国优秀雕塑艺术资源，集结雕塑艺术家的精英力量，力求客观真实地呈现中国雕塑的整体风貌。

〔**举办首届CAFAM泛主题展**〕 9月20日，学院举办“首届CAFAM泛主题展：超有机/一个独特研究视角和实验”。跨学科的泛主题性、包容性、融合性和高度的学术性，强调学院优势和资源是此次展览的两个鲜明特点。本次展览共有49位（组）中外艺术家的作品集结亮相，是学院美术馆全力打造的一个依托学院平台的国际双年展，本着学术与跨学科的宗旨，展开当代艺术的研究与论题呈现。比利时驻华大使奈斯，捷克共和国驻华大使利博尔·塞奇卡，德国杜塞尔多夫艺术学院院长托尼·克拉格，歌德学院北京分院院长安德思，旧金山亚洲艺术馆副馆长等嘉宾出席了开幕式。

〔**接待国际奥委会主席罗格夫妇**〕 9月23日，国际奥委会主席雅克·罗格夫妇访问学院。罗格夫妇参观了学院美术馆的“首届CAFAM泛主题展：超有机/一个独特研究视角和实验”比利时项目及副院长徐冰在该展览中的装置作品《何处惹尘埃》。罗格对学院设计团队在北京2008奥运会及2014年南京青年奥运会所承担的“金镶玉”奖牌等设计项目给予了高度评价。

〔**潘公凯教授获北京国际设计周“设计教育奖”**〕 10月13日，2011北京国际设计周暨首届北京国际设计3年展年度设计奖颁奖典礼在北京电视台BTV大剧院举行。经专家提名和评选，学院院长潘公凯教授、清华大学吴良镛教授、北京大学俞孔坚教授获得设计教育奖；学院设计团队设计的北京2008年奥运会“金镶玉”奖牌获得北京设计大奖——经典设计奖。

〔**接待比利时王储菲利普夫妇**〕 10月23日，比利时王储菲利普王子、玛蒂尔德王妃访问学院，在多功能厅观看了由中国青年舞者演绎的比利时现代舞《罗莎舞罗莎》，参观了学院美术馆举办的“首届CAFAM泛主题展：超有机/一个独特研究视角和实验”比利时项目、副院长徐冰教授在该展览中的装置作品《何处惹尘埃》以及“持守进取：中央美术学院版画系青年教师汇报展”。陪同王储夫妇到访的还有欧盟欧洲委员会文化总长华西里奥·瓦西利乌、比利时副首相兼外交部长史蒂夫·范纳克尔等一行20余人。

〔**“中央美术学院60年素描展”在美国开幕**〕 10月24日，经过两年的筹备和策划，由美国新泽西州帕特森大学中国艺术中心、大学美术馆、美术系及艺术与传媒学院联合主办的“中央美术学院

60年素描展”在帕特森大学美术馆开幕。本次展出的91幅素描作品，概括地反映了学院60年素描教学与创作的成绩。

〔**承办2011中国国际创意设计推广周**〕 11月4日，2011中国国际创意设计论坛和2011中国国际创意设计展先后在皇家大饭店和中国国际展览中心举行开幕式。此次活动以“远见：设计作为创新的策略”为主题，汇聚了来自世界各地创意设计界的精英，其目的是推动中国产业升级转型，从“中国制造”转向“中国创造”，提升创意与设计在产业链中的更高价值观，促进中国创意设计产业与教育事业的发展。中国国际创意设计推广周系列活动，已经发展成为促进中国创意设计产业发展的重要平台。

〔**承担“国培”任务**〕 11月10日，教育部“国培计划”中小学美术骨干教师研修班在学院举办，百名学员接受了为期10天的专项集中培训。参加此次“国培计划”授课的各位专家教授为学员们呈现的高水平课程，不仅完善了学员的知识体系，也带来了教学方面的启示，不少学员结合自身的教学实际提出了相关问题，专家教授给予了解答。本次培训活动从“听讲”为主转化为“自主、合作、探究、反思、交流”相结合的学习方式，体现了培训的开放性、民主性和参与性。

〔**举办第四届国际艺术与设计学院院长峰会**〕 11月28日，由学院发起的“第四届国际艺术与设计学院院长高峰研讨会”在学院拉开帷幕。来自美国、英国、日本、澳大利亚、新加坡等艺术与设计院校的院校长齐聚学院，共同探讨全球化语境下，艺术与设计教育的基础训练、基础教学与创造力的关系等问题。作为院长峰会的重要环节，“十年——中央美术学院造型学院基础部教学研究展、教师作品展、基础教学研讨会”同期开幕。

〔**举办纪念江丰百年诞辰活动**〕 12月9日，“纪念江丰百年诞辰活动”在学院举行。此次纪念活动由“江丰百年纪念大会”、“发现：百年江丰文献展”和“江丰百年纪念座谈会”等系列活动组成。江丰是我国著名的版画家、美术教育家和美术活动家，是中国现代木刻运动的开拓者与奠基人之一。新中国成立后，他历任中国美术家协会主席、中央美术学院院长、文化部顾问等职，在亲身参与新中国美术体制的构建与完善过程中，不遗余力地推动新中国美术事业的发展，深刻影响了新中国美术发展的进程。

撰稿　陆英明
审稿　杨　杰

北京中医药大学

〔**获 2010 年“中国标准贡献奖”二等奖**〕 2011 年 1 月 10 日，学校针灸学院《耳穴名称与定位》获“2010 年中国标准创新贡献奖”完成单位和完成个人二等奖。《耳穴名称与定位》（修订）是 2006 年由中国针灸学会组织立项的针灸标准化项目，2008 年 7 月 1 日正式发布实施。

〔**获 2 项国家科学技术奖**〕 1 月 14 日，学校两项成果获得 2010 年度国家科学技术奖。在国家科学技术奖励大会上，王庆国等人完成的“经方现代应用的临床与基础研究”和唐启盛等人完成的“抑郁症中医证候学规律的研究”获得 2010 年度国家科学技术奖。

〔**获第四届中医药国际贡献奖团体奖**〕 2 月 20 日，“中医—生物”双学士学位本科项目（新加坡）获第四届中医药国际贡献奖团体奖。新加坡“中医—生物”双学士学位本科项目由学校与新加坡南洋理工大学（南大）合作开办。此项目学制 5 年，中、英文双语授课，2 年在学校学习中医课程及临床实习，3 年在南大学习生物学和西医课程，毕业后由学校授予医学学士学位、南大授予生物学学士学位。截至 2011 年年底，已经招收了 6 个年级 340 多名学生。

〔**7 位教授获“中华中医药学会科技之星”称号**〕 2 月 26 日，学校教授李宇航、李志刚、李澎涛、李平、刘清泉、陈家旭、黄建梅获“中华中医药学会科技之星”称号。该称号由“第六届著名中医药学家学术传承高层论坛暨中华中医药学会科技之星颁奖大会”授予，全国共有 106 位在科研领域为中医药传承和发展作出杰出贡献的专家获此称号。

〔**开办“岐黄国医实验班”和首推中医学专业“卓越医学人才培养计划”**〕 4 月 13 日，学校宣布首次开办“岐黄国医实验班”和推行中医学专业“卓越医学人才培养计划”。“岐黄国医实验班”计划在全国招收 30 人，前五年按本科教学计划培养，第四年末对学生进行分流考核，合格学生可直接攻读临床专业博士，并结合中医住院医师规范化培训（全科加专科）计划进行培养。学生毕业时可获得医学学士学位和临床医学博士专业学位。

中医学专业“卓越医学人才培养计划”是在原有中医学专业七年制的基础上推出的中医学专业人才培养模式。学制七年，毕业时授予医学学士和临床医学硕士专业学位。其培养特点是将中医基础教育、住院医师规范化培训和学位教育融合成一个整体。

〔**获北京市科学技术奖及中华中医药学会科学技术奖**〕 在“北京市科学技术奖励大会暨 2011 年北京市科技工作会”上，学校第三附属医院的 3 项成果获北京市科学技术奖一等奖、三等奖和中华中医药学会科学技术奖三等奖。

〔**与伊朗德黑兰医科大学签署合作协议**〕 5 月 26 日，学校与伊朗德黑兰医科大学签署了《中国—伊朗糖尿病教育和研究中心合作协议》、《北京中医药大学与德黑兰医科大学研究生联合培养协议》、《伊朗德黑兰医科大学和北京中医药大学合作建设中国—伊朗医学科学技术园区谅解备忘录》。

伊朗驻中国大使Safari博士参加了签署仪式。

〔**《中国佛教医药全书》首发**〕 5月28日，学校教授李良松和嵩山少林寺方丈释永信联袂主编的《中国佛教医药全书》在嵩山少林寺举行首发仪式。本套全书收录了从汉代到民国时期关于佛教医药的著作，其中包括佛教大藏经中所有的医学文献、少林寺藏经阁中的所有医学典籍以及全国各大图书馆中的各类佛医典籍，是一部集大成的佛医文献研究成果。该书共101部、7 000多万字，收录各类佛医文献3 000多部。

〔**中医药优势学科创新平台获批准立项**〕 6月，学校申报的"中医药优势学科创新平台"项目获得教育部、财政部批准立项建设。学校2011—2012年"优势学科创新平台"建设获得中央财政专项资金预算控制数共5 000万元。

〔**国家社科基金申报实现零的突破**〕 6月，"汉语医学名物词研究"项目获资助。在全国哲学社会科学规划办公室公布的"2011年度国家社科基金项目评审结果"中，学校的"汉语医学名物词研究"项目获资助，实现了学校在该类项目上零的突破。

〔**接管北京二七机车厂医院**〕 6月20日，北京中医药大学东方医院与北京二七机车厂医院举办移交签字仪式。目标是要把"二七"院区建设成为现代化综合性中医医院，提高二七机车厂医院的医疗服务水平，满足长辛店社区居民就医需求。

〔**举行德国魁茨汀中医院成立20周年庆典**〕 7月22日，北京中医药大学德国魁茨汀中医院建院20周年庆典在德国巴伐利亚州魁茨汀小镇举行。该中医院建院20年来，共治疗2.5万多名患者，主要来自德国本土，其中85%参加了公共医疗保险，另外15%投保私人保险公司。庆典由魁茨汀中医院院长安东·施道丁尔主持，各方代表共200人参加了庆典活动。

〔**北京中医药大学东直门医院东区正式挂牌**〕 8月6日，北京中医药大学东直门医院与通州区中医院签署合并协议。通州区中医院正式挂牌"北京中医药大学东直门医院东区"，两院将进行实质性整合，通州区就此结束了没有三甲医院的历史。东直门医院东区占地面积6.8万平方米，一期建筑面积3.5万平方米，病床460张。

〔**新建学生公寓项目开工**〕 9月1日，学校新建学生公寓项目开工典礼在西校区举行。该项目建筑面积2万平方米，地上建筑12层，预计建设工期1年。项目建成后，将全面改善学生的住宿条件，充分提高西校区楼宇空间的使用效率，是实现西校区整体规划布局的重要环节。

〔**6个临床科室被批准为国家临床重点专科**〕 9月，在2011年国家临床重点专科建设项目申报工作中，学校有6个专科成为国家临床重点专科。这些专科分别为：肾病专科（亦属第一批）、脑病专科、急诊专科、心血管病专科（亦属第一批）、妇科专科、骨伤专科。此次全国共有147个中医专科（含第一批5个）确立为国家临床重点专科建设项目。

〔**首次获批国家自然科学基金项目**〕 9月，学校护理学院的"影响肾移植受者生活质量的因素研究"，首次获批国家自然科学基金项目，项目资助金额58万元。这是护理学院首次获得国家自然科学基金项目的资助，也是首批获国家自然科学基金项目的中医护理院校之一。

〔**召开第二届世界中医药教育大会**〕 10月29日，第二届世界中医药教育大会召开。大会由世界中医药学会联合会主办、学校与世界中医药学会联合会教育指导委员会联合承办，来自31个国家和地区的100多位境外代表以及来自全国30个省（区、市）73家单位的500多名嘉宾参加了大会。新加坡卫生部传统与辅助医学处主任吴汉昇和学校校长高思华分别作了题为《新加坡十年来的中医发展》和《国际中医药教育的现状与思考》的演讲。

大会形成了《第二届世界中医药教育大会北京宣言》。

〔**举行良乡校区奠基典礼**〕　10月30日，北京中医药大学良乡校区奠基典礼在房山区良乡高教园区新校址举行。北京市、房山区和良乡高教园区有关领导，学校历届校友代表、学校党政班子全体成员、知名专家教授、民主党派、离退休老同志、学校各职能部门、各学院负责人、在校教师、学生以及社会企业界代表500余人出席典礼。新校区规划建设面积为42.7万平方米，建成后实现各学院同步整体搬迁入驻，全部重点学科搬迁入驻和建立公共教学实验平台，解决学校土地面积狭小、办学空间不足、危楼隐患等长期制约学校发展的“瓶颈”问题。

〔**获全国中医药文化建设先进集体**〕　11月1日，学校获“全国中医药文化建设先进集体”称号。学校代表从建阵地、出思想、出人才、出成果、造氛围5个方面介绍了学校“十一五”期间在中医药文化建设工作方面所取得的成就，同时也表达了学校发展中医药文化的信心和决心。

〔**获教育部对口支援西部高校工作典型经验集体**〕　12月4日，学校获教育部对口支援西部高校工作典型经验集体，4位教授被授予对口支援西部高校突出贡献个人。

〔**WHO中医适宜技术培训基地授牌**〕　12月7日，北京中医药大学东直门医院举行WHO中医适宜技术培训基地授牌仪式。WHO西太区驻京办项目官员黄宝斌和东城区卫生局局长张明分别授“WHO中医适宜技术项目培训基地”中英文标牌。

〔**《北京中医药大学学报》获第二届中国精品科技期刊称号**〕　12月，《北京中医药大学学报》入选中国科学技术信息研究所公布的“第二届中国精品科技期刊”。在1 998种众多门类的核心科技期刊中，学校学报成为300种中国精品科技期刊之一，也是唯一入选的中医药院校学报。另外，在2011年“中国高校科技期刊优秀团队和优秀个人评选活动”中，学报编辑部被评为“2011年中国高校科技期刊优秀团队”。

〔**中医药博物馆列入首批“北京中医药文化旅游示范基地”**〕　12月14日，学校的中医药博物馆入选首批“北京中医药文化旅游示范基地”。该博物馆于1990年9月建成，是一座收藏丰富、内容系统的专业性博物馆。馆内分“医史部”和“中药部”两部分，展出面积约1 500平方米。“医史部”收藏历代医药文物1 000余件，善本医籍200种；“中药部”收藏各类中药标本2 800多种，约5 000余份。

撰稿　杨　苏
审稿　乔延江

对外经济贸易大学

〔**新增博士学位授权一级学科和硕士学位授权一级学科**〕 2011年2月和9月，学校获得4个博士学位授权一级学科和3个硕士学位授权一级学科，学科建设取得突破性和跨越性发展。截至2011年年底，学校共有5个一级学科博士点、31个二级学科博士点；8个一级学科硕士点、55个二级学科硕士点；10个专业硕士学位授权点；34个本科专业，覆盖经济学、管理学、文学、法学、理学五大学科门类，在全国同类高校中位居前列。

〔**科研捷报频传**〕 10月，全国哲学社会科学规划办公室公布了《2011年度国家社科基金重大项目（第一批）招标评审结果公示》，校长施建军领衔申报的课题《“十二五”时期我国发展的创新驱动战略研究》和桑百川教授领衔申报的课题《我国新一轮对外开放的战略布局、主要目标与政策选择研究》成功中标。

赵忠秀教授申报的课题《我国碳排放交易市场研究》成功中标2011年度教育部哲学社会科学研究重大课题攻关项目；张汉林教授申报的课题《世界贸易组织发展报告》和林桂军教授申报的课题《博鳌亚洲论坛发展报告》分别被批准为2011年度教育部哲学社会科学发展报告建设项目和培育项目。

〔**科研项目和论文发表创60年最好成绩**〕 2011年，学校科研工作全面丰收，获得纵向课题117项，其中获国家社会科学基金项目31项；获国家自然科学基金项目28项；获教育部人文社会科学研究项目42项；获中央其他部门的社科项目1项，获北京市项目15项。获横向课题86项。产出各类科研成果1 544项，发表各类论文1 346篇，SSCI收录41篇，SCI收录5篇，A&HCI收录1篇，CSSCIA类期刊收录36篇，出版各类著作198篇。2011年，学校有10项成果获全国商务发展研究成果奖，超过本届全国获奖总数的20%。

〔**施建军获“中国最具魅力校长奖”**〕 1月13日，由搜狐网、搜狐教育频道联合主办的“致青年TO YOUTH”2010教育年度总评榜暨教育年度盛典颁奖典礼举行，学校校长施建军获“中国最具魅力校长奖”。

〔**发布《中国低碳经济发展报告2012》蓝皮书**〕 11月25日，学校国际低碳经济研究所主办了《中国低碳经济发展报告2012》蓝皮书（以下简称《报告2012》）发布会暨低碳经济研讨会。本次《报告2012》的出版和低碳经济研讨会的成功举办，是学校的低碳经济跨学科团队针对国家社会需要，面向国际、学术创新的又一重要突破。

〔**中国开放经济与国际科技合作战略研究中心揭牌**〕 2011年1月5日，教育部战略研究（培育）基地——对外经济贸易大学中国开放经济与国际科技合作战略研究中心（SCOT）揭牌仪式在学校举行。该研究中心是教育部科技委批准的13个战略研究基地之一，旨在加大中国对外开放、国际科技经济合作研究的力度，为国家战略服务。

〔**成立教育部对外经济贸易大学教育与经济研究中心**〕 7月8日，学校举行教育部对外经济贸易大学教育与经济研究中心成立仪式。教育部副部长鲁昕、校长施建军共同签署了教育部与学校共建教育与经济研究中心合作协议，并与校党委书记王玲共同为研究中心揭牌。该中心以“教育对经济增长的贡献率、教育与经济的互动与互依关系、教育与对外开放”等重点项目为依托，形成一批标志性成果，努力为教育促进经济与开放型事业的发展提供坚实的理论支撑，成为教育部战略与规划的智囊团。

〔**成立研究生院**〕 9月20日，学校举行研究生院成立揭牌仪式，这是学校研究生教育历史上的重要里程碑，意味着研究生教育事业迈上了新起点。

〔**举办第二届青年教师发展论坛**〕 5月5日，学校举行第二届青年教师发展论坛，5位优秀青年教师代表先后作主题发言，分享他们几年来的工作经验与心路历程。教师们对科研、教学、学生工作等各方面议题进行了热烈的讨论，还就《青年教师发展宣言》和酝酿成立青年教师发展联谊会等问题进行了审议和讨论，最终形成了《青年教师发展宣言》和成立青年教师发展联谊会两项成果。

〔**举行建校60周年庆祝活动**〕 9月25日，学校举行建校60周年庆祝大会。中共中央政治局委员、国务委员刘延东，全国人大常委会副委员长、民盟中央主席蒋树声，原中共中央政治局常委、国务院副总理李岚清，原中共中央政治局委员、国务院副总理吴仪，原中共中央政治局委员、全国人大常委会副委员长李铁映，原全国人大常委会副委员长、民进中央主席许嘉璐等党和国家领导人为学校60周年校庆题词或致贺信。300位中外嘉宾以及来自世界各地的近5 000名校友和全校师生参加了庆祝大会和庆典活动。

〔**2011年美国数学建模竞赛取得佳绩**〕 5月，学校学生团队在2011年美国数学建模竞赛（MCM/ICM）中共取得一等奖7项、二等奖7项、三等奖10项，开创了学生自参加此项赛事以来的历史最好成绩。MCM/ICM即“数学建模竞赛”和“交叉学科建模竞赛”，是由美国数学学会、美国工业与应用数学学会、美国国家安全局联合举办的国际性大学生数学建模竞赛，是最著名的国际大学生竞赛，每年吸引世界著名高校参赛，享有国际数学建模竞赛盛会的美誉。

〔**承办“I SING BEIJING——国家青年声乐家汉语歌唱计划”**〕 8月18日，由国家汉办主办、美国亚裔表演艺术中心与学校承办的“I SING BEIJING——国家青年声乐家汉语歌唱计划”在国家大剧院音乐厅举行音乐演唱会。来自美国、意大利、巴西、乌拉圭、拉脱维亚、墨西哥、阿尔巴尼亚等7个国家的20位优秀青年歌唱家与6名经过全国甄选的中国青年歌唱家，协同6位国际知名声乐专家及1位荣获奥斯卡纪录片奖的著名导演，在学校通过一个月的歌剧演唱技巧强化训练及中文演唱、中国歌剧音乐文化研修，在演唱会上将他们对中国语言文化的热爱，用音乐之美娓娓道来。

〔**李岚清莅临学校与老教授座谈**〕 9月9日，在第27个教师节到来之际，原中共中央政治局常委、国务院副总理、校董会首届主席李岚清莅临学校，参观了校史博物馆并看望慰问了老教授、老同志代表。李岚清对学校办学60年来在人才培养、科学研究、社会服务和文化传承创新等方面取得的成绩给予了充分肯定。

〔**举办第二届国际文化节**〕 9月15日，学校第二届国际文化节火热开幕，由中外学生共同谱曲、作词的国际文化节主题曲《Together》在现场唱响，热情洋溢、活力四射的乐曲传遍校园，特色活动遍地开花，中外文化和谐交融，交相辉映。万余名北京高校中外学生参与了本届文化节，成为“各国青年的文化盛会”。此类活动，旨在推动各国驻华使馆与所在国的文化交流与沟通，增进中外青年学生交流融合，为建设“各美其美、美人之美、美美与共”的世界美好家园贡献力量。

撰稿 侯英杰

审稿 曹亚红

华北电力大学

〔**能源工程及自动化专业获评国家级特色专业**〕 2011年1月9日，学校能源工程及自动化专业获批国家级特色专业。能源工程及自动化包括能源工程、能源自动化及清洁能源的利用，研究能源的转换、传输与利用及与之相关的系统与设备，研究风能、太阳能、生物质能等新能源的开发利用，是与新兴能源、清洁能源的发展密切相关的科学。

〔**国家重点实验室获批立项建设**〕 3月29日，科技部下发了《关于组织制定国家重点实验室建设计划的通知》（国科办基〔2011〕20号），同意学校申报的新能源电力系统国家重点实验室立项，并将其列入国家重点实验室2011年制定建设计划。新能源电力系统国家重点实验室面向中国规模化新能源开发利用的重大需求，聚焦新能源电力系统重大科技问题，以多学科交叉为基础开展创新性研究。该实验室是以对外开放5年多的“电力系统保护与动态安全监控”教育部重点实验室为基础，整合“电站设备状态监测与控制”教育部重点实验室等科研平台建设而成。

〔**举行“973计划”项目启动仪式**〕 2月15日，以学校为第一承办单位、学校徐进良教授为首席科学家的国家重点基础研究发展计划“973”项目“锅炉低温烟气余热深度利用的基础研究”启动仪式在学校举行。校长刘吉臻在启动仪式上讲话，教育部科技司基础处副处长杨华、科技部基础研究司李非博士分别在致辞中对项目的立项和启动表示祝贺。

〔**1门专业获评全国工程硕士研究生教育特色工程领域称号**〕 1月10日，在全国工程硕士研究生教育特色工程领域评选活动中，学校经管学院项目管理领域工程硕士教育以特色鲜明的办学理念和办学特色，从众多的参评学校中脱颖而出，获得“全国工程硕士研究生教育特色工程领域”荣誉称号。该领域工程硕士办学具有鲜明的电力特色，工程硕士生培养质量受到社会各界的广泛赞誉，曾与多家电力企业合作培养，从而为电力行业输送了一大批既具有项目管理专业知识又具有电力特色的高层次、应用型专门人才。

〔**1项“863计划”重点项目获国家批准**〕 2011年，学校陈诺夫教授主持申报的国家高技术研究发展计划“863计划”重点项目——“兆瓦级高倍聚光化合物太阳电池产业关键技术”获国家批准，资助金额1 159万元，成为2010—2011年度学校科研方面的重大项目。

〔**1项“863计划”重点项目通过技术验收**〕 5月30日，学校承担的科技部先进制造技术领域“863计划”重点项目“火电行业重大工程自动化成套控制系统”三个课题通过了科技部组织的技术验收。在课题验收会上，学校校长刘吉臻代表项目组介绍了“863计划”重点项目的执行情况。与会专家经过认真讨论，认为学校承担的三个课题全面完成了任务书要求，一致通过技术验收。

〔**1项“973计划”项目获准立项**〕 8月29日，国家科技部在其网站发布了《关于国家重点基础研究发展计划2011—2012年项目立项的通知》（国科发基〔2011〕383号），校长刘吉臻作为首席

科学家申报的《智能电网中大规模新能源电力安全高效利用基础研究》经过数轮评审获得立项。截至2011年年底，学校作为首席科学家单位获得立项资助的国家重点基础研究发展计划“973计划”项目已达3项。

〔新增1个高等学校学科创新引智计划基地〕 10月10日，学校杨勇平教授牵头申报的“煤的清洁转化与高效利用创新引智基地”被列入“十二五”首批“高等学校学科创新引智计划”（简称“111计划”）新建引智基地建设项目。这是学校获得立项的第二个创新引智基地。

〔获得国家科技进步奖1项〕 9月10日，以杨勇平教授为第一负责人，学校为第一承担单位申报的“大型火电机组空冷系统优化设计与运行关键技术及应用”项目获2011年度国家科技进步奖二等奖，这是5年来学校再次获得国家科技奖励。

〔1项校企合作项目入选中国高校产学研合作十大优秀案例〕 8月，教育部科技发展中心公布了2008—2011年度中国高校产学研合作十大优秀案例，其中学校报送的《创新校企合作模式，建立校企合作长效机制——华北电力大学构建三层级校企合作模式实践》案例成功入选。

〔刘吉臻当选为中国电力企业联合会副理事长〕 12月17—18日，中国电力企业联合会（以下简称中电联）2011年第二次理事长会议、中电联第五届理事会第三次常务理事会议、2011年电力企业高峰会在海口市召开。会上，学校被增补为中电联第五届理事会副理事长单位，校长刘吉臻当选为中电联第五届理事会副理事长。

〔周凤翱受聘立法专家组副组长〕 6月，国家工业和信息化部聘任北京能源发展研究基地主任、学校周凤翱教授为《中华人民共和国原子能法》立法工作专家组副组长。这是周凤翱教授自2006年开始担任《中华人民共和国能源法》、《中华人民共和国核电管理条例》及《中华人民共和国海洋石油天然气管道保护条例》等能源法律法规起草专家组常驻专家之后，承担的又一项国家立法任务。

〔何理入选国家首批“青年千人计划”〕 根据《青年海外高层次人才引进工作细则》的规定，海外高层次人才引进工作专项办公室组织实施了第一批“青年千人计划”申报评审工作，学校何理教授入选国家首批“青年千人计划”，成为首批入选国家“青年千人计划”的青年专家之一。

〔学校技术转移中心被认定为国家技术转移示范机构〕 6月7日，科技部发布了《关于确定中国技术交易所有限公司等68家机构为第三批国家技术转移示范机构的通知》（国科发火〔2011〕201号），确定了包括学校技术转移中心在内的68家机构为第三批国家技术转移示范机构。

〔举行风电技术战略合作签字仪式〕 4月14日，学校与领步电气集团“风电机组状态监测与故障诊断系统”战略合作签字仪式在学校举行。学校党委副书记郝英杰、原党委书记徐大平、控制与计算机工程学院院长刘石、科学技术处副处长刘明军、课题组负责人吕跃刚教授、领步电气集团总裁冯卫国等参加了签字仪式。双方本着优势互补、共同发展和“双赢”的原则，就“风电机组状态监测与故障诊断系统”展开合作。此次战略协议的签订标志着学校的研究成果在新能源领域取得了良好进展。

〔与国网电力科学研究院签署战略合作框架协议〕 5月30日，学校与国网电力科学研究院在南京市举行战略合作框架协议暨研究生工作站签约仪式。根据协议，双方在智能电网、新能源等领域的科学研究、人才培养、科技创新、资源共享等方面展开全面、深层次的合作，为促进电力科技创新及成果转化搭建良好的平台。

〔与中科院电工所签署战略合作协议〕 12月12日，学校与中科院电工所签署战略合作协议。

校长刘吉臻、副校长安连锁、副校长杨勇平、中科院电工所所长肖立业、副所长李耀华、副书记张福宽等出席了签字仪式。根据协议，双方在科学研究、学术交流、人才培养、资源共享等方面开展全面战略合作。

〔**王志成获北京市第七届青年教师教学基本功比赛一等奖**〕 5月19日，学校经济与管理学院教师王志成在“第七届北京青年教师教学基本功比赛（高校）”中荣获一等奖。

〔**李娟娟获2010年度中国大学生自强之星称号**〕 4月30日，由团中央、全国学联主办的寻访“中国大学生自强之星”活动获奖名单揭晓。学校经济与管理学院会计0902班学生李娟娟以其突出的自强事迹荣获2010年度“中国大学生自强之星”称号，并获新东方自强奖学金5 000元。

〔**李志珑获2012年伦敦奥运会参赛权**〕 9月8日，全国田径锦标赛暨奥运会达标赛在合肥市奥体中心拉开战幕，学校学生李志珑在比赛中以49.47秒的个人最好成绩获得男子400米栏冠军，同时也达到了伦敦奥运会a标（49.50秒），这意味着他拿到了伦敦奥运会的入场券。

〔**干雪获2011年马拉松邀请赛亚军**〕 11月27日，学校学生干雪在首届半程马拉松邀请赛中夺得半程马拉松女子组亚军。该项比赛在常熟尚湖举办，来自美国、英国、芬兰、肯尼亚、日本、韩国、印度等10多个国家和地区的600多名选手参加了比赛。

〔**校友会注册成立**〕 10月29日，学校举行华北电力大学校友会注册成立大会暨揭牌仪式。民政部民间组织管理局副局长贾晓九和教育部办公厅副主任安钰峰共同为学校校友会揭牌。

撰稿 王振华

审稿 陈 军

南开大学

〔**学科建设**〕　根据国务院学位办通知要求，认真做好学位授权点对应调整工作。截至 2011 年年底，学校拥有博士学位授权一级学科点 29 个，比 2010 年增加 12 个；硕士学位授权一级学科点 15 个，比 2010 年增加 2 个；新增硕士专业学位点 1 个。新入选全国优秀博士学位论文 1 篇。开展了自主设置目录内二级学科工作。进一步完善博士学位审核电子化系统。采取一系列措施，加强研究生学风建设和学术规范教育。

陈永川教授当选中国科学院院士，新增 2 名“973 计划”首席科学家；新增 1 个国家自然科学基金委创新研究群体；18 人入选“新世纪优秀人才支持计划”；1 人获得“国家级教学名师奖”。龚克教授获聘英国化学工程师学会荣誉会士，并受聘为联合国教科文组织高层专家组成员。招聘海内外优秀人才 153 人，其中 92 人拥有博士学位，38 人拥有海外留学背景。新增上海宝钢优秀教师奖 4 人，新增国家博士后科学基金特别资助获得者 3 人，一等奖获得者 1 人、二等奖获得者 16 人。

〔**教学管理**〕　召开本科教学工作会，围绕深化教育教学改革，解放思想、转变观念、统一认识，制定出台《南开大学素质教育实施纲要(2011—2015)》，在全面推进教学改革、构建南开特色的“公能”素质教育体系方面迈出了重要步伐。承担 2 个国家教育体制改革试点项目、1 个教育部试点学院综合改革项目、4 个天津市教育体制改革试点项目。启动学校各专业人才培养目标与培养方法调整工作。4 门课程入选教育部首批精品视频公开课，2 个专业入选教育部第七批“特色专业”。物理、化学和生物学基地获得 2011 年国家基础科学人才培养基金项目立项。入选“全国大学生创新创业训练计划”。

〔**人才培养**〕　开展“关注教育教学改革．增进‘公能’素质”主题教育活动。进一步完善学生心理健康教育体系和心理咨询服务机制。推进研究生教育管理工作制度化建设，“以学术科研为龙头、能力提升为重点”的研究生素质教育工作体系不断完善。改革创新自主招生政策，加大对单科特别优秀学生的选拔力度，继续举办自主招生夏令营活动，举办了百所重点中学校长论坛。积极开拓就业市场，举办学校层面的专场招聘会 380 场次，到校招聘单位 5 741 家。实施“辅导员队伍建设质量工程”，一批优秀辅导员荣获各级各类表彰奖励。依托学生合唱团推进“公能”素质教育的校园文化实践，获得教育部高校校园文化建设优秀成果评选特等奖。

〔**科学研究**〕　药物化学生物学国家重点实验室获批立项建设。人权研究中心获批国家人权教育与培训基地。与教育部合作共建教育与产业、区域发展研究中心。成立了“当代中国问题研究院”。由化学学院陈军、李玮瑒、陶占良、程方益、马华等完成的“几类无机材料的氢、锂、镁储存与电池性能研究”项目荣获国家自然科学二等奖（一等奖空缺）；由化学学院卜显和及其团队完成的“新型功能配位聚合物的构筑与结构性能调控”获天津市自然科学一等奖。新增 8 个天津市普通高等学校人文社科重点研究基地，1 个天津市重点实验室。同时，还获得陈省身数学奖 1 项，发明创业奖 1 项，中国化学会青年化学奖 1 项，2 位教授荣获国家

“十一五”科研突出贡献奖。

理科科研方面，获得国家自然科学基金项目193项，科技部项目48项，天津市科委项目53项，教育部项目36项，与企事业单位签订横向合同267项。全年理科到校科研经费总额为3.129亿元，其中纵向经费2.608亿元，横向经费0.521亿元。

文科科研方面，新立纵向项目167项，其中国家社科基金等项目31项，教育部人文社会科学研究一般项目31项，国家自然科学基金管理学部等项目29项，天津市项目39项。新立横向项目265项。全年文科到校科研经费总额为8 236.5万元，其中纵向经费4 807.1万元，横向经费3 429.4万元。

〔**服务社会**〕　围绕天津经济社会发展和滨海新区开发开放，开展多方面、多层次的合作服务。进一步加强与天津大学的紧密合作，与教育部共建“教育与产业、区域发展研究中心”，与天津国际生物医药联合研究院深化战略合作，与百度公司联合成立“协同创新工程中心”。完成“重构我国药品生产流通秩序”等重大专项课题研究，得到国家有关部门高度肯定。与辽宁省政府、沈阳市政府、中央电视台、天津广播电视网络有限公司、天津市卫生局、延边大学等密切合作，为其提供全方位、多层次服务。

〔**教育交流与合作**〕　2011年，共有20多个国家和地区、119批次、1 204人次的高校和科研机构到校访问。校级代表团出访11次，与11个国家和地区的15所一流高校新签合作协议11份、续签协议8份。施瓦布、法比尤斯、普罗迪等国外政要和3位诺贝尔奖得主访问学校。全年派遣赴海外交流的教职工813人、学生524人。聘请的海外长短期专家人数有所增加且层次较高，其中生命科学院特聘教授马克·巴特兰姆获得2011年度中国政府“友谊奖”。全年接收长短期留学生2 662人，高层次学历生比例升至25%。举办了“南开大学—格拉斯哥大学日”、“南开大学—北海道大学交流日”、“南开—弗林德斯大学日”等重要外事活动。跨文化交流研究与培训基地承办了15期不同层次的培训项目，培训学员达2 100余人。

〔**召开第八次党代会**〕　9月26日，学校召开第八次党代会。会议认真总结了第七次党代会以来的工作成就和基本经验，科学分析了学校面临的发展形势，明确了学校的发展目标和主要任务，选举产生了新一届党委、纪委。本次会议的主题是：高举中国特色社会主义伟大旗帜，以科学发展观为统领，深入贯彻落实《中国共产党普通高等学校基层组织工作条例》和教育规划纲要，动员全校各级党组织、全体共产党员和广大师生员工，坚持育人为本，强化质量特色，改革创新，奋勇争先，为建设世界知名高水平大学而努力奋斗。

〔**党建工作**〕　围绕庆祝中国共产党成立90周年，深入开展党的理论、党的历史和党的知识的学习宣传，组织数十项、上百场次的理论征文、党史名家论坛、党史知识竞赛、红歌歌咏比赛等主题活动，推出“建党90周年”专题网站，召开建党90周年庆祝大会。制定并认真执行年度理论学习安排意见和专题学习计划。加强理论研究和宣传调研，50余篇优秀论文在中央和地方纪念建党90周年活动中获奖，多项调研课题在天津市优秀调研成果评选中受到表彰。在天津市和教育系统先进基层党组织、优秀共产党员、优秀党务工作者评选活动中，学校有10余个集体和30余位个人获奖。全年共发展党员2 186人，党员队伍结构进一步优化。

〔**新校区建设**〕　学校新校区规划建设被列入天津市委2011年工作要点。在以多种形式征求广大师生、校友和社会各界的意见建议后，新校区总体规划方案经天津市政府第66次常务会议通过。12月20日，海河教育园区二期工程暨南开大学、天津大学新校区建设开工仪式在海河教育园区举行。新校区占地面积约3 750亩，总规划建筑面积约120万平方米，其中一期工程总建筑面积约65万平方米。根据规划建设的总体方案，未来的南开大学校园主要由八里台校区、津南校区和泰达校区组成。

撰稿　王　森

审稿　李向阳

天津大学

〔**教育教学**〕 2011年，学校制定了新的“卓越工程创新人才”培养目标及培养标准，组织召开了“高等工程教育高层论坛”，牵头建设了9校协同培养“卓越工程创新人才”战略联盟。学校20个专业及求是学部茅以升班获批教育部首批卓越计划试点专业。求是学部采取了10余项教学改革措施，部分措施在全校范围推广。全面修订本科综合培养方案，优化课程体系，集中制定、修订了教学文件。重点实施高等数学课程教学改革工作，建立多次考试制度，加大习题训练环节。实施本科教学综合改革立项项目，获批第七批国家级特色专业2个，2个专业通过教育部工程专业认证。赵乃勤获国家级教学名师奖，获批3个国家级工程实践教育中心。推进全面素质教育，推进思想政治理论课教学改革，诺贝尔奖得主吕克·蒙塔尼教授等27人做客“北洋大讲堂”。增设多样化的体育课程，加强学生体质健康测试。

年内，学校成为全国首批25个工程博士专业学位授予试点单位之一，获准在“先进制造”和“能源与环保”两个专业学位领域招收培养工程博士。3个工程领域获“全国工程硕士研究生教育特色工程领域”荣誉称号。推进博士生学术论坛建设、国际交流项目、双语课程体系建设，加大全日制专业学位研究生实践教学基地建设力度，首批重点资助15个项目，在9个学院建设了研究生公共实验教学平台。完成新增全日制专业学位研究生培养方案的制订，获“全国工程硕士研究生教育创新院校”荣誉称号。通过启用“天津大学研究生开题报告和中期检查信息管理系统”等方式，加强研究生培养质量监控。以数字化教学平台建设为依托，积极推进研究生教学改革。探索以“能力”和“全面素质”为核心的学生评价体系，修订《天津大学研究生奖学金暂行管理办法》。建立“学术规范教育”网上课堂，加强科学道德和学风建设。1篇论文入选全国优秀博士学位论文，3篇论文入选全国优秀博士学位论文提名论文，8篇论文获天津市优秀博士学位论文。2011届毕业生就业率达98.24%。

〔**队伍建设**〕 探索适合海外高层次人才进校工作机制，建设天津市海外高层次人才创新创业基地5个，制定2个引进海外高层次人才文件，做好对签约到岗的高层次人才的支持与服务、评价与考核，设置海外高层次人才引进服务专员12名。2011年，苏万华当选中国工程院院士，丁阳荣获中国青年科技奖。

实施第四期师资创新能力与职业发展入职培训，153人参加培训。资助青年发展基金项目210项，资助优秀人才项目25项，实施青年教师发展基金项目与自主创新基金项目的对接，资助教师167人。探索建立包括高级研究人员、博士后队伍及科研助理在内的专职科研队伍，深化专业技术职务评聘改革，推动以院级单位或学科群为基础的分类评价体系。调整完善以业绩贡献和能力水平为导向的绩效津贴制度，向杰出人才和青年人才倾斜。实施“师德立项”工程，深入挖掘整理学校历史上著名教师在为人为学方面的感人事迹，传承师德师风。教师余贻鑫被推选为全国教书育人楷模候选人。

〔**科学研究**〕 加强基础研究项目的组织和申请，实现以技术创新和工程创新为主与原始创新相结合的转变。陈清焰、张金利成为“973 计划”项目首席科学家，尧命发、姜忠义获国家杰出青年基金支持。新增 2 个教育部创新团队，国家自然科学基金资助项目 277 项，总经费超过 1 亿元，单个国防科技重大专项首破亿元。顺利通过武器装备科研生产单位二级保密资格审查认证。水利工程仿真与安全国家重点实验室正式批建，获国家科学技术奖 6 项，其中以第一完成单位获 5 项，获奖数量居全国高校第三位。年度科技总经费达 15.05 亿元。滨海工业研究院一期建设工程中 3、4、5 号楼全部竣工，建筑创意大厦竣工投入使用。初步制定促进科技成果转化和产业化的相关办法，建立“座舱空气革新性环境（CARE）国际研究中心”等一系列产学研联合研究机构。与天津市相关部门合作建立“产学研合作基金”，与辽宁省和深圳市分别签署了战略合作协议。牵头成立“地热能高效利用产业技术创新战略联盟”，加强与行业的协同创新。申请专利1 123项，授权专利 482 项，2 项专利获中国专利优秀奖。

〔**学科建设**〕 学校以国家学科调整为契机，努力加强学科内涵建设，优化学科布局，提高学科优质率，以适应高素质拔尖创新人才培养的需要。“985 工程”总体规划（2010—2020 年）和改革方案获批复。完成“211 工程”三期校内验收工作，为高质量完成国家验收和“211 工程”四期预研工作做好准备。新增博士学位授权一级学科 7 个，硕士学位授权一级学科 9 个及专业学位授权点 2 个。

〔**教育交流与合作**〕 贯彻落实《天津大学国际化战略实施纲要》，初步建立协议管理、境外交流项目管理、港澳台学生管理、咨询委员会管理、本科生出国（境）交流管理等实施国际化战略的工作体制机制。设立“全英文课程体系建设支撑计划”项目，资助 8 个院级单位 11 个专业的英文课程体系建设。与境外 24 所院校签订 32 份校际合作协议，选派 500 余名学生赴海外交流学习或演出，聘请 3 位诺贝尔奖得主为学校名誉教授，邀请 130 余名国外师生到校访问，在国外多所著名大学举办“天津大学日”。探索与国外企业、研究机构和大学的实质性合作，成立了天津大学—赫尔姆霍茨中心盖斯特哈赫特研究中心生物材料和再生医学联合实验室、天津大学—日本国立物质材料研究机构（NIMS）联合研究中心。因公出访教师 820 人次，23 位青年教师、2 位管理干部入选留学基金委“青年骨干教师出国研修项目”。来自 109 个国家的 1 801名留学生在校学习，授予留学生博士学位 2 人、硕士学位 12 人、学士学位 48 人。

〔**党的建设**〕 开展纪念建党 90 周年系列活动。贯彻落实《中国共产党普通高等学校基层组织工作条例》，开展制度修订等工作。不断推进党建立项创新，提高党建工作的科学化水平。深入推进党支部书记“三强工程”，对 19 个院级党委的 32 名党支部书记进行培训。深入推进创先争优活动，抓好“比、看、点、议”关键环节，切实推进目标承诺兑现。启动校级“党建创新论坛”和院级“党员先锋论坛”、“党建创新论坛”，启动“四联双谈”活动，有效加强了机关与基层之间、教工与学生之间、党员与群众之间的联系。扎实推进党风廉政建设，聘任 34 名反腐倡廉建设监督员，加强廉洁教育。大力加强党员干部队伍的作风建设，深入推进党风建设与学风建设相结合，营造风清气正的良好氛围。

〔**校园文化**〕 认真贯彻十七届六中全会精神，制定学校文化繁荣计划。冯骥才作为首席专家申报的“中国木版年画数据库建设及口述史方法论再研究”项目、王学仲作为首席专家申报的“日本馆藏近代以来中国留日美术家文献资料整理与研究”项目分获国家社科基金重大项目第一批和第二批立项。周志刚作为首席专家申报的“职业教育质量评价体系研究”项目获教育部哲学社会科学研究重大攻关项目立项。注重校史档案的收集和校史馆的建设，研究制定校史馆二期建设工作的实施方案和征集办法。重建张太雷纪念展室，撰写《津门太雷》剧本，拓展 23 号教学楼为新的爱校荣校教育基地，编辑《实事求是——百家解读》。举行 6 次校园开放日活动，建设新版英文网站等英文宣传媒介。通过建立学校官方微博、与“百度新闻搜索”建立合作关系、建设学校视频新闻网等创新方式，加强对学校历史文化的宣传，发挥学校文化的辐射作用。加强海内外各地校友会的信息平台建设，通过设立校友接待志愿者、为校友提供一站式服务等措施，加强对校友的人性化服务和联络。

〔**管理服务和保障体系**〕 年内，学校精仪学院被列为国家试点改革学院，学校在该院设立了综合改革试验区。管理与经济学部重点进行了以学部章程为核心的制度建设，初步形成了学部工作运行机制。学校加强国有资产管理制度建设，推进各项数据的动态化、网络化管理，建立大型仪器管理平台，推进仪器设备的信息化采购管理，建成高性能计算校级公共服务平台（超算中心）。加强实验室管理。推进公用房屋管理改革，出台《天津大学学院（部）公用房屋管理暂行办法》，合理调整部分教学科研用房。通过一系列制度措施，提升专项经费执行效率和使用效益，出台了多项优化财务服务措施。加强对重大投资、重点专项、重点工程的审计监督和跟踪，完成约 17 万平方米的校园环境改造，落成教职工活动中心，进行校园监控中心数字化改造，运行校园道闸系统，新校区于 12 月底开工奠基。加强学生食堂管理，通过稳定物价、创新菜品、改善就餐环境等，不断提高膳食服务质量。

撰稿　李　哲
审稿　吕　静

大连理工大学

〔**制定学校“十二五”发展蓝图**〕 2011年，学校坚持以教育规划纲要为指导，坚持以学校中长期发展战略规划确定的发展目标和发展方向为基础，完成了“十二五”规划、四个专项规划、各学部（学院）规划的编制工作，并积极推动各项规划的实施。稳步推进高素质人才培养模式综合改革、人事制度改革、现代大学制度建设三项国家教育改革试点项目。

〔**推动重点工程建设**〕 积极推动“985工程”和“211工程”三期建设。2011年度得到国家1.5亿元建设资金支持。推动签署《教育部 辽宁省人民政府 大连市人民政府继续重点共建大连理工大学的决定》，部省市继续按照1∶0.5∶0.5的比例给予支持。

〔**学科建设**〕 新增哲学等9个一级学科博士点和应用经济学等23个一级学科硕士点。截至2011年年底，学校一级学科博士点达27个，一级学科硕士点达42个，学科整体结构更加完善，综合实力显著增强。

〔**提升人才队伍整体水平**〕 完成了专业技术岗位评聘工作，继续强化“教师应履行教书育人的基本职责”，修订了《教授和副教授任职条件》，出台了新的《教授和副教授岗位竞聘申报基本业务条件》，增设实验技术系列和德育系列正高级岗位；初步完成编制核定方案，首次提出学科建设编制，即在学校师资队伍建设的总目标下，根据各学科的建设规划和目标，包括设置的方向、规模和水平来确定学科建设编制；制定实验技术人员及管理人员考核方案，逐步实现人员分类考核，并尝试建立有效的考核评价体系，促进人力资源合理配置；制定《大连理工大学待聘人员管理办法》，为做好校内待聘人员的转岗分流工作提供有力的政策支持。深化分配制度改革，提高教职工的薪酬待遇。

截至2011年年底，全校教职工总数为3 435人，其中专任教师1 909人（含师资博士后57人），占55.6%；正高级职务岗位564人，副高级职务岗位1 051人。专任教师中具有博士学位的占64.8%（1 236人），45岁以下的青年教师占67.2%（1 281人），教授占28.1%（537人），副教授占40.3%（770人）。新增中国工程院院士1人，国家“千人计划”入选者6人，国家杰出青年基金获得者26人，“长江学者”特聘教授17人，讲座教授10人。

〔**完善特色育人体系**〕 学校坚持育人为本，德育为先，全力构建全员、全过程、全方位育人的工作格局。通过政治理论课、学生日常教育管理等，强化社会主义核心价值体系教育，促进学生全面发展。邵春亮教授被评为全国道德模范。学校发起筹建了全国第一个省级研究生思想政治教育工作学术团体——辽宁省高校研究生思想政治教育研究会，并成为理事长和秘书长单位。

〔**进一步夯实本科生培养基础**〕 深入实施“卓越工程师教育培养计划”，加强“卓越计划班”和工程实践教育中心建设，与企业联建的3个工程实践教育中心获批首批国家工程实践教育中心；土木工程、机械设计制造及其自动化和化学工程与工艺专业3个“国际班”首次招生；推进“大班授课、小班讨论”为主的研究型教学模式，建立研究型实验和学科体验性实验的实践型教学模式；拓展学生自主选择专业的空间，形成了学业优秀类、学科专长类、专业兴趣类以及学业困难类等四种学生转专业的通道，约30％的学生有机会重新选择专业；环境工程、计算机科学与技术专业顺利通过全国工程教育专业认证；功能材料和能源化学工程获批国家第七批高等学校特色专业建设点。截至2011年年底，全校共有23个国家级特色专业建设点，是同类高校获批数量最多的高校之一；梁延德教授获第六届国家级教学名师奖；成功承办了第二届全国大学生工程训练综合能力竞赛；成立了教师教学发展中心、通识与基础教育中心。

〔**着力提升研究生培养质量**〕　调整和优化研究生招生结构，适当扩大专业学位研究生招生计划，完善学术型硕士研究生及全日制专业学位硕士研究生的培养方案、课程体系和实践基地建设；进一步强化课程质量、规范课程教学秩序、加强督导评价的全覆盖检查，将发现的问题向各学部、院系进行反馈处理。进一步加强研究生教育国际化工作，开展对国家公派联合培养博士研究生境外参加学术会议资助项目；完善学位留学生的培养过程管理，提高学位留学生的培养质量。加强学位授予管理，健全硕士学位论文抽审流程，有效加强了硕士学位论文质量监控的力度。2011年，授予硕士学位3 470人，授予博士学位450人。获得“全国优秀博士学位论文提名奖”2篇。

〔**科技工作保持强劲发展势头**〕　基础研究方面，滕斌和张洪武教授分别担任首席科学家，获批两项“973计划”项目，国家自然科学基金申请获准275项，经费首次突破1.6亿元；成果奖励方面，全燮教授获国家自然科学二等奖，蹇锡高教授获国家科技发明二等奖，陈景文教授作为第二完成人获国家自然科学二等奖；人才团队方面，以李宏男教授为学术带头人的“工程安全与监控”团队获国家创新研究群体资助，贺高红教授获国家杰出青年科学基金资助，郭旭教授荣获第十二届中国青年科技奖；SCI、EI全国高校排名（2010年），学校分列第16位、第6位；323篇论文被评为“表现不俗的论文”，在高校中排名第13位；人文与社会科学研究取得可喜进步，经费首次突破1 200万元，首次在教育部级别的项目竞争中升至辽宁省第一；平台基地建设方面，新增3个辽宁省重点实验室，国内管理学科首个国家地方联合工程研究中心“电子政务国家地方联合工程研究中心”获得批准。2011年，全口径科研经费首次突破10亿元，达10.6亿元，同比增长12.5％。“辽宁省知识产权发展研究中心”在学校成立，专利申请与授权量持续增长。

〔**产学研工作取得新成绩**〕　积极谋划推动国家、省、市级工程类技术创新平台建设，2011年，共获批国家级平台2个、省部级平台1个，申报各级产业技术创新战略联盟8个。“船舶制造国家工程中心”验收工作准备就绪。成立“大连理工—华锦工程研究院”，已落实首期经费500万元。“三院一城一园”科技平台建设初具规模，内涵得到拓展。由“五校一所”共同建设的“大连理工大学—七贤岭国家大学科技园”，经科技部和教育部批准更名为“大连理工大学国家大学科技园”，由学校独立建设。科技产业生产经营性企业收入超过6亿元，增长30％；实现净利润超过6 000万元，增长35％。

〔**办学国际化水平进一步提升**〕　紧紧围绕“人才培养”、“科技创新”两大中心任务，深化国际交流与合作，加强国际交流与合作网络体系建设。与12个国家和地区的30所高校和机构新签或续签了46项校际合作协议/备忘录；与美国宾州州立大学共建的孔子学院正式挂牌成立，并共同建立了“联合能源研究中心”，与白俄罗斯国立大学共建的孔子学院被评为2011年先进孔子学院；积极与乌克兰国立冶金学院筹建学校牵头的第三所孔子学院；与日本立命馆大学正式签署关于联合成立“国际信息与软件学院”的协议。

通过50余项各种出国（境）交流学习项目，共计派出学生368名，比2010年增加了36.4％；教师因公出国（境）人数与2010年基本持平，稳定在1 000人次以上，其中有19名机关干部赴美国密歇根州立大学就高水平研究型大学建设的战略与实践进行了为期3周的培训；申报“111”引智基地项目“高端装备关键零部件先进制造技术”获得批准；正式行使国务院授予的外事审批权，自行审批教工出国（境）近800人次，办理外国专家签证用邀请函近100人次，为国际交流与合作提供了便利。

留学生规模扩大，结构进一步优化。2011年，注册学位新生122人，同比增加71%。学校共有68个国家的782名留学生（含短期生61名），其中博士研究生66人，硕士研究生77人，本科生180人，学位生比例显著提升。

〔**全面加强第二课堂建设**〕 成功承办第12届“挑战杯”全国大学生课外学术科技作品竞赛并获得“优胜杯”。学生社团蓬勃发展，社团数量稳步增加。以第三届校园文化节为载体，促进高水平学术报告、高端文化讲座、高雅艺术演出等“三高”进校园。

〔**毕业生就业情况**〕 2011届本科毕业生初次就业率达95.4%；毕业研究生初次就业率达94.2%。过半数的已就业毕业生就职于国家重点建设行业、国有大中型骨干企业和科研院所，91%的毕业生通过校内就业市场落实了工作。

〔**全面推进党建和领导班子建设**〕 以建党90周年为重要节点，把创先争优活动不断引向深入。开展2009—2011年度“两优两先”评选和表彰活动。学校党委被评为2011年“辽宁省先进基层党组织”。

加强学校领导班子和干部队伍建设。配合中组部、教育部、辽宁省委顺利完成学校领导班子换届工作；启动新一轮机关换届并完成了正处级岗位的聘任。

加强反腐倡廉工作。落实“三重一大”（重大问题决策、重要干部任免、重大项目投资决策、大额资金使用）制度，健全领导班子科学民主决策机制；党风廉政建设责任制建设进一步强化，反腐倡廉制度体系不断完善；加强对《廉政准则》和“十不准”贯彻落实情况的监督检查；继续深入开展廉洁教育和校园廉政文化建设。以优异成绩通过教育部直属高校贯彻落实“两项法规”专项检查，是唯一一所被中央纪委确定为全国14个廉政文化建设联系点之一的高校。

〔**稳步推进大学生思想政治教育工作**〕 以建党90周年为契机，深入开展“永远跟党走”纪念建党90周年主题教育活动，大力推进社会主义核心价值体系建设，深入推动中国特色社会主义理论进教材、进课堂、进头脑；拟定了《关于加强和改进我校研究生思想政治教育和教育管理工作体系建设的方案》，提出理顺研究生思想政治教育体制机制的构想。

〔**办学条件得到进一步改善**〕 2011年，学校财政总收入24.79亿元，比2010年增长22.42%；财政总支出24.62亿元，比2010年增长19.23%。在学校资金需求矛盾较大的情况下，保持了财务平稳运行，较好地支持了学校的发展。2011年，共完成各类审计项目587项，审计资金总额48亿元，提出审计意见和建议100条，促进增收节支496.5万元。

新老校区建设和改造取得了阶段性成果，西区体育场、博士留学生公寓交付使用；继续推进能动学院大楼、化工学院附属用房、半导体技术学院、新校区地下车库等在建项目；完成文科综合实验教学中心装修改造工程；启动校医院搬迁和主楼西侧楼装修改造工程；推进市内校区土地置换工作以及西校区窑沟地段动迁工作；实施主校区电力增容改造工程。

优化资源配置，加强资产管理。组建实验室与设备管理处，加强对实验室人员和设备的管理，进一步促进办学资源的有效整合和优化配置。组建采购与招标管理中心，加强对采购与招标事务的管理。

令希图书馆正式开放使用，积极调整服务模式和管理模式，确保对教学、科研和学科建设的支撑。开展了数字档案馆二期建设，在全省高校档案工作评估检查中获示范学校称号。

深化后勤改革，完善管理体制和运行机制，合理调整机构、整合资源，从科学规范、安全运行、优质服务三方面入手，全面提升了保障学校发展建设的能力，学校被评为全国高校后勤十年社会化改革先进院校。

〔**积极构建和谐校园**〕　引导和支持民主党派加强基层组织建设，做好党外代表人士的选拔、培养、推荐工作；切实做好新形势下民族宗教工作。深入实施温暖工程和健康工程。参照大连市有关政策，从1月开始，提高退休人员生活补贴标准，为离退休人员补发津贴、补贴1 743万元。调整和提高了教职工绩效津贴，年增拨款4 500万元。加大人防、物防、技防投入，维护校园的平安稳定和谐。

撰稿　常　俐

审稿　姚化成

东北大学

〔**学科建设**〕 2011年，学校围绕学科重点建设工作，明确目标，科学规划，修改和完善了学校“985工程”总体规划（2010—2020年）、改革方案和资金分配方案。编制2012年“985工程”资金预算，顺利通过教育部审核。出台并实施《东北大学重点建设项目管理办法》、《东北大学重点建设项目专项资金管理办法》、《东北大学重点建设项目仪器设备管理办法》。制定《东北大学重点建设项目仪器设备论证实施细则》。加强预算管理，实行资金预算执行情况月报制度。组织开展“985工程”三期年度检查和“211工程”三期建设项目自验收工作。优化结构，做好学科点增列和对应调整工作，学校获批11个一级学科博士点，一级学科博士点增至21个，学科门类增至9个。完成自主增设二级学科工作，增设目录内二级学科21个、目录外二级学科8个、交叉学科4个。

〔**教师队伍建设**〕 2011年，共补充教师81人。确定引进人才14人，到校报到12人，其中2人入选国家“千人计划”。在国家第一次青年拔尖人才的遴选中，学校有5人通过教育部评审。现有专任教师2 410名，其中中国科学院和中国工程院院士5人，国家“千人计划”2人，国家杰出青年基金获得者22人，教育部“新世纪优秀人才支持计划”61人，入选国家“百千万人才工程”百人层次10人，博士生导师283人，教授418人。国家自然科学基金创新群体2个，教育部创新团队3个。

〔**本科生教育教学**〕 组织修订2011级本科生59个专业培养方案。制定资源循环科学与工程、新能源科学与工程、物联网工程等3个国家战略性新兴产业培养计划。完成“2009年辽宁省高等教育教学改革研究项目”的结题验收工作，22项课题全部通过验收。资助出版各种教材24种，组织学校“十二五”规划教材选题129种，确定立项107种。全校19门优秀网络课程、20项多媒体课件获奖；在第十一届全国多媒体课件竞赛中获一等奖1项、三等奖2项、优秀奖8项。完成“985工程”三期非学科类项目“本科生拔尖创新人才培养工程”实施方案的起草、论证和落实。组织建设4门课程入选国家级视频公开课选题计划，5门课程入选省级视频公开课选题计划。新增国家级特色专业2个，总数达15个。4名教师荣获第七届省级教学名师奖，总数达20人。出版发行《2010年东北大学国家大学生文化素质教育基地建设年报》。组织开设人文选修课193门，推荐3门课程参加辽宁省高校艺术优秀课评选，分获一、二、三等奖。电子实验教学中心、计算机基础实验教学中心被评为省级实验教学示范中心。学校被教育部批准为第二批国家“卓越工程师教育培养计划”实施高校。冶金工程、采矿工程、矿物加工工程、安全工程、材料成型及控制工程、生物医学工程、软件工程等7个专业被批准实施“卓越计划”。

〔**研究生教育教学**〕 出台《2012年接收校内优秀应届本科毕业生直接攻读博士研究生工作办法》，直博生数量增至48人。加大与工程研究院所联合培养的招生力度，联合培养单位新增了北京矿冶研究总院，招生计划由8人增至12人。在国家专项计划外，与中国科学院金属研究所、中国科学院沈阳自动化研究所签订相关协议，开展研究生联合培养工作。2011 年，派出留学生 63 人，其中到国外联合培养博士研究生 31 人，到国外攻读博士学位 32 人。实施研究生教育创新计划项目，评选出校级优秀博士学位论文 16 篇、优秀硕士学位论文 52 篇，10 名博士研究生获教育部学术新人奖，11 人获学校优秀博士学位论文培育项目资助。学校承办了第八届全国研究生数学建模竞赛，全国 242 所院校、2 215 支代表队、近 6 700 名研究生参加了竞赛，学校获一等奖 2 队、二等奖 8 队，并荣获优秀组织奖。2011 年，获全国优秀博士学位论文提名奖 1 篇，学校被评为“2011 年辽宁省学位与研究生教育先进单位”。

〔**就业工作**〕 学校扎实推进科学化、专业化和信息化建设，依托就业信息网指导平台，发布就业指导文章 1 968 篇，阅读量达 33.4 万次，比 2010 年提高 88.7%；完善毕业生就业“双向选择”平台建设，组织招聘会 640 多场，接待单位 3 186 家，单位对招聘服务满意度高达 97%。进校招聘的央企和 500 强企业数量均有增加，本科生供需比为 1∶10，高于 2010 届的 1∶6.5。毕业生一次性就业率为 95.21%，毕业生到国家重点单位就业的比例为 55.6%，升学率 34.6%，均创历史新高；特困毕业生实现 100%就业；学校被评为“全国毕业生就业典型经验高校”、“全国高等学校创业教育研究与实践先进单位”。

〔**科技基地建设**〕 2011 年，新增 6 个科技基地建设项目：流程工业综合自动化国家重点实验室、深部金属矿山安全开采教育部重点实验室、辽宁省冶金资源循环科学重点实验室、辽宁省流动分析与装备重点实验室、辽宁省云计算工程技术研究中心、沈阳市物联网应用基础研究工程实验室。流程工业综合自动化国家重点实验室通过科技部组织的评估，特殊钢先进冶金工艺与装备教育部工程研究中心通过教育部组织的验收。

〔**科技项目**〕 全年获批各类基金项目共 237 项，经费 9 753.9 万元。获批国家自然科学基金项目 155 项，经费 6 742.9 万元，其中重点项目 3 项。民口“973”课题级项目 3 项，子课题项目 6 项，经费共 2 490 万元。2011 年度，中央高校基本科研业务费批复立项 306 项。获批国家项目共计 61 项，经费 1.768 1 亿元。获批各类军工科研项目 27 项，总经费 4 060 万元。承担地方省市计划项目 40 项，经费 666 万元。获批国家、省市各类社科项目 74 项，金额 341.7 万元。共签合同 520 项，合同金额 4.17 亿元，其中 500 万元以上的合同 10 项，1 000 万元以上的 6 项。组织教师参加项目对接洽谈会 20 次。加入镍钴及铂族金属产业技术创新战略联盟、智能矿山产业技术创新产学研联盟等 5 个联盟。与邯郸钢铁集团有限责任公司、赣榆县人民政府签订了全面合作协议，与朝阳市人民政府、兴化市人民政府、河南省工业和信息化厅、罗克佳华工业有限公司签订了战略合作协议，与山东南山铝业股份有限公司签订科技合作协议，与津西钢铁公司签订共建“型钢研发中心合作协议”，与邢台钢铁有限责任公司共建“线材制备技术研究所”，与江苏新华合金电器有限公司共建“江苏省电热合金材料工程技术中心”。

〔**党建工作**〕 继续深入开展创先争优活动，辽宁省委高校工委的简报刊载了学校深入开展创先争优活动的经验。继续开展“支部立项”活动，教师支部申报比例为 100%，职工支部申报比例为 97%，学生支部申报比例为 99%。扎实开展学生党员述责测评工作，获辽宁省高校党建工作创新奖。学校党委被评为辽宁省先进基层党组织、辽宁省教育系统先进党委、沈阳市教育科学系统党组织活动先进组织单位。切实加强大学生党建工作，全面推进本科生党支部建设。继续开展党建研究课题立项工作，2010—2011 年度，学校党建研究课题结题 34 项。1 篇论文获全国高校党建研究会“纪念建党 90 周年征文”一等奖，4 篇论文获优秀奖；3 项课题获辽宁省高校党建研究课题优秀成果奖；3 篇论文获辽宁省高校创先争优理论研讨活动优秀论文三等奖。

〔**教育交流与合作**〕 2011 年，学校与海外机构新签协议 8 份，续签协议 4 份，截至 2011 年年底，学校已与世界上31个国家和地区的155个海外机构签署了交流与合作协议。累计聘请来自7个国家的长期外籍教师21名。派出38名学生作为交换生赴海外进行为期一学期以上的交流学习，其中赴国外高校18名、我国台湾高校20名，选派61名学生分别赴韩国、日本等国家参加暑期班、夏令营等交流访问活动。通过“建设高水平大学公派研究生”项目，派出62名研究生分别赴10个国家和地区攻读博士学位或进行博士生联合培养。学校加强了与美、韩、日领事馆的交流与联系，邀请美国外交关系协会学者米德，富布莱特学者詹姆斯和艾琳、日本驻沈阳总领事馆总领事松本盛雄等到校举办讲座，还举办了日本留学联合说明会以及美国留学政策说明会，近1 700名学生参加了此类活动。2011年度，学校从教育部和国家外专局新获批执行的项目有：“引进海外高层次文教专家重点支持计划”3项，海外名师项目1项，学校特色项目1项。2个高等学校学科创新引智基地项目获批继续执行，“电磁冶金与强磁场材料科学与技术创新引智基地”通过评估并进入下一个资助周期。学校获批辽宁省外国专家局“千人计划配套引智工程（高端专家）”项目1项；获批沈阳市外国专家局“千人计划配套引智工程（‘千人计划’专家团队）”项目1项。

撰稿　庞金刚

审稿　钱丽丽

吉林大学

〔**人才培养**〕 2011年，学校出台了《吉林大学实施“基础学科拔尖学生培养试验计划”的若干意见》和《吉林大学“基础学科拔尖学生培养试验计划”学生学籍管理的有关规定（试行）》等文件，修订了“卓越工程师教育培养计划”的方案和教学大纲。推进高水平“通识教育课程平台”建设，短学期课程由2006年的400门增加到近1 000门。完成了可满足2万人同时在线自主学习及师生互动交流的数字化网络教学平台建设工作，提升了覆盖全校各学科的优质教学资源共享程度。

启动了第三批教学改革重大项目立项、优秀教材和教育技术成果评审工作。面向全校开办了双学位教育工作。学生第二校园经历不断扩展，新增5所国内访学高校，选派228名学生进行了校际交流访学。招生工作进展顺利，新生质量进一步提高。

首次向社会发布了《吉林大学2010本科教学质量报告》，并在全国高等学校本科教学工作推进会上作大会发言，得到教育部的充分肯定。电子信息科学与技术、物联网工程专业列入第七批教育部特色专业建设点。临床医学、计算机科学与技术专业顺利通过教育部专业认证。在质量工程二期建设中，孙正聿教授的《哲学通论》等3门课程被列入“教育部2011年百门精品视频公开课建设计划”。学校21门课程被评为吉林省精品课程，总数达118门；12个团队被评为吉林省优秀教学团队，总数达53个。1个临床技能综合培训中心、3个工程实践教育中心、1个法学教育实践基地以及西部受援高校教师和管理干部进修锻炼项目列入2011年质量工程建设项目，获得1 050万元经费支持，受资助经费总额居全国高校第二位。6名教师被教育部批准为“马克思主义理论研究和建设工程”第三批重点教材编写组的首席专家和主要成员。2本教材被教育部批准为国家级精品教材，获吉林省优秀教材一等奖19项、二等奖31项、三等奖40项。6人被评为吉林省高校教学名师奖。新增省级实验教学示范中心10个。

改革博士生选拔机制，在3个学院进行了博士研究生入学考试改革试点工作，在国家重点一级学科领域开展了优秀本科生直接攻读博士学位研究生的选拔工作。获得了首批工程博士专业学位授予权，在“先进制造”和“能源与环保”两个领域可招收工程博士。

修订了学术型研究生培养方案，制定了新增专业学位研究生培养方案，开展了专业学位研究生教育综合改革试点工作。推进实施“研究生培养创新工程”，完成了61门课程的课件制作和24部授课视频的录制，出版教材15部，其中全英文教材《材料热力学》由世界著名出版社——德国斯普林格出版社出版。开展科学道德和学风建设宣讲活动，邀请院士和知名教授，面向全校8 191名新入学研究生，举办了5场集中宣讲教育报告会。

2011年，学生共获国家级奖27项，其中一等奖10项、二等奖13项、三等奖4项；获省级奖136项，其中一等奖38项、二等奖40项、三等奖34项。2篇博士学位论文入选全国优秀博士学位论文、4篇入选全国优秀博士学位论文提名论文，18篇博士学位论文、29篇硕士学位论文被评为吉林省优秀研究生学位论文。88名博士后获中国博士后科学基金资助，获资助数位于全国高校前列。1名博士后获国家人事部“香江学者计划”资助。

〔**科学研究**〕 2011年，哲学社会科学研究共承担项目 473 项，经费 5 523.4 万元，创历史新高。承担各类重大项目 6 项，其中吴振武教授承担的国家新闻出版总署“中华字库”工程“两汉、吴、魏、晋简牍文字的搜集与整理”项目，获资助经费 1 730 万元，是学校首个哲学社会科学领域获资助经费超千万元的科研项目。获立国家社科基金重大项目 4 项，教育部重大课题攻关项目 1 项；获立国家社科基金重点及规划项目 39 项，列全国高校第 6 位；获立教育部人文社科项目 36 项，列全国高校第 6 位。张文显教授的《知识经济与法律制度创新》、陈秉公教授的《主体人类学原理：“主体人类学”概念提出及知识体系建构》的两篇书稿入选《国家哲学社会科学成果文库》，1 项成果获“第四届全国教育科学研究优秀成果奖”，39 项成果获“首届吉林省社科基金项目优秀成果奖”，付景川教授的论文《研究型大学本科人才培养模式：问题及改进策略》获“第四届全国教育科学研究优秀成果奖”三等奖，100 项成果获“吉林大学‘十一五’哲学社会科学优秀成果奖”。2010 年有 1 276 篇论文被“中文社会科学引文索引”（CSSCI）收录，排名首次进入全国高校前 10 名。成立了东北亚五国国别研究机构，全面服务国家外交战略。孙乃纪教授的研究报告得到中央政治局委员、国务院副总理回良玉批示；王郅强副教授的研究成果《我国基层乡村债务膨胀的潜在风险及应对建议》被全国哲学社会科学规划办公室主办的《成果要报》采用。王胜今教授获中国人口领域的最高奖“第七届中华人口奖”科学技术奖。

自然科学领域科研经费到款总额 10.04 亿元，创历史新高。其中获批国家自然科学基金各类项目 347 项，到校经费 1.85 亿元；获批高新类项目 326 项，到校经费突破 3 亿元，横向经费到款 2.11 亿元。全年新立项科技项目 1 700 余项，其中基础研究及国际合作项目立项 480 余项，高新技术项目立项 320 余项，横向项目累计签订合同 900 余项。有 10 个经费超千万元重大项目获得批准立项，获批教育部创新团队项目 4 项。以第一完成单位获国家科技进步二等奖 1 项，以第二完成单位获国家自然科学二等奖 2 项，以参加单位获国家科技进步特等奖 1 项。以第一完成单位获省部级特等奖 1 项、一等奖 15 项，获发明创业奖优秀奖 1 项。李子义教授主持的国家重大专项课题“高赖氨酸牛乳转基因奶牛新品种培育”研究取得突破，世界首例赖氨酸转基因克隆奶牛培育成功，该项成果在“从地到天”——2011 年中国科技发展盘点中榜上有名。吉林大学白求恩第一医院“千人计划”特聘教授于晓方的文章在 *Nature*（《自然》）上发表。工程仿生国家地方联合工程研究中心获得批准建设。新增 3 个吉林省工程研究中心、5 个吉林省工程实验室、5 个吉林省国际科技合作基地、6 个吉林省教育厅重点实验室。

根据中国科技信息研究所公布的 2010 年全国高校及相关单位科技论文产出数量排行情况，科学引文索引（SCI）论文 1 677 篇，排名第 12 位；工程索引（EI）论文 1 612 篇，排名第 13 位；国际科技会议录索引（ISTP）论文 723 篇；科学引文索引（SCI）被引用 2 212 篇 6 367 次，排名第 11 位；在世界四大名刊之一的《美国科学院院刊》上发表论文 3 篇，高校排名第 6 位；有 3 篇论文进入中国百篇最具影响国际学术论文排行榜。

〔**服务社会**〕 学校将 2011 年确定为“开放合作年”，重点推进服务社会的工作。学校成立了国内合作工作领导小组和国内合作工作办公室，制定了《吉林大学国内合作与服务区域经济社会发展规划（2011—2020）》和《吉林大学“开放合作年”工作方案》，进一步深化学校与地方政府、部委行业、企事业单位、科研院所的合作。积极推进《服务吉林发展与东北振兴行动计划》落实工作，取得了明显成效。认真落实教育部对口支援工作精神，积极推进援疆、援藏工作，与新疆医科大学签订了第一年度对口支援执行计划书。2011 年，学校与国内 21 家单位签订了合作协议。

与大庆油田的产学研合作进一步深化；与北大荒农业股份公司签订合作协议，服务新农村建设与农业产业发展的领域进一步拓展；与辽宁方大集团合作取得新进展，方大集团每年投入经费 1 000 万元用于科研创新与研发；与辽宁省、珠海市、烟台市建立了全面合作关系，吉林大学国家大学科技园烟台分园成立。进一步深化与医药行业的交流，与中国医药工业研究总院、国药一心制药有限公司等单位开展科技合作。加入“神华集团煤炭开发利用技术创新战略联盟”、“农业装备产业技术创新战略联盟”、“超硬材料产业技术创新战略联盟”等9个产业技术创新联盟，为提升学校的创新能力和科研水平提供了有利条件。

〔**教育交流与合作**〕　召开2011“吉林大学国际交流与合作工作会议”，拓展了与欧美知名院校的伙伴关系，进一步与姊妹校中的世界名校深化合作，加大实质性合作的工作力度，加快国际化的步伐。与美国肯塔基大学、加拿大女王大学等世界名校的合作进一步深化，与台湾阳明大学、中央大学等6所大学达成合作意向，与东华大学、义守大学、逢甲大学、香港浸会大学等高校在学生联合培养方面的合作取得新进展。全年签订各类交流协议29个，其中与13所国外高校新建立校际交流关系。截至2011年年底，学校已与27个国家146所高校和科研机构建立了交流合作关系，同港澳台地区28所高校签订了校际交流合作协议。

2011年度，共聘请外国专家610余人次到校讲学，聘请名誉教授7人，客座教授13人。接收来自98个国家的长短期留学生2 278人，其中研究生584人、本科生908人、进修和语言生786人。

全年共召开了14次国际（含双边）学术会议，参会外宾200余人次，总人数达900余人次。“高压技术与科学引智基地”成功获批立项，成为第四个“111计划”引智基地，从而使学校“111计划”基地总数保持在全国首位；新增4个校级引智基地，其数量达9个，促进了教育交流与合作。

撰稿　牛跃祥

审稿　刘桂云

东北师范大学

〔**大学章程建设扎实推进**〕 2011年，学校章程编制工作组在对国内外近50所高校章程制定情况进行系统调研的基础上，结合学校办学经验，经过多次讨论，充分征集了全校师生的意见和建议，形成了《东北师范大学章程（草案）》，并经学校第四届双代会审议，全票通过。

〔**教学改革深入拓展**〕 学校历时4年时间完成了新一轮本科人才培养方案的制订工作。该方案贯彻了通识教育与专业教育相结合的课程设计思想，体现出“口径更宽、基础更厚、个性更强”的特点，为提高本科人才培养质量奠定了基础。根据培养方案，学校本科生按照卓越教师、应用型专业人才、学科创新人才的目标进行分类培养。

〔**高度重视免费师范生培养工作**〕 学校高度重视免费师范生的教育和培养工作，充分利用自身教师教育的学科优势，以全面提高师范生素质和从教能力为核心，着力实施“优秀教师和教育家培养工程”，从职业思想教育、特色课程构建和学习实践基地建设三方面，努力把免费师范生培养成为优秀的人民教师和未来的教育家。2011年，学校首届1 524名免费师范生走上了基础教育工作岗位，并以良好的师德修养、先进的教育理念和扎实的专业素质赢得了用人单位的认可与好评。国务院总理温家宝对学校2007级免费师范生来信作出重要批示：“当一名优秀的人民教师，他们确实准备好了。”

〔**人才培养成效明显**〕 学校博士生培养质量继续得到提升，1篇论文入选全国优秀博士学位论文，1篇论文入选全国优秀博士学位论文提名论文，另有8篇论文被评为吉林省优秀博士学位论文。截至2011年年底，学校共有6篇全国优秀博士学位论文、13篇提名论文。此外，学生在一系列国内外重大赛事中也取得了优异成绩，在第七届亚洲冬季运动会上，代表国家参赛的两名学生获得1金、1银的优异成绩；在第13届自由式滑雪世锦赛上，学生程爽勇夺女子空中技巧冠军，实现了中国运动员在该项目上的四连冠；在第9届全国舞蹈比赛中，学校参赛作品群舞《南京·亮》获得表演金奖，这是学校学生再次荣获中国舞蹈领域最高级别赛事奖项；在第4届“东芝杯·中国师范大学理科师范生教学技能创新大赛”决赛中，两名学生分获数学组、化学组三等奖。

〔**科学研究呈现良好势头**〕 在文科科研方面，2011年度，共获得校外各级各类项目299项，经费总额4 735万元，较2010年增长43.7%，其中纵向课题224项，经费2 280万元。获批国家社科基金项目17项，经费334万元，其中“百年来欧美文学中国化进程研究”课题获立国家社科基金项目重大招标项目。国家社科基金项目、全国教育科学规划课题、教育部人文社会科学项目等高层次项目的申请再次取得突破。全年共发表文科学术论文1 345篇，其中CSSCI以上论文815篇；出版著作130部，其中专著54部；提交研究报告16篇，1篇得到中央领导批示；发表艺术作品236件，其中9件国家级作品、6件国家级获奖作品；获得各级各类成果奖170项，其中全国教育科学优秀成果奖8项，首届吉林省社会科学基金项目优秀成果奖26项。国家社科基金项目成果《埃及与东地中海世界的交往》一书入选第四期“国家哲学社会科学成果文库”。

在理科科研方面，全年共获批各类科研项目282项，合同经费总额12 867万元，首次突破亿元大关。项目数量同比增长28.5%，其中纵向项目207项，合同经费8 630万元；横向项目75项，合同经费2 328万元。在获批项目中，国家自然科学基金项目增速较快，达到86项，资助经费4 231万元，同比增长90.4%，再次刷新学校获批国家自然科学基金资助项目数和经费数的纪录，创历史新高。国家自然科学基金面上项目获批资助率为39.37%，位居全国高校首位。此外，学校教师承担和参与国家级重大项目层次显著提高，承担科技部、农业部、环保部和教育部等部委重大科研项目总经费3 641.9万元，同比增长31.6%。科技论文质量和影响力继续稳步提升，SCIE检索收录论文554篇，学校科技人员作为第一作者于2005—2009年发表的国际论文被引用833篇2 835次，年被引篇数较2010年度增长5.8%，全国高校排名第33位。学校共获批省级重点实验室建设项目2项，“长江学者和创新团队发展计划”资助项目1项，获吉林省级科学技术奖励6项。

〔**学科建设迈上新台阶**〕　获批7个一级学科博士点，5个一级学科硕士点。截至2011年年底，学校一级学科博士点达22个，一级学科硕士点达34个。同时，学校组织开展了省级优势特色学科的验收和申报工作，对学校“十一五”期间申报的25个省级二级重点学科进行了自评和验收工作，均获优秀。新增获批21个省级优势特色一级重点学科。

〔**教师队伍建设稳步实施**〕　学校加快实施“强校战略”，“高端人才计划”成效明显。全年共引进“东师学者”特聘教授、讲座教授和教学名师等19名，29名教师被遴选为“东师学者”青年学术骨干，1名教师荣获教育部“第六届高等学校教学名师奖”，6名教师入选教育部“新世纪优秀人才支持计划”。

〔**学生工作深入开展**〕　为进一步加强对学生成长问题的咨询服务，引领学生成长成才，学校积极完善分层次、分阶段的思想政治教育工作模式，创建了学生成长咨询室，完善了“预防教育—鉴别排查—危机干预—跟踪监控”四位一体的心理危机干预体系，实施了“阳光心理”学生心理素质培养工程。

〔**学生就业平稳推进**〕　2011年是国家首届免费师范生就业年，确保首届免费师范生顺利就业是落实师范生免费教育示范性举措的关键环节。学校精心组织、平稳推进，充分利用毕业生就业工作长期以来形成的传统优势，全力确保首届免费师范生顺利就业。毕业生就业继续保持了良好态势，2011届毕业生总体就业率达98.21%，连续8年保持98%以上，中央电视台“新闻联播”连续第9年报道了学校的就业工作经验。

〔**开放办学拓展深化**〕　在教育交流与合作方面，学校坚持“学校主导、学院主体、学者中心”的原则，积极拓展教育对外开放的广度和深度，取得了丰硕成果。学校共派出220名学生赴国（境）外学习，派出教师、学生近200人参加学术会议、学术交流和合作研究等，其中学术出访130余人。学校全年共聘请短期外国专家412人次、长期外国专家及外籍教师54人，招收各类留学生639人。据统计，各类在校留学生总数达到1 192人。2011年，学校与国（境）外12所大学和科研机构建立了友好合作关系，学校第5所合作建立的孔子学院——加拿大圣力嘉学院孔子学院成立。此外，经教育部批准，“国际汉语教师资格考试研究与培训基地”在学校建立，并完成了国际汉语教师教学大纲、教学标准、考试试题的研发工作。学校还承办了非洲国家及发展中国家各类教育研修班，共有来自39个国家的97名教育官员在学校接受培训。

〔**继续教育稳步发展**〕　学校继续教育实现稳步发展，全年共招收学员1 900人，新开发网络课程63门。积极搭建多元化的沟通渠道，建立了“一员多师”的指导机制，网络教育质量得到进一步提高。2011年，学校结合办学特色和办学优势，举全校之力，成功获批20项“国培计划”项目，其中示范性项目9个，数量居全国第一，全年共计完成4 000余名教师和中小学校长及骨干教师培训。此外，学校教育部幼儿园园长培训中心获批建立，其主要职能是承担全国幼儿园园长示范性培训任务。教师培训工作已经成为学校为基础教育服务的新亮点。

〔**党建工作扎实推进**〕 学校积极贯彻落实全国教育工作会议和第19次全国高校党建工作会议精神，按照中央和教育部党组的动员部署，以“做落实全教会精神先锋模范、建世界一流师范大学”为活动主题，在全校基层党组织和全体党员中深入开展了创先争优活动。在大学文化建设方面，学校积极探索和完善了以“一纲四维八目”（“一纲”就是以社会主义核心价值体系为指导，“四维”指“弘扬民族精神、培育科学精神、凝铸东师精神、传播大学精神”四个维度，“八目”是八个具体工作载体，是践行“一纲四维”的主要支撑，主要包括思想理论高端论坛、承绍高风——文化名人东师论坛、尔雅东师——传统文化论坛、“情系东师”学术人生报告会、“文蕴东师”系列丛书等）为主要内容的大学文化建设体系。在中共中央召开的庆祝中国共产党成立90周年大会上，学校党委被授予“全国先进基层党组织”称号。吉林省委、省高校工委分别授予学校党委“先进基层党组织标兵”称号。

撰稿 李德锋

审稿 蒋 蕾

东北林业大学

〔成为“985 工程优势学科创新平台”高校〕 2011 年 6 月 8 日，学校申报的“森林资源可持续经营与高效利用优势学科创新平台”项目获得教育部、财政部建设立项，标志着学校成为国家“985 工程优势学科创新平台”重点建设高校。

〔林木遗传育种国家重点实验室获批立项建设〕 4 月，学校与中国林业科学研究院共建的林木遗传育种实验室获批国家重点实验室立项建设。该重点实验室的立项建设填补了中国林业行业在国家重点实验室领域的空白，是新中国成立以来林业行业首个国家级重点实验室，是全国林业以及学校科学研究工作的一项重大突破。

〔国家工程实验室实现零的突破〕 11 月 8 日，学校申报的“生物资源生态利用国家地方联合工程实验室（黑龙江）”获国家发改委批准，这是学校在国家工程实验领域零的突破。该实验室围绕中国林业生物产业的特色和优势，着力解决黑龙江省林业生物产业发展中的关键技术与装备等“瓶颈”问题，促进产业技术进步和结构调整，支撑和推动黑龙江省林业经济又好又快发展。

〔森林碳增汇理论与育种技术创新团队获教育部批准建设〕 7 月，学校申报的以王传宽教授为带头人的“森林碳增汇理论与育种技术”创新团队项目获教育部批准，填补了学校在教育部创新团队领域的空白，是学校科学研究工作的又一项重大突破。

〔科研立项及奖励〕 组织申报各类项目 1 340 多项，获得立项 675 项，获批立项经费接近 2 亿元，比 2010 年增加了 74%，再创历史新高。获得各类科技奖励 62 项，其中黑龙江省科技奖 7 项，第二十届全国发明展览会金奖 1 项、银奖 1 项，第十届黑龙江省青年科技奖 1 人，黑龙江省高校科技奖 7 项（一等奖 2 项、二等奖 4 项、三等奖 1 项），黑龙江省第十二届自然科学技术学术成果奖 25 项（一等奖 1 项、二等奖 11 项、三等奖 13 项）等。学校被中国高等教育学会评为科技管理研究先进集体。全校申请专利 214 件，获授权专利 104 件。

〔李坚当选为中国工程院院士〕 12 月 8 日，李坚教授在 2011 年院士增选中当选为中国工程院院士，这是学校高层次人才队伍建设的又一重大突破。李坚作为木材科学与技术学科的带头人，不仅在生物木材学、木质环境学领域作出了开拓性贡献，而且率先拓展了传统木材学研究范畴，在推动木材科学与其他多学科交叉融合方面作出了创造性的贡献。

〔联合成立高水平行业特色大学优质资源共享联盟〕 4 月 23 日，学校与中国矿业大学、江南大学等 13 所具有行业特色的教育部直属大学在徐州签署章程，联合成立了“高水平行业特色大学优质资源共享联盟”，在人才培养、科学研究等领域实行资源共享。

〔获第三批全国文明单位荣誉称号〕 12 月 20 日，学校喜获第三批“全国文明单位”荣誉称号。这是物质文明、政治文明、精神文明建设综合性评价的国家级最高荣誉称号，也是文明创建工作的国家级荣誉和最高级别奖励。学校党委书记吴国春作为黑龙江省获得“全国文明单位”的唯一代表赴北京领奖。

〔**学校被评为科技管理研究先进集体**〕 11月4日，在中国高等教育学会科技管理研究分会上，学校与清华大学、北京大学等15所高校被评为科技管理研究先进集体。

〔**付玉杰获“全国五一巾帼标兵”荣誉称号**〕 3月8日，付玉杰教授获中华全国总工会授予的“全国五一巾帼标兵”荣誉称号，成为黑龙江省31名获奖个人中唯一一名高校教师代表。

〔**签署关于东北虎及其栖息地保护合作备忘录**〕 11月6日，学校与世界自然基金会（WWF）北京代表处签署了关于东北虎及其栖息地保护合作的合作备忘录。根据合作备忘录，双方将围绕中国东北地区和俄罗斯远东地区东北虎及其栖息地的保护开展合作。这一合作备忘录的签署，使学校成为国际自然保护行动网络的一个重要支点，对科学研究、人才培养具有深远影响。

〔**举办第四届海峡两岸创新方法（TRIZ）研讨会**〕 12月26日，学校举办第四届海峡两岸创新方法（TRIZ）研讨会，来自全国29个单位和部门的80余名代表参加了研讨会。与会代表分别就TRIZ理论前沿、TRIZ推广应用以及TRIZ教学实践展开了分组讨论。

〔**获高校校园文化建设优秀成果一等奖**〕 12月，在由教育部思想政治工作司举办的“2011年高校校园文化建设优秀成果”评选活动中，学校选送的“用青春谱写绿色和谐，用大爱诠释东林精神——东北林业大学构建高校生态文明教育体系的实践探索”，荣获高校校园文化建设优秀成果一等奖。

〔**两件作品获中国公益广告黄河奖**〕 9月20日，学校广告学专业教师宫立明指导学生创作的两件作品《新唐诗系列》和《电为你狂》喜获第十八届中国国际广告节中国公益广告黄河奖。公益广告黄河奖是面向中国（包括香港、澳门、台湾）及亚洲、非洲、欧洲、美洲、大洋洲等国家和地区权威的华文公益广告赛事。

〔**学校关工委被授予“全国教育系统关心下一代工作先进集体”荣誉称号**〕 4月26日，学校关工委被授予“全国教育系统关心下一代工作先进集体”荣誉称号，学校文法学院原党总支书记、校党委特邀党建组织员王长兴教授被授予“全国教育系统关心下一代工作先进个人”荣誉称号。

〔**教育交流与合作**〕 2011年，学校新签或续签校际交流协议共13份，包括加拿大林产品创新研究院、美国科罗拉多大学丹佛分校等。主要在学术交流、科研合作、教师及学生往来等方面开展合作，进一步将双方的实质性交流做大做实。

年内，共有来自美国、加拿大、芬兰、日本等14个国家和地区的高校或研究所的106位外国专家到校进行合作研究、学术交流、讲学、野外考察及工作访问。学校53个代表团的125人次出国（境）访问考察，共访问了18个国家和地区，其中有56人次参加国际会议并发表论文53篇，42人次进行合作研究及学术交流，22人次为引进项目和工作访问，3个团组签订了校际合作协议。

〔**学生获奖情况**〕 2月，在ACTS大学英语口语竞赛中，学校土木工程学院2008级土木工程专业学生刘晨荣获特别金奖。3月，学校在黑龙江省首届“TRIZ”杯大学生创新设计大赛中有11项作品获奖，其中一等奖1项、二等奖2项、三等奖1项、优胜奖7项，同时获得“最佳组织奖”。4月，在第三届“顺丰杯”全国大学生物流设计大赛中，学校工程技术学院学生获得三等奖，创造了学校乃至黑龙江省参加全国物流设计大赛的历史最好成绩。在2011全国大学生管理决策模拟大赛总决赛中，由学校信息与计算机工程学院学生组成的团队——“衡鼎”公司，荣获总决赛一等奖。7月，在第二届中国大学生创意创业大赛中，学校获团体一等奖 3 项、二等奖 2 项，学校被授予 2011 年度“中国大学生创意创业先进单位”。10 月，在第十二届“挑战杯”全国大学生课外学术科技作品竞赛决赛中，学校取得历史性突破，共获得二等奖 1 项，三等奖 2 项，西安世园会专项三等奖 2 项，同时获得“全国高校优秀组织奖”。12 月，学校在“嘉汉杯”首届全国林科大学生绿色创业大赛全国总决赛中，荣获冠军、季军和优秀组织奖。

撰稿　朱立明

审稿　黄靖强

复旦大学

〔**学科建设**〕 2011 年，学校制定了“十二五”学科发展规划；全面启动实施“985 工程”三期建设项目，做好“985 工程”三期建设项目的论证和经费预算；制定了《复旦大学“985 工程”三期学术发展资金管理办法》，规范学术发展经费的使用；继续推进“211 工程”三期建设的各项工作。

〔**教育教学改革**〕 全年开设本科课程共 2 997 门、5 163 门次，其中通识教育核心课程六大模块开课 268 门次。推进全英语课程建设，开设全英语教学课程 213 门次，组织编写《复旦大学全英语课程手册》。获国家级奖励项目 8 项，其中国家级教学名师 1 人、普通高等教育精品教材 7 部；上海市级奖励项目 87 项，其中上海市教学名师 3 人、上海市精品课程 7 门、上海市普通高校优秀教材 30 部、上海市重点课程项目 11 项、上海市全英语教学示范课程 3 门、上海市教委重点课程 30 门、上海市高校思想政治理论课教学比赛奖 3 项。

深入实施“望道计划”（即改变以往封闭式的按“班”培养模式，实行动态进出、自由选择专业的开放式管理模式，旨在通过高质量课程和探究式学习、完备的导师制、系统的学术研究资助、丰富的国际交流体验等个性化培养手段，为相关基础学科培养领军人物），推进拔尖人才培养工作。继续完善本科生学术研究资助平台建设，致力于引领学生走上学术之路，积极探索创新性人才培养。2011 年，共有 365 项莙政、望道、曦源项目课题获准立项。

进一步深化通识教育理念，推进大类招生，为分省来源计划的编排提供更宽口径，方便考生填报专业志愿。

继续推进博士生招生改革。在巩固和完善“申请—考核制”博士生招生制度的基础上，推出“长学制”招生改革举措，并在数学科学学院和物理学系开展改革试点；扩大夏令营活动计划，全校共有 12 个夏令营开营，投入资金 100 万元，741 名优秀大学生参加夏令营活动，预录取推免生 383 人。

〔**科学研究和科技成果转化**〕 理工医科科研经费到款 115 800 万元。获立科研项目 1 665 项，其中“973 计划”项目 1 项、国家重大科学研究计划项目 4 项、国家科技支撑计划项目资助 2 项、国家科技支撑计划项目课题 2 项。获国家科技重大专项课题牵头项目 14 项、参与 42 项。获批国家自然科学基金 499 项。获教育部博士点基金博导类项目资助 31 项、新教师类项目资助 42 项、优先发展领域课题 9 项。获教育部“新世纪优秀人才支持计划”20 项，其中理工医科 12 项。获教育部创新团队 2 项、教育部留学回国人员科研启动基金 26 项、理工医科 19 项。获财政部、教育部“中央高校基本科研业务费专项资金”5 978 万元。申请国内专利 657 项，授权专利数量 251 项，其中发明专利 226 项，累计有效专利（维持中）988 项，完成计算机软件著作权登记 38 项。

文科科研到款经费总数 15 981.4 万元，科研项目立项总数 184 项。获国家社科基金重大项目 13 项，教育部人文社科重大攻关项目 1 项，上海市重大项目 1 项。出版著作 345 部，发表论文 2 895篇，其中在国外学术刊物发表论文 208 篇，提交研究报告 94 篇，有 2 项成果入选国家社会科学基金成果文库，3 份研究报告入选 2011 年度高校哲学社会科学研究优秀咨询报告。学校哲学学院张汝伦教授完成的《〈存在与时间〉释义》获2011年度国家社科基金项目优秀鉴定成果。文科有8人入选教育部“新世纪优秀人才支持计划”项目，35人获上海市“浦江人才”项目立项资助，4人获上海市教委“曙光计划”项目支持，2人获上海市教委“晨光计划”项目支持，3人获上海市教委“阳光计划”项目支持，4人入选2011年度上海市社科新人。组织派遣8人参加教育部高校哲学社会科学教学科研骨干研修班的学习。

与地方和企业的合作稳中有进，其中科研经费到款1.644亿元，比2010年同期增长13%，签订产学研合同424个，比2010年同期增长3.4%，其中合同额大于50万元的项目34个。学校与上海市公安局、杨浦区、上海市气象局等政府部门开展合作，加强无锡研究院的建设，与宁波市共同筹建复旦大学宁波研究院；与中石油等知名公司洽谈合作事宜；重视产学研平台建设，超精密光学制造和消化内镜诊疗获批成为上海市工程中心，已有5个校企联合实验室开展运作。截至2011年年底，学校申请国内专利579项，申请国外专利20余项，授权专利215项，累计有效专利898项，完成计算机软件著作权登记37项，完成集成电路布图设计登记9项。

〔**获3项国家科学技术奖**〕　高分子科学系江明、陈道勇、姚萍等的“大分子自组装的新路线及其运用”项目，信息学院金亚秋、徐丰、法文哲等的“极化电磁散射传输与空间微波遥感对地观测信息理论”项目，获2011年度国家自然科学奖二等奖；中山医院葛均波、王吉成、程树军等的“新型可降解涂层冠脉药物洗脱支架的研制”，获2011年度国家技术发明奖二等奖。

〔**师资队伍建设**〕　实施“卓学—卓识—卓越人才支持计划”，为中青年骨干教师提供人才津贴和科研经费资助。截至2011年年底，104名入选“卓越计划”和2名入选“卓识计划”的教授享受到人才津贴；85名教师入选“卓学计划”。学校探索完善人才引进新机制，起草了《关于实施新一轮人才引进工作的意见（草）》，启动实施引进人才岗位津贴标准调整和引进人才购房补贴调整工作，完善“千人计划”配套操作规则。加强教师入口管理，全年新进教授124人。教学科研人员中，引进人才49人，约占全年新进教学科研人员的50%，一般新进教学科研人员中，有海外留学经历的人员占18%，国内博士后占7%，其他占6%。开展高级职务聘任改革，实施新一轮岗位聘任，建立绩效奖励薪酬制度。学校全面启动人文、社科“优秀人才代表作评审”机制，各文科院系可结合本单位的实际情况，在学校原则要求的基础上，制定本单位个性化的“代表作评审”制度，报学校备案后实施。

〔**新增2位中国科学院院士**〕　12月9日，信息科学与工程学院教授金亚秋、附属中山医院教授葛均波当选为中国科学院院士。

〔**多篇论文在国际顶级学术刊物发表**〕　5月，*Science*（《科学》）发表谷迅课题组的技术评论文章；6月，*Nature*（《自然》）刊登游建强综述论文《基于超导电路的原子物理和量子光学》；7月，《环境科学与技术》（ES&T）发表陈建民课题组论文；8月，《美国科学院院刊》（PNAS）刊登黄吉平课题组论文；11月，*Developmental Cell*（《发展细胞学》）刊载王学路课题组论文；12月，*Circulation*（《循环》）在线发表王红艳课题组论文“甲硫氨酸合成还原酶基因内含子上的功能性遗传变异显著增加中国汉族人群先天性心脏病发病风险”；《临床肿瘤学杂志》在线发表樊嘉课题组关于肝癌早期诊断方面取得的新突破。

〔**杨玉良在美国艺术与科学学院发表演讲**〕应美国艺术与科学学院邀请，校长杨玉良赴美国旧金山，并在该学院的人文和社会科学委员会会议上发表演讲。演讲激起与会者响应，并引发了相关讨论。

〔**3篇论文入选全国优秀博士学位论文**〕　物理学系沈大伟的论文《2H结构过渡族金属二硫属

化物电子结构的高分辨角分辨光电子能谱研究》、生命科学学院徐书华的论文《高密度常染色体SNPs揭示的现代人群遗传结构》、计算机科学与技术学院陈海波的论文《云计算平台可信性增强技术的研究》入选第十三届全国优秀博士学位论文。另有6篇博士学位论文入选全国优秀博士学位论文提名论文。

〔**在2010年度《复印报刊资料》转载学术论文指数排名中获佳绩**〕 5月，收到中国人民大学人文社会科学学术成果评价研究中心的贺信，祝贺学校在2010年度《复印报刊资料》转载学术论文指数排名中获得佳绩。2010年度高等院校总排名被转载全文10 230篇，涉及高等院校737所，学校转载量（321篇）位列第三名，综合指数（0.653 738）位列第三名。在高等院校分学科转载排名中，学校表现突出，名列前茅，其中历史学转载量及综合指数排名位居第一；中国语言文学转载量及综合指数排名第二；哲学与政治学转载量及综合指数排名并列第三。

〔**学生获奖情况**〕 在第35届ACM国际大学生程序设计竞赛全球总决赛中，学校代表队获第27名；在2011年高教社杯全国大学生数学建模竞赛中，3个参赛队获全国一等奖、4个参赛队获全国二等奖；在第二届全国大学生数学竞赛中，2名学生获全国一等奖、3名学生获全国二等奖；在2011年全国大学生电子设计竞赛（瑞萨杯）中，3个参赛队获全国一等奖；在第28届全国部分地区大学生物理竞赛中，3名学生获上海市特等奖、7名学生获一等奖、12名学生获二等奖；在第二届全国药学（中药学）专业大学生实验技能竞赛中，1名学生获一等奖、1名学生二等奖。学校信息学院电子工程系4名学生获“2010年度中国大学生年度人物”。

〔**深化国际化办学**〕 全年到访各类境外代表团共303批次、2 636人次。派出交流学生1 653人，接收各类来华长期交流学生677人。共召开51次国际学术会议，到访长期专家103人，各类短期专家650余人，新增“名誉教授”等荣誉称号的专家11人。执行教育部海外名师项目3个、教育部普通短期专家项目52个，上海市智力引进项目21个、复旦大学海外优秀学者授课项目33个。首次申报由国家外国专家局组织的“外专千人计划”2个、高端外国专家项目12个。附属肿瘤医院教授Lorenzo Cohen（美国籍）获2011年上海市白玉兰荣誉奖。与9所境外大学或机构新签校际协议，新增加了包括美国俄亥俄州立大学、澳大利亚新南威尔士大学、以色列技术大学、土耳其考什大学等境外大学，进一步完善国际交流的布局，并开展实质性的合作和交流。

〔**举行首届港澳台交流日活动**〕 4月19日，学校港澳台事务办公室举行首届港澳台交流日活动。活动邀请台湾大学、香港大学、澳门大学等港、澳、台三地知名高校参与，采取现场咨询与室内讲座相结合的形式，内容涵盖各自学校情况、研究生招生、校际交换生以及其他交流项目的介绍。

〔**主办“上海论坛2011”**〕 5月28日至30日，学校主办了“上海论坛2011”。论坛的主题为“经济全球化与亚洲的选择：市场、政府和全球治理结构”，共设6个分论坛及4个圆桌会议。来自全球30多个国家和地区的300多名代表围绕主题展开研讨，并发表论坛共识。

〔**召开上海复旦大学教育发展基金会第二届理事会第四次会议、复旦大学教育发展基金会（海外）董事会第五次会议**〕 会议于10月21日在深圳召开。上海复旦大学教育发展基金会理事、复旦大学教育发展基金会（海外）董事朱之文、秦绍德、李达三、陈曾焘、王生洪、袁天凡、冯晓源、陈仲儿、刘洪文燕等出席会议。会议审议并通过了《上海复旦大学教育发展基金会章程（修订稿）》和上海复旦大学教育发展基金会、复旦大学教育发展基金会（海外）2010年工作报告及财务报告、2011年财务预算安排。

〔**上海数学中心成立**〕 12月31日，教育部、上海市人民政府联合下发《关于批准成立“上海数学中心”的通知》（教技函〔2011〕94号），上海数学中心正式在复旦大学成立。

〔**附属医院工作**〕 共有医院职工15 272人，核定床位8 246张。有国家重点学科31个，国家临床重点专科28个，卫生部临床重点专业5个，上海市临床医学中心7个，上海市医学重点学科9个，上海市医学重点专科9个，上海市临床医疗质量控制中心27个。有中国科学院院士3人，中国工程院院士4人，双聘院士1人，教育部“长江学者奖励计划”特聘教授4人，复旦大学特聘教授11人。全面推进住院医师规范化培养工作，共招收住院医师400名。

撰稿 邓续周 甄炜旎

审稿 许 平

上海交通大学

〔**刘延东等领导到校视察调研**〕 2月25日，科技部副部长陈小娅到校调研。3月24日，教育部副部长杜占元到校调研。3月30日，教育部党组副书记、副部长杜玉波到校考察调研。4月21日，全国政协副主席董建华到学校董浩云航运博物馆参观访问。5月9日，全国人大常委会副委员长、民进中央主席严隽琪到校调研。5月11日，国务委员刘延东到校视察。5月17日，全国政协副主席、九三学社中央副主席、中国科学院院士王志珍率全国政协调研组到校召开座谈会。7月26日，全国人大常委、全国人大科教文卫委员会副主任、致公党中央副主席、中国科学院院士程津培率致公党中央、科技部调研组到校调研。11月3日，中共中央政治局委员、上海市委书记俞正声到校调研战略性新兴产业。11月16日，上海市委副书记、市长韩正到校视察钱学森图书馆建设情况。11月28日，中宣部副部长申维辰，教育部副部长鲁昕，上海市委常委、市委宣传部部长杨振武等到校检查钱学森图书馆建设情况。12月4日，上海市委书记俞正声，市委副书记殷一璀，市委常委、宣传部部长杨振武，市委常委、市委秘书长丁薛祥，副市长沈晓明等到校视察钱学森图书馆建设情况。12月7日，上海市委副书记、市长韩正前往漕河泾实地调研3家科技型中小企业，其中有2家是由上海交通大学科技园慧谷创业中心孵化培育的企业。12月24日，在全国继续教育工作会议上，国务委员刘延东在教育部部长袁贵仁、副部长鲁昕的陪同下，来到学校展台，视察移动学习成果展示。

〔**俞正声回信寄语毕业生党支部并给师生上党课**〕 6月初，学校国际与公共事务学院2011届本科毕业生，就如何在毕业之后继续发挥学生党员的作用致信中共中央政治局委员、上海市委书记俞正声。6月5日，俞正声回信亲切寄语上海交大党员学子：我希望并相信你们能保持共产党员的纯洁性，即坚持党的宗旨，真正为国家和民族的未来，为他人、进而也为自己的幸福坚持不懈地奋斗。6月20日，俞正声在闵行校区新体育馆为学校5 000多名学生和教师代表上党课。俞正声以一名老共产党员的身份，以“坚定、忠诚”为主题，希望大家正确把握未来的方向，认真学习党的历史，善于识别各种声音和观点，面对新时期新任务，坚定理想信念，牢记党的宗旨，坚持党的领导、坚持走中国特色社会主义道路不动摇。

〔**召开本科教学改革推进会**〕 10月20—21日，教育部在学校召开高水平大学本科教学改革推进会，39所高水平大学齐聚学校，探讨推动本科教学改革和提高人才培养质量的经验与做法。这是教育部近年来首次召集“985工程”重点建设高校专门就本科教学工作进行交流研讨。

〔**人才培养质量稳步提升**〕 2011年，学校生源质量稳步提高。本科理工类分数线在全国所有省（区、市）中进入前四名，其中在17个省（区、市）位列前三；文科在10个省（区、市）位列前三。来自“985工程”高校的博士生源比例达62%。积极推进“基础学科拔尖学生培养试验计划”、“卓越工程师教育培养计划”、“改革研究生培养模式”等3个国家教育体制改革试点。新增国家级教学名师1人、上海市教学名师4人，国家特色专业建设点2个，上海市精品课程7门，通识核心课程立项建设突破150门。获全国优秀博士学位论文1篇。2011届研究生就业率达97.61%，本科生就业率达98.05%，在重点行业和关键领域就业的比例达48.52%。机械与动力工程学院获首批国家“试点学院”，学校获首批工程博士学位试点。学位与研究生教育思想大讨论取得实效，推出八项改革举措，被中宣部确立为全国“全员育人”典型高校。

〔**师资队伍实力显著增强**〕　新增“千人计划”19名，位居全国高校第一；新增“青年千人计划”14名；32人入选首批“上海千人计划”，居上海高校首位。新增国家杰出青年科学基金获得者11人，创新群体2个。推出“特别副研究员”支持计划，加快青年教师队伍建设。多名教师入选世界著名学术组织（1人入选法国国家医学科学院外籍院士；1人入选英国皇家工程院外籍院士；2人当选IEEE Fellow；1人当选ASME Fellow）。深化改革，在优化师资队伍结构、推进师资队伍分类发展等方面取得积极成效。

〔**科技创新能力大幅提高**〕　学校12项成果获国家科学技术奖，其中以第一完成单位获奖居全国高校第二；上海交大医学院王振义教授、陈竺教授荣获第七届美国圣·乔奇癌症研究进展大奖；2项成果入选“中国高等学校十大科技进展”，1项合作成果入选“中国科学十大进展”。获国家自然科学基金项目总数、面上项目数、国家杰出青年数和创新群体数四项第一。获“973计划”4项，重大科学研究计划4项，创历史最好成绩。重大专项成绩显著，项目经费（含国防）达4.7亿元。医学基因组学国家重点实验室评估再获优秀；微生物代谢国家重点实验室申报成功；新增5个省部级研究基地，创历年之最。被四大世界名刊（*SCIENCE*、*NATURE*、*CELL*、*PNAS*）收录论文10篇，居全国高校第一。文科科研创历史新高，共获33项国家项目，其中国家社科基金重大项目4项，居全国高校前七位。

〔**王振义获国家最高科学技术奖**〕　1月14日，中共中央、国务院在北京隆重举行国家科学技术奖励大会。中国著名血液病学专家、中国工程院院士、上海交通大学医学院附属瑞金医院王振义教授荣获国家最高科学技术奖。

〔**2位教授当选院士**〕　12月8日，学校机械与动力工程学院林忠钦教授当选中国工程院机械与运载工程学部院士。12月9日，中国科学院公布2011年院士增选名单，学校机械与动力工程学院郑平教授当选技术科学部院士。

〔**服务社会战略有序推进**〕　与广西签署战略合作协议，与辽宁、山东、深圳、舟山、无锡、常州等省市开展深度合作，与中航工业等国防科技企业集团开展全面合作。成立了上海转化医学研究院和中国医院发展研究院、上海国际医学中心。启动电动汽车校园实验网建设；智能电网研发中心取得阶段性成果。承担了各类突发公共卫生事件及重大任务医疗保障工作，社会影响力不断增强。附属医院启动建设15个国家临床重点专科。

〔**加强教育交流与合作**〕　在MIT建校150周年之际，签订了两校新的合作意向；在中组部支持下，与MIT联合举办面向政府主管领导和大中型企业高级管理者的能源高端培训项目；与加州大学伯克利分校、东京大学等签订校际合作协议；与法国巴黎高科集团联合筹建成立“上海交大—巴黎高科卓越工程师学院”；借鉴密歇根大学教与学研究中心的经验，成立了教学发展中心；新加坡国际合作园区建设取得重大突破。授予海外专家、学者及友好人士荣誉称号70人。研究出台提高学位留学生规模与质量的学位留学生促进计划，在校学位留学生人数超过1 800人（含医学院）。本科生具有海外学习经历的比例增至31.9%。继续落实以“国家公派出国留学研究生项目”为主，“博士生国外访学计划”为补充的国际合作培养方式，140名博士生获国家资助前往世界一流大学深造，114位博士生到海外进行联合培养。截至2011年年底，学校海外博士生比例达17.2%。启动全英文教学专业9个。

〔**党建和精神文明建设成效显著**〕 深入开展创先争优活动，进一步加强学习型、研究型领导班子建设。改进和完善干部选任制，积极推进院（系）班子换届制度化。创新干部教育培训工作，获批“上海市干部教育培训高校基地”。加强基层党组织建设，学校船舶海洋与建筑工程学院荣获“全国先进基层党组织”称号。积极配合教育部巡视组到校开展巡视工作，对照巡视组的反馈意见，制定整改措施。扎实推进学校反腐倡廉体系建设，进一步强化安全稳定责任制，妥善处理各类信访事件，确保校园和谐与稳定。

〔**文化软实力快速跃升**〕 钱学森图书馆是中国第一个建在高校的全国爱国主义教育示范基地，国家主席胡锦涛对钱学森图书馆开馆作了重要批示。习近平等党和国家领导人参观了由学校承办、在国家博物馆举办的人民科学家钱学森事迹展览。完成八卷本200万字《上海交通大学史》前四卷的编撰工作。注重校园文化品牌建设，推进高雅艺术进校园。

〔**开展研究生教育思想大讨论**〕 3—7月，在学校历史上首次开展了学位与研究生教育思想大讨论活动。通过深入分析研究生教育的现状，寻找存在的问题，比对与世界一流大学的差距，提出了招生指标分配制度、招考与选拔创新计划、导师动态选聘制度、卓越课程建设计划、博士生连贯式培养与分流制度、交叉学科人才培养计划、博士生待遇改善计划、学位留学生促进计划等八项创新改革举措。

〔**成立生物医学工程学院**〕 4月8日，学校成立了生物医学工程学院。生物医学工程学院将着力建设“生物医学仪器”、“神经科学和工程”、“医学影像信息”、“生物纳米材料”等4个学科领域，其相关的应用技术主要用于人类疾病的预防、诊断、监护、治疗和康复。在人才培养上，学院致力于培养具有国际竞争力的生物医学工程领域高端研究、开发、管理人才。

〔**成立教学发展中心**〕 4月22日，学校教学发展中心成立。中心最主要的任务是帮助教师解决在教学实践中遇到的问题，使广大教师掌握系统的教育理论，实现教育理念的创新；掌握高效开展教学活动的基本方法，并付诸实践；深入研究教育教学规律，探索有效提升高校教师教学水平的方法和途径，并形成成果予以推广。

〔**获第26届世界大学生运动会五项冠军**〕 8月，在深圳举办的第26届世界大学生运动会上，学校组建的中国大学生乒乓球男队获男子团体冠军；陈慧佳获女子4×100米混合泳接力金牌；尚坤获乒乓球混双冠军；许昕获乒乓球男双、男单冠军。

〔**勇夺第十二届“挑战杯”**〕 10月19日，第十二届“挑战杯”全国大学生课外学术科技作品竞赛决赛在大连市落幕。学校以总分450分的绝对优势夺得象征最高荣誉的“挑战杯”，6件终审决赛作品分别获特等奖3项、一等奖1项、二等奖2项，世界园艺博览会专项一等奖1项。

撰稿　章玲苓

审稿　盛　懿

同济大学

〔**以国家教育体制改革试点为契机，形成卓越人才培养这一主线**〕　2011年，学校进一步强化国际化教育、实践教育“两大传统特色”，建立了大学、中学和企业“三大联盟”，实行教学—科研—学科、第一课堂—第二课堂—校园文化、招生—培养—就业的“三线联动”，对招生、培养模式、专业、教学方式方法进行“四项重大改革”，开展师资队伍、学风与人文环境、教学软件、教学硬件、质量保障体系“五项基本建设”，实施卓越生源、卓越师资、卓越环境、卓越课程、卓越实践、卓越管理“六个专项行动”。

由学校发起的卓越人才培养9校联盟成立一年多以来，建立了研究生、教务、科技等众多职能部门的高层联席会议制度，建立了良好的工作机制，共同推进招生改革、研究生互推、学生交流与联合培养、国际交流与合作、产学研合作、教育科技资源共享等诸多重要工作。

〔**人才培养**〕　调整本科招生办公室的组织架构，积极实施分类考试。2011年，卓越9校联盟首次实现自主招生联考，学校招收本科生4 421人，理科生高分生源达96%以上。

强化直博生选拔，重视硕博连读工作，大幅度提高了博士生的生源质量，88%直博生、69%的硕博连读生毕业于“985工程”高校。

与全国近百所重点高中签订了《同济大学优质生源基地学校协议书》，在大学生创新实践基地、大学生学科竞赛中为中学生开辟专场，选派名师、校友到高中开设讲座和创新课程，启动“教授进中学”宣讲活动，开展“同济继承者实践活动”、高中生暑期夏令营等活动。

学校进入教育部第二批“卓越工程师教育培养计划”的本科专业达17个，研究生专业达18个。

从2011级生命、海洋、物理学科新生中选拔31名学生，组成“拔尖人才基地班”，制定专门的教学计划和个性化培养方案，注重数学、物理等基础学科能力培养，强化外语水平，营造国际化的教学环境，实施过程考核，邀请院士、“长江学者”、国家杰出青年等知名科学家授课、研讨，鼓励学生早进实验室，以启发科学兴趣，加强动手能力。

5门课程被列入“教育部IBM专业综合改革项目”，7门课程被评为上海市精品课程，30门课程获上海市教委重点课程立项。电子与信息工程学院龚沛曾教授获国家级教学名师称号，土木工程学院朱合华教授和环境科学与工程学院赵建夫教授被评为上海市教学名师。

启动“同济大学教务一体化信息系统”开发。该系统将采用本科和研究生课程互通的中英文操作界面，实现本科、研究生、留学生的教务一体化管理和全校教学资源的共享。

〔**人才队伍建设**〕　3人入选中组部第六批“千人计划”，学校的“千人计划”入选总人数达18人。8人入选中组部第一批和第二批“青年千人计划”，入选人数位居全国高校第9位。经管学院张小宁获国家杰出青年科学基金，李国强、孙周兴入选上海领军人才，康九红团队获教育部创新团队。获教育部“新世纪优秀人才支持计划”12名；获上海市“浦江人才计划”资助27名，上海市优秀学科带头人6名，上海市“晨光计划”5名，上海市“科技启明星计划”5名，跟踪计划3名。认定和审定同济特聘教授10人、同济讲座教授18人；特别评聘高级职务2人。

修订英才计划，把管理教辅岗位人员纳入资助范围，推进实施师资博士后制度。加大本科生选留辅导员的选拔规模，实施派遣人员年薪制，重新恢复管理人员的高等教育研究系列专业技术职务评聘。成立“同济大学教师教学发展中心”，完成教学法培训、新进教师培训、研究生导师培训等工作。

〔**学科建设**〕 顺利完成“985工程”三期建设上海市40%配套经费服务地方经济社会发展6个重点建设项目方案的申报。进一步规范“985工程”三期专项经费的预算执行和使用管理，制定《“985工程”三期专项经费使用管理内控办法》和《“985工程”三期项目经费支出预算执行率的管理办法》，加强专项经费的管理和绩效考评。完成“985工程”总体规划（2010—2020年）的教育部评估工作。

建立“同济大学学科发展监测分析系统”，开创了高校学科建设发展分析信息系统的先河。

推进8个新增一级博士点的学科建设，开展28个一级博士点学科建设与发展进展情况的调研和自评工作，为迎接教育部新一轮的学科评估与重点学科申报以及“211工程”三期验收做好准备。

继工程学、化学、材料科学、地球科学4个学科领域之后，临床医学学科、物理学、环境科学与生态学学科领域相继进入ESI，学校进入ESI的学科领域达到7个。

〔**科学研究与社会服务**〕 2011年，学校科研经费达10.18亿元，其中纵向到款7.76亿元，签订100万元以上的横向项目课题43项，合同总额1.02亿元。“863计划”课题牵头启动10项，合同经费8 000多万元；科技支撑项目启动7项，合同经费3 694万元。2011年，获批390多项国家自然基金项目，获批总经费达1.9亿多元。文科4个项目通过2011年国家社科基金重大项目评审，总数达60项，其中国家社科基金达11项，教育部人文社科项目达21项，比2010年同期增加23.5%。

整合学校的汽车、交通、电信、机械等研发平台，联合紧密合作的13家高等院校、科研院所和大型企业，共同发起成立了“先进地面交通创新战略联盟”。

新成立了新奥—同济清洁能源、建筑与城乡规划、经济管理和可持续发展人文社会科学4个高等研究院。截至2011年年底，学校的专业高等研究院已达11个。

成立“上海同济技术转移服务有限公司”，构筑技术成果转移、人才服务和科研财务服务三个平台。依托“上海同济技术转移服务有限公司”和国际博士后计划，组织44个校内科研创新团队，合同聘用专职科研人员34名。

2011年，新增5位“973计划”项目首席科学家。由学校牵头承担的“973计划”项目累计已达15项。

嵌入式系统与服务计算教育部重点实验室获得全国信息类重点实验室第7名，心律失常分子遗传学教育部重点实验室等3个重点实验室和国家燃料电池汽车及动力系统工程技术研究中心顺利通过验收。上海市地面交通工具空气动力与热环境模拟重点实验室和国家设施农业工程技术研究中心正式立项建设。

校长裴钢院士荣获谈家桢生命科学奖。学校获教育部科技进步一等奖1项、二等奖2项。全校授权专利382项，其中发明专利281项。2010年SCIE收录1 056篇、EI收录1 680篇，同比增长显著。《同济大学学报（自然科学版）》入选2011年“百种中国杰出学术期刊”，在71种理工科大学自然科学学报中综合影响力排名第二。

组织汽车、土木、环境、工程机械、材料、生物医药等领域16个项目参加2011中国国际工业博览会，获得大会创新奖1项、中国高校展区优秀展品一等奖1项、二等奖1项，并获中国高校展区优秀组织奖和先进个人奖。

〔**教育交流与合作**〕 实施“3个600”（针对以欧美为主的国际高水平大学实施每年大约600人双学位、600人学分互认、600人短期交流）学生交流计划，24 个学院参与双学位培养。提出“强欧拓美、辐射亚太、联合国际组织”的工作方针，确定 100 所重点合作高校和若干所战略合作伙伴。先后开展“柏林工大日”、“达姆施达特工大日”、“意大利米兰理工同济日”等活动。校长裴钢获得德国波鸿鲁尔大学校长颁发的“Pro Societate”奖。实施与港澳台高校合作的“3 个 300”（针对港澳台地区的高水平大学实施每年 300 人双学位、300 人学分互认、300 人短期交流）计划，确定香港理工大学、台湾逢甲大学和世新大学为重点合作伙伴，共签订了 11 项合作协议。在台湾逢甲大学设立同济大学联络办公室，为两岸高校首家。赴港台交流交换的学生达 484 人，创大陆高校之最。

与美国加州大学伯克利大学分校开展联合招收国际博士后项目；与佐治亚理工大学建筑学院互派本科生与研究生，进行学生交流及攻读硕士学位。

2011 年，接收来自 160 个国家共 4 862 名留学生，比 2010 年增加 29%，其中学位学历生 1 759 名，比 2010 年增长了 8%。在全国率先启动与《留学中国计划》配套的《留学同济计划》。

学校参加了 5 月 24—25 日在葡萄牙里斯本举行的“第二届中欧工程教育研讨会”，中欧双方共同签署了《里斯本行动计划》；卓越 9 校联盟相继举办“中国上海—芬兰赫尔辛基‘创新国际快车移动课堂’”、“首届国际学生环境与可持续发展大会”、“首届卓越联盟 9 校三地夏令营”以及“‘创业驱动转型’2011 中国大学生创业与就业高峰论坛”。

由学校牵头实施的中德合作清洁水创新研究项目被纳入首轮中德政府磋商内容。稳步推进与美国能源部劳伦斯伯克利国家实验室联合招收国际博士后项目和中美清洁能源合作项目。与弗劳恩霍夫应用研究促进协会签署战略合作协议，成立“同济大学—弗劳恩霍夫学院”。与拜耳集团合作创建“同济—拜耳生态建筑与材料研究院”，共同推进中国建筑行业的可持续发展。

截至 2011 年年底，共接待联合国副秘书长兼联合国教科文组织执行主任等众多境外来宾 460 多批共 4 100 多人次；举办国际学术会议 35 次；签署或续签合作协议 54 份；聘请长期外国专家 94 人次，短期专家 1 400 多人次；因公出国（境）团组 1 987 批次共 3 996 人次，其中教师 1 925 人、本科生 922 人次、硕士 815 人次、博士 334 人次，学生出访率占当年招生数的 23.41%。

〔推进对口支援工作〕 多举措深入推进对口支援井冈山大学、新疆大学、九江学院、宜宾学院各项工作，接收 9 位挂职干部、37 位进修教师、60 名联合培养本科生和 11 名定向培养博士生。与井冈山大学签订深入培养研究生导师协议，并在井冈山大学成功举办第二届“同济学术周”。学校被教育部评为对口支援典型经验集体，肖蕴诗等 4 位教师被评为对口支援突出贡献个人。

〔文化建设〕 学校首次被授予全国文明单位称号，校园网获全国高校百佳网站称号。共累计完成 230 余项志愿服务项目，有 4 000 余名志愿者参与。“城市年轮”历史遗产保护志愿服务作为高校唯一入选项目，荣获第二届“青年影响社会”上海十大最具潜力公益项目奖；中国馆续展志愿服务获“优秀组织奖”；第 14 届国际泳联世界锦标赛志愿服务获“优秀组织奖”和“突出贡献奖”。

〔节约型校园与可持续发展大学建设〕 全年燃料开支 234.4 万元，同比下降约 34.9%。为四平校区第一学生浴室加装 10 台污水源热泵热水器，这是上海高校装机容量最大的污水源热泵热水器，年节约燃料支出达 50 万元以上。

学生作品“太阳能竹屋”获 2011 年欧洲可持续能源奖。常务副校长陈小龙、教授谭洪卫分别受聘中美建筑节能联盟领导小组和管理委员会成员。承担中美合作项目“新能源及可再生能源建筑应用技术适应性研究和示范”课题研究。

〔首届“国际学生环境与可持续发展大会”举行〕 6 月 8 日，为期 4 天的首届“国际学生环境与可持续发展大会”在学校落下帷幕，来自 30 多个国家的 200 余名青年学子一致通过了《环境与可持续发展环球青年宣言》。

大会由联合国环境规划署与学校联合举办，计划每年举办一届。大会相关成果汇编成册，已呈送国际环境组织和各国环境决策机构供参考。

〔**学生当选“2010中国大学生年度人物”**〕 6月16日上午，“2010中国大学生年度人物”颁奖典礼在北京交通大学科学会堂举行。学校经济与管理学院学生、上海世博会优秀志愿者白一帆当选“2010中国大学生年度人物”，并在颁奖典礼上作了发言。

撰稿 熊 雄
审稿 吴健民

华东理工大学

〔**人才队伍建设取得突破**〕 2011 年，学校的钱旭红教授当选中国工程院院士，田禾教授当选中国科学院院士；引进王卫教授，使国家“千人计划”入选者增至 4 人；新增李元广、钱锋、刘昌胜教授为“973 计划”首席科学家；龙亿涛、马铁驹、汪华林等 3 位教授获国家杰出青年科学基金资助；杨化桂、陈新入选首批“上海千人计划”；许建和教授入选上海市领军人才。有 5 位教授受聘上海高校特聘教授（东方学者）和东方学者讲座教授。学校加大了对中青年教师的扶持力度，8 人入选 2011 年教育部“新世纪优秀人才支持计划”。

发布《华东理工大学师资博士后工作实施办法》。2011 年，共有 37 位师资博士后进站，博士后在站总人数达 116 人。机械和化学两个博士后流动站完成了新设流动站的评估。继续实施师资队伍国际化工程，不断加大海外人才引进和海外培训力度，25 人出国做访问学者，5 人出国进修或开展合作研究，2 人出国从事博士后研究。学校专任教师中具有半年以上海外留学或工作经历的教师比例增至 25.2%。

师资队伍学历和层次明显提高。2011 年，校内人员晋升正高级专业技术职务 26 人、晋升副高级专业技术职务 60 人；引进、调入教师 75 人，其中教授 9 人、具有海外留学经历的教师 25 人；选录应届高校毕业生 58 人，其中师资博士后 31 名。截至 2011 年年底，全校教职工共计 3 551 人，其中专任教师 1 681 人，教师中具有博士学位的比例为 61.3%，比 2010 年底增长了 3.2%。

〔**教育教学质量不断提高**〕 本科教育实施“跃升行动计划”，通过校院两级全覆盖跟踪听课的方式，加强教学质量监控。启动 149 项“校级教育教学改革项目”的立项建设工作。5 门课程入选上海市精品课程，20 门课程入选上海市重点课程。唐颂超、颜静兰入选 2011 年上海市教学名师。本科教育承担了 7 项国家修购基金项目，建设经费 1 630万元。获国家大学生创新性实验计划项目 70 项、上海市大学生创新性实验计划项目 120 项，启动校级大学生创新性实验计划项目 50 项、USRP 项目 900 余项。

录取硕士研究生 2 380 人，其中硕博连读研究生 149 人，录取博士研究生 346 人，录取工程硕士 640 人。首次与中科院生命科学研究院、药物所、有机所、硅酸盐所招收联合培养博士研究生 12 人。全面开展研究生教学质量评价工作，强化博士研究生创新能力，实施上海市研究生教育创新计划，申报上海市研究生创新能力培养专项资金项目 11 项。举办了第 15 届研究生论文年会评选活动和第 12 届研究生“秋韵节”。

继续教育学院实施品牌发展战略，启动远程课程建设工程，开展学分银行建设。2011 年，招生人数达 4 450 人，为学校创净利润 1 134 万元。网络教育新增 4 个教育中心，2011 年春季注册学生 5 081人，秋季注册学生 5 915 人，学费收入首破亿元大关。

〔**扎实推进专业、学科和学位建设**〕 “211 工程”三期建设项目与“985 工程优势学科创新平台”项目进展顺利，“卓越工程师教育培养计划”项目有序开展。2 个国家级特色专业（资源循环科学与工程、新能源材料与器件）的建设工作相继启动，4 个“卓越工程师教育培养计划”项目试点专业与企业合作制订了各具特色的培养方案，3个工程教育基地获国家正式批准。2011年，新遴选博士生导师34人，8人通过博士生导师同等学术水平认定，新增企业导师53人。

开展新增博士和硕士学位授权一级学科立项建设工作，同时根据国务院学位办文件精神，组织开展学位授权点对应调整工作。5月13—14日，召开了“学科及学位点建设工作研讨会”，经专家论证同意对新增一级学科进行立项建设，拨付首批建设资金210.5万元；完成2个对应调整一级学科硕士点（安全科学与工程、设计学）的申报工作，获国务院学位委员会批准设立。制定《华东理工大学授予博士、硕士学位和培养研究生的二级学科自主设置实施办法》，增设8个目录外二级学科。

〔**教育部“卓越工程师教育培养计划”取得新进展**〕 学校作为第一批选入教育部“卓越工程师教育培养计划”的高校，继2010年获准4个试点专业后，2011年又有3个专业（高分子材料与工程、自动化、环境工程）入选第二批试点专业。学校2010级学生中择优选拔的111名学生已正式进入首批4个专业的“卓越工程师教育培养计划”试点班。

化学工程与工艺、制药工程、过程装备与控制工程、生物工程和自动化5个试点专业的国家级工程实践教育中心获准建设，其中3个试点专业的国家级工程实践教育中心获“十二五”期间“高等学校本科教学质量与教学改革工程”首批建设项目的支持，资助额总计600万元。各项工作的稳步落实为学校“卓越工程师教育培养计划”的进一步推进打下了坚实的基础。

〔**科研硕果累累**〕 2011年，学校承担各类科研课题1 000余项，科研项目经费到款总额达42 639.50万元。新签订科研项目合同1 323项，合同金额达51 392.56万元，其中人文社科153项，合同金额达1 893.83万元。2010年，SCIE论文总数为965篇，EI为874篇，被引用论文篇数1 220篇，位列部属高校第21位。2011年，共获奖21项，其中国家级奖5项、省部级奖16项、人物奖2项。技术转移工作中，横向四技合同金额大幅增长，比2010年度翻一番。校地合作平台建设快速推进，常熟研究院正式揭牌启用，新建校企联合研发机构和技术转移（联盟）工作站10个。

〔**产业发展特色鲜明**〕 学校全权委托上海华理资产经营有限公司管理48家下属企业，净资产达17 312.39万元。积极开展“三会”制度建设和管理，对8家企业进行关闭清算，5家科技企业进行增资扩股。新建嘉兴泽元生物制品有限公司、常熟研究院有限公司。截至2011年9月底，根据学校股份应享有净利润686.95万元。海湾科技园“零注册”优惠政策的知名度促进了大学生的创业工作。2011年，上海市大学生科技创业基金会学校分基金会共参加基金会项目评审3次，参加评审项目7项，通过4项，在2011年各分会中位居前列。组织参加全球创业周峰会论坛活动和2011年中国国际工业博览会，扩大学校科技成果的对外影响。

〔**教育交流合作迈上新台阶**〕 截至2011年11月底，共接待来自20个国家或地区的个人和团组1 049人次。与8个国家或地区的18所高等院校和机构签订或续签友好合作协议24份。拓展与世界知名高校间的教育教学合作，全年派出学生368人次、教师出国交流访问346人次。加大邀请国外专家到访力度，设立专项经费资助外国教授学者到校全英文讲授本科或研究生专业课程。设立国际会议专项经费，资助学校主办或承办高水平国际会议，积极与国外合作大学联合举办双边或多边学术交流会。以国际教育学院为基地，扩大留学生教育规模，全年各类外国留学生共计1 241人，分别来自95个国家。

〔**加强党的建设**〕 学校党委中心组通过辅导报告、学习讨论、参观考察等形式，围绕纪念辛亥革命100周年、建党90周年、学习十七届六中全会精神等进行辅导和学习，提高了党员干部的理论水平。根据学校事业发展和干部队伍建设需要，对部分岗位进行了调整，共聘任和调整处级干部10

人，其中新提处级干部6人。选送49名干部参加中央党校等各级各类干部培训班学习和市委组织部干部在线学习，选派16名年轻干部进行挂职锻炼，加强干部教育培训和监督管理工作。承办了"开天辟地90年"纪念中国共产党建党90周年图片展，校报设立"优秀共产党员巡礼"、"身边的感动"等专栏，树立了一批先进典型，弘扬爱国主义旋律。

〔**"国际化学年"走进学校**〕　5月19日，国际化学品制造商协会（AICM）联合学校举办"2011国际化学年"校园活动，大学生辩论队围绕"化学与社会可持续发展"、"责任关怀理念如何促进化工产业发展"、"化工产业发展与创新方向"等辩题进行了英语辩论赛及幻灯演示PPT竞赛，并决出各项优胜。

〔**"2011年世界碳科学大会"召开**〕　以"优质碳材料让生活更美好"为主题的"2011年世界碳科学大会"于7月25日在学校召开。本次大会的学术规模、参加国家、参会人数均创造了世界碳科学大会的历史之最。

会议期间，各国碳素学会主席和专家围绕各种议题展开深度的交流，内容涵盖了全世界碳领域最前沿、最热门、最普遍的研究方向和多个研究热点、科学前沿、生产及应用技术。

〔**乒乓球女队在第26届世界大运会上摘取8金**〕　在第26届世界大学生运动会乒乓球比赛中，以学校乒乓球女队为班底的中国大学生乒乓球女队，凭借顽强的斗志和高超的技艺，一举夺得本届大运会所有女子项目女团、女双、混双、女单共4枚金牌，其中饶静文赢得本届大运会4枚金牌，成就了本届赛事的大满贯以及个人大运赛的8金王。

撰稿　牛　聪

审稿　欧阳红忠

东华大学

〔**学科专业建设**〕 2011年，学校完成第11次学位点的增列调整，新增中国史、软件工程、艺术学理论、美术学、设计学5个一级学科硕士点，工程管理、国际贸易、翻译3个专业学位硕士类别。完成“纺织新材料及先进制造技术”优势学科创新平台的申报，通过了财政部专家组的初步审核。做好“211工程”三期终期验收准备和上海市第二期重点学科建设验收工作。工、理、管、文等学科分布更为合理，材料和物理学科新入围ESI相应学科领域世界前1%。

〔**人才培养**〕 ①实施“应用型人才培养综合改革试点”。全面推进工程教育，8个本科专业和6个研究生学科获批实施“卓越工程师教育培养计划”。通过“122”研究生培养模式改革（一个研究生在校期间拥有2个导师2种经历）、本硕博课程一体化、核心课程建设、实习实践强化等，推进全日制专业学位研究生教育综合改革。推进本科研究生实验室一体化建设，实施校级管理模式和管理机制综合改革项目第一期工程。促进产学研联合，新建4个校级、9个院级研究生联合培养与实习基地，本科校外实习基地42个，总数达到253个。推进研究生教育国际化进程，引进两门国际化课程，有40人获批“国家公派研究生项目”，19人获批校优秀博士生国际访学项目。②继续实施教育部“本科教学工程”。进校教改项目经费达1 550万元，创历史新高。批准建设3个国家级实践教学基地，功能材料、能源与环境系统工程为国家级特色专业，环境工程专业通过全国高等院校工程教育专业认证。③生源质量和结构进一步优化。本科一志愿率为99.5%，比2010年增加0.2%。全日制研究生招生规模增加4.7%，专业学位硕士研究生增加21%，占录取人数的42%；非全日制专业学位招生数翻番。④人才培养成果显著。俞建勇教授指导的博士生刘雍的学位论文《气泡静电纺丝技术及其机理研究》获2011年全国优秀博士学位论文篇。学校荣获“全国工程硕士研究生教育创新院校”，材料工程和纺织工程获“全国工程硕士研究生教育特色工程领域”。学校荣获纺织工业协会教育教学改革成果奖17项。研究生发表SCI、EI检索论文相比2010年增长53%，本科生学科竞赛取得5个国际奖项，54个国家级奖项，60个省、市级奖项。就业率保持稳定，学校入选“上海市高校毕业生就业工作创新基地”。

〔**科学研究与科技创新**〕 ①学校科研经费3亿元，较2010年增长43.1%。其中纵向0.91亿元，较2010年增长14.6%。②2011年，学校获省部级科技奖15项，承担国家科技支撑计划8项，荣获科技部颁发的“十一五”国家科技计划执行优秀团队奖。国家自然科学基金资助61项，资助经费2 574.9万元；国家社科基金立项6项，教育部人文社科研究项目9项，人文社科类纵向项目数为67项，较2010年增长31.4%，总经费533.4万元，较2010年增长66.8%。承担JG科研生产项目8项，完成军工质量体系综合评议认证及换版审核。③科研创新团队和基地建设方面，“高性能纤维成形及其结构调控”获批教育部创新团队，“高端纺织装备技术与系统”获批教育部培育创新团队，“国家环境保护纺织工业污染防治工程技术中心”建设获国家环保部批准。纺织装备教育部工程中心、国家染整工程中心通过评估和验收。国家大学科技园通过教育部、科技部的联合评估考核。④服务社会能力增强。新增校企研发中心10多个，签订横向合同715份，横向合作经费超过2亿元。学校研制的“半刚性电池基板玻璃纤维网格材料”应用在“天宫一号”上。科技园入驻企业175家，年产值36.2亿元，税收9 951.06万元。⑤知识产权工作不断深入。申请专利数964项，较2010年增长48.5%，其中发明专利579项，占59.5%；授权专利数790项，较2010年增加了26.6%。

〔**获国家科技进步二等奖1项**〕 2011年，学校材料学院王华平教授联合江苏恒力化纤有限公司申报的“高品质熔体直纺超细旦涤纶长丝关键技术开发”项目获国家科技进步二等奖。该项目取得国家重点新产品2项、省高新技术产品6项，并列入国家“火炬计划”重大项目。

〔**“燃烧假人”研制成功**〕 9月28日，由学校服装设计与工程系主任李俊教授率领的团队经过3年科研攻关，研制的国内第一个“燃烧假人”实验成功。此项成果是建立在材料学院胡祖明教授团队数十年攻关实现“间位芳纶”系列产品国产化基础上的，用此材料制作的防火服装，短时间内能承受220℃高温，并维持织物形状，不发生融滴现象，而且在近400℃时还会分解形成碳化层，有效阻隔高热量传递。这一完全由中国自主研发设计生产的防火服已投入生产。

〔**师资队伍建设**〕 ①学校根据学科建设规划，确定“十二五”期间师资队伍扩容的配置方案，制定《新进人员选拔实施办法》，建立教师队伍、非教师队伍建设专家委员会评审制度；制定《青年教师培养资助办法》，重点加强对青年教师在教学、科研、实践和国际化视野方面的培养和资助。②推进专业技术职务晋升的分类管理，新增教学副教授岗位、体育副高职务评审资格、优秀人才破格晋升等条例，推进按学科建设需要和名额进行专业技术职务首聘。③继续推进“1251”师资队伍建设工程(以“211工程”三期师资队伍建设为抓手，引进和培养院士、战略科学家达到10名；引进和培养千人计划专家、长江学者、国家杰出青年基金获得者等领军人才达到20名，追踪学科前沿，组建重点、重大科研项目，为国家中长期发展战略规划和地方经济贡献力量；力争新世纪百千万人才、上海千人计划和东方学者等优秀学科带头人达到50名，为新兴和交叉学科的发展构筑建设高地；教育部、上海市优秀青年教师、上海领军后备及浦江、曙光、科技启明星等优秀骨干青年教师达到100名，改善骨干教师的知识结构)。金武松入选“上海千人计划”，史向阳、丁彬入选教育部“新世纪优秀人才支持计划”，胡祖明、孙以泽和丁永生入选上海市领军人才，丁永生入选上海市优秀学科带头人，朱美芳获“第十二届上海市科技精英”称号和宝钢优秀教师奖特等奖。新增“浦江人才计划”等其他人才计划28人，26名青年骨干教师出国深造，13位青年教师入选“上海高校青年骨干教师国内访问学者计划”，3人获宝钢优秀教师奖，13人获各类奖教金，15人获第四届校长奖。辅导员莎日娜获“2011上海高校辅导员年度人物”称号。

〔**举行建校60周年庆典大会**〕 10月28日，学校举行建校60周年庆典大会。中共中央政治局委员、国务委员刘延东，中共中央政治局委员、中共上海市委书记俞正声及教育部、中国纺织工业协会及90所高校致贺信、贺电。大会以“时光回廊”、“祈福母校”、“锦绣华章”和“大爱东华”4个篇章，回顾、展望了学校的发展历程。校庆期间，还成功举办了学校校董会成立大会、“高端学术论坛”、以“提高办学质量与现代大学制度建设”为主题的中外大学校长论坛、校庆嘉年华等系列庆祝活动。

〔**管理改革**〕 ①针对学校发展中的体制机制“瓶颈”，探索现代大学制度，实施“学校内部管理综合改革”试点。②根据教育部第31号令，依法修订学校章程。③深化校院两级管理，遴选并实施纺织、化学化工与生物、管理、环境4个学院的管理改革，着力完善学院一级管理的治理结构，推进集体领导、教授治学和民主管理。制定和完善学院党政联席会议制度，建立教授委员会，完善学院两级教代会制度，实施学院年度发展基本状态评价，建立科学的考核评价和激励机制。

〔**办学条件改善**〕 ①学校经费筹措能力明显提高，全年学校整体收入达12亿元，其中拨款收入占59.32%，自筹比例为40.68%，自筹经费总量比2010年增加1亿元。学校进一步推进综合预算管理，提高资金使用效益，增强学校整体资金调控能力。大力推进财务信息化建设，完成捐赠、票据管理、校园支付通（收费服务管理）系统开发，为进一步推进财务公开创造条件。②改善校园面貌，投入资金近亿元，完成延安路校区第一食堂、中心大楼、喜天游、留学生一号公寓主楼等建筑的修缮、加固、节能和消防改造，基本完成延安路校区控详规划的编制与报批，总建筑面积由29万平方米增加到34万平方米。延安路校区第八宿舍被评为上海市高校五星级宿舍楼。③完善仪器、设备等物资招投标采购工作程序，开通物资采购供应管理系统，实现物资采购网络化运行。④加大校园数字化建设力度，完成网络改造工程20多项，数字化校园应用系统建设近10项，完成了电子邮件系统升级和扩容。⑤推进图书馆“一门式”服务管理模式及“数字信息共享空间基础平台”建设。⑥加强分析测试中心的服务工作，推进数字化分析测试平台建设。⑦在物价高涨的情况下，保持全校餐饮总体菜价稳定，学校被评为2011年全国“高校后勤十年社会化改革先进院校”。⑧建设节约型校园，完成延安路校区南区排水、太阳能淋浴系统、食堂天然气等节能改造项目，两校区先后被命名为“上海市节水型校区”。⑨入账仪器设备6 258台/件，其中10万元以上仪器设备购置78台/件，新增仪器设备和家具等固定资产8 304万元。

〔**2名学生入选“2010上海大学生年度人物”**〕 4月28日，上海市首届“2010上海大学生年度人物”评选结果揭晓，东华大学外语学院2008级学生顾伊劼和管理学院2010届MBA学生丁建勋分别当选“非建功立业类”和“建功立业类”2010上海大学生年度人物。顾伊劼同时获得“2010中国大学生年度人物”入围奖。

〔**“挑战杯”全国大学生课外学术科技作品竞赛获奖**〕 在10月15—19日举办的第十二届“挑战杯”全国大学生课外学术科技作品竞赛终审决赛中，学校共有2件作品获一等奖、1件作品获二等奖、3件作品获三等奖，以团体总分240分排名全国第31名。学校获优秀组织奖。

〔**举办第二届上海市大学生创新论坛**〕 5月8日，由上海市教委主办、学校承办的第二届上海市大学生创新论坛举行。上海市教委主任薛明扬、副主任印杰及校党政领导出席。论坛共收到17所在沪高校154个项目案例和139篇学术论文，遴选出100个“百佳”项目、100篇“百优”学术论文及25个“最佳实践”项目。论坛以现场展板形式展示了各高校选送的60个创新项目成果，并评选出10个“我最喜爱的项目”。

〔**教育合作与交流**〕 ①举办国际学术会议9次，签署或续签合作协议18项，有效推进“中非高校20+20合作计划”，聘请外国文教专家资助项目获批14个，聘请来自30个国家和地区的长期外教138名，与莱佛士国际设计专业进修学院重新签署10年合作协议。②因公短期出访人员624人次，外事接待478人次，组织在校中外学生暑期赴荷兰、英国短期游学项目，与国外8个学校建立校际交流生计划。③留学生规模持续增长。来自135个国家的4 003名留学生在学校学习，其中学历留学生614名。

撰稿 高兰兰
审稿 周婉婉

华东师范大学

〔**发布“十二五”发展规划**〕　2011年11月25日，学校发布了《华东师范大学第十二个五年发展规划（2011—2015年）》（简称“十二五”规划）。“十二五”规划文本由总纲、大学的社会功能、学校自身发展、加强和改进学校党的建设四大部分组成。“十二五”规划是贯彻落实《华东师范大学中长期改革和发展规划纲要（2010—2020年）》的行动计划，是学校今后5年高质量地履行学校功能、高水平地实现自身发展、高效率地配置资源条件的重要依据。

〔**设立师资博士后岗位**〕　师资博士后是指隶属学校编制，作为学校优秀专任教师储备而从事博士后研究的人员，纳入学校师资队伍管理。原则上国家重点实验室、省部级重点实验室、人文社会科学重点研究基地、国家重点学科及学校重点建设的学科领域需要补充的青年教师，可通过设立师资博士后岗位面向海内外公开招聘。

〔**国家社科基金项目中标数再创新高**〕　在2011年度国家社科基金项目评审中，学校中标课题再创新高，共有34项课题中标，其中重点项目1项、一般项目16项、青年项目17项，立项总数在全国申报单位中位列第十，在上海市位列第二。

〔**教育科研成果丰硕**〕　在上海市教育科研工作会议暨上海市第十届教育科学研究获奖成果颁奖大会上，学校共17项成果获奖，其中一等奖3项、二等奖9项、三等奖5项。一等奖和获奖总数均位居上海市第一。

〔**青少年健康评价与运动干预教育部重点实验室获准立项建设**〕　在教育部网站公布的2010年度立项建设的26个教育部重点实验室名单中，学校体育与健康学院院长季浏教授领衔的青少年健康评价与运动干预实验室榜上有名。该实验室依托学校国家重点学科（培育）运动人体科学进行建设，主要研究方向包括：青少年体质健康信息的采集筛选与综合评价研究、青少年健康运动干预机制与关键技术研究、体育课堂教学行为与青少年健康的研究。

〔**何积丰团队获教育部高等学校科学研究优秀成果一等奖**〕　在2011年度高等学校科学研究优秀成果奖（科学技术）的授奖项目中，学校软件学院何积丰院士领衔的研究团队完成的“基于模型的可信软件理论与开发方法”荣获自然科学一等奖。该项目共发表学术论文150多篇，其中SCI索引25篇、EI索引110篇，国际学术会议特邀报告12次，论文被引次数超过770次。

〔**全国首届思勉原创奖揭晓**〕　全国首届思勉原创奖于9月25日在学校揭晓。田余庆的《东晋门阀政治》、项楚的《王梵志诗校注》、裘锡圭的《文字学概要》、杨国荣的《道论》获思勉原创奖，章培恒、骆玉明的《中国文学史新著》获思勉原创奖提名奖。由思勉原创奖管理委员会设立的思勉原创奖、思勉青年原创奖及思勉原创奖提名奖，每两年评选一次。

〔**《子藏》首批成果发布**〕　12月16日，学校与国家图书馆出版社在人民大会堂举行超大型古籍文献整理工程《子藏》首批成果《庄子卷》发布会。《庄子卷》的出版问世，标志着《子藏》这一重大学术文化工程取得了实质性进展。《子藏》是学校“985工程”重大课题，预计10年完成。

〔诺贝尔奖获得者丁肇中受聘学校名誉教授〕 12月21日，美籍华裔科学家、诺贝尔奖获得者丁肇中教授受聘为学校名誉教授，并作了主题为“国际空间站上的AMS（阿尔法磁谱仪）实验——寻找由反物质做成的宇宙”的学术报告。

〔首届免费师范生顺利毕业〕 学校首届973名免费师范生毕业典礼于6月17日举行。学校作为分会场播放了全国首届免费师范生毕业典礼视频直播，全体免费师范生认真聆听了国务院总理温家宝发表的重要讲话。

〔胡锦涛主席访问美国芝加哥佩顿中学孔子学院〕 美国当地时间1月21日，胡锦涛主席访问了美国佩顿中学孔子学院。佩顿中学孔子学院由芝加哥公立学校系统和华东师大合作建立，成立于2006年5月。应胡锦涛主席的邀请，佩顿中学师生代表团一行26人于7月11—24日访问中国。

〔创新人才培养结硕果〕 在第十二届“挑战杯”决赛上，学校获特等奖1项、一等奖1项、二等奖2项、三等奖1项，继续跻身全国前列，勇夺“优胜杯”。入围“西安世园会”专项的1件作品也荣获了一等奖。学校中文系学生陈波荣获“全国优秀共青团员”荣誉称号，成为上海市高校中唯一获此殊荣的在校学生。学校啦啦操队代表中国参加了许多国际大赛，取得了一系列荣誉。

〔合作创立上海纽约大学〕 学校与纽约大学合作创立的上海纽约大学于3月28日隆重奠基。上海纽约大学是落实教育部与上海市共建国家教育综合改革实验区的重要举措，是上海高等教育国际化办学的标志性项目。上海纽约大学是国内第一所中美合作的国际化大学，具有独立法人资格。

〔创办中美新能源与环境联合研究院〕 6月10日，由学校和美国科罗拉多州立大学共同创办的中美新能源与环境联合研究院揭牌成立，双方签署了中美新能源与环境联合研究院合作协议。根据协议，双方将整合优势资源，围绕节约、清洁、安全的能源战略路线，将新能源建设与环境保护紧密结合起来，在新能源材料、先进太阳能技术、太阳能电池物理、新能源低碳技术应用以及低碳理念与科普等领域开展合作研究。

〔应用统计科学研究院成立〕 6月13日，学校应用统计科学研究院成立。研究院以“开放、流动、联合、竞争”的运行机制和与国际接轨的学术评估体系为基础，以培育一流的创新群体、支撑一流统计学科的建设为目标。并已形成了以4位“千人计划”为核心，以美国科学院、工程院两位院士为学术委员会委员的群体。

〔首家国际航运物流研究院成立〕 10月16日，上海市人大常委会主任刘云耕、上海市政协主席冯国勤共同为学校国际航运物流研究院揭牌。该研究院采取双院长制，中共上海市委委员、上海市科协副主席包起帆和国家“千人计划”特聘教授郑伟安出任院长。

〔联合创建国际科学研究实验室〕 学校与世界500强企业法国罗地亚公司、法国国家科学研究院、法国里昂高等师范学校联合创建的高效节能产品与工艺国际科学研究实验室于11月4日落成。该实验室设在罗地亚公司上海总部研发中心，下设科学顾问委员会，由催化及可持续化学领域的多国科学家组成。

〔严隽琪到校视察〕 3月23日，全国人大常委会副委员长、民进中央主席严隽琪，全国人大常委会委员吴启迪等一行到学校视察，并就职业教育的政策研究展开调研和座谈。由学校职业教育与成人教育研究所所长石伟平教授领衔的“职业教育的国家制度与国家政策比较研究”课题组汇报了阶段性研究成果。

〔**徐匡迪出席学校教育专题研讨会**〕　10月8日，《世博·城市·未来——2010个为什么》教育专题研讨会在学校举行。第十届全国政协副主席、中国工程院原院长徐匡迪与华东师范大学、复旦大学及上海知名中学的学生一起，交流讨论教育热点问题。

〔**“乡村教师飞翔计划”荣获公益奖项**〕　“乡村教师飞翔计划”位居第二届“青年影响社会”上海十大最具影响力公益项目之首。该公益项目由学校中文系79级校友、校友会副秘书长查建渝，中文系86级校友、分众传媒副总裁钱倩共同策划，学校教育发展基金会、崔永元公益基金、新民晚报等机构共同主办。7月，来自内蒙古自治区的101位乡村教师在上海市接受了为期10天的体验式培训。

〔**隆重庆祝建党90周年**〕　学校召开纪念建党90周年暨“两优一先”表彰大会，表彰了获上海市、上海市教委党委系统、学校“两优一先”荣誉称号的先进集体、优秀党员、优秀党务工作者。设计学院荣获全国总工会授予的“全国五一劳动奖状”荣誉称号，叶澜教授获“上海市教书育人楷模”荣誉称号。

〔**隆重庆祝建校60周年**〕　10月16日，学校举行建校60周年庆祝大会。上海市人大常委会主任刘云耕出席庆祝大会并作重要讲话。上海市政协主席冯国勤等领导出席了庆祝大会。校庆前夕，中共中央政治局委员、中共上海市委书记俞正声一行视察了学校闵行新校区，并参加了“庆祝华东师范大学建校60周年暨第27个教师节座谈会”。校庆日前后，学校举办了万余名师生和校友参加的爱在师大——华东师范大学庆祝建校60周年主题广场晚会、建校60周年庆祝大会、第一届思勉原创奖颁奖典礼、华东师大国际航运物流研究院揭牌仪式、《师魂》发行式暨传承创新师大文化报告会、“教育·金融·文化”校庆主题论坛、中法联合培养研究生项目10周年座谈会以及国际文化节等活动。

〔**北京校友会举行庆祝母校建校60周年暨新年联谊会**〕　“爱在师大·情聚京城——华东师范大学北京校友会庆祝母校建校60周年暨新年联谊会”于12月18日在北京中央音乐学院举行。200余位校友携家人出席联谊会并观看了由学校歌剧实验中心排演的经典歌剧《江姐》。

〔**服务社会成果显著**〕　继续推进上海闵行紫竹基础教育园建设，附属紫竹小学和附属紫竹幼儿园分别于9月1日和11月15日开学。由学校与宝山区人民政府合作、学校河口海岸科学研究院策划、学校设计学院设计的上海长江河口科技馆于10月18日正式向公众开放。12月9日，上海市市长韩正、副市长沈骏一行参观了上海长江河口科技馆。

〔**圆满完成区人大代表和政协委员换届工作**〕　11月，学校进行了区人大代表换届投票选举．林在勇、罗国振、徐斌艳、吴鹏、钱旻、王秀秀、张弛当选为普陀区第十五届人大代表，任友群、灵瑞君、徐梦雨当选为闵行区第五届人大代表。达良俊、戴立益作为协商产生的区人大正式代表候选人分别在长风街道选区、真如镇选区当选为普陀区第十五届人大代表，戴立益当选为普陀区人大副主任。陆靖等29位区政协委员分别参加了普陀区、闵行区、长宁区政协会议。李巍、张文明、陈国强、秦国利、戴雪荣当选为区政协常委。

〔**大学生思想政治教育工作理论研讨会召开**〕　首届辅导员文化节于12月20日正式启动。同日，第25届大学生思想政治教育工作理论研讨会在学校举行。

〔**文化中心奠基**〕　学校文化中心奠基仪式于12月19日在闵行校区举行。该文化中心项目一期工程将完成影剧院、博物馆及地下车库等主体建筑。建成后的影剧院将成为高雅艺术演出的舞台，举行报告讲座的讲坛，以及师生、居民和园区职工举行文化活动的平台。博物馆主要展示学校教育、历史、地理、生物等学科的重要资源和珍贵文物，并向社区居民开放。

撰稿　李　芸

审稿　王柏俊

上海外国语大学

〔**课程建设**〕　2011年，校级课程建设基金资助项目共计23项，其中精品课程2项、主干课程8项、一般课程13项；2门课程获2011年度上海市级精品课程，即冯庆华主持的《翻译理论与实践》和严庭国主持的《阿拉伯语语法》；2门课程获上海市级全英语教学示范课程，即陈沛芹负责的《当代新闻事业》、杜鹃负责的《组织行为学》；陆培勇负责的《阿拉伯语现代文学作品选读》等17门课程进入2011年度非上海市教委部门预算单位重点课程建设立项名单。加强网络教学平台建设，"上海外国语大学课程中心"在建课程网站数量达615个，其中精品课程19门、重点建设课程60门，网站总访问量突破300万人次。强化教学改革研究，有6个项目进入2011年上海高校本科重点教学改革项目名单。加强教材建设，学校共有4本（套）教材被评为2011年普通高等教育精品教材，5套教材获2011年上海市普通高校优秀教材奖，其中冯庆华任总主编、高等教育出版社出版的《英语专业翻译系列教材》和吴克礼任总主编、上海外语教育出版社出版的《新世纪高等学校俄语专业本科生系列教材》荣获一等奖。加强新专业的建设和管理，土耳其语专业2011年开始招生；越南语、希伯来语、乌克兰语三个专业顺利通过上海市教委新专业检查。利用现代教学管理信息系统，完善学生网上评教评价机制。开展广泛的跨校合作，在上海市东北片普通高校录取跨校修读学生322名，在松江大学园区录取跨校修读学生534名；获得跨校辅修专业证书的有124人，获得辅修学士学位的有225人，获得辅修第二专业证书的有148人。学校承办了松江大学园区联合办学10周年研讨会暨成果展览，全国人大常委会委员龚学平、上海市副市长沈晓明出席庆典仪式。语言文字工作常抓不懈，学校荣获上海市语言文字水平测试工作先进集体称号。

〔**学科内涵建设**〕　完成《上海外国语大学教育事业改革和发展第十二个五年规划纲要（2011—2015年）》编制工作，并在上海外国语大学第六届第五次教代会第二次全体代表大会上通过。学科布局得到进一步拓展。"211工程"三期建设项目（重点学科建设项目、创新人才培养和教师队伍建设项目、校内公共服务体系建设项目）进展顺利。

〔**新增一级学科博士点和硕士点**〕　4月，学校新增1个政治学一级学科博士点和6个一级学科硕士点。截至2011年年底，学校拥有2个一级学科博士学位授权点：外国语言文学、政治学，下设12个二级学科博士学位授权点；1个博士后科研流动站：外国语言文学；7个一级学科硕士学位授权点：外国语言文学、政治学、应用经济学、教育学、中国语言文学、新闻传播学、工商管理，下设30个二级学科硕士学位授权点；3个专业硕士学位授权点：工商管理硕士（MBA）、翻译硕士（MTI）、汉语国际教育硕士（MTCSOL）。

〔**科研工作**〕　全年获国家社科基金项目7项；教育部项目7项；上海市哲学社会科学项目25项；获横向科研项目15项。欧盟研究中心、俄罗斯研究中心和英国研究中心获立为教育部国际合作与交流司区域与国别研究基地。科研成果数量增长，在CSSCI来源期刊和海外刊物发表论文367篇。学校在2011年全国高校哲学社会科学信息工作积分排名中位列第23名。

〔**人才队伍建设**〕　续聘1名“长江学者”特聘教授，新增3名“浦江人才计划”入选者。深化职称评聘改革，共认定初级专业技术职务5人，认定和评聘中级专业技术职务32人，评聘副高级专业技术职务28人，评聘高级专业技术职务2人。完成“上海高校青年教师培养资助计划”选拔工作，10名教师入选候选人。启动“上海外国语大学青年教师教学科研团队培育计划”申报工作，经个人申报和院系推荐，共组建44个教学团队、17个科研团队，参与团队培育计划的青年教师共计231人。鼓励教师提升学历学位，共有17名教师申请攻读博士研究生，6名教师获得博士学位。学校专任教师（含思政教师）和科研人员中具有博士学位的比例达48.6%。组织教师申报国家留学基金委、上海市教委以及学校的各类出国进修留学项目51人次；组织学生申报国家留学基金委和校际交流项目122人次。加大录用专任教师的力度，共录用新进人员34人，其中专任教师15人、辅导员2人、行政和教辅人员17人。学校现有专任教师和科研人员677人，其中教授113人，副教授239人。

〔**奖学金和助学金工作**〕　2011年，学校共向2 085人次发放各类奖助学金677.09万元。学校教育发展基金会共奖励7个集体、71位教职工、166名学生，共发放奖金58.74万元，其中奖学金18.74万元、助学金7万元、教工科研及管理奖励33万元。68名学生获国家奖学金，200名学生获国家励志奖学金，761名学生获秋季学期国家助学金，15名学生获上海市奖学金，共发放奖金达272.75万元。11名学生获港澳台侨奖学金，发放奖金4万元。另外，224名学生经过评审，获各类社会资助的奖助学金共计81.2万元。开展国家助学贷款工作，2011—2012学年，向160名本专科学生发放助学贷款，合同金额计57万元；向339人（含40名研究生）发放往年申请获得的国家助学贷款共计203.4万元。此外，还面向全校困难学生发放各类补助35.04万元，惠及学生910人次。

〔**学生社会实践**〕　2011年，学校共派出各语种志愿者675人次，服务于第十四届国际泳联世界锦标赛、2011ATP网球大师杯、国际滑联中国杯花样滑冰大奖赛、世界俄语大会等大型国际盛会，另有1 053人次参与校内开展的各项志愿服务。参与学校社会实践工作团队的数量、人数以及实践规模有所扩大，其中“文动西索，艺暖巍山”暑期社会实践服务团荣获全国最佳项目奖，“沪藏手牵手，跨越十二五”宣讲团等9个项目获全国优秀项目奖，学校获上海市大学生暑期社会实践活动优秀组织奖。5月，学校艺术团承办了世界俄语大会“绚彩华韵”文艺演出；11月，学校团委召开了校共青团第十六届团代会和第二十一次学代会。

〔**校际交流与合作**〕　学校与24所国外大学签订或续签交流合作协议。推进外国教师和专家的聘请工作，长期在校的外教人数达66人，美籍专家顾力行教授荣膺上海“白玉兰荣誉奖”、中国跨文化交际学会“特殊贡献奖”。学校共接待包括欧洲安全与合作组织议会主席、匈牙利国会副议长代表团、诺贝尔文学奖得主略萨在内的共计76批次到访团组约350人；接待台湾文藻外语学院游学团约40名师生。大力开展国际交流与合作，主办世界俄语大会、日本文化周等重大活动，其中世界俄语大会是首次在亚洲举行，影响深远；参与主办“英美文学国际研讨会”等8次国际学术会议。大力推进孔子学院建设，在已有3所海外孔子学院的基础上，与匈牙利塞格德大学签订协议，合作建设第4所孔子学院。

〔**上海外语教育出版社荣获奖项**〕　3月，第二届中国出版政府奖在北京揭晓，学校所属的上海外语教育出版社荣获“先进出版单位奖”。由上海外语教育出版社编辑出版的《汉俄大词典》获图书奖，《新牛津英汉双解大词典》获图书奖提名奖，思飞小学英语网获网络出版物奖提名奖。

〔**校园网建设成效斐然**〕　4月8日，作为上海外国语大学“211工程”三期建设特色项目的中国国际舆情研究网、中国外语战略研究网、外国文学研究网正式开通。学校校园网荣获第四届全国高校百家优秀网站称号和上海市第五届优秀网站称号。

〔**举行第十二届世界俄语大会**〕 5月11—14日，第十二届世界俄语大会在学校举行。国务委员、第十二届世界俄语大会中方国家组委会主席刘延东发表重要讲话，上海市市长韩正代表上海市人民政府致辞祝贺，教育部副部长刘利民主持开幕式。本届世界俄语大会是首次在亚洲、在上海举行的世界俄语盛会，参会代表来自48个国家，超过1 000人。作为主办方之一和承办方，学校举全校之力为成功举办本届世界俄语大会作出了贡献。

〔**荣获上海市“五一”劳动奖状等荣誉**〕 6月，学校被评为2009—2010年度“上海市文明单位”，荣获上海市总工会授予的上海市“五一”劳动奖状；同时获得“上海市职工职业道德建设十佳标兵单位”荣誉称号。这是建校以来所获得的最高等级的集体荣誉。

〔**建立中国外语战略研究中心**〕 11月11日，由国家语委、上海外国语大学合作共建的中国外语战略研究中心挂牌仪式在学校举行。教育部副部长、国家语委主任李卫红和上海市教委主任薛明扬出席挂牌仪式，并为中国外语战略研究中心揭牌。这是国家语委设立的首个科研基地。

撰稿　向丽华

审稿　冯　辉

上海财经大学

〔**科学编制学校“十二五”规划**〕 2011年6月1日，学校“十二五”发展规划经学校五届四次教职工代表大会审议通过。“十二五”发展规划，进一步明晰了学校未来5年的发展思路，提出了“创建具有鲜明财经特色的高水平研究型大学”的发展定位、“办特色、上水平”的发展主线和“学科建设”、“人才培养”、“科学研究”、“社会服务”、“队伍建设”、“开放办学”、“学校管理”、“办学条件”等主要任务，以及“以‘财经创新人才培养模式改革’试点项目为抓手，探索财经特色的高层次创新人才培养模式”、“以‘探索开放环境下的师资队伍建设模式’试点项目为抓手，推进高水平师资队伍建设”、“以‘优势学科创新平台’、‘211工程’和重点实验室建设为抓手，推进高水平学科建设”、“以商学院建设为抓手，探索与现代商学教育模式相适应的组织构架”、“以参与国际认证为抓手，探索与国际接轨的教育教学模式”等五个重大抓手。

〔**全面启动国家教育体制改革试点项目**〕 3月10日，国家教育体制改革领导小组办公室批准学校设立两个国家教育体制改革试点项目：“财经类创新人才培养模式改革”和“探索开放环境下高校师资队伍建设模式”。学校对此项工作高度重视，精心组织，明确了领导组织机构、责任部门和工作机制及相应人员、经费、物质保障，细化实施方案，全面推进国家教育体制改革试点项目的实施。

〔**探索商学教育改革**〕 4月，学校正式成立商学院，借鉴国际国内一流商学院课程设置、结合中国国情与学校特色，于9月全面推出《上海财经大学商学本科平台课程改革方案》、《商学研究生核心课程改革方案》、《新版MBA课程改革方案》、《新版EMBA、全球EMBA课程改革方案》。积极参与国际商学教育三大论证（AACSB、EQUIS和AMBA），顺利通过AMBA预评估，完成AACSB、EQUIS会员资格申请。

〔**科研水平迈上新台阶**〕 2011年，学校共获国家和省部级科研项目137项，比2010年增长25.7%。获国家社会科学基金项目16项，国家社科基金重大招标项目1项、重点项目1项，国家自然科学基金项目28项，创历史新高；获教育部哲学社会科学研究项目17项、教育部哲学社会科学重点研究基地招标项目2项，首次获教育部哲学社会科学研究重大课题攻关项目立项；获上海市哲学社会科学规划课题8项、上海市决策咨询研究重点课题3项、上海市自然科学基金项目4项，承接企业委托及其他课题130项。

2011年，学校科研经费达2 530.3万元，比2010年增长26%。完成科研项目166项，发表论文897篇，其中SSCI论文25篇、SCI论文48篇，比2010年增长23%；EI论文46篇，CSSCI论文363篇，其他415篇。

〔**探索开放环境下的师资队伍建设**〕 继续探索开放环境下的师资队伍建设模式，不断完善“吸引人才、培养人才、用好人才和留住人才”的创新制度环境。进一步完善“常任轨”（学校借鉴世界一流研究型大学的终身教职制度设立的一种海外人才培养考核机制）教师考核机制和管理机制，对合同到期的9位“常任轨”教师进行终期考核，有4

位教师获首批常任教职；开展新一轮岗位考核和岗位聘任工作，完善教学科研人员的岗位考核办法，下放考核自主权，推出教师岗位分类管理办法，并在部分条件成熟的教学研究单位进行试点。2011年，学校入选国家第三批海外高层次人才创新创业基地。

坚持引进与培养并重，继续做好海外优秀博士和高层次人才引进工作，全年共新进各类人员 71 人，专业技术人员 5 人，管理人员 9 人。组织教师参加教育部、上海市举办的各类骨干教师培训班。举办第五届“现代经济学”暑期师资课程进修班、第六届“中国公共管理与政治学研究方法”暑期培训班、“第三届全国高校会计学实证研究”研修班等。

〔**大学生创新教育成绩斐然**〕　学校大力培养学生的创新能力，开展创新性实验计划、数学建模、挑战杯赛、数学竞赛、计算机大赛、统计案例大赛等学生创新活动。新增大学生实验创新项目 63 项，研究生创新基金项目 94 项。2011 年，获全国数学建模竞赛一等奖 1 个、二等奖 4 个；获美国大学生数学建模竞赛特等奖提名奖 1 个、一等奖 4 个、二等奖 15 个；获全国计算机大赛一等奖 1 个、二等奖 1 个；在第 12 届“挑战杯”大学生课外学术科技作品竞赛中获全国二等奖 1 项、三等奖 1 项。在各类体育竞赛中学生屡获佳绩，在世界大学生运动会上获金牌 2 枚；在全国第二届智力运动会上，获 5 金、4 银、4 铜的佳绩。

〔**稳步推进信息化建设**〕　健全信息安全制度机制，加强信息安全工作。组织开展职员综合能力培训与测试、MSTR 报表工具培训和 IT 关键岗技术培训。扩展和优化各管理信息系统功能，开发教学管理信息系统（三期）、健康管理系统，完善人事管理系统（二期）薪资模块功能、重新规划数据仓库结构。进行科研管理信息系统、学科信息平台、留学生招生管理系统、学生收费管理系统、“三助”管理信息系统、校园一卡通系统（三期）和住房补贴管理系统的试运行。

〔**稳步推进国际化建设**〕　拓展国际交流新途径，推进人才培养国际化。通过寻求更多的渠道和资金，鼓励和帮助更多的学生参与交换学习、交流学习和国外研习，参加学术会议，获取国际经历，培养国际视野，提升国际竞争力，30 名学生获各项海外学习奖。留学生规模基本保持稳定，各类结构继续优化。截至 2011 年年底，有长期在校留学生 1 060 人，基本与 2010 年同期保持一致，其中学历学位生占长期生的比例为 71.6%，比 2010 年低 1.94%，博士研究生等高层次留学生比例保持在 11%。高层次公费生人数稳步增长，留学生生源国别超过 90 个国家。

〔**隆重纪念建党 90 周年**〕　3 月，学校党委下发了《中共上海财经大学委员会关于开展纪念中国共产党建党 90 周年活动的通知》，明确了“重温历史、总结经验、传承伟业、凝聚人心、坚定信念、推动工作”的工作要求，并对活动的指导思想、主要内容作出部署。为庆祝建党 90 周年，学校召开大型座谈会、理论研讨会，举办系列报告会、党史知识竞赛、合唱比赛，表彰先进、出版纪念建党 90 周年论文集，以及组织学习贯彻胡锦涛总书记在庆祝中国共产党成立 90 周年大会上的讲话和在庆祝清华大学建校 100 周年大会上的讲话精神等系列活动。活动既抓住参与面，又注重思想深度，体现了思想性、学术性、知识性和群众性的统一。

〔**提升思想政治理论课教学水平**〕　学校对照教育部《高等学校思想政治理论课建设标准（暂行）》，从组织管理、教学管理、学科建设、队伍管理和特色项目等方面，自查思想政治理论课建设，进一步推进马克思主义学科建设和思想政治理论课的教学。开展大学生思想政治理论课教学情况调查，掌握大学生对思想政治理论课教学的意见和建议。同时，就社会热点问题，举行大学生思想面对面活动，不断提升大学生的人文素养和对社会现实问题的理解和批判能力。2009 年立项的两门上海市教委重点建设课程《马克思主义哲学原理》和《当代世界经济与政治》于 2011 年 11 月 17 日顺利结项。

〔**持续推进大学生千村社会调查项目**〕　2011年，千村社会调查项目四期共有1 423支队伍参加调研，1 064支队伍共上传完整问卷1 064组。经专家集体评审，共评选出350篇优秀调查报告（论文）。刘小川教授担任首席专家的2011年千村调查项目研究成果《中国粮食安全问题的隐患及对策建议》获中央领导人重要批示。在千村调查项目二期、三期优秀调查报告的基础上合集成册的《中国千村农民发展状况调研报告2009—2010》一书，于9月正式出版。该书收录了33篇优秀论文和调查报告，分为专家报告、农村概观、农村经济、农民增收、农村医疗、农村社会保障、“三农”沉思7个栏目，其中专家报告被教育部社会科学司评为2010年度高校哲学社会科学研究优秀咨询报告，另有7篇优秀论文公开发表，其中5篇发表于核心期刊。

〔**获全国继续教育示范基地称号**〕　12月24日，在全国继续教育工作会议暨高等教育自学考试制度建立30周年纪念大会上，学校获全国“高等学校继续教育示范基地”称号。这是教育部对学校几十年来继续教育工作的充分肯定，为学校实现继续教育办学的转型和跨越式发展打下良好的基础。

〔**连续18年获上海市“文明单位”**〕　4月9日，在上海市精神文明表彰大会上，学校再次被上海市人民政府授予“文明单位”称号。这是学校连续18年、第9次获得此项荣誉称号。

〔**深入推进依法治校和民主管理**〕　5月31日，学校召开了五届四次教职工代表大会（以下简称“教代会”），审议并表决通过了校长工作报告、财务工作报告。11月21日，学校召开了五届四次教代会第一次联席会议，审议并表决通过了《上海财经大学绩效津贴调整方案》、《上海财经大学新进员工住房补贴实施细则》和《上海财经大学劳动人事争议调解办法》。学校各院（系）也建立和完善了二级教代会制度。

〔**推进党务公开**〕　在充分调研的基础上，学校党委编制了《上海财经大学党务公开实施方案》、《上海财经大学党委党务公开目录》、《上海财经大学二级党委（党总支、直属党支部）党务公开指导目录》三个指导性文件，明确了学校党务公开的指导思想、基本原则和目标任务，明确了党务公开的主要内容、基本程序、方式和时限，明确了党务公开工作的领导机构及各阶段工作安排。在校园网主页建立党务公开专栏，设置“宣传教育”、“制度建设”、“情况通报”及“基层党组织”等板块，使广大党员、干部、群众能方便快捷地了解校院（系）两级党组织的工作进展情况，以保障党员对党内事务的知情权、参与权、表达权和监督权。

撰稿　易　驰
审稿　王　玲

南京大学

〔综述〕 2011年，学校深入贯彻第四次全国教育工作会议精神，制定了《南京大学中长期教育改革和发展规划纲要》；教育部和江苏省人民政府共同签署了继续重点建设南京大学的协议；“985工程”、“211工程”、“江苏省优势学科建设工程”全面推进；新增10个一级学科博士学位授权点。

〔师资队伍建设〕 加强人事制度改革，建立有利于人才引进和成长的激励及评价机制。引进海外高水平人才28人，包括诺贝尔奖获得者1人、“千人计划”10人、“青年千人计划”4人；新增中国科学院院士1人、教育部“新世纪优秀人才支持计划”28人、教育部创新团队3个、“中央马克思主义理论研究和建设工程”第三批首席专家3人，聘任南京大学特聘教授91人；启动南京大学高层次学科带头人（特聘教授）奖励计划，推出激发人才活力的“登峰人才支持计划”。

〔教育教学〕 深入推进“三三制”本科教育改革，大力加强课程体系建设，新设各类课程450多门。“基础学科拔尖学生培养试验计划”顺利实施，软件工程等4个本科专业入选教育部“卓越工程师教育培养计划”。新增国家级教学名师1人、国家精品教材7部、“全国优秀博士学位论文”2篇。毕业生就业率达98.5%。

〔科研能力〕 学校新增生命分析化学国家重点实验室，获国家科技奖3项、教育部高校科学研究优秀成果奖9项、何梁何利奖2项、中国青年女科学家奖1项。承担国家重大科技专项1项、国家重大科学仪器设备开发项目1项、“973计划”4项、国家社科基金重大项目8项，4 000万字的《南京大屠杀史料集》整体出版。“南京大学—鼓楼高校国家大学科技园”通过第二次评估，学校6个研究机构入选江苏省决策咨询研究基地。

〔与社会各界开展战略合作〕 4月2日，中国空间技术院与学校正式签订战略合作协议，在深空探测与空间科学领域强强联合，推动学校空间科学技术的发展。5月19日，学校与镇江市人民政府签订了《共建高新技术公共服务平台协议》，并举行了南京大学镇江楼奠基仪式。8月12日，海南省人民政府与学校签订合作框架协议书，双方将在改革创新、产业规划、战略咨询、人才培养等领域开展多方合作。

〔教育交流与合作〕 继续加强国际交流与合作，接收海外留学生近3 000人，本科生出境交流接近30%，5位诺贝尔奖得主到校授课或开展合作研究。3月8—13日，学校代表团赴台湾举办“台湾·南京大学周”系列活动，首创大陆高校在台湾举办此类大型文化交流活动，全方位展示了学校的综合实力，为推动海峡两岸文化交流和共同发展作出贡献。6月1日，学校与台湾中央大学、香港中文大学在南京联合成立绿色大学联盟，并发表《绿色大学联盟宣言》。

〔学校党委获“全国先进基层党组织”称号〕 7月1日，在人民大会堂举行的庆祝中国共产党成立90周年大会上，学校党委被中共中央表彰为“全国先进基层党组织”。近年来，学校党委紧紧围绕创建世界一流大学的办学目标，充分发挥领导核心的作用，以改革创新的精神不断加强和改进学校党建工作。

〔**基础设施建设**〕 增加基础设施投入，构建资源共享平台，推进校园信息化建设。仙林校区计算机系新大楼投入使用，中文楼等7幢大楼基本建成，生命科学楼等6幢大楼封顶；和园小区期房建设完成，商业配套设施主体封顶；鼓楼校区学生宿舍空调全部安装到位。图书馆新增14万册纸质文献和一系列中外文电子资料。

〔**启动校庆筹备工作**〕 学校成立了110周年校庆筹备工作领导小组，设立了110周年校庆办公室，并确立了项目责任制、联席会议制、时间节点制、工作例会制等校庆工作的组织实施机制。校庆网站投入运行，校庆标志对外发布，一系列校庆项目顺利启动。建校110周年纪念邮票已列入国家邮政2012年度中国纪念邮票、特种邮票发行计划。110周年校庆的主题为“使命·跨越·博爱”。

撰稿 陈 喆

审稿 郭随平

东南大学

〔**编制完成“十二五”规划**〕 2011年，学校编制完成了《东南大学“十二五”改革和发展规划》，制定《东南大学章程》。

〔**学科建设**〕 根据ESI数据库排名，学校共有工程学、材料学、数学、物理学、化学、临床医学、计算机科学等7个学科进入世界前1%，较2010年增加了2个。入选江苏省高校优势学科建设工程一期项目11个，获经费1.7亿元，获批江苏省一级重点学科10个。新增一级学科博士点13个、一级学科硕士点19个、工程博士专业学位授权点2个。新引进中国工程院院士2名，入选第六批“千人计划”国家特聘专家1人、第二批“青年千人计划”3人，第七批“千人计划”国家特聘专家有5人已通过最后评审。引进具有博士学位的教师119人，新进人员中具有海外博士学位的44人，占新进人员总数的37%；引进急需的学科带头人（教授）20人。专任教师总数为2 484人，专任教师中具有博士学位的比例达65.5%，具有高级职称的专任教师比例达65%。

〔**科技创新能力持续增强**〕 尤肖虎教授及其团队获国家技术发明一等奖，这是近年学校科技工作取得的重要标志性成果。学校作为牵头单位获国家科技进步二等奖2项、省部级一等奖7、中华医学会科技进步一等奖1项，取得历史性突破。基于超材料实现微波段三维隐身和电磁黑洞方面取得的系列研究成果入选“2010年度中国科学十大进展”。获国家自然科学基金项目资助245项，获资助经费1.19亿元，首次超过亿元。其中获国家杰出青年基金项目2项、重点项目4项。获得牵头“973计划”项目1项，使学校连续6年每年均获得牵头“973计划”项目。获科技部高新技术发展及产业化领域“863计划”牵头项目8项，获资助经费7 000多万元。获国家社科基金项目13项，其中重大项目1项、重点项目1项。入选国家社科成果文库1项。高水平论文继续较快增长，SCI论文收录1 271篇，排名第17位，较2010年提升了1位；EI论文收录1 704篇，排名第8位，较2010年提升了1位。表现不俗论文324篇，继续位列全国高校第13位。表现不俗论文占本机构论文的25.49%，继续位列全国高校第4位。科研基地建设取得新进展，获批国家级工程（技术）研究中心2个。科研经费到款12.19亿元，较2010年增长7.1%。专利申请3 839项、专利授权1 864项，其中发明专利申请1 249项，较2010年增长30%，发明专利授权434项，较2010年增长12%。获批江苏省重大科技成果转化项目15项，项目数和经费数均位列省内高校第一。在2010年度本科院校科技工作为江苏省服务情况统计的全部7项指标中，学校有6项指标位列第一。

〔**3项成果获2011年度国家科学技术奖**〕 学校移动通信国家重点实验室主任尤肖虎教授带领高西奇、赵春明、潘志文等团队成员，联合国内高校和企业协同攻关，潜心开发新一代移动通信技术，经过十余年的不懈努力，历经理论研究、技术开发和产业化应用，攻克了宽带移动通信容量逼近传输这一世界性的难题，其中“宽带移动通信容量逼近传输技术及产业化应用”成果荣获2011年度国家技术发明一等奖。

由黄卫教授牵头完成的大跨径桥梁钢桥面铺装

成套关键技术及工程应用获国家科技进步二等奖；由学校中大医院滕皋军教授牵头完成的新型消化道支架的研发与应用获国家科技进步二等奖。

〔**招生及获奖情况**〕 全年共招收本科生 3 986 名，硕士研究生 3 352 名，博士研究生 622 名；共有 4 034 名本科生，3 034 名硕士研究生和 841 名博士研究生完成学业。获省级教学成果奖特等奖 1 项、一等奖 3 项、二等奖 4 项，获奖总数位列全省高校第一。获江苏省高等学校精品教材 13 部，获省级优秀多媒体课件奖 4 个。获国家级精品教材 8 部，并列全国高校第四位。1 名教师荣获第六届国家级教学名师奖。获 2011 年度宝钢优秀教师特等奖和宝钢优秀学生特等奖各 1 项。获全国优秀博士学位论文 1 篇。通过全国工程教育专业认证 1 个。大学生课外科技创新活动蓬勃开展，学生获国际大学生数学建模竞赛特等奖、2011 Robo Cup 国际机器人竞赛一等奖、第四届全国大学生节能减排社会实践与科技竞赛特等奖、2011 中国教育机器人大赛特等奖等奖项。

〔**首次获得莱斯论文奖**〕 学校信息科学与工程学院移动通信国家重点实验室金石副教授和高西奇教授等合作完成关于 MIMO 技术应用的论文，荣获 2011 年度 IEEE Stephen O. Rice Prize Paper Award（莱斯论文奖），这是中国大陆学者首次获得该奖项。该奖项是通信领域最重要的学术奖项之一，每年评选一次。

〔**学校《自然出版指数 2010 中国》位居中国高校第六位**〕 5 月 11 日，作为著名国际学刊 *Nature*（《自然》）及其子刊的发行方，自然出版集团发表名为《自然出版指数 2010 中国》报告，报告显示中国科研质量大大提升，中国科研论文产量已从 2000 年的 2 万多篇增加到 2010 年的 13 万多篇，增长逾 6 倍。而《自然》出版指数则表明，中国论文的质量也在快速上升，中国在顶级学术期刊《自然》上发表的论文数，已从 2000 年的 6 篇增加到 2010 年的 149 篇，增长逾 20 倍。据《自然》网站报道，东南大学《自然》出版指数位居中国高校第六位。

〔**“国家预应力工程技术研究中心”获批准**〕 12 月 29 日，由吕志涛院士、冯健教授领衔申报的“国家预应力工程技术研究中心”获科技部正式批准建设。这是学校继 1992 年获批“国家专用集成电路系统工程技术研究中心”后，获科技部批准建设的又一个国家工程技术研究中心，也是全国土木工程领域里科技部设立在高等院校的第一个国家工程技术研究中心。

〔**首个国家室内装饰装修行业标准出台**〕 由中华人民共和国住房和城乡建设部批准，由学校建筑学院高祥生教授主持编写的《房屋建筑室内装饰装修制图标准》经住建部批准通过，成为中国装饰装修设计行业的第一个国家行业标准。该标准由建筑学院与江苏广宇建设集团联合主编，多家单位参与了编制工作，目的是为了统一设计的图示语言，推动设计质量的提高，更好地指导从业人员进行施工实践。《房屋建筑室内装饰装修制图标准》的编制、发布，标志着装饰装修行业逐步走向法制化和标准化，使设计制图、施工等工作有章可循。

〔**部省继续重点共建东南大学**〕 8 月 30 日，“教育部与江苏省人民政府共建国家高等教育综合改革试验区暨继续重点共建南京大学东南大学签字仪式”在南京举行，教育部部长袁贵仁和省长李学勇签署共建协议。校党委书记郭广银、校长易红出席签约仪式，易红代表学校在签字仪式上讲话。

〔**南极冰穹 A 天文科考智能平台成功投运**〕 1 月 8 日，由学校研制的南极天文科考支撑平台在南极昆仑站成功投入运行。该平台为中国首座独立设计、制造、运行管理与维护的天文科考智能支撑平台，突破了许多关键技术，可以在极端恶劣的条件下为昆仑站各类天文科考仪器提供能源动力、技术支持。科研人员在国内就可以对其进行数据接收和远程监控，实现在南极冰穹 A 开展自动天文观测和其他科学探测所需能源动力、通信和环境保障的研制目标，为在南极开展更加广泛的科学研究奠定基础，标志着中国已具备了在极端环境下开展科学考察的支撑能力，为未来南极天文观测平台的建设提供了技术保障。

〔**AMS 合作研究取得新进展**〕 随着北京时间 5 月 16 日 20 时 56 分美国“奋进”号航天飞机发射升空，学校 AMS 研究中心的合作研究项目取得了标志性成果：国内唯一、具有国际最先进水准的 AMS-02（第二代阿尔法磁谱仪）数据处理与分析中心建成，迎接来自国际空间站的 AMS 海量数据，供中外科学家共同探索宇宙的起源。AMS-02 实验是世界首个也是迄今唯一被批准在国际空间站进行的大型科学实验。

〔**玄武岩纤维生产及应用技术国家地方联合工程研究中心成立**〕 由学校牵头，联合建邺区人民政府及相关企业共同申请的玄武岩纤维生产及应用技术国家地方联合工程研究中心，获国家发改委正式批准。该研究中心是学校继火电机组振动国家工程研究中心后又一个获国家发改委批准建设的国家级平台，同时也是江苏省首批国家地方联合建设的国家级工程研究中心。

〔**首次揭示材料的热物性可以被主动调制**〕 东南大学机械工程学院、微纳生物医疗器械设计与制造重点实验室青年教师杨决宽博士与美国范德比尔特大学（Vanderbilt University）的机械工程系李德玉教授合作，通过一组巧妙的实验，证明两根叠加在一起的硼纳米带的导热系数是可以被调控的。该项研究成果于 12 月 11 日发表在 Nature Nanotechnology（《自然—纳米技术》）期刊上。此发现可被应用在计算机芯片等微电子器件的热管理上，另一重要应用领域是在“复合材料”的设计上，如各种聚合物材料、纳米复合结构材料等。

〔**获第 15 届 Robo Cup 机器人世界杯赛冠亚军**〕 7 月 5—12 日，来自 43 个国家或地区的近 3 000 名代表参加了在土耳其伊斯坦布尔举行的第 15 届 Robo Cup 机器人世界杯赛。Robo Cup 是国际上级别最高、规模最大、影响最广泛、参与人数最多的国际性机器人赛事。学校参赛队取得了救援仿真项目的冠军、救援虚拟机器人项目的亚军、救援实物机器人项目的第六名和 3D 足球仿真项目八强的好成绩，其中救援实物机器人项目取得的成绩是中国参加 Robo Cup 救援实物机器人项目的历史最好成绩。

〔**教育交流与合作**〕 继续与麻省理工学院、剑桥大学等世界一流大学开展深层次的交流与合作，与国（境）外 19 所知名高校新建立正式合作关系。与澳大利亚蒙纳士大学建立联合研究生院的工作顺利通过教育部专家组评估。与美国田纳西大学合作筹建孔子学院事项进入审批阶段。留学生教育发展迅速，在校留学生人数达 1 202 人，较 2010 年增长了 23%，其中学历生 976 人，占留学生总人数的 81%。

〔**与白俄罗斯明斯克国立语言大学共建孔子学院**〕 7 月 22 日，校长易红、副校长浦跃朴在榴园宾馆亲切会见了白俄罗斯明斯克国立语言大学校长 Baranava Natallia 女士。双方签订了《东南大学与明斯克国立语言大学关于合作建设明斯克国立语言大学孔子课堂执行协议》。

撰稿　宋业春

审稿　冯建明

中国矿业大学（徐州）

〔**综述**〕　截至2011年年底，学校拥有16个一级学科博士点，35个一级学科硕士点，13个二级学科博士点，9个二级学科硕士点，9个专业学位授权点，1个一级学科国家重点学科，8个二级学科国家重点学科，1个国家重点（培育）学科，8个省一级学科重点学科（其中4个省一级学科国家重点学科培育建设点），9个省重点学科（其中4个省国家重点学科培育建设点），4个部级重点学科，12个博士后科研流动站。2个国家级教学实验示范中心，8个省级教学实验示范中心。教职工3 106人，其中专任教师1 553人；在专任教师中，正高级职称284人，副高级职称467人，博士生导师250人，硕士生导师905人；中国工程院院士12人（含外聘6人），160人享受国务院颁发的政府特殊津贴。全日制在校生33 732人，其中研究生6 866人（博士生1 109人，硕士生5 757人），全日制普通本科生26 742人，留学生124人。学校固定资产241 360.03万元；图书馆藏书226万册。

〔**人才培养**〕　2011年，毕业本科生6 481名、研究生1 569名，总就业率达98%，学校获得“全国毕业生就业典型经验高校”、“江苏省高校毕业生就业工作先进集体”称号。生源质量稳步提高，招收2 247名研究生、6 565名本科生和45名留学生。学校获得省级教学成果特等奖1项、二等奖2项，省级精品教材11部。

〔**创新创业教育**〕　获全国百篇优秀博士学位论文提名奖1篇，江苏省优秀博士学位论文5篇、优秀硕士学位论文8篇；学生获省级以上奖励360余项；实用新型专利授权540余项；1人获中国青少年科技创新奖，1人当选江苏省“大学生创新之星”；学校被评为“全国高等学校创业教育研究与实践先进单位”、“全国工程硕士研究生教育创新院校”。

〔**科技平台建设**〕　获准建设“矿山物联网应用技术国家地方联合工程实验室”、“国家煤加工与洁净化工程技术研究中心”和“深部煤炭资源开采教育部重点实验室”；获准建设2个江苏省实验教学示范中心；学校成立了“中澳矿业研究中心”等5个校级科研平台；学校被列为教育部“卓越工程师教育培养计划”试点高校；通过江苏省创业教育示范校验收；投入2 200万元，建设了省部级以上科研平台和校级公共学术平台。

〔**科学技术成果**〕　获国家科技奖励7项，创历史新高；获省部级科技奖励和社会力量设奖118项。全年获科研经费5.72亿元，其中纵向经费突破1亿元。首次获国家社科基金重大项目。学校获“江苏省‘十一五’重大科技成果奖励成绩显著高等学校”、“江苏省科技工作先进高校”称号。

〔**基础研究水平**〕　2011年，学校教师发表SCI期刊论文240篇，SSCI期刊论文8篇，授权发明专利88项，“973计划”、“863计划”、“国家科技支撑计划”、国家重大专项均有立项。

〔**学科建设**〕　学校自行审核增列的6个博士学位授权一级学科和15个硕士学位授权一级学科通过了国家审批，新增了3个省一级重点学科。稳步推进“211工程”三期和“985优势学科创新平台项目”建设，积极依托“江苏高校优势学科建设工程”，落实省部共建项目，使学校获得的省优势学科项目达5个，获专项资金5 680万元。启动了“矿业工程”等“江苏高校优势学科”一期建设项目。

〔**师资队伍建设**〕　全年引进教师97人，其中教授4人。重视青年教师队伍建设，选拔了29名教师出国研修。高层次人才培养扎实有效，新增1个教育部创新团队、1个江苏省高校科技创新团队，10人入选教育部“新世纪优秀人才支持计划”，25人入选江苏省第四批“333工程”（即选拔30名中青年首席科学家、300名中青年科技领军人才和3 000名中青年科学技术带头人）。1人获得“全国五一劳动奖章”，1人入选国家级教学名师，1人被评为全国教育系统职业道德标兵。引进中国工程院院士卢耀如教授和“长江学者特聘教授”、国家杰出青年基金获得者吴立新教授到校工作。学校入选江苏省人才强校工作首批试点单位。

〔**产学研合作**〕　学校与10家企业签订了合作协议，合作建立了“同大研究院”、“阳泉煤炭地下气化产业示范基地”等平台。首次承接国家安全生产监督管理总局的大规模培训任务，承担全国煤矿万名总工程师培训工作，全年举办九期培训班，培训煤矿高层次管理人员近900人。成功举办“产学研合作教育高层论坛”，牵头组建“高水平行业特色大学优质资源共享联盟”。

〔**管理制度改革**〕　研究制定《中国矿业大学学术委员会章程》，到实施“大部制”和“学部制”改革的相关高校进行调研。完善学校财务分级管理制度，加强审计工作和招投标管理，提高了资金使用效益。理顺校办产业管理体制，进一步规范经营性资产的运作和管理。节约型校园建设取得较好成效。

〔**教育交流与合作**〕　学校与澳大利亚格里菲斯大学建立了全球首个“旅游孔子学院”。成立国际学院，进一步整合国际化教育资源。加入中美清洁能源联合研究中心清洁煤技术联盟。新增2个中外合作办学项目。学校获“江苏省教育国际合作交流先进学校”称号。

〔**召开第十三次党代会**〕　学校召开第十三次党代会，会议回顾总结了学校过去5年的工作，确定了未来5年的发展思路和奋斗目标，选举产生了新一届党委和纪委领导班子，开启了特色鲜明高水平大学发展的新征程。

〔**党建与思想政治工作**〕　隆重举行庆祝建党90周年系列活动，引导广大党员师生深入开展创先争优活动，稳步推进学习型党组织建设。深化干部选拔任用制度改革，改进干部推荐提名办法。顺利进行校领导班子成员的增补和调整，领导班子结构得到进一步优化。反腐倡廉建设工作持续推进，学校惩治和预防腐败体系逐步完善。

〔**和谐校园建设**〕　进一步完善办学条件，完成矿业科学中心、大学生综合训练中心等建设项目。地下科学中心、研究生公寓二期工程开工建设。购置SCI外文数据库。高度关注校园民生，启动实施“岗位津贴倍增计划”，积极采取措施稳定学生食堂饭菜价格，提高学生医保水平。学校被授予“江苏省高校节能工作先进单位”、“江苏省和谐校园”等称号。

撰稿　蔡治华　姚　刚
审稿　方跃平

河海大学

〔发布“十二五”事业发展总体规划〕　2011年3月21日，学校发布了《河海大学“十二五”事业发展总体规划》。《规划》对学校发展的现实条件和外部环境进行了分析，明确了“十二五”事业发展的指导思想和总体目标，提出了学科建设、人才培养、科学研究、社会服务、国际合作、队伍建设、校园建设、文化建设、内部管理、党建与精神文明建设10大任务和实施方案，明确了经费概算以及思想、组织、管理三个方面的发展保障。指导思想是：以邓小平理论和“三个代表”重要思想为指导，深入学习实践科学发展观，全面贯彻党的教育方针，以教育规划纲要为指引，一心一意谋发展，聚精会神搞建设，不断提升学校的办学水平和综合实力。总体目标为：到2015年建校100周年时，形成高水平特色研究型大学的发展格局，努力实现水利学科在国际上具有影响，若干优势学科在国内达到一流，整体办学实力位居行业特色大学前列。

〔教育部水利部继续共建河海大学〕　6月10日，教育部和水利部在北京举行签字仪式，共建河海大学、武汉大学、清华大学、中国农业大学、天津大学、大连理工大学、四川大学、西北农林科技大学8所高校。教育部部长袁贵仁、水利部部长陈雷代表双方签署协议并讲话。根据共建协议，教育部和水利部鼓励和支持河海大学等8所高校围绕国家水利改革发展战略，根据水利行业的发展规划和人才需求，在人才培养与学术交流、科技咨询与科技合作、学科与创新平台建设等方面加快改革发展步伐，加强与水利单位的合作与交流；教育部和水利部建立定期磋商、高层互访工作机制，研究解决共建中的问题。教育部、水利部以及两部有关司局负责人出席了签字仪式，校长王乘等8所共建高校负责人参加了签字仪式。

〔与宿迁市和淮安市开展全面合作〕　7月12—13日，学校与江苏省宿迁市人民政府和淮安市人民政府分别举行了战略合作框架协议签字仪式，学校党委书记朱拓、校长王乘，宿迁市委书记缪瑞林、代市长蓝绍敏，淮安市委书记刘永忠、常务副市长陈洪玉以及学校和地方有关部门负责人出席签字仪式。签字仪式上，学校和宿迁市、淮安市领导共同为河海大学暑期社会实践服务团和大学生暑期社会实践活动基地授旗、授牌。

〔王超当选中国工程院院士〕　中国工程院12月2日公布了2011年院士增选名单，学校王超教授当选为中国工程院院士。近年来，他主持和参与国家“973计划”和“863计划”项目、国家科技攻关课题、国家自然科学基金等科研项目70余项，获国家自然科学二等奖1项、国家科技进步二等奖2项，教育部自然科学一等奖1项、技术发明一等奖1项，江苏省、环保部、水利部科技进步一等奖3项、二等奖3项，国家专利10项；获江苏省“五一”劳动奖章、江苏省高等学校优秀共产党员标兵、中国第六届发明创业特等奖及“当代发明家”等荣誉称号。

〔举行首批“青年教授”受聘仪式〕　5月3日，学校举行首批“青年教授”受聘仪式，8名35岁以下的青年学者受聘为河海大学“青年教授”，其中最年轻的仅30岁。学校根据中长期发展规划和建设高水平人才队伍的目标要求，在各学科设立一定比例的“青年教授”岗位，面向海内外公开招聘。聘任“青年教授”是学校为进一步加强师资队伍建设、促进青年学术骨干成长而实施的一项新举措。

〔**学科建设取得重大进展**〕 经国务院学位委员会批准，学校新增8个一级学科博士点和13个一级学科硕士点。经过此次增列，学校的一级学科博士点达到12个，一级学科硕士点达到34个，覆盖了哲学、经济学、法学、教育学、文学、理学、工学、农学、管理学9个学科门类。学校在水利、土木、环境等传统学科和优势学科，以及主要支撑学科和新兴学科均建有一级学科博士点，对于进一步完善学校的学科布局，提高人才培养质量，更好地服务国家经济社会发展和水利建设具有重要意义。

〔**科技工作实现跨越式增长**〕 2011年，学校科技工作保持了强劲的发展势头，数量和质量均实现了跨越式增长。全年承接科研合同1 130项，新增科技经费总数达7.92亿元，比2010年增长29.8%。其中国家“973计划”和“863计划”、国家自然科学重大和重点基金、国家哲学社会科学重点基金、国家科技支撑计划以及国家重大和重点工程等项目经费2.48亿元，比2010年增长37.8%；地方经济建设和社会发展科研项目经费2.34亿元，比2010年增长46.3%；科技产业和科研成果转化支持经费3.1亿元，比2010年增长14.8%。

学校主持或参与完成的科研项目获省部级以上科学技术奖61项，比2010年增加5项，其中国家技术发明二等奖1项、国家科技进步二等奖2项，均为学校主持，获奖数在全国高校中排名第五；获省部级科学技术奖58项。发表SCI论文289篇、EI论文1 184篇，分别比2010年增长50.5%和63.7%。申请国家发明专利433件，比2010年增长57%；获国家发明专利授权96件，比2010年增长1倍。

〔**2 345名河海学子喜获博士硕士学位**〕 4月12日，学校隆重举行2011年研究生毕业典礼暨学位授予仪式，2 345名学子喜获博士、硕士学位，其中260人获博士学位，1 449人获硕士学位，636人获硕士专业学位；学校与法国里尔科技大学、法国杜埃矿业大学联合培养的6名中国学生和2名法国学生同时获得双方硕士学位，杜埃矿业大学校长让·克洛德·杜赫尔兹博士专程到学校参加学位授予仪式。

〔**本科生获120项国家专利授权**〕 2011年，学校本科生获120项国家专利授权，创历史新高。其中2项成果获国家发明专利，117项成果获国家实用新型专利，1项成果获国家外观专利。

〔**组织实施“百团行动”计划**〕 学校认真学习、积极贯彻《中共中央国务院关于加快水利改革发展的决定》(中央一号文件)，制定并实施了“百团行动”计划，组织了500多支由专家学者及研究生、本科生组成的服务团，深入全国基层水利单位开展一号文件精神宣讲、政策咨询、技术服务、业务培训等活动，对基层水利单位及职工的需求进行调研，为解决水利发展中存在的困难和问题献计献策。特别是在2011年上半年长江中下游地区发生有气象记录以来的最严重旱情时，学校主动组织了3个抗旱救灾专家服务团，分别前往灾情严重的江西省鄱阳湖地区、湖南省洞庭湖地区和湖北省洪湖地区，参与抗旱救灾并提供技术指导，受到当地政府、基层水利单位以及广大群众和水利职工的欢迎和好评。

撰稿　钱恂熊

审稿　郭继超

江南大学

〔**制订学校“十二五”规划**〕 2011年，学校认真学习全国教育工作会议精神，全面贯彻落实国家教育、科技、人才发展规划纲要，多次召开校常委会、校务会、院长联席会、民主座谈会等，集思广益，科学制订学校“十二五”发展规划；围绕学校发展的目标和任务，进一步明确和细化发展路径和举措，完成了学科建设、师资队伍建设、本科生培养、党建工作等11项“十二五”分规划的制订。与此同时，在总结分析前三轮任期目标责任制实施经验的基础上，结合“十二五”规划和“攀登计划”（“攀登计划”即建成国家优势学科创新平台、试办研究生院、综合实力居全国高校前60名，基本建成国内知名、若干强势学科有较大国际影响、特色鲜明的高水平大学），启动了新一轮任期目标责任制。

〔**推进优势学科建设项目**〕 学校充分发挥优势学科的引领作用，提升学科整体水平，“食品精深加工与安全控制”被列入“国家985优势学科创新平台”建设计划；“食品科学与工程”、“轻工技术与工程”、“物联网技术与工程”3个学科被遴选为江苏省高校优势学科建设工程一期项目；全面推进“211工程”三期建设。

优化调整学科布局，完成了学位授权点对应调整工作，新增软件工程、设计学、美术学、音乐与舞蹈学等4个一级学科硕士学位授权点。推进哲学社会科学的繁荣发展，将原法政学院更名为法学院，成立了马克思主义学院。

特色学科优势更加鲜明，在2011美国ESI全球大学、科研机构国际学术水平及影响评价中，学校工程学、农学和化学3个学科位列全球前1%；6月，食品科学与工程专业通过IFT（美国食品科学技术学会）国际认证，江南大学是亚洲首家，也是国内唯一通过IFT食品专业国际认证的高校。不断总结优势学科培养高层次人才的经验，获2011年度江苏省教学成果特等奖。

〔**提升科技创新能力**〕 学校食品科学与技术国家重点实验室通过科技部评估，并取得良好成绩；粮食发酵工艺与技术国家工程实验室通过国家发改委立项，糖化学与生物技术教育部重点实验室启动建设，学校技术转移中心获批国家技术转移示范机构。

国家科技部公布了“十一五”国家科技计划工作获奖名单，由校长陈坚教授主持的“863计划”生物和医药技术领域重点项目“大宗发酵产品的先进发酵工艺技术”团队，荣获“十一五”国家科技计划执行优秀团队奖；化学与材料工程学院方云教授荣获“十一五”国家科技计划执行突出贡献奖。

科研项目取得新突破，实现学校首席承担“973计划”项目；申获国家自然科学基金项目84项，同比增长64.7%，并首次获地球科学部和医药科学部的资助；获25项教育部人文社科项目立项，列全国高校第29位。科研经费及成果产出取得新增长，截至2011年年底，学校到账科研总经费突破4亿元，较2010年增长45%，其中纵向经费首次突破1亿元，达1.43亿元。

获部省以上奖励61项。授权专利1 568项，其中发明专利258项，分别较2010年增长49%和47%。发表三大检索论文1 530篇，CSSCI论文252篇，发表高影响因子论文19篇，最高影响因子达19.75。积极推进与地方政府及企业的合作和产学研对接，与杭州、昆山等30多个城市进行科技洽谈与合作；积极推进“十二五”校市共建，新建了无锡老龄科学研究中心等3个共建中心。

承办了国家自然科学基金委化学部“国家杰出青年科学基金结题验收暨中期检查学术交流会”、材料科学部“冶金与矿业领域重点项目结题验收会”、生命科学部“双清论坛”、教育部“2011年度全国高校科学研究优秀成果奖（科学技术）专家评审会”、第五届高水平行业特色型高校发展论坛年会、第八届全国轻工院校领导座谈会等重大会议。

〔**优化师资队伍结构**〕 新到岗中组部“千人计划”入选者3人、青年“千人计划”入选者1人，新增国家杰出青年科学基金获得者1人，22名教师两批次入选教育部“新世纪优秀人才支持计划”，4人入选江苏省“双创”人才；新增教育部科技创新团队1个，“111引智计划”创新团队1个，进一步优化了师资队伍结构。加强对青年优秀人才的选拔培养，全面启动“教师卓越工程”项目，支持51位专任教师进修，32人获国家留学基金委资助。拓展海外人才引进路径，形成了多方联动的人才引进机制，面向全球成功招聘设计学院院长，吸引了来自日本、美国等国家的高端人才加盟。截至2011年12月下旬，全校专任教师中具有博士学位的人员比例达40.2%，具有一年以上海外研修经历的教师比例达19.1%；在新引进的教授或青年博士中，具有海外博士学位的占31.78%。

〔**强化质量工程建设**〕 深化教育教学改革，完成了新一轮本科人才培养方案修订工作，出台学分绩点制实施办法，完善学分制收费管理办法。年内，学校获江苏省教学成果奖4项、精品教材8部、教学改革研究课题8项。强化实践教学，获批国家级工程实践教育中心3个，新增教育部“卓越工程师培养计划”3个、省级实验教学示范中心2个；4月28日，通过社会资助方式建立的以学校机械工程学院为依托，建设集机械、电子工程交叉学科人才培养于一体的君远学院正式揭牌成立。完善学校至善学院的体制机制改革，加强导师队伍建设，拓展国际交流项目，优化拔尖创新型人才培养体系。

〔**研究生教育**〕 研究生培养质量稳步上升，获全国百篇优秀博士学位论文及提名论文各1篇。深化研究生教育管理体制改革，建立了研究生思想教育组织架构、运行机制，完善了研究生奖助学金体系，积极推广国家留学基金委公派研究生项目。研究生规模不断扩大，2011年，学校共录取各类研究生2 282名，学术型硕士研究生第一志愿率达91.37%，创历年新高。

〔**提高人才培养质量**〕 加强专业学位建设，5个工程硕士领域入选教育部“卓越工程师教育培养计划”学科专业名单；顺利通过全国工商管理硕士（MBA）教育指导委员会对学校MBA专业学位教学评估；物联网工程和生物技术专业获批国家级特色专业。学校荣获“2010—2011年度全国毕业生就业典型经验高校”称号；顺利通过江苏省创业教育示范校评估验收，成绩优秀。

〔**教育交流与合作**〕 加强国际交流与合作，召开全校外事工作会议，进一步拓宽国际交流渠道。2011年，学生海外交流人数达313人，本科生海外学习比例达6.26%；设置了学生国际交流的专项资金——“远翔奖学金”；推动美国加州戴维斯分校共同建立孔子学院；获“2011年度江苏省教育国际合作交流先进学校”称号。

〔**江南大学无锡医学院正式启动建设**〕 为更大力度推动无锡高等教育事业、医疗卫生事业和生物医药产业的发展，也为了进一步完善学校的学科体系，提升综合竞争能力，10月27日，无锡市人民政府与学校合作共建江南大学无锡医学院举行签约仪式。校长陈坚与无锡市副市长华博雅签订了市校合作共建协议，标志着江南大学无锡医学院正式启动建设。

〔**推动基层党组织创先争优**〕 积极推进新一

轮“强基工程”，全校25个二级单位党委（党总支）、543个基层党支部完成换届工作；建立学生党支部381个，其中本科生班级党支部165个，占班级总数的24%；6个学院建立了学生党总支。推进基层党建工作示范点创建，评定校级第二批基层党建工作示范点10个，“创建党建工作示范点，推进‘固本强基工程’”项目获2009—2010年度江苏省高校“党建工作创新奖”。组织开展“双学”活动和“三最三星”的创建评选，52个基层党组织和202名同志受到校级表彰，一批创新项目、优秀基层党组织和先进个人获市级以上荣誉。加强党校建设，分别开展基层党支部书记、师生发展对象及本科新生党员专题培训；聘请50位老同志担任特邀党建组织员；年内共发展学生党员1 539名。11月20日，江苏省社科联在南京市举行江苏省决策咨询研究基地成立大会，为26家决策咨询研究基地授牌，江南大学获批建设“江苏省党风廉政建设创新研究基地”。

〔**大学生竞赛连创佳绩**〕 8月23—27日，第二届中国大学生服务外包创新应用大赛在学校举行，共有75所高校参加比赛，学校获比赛一等奖和组织奖。在第12届“挑战杯”全国大学生课外学术科技作品竞赛终审决赛中，学校荣获一等奖4项、三等奖1项、入围奖1项，以总分310分、全国高校排名第九的优异成绩喜捧“优胜杯”，这是学校获得第5届“优胜杯”后的又一次重大突破。学校设计学院再夺12项2011年德国红点概念设计大奖，同时还获得2011美国IDEA设计奖1项。

〔**大力推进文化传承创新**〕 学校开发了“电子校报”，开通官方微博和“e江南”学生信息门户平台，进一步扩大受众面。全年在各级各类媒体刊播新闻报道360余篇次，其中国家级67条、省级36条。学校学科调整、服务地方、廉政建设、创业教育等经验在光明日报、中国教育报、人民网和中国教育电视台等主流权威媒体刊登播出。加强校园精神文明和文化建设，编撰《江南大学校史》；实施文化展馆对外开放等文化惠民工程，推进酒科技馆建设，完成小蠡湖周边景观建设；加强师德师风建设，宣传师德先进典型；打造校园文化精品。荣获“全国高校校园文化建设优秀成果二等奖”。

〔**加快校园基础建设**〕 积极推进后勤管理体制改革，合并组建后勤保障系统，成立后勤“一站式服务”大厅，形成“大后勤、大系统、大保障、大服务”的运行格局，学校荣获了“全国高校后勤十年社会化改革先进院校”称号。加快校园基础建设步伐，数媒经管大楼工程成功立项；综合实验楼（一期）房屋建筑及景观绿化工程交付使用。推进节约型校园建设，学校申报并获评国家住建部、教育部首批4个“建筑节能改造示范高校”之一，通过了“高等院校节约型校园节能监管平台示范建设”验收，荣获了由中国高等教育学会后勤管理分会和全国高校节能联盟共同颁发的“2010年度全国高校节能管理先进院校”称号，被评为“江苏省节水型高校建设先进单位”。完善“3D江大”建设，推进数字房产和基础设施信息化管理系统的建设，加快全校各管理系统的数据共享和资源融合，全面启用“数字迎新服务系统”和“e江南”服务门户系统。

撰稿　钱　锋
审稿　徐　岩

南京农业大学

〔启动 1 项国家“973 计划”项目〕 1 月 14—16 日，由学校国家重点实验室主任张天真教授为首席科学家承担的国家“973 计划”——“油料作物优异亲本形成的遗传基础和优良基因资源合理组配与利用”项目启动会在学校学术交流中心召开。该项目针对国内油料生产严重不足，油脂供给大量依靠进口的现状，致力于油料作物优异亲本的发掘，遗传解析及演变规律研究，为突破性品种的设计与选育提供理论指导。

〔小麦新品种南农 0686 通过国家审定〕 由学校细胞遗传研究所选育的小麦新品种——南农 0686，通过 2010 年度国家品种委员会审定（审定编号：国审麦 2010003）。该品种选自 MV964091 和宁麦 9 号的杂交后代，经过 9 年连续系统选择、鉴定，于 2007 年 10 月参加长江中下游冬麦组区域试验。经过多年、多点鉴定、试验，该品种表现丰产性好、适应性广、综合抗性强等特点，适合长江中下游冬麦区的江苏、安徽淮南，湖北中北部、河南信阳、浙江中北部地区种植。

〔鹅肉标准被联合国正式采用〕 11 月，由学校国家肉品质量安全控制工程技术研究中心牵头制定的《UNECE 鹅肉标准》在联合国第 67 届农产品质量标准工作会议上正式被采用，成为一项新的国际标准。

〔新增 2 项国家社科基金重大招标项目〕 10 月，经全国哲学社会科学规划领导小组批准，以学校经济管理学院朱晶教授为首席专家的投标课题“粮食安全框架下全球资本、自然资源和技术利用的战略选择研究”、张兵教授为首席专家的投标课题“现代农业导向的农业结构战略性调整研究”被确立为 2011 年度国家社会科学基金重大招标项目（第一批）中标课题，批准编号分别为 11&ZD046、11&ZD010，国家资助经费为每项 80 万元。

〔1 项农业部公益性（农业）行业科研专项启动〕 4 月 8 日，农业部公益性（农业）行业科研专项“利用有机（类）肥料调控我国土壤微生物区系关键技术研究”启动会在河北省曲周召开。学校资源与环境学院沈其荣教授为该项目首席科学家。

〔新增 2 个博士学位授权一级学科和 3 个硕士学位授权一级学科〕 经国务院学位委员会学科评议组审议，国务院学位委员会批准学校新增生态学（学科代码 0713）、草学（学科代码 0909）2 个博士学位授权一级学科，新增生态学、草学、风景园林学（学科代码 0834）3 个硕士学位授权一级学科。截至 2011 年年底，学校博士学位授权一级学科达 16 个，硕士学位授权一级学科达 33 个。

〔“千人计划”专家陈增建教授到校履职〕 经中共中央组织部人才工作局批准，美国德州大学教授陈增建成为学校引进的首位“千人计划”专家。5 月 26 日，学校举行陈增建教授到校履职欢迎仪式。

〔朱艳教授荣获中国青年科技奖〕 12 月 22 日，在中国科协会员日暨第十二届中国青年科技奖颁奖大会上，朱艳教授荣获第十二届中国青年科技奖。中国青年科技奖由中组部、人力资源和社会保障部、中国科协共同举办，每两年评选一次，每届获奖者不超过100人。朱艳教授在国家自然科学基金、国家“863计划”及教育部和江苏省科研项目的支持下，重点围绕作物系统模拟与设计、作物生长监测与诊断开展了系统深入的研究，成果在江苏省及周边省市的稻麦生产区进行了示范应用，取得了显著的经济、社会和生态效益，推动了中国信息农业和现代农业的快速发展。

〔2篇博士学位论文入选全国优秀博士学位论文〕 11月29日，教育部和国务院学位委员会发布了《关于批准2011年全国优秀博士学位论文的决定》，学校有两篇博士学位论文入选全国优秀博士学位论文，分别是陈爱群撰写的《三种茄科作物Pht1家族磷转运蛋白基因的克隆及表达调控分析》（指导教师徐国华），谭荣撰写的《农地非农化的效率：资源配置、治理结构与制度环境》（指导教师曲福田）。

〔与哥廷根大学联办中国粮食安全和国际农产品贸易国际研讨会〕 8月19—21日，由学校与哥廷根大学联合主办的“中国粮食安全和国际农产品贸易”国际学术研讨会在德国哥廷根召开。来自中国科学院、中国农业科学院、中国农业大学、中国人民大学、西北农林科技大学、华中农业大学等9所中国大学科研院所的15位中国学者，以及德国9所大学及科研机构的15位专家进行了报告交流。两国参会学者围绕粮食安全问题分专题进行研讨。学校钟甫宁教授和德国哥廷根大学Bruemmer Bernhard教授共同担任大会主席。

〔国家信息农业工程技术中心如皋基地启动建设〕 9月11日，国家信息农业工程技术中心（以下简称“技术中心”）如皋试验示范基地建设签字仪式在如皋市举行。该基地占地100余亩，包括科研试验区、技术展示区、大田生产区以及办公区等多个功能区。技术中心由国家工业和信息化部批准组建，是专门从事信息农业与精确农业技术创新、系统集成、转化应用的国家级研发机构。建成后的如皋试验示范基地将成为技术中心高标准、综合性野外科研试验基地、技术示范基地及成果转化基地。

〔召开水稻新品种“宁粳4号”观摩会〕 9月30日，“水稻新品种宁粳4号现场观摩会”在江苏连云港市召开。在连云港东海县“宁粳4号”百亩示范方，沉甸甸的稻穗长势喜人，百亩方理论产量820公斤以上。“宁粳4号”由学校农学院水稻研究所利用日本优质水稻越光与高产水稻镇稻99杂交选育而成，2009年通过国家品种审定委员会审定，属粳型常规水稻，最适宜在河南沿黄、山东南部、江苏淮北、安徽沿淮及淮北地区种植。该品种综合抗性强，对稻瘟病、白叶枯病、纹枯病、条纹叶枯病均表现为良好的抗性。主要米质指标表现非常优秀，具有典型的高产、稳产、适应区广、抗性强、米质优等突出优点。

〔与英国詹姆斯·赫顿研究所签署合作备忘录〕 11月17日，英国詹姆斯·赫顿研究所（James Hutton Institute，JHI）所长Iain Gordon教授访问学校，并与学校签署合作备忘录，双方探讨了在现有合作基础上，扩大合作领域的可能性。

英国詹姆斯·赫顿研究所成立于2011年4月，由苏格兰作物研究所（Scottish Crop Research Institute，成立于1921年）和麦考莱土地利用研究所（Macaulay Land Use Research Institute，成立于1930年）合并组建而成。研究所有600余名研究人员，是英国最大的科研单位之一。

〔海门山羊研发中心落成〕 12月16日，“南京农业大学海门山羊研发中心”落成典礼暨首届中国海门山羊节开幕式在海门市举行。研发中心规划占地面积830亩，涵盖羊场、肉制品加工区、钢架大棚和葡萄园，是一个集种养加产供销一条龙服务的综合示范基地。研发中心将借助学校和国家肉羊产业技术体系的科技力量，紧密围绕海门山羊产业开展工作，结合常规选育和现代分子育种技术，重点开展多胎肉用海门山羊新品种的选育，以及粗饲料加工利用与标准化养殖关键技术研究等工作，为海门山羊的产业化发展提供强有力的技术支撑。

〔**举行“海外学子江苏行——引凤工程”考察联谊活动**〕 7月5日，“2011年海外留学人员江苏行南京农业大学考察联谊活动”在学校举行。此次活动由致公党江苏省委和致公党中央留学人员委员会主办，学校党委统战部、人事处联合承办。45名来自美国哈佛大学、耶鲁大学、麻省理工学院、加州伯克利分校，英国剑桥大学、牛津大学和德国、法国、意大利、加拿大、日本、俄罗斯等国家世界名校的留学博士、博士后到校参观考察。

〔**举行110周年校庆工作启动仪式**〕 11月1日，学校110周年校庆工作启动仪式举行。江苏省多位省委、省政府领导及校友代表出席大会。学校依靠全校师生员工和广大校友，以“传承、开拓、凝心、聚力”为主题，本着“隆重、热烈、简朴、欢庆”的原则，组织并筹备好校庆活动。

〔**孙雅薇获第19届亚锦赛100米栏冠军**〕 7月10日，在日本神户举行的第19届亚洲田径锦标赛女子100米栏决赛中，学校动物医学院学生孙雅薇以13秒04的成绩夺得金牌，并达到世锦赛B标。

撰稿 吴 玥

审稿 闫祥林

中国药科大学

〔综述〕　2011年，学校的主要工作是：顺利召开第五届教代会暨第十三次工代会，编制完成学校“十二五”事业发展专项规划和院部系规划；加强基层党组织建设，加强领导班子和干部队伍的建设，推进反腐倡廉科学化，落实教育部巡视组巡视整改方案；加大力度整合科研力量，加强对国家重点实验室的建设和管理；加快“211工程”三期建设项目实施，推动药物科学研究院建设；深化质量工程建设及进一步拓展国际交流与合作。

2011年，招收本专科学生共计2 990人，其中本科生2 700人、专科生290人。招收研究生共计1 062人，其中博士生163人、硕士生899人。招收留学生45名。2011年，本专科毕业生共计2 786人，其中本科生2 356人、专科生430人。毕业研究生共计726人，其中博士生117人、硕士生609人。毕业留学生39人。

〔学科与专业建设〕　“天然药物活性组分与药效”国家重点实验室成功获批。“药物发现理论与技术”985优势学科创新平台获教育部、财政部批准立项建设，获中央财政资金5 000万元。药学、中药学“江苏高校优势学科建设工程”项目获准立项实施，获省财政专项资金1 800万元。学校药理与毒理学、化学两个学科领域的ESI排名进入全球前1%。中西医结合学科成功获选“十二五”江苏省重点学科。新增化学、生物学和生物医学工程3个硕士学位授权一级学科。“十一五”“新药创制”科技重大专项工作顺利通过结题验收。聘请全国人大常委副委员长桑国卫院士为社会与管理药学专业的博士生导师。4项成果分别获江苏省高等教育教学成果一等奖和二等奖。学校与意大利卡拉布里亚大学联合培养硕士生。陈依军教授入选江苏省2010年度“双创计划”人选。

〔科研活动与成果奖励〕　2011年，学校教师与科研人员申报纵向科研项目758项，横向项目219项，其中获国家部省级立项资助达281项，到账资金纵向近8 809.83万元、横向近2 668.8万元。申报专利180件，专利授权61项。

学校被评为“江苏省科技工作先进高校”、“江苏省‘十一五’获重大科技成果奖励成绩显著高等学校”。齐炼文的博士学位论文入选2011全国优秀博士学位论文。《中国天然药物》2011年影响因子为1.450，居117种中医药学期刊第2位。该刊2011年相继入选“RCCSE中国权威学术期刊”（学科前三位）、中国科学引文数据库（CSCD）及第六版北大核心期刊和第二届中国精品科技期刊，进入全国前3%期刊行列。《中国药科大学学报》被评为高等医学类权威学术期刊第2位，该学报编辑部被教育部评为“中国高校科技期刊优秀团队”。邵蓉、高向东两位教授被评为“第六届江苏省高等学校教学名师”。余伯阳教授主持的“麦冬类中药的系统研究”获2010年度高等学校科学研究优秀成果奖自然科学成果二等奖。黄艳、宁宁分别获江苏省优秀共青团干部、江苏省优秀共青团员称号。丁娅、何玲、胡容入选2010年度教育部“新世纪优秀人才支持计划”。祝鸿被教育部评为“十一五”高等学校科技管理先进个人。学校在2011年国际大学生数学建模竞赛中，共获国际一等奖1项，国际二等奖3项。2010级学生汪越获第十七届中国日报社“21世纪杯”全国英语演讲赛江苏赛区决赛一等奖，并获2012年全国总决赛资格。学生郭雨濛、薛丹杨获2011年全国大学生英语竞赛特等奖，另有7名学生获一等奖。

〔**4项教学成果获省教学成果奖**〕 在江苏省教育厅公布的全省高等教育教学成果获奖名单中，学校4项成果获奖。分别是徐晓媛、花建华等完成的“构建多层次、全方位药学终身教育体系的研究与实践”获一等奖；李萍、李会军等完成的“面向中药现代化的生药学教学改革与实践”、张尊建等的“创新型药品质量安全人才培养模式的建设与实践”和胡育筑、严拯宇的“药学类专业分析化学多模块分层次教学的改革与实践”获二等奖。

〔**科技部领导到学校视察科技重大专项实施工作**〕 3月25日，科技部副部长王伟中一行到学校视察“重大新药创制”科技重大专项组织实施工作。省科技厅副厅长夏冰等相关领导陪同，校领导及部分课题负责人参加了此次考察活动。考察组听取了关于“重大新药创制”专项“十一五”组织落实情况及“十二五”实施建议的汇报，实地参观考察了学校药物代谢动力学重点实验室和现代中药教育部重点实验室。王伟中在听取汇报及考察后，肯定了学校在重大专项实施工作中的成绩，并对学校进一步做好重大专项组织实施、加快创新药物研究提出明确要求。

〔**诺贝尔奖得主路易·伊格纳罗受聘为学校名誉教授**〕 7月13日，美国加州大学洛杉矶分校药学院院长、“伟哥之父”、诺贝尔奖得主、著名药理学家路易·伊格纳罗教授一行访问学校。校长吴晓明向伊格纳罗教授颁发了中国药科大学名誉教授聘任书，两人共同为中国药科大学伊格纳罗工作站揭牌。该工作站的建立，标志着学校加快与国际接轨、加强国际合作交流工作迈上一个新的台阶。

〔**成功举办“科信必成药学博士生论坛”**〕 5月14—15日，由共青团中国药科大学委员会，江苏省研究生创新与学术交流中心（现代药物领域）主办，学校研究生会承办的“2011年中国药科大学科信必成药学博士生论坛”在学校举办。南京大学、东南大学等15所在宁高校的研究生会主席及复旦大学等高校的博士生代表参加了开幕式。论坛主题为“启迪、创新”。共收到论文49篇，分别评出一等奖3名、二等奖6名、三等奖7名。5月15日，在江宁校区举行了以“品学术、论人生”为主题的博士访谈。访谈特邀留校教师江峰博士、药物化学专业郭涤亮博士、美国多伦多大学生物物理专业严孝强博士、复旦大学药学院微生物与生化药学专业蔡圣博士参加。当天在玄武门校区召开了药学博士生圆桌会议，围绕药学博士生就业与未来发展等相关话题进行了讨论。

〔**台湾中医药大学副校长吴永昌访问学校**〕 5月24—26日，应学校邀请，台湾中医药大学副校长吴永昌到学校交流讲学，并与校领导开展合作洽谈。双方深入讨论了联合培养研究生及本科生交流等方面的合作，达成一致意见。吴永昌还参观了学校“天然药物活性组分与药效”国家重点实验室所属的药化、现代中药、新药筛选等重点实验室。

〔**第二届海峡两岸药学学术交流研讨会举行**〕 9月23—24日，第二届海峡两岸药学学术交流研讨会暨2011年长三角药物化学研究会在学校举行。来自苏、浙、沪、皖、台湾等30多所大专院校、科研院所和企业的共400余人参加会议，共收到论文摘要168篇。校长吴晓明教授和台湾大学研发长陈基旺教授致开幕词。会议期间，中科院上海药物所尤亚秋教授、台湾大学顾记华教授、浙江大学药学院盛荣副教授、中国药科大学姚和权教授分别作大会专题报告。80余位代表围绕创新药物的设计与发现研究，基于天然产物的药物合成、修饰、优化和评价，药物新合成方法及合成工艺研究及相关研究新技术新方法等主题，分为4个小组进行了报告交流。本次研讨会，加强了两岸的药学学术交流，为增进区域间的交流提供了平台。

〔**举办海峡两岸药学院院长论坛**〕　9月23—24日，由学校主办、江苏恒瑞医药股份有限公司协办的海峡两岸药学院院长论坛在学校举行。来自北京大学、复旦大学等13所高校的药学院院长、系主任参加了论坛。中国药科大学、台湾大学、国家食品药品监督局等20多位两岸药学界嘉宾应邀出席。与会代表听取了“亚洲药学教育改革和发展方向”、“中国大陆高等药学教育现状与发展”、“中国医药大学药学教育发展现状及未来规划”等专题报告，并进行了交流、探讨。

〔**与江苏（江宁）大学科教创新园签订合作协议**〕　10月，江苏（江宁）大学科教创新园授牌签约仪式在江宁科学园举行。省委常委、南京市委书记杨卫泽及省科技厅、省教育厅、市委常委等领导出席活动。江苏（江宁）大学科教新园与学校签订了共建生命科学创新园合作协议，对实现区校合作与共赢具有重大意义。

〔**举行与卡拉布里亚大学联合培养硕士项目答辩及学位授予大会**〕　11月9日，第二届“中国药科大学——卡拉布里亚大学联合培养硕士”项目答辩及学位授予大会在学校举行。意大利卡拉布里亚大学药学院院长Ando教授一行6人到校参加10名学生的答辩提问。答辩结束后，Ando院长与王广基副校长分别代表各自学校为10名同学颁发了卡拉布里亚大学MASTER1毕业证书。

〔**全国药学类高校中青年骨干教师培训班举办**〕11月23—27日，受国家自然科学基金委和教育部高校药学类教学指导委员会委托，在学校举办了全国药学类高校中青年干部教师培训班，来自全国48所药学类院校的137名教师参加了培训。培训班邀请了来自北京大学药学院、第二军医大学等多位高校专家教授，为学员作专题报告及讲学。

〔**第四届全国大学生药苑论坛举行**〕　11月19日，第四届全国大学生药苑论坛在学校举行，来自海峡两岸知名医药院校的120余名师生共聚一堂，就大学生创新能力培养、创新药物研发开展深入交流。论坛包括专家报告、学生大会报告和展板交流、创新成果评比等内容。来自北京大学、复旦大学、四川大学、沈阳药科大学、台湾大学等高校的49名大学生分别汇报了各自团队的成果。经专家评审，评选出10个创新成果一等奖、15个二等奖。学校获2个一等奖、1个二等奖。教育部高教司、省教育厅高教处有关负责人出席开幕式并讲话。

〔**召开第五届教代会暨第十三次工代会**〕　3月21—4月2日，学校第五届教职工代表大会暨第十三届工会会员代表大会召开。校领导、各岗位的教职工代表和列席、特邀代表230余人参加会议，共谋学校“十二五”事业发展规划。省委教育工委、省教育科技工会高校部的有关负责人及南京大学等多所兄弟院校的工会主席到会祝贺。会上，校长吴晓明作了“全面提升内涵建设水平、开创中国药科大学发展新局面”的工作报告。

大会审议通过了校长工作报告、学校“十二五”事业发展规划、“两代会”工作报告，成立了新一届教代会专门工作委员会，征集有效提案114项。大会选举了19人为校第十三届工会委员会委员，选举了3人为校工会经费审查委员会委员。第十三届工会委员会、工会经费审查委员会分别召开了第一次全体会议。

〔**教育部巡视组进驻学校开展巡视工作**〕　4月7日，教育部巡视组一行8人进驻学校，开展巡视工作。教育部直属高校工作司副司长贾德水、巡视组全体成员与校领导班子座谈，了解学校发展情况。巡视结束后形成了总体报告、党风廉政专题报告、对学校的反馈意见和建议3份报告。

〔**王立英视察学校**〕　4月21日，中纪委驻教育部纪检组组长、教育部党组成员王立英到学校视察指导工作。王立英一行参观了学校“天然药物活性组分与药效”国家重点实验室，并与全体校领导和各二级单位负责人交流座谈。王立英在听取了各级领导汇报后，以“历史厚重、独特优势、前景远大”12个字对学校在人才培养、科学研究和服务社会等方面取得的成绩给予了肯定，并对学校的发展提出明确要求。

〔**举行2011年毕业典礼暨学位授予仪式**〕 6月20日，学校举行了2011年本专科生和研究生毕业典礼暨学位授予仪式。学校学位评定委员会副主席平其能教授宣读学位授予决定，毕业生代表、教师代表分别在会上发言。校长吴晓明代表学校向全体2011届毕业生表示祝贺，向教工代表示敬意和感谢，并为毕业生代表颁发毕业证书。

撰稿 周 骊 杨 庆

审稿 杜文清

合肥工业大学

〔“本科教学工程”取得显著成绩〕 2011年，是教育部、财政部启动实施“本科教学工程”的头一年，学校抓住机遇，取得重要进展。实施机械设计制造及其自动化、土木工程2个专业“卓越工程师教育培养计划”试点工作，构建“卓越工程师教育培养计划”课程体系和教学内容。在教育部对首批“卓越计划”试点专业培养方案实施阶段的检查中，学校机械设计制造及其自动化、土木工程两个专业均获得优异成绩；新增资源勘查工程、高分子材料与工程、计算机科学与技术、自动化4个“卓越工程师教育培养计划”试点专业；计算机科学与技术、化学工程与工艺2个专业通过了国家工程专业认证的专家评审；学校与安徽江淮汽车集团有限公司、安徽建工集团有限公司、安徽合力股份有限公司联合申报并建设的3个国家级工程实践教育中心获得批准，是获批数最多的高校之一；机械设计制造及其自动化、土木工程、资源勘查工程和计算机科学与技术4个专业获国家级本科教学工作专业综合改革试点；新增3部国家级精品教材；新增70项国家级大学生创新性实验计划项目；启动了国家教育体制改革项目“工程科技人才培养模式创新”；对口支援北方民族大学工作顺利进行。

积极遴选申报省级质量工程项目，共有7个项目获省级质量工程项目，其中化学工程及工艺获省级特色专业，“机械工程实习实训中心”获省级实验示范中心，“食品工程类卓越工程师、卓越法学”获省级人才培养模式创新实验区，环境科学与工程、计算机类专业获省高校合作联盟建设和分类管理改革试点，“教师教学能力发展中心”获省级应用型教师教学能力发展中心。

〔深入实施研究生培养质量工程〕 启动了2011优博项目、教改项目、精品课程、精品教材等；推进硕士研究生公共政治课教学模式改革；修订全日制专业学位硕士研究生培养方案。2011年，学校1篇论文获全国优秀博士学位论文提名奖，3篇论文获安徽省优秀博士学位论文，18篇论文获安徽省优秀硕士学位论文。

加强对专业学位研究生招生、培养管理与待遇、奖助制度、就业服务、职业发展方向的宣传，积极引导鼓励行业、企业及社会力量支持、参与学校专业学位研究生教育，形成规模效益。2011年，学校荣获“全国工程硕士研究生教育创新院校”，机械工程、电气工程和建筑与土木工程3个领域荣获“全国工程硕士研究生教育特色工程领域”。

〔科学研究继续取得新突破〕 进一步提升学校的科研层次、科研水平、科研成果、科研绩效、贡献率和影响力，全年实现科研到账总经费3.65亿元。

纵向科研能力和水平不断提升，基础研究取得新突破。纵向科研共获准立项718项，到账经费15 749万元。首次主持的2项“973计划”项目获准立项。国家自然科学基金项目立项110项，首次突破100项，经费6 300万元，经费总量跃居全国高校第38位，充分显示了学校科学研究应有的潜力和较强的创新能力。横向科研合同数和到账经费持续增长，全年新增项目705项，其中100万元以上项目53项，500万元以上项目7项，到账经费20 732万元。

重视成果培育和知识产权保护工作，科研成果奖励继续保持强劲势头。共获安徽省科技进步一等奖4项、二等奖7项、三等奖10项；获省部级社会科学类优秀成果奖8项，其中一等奖1项、二等奖3项、三等奖3项；全国教育科学研究优秀成果三等奖1项。共申请发明专利200项、软件著作权登记27项；获发明专利授权92项、实用新型专利授权57项、外观设计5项、软件著作权获准登记37项（含2011年之前申请的项目）。

科研基地建设持续取得重大进展。省部共建现代显示技术国家重点实验室（培育基地）通过专家组验收，"可再生能源并网发电科学与技术创新引智基地"通过国家外专局验收，"现代测试与精密工程创新引智基地"获批立项，"汽车技术与装备工程研究中心"获批为国家地方联合工程研究中心。

〔**"985工程"优势学科创新平台成功立项**〕 根据教育部《关于做好"优势学科创新平台"建设方案和项目预算编制工作的通知》精神，学校《"节能环保汽车及其制造装备技术""985工程"优势学科创新平台建设方案及项目预算》于6月上报教育部，并获批立项。

〔**高层次人才引进成效显著**〕 2011年，高层次人才引进工作取得重要进展和效果。主要表现在：一是引进人才效益初显：有8位引进人才获批10项国家自然基金，其中2人同时获批两项国家自然基金。二是院长招聘工作取得显著成效：已到岗的院长中，有3位"长江学者"特聘教授和2位"国家杰出青年科学基金"获得者。三是人才支持计划申报工作再创佳绩：引进的人才有1人入选国家首批"青年千人计划"。四是引进人才数量创新高：截至2011年年底，引进"千人计划"2人、"青年千人计划"1人、"长江学者"特聘教授3人、"国家杰出青年基金"获得者4人、全国优秀博士学位论文获得者2人、"黄山学者"特聘教授5人、"黄山青年学者"9人、正高级专业技术职务4人、副高级专业技术职务7人，引智特聘教授3人。

〔**积极探索推进大部制改革**〕 3月4日，学校召开大部制改革及第四次干部竞聘工作动员大会，正式启动大部制改革。顺利完成了中层领导干部、科级及中级职员领导干部、一般管理岗位、工勤岗位的竞聘工作，实现了平稳过渡，运行态势良好。为进一步完善大部制改革相关政策措施，制定了《合肥工业大学关于行政大部制运行中若干问题的规定（试行）》和《关于进一步加强督查督办的若干意见》等文件。

〔**拓展教育合作与交流**〕 巩固已建立的合作关系，开拓对外交流领域。邀请来自13个国家和地区，总共225人次的海外专家、学者到校进行学术交流、科研合作或参加国际会议；接待美国俄亥俄州立大学、法国高等信息企业学院等10个代表团组到校访问并洽谈合作交流事宜；派出出国（境）及赴台师生共计195人次，从事交流访问、学术研讨、参加国际会议、培训、比赛及研修学习。

积极申报外国专家项目，进一步规范外国专家聘请与管理工作。成功申请到教育部、国家外国专家局2011年外国文教专家聘请项目67项。制定《合肥工业大学长期外国专家聘用和管理规定（试行）》，加强外国专家归口管理；对专家楼进行整体装修改造，改善外国专家的住宿条件。

开展形式多样的学生联合培养项目。如"1＋2＋1"中美人才培养计划、韩国本/硕留学项目、德国TU9大学攻读硕士学位项目（德语授课）、英国本硕连读国际班、美国本科国际班等，加强项目生的日常管理；完成27名国家公派研究生的派出工作。

进一步加强与台湾友好院校的交流合作。全年派出10个赴台团组，共计33人次赴台交流访问、科研合作和参加学术会议、研习培训；接待台湾到访团组5个，共计35人次；根据校际交换生协议，选派70名学生分赴台湾云林科技大学、逢甲大学、义守大学和静宜大学进行为期1学期的交换学习；成功举办第五届大学生徽文化研习营（两岸三地）活动。

做好留学生招生及录取工作，规范留学生日常管理。录取26名2011级中国政府奖学金来华留学生；接收12名2010级、2011级（免预科教育）中国政府奖学金来华留学生到校就读；修订《合肥工业大学来华留学本科生学历学籍暂行规定》和《留学生生活指南》。

推进管理干部和教学科研骨干的海外培训与进修工作。为借鉴海外先进大学的办学理念，推进学校的国际化进程和科学管理水平，筹划了首届赴台"高校教学管理研习班"，派出18位党政管理干部赴台湾集中培训9天。

〔**创办宣城校区**〕　为发挥办学优势，服务区域经济和社会发展，支撑皖江城市带承接产业转移示范区规划，同时解决自身办学空间不足等问题，在教育部和安徽省委、省政府的支持下，学校与宣城市合作建设合肥工业大学宣城校区。宣城市在征地拆迁之外，筹措18亿元用于宣城校区建设，实施"交钥匙"工程。学校对宣城校区定位及建设方案进行了整体策划和统筹考虑，编报了可行性研究报告。校党委全委会、教代会执委会研究并通过了建设宣城校区的决议。教育部下达了关于合肥工业大学宣城校区建设的批复，宣城校区建设工作已开始实施。

撰稿　冷桥勋
审稿　霍效忠

浙江大学

〔**综述**〕 2011 年，学校顺利实现了“十二五”良好开局。成功召开了第十三次党代会，进一步明确了建设世界一流大学的目标愿景和发展方针；承担的国家教育体制改革试点工作扎实推进，学科重点培育计划启动实施，新一轮“985 工程”建设进展顺利；提高人才培养质量的举措不断深化，学生在海内外各类竞赛中屡创佳绩；科研质量提升和规模增长联动发展，主要指标继续保持领先地位；“1311 人才工程”（即形成 100 名左右具有国际影响力的高端人才，培养和引进 300 名左右具有国际知名度的高级人才，建设 100 个左右面向重大任务或科学问题的创新研究团队，支持 1 000 名左右支撑学校未来发展的青年骨干人才）深入推进，师资队伍整体水平稳步提高；政产学研结合更加紧密，服务区域创新体系建设呈现新亮点；海外交流与合作层次提升，国际化办学的合作平台不断拓展；师生学习、工作和生活条件持续改善，和谐校园和大学文化建设取得新成效。

〔**教育科研**〕 全年到账科研经费 28.17 亿元，比 2010 年增长 2.4%。获批国家自然科学基金项目 694 项，资助总金额 3.85 亿元，经费比 2010 年增长 83%。作为首席单位承担国家重大科学研究计划项目 3 项，牵头承担“973 计划”项目 4 项，新增 3 个教育部创新团队项目。获 2011 年度国家科学技术三大奖 14 项，其中作为第一完成单位获国家科技进步奖二等奖 4 项，作为参与单位获国家科技进步奖一等奖 2 项、二等奖 8 项。中国科学技术信息研究所 2011 年年底公布的数据显示，学校 2010 年被 SCI 收录论文 3 928 篇，比 2010 年增长 1.4%，保持全国高校第 1 位；被 EI 收录论文 3 320 篇，比 2010 年增长 11%；被 ISTP 收录论文 1 268 篇，比 2010 年增长 27.6%。获“表现不俗”论文 860 篇，保持全国高校第 1 位；入选最具国际影响的学术论文 2 篇。在全球学术机构的学术影响力从第 282 位上升到第 231 位。全年获授权专利 1 914 件，比 2010 年增长 19.6%；其中获授权发明专利 1 234 件，比 2010 年增长 21.6%。

人文社科到账科研经费突破 2 亿元，达 2.033 4 亿元，比 2010 年增长 31.1%。获批国家社科基金年度项目 36 项，资助总经费 580 万元，均创历史新高。获 3 项国家社科基金重大招标项目，1 项教育部哲学社会科学研究重大课题攻关项目，人文社科科研实力整体提升。全年被 SSCI 收录论文 181 篇，被 A&HCI 收录论文 16 篇，均居全国高校第 3 位。

全年签订横向技术合同金额和到账金额均突破 11 亿元，创历史新高。积极参与省市“三湖一带”高科技产业集聚区建设。与杭州市继续深化战略合作，共同编制“十二五”规划，启动实施新的合作内容。与湖州市签订新一轮共建美丽乡村示范区协议，积极响应参与浙江海洋经济发展示范区和舟山群岛新区建设。以长三角为重点，与全国 30 多个地市建立了科技合作关系。

〔**14 个项目获国家科学技术奖**〕 学校共有 14 个项目获 2011 年度国家科学技术奖励。其中学校作为第一完成单位获科技进步奖二等奖 4 项，分别是：中国工程院院士、机械系教授谭建荣牵头完成的“复杂装备与工艺工装集成数字化设计关键技术及系列产品开发”、计算机学院教授陈纯牵头完成的“跨行业的嵌入式系统软件平台 SMART 及其

应用”、医学院教授金洁牵头完成的“急性髓细胞白血病生物学特征研究及化疗新方案的创建和推广应用”和医学院教授谢幸牵头完成的“卵巢癌进展机制及其阻遏策略的研究与应用”。学校作为参与单位完成的“水立方工程建造技术创新与实践”、“高压直流输电工程成套设计自主化技术开发与工程实践”获科技进步一等奖。其中“水立方工程建造技术创新与实践”项目中，学校董石麟院士作为第二完成人获奖。

〔8门课程入选首批国家“精品视频公开课”〕 6月，教育部发布了《关于启动2011年精品视频公开课建设工作的通知》（教高司函〔2011〕105号），学校申报的8门课程全部入选为国家“精品视频公开课”（以下简称“公开课”），申报成功率达100%。“公开课”旨在传播知识、回馈社会、引领文化，由学校名师讲授，涉及的领域有食品安全、器官移植、新材料与社会进步、当代中国社会建设、艺术史、茶文化、非传统安全管理等。

〔学科重点培育计划〕 学校启动实施一流基础学科建设计划和国家重点学科培育计划，对遴选出的管理科学与工程学科、物理学科、化学学科之高新材料化学、工程热物理学科、材料学科之先进材料制备和表征及应用、光学工程学科、农学学科之动植物种质创新和分子设计育种、神经科学学科和生命科学院、肝病转化医学中心予以重点建设，加快一流学科建设步伐。

〔教师队伍建设〕 全校教职工共8 222人，其中专任教师3 146人，拥有博士学位的教师比例为78.1%。入选首批国家“青年千人计划”学者8人，新增中国工程院院士1人、“973计划”首席科学家3人、国家杰出青年基金获得者8人、浙江省特级专家8人、国家级教学名师2人。全年引进各类人才195人，其中直接从海外引进92人，引进国家“千人计划”学者8人。

〔龚晓南当选中国工程院院士〕 12月8日，学校土木工程学系教授龚晓南当选为中国工程院土木、水利与建筑工程学部院士。龚晓南长期从事土力学及基础工程理论研究和工程实践，特别是在地基处理及复合地基、基坑工程、工程教育等领域业绩突出。发表刊物论文和专题报告400多篇，被SCI和EI收录134篇；参与、主持完成了十几个省市高速公路、建筑工程、机场、围海工程等软土地基处理咨询与设计，主持数十项基坑工程设计和数十个基础工程事故处理；开设了高等土力学、土塑性力学、工程材料本构方程、计算土力学、地基处理技术和广义复合地基理论等6门研究生课程，出版的教材成为许多高校研究生教材。

〔蒋建中课题组在*SCIENCE*上发表学术论文〕 学校材料科学与工程学系新结构材料国际研究中心蒋建中课题组最新研究发现，在高压状态下，看似无序的金属玻璃呈现出有序结构——长程拓扑序，相关论文“Long-range topological order in metallic glass”发表在6月17日美国*Science*（《科学》）杂志上，第一作者为该中心博士后曾桥石。

〔4篇论文入选全国优秀博士学位论文〕 2011年，学校推选18篇论文参选教育部全国优秀博士学位论文奖评选，其中有4篇获全国优秀博士学位论文奖，分别是：由博士生导师岑可法、严建华、池涌指导，动力工程及工程热物理博士研究生薄拯撰写的博士学位论文“滑动弧放电等离子体处理挥发性有机化合物基础研究”；由博士生导师鲍虎军指导，计算机科学与技术博士研究生章国锋撰写的博士学位论文“视频场景的重建与增强处理”；由博士生导师张英、任一平指导，食品科学与工程博士研究生章宇撰写的博士学位论文“生物黄酮抑制食品中丙烯酰胺形成的机理及其构效关系研究”；由博士生导师喻景权指导，园艺学博士生夏晓剑撰写的博士学位论文“油菜素内酯调控黄瓜光合作用、抗逆性及农药代谢的生理与分子机理研究”。

〔教育部与浙江省继续共建浙江大学〕 10月8日下午，教育部与浙江省人民政府在杭州市签署省部《关于继续重点共建浙江大学协议》和《支持浙江海洋高等教育发展、共同推进海洋经济发展示范区建设战略合作协议》。教育部部长袁贵仁与中共浙江省委副书记、代省长夏宝龙签署了有关协议。

〔**中国共产党浙江大学第十三次代表大会**〕 中国共产党浙江大学第十三次代表大会于12月9—10日在紫金港校区剧场开幕，300多名教师、学生、管理人员和离退休党员，代表全校3万余名党员，共同谋划学校改革发展和党的建设，提出了学校建设世界一流大学的目标愿景，明确了学校的发展方针及主要任务。大会以无记名投票的方式，选举产生了由31名委员组成的中共浙江大学第十三届委员会和11名新一届中共浙江大学纪律检查委员会委员。

〔**获第35届ACM国际大学生程序设计竞赛全球总决赛冠军**〕 美国时间2011年5月30下午，学校由计算机学院巫泽俊、欧阳嘉林和数学系莫璐怡等3位学生组成的Arc of Dream队在第35届ACM国际大学生程序设计竞赛全球总决赛中获全球总冠军，美国密歇根大学、清华大学位列第二名和第三名。本届ACM总决赛在美国佛罗里达州的奥兰多举办，共有来自30多个国家和地区的105支队伍、300余名世界各大学计算机精英参赛。

〔**正式启动若干大型文化研究项目**〕 “中国历代绘画大系”、“中华礼藏”等大型文化研究项目稳步推进。这些基础研究项目旨在通过对绘画、文献、档案等历史遗存的发掘、整理、编纂、出版，打造对理论创新和文化传承创新具有重大影响的标志性成果，从而推动学校文科基础研究水平的整体提升。《中国历代绘画大系》编纂研究工程由学校古代书画研究中心承担。

〔**招生就业工作**〕 2011年，招收全日制本科生5 594人、研究生6 715人，授予博士学位1 299人、硕士学位6 214人、本科学位4 950人。加强和改进就业指导与服务工作，推进多种形式的创业教育，本科毕业生海内外深造率达54.32%，比2010年增长1.7个百分点。

在校留学生总数达4 677人（含非学历教育生），比2010年增长12.5%；其中攻读学位的留学生人数为1 971人，比2010年增长13.7%。

〔**对口支援工作**〕 积极参与国家西部大开发，做好援疆、援藏和对口支援贵州大学、塔里木大学等工作，获教育部对口支援先进集体荣誉称号。

〔**教育交流与合作**〕 全年召开国际学术会议65个，聘请长、短期外国文教专家644人次，聘请39位海外知名教授担任学校名誉、客座教授，其中包括2位诺贝尔奖获得者。拓展海外交流合作渠道，全校师生海外学习交流总数达6 512人次，比2010年增长35.2%。其中教职工赴海外学习交流总数达4 024人次，比2010年增长57.3%；学生赴海外学习交流总数达2 488人次，比2010年增长10.1%。

〔**“红色寻访”主题教育活动**〕 11月，“红色寻访”主题教育活动获教育部思政司2011年高校校园文化建设优秀成果特等奖。该活动开始于2011年初，持续时间近一年，是学校迎接建党90周年、深入开展创先争优活动的重要载体。活动组织近万名大学生走访了全国12个重点红色基地区域、30条红色精品线路、300个红色教育基地，走进井冈山、遵义、延安、西柏坡等革命老区，对话红色历史见证人，倾听红色故事，重温党的历史，追寻革命足迹，开展了“参观一个革命教育基地，寻访一位老革命、老党员，采访一位典型人物”实践活动，进一步激发了广大学子听党话、跟党走的理想信念，进一步坚定了报国强国的责任感和使命感。

撰稿　张　黎
审稿　叶桂方

厦门大学

〔**新增6个博士学位授权点、13个硕士学科授权点**〕 2011年11月，学校新增考古学、中国史、世界史、生态学、统计学、戏剧与影视学6个博士学位一级学科授权点，新增考古学、中国史、世界史、生态学、统计学、建筑学、软件工程、艺术学理论、音乐与舞蹈学、戏剧与影视学、美术学、设计学12个硕士学位一级学科授权点。截至2011年年底，学校已拥有31个博士学位一级学科授权点，49个硕士学位一级学科授权点（含博士学位一级学科授权覆盖）。

〔**新增5名“千人计划”入选者**〕 9月，第六批国家“千人计划”引进人才名单公布，学校5名教授入选。其中法学院Patricia Wouters教授、Stephen Hobe教授、傅琨成教授和化学化工学院赵金保教授入选创新人才长期项目；化学化工学院林文斌教授入选创新人才短期项目。截至2011年9月底，学校已引进21名“千人计划”人选，海外高层次人才的引进使学校的人才集聚效应和示范带动效应日益彰显。

〔**36个项目获2011年度国家社科基金项目立项**〕 6月，2011年度国家社科基金项目评审结果公布，学校共有36个项目获批准立项，获资助经费总额570万元，其中重点项目3项、一般项目18项、青年项目15项。项目立项数和获资助经费数创学校历史新高。

〔**细胞应激生物学国家重点实验室获准建设**〕 10月26日，学校细胞应激生物学国家重点实验室获准建设。该实验室在原“细胞生物学与肿瘤细胞工程教育部重点实验室”和“福建省癌症生物学重点实验室”的基础上申请建设。这是学校第三个国家重点实验室。该实验室主要研究方向为细胞应对外界刺激的应激反应生物学、细胞应对自身癌变的应激反应生物学、细胞应对代谢状况变化的应激反应生物学。通过对以上三个研究方向的系统性研究，将有望在细胞应激生物学领域取得重大突破性成果。

〔**夏宁邵课题组成果获国家技术发明二等奖**〕 在2011年度国家科学技术奖励大会上，学校生命科学学院国家传染病诊断试剂与疫苗工程技术研究中心夏宁邵教授课题组成果“戊型肝炎病毒优势构象性抗原决定簇发现及在诊断中的应用”获国家技术发明二等奖。

〔**韩家淮课题组在国际权威刊物发表论文**〕 2月，学校生命科学学院韩家淮教授课题组在*Nature Cell Biology*（《自然—细胞生物学》）上发表了题为“Inactivation of Rheb by PRAK-mediated Phosphorylation is Essential for Energy-depletion-induced Suppression of mTORC1”的高水平研究论文。《自然—细胞生物学》系英国*Nature*（《自然》）杂志的子刊，被认为是细胞生物学领域的顶尖杂志。

〔**1位教授当选“科学中国人2010年度人物”**〕 6月12日，“科学中国人2010年度人物”在北京揭晓。学校能源研究院院长李宁教授当选“科学中国人2010年年度人物”。该奖项由《科学中国人》杂志社设立，旨在奖励为国家科技发展作出卓越贡

献的科技工作者，激发科技工作者为中国科技事业的发展，发扬自主创新、艰苦奋斗、勇攀高峰的精神。

〔**MBA/EMBA 项目双双入选中国“十大 MBA/EMBA 品牌”**〕 7月12日，2010—2011年度21世纪商学院竞争力调研发布仪式暨颁奖盛典在上海隆重举行，学校管理学院一举获得“十大 EMBA 品牌”、“十大 MBA 品牌”、“特色竞争力 EMBA 项目”三项大奖。

〔***NATURE* 刊物介绍学校**〕 5月12日，*Nature*（《自然》）杂志亚太集团和 *Nature-China* 在其网站和 *Nature Publishing Index 2010 China* 专刊上发布2010年中国大陆和香港最好研究机构，学校跻身前十名。其网站和专刊还专文介绍了学校。这篇文章以“Xiamen University：Building a High-level Research University That is Well-known throughout the World”（《厦大：建设世界知名高水平研究型大学》）为题，分学校概况、学科优势、产业研发、国际合作、未来展望等几个部分，全景式展现了学校的特色和优势，并配发了多幅照片。

〔**成功研发新型太阳能电池**〕 6月，学校物理与机电工程学院康俊勇教授课题组成功研发出以氧化锌和硒化锌两种宽带隙半导体为材料的太阳能电池，大大稳定了其性能并延长使用时间。据悉，这是国际上首次实现宽带隙半导体在太阳能电池中的应用。英国皇家化学学会的《材料化学》杂志和美国《科技日报》等十多个科技网站对该项成果进行了报道和转载。

〔**学习贯彻落实十七届六中全会精神**〕 学校根据中共中央、教育部和福建省委的部署要求，并结合学校实际，制定出台《中共厦门大学委员会关于贯彻落实十七届六中全会精神的若干意见》，对学习贯彻中央关于推动社会主义文化大发展大繁荣工作作出统一部署。一是进一步推进社会主义核心价值体系融入师生员工教育全过程，不断巩固共同的思想道德基础；二是进一步发挥文化育人优势，全面提升师生人文素质与文化素养；三是进一步繁荣发展哲学社会科学，充分发挥文化传承与创新作用；四是进一步凝聚和培育大学精神，不断提高校园文化建设水平。

〔**深入开展创先争优活动**〕 根据中共中央、教育部党组和福建省委的统一安排，结合学校实际，围绕“落实教育规划纲要，服务学生健康成才”的主题，以“三亮三比三评”为抓手，结合“深入基层大走访”活动，全面开展“为民服务创先争优”活动；校党委领导班子成员和学校创先争优活动指导检查组深入院党委和党总支，分别组织开展两次全校性创先争优活动集中检查和领导点评，推动创先争优活动取得实效。

〔**组织纪念建党 90 周年活动**〕 学校隆重举行纪念建党90周年活动，通过庆祝大会、评优表彰、理论研讨、座谈会、报告会、图片展、党日活动、知识竞赛、歌咏赛、文艺晚会等多种形式，组织开展6大类28项全校性的大型庆祝（纪念）活动，吸引了5万多人次参加。151名校级优秀共产党员、30名校级优秀党务工作者，20个先进基层党组织、50项党支部立项活动优秀成果，8个先进集体和14名先进个人分别受到中共福建省委、省委教育工委和中共厦门市委表彰。通过开展庆祝活动，深入宣传党的光辉历程和伟大成就，坚定师生员工跟党走的信心，激励师生员工进一步弘扬爱党、爱国、爱校的光荣传统，以昂扬的斗志积极创先争优，在推动学校科学发展、促进校园和谐及建设高水平研究型大学中建功立业。

〔**学生在国际遗传工程机器设计大赛中获金奖**〕 10月15—16日，由学校10名本科生组成的IGEM2011代表队在指导教师方柏山教授带领下，赴香港科技大学参加合成生物学（Synthetic Biology）领域的一个大型国际赛事——国际遗传工程机器设计竞赛（International Genetically Engineered Machine Competition，IGEM），获赛事金奖及赴美国麻省理工学院（MIT）参加世界锦标赛资格（Advancing to World Championship）。

〔**学生在“挑战杯”中创历史最佳**〕 10月16—19日，第十二届“挑战杯”全国大学生课外学术科技作品竞赛终审决赛落幕。学校9项参赛作品全部获奖，并以特等奖3项，一等奖1项，二等奖1项，三等奖4项，总分330分的优异成绩位居全国第六位，首次在“挑战杯”中捧得“优胜杯”，也是首次摘得特等奖，且特等奖作品数量在全国高校中排名前三，取得重大突破。

〔**学生在美国著名国际钢琴比赛中摘银夺铜**〕 2月，在美国第十九届国际钢琴公开赛上，由学校艺术学院郭小苹教授指导的三年级本科生许璐翎、伍纬洲、刘畅杰、柯可心荣获双钢琴高级组的银奖和铜奖。美国国际钢琴公开赛是著名的国际钢琴顶级比赛，每年举办一届，评委均来自世界各地著名音乐院校资深钢琴教授和著名钢琴演奏家。

〔**庆祝建校90周年**〕 4月6日，学校迎来90周年华诞。学校以“弘扬嘉庚精神，展示办学成就，凝聚各方力量，推动科学发展”为宗旨，以“感恩、责任、奉献”为主题，围绕“学术、校史、校友”三条主线，突出“学术性、国际性、文化性”三大特点，通过庆典类、学术交流类、文化艺术体育类、出版展览类、校友活动类等形式成功举办了上百场纪念活动（其中“中外大学校长论坛”、“诺贝尔奖获得者学术报告会”、“走近大师”、“陈嘉庚科学奖报告会”等高端学术活动36场）。8位党和国家领导人发来贺信，4 000多名来宾、校友到校参加活动，师生参与校庆活动达6.5万多人次。校庆活动充分展示了学校改革发展取得的巨大成就，增强了广大师生员工爱国爱校的自豪感和责任感。

〔**成立国家一级学会“朱子学会”**〕 10月9日，国家一级学会“朱子学会”在学校揭牌成立。该学会是经教育部和民政部报请国务院常务会议批准的国家一级学会。作为全国群众性的学术团体，学会挂靠学校，由教育部主管。在朱子学会第一届理事会第一次会议上，学校校长朱崇实教授当选朱子学会会长。

〔**第五届世界大学女校长论坛举行**〕 11月4—7日，第五届世界大学女校长论坛在学校举行。此次论坛由中国教育国际交流协会、厦门大学、中国传媒大学共同承办，来自世界35个国家的100余位女校长汇集一堂，以“文化和教育的包容性发展——大学女校长的使命与作为”为主题展开研讨和交流。

〔**获“2011年度微博风尚高校奖”**〕 12月10日，以“教育，因你而改变”的第四届新浪2011中国教育盛典在北京举行。厦门大学与复旦大学等12所高校共同获得“2011年度微博风尚高校奖”。学校官方微博自2010年12月开通以来，秉承“扎根南强，服务社会，加强沟通，阐扬文化”的宗旨，及时发布校内外资讯信息，解答师生校友及社会热心人士的提问和信息反馈，获得广泛好评。

撰稿 黄宝秋 唐拥华
审稿 黄宝秋

山东大学

〔**编制学校发展战略规划**〕 2011年，学校在学习贯彻教育规划纲要精神的基础上，着眼于今后10年的发展，结合学校实际，编制了具有目标性、纲领性、战略性的学校中长期战略发展规划——《山东大学建设世界一流大学战略规划》(即《攀越计划》)，回答了学校如何初步建成世界一流大学的若干重大问题；着眼于今后5年的发展，编制了《山东大学“十二五”事业发展规划》，从建设世界一流大学的战略高度出发，细化学校建设方案，规划了学校发展的基本路径。

〔**发布《山东大学2011—2015年党的建设工作纲要》**〕 2011年，校党委紧紧围绕学校中心工作，在全面总结过去5年党建工作经验的基础上，密切结合学校实际，立足当前，着眼长远，发布实施了《山东大学2011—2015年党的建设工作纲要》，对未来5年的党建工作进行了总体部署，为推动学校《攀越计划》的实施，实现学校事业的科学发展、创新发展、和谐发展提供了有力保证。

〔**“三跨四经历”人才培养模式引起广泛关注**〕第二校园经历合作高校达30所，国内访学人数达635人，赴亚洲、欧洲、美洲、大洋洲及港台友好院校访学人数突破1 000人。国家教改办专辑编发的2011年第20期《教育体制改革简报》，对学校探索“三跨四经历”(“三跨”即跨学科、跨学校、跨国境学习，“四经历”即本校学习经历、第二校园经历、海外学习经历和社会实践经历) 人才培养模式情况进行了专题报道。

〔**4个专业入选“卓越工程师教育培养计划”**〕2011年，学校机械设计制造及其自动化、电气工程及其自动化、材料成型及控制工程、自动化4个本科专业及对应研究生层次学科领域入选教育部“卓越工程师教育培养计划”。同时，学校还获批4个国家级工程实践教育中心及西部计划1项，启动了“卓越医生”、“卓越法律人才”计划，与中科院(所) 合作成立“严济慈班”、“王应徕班”、“戴芳澜班”，学校拔尖创新人才培养取得了明显进展。

〔**实施研究生质量工程**〕 学校启动研究生招生机制改革，改革博士生招生指标分配机制，推进硕士生招生工作重心下移，扩大招生单位自主权，进一步改善研究生生源结构。依托全国重点学科和重点培育学科，建设研究生创新实验中心，设立研究生自主创新基金，资助博士生进行学术创新研究。2011年，有3篇论文获全国优秀博士学位论文奖，获奖数量居全国高校第5位，为历史最好水平。

〔**获5项国家科学技术奖励**〕 2011年，学校共获5项国家级科学技术奖励，其中生命科学院曲音波教授领衔完成的项目“玉米芯废渣制备纤维素乙醇技术与应用”获国家技术发明二等奖，岩土中心李术才教授领衔完成的项目“隧道含水构造等不良地质超前预报定量识别及其灾害防治关键技术”获国家科技进步二等奖。另外，学校作为合作单位还获得一项国家技术发明二等奖、两项国家科技进步二等奖。

〔**彭实戈院士获聘普林斯顿全球学者**〕 中国科学院院士、学校数学学院彭实戈教授被美国普林斯顿大学聘为“2011—2012普林斯顿全球学者”。“普林斯顿全球学者”是普林斯顿大学为了加强国际学术交流，推动科学发展进步，面向全球招聘，由校内院系推荐，首次设立的学术岗位。彭实戈院士由该校3个系联合推荐，并最终获聘，充分显示了他在国际数学界相关领域的领袖地位。2011年，彭实戈院士还因其在随机分析、随机控制及金融数学领域的杰出贡献获国内数学最高奖—第十届华罗庚数学奖。

〔**程林教授获美国宇航局特别嘉奖**〕　8月，美国宇航局表彰了对太空计划作出重要贡献和取得杰出成就的组织和个人。学校热科学研究中心主任程林教授因在国际重大科学计划——阿尔法磁谱仪（AMS）项目中作出杰出贡献，获得了美国宇航局的特别嘉奖。

〔**SCIE收录连续4年列全国高校第10位**〕根据中国科技论文统计结果发布会公布结果，学校2010年SCIE收录论文数量连续4年排名全国高校第10位，共收录文献1 865篇、论文1 824篇。其中2010年收录表现不俗的论文394篇，在全国高等院校排名中列第9位，山东大学齐鲁医院表现不俗论文数量列全国医疗机构第5位。

〔**人文社科取得丰硕成果**〕　陈炎教授的《儒、释、道的生态观与艺术观》和杨蕙馨教授的《经济全球化条件下产业组织研究》两项成果入选2011年度《国家哲学社会科学成果文库》。《文史哲》杂志荣获第二届“中国出版政府奖”期刊奖，成为唯一获此殊荣的高校文科学报。陈增敬教授获中国最高经济学奖——孙冶方经济科学奖。学校主持发掘的大辛庄商代遗址入选“2010年度十大考古新发现”，《两汉全书》荣获省社科重大成果奖，全国最大地方文献丛书《山东文献集成》编撰完成，体现了学校古典学术研究在全国的领先地位。

〔**人才引进取得重大突破**〕　聘任诺贝尔物理奖获得者彼得·格林贝格尔教授为学校教授，聘任方家熊院士担任光学高等研究中心主任。新增国家“千人计划”特聘教授9人、“青年千人计划”入选者2人、山东省“泰山学者”海外特聘专家8人、山东大学人文社科一级教授5人、“齐鲁青年学者”特聘教授6人、“985工程”学术骨干5人。

〔**博士后发展成绩突出**〕　2011年，学校145位博士后研究人员获国家博士后科学基金，资助金额列全国高校第4位，其中第50批面上资助获资助金额列全国高校第3位；22人获中国博士后科学基金特别资助，列全国高校第6位。3人入选国家首次开展的“香江学者计划”，列全国高校第1位。

〔**教师队伍来源结构改善**〕　自2011年起，学校明确了教师岗位重点招聘海外优秀留学归国人员、国内著名科研机构的中青年学术骨干及博士后研究人员。2011年，新招聘119名教师中具有博士学位的占97%，海外博士占22%。积极实施“外籍教师聘任计划”。

〔**签署省部共建协议**〕　3月，教育部与山东省人民政府继续签署新一期重点共建山东大学协议。山东省把山东大学的改革、发展纳入全省经济社会发展总体规划，并给予相应政策支持。教育部支持、鼓励山东大学树立服务社会意识，创新人才培养模式，推进体制机制改革，在面向全国服务的同时为山东省经济建设、社会发展提供更有力的支撑。在2010—2013年共建期内，教育部和省政府分别为山东大学提供5.1亿元和6.1亿元资金，为学校发展再次提供了有力的物质保证和新的契机。

〔**与济南市人民政府签署战略合作协议**〕　1月，学校与济南市人民政府签署了战略合作框架协议。济南市与学校的总体合作思路是：根据济南市经济社会发展规划和学校学术振兴行动计划，按照相互支持、优势互补、互惠共赢、共促发展的原则，发挥各自优势，突出重点，形成全方位、宽领域、多层次的合作关系，打造以创新驱动为特征，政产学研相结合的济南山大名城名校合作新模式。

〔**构建全球一流大学核心伙伴网**〕 2011年，学校与世界知名大学签订校级合作协议9个、续签协议9个。与英国杜伦大学、美国芝加哥大学、耶鲁大学、加州大学圣巴巴拉分校、德国洪堡大学、法国图卢兹大学、日本熊本大学、俄罗斯人民友谊大学等海外知名高校开展了多项实质性合作。

〔**深化人事制度改革**〕 在新聘教师中探索真正意义上的聘任制，实现“非升即走”、能进能出的动态管理目标。新招聘的具有博士学位的教师，5年内未晋升副教授职务者，学校原则上不再续聘。截至2011年年底，已经有6位博士教师聘期到期，经考核后不再续聘。

〔**青岛校区建设启动**〕 青岛校区建设得到教育部、山东省的高度关注与大力支持。教育部明确表示支持学校建设青岛校区，鼓励学校积极构建山东大学系统，探索创新办学模式。山东省政府将青岛校区建设列入《山东省国民经济和社会发展第十二个五年规划纲要》和“十二五”高等教育发展重点工程，并全力为青岛校区建设提供良好的政策环境和经济保障，确保在“十二五”期间完成主要建设任务。8月，青岛市人民政府与学校签订了共建山东大学青岛校区协议，启动了青岛校区建设。学校立足于建设高端人才集聚基地、高新科技成果研究基地、高新技术孵化基地和高端国际学术交流基地，编制了青岛校区建设规划，确定青岛校区总建筑面积为120万平方米。

〔**校园文化建设**〕 2011年，学校大力加强文化建设，进一步梳理了学校历史传统和文化脉络，明确了办学宗旨、办学目标、校训、校风、校歌、主色调等。办学宗旨是“为天下储人才，为国家图富强”，办学目标为“建成世界一流大学”，校训为“学无止境、气有浩然”，校风为“崇实求新”，校歌为郑律成作曲、成仿吾作词、集体修改的《山东大学校歌》，主色调为“山大红”。宗旨、办学目标、校训、校风、校歌、主色调在110周年校庆之际予以明确，对于学校文化建设具有重要意义。

〔**举办110周年校庆活动**〕 学校以“文化校庆、学术校庆”为主题，成功举办了建校110周年庆祝活动。吴邦国、温家宝、吴官正、刘延东、姜春云、陈至立、李建国、蒋树声、严隽琪等党和国家领导人发来贺信贺电；国务委员刘延东在校庆前夕专程到校视察工作；九三学社中央主席韩启德、全国人大常委会原副委员长、山东大学儒学高等研究院院长许嘉璐、第九届全国政协副主席罗豪才亲临校庆大会；山东省委书记姜异康、省长姜大明等省领导到校祝贺。校庆期间，举办1 100余场学术讲座、110余场在海内外有重要影响的高端学术论坛，营造了浓厚的学术氛围。校园提升工程取得显著成效，进一步凸显了百年老校的文化内涵和历史美感。“百年墨缘——110周年校庆名人名家书画展”在国家博物馆成功举办，“梦想与行动——山大之夜”大型行为艺术活动激情无限，以“家·国·天下”为主题的校庆晚会气势恢宏，奏响了110周年校庆的华彩乐章。校庆期间，5万余名学生、3万余位校友、全校教职工及社会各界朋友的广泛参与，使参与校庆活动的人数达12万之多，为历届校庆之最。

〔**中心校区体育馆落成**〕 9月，学校中心校区体育馆落成。中心校区体育馆为乙级体育馆，总占地面积约3.2万平方米，总投资额3亿元，这是学校自1958年由青岛市迁到济南市后拥有的第一个体育馆，它的落成结束了学校作为“985工程”高校中唯一没有室内体育场馆的历史。

撰稿　王明良　韩春岫
审稿　周　洁

中国海洋大学

〔重点工程〕 2011年，学校制订实施《中国海洋大学“十二五”事业发展规划》，提出《中国海洋大学国际化发展战略实施意见》和《中国海洋大学实施文化引领战略的意见》，为高质量启动高水平研究型大学建设提供了路线图和措施保障。全力促成新一期“四方共建”协议的签署，共建期间，教育部、山东省和青岛市继续为学校提供4.5亿元资金支持，国家海洋局鼓励和支持学校申请和承担各类海洋项目，项目数量和规模不低于前期。新一期“985工程”建设总体规划和改革方案获国家主管部门批复，各重点建设计划稳步高效展开；“211工程”三期建设验收准备工作基本就绪。圆满完成土地置换，土地出让金及国家奖励资金全部到位，学校贷款清零，顺利完成国家化债目标，为轻装建设国际知名、特色显著的高水平研究型大学奠定了坚实的基础。

〔学科建设〕 继植物学、动物学、地球科学、工程技术学科（领域）之后，化学学科（领域）进入了美国ESI数据库全球科研机构前1%，学校的综合实力和国际学术影响力持续提升。经国务院学位委员会第28次会议审议批准，学校增列应用经济学、计算机科学与技术、药学、工商管理4个博士学位授权一级学科，经对应调整申报，新增生态学、软件工程2个博士学位授权一级学科；能源与环保领域工程博士专业学位授权点获批。学校拥有工程硕士专业学位招生领域20个，农业推广硕士招生领域6个，专业学位研究生教育体系日趋完善。海洋生物遗传学与育种教育部重点实验室顺利通过验收，学校7个教育部重点实验室全部步入正式挂牌运行阶段。农业部水产动物营养与饲料重点实验室获批建设。青岛海洋科学与技术国家实验室再获青岛市政府大力支持，实验室建设工作稳步推进，作为3个试点国家实验室之一，高质量重新编制完成了海洋国家实验室建设方案，为正式挂牌奠定了基础。学校获批山东省“十二五”高校重点实验室9个、山东省“十二五”高校人文社科基地2个，重点实验室和基地布局更加合理。

〔人才培养〕 修订实施2011版本科教学计划；食品科学与工程等5个专业入选教育部第二批“卓越工程师教育培养计划”；“Global University专项学习计划”圆满完成；“大学生人生发展与素质建构”课程被确定为教育部首批98门精品视频公开课程之一。新增海洋资源开发技术和环境工程2个国家级特色专业；3位教授被评选为山东省教学名师，2位教授被评为青岛市首届教学名师；环境海洋学课程教学团队被评为省级教学团队。本科生研究发展立项360项，参与人数1 400余人。新启动化学化工创新实践基地等3个实践基地建设；与泰祥集团等大型企业共同申报的教育部国家级工程实践教育中心获批成立。积极组织学生参加各类学科和科技竞赛，获亚洲区铜奖1项、国际季军1项，国家特等奖5项、一等奖8项，山东省特等奖6项、一等奖14项。构建起反映学科前沿和国际水平的研究生课程体系，切实提高研究生科技英语写作能力和国际学术活动交流能力。设立博士研究生创新基金和“博士研究生学术新人奖”，进一步完善研究生课程教学质量保障体系。学校获山东省科技创新成果奖13项，获全国优秀博士学位论文提名奖1篇，获山东省优秀博士学位论文4篇，创新人才培养质量稳步提高。2011年，毕业生总体就业率达 90.14%。

〔**教师队伍建设**〕 高层次人才引进和培养卓有成效，2 人入选“千人计划”，1 人入选“青年千人计划”，1 人入选“泰山学者”攀登计划，2 人入选“泰山学者”二期工程，2 人受聘“泰山学者海外特聘专家”，3 人受聘青岛市“引进急需高层次人才”，12 人新入选教育部“新世纪优秀人才支持计划”，1 个团队入选教育部“长江学者和创新团队发展计划”，人才队伍水平稳步提高。推进青年教师遴选机制改革，实施“师资博士后”制度和青年学术人才首聘试用制度，探索建立“能进能出”的人员聘用机制。2011 年，共引进青年教师 44 人，以稳定的人才增量带动和促进人才队伍向质量模式转变。充分利用国家公派出国留学等项目，选派中青年教师赴国外知名大学和科研机构研修，提高师资队伍国际化水平。据国家留学基金委统计，2005 至 2010 年，学校通过国家“青年骨干教师出国研修项目”公派录取人员总数在全部 123 个项目高校中，位列第 24 位。

〔**科学研究**〕 学校以提升学术水平和服务国家重大战略需求为导向，以积极推动协同创新为动力，扎实推进涉海科技工作向“提升近浅海，拓展深远海”的战略转移。2011 年度实到科技经费逾 4 亿元。高层次奖项呈现可持续发展态势，获国家科技进步二等奖 1 项、山东省科技进步一等奖 1 项、国家海洋局海洋创新成果一等奖 1 项。刘素美教授获第十二届中国青年科技奖，朱自强教授获山东省文学创作最高奖泰山文艺奖。2011 年度共获国家自然科学基金资助项目 121 项，面上项目资助率达 30%，高出全国平均值 10%。获批国家社科基金项目 9 项，其中重点项目 2 项，在省内高校中排名第一。国家社科基金年度项目中涉海项目共 15 项，学校占 7 项，充分显示了学校在涉海社科领域的特色优势和综合实力。

文科实到科研项目经费总量比 2010 年增长 48%。“千人计划”教授谢尚平主持申报的“太平洋印度洋对全球变暖的响应及其对气候变化的调控作用”获批启动，实现了学校承担全球变化国家重大科学研究计划项目零的突破。国家科技重大专项之一的水专项课题“辽河河口区大型湿地生态恢复关键技术与示范研究”获“十二五”滚动立项。67 项“十一五”“863 计划”课题顺利通过验收。学校成为 18 所入选全国知识产权示范创建单位的高校之一。吴立新教授团队在国际著名杂志 *Nature Geoscience* 上发表的在南大洋深层能量传递及混合的最新研究成果，是中国物理海洋界第一篇以第一作者在此期刊发表的论文。2011 年度发表论文被国际三大收录系统收录论文数达 1 400 余篇，其中 SCI 收录论文近 700 篇。

〔**服务社会**〕 学校积极服务地方经济社会发展，横向科技实到经费首次突破亿元。在山东、浙江、辽宁等省试点开展了不同形式、不同层面的协同创新与合作模式试点。中国海洋大学舟山海洋研究院进入试运行阶段，成为学校在舟山市乃至东部沿海开展产学研合作、技术转化和科技研发工作的一个重要窗口；学校与浙江宁波、台州及山东海洋投资有限公司的合作有序推进；学校成立了服务蓝色经济发展工作办公室，组织申报了 2011 年山东省“两区”建设重大科技创新平台及科技示范推广项目与重点产业项目，其中海洋药物研究开发中心、农业部国家海洋水产品加工技术研发分中心和海洋寡糖产业化关键共性技术示范与功能产品的应用推广项目获批立项；获批省发改委组织的“两区”建设重大研究课题项目 5 项。青岛国家大学科技园顺利通过科技部、教育部对大学科技园的发展绩效评价，2011 年度共引进 17 家企业入园孵化。

〔**合作交流**〕 学校与英国利物浦大学等 11 所国外知名院校及研究机构新建合作关系，与美国德克萨斯 A&M 大学等院校的合作进一步拓展。成立了中德海洋科学中心。获批港口、海岸及近海工程学科海外名师项目 1 项，“引进海外高层次文教专家重点支持计划”1 项；2011 年度共聘请 45 名长期外籍教师，外教师资比例约为 2.8%。各类留学生达 1 209 名，其中学历生 394 名，留学生占学校全日制学生的比例约为 5%。教育部与国家外专局联合资助的“海—气作用动力学创新引智基地”

顺利通过评估，获得滚动支持；与比利时建立科技合作关系，学校的国际科技合作项目范围扩大到10个国家。2011年度师生出国（境）达1 002人次，其中教职工出国（境）425人次，占教师的比例约为27.2%。成功举办第二届海峡两岸海洋海事大学蓝海策略校长论坛暨海洋科学与人文研讨会、第七届海峡两岸大学生海洋文化夏令营。学校发起并与上海海洋大学、广东海洋大学、大连海洋大学、浙江海洋学院等成立联盟，为学校引领国内海洋高等教育提供了重要平台。

〔**党的建设**〕　学校坚持以邓小平理论和“三个代表”重要思想为指导，深入贯彻落实科学发展观，认真学习贯彻党的十七届五中、六中全会和胡锦涛总书记在庆祝中国共产党成立90周年大会上的讲话精神，紧紧围绕学校事业发展中心工作，深入开展创先争优活动，切实加强和改进党的建设，认真落实学校第九次党代会确立的各项任务，深化改革、开拓创新，党的建设科学化水平不断提高。

加强党的组织建设。认真贯彻《党政领导干部选拔任用工作条例》，大力加强领导班子建设和干部队伍建设。选拔处级干部12人、科级干部61人。顺利完成部分学院和有关单位领导班子换届及个别干部调整工作。推荐2名校级领导、选派4名处级干部参加培训班；选派3名共青团干部到地方挂职工作。制定《中国海洋大学2011年度中层领导班子及领导干部考核办法》，完善考核指标体系，规范考核程序，加大考核结果的运用力度。进一步加强党员队伍建设，共发展党员1 031人，培训入党积极分子2 483人。

积极推进学习型党组织建设。制定实施《中国海洋大学党委中心组学习计划》。深入组织学习胡锦涛总书记在庆祝中国共产党成立90周年大会上的讲话和清华百年校庆上的讲话，深入学习贯彻教育规划纲要和《中共中央关于深化文化体制改革推动社会主义文化大发展大繁荣若干重大问题的决定》。创新党委中心组学习内容与形式，紧密联系学校实际，邀请知名专家学者到校讲座，围绕党建、教育管理、人才战略、文化建设等组织开展专题学习，参加范围由党委中心组成员扩大至中层干部乃至全校管理干部，推动了学校的团队学习。

高度重视党风廉政建设。认真贯彻落实党中央、国务院和中纪委关于党风廉政建设和反腐败工作的部署要求，认真领会中纪委十七届六次全会和教育部教育系统2011年党风廉政建设工作会议精神，从反腐倡廉责任体系构建、管理、监督、制度、惩处、廉政文化建设等方面分别作出详细规划和要求，努力把反腐倡廉建设推向深入。

撰稿　刘海波

审稿　解玮玮

中国石油大学（华东）

〔**“十二五”规划发布实施**〕　2011 年 5 月 13 日，学校党委十届二次全委（扩大）会议召开，审议并原则通过了学校“十二五”事业发展规划。“十二五”规划以提高质量为核心任务，坚持育人为本的根本要求，稳定办学规模，优化办学结构，提高办学效益。全校上下认真学习贯彻，进一步达成了共识，明确了目标和重点任务，并做好各项目标任务的分解落实，着力推进各教学院（部）“十二五”规划的制定工作，进一步理清发展思路，增强发展的责任感与紧迫感。开展教学院（部）目标任务书中期检查，促进各教学院（部）“十二五”规划与学校“十二五”规划的顺利对接，确保各项目标任务分解落实到位，为学校实现科学发展和“十二五”目标提供有力保障。

〔**新增 7 个一级学科博士点**〕　3 月，国务院学位委员会发文，公布审批通过的新增博士和硕士学位一级学科授权点名单。学校新增 7 个一级学科博士点、14 个一级学科硕士点。截至 2011 年年底，学校一级学科博士点达 11 个、二级学科博士点达 42 个，一级学科硕士点达 33 个、二级学科硕士点达 144 个。

〔**1 个团队入选教育部“长江学者和创新团队发展计划”创新团队**〕　“海洋油气井钻完井理论与工程”创新团队入选教育部“长江学者和创新团队发展计划”创新团队。该团队以海洋油气井钻完井理论与工程为研究方向，石油工程学院“长江学者”孙宝江教授为团队带头人。

〔**师资队伍建设取得突破**〕　管志川、印兴耀获批享受国务院政府特殊津贴，侯健、徐海入选教育部“新世纪优秀人才支持计划”，并获山东省自然科学杰出青年基金；刘永红被聘为“泰山学者”特聘专家（教授），黄方、朱全民入选山东省引进海外高层次创新人才，被授予“泰山学者”海外特聘专家称号，孙宝江、戴彩丽被评为山东省有突出贡献的中青年专家，林承焰获山东省优秀科技工作者称号，刘衍聪、刘雪暖被评为山东省教学名师，余焱群荣获山东省“富民兴鲁”劳动奖章；“千人计划”学者、加拿大卡尔加里大学石油工程系董明哲教授到校工作。

〔**入选全国毕业生就业典型经验高校**〕　5 月 10 日，教育部召开全国毕业生就业典型经验高校经验交流会，学校被授予“2010—2011 年度全国毕业生就业典型经验高校”。

〔**办学结构调整基本完成**〕　4 月，学校按照“加强基础、突出优势、交叉融合”的思路，集中开展了院系和学科结构调整。将文科、理科进行整合，组建了文学院、理学院和马克思主义学院；将化工类学科、经济管理类学科按类进行调整，加强通用学科与石油学科的交叉渗透；积极规划发展以新能源为主的新兴学科，构建起以大基础学科为平台、以通用技术学科为支撑、以石油主干学科为引领、以新兴学科为增长点的更加合理的学科结构。9 月，全日制研究生、本科生、留学生全部入驻青岛校区，青岛、东营两校区办学结构调整基本完成。

〔**“领航工程”获全国校园文化建设优秀成果一

等奖〕 12月5日，校园文化建设成果“‘领航工程’助推大学生成长成才”被教育部思想政治工作司评为2011年高校校园文化建设优秀成果全国一等奖，学校校园文化建设、文化育人工作成果受到教育部充分肯定。

〔**召开庆祝建党90周年暨党建工作会**〕 6月28日，学校举行庆祝建党90周年暨党建工作会议，回顾建党90年的光辉历程，总结学校党建工作的成绩和经验，研究和部署新形势下党建工作的重点任务，继续以改革创新的精神加强和改进学校党的建设，促进学校事业又好又快的发展。

〔**第二十一次学代会暨第六次研代会举行**〕 12月3日，第二十一次学生代表大会暨第六次研究生代表大会举行。大会总结了第二十次学生代表大会暨第五次研究生代表大会召开以来学生会、研究生会的主要成绩和经验，确定了今后的工作目标和任务；审议通过学生委员会、研究生委员会工作报告，听取代表的提案报告，选举产生第二十一届学生委员会、第六届研究生委员会。

〔**校办产业总产值突破百亿元**〕 校办产业坚持“服务教学科研，产学研紧密结合”这一科学发展定位，实现全年安全生产无事故，总产值继2007年突破50亿元大关后，顺利突破百亿元大关，上缴国家税金超过10亿元，校办产业五大板块——炼油化工、精细化工、机电、出版印刷、现代服务业取得较好成绩。

撰稿　李兆爱
审稿　王效美

武汉大学

〔**综合实力更加凸显**〕 2011年，学校新增5位两院院士，其中张俐娜、龚健雅、舒红兵当选为中国科学院院士，李晓红、李建成当选为中国工程院院士，新增院士数名列全国高校第二；引进68名高层次人才；获批国家社科基金重大招标项目9项，新增国家哲学社会科学重大攻关项目首席专家9人，立项数及新增首席专家数均居全国高校第三；在全国高校率先启动新一轮哲学社会科学繁荣计划；“神舟八号”、“天宫一号”对接打上了武汉大学印记；获得国家科技进步奖6项，获批“973计划”重点重大研究计划项目6项、国家重大专项主持项目12项、“863计划”和支撑计划课题17项、国家自然科学基金资助项目400项，在全国高校名列前茅。7个学科进入ESI前1%学科行列。

〔**杂交水稻国家重点实验室获批共建**〕 3月29日，国家科技部发文，批准学校与以袁隆平院士为学科带头人的湖南杂交水稻研究中心共建杂交水稻国家重点实验室。截至2011年年底，学校国家重点实验室总数增至5个。

〔**深化教育教学改革**〕 学校“三创”教育（即“创造、创新、创业”教育）继续推进并取得丰硕成果，学分制收费改革和拔尖学生培养试验计划进展顺利。新增2个国家级特色专业、2位国家级教学名师、3位省级教学名师，4个选题进入教育部2011年精品视频公开课建设计划。研究生弹性学制方案得到完善，博士研究生跨学科拔尖创新人才培养试验区建设正式启动，研究生创新能力培养不断强化，有2篇论文入选全国优秀博士学位论文。教育国际化进程加速，一批全英文课程和学科专业国际化试点基地立项建设，全年有309名本科生赴国外和港澳台大学交流学习，有265名研究生赴国外一流大学攻读学位或联合培养。本科生就业率与上年基本持平，研究生就业率稳中有升。

〔**学校首次进入泰晤士报世界大学400强**〕 10月6日，英国《泰晤士报高等教育副刊》发布2011—2012年世界大学排名，学校首次登上该排行榜，进入世界大学400强，中国大陆共有10所高校入选。该榜是世界上最具影响力的大学排行榜之一，受到全球高教界的高度关注。

〔**力推哲学社会科学繁荣发展**〕 为落实党的十七届六中全会和全国高校哲学社会科学工作会议精神，11月25日，学校在全国高校率先召开全校哲学社会科学工作大会，教育部副部长李卫红出席会议并讲话。学校正式启动《武汉大学哲学社会科学繁荣发展计划》，计划在“十二五”期间投入1.1亿，着力实施高端人才建设、学科优势提升、学术精品涵育、学术平台拓展、珞珈智库锻造、国际交流促进等六大计划，建设十个重大项目。

〔**教育交流与合作水平进一步提升**〕 学校不断提高国际交流与合作层次，增加实质性合作项目，与美国劳伦斯·伯克利国家实验室、英国伦敦帝国理工学院、芬兰赫尔辛基大学等世界排名前百位的高校新建立了合作关系，与美国杜克大学、德国慕尼黑工业大学、法国巴黎十一大等高校开展了合作办学项目，与法国国立科学技术与管理学院、美国匹兹堡大学联合筹建合作办学机构。新签订国际交流合作协议64份，组团出访15次，接待国

(境）外来宾 3 600 余人次，接待 520 余名外国专家到校进行短期讲学，聘请长期任教外国专家 130 余人。与国外大学共建的 3 所孔子学院运行良好，匹兹堡大学孔子学院下属的 7 个孔子课堂获得批准。国家汉办设在学校的汉语国际推广教学资源研究与开发基地建设取得初步成果，珞珈金秋国际文化节、学生社团国际交流等工作受到好评。

〔**学生获奖捷报频传**〕 大学生创业团队勇夺“英特尔全球创业挑战赛——伯克利总决赛”桂冠，学校辩论队在国际大学生群英辩论会上再获最高荣誉（获华语母语组“全程最佳辩手”），学校记忆协会包揽了第 20 届世界脑力锦标赛冠亚季军奖杯和十大单项的 9 枚金牌、21 枚奖牌，在“挑战杯”全国大学生课外学术科技作品竞赛、全国水利创新设计大赛、全国结构设计竞赛等赛事中，参赛学生都捧回了最高奖项。

〔**加强党建与精神文明建设**〕 通过开展庆祝建党 90 周年系列活动、“创先争优”活动和以“干部深入基层、教师走进学生”为主题的“两访两创”活动，大大提升了广大师生的积极性，增进了交流、增强了感情、增添了和谐，全校上下形成讲团结、讲奉献、想干事、肯干事的良好氛围。校园文化和精神文明建设取得丰硕成果，学校教师杨昌林、学生黄碧海等的先进典型事迹得到广泛宣传。

〔**办学条件进一步改善**〕 学校多方筹集发展经费，全年总收入比 2010 年增长 24%。杨家湾、信息学部东区环境整治后面貌焕然一新，校园车禁系统启用后交通秩序明显改观。早期文物建筑的保护与修缮全面展开。工学部学生一、四食堂投入使用，学生食堂饭菜价格整体下调。新建成的图书馆（总馆）尽展典雅、大气和现代，已完工的空调、热水、开水进宿舍工程倍添舒适、温暖和便利。数字化校园和校园公共服务体系建设进程加快，办公自动化系统正式上线运行，数字化校园门户系统完成部署，全校图书资源整合取得新进展，大型设备共享平台建设基本完成。

〔**发展环境进一步优化**〕 学校积极服务国家发展战略，加强与国家部委的紧密联系，获取的专项经费大幅增加。与文化部共建“国家文化财政政策研究基地”，与国家文物局达成“国家文化遗产保护研究基地”共建意向。学校积极服务地方，新一轮省部共建武汉大学协议签订，省市政府从政策和经费上加大了对学校支持的力度。积极服务校友，广大校友关爱、回馈母校的热情高涨，120 周年校庆筹备工作顺利推进，校友慷慨捐资 1.7 亿元支持学校建设，开启了校友和母校良好互动与合作的新篇章。学校社会美誉度显著提高，名列“CCTV 2011 最关注十大高校”，发展成绩得到国家领导和教育部的充分肯定。

〔**推进“科教兴鄂”行动**〕 为实施“顶天立地”发展战略，按照“以贡献促共建，以服务求支持”的思路，学校出台《科教兴鄂专项行动计划》，成立湖北发展问题研究中心，投入专项经费启动“湖北研究”，进一步为湖北跨越式发展当好思想库、科技库和人才库。

〔**图书馆新馆落成开馆**〕 11 月 16 日，学校图书馆（总馆）新馆正式开馆，来自国内外 114 所知名图书馆的 300 余名馆长和专家学者参加了开馆典礼及系列学术活动。新馆拥有 300 万册藏书、4 000个阅览座位、全无线网络覆盖、一门式管理系统及多种现代化服务设施，开启了图书馆建设以及信息共享服务新的一页。

撰稿　杨　敏
审稿　邓小梅

华中科技大学

〔**综述**〕 2011年，胡锦涛总书记莅临学校考察，激发了全校师生团结奋斗、建设世界一流大学的热情。学校召开了中共华中科技大学第三次代表大会、第三届教职工代表大会暨第三次工会会员代表大会，确立了学校中长期发展规划，正式提出了建设世界一流大学的宏伟目标和实现由“规模发展”向“质量提高”转变、由“工医优势”向“综合优势”转变。2011年，学校党委被评为全国先进基层党组织，学校被评为全国文明单位。

〔**教育教学**〕 2011年，学校继续加强教风学风建设，强化“一流教学、一流本科”的办学理念。加强对学风教风的引导和对学术道德的规范。新增国家级教学名师2名，新增教育部特色专业2个。入选教育部首批“卓越工程师教育培养计划”，获批试点专业9个。获批国家级工程实践教育中心3个和临床技能综合训练中心1个。新增国家级视频公开课程2门，3部教材入选教育部普通高等教育精品教材书目。

〔**人才培养**〕 进一步提升学生事务管理水平。推行本科生导师制、专业班主任制度，密切关注、关爱各类群体，健全心理健康教育体系，加大对贫困学生的资助力度。开展“科技节”、“文化节”等广受欢迎的第二课堂系列活动，社会实践与志愿服务实践体系基本形成，全员育人的氛围日益浓厚。生源质量进一步提高，就业渠道进一步拓展，毕业生就业率稳定在90%以上。

深化研究生培养机制改革。全面推进研究生教育创新工程和创新研究院建设，实施优质生源计划，加大研究生培养国际化力度，极大开阔了研究生的学术视野，提高了跨文化交流能力。实施研究生分类培养，做好专业学位研究生培养工作，开展临床医学专业学位改革，确保人才培养质量。

〔**学科建设**〕 “985工程”三期全面启动，稳步推进。完成《华中科技大学“985工程”总体规划（2010—2020年）》和《华中科技大学“985工程”改革方案》的修订，明确了建设思路和主要任务。通过总体规划，精心组织，“211工程”三期建设项目按期完成，全面实现了项目建设目标。新增一级学科博士点5个、硕士点6个。截至2011年年底，学校拥有一级学科博士点40个、硕士点54个。药理学、生物学和生物化学两个学科相继进入ESI国际排名，学校进入ESI国际排名的学科达8个；理科实现了快速发展。3月1日，教育部与湖北省政府签订继续重点共建武汉大学、华中科技大学协议。

〔**师资队伍建设**〕 加强高层次人才队伍建设，新增“千人计划”4名，国家杰出青年基金获得者5名，首批“青年千人计划”入选者3名，入选教育部“新世纪优秀人才支持计划”27名，入选“楚天学者”27名，入选湖北省首批“百人计划”3名。实施“华中学者”计划，引导教师潜心教学科研，设立“华中科技大学自主创新研究基金”，支持青年教师进行科学研究，开展“华中科技大学学术新人奖”评选活动，鼓励青年优秀教师脱颖而出。加强人员编制管理，建立专职科研编制序列，逐步建立人员成本分摊机制。利用国际优质资源探索杰出人才培养新模式，实施“鸟巢计划”。积极推进人事分配制度改革。

〔**科学研究**〕 坚持“面向需求、主动服务、抓大促新、交叉集聚、提高质量、协调发展”的工作方针，学校科研工作实现了新跨越。中美清洁能源联合研究中心揭牌，学校成为该中心清洁煤技术产学研联盟中方牵头单位；国家脉冲强磁场科学中心（筹）成功实现83特斯拉的磁场强度，使中国非破坏性磁场强度水平跃居亚洲第一、世界第三；3兆瓦碳捕获试验基地投入运行，成为国内迄今最大的富氧燃烧碳捕获试验系统。“强电磁工程与新技术国家重点实验室”获批立项并揭牌，学校国家重点实验室增至5个；大型电池关键材料与系统教育部重点实验室获批。牵头组建的武汉生物医药研究中心投入运行。全年到账科研经费15亿元，新增项目2 173项。共获批国家自然科学基金项目550项，青年基金经费在全国排名第3，国家杰出青年科学基金在全国排名第6，重点项目在全国排名第8。重大专项新增立项课题22项（主持5项），统筹学校相关学科性公司重大专项主持立项9项。获批“973计划”项目2项，获批“863计划”课题24项，获批2011年支撑计划重点项目1项。获批国家基金委创新研究群体2个，教育部创新团队2个。新增“973计划”项目首席科学家2人，新增重大科学研究计划项目首席科学家1人，新增国家杰出青年科学基金获得者5人。世界顶尖科学杂志《自然·遗传》发表了学校的研究成果；人文社科3项课题获批为国家社科基金重大项目；3项国家社科基金重点项目、2个湖北省普通高校人文社会科学重点研究基地、4项成果获批第四届全国教育科学研究优秀成果奖。学校作为第一完成单位获国家级科技奖励4项，作为参与单位获奖2项，其中技术发明二等奖2项、科技进步奖二等奖4项。2010年，SCI收录学校论文1 864篇。

〔**社会服务**〕 重点加强与武汉钢铁（集团）公司、三一集团等大型企业的合作。推进深度融入区域经济发展工作，积极参与武汉未来科技城建设，大力推进武汉新能源研究院工作，把国家级的科技创新平台延伸到开发区内，共建共享生物技术研究院生物医药研究中心。积极拓展与华东、海峡西岸经济区和西部地区合作，新增12家校企合作委员会会员企业，累计达42家。利用广东省产学研结合工作的机遇，组建产学研联盟，学校驻外研究院在服务发达地区经济社会发展中发挥了窗口作用，东莞华中科技大学制造工程研究院在推动地方产业转型升级等方面成为产学研合作的典型。学校广泛开展校地合作，积极融入东湖国家自主创新示范区建设。积极参加湖北省“万名干部进万村入万户”活动。做好对口支援石河子大学、重庆医科大学工作，获评教育部“对口支援西部高校工作10周年典型经验集体”。积极参与湖北省对口帮扶工作，做好与4所省属高校的对口支持与合作工作。

〔**教育交流与合作**〕 加强与国外（境外）大学合作，积极参与国家汉语国际推广战略行动，在办好现有两所孔子学院的基础上，大力拓展与巴西高校的合作，筹办学校第三所孔子学院。积极申报国家高端外国专家项目计划。“中欧清洁与可再生能源学院”落户学校并启动运行，这是继中欧商学院、中欧法学院之后中国和欧盟共同创办的第3个培养国际化人才的学院。发挥对德交流的传统优势，建立“华中科技大学德国中心”；成功举办“第五届中德大学校长会议”。新增“重大慢性非传染性疾病的预防对策研究”创新引智基地，使学校“111计划”创新引智基地达4个。获批科技部国际合作项目4项，新增教育部、国家外国专家局“111计划”项目1个，国家ITER计划总经费在全国高校排名并列第2位。

〔**综合管理**〕 在完成2011年学术委员会换届和2011年学校党委换届的基础上，学校于12月召开了第三届“两代会”，经过民主选举，产生了第三届工会委员会、工会经费审查委员会，为进一步加强民主管理搭建了平台。充分发挥教代会代表团团长会议作用，加强民主管理和监督。推进信息公开工作。启动部署综合改革，出台了有关综合改革的系列文件。完善财务管理体制，从源头解决科学投入决策机制问题，加强预算管理，加强民主监督，调整学校预算委员会，改革财务预算分配办法，启动了总会计师改革试点工作。

〔**党建与思想政治工作**〕 学校党委中心学习组组织了7次集体学习。在湖北省委开展的“万名干部进万村入万户”活动中，学校领导班子成员多次深入驻点村看望老党员和村民代表，为农村、农民送政策、访民情，为群众解决实际困难。按照“集体领导，分工负责，个别酝酿，会议决定”的原则，学校着力建立健全领导班子科学民主决策机制，完善学校各级机构的议事规则、决策程序，先后出台了《华中科技大学党务公开实施办法》、《华中科技大学关于执行“三重一大”决策制度的实施办法》等文件，坚持科学决策，强调集体决策，学校重大事项提交党委常委会、校长办公会或党委全委会集体研究决定。坚持德才兼备、以德为先、注重实绩、群众公认的选人用人标准，努力推进干部工作制度化、民主化、科学化和规范化。

把“党旗领航工程”与创先争优活动结合起来，与学风教风建设结合起来，与增强基层党组织活力结合起来，不断探索党建活动内容，创新活动形式，丰富“党旗领航工程”的内涵。学习贯彻《中国共产党高等学校基层组织工作条例》，适应新情况，调整基层党组织设置形式。校党委开设“先锋论坛”，邀请“百姓书记”杨善洲同志事迹代表团为全校中层干部作报告。《中央深入开展创先争优活动简报》报道了学校同济医学院附属同济医院开展创先争优活动情况。作为湖北高校“两访两创”活动试点单位，紧密结合学校第三次党代会提出的“以学生为中心的教育”的办学理念，精心凝练出“到学生中去，做立德树人的好教师；到教师中去，做尊师重教的好干部”活动主题。学校领导班子高度重视党风廉政建设，常抓不懈。8月28—29日，学校纪委召开了第二次全体（扩大）会议，专题研究反腐倡廉工作。11月，组织了高校党风廉政建设专题报告会，邀请中央纪委委员、教育部党组成员、驻教育部纪检组组长王立英到校作专题报告。加大新任职领导干部党风廉政教育力度，认真开展《廉政准则》对照检查活动。9月，教育部直属高校《关于实行党风廉政建设责任制的规定》和《中国共产党党员领导干部廉洁从政若干准则》执行情况专项检查组，对学校贯彻落实中央《规定》、《准则》和教育部“十不准”情况进行了专项检查，并对学校工作给予了充分肯定。

〔**和谐校园建设**〕 学校党委坚持以人为本，注重调动各方积极性，注重解决民生问题，加强大学生思想政治教育，促进校园稳定和谐。以建党90周年为契机，加强爱国主义教育，开展教职工歌咏比赛，举办大型文艺晚会，开展“永远跟党走”主题教育系列活动。启动校史研究、校史馆建设，融合原有各校文化传统。在教育部组织的高校校园文化建设成果评选活动中，学校《创新高校学生党建工作的实践与探索——华中科技大学“党旗领航工程”主题教育实践体系》获特等奖。

撰稿 熊 健
审稿 徐 进

中国地质大学（武汉）

〔**教育教学**〕 学校凝聚全校师生的集体智慧，确立了“品德高尚、基础厚实、专业精深、知行合一”的人才培养目标，制定了“本科课程教学基本规范”、“本科实践教学基本规范”，为提高教学管理水平提供了制度依据。继续加强教学资源库建设和教师执教能力建设，启动网上评教，促进了教师教学水平不断提升。新启动了应用化学（地质分析）专业“卓越工程师”培养工作，组织128名2008级本科生赴安徽、江西、贵州、新疆、青海、西藏、内蒙古等地地勘生产一线开展为期6个月的工作性实践。学生在全国大学生数学建模大赛、全国大学生电子设计大赛中各获一等奖1项，在全国大学生英语竞赛中获特等奖5项，为学校争得了荣誉。

积极探索地学类创新人才培养模式，初步建立了适应行业需求的创新人才培养体制。深入实施研究生教育创新计划，通过规范和加强对入选创新计划学生培养过程的动态管理，完善和补充了研究生创新教育体系，营造了创新激励机制的氛围。支持研究生参加国际交流的力度进一步加大，资助8名博士研究生出国短期研修、8名研究生出国参加国际学术会议并在大会上宣读论文，40名研究生获国家建设高水平公派联合培养研究生项目资助。继1984届校友马永生2009年当选中国工程院院士后，1985届校友高山教授、1987届校友舒德干教授2011年荣膺中国科学院院士，使学校毕业生中的两院院士总数增加到29人，再次佐证了学校人才培养质量。

2011年，学校共录取来华留学新生361人，使在校留学生总人数达624人，较上年增长40%。启动石油工程、通信工程、环境工程和MPA（公共管理）全英文授课项目，扩大了英文授课项目规模。成立了对外汉语教学工作委员会和对外汉语教学部，为进一步改善对外汉语教学工作奠定了良好基础。来华留学生本科生各专业培养方案基本制订完成，本科生和研究生的趋同管理机制正在形成，为进一步提高来华留学生教育培养质量打下了坚实基础。

〔**科学研究**〕 2011年，学校承担科技项目856项，合同经费4.1亿元。共获国家自然科学基金项目97项、国家社科基金重大项目1项、国家社科基金项目5项、教育部人文社科研究项目13项、教育部专项课题3项，高级别项目总量及经费额度再创历史新高。学校作为主要完成单位参与完成的“青藏高原地质理论创新与找矿重大突破”获国家科技进步特等奖，由郑建平教授参与完成的“华北及邻区深部岩石圈的减薄与增生”获国家自然科学二等奖。另外获省部一等奖2项、二等奖3项。全年入检三大检索论文968篇，其中SCI检索论文457篇、SSCI检索论文7篇、EI检索论文470篇、ISTP检索论文34篇。申报专利159项，获专利授权95项；专利实施许可3项，获许可费30万元；计算机软件著作权登记13项，创历年最高数量。

学校成功申报“生物地质与环境地质国家重点实验室”，使国家重点实验室数量增加至2个；“地理信息系统国家地方联合工程实验室”获国家发改委授牌，为学校深度融入战略性新兴产业、促进工科的整体跨越式发展提供了平台。

〔**学科与人才队伍建设**〕 2011年，学校新增

8 个一级学科博士点，使学校一级学科博士点数量增加到 13 个，涵盖理学、工学、管理学和经济学 4 个学科门类；新增 20 个一级学科硕士点，使学校一级学科硕士点增加到 38 个，涵盖理学、工学、经济学、法学、管理学、教育学、文学、农学、艺术学 9 个学科门类。学校新增中国科学院院士 1 人，使在校中科院院士总数达到 8 人；新增国家“千人计划”1 人、“青年千人计划”1 人，“千人计划”总数达到 5 人；新增“国家杰出青年科学基金获得者”1 人，总数达到 9 人。5 名教师入选“教育部新世纪优秀人才支持计划”、1 人入选湖北省“百人计划”、5 人入选湖北省“楚天学者”特聘教授、4 人入选湖北省“楚天学者”讲座教授、8 人入选湖北省“楚天学子”，使学校在高层次人才队伍建设上取得了新的突破。

〔**招生就业**〕 2011 年，学校录取本科生 4 640人、硕士生 1 812 人、博士生 276 人。录取的本科生中，理科录取分数超过当地一本线 35 分以上的省份有 9 个，较 2010 年增长 125%；超过 30 分以上的省份有 15 个，较 2010 年增长 200%。地质学、地质学基地班、资源勘查工程、宝石材料工艺学、土木工程等专业在部分省市的录取分数逐步接近甚至超过部分“985 工程”高校，在实现“十二五”末生源接近“985 工程”高校目标的征途中取得了新的进展。毕业本科生、研究生一次性就业率分别达 92.80%和 95.39%，进入国土资源行业、500 强企业就业的毕业生人数持续攀升，毕业生就业质量稳步提高。

〔**学生资助**〕 学校继续做好贫困生资助工作，为贫困生发放困难补助、减免学费、节日加餐及民族生补助、寒衣补助等共计 41.227 万元。办理助学金 8 973 人次，发放金额 304.229 万元；发放院级英才资助工程 243.72 万元。评选国家奖学金、励志奖学金、地大英才奖学金、各类社会奖学金共 1 584 人，发放金额 734.52 万元。安排勤工助学岗位 1 582 人次，发放勤工助学工资 134.24 万元。通过以上措施，缓解了贫困学生的实际困难，激励了学生全面发展。《教育部资助工作简报》2011 年第 9 期对学校资助工作进行了宣传报道。

〔**党建与思想政治教育**〕 2011 年，学校严格执行民主集中制并进一步完善党委领导下的校长负责制。学校出台了《学校“五好”领导班子创建活动实施方案》、《处级党政领导干部选拔任用工作实施细则》，处级干部队伍建设得到进一步加强。在继续举办处级干部培训班的基础上，成功举办了科级干部培训班，干部教育培训体系进一步完善。

学校利用“两会”、“建党 90 周年”、“辛亥革命 100 周年”、“两访两创”等重大活动节点，通过“主题教育立项”、“辅导员谈心工程”、“教师访谈学生”、“辅导员博客”、“学生党员学习中心理论兴趣小组学习活动”、“党支部书记风采大赛”等方式和途径，把解决思想问题与解决实际问题紧密结合，思想政治教育与政治认同教育稳步推进。全年共组织开展“震旦讲坛”88 期，其中人文讲座 48 期，邀请了大批知名学者和社会名人走上震旦讲坛，内容涉及政治、经济、文化、社会、时事热点等。

学校认真组织实施“创先争优”活动方案中的“三大主题”活动。各教职工党支部积极提交“结对领航”活动的具体安排和计划，并对“结对领航”活动开展情况进行小结，提高了“结对领航”工作成效；152 个党支部申报了“党员示范岗”，创建工作按照既定计划进行；组织完成“感动地大好党员”评选，通过组织校园媒体广泛宣传 10 名教职工、4 名学生获奖人的先进事迹，发挥了先进分子的榜样模范作用。积极开展“两访两创”专题活动，设计并印发访谈表格千余份，收集访谈意见 1449 条，迎接省高校工委访谈阶段和整改落实阶段检查两次，组织召开各类座谈会 4 次。通过组织“两访两创”，进一步增进了领导干部对一线教职工的了解、增进了教师对学生实际需求的了解，进一步改善了干群关系、师生关系。

〔**学校管理与保障工作**〕 学校制定了“国有资产管理办法”、“固定资产处置管理暂行办法”、“无形资产管理暂行办法”等一系列资产管理制度，全面开展并顺利完成了全校固定资产核查工作。按照教学科研优先、安全优先、校园基本运转优先的原则，安排实施修购项目。先后完成北区综合楼改造项目等实验教学场所的改造，自筹资金为学校部分教学楼安装了空调，继续开展学生宿舍、食堂、教学楼维修改造工程，完成了校园无线网络覆盖工程，改善了师生员工的学习生活条件。完成一系列绿化项目，新建“四重门”景观，新增了一些校园景点，宜居环境进一步改善。

〔**校园文化建设**〕　学校坚持将校园文化建设纳入事业发展总体目标，坚持把校园文化建设作为培育人才、凝聚人心、营造气氛、扩大影响的重要途径。继续开展“师德师风月”活动，以“爱岗敬业铸师魂，创先争优修师魂”为主题，以交响情景声乐套曲《我常怀念她》为主体，举办了热烈隆重的师德师风建设主题晚会。“摇篮”文化荣获教育部高校校园文化建设优秀成果一等奖，“寻找感动计划”被湖北省教育厅评选为“2010年度全省校园文化建设特等奖”，彰显了学校在加强校园文化建设方面取得的成效。

〔**筹备60周年校庆**〕　学校将筹备60周年校庆作为2011年的重要专项工作之一，成立了校庆工作领导小组和工作机构，聘任了专门人员，全面启动了校庆筹备工作。召开校庆60周年动员大会，发布校庆筹备工作方案，公布校庆标识，开通校庆60周年专题网站。学校还确立了“勤俭、务实办校庆”的原则，承诺把筹集资金最大限度地投入到改善学生的学习、生活条件，改善教职员工的工作环境上，努力以校庆为契机，争取各方支持，助力学校事业的腾飞。学校共争取到捐赠资金850万元。

〔**教育合作与交流**〕　2011年，学校领导先后带队赴日本东北大学，加拿大滑铁卢大学，澳大利亚西奥大学、昆士兰大学、麦考瑞大学等高校洽谈国际合作事项，稳步推进了地球科学国际大学联盟（International University Consortium in Earth Science，简称IUCES）建设进程。全年共执行外国专家局项目45项，接待各类到访专家（含国际会议）350余人；获国家外国专家局、教育部“海外名师项目”1项，“学校特色项目”1项，“世界著名科学家来鄂讲学计划”2项。与阿尔弗雷德大学共同成立了中美联合创新管理研究所，举办了“学生事务管理：应对全球化和提高质量的挑战”、“第十届武汉电子商务国际会议”、“第一届地微生物生态毒理学国际会议”、“2011国际地下水论坛——可持续的地下水资源”、“2011管道工程与非开挖技术国际研讨会（ICPTT 2011）”等9次国际学术会议。承办了中美青年文化交流暨《凝望·对话——2011武汉·芝加哥大型影像艺术交流展》启动仪式，国际合作与跨文化交流力度逐步扩大。

撰稿　黄少成

审稿　张宽裕

武汉理工大学

〔**4项科技成果获国家科学技术奖励**〕 2011年1月14日，武汉理工大学4项成果（3项学校主持、1项学校参与）获2010年度国家科技进步二等奖，单年获奖数量创新高。3项学校主持的获奖项目分别为：李世普教授负责的“骨外科用生物降解复合材料制备关键技术及商品化开发应用”项目、王呈方教授负责的“造船重大装备机械手肋骨冷弯机的创新与应用”项目、胡曙光教授负责的“钢管高强混凝土膨胀控制与制备技术及其在大跨度结构的应用”项目。

〔**2个专业获批第七批高等学校特色专业建设点**〕 3月，教育部批准武汉理工大学物联网工程、建筑节能技术与工程两个专业点为第七批高等学校特色专业建设点。截至2011年年底，学校共有高等学校特色专业建设点15个。

〔**硅酸盐建筑材料国家重点实验室获科技部批准立项**〕 10月，国家科技部正式发文，批准学校“硅酸盐建筑材料国家重点实验室”立项建设。“硅酸盐建筑材料国家重点实验室”的批准立项实现了学校24年来国家重点实验室建设的重大突破，使学校材料学科有了2个国家重点实验室，标志着学校科技创新平台建设迈上新的台阶。

〔**在国际著名学术期刊发表论文与获国际大奖**〕 9月，武汉理工大学—哈佛大学纳米联合重点实验室麦立强教授课题组关于分级异质纳米线超级电容器材料研究的最新研究论文 Hierarchical MnMoO4/CoMoO4 Heterostructured Nanowires with Enhanced Supercapacitor Performance 在国际著名学术期刊《自然—通讯》上在线发表，并被选为亮点论文。9月，材料复合新技术国家重点实验室2007级新能源材料专业博士生谢文杰荣获国际热电材料科学与工程研究领域最高荣誉—Goldsmid Award（戈德史密斯奖）。11月，青年教师黄海军博士在国际著名学术期刊 *Nature*（《自然》）杂志发表学术论文“Evidence for an Oxygen-depleted Liquid outer Core of the Earth (液态外地核贫氧的证明)”。

〔**全面启动“15551人才工程”**〕 学校实施高端人才引进与培养计划，建立健全人才引进培养机制。“15551人才工程”即到“十二五”末，引进、培养10名左右以两院院士、国家“千人计划”特聘专家为主体的战略科学家，引进、培养50名左右学科首席教授，50名左右在产学研合作方面作出突出贡献的特聘专家，50名左右特色专业责任教授，100名左右精品课程教学名师。截至2011年年底，学校引进和聘任了以纳米科学创始人哈佛大学 Charles Michael Lieber 教授为代表的战略科学家8人，学科首席教授16人，特色专业责任教授13人，精品课程教学名师40人。

〔**加快制度创新，激励教师投入本科教学**〕 5月12日，教育部简报全文报道了“武汉理工大学加快制度创新激励教师投入本科教学”的做法。学校深化教育教学改革，加快制度创新，通过设置特色专业责任教授和精品课程教学名师岗位，切实提高本科教学质量。“十二五”期间，计划专项投入教学建设与发展经费4亿元。

〔**获教育部高校校园文化建设优秀成果一等奖**〕 12月5日，教育部公布2011年高校校园文化建设优秀成果评选结果，学校报送的《关爱农民工子女，推进实践育人工作》获全国一等奖。学校积极倡导和开展丰富多彩的学生志愿服务活动，构建志愿服务工作体系，在校的本科生、研究生登记注册的志愿者达3.5万余名。学校申报的“武汉理工大学对口帮扶汉口凌智农民工子女学校”和“武汉理工大学对口帮扶洪山区卓刀泉小学”2个项目获团中央批准实施，并受到团中央资助项目经费10万元。学校团委撰写的《武汉理工大学：榜样辐射助成才 注重结对促接力》的典型案例入选共青团中央青年志愿者工作部编写的《共青团关爱农民工子女志愿服务行动工作案例（一）》一书。

〔**举行教学工作会暨高端论坛**〕 3月31日至4月2日，学校举行第二次教学工作会暨中外大学卓越人才培养与国际合作高端论坛。会议围绕“合作、创新、实践”的主题，以服务和支撑行业发展与区域经济建设为重点，以与国外著名大学校长、学者以及国内企业家的深入交流为契机，探索先进教育理念与人才培养实践相结合的路径和模式，形成卓越人才培养的制度体系，全面提升学校的教学水平和人才培养质量。校长张清杰作了题为《卓越教育 卓越人才 卓越人生》的主题报告，提出了学校卓越教育理念，即实施卓越教育，培养卓越人才，创造卓越人生，并阐述了学校卓越教育理念的内涵。来自美国、澳大利亚、比利时等国家的大学校长、院士和国内大型企业的企业家参加了论坛。

〔**举行纳米能源材料与技术国际高端论坛**〕 11月14日，2011年纳米能源材料与技术国际高端论坛在学校举行。美国科学院院士、哈佛大学的查尔斯·李波，中国科学院院士、香港城市大学的李述汤，清华大学的朱静、范守善，浙江大学的张泽，中科院大连化学物理研究所的包信和，中国科学技术大学的侯建国，复旦大学的赵东元，以及武汉理工大学的比利时皇家科学院院士苏宝连，教育部“长江学者”特聘教授孙涛垒，学科首席教授麦立强11位科学家，就纳米能源材料与技术的最新进展作了学术报告。本次论坛由武汉理工大学—哈佛大学纳米联合实验室主办，旨在促进纳米能源材料领域国际之间的交流与合作。

〔**首个孔子学院正式签约立项**〕 5月，学校与法国梅斯大学联合申办的孔子学院项目获国家汉办的立项。11月，学校与法国梅斯大学签订了建设孔子学院的执行协议。11月16日，学校党委书记刘伟出席了梅斯大学孔子学院揭牌仪式。

〔**召开第二次党代会**〕 1月23—24日，召开了中国共产党武汉理工大学第二次代表大会。校党委书记刘伟代表中国共产党武汉理工大学第一届委员会向大会作了题为《坚持改革创新 推进科学发展 为加快建设特色鲜明的高水平大学而努力奋斗》的工作报告，校党委副书记邱观建代表中国共产党武汉理工大学纪律检查委员会作了题为《惩防并举 注重预防 狠抓落实 努力开创学校党风廉政建设新局面》的工作报告，副校长严新平代表学校作了《武汉理工大学“十二五”发展规划》编制说明的报告。会议选举产生了新一届中国共产党武汉理工大学委员会和纪律检查委员会，通过了第一届党委工作报告决议和第一届纪委工作报告决议以及学校“十二五”发展规划决议。

〔**隆重召开两代会**〕 3月25—26日，学校召开第二届教职工代表大会暨第二次工会会员代表大会。会议审议通过了《学校工作报告》和《学校“十二五”发展规划》。

〔**获全省党建工作先进单位称号**〕 6月29日，学校党委被评为2009—2010年全省高校党建工作先进单位。学校3个先进基层党组织受到省高校工委表彰，李世普等3人被授予省“优秀共产党员”称号，王世超等3人被授予省优秀党务工作者称号。

〔**首获全国“挑战杯”特等奖**〕 10月16—19日，在第十二届“挑战杯”全国大学生课外学术科技作品竞赛终审决赛中，学校报送的6件大学生学术科技作品获特等奖1项、二等奖3项、三等奖2项。报送的“挑战杯”世界园艺博览会专项竞赛的3件作品获特等奖1项、一等奖1项、三等奖1项。学校被授予全国“挑战杯”竞赛优秀组织奖，麦立强教授获优秀指导教师奖。

〔郎坤获“中国青年五四奖章”荣誉称号〕 5月4日，学校学生郎坤荣获第十五届“中国青年五四奖章”称号。郎坤，学校管理学院2009级硕士研究生，从2004年读大学开始，坚持不懈地帮助农民工子女，长期开展义务支教活动，参与团中央关爱农民工子女志愿服务行动专项计划，参与创建面向全武汉农民工子女的“5+1彩虹计划”志愿服务体系。她还荣获了“2010中国大学生年度人物”、“中国大学生自强之星”、首届“湖北跨越发展青年先锋”等荣誉称号。

〔签署多个战略合作协议〕 3月，学校与武汉洪山区人民政府签署共建武汉理工大学体育中心（洪山区文体中心）框架协议。7月，学校与洪山区共建的“文体中心”项目获教育部批准立项。9月23日，举行奠基仪式。该项目是校地合作共建模式的有益探索。截至2011年年底，学校签订了多个战略合作协议，开展全面战略合作。与长江航道规划设计研究院和中国中材国际天津公司开展全面战略合作，与中铁建设集团有限公司、武汉铁路局、江苏省泰州市人民政府、深圳长城开发科技股份有限公司、华为技术有限公司、黄冈市人民政府、华中师范大学等签订了战略合作协议。

撰稿　徐业松

审稿　李兆荣

华中师范大学

〔**科学编制“十二五”规划**〕　2011年，学校以创新精神为指导，进一步加强宏观思考和战略研究，规划未来，谋划发展，制定了《华中师范大学教育事业“十二五”规划》及5个子规划。通过制定发展规划，进一步明确了学校未来一个时期的发展思路。一是明确了“十二五”时期总体发展目标。学校提出，到2015年，学校教师教育特色更加显著，人文社会科学整体实力进入全国前十位，理科部分学科达到国内一流水平，工科学科特色明显，在国内有较大影响；学校的教育质量、学科水平、自主创新能力、整体竞争力等主要办学指标显著提高，社会影响力和国际竞争力显著提升，教师教育特色鲜明的综合性研究型高水平大学建设进程进一步加快，为实现学校中长期更高的发展目标奠定坚实的基础。二是明确了“十二五”时期的总体思路。即以科学发展为主题，以改革创新为动力，以提高质量为主线，紧紧围绕学术水平和管理水平上台阶这个重点，着力实施第十次党代会提出的学术立校、管理兴校、特色强校、开放活校和文化荣校等五大战略，突出抓好学科建设、人才队伍建设、科学研究、人才培养、教师教育、国际合作与交流、校园文化建设、现代大学制度建设等8个重点领域的工作。

〔**加强宏观战略研究**〕　为适应国家高等教育发展的新形势、新要求，学校在党政领导班子调整到位后专门召开了发展战略研讨会，集中就建设高水平大学的问题进行了研讨，提出了建设高水平大学的中长期目标。12月16日，学校召开了七届四次教代会，围绕彰显办学特色、建设高水平大学这个主题，再一次对学校发展的目标与战略问题进行了热烈讨论，形成了广泛共识。

〔**深入推进国家教育体制改革试点**〕　学校以国家教育体制改革试点为契机，申报获批了3个教育体制改革试点项目，分别是“本科教师人才培养模式改革”、“现代大学内部治理结构改革”和“发挥优质教育资源辐射作用促进新农村学习型社会建设”。

〔**学科建设取得新突破**〕　新增7个一级学科博士点，15个一级学科硕士点。截至2011年年底，学校共拥有14个博士学位授权一级学科点，33个硕士学位授权一级学科点。

〔**科学研究能力稳步提高**〕　科研总经费平稳上升，科研项目质量大幅提升，承担重大重点项目能力显著增强。文科获国家社科基金重大项目8项，居全国第3位；重点项目7项、一般项目23项，立项总数排名位于全国高校前10位；获教育部重大招标项目2项、一般项目40项，分别位列全国高校第2位和第3位；《荆楚全书》重大项目使文科单项项目经费首破千万元。文科科研经费总数逾5 000万元。获国家自然科学基金项目数创历史新高，达到77项。

新增1个省级人文社科重点研究基地（管理学院的“湖北省地方政府与地方发展研究中心”）。成功获批筹建教育信息化战略研究基地，并牵头编制《教育信息化十年规划》；顺利通过教育数字媒体与可视化创新引智基地验收，成功获批筹建教育技术与教育创新湖北省高校自主创新重点基地。《华中师范大学学报》质量与社会影响有了进一步提升，其人文社会科学版被《新华文摘》、《中国社会科学文摘》、《高校文科学术文摘》三大文摘全年共计转载63篇，转载率为46%，在全国人文社会科学综合期刊中的转载数与转载率均继续保持第一。

《辛亥革命百年纪念文库》、《老子集成》、《中国农村咨政报告》等一批重要研究成果发布，获广泛好评。一批研究论文在《科学》、《自然》子刊、PRL等国际顶级权威期刊发表。获授权国内专利40项；计算机软件登记39项。横向科技开发与科技服务能力提升，科技成果转化有实质性突破。其中“湿法磷酸精制技术”已签订科技成果转化合同6份，合同金额为1 916.185万元。

科研成果奖励成绩显著，获湖北省自然科学奖一等奖1项、科技进步奖一等奖1项；获全国教育科学研究优秀成果一等奖1项，获湖北省优秀调研成果一等奖2项。

〔**教育教学水平持续提高**〕　招生工作成绩喜人，2011年共招收普通本科生4 366人、研究生3 400人，保持了较好的生源质量。稳步推进教育教学改革，开展了第八届教师教学竞赛，5部教材获国家级精品教材，新增1个省级实验教学示范中心，2个本科专业入选湖北省战略性新兴（支柱）产业人才培养计划项目。承办并参加了第四届“东芝杯”中国师范大学理科师范生教学技能创新大赛，学校选手邢迪、李支军分别获化学与物理组一等奖，学校获组织奖。积极推进实验室资源整合和实验室体制机制创新。校级实验教学示范中心达17个，获批省级实验教学示范中心12个，其中国家级实验教学示范中心2个。毕业生就业成绩突出，首届免费师范毕业生全部就业，2011届毕业生一次性就业率为91%，学校荣获“全国毕业生就业典型经验高校”称号。正式建立研究生院，实施研究生创新教育工程，启动“华大论坛”，提高研究生培养质量，新增全国优秀博士学位论文1篇。

〔**师资队伍建设取得新进展**〕　2011年，共引进包括“千人计划”创业人才计划人选、湖北省“百人计划”人选、“楚天学者”特聘教授在内的各类优秀人才17人，聘请兼职教授19人。在引进的高层次人才中，有6人是从国外直接引进的教授，具有国外学习、工作经历的超过50%。狠抓教师培养，1人获国家杰出青年科学基金资助，3人获批享受国务院政府特殊津贴，6人入选湖北省“楚天学者”奖励计划，1人入选湖北省“百人计划”，1人被评为“湖北名师”。

〔**教育合作与交流深入开展**〕　与10余所境外院校和机构签订或更新了交流协议，进一步拓宽了交流渠道，举办国际会议6次，派遣校际交流、出国出境访问交流、合作研究、参加国际会议等500余人次。加强中外合作办学，与境外高校合作举办学前教育专业、社会工作两个本科教育项目。积极发展留学生教育，扩大留学生来源，全年学校留学生人数为2 201人，比2010年增长近37%。在校长期生达1 604人，短期生达597人，留学生生源国由133个增加到139个。

〔**党建和思想政治工作**〕　学校认真贯彻落实党的十七届六中全会、第十九次全国高校党建工作会议精神，紧密围绕学校教育事业改革发展的大局，以学习贯彻落实《中国共产党普通高等学校基层组织工作条例》为重点，以创先争优与“两访两创”活动为主线，着力加强领导班子、干部队伍和党员队伍建设，推进学校基层党建工作创新，加强思想工作，为学校各项事业的发展提供了政治保证和精神动力。学校荣获“全省党建工作先进单位”称号。

〔**创先争优工作**〕　按照中央统一部署，做好创先争优领导班子点评和“五好”领导班子创建活动，取得了实效。根据省委统一部署，认真开展“两访两创”活动，效果突出，为推动学校发展集中了智慧；全面完成了“万名干部进万村入万户”活动任务，启动了“万名干部进万村挖万塘”活动，得到了当地群众的高度认可。

〔**积极深化内部管理改革**〕　学校积极推进管理体制改革，探索党委领导下的校长负责制及其管理体制和运行机制。完善了党委常委会和校长办公会议事规则，进一步发挥了党委全委会领导核心作用，学校财务预决算、重要干部任免等重大决策都由全委会讨论决定；校领导退出学术委员会，使行政权力与学术权力适度分离，发挥好学术委员会的作用；坚持发挥咨询委员会在学校重大决策中的咨询论证作用。积极探索建立有社会参与的大学治理结构，成立了华中师范大学教育发展基金会，筹集基金 3 600 多万元。

〔**完善学校组织架构**〕　进一步推进学校管理体制改革，明细部门职能职责，理顺工作机制，在经过反复调研和论证的基础上，成立了数字教育资源中心，突出教师教育特色，实现教育资源共享；成立招标管理办公室，挂靠国资办，对全校大宗物资和设备采购、基建工程、基础设施维修等招标工作进行统一组织和管理，防范廉政风险；成立政策法规研究室，组建专门班子对学校发展战略、内部管理、重大改革等进行研究，为校领导决策提供咨询。成立研究生院，科学设置内部机构，准确界定职能任务，合理配备处级干部职数，明确人员编制数量。

〔**积极推进人事分配制度改革**〕　在充分调研、认真论证的基础上，出台《华中师范大学教师岗位设置与聘用办法》和《华中师范大学思政、中小学（幼儿园）教师和其他系列专业技术岗位设置与聘用办法》，进一步区分学科和专业特点，合理设计教师职业发展轨道，突出教师教育特色，强化团队作用，实现从重数量向重质量转变，使缺岗聘用工作更加科学合理。推进收入分配制度改革，做好工资、校内津贴分配工作；推进考核评价制度改革，进一步加强单位绩效目标管理。

〔**不断加强学校管理创新**〕　重视依法治校工作，成立了由专兼职结合的校内外法律专家和职业律师组成的校聘法律顾问团队，出台并严格执行《华中师范大学合同管理办法》。积极搭建信息公开系统，完善学校信息公开制度。审计工作成效突出，获全国内部审计先进集体等荣誉称号。后勤改革有序推进，学校获“全国高校十年社会化改革先进院校”称号。修订教职工代表大会提案工作规定，更好地发挥工会、教代会在学校民主管理中的重要作用。

〔**办学条件进一步改善**〕　积极拓展学校收入渠道，开源节流，全年总收入突破 12 亿元。新图书馆建成投入使用。新增纸质中文图书 80 924 册，纸质外文图书 3 401 册；期刊 3 031 种。“教师教育文献资源中心”和“人文艺术教育中心”建设有序推进。启动校医院修建项目，完成干部培训大楼、南湖综合大楼、生化实验楼以及留学生食堂项目的方案设计。

撰稿　秦　恒
审稿　付义朝

华中农业大学

〔**学科建设**〕 2011年，学校获批生态学、风景园林学2个博士学位授权一级学科，16个自主设置交叉学科或目录外二级学科在国务院学位办备案。完成“农业生物遗传改良和生长发育调控”优势学科创新平台建设项目申报工作，论证报告和建设方案通过评审，学校进入国家“优势学科创新平台”建设高校行列。启动国家“211工程”三期建设项目和重点学科建设项目验收工作。进一步完善了国家、省（部）、学校三级重点学科管理体系，建立学科经费使用情况月报制度，规范学科建设经费使用审批程序和审核流程。

〔**人才培养**〕 启动中国优秀传统文化教育教学系列课程建设。新增国家级精品教材2种，全年主编出版教材27种，入选农业部“十二五”规划教材选题50种。推进国家教育体制改革试点项目、省拔尖创新人才培育项目和战略性新兴（支柱）产业人才培养项目改革试点。启动“教育教学改革与质量提升计划”，实施“拔尖创新学生培养计划”，进一步完善“国家生命科学与技术人才培养基地”、“张之洞”班人才培养模式创新实验区人才培养方案和管理运行机制。加强研究生科研过程监控，全面推广研究生科研记录检查工作。积极推进研究生教育国际化，学校入选第二批“国家建设高水平大学公派研究生项目”。建立本科教学状态数据库，试行教学运行状态数据通报制度，启动学院教学量化考核。成立研究生院，逐步建立责权明晰、协调高效的研究生教育二级管理体系。5篇论文获“全国优秀博士学位论文”提名。学校获湖北省“学位与研究生教育工作先进单位”。在全国大学生数学建模竞赛、全国大学生英语竞赛等各类竞赛中，获国家级奖60项。在第十二届“挑战杯”全国大学生课外学术科技作品竞赛决赛中获奖4项，其中一等奖1项，学校获全国高校优秀组织奖。

〔**人才队伍建设**〕 全年引进专任教师52人，其中具有1年以上海外学习研究经历者19人（海外博士学位获得者6人），教授、副教授10人；柔性引进高级岗位专家9人，包括“千人计划”2人。新增“国家杰出青年”2人、“973计划”项目首席科学家1人；6人入选教育部“新世纪优秀人才支持计划”；新增“楚天学者”设岗学科5个、特聘教授2人和“楚天学子”4人；入选湖北省新世纪高层次人才工程第一和第二层次人选3人、入选新世纪高层次人才工程优秀青年骨干人才培养计划2人；新增国家教学名师1人、湖北教学名师1人；新增国家自然科学基金创新群体1个、湖北省创新群体（团队）2个。1人获中国青年女科学家奖和中国青年科技奖。

〔**科学研究和社会服务**〕 新批科研项目1 083项，学校被评为“2006—2010年国家自然科学基金管理先进单位”和“‘十一五’高校科技管理优秀团队”；教育部环境食品重点实验室获批建设；新增国家地方联合工程实验室1个；新批农业部综合性重点实验室2个、农业部区域性（专业性）重点实验室8个；获批国家蔬菜改良中心华中分中心二期建设项目1项。作物遗传改良国家重点实验室连续第四次被科技部评估为“优秀类实验室”，成为全国高校生命科学领域唯一获此殊荣的国家重点实验室；农业微生物学国家重点实验室评估结果“良好”。获国家科技进步奖、湖北省科技奖、高等学校科学研究成果奖（自然科学）等各级科技奖励74项，其中以第一完成单位和第一主持人获国家科技进步二等奖1项。积极参与湖北省“三万”活动（“万名干部进万村入万户”和“万名干部进万村挖万塘”活动），全面推进“111计划”（“一院带一村，辐射一个县”服务新农村建设行动计划）和“双百计划”（“百名教授进百企”科技支撑企业发展行动计划）实施，先后与10多个地方政府、科技园区签订科技合作协议，与近20家企业开展产学研合作。探索创新社会服务工作体制机制和方式方法，学校入选教育部首批9所高等院校试点建设申报单位，积极筹建新农村发展研究院。

〔**党建工作**〕　通过党支部活动立项、参观红色圣地、志愿服务等活动，加强党员党性修养。开展党的十八大代表候选人提名推荐工作，在党员中开展参与党内民主实践、坚持民主集中制和党性党风党纪教育。以“抓好班子、带好队伍，推进学校事业科学发展”为主题，组织行政部门和部分直属业务单位正职工作研讨会。开展换届后新提任干部的试用期满考核工作；完成资源与环境学院、文法学院、水产学院等基层党委（党总支）的换届调整或委员增补工作。努力推进党员发展质与量同步提高。全年共发展党员3 021人，本科生党员比例达21%。继续推进教育、制度、监督并重的惩治和预防腐败体系建设。开展全校党风廉政建设工作检查考核，完成省纪委和教育部对学校的党风廉政建设专项检查考核，考核成绩居教育部检查考核学校的前列。开展以“以人为本，执政为民”为主题的第十二个党风廉政建设宣传教育月活动，健全廉政风险防控制度体系，成立廉政文化进校园专班，制定进一步加强大学生廉洁教育制度。

〔**思想政治教育**〕　不断加强政治理论学习，深入贯彻落实科学发展观和党的十七届四中、五中和六中全会精神，做好纪念建党90周年宣传教育活动，推进学习型党组织建设。召开学校加强和改进大学生思想政治教育工作会议，修订和完善班主任队伍建设、奖助学金评定发放等工作制度。实施思想引领计划，深入开展社会主义核心价值体系教育，强化理想信念教育。深入推进主题教育活动，开展新生入学感恩、毕业生文明离校、读讲学写活动，探索开展生命教育活动。以“永远跟党走，青春献祖国”为主题，深入开展“两寻访，两争做”主题实践活动，组建259支团队奔赴全国27个省（区、市）开展社会实践活动，学校被评为湖北省大学生社会实践优秀组织单位。不断深化志愿服务活动，教育部简报介绍了学校志愿者工作开展的经验举措。进一步加强和改进研究生思想政治教育，开展首届狮子山俊秀学子评选活动，出台研究生兼职辅导员选聘管理办法等，健全了研究生教育管理制度。

〔**招生就业工作**〕　实施“优质生源计划”，加强招生宣传队伍建设，实施省内中学招生宣传负责人聘任制和省外招生宣传学院负责制；探索特殊类型招生考核办法，规范各种招生类型录取工作，认真实施招生“阳光工程”。面向全国28个省（区、市）招录本科生4 603人。以学科目录调整为契机，进一步凝练方向，优化初试科目，全年招收研究生2 429人，其中博士研究生323人。促进毕业生充分就业，2011届本科毕业生初次就业率为93.88%，年度就业率为95.04%，研究生初次就业率为92.07%。

〔**教育思想大讨论**〕　2011年，学校以“促进学生知识创新、能力构建和素质提升，提高学生实践创新能力”为主线，以学生健康成长成才为落脚点和着力点，组织开展了以“实践·创新·融合·提升”为主题的教育思想大讨论。广大师生员工围绕“提升质量”、“学术育人”、“实践育人”等议题，以专家报告、专题研讨、记者访谈、撰文等多种形式展开学习、交流、研讨。通过广泛深入的讨论，教学工作的中心地位、人才培养的首要地位和教学投入的优先地位进一步确立，“育人为本、质量至上”、“协同创新、实践育人”、“科教融合、学术育人”等观念得到广泛认同，有力推动了学校教学研究、改革、建设和管理向纵深发展。

〔**“两访两创”活动**〕　学校承担了湖北省“百

名中层以上干部走访千名教师，争创优秀共产党员；千名教师走访万名学生，争创优秀人民教师”的“两访两创”试点活动。活动期间，校领导班子成员带头访谈，中层干部人人参与，广大教师深入学生，切实把握访谈重点，不断创新访谈形式。学校100多名中层以上领导干部访谈1 100多名教师，教师与2万多名学生进行交流，收集到1 000多条关于加快学校事业发展的意见。学校党委被评为湖北省“两访两创”试点工作先进集体。

〔**教育交流与合作**〕 学校获批“高等学校学科创新引智计划”1项，获批国家学科创新引智基地1项，成为全国唯一拥有三个基地的单位。推动对外交流合作，与加拿大萨斯卡通大学、英国哈伯亚当斯大学等6所大学签订合作协议。积极承办国际会议，先后承办第二届基因组学及作物遗传改良国际学术交流会等12个国际和双边会议，申报2013年国际会议2项。

〔**办学条件**〕 完成校园总平面规划修编，全年新增建筑面积4.26万平方米，新增室外绿化2.17万平方米，新增道路工程3 124米，竣工项目8个。加紧推进试验猪场（鄂州）基地建设及搬迁工作，完成狮子山大道改扩建工程。积极开拓财源，增强学校财力。通过增设预算执行管理专岗，扩大零基预算范围等措施，提高了预算执行绩效，使学校预算执行绩效名列教育部直属高校前列。以提高资源使用效益为核心，以节能环保为重点，进行精细化管理，推进水电节约，水量支出与同期相比减少4.43万吨，连续5年实现水量负增长。全年完成领导干部经济责任审计4项，科研项目结题审计28项，完成基建修缮结算审计项目305项。创新和改进采购管理，实施按季度集中受理采购计划，引进零星物资网上竞价系统，启用外贸信息管理系统，健全大额购置项目工作程序。

〔**后勤管理及服务工作**〕 继续加强房产和维修管理，修订完善周转房管理和水电管理服务相关制度，后勤集团加强过程管理，深挖内部潜力。校医院认真抓好医德医风和基本医疗规范建设，打造“全科＋专业特长”模式的医疗卫生队伍。充分发挥图书馆、档案馆、期刊社在学校教学科研中的重要作用。加强校园信息化建设，建设无线试验网，扩充站群系统规模，拓展“一卡通”功能，加强校园网、图书馆、多媒体教室等信息化教学环境建设，进一步完善教育行政办公系统，维护校园信息安全，学校成为教育部教育电子政务试点工程单位。

撰稿　余　斌
审稿　王从严

中南财经政法大学

〔**整体规划与发展**〕　2011年，学校正式步入国家“985工程”优势学科创新平台项目建设高校行列。校党委十分重视学校“十二五”规划的编制工作，精心谋划，反复研究，历时一年多，完成了“十二五”规划的制定与汇编工作。规划确立了“十二五”时期学校“以人为本、改革创新、彰显特色、提高质量”的战略方针，明确了“一个主题”、“两大战略”、“三个完善”、“四个保障”、“十大项目”，加快推进向“高水平、有特色的人文社科类研究型大学”转型，实现学校教育事业新的跨越式发展的总体思路。为配合学校“十二五”规划的编制与实施，学校正式启动了人才培养等专项规划及各教学单位发展规划的编制工作。

〔**人才培养**〕　学校围绕“质量和特色”这条主线，深化改革，不断创新，人才培养不断取得新成绩。

在本科生培养方面，积极探索拔尖创新人才培养模式改革，出台了《“文澜学院”建设方案》并启动了相关筹建工作；积极参与湖北省普通高等学校战略性新兴（支柱）产业人才培养计划和湖北省普通高等学校拔尖创新人才培育试验计划，取得初步成效；稳步推进课程考核方式改革，拟定了改革实施方案，共有百余门课程改革了考核方式，极大地激发了学生的学习热情；为与学分制和弹性学制的教学管理体制相适应，学校平稳终结了实施多年的清考制度。

在研究生培养方面，积极推进培养机制改革，创立研究生奖助体系，坚持融通创新，强化科研实践锻炼，重视应用型人才培养。通过“研究生创新教育计划”、“优博培育计划”，鼓励研究生回归学术、潜心研究，激励学生出大作精品。面对专业硕士增加、学术硕士减少的新形势，学校对专业硕士培养方案进行了修订。据中国教育在线发布的2011年中国研究生教育排行榜，学校在全部53所文法类高校中位居前列。学校MBA和EMBA项目获得国际MBA协会认证，成为中国大陆地区第七家（华中地区第二家）AMBA认证成员。

在留学生培养方面，加快留学生教育的国际化步伐，公费来华留学生项目、自费来华留学生项目、国际交换生项目等顺利开展。此外，英语授课专业课程体系建设工作加快推进，特别针对英文讲授的经、法、管三大主干学科的专业基础课建设予以立项资助。

在继续教育方面，进一步加强管理，规范办学，改善结构，大力发展网络教育、自学考试、培训工作和国际预科教育，努力寻找新的发展增长点。学校在读业余自考衔接班学生数在湖北省继续处于第一位。

学生在第十二届“挑战杯”全国大学生课外学术科技作品竞赛中，学校8件参赛作品分别夺得一、二、三等奖，入围总决赛参赛作品数和团体总分在全国财经政法类高校中位列第一，其中法学类团体总分与厦门大学并列全国第一。此外，学校还筹建了湖北省乃至中部地区部属高校中的首家创业学院，并在全国开创了省级团委与教育部直属高校共建创业学院的先河，在创新育人方面探索出了新的路径。

〔**学科和队伍建设**〕　年内，学校新增公共管理、统计学2个一级学科博士学位授权点，新增哲学等6个一级学科硕士学位授权点、1个审计硕士专业学位授权点，在学科建设上获得了大丰收。同时，学校对“211工程”三期重点学科建设项目、国家重点（培育）学科、省级重点学科、校级重点学科进行了检查，对建设效果及标志性成果进行了客观分析，对资金使用情况进行自查评估，积极查找学科建设中存在的问题和不足。

根据学校办学目标与教育事业发展需求，学校加强了高层次人才队伍建设的力度，不断创新海外人才引进方法。学校首次组团参加了2011年美国经济学年会，在海外进行人才招聘，取得了较好成效。学校“长江学者”、“楚天学者”、“文澜学者”三大海外引智平台工作进入常态化和正规化。同时，加强师资队伍的培训和管理工作，制定了师资队伍培养计划。继续开展“双百工程”，拓宽青年教师出国研修渠道，完善保障措施，极大地提高了青年教师出国研修的积极性。此外，学校还完成了2007—2010年首轮聘期教师的聘期考核和2010年度教师的年度考核及新聘期续聘工作；启动了2011—2013年聘期编制与岗位设置工作，并出台了相关方案。

〔**科学研究**〕 2011年，全校教师共获各级各类科研立项529项，随着中央高校基本科研业务费资助力度的进一步加大，新立项的课题经费总量已经远远超过了学校“十二五”规划所确定的年度科研经费目标。同时，在国家社会科学、自然科学基金申报、学术平台建设、科研为社会服务、科研经费管理等方面也取得了优异成绩和重要进展。特别是在2011年的国家社科基金申报中，学校获立项数稳居全国高校前列，在财经政法类高校中居第一名，在全省高校中居第二名，继续保持了良好的发展势头。2011年，学校获批5项国家社科基金重大项目，取得重大突破。

〔**招生就业**〕 继续实施优质生源战略，通过全方位媒体宣传、举办全国财经政法院校招生咨询会和优质生源基地挂牌等活动，扩大了学校影响，提高了生源质量。学校文、理科录取分数均列省属高校第三名。学校通过就业工作“一把手工程”、“大学生职业生涯规划工程”、就业工作信息化建设和积极拓展就业市场等举措，拓宽了学生的就业渠道，稳定了就业率。截至2011年年底，全校2011届毕业生就业率达92.95%，其中本科生为91.91%、研究生为95.51%，创下了近年来就业率最好水平。学校获教育部“2010—2011年度全国毕业生就业典型经验高校”称号，成为入选的18所部属高校之一。

〔**社会服务**〕 学校高度重视社会服务能力的建设与提升。2011年，全校横向课题共立项236项，其中包括财政部会计司、国家知识产权局、省市有关部门委托的各类课题，以及微软（中国）公司、美国自然资源保护委员会、英国国际发展署等委托的国际合作课题。学校还产生了一批为国家经济社会发展建言献策、入选全国高端智库的标志性成果，吴汉东教授主持的国家社科基金重大项目最终成果《科学发展观统领下的知识产权战略实施研究》入选2011年《国家哲学社会科学成果文库》，这是学校科研成果首次入选该文库；陈志勇教授撰写的论文《破解“土地财政”困局的政策建议》入选中央宣传部全国社科规划办主编的《成果要报》2011年第59期，成为学校近年来首次被选编入全国社科规划办《成果要报》的国家社科基金项目研究成果。同时，结合“万名干部进万村入万户”工程活动的开展，学校组织校内人文社科重点研究基地的主任赴通山县开展“送知识下乡”活动，并组织部分专家赴随州开展十七大精神宣讲。学校还组织法学专家团队赴省内县市开展法制宣传和法律咨询活动，起到了良好的社会效果。

〔**党建和思想政治工作**〕 根据中央和省委的安排部署，学校深入开展创先争优活动，从工作实际出发，把创先争优活动与继续深入学习实践科学发展观活动相结合、与学校中心工作和阶段性主体工作相结合、与迎接建党90周年和向党的十八大献礼相结合、与全面加强党的建设相结合。充分发挥基层党组织的战斗堡垒作用和共产党员的先锋模范作用，围绕中心，突出载体，结合实际，把创先争优活动内化为推进学校发展的动力和保障。

党代会常任制试点工作全面展开，学校不仅就党代会常任制的有关问题开展了理论研究，还就党代表直选、两委委员推选、党代会年会制等出台了相关制度文件；学校第三次党代会的筹备工作进展顺利，党代表直选和两委委员的推选工作顺利完成；学校各二级党组织顺利举行了换届选举工作；“万名干部进万村入万户”、“城乡互联，结对共建”等活动，取得效果好，社会影响大；学校还加大了党风廉政制度的系统化建设，用刚性制度确保党员领导干部廉洁自律、廉洁从政。

〔**文化传承创新**〕　学校认真组织学习、贯彻十七届六中全会精神，积极推进学校精神文化、制度文化、校园文化、教师文化、学生文化、学术文化、环境文化和法治文化等建设，组织了文化建设研究立项与优秀项目评选活动，策划并推出了一批文化精品，促进了校园文化繁荣。许多学院结合学生的专业特点开展了丰富多彩的校园文化活动和社会实践活动，加强对学生的文化艺术熏陶，塑造校园人文气息，提高了学生的人文素质。如新闻与文化传播学院的“影像中南”文化艺术节被誉为华中高校的“小奥斯卡”。

〔**教育交流与合作**〕　继续大力推进国际化办学，学校国际交流与合作取得重大进展。4月，学校与韩国东西大学合作举办的艺术设计专业（动漫游戏方向）本科教育项目获教育部批准，并于6月开始招生；8月，两校合办的广播电视新闻学专业（影像内容方向）本科教育项目获教育部批准。学校还与美国纽约州立大学石溪分校签订了校际交流协议和学生交换协议，与英国格拉斯哥大学、法国雷恩商学院签订了联合教学项目合作协议，与英国卡迪夫商学院、日本羽衣国际大学就校际合作交流达成共识并计划签订有关合作协议。

〔**民生建设与校园管理**〕　2011年，学校充分利用国家奖励还贷的政策，外争资源，内挖潜力，化债减负工作取得重大进展，为学校“十二五”各项工作的开展奠定了良好的经济基础，为提高教职工待遇提供了一定的空间。同时，校内房改房房产证办理工作顺利推进，住房货币化补贴年度支取工作步入常态化、规范化轨道。为进一步完善学校健康教育和健康促进工作体系，做好学校及社区预防和保健，学校成立了保健委员会，并购置了数字化X光摄影仪（DR）等一系列大型医疗设备，启用了医院信息管理系统，做好大学生医保与公费医疗的平稳过渡及与商业医疗保险的衔接，全面改善师生的就医环境，为师生健康提供了保障。另外，学校采用EMC合同能源管理模式，积极推进“热水进学生宿舍工程”，受到省内外高校的高度关注。为整顿校园秩序，对校园进行统一规划和综合治理，成立新的校园综合治理委员会，开展了一系列整治工作，为学校的健康发展创造了良好环境。

撰稿　伍施乐

审稿　雷照荣

湖南大学

〔**人才培养**〕 2011年，学校本科教学工作取得新成绩。成立了实践教学体系规划小组，致力于构建“四级四层”的实践教学体系。首批“卓越工程师教育培养计划”4个专业与多家大型企业签订合作协议；首次荣获军事教学评估综合评价优秀；建成328个课程网站，覆盖445门课程。

研究生培养工作深入推进。全年招收全日制研究生4 076人。实行校院两级招生管理，改革博士生导师遴选制度，修订了研究生培养方案，建立了奖学金动态管理机制，加强了学位论文质量监控。获全国优秀博士学位论文1篇，全国优秀博士学位论文提名2篇。

招生就业工作富有成效。2011年本科新生中，理科投档线高出生源地同批次控制分数线59分的有15个省，文科投档线高出生源地同批次控制分数线59分的有20个省。其中学校在省内高校录取线文科第一、理科第二。“985工程”高校在湘招生中，学校文科投档线排名第13位，理科排名第23位。2011届毕业研究生就业率为94.95%，本科生就业率为95.78%，继续位居湖南省高校第一。

学生实践创新能力不断增强。2011年，学校被团中央评为“百万青年创业计划”优秀组织高校；荣获全国高等学校创业教育研究与实践先进单位称号。全年“SIT计划”立项475项，其中20项为省级项目、62项为国家级项目。600余人次在国家级和省级学科竞赛中获奖。留学生规模继续扩大，新建了4个稳定的留学生招生基地，成立了出国留学中心。全校具有海外学习经历的学生人数不断增加。继续教育工作取得新进展。

〔**科学研究**〕 科技创新能力明显增强。科研到账经费达3.64亿元，其中人文社科到账经费首次突破2 000万元，达2 400万元。自然科学领域全年新增科技项目1 105项，其中“863计划”与支撑计划入库项目17项；国家自然科学基金资助项目147项，同比增长45%，实现了学校国家自然科学基金重大项目零的突破。人文社科领域全年新增科研项目374项，其中国家社科基金重大项目2项、教育部重大课题攻关项目3项、国家社科基金重点项目4项、国家社科基金一般项目26项。

科研成果和奖励继续攀升。2011年，共获各类科研奖励32项，获国家自然科学奖二等奖1项，获国家技术发明奖二等奖2项，实现了10年国家科技奖不断线的目标；人文社会科学研究方面，朱汉民教授《玄学与理学的学术思想理路研究》成为湖南省首部入选《国家哲学社会科学成果文库》的学术专著。发表人文社科重点、核心期刊论文899篇，收录560篇。全年SCIE收录文献688篇、收录论文675篇、被引用2 485次，在全国高等院校排名31位；被工程索引EI收录期刊论文1 078篇，在全国高等院校排名29位。获专利131项。《湖南大学学报（自科版）》被评为教育部“科技论文在线优秀期刊”科技类二等奖，《财经理论与实践》被评为社科类一等奖。

〔**学科建设**〕 学科和平台建设成绩显著。生物学首次进入ESI全球排名前1%，学校有5个学科进入ESI全球排名前1%。在“十一五”湖南省重点学科验收中，17个学科被评为“优秀”，1个学科被评为“良好”。增列了博士学位授权一级学科6个、硕士学位授权一级学科7个；自主设置目录外二级学科6个、交叉学科2个。新增审计硕士专业学位授予权，成为湖南省唯一拥有审计硕士专业学位授权的高校。

〔**师资队伍建设**〕 高层次人才体系建设成效明显。全年引进高层次人才7人，其中“青年千人计划”学者1人，海外高层次人才4人，“全国优秀博士学位论文”获得者1人。6位教授入选湖南省“百人计划”，4位教授入选湖南省“芙蓉学者奖励计划”。学校“千人计划”学者总量上升至12人。

教师队伍的国际化进程加快。注重以延揽海外博士为重点扩充教师队伍，全年新进教学科研人员54人，其中55%具有海外高校博士学位。重视中青年教师培养，鼓励中青年教师多种途径出国研修，全年公派出国录取41人，派出22人，全校有一年以上出国研修经历教师的比例提高至32.3%。探索推进管理干部队伍职业化建设，进一步加大管理干部队伍教育培训力度。

〔**教育合作**〕 国际合作与交流更加频繁。学校先后与意大利罗马一大、罗马二大等12所境外院校建立了合作关系，与南澳大利亚弗里德斯大学、加拿大里贾纳大学建立国际合作研究平台，校际研究合作更加深入、稳固。与加拿大里贾纳大学合作成立了里贾纳孔子学院。

〔**社会服务**〕 2011年，国家保密学院和国家保密教育培训基地长沙基地落户学校，成为国家中部地区保密技术和管理的专门人才培养基地。积极助推“两型社会”建设，完成并发布了“两型建设”标准和“两型建设”指数。在产学研合作方面，与江苏、浙江、广东及本省的郴州、湘西、常德等省市企业签订各类合作协议120余项。此外，积极开展对口援助西南民族大学的相关工作，与湖南警察学院、长沙学院签订了友好合作协议。

科技园产业集群逐步形成。新增入园企业39家，涉及先进制造、新材料、新能源、电子信息、机电一体化等高新技术领域。国家大学科技园通过科技部复审，并评为良好等级。

〔**党建和思想政治及精神文明建设**〕 深入开展为民服务创先争优活动和推进学习型党组织建设。在校内树立首批10个学习型党组织建设示范点，学校学习型党组织建设经验作为全国5个典型之一、教育战线唯一典型通过中央电视台等30家主流媒介向全国推介，并作为全国4个典型之一被中国共产党新闻网列为专题。开展为民服务创先争优活动，在全校范围内积极组织开展党史学习宣传教育活动、群众性纪念活动、理论研讨、座谈等多种形式的主题教育和纪念活动。全省教育系统创先争优活动简报第52期以《湖南大学抓好“五个结合”深入推进创先争优活动》为题进行了专题报道。基层党组织和全体共产党员立足岗位，创先争优，涌现出一批先进典型，其中1人获评湖南省教育系统唯一的全国优秀党务工作者称号。

思想政治工作富有特色。深入开展生涯发展教育、公益创业教育、网络思想政治教育、少数民族学生教育、当代革命军人核心价值观培育等特色教育。“学党史、明责任、作贡献”主题教育活动得到了《人民日报》、《光明日报》、《中国教育报》等媒体的关注和报道。以师德师风建设为重点，在全校树立了首批11个教职工思想政治工作优秀平台和载体。

民主管理取得新成效。进一步完善二级教代会工作规程，充分发挥民主党派和共青团、学生会作用，切实促进民主管理和民主监督。出台《中共湖南大学党务公开实施办法》，党务公开工作与信息公开工作协同推进。

党风廉政建设取得新进展。继续深化领导干部“廉洁从政”教育，制定湖南大学领导干部兼职管理规定，组织开展“廉政准则”执行情况、领导干部兼职、“三公”消费、“小金库”等专项检查。以监督制约权力运行为关键，积极推进“阳光治校”和“三重一大”集体决策制度的落实。发挥监察职能作用，切实加强对干部人事、招生录取、物资采购、工程项目等全过程监督。

精神文明及校园文化建设取得新成绩。学校第三次获得“全国文明单位”称号，计划财务处成为学校第四个省级文明窗口单位。推出“口述湖大”、学府岁月、党建专题、《我的教育故事》、《党史上的湖大人》等影像图书作品和专栏，大型电视文艺演出活动“毕业歌”被中央电视台录播，并通过中央1套向全国推介。开辟官方微博，进一步加强网络宣传和引导，“千年弦歌”主题网站获教育部全国高校“百佳网站”和“最佳公益实践奖”，“名师博客”等获批湖南省精品校园文化项目。

〔**支撑和服务体系**〕 校园基本建设进展明显。完成了《“十二五”基本建设规划》的编制工作。天马西麓征地土方工程及工程孵化中心（东区）、德智园研究生公寓、汽车碰撞安全实验室改扩等工程基本完成。超算中心建设继续推进，完成有关水、电、道路配套改造工程。

内部管理日趋规范。校务公开、信息公开稳步推进，制度管理不断加强。预算和专项资金管理更加规范。同时，进一步加强了对重大项目、大宗物资的招投标管理、监督和审计，完成各类审计项目394项。

信息化建设取得新进展。完成南校区办公区、天马学生二期园区的校园网提质改造，实现了校园网络IP免费使用。启动湖南高校三网融合服务平台建设，完成校内信息门户的二期扩充建设，开展数字档案管理系统建设，SCI、ESI等5个图书文献权威数据库正式投入使用。

平安校园建设再上新台阶。进一步强化信访稳定和安全保卫责任制，启动校园交通智能化管理。“平安校园”、“平安园区”建设成绩突出。学校被评为“湖南省综合治理工作先进单位”。

“民生工程”建设继续深入。全年在职人员收入人均增长23%，离退休人员收入人均增长35%。完善学生助学育人体系，关心困难学生，全年学生生活补贴及奖贷助经费增长34.27%。

撰稿　邹　薇

审稿　陈厚丰　黄梓根

中南大学

〔**高层次人才队伍建设进一步加强**〕　2011年，中国科学院院士、学校教授金展鹏入选“全国教书育人楷模”；邱冠周教授新当选中国工程院院士；全年新增“千人计划”9人；39位教师入选2010—2011年度教育部“新世纪优秀人才支持计划”。

〔**博士后获基金率保持前列**〕　学校博士后获第五十批中国博士后科学基金一等资助4人，居全国高校第6位；二等资助29人，居全国高校第8位。博士后获第四批中国博士后科学基金特别资助10人，居全国高校第13位。

〔**“质量工程”建设保持领先**〕　6门课程入选教育部首批精品视频公开课，并列全国高校第2位；2个专业被评为战略性新兴产业相关特色专业建设点；2人被评为国家级教学名师，并列全国高校第1位，国家级教学名师总数达8人，居全国高校第12位。

〔**条件建设进一步加强**〕　新增4个“卓越工程师教育培养计划”专业，总数达到14个；3个国家级工程实践教育中心、1个临床技能综合培训中心获教育部批准，获批建设经费800万元。

〔**两大工程进展顺利**〕　“985工程”完成2011年度1.8亿元投资任务，顺利通过2012年1.6亿元的预算编制；“211工程”圆满完成中央专项总投资共1.29亿元的三期建设任务。

〔**学科排名稳步提升**〕　学校药理学与毒物学的ESI排名首次进入全球前1%；材料科学、临床医学、工程学和化学等4个学科的ESI排名稳定在全球前1%，且平均前移67个位次。

〔**学位工作成绩斐然**〕　学校成为全国首批开展工程博士专业学位授予工作的25所培养单位之一；新增10个博士学位授权一级学科，新增11个硕士学位授权一级学科；成功获批39个湖南省“十二五”重点学科。截至2011年年底，学校的一级学科博士点增至27个，全国排名第13位。

〔**科研经费及奖励**〕　全年科研经费总量达11.6亿元，进入学校财务的科研经费7.1亿元。获国家科学技术奖励8项，其中国家科学技术进步奖一等奖1项、国家技术发明奖二等奖2项、国家科学技术进步奖二等奖5项。

〔**科研平台**〕　全年新增14个省部级以上科研平台，包括“高性能复杂制造国家重点实验室”和“国家重金属污染防治工程技术中心”。新获2项国家“973计划”首席科学家项目，新增2项国家杰出青年科学基金、3个“长江学者和创新团队发展计划”团队。全年获批国家自然科学基金各类项目338项，同比增长31.5%，获批总经费达1.6亿元，同比增长105%。

〔**国防军工**〕　学校研制的对接机构摩擦副、无磁铝棒和铜合金，为“神舟八号”飞船的成功发射、回收和完成与“天宫一号”准确对接作出重要贡献。

〔**专利申请**〕 全年专利申请560项，授权380项，同比分别增长33%和65%；SCIE收录文献1 526篇，居全国高校第14位；EI收录期刊论文1 701篇，居全国高校第9位。国际论文排名首次进入前10位。

〔**人文社科**〕 人文社科获14项国家社科基金，其中首次获得2项交叉类国家社科基金重大项目，国家社科基金立项数、资助经费数均创历史新高。

〔**本科生源质量持续提高**〕 全国有25个省的理科投档线、22个省的文科投档线创历史新高，其中87.67%的省份理科投档线高出当地第一批次控制线40分以上，比2010年提高27个百分点；理科录取平均分和投档线加权平均分，分别高出全国第一批次控制线加权平均分59.41分和48.18分。

〔**研究生教育取得新成绩**〕 顺利通过湖南省研究生培养过程质量评估并获得“优秀”；22个博士、硕士学科专业（领域）入选教育部“卓越工程师教育培养计划”；20名博士研究生获教育部博士生学术新人奖，居全国高校第10位。

〔**网络和继续教育规范发展**〕 学校荣获“现代远程教育十年贡献奖”；新增成人教育校外函授点12个、成人教育专业15个。

〔**管理体制改革继续深化**〕 建立健全教学、科研、医疗等人员分类管理新机制；规范实体科研机构的建设和运行管理；积极探索医学高等教育的管理层级和运行机制；深化用人制度改革，加强人事代理和人才派遣制人员的管理。

〔**学生工作**〕 全校本科生初次就业率达93.60%，研究生初次就业率达92.06%，同比分别增长2%和14%；加强少数民族大学生教育和管理的成果获得2011年高校校园文化建设优秀成果一等奖；学校荣获“2011年全国高等学校创业教育研究与实践先进单位”，创业教育成为中宣部电视理论片《从怎么看到怎么办》案例；全国高校党建工作会议推介了学校大学生社会实践经验；“我的理想、实践与情操”——百名院士百场报告会活动被人民日报和新华社报道，产生了良好的社会反响。

〔**学生获奖情况**〕 本科生刘路成功破解困扰国际数学界十几年的“西塔潘猜想”，在国内外产生重大社会反响；研究生李海星荣获“2010中国大学生年度人物”称号；学生作品获得全国“挑战杯”大学生课外学术科技作品竞赛管理类唯一一个特等奖；研究生参加全国研究生数模竞赛，获奖数居全国第6位；医学生参加第二届全国高等医学院校大学生临床技能竞赛，获全国总决赛一等奖。

〔**教育交流与合作不断深化**〕 全年与国（境）外18所知名大学签订合作协议；接待国（境）外来宾1 260人次；举办国际和海峡两岸学术会议18场，办理师生因公出国（境）审批和出入境手续760人次，组织由校领导率领的高层访问团7个；选派128名学生赴国外知名大学攻读博士学位，选派220名在校学生赴国外大学留学深造和访问、交流学习；200多名国（境）外大学的学生到校交流；新招各类留学生425人；获国家外国文教专家经费765万元，其中国家重大引智专项——“111计划”专项4项共获得360万元经费资助，居全国高校第一位。

〔**对口扶贫获好评**〕 三所附属医院利用自身医疗技术优势，积极支援泸溪县、凤凰县、龙山县等湖南省贫困地区医院发展，探索建立医疗扶贫新模式，取得多赢效果，相关经验得到中共中央政治局常委李克强和中共中央政治局委员刘延东的重要批示，并被新华社、光明日报、健康报等广泛报道，在全国产生重大反响；以3所附属医院医疗人员为主体的援非医疗队的工作，得到当地政府和中国政府的高度评价。

〔**财政收入**〕 全年学校总收入达29.5亿元，

比2010年增加5.7亿元；中南大学教育基金会获准正式成立，共接收社会捐赠6 280万元。

〔**数字化校园**〕 全年数字图书馆的访问量近百万人次，新增元数据期刊论文1 662万篇；完成中南大学网站主页（中文版、英文版）改版，信息门户建成并启用。

〔**庆祝建党90周年**〕 围绕建党90周年开展一系列宣传教育活动：召开建党90周年庆祝大会，表彰了一批先进集体和个人；举办纪念建党90周年理论研讨会暨第六届党建论文报告会。认真开展"为民服务创先争优"活动；深入推进学习型党组织建设，开展创建学习型党组织示范点活动。

〔**文化宣传**〕 以学习党的十七届六中全会精神为重点，组织6个专题的学习讨论活动，扎实推进校园文化建设；在中央级媒体刊登（播发）新闻稿件150余篇；信息报送工作居教育部直属高校前列。

〔**反腐倡廉建设**〕 认真学习贯彻教育部关于直属高校"三重一大"决策的意见，起草制定相关制度；启动廉政风险防控管理试点工作。学校党风廉政建设责任制执行情况通过教育部和湖南省的量化考核检查，并受到高度评价。

〔**基本建设**〕 重新编制"十二五"基本建设规划，迎接教育部到校实地调研，得到充分肯定和好评；完成国家高性能铝材实验室和三一研究院大楼的建设和施工；推进新校区数理楼的建设，新校区化学楼和左家垅基础设施建设项目获教育部国拨资金立项；新校区综合教学楼被评为2011年度全国工程勘察设计行业建筑工程设计一等奖。

〔**后勤修缮**〕 全年完成修缮总投资4 700余万元，其中教育部大型修购基金3项，投资638万元；全面完成铁道校区新1舍总建筑面积11 420平方米的开发建设任务，完成留学生公寓及地下人防工程的建设任务。

〔**图书出版**〕 全年图书出版490种，同比增长56%，生产码洋5 950万元，同比增长70%；在1998种统计源期刊总分综合排名中，《中国有色金属学报》、《中国有色金属学报（英文版）》、《中南大学学报（自然科学版）》和《中南大学学报（医学版）》分别居同类期刊第一位、第二位、第三位和第八位。

〔**医疗技术上水平**〕 中南大学湘雅医院和湘雅二医院分别获得7个国家临床重点专科，两所医院的国家临床重点专科总数达20个；3所附属医院联合申报国家重大专项"创新药物研究开发技术平台建设"，成功获得"重大疾病新药临床评价研究综合技术平台建设"的立项资助；3所附属医院共开展医疗新技术150余项。

〔**公立医院改革取得新进展**〕 中南大学湘雅医院将急诊绿色通道作为重点工作，独立设置小儿急诊科，最大限度地解决急诊儿童患者收治难的问题；湘雅二医院初步建立了医疗质量和医疗安全的SAFE-CARE体系，新发医疗纠纷同比下降52.9%，新发纠纷赔偿金额下降72.1%；湘雅三医院开展"三好一满意"活动，推出20余项便民惠民举措；成功举办湘雅护理教育百年庆典系列活动，积极实施"优质护理服务示范工程"。

撰稿　李广川
审稿　石共文

中山大学

〔**收获3项国家奖项**〕 2011年，学校物理科学与工程技术学院杨国伟教授团队的“亚稳纳米材料生长的基础研究”、生命科学学院施苏华教授团队的“植物分子系统发育与适应性进化的模式与机制研究”荣获国家自然科学奖二等奖（一等奖空缺）；学校医科翁建平教授牵头国内10家单位完成的“2型糖尿病新治疗方案研究与临床应用”科技成果荣获2011年度国家科技进步奖二等奖。

〔**2位教授获第六届国家级教学名师奖**〕 2011年，学校历史学系桑兵教授、附属第一医院梁力建教授荣获第六届国家级高等学校教学名师奖。截至年底，学校共有9位教授获国家级教学名师奖。

〔**4位教授获第六届省级教学名师奖**〕 学校历史学系桑兵教授、中山医学院关永源教授、化学与化学工程学院毛宗万教授、社会学与人类学学院周大鸣教授获第六届广东省高等学校教学名师奖。截至2011年年底，学校共有20位教授获广东省教学名师奖。

〔**4位教授获国家杰出青年基金**〕 学校物理科学与工程技术学院王成新教授、信息科学与技术学院张军教授、中山眼科中心何明光教授和肿瘤防治中心康铁邦教授获国家杰出青年科学基金。截至2011年年底，学校共有国家杰出青年基金获得者58人，总数位居全国第七。

〔**2个项目入选2011年度教育部哲学社会科学发展报告资助项目**〕 梁庆寅教授、陈广汉教授牵头的研究团队申报的《珠三角区域发展报告》被列为2011年度教育部哲学社会科学发展报告建设项目，康保成教授牵头的研究团队申报的《中国非物质文化遗产保护发展报告》被列为2011年度教育部哲学社会科学发展报告培育项目。

〔**理工科研取得丰硕成果**〕 2011年，理工科申请专利429项，授权专利255项，比2010年增长18%。年初，学校获第二批全国企事业知识产权示范创建单位。学校在各领域发表高水平论文40余篇。特别值得一提的是，学校生命科学院何芳良教授研究团队的研究成果《种—面积曲线总是过高估计由生境丧失导致的物种灭绝速率》发表在世界顶级期刊*Nature*（《自然》）上，该研究颠覆了以往对物种灭绝速率的认识。

〔**国际论文被引用数据居全国高校第八位**〕 据2010年中国科技论文与引文数据库（CSTPCD）1998种中国科技论文统计源期刊统计，学校2010年度在国内刊物上发表论文4 397篇，全国高校排名第7位，较2009年上升1位；发表的国内论文被引用19 809次，继续稳居全国高校第6位；发表的国际论文被引用2 302篇（7245次），位居全国高校第8位，较2009年上升1位；SCI收录论文1 778篇，位居全国高校第11位，较2009年上升2位；Medline收录论文数位居全国高校第5位；SSCI收录论文数位居全国高校第6位。工学院詹杰民教授团队发表在*Physics of Fluids*（《流体物理学》）上的一篇文章入选“2010年度中国百篇最具影响国际学术论文”。

〔**物种多样性研究取得突破性进展**〕 学校生命科学学院生态学系主任余世孝教授主持的国家自然科学基金重点项目“病原菌对森林生态系统物种多样性纬度梯度格局的影响”取得突破性进展，研究成果再次发表在生态学影响因子位居第一位的 *Ecology Letters*（《生态学通讯》）（SCIIF15.3）上。这是该团队 4 年内第二次在该杂志发表文章。

〔**4 篇论文获评全国优秀博士学位论文**〕 在 2011 年全国优秀博士学位论文评选中，学校共获得 4 篇优秀博士学位论文。分别是：历史学系杨培娜（指导老师陈春声、刘志伟）、地理科学与规划学院刘小平（指导老师黎夏）、生命科学学院邝栋明（指导老师郑利民）、附属第二医院于风燕（指导老师宋尔卫）。学校还获得 5 篇优秀博士学位论文提名。

〔**张力教授在世界肿瘤学权威论坛发布研究成果**〕 学校肿瘤防治中心内科副主任张力教授在世界肿瘤学权威论坛美国临床肿瘤学会年会（第 47 届 ASCO）上，代表中国胸部肿瘤协作组，报告了采用肺癌靶向治疗药物吉非替尼成功进行维持治疗，大大降低疾病进展风险的研究成果（INFORM 研究），是迄今国内首个在 ASCO 大会上发布肺癌临床研究成果的专家。这次 INFORM 研究被选为 ASCO 大会发言，对中国研究肺癌领域的专家是一个巨大的精神鼓励，标志着中山大学附属肿瘤医院的肺癌临床研究开始跻身国际先进水平。

〔**宋尔卫团队首次揭秘乳腺癌相关新型炎症因子及其受体**〕 中山大学附属第二医院宋尔卫教授带领的研究团队，对非可控性炎症在乳腺癌中的作用的研究取得了突破性进展，此项研究成果于 4 月 12 日以 Featured Article 形式发表在知名国际科学期刊 *Cancer Cell*（《癌细胞学》）上。该研究开辟了一条从非可控性炎症着手抑制乳腺癌转移的途径，找到了 CCL18 与乳腺癌相互作用的节点—CCL18 的受体膜蛋白 PITPNM3，为进一步针对该节点靶向控制非可控性炎症，开发用于治疗肿瘤的治疗性抗体和小分子化合物奠定了基础。

〔**1 本著作获中华优秀出版物奖**〕 中山大学附属一院器官移植科何晓顺教授、朱晓峰教授主编的《多器官移植与联合器官移植》荣获第三届中华优秀出版物奖，这是广东省医学类专著首次获得中华优秀出版物图书奖，也是此次全国医学类专著中唯一获奖的作品。

〔**AMS—02 成功发射**〕 5 月 16 日，奋进号航天飞机搭载 AMS—02 成功发射升空。在 AMS 实验中作出了重要贡献的学校科研团队，7 年来的努力换回了这一关键性的、激动人心的时刻。中山大学参与研制的 TTCS 热控制系统，是国内大学参加 AMS—02 项目中唯一在太空运行的装置，具有极为重要的技术意义及显示度。这是国际航天领域中第一次采用机械泵驱动两相液体回路应月的新技术。TTCS 的核心技术“两相回路散热技术”已列入国家“十二五”空间计划。

〔**获第二届全国高等医学院校大学生临床技能大赛总决赛特等奖**〕 5 月 13—15 日，由教育部、卫生部联合主办、教育部临床教学研究中心承办的第二届全国高等医学院校大学生临床技能大赛总决赛在北京大学人民医院举行。来自全国 113 所院校、经教育部指定的 6 个初赛区经过激烈角逐，选拔出 32 所医科院校参加决赛，学校荣获总决赛特等奖。

〔**学生在全国药学专业大学生实验技能竞赛中获佳绩**〕 在 4 月 20—22 日举行的“第二届全国医药院校药学/中药学专业大学生实验技能竞赛”暨“全国医药院校药学/中药学实验教学中心联席会”上，来自中国药科大学、沈阳药科大学、北京大学、浙江大学、复旦大学、四川大学、山东大学等 32 所高校的 63 名学生同场竞技。学校药学院 2007 级学生周骥、卢浩扬经过紧张的笔试和实验操作两个环节，不负众望，从 63 位参赛选手中脱颖而出，分别取得特等奖和一等奖的好成绩。

〔**黄兰婷荣获世界肾脏病学大会最佳论文奖**〕 4月8日，第15届世界肾脏病学大会（World Conference of Nephrology，WCN）在加拿大温哥华召开。学校附属一院肾内科余学清教授的博士生黄兰婷荣获最佳论文奖，题目是“Differential Peptidome Profile in Different Primary Nephritic Syndrome”，并在大会的主会场进行最佳论文演讲，这是附属一院肾内科连续第二届获此殊荣，彰显了该院肾内科在学术研究中的强大实力和国际影响。

〔**在第十二届“挑战杯”中获佳绩**〕 10月17—18日，第十二届“挑战杯”全国大学生课外学术科技作品竞赛终审决赛在大连市举行，学校获得一等奖2项、二等奖2项、三等奖2项。

〔**1名学生获2011“外研社”杯全国英语演讲大赛冠军**〕 2011年“外研社杯”全国英语演讲大赛于12月9日在北京落幕，代表广东省参赛的学校管理学院2009级学生陈彦君勇夺大赛总决赛冠军，为学校赢得了荣誉。

撰稿 姚颂华

审稿 王 琤

华南理工大学

〔**战略规划和改革试点**〕　2011 年，完成学校改革和发展“十二五”规划制定工作，进一步明确“十二五”期间学校的建设目标、发展思路和建设举措。积极推进学校承担的 4 个国家教育体制改革试点项目和 8 个广东省教育综合改革试点项目，带动学校体制机制的深入改革。

〔**高水平大学建设**〕　在全面总结前两期建设经验和成效的基础上，围绕高水平学科群、高层次人才队伍、高起点创新基地、高素质创新人才培养和高水准国际交流与合作“五位一体”建设，推进改革创新，全面启动“985 工程”下一阶段建设；积极推进“211 工程”三期建设，完成广东省立项重点学科建设项目中期考核工作。借学位点自行审核及调整的契机，重点加强理科和人文社科的布局，8 个学科通过学位授权点对应调整，新增 5 个博士学位授权一级学科、3 个硕士学位授权一级学科，在 42 个硕士学位授权一级学科中，工科类占 55%、理科类占 14%、文科类占 31%；综合性学科结构进一步完善。加强重点学科和交叉学科建设，物理学进入 ESI 国际排名，使学校进入 ESI 排名学科总数达到 5 个，在全国“985 工程”建设高校中并列第 19 位，学科整体水平进一步提升。

〔**教育教学工作**〕　加大经费投入，有力改善教育教学设施和条件。2011 年，共投入 3 800 万元，其中 2 500 万元用于建设 11 个本科基础实验教学平台，1 000 万元作为教学改革与质量工程建设专项资金，300 万元用于改善网络多媒体教学设施和条件。

坚持因材施教、优才优育，不断推进多样化人才培养模式改革。共设置各类创新班、强化班和教学改革试点班 30 个，每届学生达 1 000 多人，覆盖面达 15%。基因组科学创新班学生共 3 人次以并列第一或署名作者身份在 *Nature*（《自然》）上发表论文 2 篇。截至 2011 年年底，创新班已有 21 人次以并列第一或署名作者身份在 *Nature*、*Science*（《科学》）等世界顶尖学术刊物上发表学术论文 14 篇。

质量工程建设成效显著。2011 年，新增国家级特色专业 2 个，“卓越工程师教育培养计划”试点专业 2 个，国家综合改革试点专业 4 个，国家级工程实践教育中心 3 个；国家级教学名师 1 人（黄平教授）；国家精品视频公开课程 5 门（入选数量位居广东省高校第一，全国高校第二）。

优化研究生教育结构。根据国家的调整政策，继续扩大专业学位研究生教育规模。2011 年，全日制硕士研究生中专业学位类占 29.2%，全部硕士研究生中专业学位类占 49%；被列入全国首批工程博士专业学位教育试点单位，获批 2 个工程博士领域（全国共 25 所，学校为华南地区唯一获批单位），已形成比较完整的专业学位研究生培养结构。

进一步加大博士研究生资助力度，研究生创新能力显著提高。2011 年，有 141 名博士研究生获优秀博士学位论文创新基金资助，比 2010 年增加 52%。研究生发表论文数量和水平显著提升，全年共发表高水平论文 1 401 篇，比 2010 年增长 23.3%；发表在 SCI“第 2 区”及以上的论文 159 篇，比 2010 年增长 55.9%；3 篇论文入选“2010 年中国百篇最具影响国际学术论文”。

〔**科技工作**〕 承担国家高层次重大项目和基础研究能力大幅度提升，在实到科研经费首次突破10亿元的同时，纵向项目经费达6.1亿元，其中获国家自然科学基金项目首次突破200项（杰出青年科学基金项目2项），经费达1.28亿元，比2010年增长75%；获“973计划”项目课题7项，获首席科学家项目1项。

高层次科研基地建设成绩突出，新增1个国家重点实验室（发光材料与器件），1个国家工程实验室（小麦和玉米深加工）和9个省部级科研机构。截至2011年年底，学校共拥有国家级科研机构11个，省部级66个，位居全国高校前列和广东省高校首位。

人文社科研究取得重大突破，获省部级以上社科项目130余项，其中国家社科基金重大项目3项，哲学领域教育部重大攻关项目1项。

8月23日，科技部公布了《关于国家重点基础研究发展计划2011年和2012年项目立项的通知》（国科发基〔2011〕383号），以华南理工大学为首席科学家单位、王迎军教授担任首席科学家的“新型医用材料的功能化设计及生物适配基础科学问题研究”获批准立项。截至2011年年底，以学校为首席科学家单位承担的“973计划”已达4项。

专利工作成效显著，获第十三届中国专利优秀奖3项，居全国高校首位，学校被评为“全国专利系统先进集体”。

〔**师资队伍建设**〕 深入推进人事制度改革，加强高层次人才队伍建设。按照“突出重点、分级管理、权责一致、科学考核”的原则，启动实施“兴华人才工程”第四期团队建设；进一步完善相关配套制度，启动实施高层次人才队伍建设“三大计划”，更加注重优秀青年人才的引进和培养。学校副校长瞿金平教授增选为中国工程院院士（广东省唯一当选者），5位“千人计划”教授到岗工作，1人入选“千人计划”短期项目，新增国家杰出青年科学基金获得者2人。

〔**教育合作与交流**〕 做实一批国际化教学科研平台。华南理工中美学院与普度大学等多所北美著名高校合作，开设旅游酒店管理和公共管理两个国际班，2011年招生近70人；中法工程师学院的3＋1＋2项目正式进入本科招生计划，各类项目在读学生近百人。积极探索建立中外合作办学机构，与美国等地的著名高校及有关投资方开展关于建立具有独立法人资格的中外合作办学机构的探索。与英国兰卡斯特大学共建孔子学院1所。

〔**庆祝建党90周年**〕 围绕庆祝建党90周年，学校举办了红歌合唱比赛、理论研讨会、座谈会，图片书画、红色电影展演、党内表彰大会等一系列纪念庆祝活动。

〔**党建与思想政治工作**〕 加强领导班子和干部队伍建设，坚持抓理论学习、抓顶层谋划，完善党委中心组及多种形式的学习制度，健全“三重一大”集体决策制度和“公开选拔、竞争上岗”的干部选任程序。推进基层党组织建设，把创先争优与岗位工作结合起来，深入开展创先争优、党建主题创新、纪念建党90周年、党内评先评优等活动；把组织生活与教学科研有机结合起来，积极探索基层党组织建设的新思路、新方法，完成基层党组织换届选举工作，充分发挥基层党组织的战斗堡垒和党员的先锋模范作用。

坚持育人为本、德育为先，不断创新工作方法和载体，深入开展学生工作创先争优“标杆工程”，启动学风建设“卓越工程”；加强研究生科学道德和学风建设，增强大学生思想政治工作的针对性和实效性。学生工作“标杆工程”项目获全国高校校园文化建设成果一等奖和广东省高校校园文化建设成果特等奖。

〔**资源管理和拓展**〕 加强资源管理。通过扎实推进节能监控平台、水电计量系统建设，完善能耗管理办法，节能减排成效显著，学校被评为“首届全国高校节能管理先进院校”。

学校教育发展基金会拓展捐赠收入成绩突出。2011年，该基金会共接受捐赠1.43亿元人民币，其中校友捐赠1.33亿元，位列中国大学校友捐赠排行榜第6位，位列广东省高校第1位。

〔**就业和帮困助学工作**〕 坚持把毕业生就业和帮困助学作为学校最大的民生工程抓实抓好。2011届本科毕业生最终就业率达99.46%，研究生最终就业率达99.42%。毕业生中约有1/5进入世界和中国500强企业就业，毕业生就业满意度达99.42%。认真做好助学贷款、学费减免、“绿色通道”等工作，全年共发放各类奖助学金7 103万元，比2010年增长13.7%。

撰稿 于 荣

审稿 郇 智

重庆大学

〔**综述**〕 2011年，学校紧紧围绕把重庆大学建设成为“中国最好的大学之一”的办学目标，启动实施“十二五”发展规划，改革管理体制机制，推进新一轮“985工程”建设，加强高层次人才队伍建设，深化部市共建和校企合作，深入开展创先争优活动，学校各项工作全面迈上新台阶。

〔**管理机制改革**〕 学校以承担的国家教育体制改革试点项目为切入点，适应发展，立足校情，积极探索建立现代大学制度。一方面推进内部治理结构改革，改革行政管理体制，启动《重庆大学章程》制定工作，探索建立新型的、更加富有效率和体现公平的内部决策、管理和运行机制。另一方面，学校积极探索与地方合作的长效机制，以落实《重庆市人民政府关于支持重庆大学建设国际知名高水平研究型大学的意见》为契机，深化校地、校企合作，与多家大型企业签订全面产学研合作协议，共建产学研合作平台。学校发起并推动成立了包括西南大学、第三军医大学、西南政法大学、重庆医科大学、四川外语学院在内的重庆市大学联盟，促进联盟学校之间资源共享。截至2011年年底，已实现联盟学校之间课程互选、学分互认、师资互聘、资源共享。学校与第三军医大学、重庆医科大学共同筹建“联合生物医学工程学院”。

〔**学科建设**〕 学校以提高管理效率为重点，统筹和整合学科资源，从顶层设计、学科分类、整体发展方面规划和推进学部制建设，优化学科管理机制。年初，学校先期设立了文理学部，并组建了人文社会科学高等研究院。下半年，学校基本完成工程学部、建筑学部、信息学部的组建工作，由此形成“四部十两院”的格局。

根据国务院学位办相关文件精神，在学位点对应调整工作中，新增安全科学与工程、建筑学、城乡规划学、风景园林学、统计学、软件工程、生态学等7个一级学科博士点，新增美术学、音乐与舞蹈学、戏剧与影视学、设计学4个一级学科硕士点。截至2011年年底，学校博士学位授权一级学科达到28个，硕士学位授权一级学科达到51个。控制工程、建筑学和工商管理硕士MBA三个国家专业学位研究生教育综合改革试点专业顺利通过中期检查。作为全国25个首批工程博士专业学位授予单位之一，获批在“先进制造”和“能源与环保”两个领域开展工程博士专业学位研究生的招生和培养工作。

〔**本科教育**〕 修订完善“质量提升行动计划”和新一轮本科人才培养方案，完成了通识教育试点第一阶段工作，初步建立了学校本科教育自我评价体系，扎实推进本科教育教学改革等工作。

新增国家级教学名师1人，国家级特色专业2个，市级特色专业3个；新增市级精品课程8门、市级教学团队4个、市级双语教学示范课程3门、市级人才培养创新实验区4个。制定10个专业的“卓越工程师教育培养计划”培养方案，其中获准7个。成功申报国家级工程实践教育中心3个并获“本科教学工程”经费1 250万元。在重庆大学弘深学院实验班的基础上，联合弘深学院开办通识教育、经管、机械、电子信息、电气和土建6个学科大类拔尖创新人才实验班。组织4 000余人次参加各级各类学科竞赛，占校本科生总人数的13.3%。参赛学生共获国际一等奖5项（其中获特等奖提名

2项)、二等奖13项；全国一等奖11项、二等奖21项；省级奖73项；全国大学生英语竞赛共获全国特等奖5项、一等奖10项、二等奖38项、三等奖78项。

〔**研究生教育**〕 学校全面启动新一轮“985工程”研究生拔尖创新人才计划。完成33项研究生教育改革与研究项目立项建设，完成31门研究生重点课程与10门研究生教材或讲义的立项建设工作，完成20个研究生开放实验室及实践基地立项建设，建成重庆大学·美国国家仪器公司虚拟仪器联合实验室等10个校企联合开放实验室。研究生访学交流项目取得丰硕成果，光电工程学院博士研究生白先旭参与ASME（美国机械工程师学会）国际学术会议，荣获“最佳论文”奖；资助赴美联合培养博士研究生黎蕾蕾参加美国导航学会(ION)国际技术会议，荣获美国“ION杰出研究生”奖。胡燕等10位博士首获全国博士研究生学术新人奖，学校获2011年全国优秀博士学位论文1篇、提名1篇。

〔**人才队伍建设**〕 大力加强高层次人才队伍建设，创新人事制度改革，取得明显成效。学校引进院士1人、国家“千人计划”专家5人、“青年千人计划”1人、重庆大学“百人计划”4人、“长江学者”和国家杰出青年基金获得者2人、教授18人、团队1个、海外博士24人，享受国务院政府特殊津贴9人、宝钢奖教金4人（其中1人获优秀教师特等奖)、中国青年科技奖2人，“重庆市优秀人才支持计划”4人、首批“重庆市高等学校青年骨干教师资助计划”6人、第三届重庆市杰出专业技术人才1人、第三届重庆市优秀专业技术人才1人。百名学术学科领军人才18人、重庆市有突出贡献的中青年专家4人、“青年拔尖人才计划”14人、“两江学者”第二批岗位5个、组织申报重庆市各类人才计划36人。顺利完成2011年教师及专业技术职务的评聘工作，在职称评审工作中推进学术评价程序和体系的完善，实现分类指导、分类评价。

〔**科学研究**〕 基地/平台建设取得积极成效，“煤矿灾害动力学与控制”国家重点实验室正式挂牌；“可信服务计算”教育部重点实验室立项建设；光电技术及系统教育部重点实验室通过教育部评估；生物流变科学与技术教育部重点实验室正式立项建设；软件理论与技术重庆市重点实验室、重庆市交通物联网工程技术研究中心、血液净化装备工程技术研究中心立项建设；新增“高效低碳制造系统”教育部创新团队；3个重庆市人文社科重点研究基地顺利通过评估。学校顺利通过第二轮军工保密资格审查认证现场审查和武器装备质量管理体系综合评议及军品换版审核、民品第二次监督审核。

2011年，学校获国家科技进步奖3项；教育部科技进步奖4项；何梁何利基金科学与技术创新奖1项、中国专利优秀奖1项。全年专利获权503件。国家自然科学基金项目获准184项，经费达9 104.5万元（比2010年增长81.5%)。SCIE和EI核心期刊论文总数2 464篇，比2010年增长5%，CSSCI期刊论文总数超过600篇。国家社科基金项目立项数创历史新高。2011年，专利技术成果直接转让收益比2010年增长130%，两个项目荣获2011年中国产学研合作创新成果奖。

〔**学生资助**〕 学校完成学工系统一期助学贷款管理系统建设，完成宝钢、唐立新等近30项专项奖学金的评审，认定家庭经济困难学生8 651人，设立勤工助学组织（小组）80余个，提供勤工助学固定岗位近1 300个，年支出勤工助学经费130万元；申请国家助学贷款1 443人，放款金额1 685万元；964名学生获国家励志奖学金，金额482万元；近万名学生获国家助学金，金额4 442万元。

〔**教育交流与合作**〕 因公短期出国（境）633人次，选派90名公派研究生出国留学，全年通过各种渠道出国（境）交流、学习的学生人数约300人。全年来华留学生1 062人，97名留学生顺利毕业。接待包括国际政要、学术大师在内的到访人员550人次，聘请长短期专家440余人。台湾交换学校由原来的5所拓展到11所，对台交流学生人数达 70 人。学校第三所孔子学院—澳大利亚拉筹伯孔子学院正式揭牌。

〔**党建工作**〕　2011 年，学校被评为“重庆市基层党建示范点”，学校党委被中共中央组织部授予“全国先进基层党组织”称号。学校认真落实《中国共产党普通高等学校基层组织工作条例》，制定《关于进一步推进创先争优活动的指导意见》，对 15 个二级党组织、97 个党支部、239 名党员进行表彰，有序推进中层党政干部和二级党组织换届调整工作。建立重庆大学微博群，学校官方微博获新浪 2011 中国教育盛典“微博风尚高校”奖。完成教育部专项检查组对学校“责任制”落实和贯彻执行“廉政准则”情况的检查并获好评，率先在重庆地区高校中成立青春廉洁社团——重庆大学青春倡廉学社。

〔**思想政治教育**〕　学校坚持以育人为根本，以质量为核心，开展主题教育活动，形成内化于心、外施于行的思想政治教育格局。依托校园 BBS 论坛、辅导员博客、学生工作 QQ 群等网络媒体平台，开展学院“团队博客”建设。形势与政策课实现课程网络在线考试。举办院长讲座、星期日讲座及其他学术讲座，组织开展第七届“青春之星”风采大赛、外语文化节等活动，丰富校园科技文化生活。实施“三个三”工程，开展带薪实习和社会调研等“六个一”社会实践活动，取得实质成效。成功申报“大学生微型企业创业指导站”。2011 年，全校 1.3 万余名学生参与植树造林，完成大学林基地建设 760 亩。寒暑假期间，近 3 000 名学生参加带薪实习，实习岗位涉及全市 20 个区县、62 个企业、216 个机关事业单位。

〔**支撑条件建设**〕　2011 年，学校经费总收入超过 30 亿元，新增筹资 2.5 亿元。为规范产业管理，学校成立了产业管理委员会，下设办公室。后勤服务质量不断提高，成立了学校后勤服务呼叫中心。学校医疗条件不断改善，校医院成功申报二级综合性医院。新增 *Science Online*（《科学在线》）、*Nature*（《自然》）、*RSC*、北大法意网、RESSET 金融研究数据库等专业数据库，新增中外文电子图书 27.7 万册。数字化校园建设取得明显成效，部分学生宿舍、教学楼等重要区域实现高速无线网络覆盖，采购了校园软件正版化授权，实现新老校区间的数据备份。在重庆市“数字校园”建设合格验收中，学校取得重庆市高校第一名的好成绩，被重庆市评为“数字校园”示范学校。

撰稿　张旭东　李四维

审稿　肖铁岩

西南大学

〔**人才培养与教育教学改革**〕　实施“拔尖创新人才培养计划”，成立含弘学院，组建“吴宓”班和“袁隆平”班，设立9个创新人才培养实验班。在生物科学等专业试点全英语授课，开展交换生和赴海外社会实践项目。成立教师教育学院，构建教师教学能力训练体系，加大师范生能力训练中心投入力度。学生在第十二届“挑战杯”、美国数学建模竞赛等国内外科技和技能大赛中连创佳绩。新增13个专业学位，制定完善70个专业学位培养方案。全年投入研究生教育创新计划各类经费300余万元，共取得优秀科技成果831项，其中发表国内T类论文26篇，国内A1类论文137篇，SCI、SSCI、EI索引论文291篇，7项专利成果获创造发明与专利奖，获2011年全国优秀博士学位论文提名奖1篇。

〔**学科建设**〕　深入推进学科结构调整，学校先后成立了农学部、教育学部和心理学部。启动研究型学部（院）建设，论证并通过6个研究型学部（院）建设方案。制定基础学科振兴计划和协同创新扶持计划，博士学位一级学科授权点由9个增加到19个，硕士学位一级学科授权点由22个增加到44个，省部级重点学科由9个一级重点学科增加到37个一级重点学科。学科涵盖12个门类、55个一级学科，省部级以上重点学科占现行目录一级学科总数的33.6%，科学学位硕士点、博士点分别占现行目录一级学科总数的48.2%和20%，专业学位硕士点、博士点分别占全国已设总数的50%和25%。

〔**科研工作**〕　召开第二届科研工作大会，通过“科技‘十二五’发展规划”，出台和修订科研管理系列文件。2011年，获准立项建设家蚕基因组生物学国家重点实验室，实现了国家重点实验室零的突破。国家柑橘工程技术研究中心顺利通过科技部综合验收，在农林领域5个中心中排名第一。转基因棉花研究成果入选“2011年度中国高校十大科技进展”，智能传动研究成果转化合同金额达6 600万元。国家自然科学基金年度立项103项，并获重点项目2项，家蚕基因组团队连获“973计划”、“863计划”项目，学校千万级项目数达6项，教育部“新世纪优秀人才支持计划”项目突破10项，新增“111”计划项目1项，荣昌校区获国家星火计划项目。国家社会科学基金获准立项46项，居全国高校第十位，其中重大项目3项，同时获国家重大文化工程项目。学校全年科研经费达3.8亿元。

〔**人才队伍建设**〕　实施“聚贤工程”和“英才工程”，成功引进美国医学与生物工程院院士李长明及其团队，引进教授及特聘教授10人，柔性引进海内外教授10人；1人成功入选“千人计划”，实现零的突破；1人成功进入中国工程院院士有效候选人，4人分别申报国家、国外专家“千人计划”，3人申报“青年千人计划”（2人入围面试），30余人入选重庆市各类人才计划；构建了以院士、资深教授、“千人计划”、“长江学者”、国家级杰出青年、国家名师等为领军人才的教学科研团队；师资队伍中具有博士学位的教师比例提高近5%。

〔**党建工作**〕　以纪念建党90周年为契机，加强爱党、爱国、爱校和社会主义核心价值体系教育，坚持围绕中心抓党建，抓好党建促发展。开展纪念建党 90 周年理论研讨会、“学党史·知党情·跟党走”党史知识竞赛、“颂歌献给党”大型文艺晚会等活动。完成基层党支部换届工作，举办新任党支部书记培训班。重视在国防生、到校务工人员等特殊群体中发展党员的工作，全年共计发展党员 4 089 人，其中发展教职工党员 44 人。

顺利推进二级党组织和中层领导班子换届工作。通过教职工直选院长，面试、答辩、竞聘、考察等形式，创新干部选任机制，完善干部退出机制。全年共提拔任命正、副处级领导干部 74 名。举办院长培训班，组织 20 余名处级干部赴海外学习培训，组织 150 人次处级干部参加国内学习考察培训。

召开学校党风廉政建设工作会议，开展大学生廉洁教育和领导干部廉政教育培训及警示教育活动 11 次，参与人数达 7 000 余人次。制定《2011 年西南大学党风廉政建设分工责任表》，与 78 个二级单位党政主要负责人签订了责任书。

开展党建工作理论研究。“高校深入开展创先争优活动长效机制研究”获准教育部人文社会科学研究 2011 年度专项任务项目（高校思想政治工作）立项，专著《高校党建与和谐校园建设研究》由中国文史出版社出版，出版《奋进之歌——纪念中国共产党成立 90 周年研究文集》；《推进高校学习型党组织建设的“五动实践”》获中央党校等联合主办的纪念建党 90 周年“党建理论与实践·重庆论坛”优秀论文一等奖，在《人民日报》等重要报刊发表高质量理论文章数十篇；国家社科基金项目阶段性成果《当代大学生对社会主义核心价值体系的认同》获国家领导人重要批示；学校在 2011 年全国高等师范院校党建研讨会上作交流发言。

〔**创先争优**〕 学校校级领导干部、党群部门主要负责人先后参加 84 个基层党支部“一讲二评三公示”专题组织生活会。结合师德师风、机关作风和学风建设，开展“我心目中的好老师”、“管理服务标兵”、“创先争优示范支部”等评选活动。全校二级党组织共设置展示台 40 余个，各支部分别设置公示栏。2011 年，全校 46 个二级党组织共有 570 余个党支部、15 320 余名党员参加了创先争优活动，评选出优秀共产党员 2 600 余名，设立示范岗 1 200 余个，编辑创先争优简报 70 余期。

〔**思想政治教育和学生工作**〕 以社会主义核心价值体系教育为核心，不断拓展大学生思想政治教育的有效途径。依托《西大学子手机报》、辅导员博客之家、青春缙云网站等，切实增强大学生思想政治教育的实效性；开展辅导员进驻学生园区、大学生“三进三同”（即“进基层、进村子、进农户，与农民群众同吃、同住、同劳动”）体验式社会实践和“百名辅导员访千名学生家庭”活动。先后组织学生参加带薪实习、暑期“三下乡”社会实践、“绿化长江行动”和“西南大学林”建设等活动，组织研究生开展挂职锻炼和支教支农工作，建立创新实践基地（团队）30 余个，出版《走进新农村》调查文集，学校被评为重庆市大学生社会实践示范高校，在全国实践育人工作经验交流会上作交流发言。全年发放各类奖助学金 1.52 亿元，全校近 70% 的学生受到奖励或资助。深入打造以“阳光”为品牌的心理健康教育特色工作体系。2011 年，招生 9 762 人，有 14 个省份一本提档线比 2010 年高出 10 分以上；2011 届本科毕业生就业率达 93%，其中首届免费师范毕业生 100% 进入基础教育领域，研究生就业率达 90.7%。

〔**社会服务**〕 大力加强协同创新，学校和重庆市烟草公司联合组建了重庆烟草科学研究所。重庆市洁净能源与先进材料研究院在学校挂牌成立。重庆化工学院、重庆中国抗战大后方历史文化研究中心先后落户学校。建设完善魔芋产业等 4 个教育部农林试点实践基地；荣昌校区利用中国畜牧科技城平台，推进重庆国家现代畜牧业示范区核心区建设；柑橘研究所编制完成重庆市柑橘产业技术路线图，与忠县合作的国家现代农业园区获科技部批准立项建设。全年共签订科技合作项目 167 项，比 2010 年增长 56%，项目合同经费 2 928 万元，比 2010 年增长 76.5%。大学科技园成功设立 2 个分园区和 3 个基地，完成整体规划和 10 万平方米的园区建设任务。为渝、贵、甘、藏等省（区、市）培训各类农业人才 3 500 余人；落实“国培计划”，为西部贫困地区培训骨干教师近 15 000 人。

〔**教育合作与交流**〕　聘请长期外籍教师 76 人，派遣汉语教师志愿者 17 人，举办国际会议 9 个，接待来自 30 多个国家的专家和教师 600 余人次。招收 61 个国家的 722 名留学生，长期生达 542 人，学历生比例提高到 61%。派出 219 名学生赴美国等多个国家和地区学习、实习，接收海外交换生 75 人。两所全球二十佳孔子学院建设成效显著。与国（境）外高校和机构签订 32 份合作协议，校际合作交流领域和深度不断拓展。

〔**办学条件**〕　努力筹措办学经费，强化预算绩效管理。2011 年，办学经费比 2010 年增长 9.87%，争取和落实各类资金 1.2 亿元。“五个校园”（即平安校园、健康校园、绿色校园、数字校园、人文校园）建设整体推进，学校成为“数字校园”、“人文校园”、“绿色校园”建设重庆市示范学校。校园环境整治和改扩建工程顺利实施，后勤保障规范有序。产业转制工作顺利完成，学校 98% 的经营性资产纳入资产经营公司管理。

撰稿　韦　俊

审稿　高　岩　丁忠民

四川大学

〔**制订出台《四川大学改革和发展“十二五”规划》**〕 2011年11月，根据党的十七届五中、六中全会精神，结合教育规划纲要的具体要求，学校制订出台了《四川大学改革和发展“十二五”规划》（以下简称《规划》）。《规划》提出了“坚持以科学发展观为指导，以人才培养为根本，以提高质量为核心，以改革创新为动力”的指导思想，明确了以五个“15”（院士总数15位以上，杰出教授10至15位；国家级科研基地15个以上；新增*Nature*（《自然》）和*Science*（《科学》）等顶尖杂志论文15篇以上；新增全国优秀博士学位论文15篇以上；国家一级重点学科15个以上和一个“25”（科研经费总量达25亿元以上）为主要核心竞争力的指标体系和建成中国一流研究型综合大学的奋斗目标，制订了实现奋斗目标的“七项行动计划”（创新人才培养和师资队伍建设行动计划、学科建设与多学科交叉行动计划、哲学社会科学发展行动计划、科技重点跨越行动计划、国际合作行动计划、社会服务能力提升行动计划、文化传承创新行动计划）和“五项改革创新举措”（人事管理制度改革、人才培养模式改革、管理体制机制改革、资源整合与优化配置改革、进一步加强和改进党建和思想政治工作），为学校“十二五”期间的发展指明了方向。

〔**制订各学院“十二五”发展规划**〕 学校各学院在认真总结过去5年工作经验的基础上，对未来5年的改革发展进行了深入思考，制订了各学院“十二五”发展规划。学校高度重视各学院“十二五”规划制订工作，校领导带队深入各学院对规划制订工作进行专题调研，对规划的制订提出意见和建议，并召开“学院‘十二五’发展规划调研总结会”，就规划制订工作经验进行交流。在各学院对规划进一步完善的基础上，学校编印了《四川大学学院“十二五”发展规划汇编》。

〔**2门课程入选教育部“精品视频公开课建设计划”**〕 6月16日，学校文学与新闻学院王红教授主讲的《中国诗歌艺术》和马克思主义学院阎钢教授主讲的《现代公共生活与社会公德修养》2门课程，入选2011年教育部“精品视频公开课建设计划”。其中王红教授讲授的《中国诗歌艺术》被确定为中国高水平大学建设的首批20门“中国大学视频公开课”之一。

〔**新增11个一级学科博士点**〕 8月5日，国务院学位委员会下发了《关于下达按〈学位授予和人才培养学科目录〉进行学位授权点对应调整结果的通知》（学位〔2011〕51号），学校新增考古学、中国史、世界史、生态学、统计学、软件工程、特种医学、护理学、艺术学理论、美术学、设计学11个一级学科博士点，学校一级学科博士点由35个增至44个；新增5个一级学科硕士点，学校一级学科硕士点由54个增至65个。

〔**新增2名国家教学名师**〕 9月8日，学校胡常伟教授和陈谦明教授荣获第六届全国高等学校教学名师奖。截至2011年年底，学校国家级教学名师奖获得者达12人。

〔**获建国家空管重点实验室**〕 10月16日，国家中央军委空中交通管制委员会批准学校建设国家空管自动化系统技术重点实验室，这是教育部直属高校中唯一获建的国家空管重点实验室。

〔**获准2项社科基金重大招标项目**〕 10月25日，学校霍巍教授申报的“文物考古中西藏与中原关系资料整理与研究”项目和徐新建教授申报的“中国多民族文学的共同发展研究”项目中标2011年度国家社科基金重大项目（第二批）。

〔**入选首批全国高校试点学院改革计划**〕 10月，经国家教育体制改革领导小组办公室批准，学校生命科学学院成为首批全国17所开展创新人才培养综合改革的试点学院之一。生命科学学院从招生方式、培养方案、课程设置、人事制度等方面进行改革创新，全面推进创新人才培养。

〔**成为国家首批工程博士培养单位**〕 11月，国务院学位委员会印发了《关于下达工程博士专业学位授予单位名单的通知》（学位〔2011〕72号），学校成为全国首批25个开展工程博士专业学位授予工作的培养单位之一，可在“电子信息”和“生物与医药”两个领域开展工程博士专业学位授予工作。

〔**2人荣获2011年度何梁何利奖**〕 11月8日，学校许唯临教授和王家序教授荣获2011年度“何梁何利基金科学与技术奖”。

〔**3个项目获国家出版基金资助**〕 6月10日，四川大学出版社申报的《丰碑——抗美援朝图片集》、《〈康藏前锋〉〈康藏研究月刊〉〈康导月刊〉校刊影印全本》、《青藏高原历史地理研究》等3个项目获2011年度国家出版基金资助，受资助项目数位列全国高校出版社榜首，实现了学校国家出版基金资助项目零的突破。

〔**入选“2011年度中国高等学校十大科技进展”**〕 12月，由学校冯小明教授主持的“新型手性催化剂和高效高选择性的不对称催化新反应”项目入选教育部科学技术委员会组织评选的2011年度“中国高等学校十大科技进展”，这是学校科研成果首次入选。冯小明教授的研究成果在不对称合成研究领域获得了广泛关注，为中国手性技术发展作出了重要贡献。

〔**4项科技成果获2011年度国家科学技术奖**〕 2011年，学校共有4项优秀科技成果获2011年度国家科技进步二等奖。分别是：水利水电学院参与完成的“深部盐矿采卤溶腔大型地下储气库建设关键技术及应用”，生命科学学院参与完成的“高异交性优质香稻不育系川香29A的选育及应用”，四川大学华西医院参与完成的“结构性心脏病介入治疗新技术研究与应用”和“2型糖尿病新治疗方案研究与临床应用”。

〔**新增3篇全国优秀博士学位论文**〕 12月，付晓玉博士（指导教师张旭教授）的《分布参数系统能控能观性问题的统一处理》、汪君博士（指导教师冯小明教授）的《碳氧（C═O）、碳氮(C═N)和碳碳（C═C）双键的催化不对称氰基化反应研究》、高莺博士（指导教师胡静教授）的《改善骨质疏松状态下植入体稳定性骨代谢的实验研究》获得2011年度全国优秀博士学位论文奖。

〔**引进4名高端外籍教师**〕 11月，学校制定了《四川大学外籍教师聘任管理办法（试行）》，进一步推进了学校全职外籍教师和高端外籍教师聘任工作。2011年，学校新引进日本熊本大学木田建次教授、美国威斯康星大学名誉教授Timothy C. Moermond、法国波尔多大学Pierre Magal教授、德国亚琛工业大学姚刚教授4位高端外籍教师。

〔**成立教师教学发展中心**〕 6月，学校成立了四川大学教师教学发展中心。该中心以营造教学文化氛围、创新人才培养理念、提升教师教学水平、培育教育教学成果、推广现代教育技术、服务区域高等教育为宗旨，致力于开展教师和研究生助教培训、教师教学资源建设、教师教学研讨沙龙、教师教学效果测评、教学示范与推广，以促进教师培训、交流、考核等工作的经常化、制度化、专业化，推进教师队伍建设和学校人才培养工作的可持续发展。

〔**首届“最受学生欢迎教师奖”揭晓**〕　4月27日，学校首届“最受学生欢迎教师奖”颁奖典礼举行。10位最受学生欢迎的教师分别是：王杭、谢谦、唐宁九、李甘地、周毅、冉蓉、何鹏、王玉忠、秦世伦、朱家骅。此次“最受学生欢迎教师奖”评选活动，是学校首次面向全校所有任课教师，由8 000多名学生实名投票的评选活动。

〔**举行四川大学—香港理工大学灾后重建与管理学院首届联合培养博士生开学典礼**〕　9月25日，四川大学—香港理工大学灾后重建与管理学院首届13名联合培养博士生开学典礼举行。该学院采用“2+2”合作培养模式和“双导师制”，学生2年在学校培养，2年在香港理工大学培养，授予四川大学和香港理工大学博士学位证书。首届联合培养博士的专业有：康复医学与理疗学、护理学、眼视光学、管理科学与工程、精神病与精神卫生学、岩土工程和人居环境等。

〔**第七次党代会**〕　2011年4月15—16日，学校召开了中国共产党四川大学第七次党代会。大会总结了第六次党代会以来学校事业发展和党的建设取得的主要成绩和基本经验，分析了学校面临的形势、机遇与挑战，提出了今后5年学校改革发展的战略思路、奋斗目标、主要任务和重要举措，描绘了学校科学发展的新蓝图；大会审议通过了党委、纪委工作报告和各项决议，选举产生了新一届学校党委领导集体和纪委领导班子。

〔**学习贯彻十七届六中全会精神**〕　学校党委印发了《四川大学关于深入学习宣传贯彻党的十七届六中全会精神的实施意见》。11月10日，与光明日报社联合举办了“大学的文化自觉与文化自信”，积极发挥大学在文化大发展大繁荣中的引领作用和导向作用。

〔**庆祝建党90周年系列活动**〕　举办了庆祝中国共产党成立90周年暨表彰大会、建党90周年理论研讨会、教职工“红歌大家唱”歌咏比赛、“我心感恩党”学生演讲比赛等系列主题活动，开展了学生主题教育活动130余场。围绕“辉煌90年，迈向新征程”的主题，校内普遍开展了党史学习、纪念征文等各类庆祝活动，全校上下唱响了“共产党好、社会主义好、改革开放好、伟大祖国好、各族人民好”的时代主旋律。

〔**创先争优活动**〕　紧密围绕学校中心工作和改革创新，实现了在推动学校科学发展中创先争优、在强化基础党组织建设中创先争优、在加强和改进大学生思想政治教育工作中创先争优、在服务师生员工中创先争优。学校印发了《关于围绕纪念党建90周年深入推进创先争优活动的通知》，开展了党员公开承诺活动、“为民服务创先争优活动”、“四好班子”创建活动等系列活动。学校创先争优活动被中央创先争优活动领导小组办公室作为典型经验刊发。

〔**大学生思想政治教育**〕　学生生涯规划教育服务工作初步启动，引进了国内较权威的测评系统，学生创新创业就业实践平台建设进一步加强，引导学生形成正确的成长路径、职业规划和发展方向；建立教育管理和心理健康的联动预警机制、危机干预机制，及时妥善处理学生中的不稳定因素；正式启动教导员工作，加强政工干部入住学生公寓工作，为学生的成才提供引导和人文关怀。

〔**美国副总统拜登到校演讲**〕　8月22日，美国副总统拜登到学校发表演讲并回答了学生的提问。拜登强调，中国数十年来的发展取得了巨大成就，中国的持续繁荣对中美两国和世界都有利。拜登是第二位访问学校的时任美国副总统。共有240名师生参加了演讲会，校长谢和平院士在会上致辞。

〔**泰国公主诗琳通访问学校**〕　4月8日，泰国公主诗琳通一行访问学校，诗琳通公主受聘为学校名誉教授。校长谢和平院士会见了诗琳通公主一行，共同植下了象征中泰友谊地久天长的银杏树，并为“中泰友谊树”石碑揭幕。

〔世界贸易组织总干事帕斯卡尔·拉米先生访问学校〕　10月18日，世界贸易组织总干事帕斯卡尔·拉米先生到校访问，并为学校师生作了题为《国家贸易合作——世界贸易体制的未来》的精彩演讲。学校向拉米先生授予了四川大学经济学名誉博士学位。

撰稿　毕　玉　杜小军
审稿　罗中枢

西南财经大学

〔**推进国家教育体制改革试点项目**〕 2011年，学校成立了由党委书记、校长为组长的改革试点工作领导小组，按照国家教育体制改革试点的总体要求，建立健全“改革和创新高水平行业特色型大学办学体制机制”、“经济与管理人才培养机制改革与创新”、“构建新型中外合作办学机制提升西部高校国际化水平”和“改革大学内部治理结构”等4个试点项目的相关工作机制，在全面总结学校已有的改革经验特别是2005年以来改革实践的基础上，进一步充实和细化改革试点项目实施方案，制定了《关于国家教育体制改革试点项目的实施意见》，编制了《西南财经大学国家教育体制改革试点项目年度工作要点》。按照“总体设计、分步实施、重点突破”的原则，以构建大金融学科群人才培养平台、全面实施内部管理综合改革等为重点，全面推进改革试点项目各项工作。

〔**申报优势学科创新平台**〕 6月，学校根据教育部、财政部《关于继续实施优势学科创新平台建设的意见》和《关于做好优势学科创新平台建设方案和项目预算编制工作的通知》等文件精神，结合“十二五”发展规划和战略目标统筹规划，成立了“金融学科群”发展委员会以及各分委会，研究论证并制定了《西南财经大学“金融学科群与中国金融创新发展”优势学科创新平台建设方案》、《可行性报告》等上报教育部、财政部，启动创新平台建设工作。

〔**新增学科专业**〕 2011年，学校通过学科结构调整，新增软件工程硕士一级学科，新增审计学专业硕士学位授权点。

〔**推进人才培养模式改革**〕 继续深入开展教育思想大讨论，持续推进课程教学范式深切转变。新增第二批改革试点课程53门，其中本科生课程32门、研究生课程21门，新开新生研讨课64门，基本形成覆盖通识基础课、大学科基础课、专业主干课、专业方向课的改革试点课程体系。“课程中心”建成使用，230门课程进入“课程中心”。通识教育课程体系进一步完善，形成了由7个模块构成的通识教育选修课程目录。开展大金融学科群人才培养平台建设的调研和论证，确定共同基础课程设置。完成学生实践活动一体化平台建设，实现学生实践活动全过程数字化管理。批准建设首批四川省“高等教育质量工程”建设项目8项。

〔**科学研究**〕 2011年，学校获国家社科基金项目立项18项、国家自然科学基金20项、教育部人文社科基金研究项目22项，其中国家自然科学基金项目立项数创历史新高。一名教师获国家杰出青年科学基金资助，为国内财经高校首次。中国金融法研究中心、公共政策创新研究中心、中国政府审计研究中心等进入四川省社科重点研究基地建设。举办“第六届中国管理学年会”、“第二届中国西部金融论坛”等高层次学术会议。《经济学家》入选教育部“高校哲学社会科学名刊工程”。《百年中国金融思想学说史》第一卷出版发行。全国首个“中国家庭金融调查项目”完成首轮入户调查访问。两篇博士学位论文分别获得2011年全国优秀博士学位论文提名奖和第五届杨纪珂奖学金优秀博士学位论文奖。获四川省第十四次哲学社会科学优秀科研成果奖27项，其中一等奖3项，创历史新高。

〔**人才队伍建设**〕　进一步完善人才引进、培养和管理办法，全年共引进海内外全职博士 42 人、海外讲座教授 10 人、国内外课程教授 21 人。深化教师职务评审改革，优化正高级职务的学科结构。制定专任教师职业发展助推方案，继续实施学术休假制度，选派首批博士生导师出国访修。继续实施“可持续教师储备计划”，选拔第二批 8 名硕士生及高年级本科生赴美国高校攻读金融学、会计学博士学位。“青年教师成才项目”第三期立项 50 项。为 178 名新进教职工开展职业生涯规划培训。学校新增中组部“千人计划”2 人、享受国务院政府特殊津贴专家 2 人、教育部“新世纪优秀人才支持计划”4 人、四川省“百人计划”4 人、“四川省学术和技术带头人”5 人、“四川省学术和技术带头人”后备人选 20 人、“四川省有突出贡献专家”6 人、四川省教学名师 3 人。学校制订了《人才优先发展试验区建设规划》，被四川省教育厅确定为教育系统人才优先发展单位。

〔**社会服务**〕　学校与中国银监会合作金融机构监管部、自贡市人民政府等签订战略合作协议。“创新职工维权工作机制，切实维护职工合法权益”、“关于推动协同创新，为建设创新型国家提速增效的建议”等报告，报送中央领导及相关部委参阅。与北京师范大学、国家统计局共同发布国内第一套绿色发展指数并引起较大社会反响。“四川消费者信心指数”报告报送四川省委省政府作为了解社情民意的重要参考。举办第 6 次至第 9 次“金帝雅论坛”和第二届中国农民论坛。向各级部门报送科研成果要报 3 000 余份，产生了良好的社会影响。

〔**学生思想政治工作**〕　学校积极开展学生心理健康教育与心理危机干预。举办首届职业博览暨实习生双选会，切实加强学生职业规划与就业创业指导。加强二级关工委建设，学校关工委被评为“全国教育系统关心下一代工作先进集体”。举办“汶川大地震”3 周年系列纪念活动。通过完善入校及毕业宣誓、布置留言展幕、院长寄语、邀请特殊颁奖嘉宾等形式，探索强化特色校园典礼的育人作用。《挖掘教育内涵，凝练文化意蕴，注重寓教于情，强化全员育人——西南财经大学以特色典礼体系搭建大学生思想政治教育新平台》，获 2010—2011 年度四川省高校学生思想政治工作优秀成果一等奖。

〔**党的建设**〕　学校制定并印发《关于学习贯彻中国共产党普通高等学校基层组织工作条例的实施意见》，从改进和优化基层党组织设置、进一步明确和强化基层党组织的职责、进一步加强和改进学生党建工作等六个方面，扎实推进基层党组织建设。深入开展创先争优活动，组织各级基层党组织开展“党员示范岗”、“学生先锋党员”、“为民服务创先争优”及“我为党旗添光彩”等创先争优活动，25 项创先争优活动年度公开承诺事项基本完成，评选“先进基层党组织”26 个、“优秀共产党员”49 名、“优秀党务工作者”24 名。开展庆祝建党 90 周年、辛亥革命 100 周年等系列主题宣传教育活动。制定并实施《中共西南财经大学委员会学院（中心）分党校工作职责与管理办法》，3 300 余名入党积极分子进入党校培训，发展党员 1 700 余人，举办党支部书记和学生党员骨干培训班。成立了学生党建中心。

〔**建设和谐校园**〕　学校制定了教职工特殊困难补助暂行办法，加大对特殊困难教职工的补助力度。柳林校区教工俱乐部建成启用。切实加强校园安全稳定工作，修订校园大型活动管理办法，发布学校突发事件应急预案。积极推进信息公开工作，促进学校与师生的沟通交流。

〔**创新特色校园文化**〕　学校贯彻落实党的十七届六中全会精神，召开大学文化建设专家座谈会，修订完善《西南财经大学校园文化建设“十二五”发展规划纲要》。弘扬名师文化，举办刘诗白教授从教 65 周年庆典暨刘诗白经济思想研讨会。总结提炼校园文化建设实践经验和特色，《爱心接力西部梦想，服务社会历练成才》获四川省高校校园文化建设优秀成果二等奖和教育部高校校园文化建设优秀成果优秀奖。举办全国大学生电子商务

“创新、创意及创业”挑战赛和全国金融与信息技术应用大赛。学生代表队获第 16 届全国大学生网球锦标赛男双冠军、第三届“金蝶杯”全国大学生创业大赛全国总决赛金奖、四川省第六届大学生艺术节一等奖 4 项。获全国大学生数学建模竞赛 5 个一等奖，名列全国高校第一。

〔**教育交流与合作**〕 与俄罗斯莫斯科大学、美国佛罗里达大学、德国法兰克福大学等 18 所国外大学签订合作协议，与澳新银行、花旗银行等跨国公司展开深度交流合作。实施教师国外大学“跟教项目”和“访修计划”。教师境外访学、培训及参加国际学术交流 373 人次，学生境外攻读学位和实习实训 842 人次，创历史新高。在校留学生 298 人。聘请长期外国专家、外籍教师 38 人。

〔**优化内部管理机制**〕 学校全面实施内部管理综合改革，各学院和职能部门实行岗位聘任制和人事分配制度改革，建立实施二级财务预算管理制度，校院两级管理三级架构更趋完善。制定基本建设工程跟踪审计实施办法，修订党政领导干部经济责任审计暂行规定，完成新建、修缮、维修工程结算审计 17 项，总送审金额 11 499 万元，审减金额 1 639 万余元，审减率 14.25%。研究生公寓二期项目竣工验收并交付使用。进一步规范住房维修专项基金管理。建成一期学生一体化（研究生部分）信息系统和组织与人力资源管理信息系统。

撰稿 陈奇志 卿太祥
审稿 刘 枭

西南交通大学

〔**综述**〕 2011年，学校全面贯彻党的十七大和十七届五中、六中全会、全国教育工作会议、教育规划纲要以及胡锦涛总书记在庆祝清华大学建校100周年大会上的讲话精神，以提高质量为核心，在深入推进“轨道交通运输工程优势学科创新平台”和“211工程”建设的基础上，不断加强高水平师资队伍建设，深入推进本科教育“216质量工程”、学位与研究生教育“515工程”和3项国家教育体制改革试点项目，初步完成教育国际化全球布局，成功举办了“西南交通大学轨道交通实验室启用及陆地交通地质灾害防治技术国家工程实验室奠基暨建校115周年庆典”，实现了学校各项事业的稳步发展。

〔**学校“十二五”规划正式发布**〕 历经两年多时间、15次反复修改完善，《西南交通大学中长期发展战略纲要暨2011—2015年发展规划》（以下简称《规划》）正式发布。《规划》牢固确立人才培养在学校建设中的中心地位，着力提高质量和提升办学层次，瞄准交通特色的多学科协调发展的高水平研究型大学的目标，科学地进行顶层设计，提出了学校发展的总体战略和目标要求，明确了发展的主要任务、改革措施、保障条件和实施机制。

〔**本科生和研究生教育**〕 深入实施本科教育“216质量工程”（包括“两个体系”—创新人才培养体系和质量保证体系、“一个平台”—教学信息化平台和“六项建设工程”—专业建设、课程建设、实践教学环节建设、教学队伍建设、教材建设、校园文化建设）二期建设，新增7个“卓越工程师教育培养计划”试点专业；与铁道部人事司和相关路局联合选拔学生进行“4＋2”、“4＋1”联合培养；启动校级重点专业建设，其中3个工程实践教育中心获教育部批准立项，工程管理专业首次通过住建部专业评估。扎实推进学位与研究生教育“515工程”（即在“十二五”期间的5年内，瞄准全面提升研究生培养质量这1个目标，重点实施研究生培养模式改革工程、研究生导师队伍建设工程、研究生科研/实践基地建设工程、研究生优质生源培育工程和研究生综合素质提升工程等5项工程），制定了3个教育部专业学位研究生教育综合改革试点领域培养方案；完成了新一轮研究生培养方案修订（制定）工作；先后与8个国内外机构共建“研究生联合培养基地”。

〔**科技创新平台建设**〕 轨道交通实验室正式启用，高速列车数字化仿真平台和高速列车服役性能研究试验平台投入使用，高速列车基础研究试验平台进行安装调试。国家轨道交通电气化与自动化工程技术研究中心已进行实质性建设。新增国家工程实验室1个、教育部重点实验室1个、四川省重点实验室2个、四川省工程实验室2个、四川省哲学社会科学重点研究基地2个。

〔**科研项目及团队建设**〕 首次参与国际热核聚变实验堆（ITER）计划（俗称“人造太阳”），承担子项目1项；首次获教育部重大项目1项。获批国家自然科学基金项目115项、“973计划”项目3项（主持1项、参与2项）、国家科技支撑计划项目3项。获批博士点基金优先发展领域课题2项。获批铁道部项目23项，其中重点课题17项、重大课题4项、专题项目2项。获批四川省项目

42项，其中科技支撑重点项目2项。新增教育部创新团队1个、培育团队1个，获批总数增至5个；新增四川省青年科技创新研究团队2个、培育团队1个。学校“565科技行动计划”（用5年左右的时间，多渠道筹集不低于6 000万科研经费，着力培养50名左右的青年科技拔尖人才、50个左右的科技创新团队、500名左右的青年科技人才）经验被教育部作为3家示范单位之一进行推广，学校科技处被评为“十一五”高校科技管理优秀团队。

〔**科研及奖励**〕 学校成功研制出世界领先的真空管道高温超导磁悬浮实验系统和国内第一台直冷式室温孔径超导磁体；“汽车零部件产业价值链协同平台”和“四川省制造业信息化科技工程”两项成果参加“十一五”国家重大科技成就展；1项文科研究成果以全国哲学社会科学规划办公室《成果要报》形式首次呈送国家领导人参阅。

学校作为主持单位获国家科技进步奖二等奖1项，教育部科技进步二等奖1项，四川省科技进步一等奖2项、二等奖2项，公路学会科学技术奖一等奖1项。

〔**论文及成果转化**〕 SCI收录论文330篇、EI收录论文803篇。发明专利授权84项，同比增长64.7%。成果转化方面，先后获得5项四川省重大科技成果转化工程，“新型血管支架和人工心脏瓣膜”项目列入“2012年四川省战略性新兴产品培育发展项目”，可获得省政府不低于6 000万元转化资金支持。产学研平台方面，西南交大北京研究院积极面向铁路行业进行专业学位培养和铁路建设专题培训；西南交大唐山研究院（曹妃甸）总体平面规划设计经唐山湾生态城管委会讨论通过，并面向唐山地区和铁路行业开展了MBA、MPA、工程硕士、网络教育、在职培训等教育培训；常州西南交通大学轨道交通研究院和西南交大深圳研究院窗口作用日益显现，学校在长三角、珠三角地区的影响不断扩大。

〔**学科建设**〕 “轨道交通运输工程优势学科创新平台”项目全面完成既定建设目标和建设任务，15个高水平学科平台和4个专项建设项目完成校内总结。“211工程”三期建设深入推进了11个重点建设学科项目，形成了多项具有国际先进水平或国内领先的标志性成果。8个创新人才培养专项、9个师资队伍建设专项及校园网、图书馆专项进展顺利。完成了“十二五”学科发展规划、理科振兴行动计划、文科发展战略以及全校43个一级学科发展规划的制定工作。完成了学位授权点对应调整、二级学科自主设置两个专项工作。截至2011年年底，学校共有15个博士学位授权一级学科点，43个硕士学位授权一级学科点。

〔**学术组织建设**〕 新修订了《西南交通大学学术委员会章程》，组织开展了第一次学院教授委员会网络直接选举工作，由学院教授委员会推举出第七届校学术委员会及7个专项学术委员会委员，形成了校院两级完整的学术组织体系。

〔**师资队伍建设**〕 学校教授翟婉明当选中国科学院院士，实现了学校14年院士工作的突破；新增国家“千人计划”入选者2名（总数增至5名），国家“青年千人计划”入选者2名，教育部“新世纪优秀人才支持计划”入选者8名，四川省“百人计划”入选者6名，四川省“青年百人计划”入选者5名。全年新进博士、博士后和副教授以上海内外高层次人才75名。完成青年教师国内外学习培训260多人次。罗霞教授获第六届国家级教学名师奖，陈维荣、董大伟、宁维卫教授获第五届省级教学名师奖。在原师资培训中心的基础上，成立了教师发展中心。

〔**成人教育和网络教育**〕 全面修订了动车司机指导培养方案，“依托高速铁路人才立交桥培养模式的泛在教育平台研发”项目入选铁道部重点课题。新增全国网络教育优秀学习中心1个，积极开展工程硕士远程学习试点，与全国16个路局建立了良好的合作关系。

〔**创新创业教育**〕 通过开展创业教学、建设创业实训基地、扶持创业项目等形式，大力开展大学生创业教育，组织学生进行国际工程实践。“国家大学生创新性实验计划”、“全国大学生创新创业训练计划”和“大学生科研训练计划（SRTP）”项目的数量和规模不断提升，学生在一系列国家和地区学生科技创新竞赛活动中表现优异，获得了以全国大学生结构设计竞赛特等奖、全国大学生广告艺术大赛最高奖为代表的省部级以上学科竞赛奖485项。本科生杨川获第七届中国青少年科技创新奖。

〔**学生资助**〕　大力资助家庭经济困难学生，为1 973名新生办理了“绿色通道”，为1 917名学生新办理了国家助学贷款和生源地信用助学贷款，设置勤工助学岗位2 673个，发放各类奖助学金、困难补助4 000万元。

〔**教育交流与合作**〕　与德国慕尼黑工业大学、加拿大阿尔伯塔大学、加拿大蒙特利尔大学、新西兰梅西大学、澳大利亚卧龙岗大学等名校签约并建立了合作伙伴关系，恢复了与美国康奈尔大学的传统联系。与瑞典卡尔斯塔德大学合作共建了第一所孔子学院。成功举办了11次国际学术会议，资助了157名教师参加海外国际学术会议。成功入围“高水平大学公派研究生计划”项目，派出各类出国留学生170人（其中公派研究生46名）。来华留学新生170人（其中国家留学基金委新派70人），同比翻了一番，涉外办学项目增至15个。顺利实施学校首个教育部重点对台项目。

〔**招生就业**〕　生源质量不断提高，“985工程”或“211工程”高校研究生生源比例有明显提高。本科生一本理科调档线超省控线40分及以上的省份有14个，同比翻一番；二本近70%新生成绩超当地一本省控线。2011届毕业生就业率达96.9%（其中本科生升学率达24.7%、国有企业就业率达37.7%；研究生国有企业就业率达49.4%）。

〔**对口支援**〕　援藏工作受到教育部表彰，学校被评为“东部高校对口支援西部高校工作典型经验集体”，5人获突出贡献个人表彰。第二轮援藏工作继续推进，制订了对口援助西藏大学5年规划。与贵州省黔东南州凯里学院签订了教育对口帮扶协议。

〔**产业发展**〕　校产集团公司融资能力不断提高，实现年产值约20亿元，连续11年获四川省校产综合评比一等奖。校产集团公司被纳入部属央企管理序列，全资子公司国佳电气获1 300万元国有资产投入，成都交大光芒实业有限公司被认定为四川省“小巨人”企业。产业规范化建设继续推进，出版社运转良好，净资产增至近2 000万元。

〔**图书资源与学报建设**〕　学校电子资源库增至55种，中文图书种类增至17 893种；《西南交通大学学报》在中文核心期刊要目总览中列综合性交通运输类第一名，复合影响因子（U-JIF）名列全国综合性科学技术类期刊第一名，首次获中国科技论文在线优秀期刊一等奖。

〔**民生工程**〕　调增了教职工岗位津贴，实现了教职工收入10%以上增长。按上级部署，分两次对退休职工生活补贴进行增发、补发和调整，逐步提高退休职工待遇。对新医保政策进行宣传解释并积极为参保教职工争取利益。

〔**基础设施建设与后勤服务保障**〕　改善犀浦校区教学楼环境，并在1、2、4、5号教学楼和图书馆分别建设了“师生交流空间”；九里校区重点开展了环境综合治理，对轨道交通实验室（含明诚堂区域）和馆外实验室区域环境、西门道路和镜湖宾馆周边环境进行了重点治理。校园网软硬件环境大为改观，传输速率达到万兆，为教师提供了个人主页平台，VPN系统的开通满足了教师在校外使用校内权限资源的需求。后勤改革与管理工作成绩显著，学校被评为“全国高校后勤十年社会化改革先进院校”。

〔**校友工作及建校 115 周年校庆年活动**〕 新增 3 个地方、行业校友会，举办了原铁道工程系 77 级校友毕业 30 周年纪念等校友返校活动。10 月 29 日，学校隆重举行了“轨道交通实验室启用及陆地交通地质灾害防治技术国家工程实验室奠基暨建校 115 周年庆典”，省部级领导、使领馆嘉宾、海内外科研院所和企事业单位、媒体代表以及众多校友出席了庆典仪式。庆典前后学校还举办了中美大学校长论坛、校庆学术论坛、校庆院士论坛、战略合作协议签约仪式等“校庆年”系列活动。

撰稿 蒋罗林

审稿 蔡玉波

电子科技大学

〔**综述**〕 2011年，学校党政领导班子带领全校师生员工坚持走内涵发展道路，攻坚克难、开拓创新，全面实现了年初确定的各项工作目标。科学谋划学校发展，坚持人才培养的核心地位，不断提高人才培养质量；精心谋划和推进学科布局，不断提升学科整体实力；加大力度实施“人才强校”战略，师资队伍建设成绩显著；以“提升水平、突出特色、注重规模”为着力点，不断增强科技创新能力，学生科技竞赛成绩显著；积极推进国际化发展战略，国际合作与交流成效明显；服务社会和经济发展，产学研及横向合作继续加强；以人为本，不断提高服务保障水平；加强党建与思想政治工作，保障和促进了学校发展。

〔**科学制订“十二五”发展规划**〕 在制订和实施《“十二五”发展规划》的过程中，学校一方面着力推进各项事业的内涵建设，深入校内各单位调研，听取各单位4年目标任务进展情况汇报，点评工作、分析问题、提出建议；另一方面，积极争取外部办学资源，主动向教育部和四川省汇报工作，推动教育部与四川省政府签订了继续重点共建电子科技大学的协议。

〔**着力探索人才培养新模式**〕 学校顺利推进沙河校区高等工程教育改革试点工作；首批在4所学院启动按照学院专业大类招生培养，实施宽口径本科教育，激发学生的专业学习热情；开设“数理基科班”，培养学生掌握扎实的数学、物理学理论知识，为基础科学研究和电子信息学科培养具有良好数理基础的新型人才；开设“英语实验班”，强化英语应用能力培养。“卓越工程师教育培养计划”获教育部批准并启动实施；完成“信息与软件工程学院”筹建，首届本科生招生工作圆满完成。2011年，学校通信与信息工程学院、电子工程学院、光电信息学院、自动化工程学院开始“按学院专业大类招生培养”，目的是加强专业基础，拓宽培养口径，为学生提供更多的自主选择权和更大的发展空间。不断完善“英才计划”培养模式、管理机制，经管学院与电工学院继续办好管理—电子工程复合培养实验班；计算机学院和示范性软件学院继续办好国际化软件人才实验班；生命学院继续与深圳华大基因研究院合作实施“基因科学本科拔尖创新人才联合培养计划”。学生科技竞赛再获佳绩，在全国大学生电子设计竞赛上位居获奖总数榜首，再次荣获美国大学生数学建模竞赛最高奖。

〔**学科拓展工作取得新进展**〕 学校高度重视学科拓展工作，多次组织召开能源、资源与环境领域发展战略专题研讨会，完成了能源、资源与环境领域发展战略研究报告，进一步明确了新学科的发展方向和新学院的创办思路。先后成立了能源科学与工程学院、资源与环境学院，标志着学科拓展工作取得了重要进展。

围绕重点学科和重点研究方向，成建制地引进了一批领军人才和青年骨干，丰富和加强了电磁场与微波技术、无线通信等传统优势学科的研究方向。与相关职能部门签订了“985工程”三期建设目标任务书，正式启动了“985工程”三期建设。2011年，新增一级学科博士点6个、硕士点11个。

〔**科技工作呈现水平、特色与规模并进的新态势〕 布局“十二五”，全面落实各类科技计划近1 000项，新增超过千万元的国家重点、重大项目20项，启动了首个经费过亿元的项目。“神经信息”学科创新引智基地由国家外专局、教育部批准建设。基础研究继续加强，全年新增3项国家杰出青年科学基金、新增156项国家自然科学基金，经费达7 700余万元；新增部、省级创新团队4个。取得一批高水平研究成果，获国家科技进步奖二等奖1项、参研项目获国家科技进步奖3项，获教育部、四川省、国防科技进步一等奖4项。加大力度推进哲学社会科学研究，四川省信息化建设与区域发展研究中心获批建设，获6项国家社会科学基金资助。

〔**师资队伍建设取得新突破**〕 紧密结合国家人才计划，高层次人才队伍建设取得重要突破。李言荣教授当选中国工程院院士，学校两院院士总数增至8人。新增国家“千人计划”入选者5人、国家“青年千人计划”入选者5人，在电子信息领域入选人数居全国首位。新增国家杰出青年科学基金获得者3人、中国青年科技奖获得者1人、教育部“新世纪优秀人才支持计划”入选者13人、四川省“百人计划”入选者15人。内培外引并重，教师队伍结构进一步优化。继续实施校“百人计划”，新增15人入选。全年新进具有博士学位的教师61人，其中41人具有一年以上海外学习或工作经历。

〔**开放式办学呈现新局面**〕 召开国际合作与交流工作会，进一步提高全校上下对国际合作与交流工作重要性的认识，不断强化开放式办学的核心战略地位。以互派学生、联合举办国际会议、暑期教师交流等形式，与美国威廉玛丽学院开展实质性合作。与15个国家和地区的39所高校、科研机构签订了合作协议，学生出国（境）人数达772人次，教职工出访交流538人次，较2010年大幅增加。与葡萄牙里斯本管理学院合办的工商管理博士项目获教育部批准。留学生培养体系和管理制度不断完善，新招收113名留学生，招收人数是2010年的两倍。接待高层次、高水平海外代表团26批次，举办国际学术会议19个。孔子学院的申建工作也有新进展，成都法语联盟新址落成。

〔**校园文化建设呈现新气象**〕 成立了以校长为组长的校园文化建设领导小组，完成了校园文化的顶层设计方案。成立了校史办公室，编写出版了《成电记忆》，面向广大师生员工、海内外校友广泛征集校训、校歌等，加大力度收集、整理、研究学校的历史文化。以55周年校庆为契机，举办了以“思源·奋进”为主题的庆祝建校55周年系列活动，以及“校庆纪念日”、“校友返校日”、“校友师生书画摄影作品展”等系列活动，充分利用校报、新闻网、图文传播系统、电视台等媒体平台，努力营造浓厚的校园文化。

〔**党建工作达到新水平**〕 学校认真学习贯彻胡锦涛总书记“七一”讲话精神和十七届六中全会精神，不断围绕学校的中心工作加强党的建设，通过提高党建工作的科学化水平，保障和推动学校各项事业的持续发展。

深入开展创先争优活动，着力巩固创先争优活动成果。组织开展校内评选表彰活动，多个集体和个人受到学校和上级表彰。通过创先争优活动，学校在推进各项事业的科学发展、优化完善组织结构、加强党员教育培养等方面取得了明显成效。

〔**庆祝建党90周年**〕 为庆祝建党90周年，学校组织召开了理论研讨会、座谈会、歌咏会，举办了征文比赛、知识竞赛以及书画摄影作品展等系列活动。

〔**社会实践与志愿服务**〕 2011年，组织学生13 083人次参加不同形式的社会实践，全年参加社会实践的学生占全校学生总数的97%。暑期集中组织校级、院级实践队伍近300支，比2010年增长46%，区域覆盖十余个省、自治区、直辖市。组织学生骨干队伍奔赴西藏、新疆等西北部地区和偏远地区开展社会实践活动。

〔**基础设施建设**〕 学校体育馆、游泳馆、体育场3个建设项目通过竣工验收并投入使用。该项目建筑面积约 54 969 平方米，其中体育馆钢结构工程获建筑钢结构工程最高荣誉奖——中国钢结构金奖。

〔**节约型校园建设**〕　完成建筑节能监管平台第二阶段的建设工作，完成“中央空调控制系统建设”专项的具体实施方案设计、项目概算、招投标工作，完成学校能源（水、电、气）和大型用能设备的运行保障管理工作，确保各能源及设备的正常运行。积极开展各种节能减排校园宣传活动。

〔**后勤保障与条件支撑工作再创新业绩**〕　积极采取措施应对物价上涨、用工成本增加等实际困难，保证食堂饭菜价格基本稳定和食品质量安全，确保班车服务工作运转有序、安全运行。以后勤集团成立 10 周年庆典活动为契机，总结了后勤集团 10 年来的工作，进一步明确了经营理念和工作目标，不断提高保障水平和服务质量。

撰稿　闫　勇

审稿　左文龙

西安交通大学

〔**综述**〕 2011年，学校群策群力制订“十二五”规划和中长期战略发展规划，坚持走内涵发展、特色发展、卓越化发展和国际化发展的道路。在学科方面，努力将以机、动、电为代表的3—5个学科建成具有国际先进水平的学科，并形成高水平理科格局，显著提升管理学科国际化水平，大力加强生命、医学学科综合实力，建设特色鲜明和名家荟萃的人文社会科学。在师资队伍建设方面，建设一支在结构和水平上与国际知名高水平大学可比的核心骨干教师队伍，以及高水平技术支撑队伍、管理服务队伍，建立科学的人才选拔、使用、评价、流动机制。在人才培养方面，按照国际知名高水平大学标准，深层次解决好“教什么、谁来教、如何教”的问题，彰显“起点高、基础厚、要求严、重实践”的育人特色，将学校建设成中国“学风最好、教风最好、校风最好”的大学之一。在科学研究方面，着力抓好科研基地建设、重大科研成果、服务地方经济以及创新能力建设，推进政、产、学、研协同创新，使基础研究、高新技术研究的整体实力达到国内领先水平并具有较高的国际影响力，临床医疗水平整体达到国内先进水平。在民生方面，着力建设功能设施完善、校园环境优美、文化底蕴深厚的绿色校园，加快推进学校住房建设，从根本上解决教职工住房问题，大力提高教职员工的健康和医疗服务水平。

〔**人才队伍建设**〕 徐宗本教授当选中国科学院院士，为学校理科发展注入了强劲活力。新增国家“千人计划”入选者11人，总数达31人，处于全国高校前几位。7人入选国家“青年千人计划”，新增国家杰出青年基金获得者4人，并有4人入选与国家“千人计划”相配套的陕西省“百人计划”，24名教师入选教育部“新世纪优秀人才支持计划”，居全国高校第四，体现了学校高水平教师队伍建设的最新成果。遴选出第八批“腾飞人才”13名，通过实施“百名外籍教师计划”，新聘17位外籍优秀学者，通过开展“海外优秀学者讲座教授计划”，吸引了10位杰出人士加盟，进一步壮大了学校的领军人才和骨干人才队伍。

〔**学科建设**〕 学校按照“工科引领发展、理科跨越发展、经济管理持续发展、生命医学融合发展、人文社科特色发展”的基本思路，“985工程”三期21个学科建设项目全部启动。基层学术组织也随之进行了相应调整，在原数学学科基础上成立了数学与统计学院，下设数学系、应用数学系、统计学系、大学数学教学中心和数学实验中心，采取新的运行方式和用人机制。与此同时，推进化工学院筹建工作。

年内新增8个一级学科博士点，理论经济学等15个一级学科硕士点。截至2011年年底，学校共有一级学科博士点27个，二级学科博士点154个，一级学科硕士点45个，二级学科硕士点242个。首批获准开展工程博士专业学位授予工作。新增国家临床医学重点专科4个，建立“西安交通大学—阳明大学心血管转化医学联合研究中心”。管理学院成功获得代表全球商学院最高成就的AACSB国际认证，加快了学校管理学科迈向国际一流的步伐。

“学术特区”——前沿科学技术研究院（简称前沿院）人才聚集效应突出，发展态势喜人，建成国际一流学者领衔的7个研究中心，产生了一批重要研究成果，在 *Nature*（《自然》）、*Science*（《科学》）等世界顶级期刊接连发表高影响力论文。以年内成立的前沿生命科学研究所、前沿化学研究所为标志，前沿院深入开展与有关学院的合作，共同推进学科创新。

〔**教学改革**〕　全力落实学校教学工作会议的各项改革举措，着力提高第一课堂质量。同时，为优化人才培养，在国内率先开设网络公开课程，发布课程达 2 527 门，点击量逾 803 万人次。学校为此投入巨资启动“课程中心”一期建设，以进一步整合课程资源，完善学生综合知识体系，实现优质资源同享。成立教师教学发展中心，由国家级教学名师马知恩教授领衔，接受培训的教师已近百位。获教育部“本科教学工程”实践教育中心 3 个（新增数并列全国高校第一）、精品视频公开课建设项目 2 项。开设核心课程 17 门，全年选课学生近万人次。实施校领导联系书院制度，实现了书院学业导师全覆盖。3 大类 15 个技术平台、上千台仪器设备和琳琅满目的“材料超市”吸引越来越多的学子走进工程坊，通过指尖实现创新梦想。

继续深化招生改革，本科生录取分数再创新高，在“985 工程”高校排名中升至前 12 位，所录新生进入所在地区前 1%的达 74.2%。近 1.2 万人报考学校硕士研究生，创历史新高。切实加大力度提高研究生培养质量，1 篇论文入选 2011 全国优秀博士学位论文，5 篇获提名奖，25 人获第二届“全国博士生学术新人奖”。推动 C9 就业联盟成立，全面实施网上签约，有效提升就业质量，全年举办各类校园招聘会 710 多场，2 500 余家用人单位到校揽才。

〔**科研及奖励**〕　学校获国家自然科学基金各类资助 412 项（其中生命医学领域 148 项），居全国高校第 8 位，比 2010 年增加 151 项，总资助经费达 21 558.5 万元，项目数和经费数均为历史最好成绩。学校以首席科学家单位主持“973 计划”项目 1 项、“973 计划”课题 9 项，国家科技计划备选项目库入选 17 项；申报国家社科基金 86 项，中标 13 项；获国家社科基金重大项目 2 项；新增教育部创新团队 3 个，创历史新高；获教育部博士点和新教师基金项目 71 项，排名全国高校第七位；获国家社科基金重大重点项目 5 项，为历史最优；获国家社科基金 13 项、省部级各类项目 55 项；军工科研项目新增 126 项，比 2010 年增长 40%，合同总额过亿元。

学校获 2011 年度高等学校科学技术奖 6 项，列全国高校第 8 位，其中一等奖 4 项、二等奖 2 项。据最新数据公布，2010 年学校以第一完成单位发表 SCI 收录论文 1 563 篇，居全国高校第 15 位；EI 收录论文 1 715 篇，居全国高校第 7 位；SSCI 收录论文 50 篇，居全国高校第 8 位。材料学院、理学院、生命学院、航天学院、医学院、全球环境变化研究院、医学院第一附属医院等单位在 *Science*（《科学》）、*Nature Communications*（《自然通信》）等国际顶级期刊上发表高水平论文 30 余篇。*Science*（《科学》）刊登安芷生院士领衔的团队原创性重大成果“冰期—间冰期印度夏季风的动力学”。医学院李生斌团队与深圳华大基因研究院共同主持完成了朱鹮全基因组序列图谱绘制。电信学院课题组积极承担“天宫一号”部分地面监控与飞控决策支持任务。第一附属医院成功实施中国首例“下马式”肝脏离体切除手术。1 项成果获“第四届全国教育科学研究优秀成果”二等奖，分别有 3 项成果入选《国家哲学社会科学优秀成果文库》及全国哲学社会科学规划办公室主办的《成果要报》。学校获 32 项第 10 届陕西省哲学社会科学优秀成果奖，在全省名列前茅，其中一等奖、二等奖获奖数均创新高。

〔**校园文化**〕　2011 年是学校文化建设与“创先争优”活动推向纵深的一年，开展了四个方面的大型活动。一是隆重庆祝建校 115 周年暨迁校 55 周年。通过举行校友返校大会、人才培养模式改革回顾与展望报告会、诺贝尔奖获得者学术报告会、《大树西迁》专场演出和校庆文艺汇演等，凸显了“传承历史、启迪未来”的主题。二是隆重纪念建党 90 周年。开展了“闪光在岗位、助推十二五”主题实践活动，巩固和深化了学习实践科学发展观的各项成果，表彰了一大批先进基层党组织、优秀共产党员和党务工作者；举办了“永远跟党走”大型歌咏比赛、征文演讲比赛和摄影大赛，特别是大型歌咏比赛师生同台连唱3场，所有分党委、党总支组成33支代表队，参赛师生近4 000人。三是隆重纪念钱学森诞辰100周年。学校召开纪念大会，举办钱学森教育思想论坛，提出“坚定不移走钱学森道路，奋力实现西安交通大学宏伟目标”，将“老交大传统、西迁精神、钱学森道路”确立为学校基本文化形态和大学精神的核心内涵。学校作为制片方之一，与西安电影制片厂合作拍摄人物传记片《钱学森》；与中央电视台合作拍摄播出专题片《实验班的故事—沿着钱学森走过的路》；西安交大出版社推出《钱学森年谱》、《钱学森力学手稿1》、《钱学森第六次产业革命思想探微丛书》等6本精品图书；精心组织诗歌朗诵会和图片展览，启动钱学森业绩馆改扩建工程。四是首度开展“2011大学生年度人物评选”，在全校广泛参与的基础上，评出玉树志愿服务团、力硕81班以及品学兼优的西安交大学生年度人物，同时表彰了获得提名奖、入围奖、无私奉献奖、自强不息奖的多位学生。这一“寻找身边的榜样”大型活动，凸显了学校的思想文化导向，丰富了精神文明创建工作，推进了社会主义核心价值体系建设。

〔**加强与地方政府及企业合作**〕 进一步加强与地方政府、企业的协同创新，新建的广东西安交大研究院与浙江西安交大研究院正式注册，西安交大（厦门）金帝新技术研究院揭牌，与苏州市人民政府签订全面深化合作协议。学校联合陕西工业技术研究院，与省科技厅、工信厅、西安高新区、西咸新区沣东新城共同签订现代制造服务产业创新示范基地框架协议，并与中国重型机械研究院有限公司等8家企业签订首批入区项目，服务区域经济结构调整、促进产业转型升级。学校进一步加强与陕西省大型企业合作，签订科技合作527项。学校被评为“对口支援西部高校工作典型经验集体”，王小力、聂钢、虞烈、叶明被评为“对口支援西部高校工作突出贡献个人”

2011年，学校迎来了与新疆大学首批25名联合培养本科生。继续教育学院面向全省2万多名公务员开展网络培训工作。三所附属医院积极为地方政府医疗卫生事业发展作贡献，学校第一附属医院和第二附属医院均入选2011年中国公立综合性医院社会贡献度50强。精心办好中组部以及陕西省委组织部分别设立在学校的干部教育培训基地，培训面已达14个省（区、市），形成了品牌效应。全年连续为中国兵器工业集团举办三期钱学森系统科学思想高级研修班，增进了校企合作。新增中国地方政府创新研究中心、大遗址保护与古建筑国际研究中心等，积极筹建欧亚经济论坛研究院、陕西经济金融研究院。学校和欧亚经济论坛执委会联合主办了“欧亚经济论坛发展战略研讨会”。切实加强了与中国社会科学报、中国社会科学杂志社的战略合作，积极开展“走进大秦岭”学术考察，成功举办“秦岭与中华文明高层论坛”。

〔**教育交流与合作**〕 学校深化与MIT、UC Berkeley、剑桥大学等世界知名高校的实质性合作，签订合作协议38项；派出795名学生赴境外学习和交流，为历年最高；聘请长期外国专家72人次，短期主请和顺访的专家430人次，举办了36场国际会议和双边研讨会；来自71个国家及地区共计1 419名留学生到校学习，规模再创新高；3个“111计划”引智基地获教育部与国家外专局滚动支持，并于年内又新增1个基地，学校成为国内拥有学科创新引智基地数量最多的高校之一；“西安交大—利物浦大学孔子学院”受到国家汉办及驻英大使馆表彰；与美国内布拉斯加大学共建美国交流中心；学校还与教育部合作共建中国国际青少年活动中心。

撰稿　陈　晨
审稿　蒲　伟

西北农林科技大学

〔**人才队伍建设**〕　2011年，学校坚持引进与培养并重，全年投入人才工作经费6 000万元。引进国家“千人计划”1人，“千人计划”总数达6人，居全国农科大学首位；引进海外高层次人才25人；新增国家杰出青年科学基金获得者2人、教育部“新世纪优秀人才支持计划”入选者9人、创新团队2个；新增省级教学名师2人、教学团队2个、精品课程5门；获评陕西省“三秦学者”2人、“百人计划”2人。选聘具有博士学位的青年教师94人，比2010年增加74%，专任教师中具有博士学位比例达43.3%，比2010年提高6个百分点；45名教师在职获得博士学位。选派61名教师赴海外著名科教机构访问交流，134名教师和18名实验技术人员到国内一流科教机构进修学习。

〔**科技创新与学科建设**〕　以提升创新能力为核心，投入6 500万元实施16个重大项目，建设了一批学院公共平台。获批建设“旱区作物逆境生物学国家重点实验室”和“旱区作物高效用水国家工程实验室”；获批1个农业部综合性和9个专业性（区域性）重点实验室；启动科研温室群建设。获国家科技进步二等奖2项（主持1项、参与1项）；获省部级科技成果一等奖5项、二等奖6项；选育国审植物新品种2个；获国家授权发明专利137项；发表SCI、EI、SSCI论文1 039篇，其中SCI收录839篇（第一作者单位584篇），比2010年增长35%；获批国家自然科学基金和社科基金项目142项，经费6 700万元，分别比2010年增加了51%和120%。全年获批科研项目合同经费4.8亿元，到账3.1亿元。

新增博士学位授权一级学科5个，硕士学位授权一级学科10个。成立人文社科处，举办首届哲学社会科学研讨会。农业科学、植物学、动物学入选ESI全球前1%。

〔**人才培养**〕　以实施国家教育体制改革项目为重点，逐步推进人才培养模式改革，在7个专业开展教改项目试点，推进实施“千门课程上网工程”。加强实践创新能力培养，资助创新项目816项，获学科和科技创新竞赛国家级奖励74项，其中大学生“挑战杯”科技作品竞赛奖励6项。毕业生初次就业率达93.56%。举办素质教育报告会109场。以提高研究生创新能力为根本，不断推进以导师负责制为核心的培养机制改革。修订推免办法，改革导师遴选和学位授予办法，完善校级优秀学位论文评选体系。狠抓教育质量和创新能力培养，获评全国优秀博士学位论文1篇、获提名1篇，获评省级优秀博士学位论文2篇；研究生以第一作者单位发表SCI、EI、SSCI论文338篇，比2010年增长42%；获教育部“学术新人奖”10项，博士点基金项目20项。

〔**科技推广**〕　坚持面向国民经济主战场，积极推进科技成果转化推广，全年到位推广经费7 782万元。获陕西省科技推广成果奖12项，其中一等奖5项。投入900多万元，完成白水苹果、眉县猕猴桃等试验站的设施建设和维修工程。白水苹果产值比2010年增加了25%，全县20%以上果农户均收入过万元；猕猴桃标准化生产技术覆盖率达85%，带动猕猴桃向汉江支流、秦岭北麓东线纵深发展；商洛山区核桃、板栗高接换优达500万株以上；阎良甜瓜工厂化育苗和标准化栽培技术仝面普及，每亩平均收入超过 5 000 元，试验站在区域产业发展中的示范引领作用进一步增强。获批成立国家林业局干部培训学院西北分院等 3 个培训基地，举办各类培训班 93 班次，培训学员 8 470 人。

〔**教育合作与交流**〕 以国外著名大学和研究机构为重点，推进实质性国际合作与交流。制定出台《关于实施国际化战略，加快创建世界一流农业大学的意见》，部署国际化“四大工程”。与日本北海道大学、加拿大阿尔伯塔大学等 19 所大学签订或续签校际合作协议，与美国普渡大学成立联合研究中心。全年接待到访境外专家 243 批次、1 321 人次，聘请 34 名长期外国专家到校工作。举办杨凌国际农业科技论坛等国际学术会议 5 次，举办各类学术报告会 338 场。派出 271 名科教人员出国开展学术交流，249 名学生出国学习。承担国际科技合作项目 25 项，经费达 1 371 万元。植物病理学创新引智基地顺利通过评估，获新一轮支持，旱区现代节水农业技术基地通过评审，这两个基地将获得 1 800 万元经费支持。全年招收留学生 161 人，毕业 37 人，其中博士研究生 5 人、硕士研究生 6 人。

〔**支撑条件建设**〕 全年实现办学收入 17.2 亿元，比 2010 年增长 21.55%。完成建设投资 2.17 亿元，竣工建筑面积 3.5 万平方米，完成总面积近 20 万平方米的农科楼、文科楼、食品楼等重点项目选址、主体设计和资金筹措。完成维修改造项目 251 项，新增校园绿化面积 3.6 万平方米，学校博览园获批国家 4A 景区。学校新增资产 2.07 亿元，固定资产总值达 26.42 亿元。数字校园 20 个信息系统全面投入使用，正式开通校园无线网。为学生发放专业奖学金 1 000 万元，国家助学贷款 809 万元，发放奖助学金 2 847 万元，贫困补助 400 万元，受助学生达 10 199 人，占在校学生的 46.35%。

〔**管理改革**〕 制定实施《重要事项议事决策规则》和《学院工作规则》，规范校院两级议事决策机制，深入推进教授委员会试点。完成水保所体制理顺和实质性融合。扩大院系岗位聘用权限，完成第二轮岗位设置与聘用。按照学术优先原则，修订专业技术职务评审政策，进一步下放副高级以下专业技术职务评审权限。改革研究生日常管理和思想政治教育体制。根据不同类型定位特点，重构院系办学绩效评估指标体系。清理各类规章制度 620 项，制定出台学校《规章制度管理暂行办法》。修订《科技项目经费管理办法》，加强经费管理和审计监督。完成公务车辆改革，继续深化公用房和科研用地有偿使用改革。

撰稿　李春祖

审稿　曹军会

陕西师范大学

〔**学科建设取得重大进展**〕 2011年，学校坚持学科建设的龙头与核心地位不动摇，按照“立足基础，加强应用，促进交叉，突出重点，强化特色，形成优势”的建设方针，合理配置资源，统筹整合力量，创新管理模式，加大建设投入，学科建设取得了重大进展。新增10个博士学位授权一级学科、18个硕士学位授权一级学科。学校博士、硕士学位授权点不仅数量增幅较大，布局也较合理，具备了建设综合性高水平大学的学科支撑。成立了材料科学与工程学院，有效整合了学科资源，优化了学科结构，进一步加大了应用学科的建设力度。

〔**科学研究取得长足进步**〕 自然科学方面，全年共争取国家级科研项目83项，省部级科研项目66项，西安市科技计划项目12项；发表高层次科技论文1 300篇，获准专利58项；获陕西省科学技术奖5项，陕西省高等学校科学技术奖7项；1个科研团队入选教育部创新团队，实现了历史性突破；全年共获自然科学科研经费8 080万元。

人文社会科学方面，全年共获国家社会科学基金类项目31项，省部级项目111项，厅局级项目2项；发表人文社科论文1 103篇，出版学术著作58部；获陕西省第十次哲学社会科学研究优秀成果奖52项、陕西省高校人文社会科学研究优秀成果奖74项、西安市第七次社会科学优秀成果奖21项；全年共获文科竞争性科研经费约2 237万元；学校获5项重大招标课题，其中国家社科基金重大课题3项、教育部重大课题2项。

〔**师资队伍整体水平得到提高**〕 一是深入推进“三英人才计划”（是指包括聚英、撷英、育英三个层次的人才培养与支持体系）的实施，高层次人才工作成绩显著，1人入选国家“千人计划”，实现了零的突破，3人入选教育部“新世纪优秀人才支持计划”，3人入选陕西省“百人计划”，校内人才工程“曲江学者”计划启动，首次聘任特聘教授1人、讲座教授4人。二是牢固树立人才队伍的质量意识，继续实施“教师学历提升计划”和“教师出国研修计划”，积极做好青年骨干教师出国研修项目和教师校际交流项目。三是进一步深化校内人事分配制度改革，顺利完成了首次职员职级认定与聘用工作。四是深化收入分配制度改革，初步建立了以岗位绩效为主要内容的校内绩效津贴制度。

〔**人才培养质量稳步提升**〕 在本科生培养方面，一是扎实做好免费师范生教育工作，首届免费师范生圆满完成学业；进一步深化“2+2”本科人才培养模式（原则上前两年按一级学科为基础的大类进行通识培养，后两年进行专业培养。）以及“4+2”（“4”是指四年的本科学科专业教育，“2”是两年的教育学硕士专业）、“4+2+1”（将本科层次的学科教育和研究生层次的教师教育有机贯通，具有专业特点的研究生层次的基础教育师资培养模式）教师教育人才培养模式改革，形成了本科、硕士和博士教育有机衔接的专业化基础教育师资培养新体系；实行教授接待日制度和双导师制，加强对学生专业知识学习的引导和教育。二是教学质量工程成果显著，省级教学团队、教学名师、特色专业、精品课程、人才培养模式创新实验区、实验教学示范中心建设等取得了新的成绩。三是国家教育体制改革试点工作有效实施，教师教育创新平台建设项目扎实推进，建成具有国内领先水平的教师专业能力发展中心，并在英国、俄罗斯等国家建立了师范生教育教学实践基地。

在研究生培养方面，一是深化研究生培养机制改革，实施研究生创新工程，试行跨学科培养，1篇论文入选全国优秀博士学位论文，实现了学校理工科入选全国优秀博士学位论文零的突破。1篇论文入选提名论文。二是大力发展专业学位研究生教育，进一步加强实践基地建设和导师队伍建设。三是进一步完善研究生招生工作办法，拓宽研究生优质生源渠道，优化研究生生源质量和学缘结构。四是基本完成成立研究生院的筹备工作。

〔**引领基础教育和服务社会的能力不断增强**〕一是充分发挥学科综合优势，拓宽基础教育服务渠道，先后组织专家教授奔赴全国各地举办报告讲座，积极开展教材研究和系列教材编写，共承担各级各类基础教育研究课题30多项，有6项研究成果获陕西省基础教育教学成果奖，学校被评为陕西省基础教育科研工作先进单位；1项成果荣获“全国基础教育课程改革教学研究成果”一等奖，多项研究获陕西省中小学教师队伍建设重大招标课题立项。学校还依托附中、附小、幼儿园的优质资源，积极开展基础教育合作办学，已成功兴办了6所中小学校，在校学生近万名，为师范生提供了800余个就业岗位，产生了较大的社会影响。二是主动承担省级中小学骨干教师培训任务，全年共承担和完成“国培计划”示范性项目3项、中西部项目24项、陕西省项目18项，共培训了来自全国22个省（区、市）的6 800多名学员。三是依托“陕西省基础教育资源研发中心”，积极组织研发力量，完成了高中10个主要学科教学资源研发项目，成功举办“三秦课改大讲堂”专家报告10余场，为全省10个地市的相关中学提供新课程高考研究成果光盘6 000多张，受惠学生达20余万人。四是对口支援青海师范大学、新疆昌吉学院工作扎实推进，取得了阶段性成效。

〔**学生工作进一步加强**〕　一是坚持“育人为本，德育为先”的工作理念，针对不同年级的研究生和本科生，建立健全不同的思想教育和日常管理制度。二是坚持“资助与育人相结合，资助中坚持育人，育人中创新资助”的工作理念，加大对各类家庭经济困难学生的资助力度，全年为家庭经济困难学生提供各项资助累计达2.5万人次，金额总计5 465万元。三是以“关注学生心理健康、培养学生健全人格”为宗旨，树立“快乐伴随每一天”的工作理念，构建了校、院（部）、班、宿舍四级心理健康教育工作网络体系。四是学生社会实践、志愿服务和科技创新活动深入开展，受到广泛好评。五是切实做好毕业生就业指导和服务工作，在就业形势异常严峻的情况下，学校本科生和研究生的就业率分别达94.1%和81.3%，首届免费师范生实现了100%就业，本科生考研率较往年也有了一定程度的提高。

〔**召开第十次党代会**〕　12月16—18日，学校召开了第十次党代会，全面总结了第九次党代会以来的工作成绩和基本经验，深入分析学校改革发展面临的形势和阶段性特征，明确今后5年的主要任务和重点工作；审议通过学校文化建设规划纲要，确定校园文化建设的目标和思路；选举产生了新一届党委会和纪委会，为学校各项事业实现新的跨越提供了强有力的领导和组织保证。

〔**党建和思想政治工作深入推进**〕　一是加强理论武装工作，继续坚持创新完善校院两级中心组“嵌入式”互动学习制度；组织广大师生重点开展了中国特色社会主义理论体系、十七届六中全会、建党90周年中央领导讲话等专题学习活动。二是精心组织开展了主题鲜明、形式多样的纪念建党90周年系列活动，进一步凝聚了人心，振奋了精神。三是在干部队伍建设方面，全年顺利完成8个分党委（党总支）的换届选举工作，积极稳妥地进行了4个届满行政领导班子的换届工作，为学校发展提供了坚强的组织保障。继续做好干部出国培训工作，组织18名处级干部和5名辅导员分两批赴美国进行集中专题培训，进一步开阔了干部的视野，提升了工作能力。四是在基层党组织和党员队伍建设方面，认真组织开展创先争优活动，党员的先锋模范作用和基层党组织的凝聚力与战斗力得到了进一步增强。校党委及 3 个基层党组织、12 名党员、7 名党务工作者受到省委教育工委的表彰。五是通过开展警示教育、新任处级干部任职谈话、编发《反腐倡廉教育读本》等形式，进一步加强反腐倡廉教育和党员领导干部廉洁自律工作，加大了对重点领域、关键环节的监督，有效预防了腐败现象的发生。六是进一步加强工会工作、统战工作和民族宗教工作，充分发挥统一战线为学校中心工作服务的作用。

〔**教育交流与合作全面拓展**〕　一是学校先后与美国、日本、我国香港等 10 个国家和地区的多所院校签订了合作协议，全年共有来自不同国家和地区的 50 批 680 人到校交流访问。二是学生国际交流项目种类更为丰富，派出国家和学校数量增多，派出人数大幅增长，全年学生参加对外交流人数达 230 人，创历史新高。三是积极搭建对外交流研究平台，先后与英国、俄罗斯等国的高校签订协议，成立“中欧文化研究院”、“俄语文化中心”，促进了学科之间的国际交流。四是对外汉语教学和引智工作取得明显进步，全年共有来自 34 个国家的 824 名留学生到校学习，其中学历生的比例达 30％以上，留学生培养结构日趋合理。共聘请长短期外国专家 158 人次，并成功争取到“海外名师”、“学校特色”等两个国家重点引智项目。

〔**办学条件不断改善**〕　一是基建工作进展顺利，完成了校医院、国际商学院教学楼、三栋研究生公寓、2 号、3 号实验楼等工程的施工任务，竣工面积近 16 万平方米；开工建设了新勇学生活动中心、研究生教育综合楼等工程，新开工工程面积 7.4 万平方米；完成了学校教育博物馆的设计工作。二是成立教育基金会，积极吸纳社会各界捐赠，为学校发展提供了较好的经费支撑。三是开展第二轮后勤社会化改革，将原有后勤集团分为保障性和经营性两个实体，理顺和优化了管理体制和机制，进一步提高了学校后勤服务和保障水平。四是校园网与校园信息化建设、实验室建设步伐加快，校园环境更加整洁、优美。

撰稿　刘　芳

审稿　孔祥利

西安电子科技大学

〔**综述**〕 2011 年，学校以科学发展观为指导，认真贯彻落实国家教育规划纲要、国家人才发展规划纲要、国家科技发展规划纲要，以学科建设为龙头，以人才培养为根本，以队伍建设为核心，强化顶层设计，深化内涵建设，紧抓教学、科研，加强科学管理，大力推进学校各项事业不断创新发展，以优异成绩向建党 90 周年、建校 80 周年献礼。

〔**战略规划**〕 在全面总结"十一五"建设的基础上，紧密结合国家教育、科技、人才规划纲要以及学校中长期发展战略，制定完成了学校"十二五"事业发展规划暨九年跨越期事业发展规划和 8 个专项规划以及各学院规划，提出"强内涵兴学术、聚人才求质量、出成果讲效益"的发展思路，明确了奋斗目标，为学校"十二五"时期事业发展奠定了良好基础。

〔**学科建设**〕 着力推进"优势学科创新平台"立项及建设工作，"先进雷达技术优势学科创新平台"正式立项；以"211 工程"三期建设为重点，全面推进国防特色学科专业建设、校院系三级学科体系二期建设。新增 8 个博士学位授权一级学科、7 个硕士学位授权一级学科，23 个博士学位授权二级学科、38 个硕士学位授权二级学科，进一步完善了学科布局，优化了学科结构。同时，积极推进学术振兴计划，探索学校未来学科发展的新领域和新方向。

〔**人才队伍**〕 继续深入推进"人才强校"战略，在高端人才、博士化进程、青年教师培养等方面取得了显著进展，师资队伍的合理梯次逐步形成，人才强校的氛围更加浓厚。年内，入选国家"千人计划"4 人、入选教育部"新世纪优秀人才支持计划"8 人，新增院士 1 人、新增国家杰出青年科学基金获得者 1 人、新增教育部创新团队 1 个、新增陕西省"百人计划"4 人，高层次人才队伍的实力和水平得到大幅度提升。注重高质量人才引进，博士化进程不断加快，青年教师培养力度不断加大，提升了教师队伍整体质量和水平。

人事制度改革不断深入。以制定和实施"十二五"人才队伍规划为契机，统筹教学、科研发展需要，积极探索加强干部队伍建设、职称评审等改革事项，建立良好的人才队伍管理体制机制。

〔**教育教学**〕 紧密围绕提高质量的主题，深入推进本科生教育"质量工程"与研究生教育"创新工程"，深化教育教学改革，全面提升人才培养质量。年内，新增 2 个国家级特色专业，获批国家大学生创新性实验计划立项 50 项，1 个项目入选"全国十佳优秀项目"并获创新项目最高奖。新增 2 个省级特色专业、5 门省级精品课程、1 个省级人才培养模式创新实验区、1 个省级实验示范中心、2 名省级教学名师、2 个省级教学团队。进一步加强研究生招生、培养、授位过程管理，完成了培养方案的修订，博士研究生高质量论文不断增加，搭建了教育实践的新平台。

〔**科学研究**〕 大力实施"大项目、大成果、多专利、高指标"战略，着力加强主要指标、重大项目、自然科学基金、成果获奖及协同创新等，科研指标全面提高。

年内，学校科研经费、EI、SCI、ISTP三大索引论文等指标稳中有升，科研实力不断增强。其中SCI被引用930篇，同比增长33%，高质量论文不断涌现。共申请发明专利510项，获授权发明专利226项，同比分别增长54.5%和88.3%，增幅明显。科研获奖有新进展，获省部级以上科技奖励22项，其中国家科技进步奖一等奖1项、省部级一等奖5项。此外，全年申请自然科学基金461项，获资助101项，同比分别增长31%和5%，获资助经费突破4 000万元，连续两年同比增长率超过50%。

重大项目进展顺利，学校参与的6个国家重大专项工作稳步推进。2011年，计划经费逾5 600万元，同比增长65%，在大项目战略上取得新进展。

基地建设稳步推进，“智能感知与图像理解”、“宽禁带半导体材料与器件”教育部重点实验室顺利通过验收及现场评估，其中“宽禁带半导体材料与器件”教育部重点实验室在评估中获优秀。充分整合校内力量，不断加强新的科研基地建设，加紧筹备申报天线国家工程实验室，进展顺利。

〔**人才培养模式改革与创新**〕　深入实施“卓越工程师教育培养计划”，并以此为切入点，积极推行小班授课、良师配备、改革课程、加强实践等人才培养模式改革与创新，探索优秀工程师培养经验。加强实习基地建设，先后与中兴通讯股份有限公司、山东德州仪器（TI）公司、中国电子科技集团公司第五十四研究所、中国航天科技集团公司五院504所等签订协议，共建实习基地。获批立项3个国家级工程实践教育中心。同时，创新开展空军国防生“卓越工程师教育培养计划”试点，成为全军国防生教育改革的首例。

〔**竞赛获奖成果丰硕**〕　全年共开展各类学科竞赛14项，获省级以上奖项138项，其中国际一等奖4项、二等奖5项，国家特等奖2项、一等奖21项。特别是在第十届全国大学生电子设计竞赛中，取得最高奖“瑞萨杯”，实现了历史性的突破。

〔**招生就业形势良好**〕　2011年，学校本科生招生录取分数线全面提升，在全国30个省份中，83%省份的录取平均分高出当地重点线40分以上；硕士研究生入学英语、数学及格率同比分别提高22%和8%，生源质量稳中有升。2011届本科生、研究生一次性就业率分别达98.8%和99.4%，位居全国高校前列。

〔**体制机制改革**〕　以加快实施2个国家体制机制改革项目的试点工作为契机，全力推进和深化学校管理体制机制改革与创新。10月，作为发起人和主席单位，学校与中国移动通讯集团公司、中国电信集团公司、中国联通有限公司、华为技术有限公司、中兴通讯股份有限公司、大唐集团、华中科技大学、上海交通大学以及国内近20家天线企业联合成立了“天线系统产业联盟”，为促进天线系统产业链各相关单位之间的紧密合作奠定了坚实基础。

〔**贯彻落实科学发展观**〕　认真学习贯彻胡锦涛总书记“七一”重要讲话和在庆祝清华大学百年校庆上的重要讲话精神，进一步强化领导班子建设，坚持和完善党委领导下的校长负责制，正式发布了《西安电子科技大学党委领导下的校长负责制实施细则（试行）》和《贯彻执行“三重一大”决策制度实施细则（试行）》，规范了议事方式和决策程序，进一步提高了领导班子科学决策、民主决策的能力和水平。大力推动大学文化建设，充分发挥文化育人作用，积极推进校风、学风、民主建设以及教授治学，营造了和谐的校园氛围。

〔**纪念建党90周年主题教育活动**〕　按照中央和教育部党组的统一部署，学校党委组织全校召开建党90周年庆祝大会，积极组织开展了走访慰问老党员老干部、党史报告会、红色电影展演、“小光小影”摄影展、“我的红色记忆”主题征文、庆祝中国共产党成立90周年文艺晚会、学生“红歌合唱”歌咏比赛、教职工“唱红歌”歌咏比赛、老同志座谈会、老同志知识竞赛、老同志书法、绘画、摄影、工艺作品展等一系列丰富多彩的庆祝活动，进一步激发了广大党员爱党、爱国、爱校的热情，激励和鼓舞全校共产党员和广大师生员工，以更加昂扬的斗志和饱满的热情，投入到学校的建设与发展中。

〔**创先争优**〕 紧密结合学校中心工作，突出实践特色，加强分类指导。校领导带队到16个分党委（党总支）检查指导创先争优工作，及时指出存在问题，明确整改方向，推动各项承诺落实。各级党组织和广大党员积极开展“亮标准、亮身份、亮承诺”，“比技能、比作风、比业绩”，“群众评议、党员互评、领导点评”等活动，切实改进工作作风，提升服务能力，在全校范围内形成了学习先进、争当先进、赶超先进的浓厚氛围，充分发挥了先进典型的导向作用、激励作用和凝聚感召作用，有力地促进了学校各项事业的科学发展。

〔**对外拓展**〕 2011年，学校与中国人民解放军总参谋部第五十七研究所、95861部队、广州开发区、中国电子科技集团、中国电子信息产业集团、工信部5所、华为技术有限公司、中兴通讯股份有限公司、中国飞行试验研究院、中国电子科技集团有限公司所属的10所、14所、20所、29所、36所、39所、52所等单位加强了实质性的深度合作。

经过4届特色论坛的积极酝酿，10月，由学校、北京邮电大学等11所高水平行业特色型大学组建的“北京高科大学联盟”正式成立，进一步加强了协同创新。

国际交流日趋频繁。全年共到访324批838人次，出访197批425人次；与美国范德堡大学等20所知名高校新签、续签了合作交流协议；成功举办了7个国际学术会议和专题研讨会；选派200多名学生赴美、法、德、日、英等13个国家和地区留学，同比增长58%；成功举办两届电子信息领域海外高级研修班，招收各类来华留学生超过300人，同比增长30%；新增1个“111计划”创新引智基地，总数达3个，拓展了国际合作与引智的平台。

〔**举办80周年校庆活动**〕 学校以“八秩盛典、百年宏愿”为主题，坚持“隆重、热烈、特色、简朴”的基本原则，成功举办了校庆年、校庆月以及校庆周系列庆祝活动。先后共举办各类学术报告与庆祝活动300余场，4 000余名各级领导、社会各界人士及校友到校参加庆祝活动。接受各种基金、项目等捐赠、捐助总额达8 000余万元。通过校庆，进一步增强了学校内部、学校与校友之间的凝聚力和向心力，密切了学校与社会各界之间的合作交流，增进了友谊，显著提升了学校在海内外的影响力，扩大了学校的知名度。

〔**新校区建设**〕 按照严格控制质量、合理控制造价、积极促进工期、确保安全稳定的思路，加强工程管理中的计划性和系统性，全面推进学校南校区后续工程建设。截至2011年年底，新校区建设基本完成，学校总建筑面积由68万平方米增加到185万平方米，是原来的2.7倍，占地面积由近1 000亩递增到近4 000亩，是原来的4倍，为学校百年发展奠定了坚实基础。

撰稿　张美茹

审稿　刘丰雷　潘　瑾

长 安 大 学

〔**教育教学改革**〕　2011 年，学校以人才培养为根本任务，不断强化质量意识，大力加强教学工作。继续实施“卓越人才培养计划”，启动了“卓越工程师教育培养计划”3 个专业的试点工作，努力探索创新型人才培养模式，稳步开展本科生拔尖人才培养工作。进一步调整、优化专业结构，组织申报了水利水电工程、戏剧影视文学、物联网工程 3 个本科专业。新增环境科学、热能与动力工程 2 个国家级高等学校特色专业建设点，学校国家级特色专业建设点总数达 13 个。“基础学科拔尖学生培养试验计划”、“改革大学内部治理结构”两个国家教育体制改革试点项目稳步推进，取得重要进展。

继续投入 2 000 万元添置教学仪器设备，进一步改善教学实验实习条件。不断扩大和发展新的实习基地，学校与中交第一公路勘察设计研究院有限公司等大型企业合建了 3 个国家工程实践教育中心、13 个“卓越工程师”实践教学基地。

持续加强教学管理，不断推进教风、学风建设。充分发挥校、院两级教学督导作用，拓展督导内容，创新督导方式，开展常规听课、专项听课、毕业设计答辩现场巡查及规范性检查。通过学生网上评教、教师同行听课等方式，强化了教学过程检查、教学质量监控和评价。

启动了创新实验室建设，设立了 100 项大学生创新性实验项目，引导学生开展创新性研究与实验。积极组织学生参加各类大学生科技竞赛和学科竞赛活动，获省级以上奖励 200 余项，其中国家奖励近 50 项。获陕西省第八届“挑战杯”大学生课外学术科技作品竞赛团体总分第一。学生申请专利 290 余项，获授权专利 50 项。

〔**学科建设**〕　教育部、陕西省共建长安大学协议顺利签署。“十二五”期间，陕西省计划投入 1 亿元支持学校高水平大学建设。教育部与住房和城乡建设部共建长安大学的协议已征得住建部主管司局同意，进入两部会商阶段。与国土资源部的共建工作也在积极协调阶段。年内，学校正式进入国家优势学科创新平台建设高校行列，“公路建设和交通运营保障科学与技术平台”作为全国唯一的公路交通类平台，获教育部、财政部 7 000 万元重点投入，标志着学校迈入了建设世界一流学科，加速向研究型大学前进的历史新阶段。

“211 工程”三期建设按期完成。“特殊环境公路建养科学与技术”、“道路交通运用工程与装备”、“道路交通智能运输系统”和“西部地质资源与环境灾害”四大学科群建设成效明显，学科结构和布局进一步优化，公路交通、国土资源、城乡建设领域主干学科协调发展，行业优势与特色进一步提升。

学科平台和队伍建设取得新突破。完成了多点激励振动试验台、商用车辆运输安全试验平台、场发射扫描电镜、大型直剪仪、四级杆质谱仪等一批大型设备购建任务，学科平台条件进一步改善。积极组织申报国家级、省部级学科平台，“桥梁结构安全技术”和“道路养护技术与装备”2 个国家工程实验室通过国家发改委的立项评审，“旱区地下水文与生态效应”教育部重点实验室和“地下水与生态环境”陕西省工程研究中心获批立项建设，研究平台支撑能力进一步提升。“特殊环境公路建设与养护技术”团队入选教育部创新团队，学校的教育部创新团队总数达 3 个。

学科点建设取得丰硕成果。2011 年，经国务院学位委员会审议，新增3个一级学科博士点、15个一级学科硕士点。

〔**科学研究**〕 组织实施“卓越科研提升计划”。学校投入2 000万元，支持6个校内科技创新培育计划，设立创新团队项目43项、重点项目41项、基础研究项目、助研项目和条件建设项目300余项。

2011年，新签科技合同730余项，科研经费达5.8亿元。积极组织教师申报国家“973计划”、“863计划”和国家基金项目600余项，高层次项目数量显著增加，横向、纵向科技项目比例趋于合理，基础研究能力不断提升。国家自然科学基金项目取得新突破，学校获50项国家自然科学基金项目，比2010年增加35%，获资助经费2 273万元，是2010年的2倍多。积极组织申报国家和省部级科技奖励，获各类科技成果奖58项，其中国家科技进步奖3项。全年共发表论文2 000余篇，被SCI、EI、ISTP收录656篇。专利成果大幅增加，组织教师申请专利280余项，取得授权专利188项，比2010年增长72%，其中发明专利62项，比2010年增长一倍多。

人文社科研究稳步发展。全年新签项目135项，到款额1211万元。获国家社科基金项目3项、省部级社科基金项目42项，获省级人文社科成果奖14项。“综合运输经济管理研究中心”通过验收，成为陕西省哲学社会科学重点研究基地。

〔**师资队伍建设**〕 2011年，学校稳步实施“卓越人才队伍建设计划”，加大各类高层次人才引进力度，通过网络、校友和国际人才交流会，积极联系有关人才交流组织和国外著名大学，向教育部、陕西省报送各类高层次人才计划人选20名。学校教授周绪红当选中国工程院院士，引进陕西省“百人计划”特聘教授2名，新增4位教授享受国务院政府特殊津贴，新增2名陕西省教学名师。继续推进“千名博士工程”，接收国内外著名大学和科研机构博士92人，具有博士学位教师达828人，占专任教师的比例上升至46%。再次修订了教师职务任职资格评审办法，按照新的职务评审办法，2011年全校评审通过教授18人，副教授51人，教授、副教授增至993人，占专任教师比例达55%。持续加大中青年教师培养力度，选派130余名中青年骨干教师到国外著名大学、研究机构和国内一流高校进修、培训。获博士后基金资助20项，其中特别资助2项。

〔**2项科技成果获2010年度国家科技进步奖**〕 1月14日，中共中央、国务院在北京隆重举行国家科学技术奖励大会，学校两项科技成果获国家科学技术奖。其中由谢永利教授参加完成的“秦岭终南山公路隧道建设与运营管理关键技术”项目获国家科学技术进步一等奖；由刘洪海教授参加完成的“永久性沥青路面结构设计理论与方法、关键技术及工程应用”项目获国家科学技术进步二等奖。

〔**举行建校60周年庆祝大会**〕 4月18日，学校隆重举行庆祝建校60大会。中共中央政治局委员、国务委员刘延东，全国人大常委会副委员长韩启德，全国政协副主席张梅颖、厉无畏、陈宗兴，十届全国人大常委会副委员长许嘉璐，九届全国政协副主席孙孚凌、万国权等国家领导人，陕西省委书记赵乐际等省级领导专门致以贺信；教育部、交通运输部、国土资源部、住房和城乡建设部等部委，清华大学、浙江大学等100余所高校、社会各界和企事业友好单位也致以贺信。共计2万余人参加了庆祝大会。

校庆期间，学校建立了覆盖全国的校友工作网络，成立了长安大学教育基金会，密切了与社会各界的联系。学校与30多家单位签订了战略合作协议，获得社会各界捐赠折合人民币5 700余万元。挖掘、整理、形成了一批有代表性的长安大学文化成果，全方位展示了学校发展成就，有力地提升了学校的知名度和社会影响力。校庆期间，还成功举办了校庆系列学术报告会和中外大学校长论坛，营造了浓厚的学术文化氛围。通过校庆总结了学校的办学经验，激发了广大师生和海内外校友的自豪感和凝聚力，赢得了各级领导、广大校友和社会各界的普遍赞誉，为学校发展增添了动力，注入了活力。

〔**教育部与陕西省共建长安大学协议顺利签署**〕 8 月 2 日，教育部与陕西省人民政府共建直属高校签约仪式在西安雅高人民大厦会展中心举行。教育部部长袁贵仁、陕西省省长赵正永出席签约仪式。袁贵仁和赵正永分别代表教育部和陕西省签署了《教育部　陕西省人民政府关于共建陕西师范大学、西安电子科技大学、长安大学的协议》。“十二五”期间，陕西省向学校提供 1 亿元经费支持，并将相关支持计划纳入地方发展战略。教育部支持和鼓励学校通过人才培养、学术研究、科技创新及科技成果转化等，为陕西省加快科教强省建设步伐，促进区域经济社会又好又快发展提供更强有力的支撑。

〔**开展创先争优活动**〕　深入推进创先争优活动，学校各分党委、党总支深入开展“为民服务创先争优活动”，以“创科学发展之先、争校园和谐之优”为主题，扎实开展“三亮”、“三比”、“三评”活动，广大党员立足本职岗位，争创一流业绩，通过公开承诺、领导点评、群众评议、互评互动等，有力地推动了创先争优活动的深入开展。围绕纪念建党 90 周年，深入开展“永远跟党走”系列主题教育活动，受到中宣部、教育部等六部委的表彰。

〔**领导班子和干部队伍建设**〕　配合教育部顺利完成学校行政领导班子换届工作，选拔任命 4 名校长助理。根据学校事业发展需要，调整了机构设置，完成了第三轮处科级干部聘任工作，全校聘任正处级领导干部 88 人，副处级领导干部 170 人，正科级领导干部 142 人，副科级领导干部 50 人。通过此次聘任，干部年龄趋于年轻化，学历学位结构进一步优化，交流任职、轮岗力度加大，干部队伍结构更加合理。

〔**教育交流与合作**〕　坚持开放办学，积极开展对外交流与合作。与美国、澳大利亚等国家和地区的 5 所院校签订了校际交流协议书和合作意向书。各项本科生、硕士生合作办学项目进展顺利。在校留学生规模超过 200 人，其中学历生占 54.4%。获准教育部、国家外国专家局引智专项等 50 余项，经费达 510 万元。

承办了水泥混凝土路面国际学术会议、2011 水资源与环境保护国际学术研讨会等国内外高水平学术会议 21 次，举办各类学术讲座和报告 300 余次。接待美国、日本等国家的 26 所大学代表团到校访问，邀请了 20 多个国家和地区的专家学者 360 余人到校讲学、交流和合作科研，首次邀请到诺贝尔物理奖获得者罗伯特·科尔曼·理查森教授到校讲学。140 多名校内人员出国交流和开展研究。

〔**校企合作**〕　学校与陕西汽车集团、青海省地质矿产局、陕西建工集团、中国路桥工程有限责任公司等 30 多家大型企业、科研院所签订了战略合作协议，校企联合培养高端人才、加强先进技术研发、共建研发基地和实习基地等工作深入推进。4 月，学校与西安浐灞生态区管委会签订了合作框架协议书，合作筹建国家大学科技园。

撰稿　吕建辉

审稿　戴　宏

兰州大学

〔**人才培养**〕 2011年，学校完成了“十二五”建设与发展规划的审议、发布和汇编工作。继续强化“质量工程”，推进教育教学改革，出台了《兰州大学关于进一步深化本科教学改革 全面提高教学质量的若干意见》，启动了“本科教学质量提升工程”。召开本科教学工作会议，启动人才培养方案修订工作。建立校院两级质量管理体制，严格进行教学质量监控，完成并公布学校“本科教学质量年度报告”。新增教育部“本科教学工程”农科教合作人才培养基地和临床技能综合培训中心各1个、国家级教学名师奖获得者1人、甘肃省教学名师奖获得者2人、甘肃省高等学校教学团队2个、“教育部—IBM专业综合改革项目”建设课程1门、省级精品课程6门、省级高等学校特色专业建设点2个。获甘肃省高等教育教学成果奖一等奖2项、二等奖1项。

推进研究生培养机制改革，研究生培养和学位授予质量不断提高。召开学位与研究生教育工作会议，完善学位负责人制度，优化导师队伍结构。改革研究生招生指标配置方案，探索招生考试方式改革。做好招生宣传，生源质量继续提升，学员结构不断改善。加强国家公派研究生遴选推荐工作，完善博士学术新人奖评审制度，115人入选“国家建设高水平大学公派研究生项目”，其中赴国外攻读博士学位71人。组织“百年兰大·名家讲坛”和第四届兰州大学研究生学术年会，活跃学术氛围，优化创新环境。积极推进研究生课程教学改革，创新专业学位研究生培养模式，加强对研究生培养过程监控和学位论文抽查，完善质量保障体系建设，1篇学位论文入选全国优秀博士学位论文提名论文。建立健全研究生思想政治教育工作助理制度。

全面推进素质教育，学生成长成才成果丰硕。推进本科生创新创业行动计划，投入80万元立项支持606个项目。继续在“挑战杯”、全国大学生数学建模竞赛等重要课外科技学术活动和世界级体育赛事中取得优异成绩。获第十二届“挑战杯”全国大学生课外学术科技作品竞赛二等奖2项；“高教社杯”全国大学生数学建模竞赛一等奖1项、二等奖3项；1名学生获“中国大学生自强之星”称号；1名学生代表中国队在第十一届世界武术锦标赛上获女子剑术冠军。

坚持按需求发展的方针，继续教育和网络教育稳步发展，继续教育在册学生13 498人，网络教育在册学生43 132人。

〔**科学研究**〕 新增草地农业生态系统国家重点实验室，这是学校重点研究基地建设的重大突破。积极组织“细胞活动与逆境适应教育部重点实验室”的申报工作。2个重点实验室被列入2011年甘肃省重点实验室建设计划，2个重点实验室在甘肃省重点实验室评估中获得“优秀”，3个省部级重点研究基地顺利通过验收和评估。

承接国家、部门和地方科研课题能力增强。争取到国家科技计划项目6项，国家自然科学基金项目177项，其中“复杂环境与介质相互作用的非线性力学”获国家自然科学基金委创新研究群体科学基金资助，实现了学校近十年来在这一核心竞争力指标上的突破。学校获国家社科基金项目29项、教育部社科基金项目39项、甘肃省社科基金项目15项，获教育部科技项目23项、甘肃省科技计划103项。科研经费总计3.02亿元。

学校获国家自然科学二等奖 1 项，获教育部高等学校科学研究优秀成果奖（科学技术）自然科学一等奖 1 项，获甘肃省科技奖励 17 项，其中一等奖 6 项、二等奖 8 项。

科研团队建设取得重要进展。“旱寒生态学创新引智基地”被纳入新一轮引智基地计划。“草地农业创新引智基地”被列入 2012 年高等学校学科创新引智基地建设计划。“多肽药物”和“天然产物合成化学”入选 2011 年度教育部“长江学者和创新团队发展计划”创新团队。

SCI 收录论文排名位于全国高校第 22 位，论文引用排名位于全国高校第 16 位。SCI 收录学校“表现不俗”的论文（被引次数高于学科世界均值）247 篇，排名全国高校第 8 位。以学校为第一机构共发表 CSSCI 期刊论文 529 篇，授权专利 51 项。

服务区域经济社会功能增强。注重协同创新，不断拓展校地、校企合作，与湖南省人民政府、甘肃省地矿局等签订合作协议。全年签订各类科技项目合同 920 份，合同金额达 1.75 亿元。5 篇研究咨询报告被国家有关部委和甘肃省采纳，为国家和地方政府决策提供智力支持。兰州大学第一医院、第二医院积极提供医疗卫生服务，双双荣获卫生部“2011 医院改革创新奖”。大学科技园在孵企业总数达 52 家，其中 3 家企业获创新基金国家立项和甘肃省配套支持。

〔**学科建设**〕 开展自主设置二级学科工作，强化学科点内涵建设。新增博士学位授权一级学科 3 个、硕士学位授权一级学科 2 个。加强国家重点学科特别是一级学科国家重点学科的建设和培育，启动重点学科的校内自评工作。做好新一轮省级重点学科申报工作。成立地质科学与矿产资源学院。

〔**队伍建设**〕 高层次人才队伍建设卓有成效。新增中国工程院院士 1 人、“千人计划”特聘教授 2 人、“国家杰出青年科学基金”项目获得者 2 人、教育部“新世纪优秀人才支持计划”14 人。1 人先后获得中国青年科技奖、中国青年女科学家奖两个奖项。深化聘任制改革，做好分级聘任工作，引进“萃英”特聘教授 2 位、教授 9 位、副教授 11 位。聘任教授 30 人、聘任副教授 75 人、聘任其他系列副高职 13 人。选留博士毕业生 78 人，11 名实验技术人员和 12 名党政管理干部在职攻读博士学位。成立了教师教学发展中心。

〔**教育交流**〕 积极拓展合作伙伴，全年与境外高校签订实效性校际合作协议、学生交流协议 17 份，合作院校拓展至 29 个国家和地区的 143 所院校。全年共派出各类交流学生 509 人赴美国、加拿大、我国台湾等 15 个国家和地区的 47 所院校进行长短期学习交流。

注重智力引进，引进长短期外国专家 1 029 名，1 名外籍教授获 2011 年甘肃省杰出外国专家“敦煌奖”。

与港澳台交流呈现良好势头，台湾地区合作院校继续增多。与 5 所台湾地区高校签订合作协议，学校在台湾地区的合作院校总数达 23 个。组织实施重点交流项目 9 项，先后邀请 300 余位港台大学生及宗教文化界知名人士到学校及西部地区交流访问。

留学生教育规模扩大，在读留学生 433 人，来自 37 个国家。3 所孔子学院呈现出稳步发展的良好态势。

〔**办学条件**〕 2011 年，学校收入达 16.6 亿元。支出结构进一步优化，教职工待遇进一步改善，日常公用经费支出得到有效控制，行政办公费、出国费、公务接待费等明显减少。完成“小金库”专项治理工作，完成审计项目 177 项。全年续建、新建工程项目 10 项，实施维修改造项目 83 项。

协助完成甘肃省古籍普查登记工作，文献信息服务共享平台成功升级。升级更换校园网核心出口设备，网络应用分布区域更加合理。完成网络中心核心机房改造和邮件系统升级，网络服务水平提升。

〔**内部治理结构**〕 深化学校民主管理。坚持和完善党委领导下的校长负责制，探索教授治学的有效途径，充分发挥学术委员会、学位评定委员会在学科建设、学术评价、队伍建设中的重要作用。进一步完善教代会制度，充分调动和发挥民主党派、群众团体参与学校管理的积极性。推进竞争性选拔干部工作常态化。不断深化校务公开，积极推进信息公开。

撰稿　曹　茜

审稿　张正国

文件选编

国务院关于进一步加大财政教育投入的意见

（2011 年 6 月 29 日）

各省、自治区、直辖市人民政府，国务院各部委、各直属机构：

《国家中长期教育改革和发展规划纲要（2010—2020 年）》（以下简称《教育规划纲要》）明确提出，到 2012 年实现国家财政性教育经费支出占国内生产总值比例达到 4%的目标（以下简称 4%目标）。为确保按期实现这一目标，促进教育优先发展，现提出如下意见。

一、充分认识加大财政教育投入的重要性和紧迫性

教育投入是支撑国家长远发展的基础性、战略性投资，是发展教育事业的重要物质基础，是公共财政保障的重点。党中央、国务院始终坚持优先发展教育，高度重视增加财政教育投入，先后出台了一系列加大财政教育投入的政策措施。在各地区、各有关部门的共同努力下，我国财政教育投入持续大幅增长。2001—2010 年，公共财政教育投入从约 2 700 亿元增加到约 14 200 亿元，年均增长 20.2%，高于同期财政收入年均增长幅度；教育支出占财政支出的比重从 14.3%提高到 15.8%，已成为公共财政的第一大支出。财政教育投入的大幅增加，为教育改革发展提供了有力支持。当前，我国城乡免费义务教育全面实现，职业教育快速发展，高等教育进入大众化阶段，办学条件显著改善，教育公平迈出重大步伐。

新形势下继续增加财政教育投入，实现 4%目标，是深入贯彻党的十七大和十七届五中全会精神，推动科学发展、建设人力资源强国的迫切需要；是全面落实《教育规划纲要》，推动教育优先发展的重要保障；是履行公共财政职能，加快财税体制改革，完善基本公共服务体系的一项紧迫任务。地方各级人民政府、各有关部门必须切实贯彻党的教育方针，深入领会加大财政教育投入的重要意义，进一步提高思想认识，增强责任感和紧迫感，采取有力措施，切实保证经济社会发展规划优先安排教育发展，财政资金优先保障教育投入，公共资源优先满足教育和人力资源开发需要。

按期实现 4%目标，资金投入量大，任务十分艰巨。各地区、各有关部门要认真贯彻落实国务院关于拓宽财政性教育经费来源渠道的各项政策措施，进一步调整优化财政支出结构，切实提高公共财政支出中教育支出所占比重。中央财政要充分发挥表率作用，进一步加大对地方特别是中西部地区教育事业发展转移支付力度，同时增加本级教育支出。地方各级人民政府要切实按照《教育规划纲要》要求，根据本地区教育事业发展需要，统筹规划，落实责任，大幅度增加教育投入。

二、落实法定增长要求，切实提高财政教育支出占公共财政支出比重

（一）严格落实教育经费法定增长要求。各级人民政府要严格按照《中华人民共和国教育法》等法律法规的规定，在年初安排公共财政支出预算时，积极采取措施，调整支出结构，努力增加教育经费预算，保证财政教育支出增长幅度明显高于财政经常性收入增长幅度。对预算执行中超收部分，也要按照上述原则优先安排教育拨款，确保全年预算执行结果达到法定增长的要求。

（二）提高财政教育支出占公共财政支出的比重。各级人民政府要进一步优化财政支出结构，压缩一般性支出，新增财力要着力向教育倾斜，优先保障教育支出。各地区要切实做到2011年、2012年财政教育支出占公共财政支出的比重都有明显提高。

（三）提高预算内基建投资用于教育的比重。要把支持教育事业发展作为公共投资的重点。在编制基建投资计划、实施基建投资项目时，充分考虑教育的实际需求，确保用于教育的预算内基建投资明显增加，不断健全促进教育事业发展的长效保障机制。

三、拓宽经费来源渠道，多方筹集财政性教育经费

（一）统一内外资企业和个人教育费附加制度。国务院决定，从2010年12月1日起统一内外资企业和个人城市维护建设税和教育费附加制度，教育费附加统一按增值税、消费税、营业税实际缴纳税额的3%征收。

（二）全面开征地方教育附加。各省（区、市）人民政府应根据《中华人民共和国教育法》的相关规定和《财政部关于统一地方教育附加政策有关问题的通知》（财综〔2010〕98号）的要求，全面开征地方教育附加。地方教育附加统一按增值税、消费税、营业税实际缴纳税额的2%征收。

（三）从土地出让收益中按比例计提教育资金。进一步调整土地出让收益的使用方向。从2011年1月1日起，各地区要从当年以招标、拍卖、挂牌或者协议方式出让国家土地使用权取得的土地出让收入中，按照扣除征地和拆迁补偿、土地开发等支出后余额10%的比例，计提教育资金。具体办法由财政部会同有关部门制定。

各地区要加强收入征管，依法足额征收，不得随意减免。落实上述政策增加的收入，要按规定全部用于支持地方教育事业发展，同时，不得因此而减少其他应由公共财政预算安排的教育经费。

四、合理安排使用财政教育经费，切实提高资金使用效益

在加大财政教育投入的同时，各地区、各有关部门要按照《教育规划纲要》的要求，进一步突出重点、优化结构、加强管理，推动教育改革创新，促进教育公平，全面提高教育质量。

（一）合理安排使用财政教育经费。一是积极支持实施重大项目。坚持顶层设计、总体规划、政策先行、机制创新的基本原则，着力解决教育发展关键领域和薄弱环节的问题。国务院有关部门负责组织实施符合《教育规划纲要》总体目标、关系教育改革发展全局的项目，做好统筹规划和宏观指导工作。地方各级人民政府要按照《教育规划纲要》要求，结合本地实际，因地制宜地实施好相关重大项目。二是着力保障和改善民生。教育经费安排要坚持以人为本，重点解决人民群众关切的教育问题，切实减轻人民群众教育负担，使人民群众能够共享加大财政教育投入和教育改革发展的成果，保障公民依法享有受教育的权利。大力支持基本普及学前教育、义务教育均衡发展、加快普及高中阶段教育、加强职业教育能力建设、提升高等教育质量、健全家庭经济困难学生资助政策体系等重点任务。三是优化教育投入结构，合理配置教育资源。要统筹城乡、区域之间教育协调发展，重点向农村地区、边远地区、贫困地区和民族地区倾斜，加快缩小教育差距，促进基本公共服务均等化。要调整优化各教育阶段的经费投入结构，合理安排日常运转经费与专项经费。

（二）全面推进教育经费的科学化精细化管理。一是要坚持依法理财、科学理财。严格执行国家财政管理的法律法规和财经纪律，建立健全教育经费管理的规章制度。二是要强化预算管理。提高预算编制的科学性、准确性，提高预算执行效率，推进预算公开。三是要明确管理责任。地方各级人民政府要按照教育事权划分，督促有关部门采取有效措施，加强经费使用管理。各级教育行政部门和学校在教育经费使用管理中负有主体责任，要采取有效措施，切实提高经费管理水平。四是要加强财务监督和绩效评价。进一步完善财务监督制度，强化重大项目经费的全过程审计，建立健全教育经费绩效评价制度。五是要加强管理基础工作和基层建设。充分发挥基层相关管理部门的职能作用，着力做好教育基础数据的收集、分析和信息化管理工作，完善教育经费支出标准，健全学校财务会计和资产制度，规范学校经济行为，防范学校财务风险。

五、加强组织领导，确保落实到位

（一）加强组织领导。各省（区、市）人民政府负责统筹落实本地区加大财政教育投入的相关工作。要健全工作机制，明确目标任务，做好动员部署，落实各级责任，加强监督检查。国务院各有关部门要按照职责分工，加强协调配合，共同抓好贯彻落实工作。

（二）加大各省（区、市）对下转移支付力度。要按照财力与事权相匹配的要求，进一步完善省以下财政体制，强化省级财政教育支出的统筹责任，防止支出责任过度下移。省级人民政府要根据财力分布状况和支出责任划分，加大对本行政区域内经济欠发达地区的转移支付力度。

（三）加强监测分析。各地区要加强对落实教育投入法定增长、提高财政教育支出比重、拓宽财政性教育经费来源渠道各项政策的监测分析和监督检查，及时发现和解决政策执行中的相关问题。财政部要会同有关部门制定科学合理的分析评价指标，对各省（区、市）财政教育投入状况作出评价分析，适时将分析结果报告国务院，并作为中央财政安排转移支付的重要依据。

国务院关于进一步做好普通高等学校毕业生就业工作的通知

（2011年5月31日）

各省、自治区、直辖市人民政府，国务院各部委、各直属机构：

普通高等学校毕业生（以下简称高校毕业生）是国家宝贵的人才资源，是现代化建设的重要生力军。做好高校毕业生就业工作，是促进经济发展和社会和谐的重要举措。近年来，各地区、各有关部门认真贯彻落实党中央、国务院的决策部署，做了大量工作，取得明显成效，高校毕业生就业形势总体保持稳定。预计“十二五”时期，高校毕业生数量仍将持续增长，促进高校毕业生就业任务依然十分繁重。各地区、各有关部门要继续把高校毕业生就业摆在就业工作的首位，进一步加大工作力度，多渠道开发就业岗位，完善相关政策措施，切实加强就业服务，千方百计促进高校毕业生就业。为进一步做好高校毕业生就业工作，现就有关问题通知如下。

一、适应加快转变经济发展方式和调整经济结构的进程，积极拓展高校毕业生就业领域

（一）在构建现代产业体系中努力创造更多适合高校毕业生的就业机会。在推进战略性新兴产业发展中培育新的就业增长点，着力发展既具有较高科技含量又具有较强吸纳就业能力的智力密集型、技术密集型产业，开发更多适合高校毕业生的就业岗位。在加快转变经济发展方式和调整经济结构中实施有利于发挥劳动力比较优势的技术进步和产业升级技术战略，带动生产性就业岗位增长，努力扩大吸纳高校毕业生就业规模。大力发展具有增长潜力的生产性服务业和生活性服务业，积极鼓励发展服务外包、动漫、现代信息技术、现代服务业等产业，创造更多高校毕业生就业机会。积极支持和鼓励高校毕业生投身现代农业建设，鼓励农业企业吸纳高校毕业生就业。在安排政府投资、重大建设项目和制定产业规划时要充分考虑扩大就业的需要，探索建立投资带动就业评估机制，更好地发挥投资对就业的带动作用。及时发布和宣传行业发展规划和相关专业领域的人才规划，引导高校根据行业人才需求，有针对性地开展人才培养。各高校要根据经济社会发展和产业结构调整的需要，认真做好相关专业人才需求预测，合理调整专业设置，推进人才培养模式改革，强化实践教学和实习实训，提高人才培养质量。支持相关行业和产业与高校联合开展人才培养和岗位对接活动，使广大高校毕业生能够学有所用。

（二）鼓励中小企业吸纳高校毕业生就业。中小企业是吸纳高校毕业生就业的主要渠道。要进一步改善中小企业发展环境，大力发展劳动密集型产业、服务业、小型微型企业和创新型科技企业，将落实中小企业扶持政策与做好高校毕业生就业工作结合起来，鼓励企业积极吸纳高校毕业生就业。对招收高校毕业生达到一定数量的中小企业，地方财政应优先考虑安排扶持中小企业发展资金，并优先提供技术改造贷款贴息。对劳动密集型小企业当年新招收登记失业高校毕业生达到一定比例的，可按规定申请最高不超过200万元的小额担保贷款，并享受财政贴息。对企业招收就业困难高校毕业生、签订劳动合同并缴纳社会保险费的，按规定给予社会保险补贴。高校毕业生到中小企业就业的，在专业技术职称评定、科研项目经费申请、科研成果或荣誉称号申报等方面，享受与国有企事业单位同类人员同等待遇。

二、鼓励引导高校毕业生面向城乡基层、中西部地区以及民族地区、贫困地区和艰苦边远地区就业

（三）鼓励高校毕业生面向城乡基层就业。各地要根据统筹城乡经济和加快基本公共服务发展的需要，大力开发社会管理和公共教育、医疗卫生、文化等领域服务岗位，增加高校毕业生就业机会。要进一步完善相关政策，重点解决好他们在工资待遇、社会保障、人员编制、户口档案、职称评定、教育培训、人员流动、资金支持等方面面临的实际问题，鼓励和引导高校毕业生到城乡基层特别是城市社区和农村教育、医疗卫生、文化、科技等基层岗位工作。对在公益性岗位就业并符合条件的高校毕业生，按规定给予社会保险补贴和公益性岗位补贴。自2012年起，省级以上机关录用公务员，除部分特殊职位外，均应从具有2年以上基层工作经历的人员中录用。市（地）级以下机关特别是县乡机关招录公务员，应采取有效措施积极吸引优秀应届高校毕业生报考，录用计划应主要用于招收应届高校毕业生。要按照统一征集岗位、统一发布公告、统一组织考试、统一服务管理的原则，统筹实施“选聘高校毕业生到村任职”、“三支一扶”（支教、支农、支医和扶贫）、“大学生志愿服务西部计划”、“农村义务教育阶段学校教师特设岗位计划”等基层服务项目，做好各类项目之间的政策衔接，进一步落实对服务期满考核合格人员的就业政策措施。切实做好免费师范毕业生就业工作。积极做好征集高校毕业生入伍服义务兵役工作。

（四）鼓励高校毕业生到中西部地区、民族地区、贫困地区和艰苦边远地区就业。要结合中部地区崛起和西部大开发战略的实施以及产业梯度转移的需要，鼓励和引导高校毕业生到中西部地区就业。各地要尽快出台并完善相关政策，对到中西部地区和艰苦边远地区县以下基层单位就业，服务期达到3年以上（含3年）的高校毕业生，按规定实施相应的学费和助学贷款代偿。对到艰苦边远地区或国家扶贫开发工作重点县就业的高校毕业生，在机关工作的，试用期工资可直接按试用期满后工资确定，试用期满后级别工资高定1至2档；在事业单位工作的，可提前转正定级，转正定级时薪级工资高定1至2级。

三、鼓励支持高校毕业生自主创业，稳定灵活就业

（五）落实和完善创业扶持政策。各地区、各有关部门要进一步落实和完善各项创业扶持政策，改善创业环境，积极引导高校毕业生创业。持《就业失业登记证》（注明“自主创业税收政策”或附着《高校毕业生自主创业证》）的高校毕业生在毕业年度内（指毕业所在自然年，即1月1日至12月31日）从事个体经营的，3年内按每户每年8 000元为限额依次扣减其当年实际应缴纳的营业税、城市维护建设税、教育费附加和个人所得税。2011年1月1日至2011年12月31日，对高校毕业生创办的年应纳税所得额低于3万元（含3万元）的小型微利企业，其所得减按50%计入应纳税所得额，按20%的税率缴纳企业所得税。发挥小额担保贷款政策促进就业的积极作用，对符合条件的高校毕业生自主创业的，可在创业地按规定申请小额担保贷款；从事微利项目的，可享受不超过10万元贷款额度的财政贴息扶持。对合伙经营和组织起来就业的，可根据实际需要适当提高贷款额度。要进一步改进和完善“小额担保贷款＋信用社区建设＋创业培训”联动工作机制。有条件的地区要加大财政投入，并积极引入风险投资资金，探索财政资金、风险投资等与大学生创业赛事的对接模式，规范发展民间融资，多渠道加大创业资金投入。要进一步完善和落实行政事业性收费减免等优惠政策，按照法律法规的规定，适当放宽市场准入条件，鼓励高校毕业生创业。

（六）加强创业教育、创业培训和创业服务。各高校要广泛开展创业教育，积极开发创新创业类课程，完善创业教育课程体系，将创业教育课程纳入学分管理。积极推广成熟的创业培训模式，鼓励高校毕业生参加创业培训和实训，提高创业能力。对高校毕业生在毕业年度内参加创业培训的，根据其获得创业培训合格证书或就业、创业情况，按规定给予培训补贴。要根据高校毕业生特点和需求，组织开展政策咨询、信息服务、项目开发、风险评估、开业指导、融资服务、跟踪扶持等“一条龙”创业服务。在充分发挥各类创业孵化基地作用的基础上，因地制宜建设一批大学生创业孵化基地，并给予相关政策扶持。对基地内大学生创业企业要提供培训和指导服务，落实扶持政策，努力提高创业成功率，延长企业存活期。

（七）稳定灵活就业。各地要鼓励支持高校毕业生通过多种形式灵活就业，并给予相关政策扶持。对符合就业困难人员条件的灵活就业高校毕业生，要按规定落实社会保险补贴政策。对申报灵活就业的高校毕业生，各级公共就业人才服务机构按规定提供人事、劳动保障代理服务，做好社会保险关系接续工作。

四、支持高校毕业生参加就业见习和技能培训，鼓励科研项目单位吸纳高校毕业生就业

（八）支持高校毕业生参加就业见习。各地要结合当地产业发展需要和高校毕业生情况，鼓励和扶持一批规模较大并有一定社会影响力的企事业单位作为就业见习单位，为有见习需求的未就业高校毕业生提供见习机会。积极引导有条件的科技企业孵化器创建大学生科技创业见习基地。要进一步完善就业见习管理办法，明确见习对象范围、见习基地条件、见习补贴标准、见习考核评估等事项，进一步规范见习活动。认真落实见习期间基本生活补助政策，基本生活补助费用由见习单位和地方政府分担。各地要根据当地经济发展和物价水平，合理确定和及时调整基本生活补助标准。见习单位应加强见习场所的安全管理，并为参加见习的高校毕业生购买人身意外伤害保险。见习单位支出的见习补贴相关费用，不计入社会保险缴费基数，但符合税收法律法规规定的，可以在计算企业所得税应纳税所得额时扣除。

（九）支持高校毕业生参加职业技能培训和技能鉴定。各地要积极组织有培训需求的高校毕业生参加职业技能培训和技能鉴定，帮助其提高就业能力。对高校毕业生在毕业年度内参加职业技能培训的，根据其取得职业资格证书（未颁布国家职业技能标准的职业应取得专项职业能力证书或培训合格证书）或就业情况，按规定给予培训补贴。对高校毕业生在毕业年度内通过初次职业技能鉴定并取得职业资格证书或专项职业能力证书的，按规定给予一次性职业技能鉴定补贴。对企业新招收毕业年度高校毕业生，在6个月之内开展岗前培训的，按规定给予企业职业培训补贴。

（十）鼓励科研项目单位吸纳高校毕业生就业。鼓励高校、科研机构和企业，结合国家产业发展和技术进步的需要开展研究，并按照公开、自愿、双向选择的原则，在所承担的项目实施过程中，聘用优秀高校毕业生作为研究助理或辅助人员参与研究工作。在承担的民口科技重大专项、“973”计划、“863”计划、科技支撑计划以及国家自然科学基金等重大重点项目实施过程中，聘用高校毕业生的劳务性费用和有关社会保险费补助可按规定从项目经费中列支。聘用期满，根据工作需要可以续聘或到其他岗位就业，就业后工龄与参与研究期间的工作时间合并计算，社会保险缴费年限合并计算。

五、大力加强就业指导、就业服务和就业援助

（十一）加强就业指导和就业服务。各高校要全面开展职业发展指导和就业创业教育，将就业指导课程纳入教学计划，建立贯穿于整个大学教育期间的职业发展和就业指导课程体系，帮助大学生树立正确的成才和就业观念。各地区、各有关部门要根据高校毕业生求职就业特点，创新就业服务模式，完善服务措施，采取组织企业进校园、召开专场招聘会和供求洽谈会、开展网络招聘等活动，为高校毕业生提供方便、快捷、直接、有效的就业信息服务。各地公共就业人才服务机构、高校毕业生就业指导服务机构及其他就业服务机构要加强合作，建立健全高校毕业生就业信息服务平台，提供政策发布、岗位信息、网络招聘、远程面试、指导咨询等就业服务。要大力推动互联网就业服务的健康发展，加强信息监督管理，规范互联网求职就业行为。要加强人力资源市场需求预测，完善职业供求信息收集和发布制度，引导高校毕业生理性求职、用人单位积极招聘和高校科学合理设置专业。鼓励各类职业中介机构为高校毕业生提供就业服务，对为登记失业高校毕业生提供服务并符合条件的给予职业介绍补贴。鼓励企业与高校合作，为大学生提供有针对性的指导和服务，帮助大学生提升专业能力和职业能力。全面落实为登记失业高校毕业生免费提供政策咨询、职业指导、职业介绍和人事档案托管等服务政策。支持工会、共青团、妇联等组织开展多种形式的高校毕业生就业创业扶持活动。

（十二）开展就业失业登记。各级公共就业人才服务机构要按照就业促进法的规定，为已就业高校毕业生免费办理就业登记，并按规定提供人事、劳动保障代理服务。要进一步完善就业登记办法，建立就业登记与劳动合同管理、社会保险费缴纳联动机制，维护劳动者就业权益。对未就业的高校毕业生可按规定办理失业登记，并纳入户籍所在地失业人员统一管理，落实相关就业扶持政策。各级人力资源社会保障部门、教育部门和各高校要加强合作，进一步完善以实名制为基础的高校毕业生就业统计制度，做好高校毕业生毕业前后的信息衔接和服务接续。

（十三）强化就业援助。各级公共就业人才服务机构要将就业困难的高校毕业生纳入当地就业援助体系，建立专门台账，实施“一对一”职业指导和重点帮扶，并向用人单位重点推荐，或通过公益性岗位安置就业。对符合条件的人员按规定落实社会保险补贴和公益性岗位补贴。各高校可根据困难家庭毕业生的实际情况，给予适当的求职补贴。各地要高度重视大城市聚居地长时间失业高校毕业生以及女性、残疾人和少数民族等高校毕业生的就业问题，提供有针对性的就业服务和就业指导，鼓励有条件的地区制定实施专门的就业扶持政策。

（十四）保障就业权益。各城市应取消高校毕业生落户限制，允许高校毕业生在就（创）业地办理落户手续（直辖市按有关规定执行）。各地要按照就业促进法、劳动合同法、公务员法等的要求，进一步深化高校毕业生就业制度改革，简化高校毕业生就业程序。对到各类用人单位就业的高校毕业生，其职称评定、工资待遇、社会保险办理、工龄确定等要严格按照国家有关规定执行。高校毕业生从企业、社会团体到机关事业单位就业的，其参加基本养老保险缴费年限合并计算为工龄。要加大对各类企业特别是中小企业在劳动用工、缴纳社会保险费等方面的劳动监察力度，切实维护高校毕业生的合法权益。要进一步加强人力资源市场管理，大力开展人力资源市场清理整顿工作，严厉打击非法职业中介和招聘过程中的各类欺诈行为。要认真执行残疾人就业条例的有关规定，保障残疾人高校毕业生的就业权益。要切实落实取消就业体检中乙肝检测项目的有关规定，防止各类就业歧视，维护高校毕业生公平就业权利。

各地区、各有关部门要按照本通知精神，进一步加强对高校毕业生就业工作的领导，强化目标责任，把高校毕业生就业工作情况列入政府政绩考核内容，切实抓好贯彻落实。要加大对就业政策措施和先进典型的宣传力度，引导高校毕业生转变就业观念，营造良好的就业环境。

国务院农村综合改革工作小组　财政部　教育部　农业部关于进一步做好清理化解农村义务教育债务工作有关问题的通知

（2011年2月15日）

各省、自治区、直辖市、计划单列市农村综合改革领导小组办公室、财政厅（局）、教育厅（教委、局）、农业厅（委员会、局），新疆生产建设兵团农村综合改革领导小组办公室、财务局、教育局、农业局，农业部农垦局、国家林业局计资司：

2007年12月全国启动农村“普九”化债试点工作以来，各地及有关部门积极行动，精心组织，扎实推进化债工作。到2009年底，内蒙古等首批14个试点省（自治区）和新疆维吾尔自治区完成了中央提出的化债目标任务。为全面考核化债任务完成情况、客观评估化债工作成效，2009年4月和2010年5月，国务院农村综合改革工作小组（以下简称工作小组）委托财政部组织有关省、自治区财政监察专员办事处对上述15个省（自治区）的化债工作进行了考核验收。从考核验收情况看，各地认真贯彻落实中央有关化债政策，较好地完成了化债目标任务，但一些地方也存在化债政策落实不到位、基础工作薄弱、学校财务管理不规范等问题，需要认真整改。为切实做好整改和下一步的清理化解农村义务教育债务工作，经研究，现将有关事项通知如下。

一、切实做好债务清理核实和审计锁定工作

严格清理核实和审计锁定债务是做好债务偿还工作的基础和前提。从考核验收情况看，凡是清理核实和审计锁定工作做得扎实的地方，化债工作就推进顺利，就很少出现违规违纪现象；而发现较多问题的地方，大都与清理核实和审计锁定工作不扎实有关，其原因主要是没有贯彻落实中央化债政策中关于严格清理核实和审计锁定债务的要求，没有按规定程序清理核实和审计锁定债务。有的地方边清理边化解，结果欲速不达；有的地方只进行了县级审计，没有开展省级抽查，造成债务“虚胖”；有的地方债务公示不到位，债务锁定没有落实到债权人，造成偿债困难或违规违纪问题。为此，各地及有关部门要提高认识，认真落实债务审计政策，严格审计程序，狠抓审计锁定工作。一是必须遵循先审计锁定再偿还债务的化债工作程序；二是县级审计要覆盖所有农村中小学校、乡镇、村级组织和国有农（林）场等单位的农村义务教育债务，必须把所有债务锁定落实到每一个债权人；三是各地要在县级审计的基础上，组织省级范围内的交叉审计，省级抽查审计的债权人数或债务额不得低于本地总数的40%。

二、认真履行筹资偿债责任

按照《中华人民共和国义务教育法》的有关规定，我国义务教育实行省级人民政府统筹规划实施、县级人民政府为主管理的体制。相应地，农村义务教育化债工作也要求“省级人民政府负责组织，县级人民政府具体实施”，大多数地方都做到了。但在考核验收中也发现个别地方没有认真履行相关责任，出现了中央补助增加了而省级筹资减少了、省级补助增加了而县级筹资减少等筹资工作的

"上进下退"问题；个别省份对县级筹资和偿债工作支持不力，监管不严，出现了县级偿债工作中的弄虚作假现象。为此，要重申，各地及有关部门要严格按照"谁举债谁负责"的原则要求，认真执行批复的化债实施方案，切实履行化解农村义务教育债务的筹资责任，足额安排应由本级政府和本部门承担的偿债资金，不得"上进下退"，随意减少本级筹资额度、缩减偿债规模。

三、妥善处理和使用化债特设专户结余资金

从考核验收情况看，一些地方在完成偿债任务后县级财政专项转移支付资金化债特设专户中还余有一定数量的资金。对这些资金，要视具体情况进行分类处理，按规定用途使用，确保资金安全有效。现提出以下处理办法。一是对垫付资金的处理。在上级财政补助资金未到位、由本级财政通过垫付资金完成化债任务的地方，在上级财政补助资金到位后，经省级财政和省级农村综合改革部门审核同意，可按核定后金额从特设专户中将资金转到相应账户。省级审核同意文件应抄送财政部（国库司）和工作小组（办公室）。二是对上级财政补助资金大于本地偿债额度而出现结余资金的处理。地方不得将该项结余资金从化债特设专户中转出用于化债以外的其他用途，而应继续用于化解农村义务教育其他债务和其他公益性乡村债务等。三是对审计锁定债务后，在偿债过程中因核减债务出现结余资金，以及因市县违反化债政策而扣减的资金，由省级财政和省级农村综合改革部门统一管理并按规定重新分配，用于化解农村义务教育其他债务和其他公益性乡村债务等。

四、妥善使用协商减债方式

协商减债是地方在化债工作中创造的一种化债方式，有利于减轻政府的偿债支出，也有利于鼓励债权人继续支持关心农村义务教育发展，但在工作中对这一方式要妥善使用，规范操作，以避免出现不良后果和消极影响。为此，各省、自治区、直辖市、计划单列市要制定协商减债的统一办法，以便各市县规范操作。各地在使用协商减债方式时，要坚持平等协商和债权人自愿的原则；要有合法、完备的手续，要有债权人自愿减债的书面证明材料，并解除相关的债权债务关系；必要时，可对自愿协商减债的债权人给予适当的荣誉奖励。严禁强迫或威胁要求债权人减债。

五、做好偿债资金支付管理和遗留问题处理工作

偿债资金直接支付到债权人是偿还债务的核心环节，直接决定化债政策能否落实到位及其成效。各地要继续完善相关支付制度和办法，严格遵守支付审核程序，认真执行债权人申请和偿债资金支付审核制度，健全相关资金支付手续，确保不留隐患。债权人领取偿债资金时，要签字确认解除债权债务关系。债权人委托别人代领偿债资金的，代领人要出具委托书和身份证明。债权人发生变动时，有关方面和发生债权变动的当事人要出具有关证明。对因债权人外出、死亡或其他特殊原因联系不上债权人而无法偿还的情况，要努力与债权人直系亲属联系，并通过媒体进行公告，保留一定的支付期限。具体办法由各省、自治区、直辖市、计划单列市统一制定。另外，对一些地方建校用地租赁费由于缺乏资金来源而形成的债务，由地方政府结合本地实际，协调教育、农业等有关部门统一研究解决。

六、做好化债后的相关账务处理和资产管理工作

账务处理是化债的一项重要基础工作，也是考核各地化债工作成效的一项重要指标，各地一定要按照科学化精细化管理的要求做实做细。支付偿债资金或进行协商减债时，化债主管部门要将债权人手中的原始债权凭据收回，进行销号，并及时通知有关债务单位。债务单位要按照财务管理有关规定进行债务销账处理，不得继续保留负债账务，并做到账实一致。化债任务完成后，各地及有关部门要将化债资料装订成册，分类归档，妥善保管，并做到纸质档案和电子档案同时保存，以备核查。

20世纪八九十年代在农村普及九年制义务教育以来，各地不断加大对农村中小学基本建设投资力度，形成了较大规模的学校资产，这是一笔宝贵的财产。近年来，由于农村中小学校布局调整和农村生源减少，导致部分学校资产闲置。债务偿还以后，一方面要做好账务处理，另一方面地方政府及教育、农业部门和村级组织要切实加强学校资产管理，减少资产闲置，避免学校倒塌损毁和资产流失。要在妥善处理产权关系的基础上，把闲置校舍与农村学前教育发展、农村成人文化继续教育、村支部活动室和村级公共服务设施建设等结合起来，最大限度地盘活闲置校产，避免资源浪费和重复建设。

七、加强农村中小学财务管理

农村义务教育经费保障机制改革实施以来，农村义务教育投入大量增加，经费管理制度框架不断完善。但是，由于长期以来农村中小学预算财务管理基础较为薄弱等原因，一些地区农村中小学财务管理工作亟须进一步加强。从考核验收情况看，一些地区农村中小学财会基础工作依然比较薄弱，内控制度不健全，财务人员素质参差不齐，变动频繁，未经专业培训，无证上岗、教师兼职做财会工作的现象较为普遍，影响了化债工作的顺利推进。为此，要切实加强农村中小学预算和财务管理，夯实学校财会基础工作，加强农村中小学校会计人员队伍建设，按规定配齐财会人员，加强财务专业培训，提高财务管理水平。

八、严格防控农村中小学校新债

近年来，各地在化解农村义务教育旧债的同时，也积极探索防控新债的相关政策措施和制度办法，取得了一定进展。但从考核验收情况看，一些地方农村义务教育新债仍时有发生，对农村义务教育和农村经济社会的持续健康发展产生了不利影响。各地要从经济社会发展大局出发，切实防控农村义务教育新债。要科学制定和实施农村义务教育中长期发展规划，学校基本建设要与政府财力水平相适应；要建立健全农村中小学建设项目审批制度，严格审批程序和审批标准；要严格控制出台各种新的教育达标、升级、评优和超规模建设的文件；要落实农村义务教育经费保障机制改革政策，增加农村义务教育经费投入。要实行农村中小学校新债责任追究制，坚决制止通过向村级组织和农民借债搞学校建设的行为。要加强农村中小学预算和财务管理，提高学校财务管理水平。要加强对已发生的农村义务教育新债的管理，建立台账。

九、切实加强对农村义务教育化债工作的监督检查

为确保偿债资金的规范、安全和有效，各级农村综合改革领导小组办公室、财政、教育、农业等部门要密切配合，建立健全事前、事中、事后相结合，常规检查和不定期抽查相结合的全方位监督体系和制约机制。要严肃工作纪律，对弄虚作假、虚报冒领、截留挪用、套取补助资金、造成资金损失及继续盲目搞建设、上项目、借新债的行为，要追回补助资金，按照有关规定追究直接责任人和有关领导的责任；涉嫌犯罪的，移交司法机关处理。

高等学校章程制定暂行办法

（教育部　2011年11月28日）

第一章　总则

第一条　为完善中国特色现代大学制度，指导和规范高等学校章程建设，促进高等学校依法治校、科学发展，依据教育法、高等教育法及其他有关规定，制定本办法。

第二条　国家举办的高等学校章程的起草、审议、修订以及核准、备案等，适用本办法。

第三条　章程是高等学校依法自主办学、实施管理和履行公共职能的基本准则。高等学校应当以章程为依据，制定内部管理制度及规范性文件、实施办学和管理活动、开展社会合作。

高等学校应当公开章程，接受举办者、教育主管部门、其他有关机关以及教师、学生、社会公众依据章程实施的监督、评估。

第四条 高等学校制定章程应当以中国特色社会主义理论体系为指导，以宪法、法律法规为依据，坚持社会主义办学方向，遵循高等教育规律，推进高等学校科学发展；应当促进改革创新，围绕人才培养、科学研究、服务社会、推进文化传承创新的任务，依法完善内部法人治理结构，体现和保护学校改革创新的成功经验与制度成果；应当着重完善学校自主管理、自我约束的体制、机制，反映学校的办学特色。

第五条 高等学校的举办者、主管教育行政部门应当按照政校分开、管办分离的原则，以章程明确界定与学校的关系，明确学校的办学方向与发展原则，落实举办者权利义务，保障学校的办学自主权。

第六条 章程用语应当准确、简洁、规范，条文内容应当明确、具体，具有可操作性。

章程根据内容需要，可以分编、章、节、条、款、项、目。

第二章 章程内容

第七条 章程应当按照高等教育法的规定，载明以下内容：

（一）学校的登记名称、简称、英文译名等，学校办学地点、住所地；

（二）学校的机构性质、发展定位，培养目标、办学方向；

（三）经审批机关核定的办学层次、规模；

（四）学校的主要学科门类，以及设置和调整的原则、程序；

（五）学校实施的全日制与非全日制、学历教育与非学历教育、远程教育、中外合作办学等不同教育形式的性质、目的、要求；

（六）学校的领导体制、法定代表人，组织结构、决策机制、民主管理和监督机制，内设机构的组成、职责、管理体制；

（七）学校经费的来源渠道、财产属性、使用原则和管理制度，接受捐赠的规则与办法；

（八）学校的举办者，举办者对学校进行管理或考核的方式、标准等，学校负责人的产生与任命机制，举办者的投入与保障义务；

（九）章程修改的启动、审议程序，以及章程解释权的归属；

（十）学校的分立、合并及终止事由，校徽、校歌等学校标志物、学校与相关社会组织关系等学校认为必要的事项，以及本办法规定的需要在章程中规定的重大事项。

第八条 章程应当按照高等教育法的规定，健全学校办学自主权的行使与监督机制，明确以下事项的基本规则、决策程序与监督机制：

（一）开展教学活动、科学研究、技术开发和社会服务；

（二）设置和调整学科、专业；

（三）制订招生方案，调节系科招生比例，确定选拔学生的条件、标准、办法和程序；

（四）制订学校规划并组织实施；

（五）设置教学、科研及行政职能部门；

（六）确定内部收入分配原则；

（七）招聘、管理和使用人才；

（八）学校财产和经费的使用与管理；

（九）其他学校可以自主决定的重大事项。

第九条 章程应当依照法律及其他有关规定，健全中国共产党高等学校基层委员会领导下的校长负责制的具体实施规则、实施意见，规范学校党委集体领导的议事规则、决策程序，明确支持校长独立负责地行使职权的制度规范。

章程应当明确校长作为学校法定代表人和主要行政负责人，全面负责教学、科学研究和其他管理工作的职权范围；规范校长办公会议或者校务会议的组成、职责、议事规则等内容。

第十条 章程应当根据学校实际与发展需要，科学设计学校的内部治理结构和组织框架，明确学校与内设机构，以及各管理层级、系统之间的职责权限，管理的程序与规则。

章程根据学校实际，可以按照有利于推进教授治学、民主管理，有利于调动基层组织积极性的原则，设置并规范学院（学部、系）、其他内设机构以及教学、科研基层组织的领导体制、管理制度。

第十一条 章程应当明确规定学校学术委员会、学位评定委员会以及其他学术组织的组成原则、负责人产生机制、运行规则与监督机制，保障学术组织在学校的学科建设、专业设置、学术评价、学术发展、教学科研计划方案制定、教师队伍建设等方面充分发挥咨询、审议、决策作用，维护学术活动的独立性。

章程应当明确学校学术评价和学位授予的基本规则和办法；明确尊重和保障教师、学生在教学、研究和学习方面依法享有的学术自由、探索自由，营造宽松的学术环境。

第十二条　章程应当明确规定教职工代表大会、学生代表大会的地位作用、职责权限、组成与负责人产生规则，以及议事程序等，维护师生员工通过教职工代表大会、学生代表大会参与学校相关事项的民主决策、实施监督的权利。

对学校根据发展需要自主设置的各类组织机构，如校务委员会、教授委员会、校友会等，章程中应明确其地位、宗旨以及基本的组织与议事规则。

第十三条　章程应当明确学校开展社会服务、获得社会支持、接受社会监督的原则与办法，健全社会支持和监督学校发展的长效机制。

学校根据发展需要和办学特色，自主设置有政府、行业、企事业单位以及其他社会组织代表参加的学校理事会或者董事会的，应当在章程中明确理事会或者董事会的地位作用、组成和议事规则。

第十四条　章程应当围绕提高质量的核心任务，明确学校保障和提高教育教学质量的原则与制度，规定学校对学科、专业、课程以及教学、科研的水平与质量进行评价、考核的基本规则，建立科学、规范的质量保障体系和评价机制。

第十五条　章程应当体现以人为本的办学理念，健全教师、学生权益的救济机制，突出对教师、学生权益、地位的确认与保护，明确其权利义务；明确学校受理教师、学生申诉的机构与程序。

第三章　章程制定程序

第十六条　高等学校应当按照民主、公开的原则，成立专门起草组织开展章程起草工作。

章程起草组织应当由学校党政领导、学术组织负责人、教师代表、学生代表、相关专家，以及学校举办者或者主管部门的代表组成，可以邀请社会相关方面的代表、社会知名人士、退休教职工代表、校友代表等参加。

第十七条　高等学校起草章程，应当深入研究、分析学校的特色与需求，总结实践经验，广泛听取政府有关部门、学校内部组织、师生员工的意见，充分反映学校举办者、管理者、办学者，以及教职员工、学生的要求与意愿，使章程起草成为学校凝聚共识、促进管理、增进和谐的过程。

第十八条　章程起草过程中，应当在校内公开听取意见；涉及关系学校发展定位、办学方向、培养目标、管理体制，以及与教职工、学生切身利益相关的重大问题，应当采取多种方式，征求意见、充分论证。

第十九条　起草章程，涉及与举办者权利关系的内容，高等学校应当与举办者、主管教育行政部门及其他相关部门充分沟通、协商。

第二十条　章程草案应提交教职工代表大会讨论。学校章程起草组织负责人，应当就章程起草情况与主要问题，向教职工代表大会做出说明。

第二十一条　章程草案征求意见结束后，起草组织应当将章程草案及其起草说明，以及征求意见的情况、主要问题的不同意见等，提交校长办公会议审议。

第二十二条　章程草案经校长办公会议讨论通过后，由学校党委会讨论审定。

章程草案经讨论审定后，应当形成章程核准稿和说明，由学校法定代表人签发，报核准机关。

第四章　章程核准与监督

第二十三条　地方政府举办的高等学校的章程由省级教育行政部门核准，其中本科以上高等学校的章程核准后，应当报教育部备案；教育部直属高等学校的章程由教育部核准；其他中央部门所属高校的章程，经主管部门同意，报教育部核准。

第二十四条　章程报送核准应当提交以下材料：

（一）核准申请书；

（二）章程核准稿；

（三）对章程制定程序和主要内容的说明。

第二十五条　核准机关应当指定专门机构依照本办法的要求，对章程核准稿的合法性、适当性、规范性以及制定程序，进行初步审查。审查通过的，提交核准机关组织的章程核准委员会评议。

章程核准委员会由核准机关、有关主管部门推荐代表，高校、社会代表以及相关领域的专家组成。

第二十六条　核准机关应当自收到核准申请2个月内完成初步审查。涉及对核准稿条款、文字进行修改的，核准机关应当及时与学校进行沟通，提出修改意见。

有下列情形之一的，核准机关可以提出时限，要求学校修改后，重新申请核准：

（一）违反法律、法规的；

（二）超越高等学校职权的；

（三）章程核准委员会未予通过或者提出重大修改意见的；

（四）违反本办法相关规定的；

（五）核准期间发现学校内部存在重大分歧的；

（六）有其他不宜核准情形的。

第二十七条　经核准机关核准的章程文本为正式文本。高等学校应当以学校名义发布章程的正式文本，并向本校和社会公开。

第二十八条　高等学校应当保持章程的稳定。

高等学校发生分立、合并、终止，或者名称、类别层次、办学宗旨、发展目标、举办与管理体制变化等重大事项的，可以依据章程规定的程序，对章程进行修订。

第二十九条　高等学校章程的修订案，应当依法报原核准机关核准。

章程修订案经核准后，高等学校应当重新发布章程。

第三十条　高等学校应当指定专门机构监督章程的执行情况，依据章程审查学校内部规章制度、规范性文件，受理对违反章程的管理行为、办学活动的举报和投诉。

第三十一条　高等学校的主管教育行政部门对章程中自主确定的不违反法律和国家政策强制性规定的办学形式、管理办法等，应当予以认可；对高等学校履行章程情况应当进行指导、监督；对高等学校不执行章程的情况或者违反章程规定自行实施的管理行为，应当责令限期改正。

第五章　附则

第三十二条　新设立的高等学校，由学校举办者或者其委托的筹设机构，依法制定章程，并报审批机关批准；其中新设立的国家举办的高等学校，其章程应当具备本办法规定的内容；民办高等学校和中外合作举办的高等学校，依据相关法律法规制定章程，章程内容可参照本办法的规定。

第三十三条　本办法自2012年1月1日起施行。

学校教职工代表大会规定

（教育部　2011年12月8日）

第一章　总则

第一条　为依法保障教职工参与学校民主管理和监督，完善现代学校制度，促进学校依法治校，依据教育法、教师法、工会法等法律，制定本规定。

第二条　本规定适用于中国境内公办的幼儿园和各级各类学校（以下统称学校）。

民办学校、中外合作办学机构参照本规定执行。

第三条　学校教职工代表大会（以下简称教职工代表大会）是教职工依法参与学校民主管理和监督的基本形式。

学校应当建立和完善教职工代表大会制度。

第四条　教职工代表大会应当高举中国特色社会主义伟大旗帜，以马克思列宁主义、毛泽东思想、邓小平理论和“三个代表”重要思想为指导，深入贯彻落实科学发展观，全面贯彻执行党的基本路线和教育方针，认真参与学校民主管理和监督。

第五条　教职工代表大会和教职工代表大会代表应当遵守国家法律法规，遵守学校规章制度，正确处理国家、学校、集体和教职工的利益关系。

第六条　教职工代表大会在中国共产党学校基层组织的领导下开展工作。教职工代表大会的组织原则是民主集中制。

第二章　职权

第七条　教职工代表大会的职权是：

（一）听取学校章程草案的制定和修订情况报告，提出修改意见和建议；

（二）听取学校发展规划、教职工队伍建设、教育教学改革、校园建设以及其他重大改革和重大问题解决方案的报告，提出意见和建议；

（三）听取学校年度工作、财务工作、工会工作报告以及其他专项工作报告，提出意见和建议；

（四）讨论通过学校提出的与教职工利益直接相关的福利、校内分配实施方案以及相应的教职工聘任、考核、奖惩办法；

（五）审议学校上一届（次）教职工代表大会提案的办理情况报告；

（六）按照有关工作规定和安排评议学校领导干部；

（七）通过多种方式对学校工作提出意见和建议，监督学校章程、规章制度和决策的落实，提出整改意见和建议；

（八）讨论法律法规规章规定的以及学校与学校工会商定的其他事项。

教职工代表大会的意见和建议，以会议决议的方式做出。

第八条　学校应当建立健全沟通机制，全面听取教职工代表大会提出的意见和建议，并合理吸收采纳；不能吸收采纳的，应当做出说明。

第三章　教职工代表大会代表

第九条　凡与学校签订聘任聘用合同、具有聘任聘用关系的教职工，均可当选为教职工代表大会代表。

教职工代表大会代表占全体教职工的比例，由地方省级教育等部门确定；地方省级教育等部门没有确定的，由学校自主确定。

第十条　教职工代表大会代表以学院、系（所、年级）、室（组）等为单位，由教职工直接选举产生。

教职工代表大会代表可以按照选举单位组成代表团（组），并推选出团（组）长。

第十一条　教职工代表大会代表以教师为主体，教师代表不得低于代表总数的60%，并应当根据学校实际，保证一定比例的青年教师和女教师代表。民族地区的学校和民族学校，少数民族代表应当占有一定比例。

教职工代表大会代表接受选举单位教职工的监督。

第十二条　教职工代表大会代表实行任期制，任期3年或5年，可以连选连任。

选举、更换和撤换教职工代表大会代表的程序，由学校根据相关规定，并结合本校实际予以明确规定。

第十三条　教职工代表大会代表享有以下权利：

（一）在教职工代表大会上享有选举权、被选举权和表决权；

（二）在教职工代表大会上充分发表意见和建议；

（三）提出提案并对提案办理情况进行询问和监督；

（四）就学校工作向学校领导和学校有关机构反映教职工的意见和要求；

（五）因履行职责受到压制、阻挠或者打击报复时，向有关部门提出申诉和控告。

第十四条　教职工代表大会代表应当履行以下义务：

（一）努力学习并认真执行党的路线方针政策、国家的法律法规、党和国家关于教育改革发展的方针政策，不断提高思想政治素质和参与民主管理的能力；

（二）积极参加教职工代表大会的活动，认真宣传、贯彻教职工代表大会决议，完成教职工代表大会交给的任务；

（三）办事公正，为人正派，密切联系教职工群众，如实反映群众的意见和要求；

（四）及时向本部门教职工通报参加教职工代表大会活动和履行职责的情况，接受评议监督；

（五）自觉遵守学校的规章制度和职业道德，提高业务水平，做好本职工作。

第四章　组织规则

第十五条　有教职工 80 人以上的学校，应当建立教职工代表大会制度；不足 80 人的学校，建立由全体教职工直接参加的教职工大会制度。

学校根据实际情况，可在其内部单位建立教职工代表大会制度或者教职工大会制度，在该范围内行使相应的职权。

教职工大会制度的性质、领导关系、组织制度、运行规则等，与教职工代表大会制度相同。

第十六条　学校应当遵守教职工代表大会的组织规则，定期召开教职工代表大会，支持教职工代表大会的活动。

第十七条　教职工代表大会每学年至少召开一次。

遇有重大事项，经学校、学校工会或 1/3 以上教职工代表大会代表提议，可以临时召开教职工代表大会。

第十八条　教职工代表大会每 3 年或 5 年为一届。期满应当进行换届选举。

第十九条　教职工代表大会须有 2/3 以上教职工代表大会代表出席。

教职工代表大会根据需要可以邀请离退休教职工等非教职工代表大会代表，作为特邀或列席代表参加会议。特邀或列席代表在教职工代表大会上不具有选举权、被选举权和表决权。

第二十条　教职工代表大会的议题，应当根据学校的中心工作、教职工的普遍要求，由学校工会提交学校研究确定，并提请教职工代表大会表决通过。

第二十一条　教职工代表大会的选举和表决，须经教职工代表大会代表总数半数以上通过方为有效。

第二十二条　教职工代表大会在教职工代表大会代表中推选人员，组成主席团主持会议。

主席团应当由学校各方面人员组成，其中包括学校、学校工会主要领导，教师代表应占多数。

第二十三条　教职工代表大会可根据实际情况和需要设立若干专门委员会（工作小组），完成教职工代表大会交办的有关任务。专门委员会（工作小组）对教职工代表大会负责。

第二十四条　教职工代表大会根据实际情况和需要，可以在教职工代表大会代表中选举产生执行委员会。执行委员会中，教师代表应占多数。

教职工代表大会闭会期间，遇有急需解决的重要问题，可由执行委员会联系有关专门委员会（工作小组）与学校有关机构协商处理。其结果向下一次教职工代表大会报告。

第五章　工作机构

第二十五条　学校工会为教职工代表大会的工作机构。

第二十六条　学校工会承担以下与教职工代表大会相关的工作职责：

（一）做好教职工代表大会的筹备工作和会务工作，组织选举教职工代表大会代表，征集和整理提案，提出会议议题、方案和主席团建议人选；

（二）教职工代表大会闭会期间，组织传达贯彻教职工代表大会精神，督促检查教职工代表大会决议的落实，组织各代表团（组）及专门委员会（工作小组）的活动，主持召开教职工代表团（组）长、专门委员会（工作小组）负责人联席会议；

（三）组织教职工代表大会代表的培训，接受和处理教职工代表大会代表的建议和申诉；

（四）就学校民主管理工作向学校党组织汇报，与学校沟通；

（五）完成教职工代表大会委托的其他任务。

选举产生执行委员会的学校，其执行委员会根据教职工代表大会的授权，可承担前款有关职责。

第二十七条　学校应当为学校工会承担教职工代表大会工作机构的职责提供必要的工作条件和经费保障。

第六章　附则

第二十八条　学校可以在其下属单位建立教职工代表大会制度，在该单位范围内实行民主管理和监督。

第二十九条　省、自治区、直辖市人民政府教育行政部门，可以与本地区有关组织联合制定本行政区域内学校教职工代表大会的相关规定。

有关学校根据本规定和所在地区的相关规定，可以制定相应的教职工代表大会或者教职工大会的实施办法。

第三十条　本规定自2012年1月1日起施行。1985年1月28日教育部、原中国教育工会印发的《高等学校教职工代表大会暂行条例》同时废止。

中等体育运动学校管理办法

（国家体育总局　教育部　2011年8月31日）

第一章　总则

第一条　为加强中等体育运动学校的建设和管理，全面贯彻国家体育、教育方针，促进我国体育事业和教育事业发展，依据《中华人民共和国体育法》、《中华人民共和国教育法》、《中华人民共和国职业教育法》等法律法规，制定本办法。

第二条　本办法所称中等体育运动学校是指对青少年学生进行系统体育专项训练和体育职业技术教育的中等职业学校（以下简称运动学校）。

根据体育运动项目的特点和训练需要，运动学校可以招收义务教育阶段的适龄儿童、少年，依法实施九年义务教育。

第三条　运动学校的主要任务是为国家培养德、智、体、美等全面发展的高水平竞技体育后备人才和社会需要的具有体育专项运动技能的中等体育专业人才。

第四条　县级以上体育和教育行政部门在本级人民政府领导下，负责对本行政区域内各类运动学校建设发展工作的统筹协调和检查指导等管理工作。

第五条　运动学校由当地体育、教育行政部门共同管理，以体育行政部门管理为主。体育行政部门负责学校的日常管理，学生训练、参赛，教练员配备和培训等；教育行政部门负责与学生文化教育相关事项的管理，包括教学、教师配备和培训等。

第六条　国家鼓励和支持企业事业组织、社会团体和公民个人举办民办运动学校。

举办运动学校不得以营利为目的。

第二章　设置与审批

第七条　运动学校的设立，应当具备《中华人民共和国教育法》、《中华人民共和国职业教育法》规定的基本条件并符合《中等体育运动学校设置标准》。

第八条　运动学校的设立、变更、终止，由省级体育行政部门提出意见，同级教育行政部门根据相关法律法规予以审批。

第九条　运动学校自行实施义务教育的，学校建设应当符合国家规定的办学标准，适应教育教学需要，由其主管体育行政部门提出意见后，依法报经教育行政部门审批。

第三章　招生、学籍与毕业就业

第十条　运动学校中等职业学历教育学制为三年。可以根据学校人才培养的实际需要，实行学分制等弹性学习制度。

第十一条　运动学校中等职业教育招生纳入国家招生计划，招生工作可以采用学年集中招生与试训相结合的办法。

考生应当参加体育测试、文化课考试和体检，对于体育运动成绩优异的，可以按照有关标准和程序破格录取。

第十二条　运动学校初中、小学部面向社会普通中小学招生，学生被录取后学籍的变动和管理，按照当地中小学学籍管理办法执行。

第十三条　学生按照运动学校课程方案要求，修完规定的课程且成绩合格的，发给相应的学历证书。接受职业技能培训经考核合格的，按照国家规定颁发相应的职业技能培训证书或职业资格证书。专项运动成绩达到运动员技术等级标准的，可申请相应的等级称号。

第十四条　运动学校毕业的学生，按照学校所在地省级招生委员会的招生规定，可在学校所在地报考普通高等学校。

第十五条　运动学校应当加强职业指导工作，为学生提供运动生涯、职业规划和心理方面的咨询服务，做好毕业生就业、创业服务工作，维护毕业生的合法权益。

第四章　德育与教学工作

第十六条　运动学校应当坚持育人为本，把德育工作放在首位，增强德育工作的时代性、吸引力、实效性，重视社会主义核心价值观教育。

第十七条　运动学校应当按照国家关于制定中等职业学校教学计划的规定，制定各专业实施性教学计划，开设德育课、文化基础课和相关专业课，开展运动训练和相关职业技能训练。德育课和文化基础课应当根据中等职业学校的教学大纲实施教学，选用国家规划教材。运动学校可开发具有区域特色的专业课程，编写专业课的校本教材。

第十八条　运动学校根据学生需要可以开设普通高中文化课程。运动学校的初中和小学部课时安排，原则上与普通中小学相同，在保证完成基础教学任务的前提下，可以根据训练的实际需要适当调整教学计划。

前款规定的教育，运动学校应当按照运动员文化教育基础教育阶段的课程方案、课程标准和审查通过的教材等，实施课程，组织教学，并可因地制宜地开发具有区域特色的校本课程和其他教育资源。

第十九条　运动学校应当建立良好的教学环境和正常的教学秩序，建立规范化、制度化的教学和考试制度。学生文化教育每周应不少于 24 学时，因训练、竞赛耽误课程，应及时安排补课辅导。

第二十条　运动学校应当根据当地经济社会发展和人才需求的实际情况，按照《中等职业学校专业目录》和其他有关规定，设置运动训练、休闲体育服务与管理、体育设施管理与经营等中等体育专业。

第二十一条　运动学校应当积极推行学历证书与职业资格证书制度。运动学校的教学与相关职业资格标准相结合，突出职业技能训练，并可组织学生参加相关职业技能鉴定机构组织的社会体育指导员等体育类的技能鉴定。

第五章　运动训练、竞赛与科研工作

第二十二条　运动学校应当按照全国青少年教学训练大纲进行科学系统的训练。全年不少于 280 个训练日（含竞赛），每天训练时间控制在 3.5 小时以内（含早操）。义务教育阶段的学生每天训练时间原则上控制在 2.5 小时以内（含早操）。

第二十三条　运动学校应当配备必要的运动训练科研设施、设备和专职的科研人员，加强训练监控、训练恢复和医疗保障工作，提高训练质量。

第二十四条　运动学校应当为学生提供与体育运动相适应的营养，定期对学生进行医疗检查，做好伤病防治工作。

运动学校应当加强学生医务监督，禁止使用兴奋剂。

第二十五条　运动学校应当建立健全科学的选材测试、人才培养跟踪、档案管理等制度，认真做好选材和育才工作。

第二十六条　运动学校学生可以代表当地中小学参加各级体育、教育行政部门举办的体育竞赛活动。

学生竞赛代表资格发生争议的，由主管的体育、教育行政部门按照体育竞赛的有关规定执行。

第六章　教师、教练员

第二十七条　运动学校文化课教师应当具备国家规定的教师资格。教育行政部门负责向公办运动学校选派优秀文化课教师。文化课教师的专业技术职务评聘、工资待遇按照国家有关规定执行。

第二十八条　运动学校教练员实行聘任制。聘任的教练员应当符合国家规定的教练员资格和任职条件。

运动学校可以聘请兼职教练员任教。

第二十九条　运动学校文化课教师、教练员应当从学校的实际出发，共同研究和改进文化教育和运动训练工作，努力提高教学和训练质量。

第三十条　运动学校招聘体育工作人员，对取得优异成绩的退役运动员，可以采取直接考核的方式招聘；对其他退役运动员，应在同等条件下优先聘用。

运动学校中使用彩票公益金资助建成的体育设施，须安排一定比例岗位用于聘用退役运动员。

第七章　保障条件

第三十一条　地方各级人民政府应当按照国家规定加强运动学校建设，将其纳入当地体育和教育发展规划，将训练竞赛经费、文化教育经费纳入同级财政预算，并加大经费投入，不断改善办学条件。

公办运动学校的基建投资，由主管的体育、教育行政部门联合向当地人民政府申报解决。

第三十二条　运动学校学生、教练员的伙食标准每人每日不低于25元，运动服装标准每人每年不低于800元。各省（区、市）应当根据当地经济发展情况和物价水平，制定不低于上述标准的伙食标准和运动服装标准，并建立相应的动态增长机制。

第三十三条　运动学校应当为学生办理保险。有条件的，可以根据运动项目训练和比赛的特点，办理专门的意外伤害保险。

第八章　安全管理与监督

第三十四条　运动学校应当根据实际情况建立校园安全责任制度，制定安全预防、保险、应急处理和报告等相关制度。

第三十五条　运动学校应当配备必要的安全管理人员，开展学校安全管理工作，保障训练竞赛、教育教学及其他活动中学生、教练员和教师的安全。

第三十六条　县级以上体育、教育行政部门应当定期检查学校文化教育实施情况。对违反《中华人民共和国义务教育法》和有关制度及本办法的行为，应及时予以纠正，并依法对学校及相关责任人给予相应的处理、处罚。

第三十七条　运动学校在训练竞赛、教育教学等活动中发生安全责任事故的，由有关主管部门予以查处，对相关责任人给予处分，构成犯罪的依法追究刑事责任。

第九章　附则

第三十八条　体育院校附属竞技体校的管理，参照本办法的规定执行。

第三十九条　省、自治区、直辖市体育和教育行政部门可以依照本办法制定实施细则或相应的规章制度。

第四十条　本办法自2011年10月1日起施行，原国家体委、国家教委1991年7月8日发布的《体育运动学校办校暂行规定》（体群字〔1991〕131号）同时废止。

少年儿童体育学校管理办法

（国家体育总局　教育部　2011年9月2日）

第一章　总则

第一条　为加强少年儿童体育学校的建设和管理，全面贯彻国家体育、教育方针，促进我国体育事业发展，依据《中华人民共和国体育法》、《中华人民共和国教育法》、《中华人民共和国义务教育法》等法律法规，制定本办法。

第二条　本办法所称少年儿童体育学校是指九年义务教育阶段培养少年儿童体育专项运动技能的体育特色学校（含体育中学、单项体育运动学校、少年儿童业余体育学校，以下简称少体校）。

第三条　少体校的主要任务是为国家和社会培养、输送具有良好思想品德、文化素质和体育特长的优秀体育后备人才。

第四条　县级以上体育和教育行政部门在本级人民政府领导下，统筹规划、分工负责、协调管理少体校工作。体育行政部门负责学校的日常管理，学生训练、参赛，教练员配备和培训等；教育行政部门负责与学生文化教育相关事项的管理，包括教学、教师配备和培训等。

第五条　国家鼓励和支持企业事业组织、社会团体和公民个人举办民办少体校。

举办少体校不得以营利为目的。

第二章　设置与审批

第六条　少体校应当从实际出发，采取独立办学或依附普通中小学等形式办学。

第七条　举办少体校的社会组织应当具有法人资格，公民个人应当具有政治权利和完全民事行为能力。少体校应当具有法人资格。

第八条　举办少体校，应当符合国家关于中小学校的相关设置标准，具备与所设置运动项目相适应的训练场馆、器材设施。

少体校独立进行文化教育的，应当具备与办学规模相适应的文化教学设施、设备和师资。依附普通中小学进行文化教育的，应当和所依附的学校签订联合办学协议，明确双方的权利和义务。

第九条　少体校应当根据本地区的体育传统和运动项目布局设置体育项目。

第十条　少体校的设立、变更、终止由县级以上体育行政部门提出意见，同级教育行政部门根据相关法律法规予以审批。

第三章　招生与学籍

第十一条　少体校按学年度面向普通中小学招生。

少体校招生，对拟招收学生进行体检和选材测试。

第十二条　少体校招生后，应当对招收的新生进行试训。经试训不适宜继续进行专项运动训练的学生，仍回原学校。

第十三条　少体校录取的学生学籍的变动和管理，按照当地学籍管理办法执行。

第四章　思想品德与文化教育

第十四条　少体校应当坚持育人为本，把德育工作放在首位，增强德育工作的针对性和实效性，教育教学活动应遵循少年儿童身心发展规律。

第十五条　少体校应当加强学生爱国主义、集体主义、社会主义思想品德教育，开展文明行为养成教育、法制教育、中华体育精神及体育职业道德教育。

第十六条　少体校应当按照国家规定的义务教育阶段的课程方案、课程标准，选用国家审定的教材，实施文化课教学，并可因地制宜地开发具有区域特色的校本课程和其他教育资源。

第十七条　少体校应当保证学生完成九年义务教育课程。学生完成九年义务教育课程经考核合格的，发给相应的中小学毕业证书。

第五章　体育训练与竞赛

第十八条　少体校应当贯彻“选好苗子、着眼未来、打好基础、系统训练、积极提高”的训练原则，做好选材、育才的基础训练工作。

第十九条　少体校应当按照少年儿童以学习为主、训练为辅的原则，合理安排学生的学习和训练时间。

第二十条　少体校应当按照全国青少年教学训练大纲的规定，对学生进行科学系统的训练，每天训练时间原则上控制在2.5小时以内（含早操）。

专项运动成绩达到运动员技术等级标准的，可申请相应的等级称号。

第二十一条　少体校应当坚持利用假期、形式多样、就近比赛的原则，通过竞赛推动少年儿童体育训练的普及和提高。

第二十二条　少体校学生可以代表在训少体校和原输送学校参加各级体育、教育行政部门举办的体育竞赛活动。

学生竞赛代表资格发生争议的，由主管的体育、教育行政部门按照体育竞赛有关规定执行。

第二十三条　少体校应当加强学生医务监督，禁止使用兴奋剂，禁止超负荷训练，禁止体罚。

第六章　教师、教练员

第二十四条　少体校文化课教师应当具备国家规定的教师资格。公办少体校文化课教师由教育行政部门选派。

第二十五条　少体校教练员实行聘任制。聘任的教练员应当符合国家规定的教练员资格和任职条件。

少体校可以聘请兼职教练员任教。

第二十六条　少体校教师、教练员应当相互尊重，团结协作，关心学生的全面成长，共同做好学生的思想教育、文化学习、体育训练和生活管理工作。

第二十七条　少体校招聘体育工作人员的，对取得优异成绩的退役运动员，可以采取直接考核的方式招聘；对其他退役运动员，应在同等条件下优先聘用。

少体校中使用彩票公益金资助建成的体育设施，须安排一定比例岗位用于聘用退役运动员。

第七章　保障条件

第二十八条　地方各级人民政府应当按照国家规定加强少体校建设，将其纳入当地体育和教育发展规划，将训练竞赛经费、文化教育经费纳入同级财政预算，并加大经费投入，不断改善办学条件。

公办少体校的基建投资，由主管的体育、教育行政部门联合向当地人民政府申报解决。

第二十九条　少体校文化课教师应当具备国家规定的教师资格。教育行政部门负责向公办少体校选派优秀文化课教师。文化课教师的专业技术职务评聘、工资待遇按照国家有关规定执行。

第三十条　少体校学生、教练员的伙食标准每人每日不低于20元，运动服装标准每人每年不低于500元。各省（区、市）应当根据当地经济发展情况和物价水平，制定不低于上述标准的伙食标准和运动服装标准，并建立相应的动态增长机制。

第三十一条　少体校应当为学生办理保险。有条件的，可以根据运动项目训练和比赛的特点，办理专门的意外伤害保险。

第八章　安全管理与监督

第三十二条　少体校应当根据实际情况建立校园安全责任制度，制定安全预防、保险、应急处理和报告等相关制度。

第三十三条　少体校应当配备必要的安全管理人员，开展学校安全管理工作，保障训练竞赛、教育教学及其他活动中学生、教练员和教师的安全。

第三十四条　县级以上体育、教育行政部门应当定期检查少体校文化教育实施情况。对违反《中华人民共和国义务教育法》和有关制度及本办法的行为，应及时予以纠正，并依法对少体校及相关责任人给予相应的处理、处罚。

第三十五条　少体校在训练竞赛、教育教学等活动中发生安全责任事故的，由有关主管部门予以查处，对相关责任人给予处分，造成严重后果的依法追究刑事责任。

第九章　附则

第三十六条　各省、自治区、直辖市体育和教育行政部门可以依照本办法制定实施细则或相应的规章制度。

第三十七条　本办法自2011年10月1日起施行。国家体育总局、教育部1999年2月4日发布的《少年儿童体育学校管理办法》（体群字〔1999〕17号）同时废止。

教育部　国务院学位委员会关于废止和宣布失效一批规范性文件的通知

（2011年2月24日）

各省、自治区、直辖市教育厅（教委），各计划单列市教育局，新疆生产建设兵团教育局，部属各高等学校：

根据《国务院办公厅关于做好规章清理工作有关问题的通知》（国办发〔2010〕28号）要求，教育部和国务院学位委员会对关于学位工作的规范性文件进行了清理，决定废止和宣布失效一批规范性文件。现将废止和宣布失效的规范性文件目录予以公布（详见附件1、附件2），已废止和失效的规范性文件一律不再作为行政管理的依据。

附件1：

教育部　国务院学位委员会废止的文件目录

序号	文件名称	发布机关	文号
1	关于审定学位授予单位的原则和办法	国务院学位委员会	〔81〕学位字002号
2	关于下达《培养医学博士（临床医学）研究生的试行办法》的通知	学位办	〔86〕学位字022号
3	关于颁发《国务院学位委员会关于授予国外有关人士名誉博士学位暂行规定》的通知	国务院学位委员会	〔89〕学位字003号
4	关于发布《国务院学位委员会关于授予具有研究生毕业同等学力的在职人员硕士、博士学位暂行规定》及实施细则的通知	学位办	学位〔1991〕5号
5	关于印发《关于进一步做好培养医学博士（临床医学）研究生的意见》的通知	学位办	学位办〔1994〕39号
6	关于按一级学科进行学位与研究生教育评估和按一级学科行使博士学位授予权审核试点工作的通知	学位办	学位〔1995〕50号

附件 2：

教育部　国务院学位委员会宣布失效的文件目录

序号	文件名称	发布机关	文号
1	关于免修外语的学生不能授予学士学位的复函	学位办	〔84〕学位办字 020 号
2	关于简化学位授予单位及学科、专业审批手续的通知	国务院学位委员会	〔86〕学位字 004 号
3	关于天津医学院医学系八年制毕业生学位问题的意见	国务院学位委员会	〔88〕学位字 004 号
4	关于成人高等教育授予学士学位问题的复函	学位办	〔88〕学位办字 007 号
5	关于做好军事学硕士学位授予工作的通知	学位办	学位办〔1990〕56 号
6	关于严格执行《国务院学位委员会关于授予国外有关人士名誉博士学位暂行规定》的通知	学位办	学位〔1992〕32 号
7	关于七年制高等医学教育授予医学硕士学位的几点意见	学位办	学位〔1993〕2 号
8	关于吉林医学院补授学位事的函	学位办	学位办〔1994〕15 号
9	关于开展省级学位委员会审批硕士点试点工作的通知	学位办	学位〔1995〕19 号
10	关于下发《关于授予具有临床医学研究生毕业同等学力的在职人员硕士、博士学位工作的试行办法》的通知	学位办	学位办〔1995〕69 号
11	关于统一全国在职攻读硕士学位入学联考外语考试的通知	学位办	学位办〔2002〕1 号
12	关于贯彻执行国务院学位委员会《关于授予成人高等教育本科毕业生学士学位暂行规定》中几个问题的复函	学位办	〔89〕学位办字 010 号
13	关于普通高校学士学位主管部门要切实做好授予成人高等教育本科毕业生学士学位工作的通知	学位办	〔89〕学位办字 023 号
14	关于研究生班毕业生申请硕士学位问题的批复	学位办	〔89〕学位办字 030 号
15	关于授予“青年作家班”本科毕业生学士学位问题的复函	学位办	学位办〔1990〕2 号
16	关于研究生班毕业生申请硕士学位问题的批复	学位办	学位办〔1992〕3 号
17	关于对沪高教（91）第 796 号文的几点意见	学位办	学位办〔1992〕4 号
18	关于制发授予来华留学生学士学位证书有关问题的通知	学位办	教位办〔1992〕2 号
19	关于自行审批和调整硕士点的通知	学位办	学位办〔1993〕23 号
20	关于粤高教科〔1993〕33 号《关于对地方学位委员会职责的暂行规定（征求意见稿）的意见》的复函	学位办	学位办〔1993〕49 号
21	关于一些单位与美国远东高级研究学院在国内联合办班并授予硕士学位问题的通报	学位办	学位办〔1993〕57 号

续表

序号	文件名称	发布机关	文号
22	关于重申在职人员申请学位工作有关政策的通知	学位办	学位办〔1994〕60号
23	关于进一步加强学位证书管理工作和改进学位证书发行办法的通知	学位办	学位办〔1995〕67号
24	关于调整学位证书格式的通知	学位办	学位〔1998〕4号
25	关于调整和制发专业学位证书的通知	学位办	学位办〔1998〕40号
26	关于开展同等学力人员申请硕士学位学科综合水平全国统考考试试点工作的通知	学位办	学位办〔1998〕88号
27	关于具有研究生毕业同学力人员所获学位证书编号的通知	学位办	学位办〔1999〕27号
28	关于委托省级学位委员会和军队学位委员会进行第十次硕士学位授权审核工作的通知	学位办	学位〔2005〕16号
29	关于调整新增专业学位研究生培养单位申报工作的通知	学位办	学位办〔2005〕50号
30	关于全国工商管理硕士（MBA）专业学位教育指导委员会换届的通知	学位办	学位〔2008〕27号
31	关于调整2009年在职人员攻读硕士学位招生限额的通知	学位办	学位办〔2010〕5号

教育部等七部门关于2011年治理教育乱收费规范教育收费工作的实施意见

（2011年4月7日）

各省、自治区、直辖市教育厅（教委）、纠风办、监察厅（局）、发展改革委、物价局、财政厅（局）、审计厅（局）、新闻出版局，新疆生产建设兵团教育局、纠风办、监察局、发展改革委、物价局、财务局、审计局、新闻出版局，有关部门（单位）教育司（局），教育部部属各高等学校：

为认真贯彻第十七届中央纪委第六次全会和国务院第四次廉政工作会议关于继续深化治理教育乱收费工作的部署和要求，现就2011年治理教育乱收费、规范教育收费工作实施提出如下意见。

一、指导思想

2011年治理教育乱收费工作要以邓小平理论和“三个代表”重要思想为指导，深入贯彻落实科学发展观，坚持“谁主管、谁负责”和“管行业必须管行风”的原则，加强组织领导，落实工作责任，完善工作机制，各司其职、协调配合、齐抓共管，着眼教育公平，着力解决群众反映强烈的突出问题，积极推进源头治理，为教育改革发展和《国家中长期教育改革和发展规划纲要（2010—2020年）》的顺利实施创造良好条件。

二、主要任务

（一）以农村义务教育“两免一补”资金和中职助学金、免学费补助资金为重点，加强对教育经费拨付和使用情况的监督检查，确保各项教育经费及时足额拨付到位。严格落实政府对教育的投入和保障责任，把教育作为财政支出重点领域予以优先保障。继续深化农村义务教育经费保障机制改革，逐步提高经费保障水平，规范资金管理，确保资金安全和使用效益。各级学校主管部门和有关中职学校要加强学籍管理，确保学生资助信息真实可靠；严格落实中职教育收费、资助和免收学费等政策规定，未经批准，中职教育不得收取除学费、住宿费以外的其他任何费用。加强对涉及教育事业的政府投资项目资金，农村义务教育经费保障机制改革资金，中职助学金、免学费资金等落实情况的监督检查和审计，推进审计结果公开。

（二）大力推进义务教育均衡发展，严禁在义务教育阶段收取与招生入学挂钩的各种费用。各地要认真落实《教育部关于当前加强中小学管理规范办学行为的指导意见》（教基一〔2009〕7号）、《教育部关于贯彻落实科学发展观进一步推进义务教育均衡发展的意见》（教基一〔2010〕1号）和《教育部关于治理义务教育阶段择校乱收费问题的指导意见》（教基一〔2010〕6号）要求，坚持义务教育阶段学生免试就近入学原则，切实履行省级政府统筹职责，强化以县（区）为主管理，采取有力措施促进县（区）域内义务教育均衡发展，努力缓解择校矛盾。各省（区、市）教育行政部门要在2011年上半年制订治理义务教育阶段择校乱收费问题的实施方案，向社会公布并报教育部备案。切实规范义务教育阶段招生和收费行为，严禁捐资助学与录取学生挂钩，严禁向学生收取与入学挂钩的任何费用。学校接受的正常捐赠收入要全部纳入学校预算，统一管理。严禁举办与招生入学挂钩的“占坑班”（通过参加培训获得入学便利）。

（三）制定幼儿园收费管理办法，加强对幼儿园收费行为的监管。按照《国务院关于当前发展学前教育的若干意见》（国发〔2010〕41号）的要求，国家有关部门制定幼儿园收费管理办法。各省（区、市）有关部门要按照非义务教育阶段家庭合理分担教育成本的原则，各地根据实际研究制定公办幼儿园生均经费标准和生均财政拨款标准。加强民办幼儿园收费管理，完善备案程序，加强分类管理。幼儿园收费要实行公示制度，接受社会监督。幼儿园（所）要严格执行有关规定，严禁违规以开办各种特长班、兴趣班、实验班等为名向家长另外收取费用，不得收取与幼儿入园挂钩的赞助费、支教费等。

（四）加强中小学教辅材料管理，切实减轻学生过重课业负担和家长经济负担。各级新闻出版行政部门要进一步加强对教辅材料出版、印制、发行等环节的监管，继续开展对盗版教辅材料专项整治工作，坚决打击侵权盗版和非法出版行为，切实提高中小学教辅材料编印质量。各级教育行政部门要进一步加强对教辅材料选用的监督管理，任何单位（部门）任何人不得强迫学校订购教辅材料。严格规范教辅材料价格。修改完善《中小学教辅材料管理办法》。

（五）巩固义务教育阶段改制学校清理成果，加大公办普通高中改制学校清理规范力度。各地要严格执行国家关于义务教育阶段改制学校清理规范工作的政策规定，切实完成义务教育阶段改制学校清理规范工作，坚决禁止和纠正假清理、走过场的问题。严格执行《民办教育促进法》及其实施条例，纠正国家机构、有关组织利用财政性经费和非闲置性公办教育资源举办或参与举办民办学校的行为。纠正民办学校的公办教师双重身份情况，教师在民办和公办学校之间流动，要按照国家有关规定及时履行相关手续。对至今清理规范工作尚未完成的学校，或仍未达到民办学校标准要求的学校，2011年春季开学一律执行当地同类公办学校收费政策。制定公办普通高中改制学校清理规范工作指导意见，加大对公办普通高中改制学校清理规范工作的政策指导和推进力度。各地要切实采取有效措施，明确清理规范的目标、时限和具体办法，2011年要取得明显进展和成效，2012年秋季开学前全面完成普通高中改制学校的清理规范工作。坚决纠正以改制为名的乱收费行为。

（六）严格执行并逐步调整公办普通高中招收择校生“三限”政策。继续严格执行公办普通高中招收择校生“三限”政策，每个学校招收择校生的比例最高不得超过本校当年招收高中学生计划数（不包括择校生数）的30%。各地要加大政府投入，完善高中经费保障机制，抓紧制订并落实生均拨款标准，积极化解学校债务。从2012年秋季开始，以学校为单位将招收择校生比例降到20%。各地要研究制定加大高中教育政府投入，逐步取消“三限”收费的措施和办法。研究在一定时期内取消公办高中招收择校生“三限”政策。

（七）继续实行高校招生“阳光工程”，严禁高等学校以研究生培养机制改革、开办软件学院、中外合作办学等名义违规收费。进一步扩大招生信息公开范围，丰富公开内容，规范公开流程，完善公开形式，加强招生信息管理与服务平台建设，对考生资格、录取信息、学费标准等及时进行公示。严格规范高校体育、艺术专业招生和成人教育及自学考试收费行为，严禁超标准或自立项目乱收费。建立健全研究生教育收费制度。加强高校研究生收费管理，严禁向计划内研究生收取学费。加强高校中外合作办学收费管理，按管理权限经批准的中外合作项目，其收费项目和标准执行高校所在地省级政府的有关规定，坚决取缔越权审批或未经批准擅自设立的中外合作项目，切实纠正以中外合作办学名义乱收费的行为。要加强高校示范性软件学院项目和收费的监管，坚决纠正违规审批和乱收费行为。民办高校（包括独立学院）要严格按照所在地省级物价部门批准的项目和标准规范收费，并对各项收费和使用情况进行公示。严禁高校冒用学历教育名义在录取体制外违规招生并收费，严禁高校收取与招生录取挂钩的任何费用。

三、工作要求

（一）进一步加强组织领导，充分发挥厅（局）际联席会议的作用。随着治理工作的不断深入，治理工作所面临的困难和问题更加复杂，治理任务更加艰巨和繁重。地方各级治理教育乱收费联席会议成员单位要在各地党委政府的领导下，进一步理顺领导体制和工作机制，充分发挥联席会议成员单位职能作用，认真落实工作责任，积极组织协调，密切配合支持，形成治理工作合力。对所确定的年度治理任务和各项工作，要有组织、有计划地进行安排部署，确保全年治理工作任务顺利完成。

（二）严格执行国家教育收费政策，积极推进源头治理工作。各地要严格执行国家关于教育收费权限管理的有关规定，坚决纠正越权设立收费项目和违规制定收费标准的问题。继续稳定各级各类公办学校的学费、住宿费标准。要按照国家要求，抓紧制订完善本省（区、市）中小学和高等学校服务性收费和代收费管理的具体规定，切实规范学校服务性收费和代收费行为，禁止通过服务性收费和代收费侵害学生利益。对群众反映强烈的教育乱收费问题，要结合实际，坚持标本兼治、重在治本，努力从源头上杜绝乱收费行为的发生，努力构建治理教育乱收费长效机制。

（三）进一步加大政策宣传和培训力度，充分发挥社会和舆论的监督作用。各地要结合年度治理工作任务，制订宣传和培训工作计划，列出工作时间表，深入开展层次不同、形式多样的宣传和培训活动。要全面系统的宣传国家教育收费政策，客观反映治理教育乱收费工作的进展和成效。要对学校校长、教师、财会人员有计划地安排培训，提高政策理解力和执行力。要采取有效形式，对教育收费进行公示，主动接受群众和社会监督，大力宣传治理工作的好经验、好做法，及时回应社会关切，努力营造治理工作的良好舆论氛围。

（四）进一步加大监督检查力度，严肃查处教育乱收费行为。有关部门要切实履行监督检查职责，把监督检查工作与行风建设、队伍建设、师德师风建设结合起来，坚持经常性检查与专项检查相结合，坚决纠正存在的问题。要继续开展教育收费专项检查和督查工作，对群众举报和检查发现的乱收费的问题坚决严肃查处，对顶风违纪、情节恶劣和造成严重社会影响的，不但要严肃追究当事人的责任，还要追究相关领导的责任。对典型案件要公开曝光，充分发挥案件查处的警示和震慑作用。

全国治理教育乱收费部际联席会议将适时通报2010年专项督查发现问题的整改情况，并继续组织对部分省（区、市）治理工作开展专项督查。

教育部　财政部关于实施幼儿教师国家级培训计划的通知

（2011年9月5日）

各省、自治区、直辖市教育厅（教委）、财政厅（局），新疆生产建设兵团教育局、财务局：

为贯彻落实《国务院关于当前发展学前教育的若干意见》（国发〔2010〕41号）和《财政部　教育部关于加大财政投入支持学前教育发展的通知》（财教〔2011〕405号）精神，加强农村幼儿教师队伍建设，提高农村幼儿教师素质，教育部、财政部决定从2011年起，实施“幼儿教师国家级培训计划”，所需经费由中央财政安排专项资金予以支持。现将有关事宜通知如下。

一、培训对象

中西部地区农村公办幼儿园（含部门、集体办幼儿园）和普惠性民办幼儿园园长、骨干教师、转岗教师。

二、培训项目

（一）农村幼儿教师短期集中培训

组织农村幼儿园骨干教师到省域内外高水平师范院校、综合大学、幼儿师范专科学校和教师培训机构进行短期集中培训，促进幼儿教师更新教育观念，着力解决幼儿教师在教育中面临的实际问题，提高幼儿教师的教育水平和专业能力。

——培训对象为农村幼儿园骨干教师。要重视新办幼儿园和民办幼儿园教师培训。

——要针对幼儿教育实践性、操作性强的特点，以“参与式”培训为主，以问题为中心，案例为载体，将专题学习与案例研讨相结合，同时辅以观摩考察、在岗实践等多种方式，增强培训的针对性和实效性。

（二）农村幼儿园“转岗教师”培训

充分利用省域内外高水平师范院校、综合大学、幼儿师范专科学校、幼儿师范学校和教师培训机构，充分发挥县级教师培训机构的组织管理作用，采取集中培训、“送培到县”、“送教上门”、远程培训等多种方式对农村幼儿园“转岗教师”进行120学时的岗位适应性培训。

——培训对象为农村幼儿园新入职的未从事过学前教育工作的“转岗教师”和非学前教育专业的高校毕业生。

——培训围绕贯彻落实《幼儿园教育指导纲要》，帮助“转岗教师”树立学前教育专业思想，掌握学前教育基本技能和方法，提高教育能力和水平。

（三）农村幼儿园骨干教师置换脱产研修

组织高年级学前教育专业师范生、城镇幼儿园教师到农村幼儿园顶岗实习支教，置换出农村幼儿园骨干教师到高水平院校、幼儿师范专科学校和城市优质幼儿园进行为期3个月左右的脱产研修，全面提高骨干教师教育水平、专业能力和培训能力，为中西部农村培养一批在促进学前教育发展，开展幼儿教师培训中发挥辐射带头作用的“种子”，促进幼儿教师教育改革。

——培训对象为农村幼儿园具有良好发展潜力的骨干教师，年龄原则上不超过45周岁。

——采取院校集中

研修与优质幼儿园“影子教师”相结合的方式，采用小班化教学，注重采用专家引领、课题研究、跟岗实践、参与体验、返岗实践等培训方式，倡导“双导师制”（为学员配备高校专家和一线优秀教师进行指导），为教师提供多样化、个性化的培训课程。“影子教师”培训时间原则上不少于总时间的三分之一。

三、组织实施

教育部、财政部负责“幼儿教师国家级培训计划”的总体规划和统筹管理，组织审核各省（区、市）培训计划，组织检查和评估各省项目工作。财政部、教育部根据中西部省份农村幼儿教师人数、“国培计划”实施绩效、财力状况等因素下达专项资金预算数。各省根据预算数和中央有关要求，制定本地区项目实施方案，报教育部、财政部评审后组织实施。

各省要按照《教育部　财政部关于实施“中小学教师国家级培训计划”的通知》（教师〔2010〕4号）总体要求和相关规定，加强项目实施的组织领导，认真做好项目规划、方案研制、招投标、培训资源整合、经费管理和项目监管等各项工作，确保项目实施的高质量和高水平。

中共教育部党组关于教育战线学习贯彻胡锦涛总书记在庆祝清华大学建校100周年大会上重要讲话精神的通知

（2011年4月25日）

各省、自治区、直辖市党委教育工作部门、教育厅（教委），新疆生产建设兵团教育局，有关部门（单位）教育司（局），部属各高等学校党委：

4月24日，中共中央总书记、国家主席、中央军委主席胡锦涛在庆祝清华大学建校100周年大会上发表了重要讲话。胡锦涛总书记代表党中央、国务院，对百年清华取得的显著成绩给予了高度肯定，对高等教育发展提出了明确要求，对青年学生和广大教师提出了殷切希望。这是胡锦涛总书记继去年7月13日在全国教育工作会议上重要讲话、今年2月21日在中央政治局第26次集体学习重要讲话之后关于教育工作的又一篇重要讲话，是推动教育事业特别是高等教育科学发展的纲领性文献。教育战线要认真学习，深刻领会，全面贯彻落实胡锦涛总书记重要讲话精神。现就有关要求通知如下。

一、深刻领会讲话精神，充分认识学习贯彻讲话的重要意义

胡锦涛总书记的重要讲话以回顾总结清华大学百年史以及中国革命、建设、改革历史为切入点，深刻论述了实施科教兴国战略和人才强国战略的重要意义，深刻论述了教育特别是高等教育在国家发展中的重要地位和作用，深刻论述了全面提高高等教育质量的内涵和要求，进一步回答了“培养什么人，怎样培养人”和“办什么样的大学，怎样办好大学”这两个根本问题。讲话强调指出，坚持解放思想、实事求是、与时俱进，坚持以实现国家富强、民族振兴、人类进步为己任，坚持正确办学方向，坚持以人为本，遵循高等教育规律，全面实施素质教育，不断推进改革创新，我们的大学就能获得事业发展的强大动力，就能源源不断培养出德才兼备的优秀人才。明确指出全面提高高等教育质量，必须大力提升人才培养水平，必须大力增强科学研究能力，必须大力服务经济社会发展，必须大力推进文化传承创新。希望同学们把文化知识学习和思想品德修养紧密结合起来，把创新思维和社会实践紧密结合起来，把全面发展和个性发展紧密结合起来。希望广大高校教师切实肩负起立德树人、教书育人的光荣职责。

胡锦涛总书记的重要讲话高屋建瓴，内涵深

刻，意义深远，鼓舞人心，为推进新时期我国教育事业特别是高等教育事业改革发展进一步指明了方向，充分表明了党和政府坚定不移地建设教育强国的信心和决心；为广大青年学生健康成长成才指明了正确的道路，集中体现了党和政府对教育事业的高度重视，对青年学生和广大教师的亲切关怀。胡锦涛总书记的重要讲话，是全面落实教育规划纲要新的动员令，为全面推动教育事业科学发展明确了新的目标，提供了新的动力。教育战线要把学习贯彻胡锦涛总书记重要讲话精神作为当前和今后一个时期的重要任务切实抓紧抓好，全面落实教育规划纲要，深入实施“十二五”规划，努力办好人民满意的教育，为建设人力资源强国、培养德智体美全面发展的社会主义建设者和接班人作出更大贡献。

二、全面落实讲话精神，大力推进教育事业科学发展

各地各校要全面落实胡锦涛总书记对教育提出的新要求，特别是要结合对全面提高高等教育质量提出的“四个大力”的要求，对全国青年学生提出的“三个紧密结合”的希望，制定切实可行、扎实有力的措施和办法，做到条条有落实、重点有突破，把总书记的讲话精神转化为正确的办学方向、办学理念、发展思路和改革措施，落实到学校工作的各个方面，整体推进包括高等教育在内的各级各类教育科学发展。

1. 全面提高高等教育质量。各地各校要把提高质量作为教育改革发展最核心最紧迫的任务，始终贯穿高校人才培养、科学研究、社会服务、文化传承创新各项工作之中，切实树立起科学的质量观，大力提升人才培养水平，大力增强科学研究能力，大力服务经济社会发展，大力推进文化传承创新。要以重点学科建设为基础，以体制机制改革为重点，以创新能力提高为突破，抓好新一轮“985工程”建设与改革，深入实施“211工程”和“特色重点学科项目”，加快推进创建世界一流大学和高水平大学的步伐。要深入实施“高等学校本科教学质量和教学改革工程”、“研究生教育创新计划”和“高等学校自主创新工程”，启动实施“中西部高等教育振兴计划”，实施“高等学校基础学科拔尖学生培养实施计划”、“卓越工程师教育培养计划”，启动实施“卓越医生教育培养计划”、“卓越法律人才教育培养计划”。要深化教育质量问题调查研究，建立健全适合中国国情、具有国际视野的教育质量标准。要健全高等教育质量评价体系，出台高等学校本科教学评估新方案，加强分类评价、分类管理、分类指导。要加强教育教学质量监管监测，创造条件发布有关教育教学质量年度报告。要积极推动协同创新，鼓励高等学校同科研机构、行业企业开展深度合作，加强产学研用结合。

2. 积极引领青年学生健康成长成才。各地各校要积极引导青年学生把胡锦涛总书记的三点希望转化为成长成才过程中的自觉行动和追求。要把立德树人作为教育的根本任务，坚持不懈地加强和改进学生思想政治教育工作，把社会主义核心价值体系融入国民教育全过程，推动中国特色社会主义理论体系进教材、进课堂、进头脑，引导学生形成正确的世界观、人生观、价值观。要强化实践教育环节，加大实践教学投入，进一步加强国家级大学生实践教学基地建设，引导学生在投身实践中不断提高实践能力和创新能力。今年要重点组织好“永远跟党走”主题暑期社会实践活动。要正确处理好引领学生全面发展和支持学生个性发展的关系，鼓励学生在正确处理个人、集体、社会关系的基础上保持个性、彰显本色，促进学生思想道德素质、科学文化素质和健康素质协调发展，成为可堪大用、能负重任的栋梁之材。

3. 努力建设高素质专业化教师队伍。各地各校要把加强教师队伍建设作为教育事业发展最重要的基础工作来抓，引导教师以高尚师德、人格魅力、学识风范教育感染学生，做青年学生健康成长的指导者和引路人。要制定高等学校教师职业道德规范，深入贯彻中小学教师职业道德规范，进一步加强师德、师风建设。要组织实施教师资格考试改革和定期注册试点，建立国标、省考、县聘、校用的中小学教师职业准入和管理制度。要进一步建立健全教师激励机制、评估机制和保障机制，继续做好“教学名师奖”评选表彰工作。要进一步加强教师特别是中青年教师的培养培训工作。要全面实施教育人才规划，实施高素质教育人才培养工程和高校高层次创新人才计划，推动人才强教、人才强校。要积极主动地争取各级党委政府以及社会各界对教育工作的关心和支持，共同为广大教师办实事、办好事、解难事，提高教师地位，改善教师待遇，关心教师健康，形成更加浓厚的尊师重教社会风尚，使教师成为最受社会尊重的职业，努力建设一支师德高尚、业务精湛、结构合理、充满活力的高素质专业化教师队伍。

三、深入宣传讲话精神，迅速掀起学习贯彻讲话的热潮

当前，各地各校要把学习宣传、贯彻落实胡锦涛总书记重要讲话精神，与全面落实教育规划纲要结合起来，与做好“十二五”事业发展规划编制工作结合起来，与深入开展创先争优活动结合起来，与切实加强政风行风学风建设结合起来，与隆重纪念中国共产党成立90周年结合起来。要精心组织、周密部署、系统安排，制订切实可行的学习宣传方案，迅速掀起学习贯彻胡锦涛总书记重要讲话精神的热潮。要通过报刊、广播、电视、网络等各类媒体，通过学习培训、座谈研讨、专家解读等多种形式，广泛开展学习宣传，使每一位教育工作者和学校干部师生都能够全面了解、深入领会和准确把握讲话的精神实质，进一步统一思想、凝心聚力。各级领导干部尤其要学在前面、用在前面，切实发挥模范带头作用。要形成学习宣传胡锦涛总书记重要讲话精神的强大声势，进一步营造重视、关心、参与和支持教育改革发展的良好氛围。

各地各校学习贯彻胡锦涛总书记重要讲话精神的有关情况，请及时报告我部。

中共教育部党组关于围绕纪念建党90周年在各级各类学校深入开展“永远跟党走”主题教育活动的通知

（2011年3月25日）

各省、自治区、直辖市党委教育工作部门、教育厅（教委），新疆生产建设兵团教育局，有关部门（单位）教育司（局），教育部直属各高等学校党委：

今年是中国共产党成立90周年，组织开展纪念中国共产党成立90周年活动，是党和国家政治生活中的一件大事。为贯彻落实中央关于中国共产党成立90周年纪念活动有关通知精神，经研究决定，在各级各类学校深入开展“永远跟党走”主题教育活动。现将有关事项通知如下。

一、指导思想

全面贯彻党的十七大和十七届一中、二中、三中、四中、五中全会精神，高举中国特色社会主义伟大旗帜，以马克思列宁主义、毛泽东思想、邓小平理论和“三个代表”重要思想为指导，深入贯彻落实科学发展观，紧密围绕中国共产党成立90年来的光辉历程，大力宣传党的光荣历史和丰功伟绩，充分展示各个时期各条战线特别是教育战线基层党组织和广大党员在革命、建设、改革中作出的突出贡献，教育引导师生深刻认识历史和人民是怎样选择了中国共产党、选择了社会主义道路、选择了改革开放，深刻理解中国特色社会主义理论体系是马克思主义中国化最新成果，深刻懂得党的建设是党领导的伟大事业不断取得胜利的重要法宝，进一步加深师生对党的感情、对祖国的热爱，进一步唱响共产党好、社会主义好、改革开放好、伟大祖国好、各族人民好的时代主旋律，进一步激励师生更加紧密地团结在以胡锦涛同志为总书记的党中央周围，勤奋工作，刻苦学习，意气风发地投身教育改革发展和社会主义现代化建设，为全面落实教育规划纲要、办好人民满意的教育、建设人力资源强国，为夺取全面建设小康社会新胜利、实现中华民族伟大复兴而不懈奋斗。

二、活动内容

1. 深入开展党史学习和理论研讨活动。深入开展党史学习教育活动，把《中国共产党历史》第一卷和第二卷、《中国共产党简史》等作为基本学习教材，把《青少年学习中共党史丛书》等作为基本读物，引导师生学党史、知党情。深入开展党的重大理论和实践问题研究，召开高校纪念建党90周年理论研讨会、高校党的建设创新发展学术研讨会，编写出版《高校纪念中国共产党成立90周年论文集》、《高校党的建设研究》、《中国共产党教育工作史》系列丛书，在《中国教育报》等报刊媒体上开辟“建党90周年”专栏、高校党建专版，重点推出一批高水平理论文章，集中推出一批党史党建研究学术精品。各地各学校要发挥课堂教学主渠道作用，邀请各级党政领导等为师生作形势政策报告，通过报告会、学习讨论会、发放学习资料、制作宣传图片等形式，加强党史国情教育，让师生受教育、获教益。

2. 深入开展主题突出、特色鲜明的教育活动。紧密围绕“永远跟党走”这一教育主题，与“五一”、“十一”等重大节日和青年节、儿童节、教师节等有师生特色的节日活动结合起来，与开展第八个“中小学弘扬和培育民族精神月”、全国中等职业学校“文明风采”竞赛、《开学第一课》等活动结合起来，与校园文化建设、学生党团组织建设、班级建设等结合起来，突出活动的针对性，找准活动的切入点，把握活动的关键处，深入开展各种形式主题教育活动。各地各学校要按照中央和教育部党组的统一部署，紧密围绕活动主题，精心设计活动载体，大力开展主题党团日、主题班（队）会活动和座谈交流、知识竞赛、演讲诵读、诗歌创作、书画征文、参观展览等主题教育活动，形成声势，兴起热潮，持续推进，将主题教育活动不断引向深入。

3. 深入开展具有较高思想水平、艺术水准的大型文艺活动。与中央宣传部、共青团中央联合举办“五月的鲜花——永远跟党走”全国大学生校园文艺演出，与中央宣传部、中央文明办等部门联合举办“童心向党”歌咏活动，组织开展好“红歌嘹亮”大型艺术巡演、“党在我心中”歌咏活动等文艺汇演。开展“中华诵·颂歌献给党”红色经典专场朗诵会、“正气歌”廉洁教育大型情景朗诵主题晚会等诗文朗诵活动。播出《为了新中国》、《新中国教育纪实（续集）》、《星空》等系列电视纪录片，推出《红色摇篮》、《党史故事》、《党史相册》、《党员家庭》等百集系列报道。开展“纪念中国共产党成立90周年大型网络体验活动——共建1921创意空间”。组织做好“红色脉动：党旗飘扬在教育高地——迎接建党90周年全国教育系统党建风采宣传展示”活动。各地各学校要根据中央和教育部党组的活动安排，结合实际情况开展文艺晚会、诗歌朗诵、红色歌舞、情景剧等多种文艺活动，打好组合拳，唱响主旋律，将主题教育活动推向高潮。

4. 深入开展学习宣传先进典型活动。“七一”前后表彰一批教育系统先进基层党组织、优秀共产党员、优秀党务工作者，推出“创先争优群英谱”，大力开展“教书育人先锋岗”、“科研攻关创新岗”、“管理服务示范岗”争创活动。举办2011年大学毕业生建功立业先进事迹报告团巡讲活动，开展中国大学生年度人物、高校辅导员年度人物推选及宣传活动，推荐优秀师生参评第三届全国道德模范，树立一批教育系统先进典型。继续做好首届教书育人楷模每月一星学习宣传活动，启动开展第二届教书育人楷模评选宣传活动。组织做好第27个教师节和第六届高校教学名师奖相关工作，集中宣传一批爱岗敬业、教书育人、改革创新、甘于奉献的优秀教师和教育工作者，激励师生在学典型中当典型，在当典型中树楷模。

5. 深入开展主题社会实践和志愿服务活动。开展“永远跟党走”大学生暑期主题社会实践活动，引导师生深入基层、深入农村，感受家乡和人民生活发生的巨大变化，在实践中进一步坚定跟党走中国特色社会主义道路的信心和决心。组织开展科教、文体、法律、卫生等大学生志愿服务和社会公益活动，引导学生把对党的热爱，化作关爱家庭和他人、奉献社会和祖国的实际行动。按照就近、就便的原则，组织学生到爱国主义教育基地、博物馆、纪念馆、党史展览馆、烈士陵园等场所参观学习，大力开展走访老红军、老革命、烈士亲属活动，缅怀革命先烈，珍惜来之不易的幸福生活。

三、活动要求

1. 围绕主题，系统谋划，推动工作。各地各学校要紧密围绕纪念建党90周年活动主题，把主题教育活动与中央的总体部署、与落实教育规划纲要、与教育系统创先争优活动有机结合起来，全面考虑，突出特色，使开展主题教育活动与推动学校中心工作、深化教育改革发展相协调、互促进。

2. 结合实际，创新形式，注重实效。各地各学校要根据教育部党组的统一部署，充分调动师生的积极性、主动性和创造性，认真组织师生参加各类庆祝活动，扩大活动的覆盖面和师生的参与面，提高活动的思想性和艺术性，增强活动的吸引力和感染力，使开展主题教育活动成为加强师生思想政治教育的过程，成为激发师生投身教育改革发展的过程，成为号召师生为实现中华民族伟大复兴贡献力量的过程。

3. 加大宣传，把握导向，营造氛围。各地各学校要通过校报校刊、广播电视、校园网络、橱窗板报等校内媒体，牢牢把握正确导向，坚持弘扬主旋律，集中展示90年来中国共产党团结带领各族人民谱写中华民族自强不息壮丽凯歌的光辉历程，集中反映教育系统开展庆祝活动的盛景盛况，集中体现师生爱党爱国、朝气蓬勃、昂扬向上的精神风貌，增强宣传报道的针对性和实效性，为主题教育活动创造良好的舆论环境。

4. 加强领导，厉行节俭，扎实推进。各地各学校要高度重视，加强领导，精心设计方案，认真组织实施，将主题教育活动贯穿全年工作始终，分阶段分步骤扎实推进。活动既要喜庆热烈，又要厉行节俭，既要广泛参与，又要安全有序。要重点做好主题教育活动的各项预案工作，做到措施到位、责任到位、落实到位、安全到位，全力维护校园的安全、稳定、和谐，切实保证主题教育活动的顺利开展。

各地各学校开展主题教育活动的情况请及时报我部。

教育部关于实施卓越工程师教育培养计划的若干意见

（2011年1月8日）

各省、自治区、直辖市教育厅（教委），计划单列市教育局，新疆生产建设兵团教育局，有关部门（单位）教育司（局），部属各高等学校：

卓越工程师教育培养计划（以下简称卓越计划）是为贯彻落实党的十七大提出的走中国特色新型工业化道路、建设创新型国家、建设人力资源强国等战略部署，贯彻落实《国家中长期教育改革和发展规划纲要（2010—2020年）》实施的高等教育重大计划。卓越计划对高等教育面向社会需求培养人才，调整人才培养结构，提高人才培养质量，推动教育教学改革，增强毕业生就业能力具有十分重要的示范和引导作用。为实施好卓越计划，特提出以下意见。

一、卓越工程师教育培养计划的指导思想、主要目标、基本原则和实施领域

1. 指导思想。

以邓小平理论和“三个代表”重要思想为指导，深入贯彻落实科学发展观，全面贯彻党的教育方针。全面落实党的十七大关于走中国特色新型工业化道路、建设创新型国家、建设人力资源强国等战略部署。全面落实加快转变经济发展方式，推动产业结构优化升级和优化教育结构，提高高等教育质量等战略举措。

贯彻落实《国家中长期教育改革和发展规划纲要（2010—2020年）》的精神，树立全面发展和多样化的人才观念，树立主动服务国家战略要求、主动服务行业企业需求的观念。改革和创新工程教育人才培养模式，创立高校与行业企业联合培养人才的新机制，着力提高学生服务国家和人民的社会责任感、勇于探索的创新精神和善于解决问题的实践能力。

2. 主要目标。

面向工业界、面向世界、面向未来，培养造就一大批创新能力强、适应经济社会发展需要的高质量各类型工程技术人才，为建设创新型国家、实现工业化和现代化奠定坚实的人力资源优势，增强我国的核心竞争力和综合国力。

以实施卓越计划为突破口，促进工程教育改革和创新，全面提高我国工程教育人才培养质量，努力建设具有世界先进水平、中国特色的社会主义现代高等工程教育体系，促进我国从工程教育大国走向工程教育强国。

3. 基本原则。

遵循“行业指导、校企合作、分类实施、形式多样”的原则。联合有关部门和单位制定相关的配套支持政策，提出行业领域人才培养需求，指导高校和企业在本行业领域实施卓越计划。支持不同类型的高校参与卓越计划，高校在工程型人才培养类型上各有侧重。参与卓越计划的高校和企业通过校企合作途径联合培养人才，要充分考虑行业的多样性和对工程型人才需求的多样性，采取多种方式培养工程师后备人才。

4. 实施领域。

卓越计划实施的专业包括传统产业和战略性新兴产业的相关专业。要特别重视国家产业结构调整和发展战略性新兴产业的人才需求，适度超前培养人才。

卓越计划实施的层次包括工科的本科生、硕士研究生、博士研究生三个层次，培养现场工程师、设计开发工程师和研究型工程师等多种类型的工程师后备人才。

二、加强卓越工程师教育培养计划的组织管理

5. 我部联合有关部门成立卓越工程师教育培养计划委员会，主要负责卓越计划重要政策措施的协调、制定和决策，重要问题的协商解决，领导卓越计划的组织实施工作。委员会办公室设在我部高等教育司，承担委员会的日常工作，负责卓越计划工作方案的拟订，协调行业企业和相关专家组织参与卓越计划，具体组织卓越计划实施工作。

6. 我部联合中国工程院成立卓越工程师教育培养计划专家委员会，总体指导卓越计划的规划和实施工作，负责卓越计划方案的论证。

7. 我部成立教育部卓越工程师教育培养计划专家工作组，负责卓越计划实施工作的研究、规划、指导、评价，负责参与高校工作方案和专业培养方案的论证。

8. 我部联合行业部门成立行业卓越工程师教育培养计划工作组、专家组，负责行业内卓越计划实施工作的研究、规划、指导、评价，制订本行业内具体专业的行业专业标准，负责参与高校专业培养方案的论证。

9. 制订卓越计划培养标准。为满足工业界对工程人员职业资格要求，遵循工程型人才培养规律，制订“卓越计划”人才培养标准。培养标准分为通用标准和行业专业标准。其中，通用标准规定各类工程型人才培养都应达到的基本要求；行业专业标准依据通用标准的要求制订，规定行业领域内具体专业的工程型人才培养应达到的基本要求。培养标准要有利于促进学生的全面发展，促进创新精神和实践能力的培养，促进工程型人才人文素质的养成。

10. 建立工程实践教育中心。鼓励参与卓越计划的企业建立工程实践教育中心，承担学生到企业学习阶段的培养任务。我部联合有关部门和单位对参与企业建立的工程实践教育中心，择优认定为国家级工程实践教育中心，鼓励省级人民政府择优认定一批省级工程实践教育中心，给予企业一定的支持。

11. 开展卓越计划质量评价。卓越计划高校的培养标准和培养方案要主动向社会公开，面向社会提供信息服务并接受社会监督。我部联合行业部门或行业协（学）会，对卓越计划高校的培养方案和实施过程进行指导和检查。建立卓越计划质量评价体系，参照国际通行做法，按照国际标准对参与专业

进行质量评价。评价不合格的专业要退出卓越计划。

三、高校卓越工程师教育培养计划的组织实施

12. 高校自愿提出加入卓越计划的申请。专家工作组对高校工作方案及专业培养方案进行论证，我部根据论证意见批准参与卓越计划的高校资格。卓越计划高校每年均可提出新参加卓越计划专业的申请，由行业专家组对专业培养方案进行论证，我部根据论证意见批准新增专业。我部每年公布一次卓越计划专业名单。

13. 高校制定卓越计划的本校标准体系。卓越计划高校结合本校的办学定位、人才培养目标、服务面向和办学优势与特色等，选择本校参加卓越计划的专业领域和人才培养层次，并按照通用标准和行业专业标准，建立本校的培养标准体系。卓越计划高校应制定本校工程型人才培养学位授予实施细则。

14. 鼓励卓越计划学生来源的多样性。参与卓越计划的学生，可从校内各专业、各年级中遴选，举办普通专科起点升本科教育的参与高校也可少量招收基础扎实、实践能力强的高职学生。

15. 大力改革课程体系和教学形式。依据本校卓越计划培养标准，遵循工程的集成与创新特征，以强化工程实践能力、工程设计能力与工程创新能力为核心，重构课程体系和教学内容。加强跨专业、跨学科的复合型人才培养。着力推动基于问题的学习、基于项目的学习、基于案例的学习等多种研究性学习方法，加强学生创新能力训练，“真刀真枪”做毕业设计。

16. 创立高校和企业联合培养机制。高校和企业联合培养人才机制的内涵是共同制订培养目标、共同建设课程体系和教学内容、共同实施培养过程、共同评价培养质量。本科及以上层次学生要有一年左右的时间在企业学习，学习企业的先进技术和先进企业文化，深入开展工程实践活动，参与企业技术创新和工程开发，培养学生的职业精神和职业道德。

17. 建设高水平工程教育师资队伍。卓越计划高校要建设一支具有一定工程经历的高水平专、兼职教师队伍。专职教师要具备工程实践经历，其中部分教师要具备一定年限的企业工作经历。卓越计划高校要有计划地选送教师到企业工程岗位工作1—2年，积累工程实践经验。要从企业聘请具有丰富工程实践经验的工程技术人员和管理人员担任兼职教师，承担专业课程教学任务；或担任本科生、研究生的联合导师，承担培养学生、指导毕业设计等任务。改革教师职务聘任、考核和培训制度，对工程类学科专业教师的职务聘任与考核从侧重评价理论研究和发表论文为主，转向评价工程项目设计、专利、产学合作和技术服务等方面为主。

18. 积极推进卓越计划学生的国际化培养。卓越计划高校要积极引进国外先进的工程教育资源和高水平的工程教师，要积极组织学生参与国际交流、到海外企业实习，拓展学生的国际视野，提升学生跨文化交流、合作能力和参与国际竞争能力。支持高水平的中外合作工程教育项目，鼓励有条件的参与高校使用多语种培养熟悉外国文化、法律和标准的国际化工程师。积极采取措施招收更多的外国留学生来华接受工程教育。

19. 高校要积极推动工程教育向基础教育阶段延伸。要为中学培养懂得工程技术的教师，帮助中学开设工程技术选修课程，利用通用技术、综合实践活动等课程，开展工程技术的教育，培养中学生的动手能力和实践能力，提升学生的技术素质和工程设计的意识。到中学选拔热爱工程技术的学生，参与高校组织的工程实践活动。

20. 高校要为本校卓越计划提供专项资金。卓越计划高校要多渠道筹措经费，加大对参与专业的经费投入，资助教学改革、课程建设、教材建设、师资培训、校企联合培养、国际化培养、实训实习等费用。

四、企业卓越工程师教育培养计划的组织实施

21. 建立工程实践教育中心。工程实践教育中心应由企业主要管理人员负责，其任务是与高校共同制订培养目标、共同建设课程体系和教学内容，共同实施培养过程，共同评价培养质量；承担学生在企业学习期间的各项管理工作。

22. 参与卓越计划企业要配备经验丰富的工程师担任学生在企业学习阶段的指导教师，高级工程师应为学生开设专业课程。卓越计划企业应根据校企联合培养方案，落实学生在企业学习期间的各项教学安排，提供实训、实习的场所与设备，安排学生实际动手操作。在条件允许的情况下，接收学生

参与企业技术创新和工程开发。

23. 卓越计划企业要与高校共同安排好学生在企业学习期间的生活，提供充分的安全保护与劳动保护设备，并对学生进行专门的安全、保密、知识产权保护等教育。

五、卓越工程师教育培养计划教育部支持政策

24. 我部对具有开展推免生工作资格的高校，在推荐生名额安排上重点支持专业学位的发展。各有关高等学校要向工程硕士专业倾斜，优先保证实施卓越计划所需的优秀生源。卓越计划高校可实行灵活的学籍管理，获得免试推荐研究生资格的学生可以保留入学资格1—2年，到企业实习或就业，再继续研究生阶段学习。

25. 我部支持高校按照实施卓越计划的需求，改革工程类学科专业教师入职标准及职务聘任、考核和培训的相关办法。

26. 卓越计划高校申请新设战略性新兴产业相关专业予以优先支持。

27. 优先支持卓越计划高校参与专业的学生国际合作交流，包括公派出国留学、进修、实习、交换学生等；优先支持卓越计划高校参与专业青年骨干教师出国到跨国公司研修；中国政府奖学金项目优先资助外国学生来华接受参与高校的工程教育；按照有关规定适度增加卓越计划高校自主招收中国政府奖学金生名额；对具备条件的参与高校申请中外合作工程教育项目予以优先支持。

28. 我部支持卓越计划企业的工程师继续教育。支持卓越计划企业开展在职工程师培训，提高在职工程师的理论水平，协助企业掌握新技术、新装备。支持设立国家级和省级工程实践教育中心的企业提升在职工程师学历层次，在职工程师参加硕士学位研究生考试或博士学位研究生考试，同等条件下优先录取；在职工程师参加在职攻读工程硕士专业学位研究生联考，在有关政策上给予倾斜支持。设立国家级和省级工程实践教育中心企业可委托具有博士招生资格的卓越计划高校在职培养博士层次的工程人才，我部对受托高校为企业培养研究生层次工程人才，在研究生招生计划安排上给予支持。

29. 参与企业依据高校、企业、学生三方签订的联合培养协议，可以享有优先聘用权。

卓越计划实施期限为2010—2020年，各参与高校和参与企业要积极努力实施卓越计划，并将实施过程中发现的重要问题和解决问题的政策建议及时报告我部。我部制订的工程教育相关政策对卓越计划高校予以优先支持。卓越计划高校可按照现行管理体制向我部有关司局提出获得相关政策支持的申请。各地应根据本地区的实际情况，研究制定相关政策，鼓励本地企业参与卓越计划，并对本地参与卓越计划的高校予以重点支持。

教育部关于印发《全国教育人才发展中长期规划（2010—2020年）》的通知

（2011年1月14日）

各省、自治区、直辖市教育厅（教委），新疆生产建设兵团教育局，有关部门（单位）教育司（局），部属各高等学校：

现将《全国教育人才发展中长期规划（2010—2020年）》（简称《教育人才规划》）印发给你们，请结合实际认真贯彻执行。

教育人才是培养人才的人才，是国家人才队伍的重要组成部分。制定并实施《教育人才规划》，坚持走人才强教、人才强校之路，建设高素质教育人才队伍，对于加快人才资源开发，全面推动教育事业科学发展，办好人民满意的教育，建设人力资源强国、人才强国和创新型国家具有重大意义。

各级教育行政部门和各级各类学校要高度重视，把教育人才摆在优先发展的战略地位，切实加强对《教育人才规划》实施工作的组织领导，广泛组织开展学习活动，深刻理解教育人才工作的总体要求、战略目标、主要任务、重大项目、体制机制改革和政策措施，进一步增强做好教育人才工作的责任感、紧迫感和使命感。要加强统筹协调，细化政策措施，加大资金投入，有力有序推进《教育人才规划》的组织实施。要广泛开展宣传活动，动员全社会力量关心、支持、帮助教育人才工作。要建立健全工作责任制，实行目标管理，严格督查考核，切实把《教育人才规划》提出的各项任务落到实处。

附件：

全国教育人才发展中长期规划（2010—2020年）

为建设高素质教育人才队伍，根据《国家中长期人才发展规划纲要（2010—2020年）》（以下简称《人才规划纲要》）和《国家中长期教育改革和发展规划纲要（2010—2020年）》（以下简称《教育规划纲要》），特制定本规划。

序言

教育人才是教育事业科学发展的第一资源，是国家人才队伍的重要组成部分，在建设人力资源强国、人才强国和创新型国家中处于十分关键的战略地位。党和国家历来高度重视教育人才工作，经过新中国成立以来特别是改革开放以来的大力建设，我国已经形成了规模居世界前列的教育人才队伍，基本满足了我国教育事业发展需要，支撑起了世界上最大规模的教育体系，为我国成为人力资源大国作出了重要贡献。

站在新的历史起点上，我国正在从人力资源大国向人力资源强国、从教育大国向教育强国迈进。必须清醒地看到，我国教育人才总体上还不能适应建设人力资源强国、人才强国和创新型国家的新要求，同世界先进国家相比还存在较大差距。主要是：人才队伍整体素质亟待提高，学科领军人才、教学名师、优秀的学校领导者和管理者比较匮乏，人才国际竞争力仍然不强，人才结构和分布不尽合理，制约人才发展的体制机制障碍尚未完全消除。

教育是强国之基，人才是强教之本。面向现代化、面向世界、面向未来，必须切实增强紧迫感、危机感、责任感、使命感，把加强教育人才队伍建设作为更好地实施科教兴国战略和人才强国战略的重要基础性工程，作为推动教育事业科学发展的根本举措，坚定不移地走人才强教、人才强校之路，科学规划，改革创新，整体推进，重点突破，不断开创教育人才队伍建设新局面。

一、总体要求和战略目标

（一）总体要求。

高举中国特色社会主义伟大旗帜，以邓小平理论和“三个代表”重要思想为指导，深入贯彻落实科学发展观，坚持党管人才原则，尊重劳动、尊重知识、尊重人才、尊重创造，认真贯彻《人才规划纲要》“服务发展、人才优先、以用为本、创新机制、高端引领、整体开发”的指导方针和《教育规划纲要》“优先发展、育人为本、改革创新、促进公平、提高质量”的工作方针，遵循教育规律和教育人才成长规律，建设高素质教育人才队伍，为推动教育事业科学发展提供坚强有力的人才保证。

坚持教育人才优先发展，在教育事业发展中优先开发教育人才资源、优先调整教育人才结构、优先保证教育人才投资、优先创新教育人才制度；坚持服务教育改革发展大局，建设一支支撑和引领教育事业科学发展的高素质专业化教育人才队伍；坚持高端引领，加强高层次人才队伍建设，提高教育人才队伍整体素质；坚持育引并举，立足国内自主培养教育人才，大力引进海外优秀人才；坚持改革创新，构建有利于教育人才发展的制度环境，最大限度地激发教育人才的创造活力。

（二）战略目标。

到 2020 年，培养和造就一支品德高尚、业务精湛、结构合理、充满活力的高素质、专业化、创新型教育人才队伍。

——总量满足发展需要。到 2020 年，各级各类学校人才总量达 2 160 万人，其中专任教师 1 800万人，管理人员和教辅人员 360 万人。继续教育和民办教育教师满足办学的需要。

各级各类学校人才发展主要目标

单位：万人

指标	2009 年	2012 年	2015 年	2020 年
学前教育				
人才总数	125	176	300	472
其中：专任教师数	99	135	210	300
九年义务教育				
人才总数	986	1 009	1 034	1 073
其中：专任教师数	914	938	962	999
高中阶段教育*				
人才总数	275	295	306	365
其中：专任教师数	236	253	264	315
职业教育				
中等职业学校人才总数	110	130	142	181
其中：专任教师数	87	104	115	148
高等职业学校人才总数	53	77	89	109
其中：专任教师数	40	59	69	86
高等教育**				
人才总数	185	211	227	249
其中：专任教师数	134	155	169	187

注：＊含中等职业学校；＊＊含高等职业学校。

——整体素质明显提高。教育人才思想政治素质和业务水平大幅提升。到 2020 年，幼儿园教师基本具备专科以上学历，普通中小学和中等职业学校教师基本具备本科以上学历，普通中学和中等职业学校教师中具有研究生学历的比例大幅度提高，高校教师基本具有硕士以上学位，高水平大学教师基本具有博士学位。中等职业学校新增“双师型”教师 42.6 万人，高校新增具有国际学术影响力的学科领军人才 2 000 人。

——布局结构趋于合理。教育人才分布趋于合理，专业素质和层级结构不断优化，教育人才结构与教育布局结构更趋协调。到 2020 年，中小学教师队伍结构符合中小学课程设置的要求，新增农村薄弱学科教师 50.8 万人；民族地区双语教师达到 10 万人；职业学校“双师型”教师占专业教师 60％，从事专业教学的专兼职教师比例达到 1∶1；高校新兴学科教师满足学科发展需要，学缘结构进一步优化。

——体制机制充满活力。教育人才发展体制机制创新取得突破性进展，教师法律法规比较完备，教育人才管理体制更加健全，富有效率、充满活力、更加开放、促进优秀人才脱颖而出的教育人事制度基本形成。

二、主要任务

（一）基础教育人才队伍。

以农村教师为重点，提高中小学教师队伍整体素质，加强管理人才和班主任队伍建设，着力建设一支适应全面实施素质教育和义务教育均衡发展需要的基础教育人才队伍。

1. 大力培养造就中小学名师和名校长。

启动中小学（含幼儿园，下同）名师和名校长培养计划。建立中小学名师和名校长每五年享受半年“学术休假”制度，进行高级研修。鼓励中小学教师和校长在教育教学实践中形成教学特色和办学风格。采取多种形式总结推广中小学名师、名校长的教育教学经验。加强和改进中小学特级教师的评选和管理工作。积极推进师范生免费教育，为培养优秀教师奠定坚实基础。

2. 重点建设农村中小学教师队伍。

以农村教师为重点，通过多种有效途径，有目的、有计划地对全国中小学教师进行分类、分层、分岗培训。对专科以下学历小学教师进行学历提高教育。继续实施“农村义务教育学校教师特设岗位计划”，鼓励各地实施地方特岗计划、“三支一扶”、大学生志愿服务西部计划，扩大实施农村学校教育硕士师资培养计划，吸引优秀人才到农村学校任教。加强农村中小学薄弱学科教师队伍建设，重点培养和补充一批革命老区、边疆地区、民族地区、贫困地区急需紧缺教师。

3. 加快培养幼儿教师、民族地区双语教师、特殊教育教师。

制订幼儿园教师配备标准，逐步配齐公办幼儿园教职工。依法落实幼儿教师地位和待遇，切实维护其工资、职称评聘和社会保障等权益。完善学前教育师资培养培训体系，办好幼儿师范院校和专业，加大幼儿教师培养力度。3 年内对 1 万名幼儿园园长和骨干教师进行国家级培训，各地在 5 年内对幼儿园园长和教师进行一轮全员培训。

选择一批高等师范院校建立民族地区双语教师培养培训基地。在民族地区师范院校开展双语师范生免费教育试点，加大实施民族地区双语特岗教师支持力度，开展对口支援。职务（职称）评聘、绩效工资分配、周转宿舍分配等向双语教师倾斜。对担任双语教师且服务期满的高校毕业生，按中央有关规定执行学费补偿和国家助学贷款代偿政策。

加强特殊教育教师队伍建设，采取措施落实特殊教育教师待遇。在优秀教师表彰中提高特殊教育教师比例。对特殊教育教师进行专业培训，提高教育教学水平。

4. 加强基础教育管理人才队伍建设。

加强学校管理人才思想政治教育和职业道德建设。推进学校领导班子思想政治建设。开展中小学校长全员培训，大力促进校长专业发展，全面提升中小学校长的办学治校能力和素养。新任中小学校长应做到持证上岗，任职资格培训时间不少于 300 学时，在任中小学校长 5 年内累计参加脱产培训时间不少于 240 学时。大力加强基础教育行政管理人才、学校管理人才和中青年后备干部队伍建设。

5. 重视中小学班主任队伍建设。

进一步落实《中小学班主任工作规定》，完善班主任聘任办法。班主任工作量按当地教师标准课时工作量的一半计入教师基本工作量。班主任津贴纳入绩效工资管理，在绩效工资分配中向班主任倾斜。对长期从事班主任工作或在班主任岗位上做出突出贡献的教师定期予以表彰奖励。完善班主任培训制度，继续开展国家级中小学班主任远程培训，推动地方积极开展班主任培训。

（二）职业教育人才队伍。

以“双师型”教师为重点，加强中等和高等职业学校教师队伍建设，统筹推进管理人才、实习实训指导教师、班主任队伍建设，着力建设一支适应培养高素质劳动者和技能型人才需要的职业教育人才队伍。

1. 重点建设职业学校“双师型”教师队伍。

加大职业院校教师培养培训力度，广泛开展以提高教师“双师”素质为重点的培训活动。依托相关高等学校和大中型企业，共建“双师型”教师培养培训基地。拓宽“双师型”教师来源渠道，聘任

（聘用）具有实践经验的专业技术人员、高技能人才以及具有特殊技能的能工巧匠担任专兼职教师，提高持有专业技术资格证书和职业资格证书教师比例。

2. 重视职业学校实习实训指导教师队伍建设。

大力开展职业学校实习实训指导教师培训。鼓励从行业、企业中聘请优秀人才担任职业学校实习实训指导教师，积极推进在企业中配置职业教育实习实训指导教师工作。结合各地实际，研究制定适应职业学校特点的教职工编制政策，使实习实训指导教师的配备适应职业教育发展的需要。

3. 推进职业教育管理人才队伍建设。

以校长队伍为重点，建设一支具有现代职业教育理念的高水平职业教育管理人才队伍。依托高水平大学、国家示范性职业院校和知名企业，大力开展职业学校管理人才培训研修。全面推行职业学校校长任职资格培训，落实校长持证上岗制度。重视职业教育行政管理人才和中青年后备干部队伍建设。

4. 加强职业学校班主任队伍建设。

贯彻落实《关于加强中等职业学校班主任工作的意见》，加强班主任队伍建设。每个班级必须配备一名班主任，根据需要配备助理班主任。学校内部绩效工资分配向班主任倾斜。教师高级岗位聘用应向优秀班主任倾斜。开展班主任培训。大力表彰奖励做出突出贡献的班主任。

（三）高等教育人才队伍。

以中青年教师和创新团队为重点，加强高校教师队伍建设，统筹推进管理人才、辅导员和教辅人员队伍建设，着力建设一支适应全面提高高等教育质量需要的高等教育人才队伍。

1. 培养集聚具有国际影响的学科领军人才。

积极参与实施“千人计划”，大力引进海外高层次人才。进一步做好做强“长江学者奖励计划”、“创新团队发展计划”等高层次人才计划，依托国家重大工程、重点学科和研究基地、重大科研项目以及国际学术交流合作，培养集聚一批具有国际影响的学科领军人才，培育一批跨学科、跨领域的科研与教学相结合的高水平创新团队。

积极参与马克思主义理论研究和建设工程、“文化名家工程”、“四个一批”人才培养工程，深入开展哲学社会科学教学科研骨干研修，着力培养造就一批马克思主义理论家特别是中青年理论家、一批高水平哲学社会科学人才，打造一支政治立场坚定、理论素养深厚的外向型哲学社会科学专家队伍。确立若干重点研究领域，培育并长期支持一批高水平哲学社会科学创新团队，推动形成哲学社会科学领域的中国学派。

2. 大力培育青年学术英才。

参与实施国家杰出青年科学基金、“青年千人计划”、“青年英才开发计划”。通过实施“高校哲学社会科学繁荣计划”、“新世纪优秀人才支持计划”、“高等学校青年骨干教师培养计划”，加大对青年学术英才的培养支持力度。组织青年人才到学科实力强的高校、科研院所或大型企业挂职锻炼、进修学习、访问研修或开展合作研究。构筑青年人才国际交流和竞争平台，提高国际化水平。

3. 加强高等教育管理人才队伍建设。

坚持德才兼备、以德为先用人标准，选拔任用高等学校领导干部。改革大学校长选拔办法，加大交流任职力度。推进高等学校领导班子思想政治建设。加大培养培训力度，提高高校领导干部的理论水平和办学治校能力。举办中外大学校长论坛。推进高等学校管理人员职员制。有组织、有计划地开展学校管理人才和中青年后备干部培训。重视加强高等教育行政管理人才队伍建设。

4. 推进高等学校辅导员队伍建设。

全面贯彻《普通高等学校辅导员队伍建设规定》，严格按照师生比不低于1∶200的比例设置一线专职辅导员岗位，院系的每个年级都设置专职辅导员，每个班级都配备一名兼职班主任。加强高校辅导员骨干海内外研修培训。完善普通高等学校辅导员评聘教师职务办法，解决好从事大学生思想政治教育的人员的教师职务聘任问题。

5. 注重高等学校教辅人员队伍建设。

建立健全有利于教辅人员发展的岗位管理、职务（职称）聘任、考核评价和薪酬分配办法，增强对优秀人才的吸引力。加强教辅人员职业道德教育和专业技能培训。支持高水平大学通过设立关键岗位、实施专门的人才项目等措施，吸引培养一批高级工程实验技术人才。

三、重大项目

为贯彻落实《人才规划纲要》和《教育规划纲要》提出的“高素质教育人才培养工程”、“高等学校高层次创新人才计划”等重大人才项目，重点实施如下教育人才培养计划：

（一）中小学教师全员培训计划。

以农村教师为重点，对全国千万中小学和幼儿园教师进行分类、分层、分岗培训，每名教师每5年累计培训360学时以上，全面提高中小学教师队伍的整体素质和专业化水平。实施“中小学教师国家级培训计划”，开展中小学教师示范性培训项目和中西部农村骨干教师培训项目，推动各地开展中小学教师全员培训。加强教师培训基地能力建设，改善培训条件。

（二）农村义务教育学校教师特设岗位计划。

继续实施“农村义务教育学校教师特设岗位计划”，适应全国义务教育阶段教师平均工资水平的变化，继续推进义务教育教师绩效工资政策。各省（区、市）实施地方“特岗计划”，吸引更多优秀人才到农村任教，提升农村教师队伍整体素质。

（三）义务教育学校校长和农村幼儿园园长研修培训计划。

通过示范性集中培训、远程培训、跟岗培训、高级研修等方式，实施“农村义务教育中小学校长素质提升项目”、“农村幼儿园园长素质提升项目”、“中西部中青年骨干校（园）长跟岗提高培训项目”、“全国优秀中小学校长和幼儿园园长高级研修项目”，以提升农村校（园）长专业素质和义务教育学校校长实施素质教育能力水平为重点，分类分层大规模开展义务教育学校校长和农村幼儿园园长培训。

（四）民族地区双语教师培养培训项目。

组织开展民族地区双语教师培养和全员培训，分国家、省和地州教育行政部门三级，通过集中培训、远程培训等方式，每年培训一批少数民族地区中小学和幼儿园双语骨干教师。在高等学校建立民族地区双语教师培养培训基地，每年培养、培训一批学科教师和双语教师，定向培养一批少数民族免费师范生。

（五）职业学校教师和校长素质提高计划。

实施职业学校教师素质提高计划，以重点领域急需专业教师为重点，采取海内外培训、企业实践等方式，每年培训一批“双师型”骨干教师；建设一批国家级“双师型”教师培养培训基地，重点建设若干专业点，开发教师培养课程和教材；支持职业学校聘请兼职教师，选派新任专业教师到企业实践；支持高等职业院校建立若干名师（名专家）工作室。实施职业学校校长能力提升计划，每年组织一批校长参加研修。

（六）长江学者奖励计划。

在高等学校国家重点学科、重点研究基地等平台设置长江学者特聘教授、讲座教授岗位，通过提供奖金、配套科研经费等方式，支持高等学校面向海内外公开招聘自然科学、技术科学和哲学社会科学领域的中青年学界精英到高校全职工作或短期合作研究，培养集聚一批具有国际影响的学科领军人才。

（七）创新团队发展计划。

以长江学者、国家杰出青年基金获得者等中青年拔尖创新人才为核心，依托重点科研基地和重点学科，每年择优遴选并稳定支持一批自然科学、哲学社会科学领域的优秀创新群体，加快形成一批国内一流、有重要国际影响的创新团队，推动高校科研组织模式创新。

（八）新世纪优秀人才支持计划。

面向全国高等学校，对具有较高学术水平和发展潜力的高校优秀青年学术带头人和拟全职回国的海外优秀青年留学人才进行资助，支持他们开展创新性研究工作，加速培养造就一大批青年拔尖创新人才。

（九）校长和骨干教师海外研修培训计划。

实施校长海外研修项目，每年选派一批大中小学和职业学校的党政领导及后备干部到海外研修培训。实施中小学教师海外研修项目，每年选派一批中小学和中等职业学校中青年骨干教师到海外研修培训。

四、体制机制改革和政策创新

（一）实施教育人才优先发展政策。

建立教育人才优先发展的体制机制。把教育人才队伍建设作为教育督导评估的重要指标和内容。中央加大对中西部教育人才发展的支持力度。在普通中小学和职业学校公用经费中安排适当的比例用于教师和校长培训。进一步完善“985 工程”、“211 工程”等面向教育的重大工程项目经费使用政策，加大对人才队伍建设的支持力度。鼓励和支持企业、社会组织或个人通过设立教育人才发展或奖励基金、设置大学讲座教授席位等方式，捐资支持教育人才发展。建立健全教育人才资金管理制度，加强审计监督。

（二）实施吸引优秀人才长期从教、终身从教政策。

完善教师法律法规，修订《教师法》、《教师资格条例》，提高教师地位待遇，依法保障教师合法权益。依法保证教师平均工资水平不低于或者高于国家公务员的平均工资水平，并逐步提高。全面落实义务教育学校教师绩效工资，稳慎推进非义务教育学校实施绩效工资工作。

按照事业单位社会保障制度改革的总体部署，推进教师医疗、养老制度改革，探索建立教师职业年金制度。制定和完善教师住房优惠政策。

开展深化中小学教师职称制度改革试点，建立统一的中小学教师职务（职称）系列，在中小学设置正高级教师职务（职称）。探索在中等职业学校设置正高级教师职务（职称）。

积极推进师范生免费教育，保障师范生学习和实习经费，建立免费师范生进入、退出、奖励机制，支持免费师范生继续教育，保证免费师范生优先就业。

完善国家教师表彰制度，设立“人民教育家”荣誉称号，国家每年评选 10 名全国教书育人楷模，定期开展优秀教师和教育工作者的评选表彰，大力表彰和宣传模范教师的先进事迹。

（三）创新教育人才培养培训模式。

调整教师教育院校布局结构，构建以师范院校为主体、综合大学参与、开放灵活的教师教育体系。深化教师教育改革，创新培养模式，增强实习实践环节，强化师德修养和教学能力训练。制订中小学教师专业标准、教师教育课程标准、教师教育机构资质标准、教师教育质量评估标准，形成教师教育质量保障体系。

修订中小学教师培训管理规定，探索建立教师培训学分（学时）管理制度，建立教师培训机构认证及定期评估制度。创新校企合作培养培训职业院校教师的模式和机制，完善职业学校教师定期到企业实践制度。修订高等学校教师培训工作规程。依托高水平大学重点学科，建立高等学校教师培训基地，以青年教师为重点大规模开展教师培训。建立健全产学研合作培养高校教师的机制。建立高校工程学科教师到企业参与工程实践制度。加强学校党政领导干部培训基地建设，完善培训网络体系，改进培训课程和教材内容体系。

完善教育人才继续教育激励和保障机制，推进教育人才终身学习制度建设。制定继续教育与工作考核、职务（职称）评聘、岗位聘任（聘用）、教师资格注册等人事管理制度衔接的具体办法。

（四）改革完善教育人才管理制度。

建立“国标、省考、县聘、校用”的中小学教师职业准入和管理制度。实行中小学教师资格考试制度，建立教师资格证书定期登记制度。国家制定教师资格考试标准，提高教师任职学历标准和品行要求；省级教育行政部门统一组织中小学教师资格考试和资格认定；县级教育行政部门按规定履行中小学教师的招聘录用、职务（职称）评聘、培养培训和考核等管理职能。完善符合职业教育特点的职业学校教师资格标准。

制订高等学校编制标准和幼儿园教师配备标准。逐步实行城乡统一的中小学编制标准，对农村边远地区实行倾斜政策。在试点基础上推动各地研究制订职业院校编制标准。

深化学校人事制度改革。加强学校岗位管理，创新聘用方式，规范用人行为。制定中小学教师公开招聘办法。完善符合职业教育特点的职务（职称）评聘办法，建立健全技能型人才到职业学校从教的制度。高等学校全面实行聘任（聘用）制度和岗位管理制度，实行新进人员公开招聘制度。完善高校教师分类管理办法，促进教师分类发展。完善高校科研助理制度，建立多种形式的专职科研队伍。探索建立高等学校“人才发展改革试验区”。完善教师退出机制，选择部分学校进行社会保障制度改革试点，重点解决学校退休人员和未聘人员社会保障的衔接工作。

大力改善高等学校教师学缘结构，逐步减少和消除“学术近亲繁殖”现象。鼓励高等学校大幅度减少或者不从本校毕业生中直接聘任新教师，并逐步形成制度规范。支持高等学校组建开放的教学和科研团队，聘任（聘用）行业企业、政府部门优秀人才担任专职或兼职教师。有计划地选派教师参加海内外研修。

（五）实施引导优秀人才向农村学校、薄弱学校和中西部地区学校流动的政策。

创新农村教师补充机制，健全农村义务教育学校教师特设岗位计划相关政策，完善学费补偿和助学贷款代偿机制，鼓励高等学校毕业生到艰苦边远地区县以下基层当教师。建立健全义务教育学校教师和校长流动机制，实行县（区）域内教师、校长交流制度。城镇中小学教师在评聘高级职务（职称）时，原则上应有1年以上在农村学校或薄弱学校任教经历。积极参与实施“边远贫困地区、边疆民族地区和革命老区人才支持计划”。

完善农村边远地区教师的工资分配激励机制，对长期在农村基层和艰苦边远地区工作的教师，在工资、职务（职称）等方面实行倾斜政策，完善津贴补贴标准。建设农村艰苦边远地区学校教师周转宿舍。国家对在农村地区长期从教、贡献突出的教师给予奖励。制定鼓励支持高等学校毕业生到民族地区基层任教的优惠政策。支持民族院校加强人才队伍建设。

完善高等学校间人才流动自律约束机制，保证人才流动的开放性和有序性，促进区域间高等学校人才队伍协调发展。通过实施“中西部高等教育振兴计划”、“对口支援西部地区高等学校计划”等项目，在工资、职务、职称晋升等方面采取倾斜政策，鼓励优秀人才到中西部地区高校任教。

（六）实施促进教师潜心教书育人政策。

加强师德建设，把教师职业理想、职业道德以及学术规范教育贯穿到教师培养培训的全过程。健全师德考评制度，将师德表现作为教师考核、聘任（聘用）和评价的首要内容。落实《中小学教师职业道德规范》，修订《中等职业学校教师职业道德规范（试行）》，制订《高等学校教师职业道德规范》。完善教育、制度、监督相结合的惩防学术不端行为工作体系，形成良好的学术道德和学术风气，克服学术浮躁，查处学术不端行为。

把教学特别是教书育人效果作为教师考核的核心指标，健全教授为高校低年级学生授课基本制度。改革学校内部薪酬分配制度，完善激励机制，向教学一线的教师倾斜，形成引导和保障教师专心教学的机制。建立完善重创新、重质量、重贡献的高校科研评价机制，引导教师及时将科研成果转化为优质教学资源。鼓励骨干教师兼任辅导员、班主任。完善教学名师评选表彰制度。

（七）实施鼓励青年英才脱颖而出政策。

建立不拘一格发现、评价、使用青年英才的制度。制定完善及早选苗、重点扶持、跟踪培养的特殊措施，鼓励高校采取设置特设岗位、提供科研经费支持等方式，培养支持创新思维活跃、创新能力强、发展潜力大的青年学术英才。加大竞争性选拔教育系统党政领导干部工作力度，把优秀青年管理人才放在重要关键岗位上加强培养。完善高校领导后备干部队伍选拔培养制度。改善青年教师生活条件，有条件的城市可在国家保障性住房建设中优先解决青年教师的住房问题。

（八）实施有利于培养造就教育家的政策。

鼓励教师和校长在实践中大胆探索，创新教育思想、教育模式和教育方法，形成教学特色和办学风格。落实和扩大学校办学自主权，为教师和校长成长为教育家提供更大空间。搭建优秀教师、校长先进教育思想和成功实践经验交流平台。

制定实施普通中小学校长、中等职业学校校长负责制实施细则，制定中小学校长、中等职业学校校长专业基本标准，建立健全中小学校长任职资格准入制度，促进校长专业化，提高校长管理水平。制订实施高等学校党委领导下的校长负责制实施意见，坚持和完善公办高等学校党委领导下的校长负责制，探索建立高等学校理事会或董事会、学术委员会发挥积极作用的机制。推行校长职级制。

完善各级教育行政部门领导干部选拔任用办法，选配讲政治、懂教育、善管理的人才担任教育领导干部。完善中小学校长公开选聘和考核办法，完善大学校长选拔任用办法，大胆开展面向社会公开招聘各类学校校长的探索和试点。支持各地探索实施教育家培养工程。

（九）实施更加开放的教育人才政策。

认真落实“千人计划”各项特殊政策措施，建立海外高层次人才特聘专家制度，推进高等学校海外高层次人才创新创业基地建设。完善“长江学者奖励计划”、“春晖计划”、“高等学校学科创新引智计划”、“留学回国人员科研启动基金”、“海外名师项目”和“学校特色项目”等人才计划实施办法，有计划地引进海外高端人才和学术团队，吸引更多世界一流的专家学者来华从事教学、科研和管理工作。支持中外大学间的教师互派。推进高水平大学逐步建立全球公开招聘制度。探索研究外籍教师聘任和管理办法，提高高等学校聘任外籍教师的比例。

完善“国家建设高水平大学公派研究生项目”、“青年骨干教师出国研修项目”实施办法，扩大出国留学规模，加强教育人才队伍国际化培养和储备。支持高等学校学科领军人才领导或参与国际学术合作组织、国际科学计划。支持高水平大学与境外高水平教育、科研机构建立联合研发基地。积极发展汉语国际教育硕士专业学位教育，加强留学生汉语和对外汉语教育的师资培养力度。加强来华留学专业教师队伍建设。选拔、推荐教育系统优秀青年人才参与国际组织相关职位的招聘，加强国际职员与多边人才培养储备。

（十）实施支持民办学校人才发展政策。

依法落实民办学校教师与公办学校教师平等的法律地位，加强民办学校人才队伍建设。政府在教育人才培养、吸引、评价、使用等方面的各项政策，民办学校人才平等享受；政府支持教育人才的基金、项目、信息等公共资源，向民办学校人才平等开放；政府开展表彰、奖励、宣传等方面活动，民办学校人才平等参与。完善民办学校教师聘用和管理制度。民办学校落实教师资格制度，聘用具有教师资格和任职条件的教师任教。落实民办学校人才引进配套政策，在人事代理、档案管理、职务晋升等方面提供保障。建立完善民办学校教师社会保险制度。

五、组织实施

（一）加强组织领导。

进一步发挥教育部人才工作协调小组统筹协调和宏观指导功能，制定本规划任务分解落实方案，研究建立本规划实施情况的监测、评估、考核机制。各级教育行政部门和各级各类学校要把加强教育人才队伍建设作为“一把手工程”，摆在优先的议事日程，建立工作机构，健全协调机制，整合工作资源，加强战略谋划，完善政策措施，切实加强对教育人才工作的领导。建立经常性研究人才工作制度，及时解决人才工作中的突出矛盾和问题。本规划的实施情况要纳入各地教育行政部门和高等学校特别是主要领导的政绩考核范围，作为干部任用的重要依据。

（二）健全规划体系。

各省级教育行政部门和高等学校要按照本规划的部署，从各地、各校实际出发，结合研究制定地方教育改革发展规划和学校发展规划，编制本地、本校的教育人才发展规划，形成全国教育人才发展规划体系。各地教育行政部门要积极推动把教育人才发展规划纳入当地经济社会发展总体规划和人才发展规划。

（三）加强基础建设。

建立教育人才工作专家咨询委员会，建设教育人才发展战略研究基地。充分发挥教育系统学科和人才优势，组织开展对教育人才队伍建设理论和实践问题研究。创新人才工作方式方法，推进教育人才工作信息化建设，建立教育人才工作交流平台、教育人才信息网络和数据库，建立完善教育人才资源统计分析制度。加强教育人才工作者队伍建设，加大培训力度，提高思想政治素质和业务水平。

（四）营造良好环境。

采取多种形式，通过报纸、电视、网络等媒体平台，认真做好本规划的宣传解读工作，大力宣传教育人才在国家经济社会发展和教育改革发展中的重要地位和作用，大力宣传各地和各级各类学校教育人才工作的新做法、新成效、新经验，大力宣传全国教书育人楷模等优秀教育人才的先进事迹，广泛动员全社会力量关心、支持、帮助教育人才工作，进一步形成有利于教育人才发展的良好社会环境和舆论氛围。

教育部关于废止和宣布失效一批规范性文件的通知

（2011年2月24日）

各省、自治区、直辖市教育厅（教委），各计划单列市教育局，新疆生产建设兵团教育局，部属各高等学校：

根据《国务院办公厅关于做好规章清理工作有关问题的通知》（国办发〔2010〕28号）要求，我部对相关规范性文件进行了清理，决定废止和宣布失效一批规范性文件。现将废止和宣布失效的规范性文件目录予以公布（详见附件1、附件2），已废止和失效的规范性文件一律不再作为行政管理的依据。

特此通知。

附件1：

教育部废止的文件目录

序号	文件名称	发布机关	文号
1	关于少数民族考生参加统考答卷问题的通知	教育部	〔79〕教学字025
2	关于仍按原办法供应出版中师选用教材的通知	教育部办公厅	〔80〕教普厅字003号
3	关于中等师范学校教育学等课程教学用书的通知	教育部办公厅	〔80〕教师厅字017号
4	关于聘请外籍学者为名誉教授的几点意见	教育部	〔80〕教外字779号
5	关于聘请外籍客座教授的意见	教育部	〔80〕教外字835号
6	高等学校教师工作量试行办法和高等学校教师教学工作量超额酬金暂行规定	教育部	〔81〕教干字011号
7	关于中等师范学校招生工作的通知	教育部	〔81〕教师字001号
8	关于中学在职教师系统进修期满颁发毕业证书问题的答复	教育部办公厅	〔81〕教师厅字014号
9	关于中等师范学校学生学籍管理问题的复函	教育部办公厅	〔81〕教师厅字018号
10	关于当前中小学教育几个问题的通知	教育部	〔82〕教普一字002号
11	关于中等师范学校学生守则问题的复函	教育部师范司	〔82〕教师司字005号

续表

序号	文件名称	发布机关	文号
12	关于出国攻读学位研究生在国外学习期间生活待遇的规定	教育部	〔82〕教外选字 521 号
13	关于试行《教育部部属高等院校、直属单位在国内举办国际学术会议的工作细则》的通知	教育部	〔82〕教外际字 431 号
14	关于扩大部属单位基建管理权限的通知	教育部	〔83〕教基字 132 号
15	印发《关于加强小学在职教师进修工作的意见》的通知	教育部	〔83〕教师字 001 号
16	关于中学在职教师进修大学本科课程有关问题的意见	教育部	〔83〕教师字 012 号
17	印发《关于中小学教师队伍调整整顿和加强管理的意见》的通知	教育部	〔83〕教师字 014 号
18	关于试行《关于校际交流互换教师出国工作的规定》的通知	教育部	〔83〕教外专字 002 号
19	关于为选拔出国留学预备人员进行外语水平测试的通知	教育部	〔83〕教外选字 761 号
20	关于留学人员国外管理工作的若干补充规定	教育部	〔83〕教外派字 1336 号
21	关于选拔出国留学预备人员外语水平测试问题的补充通知	教育部	〔83〕教外选字 1261 号
22	关于全日制六年制小学教学计划的安排意见	教育部	〔84〕教初字 008 号
23	关于教育学院重新备案的通知	教育部	〔84〕教师字 003 号
24	关于印发中等师范学校语文、化学等科教材使用意见的通知	教育部办公厅	〔84〕教师厅字 004 号
25	关于严格执行高等教育自学考试开考条件的通知	教育部	〔84〕教考字 006 号
26	关于全国高等教育自学考试指导委员会各专业委员会活动经费开支的几点意见	教育部办公厅	〔84〕教考厅字 005 号
27	试行全国高等教育自学考试指导委员会《关于各专业考试计划统一学分计算标准的意见》的通知	教育部	〔84〕教考字 010 号
28	关于颁发《幼儿师范学校教学计划》的通知	教育部	〔85〕教师字 003 号
29	关于自费出国留学人员审批工作中注意事项的通知	教育部	〔85〕教外出字 066 号
30	重申出席国际学术会议必须认真做好会前准备工作的通知	教育部外事局	〔85〕教外局际字 303 号
31	关于部属高等院校自行选派留学人员审批办法的通知	教育部	〔85〕教外出字 254 号
32	关于高等教育自学考试专业考试计划、课程自学考试大纲审定出版等问题的通知	教育部办公厅	〔85〕教考厅字 002 号
33	关于合理收取委托培养学生所需基建投资的补充通知	国家教委	〔85〕教基字 112 号

续表

序号	文件名称	发布机关	文号
34	印发关于办理出席国际学术会议程序和有关手续的通知	国家教委	〔85〕教外际字456号
35	关于写好出席国际学术会议总结报告的通知	国家教委外事局	〔85〕教外局际字2866号
36	关于制止用省、自治区、直辖市高等教育自学考试指导委员会的名义滥发学历证书的通知	国家教委	〔85〕教考字010号
37	关于开展中等专业教育自学考试工作若干问题的通知	国家教委	〔85〕教考字013号
38	关于印发单项工程承包合同格式给委属各建设单位的通知	国家教委	〔86〕教基字7号
39	幼儿园教玩具配备目录	国家教委	〔86〕教供字006号
40	关于进一步办好幼儿学前班的意见	国家教委	〔86〕教初字006号
41	关于落实中央在内地为西藏办学培养人才指示的通知	国家教委	〔86〕教民厅字015号
42	印发《关于加强在职中小学教师培训工作的意见》的通知	国家教委	〔86〕教师字002号
43	关于调整中等师范学校教学计划的通知	国家教委	〔86〕教师字008号
44	关于印发《中小学教师考核合格证书试行办法》的通知	国家教委	〔86〕教师字009号
45	印发《关于加强合作项目学校建设的意见》的通知	国家教委	〔86〕教师字012号
46	关于发给研究生班毕业证书的通知	国家教委	〔86〕教研字001号
47	关于普通高等学校函授部试办函授普通专科班有关问题的通知	国家教委	〔87〕教计字78号
48	关于颁发《高等学校基本建设管理职责暂行办法》的通知	国家教委	〔87〕教基字46号
49	关于不得在职业大学、管理干部学院等成人高校招收应届高中毕业生的通知	国家教委	〔87〕教电1429号
50	关于解决中师学校学生助学金偏低问题的意见	国家教委办公厅	〔87〕教师厅字005号
51	关于省级教育学院设置本科专业审批工作的通知	国家教委师范司	〔87〕教师司字002号
52	关于开始有计划地进行中小学教师《专业合格证书》文化专业知识考试的通知	国家教委	〔87〕教师字012号
53	印发《关于制定中等专业教育自学考试专业考试计划的意见（试行）》的通知	国家教委	〔87〕教考字006号
54	印发《关于促进成人高等教育联合办学的意见》的通知	国家教委	〔88〕教计字66号
55	关于制止高等学校校舍建设中盲目追求高标准倾向的通知	国家教委	〔88〕教基字91号
56	关于简化中小学教师《专业合格证书》评审程序的通知	国家教委	〔88〕教师字004号

续表

序号	文件名称	发布机关	文号
57	关于中小学教师取得《专业合格证书》必须参加统一考试的函	国家教委	〔88〕教师字006号
58	关于中学教师《专业合格证书》考试及格成绩与系统进修高师本科、专科单科结业成绩相互承认问题的通知	国家教委	〔88〕教师字012号
59	关于中小学教师不实施《专业证书》制度的函	国家教委	〔88〕教师字014号
60	关于委托人民音乐出版社和南京师范大学主办《中国音乐教育》和《中国美术教育》杂志的通知	国家教委办公厅	〔88〕教艺厅字002号
61	印发《关于中等专业教育自学考试试行专业证书考试的几点意见》的通知	国家教委办公厅	〔88〕教考厅字002号
62	印发《关于加强和改进教育统计和教育管理信息工作的意见》	国家教委办公厅	〔89〕教计厅字17号
63	关于印发《关于试行普通高中毕业会考制度的意见》等两个意见的通知	国家教委	〔89〕教试字符002号
64	关于印发《高等学校教育系教育专业改革的意见》的通知	国家教委	〔89〕教师字001号
65	印发《关于中小学和幼儿园教师调动工作时〈专业合格证书〉考籍转移的规定（试行）》的通知	国家教委师范司	〔89〕教师司字030号
66	关于招收自费外国来华留学生的有关规定	国家教委	〔89〕教外来字314号
67	关于做好督促和检查出席国际会议总结的通知	国家教委国际合作司	〔89〕教外司际字1595号
68	关于印发《自学考试用书征订发行办法》的通知	国家教委高等教育自学考试办公室	〔89〕教考办字004号
69	关于重申贯彻《关于减轻小学生课业负担过重问题的若干规定》的通知	国家教委	教基〔1990〕002号
70	印发《现行普通高中教学计划的调整意见》的通知	国家教委	教基〔1990〕004号
71	印发《全国中学升学和考试制度改革工作会议纪要》的通知	国家教委	教基〔1990〕012号
72	关于加强义务教育阶段中小学生写字教学的通知	国家教委办公厅	教基厅〔1990〕025号
73	关于印发《具有大学和大学以上学历人员自费出国留学审核办法及注意事项》的通知	国家教委	教留〔1990〕019号
74	关于进一步加强来华留学生管理工作的通知	国家教委	教外来〔1990〕552号
75	关于进一步做好电视师范教育考试工作的通知	国家教委办公厅	教考厅〔1990〕003号
76	印发《关于在安排年度招生计划工作中进一步进行专业结构调整工作的意见》的通知	国家教委	教计〔1991〕197号
77	关于印发《关于加强普通高等专科教育工作的意见》的通知	国家教委	教高〔1991〕3号

续表

序号	文件名称	发布机关	文号
78	关于印发《普通高等学校工程专科教育的培养目标和毕业生的基本要求（试行）》等两个文件的通知	国家教委	教高〔1991〕7号
79	关于印发《关于高等师范院校本科政治与思想品德教育专业改革的意见》的通知	国家教委	教师〔1991〕2号
80	印发《关于开展小学教师继续教育的意见》的通知	国家教委	教师〔1991〕8号
81	关于印发《普通中小学校督导评估工作指导纲要》等两个文件的通知	国家教委	教督〔1991〕1号
82	关于实施《对外汉语教师资格审定办法》的通知	国家教委	教外办〔1991〕226号
83	关于建立外国留学生工作统计报告制度的通知	国家教委国际合作司	教外司来〔1991〕827号
84	关于改进国家公费出国留学人员选派工作的意见	国家教委	教留〔1991〕63号
85	关于加强自学考试工作的意见	国家教委	教考〔1991〕3号
86	关于印发《举办成人高等教育非师范类专科起点本科班招生计划管理的暂行办法》的通知	国家教委办公厅	教计厅〔1992〕24号
87	关于加强中小学计算机教育的几点意见	国家教委	教基〔1992〕22号
88	关于加强普通高中教学管理的几点意见	国家教委办公厅	教基厅〔1992〕7号
89	印发《关于加强高等学校实验室工作的意见》的通知	国家教委	教备〔1992〕44号
90	国家教委关于对中小学教育工作两项督导检查的通知	国家教委	教督〔1992〕4号
91	关于对举办外国人短期学习班的高等院校进行评审工作的通知	国家教委	教外来〔1992〕81号
92	关于办理公派出国任教教师配偶出国手续的通知	国家教委	教外办〔1992〕146号
93	关于印发《接受外国来华留学研究生试行办法》的通知	国家教委	教学〔1992〕11号
94	印发《关于制订中等专业教育自学考试课程自学考试大纲的意见》的通知	国家教委	教考〔1992〕3号
95	全国高等教育自学考试指导委员会《关于制定高等教育自学考试专科专业考试计划的几点意见》的通知	国家教委	教考〔1992〕5号
96	印发《关于深化普通高等学校招生计划改革和加强宏观管理的意见》的通知	国家教委	教计〔1993〕56号
97	关于减轻义务教育阶段学生过重课业负担、全面提高教育质量的指示	国家教委	教基〔1993〕3号
98	关于稳步推进普通高中毕业会考工作的意见	国家教委	教基〔1993〕15号
99	关于颁发《师范院校〈教师口语〉课程标准》〔试行〕的通知	国家教委	教师〔1993〕3号
100	关于印发《关于加强高师函授、卫星电视教育、自学考试相沟通培训中学教师教学和管理工作的意见》的通知	国家教委	教师〔1993〕4号

续表

序号	文件名称	发布机关	文号
101	关于印发《关于加强小学骨干教师培训工作的意见》的通知	国家教委	教师〔1993〕5号
102	关于来华留学生汉语补习安排办法的意见	国家教委国际合作司	教外司来〔1993〕199号
103	关于准确提供来华留学生“录取通知书”的通知	国家教委国际合作司	教外司来〔1993〕212号
104	关于境外机构和个人来华合作办学问题的通知	国家教委	教办〔1993〕385号
105	关于自费出国留学有关问题的通知	国家教委	教留〔1993〕81号
106	关于印发《关于重点建设一批高校和重点学科点的若干意见》的通知	教育部	教重〔1993〕3号
107	关于印发《加强自学考试教材发行工作管理的意见》的通知	国家教委高等教育自学考试办公室	教考办〔1993〕3号
108	关于印发《国家教委直属高校周边土地开发建设的试行意见》的通知	国家教委	教计〔1994〕82号
109	关于印发新修订的《高等学校学生军事训练教学大纲》的通知	国家教委	教防〔1994〕1号
110	关于请国家督学在本地区开展调查研究活动的通知	国家教委办公厅	教督厅〔1994〕2号
111	关于对部分省、市减轻中小学生过重课业负担情况进行督导检查的通知	国家教委办公厅	教督厅〔1994〕5号
112	关于严格JW202表和“录取通知书”审批管理的意见	国家教委	教外司来〔1994〕580号
113	关于简化邀请外国人来华参加国际学术会议审批手续的通知	国家教委外事司	教外司专〔1994〕568号
114	关于进一步加强改进中学思想政治课教学工作的意见	国家教委	教基〔1995〕23号
115	印发《关于高等师范院校设置非师范本科专业的几点意见》的通知	国家教委办公厅	教高厅〔1995〕11号
116	关于印发《关于开展小学教师基本功训练的意见》的通知	国家教委	教师〔1995〕4号
117	关于印发《普通高等学校本科专业目录〈职业技术师范教育类〉〔试行〕》的通知	国家教委	教师〔1995〕6号
118	关于印发高等师范学校《计算机应用基础教学指导大纲》的通知	国家教委师范司	教师司〔1995〕6号
119	关于印发《服装设计与工艺教育专业本科教学方案〔试行〕》的通知	国家教委师范司	教师司〔1995〕65号
120	关于印发《关于〈三年制中等师范学校教学大纲〔试行〕〉的调整意见》的通知	国家教委师范司	教师司〔1995〕67号
121	关于接受外国高等专科院校毕业生来华攻读本科毕业文凭课程有关问题的通知	国家教委	教外来〔1995〕36号

续表

序号	文件名称	发布机关	文号
122	关于严格控制管理中医药专业来华留学生学历教育的通知	国家教委	教外来〔1995〕505号
123	关于查验外国留学生来华证明文件的通知	国家教委国际合作司	教外司来〔1995〕935号
124	关于进一步加强普通、成人高等学校招生全国统一考试管理工作的意见	国家教委	教考试〔1995〕2号
125	关于颁布《广播电视大学高等专科注册视听生全国统一考试考务工作暂行规定》的通知	国家教委高等教育自学考试办公室	教考办〔1995〕30号
126	关于下发《普通高等学校本、专科招生计划管理意见》的通知	国家教委	教计〔1996〕154号
127	关于表彰全国幼儿教育先进县（市、区）的决定	国家教委	教基〔1996〕13号
128	关于在普通中学进一步开展人口与青春期教育的通知	国家教委基础教育司	教基司〔1996〕24号
129	关于印发《中小学计算机教育软件规划》的通知	国家教委基础教育司	教基司〔1996〕25号
130	关于重新印发《全国中小学教材审定委员会工作章程》的通知	国家教委	教基〔1996〕23号
131	关于开展高等师范学校本科教学工作评估和印发《高等师范学校本科教学工作评估方案〔试行〕》的通知	国家教委师范司	教师司〔1996〕15号
132	关于印发《普及九年义务教育和扫除青壮年文盲工作表彰奖励办法》的通知	国家教委	教督〔1996〕3号
133	关于印发《国家教委人文社科研究管理研究项目管理办法》的通知	教育部办公厅	教社科厅〔96〕6号
134	关于高等学校学生军训实行“三统一”的通知	国家教委学校国防教育办公室	教防办〔1996〕1号
135	关于加强来华接受中医药本科教育留学生教学质量宏观管理的通知	国家教委	教外来〔1996〕19号
136	关于做好外国来华留学生学历证书发放工作的通知	国家教委国际合作司	教外司来〔1996〕264
137	关于执行“关于外国留学生凭《汉语水平证书》注册入学的规定”有关事项的通知	国家教委国际合作司	教外司来〔1996〕822号
138	关于重新发布《对外汉语教师资格审定办法实施细则》的通知	国家教委	教外专〔1996〕438号
139	关于印发《中等专业教育自学考试改革与发展的意见》的通知	国家教委	教考试〔1996〕17号
140	关于印发《高等教育学历文凭考试试点工作（考试部分）实施意见》的通知	国家教委办公厅	教考试厅〔1996〕13号
141	关于高等职业学校设置问题的几点意见	国家教委	教计〔1997〕95号
142	关于印发《中小学计算机课程指导纲要（修订稿）》的通知	国家教委办公厅	教基厅〔1997〕17号

续表

序号	文件名称	发布机关	文号
143	关于加强普通高中新课程试验研究工作的意见	国家教委基础教育司	教基司〔1997〕22号
144	关于印发《小学教师进修高等师范专科小学教育〔文科方向/理科方向〕教学计划》〔试行〕的通知	国家教委师范司	教师司〔1997〕36号
145	关于印发《关于在中小学教师继续教育中加强教师职业道德教育的意见》的通知	国家教委师范司	教师司〔1997〕58号
146	关于使用1997年新印制的“外国留学人员来华签证申请表”的通知	国家教委国际合作司	教外司来〔1997〕583号
147	关于印发《国家教育委员会对外汉语教师资格审查委员会组织章程（试行）》的通知	国家教委	教外专函〔1997〕224号
148	关于印发《自学考试改革和发展规划》的通知	国家教委办公厅	教考试厅〔1997〕1号
149	关于加强高等教育自学考试考务管理工作的通知	国家教委办公厅	教考试厅〔1997〕5号
150	关于切实做好高等学校建筑火灾隐患防治工作的通知	国家教委办公厅	教计厅〔1998〕6号
151	关于当前加强教师队伍管理的通知	教育部办公厅	教人厅〔1998〕10号
152	关于印发《中小学教师继续教育课程开发指南》的通知	教育部师范司	教师司〔1998〕24号
153	关于在全国开展基础教育专项督导检查的通知	教育部	教督函〔1998〕1号
154	关于印发《普通高等学校人文社会科学研究成果奖励办法》的通知	教育部	教社科〔1998〕1号
155	关于实施《留学回国人员科研启动基金暂行规定》的通知	教育部	教外司留〔1998〕720号
156	关于加强全国教育统一考试管理工作的意见	教育部办公厅	教考试厅〔1998〕2号
157	关于调整现行普通高中数学、物理学科教学内容和教学要求的意见	教育部	教基〔1998〕5号
158	关于中考语文考试改革试点工作的指导意见	教育部基础教育司	教基司〔1998〕9号
159	关于《试行按新的管理模式和运行机制举办高等职业技术教育的实施意见》中有关问题的通知	教育部办公厅	教发厅〔1999〕2号
160	关于规范部属高校办学秩序、加强校园管理若干问题的通知	教育部	教发〔1999〕62号
161	关于印发《国务院有关部门所属普通高校、省部共建普通高校筒子楼改造专项资金和自筹资金账务处理办法》的通知	教育部	教发〔1999〕147号
162	关于支持中央部委院校进行示范性职业技术学院建设有关问题的通知	教育部	教发〔1999〕151号
163	关于印发《教育部直属高等学校基本建设资金管理办法（试行）》的通知	教育部	教发〔1999〕155号

续表

序号	文件名称	发布机关	文号
164	关于印发“关于加强和改革师范院校计算机教育的几点意见”的通知	教育部师范司	教师司〔1999〕38号
165	关于印发《中学教师进修高等师范本科〔专科起点〕教学计划》〔试行〕的通知	教育部师范司	教师司〔1999〕58号
166	关于印发“关于进一步加强和改进中师学校德育工作的几点意见”的通知	教育部师范司	教师司〔1999〕59号
167	关于颁发中小学教师继续教育教材和学习参考书目录的通知	教育部师范司	教师司〔1999〕60号
168	关于中小学教师继续教育各地推荐教材评审结果和教材修订出版问题的通知	教育部师范司	教师司〔1999〕61号
169	关于印发《教育部关于加强高职高专教育人才培养工作的意见》的通知	教育部	教高〔2000〕2号
170	关于印发《内地新疆高中班管理办法（试行）的通知》	教育部	教民〔2000〕8号
171	关于做好中小学骨干教师国家级培训工作的通知	教育部	教师〔2000〕1号
172	关于印发《关于进一步加强和改进中师学校德育工作的几点意见》的通知	教育部	教师〔2000〕2号
173	关于印发“中小学教师信息技术培训指导意见〔试行〕”的通知	教育部师范司	教师司〔2000〕26号
174	关于对参加国家级培训的中小学骨干教师加强管理的通知	教育部师范司	教师司〔2000〕32号
175	关于高等学校与外国公司在教育领域开展科技合作若干问题的通知	教育部	教外综〔2000〕51号
176	关于加强考试管理，狠刹各种违纪、舞弊歪风的意见	教育部办公厅	教考试厅〔2000〕5号
177	关于对部分直属高校执行《条例》情况进行检查的通知	教育部人事司	教人司〔2001〕293号
178	关于印发《普通高等学校人文社会科学重点研究基地管理办法》的通知	教育部	教社政函〔2001〕23号
179	教育部关于进一步加强高等学校学生公寓管理的若干意见	教育部	教发〔2002〕6号
180	关于切实加强高等学校食堂管理工作的通知	教育部	教发〔2002〕34号
181	关于印发《教育部学科发展与专业设置专家委员会工作章程》的通知	教育部办公厅	教高厅〔2002〕4号
182	关于成立教育部师德建设工作组和教育部师德建设研究与工作项目专家组的通知	教育部办公厅	教师厅函〔2002〕1号
183	关于印发《中小学教师继续教育教材评审办法〔试行〕》的通知	教育部师范司	教师司〔2002〕37号

续表

序号	文件名称	发布机关	文号
184	关于对校园网有害信息专项清理整治工作的实施意见	教育部	教社政〔2002〕5号
185	关于加强高等教育自学考试考务管理和考风考纪工作的通知	教育部高等教育自学考试办公室	教考试办〔2002〕8号
186	关于印发《关于规范并加强普通高校以新的机制和模式试办独立学院管理的若干意见》的通知	教育部	教发〔2003〕8号
187	关于加强农村中小学食堂管理工作的通知	教育部	教发〔2003〕12号
188	关于表彰全国幼儿教育先进县（市、区）的决定	教育部	教基〔2003〕8号
189	关于开展幼儿教育专项督导自查工作的通知	教育部办公厅	教基厅〔2003〕10号
190	《基础教育课程实验区教材选用》的通知	教育部基础教育司	教基司函〔2003〕13号
191	关于印发《关于积极推进高等教育自学考试信息化建设的指导意见》的通知	教育部高等教育自学考试办公室	教考试办函〔2003〕70号
192	关于进一步加强学校春游活动等安全工作的紧急通知	教育部	教发〔2004〕9号
193	关于进一步加强学校安全工作的通知	教育部	教发〔2004〕36号
194	关于《普通高中新课程实验教材选用》的通知	教育部办公厅	教基厅〔2004〕10号
195	关于以就业为导向深化高等职业教育改革的若干意见	教育部	教高〔2004〕1号
196	关于加强普通高等学校毕业设计（论文）工作的通知	教育部办公厅	教高厅〔2004〕14号
197	关于全面开展高职高专院校人才培养工作水平评估的通知	教育部办公厅	教高厅〔2004〕16号
198	关于印发《普通高等学校本科教学工作水平评估方案（试行）》的通知	教育部办公厅	教高厅〔2004〕21号
199	关于印发《内地西藏班初中预科教学计划（试行）》的通知	教育部办公厅	教民厅〔2004〕4号
200	关于印发《教育部社会科学委员会章程》的通知	教育部	教社政〔2004〕9号
201	关于印发《教育部直属单位建设项目核准暂行办法》的通知	教育部	教发〔2005〕18号
202	关于进一步推进教育项目拖欠工程款清欠工作的通知	教育部办公厅	教发厅〔2005〕6号
203	关于《做好义务教育课程标准实验教材选用工作》的通知	教育部办公厅	教基厅〔2005〕2号
204	关于进一步推进高职高专院校人才培养工作水平评估的若干意见	教育部	教高〔2005〕4号
205	关于印发《普通高等学校少数民族预科班、民族班管理办法（试行）的通知》	教育部	教民〔2005〕5号
206	关于直属高校赴西部地区、老工业基地和革命老区挂职锻炼干部待遇问题的通知	教育部人事司	教人司〔2007〕190号

附件 2：

教育部宣布失效的文件名单

序号	文件名称	发布机关	文号
1	关于选拔优秀中青年干部的通知	教育部干部局	〔80〕教干局字 111 号
2	印发《关于进一步加强中小学在职教师培训工作的意见》等三个文件的通知	教育部	〔80〕教师字 004 号
3	印发《中等师范学校教学计划试行草案》和《幼儿师范学校教学计划试行草案》的通知	教育部	〔80〕教师字 006 号
4	印发《关于分期分批办好重点中学的决定》的通知	教育部	〔80〕教普一字 019 号
5	颁发《全日制六年制重点中学教学计划试行草案》、《全日制五年制中学教学计划试行草案的修订意见》的通知	教育部	〔81〕教普一字 010 号
6	关于颁发《全日制五年制小学教学计划（修订草案）》的通知	教育部	〔81〕教普二字 006 号
7	关于出国进修预备人员的选拔办法	教育部	〔81〕教外选字 657 号
8	关于印制三年制师范化学课使用四年制师范课本的参考意见的通知	教育部师范司	〔82〕教师司字 021 号
9	印发《关于加强普通教育行政干部培训工作意见》的通知	教育部	〔82〕教师字 001 号
10	关于试行中学教师进修高等师范专科、本科教学计划的通知	教育部	〔82〕教师字 005 号
11	关于试行小学教师进修中等师范教学计划的通知	教育部	〔82〕教师字 010 号
12	关于干部任免工作中几个问题的通知	教育部干部司	〔83〕教干司字 074 号
13	印发《关于中小学教师队伍调整整顿和加强管理的意见》的通知	教育部	〔83〕教师字 014 号
14	关于办理老干部离休手续有关事项的通知	教育部干部司	〔83〕教干司 022 号
15	颁发《关于全日制普通中学全面贯彻党的教育方针、纠正片面追求升学率倾向的十项规定（试行草案）》的通知	教育部	〔83〕教中字 016 号
16	关于颁发《中师学生守则（试行草案）》的通知	教育部	〔83〕教师字 004 号
17	关于坚决刹住侮辱、殴打、伤害教师邪风的紧急通知	教育部	〔83〕教师字 013 号
18	关于补发“文化大革命”前出国留学生学历证明书的通知	教育部	〔83〕教外派字 1332 号
19	关于妥善解决归国定居青年藏胞学习问题的通知	国家教委	〔84〕教民字第 477 号
20	关于一九六六年以前举办的教育学院和教师进修学院备案问题的补充通知	教育部	〔84〕教师字 007 号

续表

序号	文件名称	发布机关	文号
21	关于第二批教育学院重新备案的通知	教育部	〔84〕教师字 008 号
22	关于制止不适当地抽调中小学干部和教师问题的通知	教育部	〔84〕教党字 191 号
23	关于转发江西省《中小学教师队伍管理暂行规定》的通知	教育部办公厅	〔84〕教师厅字 005 号
24	关于参加国际组织交纳会费的函	教育部外事局	〔84〕教外局际字 1927 号
25	关于当前高等学校教师工作量问题的意见	教育部	〔85〕教师管字 004 号
26	关于印发《关于内地十九省、市为西藏办学的几项具体规定》的通知	教育部	〔85〕教民字 006 号
27	关于印发《高等学校在校外举办干部专修课的暂行规定》的通知	国家教委	〔85〕教计字 47 号
28	关于严格执行高等学校干部专修课招生规定的通知	国家教委	〔85〕教电 456 号
29	关于重申禁止举办教职工子女专科班或本科班的通知	国家教委	〔85〕教计字 110 号
30	印发《关于进一步加强高等学校后备干部队伍建设工作的几点意见》的通知	国家教委	〔86〕教党字 084 号
31	关于高等学校利用国内外资金修建宾馆、学术交流中心问题的通知	国家教委	〔86〕教基字 65 号
32	关于印发《中等师范学校艺体科教学设备配备目录（试行草案）》的通知	国家教委办公厅	〔86〕教师厅字 002 号
33	中等师范学校培养目标（初稿）	国家教委师范司	〔87〕教师司字 013 号
34	关于 1987 年中学教师《专业合格证书》文化专业知识考试试点工作的几点意见	国家教委师范司	〔87〕教师司字 020 号
35	关于进一步做好 1987 年中小学教师《专业合格证书》文化专业知识考试工作的通知	国家教委师范司	〔87〕教师司字 028 号
36	关于建立 1987 年中学教师《专业合格证书》文化专业知识考试值班制度的通知	国家教委师范司	〔87〕教师司字 032 号
37	关于重申按规定期限申办出国参加国际会议护照签证的函	国家教委外事局	〔87〕教外局际字 932 号
38	在普通高等学校中普及艺术教育的意见	国家教委	〔88〕教办字 002 号
39	关于学者在国际学术刊物上发表论文的函	国家教委外事局	〔88〕教外局际字 1375 号
40	关于设置校级调研员的实施意见	国家教委人事司	〔89〕教人司字 096 号
41	关于在中小学语文、历史、地理等学科教学中加强思想政治教育和国情教育的意见	国家教委	〔89〕教基字 110 号
42	关于印发二年制师专学校八个专业教学大纲的通知	国家教委	〔89〕教师字 005 号
43	关于颁发《三年制中等师范学校教学方案（试行）》的通知	国家教委	〔89〕教师字 007 号

续表

序号	文件名称	发布机关	文号
44	关于印发《高等师范学校本科化学专业化学学科教学基本要求（试行稿）》的通知	国家教委办公厅	〔89〕教师厅字002号
45	印发《关于师范院校扩大招收中青年民办教师的意见》（征求意见稿）的通知	国家教委师范司	〔89〕教师司字027号
46	关于印发《全国学校艺术教育总体规划》的通知	国家教委	〔89〕教社科字003号
47	关于印发《九年义务教育全日制小学思想品德课教学大纲》（初审稿）的通知	国家教委	教基〔1990〕018号
48	关于印发《关于当前师范专科学校工作的几点意见》的通知	国家教委	教师〔1990〕001号
49	关于1990/1991学年度招收来华留学生工作的通知	国家教委	教外来〔1990〕018号
50	关于改革招收和培养第三世界国家来华留学生办法的意见	国家教委国际合作司	教外司来〔1990〕055号
51	关于提前申报国际会议的通知	国家教委国际合作司	教外司际〔1990〕495号
52	关于改善高层次外国留学生住房条件的通知	国家教委	教外来〔1990〕563号
53	关于对电视师范教育高师和中师专业自学收看生考试问题的通知	国家教委办公厅	教考厅〔1990〕001号
54	关于印发《解决直属高校教职工住房问题试行意见》的通知	国家教委	教计〔1991〕224号
55	关于今年秋季开学后在中小学加强近代、现代史及国情教育几项措施的通知	国家教委	教基〔1991〕11号
56	关于加强中国近代、现代史及国情教育师资培训工作的通知	国家教委	教基〔1991〕12号
57	关于印发中学政治、中小学语文、历史、地理学科教育纲要及补充教学用书目录的通知	国家教委	教基〔1991〕22号
58	关于组织实施对外汉语教师资格审查工作的通知	国家教委	教外办〔1991〕463号
59	关于选拔年轻干部近期补充委属高校领导班子的通知	国家教委人事司	教人司〔1992〕497号
60	关于印发《国家教委直属单位住宅建设暂行规定》的通知	国家教委	教计〔1992〕37号
61	关于印发《高中会考工作会议纪要》的通知	国家教委	教基〔1992〕3号
62	关于印发中学思想政治、语文、历史、地理学科教育纲要的实施意见的通知	国家教委	教基〔1992〕4号
63	关于印发《九年义务教育全日制小学、初级中学课程计划（试行）》和二十四个学科教学大纲（试用）的通知	国家教委	教基〔1992〕24号
64	关于对全国143个少数民族贫困县实施教育扶贫的意见	国家教委办公厅	教民厅〔1992〕12号

续表

序号	文件名称	发布机关	文号
65	关于西北师范大学西北少数民族师资培训中心招收有实践经验的少数民族优秀青年试点工作的通知	国家教委	教民〔1992〕4号
66	关于加强民族教育若干问题的意见	国家教委	教民〔1992〕8号
67	关于招收少数民族优秀青年进入高等学校学习的意见	国家教委办公厅	教民厅〔1992〕13号
68	关于加强民族地区教育行政管理干部培训工作的意见	国家教委办公厅	教民厅〔1992〕14号
69	关于加强民族散杂居地区少数民族教育工作的意见	国家教委办公厅	教民厅〔1992〕15号
70	关于进行高等艺术师范教育改革试点工作的通知	国家教委办公厅	教社科厅〔1992〕2号
71	关于加强外国留学生食堂管理工作的通知	国家教委办公厅	教外厅〔1992〕4号
72	关于为公派出国教师配偶更换护照的函	国家教委	教外亚〔1992〕591号
73	关于1993/1994学年度接受国家计划内来华留学生工作的通知	国家教委	教外来〔1992〕594号
74	关于1993/1994学年度来华留学生接受办法的通知	国家教委国际合作司	教外司来〔1992〕868号
75	关于在部分省开展中专自学考试改革试点工作的几点意见	国家教委	教考〔1992〕2号
76	印发《关于加快解决高等学校教职工住房问题的若干意见》的通知	国家教委	教计〔1993〕38号
77	关于印发《全国省级教研室主任会议纪要》的通知	国家教委办公厅	教基厅〔1993〕14号
78	关于转发《国务院办公厅转发国家教委等部门关于进一步加强教育援藏工作的请示的通知》	国家教委	教民〔1993〕13号
79	关于调整普及九年义务教育和扫除青壮年文盲县（市、区）评估工作部署的通知	国家教委	教督〔1993〕3号
80	关于采取措施制止消极文化现象在学校蔓延的通知	国家教委	教体〔1993〕14号
81	关于发送“留学生材料转送单”和“留学生注册登记单”的通知	国家教委国际合作司	教外司来〔1993〕32号
82	关于使用1993年新印制的“外国留学人员来华签证申请表”（JW202表）的通知	国家教委国际合作司	教外司来〔1993〕42号
83	关于做好“非洲在华留学生联合会”工作的情况通报	国家教委国际合作司	教外司来〔1993〕228号
84	关于要求提供1994年度出席国际学术会议信息的通知	国家教委外事司	教外司际〔1993〕536号
85	关于国内举办国际学术会议后总结问题的通知	国家教委外事司	教外司际〔1993〕631号
86	转发外交部领事司关于调整认证办法的通知	国家教委国际合作司	教外司来〔1993〕585号
87	关于设立“中华文化研究奖学金”及对外介绍的通知	国家教委国际合作司	教外司来〔1993〕680号
88	关于使用“留学回国人员科研资助费”有关问题的通知	国家教委留学生司	教留司选〔1993〕470号
89	关于调整设计管理费收费标准的通知	国家教委计建司	教计司〔1994〕67号
90	关于印发《实行新工时制对全日制小学、初级中学课程（教学）计划进行调整的意见》和《实行新工时制对高中教学计划进行调整的意见》的通知	国家教委	教基〔1994〕14号

续表

序号	文件名称	发布机关	文号
91	关于印发中小学语文等23个学科教学大纲调整意见的通知	国家教委	教基〔1994〕15号
92	关于在普通高中开设“艺术欣赏”课的通知	国家教委	教体〔1994〕13号
93	关于印发《全国小学、初中国防教育工作会议纪要》的通知	国家教委办公厅	教防厅〔1994〕3号
94	关于加强韩国来华留学生入学及管理工作的几点意见	国家教委	教外来〔1994〕65号
95	关于重新公布有条件接受外国留学人员的高等院校名单的通知	国家教委	教外来〔1994〕405号
96	关于处理韩国学生会事的复函	国家教委外事司	教外司来〔1994〕805号
97	关于1995/1996学年度国家计划内来华留学生接受办法的通知	国家教委外事司	教外司来〔1994〕804号
98	关于1995/1996学年度接受国家计划内来华留学生工作的通知	国家教委	教外来〔1994〕578号
99	印发《关于高等学校出售公有住房有关问题的意见》的通知	国家教委	教计〔1995〕1号
100	关于委属高等学校出售公有住房问题的通知	国家教委	教计〔1995〕6号
101	关于加强在中等专业学校举办专科程度小学教师班和高等职业技术班试点工作管理的通知	国家教委	教计〔1995〕132号
102	关于委属高等学校出售公有住房的补充通知	国家教委	教计〔1995〕26号
103	关于印发《实行每周40小时标准工作制后调整全日制中小学课程（教学）计划的意见》的通知	国家教委办公厅	教基厅〔1995〕10号
104	关于试行“高等师范专科教育二、三年制教学方案”的通知	国家教委师范司	教师司〔1995〕7号
105	1995年“两基”督导评估工作的通知	国家教委办公厅	教督厅〔1995〕2号
106	关于下发《九年义务教育全日制小学（初级中学）音乐（美术）教学器材配备目录》的通知	国家教委	教体〔1995〕5号
107	关于印发《全国九年义务教育活动课程研讨会会议纪要》的通知	国家教委基础教育司	教基司〔1995〕44号
108	关于现行高中数学、英语两学科教学内容与初中义务教育课程方案衔接处理意见的通知	国家教委基础教育司	教基司〔1996〕6号
109	关于印发《全日制普通高级中学课程计划（试验）》的通知	国家教委基础教育司	教基司〔1996〕13号
110	关于印发全日制普通高级中学语文等学科教学大纲（供试验用）的通知	国家教委基础教育司	教基司〔1996〕23号
111	关于进行普通高中俄语、日语新大纲和新教材试验的通知	国家教委基础教育司	教基司〔1996〕34号

续表

序号	文件名称	发布机关	文号
112	关于在部分省中小学开展民族常识教育活动试点的通知	国家教委办公厅	教民厅〔1996〕10号
113	关于1997年春季中等师范学校和幼儿师范学校教学用书的通知	国家教委	教师〔1996〕1号
114	关于印发《1997年秋季中等师范学校和幼儿师范学校教学用书目录》的通知	国家教委办公厅	教师厅〔1996〕2号
115	关于通过“函授、卫星电视教育、自学考试”相沟通培训中学教师工作调整意见的通知	国家教委办公厅	教师厅〔1996〕3号
116	关于印发《世界银行贷款“师范教育发展项目”改革课题验收试行办法》的通知	国家教委师范司	教师司〔1996〕55号
117	关于进一步做好“两基”督导评估和“五查”工作的通知	国家教委	教督〔1996〕5号
118	关于对广播电视大学“注册视听生”必修课程考试实施监督检查的意见	国家教委办公厅	教考试厅〔1996〕7号
119	关于印发《全国幼儿教育事业“九五”发展目标实施意见》的通知	国家教委	教基〔1997〕12号
120	关于印发《九年义务教育小学思想品德课和初中思想政治课课程标准（试行）》的通知	国家教委	教基〔1997〕7号
121	关于印发《全国复式教学研讨会会议纪要》的通知	国家教委办公厅	教基厅〔1997〕1号
122	关于印发《全国中学外语教学座谈会纪要》的通知	国家教委基础教育司	教基司〔1997〕25号
123	关于在少数民族学校推行中国汉语水平考试试点的通知	国家教委	教民〔1997〕9号
124	关于认真贯彻中央扶贫工作会议精神，进一步加强对口支援民族和贫困地区发展教育事业的通知	国家教委	教民〔1997〕5号
125	关于印发1997年春季中等师范学校和幼儿师范学校教学用书的通知	国家教委办公厅	教师厅〔1997〕2号
126	关于同意河南平顶山师范高等专科学校举办五年制专科层次小学教师实验班的批复	国家教委办公厅	教师厅〔1997〕3号
127	关于印发《1998年中等师范学校和幼儿师范学校教学用书目录》的通知	国家教委办公厅	教师厅〔1997〕3号
128	关于做好1997年“两基”督导评估工作的意见	国家教委	教督〔1997〕5号
129	关于试行外国留学生奖学金年度评审制度的通知	国家教委	教外厅〔1997〕2号
130	关于做好1998年教育督导工作的若干意见	国家教委	教督〔1998〕3号
131	关于颁发《中等师范学校德育大纲〔试行〕》和《中等师范学校学生行为规范〔试行〕》的通知	国家教委师范司	教师司〔1998〕22号

续表

序号	文件名称	发布机关	文号
132	关于印发《1999年春季中师和幼师教学用书目录》的通知	教育部师范司	教师司〔1998〕28号
133	关于推进师范院校深入学习邓小平理论教育的通知	教育部师范司	教师司〔1998〕35号
134	关于印发《1999年秋季中等师范学校和幼儿师范学校教学用书目录》的通知	教育部师范司	教师司〔1998〕43号
135	关于加强专业结构调整力度，尽快缓解部分科类本专科毕业生供求矛盾的通知	教育部	教高〔1998〕1号
136	关于设立部属高校特邀联络员小组的通知	教育部	教党函〔1999〕3号
137	关于在民族贫困地区开展“中小学教师综合素质培训”工作的通知	教育部办公厅	教民厅〔1999〕10号
138	关于印发《园艺教育专业本科教学方案〔试行〕》等三个方案的通知	教育部师范司	教师司〔1999〕11号
139	关于对《中央电大调整高等师范专科小学教育专业〔文科方向/理科方向〕教育计划报告》的通知	教育部师范司	教师司〔1999〕12号
140	关于印发《2000年春季中等师范学校和幼儿师范学校教学用书目录》的通知	教育部师范司	教师司〔1999〕17号
141	关于批准哈尔滨师范等17所中师作为语文“四结合”教育改革实验校的通知	教育部师范司	教师司〔1999〕26号
142	关于印发《2000年秋季中等师范学校和幼儿师范学校教学用书目录》的通知	教育部师范司	教师司〔1999〕43号
143	关于开展义务教育经费专项检查工作的通知	教育部	教督〔1999〕4号
144	关于印发《全日制普通高级中学课程计划（试验修订稿）》的通知	教育部	教基〔2000〕3号
145	关于使用《全日制普通高级中学语文教学大纲（试验修订版）》的通知	教育部	教基〔2000〕4号
146	关于印发《关于2000年初中毕业、升学考试改革的指导意见》的通知	教育部	教基〔2000〕10号
147	关于印发全日制普通高级中学语文等学科教学大纲（试验修订版）的通知	教育部	教基〔2000〕11号
148	关于印发义务教育阶段语文、数学、英语等五科教学大纲（试用修订版）的通知	教育部	教基〔2000〕13号
149	关于印发初级中学物理、化学、生物、历史、地理等五科教学大纲（试用修订版）的通知	教育部	教基〔2000〕29号
150	关于《全日制普通高级中学课程计划（试验修订稿）》的补充通知	教育部办公厅	教基厅〔2000〕13号

续表

序号	文件名称	发布机关	文号
151	关于印发《中小学教师继续教育工程方案〔1999—2002年〕》及其实施意见的通知	教育部	教师〔2000〕3号
152	关于印发《2001年春季中师和幼师教学用书目录》的通知	教育部师范司	教师司〔2000〕34号
153	关于成立“高等师范学校本科教学工作评估管理办公室”的通知	教育部师范司	教师司〔2000〕36号
154	关于将“中学英语教师暑期培训项目”纳入继续教育的通知	教育部师范司	教师司〔2000〕44号
155	关于印发《2001年秋季普通中等师范学校、幼师和特师教学用书目录》的通知	教育部师范司	教师司〔2000〕58号
156	关于批准民族地区中小学教师继续教育双语教材建设方案的通知	教育部师范司	教师司〔2000〕61号
157	关于贯彻落实教育部《关于在小学减轻学生过重负担的紧急通知》工展专项督导检查的通知	教育部	教督〔2000〕1号
158	关于对部分省（自治区）扫盲工作进行督导检查和调研的通知	教育部办公厅	教督厅〔2000〕6号
159	关于抓紧办理到龄干部免职手续的通知	教育部人事司	教人司〔2001〕53号
160	关于印发《2001年秋季义务教育课程标准实验教学用书目录》的通知	教育部基础教育司	教基司函〔2001〕59号
161	关于印发《2002年春秋两季义务教育课程标准实验教学用书目录》的通知	教育部办公厅	教基厅〔2001〕15号
162	教育部关于全国使用《全日制普通高级中学课程计划（试验修订稿）》和各学科教学大纲（试验修订版）的通知	教育部	教基函〔2001〕3号
163	关于下发《中小学教师继续教育工程升级自评指南》的通知	教育部师范司	教师司〔2001〕19号
164	关于继续发挥中国—联合国儿童基金会合作师资培训项目协调指导中心作用的函	教育部师范司	教师司〔2001〕24号
165	关于印发《2002年春季中等师范学校和幼儿师范学校教学用书目录》的通知	教育部师范司	教师司〔2001〕31号
166	关于印发《2002年秋季中等师范学校教学用书目录》的通知	教育部师范司	教师司〔2001〕62号
167	关于对部分省（自治区、直辖市）贯彻落实《国务院关于基础教育改革与发展的决定》以及学校体育卫生艺术教育、教师继续教育工作开展督导调研和检查的通知	教育部办公厅	教督厅函〔2001〕5号

续表

序号	文件名称	发布机关	文号
168	关于取消自费外国留学生数理化水平统一测试的通知	教育部国际合作与交流司	教外司来〔2001〕55号
169	关于进一步完善教育部直属高校国债项目月报制度有关问题的通知	教育部发展规划司	教发司〔2002〕70号
170	关于《2002年秋季基础教育新课程实验区教材选用》的紧急通知	教育部基础教育司	教基司函〔2002〕28号
171	关于“十五”期间教师教育改革与发展的意见	教育部	教师〔2002〕1号
172	关于印发2003年春季中等师范学校教学用书目录的通知	教育部师范司	教师司〔2002〕30号
173	关于印发《2004年义务教育课程标准实验教学用书目录》的通知	教育部基础教育司	教基司函〔2003〕85号
174	关于印发2003年秋季中等师范学校教学用书目录的通知	教育部师范司	教师司〔2003〕2号
175	关于教育部直属高校党员领导干部报告个人有关事项工作的通知	教育部人事司	教人司〔2006〕347号
176	关于印发《2006—2010年普通高等学校辅导员培训计划》的通知	教育部办公厅	教思政厅〔2006〕2号
177	教育部办公厅关于印发《2006年国家教育统一考试网上评卷工作考务管理办法》的通知	教育部办公厅	教考试厅〔2006〕2号
178	关于切实办好高等学校清真食堂的通知	教育部办公厅	教发厅〔2007〕3号
179	关于印发《2008年基础教育课程标准实验教学用书目录》的通知	教育部办公厅	教基厅〔2007〕14号
180	关于印发《2008年秋季普通中小学教学用书目录》的通知	教育部办公厅	教基厅〔2007〕13号

教育部关于“十二五”普通高等教育本科教材建设的若干意见

（2011年4月28日）

各省、自治区、直辖市教育厅（教委），新疆生产建设兵团教育局，有关部门（单位）教育司（局），解放军总参谋部军训和兵种部，部属各高等学校：

为贯彻落实《国家中长期教育改革和发展规划纲要（2010—2020年）》，全面提升本科教材质量，充分发挥教材在提高人才培养质量中的基础性作用，现就“十二五”普通高等教育本科教材建设提出以下意见。

一、“十一五”普通高等教育本科教材建设情况

“十一五”期间，我国高等教育本科教材建设深入贯彻落实科学发展观，认真落实《中共中央宣传部　教育部关于加强和改进高等学校哲学社会科学学科体系与教材体系建设的意见》(教高〔2005〕6号)、教育部《关于进一步加强高等学校本科教学工作的若干意见》（教高〔2005〕1号）和《教育部关于进一步深化本科教学改革全面提高教学质量的若干意见》（教高〔2007〕2号）精神，结合“高等学校本科教学质量与教学改革工程”万种新教材建设项目的全面实施，逐步形成了反映时代特点、与时俱进的教材体系，为提高高等教育本科教学质量和人才培养质量提供了有力保障。“十一五”期间，我国普通高等教育本科教材建设取得的成就主要表现在以下几个方面。

（一）教材出版进一步繁荣。教材数量大幅度增加，教材专业门类更加齐全，注重体现分类指导，基本满足教学需求。

（二）教材质量进一步提高。教材建设密切关注经济社会发展和科技进步，紧密结合学科专业发展和教育教学改革，不断更新内容，丰富形式，编写出版了一批精品教材。

（三）各方面参与教材建设的积极性进一步提高。特别是充分调动了地方院校和出版社编写出版教材的积极性。

（四）教材管理进一步优化。教育行政部门完善了教材评价体系，拓展了教材建设管理、服务的信息化平台，开展了各级精品教材、优秀教材的评审推荐工作，推进了优质教育资源进课堂。

（五）教材的国际化进一步推进。引进了一批在国际上居领先地位的境外优秀教材，为我国普通高等教育本科教材建设注入了新的活力；输出了一批国内优秀教材，中国普通高等教育本科教材进一步走向世界。

与此同时，普通高等教育本科教材建设也存在一些问题：教材编写激励机制不完善，部分高水平教师编写教材精力投入不足；学科专业教材建设不均衡，基础课、热门专业教材众多，布点少且招生量少的专业、战略性新兴产业专业教材不完备；实践教学教材缺乏；教材质量监管制度不够健全，教材评价选用机制有待进一步完善，少数学校选用低水平教材的现象仍然存在。

二、“十二五”普通高等教育本科教材建设的方针和目标

“十二五”普通高等教育本科教材建设，要坚持以邓小平理论和“三个代表”重要思想为指导，深入贯彻落实科学发展观，全面贯彻党的教育方针，全面落实《国家中长期教育改革和发展规划纲要(2010—2020年)》、《国家中长期人才发展规划纲要(2010—2020年)》，以服务人才培养为目标，以提高教材质量为核心，以创新教材建设的体制机制为突破口，以实施教材精品战略、加强教材分类指导、完善教材评价选用制度为着力点，为提高高等学校本科教学质量和人才培养质量发挥更大作用。

“十二五”普通高等教育本科教材建设，要坚持育人为本，充分发挥教材在提高人才培养质量中的基础性作用，充分体现我国改革开放30多年来经济、政治、文化、社会、科技等方面取得的成就，适应不同类型高等学校需要和不同教学对象需要，编写推介一大批符合教育规律和人才成长规律的具有科学性、先进性、适用性的优秀教材，进一步完善具有中国特色的普通高等教育本科教材体系。

三、“十二五”普通高等教育本科教材建设的基本原则

（一）全面推进，突出重点。以国家、省（区、市)、高等学校三级教材建设为基础，全面推进，提升教材整体质量。重点建设主干基础课程教材、专业核心课程教材，加强实验实践类教材建设，推进数字化教材建设。

（二）明确责任，确保质量。为保证教材编写和出版质量，教材的编写者须在教学和科研方面有所成就，或在行业中具有较高技能水平并有一定的教学经验。教材编写实行主编负责制，出版发行实行出版社负责制，主编和其他编者所在单位及出版社上级主管部门承担监督检查责任。

（三）锤炼精品，改革创新。鼓励对优秀教材不断修订完善，将学科、行业的新知识、新技术、

新成果写入教材。鼓励编写及时反映人才培养模式和教学改革最新趋势的教材，注重教材内容在传授知识的同时，传授获取知识和创造知识的方法。

（四）分类指导，鼓励特色。根据各类普通高等学校需要，注重满足多样化人才培养需求，教材特色鲜明、品种丰富。避免相同品种且特色不突出的教材重复建设。

四、“十二五”普通高等教育本科教材建设的任务和基本要求

（一）各级教育行政部门强化对教材建设的宏观指导与管理。

1. 加强对教材建设的宏观指导。进一步完善高等教育本科教材建设的工作机制，以国家、省（区、市）、高等学校三级教材建设为基础，调动各方面参与教材建设的积极性。各级教育行政部门应充分考虑国家和区域经济社会发展需求，根据高等教育大众化阶段特点，在深入研究分析本科教材建设现状及面临形势的基础上，针对不同的人才培养定位和目标，提出“十二五”教材建设的总体思路和具体建设措施。教育部将改革“十二五”国家级规划教材遴选机制，实施本科教材精品战略。

2. 加强政策支持和经费保障。各级教育行政部门对“十二五”教材建设给予必要的政策支持和经费保障。鼓励教学名师、优秀学科带头人跨校、跨区域联合编写教材；鼓励编写适应优势学科、特色专业人才培养模式改革需要的特色教材；鼓励编写国家战略性新兴产业相关专业、边缘学科、交叉学科教材，填补空白。教育部将在本科教学有关奖项的评审指标体系中增加或强化优秀教材相关指标，激励高水平教师积极参加教材建设。

3. 建立以提高高等教育质量为核心的教材建设长效机制。完善教材建设的激励机制，建立国家、省（区、市）、高等学校三级教材质量监控和评价机制，加强教材推介管理工作。

（二）充分发挥高等学校在教材建设中的主体作用。

1. 统筹教材建设工作。高等学校要根据学校特色，促进教材建设与人才培养相结合，与专业建设、课程建设、科研工作、教学方式方法改革和教学辅助资源建设相结合，形成良性互动，建设高质量教材。

2. 加强教材编写队伍建设。高等学校应高度重视高水平的教材编写队伍建设，鼓励教学名师、高水平专家主编或参加教材编写工作，优秀教材应作为本科教学评奖评优和教师专业技术职务评聘的重要指标。根据不同类型、不同科类教材建设需求，吸引行业人士参与教材建设，开发适用性和实践性强的优秀教材。

3. 强化教材建设管理。高等学校要将教材建设的过程管理与目标管理结合起来，实行教材立项、阶段检查、目标审核制，加强教材质量监督。

4. 做好教材选用工作。高等学校要建立和完善教材选用机制、质量监控和评价机制，建立教材使用效果的跟踪调查和信息反馈制度，定期进行教材使用情况的调查、统计和评估，正确处理选用优秀教材与自编教材的关系，确保优质教育资源进课堂。

（三）充分发挥专家与行业组织在教材建设中的作用。

1. 各学科（专业）教学指导委员会应加强教学内容和课程体系改革的研究，及时向有关部门提出教学改革和教材建设工作的意见和建议；根据学科专业教学基本要求，对高等学校的教材建设分类指导，对出版社的出版选题提出建议；参与教材的评价推介工作。

2. 各省级教材研究机构和组织要充分发挥参谋、助手和纽带作用，协助和配合各级教育行政部门和高等学校做好教材建设工作。积极开展国内外教材比较研究、教材质量评价体系研究，加强教材建设体系、机制等相关理论研究，加强教材信息交流和教材建设经验交流。

3. 重视和发挥行业协会在教材建设中的作用。鼓励行业协会利用其具有的行业资源和人才优势，开发贴近经济社会实际的教材和高质量的实践教材。

4. 充分发挥出版社在教材建设中的作用。鼓励出版社注重社会效益，加强与高等学校及教师的联系，根据自身优势，规划选题，出版教材；不断丰富教材类型，继续开发数字化教材；加强国外优秀教材的引进和改编，积极推动本土优秀教材走出国门。保证教材选题质量和出版质量，降低教材价格。

五、做好“十二五”普通高等教育本科国家级规划教材建设工作

教育部将于近期启动“十二五”本科国家级规划教材建设工作。“十二五”本科国家级规划教材将认真贯彻落实《国家中长期教育改革和发展规划纲要（2010—2020年）》，进一步转变思想观念，创新优秀教材遴选机制，紧紧围绕提高人才培养质量，实施规划教材精品战略，“选”、“编”结合，以“选”为主。规划教材主要采取分批遴选方式，从“十一五”、“十二五”期间陆续出版的教材中遴选出优秀教材供高等学校选用。随着教育教学改革的不断推进，还将适时组织适应教改需要的规划教材选题，遴选高水平编者编写教材。

在“十二五”本科国家级规划教材建设中，鼓励编写、出版适应不同类型高等学校教学需要的不同风格和特色教材；积极推进高等学校与行业合作编写实践教材；鼓励编写、出版不同载体和不同形式的教材，包括纸质教材和数字化教材，授课型教材和辅助型教材；鼓励开发中外文双语教材、汉语与少数民族语言双语教材；探索与国外或境外合作编写或改编优秀教材。

根据中央实施马克思主义理论研究和建设工程的战略部署和总体要求，中宣部、教育部正在有计划地组织编写150种左右哲学社会科学重点教材，供相关专业统一使用。这些哲学社会科学重点教材基本覆盖哲学、政治经济学、科学社会主义、中共党史以及政治学、社会学、法学、历史学、新闻学、文学、艺术、教育学、管理学等学科专业的基础理论课程和专业主干课程，因此，将不再组织遴选这些重点教材涉及课程的“十二五”本科国家级规划教材。

请省级教育行政部门将本意见转发至本地区所有高等学校。

教育部关于学习贯彻温家宝总理在北京师范大学首届免费师范生毕业典礼上重要讲话精神的通知

（2011年6月24日）

各省、自治区、直辖市教育厅（教委），新疆生产建设兵团教育局，部属师范大学：

6月17日，中共中央政治局常委、国务院总理温家宝出席北京师范大学首届免费师范生毕业典礼并发表了重要讲话。讲话充分肯定了师范生免费教育试点工作取得的成绩，对进一步完善好、实施好师范生免费教育工作作出了系统部署，对全国广大师范生提出了殷切希望，进一步指明了新时期我国教师教育改革发展方向。为全面贯彻落实温家宝总理重要讲话精神，现将有关要求通知如下。

一、深刻领会讲话精神，进一步增强做好师范生免费教育工作的责任感和使命感

温家宝总理的重要讲话高屋建瓴，情真意切，鼓舞人心。讲话指出国家实行师范生免费教育的决策是完全正确的，强调进一步完善好、实施好这项政策是一件大事，表达了党中央、国务院实行师范生免费教育的坚定决心。讲话要求在搞好试点的基础上，认真总结经验，研究和解决存在的问题，加快落实和完善配套政策，让更多优秀毕业生下得去、留得住、干得好，明确了下一步师范生免费教育的工作重点和方向。讲话号召广大高校毕业生特别是师范生到农村学校任教，希望广大师范生要充满爱心、甘于奉献、刻苦学习、勇于创新，对今后一个时期教师教育改革发展和中小学教师队伍建设工作提出了明确要求。各地各校要深入学习温家宝总理重要讲话精神，深刻理解温家宝总理重要讲话精神的重大现实意义和深远历史意义，进一步增强做好师范生免费教育工作的责任感和使命感，为建设高素质专业化教师队伍做出新的贡献。

二、全面落实讲话精神，进一步推进师范生免费教育工作

各地各校要全面落实温家宝总理重要讲话中提出的各项要求，结合本地本校实际，制定有力措施，落实到师范生免费教育工作的各个环节。当前重点推进以下几方面工作。

1. 切实做好首届免费师范生到农村学校任教工作。各地各校要按照温家宝总理的重要讲话精神，在已有工作的基础上，继续做好首届免费师范毕业生离校、就业等各项工作，持续关心免费师范毕业生工作学习和生活状况，落实好现有各项政策，全面落实免费师范毕业生的编制和岗位。确保免费师范毕业生履行国家义务，积极投身到农村中小学教育事业。

2. 认真总结经验，加快完善师范生免费教育的配套政策。一是研究建立免费师范生录取和退出机制，加大高校自主招生力度，制定录取后经考察不适合从教的免费师范生调整到非师范专业的退出办法和愿意从教的优秀非师范生转为免费师范生的选拔办法，让真正乐教适教的优秀学生读师范。二是研究制定提高免费师范生生活补贴标准方案，制定优秀免费师范生奖励办法。三是研究制定教师教育改革创新实验区支持建设方案，建立名师给免费师范生上课制度，制定观摩名师讲课的实习安排办法，提高免费师范生培养质量。四是进一步完善免费师范生就业的政策措施，通过建立健全分工负责、密切配合的跨部门工作机制，全面落实免费师范毕业生的编制和岗位。五是进一步完善免费师范毕业生免试攻读在职教育硕士的具体办法。六是研究制定逐步在全国推广师范生免费教育工作方案和政策措施，鼓励地方发展师范生免费教育，支持各地师范院校采取定向招生、免费培养的办法，为农村培养骨干教师。

3. 教育和引导高校毕业生特别是免费师范毕业生，积极投身农村教育事业。各校要进一步做好学生思想教育工作，培养学生要有燃烧自己、照亮别人的奉献精神；教育学生要有不怕吃苦受累，不怕经受挫折，敢于经风雨、见世面，敢于到基层、到落后地区、到最艰苦的地方锻炼成长；鼓励学生到祖国最需要的地方去，建功立业；增强大学生从事教师职业的光荣感、责任感和使命感，营造大学生到基层锻炼成长的良好氛围。

三、深入贯彻讲话精神，全面加强教师教育和教师队伍建设

各地各校要进一步推进教师教育改革创新，全面加强中小学教师队伍建设。要强化师德教育，进一步加强教师职业道德教育，教育广大教师人格高尚，眼界开阔，知识渊博，志向远大、思想活跃。支持广大教师积极投身教育改革创新实践，重视培养学生的想象能力、创新能力和实践能力，激发学生的兴趣，创造有利于个性发展的氛围，使美好的教育理想变为现实。要推进教师教育改革，借鉴部属师范大学师范生免费教育试点经验，创新教师培养模式，探索建立高校、地方政府和中小学合作培养师范生的新机制。强化教师养成教育，深化课程教学改革，全面提高师范生培养质量。要大力加强中小学教师队伍建设，以农村教师队伍为重点，以提高师德水平和教师专业能力为核心，加强制度创新，进一步增强教师职业吸引力，全面提升教师素质，造就高素质专业化教师队伍。

四、大力宣传讲话精神，进一步营造全社会尊师重教的浓厚氛围

各地各校要把学习宣传、贯彻落实温家宝总理重要讲话精神，与全面落实教育规划纲要和国家教育体制改革试点紧密结合起来，与开展 2011 年教师节庆祝活动结合起来，精心组织、周密部署、系统安排。要通过报刊、广播、电视、网络等各类媒体，通过学习培训、座谈研讨、专家解读等多种形式，广泛开展学习宣传，使每一位教育工作者和学校干部师生都能够全面了解、深入领会和准确把握讲话的精神实质，进一步统一思想、凝心聚力。要形成学习宣传温家宝总理重要讲话精神的强大声势，进一步营造重视、关心、参与和支持师范教育改革发展的良好工作局面，推动全社会形成尊师重教的浓厚氛围。

各地各校要结合学习贯彻温家宝总理讲话精神，对师范生免费教育工作进行全面研究和系统部署，要加大督促检查工作力度，及时总结好经验好做法，及时研究解决出现的问题，确保各项工作落到实处。

有关情况请及时报告我部。

教育部关于充分发挥行业指导作用推进职业教育改革发展的意见

（2011 年 6 月 23 日）

各省、自治区、直辖市教育厅（教委），各计划单列市教育局，新疆生产建设兵团教育局，全国中等职业教育教学改革创新指导委员会，各行业职业教育教学指导委员会，有关部门（单位）：

为贯彻落实全国教育工作会议精神和《国家中长期教育改革和发展规划纲要（2010—2020 年）》，加快建立健全政府主导、行业指导、企业参与的办学机制，推动职业教育适应经济发展方式转变和产业结构调整要求，培养大批现代化建设需要的高素质劳动者和技能型人才，现就充分发挥行业指导作用，推进职业教育改革发展提出如下意见。

一、进一步提高对职业教育行业指导重要性的认识

1. 行业是建设我国现代职业教育体系的重要力量。长期以来，各行业主管部门、行业组织积极参与举办职业教育，认真指导职业学校办学，为我国职业教育的改革发展作出了重要贡献。行业是连接教育与产业的桥梁和纽带，在促进产教结合，密切教育与产业的联系，确保职业教育发展规划、教育内容、培养规格、人才供给适应产业发展实际需求等方面，发挥着不可替代的作用。构建适应经济社会发展方式转变和产业结构调整要求、体现终身教育理念、中等和高等职业教育协调发展的现代职业教育体系，离不开行业的指导。

2. 强化行业指导是职业教育提升服务能力的重要保证。“十二五”时期，以科学发展为主题，以加快转变经济发展方式为主线，促进经济长期平稳较快发展与社会和谐稳定，迫切需要职业教育培养大批高素质劳动者和技能型人才。当前，职业教育办学机制还不够健全，与行业企业的联系还不够紧密。加强行业指导，是推进职业教育办学机制改革的关键环节，是遵循职业教育办学规律，整合教育资源，改进教学方式，突出办学特色，提高服务经济发展方式转变能力的必然要求。全面落实教育规划纲要，职业教育要围绕国家战略需求，充分依靠行业，加强产学研合作，密切校企合作、工学结合，共同推进改革创新，促进职业教育的规模、专业设置和人才培养更加适应国家战略任务的新要求，为实现全面建设小康社会奋斗目标提供有力的人力资源支撑。

二、依靠行业，充分发挥行业对职业教育的指导作用

3. 大力支持行业主管部门和行业组织履行实施职业教育的职责。要支持行业根据发展需要举办职业教育，并对本系统、本行业的职业教育发挥组织、协调和业务指导作用；明确举办职业学校的办学定位，完善管理模式，促进学历教育与培训有机衔接；整合行业内职业教育资源，引导和鼓励本行业企业开展校企合作；发挥资源、技术、信息等优势，参与校企合作项目的评估、职业技能鉴定及相关管理工作；收集、发布国内外行业发展信息，开展新技术和新产品鉴定与推广，引导职业教育贴近行业、企业实际需要；提出制定行业职业教育规划咨询建议，参与国家对职业学校的教育教学评估和相关管理等工作。

4. 鼓励行业企业全面参与教育教学各个环节。要以行业、企业的实际需求为基本依据，遵照技能型人才成长规律组织教育教学。要依靠行业相关专业优势，充分发挥行业在人才供需、职业教育发展规划、专业布局、课程体系、评价标准、教材建设、实习实训、师资队伍、企业参与、集团办学等方面的指导作用，促进行业在职业学校专业建设和教学实践中发挥更大作用，不断提高职业教育人才培养的针对性和适应性。

5. 充分发挥行业职业教育教学指导委员会（以下简称行指委）的作用。行指委是行业主管部门、行业组织牵头组建的职业教育专家组织，是促进职业教育与产业结合的重要力量。发挥行指委的作用是新阶段保障职业教育科学发展的一项重要机制。各行指委要按照工作职能和要求，建立健全工作制度，明确工作计划、目标和任务，积极为各级教育行政部门提供咨询和建议，帮助和指导职业学校开展教学改革，成为职业教育政策的建议者、信息的传播者、校企合作的推动者、职业学校的服务者和相关活动的组织者。

三、突出重点，在行业的指导下全面推进教育教学改革

6. 推进产教结合与校企一体办学，实现专业与产业、企业、岗位对接。建立健全校企合作新机制，指导推动学校和企业创新校企合作制度，积极开展一体化办学实践。通过整合实训资源，共建产品设计中心、研发中心和工艺技术服务平台，在企业建立教师实践基地等方式，推动职业学校教师到企业实践，企业技术人员到学校教学，促进职业学校紧跟产业发展步伐，促进教育与产业、学校与企业深度合作。

7. 推进构建专业课程新体系，实现专业课程内容与职业标准对接。以提高学生综合职业能力和服务学生终身发展为目标，紧贴经济社会发展需求，结合产业发展实际，对接职业标准，指导专业设置标准和教学指导方案开发，指导学校加强专业建设，规范专业设置管理，更新课程内容，调整课程结构，探索教材创新，实现人才培养与产业，特别是与区域产业的紧密对接。

8. 推进人才培养模式改革，实现教学过程与生产过程对接。依照全面发展、人人成才、多样化人才、终身学习、系统培养等新的人才培养观念，遵循教育规律和人才成长规律，指导职业学校根据职业活动的内容、环境和过程改革人才培养模式，做到学思结合、知行统一、因材施教，着力提高学生的职业道德、职业技能和就业创业能力，促进学生全面发展。推动企业积极接受职业学校学生顶岗实习，探索工学结合、校企合作、顶岗实习的有效途径。紧贴岗位实际生产过程，改革教学方式和方法，倡导启发式、探究式、讨论式、参与式教学，积极开展项目教学、案例教学、场景教学、模拟教学。

9. 推进建立和完善“双证书”制度，实现学历证书与职业资格证书对接。积极组织开展本行业所负责的职业资格认证及行业相关专业的“双证书”实施工作试点。依据产业发展和行业企业岗位职业能力标准所涵盖的知识、技能和职业素养要求，指导相关试点专业的人才培养方案制定、核心课程开发、技能训练和岗位职业能力认证等工作，推动职业学校和职业技能鉴定机构、行业企业的深度合作。推动在省级以上重点学校设立职业技能鉴定点，将相关课程考试考核与职业技能鉴定合并进行，使学生在取得毕业证书的同时，获得相关专业的职业资格证书和行业岗位职业能力证书。

10. 推进构建人才培养立交桥，实现职业教育与终身学习对接。整合职业教育资源，推进行业内中职与高职及职业培训机构集团化办学。指导推进招生和教学模式改革，改变单一的入学方式和学习形式，学校教育与职业培训并举，全日制与非全日制并重。指导推动中、高职协调发展，探索中、高职课程相贯通，职业技能成果与学习成绩的互认和衔接。指导职工在职接受职业教育工作，推动企业委托职业学校并协同优质社会培训机构、各级各类成人继续教育机构进行职工培训，有计划地提高从业人员的业务素质和职业技能，满足在职职工继续学习、终身发展的需求。

四、完善机制，探索和构建职业教育行业指导工作体系

11. 切实加强行指委能力建设。各行指委要不断加强自身的思想建设、组织建设和业务建设，不断提高工作质量和服务水平。要坚持科学严谨，实事求是的工作态度、工作作风，注重调查研究，发扬勤俭节约，艰苦奋斗的优良传统，建立完善自律性管理约束机制，努力做到指导到位、有力，服务专业、有效，与政府部门和相关单位密切沟通、积极配合。要加强行指委之间的交流与合作。

12. 逐步建立和完善职业教育人才培养质量行业评价制度。要建立社会、行业、企业、教育行政部门和学校等多方参与，以能力水平和贡献大小为依据的职业教育质量评价体系，把行业规范和职业标准作为学校教学质量评价的重要依据，把社会和用人单位的意见作为职业教育质量评价的重要指标。逐步建立以行业企业为主导的职业教育第三方评价机制。职业学校办学条件、教师编制等实施标准，以及专业设置标准、国家级示范校和示范专业点建设等工作都应听取有关行业的意见。

13. 健全职业学校教育教学行业指导制度和工作机制。职业学校要建立有行业企业参加的办学咨询、专业设置评议和教学指导机构。要根据当地产业发展的实际，针对区域产业发展和企业需求，与行业企业共同制定实施性人才培养方案和教学计划，编写校本教材，培养培训师资，组织实施教学，使学校人才培养最大限度地与区域产业发展需求相吻合。

14. 加强职业教育行业指导工作的组织领导。要把发挥行业指导作用，纳入现代职业教育体系建设之中，加强制度建设，建立健全行业指导领导机构和工作机制。要充分发挥职业教育部际联席会的作用。省级教育行政部门要切实发挥区域统筹作用，大力支持行业、企业发展职业教育，为促进区域内中高等职业教育协调发展和资源共享，提供必要的保障条件。在研究制定职业教育重大政策措施的过程中，要主动听取和征求有关行业的意见和建议。要把行业指导情况，作为职业教育督导的重要内容。

15. 转变职能，适应办学体制机制改革的新要求。教育行政部门要根据加强职业教育行业指导的要求，加快转变工作职能、工作方式和工作作风，要在指导思想、工作方法、机构设置等方面与时俱进。要建立行业指导例会制度，经常性地开展教育行政部门、职业学校与行业、企业的对话交流。要将应当或适宜由行业承担的工作，通过授权、委托等方式交给行业承担，并给予相应的政策和资金等方面的支持。要创造良好的政策环境，推动制定实施引导行业企业和社会参与办学的宏观政策、政府购买企业培训实训资源的政策。要鼓励行业组织、企业举办职业学校，鼓励委托职业学校进行职工培训。鼓励支持行业组织开展相关职业技能竞赛活动。探索建立评估行业指导、参与职业教育督导机制。

教育部　财政部关于“十二五”期间实施“高等学校本科教学质量与教学改革工程”的意见

（2011 年 7 月 1 日）

各省、自治区、直辖市教育厅（教委）、财政厅（局），新疆生产建设兵团教育局、财务局，有关部门（单位）教育司（局）、财务司（局），部属各高等学校：

为了贯彻落实胡锦涛总书记在庆祝清华大学建校 100 周年大会上的重要讲话精神和教育规划纲

要，进一步深化本科教育教学改革，提高本科教育教学质量，大力提升人才培养水平，教育部、财政部决定在“十二五”期间继续实施“高等学校本科教学质量与教学改革工程”（以下简称“本科教学工程”）。现就实施“本科教学工程”提出如下意见。

一、实施“本科教学工程”的重要意义

（一）提高质量是高等教育发展的核心任务，是建设高等教育强国的基本要求，是实现建设人力资源强国和创新型国家战略目标的关键。胡锦涛总书记在庆祝清华大学建校100周年大会上的重要讲话中强调，不断提高质量，是高等教育的生命线，必须大力提升人才培养水平、大力增强科学研究能力、大力服务经济社会发展、大力推进文化传承创新。胡锦涛总书记的重要讲话为我国高等教育在新的历史起点上科学发展指明了方向。实施“本科教学工程”，就是要全面落实胡锦涛总书记的重要讲话精神和教育规划纲要的总体部署，进一步引导高等学校适应国家经济社会发展和人民群众接受良好教育的要求，深化教育教学改革，加大教学投入，全面提高高等教育质量。

（二）全面提高高等教育质量的核心是大力提升人才培养水平。高等教育的根本任务是培养人才。提升人才培养水平必须要注重整体推进，始终坚持育人为本，牢固确立人才培养在学校各项工作中的中心地位和本科教学在大学教育中的基础地位，紧密围绕优化结构布局、改革培养模式、创新体制机制、健全质量保障体系等全面深化教育教学改革，引导各级政府和高等学校把教育资源配置、学校工作着力点集中到强化教学环节、提高教育质量上来。提升人才培养水平必须坚持重点突破，要在影响人才培养质量的关键领域和薄弱环节上，发挥国家级项目在教学改革方向上的引导作用、在教学改革项目建设上的示范作用、在推进教学改革力度上的激励作用和在提高教学质量上的辐射作用，调动地方、高校和广大教师的积极性、主动性，通过重点突破带动整体推进。

（三）近年来，中央财政先后支持实施了“985工程”、“211工程”、“国家示范性高等职业院校建设计划”以及支持地方高校发展专项资金等项目，促进了高等学校学科发展、改善了教学科研条件、提升了科研水平，有力地推进了高等教育改革发展。特别是“十一五”期间实施的“高等学校本科教学质量与教学改革工程”建设，紧紧抓住影响本科人才培养的关键，选择具有基础性、全局性、引导性的项目，有效推动了本科教育教学改革和人才培养质量提升，初步形成了国家级、省级、校级三级质量建设体系。实施“本科教学工程”，就是要在“十一五”期间“高等学校本科教学质量与教学改革工程”系统强化教学关键环节、引导教学改革方向、加大教学投入等成功经验的基础上，遵循高等教育教学规律和人才成长规律，进一步整合各项改革成果，加强项目集成与创新，把握重点与核心，提高项目建设对人才培养的综合效益。

（四）实施“本科教学工程”旨在针对高等教育人才培养还不完全适应经济社会发展需要的突出问题，特别是要在高校专业结构不尽合理、办学特色不够鲜明、教师队伍建设与培养培训薄弱、大学生实践能力和创新创业能力不强等关键领域和薄弱环节上，通过一段时间的改革建设，力争取得明显成效，更好地满足经济社会发展对应用型人才、复合型人才和拔尖创新人才的需要。

二、指导思想与建设目标

（一）指导思想。坚持以邓小平理论和“三个代表”重要思想为指导，深入贯彻落实科学发展观，全面贯彻党的教育方针，全面落实教育规划纲要，紧紧围绕人才培养这一根本任务，以全面实施素质教育为战略主题，以提高本科教学质量为核心，着力加强质量标准建设，着力优化专业结构，着力创新人才培养模式，着力提高学生实践创新能力，着力改革体制机制，大力提升人才培养水平，力争在解决影响和制约高等教育教学质量的关键领域和薄弱环节上取得新突破，充分发挥国家级项目在推进教学改革、加强教学建设、提高教学质量上的引领、示范、辐射作用，更好地满足国家经济社会发展对应用型人才、复合型人才和拔尖创新人才的需要。

（二）建设目标。通过实施“本科教学工程”，初步形成中国特色的人才培养质量评价标准；引导高校主动适应国家战略需求和地方经济社会发展需求，优化专业结构，加强内涵建设，改革人才培养模式，形成一批引领改革的示范性专业；建成一批服务国家战略性新兴产业和艰苦行业发展需要的专业点；配合“卓越计划”的实施，形成一批培养高素质人才的支撑专业点；建立与国际实质等效的工程、医学等专业认证体系。引导高校加强课程建设，形成一批满足终身学习需求，具有国际影响力的网络视频课程和一批可供高校师生和社会人员免费使用的优质教育教学资源。整合各类实验实践教学资源，建设开放共享的大学生实验实践教学平台；支持在校大学生开展创新创业训练，提高大学生解决实际问题的实践能力和创新创业能力。创新中青年教师培养培训新模式，形成有利于中青年教师学术发展与教学能力提升的新机制，实现中青年教师培养培训常态化、制度化。

三、建设内容

（一）质量标准建设。组织研究制定覆盖所有专业类的教学质量国家标准，推动省级教育行政部门、行业组织和高校联合制定相应的专业教学质量标准，形成我国高等教育教学质量标准体系。

（二）专业综合改革。支持高校开展专业建设综合改革试点，在人才培养模式、教师队伍、课程教材、教学方式、教学管理等影响本科专业发展的关键环节进行综合改革，强化内涵建设，为本校其他专业建设提供改革示范。支持战略性新兴产业相关专业建设，加强战略性新兴产业发展急需人才培养。支持涉及农林、地矿、石油、水利等艰苦行业和支持少数民族地区、边疆地区、革命老区高校等专业建设，引导这些专业加强教学条件建设和师资队伍建设，提升相关专业人才培养支持力度。支持“卓越工程师教育培养计划”、“卓越医生教育培养计划”、“卓越农林人才教育培养计划”、“卓越法律人才教育培养计划”和“卓越文科人才教育培养计划”相关专业建设。在工程、医学等领域开展专业认证试点，建立与国际实质等效的工程、医学等专业认证体系。

（三）国家精品开放课程建设与共享。利用现代信息技术，发挥高校人才优势和知识文化传承创新作用，组织高校建设一批精品视频公开课程，广泛传播国内外文化科技发展趋势和最新成果，展示我国高校教师先进的教学理念、独特的教学方法、丰硕的教学成果。按照资源共享的技术标准，对已经建设的国家精品课程进行升级改造，更新完善课程内容，建设一批资源共享课。完善和优化课程共享系统，大幅度提高资源共享服务能力；继续建设职能完善、覆盖全国、服务高效的高校教师网络培训系统，积极开展教师网络培训。

（四）实践创新能力培养。整合各类实验实践教学资源，遴选建设一批成效显著、受益面大、影响面宽的实验教学示范中心，重在加强内涵建设、成果共享与示范引领。支持高等学校与科研院所、行业、企业、社会有关部门合作共建，形成一批高等学校共享共用的国家大学生校外实践教育基地。资助大学生开展创新创业训练。

（五）教师教学能力提升。引导高等学校建立适合本校特色的教师教学发展中心，积极开展教师培训、教学改革、研究交流、质量评估、咨询服务等各项工作，提高本校中青年教师教学能力，满足教师个性化专业化发展和人才培养特色的需要。重点建设一批高等学校教师教学发展示范中心，承担教师教学发展中心建设实践研究，组织区域内高等学校教师教学发展中心管理人员培训，开展有关基础课程、教材、教学方法、教学评价等教学改革热点与难点问题研究，开展全国高等学校基础课程教师教学能力培训。继续支持西部受援高校教师和管理干部到支援高校进修锻炼。

四、建设资金与组织管理

（一）“本科教学工程”项目建设经费由中央财政、地方财政和高校自筹经费共同支持。中央部门所属院校的“本科教学工程”建设项目和公共系统建设项目的经费由中央财政专项资金支持；地方所属院校的项目列入国家“本科教学工程”的，建设经费原则上主要由地方财政或高校自筹经费支持。

中央财政专项资金按照统一规划、单独核算、专款专用的原则，实行项目管理。财政部将会商教育部制订《“十二五”期间“高等学校本科教学质量和教学改革工程”专项资金管理办法》（另发）。地方教育、财政主管部门或高等学校应制订相应的专项资金管理办法。项目承担学校和单位根据相应专项资金管理办法，具体负责经费的使用和管理。

（二）鼓励各地方根据区域经济发展特点，在做好“本科教学工程”国家级项目的基础上，积极筹措资金设立省级“本科教学工程”项目，支持本地高等学校提高质量。鼓励各高等学校根据学校特色，积极筹措资金设立校级“本科教学工程”项目。

（三）教育部成立“本科教学工程”领导小组，决定“本科教学工程”的重大方针政策和总体规划。领导小组下设办公室，具体负责“本科教学工程”的日常工作。各地教育主管部门和项目承担学校应指定相关部门作为专门机构，统筹负责本地、本校“本科教学工程”项目的规划和实施。

（四）领导小组办公室根据“本科教学工程”建设目标和任务，制订、发布项目指南和规划方案。学校建设项目的立项主要考虑高校布局、办学特色和改革基础等因素，采取规划布点的方式，减少项目评审，充分体现加强省级教育统筹和高校自主规划的思路。公共系统建设项目主要采用委托的方式审核立项。坚持立项公平公正，规范评审程序，实现阳光评审。加强立项监督，实行全程公示。

（五）项目承担单位按照统一部署，根据“本科教学工程”的总体目标和任务，依据所承担项目的要求，在充分调查研究论证的基础上，确定项目建设实施方案，组织项目实施，并保证项目建设达到预期成效。

（六）成立“本科教学工程”专家组，负责项目审核立项、咨询检查、绩效评估。领导小组办公室根据专家组意见，对有关地区或单位的项目、资金数量进行调整。

（七）项目资金的管理和使用情况应接受教育部及财政、审计等部门的检查、审计。

（八）项目建设完成后，领导小组办公室组织专家会同相关部门分别组织验收。“十一五”期间的“高等学校本科教学质量与教学改革工程”项目，要继续按照立项方案进行建设。教育部将在适当时候，根据项目性质和特点，分别组织检查验收。

教育部关于印发《切实保证中小学生每天一小时校园体育活动的规定》的通知

（2011 年 7 月 8 日）

各省、自治区、直辖市教育厅（教委），新疆生产建设兵团教育局：

保证中小学生每天一小时校园体育活动，对于全面推进素质教育，促进学生健康成长，切实提高学生体质健康水平具有重要意义。2007 年下发的《中共中央国务院关于加强青少年体育增强青少年体质的意见》和 2010 年发布实施的《国家中长期教育改革和发展规划纲要（2010—2020 年）》都明确规定“保证学生每天锻炼一小时”。2011 年十一届全国人大四次会议批准的《政府工作报告》再次强调“保证中小学生每天一小时校园体育活动”。为认真贯彻落实党中央、国务院的要求，我部制定了《切实保证中小学生每天一小时校园体育活动的规定》，现印发给你们，请各地根据本规定要求制定具体实施细则，认真贯彻执行。

附件：

切实保证中小学生每天一小时校园体育活动的规定

保证中小学生每天一小时校园体育活动是国家对学校教育的基本要求，是促进学生健康成长，切实提高学生体质健康水平的基本保证，也是学生接受良好教育的基本权利，党和政府对此高度重视。为切实保证中小学生每天一小时校园体育活动，特作出如下规定。

一、严格执行国家关于保证中小学生每天一小时校园体育活动规定。中小学校要认真执行国家课程标准，保质保量上好体育课，其中小学1—2年级每周4课时，小学3—6年级和初中每周3课时，高中每周2课时；没有体育课的当天，学校必须在下午课后组织学生进行一小时集体体育锻炼；每天上午统一安排25—30分钟的大课间体育活动。要将上述学生校园体育活动时间和内容纳入教学计划，列入学校课表，认真组织实施。

二、建立保证中小学生每天一小时校园体育活动的有效工作机制。地方教育行政部门要结合本地实际，从组织领导、科学管理、评价考核、条件保障等方面对保证中小学生每天一小时校园体育活动提出明确目标，制订具体方案，确保落到实处。

三、健全学校体育专项督导制度。地方教育督导机构要把保证中小学生每天一小时校园体育活动作为体育专项督导的重要内容，定期组织督查，随时进行抽查。要将督查和抽查结果及时向社会予以通报和公布。被督导单位要根据教育督导机构提出的督导意见进行认真整改，教育督导机构视情况对被督导单位的整改情况进行复查。

四、建立保证中小学生每天一小时校园体育活动的社会监督机制。地（市）、县（市）教育行政部门和中小学校要向社会公布学生每天一小时校园体育活动的工作方案、基本要求和监督电话，自觉接受社会、媒体和家长的监督，对群众反映的问题要及时核查，并进行反馈，对存在的问题要及时整改。

五、建立保证中小学生每天一小时校园体育活动的科学评价机制。中小学校要将学生参与校园体育活动的情况纳入学生综合素质评价体系，教育行政部门和中小学校要将组织开展中小学生每天一小时校园体育活动情况作为年度考核重要指标，并与业绩考评、评先评优直接挂钩。凡没有认真执行本规定的，在各种评先评优活动中实行“一票否决”。

六、建立保证中小学生每天一小时校园体育活动表彰奖励和问责制度。上级教育行政部门对于认真组织开展中小学生每天一小时校园体育活动，学生体质健康状况得到明显改善的，要给予表彰奖励；对于组织不得力，措施不到位，中小学生每天一小时校园体育活动开展不好的，要对主要负责人实行诫勉谈话；对于没有组织开展的，要进行通报批评或按照干部管理权限追究相应的责任。

教育部关于切实做好2011年普通高等学校家庭经济困难新生入学“绿色通道”等资助工作的通知

（2011年8月5日）

各省、自治区、直辖市教育厅（教委），各计划单列市教育局，新疆生产建设兵团教育局，部属各高等学校：

2011年全国普通高等学校招生录取工作即将结束，新学期即将开始。为确保2011年普通高等学校家庭经济困难新生顺利入学，现就切实做好“绿色通道”等各项资助工作通知如下。

一、高度重视家庭经济困难学生资助工作

2011年是中国共产党建党90周年，是“十二五”规划的开局之年，也是全面落实《教育规划纲要》和全国教育工作会议精神的关键一年。切实做好新形势下高校家庭经济困难学生资助工作，是促进教育公平、办好人民满意教育的具体体现。各地教育部门、各高校要根据《教育规划纲要》和全国教育工作会议要求，进一步统一思想，高度重视，切实加强领导，健全工作机制，采取有效措施，把家庭经济困难学生资助工作作为重要的全局性工作抓实抓好，确保家庭经济困难学生“应助尽助”。

二、认真做好秋季学期开学前后有关工作

1. 确保资助经费到位。各地教育部门要会同当地财政部门，严格按照国家政策规定，足额落实各项资助经费，科学合理地及时逐级分解下达预算，务必保证应分担的资助专项资金在开学前及时到位。各高校应严格按照国家政策规定，从事业收入中按比例足额提取经费用于资助家庭经济困难学生，不得提而不支、多提少支或直接列支。要采取有效措施，鼓励社会各界捐资助学，拓宽经费来源渠道。要切实加强对各项资助经费的管理，不得以任何形式、任何理由截留、挤占、挪用资助资金。

2. 确保“绿色通道”畅通。“绿色通道”是确保高校家庭经济困难新生顺利入学的最直接、最有效的措施。今年各公办和民办普通高校在招生录取工作结束后，要尽快全面了解录取新生的家庭经济状况，有针对性地提前做好家庭经济困难新生入学工作预案。要进一步加强对“绿色通道”工作的组织和领导，主管校领导要亲自抓，校内各有关部门要密切配合，分工明确，细化工作程序，明确责任人，在新生报到现场设立专门的“绿色通道”区域，保证提出申请且符合条件的家庭经济困难新生都能通过“绿色通道”顺利入学。

3. 确保国家助学金及时发放。各地教育部门、各高校要切实关心家庭经济困难学生。秋季学期开学后，要及时向家庭经济困难学生发放国家助学金，并通过多种方式帮助解决基本生活费用，确保家庭经济困难新生入学后的正常生活和学习。

4. 确保“应贷尽贷”目标。各地教育部门要积极配合当地财政、银监等部门和有关金融机构，加大工作力度，进一步推进生源地信用助学贷款。县级学生资助管理机构是做好生源地信用助学贷款工作的关键，要配合具体经办银行切实做好组织申请、信息录入、审核批准等相关工作；在暑假集中办理期间，要组织更多的人力，提供必要场所，加强政策宣传和解读工作，合理安排办理批次，为家庭经济困难学生及其法定监护人提供周到服务，严

防因工作不到位而引发群体性事件。秋季学期开学后，各高校要配合县级学生资助管理机构和经办银行做好生源地信用助学贷款有关工作，同时，继续做好校园地国家助学贷款工作，并加强对助学贷款学生的诚信教育和征信知识宣传。

5. 确保反映渠道畅通。各地教育部门、各高校要开通学生和社会各界的反映渠道，接受有关政策咨询和问题投诉，并对投诉的问题及时进行核查处理。对于影响面大、敏感程度高的投诉问题，要及时向上级教育主管部门报告。今年 8 月 15 日至 9 月 15 日，我部将继续开通高校学生资助工作热线电话。请各省级教育部门和各部属高校于 8 月 10 日前，将本地高校学生资助工作热线电话的号码和开通时间报送全国学生资助管理中心（联系人：尹华扬、山兰蝶，联系电话：010—66092157，传真：010—66092141）。

6. 确保政策宣传到位。各地教育部门、各高校要进一步加大国家资助政策及成效的宣传力度，努力扩大宣传的覆盖范围，把党和国家对家庭经济困难学生的关心和爱护带入千家万户。宣传工作要积极利用当地受众广、影响大的网络、广播、电视等新闻媒体，充分运用广大人民群众和学生喜闻乐见的形式，全方位、多角度、深层次地将政策宣传辐射到所有城市和农村尤其是偏远地区，不留死角，确保资助政策入校、入村、入户。要注意政策宣传的时效性，重点把握招生录取和新生入学两个关键的时间节点。各高校在向新生发放录取通知书时，必须按照要求一并寄送《高等学校学生资助政策简介》宣传手册，务必做到人手一册。

三、强化监督检查，确保工作实效

请各省级教育部门速将本通知转发至本行政区域内所有公办和民办全日制普通高等学校，并按照通知要求认真做好组织落实和监督检查工作，确保各项资助政策落实到位，确保所有家庭经济困难新生都能按时入学。秋季学期开学前后，我部将会同有关部门组成检查组，对各地、各高校的落实情况进行专项检查，对拒绝家庭经济困难学生入学等严重违规行为将从严查处。各省级教育部门和各部属高校要及时总结工作情况，于 9 月底前将总结报告以传真方式报送全国学生资助管理中心。

教育部关于推进中等和高等职业教育协调发展的指导意见

（2011 年 8 月 30 日）

各省、自治区、直辖市教育厅（教委），新疆生产建设兵团教育局：

为全面落实《国家中长期教育改革和发展规划纲要（2010—2020 年）》关于到 2020 年形成现代职业教育体系和增强职业教育吸引力的要求，以科学发展观为指导，探索系统培养技能型人才制度，增强职业教育服务经济社会发展、促进学生全面发展的能力，现就推进中等和高等职业教育协调发展提出如下指导意见。

一、把握方向，适应国家加快转变经济发展方式和改善民生的迫切要求

1. 转变经济发展方式赋予职业教育新使命。“十二五”时期国家以科学发展为主题，以加快转变经济发展方式为主线，把经济结构战略性调整作为主攻方向，促进经济长期平稳较快发展和社会和谐稳定。要求职业教育加快改革与发展，提升服务能力，承担起时代赋予的历史新使命。

2. 发展现代产业体系赋予职业教育新任务。

“十二五”时期，加快发展现代农业，提高制造业核心竞争力，推动服务业大发展，建设现代产业体系，迫切需要加快建设现代职业教育体系，系统培养数以亿计的适应现代产业发展要求的高素质技能型人才，为现代产业体系建设提供强有力的人才支撑。

3. 构建终身教育体系赋予职业教育新内涵。把保障和改善民生作为加快转变经济发展方式的根本出发点和落脚点，把促进就业放在经济社会发展的优先位置，构建灵活开放的终身教育体系，努力做到学历教育和非学历教育协调发展、职业教育和普通教育相互沟通、职前教育和职后教育有效衔接，为形成学习型社会奠定坚实基础，要求必须把职业教育摆在更加突出的位置，充分发挥职业教育面向人人、服务区域、促进就业、改善民生的功能和独特优势，满足社会成员多样化学习和人的全面发展需要。

4. 建设现代职业教育体系赋予职业教育新要求。当前职业教育仍然是我国教育事业的薄弱环节，中等和高等职业教育在专业、课程与教材体系，教学与考试评价等方面仍然存在脱节、断层或重复现象，职业教育整体吸引力不强，与加强技能型人才系统培养的要求尚有较大差距。教育规划纲要明确将中等和高等职业教育协调发展作为建设现代职业教育体系的重要任务。这是构建现代职业教育体系，增强职业教育支撑产业发展的能力，实现职业教育科学发展的关键所在。为此，迫切需要更新观念、明确定位、突出特色、提高水平，促进中等和高等职业教育协调发展。

二、协调发展，奠定建设现代职业教育体系的基础

5. 以科学定位为立足点，优化职业教育层次结构。构建现代职业教育体系，必须适应经济发展方式转变、产业结构调整和社会发展要求；必须体现终身教育理念，坚持学校教育与各类职业培训并举、全日制与非全日制并重；必须树立系统培养的理念，坚持就业导向，明确人才培养规格、梯次和结构；必须明确中等和高等职业学校定位，在各自层面上办出特色、提高质量，促进学生全面发展。中等职业教育是高中阶段教育的重要组成部分，重点培养技能型人才，发挥基础性作用；高等职业教育是高等教育的重要组成部分，重点培养高端技能型人才，发挥引领作用。完善高端技能型人才通过应用本科教育对口培养的制度，积极探索高端技能型人才专业硕士培养制度。

6. 以对接产业为切入点，强化职业教育办学特色。以经济社会发展需求为依据，坚持以服务为宗旨、以就业为导向，创新体制机制，推进产教结合，实行校企合作、工学结合，促进专业与产业对接、课程内容与职业标准对接、教学过程与生产过程对接、学历证书与职业资格证书对接、职业教育与终身学习对接。遵循经济社会发展规律和人的发展规律，统筹中等和高等职业教育发展重点与节奏，整合资源，优势互补，合作共赢，强化职业教育办学特色，增强服务经济社会发展和人的全面发展的能力。

7. 以内涵建设为着力点，整体提升职业学校办学水平。现阶段中等职业教育要以保证规模、加强建设和提高质量作为工作重点，拓展办学思路，整合办学资源，深化专业与课程改革，加强“双师型”教师队伍建设。高等职业教育要以提高质量、创新体制和办出特色为重点，优化结构，强化内涵，提升社会服务能力，努力建设中国特色、世界水准的高等职业教育。

三、实施衔接，系统培养高素质技能型人才

8. 适应区域产业需求，明晰人才培养目标。围绕区域发展总体规划和主体功能区定位对不同层次、类型人才的需求，合理确定中等和高等职业学校的人才培养规格，以专业人才培养方案为载体，强化学生职业道德、职业技能、就业创业能力的培养，注重中等和高等职业教育在培养目标、专业内涵、教学条件等方面的延续与衔接，形成适应区域经济结构布局和产业升级需要，优势互补、分工协作的职业教育格局。

9. 紧贴产业转型升级，优化专业结构布局。根据经济社会发展实际需要和不同职业对技能型人才成长的特定要求，研究确定中等和高等职业教育接续专业，修订中等和高等职业教育专业目录，做好专业设置的衔接，逐步编制中等和高等职业教育相衔接的专业教学标准，为技能型人才培养提供教

学基本规范。推动各地职业教育专业设置信息发布平台与专业设置预警机制建设，优化专业的布局、类型和层次结构。

10. 深化专业教学改革，创新课程体系和教材。职业学校的专业教学既要满足学生的就业要求，又要为学生职业发展和继续学习打好基础。初中后五年制和主要招收中等职业教育毕业生的高等职业教育专业，要围绕中等和高等职业教育接续专业的人才培养目标，系统设计、统筹规划课程开发和教材建设，明确各自的教学重点，制定课程标准，调整课程结构与内容，完善教学管理与评价，推进专业课程体系和教材的有机衔接。

11. 强化学生素质培养，改进教育教学过程。改革以学校和课堂为中心的传统教学方式，重视实践教学、项目教学和团队学习；开设丰富多彩的课程，提高学生学习的积极性和主动性；研究借鉴优秀企业文化，培育具有职业学校特点的校园文化；强化学生诚实守信、爱岗敬业的职业素质教育，加强学生就业创业能力和创新意识培养，促进职业学校学生人人成才。

12. 改造提升传统教学，加快信息技术应用。推进现代化教学手段和方法改革，加快建设宽带、融合、安全、泛在的下一代信息基础设施，推动信息化与职业教育的深度融合。大力开发数字化专业教学资源，建立学生自主学习管理平台，提升学校管理工作的信息化水平，促进优质教学资源的共享，拓展学生学习空间。

13. 改革招生考试制度，拓宽人才成长途径。根据社会人才需求和技能型人才成长规律，完善职业学校毕业生直接升学和继续学习制度，推广“知识＋技能”的考试考查方式。探索中等和高等职业教育贯通的人才培养模式，研究确定优先发展的区域、学校和专业，规范初中后五年制高等职业教育。研究制定在实践岗位有突出贡献的技能型人才直接进入高等职业学校学习的办法。搭建终身学习的“立交桥”，为职业教育毕业生在职继续学习提供条件。

14. 坚持以能力为核心，推进评价模式改革。以能力为核心，以职业资格标准为纽带，促进中等和高等职业教育人才培养质量评价标准和评价主体有效衔接。推行“双证书”制度，积极组织和参与技能竞赛活动，探索中职与高职学生技能水平评价的互通互认；吸收行业、企业、研究机构和其他社会组织共同参与人才培养质量评价，将毕业生就业率、就业质量、创业成效等作为衡量人才培养质量的重要指标，形成相互衔接的多元评价机制。

15. 加强师资队伍建设，注重教师培养培训。构建现代职业教育体系要注重为教师发展提供空间，调动教师的工作积极性。高等职业学校教师的职务（职称）评聘、表彰与奖励继续纳入高等教育系列；推进中等职业学校教师职务（职称）制度改革。完善职业学校教师定期到企业实践制度，在企业建立一批专业教师实践基地，通过参与企业生产实践提高教师专业能力与执教水平。鼓励中等和高等职业学校教师联合开展企业技术应用、新产品开发等服务活动。各地要建立职业学校教师准入制度，新进专业教师应具有一定年限的行业企业实践经历。建立健全技能人才到职业学校从教制度，制定完善企业和社会专业技术人员到校担任兼职教师措施。

16. 推进产教合作对接，强化行业指导作用。支持和鼓励行业主管部门和行业组织开展本行业各级各类技能型人才需求预测，参与中等和高等职业教育专业设置和建设，指导人才培养方案设计，促进课程内容和职业资格标准融通；推动和督促企业与职业学校共建教学与生产合一的开放式实训基地，合作开展兼职教师选聘；组织指导职业学校教师企业实践、学生实习、就业推荐等工作。

17. 发挥职教集团作用，促进校企深度合作。引导和鼓励中等和高等职业学校以专业和产业为纽带，与行业、企业和区域经济建立紧密联系，创新集团化职业教育发展模式。切实发挥职业教育集团的资源整合优化作用，实现资源共享和优势互补，形成教学链、产业链、利益链的融合体。积极发挥职业教育集团的平台作用，建立校企合作双赢机制，以合作办学促发展，以合作育人促就业，实现不同区域、不同层次职业教育协调发展。

四、加强保障，营造中等和高等职业教育协调发展的政策环境

18. 强化政府责任，加强统筹规划管理。省级政府相关部门应加大对区域内职业教育的统筹，支持和督促市（地）、县级政府履行职责，促进职业教育区域协作和优质资源共享。地方各级政府相关部门要遵循职业教育发展规律，把握中等和高等职业教育办学定位，推进职业教育综合改革，完善政策措施，合理规划职业教育规模、结构和布局，改善办学条件，提高行业企业和社会参与职业教育的积极性，支持行业、企业发展职业教育，促进现代职业教育体系建设。

19. 加大投入力度，健全经费保障机制。各地要加快制定和落实中等和高等职业学校学生人均经费基本标准和学生人均财政拨款基本标准。认真落实城市教育费附加安排用于职业教育的比例不低于30％的规定。高等职业学校逐步实现生均预算内拨款标准达到本地区同等类型普通本科院校的生均预算内经费标准。中等职业学校按编制足额拨付经费。对举办有初中后五年制高等职业教育、中等职业教育的高等职业学校，要按照国家有关规定，落实其中等职业教育阶段的资助和免学费政策。进一步提高新增教育经费中用于职业教育的比例，基本形成促进中等和高等职业教育协调发展的经费投入稳定增长机制。充分调动全社会的积极性，健全多渠道筹措职业教育经费的投入机制，完善财政、税收、金融和土地等优惠政策，形成有利于中等和高等职业教育协调发展的政策合力。

20. 重视分类指导，促进学校多样化发展。切实加强三年基本学制的中等职业教育教学基本建设，根据中等职业学校设置标准充实办学资源，加强规范管理；增加中等职业学校毕业生进入高等职业学校继续学习的比例，优选招生专业，重视综合素质培养；探索高中阶段教育多样化发展，对未升学的普通高中毕业生实施一年制中等职业教育，强化技能培养。全面提高招收普通高中毕业生的三年制高等职业教育教学质量，加强专业技能训练；规范初中后五年制高等职业教育，依据区域产业发展对技能型人才的需求，参照高等职业教育专业目录，分批确定初中后五年制高等职业教育的招生专业，加强课程整体设计。大力发展各类非全日制职业教育，切实根据生源特点制定培养方案，注重因材施教。依据专业人才培养的特殊需要，中等和高等职业学校可申请适当延长或缩短基本修业年限，毕业证书应对生源、学制、学习渠道、培养地点等给予写实性描述。

21. 推进普职渗透，丰富学生发展途径。鼓励有条件的普通高中适当增加职业教育课程，采取多种方式为在校生提供职业教育。中等职业学校要积极创造条件，为普通高中在校生转入学习提供渠道；职业学校要为本科院校学生技能培训提供方便。结合地区实际，鼓励中小学加强劳动技术、通用技术课程教学，中等职业学校要为其提供教师、场地、资源等方面的支持，鼓励普通高中、初级中学开设职业指导课程；对于希望升入职业学校或较早开始职业生涯的初三学生，初级中学可以通过开设职业教育班或与职业学校合作等方式，开展职业教育。当地教育行政部门要做好课程衔接、教师协作、资源共享等方面的组织协调工作。

22. 完善制度建设，优化协调发展环境。根据本地实际，制定促进本地区职业教育发展、促进校企合作的地方性法规和政策，进一步明确和落实政府、学校、行业、企业等的法律责任和权利，推行职业资格证书和劳动就业准入制度，为中等和高等职业教育协调发展提供制度保障。健全职业教育督导评估机制，以督查经费投入、办学条件达标和教学质量为主，加强督政、督学，把中等和高等职业教育协调发展纳入政府工作绩效考核。积极开展中等和高等职业教育协调发展的研究，吸收企业等参加教育质量评估，探索建立职业教育第三方质量评价制度。加强宣传，营造良好的社会环境，全面推进中等和高等职业教育协调发展。

教育部关于推进高等职业教育改革创新引领职业教育科学发展的若干意见

（2011 年 9 月 29 日）

各省、自治区、直辖市教育厅（教委），新疆生产建设兵团教育局：

为深入贯彻落实胡锦涛总书记在庆祝清华大学建校 100 周年大会上的重要讲话精神和《国家中长期教育改革和发展规划纲要（2010—2020 年）》，推动体制机制创新，深化校企合作、工学结合，进一步促进高等职业学校办出特色，全面提高高等职业教育质量，提升其服务经济社会发展能力，提出如下意见。

一、服务经济转型，明确高等职业教育发展方向

1. 当前，我国正处于从经济大国向经济强国、人力资源大国向人力资源强国迈进的关键时期。高等职业教育必须准确把握定位和发展方向，自觉承担起服务经济发展方式转变和现代产业体系建设的时代责任，主动适应区域经济社会发展需要，培养数量充足、结构合理的高端技能型专门人才，在促进就业、改善民生方面以及在全面建设小康社会的历史进程中发挥不可替代的作用。

2. 高等职业教育具有高等教育和职业教育双重属性，以培养生产、建设、服务、管理第一线的高端技能型专门人才为主要任务。按照“到 2020 年，形成适应经济发展方式转变和产业结构调整要求、体现终身教育理念、中等和高等职业教育协调发展的现代职业教育体系”要求，必须坚持以服务为宗旨、以就业为导向，走产学研结合发展道路的办学方针，以提高质量为核心，以增强特色为重点，以合作办学、合作育人、合作就业、合作发展为主线，创新体制机制，深化教育教学改革，围绕国家现代产业体系建设，服务中国创造战略规划，加强中高职协调，系统培养技能型人才，努力建设中国特色、世界水准的高等职业教育，在现代职业教育体系建设中发挥引领作用。

二、加强政府统筹，建立教育与行业对接协作机制

3. 各地教育行政部门要积极联合相关部门，将高等职业教育纳入本地经济社会和产业发展规划，统筹区域经济社会发展与高等职业学校布局和发展规模，统筹中等职业教育和高等职业教育协调发展，统筹应用型、复合型、技能型人才培养结构布局，分类指导，支持特色学校和特色专业做优做强。要解放思想，改革创新，大胆探索，促进地方政府充分发挥政策调控与资源配置作用，引导学校科学定位，全面提升办学质量，大力促进高职毕业生就业，为区域经济社会发展提供人才支撑和智力支持。

4. 发挥地方及行业在高等职业教育专业设置工作中的调控和引导作用，改革专业设置管理办法，完善学校自主设置、地方统筹、行业指导、国家备案、信息公开的专业管理机制。各地要建立专业设置和调整的动态机制，围绕国家产业发展重点，结合区域产业发展需要，合理确定、不断优化专业结构和布局；各地教育行政部门要配合地方和行业主管部门联合建立人才需求预测机制和专业设置预警机制，定期发布人才需求信息，引导高等职业学校调整专业设置。国家将根据产业发展对技能型人才的需求，参照高等职业教育专业目录，分批确定初中后五年制高等职业教育招生专业。高等职业学校可依据专业人才培养的特殊需要，申请在基本修业年限范围外，适当延长或缩短相关专业的修

业年限。国家建立高等职业教育专业设置信息平台，对全国专业分布情况进行年度统计并向社会公布。

三、创新体制机制，探索充满活力的多元办学模式

5. 各地教育行政部门要联合相关部门，优化区域政策环境，完善促进校企合作的政策法规，明确政府、行业、企业和学校在校企合作中的职责和权益，通过地方财政支持等政策措施，调动企业参与高等职业教育的积极性，促进高等职业教育校企合作、产学研结合制度化。

6. 创新办学体制，鼓励地方政府和行业（企业）共建高等职业学校，探索行业（企业）与高等职业学校、中等职业学校组建职业教育集团，发挥各自在产业规划、经费筹措、先进技术应用、兼职教师选聘、实习实训基地建设和学生就业等方面的优势，形成政府、行业、企业、学校等各方合作办学，跨部门、跨地区、跨领域、跨专业协同育人的长效机制。鼓励有条件的高等职业学校积极与军队合作培养高素质士官人才。

7. 完善校企合作运行机制，推进建立由政府部门、行业、企业、学校举办方、学校等参加的校企合作协调组织。公办高等职业学校在坚持党委领导下校长负责制的同时，鼓励建立董事会、理事会等多种形式的议事制度，形成多方参与、共同建设、多元评价的运行机制，增强办学活力。

四、改革培养模式，增强学生可持续发展能力

8. 坚持育人为本，德育为先。高等职业学校要把社会主义核心价值体系、现代企业优秀文化理念融入人才培养全过程，强化学生职业道德和职业精神培养，加强实践育人，提高思想政治教育工作的针对性和实效性。重视学生全面发展，推进素质教育，增强学生自信心，满足学生成长需要，促进学生人人成才。

9. 以区域产业发展对人才的需求为依据，明晰人才培养目标，深化工学结合、校企合作、顶岗实习的人才培养模式改革。要与行业（企业）共同制订专业人才培养方案，实现专业与行业（企业）岗位对接；推行“双证书”制度，实现专业课程内容与职业标准对接；引入企业新技术、新工艺，校企合作共同开发专业课程和教学资源；继续推行任务驱动、项目导向等学做一体的教学模式，实践教学比重应达到总学分（学时）的一半以上；积极试行多学期、分段式等灵活多样的教学组织形式，将学校的教学过程和企业的生产过程紧密结合，校企共同完成教学任务，突出人才培养的针对性、灵活性和开放性。要按照生源特点，系统设计、统筹规划人才培养过程。要将国际化生产的工艺流程、产品标准、服务规范等引入教学内容，增强学生参与国际竞争的能力。

10. 系统设计、实施生产性实训和顶岗实习，探索建立“校中厂”、“厂中校”等形式的实践教学基地，推动教学改革。强化教学过程的实践性、开放性和职业性，鼓励学校提供场地和管理，企业提供设备、技术和师资，校企联合组织实训，为校内实训提供真实的岗位训练、营造职场氛围和企业文化；鼓励将课堂建到产业园区、企业车间等生产一线，在实践教学方案设计与实施、指导教师配备、协同管理等方面与企业密切合作，提升教学效果。要加强安全教育，完善安全措施，确保实习实训安全。

11. 加强职业教育信息化建设。大力开发数字化教学资源，推动优质教学资源共建共享，拓展学生学习空间，促进学生自主学习。推进现代化教学手段和方法改革，开发虚拟流程、虚拟工艺、虚拟生产线等，提升实践教学和技能训练的效率和效果。搭建校企互动信息化教学平台，探索将企业的生产过程、工作流程等信息实时传送到学校课堂和企业兼职教师在生产现场远程开展专业教学的改革。

12. 完善人才培养质量保障体系。推进高等职业教育质量评估工作，建立和完善学校、行业、企业、研究机构和其他社会组织共同参与的质量评价机制，将毕业生就业率、就业质量、企业满意度、创业成效等作为衡量人才培养质量的重要指标。各地和各高等职业学校都要建立人才培养质量年度报告发布制度，不断完善人才培养质量监测体系。

五、改革评聘办法，加强“双师型”教师队伍建设

13. 各地要创新高等职业学校师资管理制度，

按照国家有关规定，进一步完善符合高等职业教育特点的教师专业技术职务（职称）评审标准，将教师参与企业技术应用、新产品开发、社会服务等作为专业技术职务（职称）评聘和工作绩效考核的重要内容。继续将高等职业学校教师的专业技术职务（职称）评聘纳入高等学校教师职务评聘系列。积极推进新进专业教师须具有企业工作经历的人事管理改革试点。

14. 各地要加大高等职业学校教师培养培训力度，推动学校与企业共同开展教师培养培训工作。要在优秀企事业单位建立专业教师实践基地，完善专业教师到对口企事业单位定期实践制度。要在学校建立名师和技能大师工作室，完善老中青三结合的青年教师培养机制。要坚持培养与使用相结合，完善教师继续教育体系，健全教师继续教育考核制度和政策。

15. 高等职业学校要加快双师结构专业教学团队建设，聘任（聘用）一批具有行业影响力的专家作为专业带头人，一批企业专业人才和能工巧匠作为兼职教师，使专业建设紧跟产业发展，学生实践能力培养符合职业岗位要求。国家示范（骨干）高等职业学校要率先开展改革试点，鼓励和支持兼职教师申请教学系列专业技术职务，支持兼职教师或合作企业牵头申报教学研究项目、教学改革成果，吸引企业技术骨干参与专业建设与人才培养。

六、改革招考制度，探索多样化选拔机制

16. 推广高等职业学校单独招生改革试点工作经验，完善“知识＋技能”的考核办法。稳步开展根据高中阶段教育学业水平考试成绩、综合素质评价、职业准备类课程学习情况和职业倾向测试结果综合评价录取新生的招生改革试点。积极开展具有高中阶段教育学历的复转军人接受高等职业教育的单独招生试点。支持国家示范（骨干）高等职业学校与合作企业开展成人专科学历教育单独招生改革试点。逐步开展高等职业教育入学考试由各省、自治区、直辖市组织的试点。鼓励职业学校和企业联合开展先招工、后入学的现代学徒制试点。增加中等职业学校毕业生对口升学比例，拓宽高等职业学校应届毕业生进入本科学校应用性专业继续学习的渠道。鼓励高等职业学校与行业背景突出的本科学校合作探索高端技能型人才、应用型人才专业硕士培养制度。扩大奖学金、助学金资助受众面，鼓励优秀学生报考高等职业学校。

七、增强服务能力，满足社会多样化发展需要

17. 高等职业学校要搭建产学研结合的技术推广服务平台，面向企业开展技术服务，推进科技成果转化；面向新农村建设，提供农业技术推广、农村新型合作组织建设等服务。建立专业教师密切联系企业的制度，引导和激励教师主动为企业和社会服务。

18. 各地要鼓励和支持高等职业学校加强国际交流与合作，积极参与职业教育国际标准和规则的研究与制定，提高高等职业教育的国际影响力。高等职业学校要服务国家“走出去”战略，服务大型跨国集团和企业的境外合作，开展技术培训，满足企业发展需要和高技能劳务输出需要；要积极开展中外合作办学，引进优质教育资源，提升办学水平。示范（骨干）高等职业学校要积极探索境外办学，吸引境外学生来华学习。

19. 高等职业学校要努力成为当地继续教育和文化传播的中心，搭建多样化学习平台，开放教育资源，开展高技能和新技术培训，普及科学文化知识，参与社区教育，服务老年学习，在构建国家终身教育体系和建设学习型社会中发挥积极作用。

八、完善保障机制，促进高等职业教育持续健康发展

20. 各地教育行政部门要主动与相关部门合作，结合本地区经济社会发展实际，确定高等职业学校生均经费基本标准和生均财政拨款基本标准，逐步实行依据生均经费基本标准核定高等职业学校经费的制度；建立以举办者投入为主，受教育者合理分担培养成本、学校设立基金接受社会捐赠等多种渠道筹措经费的机制。要将高等职业学校财政预算纳入高等学校系列，逐步推广将国家示范高等职业学校生均预算内拨款标准按本地区同类普通本科院校标准执行的做法。高等职业学校举办的中等职业教育和五年制高等职业教育，要按照国家有关要求，落实中等职业教育阶段学生的资助和免学费政策。

21. 各地要发挥专项资金的引导和激励作用，加大实训基地、师资队伍、教学资源、教育科研、领导能力等财政专项资金的投入。继续做好高等教育教学成果奖、高等学校教学名师奖、精品开放课程项目等表彰奖励、资源共享平台建设中涉及高等职业教育部分的工作。建立健全高等职业教育学生实习实训保障制度，开展顶岗实习工伤和意外伤害保险、兼职教师课时费等政府补贴试点，确保学生实习权益和实践教学质量。

教育部关于全面实施教育收费治理工作责任制的通知

（2011 年 9 月 30 日）

各省、自治区、直辖市教育厅（教委），新疆生产建设兵团教育局：

为全面贯彻落实教育规划纲要，进一步加强教育系统行风建设，深入推进教育收费治理工作，切实维护广大人民群众的切身利益，决定在教育系统全面实施教育收费治理工作责任制（以下简称治理工作责任制）。现将实施工作要求通知如下。

一、切实提高对实施治理工作责任制的认识。规范教育收费、治理教育乱收费是教育行风建设的重要任务，是涉及千家万户和亿万学生切身利益的重要民生工程，关系党和政府的形象，关系社会和谐稳定的大局。全面实施治理工作责任制，有利于构建覆盖教育系统的责任体系，有利于形成各负其责、齐抓共管的治理工作格局，有利于具体明确各级教育行政部门和各级各类学校治理工作责任，有利于保障治理工作任务的全面落实，不断解决人民群众反映强烈的教育乱收费问题，努力办好人民满意的教育。

二、建立健全治理工作责任制。各地教育行政部门和各级各类学校要按照党风廉政建设责任制的要求，切实落实治理工作责任。坚持“谁主管谁负责”、“管行业必须管行风”的原则，全面实施签署《教育收费治理工作责任书》（以下简称《责任书》）制度，强化部门和学校党政主要领导“一岗双责”意识。坚持从领导机构做起，从基层单位抓起，建立起主要领导负总责，分管领导具体负责，一级抓一级，层层抓落实的治理工作责任体系，确保治理工作领导到位、责任到位、措施到位，任务落到实处。

三、建立健全科学合理的责任目标体系。各地教育行政部门和各级各类学校，要按照国家教育收费政策，教育部等七部门年度治理工作部署，结合实际，制定重点突出、目标明晰、措施具体、操作性强的治理工作责任目标体系。要科学量化，层层分解，分别制定面向教育行政部门和各级各类学校的《责任书》（示范文本附后）。《责任书》作为实施和落实治理工作责任制的重要载体，不仅要明确本部门或学校年度治理工作目标、重点工作内容及主要工作措施，还要将各项工作具体落实到领导班子、领导干部和相关责任人。

四、建立健全监督检查和责任追究制度。各地教育行政部门和各级各类学校要主动公开《责任书》，建立健全人民群众直接评议教育部门和学校履行治理工作责任的监督机制，接受人大、政协以及社会各界的监督。加强教育系统内部监督，强化主管部门的层级监督。把履行治理工作责任制情况作为领导班子、领导干部述职述廉和考核评价的重要内容。充分发挥纪检监察部门的职能作用。严格实行责任考核，强化考核结果运用，认真落实责任追究。对治理工作领导不力，工作不到位，责任范围内教育乱收费问题严重的，坚决按照有关规定追究责任，切实维护责任制规定的严肃性。

五、扎实做好治理工作责任制落实工作。各地教育行政部门和各级各类学校要把签署《责任书》作为落实责任制的重要抓手，全面部署、及时组织，按照隶属关系逐级签署《责任书》。地方各级责任部门和学校签署的《责任书》要向上一级教育行政部门备案并抄送上一级教育纪检监察部门；教育部所属各高等学校和附属中小学校校长、幼儿园园长签署的《责任书》，报送地方教育行政部门和驻教育部纪检组监察局备案。教育纪检监察部门要对责任书签署工作督促检查。在《责任书》设定期限内，主要负责人因人事变动调整的，由继任者继续履行工作责任。

附件：

教育收费治理工作责任书
（示范文本）

按照《教育部关于全面实施教育收费治理工作责任制的通知》（教监〔2011〕10号）要求，为全面落实教育部等七部门《关于治理教育乱收费规范教育收费工作的实施意见》，制定本责任书。

一、落实经费保障责任。深化教育经费保障机制改革，提高各级各类学校教育经费保障水平，确保各项教育经费及时足额拨付到位。严格规范教育资金使用行为，做到专款专用，严禁任何部门、单位和个人以任何方式截留、挤占、挪用、套取教育经费和国家教育资助资金，确保教育资金使用安全有效。

二、加强制度建设。围绕解决义务教育阶段择校乱收费、规范学校服务性收费和代收费、治理中小学教辅材料散滥、清理规范改制学校收费行为等重点工作，建立健全规范管理制度，完善教育收费信访举报反馈通报、督查督办等工作机制，加大制度的执行力，确保国家教育收费政策规定在本地区或本校全面落实。

三、加强监督检查。充分发挥督查工作对落实中央政策，解决教育收费热点难点问题的推进作用。深入开展政务公开、校务公开和民主评议教育行风工作，保障人民群众的知情权、参与权，监督权。创新督查工作方式，强化督查问题整改，确保督查工作实效，着力构建教育收费监管工作长效机制。

四、加大查处力度。按照国家的有关规定，严肃查处各类教育收费违纪违法问题。对截留、挤占、挪用和套取教育经费和国家教育资助资金，擅自立项和超标准乱收费，以及通过收费牟利等行为，依纪依法严肃处理，不仅处理直接责任人，还要追究相关领导的责任，充分发挥案件查处的警示教育作用。

五、严格责任追究。严格按照教育收费治理工作责任书的规定，加强责任落实情况的考核评价与监督检查，对未履行治理工作责任，领导不力，工作不到位，对教育收费违规违纪问题未有效制止、严肃处理，责任范围内教育乱收费问题严重，发生重大教育乱收费案件的，严格实施责任追究。

六、加强宣传教育。探索建立多种媒体联合互动的宣传教育模式，广泛宣传国家教育收费政策，及时通报治理工作情况，大力推广规范收费先进经验和有效作法；开展国家相关法律法规教育，牢固树立遵纪守法，依法收费的观念，努力营造人民群众关心、理解和支持教育的社会氛围，形成良好的治理工作环境。

教育部关于大力推进教师教育课程改革的意见

（2011年10月8日）

各省、自治区、直辖市教育厅（教委），新疆生产建设兵团教育局，部属师范大学：

为贯彻落实教育规划纲要，深化教师教育改革，全面提高教师培养质量，建设高素质专业化教师队伍，现就推进教师教育课程改革和实施《教师教育课程标准（试行）》提出如下意见。

一、创新教师教育课程理念

教师教育课程在中小学和幼儿园教师培养中发挥着重要作用，是提高教师教育质量的关键环节。要围绕培养造就高素质专业化教师的目标，坚持育人为本、实践取向、终身学习的理念，实施《教师教育课程标准（试行）》，创新教师培养模式，强化实践环节，加强师德修养和教育教学能力训练，着力培养师范生的社会责任感、创新精神和实践能力。

二、优化教师教育课程结构

以“三个面向”为指导，构建体现先进教育思想、开放兼容的教师教育课程体系。适应基础教育改革发展，遵循教师成长规律，科学设置师范教育类专业公共基础课程、学科专业课程和教师教育课程，学科理论与教育实践紧密结合，教育实践课程不少于一个学期。按照《教师教育课程标准（试行）》的学习领域、建议模块和学分要求，制订有针对性的幼儿园、小学和中学教师教育课程方案，保证新入职教师基本适应基础教育新课程的需要。

三、改革课程教学内容

把社会主义核心价值体系有机融入课程教材中，精选对培养优秀教师有重要价值的课程内容，将学科前沿知识、教育改革和教育研究最新成果充实到教学内容中，特别应及时吸收儿童研究、学习科学、心理科学、信息技术的新成果。要将优秀中小学教学案例作为教师教育课程的重要内容。加强信息技术课程建设，提升师范生信息素养和利用信息技术促进教学的能力。

四、开发优质课程资源

实施“教师教育国家精品课程建设计划”，通过科研立项、遴选评优和海外引进等途径，构建丰富多彩、高质量的教师教育国家精品课程资源库。大力推广和使用“国家精品课程”，共享优质课程资源。

五、改进教学方法和手段

把教学改革作为教师教育课程改革的核心环节，使基础教育课程改革精神落实到师范生培养过程中，全面提高新教师实施新课程的能力。在学科教学中，要注重培养师范生对学科知识的理解和学科思想的感悟。充分利用模拟课堂、现场教学、情境教学、案例分析等多样化的教学方式，增强师范生学习兴趣，提高教学效率，着力提高师范生的学习能力、实践能力和创新能力。加强以信息技术为基础的现代教育技术开发和应用，将现代教育技术渗透、运用到教学中。

六、强化教育实践环节

加强师范生职业基本技能训练，加强教育见习，提供更多观摩名师讲课的机会。师范生到中小学和幼儿园教育实践不少于一个学期。支持建立一批教师教育改革创新试验区，建设长期稳定的中小学和幼儿园教育实习基地。高校和中小学要选派工作责任心强、经验丰富的教师担任师范生实习指导教师。大力开展教育实践活动，深入农村中小学，引导和教育师范生树立强烈的社会责任感和使命感。积极开展师范生实习支教和置换培训，服务农村教育。

七、加强教师养成教育

注重未来教师气质的培养，营造良好教育文化氛围，激发师范生的教育实践兴趣，树立长期从教、终身从教信念。邀请优秀中小学校长、教师对师范生言传身教，感受名师人生追求和教师职业精神。开展丰富多彩师范生素质培养和竞赛活动，重视塑造未来教师人格魅力。加强教师职业道德教育，将《中小学教师职业道德规范》列为教师教育必修课程。

八、建设高水平师资队伍

采取有效措施，吸引和激励高水平教师承担教育类课程教学任务。支持高校教师积极开展中小学教育教学改革试验，担任教育类课程的教师要有中小学教育服务工作经历。聘任中小学和幼儿园名师为兼职教师，占教育类课程教学教师人数不少于20％。形成高校与中小学教师共同指导师范生的机制，实行双导师制。

九、建立课程管理和质量评估制度

开展师范教育类专业评估，确保教师培养质量。将师范生培养质量情况作为衡量有关高校办学水平的重要指标。要将师范生培养情况纳入高等学校教学基本状态数据年度统计和公布制度。加强教师教育课程和教材管理。

十、加强组织领导和条件保障

各地教育行政部门要统筹规划、协调指导、积极支持教师教育课程改革工作。高校把教师教育课程教学改革和实施《教师教育课程标准（试行）》列入学校发展整体计划，集中精力，精心组织，抓紧抓好。要建立和完善强有力的师范生培养教学管理组织体系。加大教师教育经费投入力度，确保教师教育课程改革工作所需的各项经费。

附件：

教师教育课程标准（试行）

为落实教育规划纲要，深化教师教育改革，规范和引导教师教育课程与教学，培养造就高素质专业化教师队伍，特制定《教师教育课程标准（试行）》。

教师教育课程广义上包括教师教育机构为培养和培训幼儿园、小学和中学教师所开设的公共基础课程、学科专业课程和教育类课程。本课程标准专指教育类课程。

教师教育课程标准体现国家对教师教育机构设置教师教育课程的基本要求，是制定教师教育课程方案、开发教材与课程资源、开展教学与评价，以及认定教师资格的重要依据。

一、基本理念

（一）育人为本。教师是幼儿、中小学学生发展的促进者，在研究和帮助学生健康成长的过程中实现专业发展。教师教育课程应反映社会主义核心价值观，吸收研究新成果，体现社会进步对幼儿、中小学学生发展的新要求。教师教育课程应引导未来教师树立正确的儿童观、学生观、教师观与教育观，掌握必备的教育知识与能力，参与教育实践，丰富专业体验；引导未来教师因材施教，关心和帮助每个幼儿、中小学学生逐步树立正确的世界观、人生观、价值观，培养社会责任感、创新精神和实践能力。

（二）实践取向。教师是反思性实践者，在研究自身经验和改进教育教学行为的过程中实现专业发展。教师教育课程应强化实践意识，关注现实问题，体现教育改革与发展对教师的新要求。教师教育课程应引导未来教师参与和研究基础教育改革，主动建构教育知识，发展实践能力；引导未来教师发现和解决实际问题，创新教育教学模式，形成个人的教学风格和实践智慧。

（三）终身学习。教师是终身学习者，在持续学习和不断完善自身素质的过程中实现专业发展。教师教育课程应实现职前教育与在职教育的一体化，增强适应性和开放性，体现学习型社会对个体的新要求。教师教育课程应引导未来教师树立正确的专业理想，掌握必备的知识与技能，养成独立思考和自主学习的习惯；引导教师加深专业理解，更新知识结构，形成终身学习和应对挑战的能力。

二、教师教育课程目标与课程设置

（一）幼儿园职前教师教育课程目标与课程设置。幼儿园职前教师教育课程要帮助未来教师充分认识幼儿阶段的特性和价值，理解“保教结合”的重要性，学会按幼儿的成长特点进行科学的保育和教育；理解幼儿的认知特点和学习方式，学会把教育寓于幼儿的生活和游戏中，创设适宜的教育环境，保护与发展幼儿探究、创造的兴趣，让幼儿在愉快的幼儿园生活中健康地成长。

1. 课程目标。

目标领域	目标	基本要求
1 教育信念与责任	1.1 具有正确的儿童观和相应的行为	1.1.1 理解幼儿阶段在人生发展中的独特地位和价值，认识健康愉快的幼儿园生活对幼儿发展的意义。 1.1.2 尊重和维护幼儿的人格和权利，保护幼儿的好奇心和自信心。 1.1.3 尊重幼儿的个体差异，相信幼儿具有发展的潜力，乐于为幼儿创造发展的条件和机会。
	1.2 具有正确的教师观和相应的行为	1.2.1 理解教师是幼儿学习的引导者和支持者，相信教师工作的意义在于帮助幼儿健康成长。 1.2.2 了解幼儿园教师的职业特点和专业要求，自觉提高自身的科学与人文素养，形成终身学习的意愿。 1.2.3 了解教师的权利和责任，遵守教师职业道德。
	1.3 具有正确的教育观和相应的行为	1.3.1 理解教育对幼儿成长、教师自身发展和社会进步的重要意义，相信教育充满了创造的乐趣，愿意从事幼儿教育事业。 1.3.2 了解幼儿教育的历史、现状和发展趋势，认同素质教育理念，理解并参与教育改革。 1.3.3 形成正确的教育质量观，对与幼儿教育相关的现象进行专业思考与判断。
2 教育知识与能力	2.1 具有理解幼儿的知识和能力	2.1.1 了解儿童发展的主要理论和儿童研究的最新成果。 2.1.2 了解儿童身心发展的一般规律和影响因素，熟悉幼儿年龄阶段特征和个体发展的差异性。 2.1.3 了解幼儿认知发展、学习方式的特点及影响因素，熟悉幼儿建构知识、获得技能的过程。 2.1.4 了解幼儿情感、社会性发展的特点，熟悉幼儿品德和行为习惯形成的过程和规律。 2.1.5 掌握观察、谈话、倾听、作品分析等基本方法，理解幼儿发展的需要。 2.1.6 了解幼儿期常见疾病、发展障碍、学习障碍的基础知识和应对方法。 2.1.7 了解我国教育的政策法规，熟悉关于儿童权利的内容以及维护儿童合法权益的途径。

续表

目标领域	目标	基本要求
2 教育知识与能力	2.2 具有教育幼儿的知识和能力	2.2.1 了解我国幼儿园教育的目标和任务，熟悉健康、语言、社会、科学、艺术等各领域的教育目标，学会以此指导自己的学习和实践。 2.2.2 了解幼儿教育的基本原理，理解整合各领域的内容、综合地实施教育活动的重要性，学会设计和实施幼儿教育活动。 2.2.3 了解幼儿的生活经验，学会利用实践机会，积累引导幼儿在游戏等活动中建构知识、发展创造力的经验。 2.2.4 掌握照顾幼儿健康地、安全地生活的基本方法和技能。 2.2.5 了解教育评价的理论与技术，学会通过评价改进活动与促进幼儿发展。 2.2.6 了解与家庭、社区沟通的重要性，学会利用和开发周围的资源，创设有利于幼儿发展的环境。 2.2.7 掌握幼儿心理健康教育的基本知识，学会处理幼儿常见行为问题。 2.2.8 了解0—3岁保育教育的有关知识和婴儿保育教育的一般方法。 2.2.9 了解小学教育的有关知识和幼小衔接的一般方法。
	2.3 具有发展自我的知识与能力	2.3.1 了解教师专业素养的核心内容，明确自身专业发展的重点。 2.3.2 了解教师专业发展的阶段与途径，熟悉教师专业发展规划的一般方法，学会理解与分享优秀教师的成功经验。 2.3.3 了解教师专业发展的影响因素，学会利用以课程学习为主的各种机会，积累发展经验。
3 教育实践与体验	3.1 具有观摩教育实践的经历与体验	3.1.1 结合相关课程学习，观摩幼儿的生活和教育活动的组织与指导，了解幼儿园教育的规范与过程，感受不同的教育风格。 3.1.2 深入幼儿园和班级，参与幼儿活动，获得与幼儿直接交往的体验。 3.1.3 了解幼儿园保教工作的特点和幼儿园各部门工作的职责和要求，感受幼儿教育实践的丰富性和复杂性。
	3.2 具有参与教育实践的经历与体验	3.2.1 了解实习班级幼儿的实际情况，在指导下设计教育活动方案，组织一日活动，获得对教育过程的真实感受。 3.2.2 参与各种教研活动，获得与幼儿园教师直接对话或交流的机会。 3.2.3 与家庭和社区合作，提高沟通能力，获得共同促进幼儿发展的实践经历与体验。 3.2.4 参与不同类型的幼教机构活动和幼儿教育实践活动。
	3.3 具有研究教育实践的经历与体验	3.3.1 在日常学习和实践过程中积累所学所思所想，形成问题意识和一定的解决问题的能力。 3.3.2 了解研究教育实践的一般方法，经历和体验制订计划、开展活动、完成报告、分享结果的过程。 3.3.3 参与各种类型的科研活动，获得科学地研究幼儿的经历与体验。

2. 课程设置。

<table>
<tr><th rowspan="2">学习领域</th><th rowspan="2">建议模块</th><th colspan="3">学分要求</th></tr>
<tr><th>三年制专科</th><th>五年制专科</th><th>四年制本科</th></tr>
<tr><td>1. 儿童发展与学习</td><td>儿童发展；幼儿认知与学习；特殊儿童发展与学习等。</td><td rowspan="5">最低必修学分
40 学分</td><td rowspan="5">最低必修学分
50 学分</td><td rowspan="5">最低必修学分
44 学分</td></tr>
<tr><td>2. 幼儿教育基础</td><td>教育发展史略；教育哲学；课程与教学理论；学前教育原理等。</td></tr>
<tr><td>3. 幼儿活动与指导</td><td>幼儿游戏与指导；教育活动的设计与实施；幼儿健康教育与活动指导；幼儿语言教育与活动指导；幼儿社会教育与活动指导；幼儿科学教育与活动指导；幼儿艺术教育与活动指导；0—3 岁婴儿的保育与教育；幼儿园教育环境创设；幼儿园教育评价；教育诊断与幼儿心理健康指导等。</td></tr>
<tr><td>4. 幼儿园与家庭、社会</td><td>幼儿园组织与管理；幼儿园班级管理；家庭与社区教育；教育资源的开发与利用；幼儿教育政策法规等。</td></tr>
<tr><td>5. 职业道德与专业发展</td><td>教师职业道德；教育研究方法；师幼互动方法与实践；教师专业发展；教师语言技能；音乐技能；舞蹈技能；美术技能；现代教育技术应用等。</td></tr>
<tr><td>6. 教育实践</td><td>教育见习；教育实习等。</td><td>18 周</td><td>18 周</td><td>18 周</td></tr>
<tr><td colspan="2">教师教育课程最低总学分数（含选修课程）</td><td>60 学分＋18 周</td><td>72 学分＋18 周</td><td>64 学分＋18 周</td></tr>
<tr><td colspan="5">说明：
（1）1 学分相当于学生在教师指导下进行课程学习 18 课时，并经考核合格。
（2）学习领域是每个学习者都必修的；建议模块供教师教育机构或学习者选择或组合，可以是必修也可以是选修；每个学习领域或模块的学分数由教师教育机构按相关规定自主确定。</td></tr>
</table>

（二）小学职前教师教育课程目标与课程设置。小学职前教师教育课程要引导未来教师理解小学生成长的特点与差异，学会创设富有支持性和挑战性的学习环境，满足他们的表现欲和求知欲；理解小学生的生活经验和现场资源的重要意义，学会设计和组织适宜的活动，指导和帮助他们自主、合作与探究学习，形成良好的学习习惯；理解交往对小学生发展的价值和独特性，学会组织各种集体和伙伴活动，让他们在有意义的学校生活中快乐成长。

1. 课程目标。

目标领域	目标	基本要求
1 教育信念与责任	1.1 具有正确的学生观和相应的行为	1.1.1 理解小学阶段在人生发展中的独特地位和价值，认识生动活泼的小学生活对小学生发展的意义。 1.1.2 尊重学生学习和发展的权利，保护学生的学习兴趣和自信心。 1.1.3 尊重学生的个体差异，相信学生具有发展的潜力，乐于为学生创造发展的条件和机会。
	1.2 具有正确的教师观和相应的行为	1.2.1 理解教师是学生学习的促进者，相信教师工作的意义在于创造条件帮助学生快乐成长。 1.2.2 了解小学教师的职业特点和专业要求，自觉提高自身的科学和人文素养，形成终身学习的意愿。 1.2.3 了解教师的权利和责任，遵守教师职业道德。
	1.3 具有正确的教育观和相应的行为	1.3.1 理解教育对学生成长、教师专业发展和社会进步的重要意义，相信教育充满了创造的乐趣，愿意从事小学教育事业。 1.3.2 了解学校教育的历史、现状和发展趋势，认同素质教育理念，理解并参与教育改革。 1.3.3 形成正确的教育质量观，对与学校教育相关的现象进行专业思考与判断。
2 教育知识与能力	2.1 具有理解学生的知识与能力	2.1.1 了解儿童发展的主要理论和儿童研究的最新成果。 2.1.2 了解儿童身心发展的一般规律和影响因素，熟悉小学生年龄特征和个体发展的差异性。 2.1.3 了解小学生的认知发展、学习方式的特点及影响因素，熟悉小学生建构知识、获得技能的过程。 2.1.4 了解小学生品德和行为习惯形成的过程，了解小学生的交往特点，理解同伴交往对小学生发展的影响。 2.1.5 掌握观察、谈话、倾听、作品分析等方法，理解小学生学习和发展的需要。 2.1.6 了解我国教育的政策法规，熟悉关于儿童权利的内容以及维护儿童合法权益的途径。
	2.2 具有教育学生的知识与能力	2.2.1 了解小学教育的培养目标，熟悉至少两门学科的课程标准，学会依据课程标准制定教学目标或活动目标。 2.2.2 熟悉至少两门学科的教学内容与方法，学会联系小学生的生活经验组织教学活动，将教学内容转化为对小学生有意义的学习活动。 2.2.3 了解学科整合在小学教育中的价值，了解与小学生学习内容相关的各种课程资源，学会设计综合性主题活动，创造跨学科的学习机会。 2.2.4 了解课堂组织与管理的知识，学会创设支持性与挑战性的学习环境，

续表

目标领域	目标	基本要求
2 教育知识与能力	2.2 具有教育学生的知识与能力	激发学生的学习兴趣。 2.2.5 了解课堂评价的理论与技术，学会通过评价改进教学与促进学生学习。 2.2.6 了解课程开发的知识，学会开发校本课程，设计、实施和指导简单的课外、校外活动。 2.2.7 了解班队管理的基本方法，学会引导小学生进行自我管理和形成集体观念。 2.2.8 了解小学生心理健康教育的基本知识，学会诊断和解决小学生常见学习问题和行为问题。 2.2.9 掌握教师所必需的语言技能、沟通与合作技能、运用现代教育技术的技能。
	2.3 具有发展自我的知识与能力	2.3.1 了解教师专业素养的核心内容，明确自身专业发展的重点。 2.3.2 了解教师专业发展的阶段与途径，熟悉教师专业发展规划的一般方法，学会理解与分享优秀教师的成功经验。 2.3.3 了解教师专业发展的影响因素，学会利用以课程学习为主的各种机会积累发展经验。
3 教育实践与体验	3.1 具有观摩教育实践的经历与体验	3.1.1 结合相关课程学习，观摩小学课堂教学，了解课堂教学的规范与过程。 3.1.2 深入班级，了解小学生群体活动的状况以及小学班级管理、班队活动的内容和要求，获得与小学生直接交往的体验。 3.1.3 密切联系小学，了解小学的教育与管理实践，获得对小学工作内容和运作过程的感性认识。
	3.2 具有参与教育实践的经历与体验	3.2.1 在有指导的情况下，根据小学生的特点和教学目标设计与实施教学方案，经历1—2门课程的教学活动。 3.2.2 在有指导的情况下，参与指导学习、管理班级和组织班队活动，获得与家庭、社区联系的经历。 3.2.3 参与各种教研活动，获得与其他教师直接对话或交流的机会。
	3.3 具有研究教育实践的经历与体验	3.3.1 在日常学习和实践过程中积累所学所思所想，形成问题意识和一定的解决问题能力。 3.3.2 了解研究教育实践的一般方法，经历和体验制订计划、开展活动、完成报告、分享结果的过程。 3.3.3 参与各种类型的科研活动，获得科学地研究学生的经历与体验。

2. 课程设置。

<table>
<tr><td rowspan="2">学习领域</td><td rowspan="2">建议模块</td><td colspan="3">学分要求</td></tr>
<tr><td>三年制专科</td><td>五年制专科</td><td>四年制本科</td></tr>
<tr><td>1. 儿童发展与学习
2. 小学教育基础
3. 小学学科教育与活动指导
4. 心理健康与道德教育
5. 职业道德与专业发展</td><td>儿童发展；小学生认知与学习等。
教育哲学；课程设计与评价；有效教学；学校教育发展；班级管理；学校组织与管理；教育政策法规等。
小学学科课程标准与教材研究；小学学科教学设计；小学跨学科教育；小学综合实践活动等。
小学生心理辅导；小学生品德发展与道德教育等。
教师职业道德；教育研究方法；教师专业发展；现代教育技术应用；教师语言；书写技能等。</td><td>最低必修学分
20 学分</td><td>最低必修学分
26 学分</td><td>最低必修学分
24 学分</td></tr>
<tr><td>6. 教育实践</td><td>教育见习；教育实习。</td><td>18 周</td><td>18 周</td><td>18 周</td></tr>
<tr><td colspan="2">教师教育课程最低总学分数（含选修课程）</td><td>28 学分＋18 周</td><td>35 学分＋18 周</td><td>32 学分＋18 周</td></tr>
<tr><td colspan="5">说明：
（1）1 学分相当于学生在教师指导下进行课程学习 18 课时，并经考核合格。
（2）学习领域是每个学习者都必修的；建议模块供教师教育机构或学习者选择或组合，可以是必修也可以是选修；每个学习领域或模块的学分数由教师教育机构按相关规定自主确定。</td></tr>
</table>

（三）中学职前教师教育课程目标与课程设置。中学职前教师教育课程要引导未来教师理解青春期的特点及其对中学生生活的影响，学习指导他们安全度过青春期；理解中学生的认知特点与学习方式，学会创建学习环境，鼓励独立思考，指导他们用多种方式探究学科知识；理解中学生的人格与文化特点，学会尊重他们的自我意识，指导他们规划自己的人生，在多样化的活动中发展社会实践能力。

1. 课程目标。

<table>
<tr><td>目标领域</td><td>目标</td><td>基本要求</td></tr>
<tr><td rowspan="2">1 教育信念与责任</td><td>1.1 具有正确的学生观和相应的行为</td><td>1.1.1 理解中学阶段在人生发展中的独特地位和价值，认识积极主动的中学生活对中学生发展的意义。
1.1.2 尊重学生的学习和发展的权利，保护学生的学习自主性、独立生与选择性。
1.1.3 尊重学生的个体差异，相信学生具有发展的潜力，乐于为学生创造发展的条件和机会。</td></tr>
<tr><td>1.2 具有正确的教师观和相应的行为</td><td>1.2.1 理解教师是学生学习的促进者，相信教师工作的意义在于创造条件帮助学生自主发展。
1.2.2 了解中学教师的职业特点和专业要求，自觉提高自身的科学与人文</td></tr>
</table>

续表

目标领域	目标	基本要求
1 教育信念与责任	1.2 具有正确的教师观和相应的行为	素养，形成终身学习的意愿。 1.2.3 了解教师的权利与责任，遵守教师职业道德。
	1.3 具有正确的教育观和相应的行为	1.3.1 理解教育对学生成长、教师自身发展和社会进步的重要意义，相信教育充满了创造的乐趣，愿意从事中学教育事业。 1.3.2 了解人类教育的历史、现状和发展趋势，认同素质教育理念，理解并参与教育改革。 1.3.3 形成正确的教育质量观，对与学校教育相关的现象进行专业思考与判断。
2 教育知识与能力	2.1 具有理解学生的知识与技能	2.1.1 了解儿童发展的主要理论和最新研究成果。 2.1.2 了解儿童身心发展的一般规律和影响因素，熟悉中学生年龄特征和个体发展的差异性。 2.1.3 了解中学生的认知发展、学习方式的特点及影响因素，熟悉中学生建构知识和获得技能的过程。 2.1.4 了解中学生品德和行为习惯形成的过程，了解中学生交往的特点，理解同伴交往对中学生发展的影响。 2.1.5 掌握观察、谈话、倾听、作品分析等方法，理解中学生学习和发展的需要。 2.1.6 了解我国教育的政策法规，熟悉关于儿童权利的内容以及维护儿童合法权益的途径。
	2.2 具有教育学生的知识和能力	2.2.1 了解中学教育的培养目标，熟悉任教学科的课程标准，学会依据课程标准制定教学目标或活动目标。 2.2.2 熟悉任教学科的教学内容和方法，学会联系并运用中学生生活经验和相关课程资源，设计教育活动，创设促进中学生学习的课堂环境。 2.2.3 了解课堂评价的理论与技术，学会通过评价改进教学与促进学生学习。 2.2.4 了解活动课程开发的知识，学会开发校本课程，设计与指导课外、校外活动。 2.2.5 了解班级管理的基本方法，学会引导中学生进行自我管理和形成集体观念。 2.2.6 了解中学生心理健康教育的基本知识，学会处理中学生特别是青春期常见的心理和行为问题。 2.2.7 掌握教师所必需的语言技能、沟通与合作技能、运用现代教育技术的技能。
	2.3 具有发展自我的知识与能力	2.3.1 了解教师专业素养的核心内容，明确自身专业发展的重点。 2.3.2 了解教师专业发展的阶段与途径，熟悉教师专业发展规划的一般方法，学会理解和分享优秀教师的成长经验。 2.3.3 了解教师专业发展的影响因素，学会利用以课程学习为主的各种机会积累发展的经验。

续表

目标领域	目标	基本要求
3 教育实践与体验	3.1 具有观摩教育实践的经历与体验	3.1.1 观摩中学课堂教学，了解中学课堂教学的规范与过程，感受不同的教学风格。 3.1.2 深入班级或其他学生组织，了解中学班级管理的内容和要求，获得与学生直接交往的体验。 3.1.3 深入中学，了解中学的组织结构与运作机制。
	3.2 具有参与教育实践的经历与体验	3.2.1 在有指导的情况下，根据学生的特点，设计与实施教学方案，获得对学科教学的真实感受和初步经验。 3.2.2 在有指导的情况下，参与指导学习、管理班级和组织活动，获得与家庭、社区联系的经历。 3.2.3 参与各种教研活动，获得与其他教师直接对话或交流的机会。
	3.3 具有研究教育实践的经历与体验	3.3.1 在日常学习和实践过程中积累所学所思所想，形成问题意识和一定的解决问题的能力。 3.3.2 了解研究教育实践的一般方法，经历和体验制订计划、开展活动、完成报告、分享结果的过程。 3.3.3 参与各种类型的科研活动，获得科学地研究学生的经历与体验。

2. 课程设置。

学习领域	建议模块	学分要求	
		三年制专科	四年制本科
1. 儿童发展与学习 2. 中学教育基础 3. 中学学科教育与活动指导 4. 心理健康与道德教育 5. 职业道德与专业发展	儿童发展；中学生认知与学习等。 教育哲学；课程设计与评价；有效教学；学校教育发展；班级管理等。 中学学科课程标准与教材研究；中学学科教学设计；中学综合实践活动等。 中学生心理辅导；中学生品德发展与道德教育等。 教师职业道德；教师专业发展；教育研究方法；教师语言；现代教育技术应用等。	最低必修学分 8 学分	最低必修学分 10 学分
6. 教育实践	教育见习；教育实习。	18 周	18 周
教师教育课程最低总学分数（含选修课程）		12 学分＋18 周	14 学分＋18 周
说明： （1）1 学分相当于学生在教师指导下进行课程学习 18 课时，并经考核合格。 （2）学习领域是每个学习者都必修的；建议模块供教师教育机构或学习者选择或组合，可以是必修也可以是选修；每个学习领域或模块的学分数由教师教育机构按相关规定自主确定。			

（四）在职教师教育课程设置框架建议。在职教师教育课程分为学历教育课程与非学历教育课程。学历教育课程方案的制订要以本标准为依据，考虑教师教育机构自身的培养目标、学习者的性质和特点，并参照在职教师教育课程设置框架；非学历教育课程方案的制订要针对教师在不同发展阶段的特殊需求，参照在职教师教育课程设置框架，提供灵活多样、新颖实用、针对性强的课程，确保教

师持续而有效的专业学习。

在职教师教育课程要满足教师专业发展的多样化需求，充分利用教师自身的经验与优势，进一步深化和发展职前教师教育的课程目标，引导教师加深专业理解、解决实际问题、提升自身经验，促进教师专业发展。

课程功能指向	主题/模块举例
加深专业理解	当代教育思潮、教师专业伦理、学科教育新进展、儿童研究新进展、学习科学新进展等；也可以选择哲学、人文、科技等研究领域的一些相关专题。
解决实际问题	学科教学专题研究、特殊儿童教育、青少年发展问题研究、学校课程领导、校（园）本课程开发、综合实践活动设计与指导、档案袋评价、学生综合素质评定、教学诊断、课堂评价、课堂观察、学业成就评价、信息技术与课程的整合、校（园）本教学研究制度建设等。
提升自身经验	教师专业发展专题研究、教育经验研究、反思性教学、教育行动研究、教育案例研究、教育叙事等。

三、实施建议

（一）各级教育行政部门要根据基础教育改革发展的需要，加强对教师教育课程的领导和管理，提供相应的政策支持和制度保障，充分调动各方面的积极性，做好教师教育课程标准实施工作。依据课程标准，加强教师教育质量的评估和监管，确保中小学和幼儿园教师培养质量。

（二）教师教育机构要依据课程标准，制定幼儿园、小学、中学教师教育课程方案，科学安排公共基础课程、学科专业课程和教师教育课程的结构比例。根据学习领域、建议模块以及学分要求，确立相应的课程结构，提出课程实施办法，制定配套的保障措施。建立课程自我评估制度，及时发现问题，总结经验，不断完善课程方案。

强化教育实践环节，完善教育实践课程管理，确保教育实践课程的时间和质量。大力推进课程改革，创新教师培养模式，探索建立高校、地方政府、中小学合作培养师范生的新机制。

（三）教师教育机构要研究在职教师学习的特殊性，提供有针对性的在职教师教育课程，满足不同学习者的发展需求。在职教师教育课程要反映相关研究领域的新进展，联系教育实际，尊重和吸纳学习者自身的实践经验，解决实际问题，增强在职教师教育课程的针对性和实效性。

教育部关于印发《高等学校思想政治理论课建设标准（暂行）》的通知

（2011年1月19日）

各省、自治区、直辖市党委教育工作部门、教育厅（教委），新疆生产建设兵团教育局，部属各高等学校：

为贯彻落实全国加强和改进大学生思想政治教育工作座谈会精神以及《中共中央宣传部　教育部关于进一步加强高等学校思想政治理论课教师队伍建设的意见》（教社科〔2008〕5号）有关规定，进一步加强宏观指导，规范高校思想政治理论课的组织管理、教学管理、队伍管理和学科建设，我部研制了《高等学校思想政治理论课建设标准（暂行）》。现印发给你们，请遵照执行。

各省级教育部门要加强对在本地区办学的所有高校思想政治理论课的统筹协调，将各部委属高校的思想政治理论课纳入统一管理体系，组织本地区所有高校开展自查，对照有关指标逐项核对，对没有落实的项目要制定整改进度表，并将自查结果于2011年4月10日前报省级教育部门，教育部各直属高校同时将自查结果报教育部社科司。2011年5月30日前，各省级教育部门完成对本地所有高校的检查工作。2011年5—6月，教育部将组织专家督查指导组进行抽查。

附件：

高等学校思想政治理论课建设标准
（暂行）

一级指标	二级指标	三级指标	指标类型	责任部门
组织管理	领导体制	学校党委直接领导，协调校行政负责实施，分管校领导具体负责，并成立相应的领导机构。	B	学校党委、行政领导
	工作机制	1. 校党委（常委）会议、校长办公会每学期至少召开一次专题会议研究工作，会议决议能够及时落实。	B	学校党委、行政领导
		2. 学校党政主要领导和分管领导每学期分别到堂听课2次以上，定期听取思想政治理论课教学工作汇报，解决实际问题。	B	
		3. 把思想政治理论课建设列入学校事业发展规划，作为学校重点课程建设，有条件的本科院校同时应作为重点学科建设，每年至少进行一次专项督查。	A	
		4. 学校宣传、人事、教务、研究生院（处）、财务、科研等党政部门和思政课教学科研机构各负其责，相互配合，落实思想政治理论课教育教学、学科建设、人才培养、科研立项、社会实践、经费保障等各方面政策和措施。	B	学校党委、行政领导及有关部门
	机构建设	1. 独立设置直属学校领导的、与学校其他二级院（系）行政同级的思想政治理论课教学科研组织二级机构，承担全校本、专科学生和研究生思想政治理论课教学任务，统一管理思想政治理论课教师。有马克思主义理论学科点的机构同时应作为马克思主义理论学科点的依托单位，承担马克思主义理论科学研究、学科建设、研究生培养等工作。	A*	学校党委、行政领导
		2. 配齐机构主要负责人。机构主要负责人应具有马克思主义理论相关学科的学科背景、学历和职称，不得兼任其他二级院（系）的主要负责人。	A*	学校党委、行政领导及有关部门
		3. 与专业院系同等配备教学设备和基本图书资料、国内外主要社科期刊、声像资料、教学课件以及办公用房、计算机、复印机、传真机等办公设备等，满足教学及办公需要。	B	
	专项经费	学校在保障思想政治理论课教学科研机构正常的各项经费的同时，本科院校按在校学生总数每生每年不低于20元、专科院校按在校学生总数每生每年不低于15元的标准提取专项经费用于教师学术交流、考察等，并随着学校经费的增长逐年增加。专项经费安排使用明确，专款专用。	A*	学校党委、行政领导及财务部门

续表

<table>
<tr><th>一级指标</th><th>二级指标</th><th>三级指标</th><th>指标类型</th><th>责任部门</th></tr>
<tr><td rowspan="10">教学管理</td><td>管理制度</td><td>教学管理制度健全，建立备课、听课制度以及教学内容和教学质量监控制度，认真执行各项管理规章制度，检查、评价制度等。教学档案齐全。</td><td>B</td><td>教务处
思政部</td></tr>
<tr><td rowspan="2">课程设置</td><td>1. 按照本、专科生思想政治理论课“05 方案”，研究生思想政治理论课新方案（2011 年秋季开始实施）的规定，根据学校培养人才层次，落实课程和学分及对应的课堂教学学时，无挪用或减少课时的情况。</td><td>A*</td><td rowspan="2">教务处
研究生院（处）</td></tr>
<tr><td>2. 积极创造条件开设本科生和研究生层次思想政治理论课选修课。</td><td>B</td></tr>
<tr><td rowspan="2">教材使用</td><td>1. 使用马克思主义理论研究和建设工程重点教材思想政治理论课统编教材。</td><td>A</td><td rowspan="2">教务处
研究生院（处）</td></tr>
<tr><td>2. “形势与政策”课要根据教育部下发的教育教学要点来组织教学，选用中宣部和教育部组织制作的《时事报告（大学生版）》和《时事》DVD 作为学生学习辅导资料。</td><td>B</td></tr>
<tr><td rowspan="2">课堂教学</td><td>1. 课堂规模一般不超过 100 人，鼓励小班教学。</td><td>A</td><td rowspan="2">教务处</td></tr>
<tr><td>2. 合理安排课堂教学时间。</td><td>B</td></tr>
<tr><td>实践教学</td><td>实践教学纳入教学计划，落实学分（本科 2 学分，专科 1 学分）、教学内容、指导教师和专项经费。建立相对稳定的校外实践教学基地。实践教学覆盖大多数学生。</td><td>B</td><td>教务处
思政部</td></tr>
<tr><td rowspan="2">教学方法改革</td><td>1. 积极探索教学方法改革、优化教学手段。</td><td>B</td><td rowspan="2">思政部
教务处</td></tr>
<tr><td>2. 改革考试评价方式，建立健全科学的考试考核评价体系。</td><td>B</td></tr>
<tr><td></td><td>教学成果</td><td>列入校级教学成果类奖系列评选之中，并积极组织推荐参评校级以上“精品课程”、教学成果奖、“精彩”系列等评选活动。</td><td>B</td><td>教务处</td></tr>
<tr><td rowspan="4">队伍管理</td><td>政治方向</td><td>思想政治理论课教师应坚持正确的政治方向，有扎实的马克思主义理论基础，具有良好的思想品德、职业道德、责任意识和敬业精神，在事关政治原则、政治立场和政治方向的问题上与党中央保持一致。</td><td>A</td><td>人事处
思政部</td></tr>
<tr><td rowspan="3">教师选配</td><td>1. 本、专科思想政治理论课专任教师按不低于师生（全日制在校本、专科学生）1∶350—400 的比例配备，研究生思想政治理论课专任教师按相当比例配备（编制在思想政治理论课教学科研机构）。</td><td>A</td><td rowspan="3">人事处</td></tr>
<tr><td>2. 兼职教师具有硕士研究生以上学历（专科院校兼职教师具有本科以上学历）和相关专业背景，按学校有关规定考核合格。</td><td>B</td></tr>
<tr><td>3. 新任专任教师原则上应是中共党员并具备相关专业硕士以上学位。</td><td>A</td></tr>
</table>

续表

一级指标	二级指标	三级指标	指标类型	责任部门
队伍管理	培养培训	1. 新任专任教师必须参加省级岗前培训，持证上岗；所有专任教师必须参加省级或中宣部、教育部组织的示范培训或课程培训或骨干研修。	B	人事处 思政部
		2. 每学年至少安排1/4的专任教师开展社会实践和学习考察活动。	B	
		3. 安排专任教师进行脱产或半脱产进修，每人每4年至少一次。	B	
		4. 鼓励支持专任教师攻读马克思主义理论相关学科博士、硕士学位。	B	
	职务评聘	1. 思想政治理论课专业技术职务高级岗位比例不低于学校重点学科高级岗位设置的平均水平，且不得挪作他用。	B	人事处
		2. 教师获得的教学成果类奖项、被有关部门采纳并发挥积极作用的社会调研报告应作为专业技术职务评定的依据。	B	
	经济待遇	思想政治理论课教师的岗位津贴和课时补助等纳入学校内部分配体系统筹考虑，思想政治理论课教师工作量、课酬计算标准与其他专业课教师一致，教师的实际平均收入不低于本校相关专业院系教师的平均水平。	A	人事处 教务处
	表彰评优	纳入学校各类教师表彰体系中，并为思想政治理论课教师确定一定比例，进行统一表彰。	B	人事处
学科建设	学科点建设	1. 马克思主义理论学科点设在思想政治理论课教学科研机构，首要任务是为思想政治理论课教育教学服务。	A*	人事处 科研处 教务处 研究生院（处）
		2. 马克思主义理论学科点不办本科专业、不招收本科生。（思想政治教育专业除外）	A*	
		3. 马克思主义理论学科的学术骨干必须是思想政治理论课的教学骨干。每一位导师至少承担思想政治理论课一门课的教学任务。	A	
	科研工作	设立思想政治理论课教育教学研究专项课题。创造条件支持思想政治理论课教师申报各级各类课题，参评各种科研成果奖等。	B	教务处 科研处 思政部
特色项目	教学改革特色项目	开展思想政治理论课教学改革与创新，并取得显著成果，其经验在全国或全省得到一定推广。	B	教务处
	其他	能够推动思想政治理论课建设工作的其他有特色的项目。	B	思政部

说明：

1. 关于指标类别。建设指标分A*、A、B三类，共38项，其中A*为核心指标（6项），A为重点指标（8项），B为基本指标（24项）。

2. 关于评价标准。A*指标6项、A类指标7项以上、B类指标20项以上达标，方可认定合格。

3. 关于教师类别。专任教师是指编制在思想政治理论课教学科研机构的教师；兼职教师是指编制属其他教学机构或管理部门（单位）的教师。

教育部办公厅　财政部办公厅关于做好2011年农村义务教育阶段学校教师特设岗位计划有关实施工作的通知

（2011年3月4日）

河北、山西、内蒙古、吉林、黑龙江、安徽、江西、河南、湖北、湖南、广西、海南、重庆、四川、贵州、云南、陕西、甘肃、宁夏、青海省、自治区、直辖市教育厅（教委）、财政厅（局），新疆生产建设兵团教育局、财务局：

为贯彻落实全国教育工作会议精神和教育规划纲要，深入实施农村义务教育学校教师特设岗位计划（以下简称特岗计划），吸引更多优秀人才到农村学校从教，现就做好2011年特岗计划有关实施工作通知如下。

一、抓紧做好2011年设岗计划申报工作。各地要进行深入细致的调查研究，在摸清拟设岗县教师队伍实际情况和需求的基础上，研究提出实施特岗计划的县（市）、学校和设岗数量，填写《中央特岗计划申报县教师队伍基本情况调查表》和《2011年中央特岗计划设岗需求申报表》，并于3月18日前报教育部。

中央特岗计划实施范围为中西部地区国家扶贫开发工作重点县、西部地区原“两基”攻坚县（含新疆生产建设兵团的部分团场）、纳入国家西部开发计划的部分中部省份的少数民族自治州以及西部地区一些有特殊困难的边境县、少数民族自治县和少小民族县。纳入特岗计划的县（市），必须是教师总体缺编、结构性矛盾突出的县（市），且特岗计划实施期内不得再以其他方式补充新教师。教育部、财政部将根据各地教师队伍实际情况、以往特岗计划执行总体情况、服务期满特岗教师留任情况和申报设岗数等核定今年的设岗计划。

二、及时研究制订2011年计划实施方案。各地要在认真总结几年来特岗计划实施工作经验的基础上，按照中央四部门文件精神，结合当地实际情况，研究制订本省（区、市）2011年具体实施方案，4月20日前完成本省（区、市）实施方案，并向社会公开发布。各省（区、市）实施方案同时报教育部备案。要提前研究特岗教师服务期满后的留任问题，与教师编制安排及教师正常补充统筹考虑，保证政策落实到位。

三、切实做好宣传动员和特岗教师招聘工作。各地要采取多种方式，进一步加大宣传工作力度，充分宣传特岗计划相关政策，吸引更多优秀高校毕业生报名应聘。各地招聘报名工作应在4月底前启动实施。要严格把握招聘政策，坚持以高等师范院校和其他全日制普通高校应届本科毕业生为主，进一步提高招聘质量，7月底前务必完成招聘工作。新录用特岗教师秋季开学时按时上岗。9月中旬前将正式上岗教师数报教育部、财政部，作为核拨中央补助经费的依据。

要充分考虑当地教师队伍学科结构分布等因素，加强偏远农村学校教师和音乐、体育、美术等紧缺学科教师的补充，建立直接向偏远农村学校轮换派遣合格教师的工作机制。

四、积极采取措施推进实施地方特岗计划。各地要根据中央特岗计划的原则精神，创新补充机制，大力推进地方特岗计划，吸引高校毕业生到农村从教，及时为农村学校补充新教师，不断完善教师补充有效机制。要统筹做好中央和地方特岗计划，统一招聘标准，严格招聘程序，切实把好教师入口关。

五、进一步做好特岗教师的跟踪管理和服务工作。各地要采取有效措施，落实好特岗教师的工资发放、周转宿舍安排等相关保障工作。要加强跟踪管理，确保特岗教师从事教育教学工作。同时，要采取切实措施加强特岗教师培训，帮助特岗教师提高教书育人的能力，尽快成长为工作骨干。要进一步加强特岗教师优秀典型的宣传。教育部已开通特岗计划信息管理与服务系统（http//tg.ncss.org.cn），各地要及时做好信息动态更新工作，全面掌握特岗教师在岗情况、工资标准、职称级别、人员流动等基础信息。

中共中央宣传部办公厅　教育部办公厅关于加强中等职业学校形势与政策教育的意见

（2011年4月19日）

各省、自治区、直辖市党委宣传部、教育厅（教委），各计划单列市党委宣传部、教育局，新疆生产建设兵团党委宣传部、教育局：

为贯彻落实《中共中央办公厅转发〈中央宣传部关于学习贯彻党的十七届五中全会精神集中开展形势政策宣传教育工作方案〉的通知》（中办发〔2010〕35号）要求，根据教育部等六部门《关于加强和改进中等职业学校学生思想道德教育的意见》（教职成〔2009〕11号）和《教育部关于中等职业学校德育课课程设置与教学安排的意见》（教职成〔2008〕6号）精神，现就加强中等职业学校形势与政策教育提出如下意见。

一、中等职业学校开展形势与政策教育的总体要求

中等职业学校学生（以下简称中职学生）是未成年人的重要组成部分，是我国未来产业大军的重要来源。加强和改进中职学生思想道德教育，提高他们的思想道德素质，既是未成年人思想道德建设的重要内容，也是职业教育改革与发展的重要任务。形势与政策教育是中职学生思想道德教育工作和德育课教学的重要内容，对于中职学生全面理解党和国家的路线方针政策，了解国内外形势的发展变化，增强分析形势、解读政策的意识，提升综合职业素质和能力具有重要意义。

指导思想：

形势与政策教育要高举中国特色社会主义伟大旗帜，坚持以邓小平理论和“三个代表”重要思想为指导，深入贯彻落实科学发展观，紧密结合全面建设小康社会的实际，针对中职学生关注的热点问题和自身思想特点，帮助中职学生正确认识国内国际形势，教育和引导中职学生深刻理解党的路线、方针和政策，掌握认识分析形势的正确方法，坚定在中国共产党领导下走中国特色社会主义道路的信心和决心，积极投身改革开放和现代化建设伟大事业。

基本原则：

——方向性原则。既要坚持正确的政治方向和育人导向，又要准确把握时代脉搏，体现时代性。

——贴近社会、贴近职业、贴近学生的原则。既要坚持遵循思想道德教育的普遍规律，又要适应中职学生身心成长特点和职业教育的特点。

——知与行相统一的原则。既要注重知识传授，又要注重情感体验和社会实践。

二、中等职业学校开展形势与政策教育的主要内容

形势与政策教育要根据新世纪新阶段面临的新

情况新问题，加强针对性。当前和今后一个时期，要着重进行党的基本理论、基本路线、基本纲领和基本经验教育；进行我国改革开放、社会主义现代化建设成就和面临的形势、任务教育；进行党和国家重大方针政策、重大活动和重大改革措施教育；进行当前国际形势与国际关系的基本状况、发展趋势和我国的对外政策教育；帮助中职学生提高正确认识和分析形势的能力。

2011 年，要按照中央开展形势政策教育的总体部署和要求，着重做好“十一五”成就、“十二五”规划纲要宣传教育，做好中国共产党成立 90 周年伟大历程的宣传教育工作。

三、中等职业学校开展形势与政策教育的基本途径

中等职业学校开展形势与政策教育要广泛运用各种方式，坚持把课堂主渠道和开展丰富多彩的活动有机结合。

——使用好《时事报告》(职教版)。为加强中等职业学校形势与政策教育教学资源建设，教育部委托中宣部时事报告杂志社，根据中央关于形势政策宣传教育的基本要求，组织编写了反映国内外形势发展变化的《时事报告》(职教版)，作为形势与政策教育的指定辅助教材。各地和各中等职业学校要紧密结合德育课相关教学内容，切实使用好《时事报告》(职教版)。

——利用好学校的宣传阵地。要充分利用校刊、校报、橱窗、校园网、电视台、黑板报等学校宣传阵地开展形势与政策教育。

——与学校日常德育实践活动相结合。要结合重大节庆日、民族传统节日和学校开学典礼、毕业典礼、成人仪式、入党入团仪式，组织开展与形势与政策教育相关的主题教育活动。

四、加强中等职业学校开展形势与政策教育的组织领导

各地党委宣传部门和教育行政部门要充分重视中等职业学校形势与政策教育工作，切实加强组织领导。党委宣传部门要加强对中等职业学校形势与政策教育工作的指导，把中等职业学校形势与政策教育工作纳入形势政策宣传教育工作整体安排，积极配合教育部门，安排好德育课教师培训，为组织开展各种相关活动提供便利和支持。教育行政部门要认真做好形势与政策教育的组织实施。中等职业学校要合理安排教学活动，保证形势与政策教育的教学时间。

教育部办公厅关于印发《教育部基础教育课程教材专家咨询委员会章程》的通知

(2011 年 3 月 15 日)

各省、自治区、直辖市教育厅（教委），新疆生产建设兵团教育局，有关单位：

《教育部基础教育课程教材专家咨询委员会章程》已经教育部基础教育课程教材专家咨询委员会讨论通过，并报我部批准。现印发给你们，并请对咨询委员的工作予以支持。

附件：

教育部基础教育课程教材专家咨询委员会章程

第一条　为更好地适应国家长远发展对人才培养的要求，提高教育决策的科学化和民主化水平，确保基础教育课程教材的质量，由教育部成立教育部基础教育课程教材专家咨询委员会（以下简称专家咨询委员会），并制定本章程。

第二条　专家咨询委员会是为基础教育课程教材重大决策提供咨询的高层次的专家咨询组织。

第三条　专家咨询委员会要贯彻党的教育方针，坚持“三个面向”的指导思想。

第四条　专家咨询委员会的主要职责：

（一）接受教育部关于基础教育课程教材建设工作的咨询；

（二）接受教育部基础教育课程教材专家工作委员会的咨询；

（三）研究提出国家基础教育课程教材建设的意见和建议。

第五条　专家咨询委员会设主任委员1人、副主任委员4—6人，秘书长1人。主任委员、副主任委员、秘书长由教育部聘任。

第六条　专家咨询委员实行聘任制，在相关单位推荐的基础上由教育部聘任，任期三年，可以连聘连任。每届更换咨询委员人数不超过二分之一。

第七条　咨询委员条件：

（一）热爱社会主义祖国，拥护党的路线方针政策，坚持科学发展观，具有良好的职业道德和改革意识，作风严谨、民主、正派，能团结合作，秉公办事；

（二）学术造诣深，在本领域有较高的学术地位或在社会有较高的知名度；

（三）关心中小学教育和中小学课程教材建设，了解教育改革的方向和趋势；

（四）身体健康，能参加专家咨询委员会的正常工作。

第八条　专家咨询委员会在教育部基础教育二司设立秘书处，负责联络咨询委员和会议组织工作。

第九条　专家咨询委员会全体会议由教育部召集，每年举行一次。专项议题会议可根据咨询议题的需要，不定期召开。

第十条　教育部基础教育课程教材专家咨询委员会日常工作经费由教育部拨付。

第十一条　本章程自发布之日起执行。

第十二条　本章程由教育部批准后正式发布实施。

教育部办公厅关于印发《教育部基础教育课程教材专家工作委员会章程》的通知

（2011年3月15日）

各省、自治区、直辖市教育厅（教委），新疆生产建设兵团教育局，有关部门（单位）：

《教育部基础教育课程教材专家工作委员会章程》已经教育部基础教育课程教材专家工作委员会第一次全体会议讨论通过，并报我部批准。现印发给你们，并请对各位专家工作委员会委员的工作予以支持。

附件：

教育部基础教育课程教材专家工作委员会章程

第一条 为全面推进素质教育，提高国家基础教育课程教材建设的专业化水平，确保基础教育课程教材质量，教育部聘请有关专家、学者和教育教学一线的专家成立教育部基础教育课程教材专家工作委员会（以下简称专家工作委员会）并制定本章程。

第二条 专家工作委员会是组织专家配合、协助国家教育行政主管部门围绕国家基础教育课程教材建设、课程改革的重点工作和重大课题开展专业工作的专家组织，在教育部的领导下开展工作。

第三条 专家工作委员会坚决贯彻党的教育方针，坚持“面向现代化，面向世界，面向未来”的指导思想，自觉实践科学发展观，科学民主地开展工作。

第四条 专家工作委员会的工作职责：

（一）受教育部委托，组织研究制订基础教育国家课程方案和各学科课程标准，组织审议并提出审议意见；

（二）受教育部委托，组织审核教材编写人员资格并提出审核意见；组织审查教材，协调处理教材审查中的重大问题；

（三）组织开展对课程教材重点工作、重大问题的研究和监测评价；

（四）对地方和中小学课程教材改革建设工作进行专业指导和服务；

（五）接受教育部和教育部基础教育课程教材工作领导小组交办的专题任务。

第五条 专家工作委员会委员由基础教育相关学科以及教育、心理等领域的专家和教育教学一线的专家担任，经有关单位推荐，教育部聘任。委员实行任期制，每届任期3年，可连任。

第六条 专家工作委员会委员应具备的条件：

（一）拥护党的路线、方针、政策，坚持科学发展观；

（二）热心教育事业，有高度责任感，有良好的职业道德，作风正派；

（三）在专业领域中有较高的学术地位或在教育实践方面有较大影响；

（四）身体健康，能坚持参加委员会的正常工作，年龄一般不超过70岁。

第七条 专家工作委员会设主任委员1人，副主任委员6—8人，秘书长1人，主任委员、副主任委员、秘书长由教育部直接聘任。专家工作委员会设办公室，协助主任委员处理日常事务工作。

第八条 专家工作委员会根据基础教育课程设置设立若干学科组和综合组。专家工作委员会组织专家开展业务工作，学科组和综合组在其中发挥核心骨干作用。专家工作委员会设立基础教育课程教材专家库。根据工作需要，从专家库中选聘或随机抽选专家参加相关工作。

第九条 专家工作委员会根据基础教育课程教材建设任务和教育部工作要求制订工作计划，开展工作。需教育部审定的意见、专题工作报告和重要政策建议要及时报教育部。

第十条 专家工作委员会建立全体委员会议和主任委员会议制度。全体委员会议每年至少召开一次，对上年度工作情况进行总结，并讨论下年度工作计划；主任委员会议根据工作需要召开。

第十一条 专家工作委员会委员要深入中小学，开展调查研究；要认真完成委员会布置的任务，参加委员会的例行会议和重要活动，无故缺席三次以上视为自动退出专家工作委员会。

第十二条 教育部为专家工作委员会提供工作经费。委员所在单位对委员的日常工作应予以支持。

第十三条 具体工作办法由专家工作委员会制订。

第十四条 本章程由教育部批准后正式发布实施。

教育部办公厅关于在义务教育阶段中小学实施“体育、艺术2＋1项目”的通知

（2011年4月26日）

各省、自治区、直辖市教育厅（教委），新疆生产建设兵团教育局：

为贯彻《国家中长期教育改革和发展规划纲要（2010—2020年）》（以下简称《教育规划纲要》）关于“坚持全面发展，全面加强和改进德育、智育、体育、美育”的要求，全面实施素质教育，组织广大中小学生参加科学健康、生动活泼的体育和艺术活动，提高运动能力和艺术素养，促进学生健康成长全面发展，我部在总结近几年来试验区实践经验的基础上，决定在全国义务教育阶段学校实施“体育、艺术2＋1项目”，即通过学校组织的课内外体育、艺术教育的教学和活动，让每个学生至少学习掌握两项体育运动技能和一项艺术特长，为学生的终身发展奠定良好的基础。现将有关事宜通知如下。

一、提高认识，加强领导，建立长效工作机制

实施“体育、艺术2＋1项目”是贯彻落实《教育规划纲要》和《中共中央国务院关于加强青少年体育增强青少年体质的意见》的重要举措。实践证明，“体育、艺术2＋1项目”是培养学生运动技能和艺术特长的有效载体，是一项学生欢迎、家长支持、社会赞同、惠及亿万中小学生的素质教育工程，对于提高中小学生的体育素质、审美情趣和人文素养，营造健康向上的校园育人环境，具有重要作用。

各地教育行政部门和中小学要切实加强领导，制订项目实施计划，建立长效管理工作机制。要开展创造性工作，积极探索“体育、艺术2＋1项目”的活动内容和组织形式，提高学生文体活动水平。教育行政部门要把项目实施情况纳入学校体育、艺术教育专项督导评估指标体系，定期实行检查、督促，促进“体育、艺术2＋1项目”健康发展。各中小学校长是实施“体育、艺术2＋1项目”的第一负责人，学校各部门和全体教师要关心、支持、参与项目实施工作。

二、明确目标，科学考核，提高项目实施水平

各地各校要开齐开足音乐、体育、美术课程，以课堂教学为主渠道，把“体育、艺术2＋1项目”的相关内容纳入教学计划，创新教学内容，进行教学改革，提高教学水平。

各地教育行政部门要指导中小学校精选体育、艺术项目，研究制订认定标准和实施办法。各中小学校要根据本校音体美师资条件、教学设备条件以及体育传统、艺术特色，确定符合学校实际和学生身心发展特点的体育、艺术项目，供学生学习和选择，满足学生个性发展的需要。

“体育、艺术2＋1项目”的认定标准和评定办法，要简易可行，有利于鼓励全体学生积极参与活动。要做好考核登记、档案管理工作，将学生参加项目活动的情况和取得的成绩记录到学生综合素质评价体系。

三、认真组织，搭建平台，营造良好活动环境

各中小学校要充分利用大课间和课外活动时间，组织丰富多彩的校园文体活动，营造校园文体活动的良好环境，确保学生参加活动、展示才艺的时间。要围绕“体育、艺术2＋1项目”组织开展对抗赛、挑战赛、才艺展演、作品展示等多种形式的群体性校园文体活动，充分发挥体育竞赛和艺术展演的激励作用。广泛组织各种文体兴趣活动小组，定期组织校园体育节、艺术节等活动，为学生参加文体活动搭建平台，让每个学生都成为“体育、艺术2＋1项目”的受益者。

各地要积极组织体育、艺术活动走出校园，向社区和家庭延伸，共同营造重视体育和艺术教育的良好社会环境。

四、优化资源，提供保障，确保项目持续推进

各地教育行政部门要加强体育、艺术教师队伍建设，按照国家教学计划要求配齐体育、艺术教师，要加大专业培训工作力度，提高体育、艺术教师业务水平和辅导“体育、艺术 2＋1 项目”的能力。对全体教师进行体育和艺术教育的辅导，鼓励其他学科教师通过自修和培训，提高体育、艺术素养，成为“体育、艺术 2＋1 项目”的参与者和指导者。

各地教育行政部门要切实加强体育、艺术教育资源配置，配足体育、艺术教育设备器材，充分发挥体育、艺术教育设施设备的使用效果，为实施“体育、艺术 2＋1 项目”提供服务。

各中小学要发挥本地社会人才资源的优势，聘请有体育、艺术专长的人才进校园，对学生学习体育、艺术技艺进行辅导。地方各级教育行政部门要主动联系有关部门，利用当地体育场（馆）、艺术馆以及校外教育机构等社会体育、艺术活动资源，拓展学生文体活动空间。

各地要认真落实各项工作任务，及时总结反馈项目实施情况，做好舆论宣传工作，使“体育、艺术 2＋1 项目”成为推进体育、艺术教育教学改革、促进学生全面而有个性发展的有效途径。

教育部办公厅关于 2011 年台湾高等学校在北京等六省（市）招收自费生等有关事项的通知

（2011 年 4 月 27 日）

各省、自治区、直辖市教育厅（教委）、高校招生办公室：

2010 年 8 月，台湾方面承认大陆 41 所高校学历，开放大陆学生赴台学习。2011 年，台湾高等学校在北京、上海、江苏、浙江、福建、广东六省（市）招收自费生。为保证大陆学生赴台就读工作稳妥、有序进行，特成立“海峡两岸招生服务中心”，与台湾负责招收大陆学生的“大学院校招收大陆地区学生联合招生委员会”（简称陆生联招会）对口沟通协调招生相关事宜。大陆其他机构不得擅自接受台方委托开展招生宣传、咨询等相关工作。经商国务院台办交流局、公安部出入境管理局，现将有关事项通知如下。

一、台湾高等学校招收大陆自费本科生

（一）招生学校

经台湾教育主管部门核准成立并准予在大陆招收本科生的高等学校。

（二）报名

北京、上海、江苏、浙江、福建、广东六省（市）参加 2011 年普通高校招生全国统一考试的高中毕业生，可报考台湾有关招生院校。具体报名手续及相关信息详见“海峡两岸招生服务中心”网站（http://hxla.gatzs.com.cn）。

（三）信息传递

台湾“陆生联招会”于 6 月 22 日前向“海峡两岸招生服务中心”提供本科学生报名数据，“海峡两岸招生服务中心”于 6 月 25 日前向北京、上海、江苏、浙江、福建、广东六省（市）招办提供报考台湾高校考生信息，上述六省（市）招办于 6 月 27 日前将考生高考成绩、六省（市）本科一批和二批分数线及相关信息提供给“海峡两岸招生服务中心”，“海峡两岸招生服务中心”于 6 月 28 日前向台湾“陆生联招会”提供考生高考成绩。

（四）录取

台湾有关招生高等学校于2011年7月4日前结束本科录取工作，并将录取名单通过“陆生联招会”提供给“海峡两岸招生服务中心”。“海峡两岸招生服务中心”将录取名单提供给北京、上海、江苏、浙江、福建、广东省（市）招办。凡被台湾高等学校录取并经本人确认就读的考生，不再参加大陆高校统一录取，有关省级招办不得再向大陆其他高校投放已被录取的考生档案。

二、台湾高等学校招收大陆自费研究生

（一）招生学校

经台湾教育主管部门核准成立并准予在大陆招收研究生的高等学校。

（二）报名

毕业于台湾承认学历的大陆41所高校且目前户籍在北京、上海、江苏、浙江、福建、广东六省（市）的毕业生或入学前户籍在上述六省（市）的41所高校应届本科或硕士毕业生，可报考台湾有关招生院校。具体报名手续及相关信息详见“海峡两岸招生服务中心”网站（http://hxla.gatzs.com.cn）。

（三）报名审核及录取

详见“海峡两岸招生服务中心”网站发布的2011年台湾高校硕士、博士招生简章。

三、台湾高等学校招收大陆自费生的宣传、咨询及招生章程

“海峡两岸招生服务中心”负责对口协调台湾高校招收大陆学生的宣传、咨询等工作。“海峡两岸招生服务中心”网站（http://hxla.gatzs.com.cn）将受台湾“陆生联招会”及招生院校的委托，登载台湾招生院校招生章程、学校及专业介绍等相关信息，以便查询。

四、证件办理

大陆学生需持台湾高等学校录取通知书、台湾主管部门核发的入台许可证明及北京、上海市台办和江苏、浙江、福建、广东四省地级市台办出具的赴台学习证明向户籍所在地公安机关出入境管理部门申请办理大陆居民往来台湾通行证及签注。

五、学位认证

被录取考生必须在台湾修完全部规定课程，并且论文答辩合格后取得台湾高等学校颁发的学位证书，方可作为大陆有关部门认证的依据。

在台湾“陆生联招会”和“海峡两岸招生服务中心”备案的大陆学生在台湾学业期满，获得台湾高等学校颁发的学位证书，大陆教育行政部门予以承认。

六、毕业生就业

在台湾高等学校学习的大陆学生毕业后，自主择业。

2011年教育大事记

1月

1月5日 第二届全国学生规范汉字书写大赛优秀获奖作品暨书法家祝贺作品展在北京开幕。教育部副部长、国家语委主任李卫红出席开幕式并讲话，要求各地教育部门和语言文字工作部门将加强规范汉字书写教育作为推进素质教育的重要内容，将规范汉字书写教育工作抓好抓实抓出成效。

1月6日 教育部召开党组中心组学习扩大会议，邀请国家发展改革委员会发展规划司司长李守信就国家“十二五”规划研究制定情况作专题报告。教育部部长、党组书记袁贵仁主持学习会并讲话。

1月7—8日 教育部党组召开扩大会议，28个司局（单位）和35个直属单位主要负责同志参加会议。教育部部长、党组书记袁贵仁强调，要紧紧围绕全面落实全国教育工作会议和教育规划纲要，明确新思路，制定新举措，研究新办法，认真研讨策划2011年教育事业各项工作。

1月11—12日 由教育部、外交部和青岛市人民政府主办的亚欧职业技术教育研讨会在青岛召开。国务委员刘延东给大会发来了贺信。举办亚欧职业技术教育论坛是落实第八届亚欧首脑会议成果，推动亚欧会议合作进程的重要行动。会议通过了《亚欧职业技术教育青岛宣言》。

△ 为加强与亚欧国家在教育技术、教育装备和教学资源方面的交流与合作，中国教学仪器设备总公司在青岛举办中国职业教育资源展。

1月14日 中共中央、国务院在北京隆重举行国家科学技术奖励大会。党和国家领导人胡锦涛、温家宝、李长春、习近平、李克强出席大会并为获奖代表颁奖。

△ 国务委员刘延东代表中国政府会见获得2010年度中华人民共和国国际科学技术合作奖的外国专家并与国家自然科学奖、国家技术发明奖、国家科技进步奖部分获奖代表座谈。

△ 教育部在京召开全国专业学位研究生教育综合改革试点工作会议。教育部部长助理、党组成员林蕙青出席会议并讲话。我国目前已批准设置了38种专业学位，基本覆盖了国民经济和社会发展的主干领域。

1月15日 国务委员刘延东在深圳考察第26届世界大学生运动会筹办工作时强调，要按照中央要求，高质量、高效益、高水平做好筹办工作，贯彻以人为本与建设和谐世界理念，真正办成一届和平、友谊、文化、青春的盛会。

1月15—16日 举行2011年全国硕士研究生统一入学考试，共有151万名考生参加本次考试。报考专业学位的考生有30.5万人，比2010年有较大幅度增加。

1月17日 “中华诵·2010经典诵读大赛”全国总决赛在北京举行。经过层层选拔，教师组、大学生组、综合组的每组前6名选手登上“中华诵”的舞台，诵读经典诗文。本次大赛是由教育部、国家语委、中央文明办主办的“中华诵·经典诵读行动”系列活动之一。

1月19日 由中国科学院院士工作局、中国工程院学部工作局和科学时报社共同主办，557名中国科学院院士和中国工程院院士投票评选出的“2010年中国十大科技进展新闻和世界十大科技进展新闻”在北京揭晓。

1月20日 国务委员刘延东今天出席纪念《国家通用语言文字法》颁布10周年座谈会时强

调，要适应新形势新任务要求，切实加强领导，严格依法行政，不断改革创新，深入贯彻落实《国家通用语言文字法》，推动语言文字事业科学发展。

1月20—21日 国家语委在北京召开2011年度语言文字工作会议。教育部副部长、国家语委主任李卫红出席会议并讲话，要求着力做好《语言文字规划纲要》颁布和实施工作。

1月21日 正在对美国进行国事访问的胡锦涛主席，专门抽出时间访问芝加哥沃尔特·佩顿大学预科中学，同美国青年亲切交流，表明“青年是国家的未来、世界的希望。中美关系的美好前景归根结底要靠两国青年一代共同创造”。

△ 教育部首次在北京举行2011年驻华使节新春招待会，来自137个国家和国际组织的228名驻华使节出席，教育部部长袁贵仁出席并致辞。

△ 霍英东教育基金会第十二届高等院校青年教师基金及青年教师奖颁奖大会在人民大会堂举行，全国150所高等院校的257名青年教师获得总额294万美元的资助和奖励。

1月23日 由中国教育报、中国教育电视台联合主办的2010中国教育年度新闻人物评选结果在北京揭晓，教育部副部长郝平出席颁奖仪式并为获奖者颁奖。

1月24—25日 2011年全国教育工作会议在北京举行。国务委员刘延东出席会议并强调，要把握机遇，勇担使命，以科学发展为主题，创新和完善中国特色教育发展道路，狠抓教育规划纲要的贯彻落实，努力开创教育事业科学发展新局面。

1月25日 中国科学院在北京召开2011年度工作会议，继续深入实施知识创新工程——“创新2020”，着力解决关系国家长远发展的重大科技问题。中国科学院院长路甬祥、教育部副部长杜占元、科技部副部长陈小娅等出席并发言。

1月26日 2011年全国教育宣传工作会议在北京召开。教育部部长、党组书记袁贵仁出席会议并讲话。他强调，要切实加强和改进教育宣传工作，努力开创教育宣传工作新局面。会议传达了一个明确的信息，就是各地教育部门要高度重视宣传工作，通过抓宣传工作推动教育改革发展。

△ 由联合国教科文组织、中国教科文组织全委会、北京教育科学研究院、北京师范大学和教科文组织农村教育培训和研究中心联合举办的“提高教育质量国际论坛”在北京隆重闭幕。教育部副部长刘利民出席闭幕式并讲话。

△ 全国治理教育乱收费部际联席会议召开了治理教育乱收费专项督查汇报会。会上，检查组汇报了对12个省市教育收费专项督查的情况，并对2011年治理工作提出建议。

1月27日 第25届世界大学生冬季运动会的中国代表团全体成员在团长郝平的率领下，出席在土耳其埃尔祖鲁姆市大运村举行的代表团升旗仪式。本次比赛将有57个国家和地区的2 800余名运动员参加，争夺11个大项66个小项的奖牌。中国代表团参加了7个大项34个小项比赛。

△ 中国科学院在北京宣布授予日本东京大学教授岩本爱吉、美国华盛顿大学教授斯蒂芬·波特和澳大利亚昆士兰大学副校长逯高清“2010年度中国科学院国际科技合作奖”。

2月

2月9日 教育部部长、党组书记袁贵仁主持召开教育系统创先争优活动领导小组会议，学习中央关于2011年深入开展创先争优活动有关部署，研究教育系统创先争优活动2011年工作安排，要求把政风行风学风建设作为创造争优重要载体。

2月10日 国务委员刘延东到中国科学技术发展战略研究院、中央教育科学研究所考察并座谈。她强调，要深入贯彻落实科学发展观，全面实施科教兴国战略、人才强国战略，加强科技战略研究和教育决策研究，促进科技与教育事业科学发展，为建设创新型国家、加快转变经济发展方式提供有力支撑。

2月12日 《中华人民共和国学位条例》实施30周年纪念大会在北京举行。国务委员、国务院学位委员会主任委员刘延东出席会议并强调，要加快发展中国特色、世界一流、结构优化、布局合理的高质量学位与研究生教育，为建设创新型国家和人力资源强国、提升国家综合实力提供有力支撑。

2月14日 国家语委召开2011年度全体委员会议，提出做好城市语言文字工作评估。教育部副部长、国家语委主任李卫红出席会议并讲话。

2月15日 教育部在北京召开6所部属师范大学首届免费师范毕业生就业工作会议，交流各校工作进展情况，研究完善相关政策措施，进一步落实免费师范毕业生到中小学任教工作。教育部副部长刘利民出席会议并讲话。

2月16日 教育部副部长郝平与西门子（中国）有限公司执行副总裁、东北亚工业业务领域总裁吴和乐，在北京共同签署了《教育部—西门子（中国）有限公司教育合作备忘录》，将在工业自动化、机电一体化、新能源和物联网等领域联合开展课程建设、师资培养、教学资源开发、综合实践环境建设以及创新型工程竞赛等各种形式的合作。

2月17日 教育部部长袁贵仁会见来访的美国驻华大使洪博培。袁贵仁表示，教育部愿与美方共同落实胡锦涛主席访美重要成果，为建设相互尊重、互利共赢的中美合作伙伴关系作出贡献。

2月18日 教育部与多家企业签订校企合作协议，企业捐助金额超过1亿元人民币，主要用于汽车运用与维修专业和数控技术应用专业的设备捐赠、师资培训、教材开发及奖学金等方面的教学实践活动。教育部副部长鲁昕出席签字仪式并讲话。

2月20日 北京师范大学国家职业教育研究院成立大会暨揭牌仪式隆重举行。教育部部长袁贵仁向大会发来贺信。教育部副部长鲁昕发表讲话，强调切实加强职业教育的科学研究是助推国家职业教育战略实施的时代选择。

2月21日 中共中央政治局就优先发展教育、建设人力资源强国问题进行第二十六次集体学习。胡锦涛总书记在讲话中强调，全面落实教育规划纲要，努力开创我国教育事业科学发展新局面。并提出做好当前教育改革和发展工作，要着力提高人才培养水平，着力深化教育体制改革，着力推进教育内涵式发展，着力建设高素质教师队伍。

2月22日 全国高教处长联席会议在安徽合肥市召开。大会的主题是“落实教育规划纲要，聚焦人才培养，深化改革，提高质量”。教育部部长助理、党组成员林蕙青出席会议并讲话。

△ 新西兰南岛克莱斯特彻奇市发生地震后，教育部高度关注我国留学生的安全，通过驻新西兰使馆教育处转达对受灾学生的慰问，并指示前方督促新方积极做好受困学生的营救工作。

2月23日 教育部副部长郝平会见微软公司全球教育副总裁安东尼·塞尔西多先生。双方探讨了在互利共赢的基础上加强合作伙伴关系的设想，并就进一步推进中国教育改革、促进教育公平以及拓展在基础教育、职业教育和高等教育领域的合作交换了意见。

△ 教育部在广州组织召开学校开学工作专题座谈会，教育部副部长、党组成员李卫红出席会议。期间，李卫红到广东深圳市、广州市部分学校检查调研学校开学工作情况。

2月24日 中宣部、中央直属机关工委、中央国家机关工委、教育部、解放军总政治部、北京市委等6部门在北京举办热点问题形势报告会，教育部部长袁贵仁作了题为《加快教育改革和发展 努力办好人民满意的教育》的报告。

2月24—25日 教育部副部长、党组成员郝平带队在内蒙古对学校开学准备工作进行调研督查。

△ 中央纪委驻教育部纪检组组长、教育部党组成员王立英率调研组在四川检查开学工作。

△ 教育部部长助理、党组成员林蕙青率调研组到安徽调研检查开学工作。

2月25日 国家基础教育课程教材工作领导小组召开第一次会议，研究部署义务教育课程标准修订审议工作。教育部部长袁贵仁在会上强调，要高度重视、精心策划，严格把关、确保质量，使新修订的课程标准更加科学、更加先进，更加符合中小学生认知规律和身心成长特征。

2月26日 教育部副部长、党组成员杜占元出席2010年度教育部创新团队评审会开幕式并讲话。科技司负责同志、来自高校和研究院所的70余位两院院士参加开幕式。

2月27日 全国两会召开前夕，中共中央政治局常委、国务院总理温家宝来到中国政府网和新华网，与网友在线交流。温家宝强调，要让农村的孩子不管是留在家里还是随父母到城市都能够接受良好的教育。

2月27—28日 教育部副部长、党组成员刘利民率调研组到吉林省检查学校开学工作情况。

2月28日 教育部举行司局级以上干部集体学习，请央行货币政策委员会委员、清华大学中国与世界经济研究中心主任李稻葵就我国的经济形势与国际金融危机作专题讲座。教育部副部长、党组成员、直属机关党委书记李卫红主持集体学习并讲话。

△ 教育部和湖北省政府在武汉举行签字仪式，继续重点共建武汉大学和华中科技大学。教育部部长袁贵仁、湖北省省委书记李鸿忠、省长王国生出席签字仪式。

△ 教育部部长袁贵仁赴湖北部分直属高校调研。他指出，各高校要切实以学生为本，把促进学生健康成长作为学校一切工作的出发点和落脚点，为学生的学习、生活创造良好条件。

△ 教育部党组成员、国家教育行政学院院长顾海良到山东大中小学进行调研并出席开学工作座谈会。

2月28日 教育部副部长、党组副书记杜玉波赴河北调研检查学校开学工作。在石家庄召开河北、天津、山西、河南四省市学校开学工作片会。

3月

3月1—2日 由中国联合国教科文组织全国委员会、联合国教科文组织驻北京办事处与联合国儿童基金会驻华代表处共同举办的“2011年全民教育全球监测报告发布会暨第六届全民教育国家论坛”在北京开幕。教育部副部长刘利民、联合国教科文组织教育助理总干事唐虔出席会议，并共同发布联合国教科文组织《2011年全民教育全球监测报告》。

3月2日 教育部副部长杜占元在教育部会见来访的俄联邦总统直属国家理事会工作保障局副局长库拉科夫斯基一行。双方就中俄关系、人文合作以及俄方关心的学生体育运动等问题广泛而深入地交换了意见。

△ 教育部副部长郝平会见加拿大驻华大使马大维先生一行。郝平鼓励双方进一步在学生交流、合作办学等方面深化合作。

3月3—4日 国家语委在北京举办语言文字规范化标准化研修班，旨在通过学习和研讨，探讨进一步加强新时期语言文字规范化、标准化建设问题。教育部副部长、国家语委主任李卫红出席活动并作总结讲话。

3月4日 教育部办公厅、财政部办公厅联合发出《关于做好2011年农村义务教育阶段学校教师特设岗位计划有关实施工作的通知》，对2011年特岗计划实施工作作出部署安排。

3月6日 教育部与天津市在北京签署两项协议，继续重点共建南开大学、天津大学，积极推进高校科技成果转化，服务滨海新区开发开放。

3月9日 教育部与北京、天津、河北、辽宁、上海、江苏、安徽、福建、江西、山东、河南、湖南、广西、海南、重庆等15个省、自治区、直辖市人民政府签署义务教育均衡发展备忘录，共同推进义务教育均衡发展。中共中央政治局委员、国务委员刘延东专门作出指示，强调要把义务教育工作作为造福人民群众的重大民生工程，确保适龄儿童少年接受良好义务教育。

△ 教育部副部长刘利民会见香港田家炳基金会董事局主席田庆先先生。

△ 为加强两岸教育交流与合作，促进两岸教育事业互惠互利、共同发展，进一步做好大陆高校招收台湾学生和有序做好台湾高校在大陆招收本科生及研究生工作，“海峡两岸招生服务中心”在北京正式成立。

3月10日 教育部副部长杜占元出席科技司组织召开的《教育信息化十年发展规划》编制工作启动会议，听取了规划编制专家组汇报的规划编制工作方案，并就充分认识教育信息化的重要意义、此次规划编制的重要性、规划编制的指导思想和总体要求等作了重要指示。

3月10—17日 教育部举办了国家中等职业教育改革发展示范校建设培训班，已确定285所中等职业学校作为第一批立项建设学校。教育部副部长鲁昕出席培训班开班典礼并作专题报告。

3月13日 教育部与海南省人民政府在北京签署战略合作协议，加快海南教育事业发展，推进海南国际旅游岛建设。教育部部长袁贵仁、海南省省长罗保铭代表双方签署协议并讲话。

3月14日 教育部发布《高等学校“十二五”科学和技术发展规划》。规划提出，“十二五”时期，要显著提升高校科技综合实力、原始创新能力，显著增强科技国际竞争力和学术影响力，基本建成高校创新体系，为教育强国、人才强国和科技强国建设奠定坚实基础。

3月15日 教育部召开直属机关2011年反腐倡廉任务分工会议，教育部副部长、党组副书记杜玉波出席会议并讲话。杜玉波指出，要全面落实党风廉政建设责任制，保质保量完成2011年度反腐倡廉各项任务，深入推进教育系统反腐倡廉建设工作。

3月16日 教育部副部长郝平会见来访的美国前总统安全事务助理、奥尔布赖特石桥集团董事长塞缪尔·伯杰。双方就美国教育考试服务中心开展对华合作交换了意见。

△ 人力资源和社会保障部副部长王晓初在“全国职业能力建设工作座谈会”上透露，我国计划在2011—2020年新培养350万名技师和100万名高级技师，使技师和高级技师总量达到1 000万人。

3月16—17日 应美国教育部长邀请，教育部副部长刘利民率团出席在美国纽约市举行的教师职业国际峰会并在会上作了主题发言。此次峰会由美国教育部、经济合作与发展组织、国际教育工作者联盟共同主办，来自美国、英国、日本、中国等16个国家的教育部长、官员、教师协会代表共400人出席。

3月17日 教育部在国家教育行政学院举办2011年全国高校宣传部长专题研讨班，切实加强高校宣传干部队伍能力建设。教育部副部长、党组副书记杜玉波出席研讨班开班仪式并讲话。

△ 教育部党组召开中心组学习扩大会，传达学习十一届全国人大四次会议和全国政协十一届四次会议精神，部署贯彻落实工作。教育部部长、党组书记袁贵仁强调，要认真贯彻两会精神，全面落实“十二五”规划纲要和教育规划纲要，扎实做好2011年教育改革发展稳定各项工作。

△ 教育部副部长、党组成员杜占元到北京师范大学调研。

3月18日 教育部副部长郝平会见了来访的马来西亚高等教育部副部长何国忠博士一行。教育部国际司及学位办相关负责人陪同会见，并与代表团就《中马学历学位互认协议》的具体内容进行商谈，达成一致意见。

△ 国务院学位委员会、教育部、人力资源和社会保障部在北京联合召开全国金融等29个专业学位研究生教育指导委员会成立会议。教育部副部长、党组副书记杜玉波，人力资源和社会保障部副部长王晓初出席会议并代表三部委讲话。

△ 教育部普通高等学校学生心理健康教育专家指导委员会换届会议在北京举行，教育部副部长、党组副书记杜玉波出席换届仪式并讲话。

△ 教育部在大连理工大学召开东北片区高校思想政治理论课教师座谈会。教育部副部长、党组成员李卫红指出，召开片会，直接面对省级教育部门、学校和一线教师，是了解情况、总结经验、推动工作的一种很好的形式，是转变政府职能，推动工作重心下移的具体举措。

3月21—22日 教育部召开深入推进阳光工程暨2011年普通高校招生工作会议，教育部副部长、党组副书记杜玉波出席会议并讲话。阳光工程的成功实施，首要是坚持科学发展观，把维护广大考生的利益作为出发点和落脚点，推进招生管理制度化、常态化，不搞形象工程。

3月22日 国务委员刘延东在全国中小学校舍安全工程现场会上强调，要大力推进全国校舍安全工程，把学校建成师生最安全场所。

3月22—23日 全面提高高等教育质量工作会议在北京举行。国务委员刘延东出席会议并发表重要讲话。教育部部长、党组书记袁贵仁在会上强调，按照教育规划纲要要求，转变观念、真抓实干、开拓进取，推动我国高等教育实现由大到强的历史新跨越。

3月22—24日 教育部副部长刘利民率团出席在泰国宗滴恩举行的联合国教科文组织第十届全民教育高层会议。来自30多个国家的教育部部长与国际发展部部长或代表以及十多个国际组织的负责人出席了本次会议。会议通过了《宗滴恩全民教育声明》。

3月24日 中国语言资源有声数据库建设上海建库工作启动。中国语言资源有声数据库的最大特点是“有声”，也就是要实地采集真实语音并建立真实话语及其撰写文本的资料库。教育部副部长、国家语委主任李卫红，上海市副市长、市语委主任沈晓明出席启动仪式。

3月24—25日 教育部副部长、党组成员杜占元在上海调研，先后考察了上海交通大学、同济大学和复旦大学。

3月26日 教育部与山东省人民政府、国家海洋局和青岛市在济南分别签署协议，继续重点共建山东大学和中国海洋大学，进一步提升服务国家、行业、区域的能力。教育部部长袁贵仁出席签字仪式。

3月26—27日 中国教育学会在北京召开年度工作会议。教育部副部长刘利民出席并讲话，强调中国教育学会要加强对教育领域重大理论和现实问题的研究。

3月27日 教育部基础教育课程教材专家工作委员会在北京召开义务教育课程标准审议会议暨专家工作委员会第二次全体会议。教育部副部长刘利民出席会议并讲话。

3月28日 教育部党组召开会议，传达学习温家宝总理在国务院第四次廉政工作会议上的重要讲话精神，研究部署贯彻落实工作。教育部部长、党组书记袁贵仁强调，要认真治理领导干部以权谋私和渎职侵权问题，切实加强领导干部廉洁自律，务求取得廉政建设和反腐败工作新成效。

△ 华东师范大学与纽约大学合作创办上海纽约大学的协议在上海正式签署。这是国内第一所中美合作的国际化大学。教育部副部长郝平出席上海纽约大学签约和奠基仪式。上海纽约大学是落实教育部与上海市共建国家教育综合改革实验区的重要举措，是上海高等教育国际化办学的标志性项目，对于探索多种方式引进国外优质教育资源具有重要意义。

3月28—29日 教育信息化工作座谈会暨2011年全国电化教育馆馆长会议在杭州召开。教育部副部长杜占元出席会议并讲话，要求各地根据教育部的统一部署，抓紧启动教育信息化中长期专项规划的制订，做好顶层设计，切实推进教育信息化典型的示范引导工作。

3月29日 国务委员刘延东在上海会见美国纽约大学校长约翰·塞克斯通一行。刘延东鼓励纽约大学继续深化与中国教育界的合作，与华东师范大学等中方单位一起，把上海纽约大学建好办好，促进两国人文交流特别是青年学生的交流，为推动中美关系长期健康稳定发展作出应有的贡献。

△ 教育部副部长李卫红会见来访的英国利物浦大学校长钮浩华爵士。李卫红希望双方共同努力，将利物浦大学与西安交通大学合作设立西交利物浦大学办成示范型中外合作办学机构，将双方的合作理念及经验辐射到相关院校，促进中国高等教育改革与发展。

△ 中国大学生自主创业工作经验交流会暨全球创业周峰会在上海开幕，国务委员刘延东出席开幕式并发表演讲。

3月30日 中国职业教育与开发区创新发展对话暨第二届中国国家级开发区职业教育年会.在江苏省苏州工业园区开幕。教育部副部长鲁昕出席并发表主旨演讲，希望教育界和产业界密切合作，共同完成新时期职业教育改革发展的新任务。

△ 教育部副部长郝平会见来访的美国圣母大学常务校长汤姆斯·博锐士先生一行。郝平向客人介绍了中美人文交流高层磋商机制的进展情况，欢迎圣母大学积极参与加强与中国高校的合作与交流。

3月31日 教育部召开直属机关“向杨善洲同志学习”专题座谈会，传达学习胡锦涛总书记等中央领导同志就学习杨善洲同志模范事迹和崇高精神的重要批示精神，研究部署直属机关下一阶段深入开展“向杨善洲同志学习”活动。

△ 教育部、财政部在河南省郑州市召开2010“国培计划”总结交流工作会。教育部副部长刘利民出席会议并讲话。他指出，在总结运用2010年成功经验和有效做法的基础上，研究制定并组织实施新一轮教师培训工作，全面推进中小学教师全员培训，提高教师素质，促进教师专业发展。

4月

4月1日 教育部在北京召开“卓越法律人才

教育培养计划”专家咨询组、专家工作组成立暨第一次工作会议。教育部部长助理、党组成员林蕙青出席会议并讲话。她指出，找准人才培养和行业需求的结合点，明确专业教育和职业资格的关联性，改革法律人才培养模式，提高学生的实践能力，实现培养与使用的结合，教育与行业的双赢。

4月6日 中国教育出版传媒股份有限公司在北京成立。教育部部长袁贵仁在成立大会上强调，把中国教育出版传媒股份有限公司建设成为导向明确、主业突出、竞争力强、管理规范的国家大型出版传媒骨干企业，为服务教育、弘扬学术、繁荣文化作出新的更大的贡献。

△ 中乌（克兰）教育合作分委会中方主席、教育部副部长郝平与来访的分委会乌方主席、乌克兰教育科学青年和体育第一副部长苏利马举行了分委会工作会谈。双方就留学人员管理及其合法权益保护、高校科研合作、语言教学研究、中小学生交流和人才培养等共同关心的问题深入地交换了意见，达成了广泛共识。

△ 中国语言资源有声数据库建设试点总结会在南京举行，教育部副部长、国家语委主任李卫红出席并讲话。中国语言资源有声数据库（江苏库）展示网同时开通。

4月7日 教育部在北京举行高等艺术教育改革和发展调研工作会议。教育部部长助理、党组成员林蕙青出席会议并讲话。她强调，遵循高等教育规律和艺术教育规律，科学谋划高等艺术教育如何办出特色、提高水平，实现科学发展。

4月8日 国务委员刘延东在中南海紫光阁会见到访的剑桥大学校长博里塞维奇一行。

△ 中央组织部、人力资源和社会保障部、教育部等八部门联合召开电视电话会议，全面启动2011年“三支一扶”（支农、支教、支医、扶贫）计划。中纪委驻教育部纪检组长、教育部党组成员王立英出席会议，并对教育系统做好2011年“三支一扶”计划的实施工作进行部署。

4月9日 国务委员刘延东出席“国际化学年在中国”启动大会时强调，要着力提升化学研究领域的原始创新能力，推动学科交叉融合，促进基础研究与应用研究相互衔接，带动我国物质科学研究整体水平实现跃升。

4月11日 在美国访问的国务委员刘延东在华盛顿分别会见了美国教育部长邓肯和美国总统科技助理兼白宫科技政策办公室主任霍尔德伦。刘延东指出，《中美科技合作协定》为两国科技合作奠定了坚实基础，希望两国科技界以此为契机，创新合作机制，继续加强在农业、卫生、能源、环境、渔业、技术创新等广泛领域的务实合作。

△ 教育部副部长杜占元会见来访的塞尔维亚塞中友协主席斯洛博丹·翁科维奇先生一行。

4月12日 为深入学习河北农大优秀毕业生群体先进事迹，推进社会主义核心价值体系学习教育，加强和改进大学生思想政治教育工作，教育部、光明日报社在北京联合召开“河北农大优秀毕业生群体与大学生思想政治教育座谈会”。教育部副部长、党组副书记杜玉波，光明日报总编辑胡占凡出席座谈会并讲话。

4月13日 在美国访问的国务委员刘延东考察了哈佛大学，欢迎哈佛与中国的高等学校深化合作，联合开展人才培养和科技创新。

△ 在美国访问的国务委员刘延东考察了麻省理工学院，在该校为庆祝建校150周年举办的“中国论坛”上发表题为《人文交流与中美关系未来》的演讲，并就中美人文交流的前景展望、中美教育制度比较、科研诚信等问题回答了师生提问。

△ 中央综治委学校及周边治安综合治理工作领导小组全体会议在北京召开。会议分析了全国学校及周边治安形势，就进一步做好学校及周边治安综合治理工作进行了部署。

△ 教育部副部长、党组成员杜占元到中国农业大学调研，希望学校积极落实国家中长期教育改革和发展规划纲要精神，以改革促发展，更加主动、灵活地做好科教结合工作，把科教和农业产业紧密结合，服务社会，建设特色鲜明的世界一流农业大学。

4月14日 在美国访问的国务委员刘延东于旧金山出席第四届全美中文大会开幕式并致词。来自美国各地1 500多名从事汉语教育的各界人士出席。全美中文大会由美国大学理事会和亚洲协会主办，是以推广汉语教育和提升学生国际竞争力为主要内容的大规模语言会议。

△ 教育部在北京召开直属机关创先争优活动座谈会，总结交流教育部直属机关围绕落实教育规划纲要，深入开展创先争优活动的有益经验和有效做法，研究部署下一阶段的创先争优活动。教育部副部长、党组成员、直属机关党委书记李卫红出席会议并讲话。

4月15日 在美国访问的国务委员刘延东于俄勒冈州波特兰市会见俄勒冈州州长基察伯，出席俄勒冈州12所学校孔子课堂揭幕仪式。

△ 教育部南开大学教育与产业、区域发展研究中心成立仪式在南开大学举行。教育部副部长鲁昕、南开大学校长龚克分别代表教育部、南开大学签署了教育部与南开大学共建教育与产业、区域发展研究中心合作协议。

4月16日 国务院侨办、教育部、广东省政府在广州举行签字仪式，共建暨南大学。教育部副部长杜玉波表示，希望暨南大学以此为契机，不断提升服务国家经济社会发展和侨务事业的能力和水平，进一步将学校建设成为粤港澳合作的重要平台、对外文化交流的重要窗口和港澳台侨人才培养的重要基地。

4月19日 “2011年大学生志愿服务西部计划”启动电视电话会议在北京召开。教育部部长助理、党组成员林蕙青出席会议，并对教育系统做好2011年“大学生志愿服务西部计划”的实施工作进行部署。

△ 教育部部长袁贵仁与访华的马来西亚副总理兼教育部长穆希丁会谈。双方就进一步加强两国的教育交流交换了意见，并表示将以近期即将签署的《中马学历学位互认协议》为契机，推动中马教育交流与合作向更高水平、更高层次发展。

4月21日 教育部在上海召开“六个为什么”进高校思想政治理论课教学试点现场会暨思想政治理论课建设研讨会（华东片会）。教育部副部长李卫红出席会议，并出席在复旦大学举行的第四届上海高校思想政治理论课教学论坛暨全国高校思想政治理论课教学研讨会。

△ 教育部2011年“两会”建议、提案交办动员会在北京举行。会议传达了全国人大和政协领导讲话精神，交流经验，对教育部建议、提案办理工作进行部署和动员。教育部副部长、党组副书记杜玉波出席会议并讲话。他指出，要切实增强责任感和使命感，把建议、提案放在心上。

4月22日 教育部副部长杜玉波为全国新建本科院校党委书记、校长专题培训班作了“全面加强质量建设，促进高等教育事业科学发展”专题报告，强调必须着力推进高等教育内涵式发展，促进高等学校办出特色、办出水平。

4月23日 全国第一部面向广大青少年系统学习了解党的90年历史的大型通俗读物“青少年学习中共党史”丛书正式出版发行。由中共党史研究室、教育部、共青团中央联合召开的出版座谈会在北京举行。教育部副部长刘利民出席座谈会并向北京市中学生代表赠送了丛书。

△ 2011大学校长全球峰会在北京清华大学开幕，国务委员刘延东出席开幕式并致词，强调大学要担负起引领发展、创造未来的崇高使命，锐意改革、勇于创新，为国家经济社会发展和人类文明进步作出新贡献。

4月24日 庆祝清华大学成立100周年大会在人民大会堂隆重举行。中共中央总书记、国家主席、中央军委主席胡锦涛在大会上发表重要讲话。党和国家领导人吴邦国、温家宝、贾庆林、习近平、李克强出席大会。

△ 教育部党组召开扩大会议，学习领会胡锦涛总书记在庆祝清华大学建校100周年大会上的重要讲话精神，研究部署贯彻落实工作。教育部部长、党组书记袁贵仁主持会议。

△ 教育部副部长郝平会见来访的美国芝加哥大学校长罗伯特·智默先生，欢迎芝加哥大学在内的美国知名高校与中国高校开展各种形式的高水平合作。

4月25日 教育部副部长郝平会见美国耶鲁大学理查德·莱文校长。莱文就第六期中国—耶鲁大学领导高级研讨班项目的设计和安排等与郝平交换了意见。

△ 教育部部长袁贵仁会见来访的博茨瓦纳教育与技能发展部长佩罗诺米·文松—莫伊托伊女士一行。袁贵仁简要回顾了中博两国近年来在教育领

域的交流与合作，并表示愿与博茨瓦纳在职业教育、信息教育、远程教育等方面开展更多合作。

△ 教育部副部长郝平会见来京出席清华大学百年校庆的英国帝国理工学院校长基斯·奥尼斯先生一行。郝平表示，中方愿为优秀留学人员提供中国政府奖学金，支持他们到帝国理工学院学习或科研。同时，双方可进一步探讨建立联合科研基地、联合培养博士生等合作意向。

△ 教育部副部长杜占元到江南大学调研，强调要把学习贯彻胡锦涛总书记在庆祝清华大学建校100周年大会上的重要讲话精神作为重要任务，结合全面落实教育规划纲要，切实推动高校科学发展。

△ 为适应新时期扫盲教育改革和发展的需要，进一步深化扫盲课程与教学改革，提高扫盲教育教学的针对性和实效性，教育部印发了《扫盲教育课程设置及教学材料编写指导纲要》，规定了扫盲教育的基本课程设置和主要内容。

4月26日 教育部关心下一代工作委员会在北京举行全国教育系统关工委成立20周年纪念大会暨第四次工作会议。中国关工委主任顾秀莲出席纪念大会并讲话，教育部部长袁贵仁讲话。

△ 教育部副部长郝平分别会见美国俄勒冈大学校长理查德·拉瑞维尔和肯塔基大学校长李·托德，肯定了两所学校与中国开展合作的良好愿望和积极努力。

4月27日 国务院总理温家宝在马来西亚首都吉隆坡参观了马来亚大学，并与该校师生亲切交流。温家宝说，青年是国家的未来，也是国与国友好交往的重要纽带。两国将签署高等教育学历、学位互认协议，进一步推动两国教育合作。

△ 第三次“电通·中国广告人才培养基金项目”协议签字仪式在北京举行。教育部副部长杜占元和日本电通公司副社长森隆一代表双方在协议书上签字。教育部与电通公司合作始于1996年，旨在培养中国广告教育人才，提高中国广告教育质量。

4月28日 教育部在山西太原市召开纪念中国共产党建党90周年——“中国近现代史纲要”课教学研讨会暨华北片区思想政治理论课教师座谈会。教育部副部长李卫红出席会议，强调加强“中国近现代史纲要”课教学，深化党史教育，引导大学生更加知党、爱党、跟党走。

△ “10 000个科学难题”征集活动领导小组和农学、医学、信息学科领域专家指导委员会会议在北京召开，教育部副部长杜占元出席会议并讲话，科技司和科技委负责同志出席会议。

4月28—29日 人力资源和社会保障部、教育部在北京召开深化中小学教师职称制度改革试点工作总结会，中纪委驻教育部纪检组组长、教育部党组成员王立英出席会议并发表讲话。

5月

5月3日 教育部副部长郝平会见美国教育厅长访华团一行，成员包括美国8个州的教育厅长以及美国教育厅长理事会、亚洲协会等机构的代表。

△ 教育部在北京召开高校社科界学习贯彻胡锦涛总书记在庆祝清华大学建校100周年大会上的重要讲话精神座谈会。教育部副部长李卫红出席会议并讲话，要求各地各高校要科学谋划哲学社会科学繁荣发展，以高水平的哲学社会科学研究支撑高质量的高等教育。

5月4日 教育部直属机关在北京召开五四青年节表彰大会，表彰2010—2011年度直属机关优秀青年、优秀团员、优秀团干部、五四红旗团组织、青年文明号集体。教育部副部长、党组成员、直属机关党委书记李卫红出席表彰大会并讲话。

△ “整体规划大中小学德育课程项目”专家工作组第一次会议在北京召开。项目领导小组组长、教育部部长袁贵仁在会上强调，在深入总结经验的基础上，努力构建目标明确、结构合理、内容科学、学段衔接、循序渐进的大中小学德育课程体系。

5月5日 学习贯彻胡锦涛总书记在庆祝清华大学建校100周年大会上的重要讲话精神暨全国党建研究会高校专委会主任委员与秘书长联席会议在北京大学举行。教育部副部长、党组副书记杜玉波发表了书面讲话。

△ 教育部副部长杜占元出席教育部与微软公司在北京联合召开的“中国教育信息化与创新教育

国际研讨会”开幕式并致辞。

5月8—11日　2011北京CDIO区域性国际会议召开。美国麻省理工学院等国内外100多所大学，美国工程院、联合国教科文组织以及产业界的近400人参加了会议。教育部部长助理、党组成员林蕙青出席开幕式并作报告。

5月9日　教育部在北京召开2011年全国普通高校招生考试工作电视电话会议，对有关工作进行再部署、再落实。教育部副部长、党组副书记杜玉波出席并讲话，指出要总结经验，增强做好今年高考工作、全面落实教育规划纲要的责任感和自觉性。

△　解放军总参谋部、教育部在首都师范大学启动“2011年高校毕业生入伍预征宣传动员暨政策咨询周”活动。教育部部长助理、党组成员林蕙青，国防部征兵办公室负责同志出席启动仪式并讲话。

5月10日　以“职业教育与建设人力资源强国”为主题的2011中国（上海）国际职业教育论坛在上海举办。全国政协副主席、中华职业教育社理事长张榕明担任论坛主席并作主旨演讲。教育部副部长鲁昕作了书面发言。

△　教育部在北京召开2010—2011年度全国毕业生就业典型经验高校经验交流会，教育部副部长、党组副书记杜玉波出席会议并讲话，教育部部长助理、党组成员林蕙青宣读了50所全国毕业生就业典型经验高校名单。

△　教育部副部长杜占元在长沙调研，先后考察了中南大学、湖南大学和湖南农业大学。

5月11日　中央国家机关工委常务副书记杨衍银一行来到国家汉办调研创先争优活动，肯定了国家汉办创先争优活动“特色鲜明、富有成效”。教育部副部长、直属机关党委书记李卫红等陪同调研。

△　第十二届世界俄语大会在上海开幕，国务委员刘延东出席开幕式并致词。俄罗斯总理普京给大会发来贺信。来自世界48个国家和地区的1 000多名专家学者出席大会。

5月12日　教育部副部长李卫红到南开大学，就全面贯彻落实教育规划纲要，深入推进“十二五”期间高校哲学社会科学繁荣发展，进一步提高哲学社会科学创新能力和社会服务水平进行了专题调研。

△　教育部2011年第1次新闻发布会上，国家语委副主任、教育部语言文字信息管理司司长李宇明说，教育部及国家语委正在采取措施，以提高中小学生母语能力。一项对首都部分大学生汉语应用能力的测试显示，不及格的学生占30%。

5月14日　国务委员刘延东在出席2011年科技活动周开幕式时强调，要突出科学发展主题和转变经济发展方式主线，切实推进科技进步与创新，广泛开展科学技术普及，促进经济社会全面协调可持续发展，为人民群众创造更加美好幸福的生活。

5月16日　人力资源和社会保障部、教育部、全国总工会和全国工商联在江西南昌联合启动“2011全国民营企业招聘周”活动。教育部部长助理、党组成员林蕙青出席启动仪式并讲话。

△　教育部在北京举行“国培计划”展览启动仪式，教育部副部长、党组成员刘利民出席仪式并讲话，教育部相关司局负责人参加仪式。

△　教育部在北京召开2011年度全国职业教育与成人教育工作视频会议，会议重点研究了如何加强政府主导、行业指导和企业参与，着力推动现代职业教育体系建设，促进中等和高等职业教育协调发展等问题。教育部副部长、党组成员鲁昕出席北京主会场会议并讲话。

△　全国工程博士专业学位研究生教育咨询专家组成立暨第一次扩大会议在北京召开。来自教育部、科技部、中国工程院、高等学校及企业的咨询专家参加了会议，就工程博士的定位和培养目标、校企合作、培养模式创新等议题进行了讨论。国务院学位委员会副主任委员、教育部副部长杜占元出席会议并讲话。

5月17日　教育部直属机关反腐倡廉警示教育专题报告会在北京召开，教育部副部长、党组成员、直属机关党委书记李卫红主持报告会并讲话。她强调，直属机关要加强党风廉政建设，预防职务犯罪行为。

△　中日韩大学交流合作促进委员会第三次会议在韩国济州岛举行。来自三国教育行政部门、大

学、质量保障机构、企业等相关代表15人出席了会议。会议最终讨论通过了《中日韩大学交流合作促进委员会第三次会议共识》。

5月20日 由教育部思想政治工作司指导，全国高校辅导员工作研究会、中共湖北省委高校工作委员会、湖北省教育厅主办，武汉大学承办的第四届全国高校辅导员工作创新论坛举行。教育部副部长、党组副书记杜玉波向论坛发来书面讲话。

5月23日 中澳副部级教育联合工作组第四次磋商会议在澳大利亚首都堪培拉召开。会议由中国教育部副部长杜玉波和澳大利亚教育、培训与劳资关系部副部长顾楷博共同主持，双方签署了两部间的《联合工作计划》，确定了未来两年合作的重点领域，包括高等教育、职业教育、汉语教学和学生流动等。

△ 国务委员刘延东在出席全国基础研究工作会议时强调，要以提高自主创新能力为核心，坚持服务国家需求和鼓励自由探索相结合，突出高水平创新人才培养和研究基地建设，开创我国基础研究繁荣发展新局面。

5月25日 国务院总理温家宝主持召开国务院常务会议，研究部署进一步做好高校毕业生就业工作，会议确定了五项政策措施。

△ 为了推进2011年“特岗计划”实施工作，吸引更多优秀人才到农村学校任教，加强农村师资力量，教育部、财政部、人力资源和社会保障部、中央编办在北京召开2011年特岗计划实施工作视频会，并举行网上咨询活动启动仪式。教育部副部长刘利民在视频会上讲话并启动网上咨询活动。

5月26日 “刘少奇与中国共产党”巡回展览首展式在中国人民大学举行，教育部副部长、党组成员李卫红等出席。李卫红指出，各高校要紧紧抓住纪念建党90周年这一重要契机，真正使开展主题教育活动成为加强大学生思想政治教育的过程。

△ 在新西兰访问的教育部副部长杜玉波与新西兰高教部长史蒂文·乔伊斯举行会谈，双方就中新两国高等教育发展及继续加强中新教育交流与合作展开讨论。

5月27日 中国语言资源有声数据库建设北京项目启动，北京语言文化建设研究中心同时成立。教育部副部长、国家语委主任李卫红，北京市副市长、市语委主任洪峰出席并讲话。

5月28日 “上海论坛2011”开幕，来自30多个国家和地区的300多名代表围绕“经济全球化与亚洲的选择：市场、政府和全球治理结构”主题展开研讨。上海市副市长赵雯，教育部党组成员、国家教育行政学院院长顾海良出席论坛并致词。

5月30—31日 中国职业教育与商业服务业创新发展对话活动在重庆举行。教育部副部长、党组成员鲁昕发表书面讲话。她指出，要科学定位培养目标，切实为商业服务业发展提供有用之才。

5月31日 “国家普通话水平测试在香港实施15周年纪念论坛”在香港中文大学举办，教育部副部长、国家语委主任李卫红出席论坛并讲话。参加国家普通话水平测试的香港各界人士已达到7.5万余人次。

6月

6月1日 中国职业教育与服务外包行业对话暨全国服务贸易（服务外包）人才培养国际峰会在北京举行，教育部副部长、党组成员鲁昕出席会议并发表讲话。对话会包括国际经验交流，人才培养方案与教育改革介绍，产业发展与服务类学科建设座谈，校企合作与院校交流，政、产、学、研四方对话，校企合作签字仪式，校企合作成果展等内容。

6月2日 国务院召开全国普通高校毕业生就业工作电视电话会议。国务院副总理张德江强调，促进高校毕业生就业是我国就业工作的首要任务，要多渠道开发就业岗位，加强就业指导服务，确保实现高校毕业生就业工作目标。

△ 教育部和日本东芝公司在北京举行《“东芝杯”中国师范大学理科师范生教学技能创新大赛框架协议书》签字仪式，教育部副部长郝平和日本东芝公司社长佐佐木则夫分别代表双方在协议书上签字。

6月3—13日 为进一步促进中国与印度、法国在教育领域的交流与合作，教育部副部长李卫红率中国教育代表团一行访问了印度、法国。

6月8日 国务院总理温家宝主持召开国务院

常务会议，研究部署进一步加大财政教育投入工作和促进物流业健康发展工作。今明两年，各地区、各有关部门要以更大的决心调整财政支出结构，将新增财力着力向教育倾斜，更加突出教育优先发展的战略地位。

△　由教育部举办的高等职业教育引领职教科学发展战略研讨班在北京开班。这是教育部将中等职业教育、高等职业教育、成人教育和继续教育统筹管理、统一部署、协调推进后举行的首次高等职业院校校长集中研讨。教育部副部长鲁昕出席开班仪式并讲话。

△　贯彻胡锦涛总书记讲话精神加强实践教学工作座谈会在北京召开。教育部副部长、党组副书记杜玉波指出，要认真贯彻落实胡锦涛总书记在庆祝清华大学建校100周年大会上的重要讲话精神，从转观念、强基本、抓示范三个方面入手，努力开创高校实践教学工作新局面。

△　作为教学活动的重要组成部分，职业院校实习过程中的学生安全与合法权益必须予以保障。教育部在北京召开“全国职业院校学生实习安全与责任保险推进会”，就进一步加强此项工作进行了部署。教育部副部长、党组成员鲁昕到会并讲话。

6月10日　“中华诵·经典诵读行动”之2011全国中小学生作文大赛自3月15日开赛，以“诵读经典·感悟成长”为主题，旨在鼓励和引导中小学生在诵读、书写、讲解等学习中华经典的过程中，用文字记录下所思、所感、所悟。5月31日截稿共收到730 241篇参赛作品。

△　由教育部主办，天津市教育委员会和天津职业技术师范大学承办的教育部第九次对发展中国家教育援外工作会议在天津召开。教育部副部长郝平出席了开幕式并作主旨报告，外交部和天津市政府的领导也在开幕式上讲话。

△　教育部天津大学外国留学生预科部揭牌。教育部副部长郝平，中共天津市委常委、市委教育工委书记苟利军出席仪式并为其揭牌。

△　教育部和水利部在北京举行签字仪式，共建河海大学、武汉大学、清华大学、中国农业大学、天津大学、大连理工大学、四川大学、西北农林科技大学8所高校。教育部部长袁贵仁、水利部部长陈雷代表双方签署协议并讲话。

6月13日　教育部副部长郝平会见并宴请来访的布隆迪高等教育与科学研究部部长朱利安·尼姆博纳一行。随后，国家汉办主任许琳与布隆迪大学校长加斯东·哈齐扎签署关于在布隆迪大学合作建设孔子学院的协议。

△　中央纪委驻教育部纪检组和中央纪委案件监督管理室、第三纪检监察室在北京召开教育部直属高校案件查办协作工作联席会议，总结交流了近年来部地协作查办教育部直属高校违纪违法案件的主要经验和做法，就加强部门和地方的纪检监察机关相互协同合作、严肃查处高校违纪违法案件、推动高校反腐倡廉建设工作进行了深入探讨。

6月13—14日　由教育部、农业部联合主办的第二届全国职业院校农业技能大赛在江苏农林职院举行。教育部副部长、党组成员鲁昕出席开幕式并讲话。

6月15日　教育部与云南省人民政府在北京签署加快云南教育事业发展推进云南桥头堡建设战略合作协议和推进义务教育均衡发展备忘录。根据备忘录内容，双方将落实各自责任，到2020年年底云南省累计129个县（区、市）实现县域义务教育基本均衡发展。

△　教育部副部长郝平在教育部会见联合国儿童基金会新任驻华代表麦吉莲女士一行。

△　由教育部与住房和城乡建设部共同召开的职业教育院校（园区）建设研讨会在大连市召开。教育部副部长、党组成员鲁昕出席会议，并对职业院校建设提出要求，在标准建设上要以案例研究为基础进行标准体系的建设，研究校园功能分区以及单体工程，加强国际合作，高标准推进职业教育院校建设。

6月16日　香港实业家钟健国捐资4 680万元设立的“明德师范教育奖励基金”在北京师范大学举行捐赠仪式。该基金覆盖8所师范大学，资助年度自2011年至2024年，将惠及近2万名师范生和170名教师。

△　国务委员刘延东在出席2010中国大学生年度人物颁奖典礼时强调，大学生要按照胡锦涛总书记在清华大学百年校庆时提出“三个紧密结合”

的要求，把报效祖国、奉献社会作为奋斗目标，努力成为能负重任的国家栋梁之才。

△ 教育部副部长郝平出席天津医科大学“继承优良办学传统，加快高水平大学建设”大会并致辞。他指出，天津医科大学经过60年的不懈努力，成为我国开展高素质医学人才培养、高水平医学科学研究和高质量医疗卫生服务的重要基地。

6月17日 第八届北京国际教育博览会在中国国际展览中心开幕，全国政协副主席张榕明、教育部副部长杜占元等领导出席开幕式，并为获得“北京教育国际合作贡献奖”的外国友人颁奖。本届教博会以“创新优质教育资源，服务建设世界城市”为主题，共设展览展示、国际会议、合作洽谈和交流活动四大板块。

△ 国务院总理温家宝专程来到北京师范大学，出席首届免费师范生毕业典礼并作重要讲话。温家宝对免费师范生，也对全国广大师范生提出四点希望：充满爱心、甘于奉献、刻苦学习、勇于创新。

△ 江西省高校思想政治理论课教师座谈会在井冈山大学召开。教育部副部长李卫红出席并讲话。她强调，要不断加强思想政治理论课基础建设和师资队伍建设。

6月18日 由教育部和重庆市人民政府共同主办的“心手相连、健康成长——2011年全国学生阳光体育展示活动”在重庆市渝北中学体育馆隆重开幕。教育部副部长郝平出席开幕式并讲话。

6月19日 无锡太湖学院揭牌暨创新发展研讨会在无锡举行，教育部副部长、党组副书记杜玉波出席揭牌仪式。从江南大学太湖学院转设为无锡太湖学院，这所学院成为江苏省首家成功转设的民办本科高校。

6月20日 中加第二届教育合作高层磋商会议在北京举行。教育部副部长郝平、加拿大教育部长理事会候任主席珍妮克斯出席开幕式并致辞。郝平和珍妮克斯代表双方签署了《关于教育合作的联合声明》。

△ 教育部在西安市召开阳光治校座谈会，借鉴推广第四军医大学开展阳光治校的经验和做法。中央纪委驻教育部纪检组组长、教育部党组成员王立英在会上强调，高等学校要推进党务公开、政务公开和校务公开，推动学校各项事业科学发展。

△ 教育部在国家博物馆举行以“双百”人物中的共产党员命名中小学班集体授牌仪式，教育部副部长刘利民出席授牌仪式。此次活动共命名128个中小学班集体，覆盖了全国31个省、自治区、直辖市和新疆生产建设兵团。

6月21日 国务委员刘延东在中南海紫光阁会见宾夕法尼亚等9所美国大学的法学院院长。刘延东希望中美两国在法学教育领域不断拓展交流，继续深化在法律人才培养等方面的合作，为推动中美人文交流和中美关系长期健康稳定发展作出应有的贡献。

△ 全国高校创先争优先进事迹报告会在北京举行，教育部副部长、党组副书记杜玉波会见了报告团全体成员。报告团由来自全国高校的7名先进典型组成，他们还分赴南京、武汉等地高校作巡回报告。

△ 2011年度第三、四期中等职业学校校长改革创新战略专题研究班在国家教育行政学院正式开班，国家级重点职业学校主管教学工作的校长400多人参加为期10天的研讨。教育部副部长、党组成员鲁昕出席开班典礼并讲话。

6月22日 教育部副部长郝平会见来访的卢旺达教育部马蒂亚斯·哈里巴姆古国务部长一行。郝平表示，中国愿与卢旺达在职业教育、留学生交流、孔子学院建设等领域开展更多的务实合作。

6月23日 第二届全国教师教育课程资源专家委员会成立大会暨第一次工作会议在北京召开，教育部副部长刘利民出席会议，向各位委员颁发聘书并发表讲话。会上还就章程修订、工作计划、教师教育精品课程资源建设方案进行了研讨。

6月25日 2011年全国职业院校技能大赛各赛项全面进入比赛，“2011年全国职业院校学生技能作品展洽会”、“2011年民族地区职业院校学生才艺展示”、“职业教育改革发展成果展示会”、“第九届全国职业教育现代技术装备暨职业教育创新教材展览会”等四项展示活动同时开幕，教育部副部长鲁昕出席开幕式并讲话。四项展示活动参展的1 300多个展示项目，覆盖了第一、第二和第三产业的大约20多个行业的近50个专业。

△　东西部职业教育合作办学签约仪式在天津举行，教育部副部长鲁昕出席并讲话。全国23个省（区、市）和计划单列市参与签约活动，此次将有7.35万名西部学生走出山区到东部职业学校就读。

6月26日　国务委员刘延东在2011国际生物经济大会上指出，生物技术是当前最具潜力和最富活力的科技领域之一，生物技术每前进一步都将对科技发展乃至人类的生命健康和经济社会发展带来深远影响。中国政府愿与世界各国携起手来，为发展生物科技、推进生物产业作出不懈努力。

6月27日　天津职业技术师范大学与广西、西藏、新疆3个自治区举行了合作培养150名免费中职师范生签约仪式，教育部副部长鲁昕出席签约仪式并讲话。

6月27—28日　由教育部、人力资源和社会保障部共同主办的全国职业教育科研工作会议在天津召开。这是新中国成立以来召开的第一次全国职业教育科研工作会议。教育部副部长鲁昕、人力资源和社会保障部副部长王晓初出席会议并讲话。

6月29日　教育部在北京召开加强全国高校党史专业教学工作座谈会。教育部副部长、党组副书记杜玉波出席会议并讲话，强调要加强高校党史专业建设，努力开创高校党史专业教学工作新局面。

6月30日　教育部副部长郝平会见来访的美国教育部助理部长埃德华多·奥乔亚。双方就落实好两国教育部签署的《合作工作计划》，进一步推动中美人文交流交换了意见。

7月

7月1日　教育部副部长郝平会见来访的美国圣母大学校长詹静思先生一行。

7月5日　国家教育督导团发布《国家教育督导报告：关注中等职业教育》。《报告》的发布旨在强化各级政府依法履行发展职业教育责任，落实教育规划纲要要求，促进中等职业教育发展。

△　《新华字典》第11版出版座谈会在人民大会堂举行。全国人大常委会副委员长严隽琪，中宣部、教育部、新闻出版总署等有关方面领导出席座谈会。教育部副部长、国家语委主任李卫红出席会议并讲话。

7月6日　国务委员刘延东在全国教育投入和管理工作电视电话会议上强调，要认真落实党中央、国务院关于加大教育投入促进教育优先发展的部署，拓宽财政性教育经费渠道，确保到2012年实现财政性教育经费支出占国内生产总值比例达到4%的目标，不断开创教育事业改革发展新局面。

7月7日　为深入学习贯彻胡锦涛总书记“七一”重要讲话精神，全面落实教育规划纲要，积极推动创先争优活动深入开展，深入推进大学生思想政治教育工作，教育部、光明日报社、湖北省委和省政府联合召开大学生先进典型培育工作座谈会，教育部副部长、党组副书记杜玉波出席座谈会并讲话。

7月8日　教育部副部长郝平会见驻埃及大使宋爱国。

△　教育部副部长郝平会见来访的美国“十万人留学中国计划”咨询委员会委员、科恩集团副总裁克里斯汀·维克女士。双方就推动中美教育合作与交流、共同执行好美方提出的“十万人留学中国计划”交换了意见。

△　人民教育出版社在北京举行《向世界一流的高水平大学迈进——〈母校九十华诞感怀〉读后感选编》出版座谈会。《母校九十华诞感怀》由中共中央政治局常委李长春同志在哈尔滨工业大学90周年校庆命笔抒怀。文章发表后，在高等院校和教育界以及社会上引起了热烈反响。教育部副部长李卫红出席座谈会并讲话。

△　由世界史学会主办、首都师范大学历史学院全球史研究中心协办的“世界史学会第20届年会”在北京召开。来自30多个国家和地区的学者参加会议，这是世界史学会历史上规模最大的一次会议。教育部副部长郝平出席年会开幕式并致词。

△　为促进学生健康成长，切实提高学生体质健康水平，教育部制定并印发了《切实保证中小学生每天一小时校园体育活动的规定》，要求各地制定具体实施细则，严格执行国家关于保证中小学生每天一小时校园体育活动的规定。

7月11日 在全国教育工作会议召开和教育规划纲要颁布实施一周年之际，教育部与湖北、浙江、贵州、陕西、山西、黑龙江、吉林、内蒙古、宁夏、新疆等省（区）人民政府和新疆生产建设兵团在北京签署义务教育均衡发展备忘录。

△ 教育部在北京召开义务教育课程标准实验教材修订工作会议，这标志着义务教育课程标准实验教材修订工作全面启动。教育部副部长刘利民出席会议，向所有义务教育课程标准实验教科书主编颁发了纪念证书并发表讲话。

△ 教育部副部长鲁昕会见来访的英国商业、创新与技能部副部长约翰·海耶兹一行，双方共同签署《中华人民共和国教育部和大不列颠及北爱尔兰联合王国政府及其托管政府商业、创新与技能部和教育部关于职业教育合作的谅解备忘录》。

7月14日 教育部在北京召开教育规划纲要颁布实施一周年座谈会，深入了解各地贯彻落实情况，充分听取各方面意见建议，清醒判断当前形势任务，研究部署下一步贯彻落实工作。国务委员刘延东为会议召开专门作出重要批示。

7月15日 国家主席胡锦涛在北京中南海会见应邀来华访问的美国芝加哥市佩顿中学师生时强调，青年是中美关系发展的希望所在。

7月16日 由教育部、国家体育总局和共青团中央主办，包头市人民政府承办的第十一届全国中学生运动会在包头市奥林匹克体育中心体育场隆重开幕。本届运动会是第一次在我国西部地区举办的全国综合性学生运动会，也是设项最多、规模最大的一届中学生体育盛会，共9个大项、213个小项。

△“汉语桥”世界大学生中文比赛十周年庆典暨第十届比赛开幕式在长沙举行，国务委员刘延东出席并启动开幕。

7月17—19日 教育部副部长刘利民率团赴印尼出席了由印尼教育部和东盟秘书处主办的东盟与中日韩教育部长非正式会议和东亚峰会教育部长非正式会议，这是东盟与中日韩、东亚峰会框架下教育领域首次部长级会议。两会分别回顾了各框架下教育交流合作的主要情况，包括所取得的成绩和面临的挑战，并分别通过了旨在加强区域合作，提高教育质量的联合媒体声明。

7月19日 教育部部长袁贵仁会见来华访问的加拿大外交部长贝尔德一行。袁贵仁提出，中加两国的高等院校应在人才培养、科学研究、社会服务和文化传承创新等方面进一步加强合作。

7月20日 教育部副部长郝平会见英特尔公司副总裁兼英特尔基金会主席艾思莉。

△ 教育部副部长郝平会见来访的东帝汶国民议会卫生、教育与文化委员会主席维尔吉利奥·迪亚士·马萨尔一行。郝平表示，中国愿与东帝汶在基础教育、高等教育等领域开展更多合作。

△ 为加快培养经济社会发展需要的高素质劳动者和技能型人才，中央财政已下拨国家中等职业教育示范学校补助资金13.73亿元，用于支持评审通过的第一批276所学校实施教育教学内容改革、校企合作人才培养模式创新、师资队伍建设等。

△ 以“我的祖国”为主题的“2011京港澳学生交流营”在北京语言大学举行开营式，300多名来自香港、澳门和北京的青年学生参加。教育部副部长、党组副书记杜玉波出席开营式并致辞。

7月22日 教育部副部长郝平会见来访的以色列中国关系促进会主席米亚姆·艾德森女士一行。郝平表示，中国愿与该会在学生、教师流动等方面开展更多合作。

7月25日 由教育部等8个部门联合制定的《全民消防安全宣传教育纲要（2011—2015年）》正式颁布。这是我国第一份多个职能部门联合制定的针对消防安全宣传教育的规范性文件。中纪委驻教育部纪检组组长、党组成员王立英出席会议，对教育系统加强全民消防安全宣传教育，切实做好学校消防安全工作作出部署。

7月30日 被称为“民间大使”的近500名俄罗斯中小学生在中国参加了为期10天的夏令营活动，并与北京、上海、大连三地的中国学生开展联欢、联谊活动。此次俄方代表团由450名12—16岁学生和60名工作人员组成，来自俄罗斯27个联邦主体。

7月31日 中宣部、教育部在北京联合举办两期马克思主义理论研究和建设工程重点教材示范培训班。中宣部副部长王晓晖出席开班仪式并讲话，教育部副部长、党组副书记杜玉波，教育部部长助理、党组成员林蕙青分别主持开班仪式。

△ “中国移动校讯通杯”第十二届全国中小学电脑制作活动颁奖大会在山东济南召开。该活动由中央电教馆主办，全国32个省级教育部门均组织参加了本届全国中小学生电脑制作活动。教育部副部长杜占元现场观看了机器人足球和篮球决赛，为获奖学生和优秀组织单位代表颁奖。

8月

8月1日 教育部副部长杜占元到中国教育和科研计算机网网络中心进行调研。杜占元指出，要加大服务教育信息化的力度，做好网络服务。要保证公益性，健全可持续发展机制，实现覆盖全国各级各类学校的网络接入服务。

△ 第26届世界大学生夏季运动会中国大学生体育代表团成立暨动员大会在北京体育大学举行。中国大学生体育代表团团长由教育部副部长郝平担任，代表团总人数为804人，其中运动员505人，分别来自26个省、自治区、直辖市的110所高校，将参加24个大项的283个小项的比赛。

8月2日 教育部与陕西省政府在西安签署协议，继续重点共建西安交通大学、西北农林科技大学，共建陕西师范大学、西安电子科技大学和长安大学。教育部部长袁贵仁、陕西省省长赵正永代表双方签署协议并讲话。

8月3日 由中组部、教育部举办的第三期高校主要领导干部专题研讨班在中国延安干部学院开班。这次研讨班的主题为“加强党性修养、坚定理想信念、保持优良作风、提高治校水平”。教育部部长、党组书记袁贵仁出席开班式并讲话。

8月4日 第26届全国青少年科技创新大赛在内蒙古自治区呼和浩特市举行。本届大赛的主题是“创新·体验·成长”，分为青少年和科技辅导员两个板块。教育部部长助理、党组成员林蕙青出席大赛开幕式并代表各主办单位致辞。

△ 2011年省部共建工作暨中西部高等教育发展战略研讨会在延安大学召开。教育部副部长、党组副书记杜玉波出席并强调，共建高校要抓住难得的战略机遇，合理定位，科学规划，提高办学质量，推进改革创新，全面促进中西部高等教育振兴。

8月9日 《国务院关于促进牧区又好又快发展的若干意见》提出，我国将加快普及牧区高中阶段教育，大力发展符合牧区发展需要的中等职业教育，逐步免除中等职业学校牧区学生学费。巩固提高牧区义务教育质量和水平，推进寄宿制学校标准化建设，逐步提高牧区义务教育阶段家庭经济困难寄宿生生活补助标准。因地制宜开展双语教育，加强双语师资队伍建设。积极发展学前教育，加快牧区幼儿园建设。

8月10—12日 教育部副部长、教育系统创先争优活动领导小组成员刘利民在辽宁调研中小学创先争优活动和解决义务教育热点难点问题。其间，刘利民还就减轻中小学生课业负担和缓解大城市择校问题进行了调研，要求注重总结推广各地的好经验、好做法。

8月12日 教育部部长袁贵仁在深圳会见来华访问并参加世界大学校长论坛和第26届世界大学生运动会开幕式的联合国教科文组织总干事博科娃。袁贵仁表示，2011年下半年到2012年上半年，是中国落实教育规划纲要的关键时期，希望双方深化合作，努力推动中国和世界教育的发展。

△ 教育部副部长郝平在深圳会见朝鲜金策工业综合大学校长洪瑞宪。郝平表示，金策工业综合大学是朝鲜最优秀的工科院校，希望学校今后继续与中国高校加强交流与合作。

△ 教育部部长袁贵仁在深圳会见出席第26届世界大学生运动会开幕式的哈萨克斯坦教育科学部部长朱马古洛夫·巴克特江·图尔西诺维奇。袁贵仁说，中方支持两国高校间建立联系，进行学术交流和研讨，共同为促进中哈教育交流作出积极努力。

8月12—14日 教育部与深圳市政府举办世界大学校长论坛（深圳），以“21世纪大学的新使命与人才培养”为主题，具体就高等教育国际化与人才培养、提高大学生适应经济社会发展需求的能力、大学体育与国际视野和创新精神的培养、绿色大学建设等内容展开研讨。

8月12—23日 深圳第二十六届世界大学生

夏季运动会有来自180个国家和地区的1.3万多名运动员及官员参赛，运动会共设24个大项、306个小项的比赛，超过历届规模。

8月14日 教育部副部长郝平在深圳会见印度尼西亚阿拉扎大学校长兼印尼国家创新委员会主席祖哈博士，欢迎阿拉扎大学广泛、深入地与中国高校开展合作。

△ 教育部副部长郝平在深圳会见应邀出席世界大学校长论坛的英国帝国理工学院校长罗伯特·基斯·奥尼斯先生，就中英高等教育交流及中国高校与帝国理工学院开展合作交换了意见。

8月14—15日 教育部直属高校工作咨询委员会第二十一次全体会议在广东东莞市召开。国务委员刘延东出席会议并作重要讲话。教育部部长袁贵仁参加分组讨论，听取各组意见建议之后，围绕高校办学自主权、内部治理结构、教育经费投入、教师队伍建设、改革试点的政策突破等问题与咨询委员进行了交流。

8月17日 由教育部、贵州省人民政府联合主办的第四届中国—东盟教育交流周在贵阳市隆重开幕。本届交流周的主题是“走向更加务实有效的中国—东盟高等教育合作，打造开放创新的交流平台，推动贵州高校率先扩大对外开放”。教育部副部长郝平出席开幕式，唐虔代表联合国教科文组织致辞。

8月17—18日 第二届全国“农校对接”洽谈会暨高校学生食堂工作座谈会在济南市依次举行。来自全国各地的高校伙食工作代表500余人和350家食材供应商参加了洽谈会，洽谈会上签订了28亿元的供应合同。教育部副部长鲁昕在高校学生食堂工作座谈会上作了总结讲话，要求各地各高校要进一步加大对学生食堂的政策支持和经费补贴力度，完善适应市场经济的高校食堂运行机制。

8月18日 国务委员刘延东在中南海紫光阁会见了美国乔治敦大学校长约翰·德吉奥亚一行，希望乔治敦大学继续深化与中国在教育等领域的合作。

△ 教育部副部长杜占元在北京出席数字化教育资源建设与共享座谈会并参观了数字化教育资源展览。举办数字化教育资源建设与共享座谈会和展览的目的，是进一步摸清我国数字化教育资源建设的现状和国内外发展趋势，总结我国数字化教育资源建设与共享的成功经验，梳理制约发展的关键问题，探讨共建共享的有效机制。

8月21—22日 第十一届中国教育信息化创新与发展论坛在重庆举办，教育部副部长杜占元出席论坛开幕式并讲话。杜占元还到重庆邮电大学进行了调研。

8月23—24日 第二届中国职业教育与有色金属行业发展对话活动在内蒙古赤峰市举办。教育部副部长、党组成员鲁昕出席并发表讲话。

8月24日 教育部在北京召开全国中小学校车试点工作启动会，决定在6个地区开展中小学校车运营管理试点工作。会议要求加强组织领导，将试点工作纳入政府重要议事日程，建立健全组织领导机构，完善政府主导，公安、交通、教育、安监、财政等部门密切配合、齐抓共管的工作机制，进一步明确校车购置、安全监管、运营管理、学生教育等各个环节的职责分工。

△ 第16届世界应用语言学大会暨第六届中国英语教学国际研讨会在北京外国语大学开幕。来自世界各国的学者们围绕“多样中的和谐：语言、文化、社会”的主题展开广泛而深入的研讨。教育部副部长刘利民出席了开幕式。

8月27日 经上海市政府牵线搭台、供需商洽，复旦大学、上海交通大学、同济大学、华东师范大学4所落户上海的部属高校，与先行建立合作意向的上海商学院、上海理工大学、上海工程技术大学、上海师范大学等9所上海地方高校签订合作共建协议。

△ 为促进我国公共服务领域外文译写的规范化、标准化，教育部、国家语委启动了《公共服务领域外文译写规范·英文》国家标准的研制工作，并成立了《公共服务领域外文译写规范·英文》专家委员会。教育部副部长、国家语委主任李卫红出席会议并讲话。

8月30日 教育部副部长郝平分别会见来访的荷兰教育、文化和科学部国务秘书哈尔伯·泽尔斯特拉和荷兰王国公主劳伦廷。郝平与泽尔斯特拉共同签署了《中华人民共和国教育部与荷兰教育、文化和科学部关于教育和科研合作与交流的谅解备忘录》。

△ 教育部在南京与江苏省人民政府签署协议，共建国家高等教育综合改革试验区，继续重点共建南京大学、东南大学。教育部部长袁贵仁、江苏省省长李学勇代表双方签署协议并讲话。

8月31日 第十八届北京国际图书博览会开幕，人民教育出版社与中国摄影著作权协会签署了《教科书“法定许可”使用费收转协议》。教育部副部长李卫红指出，此次签约，对于教育界、出版界乃至文化界，都是一件具有法律示范效应和公众教育意义的盛举。

△ 教育部—清华大学“教育战略决策与国家规划研究中心”在清华大学成立。教育部副部长鲁昕和清华大学校长顾秉林分别代表教育部和清华大学签署了研究中心共建协议并为中心揭牌。

9月

9月2日 国家教育行政学院在北京举行2011年秋季开学典礼，第39期高校领导干部进修班、第36期高校中青年干部培训班、第30期全国地市教育局长研修班同日开班。教育部党组成员、国家教育行政学院院长顾海良出席开学典礼并为全体学员作开班报告。

△ 国防科技大学老中青几代科研人员以强军兴国为己任，创造了以“天河一号”超级计算机系统为代表的一批重大创新成果，为推进科技强军、维护国家安全、建设创新型国家作出了突出贡献。教育部邀请国防科技大学自主创新团队走进北京高校作专场报告，教育部副部长、党组副书记杜玉波会见了报告团全体成员。

9月3日 在著名教育家霍懋征90周年诞辰之际，北京霍懋征教育思想研究会在北京成立。全国人大常委会副委员长、民进中央主席严隽琪，教育部副部长刘利民等出席成立大会并讲话。

9月5日 教育部副部长郝平会见来访的巴基斯坦政府新闻广播部部长费尔都斯·阿什克·阿旺一行。双方表示愿意加强合作，为巴方培养更多新闻广播人才。

△ 教育部副部长郝平在教育部会见了来访的新加坡国立大学校董代表团一行。双方就合作办学、中国留学生政策、高校专业设置等共同关心的问题广泛交换了意见。

9月6日 教育部副部长郝平会见来访的丹麦科技创新部常务秘书乌费·杜达·佩德森。郝平表示，中方希望进一步拓展与丹麦的教育交流。双方可在共同感兴趣的研究领域设立联合实验室或研究中心，开展合作科研和高层次人才联合培养。

9月7—8日 由民进中央和北京师范大学联合主办的“2011中国教师发展论坛”在山东省潍坊市举行。本次论坛的主题为“推进教育家办学，促进教师队伍专业化发展”。教育部副部长刘利民出席开幕式并讲话。

9月8日 由全国特级教师网发起、中华社会救助基金会批准设立的“中华助学助教专项基金”在北京宣布成立，“大爱中华——助学助教行”大型公益活动同时启动，教育部副部长杜占元出席启动仪式。该活动拟在一年内陆续向全国老少边穷地区和贫寒学子捐赠面值总额5 000万元的全国特级教师网学习卡，全国250万名贫寒学子将获捐赠。

△ 由光明日报社、中央电视台、北京广播电视台联合主办的“寻找最美乡村教师”活动在北京举行颁奖典礼，当选的10名“最美乡村教师”接受表彰。教育部副部长郝平出席颁奖典礼。

9月11日 第14届全国推广普通话宣传周开幕式在内蒙古自治区鄂尔多斯市伊金霍洛旗举行。教育部副部长、国家语委主任、全国推广普通话宣传周领导小组副组长李卫红出席活动并讲话。

9月13日 中国“法语年”开幕式在北京语言大学举行。国务委员刘延东与法国国务部长兼外交与欧洲事务部长阿兰·朱佩出席活动并致辞。

9月13—15日 教育部副部长、党组副书记杜玉波深入联系点——兰州理工大学调研指导创先争优活动。杜玉波强调，坚持“以学生为本、以老师为本”的理念，进一步增强服务意识，提升服务能力，围绕“为民服务”深入开展创先争优活动。

9月13—18日 国家教育督导团对内蒙古、辽宁、黑龙江、江西、湖南、宁夏、新疆和山西8省（区）进行了中小学体育卫生与艺术教育工作专项督导检查。

9月14日 教育部副部长郝平在教育部会见来访的印度尼西亚总统特使、扶贫事务特别助理狄龙先生一行。双方就义务教育、师范教育、职业教育、高等教育的扶贫政策和奖学助学政策等问题广泛交换了意见。

9月15日 第四期全国新建本科院校党委书记、校长培训班在国家教育行政学院开班。教育部党组成员、国家教育行政学院院长顾海良出席开班仪式，并作题为“中国特色现代大学制度与党委领导下的校长负责制”的报告。

△ 教育部在北京与中国移动通信集团公司签署了战略合作框架协议，双方将本着“政企联动，优势互补，支持教育，战略共赢”的原则，明确建立紧密的战略合作伙伴关系，共同加快推进教育信息化。

9月19日 国务委员刘延东在中南海会见到访的瑞典卡罗琳斯卡医学院院长哈丽雅特·瓦尔贝莉·汉利克松女士一行。刘延东希望该院进一步扩大与中国高校和科研机构的交往，为中瑞高等教育合作、人文交流以及为世界医学事业的发展作出新的贡献。

△ 教育部在北京召开全国职业教育实习管理工作视频会议，在总结、交流近几年全国职业学校学生实习管理工作主要做法和经验的基础上，研究分析了职业学校学生实习中的主要问题，部署、安排了今后一个时期职业学校学生实习管理工作。教育部副部长鲁昕出席会议并讲话。

△ 瑞典卡罗琳斯卡医学院院长汉利克松女士率团访问教育部，郝平副部长会见代表团，双方就中瑞医学教育进一步交换意见。

9月20日 由教育部和宁夏回族自治区政府共同举办的中阿大学校长论坛在银川市正式开幕，教育部副部长郝平出席开幕式并致辞。中阿大学校长共同探讨务实合作，通过了《中阿大学校长圆桌会议银川宣言》，并签署了一批校际合作协议。

9月21日 第十三届中国科协年会在天津开幕。包括两院院士在内的2 400余名科研、生产、教学一线的科技工作者参加。国务委员刘延东出席年会开幕式并讲话。

9月22日 教育部与重庆市委、市政府在重庆联合召开全国高校实践育人工作经验交流会。教育部副部长、党组副书记杜玉波出席会议并讲话。

9月22—23日 中国职业教育与物流行业发展对话活动在四川成都市举办。教育部副部长鲁昕出席对话活动并发表讲话。在活动现场，24所职业学校与30家物流企业举行了合作办学签约仪式，教育部向首批34个“全国物流职业教育人才培养基地”授牌。

9月24—25日 教育部在西安召开全国普通高等学校本科教学评估工作通气会，旨在以新理念新方案推动新时期本科教学评估工作、建立健全高等教育质量保障体系。教育部部长助理、党组成员林蕙青出席会议并作主题报告。

9月25日 2011年全国中小学校长远程培训工作研讨会暨中国教育干部培训网中小学校长远程培训年会在国家教育行政学院召开。教育部党组成员、国家教育行政学院院长顾海良指出，远程培训能够最大限度地满足中央大规模培训干部的要求，与时俱进地为中小学校长增添新鲜的培训资料、教育思想和理念、工作案例，以及帮助解决在管理过程中遇到的一些问题。

9月26日 教育部在北京召开国家教育体制改革义务教育均衡发展试点项目推进会。教育部副部长、国家总督学刘利民出席会议并讲话。

△ 教育部、财政部共同实施的“支持高等职业学校提升专业服务能力”项目由中央财政下拨补助资金20亿元，主要用于支持高等职业学校专业人才培养方案制订与实施、课程与教学资源建设、实训实习条件改善、校企合作制度与管理运行机制建设、师资队伍建设等方面，支持1 000个左右高等职业教育专业进行重点建设。

9月29日 由全国妇联、教育部、人力资源和社会保障部、中国女企业家协会共同主办的“女大学生创业扶持行动暨女大学生创业季”在北京正式启动。教育部部长助理、党组成员林蕙青出席仪式并讲话。

△ 教育部副部长郝平会见来访的美国前国务卿奥尔布赖特女士。郝平表示，中方正在积极落实第二轮中美人文交流高层磋商取得的重要成果，愿与美方共同努力深化教育合作，为中美关系和两国

人文交流作出贡献。

△ 人力资源和社会保障部、教育部在北京联合召开深化中小学教师职称制度改革扩大试点工作会议。会议的主要任务是传达学习国务院常务会议关于中小学教师职称制度改革扩大试点的决定精神，贯彻落实关于深化中小学教师职称制度改革扩大试点的指导意见，对扩大试点工作进行动员和部署。

10月

10月8日 教育部与浙江省在杭州签署继续重点共建浙江大学协议和支持浙江海洋高等教育发展、共同推进海洋经济发展示范区建设战略合作协议。教育部部长袁贵仁、浙江省代省长夏宝龙代表双方签署协议。

△ 教育部印发《教育部关于大力推进教师教育课程改革的意见》。

10月9—20日 教育部副部长杜占元率中国教育代表团访问了西班牙、芬兰和瑞典三国。在西班牙期间，与西班牙教育大臣安赫尔·加比隆多共同签署了《中华人民共和国教育部与西班牙王国教育部教育合作与交流执行计划（2011—2014年）》。

10月9日 第22期全国县市教育局长培训班在国家教育行政学院举行了开学典礼。教育部副部长刘利民出席开学典礼，并作了题为《基础教育未来10年的发展任务与基本战略》的开班报告。

10月10日 教育部部长袁贵仁会见来华访问的加拿大参议长金塞拉一行。袁贵仁对近期双方将教育领域纳入中加战略工作组磋商范围表示积极支持，并希望双方以此为契机，进一步加强合作。

△ 教育部副部长郝平会见来访的斯里兰卡教育部部长班杜拉·古纳瓦德纳一行，双方就进一步加强两国教育交流与合作交换了意见。

10月12日 在中国教育部与德国国际合作机构的支持和推动下，德国五大汽车制造商与我国5所高职院校在北京启动了中德职业教育合作项目“中国汽车机电工培训”。中德双方将在华共同培养广泛适用于德系汽车的机电技能型人才，并对相关培养培训标准及证书体系等进行开发。

10月14日 教育部副部长郝平在北京会见来访的意大利教育、大学和科研部副部长朱塞佩·毕萨一行。双方就继续推进中意在高校科研、职业教育等领域的交流与合作事宜交换了意见，并共同签署了《会谈纪要》。

10月16—18日 第五届北京可持续发展教育国际论坛在北京举办。本次论坛由中国联合国教科文组织全国委员会、教育部、北京市教委主办，国内外代表400余人参加。教育部副部长刘利民出席开幕式并致辞。

△ 教育部副部长郝平应邀率中国教育代表团访问印度尼西亚。郝平分别会见了印度尼西亚教育部部长穆罕穆德和副部长法斯里，就中国与印度尼西亚在印尼开展汉语教学、留学生交流及两国高等学校学历互认等事宜深入地交换了意见，一致同意建立司局级定期磋商机制，进一步深化双边合作交流。

10月19日 11所行业特色型大学在北京宣告组建北京高科大学联盟。教育部副部长杜玉波、科技部副部长陈小娅出席联盟成立大会，为联盟成立揭牌。

△ 财政部、教育部、总参谋部印发《应征入伍服义务兵役高等学校在校生学费补偿国家助学贷款代偿及退役复学后学费资助暂行办法》。

10月20日 教育部在上海召开高水平大学本科教学改革推进会议。北京大学、清华大学等39所高水平大学齐聚上海交大，探讨推动本科教学改革和提高人才培养质量的经验与做法。教育部部长助理、党组成员林蕙青出席会议并讲话。

10月21日 教育部有关司局负责人指出，近年来高等学校普通本专科学生中，因各种原因退学人数占在校生数平均每学年为0.75%，即每学年约16万人。

△ 国家食品药品监督管理局和教育部联合印发《关于迅速开展学校食堂食品安全整治严防食物中毒事件发生的紧急通知》，就迅速开展学校食堂食品安全整治工作提出要求。

10月24日 联合国教科文组织—中国—非洲大学校长研讨会在法国巴黎召开。联合国教科文组织总干事博科娃、教育部部长袁贵仁出席会议开幕式并致辞。会议以提高中非大学毕业生就业能力、促进联合国教科文组织—中国—非洲三方在高等教育领域的务实合作为主题。

△ 国务委员刘延东在北京会见来访的欧盟委员会教育、文化、语言多样性及青年事务委员瓦西利乌女士一行。刘延东说，中方愿与欧方积极推动中欧高级别人文交流机制的建设和发展，为中欧全面战略伙伴关系发展作出积极贡献。

10月25—26日 联合国教科文组织第36届大会在法国巴黎召开，教育部部长袁贵仁出席开幕式并在领导人论坛上发言。袁贵仁说，本次论坛以构建和平文化、促进可持续发展为主题，富有现实性和针对性。通过教育传播和平文化、促进可持续发展，是国际社会的广泛共识和共同追求。

△ 中央统战部、教育部党组在北京召开全国高校统战工作经验交流会暨第十六次高校统战工作研讨会。教育部副部长、党组副书记杜玉波出席会议并讲话。杜玉波指出，高校统战工作要不断改革创新，着力加强理论创新和实践创新。

10月26日 教育部副部长郝平会见来访的欧盟委员会教育、文化、语言多样性和青年事务委员瓦西利乌女士一行。郝平表示，中国教育部愿与欧方共同积极筹划，推动中欧高级别人文交流机制的建设，并在机制的框架下，促进中欧教育交流与合作进一步发展，为中欧全面战略伙伴关系作出积极贡献。

△ 国务院总理温家宝主持召开国务院常务会议，决定启动实施农村义务教育学生营养改善计划，讨论通过《疫苗供应体系建设规划》，决定开展深化增值税制度改革试点。

10月27日 中英大学合作高峰论坛开幕式在英国伦敦举行。教育部部长袁贵仁与英国高教科研副部长大卫·威利斯出席并致辞。袁贵仁希望双方扩大学生交流规模，推动大学建立战略合作伙伴关系，加强教育研究和政策对话，深化和拓展人文交流，促进中英高等教育交流合作迈上新的台阶，引领两国高等教育走上新的发展高度。

△ 第六次中英教育部长级磋商会议在英国伦敦举行。教育部部长袁贵仁与英国教育大臣迈克尔·戈夫出席会议。双方就基础教育、职业教育和高等教育改革发展情况及语言教学合作等进行了深入交流，确定了今后三年中英教育伙伴行动计划，共同签署了《中英教育伙伴关系行动计划》。

10月28日 为进一步贯彻落实《中华人民共和国国家通用语言文字法》，完善普通话语音规范标准体系，促进普通话推广工作，普通话审音委员会成立会议在北京举行。教育部副部长、国家语委主任李卫红出席会议并讲话。

△ 教育部、财政部在湖北武汉市召开农村义务教育薄弱学校改造计划工作会议，改造计划主要包括教学装备类项目和校舍建设类项目。教育部副部长刘利民出席会议并讲话。

△ 由教育部和日本东芝公司主办、华中师范大学承办的第四届“东芝杯·中国师范大学理科师范生教学技能创新大赛”在武汉市举行。教育部副部长刘利民出席大赛开幕式并讲话。

△ 教育部副部长郝平会见耐克集团全球副总裁希拉里·克兰女士。

△ 教育部副部长郝平会见微软公司全球首席研究官里克·雷斯特先生，双方共同见证了《“长城计划”第四期合作备忘录》的签署。

10月28—31日 第二届中国职业教育与汽车行业发展对话活动在北京举办。教育部副部长、党组成员鲁昕发表书面讲话，强调要推进现代职教体系建设，为行业发展培养高素质技能型人才。会议同期举办的活动有汽车专业教师教学能力大赛、“吉利”校园汽车文化节、汽车人才论坛、汽车文化和职业教育与装备展、校企合作对话和相关展览展示等。

10月29日 由世界中医药学会联合会主办，北京中医药大学与世界中医药学会联合会教育指导委员会承办的“第二届世界中医药教育大会”在北京举行。教育部副部长郝平出席大会。会上，代表们对国际中医医师水平评测办法（草案）进行了研讨。

11月

11月4日 第五届“世界大学女校长论坛”在厦门开幕，教育部副部长李卫红等出席开幕式。本届论坛的主题为“文化和教育的包容性发展——大学女校长的使命与作为”，来自35个国家和地区的百余位大学女校长就此主题进行研讨交流。

△ 首次“城市教育现代化论坛”在成都市举行。论坛以“教育现代化进程中城乡教育一体化”为主题，发布了《全国各省、自治区、直辖市及副省级城市2011年度教育现代化评价报告》和《成都市城乡教育一体化发展研究报告》。教育部副部长鲁昕出席论坛并讲话。

11月4—6日 由北京大学、北京市教委和韩国高等教育财团联合主办的北京论坛第八届年会——北京论坛（2011）在北京举办，教育部副部长郝平出席开幕式。本届论坛以“文明的和谐与共同繁荣——传统与现代、变革与转型”为主题，就社会转型方式的历史思考、教育传承与创新、艺术传统与文化创新、城市转型与人类未来等展开了对话与交流。

11月5日 教育部与甘肃省在兰州签署继续重点共建兰州大学协议。教育部部长袁贵仁，甘肃省委副书记、省长刘伟平代表双方签署协议并讲话。

11月6日 由教育部关工委主办的全国家长学校教育实验区工作会议在北京召开，各省（区、市）教育关工委、全国家长学校教育实验区教育关工委相关同志250余人参加了会议。教育部党组成员顾海良出席会议并讲话。

11月7日 教育部等九部门在西安市联合召开加快发展面向农村的职业教育工作会议，贯彻实施九部门联合印发的《关于加快发展面向农村的职业教育的意见》，总结推广各地的好机制、好经验和好做法，分析农村经济社会发展的新需求，全面推进面向农村的职业教育改革发展。

△ 教育部、光明日报社在北京联合举行全国高校宣传部长“学习贯彻十七届六中全会精神，加强大学文化建设”座谈会。教育部副部长、党组副书记杜玉波等出席会议并讲话。

11月7—20日 第七期全国基础教育改革动态研修班在国家教育行政学院开班，90多名来自全国各地的骨干中学校长进行了为期两周的学习研修。教育部副部长刘利民出席开班式，并以“基础教育未来10年的发展任务与基本战略”为题，为全体学员作开班报告。

11月8日 国家语委、中国残联2011年度重大科研项目“国家通用手语标准研制”和“国家通用盲文标准修订”开题会议在中国盲文图书馆召开。这是国家通用盲文手语标准研制首次被列为国家语委“十二五”科研规划重大科研项目。教育部副部长、国家语委主任李卫红出席会议并讲话。

11月9日 由我国高水平大学建设的首批20门“中国大学视频公开课”通过“爱课程”网和其合作网站中国网络电视台、“网易”同步向社会公众免费开放。这批课程由科学、文化素质教育网络视频课程与学术讲座组成，以高校学生为主要服务对象，同时面向社会公众免费开放。

△ 2011全球大学创意博览会暨中国教育电视台高校创意总部基地落成仪式在北京举行。教育部副部长郝平出席仪式，并为高校创意总部“全国大学生创业教育实习基地”揭牌。该基地设置了创研潜力院、影视创研中心、创意产业集群等功能区域，将服务于大学生的实习与就业，努力创建开放、平等、共享的文化创意产业环境。

11月10—20日 教育部副部长鲁昕率中国继续教育考察团访问了日本和美国。在考察过程中，鲁昕与考察机构就借鉴学习其继续教育先进理念和经验、拓展中外合作与人员交流渠道、共同开展重大课题研究以及校企合作模式等话题交换了意见，并达成了一系列合作意向，取得了丰硕成果。

11月11日 第四届全国教育科学研究优秀成果奖颁奖暨中国教育科学研究院成立大会在北京举行。教育部副部长郝平代表教育部宣布了颁发第四届全国教育科学研究优秀成果奖的决定。

11月15—16日 第二届全国教育改革创新奖颁奖典礼暨中国教育创新论坛在北京举行，其主题为“教育奠基中国　创新引领未来”。全国各地各校的150个创新实践项目和个人获得表彰。教育部副部长李卫红为获奖者颁奖并讲话。

11月18日 教育部副部长郝平会见了美国卡耐基梅隆大学校长杰瑞德·柯瀚，鼓励卡耐基梅隆大学加强与中国高校的合作，为推动中美两国人文交流发挥积极作用。

△ 美国国际数据集团（简称IDG）与北京师范大学签署捐建协议，成立北京师范大学—IDG/

麦戈文脑研究院。该研究院将研究工作聚焦于儿童发展、教育及儿童脑功能障碍的基础与应用基础研究。教育部副部长郝平出席签约仪式，并为研究院揭牌。

11月20日 “通航时代 协同创新”系列签约仪式及北京北航国际航空航天创新园奠基仪式在北京航空航天大学举行，教育部副部长、党组副书记杜玉波出席仪式。北京市将航空航天产业列为第八大战略新兴产业，北京航空航天大学将充分发挥自身的科研和行业优势，全面参与北京市通用航空产业的培育和布局工作。

△ 2011年中国会计学会“杨纪琬奖学金”颁奖仪式在北京举行。教育部副部长李卫红出席颁奖仪式并讲话。李卫红指出，“杨纪琬奖学金”自2003年成立以来，发挥名师效应，宣扬大师精神，推进了我国会计人才培养和会计事业发展，也为推动我国高等教育的人才培养作出更大贡献。

11月22日 来华留学工作部际协调机制成立大会暨协调小组第一次工作会议在杭州市召开，教育部副部长郝平出席会议并讲话。郝平指出，来华留学工作是我国教育国际合作与交流的重要内容，是国家整体外交工作的有机组成部分，希望协调机制各成员单位在今后工作中加强协调，加强调研，推动新时期新形势下来华留学工作持续、健康发展。

11月24日 国务委员刘延东在部署实施全国农村义务教育学生营养改善计划电视电话会议上强调，要深入贯彻落实国务院常务会议精神和《国务院办公厅关于实施农村义务教育学生营养改善计划的意见》，着力保障农村中小学生尤其是贫困地区和家庭经济困难学生营养水平，为促进青少年学生健康成长奠定坚实基础。

△ 教育部部长袁贵仁会见来访的韩国教育科学技术部部长李周浩一行。袁贵仁表示，中国教育部高度关注中韩教师交流，国家汉办将和韩国国立国际教育院签署合作协议，于2015年前派遣1 400名汉语教师赴韩任教。

11月25日 联合国教科文组织《亚太地区承认高等教育学历、文凭和学位地区公约》缔约国大会在日本东京召开。教育部副部长杜玉波出席大会并发言，指出当前世界各个国家和地区高等教育国际化进程正在持续不断地深入，课程的国际化、跨国教育服务、人员的跨国流动等已成为重要趋势。制定共同的学历、文凭和学位认可行动框架，对促进亚太地区各国之间的教育交流与发展必将起到积极的作用。杜玉波代表中国签署了《亚太地区承认高等教育资历公约》。

11月26日 以“用现代信息技术改造传统教学”为主题的2011年“神州数码杯”全国中等职业学校信息化教学大赛在沈阳市闭幕。教育部副部长鲁昕出席为获奖教师颁奖，并作重要讲话，强调现代信息技术是改造职业教育传统教学模式的不二选择，要以现代信息技术带动职业教育的现代化。

12月

12月1日 就读本科以上层次中外合作办学学生在国内获得的境外文凭将可通过教育部教育涉外监管信息网随时查询。学生可凭本人姓名、身份证号码查询本人所获境外学历学位证书的认证注册信息。今后未按要求预先进行认证注册的学生，所获境外学历文凭将不予认证。

△ 教育部、全国妇联在重庆市召开了全国农村留守儿童工作经验交流现场会。会议总结推广了建立健全农村留守儿童关爱服务体系的好经验好做法，研究分析了农村留守儿童工作面临的新情况新问题，对进一步做好农村留守儿童工作作出部署。

12月2日 在博茨瓦纳进行正式访问的国务委员刘延东考察博茨瓦纳大学孔子学院时表示，中国政府将积极发挥孔子学院人文交流的独特作用，为各国民众学习汉语、了解中国提供平台。

△ 教育部在湖北武汉市召开“全国学校基本建设规划工作推进会”，交流学校基本建设规划编制和规划项目库建设工作典型经验做法，进一步部署学校基本建设规划工作。教育部副部长鲁昕出席会议并讲话。

12月3日 全国民办本科高校战略发展研讨会暨首届全国民办本科高校联席会在江苏无锡市召开。会上，无锡太湖学院被选为全国民办本科高校协作会理事长单位，通过了《全国民办本科高校战略合作框架协议》。

12月4—5日 首届中国电子商务职业教育与行业对接大会暨2011年全国电子商务职业教育工作会议于北京联合大学召开，职业院校及电子商务企业就如何应对未来5年电子商务人才需求量将达300万人以上的问题共同展开探讨。教育部门和职业院校将进一步加大电子商务人才的培养。

12月6—7日 为落实中国教育部和英国商业、创新与技能部签署的《中英职业教育合作谅解备忘录》，在若干重点领域深入开展国际合作，中英两国共同在天津市召开中英职业教育政策对话会议。教育部副部长鲁昕与英国继续教育、技能和终身教育部副部长约翰·海耶兹出席会议并作主旨报告。

12月8日 民办教育政策研讨会在北京师范大学召开。教育部副部长鲁昕出席会议并讲话，希望北京师范大学充分发挥自身的学科优势，加强对民办教育的政策研究，为加强民办教育理论研究提供强有力的智力支持。

12月8—9日 全国中小学德育工作经验交流会在北京召开。教育部部长袁贵仁在会上强调，全面总结中小学德育工作的经验，把社会主义核心价值体系融入中小学教育全过程，努力开创中小学德育工作新局面。

12月11日 国务院法制办在中国政府法制信息网正式公布《校车安全条例（草案征求意见稿）》，广泛征求社会各界意见。

12月13日 职业教育与产业发展对话暨与粤港澳服装业对话活动在广东省中山市举办。教育部副部长鲁昕出席对话活动并发表主旨讲话。

△ 教育部、福建省人民政府加快福建教育事业发展推进海峡西岸经济区发展新一轮战略合作协议和教育部、福建省人民政府、厦门市人民政府继续重点共建厦门大学协议签字仪式在北京举行。

△ 教育部副部长郝平会见来访的日本科技振兴机构理事长中村道治一行。

12月13—14日 第六届全球孔子学院大会在北京闭幕。教育部副部长郝平出席大会并作总结讲话，强调各国孔子学院要根据当地需求和自身实际，抓紧制定各自的发展计划或重点项目，建立健全理事会议事制度，不断巩固完善中外合作办学模式。

12月16日 教育部副部长郝平会见美国纽约大学校长约翰·塞克斯通。郝平鼓励纽约大学与中方有关单位一起努力，做好上海纽约大学的筹建工作，促进两国人文交流特别是青年学生的交流。

12月17日 教育部与四川省政府在成都市签署共建广安市教育改革发展试验区战略合作协议和继续重点共建四川大学、电子科技大学协议。

12月20日 教育部与广州市人民政府签署了部市共同推进建设亚太教育交流与合作广州机制框架协议。教育部副部长刘利民，广州市委副书记、代市长陈建华代表双方签字。

12月21日 曾宪梓教育基金会优秀大学生奖励计划2011年度优秀大学生颁奖大会在清华大学举行，来自内地35所高校的1 750名优秀贫困大学生获得总额为630万元的资助。

12月23—25日 2011继续教育数字化学习资源共享与服务成果展览会在北京国家会议中心举行，展示宣传和推广共享近年来我国继续教育在数字化学习资源建设与服务方面取得的优秀成果。来自全国各地普通本科高校、职业院校、广播电视大学、成人高校等100多家单位参展。

12月24日 为深入贯彻落实全国教育工作会议精神和教育规划纲要，回顾总结我国继续教育的成就与经验，研究新时期继续教育改革发展的政策举措，全面部署推进继续教育的各项工作，教育部在北京召开全国继续教育工作会议暨高等教育自学考试制度建立30周年纪念大会。

12月27日 首都师范大学成立中小学书法教育研究中心，著名书法家欧阳中石教授任该中心学术委员会名誉主任。教育部副部长刘利民等为中心揭牌。该中心积极致力于构建“中小学书法教育研究”学科方向，提出学科发展规划，争取成为国家级的中小学书法教育研究智库，为国家制定相关政策提供智力支持。

△ 工业和信息化部公开征求对《校车安全技术条件》、《校车坐椅系统及其车辆固定件的强度》、《幼儿校车安全技术条件》、《幼儿校车坐椅系统及其车辆固定件的强度》4项国家标准的意见。

12月28日 十一届全国人大常委会第二十四

次会议举行第二次全体会议。会议听取了教育部部长袁贵仁受国务院委托作的关于实施《国家中长期教育改革和发展规划纲要（2010—2020年）》工作情况的报告。

△ 教育部在广西南宁市召开全国职业教育师资工作会议，明确“十二五”期间加强师资队伍建设的思路、目标和政策措施，对实施职业院校教师素质提高计划进行动员和部署。教育部副部长鲁昕出席会议并讲话。

12月30日 十一届全国人大常委会第二十四次会议在人民大会堂召开联组会议，专题询问国务院关于实施《国家中长期教育改革和发展规划纲要（2010—2020年）》工作情况。受国务院委托，教育部、国家发展改革委、科技部、公安部、财政部、人力资源和社会保障部、卫生部和国务院法制办等相关部委负责人到会听取意见、回答询问。

前进中的
中国教育事业

北京市黄庄职业高中

动漫专业与日本动漫大师仓科辽开展合作

学校发展概况

北京市黄庄职业高中始建于1981年，是教育部首批认定的国家级重点职业学校，全国中等职业教育改革发展示范学校，北京市现代化标志性中等职业学校。同时也是唯一一所拥有市级“非物质文化遗产(京式旗袍)项目”的学校。

构建立体校园文化

学校本着“培养有尊严的成功职业人，负责任的幸福社会人”的育人理念，为使良好的职业素养源于心、成于行，学校以“黄职八景”等环境文化为载体，以“仿奥运”运动会、实训管理委员会等五大德育品牌活动为平台，积极构建“人与自然、专业与企业、学生与职业人”相和谐的育人环境，立体构建“富有人文特色的企业化育人特色环境”。

2012年全国职业院校技能大赛
男士无缝推剪一等奖获得者陈壮威

服装专业学生作品“伊文木人”

打造特色育人模式

学校专业秉承“教学、科研、实习、生产、培训、经营、服务、合作”于一体的一条龙发展模式，积极推进企业嵌入、“订单”培养、项目实训、校企联营等多种合作方式，与HP公司、尤根牙科医疗有限公司、红都集团等知名企业合作，建有全国唯一的“HP商用电脑人才培训基地”、口腔修复工艺基地、京式旗袍研发中心、动漫等9个校企融合的“实体化”校内实训基地，形成“大师引领、名师指导、专家特训”的三段阶梯式实训模式，实现校企无缝对接，人才培养与用人需求无缝对接。

办学成果丰硕

以首都现代服务业为支撑，紧跟区域经济结构转型，初步形成信息技术、旅游服务、时尚设计、财经商贸4类专业集团群发展态势；通过校企深度合作，形成美容美发、服装设计、电脑动漫等一批面向现代服务业、与产业良性互动、具有一定示范引领作用的特色品牌专业；以美发专业为突破点，深化“以工作过程为导向”的课程改革工作，美发专业开发13门专业核心课程及配套校本讲义。深化“双体双线，三段阶梯”的人才培养模式改革，人才培养效能突出，毕业生初次就业率达99.3%以上，专业对口率达90%以上。学校充分利用教育资源支援西部职业教育，与黔西南州合作开办“民族团结班”，发挥辐射示范引领作用。优质的办学成果吸引了来自世界各地的教育机构到校访问学习和交流合作。

惠普基础工程师实验班

烹饪专业教师前往奥地利蒙度学院学习

荷兰职教考察团与学生交流

第28届学生会竞选

校训释义

“守正出新”语出《道德经》，意在“笃守正道，以新制胜”。

“守正”主旨有四：守道德之正，传承优秀道德理念和规范，形成良好的道德自觉；守学问之正，完整继承前人学术成果，养成严谨学风，师生共同进步；守处世之正，笃守正道，诚实平和，严以律己，养成团队精神；守行事之正，勤于实践，扎实做事。

“出新”的要旨是创新。提倡述而有作，敢于挑战权威，善于探索新知，正确看待失败，尊重个性发展，逐步建立超越前人的知识体系和技能体系，继承中追求创新，平实中体现新奇。

衡水学院

启功题

——一所始创于1923年的学府

——一所被命名为“全国文明单位”的高校

——一所以实现“师生共同进步”为目标的本科院校

衡水学院实施“进步教育”激励学生创新发展

衡水学院坐落在享有“北方湖城”美誉的河北省衡水市市区，占地面积近800亩，校舍建筑面积23.3万平方米，固定资产总值4.45亿元；有13个院系，6个公共教学部，32个本科专业，44个专科专业，全日制在校生11 000多名，生源来自全国30个省、自治区、直辖市。

“进步教育”是学院的办学理念，其内涵主要包括四个方面：人人进步、多方面进步、连续进步和师生共同进步。在这一办学理念指导下，学院激励学生创新发展，坚持以科技文化为载体，以创新文化为内涵，以“挑战杯”竞赛为龙头，以大学生科技文化节为载体，以特色科技文化活动为依托，以大学生科技创新基地和“创新训练计划”为基础，形成多元化、立体式科技创新活动体系。设立大学生科技创新活动专项基金，用于资助大学生科技创新活动项目，鼓励在科技创新活动中取得突破性进展和业绩优异的学生，奖励大学生科技创新活动优秀指导教师；组织举办学校大学生科技节和参加省级、国家级科技竞赛等。发掘学生潜能，实施个性化培养，教育教学水平稳步提高，学生综合素质逐年提升。

衡水学院化工学院与河北华强科技开发有限公司建立了校企合作关系，图为院长李奎良、枣强县县长王亚杰等出席揭牌仪式。

左图：学院与美国芝加哥康考迪亚大学友好合作洽谈会

右图：学院与韩国光州女子大学校友好合作签约仪式

学校学生在第8届全国民族运动会上取得佳绩

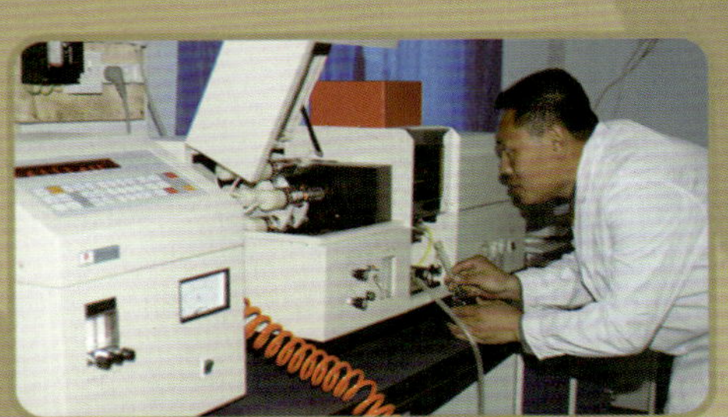

先进的教学科研设备

据统计，2011年，学院师生在各级各类比赛中捷报频传，获得国家级奖励15项、省级奖励119项、市级奖励103项。

★ 在全国英语演讲大赛河北赛区的比赛中，师生分别参加了青年教师组、英语专业学生组、非英语专业学生组的比赛，均荣获三等奖；

★ 在由教育部主办的2011年全国大学生数学建模竞赛中，获国家级二等奖1项，省级一等奖1项，省级二等奖3项；在全国大学生电子专业人才设计与技能大赛中获得6项一等奖；

★ 在2011年河北省软件开发与设计职业技能大赛中，获大赛团体三等奖和个人三等奖；

★ 在“挑战杯”2011年河北省大学生课外学术科技作品竞赛中10项作品获奖，其中4项获二等奖、6项获三等奖；

★ 在河北省第三届“秦川杯”民族器乐大赛上6名学生代表衡水市参赛，分别获得铜奖和优秀奖；

★ 在“利奥杯”第三届全国大学生包装与印刷创新设计大赛中，获1个金奖、1个银奖、2个铜奖、21个入围奖；

★ 在全国第九届少数民族传统体育运动会上，由衡水学院师生组成的蹴球代表队代表河北省出战，取得了男子单蹴银牌的好成绩；

★ 在由河北省教育厅和河北省大学生体育协会主办的2011—2012年“李宁杯”中国大学生足球联赛河北赛区比赛中，衡水学院代表队取得第二名的好成绩。

唐山工业职业技术学院

TANGSHAN INDUSTRIAL VOCATIONAL TECHNICAL COLLEGE

唐山工业职业技术学院是经河北省人民政府批准建立的普通高等专科学校，实施专科层次全日制高等职业技术教育，与河北省唐山市技师学院实行一体化管理，培养具有大专学历、高级职业资格的高端技能型人才。在校生可享受优惠政策，通过自学考试获得本科学历。

骨干教师与管理人员赴台湾考察学习

学院是100所国家骨干高职院校建设单位之一，动车组技术、港口物流管理、陶瓷艺术设计、数控技术、机电设备维修与管理、建筑工程技术、应用化工技术7个专业被列为中央财政支持的国家重点建设专业，计算机网络技术专业被列为地方资金支持重点建设专业。经教育部批准，学院具有高考前单独招生资格。

学院设有机械工程、艺术设计、信息工程、管理工程、自动化工程5个系，面向现代制造业和现代服务业开设41个专业，在校生近8000人。建有综合实训基地、机电实习厂、数控实训中心、美术实习厂等校内生产性实训基地；拥有国家电工电子职业教育实训基地、全国农民工培训示范基地、国家数控技术职业教育实训基地、全国教育网络示范校等4个国家实训基地；拥有中国陶瓷职业技能培训基地、全国“温暖工程”培训基地、全国高新技术人才培养基地、全国数控技术紧缺人才培养基地、国家“双证书”制度试点单位等5个国家行业培训中心。建有唐山市特邀院士工作站，将国家快速制造及机器人技术与学院重点建设专业对接。

国家骨干高职院校专家论证会在学院召开

学院与唐山普林亿威公司共建曹妃甸学习岛

学院“高职教育集团化发展模式”被列为唐山市科学发展模式，形成“前校后厂，产学一体；贴近区域，开放办学”的集团化办学特色，其科研成果获中国职业教育科研成果一等奖、河北省教学成果一等奖。学院先后与瑞士、爱尔兰、德国、荷兰、印度、美国、加拿大等国家和台湾地区的院校对等交流与合作。

学院面向全国招生人数逐年上升，毕业生就业率连年攀升。学院与河北津西钢铁集团股份有限公司、唐山盾石电气公司、唐山金方圆陶瓷公司、唐山轨道客车有限公司、唐山普林亿威公司等多家大型企业开展“订单”培养，签订了“津西班”、“金方圆班”、“三友班”、“启奥班”等培养协议。服务社会能力不断增强，是河北省大中专院校学生信息咨询与就业中心学历认证受理点，并面向社会招收成人考试学员及网络教育学员。学院多次承担全国职业技能大赛河北赛区选拔赛等各类职业技能大赛和成果展示任务，并面向社会开展高级技能培训。

学院先后获“河北省职业教育先进单位”、河北省“五一”劳动奖状、“河北省文明单位”等荣誉称号。近3年来，1名毕业生被评为河北省“技术状元”、全国“技术能手”，并荣获河北省“五一”劳动奖章；26名在校生在全国职业院校技能大赛中获国家级一等奖2项、二等奖5项、三等奖8项，省级二等奖2项、三等奖3项。

“职教30年、建院10周年”暨国家骨干高职院校立项建设庆祝大会

赤峰学院

赤峰学院是2003年经教育部批准，由具有50多年办学历史的赤峰民族师范高等专科学校等5所院校合并组建的一所全日制本科普通高等学校。学校位于“红山文化”的发祥地——内蒙古自治区赤峰市，是内蒙古中东部地区仅有的3所本科高等学校之一。学院遵循高等教育规律，牢牢把握高等教育快速发展的历史性机遇，立足区域性大学的实际，凝练形成了“融入赤峰，服务地方，突出特色，转型发展”的办学理念，确立了“立足赤峰、面向全区、辐射周边”的服务宗旨，确定了打造内蒙古中东部地区重要的人才高地和科技文化创新基地、建设区域性高水平大学的发展目标。经过几年的建设和发展，学院的办学实力显著提升，教育教学改革不断深化，转型发展战略扎实推进，人才培养质量稳步提高，服务地方的能力不断增强，学院步入了健康、快速、可持续发展的轨道。

物理与电子信息工程学院学生在第二届全国高校创新作品大赛中获得二等奖

学院占地面积780亩，规划占地面积1 800亩，建筑面积21万平方米，固定资产总值4.17亿元，教学仪器设备总值6 018万元，图书馆藏书90.6万册，电子图书30.9万册，综合性全文数据库7个。有专任教师964人，其中教授128人、副教授343人，具有博士、硕士学位教师430人，占专任教师总数的45%；享受国务院政府特殊津贴教师4人，自治区有突出贡献中青年专家3人，自治区“321人才工程”第一、二层次人选3人，自治区“111人才工程”人选1人，自治区级教学名师4人。有全日制在校生10 614人。

红山文化高峰论坛

学院被确定为“文物与博物馆专业硕士学位研究生”试点工作建设单位

学院有24个教学院部，开设了42个本科专业和60个高职高专专业，拥有“文物与博物馆”专业硕士学位点，专业设置涵盖文学、史学、法学、教育学、理学、工学、医学、管理学、艺术学9个学科门类。其中，专门史为自治区重点培育学科，历史学专业为国家级特色专业建设点，生物科学、蒙古语言文学等8个专业是自治区品牌专业，拥有自治区级精品课程11门。

学院确立了以社会需求和就业为导向，培养应用型、复合型、创新型人才的培养目标，着力构建“尚品德、厚基础、重应用”的人才培养模式，注重对学生健全人格、创新精神和实践能力的培养，努力促进学生的全面发展和个性化发展，教育教学水平和人才培养质量稳步提高，学生多次在全国大赛中获奖，毕业生考研率、就业率稳步攀升，就业工作多次受到自治区教育厅的表彰。

学院拥有“红山文化研究院”、“契丹辽文化研究院”、“蒙古学研究中心”、“环境与发展研究所”等16个研究机构，拥有“红山文化及契丹辽文化研究基地”、“内蒙古体育社会科学研究基地”两个自治区级社科研究基地。红山文化和契丹辽文化研究在全国拥有较高的知名度和学术影响力。

学院加强国际交流与合作，与美国、英国、韩国、蒙古国等国家的相关院校建立了良好的合作关系。来自蒙古国、韩国、巴基斯坦等国家的留学生在学校深造。

在未来的发展征程中，学校将继续坚持以科学发展观为指导，认真落实教育规划纲要精神，牢牢把握“内涵建设”、“提升质量”这一主题，立足区域性大学的实际，进一步深化教育教学改革，切实提高人才培养质量，提升服务地方能力，办人民满意的大学，努力为区域经济社会发展作出新的更大的贡献。

鄂尔多斯市卫生学校

依托大学联带中专灵活办学　突出特色发挥优势争创名校

内蒙古自治区鄂尔多斯市卫生学校始建于1959年，是内蒙古自治区唯一一所使用蒙汉两种语言文字授课且集中专、高职、专科、成人教育、留学生教育于一体的国家级重点中等职业学校。学校围绕“以培养卫生技术人才为主线，以社区护理、农村医学、中蒙医传统医学教育为特色，以成人教育、留学生教育、医疗服务为补充，上挂大学横联中专合作办学，产教结合服务社会”的办学思路，本着“资源共享、优势互补、互利互惠、共同发展”的原则，与13个省区40多所院校开展联合办学，采取中专、成人专科、成人本科连续就读的“一条龙”办学模式和“工学交替”、“弹性学制”、“连锁办学”的集团化办学模式，为卫生技术人才的学历教育与继续教育架设了“立交桥”。

新校区坐落于东胜区科技教育创业园区，占地222 011.1平方米。建有15栋办学用房，总建筑面积99 348.8平方米，分教学区、办公区、实验区、实训区、活动区、生活区六部分。建有27 380平方米标准运动场地，绿化面积约76 000平方米。附属医院建筑面积22 054平方米，设床位400张，满足了师生临床实践和实习的需要。

学校的教学仪器设备总值为2 569万元。有计算机680台，80个教室配备了多媒体。学校有稳定的校外实训基地（实习医院）28个。图书阅览室面积2 546平方米，藏书总量34.2万册，其中印刷图书9.2万册、电子读物25万册。学校有在职教师230人，正高级职称教师6人，副高级职称教师73人，中级职称教师43人，硕士研究生学历教师28人，“双师型”教师62人。

学校领导班子

2005年以来，学校先后成为国家级护理专业紧缺人才实训基地、国家级蒙医医疗与蒙药人才实训基地、国家级中等职业教育德育工作实验基地；是自治区唯一指定举办中等中医专业的学校。学校先后荣获“全国教育系统先进集体”、市级“职业教育先进学校”、自治区级“中等职业教育德育工作先进集体”等荣誉称号。2011年，学校成为国家中等职业教育改革发展示范学校项目单位。

建校50余年来，已培养出各类医疗技术人才2万余名，其中蒙医药人才4 000余名，蒙医药专业留学生200余名。有在籍学生10 474人，全日制在校生2 660人。学校取得了良好的办学效益，得到社会的广泛认可。

鄂尔多斯市领导到学校视察

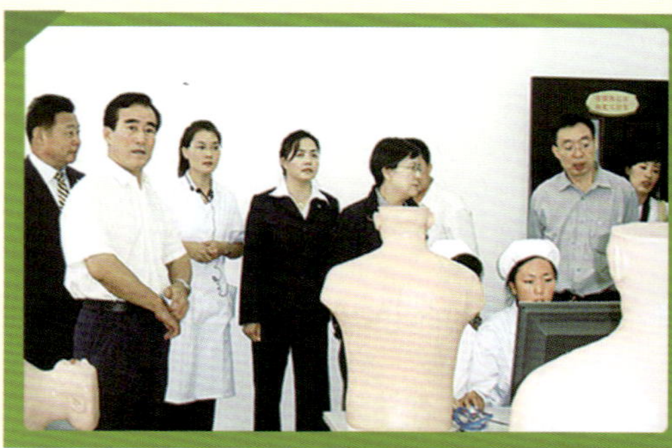

内蒙古自治区教育厅领导到学校检查指导工作

内蒙古自治区卫生厅领导到学校视察

校园鸟瞰图

国家级改革发展示范校　　国家级重点职业学校

呼和浩特市商贸旅游职业学校

呼和浩特市商贸旅游职业学校是一所国家级重点中等职业学校、国家级示范校，成立于1981年。学校有教职工245人，其中硕士学历22人，本科学历167人；高级职称教师68人，中级职称教师70人；有6名中国烹饪大师、8名内蒙古烹饪大师，17名自治区级、市级学科带头人及优秀教学能手在一线任教。

校长王伟明（右三）在呼市职教宣传月开幕式现场为来宾介绍面点专业学生作品

学校占地面积100亩。有教学班74个，在校学生2700多人。建有计算机专业实习实训基地，拥有计算机教室9个、综合布线实训室1个、计算机硬件实验室1个、非线性编辑实训室1个、计算机网络实验室1个；建有烹饪专业实习实训基地，拥有面点车间2个、烘焙实训室1个、刀工实训室1个、糖艺实训室1个、冷拼实训室1个、西餐烹调车间1个、中餐烹调车间2个、烹饪标本展示室1个；建有机电专业实习实训基地，拥有机电实训室1个、电工实验室1个、电子实验室1个、钳工实训车间1个、汽修实训车间1个、通信技术实训室1个。此外，学校还拥有画室2个、动漫实训室1个、工艺制作室1个、餐厅实训室1个、客房实训室1个、语言实验室1个、形体实训室1个、物流实训车间1个、物流模拟实训室1个、微生物实验室1个、普通化学实验室1个、分析化学实验室1个、财会模拟实训室2个。

学校开设计算机应用、计算机网络工程、计算机网页设计与制作、美术、计算机工艺美术设计、动画设计与动漫制作、银行会计与计算机、国际商务与市场营销、连锁经营与管理、物流管理、中餐烹饪、西餐烹饪、中西式面点、旅游服务与管理、酒店服务与管理、声乐表演、乐器表演、乳品加工与检测、电子与信息技术、机电一体化、汽车维修与应用7大类21个专业。为进一步拓宽办学渠道，塑造学校品牌形象，2003年以来，学校先后与四川烹饪高等专科学校等多家区内外高校进行联合办学，开设了烹饪工艺与营养、国际经济与贸易、计算机应用等9个联办专业。2006年，学校烹饪和计算机两大专业被评为自治区级精品专业点，标志着学校专业建设迈上了一个新的台阶。2012年，学校与锐捷网络大学合作成立了呼和浩特市商贸旅游职业学校锐捷网络学院，面向在校学生及社会考生开展RCAM（锐捷认证网络管理员）、RCNA（锐捷认证网络工程师）等方向的授权认证及培训，学习结束通过认证考试后，可获得RCAM或RCNA证书。

学生荣获2010年全国技能大赛面点组二等奖

经过30多年的辛勤耕耘，学校培养了19 600多名优秀毕业生，他们以诚实肯干的态度、扎实的基础知识、过硬的专业本领，实现着自己的梦想。同时，也见证了学校的办学实力。

计算机工艺美术设计专业学生练习写生

物流实训车间

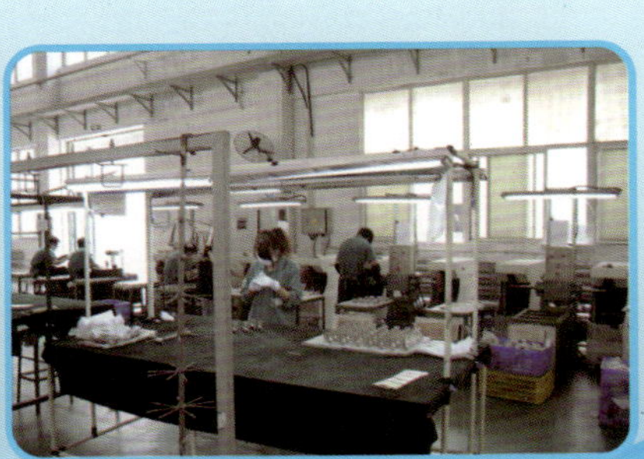

学生在企业实习

明德求真　　精技立业

渤海大學

渤海之滨，锦绣之州，湖光山色点缀着一座美丽的校园——渤海大学。她是一所由辽宁省政府举办，拥有60多年历史的综合性大学，她与祖国共命运，与时代同进步，在改革开放的大潮中悄然崛起。学校秉承自强不息、攻坚克难的“渤大精神”，始终不渝地坚持走以质量求发展的内涵建设之路，取得了辉煌的成就。

学校拥有13个二级学院，70个本科专业及方向、33个高职专业及方向，16个一级学科硕士学位授权点，71个二级学科硕士学位授权点和3个专业硕士学位授权点，涵盖哲、法、教、文、史、理、工、管等学科门类。有硕士研究生、本专科全日制在校生24 000余人。专任教师1 200人，其中教授200人，具有博士学位的教师近300人。专任教师中，有国家“百千万人才工程”入选者、教育部“新世纪优秀人才支持计划”入选者、辽宁省“攀登学者”、辽宁省优秀专家、辽宁省“高等学校优秀人才支持计划”入选者、辽宁省“百千万人才工程”百人层次入选者、千人层次入选者、省级优秀科技人才、省级教学名师、省级专业带头人、省级优秀教师等80多人。

学校古生物中心 ▶

▲ 教授委员会、学术委员会、教学工作委员会在学校教授治学、民主管理中发挥了重要作用

▲ 渤海大学董事会成立大会

历经60多年的发展建设，学校形成了以文理工与经管类专业为依托的优势学科群和以现代新兴应用技术为依托的特色学科群。学校拥有辽宁省重点学科特色项目1个、辽宁省重点学科培育项目8个，建设了国家级农产品质量安全技术服务示范基地，有辽宁省高校重大科技平台1个、省重点实验室4个、省高校重点实验室3个、省工程技术研究中心2个、省工程研究中心1个、省普通高等学校人文社会科学重点研究基地1个、省教育科学规划重点研究基地3个、其他省级平台2个。面对经济社会快速发展的新形势，学校紧密结合地方经济建设和社会发展需要，积极建设与国计民生密切相关并具有一定实力和优势的学科、专业，重点建设了食品科学学科和新能源专业，取得了丰硕的成果。

学校深化课程内容与课程体系改革，本着“分流培养、兼顾创业、分类设计、注重差异”的原则，全面实施了本科生人才培养模式改革，建立研究型和适用型两个基础性的学习和培养平台，努力在研究型领域造就一批科研专才，在适用型领域致力于培养一批卓越工程师、行业管理人员和专业技术人员。学校强调学生的个性化发展，学生在校期间有三次自主选择专业和学习方向的机会。学校在教学质量与教学改革工程建设中取得了显著的成绩，有国家级、省级特色（示范）专业11个，建设国家级、省级精品课程31门，国家级、省级精品教材8部，获国家级、省级优秀教学成果奖40项，居省内高校前列。有7个省级教学团队，5个省级实验教学示范中心。

美丽的校园

经典文雅、时尚清新的人文学区

▲ 学校成立海外第一所孔子学院——布隆迪大学孔子学院

▲ 学校重点建设专业新能源专业实验室

▲ 学生科技创新团队进行科技攻关

学校倡导“独立思考，自由表达”的学术精神，科学研究工作取得了突破性进展。“十一五”以来，全校教师主持完成及在研国家“863”计划项目、国家自然科学基金项目、国家社科基金项目以及科技部、教育部和辽宁省重大科研攻关项目等科研项目1 293项，一批横向研发项目达到国内先进水平。获国家级科技进步二等奖等各类科研成果奖励697项，发表论文7 700余篇，被SCI、EI、ISTP等三大检索收录论文490篇，出版专著209部，获专利29项。拥有辽宁省高校创新团队3个，建设了国家“火炬计划”锦州硅材料及太阳能电池产业基地公共检测中心。

学校与美国、德国、英国、日本、韩国、澳大利亚、俄罗斯等国家的32所高等院校、教育机构建立了交流与合作关系，在布隆迪建立了孔子学院，接收7个国家的留学生到校学习，互派学者讲学，同时选派中青年教师和优秀学生赴国外进修或攻读学位。

学校致力于建立现代大学制度，探索“党委领导、校长负责、教授治学、民主管理”的有效途径，成立了渤海大学董事会、渤海大学职工仲裁委员会、教授委员会、学术委员会、教学工作委员会等。

学校占地1 500亩，总建筑面积47万平方米，参天大树，青青草坪，欧式风格的建筑坐落其中，学校成为全国绿化模范单位、辽宁省造林绿化先进单位和辽宁省安全文明校园。学生餐厅是全国高校伙食专业委员会评选的全国“百佳餐厅”，学生公寓是辽宁省标准化学生公寓。校园基础设施完善，图书馆藏书183万册，仪器设备总值1.5亿元，充分满足教学科研需要。

进入“十二五”时期，面对国家经济社会发展和高等教育改革的新形势，学校作出了未来发展的新规划，确定了“建设拥有国家一流学科、多学科协调发展、特色突出、国内知名的高水平综合性教学研究型大学”的奋斗目标，确立了“树立国内一流大学形象，实施全面质量管理，提高学校教育质量”的办学思想，制定了坚持“一个中心”、打赢“两大攻坚”、实施“三大战略”的总体发展思路。宏图在胸，学校正以海纳百川的胸怀和汹涌澎湃的力量向着新的奋斗目标阔步前进。

▲ 学校食品贮藏加工及质量安全控制工程技术研究中心

综合楼•听林湖

沈阳市化工学校

SHENYANG CHEMICAL INDUSTRY SCHOOL

教育部领导、沈阳市领导视察学校

一、学校概况

沈阳市化工学校创建于1958年，原隶属于沈阳市化工局，是国家级重点中等职业学校、沈阳市重点建设的万人职业学校。学校占地面积17万平方米，建筑面积13.6万平方米。校内实训基地建筑面积近2万平方米，稳定的校外实训基地12个。设有“石油和化工职业教育与培训全国示范性实训基地”、人力资源和社会保障部授予的化工特业047职业技能鉴定站和辽宁省人力资源和社会保障厅沈阳市第34职业技能鉴定所。拥有以化工、医药、机械加工三大类为主的共18个专业。专任教师266人，其中专业课教师161人、“双师型”教师149人。有全国化工行业、省市名师5人，沈阳市首席教师1人，沈阳市骨干教师18人。

学校以“厚德强技，求实创新”为校训，以“面向市场办学、服务地方经济、校企联手培养、能工巧匠任教”为办学理念，以“校中厂”为办学特色，秉承行业办学优良传统，为沈阳市经济和社会发展作出了贡献，在我国东北地区具有广泛的影响力。

二、以“校中厂”为特色的生产性实训基地初具规模

学校建成了具有对接、融入、生产等特征，以完成教学任务为主体的生产性实训基地——“校中厂”。“校中厂”由化工、制药、高分子、机械加工4个生产实训车间和1个分析检测中心构成，包括2个专家工作站以及相配套的123个实训室。主要仪器设备1108台（套），设备总值3 028万元，其中大型仪器设备157台（套），能够提供2 682个工位，覆盖所有专业，基本满足各专业各类实训项目的开出、职业技能训练与鉴定、生产研发和企业培训的需求。

学校通过“校中厂”的建设，引进了企业文化、工艺、人员和管理机制，有效地整合了校内外教学资源，有力地推进了以“做中学，做中教”为核心的教育教学改革，促进了学校基础设施、师资队伍和校园文化建设，提升了教育教学质量，为建设国家中等职业教育改革发展示范学校奠定了坚实基础。

三、深化校企合作，创新人才培养模式

多年来，学校一直坚持行业办学的优良传统，始终坚持合作办学。以沈阳化工职教集团和沈阳橡胶职教集团为依托，先后与东药集团、蓝星集团、希杰（沈阳）生物科技有限公司、沈阳和平子午线轮胎制造有限公司、贝卡尔特（沈阳）钢帘线有限公司、埃迪亚（沈阳）橡胶制品有限公司、沈阳博美达化学有限公司等14家企业签订了“订单”培养协议，共建“冠名班”。此举密切了学校与企业的联系，明确了产业需求，为学校培养目标定位和专业建设提供了科学依据，建立了人才与企业共同培养、需求与行业有效对接的校企合作运行机制，实现了企业和学校资源共享、合作共赢，发挥了学校的传统优势，形成了办学特色。

机械加工实训中心

化工系实训中心

医药系实训设备

教学楼

学校正门

四、骨干专业基本确立，教育教学改革初显成效

学校根据社会经济的发展，产业结构的调整，顺应化工、医药行业对技能人才需求和企业岗位需求的变化，经过多年建设与发展，逐步确立了化学工艺、化工机械与设备、制药技术、工业分析与检验、高分子材料加工等5个骨干专业。骨干专业招生数量每年占学校招生总数的72%以上，毕业生就业范围涵盖了化工医药行业的主要技能岗位。学校构建了校企共同参与、工学同步推进的人才培养模式，进行了“教—做—学相融合、理论—实践一体化”教学模式改革，全面推行“从职业岗位与工作任务出发的现场工艺型”课程体系建设；建成了与骨干专业相对应的生产性实训基地；打造了一支既有理论知识、又有一定企业经验的专业教师队伍；创建了现代“技能教室”；开展了专业核心课程在实训车间进行现场教学；积极推进现场情景教学改革试验，初步实现了专业教学过程对接生产过程，教学内容对接生产实际的教学改革。通过骨干专业的重点建设，辐射并带动了学校相关专业的发展。

五、拓展社会服务空间，办学成效显著

2011年，学校招生1 512人，联合办学人数150人，毕业生就业率达98%，对口就业率达84%以上，就业稳定率达77%以上，获取“双证书”比例达95%。依托全国化工特业047职业技能鉴定站，开展了21个工种的职业资格鉴定，面向社会培训及“普惠制”培训达6 000余人次。

学校先后获得了“全国石油和化工职业教育与培训全国示范性实训基地”、“辽宁省毕业生就业工作先进集体”、沈阳公共服务单位“百姓口碑榜”评选活动“优秀单位”等诸多荣誉。在“全国石油与化工职业院校学生化工总控工、化工检修钳工技能大赛”中，荣获1个团体一等奖、1个团体二等奖、1个单项一等奖、3个单项二等奖。

2011年，在全校各部门协同配合下、在全校师生共同努力下，学校顺利通过“国家中等职业教育改革发展示范学校”的遴选，成为立项建设学校。学校以“示范校建设”为契机，努力把学校建设成为拥有4个品牌专业，8 000人规模，办学理念先进、设施完备、效益突出、特色鲜明、行业领先、全国知名的国家中等职业教育改革发展示范学校。

化机系实训中心

应化系学生在进行技能鉴定

机械加工专业学生在实训

和谐坡上广场

大连商业学校

学校课间操

大连商业学校始建于1952年。学校在60年的办学过程中积累了丰富的经验，赢得了业界良好的信誉，有较高的社会知名度和影响力。2003年，大连商业学校与大连职工大学合署办学，实现了两块牌子、一套班子，管理、服务和教育资源共享。2005年，大连商业学校被评为国家级重点普通中专，同年被大连市政府确定为大连市现代服务业人才培养基地。2011年，被教育部列为国家级示范学校建设行列。筹建以大连商业学校为龙头单位的大连市现代服务业教育集团，是大连市国家职业技能鉴定单位。学校占地面积85 000平方米，建筑面积75 000平方米（含分校）。

校长安如盘与学生在一起

军训表演

学前教育专业的学生在练习舞蹈

学校以为现代服务业培养具有优秀品行和优秀技能的普通劳动者为目标，确立“突出品行教育，突出技能教育”的办学思想，将专业素质教育与非专业素质教育放在同等地位，同步实施；践行“以学生为本，关爱每一位学生，对每一位学生负责”的办学理念，以品行素质为基础，以技能学习为本位。学校每年为社会输送2 000多名现代服务业的各类人才，为当地经济发展作出了贡献。

学校设有6个专业教学部和1个基础教研室。适应社会需求，打造精品专业，开办了会计、金融事务、电子商务、学前教育、旅游服务与管理、酒店服务与管理、烹饪、美容美发、商务日语、计算机应用、休闲体育等20个专业。其中电子商务和酒店服务与管理专业为省级示范专业，会计专业为大连市中职学校唯一开设的专业。

学校师资力量雄厚，有教职工近300人，其中专职教师186人，中、高级职称教师占75%，“双师型”教师占63%。在校生达4 400余人。学校教学设备完善，育人环境优良，有教学实训会馆、模拟银行、商务中心、超市、艺术摄影室等52个实训室。开设的每个专业都有1—3个实训室作支撑，实施经营、管理、服务课程化。

体育休闲专业健美操表演

学生在调制咖啡

学校瞄准国际职业教育前沿，积极开拓中外合作办学渠道，与日本樱花国际语言学校联合开设商务日语专业，为学生到日本留学深造提供机会。学校以就业为导向，先后与大商集团、友谊集团、银行企业、香格里拉大酒店、大连铁路客运段等百余家企事业单位合作开展“订单式”办学，学生实习率达100%，就业率达98%，就业质量连年提升。自2008年学生参加全国职业院校技能大赛以来，先后获得8枚金牌、10枚银牌、7枚铜牌；在省、市及行业技能大赛中先后获得100余枚奖牌。

近年来，学校将品行教育与技能教育并举，办学方向与市场需求对接，课堂教学与社会实践互动，探索出一条贴近现代服务业需求的职业教育新路子。学校先后被评为辽宁省职业教育先进集体、辽宁省毕业生就业工作先进单位、大连市全国职业院校技能大赛“功勋学校”、大连市文明单位、大连市“五一”劳动奖状获得单位、中国职教研究会专业委员会副主任单位、大连商会副会长单位。

会计专业学生实训

计算机维修专业学生实训

美容美发专业学生实训

西餐专业学生实训

学校坚持科学发展观，开拓创新、锐意进取，各项事业充满了生机和活力。学校教育、管理、服务水平和办学质量逐年提高，做到了科学管理、科学育人，实现了又好又快发展。

校园全景

校领导与中层干部共同规划学校发展蓝图

大连市经济贸易学校

大连市经济贸易学校始建于1956年，是一所具有50余年办学历史的公办国家级重点普通中专。学校位于大连市著名的高教科研文化区——高新技术园区，占地面积7.7万余平方米，建筑面积7.3万余平方米，固定资产过亿元。

学校有教职工260人，本科以上学历教师达100%，“双师型”教师占82%；在校生4800人。学校拥有一流的图书馆、报告厅、电子阅览室、室内体育馆等设施，还配有功能完善的国际商务、第三方物流、电子商务、财务会计、生物制品检验、计算机网络、影视动漫等多个实训室。所有教室均配备多媒体数字投影仪及配套设施，使现代化教学手段在教学实践中得到了充分的普及和应用。2007年，学校被大连市政府确定为“职业教育商贸类实训基地”和2010年中央、地方资金支持建设的“物流实训基地”。

学校开设国际商务、物流服务与管理、电子商务、会计、计算机动漫与游戏制作、商务英语、商务日语、市场营销、计算机网络技术、旅游服务与管理、电气技术应用等14个专业，其中国际商务、物流服务与管理、电子商务、商务日语为省级示范专业。

学校根据企业的用人需求和产业结构调整的方向，深化教育教学改革，积极探索办学模式、人才培养模式、评价模式的创新。根据市场和社会需求，大力拓展办学和就业渠道，与行业、企业进行多向联合办学。近年来，学校先后与百余家企业加强共建合作，签订实训实习基地协议，实行“订单”培养。企业为学校提供了实践场地，对实习学生进行指导，安排技术骨干到学校指导实践教学。学校积极实施“做中学，做中教”，重视学生技能教育，各专业的学生多次在国家、省、市举办的技能大赛中取得优异成绩。毕业生“双证书”率达100%，就业率达98%以上。

学校被授予“国家重点中等职业学校”、“全国中等专业教育先进学校”、“全国职业教育管理创新学校”、“全国十佳职业教育创新单位”、“全国教育网络系统先进单位”、“辽宁省教育科研先进单位”、“辽宁省中等职业教育示范学校”、“辽宁省中等专业学校毕业生就业工作先进单位”、“大连市先进党委”、“大连市先进单位”、“大连市文明单位”、“大连市治安模范单位”、“大连市校风校纪校容校貌示范学校”等荣誉称号。2011年，学校被教育部、人力资源和社会保障部、财政部确定为“国家中等职业教育改革发展示范学校建设计划”立项建设学校。

学校教师荣获2011年“高教社杯”全国中等职业学校英语教师教学设计大赛特等奖及一等奖

学生荣获2011年全国职业院校现代物流大赛“一金三铜”

船舶焊接专业学生在实训

赴澳门就业的部分毕业生

大连市房地产学校

学校开展“五四”运动纪念活动

大连市房地产学校、大连房地产高级技工学校创建于1979年，是经辽宁省政府批准设立的一所集中专、技校兼办大专、本科和职业培训于一体的综合性公办学校，也是东北地区唯一一所培养房地产实用人才的职业学校。

30多年来，在学校历届领导班子和广大教职员工的共同努力下，学校不仅为社会输送了大批的建设人才，还打造出了知名度、信誉度较高的学校品牌。国家技能鉴定所、全国城市房地产业职业教育辽宁省委员会、辽宁省建设职业鉴定站、辽宁省综合职业培训基地均设在学校。学校被评为国家重点职业学校、辽宁省职业示范学校、先进办学单位、省市精神文明先进单位、大连市先进党委等荣誉称号。

校长袁晓林检阅学生军训

学校开设有房地产营销与管理、土地资源调查、物业园林规划与施工、楼宇智能化设备安装与运行、电梯安装与维修、物业管理、供热通风与空调施工、建筑工程施工、工程造价、数控加工、焊接技术、口腔修复工艺等21个专业，其中物业园林规划与施工为涉农免学费专业。学校先后与大连工业大学、大连大学、沈阳建筑大学、辽宁建筑职业技术学院、中央广播电视大学等高校联合办学，提高了办学层次。各学制学生均可在校同读大专、本科课程，并取得相应学历文凭。大连市国土资源和房屋局培训中心设在学校，每年为大连市房地产及物业相关行业培训员工均超过5 000人，合格人员发放房地产营销师证、房地产营销员证、物业管理从业人员上岗证等资格证书。

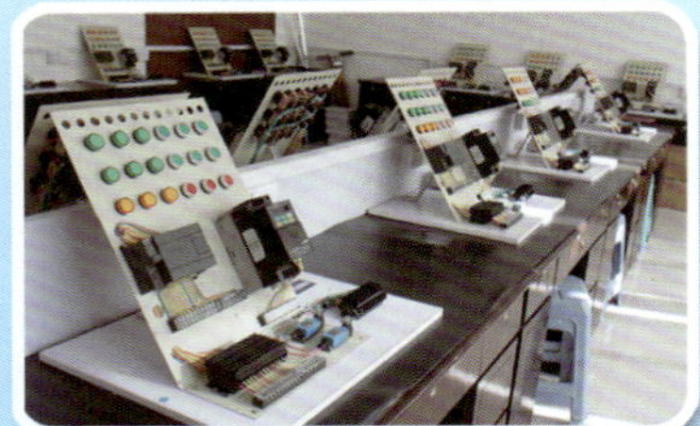

电工电子实训室

学校有一支以高级讲师和讲师为骨干的100余人的师资队伍，在校生3 000余人，有现代化的教学设备和定点实践基地，软硬件教学设施条件优越。学校注重“双师型”教师培养，先后有90余名教师参加国家、省、市级专业培训，60余名教师获得省、市“优秀教师”称号，30余名教师获得省、市“先进工作者”称号。学校编写的《电梯安装测试基本技能》、《电梯电器维修基本技能》、《电梯机械维修基本技能》、《电梯运行操作与日常维护保养》等教材由中国劳动和社会保障出版社公开出版发行，并被中国劳动和社会保障部推荐为全国职业培训通用教材，同时还荣获辽宁省技工学校生产实习教学成果二等奖。

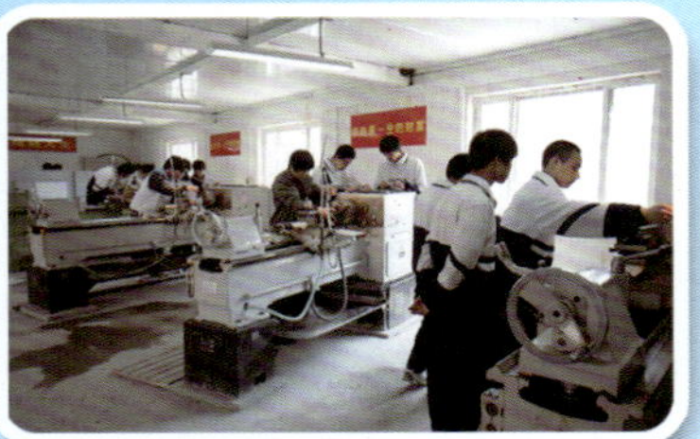

学生在实训车间实训

楼宇智能化专业实训

学校坚持以“育人成才”为办学宗旨，以“上岗就业”为办学导向，实行“订单式”培养模式，即定向招生、定向培养、定向就业，实现了学历教育与职业技能教育的完美结合。为了提高毕业生的就业率，从20世纪90年代中期开始，学校经过多方努力，积极创造条件，搭建复合型人才平台，使学生在毕业时，不仅获得学历证书和本专业的技术等级证书，还可取得与本专业相近的等级证书和岗位证书。同时，学校依托行业优势，对房地产营销和物业管理人员进行培训，取得岗位合格证书，成长为业内的栋梁和骨干。另外，学校每年均组织各专业优秀学生参加国家、省、市级专业技能大赛，并取得优异成绩。此举不但提高了学校的知名度，还达到了以赛促教、以赛促学的教学效果，提高了教学质量，提升了学生的技能水平和就业竞争力。产学对接的教育方式，因专业对口、学以致用、校企联合、适应性强，多年来毕业生就业率始终保持在98%以上，得到了业界和社会的广泛好评。建校30多年来，学校为社会和房地产行业输送了一大批懂业务、会管理的实用型人才，毕业生深受用人单位的欢迎。

此外，学生到校学习，可享受多方面的优惠政策。农村、县镇和城市低保家庭的学生在校期间每生每年可享受1 500元国家助学金，优秀学生每生每年可享受3 000元大连市政府奖学金和免学费政策，涉农、物业、园林规划与施工专业可享受国家免学费政策。先进的教学手段、现代化的教学设施、雄厚的办学实力使学校声誉日益提高，吸引了大批初高中毕业生及有志青年到学校学习，学校张开热情的怀抱，欢迎四海学子。

学校本着“特色、精品、卓越”的办学理念，将满怀信心，继续迎接挑战；开拓进取，依托行业，脚踏实地，培养更多更优秀的适应社会需求的房地产及相关行业的专门人才，为国家、社会作出更大的贡献！

延邊大學

YANBIAN UNIVERSITY

学校领导与学生们亲切交谈

延边大学始建于1949年，地处素有“教育之乡”美誉的吉林省延边朝鲜族自治州首府延吉市，是一所具有鲜明民族特色的综合性大学，是中国共产党最早在少数民族地区建立的高校。建校以来，学校始终得到党和国家的亲切关怀。周恩来、朱德、董必武等老一辈领导人以及胡耀邦、江泽民、贾庆林、李岚清、张德江等党和国家领导人都曾亲临学校视察工作，为学校的发展指明了方向。

60多年砥砺征程，60多载筚路蓝缕！在“求真、至善、融合”校训的指引下，通过几代延大人的艰苦创业和不懈努力，学校走出了一条具有鲜明民族特色的发展之路，成为国家“211工程”重点建设大学、西部开发重点建设院校、吉林省和教育部共同重点支持建设的大学。

学校办学条件优良，基础设施完备，校园环境优美，276.5公顷的土地上坐落着21个学院。2万余名全日制在校学生，包括17 000多名本科生、3 000余名博士和硕士研究生，还有来自20个国家的600多名留学生，构成了多元文化荟萃的大家庭。他们在这座知识的殿堂里夯实基础、寻求真谛、点燃梦想。学校有10大学科门类的70个本科专业可供学生选择，其中有13个国家和省级重点学科，7个国家特色专业，15个省特色专业。学校拥有2个博士后科研流动站，6个一级学科博士学位授权点（含50多个二级学科博士学位授权点），24个一级学科硕士学位授权点（含140个二级学科硕士学位授权点），11个专业学位硕士点。此外，学校还拥有教育部省属高校人文社会科学重点研究基地（朝鲜—韩国研究中心）、教育部重点实验室（长白山生物资源与功能分子实验室）、转基因动物与胚胎工程吉林省重点实验室、良种肉牛选育吉林省高等学校工程研究中心以及吉林省哲学社会科学重点研究基地（渤海文化研究中心）、吉林省特色研究基地（中国朝鲜族文化研究中心）、国务院侨办华文教育基地和国家汉办汉语国际推广东北基地、5个省级教学实验中心。

图书科技中心

学校有教职员工2 781人，师资队伍总数1 891名，其中副高级职称以上750余人、博士生导师77人、硕士生导师681人。学校还聘请了包括世界著名物理学家、诺贝尔奖获得者杨振宁博士在内的200多名国内外著名专家学者担任学校的名誉教授、兼职教授和客座教授。学校高度重视对外交流与合作，积极推进教育国际化进程，已与美国、日本、韩国、俄罗斯、朝鲜等21个国家和地区的130多所院校和研究机构建立了交流与合作关系，在韩国忠北大学建有一所孔子学院。

体 育 馆

学校发展史上规模最大的校区扩建工程已经竣工，集中办学的宏伟蓝图全面实现，学校将迎来全新的发展时期。展望未来，全校各民族师生员工将继续秉承“求真、至善、融合”的校训精神，认真践行“边缘觉醒，质量为本，突出特色，学术立校”的办学理念，坚持从边缘走向中心，团结奋斗，锐意进取，努力把学校建设成国外有一定影响、国内有重要地位，具有鲜明民族特色的高水平综合性大学。

公共教学楼

吉林财经大学是吉林省重点大学，是吉林省人民政府与国家税务总局共同建设的学校。

学校起步于1946年7月东北银行总行举办的银行干部训练班，经历了东北银行干部学校、东北银行专门学校、长春银行学校、吉林财贸学院、吉林省财贸学校等几个历史时期。1978年5月，恢复吉林财贸学院；1992年5月，更名为长春税务学院；2010年3月，更名为吉林财经大学。学校是新中国创建的第一所金融高等学校，是国家较早成立的普通本科财经院校之一，是国家第一所税务本科大学。

学校的学科专业涵盖经济学、管理学、法学、文学、理学、工学6大学科门类，有省级重点一级学科5个，一级学科硕士学位授权点8个。学校是国家工商管理、法律、税务、应用统计、国际商务、会计、资产评估等专业学位研究生培养单位。设有30个本科专业，其中国家级特色专业6个、省级特色专业10个；有国家级精品课程1门、省级精品课程24门；有国家级优秀教学团队1个、省级优秀教学团队8个；有省级实验教学示范中心4个。

学校有专任教师680人，其中副高级职称以上397人，具有博士学位的125人。专任教师中有国务院政府特殊津贴获得者，教育部重大课题攻关项目首席专家，教育部“跨世纪优秀人才培养计划”入选者，教育部“优秀青年教师资助计划”获得者，教育部“新世纪优秀人才支撑计划”入选者，教育部经济学学科专业教学指导委员会成员，国家社会科学基金项目规划评审专家，全国优秀教师，全国优秀统计教师，全国税务系统优秀教师，省高级专家，省“新世纪”高校首席教授、主讲教授、中青年骨干教师，省有突出贡献的中青年专家，省拔尖创新人才，省教学名师，省优秀教师等。

学校拥有吉林省高校人文社会科学重点研究基地2个。近年来，有3项科研成果荣获中国高校人文社会科学优秀成果奖；有8篇时政报告先后得到吴邦国、温家宝、回良玉、王岐山等国家领导人及吉林省委、省政府、省政协主要领导的高度重视，分别作出批示，要为服务地方经济作出重要贡献。

学校的各项工作成效显著，校党委被吉林省委授予“先进基层党组织”荣誉称号，被吉林省高校工委评为“先进基层党组织标兵”；学校被评为省“依法治校示范校”。2006年，被遴选为国家大学生文化素质教育基地；2007年，在教育部全国普通高校本科教学工作水平评估中获得“优秀”；2010年，在吉林省大学生思想政治教育检查评估工作中获得“优秀”。

香格里拉国际教育战略合作

吉林财经大学揭牌仪式

吉林财经大学2010年“挑战杯”大学生创业计划竞赛总结表彰大会

黑龍江技師學院

学院领导班子合影

黑龙江技师学院是黑龙江省人力资源和社会保障厅直属的以培养高技能人才为目标的中等职业技术学校。2005年8月，经黑龙江省政府批准着手组建，2006年10月正式成立，是整合鸡西矿业高级技工学校、鸡西市劳动和社会保障局技工学校教育资源而成立的黑龙江省第一所技师学院，是目前东北地区办学规模较大、实训设施较强、技能水平较高、就业安置较好的一所技师学院。

学院占地面积26.4万平方米，建筑面积14.6万平方米，拥有实习实训楼、一体化教学楼、学生公寓、图书馆、体育馆、报告厅、运动场、学生餐厅等教学服务设施。学院设有电气工程系、机械工程系、焊接技术系、煤电化应用系、计算机应用系、幼师教育系、基础部等6系1部共28个职能处室，319个各类专业教学班，在校学生14 430人，年均中短期职业技能培训2万余人。有教职工630人，其中专职教师534人，副高级职称以上135人，研究生以上学历116人，聘请120多名技师、技工为实验实训指导教师，有省市校级学科带头人50名，一体化教师占教师总数的80%以上。

学院在设置机电一体化、数控与机械加工技术、焊接技术、电厂自动化控制、煤电化自动控制等专业基础上，开设了矿山运输、机械加工、幼儿早期教育等社会、企业急需的热门专业，还设有养殖、种植等7个涉农专业，积极践行国家的惠农、富农政策。

学院共有110个一体化教室，有先进的实习实训设备3 000多台（件），1.4万平方米的实训基地和2万平方米的一体化教学楼，可同时满足3 000余名学生进行实训教学。积极开展校企合作，与黑龙江龙煤集团、沈煤集团鸡西盛隆公司等国内外60多家大中型企业建立了密切的合作关系，校外实训基地扩展到30多家，形成了学校企业二元互融、工作学习两位一体、互补互促的“校企双制”办学模式，实现了学校学习和工厂实践的零对接。建院几年来，已有上百名学子在国家级、省级技能大赛中取得优异成绩。2010年，在165所院校参加的全国第三届技工院校技能大赛上，获得团体总分第14名，创黑龙江省技工院校参加全国大赛的历史最好成绩。

学院坚持管理与育人相结合，因生制宜地创建了班主任工作专职化、学生管理军事化、德育工作亲情化的“三化”管理模式和“全程、全员、全面”的“三全”育人模式，在全国技师院校中独树一帜。建立了学院领导、处室工作人员、班主任三级德育管理工作体系，落实亲情帮扶责任制，倾心倾力做好学生的教育管理工作。积极开展形式多样的主题教育活动和技能竞赛、社会实践等活动，构建独具特色的校园文化。2011年，学院深入贯彻落实党中央、国务院的援疆政策，做实做细了495名新疆学生的培养教育和管理工作，得到了新疆地区领导、省教育厅领导、学生家长、学生的高度评价，赢得了较高的社会声誉。

为保证学生就业质量，学院在立足本地就业的同时，在哈尔滨、苏州、大连、青岛设立就业安置办，拓宽外地就业市场，毕业生就业率达100%，就业稳定率达98%以上。毕业生以“素质高、适应快、留得住、动手强、技能硬”受到用人单位的赞誉和好评，被社会各界誉为“技师之摇篮”。

学院第四届技能大赛机械工程系车工专业大赛现场

机电一体化实训车间

学院确立了技能学制教育和各类中短期职业技能培训“两翼齐飞、一体化带动”的办学思路和“以德树人、以质立校”的办学理念以及“工学结合、能力递进”的人才培养模式，在致力于培养德才兼备、技艺精湛的高技能人才的同时，主动承担社会责任，根据地方困难企业、农民工、城镇失业人员、新成长劳动力的培训需要，建立起了条件完备，程序规范，考务严格，评判公正，监督严格的培训质量保证体系。成为东北地区集职业需求预测、职业培训、职业技能鉴定、职业指导、职业介绍“五位一体”的影响大、层次高、标准化的职业、就业、创业培训基地。

学院连年被黑龙江省人力资源和社会保障厅命名为招生就业标兵单位，是黑龙江省技工教育教科研基地；是全国职业教育先进单位；2008年，被国家人力资源和社会保障部确定为全国第一批国家高技能人才培养示范基地；2009年，被国家人力资源和社会保障部确定为全国25所一体化教学试点单位之一；2010年，被国家人力资源和社会保障部授予“国家技能人才培育突出贡献奖”；在2010年全省技工院校综合评估工作中，获得全省评估第一名，被黑龙江省人力资源和社会保障厅授予“优秀示范技工院校”荣誉称号；2011年，被国家批准为全国首批高技能人才培训基地；2011年，被确立为国家中等职业教育改革发展示范学校。

学院教师到农村进行涉农教学

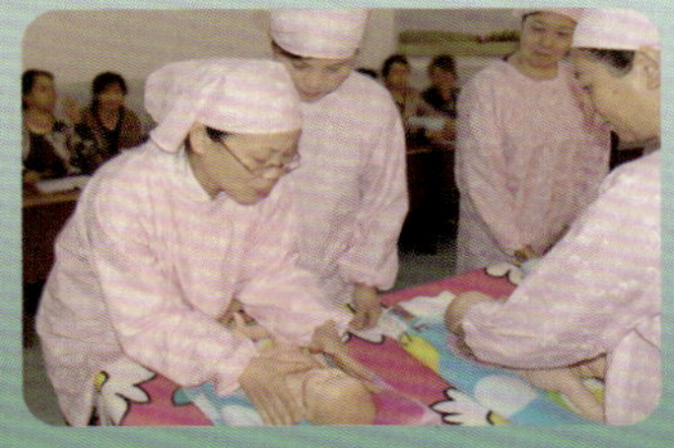
学院培训学员学习育儿知识

黑龍江大學

HEILONGJIANG UNIVERSITY

黑龙江大学是一所由中国共产党创办的、具有光荣传统的高等学府，其前身是1941年诞生于延安的中国人民抗日军政大学第三分校俄文队。建校以来，5次易地、10次更名，已发展成为教育部和黑龙江省共建，拥有自主招生权，有特色、高水平的现代化综合性大学，步入了中国高等教育的先进行列。

近年来，学校秉承“博学慎思、参天尽物”的校训，弘扬“志存高远、爱国奉献、艰苦奋斗、自强不息”的“黑大”精神，坚持“质量立校、特色兴校、人才强校、依法治校”的办学理念，遵循“教学、科研、学科三位一体”的内涵发展模式，取得一系列突出的办学成就。

学科门类齐全、综合优势明显。学校共设有32个教学院部，拥有11个学科门类81个本科专业，5个博士学位授权一级学科点、28个硕士学位授权一级学科点，可设置54个二级学科博士点、199个二级学科硕士点；拥有2个国家重点学科（含培育），1个学科群、12个一级学科为省级重点学科（群）；拥有10个博士后科研流动站（工作站），形成了现代综合性大学的学科专业布局。

▲ 黑龙江大学中俄学院揭牌仪式

▲ 学科建设成就

对俄办学特色突出。学校是新中国最早设立俄语学科专业、最早系统设置俄语人才培养体系的高等学府，在多年的学科专业评估中，学校的俄语学科专业始终名列全国首位。学校拥有全国17所开展创新人才培养试验的国家教育体制改革试点学院之一的中俄学院，着力培养精通俄语、熟知俄罗斯国情、具备专业知识和综合能力的对俄战略性创新拔尖人才。学校构成了由俄语语言文学全国重点学科、国家级教学名师、特色专业、教学团队、教学成果奖等为代表的，从本科、硕士、博士到博士后的俄语高级人才培养体系；构成了包括全国规模最大的俄语学院、中俄两国政府批准的中俄联合研究生院、全国高校唯一专司俄罗斯国情研究的俄罗斯研究院、与俄罗斯科学院共建的中俄联合催化研究所、教育部重点研究基地俄语语言文学与文化研究中心、中俄人文合作和上海合作组织教育合作俄语翻译中心、首所在俄罗斯建立的全球优秀孔子学院等在内的全方位对俄高端办学综合体系，被誉为“中国俄语根据地”、“全国俄语人才培养摇篮”，成为俄罗斯来华留学生的主要目的校。

▲ 学校国家级教学名师奖获得者，左起为邓军、刘敬圻、张奎良、张家骅、张锡勤、何颖。

人才培养成绩斐然。学校有全日制在校生34 000余名，其中研究生5 000余名；拥有国家级特色专业10个、省级重点专业27个，国家级精品课程10门、省级精品课程50门，国家级教学团队6个、省级教学团队8个，国家级教学成果奖5项，国家级人才培养模式创新实验区2个，国家级实验教学示范中心1个、省级实验教学示范中心5个，入选国家“十一五”规划教材34部；获全国优秀博士学位论文

▲ 学校主持编撰的《俄汉详解大辞典》

◀ 第24届世界大学生冬季运动会主运动员村在学校开村，图为中国代表团入村仪式。

▲ 学校70周年校庆

奖及提名奖6人。思想政治教育成果突出；中俄学院改革创新工作取得了初步成效，获批自主招生权；创业教育工作保持全国领先。建校70年来，学校共为国家培养了包括众多科学家、翻译家、知名学者及新中国驻外大使、解放军高级将领在内的10多万名毕业生，为国家战略实施和区域经济社会发展提供了有力的人才支撑。

科研成果丰硕。学校拥有教育部人文社会科学重点研究基地、教育部重点实验室、教育部工程研究中心、省级人文社会科学重点研究基地等科研创新平台60余个。学校研究的我国第一个机群并行数据库服务器系统、无模型控制器、IC卡电脑加油机、L—乳酸菌系列保健产品等科研项目成功实现成果转化。“十五”以来，共获国家社会科学基金105项，国家自然科学基金115项，连续多年被SCI、EI、ISTP、CSSCI收录的论文达到700余篇，有640项成果获国家、部委和省级的奖励。《俄汉详解大词典》获国家图书奖，并作为国礼赠送给俄罗斯国家领导人。学校编辑出版的《求是学刊》、《外语学刊》、《自然科学学报》、《满语研究》、《黑龙江大学工程学报》、《远东经贸导报》（俄文版）等高水平学术刊物在国内外公开发行。

▲校长张政文为俄罗斯科学院院士V.N.帕尔蒙颁发特聘教授证书

师资力量雄厚。有专任教师及科研人员2 000余名，研究生导师600余人，具有高级职称的教师900余人。其中获国家级教学名师奖6人，数量位居全国地方高校首位；“全国优秀教师”、“全国模范教师”等各类国家级、省部级荣誉称号获得者200余人次；学校拥有“长江学者”特聘教授、国家杰出青年科学基金获得者、“新世纪百千万人才工程”国家级人选、教育部“新世纪优秀人才支持计划”入选者、国家级“有突出贡献的中青年专家”等高层次人才。

校园文化活动丰富。学校曾圆满承接第24届世界大学生冬季运动会主运动员村任务，开中国大学承办国际大型综合体育赛事之先河；曾成功承办亚洲男篮锦标赛、全国女篮甲A联赛、中国模拟联合国大会以及教育部主办的“五月的鲜花”全国大学生大型校园文艺演出活动等众多在国际、国内具有广泛影响的大型文体活动。

学校的办学水平、综合实力、核心竞争力和社会声誉显著提升，办学成绩赢得了普遍赞誉，成为中国高等教育行列重点大学，被教育部确定为全国首批9所创业教育试点院校，获得教育部普通高等学校本科教学工作水平评估“优秀”等次，连续多年进入全国高校“百强”行列，荣获“全国文明单位”、“全国创先争优先进基层党组织”等称号，得到了党和国家领导人的关注与认可。

▲学校承办2009年“五月的鲜花”全国大学生大型校园文艺演出活动

苏州工艺美术职业技术学院

学院雷山非遗研发中心成立

2011年，苏州工艺美术职业技术学院获得“全国重点建设职业教育师资培养培训基地”示范合格单位、江苏省廉政文化示范点、“江苏省首批关工委工作常态化建设”合格单位、江苏省“五五”普法先进集体等荣誉；学院被列为江苏省高等教育综合体制改革“大学章程建设”试点项目建设单位；在江苏省高校思想政治理论课建设检查中获得“优秀”；学院团委被授予“苏州市‘五四’红旗团委”光荣称号，并被成功列为第十一批“江苏省‘五四’红旗团委”创建单位。

学院首届理事会成立大会

学院首届理事会成立。2011年12月25日，学院理事会成立大会在美术馆会议室隆重举行。学院理事会的成立是学院全面贯彻落实《国家中长期教育改革和发展规划纲要（2010—2020年）》、《教育部关于推进高等职业教育改革发展的若干意见》的精神和推进国家高等教育综合改革的重要举措，也是创建国家骨干高职院校的重要内容。

学院召开“双代会”

学院教育教学改革有序推进。学院质量工程建设逐渐呈现稳定的梯队建设趋势，改善激励机制，大大提高了教师参与建设的积极性和主动性。2011年度省级以上质量工程建设项目收获颇丰，其中6部教材获批为省级立项建设项目；申报省级优秀教学成果奖2项，分获一等奖和二等奖；申报省级教改课题3项，均获批；3项课件获省级优秀课件立项项目；2011届毕业生15件作品获教育部高职高专艺术设计类教学指导委员会优秀奖，6位教师获“优秀毕业设计指导教师”称号，2位教师获艺指委“金教鞭”奖。另外，视觉传达系广告摄影专业、工业设计系产品造型专业成功申报为中央财政支持的重点建设专业。

学院社会服务能力进一步增强。①完成了“雷山非物质文化遗产研发中心”论证、基础建设和项目开发。雷山非物质文化遗产研发中心的成立是学院加强内涵建设和社会服务能力建设的一个重要体现，也是学院国家骨干高职院建设的重要支撑项目之一。2011年6月，学院与雷山县政府签约，在半年时间内完成700平方米的基础建设并正式运转。②学院圆满完成了中国工艺美术漆艺班、砚雕班和雷山银饰高研班140名学员的培训任务，完成了4 629人次的鉴定培训工作。③积极参与行业重大活动，协助江苏省工艺美术行业协会召开2011年度行业大会，积极参与《江苏工艺美术》杂志的编辑工作。

学院领导与音乐团成员合影

学院招生就业形势良好。圆满完成2011年1 807名学生的招生工作。学院在江苏省最低录取分数线为418分，超出公办本科省控线19分，超出民办本科省控线33分，超出专科省控线128分。继续与江苏省高校招生就业指导服务中心合作，办好2011年全省高职艺术类人才专场招聘会，共有111家招聘单位参与，为毕业生提供了近1 900个就业岗位，省内各高校艺术类应届毕业生约2 900人进场应聘，18%以上的毕业生现场达成了就业意向。定期组织毕业生校内专场招聘会，定期发布招聘信息和双选会信息，为毕业生充分就业提供服务，使学院2011届毕业生就业率维持在99. 5%的优秀水平上。

学院LOGO雕塑落成

江苏海事职业技术学院隶属于江苏省教育厅，是一所专门培养海洋船舶驾驶、海洋船舶轮机管理、国际运输管理、国际贸易、港口管理、船舶制造以及计算机信息技术等高等职业技术人才的全日制普通高等院校，是中国首批履行STCW78/95国际公约并被国际海事组织认可的航海院校。办学61年来，学院培养了13万名高素质技能型人才，为祖国航运事业作出重要贡献，堪称航运人才的摇篮。

大型航海模拟器

学院拥有江宁、白下两个校区和板桥实训基地。其中江宁主校区总投资8亿元，占地面积1 400亩，总建筑面积35万平方米，办学规模15 000人。学院办学特色鲜明，专业设置与经济社会发展紧密结合，设有8个系、2个教学部、1个学院，开办25个大专专业，设有39个专业方向。

大型轮机模拟训练

教学楼

学院拥有现代化教学基础设施。校内建有国家级航海技能评估基地、船舶工程技术实训基地以及省级轮机技能评估基地。学院拥有一支理论功底扎实，实践经验丰富，学历、年龄结构合理的教师队伍。有专兼职教师700人，其中拥有中高级职称者占专任教师的70%以上，“双师型”教师占86%以上。有省级教学名师、交通部专业带头人、省“青蓝工程”培养对象8人，校级教学名师、学术带头人、专业带头人、青年骨干教师140多人，远洋船长9人，轮机长11人。同时，还聘请了多名外籍教师以及国内外著名的企业家和学者担任名誉教授，为学院发展提供了强有力的师资支撑。

学院立足江苏，面向全国27个省市招生，有在校生12 000余名。学院坚持从严治校，从严治教，重视学生能力和综合素质的培养，强调“质量就是生命”，造就高素质技能型人才，形成学院人才培养特色。学生就业率多年保持在99%以上，毕业生一直以“服务服从意识强、实践操作技艺强、英语应用能力强”的优势，深受用人单位欢迎。

近年来，学院开拓创新、锐意进取，各项事业呈现出良好的发展态势。2011年，学院被省教育厅、省财政厅确定为省级示范性高职院校建设单位，在“中国海员技能大比武”活动中取得院校组团体总分第一名。学院先后荣获“全国高职高专院校科研工作先进单位”、“江苏省学生资助工作先进单位”、“江苏省就业工作先进高校”、“江苏省信息化建设优秀高校”、“江苏省高职院校思想政治教育研究工作先进单位”、“全国模范职工之家”等一系列荣誉。

江海气度，日月风华。“十二五”期间，学院将加大改革创新力度，加快内涵建设步伐，大力提升学院的核心竞争力和办学水平，将学院建成与行业、地方紧密结合，办学机制灵活开放，办学规模稳定，专业结构合理，师资队伍优良，社会贡献突出，整体发展和谐，行业领先、省内一流、全国有影响的航海特色鲜明的高职院校。

徐州生物工程职业技术学院

徐州生物工程职业技术学院位于全国历史文化名城徐州市，是江苏省唯一的生物工程类职业技术学院，苏北地区唯一的直接服务“三农”的高等院校。其前身是创建于1956年的江苏省徐州农业学校；2002年，经江苏省政府批准，更名为江苏省徐州生物工程学校；2012年2月，经江苏省政府批准，教育部备案，正式设立徐州生物工程职业技术学院。

学校占地615亩，建筑面积21万平方米，学生8 000多人；教职工343人，其中教授、副教授76人，博士8人，硕士124人，“双师型”教师127人。有生物工程、农林工程、动物工程、信息工程、机械工程、电气工程及基础部等六系一部，建有生物技术、生物制药、园林园艺、动物医院、信息技术、机电技术等22个实训中心和96个专业实验（训）室，开办生物技术应用、生物制药、园林技术、园艺技术、植物保护、畜牧兽医、会计与审计、软件技术、数控技术应用等21个三年制和五年制高职专业。

学院揭牌仪式

对外交流

学院学生获全国农业职业技能大赛动物外科手术金牌

校企共建

学校坚持“立足徐州，面向淮海，建设高职名校”的发展战略，发挥传统优势，紧贴产业的转型升级，密切关注新兴产业，强化农林牧专业，发展生物技术专业，开辟生物技术在医药、食品等应用的新领域，着力培养生物技术推广型、应用型人才，形成了以生物技术类专业为特色，以农林牧医类专业为优势，以机电信息类专业为有力支撑的专业结构。学校园艺、园林、生物制药专业被确定为牵头服务徐州市“四大千亿元产业”的重点发展专业，“现代农业生物技术实验室”为市重点实验室，设有“徐州市风景园林工程研究中心”，生物技术及应用专业群为江苏省重点专业群建设项目，畜牧兽医、园林技术专业为中央财政支持的高等职业学校提升专业服务产业发展能力项目。

生物技术专业的学生在实训

学院教师为农民讲解果树种植技术

学校不断深化教学改革，遵循教学过程的实践性、开放性和职业性的原则，形成了“做中学”理实一体化的教学模式。实行产教结合，加强校企合作，与正大、维维、今麦郎、桂柳、中粮、温氏等100多家知名企业建立了紧密型、深层次的合作关系，与企业共同开展人才培养、课题研究、产品研发、技术推广、员工培训等合作，形成了“教学合作，人才合育，文化互融、事业互促”的合作格局，数十家企业在学校设立了奖学金、共建冠名实验室。学校注重学生全面发展，毕业生具备较强的就业竞争力和发展后劲，建校以来共为社会培养输送了4万余名学子，毕业生就业率一直保持在98%以上。

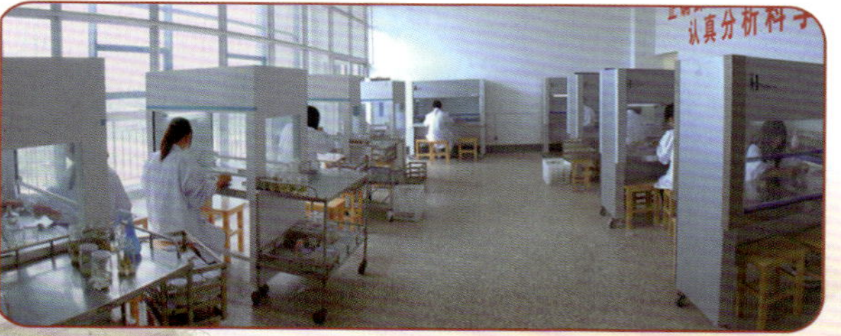

组织培养中心

近年来，学校先后被评为“全国服务农村青年增收成才先进集体”、“江苏省职业教育先进单位”、“江苏省文明单位”、“江苏省园林式单位”、“江苏省‘挂县强农富民工程’先进单位”（3次）、“江苏省农民培训工程先进集体”、“江苏省教育系统先进党组织”、“江苏省德育工作先进集体”、“江苏省平安校园”、“徐州市文明单位标兵”。

学校地址：江苏省徐州市三环西路
联系电话：0516—85753082
学校网址：www.xzsw.net

南京金陵中等专业学校

雄伟壮丽、气势磅礴的紫金山素有“虎踞龙蟠”之称，为南京第一名山。南京古称金陵，据考证，金陵曾指紫金山，意为金色山陵。南京金陵中等专业学校便坐落于紫金山南麓，建校近百年，积淀历史、源远流长。

在长期的发展中，金陵中专人以追求卓越为远大理想、以永不言弃的攀登精神为坚定信念、以职业教育的历史重任为己任、以坚韧不拔的意志开拓创新，逐渐形成以理想、信念、责任、意志为核心的价值观，以“厚德、笃行、精技、致业”为校训的“山”文化内涵。

教育部领导视察学校

江苏省教育厅领导到校指导工作

学校是国家中等职业教育改革发展示范学校建设单位、国家级重点中等职业学校、“全国中等职业学校德育工作先进集体”、“江苏省四星级中职校”、江苏省高水平示范性中职校、南京市青奥示范学校。

在办学模式上，学校坚持教育与企业实践相结合，坚持中高职相结合，坚持国内职业教育与国外职业教育相结合，坚持学历教育与职业培训相结合。学校设有汽车技术系、信息技术系、现代服务系；拥有4个省级示范专业、1个国家级实训基地、2个省级实训基地。汽车技术专业是中德合作项目，是国家级汽修紧缺人才培训基地、宝马培训基地、上海通用ASEP项目学校。信息技术系积极引企入校，有4家企业进驻学校，进行生产任务条件下的项目教学改革试验。现代服务系与宝马集团合作拓展市场营销专业，培养宝马非技术人员；与江苏省美发美容协会联手打造江苏美容美发职教集团。

行动导向育人。学校奉行“行动导向”的育人理念，坚持在活动中育人，让学生在活动中学会做人，学会做事。学校将必备的理论知识、过硬的专业技能、良好的行为习惯、牢固的职业素养融为一体，渗透到教学过程中。引导学生读名书、赏名画、吟名诗、唱名歌、交名人，全面提升学生综合素质。

南京市领导为学校西藏班学生单增颁发“青奥小顾问”证书

学校承办2012年全国职业院校技能大赛中职组美发与形象设计大赛

学生在全国汽车技能大赛中获团体、空调、钣金三个项目金牌

在“OMC世界杯”美发化妆大赛时尚发型创意设计大赛中，由学校学生组成的国家队首次参加青年组女士时尚发型赛项，取得团体第四名的好成绩。

技能教学结硕果。在2012年江苏省技能大赛中，学校获19金16银13铜，在江苏省名列前茅；顺利协办全国职业院校技能大赛中职组美发与形象设计大赛，且由学校负责集训的江苏省代表队获8块金牌、2块银牌，创江苏队历史佳绩；在2012年全国职业院校技能大赛中共荣获5金3银。教师褚宇泓、徐兴分别荣获第36届亚洲发型化妆大赛冠军。由学校学生组成的国家队首次代表中国参加在意大利米兰举行的“OMC世界杯”美发化妆时尚发型创意设计大赛青年组女士时尚发型赛项，获晚妆盘发第三名、第四名、时尚创意短剪第五名和青年女士时尚组团体第四名的好成绩。

2012年，学校成为江苏省高职与本科衔接、中高职衔接试点学校。学校将坚持自己的办学特色，力求为社会培养更多更好的高素质技能型人才。

苏州技师学院

——铸“创新效能”品牌 育“双核相融”人才

普车实训中心

柔性制造专业技能培训

历史悠久的苏州，人文荟萃，诞生了辉煌灿烂的吴地工匠文化。

改革开放的苏州，经济腾飞，孕育了技能人才教育的蓬勃发展。

在这片热土上，具有50多年发展历史、开创了苏州技工教育先河的苏州技师学院，以传承吴地工匠文化为庄严使命，以服务区域经济发展为重要责任，攻坚克难，打造“创新效能”型品牌学院，凝心聚力培育“双核相融”型技能人才，实现了跨越式发展。

学院位于苏州石湖景区，山水辉映，风景如画。校区占地255亩，建筑面积13.5万平方米，学生总数超过1万人，教职工309人。设4个专业教学系和1个基础教学部，开设15个专业30个门类，建有现代制造业、创意技术、信息技术、综合技术四大公共实训中心和100个专业特色鲜明的实训室。学院的办学成果主要有：

高技能人才培养成效突出。学院累计培养技能人才3.9万人，其中全日制教育约1.8万人，社会培训2.1万人。为适应苏州经济快速发展，学院逐步将全日制教育中高级工以上高技能人才培养比例由2005年的30.8%提高到了2012年的91.2%，并培养高技能紧缺人才950多人，还为3 000多名进城务工人员、再就业人员、应届大学毕业生免费提供了技能提升培训。

一体化运行模式结出硕果。学院与苏州市公共实训基地实行一体化运行的模式。为了实现二者的完美对接、高效运行，学院探索建立了二者一体化的组织管理体系，资源配置体系和“一站式”服务模式；完善了二者一体化运行的政策引导体系和跟踪动态变化的研发体系；打造了业务拓展平台、“一站式”窗口服务平台和培训鉴定监控平台。通过统筹管理技师学院与公共实训基地，实现资源全面共享，功能较好发挥，二者协调共进。学院先后承担市级数控专业技能大赛和第42届世界技能大赛江苏选拔赛模具设计与制造、机械设计CAD、网络游戏、综合布线等项目的竞赛，并被评为竞赛组织工作“先进集体”。

无线电装机电路装配训练

数控实训中心

区域名师团队服务学生成长。学院注重一体化教师和专业带头人培养。截至2011年年底，一体化教师占专业教师的71%，高级职称、高级工等级的教师达45%，正高级职称教师6名，省级专业带头人6名，省级教学名师2名，校级品牌教师35名。年均有130名教师参加企业一线研修，部分年轻骨干教师参加脱产研修，大大提升了实践能力。近5年，共50余人参加了部、省级的专业培训，15人次出国学习国际先进职教成果，55人参加在职研究生学历、学位进修。

品牌专业群引领发展。经过多年实践，学院形成了“制度保障、专家指导、动态调整、品牌引领”的专业发展机制。已创建省重点专业7个、省示范专业1个、市精品专业4个，模具制造、机电一体化、计算机网络技术、旅游管理4个专业为国家中职示范校重点建设专业，苏州传统工艺技术传承专业为中职示范校建设的特色项目。2009年以来，学院共开发机电一体化、精密机械检测技术、网络动画技术等社会急需新专业10个，拓展了理财规划师、模具设计师、可编程序控制系统设计师、城市轨道交通运营管理、服务外包与信息技术、苏州传统工艺传承等紧缺工种9个。

现代化培养环境成为技能人才成长的坚实平台。学院投资6 100多万元，配置了与现代企业同步、与四新技术同步、与职业培训同步的一流设施设备，达到了先进性与实用性相结合，高端性与基础性相结合，通用性与特殊性相结合，生产型与仿真型相结合，为培

图文中心

养高技能人才搭建了坚实的平台。学院与企业在共同制定建设方案、综合考虑教学现场组织和职业能力培养方面要求的基础上建成了高仿真、浓氛围的现代化训练环境，实现了人才培养与企业需求的对接。

校企合作共育“双核相融”型技能人才。学院以“校企合作咨询委员会制度”、“核心层合作企业制度”、“企业教学咨询官制度”、“教师进企业研修制度”、“校企共商教学计划制度”、“校企共建实训基地制度”、“企业专家导师制”、“企业专家督导教学制”等八项制度为保障，培育稳定、长期的校企合作联盟，共育职业素养与职业能力“双核相融”型技能人才。学校已有70家合作企业，其中20家为核心层合作企业，校企共建9个校内实训中心、20个校外实训基地，平均每年开展校企活动70次。建立了以企业实践专家为骨干的100人教学咨询官队伍，充分发挥他们在参与制定教学计划、项目开发、教材编写、开设讲座等方面的作用。学院特聘王金山、蒋雪英、胡国强、陈忠林、钟锦德等大师到校传技授艺，关心技能人才成长。学院还与大师工作室合作开展项目研究，其中“不完整圆柱面定心夹具”和“基本群钻培训式刃磨机”两项成果获国家专利。

西门子高阶自动化实训

课程改革推动学院内涵发展。学院是人力资源和社会保障部一体化课程改革试点单位。在机电一体化、模具制造、数控等6个专业中成功推广了“以工作过程为导向”的一体化课程，并编写了6本一体化教材，在省内外发挥了示范和典型作用。学院积极开发和实施包含职业生涯规划、模拟员工、就业指导等13个学习领域的职业素养课程，覆盖学校100多个班级，6 000多名学生，使学生的职业意识、职业精神、职业道德和职业能力得到有效提高，职业素养训练成为学院一大特色。

钳工实训中心

中国工艺美术大师王金山在给学生传技授艺

PLC单机技能实训

“高就业率+高质量就业”彰显技能教育吸引力。学院始终坚持“学院是毕业生就业的责任主体”的理念，以服务学生、服务企业为宗旨，不断建立健全就业服务体系，完善就业服务平台，使毕业生就业率一直保持在99.5%以上，其中90%以上的毕业生进入了高新技术企业和世界500强企业，86%的毕业生从事技术岗位工作，企业对学生满意度达90%以上，多数学生得到了职务晋升机会，拥有了更好的发展空间和令人期待的职业前景。

近3年，学院在江苏省师生技能大赛中获5个一等奖，6个二等奖，在苏州市师生技能大赛中共获48个一等奖。2010年，在江苏省数控技能大赛中获3个一等奖，6个二等奖，2个三等奖，奖牌总数位居全省第一。

学院先后被国家、省、市授予“国家职业技能鉴定所”、“行动导向教学实验基地”、“江苏省20佳高技能人才培养示范基地”、“江苏省技能竞赛突出贡献单位”、“江苏省技工院校招生就业培训工作先进单位”、“苏州市紧缺人才培养基地”、“苏州市文明单位”、“苏州市高技能人才培训先进单位”、“苏州市高技能人才培养突出贡献单位”等称号。2011年，学院成为首批“国家中等职业教育改革发展示范学校”建设项目单位。2012年，江苏省人力资源和社会保障厅、财政厅推荐学院成为国家级高技能人才培训基地建设单位。学院的发展得到了各级领导的关怀和支持，教育部副部长鲁昕、人力资源和社会保障部副部长张小建等领导及全国同行先后到学院视察指导工作，对学院的快速发展、一体化的教学环境、高标准的设备配置和高就业率等表示赞赏。学院多次应邀在省、部级会议上交流办学经验和办学理念。

历经50多年办学探索和教育实践，学院凝聚了诸多成果，积淀了深厚内力。在社会全面进步，经济转型升级的新形势下，学院全体教职工以建国家示范性职业学校，办全国一流技师学院为新的目标，秉承“凝心聚力做事，一流水准办校”的理念，艰苦奋斗，奋发拼搏，努力追求新的跨越。

地　　址：江苏省苏州市国际教育园北区学府路288号（或科锐路18号）　　邮政编码：215009
联系电话：0512—68717562　　网　　址：http://www.ssts.cn/

浙江機電職業技術學院

ZHEJIANG INSTITUTE OF MECHANICAL & ELECTRICAL ENGINEERING

浙江机电职业技术学院创办于1952年，是一所以培养机电类高等技术应用型人才为主的全日制高等职业院校。2006年，学院以优异成绩通过教育部人才培养工作水平评估；2007年，学院成为国家示范性高职院校立项建设单位。

国家级教学名师金文兵（中）

学院位于浙江省杭州市钱塘江畔滨江高教园区，设有6个二级学院、1个实训中心，开设24个招生专业，其中国家财政支持专业4个、省财政支持专业2个，教学仪器设备总值达1.2亿元。

学院坚持“以服务为宗旨、以就业为导向、走产学研结合”的办学之路，确立了“三重融合、四方联动”的办学模式，全面实施“工学交替、能力递进”的人才培养模式改革，教育教学水平稳步提升。学院荣获国家高等教育教学成果奖2项，浙江省高等教育教学成果奖3项；主持国家级教学资源库建设项目1项，承担省教育科学规划研究课题和省新世纪教改课题20余项；在建国家级精品课程7门、省级精品课程25门。学生在各类技能比赛中成绩突出，获国家级奖项34项、省部级奖项200余项。

学院坚持人才强校战略，拥有国家级教学团队1个、省级教学团队4个，全国教育系统先进集体1个；国家级教学名师2人、全国优秀教师2人、省级教学名师6人，教授、副教授等副高以上职称135人。

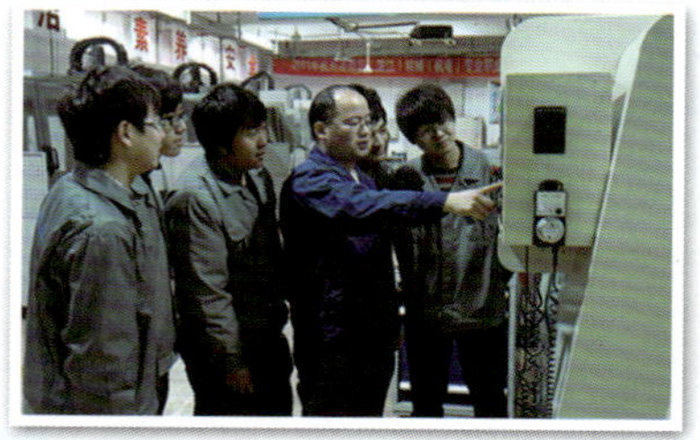

国家技术能手、国务院政府特殊津贴获得者陈建军（中）指导学生实训

学院标志性建筑——圆方塑

学院发挥科研服务社会功能，形成与政府、行业、企业紧密结合的社会服务机制，主持、参与国家“863”计划项目“汽车曲轴随动磨削机床及其相关工艺研究”、浙江省科技厅重点攻关项目“五轴联动数控卷簧机研制”等35项省部级科研项目，荣获浙江省科学技术奖二等奖1项、中国轻工业联合会技术进步奖二等奖1项，发表论文753篇，技术服务课题290项，获国家各项专利350项。学院建成全国重点建设职业教育师资培养培训基地、国家级数控技能紧缺人才培训基地、教育部中职师资培训基地等，累计培训鉴定2万余人次。组织承办国家级、省级各类技能大赛近30项。

学院秉承“技术教育与人文素质教育相结合”的育人理念，构建了“崇德重技，全员、全程、全方位育人”素质教育体系，大学生创新创业教育成效显著。“双休日工程”、“金石文化”省级校园文化品牌建设取得新成绩。学院毕业生初次就业率平均达97.6%，重点专业就业率达100%，名列高职院校前茅。

新时期，学院启动了“创新教育改革战略”、“人才强校战略”、“教育国际化提升战略”、“社会服务品牌战略”、“校区建设发展战略”，扩建海宁长安400亩新校区，增强整体办学实力，完善社会服务功能。学院将立足杭州、服务浙江、辐射全国、面向国际，形成具有全国影响力的“浙江机电”品牌，把学院建设成为“行业特色鲜明、人才质量领先”的国家示范性高等职业技术院校。

学院海宁长安校区滨河景观效果图

杭州市中策职业学校

杭州市中策职业学校是首批国家级重点职业学校，是杭州市政府命名的五大名校教育集团之一，是浙江省开办最早的职业学校，是杭州市教育局直属的公办学校。从1979年创办至今，人才辈出，硕果累累，曾先后被评为全国职业技术教育先进单位、全国首批"黄炎培职业教育奖"之"黄炎培优秀学校奖"、全国环境教育先进集体、全国创建绿色学校活动先进学校、浙江省文明单位、浙江省教育科研先进集体、浙江省绿色学校、浙江省中等职业学校30强、浙江省专业课程改革优秀基地学校。学校规模大，专业门类多，在校生达3 500人，进口、出口畅通，升学、就业两旺，为浙江省和杭州市职业教育的改革与发展作出了积极贡献，被誉为"新型劳动者的摇篮"、职业学校的"领头雁"。

"订单班"西餐课程

学校"烹饪艺术博物馆"

学校拥有雄厚的师资力量，有特级教师3名，高级教师104名；拥有一流的校舍和设备。霞湾校区位于古运河畔，环境幽雅，交通便利，校园占地70亩，是读书、学艺的好地方；莫干校区占地30亩，北靠文二路，西临莫干山路，国家领导人曾视察过此校区。

学校"奖状博物馆"

学校开设中餐烹饪、西餐烹饪、电气运行与控制、环境监测技术、商务英语、酒店服务与管理、财务会计、计算机网络技术、音乐表演九大专业，均为复合型专业，厚基础、宽口径，适应性强。其中中餐烹饪专业是国家级示范专业、浙江省教研基地。学校是省烹饪专业理事长单位。烹饪专业与杭州雷迪森大酒店、黄龙饭店、雀巢（中国）食品有限公司、李锦记（广州）食品有限公司等合作，得到企业的就业支持、实训支持和资金支持，并持续做强做大。电气运行与控制专业是中央财政支持的省综合性公共实训基地、浙江省示范专业；环境监测技术、酒店服务与管理、商务英语是市级示范专业。

学校实施多时空入学、多平台毕业、多资格就业、多渠道升学的"四多"教育模式，让不同层次的学生都学有所得、学有专长，个个有发展、人人能成才。实行学分制管理，提前修满本专业课程并考核合格的学生，可以继续选修其他专业的课程并取得双专业毕业证书，优秀学生可以提前毕业。

学生与乌克兰教师、美国教师合影

学校举行优秀学生提前毕业典礼

"绿之翼"环保社团

学校是浙江省第一所引进和通过ISO9001:2000版标准质量管理认证的中等职业学校。学校对教育管理的思想观念和管理模式进行了锐意改革，规范和完善了各项管理制度，为职业教育走向国际化构筑管理平台。2003年，学校又一次高质量地通过了国家级重点中等职业学校的认定和复审，使学校更加稳固地建立了一种体制性、内在性、全员性的质量保障程序，形成了一套可操作的质量管理方法，并使全校师生达成了一种持续改进的追求。2004年，以学校为核心的"名校+名企"杭州中策职校教育集团获杭州市政府授牌，成为杭州市实施"名校集团化战略"的职校教育集团。现代联合控股集团有限公司、浙江天煌仪器有限公司、雀巢(中国)食品有限公司、李锦记(广州)食品有限公司分别在学校设立奖学金，学校对外开放、校企合作、与市场接轨的深度和广度进一步得到拓展。

学校以学生的快乐和发展为本，学生热情、阳光、开放，各类校园活动丰富多彩、亮点纷呈。校报、校刊、校园网及时报道宣传师生活动。全校共有38个学生社团，所有学生均是社团成员。其中"绿之翼"环保社团成为杭州市乃至浙江省首个吸收国际社员的学生社团。学校建有全国首家"奖状博物馆"和全省首家"烹饪艺术博物馆"，全年向社会开放。

浙江省临海市中等职业技术学校

浙江省临海市中等职业技术学校创办于1979年，有在校生5 790名，设有机械类、财经类、旅游类三大专业群共13个专业，其中机械加工专业是全国中等职业教育示范专业，计算机及应用、机电技术应用、烹饪是浙江省级示范专业。

学校坚持特色立校、人才兴校、质量强校，走内涵发展之路，实现品牌战略发展。学校是国家中等职业教育改革发展示范学校建设计划项目建设单位，被评为国家级重点中等职业学校、“全国教育系统先进集体”、“全国职业教育先进单位”、“全国依法治校示范校”，还先后获得全国“五四”红旗团委、浙江省中职学校30强等30多项省级及以上荣誉。

市民驻足观赏烹饪专业学生作品

全国企业500强——伟星股份在全业“订单班”举行奖学金颁奖典礼

◆ **校企合作紧**

近3年，学校开设20个“订单式”冠名班，校企联姻达174家。企业在学校建立了“海宏集团有限公司技术中心研制基地”，四星级酒店在学校设立实景工作室，集团化企业在学校设立后备人才培养基地。

“海宏集团有限公司技术中心研制基地”授牌仪式

学校牵头成立“台州市旅游行业产教研联合体”

国家级职业教育数控专业实训基地

学校模特队展示服装专业学生设计作品

◆ **培养模式新**

实行“工学交替、做中学、教学做合一”的培养模式，实施以企业项目为载体的教学实施方案，机械、机电、旅游等主体专业在校内设有生产车间、实景工作室，学校牵头和参与组建教育集团，形成学校、行业、企业多元办学。

◆ **教学改革深**

实施优化师资队伍、实训设备、教育管理、改革课程设置的“三优一改”工程，突出特色化、立体化、目标化的技能教学，加强主干专业的精品化建设。拥有国家级示范专业1个、省级示范专业4个；国家级实训基地1个、省级实训基地2个。

◆ **内部管理严**

实施管理规范化、德育管理实效化、教学管理精细化的“三化”工程，外树形象，内强素质，健全完善各项管理制度，优化校风校纪。

◆ **办学效益好**

学校在各级技能大赛中获国家级奖6人、省级奖60项、台州市团体“九连冠”；社会培训年均15 356人次，毕业生一次性就业率达100%，多家媒体对学校的办学成绩进行了报道。

DONGYANG TECHNICAL SCHOOL

浙江省东阳市技术学校

国家级重点　东阳市技校

浙江省东阳市技术学校，又名浙江省东阳市职业中等专业学校，坐落于享有“教育之乡、建筑之乡、工艺美术之乡”美誉的经济文化强市——东阳市城东。学校创建于1982年，占地300余亩，建筑面积近8万平方米，是一所融中职学历教育、技术培训与鉴定、技术服务与研发于一体的综合性中等职业学校。学校是首批国家级重点职业高级中学，中国职高委理事学校，中国西部教育顾问单位，中国商职研究会常务理事学校，浙江省“创新联盟”成员学校，浙江省中职学校30强。

建筑测量专业的学生在实训

鲜明的专业特色：学校设有建筑、机电、财会、计算机、艺术等五大专业群18个子专业，其中工业与民用建筑、机电设备安装与维修、木雕工艺设计与制作是省级示范性专业，建筑技术实训基地是国家级实训基地，机电实训基地是省级实训基地。学校是浙江省建筑专业理事长学校，浙江省创新创业教研大组理事学校，浙江省特色专业教研大组理事学校，浙江省中等职业教育专业课程改革优秀基地学校。

木雕工艺专业的学生在训练

优秀的师资队伍：学校有在编专任教师230人，具有高级职称的教师62人、有硕士学历的教师20人，持高级工及以上技能证书的专业教师106人，“双师型”教师占专任专业教师数的91.37%。有浙江省技术能手1名，金华市技术标兵和技术能手6名，金华市优秀“双师型”教师3名，东阳市技能带头人5名，职业技能鉴定高级考评员2名、考评员15名。

积极的社会服务：学校牵头组建金华市建筑职教集团，注册成立教育服务有限公司和安监培训中心等，社会培训已形成品牌。学校是东阳国际木雕产业基地培训中心、东阳市高技能人才培训基地、东阳市农村劳动力素质培训定点机构，被浙江省劳动和社会保障厅授予“再就业培训基地”称号。

校园一景——博学亭

文艺演出

机械加工专业的学生在实训

农村劳动力转移培训

显著的办学成效：学校坚持“科学创新、和谐发展”的发展理念，围绕“以质量出效益，以创新求发展，以特色创品牌，以文化塑名校”的办学思想，遵循“德育为首，技能为主，育人为本”的育人理念，推行具有专业特色和职业素养的“青松文化”，致力于培养具有良好职业素质和娴熟专业技能的初、中级技术人才。学校探索形成的“变消费性实训为生产性实训”、“引企进校”、“综合学分制”、“技能目标细化考核管理”、“理实一体化教学型实训基地建设”、“全员班主任制”等成功经验，为省内外职业教育发展提供了可借鉴的经验。学校教学质量稳步上升，学生参加各级各类技能比赛成绩优异，毕业生在各行各业大展风采，为东阳市乃至全国各地经济发展作出了卓越的贡献。

安徽机电职业技术学院

校园中心广场

【概述】 安徽机电职业技术学院始建于1935年，地处皖江城市带承接产业转移示范区核心城市——芜湖市，为首批国家骨干高等职业院校立项建设单位，全国职业教育先进单位，全国机械行业骨干职业院校和安徽省中职骨干教师培训基地。学院占地面积456亩，建筑面积15万平方米。设有9个系部34个专业，各类在校学生近10 000人。学院教师500多人，“双师”素质教师占专业课教师的83%，拥有一大批省级、院级教学名师、骨干教师和专业带头人。实验实训设备先进，总价值5 000余万元，拥有99个校内实训基地，2个校中厂，200多个校外实训基地，馆藏图书54万册。学院坚持走“校企合作、工学结合”之路，逐步形成了“校企一体，产学互动、能力为本”的人才培养特色。

【国家骨干院校建设顺利推进】 学院获教育部、财政部批准为国家骨干高职院校立项建设单位的一年来，顺利完成了建设期年度任务。

【安徽机电职业技术学院校企合作理事会成立】 2011年11月27日，安徽机电职业技术学院校企合作理事会成立大会在芜湖市举行。

【省级“质量工程”建设成效显著】 1个省级人才培养模式创新实验区，2个省级特色专业和2个省级示范实习实训中心项目，在省级质量工程建设中获准立项。

【教育教学质量稳步提升】 4个项目获全国机械高职教育教学成果奖，2个专业被立项为中央财政支持项目，2项思政理论课研究项目获省级立项；50个精品课程、特色专业、教科研项目获准院级立项；3名教师在首届全国职业院校现代制造及自动化技术教师技能大赛中获奖，3 652人次在校生通过国家职业资格考试。

组织骨干教师赴新加坡培训

安徽机电职业技术学院校企合作理事会成立大会

【“订单培养”取得可喜成绩】 在“长三角”等地区新辟20余家顶岗实习单位和15个“订单班”，参加“订单班”学生达1 155人次，占同届毕业生的三分之一。

【人才强校战略取得明显成效】 引进各类高级人才24人，组织50余名专业教师进厂实践，30余名教师参加国家、省级业务培训。24名教师当选院级教学名师和教坛新秀。选拔出第三届院级专业带头人和骨干教师。

高雅艺术进校园

与新疆石河子职业技术学院签订对口支援与合作协议

【在国家级、省级多项技能大赛中屡获殊荣】 在全国职业院校技能大赛中获光伏发电系统安装与调试三等奖；在安徽省第五届职业院校技能大赛中获团体总分第二名；连续第三年在安徽省第六届大学生电子设计竞赛中获一等奖，另获二等奖1个。

【合作与交流迈出新步伐】 组织14名教师和管理人员赴新加坡、澳大利亚、美国等国进修。积极组织实施“皖台教育交流计划”，选派首批4名学生前往台湾朝阳科技大学研修。

【大学生素质教育成果丰硕】 3人获全国“自强之星”奖学金、团中央“西部计划”志愿者、团省委“青年岗位能手”称号。10人在省、市大学生创业计划、生涯规划大赛、“挑战杯”大学生学术科技作品竞赛中摘金夺银。36个院内大学生科技创新资助项目立项。在全国及省、市各类文体竞赛中获50项大奖。开展80余项主题教育和文化艺术活动，新开拓15个社会实践基地，组织近5 000人次开展社会实践活动。

【招生录取工作形势喜人】 普通文、理科录取最低分数分别高出省控线234分和176分，报到率接近92%；首次实施并顺利完成400名自主招生计划。

【蝉联“安徽省普通高等学校毕业生就业工作标兵单位”称号】 毕业生就业主流单位的层次及工作、生活环境、待遇均有较大幅度提升，毕业生就业工作再次荣获“省级标兵单位”荣誉称号。

【后勤工作荣获国家级、省级多项荣誉】 学院后勤工作获“全国高校后勤十年社会化改革先进院校”荣誉称号，后勤管理服务获3项省级荣誉。

【办学条件进一步改善】 风雨操场主体工程基本完成。加大对实训室、图书馆、校医院等教学和生活设施的投入力度。

与江城汽车修配公司共建校内生产性实训基地

安徽工商职业学院

ANHUI BUSINESS VOCATIONAL COLLEGE

安徽工商职业学院是一所具有53年办学历史的公办全日制高等院校，隶属于安徽省教育厅，坐落于安徽省会合肥市，占地510亩，图书藏量85万册，在校生9 000余人。设有会计系、工商管理系、旅游管理系、国际贸易系、艺术设计系、电子信息系、公共课教学部、思想政治理论课教学部和继续教育教学部。

学院顺应工商融合的发展趋势，形成了以会计与会计电算化、市场营销与电子商务、现代物流与国际贸易、广告装饰与电脑美术、旅游管理与酒店管理、计算机应用与电子技术等12个专业为核心的6大专业群。在“徽商”故里，为省内外商业行业培养了大批现代技能型人才，是安徽省商科人才培养的重要基地。2009年11月，学院在人才培养工作水平评估中取得了优秀等次；2010年，学院申报的省级示范高职院校获准立项；2011年，学院被评为第九届安徽省文明单位。

合作办学签约仪式

学院师资力量雄厚，有高级职称教师54人，具有硕士学历（位）教师占专任教师的80%，1人享受安徽省政府特殊津贴，“双师”素质教师比例逐年提高。近年来，学院在安徽省高校教学质量工程建设中取得累累硕果：拥有中央财政支持专业2个，省级示范、特色专业8个，省级精品课程8门，省级优秀教学团队2个，省级优秀教学管理集体1个，省级教学名师1名，省级专业带头人14名，省级优秀教师2名，省级教坛新秀3名。“卓越技能型人才计划”1项，中央财政投资实训基地1个，应用型教师教学能力发展中心项目获准立项，学院图文信息中心被批准为安徽省唯一的“高职高专数字化文献服务中心”建设立项。2012年，学院被确立为教育部教育信息化试点院校；获得省部级以上教科研项目53项，省级教学成果奖6项等；拥有省级示范实验实训中心2个。学院在国家及省级各类技能大赛中屡创佳绩，取得了特等奖1项、一等奖30项、二等奖55项、三等奖53项的优异成绩。特别是2010年、2011年代表安徽省参加教育部主办的全国职业院校技能大赛，分别取得物流、英语口语两个项目一等奖和楼宇智能化项目三等奖，实现了安徽省高职院校在全国职业院校技能大赛上金牌“零”的突破，得到了省教育厅的高度评价。

学院始终把毕业生就业工作摆在突出位置，完善了“组织全员化、指导课程化、招聘市场化、手段现代化”的就业工作机制和就业指导服务体系，毕业生就业率连年保持在98%左右。学院先后被评为安徽省普通高校毕业生就业工作标兵单位、安徽省普通高校毕业生就业工作先进单位、安徽省就业工作先进集体。学院还被评为全省职业教育先进单位、合肥市文明单位，连续八年被评为“合肥市卫生先进单位”。2009年7月，学院被安徽省商务厅、安徽省国资委等6家政府机构推举为“首届安徽教育行业十大重点推广品牌”，院长程思荣获“首届安徽行业领军人物”；2010年学院被评为“首批安徽省普通高校大学生创新创业教育示范校”；2011年，学院被评为安徽教育行业十大影响力品牌之一；2011年4月，学院荣登2010年度中国商科教育学科竞赛综合竞争力50强职业院校榜首；同年5月，学院又喜获“全国商业服务业校企合作与人才培养优秀院校”称号。

“十二五”期间，学院将坚持“创新体制机制、改革教育教学，以质量建示范、以特色创品牌”的总体战略，坚持“以素能为本位、以学生为中心、以就业为导向”的办学理念，以“追求卓越、创建一流、办人民满意的职业教育”为愿景，实施“品牌战略”、“差异化战略”、“国际化战略”，立足商科建品牌，工商融合创特色，通过省级示范高职院校的建设，努力争创国家示范院校，努力把学院建成特色鲜明、省内一流、国内知名的高职院校。

立足“商”科——学院雕塑

安徽省汽車工業學校

全省机械系统联谊会暨安徽汽车职教集团年会

创建国家中职改革发展示范学校校企合作集中签约仪式

安徽省汽车工业学校始建于1979年，前身为安徽省机械工业干部学校。1985年，成立干部中专学校；1991年，经批准成立合肥机械学校；1997年，经省政府批准更名为安徽省汽车工业学校。

学校是安徽省教育厅直属的公办国家级重点学校，新老校区分处合肥市双凤工业园和庐阳产业园内，占地400亩，建筑面积近10万平方米，在校生近万人，开设汽车、机电、数控、焊接、物流等20多个热门专业，设有五年制高职、三年制初中专、二年制高中专等多个学制，开办了企业定向班、中央电大开放式大专班、中韩班、中德班等特色班。学校有10 000平方米产学一体实训车间、标准化田径运动场、24 000平方米理实一体化实训实验楼、部颁二级标准驾训场地、各类实验实习设施和模拟仿真设备。学校建有国家级汽车维修实训基地、教育部—上海通用AYEC项目基地、省级数控重点专业实训基地、省级汽车类骨干教师培训基地，可集教学、实训、驾训、生产于一体，是奇瑞、江淮、安凯、星马、合力、美菱等大型企业指定的新员工培养及输送基地。

学生在全国职业院校技能大赛上获奖

校园风景

学校是全国职业教育先进单位、全国职业技术学校职业指导工作先进学校、全国艺术教育工作先进单位、安徽省第九届文明单位、全省先进基层党组织和安徽省教育国际交流协会理事单位，也是全省首个在校生规模超万人、首个建设新校区、首个牵头成立职教集团、首批开展中外合作办学的中职学校。

理实一体化实训车间

经教育部等三部委批准，学校进入首批立项建设国家中职改革发展示范学校行列，按照“五个对接”的目标，以改革培养模式、改革教学模式、改革办学模式、改革评价模式、创新教育内容、加强队伍建设和完善内部管理等“七项任务”为内容，以“两大革新”和“两个提高”为创建“施工图”，全面提升学校办学综合竞争力。通过建设汽车、机电、数控三个专业集群及数字化校园、校园文化两大特色项目等“五项任务”，实现办学理念、办学条件、办学模式和办学水平“四个突破”，促进规模向质量、一般向特色、普通向精品“三个转变”，坚持服务社会而创、依托行业而建“两个原则”，实现建成优质的国家中职改革发展示范校“一个目标”，在专业建设、师资建设、人才培养、实训基地建设等多方面发挥示范和引领作用。

站在“十二五”的新起点上，学校将继续坚持科学发展，立足改革谋发展，围绕创建树品牌，按照办学定位准确、内部管理科学、培养模式先进、条件配套齐全、就业优势明显的要求，争当安徽职教科学发展的排头兵，更好地为发展方式转变、经济社会转型、产业转移升级服务，为国家经济建设培养更多高素质劳动者和技能型人才。

国家中职改革发展示范学校 国家重点中等职业学校
全国教育系统先进集体 全国中小学中华优秀文化艺术传承学校

安徽省行知学校

学校校门

学生参加全国中等职业学校学生技能作品展洽会并获奖

安徽省行知学校是公办普通中等专业学校、全国科研教改先进实验学校、全国“学陶师陶”先进集体，是中国文房四宝传统技艺人才培训基地、中国陶行知研究会非物质文化遗产传承中心、徽州文化生态保护实验区非物质文化遗产传习基地，也是中国陶行知研究会非物质文化遗产教育专业委员会和安徽非遗职业教育集团牵头学校。

学校位于世界级风景名胜黄山南麓，坐落在著名的国家历史文化名城歙县。1978年建校，校园占地700亩。1983年，为纪念伟大的人民教育家陶行知先生，经安徽省人民政府批准建立安徽省行知中学；2009年，更名为安徽省行知学校。

建校30多年来，学校坚持实践陶行知教育思想，始终以陶行知“求真、生利、创造”为校训，铸就“捧着一颗心来，不带半根草去”的校魂，形成了“善教、乐学、敬业、和谐”的良好校风，成功探索出“面向人人、校企育人、生利成人”的中职教育“行知模式”，为社会培养了合格专业技术人才3万余名，培训各类人员突破6万人次。

2011年具有里程碑意义，学校取得了以下“十项”突破性成果。

一、花开国际。安徽非遗职业教育集团理事长于日锦赴德国交流。在2011年全国职业院校技能大赛展览展示活动中，学校送展作品徽墨受到世界技能竞赛组织主席杰克•杜塞多普先生的称赞。

专业教师指导学生木雕实践

二、职教百强。学校被中国陶行知研究会行知职业教育专业委员会授予“中国职业教育特色院校100强”荣誉称号，校长于日锦被评为“中国职业教育百杰校长”。

三、陶园奇葩。学校弘扬徽州文化，突出专业特色，连续四年荣获省“三重”建设项目，分别建设徽雕艺术、徽墨制作、徽派盆景技艺和徽派古建等专业（基地），两度被安徽省文化厅确立为“安徽省非物质文化遗产传习基地”。

四、“航母试水”。“安徽省非遗职业教育集团”成立，通过了《集团宣言》，收到了36家集团成员为集团成立提供的珍贵藏品。

五、“动车鸣笛”。学校项目建设方案受到专家组好评：能结合区域经济发展情况进行数据分析，民间传统工艺（徽雕艺术）和安徽非遗职业教育集团特色项目地方特色明显，具有较好的发展前景；提出“密切政校企铁三角关系，形成政校企一体化局面，给力经济社会发展”有新意。

徽雕艺术专业毕业生风采

六、“星光大道”。在2011年全国职业院校学生技能作品展洽会上，学校选送的砚雕、徽墨、砖雕、木雕作品荣获1个一等奖、3个二等奖和2个三等奖，成为安徽省获奖数目最多的学校之一。

七、“三力”并发。首届校企育人高峰论坛召开，形成打造“政企校”铁三角，推进“行知模式”，建好国家中等职业教育改革发展示范学校的共识。

八、“双师”风采。2011年，有37名教师获得了中等职业学校“双师型”教师证书，数量位居黄山市第一。计算机应用技术、电子商务专业“网页设计与制作”被确定为安徽省2011年度中等职业学校拟立项精品课程。

九、“三生”有“杏”。《中国德育》杂志刊发学校实践陶行知职业教育思想，推进中职改革发展的德育实验成果《坚持“行知职教模式”开展“三生”教育实践》。这是学校德育教育科研在继校本德育、德育自治之后的又一项新成果。

十、墨香清华。学校优秀毕业学生、高级教师走上清华“文新讲坛”，成功举行了“古歙今香——歙砚品鉴收藏与文房用品艺术”讲座，并向清华大学赠送了精心制作的清华百年校庆纪念墨。

澳大利亚专家对学校学生展示的徽州木雕技艺兴趣浓厚

阜陽工業経濟學校

阜阳工业经济学校坐落在风景秀丽、人文荟萃的皖北重镇阜阳，始创于1981年的阜阳财政干部培训班。1985年，更名为阜阳财税干部学校；1995年，经省政府批准，更名为阜阳工业经济学校。学校占地面积192.6亩，建筑面积7.86万平方米，有在校学生4 000多人，教职工198人。学校有南北两个校区，南校区承担中职学生的教学管理工作，北校区与中央财经大学、西北工业大学、北京师范大学联办成人教育，同时承办各类短期培训。学校先后被评为全国中等职业学校德育先进集体、全国绿化模范单位、全国青少年普法先进单位，并获第六届、第九届安徽省文明单位和第五届、第六届、第七届阜阳市文明单位等称号。

学校开设会计电算化、计算机应用、制冷和空调设备运行与维修、数控技术应用、汽车运用与维修等13个专业，各专业学生分布均匀，依托市场需求，设置合理。拥有2个设备总价值1 660万元的校内实训车间和6个校外实训基地，基本满足了在校生的教学需求。学校已建成覆盖全校的校园网，学生机房、教师机房、各职能科室均配备配置先进的计算机，多媒体教室仪器配备齐全，各教室均装有多媒体设备，并配有闭路电视系统。经批准，学校成立了“全国计算机应用技术（NIT）培训基地”、“安徽省会计电算化培训基地”、“国家职业技能鉴定站”等培训鉴定机构。

安徽省领导到学校检查实训车间

学校秉承“引企入校、校企联办”理念。拥有6个培训基地和1个联办驾校、1个实习实训工厂。建有相对稳定的就业基地，已经与南京雨润集团、青岛海尔集团、无锡夏普电子元器件有限公司、芜湖奇瑞汽车股份有限公司、安徽开乐专用车股份有限公司等数十家中外知名企业开展合作，并有计划地向企业输送实习生。

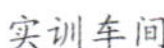

实训车间

学校文艺晚会

新建教学大楼

2012年6月2日，学校正式被确立为国家中等职业教育改革发展示范学校建设项目单位。学校将以此为契机，一步步向着更高、更美好的目标稳健迈进。

学校一角

福州大学

FUZHOU UNIVERSITY

2012年陈道炼教授荣获国家技术发明二等奖

学校荣获2012年第36届ACM国际大学生程序设计竞赛全球总决赛第18名

福州大学是国家“211工程”重点建设高校，福建省人民政府与教育部共建高校。创建于1958年，已发展成为一所以工为主、理工结合，理、工、经、管、文、法、艺等多学科协调发展的重点大学。

学校拥有旗山、怡山、铜盘、厦门工艺美院等多个校区，占地5 000余亩。学校设有19个以全日制本科生培养为主的学院和2个独立学院，共设置64个本科专业。有国家重点学科1个、国家级重点（培育）学科1个、国家“211工程”重点学科建设项目7个、省级重点学科23个。有博士后流动站8个，一级学科博士点9个、二级学科博士点58个，一级学科硕士点35个、二级学科硕士点141个、专业学位授权点11个（其中工程硕士专业学位授权点含22个工程领域）。

图书馆

学校有教职工3 088人，专任教师1 895人。其中中国工程院院士5人（含双聘院士3人），国际欧亚科学院院士1人，荷兰皇家科学院院士1人，国家“千人计划”特聘教授2人，国家科技三大奖获得者5人，“长江学者”特聘教授2人，国家杰出青年基金获得者5人（含讲座教授1人），“新世纪百千万人才工程”国家级人选5人，教育部“新世纪优秀人才支持计划”人选8人，享受国务院政府特殊津贴专家119人，博士生导师208人。2个团队入选教育部“长江学者和创新团队发展计划”，12个团队入选“福建省高校科技创新团队培育计划”。学校有全日制学生近50 000人，其中普通本科一批学生21 500余人，各类研究生7 700余人（其中博士生近500人）。

学校拥有2个国家级人才培养基地、3个国家级实验教学示范中心、1个国家人才培养模式创新实验区、3门国家级精品课程、1门国家双语教学示范课程、7个国家级特色专业、1个国家级教学团队以及10个省级研究生教育创新基地。学校是教育部“卓越工程师教育培养计划”改革试点高校及教育部“国家大学生创新性实验计划”实施高校。2010年，学校成为全国专业学位研究生教育综合改革试点单位，并成功跻身全国50所工程硕士研究生教育创新高校。“十一五”以来，学校荣获国家级教学成果奖二等奖1项，省级教学成果奖8项，本科生参加各类学科竞赛获50项国际奖，758次国家级奖。

教育部与福建省共建福州大学签字仪式

学校有省级以上科技创新平台52个，即1个化肥催化剂国家工程研究中心，1个国家环境光催化工程技术研究中心，1个平板显示技术国家地方联合工程实验室，1个土木工程防震减灾信息化国家地方联合工程研究中心，1个省部共建国家重点实验室培育基地，3个省部共建教育部重点实验室，1个教育部工程研究中心，43个省级工程（技术）研究（设计）中心、工程实验室及开发研究基地。“十一五”以来，学校获各类科技项目4 500余项，科研资助经费接近8.3亿元；科技成果获省部级以上奖项120余项；国家专利授权总量592余件；科技论文被三大检索系统收录4 100余篇；对外签订技术合同1 300余项，实际到校经费2.4亿余元。学校是科技部批准的国家技术转移示范机构的高校。

学校已与国内许多高校、科研院所建立了良好的校际、校所协作关系，与19所台湾地区大学和美、英、德、法、俄、日、韩等国家的20多所高校建立了校际协作关系，建有国内首个西方文献典籍中心——“西观藏书楼”，成立了国际汉学研究院。

学校确立了走区域特色创业型强校之路的办学理念，正朝着建设具有较强学科相对优势，体现教学研究型办学特色和开放式办学格局的我国东南地区强校的奋斗目标大步迈进，努力为国家和海峡西岸经济区建设作出更大的贡献。

河南省南阳工业学校

领导班子照片

河南省南阳工业学校创建于1960年，是经河南省人民政府批准成立的一所以工科专业为主要发展方向的公办普通中等专业学校，是国家级重点中专、河南省示范性行业职业学校、第一批国家中等职业教育改革发展示范学校立项建设单位。

学校占地面积123余亩，建筑面积8万余平方米。有教职工280人，其中专任教师175人，省、市级教学能手、学科带头人32人，专业课教师105人，“双师型”教师占专业课教师比例达90%以上。开设有机电技术应用、数控技术应用、汽车运用与维修、机械制造、模具设计与制造、计算机应用、计算机网络技术、国际商务、市场营销、金融管理等22个专业，其中机电技术应用、数控技术应用、计算机应用3个专业是河南省重点专业。

近年来，学校深入贯彻落实党和国家的教育方针，牢牢把握国家实施职教攻坚计划的大好时机，加大资金投入力度，积极改善办学条件，先后建成实习工厂和汽车专业实训基地，分门别类，整合资源，建成机加工车间、数控加工车间和模具拆装实训室、数控编程/仿真实训室、单片机实训室、PLC实训室等27个功能完善的实习、实训室。倡导“在做中学，在学中做”的教学理念，不断深化教学改革，积极搭建一体化教学平台，大力推行现场教学、案例教学、模块化教学等，着力提高教学水平。配合国家、省、市有关惠民政策，积极实施“送教下乡”、“送教进厂”活动，持续开展“金蓝领计划”培训、下岗职工再就业技能培训、退役士兵技能培训及移民安置培训等，年均各类技能培训达3 000人次以上。高度重视毕业生就业安置工作，与省内外60多家知名企业开展校企合作，建立稳定的校外实习基地，确保毕业生能够对口实习、全部安置。

机加工车间一角

先进的数控设备

建校50多年来，学校为社会培养了3万余名优秀毕业生，为省、市经济建设和社会发展作出了突出的贡献。学校先后被评为河南省职教攻坚计划先进单位、河南省文明单位、河南省思想道德建设工作先进单位等。

以师带徒

精益求精

丰富的校园文化生活

湖北科技学院

揽月湖

▲ 湖北科技学院党委常委合影

湖北科技学院是一所具有74年办学历史、34年本科教育经验和16年联合培养硕士研究生办学经历的省属高校。学校原名咸宁学院，2011年12月，经教育部、湖北省政府同意，更名为湖北科技学院。

学院位于有着湖北南大门、武汉后花园和“香城泉都”之称的咸宁市市区，占地面积1760亩，建筑面积65万平方米。校园内处处竹枝摇曳，桂影婆娑，一汪揽月，湖水碧波荡漾，杨柳依依，是典型的江南山水园林校区，是湖北省花园式学校。

▲ 台湾万能科技大学董事会庄晨先生一行到学校考察交流

学院有教职工1 324人，其中专任教师966人，教授84人，博士92人，博士生、硕士生导师38人；有特聘院士2人、“楚天学者”5人、“彩虹学者”2人、“揽月学者”7人；有享受国务院政府特殊津贴、湖北省政府专项津贴的专家和湖北省有突出贡献的中青年专家20余人，全国优秀教师3人。设有教学院部18个，本专科专业及专业方向80个，涵盖了经济学、教育学、文学、历史学、理学、工学、农学、医学、管理学、艺术学等10大学科门类，其中，药学是能授予硕士专业学位的专业。学院拥有国家特色专业建设点3个，省级重点学科1个，省级优势特色（培育）学科2个，“楚天学者”设岗学科4个，省级战略性新兴产业专业计划项目2个，省级重点实验室和基地3个，省级实验教学示范中心5个。

▲ 湖北省领导到医药研究院指导工作

▲ 学校与美国Altera公司签订联合共建实验室协议

学院弘扬“以学为本、克难奋进”的精神，践行“弘德、博学、敏行、敢先”的校训，以学科建设为龙头，以专业建设为基础，以人才队伍建设为核心，以人才培养质量为根本，以体制改革创新为先导，以搭建教学科研平台为重点，以优化办学条件为保障，走“理论与实践相结合、产学研相结合、融入地方与面向国际相结合”的发展道路。深化改革，锐意创新，克难奋进，好中求新，在党建工作、学科建设、科研工作、教学工作、学生工作等各方面都取得了优异的成绩。学院先后被授予“全国群众体育先进单位”和“湖北省最佳文明单位”等荣誉称号。

▲ 学校特聘院士走访医药研究院

几经沧桑雄风在，弦歌不断铸校魂。桂园向来多才俊，再展辉煌定可期。“十二五”期间，学院确立了“质量立校，人才强校，举科技旗，走特色路”的办学方针和“彰显特色，科技优先，实现跨越”的发展主题。全院师生员工正上下一心，紧锣密鼓，共同努力，为把学校建设成为特色鲜明的湖北科技大学而努力奋斗！

武昌工学院

WUCHANG INSTITUTE OF TECHNOLOGY

武昌工学院是湖北省2012年唯一获批转设的普通本科高校，原名武汉工业学院工商学院，面向全国招生。学校以工学为主，涵盖工学、管理学、经济学、文学、艺术学五大学科，设有机械工程系、信息工程系、土木工程系、食品科学与工程系、经济学系、管理学系、会计学系、语言文学系、艺术与设计系、基础课部、思政课部11个教学系（部），55个本（专）科专业。学院有600余名教师、价值6 000多万元的教学仪器设备。学院办学条件完善，校园秩序和谐，是11 000余名学子孜孜求学的理想殿堂。

学院位于武汉市中心城区，北邻武昌火车站，交通便捷。校园占地面积745亩，校舍建筑面积35万平方米，固定资产6. 7亿元；教学所需的各类现代教育技术装备齐全，多媒体教室、语音室座位数分别为11 000余个和732个；专供学生实验用计算机1 803台。建有工程实训中心等16个大类、88个小类的实训实验室，72个校外实习基地，能够满足全校各专业学生实习和实训需要。图书馆纸质藏书100万册，电子图书80万余册，在订报刊1 500余种。拥有完备的田径运动场、体育馆、篮球场、网球场、羽毛球场等运动设施和学生公寓、学生食堂、大学生活动中心等生活设施。

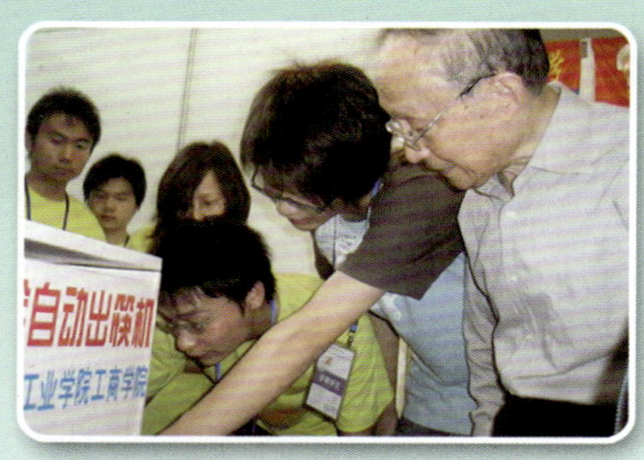

▲ 中国科学院院士、原华中科技大学校长杨叔子教授（右一）参观学院在湖北省大学生机械创新设计大赛上的展示

近年来，学院师生公开发表论文401篇，出版著作80余部，学生获“挑战杯”等省级及以上科研奖项200多项、400多人次。在全国范围内建立了百余个稳定的就业基地。毕业生因综合素质高、动手能力强、思维活跃、锐意创新而广受社会欢迎，并在各条战线上崭露头角。毕业生足迹遍布国家电力、冶金、石油、石化战线和国防科工、公安系统等国家机关、企事业单位；有些毕业生成为优秀的大学生村官，或热心支教，或参军报国，或自行创业等；有些毕业生考上重点大学硕士研究生或出国深造。应届毕业生就业率达90%，用人单位满意度达100%。学院的公信力和美誉度显著上升，社会媒体多次报道学校办学成绩，各级政府领导及百余所国内外高校领导、专家莅临学院调研、交流，并给予高度评价。

▲ 武昌工学院揭牌暨十周年校庆庆典

▲ 湖北省领导为学院颁奖

▲ 学院举行备受中央电视台、新华网、人民网等新闻媒体关注的“雷锋式大学生接力救人集体”表彰大会

厚德 笃学 自强 求新

新校区鸟瞰

武漢城市職業學院

WUHAN CITY VOCATIONAL COLLEGE

武汉城市职业学院（武汉工业职业技术学院）位于有“九省通衢”之称的湖北省武汉市，是由武汉市政府主办的面向全国招生的全日制综合性高等职业学院。

图书馆

学院前身是创立于1904年由清末湖广总督张之洞创办的两湖总师范学堂，是湘鄂两省近代师范教育的发端。2003年，更名为江汉大学实验师范学院，培养小学、幼儿园教师；2007年，由省人民政府批准更名为武汉城市职业学院；2010年6月，湖北省人民政府再次批准，武汉城市职业学院与武汉工业职业技术学院（前身为中国一冶职工大学）合并，组建新的武汉城市职业学院。

在百余年的办学历史中，学院以办学特色鲜明、办学质量上乘而在全国同类院校中闻名遐迩。学院扎根于“修为求实、通博致用”的职业教育地基之上，与时俱进，具有“引领城市文化、服务工业文明”的办学灵魂。学院是教育部命名的“师范教育先进学校”，湖北省教育厅组织评估的“办学水平优秀学校”，为国家培养输送了大量小学、幼儿园教师和生产、建设、服务和管理第一线的高素质技能型人才，形成了鲜明的办学特色。

音乐厅

学院有两个校区，汤逊湖校区（南区）坐落于武汉黄家湖高校新园区，濒临风景优美的汤逊湖。马湖校区（北区）坐落在风景秀丽的狮子山麓、野芷湖畔。两校区总占地面积约1 180亩；校舍建筑面积50万平方米；全日制在校生17 000余人。学院具有良好的办学条件，拥有一支结构合理、师德高尚的师资队伍，有教职工820余人（其中专任教师约450人）。学院有先进的教学、实验设施，有校内实训室118个，校外实训基地160余个，馆藏图书83万余册，现代化信息网络系统覆盖全校。优良的教学设备为学院人才培养、科学研究和社会服务提供了强有力的支撑。

学院专业门类齐全、特色鲜明，涉及文、理、工、教育、管理、艺术、经济七个门类。设有学前教育学院、初等教育系（公共课部）、文化创意与艺术设计学院、公共服务与旅游系、财经学院、外事外语系（国际教育学院）、电子信息工程学院、汽车技术与服务学院、建筑工程学院、机械工程与电气自动化学院、继续教育学院（职业技能鉴定所）等11个院系，开设有小学教育、学前教育、汽车检测与维修、建筑工程技术、计算机网络技术、动漫设计与制作、商务英语等60多个专业，其中有两个中央财政支持的重点专业、一个教育部校企合作项目、2个省级质量工程建设项目、12个市级重点专业、2个“楚天技能名师”设岗。

空乘服务实践

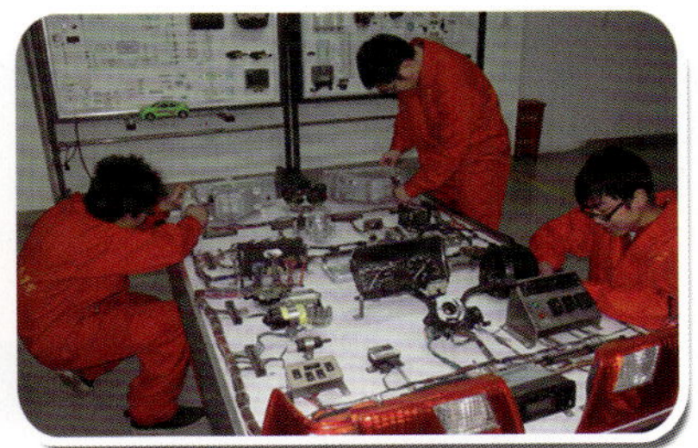
检修专业实习

学院是湖北省、武汉市教育系统教师重要培训基地，是建设行业技能型紧缺人才示范性培养培训基地和中国冶金科工集团高技能人才培养基地。拥有国家职业技能鉴定所培训鉴定资质、建设部批准的二级培训资质、湖北省劳动和社会保障厅、安全厅批准的冶金建设国家职业技能鉴定资质、湖北省财政厅批准的会计电算化培训资质、湖北省建设厅批准的建设类“十一大员”培训资质。

学院坚持面向社会、开放办学。注重校企合作和国际交流与合作，先后与多家世界五百强企业建立了稳定的合作关系，并实行“订单”（定向）培养模式，与美国、英国、韩国、新西兰、澳大利亚等国家和我国台湾地区的大学签订了合作办学协议，邀请外籍专家到学院任教、讲学，选派教师出国进修，在国际学术交流中不断提升学校的核心竞争力。学院实行“工学结合”的人才培养模式，为实现学生在校学习与专业的无缝对接，学院科学设计了“双证融通”的课程体系，并采取“教学做”一体化的教学模式。近年来，学院学生荣获44项国家级职业技能竞赛一、二、三等奖。广大毕业生以职业道德好、综合素质高、专业技能强深受用人单位的好评，就业率达95%以上。

学院将继续坚持以邓小平理论、“三个代表”重要思想和科学发展观为指导，全面贯彻党的教育方针，坚持以服务为宗旨、以市场为牵引、以就业为导向，走产学研结合的道路。秉承百年师范求真尚德之风，弘扬高职教育创新务实之魂，以我国工业化、城镇化趋势为契机，面向城市社区，面向新城区，面向武汉“1+8”城市圈，覆盖全省，辐射全国，培养应用型、综合型的高素质实用人才，把学院建设成为质量优良、全省一流，在全国具有影响力的高职院校。

小学教学实践

武汉市财政学校

Wuhan Finance School

武汉市财政学校是一所培养中、初级现代财经商贸服务业人才的国家级重点中专学校，其前身为"武汉会计中等技术学校"，1953年6月更名为"武汉市财政学校"。五十九年风雨兼程，学校走过了"两落三起"、"六易其址"的曲折道路，最终在职业教育领域里取得了瞩目的成绩，为武汉市及周边地区培养了大批优秀财经商贸专业人才。2011年，学校被确立为国家中等职业教育改革发展示范学校立项建设单位。

校长崔亮（左一）为学生发放资助卡

学校占地202亩，建筑面积9万多平方米。校园环境优美、花木葱茏。建有设备先进、环境逼真的多功能一体化财经商贸类专业实训中心，拥有标准塑胶跑道体育场、室内羽毛球馆、网球场、篮球场、健身房等体育活动设施。校园网连接到每个工作、学习和生活场所，校园一卡通畅达学校每个学生服务领域。多媒体教学设备配备到每间教室，冷暖空调安装到每间学生公寓，监控设备覆盖各个公共活动空间。

2011年文化节学生表演

音乐情景剧《青春飞扬》

学校有专任教师170余人，拥有高级讲师、研究生、注册会计师、注册税务师、高级经济师等专业人才100多人，"双师型"教师比例达到83.9%；享受武汉市政府专项津贴专家、武汉市"职教名师"、省级骨干教师、市级学科带头人、市优秀青年教师共21人。

学校开设会计、会计电算化、金融事务、物流服务与管理、会展服务与管理、计算机动漫制作、商务助理、酒店服务与管理、市场营销等九大专业。其中会计、金融事务、物流服务与管理3个专业为省级重点专业，会展服务与管理专业为市级重点专业。物流专业被教育部确定为"全国物流职业教育人才培养基地"，会计专业被湖北省教育厅评为"省级品牌专业"，物流专业实训基地被湖北省教育厅列为省级重点实训基地。

教学中面向全体学生实施"会计账务、银行柜员实务、超市收银实务、物流仓储实务、现代办公设备操作、礼仪与沟通方法"六项就业技能培养，努力打造学生核心就业能力，以适应不断变化的经济发展动态中的职业角色。会计专业推行全仿真模拟报税实训教学，弥补了现行会计教学中的短板，将会计与纳税申报的实训进行有机的结合，学生在胜任会计岗位的同时，也能满足企业报税岗位的需要。近几年，学生获全国职业院校技能大赛中职组会计专业技能大赛一等奖2个、二等奖5个，物流专业技能大赛一等奖1个、二等奖5个、三等奖3个。

物流叉车实训

会计技能比赛

学校秉承"德育为先、能力为重、健康成长"的人才培养理念，注重学生综合素质和就业能力同步提高。被列为国家级改革发展示范校特色建设项目的"魅力女生"课堂及学校开办的戏剧社、文学社、演讲社、礼仪社、动漫社、书画社、合唱团等丰富多彩的学生社团活动重在培养学生健康的审美情趣、良好的生活技能和得体的仪容举止，已成为学生"发展兴趣、培养能力、打造就业优势"的重要平台。学校先后两次被评选为武汉市共青团工作"十佳示范学校"。2011年，在教育部全国中等职业学校文明风采比赛中获一等奖1个、二等奖3个、三等奖4个；在武汉市中职学校庆祝建党90周年"党旗漫卷　惟楚有才"风采展示比赛中，学校音乐情景剧《青春飞扬》荣获一等奖；在武汉市中小学普通中专学生田径运动会中再获中专组团体总分第一名；在湖北省职业院校"书香伴我行"读书征文比赛中获1个一等奖。近年来，在校生规模为4 000人左右。学校近四年均被评为"武汉市招生就业工作先进集体"。

学校不断开拓进取，赢得了政府、用人单位、学生、家长和社会各界的普遍好评。2011年，学校连续第三次被评为省级"文明单位"，还被评选为武汉市"群众满意的中小学"、"师德建设十佳集体"。学校是教育部全国财政、物流两个职业教育教学指导委员会委员学校、湖北省中等职业学校财经商贸类专业中心教研组组长学校、武汉市中等职业教育工作委员会副会长学校。

湖南工业大学是一所以工科为主，工、理、管、文、经、法、艺等多学科协调发展的综合性大学，是经教育部批准的省属公办普通本科院校，其前身为株洲工学院；2006年，升格为湖南工业大学。2003年，获得硕士学位授予权；2009年，获得外国留学生招生资格；2008年，被教育部评定为本科教学工作水平优秀高校；2011年，申报博士点获重大突破。学校以包装教育为特色，是我国第一个被国际包装协会（IAPRI）接纳的会员单位，是教育部全国普通高校包装工程专业教学指导分委员会、中国包装联合会包装教育委员会主任单位。

机械土木楼

学校位于长株潭两型社会综合改革试验区，是一座以现代工业文明为主的生态宜居城市。学校距高铁站8分钟、长沙黄花国际机场30分钟车程，交通十分便利，校园环境幽雅。学校占地面积3 832亩，图书馆新馆面积3.7万平方米，馆藏图书300余万册，其中纸质图书200多万册，电子图书4 096GB；多媒体教室和语音室共有座位24 083个。

学校有教职员工2 526人，专任教师1 764人，其中教授285人，副教授666人，博士194人，硕士生导师264人，博士生导师10人，聘有两院院士6人。

湖南省领导听取学校领导关于校区建设规划情况汇报

学生在陶瓷材料实验室做试验

校长王汉青在中国国际包装论坛上作主题发言

电工电子教学实验室

机械基础教学实验室

学校设有17个教学院（部）和1个独立学院、56个本科专业；拥有11个一级学科硕士学位点，涵盖49个二级学科硕士学位点，9个硕士研究生专业学位的授权领域。学校拥有国家级特色专业4个、省级特色专业12个，省级重点专业8个、国家级实验教学示范中心1个，省级基础课示范实验室6个，省级优秀实习教学基地15个。

近年来，学校共承担国家级、省部级教改项目159项；获国家级、省级教学成果奖36项。全日制在校生34 562人。

学校科学研究能力不断提升，承担国家“863计划”项目、国家自然科学和社会科学基金项目83项、省部级科研项目892项。“受限空间多相流动传热与传质机理研究”获2009年湖南省自然科学奖一等奖。学校与英国伍斯特大学签署的4个中外合作办学项目获教育部批准，每年可招收学生600余人。

包印实验综合楼

中南林业科技大学

Central South University Of Forestry and Technology

求是求新　树木树人

湖南省领导视察学校并与师生亲切交谈

近年来，中南林业科技大学党委团结带领全校共产党员和广大师生员工，与时俱进，开拓创新，各项事业蓬勃发展，建设与改革发展取得丰硕成果，高质量地完成了“十一五”发展规划的各项任务。学科引领取得突出效果，博士点、硕士点数量大幅增长，人才培养质量稳步提升，科技项目立项和科研成果获奖逐年递增。在湖南省研究生培养过程质量评估中获得“优秀”，学校首次进入湖南省一本招生高校行列，成功入选中西部高校基础能力建设工程，国家工程实验室等10多个国家和省部级科研教学平台陆续落户学校，各项事业呈现良好发展局面。

——办学规模逐步扩大。学校有全日制在校学生3.7万人，其中本专科生3.5万人，研究生2 000余人，较“十一五”期间在校生人数增长了12.5%，本科生人数增长了32%，研究生人数增长了109%。

第24届“亚洲杯”乒乓球赛在学校举行

——学科建设成绩斐然。“十一五”期间，国家重点学科由1个增加到3个，省部级重点学科由5个增加到11个，新增率居省属高校之首：一级学科博士点由2个增加到5个，二级学科博士点由12个增加到33个；一级学科硕士点由4个增加到13个，二级学科硕士点由38个增加到71个；博士后科研流动站由2个增加到3个。拥有1个国家重点野外科学观测实验站，2个国家工程实验室（南方林业生态应用技术国家工程实验室、稻谷及副产物深加工国家工程实验室）。

——师资队伍建设不断加强。专任教师由828人增加到1 229人，其中具有博士学位的教师由57人增加到380人，占31%；具有硕士学位的教师由374人增加到1 044人，占85%；高级专业技术职务教师数量从388人增加到779人，占63.4%。有博士生导师117人，硕士生导师485人。

湖南省第九届大学生运动会在学校举行

——人才培养质量稳步提升。人才培养质量位居全国同类院校前列，学生先后获得中日韩“世博家园杯”风景园林设计竞赛金奖、全国大学生英语竞赛一等奖、“挑战杯”全国大学生课外学术科技作品竞赛二等奖等奖励。学生英语过级率、考研升学率逐年提升。毕业生基础知识牢固、专业技能扎实、实践能力强、勇于创新，就业率保持在90%以上，居省属高校前列。学校先后获得全国优秀博士学位论文提名奖2篇，省优秀博士学位论文7篇，省优秀硕士学位论文33篇。2008年，学校获得硕士研究生推免权。

学校承办第九届“挑战杯”大学生课外学术科技作品竞赛终审决赛

——科学研究和社会服务成绩显著。学校先后承担各级各类科研项目2 000余项，年均科研经费达1亿元。获国家科技进步二等奖、省科技进步一等奖等省部级以上奖励28项。产学研合作不断深化，与全国27个市（县、区）政府、多个林业厅（局）和科研院所在经济林、木材加工、家具与室内装饰、生态、旅游、风景园林等领域开展体现自身优势和特色的合作。

同时，学校高度重视党的建设与思想政治工作，大力加强校园文化传承创新，着力提升大学软实力，取得了一系列成果。学校先后荣获“湖南省党建工作先进高校”和“湖南省高校党建研究工作先进单位”等荣誉称号；获2010年省高校校园文化建设优秀成果奖2项，全国大中专学生暑期“三下乡”社会实践活动先进单位称号3次，“湖南省先进单位”荣誉称号5次。“以学生为本”的教育理念得到了较好的体现，营造了良好的校园氛围。全校师生员工拧成一股绳，珍惜学校来之不易的成绩，并不断开创新的业绩。

長沙醫學院

长沙医学院是2005年3月经教育部批准的全日制普通本科院校，是全国第一所医学类民办普通本科院校，也是国内首家招收医学留学生的民办普通本科高校。

学校占地1 090亩，分为长沙、衡阳两个校区。有在校学生1.6万余名，教师1 320余名。学校下设15个院（系、部），一所直属附属医院和一个职业技能鉴定所，开设22个本、专科专业，面向全国31个省、自治区、直辖市招生。

图书馆

实验楼

学校校门

专家治校 质量铸品牌

立志科教兴国、不断开拓创新的专家型领导团队是推动学院科学发展、做大做强的关键。学院领导志存高远，坚持“千年长医，济世惠民”的办学宗旨，坚持“办学以教师为本、教学以学生为本”的办学理念，坚持医学与人文相通、博学与专精兼取、理论与实践并重的教育思想，弘扬“厚德、博学、储能、求真”的校训精神，带领全体“长医人”锐意进取，不断创新，教育教学质量连创佳绩，学校不断实现新跨越。2007年，学院被教育部评为“全国民办高校教育教学质量20强”；2008年，在中国网络大学排行榜中，学院位列全国民办本科院校第一名；2009年，学院获得学士学位授予权；2010年，学院与中南大学联合培养基础医学硕士研究生；2011年，学院顺利通过教育部本科教学工作水平评估，并受到专家的一致好评和高度赞扬。

大师治学 特色育英才

学院实行大师治学，教授执教。百余名国内医学界和教育界的知名专家学者、数十位留学欧美的海归学者、一大批毕业于清华大学、北京大学和中南大学等80余所高校的博士、硕士研究生在校任教，形成一支老、中、青结合，结构合理，学科齐全的高水平师资队伍。教师队伍中有外籍教师4人，教授193人，副教授463人，博士84人，硕士585人，全国教育系统先进工作者、劳动模范、全国优秀教育工作者1人，享受国务院政府特殊津贴专家9人，全国优秀教师1人，青年教师教学能手6人，获省级教学贡献奖1人。

学生宿舍

不懈追求 办人民满意好大学

学院始终以办人民满意的好大学为己任，多年来为之不懈追求。

办学条件日益完善。实验大楼配备了价值近亿元的现代化教学仪器设备，有各类实验室388间。多媒体教室103间，语音室17间，校园网全覆盖，学生生活设施齐全。图书馆纸质图书137.17万册，电子图书80.5万册，中外文期刊2 000多种，拥有54个中外文数据库。有直属和非直属附属医院14所，实习医院100余所，实习床位2万余张。学校新建的第一附属医院为三级甲等综合医院。

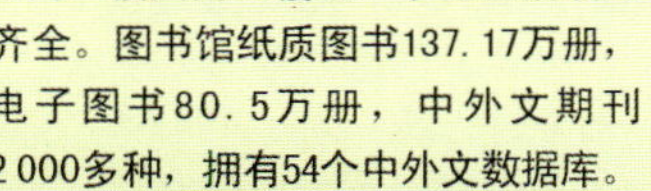

办学实力不断提升。拥有“国家级特色专业”、“省级特色专业”、“省级重点建设学科”、“省级示范实验室”、“省级精品课程”、“省级优秀教学团队”和“省级优秀实习基地”等一大批国家和省级质量工程项目。

科研实力不断增强。近年来，学院主持国家自然科学基金项目、全国教育科学规划课题和省部级科研课题200余项；主持湖南省普通高等学校教学改革研究项目31项，获各类成果奖100余项，在SCI等权威刊物发表论文数百篇。

一流的师资队伍，完善的办学条件，良好的教学质量，诚信的办学声誉，赢得了社会的广泛认可，毕业生就业率保持在95%以上，在同类高校中名列前茅。

喷泉广场

附属医院

湖南永州职业技术学院是2000年7月经湖南省人民政府批准、教育部备案，由零陵卫校和零陵农校合并升格而成。为整合永州教育资源，2003年6月，经湖南省人民政府批准，将原零陵商校、零陵工校、零陵师范三所普通中专成建制并入。

学院占地面积3 362亩，建筑面积47万平方米，固定资产总值11亿多元，其中仪器设备价值1.5亿元、馆藏图书82万册。在职教职工908人，其中正高职称69人、副高职称269人；具有博士、硕士学位的教师162人，专任教师中“双师”素质教师比例达75%。有国家级优秀教学团队1个、省级优秀教学团队3个。学院开设了40个高职大专专业，涵盖了医学、农学、财贸、理工、机电、建筑、汽车、教育等学科门类，面向全国28个省、区、市招生，在校学生1.6万人。学院有2个国家级教改试点专业、5个国家重点建设专业、2个国家普惠性重点建设专业（医学影像技术、机械制造与自动化）、8个省级精品专业和教改试点专业、2个省级示范特色专业。建有年产2万头生猪的集约化生态养猪场和设有508张床位的三级综合性附属医院。

团结务实的领导班子

中南大学湘雅医院护理人才合作培养学院授牌仪式

学院自组建以来，坚持“立足永州，服务三农”的办学定位，致力于为地方经济和社会发展培养高素质、高技能专门应用型人才，走出了一条“以服务求支持，以贡献求发展”的办学新路子。通过多年探索，构建了“五四四”办学模式，即坚持“学、研、产、训、推”五字结合，实行“学业、产业、就业、创业”四业贯通，达到“培养一个学生，致富一个家庭，带动一方群众，繁荣一方经济”的“四个一”的人才培养目标，形成了鲜明的办学特色，取得了显著的办学业绩。

对外交流

2011年高校毕业生专场招聘会

庆祝建党90周年大型“红歌会”

学院先后获得全国职业教育先进单位、全国高职高专人才培养水平评估优秀学院、湖南省文明高校、湖南省职业教育先进单位、湖南省普通高校就业工作先进单位、湖南省普通高校就业工作“一把手”工程优秀单位、湖南省普通高等学校党建工作先进高校、湖南省普通高校大学生思想政治工作优秀单位、湖南省普通高校大学生心理健康教育先进单位、湖南省首届“黄炎培职业教育奖”优秀学院、湖南省普通高校党风廉政建设先进单位、全国普通高校学籍学历管理工作先进集体、国家教学成果一等奖等20多项荣誉。2010年，学院通过国家示范院校省级和国家级验收，并被确定为国家示范性高等职业院校。

廣東科技學院

广东科技学院全景

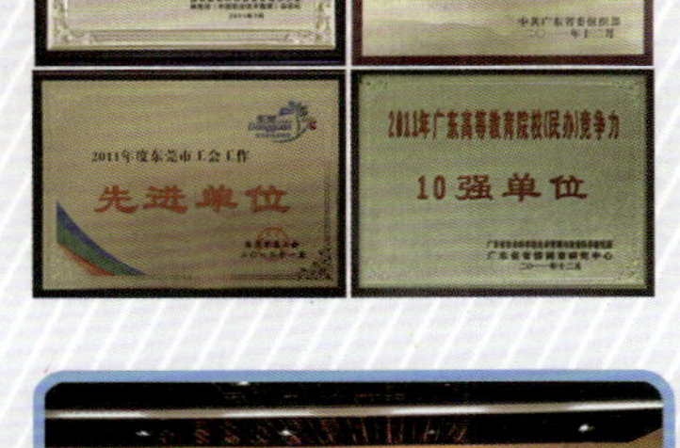

【学院概况】

广东科技学院是一所经教育部批准设立的全日制普通本科院校。

学院占地面积906亩，总建筑面积40多万平方米。已建成多个设备先进、配套完善的大型实训中心，教学仪器设备总值近亿元，建有校内实验实训室130余个，其中汽车检测与维修实训基地被广东省教育厅评为省级实训基地。

学院牢牢把握为广东经济社会发展服务的办学方向，根据区域经济社会发展需要，不断优化专业结构，培育品牌专业和特色专业，初步形成了具有自身特色的专业体系和布局。

2007年，学院被广东省教育厅评定为“广东省职业技术教育综合改革推进计划”试点学院。2006—2011年连续6年荣获“广东省民办高校竞争力十强单位”。2011年，被中国民办教育协会授予“中国民办高等教育优秀院校”称号。

学院更名挂牌庆典

【师资建设】

学院坚持贯彻“积极引进，加强培养”的指导思想，大力加强师资队伍建设，为学院的健康发展提供了坚实的人才保障。

学院进一步加强专业带头人、骨干教师队伍建设。对2010年度专业带头人、骨干教师任务完成情况进行审核及评分，并选聘了新一年度的专业带头人（课程负责人）及骨干教师。

2011年，学院全面推行中层干部岗位竞争上岗，所有管理部门的中层干部岗位重新竞聘，一批更有思考力、创新力、执行力的人才脱颖而出，为学院的事业建设和发展提供了坚强有力的组织保障。

学生在汽车检测与维修实训基地实训

【教学科研】

学院不断深化教学科研改革，教学质量得到明显增强，科研水平稳步提升。2011年，学院精品课程建设取得突破性进展，计算机系课程“ASP. NET程序设计”被广东省教育厅评为省级精品课程，实现了省级精品课程零的突破。学院不断加大科研激励制度，教师科研的积极性和水平不断提高。2011年，学院被教育部中国教师发展基金会评为“十一五”全国教育科研先进单位。

学院积极组织探讨应用型本科人才培养模式改革，组织教师进行本科理论学习，对学院本科人才培养的类型、定位、教学模式进行了研究与探讨。

学院以整班为单位，成建制组织学生到华坚集团实习

【党群工作】

2011年，学院党委围绕学院中心工作，进一步推进创先争优活动，提升党建工作科学化水平。学院党委荣获东莞市“五星级”党组织、“东莞市先进基层党组织”、“广东省社会组织先进党委”、广东省“‘两新’百强”党组织等荣誉称号。

在学院党委领导下，群众工作取得新的进展。学院不断完善民主管理制度，丰富教职工业余文化生活，主动为教职工排忧解难，在广大教职工中间营造了爱校荣校、共谋发展的和谐氛围。

学院第一次党代会参会人员合影

图书馆

广东石油化工学院

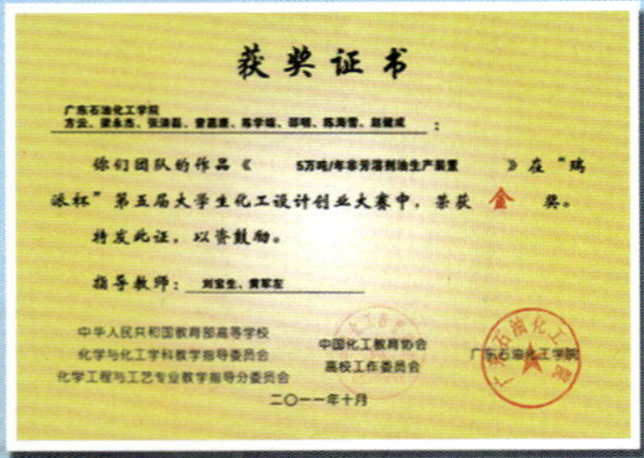

获奖证书

广东石油化工学院
[illegible]：

你们团队的作品《 [illegible] 》在“[illegible]杯”第五届大学生化工设计创业大赛中，荣获 金 奖。

特发此证，以资鼓励。

指导教师：[illegible]

中华人民共和国教育部高等学校化学与化工学科教学指导委员会化学工程与工艺专业教学指导分委员会　中国化工教育协会高校工作委员会　广东石油化工学院

二〇一一年十月

学生参加第五届全国大学生化工设计创业大赛荣获金奖

广东省科技厅领导在学院党委书记关志强（左一）、校长张清华（左三）陪同下，考察广东省石化装备故障诊断重点实验室

2012年6月9日，学院艺术系合唱团参加德国国际合唱节，喜获“民乐、世界音乐组”金奖和“表演类音乐组”第二名

学生参加2011年全国大学生物理教学技能大赛获特等奖

师生在广东高校石油化工污染控制与清洁生产工程技术开发中心的工业循环水处理模拟装置前进行实践教学

广东石油化工学院是广东省属普通本科院校，也是华南地区唯一一所以石油化工为特色的高校。学校坐落在我国南方最大的石油化工生产基地、美丽的南方海滨城市——广东省茂名市。

学院的办学历史可追溯到1954年创办于广州的华南工学院（现华南理工大学）附设工农速成中学。随后历经石油工业部广州石油学校、广东省石油学校、华南石油学院、广东石油学院、中南石油学院、广州石油学校、广东石油学校、广东石油化工专科学校、广东石油化工高等专科学校等办学阶段。1965年1月，学校为配合茂名石化建设，迁往茂名。1998年1月，学校由中石化总公司划转广东省。2000年3月，广东石油化工高等专科学校和1970年创办的广东茂名教育学院合并升格为茂名学院。2010年5月，茂名学院更名为广东石油化工学院。

学院开办有42个本科专业，全日制在校生18 500多人，教职工1 100人，其中教授、副教授职称教师350人，具有博士、硕士学位的教师450人，广东省高等学校“千百十工程”省级培养对象5人。

近年来，学院坚持以科学发展观为指导，以建设“以工为主，石油化工特色鲜明、优势突出，多学科协调发展，在省内外具有较大影响的本科院校”为目标，深入实施“协调发展、内涵发展、特色发展”三大战略，实现了跨越式发展。学院被教育部列为“卓越工程师教育培养计划”试点高校，拥有1个国家级特色专业建设点、5个省级特色专业建设点，3门省级精品课程，1个省级教学团队，4个省实验教学示范中心示范性项目。拥有省级扶持学科（化学工艺学科）、广东省石化装备故障诊断重点实验室、广东高校石油化工污染控制与清洁生产工程技术开发中心、广东高校石油化工装备故障诊断与信息化控制工程技术开发中心、广东省冼夫人文化研究基地等一批高层次学科、科研平台。承担国家自然科学基金项目、广东省自然科学基金重点项目、省部产学研合作项目、茂名市重大科技项目及茂名石化公司科技攻关项目等近500项，外源科研经费总量超过6 000万元。获广东省科技奖二等奖2项、茂名市科技奖及哲学社会科学优秀成果奖等奖励78项，获专利授权80件。与茂名石化公司等省内外32家企事业单位建立了产学研合作关系。与英国北安普顿大学、知山大学，法国高等计算机与电信工程师学院，香港浸会大学，澳门科技大学，台湾大仁科技大学等10多所高校建立了校际合作关系。学院先后荣获“全国普通高校毕业生就业工作先进集体”、“2009年全国毕业生就业典型经验高校”、“全国普通高校毕业生预征工作先进集体”、“全国教育系统关工委先进集体”、“全国志愿服务先进集体”等荣誉称号。

地　　址：广东省茂名市官渡二路139号
邮　　编：525000
电　　话：0668-2923716
传　　真：0668-2873904
网　　址：http://www.gdpa.edu.cn/
电子邮箱：gupt2923362@163.com

广州市旅游商务职业学校

导游专业学生实习

动漫专业学生上机实操

广州市旅游商务职业学校是全国首批国家级重点职业学校、广州2010年亚运会合作伙伴单位、首批“国家中等职业教育改革发展示范学校”项目建设学校，是中国职业技术教育学会理事单位、广东省职业技术教育学会副会长单位、广州市教育学会副会长单位。

学校交通便捷，校园环境幽雅，教学设备完善，实操场地充足，办学成绩显著。学校有石溪校本部和前进路教学区，总面积达150亩。学校以培养中级技术人才和中级服务管理人才为目标，设立了旅游管理、商务外语、烹饪、经济管理、传媒与形象设计五个系；开设了酒店服务与管理，导游服务与管理，商务英、日、法、德语，烹饪（中式烹饪、西餐、日餐），财经（会计、金融），国际商务，物业管理，电子商务，动漫设计，传媒技术，美容美发与形象设计等十多个专业。酒店服务与管理、导游服务与管理和烹饪专业是广东省重点专业。

学校实行“校店合一”的办学模式，坚持“以学生为本、以就业为导向”，注重与行业和市场紧密联系，成立了“广州市旅游商务职业教育集团”，与白天鹅酒店集团、广州岭南集团、花园酒店、东方宾馆、中国大酒店、亚洲国际大酒店、长隆酒店、广之旅、南湖国旅等五星级酒店、旅游企业建立密切的合作关系。学校附设机构有广州市成人教育培训中心、广州市第一职业技能鉴定所、广州教育国际旅行社、广州南星导游服务管理公司、环市西汇美国际商厦、从化春晖苑度假村等，在“上学如上班，上课如上岗”的校园职业氛围中培养了大量的旅游商务人才。全面实行学分制，体育、艺术等课程实行专项授课。学生可根据自身的兴趣和特长选择训练项目，学有余力的学生可兼修第二专业的课程，修满学分可提前毕业。学校还把一大批优秀学生输送到高职院校继续深造，历届学生的就业率和升学率均达98%以上，做到了“就业有优势，创业有本领，升学有希望，终身教育有基础”。学校的办学质量获得了社会的广泛称赞，被誉为“广东旅游商务人才的摇篮”。

酒店服务与管理专业学生参加技能竞赛

西餐课

学校拥有一支高素质的教师队伍，拥有一大批优秀教师、行业名师；拥有硕士学位的教师超过100人，拥有研究生学历的教师数目为广州市中等职业学校之冠；校长李灿佳是“中国职业教育杰出校长”、“广东省名校长”和广东省特级教师。此外，学校还聘请黄振华、龙伟彦、徐丽卿、余立富、郑文丽、温祈福、李穗娟等一大批行业名家担任指导老师。学生参加广州市中等职业学校学生专业技能竞赛，连续多年荣获旅游类、酒店管理类、烹饪类比赛团体一等奖；连续九年荣获广州市职业学校毕业班工作一等奖或特等奖。学校还与英国、德国、法国、日本、韩国、新加坡、新西兰等国外教育机构建立了合作交流关系；在省内有10个职业类学校联合办学点，并与广州番禺职业技术学院、广东农工商职业技术学院、广州铁路职业学院联合办学，酒店服务与管理、导游服务与管理等专业2012年试行“3+2”五年一贯制大专招生，为有升学愿望的学生拓展继续深造的空间。

学校正加速推进“国家中等职业教育改革发展示范学校”建设，努力把学校办成具有21世纪先进水平的国内一流职业学校。

专业教师指导学生模拟企业经营

烹饪课

美容美发专业学生参加技能大赛

商务外语专业学生在上课

学校地址：广东省广州市海珠区工业大道南新滘西路9号
邮政编码：510280
学校电话：（020）84302391　34492289
传真号码：（020）34492289
网　　址：http://www.gzvstc.net

廣州市交通運輸職業學校

Guangzhou Traffic and Transportation Vacational School

李偉題

"雪铁龙课"教室

学校与一汽大众合作，实行工学结合，共同培养汽车技能人才

交通运输部领导为学校颁发全国技能大赛冠军永久奖杯

美丽的校园

广州市交通运输职业学校创办于1964年，直属广州市教育局，设嘉禾、广园两个校区，校园面积6.9万平方米，校舍面积7万平方米，在校生6 500人，职业培训年均近两万人次，是一所集中等职业教育与职业技能培训于一体的国家级重点中等职业学校。2011年，学校被确定为首批"国家中等职业教育改革发展示范学校"建设单位。2012年，学校荣获"广州市先进集体"称号。

鲜明的交通运输行业特色。学校围绕珠江三角洲地区汽车、交通运输、物流、清洁能源等交通运输行业企业的发展，开设有汽车运用与维修、汽车制造、城市燃气、物流管理、城市轨道等13个专业，其中国家示范性专业1个、省重点专业4个。建校以来，学校培养了近3万名毕业生，成为珠江三角洲地区交通运输类人才的重要培养基地。

与众多国际知名企业开展校企合作。学校大力推行工学结合、校企合作、顶岗实习的人才培养模式，先后与丰田、东风雪铁龙、上海通用、奔驰、一汽大众、奥迪、广东福迪、广汽客车、宝供物流、港华燃气等16家企业开展合作办学，共同培养技能人才。同时，学校与800多家用人企业保持良好合作关系，毕业生就业率保持在97%以上。

工学结合的课程改革。学校推进教学模式改革，创新教育内容，构建工学结合课程体系，实施理论与实践一体化教学，着力培养学生综合职业能力，成效显著。创设了理论与实践一体化的教学环境，教学实训设备总值达6 700多万元。

技能大赛成绩显著。2007年以来，学校学生连续5年获得全国职业院校汽车运用与维修技能竞赛团体项目一等奖，在省级技能竞赛中获得21项一等奖，学校被誉为"武状元的摇篮"、"技能大赛明星学校"。毕业生综合素质高、实际操作能力强，成为各大企业竞相招聘的对象。

按照学习领域课程模式构建的汽车整车教学学习站

学生在对车辆进行检测

近年来，学校先后荣获"全国职业教育先进单位"、"全国教育系统先进集体"、"全国中等职业学校德育工作先进集体"、"广州市先进集体"等称号。学校正全力以赴，高标准建设国家中等职业教育改革发展示范学校。

广东省经济贸易职业技术学校

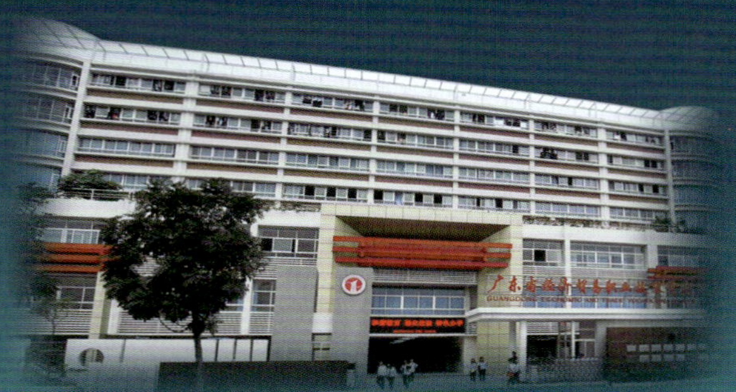

广东省经济贸易职业技术学校创办于1965年，是广东省教育厅直属的国家级重点中等职业学校。学校在校生达5 893人，有南北两个校区，占地面积120亩，建筑面积7.9万平方米。办学40多年来，学校为社会输送了一大批高素质的技能人才，在社会上享有较高的声誉。学校是广东省金属材料流通协会副会长单位、广东省物流行业协会常务理事单位、广东省职教学会物流专业教学指导委员会主任单位和教育部中等职业学校物流专业指导委员会委员单位。2009年，被人力资源和社会保障部、教育部授予“全国教育系统先进集体”荣誉称号；2011年，被教育部、人力资源和社会保障部、财政部确定为创建国家示范性中职学校的首批项目建设学校。

学校拥有一支与办学规模相适应、专兼职相结合的师资队伍，有专任教师276人，其中“双师型”专业教师183人，高级职称教师73人。1位教师被中国职业教育协会评为“首届中国职业院校教学名师”，4位教师被评为“南粤优秀教育工作者”和“南粤优秀教师”，3位教师被评为“广东省优秀班主任”和“广东省德育先进工作者”。

物流实训中心

学生在国际商务实训中心参加实训

学生在物流实训中心参加实训

学校办学思想先进，全面贯彻落实科学发展观，认真贯彻执行党和国家的教育方针，坚持“和谐教育，强化技能，特色办学”的办学理念，注重发展的科学性、协调性和可持续性，促进学校规模、结构、质量、效益协调发展，全面提升了学校的教育教学质量和办学水平。学校根据广东省经济发展、产业结构调整升级和加快发展现代服务业的要求，通过深化校企合作，优化专业设置，形成专业衍生与退出机制，重点发展物流服务与管理、汽车营销、商务英语等与现代服务业相匹配的专业及专业群，构建起以物流专业为龙头，以商品经营为核心，专业设置对接商贸流通领域物流、商流、资金流、信息流的专业链群，建设了一批品牌专业，形成专业链服务产业链的专业特色，基本实现专业结构与广东省现代服务产业结构相匹配，满足广东省社会经济发展对高素质劳动者和技能型人才的需求。学校物流、商品经营、计算机应用、商务英语和市场营销等5个专业是广东省重点专业，物流、商务英语、汽车营销3个专业是国家中等职业教育改革发展示范学校重点建设专业。学校积极探索“两个课堂3个融合4层推进”的商学结合人才培养模式，提升了专业内涵和培养质量，学生的综合素质、专业技能、行为规范和职业操守有了明显的提升。从2010年起，学校先后承办了3次广东省中职学校技能大赛物流技术竞赛、全国职业院校物流专业教师说课大赛和广东省职业技能大赛物流师总决赛，学校已成为广东省中职生职业技能竞赛基地。学校师生参加技能竞赛也取得优异成绩，近几年师生获得省级以上技能大赛一等奖31个、二等奖30个、三等奖22个。

学校将以创建国家示范性中职学校为契机，“抓规范、提质量、树品牌、创特色”，以科学发展观统领学校发展全局，以示范校建设标准为指导，以内涵建设为中心，全面统筹规模、质量、结构、效益的关系，深化改革，全面提升教育教学质量，提高管理和服务水平，努力把学校打造成为“立足广州，面向珠三角，辐射全国的商贸流通领域人才培养基地和全方位、现代化、开放式的国家示范中职学校。”

校园夜景

广州市番禺区职业技术学校

Panyu Vocational Technical School, Guangzhou

广州市番禺区职业技术学校是一所由3所职业学校整合而成的国家级重点中职学校、广东省示范学校和国家中职示范校建设计划项目学校。开设有园林、动漫、电子、机电、数控、汽车、空调、计算机、会计、物流、电子商务、商务助理、学前教育、旅游等20个专业，其中电子、数控、电子商务是广东省重点专业。

近年来，学校围绕中职人才的培养目标，积极构建以能力为本位、工作过程为导向的课程结构模式，不断探索以行动为导向的教学方法和手段，加大“教、学、做”为一体的融合力度，强化学生综合职业能力和素质的培养，教学改革取得了显著成效，确保了人才培养质量的持续提高。

2005年，学校立项了“构建适应本区域经济发展的中职课程体系研究”的课题。经过3年的研究、探索与实践，打破了原有学科型、三段式课程体系，构建起了职业基础、职业技能、职业拓展、职业训导4个模块的项目式课程体系。其中职业基础课程模块以增长文化素养、奠定专业学习基础为目标；职业技能课程模块以对接职业资格、形成熟练技能为目标；职业拓展课程模块以拓宽就业方向、服务个性发展为目标；职业训导课程模块以形成综合职业能力、实现学生从学习者向合格职业人的转变为目标。学校采取校内模拟实习和校外顶岗实习两种训导方式，实现学校和企业在管理文化、课程设置、实训基地、评价标准等方面的融通，以提升学生的综合职业能力。

①职业基础模块（文化素养和专业基础课程）培养基础能力

②职业技能模块（按职业岗位设置课程）培养专业能力

③职业拓展模块（按学生发展和社会需求设置选修课程）培养发展能力

④职业训导模块（岗位综合实践）培养综合能力

学校构建的模块化项目式课程体系结构图

模拟公司教学模式之模似公司实训中心

网实一体教学模式之淘宝创业实训基地

生产性项目教学模式之机加工实训

广州市电子商务发展论坛的嘉宾参观校园乐购网

技能型人才的培养不能靠死记硬背，只有指向行动、指向综合职业能力的培养才能实现。基于这一认识，学校依托教学设备生产化、教学环境职业化和一支专兼结合、专业化的“双师型”教师队伍，经过多年的探索，总结出了一套创新型的理实一体化、工学结合的教学模式，并形成了科学而成熟的操作范式。

模拟公司教学模式，即以模拟现实经济生活中的公司为载体，以企业经营活动为主线，学生以职业人的身份，以团队合作的方式，按照实际工作的操作程序和方式方法具体行事，在经营体验中建构知识、技能、情意，进而形成综合职业能力的一种实践教学模式。教师在“做中教”，学生在“做中学、做中悟”，从而提高实际动手能力和综合职业能力。

生产性项目教学模式，即以来自企业的真实生产任务为项目，按劳动组织形式组织师生通过共同实施一个项目任务而进行的教学活动。学校在数控技术应用、汽车制造与检修和电子技术应用等工科类专业中，大力推行这种教学模式，实现了教学过程与生产过程的对接，取得了良好的教学效果。

网实一体教学模式，即以校企合作为平台，将网上店铺与企业实体店铺相结合，基于互联网环境，实施电子商务活动，培养商务类人才。学校网实一体教学项目包括“正奥环保项目”、“渔珍海产品项目”和“名特农产品项目”。网实一体化教学实施以来，极大地促进了学校电子商务专业建设水平的提高。

广州市商贸职业学校

Guangzhou Business Vocational School

【学校概况】

广州市商贸职业学校是广州市教育局直属公办国家级重点中等职业学校、广东省示范性中等职业学校，并已立项为“国家中等职业教育改革发展示范学校”建设项目单位。

学校以“立足广州、面向全国，立足商贸、面向市场，立足当前、面向未来”为办学定位，以“特色与质量”、“人才与创新”为着力点，紧跟经济全球化和商贸现代化的发展趋势，发挥自身优势，紧贴市场，开设了眼视光与配镜、电子商务、物流服务与管理、会计、市场营销、计算机应用、工艺美术等专业，努力打造品牌专业和特色专业。建校以来，为社会培养了4万多名技能型优秀人才，毕业生就业率多年来保持在95%以上。

市场营销中国电信SOM(店长)班

BIFPAC海外本科直通车项目国际班

【教育成果与特色】

品牌引领，凸显示范作用。学校眼视光与配镜、电子商务、物流服务与管理是广东省重点专业。其中眼视光与配镜专业为全国首创，36年来为全国各地培养了大批眼镜验光、定配和营销人才，被誉为眼镜行业的“黄埔军校”。发挥品牌优势，与潮州卫校等兄弟学校联合办学，举办内地新疆中职班，为西部少数民族地区培养技能型人才。学校牵头编制《广东省中职学校物流专业教学指导方案》，先后在全国物流教师技能竞赛、广东省物流创新设计大赛、广州市中职学生物流竞赛等比赛中荣获多个一等奖，凸显专业示范引领作用。

人才培养对接地方支柱产业，校企合作共建双赢。学校坚持校企共建专业，积极与高端零售、电子商务、物流等30多家现代服务业企业、院校组建广州商贸职教集团，人才培养更贴近市场需求。安立信会计师事务所、宝岛眼镜、淘宝网等品牌企业分别在学校设立工作室、配镜中心、网络运营站，行业、企业、学校三方联动共建共赢，形成有效的技能型人才培养局面。

学校荣誉

课程、教学、实践“三维一体”，课程改革对接职业岗位。根据职业岗位群要求，校企共构培养方案、共建课程体系、共施技能训练、共育“双师”队伍，共定考核标准，推行模拟公司、PIPA任务驱动等实践导向教学模式，学生的综合职业能力在工学结合实践中得到提高。坚持实施教师下企业、企业能工巧匠进课堂，促进教师队伍专业成长。

眼视光与配镜专业宝岛眼镜特色班

展望未来，学校将围绕服务广州国际商贸中心城市建设的宗旨，以“走进商贸，弘扬商道”的理念，整合具有商贸特色的专业群，打造一支结构合理的“名师双师”队伍，实现人才培养模式、教学模式等改革创新的整体跨越，把学校建设成为品牌彰显、适学宜长、声誉卓著的国家中等职业教育改革发展示范学校。

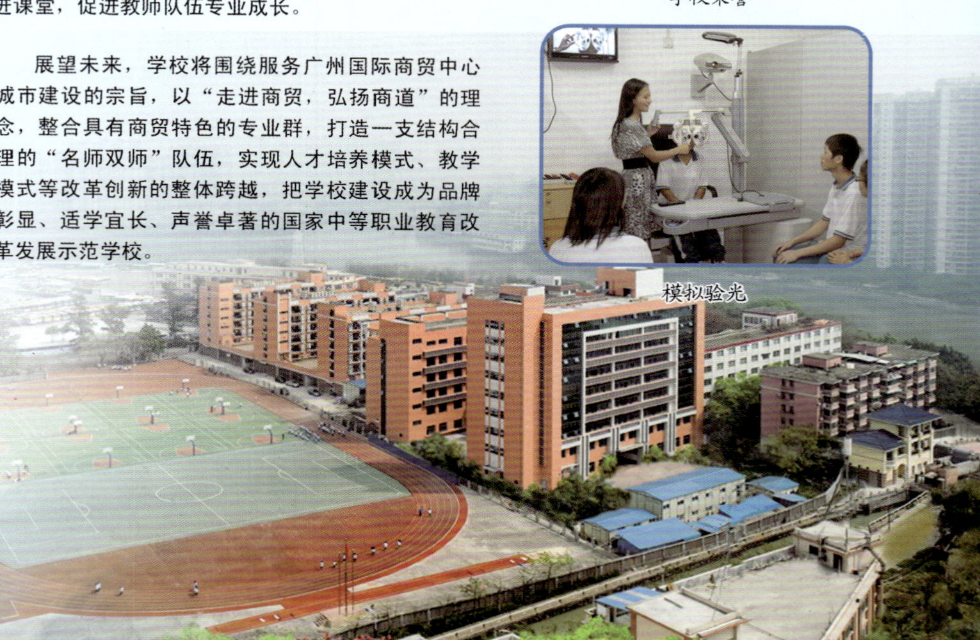

模拟验光

现代物流实训室

深圳市第二職業技術学校

SHENZHEN NO.2 VOCATIONAL SCHOOL OF TECHNOLOGY

新西兰怀卡托学院来访我校

深圳市第二职业技术学校以服务经济社会发展为宗旨，以培养幸福职业公民为目标，形成了以“工学结合、六层推进”模式和“幸福教育”模式为主要实现形式的“二职模式”。确立了“仁爱、发展”的办学理念和“立人、立业”的校训，明确了“立足光明新区、面向深圳特区、辐射华南地区”的办学方向和建设“广东窗口、全国一流、世界知名的中职名校”的办学目标，初步构建起了以培养“身心特别健康，品德特别高尚，技能特别过硬”的幸福公民为目标的人才培养体系。

首创“工学结合、六层推进”模式。校长吕静锋是“工学结合、六层推进”办学模式的主要创始人。在教育部编写的《中等职业教育改革创新典型案例》中，该模式被排在首位，并作为先进办学经验在全国推广；2011年，该模式被写进《深圳市中长期教育改革和发展规划纲要(2010—2020年)》。

首创职业教育“幸福教育”模式。为提升职校生的心智水平，学校确立了“仁爱、发展”的办学理念、“立人、立业”的校训、“快乐校园、幸福人生”的核心价值观和“教育成就幸福，技能振兴民族”的办学使命，着力探索职业教育“幸福教育”模式，重点培养学生正确认识幸福、努力创造幸福、合理享受幸福的能力。

校企合作，创新职业教育服务社会的载体。学校先后与创维集团等知名企业共建“企业校区”，为企业员工提供非全日制中职学历教育服务。建立了比较完善的校企合作机制，建立了稳定的校外实习基地，如沃尔玛深国投百货有限公司、大昌汽车服务有限公司、紫荆花幼儿园、麒麟山庄等，实现了学生“零距离”上岗。成功的校企合作办学模式有效提高了学生的专业技能水平，保证了学生全部就业。学校还创办了“深圳市第二职业技术学校光明社区学院”，为居民提供社区教育服务，为缓解深圳市技能人才紧缺状况作出了贡献。

学校与创维集团公司签订校企合作协议

学校与宗正奥迪公司签订校企合作协议

学校自成立以来，始终以高标准贯彻执行国家和省市推进职业教育发展的大政方针，全面贯彻党的教育方针，以科学发展观统领改革全局，坚持正确的办学方向，坚持解放思想，不断深化改革，把推进“幸福教育”实践探索作为中心工作，把领跑深圳市职业教育发展作为学校重要办学使命，在实现了突破性、跨越式发展的基础上，进一步确立了“内涵发展”、“规范发展”、“领跑发展”的发展思路，以“专业建设”、“队伍建设”、“规范化建设”为主要抓手，走出了一条“重点突破、细节推进、全员参与”的发展新路。

企业相关负责人向学校领导介绍流水线作业

深圳市龙岗职业技术学校

[基本情况]

深圳市龙岗职业技术学校创办于1994年，又名深圳市龙岗中等专业学校(简称龙岗中专)，是深圳市规模较大、设施先进的一所公办国家级重点中等职业学校。

学校师资力量雄厚，有专任教师223人，其中具有博士、硕士学位的有46人，技师、高级技师30人，“双师型”教师109人，高级职称教师49人。

学校开设数控技术应用、汽车运用与维修、楼宇智能化设备安装与运行、计算机动漫与游戏制作、计算机网络技术、计算机应用、会计电算化、物流服务与管理、美术设计与制作、学前教育等10个专业，全日制在校生3 700多人。

学生黄明龙（前排中）荣获首届全国职业院校技能大赛数控铣一等奖

教师戴国娟（左三）荣获2011年全国中等职业学校信息化教学大赛一等奖

[办学思想]

学校以“尊重个体差异，培养健康人格，致力职业发展，师生共同成长”为办学理念，以“办学基础能力强，骨干专业特色明，毕业生适应社会，学校可持续发展”为办学目标，以“培养人格健康、技能较强、自主发展的实用人才”为培养目标，遵循“责任立身、技能立业、创造幸福”的校训，突出“关爱、团队、奉献”的学校精神，努力为学生提供就业、创业、升学等多维发展空间。

[办学基础]

学校位于深圳市龙岗区中心城，占地面积7.9万平方米，建筑面积7.8万平方米，固定资产总值约1.5亿元。拥有标准田径场、网球场、体育馆、游泳池等先进体育设施；有各类功能室、专业实训室60多间，其中数控实训中心为国家级实训中心，汽车实训中心为省级实训中心，实训设备总值2 800余万元。

学校拥有合作办学学校1所，校企合作实训基地40多个，附属幼儿园1所。学校牵头成立了深圳市龙岗职业教育集团，加盟的学校、行业、企业单位共计65个，能充分满足学生实习实训的需求。

[办学成果]

学校教育教学成绩突出，形成了具有校本特色的健康人格德育模式。数控专业成为国家紧缺人才培养基地，汽车专业实训中心获中央财政和省财政重点支持。近年来，学校师生在全国、省、市各级技能竞赛中成绩突出，有3名学生获得全国技能大赛一等奖。

学校获得全国首届数控技能大赛“突出贡献奖”、全国学校规范化管理示范单位、全国校园文化建设先进单位、深圳市“办学效益奖”、深圳市教育系统先进单位、深圳市中职学校就业工作先进单位、深圳市职业学校德育先进单位等多项集体荣誉。

学校致力于培养实用技能人才，为当地经济社会发展提供产业技能人才支撑。自创办以来，学校已累计培养了近10 000名毕业生，其中近1 800人参加高考升入高等职业院校。学校毕业生动手能力强，多才多艺，逐渐成长为各行各业的骨干，深受用人单位的欢迎和好评。近年来，学校毕业生升学就业率一直保持在98%以上。

学生李丹荣获2012年广东省职业院校技能大赛服装模特表演一等奖

广东省东莞市经济贸易学校

校企合作，共育英才

校领导班子深入合作单位“中海物流”一线

东莞市教育局领导到校视察工作

就业导航

广东省东莞市经济贸易学校创办于1958年，是东莞市成立最早的公办中专学校。2000年5月，学校被教育部评为首批国家级重点中专学校；2011年12月，以优异成绩通过了广东省示范性中等职业学校评估，正在向国家级示范性中等职业学校迈进。

学校是东莞市会计电算化培训基地、广东省中职课程改革试点学校、广东省技术师范学院教学实习基地、广东省中职校长挂职培训基地、国家计算机技能鉴定培训基地、国家物流师职业资格认证基地、物流人才储备基地、全国重点建设职业教育师资培训实践实训基地、全国科研兴校示范单位。

环境条件优越，设施设备一流

学校位于东莞市莞城区，两个校区总占地面积160亩，建筑面积108 000平方米。校园环境优美，设施先进，拥有现代化的教学大楼、实训大楼、图书馆、学生公寓、综合运动场、师生食堂，建有千兆校园网、网络信息中心、会计实训中心、物流实训中心。所有教室均配备了多媒体教学系统，实现了校园网络化、管理信息化、办公自动化，为学生学好专业、掌握技能、发挥特长提供了充分的硬件保障。

师资队伍精良，专业特色鲜明

学校拥有一支师德高尚、专业水平高、实践能力强的教师队伍。外聘专家及能工巧匠35人，专任教师288人，有16位骨干教师是省市级导师、名师和专家；教师本科及以上学历达100%，高级职称占25.7%；专业课教师155人，其中“双师型”教师占83.8%；专职实习指导教师18人，全部持有高级职业资格证。近年来，学校教师主编、参编教材63部，发表论文460多篇，主持省市级研究课题7项。教师参加各类技能竞赛共获得59项奖励，其中国家级11项、省级16项。

学校有专业14个，其中会计、物流服务与管理和计算机网络技术是省重点建设专业。学校已建成以财经商贸类专业为核心，以信息技术类和旅游服务类专业为骨干，以公共管理与教育服务类专业为辐射面的两个特色专业群。学校全日制在校学生5 800多人，每年还承担行业企业培训3 500多人次。

学生创业市场

课堂掠影

育人理念先进，办学成果显著

学校坚持“以服务为宗旨、以就业为导向、以质量为核心”的办学指导思想，坚持“为现代服务业培养高素质技能人才”的创新发展理念，依托珠三角地区经济社会转型升级、东莞市打造“商贸经济带、物流经济带、园区经济带”的新形势，不断深化教育改革，大力开展校企合作，成为广东省中职教育系统颇具影响的学校。学校学生的考证合格率、技能竞赛成绩、高考升学率、毕业生当年就业率一直名列省市前茅，获得广东省普通中等专业学校“文明校园”、“广东省中小学心理健康教育先进单位”、“广东省模范职工之家”、“东莞市文化建设标兵学校”、东莞市中等职业学校教育质量一等奖等多项荣誉称号，发挥了良好的示范作用。

清远市职业技术学校

广东省清远市职业技术学校创办于1983年，是由清远市人民政府主办、清远市教育局直属的公办学校，是国家级重点中等职业学校、广东省示范性中等职业学校，也是“全国技能型紧缺人才培养培训工程学校”、“广东省退役士兵职业技能培训学校”。近年来，根据清远市政府和清远市教育局的要求，学校启动了校园改扩建工程，总投入近亿元，校园教学、运动、生活等功能区布局合理，办学质量不断提升。学校先后被评为“全国职业教育先进单位”、“广东省依法治校示范校”、“清远市文明单位”。

学校荣获2012年广东省中等职业学校“创新杯”教师教学设计和说课大赛优秀组织奖

在科学发展观的指引下，学校以创新为动力，以服务为宗旨，以就业为导向，坚持走内涵发展之路，遵循“以师生为本位、专业为引领、技能为核心，管理上水平、质量创声誉、改革促发展”的办学理念；明确了“办粤北山区精品龙头职校，扶持带动山区、少数民族地区职业教育发展”的办学定位；确定了“让无业者有业，让有业者精业，为山区群众脱贫奔小康服务，为当地经济建设和社会进步服务”的办学目标。

茶艺课

学校校园面积220亩，校舍建筑面积8.7万平方米；在校生5 137人；专任教师260人，其中本科学历235人、硕士研究生学历14人，高级职称69人，专业课教师154人，“双师型”教师比例为90.3%，外聘专任教师18人，兼职教师32人。

开设数控技术应用、汽车运用与维修、机电技术应用、会计电算化、物流服务与管理等18个专业，其中数控技术应用、汽车运用与维修、机电技术应用是省级重点建设专业。学校是广东省“中高职三二分段”衔接大专学历培养的试点单位，在学校相关专业读完三年中职可升入对应的高职院校就读两年大专。

校企合作签字仪式

学校拥有广东省中等职业教育实训中心，建有5个专业实训基地（数控技术应用、汽车运用与维修专业实训基地是中央财政支持的国家级职业教育实训基地）；实训场室面积2.27万平方米，有实训场室55间；实验、实训设备总值3 186万元，可同时容纳2 000多人进行实操训练。学校建有功能齐全的数字化校园网及独立网站，所有教室和实训场室都配备了多媒体教学设备，拥有计算机1 200多台，图书资料13.12万册。

为了推动清远市职业教育发展，特别是山区职业教育和少数民族地区职业教育发展，清远市教育局于2008年把连山职业技术学校、连南职业技术学校确定为清远市职业技术学校分校。学校已成为清远市办学规模大、资格老、条件好、实力强、声誉高、品牌响的国家级重点中等职业学校之一，并已被纳入第三批国家中等职业教育改革发展示范校建设项目学校。学校将进一步加强内涵建设，进一步提升办学水平和质量，为推动中职教育发展作出更大贡献。

协办2012年全国职业院校技能大赛中职组电梯维修保养赛项

学校跆拳道协会表演

车工实训车间

学生获得2012年全国职业院校技能大赛中职组电梯维修保养赛项二等奖

广东实验中学

GUANGDONG EXPERIMENTAL HIGH SCHOOL

广东实验中学是广东省教育厅直属的省级重点中学，广东省首批国家级示范性高中。

跨越百年历程，斯文一脉相承。学校前身是始于1872年清政府设立的“留美幼童先修班”，距今已逾140年。历代省实人坚守“以人为本，以德树人，以质立校”的办学理念，形成了“实验性，创新性，示范性”的办学特色，培养了包括邓锡铭、黄耀祥、范海福、蔡睿贤、姜伯驹、岑可法、钟南山等院士在内的万千优秀学子。

师资力量雄厚，教育条件优越。学校拥有一支师德高尚、教风严谨、业务精湛的教师队伍，共有教职员工508人，其中正高级教师2人、特级教师8人、博士4人、硕士138人。

全面素质教育，铸就特色品牌。以科研为引领，以课程为平台，以社团为依托，以竞赛为磨炼，学校铸就了科技、艺术和体育这三大成绩辉煌、享誉海内外的特色教育品牌。近年来，学校共有3 000多人次夺得全国中学生学科竞赛奖励。自2007年参加全国科技创新大赛以来，学校共获10金9银9铜的好成绩，22名学生获得保送重点大学资格，学校被授予“全国十佳科技教育创新学校”称号。在天文教育方面，学校共获16项国际大奖、近20项全国一等奖；在环境教育领域，学校共获4个国际大奖，170多个国家级奖项。学校羽毛球队代表中国参加世界中学生羽毛球锦标赛，多次包揽团体冠军和单项冠军。

学生储岸均在国际天文学和天体物理学奥林匹克竞赛中勇摘金牌

校长郑炽钦与学校5名无线电测向国家健将合影

学校无线电测向队连续5年获全国第一名，中国无线电测向国家青年队已落户学校。2011年，学校成为羽毛球全国传统项目学校、全国科技体育传统学校。合唱团参加国际合唱比赛，多次荣获金奖。2012年，国际合唱联盟宣布中国广东实验中学合唱团世界排名第二。学校的管乐团、民乐团、舞蹈团、弦乐团、戏剧团在国内国际各类比赛中获众多奖项。

高考成绩辉煌，拔尖人才辈出。历年高考重点率、高分人数、各科平均分均稳居广东省、广州市前列。2000年以来，共有40人次考取广东省高考总分“状元”和单科“状元”。在2012届高三毕业生中，共有300多名学生在国内高校自主招生中获得加分资格，100多名学生被斯坦福大学等国际名校录取。

广东实验中学被评为“全国文明单位”

学校合唱团参加第七届世界合唱比赛后，接受中央电视台的现场采访。

学校屡获殊荣，师生倍感自豪。由于办学成绩显著，学校先后被评为“全国文明单位”、“全国精神文明建设工作先进单位”、“全国教育系统先进集体”、“全国师德建设先进集体”、“全国创建‘平安校园’示范学校”、“全国科技教育创新十佳学校”、“全国学校艺术教育先进单位”、“全国体育工作先进学校”、“全国百强中学”、“全国教育科研先进学校”、“全国教育创新示范单位”、“全国百强特色学校之十佳示范学校”、“国际生态学校”、“全国水科技教育示范学校”等。

广西师范大学
GUANGXI NORMAL UNIVERSITY

广西师范大学坐落在世界著名山水旅游名城、历史文化名城桂林市，其前身是创办于1932年的广西省立师范专科学校，为中国近代早期的高等师范学校之一。建校80年来，学校曾六次更名，八次迁址，四度调整，如今已发展成为学科门类较为齐全、文理学科优势突出、教师教育特色鲜明、国际交流成效显著的综合性大学，被誉为广西教师教育的“领头羊”、人文强桂的“主力军”、科技兴桂的“生力军”和国际交流的“排头兵”。

教师教育的“领头羊”。学校始终坚守教师教育的传统使命，不断彰显办学优势，形成了“弘文励教、服务基础、打造品牌、引领八桂”的16字教师教育方针，始终引领壮乡基础教育的改革与发展。据不完全统计，广西70%以上的高中特级教师，80%以上的示范性高中校长，60%以上的市县教育局局长都是学校校友。在开展职前培养的同时，学校积极探索优质高效的教师职后培训模式，开创性地实施了“广西21世纪园丁工程”，培养了一批广西基础教育的领军人物，被誉为广西骨干教师培养的“种子工程”、全员培训的“火把工程”、素质教育的奠基工程。学校还承担了“国培计划”等大量的教师教育培训项目，构建了多层次、立体化的教师教育网络，形成了教师教育资源多元化、教师培训模式多样化、课程体系立体化、培训效果优质化的教师培训特色。

特级教师工作坊签约仪式

学校有关北部湾和东盟研究的部分成果

人文强桂的“主力军”。学校始终发挥人文学科优势，奠定了人文强桂的“主力军”地位，在广西的文学、文化、历史、方言研究、客家文化研究、马克思主义理论中国化研究等方面独树一帜，取得了一大批具有地方特色的研究成果。学校是广西最早拥有人文社会科学硕士授予权的高校，也是广西高校中最早获得人文社会科学博士学位授权点和博士后科研流动站的高校。靖江王府千年文脉的传承，陈望道、薛暮桥、欧阳予倩、夏征农、谭丕模等一大批人文社会科学家的云集，广西自治区党委、政府“人文强桂”工程的启动实施以及广西文科中心在学校的设立，为学校人文社会科学的积淀、传承、发展壮大并跻身全国高校百强创造了千载难逢的重要机遇。学校出版社编辑、出版了大量优秀的人文社科著作和珍稀文献，曾3次获国家图书提名奖，2次获中宣部“五个一”工程奖，3次获中国图书奖，成为学校享誉海内外的一张文化名片。

学校国家重点实验室培育基地揭牌

科技兴桂的“生力军”。学校在广西特色天然植物制品和药物研发、广西动植物资源的保护开发与利用等领域成效显著。“十一五”期间，学校共承担“973计划前期研究专项”、“863计划”项目、国家自然科学基金、国家社会科学基金等国家级项目131项，获各级各类科技经费总计2.77亿元；获各类科研成果8 500项，其中各类专著作344部、被SCI等三大索引收录论文876篇，获省部级以上科研成果奖励169项。学校拥有包括省部共建国家重点实验室培育基地在内的42个厅局级以上的重点实验室和研究基地，实现了国家级科技创新平台零的突破。

越南客人为建设中的越南学校纪念馆题词

国际交流的“排头兵”。学校积极开展教育交流与合作，与40多个国家（地区）的200多所高等院校建立了合作与交流关系，形成了从短期进修、长期进修、本科、硕士到博士的完备的留学生培养体系，每年均有千余名各类留学生在校就读。学校曾是“越南育才学校”和“南方九二学校”的办学地点，先后为越南培养了10多位国家领导人、40多位省部级领导和26位人民军将军，成为广西与东盟国家特别是与越南开展教育文化交流的“排头兵”。学校分别在泰国和印尼建立了孔子学院，并将在越南建立第3所孔子学院。学校先后与美国、英国、法国等近10个国家的知名大学合作培养本科和硕士层次的中外学生，学校有中外合作办学项目学生近1 600人。

广西医科大学
Guangxi Medical University

团结奋进的校领导班子

广西医科大学坐落在广西壮族自治区首府南宁市，创建于1934年11月21日，是全国建校较早的22所医学院校之一，是全国最早定点招收外国留学生、港澳台学生和华侨学生的8所医学院校之一，是广西政府重点建设的大学之一，是广西医学教育、医学研究、临床医疗和预防保健的中心。

学校总占地面积近72万平方米，设有25个学院（含9个非直属附属临床医学院）、1个教学部，其中3所直属附属医院是广西规模最大的“三级甲等”综合医院或专科医院。第一附属医院新门诊大楼是广西目前规模大、功能设施先进的门诊、急诊服务中心。

药学基础大楼

学校有专任教师1 044人，其中45岁以下教师占72.6%，拥有博士、硕士学位的教师占79.3%，高级职称教师占61.1%；有“新世纪百千万人才工程”国家级人选2人，国家级突出贡献中青年专家6人，教育部“新世纪优秀人才支持计划”入选者4人，享受国务院政府特殊津贴专家71人；广西“八桂学者”1名、“特聘教授”3名；全国模范教师、优秀教师、先进工作者等41人。

学校1934年招收本科生，1978年招收硕士研究生，1984年招收博士研究生，形成了从本科到博士后完整的人才培养体系。学校有4个博士后科研流动站、3个一级学科博士学位授权点、10个一级学科硕士学位授权点，是临床医学博士/硕士专业学位、口腔医学硕士、公共卫生与预防医学硕士专业学位培养单位；有1个七年制临床医学专业，13个本科专业；有2个国家级人才培养模式创新实验区专业，4个省级人才培养模式创新实验区专业，5个国家级特色专业建设点，1个国家重点（培育）学科，1个国家中医药管理局“十一五”重点专科，10个卫生部国家临床重点专科，10个广西重点学科，18个广西医疗重点建设学科；有2个省部共建重点实验室，8个广西（高校）重点实验室，5个广西中医药科研三级实验室，1个广西重点实验室培育基地；有1个教育部“长江学者和创新团队发展计划”创新团队，1个国家级教学团队，7个省级教学团队；有2个广西人才小高地创新团队，11个广西高校人才小高地创新团队。

学校办有《广西医科大学学报》、《中国癌症防治》和《结直肠肛门病外科》3种学术期刊，并面向国内外公开发行。在血红蛋白、蛇毒、心血管疾病、区域高发肿瘤、药理及药物创制、肝脏移植、断指再植、外周血造血干细胞移植等防治研究领域达到国内或国际先进水平。在广西地方常见病、多发病防治研究方面取得重大成就，获国家科技进步二、三等奖3项，中华医学科技一等奖1项，广西科技进步特别贡献奖和一、二、三等奖60多项。2011年，获国家自然科学基金资助项目达72项，平均项目资助率高于全国5.4%。其中“蛋白因子网络在EMT所介导的前列腺癌耐药机制中的作用”项目填补了广西近几年国家自然科学基金重点项目的空白。

校园全景

学校先后与美国、英国、丹麦、日本等54个国家和地区的大学、研究所、医院建立了合作交流关系。已培养了3万多名大学本科毕业生，成为引领广西高等医学教育、医学科学研究和医疗卫生服务事业发展的骨干力量。2007年至2011年，学校本科生总体就业率均达93%以上，国家医师资格考试（临床执业医师）平均通过率高出全国平均水平19.80%。2008年，学校获教育部本科教学工作水平评估“优秀”成绩。2011年，学校作为广西乃至西南地区首个医学院校通过了教育部护理学、临床医学专业认证工作，成为全国医学院校接受临床医学专业认证的第一家单位。

全校师生员工秉承优良的办学传统，牢记“厚德励志，博学弘医”的校训，以国家发展战略和广西经济社会发展人才需求为导向，紧扣国家新医改和高等教育发展新形势的要求，成立了人文管理学院和全科医学院，积极实施“十二五”规划和推进医学教育改革，向着“立足广西，面向全国，辐射东盟，走向世界，以医学为特色优势，建成与医学相关的理、工、文、管、法等多学科协调发展的区域性高水平的教学研究型医科大学”的目标不断迈进！

桂林市教育局

桂林市教育局局长钟平（左一）陪同市领导在学校视察指导工作

桂林市位于广西壮族自治区东北部，是世界著名的风景旅游城市和国家历史文化名城，有全日制大学8所。全市辖12县5城区，行政区域总面积2.78万平方公里。2011年，全市总人口521.8万人，实现地区生产总值1 327.57亿元，财政收入141.94亿元。桂林市有小学1 181所，教学点543个，九年一贯制学校14所，在校生292 807人；普通初中163所，在校生129 129人；特殊教育学校6所，在校生1 046人；普通高中58所，在校生72 545人。

长期以来，桂林市委、市政府始终坚持教育优先发展的战略地位，以“办好让人民满意的教育”为目标，进一步解放思想，开拓创新，推动全市教育事业科学发展。在自治区教育厅的指导下，2007年，桂林市率先通过自治区和国家“两基”评估验收，被评为“西部地区‘两基’攻坚先进市”，实现了桂林市义务教育发展史上的新跨越。2012年，桂林市受到国务院表彰，荣获“全国‘两基’工作先进地区”荣誉称号，这标志着桂林市义务教育全面迈向均衡发展的高起点。近年来，桂林市加大特殊教育学校的建设力度，实施“三校搬迁”工程，在新校址建设两所特殊教育学校，增设盲童部、学前教育、高中阶段教育。新建成的学校是全自治区办学条件最好的，已成为广西特殊教育对外交流的窗口学校，适龄残疾儿童少年入学率逐年提高。2012年，国务委员刘延东到桂林市培智学校视察，并给予高度评价。在职业教育方面，桂林市拥有国家中职教育改革发展示范校1所、全国重点学校4所、自治区级重点学校8所、自治区示范性学校10所。2011年，桂林市职业教育攻坚顺利通过自治区评估验收，并获得自治区职业教育攻坚“先进市”荣誉称号。桂林市中职学生多次代表广西参加全国中职技能大赛并获奖。与此同时，学生资助体系进一步健全和完善，生源地信用助学贷款贷后管理逐步提升为桂林市政府行为，并通过县、乡镇、村（居委会）三级联动将贷后管理的责任进一步强化，开创广西乃至全国的先例。

桂林市社区教育工作启动仪式暨全民终身学习活动周开幕式

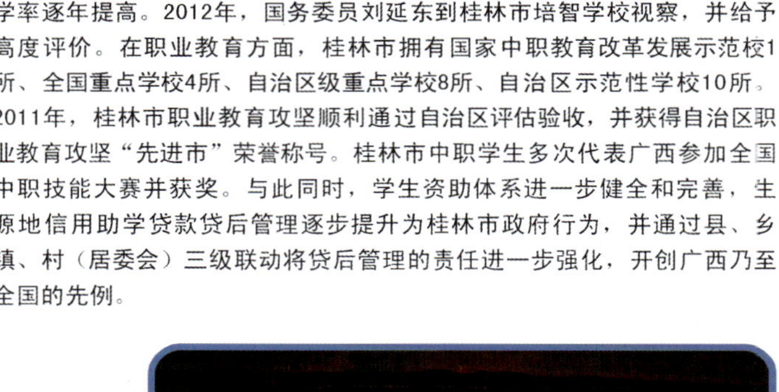

《国家中长期教育改革和发展规划纲要（2010—2020年）》颁布实施后，桂林市进一步加快了教育改革发展的步伐，启动实施了《桂林市学前教育三年行动计划》，学前教育普及率进一步提高；义务教育向均衡发展积极推进；普通高中教育质量继续保持在广西前列；中职教育向专业化、规模化、特色化方向发展。学生综合素质进一步提高，全市教育事业正向公平、均衡、和谐发展的目标大步迈进，力争2020年在自治区率先基本实现教育现代化，率先基本形成学习型社会，进入国内同类城市人力资源强市行列，把桂林市建设成为与国际旅游名城、历史文化名城、山水生态名城相互支撑、相互辉映的教育名城。

桂林市中等职业学校学生技能及文明风采竞赛总结表彰会

桂林市聋哑学校学生文衍杰（右四）获全国第八届残疾人运动会游泳比赛第三名

“两免一补”政策惠及农村广大中小学生

北海市卫生学校

北海市卫生学校（原北海市合浦卫生学校）始建于1958年，属卫生行业主管的公立中等职业学校，是国家级重点中等职业学校和广西壮族自治区示范性中等职业学校。建校54年来，学校办学成绩显著，先后获“全国教育系统先进集体”、“全区职教先进单位”、“全区招生工作先进集体”、“广西职业教育攻坚工作先进集体”、“‘十一五’广西全科医学培训工作先进单位”等荣誉称号。

学校分北海、合浦两个校区。北海校区位于北海市大学园区内，合浦校区位于合浦县城，占地面积256亩，建筑面积107 873平方米。学校有教职工769人，其中专任教师285人；有本科及以上学历者211人，其中有研究生学历者41人；有“双师型”教师208人。学校全日制中职在校生7 832人，开设有护理、助产、医学影像技术、药剂、医学检验技术等8个专业，护理和医学影像技术专业是自治区级示范专业，护理、医学影像技术实训基地先后被评为自治区示范性实训基地。

学校拥有一所集教育、医疗和科研于一体的国家二级甲等综合医院（附属医院），开放病床316张，年门诊26万人次，年住院病人13 000人，年业务收入6 560万元。医院配备了CT、CR、DR、B超、体外震波碎石机等大型先进的医疗设备，能够满足教学及医疗服务需要，是学生实训、实习的重要校内实训基地。

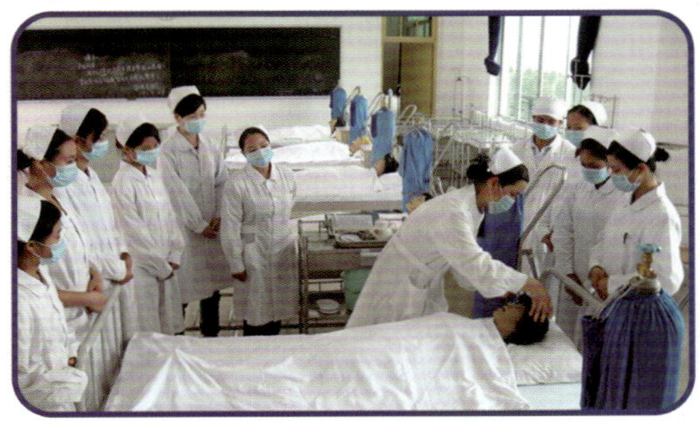

护理技能实训课

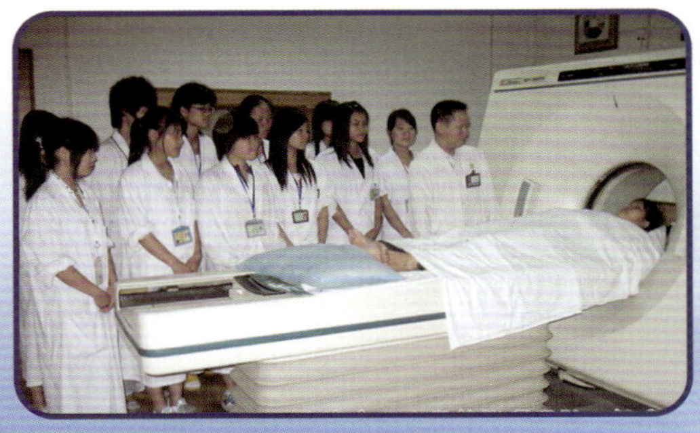

医学技术实训课

校园广场

联系地址：北海校区：广西壮族自治区北海市银滩大道99号

合浦校区/附院：广西壮族自治区合浦县廉州镇沙岗街8号

联系电话：0779-3931168（北海校区） 0779-7283204（合浦校区）

电子信箱：bhhpwx@126.com

海南省工业学校

海南省工业学校隶属于海南省教育厅，是一所以中专学历教育为主，联办大专、本科教育及职业技能培训、鉴定为辅的职业学校，1986年2月，由海南黎族苗族自治州公交干校和海南黎族苗族自治州农机学校合并而成。1999年，学校被评为海南省首批重点中专；2001年，被教育部列为海南省首批“国家级重点中专”。学校先后被评为“全国职业教育先进单位”、“全国中等职业学校德育工作先进集体”、“全国精神文明建设工作先进单位”，并连续5次被评为“海南省文明单位”。2011年10月，学校被教育部、财政部、人力资源和社会保障部确定为国家中等职业教育改革发展示范校建设单位。

为了让更多的学生接受优良教育，2008年4月，学校位于塔岭工业园区的新校区建设启动。新校区占地面积300亩，建筑面积达12万平方米，已完成教学、实训、后勤、校内道路及部分绿化和美化等主要基础设施建设。2012年，综合大楼、第三实训楼已立项建设，将于2013年建成一所全省规模大、设施齐全、环境优美的花园式中职学校。2012年5月，学校五指山校区整体搬迁至定安新校区，实现两校区合并办学。

省教育厅领导莅临学校视察

学校有在校生5 160人，开设26个专业，拥有3个国家级实训基地，即国家数控技术应用型紧缺人才培养培训基地、国家电工电子与自动化实训基地、国家汽车运用与维修实训基地。学校建有数控加工中心、通用金工实训中心、汽车技术实训中心、电工电子与自动化实训中心、计算机信息与财经商务实训中心、餐厅客房实训中心等6个实训中心，有各种实验实训室80多间，实验实训设备近2 000台（套）。学校设有10个培训机构，能开展32个工种的技能培训，技能鉴定工种达12个，是海南省技能培训鉴定的重点基地，每年培训鉴定达6 000多人次。

汽车维修专业学生在实训

电工电子专业学生在实训

数控技术应用专业学生在实训

学校牢固树立管理超前的意识，构建优秀的校园文化，实现制度管理，文化育人。学校实行准军事化管理，学生宿舍内务如军营，学生练就军人作风，文明素养好，常有省内外学校前来学习交流。学校重视师德引领的能动作用，提出“学校无小事，事事皆育人；教师无小节，处处是楷模”，践行“为学生提供优质服务，让学生接受优良教育”的“二优”承诺。

教师风采

学生风采

学校始终坚持“改革创新、提高质量”的办学方针，坚持“面向社会、面向市场，服务海南、服务社会经济”的办学指导思想，开展教学改革，全方位实施“理实一体化”的教学模式，打造层次递进、校企共建、工学结合，融“教学—生产—就业”为一体的教育模式，不断提高学生的操作技能和就业竞争能力。

学校坚持“以质量促发展”的办学理念和“以就业为导向，以服务为宗旨”的办学思路，面向全国招生，努力培养高素质技能型人才。近年来，毕业生就业率达96%以上，2011年、2012年更是创历史新高，毕业生全部被用人单位提前录用。毕业生在一汽海马公司、威特电气公司、金盘电气公司、金海浆纸业有限公司、英利集团公司等企业发挥了骨干作用，得到了用人单位的高度评价。

在20多年的办学历程中，学校注重学生技能教育，注重学生素质的全面提高，更注重学生承担更多社会责任的教育。学生的成长、家长的信任、企业的认可、社会的赞誉是学校办人民满意教育的回馈，也是学校承担的社会责任！

地　址：海南省环岛高速公路28公里出口西侧海南省塔岭工业园区
邮　编：571200　　网　址：http://www.hngx.net/
电　话：0898-63835116（办公室）　63835133（招生就业办）

海南省华侨商业学校

海南省华侨商业学校是1993年第三届世界海南乡团联谊大会在海口宣言，经海南省人民政府批准，并由著名科学家钱伟长先生题名，于1997年创办的一所全日制中等职业学校。学校地处秀丽的南渡江畔，对接滨江西路带状公园，有“花园式学校”的美称。

学校是海南省唯一一所省属公办侨助的国家中职示范学校、省重点中等职业技术学校、全国半工半读试点院校、海南华侨职业教育集团龙头学校，总体布局为一校三区（即海口主校区、文昌分校区、龙泉乡园教学实训区），总占地面积108.69亩，有专兼职教师255名，在校生4180名。学校拥有服装工艺车间、动漫制作室、财会模拟室等多个现代化教育教学设施，实行多渠道办学，是第52国家职业技能鉴定所、北京师范大学教师培训海南基地、西南林业大学海南函授站、海南省扶贫培训基地等多个职业教育教学研究培训基地。

海南省领导莅临学校指导工作

建校以来，学校秉承着“励志求真，创业报国”的校训，以服务区域经济社会发展为目标，以商贸类现代服务业为主，紧跟产业调整步伐，面向国际、面向社会、面向市场，开放办学、务实办学、优质办学。

一、“侨”字特色，开放办学

以“侨”为桥，引进国内外先进办学理念和优质资源，探索国际化发展路径。已有来自泰国、新加坡等几十个国家和地区的华人华侨及港澳台同胞回校共商发展大计，并捐资助学；学校分别与美国、加拿大、泰国、马来西亚等国的华侨社团、乡团联谊会、各级处事机构在华文教育等方面开展广泛合作，并拥有一批由海外华侨、企业家、学者组成的强大办学咨询阵容。

校园现场招聘会

世界海南乡团联谊会向学校捐款

加拿大侨界访问团到学校考察

二、理念先行，务实办学

学校坚持“以学生为根本、以就业为导向、以名师为支撑、以质效为生命”的办学理念，坚持“一轴两翼”（即以学历教育为轴心，培训与成人教育及教产开发为两翼）的办学思路，坚持工学结合、校企合作的人才培养模式，不断创新“三段式”、“集团化”等多种模式。

三、文化育人，优质办学

学校以德育为首位，以“侨”文化、“家”的理念为核心，以感恩为主线，走内涵发展的道路。学校参照ISO9000体系，各项工作均建有质量评估标准和评价指标体系，并建有规范的质量管理体系，推动工作出质量、上水平、上档次。

酒店专业学生参加实训

烹饪专业学生展示作品

工艺美术专业学生在绘画

海南省旅游学校

Hainan Provincial Tourism School

海南省及省教育厅、省旅游委领导视察学校

海南省和团省委领导视察学校团委工作

海南省旅游学校创办于1999年，是海南省重点中等旅游职业学校，海南国际旅游岛建设旅游专业应用型技能人才培养基地和海南省旅游从业人员培训基地，是国家中等职业教育改革发展示范学校建设计划立项学校。学校占地面积114.7亩，建筑总面积86 438平方米，在校学生6 078人。学校设有酒店服务与管理、导游服务等6大类11个专业，其中国家级、省级示范专业4个。

先进的办学理念

学校围绕“树旅游专业特色，以特色铸品牌，以品牌建名校，服务国际旅游岛建设”的办学思想，坚持以服务为宗旨，以就业为导向，以专业建设为龙头，以质量提高为核心，突出“做中学、学中做”的职业教育教学特色，专业开设贴近行业需求，课程设置对接企业岗位实际。学校依据“具有良好的职业道德素质、科学文化素质、德智体美全面发展的高素质技能型人才”的人才培养总体目标，确立全面培养企业急需、受社会欢迎的高素质技能型服务人才的培养目标。学校积极引进校外相关专业人士及社会名流参与学校管理和监督，积极面向市场，不断创新教学管理，不断探索新的学生评价模式，取得了良好的办学成绩，社会满意率达95%以上。

创新的人才培养模式

学校实行“2+1”和“1+1+1”有机结合推行工学结合的人才培养模式，建立了与行业和社会共同培养、保障就业、融学历教育与职业资格考证为一体、理论教学与实践教学一体化的机制，实现就业指导与就业服务、就业能力与就业率的协调发展。学校先后与55家旅游企业合作办学，通过课堂进企业、实训基地共建、学训同步等方式，实现开放性、实践性和职业性的教学过程，实现学习与工作岗位“零距离”对接。

学校与三亚喜来登度假酒店合作

学校通过引进高品质旅游酒店到校办企业，让学生在校就能够真实感受和学习到品牌酒店的一切设备及操作流程。目前，学校已引进喜来登、天域等14家品牌酒店。

学校对“订单式”培养的班级实行准旅游企业化管理，建立学校、企业共同参与对学生全面管理的机制，每个班级均由校企共同配备固定的责任导师和职业指导师，进行对口指导。

学校积极发挥特有的专业优势和师资力量，经国家旅游局的批准，组建了全国首个“导游实验班”，打造精品导游的人才培养模式。

在长期德育工作中，学校本着“重实际，建规章，抓落实”的原则，坚持“以人为本、德育为先、技能为长、因材施教”的方针，树立“人人都要发展，人人都能成才”的育人理念，建立健全德育组织管理机构，完善德育管理制度，为德育工作的顺利开展打下了坚实的基础。学校还积极探索扩建校内德育实训基地，扩增校外稳定的德育实训基地，并以德育教学、第二课堂、社团活动、志愿者活动、学生顶岗实习、技能大赛、“文明风采”活动等为载体，促进学生职业素质的提高。

学校语音室

高尔夫专业实训基地

业务精干的师资队伍

学校师资队伍齐备、结构合理，业务素质高。学校在稳定规模的基础上，注重内涵发展。近年来，从行业协会、企业与高校聘请专家和大师到校任教，并选派教师到企业挂实职锻炼。同时，学校鼓励教师参加省级骨干教师、国家级骨干教师培训以及省部级的技能比赛。在职教师中，有高级讲师80人，研究生学历18人，本科学历279人，其中多名教师已经成为专业领域的带头人。学校通过“走出去”与“引进来”的发展模式，逐步形成了一支“双专业”、“双师型”的学科带头人团队。近3年来，学校教师编写出版了《海南全国导游资格考试》、《旅游管理》等多个系列的教材共22册，在各类刊物上公开发表学术论文60余篇，在全国性的学术活动中获得10多个奖项。

学校礼仪队

高质量的实训基地

学校根据专业建设需要，按照“高标准规划、高规格实施、高效率使用”的原则，先后投入了4 000多万元建设实践教学基地，充分体现了先进性、综合性、仿真性和实践性的统一。每个骨干专业都有1个校内综合实训基地和至少5家校外实习实训基地，满足了培养高素质旅游专业应用型技能人才的需要。

丰富多彩的校园文化

学校常年举办丰富多彩的校园文体活动，团委、学生会常年组织各种俱乐部和兴趣小组，每年举办“校园文化艺术节”，各类比赛和学生书画展令人目不暇接。此外，还经常举办模拟导游、餐饮摆台、客房铺床等专业比赛。每逢重大节日，学校都举办庆典活动、文艺晚会、游园活动等。

丰富多彩的校园文化活动

社会培训

良好的社会服务效能

学校充分发挥海南省旅游行业从业人员培训基地、海南省退伍军人再就业培训基地的优势，主动援助各市县的职业学校，在教师培训、课程设置、教学方法改革、教学实训设备等方面支持市县职业教育，积极承担全省各类职业培训任务，做到教学和培训“两条腿”同步发展。3年来，培训人数达40 700人次，年均13 500多人次，培训创收近400万元，取得了良好的育人效益、社会效益和经济效益。学校通过提供设备支持和技术指导，积极参与社会培训和服务工作，承办大赛，为全省旅游行业各类大赛提供技术支持。

广阔的发展前景

多年来，学校非常重视毕业生的就业工作，毕业生就业率均达98%以上，就业对口率达100%，连续多年位居全省前列。校友遍布全省高星级酒店、国际国内旅行社和景区（点），多数毕业生成为单位的骨干力量。近年来，随着高尔夫运动的兴起，学校高尔夫专业毕业生更是供不应求。学校被海南省人力资源开发局评为“全省优秀就业学校”。学校组队参加了中国旅游协会组织的历届全国旅游院校导游服务技能大赛，均取得了优异的成绩。

学校努力将酒店服务与管理、导游服务、休闲服务（高尔夫服务与管理）、中餐烹饪等四个专业建设成为特色鲜明的品牌专业；形成特色鲜明的“文化+技能，道德+气质”、“工学结合”、“订单培养”人才培养模式；创新课程体系建设，围绕重点专业、精品课程建设，着力打造四个结构合理、素质优秀、能力过硬、专兼结合的教学团队；建设适应“做中学、学中做”要求的校内外实习实训基地，坚持“开放办学、服务社会”的理念，全面提高社会服务能力，把学校打造成为“规范化、信息化、现代化、有特色、第一流”的全国旅游职教名校。

学校学生参加海南省中餐摆台比赛

重庆城市管理职业学院

Chongqing City Management College

民政部与重庆市人民政府共建重庆城市管理职业学院

重庆城市管理职业学院是由重庆市人民政府主办、民政部与重庆市人民政府共建的公办全日制普通高等学校，是国家示范性骨干高职院校建设单位、全国普通高校毕业生就业工作先进集体、重庆市首批示范性高职院校建设单位。

学校始建于1984年，原为民政部创办的民政部重庆民政学校，2001年3月，升格为重庆社会工作职业学院；2006年3月，更名为重庆城市管理职业学院。

学院教学实验实训条件一流，拥有校内实践教学基地（中心）17个，下设124个实验实训室，校外实习实训基地236个；图书馆藏书50万余册，报刊800余种，建有重庆一流的数字化校园。校园环境整洁幽雅，文化氛围浓厚，课余活动丰富多彩，为学生学习和成长提供了优越条件。

学院有社会工作学院、信息工程学院、工商管理学院、文化产业管理学院、工程管理学院、财贸学院、国际教育学院、基础教学部、思想政治理论课教研部、继续教育学院、健康管理系、旅游系12个二级院系（教学部），招生专业45个，面向全国31个省、市、自治区招生，并招有留学生，在校生10 000余人。

团结奋进的学院领导班子

校企合力共促人才培养

学院大力实施“双师”、“双高”促进工程，打造专兼结合的教学团队；有专兼任教师500余人，其中教授28名、副教授及其他副高职称118人，博士、硕士264人，重庆市有突出贡献中青年专家1人，重庆市中青年骨干教师3人，“双师”素质教师293人，并聘请200余名行业专家、企业能工巧匠担任兼职教师。教师具有国际视野，教学经验丰富，教学理念和教学手段先进，科研成果丰硕。

学院积极开展人才培养模式改革和教学质量工程，深化校企合作，与186个政府机构、行业协会、企事业单位建立了深度合作关系，建有企业学院3个。学院大力推进工学结合、“订单式”培养，积极推动项目导向、任务驱动教学改革，形成了促进学生全面发展的课内外结合、校内外结合、在校学习与在职成长结合的“三结合”人才培养模式。学院大力加强党的建设和大学生思想政治教育，着力推进素质教育和创新教育，着力培养学生良好的职业道德、熟练的职业技能和科学的创新精神，人才培养质量显著提高，毕业生深受用人单位的好评。

学院积极开展国际合作与交流

学生职业技能竞赛

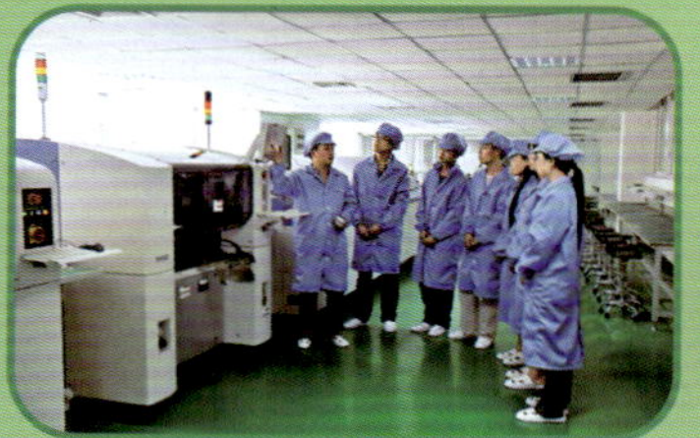
学院建有先进的SMT生产线

学院“睿德讲坛”

学院建有国家职业技能鉴定所，可对81个职业（工种）进行技术等级鉴定。学院还被命名为民政部西部民政社会工作培养中心、教育部全国高职高专师资培训基地、国家计算机应用与软件技术紧缺人才培养基地、国家民政行业特有工种职业技能鉴定站、重庆市首批市级专业技术人员继续教育基地、重庆市社会工作人才培训基地等。

学院积极开展国际交流与合作，同美国、澳大利亚、德国、韩国等国外高校开展合作，为师生提供广泛的学习和交流平台。

学院秉承“敏学致用、厚德笃行”的校训、“和谐共进、求实创新”的校风，立足现代城市服务和民政社会工作，服务和谐社会构建，积极培养德智体全面发展并满足现代城市建设、管理、服务一线需要的高素质技能型专门人才，努力建设西部领先、国内一流的国家示范性高等职业院校。

泸州醫學院

Luzhou Medical College

泸州医学院始建于1951年。学院以建设特色鲜明的教学研究型医科大学为目标，着力培养综合素质高、适应能力强的应用型高级专门人才。学院有忠山和城北两个校区，设有17个二级院系，有23个全日制普通本专科专业（其中国家级特色专业3个），涵盖医、理、文、法等7个学科门类。拥有在校生14 000余人，其中包括长期留学生、硕士生、本科生、专科生和继续教育学生等多种类型。学院有一级学科硕士学位授权点7个、二级授权点34个、专业学位授权学科5个；有国家级博士后科研工作站1个，省级重点学科5个，重点培育学科1个，省部共建教育部重点实验室1个，省重点实验室1个，省科技条件平台1个，省哲学社会科学重点研究基地1个；主办有《泸州医学院学报》和《医学与法学》两种公开出版的学术刊物；有三级甲等直属附属医院3所。

学校领导班子

学院与浙江大学联合招收和培养博士后研究人员

【教育教学工作】

学院深化教学改革，教学质量显著提高。在四川省2011年度“高等教育质量工程”项目评选中，学院共有6项专业综合改革、1项实践教学改革项目和49个子项目获准立项建设；在第二届全国高等医学院校大学生临床技能竞赛中，获得西南西北赛区一等奖和全国总决赛三等奖的优异成绩。学院以需求为导向，优化调整专业结构，成功召开学院专业建设委员会和近医非医专业建设会，成功申报康复治疗学专业；拓宽教材编写渠道，积极开展数字化教材建设工作，5套课件分获“第十一届全国多媒体课件大赛”二等奖和优秀奖。

学院稳步推进实验教学改革，规范开展毕业生实习工作，学生实践能力稳步提高，招生就业形势良好；举办首届学院临床技能竞赛，组织开展临床专业实习生OSCE考试，成功举办各类教学实践工作会议，并新增教学医院，完善教学基地建设；2011年，研究生就业率达100%，本科生就业率达97.5%。

学院荣获第二届全国高等医学院校大学生临床技能竞赛西南西北赛区一等奖和全国总决赛三等奖

【人才培养及师资队伍建设工作】

学院加大人才引进培养力度，不断加强师资队伍建设，组织开展CAI课件培训班、科研能力培训班，提升人才培养力度，并积极推进博士后科研工作站相关工作，实现首批工作人员进站。曾晓荣获得“四川省高等学校教学名师奖”。

【学科建设与科研工作】

学院进一步加强重点学科建设和管理，认真组织科研项目申报，学科建设和科研工作成果显著。2011年，学院成功申报基础医学、临床医学、中医学、药学、护理学等5个一级学科硕士学位授权点；组织完成了中央财政支持地方高校专项资金申报工作和服务国家特殊需求博士人才培养项目的申报工作；获国家自然科学基金11项，参与国家“863”计划1项、教育部“新世纪人才支持计划”1项、教育部重点项目1项、教育部人文社会科学研究项目1项；获四川省科技进步一等奖1项、三等奖4项，成功申请国家发明专利2项。学院主办的《医学与法学》刊物成功加入万方数据库。

学院举行建校60周年庆典大会

【学生思想教育和校园安全稳定工作】

学院加强学生思想政治教育和心理健康咨询工作，加强学风建设，积极开展各类评比；扶贫助困，进一步完善以“奖、贷、勤、助、补”为主要内容的学生资助体系；开展安全教育专题讲座，签订安全责任承诺书，进一步加强安全教育，全面排查校园安全隐患，加强校园流动人口管理力度，维护两校区的安全稳定。

【管理工作】

根据泸州市建设“教科城”和“西南医疗康健城”的发展规划和学院实际，学院科学调整了总体发展规划；认真开展校内新一轮人事分配制度改革工作，扎实推进“民生工程”；加强国有资产和财务管理，认真开展监察审计工作。

学院加强对外宣传，努力搭建国际交流平台，与美国华美中医学院、密苏里州立大学签署合作备忘录，拓宽了与国外高校及科研院所的实质性合作渠道；接待来自美国、德国、英国、日本等国家的专家学者到院访问，并进行了学术讲座和科研合作；选派教师赴国外访学、参加国际学术会议，并向海外孔子学院派出对外汉语教师1人。

校园招聘会

【学院60周年校庆取得圆满成功】

2011年9月25日，学院建校60周年庆典隆重举行，来自国内外近万名校友、专家学者和各级领导出席了庆典活动。

成都紡織高等專科學校

CHENGDU TEXTILE COLLEGE

学校领导参加2012届毕业典礼

成都纺织高等专科学校是四川省政府举办的全日制普通高等学校，直属于四川省教育厅，是中国西南地区唯一一所独立建制的纺织类高等学校，是国家骨干高等职业院校建设单位、四川省首批示范性高等职业院校建设单位。

学校前身为创立于1939年的国立中央技艺专科学校。学校秉承“服务纺织、服务社会，服务学生、服务人民”的办学理念和培养具有“工程师之素养，技工之身手”的育人传统，形成了“敬业奉献、民主和谐、自强不息、追求卓越”的学校精神、“德修于正、学究于行”的校训、“团结、勤奋、求实、创新”的校风、“范、勤、严、爱”的教风、“好学、善问、勤思、笃行”的学风。

四川省领导到学校调研

学校共有教授、研究员36名（含美籍华人教授1名），副教授、高级工程师、高级实验师等副高级职称138名，讲师、工程师、实验师等中级职称214名；特聘外籍教授8名、行业专家客座教授21名；国务院津贴获得者2名，四川省有突出贡献的优秀专家4名、省学术和技术带头人后备人选1人、省教学名师4名、校级教学名师9人；四川省劳动模范1名，全国优秀教师2名，省师德标兵2名，省海外高层次留学人才2人，省级教学团队4个。中国科学院学部主席团成员、中科院院士刘盛纲担任学校客座教授、科学委员会名誉主任、太赫兹纺织研究中心科学顾问。近5年来，学校教师承担省部级以上科研项目58项，获省级教学成果奖7项，获教育部高专英语教学优秀集体三等奖1项。3本教材获中国纺织工业协会“十五”部级优秀教材奖，数十项研究发明获国家专利。

2012届毕业生服装暨艺术优秀设计作品展示会

学生郊外写生

学生文艺表演

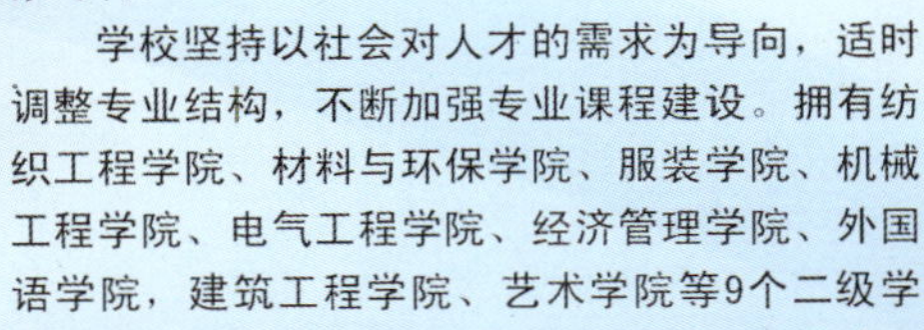

学校坚持以社会对人才的需求为导向，适时调整专业结构，不断加强专业课程建设。拥有纺织工程学院、材料与环保学院、服装学院、机械工程学院、电气工程学院、经济管理学院、外国语学院，建筑工程学院、艺术学院等9个二级学院和基础教学部、思想政治理论课教学部、体育工作部等3个教学部，形成了以纺织、服装、染化为龙头，以机械、电气、电子信息、建筑为骨干，艺术、经贸、管理和外语并举的专业格局，成为一所应用型多学科高等学校。学校有国家级精品课程1门、国家骨干建设专业9个、省级试点专业3个、省级精品专业3个、省级精品课程18门。

学校牵头成立西南纺织服装职业教育联盟

学校纺织品生态染整实验室是四川省高校重点实验室，还设有太赫兹纺织研究中心、染整技术研究所、蜀锦蜀绣研究中心、纺织服装产业发展研发中心、软件测试中心和信息化工程技术研究所等科技和社会服务机构。学校与彭州家纺服装园区、乐山土主纺织园区、富顺服装产业园区、广安牛仔产业园区、广东新塘、西樵纺织园区企业以及地方政府开展产学研合作与校地共建活动，合作成立近200个技术研发中心、人力培训中心、社会实践基地、校外实训基地，实现教学、科研与生产的无缝衔接。

学校坚持育人为本、德育为先，全面推进素质教育，大力加强校企合作，不断深化办学体制机制改革和教育教学改革，教育教学质量不断提高，学生普遍具备较强的社会适应性和实践动手能力，受到社会的广泛好评。近年来，学生在各类竞赛中获国家级奖140余项、省级奖200余项。毕业生连续17年初次就业率保持在95%以上，已连续6次被四川省教育厅评为“普通高等学校毕业生就业工作先进集体”，并且在2010年全省普通高校毕业生就业工作考核评估中荣获优秀奖。

学校不断加深教育交流与合作，与美国、日本、德国、法国、澳大利亚、新加坡等国家和台湾、香港地区的20余所院校或教育培训机构开展了培训、访问及学分互认等校际交流与合作。2001年，学校被选定为中—意政府合作职业培训项目执行学校，获项目资金320余万欧元。

沧桑砥砺七十年，科学发展谱华章。学校已进入“十二五”重要发展时期。站在新的历史起点上，学校正朝着“打造西部特色高专，争创职教一流水平”的发展目标奋勇向前。

四川省仁寿县职业教育中心

四川省仁寿县职业教育中心（二职中）是集职业教育、成人教育、劳动力转移培训、教师进修培训于一体的办学实体。学校以科学发展为准绳，大力实施改革，强力推进教育强县战略。秉承“德行天下、技走人生”的办学理念、“德高技精、和乐奋进”的校训、“知行合一、精益求精”的校风、“尚德善教、授技创新”的教风、“慎思明辨、砺能笃行”的学风，勇攀高峰，敢为人先，在管理中求创新，在创新中求发展，在发展中树品牌。2008年，学校被确立为国家级重点职业中学；2011年，被教育部确立为首批“国家中等职业教育改革发展示范校”建设学校，是“全国中等职业技术学校职业指导工作先进学校”、“全国教育系统先进集体”。

1号教学楼侧景

学校占地336亩，建筑面积达18.77万平方米；有学生6 800多人，年均非学历培训4 000人次；有教职工316人，其中国家级教学名师1人，中学特级教师3人，中学高级教师108人，有硕士学位及以上学历教师12人，“双师型”教师106人；有省级骨干教师12人，市级骨干教师、学科带头人15人，县级骨干教师、学科带头人50人。学校开设电子电器应用与维修、计算机应用、农村经济综合管理、建筑工程施工、机械加工技术、数控技术应用、汽车运用与维修、学前教育等专业；拥有价值5 000多万元的先进教学设备，能满足开设各专业的实习、实训要求；有高配置微机1 000多台，实施现代远程职业教育及学校信息化管理所需的软硬件设施齐备；有现代化的体育馆和图书馆。

省领导和县领导到校视察四川省藏区“9+3”免费职业教育工作

学校着力改革以学校和课堂为中心的传统人才培养模式，以工学结合、校企合作为抓手，以顶岗实习为平台，以课程体系为载体，强化学生职业道德、职业技能训练和学习能力的培养，将“做中学、学中做、学中教、教中学”贯穿教学的全过程，推动教、学、做的有机统一。学校以职业岗位需求为导向，创新教学环境，构建了具有职教特色的实践教学环境；创新教学方式，深入探索项目教学、案例教学、模拟教学、岗位教学等先进的教学方法；以人才培养对接用人需求、专业对接产业、课程对接岗位、教材对接技能为切入点，深化教学内容的改革；建立了由行业、企业、学校和有关协会等多方参与的教材建设机制，针对岗位技能要求，在现有教材的基础上开发了充分体现实用性、针对性、更新性和延伸性的校本教材体系。学校与仁宝电脑（成都）有限公司、仁宝电脑（昆山）有限公司、成都京东方光电科技有限公司、电子科技大学、北京应用技术大学、北京汽车维修学校等大型企业和学校实施“合作办学、订单培养、校企联姻”。学校毕业生技能过硬、思想素质高、具有吃苦耐劳精神，深受用人单位的好评，毕业生供不应求，就业率达100%。80%的学生在就业二三年后成长为企业技术骨干。近10年来，学校为社会培养初中高级技术人才4万余人，深受社会赞誉，成为地方职教的一面旗帜。

校长周尊登（左一）参加教育部“全国校校合作”活动

师生食堂

女生公寓楼

四川省大英县中等职业技术学校

四川省大英县中等职业技术学校是国家级重点中职学校，2011年9月，被确定为国家中等职业教育改革发展示范学校建设单位。学校集职业中专、大专套读、短期培训、技能鉴定、公共服务于一体，开设有电子电器应用与维修、机械加工技术、服装设计与工艺、汽车运用与维修、计算机运用、旅游服务与管理、对口高职等专业。

学校占地面积230亩，建筑面积7万多平方米，校园环境清幽，设施设备齐全，文化氛围浓厚；有教职工252人，学历教育在校生4 200余人（含藏区“9+3”学生），非学历教育每年培训企业员工及农民工4 000人次以上。

学校秉承“笃学修德、砺行精技”的校训，形成了“自律自强、求实求新”的校风、“价值体现于事业、爱心奉献于学生”的教风和“理想放飞于勤奋、成就立足于技能”的学风，确立了“塑精品专业，育实用人才，创全省一流职校”的办学目标，坚持“因人施教、立体发展”的办学特色，致力于培养“立身有信度，就业有优势，创业有基础”的高素质人才，职业教育一年一台阶，三年实现大跨越。《遂宁日报》、《四川教育导报》等多家新闻媒体报道了学校的办学经验，有30多所职业学校的领导与教师亲临学校参观、学习和交流。

学校重视教师队伍的素质化和专业化建设，采取校本培训、教育科研、学习进修、企业锻炼等多项措施，促进队伍素质的全面提升，涌现了一大批上得讲台、下得车间，教学水平高、动手能力强的骨干教师。

车工专业学生在实训

服装专业学生在实训

学校坚持以质量求生存、以改革促发展、以特色上水平的工作思路，实施分层教育、分类推进、分类评估，形成“紧贴市场，打造品牌”的专业特色、“创新求实、结合实际”的“四课堂”（学科课程建设第一课堂，活动课程建设第二课堂，实践课程建设第三课堂，环境课程建设第四课堂）立体教学特色、“目标引领、实现共赢”的校企合作特色，形成了“校企合作，工学交替，引企入校，办校入企”的合作模式，先后引进大英翔顺制衣厂、成都成川工具有限责任公司两家企业到校办厂、建车间；学校加入遂宁市职业教育集团，共享先进制造业、现代服务业教育资源；学校与广东铨讯电子厂、三一重工股份有限公司、上海比亚迪有限公司等20多家骨干企业签订“订单”培养合作办学协议，培养了一批又一批具有熟练技能、健全体魄、适应地方经济发展需要的高素质实用型技能人才，真正发挥了职业教育的引领和示范作用。

学校先后获“全国艺教先进单位”、“全国消防安全教育示范学校”、“四川省藏区免费中等职业教育先进集体”、“四川省中等职业教育学生内务管理示范学校”、“遂宁市民族团结进步创建活动示范单位”、“遂宁市最佳文明单位”、“遂宁市校风示范校”、“遂宁市依法治校示范校”、“遂宁市劳务培训先进集体”、“遂宁市再就业培训先进集体”等20多个荣誉称号，被确定为“国家职业技能鉴定站”、“遂宁市劳务培训基地”、“遂宁市再就业工作培训基地”、“大英县特种作业培训基地”。

电工专业学生在实训

汽修专业学生在实训

国家级重点中职学校　国家中等职业教育改革发展示范学校建设单位

四川省达县职业高级中学

团结奋进的领导班子

四川省达县职业高级中学始建于1963年，1997年，被评为省级重点职中；2005年，被评为国家级重点职中；2006年，被评为首批省级示范性中等职业学校；2012年，被确立为国家中等职业教育改革发展示范学校建设单位和四川省中等职业教育学生内务管理示范学校。学校先后荣获首批全国德育工作重点示范学校、“社会满意学校”、“省先进基层党组织”、“省教育工作先进集体”、“省校风示范学校”、“省文明单位”、“省改革创新先进单位”、“省卫生先进单位”等殊荣300余项。学校综合目标考核连续18年获县级一等奖。

学校北望凤凰山，紧邻州河水，校园环境优美，设备精良。校园（新校区）占地面积300亩，总建筑面积14万平方米。设有计算机、经济管理、电工电子、制造技术、航空服务五大专业部。学校教学班110个，在校生近8 000人；教职工340余人，160余人被评为国家和省市县骨干教师、优秀班主任、学科带头人和科技拔尖人才。

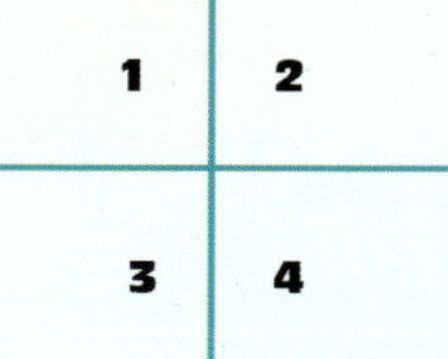

1. 学生家长参观学生技能大赛作品
2. 航空专业学生在学校实训基地进行技能训练
3. 学校代表四川省参加全国职业院校技能大赛获三等奖
4. 学校文娱活动丰富多彩，并多次参加市、县相关活动演出。

学校人文底蕴厚重，办学理念先进，始终发扬“一条心、一口气、一股劲、创一流”的学校精神，秉持“厚德、精技、服务、崇新”的办学理念，坚持校企合作办学、工学结合育人，突出科学发展，凸显精致管理，着力在改革中腾飞、在创新中跨越、在腾飞跨越中示范。学校已发展为办学有特色、教学有特点、科研有档次、学生有特长、就业有优势的省内知名中职品牌学校。学校八项科研成果分获国家和省、市一二等奖。近几年，学生中有100余人次获各级技能大赛一二等奖，300余人次获省艺术人才大赛一二等奖，200余人次获全国美术作品大赛金、银、铜奖。2012年，学校参加全国职业院校技能大赛获三等奖2项；参加第27届青少年科技创新大赛获国家级、省级一等奖各1项，市长奖2项、县长奖4项；学生参加普通高校单独招生考试连续18年获达州市第一名，居四川省前列；毕业生就业率均达100%，多数毕业生成为各行各业精英。

贵州大學

GUIZHOU UNIVERSITY

贵州大学创建于1902年，历经贵州大学堂、省立贵州大学、国立贵州大学等时期，1950年10月定名为贵州大学；1951年11月，毛泽东同志亲笔题写校名；2004年8月，贵州大学与贵州工业大学合并组建为新的贵州大学；同年12月，成为贵州省人民政府与教育部共建的大学；2005年9月，被批准进入国家“211工程”重点建设大学行列。

学校有全日制在校生60 899人，其中研究生7 471人，普通本专科学生43 722人，留学生291人，成人本专科学生9 415人。学校在职职工4 198人，其中专任教师2 530人；具有博士学位的教师381人，具有硕士学位的教师1 083人；教授383人，副教授854人；有中国工程院院士1人，“长江学者”1人，国家有突出贡献中青年专家5人，“百千万人才工程”专家5人，国务院学位委员会学科评议组成员1人，教育部高等学校教学指导委员会委员8人，教育部“新世纪”优秀科技人才10人。

学校拥有24个学院，2个公共教学部；有普通高等教育本科专业137个，涵盖哲学、经济学、法学、文学、历史学、理学、工学、农学、管理学等11大学科门类；有农药学国家级重点学科，24个省级重点学科，3个博士后科研流动站，9个一级学科博士点，47个二级学科博士点，47个一级学科硕士点，191个二级学科硕士点及11个专业硕士学位授权点，是高等学校教师在职攻读硕士学位、中等职业学校教师在职攻读硕士学位培养单位。

北校区体育馆

学校积极开展国际间的交流与合作，已与40多个国家的100余所高校建立了交流与合作关系，并成为教育部教育援外基地、中国政府奖学金院校和科技部国际科技合作基地。2009年，学校在美国普莱斯比大学建立了贵州首个孔子学院。自2008年以来，连续4年成功承办中国—东盟教育交流周，得到了东盟10国教育部和大学的认可与积极参与，影响深远。连续举办七届日本文化节，为学校赴日学生交换开辟了渠道。学校还在国际大学校长联盟（IAUP）、亚太大学联盟（AUAP）等国际组织中发挥积极作用。

近年来，学校先后荣获“全国精神文明建设先进单位”、“全国绿化模范单位”、“全国文明单位”等荣誉称号。

人文楼

学校在百余年的办学历程中，始终坚持以兴学育人为根本，以立足贵州、服务地方为己任，形成了“艰苦奋斗，自强不息”的办学精神，凝练了“明德至善，博学笃行”的校训，以严谨、勤奋、求实、创新的校风和丰厚的文化底蕴，培养和孕育了大批优秀人才，为国家特别是贵州省经济建设和社会发展提供了强有力的人才支持和智力支撑。

博学楼

北校区全景

红河卫生职业学院

云南省红河卫生职业学院是经云南省人民政府批准成立并报教育部备案的一所全日制公办高等卫生职业院校。其前身红河州卫生学校创建于1958年；1996年，被云南省人民政府批准为省部级重点中专；2001年，被教育部批准为国家级重点中专。建校50多年来，先后开办过医士、社区医学、卫生保健、护理、助产、中医士、妇幼卫生、预防医学、计划生育、卫生信息管理、口腔、健康教育、药剂、医学影像、医学检验等专业，为社会培养输送了两万余名卫生技术人才。学院先后被评为“国家级红十字会示范学校”、“云南省文明单位”、“云南省文明学校”、“云南省卫生系统先进集体”、“云南省民族团结进步先进集体”、“云南省职业教育先进集体”等，学院党委被红河州委评为“先进基层党组织”，学院团委被团中央评为“全国五四红旗团委”。

学院图书馆

云南省领导到学院检查指导工作

学院老校区占地134.9亩，校舍建筑面积52 940平方米，固定资产总值5 892.8万元，图书馆藏书15.3万册；有25个专业实验室，教学实验设备总值达1 617.8万元。学院新校区占地707亩，总建筑面积12万平方米。新校区已开工建设，预计2013年投入使用。学院现有附属医院1所、教学医院3所，建立了44个条件较好的实习基地、5个社区见习基地。

云南省领导为学院成立揭牌

学院有教职工204人，专任教师148人，其中具有硕士研究生学位的教师16人，占教师总数的10.8%；副高级以上职称教师61人，占教师总数的41.2%；有省级学科带头人3人、州专家协会成员20人；另有附属医院兼职教师50人。学院开设护理、药剂、助产、医学检验技术、医学影像技术、农村医学等6个专业，有在籍学生8 334人（其中全日制学生5 875人、成教学生2 459人）；毕业生年均就业率达90%以上。

学院将立足滇南、面向全省、辐射全国，开拓与东南亚国家的交流与合作。以全日制专科层次高等职业教育为主，以在职继续教育和职业培训为延伸。贯彻科学发展观，适应社会、经济、医疗卫生事业发展需求，坚持“以服务为宗旨、就业为导向”的办学方针，扎实推进内涵建设，优化专业结构，突出重点，合理布局，促进办学规模、专业特色、内涵质量和品牌效应的协调发展，不断实践和完善“工学结合”型的相关医学类专业人才培养模式。学院力争到2015年全日制在校生规模达6 000人左右，外籍学生超百人，形成云南省卫生职业教育面向越南开放的一个重要窗口。

2012年，学院正式纳入国家高等学校统一招生计划。2012年，申报开办护理、助产、药学、医学检验技术、医学影像技术等5个专业。

展望未来，前景灿烂。更加开阔的视野、更加高远的追求、更加有利于医疗卫生事业发展，红河卫生职业学院必将创造出更加耀眼的辉煌！

学生参加文艺活动

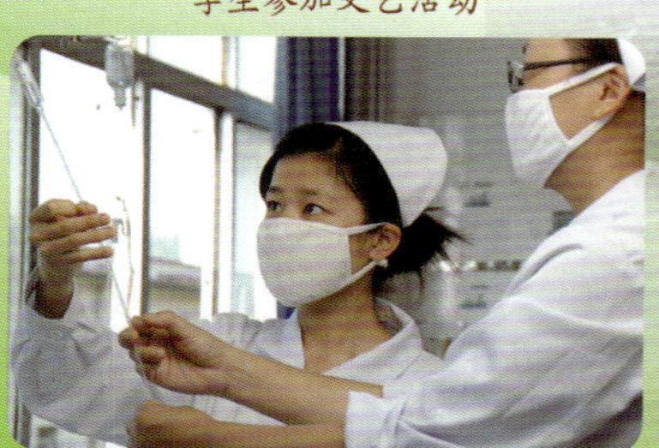
实践教学

学院新校区全貌

云南省普洱卫生学校

中等职业学校（中专）
国家级重点
中华人民共和国教育部

云南省普洱卫生学校（原云南省思茅卫生学校）创建于1958年12月，位于“世界茶源、中国茶城、普洱茶都”——普洱市，是国家级重点中等职业学校、省级文明学校，是普洱市培养卫生技术人才的中心。2011年，学校被教育部等三部委确定为国家中等职业教育改革发展示范学校立项建设单位。54年来，在各级党政领导的关怀下，学校不断发展壮大，已发展成为以中等医学教育为主，成人教育、岗位培训和职业技能培训等并重的综合性职业学校。尤其是1988年以来，学校先后与北京医科大学、昆明医学院、大理学院等10余所院校联合办学，形成了多层次、多渠道、多形式的办学格局。已培养出大中专毕业生20 000余名，毕业生分布在普洱、西双版纳、玉溪等邻近州（市），成为边疆各族人民防病治病的重要卫生技术力量，为普洱市及邻近州（市）医疗卫生事业的健康发展作出了积极的贡献。

校园一角

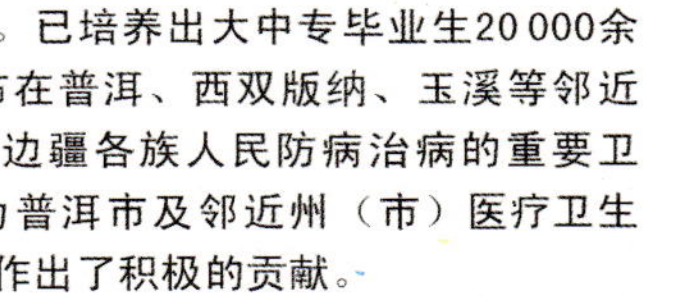
护理专业技能大赛

校园风采

一、学校基本情况

学校占地面积101亩，建筑面积71 620平方米，资产总额4 966万元；设有行政办公室、教务科、人事科、学生科、成人教育管理科、招生就业指导办公室、医学教育研究室、总务科、保卫科、团委。教务科下设6个基层业务科室（文化基础教研室、医学基础教研室、临床医学教研室、计算机网络管理中心、实训中心、附属门诊部）；有在岗教职工246人，其中专任教师212人，专任教师中具有本科以上学历者占96%。

学校始终坚持“出口畅，入口才会旺”的理念，前瞻生源，后顾就业，重点抓好招生、就业工作，提高办学效益，积极做好招生就业宣传培训工作，学生就业率始终保持在96.5%以上。学校生源充足，办学红火，有本科、专科、中专等不同层次的在校生6 000余人，其中全日制普通中专生4 064人，仅2011年就招收全日制中专生1 655人，招收成人教育学生1 000人，招生规模创历史新高，为普洱市职业教育的发展作出了贡献。

学校积极筹措办学资金，增加基础建设、教学设施设备建设、师资队伍建设的投入；加快发展、扩大办学规模，全面改善办学条件，优化育人环境。一是积极申报、创建国家中等职业教育改革发展示范学校。该项目资金总预算1 950万元，其中中央专项资金1 000万元，地方配套资金500万元，学校自筹资金450万元。二是扩大门诊部建设规模。加强医疗、实习基地建设，增加门诊部医护人员。三是建立完善校园网，建设数字化校园。全校62间教室安装了多媒体教学设备，并增购100余台惠普笔记本电脑，为每位教师配备教学用笔记本电脑，校园网已初具规模。四是完成了2010年度中央财政支持的职业教育实训基地建设项目采购、建设、竣工验收工作。加大实训基地建设力度，筹建1 800万元的实训大楼，建立全市医考实训中心。

二、取得的成效

学校领导班子勤政廉政、团结务实、开拓创新，带领全校职工干实事、谋发展。几年来，学校取得了显著的成绩，做到了“软”“硬”件建设“两翼”齐飞，实现了办学的“四大突破”、创造了“三个新高”（即教育教学质量提升有大的突破，办学条件改善有大的突破，教师队伍建设有大的突破，办学层次有大的突破；创教学投入、校园建设、招生规模历史新高），使学校以前所未有的速度实现了跨越式大发展。2011年，学校被普洱市总工会评为“普洱市工会工作目标考核一等奖”；被普洱市卫生局评为“普洱市‘十一五’卫生工作先进集体”。学生在参加“普洱市第五届中等职业学校学生综合素质比赛”中，7个参赛项目分别获得了6个一等奖和1个二等奖；学校140名师生参加市直卫生单位“庆祝建党90周年红歌大合唱比赛”，获得特等奖；学校党总支被中共云南省委高校工委、中共云南省教育厅党组评为“云南省教育系统先进基层党组织”；学校被大理学院评为“成人教育先进集体”。学校办学蒸蒸日上，办学规模不断扩大，办学水平不断提高，跨进了国家中等职业教育改革发展示范建设学校的行列。

地址：云南省普洱市思茅区边城东路29号
邮编：665000
电话（传真）：0879-2122371
电子邮箱：ynpewx@126.com

云南省曲靖职业教育园区

有关领导视察新校区建设情况

云南省曲靖职业教育园区位于曲靖中心城区东北部，总规划面积470万平方米，其中一期工程占地面积300万平方米，包括云南能源职业技术学院、曲靖农业学校、曲靖财经学校、曲靖应用技术学校、曲靖工商职业技术学校、曲靖市高级技工学校6所职业院校。配套项目有教师住宅小区、综合商务大厦、文化产业步行街等，总建筑面积180万平方米，学校建筑面积110万平方米，总投资31亿元。

云南省领导到职教园检查指导工作

云南财贸学院与曲靖财经学校联合办学协议签字仪式

2008年3月，在云南省委、省政府的高度重视下，曲靖市委、市政府决定整合职教资源、打造职教品牌、提升职教水平、加快职教发展，成立了职教中心管理委员会，统筹、协调、组织建设工作。仅一年多的时间就快速、安全、高质地建成了曲靖职业教育园区。建成后的职业教育园区可容纳10万名学生就读，是一个功能齐全、设施配套，集教育、科研、文化、体育、商贸、旅游、居住于一体的生态型、园林型的现代化城市新区和现代职业教育基地。

学校实训工厂

曲靖工商学校与苏州松下半导体公司签订校企合作协议

在职教园区建设过程中，曲靖市采用“政府主导、统一规划、分权负责、自主建设、市场运作”的新机制、新模式，建设部门统一编制总体规划及学校规划，麒麟区统一组织安置拆迁，土地部门统一供地，职教中心管委会统一组织全部市政基础设施和公益性配套项目建设，并通过招商引资建设商务大楼和教师住宅小区，职业院校按照统一规划自主建设。针对园区建设资金投入大的实际，曲靖市积极探索项目建设资金筹措新模式，通过政府财政补一点、金融机构贷一点、盘活老校区资产筹一点、市场化运作融一点、政策扶持一点的“五个一点”融资模式，形成了“政府主导、面向市场、投资主体多元化”的办学格局，探索了一条滇东北欠发达地区兴办高水平职业教育的新路子。

曲靖农业学校新校区建设项目投资合作协议签字仪式

职教园区建成后，6所职业院校“退城入园”，集约建设和节约办学，形成了“1+1＞2”的聚集效应，发展空间、办学实力大幅提升，招生规模大幅递增。截至2011年年底，园区6所职业院校有教师1 700余人，招生人数达7万多人，共开设了煤矿开采技术、工程测量技术、矿山机电、园林技术、畜牧兽医、食品生物工艺、航空旅游服务、电算化会计、计算机应用与维修、汽车运用与维修、数控技术应用、建筑装饰、电工、钳工、化工、焊工等100多个专业，可进行200多个工种的技能培训和鉴定，每年为社会培养近2万名技能型人才。园区内各院校与省内外70多所学校开展了联合办学，与200多家省内外知名企业签订了人才供求协议，建立了稳定的实习和就业基地，毕业生就业率达98%以上，在全省职业教育的发展中发挥了龙头、示范、辐射和带动作用。

云南能源职业技术学院

曲靖农业学校

曲靖应用技术学校

办学宗旨： 整合职教资源、打造职教品牌、提升职教水平、加快职教发展。

发展模式： 校校联合、校企联合、城校结合。

建设目标： 实现可容纳10万名学生就读，“云南一流、国内知名”的现代职业教育园区。

煤化实验室

学生实训技能展示

近年来，各级领导先后视察职教园区，来自兄弟省市的上百批客人先后参观考察职教园区，对职教园区的总体规划、建筑设计、工程质量、整体环境和办学效益均给予了高度评价：职教园区的建成，为曲靖市职业教育未来的发展奠定了坚实的物质基础，并丰富了文化内涵，为社会经济发展提供了强有力的人力资源支撑，为解决“三农”问题、缓解沿海城市技工荒作出了积极贡献。

曲靖职教园区将继续按照党中央、国务院“大力发展职业教育”的战略要求，在曲靖市委、市政府的正确领导下，在市教育局等相关部门的指导和帮助下，坚持“以服务为宗旨、以就业为导向、以质量为根本”，面向社会、面向市场、面向企业、面向农村办学，创新机制，加强管理，合理布局，积极推进后续工程建设，为建设现代化珠江源大城市作出积极的贡献。

云南省曲靖应用技术学校学生在上实训课

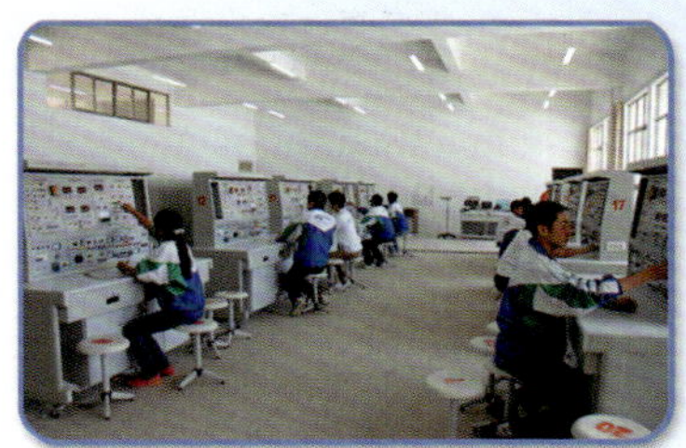
国家级电工电子实训基地

学生在模拟矿井内进行矿井顶板支护操作

航空专业学生在实训

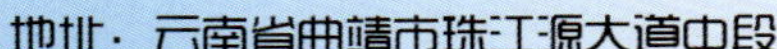
地址：云南省曲靖市珠江源大道中段
邮编：655000
电话：0874-3212630

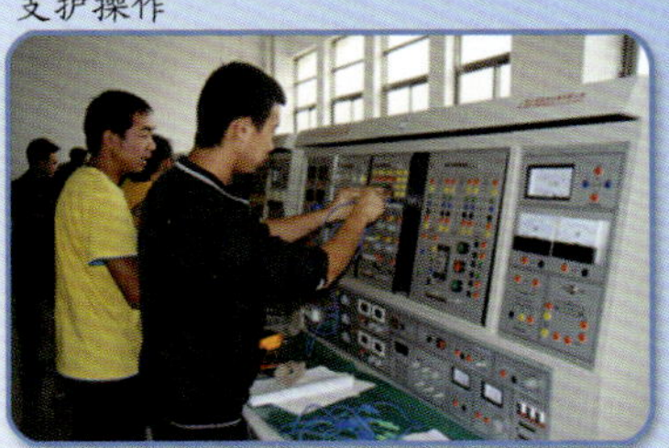
数字电子实验室

曲靖财经学校

曲靖工商职业技术学校

曲靖高级技工学校

○ 每周一的升国旗仪式

云南省曲靖农业学校

● 团结务实、勤奋廉洁的领导班子

学校简介

云南省曲靖农业学校是一所立足曲靖，面向云南，服务全国，特色鲜明，以农为主，农、林、牧、水、加工、经管、信息、航空、旅游、轨道交通、美术绘画等47个专业综合发展的国家级重点中等职业学校。

学校创建于1956年，2009年，搬迁至具有“现代化、科学化、数字化、园林化、生态化”特点的新校区。学校有教职工414人，省级学科带头人5人，市级学科带头人9人，享受市级政府特殊津贴2人。2012年，在籍学生达13 174人（普通中专11 259人，各种函授本（专）科、硕士研究生1 915人），办学规模连续两年保持在万人以上。毕业生就业率多年来一直巩固在95%以上。

● 有关领导视察学校

● 省市相关领导鼓励学生学好技能，展现人生风采。

学校坚持“面向市场、服务社会、以农为主、综合发展”的办学思想，倡导“以德立校、依法治校、管理兴校、人才强校”的治校方略，认真总结出了“观念是先导，教师是核心，条件是基础，管理是保障”的办学治校经验，厘清了“以德育为首位，以教学为中心，以质量为根本，以管理为手段，以市场为导向，以创新注活力，以科研塑品牌，以改革促发展”的办学思路，始终抓住“招生是重点、就业是关键、质量是根本、专业是核心”的办学生命线，全力打造中等农业职业教育品牌。根据“优势互补，资源共享，共同发展”的联合办学思想，学校与中国农业大学、云南农业大学、西南科技大学、云南农业职业技术学院、华西航空旅游学校以及各县、乡镇、村委会开展多渠道、多层次、多形式合作办学，形成了中等职业教育、高等职业教育、成人高等教育、网络高等教育、研究生教育和各类岗位培训共同发展的多元化办学格局，逐步走出了一条多轮驱动、多轨运行、“一校多式”的办学新路。

2010年，在曲靖市委、市政府的大力支持和重视下，曲靖市委组织部依托学校在全省率先创办了曲靖市农村实用人才培训学校，以培养农村“两委”干部为重点，积极加大农村种植能手、养殖能手、经营能手、管理能手等能工巧匠、现代新型农民和创业人才的培养培训。截至2012年3月，学校共培训村级党组织书记1 649名，为破解“三农”问题、推进社会主义新农村建设、构建农村和谐社会进行了积极的探索。

办学特色

实行专业设置与市场需求“零”距离对接。学校按照“以农为主，综合发展”的思想，结合经济社会发展对专业人才的需求情况，面向市场，面向社会，面向“三农”，改造老专业，拓展新专业，优化专业结构，加强专业建设，实施品牌专业战略，重点建设一批技术含量较高、招生规模较大、办学质量较好、有较大社会需求和发展前景广阔的国家级和省、市级示范性专业及校级重点专业和特色专业。

● 学校举行隆重的“曲靖市农村实用人才培训学校”授牌仪式

实施“宽基础，活模块”课程模式。按照“德育为先，素质为根，技能为本”的指导思想，改革完善以技能教学为主体的模块化课程体系，实现专业技能教学与国家职业资格鉴定标准对接，推行弹性学年学分制，满足学生就业、升学、个性发展的多元化需要。

总结推行“三守三会”德育实践模式。针对现代中职学生的现状和特点，坚持“做人第一”的教育观，把教会学生做人放在第一位，总结实施了“守时、守规、守信；会理财、会感恩、会扬长”的“三守三会”德育实践模式。按照“低起点、小坡度、不停步”的德育工作思路，以准军事化管理为抓手，以校园班级德育实践周活动为载体，引领学生践行“三守三会”德育实践模式，向军队学管理，培养文明工作、文明学习、文明生活、文明习惯的优良作风，用“在管理别人中，学会管理自己”的制度，塑造良好的学校整体形象和个人形象，让全体学生在实践锻炼中提升，不断提高学生的整体思想道德素质。

积极探索学生成长教育的新方法。按照“人人有才、人无全才、扬长避短、人人成才”的原则，建立健全“全面发展”的人才培养目标、“全员育人”的人才培养机制、“全方位服务”的育人管理体系“三全”人才培养体制和机制，积极探索和实施“订单”教育的人才培养模式和“优良的品德+突出的技能=职业理想”的推荐就业模式，不断提升学校办学的软实力。

创新管理机制，推行校、部两级管理模式。实行动态式淘汰管理，强化品牌意识，以专业部为单位，同时按照规模、质量、结构、效益协调发展的原则，采用“专家带”、“师傅带”、“行家带”、“互相帮”、“实践学”、“领导点”等模式，扶持一批积极进取、发展潜力突出的青年教师，培养和稳定一批中青年骨干教师，引进和培养一批教学名师和专业（学科）带头人，形成一支师德高尚、规模适当、结构优化、理论基础扎实、实践能力较强的教师队伍，打造名师骨干专家团队。按照“立足曲靖，面向全省，服务全国”的办学策略，学校为区域、行业、企业、社会经济建设服务。

坚持以农、涉农为主，综合发展的办学方针。服务“三农”是农业职业教育的办学方向，也是学校办学的最高价值取向。针对国情、省情、市情、校情实际，以解决“三农”问题、服务农村发展、建设社会主义新农村为己任，学校始终如一举好“农”字旗、打好“农”字牌、走好“农”字路，抢占农村人才培养制高点，把学校建成在曲靖有优势，在云南有影响，在全国有一定知名度的农业职业技术学校。

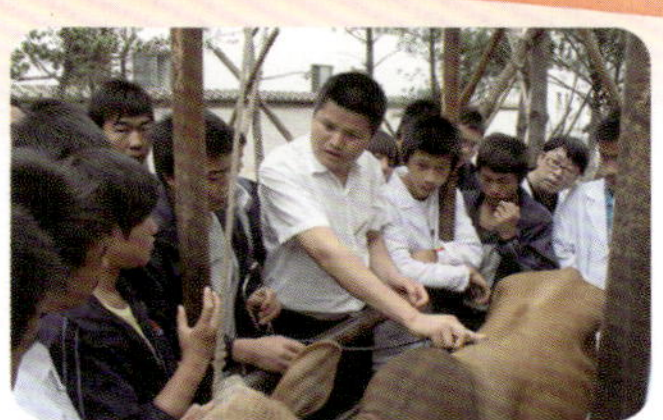

● 牧医专业学生在实训

● 现代服务学部航空专业学生机舱仿真模拟式训练

● 师生共度中秋佳节

● 准军事化管理汇报展演

● “五四”青年节庆祝活动

● 学生职业技能竞赛开幕式

学校声誉

学校作为滇东北地区唯一一所涉农的国家级重点中等专业学校，建校以来，紧扣省、市经济社会发展对人才的需求，为社会培养和输送了各类合格专业人才4万余名。学校办学治校特色日益突出，2004年被评为国家级重点中等职业学校，曾荣获省级“文明学校”、“文明单位”、“依法治校省示范单位试点工作先进集体”、“全国中等职业学校招生工作先进单位”、“全国科研兴教先进单位”、国家重点课题“优秀科研学校”、“国家教师科研专项基金科研先进单位”和“中华职业教育社第二届黄炎培职业教育优秀学校奖”等一系列殊荣。学校承担的中国教育科学研究院“十一五”重点课题的子课题“职业学校班主任专业化队伍建设实践性研究”被评为全国教育科研成果特等奖、“十一五”重点课题“中职学校‘问题学生’不良行为表现、成因与教育对策的研究”荣获研究成果一等奖、“中等职业学校弹性学年学分制试点研究”被评为国家教师科研基金“十一五”成果二等奖。2010年，在全国职业院校职业技能大赛农业技能大赛中，学校获小动物外科手术三等奖。学校党委书记、校长任绍坤被评为“全国教育科研杰出校长”、云南省首届“黄炎培职业教育杰出校长”、云南省首届“教育功勋人物”。中央电视台、《人民日报》、《求是》杂志社主办的《红旗画刊》、新闻出版总署《创新与发展》专辑、《中国职业技术教育》、《云南日报》、《云南教育报》、《云南信息报》及省内外多家媒体对学校进行了报道。

2011年，学校的办学水平、办学声誉得到进一步提升，顺利通过省级文明学校复评，中国关工委教育研究院评选表彰了学校11个“PDC优秀班集体”；教师代表参加教育部组织的全国语文说课比赛荣获二等奖；被云南省职业技术学会批准为农业类专业委员会主任委员单位；成功承办了云南省农业教育研究会第五届学术年会；《世行贷款云南职业教育发展项目云南省曲靖农校子项目可研报告》顺利通过省级专家组评审；以全省第二的排名列入国家中等职业教育改革发展示范性学校立项支持建设，学校的声誉和影响进一步扩大。

● 根据学校办学思路和德育实践模式的要求，学校积极向军队学管理、从军队借鉴有益经验

曲靖工商学校

云南省曲靖工商学校前身是成立于1983年的曲靖市经济干部学校。2005年，经曲靖市人民政府、云南省教育厅批准，曲靖经济干部学校改建为曲靖工商职业技术学校；2009年9月15日，经曲靖市人民政府批准，改制为股份制曲靖工商学校。学校的主要职能是为工业和商业培养中等专业人才，同时与省内外大专院校联合办学，开办成人大专、本科、硕士研究生学历教育，是一所集工业与商业、普通教育与成人教育于一体的中等职业技术学校。

学校占地面积417亩（净用地329亩），投资3亿元人民币（已投资2亿元人民币），建筑面积21万平方米，已完成一期工程16万平方米的建设。2009年9月1日，学校从老校区整体迁入新校区，结束了过去一校五区、分散办学的格局。12 000余名师生员工愉快地学习、工作和生活在美丽的新校区。

云南开放大学珠江源工商开放学院成立大会

学校自1986年以来，已开办中专、大专学历教育45个专业，培养了2万余名毕业生，举办干部培训班97期，培训企业管理干部7 266人，为曲靖经济社会的发展作出了积极贡献，众多毕业生成为党政干部、企业高管和业务骨干。

近几年来，学校党政领导班子遵照党中央、国务院大力发展职业教育的战略要求，在省委、省政府、省教育厅的高度重视下，在曲靖市委、市政府的正确领导下，在曲靖市工信委、市教育局的关心和帮助下，团结和依靠广大教职工，以科学发展观为指导，以市场为导向，开拓创新、攻坚克难、艰苦创业，把一个在10年前即将被撤并的经济干部培训学校打造成为了一个规模大、发展快、质量高、效益好的国家级先进职业技术学校，取得了一个个骄人的业绩。

一是办学规模迅猛扩大。在校生人数从2002年秋的400余人发展到2012年的12 000余人，10年间办学规模扩大了30倍。

二是教职工队伍不断壮大。从2002年的37人增加到2012年的505人，10年间教职工人数增加了13倍。

三是办学专业不断增多。从2002年的5个发展到2012年的45个，10年间增加了9倍。

四是办学层次不断提升，办学水平不断提高。从2002年的中专、大专两个层次提升到2012年的中专、大专、本科、研究生四个学历层次。办学层次的不断提升，提高了学校的知名度和美誉度。

五是固定资产飙升，办学条件大为改观。固定资产从2002年的210万元（原值）增加到2012年的近2亿元，10年间增加了98倍。

学校校办工厂开业庆典

六是学校办学效益显著提高，从2002年的51万元提高到2012年的6 000余万元。

七是教育教学质量显著提高，就业率达100%。学校先后在长江三角州地区、珠江三角州地区、京津塘地区和云南省内148家企业建立了稳定的实习和就业基地，确保学校毕业生初次就业率达85%以上。近年来，学校毕业生累计就业率达100%，毕业生供不应求。

八是校园安全、稳定、和谐。确保了师生的“三个安全”，即政治安全、生命财产安全、设施设备安全；实现“三个为零”，即重特大

学校鸟瞰图

烹饪专业学生技能展示

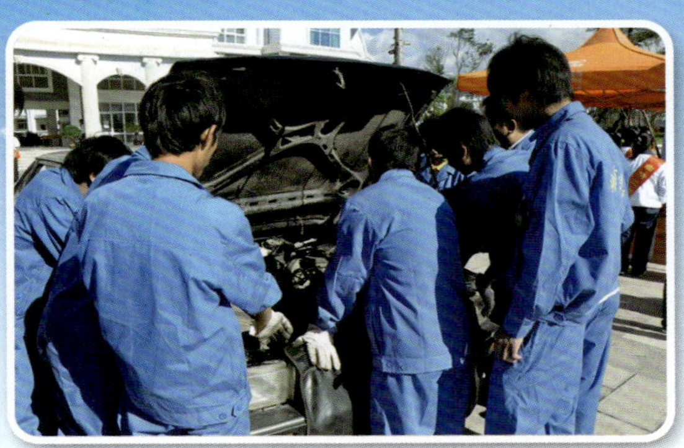

学生在进行汽车维修实训

安全事故为零，严重打架斗殴事件为零，黄、赌、毒和死亡事件为零。学校秩序井然，安全、稳定、和谐，为学生创造了和谐的学习、生活环境。

九是新校区迅速建成，学校面貌焕然一新。在市委、市政府的高度重视和有力领导下，在市建设局和市职教中心的直接关心和支持下，占地329亩、投资3亿元人民币、建筑面积21万平方米、办学规模为12 000人的新校区已正式使用。新校区内高楼耸立，绿树成荫，鸟语花香，独具风格的欧式建筑群让人耳目一新，完备的教学、生活、体育设施为师生员工提供了良好的学习、工作和生活环境。

第二十七届教师节学校全体教职工合影

元旦环城赛跑

近10年来，学校所取得的显著成绩得到了各级党委、政府的充分肯定和表彰。据统计，从2005年至2012年期间，学校共获得国家、省、市级荣誉称号42项。其中，2006年至2008年，学校连续两届被云南省委、省政府评为省级“文明单位”；2009年8月，被教育部、人力资源和社会保障部评为“全国教育系统先进集体”；2010年6月，被教育部、人力资源和社会保障部评为“全国中等职业教育德育工作先进集体”；2010年11月，被第七届中国教育家大会组委会评为“新世纪中国教育事业10年十佳创新学校”，校长戴正贵被授予“新世纪中国教育事业10年十佳校长”荣誉称号；2011年11月，被第八届教育家大会授予“2011中国职业教育校企合作示范校”称号；2011年5月，被中国教育家联合会评为“全国十佳教育培训学校”，被中国关心下一代工作委员会、青少年素质教育工程项目办公室、全国青少年道德培养活动组委会确立为“全国青少年道德培养实验基地”，被云南省教育厅、云南省禁毒委确立为“全国不让毒品进校园”项目试点学校；2012年2月，被云南省广播电视大学授予“招生工作突出贡献奖”。

放眼未来，学校将继续深入贯彻《国家中长期教育改革和发展规划纲要（2010—2020年）》精神，秉承学校十年规划，实施学校“十二五”计划，争取5年内实现5个发展目标：

一是建成高等职业技术学院；

二是在校生达到30 000人（其中中专生10 000人、大专生12 000人、本科生8 000人）；

三是建成国家级文明学校；

四是建成教学、科研、生产三位一体的省级示范基地；

五是建成省内一流、国内知名的现代化职业技术学院。

在各级党委和政府的领导和关心下，在曲靖市工信委和曲靖市教育局的重视和帮助下，在学校董事会的带领和支持下，在全体师生员工的努力拼搏下，学校的明天一定会更加美好！

学校大门

西安工程技师学院

西安工程技师学院创建于1958年，与陕西省明德职业中等专业学校两校一体办学，有明德和长安两个校区。学院占地243亩，校舍面积15万余平方米，教学、科研、实习设备资产总值近4 000万元。学院拥有装备精良的微机室、多媒体电教室、数控仿真室，机械性能、电工电子、电力拖动、金相、物理实验室，计算机职业技能训练考评中心、电气类职业技能训练考评中心、铆焊钳工职业技能训练考评中心、机械加工类职业技能训练考评中心、酒店服务类专业职业技能考评中心、快速制造技能训练考评中心，有三维测量快速成型等主要设备1 870余台（件），各专业实习、实验操作工位共3 770个。

学院拥有一支以陕西省有突出贡献专家，陕西省首席技师，陕西省“新世纪三五人才工程”人选，博士为学科带头人，高级讲师、高级技师、高级实习指导教师为骨干的水平高、素质优、年龄结构合理的教师队伍；有教职工350余人，专职教师180余人，其中“双师型”教师占68%以上。

学院有9个教学院系，26个专业，其中焊接加工专业为全国机械行业技能人才培养特色专业，机修钳工专业和电器设备维修工专业为陕西省名牌专业，食品营养与安全专业为学院特色专业，模具设计与制造、焊接加工、计算机应用、电气维修、机电一体化、数控机床加工、学前教育、酒店服务与管理为主干专业。1994年，学院经陕西省人力资源和社会保障厅批准，成立了省级职业技能鉴定站，并多次被评为省级优秀所（站），2007年被评定为陕西省职业技能鉴定示范站。学院以培养预备技师、中高级技能人才为主要目标，以应往届初高中毕业生为主体，面向全国招生，在校生达6 000余名。学院毕业生可取得毕业证书和职业资格证书，参加大专、本科业余学习，成绩合格者可取得由联合办学单位西安交通大学、西安科技大学、西安文理学院等院校颁发的国家承认的大专、本科学历证书。

院长徐明获陕西省“有突出贡献专家”称号

元旦晚会

学院根据复杂多变的市场用工情况，及时科学地调整工作思路，转变就业服务理念，增强就业服务意识。学院与“陕汽”、“格力”、“富士康”、“中钢”、“蒂森克虏伯”、“康明斯”、“先锋”等知名企业开展深层次合作，先后成立了“龙钢班”、“西矿班”、“美涛班”、“可成班”、“德昌班”、“乐荣班”、“蒂森电梯班”等，积极实施“订单式”培养，建立长期稳固的实习就业网络，为企业和毕业生提供全方位优质服务。

学院先后为社会培养和输送了合格技能人才4万余人，毕业生遍布各个行业，历届毕业生大部分成为企业生产骨干和管理人员。毕业生就业率始终保持在98%以上，用人单位满意率达96%以上。

多年来，学院为企业培养了大批合格的技能人才，为经济建设和社会发展作出了突出贡献，办学实力和办学质量得到了社会广泛认可，先后被评为“全国职业教育先进单位”、“陕西省职业培训教育先进单位”和“陕西省高技能人才先进单位”，被确定为“国家级高技能人才培训基地”、“食品安全师职业资格认证培训中心”、“国家级示范性职业培训教师培训基地”、“全国青少年道德培养实验基地”和“陕西省农民工培训示范基地”，被列为陕西省10所“首批国家中等职业教育改革发展示范学校立项建设项目单位”之一。2012年，院长徐明被陕西省委、省政府授予“陕西省有突出贡献专家”荣誉称号，教师王爱红被授予“陕西省首席技师”荣誉称号，教师张娜、党志勇、周小琴、崔宝光成为陕西省“新世纪三五人才工程”人选。

数码钢琴教室

原国家劳动部领导参加学院50周年校庆，并与学院院长亲切交谈。

微机室

实训中心

西宁卫生职业技术学校

学校领导、指导教师与参加青海省中等职业教育技能大赛的参赛选手合影

西宁卫生职业技术学校始建于1976年，是青海省唯一一所卫生类中等职业学校，是青海省重点职业学校，第三批国家中等职业教育改革发展示范学校建设单位。学校坚持“以就业为导向，以服务为宗旨，培养实用人才，服务地方经济”的办学宗旨，以创建国家中等职业教育改革发展示范学校为目标，科学发展、强化内涵、创新特色、树立形象。学校已由过去底子薄、基础设施落后的县级卫校一跃成为拥有两个校区，开设有护理、中医、药剂、中草药种植、农村医学5个专业的职教大校。全校有教职工234人（含外聘），学生总数4 648人，在校学生3 195人，教学班79个。

学校秉承“市场立校，专业建校，质量兴校，和谐办校”的理念，采取“上挂横联下辐射”的联合办学模式，与省内、国内乃至国外大专院校、医疗机构进行广泛合作，提升学校办学水平、学生学历水平和实训能力，同时承担全省卫生系统各级各类培训任务。

学校拥有价值达520万元的实训设备，校内建有3 600平方米的实训楼，内设人体解剖、基础护理、临床教学等26个标准实训室，并开设门诊部；校外投资200万元，建有总面积500亩的“湟中县西宁卫校中藏药种植基地”，规模化种植黄芪、党参、独活等中藏药，初步建成生产加工销售一条龙的产业链，为服务“三农”、服务地方经济起到示范辐射作用。学校以“西宁市第一人民医院”、“格尔木市人民医院”等57所二级甲等医院作为师生顶岗实践、实习基地，建成内外结合、网状辐射的实践基地群。近两年，学校学生在省、市、县基础护理技能大赛中共获一等奖40个、二等奖72个、三等奖98个。2010年，学校成功承办青海省基础护理技能大赛、西宁市乡村医生十项技能比赛；连续两年代表青海省派员参加国家级比赛，获得2个三等奖，3个优秀奖。

学校与武藏浦和日本语学院签订联合办学协议

职业教育就是就业教育。学校极其重视学生就业，一方面狠抓学生整体素质，练好“内功”；一方面通过师生、社会、网络、媒体多方位构建宣传网，定期召开各级卫生医疗机构参加的大型毕业生就业洽谈会。推行用人单位对口录用的“点菜式”就业，加强校企合作的“订单式”就业以及学生走出去自主创业的“主动式”就业，近3年，学校就业率一直保持在98%以上（其中护理专业毕业生就业率达100%），学校知名度和社会声誉不断提高，年招生超过1 000人，位列全省职校之首。

毕业生参加就业洽谈会

省级技能大赛

自建校起，学校励精图治，不断创新人才培养模式、办学模式、教学模式，实现了由规模扩张向质量效益的转变、由招生为主向促进就业的转变。通过加强“五园”德育特色项目建设和“德能一体化”人才培养工程，已为社会培养、输送实用型基层卫生人才2万多名。近3年，又为全省基层卫生医疗机构培训紧缺型技术人才4 000多人，不少人成为基层卫生战线上的骨干、专家和自主创业者。学校正逐步发展成为青海省卫生类职业技术人才的培养基地、医药卫生相关人员的培训基地和卫生职业教育与实践的创新基地。

学校先后被授予“湟中县岗位目标考核先进单位”、“湟中县德育特色学校”、“湟中教育工作先进单位”、“湟中县校园文化建设示范校”、“湟中县名校”、“西宁市卫生单位”、“西宁市平安示范校园”、“青海省绿色学校”、“乡村医生培训先进单位”、“青海省乡村医生培训基地”等称号。

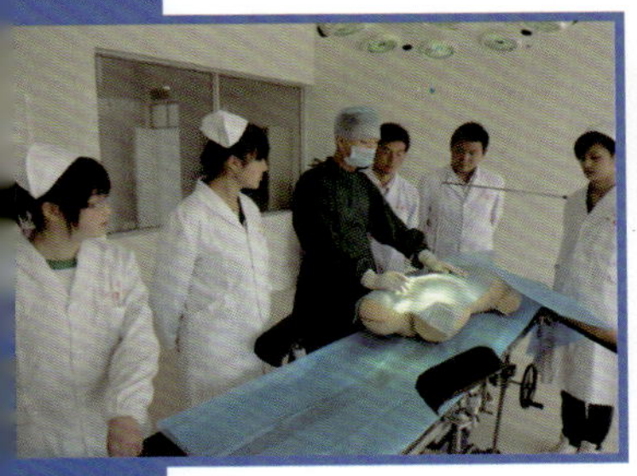

清创缝合术实训教学

静脉输液实训

妇护实训教学

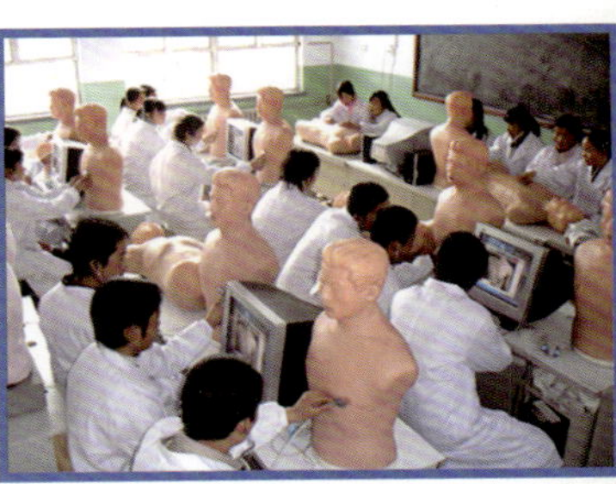

心肺听诊实训教学

西宁市世纪职业技术学校

西宁市世纪职业技术学校（原名青海旅游职业中等专业学校）始建于1985年7月。2003年12月，根据西宁市职业教育布局调整，迁入西宁国家级经济技术开发区东川工业园区金汇路新校区。办学20多年来，学校以其灵活的办学机制、科学规范的管理、合理的专业设置、优良的教学条件、过硬的教学质量、丰富的教育活动、浓郁的文化氛围以及优良的学习、成长环境、毕业生较强的就业能力等优势，在青海省享有很高的声誉。

青海省领导到校视察

1996年，学校被青海省教育厅确定为省级重点中等职业学校；2006年，被教育部确定为国家级重点中等职业学校；2011年，被教育部、人力资源和社会保障部、财政部确定为首批国家中等职业教育改革发展示范学校建设单位。

2000年至2006年，学校被国家贸易局、中国消费者协会确定为“美容美发”放心培训机构，被教育部确定为首批“烹饪专业”全国示范点，被信息产业部、教育部确定为“计算机应用及软件技术”全国紧缺人才培养基地。2008年至2010年，计算机应用专业、汽车运用与维修专业被教育部确定为重点实训基地建设专业。

学前教育专业活动课实训

导游服务专业实践教学

学校开设的九大类专业（中餐烹饪、美发美容与形象设计、旅游服务与管理、学前教育、信息技术、艺术设计、机电技术、机加和数控技术、汽车运用与维修）中有6个专业被确定为省级首批重点专业，6个专业被确定为国家中等职业教育改革发展示范学校重点建设专业。

烹饪专业学生实训

烹饪专业学生在制作果蔬雕

校园占地面积（不含教职工住宅）90 667.12平方米，建筑面积50 315.97平方米。其中教学楼2栋7 453.52平方米，实训楼4栋14 902.89平方米，学生公寓2栋16 412.84平方米，培训公寓1栋4 262.7平方米，体育馆1栋2 600平方米，学生食堂1栋3 158.52平方米，400米塑胶跑道内铺人工草坪的运动场1个。

学校有教职工157人，专任教师145人，其中专业课教师102人、基础文化课教师43人；专任教师中有研究生学历4人、本科学历129人、专科学历8人、中学高级教师职称36人、中级教师职称44人；“双师型”教师共87人、西宁市学科带头人1名、骨干教师4名，教学新秀3人；校级专业带头人8人，骨干教师12名。

艺术设计专业师生校外实训

学校着力培养学生的职业道德、职业技能和就业创业能力，积极搭建全员参与的德育工作网络，大力推进德育制度化建设，在学生发展方面，用企业文化培养和训练学生端正的礼貌礼仪、良好的职业道德、敏感的环境安全意识和坚韧的职业精神。通过建立学校《德育月讯》、“世纪晨读”、特色主题班会、特色课间操、星级班集体考核、专业德育模块等教育途径，从教会学生做事入手，认真抓好学生行为习惯、职业道德和心理健康三大教育，努力将每个学生都培养成为沉得下、蹲得住、能吃苦、讲奉献、专业技能过硬的现代合格职业人才。学生会组织、团组织发挥自主管理作用，涌现出一大批优秀的学生，为提升职业教育塑造了良好的社会形象。

学校教育教学围绕以品德塑造和能力培养为核心的人才培养目标，以培养学生的创新精神和实践能力为重点，积极推进专业课程体系建设计划，探索理实一体教学模式和“生本”教育改革，通过优化校内实训基地和校内生产型基地教学环境，加大实践教学环节，使学生实训课程占总课时的50%。实施项目教学、案例教学、任务教学、岗位教学、场景教学、模拟仿真教学，努力做到教学与行业岗位要求相结合、课程标准与职业鉴定标准相沟通、中等职业教育与高等职业教育相衔接。

光机电一体化设备安装与调试专业的学生在实训

信息技术专业学生在上实训课

企业专家在指导美容美发专业的学生实训

办学至今，学校共培养23届、13 000多名毕业生，近3年学生一次就业（升学）率平均达98%以上。在企业、行业担任中高层管理者和有创业成就的优秀毕业生达810余名。毕业生就业创业能力强，深受社会各界好评。

2002年以来，学校师生在全国、省、市职业技能大赛中获一等奖131次、二等奖276次、三等奖230次、团体奖12次、特别奖2次。其中2007年至2012年，获全国职业技能大赛二等奖14个、三等奖38个，省级一等奖55个、二等奖96个、三等奖46个，市级一等奖68个、二等奖148个、三等奖132个，获团体第一名4次。

数控专业学生在上实训课

汽修专业学生实训

2003年以来，学校获“青海省职业教育先进学校”、“西宁市标准化学校”、“西宁市绿化先进学校”、“西宁市卫生先进学校”、“西宁市示范家长学校”等称号；2007年以来，获“西宁市青年文明号”、“西宁市文明校园”、“西宁市社会稳定先进集体”、西宁市“联片教研工作实绩突出片区”、“西宁市教育教学质量提升工程优秀学校”、“西宁市先进基层党组织”、“西宁市创卫工作先进单位”、“青海省民族团结进步先进集体”、“省级农牧区劳动力转移就业工作先进集体”、省一级档案工作目标管理单位等称号；2009年以来，获“西宁市创建国家卫生城市先进单位”、“全省中职资助先进单位”、“青海省级健康教育示范单位”、“全国中等职业学校德育先进集体”、“西宁市群众满意学校”等荣誉称号，并获得“青海省餐饮业行业优秀教育奖”、西宁市防震减灾科普教育示范学校综合评比一等奖。

电子产品组装与调试专业学生在实训

北方民族大学

北方民族大学（原西北第二民族学院）始建于1984年，是我国唯一一所建立在少数民族自治区的部属综合性民族高校，直属国家民族事务委员会（以下简称国家民委）。2000年，通过教育部本科教学工作水平评估；2003年，获硕士学位授予权；2004年，国家民委与宁夏回族自治区政府签署共建协议；2007年，在教育部本科教学工作水平评估中获“优秀”；2008年5月，北方民族大学正式更名挂牌。

学校占地总面积1 150亩（766 671平方米），校舍建设面积近40万平方米，教学科研仪器设备总值1.5亿元，图书馆馆藏图书120万余册。

学校设有17个教学院（部、中心）、6个研究所；共有55个本科专业，涵盖理学、工学、经济学、管理学、文学、法学、历史学、艺术8个学科门类；有4个国家级特色专业建设点，6个自治区级特色专业建设点，28门自治区级精品课程，3个自治区级人才培养模式创新实验区，5个自治区级教学团队，15个国家民委本科教学改革与质量建设研究项目。学校先后获国家教学成果二等奖1项，自治区级教学成果奖15项。

学校拥有6个一级学科硕士点、28个二级学科硕士点和1个专业学位硕士点，1个国家级实验教学示范中心、7个省部级实验教学示范中心、2个国家民委重点学科、4个自治区重点学科、4个国家民委重点实验室、1个省部共建重点实验室、1个自治区创新中心、1个全国教育科普基地、1个国家民委首批人文社会科学研究基地、2个自治区级科技创新团队。

▲ 国家民委领导到学校视察

▲ 教育部专家组视察学校粉体材料与特种陶瓷重点实验室

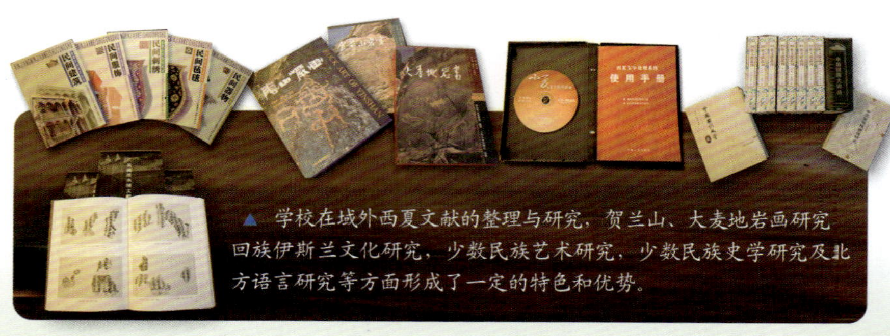
▲ 学校在域外西夏文献的整理与研究，贺兰山、大麦地岩画研究回族伊斯兰文化研究，少数民族艺术研究，少数民族史学研究及北方语言研究等方面形成了一定的特色和优势。

▲ 学校特聘世界著名抒情花腔女高音歌唱家、歌剧表演艺术家、芬兰国家歌剧院终身演员迪里拜尔为客座教授，图为迪里拜尔教授到学校举办讲学·独唱音乐会。

◀ 越南各民族友好交流代表团访问学校

◀ 学生赴西藏进行语言实习

◀ 学校被教育部评为“2010—2011年全国毕业生就业工作典型经验推广高校”

设计艺术专业综合楼

学校面向全国31个省、自治区、直辖市招生，现有56个民族共1.6万余名全日制在校生，其中少数民族学生占学生总数的65%以上。20多年来，学校共培养了2.5万余名毕业生，他们为少数民族地区的经济和社会发展贡献着自己的青春和智慧，为民族团结进步事业作出了积极贡献。

学校有教职工1075人，其中专任教师758人，具有高级专业技术职务的教师占41%。1人入选“新世纪百万人才工程”国家级人选，4人享受国务院政府特殊津贴，1人获选全国“百千万知识产权人才工程”百名高层次人才，2人获选“全国优秀教师”，1人获选“全国高校优秀思想政治理论课教师”，4人获国家民委“突出贡献专家奖”，3人享受自治区政府特殊津贴，8人入选自治区“新世纪313人才工程”，6人获“自治区教学名师”称号，3人获自治区“九一〇”奖章，1人获“自治区有突出贡献专业技术优秀人才奖”，3人获选“自治区优秀教师”，1人获“自治区‘五一’劳动奖章”，1人获“自治区青年科技奖”。学校实施“高层次人才建设工程”，重点实施“双百工程”，争取在“十二五”期间引进100名博士，培养100名博士，使拥有博士学位的教师超过教师总数的30%。

近年来，学校承担各级各类科研项目1090余项，其中国家“863”计划项目、国家科技支撑计划项目、国家自然科学基金项目、国家社会科学基金项目等国家级项目74项，省部级项目277项；获国家科技进步二等奖1项，中国民间文艺“山花奖”民间文艺学术著作奖1项，省部级奖励166项，取得专利14项，实现科技成果转让3项。

▲ 学校创作的回族舞蹈“星月璀璨”、“水溢金瓶”荣获中国舞蹈“荷花奖”表演大奖。

▲ 学校新一届领导班子召开会议，研究学校科学发展规划。

学校将紧紧抓住《国家中长期教育改革和发展规划纲要（2010—2020年）》颁布实施和第二轮西部大开发的历史机遇，以邓小平理论和“三个代表”重要思想为指导，坚持社会主义办学方向，全面贯彻党的教育方针和民族政策，遵循高等教育的基本规律和民族高等教育的特殊规律，坚持为少数民族和民族地区服务的办学宗旨，深入贯彻落实科学发展观，把推动学校科学发展作为重要职责，大力实施质量立校、人才强校、科技强校、管理兴校“四大战略”，努力把学校建设成为少数民族和民族地区培养高素质应用型人才的重要基地、研究我国民族理论和民族政策的重要基地、传承和弘扬民族优秀文化的基地、服务西北民族地区特色经济的科研基地以及展示我国民族政策和对外交往的重要窗口，为实现把学校建成有特色、高水平的民族大学而不懈奋斗。

▲ 学校与宁夏回族自治区吴忠市红寺堡区人民政府签署战略合作框架协议

学校与合肥工业大学就对口支援相关工作进行会谈

新疆生产建设兵团工贸学校

▲ 有关领导到学校视察

新疆生产建设兵团工贸学校（兵团职业技师培训学院、兵团高级技工学校）于1980年建校，经过30多年的发展，已成为一所集职业教育与培训、职业技能开发与鉴定、就业服务与校企合作为一体的国家级重点中等职业技术学校。

学校有全日制在校学生6 623人，年社会培训1万人左右；毕业生就业率达100%，毕业生“双证”考试合格率100%，毕业生供不应求，建校30多年来，累计为兵团及自治区输送各类专业技能人才4万多人。

学校下设五系一中心一所，分别为：机械工程系、机电工程系、信息工程系、烹饪旅游系、交通工程系、培训中心和兵团第八职业鉴定所；开设有电力、机械、交通、建筑、化工、烹饪等20多个专业，其中节能环保、建筑、电工电子、数控4个专业建有国家投资的实训基地；机电技术应用、汽车运用与维修、烹饪3个专业被兵团教育局确定为兵团中等职业学校重点建设专业。学校有教职工343人，其中专职任课教师280人，一体化教师占70%，高级职称和技师以上教师90人。

学校是国家级重点中等职业学校，被教育部等7部委评为“全国职业教育先进单位”，被教育部评为“全国100所德育示范教育基地”和“全国教育系统先进集体”；被建设部授予“人才培养优秀贡献奖”；被新疆自治区人民政府授予“自治区高技能人才培育突出贡献奖”；被兵团确立为“兵团大中专毕业生培训基地”、“兵团公路交通培训中心”、“兵团安全培训中心”、“兵团工交干部培训中心”、“兵团供销合作社培训中心”、“上海浦东国际培训中心新疆培训站”、“北京交通大学现代远程教育新疆兵团交通教学中心”。

2006年以来，学校参加国家、自治区、兵团各类技能竞赛，共获306个奖项（含集体奖），其中国家级技能竞赛218个奖项、自治区技能竞赛70个奖项、兵团技能竞赛18个奖项。同时，学校承办了2009年度、2011年度兵团职业技能竞赛。

兵团领导对学校的发展给予了厚望。兵团现任及前任领导先后多次亲临学校视察指导，对学校近几年的发展变化给予充分肯定。学校的奋斗目标是：突出技能、服务就业，大力培养高技能人才。

▲ 兵团领导到校视察

▲ 2011年，学校成为“国家中等职业教育改革发展示范学校建设计划”第一批立项建设的学校之一。

▲ 学校承办2011年兵团职业技能竞赛

▲ 学校参加全国职业院校技能大赛

新疆幼儿师范学校

中央调研组视察学校工作

新疆幼儿师范学校暨新疆特殊教育师资培训中心于1985年由新疆维吾尔自治区人民政府批准筹建，1990年正式挂牌，是新疆维吾尔自治区唯一一所面向全疆招生、培养学前教育师资和学前双语教育师资及特殊教育师资的民汉合校中等师范学校。同时，学校也是新疆维吾尔自治区学前教育行业的“一中心、二基地”，即新疆幼儿教师培训中心、自治区幼儿园园长培训基地、自治区机关事业单位保育员行业技术等级岗位培训考核基地。

自治区领导视察学校双语教学工作

建校20多年来，学校始终秉承为新疆学前教育事业和新疆经济社会发展服务的宗旨，努力开拓进取，在办学规模、教学水平和服务能力3个方面实现了新的跨越，为发展新疆学前教育事业作出了积极的贡献，为促进新疆各民族团结、社会稳定发挥了极其重要的作用。学校开设有学前教育和学前双语教育两个专业，有中专和大专两个培养层次，初中起点三年制中专、初中起点五年制大专和高中起点三年制大专三种培养类型，还承担着自治区三年制学前双语教育专业“特培计划”、“内初班分流计划”、“对口支援计划”三类培养任务，在校学历学生人数达4 400人以上，每年为新疆输出学历培养师资1 300人以上，职后专业培训3 700人次以上。建校以来，学校累计培养学前教育合格师资15 000多名。

自治区领导对学校教学设施、教学管理和“自治区劳动预备制培训基地”建设情况进行实地调研。

教育部、新疆维吾尔自治区党委和人民政府以及教育厅的领导对学校的建设和发展给予了大力支持和关怀，曾多次到校视察指导教育教学工作。

学生学业汇报演出

学生赴基层幼儿园开展实习支教